Henssler/Streck

Handbuch Sozietätsrecht

Handbuch Sozietätsrecht

herausgegeben von

Prof. Dr. Martin Henssler
Dr. Michael Streck

bearbeitet von

Dr. Christian Deckenbrock
Akademischer Rat, Köln

Dr. Wolfgang Hartung
Rechtsanwalt, Fachanwalt für Familienrecht, Mönchengladbach

Prof. Dr. Martin Henssler
Universitätsprofessor, Köln

Dr. Matthias Kilian
Rechtsanwalt, Köln

Stephan Kopp
Rechtsanwalt, Ebenhausen

Prof. Dr. Lutz Michalski
Universitätsprofessor, Bayreuth

Dr. Wilhelm Moll, LL.M.
Rechtsanwalt, Fachanwalt für Arbeitsrecht, Köln

Dr. Klaus Olbing
Rechtsanwalt,
Fachanwalt für Steuerrecht, Berlin

Dr. Volker Römermann
Rechtsanwalt, Fachanwalt für Handels- und Gesellschaftsrecht, Fachanwalt für Arbeitsrecht, Hamburg/Hannover

Dr. Ulrich Stobbe
Rechtsanwalt und Notar, Hannover

Dr. Michael Streck
Rechtsanwalt,
Fachanwalt für Steuerrecht, Köln

Axel Tophoven, EMBA
Rechtsanwalt, Köln

Prof. Dr.
Friedrich Graf von Westphalen
Rechtsanwalt, Köln

2., neu bearbeitete Auflage

2011

Verlag
Dr. Otto Schmidt
Köln

Bibliografische Information
der Deutschen Nationalbibliothek

Die Deutsche Nationalbibliothek verzeichnet diese Publikation in der Deutschen Nationalbibliografie; detaillierte bibliografische Daten sind im Internet über http://dnb.d-nb.de abrufbar.

Verlag Dr. Otto Schmidt KG
Gustav-Heinemann-Ufer 58, 50968 Köln
Tel. 02 21/9 37 38-01, Fax 02 21/9 37 38-943
info@otto-schmidt.de
www.otto-schmidt.de

ISBN 978-3-504-18061-4

Das verwendete Papier ist aus chlorfrei gebleichten Rohstoffen hergestellt, holz- und säurefrei, alterungsbeständig und umweltfreundlich.

Einbandgestaltung: Jan P. Lichtenford, Mettmann
Satz: Schäper, Bonn
Druck und Verarbeitung: Kösel, Krugzell
Printed in Germany

Vorwort

Zehn Jahre sind seit dem Erscheinen der ersten Auflage des Handbuchs des Sozietätsrechts vergangen. Als das Werk vor mehr als einem Jahrzehnt von den Herausgebern konzipiert wurde, waren mehr als 100 Jahre alte Traditionen gerade erst aufgebrochen worden: 1994 hatte der Gesetzgeber die PartGG geschaffen, 1999 gesetzliche Regeln zur Rechtsanwaltsgesellschaft mbH in Kraft gesetzt. Die Rechtsprechung klärte im Jahr 2000 die Zulässigkeit der Anwalts-AG und bestätigte unmittelbar vor Erscheinen der Erstauflage die Rechtspersönlichkeit der Gesellschaft bürgerlichen Rechts. Viele Fragen zu diesen Entwicklungen waren damals von Rechtsprechung und Wissenschaft noch nicht beantwortet, manche Probleme in der Praxis noch nicht erkannt. Für die Autoren des Handbuchs des Sozietätsrechts haben die vergangenen Jahre daher reichlich Stoff geboten, das Werk für die Neuauflage nicht nur umfassend zu aktualisieren, sondern auch neue Gedanken und Ideen zu formulieren.

Die vergangene Zeit hat zugleich weitere, neue Entwicklungen gebracht, die es zu berücksichtigen galt: Eine das Sozietätsrecht prägende Entwicklungslinie war, dass der EuGH durch seine Rechtsprechung in den Verfahren *Centros*, *Überseering* und *Inspire Art* Berufsausübungsgesellschaften ausländischer Rechtsform ermöglicht hat. Dass deutsche Rechtsanwälte ihre nationale Kanzlei einmal in einer Limited Liability Partnership englischen Rechts organisieren, hätte vor wenigen Jahren kaum jemand für möglich gehalten. Diese Entwicklungen sind in der Neuauflage des Handbuchs in einem eigenen Kapitel berücksichtigt. Ein weiteres neues Kapitel befasst sich mit der GmbH & Co. KG, die seit einiger Zeit Steuerberatern und Wirtschaftsprüfern offen steht. Erst vor kurzem ist sie auch von Rechtsanwälten als reizvolles Organisationsmodell entdeckt worden, die Diskussion über die Zulässigkeit ihrer Nutzung für die anwaltliche Berufsausübung ist noch in vollem Gang. Schließlich ist auch ein eigenständiges Kapitel zu den sozietätsspezifischen Fragen des Berufsrechts in das Werk aufgenommen worden, beurteilt sich so manche Frage des Berufsrechts in Sozietäten doch anders als in der Kanzlei eines Einzelanwalts. In dieses neue Kapitel wurde der schon in der Vorauflage enthaltene Abschnitt zur anwaltlichen Werbung integriert. Zudem hat die Europäische Wirtschaftliche Interessenvereinigung als besondere Ausprägung einer Kooperation ein eigenes Kapitel erhalten.

Auch im Steuerrecht waren zehn Jahre Rechtsentwicklung einzuarbeiten. Das Steuerrecht der transnationalen Sozietäten und der grenzüberschreitenden Beratung wurde nicht nur rechtlich aktualisiert. Wir haben uns um Erfahrungen der großen Sozietäten mit der Finanzverwaltung bemüht und dieses Know-how in den Text aufgenommen.

Mit der Neuauflage ist es zu zwei Bearbeiterwechseln gekommen: Für *Koch* bearbeitet nun *Deckenbrock* die berufsrechtlichen Fragestellungen,

Tophoven hat von *Terlau* Teile der Gesellschaft bürgerlichen Rechts übernommen. Die Herausgeber danken den ausgeschiedenen Autoren für die Fundamente, die sie in der Erstauflage gelegt haben, und den neu Hinzugestoßenen für das große Engagement, mit dem sie sich in das Projekt eingebracht haben. Ein besonderer Dank gebührt schließlich Herrn *Donnerbauer*, der die Neuauflage verlagsseitig mit Umsicht und Geduld begleitet hat.

Köln, im Februar 2011 — Martin Henssler — Michael Streck

Inhaltsübersicht

Seite

Vorwort V
Allgemeines Literaturverzeichnis XXV
Abkürzungsverzeichnis XXIX

A. Einleitung
(Henssler)

I. Entwicklung der gemeinsamen anwaltlichen Berufsausübung
1. Der Einzelanwalt als historisch überkommener Idealtypus 1
2. Rechtstatsächliche und rechtspolitische Grundlagen 3

II. Kooperationsmöglichkeiten der verwandten wirtschaftsnahen Beratungsberufe
1. Wirtschaftsprüfer 10
2. Steuerberater 12
3. Notare/Anwaltsnotare 13

III. Überblick über die anwaltlichen Organisationsformen
1. Gesellschaft bürgerlichen Rechts 14
2. Partnerschaft 15
3. Rechtsanwaltsgesellschaft mbH 17
4. Anwalts-Aktiengesellschaft 17
5. Berufsausübungsgesellschaften sonstiger Rechtsform 18
6. Bürogemeinschaft 18
7. Verfestigte Kooperation 19

IV. Vergleich der anwaltlichen Organisationsformen
1. Organisationsrechtlicher Vergleich 20
2. Haftungsrechtlicher Vergleich 23
3. Vergleich der Kostenbelastung 25
4. Vergleich der Kooperationsformen in der interprofessionellen Zusammenarbeit 26
5. Steuerrechtlicher Vergleich 27
6. Bilanzierungs- und Publizitätspflichten 29
7. Wahl der geeigneten Organisationsform 30

B. Die GBR
(Michalski/Römermann/Tophoven/Stobbe/ Graf von Westphalen/Streck)

Seite

I. Die Sozietät als Organisationsform

1. Ansätze zu einer Definition . . . 37
2. Berufsausübungsgesellschaft . . . 40
3. Gründung . . . 59
4. Name der Sozietät . . . 61
5. Interne Organisation . . . 76
6. Auflösung . . . 92

II. Die Sozien

1. Der Begriff des Sozius . . . 100
2. Sozietätsfähigkeit, insbesondere Sternsozietät . . . 105
3. Eintritt in die Sozietät . . . 106
4. Aufstieg zum Vollpartner . . . 107
5. Gewinnverteilung . . . 107
6. Wettbewerbsverbote . . . 117
7. Ausscheiden aus der Sozietät . . . 119
8. Muster . . . 122

III. Verhältnis der Sozietät zum Mandanten und gegenüber Dritten

1. Der Anwaltsvertrag . . . 134
2. Haftung gegenüber Dritten . . . 182
3. Möglichkeiten der Haftungsbeschränkung . . . 190
4. Verjährung von Ersatzansprüchen gegen Rechtsanwälte . . . 197
5. Muster Mandatsvertrag mit separater Vergütungsvereinbarung . . . 203
6. Berufshaftpflichtversicherung . . . 205

IV. Besonderheiten der überörtlichen/intraurbanen Sozietät

1. Einführung . . . 228
2. Voraussetzungen gemäß § 59a BRAO . . . 230
3. Wettbewerbsrechtliche Aspekte . . . 236
4. Beteiligung von Anwaltsnotaren . . . 238
5. Interprofessionelle überörtliche Sozietät . . . 238
6. Internationale Anwaltssozietäten . . . 239
7. Abgrenzung zu anderen überörtlichen Kooperationsformen . . . 240

Seite

8. Gründe für die Bildung überörtlicher Sozietäten 246

V. Interprofessionelle Zusammenschlüsse

1. Sinn und Notwendigkeit fachübergreifender Zusammenschlüsse 272
2. Sozietätsfähige Berufe, § 59a BRAO 273
3. Soziierungsmöglichkeiten bei den verschiedenen Gesellschaftsformen – Überblick 275
4. Vorschriften in der Berufsordnung 275
5. Mandatswahrnehmung durch die interprofessionelle Sozietät . . 276

VI. Steuerrecht 277

1. Einkommensteuer 278
2. Einkommensteuer – Besondere Vorfälle 287
3. Gewerbesteuer; Abgrenzungen und Gefährdungen der Freiberuflichkeit der Einkünfte 293
4. Einheitsbewertung; Vermögensteuer 302
5. Umsatzsteuer 302
6. Sozietät als Arbeitgeber; Lohnsteuerpflicht 311
7. Erbschaft- und Schenkungsteuer 311
8. Steuerinteressen des Mandanten 313
9. Steuerverfahren 313
10. Steuerstrafrecht 320

VII. Bewertung einer Praxis 322

C. Die Partnerschaft

(Kopp/Henssler/Streck)

I. Wesen und Bedeutung der Partnerschaft

1. Die Partnerschaft nach dem PartGG – Eine Gesellschaftsform für die Freien Berufe 339
2. Die Wesenszüge der Partnerschaft 340
3. Die Akzeptanz der Partnerschaft 341

II. Die Errichtung einer Partnerschaft(-sgesellschaft)

1. Formen der Partnerschaftsgründung 342
2. Die Vorpartnerschaft 342
3. Die Anmeldung der Partnerschaft zum Partnerschaftsregister (§ 4 Abs. 1 PartGG) 343

Seite

4. Anmeldepflichtige Änderungen . . . 344
5. Die Partnerschaftsregisterverordnung (PRV) . . . 345
6. Kosten der Eintragung in das Partnerschaftsregister . . . 345
7. Verstöße gegen die Anmeldepflicht . . . 345

III. Der Partnerschaftsvertrag

1. Inhalt des Partnerschaftsvertrages . . . 346
2. Name und Sitz der Partnerschaft (§ 3 Abs. 2 Nr. 1 PartGG) . . . 347
3. Name, Vorname, ausgeübter Beruf (§ 3 Abs. 2 Nr. 2 PartGG) . . . 352
4. Gegenstand der Partnerschaft (§ 3 Abs. 2 Nr. 3 PartGG) . . . 352
5. Mängel des Vertrages . . . 353

IV. Die Rechtsverhältnisse der Partner untereinander

1. Rechtliche Voraussetzungen für die Partnereigenschaft . . . 353
2. Vorrang berufsrechtlicher Pflichten (§ 6 Abs. 1 PartGG) . . . 354
3. Die Geschäftsführung der Partnerschaft (§ 6 Abs. 2 PartGG) . . . 354
4. Vertragliche Beschränkungen der Gesamtgeschäftsführungsbefugnis . . . 355
5. Nachträglicher Entzug der Geschäftsführungsbefugnis . . . 355
6. Niederlegung des Geschäftsführeramtes . . . 356
7. Sonstige Rechte und Pflichten der Gesellschafter im Innenverhältnis (§ 6 Abs. 3 PartGG) . . . 356
8. Informationsrechte der Partner (§ 118 HGB) . . . 358
9. Beschlussfassungen durch die Partner (§ 119 HGB) . . . 359
10. Gewinnverteilung . . . 360
11. Aktive Mitarbeit, stille Beteiligungen, stille Gesellschaft, Unterbeteiligungen . . . 360
12. Der Eintritt eines neuen Partners . . . 362
13. Das Ausscheiden eines Partners aus der Partnerschaft . . . 362

V. Die Auflösung und Liquidation der Partnerschaft

1. Die Auflösung der Partnerschaft . . . 372
2. Die Liquidation der Partnerschaft . . . 376
3. Andere Arten der Auseinandersetzung (§§ 145 Abs. 1, 158 HGB) 382

VI. Die Haftung der Partnerschaft und der Partner

1. Grundsätzliches . . . 383
2. Gesamtschuldnerschaft . . . 383
3. Akzessorietät der Haftung . . . 384

Seite

4. Haftung bei der interprofessionellen Partnerschaft 384
5. Haftung eines Scheinpartners 385
6. Haftung neu eingetretener Partner (§ 130 HGB) 385
7. Ausgleich im Innenverhältnis 386
8. Haftung bei Namensfortführung durch Unternehmenserwerber 386
9. Verjährung und Nachhaftung (§ 10 Abs. 2 PartGG) 386
10. Verjährung von Ansprüchen gegen einen Partner nach Auflösung der Partnerschaft (§ 10 Abs. 2 i.V.m. § 159 HGB) . . 386
11. Haftung des ausgeschiedenen Partners (§ 10 Abs. 2 PartGG i.V.m. § 160 HGB) 387
12. Einwendungen der Partner 388
13. Haftungsbeschränkung 389
14. Berufshaftpflichtversicherung 389

VII. Die Außenwirkungen der Partnerschaft

1. Einfluss der Partnerschaft auf das Berufsrecht 389
2. Die Partnerschaft im Gefüge des Wettbewerbsrechts 390
3. Die Partnerschaft als Prozess- oder Verfahrensbevollmächtigte . 392

VIII. Die Besonderheiten der überörtlichen Partnerschaft 392

IX. Die interprofessionelle Partnerschaft

1. Berufsrechtliche Schranken der WPO 392
2. Berufsrechtliche Schranken des StBerG 393
3. Anwaltliche Betätigung in einer anerkannten Steuerberatungs- oder Wirtschaftsprüfungsgesellschaft 395

X. Steuerrecht 395

XI. Bewertungsfragen 396

XII. Muster eines Partnerschaftsvertrages 396

D. Die Rechtsanwaltsgesellschaft mbH

(Henssler/Streck)

I. Entwicklung der „Anwalts-GmbH“ 404

II. Gesetzgebungsverfahren zur BRAO-Novelle 1998 405

III. Überblick über die gesetzliche Regelung der Rechtsanwaltsgesellschaft mbH 406

Seite

IV. Die Gründung der Rechtsanwaltsgesellschaft mbH
1. Freie Wahl zwischen GmbH und UG 408
2. Gesellschaftsvertrag 409
3. Kapitalaufbringung 414
4. Gründung durch Umwandlung 418
5. Zulassungs- und Eintragungsverfahren 420

V. Gesellschafterkreis
1. Berufsrechtliche Anforderungen an den Gesellschafterkreis . . . 423
2. Der Eintritt eines Gesellschafters 430
3. Verfügungen über Gesellschaftsanteile 430
4. Formen mittelbarer Beteiligung 431

VI. Rechtsverhältnis der Gesellschafter untereinander
1. Gesellschaftsrechtliches Innenverhältnis 434
2. Berufspflichten der anwaltlichen Gesellschafter 441
3. Die Geschäftsführung der Rechtsanwaltsgesellschaft mbH . . . 443
4. Fakultativer Aufsichtsrat einer Rechtsanwaltsgesellschaft mbH 445

VII. Das Ausscheiden von Gesellschaftern
1. Überblick 445
2. Ausscheiden auf Initiative des Gesellschafters 446
3. Vererbung von Geschäftsanteilen 448
4. Der Ausschluss eines Gesellschafters 450
5. Die Formen des Ausscheidens 451

VIII. Das Außenverhältnis der Rechtsanwaltsgesellschaft mbH
1. Wirksamwerden im Verhältnis zu Dritten 452
2. Die Vertretung der Rechtsanwaltsgesellschaft mbH 452
3. Firmierung und Außendarstellung der Rechtsanwaltsgesellschaft 456
4. Die Postulationsfähigkeit der Rechtsanwaltsgesellschaft mbH . 460
5. Das Betätigungsfeld der Rechtsanwaltsgesellschaft mbH 461

IX. Das Geschäftsbesorgungsverhältnis zwischen GmbH und Mandant
1. Vertragsrechtliche Besonderheiten 463
2. Haftung der GmbH und Haftungsbeschränkungsmöglichkeiten 464
3. Anwaltliche Haftungsrisiken in der GmbH 464

Seite

4. Berufshaftpflichtversicherung 470

X. Die überörtliche Rechtsanwaltsgesellschaft mbH

1. Berufsrechtliche Anforderungen 471
2. Eintragung der Zweigniederlassungen 472
3. Zweigniederlassungen im Ausland 472

XI. Auflösung und Liquidation der GmbH

1. Auflösungsgründe 473
2. Anmeldung und Rechtsfolgen der Auflösung 475
3. Liquidation 476
4. Umwandlung in andere Gesellschaftsformen 477

XII. Unternehmensverbindungen unter Beteiligung von Rechtsanwaltsgesellschaften

1. Beteiligung an Berufsausübungsgesellschaften 478
2. Beteiligungen an gewerblichen Unternehmen 478

XIII. Die interdisziplinäre Zusammenarbeit von Angehörigen der sozietätsfähigen Berufe

1. Grundsätzliche Zulässigkeit 479
2. Mehrheitserfordernisse 479
3. Die Rechtsanwaltsgesellschaft und Steuerberatungsgesellschaft mbH 480
4. Die Rechtsanwaltsgesellschaft und Wirtschaftsprüfungsgesellschaft mbH 481
5. Die Leitung der Zweigniederlassung in der interprofessionellen Kapitalgesellschaft 482
6. Kritik 483
7. Die Beteiligung von Anwalts- und Nur-Notaren an einer Rechtsanwaltsgesellschaft mbH 484

XIV. Steuerrecht

1. Steuervorteile, Steuernachteile 487
2. Körperschaftsteuer 489
3. Anrechnungsverfahren 498
4. Gewerbesteuer 498
5. Einheitsbewertung/Vermögensteuer 498
6. Umsatzsteuer 499
7. Besteuerungsverfahren der GmbH 499
8. Die GmbH als Arbeitgeber; Lohnsteuerpflicht 499
9. Erbschaftsteuer/Schenkungsteuer 499

Seite

10. Steuerinteressen des Mandanten 499
11. Besteuerung des GmbH-Geschäftsführers 499
12. Besteuerung des GmbH-Gesellschafters 499
13. Steuerstrafrecht 500

XV. Bewertungsfragen 501

XVI. Mustersatzung einer Rechtsanwaltsgesellschaft mbH unter ausschließlicher Beteiligung von Rechtsanwälten 501

XVII. Muster einer Neuanmeldung einer Rechtsanwaltsgesellschaft mbH 510

E. Die Rechtsanwalts-AG

(Henssler/Streck)

I. Zulässigkeit nach geltendem Recht 513

II. Die berufsrechtlichen Mindestanforderungen an die Rechtsanwalts-AG 515

III. Berufsrechtliche Zulassung als Rechtsanwaltsgesellschaft in Form der AG 518

IV. Firmierung und Briefbogen der Rechtsanwalts-AG 519

V. Die Aktionäre der Rechtsanwalts-AG

1. Beschränkung auf sozietätsfähige Berufe 520
2. Übertragung von Aktien in der Rechtsanwalts-AG 521

VI. Die Organe der Rechtsanwalts-AG

1. Der Vorstand der AG 523
2. Der Aufsichtsrat 523

VII. Regelungsbedarf und praktische Bedeutung 526

VIII. Die Rechtsanwalts-KGaA 527

IX. Steuerrecht 528

F. Die Rechtsanwalts-GmbH & Co KG

(Henssler/Streck)

I. Zulässigkeit nach geltendem Recht

1. Handels- und gesellschaftsrechtliche Unzulässigkeit 529
2. Sonderregeln für Wirtschaftsprüfungs- und Steuerberatungsgesellschaften 530

Seite

3. Berufsrechtliche Bewertung 530

II. Verfassungs- und europarechtliche Bedenken 533

III. Steuerrecht 534

G. Gesellschaften ausländischer Rechtsform
(Kilian)

I. Einführung

II. Allgemeiner Teil 538

1. Europarechtliche/Völkerrechtliche Ebene 540
2. Gesellschaftsrechtliche Ebene 543
3. Berufsrechtliche Ebene 549
4. Folgefragen 562

III. Besonderer Teil 570

1. Einleitung 571
2. Die Limited Liability Partnership (UK) 572
3. Sonstige Gesellschaftsformen des ausländischen Rechts – Überblick 587

H. Umwandlungsvorgänge Zivilrecht/Steuerrecht
(Streck/Olbing)

I. Einleitung 599

II. Von der Einzelpraxis in die Sozietät

1. Übersicht 600
2. Aufnahme eines Gesellschafters 601
3. Übertragung einer Einzelpraxis auf eine bestehende Sozietät . . 604
4. Zusammenschluss von Einzelpraxen 605

III. Von der Einzelpraxis in die Partnerschaft 605

IV. Von der Einzelpraxis in die GmbH

1. Zivilrecht 605
2. Steuerrecht 606

V. Von der Sozietät in die Einzelpraxis 608

VI. Von der Sozietät in die Partnerschaft 608

VII. Von der Sozietät in die GmbH 609

Seite

VIII. Zusammenschluss von mehreren Sozietäten 609
IX. Trennung einer Sozietät in mehrere Sozietäten 610
X. Von der Partnerschaft in die Einzelpraxis 610
XI. Von der Partnerschaft in die Sozietät 611
XII. Von der Partnerschaft in die GmbH 611
XIII. Verschmelzung von Partnerschaften 612
XIV. Spaltung von Partnerschaften 612
XV. Von der GmbH in die Einzelpraxis
1. Übersicht 613
2. Verschmelzung durch Aufnahme 613
XVI. Von der GmbH in die Sozietät
1. Übersicht 616
2. Formwechsel 616
XVII. Von der GmbH in die Partnerschaft 617

I. Die Bürogemeinschaft
(Hartung/Streck)

I. Erscheinungsformen 620
1. Begriff 621
2. Rechtstatsächliche Entwicklung 622
II. Zivil- und gesellschaftsrechtliche Grundlagen 625
1. Struktur der Bürogemeinschaft 626
2. Inhalt des Gründungsvertrags 632
3. Eintritt eines neuen Gemeinschaftsmitglieds 640
4. Ausscheiden von Gemeinschaftsmitgliedern 641
5. Auflösung 643
6. „Umwandlung" 644
7. Muster 645
III. Außenwirkungen der Bürogemeinschaft
1. Berufsrecht 648
2. Auftreten gegenüber Mandanten 657
3. Honorarfragen 659

Seite

4. Risikomanagement 659
5. Berufshaftpflichtversicherung 660

IV. Steuerrecht
1. Allgemeines 662
2. Büro- und Gerätegemeinschaft ohne Außenwirkung 662
3. Miteigentum an den Bürogeräten 663
4. Bürogemeinschaft mit Außenwirkung 663

J. Sonstige Kooperationen

(Hartung/Streck)

I. Begriff 668

II. Rechtstatsächliche Entwicklung 668

III. Zivil- und gesellschaftsrechtliche Grundlagen 669
1. Struktur der Kooperation 670
2. Kooperationsfähigkeit 670
3. Ausgestaltung der Zusammenarbeit 671
4. Abgrenzung zur Sozietät 672

IV. Außendarstellung 672
1. Name 673
2. Verschwiegenheitspflicht 673
3. Kundgabe 674
4. Wahrnehmung widerstreitender Interessen 674
5. Gesetzliche Tätigkeitsverbote 678

V. Erscheinungsformen im Einzelnen 680
1. Zusammenarbeit von Fall zu Fall 681
2. Best-Friends-System 681
3. Club-System 682
4. Allianz-System 682
5. EWIV 683
6. Franchising 683
7. Sonstige Kooperationen 683
8. Abgrenzungsschwierigkeiten Kooperation/Sozietät 684

VI. Auftreten gegenüber Mandanten
1. Grundsatz 684

Seite

2. Wechselseitige Vertretung 685
3. Wettbewerbsrecht 685
4. Haftung 685
5. Honorarfragen 686
6. Risikomanagement 686
7. Berufshaftpflichtversicherung 687

VII. Steuerrecht

1. Allgemeines 687
2. Erscheinungsformen 688

K. Europäische Wirtschaftliche Interessenvereinigung
(Kilian/Streck)

I. Wesen und Bedeutung der EWIV 693

II. Grundlagen der EWIV

1. Rechtliche Rahmenbedingungen 694
2. Unternehmensgegenstand 695
3. Vorzüge und Nachteile einer EWIV 696

III. Errichtung der EWIV

1. Mitgliedschaftsfähigkeit 698
2. Mitgliederstruktur 698
3. Gründungsvertrag 700
4. Registerfragen 700
5. Name 701
6. Sitz 702

IV. Rechtsverhältnisse der Mitglieder untereinander

1. Geschäftsführung 704
2. Sonstige Rechte und Pflichten der Mitglieder 706
3. Buchführung/Bilanzierung 709
4. Veränderungen im Mitgliederbestand 709

V. Außenrecht der EWIV

1. Teilnahme am Rechtsverkehr 711
2. Haftung 712
3. Außendarstellung 713
4. EWIV und Kartellrecht 714

Seite

VI. **Beendigung der EWIV** 715

VII. **Steuerrecht** 716

L. Der Rechtsanwalt als Arbeitnehmer und als freier Mitarbeiter
(Moll/Streck)

I. Erscheinungsformen anwaltlicher Tätigkeit

1. Einleitung 722
2. Abgrenzung zwischen Arbeitnehmern und Selbständigen 722
3. Rechtsanwalt als abhängiger Arbeitnehmer und als freier Mitarbeiter 727
4. Erscheinungsformen des angestellten Rechtsanwalts 733
5. Erscheinungsformen des freien Mitarbeiters 734

II. Vertragsverhältnis zwischen Rechtsanwalt und Anwaltssozietät

1. Vertragstypus 738
2. Zustandekommen und Form 741
3. AGB-Kontrolle 745
4. Dienstpflichten 745
5. Vergütung 752
6. Tätigkeitsort 755
7. Arbeitszeit 755
8. Beendigung des Vertragsverhältnisses 756
9. Urlaub 763
10. Entgeltfortzahlung im Krankheitsfall 764
11. Nebentätigkeit und Konkurrenz 764
12. Nachvertragliche Wettbewerbsbeschränkungen 771
13. Sozietätszusagen 785
14. Berufshaftpflichtversicherung 786
15. Urheberrechtliche Fragen 786
16. Geheimhaltung 789
17. Fortbildung 789
18. Kammer- und Mitgliedsbeiträge 790
19. Freistellung 790
20. Kollektives Arbeitsrecht 791

III. Sozialrechtliche Grundlagen 791

Seite

1. Beschäftigungsbegriff . . . 792
2. Krankenversicherung . . . 794
3. Pflegeversicherung . . . 794
4. Rentenversicherung . . . 794
5. Arbeitslosenversicherung . . . 795
6. Unfallversicherung . . . 795
7. Teilzeittätigkeit . . . 795
8. Anfrageverfahren zur Statusklärung . . . 797
9. Alternativgestaltungen . . . 799
10. Regelung des § 2 Satz 1 Nr. 9 SGB VI: Arbeitnehmerähnliche Selbständige . . . 800
11. Rückgriffsmöglichkeiten des Arbeitgebers . . . 801

IV. Haftung

1. Außenhaftung: Mandatsverhältnis zwischen Rechtsanwalt bzw. Sozietät und Mandant . . . 804
2. Innenhaftung: Rechtsverhältnis zwischen Rechtsanwalt und Anwaltssozietät . . . 807
3. Versicherungsverhältnis: Vertragsverhältnis zwischen Rechtsanwalt und Haftpflichtversicherung . . . 810

V. Außenverhältnis

1. Anwendbarkeit des anwaltlichen Berufsrechts . . . 811
2. Kanzleipflicht . . . 811
3. Auftreten der anwaltlichen Mitarbeiter nach außen . . . 813

VI. Vertragsmuster

1. Vertrag mit einem angestellten Rechtsanwalt (Arbeitsvertrag) . 815
2. Vertrag mit einem Rechtsanwalt als freiem Mitarbeiter . . . 818

VII. Steuerrecht

1. Allgemeines . . . 820
2. Abgrenzung zum Arbeitsverhältnis . . . 821
3. Rechtsfolgen nachträglich aufgedeckter Arbeitsverhältnisse . . . 825

M. Die Berufsausübungsgemeinschaft im Berufsrecht
(Deckenbrock)

I. Vorbemerkung . . . 828

II. Berufsrechtliche Stellung der Berufsausübungsgemeinschaft

1. Klärung der Begrifflichkeiten und Versuch einer Definition . . . 829

Seite

2. Anforderungen an die Gesellschafterstellung 834
3. Berufsausübungsgemeinschaft als Bezugssubjekt berufsrechtlicher Regelungen 839
4. Zulassung 840
5. Erlaubnis zur Rechtsdienstleistung 845
6. Beiordnung und Kontrahierungszwang (§§ 48 ff. BRAO) 847
7. Postulationsfähigkeit 849
8. Besondere Formen der „Sozietät" 852

III. Kanzleipflicht

1. Anforderungen 858
2. Wahl des Kanzleisitzes 859
3. Mehrere Kanzleien, Zweigstelle und überörtliche Sozietät 860

IV. Unabhängigkeit

1. Regelungsüberblick 863
2. Bindungen in einer Berufsausübungsgemeinschaft 864
3. Behandlung der Mitarbeiter 865
4. Bindungen zu Nichtjuristen 869

V. Verschwiegenheitspflicht

1. Regelungsüberblick 870
2. Umfang 870
3. Ausnahmen 873

VI. Tätigkeitsverbote 878

1. Regelungsüberblick 881
2. Verbot der Vertretung widerstreitender Interessen 882
3. Vertragliche Aufklärungspflichten außerhalb derselben Rechtssache 900
4. Tätigkeitsverbote bei nichtanwaltlicher Vorbefassung 901
5. Verbot der Mehrfachverteidigung (§ 146 StPO) 906
6. Kommunalrechtliche Verbote 907
7. Hinweise zur Konfliktprüfung 907

VII. Behandlung von Fremdgeld 909

VIII. Beendigung der beruflichen Zusammenarbeit

1. Auflösung der Berufsausübungsgemeinschaft 910
2. Ausscheiden eines Sozius 912
3. Außen-/Scheinsozietät 913

Seite

4. Umzugshinweis und Bekanntgabepflicht 913
5. Verbleib der Handakten 913

IX. Werbung/Außendarstellung 914
1. Grundsatz der Werbefreiheit 915
2. Regelungsüberblick 915
3. Weitere Entwicklung und Zukunft des Werberechts 916
4. Begriff der Werbung 918
5. Angabe von Erfolgs- und Umsatzzahlen (§ 6 Abs. 2 S. 1 BORA) . 918
6. Benennung von Teilbereichen der Berufstätigkeit (§ 7 BORA) . . 920
7. Kundgabe gemeinschaftlicher Berufsausübung und anderer beruflicher Zusammenarbeit (§ 8 BORA) 922
8. Kurzbezeichnung (§ 9 BORA) 924
9. Gestaltung der Briefbögen (§ 10 BORA) 925
10. Erlaubnis zur Führung der Fachanwaltschaftsbezeichnung (§ 43c BRAO) 929
11. Pro bono-Rechtsberatung 932

N. Transnationale Sozietäten

(Kilian/Streck)

I. Einführung 936

II. Berufsausübungsbefugnis 937
1. Einleitung 938
2. Tätigkeit ausländischer Rechtsanwälte in Deutschland 938
3. Tätigkeit deutscher Rechtsanwälte im Ausland 952

III. Organisation der transnationalen Berufsausübung
1. Einleitung 964
2. Transnationale Sozietät 964
3. Transnationale Kooperation 971

IV. Zivilrecht 980
1. Anwaltsvertrag 981
2. Vergütung 984
3. Haftung 991

V. Berufsrecht
1. Anwendbares Berufsrecht 997
2. CCBE-Standesregeln 998

Seite

3. Kollidierende Berufsrechte 1001

VI. Strafrecht

1. Inlandstaten ausländischer Anwälte 1002
2. Auslandstaten deutscher Anwälte 1003

VII. Verfahrensrecht

1. Verfahrenshandlungen 1003
2. Kostenerstattung 1004
3. Prozesskostenhilfe 1004

VIII. Steuerrecht 1004

1. Internationale Sozietät nach deutschem Ertragsteuerrecht 1005
2. Kapitalistische Organisationsform 1014
3. EWIV 1015
4. Umsatzsteuer 1015
5. BMF-Schreiben (Entwurf) 1016

Stichwortverzeichnis 1019

Verzeichnis der Vertragsmuster

Muster Sozietätsvertrag 122
Muster Schiedsvertrag 133
Muster Mandatsvertrag 203
Muster Partnerschaftsvertrag 396
Mustersatzung einer Rechtsanwaltsgesellschaft unter ausschließlicher Beteiligung von Rechtsanwälten 501
Muster einer Neuanmeldung einer Rechtsanwaltsgesellschaft mbH . 510
Muster Bürogemeinschaft 645
Vertrag mit einem angestellten Rechtsanwalt (Arbeitsvertrag) 815
Vertrag mit einem Rechtsanwalt als freier Mitarbeiter 817

Allgemeines Literaturverzeichnis

Baumbach/Hopt, HGB, 34. Aufl. 2010
Baumbach/Hueck, GmbH-Gesetz, 19. Aufl. 2010
Baumbach/Lauterbach/Albers/Hartmann, Zivilprozessordnung, 68. Aufl. 2010
Bohle/Eich, Die Verträge des Rechtsanwalts mit seinen juristischen Mitarbeitern, 2. Aufl. 2002
Boin, Die Partnerschaftsgesellschaft für Rechtsanwälte, 1996
Borgmann/Jungk/Grams, Anwaltshaftung, 4. Aufl. 2005
Burgmair/Brink, Die erfolgreiche Rechtsanwaltskooperation, 2000
Busse, Deutsche Anwälte, Geschichte der deutschen Anwaltschaft 1945 – 2009, 2010
Canaris/Larenz, Methodenlehre der Rechtswissenschaft, 3. Aufl. 2009
Castan, Die Partnerschaftsgesellschaft, 1997
Chemnitz/Johnigk, Rechtsberatungsgesetz, 11. Aufl. 2003
Deckenbrock, Strafrechtlicher Parteiverrat und berufsrechtliches Verbot der Vertretung widerstreitender Interessen, 2009
Dehmer, Umwandlungsgesetz, Umwandlungssteuergesetz, 5. Aufl. 2009
Droste, Gemeinschaftliche Berufsausübung von Rechtsanwälten mit Angehörigen anderer steuer- und wirtschafsberatender Berufe, 1998
Eggesiecker, Die Partnerschaftsgesellschaft für Freie Berufe, Loseblatt
Eich, Die Bewertung von Anwaltspraxen, 1995
Fahrendorf/Mennemeyer/Terbille, Die Haftung des Rechtsanwalts und des Notars, 8. Aufl. 2009
Fedtke, Anwaltsmarkt Europa, 1999
Feuerich/Weyland, Bundesrechtsanwaltsordnung, 7. Aufl. 2008
Gaier/Wolf/Göcken, Anwaltliches Berufsrecht: Kommentar, 2010 (zitiert: Gaier/Wolf/Göcken/*Bearbeiter*)
Gail/Overlack, Anwaltsgesellschaften, 2. Aufl. 1996
Ganster, Freier Beruf und Kapitalgesellschaft – das Ende der freien Professionen?, 2000 (zitiert: *Ganster*, Freier Beruf)
Gehre/Koslowski, Steuerberatungsgesetz, 6. Aufl. 2009
Gerold/Schmidt, Rechtsanwaltsvergütungsgesetz, 19. Aufl. 2010
Grunewald/Römermann, Rechtsdienstleistungsgesetz, 2008
Hartstang, Anwaltsrecht, 1991
Hartung/Römermann, Anwaltliche Berufsordnung, 4. Aufl. 2008 (zitiert: Hartung/Römermann/*Bearbeiter*)
Hartung/Römermann, Management- und Marketing-Handbuch für Rechtsanwälte, 1999 (zitiert: *Bearbeiter* in Hartung/Römermann – MMHB)
Hartung/Scharmer, Bürogemeinschaft für Rechtsanwälte, 5. Aufl. 2010 (zitiert: Hartung/Scharmer/*Bearbeiter*)
Heller, Die Beendigung freiberuflicher Sozietätsverhältnisse, 2000
Henssler, Partnerschaftsgesellschaftsgesetz, 2. Aufl. 2008

Henssler/Nerlich, Anwaltliche Tätigkeit in Europa, 1994
Henssler/Prütting, Bundesrechtsanwaltsordnung, 3. Aufl. 2010 (zitiert: Henssler/Prütting/*Bearbeiter*)
Heussen, Anwalt und Mandant, 1999
Heymann, Handelsgesetzbuch (ohne Seerecht), 2. Aufl. 1995 ff. (zitiert: Heymann/*Bearbeiter*)
Hommerich/Prütting, Das Berufsbild des Syndikusanwalts, 1998
Isele, Bundesrechtsanwaltsordnung, 1976
Jessnitzer/Blumberg, Bundesrechtsanwaltsordnung, 9. Aufl. 2000
Kaiser/Bellstedt, Die Anwaltssozietät, 2. Aufl. 1995
Kleine-Cosack, Bundesrechtsanwaltsordnung, 6. Aufl. 2009 (zitiert: *Kleine-Cosack*)
Kleine-Cosack, Das Werberecht der rechts- und steuerberatenden Berufe, 2. Aufl. 2004 (zitiert: *Kleine-Cosack*, Werberecht)
Kilian/Offermann-Buckart/vom Stein, Praxishandbuch Anwaltsrecht, 2. Aufl. 2010 (zitiert: Kilian/Offermann-Burckart/vom Stein/*Bearbeiter*)
Koch/Kilian, Anwaltliches Berufsrecht, 2007 (zitiert: Koch/Kilian/*Bearbeiter*)
Köhler/Bornkamm, UWG, 28. Aufl. 2010
Kohl, Kanzleimanagement-Handbuch, 1998
Kölner Kommentar zum Aktiengesetz, hrsg. von Zöllner, 3. Aufl. 2004 ff. (zitiert: KölnKommAktG/*Bearbeiter*)
Knöfel, Grundfragen der internationalen Berufsausübung von Rechtsanwälten, 2005
Krämer/Mauer/Braun, Erfolgreiche Anwaltswerbung, 1999
Kraus/Kunz/Mäder u.a., Sozietätsrecht, 2. Aufl. 2006 (zitiert: *Bearbeiter* in Sozietätsrecht)
Kuhls/Meurers/Maxl/Schäfer/Goez/Willerscheid, Steuerberatungsgesetz, 2. Aufl. 2004
Lenz/Imping/Schlößer, Kooperationsformen freie Berufe, Loseblatt (zitiert: *Bearbeiter* in Lenz/Imping/Schlößer)
Lingenberg/Hummel/Zuck/Eich, Kommentar zu den Grundsätzen des anwaltlichen Standesrechts, 2. Aufl. 1988
Lutter/Hommelhoff, GmbH-Gesetz, Kommentar, 17. Aufl. 2009
Lutter/Krieger, Rechte und Pflichten des Aufsichtsrates, 5. Aufl. 2008
Meilicke/Graf von Westphalen/Hoffmann/Lenz/Wolff, Partnerschaftsgesellschaftsgesetz, 2. Aufl. 2006
Meyer, Die Besteuerung der Anwaltskanzlei, 3. Aufl. 2007
Meyer-Goßner, StPO, 53. Aufl. 2010
Michalski, Das Gesellschafts- und Kartellrecht der berufsrechtlich gebundenen freien Berufe, 1989
Michalski/Römermann, PartGG, 3. Aufl. 2005
Münchener Handbuch des Gesellschaftsrechts, Band 1: BGB-Gesellschaft, Offene Handelsgesellschaft, Partnerschaftsgesellschaft, Partenreederei, EWIV, 2. Aufl. 2004 (zitiert: MünchHdb. GesR I/*Bearbeiter*); Band 3: Gesellschaft mit beschränkter Haftung, 3. Aufl. 2009 (zitiert: MünchHdb. GesR III/*Bearbeiter*)

Münchener Kommentar zum Bürgerlichen Gesetzbuch, Bd. 2 5. Aufl. 2007 (zitiert: MünchKommBGB/*Bearbeiter*)
Münchener Kommentar zum Bürgerlichen Gesetzbuch, Bd. 4 5. Aufl. 2009 (zitiert: MünchKommBGB/*Bearbeiter*)
Münchener Kommentar zum Bürgerlichen Gesetzbuch, Bd. 5 5. Aufl. 2009 (zitiert: MünchKommBGB/*Bearbeiter*)

Nerlich, Internationale Kooperationsmöglichkeiten für europäische Rechtsanwälte, 1994

Offermann-Burckart, Anwaltsrecht in der Praxis, 2010 (zitiert: Offermann-Burckart/*Bearbeiter*)

Palandt, Bürgerliches Gesetzbuch, 69. Aufl. 2010/70. Aufl. 2011 (zitiert: Palandt/*Bearbeiter*)
Pelzer, Die Sozietät im Sinne der BRAO unter besonderer Berücksichtigung der Beteiligung von Berufsfremden, 2008
Posegga, Rechtliche Grundlagen einer Sozietät von Rechtsanwälten und Steuerberatern, 1999

Reithmann/Martiny, Internationales Vertragsrecht, 7. Aufl. 2010
Römermann, Entwicklungen und Tendenzen bei Anwaltsgesellschaften, 1995 (zitiert: *Römermann*, Anwaltsgesellschaften)
Rowedder, Gesetz betreffend die Gesellschaften mit beschränkter Haftung, 4. Aufl. 2002 (zitiert: Rowedder/*Bearbeiter*)

Schautes, Anwaltliche Unabhängigkeit: eine rechtsvergleichende Untersuchung des deutschen und des US-amerikanischen Berufsrechts, 2005
Schlegelberger, Handelsgesetzbuch, 5. Aufl. 1973 ff.
Schmidt, Karsten, Gesellschaftsrecht, 4. Aufl. 2002
Schmidt, Ludwig, Einkommensteuergesetz, 29. Aufl. 2010
Scholz, Kommentar zum GmbH-Gesetz, Band 1 10. Aufl. 2006, Band 2 10. Aufl. 2007, Band 3 10 Aufl. 2010
Schönke/Schröder, StGB, 28. Aufl. 2010 (zitiert: Schönke/Schröder/*Bearbeiter*)
Schramm, Das Verbot der Vertretung widerstreitender Interessen, 2004
Schurr, Anwaltsgesellschaften in Deutschland und den Vereinigten Staaten von Amerika, 1998
Seibert, Die Partnerschaft, 1994
Soergel, Bürgerliches Gesetzbuch, Kommentar, 13. Aufl. 1999 ff. (zitiert: Soergel/*Bearbeiter*)
Staudinger, Kommentar zum Bürgerlichen Gesetzbuch (zitiert: Staudinger/*Bearbeiter*)
Streck, Beruf: Anwalt Anwältin, 2001
Sudhoff, Personengesellschaften, 8. Aufl. 2005 (zitiert: *Bearbeiter* in Sudhoff)

Ulmer, Großkommentar zum GmbHG, Bd. 1 1. Aufl. 2006, Bd. 2 1. Aufl. 2008
Ulmer, Gesellschaft bürgerlichen Rechts und Partnerschaftsgesellschaften, 5. Aufl. 2009
Ulmer/Brandner/Hensen, AGB-Recht, 11. Aufl. 2011

Vogels, Haftung von Rechtsanwälten in der Sozietät, 1995
Vollkommer/Greger/Heinemann, Anwaltshaftungsrecht, 3. Aufl. 2009
Wiedemann/Frey, Gesellschaftsrecht, 7. Aufl. 2007
Zöller, Zivilprozessordnung, 28. Aufl. 2010
Zuck, Vertragsgestaltung bei Anwaltskooperationen, 1995
Zuck, Anwalts-GmbH, Kommentar zu den §§ 59c–59 m BRAO, 1999 (zitiert: *Zuck*, Anwalts-GmbH)
Zugehör/Fischer/Sieg/Schlee, Handbuch der Anwaltshaftung, 2. Aufl. 2006

Abkürzungsverzeichnis

a.A.	anderer Ansicht
ABl.	Amtsblatt
a.F.	alte Fassung
AfA	Absetzung für Abnutzung
AG	Aktiengesellschaft; Amtsgericht
AGBG	Gesetz zur Regelung des Rechts der Allgemeinen Geschäftsbedingungen
AGH	Anwaltsgerichtshof
AHB	Allgemeine Bedingungen für die Haftpflichtversicherung
AktG	Aktiengesetz
AnwBl.	Anwaltsblatt (Zeitschrift)
AnwG	Anwaltsgericht
AO	Abgabenordnung
AP	Arbeitsrechtliche Praxis
ArbGG	Arbeitsgerichtsgesetz
ArbZG	Arbeitszeitgesetz
AÜG	Arbeitnehmerüberlassungsgesetz
AVB	Allgemeine Versicherungsbedingungen
AWD	Außenwirtschaftsdienst des Betriebs-Beraters (Zeitschrift)
BAG	Bundesarbeitsgericht
BAnz.	Bundesanzeiger
BayObLG	Bayerisches Oberstes Landesgericht
BB	Betriebs-Berater (Zeitschrift)
BDSG	Bundesdatenschutzgesetz
BerHG	Beratungshilfegesetz
BErzGG	Bundeserziehungsgeldgesetz
BetrVG	Betriebsverfassungsgesetz
BFH	Bundesfinanzhof
BFH/NV	Sammlung amtlich nicht veröffentlichter Entscheidungen des Bundesfinanzhofs
BGB	Bürgerliches Gesetzbuch
BGBl.	Bundesgesetzblatt
BGH	Bundesgerichtshof
BGHZ	Entscheidungen des Bundesgerichtshofs in Zivilsachen
BKartA	Bundeskartellamt
BMF	Bundesministerium der Finanzen
BNotO	Bundesnotarordnung
BörsG	Börsengesetz
BORA	Berufsordnung und Fachanwaltsordnung für Rechtsanwälte
BOStB	Berufsordnung für Steuerberater
BpO	Betriebsprüfungsordnung
BRAK-Mitt.	Mitteilungen der Bundesrechtsanwaltskammer
BRAO	Bundesrechtsanwaltsordnung

BR-Drucks.	Drucksachen des Bundesrates
BSG	Bundessozialgesetz
BStBK	Bundessteuerberaterkammer
BStBl.	Bundessteuerblatt
BS WP/vBP	Berufssatzung für Wirtschaftsprüfer/vereidigte Buchprüfer
BT-Drucks.	Drucksachen des Deutschen Bundestages
BVerfG	Bundesverfassungsgericht
BVerfGE	Entscheidungen des Bundesverfassungsgerichts
BVerfGK	Kammerentscheidung des Bundesverfassungsgerichts
BVerwG	Bundesverwaltungsgericht
BVerwGE	Entscheidungen des Bundesverwaltungsgerichts
BWNotZ	Zeitschrift für das Notariat in Baden-Württemberg
CCBE	Conseil des Barreaux de l'Union Européenne
DAV	Deutscher Anwaltverein
DB	Der Betrieb (Zeitschrift)
DBA	Doppelbesteuerungsabkommen
Diss.	Dissertation
DK	Die Kanzlei (Zeitschrift)
DNotZ	Deutsche Notar-Zeitschrift
DRiZ	Deutsche Richterzeitung
DStR	Deutsches Steuerrecht (Zeitschrift)
DtZ	Deutsch-deutsche Rechts-Zeitschrift
DVBl.	Deutsches Verwaltungsblatt (Zeitschrift)
DVStB	Verordnung zur Durchführung der Vorschriften über Steuerberater, Steuerbevollmächtigte und Steuerberatungsgesellschaften
DZWiR	Deutsche Zeitschrift für Wirtschaftsrecht
E-BRAO/ BRAO-E	Entwurf einer Bundesrechtsanwaltsordnung
EEG	Eingetragene Erwerbsgesellschaft (Österreich)
EFG	Entscheidungen der Finanzgerichte
EFZG	Entgeltfortzahlungsgesetz
EG	Europäische Gemeinschaft
EGBGB	Einführungsgesetz zum Bürgerlichen Gesetzbuch
EGG	Erwerbsgesellschaftengesetz (Österreich)
EGH	Ehrengerichtshof
EGV	Vertrag zur Gründung der Europäischen Gemeinschaft
ErbStG	Erbschaftsteuergesetz
ErbStR	Erbschaftsteuer-Richtlinien
EStG	Einkommensteuergesetz
EStR	Einkommensteuer-Richtlinien
EU	Europäische Union
EuGH	Europäischer Gerichtshof
EuGHE	Sammlung der Rechtsprechung des Europäischen Gerichtshofes

EuGVÜ	Übereinkommen über die gerichtliche Zuständigkeit und die Vollstreckung gerichtlicher Entscheidungen in Zivil- und Handelssachen
EuRAG	Gesetz über die Tätigkeit europäischer Rechtsanwälte in Deutschland
EuroEG	Euro-Einführungsgesetz
EuZW	Europäische Zeitschrift für Wirtschaftsrecht
e.V.	eingetragener Verein
EWiR	Entscheidungen zum Wirtschaftsrecht (Zeitschrift)
EWIV	Europäische Wirtschaftliche Interessenvereinigung
EWIV-AusfG	EWIV-Ausführungsgesetz
EWIV-VO	EWIV-Verordnung
EWR	Europäischer Wirtschaftsraum
EWS	Europäisches Wirtschafts- und Steuerrecht (Zeitschrift)
FAO	Fachanwaltsordnung
FG	Finanzgericht
FGG	Gesetz über die Angelegenheiten der freiwilligen Gerichtsbarkeit
FGO	Finanzgerichtsordnung
FR	Finanz-Rundschau (Zeitschrift)
FS	Festschrift
GATS	General Agreement on Trade in Services
GbR	Gesellschaft bürgerlichen Rechts
GesRZ	Der Gesellschafter (Zeitschrift)Beiträge zur Erläuterung des Deutschen Rechts, begr. von Gruchot
GewStG	Gewerbesteuergesetz
GG	Grundgesetz
GI	Gerling-Informationen (Zeitschrift)
GmbH	Gesellschaft mit beschränkter Haftung
GmbHG	Gesetz betr. die Gesellschaften mit beschränkter Haftung
Gruch.	Beiträge zur Erläuterung des deutschen Rechts, begründet von Gruchot
GüKG	Güterkraftverkehrsgesetz
GVBl.	Gesetz- und Verordnungsblatt
GWB	Gesetz gegen Wettbewerbsbeschränkungen
HFR	Höchstrichterliche Finanzrechtsprechung
HGB	Handelsgesetzbuch
h.M.	herrschende Meinung
i.d.F.	in der Fassung
IHKG	Gesetz über die Industrie- und Handelskammern
INF	Die Information über Steuer und Wirtschaft (Zeitschrift)
IPrax	Praxis des Internationalen Privat- und Verfahrensrechts (Zeitschrift)

IPRspr.	Die deutsche Rechtsprechung auf dem Gebiete des internationalen Privatrechts (Zeitschrift)
IStR	Internationales Steuerrecht (Zeitschrift)
i.V.m.	in Verbindung mit
JA	Juristische Arbeitsblätter (Zeitschrift)
JurBüro	Das juristische Büro (Zeitschrift)
JW	Juristische Wochenschrift (Zeitschrift)
JZ	Juristenzeitung (Zeitschrift)
KAGG	Gesetz über Kapitalanlagegesellschaften
KEG	Kommanditerwerbsgesellschaft (Österreich)
KG	Kommanditgesellschaft; Kammergericht
KGaA	Kommanditgesellschaft auf Aktien
KO	Konkursordnung
KÖSDI	Kölner Steuerdialog (Zeitschrift)
KostO	Kostenordnung
KSchG	Kündigungsschutzgesetz
KStG	Körperschaftsteuergesetz
KStR	Körperschaftsteuer-Richtlinien
LAG	Landesarbeitsgericht
LG	Landgericht
LMK	Nachschlagewerk des Bundesgerichtshofs, hrsg. von Lindenmaier und Möhring
LStDV	Lohnsteuer-Durchführungsverordnung
MDR	Monatsschrift für deutsches Recht (Zeitschrift)
MedR	Medizinrecht (Zeitschrift)
MittBayNot	Mitteilungen der Bayerischen Notarkammer (Zeitschrift)
MoMiG	Gesetz zur Modernisierung des GmbH-Rechts und zur Bekämpfung von Missbräuchen
MuSchG	Mutterschutzgesetz
m.w.N.	mit weiteren Nachweisen
n.F.	neue Fassung
NJW	Neue Juristische Wochenschrift (Zeitschrift)
NJW-RR	NJW-Rechtsprechungs-Report Zivilrecht (Zeitschrift)
NStZ-RR	NStZ-Rechtsprechungs-Report Strafrecht (Zeitschrift)
NVwZ	Neue Zeitschrift für Verwaltungsrecht
NZA	Neue Zeitschrift für Arbeitsrecht
NZG	Neue Zeitschrift für Gesellschaftsrecht
öAnwBl.	Österreichisches Anwaltsblatt (Zeitschrift)
OEG	Offene Erwerbsgesellschaft (Österreich)
OHG	Offene Handelsgesellschaft
ÖJZ	Österreichische Juristen-Zeitung (Zeitschrift)

OLG	Oberlandesgericht
OLGR	OLG-Report
OR	Obligationenrecht (Schweiz)
PartGG	Partnerschaftsgesellschaftsgesetz
PflVG	Pflichtversicherungsgesetz
PRV	Partnerschaftsregisterverordnung
RabelsZ	Zeitschrift für ausländisches und internationales Privatrecht
RADG	Rechtsanwaltsdienstleistungsgesetz
RAG	Rechtsanwaltsgesetz (DDR)
RAO	Rechtsanwaltsordnung
RBerG	Rechtsberatungsgesetz
RdA	Recht der Arbeit (Zeitschrift)
RDG	Rechtsdienstleistungsgesetz
RG	Reichsgericht
RGRK	Reichsgerichtsräte – Kommentar zum BGB
RGZ	Entscheidungen des Reichsgerichts in Zivilsachen
RichtlRA	Grundsätze des anwaltlichen Standesrechts
RiLi	Richtlinie
RIW	Recht der Internationalen Wirtschaft (Zeitschrift)
Rpfleger	Der deutsche Rechtspfleger (Zeitschrift)
RVG	Rechtsanwaltsvergütungsgesetz
Rz.	Randzahl
Seuff Bl.	Seufferts Blätter für Rechtsanwendung (Zeitschrift)
SGB	Sozialgesetzbuch
SprAuG	Sprecherausschussgesetz
Stan.L.Rev.	Stanford Law Review (Zeitschrift)
StB	Der Steuerberater (Zeitschrift)
StBerG	Steuerberatungsgesetz
Stbg.	Die Steuerberatung (Zeitschrift)
StbKongrRep.	Steuerberaterkongress-Report (Zeitschrift)
StBp.	Die steuerliche Betriebsprüfung (Zeitschrift)
StGB	Strafgesetzbuch
StPO	Strafprozessordnung
str.	streitig
StV	Strafverteidiger (Zeitschrift)
SV-Prot.	Protokolle der Satzungsversammlung
TVG	Tarifvertragsgesetz
UrhG	Urhebergesetz
UmwE	Anwendungserlass zum UmwStG
UmwG	Umwandlungsgesetz
UmwStG	Umwandlungssteuergesetz
UR	Umsatzsteuer-Rundschau (Zeitschrift)

UStDV	Umsatzsteuer-Durchführungsverordnung
UStG	Umsatzsteuergesetz
UStR	Umsatzsteuer-Richtlinien
UWG	Gesetz gegen den unlauteren Wettbewerb
VAG	Versicherungsaufsichtsgesetz
VerkProspG	Verkaufsprospektgesetz
VersR	Versicherungsrecht (Zeitschrift)
VGH	Verwaltungsgerichtshof
VO	Verordnung
VVG	Versicherungsvertragsgesetz
WBl.	Wirtschaftsrechtliche Blätter (Zeitschrift)
WiB	Wirtschaftsrechtliche Beratung (Zeitschrift)
wistra	Zeitschrift für Wirtschaft, Steuer, Strafrecht
WM	Wertpapier-Mitteilungen (Zeitschrift)
WPBHV	Wirtschaftsprüfer-Berufshaftpflichtversicherungsverordnung
WPg	Die Wirtschaftsprüfung (Zeitschrift)
WP-Hb	Wirtschaftsprüfer-Handbuch
WPK-Mitt.	Wirtschaftsprüferkammer-Mitteilungen (Zeitschrift)
WPO	Wirtschaftsprüferordnung
WRP	Wettbewerb in Recht und Praxis (Zeitschrift)
WuB	Entscheidungssammlung zum Wirtschafts- und Bankrecht
ZAP	Zeitschrift für die Anwaltspraxis
ZEuP	Zeitschrift für Europäisches Privatrecht
ZEV	Zeitschrift für Erbrecht und Vermögensnachfolge
ZfA	Zeitschrift für Arbeitsrecht
ZfgG	Zeitschrift für das gesamte Genossenschaftswesen
ZGR	Zeitschrift für Unternehmens- und Gesellschaftsrecht
ZHR	Zeitschrift für das gesamte Handels- und Wirtschaftsrecht
ZIP	Zeitschrift für Wirtschaftsrecht
ZKM	Zeitschrift für Konfliktmanagement
ZNotP	Zeitschrift für die notarielle Praxis
ZPO	Zivilprozessordnung
ZRP	Zeitschrift für Rechtspolitik
ZVersWiss	Zeitschrift für die gesamte Versicherungswissenschaft
ZVG	Zwangsversteigerungsgesetz
ZVglRWiss	Zeitschrift für vergleichende Rechtswissenschaft

A. Einleitung

	Rz.
I. Entwicklung der gemeinsamen anwaltlichen Berufsausübung	
1. Der Einzelanwalt als historisch überkommener Idealtypus	1
2. Rechtstatsächliche und rechtspolitische Grundlagen	
a) Vorteile gemeinschaftlicher Berufsausübung	3
b) Statistische Daten	6
c) Aktuelle Entwicklungstendenzen	8
d) Organisationsfreiheit für die Anwaltschaft	12
II. Kooperationsmöglichkeiten der verwandten wirtschaftsnahen Beratungsberufe	17
1. Wirtschaftsprüfer	18
2. Steuerberater	23
3. Notare/Anwaltsnotare	26
III. Überblick über die anwaltlichen Organisationsformen	
1. Gesellschaft bürgerlichen Rechts	28
2. Partnerschaft	33
3. Rechtsanwaltsgesellschaft mbH	35
4. Anwalts-Aktiengesellschaft	36
5. Berufsausübungsgesellschaften sonstiger Rechtsform	37
6. Bürogemeinschaft	38
7. Verfestigte Kooperation	39
IV. Vergleich der anwaltlichen Organisationsformen	41
1. Organisationsrechtlicher Vergleich	42
a) Rechtsfähigkeit	42
b) Form	46
c) Bestandteile des Gesellschaftsvertrags	47
d) Name und Sitz	50
e) Gesellschafterkreis	51
f) Registerpflicht/Publizität	52
g) Berufsrechtliche Zulassung	53
h) Geschäftsführung	54
2. Haftungsrechtlicher Vergleich	55
3. Vergleich der Kostenbelastung	58
4. Vergleich der Kooperationsformen in der interprofessionellen Zusammenarbeit	61
5. Steuerrechtlicher Vergleich	66
a) Einkommen-/Körperschaftsteuerliche Behandlung	66
b) Umsatzsteuer	68
c) Gewerbesteuerpflicht	69
d) Steuerliche Absetzbarkeit von Pensionsrückstellungen	72
6. Bilanzierungs- und Publizitätspflichten	74
7. Wahl der geeigneten Organisationsform	78

I. Entwicklung der gemeinsamen anwaltlichen Berufsausübung

1. Der Einzelanwalt als historisch überkommener Idealtypus

1 Das Recht der anwaltlichen Betätigung in Berufsausübungsgesellschaften führte nach Inkrafttreten der ersten Kodifikation des anwaltlichen Berufsrechts durch die RAO im Jahre 1878 noch über ein Jahrhundert lang ein nahezu vollständiges Schattendasein. Weder die RAO – einschließlich

der Novellierungen in der Zeit des 3. Reiches[1] – noch die BRAO des Jahres 1959[2] kannten Vorschriften für die gemeinschaftliche Berufsausübung. Im ersten Kommentar zur RAO aus dem Jahr 1908 war das Phänomen des sozierten Rechtsanwalts noch so ungewöhnlich, dass die Rechtswissenschaft Probleme hatte, die Rechtsnatur einer solchen neuartigen Verbindung zutreffend zu qualifizieren (sie wurde zunächst als Vertrag „sui generis" eingeordnet[3]). Erst im Rahmen der BRAO-Novelle des Jahres 1994 kam es zu einer Regelung der beruflichen Zusammenarbeit. Auch sie begnügte sich jedoch in § 59a BRAO mit einer einzigen die Sozietät als BGB-Gesellschaft betreffenden Bestimmung. Es dauerte bis zum 1. 3. 1999, bis mit den §§ 59cff. BRAO die Rechtsanwaltsgesellschaft mbH gesetzlich geregelt wurde. Damit hat das anwaltliche Berufsrecht in ersten Ansätzen begonnen, der großen faktischen Bedeutung der gemeinschaftlichen anwaltlichen Berufsausübung Rechnung zu tragen. Mit der weiteren Entwicklung des nationalen und internationalen Beratungsmarktes hat das Gesetz freilich nicht Schritt gehalten: Weder die Anwalts-Aktiengesellschaft (unten Rz. 36 sowie E) noch die GmbH & Co. KG (unten F)[4] haben in der BRAO bislang Berücksichtigung gefunden. Gleiches gilt für die Berufsausübungsgesellschaften ausländischer Rechtsform (unten G), die im Zuge der Rechtsprechung des EuGH[5] zur rechtsformwahrenden Sitzverlegung im Binnenmarkt eine Gestaltungsoption zur Organisation der Berufsausübung geworden sind.

2 Der Grund für die Zurückhaltung des Gesetzgebers lag in einem verbreiteten Misstrauen gegenüber der Zusammenarbeit von Rechtsanwälten in Personen- und erst recht in Kapitalgesellschaften. Als Idealtypus freiberuflicher und unabhängiger anwaltlicher Tätigkeit galt lange Zeit der Einzelanwalt[6]. Die individualistische Berufsausübung entsprach nach diesem Verständnis weitaus am besten der geforderten Eigenverantwortlichkeit des Rechtsanwalts. Im Falle einer gesetzlichen Förderung von Sozietäten wurde ein Entwicklungsschub hin zur mechanischen Betriebsamkeit und geschäftsmäßigen Routine[7] oder gar zu einer fabrikähnlichen und unpersönlichen Berufsausübung[8] befürchtet. Auch aus der Anwaltschaft selbst kamen daher kaum Vorstöße für eine umfassende gesetzliche Regelung der gemeinschaftlichen Berufsausübung. Es wurde im Gegenteil sogar versucht, überfällige

1 Vgl. die Notverordnung v. 18. 3. 1933 (RGBl. I, 107f.), das 2. Gesetz zur Änderung der RAO 1878 v. 13. 12. 1935 (RGBl. I, 1470) sowie die RRAO v. 21. 2. 1936 (RGBl. 107).
2 BGBl. 1959 I, 565.
3 Näher Koch/Kilian/*Kilian*, Rz. B 786.
4 Dazu *K. Schmidt*, DB 2009, 271; *Henssler*, AnwBl. 2009, 1, 6; *Henssler*, AnwBl. 2008, 721, 725f.; *Henssler*, FS Kreutz, 2009, S. 635.
5 Vgl. nur EuGH, Rs. C-212/97, Slg. 1999, I-1459; Rs. C-208/00, Slg. 2002, I-9919; Rs. C-167/01, Slg. 2003, I-10155.
6 Zum Ganzen *Henssler*, NJW 1993, 2137f.; Henssler/Prütting/*Hartung*, § 59a BRAO Rz. 2ff.
7 *Weißler*, Geschichte der Rechtsanwaltschaft, 1905, S. 540.
8 *Jaffé*, in: Anregungen aus der Praxis des Arbeitsamtes der deutschen Rechtsanwälte, zitiert nach *Hartstang*, Anwaltsrecht, 1991, S. 34.

Entwicklungen, wie etwa die überörtliche Sozietät[1] oder die Zulassung der Anwalts-GmbH[2], zu blockieren. Auch die Rechtswissenschaft nahm sich der Thematik lange Zeit nicht an, so dass manch wichtige Frage der Berufsausübung in der Sozietät, wie etwa diejenige der Postulationsfähigkeit der Sozietät, der Haftung bei interprofessioneller Berufsausübung oder die Wirksamkeit nachvertraglicher Wettbewerbsverbote, bis heute nicht abschließend geklärt sind. Seit Anfang der 1990er Jahre lässt sich allerdings eine gewisse Trendwende beobachten. Nicht nur die um die Jahrtausendwende erstmals erschienenen Handbücher des Sozietätsrechts, auch eine mittlerweile fast unüberschaubare Zahl rechtswissenschaftlicher Dissertationen[3] zum Sozietätsrecht sind der Beleg für das vertiefte Interesse, das Fragen der anwaltlichen gemeinschaftlichen Berufsausübung mittlerweile finden. Die Bundesrechtsanwaltskammer hat sich in einem eigenen „Ausschuss Internationale Sozietäten" den drängenden Problemen der großen Anwaltsgesellschaften angenommen und neben rechtlichen Hinweisen zur Beurteilung offener Fragen verschiedene Regelungsvorschläge unterbreitet[4]. Für künftige Gesetzgebung ist zu hoffen, dass der Gesetzgeber diese Anregungen aufgreift und neben einer Regelung der Anwalts-AG und der Anwalts-GmbH & Co. KG auch Vorschriften zur Behandlung ausländischer Anwaltsgesellschaften verabschiedet[5].

2. Rechtstatsächliche und rechtspolitische Grundlagen

a) Vorteile gemeinschaftlicher Berufsausübung

Die **tatsächliche Entwicklung** der Rechtsanwaltschaft in Deutschland hatte 3
sich schon lange vor der großen BRAO-Novelle des Jahres 1994 von den Prämissen der restriktiven Gesetzgebung entfernt. Die aktuelle Struktur der Anwaltschaft zeigt zwar, dass die Berufsausübung als Einzelanwalt in absoluten Zahlen weiterhin die beliebteste Tätigkeitsform ist[6], ihre Bedeutung für den Anwaltsmarkt wird aber stetig geringer: Die Rahmenbedingungen für den Einzelanwalt haben sich mit der enormen Ausweitung des vom Berater zu beherrschenden Wissensstoffes rapide verschlechtert[7]. Die juristischen Arbeitsgebiete sind vielfältiger und umfangreicher geworden, die Anforderungen an Aus- und Fortbildung des Rechtsanwalts drastisch gestiegen. Fragen des Baurechts, Arztrechts, Medienrechts, Umweltrechts, Telekommunikati-

---

1 Vgl. die Beschlüsse der 67. Hauptversammlung der BRAK in NJW 1990, Heft 28, X f.

2 Vgl. die Stellungnahme der BRAK, BRAK-Mitt. 1990, 76 (78).

3 Siehe zuletzt *Pelzer*, Die Sozietät im Sinne der BRAO unter besonderer Berücksichtigung der Beteiligung von Berufsfremden, 2008.

4 Vgl. etwa BRAK, Empfehlungen zur Frage der Behandlung europäischer Rechtsanwaltsgesellschaften, BRAK-Mitt. 2008, 17 (18); Empfehlungen des BRAK-Ausschusses Internationale Sozietäten, BRAK-Mitt. 2009, 22 (23).

5 Dazu *Henssler*, ZAP 2009, Sonderheft 20 Jahre ZAP, S. 39 (42 f.); *Henssler*, NJW 2009, 950, 1536 und 3136.

6 *Hommerich/Kilian*, AnwBl. 2009, 298.

7 Vgl. zur Soziologie des Einzelanwalts *Hommerich/Kilian*, AnwBl. 2009, 298.

onsrechts sowie der gesamte Bereich der Wirtschaftsberatung erfordern neben fundierten Kenntnissen in den „klassischen" Rechtsgebieten ein enormes Spezialwissen. Der einzelne Anwalt kann diese Stofffülle allein unmöglich mit hinreichender Fundiertheit abdecken. Unausweichliche Folge ist der Zwang zur Spezialisierung. Wie die Beliebtheit der Fachanwaltschaften zeigt, haben weite Teile der deutschen Anwaltschaft die Notwendigkeit der Spezialisierung und der damit verbundenen Verbesserung der anwaltlichen Leistung erkannt. Seit Erscheinen der Erstauflage dieses Handbuchs hat sich der Anteil der Rechtsanwälte an der Gesamtanwaltschaft, die einen Fachanwaltstitel führen, verdoppelt, die absolute Zahl der verliehenen Fachanwaltstitel fast verdreifacht[1]. Die Vorteile der Spezialisierung kommen aber nur in der Berufsausübungsgemeinschaft zum Tragen. Allein die Anwaltsgesellschaft kann dem rechtsuchenden Publikum die gesamte Palette rechtsbesorgender Tätigkeit über die in ihr zusammengeschlossenen Mitarbeiter anbieten und somit auf breiter Basis Mandate akquirieren. Beim Einzelanwalt wirkt der Spezialisierungshinweis dagegen zum Teil kontraproduktiv, da der potentielle Mandant befürchten muss, dass der Anwalt die sonstigen – im Spezialisierungshinweis nicht erwähnten – Rechtsgebiete nicht beherrscht[2]. Hinzu kommt, dass bestimmte Mandate vom einzelnen Anwalt auch ihres Arbeitsaufwands wegen in dem vorgegebenen Zeitrahmen nicht bewältigt werden können. Dies betrifft namentlich die finanziell attraktive Wirtschaftsberatung: Komplexe Unternehmenskäufe, Umwandlungen etc. können von Einzelberatern unmöglich in angemessener Zeit betreut und abgewickelt werden.

4 Weitere geradezu evidente Vorteile kooperativer Berufsausübung folgen aus der **Kostenersparnis** durch gemeinsame Nutzung von sachlichen und personellen Hilfsmitteln sowie die gegenseitige **Vertretungsmöglichkeit** bei Urlaub, Krankheit und dem Besuch von Fortbildungsveranstaltungen. Die steigenden Kosten für Kanzleiräume und deren Einrichtungen – insbesondere Computerausstattung, Software, Zugang zu Datenbanken, Bibliothek etc. – lassen sich für einen Freiberufler allein kaum noch aufbringen und amortisieren. Einzelanwälte können damit sinnvoll meist nur noch als Generalisten in „Standard"-Rechtsfragen tätig werden oder einzelne Nischen bedienen und auf wenige Spezialgebiete ausgerichtete sog. „Boutiquen" der Rechtsberatung betreiben. Es überrascht daher nicht, dass der Anteil der Generalisten unter den Einzelanwälten deutlich höher ist als in der Gesamtanwaltschaft[3].

5 Eine Sonderkonstellation betrifft die **interprofessionelle Zusammenarbeit** mit den verwandten Beratungsberufen. Der Beratungsmarkt ist vor allem auf dem Gebiet der Wirtschaftsberatung gekennzeichnet durch den Wunsch von Wirtschaft, staatlicher und privater Nachfrage nach einer Beratung aus

1 *Hommerich/Kilian/Dreske*, S. 81.
2 Einzelanwälte sind unterdurchschnittlich häufig Fachanwalt, vgl. *Hommerich/Kilian*, AnwBl. 2009, 298.
3 *Hommerich/Kilian*, AnwBl. 2009, 298.

einer Hand[1]. Die sachgerechte Betreuung von Wirtschaftsunternehmen erfordert nicht nur ausgeprägtes Fachwissen auf den Gebieten des Vertragsrechts, des Arbeitsrechts, des Gesellschafts- und Wirtschaftsrechts sowie des Steuerrechts, sondern ökonomische Komplementärkenntnisse, namentlich aus den Bereichen der Betriebswirtschaftslehre und dem Bilanzrecht. Aus anwaltlicher Sicht führt die Kooperation mit Steuerberatern und Wirtschaftsprüfern zu entscheidenden Vorteilen in der Markterschließung, da die verwandten Berufe langdauernde Mandatsbeziehungen aufbauen können.

b) Statistische Daten

Statistisch lässt sich ein eindeutiger **Trend zur gemeinschaftlichen Berufsausübung** nachweisen. Seit 1967 hat sich die Zahl der soziierten Rechtsanwälte fast verdoppelt[2]. Gegenwärtig sind nur noch 55 % der Rechtsanwälte als Einzelanwalt tätig. Ein Viertel der Einzelanwälte ist zudem in einer Bürogemeinschaft organisiert[3]. Bei einer Betrachtung der Verteilung der Sozietätsanwälte auf Kanzleigrößen zeigt sich, dass entgegen verbreiteter Wahrnehmung Großsozietäten den Rechtsberatungsmarkt nicht dominieren, soweit man nicht auf die erzielten Umsätze, sondern auf die Zahl der in ihnen organisierten Berufsträger abstellt: 2/3 aller Sozietätsanwälte sind in Kleinsozietäten mit einer Größe von zwei bis fünf Gesellschaftern zusammengeschlossen. In den 40 größten deutschen Kanzleien sind „nur" rund 6500 Rechtsanwälte tätig, der Anteil der Großkanzleianwälte an der Gesamtanwaltschaft hat in den vergangenen zehn Jahren auch nicht sprunghaft zugenommen, sondern ist nur um 0,8 Prozentpunkte gewachsen[4]. Auffallend und den geschilderten Trend zur Vergesellschaftung bestätigend ist der schnelle Anstieg der Partnerschaften auf nunmehr 2703 zum Stichtag 1. 1. 2010[5], wobei die Zahl der Partnerschaftsgesellschaften seit 2003 jährliche Steigerungsraten von ca. 20 % aufweist[6]. Auch die Zahl der Rechtsanwaltsgesellschaften mbH hat – nach einem eher verhaltenen Start – in der jüngeren Vergangenheit deutlich zugenommen und betrug zum 1. 1. 2010 401. Nur eine geringe Bedeutung weist die Aktiengesellschaft als Organisationsform auf; zum 1. 1. 2010 waren 20 Aktiengesellschaften bei den Rechtsanwaltskammern registriert. Das geringe Interesse dürfte nur zum Teil durch die mit dem gesetzlichen Regelungsverzicht verbundene Rechtsunsicherheit zu erklären sein. 6

Aufschlussreich für die Beurteilung der Vorzüge der Soziierung ist ein Vergleich der **Umsatzentwicklung**: Rechtsanwälte in überörtlichen Sozietäten erzielen wesentlich höhere persönliche Jahresüberschüsse (ca. 218000 Euro) als 7

---

1 Vgl. nur *Michalski*, Gesellschafts- und Kartellrecht der berufsrechtlich gebundenen freien Berufe, 1989, S. 128ff.; *Michalski*, ZIP 1991, 155; *Herrmann*, Recht der Kammern und Verbände Freier Berufe, 1996, S. 479ff.

2 *Hommerich/Kilian/Dreske*, S. 93.

3 Vgl. *Hommerich/Kilian*, AnwBl. 2009, 376.

4 *Hommerich/Kilian*, AnwBl. 2009, 444.

5 BRAK-Mitt. 2010, 58.

6 *Hommerich/Kilian/Dreske*, S. 94.

solche in Einzelkanzleien (ca. 134000 Euro) oder in lokalen Sozietäten (ca. 168000 Euro)[1]. Allerdings ist die Einkommensentwicklung gerade in den überörtlichen Sozietäten seit 1998 stark rückläufig. Der Grund hierfür dürfte auch darin zu suchen sein, dass die überörtlichen Kanzleien bei ihrem raschen Wachstum die Grenzen der Wirtschaftlichkeit erreicht haben[2]. So kann die Kostenstruktur einer Großkanzlei mit einer Kostenquote von weit über 50 % deutlich ungünstiger sein als diejenige einer Kanzlei mittlerer Größe.

c) Aktuelle Entwicklungstendenzen

8 Die Entwicklung hin zur gemeinschaftlichen Berufsausübung ist in den zurückliegenden zehn Jahren forciert und neu akzentuiert worden. Zu beobachten ist ein **Trend zu immer größeren Kanzleien**. Die „ranking list" der größten deutschen Anwaltskanzleien[3] ist ständigen Veränderungen unterworfen, da es fortlaufend zu neuen Fusionen[4] kommt. Auch das Eigenwachstum vieler Kanzleien zeigt eine zuvor nicht gekannte Dynamik. Neugegründete Gesellschaften weisen innerhalb weniger Jahre eine Mitarbeiterstärke von 50 Personen, teilweise sogar 100 Personen auf. Verstärkt wird dieses Wachstum durch zwei Sonderfaktoren, nämlich

- die steigende interprofessionelle Ausrichtung und
- die Internationalisierung des deutschen Rechtsberatungsmarktes.

9 Besonders wechselhaft war die Entwicklung der interprofessionellen Beratungsverbünde. Zunächst waren alle großen Steuerberatungs- und Wirtschaftsprüfungsgesellschaften dazu übergegangen, entweder die Gründung von „Partner"-Rechtsanwaltsgesellschaften zu initiieren oder aber Kooperationsvereinbarungen mit Rechtsanwaltsgesellschaften zu treffen. Im Zuge der durch die großen Bilanzskandale angestoßenen Diskussion um die Unabhängigkeit der Wirtschaftsprüfer ist diese Entwicklung zunächst gestoppt worden, da eine beratende Tätigkeit für einen Auftraggeber – sowohl nach den internationalen Regeln als auch nach §§ 319, 319a HGB – zum Ausschluss als Prüfer führen kann.[5] Heute ist nun erneut ein Trend zu beobachten, den lukrativen Rechtsberatungsmarkt wieder für die Wirtschaftsprüfungsgesellschaften nutzbar zu machen. Zahlreiche Wirtschaftsprüfungsgesellschaften haben daher eigene Anwaltsgesellschaften gegründet, wobei strikt auf eine Trennung von Beratung und Prüfung geachtet wird. Davon unabhängig sind Drei-Bänder-Gesellschaften (Rechtsanwaltsgesellschaft, Steuerberatungsgesellschaft und Wirtschaftsprüfungsgesellschaft) keine Selten-

1 Vgl. im Einzelnen den STAR-Report von *Spengler*, BRAK-Mitt. 2007, 46ff. sowie *Oberlander*, BRAK-Mitt. 2005, 252ff.; *Oberlander/Schmuck*, BRAK-Mitt. 2000, 16ff.
2 Vgl. *Spengler*, BRAK-Mitt. 2007, 46.
3 Vgl. etwa die Statistik in JUVE-Handbuch 2008/2009, S. 606f.
4 Vgl. die jährlichen Überblicke über die Großfusionen in den seit 1998 erscheinenden JUVE-Handbücher, vgl. etwa JUVE-Handbuch 2008/2009, S. 29.
5 Vgl. nur *Henssler*, ZHR 171 (2007), 10ff.

heit. Nahezu sämtliche deutschen Großsozietäten sind außerdem internationale Verbindungen eingegangen oder haben grenzüberschreitend fusioniert. Die deutsche Anwaltschaft folgt damit seit der Mitte der 1990er Jahre einer weltweit zu beobachtenden Entwicklung. Die Wachstumsgeschwindigkeit wird namentlich von den US-amerikanischen und britischen „law-firms" vorgegeben. Von den zehn größten deutschen Kanzleien sind sieben Teil einer internationalen Sozietät oder eines internationalen Kanzleiverbundes (Freshfields Bruckhaus Deringer, CMS Hasche Sigle, Clifford Chance, Lovells, Linklaters, Taylor Wessing, White & Case), von den 50 größten Kanzlei immerhin 23. Zum Vergleich: Die größte Kanzlei in den USA, Baker & McKenzie, hat 3949 Anwälte, die auf Rang 250 vorzufindende Kanzlei immerhin noch 164 Berufsträger in ihren Reihen[1]. In Deutschland fände sich eine Kanzlei dieser Größe auf Rang 14 der größten nationalen Kanzleien. Großbritannien kennt mehrere Großkanzleien mit über 1000 juristischen Mitarbeitern[2]. Auch in den Niederlanden, Spanien[3] sowie vereinzelt in Frankreich[4] und Italien[5] gibt es mittlerweile „Mega-Anwaltskanzleien", so dass in Europa Deutschland nach Großbritannien zwar in der Breite, nicht aber in der Spitze die größten Rechtsanwaltskanzleien aufweist.

Ein internationaler Vergleich belegt die relativ geringe Marktstärke deutscher Kanzleien im internationalen Wettbewerb und erklärt zugleich, warum fast alle der größeren deutschen Sozietäten seit 1998 mit – deutlich größeren – US-amerikanischen oder britischen law firms fusioniert sind: Die zehn umsatzstärksten Kanzleien weltweit beschäftigen jeweils mehr als 2000 Rechtsanwälte. Nach Berufsträgern größte Sozietäten mit jeweils rund 3900 anwaltlichen Mitarbeitern sind Baker McKenzie, die den Spitzenplatz bereits seit Anfang der 1990er Jahre einnimmt, und Clifford Chance. Eine aussagekräftigere Kennziffer als diejenige der absoluten Zahl von Berufsträgern bietet der von einer Sozietät erzielte Jahresumsatz oder, soweit bekannt, der Gewinn pro Partner. Die 17 größten Anwaltskanzleien der Welt haben im Jahr 2007 einen Jahresumsatz von jeweils mehr als 1 Mrd. USD erzielt. Umsatz-Spitzenreiter war im Jahr 2008 Linklaters mit einem Jahresumsatz von 2.4 Mrd. USD. Unter den 100 umsatzstärksten Kanzleien weltweit findet sich keine rein deutsche Kanzlei, allerdings steuern viele frühere deutsche Großkanzleien als deutscher Arm der globalen Marktführer in mehr oder minder großem Umfang zu dem Ergebnis der globalen Rechtsdienstleistungsunternehmen bei. 10

1 Vgl. die jährliche erstellte „NLJ 250" des New Law Journal, http://www.law.com.

2 Vgl. The Lawyer UK 100 Annual Report 2009, www.thelawyer.com.

3 Dort gibt es immerhin Kanzleien mit mehr als 200 Berufsträgern, JUVE-Handbuch 2009/2010, S. 602.

4 Dort nimmt die Kanzlei Fidal mit im Jahre 2009 420 zugelassenen Rechtsanwälten eine Sonderstellung ein. Fünf weitere Kanzleien haben mehr als 200 Berufsträger, JUVE-Handbuch 2009/2010, S. 604.

5 In der größten italienischen Kanzlei, Chiomenti, waren 2008 312 Rechtsanwälte tätig.

11 Die Dominanz der angelsächsischen law firms veranschaulicht die Tatsache, dass 92 der 100 umsatzstärksten Kanzleien der Welt im Jahr 2007 aus den USA oder Großbritannien stammten. Bemerkenswert ist hierbei, dass 75 dieser Kanzleien aus den USA kamen und nur 17 aus Großbritannien, allerdings von den sechs größten Kanzleien vier (Clifford Chance, Linklaters, Freshfields, Allen & Overy) ihre Wurzeln in Großbritannien haben (die beiden US-amerikanischen Kanzleien in den Top 6 waren Baker & McKenzie und Skadden Arps). Vier der acht Kanzleien mit Ursprung außerhalb der USA oder Großbritannien haben australische Wurzeln (Mallesons Stephens Jaques, Freehills, Minter Ellison, Clayton Utz), je eine kam aus Kanada (McCarthy Tétrault), Frankreich (Fidal), Spanien (Garrigues) und den Niederlanden (Loyens & Loeff). Die größte Kanzlei aus einer Rechtsordnung außerhalb der USA oder Großbritannien war in 2007 die kanadische Sozietät McCarthy Tétrault auf Platz 64 des Ranking. Bei einer Differenzierung nach erzieltem Umsatz kommen im Jahr 2007 nur fünf deutsche Kanzleien mit ihrem Inlandsgeschäft auf ein Umsatzvolumen, das in Großbritannien immerhin 20 Kanzleien erzielen (125 Mio. Euro oder mehr).

d) Organisationsfreiheit für die Anwaltschaft

12 Um in dieser Wettbewerbssituation bestehen zu können, müssen der Anwaltschaft die gleichen Entfaltungsmöglichkeiten eröffnet werden, die den konkurrierenden Berufen zustehen. Für den Bereich der gesellschaftsrechtlichen Zusammenschlüsse führt dies zwingend zum Postulat der „Organisationsfreiheit für die Anwaltschaft"[1]. Es gilt, **einerseits** die Eigenständigkeit der Anwaltschaft als Freier Beruf und **unabhängiges Organ der Rechtspflege** zu wahren, **andererseits** aber sich von einem überholten, romantisierenden Berufsbild zu verabschieden und die **erwerbswirtschaftliche Orientierung** des Anwaltsberufes zu akzeptieren. All jene gesellschaftsrechtlichen Kooperationsformen, die den konkurrierenden Berufen organisations-, haftungs- und steuerrechtliche Vorteile bieten, müssen auch der Anwaltschaft offenstehen, sofern sie mit dem Charakter als Freier Beruf zu vereinbaren sind.

13 Das Postulat der Organisationsfreiheit muss im Grundsatz auch für die interprofessionelle Zusammenarbeit mit Angehörigen der verwandten Freien Berufe gelten. Lange Zeit nahm Deutschland insoweit eine Vorreiterrolle ein. Nur in Australien fand sich eine vergleichbare Offenheit gegenüber multidisziplinären Partnerschaften, die dort in Form sog. Incorporated Legal Practices (ILP) zulässig sind[2]. In Europa kannten nur die Niederlande eine ähnlich liberale Einstellung. Auch sie hatten aber 1990 die früher zulässige Partnerschaft zwischen Anwälten und Wirtschaftsprüfern wieder untersagt[3]. Erklär-

---

1 *Henssler*, Organisationsfreiheit für die Anwaltschaft, in: Max-Hachenburg-Gedächtnisvorlesung 1996, 1997, S. 13 ff.; *Hommelhoff*, Liber amicorum für Hasche, 1989, S. 101, 114; *Wimmer*, NJW 1989, 1772 (1775); in diesem Sinne auch *Kämmerer*, Gutachten H zum 68. DJT 2010, S. H 70 f.

2 Hierzu *Kilian*, NZG 2004, 71 ff.

3 *Stuyling de Lange*, Lawyers in Europe, 1/1990, 22; dazu auch *Hempel*, in: Österreichischer Anwaltstag 1991, S. 65, 77; *Henssler*, NJW 1993, 2144.

bar war und ist die deutsche Liberalität durch den besonderen Status, den hierzulande Steuerberater und Wirtschaftsprüfer haben, insbesondere das strenge Berufspflichtenprogramm und die hohen Qualitätsanforderungen, denen diese Berufe unterliegen[1]. Die deutsche und die australische Regelung haben weltweit einen Prozess des Nachdenkens über multi-disciplinary-practices in Gang gesetzt. In England und Wales sind seit April 2009 „Legal Disciplinary Practices" (LDP) zulässig, in denen Nicht-Anwälte 25 % der Anteile halten dürfen. Vorbereitet wird eine weitere Liberalisierung in Form sog. „Alternative Business Structures" (ABS), in denen Fremdbesitz zulässig ist.[2] Auch in den USA ist eine Tendenz hin zu einer Gestattung von multidisciplinary practices festzustellen, wenngleich 1999 der Versuch einer entsprechenden Beschlussfassung durch die American Bar Association aufgrund des Widerstands der Anwaltsverbände einiger Bundesstaaten zunächst gescheitert ist. Das Schlagwort des „one stop shopping" verfügt offenbar weltweit über eine Plausibilität[3].

Die Liberalisierungsansätze des Gesetzgebers stoßen in der Anwaltschaft inzwischen auf eine durchaus positive Resonanz, nachdem sie anfänglich recht zurückhaltend aufgenommen worden waren. Zeitgleich mit der Verabschiedung der BRAO-Novelle war zunächst der Versuch unternommen worden, den Freien Berufen mit der Partnerschaft eine eigenständige Gesellschaftsform zur Verfügung zu stellen, die auf ihre besondere Situation zugeschnitten war. Ihre Einführung sollte zugleich den Ruf nach der Kapitalgesellschaft verstummen lassen, eine Intention, der freilich kein Erfolg beschieden war. Die Vorteile der zum 1. 7. 1995 eingeführten **Partnerschaft** gegenüber der herkömmlichen Sozietät waren zu gering, um breite Schichten der Anwaltschaft zu einer Umgründung zu veranlassen. Dies änderte sich erst, als es parallel zur Verabschiedung des Gesetzes zur Regelung der Anwalts-GmbH im Jahre 1998 zu einer Nachbesserung durch Einführung einer gesetzlichen Haftungskonzentration auf den Mandatsbearbeiter kam[4]. Die Zahl der Partnerschaften ist in der Folge von 78 (1. 1. 1997) auf 2 703 zum 1. 1. 2010 gestiegen[5]. 14

Auch die **Anwalts-GmbH** stieß nach ihrer Zulassung durch die Grundsatzentscheidung des BayObLG[6] zunächst nur auf zögernde Akzeptanz. Die Ursachen hierfür waren vielschichtig: Entscheidend waren sicherlich die durch die Untätigkeit des Gesetzgebers fortdauernde Unsicherheit um ihre grundsätzliche Zulässigkeit sowie eine Reihe kaum geklärter praktischer Anwendungsschwierigkeiten, die keine eindeutige Aussage zu Vor- und Nachteilen der GmbH zuließ. Im Zeitraum von 1999 bis 2010 hat sich die Zahl der Rechtsanwaltsgesellschaften mbH dann aber von 78 auf 401 erhöht[7]. 15

---

1 Vgl. auch EuGH Rs. C-309/99 = Slg. 2002, I-1577 (Wouters).
2 Vgl. zur Beteiligung berufsfremden Kapitals *Henssler*, BRAK-Mitt. 2007, 186 ff.; *Henssler*, BRAK-Mitt. 2007, 238 ff.
3 *O'Reilly*, Multi-Disciplinary Practices, PROCTOR March 1998, 31 ff.
4 BGBl. 1998 I, 1881.
5 Vgl. BRAK-Mitt. 2010, 58; *Hommerich/Kilian/Dreske*, S. 94.
6 BayObLG NJW 1995, 201.
7 Vgl. BRAK-Mitt. 2010, 58; *Hommerich/Kilian/Dreske*, S. 94.

16 Seit der 1994 erfolgten Änderung des AktG und der gesetzlichen Zulassung der sog. „Kleinen AG" wird auch über die Zulässigkeit der Gründung einer **Anwalts-AG** nachgedacht. Das BayObLG hat in seiner Entscheidung vom 27. 3. 2000[1] den Spekulationen ein Ende bereitet und die **Zulässigkeit der Anwalts-AG** vor dem Hintergrund der Entscheidung des Gerichts zur Anwalts-GmbH folgerichtig bejaht. Der BGH hat die Zulässigkeit dieser Gesellschaftsform bestätigt[2]. Die in der Erstauflage abgegebene Prognose, dass vor einer klärenden gesetzlichen Regelung, insbesondere der Klarstellung der Postulationsfähigkeit der anwaltliche Zulauf zu dieser Rechtsform gering bleiben wird, hat sich bewahrheitet: Seit der erstmaligen Eintragung in das Handelsregister vor rund zehn Jahren sind erst 20 Anwalts-AG bei den Rechtsanwaltskammern registriert worden. Ähnlichen Problemen sieht sich die ebenfalls denkbare KGaA ausgesetzt.

II. Kooperationsmöglichkeiten der verwandten wirtschaftsnahen Beratungsberufe

17 Die Berufsrechte der verwandten Beratungsberufe der Steuerberater und Wirtschaftsprüfer haben schon weit früher als das anwaltliche Berufsrecht auf den Bedarf nach geeigneten Rechtsformen für die kooperative Berufsausübung reagiert. Die WPO stellt in den §§ 27 ff., das StBerG in den §§ 49 ff. diesen Berufsgruppen eine weitgefächerte Palette von Gesellschaftsformen zur Verfügung. Die Regelungen sind von der Intention geleitet, zwar die Freiberuflichkeit und Unabhängigkeit der Berufsträger zu achten, ihnen aber zugleich die gesellschaftsrechtlichen Entfaltungsmöglichkeiten soweit als möglich zu eröffnen.

1. Wirtschaftsprüfer

18 Der Berufsstand der Wirtschaftsprüfer hat vielfältige Möglichkeiten, seine Berufsausübung individuell zu gestalten. Die Bedeutung geeigneter Gesellschaftsformen für eine erfolgreiche und intensive gemeinsame Berufsausübung wurde frühzeitig erkannt. Die Ursprünge der Wirtschaftsprüfungsgesellschaften reichen bis in das 19. Jahrhundert zurück, als in Deutschland sog. „Treuhandgesellschaften" entstanden[3]. Heute lässt die WPO neben der Gesellschaft bürgerlichen Rechts (§ 44b Abs. 1 WPO) und der Partnerschaftsgesellschaft (§§ 44b Abs. 1, 27 Abs. 1 WPO) **als Personengesellschaften** ausdrücklich auch die Rechtsformen der **Kapitalgesellschaften** (AG, KGaA und GmbH) und der **Personenhandelsgesellschaften** (OHG, KG einschließlich der GmbH &Co. KG) zu (§ 27 Abs. 1 WPO)[4]. OHG und KG, deren Zweck auf das Betreiben eines Handelsgewerbes gerichtet sein muss, sind als

1 BayObLG NJW 2000, 1647.
2 BGHZ 161, 376 = NJW 2005, 1568.
3 *Haibt*, Die Kapitalbeteiligung Berufsfremder an Wirtschaftsprüfungsgesellschaften, 1998, S. 31 f.
4 Zu Entstehungsgeschichte vgl. *Haibt*, Die Kapitalbeteiligung Berufsfremder an Wirtschaftsprüfungsgesellschaften, 1998, S. 31 ff.

Gesellschaftsformen zur Ausübung der freiberuflichen und damit nichtgewerblichen Tätigkeit der Wirtschaftsprüfer allerdings nur dann erlaubt, wenn diese wegen ihrer Treuhandtätigkeit ein Handelsgewerbe betreiben und daher in das Handelsregister eingetragen sind (§ 27 Abs. 2 WPO). Obwohl die Treuhandtätigkeit steuerrechtlich als gewerbliche Tätigkeit bewertet wird[1], erkennt die WPO sie berufsrechtlich als zulässige freiberufliche Betätigungsform an.

Mit Ausnahme der Sozietät können die Berufsausübungsgesellschaften gem. 19
§ 27 WPO als **Wirtschaftsprüfungsgesellschaften** anerkannt werden. Sie müssen das in §§ 27ff. WPO geregelte **Anerkennungsverfahren** durchlaufen und unterliegen strengen Zulassungsvoraussetzungen. Die Partnerschaftsgesellschaft ist in den Kreis der anerkennungsfähigen Gesellschaften ebenfalls aufgenommen worden. Damit wird nunmehr jenen Wirtschaftsprüfungsgesellschaften, die keine der Gewerbesteuer unterliegende Treuhandtätigkeit anstreben, eine adäquate Personengesellschaft als Berufsausübungsgesellschaft und eine Alternative zur GmbH zur Verfügung gestellt.

An der **Partnerschaftsgesellschaft** hatten die Interessenverbände der Wirt- 20
schaftsprüfer während des Gesetzgebungsverfahrens eher **gedämpftes Interesse** gezeigt. Die Anreize für die Umgründung einer Wirtschaftsprüfersozietät in eine Partnerschaftsgesellschaft waren angesichts der eindeutigen Zulässigkeit der Kapitalgesellschaften noch geringer als für eine Anwaltssozietät. Insbesondere aus haftungsrechtlicher Sicht gab es keinen Anlass zur Wahl einer Wirtschaftsprüferpartnerschaft. Derzeit sind immerhin mehr Wirtschaftsprüfungsgesellschaften in der Rechtsform der Partnerschaft (158) organisiert als in derjenigen der OHG (18) oder KG (106)[2]. Im Vergleich zur Anzahl der GmbH (2175) bleibt die Akzeptanz der Partnerschaftsgesellschaft jedoch relativ bescheiden. Da bei Prüfungsaufträgen Haftungsbeschränkungen in Allgemeinen Mandatsbedingungen weiter verbreitet sind als bei Rechtsberatungsmandaten, wird von Wirtschaftsprüfungsgesellschaften regelmäßig zusätzlich eine summenmäßige Haftungsbegrenzungsklausel gem. § 54a Abs. 1 WPO i.V.m. § 8 Abs. 3 PartGG eingesetzt, so dass die Haftungskonzentration auf den verantwortlichen Bearbeiter an Bedeutung verliert. Angesichts des gesetzlich geforderten gleichzeitigen Versicherungsschutzes bleiben nur die vorsätzlichen Schädigungen, bei denen die Haftungskonzentration überhaupt eingreifen könnte.

Nach anfänglichem Streit ist mittlerweile gesetzlich geklärt, dass es neben 21
der anerkannten Wirtschaftsprüfungsgesellschaft – parallel zur Sozietät – eine **einfache Partnerschaft** unter Beteiligung von Wirtschaftsprüfern geben kann. Nach § 43a Abs. 1 WPO dürfen „Wirtschaftsprüfer … ihren Beruf … als … nach dem Partnerschaftsgesellschaftsgesetz verbundene Personen … ausüben"[3]. Die praktische Bedeutung solcher einfacher Partnerschaften bleibt indes begrenzt. Der Wirtschaftsprüfer darf zwar seinen Beruf in der

1 Vgl. BFHE 174, 347ff.; BFH DStRE 2007, 190.
2 http://www.wpk.de/pdf/WPK-Statistiken_Juli_2010.pdf.
3 Vgl. BT-Drucks. 14/3649, 23f.

Partnerschaftsgesellschaft ausüben, der Partnerschaft selbst darf aber kein gesetzlicher Pflichtprüfungsauftrag erteilt werden, da sie nicht zum Kreis der in § 319 Abs. 1 HGB abschließend aufgezählten Abschlussprüfer zählt[1].

22 Die den Wirtschaftsprüfern gem. § 27 WPO offenstehenden **Kapitalgesellschaften** (AG, GmbH und KGaA) haben sich als Berufsausübungsgesellschaften zweifellos bewährt. Die 20 größten Wirtschaftsprüfungsgesellschaften sind sämtlich als AG oder GmbH organisiert. Den am 1. 7. 2009 berufstätigen 13710 Wirtschaftsprüfern stehen 2260 Wirtschaftsprüfungsgesellschaften in der Rechtsform der GmbH und AG gegenüber[2], in denen ein Großteil[3] der Wirtschaftsprüfer den Beruf ausübt. Die Wirtschaftsprüfer haben gezeigt, dass die Rechtsform der Kapitalgesellschaft nicht zu Lasten des Vertrauensverhältnisses mit dem Mandanten gehen muss. Im Bereich der Wirtschaftsberatung ist in besonderem Maße fachliche Kompetenz gefragt. Wird diese optimal in einer Kapitalgesellschaft gebündelt, schlägt sich dies in der Beratungspraxis in der Regel in einer hohen Akzeptanz durch die Mandantschaft nieder. Wirtschaftsberatend tätige Anwälte sollten daher keine Scheu vor der Rechtsform der Kapitalgesellschaft haben, wenn sie ihnen nach der erforderlichen Einzelfallbeurteilung vorteilhaft erscheint. Die Entwicklung im Berufsstand der Wirtschaftsprüfer zeigt außerdem, dass ihre Zulassung zu keiner Verdrängung der kleinen Wirtschaftsprüfergesellschaften und der in eigener Praxis tätigen Wirtschaftsprüfer führt[4].

2. Steuerberater

23 Für Steuerberater gilt ebenso wie für die Wirtschaftsprüfer, dass die Bedeutung sachgerechter Kooperationsformen früh erkannt und dementsprechend durch §§ 49ff. StBerG ein breites Spektrum von Gesellschaftsformen zugelassen wurde.

24 Die Kooperationsmöglichkeiten der Steuerberater ähneln stark denjenigen der Wirtschaftsprüfer. Nach § 49 StBerG können neben den **Kapitalgesellschaften** AG, KGaA und GmbH auch die **Personen(handels)gesellschaften** OHG, KG und Partnerschaft als Steuerberatungsgesellschaften anerkannt werden. Hinzu tritt die herkömmliche Berufsausübungsmöglichkeit in der

---

1 *Henssler*, AnwBl. 2009, 670 (675f.) Hense/Ulrich/*Schnepel*, § 44b Rz. 36ff. Die entsprechende Klarstellung der Zulässigkeit der einfachen Partnerschaft war von 1998 bis 2000 in § 44b Abs. 1 WPO enthalten.

2 Vgl. http://www.wpk.de/pdf/WPK-Statistiken_Juli_2010.pdf.

3 Die Statistik enthält hierüber keine genauen Angaben, weist aber nur 3984 Wirtschaftsprüfer aus, die ausschließlich in eigener Praxis tätig sind, vgl. http://www.wpk.de/pdf/WPK-Statistiken_Juli_2010.pdf.

4 Von den Wirtschaftsprüfern sind (Stand 1. 7. 2010) 29,3 % nur in eigener Praxis tätig, 65,8 % in Wirtschaftsprüfungsgesellschaften oder bei Wirtschaftsprüfern angestellt. Von den Wirtschaftsprüfungsgesellschaften ist mit 83,7 % der weit überwiegende Teil als GmbH formiert, 5,4 % als AG, 4,1 % als KG, 0,7 % als OHG und 6,1 % als Partnerschaftsgesellschaft. Außerdem ist mehr als ein Drittel zugleich als Steuerberatungsgesellschaft anerkannt; vgl. http://www.wpk.de/pdf/WPK-Statistiken_Juli_2010.pdf.

Sozietät in der Form der **Gesellschaft bürgerlichen Rechts** gem. § 56 StBerG sowie in der einfachen Partnerschaftsgesellschaft. Nach § 3 Nr. 2 StBerG ist eine solche einfache Partnerschaft auch zur geschäftsmäßigen Hilfe in Steuersachen befugt[1]. Zum 1. 1. 2010 wies die Statistik der Bundessteuerberaterkammer 8 169 Steuerberatungsgesellschaften aus. Daneben gab es 5 674 Gesellschaften bürgerlichen Rechts und 1 436 PartG.[2]. Für die OHG und KG gilt auch bei den Steuerberatern, dass die Gesellschaften wegen ihrer Treuhandtätigkeit ins Handelsregister eingetragen sein müssen, § 49 Abs. 2 StBerG.

Das StBerG verhindert ebenso wie die WPO die berufsfremde Einflussnahme 25
finanzkräftiger gewerblicher Unternehmen und Firmenketten durch die Verankerung einer Kapitalbindung in § 50a StBerG. Die Aufnahme dieser Bestimmung ist mit dem 4. Gesetz zur Änderung des StBerG vom 9. 7. 1989 recht spät erfolgt. Die Wirtschaftsprüfer hatten eine vergleichbare Bestimmung schon im Rahmen des BilanzrichtlinienG vom 19. 12. 1985[3] in § 28 WPO aufgenommen. Bei den Steuerberatungsgesellschaften ist ebenso wie bei den Wirtschaftsprüfungsgesellschaften[4] aufgrund der Bestandsschutzklauseln des § 155 Abs. 4 und 5 StBerG (entsprechend § 134a Abs. 2 WPO) für nach altem Recht anerkannte Gesellschaften ein recht unbefriedigender Zustand eingetreten[5].

3. Notare/Anwaltsnotare

Nur-Notare können sich in Sozietäten zusammenschließen, wobei in Nord- 26
rhein-Westfalen, Bayern, Rheinland-Pfalz und Baden-Württemberg durch Rechtsverordnung aufgrund von § 9 Abs. 2 BNotO eine Genehmigungspflicht durch die Aufsichtsbehörde statuiert ist. Mit Ausnahme von Hamburg und dem Saarland ist in allen Ländern des Nur-Notariats die Größe von Notarsozietäten im Verordnungswege auf zwei Mitglieder begrenzt worden[6]. Die Notwendigkeit einer entsprechenden Begrenzung wurde dem Wortlaut des § 9 Abs. 1 BNotO a.F. entnommen, der die Formulierung enthielt, dass sich „ein … Notar … mit einem anderen Notar … verbinden kann." Nach der Rechtsprechung des BGH sind auch Verbindungen von

---

1 Anders noch BFH NZG 1998, 900 mit ablehnender Anm. *Römermann*, NZG 1998, 941.

2 Berufsstatistik der BStBK (www.bstbk.de), Stand 1. 1. 2010.

3 BGBl. I 1985, 2355 ff.

4 *Haibt*, Die Kapitalbeteiligung Berufsfremder an Wirtschaftsprüfungsgesellschaften, 1998, S. 151 ff.

5 Dazu Kuhls/Meurers/Maxl/Schäfer/Goez/Willerscheid/*Meurers*, § 154 StBerG Rz. 7 ff.

6 In Hamburg ist eine Sozietät von bis zu drei Notaren zulässig; die frühere Praxis, nach der sich die Mehrzahl der Notare in größeren Sozitäten von bis zu sieben Mitgliedern assoziiert hatte (vgl. *Wenckstern*, notar eins 1999, 26 [28 f.]), ist aufgrund eines in § 2 Abs. 4 NotarVO vom 1. 5. 2005 bestimmten Regelversagungsgrunds nicht mehr praktikabel. Eine Verfassungsbeschwerde gegen § 2 Abs. 4 NotarVO blieb erfolglos (BVerfG NJW-RR 2010, 263). Zum Ganzen *Kämmerer*, NJW 2006, 2727 ff.

mehr als zwei Notaren grundsätzlich genehmigungsfähig[1], dies folgt auch aus dem Wortlaut des § 9 Abs. 1 S. 1 BNotO n.F. Zudem enthält § 9 Abs. 1 Satz 2 Nr. 2 BNotO eine ausdrückliche Ermächtigung für den Verordnungsgeber, die Höchstzahl der beteiligten Berufsangehörigen zu bestimmen. Die Teilnahme an einer Partnerschaft sowie einer GmbH ist Nur-Notaren aufgrund ihres öffentlichen Amtes verwehrt[2].

27 **Anwaltsnotare** dagegen dürfen sowohl Sozietäten bilden als auch sich zur Ausübung ihrer anwaltlichen Tätigkeit an einer Partnerschaft sowie einer Rechtsanwaltsgesellschaft mbH beteiligen. § 59a Abs. 1 BRAO und § 9 BNotO lassen die Sozietät und damit auch die Rechtsanwaltsgesellschaft mbH unter Beteiligung von Anwaltsnotaren (§ 3 Abs. 2 BNotO) und Rechtsanwälten sowie den weiteren sozietätsfähigen Personen zu. Der Rechtsausschuss des Deutschen Bundestages betonte in seiner Beschlussempfehlung zum Gesetzesentwurf zur Änderung der BNotO sogar ausdrücklich, dass Anwaltsnotaren die Zusammenarbeit in einer Rechtsanwaltsgesellschaft mit beschränkter Haftung nicht untersagt werden sollte[3]. Entsprechenden Bestrebungen des Bundesrates wurde damit eine Absage erteilt[4]. Die Zusammenarbeit in der Gesellschaft darf bei allen Gesellschaftsformen nur die anwaltliche Berufsausübung erfassen. Die notarielle Amtstätigkeit ist als Ausübung eines personenbezogenen Amts nicht sozietätsfähig (zu Einzelheiten der interprofessionellen Zusammenarbeit vgl. unten Rz. 61ff.).

III. Überblick über die anwaltlichen Organisationsformen

1. Gesellschaft bürgerlichen Rechts

28 Die herkömmliche und **noch bei weitem häufigste Organisationsform für die** Zusammenarbeit mehrerer Rechtsanwälte ist die Sozietät in der Rechtsform der Gesellschaft bürgerlichen Rechts (§ 705 BGB). Ihre Kennzeichen sind das Sozietätsmandat und die Haftungsgemeinschaft. Die Sozietätspartner haften neben der Gesellschaft bei Vertragsverletzungen gesamtschuldnerisch gegenüber den Mandanten.

29 Seit der BRAO-Novelle des Jahres 1994 regeln **§§ 59a und 51a Abs. 2 Satz 1 BRAO** zwar einige berufsrechtliche Grundfragen der Zusammenarbeit in der Sozietät. Neben einem **Katalog der sozietätsfähigen Berufe** und der nur deklaratorischen Wiederholung der **gesamtschuldnerischen Haftung** der Sozietätspartner trägt diese Regelung aber nur wenig zur sachgerechten Gestaltung der gemeinschaftlichen Berufsausübung bei. Es bleibt im Übrigen bei der nur rudimentären, auf einem hohen Abstraktionsniveau angesiedelten Regelung in den §§ 705ff. BGB. Erst bei einer in vielen Einzelpunkten vom dispositiven Recht des BGB abweichenden Gestaltung des Sozietätsvertrags

1 BGHZ 127, 83 = NJW 1995, 529; a.A. OLG Köln DNotZ 1974, 760, 761; *Michalski*, ZIP 1996, 11; vgl. auch *Zuck*, FS Schippel, 1996, S. 817, 826.
2 Für die Partnerschaft BT-Drucks. 12/6152, 10.
3 BT-Drucks. 13/10589, 48.
4 Zum Ganzen *Henssler*, NJW 1999, 241 (247).

ist eine den Anforderungen der anwaltlichen Praxis genügende Kooperation gewährleistet.

Unbefriedigend wirken angesichts des hohen Haftungsrisikos der Beratungsberufe namentlich die zwingende **gesamtschuldnerische Haftung** der Gesellschafter und die nur unzulänglichen Haftungsbeschränkungsmöglichkeiten. Mit der Anerkennung der akzessorischen Gesellschafterhaftung analog § 128 HGB durch den II. Senat des BGH[1] hat sich die haftungsrechtliche Situation der Sozietätspartner noch verschlechtert. Völlig unpassend ist die den neu eintretenden Gesellschafter nach überwiegender Auffassung[2] treffende Haftung für vor seinem Eintritt begründete Verbindlichkeiten der Sozietät analog § 130 HGB. Die Haftung kann zwar gem. § 51a BRAO über eine individual- oder formularvertragliche **Haftungsbeschränkungsvereinbarung** reduziert werden. Bei Mandaten mit schwer überschaubaren atypischen Risiken, die zu wirtschaftlich vertretbaren Prämien nicht versicherbar sind, ist mangels gesellschaftsrechtlicher Haftungsbegrenzung ein interessengerechtes Risikomanagement der kooperationswilligen Anwälte jedoch erschwert. Die aus Vertrauenserwägungen folgende Dritthaftung aus § 311 Abs. 3 BGB (culpa in contrahendo) ist über vertragliche Vereinbarungen mit dem Mandanten ohnehin nicht begrenzbar. 30

Die mit der Einführung des § 51a BRAO beabsichtigten Erleichterungen haben sich nicht eingestellt. Gegenüber dem früheren Rechtszustand führen die Regelungen allenfalls zu einer minimalen Verbesserung der Rechtslage der Anwälte. Die den Rechtsanwälten durch § 51a Abs. 2 Satz 2 BRAO ermöglichte **Haftungskonzentration** auf einen namentlich zu benennenden Sozius, die auf einer gesonderten Erklärung enthalten und vom Mandanten unterschrieben sein muss, verdient die Bezeichnung als AGB nicht. Hier ist den Anwälten in einer Art Mogelpackung eine nur schwer praktizierbare Individualabrede als angebliche allgemeine Mandatsbedingung untergeschoben worden. 31

Der Grund für die gleichwohl fortdauernde Beliebtheit der Gesellschaft bürgerlichen Rechts dürfte allein in dem traditionellen Beharrungsvermögen der deutschen Anwaltschaft an Althergebrachtem zu sehen sein. 32

2. Partnerschaft

Seit dem 1. 7. 1995 steht den Anwälten als weitere Organisationsform die Partnerschaft nach dem Partnerschaftsgesellschaftsgesetz zur Verfügung. Die offenkundigen Schwächen der Regelung der Gesellschaft bürgerlichen Rechts in den §§ 705ff. BGB hatten den Gesetzgeber nach langen, vergeb- 33

---

1 BGHZ 146, 341ff. = NJW 2001, 1056ff.

2 Dazu BGHZ 154, 370, 375ff. = NJW 2003, 1803 (1804f.); NJW 2006, 765. Diskutiert wird, ob auf Freiberuflergesellschaften § 8 Abs. 2 PartGG entsprechend anzuwenden ist, vgl. einerseits *Hirtz*, AnwBl. 2008, 82 (83) (zu § 128 HGB); *Kamps/Wollweber*, DStR 2009, 926 (927) (zu § 130 HGB), andererseits MüKo-BGB/*Ulmer/Schäfer*, § 714 Rz. 67 und wohl auch BGHZ 172, 169 (176f.) = NJW 2007, 2490 (2492f.).

lichen Anläufen bewogen, ebenso wie den Gewerbetreibenden auch den Angehörigen der Freien Berufe eine eigenständige Gesellschaftsform zur Verfügung zu stellen. Die Partnerschaftsgesellschaft, wie sie der bis zum Schluss umstrittenen Neuregelung zugrunde liegt, ist der Sache nach eine OHG für Freiberufler. Die amtliche Begründung[1] spricht von einer **„Schwesterfigur" zur OHG** des Handelsrechts, welche auch nach der Handelsrechtsreform mit Ausnahme der Vermögensverwaltung (§ 105 Abs. 2 HGB) auf kaufmännische Gewerbetreibende beschränkt geblieben ist. Das PartGG verweist in nahezu allen wesentlichen Punkten auf die §§ 105 ff. HGB. Nur soweit sich aus dem Charakter der Freien Berufe, insbesondere der Unabhängigkeit und Eigenverantwortlichkeit der Berufsausübung, Besonderheiten ergeben, erfolgt eine vom Recht der OHG abweichende Regelung.

34 Die Angleichung an die OHG bedeutet zugleich, dass die Partnerschaftsgesellschaft **nicht** als **juristische Person** ausgestaltet, dieser jedoch durch Anerkennung der Namensrechts-, Partei-, Grundbuch-, Insolvenz- und Deliktsfähigkeit stark angeglichen ist. Als Parallele zu dem weiterhin allein den Kaufleuten vorbehaltenen Handelsregister wurde ein Partnerschaftsregister eingeführt, in das die Partnerschaften einzutragen sind. Als zusätzliche Rechtsform steht die Partnerschaftsgesellschaft den Freiberuflern **neben** den bislang schon anerkannten Gesellschaftsformen nach freier Wahl offen. Ebenso wie die Gesellschaft bürgerlichen Rechts ist die Partnerschaft eine echte **Berufsausübungsgesellschaft**. Der Beratungsvertrag kommt unmittelbar zwischen dem Mandanten und der rechtsfähigen Partnerschaft als solcher zustande. Nach § 7 Abs. 4 PartGG ist die Partnerschaft selbst postulationsfähig (dazu näher M Rz. 42 ff.), so dass bei einem gerichtlichen Tätigwerden keine Substitution auf einen Berufsträger notwendig ist. Neben der Partnerschaft selbst haften die Partner unmittelbar und persönlich gesamtschuldnerisch für die allgemeinen Gesellschaftsschulden, für Berufsausübungsfehler haftet neben der Gesellschaft nur der jeweilige Bearbeiter. Die zunächst von § 8 Abs. 2 PartGG a.F. vorgesehene formularvertragliche **Konzentration der Haftung** für Berufsausübungsfehler auf den oder die verantwortlichen Leiter der Auftragsbearbeitung hatte sich nicht bewährt. Sie ist daher zum 1. 8. 1998 durch eine Änderung des PartGG zu Recht in eine **gesetzliche Haftungskonzentration** im Bereich der Berufsausübung abgeändert worden[2]. Die gesellschaftsrechtliche Regelung hat den Vorteil, dass eventuelle Diskrepanzen aufgrund unterschiedlicher Berufsrechte bei interdisziplinären Zusammenschlüssen an Bedeutung verlieren. Der neu eintretende Gesellschafter muss zudem im beruflichen Bereich keine Haftung für die „Sünden der Vergangenheit" befürchten. Steuerrechtlich wird die Partnerschaft genauso behandelt wie die Sozietät.

---

1 BT-Drucks. 12/6152, 8, in Anlehnung an eine Formulierung von *K. Schmidt*, ZIP 1993, 633 (635).
2 BGBl. 1998, I 1878.

3. Rechtsanwaltsgesellschaft mbH

Eher unwillig ist der Gesetzgeber dem Ruf nach einer anwaltlichen Zusammenschlussmöglichkeit in einer Kapitalgesellschaft gefolgt. Die Rechtsprechung hatte, unterstützt durch die Wissenschaft, den Gesetzgeber durch die Zulassung der Anwalts-GmbH in Zugzwang gesetzt. Der als Folge dieser Rechtsprechung entstehende Wildwuchs vor den Registergerichten bedurfte einer gesetzlichen Kanalisierung. Aufgrund der zum 1. 3. 1999 in Kraft getretenen Regelung in den §§ 59c–59m BRAO können seitdem auf normativ abgesicherter Basis Gesellschaften mit beschränkter Haftung gegründet werden, deren **Unternehmensgegenstand** die Beratung und Vertretung in Rechtsangelegenheiten ist. Diese Rechtsanwaltsgesellschaften müssen sich – ähnlich wie Wirtschaftsprüfungsgesellschaften und Steuerberatungsgesellschaften – neben der Handelsregistereintragung einem berufsrechtlichen **Zulassungsverfahren** unterziehen. Mit der Zulassung wird die Gesellschaft zu einer „Rechtsanwaltsgesellschaft mbH", die, anders als die frühere Anwalts-GmbH, eigenständiges Berufsrechtssubjekt ist. Die GmbH trifft ein Zulassungszwang, eine Wahlmöglichkeit zwischen Tätigwerden als „einfacher" Anwalts-GmbH und berufsrechtlich anerkannter Rechtsanwaltsgesellschaft mbH besteht nicht. Gesellschafter können wie in den anderen Berufsausübungsgemeinschaften nur die Angehörigen der in § 59a BRAO aufgezählten **sozietätsfähigen Berufe** sein. Der Rechtsanwaltsgesellschaft wurde eine eigenständige **Postulationsfähigkeit** gewährt, so dass sowohl bei reinen Beratungsmandaten als auch auf forensischem Sektor der Anwaltsvertrag ausschließlich zwischen der als juristischer Person rechtsfähigen GmbH und dem Mandanten zustande kommt. Die Gesellschaft selbst haftet für vertragliche und deliktische Pflichtverletzungen der Rechtsanwälte beschränkt auf das **Gesellschaftsvermögen**. Eine persönliche Haftung des Mandatsbearbeiters in Form einer Handelndenhaftung besteht nicht. 35

4. Anwalts-Aktiengesellschaft

Als weitere Gesellschaftsform können Rechtsanwälte mittlerweile auch die Aktiengesellschaft nutzen. Die Rechtsform der AG steht sowohl Steuerberatern als auch Wirtschaftsprüfern für ihre Berufsausübung seit langem offen (vgl. § 49 Abs. 1 StBerG, § 28 Abs. 1 WPO). Bereits unmittelbar im Anschluss an die Entscheidung des BayObLG[1] zur Zulässigkeit der Anwalts-GmbH wurde im Schrifttum die Notwendigkeit einer gesetzlichen Regelung auch der Anwalts-AG betont[2]. Dessen ungeachtet verzichtete der Gesetzgeber bei der Verabschiedung der §§ 59c ff. BRAO (Rechtsanwaltsgesellschaft mbH) auf eine Regelung der Anwalts-AG. Da die Anwalts-AG jedoch bereits de lege lata zulässig ist[3], mussten Rechtsprechung und Schrifttum das ge- 36

---

1 BayObLG NJW 1995, 201.

2 *Hommelhoff/Schwab*, WiB 1995, 115 (117 f.), allerdings von der Prämisse ausgehend, dass die AG nur aufgrund einer gesetzlichen Neuregelung der Rechtsanwaltschaft als zulässige Gesellschaftsform eröffnet sei.

3 BGHZ 161, 276 = NJW 2005, 1568 (hierzu *Henssler*, AnwBl. 2005, 374 ff.); BayObLG NJW 2000, 1647.

setzgeberische Vakuum ausfüllen. Eine analoge Anwendung der §§ 59c ff. BRAO auf die Anwalts-AG ist nicht ohne weiteres möglich (vgl. dazu unten E Rz. 1 ff.), vielmehr sind die Anforderungen aus einer Gesamtschau des Berufsrechts[1] oder, wie der BGH formuliert hat, in „Anlehnung" an die §§ 59c ff. BRAO zu gewinnen[2], die ihrerseits auf einer solchen Gesamtschau beruhen. Die gesetzgeberische Abstinenz führt zu einer bedauerlichen Rechtsunsicherheit und erschwert damit den Weg der Anwaltschaft, insbesondere der Großkanzleien, zur AG. Konsequenz der fehlenden gesetzlichen Regelung ist, dass sich die Anwalts-AG einem Zulassungsverfahren unterziehen kann, dies anders als die Anwalts-GmbH aber nicht muss.

5. Berufsausübungsgesellschaften sonstiger Rechtsform

37 Gemäß den für die (frühere) Anwalts-GmbH und die Anwalts-AG entwickelten Grundsätzen ist auch die Zulässigkeit der KGaA zu bejahen (hierzu E Rz. 36 ff.). Sie eignet sich in besonderer Weise, um Junganwälte durch die Stellung des Kommanditaktionärs an die Berufsausübungsgesellschaft zu binden, ohne sie sogleich in die volle haftungsrechtliche Verantwortung zu nehmen. Ebenso möglich ist eine Organisation der Berufsausübung in Gesellschaftsformen ausländischen Rechts, nachdem der EuGH in den Entscheidungen *Centros,*[3] *Überseering*[4] und *Inspire Art*[5] ein dem entgegenstehendes Verständnis des deutschen internationalen Gesellschaftsrechts für gemeinschaftsrechtswidrig erklärt und rechtsformwahrende Sitzverlegungen von Gesellschaften aus dem Ausland nach Deutschland ermöglicht hat (hierzu unten G und N).

6. Bürogemeinschaft

38 Bürogemeinschaften sind Gesellschaften bürgerlichen Rechts. Ihr Gesellschaftszweck ist allerdings **nicht auf die gemeinsame Berufsausübung** gerichtet, sondern auf die gemeinsame Nutzung eines Anwaltsbüros und seiner Infrastruktur beschränkt. Ziel des Zusammenschlusses ist die Reduzierung der Ausgaben für die Kanzleiorganisation und die rationelle Gestaltung der Büroarbeit durch gemeinsames Bestreiten der Sach- und Personalkosten. In Betracht kommen die gemeinschaftliche Nutzung der Räumlichkeiten, des Telefons, des Personals, der Computer, der Bibliothek, der Mietkosten etc. Darüber hinausgehende Gemeinsamkeiten zwischen den Gesellschaftern bestehen nicht. Im Gegensatz zur Sozietät werden die Aufträge allein von dem einzelnen Anwalt entgegengenommen. Der Vergütungsanspruch steht nur dem jeweiligen Bürogemeinschaftspartner zu.

Um den Anschein einer Berufsausübungsgesellschaft zu vermeiden, ist darauf zu achten, dass keine gemeinsamen (identischen) Briefbögen und Stem-

1 *Henssler*, AnwBl. 2005, 374.
2 BGHZ 161, 276 = NJW 2005, 1568.
3 EuGH, Rs. C-212/97, Slg. 1999, I-1459.
4 EuGH, Rs. C-208/00, Slg. 2002, I-9919.
5 EuGH, Rs. C-167/01, Slg. 2003, I-10155.

pel sowie kein gemeinsames Kanzleischild benutzt werden[1]. Nach § 8 BORA darf aber auf die Zusammenarbeit im Rahmen einer Bürogemeinschaft – etwa auf dem Briefbogen – hingewiesen werden. Die Tätigkeitsverbote der §§ 45, 46 BRAO gelten für die Bürogemeinschaft nicht[2].

7. Verfestigte Kooperation

39 Von den bislang genannten gesellschaftsrechtlichen Verbindungen unterscheidet sich die verfestigte Kooperation, die in § 8 BORA ausdrücklich als besondere Form der Zusammenarbeit anerkannt ist (zur am 1. 3. 2011 in Kraft tretenden Neufassung des § 8 BORA vgl. M Rz. 185). Sie zielt auf eine Verbesserung der Wettbewerbsfähigkeit und Leistungsfähigkeit der Kooperationspartner[3]. Die Bürogemeinschaft, die ebenfalls nicht eine gemeinschaftliche Berufsausübung zum Gegenstand hat, kann als besondere Unterform der verfestigten Kooperation eingestuft werden[4], die allerdings zusätzlichen Einschränkungen unterworfen ist. Für die Zusammenarbeit von Rechtsanwälten mit **nicht sozietätsfähigen Personen** bietet die Kooperation die bislang einzige berufsrechtlich zulässige Gestaltungsform, nachdem 2007 eine im Zuge der Reform des Rechtsdienstleistungsrechts vom BMJ vorgeschlagene Erweiterung des Kreises der sozietätsfähigen Berufe auf alle Angehörigen eines nach § 7 Nr. 8 BRAO kompatiblen Berufs gescheitert ist. Eine interdisziplinäre Zusammenarbeit bietet sich etwa in Baurechtsfällen mit Ingenieuren, in Berufshaftpflichtsachen mit Ärzten, im Familienrecht und in der Mediation mit Psychologen und Sozialpädagogen[5] sowie mit Sachverständigen jeglicher Art an[6]. In all diesen Fällen verbietet sich eine gesellschaftsrechtliche Zusammenarbeit, da diese Berufe gem. § 59a Abs. 1 und 2 BRAO nicht sozietätsfähig sind. Ein weiteres zentrales Anwendungsgebiet ist die Kooperation mit ausländischen Rechtsanwälten/Sozietäten. Hier stehen die Zusammenarbeit bei grenzüberschreitenden Mandaten und der Know-how-Transfer im Vordergrund. Angesichts der Schwierigkeiten, die grenzüberschreitende Fusionen aufwerfen, werden sie auch als Vorstufe für eine geplante gesellschaftsrechtliche Zusammenarbeit gewählt.

40 Die Kooperation wird durch vertragliche Vereinbarungen ausgestaltet, in denen sich die Kooperationspartner verpflichten, sich bei gewissen Aufträgen gegenseitig zu empfehlen und nach Möglichkeit gemeinsam tätig zu werden. Auch die gegenseitige Information über Rechtsentwicklungen auf bestimm-

---

1 Henssler/Prütting/*Hartung*, § 59a BRAO Rz. 1; Koch/Kilian/*Kilian*, Rz. B. 805 ff.; *Deckenbrock*, NJW 2008, 3529 ff.

2 Str., so etwa Henssler/Prütting/*Henssler*, § 6 BRAO Rz. 47; Henssler/Hartung/Römermann/*Hartung*, § 45 BRAO Rz. 56, § 46 BRAO Rz. 54; a.A. *Deckenbrock*, NJW 2008, 3529 (3531 ff.).

3 *Zuck*, Vertragsgestaltung bei Anwaltskooperationen, S. 1, 4 ff.; *Henssler*/Prütting/*Kilian*, § 45 BRAO Rz. 45; AnwBl. 2009, 670 (678 f.).

4 So etwa Hartung/Römermann/*Römermann*, § 8 BORA Rz. 48.

5 Zur interprofessionellen Zusammenarbeit mit Angehörigen psycho-sozialer Berufe *Henssler/Kilian*, ZKM 2000, 55 ff.

6 Vgl. die rechtstatsächlichen Nachweise bei *Hommerich/Kilian*, Berufsrechtsbarometer 2007, S. 33.

ten Gebieten ist ein denkbarer Verpflichtungsgegenstand. Je nach Ausgestaltung kann es sich entweder um einen Vertrag sui generis mit Geschäftsbesorgungs- und Werkvertragselementen oder aber um eine Gesellschaft bürgerlichen Rechts handeln[1].

IV. Vergleich der anwaltlichen Organisationsformen

41 Die „optimale" oder „beste" Rechtsform für die mono- oder interprofessionelle Zusammenarbeit von Rechtsanwälten gibt es nicht. Jedes der aufgezeigten Modelle hat Stärken und Schwächen. Nur im konkreten Einzelfall lässt sich ermitteln, welche Gesellschafts- bzw. Kooperationsform für den Zusammenschluss geeignet ist. Neben der – meist als nur sekundär bedeutsam eingestuften – organisationsrechtlichen Bewertung wird die Entscheidung in erster Linie davon abhängen, welcher Wert auf haftungs- und steuerrechtliche Aspekte gelegt wird. Für Berufseinsteiger und kleinere Zusammenschlüsse wird zudem die Kostenbelastung ein zentraler Entscheidungsparameter sein. Der nachfolgende Vergleich beschränkt sich auf die Rechtsformen, die in der Praxis die größte Verbreitung gefunden haben: Gesellschaft bürgerlichen Rechts, Partnerschaftsgesellschaft und GmbH[2].

1. Organisationsrechtlicher Vergleich

a) Rechtsfähigkeit

42 **Aus organisationsrechtlicher Sicht** bestehen zwischen der **Gesellschaft bürgerlichen Rechts, Partnerschaft** und **GmbH** – zumindest auf der Grundlage der dispositivrechtlichen Regelung – deutliche Unterschiede.

43 Die rudimentäre Regelung der **Gesellschaft bürgerlichen Rechts** in den §§ 705 ff. BGB ist auf unternehmenstragende Zusammenschlüsse nur unzureichend zugeschnitten. Im praktischen Umgang der Anwaltschaft mit dieser Gesellschaftsform haben sich viele Nachteile freilich über eine sachgerechte Gestaltung des Sozietätsvertrags vermeiden lassen. Die Binnenorganisation der Gesellschaft bürgerlichen Rechts ist im Rahmen von Sozietätsverträgen nahezu beliebig gestaltbar. Im Außenverhältnis hat die Rspr. des BGH[3] durch die Anerkennung der Rechts- und Parteifähigkeit der Gesellschaft bürgerlichen Rechts mit Urteil vom 29. 1. 2001 eine Gleichstellung mit den alternativ nutzbaren Organisationsmodellen geschaffen und zuvor bestehende Unterschiede nivelliert (vgl. B Rz. 398 ff.).

44 Die **Partnerschaftsgesellschaft** verfügt gem. § 7 Abs. 2 PartGG über eine umfassende **Rechtsfähigkeit**, ohne dass sie juristische Person ist. Dementsprechend ist die Partnerschaftsgesellschaft partei- und grundbuchfähig sowie nach § 7 Abs. 4 PartGG postulationsfähig. Sie wird ins **Partnerschaftsregister** eingetragen. Vorteile ergeben sich ferner aus dem an das Firmenrecht des

1 Eingehend *Henssler/Deckenbrock*, DB 2007, 447.
2 Siehe auch den jüngst erschienenen Überblick bei *Schnittker/Leicht*, DB 2010, 2971.
3 BGHZ 146, 341 ff. = NJW 2001, 1056 ff.

HGB angelehnten **Namensrecht** der Partnerschaft. Durch die Verweisung auf die handelsrechtlichen Vorschriften gilt u.a. § 24 HGB, der die Fortführung der Namen von – etwa aus Altersgründen – ausgeschiedenen Partnern im Namen der Partnerschaft ermöglicht. Durch die §§ 8, 9 BORA sind allerdings eine Reihe von Nachteilen der Gesellschaft bürgerlichen Rechts ausgeglichen worden. Vereinfacht ist aufgrund der Rechtsfähigkeit der Gesellschaft das **Ausscheiden und Eintreten von Gesellschaftern**. So erübrigt sich bei einem Immobilienbesitz der Partnerschaft eine Korrektur des Grundbuchs, die Eigentümerstellung der Partnerschaft bleibt durch den Gesellschafterwechsel unberührt.

Der **GmbH** kommt als **juristischer Person** eigene Rechtspersönlichkeit zu. 45 Darüber hinaus ist sie nach § 59l BRAO postulationsfähig. Daher reicht es aus, wenn der GmbH eine Prozessvollmacht erteilt wird. Sie wird ins Handelsregister eingetragen. Zwischen ihr und der Partnerschaftsgesellschaft als rechtsfähiger Gesamthand ergeben sich im Rechtsverkehr nur geringe Unterschiede.

b) Form

Die **Sozietät** in der Form der Gesellschaft bürgerlichen Rechts kann durch 46 **Gesellschaftsvertrag formlos** errichtet werden. Der **Partnerschaftsvertrag** bedarf demgegenüber der **Schriftform (§ 3 Abs. 1 PartGG)**, der **Gesellschaftsvertrag der GmbH** sogar der **notariellen Beurkundung (§ 2 Abs. 1 Satz 1 GmbHG)**.

c) Bestandteile des Gesellschaftsvertrags

Nach **§ 705 BGB** müssen sich bei der Gründung der Gesellschaft bürgerli- 47 chen Rechts die beteiligten **Gesellschafter** über den **Zweck** der Gesellschaft und die **Beitragsleistungen** einigen. Weitere zwingende Bestandteile gibt es nicht. Zur Gewährleistung einer sinnvollen Zusammenarbeit ist allerdings eine präzise Ausgestaltung des Sozietätsvertrags unter Ausschluss zentraler dispositiver Vorschriften der §§ 705 ff. BGB, namentlich derjenigen des § 727 BGB (Auflösung bei Tod eines Gesellschafters) erforderlich.

Der zwingende Inhalt des **Partnerschaftsvertrags** ergibt sich aus § 3 Abs. 2 48 PartGG: **Name** und **Sitz** der Gesellschaft, Name, Vorname, ausgeübter Beruf und Wohnort jedes **Partners** sowie **Gegenstand** der Partnerschaft.

Als Mindestinhalt des Gesellschaftsvertrags der Rechtsanwaltsgesellschaft 49 mbH sind nach § 3 Abs. 1 GmbHG Angaben über **Firma** und **Sitz** der Gesellschaft, den **Gegenstand** des Unternehmens, den Betrag des **Stammkapitals** und den Betrag der **Stammeinlagen** erforderlich.

d) Name und Sitz

Während die Rechtsanwaltssozietät in der Rechtsform der Gesellschaft bür- 50 gerlichen Rechts nicht verpflichtet ist, die Gesellschaftsform in ihrem Namen zu nennen[1], müssen Partnerschaftsgesellschaft und GmbH einen **Rechtsformzusatz** führen. Auch kennt die Gesellschaft bürgerlichen Rechts keinen **Sitz** im gesellschaftsrechtlichen Sinn, Partnerschaft und GmbH müssen dagegen bei dem Registergericht angemeldet werden, in dessen Bezirk sie ihren Sitz haben. Eine überörtliche Struktur ist bei allen Gesellschaftsformen denkbar; seit der Aufhebung des Zweigstellenverbots sind die Anforderungen an verschiedene Standorte der Gesellschaft reduziert.

e) Gesellschafterkreis

51 Der Gesellschafterkreis ist für alle **anwaltlichen Berufsausübungsgesellschaften** identisch geregelt. Gesellschafter der Anwalts-GbR, der Anwalts-Partnerschaft und der Rechtsanwaltsgesellschaft mbH/AG dürfen nur die in § 59a BRAO aufgezählten **„sozietätsfähigen" natürlichen Personen** sein, die zugleich aktiv in der Gesellschaft mitarbeiten. Ein zentraler Unterschied besteht darin, dass wegen ihres Charakters als Personen- und Gesamthandsgesellschaft weder eine Einmann-GbR noch eine Einmann-Partnerschaft möglich ist[2], wohl aber eine **Einmann-GmbH**. Die für Steuerberatungsgesellschaften und Wirtschaftsprüfungsgesellschaften gesetzlich anerkannte Gestaltung des Gesellschafterkreises durch Bündelung der Gesellschaftsanteile in einer Gesellschaft bürgerlichen Rechts soll für die Anwalts-GmbH zwar nach den Gesetzesmotiven ausgeschlossen sein (dazu unter D Rz. 60). Eine solche von der Rechtsprechung[3] anerkannte Gestaltung eröffnet praxisnah den Weg zu einer mittelbaren und somit formlosen Übertragung von GmbH-Anteilen durch die grundsätzlich mögliche formlose Abtretung der Anteile an der BGB-Gesellschaft[4] und vermeidet die organisatorische und finanzielle Belastung durch § 15 Abs. 3 GmbHG (notarielle Form) (näher unten D Rz. 60ff.). Anders als in der Gesellschaft bürgerlichen Rechts und Partnerschaft ist die Zusammensetzung des Gesellschafterkreises in der Rechtsanwaltsgesellschaft durch Mehrheitserfordernisse belastet (dazu unten D Rz. 62, 202).

f) Registerpflicht/Publizität

52 Während die Gesellschaft bürgerlichen Rechts mit Abschluss des Gesellschaftsvertrags **entsteht**, ist die Eintragung ins Partnerschaftsregister bei der Partnerschaftsgesellschaft konstitutiv; erst mit Eintragung wird sie gegenüber Dritten wirksam (§§ 4, 5 PartGG). Vor Eintragung besteht sie als Gesellschaft bürgerlichen Rechts[5]. Registerpflichtig ist ebenfalls die GmbH (§ 7

1 Eine Ausnahme gilt bei Führung des Zusatzes „und Partner" in der Kurzbezeichnung (vgl. § 11 PartGG).

2 Zum Dogma der Unzulässigkeit der Einmann-Personengesellschaft *Wiedemann*, FS Zöllner, 1999, S. 635ff.

3 BGH NZG 2001, 983 (zur PAO).

4 BGH NZG 2008, 377.

5 *Henssler*, § 7 PartGG Rz. 6f.; MünchKommBGB/*Ulmer*, § 7 PartGG Rz. 2; Meilicke/von Westphalen/Hoffmann/Lenz/Wolff/*Meilicke*, § 7 PartGG Rz. 4ff.; a.A. *Michalski/Römermann*, § 7 PartGG Rz. 4; *Gail/Overlack*, Anwaltsgesellschaften, 2. Aufl. 1996, Rz. 126.

Abs. 1 GmbHG). Sie entsteht erst mit Eintragung ins Handelsregister als juristische Person, zwischen Abschluss des Gesellschaftsvertrags und der Eintragung ist die Vor-GmbH als Gesellschaft sui generis zu qualifizieren (zu Einzelheiten der Vor-Rechtsanwaltsgesellschaft mbH und der Interdependenz von Zulassung und Eintragung vgl. D Rz. 45ff.).

g) Berufsrechtliche Zulassung

Jeder Rechtsanwalt, der einer Berufsausübungsgesellschaft – gleich welcher 53
Rechtsform – angehört, muss von der zuständigen Kammer zur Anwaltschaft **zugelassen** sein. Einer **zusätzlichen Zulassung der Gesellschaft** bedarf nur die in der Form der GmbH betriebene „**Rechtsanwaltsgesellschaft**". Nur sie, nicht dagegen Sozietät und Partnerschaft ist somit auch Kammermitglied und Träger von Berufspflichten.

h) Geschäftsführung

Die Gesellschafter sind – unabhängig von der gewählten Rechtsform – in der 54
Ausgestaltung der **Geschäftsführung** in hohem Maße flexibel. Identische Gestaltungen sind in allen Gesellschaftsformen möglich. In der **Gesellschaft bürgerlichen Rechts** ist gem. § 709 BGB als Regelfall die gemeinschaftliche Geschäftsführung aller Gesellschafter vorgesehen. Die Gesellschafter können aber – und das ist in der Berufsausübungsgesellschaft die Regel – auch Einzelgeschäftsführung vereinbaren. Die Vertretung nach außen richtet sich grundsätzlich nach dem Innenverhältnis (§ 714 BGB). Bei der Anwaltssozietät ist – gegebenenfalls nach Rechtsscheingrundsätzen – davon auszugehen, dass jeder Gesellschafter (Angabepflicht auf dem Briefbogen gem. § 10 Abs. 2 BORA) einzeln befugt ist, die Gesellschaft zu verpflichten. In der **Partnerschaftsgesellschaft** ist gem. § 6 Abs. 3 PartGG i.V.m. §§ 114 Abs. 1, 115 Abs. 1 HGB Einzelgeschäftsführung vorgesehen, die Gesellschafter können aber davon abweichend gemeinschaftliche Geschäftsführung vereinbaren. Es gilt der Grundsatz der Selbstorganschaft. Bei der **GmbH** obliegt die Geschäftsführung den dazu bestellten Geschäftsführern, deren Stellung auch in der Rechtsanwaltsgesellschaft nicht den Gesellschaftern vorbehalten ist. Bei mehreren Geschäftsführern ist von Gesamtgeschäftsführung auszugehen, sofern die Satzung keine abweichende Regelung vorsieht. **Mehrheitserfordernisse** zu Gunsten anwaltlicher Geschäftsführer kennt das Berufsrecht nur für die Kapitalgesellschaft (§ 59f BRAO).

2. Haftungsrechtlicher Vergleich

Die Haftungssituation ist aus anwaltlicher Sicht in der **Sozietät** nur unbefrie- 55
digend geregelt. Ein sachgerechtes lückenloses Risikomanagement ist in ihr nicht möglich. Die **Gesellschaft bürgerlichen Rechts** haftet zunächst mit dem **Gesamthandsvermögen** für rechtsgeschäftlich begründete Verbindlichkeiten. Daneben haften den Gläubigern die **Gesellschafter persönlich, akzessorisch, unmittelbar und gesamtschuldnerisch** analog § 128 HGB. Die analoge Anwendung der Vorschriften zur OHG führt auch zu einer Haftung für Altverbindlichkeiten bei Eintritt in die Gesellschaft bürgerlichen Rechts

entsprechend § 130 HGB[1]. Die Nachhaftung der ausgeschiedenen Partner richtet sich über § 736 Abs. 2 HGB nach § 160 HGB. Im Vergleich zur Partnerschaftsgesellschaft weist die Gesellschaft bürgerlichen Rechts durch diese Rechtsprechungsentwicklung weitere Nachteile auf. Die Gesellschafterhaftung ist durch § 51a Abs. 2 Satz 1 BRAO auch berufsrechtlich abgesichert. Der Weg über die von der Rechtsprechung früher[2] anerkannte Gesellschaft bürgerlichen Rechts mbH ist seit der Entscheidung des BGH v. 27. 9. 1999[3] verschlossen. Schon die Firmierung als solche Gesellschaft wird wegen der Verwechslungsgefahr mit der GmbH für unzulässig erachtet[4]. Nur durch einzelvertragliche Vereinbarung mit dem Vertragspartner kann eine Haftungsbeschränkung auf das Gesellschaftsvermögen vereinbart werden. Eine Haftungsbeschränkung durch AGB soll dem BGH zufolge gegen § 307 BGB verstoßen[5]. Möglich bleibt die von § 51a Abs. 2 Satz 2 BRAO ausdrücklich für zulässig erklärte formularvertragliche Haftungskonzentration auf den Mandatsbearbeiter. Sie erfordert eine gesonderte vom Mandanten unterschriebene Erklärung und die namentliche Benennung des Mandatsbearbeiters.

56 Das Grundkonzept der Haftung der **Partnerschaftsgesellschaft** entspricht seit der Novellierung des § 8 Abs. 2 PartGG nur noch teilweise demjenigen der OHG. Neben die Haftung der Gesellschaft mit ihrem gesamthänderisch gebundenen **Vermögen tritt zwar auch in der Partnerschaftsgesellschaft** die akzessorische persönliche und unbeschränkte Haftung zumindest eines Partners. Die Haftung ist jedoch gesellschaftsrechtlich auf den Mandatsbearbeiter konzentriert. Die gesetzliche Haftungsbeschränkung auf den Mandatsbearbeiter weist deutliche Vorteile gegenüber der parallelen nur vertraglichen Haftungsbeschränkungsmöglichkeit in der Sozietät auf. Die im Vergleich zur Gesellschaft bürgerlichen Rechts ursprünglich für den **neu eintretenden Gesellschafter** aufgrund der Verweisung auf § 130 HGB nachteiligere Haftungsverfassung besteht seit der analogen Anwendung des § 130 HGB auf die Gesellschaft bürgerlichen Rechts nicht mehr. Vielmehr kommt aufgrund der gesetzlichen Haftungskonzentration des § 8 Abs. 2 PartGG im berufsrechtlichen Bereich eine Haftung des eintretenden Partners für Altverbindlichkeiten nicht in Betracht.

57 Der zentrale Vorteil der **GmbH** liegt zweifellos in der rechtsformbedingten Haftungsbeschränkung. Nach § 13 Abs. 2 GmbHG ist die **Haftungsmasse auf das Vermögen der Gesellschaft beschränkt**. Das Haftungsprivileg der Gesellschafter bleibt auch in der Rechtsanwaltsgesellschaft mbH unangetastet. Dem Haftungsvorteil steht die Belastung mit einer auf 2,5 Mio. Euro erhöhten Mindestversicherungssumme (§ 59j BRAO) gegenüber. Die GmbH ist damit haftungsrechtlich den beiden konkurrierenden Gesellschaftsformen deutlich überlegen.

1 BGHZ 154, 370ff. = NJW 2003, 1803ff.
2 Vgl. BGH NJW 1985, 619; NJW 1987, 2666; NJW 1992, 3037; NJW-RR 1994, 98.
3 BGHZ 142, 315ff. = NJW 1999, 3483ff.
4 BayObLG NJW 1999, 297 mit Anm. *Notthoff*, NZG 1999, 22.
5 So *Goette*, ZNotP 2000, 42.

3. Vergleich der Kostenbelastung

Im Vergleich der Kostenbelastungen gebührt der herkömmlichen **Sozietät** eindeutig der Ranglistenplatz 1 der kostengünstigsten Zusammenschlussform. Die Gründung einer Sozietät verursacht keine eigenständigen Kosten. Das Gleiche gilt für den Fall des Gesellschafterwechsels, sofern die Gesellschaft bürgerlichen Rechts über kein Immobilienvermögen verfügt. 58

Bereits die **Partnerschaft** stellt sich demgegenüber hinsichtlich des Kostenaufwands schlechter. Die Pflichteintragungen in das Partnerschaftsregister sind gebührenpflichtig[1]. Für die Ersteintragung ergibt sich eine Mindestbelastung in Höhe von 70 Euro (vgl. C Rz. 32). Für den Gesellschaftsvertrag genügt gem. § 3 PartGG Schriftform, so dass Beurkundungskosten nicht anfallen. 59

Weitaus am höchsten ist die Kostenbelastung in der **GmbH**. Hier summieren sich die Kosten für die notarielle Beurkundung, die Registereintragungen, die Kammerbeträge und die erhöhte Versicherungspflicht. Gewisse Erleichterungen, die auch Rechtsanwaltsgesellschaften mbH zugute kommen, ergeben sich seit der Novellierung des GmbH-Rechts durch das MoMiG. So kann eine Rechtsanwaltsgesellschaft mbH auch als UG gegründet werden[2]. 60

Überblick über die besondere Kostenbelastung der Rechtsanwaltsgesellschaft:

- Notariatskosten für die Beurkundung des Gesellschaftsvertrags gem. § 2 GmbHG
- Kosten für die Eintragung ins Handelsregister
- Erhöhte Gebühren für die Zulassung (§ 192 Abs. 1 Satz 1 BRAO i.V.m. der Gebührensatzung der jeweiligen Rechtsanwaltskammer)
- Erhöhte Versicherungsprämie aufgrund der Mindestversicherungssumme von 2,5 Mio. Euro
- Teilweise erhöhte Kammerbeiträge, die zudem neben die Kammerbeiträge der in der Gesellschaft tätigen Rechtsanwälte treten
- Beurkundungskosten für die Anteilsübertragung gem. § 15 Abs. 3 GmbHG
- Beitragspflichtige Pflichtmitgliedschaft in der Industrie- und Handelskammer (reduzierter Beitrag gem. § 3 Abs. 4 Satz 3 IHKG)[3]

Allein aufgrund der erhöhten Mindestversicherung ist für den Gründer von Versicherungskosten von ca. 2 500 Euro auszugehen, ein Betrag, der deutlich über den Kosten liegt, die in der Sozietät bei einer Versicherungssumme von lediglich 250 000 Euro anfallen. Insgesamt lässt sich feststellen, dass die

---

1 Zu Einzelheiten *Henssler*, § 4 PartGG Rz. 26ff.
2 Henssler/Prütting-*Henssler*, § 59c BRAO Rz. 3; *Römermann*, AnwBl. 2009, 131.
3 Zu Einzelheiten siehe *Jahn*, BB 1999, 7. Die Rechtsanwaltsgesellschaft wird gem. § 3 Abs. 4 Satz 3 IHKG nur mit einem Zehntel des Gewerbeertrags bzw. Gewinns zum Grundbeitrag und zur Umlage veranlagt.

Rechtsanwaltsgesellschaft mbH aufgrund der erheblichen zusätzlichen Kostenbelastung für Berufsanfänger und kleinere Zusammenschlüsse in der Regel unattraktiv ist. Rechtspolitisch ist diese einseitige Ausrichtung auf Großkanzleien zu bedauern.

4. Vergleich der Kooperationsformen in der interprofessionellen Zusammenarbeit

61 Unproblematisch ist die gleichberechtigte Zusammenarbeit der Rechtsanwälte mit den sozietätsfähigen Berufen nur in der Sozietät. In Partnerschaft, GmbH und AG wird die interprofessionelle Berufsausübung durch berufsrechtliche Vorgaben dagegen massiv behindert[1].

62 In der **Gesellschaft bürgerlichen Rechts** dürfen sich Rechtsanwälte mit den sog. sozietätsfähigen Berufen nach § 59a Abs. 1 BRAO zur gemeinschaftlichen Berufsausübung zusammenschließen. Weitere berufsrechtliche Anforderungen an Gesellschafterkreis, Geschäftsführung, Firmierung kennt die BRAO nicht. Die Berufsgesetze der verwandten Beratungsberufe enthalten im Wortlaut angenäherte Vorschriften (§§ 59a BRAO, 56 StBerG, 44b WPO), so dass eine gleichberechtigte Zusammenarbeit sichergestellt ist.

63 Für die **Partnerschaft** gilt aus gesellschaftsrechtlicher Sicht das Gleiche, da die sozietätsfähigen Berufe gem. § 1 Abs. 2 PartGG zugleich als Freie Berufe qualifiziert sind. Auch das anwaltliche Berufsrecht steht einer Verbindung mit den sozietätsfähigen Berufen in einer Partnerschaftsgesellschaft nicht entgegen. Zwar wird in § 59a BRAO die Partnerschaftsgesellschaft nicht ausdrücklich erwähnt, aus den Gesetzesmaterialien zu § 59a BRAO[2] geht aber hervor, dass die gemeinschaftliche Berufsausübung in der Partnerschaft ebenfalls möglich sein sollte. Restriktionen ergeben sich aus den Berufsrechten der **Wirtschaftsprüfer** und **Steuerberater**[3]. Soll die Partnerschaft als Steuerberatungsgesellschaft und/oder Wirtschaftsprüfungsgesellschaft anerkannt werden, so müssen die vom StBerG und der WPO hierfür vorgesehenen Sonderbestimmungen beachtet werden. So kann etwa eine Anerkennung als Wirtschaftprüfungsgesellschaft nur erfolgen, wenn die Wirtschaftsprüfer die Mehrheit der Partner stellen (§ 28 Abs. 1 Satz 1 WPO). Will die gemischte Partnerschaft als Steuerberatungsgesellschaft firmieren, so müssen als Voraussetzung für die Anerkennung an ihr mindestens ebenso viele Steuerberater als persönlich haftende Partner beteiligt sein wie Angehörige anderer Berufe (§ 50 Abs. 4 StBerG). Eine gleichberechtigte kooperative Zusammenarbeit zwischen Rechtsanwälten und den verwandten wirtschaftsnahen Beratungsberufen ist in anerkannten Partnerschaften daher nur bei einer Mehrfachqualifikation der Gesellschafter möglich.

64 Zwar ist inzwischen gesetzlich geklärt, dass die interprofessionelle Zusammenarbeit in sog. **einfachen Partnerschaften** ebenfalls möglich ist, vgl. § 43a

---

1 Zum Ganzen *Henssler*, AnwBl. 2009, 670ff.
2 BT-Drucks. 12/4993, 33ff.
3 Dazu *Henssler*, AnwBl. 2009, 670 (675f.).

Abs. 1 WPO bzw. § 56 Abs. 2 StBerG. Einer solchen einfachen Partnerschaft darf indes kein Prüfungsauftrag erteilt werden, da sie in § 319 HGB nicht als gesetzliche Abschlussprüferin vorgesehen ist[1] (Rz. 21). Sind Steuerberater an einer einfachen Partnerschaft beteiligt, so darf von dieser Gesellschaft gem. § 3 Nr. 2 StBerG geschäftsmäßige Hilfe in Steuersachen betrieben werden[2].

Als Gesellschafter einer Rechtsanwaltsgesellschaft mbH kommen entsprechend § 59a Abs. 1 und 2 BRAO neben Rechtsanwälten auch Angehörige der sonstigen sozietätsfähigen Berufe in Betracht (§ 59e Abs. 1 BRAO). Nach Abs. 2 des § 59e BRAO muss die **Mehrheit der Geschäftsanteile und Stimmrechte** aber den Rechtsanwälten zustehen. Zudem müssen auch die Geschäftsführer mehrheitlich über eine Anwaltszulassung verfügen (§ 59f Abs. 1 Satz 2 BRAO). Nach der Entwurfsbegründung[3] bestehen gegen eine **mehrfache berufsrechtliche Zulassung** bzw. Anerkennung keine Einwände, so dass eine Gesellschaft auch als **Rechtsanwaltsgesellschaft, Steuerberatungsgesellschaft und Wirtschaftsprüfungsgesellschaft mbH** firmieren kann. Der Gesetzgeber war sich bewusst, dass aufgrund der ähnlich restriktiven Regelungen in den Berufsrechten der Steuerberater und Wirtschaftsprüfer eine Zusammenarbeit nur bei Mehrfachqualifikation eines Teils der Gesellschafter denkbar ist (zu Einzelheiten unten D Rz. 202 ff.). Die bewusste Behinderung der interprofessionellen Zusammenarbeit ist Ausdruck der Sorge um eine Beherrschung von Anwaltsgesellschaften durch die großen und finanzstarken Wirtschaftsprüfungsgesellschaften. 65

5. Steuerrechtlicher Vergleich

a) Einkommen-/Körperschaftsteuerliche Behandlung

Partnerschaftsgesellschaft und **Gesellschaft bürgerlichen Rechts** sollen vom Grundsatz her steuerrechtlich gleich behandelt werden. Beide Gesellschaftsformen sind einkommensteuerrechtlich **nicht selbständiges Steuersubjekt**. Die Einkommensteuerpflicht trifft sowohl bei der Gesellschaft bürgerlichen Rechts als auch bei der Partnerschaftsgesellschaft jeden Gesellschafter als persönliche Einzelschuld. Der erzielte Gewinn wird den Gesellschaftern anteilig zugerechnet und als Einkommen aus selbständiger Arbeit gem. § 18 EStG versteuert. Der nach Maßgabe der einkommensteuerrechtlichen Bewertungsvorschriften (§§ 4–7g EStG) ermittelte Gewinn wird gesondert festgestellt. 66

Die **GmbH** ist als **selbständiges Steuersubjekt** körperschaftsteuerpflichtig gem. § 1 Abs. 1 Nr. 1 KStG, sofern sie ihren Sitz (§ 11 AO) oder ihre Geschäftsleitung (§ 10 AO) im Inland hat. Steuersubjekt ist schon die Vorgesellschaft; die Steuerpflicht entsteht mit Abschluss des Gesellschaftsvertrags. Eine **Doppelbesteuerung** von GmbH und Gesellschaftern wird „pauschal" dadurch vermieden, dass die Gewinnausschüttungen und die Veräußerungs- 67

1 Dazu WPK-Mitt. 1998, 219.
2 Zum alten Recht BFH WPK-Mitt. 1998, 339.
3 BT-Drucks. 13/9820, 13.

gewinne der Kapitalbeteiligungen nur noch zur Hälfte, ab 2009 zu 60 % angesetz werden (sog. Halb- oder Teileinkünfteverfahren, dazu D Rz. 234). Zusätzlich kann der Gesellschafter die Berücksichtigung des heute allerdings nur noch geringen Sparer-Pauschbetrags verlangen (§ 20 Abs. 9 EStG). Für die Einkünfte der Gesellschafter-Geschäftsführer in Form des Geschäftsführergehalts gilt außerdem der Arbeitnehmer-Pauschbetrag von 920 Euro (§ 9a Nr. 1 EStG). **Nachteilig** wirkt sich aus, dass anders als in Sozietät und Partnerschaft **Verluste** der GmbH **nicht** mit anderen positiven Einkünften der Gesellschafter **verrechnet werden** können. So können etwa Einkünfte aus der Geschäftsführertätigkeit nicht durch gleichzeitige GmbH-Verluste steuerrechtlich ausgeglichen werden.

b) Umsatzsteuer

68 Die umsatzsteuerrechtliche Behandlung ist in allen der Anwaltschaft zur Verfügung stehenden Gesellschaftsformen identisch. Die rechtsfähige Partnerschaft ist ebenso wie die GmbH umsatzsteuerpflichtig, da sie regelmäßig eine selbständige und nachhaltige Tätigkeit mit Einnahmeerzielungsabsicht ausübt. Gleiches gilt für die Sozietät, die ebenfalls Steuersubjekt der Umsatzsteuer und Steuerschuldner i.S.d. § 13a Abs. 1 Nr. 1 UStG ist (dazu B Rz. 898).

c) Gewerbesteuerpflicht

69 **Gesellschaft bürgerlichen Rechts** und **Partnerschaftsgesellschaft** sind nicht qua Gesellschaftsform gewerbesteuerpflichtig. Grundsätzlich ist damit die Sozietät ebenso wie die Rechtsanwaltspartnerschaft als freiberufliches Unternehmen von der Gewerbesteuerpflicht ausgenommen. Wird aber in der Sozietät oder Partnerschaft auch nur vereinzelt eine geringfügige gewerbliche Tätigkeit ausgeübt, so werden die **gesamten Einkünfte „infiziert"** mit der Folge der Gewerbesteuerpflicht (vgl. § 15 Abs. 3 Nr. 1 EStG)[1].

70 Die **GmbH** ist kraft Rechtsform **gewerbesteuerpflichtig** (§ 2 Abs. 2 Satz 1 GewStG). Der Gewerbeertrag wird durch Zu- und Abrechnungen auf der Grundlage des körperschaftsteuerrechtlichen Gewinns ermittelt. Auf den Gewerbesteuer-Messbetrag wendet die jeweilige Gemeinde ihren – örtlich recht unterschiedlichen – Hebesatz an. Schon wegen dieser regionalen Unterschiede ist ein Pauschalurteil kaum möglich. Der gewerbesteuerrechtliche Nachteil hat freilich für kleinere Dienstleistungsgesellschaften durch hohe Freibeträge an Bedeutung verloren, eine Entwicklung, die auch das BVerfG[2] zum Anlass genommen hat, die Verfassungsmäßigkeit des Gewerbesteuerprivilegs der Freien Berufe zu bejahen.

71 Die Gewerbesteuerbelastung der Rechtsanwaltsgesellschaft mbH lässt sich z.T. durch hohe, den Gewinn reduzierende **Geschäftsführergehälter** mindern, die an die geschäftsführenden Gesellschafter ausbezahlt werden. Die optimale Gestaltung der Geschäftsführervergütung wird aber durch eine

1 BFH BStBl. II 1995, 171; *Gosch*, StBp. 1995, 43.
2 BVerfGE 120, 1 = NVwZ 2008, 1102.

Vielzahl von Unsicherheitsfaktoren belastet. Generell muss die Höhe der Bezüge der Geschäftsführer, die sich üblicherweise aus Festgehalt und Tantieme zusammensetzt, angemessen sein. Anderenfalls liegt wegen der zu vermutenden Absicht der Gewinnabsaugung eine verdeckte Gewinnausschüttung vor[1].

d) Steuerliche Absetzbarkeit von Pensionsrückstellungen

Ein Vorteil der GmbH kann in der Möglichkeit liegen, für die Gesellschafter 72
und die angestellten Rechtsanwälte Pensionsrückstellungen gem. § 6a EStG zu bilden[2]. Sie eröffnet die Chance zu einer sachgerechten ertragsteuersparenden Altersversorgung unmittelbar durch die GmbH. Die Pensionsrückstellung wirkt sich als Abzug bei der Bemessungsgrundlage der Körperschaftsteuer und der Gewerbesteuer aus, ohne beim Gesellschafter aktuell zu einer Steuerbelastung zu führen. Für den Begünstigten bedeutet **erst** die **spätere** Versorgungsleistung einen steuerpflichtigen Arbeitslohn. Es kommt daher zu einem Steuerstundungseffekt, der mit Zins- und Zinseszinsgewinnen Vorteile bieten kann (zurückhaltender D Rz. 225).

In den **Personengesellschaften** sind **Vorsorgeaufwendungen** der Gesellschaf- 73
ter demgegenüber nur als **Sonderausgaben** gem. § 10 EStG absetzbar. Sie führen wegen der geringen Höchstbeträge, die vielfach schon durch andere Versicherungen ausgeschöpft sind, regelmäßig nur zu einer sehr geringen Steuerersparnis.

6. Bilanzierungs- und Publizitätspflichten

Für Sozietät und Partnerschaft kennt das geltende Recht weder Publizitäts- 74
noch Bilanzierungspflichten. Für die Rechtsanwaltsgesellschaft mbH als Formkaufmann (§§ 13 Abs. 3 GmbHG, 6 Abs. 1 HGB) gelten dagegen die Regeln der §§ 238 ff., 264 HGB. Auch die so genannten kleinen Kapitalgesellschaften im Sinne von § 267 HGB, d.h. GmbH mit einer Bilanzsumme von weniger als 4,84 Mio. Euro bzw. Umsatzerlösen von weniger als 9,68 Mio. Euro[3], müssen eine verkürzte Bilanz aufstellen, die eine gesetzlich vorgeschriebene Mindestgliederung aufweist. Ähnliches gilt für die Gewinn- und Verlustrechnung gem. §§ 275, 276 HGB.

Die Pflicht zur Aufstellung eines **Jahresabschlusses** wird primär für kleinere 75
und mittlere Zusammenschlüsse eine echte Mehrbelastung sein. Für größere Kanzleien wird sich demgegenüber häufig ohnehin eine freiwillige Bilanzierung anbieten. Zu einer deutlichen Vorverlagerung der Gewinne gegenüber der bloßen Überschussrechnung nach § 4 Abs. 3 EStG führt die Pflicht zur Aktivierung der offenen Honorarforderungen. Sie kann im Jahr der Umstellung eine erhebliche steuerliche Mehrbelastung bedeuten. Die Möglichkei-

1 BFH BStBl. II 1984, 673.

2 BFHE 135, 519 (bezogen auf ein Pensionierungsalter von 65 Jahren).

3 Das dritte Kriterium des § 267 Abs. 1 HGB, nämlich weniger als 51 Mitarbeiter, werden Rechtsanwaltsgesellschaften mbH ohnehin nicht erfüllen.

ten, das steuerliche Ergebnis durch die Wahl des Zeitpunkts der Honorareinnahmen und der Zahlung von Betriebsausgaben zu beeinflussen, sind gegenüber der einfachen Überschussrechnung deutlich reduziert.

76 Als Belastung wird von den freien Berufen auch die Pflicht zur **Veröffentlichung des Jahresabschlusses** empfunden. Bilanz und Anhang müssen auch von den kleinen Kapitalgesellschaften binnen Jahresfrist nach Abschluss des jeweiligen Geschäftsjahres zum Handelsregister eingereicht werden (§§ 325, 326 HGB). Wichtige Grunddaten der Ertrags- und Vermögenssituation der Gesellschaft sind damit für jeden Interessierten (§ 9 HGB) zugänglich. Das Unternehmensergebnis als solches sowie so brisante Fragen wie der Darlehensumfang oder der Wert des Anlage- und Umlaufvermögens sind nicht mehr geheim (vgl. aber jetzt § 325 Abs. 1 Satz 1 HGB). Immerhin entfällt bei kleinen Kapitalgesellschaften die Verpflichtung zur Offenlegung der Gewinn- und Verlustrechnung (§ 326 HGB).

77 Eine schlichte Missachtung der Offenlegungsbestimmungen ist seit Inkrafttreten der Sanktionsregel des § 335 HGB (bis 31. 12. 2006: § 335a HGB) nicht mehr möglich.

7. Wahl der geeigneten Organisationsform

78 Ausschlaggebend für die **Rechtsformwahl** des Freiberuflers sollten im Ergebnis nicht allein Fragen der Organisation, Haftung oder Kosten- und Steuerbelastung sein, sondern auch die zu prognostizierende Akzeptanz der Gesellschaftsform bei der Mandantschaft. Zählt eine Berufsausübungsgesellschaft vorwiegend die lukrative Industrieklientel zu ihrem Mandantenstamm, so zeigt die Entwicklung der Steuerberatungs- und Wirtschaftsprüfungsgesellschaften, dass hier die Qualifikation der Berater ganz im Vordergrund steht. Ihre persönliche Haftung ist demgegenüber von nur untergeordneter Bedeutung. Anders kann sich dies bei einer Mandantschaft darstellen, die sich aus Privatpersonen zusammensetzt, etwa bei Anwaltssozietäten, die sich auf das Familienrecht oder das Mietrecht spezialisiert haben. Hier wird die Kapitalgesellschaft auf absehbare Zeit Vorbehalte der Mandanten erwecken. Ähnliches gilt für einen auf Handwerker und mittelständische Unternehmen ausgerichteten Mandantenstamm. Generell bedarf die Umwandlung einer Sozietät in eine Kapitalgesellschaft gegenüber der bisherigen Mandantschaft einer plausiblen Erläuterung. Sie wird am leichtesten jenen Gesellschaften fallen, die sich mit der neuen Rechtsform in einen interprofessionellen oder internationalen Beraterverbund begeben, so dass die Rechtsformänderung mit einem verbesserten Leistungsangebot erklärt werden kann.

B. Die GBR

	Rz.
I. Die Sozietät als Organisationsform *(Michalski/Römermann)*	
1. Ansätze zu einer Definition	1
2. Berufsausübungsgesellschaft	9
a) Abgrenzung zur Organisationsgesellschaft	9
b) Erforderlichkeit aktiver Berufsausübung aller Sozien?	16
c) Gemeinsame Entgegennahme von Aufträgen	25
aa) Grundsatz des Gemeinschaftsmandats	25
bb) Persönlicher Geltungsbereich des Gemeinschaftsmandats	30
cc) Ausführung eines Gemeinschaftsmandats	37
dd) Eintritt neuer Sozien	56
ee) Ausscheiden aus der Sozietät	57
ff) Strafverteidiger	59
gg) Unterschiedliche Postulationsfähigkeit	61
3. Gründung	62
a) Der Gründungsvorgang	62
b) Gründe für einen Zusammenschluss	63
4. Name der Sozietät	69
a) Allgemeine gesellschafts-, berufs- und wettbewerbsrechtliche Vorgaben	69
aa) Gesellschaftsrecht	69
bb) Berufsrecht	80
cc) Wettbewerbsrecht	85
b) Namensfortführung beim Ausscheiden von Gesellschaftern	92
aa) Zivilrechtliche Grundlagen	92
bb) Vorgaben des Berufsrechts	96
cc) Fallgruppen	99
c) Namensgestaltungen in der Praxis	110
5. Interne Organisation	115
a) Die gesetzliche Regelung	115
aa) Grundsatz der Selbstorganschaft	115
bb) Begriff der Geschäftsführung	116
cc) Vertretung als Teil der Geschäftsführung	117
dd) Grundsatz der Gesamtgeschäftsführung	118
ee) Einzelgeschäftsführung	121
ff) Übertragung der Geschäftsführung	123
b) Möglichkeiten der Vertragsgestaltung	125
aa) Vorgaben des Berufsrechts hinsichtlich der anwaltlichen Geschäftsführung	126
bb) Geschäftsführung und Kanzleimanagement	130
cc) Managementstrukturen in der Praxis	136
dd) Kanzleihierarchie	162
6. Auflösung	164
a) Überblick über die Auflösungsgründe	164
b) Abweichende Vertragsgestaltungen zur Nachfolge im Todesfall	165
aa) Überblick	165
bb) Einfache Nachfolgeklausel	166
cc) Qualifizierte Nachfolgeklausel	170
dd) Rechtsgeschäftliche Nachfolgeklausel	172
ee) Erbrechtliche Eintrittsklausel	173
ff) Gesellschaftsrechtliche Eintrittsklausel	174
c) Gesellschaftsrechtliche Folgen der Auflösung	175
d) Berufsrechtliche Folgen der Auflösung, § 32 Abs. 1 BORA	177
aa) Befragung der Mandanten durch alle Sozien	177
bb) Befragung der Mandanten in einem gemeinsamen Rundschreiben	183

	Rz.
cc) Befragung der Mandanten durch einzelne Sozien	184
dd) (Fehlende) Antwort des Mandanten	185
ee) Umzugshinweis	187
ff) Bekanntgabepflicht	190
II. Die Sozien *(Michalski/Römermann)*	
1. Der Begriff des Sozius	192
a) Überblick über die relevanten Kriterien	192
b) Einzelheiten zu den Kriterien	194
aa) Auftreten nach außen	194
bb) Abschluss eines Sozietätsvertrages	196
cc) Gewinn- und Verlustbeteiligung	197
dd) Stimmrecht	199
ee) Kanzleiinterne Bezeichnung der Position	201
c) Eigener Vorschlag für eine Begriffsbestimmung	204
2. Sozietätsfähigkeit, insbesondere Sternsozietät	208
3. Eintritt in die Sozietät	213
a) Auswahl der Partner	213
b) Aufnahme als Partner	214
4. Aufstieg zum Vollpartner	215
5. Gewinnverteilung	216
a) Verbot der Beteiligung Dritter	216
b) Gewinnverteilungsmodelle	220
aa) Das Lockstep-System	220
bb) Produktivitätsorientierte Systeme	228
cc) Kombinierte Systeme	240
dd) Das „ideale" Gewinnverteilungsmodell	245
6. Wettbewerbsverbote	247
a) Gesetzliche Wettbewerbsverbote	247
aa) Während der bestehenden Sozietät	247
bb) Nach Ausscheiden aus der Sozietät	249
b) Vertragliche Wettbewerbsverbote	250
7. Ausscheiden aus der Sozietät	255
a) Gesellschaftsrechtliche Aspekte	255
aa) Modalitäten des Ausscheidens	255
bb) Rechtsfolgen des Ausscheidens	260
b) Berufsrechtliche Aspekte	263
8. Muster	266
a) Sozietätsvertrag	266
b) Varianten zu einzelnen Klauseln	267
aa) Varianten der Namensgestaltung (§ 1 Abs. 1 des Sozietätsvertrages)	267
bb) Varianten der Gestaltung der Namensfortführung (§ 1 Abs. 2 des Sozietätsvertrages)	269
cc) Varianten des Gegenstandes bei einer interprofessionellen Sozietät (§ 2 Abs. 1 des Sozietätsvertrages)	270
dd) Varianten der Gewinnbeteiligung (§ 11 Abs. 1 des Sozietätsvertrages)	271
ee) Varianten zu nachvertraglichen Wettbewerbsklauseln (§ 13 des Sozietätsvertrages)	275
ff) Varianten zu den Nachfolgeklauseln (§ 14 Abs. 1 Buchstabe a des Sozietätsvertrages)	278
c) Schiedsklausel und Schiedsvertrag	282
III. Verhältnis der Sozietät zum Mandanten und gegenüber Dritten *(Tophoven)*	374
1. Der Anwaltsvertrag	376
a) Rechtsnatur des Anwaltsvertrages	376
aa) Dienstvertrag oder Werkvertrag	376
bb) Atypische vertragliche Tätigkeiten	378
b) Zustandekommen des Anwaltsvertrages	382
aa) Vertragsschluss	382
bb) Einbeziehung von Mandatsbedingungen	384
cc) Einschränkungen der Vertragsfreiheit	387

Rz.

c) Parteien des Anwaltsvertrages . . . 391
aa) Mandant und Einzelanwalt 393
bb) Mandant und Bürogemeinschaft 394
cc) Mandant und Rechtsanwalts-GbR 395
dd) Mandant und Partnerschaft 404
ee) Rechtsanwalts-GmbH, -AG und -„Limited" . . . 406
d) Pflichten des Anwalts gegenüber dem Mandanten . 407
aa) Überblick 407
bb) Aufklärung des Sachverhaltes und Pflicht zu umfassendem Sachvortrag 410
cc) Prüfung der Rechtslage . 414
dd) Beratung und Belehrung 418
ee) Hinweispflicht auf die Berechung nach dem Gegenstandswert 422
ff) Grundsatz des sichersten Weges 423
gg) Weisungsgebundenheit . 424
hh) Sonstige Pflichten 426
e) Pflichten beim Tätigwerden mehrerer Anwälte 428
aa) Rechtsanwaltsgesellschaften 429
bb) Prozessanwalt und Verkehrsanwalt 430
cc) Hauptbevollmächtigter und Unterbevollmächtigter 438
dd) Nacheinander tätige Anwälte 439
ee) Angestellte Anwälte, bestellte Vertreter 441
f) Gebühren und Honorar . . . 443
g) Haftung aus dem Mandat . . 447
aa) Überblick über die Rechtsgrundlagen nach Inkrafttreten der Schuldrechtsreform . . . 447
bb) Positive Vertragsverletzung des Anwaltsvertrages 447b
cc) Schadensersatz statt der Leistung 466a
dd) Gebühren und Honorar bei Schlechterfüllung . . 467
2. Haftung gegenüber Dritten . . 468
a) Überblick – Haftung von Gesellschaften 468
b) Haftung für Auskünfte und Aufklärung 470
c) Haftung aus einem Treuhandverhältnis 471
d) Haftung aus einem Vertrag mit Schutzwirkung zugunsten Dritter 473a
aa) Erstattung von Gutachten 473c
bb) Jahresabschlüsse und Prospekt 473d
e) Haftung aus Verschulden bei Vertragsverhandlungen . 474
f) Prospekthaftung 476
g) Deliktische Haftung 478
aa) Überblick 478
bb) Haftung aus § 826 BGB . 480
3. Möglichkeiten der Haftungsbeschränkung 482
a) Überblick 482
b) Haftungsbeschränkung durch vertragliche Vereinbarung mit dem Mandanten 483
aa) Überblick 483
bb) Abgrenzungskriterium: Vereinbarung im Einzelfall 484
c) Haftungsbeschränkung durch vorformulierte Vertragsbedingungen 486
aa) Wirksame Einbeziehung 486
bb) Schriftform 487
cc) Einfache Fahrlässigkeit 488
dd) Versicherungsschutz . . 490
ee) Inhaltskontrolle der Haftungsbeschränkung nach den §§ 305 ff. BGB 491
d) Haftungskonzentration in der Sozietät gem. § 51a Abs. 2 BRAO 492
aa) Mitglieder einer Sozietät 493

Rz.

bb) Haftung auf Schadensersatz 494
cc) Haftungskonzentration auf den Sachbearbeiter . 495
dd) Form der Vereinbarung . 497
e) Sonstige Einschränkungen der Haftung 497a
f) Haftungsbeschränkungen aufgrund der gewählten Gesellschaftsform 498
aa) BGB-Gesellschaft mit beschränkter Haftung . . 498
bb) Partnerschaftsgesellschaft 500
cc) Anwalts-GmbH und -AG 501
4. Verjährung von Ersatzansprüchen gegen Rechtsanwälte 503
a) Überblick über die Neuregelung der Verjährung bei der Anwaltshaftung und die Privilegierung des aufgehobenen § 51b BRAO . . . 503
b) Beginn der regelmäßigen Verjährung und Höchstfristen nach neuer Rechtslage . 505b
aa) Kenntnis des Mandanten gem. § 199 Abs. 1 Nr. 2, 1. Alt. BGB 505c
bb) Grob fahrlässige Unkenntnis des Mandanten gem. § 199 Abs. 1 Nr. 2, 2. Alt. BGB 505d
c) Verjährungsrechtliche Übergangsregelungen im Überblick 505e
d) Übergangsregelung und Sekundärhaftung 505g
aa) Sekundärer Schadensersatzanspruch 506
bb) Voraussetzungen 507
cc) Folgen des Sekundäranspruchs 510
dd) Auswirkung der Übergangsregelungen auf den Schadensersatzanspruch 510a
5. Muster Mandatsvertrag mit separater Vergütungsvereinbarung 511
6. Berufshaftpflichtversicherung *(Stobbe)* 512

Rz.

a) Das Versicherungskonzept . 512
aa) Das Basiskonzept der Allgemeinen Haftpflichtversicherung . . . 512
bb) Die Berufshaftpflichtversicherung 519
b) Die Pflichtversicherung . . . 527
aa) Zweck 527
bb) Gleichstellung der sozietätsfähigen Berufe . 529
cc) Deckung der Vermögensschäden (§ 51 Abs. 1 BRAO) . . . 530
dd) Versicherungsfall und Verstoßprinzip (§ 51 Abs. 2 BRAO) . . . 535
ee) Risikoausschlüsse (§ 51 Abs. 3 BRAO) . . . 539
ff) Versicherungssumme (§ 51 Abs. 4 BRAO) . . . 543
c) Die Beteiligten 551
aa) Der Versicherer 551
bb) Der Versicherungsnehmer 563
c) Der Geschädigte 572
aa) Auskunftsanspruch . . . 572
bb) Obliegenheiten 572a
cc) Sanktion der Obliegenheitsverletzung 573
d) Lücken im Versicherungsschutz der Sozien 574
aa) Die Haftungsverfassung der Sozietät 574
bb) Das Haftungskonzept der Berufshaftpflichtversicherung 576
cc) Zur Deckung der akzessorischen Haftung der Sozien . . . 577

IV. Besonderheiten der überörtlichen/intraurbanen Sozietät *(Graf von Westphalen)*
1. Einführung 586
a) Geschichtliche Entwicklung 586
b) Begriff der überörtlichen Sozietät 588
2. Voraussetzungen gemäß § 59a BRAO 591
a) Allgemeines 591
b) Ausreichend: Status eines Scheinsozius 593

Rz.

c) Gemeinsame Mandatierung 594
d) Differenzierung: Gesamtmandat – Einzelmandat? . . 595
e) Partnerschaftsgesellschaft – Kanalisierung der Haftung (§ 8 Abs. 2 PartGG) 598
f) Interessenkollision 599
g) Entgegennahme von Honoraren 600
h) Außensozietät – Scheinsozietät 601

3. Wettbewerbsrechtliche Aspekte 603
a) Kurzbezeichnung – § 9 Abs. 1 Satz 2 BORA . . . 605
b) Gestaltung des Briefkopfs . . 606

4. Beteiligung von Anwaltsnotaren 609

5. Interprofessionelle überörtliche Sozietät 610
a) Voraussetzungen von § 59a Abs. 2 Nr. 2 BRAO . . 611
b) Außerhalb des Anwendungsbereichs von § 59a Abs. 2 Satz 2 BRAO 612

6. Internationale Anwaltssozietäten 613
a) Allgemeine Zulässigkeit . . 614
b) Transnationale Sozietät . . . 615

7. Abgrenzung zu anderen überörtlichen Kooperationsformen 616
a) Abgrenzung gegenüber der Sozietät 617
b) Gesellschaftsrechtliche Grundlegung – Zweifelsfragen 620
c) Haftungsregime 623
aa) Gestattung der Einschaltung des Kooperationspartners 624
bb) Erfüllungsgehilfenschaft – Substitution . . 625
d) Ad-hoc-Zusammenarbeit . . 627
aa) Gesellschaftsrechtlicher Ansatz – Haftungsregime 627
bb) Anwendbarkeit von § 8 BORA 629
e) „Kanzlei-Clubs" bzw. „XY-Group" 630

Rz.

aa) Statutarische Regeln . . 631
bb) Kollisionsrechtliche Regeln 632

8. Gründe für die Bildung überörtlicher Sozietäten 633
a) Grundentscheidung 635
aa) Problemaufriss 635
bb) „Rechtskaufmann" oder „Rechtsanwalt" . . 638
b) Fremde Personen – Unternehmenskultur 640
c) Gesprächs- und Entscheidungskultur 642
aa) Wichtiger Vorbehalt . . . 643
bb) Gleichwohl: Sinnvolle Fragen 644
cc) Unternehmerische Typen 646
dd) Bedeutung der Größe – Zwänge 647
ee) Kritisch: Private Kontakte 650
d) Streitkultur 652
e) Unternehmerische Phantasie 656
f) Altersstruktur, Funktion und „Leverage" 657
g) Führung – Strategie 659
g) Unabdingbare wirtschaftliche Voraussetzungen . . . 662
aa) Kostenstruktur 663
bb) Gewinnverteilungssystem 665
cc) Kostenvergleich 667
dd) Mandantenstruktur – Interessenkollision . . . 668
h) Wesentliche, aber wohl gestaltbare Kriterien 669
aa) Altersstruktur – Rentenverpflichtungen 670
bb) Eintrittsvoraussetzungen – Qualitätsmerkmale 672
cc) Hire and Fire – oder Hängematte 674
i) Erforderliche Institutionalisierung 675
j) Strategische Zielsetzungen . 676
k) Vertrauen schaffen 681
l) „Corporate identity" 684
m) Zielsetzung: Großmandate? 686
n) Synergieeffekte? 690

Rz.

V. Interprofessionelle Zusammenschlüsse *(Michalski/Römermann)*
1. Sinn und Notwendigkeit fachübergreifender Zusammenschlüsse 764
2. Sozietätsfähige Berufe, § 59a BRAO 767
   a) Überblick über die Berufe . . 767
   b) Mehrfachqualifikationen . . 768
   c) Besonderheiten bei Anwaltsnotaren 769
   d) Erweiterung der zulässigen Berufsgruppen 772
3. Soziierungsmöglichkeiten bei den verschiedenen Gesellschaftsformen – Überblick . . . 773
4. Vorschriften in der Berufsordnung 775
   a) Beachtung des anwaltlichen Berufsrechts 775
   b) Früheres Verbot der Sternsozietät 777
5. Mandatswahrnehmung durch die interprofessionelle Sozietät 778

VI. Steuerrecht *(Streck)*
1. Einkommensteuer 780
   a) Die Sozien als Steuersubjekt 780
   b) Die Sozietät als Mitunternehmerschaft 781
   c) Freiberufliche Einkünfte . . 787
   d) Einkünfteermittlung 789
   e) Praxiswert 798
   f) Altersversorgung 806
   g) Sonderbetriebsvermögen; Sonderbetriebseinnahmen und -ausgaben 812
   h) Einkünfteverteilung 820
2. Einkommensteuer – Besondere Vorfälle 823
   a) Gründung der Sozietät . . . 823
   b) Eintritt eines weiteren Partners 824
   c) Ausscheiden, Tod eines Partners 825
   d) Übertragung eines Anteils an der Sozietät 831
   e) Veräußerung der Sozietät . . 833
   f) Praxisverpachtung 834
   g) Betriebsaufspaltung 837
   h) Überörtliche, intraurbane Sozietät 839
   i) Interprofessionelle Sozietät 842
   j) Liquidation 845
3. Gewerbesteuer; Abgrenzungen und Gefährdungen der Freiberuflichkeit der Einkünfte . . 848
   a) Allgemeines 848
   b) Ausschluss jeglicher gewerblichen Tätigkeit . . . 850
   c) Beteiligung von Berufsfremden 861
   d) Gewerblichkeit durch Beschäftigung zu vieler fachlich qualifizierter Mitarbeiter 876
   e) Die gefährdete freiberufliche Tätigkeit nach § 18 Abs. 1 Nr. 3 EStG 886
   f) Folgen der Gewerblichkeit . 891
4. Einheitsbewertung; Vermögensteuer 894
5. Umsatzsteuer 897
   a) Sozietät als Unternehmer . . 897
   b) Leistungen und Entgelt . . . 905
   c) Vorsteuerabzug 916
   d) Sozietät und Sozien 923
   e) Umsatzsteuer bei besonderen Vorfällen 927
   f) Verfahrensfragen 940
6. Sozietät als Arbeitgeber; Lohnsteuerpflicht 943
7. Erbschaft- und Schenkungsteuer 946
8. Steuerinteressen des Mandanten 959
9. Steuerverfahren 962
   a) Veranlagung; Gewinnfeststellung 962
   b) Einspruchsverfahren 977
   c) Betriebsprüfung 981
   d) Auskunftsverweigerung; Anderkonten 987
   e) Steuerhaftung 991
   f) Finanzgerichte 996
10. Steuerstrafrecht 1004

VII. Bewertung einer Praxis *(Streck)* 1015

I. Die Sozietät als Organisationsform

1. Ansätze zu einer Definition

An einer Legaldefinition des Begriffs „Sozietät" fehlt es bis heute[1]. Der Gesetzgeber verwendete diesen Begriff bis 2007 in § 59a BRAO a.F. und die Satzungsversammlung verwendet ihn bis heute in den §§ 8 und 9 BORA, ohne dass aber präzise zu erkennen wäre, was darunter zu verstehen sein soll. Fest steht lediglich, dass die „Sozietät" keinen eigenständigen Gesellschaftstypus schafft und dass die früher verbreitete unreflektierte Begriffsverwendung als Synonym für eine Gesellschaft bürgerlichen Rechts angesichts der seit Ende der 1980er Jahre eingetretenen Entwicklung des freiberuflichen Gesellschaftsrechts nicht mehr in Betracht kommt[2]. 1

Lediglich während des Gesetzgebungsverfahrens zum AnwaltsGmbH-Gesetz war einmal ein Anlauf zu einer **gesetzlichen Definition** unternommen worden. Der Referentenentwurf vom März 1997 hatte vorgeschlagen, in § 59a Abs. 1 Satz 1 BRAO einen Klammerzusatz einzufügen, der eine abschließende Festlegung der Sozietät auf die BGB-Gesellschaft und die Partnerschaft enthalten sollte. Dieser Ansatz war gesetzgebungstechnisch missglückt, da er eine Reihe zusätzlich in das Gesetz einzufügender Normen nach sich gezogen hätte, ohne dass für eine solche Ausdehnung des Gesetzestextes eine sachliche Notwendigkeit zu erkennen gewesen wäre[3]. Der Regierungsentwurf des AnwaltsGmbH-Gesetzes vom Oktober 1997 hat den ursprünglichen Gedanken daher nicht mehr aufgenommen und auf eine Legaldefinition verzichtet[4]. Seit dem 1. 3. 1999 sind Anwaltsgesellschaften in Form einer GmbH nunmehr in den §§ 59cff. BRAO gesetzlich geregelt[5]. Aus der Systematik des Gesetzes ergibt sich somit, dass der Gesetzgeber die GmbH durch § 59a BRAO nicht umfasst sah. 2

Bis zur Streichung der drei Worte „in einer Sozietät" mit Wirkung zum 18. 12. 2007[6] enthielt § 59a Abs. 1 Satz 1 BRAO a.F. einen konkreten Bezug zum Begriff der Sozietät. Die **Begründung zum Gesetzentwurf des § 59a BRAO a.F.**, der im Rahmen der BRAO-Novelle 1994 eingefügt worden war, enthielt sich bewusst jeder Festlegung, um Raum für spätere Entwicklungen zu lassen[7]. Der Gesetzgeber hatte offenbar in erster Linie die Gesellschaft bürgerlichen Rechts im Blick und wollte eine Öffnung vor allem für die neue Gesellschaftsform der Partnerschaft erreichen. Das Gesetzgebungsverfahren und die Ver- 3

1 *Posegga*, Rechtliche Grundlagen einer Sozietät von Rechtsanwälten und Steuerberatern, 1999, Rz. 58; unzutreffend *Schurr*, Anwaltsgesellschaften in Deutschland und den Vereinigten Staaten von Amerika, 1998, S. 67.
2 So auch *Posegga*, Rechtliche Grundlagen einer Sozietät, Rz. 59f., 62.
3 *Römermann*, GmbHR 1997, 530 (531).
4 Abdruck des Regierungsentwurfs des Anwalts-GmbH-Gesetzes mit Einführungsaufsatz von *Römermann* in der NZG 1998, 81.
5 BRAO-Änderungsgesetz vom 31. 8. 1998, BGBl. I, 2600.
6 Gesetz zur Neuregelung des Rechtsberatungsrechts vom 12. 12. 2007, BGBl. 2007 I, 2840.
7 Begründung des Regierungsentwurfs, BT-Drucks. 12/4993, 23; dazu *Schlosser*, JZ 1995, 345 (346).

abschiedung der BRAO-Novelle sowie des PartGG erfolgten zeitlich parallel zueinander. In deutlichem Unterschied hierzu haben die ebenfalls zeitgleich verabschiedeten Neufassungen der Berufsrechte der Wirtschaftsprüfer (§ 44b Abs. 1 WPO) und der Steuerberater (§ 56 StBerG) die aus Angehörigen ihrer Berufsgruppen gebildete Sozietät ausdrücklich als BGB-Gesellschaft definiert. Eine der hauptsächlichen Folgen der unklaren Formulierungen in der Gesetzesbegründung der BRAO-Novelle trat kurz nach deren Verabschiedung ein, als das BayObLG in seiner aufsehenerregenden Entscheidung vom 24. 11. 1994[1] aufgrund der fehlenden gesetzlichen Eingrenzung die Gesellschaftsform der Anwalts-GmbH für grundsätzlich zulässig erklärte.

4 Eine vergleichbare Entwicklung ergab sich in den Jahren 1999 und 2000 im Hinblick auf die **Anwalts-AG**. Während des Gesetzgebungsverfahrens des Anwalts-GmbH-Gesetzes hatte der Gesetzgeber ausweislich der Materialien[2] erkannt, dass die Anwalts-AG bislang nicht gesetzlich geregelt war, und auf eine Normierung ausdrücklich verzichtet. Daraus folgt wiederum, dass der Gesetzgeber von der Rechtsansicht ausging, dass die Anwalts-AG nicht unter eine „Sozietät" i.S. des § 59a BRAO a.F. gefallen wäre.

5 Die **Satzungsversammlung** der Rechtsanwälte sah sich im Jahre 1996 vor das Problem des zutreffenden Verständnisses des Sozietätsbegriffs gestellt. In § 33 Abs. 1 BORA fand sie eine ebenso elegante wie salomonische Lösung in der folgenden Formulierung: „Soweit Vorschriften dieser Berufsordnung Rechte und Pflichten des Rechtsanwalts im Hinblick auf die Sozietät als Form der beruflichen Zusammenarbeit vorsehen, gelten sie sinngemäß für alle anderen Rechtsformen der beruflichen Zusammenarbeit." Diese Vorschrift geht auf die Überlegung zurück, dass für die Berufsausübung in sämtlichen zulässigen Organisationsformen grundsätzlich dieselben Rechte und Pflichten gelten sollten[3]. Es gab mehrfach Vorschläge, die Organisationsfreiheit für Rechtsanwälte zu normieren, beispielsweise wie folgt: „Allgemeiner Grundsatz. Der Rechtsanwalt ist frei, im Rahmen der allgemeinen Gesetze die Organisationsform für die berufliche Zusammenarbeit zu wählen."[4] Dieser Formulierungsvorschlag scheiterte, da die Satzungsversammlung eine ausdrückliche Vorschrift angesichts der grundlegenden Berufsausübungsfreiheit nach Art. 12 GG als überflüssig ansah. Im Ergebnis blieb die Frage nach der zutreffenden Definition des Sozietätsbegriffs daher auch in der Berufsordnung ungelöst. Die Berufsordnung hat hingegen die allgemeine Anwendbarkeit der Vorschriften auf alle Gesellschaftsformen klargestellt.

6 Die einzige **Legaldefinition** im deutschen anwaltlichen Berufsrecht fand sich in § 39 Abs. 3 des mit Wirkung vom 9. 9. 1994 aufgehobenen **Rechtsanwaltsgesetzes** vom 13. 9. 1990 der ehemaligen DDR[5]. Dort hieß es: „Eine Sozietät liegt dann vor, wenn sich Rechtsanwälte auf vertraglicher Basis zur gemein-

1 BayObLG ZIP 1994, 1868 m. Anm. *Henssler*.
2 BT-Drucks. 13/9820, 11; vgl. bereits näher *Römermann*, ZAP F. 23, S. 461 (463).
3 SV-Mat. 11/96, 7 – unveröffentlicht, auszugsweise wiedergegeben bei Hartung/*Römermann*, § 33 Rz. 6.
4 SV-Prot 4, 26f.; dazu Hartung/*Römermann*, § 33 Rz. 8f.
5 GBl. I Nr. 61, S. 1504; dazu Henssler/Prütting/*Hartung*, § 59a Rz. 21.

samen Berufsausübung und gemeinsamen Kostentragung und Haftung zusammengeschlossen haben. Die Auftragsübernahme erfolgt in diesen Fällen gemeinsam".

Diese Bestimmung ist nahezu inhaltsgleich mit dem **Sozietätsbegriff in der Rechtsprechung**[1] und Literatur[2]. Der dort entwickelte Begriff wird von *Hartung* zusammengefasst als „organisierter Zusammenschluss von Rechtsanwälten zu gemeinsamer Berufsausübung durch gemeinsame Entgegennahme von Aufträgen und Entgelt bei gesamtschuldnerischer Haftung."[3] § 28 Abs. 1 der obsoleten Standesrichtlinien hatte noch wie folgt formuliert: „Die Sozietät zwischen Rechtsanwälten erfordert eine gemeinsame Kanzlei und grundsätzlich die gemeinschaftliche Entgegennahme der Aufträge und Entgelte." 7

Unumstritten ist die **Anwendbarkeit des Sozietätsbegriffs** auf die herkömmliche BGB-Gesellschaft, in der sich Rechtsanwälte zum Zweck der gemeinsamen Berufsausübung zusammenschließen, sowie auf die 1994 neu geschaffene Gesellschaftsform der Partnerschaft[4]. Äußerst zweifelhaft ist die Frage, ob auch anwaltliche **Kapitalgesellschaften** von dieser Begriffsbestimmung umfasst werden. Dies ist nach zutreffender Auffassung abzulehnen[5]. Der Gesetzgeber wollte in § 59a BRAO weder die Anwalts-GmbH noch die Anwalts-AG erfasst sehen. Die eher als Berufsausübungsgesellschaft konzipierte Personengesellschaft erweist sich bei näherer Betrachtung als grundlegend verschieden von einer Kapitalgesellschaft, die als eigenständige juristische Person ihre rechtsberatenden Leistungen am Markt anbietet und sie nach Auftragsübernahme durch die für sie tätigen Anwälte erbringen lässt. Die Kapitalgesellschaft befindet sich in der Hand von Kapitaleignern, während die Sozien der Personengesellschaft in erster Linie ihre Arbeitskraft und ihre juristische Leistungsfähigkeit einbringen. Diese tiefgreifenden Unterschiede stehen einem ausdehnenden Begriffsverständnis der Sozietät im Hinblick auf die Kapitalgesellschaft entgegen[6]. 8

1 BGHZ 56, 355 = NJW 1971, 1801; BGHZ 83, 328 = NJW 1982, 1866; BGH NJW 1984, 10; NJW 1985, 2635; NJW 1988, 1973; NJW 1990, 827.

2 *Redeker*, AnwBl. 1987, 528; *Kornblum*, BB 1973, 218; *Michalski*, Das Gesellschafts- und Kartellrecht der berufsrechtlich gebundenen freien Berufe, 1989, S. 95 ff.; *Ganster*, Freier Beruf und Kapitalgesellschaft – das Ende der freien Professionen?, 2000, S. 171 ff.

3 Henssler/Prütting/*Hartung*, § 59a Rz. 21; ebenso im Ergebnis *Kunz*, in: Sozietätsrecht, 2. Aufl., 2006, § 1 Rz. 15; *Lenz*, in: Lenz/Imping/Schlößer, Kooperationsformen freie Berufe, Loseblattwerk, Fach C Kap. 1 Rz. 278.

4 Eingehende Untersuchung der Frage, ob eine Partnerschaft unter den Sozietätsbegriff des § 59a BRAO fällt, bei *Posegga*, Rechtliche Grundlagen einer Sozietät, Rz. 68 ff.

5 *Michalski/Römermann*, NJW 1996, 3233, 3237; *Römermann/Spönemann*, NZG 1998, 15.

6 A.A. *Peres/Depping*, in: Sozietätsrecht, § 1 Rz. 2ef. Dort wird u.a. aus dem Umstand, dass im dortigen wie im hiesigen Handbuch des Sozietätsrechts auch andere Formen der Zusammenarbeit behandelt werden, auf einen weiten Sozietätsbegriff geschlossen. Allerdings liegen diesem Umstand keine dogmatischen, sondern rein pragmatische Erwägungen zugrunde; a.A. auch Niedersächs. AGH, NJW 2004, 3270, 3272.

2. Berufsausübungsgesellschaft

a) Abgrenzung zur Organisationsgesellschaft

9 Gesellschaften bürgerlichen Rechts zwischen Rechtsanwälten können verschiedenen Zielsetzungen (Unternehmensgegenständen) dienen. Danach ist abzugrenzen[1]: Ist die gemeinschaftliche Ausübung des Berufs beabsichtigt, so spricht man von einer Berufsausübungsgesellschaft. Sollen hingegen die eigenständige Berufstätigkeit mit jeweils eigenen Mandaten beibehalten und lediglich bestimmte Ressourcen gemeinsam genutzt werden, so handelt es sich um eine Organisationsgesellschaft, die im anwaltlichen Bereich in der Regel als **Bürogemeinschaft** bezeichnet wird[2]. Der früher anzutreffende Begriff der „uneigentlichen Sozietät"[3] für die Bürogemeinschaft trägt nur zur Verwirrung bei und hat sich daher zu Recht nicht durchgesetzt.

10 Der Zusammenschluss in einer Sozietät dient unmittelbar der **gemeinschaftlich wahrgenommenen Berufstätigkeit**. Die Mandate werden nicht für den einzelnen Rechtsanwalt entgegengenommen, sondern mit Wirkung für und gegen sämtliche Partner. Dies begründet eine Gesamtgläubigerstellung hinsichtlich des Entgeltanspruchs, aber nach h.M. auch eine gesamtschuldnerische Haftung für Fehler in der Berufsausübung. Indes verwischt sich hier die **Abgrenzung zur Organisationsgesellschaft**. Den Mitgliedern einer Bürogemeinschaft ist es nämlich – wie aus § 8 Satz 1 BORA abzuleiten ist[4] – nicht verwehrt, nach außen hin in gleicher Weise wie eine Sozietät aufzutreten (Außensozietät). Der BGH folgert in diesem Fall in ständiger Rechtsprechung aus dem Rechtsschein der Sozietät eine **gesamtschuldnerische Haftung** aller beteiligten Anwälte[5]. In gleicher Weise wird man bei der Mandatsannahme durch das Mitglied einer Außensozietät einen Vertragsschluss mit sämtlichen Außensozien anzunehmen haben, denn nur darauf kann sich mangels anderer Anhaltspunkte der rechtsgeschäftliche Wille des Mandanten richten. Die Außensozien wiederum müssen diesen Vertrag gegen sich gelten lassen, zumal sie selbst den Rechtsschein zurechenbar gesetzt haben. Im Ergebnis lassen sich somit im Hinblick auf den Mandatsabschluss im Außenverhältnis keine entscheidenden Unterschiede zwischen der „echten" Sozietät und der Organisationsgesellschaft in der Form einer Außensozietät feststellen.

11 Ein weiteres, in der Praxis häufig eher erkennbares Abgrenzungsmerkmal stellt die **Hereinnahme von Entgelten** dar, die in der Sozietät stets gemein-

---

1 *Lingenberg/Hummel/Zuck/Eich*, § 28 Rz. 52; *Kunz*, in: Sozietätsrecht, § 1 Rz. 12.

2 *Michalski*, Das Gesellschafts- und Kartellrecht der berufsrechtlich gebundenen freien Berufe, 1989, S. 95ff.; *Boele*, Die Organisation von Rechtsanwaltssozietäten heute und morgen: Die Zulässigkeit von Organisationsformen für Rechtsanwälte, 1992, S. 4f.; *Boin*, Die Partnerschaftsgesellschaft für Rechtsanwälte, S. 7f.; ausführlich zur Abgrenzung *Ganster*, Freier Beruf, S. 172ff.

3 *Friedlaender*, zit. n. Lingenberg/Hummel/Zuck/Eich, § 28 Rz. 52.

4 Näher Hartung/*Römermann*, § 8 Rz. 63ff.; *Feuerich/Weyland*, BRAO, § 8 BORA Rz. 2.

5 BGHZ 70, 247, 249 = NJW 1978, 996; BGH NJW 1990, 826; NJW 1991, 1225; NJW 1994, 257.

schaftlich erfolgt. Auch bei solchen Bürogemeinschaften, die grundsätzlich als Außensozietäten in Erscheinung treten, sind demgegenüber zuweilen getrennte Konten zu verzeichnen. Dies geschieht entweder in der Form, dass abweichend von der Handhabung bei allgemeiner Korrespondenz für die Erstellung von Gebührenrechnungen gesonderte Briefbögen verwendet werden, oder durch die Angabe der jeweils einzelnen Rechtsanwälten zugeordneten Bankverbindungen auf dem gemeinsamen Briefbogen. Im Grunde stehen beide Varianten im Widerspruch zur Außensozietät, die als Vertragspartner gemeinschaftlich Gläubigerin des Gebührenanspruches ist. Soweit sämtliche Außensozien mit dieser Handhabung einverstanden sind, müssen sie allerdings den Ausgleich ihrer Gebührenrechnung auf das Konto desjenigen, der als Aussteller der Rechnung auftritt und die Bezahlung auf dieses Konto verlangt, gegen sich gelten lassen. Für die „echte" Sozietät ist es im Übrigen anerkannt, dass die gemeinsame Entgegennahme der Honorare nicht unbedingt ein gemeinschaftliches Konto voraussetzt[1]. Ebenso wie in einer bloßen Bürogemeinschaft können die Gebühren über das Konto nur eines Gesellschafters eingenommen werden, sofern alle anderen Sozien die Zahlung mit schuldbefreiender Wirkung gegen sich gelten lassen.

Durch das Kriterium der gemeinsamen Berufsausübung, also der **gemeinschaftlichen anwaltlichen Betätigung**, lässt sich ebenfalls keine generelle Trennschärfe erreichen, zumal es insoweit wesentlich auf die Ausgestaltung in jedem Einzelfall ankommt. Teamarbeit ist in „echten" Sozietäten keineswegs selbstverständlich, häufig verbleibt es in der Praxis bei der alleinigen Sachbearbeitung durch den jeweils zuständigen Partner. Umgekehrt kann es in einer Bürogemeinschaft zu einem engen und fruchtbaren fachlichen Austausch der beteiligten Rechtsanwälte einschließlich der gegenseitigen Vertretung bei der forensischen wie bei der außergerichtlichen Tätigkeit kommen. 12

Die gemeinsame Nutzung von personellen und materiellen Ressourcen in einer Bürogemeinschaft trägt ebenfalls zur Unterscheidung nichts bei, zumal darauf in der Sozietät selbstverständlich genauso durch sämtliche Rechtsanwälte zurückgegriffen wird. 13

Besondere Bedeutung als Unterscheidungsmerkmal kommt der **Verwendung der eingegangenen Entgelte** zu. Wie oben herausgearbeitet wurde, ist der Geldeingang auf gemeinsamen Konten durchaus auch bei Bürogemeinschaften üblich, soweit sie nach außen hin wie eine Sozietät in Erscheinung treten. Danach erfolgt hier allerdings eine strikte Zurechnung der jeweiligen Beträge zu dem einzelnen Rechtsanwalt, der **als Einzelunternehmer** eigenständig wirtschaftet. Von den ihm zustehenden Beträgen werden die anteiligen Kosten der Bürogemeinschaft abgezogen oder sie müssen gesondert entrichtet werden. Anders gestaltet sich der Abrechnungsmodus in der Sozietät. Von den Einnahmen werden zunächst sämtliche Kosten abgezogen und erst der so ermittelte Gewinn steht zur Verteilung zwischen den Partnern an. Für die Berechnung der Anteile stehen verschiedene Kriterien zur Verfügung. Zum Teil ist de facto eine erhebliche Annäherung der Sozietät an die Organisationsgesellschaft festzustellen. Dies gilt insbesondere für diejenigen Sozietäten, 14

---

1 Henssler/Prütting/*Hartung*, § 59a Rz. 38.

die ihre Referate nach Profit Centern untergliedern, so dass für jeden Partner einzeln der durch ihn konkret erwirtschaftete Teilgewinn berechnet werden kann. Legt die Sozietät diesen Teilgewinn der anteiligen Gewinnausschüttung an die Partner zugrunde, so besteht bei wirtschaftlicher Betrachtung insoweit kein Unterschied mehr zur Organisationsgesellschaft.

15 Im Ergebnis erlaubt keines der Kriterien, nach denen die Sozietät definiert wird, für sich allein betrachtet eine sichere Abgrenzung zur Organisationsgesellschaft. Es kommt auf eine Gesamtschau im konkreten Einzelfall an, wobei ein besonderes Augenmerk der **Verteilung der Einnahmen** gebührt.

b) Erforderlichkeit aktiver Berufsausübung aller Sozien?

16 Nach § 59a Abs. 1 Satz 1 BRAO dürfen sich Rechtsanwälte „zur gemeinschaftlichen Berufsausübung" (in einer Sozietät) zusammenschließen. In der bisherigen Rechtsprechung und Literatur war dieser Vorschrift keine nennenswerte Beachtung geschenkt worden[1], vielmehr wurde daraus allenfalls eine allgemeine Abgrenzung der Sozietät als Berufsausübungsgesellschaft zur bloßen Bürogemeinschaft abgeleitet.

17 Aufgrund einer ähnlichen Formulierung in dem am 1. 7. 1995 in Kraft getretenen PartGG ist in der Literatur ein Streit über die Tragweite dieser Bestimmung entstanden. In § 1 Abs. 1 Satz 1 PartGG heißt es, dass sich die Partner in einer Partnerschaftsgesellschaft „zur Ausübung ihrer Berufe zusammenschließen". Der Gesetzgeber verband damit – offenbar anders als bei § 59a Abs. 1 BRAO – weitreichende Überlegungen[2]. Danach soll durch diesen Wortlaut die **erforderliche tatsächliche Mitarbeit** betont werden. Die bloße Kapitalbeteiligung sei ausgeschlossen. Zur Begründung werden (angebliche) Wesensmerkmale des freien Berufs angeführt. Die bloße Beteiligung wie an einer Kapitalgesellschaft sei den Angehörigen freier Berufe fremd[3] und sie trage zu einer nicht gewünschten Kommerzialisierung der freien Berufe bei[4]. Eine Tendenz in diese Richtung ließ der Gesetzgeber auch bei den zum 1. 3. 1999 in Kraft getretenen §§ 59c ff. BRAO erkennen. Nach § 59e Abs. 1 BRAO ist eine reine Kapitalbeteiligung an der Anwaltsgesellschaft ausgeschlossen. In der Literatur wird zum Teil sogar eine prinzipielle Gegensätzlichkeit zwischen freier Berufsausübung und der Berufsausübung in einer Kapitalgesellschaft angenommen[5].

18 Unter dem Eindruck der Gesetzesmaterialien schloss sich unmittelbar nach Verabschiedung des PartGG die zunächst einhellige Literaturauffassung[6] der

1 Für „überraschend" halten dies *Gail/Overlack*, Rz. 47.

2 Begründung des Regierungsentwurfs zum PartGG, BT-Drucks. 12/6152, 9; *Bösert*, ZAP F. 15, S. 137 (143).

3 Vgl. nur *Kempter*, BRAK-Mitt. 1994, 122.

4 *Seibert*, DB 1994, 2381, 2382.

5 *Ganster*, Freier Beruf, S. 558.

6 Vgl. etwa *Burret*, WPK-Mitt. 1994, 201 (202); *Kempter*, BRAK-Mitt. 1994, 122; *Stuber*, WiB 1994, 705 (706), aber auch 707; *Weyand*, INF 1995, 22 (24); *Krieger*, MedR 1995, 95 (96); *Kupfer*, KÖSDI 1995, 10130 (10132); *Carl*, StB 1995, 173 (175); *Bayer/Imberger*, DZWiR 1995, 177 (179).

in der Begründung des Regierungsentwurfs geäußerten – rechtlich aber natürlich nicht verbindlichen – Meinung an, wonach eine aktive Mitarbeit aller Partner im Rahmen der Partnerschaft erforderlich sei. Zwischenzeitlich ist eine bereits 1995 einsetzende kritische Betrachtungsweise vorherrschend[1].

Die Kritik verweist insbesondere auf die Unmöglichkeit, das erforderliche 19
Mindestmaß an aktiver Mitarbeit hinreichend klar zu definieren. Die anwaltliche Berufsausübung lässt sich nicht quantitativ bestimmen. Derjenige Rechtsanwalt, der sich aus der forensischen Tätigkeit vollständig zurückgezogen hat und nur noch ausgewählte Mandanten berät, arbeitet in jedem Fall mit. Insbesondere in größeren Sozietäten sind Fallgestaltungen anzutreffen, bei denen die Beratung und Vertretung von Mandanten praktisch entfällt, beispielsweise für den Managing Partner, der sich ausschließlich mit der Kanzleiorganisation beschäftigt, oder für den wissenschaftlich aktiven Mitarbeiter, der seine Arbeitszeit allein mit Veröffentlichungen und Seminarveranstaltungen verbringt, um auf diese Weise mittelbar Mandantenakquisition zu betreiben. Das Berufsbild des Rechtsanwalts ist nicht hinreichend stark konturiert, als dass ihm handhabbare Kriterien entnommen werden könnten[2]. Bereits das BayObLG hat in seiner ersten Anwalts-GmbH-Entscheidung[3] hervorgehoben, dass ein einheitliches Berufsbild des Rechtsanwalts nicht mehr existiere.

Die Einführung des Erfordernisses einer Mindestaktivität würde der Interes- 20
senlage in einer Anwaltssozietät widersprechen. Es ist durchaus nicht außergewöhnlich, dass ein Seniorpartner sich aus der aktiven Berufstätigkeit zurückzieht, ohne auf seine Zulassung oder auf seine Stellung als Sozius in der Gesellschaft zu verzichten. Sein Anteil am Gewinn der Sozietät – ggf. in reduzierter Höhe – rechtfertigt sich weiterhin aus seiner jahrelangen Mitwirkung am Aufbau des good will und des Mandantenstammes der Kanzlei. Diese Leistung spiegelt sich häufig in der Nennung seines Namens in der Sozietätsbezeichnung wider, von deren wirtschaftlichem Wert die aktiven Partner nach wie vor profitieren. Vor dem Hintergrund der hierdurch unterstrichenen Unternehmenskontinuität wird das erhebliche Interesse der übrigen Gesellschafter am Verbleib des Seniorpartners im Rahmen der Sozietät auch ohne weitere berufliche Tätigkeit deutlich[4]. Durch einen endgültigen Weggang würde der Rückgriff auf den Rat und die Erfahrungen des Seniors oder Gesellschafters erschwert und die durch ihn unterhaltenen persönlichen Beziehungen der Sozietät zu Dritten drohten ebenfalls in Mitleidenschaft gezogen zu werden.

---

1 *Römermann*, Entwicklungen und Tendenzen bei Anwaltsgesellschaften, 1995, S. 106ff.; *Michalski/Römermann*, PartGG, § 1 Rz. 7ff.; *Lenz*, WiB 1995, 529; *Lenz*, in: Meilicke/Graf von Westphalen/Hoffmann/Lenz, PartGG, § 1 Rz. 89ff.; *Lenz*, in: Lenz/Imping/Schlößer, Kooperationsformen, Fach D Kap. 3 Rz. 106; *Gail/Overlack*, Rz. 42ff.; MünchKommBGB/*Ulmer*, § 1 PartGG Rz. 13f.; *Castan/Wehrheim*, Partnerschaftsgesellschaft, 3. Aufl. 2005, S. 31f.; *Zuck*, AnwBl. 1999, 297 (299).

2 Ausführlich *Rick*, Die verfassungsrechtliche Stellung des Rechtsanwalts, 1998, passim.

3 BayObLG ZIP 1994, 1868 m. Anm. *Henssler*.

4 Vgl. *Bakker*, AnwBl. 1993, 245 (248).

21 Durch die Möglichkeit der Aufrechterhaltung einer Gesellschafterstellung ohne aktive Mitarbeit kann in geeigneten Fällen eine auf die jeweilige Kanzlei zugeschnittene Form der Altersvorsorge gefunden werden. Dies ist vor allem (aber nicht notwendig) unter Einführung einer zeitlichen Begrenzung der Ansprüche denkbar, z.B. noch fünf Jahre nach der Aufgabe der aktiven Tätigkeit. Das vollständige Ausscheiden im Moment der Beendigung der Mitarbeit zieht hingegen regelmäßig die Forderung nach einer Abfindungszahlung nach sich, die zu äußerst negativen Konsequenzen für die Finanzkraft der Gesellschaft insgesamt führen kann[1]. Die Beibehaltung des Partnerstatus unter Verzicht auf die aktive Berufsausübung ist im Übrigen nicht nur für den sukzessive ausscheidenden Seniorpartner relevant, sondern in gleichem Maße beispielsweise für den Bundes- oder Landtagsabgeordneten oder für den zu anderen (schriftstellerischen, wissenschaftlichen usw.) Zwecken freigestellten Sozius.

22 Die Entscheidung über die Begründung und die Beendigung einer Partnerstellung liegt in der autonomen Gewalt der Sozien, und es kann nicht Aufgabe des Gesellschafts- (§ 1 Abs. 1 Satz 1 PartGG) oder Berufsrechts (§§ 59a Abs. 1 Satz 1, 59e Abs. 1 Satz 2 BRAO) sein, hier in einer Weise einzugreifen, die den legitimen Interessen der Beteiligten zuwiderläuft. In Anbetracht der Berufsausübungsfreiheit gemäß Art. 12 GG müssen diese Bestimmungen daher so ausgelegt werden, dass **nicht die aktive Berufsausübung** jedes einzelnen Partners erforderlich ist. Jede andere Lösung ließe sich im Übrigen gegen den Willen der Partner in der Praxis nicht durchsetzen[2] und würde zu Manipulationen geradezu herausfordern. Das Merkmal der „aktiven Berufsausübung" in § 59e Abs. 1 Satz 2 BRAO muss dementsprechend ebenfalls weit ausgelegt werden (näher unten *Henssler*, E Rz. 54ff.).

23 Der Wendung **„zur gemeinschaftlichen Berufsausübung"** in § 59a Abs. 1 Satz 1 BRAO kommt daher ebenso wie der vergleichbaren Formulierung in § 1 Abs. 1 Satz 1 PartGG nur die Bedeutung zu, klarzustellen, dass es sich bei der Sozietät (auch in Form einer Partnerschaft) um eine Berufsausübungsgesellschaft und nicht um eine Organisationsgesellschaft handelt. Bei dem Gründungsakt sowie bei der Aufnahme neuer Partner muss die Absicht bestehen, dass die jeweiligen Sozien dem Beruf aktiv nachgehen. Ein späterer Wegfall dieser Voraussetzungen führt nicht zum automatischen Ausscheiden des betroffenen Partners aus der Gesellschaft. Möglich sind einerseits vertragliche Gestaltungen, andererseits die Kündigung durch die übrigen Sozien, sofern die Berufstätigkeit als wesentliche Vertragspflicht festgelegt wurde. Im Bereich des Partnerschaftsrechts folgt dies bereits aus § 9 Abs. 1 und 3 PartGG[3].

24 Stets vorausgesetzt wird hier natürlich die **Fortdauer der Zulassung** als Rechtsanwalt. Der Wegfall der Zulassung erzwingt das Ausscheiden ohne die Möglichkeit vertraglicher Abweichungen. Dieses Ergebnis ist allerdings

1 Vgl. *Nerlich*, AnwBl. 1994, 529 (534).
2 *Bakker*, AnwBl. 1993, 245 (248); *Stuber*, WiB 1994, 705 (706f.).
3 Näher *Michalski/Römermann*, PartGG, § 1 Rz. 8.

nicht aus einem Erfordernis aktiver Mitarbeit herzuleiten (die in gewissem Rahmen auch ohne Zulassung noch denkbar ist), sondern aus der Notwendigkeit der Zugehörigkeit zu einem sozietätsfähigen Beruf gemäß § 59a BRAO. Der Verlust der Zulassung führt zur Beendigung des Anwaltsberufs, so dass die betroffene Person nicht mehr die Voraussetzungen für die Mitgliedschaft in einer Sozietät erfüllt.

c) Gemeinsame Entgegennahme von Aufträgen

aa) Grundsatz des Gemeinschaftsmandats

Zu Beginn des 20. Jahrhunderts wurde bei Beauftragung eines Rechtsanwalts 25
auch dann, wenn er im Rahmen einer Anwaltssozietät tätig war, grundsätzlich von einem **Einzelmandat** ausgegangen, es sei denn, etwas anderes wäre vereinbart worden[1]. Spätestens seit einer Entscheidung des BGH aus dem Jahre 1971[2] nahm die Rechtsprechung die gegenteilige Verkehrsauffassung an. Die frühere Ansicht hatte sich nach dessen Inkrafttreten weitgehend auf § 5 BRAGO (heute § 6 RVG) gestützt[3]. Nach dieser Bestimmung erhielt jeder Rechtsanwalt für seine Tätigkeit seine volle Vergütung, falls der Auftrag mehreren Rechtsanwälten zur gemeinschaftlichen Erledigung übertragen wurde. § 5 BRAGO meinte den Fall, dass aufgrund mehrerer selbständiger Mandate, wie z.B. bei einer gemeinschaftlichen Verteidigung eines Angeklagten durch mehrere Rechtsanwälte, eine Vervielfältigung der Arbeitskraft eintrat. Der Mandant schuldete dann jedem der beteiligten Rechtsanwälte die volle Gebühr. Anders ist jedoch die Situation bei der gemeinschaftlichen Beauftragung von Rechtsanwälten, die sich in einer Sozietät zusammengeschlossen haben. Von den durch das Gemeinschaftsmandat umfassten Mitgliedern einer Rechtsanwaltssozietät tritt grundsätzlich nur einer – auch – für die anderen auf. Die Sozien werden also füreinander tätig. Bei Erteilung eines Gemeinschaftsmandats besteht nicht die Gefahr einer mehrfachen Gebührenerhebung, die von der früher herrschenden Auffassung zugunsten des Einzelmandats beschrieben wurde[4].

Die **Vorschriften über den Anwaltszwang**, etwa in § 78 ZPO, sind für den 26
Umfang der Mandatserteilung ohne Relevanz[5]. Die Prozesshandlungen werden nämlich stets unabhängig von einem zugrunde liegenden Einzel- oder Gemeinschaftsmandat nur von einem der bevollmächtigten Rechtsanwälte vorgenommen. Die entsprechenden Vorschriften insbesondere in der ZPO

---

1 Siehe nur *Eckstein*, SeuffBl. 77 (1912), 427f.; *Goertz*, JW 1912, 629, 630; *Josef*, Gruch. 48 (1904), 263, 265 (anders *Josef*, JW 1912, 511 [512]); zu diesem Problem siehe bereits *Michalski*, Das Gesellschafts- und Kartellrecht der berufsrechtlich gebundenen freien Berufe, 1989, S. 188ff.

2 BGHZ 56, 355 (359f.); ebenso schon die Vorinstanz OLG Hamm NJW 1970, 1791 (1792); bestätigt in BGHZ 97, 273 (276); anders noch BGH NJW 1963, 1301 (1302); BB 1960, 681.

3 BGH NJW 1963, 1301 (1302); anders dagegen *Arndt*, NJW 1969, 1200.

4 Im Ergebnis ebenso BGHZ 56, 355 (359); *Kornblum*, BB 1973, 218 (223); *K. Müller*, NJW 1969, 1416 (1417).

5 A.A. *Arndt*, NJW 1969, 1200.

stellen also nicht auf die rechtliche Konstruktion der Mandatserteilung innerhalb einer Sozietät ab, sondern knüpfen an das tatsächliche Auftreten des allein oder zusammen mit den übrigen Sozien bevollmächtigten Rechtsanwalts an. Dementsprechend wird auch im Sitzungsprotokoll selbst dann nur der Name des für die oder mit der Partei erschienenen Rechtsanwalts vermerkt, wenn sich in den Akten eine auf sämtliche Anwälte einer Sozietät lautende Prozessvollmacht befindet. Für die ordnungsgemäße Vertretung in einem Termin kommt es lediglich darauf an, dass ein bevollmächtigter Rechtsanwalt für die Partei erschienen ist.

27 Der fehlende Bezug zum Umfang der Mandatserteilung im Sinne eines Einzel- oder Gemeinschaftsmandats wird auch daran deutlich, dass eine **Prozessvollmacht** den Anwalt nur nach außen legitimieren soll, so dass selbst im Falle eines Einzelmandats ein anderer Sozius als Prozessbevollmächtigter und nicht bloß als Unterbevollmächtigter auftreten kann. Allenfalls eine Einzelvollmacht könnte ein Indiz für das Vorliegen eines Einzelmandats sein. Entsprechendes gilt im Verhältnis der Gemeinschaftsvollmacht zum Gemeinschaftsmandat nicht, weil die Prozessvollmacht vom Mandanten regelmäßig erst nach erfolgter Mandatserteilung unterschrieben wird und – vor allem – dadurch nicht die Mandatsverhältnisse wiedergegeben werden sollen, sondern nur eine auch beim Einzelmandat zulässige Legitimation zur Vornahme von Prozesshandlungen für mehrere Anwälte geschaffen werden soll. Bei den einschlägigen Vorschriften der ZPO geht es also nicht darum, dass nur Einzelanwälte und nicht auch Rechtsanwaltssozietäten gewisse Handlungen tätigen dürfen. Vielmehr kommt es bei einer auf die Vornahme von Prozesshandlungen abgestellten Inhaltsbestimmung nur darauf an, dass zumindest ein bevollmächtigter Rechtsanwalt auftritt. Ob er Mitglied einer Sozietät ist und ihm oder der Sozietät ein Einzel- oder Gemeinschaftsmandat erteilt wurde, ist weder Voraussetzung noch überhaupt Gegenstand der auf den Einzelanwalt abstellenden prozessrechtlichen Normen.

28 Die der Erteilung eines Gemeinschaftsmandats zwangsläufig zugrunde liegende Gesellschaft ist aber noch in anderer Weise als Argument gegen diese Form der Mandatserteilung bemüht worden. Der Gedanke, Gesellschaften dürften ohne eine **vom früheren RBerG (bis 30. 6. 2008) geforderte Genehmigung** keine Rechtsberatung erteilen, knüpfte unmittelbar an den Zeitpunkt der Mandatserteilung an und stellte sogar die Existenz von Berufsausübungsgesellschaften in Frage. Diese Auffassung[1] war allerdings schon unter Geltung des RBerG deshalb falsch, weil Rechtsanwälte durch § 3 Nr. 2 RBerG vom Anwendungsbereich dieses Verbots ausdrücklich ausgenommen waren; heute ergibt sich dies nicht mehr aus dem RDG, sondern unmittelbar aus der BRAO. Die Zulässigkeit der Rechtsberatung durch Sozietäten folgt seit der BRAO-Novelle von 1994 zudem unmittelbar aus § 59a BRAO[2]. Für die Gesellschaft bürgerlichen Rechts wird daher diese Ansicht heute nicht mehr vertreten. Die (angebliche) Unzulässigkeit der Rechtsberatung durch eine

---

1 *Arndt*, NJW 1969, 1200.

2 Zur früheren berufsrechtlichen Herleitung *Michalski*, Das Gesellschafts- und Kartellrecht der berufsrechtlich gebundenen freien Berufe, 1989, S. 190f.

Anwaltsgesellschaft spielte seitdem in der juristischen Diskussion nur noch im Bereich der Anwalts-GmbH[1] (bis zum Inkrafttreten des BRAO-Änderungsgesetzes am 1. 3. 1999) und der Anwalts-AG[2] eine Rolle.

Im Ergebnis geht die Rechtsprechung inzwischen aufgrund der von ihr angenommenen Verkehrsauffassung **grundsätzlich von einem Gemeinschaftsmandat** aus[3]. Der im Rahmen einer Sozietät tätige Rechtsanwalt nimmt das ihm angetragene Mandat im Namen der Gesellschaft an und verpflichtet nicht nur sich persönlich, sondern auch die mit ihm zur gemeinsamen Berufsausübung verbundenen Sozien. Etwaige **Regelungen im Sozietätsvertrag** spielen nach dieser Rechtsprechung im Außenverhältnis keine Rolle[4], so dass die Partner dort nicht mit Wirkung gegenüber den Mandanten beispielsweise die generelle Führung von Einzelmandaten vereinbaren können. Die Rechtsprechung will auf diese Weise die Verkehrsauffassung und den daraus resultierenden Rechtsschein der Begründung eines Gemeinschaftsmandats berücksichtigen und den Schutzinteressen des Mandanten Rechnung tragen. 29

bb) Persönlicher Geltungsbereich des Gemeinschaftsmandats

Das Gemeinschaftsmandat umfasst auf Seiten der Sozietät nach allgemeinem Verständnis zunächst einmal alle Sozien (zur Definition des Begriffs „Sozius" noch unten Rz. 185 ff.). Bislang kaum beachtet wurde demgegenüber die Frage der Einbeziehung von angestellten Rechtsanwälten und freien Mitarbeitern, soweit sie nach außen hin wie Sozien in Erscheinung treten (**Außensozietät**)[5]. 30

Sofern der angestellte Rechtsanwalt nur als **Erfüllungsgehilfe** angesehen würde, verträte er die der anderen Statusgruppe angehörenden Sozien bei der Annahme des Mandats im Sinne des § 164 Abs. 1 BGB. Er würde nicht zugleich im eigenen Namen handeln und müsste umgekehrt von den Sozien bei entsprechenden eigenen Handlungen nicht vertreten werden. Das aber hätte zur Folge, dass er für schuldhaftes Handeln bei der Berufsausübung grundsätzlich nicht regresspflichtig wäre, obwohl ihm nach der internen Geschäftsverteilung bestimmte Aufgabengebiete vorbehalten sind und der Auftraggeber deshalb vielleicht gerade ihm besonderes Vertrauen entgegenbringt. Die Haftung der anderen für fremdes Verschulden über § 278 BGB wird zwar im Regelfall zum Ausgleich erlittener Vermögensnachteile führen, doch gibt jedenfalls das Auftreten der in einer Außensozietät zusammengeschlossenen Berufsangehörigen gegenüber dem Mandanten keinen Hinweis auf eine unterschiedliche Statusgruppenzugehörigkeit. Der Mandant könnte daher grundsätzlich auch nicht wissen, gegen welche Rechts- 31

1 Näher *Römermann*, Anwaltsgesellschaften, S. 144 ff.

2 Näher *Lenz*, in: Lenz/Imping/Schlößer, Kooperationsformen, Fach C Kap. 1 Rz. 332.

3 Aus jüngerer Zeit etwa BGH NJW 1988, 1973; NJW 1991, 49 (50); NJW 1991, 1225; NJW 1994, 257.

4 Henssler/Prütting/*Hartung*, § 59a Rz. 41; *Schmid*, in: Sozietätsrecht, § 5 Rz. 22 ff.

5 Hierzu bereits *Michalski*, Das Gesellschafts- und Kartellrecht der berufsrechtlich gebundenen freien Berufe, 1989, S. 219 ff.

anwälte er wegen deren Partnerstellung mit Erfolg den Regressanspruch geltend machen könnte.

32 Schon aus diesem Grund sprechen der BGH[1] und Teile der Literatur[2] auch den **angestellten Rechtsanwälten zumindest im Außenverhältnis eine Gesellschafterposition** zu. Diese Auffassung könnte allerdings nur dann überzeugen, wenn das legitime Interesse der Mandanten an einer einheitlichen Erfüllungs- und Haftpflicht aller im Rahmen einer Sozietät arbeitenden Berufsangehörigen nicht auf andere Weise befriedigt werden könnte. Hierfür gibt es mehrere Ansätze.

33 Eine persönliche Haftung unabhängig von der unmittelbaren vertraglichen Beteiligung wird von der Literatur[3] und in gewissen Fallkonstellationen auch vom BGH[4] bei Inanspruchnahme eines in besonderem Maße **persönlichen Vertrauens** des Vertragspartners anerkannt. Im Rahmen der Sozietät könnte dieser Gedanke – soweit er sich darauf überhaupt übertragen lässt – jedoch nur eine einheitliche Schadensersatzverpflichtung, nicht eine gemeinschaftliche Erfüllungshaftung begründen. Gerade auf die Erfüllung kommt es aber in diesem Zusammenhang entscheidend an.

34 Als weitere Möglichkeit bietet es sich an, den angestellten Rechtsanwalt bei der Annahme eines Mandats **im eigenen Namen und zugleich als rechtsgeschäftlichen Vertreter** der Sozietätsmitglieder auftreten zu lassen. Dies muss nicht ausdrücklich geschehen. Ein Handeln für die Sozietät ist grundsätzlich im Sinne der Einbeziehung der angestellten Rechtsanwälte zu interpretieren, sofern im Anstellungsvertrag für beide Parteien eine solche Verpflichtung festgelegt und eine rechtsgeschäftliche Vollmacht eingeräumt worden ist. Bei Fehlen einer ausdrücklichen Vereinbarung könnte dagegen dieselbe Rechtslage im Wege einer ergänzenden Vertragsauslegung geschaffen werden. Dieser Ansatz vermag jedoch schon deswegen nicht zu überzeugen, da der Angestellte grundsätzlich gerade nicht im eigenen Namen handelt, soweit es um den Vertragsschluss der Sozietät mit dem Mandanten geht[5].

35 Die **Rechtsprechung des BGH**, die nicht durch den für das Gesellschaftsrecht zuständigen II. Senat, sondern durch den VI. Senat begründet worden ist, lässt die erforderliche Klarheit und gesellschaftsrechtliche Stringenz vermissen. In der Entscheidung aus dem Jahre 1971 heißt es hierzu:

„Nimmt bei einer Sozietät einer der Anwälte ein ihm angetragenes Mandat an, so handelt er hierbei regelmäßig namens der Sozietät, d.h., er verpflichtet nicht nur sich, sondern auch seine Sozien (vgl. § 714 BGB ...). Das gilt, da es für die hier zu entscheidende Frage allein auf das Außenverhältnis zum Mandanten ankommt,

1 BGHZ 56, 355 (359).
2 Z.B. *Steindorff*, FS R. Fischer, 1979, S. 747, 755, 757f.
3 Z.B. *Canaris*, VersR 1965, 114ff.; *U. Müller*, NJW 1969, 2169 (2172ff.).
4 BGH NJW 1978, 1374 (1375).
5 Dazu und zu weiteren konstruktiven Problemen dieses Ansatzes *Michalski*, Das Gesellschafts- und Kartellrecht der berufsrechtlich gebundenen freien Berufe, 1989, S. 220.

auch dann, wenn jener Sozius im Innenverhältnis lediglich gegen festes Gehalt angestellt war (‚fixierter Sozius'), insofern also nicht eigentlich Gesellschafter war."[1]

Unzweifelhaft sollen danach, wie dem Hinweis auf § 714 BGB und einer früheren Formulierung in demselben Urteil, wonach das Rechtsverhältnis nach außen nach den §§ 705 ff. BGB zu beurteilen sei[2], angestellte Berufsangehörige im Außenverhältnis wie Gesellschafter behandelt werden. Ob sie diese Position dagegen auch im **Innenverhältnis** einnehmen, kommt nicht eindeutig zum Ausdruck. Der Begriff des „nicht eigentlichen Gesellschafters" lässt beide Auslegungen zu. Doch die Außengesellschaft ohne gleichzeitig bestehende Innengesellschaft wäre, von den Fällen der Rechtsscheinhaftung einmal abgesehen, ein Novum im Gesellschaftsrecht[3]. Aber auch bei der Annahme gesellschaftsrechtlicher Innenbeziehungen wäre die Rechtslage nicht weniger problematisch. Die Gleichzeitigkeit gesellschaftsrechtlicher und arbeits- bzw. dienstvertraglicher Beziehungen ist nämlich eine in Literatur und Rechtsprechung äußerst kontrovers diskutierte Erscheinung.

Das Reichsgericht[4] hatte diese Möglichkeit abgelehnt, ohne seine Rechtsauffassung allerdings näher zu begründen. In einer Entscheidung des BGH[5] ging es um die **Ausgestaltung der Pflichten als Gesellschafter in einem Dienst- oder Arbeitsvertrag**. Wenn man von der Zulässigkeit einer solchen Vertragsgestaltung ausgeht, stünde jedoch nur fest, dass beide Beziehungen nebeneinander bestehen können. Sie müssen indes nicht zwangsläufig bei einem in der Sozietät angestellten Rechtsanwalt vorliegen. Diese Ausgestaltung, die mangels einer gesellschaftsvertraglichen Vereinbarung nur als Scheingesellschaft qualifiziert werden könnte, überzeugt im Ergebnis schon aufgrund dieser konstruktiven Mängel nicht. Die „isolierte Außengesellschaft" würde eine gesellschaftsrechtliche Neuerung einführen, die mit Rechtsscheinsgrundsätzen nicht mehr zu erklären wäre. Der „angestellte Sozius" würde über eine stark minderberechtigte Gesellschafterstellung verfügen, da er nicht am Gesellschaftervermögen beteiligt wäre und seine Gesellschafterrechte entsprechend den dienstvertraglichen Abreden einer einschneidenden Modifizierung unterlägen. Den Sozien würde ein Mitgesellschafter aufgedrängt, zu dem nur dienst- oder arbeitsvertragliche Beziehungen begründet werden sollten. Im Ergebnis ist daher die Verbindung arbeits- und gesellschaftsrechtlicher Elemente im Zusammenhang mit dem angestellten Rechtsanwalt abzulehnen. Der unglückliche Begriff des „fixierten Sozius" führt nur zur Verwirrung und sollte vermieden werden. Der angestellte oder als freier Mitarbeiter tätige Rechtsanwalt ist gerade kein Sozius. 36

1 BGHZ 56, 355 (359).
2 BGHZ 56, 355 (357).
3 *Steindorff*, FS R. Fischer, 1979, S. 747, 758.
4 RGZ 142, 13 (18).
5 BGHZ 70, 61.

cc) Ausführung eines Gemeinschaftsmandats

(1) Inhalt und Gegenstand der Erfüllungshaftung

37 Das Problem der Erfüllungshaftung betrifft die Frage, ob der Auftraggeber im Fall eines Gemeinschaftsmandats akzessorisch zur Verpflichtung der Sozietät als solche **gegen jeden Sozius** einen Anspruch auf Vornahme der den Gegenstand des Mandats bildenden Handlungen hat oder, entsprechend der internen Geschäftsverteilung in der Sozietät, allenfalls gegen den danach zuständigen Berufsangehörigen vorgehen kann. Dieser dem Bereich von Vertretung und Haftung im Bereich der Gesellschaft bürgerlichen Rechts zuzuordnende Streitpunkt ist davon unabhängig, ob die Ausübung eines Mandats nur als der an die Gesellschaft zu leistende Beitrag des tätigen Sozius oder bereits als eine Maßnahme der Geschäftsführung i.S. des § 709 BGB anzusehen ist (näher unten Rz. 126). Beide Alternativen spiegeln insoweit übereinstimmend die Befugnis der Sozietät wider, die Mandatswahrnehmung nur einem bestimmten Sozius zu übertragen. Im Falle der Einstufung als Geschäftsführungsmaßnahme wird zwar vom Prinzip der Gesamtgeschäftsführung nach § 709 BGB abgewichen[1]. Angesichts des dispositiven Charakters dieser Vorschrift ist das aber unbedenklich. So kann im Sozietätsvertrag ausdrücklich geregelt werden oder sich aus dem Zweck der Sozietät konkludent ergeben, dass jeder Sozius allein zu handeln berechtigt ist und ihm bestimmte Aufgabenbereiche als Pflichtmandate übertragen werden können. Doch grundsätzlich wird es sich dabei um keine Vorbehaltsaufgaben handeln, die ein Tätigwerden der anderen Mitglieder ausschließen. Die übrigen Sozien werden nicht nur in Vertretungsfällen benötigt, sondern können auch bei der Vornahme einzelner, nicht den Spezialisten erfordernder Handlungen im Rahmen der Ausführung eines Gemeinschaftsmandats, wie der Wahrnehmung eines Verhandlungstermins in Zivilprozess-Sachen, eingesetzt werden. Entsprechend der regelmäßig den Abschluss und die Ausführung aller Gemeinschaftsmandate erfassenden Einzelgeschäftsführungsbefugnis eines jeden Sozius ist dieser auch ermächtigt, derartige Mandate im Namen aller Sozietätsmitglieder entgegenzunehmen, § 714 BGB. Von dem Umfang der Einzelvertretungsmacht hängt wiederum das Ausmaß der Erfüllungshaftung ab.

38 Der freiberufliche Charakter wäre jedenfalls dann nicht tangiert, wenn ein Auftraggeber die Ausübung des Mandats von einem Sozius seiner Wahl verlangen könnte. Das würde zum einen voraussetzen, dass alle Sozietätsmitglieder durch das Handeln eines von ihnen als Vertreter der anderen verpflichtet worden sind. Zum anderen müsste sich der Inhalt der Verpflichtung jedes einzelnen Sozius im Schnittfeld von Gesellschafts- und Gesellschafterschuld sowie von Gesamt- und Gesamthandsschuld auf den Vertragsgegenstand der Mandatswahrnehmung konzentrieren. Unstreitig ist im Recht der BGB-Gesellschaft lediglich die **gesamtschuldnerische Verpflichtung** aller Gesellschafter. Sie berechtigt den Auftraggeber grundsätzlich dazu, von je-

1 Vgl. *Terlau*, in: Lenz/Imping/Schlößer, Kooperationsformen, Fach D Kap. 3 Rz. 37f.

dem Schuldner Erfüllung im Sinne der Wahrnehmung des Mandats zu verlangen, § 421 Satz 1 BGB.

Schuldner ist indes unabhängig von dem Meinungsstreit um das Verhältnis von Gesamthands- und Gesellschafterverbindlichkeit bei Gesellschaften bürgerlichen Rechts[1] in jedem Fall nicht der einzelne Sozius, sondern die **Gesellschaft** in ihrer Eigenschaft als rechtlich verselbständigtes Zuordnungssubjekt. Ein unmittelbarer Anspruch gegen einen einzelnen Sozius wäre daher nur anzuerkennen, wenn eine besondere Rechtsgrundlage neben der Gesellschaftsschuld eine ergänzende Individualschuld der Sozietätsmitglieder begründen würde. 39

(a) Die Konzeption der isolierten Individualschuld

Der Mandant als der Gläubiger des Erfüllungsanspruchs kann nach seiner Wahl von jedem der gesamtschuldnerisch haftenden Sozien gemäß § 421 Satz 1 BGB die Ausübung des Mandats verlangen. Dieses dem Recht der Gesamtschuld immanente Prinzip findet auch auf die in einer Sozietät zusammengeschlossenen Rechtsanwälte Anwendung. Dies gilt mit Fälligkeit der freiberuflichen Dienst- oder Werkleistungen und nicht erst im Falle verzögerter oder verweigerter Erfüllung[2]. 40

Mit dem **Auswahlrecht des Mandanten** korrespondiert eine Position der Gesamtschuldner, durch die das auf einen von ihnen konzentrierte Erfüllungsverlangen umgeleitet werden kann. Nach § 422 Abs. 1 Satz 1 BGB entfällt nämlich mit der Inanspruchnahme eines bestimmten Gesamtschuldners nicht die Befugnis der anderen, die Erfüllungswirkung durch Vornahme der geschuldeten Handlung herbeizuführen. Hierzu ist im Außenverhältnis jeder Gesamtschuldner befugt, selbst wenn er internen Beschränkungen unterworfen sein sollte. Eine etwa im Sozietätsvertrag vereinbarte Aufgabenverteilung kann also keine Zweifel an der Gesamtschuldnerschaft der Partner hervorrufen. Sie schafft lediglich eine das Innenverhältnis regelnde Bindung, ohne aber die nach außen wirksamen Handlungsmöglichkeiten einzuschränken. Gegenüber dem Auftraggeber wird regelmäßig derjenige Sozius tätig werden, der nach der internen Geschäftsverteilung zuständig ist. 41

Etwas anderes gilt insbesondere bei nicht organisatorisch bedingten **Vertretungsfällen**, wie Tod, Krankheit, Urlaub etc. Eine weitere Ausnahme gilt regelmäßig für solche Handlungen, die keinen persönlichen Kontakt zum Auftraggeber erfordern, beispielsweise Terminswahrnehmungen ohne Beweisaufnahme, Recherche der für die Bearbeitung eines Mandats einschlägigen Rechtsprechung und Literatur usw. Dieselben Ausnahmefälle sind allerdings auch in einer Einzelpraxis anzutreffen. Wie in der Einzelkanzlei kommt es ebenso wenig in der Sozietät zu einer Kollision derartiger Vertretungs- bzw. Delegationsfälle mit dem Vertrauensverhältnis zwischen Mandant und Anwalt. Würde man die Sozietätsmitglieder nicht für berechtigt 42

---

1 Eingehend hierzu MünchKommBGB/*Ulmer/Schäfer*, § 714 Rz. 31 ff.
2 *Kornblum*, AnwBl. 1973, 153 (156).

halten, von ihrer aus fachlichen und organisatorischen Gründen vorgenommenen Aufgabenverteilung zu Lasten eines Mandanten Gebrauch zu machen, würde dadurch die Möglichkeit interner Zuständigkeitsregelungen eingeschränkt. Dies würde nicht nur die Funktion des Gemeinschaftsmandats, sondern mit diesem auch die der Sozietät in Frage stellen, die sich gerade durch dieses die gemeinsame Berufsausübung ausfüllende Element von den Organisationsgesellschaften abgrenzt. Mit der Sozietät untrennbar verbunden sind nämlich die grundsätzliche Erteilung eines Gemeinschaftsmandats und die dieses ausfüllende Befugnis zu einer an fachlichen und organisatorischen Gesichtspunkten ausgerichteten Geschäftsverteilung. Sollte diese mit dem Vertrauensverhältnis als Ausfluss des freiberuflichen Charakters der anwaltlichen Berufsausübung kollidieren, dann läge darin schon ein genereller Vorbehalt gegen die Sozietät als eine besondere Art der Berufsausübung und nicht nur gegen eine ihrer typischen Erscheinungsformen.

43 Was sich bei der Annahme einer isolierten Individualschuld noch als eine nur die Sozietät in ihrer Gesamthand erfassende Konfliktsituation darstellt, könnte dagegen bei der Konstruktion einer die Gesamthandschuld ergänzenden Individualschuld anders zu beurteilen sein.

(b) Die Individualschuld als Ergänzung einer Gesamthands- oder Gesellschaftsschuld

44 Die Verpflichtung der Sozietät im Rahmen einer Gesamthands- oder Gesellschaftsschuld lässt dem **Auftraggeber keine Freiheit bei der Wahl** des einzelnen Rechtsanwalts. Aber auch der gegen jeden einzelnen Sozius gerichtete Anspruch muss, wie bereits gezeigt wurde, wegen des Vorrangs der internen Geschäftsverteilung bei einem einer Sozietät wesensimmanenten Gemeinschaftsmandat letztlich leerlaufen.

45 Während die isolierte Individualschuld dem Gläubiger noch das Recht gibt, von jedem Sozius Erfüllung zu verlangen, könnte die Inanspruchnahme der Gesellschafter im Falle der **Doppelverpflichtung** auf eine **Einstandspflicht** für die Erfüllung durch die Gesellschaft beschränkt sein. Dieser Gedanke ist zumindest dann naheliegend, wenn mit der neueren Rechtsprechung des II. Zivilsenats des BGH analog § 128 HGB von der Akzessorietät der persönlichen Gesellschafterhaftung im Verhältnis zur Gesamthands- oder Gesellschaftsschuld auszugehen wäre[1]. Denn bei dieser Rechtsgrundlage käme es für das Entstehen eines Erfüllungsanspruchs entweder auf Zumutbarkeitsgesichtspunkte[2] oder darauf an, ob die Gesellschafter sich gegenüber der Gesellschaft zur Vornahme der geschuldeten Leistung verpflichtet haben[3]. Anderenfalls könnten die Gläubiger von den Gesellschaftern persön-

---

1 Dazu MünchKommBGB/*Ulmer/Schäfer*, § 714 BGB Rz. 33ff.; *Steindorff*, FS R. Fischer, 1979, S. 747, 756f.

2 So BGHZ 73, 217 (221f.).

3 So die h.M. in der Literatur, z.B. *Hueck*, Das Recht der offenen Handelsgesellschaft, 4. Aufl. 1971, § 21 II 5; *Kornblum*, BB 1971, 1434 (1439f.); *Kornblum*, Die Haftung der Gesellschafter, 1972, S. 153ff.; *Wiedemann*, WM-Beilage 4/1975, 44; *Wiedemann*, GesR I, 1980, S. 288.

lich nur ein Einstehen für fremde Schuld verlangen. Dieser Anspruch wäre im Zweifel auf Geld oder bei freiberuflichen Anwaltsleistungen, bei denen eine Dienst- oder Werkleistung geschuldet wird, darauf gerichtet, auf ein Tätigwerden der Sozietät hinzuwirken. Der BGH hat sich mit Urteil vom 29. 1. 2001[1] für eine akzessorische Gesellschafterhaftung im Rahmen der Gesellschaft bürgerlichen Rechts in Anlehnung an die OHG entschieden.

Wer dagegen die analoge Anwendung des § 128 HGB bzw. § 8 Abs. 1 PartGG 46
auf die Gesellschaft bürgerlichen Rechts ablehnt[2], muss bei der dann nicht mehr akzessorischen persönlichen Gesellschafterhaftung – ggfs. in Anlehnung an die **Theorie der Doppelverpflichtung** – auf den Inhalt der rechtsgeschäftlichen Erklärung des für die übrigen Mitglieder handelnden Sozius abstellen. Diese Erklärung richtet sich nach der **internen Geschäftsverteilung**, die jedem Sozius bekannt ist. Denn kein Sozius kann ernsthaft an der Wahrnehmung eines Mandats interessiert sein, für dessen Erledigung ihm aufgrund seiner anders ausgerichteten Spezialisierung die notwendigen Kenntnisse fehlen. Aus der Sicht des Mandanten gilt nichts anderes. Bei einfach zu bearbeitenden Mandaten wollen sich die Sozien den Weg offenhalten, sie nach der jeweiligen Arbeitsbelastung an die einzelnen Sozietätsmitglieder zu verteilen. Von dieser Interessenlage müssen die potentiellen Mandanten ausgehen, die mit einer Sozietät Kontakt aufnehmen (**Empfängerhorizont**). Sofern sie nichts Gegenteiliges äußern, werden nicht alle Sozien persönlich zur Erfüllung verpflichtet, sondern nur die Sozietät als solche, die das im Einzelfall zuständige Mitglied anhand der intern geregelten Aufgabenverteilung aussuchen kann.

In seiner neueren Rechtsprechung hat der BGH die Theorie der Doppelver- 47
pflichtung aufgegeben[3]. Anlass war die Frage der Zulässigkeit einer Haftungsbeschränkung bei der BGB-Gesellschaft durch den Zusatz „mbH"[4]. Der BGH lehnt die Konstruktion einer „GbR mbH" ab. In diesem Zusammenhang hält er die Theorie der Doppelverpflichtung für entbehrlich, da bei einer GbR die persönliche Gesellschafterschuld bereits aus dem Gesetz folge. Der dogmatische Haftungsgrund (traditionelle Gesamthandslehre oder Teilrechtsfähigkeit der GbR in Verbindung mit der Akzessorietätstheorie) wurde zunächst ausdrücklich offen gelassen[5] und in dem ergänzenden Urteil vom 29. 1. 2001[6] zugunsten der Akzessorietätstheorie entschieden.

Durch die neuere Rechtsprechung ändert sich nicht die Beurteilung der Fra- 48
ge, von wem der Mandant die Erfüllung des Mandatsvertrages verlangen kann. Die Entscheidung des BGH betrifft allein den Aspekt der **Haftung im Außenverhältnis** und ihrer möglichen Beschränkung auf das Gesellschaftsvermögen. Unberührt bleibt die Erfüllung der primären Leistungspflicht.

1 BGH, DB 2001, 423 ff., m. Anm. *Römermann* = ZIP 2001, 330 ff.
2 MünchKommBGB/*Ulmer/Schäfer*, § 714 BGB Rz. 28 ff.; Soergel/*Hadding*, § 714 Rz. 10, 29; *Henssler*, JZ 1993, 155.
3 BGH DStR 1999, 1704 m. Anm. *Goette*.
4 Hierzu vgl. *Dauner-Lieb*, DStR 1999, 1992 ff.
5 Vgl. *Peres*, in: Sozietätsrecht, § 6 Rz. 84 ff.
6 BGH DB 2001, 423 ff. = ZIP 2001, 330 ff.

Dem Interesse der Mandanten an einer zügigen und qualifizierten Bearbeitung der Mandate wird durch die sozietätsinterne Aufgabenverteilung entsprochen. In diesem Sinne sind die Erklärungen der Parteien des Mandatsvertrages auszulegen, wobei es im Ergebnis nicht entscheidend darauf ankommt, ob man hierfür die Grundgedanken der Theorie der Doppelverpflichtung noch heranzieht oder darauf verzichtet und auf die allgemeinen Grundsätze der Auslegung nach den §§ 133, 157 BGB abstellt.

(2) Sozietät, Gemeinschaftsmandat und Maßgeblichkeit der internen Aufgabenverteilung

49 Das Interesse des Mandanten am persönlichen Tätigwerden eines bestimmten Rechtsanwalts tangiert das **Vertrauensverhältnis**. Die persönliche Komponente der Vertrauensbeziehung knüpft an den Erwartungshorizont des einzelnen Mandanten bei der Kontaktaufnahme und bei der Sachbearbeitung des Mandats an. Soweit dem Rechtsanwalt zur zweckentsprechenden Durchführung des Mandats Vorgänge aus der Privatsphäre oder aus der internen beruflichen Sphäre mitgeteilt werden müssen, kann sich daraus eine Hemmschwelle aufbauen, die die Möglichkeit des Mandanten bei der Mandatierung faktisch auf einige oder sogar nur einen Anwalt beschränkt[1]. Der Kreis der potentiellen Beauftragten wird aber dadurch noch weitergehend eingeschränkt, dass die persönliche Komponente der Vertrauensbeziehung durch ein sachliches Element, nämlich die bestmögliche fachliche Qualifikation, ergänzt wird.

50 Beide aus der subjektiven Sicht des jeweiligen Auftraggebers zu beurteilende Komponenten können jedoch nicht in allen Fällen optimal verwirklicht werden. So könnte die an die Persönlichkeit des Anwalts anknüpfende Auswahl in der Weise im Vordergrund stehen, dass sie zugleich eine Entscheidung über die **subjektive Einschätzung** der beruflichen Befähigung enthält oder zumindest die Hoffnung auf eine ausreichende Qualifikation ausdrückt. Umgekehrt kann aber auch die persönliche der sachlichen Komponente des Vertrauensverhältnisses dadurch untergeordnet werden, dass der Qualifikationsgrad als alleinige oder überwiegende Ursache für die Entstehung persönlichen Vertrauens angesehen wird. Doch unabhängig davon, von welcher Gewichtung der beiden Auswahlkriterien der einzelne Mandant ausgeht, erreicht er unter den Inhabern einer Einzelkanzlei immer denjenigen Rechtsanwalt, der seiner subjektiven Vorstellung am besten entspricht. Noch nicht bei Organisationsgesellschaften (Bürogemeinschaften), sondern erst bei Berufsausübungsgesellschaften kann diese Identität von privater Entscheidungsfindung und Zuweisung der das Mandat grundsätzlich persönlich ausübenden Anwälte durch das Dazwischentreten eines internen Geschäftsverteilungsplanes gestört werden.

51 Die **Aufgabenverteilung** erfolgt nach sachlichen Gesichtspunkten. Einem Mandanten, der bei der Auswahl des Berufsangehörigen primär auf die Qua-

1 Zur Bedeutung des Vertrauensverhältnisses näher *Heussen*, Anwalt und Mandant, 1999, S. 189ff.

lifikation abstellt, wird dadurch also schon ein Sozietätsmitglied zugeordnet, das auf das der Mandatsausübung zugrunde liegende Sachgebiet spezialisiert ist. Sofern der Mandant andere persönliche Vorstellungen entwickelt hatte, werden sie daher zumindest unter dem Aspekt der beruflichen Qualifikation zu seinen Gunsten korrigiert. Aber gerade hinsichtlich der persönlichen Komponente kann eine Divergenz zwischen dem vom Mandanten ausgewählten und dem nach der internen Geschäftsverteilung zuständigen Rechtsanwalt auftreten[1].

Nicht jeder Sozius verfügt über die gleiche praktische Berufserfahrung. Dies 52
lässt sich schon an der Altersstruktur in einer Sozietät (Senior- und Juniorpartner) erkennen. Zudem ist unabhängig vom jeweiligen Fachgebiet die Fähigkeit, Mandate zu bearbeiten, vor Behörden und Gerichten aufzutreten etc., nicht bei jedem Rechtsanwalt gleichermaßen ausgebildet. Der Mandant, der von einem auf das Strafrecht spezialisierten Rechtsanwalt „Wunderdinge" erfahren hat, könnte versucht sein, diesen „Staranwalt" für seine Scheidungssache oder einen Prozess vor dem Sozialgericht zu gewinnen. Ein Strafverteidiger ist dort jedoch trotz der in § 3 Abs. 1 BRAO propagierten Allzuständigkeit des Anwalts[2] an sich fehl am Platz. Guter Ruf und sicheres Auftreten können nicht den Mangel an Spezialkenntnissen in dem einschlägigen Rechtsgebiet ausgleichen, so dass selbst ein Strafverteidiger als Einzelanwalt ein solches Mandat eigentlich nicht guten Gewissens gegenüber dem Mandanten annehmen könnte. Mangelnde Kenntnisse in dem relevanten Spezialgebiet dürften zudem das größere Übel im Verhältnis zu unterschiedlicher Berufserfahrung und nicht in gleicher Weise ausgeprägtem Durchsetzungsvermögen der einzelnen Mitglieder einer Sozietät sein. Letztlich kann diese Abwägungsfrage aber dahingestellt bleiben, weil eine **sozietätsinterne Auslese** dafür sorgen wird, dass sich Sozietätswünsche grundsätzlich nur unter Anwälten mit vergleichbarer fachlicher Qualifikation realisieren lassen. Anders kann der einmal erworbene gute Ruf einer Sozietät langfristig auch kaum gesichert werden[3].

Die interne Geschäftsverteilung in einer Sozietät bedeutet daher für diejeni- 53
gen Mandanten, die ihre Wahl ausschließlich oder überwiegend nach fachlichen Kriterien treffen und ihre Angelegenheit dem unzuständigen Sozius zugeordnet haben, eine **vorteilhafte Korrektur fehlgeleiteten Vertrauens**, soweit nur einer oder einzelne Mitglieder der Sozietät Spezialisten auf dem für die Bearbeitung des Mandats einschlägigen Fachgebiet sind. Handelt es sich dagegen um eine Angelegenheit, die (fast) jeder Sozius bearbeiten kann und die deshalb unter Berücksichtigung der bisherigen Arbeitsbelastung einem von ihnen übertragen wird, verschlechtert sich die Position dieser Klienten gegenüber der in einer Einzelkanzlei jedenfalls nicht. Beide Al-

1 Vgl. *Czarnetzki/Söchtig*, in: Kohl, Kanzleimanagement-Handbuch, 1998, S. 212ff.; zur Geschäftsverteilung in internationalen Sozietäten *Tietze*, in: Fedtke, Anwaltsmarkt Europa, 1999, S. 217ff.

2 Dazu Henssler/Prütting/*Koch*, § 3 Rz. 9f.; *Kleine-Cosack*, BRAO, § 3 Rz. 2; *Redeker*, ZRP 1973, 225 (229); *Redeker*, AnwBl. 1988, 17.

3 So auch OLG Hamm NJW 1970, 1791 (1792).

ternativen rechtfertigen daher bei einer Sozietät die Erstreckung des bei einer Einzelkanzlei auf den jeweiligen Inhaber beschränkten Vertrauensverhältnisses auf sämtliche Sozien.

54 Bevorzugt wird zunehmend derjenige Anwalt, der wegen seiner Sachkenntnis, seiner Arbeitsintensität und seines Durchsetzungsvermögens die Gewähr für eine rasche und sorgfältige Ausführung des Mandats bietet. Die Ursache liegt darin, dass Mandanten häufig keine Hemmschwelle mehr überwinden müssen, um einer unbekannten Person, auf deren Verschwiegenheit sie vertrauen können, vertrauliche Angelegenheiten mitzuteilen. Die Privatsphäre ist also für diejenigen Außenstehenden kein unantastbarer Bereich, die zur Problembewältigung beitragen können. Ob es dafür primär auf ein persönliches Vertrauensverhältnis zwischen Rechtsanwalt und Mandant oder auf qualitative Gesichtspunkte ankommt, hängt davon ab, wie sich der Mandant die Lösung seines Problems vorstellt. Jedenfalls bevorzugt ein erheblicher Teil der Mandantschaft einen sachkundigen Berater gegenüber einem solchen, mit dem im Wesentlichen nur ein angenehmer Umgang gepflegt werden kann[1].

55 Der Übergang vom individuellen Vertrauensverhältnis zum **Vertrauen gegenüber einer Gruppe** ist im Übrigen durchaus nicht so ungewöhnlich, wie es zunächst scheinen könnte. Infolge der unter den Sozietätsmitgliedern durchbrochenen Schweigepflicht weiß jeder Mandant, dass seine einem Anwalt übermittelten vertraulichen Informationen den anderen Sozien bekannt werden können. Er vertraut also von vornherein darauf, dass sich sämtliche Mitglieder der Sozietät an die ihnen berufsrechtlich auferlegte Schweigepflicht halten werden. Das aber bedeutet nichts anderes, als dass der Mandant nicht nur einem einzelnen Sozius, sondern der Gesamtheit aller Sozien persönliches Vertrauen entgegenbringt. Dieses Vertrauen in die dem Mandanten gegenüber als Einheit auftretende Sozietät ist ein weiteres Argument dafür, dass grundsätzlich unabhängig von ihrer zahlenmäßigen Größe diese Einheit beauftragt werden soll.

dd) Eintritt neuer Sozien

56 Falls **neue Sozien** in die Gesellschaft aufgenommen werden, erstreckt sich in der Regel das bereits angenommene Mandat ohne weiteres auf sie[2]. Es bedarf also keiner besonderen Zusatzvereinbarung im Hinblick auf die Einbeziehung des weiteren Partners. Dies entspricht dem regelmäßigen Willen der Parteien des Mandatsvertrages. Die bisherigen Sozien dokumentieren durch die Hereinnahme eines Kollegen ihre Absicht, die Arbeit innerhalb der Sozietät unter Berücksichtigung dieser Person aufzuteilen. Im Verhältnis zum

---

1 Zum Vergleich mit der Situation bei Ärzten *Michalski*, Das Gesellschafts- und Kartellrecht der berufsrechtlich gebundenen freien Berufe, 1989, S. 212ff.

2 BGHZ 56, 355 (359) = NJW 1971, 838; BGHZ 70, 247 (249) = NJW 1978, 996; BGH NJW 1991, 1225; NJW 1994, 257; Henssler/Prütting/*Hartung*, § 59a Rz. 51; so jetzt auch *Feuerich*, in: Feuerich/Weyland, BRAO, 7. Aufl. 2008, § 59a Rz. 32ff. (anders noch *Braun*, in: Feuerich/Braun, 4. Aufl. 1999, § 59a Rz. 8).

Mandanten ist dies grundsätzlich nur möglich, wenn sich der Auftrag auch auf den hinzugekommenen Rechtsanwalt erstreckt. Der Mandant hingegen will durch die Beauftragung einer Sozietät die damit verbundenen Vorteile der Organisation und Arbeitsteilung in Anspruch nehmen. Er erkennt damit die Geschäftsverteilung der Sozietät in der Regel als für ihn positiv an. Sofern dies ausnahmsweise nicht so ist und der Mandant die Erstreckung auf den neuen Partner nicht wünscht, muss er ausdrücklich widersprechen.

ee) Ausscheiden aus der Sozietät

Die Kündigung eines BGB-Gesellschafters führt nach der gesetzlichen Regelung durch die §§ 723, 736 Abs. 1 BGB zur Auflösung der Gesellschaft. In der Vertragspraxis wird diese interessenwidrige Rechtsfolge durch so genannte Fortsetzungsklauseln vermieden, die den Fortbestand des Unternehmens unter Ausscheiden des betroffenen Partners normieren. Der Gesetzgeber hat die Verbesserungsbedürftigkeit der zunehmend wirklichkeitsfremden gesetzlichen Bestimmungen erkannt und in § 9 Abs. 1 PartGG daher das Prinzip „Ausscheiden statt Auflösung" festgelegt[1]. 57

Durch das Ausscheiden eines Partners bleibt der im Außenverhältnis abgeschlossene Mandatsvertrag im Verhältnis zum Auftraggeber grundsätzlich unberührt[2]. Der ausgeschiedene Sozius ist daher grundsätzlich weiterhin zur Erbringung der geschuldeten anwaltlichen Leistungen verpflichtet. Auch seine Haftung für berufliche Fehlleistungen der (ehemaligen) Sozien wirkt fort. Dies ist besonders unglücklich, wenn der ausgeschiedene Partner auf die Sachbearbeitung de facto keinerlei Einfluss mehr nehmen kann und in aller Regel darüber auch nicht fortlaufend unterrichtet ist. Der Mandant kann jedoch einem **Wechsel seiner Vertragspartner** ausdrücklich zustimmen und den Ausgeschiedenen so aus der Haftung entlassen. Wenn sich ein Mandant bei einer Befragung im Sinne des § 32 BORA für einen bzw. eine Gruppe von Sozien entscheidet, stimmt er damit konkludent der Vertragsauflösung mit den übrigen Partnern zu, zumindest wenn er hinreichend auf die Rechtsfolgen seiner Entscheidung hingewiesen und über die maßgeblichen rechtlichen Umstände aufgeklärt wurde. Gleiches kann gelten, wenn der Mandant die Kanzlei aufsucht, dort von dem Ausscheiden eines Sozius Kenntnis erlangt und das Mandat in der bisherigen Sozietät fortführen lässt[3]. Der Klarheit halber empfiehlt sich in jedem Fall eine **ausdrückliche Befragung**. Die Sozietät kann den Mandanten allerdings nicht zum Wechsel der Vertragspartner zwingen, falls er keinen der bisherigen Partner aus dem Vertrag entlassen will. Es liegt in der Risikosphäre der Sozien, dass ihre Verpflichtungen gegenüber einem gemeinsam angenommenen Mandanten auch nach Trennung der Sozietät fortbestehen. Der Gebührenanspruch steht ebenfalls sämt- 58

---

1 Vgl. *Michalski/Römermann*, PartGG, § 9 Rz. 5ff.; bei Inkrafttreten des PartGG ergab sich dieses Prinzip auch aus der im Jahre 1998 aufgehobenen Vorschrift des § 9 Abs. 2 PartGG.

2 Ausführlich *Heller*, Die Beendigung freiberuflicher Sozietätsverhältnisse, 2000, S. 108ff.

3 Henssler/Prütting/*Hartung*, § 59a Rz. 52.

lichen bisherigen Sozien zu. Hinsichtlich der nach Ausscheiden eines Sozius abzuwickelnden gemeinschaftlichen Mandate befindet sich die BGB-Gesellschaft in einer Auseinandersetzung nach den §§ 730 ff. BGB[1].

ff) Strafverteidiger

59 Die Wahlverteidigung im Sinne der Strafprozessordnung ist stets an die **einzelne Person des Strafverteidigers** geknüpft. Eine Sozietät kann also nicht als solche Wahlverteidiger sein[2]. § 59a Abs. 1 Satz 2 BRAO stellt ausdrücklich klar, dass hierdurch die **Möglichkeit der Sozietätsbildung** durch Strafverteidiger nicht beeinträchtigt wird. Es können also trotz der Beschränkung in § 137 Abs. 1 Satz 2 StPO auf maximal drei Wahlverteidiger pro Angeklagtem Sozietäten von mehreren Rechtsanwälten unter Beteiligung von Strafverteidigern gegründet werden. Das Mandat wird insoweit dann aber konkret durch die Person des Verteidigers geführt. Aus der Vollmachtsurkunde muss diese Person nicht unbedingt zu erkennen sein. Es dürfen sich nur im Laufe des Verfahrens nicht mehr als drei Strafverteidiger legitimieren.

60 Bei einer **Pflichtverteidigung und Beiordnung** wird das Mandat ebenfalls durch die Sozietät angenommen[3]. Allerdings hat nur der beigeordnete bzw. zum Pflichtverteidiger bestellte Rechtsanwalt den Gebührenanspruch gegenüber der Staatskasse. Im Innenverhältnis zwischen den Sozien gehört auch dieser Anspruch zum Gesellschaftsvermögen der Sozietät.

gg) Unterschiedliche Postulationsfähigkeit

61 Im Falle der Auftragsübernahme zur Prozessführung vor einem bestimmten Landgericht durch eine überörtliche Sozietät wurde vor einigen Jahren noch vereinzelt die Ansicht vertreten, nur die bei diesem Gericht zugelassenen Rechtsanwälte seien **Partei des Anwaltsvertrages**[4]. Diese Ansicht war schon damals nicht haltbar. Ähnlich wie bei einer interprofessionellen Sozietät ist Vertragspartner die Gesamtheit der zur gemeinschaftlichen Berufsausübung zusammengeschlossenen Rechtsanwälte. Die Sozien sind lediglich aus dem Inhalt des Mandatsvertrages heraus verpflichtet, die geschuldete Leistung durch eine hierzu befähigte Person erbringen zu lassen. Die Vertretung in der mündlichen Verhandlung und die Unterzeichnung von Schriftsätzen müssen aus diesen Gründen selbstverständlich durch einen bei dem jeweiligen Gericht zugelassenen bzw. auftrittsbefugten Rechtsanwalt erfolgen, ohne dass dies aber am Bestehen des Vertrages mit allen Sozien etwas ändern würde[5]. Durch die Neufassung des § 78 ZPO zum 1. 1. 2000 hatte sich dieser Streit weitgehend und seit dem Verzicht auf die Zulassung bei einem Gericht durch eine BRAO-Änderung im Jahre 2007 (mit Ausnahme der BGH-Anwälte) vollends erledigt, da nunmehr jeder bei einem Amts- oder Landgericht zu-

---

1 Vgl. *Peres*, in: Sozietätsrecht, § 8 Rz. 36.
2 BVerfGE 43, 79; OLG Karlsruhe AnwBl. 1989, 54.
3 Henssler/Prütting/*Hartung*, § 59a Rz. 44; OLG Köln AnwBl. 1994, 300; a.A. OLG Düsseldorf AnwBl. 1991, 223.
4 OLG Düsseldorf NJW-RR 1994, 376.
5 So im Ergebnis auch Henssler/Prütting/*Hartung*, § 59a Rz. 48.

gelassene Rechtsanwalt vor diesen Gerichten bundesweit auftreten darf. Die Frage stellt sich vor diesem Hintergrund nur noch bei dem BGH und dessen spezieller Anwaltschaft.

3. Gründung

a) Der Gründungsvorgang

Im Gegensatz zu den anderen Formen der Partnerschaft und der Kapitalgesellschaften gestaltet sich der Gründungsvorgang bei der BGB-Gesellschaft aufgrund der rudimentären gesetzlichen Regelungen ausgesprochen einfach. Die Gesellschaft entsteht durch die Vereinbarung mehrerer Rechtsanwälte, künftig den Beruf gemeinschaftlich ausüben zu wollen. Der Vertrag bedarf **keiner Form**, da weder die §§ 705 ff. BGB noch § 59a BRAO eine schriftliche oder gar noch strengere Form vorsehen[1]. Die Schriftform ist allerdings dringend zu empfehlen, damit beispielsweise über Fragen der Gewinnbeteiligung, der Beitragspflicht und der Geschäftsführung Rechtssicherheit hergestellt wird. 62

b) Gründe für einen Zusammenschluss

Die gemeinsame Berufsausübung ist das Ergebnis eines durch wirtschaftliche, persönliche und funktionale Erwägungen beeinflussten Entscheidungsprozesses. Sie bedeutet stets eine Abwägung zwischen den zu erwartenden Vorteilen und den einkalkulierten Nachteilen[2]. Dabei ist wegen des partnerbezogenen Charakters der anwaltlichen (freiberuflichen) Tätigkeit nicht nur auf die Rechtsanwälte selbst abzustellen, sondern auch auf die Interessensphäre der Mandantschaft. 63

Allgemein lässt sich feststellen, dass sich Vor- und Nachteile mit zunehmender gesellschaftsvertraglicher Bindung addieren. Typisch ist das Motiv der **Kostensenkung** durch eine gemeinsame Nutzung von Gegenständen, die durch eine Einzelkanzlei nicht finanzierbar oder ausgelastet wären, die aber gleichzeitig die Qualität oder Effektivität der Berufsausübung fördern[3]. Dies gilt insbesondere für die gemeinsame Büroausstattung, wie etwa Empfangsbereich, Konferenzraum, ggfs. Wartebereich im Hinblick auf die Möblierung. Einen wesentlichen Kostenfaktor bildet die EDV einer Kanzlei mit Hardware und anwaltsspezifischer Software. Die Qualität kann durch eine umfangreiche Bibliothek und/oder den Zugriff auf Online-Informationsdienste und Datenbanken gesteigert werden. Zusätzlich kann ein effektiver Personaleinsatz erzielt werden[4]. Leerzeiten können weitgehend vermieden werden[5], was insbesondere Berufsanfänger ohne schon gesicherte regel- 64

1 Vgl. *Gail/Overlack*, Rz. 104 f.

2 Zu Vor- und Nachteilen der Sozietätsbildung siehe auch *Schlößer*, in: Lenz/Imping/Schlößer, Kooperationsformen, Fach D Rz. 15 ff.

3 Vgl. auch *Kunz*, in: Sozietätsrecht, § 1 Rz. 1 ff.

4 Zum Personalmanagement eingehend *Ludwig/Weinel*, in: Hartung/Römermann, Management- und Marketing-Handbuch für Rechtsanwälte, 1999, § 28 Rz. 1 ff.

5 Zum Kapazitätsmanagement in Anwaltskanzleien ausführlich *Corsten/Stuhlmann*, in: Hartung/Römermann, § 29 Rz. 1 ff.

mäßige Einkünfte zu schätzen wissen. Die fachbezogene Sozietät hat darüber hinaus noch den Vorteil, dass sich die Berufsangehörigen bei Krankheit, Urlaub oder Fortbildung gegenseitig vertreten können.

65 Während die oben genannten wirtschaftlichen oder technischen Vorteile zum Teil bereits in der Bürogemeinschaft erreicht werden können, gibt es bei einer **Sozietät** darüber hinaus **tendenziell weitergehende Möglichkeiten**. Erwähnung verdient insbesondere die durch eine gemeinsame Berufsausübung ermöglichte Durchsetzung hoher einheitlicher Qualitätsstandards, der sich sämtliche Berufsträger unterwerfen. Die Sozietät fördert durch die gleich gerichteten wirtschaftlichen und immateriellen (insbesondere strategischen) Ziele ihrer Mitglieder mehr noch als in Bürogemeinschaften Aussprachen über konkrete Probleme eines einzelnen Mandanten und den fachlichen Austausch von Kenntnissen und Erfahrungen der Sozien. Wenn beispielsweise ein Unternehmermandant an Sonntagen Warenverkaufsaktionen plant, können Anwälte als Sachbearbeiter der verwaltungs-, arbeits- und wettbewerbsrechtlichen Fragen eng zusammenwirken. Die gegenseitige Abstimmung vermag mehr schöpferische Leistung freizusetzen und dadurch mehr Sicherheit in der Behandlung und Bearbeitung von Einzelproblemen zu vermitteln als in einer Einzelkanzlei. Gerade jüngeren Kollegen dürfte die ihnen auf diese Weise zugängliche Erfahrung der älteren Rechtsanwälte zugute kommen. Sozietäten haben für Berufsanfänger zudem den Vorteil einer sofortigen existenzsichernden Verdienstmöglichkeit, wie sie angesichts der beim Anwaltsberuf eingetretenen Marktsituation keineswegs mehr selbstverständlich ist.

66 Diese Vorzüge gemeinsamer Berufsausübung gelten auch aus **Sicht des Mandanten**. Er verfügt selbst dann, wenn er seine Angelegenheit einem bestimmten Rechtsgebiet zuzuordnen vermag, regelmäßig über kein Erkennungszeichen, das ihm den für seinen Fall besonders qualifizierten Rechtsanwalt zuweist. Zwar ist es noch immer so, dass eine Vielzahl von Fällen von jedem Anwalt bearbeitet werden kann. Doch die zunehmende Komplexität und Quantität von Gesetzen und Verordnungen trägt immer mehr dazu bei, dass der Spezialist sogar in den Rechtsgebieten gefragt ist, deren Beherrschung einst zum Grundwissen eines jeden Beraters zählte. Die noch in § 3 BRAO anklingende Vorstellung vom „Allroundanwalt" gehört längst der Vergangenheit an[1]. Ein einzelner ist heute nicht mehr in der Lage, das gesamte Wissen seiner Branche zu beherrschen. Im ärztlichen Bereich drückt sich diese Erkenntnis in der Existenz zahlreicher Gebiets-, Teilgebiets- und Zusatzbezeichnungen aus. Rechtsanwälte können inzwischen für eine Reihe von Gebieten eine Fachanwaltsbezeichnung erwerben; im Übrigen dürfen sie sich im Rahmen des § 7 BORA sonstige Schwerpunktsbezeichnungen zulegen.

67 Folge dieser durch die technische und wirtschaftliche Entwicklung bedingten notwendigen Spezialisierung ist ein die Gründung von Sozietäten erfordernder **Zwang zur Arbeitsteilung**, der nicht so sehr von den Berufsangehöri-

---

1 Vgl. *Kleine-Cosack*, BRAO, § 3 Rz. 2; Henssler/Prütting/*Koch*, § 3 Rz. 9f.; *Feuerich/Weyland*, § 3 Rz. 7.

gen selbst ausgeht, als vielmehr von der (potentiellen) Mandantschaft erwartet wird. Im Bereich der Rechts- und Wirtschaftsberatung ist zu berücksichtigen, dass Unternehmer aufgrund der ständig zunehmenden Konzentration in der gewerblichen Wirtschaft auf umfassende Beratung in den unterschiedlichsten Sachgebieten angewiesen sind und häufig eine Praxis bevorzugen, deren Mitglieder sich über die Verhältnisse im Unternehmen aus früheren Akten schnell und zuverlässig unterrichten können[1]. Die Kenntnis wirtschaftlicher und persönlicher, nicht für die Öffentlichkeit bestimmter Daten bleibt auf diese Weise auch einem überschaubaren Personenkreis vorbehalten.

Die davon ausgehende psychologische Wirkung, die die Beratungspraxis aus 68
der Sicht des Unternehmers im Grenzfall schon als eine aus dem Unternehmen ausgegliederte Rechtsabteilung erscheinen lassen könnte, ist auch die Folge einer durch die ausländische Konkurrenz zwangsläufig geförderten Entwicklung. Die **Niederlassungsfreiheit** für Angehörige von rechtsberatenden Berufen aus EU-Ländern zwingt die deutschen Berater, sich auf eine Konkurrenz einzustellen, der keine so weitgehenden berufsrechtlichen Hindernisse bei der gemeinschaftlichen Berufsausübung in den Weg gestellt werden wie derzeit noch in der deutschen Gesetzgebung, wenngleich insoweit seit der freiheitsfreundlicheren Rechtsprechung seit 1987 eine wesentliche Liberalisierung festgestellt werden kann. Der Anpassungsprozess an ausländische Betriebsgrößenklassen vollzog sich in Deutschland in zwei Etappen. Die erste Fusionswelle ca. 1989/90 wurde durch die Zulässigkeit der überörtlichen Sozietät ausgelöst. Sie erfasste vor allem mittelgroße Sozietäten auf nationaler Ebene. Die zweite Fusionswelle ca. 1999/2000 brachte den Zusammenschluss deutscher Großkanzleien mit vor allem britischen, zum Teil aber auch US-amerikanischen Mega Law Firms mit sich.

4. Name der Sozietät

a) Allgemeine gesellschafts-, berufs- und wettbewerbsrechtliche Vorgaben

aa) Gesellschaftsrecht

Im Gegensatz zur Partnerschaft (§§ 2, 11 PartGG) und zu den Kapitalgesell- 69
schaften (z.B. § 4 GmbHG) fehlt eine gesetzliche Regelung des **Namensrechts** bei Gesellschaften bürgerlichen Rechts[2]. Im früheren Schrifttum wurden vereinzelt Bedenken gegen die Zulässigkeit eines besonderen Gesellschaftsnamens, der sich von der bloßen Aneinanderreihung der bürgerlichen Namen der Sozien unterscheidet, erhoben[3]. Der Gesetzgeber ging offenbar davon aus, dass die BGB-Gesellschaft durch die Namen der Gesellschafter identifiziert würde[4].

1 *Rabe*, AnwBl. 1971, 226 (233).
2 Rechtspolitische Kritik bei *Karsten Schmidt*, Gesellschaftsrecht, § 60 I 3a.
3 *Wessel*, BB 1978, 1084; *Lehmann-Dietz*, Gesellschaftsrecht, 3. Aufl. 1970, S. 109.
4 MünchKommBGB/*Ulmer*, § 705 Rz. 270; Henssler/Prütting/*Hartung*, § 59a Rz. 22.

70 Über derartige Auffassungen ist die Zeit hinweggegangen. Die BGB-Gesellschaft tritt als teilrechtsfähige Personengesellschaft im Rechtsverkehr auf und bedarf hierfür einer identitätsstiftenden und unterscheidungskräftigen Bezeichnung. Im Grundsatz ist daher heute allgemein anerkannt, dass sich die BGB-Gesellschaft einen **bürgerlichen Namen** zulegen darf, also eine schlagwortartige Gesamtbezeichnung[1].

71 Über die Bildung eines Gesamtnamens können sich die Gesellschafter bei Abschluss des Sozietätsvertrages oder zu einem späteren Zeitpunkt einigen. Gesellschaftsrechtlich gibt es keine positiven Regeln oder Mindestvoraussetzungen[2]. Die jedenfalls frühere Gerichtspraxis forderte allerdings eine **deutliche Unterscheidbarkeit von einer handelsrechtlichen Firma**. Die Gesellschaft bürgerlichen Rechts durfte danach keinen Namen führen, der auch von einem vollkaufmännischen Unternehmen als Firma verwendet werden könnte[3]. Im früheren Schrifttum[4] und vereinzelt in der Rechtsprechung[5] fand sich die Auffassung, das Verknüpfungszeichen „&" (z.B. „Müller & Partner") weise für das Publikum auf einen vollkaufmännischen Betrieb bzw. eine OHG hin. Diese Ansicht war auch bisher schon überholt, da das Zeichen „&" seit langem auch bei freiberuflichen Zusammenschlüssen üblich geworden ist[6]. Der BGH hat im Zusammenhang mit den §§ 2, 11 PartGG klargestellt, dass auch bei freiberuflichen Sozietäten die Verknüpfungen „und", „+" oder „&" dieselbe Bedeutung haben und zulässig sind[7]. Dies galt jedoch nicht für „& Co." oder gar – selbstverständlich – „Handelsgesellschaft", „OHG" oder „KG"[8]. Eine weitere Liberalisierung ergibt sich aus dem durch das HRefG vom 22. 6. 1998[9] modifizierten § 19 HGB. Nach dessen Abs. 2 und 3 müssen Personenhandelsgesellschaften zwingend den Zusatz „offene Handelsgesellschaft", „Kommanditgesellschaft", OHG, KG oder eine andere eindeutige Abkürzung verwenden. Andere auf ein Gesellschaftsverhältnis hindeutende Zusätze, wie insbesondere „& Co.", reichen im Recht der Personenhandelsgesellschaften nicht mehr aus, so dass sich nunmehr BGB-Gesellschaften dieses Zusatzes bedienen dürfen.

72 Im Grundsatz unbedenklich ist aus gesellschaftsrechtlicher Sicht jedenfalls eine Bezeichnung, die aus dem bzw. den Namen eines oder mehrerer Gesellschafter gebildet wird und einen Rechtsformzusatz enthält.

---

1 Fakultativname, vgl. *van Randenborgh*, in: Sudhoff, Personengesellschaften, 8. Aufl. 2005, § 3 Rz. 17ff.
2 MünchKommBGB/*Ulmer*, § 705 Rz. 271.
3 BGH BB 1957, 9; BayObLG BB 1960, 996; OLG Frankfurt BB 1975, 247; OLG Karlsruhe BB 1978, 519; krit. *Karsten Schmidt*, Gesellschaftsrecht, § 60 I 3b („engherzige Gerichtspraxis").
4 So noch *Baumbach/Hopt*, HGB, 29 Aufl. 1995, § 17 Rz. 3.
5 OLG Düsseldorf ZIP 1991, 1625.
6 *Karsten Schmidt*, Gesellschaftsrecht, § 60 I 3b; *Michalski*, ZIP 1991, 1551 (1557); *Schockenhoff*, NJW 1991, 1158 (1159); *Michalski/Römermann*, PartGG, § 2 Rz. 11; zweifelnd noch *Eggesiecker*, PartGG, Fach D 2.320.
7 BGH, Beschl. v. 21. 4. 1997 – II ZB 14/96, WiB 1997, 752 m. Anm. *Römermann*.
8 *Karsten Schmidt*, Gesellschaftsrecht, § 60 I 3b.
9 BGBl. I 1998, 1474 (abgedruckt in NZG 1998, 455).

Umstritten ist die Frage, ob ein solcher **Rechtsformzusatz** notwendig ist und wie seine mögliche Ausgestaltung erfolgt. Nach einer Auffassung[1] ist der Rechtsformzusatz unverzichtbar im Hinblick auf den Verkehrsschutz. Eine liberalere Meinung[2] will auf den Zwang zu einem Rechtsformzusatz verzichten. Bei Rechtsanwaltssozietäten war ein Rechtsformzusatz bislang unüblich. Der Verkehrsschutzgedanke spielt eher eine Rolle bei Kapitalgesellschaften mit dem Ziel, potentielle Vertragspartner auf die Haftungsbeschränkung auf das Gesellschaftsvermögen aufmerksam zu machen. Bei der BGB-Gesellschaft, bei der die unbeschränkte persönliche und gesamtschuldnerische Haftung sämtlicher Partner den Regelfall darstellt, ist ein derartiges Schutzbedürfnis nicht erkennbar. Zumindest für den Bereich anwaltlicher BGB-Gesellschaften kann daher auf einen zwingenden Rechtsformzusatz grundsätzlich verzichtet werden. 73

Eine Ausnahme wurde durch das am 1. 7. 1995 in Kraft getretene PartGG eingeführt. Durch dieses Gesetz wurden die Namenszusätze **„und Partner" bzw. „Partnerschaft"** grundsätzlich für **Partnerschaftsgesellschaften** monopolisiert[3]. Für Gesellschaften in einer anderen Rechtsform, die bei Inkrafttreten des PartGG einen Partnerzusatz geführt haben, wurde allerdings durch § 11 Sätze 2 und 3 PartGG ein Bestandsschutz gesichert. Danach dürfen diese Unternehmen die bisherige Bezeichnung über den 1. 7. 1997 hinaus weiterführen, wenn sie in ihrem Namen der Bezeichnung „Partnerschaft" oder „und Partner" einen Hinweis auf die andere Rechtsform hinzufügen. Für die vielen Anwaltssozietäten, die bereits vor dem 1. 7. 1995 den Zusatz „und Partner" bzw. „& Partner" verwandt haben, gilt nun also der Zwang zum Rechtsformzusatz. 74

Ein weiteres Namensmonopol wurde durch die Bestimmung des § 59k Abs. 2 BRAO zum 1. 3. 1999 eingeführt. Danach darf sich nur noch eine Anwalts-GmbH im Sinne der §§ 59c ff. BRAO als **„Rechtsanwaltsgesellschaft"** bezeichnen. Zum zweiten Mal seit Inkrafttreten des PartGG hat der Gesetzgeber somit ein Wort, das sich sowohl nach dem Sprachgebrauch als auch nach der früheren Handhabung bis dahin auf sämtliche möglichen Gesellschaftstypen bezogen hätte, für einen bestimmten Gesellschaftstypus reserviert. Die Bezeichnung „Rechtsanwaltsgesellschaft" ist für eine Sozietät, die in Form einer BGB-Gesellschaft strukturiert wird, seitdem ausgeschlossen. 75

Für die **BGB-Gesellschaft** ist eine bestimmte Art des Rechtsformzusatzes weder vorgeschrieben noch bisher allgemein anerkannt[4]. Unbedenklich sind in jedem Fall die ausdrücklichen Bezeichnungen „Gesellschaft bürgerlichen Rechts" oder „BGB-Gesellschaft". Aufgrund der Länge beider Zusätze ist in der Praxis zuweilen die Abkürzung „GbR" anzutreffen. Sie hat inzwischen 76

1 MünchKommBGB/*Ulmer*, § 705 Rz. 271; Staub/*Hüffer*, HGB, § 17 Rz. 13.
2 Soergel/*Hadding*, § 705 Rz. 68.
3 Diese zunächst in der Rechtsprechung (OLG Frankfurt a.M. WuB II C § 4 GmbHG 1.96 m. Anm. *Michalski* gegen BayObLG DZWiR 1996, 460 m. Anm. *Michalski*) und im Schrifttum umstrittene Frage ist für die Rechtspraxis durch BGH WiB 1997, 752 m. Anm. *Römermann* geklärt.
4 MünchKommBGB/*Ulmer*, § 705 Rz. 274.

allgemeine Verkehrsgeltung erlangt[1]. Problematisch ist hingegen der ebenfalls zuweilen verwandte Zusatz „Sozietät". Oben (Rz. 8) wurde erörtert, dass unter den Begriff der Sozietät nicht nur die herkömmliche BGB-Gesellschaft, sondern ebenfalls zumindest noch die Partnerschaft fallen. Gegenüber dieser Gesellschaftsform verfügt die Bezeichnung „Sozietät" daher über keine Unterscheidungskraft. Der in § 11 Satz 3 PartGG verlangte Hinweis auf „die andere Rechtsform" setzt aber einen konkreten Hinweis voraus, dem sich klar entnehmen lässt, in welcher Gesellschaftsform das Unternehmen tätig wird. Diesem Erfordernis vermag die Angabe „Sozietät" nicht zu genügen. Dem entspricht eine Entscheidung des Landgerichts Zweibrücken[2], wonach eine Partnerschaft den Namen „Dr. D. und Partner, Steuerberater- und Rechtsanwalt-Sozietät" führen darf.

77 Unter gesellschaftsrechtlichen Gesichtspunkten kommen daher seit dem 1. 7. 1995 für neu gegründete BGB-Gesellschaften die früher gebräuchlichen Zusätze „und Partner" bzw. „Partnerschaft" nicht mehr in Betracht, §§ 2, 11 PartGG, während wegen § 19 Abs. 2 und 3 HGB n.F. die Angabe „& Co." nunmehr zulässig ist. Im Übrigen macht das Gesellschaftsrecht insoweit keine Vorgaben. Insbesondere ist die Hinzufügung eines **Sachbestandteils** zum Gesellschaftsnamen grundsätzlich zulässig, soweit keine Täuschungsgefahr hervorgerufen wird (dazu noch bei der wettbewerbsrechtlichen Betrachtung)[3]. Dies gilt beispielsweise für die verbreiteten Bezeichnungen „Anwaltskanzlei" bzw. „Anwaltssozietät".

78 Die schließlich gewählte Bezeichnung der Gesellschaft bürgerlichen Rechts genießt einen **Namensschutz**. Dieser Schutz ergibt sich nicht aus den Regeln für die BGB-Gesellschaft in den §§ 705 ff. BGB, sondern aus § 12 BGB[4]. Diese Vorschrift umfasst über ihren Wortlaut und ihre systematische Stellung hinaus auch den Namen nicht rechtsfähiger Personenvereinigungen[5]. Voraussetzung für den Namensschutz ist die individuelle Unterscheidungskraft der Bezeichnung und die Verwendung zur Identifizierung der Gesellschaft als Namensträger in ihrem durch den gemeinsamen Zweck geprägten Wirkungskreis[6]. Dieser Wirkungskreis begrenzt den Namensschutz zudem in räumlicher Hinsicht. Die etwaige Verkehrsgeltung des Gesellschaftsnamens ist hingegen für den Namensschutz nach § 12 BGB ohne Relevanz.

79 Neben § 12 BGB ist bei einem Auftreten der BGB-Gesellschaft unter ihrer Gesamtbezeichnung im Rechtsverkehr der **Schutz nach § 15 MarkenG** von Bedeutung[7]. Danach sind Unternehmenskennzeichen im Sinne des § 5

1 Früher offen gelassen von *Jäger*, in: Sudhoff, Personengesellschaften, 7. Aufl. 1999, 2. Teil Rz. A 23.
2 LG Zweibrücken, Beschl. v. 25. 2. 1998 – 4 T 20/98, NZG 1998, 548 m. Anm. *Römermann.*
3 MünchKommBGB/*Ulmer*, § 705 Rz. 271.
4 *Terlau*, in: Lenz/Imping/Schlößer, Kooperationsformen, Fach D Kap. 3 Rz. 29; *Kunz*, in: Sozietätsrecht, § 2 Rz. 19.
5 MünchKommBGB/*Ulmer*, § 705 Rz. 272; Soergel/*Hadding*, § 705 Rz. 69.
6 MünchKommBGB/*Ulmer*, § 705 Rz. 272.
7 *Karsten Schmidt*, Gesellschaftsrecht, § 60 I 3b; MünchKommBGB/*Ulmer*, § 705 Rz. 273.

Abs. 2 MarkenG gegen die Verwendung durch Dritte geschützt. Soweit der Sozietätsname oder das sonstige Unternehmenskennzeichen verwechslungsfähig und prioritätsjünger sind, können Dritte auf Unterlassung und Schadensersatz in Anspruch genommen werden, § 15 Abs. 4 und 5 MarkenG.

bb) Berufsrecht

80 Nach **§ 9 BORA** dürfen sich Rechtsanwälte, die in der Form einer Sozietät zusammenarbeiten, eine **Kurzbezeichnung** zulegen. § 28 Abs. 3 der früheren Standesrichtlinien hatte etwas konkreter formuliert: „Sozien ... dürfen auf ihren Drucksachen, Stempeln und Praxisschildern eine Kurzbezeichnung führen, indem nur der Name eines oder einzelner Rechtsanwälte mit einem auf diese Anwaltsgemeinschaft hinweisenden Zusatz wie ‚und Partner', ‚und Sozien' oder ähnlichen Inhalts verwendet wird."

81 § 9 Abs. 3 BORA in einer bis zum 1. 11. 2004 geltenden Fassung ordnete noch an, dass die Kurzbezeichnung nur einen **auf die gemeinschaftliche Berufsausübung hinweisenden Zusatz** enthalten dürfe. Gemeint waren die bislang üblichen Angaben wie „und Partner" (seit 1995 durch die §§ 2, 11 PartGG für Partnerschaftsgesellschaften reserviert) oder „und Kollegen". Unklar war danach die scheinbar – jedoch nicht klar im Wortlaut erkennbare – angeordnete Exklusivität von bürgerlichen Namen in Verbindung mit diesem Zusatz[1].

a) In der Praxis der ersten Jahre nach Inkrafttreten der Norm entbrannte eine heftige Diskussion über die Zulässigkeit von Sachzusätzen in Sozietätsnamen bzw. sogar ausschließlicher Sachfirmen[2]. In Folge mehrerer liberaler höchstrichterlicher Entscheidungen[3] sah sich die Satzungsversammlung schließlich gezwungen, zum 1. 11. 2004 die früheren Beschränkungen in § 9 BORA a.F. explizit aufzugeben und eine berufsrechtliche Namensfreiheit herbeizuführen.

b) Nach allgemeiner Auffassung war es schon früher zweifelsfrei erlaubt, beispielsweise die in der interprofessionellen Sozietät vertretenen **Berufsbezeichnungen** bzw. bei der überörtlichen Sozietät die verschiedenen **Standorte** zu nennen, z.B.: „Müller & Kollegen – Rechtsanwälte Steuerberater Wirtschaftsprüfer – Hamburg München Berlin". Sinnvoll können ferner Zusätze sein, die aus dem Tätigkeitsfeld der Kanzlei erwachsen, z.B. „Strafverteidigersozietät" oder so genannte **Etablissementsbezeichnungen**. So sind Anwaltssozietäten etwa bestrebt, ihr Image an bestimmte markante Gebäude zu binden („Kanzlei am Siegestor"). Der Zusatz „Rechtsanwalts- und Steuerberatungsbüro" kann jedenfalls nach zutreffender Ansicht dann nicht untersagt werden, wenn es sich um einen Zusammenschluss von An-

---

1 Dazu bereits Hartung/Holl/*Römermann*, 1. Aufl. 1997, § 9 Rz. 58f.; zu verfassungsrechtlichen Bedenken ebda. Rz. 14f.

2 Ausführlich noch die 1. Aufl., Rz. B 81ff.; ferner Hartung/Römermann/*Römermann*, § 9 Rz. 8ff.

3 Richtungsweisend: BGH NJW 2002, 608 – „CMS".

wälten und Steuerberatern bzw. um einen Kanzleiinhaber mit beiden Berufsqualifikationen handelt[1].

82 Im Fall des AGH Baden-Württemberg[2] wurde noch vor der Liberalisierung des § 9 BORA die Bezeichnung „Kanzlei für Arbeitsrecht und allgemeines Zivilrecht" gebilligt, im Fall des AnwG Hamburg[3] „Telekanzlei X & Partner". Nach der zutreffenden Rechtsauffassung des AnwG Hamburg gibt es keine vernünftigen Erwägungen des Gemeinwohls, die ein generelles Verbot von Zusätzen ohne Rücksicht auf ihren Sinn und Zweck sowie ihren Informationswert für Dritte rechtfertigen könnten. Das OLG Karlsruhe hat mit Urteil vom 1. 2. 2001[4] entschieden, dass das anwaltliche Berufsrecht dem Zusatz „artax" nicht entgegensteht.

83 In seiner Entscheidung vom 27. 3. 2000 hat das BayObLG[5] die Bezeichnung „PRO-VIDENTIA" für eine Anwalts-AG gebilligt und damit zum ersten Mal eine reine Sachfirma. Irgendein Gemeinwohlinteresse, der herkömmlichen Sozietät diese Möglichkeit zu versagen, war und ist nicht erkennbar. In der Praxis haben die bislang anzutreffenden Familiennamen längst verstorbener Gründer für das Publikum keinen höheren Aussagegehalt als eine Sachfirma.

84 Nach § 9 Satz 2 BORA muss die Kurzbezeichnung bei der Unterhaltung mehrerer Kanzleien (**überörtliche Sozietät**) einheitlich geführt werden. Diese Regelung nimmt eine frühere Rechtsprechung wieder auf, die es für irreführend hielt, wenn dieselbe Sozietät an verschiedenen Standorten in unterschiedlicher Weise firmierte[6]. Näher zu den namensrechtlichen Besonderheiten bei der überörtlichen Sozietät *Graf von Westphalen*, unten Rz. 587 ff.

cc) Wettbewerbsrecht

85 Unter wettbewerbsrechtlichen Aspekten kommt dem **Verbot irreführender Angaben** über das Unternehmen eine besondere Bedeutung zu. Dies gilt zunächst für eine täuschende Rechtsformbezeichnung[7]. Die Angabe „Partnerschaft" beispielsweise dürfte seit dem 1. 7. 1997 eine Irreführung über die Rechtsform der Sozietät bedeuten, wenn es sich in Wirklichkeit um eine Gesellschaft bürgerlichen Rechts handelt, vgl. §§ 2, 11 PartGG.

86 Bei einer Sozietät aus namentlich bezeichneten Rechtsanwälten liegt in einem auf weitere Partner hindeutenden Zusatz eine **Täuschung über die Unternehmensgröße**, falls es in Wirklichkeit keine anderen Kollegen gibt. Beispiel: „Müller, Meier & Coll." ist eine unzulässige Namensführung, wenn in dieser Kanzlei ausschließlich die Rechtsanwälte Müller und Meier tätig

1 A.A. vor Inkrafttreten der Berufsordnung EGH Stuttgart, Urt. v. 19. 11. 1966, EGH IX, 201.

2 AGH Baden-Württemberg MDR 2000, 178 m. Anm. *Römermann.*

3 AnwG Hamburg NJW 2000, 2827.

4 OLG Karlsruhe, Urt. v. 1. 2. 2001 – 4 U 96/00, INF 2001, Heft März, m. Anm. *Römermann.*

5 BayObLG MDR 2000, 733 m. Anm. *Römermann.*

6 OLG Hamm NJW 1994, 868.

7 *Mittelstaedt,* in: Walter/Grüber, Anwalts-Handbuch Wettbewerbspraxis, 1998, S. 935.

sind[1]. Der Zusatz „und Kollegen" darf nur geführt werden, wenn neben den Namensträgern mindestens zwei weitere Rechtsanwälte (Gesellschafter, Angestellte oder freie Mitarbeiter) namentlich auf den Briefbögen aufgeführt sind[2].

Bereits in der Praxis anzutreffen war die Bezeichnung „Haus des Rechts". In 87
der bisherigen Rechtsprechung wird angenommen, dass nur ein solches vollkaufmännisches Unternehmen sich eine Bezeichnung mit dem Bestandteil **„Haus"** zulegen darf, das in der Branche eine hervorragende und örtlich führende Bedeutung besitzt[3]. Dies ist dann der Fall, wenn das Unternehmen durch die Breite und Vielgestaltigkeit des Sortiments, den sich daraus ergebenden Umfang der Verkaufsfläche, durch sachkundiges Personal und die aufgrund des Umsatzes bestehende Größe den Durchschnitt der örtlichen Konkurrenz überragt. Bei einigen Wortverbindungen – z.B. „Reformhaus" – soll dagegen der Begriff „Haus" fast völlig neutral sein und keine Vorstellungen über Größe, Bedeutung oder äußerliche Aufmachung des Unternehmens erwecken. Bei Anwaltssozietäten erscheint die Verbindung mit einem „Haus" allenfalls dann als zulässig, wenn zumindest die hauptsächlichen Rechtsgebiete durch einen Zusammenschluss mehrerer Rechtsanwälte abgedeckt werden und auch eine gewisse räumliche Größe vorliegt. Die Bezeichnung „Erbrechtszentrale" setzt eine Kanzlei voraus, die in ihrer Bedeutung, Größe und Leistungsfähigkeit über dem Durchschnitt vergleichbarer Anwaltskanzleien liegt; sonst ist sie irreführend[4].

Auch berufsrechtlich zweifelhafte Zusätze, wie etwa **„Fachkanzlei für ..."** 88
sind jedenfalls unter wettbewerbsrechtlichen Gesichtspunkten gestattet, wenn tatsächlich eine Beschränkung der anwaltlichen Aktivität auf das genannte Rechtsgebiet vorliegt und die Qualifikation der Rechtsanwälte insoweit eine besondere Fachkunde erwarten lässt[5]. Zu prüfen bleibt allerdings die Frage, ob der Zusatz „Fach-..." wegen einer Verwechselungsfähigkeit mit Fachanwaltsbezeichnungen (die sich allerdings auf die Person und nicht auf eine ganze Kanzlei beziehen) angesichts § 7 Abs. 2 BORA denjenigen Kanzleien vorbehalten ist, in denen ausschließlich oder zumindest ganz überwiegend Fachanwälte für das betreffende Rechtsgebiet tätig sind[6]. In einer ersten Entscheidung hat der AGH Baden-Württemberg dementsprechend zutreffend die Bezeichnung als „Kanzlei für Arbeitsrecht und allgemeines Zivilrecht" gebilligt[7]. Die Sozietät, die sich diese Bezeichnung zugelegt hatte, war nahezu ausschließlich auf dem Gebiet des Arbeitsrechts tätig.

---

1 Vgl. *Michalski/Römermann*, PartGG, § 2 Rz. 10; *Kunz*, in: Sozietätsrecht, § 2 Rz. 17.

2 BGH NJW 2007, 3349; gebilligt durch BVerfG (3. Kammer des Ersten Senats) NJW 2008, 502.

3 Hefermehl/Köhler/*Bornkamm*, Wettbewerbsrecht, 25. Aufl. 2007, § 5 Rz. 5.24f. m.w.N.

4 LG Offenburg, Urt. v. 16. 5. 2007 – 5 O 120/06 KfH.

5 Vgl. Hefermehl/Köhler/*Bornkamm*, § 5 Rz. 5.15.

6 Näher zu den Auslegungsfragen um § 7 Abs. 2 BORA Hartung/Römermann/*Römermann*, § 7 Rz. 81ff.

7 AGH Baden-Württemberg MDR 2000, 178 m. Anm. *Römermann*.

89 Zuweilen nehmen neuerdings Sozietäten in ihrem Namen Bezug auf **geographische Umstände**. Derartige Zusätze weisen nach der Verkehrsauffassung nicht nur auf den Kanzleisitz hin, sondern enthalten zugleich eine Aussage über die besondere Bedeutung, die Leistungsfähigkeit, den Geschäftsumfang oder die Sonderstellung der Sozietät in dem genannten Gebiet[1]. Der BGH hatte es in einer Entscheidung aus dem Jahre 1985[2] einer in München ansässigen Kanzlei untersagt, eine Abbildung des Münchener Isartors auf dem Briefbogen zu führen. Für die Entscheidung über die Zulässigkeit einer derartigen Bezugnahme ist es ohne Relevanz, ob sie in Form einer Abbildung oder durch eine wörtliche Benennung („Kanzlei am Isartor") erfolgt. Wesentlich ist nur, dass es sich bei dem Münchener Isartor um ein traditionsreiches Bauwerk mit Wahrzeichencharakter für die bayerische Landeshauptstadt handelt. Ein solcher Hinweis ist geeignet, den Eindruck zu erwecken, es handele sich um die einzige oder die bedeutendste Anwaltskanzlei an dem relevanten Ort. Häufig handelt es sich hierbei um eine Irreführung des Publikums über die Bedeutung der Anwaltskanzlei.

90 Eine wettbewerbsrechtlich durch § 5 UWG untersagte Täuschung kommt in Gestalt der **Irreführung über die Sozien** zuweilen vor. Akademische Titel und Grade erwecken bei der potentiellen Mandantschaft den Eindruck einer erhöhten Gewähr für die Kompetenz, die Zuverlässigkeit und den guten Ruf des Trägers[3]. Insbesondere bei Rechtsanwälten kommt dem Doktor-Titel eine erhebliche Werbewirkung zu, so dass es wirtschaftlich vorteilhaft sein kann, diesen Titel in den Sozietätsnamen aufzunehmen. Dies wird als unzulässig betrachtet, falls in Wirklichkeit kein Sozius über diesen Titel verfügt oder zwar ein Gesellschafter den Titel zu Recht führt, er aber nur Strohmann und in der Sozietät nicht persönlich tätig ist[4]. Bei dem Titelträger, der im Sozietätsnamen erscheint, und dem promovierten beruflich aktiven Rechtsanwalt muss es sich nicht um dieselbe Person handeln. Der Titel in der Sozietätsbezeichnung muss also bei dem Ausscheiden des Namensgebers nicht unbedingt aufgegeben werden. In einer neueren Entscheidung des BGH[5] wurde die Fortführung der Firma durch den nicht promovierten Erwerber des Unternehmens gebilligt, nachdem in die Firma der Zusatz „Nachf." aufgenommen worden war. Im freiberuflichen Bereich ist die Verwendung eines derartigen Nachfolgehinweises bislang unüblich, jedoch steht ihm keine berufs- oder gesellschaftsrechtliche Vorschrift entgegen. Wenn nämlich die Sozietätsbezeichnung „Dr. Müller & Meier" nach Ausscheiden der beiden namensgebenden Partner für zulässig erachtet wird, dann muss dies erst recht für den Sozietätsnamen „Dr. Müller & Meier Nachf." gelten, der ein besseres Bild von den wirklichen Verhältnissen vermittelt.

1 Hefermehl/Köhler/*Bornkamm*, § 5 Rz. 5.99 f.; *Mittelstaedt*, in: Walter/Grüber, Anwalts-Handbuch Wettbewerbspraxis, 1998, S. 938.

2 BGH, Urt. v. 13. 5. 1985 – AnwSt (R) 1/85, NJW 1985, 2959 = AnwBl. 1986, 102 = BRAK-Mitt. 1985, 171.

3 BGHZ 53, 65, 68; GRUR 1959, 375, 376; 1992, 121; Urt. v. 2. 10. 1997 – I ZR 105/95, EWiR § 15 MarkenG 1/98, 325 (*Klaka*).

4 Hefermehl/Köhler/*Bornkamm*, § 5 Rz. 5.137 f.

5 BGH EWiR § 15 MarkenG 1/98, 325 (*Klaka*).

91 Bei einer **Promotion** als Kompetenzindiz kommt es auf die Fakultät an, bei der der Doktor-Titel erworben wurde. Falls es sich nicht um einen Dr. jur., sondern beispielsweise um einen Dr. phil. handelt, muss daher dieser Zusatz mit angegeben werden[1]. Ausländische akademische Grade dürfen zum Teil nur mit Genehmigung des jeweiligen Kultusministeriums geführt werden. Hierbei wird geprüft, ob der ausländische Titel im konkreten Fall unter Voraussetzungen verliehen worden ist, die den Erwartungen des Verkehrs nach deutschen Verhältnissen entsprechen[2].

b) Namensfortführung beim Ausscheiden von Gesellschaftern

aa) Zivilrechtliche Grundlagen

92 Das Namensrecht, zivilrechtlich verankert in § 12 BGB, ist Ausfluss des allgemeinen Persönlichkeitsrechts einer natürlichen Person. Es ist **nicht übertragbar**[3], jedoch kann der Namensträger einem anderen die Verwendung seines Namens gestatten. Dies geschieht häufig stillschweigend, indem sich beispielsweise die Sozien A, B und C darauf verständigen, ihrer Gesellschaft künftig die Bezeichnung „A, B & Coll." beizulegen. Diese Vereinbarung enthält einen Gestattungsvertrag, in dem die Partner A und B ihr Einverständnis mit der Nutzung ihrer bürgerlichen Namen im Rahmen der Sozietätsbezeichnung erklären. Da das Namensrecht bei ihnen verbleibt, ist es den so genannten Namenspartnern jedoch grundsätzlich unbenommen, jederzeit ihr Einverständnis zu widerrufen und die Sozietät so zum Namenswechsel zu zwingen.

93 Ein solcher Widerruf der Gestattung einer weiteren Namensverwendung ist für die Sozietät mit erheblichen Nachteilen belastet. Der „**good will**", also der gute Ruf, den die Gesellschaft im Verkehr genießt, weist eine untrennbare Verbindung mit ihrem Namen auf. Die „Corporate Identity", also die unverwechselbare Identität der Kanzlei als Unternehmen, gründet sich ebenfalls wesentlich auf die Beständigkeit der Bezeichnung, die sich die Sozietät selbst verliehen hat. Der Mandant schließlich setzt sein Vertrauen in die tätigen Sozien und erwartet eine gewisse Stabilität und Kontinuität nicht zuletzt in personeller Hinsicht. Nach außen hin sichtbarer Ausdruck ist der zum Teil schon traditionsreiche Name der Sozietät. Insgesamt betrachtet, macht somit der fortdauernde Name einen ganz erheblichen Anteil des wirtschaftlichen Wertes der Kanzlei aus.

94 Vor diesem Hintergrund wird es leicht verständlich, dass sich die Partner gegen unerwünschte Veränderungen im Sozietätsnamen abzusichern versuchen, indem sie in den Gesellschaftsvertrag ausdrücklich **Gestattungsklauseln** aufnehmen. Diese Vertragsbestimmungen sollen die Befugnis zur Fortführung des Namens über das Ausscheiden eines Partners hinaus festschreiben. Eine solche Klausel in dem Sozietätsvertrag kann beispielsweise

1 Vgl. Hefermehl/Köhler/*Bornkamm*, § 5 Rz. 5.146a.
2 Näher BGH GRUR 1992, 525; Hefermehl/Köhler/*Bornkamm*, § 5 Rz. 5.140.
3 BGHZ 119, 240.

wie folgt lauten: „Der Sozius zu 1) gibt sein Einverständnis zur Weiterführung seines Namens in der Sozietätsbezeichnung auch nach seinem Ausscheiden". Anzutreffen sind zum Teil solche Vertragsgestaltungen, die nach dem Grund des Ausscheidens differenzieren, z.B. Tod des Ausscheidenden oder Kündigung des Gesellschaftsvertrages.

95 **Zivilrechtlich** ist gegen eine Gestattung der Namensfortführung über das Ausscheiden und über den Tod hinaus grundsätzlich nichts einzuwenden. Falls den verbleibenden Sozien eine solche Befugnis noch nicht im Sozietätsvertrag verliehen wurde, ist auch noch nachträglich problemlos die **Erlaubnis durch den Namensträger oder seine Erben** möglich. Soweit allerdings der Namenspartner die Sozietät aus wichtigem Grunde kündigt, wird diese Kündigung im Einzelfall ebenfalls die Gestattungsklausel erfassen, wenn es dem Ausgeschiedenen nicht zugemutet werden kann, die weitere Verwendung seines Namens durch die verbliebenen Gesellschafter zu dulden. In Betracht kommt zudem eine sittenwidrige Einengung der wirtschaftlichen Bewegungsfreiheit, die zu einer Nichtigkeit der Vertragsbestimmung nach § 138 Abs. 1 BGB führen würde. Der BGH neigt zu einer immer strengeren Betrachtung von Wettbewerbsklauseln in Sozietätsverträgen, die eine angemessene Berufstätigkeit nach dem Ausscheiden aus einer Gesellschaft zum Teil erheblich erschweren oder gar ausschließen[1]. Die lebenslange Bindung des eigenen Namens an eine nach dem Ausscheiden fremde Sozietät kann im Einzelfall eine für den ehemaligen Partner im Ergebnis vergleichbare Auswirkung haben. Dies gilt insbesondere dann, wenn eine Ausschließlichkeit vereinbart ist, der ausgeschiedene Partner seinen Namen also nicht mehr anderweitig zur Verwendung in einem Sozietätsnamen zur Verfügung stellen darf.

bb) Vorgaben des Berufsrechts

96 In § 71 der überholten Standesrichtlinien war bestimmt, dass der Name eines ausgeschiedenen Sozius bis zu fünf Jahre nach seinem Ausscheiden weitergeführt werden durfte, sofern der Rechtsanwalt verstorben oder in den Ruhestand getreten war. Bei einem Ausscheiden aus anderen Gründen gab es überhaupt keine Fortführungsmöglichkeit, insbesondere also bei einer Praxisaufgabe durch Verkauf[2]. Für eine solche **zeitliche Begrenzung** der Namensfortführung gab es indes keine inhaltliche Rechtfertigung. Wie willkürlich die Beschränkung war, ergibt sich schon aus einem Vergleich der Zeiträume, nach deren Ablauf der damals herrschenden Meinung zufolge die Namensfortführung bei den wirtschafts- und rechtsberatenden Berufen in eine angeblich verbotene Werbung übergehen sollte: Bei Rechtsanwälten nach fünf Jahren, bei Steuerberatern nach zwölf Monaten und bei Wirtschaftsprüfern sogar schon nach sechs Monaten[3]. Die zeitliche Limitierung widersprach sowohl den vitalen Interessen der die Kanzlei fortführenden Sozietät als auch

1 BGH WiB 1997, 1028 m. Anm. *Römermann.*

2 Vgl. *Lingenberg/Hummel/Zuck/Eich*, Kommentar zu den Grundsätzen des anwaltlichen Standesrechts, 2. Aufl. 1988, § 28 Rz. 34.

3 *Köhler/Hilke*, in: Hilke, Dienstleistungsmarketing, 1989, S. 79, 86.

den – eher sentimentalen – Interessen des Gründers, mit dessen Namen die von ihm aufgebaute Kanzlei nach seinem Wunsch auch später noch identifiziert werden sollte[1]. Bereits frühzeitig hatte sich daher die allgemeine Überzeugung herausgebildet, dass dieses standesrechtliche Verbot unbeachtlich sein müsse. *Oppenhoff* bezeichnete es im Jahre 1967 als „völlig überholt"[2]. Nach dem Wegfall der Standesrichtlinien durch die Beschlüsse des Bundesverfassungsgerichts vom 14. 7. 1987[3] sind die früheren Vorschriften sofort vollständig bedeutungslos geworden[4].

Die anwaltliche **Berufsordnung** enthält keine zeitliche Begrenzung mehr. 97
§ 10 Abs. 4 BORA enthält folgende Regelung: „Ausgeschiedene Kanzleiinhaber, Gesellschafter, Angestellte oder freie Mitarbeiter können auf den Briefbögen nur weitergeführt werden, wenn ihr Ausscheiden kenntlich gemacht wird". Der BGH hat daraus die Schlussfolgerung gezogen, „dass der Name eines ausgeschiedenen Sozius, der in der Kurzbezeichnung weitergeführt wird, auf dem Briefbogen aufgeführt werden muss, wobei sein Ausscheiden kenntlich zu machen ist (§ 10 Abs. 1 Satz 2 und Abs. 4)"[5]. Diese Auffassung beruht auf einem Missverständnis des § 10 Abs. 4 BORA. Systematisch ist zu unterscheiden: Ohne weiteres erlaubt (und bis 1. 11. 2004 in § 9 Abs. 2 BORA explizit geregelt) war schon immer die Namensfortführung in einer Kurzbezeichnung. § 10 Abs. 4 BORA regelt demgegenüber die Weiterführung auf den Briefbögen im Übrigen, d.h. vor allem in einer Randspalte[6].

Beides ist sorgfältig zu trennen, denn es gibt insgesamt **drei zulässige Alternativen**: 98

- Fortführung in der Kurzbezeichnung ohne Randspalte;
- Fortführung in der Randspalte ohne Berücksichtigung in der Kurzbezeichnung;
- Fortführung sowohl in der Kurzbezeichnung als auch in der Randspalte.

In der Kurzbezeichnung muss das Ausscheiden nicht gekennzeichnet werden, so dass der Rechtsverkehr nur bei deren Betrachtung nicht wissen kann, ob der darin genannte Rechtsanwalt noch aktiv ist oder nicht. Um nicht die Gefahr einer Irreführung zu schaffen, muss die Sozietät dies in der Randspalte deutlich machen; dafür hat sie zwei Möglichkeiten. Entweder erscheint dort der Name des ausgeschiedenen Anwalts überhaupt nicht oder aber er wird dort erwähnt. Dies ist der in § 10 Abs. 4 BORA geregelte Fall. Dann bedarf es eines Zusatzes, der deutlich macht, dass der Rechtsanwalt (entgegen dem zunächst erweckten Anschein) nicht mehr berufstätig ist.

---

1 Vgl. *Gleiss*, Soll ich Rechtsanwalt werden?, 3. Aufl. 1992, S. 123.
2 *Oppenhoff*, AnwBl. 1967, 267, 275.
3 BVerfG NJW 1988, 191 und 194; dazu *Michalski*, EWiR 1987, 1203 und 1205.
4 *Zuck*, in: Lingenberg/Hummel/Zuck/Eich, Rz. N 148.
5 BGH, Urt. v. 17. 4. 1997 – I ZR 219/94, GRUR 1997, 925 = NZG 1998, 144 m. Bespr. *Römermann* auf S. 121, II 5c der Urteilsgründe.
6 Hartung/Römermann/*Römermann*, § 10 Rz. 72ff.; *Feuerich/Weyland*, § 10 BORA Rz. 9.

cc) Fallgruppen

(1) Praxisverkauf

99 Die bisherigen Sozien bzw. der Kanzleiinhaber können die Praxis verkaufen[1] und der bzw. die **Erwerber** können unter dem Namen der Sozietät weiterhin firmieren. Bei nur einem fortführenden Rechtsanwalt darf allerdings nicht der Eindruck erweckt werden, als wären noch mehrere Anwälte tätig. Wenn also Rechtsanwalt A die Kanzlei der Rechtsanwälte B und C weiterführt, darf er diese Bezeichnung nicht beibehalten, da sie auf mehrere tätige Kollegen hindeutet. Möglich wäre hingegen „Anwaltskanzlei B" oder „Anwaltskanzlei C". Das Verbot der Kurzbezeichnung mit mehreren Namen aufgrund der Gefahr der Irreführung nach § 5 UWG ändert schließlich auch nichts daran, dass in der Randspalte der Name des früheren Inhabers erscheinen darf.

(2) Änderungen im Gesellschafterbestand

100 **Ausgeschiedene Sozien** können im Namen fortgeführt werden. Auch hier gilt das Irreführungsverbot des § 5 UWG: Falls aus einer Sozietät mit zwei Anwälten unter der Bezeichnung „A & Partner GbR" der Partner ausscheidet, müssen der Partnerzusatz und der Rechtsformzusatz entfallen. Die Sozietät endet und wird durch eine Einzelkanzlei fortgeführt.

101 Der **Eintritt neuer Gesellschafter** löst keine besonderen Rechtsfolgen aus, da die Kanzlei nicht gezwungen ist, die Namen sämtlicher Partner in die Kurzbezeichnung aufzunehmen. Eine etwaige Kurzbezeichnung nur mit den Namen der Ursprungsgesellschafter kann daher selbstverständlich weitergeführt werden.

(3) Tod eines Rechtsanwalts

102 Es ergeben sich gegenüber den bereits genannten Fallgruppen keine Abweichungen, da es berufsrechtlich nicht (mehr) darauf ankommt, ob ein Rechtsanwalt durch Tod oder aus anderen Gründen, wie durch Rechtsgeschäft unter Lebenden, ausgeschieden ist.

(4) Umwandlung

103 Die Befugnis zur Namensfortführung gilt auch bei der Umwandlung der Gesellschaftsform grundsätzlich fort. Das BayObLG hat in einer Entscheidung[2], die eine Umwandlung von einer BGB-Gesellschaft in eine Partnerschaft betraf, klargestellt, dass sich eine namensrechtliche Gestattungsklausel im Zweifel auf die Unternehmensfortführung in einer anderen Rechtsform erstreckt. Soweit die Identität der Sozietät gewahrt bleibt, bestünde kein

1 Hierzu *Michalski/Römermann*, NJW 1996, 1305 ff.; Hartung/Römermann/*Römermann*, Anh. § 27 – Praxisverkauf.

2 BayObLG, Beschl. v. 26. 11. 1997 – 3 Z BR 279/97, NZG 1998, 148 m. Bespr. *Römermann* auf S. 121, 122 f.

Grund dafür, nochmals eine (weitere) ausdrückliche Erlaubnis der weiteren Verwendung des Namens zu verlangen. Das ursprüngliche Einverständnis wird beispielsweise durch die Umwandlung der BGB-Gesellschaft in einer Partnerschaft nicht berührt. Falls der Namensgeber die Verwendung seines Namens auf die Rechtsform der BGB-Gesellschaft beschränken will, muss er dies ausdrücklich in die Vereinbarung aufnehmen lassen.

(5) Umgestaltung der Sozietätsbezeichnung

Von einer unveränderten Fortführung des Sozietätsnamens ist der Fall zu unterscheiden, dass die bisherige Bezeichnung unter Beibehaltung des bürgerlichen Namens des ausgeschiedenen Gesellschafters umgestaltet werden soll. Beispielsweise hatte der Sozius A bei seinem Ausscheiden die Erlaubnis zur Fortführung des Sozietätsnamens „A und Partner" erteilt. Einige Jahre später wollen die nunmehrigen Sozien die Gesellschaft in „A, B & Coll." umbenennen. Hier ist es eine Frage der Auslegung der Gestattungsklausel, ob die Neubildung der Sozietätsbezeichnung noch von der Erlaubnis umfasst wird. Dies wird im Zweifel zu verneinen sein, da der ausscheidende Sozius die Gestattung (nur) im Hinblick auf eine bestimmte Namensgestaltung erteilt hat[1]. 104

(6) Strohmann als Namensgeber

Zum Teil wird das Recht zur Namensfortführung abgelehnt, wenn der Rechtsanwalt nur für eine „unangemessen kurze Zeit" bzw. nur zu dem Zweck Sozius war, um „der Sozietät den Namen zur Verfügung zu stellen"[2]. Diese Auffassung ist allerdings mit der ganz erheblichen Schwierigkeit behaftet, im Einzelfall einen derartigen Verstoß nachzuweisen[3]. Richtigerweise wird man ein Verbot nur bei einem offensichtlichen Missbrauch annehmen dürfen, wobei im Falle eines sehr kurzfristigen Ausscheidens nach dem Eintritt auch stets zu prüfen bleibt, ob dies bereits bei dem Eintritt so vorgesehen war[4]. 105

(7) Anderweitige Berufstätigkeit des Namenspartners

Wenn der Sozietätsvertrag keine Wettbewerbsklausel enthält, ist ein ausgeschiedener Partner grundsätzlich nicht daran gehindert, anderweitig in einer eigenen Einzelkanzlei oder im Rahmen eines neuen beruflichen Zusammenschlusses als Rechtsanwalt tätig zu werden. Nach **§ 32 Abs. 1 BORA** darf er am bisherigen Kanzleisitz noch ein Jahr lang einen Hinweis auf seinen Umzug anbringen. Die verbleibenden Sozien müssen während dieser Zeit auf Anfrage die neue Kanzleiadresse, Telefon- und Faxnummern des ausgeschiedenen Partners bekanntgeben. 106

---

1 Zweifelnd BayObLG, NZG 1998, 148.
2 So *von Falkenhausen*, AnwBl. 1994, 513.
3 Vgl. im Zusammenhang mit der Partnerschaft *Knoll/Schüppen*, DStR 1995, 608, 611; *Michalski/Römermann*, PartGG, § 2 Rz. 50.
4 Vgl. *Kunz*, in: Sozietätsrecht, § 2 Rz. 18.

107 Wenn die ursprüngliche Sozietät aufgrund fortwirkender Gestattung befugt ist, den Namen des Ausgeschiedenen weiterhin in der Sozietätsbezeichnung zu führen, tritt die Situation ein, dass **derselbe Name** sowohl in der Bezeichnung der alten als auch der neuen Anwaltsgesellschaft erscheint. Dieses doppelte Auftreten im Verkehr birgt die Gefahr von Missverständnissen durch das rechtsuchende Publikum. In der Satzungsversammlung der Rechtsanwälte war dieses Problem gesehen und beantragt worden, in der Berufsordnung „klarzustellen, dass die Namen früherer Gesellschafter, freier Mitarbeiter oder Angestellter nur mit deren Einwilligung in der Kurzbezeichnung weitergeführt werden dürfen"[1]. „Der ausscheidende Anwalt müsse die Möglichkeit haben, nach dem Ausscheiden aus seiner Sozietät seinen eigenen Namen weiterzuführen. Es sei irreführend, wenn sein Name in einer Kurzbezeichnung der früheren Sozietät und dann noch auf seinem Einzelanwaltsbogen auftauche."[2] In der abschließenden Abstimmung wurde dieser Antrag jedoch von der Mehrheit der Mitglieder der Satzungsversammlung abgelehnt. Berufsrechtlich ist daher gegen die „doppelte Namensführung" grundsätzlich nichts einzuwenden.

108 Wettbewerbsrechtliche Bedenken bestehen gegen diese Handhabung im Hinblick auf die mögliche Irreführung des Verkehrs, § 5 UWG. Allerdings ist hier zu berücksichtigen, dass eine Kurzbezeichnung nichts darüber aussagt, ob die darin genannten Rechtsanwälte noch sämtlich aktiv ihren Beruf im Rahmen der Sozietät ausüben. Diese Neutralität der Sozietätsbezeichnung ergibt sich aus der Befugnis zur unveränderten Namensfortführung, wie sie bis zum 1. 1. 2004 explizit in § 9 Abs. 2 BORA a.F. geregelt war. In der Namenszeile, z.B. einer Randspalte, muss hingegen das Ausscheiden früherer Gesellschafter, soweit sie dort überhaupt noch genannt werden, gemäß § 10 Abs. 4 BORA kenntlich gemacht werden, damit beim Publikum nicht der unzutreffende Eindruck erweckt wird, dass der betroffene Anwalt seinen Beruf noch im Rahmen der Sozietät ausübt. Diese berufsrechtlich gebotene **Klarstellung** führt im Wettbewerbsrecht zur Vermeidung einer möglichen Irreführung des Rechtsverkehrs. Als kennzeichnende Zusätze haben sich in der Praxis zwei Varianten herausgebildet: Ein Kreuz hinter dem Namen eines verstorbenen Partners oder ein Klammerzusatz, der auf die Dauer der Tätigkeit hinweist, z.B. „(bis 1992)". Von der Verwendung anderer, weniger gebräuchlicher Zusätze, wie insbesondere „i. R." oder „a. D.", hat die Hauptversammlung der Bundesrechtsanwaltskammer im Jahre 1978 abgeraten, da sie missverständlich seien[3].

109 In einer Entscheidung[4] hat der BGH die bisherige Sozietät, die den ausgeschiedenen Namenspartner sowohl in der Sozietätsbezeichnung als auch in der Randspalte weitergeführt hatte, für verpflichtet gehalten, auf den Briefbögen darauf hinzuweisen, dass dieser ehemalige Sozius inzwischen an-

1 SV-Prot. 5, 7f. und SV-Mat. 51/96.
2 SV-Prot. 5, 8.
3 Dazu *Lingenberg/Hummel/Zuck/Eich*, § 71 Rz. 15.
4 BGH, Urt. v. 17. 4. 1997 – I ZR 219/94, NZG 1998, 144 m. abl. Anm. *Römermann* auf S. 121 = EWiR § 43a BRAO 1/98, 115 (*Kleine-Cosack*) = GRUR 1997, 925.

derweitig seinen Beruf ausübte. Der Verkehr verstehe nämlich den Hinweis auf ein Ausscheiden des ehemaligen Partners sonst in der Weise, dass dieser entweder verstorben sei oder sich endgültig und vollständig aus dem Berufsleben zurückgezogen habe. Diese Überlegungen überzeugen nicht, zumal sie ein Verständnis des Publikums unterstellen, das es so nicht gibt. Auch juristischen Laien ist bekannt, dass es in Anwaltssozietäten zu einer Fluktuation kommen kann. Entscheidend ist nur, dass das Ausscheiden des betroffenen Partners deutlich gemacht wird. Weitergehende Hinweise sind zur Verhinderung von Irreführungen nicht erforderlich und der Sozietät im Übrigen auch nicht zumutbar.

c) Namensgestaltungen in der Praxis

Eine Kurzbezeichnung im Sinne des § 9 BORA ist eine andere, kürzere Firmierung als die vor allem früher übliche bloße Aneinanderreihung der Namen der in der Kanzlei tätigen Rechtsanwälte. Die frühere Gepflogenheit hatte sich vor allem bei größeren Zusammenschlüssen als unpraktisch erwiesen. Abgesehen davon empfiehlt es sich auch aus Marketinggesichtspunkten, eine kurze und einprägsame Kanzleibezeichnung zu wählen, wobei allerdings nicht zu verkennen ist, dass sich dies aufgrund persönlicher Eitelkeiten der beteiligten Anwälte nicht immer einfach realisieren lässt (zu Marketinggesichtspunkten näher unten *Koch*, Rz. 286ff.).[1] 110

Zwei grundlegende Varianten für zulässige Kurzbezeichnungen sind zu unterscheiden: 111

- Die Nennung eines oder mehrerer Anwälte bzw. sozietätsfähiger Personen.
- Wie vor, aber mit einem auf die gemeinschaftliche Berufsausübung hindeutenden Zusatz.

Die Variante, nur den Namen eines oder mehrerer Rechtsanwälte ohne jeden Zusatz zu verwenden, hatte in Deutschland bis Ende der 1990er Jahre wenig Verbreitung gefunden, ist inzwischen aber vermehrt anzutreffen. Das Publikum geht bei der Bezeichnung „A & B – Rechtsanwälte" grundsätzlich von einer Kanzlei von zwei Anwälten aus. Es sind allerdings zunehmend Fälle anzutreffen, bei denen diese ursprüngliche Kurzbezeichnung trotz einer gewachsenen Zahl mitarbeitender Berufsträger beibehalten wird. Dieser Trend wird durch die Monopolisierung des Partnerzusatzes durch die §§ 2, 11 PartGG für eingetragene Partnerschaftsgesellschaften forciert. Danach kann der bislang verbreitete Zusatz „& Partner" bei neu zu gründenden Sozietäten gar nicht mehr und bei unter Bestandsschutz stehenden älteren Kanzleien nur noch unter Hinzufügung einer Rechtsformbezeichnung beibehalten werden. Nachdem dieser Zusatz so für viele Sozietäten unmöglich geworden ist oder an Interesse verloren hat, sind Kanzleien dazu übergegangen, auf einen Zusatz gänzlich zu verzichten. Die früher allgemein üblichen Zusätze verlieren auf diese Weise an Aussagekraft. 112

1 Vgl. *Feuerich/Weyland*, § 9 BORA Rz. 4.

113 Zum Teil findet sich eine widersprüchlich anmutende Kurzbezeichnung, in der nur der **Name eines Rechtsanwalts** mit der Angabe „Rechtsanwälte" oder „Anwaltssozietät" versehen wird. Dies kann, muss aber nicht zwangsläufig Ausdruck der Dominanz dieses einzigen Namenspartners sein[1]. Den Hintergrund bilden in jüngerer Zeit vor allem Bestrebungen, aus dem Namen eine Marke werden zu lassen, die nicht mehr für die ursprünglich damit bezeichnete natürliche Person steht, sondern für die Qualität der von der Sozietät insgesamt angebotenen Dienstleistung.

114 Soweit der **auf weitere Rechtsanwälte hinweisende Zusatz** beibehalten wird, findet für BGB-Gesellschaften die Bezeichnung „und Kollegen" bzw. „& Coll." zunehmend Verbreitung. Altertümlich anmutende Zusätze wie „et Coll.", „et Soc." usw. bilden die Ausnahme[2]. Zuweilen anzutreffen ist die Bezeichnung „und Sozien", die aber problematisch ist, falls die auf dem Briefbogen genannten Anwälte nicht sämtlich Sozien sind, sondern zumindest einige freie Mitarbeiter oder Angestellte. Indes sollte man schon aufgrund der bestehenden Unsicherheiten über die Definition des Sozienstatus hier eine großzügige Betrachtung vornehmen und den Zusatz für zulässig erklären, zumal die exakte interne Stellung des Rechtsanwalts für das Publikum nicht relevant ist.

5. Interne Organisation

a) Die gesetzliche Regelung

aa) Grundsatz der Selbstorganschaft

115 Die gesetzliche Regelung der Geschäftsführung bei einer Gesellschaft bürgerlichen Rechts ist kursorisch und erfasst nur die vom Gesetzgeber als typisch angesehenen Situationen[3]. Die Geschäftsführung wird als Ausfluss der Gesellschafterstellung verstanden und ist daher notwendig den Sozien vorbehalten (Grundsatz der Selbstorganschaft). Dies bildet einen wesentlichen Unterschied insbesondere zum Recht der Kapitalgesellschaften. Allerdings ist es nicht ausgeschlossen, Dritten im Rahmen eines Anstellungs- oder Auftragsverhältnisses Geschäftsführungsaufgaben zu übertragen. Dies kann bis zur Übertragung praktisch sämtlicher in der BGB-Gesellschaft anfallender Aufgaben aufgrund einer Generalvollmacht reichen[4]. Auch eine derart weitgehende Bevollmächtigung räumt dem Dritten jedoch keine Befugnis kraft eigener Rechte ein, sondern nur eine abgeleitete Kompetenz, die ihm jederzeit ohne sein Zutun wieder entzogen werden kann[5]. Der Dritte erlangt nämlich keine Geschäftsführerstellung im Sinne der §§ 709 ff. BGB, die rein ge-

1 Näher zu Lesarten von Kurzbezeichnungen und Gestaltungen von Briefbögen *Heussen*, Umgang mit Anwälten, 1995, S. 78 ff.

2 Vgl. die Vorschläge von *Gleiss*, Soll ich Rechtsanwalt werden?, 3. Aufl. 1992, S. 122.

3 Näher MünchKommBGB/*Ulmer/Schäfer*, § 709 Rz. 1 ff.; MünchHdb. GesR I/*von Ditfurth*, § 7 Rz. 1 ff.

4 BGH WM 1994, 237, 238.

5 BGHZ 36, 292, 294 = NJW 1962, 738.

sellschaftsrechtlicher Natur ist und daher nur im Innenverhältnis zwischen den Sozien Anwendung findet. Die Befugnis des Dritten gründet sich vielmehr ausschließlich auf seinen Anstellungsvertrag und die dort festgelegten Rechte und Pflichten[1].

bb) Begriff der Geschäftsführung

Der Begriff der Geschäftsführung ist im Gesetz nicht definiert. In der gesell- 116
schaftsrechtlichen Literatur wird sie verstanden als „jede zur Förderung des Gesellschaftszwecks bestimmte, für die Gesamthand wahrgenommene Tätigkeit, mit Ausnahme solcher Maßnahmen, die die Grundlagen der Gesellschaft betreffen"[2]. Unerheblich ist hierbei der tatsächliche oder rechtsgeschäftliche Charakter der Handlung, wobei unter einer rein tatsächlichen Maßnahme etwa die Buchführung und die Personalplanung verstanden werden. Ohne Relevanz ist auch die Frage, ob es sich um eine Handlung handelt, die sich auf das Innenverhältnis beschränkt, oder ob ihr eine Außenwirkung zukommt, z.B. durch den Abschluss eines Rechtsgeschäfts mit Dritten. Von der Geschäftsführung abzugrenzen sind die so genannten Grundlagengeschäfte. Sie betreffen die Grundlagen der Gesellschaft, also insbesondere deren Zusammensetzung und Organisation. Hierzu gehören eine Änderung des Gesellschaftszwecks und die Aufnahme neuer Gesellschafter[3]. Bei einer Anwaltssozietät werden diese Grundlagen etwa berührt, wenn ein Steuerberater aufgenommen und das Tätigkeitsfeld auf die Steuerberatung erweitert wird. Soweit die Gesamtheit der Gesellschafter über eine solche Frage Beschluss gefasst hat, fällt die Ausführung der zur Umsetzung der Entscheidung erforderlichen Maßnahmen grundsätzlich wieder in den Zuständigkeitsbereich der Geschäftsführung.

cc) Vertretung als Teil der Geschäftsführung

Die Vertretung der Sozietät nach außen ist nach zutreffendem Verständnis 117
keine von der Geschäftsführung zu unterscheidende Tätigkeit, sondern sie bildet einen wesentlichen Teilbereich der Geschäftsführung mit dem rechtsgeschäftlichen Außenhandeln der Geschäftsführer[4]. Die Geschäftsführungsbefugnis (das „rechtliche Dürfen") und die Vertretungsmacht (das „rechtliche Können") decken sich nach der gesetzlichen Regelung im Zweifel, § 714 BGB[5]. Der Sozietätsvertrag kann jedoch Abweichungen festlegen.

dd) Grundsatz der Gesamtgeschäftsführung

§ 709 Abs. 1 BGB sieht den Grundsatz der Gesamtgeschäftsführung vor. Für 118
jede Geschäftsführungsmaßnahme bedarf es hierfür der **Einstimmigkeit** aller

---

1 Vgl. *Peres*, in: Sozietätsrecht, § 6 Rz. 4.
2 MünchKommBGB/*Ulmer/Schäfer*, § 709 Rz. 7; ähnlich Soergel/*Hadding*, § 709 Rz. 9; MünchHdb. GesR I/*von Ditfurth*, § 7 Rz. 3.
3 Vgl. *Terlau*, in: Lenz/Imping/Schlößer, Kooperationsformen, Fach D Kap. 3 Rz. 38.
4 MünchKommBGB/*Ulmer/Schäfer*, § 709 Rz. 9.
5 Vgl. *Peres*, in: Sozietätsrecht, § 6 Rz. 91ff.

Gesellschafter, d.h. des gemeinschaftlichen Handelns oder zumindest der Zustimmung sämtlicher Gesellschafter mit der durch einen von ihnen getroffenen Maßnahme. Wenn nur ein Sozius seine Mitwirkung versagt, also widerspricht oder sich der Stimme enthält, muss das Geschäft unterbleiben. Dies gilt sogar bei dringenden Maßnahmen mit Ausnahme der Notgeschäftsführung entsprechend § 744 Abs. 2 BGB[1]. In besonders gelagerten Ausnahmefällen kann ein Sozius allerdings unter dem Gesichtspunkt der gesellschaftsrechtlichen Treuepflicht gehalten sein, für eine bestimmte Handlung zu stimmen. Soweit ein Gesellschafter seine Zustimmung versagt, muss er dies regelmäßig begründen, um den Eindruck zu vermeiden, die Verweigerung erfolge aus sachfremden Motiven bzw. treuwidrig[2].

119 Der Sozietätsvertrag kann abweichend von dem Einstimmigkeitsprinzip des § 709 Abs. 1 BGB vorsehen, dass Beschlüsse hinsichtlich der Geschäftsführung **mehrheitlich** gefasst werden können. Die Mehrheit wird dann im Zweifel gemäß § 709 Abs. 2 BGB nach Köpfen berechnet. Sozietätsverträge zwischen Rechtsanwälten legen häufig abweichende Stimmenverhältnisse fest, die beispielsweise auf die Höhe der Einlagen oder der Kapitalanteile abstellen. Die mit der Gesellschafterversammlung und der Beschlussfassung zusammenhängenden Fragen sind im BGB nicht explizit geregelt, so dass zum Teil vereins- und GmbH-rechtliche Vorschriften analog angewandt werden[3]. Aus der Mitgliedschaft in der Sozietät folgt ein Stimmrecht, das nicht auf andere Personen übertragen werden kann. Möglich ist allerdings die Stimmabgabe durch einen Bevollmächtigten, sofern dies im Sozietätsvertrag vorgesehen ist oder alle Gesellschafter mit dieser Vorgehensweise konform gehen. Im Falle einer Interessenkollision ist der betroffene Sozius vom Stimmrecht ausgeschlossen; dies gilt beispielsweise bei der Entlastung des Gesellschafters, bei seiner Befreiung von einer Verbindlichkeit oder bei der Einleitung eines Rechtsstreits gegen ihn[4].

120 Die **Art der Stimmabgabe** unterliegt keinen besonderen Voraussetzungen. Es bedarf auch grundsätzlich keiner förmlichen Einberufung einer Gesellschafterversammlung. Der Gesellschaftsvertrag kann etwas anders vorsehen, insbesondere Ladungsfristen. Die Beschlussfassung erfolgt durch Abgabe entsprechender Willenserklärungen[5]. Die Anfechtung wegen Irrtums oder Täuschung ist grundsätzlich möglich, jedoch sind die Grundsätze der fehlerhaften Gesellschaft zu beachten[6].

---

1 MünchHdb. GesR I/*von Ditfurth*, § 7 Rz. 74.
2 BGH NJW 1972, 862, 863; näher MünchHdb. GesR I/*von Ditfurth*, § 7 Rz. 30; Schlegelberger/*Martens*, HGB, § 115 Rz. 11.
3 Näher MünchKommBGB/*Ulmer/Schäfer*, § 709 Rz. 50ff.
4 Näher *Peres*, in: Sozietätsrecht, § 6 Rz. 157ff.
5 BGHZ 65, 93, 96f. = NJW 1976, 49.
6 MünchKommBGB/*Ulmer/Schäfer*, § 709 Rz. 74.

ee) Einzelgeschäftsführung

Abweichend vom gesetzlichen Regelfall kann im Sozietätsvertrag die Einzelgeschäftsführung durch alle oder mehrere Gesellschafter vereinbart werden. § 711 BGB entspricht insoweit der Grundregel des § 115 Abs. 1 HGB für die OHG und KG. Bei dieser Ausgestaltung ist jeder Sozius berechtigt, der Vornahme eines Geschäfts durch den anderen zu widersprechen mit der Folge, dass dieses Geschäft zu unterbleiben hat[1]. Der **Widerspruch** ist selbst eine Maßnahme der Geschäftsführung. Um eine praktische Bedeutung zu erlangen, setzt das Widerspruchsrecht voraus, dass der handelnde Gesellschafter seine Sozien in den einschlägigen Fällen rechtzeitig vor Durchführung der Maßnahme unterrichtet. Hier stellen sich praktische Abgrenzungsfragen im Hinblick auf die Fallgestaltungen, in denen eine solche Informationspflicht entsteht. *Ulmer* beschreibt sie allgemein als die Fälle, „in denen wegen der grundsätzlichen Bedeutung oder außergewöhnlichen Natur des betreffenden Geschäfts oder wegen des dem Handelnden bekannten Vorhandenseins unterschiedlicher Auffassungen in der Geschäftsführung über die Zweckmäßigkeit damit zu rechnen ist, dass Mitgeschäftsführer von ihrem Widerspruchsrecht nach § 711 Gebrauch machen wollen"[2]. 121

Der Widerspruch ist eine **empfangsbedürftige Willenserklärung** und setzt daher zu seiner Wirksamkeit den Zugang bei dem handelnden Gesellschafter voraus. Eine besondere Form schreibt das Gesetz nicht vor. Geht der Widerspruch rechtzeitig vor Ausführung des Geschäfts ein, so hat es zu unterbleiben. Aus dem allgemeinen gesellschaftsrechtlichen Treueverhältnis folgt allerdings, dass ein willkürlicher oder pflichtwidriger Widerspruch unbeachtlich ist[3]. Falls der Widerspruch deswegen verspätet ist, weil der handelnde Sozius die übrigen Gesellschafter pflichtwidrig nicht vor der Vornahme des Geschäfts informiert hat, können diese nach § 249 BGB Rückgängigmachung des Geschäfts verlangen und geeignete Maßnahmen hierfür ergreifen[4]. 122

ff) Übertragung der Geschäftsführung

Neben der Gesamtgeschäftsführung nach § 709 BGB und der Einzelgeschäftsführung nach § 711 BGB regelt das Gesetz als weiteren Grundtypus der Geschäftsführung in § 710 BGB die Übertragung der Geschäftsführung auf einen oder mehrere Gesellschafter. Sie kann dadurch erreicht werden, dass der Sozietätsvertrag entweder – positiv – bestimmten Sozien die Geschäftsführung zuweist oder – negativ – die übrigen Gesellschafter hiervon ausschließt. Die Übertragung kann in gegenständlicher (bestimmte Geschäftsführungsbereiche, z.B. EDV, Personal) oder qualitativer Hinsicht (gewöhnliche Geschäfte) auf **Teilbereiche** beschränkt werden; im Übrigen bleibt es dann bei der Gesamtgeschäftsführung aller Gesellschafter nach § 709 Abs. 1 BGB. 123

---

1 *Peres*, in: Sozietätsrecht, § 6 Rz. 28f.
2 MünchKommBGB/*Ulmer*/*Schäfer*, § 711 Rz. 3 m.w.N.
3 RGZ 109, 54, 59; 158, 302, 310; Soergel/*Hadding*, § 711 Rz. 7.
4 MünchKommBGB/*Ulmer*/*Schäfer*, § 711 Rz. 3.

124 Die Übertragung von Geschäftsführungsbefugnissen im Sinne des § 710 BGB ist weder mit einer Bestellung zum Mitglied des Geschäftsführungsorgans, wie bei Kapitalgesellschaften, noch mit einer rechtsgeschäftlichen Beauftragung gleichzusetzen[1]. Sie führt nur zu einer **Konzentration der Geschäftsführung** auf einen Teil der Gesellschafter, während die übrigen Sozien von der Geschäftsführung ausgeschlossen sind und insoweit auch kein Widerspruchsrecht haben. Deren allgemeine Mitgliedschaftsrechte, wie insbesondere das Stimmrecht, das Kontrollrecht (§ 716 BGB) und das Recht auf Rechnungslegung (§ 721 BGB), bleiben unberührt[2].

b) Möglichkeiten der Vertragsgestaltung

125 Die gesetzlichen Bestimmungen über die BGB-Gesellschaft sind insbesondere hinsichtlich ihrer internen Verfassung weitgehend abdingbar. Die ganz überwiegende Zahl der Anwaltssozietäten macht von den hierdurch eröffneten Möglichkeiten der Vertragsgestaltung regen Gebrauch[3].

aa) Vorgaben des Berufsrechts hinsichtlich der anwaltlichen Geschäftsführung

126 Der freiberufliche und unabhängige Charakter des Anwaltsberufs bringt es mit sich, dass **kein Sozius von der eigenen Berufsausübung ausgeschlossen** oder über die interne Geschäftsverteilung oder Zuständigkeitsverteilung hinaus beschränkt werden darf[4]. Diese Vorgabe schränkt die Gestaltungsmöglichkeiten im Sozietätsvertrag hinsichtlich der Geschäftsführungsbefugnis ein, falls die anwaltliche Berufsausübung als Teil der Geschäftsführung verstanden werden muss.

127 Die Frage, ob die Berufsausübung, beispielsweise die Wahrnehmung eines Mandats, nur den **an die Gesellschaft zu leistenden Beitrag** des tätigen Sozius[5] oder bereits eine **Maßnahme der Geschäftsführung** im Sinne des § 709 BGB[6] darstellt, war lange Zeit heftig umstritten. Für die zuletzt genannte Auffassung spricht bereits die Überlegung, dass sich der Gesellschaftszweck der Anwaltssozietät auf die gemeinsame Wahrnehmung der Mandate erstreckt und die Geschäftsführung sich auf die Verwirklichung des Gesellschaftszwecks durch entsprechende Maßnahmen richtet. Inzwischen dürfte der Meinungsstreit durch den Gesetzgeber entschieden worden sein. In § 6 Abs. 2 PartGG ist nämlich für die freiberuflichen Partnerschaften festgelegt,

1 MünchKommBGB/*Ulmer/Schäfer*, § 710 Rz. 3.
2 *Peres*, in: Sozietätsrecht, § 6 Rz. 61.
3 Rechtstatsächliche Untersuchung bei *Kilimann*, Der Gesellschaftsvertrag der Anwaltssozietät, 2000 (Diss. Heidelberg 1997).
4 *Michalski*, Das Gesellschafts- und Kartellrecht der berufsrechtlich gebundenen freien Berufe, 1989, S. 310; *Peres*, in: Sozietätsrecht, § 6 Rz. 11 ff.
5 Nachweise bei *Michalski*, Das Gesellschafts- und Kartellrecht der berufsrechtlich gebundenen freien Berufe, 1989, S. 202 in Fn. 314.
6 BGHZ 56, 355, 358; *Costede*, DStR 1978, 654, 655 f.; *Steindorff*, FS R. Fischer, 1979, S. 747, 750; *Michalski*, Das Gesellschafts- und Kartellrecht der berufsrechtlich gebundenen freien Berufe, 1989, S. 202.

dass einzelne Partner im Partnerschaftsvertrag nur von der Führung der „sonstigen Geschäfte" ausgeschlossen werden können. Der Ausschluss von der freiberuflichen Tätigkeit als „hauptsächliches Geschäft" bzw. Kerngeschäft soll demgegenüber ausweislich der Gesetzesmaterialien nicht möglich sein[1]. Diese Zuordnung erlaubt gleichzeitig den Schluss, dass die freie, insbesondere die anwaltliche Berufsausübung als Teil der Geschäftsführung zu qualifizieren ist[2]. Diese Schlussfolgerung beschränkt sich nicht auf den unmittelbaren Anwendungsbereich des PartGG, sondern beinhaltet eine allgemein und somit auch im Bereich der BGB-Gesellschaft gültige Aussage.

Die Vorschrift des § 710 Satz 1 BGB ist daher auf die Anwaltssozietät insoweit nicht anwendbar. Jeder Sozius muss hinsichtlich der zu seiner Berufsausübung gehörenden Handlungen **allein zur Geschäftsführung** imstande sein. Die diesbezügliche Gesamtgeschäftsführung ist insoweit mit dem freiberuflichen Charakter unvereinbar. Die Verpflichtung zur persönlichen und weisungsunabhängigen Tätigkeit verlangt darüber hinaus noch, dass die anderen Sozien der Art der Wahrnehmung eines einem bestimmten Sozietätsmitglied übertragenen Mandats nicht widersprechen können. Das den Tatbestand der Einzelgeschäftsführung ergänzende Widerspruchsrecht (§ 711 BGB) ist daher für freiberufliche Sozietäten in Bezug auf den die Berufsausübung erfassenden Teil der Geschäftsführung ebenso inakzeptabel wie die Gesamtgeschäftsführung und der Ausschluss oder die Beschränkung der Einzelgeschäftsführung[3]. 128

Entsprechendes muss für die **Vertretungsmacht** gelten. Soweit zur anwaltlichen Berufsausübung Rechtsgeschäfte abgeschlossen werden müssen, darf der einzelne Sozius daran nicht gehindert werden. Dies betrifft sicherlich als Kernbereich der Mandatswahrnehmung das Gespräch und die Korrespondenz mit dem Mandanten sowie die Anwesenheit bei Gerichtsterminen. Allerdings kann sich darin die Berufsausübung nicht erschöpfen. Würde man nämlich den großen Bereich der zur zweckentsprechenden Berufsausübung erforderlichen Rechtsgeschäfte, wie z.B. den Ankauf von nur für ein Mandat benötigter Fachliteratur, die Anfertigung von Fotokopien oder Geschäfte im Rahmen der Wahrnehmung auswärtiger Termine (Reise- und Übernachtungskosten usw.), den „sonstigen Geschäften" zuordnen, könnte das Verbot, den Partner von der Berufsausübungs-Geschäftsführung auszuschließen, leicht ausgehöhlt werden. Zu dem Bereich der „sonstigen Geschäfte", bei denen die Geschäftsführung zweifelsfrei auf einzelne Sozien beschränkt werden kann, gehören insbesondere die Anmietung der Kanzleiräume, die langfristige Einstellung von Personal und der regelmäßige Einkauf von Büromaterial. Die exakte Abgrenzung zum Kernbereich der zur Berufsausübung zählenden Geschäftsführungsmaßnahmen ist nur unter Schwierigkeiten möglich[4]. Die entscheidenden Kriterien sind die konkrete Zweckdienlich- 129

1 Begründung des Regierungsentwurfs zum PartGG, BT-Drucks. 12/6152, 15.
2 *Michalski/Römermann*, PartGG, § 6 Rz. 14; vgl. *Weyand*, INF 1995, 22, 24; *Peres*, in: Sozietätsrecht, § 6 Rz. 2ff.
3 *Peres*, in: Sozietätsrecht, § 6 Rz. 9.
4 *Burret*, WPK-Mitt. 1994, 201, 204f.; *Lenz*, MDR 1994, 741, 743.

keit bzw. Notwendigkeit der Maßnahme. Wenn sie im Auftrage oder auf Rechnung des Mandanten erfolgt, liegt die Zuordnung zur Berufsausübung nahe. Im Übrigen wird darauf abzustellen sein, ob ihr Nutzeffekt auf die Ausübung eines einzelnen Mandats beschränkt ist.

bb) Geschäftsführung und Kanzleimanagement

130 Zählt somit nach deutschem Recht die eigentliche anwaltliche Tätigkeit zum Bereich der Geschäftsführung einer Anwaltskanzlei, so ist davon die Führung des Unternehmens im Sinne eines Managements abzugrenzen[1]. Die interne Organisation einer Kanzlei hat sich nämlich in praktischer Hinsicht weniger an den gesellschaftsrechtlichen und berufsrechtlichen Begriffsbestimmungen als vielmehr an den konkreten Erfordernissen des Kanzleimanagements zu orientieren[2].

131 Das **Management** umfasst alle Aufgaben, die die Leitung eines Unternehmens in allen ihren Bereichen mit sich bringt[3]. Die Aufgabenerfüllung ist auf die bestmögliche Erreichung der Ziele der Anwaltssozietät und der an ihr beteiligten Interessengruppen gerichtet. Die internen Strukturen und Prozesse sind zu gestalten und mit der Umgebung der Sozietät abzustimmen (Koordination). Nach den klassischen betriebswirtschaftlichen Funktionen können die hierfür notwendigen Handlungen inhaltlich als Grundsatz- und Zielbildung, Planung, Organisation und Kontrolle beschrieben werden, formal dagegen als Prozesse der Entscheidungsfindung und -durchsetzung und somit als Informationsverarbeitungsprozesse.

132 In dem Unternehmen Anwaltskanzlei gehören insbesondere folgende **Aufgabenbereiche** unmittelbar in die Zuständigkeit des Managements[4]:

- Personalführung einschließlich Motivation der Mitarbeiter;
- Buchhaltung einschließlich Ergebnisrechnung;
- Sachmittelverwaltung (EDV, Räumlichkeiten, Büromaterialien, Einrichtungsgegenstände, Bibliothek);
- Marketing;
- Zusammenarbeit mit anderen Kanzleien derselben Sozietät, Gründung neuer und Aufgabe bestehender Niederlassungen;
- Ausbildung und Weiterbildung von Sozien und Angestellten.

133 Diese nicht im eigentlichen Sinne anwaltlichen Aufgaben werden in Sozietäten kleiner und mittlerer Größenordnung fast durchweg, in größeren Kanz-

1 Näher *Koch*, in: Hartung/Römermann, Einleitung Rz. 69 ff.

2 Übersicht bei *Römermann*, in: Hartung/Römermann, § 24 Rz. 1 ff.

3 Näher Brockhaus-Enzyklopädie, 17. Band, 21. Aufl. 2006, S. 570 ff.; Gablers Wirtschafts-Lexikon, 13. Aufl. 1993 (Nachdruck 1995), jeweils zum Stichwort „Management“; vgl. auch *Raupach*, in: Freundesgabe für Haas, 1996, S. 253, 275; *Kohl*, in: Kohl, Kanzleimanagement-Handbuch, S. 3.

4 Eingehend *Hartung/Römermann*, Marketing- und Management-Handbuch für Rechtsanwälte, 1999.

leien zumeist **durch die zusammengeschlossenen Rechtsanwälte selbst** wahrgenommen. Dies bringt in mehrfacher Hinsicht praktische Schwierigkeiten mit sich:

- Der betroffene Rechtsanwalt kann sich in der Zeit, die er für Managementfunktionen aufwendet, nicht der konkreten Mandatsbearbeitung widmen. Einnahmen für die Sozietät werden in dieser Zeit nicht erwirtschaftet, da die Managementtätigkeit keinem Mandat unmittelbar zugeordnet und deshalb keinem Mandanten in Rechnung gestellt werden kann.
- Auch ein in juristischer Hinsicht hervorragender Rechtsanwalt ist nicht immer ein guter Betriebswirt. Für die Kanzleiführung sind aber weitaus mehr betriebswirtschaftliche Kenntnisse und Fähigkeiten (Personal, Organisation, Finanzen etc.) erforderlich als juristische. Bei einer vom konkreten Einzelfall abstrahierenden Betrachtung ist die umfassende Kanzleiführung durch Rechtsanwälte daher aufgrund ihrer insoweit mangelhaften Ausbildung verfehlt.

Beide **Problembereiche** sind allerdings sogleich wieder **zu relativieren**: 134

- Zwar trägt das Kanzleimanagement nicht unmittelbar zur Erwirtschaftung von Einnahmen bei, aber mittelbar, da die Sozietät durch eine tendenziell bessere Ausstattung und Organisation der Kanzlei eine bessere und effizientere Leistung am Rechtsberatungsmarkt anbieten kann. Dies führt bei gleichem Zeitaufwand für die eigentliche Mandatsbearbeitung zu Mehreinnahmen. Allerdings ist nicht zu übersehen, dass ein Betriebswirt möglicherweise ein noch effektiveres Management mit den daraus für die Sozietät insgesamt erwachsenden Vorteilen gewährleisten könnte.
- Wenn sich mehrere Sozien die Arbeitsbereiche des Managements aufteilen, können sie die betriebswirtschaftlichen Stärken der einzelnen Rechtsanwälte nutzen bzw. ausbauen. So kann etwa der Rechtsanwalt, der für Arbeitsrecht zuständig ist, den Personalbereich der Kanzlei übernehmen und sich die hierfür benötigten Kenntnisse im Laufe der Zeit aneignen. Die fachliche Leitung der Bibliothek muss ohnehin stets einem Juristen überlassen werden, der zu beurteilen vermag, welche Werke und Zeitschriften die Neuanschaffung oder das Abonnement lohnen und welche für die anwaltliche Tätigkeit nur von geringerer Bedeutung sind. In den Sozietäten ist hierfür zumeist ein Partner zuständig, der sich bei umfangreichen Bibliotheken in Großkanzleien der Hilfe ausgebildeter Bibliothekare bedient.

Festzuhalten ist, dass eine Mehrheit von Rechtsanwälten die Management- 135
aufgaben aufgrund Arbeitsteilung in geeigneterer Weise lösen kann als der Einzelanwalt, da durch die Dezernatsverteilung einzelne betriebswirtschaftliche Stärken hervorgebracht oder gefördert werden können. Eine solche Handhabung entspricht allerdings keiner gemeinschaftlichen Geschäftsführung wie nach dem Grundgedanken von § 709 Abs. 1 BGB, sondern vielmehr einer Aufteilung von Geschäftsführungsaufgaben.

cc) Managementstrukturen in der Praxis

136 In der Praxis sind insbesondere folgende **Varianten** der vertraglichen Ausgestaltung der Kanzleiführung anzutreffen:

- Grundsätzliche Gesamtgeschäftsführung in allen Managementfragen;
- Aufteilung der Kanzleiführung auf verschiedene Managementbereiche, die von jeweils einem oder einer Gruppe von Partnern selbständig und eigenverantwortlich geleitet werden;
- Bestimmung eines oder mehrerer Rechtsanwälte zum „Managing Partner";
- Einsetzung von Dritten (Rechtsanwälten oder Angehörigen sonstiger Berufe) als Manager.

Diese Varianten stehen in der Regel nicht alternativ nebeneinander, sondern sie werden kumulativ eingesetzt.

Im folgenden sollen einige Beispiele für Managementstrukturen angeführt und erläutert werden. Die Beispiele sind jeweils anhand existierender Kanzleien gebildet.

(1) Gesamtgeschäftsführung

137 Das Prinzip der Gesamtgeschäftsführung im Sinne des § 709 Abs. 1 BGB ist in seiner reinen Form nur noch in kleinen Sozietäten von maximal 5–10 Sozien anzutreffen. Auch dort ist die Kanzleiführung allerdings nur deswegen überhaupt funktionsfähig, weil die Partner eine Reihe von Entscheidungen generell an das Sekretariat delegieren, so z.B. die Anschaffung von Büromaterialien. Mit dem Wachstum einer Sozietät stellt sich unvermeidlich die Frage nach einer Umstrukturierung der Kanzleiorganisation. Für viele Kanzleien erweist sich hier die bessere Steuerbarkeit bzw. die effizientere Leitung als entscheidendes Kriterium. Der gesetzliche Regelfall der Gesamtgeschäftsführung ist in aller Regel für die praktischen Bedürfnisse einer Anwaltskanzlei wesentlich zu schwerfällig.

(2) Managementkomitees

138 Bei einer mehrjährigen Zusammenarbeit von Rechtsanwälten entwickeln sich häufig individuelle Präferenzen für unterschiedliche Bereiche der Geschäftsführung. Deren Wahrnehmung fällt den jeweiligen Partnern im Laufe der Zeit wie naturgegeben zu, ohne dass dies im Vertrag oder durch ausdrücklichen Beschluss der Gesellschafter so fixiert worden wäre.

139 Eine derartige Aufgabenverteilung[1] hat allerdings zur Voraussetzung, dass

- die Sozien lange genug zusammen tätig sind und sich kennen, um Arbeitsbereiche „naturgemäß" herausbilden zu können (keine oder geringe Partnerfluktuation);

1 Zur Kompetenzverteilung in internationalen Sozietäten siehe *Fedtke*, in: Fedtke, Anwaltsmarkt Europa, S. 203 ff.

- sich voneinander deutlich getrennte Bereiche formen oder definieren lassen (klare Kompetenzabgrenzung).

Beide Voraussetzungen zusammen sind in der Praxis häufig nicht anzutreffen. Gerade in mittleren und größeren Kanzleien gibt es eine Tendenz zum Wechsel von Partnern. Zudem wecken bestimmte Tätigkeitsbereiche eher das Interesse mehrerer Partner, während sich für andere Managementaufgaben kaum Sozien gewinnen lassen. Kompetenzstreitigkeiten innerhalb der Sozietät sind auf diese Weise vorprogrammiert.

Die ganz überwiegende Zahl der Kanzleien hat sich daher für ein vertraglich 140
festgelegtes **Ausschuss-System** entschieden[1]. Hierbei werden verschiedene Managementbereiche definiert, die dann jeweils einem Sozietätsausschuss zur weitgehend eigenverantwortlichen Betreuung übertragen werden. Am häufigsten sind folgende Gebiete anzutreffen:

- Geschäftsführender bzw. Verwaltungsausschuss (Executive Committee);
- Strategieausschuss (bei großen Kanzleien);
- EDV-Ausschuss;
- Ausschuss für Finanzen und Buchführung (in einer interprofessionellen Sozietät häufig unter Leitung eines Steuerberaters oder Wirtschaftsprüfers);
- Personalausschuss;
- Marketingausschuss;
- (im Falle grenzüberschreitender Aktivitäten oder Ambitionen) internationaler Ausschuss.

Häufig werden einzelne Aufgaben nur einem Partner übertragen und andere 141
einem Ausschuss. So stehen beispielsweise an der Spitze einer bedeutenden internationalen Kanzlei

- ein Managing Partner für die langfristige Strategie und die Gesamtleitung der Sozietät. Er steht in sehr engem Kontakt mit möglichst allen Niederlassungen, wo er sich bei Besuchen Wünsche und Probleme anhört und so die Perspektiven für Veränderungen entwickelt;
- ein Executive Partner für die Umsetzung der Strategie;
- ein Senior Partner für Repräsentationsaufgaben;
- ein Partner (Wirtschaftsprüfer) für die Buchführung.

Diese vier Partner werden von sämtlichen Sozien auf die Dauer von drei Jah- 142
ren gewählt. Daneben existiert eine Reihe von Ausschüssen (Committees) für spezielle Fragen. Eine andere große Sozietät, die von einem dreiköpfigen Verwaltungsausschuss sowie mehreren speziellen Ausschüssen geleitet wird, hat zudem festgelegt, dass die Partner bei einer **Amtszeit** von zwei Jah-

1 Vgl. etwa den Praxisbericht über die Sozietät Dr. Appelhagen und Partner, in: *Kohl* (Hrsg.), Qualitäts- und Umweltmanagement für Finanzdienstleister und Kanzleien, 1997, S. 196, 198.

ren nur einmal wiedergewählt werden dürfen. Eine derartige zeitliche Begrenzung erzwingt eine raschere Anpassung der Führungsstrukturen an Kräfteverschiebungen und personelle Veränderungen innerhalb der Sozietät (u.a. Generationswechsel). Sie ist nur ausnahmsweise in der Praxis anzutreffen. Wesentlich häufiger ist die Wahrnehmung der entscheidenden Leitungsfunktionen durch die Gründungspartner aus eher historisch begründetem Recht.

143 Mittelgroße Sozietäten beschränken sich häufig auf eine **einheitliche Spitze** in Form eines Verwaltungsausschusses, dessen Mitgliederzahl bei deutschen Kanzleien zwischen drei und fünf schwankt. Zumeist werden ungerade Mitgliederzahlen gewählt, um Pattsituationen bei Abstimmungen zu vermeiden. Mit zunehmender Kanzleigröße ist eine deutliche Tendenz zur Einrichtung von Komitees zu beobachten.

144 Häufig sind größere deutsche Sozietäten aus der **Fusion** verschiedener Kanzleien hervorgegangen. Diese Gesellschaften bemühen sich um eine föderal strukturierte Zusammensetzung der Geschäftsführung, in der jedes der Ursprungsbüros eine angemessene Berücksichtigung erfährt. In diesen Fällen setzt sich der Verwaltungsausschuss aus einer bestimmten Anzahl von Sozien aus jedem Ursprungsort zusammen, wobei der Verteilungsschlüssel individuell gewählt wird. In der Regel werden etwa ein bis drei Partner aus jedem Kanzleiort als Mitglieder des Geschäftsführungsausschusses entsandt.

145 Nicht selten haben sich derartige Systeme aus Kanzleifusionen entwickelt, die im Hinblick auf die nationale und internationale Konkurrenz lediglich der Addition sachlicher und personeller Ressourcen und deren Außendarstellung („Man Power") dienten. Eine tatsächliche Verschmelzung zu einer neuen Einheit mit einer Organisationsstruktur „aus einem Guss" fand häufig nicht statt. Auch ein sukzessives Zusammenwachsen scheiterte in einigen Fällen an der zu deutlich voneinander **verschiedenen Firmenkultur** der Ursprungskanzleien[1]. Die sorgfältig austarierte Zusammensetzung des Verwaltungskomitees aus Partnern der Gründersozietäten fixierte in dieser Situation nur den zum Zeitpunkt der Fusion gegebenen Status quo. Das damalige Verhältnis anwaltlicher (zumeist: ökonomischer) Potenz wurde festgeschrieben, um den Seniorpartnern der Ursprungskanzleien auch für die Folgezeit einen ihrer Bedeutung im Verhältnis zu den Fusionspartnern entsprechenden Einfluss auf die Gesamtkanzlei zu sichern[2]. Nur so ist es erklärlich, dass – um ein fiktives Beispiel zu nehmen – bei der Fusion eines Hamburger und eines Münchener Büros mit Niederlassungen in Hamburg, Köln und Leipzig bzw. München, Frankfurt am Main und Dresden festgelegt wird, dass dem Geschäftsführungsausschuss jeweils zwei Sozien aus der Hamburger und Münchener Kanzlei angehören, unabhängig davon, ob etwa das Dresdner Büro drei Jahre nach der Fusion bereits über das „Stammhaus" in München größen- und umsatzmäßig hinausgewachsen ist. Konflikte durch die unterschiedliche Entwicklung einzelner Niederlassungen sind hierbei vorhersehbar.

---

1 Instruktiv *Raupach*, in: Freundesgabe für Haas, 1996, S. 253, 268 ff.
2 Als Problem erwähnt dies auch *Fedtke*, in: Fedtke, Anwaltsmarkt Europa, S. 204 f.

In Ländern mit einer längeren Erfahrung bei der Errichtung und Führung großer, überörtlicher und internationaler Kanzleien ist dementsprechend anstatt einer nur historisch bedingten Gewichtung der Kompetenzen vielmehr das Bemühen um eine möglichst gerechte, **für Entwicklungen offene und flexible Verteilung der Geschäftsführungsbefugnisse** erkennbar. Zuweilen sind hier neben einem Zentralrat noch Executive Committees in jedem vertretenen Gerichtsbezirk zu verzeichnen, um so eine möglichst dezentrale Führung „vor Ort" zu gewährleisten. 146

Sehr weit gehen dabei die Kanzleien, die die **lokale Struktur** bei der Aufnahme weiterer Sozietäten weitgehend unangetastet lassen. So gibt es beispielsweise eine sehr bedeutsame internationale Sozietät, die in einer Vielzahl von Ländern vertreten ist. Die örtlichen, dem internationalen Verbund angeschlossenen Büros führen hier ihre bisherige Bezeichnung fort und setzen den Namen des übergeordneten Zusammenschlusses lediglich hinzu. Derartige internationale Anwaltsnetzwerke belassen zuweilen die lokalen Führungsstrukturen und auch den jeweils erzielten Gewinn, wobei nur die Pflicht zur Abführung eines bestimmten Gewinnanteils an die Zentralverwaltung besteht. Angesichts dieser sehr weitgehenden Selbständigkeit der einzelnen Büros stellt sich dann allerdings zwangsläufig die Frage nach einer einheitlichen Identität und vor allem Qualität der anwaltlichen Leistung der Sozietät. In der Literatur wurde in diesem Zusammenhang sogar die Frage aufgeworfen, ob man bei einer wirtschaftlichen Gesamtbetrachtung nicht mehr von einer Anwaltsfirma, sondern von einem Franchisesystem auszugehen habe[1]. Nur eine gut strukturierte Organisation und ein ständiger personeller Austausch können im Zusammenspiel mit gemeinsamen Schulungsveranstaltungen und sonstigen integrationsfördernden Maßnahmen in derartigen Fällen eine einheitliche Firmenkultur und uniforme Qualitätsstandards sicherstellen. 147

Im Ergebnis ist Folgendes festzuhalten: Bei kleineren Kanzleien ergibt sich eine Verteilung von Geschäftsführungsbereichen teilweise im Laufe der Zeit automatisch, ohne dass es einer vertraglichen Fixierung bedürfte. Je größer eine Sozietät wird, desto mehr und desto detailliertere Vereinbarungen werden zwischen den Partnern erforderlich. 148

Bei großen Kanzleien haben sich insbesondere folgende **Aspekte** als für das Management bedeutsam erwiesen: 149

- Arbeitsteilung;
- demokratische Zusammensetzung;
- föderative Ausrichtung.

Bei der **föderativen Struktur** gilt es einerseits eine zu starke Betonung der Ursprungsbüros (deren Bedeutung im Laufe der Zeit tendenziell abnimmt), andererseits des Zentralbüros (zur Verhinderung von Integrationsproblemen der übrigen und insbesondere neu hinzugekommener Niederlassungen) und schließlich der lokalen Autonomie (Gefahr des bloßen gemeinsamen 150

1 *Stoakes*, International Financial Law Review, January 1985, 16.

Namens ohne einheitliche Qualitätsstandards oder Veränderung in Richtung Franchisesystem) zu vermeiden.

(3) Managing Partner

151 Die Unterscheidung zwischen einem „Executive Committee" und dem „Managing Partner"-System ist regelmäßig nur terminologischer Natur, soweit mehr als nur ein Managing Partner in der Sozietät existiert. In diesem Fall führt es nämlich zum gleichen Ergebnis, ob mehrere Managing Partner unter dem Begriff des Verwaltungsausschusses bzw. geschäftsführenden Ausschusses zusammengefasst werden oder nicht. Auch hängt die Stellung eines Managing Partners nicht davon ab, ob er im Rahmen eines Ausschusses tätig wird oder dieses Organ nicht eingerichtet wurde. Allerdings ist nicht zu übersehen, dass die Existenz eines Executive Committees eher den Eindruck der **gemeinschaftlichen Entscheidungsfindung** hervorruft – also eine partielle Gesamtgeschäftsführung, die sich auf ausgewählte Partner beschränkt –, während die Bezeichnung einzelner Sozien als Managing Partner eher für deren individuelle Leitungsbefugnis in Richtung auf eine Einzelgeschäftsführung spricht.

152 In kleineren und mittleren Kanzleien ergibt sich die **Stellung des Managing Partners** häufig schlicht aus dem Umstand, dass er die treibende Kraft oder zumindest eine der bestimmenden Kräfte für die Entwicklung der Sozietät ist. Bei einer Vergrößerung der Zahl der Sozien und der Managing Partner ist zuweilen eine anhaltende Prädominanz der ursprünglichen, jetzt: Senior-Partner festzustellen.

153 Wie bei der Einrichtung der Verwaltungsausschüsse, so besteht auch bei der Wahl der Managing Partner eine deutliche Tendenz zur Wahrung des Proporz, sofern eine Kanzlei aus der **Fusion** von Anwaltsbüros hervorgegangen ist. In signifikanter Häufigkeit sind Strukturen zu finden, bei denen zum Beispiel je ein Managing Partner aus den fusionierten Sozietäten kommt. Da es sich hierbei regelmäßig um Strukturen einer Übergangsphase von den einzelnen Kanzleien zu einer Gesamtsozietät handelt, ist dieses Phänomen zum Teil nur von relativ kurzer Dauer.

154 Je größer eine Kanzlei, desto bedeutsamer wird der Umfang der anfallenden Managementtätigkeiten. In den großen, weltumspannenden Anwaltsnetzwerken sind daher die Manager ausschließlich mit der Geschäftsführung beschäftigt, die anwaltliche Berufsausübung wird daneben praktisch aufgegeben. Wenn der Rechtsanwalt sich auf diese Weise zum **Vollzeit-Kanzleimanager** wandelt, stellt sich die Frage, warum ein Kanzleimanager zwingend (vorher) Rechtsanwalt (gewesen) sein muss.

(4) Professionelle nichtanwaltliche Manager

155 Sowohl in Deutschland als auch auf internationaler Ebene sind es bislang in aller Regel die Partner selbst, die als Manager die Geschicke der Rechtsanwaltskanzleien bestimmen. Dies ist auf den ersten Blick verwunderlich, zumal die Ausbildung zum Juristen bzw. Rechtsanwalt keine umfassende Managerqualifikation beinhaltet.

Ein wesentliches Motiv für die Kanzleiführung durch Rechtsanwälte wird in der **anwaltlichen Unabhängigkeit** zu suchen sein, die in § 1 BRAO und § 1 BORA verankert ist. Diese Unabhängigkeit gilt allerdings nicht umfassend[1]. Der angestellte Rechtsanwalt beispielsweise ist zumindest in organisatorischen Fragen den Weisungen des anwaltlichen Arbeitgebers unterworfen[2]. Ohne diese Einbindung durch die Weisungsunterworfenheit ließe sich eine geordnete und verlässliche Geschäftsführung nicht erreichen. In der Anerkennung der Zulässigkeit[3] der Übernahme eines Rechtsanwalts in ein Angestelltenverhältnis liegt implizit die Gestattung von Strukturen, die die Abhängigkeit eines Rechtsanwalts in Bezug auf die Rahmenumstände seiner Berufsausübung mit sich bringen. 156

Wenn man dem folgt, stellt sich die weitere Frage, ob die Unterscheidung zwischen einer anwaltlichen und einer nichtanwaltlichen Verwaltungsspitze ein angemessenes Kriterium für die Abgrenzung berufsrechtlich erlaubter von der unzulässigen Anwaltstätigkeit bietet. Richtiger Ansicht nach besteht hier keine sinnvolle Differenzierungsmöglichkeit, soweit es um das Kanzleimanagement geht. Das Management greift nämlich in die Art und Weise der inhaltlich-juristischen Mandatswahrnehmung nicht ein, sondern stellt nur die **„technische" Basis für die Berufstätigkeit** zur Verfügung und erhält sie aufrecht. Welche Büroräume gewählt werden, welches Büropersonal eingestellt oder entlassen wird, welches EDV-System zu verwenden ist und ähnliche Fragen können den Kernbereich anwaltlicher Rechtsberatung (z.B. die Frage, welche Anträge in einem Prozess zu stellen sind oder welcher Rat einem Mandanten gegeben wird) nicht berühren. Die Delegation von Managementaufgaben einer Anwaltssozietät auf Nichtjuristen ist daher berufsrechtlich unbedenklich. Waren vor wenigen Jahren erste tastende Versuche mit einem professionellen Manager mit betriebswirtschaftlichem Hintergrund zu verzeichnen[4], so gibt es inzwischen in verschiedenen Großkanzleien fest angestellte nichtjuristische Manager, und mehrere Sozietäten befinden sich in einem Versuchsstadium. 157

Für die Einstellung eines **betriebswirtschaftlich ausgebildeten Managers** anstelle der anwaltlichen Sozien sprechen unter anderem folgende Argumente: 158

- Die **Ausbildung** von Betriebswirten in einer Universität bzw. Hochschule (z.B. eine Hochschule für Unternehmensführung internationalen Zuschnitts) entspricht den Bedürfnissen einer reinen Managementtätigkeit weitaus mehr als das Rechtsstudium. Die Juristenlaufbahn vernachlässigt praktisch entscheidende Materien wie Organisation, Strategie, Marketing, Personalwesen oder Informatik.

1 Näher *Michalski*, Der Begriff des freien Berufs im Standes- und im Steuerrecht, 1989, S. 97ff.; Hartung/Römermann/*Hartung*, Vor § 2 Rz. 38ff.; *Kleine-Cosack*, § 1 Rz. 15ff.; *Schlosser*, JZ 1995, 345, 346f.; *Feuerich/Weyland*, § 1 Rz. 13ff.

2 Eingehend Henssler/Prütting/*Henssler*, § 43a Rz. 13ff.

3 Heute unbestritten, vgl. BGHZ 65, 238; Henssler/Prütting/*Henssler*, § 43a Rz. 13; *Feuerich/Weyland*, § 43a Rz. 6.

4 Vgl. noch *Römermann*, Entwicklungen und Tendenzen bei Anwaltgesellschaften, 1995, S. 50.

- Der von außen kommende Kanzleimanager ist **nicht „betriebsblind"** und daher regelmäßig eher als ein langjähriger Sozius in der Lage, ursprüngliche oder mit der Zeit aufgetretene Missstände als solche zu erkennen und abzustellen. Dieser Vorteil verliert naturgemäß mit zunehmender Beschäftigungsdauer des Kanzleimanagers an Bedeutung.
- Wenn ein über lange Jahre erfolgreicher Sozius die **anwaltliche Berufsausübung aufgibt** oder zumindest weitgehend vernachlässigt, gehen für die Kanzlei seine Erfahrung, sein Know-how und die enge Bindung von Mandanten an seine Person teilweise verloren oder werden jedenfalls nicht entsprechend dem vorhandenen Potential genutzt.
- In der Zeit, die der Rechtsanwalt auf die Verwaltungstätigkeit verwendet, kann er keine Gebühren erwirtschaften. Dies kann mit einer erheblichen **finanziellen Einbuße** für die Sozietät einhergehen. Bei Einstellung eines betriebswirtschaftlichen Kanzleimanagers entstehen demgegenüber Personalkosten, die jedoch regelmäßig geringer ausfallen werden als die Mindereinnahmen aufgrund des Rückzugs des anwaltlichen Sozius aus seiner Berufsausübung.

159 In den **USA** ist der **professionelle Law Firm Manager** im Gegensatz zu den Verhältnissen in Deutschland längst kein Unbekannter mehr. Die US-Großkanzleien versichern sich darüber hinaus nicht selten der Analyse und Beratung durch Management Consultants, die dazu tendieren, eine zweckgerichtete Unternehmensorganisation durch nichtanwaltliche Spezialisten zu empfehlen. Zuweilen werden Zwischenlösungen gewählt, indem die als Manager auserkorenen Rechtsanwälte eine Zusatzausbildung in einer der Business Schools erhalten. Nach einigen Literaturstimmen ist es geradezu ein Wesensmerkmal der US-Law Firms, dass zwischen der Verwaltungstätigkeit und der Berufsausübung eine Trennlinie gezogen wird, wobei sich im Bereich der Berufsausübung wiederum die Partner und die Angestellten unterscheiden lassen[1]. Internationale Anwaltsgesellschaften folgen zunehmend dem Beispiel der US-Kanzleien, wobei allerdings deutschen Rechtsanwälten die Frage der Organisation ihrer Sozietät häufig noch fremd ist.

160 Gegen die Führung des Managements durch Nichtanwälte wird vor allem eingewandt, dass sich die Partner unter Umständen ungern in die Hände eines Dritten begeben[2]. Der Manager, der kein Sozius ist, bleibt hinsichtlich der grundlegenden Entscheidungen der Gesellschaft unbeteiligt, da er nicht mit abstimmen kann. Dies kann auch dazu führen, dass der Nicht-Partner nur eine geringe und für das Management unzureichende Autorität genießt. Die falsche Personalentscheidung hinsichtlich des Managers kann ein erhebliches Risiko für die Sozietät bedeuten. Schließlich besteht zudem die Gefahr, dass ein Nichtanwalt für die Spezifika der Anwaltstätigkeit kein hinreichendes Verständnis entwickelt.

1 *Lazega*, Revue franc. sociol. 33 (1992), 559, 564.
2 *Raupach*, in: Freundesgabe für Haas, 1996, S. 253, 275f. m.w.N.

(5) Schlussfolgerungen für die Praxis

Bei zunehmendem Wachstum einer Anwaltskanzlei verselbständigen sich ihre Institutionen. Sind es zunächst die Gründer bzw. bei Fusionen die jeweiligen Seniorpartner selbst, die als Managing Partner ein häufig nur historisch begründetes Recht auf die Kanzleiführung wahrnehmen, so stellt sich spätestens in der darauf folgenden Generation von Rechtsanwälten die Frage, wer in welchem Umfang und mit welchen Kompetenzen zur Geschäftsführung im Sinne des Kanzleimanagements berechtigt bzw. verpflichtet sein soll. Je größer eine Sozietät wird, desto eher greift man auf institutionalisierte, also von den handelnden Individuen abstrahierende Strukturen zurück. Dazu zählt beispielsweise der geschäftsführende Ausschuss mit mehreren Mitgliedern, die von der Gesellschafterversammlung in regelmäßigen mehrjährigen Abständen gewählt werden. Der Ausschluss der erneuten Wählbarkeit nach einer bestimmten Höchstdauer vermag Erstarrungen vorzubeugen. Bei weiterem Wachstum finden sich der geschäftsführende Ausschuss sowie spezielle Fachausschüsse und Managing Partner mit Sonderkompetenzen nebeneinander. Einzelne der Managementebene zugehörige Rechtsanwälte widmen sich nur noch dieser Funktion und stehen für die anwaltliche Berufsausübung nicht mehr zur Verfügung. Ist erst einmal der hauptberufliche Manager berufen, liegt die Überlegung nahe, mit dieser Aufgabe keinen anwaltlichen Sozius zu betrauen und ihn damit der langjährigen und erfolgreichen Anwaltstätigkeit zu entziehen, sondern sich hierfür speziell qualifizierter Kräfte, insbesondere Betriebswirte, zu bedienen. Die Errichtung eines nichtjuristischen, auf die überwiegend betriebswirtschaftlichen Aufgaben konzentrierten Managements ist in vielen Fällen wirtschaftlich sinnvoll und im Übrigen berufsrechtlich zulässig. 161

dd) Kanzleihierarchie

In dem Abschnitt über Managementstrukturen wurden verschiedene Führungssysteme in einer Sozietät dargestellt. Das oberste Organ in einer Gesellschaft bürgerlichen Rechts bildet die **Gesellschafterversammlung**. Aufgrund des Prinzips der Selbstorganschaft kann sie ihre originären Leitungsfunktionen nicht vollständig auf andere Personen übertragen, sondern sie kann sich nur zur Ausübung der damit verbundenen Aufgaben im Wege der Delegation Dritter bedienen. Das eigentliche Machtzentrum bleibt daher in jedem Fall bei den Sozien, die auch bei grundsätzlicher Delegation der Managementaufgaben sämtliche Entscheidungen jederzeit an sich ziehen können. 162

An oberster Stelle in der Kanzleihierarchie stehen somit die Sozien als hauptsächliche Entscheidungsträger. Innerhalb der heterogenen Gruppe der **„Partner"** lassen sich wiederum **mehrere Ebenen** unterscheiden. Den höchsten Rang nehmen regelmäßig die Seniorpartner ein, die als Vollpartner mit dem uneingeschränkten Stimm- und Gewinnbeteiligungsrecht ausgestattet sind. Auf gleicher oder tieferer Stufe finden sich die Partner, die noch nicht den vollberechtigten Status erreicht haben. Am unteren Ende der Stufenleiter unter den Sozien sind die Juniorpartner anzusiedeln, die zumeist erst seit relativ kurzer Zeit in der Kanzlei mitarbeiten. Zwischen den Juniorpartnern 163 und den angestellten Rechtsanwälten bzw. freien Mitarbeitern lässt sich zuweilen keine exakte Grenze ziehen, da es an eindeutigen Abgrenzungskriterien mangelt. Einzelheiten zu den jeweiligen Arten anwaltlicher Sozien unten bei Rz. 192 ff.

6. Auflösung

a) Überblick über die Auflösungsgründe

164 Nach der gesetzlichen Regelung wird die Gesellschaft bürgerlichen Rechts in folgenden Fällen **automatisch aufgelöst**[1]:

- **Ablauf der Zeit**, für die die Gesellschaft eingegangen ist. Bei Anwaltssozietäten spielt dieser Auflösungsgrund praktisch keine Rolle, da Sozietäten auf unbestimmte Zeit eingegangen zu werden pflegen.
- Endgültige **Erledigung** (insbesondere Erreichung oder Vereitelung) **des Gesellschaftszwecks**, § 726 BGB. Auch dieser Grund, dem bei Gelegenheitsgesellschaften eine gewisse Bedeutung zukommt, ist bei Sozietäten ohne praktische Relevanz.
- Vertrag oder **Beschluss der Gesellschafter**.
- **Tod** eines Gesellschafters, § 727 Abs. 1 BGB.
- Eröffnung des Insolvenzverfahrens über das Vermögen der Gesellschaft, § 728 Abs. 1 Satz 1 BGB.
- Eröffnung des Insolvenzverfahrens über das Vermögen eines Gesellschafters, § 728 Abs. 2 Satz 1 BGB. Keinen Auflösungsgrund bildet demgegenüber die Abweisung des Insolvenzantrags mangels Masse[2].
- **Kündigung durch einen Sozius**, §§ 723 f. BGB. Für die ordentliche Kündigung einer auf unbestimmte Zeit eingegangenen Gesellschaft kann der Sozietätsvertrag in gewissen Grenzen (§ 723 Abs. 3 BGB) Mindestfristen vorsehen[3]. Bei einer auf die persönliche Mitarbeit der zusammengeschlossenen Anwälte angewiesenen Sozietät ist die Festlegung großzügig bemessener Kündigungsfristen dringend zu empfehlen. Allerdings ist darauf zu achten, dass keine unangemessen lange Bindung entsteht, die zur Nichtigkeit der Befristung wegen Verstoßes gegen § 723 Abs. 3 BGB führt[4]. Unproblematisch sind Fortsetzungsklauseln, die für den Fall der Kündigung durch einen Gesellschafter dessen Ausscheiden oder zumindest die Möglichkeit für die übrigen Sozien vorsehen, den Fortbestand der Gesellschaft ohne den betroffenen Partner zu beschließen. Zum Ausscheiden eines Sozius siehe näher unten Rz. 255 ff.

---

1 Näher *Karsten Schmidt*, Gesellschaftsrecht, § 59 V 1; MünchHdb. GesR I/*Gummert*, § 21 Rz. 14 ff.

2 BGHZ 75, 178, 181 = NJW 1980, 233; MünchKommBGB/*Ulmer/Schäfer*, § 728 Rz. 35.

3 Krit. aus rechtspolitischer Sicht *Karsten Schmidt*, Gesellschaftsrecht, § 59 V 1 g.

4 MünchKommBGB/*Ulmer/Schäfer*, § 723 Rz. 71; *Peres*, in: Sozietätsrecht, § 8 Rz. 18 ff.

- **Kündigung durch den Pfandgläubiger** eines Gesellschafters, § 725 Abs. 1 BGB. Die Sozietätsverträge sehen zumeist die Fortsetzung der Gesellschaft mit den übrigen Partnern vor. Es entsteht dann beim Ausscheiden des betroffenen Sozius ein Abfindungsanspruch, den der Pfandgläubiger geltend machen kann[1].

b) Abweichende Vertragsgestaltungen zur Nachfolge im Todesfall

aa) Überblick

Für den Fall des Todes eines Gesellschafters sehen die meisten Sozietätsver- 165
träge Gestaltungen vor, um die gesetzliche Folge der Auflösung der Gesellschaft zu vermeiden. Erreicht wird dieses Ziel schon durch eine einfache Fortsetzungsklausel, die dazu führt, dass die Sozietät unter den verbleibenden Sozien fortgeführt wird (§ 736 BGB). Üblich sind aber eher so genannte qualifizierte Fortsetzungsklauseln, wie die erbrechtlichen Nachfolgeklauseln, die den Anteil des betroffenen Gesellschafters für einen oder mehrere Nachfolger vererblich stellen. Bei der gesellschaftsrechtlichen Eintrittsklausel und der rechtsgeschäftlichen Nachfolgeklausel wird dasselbe Ergebnis erreicht.

bb) Einfache Nachfolgeklausel

Der Gesellschaftsanteil des betroffenen Sozius wird durch die Vertragsklau- 166
sel **generell vererblich gestellt**, ohne dass die Person des oder der Erben näher bestimmt würde. Der Sozius hat es auf diese Weise in der Hand, entweder die gesetzliche Erbfolge eintreten zu lassen oder durch Testament einen oder mehrere Erben einzusetzen. Mit dem Erbfall treten die Erben an die Stelle des Erblassers. Der Alleinerbe übernimmt gemäß § 1922 BGB in vollem Umfang die Gesellschafterstellung. Mehrere Erben erhalten im Wege der Sondererbfolge den ihrer Erbquote entsprechenden Teil des Gesellschaftsanteils; die Zahl der Sozien vermehrt sich entsprechend[2].

Der unmittelbare Übergang der Gesellschafterstellung führt dann zu einem 167
Verstoß gegen berufsrechtliche Vorschriften, wenn einer der Erben nicht einem sozietätsfähigen Beruf im Sinne des § 59a BRAO angehört. Diese Schwierigkeit kann nur vermieden werden, indem bereits der Sozietätsvertrag die **Sozietätsfähigkeit** zur Voraussetzung für die Nachfolge in die Gesellschafterstellung macht. Eine solche Bedingung ist im Rahmen der einfachen Nachfolgeklausel zulässig[3]. § 9 Abs. 4 Satz 2 PartGG enthält bereits eine gesellschaftsrechtliche Bestimmung, dass in der freiberuflichen Partnerschaft der Gesellschaftsanteil nur für partnerschaftsfähige Personen vererblich gestellt werden kann. Entsprechendes ergibt sich für die Anwaltssozietät bürgerlichen Rechts aus der berufsrechtlichen Vorschrift des § 59a BRAO.

---

1 MünchKommBGB/*Ulmer/Schäfer*, § 725 Rz. 21.

2 *Michalski*, Gesellschaftsrechtliche Gestaltungsmöglichkeiten zur Perpetuierung von Unternehmen, 1980, S. 187 ff.; *Michalski*, Nachfolgeregelungen in Personengesellschaften, DB-Beil. 5/1980.

3 Vgl. *Baumbach/Hopt*, HGB, 33. Aufl. 2008, § 139 Rz. 11.

168 Falls **mehrere Erben** über die erforderliche Berufsqualifikation verfügen, bietet es sich häufig an, durch weitergehende organisationsrechtliche Bestimmungen im Sozietätsvertrag einer Zersplitterung der Gesellschaftsanteile und der damit verbundenen Gefährdung der einheitlichen Kanzleiführung vorzubeugen.

169 Hierfür kommen insbesondere folgende **Klauseln** in Betracht[1]:

- Ausschluss aller oder mehrerer Erben von der nicht berufsbezogenen Geschäftsführung;
- Ausschluss aller oder mehrerer Erben von der Vertretungsbefugnis;
- Beschränkungen der Stimmrechte der Erben in der Gesellschafterversammlung; Verpflichtung der Erben zur Abstimmung durch Vertreter (**Vertreterklausel**)[2].

cc) Qualifizierte Nachfolgeklausel

170 Bei der qualifizierten Nachfolgeklausel wird der Sozietätsanteil im Unterschied zur einfachen Nachfolgeklausel nicht generell, sondern **nur für bestimmte Personen vererblich** gestellt. Der zum Nachfolger bestimmte Erbe übernimmt den Gesellschaftsanteil grundsätzlich insgesamt und nicht nur in Höhe seiner Erbquote[3]. Seine Miterben erhalten in diesem Fall keine gesellschaftsrechtliche Abfindung, sondern sind allein auf ihre erbrechtlichen Ansprüche gegen den Nachfolger verwiesen. Möglich ist aber auch eine gesellschaftsvertragliche Gestaltung, wonach der Nachfolger nur mit einem seiner Erbquote entsprechenden Anteil an der Beteiligung des Erblassers Sozius wird, während den Miterben ein Abfindungsanspruch zufällt.

171 Ebenso wie bei der einfachen Nachfolgeklausel muss der Sozietätsvertrag dafür Sorge tragen, dass nur eine im Sinne des § 59a BRAO **sozietätsfähige Person** Nachfolger in den Gesellschaftsanteil werden kann.

dd) Rechtsgeschäftliche Nachfolgeklausel

172 Im Gegensatz zu den beiden erbrechtlichen (einfache bzw. qualifizierte) Nachfolgeklauseln wird der Anteil nicht vererblich gestellt. Der zukünftige Erblasser überträgt vielmehr unter Lebenden seine Beteiligung auf den vorgesehenen Nachfolger unter der aufschiebenden Bedingung seines Todes. Mit dem Todesfall geht die Gesellschafterstellung automatisch auf den Dritten über. Der Dritte tritt also in die Rechte und Pflichten des Erblassers ein, ohne selbst Erbe zu sein und über die Ausschlagungsmöglichkeiten eines Erben zu verfügen. Nach ganz h.M. ist diese Konstruktion wegen der für den Nachfolger belastenden Wirkungen nur unter **Mitwirkung des Dritten** möglich[4]. Unbe-

---

1 Einzelheiten bei *Michalski*, Gesellschaftsrechtliche Gestaltungsmöglichkeiten, 1980, S. 157 ff.

2 Hinsichtlich der Vertreterklausel sind die Einzelheiten sehr str., siehe *Michalski*, Gesellschaftsrechtliche Gestaltungsmöglichkeiten, 1980, S. 171 ff.

3 BGHZ 68, 225, 229.

4 *Baumbach/Hopt*, HGB, § 139 Rz. 57 f.

denklich ist beispielsweise die Einsetzung eines Mitgesellschafters zum Nachfolger im Sozietätsvertrag, den der Mitgesellschafter ebenfalls unterzeichnet hat. Da es sich um eine Verfügung zu Lebzeiten handelt, finden erbrechtliche Vorschriften keine Anwendung.

ee) Erbrechtliche Eintrittsklausel

Der verstorbene Sozius scheidet mit seinem Tode aus, und seine Beteiligung wächst zunächst gemäß § 738 Abs. 1 Satz 1 BGB den Mitgesellschaftern zu, während die Erben lediglich einen Abfindungsanspruch erhalten. Der oder die sozietätsfähigen Erben können jedoch einseitig ihren Eintritt in die Sozietät erklären. Mit dem Eintritt wandelt sich der jeweilige Abfindungsanspruch in Höhe der Erbquote des Eintretenden in einen Sozietätsanteil um. Im einzelnen sehr umstritten sind die Zulässigkeit und gegebenenfalls die Voraussetzungen einer durch den Erblasser begründeten Eintrittsverpflichtung für den oder die Erben[1]. 173

ff) Gesellschaftsrechtliche Eintrittsklausel

Der künftige Erblasser darf einseitig eine Person benennen, die im Falle des Todes ein Eintrittsrecht in die Sozietät hat. Der Dritte ist kein Erbe. Es handelt sich hierbei um einen Vertrag zugunsten Dritter, zum Teil auch bereits um ein bindendes Vertragsangebot der Sozien an den Begünstigten[2]. 174

c) Gesellschaftsrechtliche Folgen der Auflösung

Nach der Auflösung tritt die Gesellschaft in das Stadium der Auseinandersetzung. Diese richtet sich nach den §§ 730 bis 735 BGB, sofern nicht im Gesellschaftsvertrag etwas anderes geregelt ist; bei Freiberuflern ist dies allerdings nur selten der Fall. Der **Zweck der fortbestehenden Gesellschaft** besteht nun nur noch in der **Abwicklung**[3]. Dadurch wird nicht ausgeschlossen, dass die Gesellschafter das Unternehmen durch einstimmigen Beschluss[4] in eine werbende Sozietät zurückverwandeln. Die bisherigen Sozien sind einander zur Mitwirkung bei der Liquidation verpflichtet. Gemäß § 730 Abs. 2 Satz 2 BGB erlischt im Zweifel die frühere Ausgestaltung der Geschäftsführung und damit auch der Vertretung und wird durch die Gesamtgeschäftsführung ersetzt. Die Gesellschafter können durch Beschluss besondere Liquidatoren bestellen, und zwar abweichend vom Grundsatz der Selbstorganschaft sogar in Gestalt außenstehender Personen. Allerdings ist hier zu beachten, dass zu den Pflichten des Liquidators die Abwicklung der laufenden Geschäfte, insbesondere der Mandate, gehört. Die für deren Wahrnehmung erforderlichen 175

1 Eingehend *Michalski*, Gesellschaftsrechtliche Gestaltungsmöglichkeiten, 1980, S. 201 ff.; *Michalski*, DB-Beil. 5/1980.

2 *Baumbach/Hopt*, HGB, § 139 Rz. 51; MünchKommBGB/*Ulmer/Schäfer*, § 727 Rz. 57.

3 MünchKommBGB/*Ulmer/Schäfer*, § 730 Rz. 24; *Peres*, in: Sozietätsrecht, § 7 Rz. 122.

4 MünchKommBGB/*Ulmer/Schäfer*, § 730 Rz. 25; MünchHdb. GesR I/*Gummert*, § 21 Rz. 129.

Leistungen können grundsätzlich nur von zugelassenen Rechtsanwälten erbracht werden. § 55 Abs. 1 Satz 1 BRAO trifft daher über die Person des Abwicklers eine spezielle Regelung. In einer interprofessionellen Sozietät sind zudem die anderen Berufsrechte zu beachten, beispielsweise § 70 Abs. 1 Satz 1 StBerG für eine Steuerberaterkanzlei. Sofern für die Liquidation einer interprofessionellen Sozietät mehrere Berufskompetenzen erforderlich sind, können mehrere Abwickler aus den verschiedenen Berufen bestellt werden.

176 Die Liquidatoren haben dafür Sorge zu tragen, dass die Abwicklung ordnungsgemäß erfolgt. Dies bedingt die **Durchführung folgender Maßnahmen** – in dieser Reihenfolge[1]:

- Beendigung der schwebenden Geschäfte, § 730 Abs. 2 BGB.
- Rückgabe der Gegenstände, die ein Gesellschafter der Sozietät zur Benutzung (nicht als Einlage!) überlassen hat, § 732 BGB.
- Berichtigung der gemeinschaftlichen Schulden aus dem Sozietätsvermögen, § 733 Abs. 1 BGB. Soweit das Vermögen nicht ausreicht, besteht gemäß § 735 BGB eine Nachschusspflicht.
- Rückerstattung der Einlagen in Geld, § 733 Abs. 2 BGB. Auch insoweit besteht gegebenenfalls die Nachschusspflicht nach § 735 BGB.
- Verteilung des Überschusses, § 734 BGB.

d) Berufsrechtliche Folgen der Auflösung, § 32 Abs. 1 BORA

aa) Befragung der Mandanten durch alle Sozien

177 § 32 Abs. 1 der BORA trifft eine Regelung hinsichtlich des Problems, welcher Sozius das jeweilige Mandat fortführen soll. Danach haben die Sozien mangels anderweitiger vertraglicher Regelung zunächst jeden Mandanten zu befragen. Eine zeitliche Eingrenzung findet sich nicht. Es gibt also keine hierfür etwa einzuhaltende Frist, sondern die Partner müssen nur einen gewissen zeitlichen Zusammenhang mit der Auflösung wahren.

178 Nach dem Wortlaut des § 32 Abs. 1 Satz 1 BORA müssen **sämtliche Sozien bei der Befragung mitwirken**. Um eine einklagbare Verpflichtung handelt es sich hierbei jedoch nicht, zumal die gerichtliche Auseinandersetzung zwischen den Gesellschaftern über diese Frage zu einem zu großen Zeitverlust führen und daher keine praxisgerechte Lösung ermöglichen würde. Die Sanktion der fehlenden Mitwirkung liegt daher einfach in der individuellen Frageberechtigung nach § 32 Abs. 1 Satz 3 BORA; dazu noch unten Rz. 184)[2].

179 **Adressat** der Befragung ist **jeder Mandant**; die Sozien können sich also nicht auf ausgesuchte Mandanten beschränken.

1 *Karsten Schmidt*, Gesellschaftsrecht, § 59 V 2a; MünchHdb. GesR I/*Gummert*, § 21 Rz. 106ff.
2 Vgl. auch *Nerlich*, in: Sozietätsrecht, § 31 Rz. 52; *Feuerich/Weyland*, § 32 BORA Rz. 2.

Für die **Art der Befragung** enthält die Berufsordnung keine Vorgaben. Sie kann daher sowohl mündlich als auch schriftlich, in Anschreiben durch einzelne Sozien oder durch die Sozietät insgesamt, in individuellen Schreiben oder in allgemein gehaltenen Rundschreiben erfolgen. Es kommt stets darauf an, auf welche konkrete Art der Befragung sich die Sozien verständigen. 180

Für den Inhalt der Befragung nennt § 32 Abs. 1 Satz 1 BORA die Fragestellung, wer künftig die laufenden Sachen des Mandanten bearbeiten soll. Gemeint sind lediglich die bisherigen Sozien, so dass dem Mandanten unter Berufung auf diese Vorschrift nicht die Mandatsübernahme durch eine ganz andere dritte Kanzlei angetragen werden kann. Die Bestimmung stellt klar, dass es nur um die bereits **laufenden Angelegenheiten** gehen kann. Ab dem Zeitpunkt der Auflösung muss sich der Mandant ohnehin zwischen den beteiligten Rechtsanwälten entscheiden, die die gemeinschaftliche Annahme und Bearbeitung von Mandaten gerade nicht mehr wünschen. 181

Unter **zivilrechtlichem Aspekt** stellt sich die einvernehmliche Weiterführung des Mandats durch einen der bisher gemeinsam beauftragten Rechtsanwälte als Entlassung der übrigen Partner aus sämtlichen vertraglichen Verpflichtungen mit Wirkung für die Zukunft dar[1]. Angesichts der Tragweite der Zustimmung des Mandanten zu dieser Entlassung von Vertragspartnern genügt nicht die schlichte Frage, wer das Mandat zukünftig bearbeiten soll, sondern dem Mandanten müssen zumindest in groben Zügen der Hintergrund und die Auswirkungen der Befragung und seiner Entscheidung erläutert werden. Aus dieser Erläuterung muss sich deutlich ergeben, welche Anwälte in welcher Konstellation zur Weiterführung des Mandats bereit sind. Dies betrifft auch die Frage, in welchen neuen Sozietäten die bisherigen Partner nunmehr tätig sind. 182

bb) Befragung der Mandanten in einem gemeinsamen Rundschreiben

Sofern sich die Sozien über die Art der Befragung nicht einigen, schreibt § 32 Abs. 1 Satz 2 BORA ein gemeinsames Rundschreiben vor. Ein gemeinschaftliches Rundschreiben erscheint in der Tat als das am ehesten für eine solche Befragung geeignete Instrument. In der Praxis scheitert diese Art der Befragung allerdings zumeist an der fehlenden Übereinstimmung über einzelne Formulierungen. 183

cc) Befragung der Mandanten durch einzelne Sozien

Sofern sich die bisherigen Sozien nicht auf eine gemeinsame Art der Befragung einigen, darf nach § 32 Abs. 1 Satz 3 BORA jeder Partner einseitig die Entscheidung des Mandanten einholen. Auch für diesen Fall gilt die Verpflichtung zur Erläuterung der Tragweite der Mandantenentscheidung. Eine mehr oder weniger suggestiv gestellte Frage, ob der Mandant von dem befragenden Anwalt beraten werden möchte, mit einer bloßen Wahlmöglichkeit zwischen „ja" und „nein" genügt also nicht. 184

1 Vgl. *Heller*, Die Beendigung freiberuflicher Sozietätsverhältnisse, 2000, S. 33ff.

dd) (Fehlende) Antwort des Mandanten

185 Die klare Antwort des Mandanten mit einer eindeutigen Wahl zugunsten eines bestimmten Sozius ist der Idealfall. Häufig bleibt die Befragung in der Praxis jedoch **ergebnislos**. Dies gilt insbesondere in folgenden Fällen[1]:

- Eine Antwort bleibt völlig aus, es wird keine Reaktion erkennbar.
- Das Schreiben mit der Befragung kommt als unzustellbar zurück.
- Der Mandant sendet den Fragebogen unbeantwortet zurück.
- Der Mandant will die Mandatsfortführung durch mehrere oder gar sämtliche Sozien.
- Die Antwort ist unklar.

186 In allen diesen Fällen wird das Mandat durch die **Abwicklungsgesellschaft** weitergeführt[2]. Die Entlassung einzelner Partner aus den Bindungen des Mandatsvertrages wäre nämlich nur mit Einverständnis des Mandanten möglich, an der es hier aber gerade fehlt. Im Innenverhältnis bleibt es dann grundsätzlich bei der bisherigen Referatsaufteilung, der anwaltliche Sachbearbeiter bleibt also auch im Abwicklungsstadium im Innenverhältnis für das Mandat verantwortlich. Die übrigen Sozien haften für dessen Verschulden weiterhin nach den allgemeinen Regeln, da das Mandatsverhältnis mit ihnen fortbesteht.

ee) Umzugshinweis

187 Nach § 32 Abs. 1 Satz 4 BORA darf der ausgeschiedene Sozius am bisherigen Kanzleisitz für ein Jahr einen Hinweis auf seinen Umzug anbringen. Gemeint ist hiermit, wie sich trotz des missglückten Wortlautes hinreichend deutlich aus der Systematik ergibt, nicht nur der Fall des Ausscheidens eines Partners aus einer fortbestehenden Sozietät, sondern gleichermaßen die **Auflösung der Gesellschaft** insgesamt[3]. Hier haben sämtliche Sozien, die umziehen und somit nicht in den bisherigen Kanzleiräumen verbleiben, das Recht, einen derartigen Hinweis anzubringen. Es handelt sich nur um eine berufsrechtliche Befugnis, die mit einer entsprechenden Duldungspflicht des am Ort verbleibenden Partners korrespondiert. Zivilrechtliche Ansprüche insbesondere gegenüber dem Hauseigentümer bzw. Vermieter lassen sich daraus jedoch nicht herleiten. Die zivilrechtliche Seite bedarf daher stets einer gesonderten Prüfung.

188 Die **Art des Hinweises** ist in der Berufsordnung nicht geregelt worden. Häufig anzutreffen ist das teilweise Überkleben des bisherigen Kanzleischildes mit der Anschrift „Rechtsanwalt X verzogen nach:" mit Angabe der neuen Anschrift und Telefon- bzw. Telefaxnummern. Aufgrund der dürftigen Norm könnte es fraglich sein, ob die Telefon- und Telefaxnummern zu den Infor-

---

1 Hartung/Römermann/*Römermann*, § 32 Rz. 35.
2 *Feuerich/Weyland*, § 32 BORA Rz. 3.
3 Hartung/Römermann/*Römermann*, § 32 Rz. 53.

mationen gehören, auf die ein Anspruch besteht. Im Zeitalter der Telekommunikation erscheinen diese Angaben aber als notwendig, damit der Mandant seinen Rechtsanwalt ohne weiteres erreichen kann[1]. Diesem Zweck dient schließlich die Vorschrift des § 32 Abs. 1 Satz 4 BORA. Hingegen gehört eine E-Mail-Adresse noch nicht zu den selbstverständlichen Kommunikationsformen, so dass diese Information auf dem Umzugshinweis nicht geduldet zu werden braucht. In einigen Jahren könnte diese Einschätzung an die veränderten Umstände anzupassen sein. Neben der Form des Überklebens kommt auch die Anbringung eines gesonderten **Schildes** in Betracht. Die Größe des Hinweises auf die neue Anschrift muss sich an der Größe der Nennung des Sozius auf dem bisherigen Kanzleischild orientieren, kann aber der Deutlichkeit halber auch einmal in weitergehendem Ausmaß notwendig werden. Die Gestaltung sollte sich ebenfalls dem bisherigen Stil annähern und darf weder zu einer Verdrängung der verbleibenden Sozien führen noch dazu, dass der Hinweis praktisch nicht mehr zu erkennen ist[2].

Der **Zeitraum** von einem Jahr stellt eine Mindestfrist dar. Die früheren Standesrichtlinien (§ 70 Abs. 2) hielten noch zwei Jahre für angemessen. 189

ff) Bekanntgabepflicht

Der verbleibende Sozius hat gemäß § 32 Abs. 1 Satz 5 BORA während einem Jahr auf Anfrage hin die neue Kanzleiadresse, Telefon- und Telefaxnummern des umgezogenen Sozius bekanntzugeben. Eine Form schreibt die Berufsordnung nicht vor; sie kann daher insbesondere fernmündlich, mündlich oder schriftlich erfolgen. Auch eine Frist ist für die Bekanntgabe nicht ausdrücklich bestimmt. Angesichts der üblichen Bearbeitungszeiten, aber auch in Anbetracht der bei anwaltlichen Mandaten häufig gebotenen Eile sind höchstens eine bis zwei Wochen noch angemessen; im Einzelfall kann die Frist kürzer sein. 190

Die **Bekanntgabepflicht** entfällt insbesondere in den folgenden Fällen: Zum einen, wenn der umgezogene Rechtsanwalt dem am Ort verbliebenen Sozius seine neue Adresse nicht genannt hat. Der die bisherige Kanzlei fortführende Partner ist nämlich nicht verpflichtet, eigene Nachforschungen über den Verbleib seiner früheren Sozien anzustellen[3]. Zum anderen erlischt die Bekanntgabepflicht, wenn der frühere Sozius gar nicht mehr anwaltlich tätig ist. Er verfügt dann nämlich über keine Kanzlei mehr, deren Anschrift genannt werden könnte. Da es in § 32 Abs. 1 Satz 5 BORA nur um berufsbezogene Informationen geht, kann eine anderweitige Bekanntgabepflicht aus dieser Vorschrift nicht abgeleitet werden. 191

1 *Nerlich*, in: Sozietätsrecht, § 31 Rz. 54.
2 Vgl. *Lingenberg/Hummel/Zuck/Eich*, § 70 Rz. 6.
3 So auch *Nerlich*, in: Sozietätsrecht, § 31 Rz. 54.

II. Die Sozien

1. Der Begriff des Sozius

a) Überblick über die relevanten Kriterien

192 Seit der Zulassung der Anstellung von Rechtsanwälten durch andere Rechtsanwälte geht man in der rechtswissenschaftlichen Theorie und in Deutschland auch noch weitgehend in der Praxis der Anwaltskanzleien von einer hierarchischen Zweiteilung innerhalb einer Kanzlei zwischen Partnern und angestellten Rechtsanwälten aus. Je stärker eine Sozietät wächst, desto mehr verliert sich diese Trennung.

193 Die Stellung eines Partners (Sozius) entzieht sich einer allgemein anerkannten und klaren Definition. Im konkreten Einzelfall sind insbesondere **folgende Umstände** zu prüfen und dann einer Gesamtbewertung zu unterziehen:

- Der Sozietätsvertrag.
- Die tatsächliche Einordnung bzw. Unterordnung im Gefüge der Sozietät, insbesondere im Hinblick auf Weisungsunterworfenheit, Überwachung, freie Wahl der bearbeiteten Mandate und der Arbeitszeit.
- Beteiligung an Gewinn und Verlust.
- Stimmrecht in der Gesellschafterversammlung.
- Auftreten nach außen, z.B. auf Kanzleibriefbögen.

b) Einzelheiten zu den Kriterien

aa) Auftreten nach außen

194 Insbesondere das Auftreten nach außen ist ein nur mit erheblichem Vorbehalt verwendbares Kriterium. In Kanzleien jeglicher Größenordnung finden sich auch die Namen solcher Rechtsanwälte, die nach den noch weiter unten darzulegenden Merkmalen eindeutig als Angestellte zu qualifizieren sind, auf den Briefbögen. Lange Zeit widersprach dies der im Wettbewerbsrecht herrschenden Rechtsprechung. Danach durfte ein Rechtsanwalt nicht den Anschein erwecken, dass er sich mit einem anderen Anwalt in einer Sozietät zusammengeschlossen habe, wenn in Wahrheit nur eine Scheinsozietät vorlag[1]. Zur Begründung wurde auf eine angebliche Verkehrserwartung verwiesen, dass bei gemeinsamem Auftreten „eine kollegiale Zusammenarbeit aller gleichrangig aufgeführten Rechtsanwälte auf gleicher Ebene" vorliege. Diese pure Fiktion hatte schon lange nichts mehr mit der Realität in Anwaltskanzleien gemein. Entgegen der früheren Annahme des BGH ist es für den Mandanten im Übrigen ohne jede Relevanz, welche Stellung die auf einem Briefbogen genannten Anwälte in der Hierarchie der Sozietät einnehmen. Die nach außen hin gemeinschaftlich in Erscheinung tretenden

1 BGH MDR 1996, 966; OLG Düsseldorf WRP 1995, 119.

Rechtsanwälte haften in jedem Fall gesamtschuldnerisch. Details über die interne Struktur der Sozietät berühren daher keine legitimen Interessen des Mandanten.

In der **Satzungsversammlung** der Rechtsanwälte wurde die Frage der zulässigen Außendarstellung bei einer Scheinsozietät eingehend diskutiert und festgestellt, dass eine **berufsrechtliche Klarstellung** erfolgen müsse, damit die bisherige Gepflogenheit nicht mehr als wettbewerbswidrig beanstandet werden könne[1]. In der Berufsordnung wurde daher in § 8 Satz 1 eine Bestimmung aufgenommen, wonach auf die gemeinschaftliche Berufsausübung „in sonstiger Weise (Anstellungsverhältnis, freie Mitarbeit)" hingewiesen werden darf. Die frühere, anderslautende Rechtsprechung ist damit endgültig überholt[2]. Aus der bloßen Nennung der Namen von Rechtsanwälten auf dem Kanzleibriefbogen können daher keinerlei Rückschlüsse mehr gezogen werden. Die Qualifizierung der Stellung der dort aufgeführten Anwälte etwa als „Partner" oder „Mitarbeiter" ist berufsrechtlich nicht vorgeschrieben und in der Praxis nur in seltenen Ausnahmefällen anzutreffen. 195

bb) Abschluss eines Sozietätsvertrages

Neben der Außendarstellung vermögen aber auch die übrigen eingangs genannten Kriterien jeweils isoliert betrachtet nicht zu einer klaren Unterscheidung zwischen Angestelltem und Sozius zu führen. So ist es beispielsweise eine Frage der Kanzleikultur, in welchem Moment die bisherigen Sozien mit einem neu hinzutretenden Rechtsanwalt einen „Sozietätsvertrag" abschließen. Sofern dies frühzeitig geschieht, etwa gleich bei Aufnahme des Rechtsanwalts in die Kanzlei, zeichnet der Vertrag die verschiedenen zu durchlaufenden Stationen bis zum Erreichen des Partnerstatus möglicherweise erst vor. Der Vertrag bestimmt in solchen Fällen beispielsweise, dass der Rechtsanwalt zunächst zwei Jahre lang ohne jedes Gewinn- oder Stimmrecht bei fester Gehaltszahlung mitarbeitet und sich dann sukzessive dem Status des „Vollpartners" annähert. In diesem Fall ist trotz des erfolgten Vertragsschlusses noch kein echter Partnerstatus gegeben, sondern die Tätigkeit und die Stellung des Rechtsanwalts entsprechen während der durch die Vereinbarung fixierten Zeiträume exakt denen eines angestellten Rechtsanwalts. 196

cc) Gewinn- und Verlustbeteiligung

Die Gewinnbeteiligung rückt für einen im Rahmen einer Anwaltssozietät aktiven und erfolgreichen Mitarbeiter recht frühzeitig in greifbare Nähe, da die Sozien bestrebt sein werden, ihn hierdurch stärker in die Kanzlei einzubinden und ihn auch wirtschaftlich an deren Ergebnis zu interessieren. Zu unterscheiden sind hierbei zwei voneinander grundlegend **verschiedene Systeme**: 197

1 SV-Prot. 2, 35.

2 Näher Hartung/Römermann/*Römermann*, § 8 Rz. 28ff.; *Feuerich/Weyland*, § 8 BORA Rz. 2ff.; bestätigt durch OLG München, Urt. v. 18. 1. 2001 – 29 U 2962/00, BB 2001, 592.

- Die Beteiligung an dem „eigenen", also durch die persönliche Tätigkeit des Rechtsanwalts erwirtschafteten Gewinn.
- Die Beteiligung am Gesamtgewinn der Sozietät.

198 Beide Systeme lassen sich mit einem **Angestelltenstatus** kombinieren. Ein Rechtsanwalt ohne Stimmrecht und ohne Geschäftsanteil, der aufgrund eines Arbeitsvertrages in einer Kanzlei unter der Aufsicht eines Partners tätig ist, erhält hierfür – ausschließlich oder aber zusätzlich zu einem festen Mindestgehalt – eine finanzielle Beteiligung an den von ihm in die Kanzlei gebrachten oder nur bearbeiteten Mandaten oder gar – seltener – an dem Gesamtgewinn der Sozietät. Dies kann man als Angestelltenverhältnis mit Gewinnbeteiligung bezeichnen. Zum Teil wird aber auch schon aus der bloßen Tatsache der Gewinnbeteiligung per se der Partnerstatus abgeleitet, unabhängig von der Größe dieser Beteiligung und den sonstigen Begleitumständen. Dieser nur am Gewinn beteiligte Sozius ohne Stimmrecht wird als „income partner"[1] oder „salaried partner"[2] bezeichnet. Stimmrechtslose Mitgliedschaftsrechte sind bei Personengesellschaften und insbesondere bei einer Gesellschaft bürgerlichen Rechts grundsätzlich zulässig[3]. Besonders bei einer geringfügigen Beteiligung (z.B. 10 % am eigenen Umsatz) zeigt sich allerdings, dass sich die Ausgestaltung dieser „Partner"-Stellung insgesamt häufig eher der eines bloßen Angestelltenverhältnisses (mit „Prämie") annähert als derjenigen bei einem Vollpartner[4].

dd) Stimmrecht

199 Das Stimmrecht in der Gesellschafterversammlung ist ein wesentliches Indiz für einen echten Partnerstatus. Demjenigen, der mit den anderen Sozien gemeinsam die Geschicke einer Sozietät lenkt, wird man kaum die Eigenschaft als Partner absprechen können. Insoweit ist eine negative Abgrenzung möglich: Ein Rechtsanwalt ohne Stimmrecht ist grundsätzlich kein Sozius, von den Ausnahmen des stimmrechtslosen Gesellschaftsanteils einmal abgesehen. Problematischer ist die positive Betrachtung dieses Kriteriums. Hier ist der Begriff des „associate partner" von Bedeutung. Er bezeichnet eine Mischkonstellation, häufig eine Übergangsphase vom Angestellten (associate) zum Partner. Der associate partner ist seinem Namen nach bereits Sozius, ohne dass sich dies aber durchweg in einer Stimmberechtigung niederschlagen würde.

200 Als „associate partner" steht dem Rechtsanwalt zumeist eine Gewinnbeteiligung zu, die jedoch zuweilen nach unten und vor allem nach oben hin begrenzt ist. Dies wird teilweise mit einem **Teilnahme- und Rederecht** in der Gesellschafterversammlung verknüpft, aber nur selten bereits mit einem Stimmrecht. Wiederum liegt es hier scheinbar allein an der Wertung durch

---

1 *Paefgen*, JA 1994, Heft 4–5, S. X, XII m.w.N.
2 *Lindley* on Partnership, 15. Aufl. 1984, S. 15; *Quek*, International Financial Law Revieuw, March 1986, 5, 6.
3 *Karsten Schmidt*, Gesellschaftsrecht, § 21 II 1c.
4 *Ferguson*, 42 U. Miami L. Rev. 699, 727 (1988).

den jeweiligen Betrachter, ob dieser Rechtsanwalt mit begrenzter Gewinnbeteiligung, aber ohne oder mit nur nominellem[1] Stimmrecht bereits als Sozius eingestuft wird oder noch als Angestellter[2]. Andererseits gibt es zum Teil freie Mitarbeiter, die bereits in der Gesellschafterversammlung ein Stimmrecht haben, soweit nicht Regelungen des Sozietätsvertrages betroffen sind.

ee) Kanzleiinterne Bezeichnung der Position

201 Die Bezeichnung der Stellung durch die Sozien, etwa im (Sozietäts-/Anstellungs-)Vertrag, variiert aufgrund der oben dargestellten Abgrenzungsprobleme erheblich und bietet daher kein verlässliches Abgrenzungskriterium. Langjährige Angestellte können so z.B. wegen ihrer besonderen Verdienste um die Kanzlei zu einem bestimmten Zeitpunkt zum „associate partner" „befördert" werden, ohne dass sich hierdurch an ihrer Stellung – bisher als „senior associate" – etwas ändern würde[3]. Darüber hinaus kann beispielsweise der Wunsch einer Kanzlei, durch eine Vielzahl von Namen auf dem Briefbogen die als notwendig angesehene „man power" zu demonstrieren, frühzeitig zu einem nominellen Aufstieg der bei ihr beschäftigten Anwälte in den Status des (Außen-)Sozius führen („**Briefkopfpartner**").

202 Überdies lässt sich häufig eine Gleichsetzung des Begriffs „angestellter Rechtsanwalt" mit dem „**Juniorpartner**" konstatieren. *Ferguson*[4] berichtet von einem Fall, in dem ein „Juniorpartner", der in der Sozietät gegen Gehalt und ohne Gewinnbeteiligung mit einer nur marginalen Rolle in der Geschäftsführung arbeitete, vom Gesellschaftsvertrag die Stellung als echter (true) Partner zugesprochen erhielt. Auch in deutschen Kanzleien ist zum Teil eine interne Unterscheidung zwischen den sog. Sozien, also den Gesellschaftern, und den sog. Partnern, also Angestellten und freien Mitarbeitern, anzutreffen. Derartige Begriffsverwendungen widersprechen dem gesellschaftsrechtlichen Sprachgebrauch und tragen nicht selten eher zur Verwirrung als zur Klarheit der kanzleiinternen Struktur bei.

203 In anderen Kanzleien wiederum unterscheiden sich die „Juniorpartner" nur geringfügig von den „Senior-„ bzw. „Vollpartnern". Im täglichen Kanzleiablauf ist hier überhaupt keine Unterscheidung möglich. Allerdings kommt es vor, dass sich die Seniorpartner bei allen bedeutsamen Sozietätsentscheidungen ein Vetorecht vorbehalten. Für sie findet also insoweit ein einseitiges Einstimmigkeitsprinzip Anwendung, während die „Juniorpartner" kein Vetorecht besitzen, so dass für sie in jedem Fall das Mehrheitsprinzip gilt. Mit dem Ausscheiden des letzten privilegierten Senior- bzw. Gründungspartners entfällt diese Differenzierung.

1 Vgl. den bei *Ferguson*, 42 U. Miami L. Rev. 699, 717 in Fn. 114 zitierten Fall.
2 *Ferguson*, 42 U. Miami L. Rev. 699, 727.
3 *Ferguson*, 42 U. Miami L. Rev. 699, 727; vgl. *Gilson/Mnookin*, 37 Stan. L. Rev. 313, 316 Fn. 7 (1985) m.w.N.
4 *Ferguson*, 42 U. Miami L. Rev. 699, 726 (1988).

c) Eigener Vorschlag für eine Begriffsbestimmung

204 Unter Berücksichtigung aller oben dargestellten Kriterien wird hier[1] folgende Begriffsbestimmung vorgeschlagen:

- **Seniorpartner**: Partner mit vollem Stimmrecht und der höchsten erreichbaren Beteiligung am Gewinn. Regelmäßig handelt es sich um einen der dienstältesten Sozien. Namenspartner (also Partner, deren bürgerlicher Name Eingang in die Sozietätsbezeichnung gefunden hat) sind fast immer Seniorpartner.
- **Vollpartner**: Partner mit vollem Stimmrecht und mit einer Gewinnbeteiligung, die allerdings nicht immer bereits auf der höchsten erreichbaren Stufe erfolgt.
- **Juniorpartner**: Rechtsanwalt, der nicht das gleiche Stimmrecht besitzt wie ein Vollpartner. Eine Gewinnbeteiligung ist meistens gegeben, aber zu einem geringeren Grad als bei Vollpartnern. Im Auftreten nach außen (z.B. Briefbogen) erscheinen Juniorpartner häufig, aber nicht immer im Zusammenhang mit den Vollpartnern. Zum Teil werden sie gesondert von den Vollpartnern aufgeführt, zum Teil gar nicht erwähnt. Insgesamt ist nur eine negative Abgrenzung möglich: Juniorpartner ist ein Rechtsanwalt, der nicht die gleichen Rechte hat wie ein Vollpartner („lower level partner")[2], der aber andererseits mehr Rechte hat als ein angestellter Rechtsanwalt.
- **Angestellter Rechtsanwalt**: Anwalt ohne Stimmrecht und zumeist ohne Anteil am Gewinn der Sozietät. In einer Dauerstellung wird er z.T. als „permanent associate" bezeichnet[3].

205 Der Begriff **„associate partner"** deckt einen Bereich vom Angestellten bis zum Juniorpartner in der Stellung eines echten Sozius ab; die genaue Zuordnung muss nach der individuellen Ausgestaltung der Funktion in der Kanzlei vorgenommen werden. Die Scheidelinie zwischen Partnern und Angestellten verläuft im Bereich des Juniorpartners. Insbesondere in Anbetracht der Möglichkeit der freien Mitarbeit kann eine exakte Abgrenzung häufig nicht erfolgen, sondern es ist unter einer Gesamtbetrachtung sämtlicher oben unter Rz. 186 genannter Kriterien eine wertende Zuordnung vorzunehmen. Die durch die §§ 705 ff. BGB bereitgestellten Begriffe vermögen die angesichts weitgehender Vertragsfreiheit äußerst variantenreiche und ausdifferenzierte Rechtswirklichkeit nicht mehr eindeutig zu erfassen[4].

206 In den **USA** findet sich eine Diskussion darüber, ob sich der **Partner- und der Angestelltenstatus** gegenseitig ausschließen oder ob nicht auch „Partner"

1 So bereits *Römermann*, Entwicklungen und Tendenzen bei Anwaltsgesellschaften, 1995, S. 56.

2 *Ferguson*, 42 U. Miami L. Rev. 699, 727 (1988).

3 Hierzu und zur betriebswirtschaftlichen Kritik an dieser Position *Paefgen*, JA 1994, Heft 4–5, S. X, XXX, XXXI; ferner *Gilson/Mnookin*, 37 Stan. L. Rev. 313, 316 in Fn. 7 (1985), jeweils m.w.N.

4 Vgl. in diesem Sinne für die USA bereits *Ferguson*, 42 U. Miami L. Rev. 699, 701.

den Diskriminierungsschutz wie Angestellte genießen können[1]. Nach der dort herrschenden Rechtsprechung kann ein Partner „per se" kein Angestellter sein („per se rule"). Dem steht jedoch eine Theorie gegenüber, die in einem „Economic Realities Test" die tatsächliche Stellung des Rechtsanwalts einer wertenden Betrachtung unterzieht. Kritisch wurde von der Rechtsprechung gegen diesen Test eingewandt, dass seine Kriterien so streng seien, dass praktisch nur noch die dominierenden Partner echte Partner im Sinne des Tests sein könnten.

Hierdurch wird auf den bedeutsamen Aspekt aufmerksam gemacht, dass 207
auch unter den Partnern noch **Abstufungen zulässig** sein müssen und damit nicht nur der Senior- bzw. Vollpartner als echter Partner Anerkennung finden kann. Dies ist bei der wertenden Betrachtung insbesondere auf der Ebene des Juniorpartners zu berücksichtigen und begründet dann jedoch keinen grundsätzlichen Einwand gegen den Test und eine damit einhergehende wirtschaftliche Gesamtbetrachtung der jeweiligen Umstände des Einzelfalls. Einige Gerichte in den USA verwenden den „Traditional Partnership Indicia Test", wonach Mitarbeiter als Angestellte im Sinne der Diskriminierungsregeln qualifiziert werden, sofern ihre Stellung erheblich von einer oder mehreren Eigenschaften eines Vollpartners abweicht. Dies entspricht vom Ansatz her der oben im Zusammenhang mit dem so genannten Juniorpartner vorgeschlagenen negativen Abgrenzung. Je größer eine Kanzlei ist, desto differenzierter sind regelmäßig die dort anzutreffenden Gestaltungsformen für die Stellung der Rechtsanwälte. Je differenzierter die Formen, desto länger ist in der Konsequenz zumeist der von einem neu eintretenden Rechtsanwalt bis zur höchsten Stufe – der „Vollpartnerschaft" – zu durchlaufende Parcours.

2. Sozietätsfähigkeit, insbesondere Sternsozietät

Nach § 59a Abs. 1 BRAO dürfen sich Rechtsanwälte mit Angehörigen der 208
dort genannten Berufe zur gemeinschaftlichen Berufsausübung im Rahmen der eigenen beruflichen Befugnisse verbinden. Während die sich im Zusammenhang mit interprofessionellen Zusammenschlüssen stellenden Fragen noch unten in Rz. 742ff. behandelt werden, soll hier näher auf den Aspekt der Sternsozietät eingegangen werden. Unter einer Sternsozietät versteht man die Zugehörigkeit eines Berufsangehörigen zu **mehreren voneinander verschiedenen Sozietäten.**

Die **herrschende Meinung**[2] wollte der früheren Formulierung „in *einer* Sozie- 209
tät" in § 59a Abs. 1 Satz 1 BRAO a.F. ein Verbot der Sternsozietät entnehmen. Dies entsprach einer in der Begründung des Regierungsentwurfs zur BRAO-Novelle von 1994 niedergelegten Ansicht[3]. Danach werde die anwaltliche Berufstätigkeit durch die Bildung von Sozietäten weder vermehrbar

---

1 Näher *Ferguson*, 42 U. Miami L. Rev. 699 (1988), passim; insbesondere im Hinblick auf die Employment Discrimination Statutes.
2 *Feuerich/Weyland*, § 59a Rz. 62ff. m.w.N.
3 Begründung des Regierungsentwurfs, BT-Drucks. 12/4993, 33.

noch teilbar; das Verbot der Sternsozietät entspreche auch den berechtigten Erwartungen des Rechtsverkehrs.

210 Diese nicht verbindliche Meinung der Gesetzesverfasser war schon früher unzutreffend[1]. Sie ist seit dem 18. 12. 2007 erledigt, da an diesem Tag die Streichung der Worte „in einer Sozietät" aus § 59a Abs. 1 Satz 1 BRAO Wirksamkeit erlangt hat. Sie ist durch das Gesetz zur Neuregelung des Rechtsberatungsrechts vom 12. 12. 2007[2] bewirkt worden, um zukünftig die Sternsozietät ausdrücklich zu ermöglichen. Seit dem Wegfall dieser gesetzlichen Bestimmung war das untergesetzliche Sternsozietätsverbot aus § 31 BORA unanwendbar; seine Aufhebung hat die Satzungsversammlung am 18. 1. 2008 beschlossen.

211, 212 Einweilen frei.

3. Eintritt in die Sozietät

a) Auswahl der Partner

213 In **kleinen Sozietäten** ist es zumeist dem oder den (Senior-)Partnern überlassen, die Entwicklung eines jungen Rechtsanwalts zu beobachten und ihm eines Tages die vollberechtigte Partnerschaft anzutragen. Diese auf der persönlichen Beziehung basierende Methode scheidet ab einer gewissen Kanzleigröße aus praktischen Gründen aus. Es bedarf hier institutionalisierter Vorkehrungen, um die Entwicklung der beschäftigten Anwälte zu steuern und zu überwachen. In **mittleren Sozietäten** fällt dies zumeist in die Sonderzuständigkeit eines Partners. **Größere Büros** richten besondere Ausschüsse („New Partner Committees") ein. In den meisten Fällen verfügt dieser Ausschuss nicht über ein Entscheidungs-, sondern nur über ein Vorschlagsrecht. Die Beschlussfassung obliegt zumindest formell der Gesellschafterversammlung. Allerdings ist nicht zu verkennen, dass die Sozien in größeren Kanzleien sich mangels persönlicher Kenntnis des Kandidaten dem Vorschlag des Ausschusses kaum verschließen können. Die Kriterien für die Auswahl neuer Partner werden teils frei vom zuständigen Vorschlagsgremium gewählt, teils bereits im Gesellschafts- oder Anstellungsvertrag festgelegt.

b) Aufnahme als Partner

214 Der Eintritt eines neuen Partners in die Sozietät stellt sich gesellschaftsrechtlich als Vertragsschluss des Eintretenden mit sämtlichen bisherigen Sozien dar. Der hinzugekommene Partner erhält einen Anteil am Vermögen der Sozietät. Damit korrespondiert eine Verringerung der Beteiligung der bisherigen Partner, die so genannte **„Abwachsung"**[3]. Bei kleineren Sozietäten ist

1 Ausführlich die Vorauflage Rz. B 210ff.; Hartung/Römermann/*Römermann*, § 31 Rz. 29ff.; ebenso *Nerlich*, in: Sozietätsrecht, § 31 Rz. 45ff.; offen lassend: *Kleine-Cosack*, § 59a Rz. 5ff.

2 Gesetz zur Neuregelung des Rechtsberatungsrechts vom 12. 12. 2007, BGBl. 2007 I, 2840.

3 Dazu *Karsten Schmidt*, Gesellschaftsrecht, § 45 II 5.

es vielfach noch üblich, dass der eintretende Rechtsanwalt für seine Beteiligung einen Kaufpreis an die bisherigen Partner entrichtet. Hierbei stellen sich im Einzelfall kaum lösbare Probleme der **Ermittlung des Kanzleiwertes**. Die Literatur[1] hilft mit umfangreichen Prüfungsschemata, und die Praxis orientiert sich im Wesentlichen an der Höhe des letzten Netto-Jahresumsatzes[2]. Weitere Schwierigkeiten entstehen durch die Rechtsprechung des BGH zur Verschwiegenheitspflicht im Zusammenhang mit der Weitergabe der Akten an den Erwerber[3]. Bei einer vorherigen Tätigkeit des späteren Sozius im Rahmen der Kanzlei dürfte dieser Aspekt eigentlich keine Rolle spielen, zumal dem Rechtsanwalt dann bereits die Akten zugänglich waren. Die Rechtsprechung sieht dies im Einzelfall zuweilen strenger.

4. Aufstieg zum Vollpartner

Oben zu Rz. 204 f. wurde festgestellt, dass die Gruppe der Sozien sich sehr 215
heterogen darstellt. Es lassen sich verschiedene Hierarchieebenen unterscheiden. Für den Aufstieg vom gerade in die Sozietät eingetretenen „Juniorpartner" bis zum „Vollpartner" bzw. „Seniorpartner" gibt es mehrere Varianten. Ähnlich wie bereits bei der Auswahl neuer Partner, so vollzieht sich auch die Stärkung ihrer Position innerhalb der Kanzlei bei kleineren Sozietäten durch die subjektiv getroffene Entscheidung einzelner oder aller Partner. Größere Büros sehen auch für den Aufstieg Ausschüsse vor, die in regelmäßigen Abständen Beurteilungen über die tätigen Rechtsanwälte abgeben. Das so genannte **Lockstep-System** will grundsätzlich auf derartige Bewertungen der anwaltlichen Leistungen verzichten und erhebt das Dienstalter zum alleinigen Aufstiegskriterium. Wegen der engen Verzahnung der Stärkung der Partnerstellung bis hin zum Vollpartnerstatus mit dem Thema der Gewinnbeteiligung sind die Einzelheiten unten, Rz. 220 ff., dargestellt.

5. Gewinnverteilung

a) Verbot der Beteiligung Dritter

Nach § 27 Satz 1 BORA dürfen am wirtschaftlichen Ergebnis anwaltlicher 216
Tätigkeit Dritte, die mit dem Rechtsanwalt nicht zur gemeinschaftlichen Berufsausübung verbunden sind, nicht beteiligt sein. Dieses Verbot der so genannten **Kryptosozietät** geht auf standesrechtliche Vorschriften seit dem Jahre 1929 zurück und sollte ursprünglich die Gewinnbeteiligung von Bürovorstehern sowie die gewerbsmäßige Mandatsvermittlung gegen Provision verhindern[4]. Personen, die dem anwaltlichen Standesrecht nicht unterliegen, sollten nicht durch finanzielle Anreize in die Versuchung gebracht wer-

1 *Eich*, Die Bewertung von Anwaltspraxen, 1995; *Kaiser/Ermert*, Kauf und Bewertung einer Anwaltspraxis, 3. Aufl. 2007.

2 Zutreffend *Eich*, Die Bewertung von Anwaltspraxen, 1995, Rz. 27; vgl. auch *Peres*, in: Sozietätsrecht, § 7 Rz. 157 f.

3 Ausführlich *Michalski/Römermann*, NJW 1996, 1305 ff.; Hartung/Römermann/*Römermann*, Anh. § 27.

4 Näher *Lingenberg/Hummel/Zuck/Eich*, § 55 Rz. 2, 5 f.

den, zur Umsatzsteigerung Maßnahmen zu ergreifen, die dem Rechtsanwalt verboten wären, wie insbesondere unzulässige Formen der Werbung, „Zutreiberwesen", Kostenüberforderungen[1].

217 Die Satzungsversammlung hatte zusätzlich einen neuen Aspekt im Auge, nämlich die offenbar in jüngerer Zeit zuweilen anzutreffende Bildung so genannter **Gewinn-Pools großer Wirtschaftsprüfungsgesellschaften** mit ihren eng verbundenen Anwaltssozietäten[2]. Diese Kanzleien gehen häufig aus der Ausgliederung der Rechtsabteilungen dieser Wirtschaftsprüfungsgesellschaften hervor. In die formelle Selbständigkeit entlassen, genießen die Anwaltssozietäten nach außen hin Unabhängigkeit, arbeiten jedoch anscheinend im Innenverhältnis fremdnützig zugunsten der Wirtschaftsprüfungsgesellschaft. Hier wurde von der Satzungsversammlung eine erhebliche Gefährdung der anwaltlichen Unabhängigkeit erkannt, ähnlich wie bei einer zu engen wirtschaftlichen Bindung an Großmandanten wie beispielsweise Versicherungen.

218 Mit dem **wirtschaftlichen Ergebnis** der anwaltlichen Tätigkeit sind sowohl das Gesamtergebnis, also der Totalgewinn oder Umsatz eines bestimmten Wirtschaftsjahres, als auch ein Teilergebnis gemeint, also die Abgabe eines Gebührenanteils aus einem konkreten einzelnen Mandat. Soweit es allerdings um eine Provision für die Vermittlung dieses Auftrages geht, enthält § 49b Abs. 3 Satz 1 BRAO eine speziellere Verbotsnorm.

219 Das Verbot der Beteiligung gilt grundsätzlich für **Dritte**, also Personen, die nicht zu den Sozien gehören. § 27 Satz 2 BORA normiert Ausnahmen insbesondere für Mitarbeiterbezüge, die Zahlung eines Kaufpreises für die Kanzlei und Leistungen im Zuge einer Auseinandersetzung der Sozietät. In Wirklichkeit handelt es sich hierbei allerdings nicht durchweg um „Ausnahmen", da die Berufsordnung insoweit zum Teil Kostenfaktoren und gerade nicht die Beteiligung am wirtschaftlichen Ergebnis im eigentlichen Sinne nennt[3]. Festzuhalten ist jedenfalls, dass § 27 BORA die Verteilung des Gewinns grundsätzlich auf die Partner innerhalb der Anwaltssozietät beschränken will.

b) Gewinnverteilungsmodelle

aa) Das Lockstep-System

220 Das wichtigste Beispiel eines vertraglich vorgezeichneten Weges in die bzw. innerhalb der Sozietät bildet das so genannte Lockstep-System[4]. Dieses Modell beruht auf dem jeweiligen **Dienstalter** des Rechtsanwalts. Es dürfte in

1 *Lingenberg/Hummel/Zuck/Eich*, § 86 Rz. 20.

2 SV-Prot. 4, 29f.; vgl. *Henssler*, NJW 1993, 2137, 2144; *Henssler*, JZ 1992, 697, 703f.

3 Hartung/Römermann/*Römermann*, § 27 Rz. 35ff. Die Vorschrift des § 27 BORA ist insgesamt missglückt, vgl. ebda. Rz. 17ff.

4 Formulierungsvorschläge unten zu Rz. 272 sowie z.B. bei *Schlößer*, in: Lenz/Imping/Schlößer, Kooperationsformen, Fach G, Kap. 1 Rz. 9.

großen, internationalen Anwaltssozietäten weiterhin vorherrschen, wenngleich eine gewachsene Kritik daran nicht zu übersehen ist[1].

Bei dem Lockstep-Modell erhält jeder Rechtsanwalt zu Beginn seiner Tätigkeit oder aber – je nach der individuellen Gestaltung – zu Beginn seiner Partnerstellung eine bestimmte, willkürlich festgelegte **Punktzahl**. Hinzu kommen dann jährlich weitere Punkte, deren Zahl im voraus festgelegt ist, bis zum Erreichen der Höchstpunktzahl, des so genannten **Plateaus**. Der Anwalt, der auf dem Plateau angekommen ist, verfügt über die maximale Gewinn- und Stimmberechtigung, weitere Differenzierungen in diesem Bereich wären systemfremd. Häufig wird sodann ab einem gewissen Lebensalter, z.B. 68 Jahre, ein automatischer Abbau der Punkte bis auf null vorgesehen, um dem altersmäßig zu erwartenden Leistungsabfall Rechnung zu tragen. 221

Gilson/Mnookin nennen bei ihrer detaillierten Beschreibung des Systems folgende **Determinanten**[2]: 222

- Der Gewinnanteil jedes Partners beruht einzig auf seinem Dienstalter, das von seiner „Klasse" bestimmt wird.
- Die „Klasse" ist der Jahrgang der Aufnahme des Rechtsanwalts in die Sozietät. Sie ist unveränderlich.
- Alle Sozien einer Klasse haben das gleiche Einkommen.
- In jedem beliebigen Jahr hängt das Verhältnis der Einkommen der Partner verschiedener Klassen von einer fixen, vorher bestimmten Beziehung ab.
- Die Mitglieder jeder Klasse marschieren „lockstep" den Weg der Vergütung, bis sie nach einer festen Zahl von Jahren sämtlich Partner mit vollem Gewinnanteil werden.

Die Länge dieses Weges und die **jährlich verteilten Punkte variieren** je nach der konkreten Ausgestaltung. Anzutreffen sind Zeiträume von zwölf[3] bzw. sechzehn[4] Jahren, wobei jedoch teilweise der Partnerstatus erst bei einer bestimmten Punktzahl erreicht wird, während andere Kanzleien die Dauer erst von der Erlangung der Partnerstellung an rechnen. Der Punkteanstieg kann linear erfolgen, die Geschwindigkeit des Voranschreitens auf dem Weg zum Plateau kann sich aber auch verändern. So wird etwa in einigen Kanzleien die Hälfte der maximal möglichen Punktzahl relativ langsam erreicht und die zweite Hälfte in kürzerer Zeit. 223

An diesem allein am Dienstalter (ancienneté) orientierten System wird in den USA seit Jahren wachsende Kritik laut. Nach Einschätzung vieler Beob- 224

---

1 *Gilson/Mnookin*, 37 Stan. L. Rev. 313, 319 (1985); anders, aber wohl unzutreffend die Einschätzung von *Carr*, International Financial Law Review, June 1987, 5, 6: „The lockstep approach ... is a thing of the past."

2 *Gilson/Mnookin*, 37 Stan. L. Rev. 313, 341 f. (1985); Beschreibung des Modells ebda. auf S. 341 ff., graphische Darstellung auf S. 344.

3 Vgl. den bei *Griffiths*, Legal Business Magazine, November 1993, 34, 38, zitierten Fall.

4 Vgl. den bei *Gilson/Mnookin*, 37 Stan. L. Rev. 313, 342 in Fn. 52 (1985) zitierten Fall.

achter hat das Modell für eine law firm auf längere Sicht eine zerstörerische Wirkung im Hinblick auf ihre Entwicklung, ihre Stabilität und schließlich ihr Überleben[1]. In der Tat bringt der prädeterminierte Automatismus des Fortkommens die Gefahr eines zumindest partiellen Verlustes der Motivation für Akquisition und Produktivität mit sich. Eine **Beamtenmentalität** und das bloße Ersitzen von Leistungen könnten sich einstellen[2]. Scheinbar fehlen Kontrollmechanismen, die bei mangelnder Arbeitsleistung einzelner Partner ein Missverhältnis zwischen der (ungleichen) Leistung und der (egalitären) Vergütung vermeiden. *Louis Auchincloss* last dementsprechend in seinem Roman „The Partners" (1974) eine der Figuren lockstep kritisieren als „a mutual fund for the benefit of the retired and disabled"[3].

225 Auch in deutschen Großkanzleien mit Lockstep-System hadern Sozien mit verhältnismäßig hohem Akquisitionsaufkommen und hoher Gewinnproduktivität häufig mit diesem Gewinnverteilungsmodell. Bei erheblichen Minderleistungen von Partnern kann die Gesellschafterversammlung zum Teil eine Punktezahl „einfrieren" oder gar kürzen, ein in der Praxis allerdings nur in extremen Ausnahmefällen zu beobachtendes Phänomen. Insoweit sind also in einem gewissen Rahmen **Kontrollmechanismen** vorhanden. Sie sind eigentlich systemfremd, da die Gesellschafterversammlung bzw. der hierzu eingerichtete Ausschuss die Arbeitsleistung eines Partners bewerten muss, ein Umstand, der durch das Lockstep-System gerade vermieden werden sollte. In den relevanten Ausnahmefällen können diese Mechanismen aber zu einer angemessenen Korrektur führen und das System auf diese Weise flexibler gestalten[4].

226 Trotz der demnach zu konstatierenden **Nachteile**

- Gefahr der Motivationsverminderung („Beamtenmentalität") und
- Notwendigkeit des Systembruchs in Ausnahmefällen

und der darüber geführten Diskussion sind eine Reihe der weltweit größten Anwaltssozietäten bei der Handhabung des Lockstep-Systems geblieben.

227 Dies liegt neben den erheblichen Mängeln der alternativen Gewinnverteilungsmodelle an mehreren nicht zu übersehenden **Vorteilen** des Lockstep-Modells. Sie bestehen zum einen darin, dass sich die beteiligten Rechtsanwälte ohne die Gefahr der Einkommenseinbuße Aufgaben widmen können, die sich nicht unmittelbar in Einnahmen der Sozietät niederschlagen, die aber für den langfristigen Erfolg der Kanzlei von herausragender Bedeutung sein können, beispielsweise die Erarbeitung eines guten Rufs durch einschlägige Veröffentlichungen. Zum anderen ist das Versprechen einer stetig ansteigenden Gewinnbeteiligung ein Marketinginstrument auf dem Arbeits-

1 Hierzu und zum Folgenden eingehend *Gilson/Mnookin*, 37 Stan. L. Rev. 313, 319, 340 (1985) m.w.N.; vgl. auch *Carr*, International Financial Law Review, June 1987, 5, 6.
2 Vgl. *Slota*, MDR 1997, 908, 911.
3 Zit. nach *Gilson/Mnookin*, 37 Stan. L. Rev. 313, 345 (1985).
4 Vgl. *Kunz*, in: Sozietätsrecht, § 4 Rz. 8.

markt[1]. Qualifizierte jüngere Rechtsanwälte können mit dieser Aussicht für die Sozietät geworben und langfristig an sie gebunden werden, insbesondere wenn sie nur eine geringe Risikoneigung haben. Eine besondere Leistungsbereitschaft kann daneben allerdings nicht mit unmittelbaren finanziellen Vorteilen belohnt werden.

bb) Produktivitätsorientierte Systeme

Die nicht allein am Dienstalter orientierten Modelle verwenden die Produktivität der Rechtsanwälte als maßgebliches Kriterium, um so den Anteil eines Sozius am insgesamt erwirtschafteten Kanzleigewinn zu ermitteln und danach seinen persönlichen Gewinnanteil zu bestimmen. 228

Für die **Messung anwaltlicher Produktivität** gibt es mehrere Ansätze[2], die wichtigsten sind: 229

- Zahl und Höhe der den Mandanten in Rechnung gestellten Stundensätze („billable hours").
- Heranführung neuer Mandanten bzw. Mandate an die Kanzlei.

Die **Zahl der berechneten Stunden** gibt eine Vorstellung von der quantitativen Arbeitsleistung eines Partners. Sie ist in der Regel relativ exakt festzustellen, da in größeren Sozietäten der Gebrauch eines Zeitprotokolls üblich geworden ist. Danach verfügt jeder Rechtsanwalt über ein Kanzleiformular, in das er seine Arbeitszeit einzutragen hat. Hierbei sind regelmäßig folgende Daten anzugeben: Name des Mandanten und Bezeichnung der Angelegenheit, Beschreibung der Tätigkeit und darauf verwandte Stunden. Für typische Aktivitäten sind zur Vereinfachung Codes vorgegeben, z.B. „LF" für „Letter from", „LT" für „Letter to", „MM" für „Memorandum" usw. Die Zeiten werden häufig in Zehntelstunden angegeben, d.h.: Der Zeitraum von einer bis zu sechs Minuten ergibt 0.1 Zeiteinheiten, 7–12 Minuten 0.2 Zeiteinheiten usw. bis zum Erreichen einer vollen Einheit (1.0) bei 54–60 Minuten. 230

Diese detaillierte Erfassung der Arbeitszeit wird ergänzt durch ein System persönlicher Beobachtung, das es erlauben soll, Simulanten mit übertrieben hohen Stundenabrechnungen als solche zu identifizieren[3]. In einer Sozietät, in der gegenseitiges Vertrauen zu den Grundlagen einer fruchtbaren Zusammenarbeit gehört, ist diese **Kontrolle** aber nur in eingeschränktem Maße möglich. Eine weitere Kontrolle findet häufig durch die Mandanten statt, denen das System der Stundenerfassung bekannt ist und die auf einer detaillierten Abrechnung bestehen. Hierdurch wird einerseits eine weitgehende Transparenz der anwaltlichen Leistungserbringung gewährleistet, die das Verständnis des Mandanten dafür und damit die Beziehung zwischen Mandant und Sozietät fördert. Andererseits können bei hartnäckigem Nachfragen des Mandanten Beeinträchtigungen des Vertrauensverhältnisses und Spannungen im Mandatsverhältnis insgesamt auftreten. 231

---

1 *Slota*, MDR 1997, 908, 911.
2 Eingehend *Henning*, International Financial Law Review, October 1990, 17.
3 *Gilson/Mnookin*, 37 Stan. L. Rev. 313, 372 (1985).

232 Als weiteres **Problem** der produktivitätsorientierten Gewinnverteilungsmodelle erweist sich die **Motivation** der Rechtsanwälte. Da dieses Modell vorrangig den zeitlichen Einsatz des einzelnen Sozius honoriert, bemüht sich jeder Partner tendenziell um eine möglichst hohe Stundenzahl, um so einen maximalen Gewinnanteil zu erlangen. Dieses Bestreben steht im Widerspruch zu mehreren grundlegenden Zielen der Arbeitsorganisation in einer Anwaltskanzlei:

- Effizienz;
- Arbeitsteilung;
- Teamarbeit.

233 In einem System, das nur die Quantität einer Arbeitsleistung in die Wertung einbezieht, wird der **effizient arbeitende Partner benachteiligt**, da er für ein gleiches Produkt (z.B. für einen Schriftsatz oder ein Gutachten) weniger Zeit benötigt als sein Kollege[1]. Es führt im Übrigen auch generell zu Ungerechtigkeiten, jede Arbeitsstunde als gleichwertig anzusehen, z.B. eine Stunde anstrengender Verhandlungen mit Anwälten der Gegenpartei im Vergleich zu einer Stunde Anwesenheit bei einer Sozietätsbesprechung. Derartige Ungerechtigkeiten werden durch die in den meisten großen Sozietäten übliche detallierte Erfassung der jeweils ausgeübten Tätigkeit relativiert. Damit korrespondiert ein ganz erheblicher **Verwaltungsaufwand** aufgrund der Komplexität der Zeitanalyse. Kosten und Nutzen sind also je nach Zuschnitt der Sozietät gegeneinander abzuwägen.

234 Das System der Berechnung möglichst vieler Stunden bei grundsätzlich gleichbleibendem Arbeitsaufkommen führt häufig zum so genannten „**grabbing**", also zur Alleinarbeit des Sozius auf eigene Stundenrechnung ohne die in der Sache angezeigte Einbeziehung von Kollegen oder gar die Übertragung der Mandatsbearbeitung auf einen der anderen Partner, oder – noch weitergehend – zum Wettkampf der Sozien untereinander um einzelne Mandate[2]. Die hierdurch hervorgerufene **kanzleiinterne Konkurrenzsituation** kann zu einer permanenten **Instabilität** bis hin zum Auseinanderbrechen einer Kanzlei führen[3]. In der Literatur[4] wird das Beispiel einer Washingtoner Sozietät berichtet, in der ein strenges Produktivitätssystem zum Bruch geführt hatte. Dieses an Stundensätzen und der Geschäftsentwicklung orientierte System hatte eine Situation heraufbeschworen, in der sich jeder Partner bemühte, niemals selbst einen Mandanten an einen anderen Sozius abzugeben, sondern stattdessen vielmehr noch weitere Mandate auf Kosten der übrigen Partner zu erlangen, um so auf eine höhere Stundenzahl zu kommen. Eine **sachgerechte Bearbeitung der Mandate** wird hierdurch erheblich beeinträchtigt, da der an der eigenen Gewinnmaximierung interessierte Rechtsanwalt es tunlichst vermeiden wird, etwa geeignete Fachkollegen oder Spezialisten aus der eigenen Sozietät heranzuziehen, um fächerübergreifend ge-

---

1 Näher *Gilson/Mnookin*, 37 Stan. L. Rev. 313, 347ff. (1985).
2 *Gilson/Mnookin*, 37 Stan. L. Rev. 313, 370ff. (1985).
3 *Lazega*, Revue franc. sociol. 33 (1992), 559, 567.
4 *Gilson/Mnookin*, 37 Stan. L. Rev. 313, 351 Fn. 61.

meinsam eine möglichst optimale Lösung für ein juristisches Problem zu finden[1].

235 Eine ähnliche Konkurrenzsituation wird durch Systeme geschaffen, die entscheidend auf die **Akquisition neuer Mandate** abstellen und dies dem akquirierenden Partner ohne Rücksicht darauf vergüten, wer letztlich das Mandat tatsächlich bearbeitet. Dieses Modell steht zunächst einmal vor der Schwierigkeit, exakt festzustellen, welcher Rechtsanwalt das jeweilige Mandat gebracht hat. Häufig sind mehrere Rechtsanwälte gemeinsam oder aber unabhängig voneinander an der Gewinnung eines Mandats beteiligt[2]. Sodann entstehen Auseinandersetzungen zwischen den Partnern darüber, wem der Mandatsgewinn zugerechnet werden soll, wenn z.B. ein Rechtsanwalt vor Jahren einen Mandanten geworben und seitdem ein anderer Sozius maßgeblich dessen Angelegenheiten bearbeitet hat.

236 Das an der Akquisition orientierte Modell favorisiert das Phänomen des so genannten „**rainmakers**", das sich zunehmend – bislang vor allem in den USA – in größeren Sozietäten feststellen lässt. Der „rainmaker" zeichnet sich durch seine ganz besondere Anziehungskraft für Mandanten aus, das so genannte „rainmaking" bzw. „business getting"[3]. Er ist stets darauf bedacht, die Mandanten an seine Person und nicht etwa an die Kanzlei zu binden, was ihn in die Lage versetzt, bei günstigeren Angeboten von einer anderen Sozietät mitsamt „seiner" Klientel dorthin zu wechseln. Zum Teil können auf diese Weise mehrfache Umzüge eines solchen „rainmakers" in einem einzigen Jahr von einer Kanzlei zur nächsten beobachtet werden. Der Rechtsanwalt versendet nämlich jeweils Rundschreiben an befreundete Kanzleien und Unternehmen, in denen er den Wechsel anzeigt und für eine weitere Zusammenarbeit wirbt. Die Konzeption von der Sozietät als einem das gesamte Arbeitsleben hindurch haltenden Verbund von Partnern löst sich mit dem weiteren Umsichgreifen des „rainmaker"-Phänomens zunehmend auf. Die große Kanzlei ist nur noch eine Basis für den „rainmaker", die er wegen ihrer finanziellen und personellen Kapazitäten benötigt, da er für die Wahrnehmung der akquirierten Großmandate oft auf erhebliche Sachmittel (Bibliothek, Informationssysteme, Reisebudgets etc.) sowie geeignete Zuarbeiter angewiesen ist. Wenngleich somit gerade bei umfangreichen Mandaten die Arbeit im Team z.B. mit Spezialisten aus mehreren Rechtsgebieten, Steuerberatern und Wirtschaftsprüfern unerlässlich ist, darf dies doch nicht darüber hinwegtäuschen, dass für den Mandanten nicht dieses Team entscheidend ist, sondern die Person des „rainmakers" selbst, der Ansprechpartner, Verantwortlicher und Teamchef bleibt.

237 Je bedeutender ein „rainmaker" für die Gesamtentwicklung einer Kanzlei ist, desto eher ist er imstande, Druck auf die übrigen Sozien auszuüben[4]. Typischerweise gehen die Forderungen des „rainmakers" auf größeren **Einfluss im Kanzleimanagement** sowie in finanzieller Hinsicht auf eine größere Ge-

1 So auch *Gleiss*, Soll ich Rechtsanwalt werden?, 3. Aufl. 1992, S. 178.
2 *Gleiss*, Soll ich Rechtsanwalt werden?, 3. Aufl. 1992, S. 177.
3 *Paefgen*, JA 1994, Heft 4–5, X, XIV.
4 *Lazega*, Revue franc. sociol. 33 (1992), 559, 567.

winnbeteiligung und auch auf eine vollständige und rasche Auszahlung dieses Anteils.

238 Hinsichtlich des Kanzleimanagements hat die Praxis in vielen Sozietäten gezeigt, dass ein hervorragender Akquisiteur nicht zwangsläufig ein begabter Verwaltungschef sein muss. Die Forderung nach einem **größeren Gewinnanteil** führt zu Konflikten mit den übrigen Sozien, die nicht zur Minderung der eigenen Gewinnbeteiligung beitragen wollen, und ist daher ein häufiger Anlass für Krisen und Aufspaltungen innerhalb der Kanzlei. Eine maximale Gewinnausschüttung verhindert die Bildung von Reserven, die für größere Anschaffungen (neues EDV-System usw.) oder für die Gründung weiterer Niederlassungen erforderlich wären. Insoweit geht die Tendenz daher zu einer Verringerung des in der Kanzlei vorhandenen Kapitals. In den USA wird aus diesem Grunde in der Literatur[1] bereits davon gesprochen, dass die US-law firms in der Regel nur über eine geringe Kapitalausstattung verfügten – ganz entgegen dem in Europa vorherrschenden Eindruck, wonach die „schiere Investitionskraft dieser Unternehmen … alles übersteigt, was wir uns in Deutschland vorstellen können"[2].

239 Die Forderung nach einer möglichst raschen Gewinnverteilung und -ausschüttung führt für die Sozietät zu der Notwendigkeit, bei ihren Mandanten auf einer sofortigen Bezahlung der Kosten-(Vorschuss-) Rechnungen zu bestehen[3]. Die Kanzleien werden so in immer stärkerem Maße **einnahmeorientiert**. Dies schlägt sich gegenüber Partnern und Mitarbeitern in der Forderung nach einer höheren Zahl berechenbarer Stundensätze nieder, da die Sozietät sich hierdurch zusätzliche Einnahmen verschafft. Im Zuge dieser Entwicklung ist es zu sehen, wenn im Laufe der Zeit der Erfolg von Partnern und angestellten Rechtsanwälten in einer Kanzlei mehr und mehr an der Zahl ihrer geleisteten Stunden gemessen wird. Hierdurch verstärkt sich der Druck der so als „erfolgreich" ausgewiesenen Rechtsanwälte auf die Sozietät zugunsten der Einführung bzw. Akzentuierung eines produktivitätsorientierten Vergütungssystems. Gerade Sozietäten mittlerer Größe sind häufig darauf angewiesen, die akquisitionsstarken Partner als Grundpfeiler zu behalten und auf deren Wünsche einzugehen. In vielen Kanzleien besteht daher eine sich selbst verstärkende Tendenz zur Orientierung an Produktivitätskriterien. Die Hauptmaßstäbe der Stundenproduktion und der Akquisition neuer Mandate werden hierbei in der Praxis häufig kombiniert[4].

cc) Kombinierte Systeme

240 Nicht nur Produktivitätskriterien, sondern die verschiedenen Ansätze der vorgestellten Modelle sind vielfach in Form von Kombinationen anzutreffen. Beispielsweise wird auf der **Grundlage des Senioritätsprinzips** im Rahmen eines Lockstep-Modells ein **finanzieller Anreiz** bei besonders hoher Produkti-

---

1 *Lambert*, 90 Michigan L. Rev. 1719, 1728 (1992).
2 *Abels*, AnwBl. 1989, 447, 448.
3 Näher *Lambert*, 90 Michigan L. Rev. 1719, 1729 (1992).
4 So auch *Raupach*, in: Freundesgabe für Haas, 1996, S. 253, 280f.

vität geboten[1]. Oder es werden umgekehrt auf Basis eines produktivitätsorientierten Systems Zuschläge auf die rein rechnerische Gewinnbeteiligung gezahlt, wie etwa für den Erwerb von Zusatzqualifikationen, die Übernahme von Managementfunktionen in der Kanzlei oder Veröffentlichungen[2]. Ziel ist es, den Sozius dazu zu veranlassen, Tätigkeiten auszuüben, bei denen die Leistung nicht ohne weiteres zahlenmäßig erfasst und Anteilen an den Gesamteinnahmen der Sozietät zugeordnet werden kann. Die Zusatzvergütung für diese „Nebentätigkeiten" muss hierbei so ausgestaltet werden, dass die Motivation zur eigentlichen Anwaltstätigkeit nicht genommen wird („rent seeking"), es sei denn, die Bedürfnisse der Sozietät erfordern eine solche Umorientierung anwaltlicher Partner.

Die Kombination aus den verschiedenen Gewinnverteilungsmodellen sollte 241
versuchen, die Nachteile der jeweiligen Systeme zu vermeiden und von ihren wesentlichen Vorteilen zu profitieren. In diesem Zusammenhang sind insbesondere folgende **Umstände von Bedeutung**:

- Mögliche Demotivation und Frustration der engagiertesten und akquisitionsstärksten Partner im Rahmen des Lockstep-Modells.
- Interner Wettkampf zwischen den Sozien um Mandate im Rahmen produktivitätsorientierter Systeme.
- Vorteile des Lockstep-Modells: Teamarbeit, Bearbeitung durch den fachlich qualifiziertesten Partner, kollegiale Atmosphäre, synergetische Effekte der Zusammenarbeit.
- Vorteile der produktivitätsorientierten Systeme: Angemessene Kompensation überdurchschnittlicher Anstrengungen und Leistungen einzelner Sozien.

Vor allem auf der Grundlage des Lockstep-Modells kann eine Dominanz des 242
„rainmaker"-Phänomens vermieden werden, das auf mittlere und längere Sicht eine destruktive und desintegrierende Wirkung auf Anwaltssozietäten ausübt. Beispielhaft soll eine US-Kanzlei genannt werden, deren Erfolg in der Literatur damit erklärt wird, dass die **Sozietät mehr sei als die Summe ihrer Mitglieder**. Unter den Partnern sei kein „rainmaker" oder ein „superstar lawyer", sondern die Kanzlei ziehe aufgrund ihres eigenen guten Namens und nicht wegen der persönlichen Beziehungen einzelner Sozien mit bestimmten Klienten Mandate an[3]. Der Managing Partner einer weltweit tätigen Anwaltssozietät hat sich in ähnlicher Weise geäußert: „We don't have a star culture here. We believe in teamwork"[4].

Grundvoraussetzung für eine solche Kanzleiphilosophie und für den Erfolg 243
des Lockstep-Modells ist ein bereits existierender guter Ruf der Sozietät, ein **„good will"** oder – mit anderen Worten – ein eigenes Kapital des anwalt-

---

1 *Gilson/Mnookin*, 37 Stan. L. Rev. 313, 390f. (1985); vgl. *Kunz* in Sozietätsrecht, § 4 Rz. 8f.
2 *Slota*, MDR 1997, 908, 911.
3 Näher *Gilson/Mnookin*, 37 Stan. L. Rev. 313, 355 Fn. 67 (1985).
4 *Geoffrey Howe*, zit. nach *Dillon*, Legal Business Magazine, June 1993, 28, 29f.

lichen Unternehmens. Wo bereits ein guter Ruf vorhanden ist, wird er durch die mit dem Lockstep-Modell initiierte optimale Mandatswahrnehmung durch die Kanzlei noch verstärkt[1]. Wo hingegen diese Basis fehlt, der Erfolg der Kanzlei also im Wesentlichen auf der Akquisition und Produktivität einzelner Partner beruht, da muss die reine Senioritätsorientierung zu Ungleichheiten und Minderkompensationen führen. Dies bringt die Gefahr der Abwanderung der leistungsfähigsten Kräfte mit sich und ruft Instabilität hervor.

244 Insgesamt ist somit festzustellen: Ein auf einem kanzleieigenen „good will" basierendes und gut funktionierendes lockstep-System verstärkt sich tendenziell selbst. Dort hingegen, wo diese **Grundvoraussetzung** nicht gegeben ist, entstehen automatisch Ansätze in Richtung auf ein stärker produktivitätskompensierendes Modell. Dieses Modell unterliegt ebenfalls einer sich selbst intensivierenden Tendenz: Auch wenn eine Sozietät mit einer überschaubaren Zahl von Partnern eine „perfekte" Formel gefunden haben sollte, also eine Formel, die die Ausrichtung und die Kräfteverhältnisse der Kanzlei in idealer Weise widerspiegelt, ist dies doch immer nur ein Abbild der zum relevanten Zeitpunkt gegebenen Situation[2]. Die Formel sieht sich potentiell der stets **möglichen Nachverhandlung** ausgesetzt, die zugunsten bzw. zu Lasten einzelner Rechtsanwälte entsprechend der durch den Zeitablauf und die Kanzleientwicklung eingetretenen Veränderungen verlaufen kann. Die beteiligten Anwälte haben daher ohne Rücksicht auf die aktuell gültige Formel Anlass sicherzustellen, dass sie für den Fall möglicher Nachverhandlungen über ihren „eigenen" Mandantenstamm verfügen, der ihnen zum relevanten Zeitpunkt eine aussichtsreiche Verhandlungsposition verschafft. Die Partner werden also stets bemüht sein, die Mandanten eher sich selbst und nicht der Kanzlei als anonymer Institution zuzuordnen. Dieses Bestreben führt automatisch zu den Phänomenen des „Mandantenhortens" und schließlich des „grabbings".

dd) Das „ideale" Gewinnverteilungsmodell

245 Die häufig gestellte Frage nach dem für alle Zeit und sämtliche Sozietäten gültigen „idealen" Gewinnverteilungsmodell muss notwendigerweise offen bleiben[3]. Je nach Größe, Zuschnitt, Persönlichkeit der Partner, Arbeitsfeldern, Mandantenstruktur und vor allem dem Selbstverständnis der beteiligten Rechtsanwälte (Kanzleiphilosophie) muss für jede Sozietät eine **individuelle Lösung** gefunden werden. Häufig wird sich diese Lösung aus Gedanken der verschiedenen Modelle zusammensetzen. Bei kleineren Sozietäten kann durchaus die Festlegung einer bestimmten Quote oder die der gesetzlichen Regel entsprechende Verteilung nach Köpfen angemessen sein. Die unmittelbare Auswirkung einer Umsatzerhöhung auf den individuellen Gewinnanteil und die persönlichen Beziehungen der Sozien zueinander gewährleisten ausreichende Anreize und eine gegenseitige Kontrolle.

246 In **größeren Sozietäten** drohen diese einfachen Mechanismen zu versagen, und es wird daher ein kompliziertes **Gewinnverteilungsmodell** eingeführt,

1 *Gilson/Mnookin*, 37 Stan. L. Rev. 313, 381 (1985).
2 *Gilson/Mnookin*, 37 Stan. L. Rev. 313, 370 (1985).
3 So auch *Slota*, MDR 1997, 708, 711.

das häufig aus einer Kombination des Dienstaltersystems mit produktivitätsorientierten Modellen besteht. Dieser Vertrag bedarf zusätzlich der Untermauerung durch die Schaffung einer **„Firmenkultur"**, die garantiert, dass der grundsätzliche Konsens in der Sozietät nicht permanent in Frage gestellt werden kann. Dies geschieht einerseits durch eine Selektion der neu aufzunehmenden Partner unter Vermeidung der „rainmaker" und unter Betonung des Teamgeistes als Voraussetzung für die Aufnahme in die Sozietät. Andererseits ist eine ständige Sozialisierung der Partner erforderlich, also die Förderung kanzleiinterner Zusammenarbeit unter Einbindung möglichst sämtlicher juristischer Mitarbeiter.

6. Wettbewerbsverbote

a) Gesetzliche Wettbewerbsverbote

aa) Während der bestehenden Sozietät

Während seiner Zugehörigkeit zur Sozietät darf kein Partner ohne Einwilligung der übrigen Gesellschafter der Kanzlei durch eine anwaltliche Tätigkeit in einer Einzelpraxis oder im Rahmen eines anderweitigen beruflichen Zusammenschlusses Konkurrenz machen. Bei Handelsgesellschaften und der freiberuflichen Partnerschaft (Verweisung in § 6 Abs. 3 Satz 2 PartGG) folgt dieses Ergebnis aus § 112 HGB. Die gesetzlichen Bestimmungen über die Gesellschaft bürgerlichen Rechts enthalten kein ausdrückliches Wettbewerbsverbot. Es wird hier von der ganz herrrschenden Meinung[1] aus der **gesellschaftsrechtlichen Treuepflicht** abgeleitet. 247

Dies gilt zumindest für die **geschäftsführenden Gesellschafter**. Bei den von der Geschäftsführung ausgeschlossenen Sozien werden zum Teil strengere Voraussetzungen an das Eingreifen des gesetzlichen Wettbewerbsverbotes gestellt[2]. Jedenfalls treuwidrig ist es danach, die im Rahmen gesetzlicher Informations- und Kontrollrechte erlangten Kenntnisse zur Förderung der Konkurrenztätigkeit einzusetzen. Nach der hier vertretenen Auffassung gehört die Ausübung des Anwaltsberufs in Form der Mandatsbearbeitung zum Bereich der Geschäftsführung, der aufgrund der notwendigen freiberuflichen Unabhängigkeit nicht entzogen werden kann (dazu oben Rz. 126 ff.). Hinsichtlich der Anwaltstätigkeit gibt es daher nur geschäftsführende Gesellschafter. Insoweit gilt das gesetzliche Wettbewerbsverbot also umfassend. 248

bb) Nach Ausscheiden aus der Sozietät

Ohne besondere Vereinbarungen besteht nach dem Ausscheiden eines Gesellschafters aus der Sozietät kein Wettbewerbsverbot, sondern nur das **allgemeine Abwerbungsverbot**[3]. Hierdurch wird jedoch nur die Mitnahme 249

1 MünchKommBGB/*Ulmer*, § 705 Rz. 221 ff., 235 ff.; MünchHdb. GesR I/*Schmid*, § 24 Rz. 81; *Schmid* in Sozietätsrecht, § 8 Rz. 85 ff.
2 MünchKommBGB/*Ulmer*, § 705 Rz. 236; MünchHdb. GesR I/*Schmid*, § 24 Rz. 82.
3 *Michalski/Römermann*, ZIP 1994, 433, 434, 437.

von Mandanten unter Einsatz wettbewerbsrechtlich unlauterer Methoden verhindert, nicht dagegen die Konkurrenz durch den ausgeschiedenen Sozius als solche. In der Regel wird es den Partnern darum gehen, generell diese nachvertragliche Konkurrenz zu verhindern. Dieses Ziel kann nur – bedingt – durch den Abschluss entsprechender Vereinbarungen erreicht werden.

b) Vertragliche Wettbewerbsverbote

250 In der Praxis sind in Sozietätsverträgen von Rechtsanwälten vor allem drei **Arten nachvertraglicher Wettbewerbsverbote** anzutreffen[1]:

- Die **Niederlassungsverbotsklausel** verbietet es dem ausscheidenden Partner, sich binnen einer bestimmten Zahl von Jahren in einem festgelegten räumlichen Gebiet wieder als Rechtsanwalt niederzulassen.
- Die **allgemeine Mandantenschutzklausel** untersagt dem ausscheidenden Sozius die weitere Beratung und Vertretung von Mandanten der Sozietät.
- Die **beschränkte Mandantenschutzklausel** bezeichnet lediglich die Vereinbarung eines – ohnehin von Gesetzes wegen bestehenden – Abwerbungsverbotes.
- Die **Gewinnabführungs- oder Mandantenübernahmeklausel** lässt die Weiterführung von Mandaten der Sozietätsklientel zu (deswegen handelt es sich streng genommen nicht um ein Wettbewerbsverbot), im Gegenzug ist jedoch ein Teil des auf diese Weise eingenommenen Honorars abzuführen[2].

251 Sämtliche Klauseln sind zunächst auf ihre **Wirksamkeit** hin zu prüfen. Die in diesem Zusammenhang zuweilen genannten Bestimmungen des Art. 12 GG sowie § 1 GWB spielen hier keine Rolle[3]. Auch die §§ 74ff. und 90a HGB sind auf Sozien nicht anwendbar[4]. Die Prüfung vollzieht sich vielmehr in erster Linie anhand von § 138 BGB. Der BGH[5] verwendet hierfür drei **Hauptkriterien**:

- Dauer des Wettbewerbsverbotes.
- Räumlicher Geltungsbereich.
- Gegenstand des Wettbewerbsverbotes.

---

1 Ausführlich *Michalski/Römermann*, ZIP 1994, 433, 442ff.; *Michalski/Römermann*, Vertrag der Partnerschaftsgesellschaft, Rz. 240ff.; Hartung/Römermann/*Nerlich*, § 26 Rz. 31ff. (im Zusammenhang mit angestellten Rechtsanwälten); *Burhoff*, NWB F. 30, S. 907; *Schmid*, in: Sozietätsrecht, § 8 Rz. 81ff.

2 Für vorzugswürdig halten diese Klausel etwa *Henssler/Strohe*, LM Nr. 76 zu § 705 BGB (Heft 2/2001).

3 *Michalski/Römermann*, ZIP 1994, 433, 442 m.w.N.; *Michalski*, Das Gesellschafts- und Kartellrecht der berufsrechtlich gebundenen freien Berufe, 1989, S. 435ff., 453f.

4 *Bruckner*, Nachvertragliche Wettbewerbsverbote zwischen Rechtsanwälten, 1987, S. 31ff.

5 BGH DStR 1996, 1254; 191, 159; NJW-RR 1990, 226; ZIP 1994, 61; WM 1986, 1251; LM Nr. 76 zu § 705 BGB.

Nach der ständigen und zu einer immer strengeren Betrachtung tendierenden[1] Rechtsprechung darf das Wettbewerbsverbot den betroffenen Partner nicht unangemessen in seiner **wirtschaftlichen Bewegungsfreiheit** beschränken. Es kommt auf den Einzelfall an, ob eine Beschränkung als unangemessen oder angesichts der legitimen Schutzinteressen der Sozietät noch als angemessen anzusehen ist. In **zeitlicher** Hinsicht wird eine Beschränkung auf zwei Jahre im allgemeinen für zulässig gehalten, bei zu langer Laufzeit nimmt der BGH – im Gegensatz zur Rechtsprechung auf anderen Gebieten – hier eine geltungserhaltene Reduktion vor[2]. Sehr umstritten ist die noch zulässige **räumliche** Begrenzung[3]. Eine Begrenzung auf den Landgerichtsbezirk wird nach der Rechtsprechung des BGH möglicherweise schon zu weit sein, aber auch hier deutet der BGH seine Bereitschaft an, mit einer geltungserhaltenden Reduktion zu helfen[4]. Als **gegenständliche** Beschränkung bietet es sich beispielsweise an, die Tätigkeit als Syndikusanwalt nach Ausscheiden aus der Sozietät von dem Wettbewerbsverbot auszunehmen. 252

Hinsichtlich der Gewinnabführungs- oder **Mandantenübernahmeklausel** besteht der Streit vor allem über die mögliche Höchstdauer der Bindung und die Höhe der abzuführenden Honoraranteile. Man wird insoweit wohl von einer noch zulässigen Honorarbeteiligung in Höhe von maximal 25 % über den Zeitraum von vier Jahren ausgehen können[5]. 253

Zu Wettbewerbsverboten im Zusammenhang mit angestellten Rechtsanwälten und freien Mitarbeitern, bei denen sich ähnliche Probleme stellen, siehe unten *Moll*, L Rz. 119 ff. 254

7. Ausscheiden aus der Sozietät

a) Gesellschaftsrechtliche Aspekte

aa) Modalitäten des Ausscheidens

Bereits oben (Rz. 157) wurde erwähnt, dass die meisten vom Gesetz als Gründe für die Auflösung der BGB-Gesellschaft insgesamt konzipierten Umstände in der gängigen Vertragspraxis der Sozietäten umgestaltet werden zu Gründen für das Ausscheiden des betroffenen Gesellschafters unter Fortbestand der Sozietät im Übrigen, vgl. § 736 BGB. 255

Die **Kündigung des Sozietätsvertrages** richtet sich mangels anderweitiger Vereinbarung nach § 723 BGB. Danach kann eine auf unbestimmte Zeit eingegan- 256

1 Diese Tendenz wird etwa erkennbar bei BGH, WiB 1997, 1028 m. Anm. *Römermann* = DStR 1997, 1413 m. Anm. *Goette*.
2 BGH WiB 1997, 1028; ZIP 1990, 586, 588; StB 1991, 97, 98; LM Nr. 76 zu § 705 BGB.
3 Zu dieser Diskussion näher *Michalski/Römermann*, ZIP 1994, 433, 440 f.; *Schmid*, in: Sozietätsrecht, § 8 BORA Rz. 88 ff.
4 BGH WiB 1997, 1028.
5 Näher *Michalski/Römermann*, ZIP 1994, 433, 446 f.; vgl. *Bruckner*, Nachvertragliche Wettbewerbsverbote zwischen Rechtsanwälten, 1987, S. 79; Koch/*Kilian*, Anwaltliches Berufsrecht, 2007, Rz. B 977.

gene Gesellschaft jederzeit gekündigt werden. Fast alle Anwaltssozietäten sind auf unbestimmte Zeit angelegt, so dass jederzeit mit einer Kündigung durch einen Sozius gerechnet werden müsste. Diese Unsicherheit bewirkt eine permanente Instabilität und ist einer auf die Zukunft ausgerichteten Zusammenarbeit abträglich. Regelmäßig legen die Sozietätsverträge daher die Einhaltung von Mindestkündigungsfristen fest. Der Gesetzgeber hat für die freiberufliche Partnerschaft in § 9 Abs. 1 PartGG i.V.m. § 132 HGB eine Kündigungsfrist von sechs Monaten zum Ende eines Geschäftsjahres vorgesehen.

257 Das Recht zur **außerordentlichen Kündigung** bei Vorliegen eines wichtigen Grundes bleibt in jedem Fall unberührt, § 723 Abs. 1 Satz 3 BGB. Einen **wichtigen Grund**[1] bildet stets der dauerhafte Verlust der Anwaltszulassung, da hiermit grundsätzlich gleichzeitig die Sozietätsfähigkeit nach § 59a BRAO wegfällt. Aber auch die Gründe, die nach § 14 BRAO zur Rücknahme oder zum Widerruf der Zulassung berechtigen, reichen für eine Kündigung der Sozietät aus, da der Sozius in diesen Fällen seine Fähigkeit zur ordnungsgemäßen Berufsausübung verloren hat. In der Praxis kommt die fristlose Kündigung insbesondere bei Alkoholismus, Manipulationen der Buchhaltung und Veruntreuung von Mandantengeldern vor. In diesen Fällen wird bei Sozietäten mit mehreren Partnern regelmäßig eine Ausschließung des betroffenen Gesellschafters nach § 737 BGB erfolgen. In der Literatur ist umstritten, ob in der Kündigungserklärung eine Begründung für den Ausspruch der Kündigung gegeben werden muss[2]. Angesichts der in der Praxis häufigen besonderen Eilbedürftigkeit der Kündigungserklärung aus wichtigem Grund sollte man auf derartige Anforderungen verzichten und den Parteien die Gelegenheit einräumen, erst im Prozess um die Wirksamkeit der Kündigung umfassend zu den Gründen Stellung zu nehmen.

258 Eine besondere **Form** sieht das Gesetz nicht vor, so dass die Kündigung grundsätzlich auch mündlich erklärt werden könnte[3]. Aus Gründen der Rechtssicherheit empfiehlt sich allerdings die Festlegung der schriftlichen Form im Sozietätsvertrag.

259 Das freiwillige Ausscheiden kann sich in Form der **Übertragung (ggfs. aufgrund Verkaufs) des Sozietätsanteils** vollziehen. Sie ist rechtlich als Verfügung über die Mitgliedschaft gemäß den §§ 413, 398 BGB zu qualifizieren und bedarf der Zustimmung sämtlicher Partner[4].

Zum Ausscheiden durch Tod eines Sozius vgl. bereits oben Rz. 164ff.

bb) Rechtsfolgen des Ausscheidens

260 Die Rechtsfolgen des Ausscheidens richten sich nach den **§§ 738 bis 740 BGB**[5]. Der Sozietätsanteil des ausgeschiedenen Sozius wächst den verblei-

1 Zu den Kündigungsgründen vgl. *Peres*, in: Sozietätsrecht, § 7 Rz. 48ff.
2 Näher zu dieser Frage MünchKommBGB/*Ulmer/Schäfer*, § 723 Rz. 27; MünchHdb. GesR I/*Piehler/Schulte*, § 10 Rz. 46.
3 MünchHdb. GesR I/*Piehler/Schulte*, § 10 Rz. 43.
4 Näher *Peres*, in: Sozietätsrecht, § 8 Rz. 118f.
5 Näher *Heller*, Die Beendigung freiberuflicher Sozietätsverhältnisse, 2000, S. 17ff.

benden Gesellschaftern an. Die der Sozietät überlassenen Gegenstände sind entsprechend § 738 Abs. 1 Satz 2 i.V.m. § 732 BGB dem ausscheidenden Gesellschafter zurückzugeben. Von den gemeinschaftlichen Verbindlichkeiten haben ihn die verbleibenden Sozien freizustellen.

261 Das größte Konfliktpotential bei dem Ausscheiden eines Partners enthält dessen **Abfindungsanspruch** nach § 738 Abs. 1 Satz 2 3. Alt. BGB. Auf den Stichtag des Ausscheidens ist eine Abschichtungsbilanz zu erstellen, in der sämtliche Vermögenswerte der Sozietät erfasst sind. Entscheidend für die Unternehmensbewertung ist entgegen dem Wortlaut des § 738 Abs. 1 Satz 2 BGB nicht der Liquidations-, sondern der Fortführungswert nach Maßgabe des Ertragswertes[1]. Soweit eine Abfindung gezahlt wurde, die auch den Wert des Mandantenstammes abgelten soll, hat dies nach einer Entscheidung des BGH vom 8. 5. 2000[2] mangels abweichender Abreden zur Folge, dass der ausscheidende Gesellschafter die Mandanten der Sozietät nicht mitnehmen darf, sondern sie – längstens für zwei Jahre – seinen bisherigen Partnern belassen muss.

262 Die weitere Rechtsfolge des Ausscheidens ist ein **Abwerbungsverbot** für den ausgeschiedenen Sozius. Im Falle einer besonderen Vereinbarung gelten zudem Wettbewerbsverbote; hierzu bereits oben Rz. 247ff.

b) Berufsrechtliche Aspekte

263 § 32 Abs. 2 BORA trifft für den Fall des Ausscheidens aus einer Sozietät eine Regelung hinsichtlich der **Abwicklung der gemeinsamen Mandate**. Die Bestimmung unterscheidet zwischen den Mandanten, mit deren laufenden Sachen der ausscheidende Sozius zum Zeitpunkt seines Ausscheidens befasst oder für die er vor seinem Ausscheiden regelmäßig tätig war, und den übrigen Mandanten. Für sämtliche Mandanten stellt § 32 Abs. 2 Satz 2 BORA klar, dass der ausgeschiedene Partner das Recht hat, sie über die Tatsache des Ausscheidens zu informieren.

264 Für einen eingegrenzten Kreis von Mandanten gilt darüber hinaus gemäß § 32 Abs. 2 Satz 1 BORA das **Recht zur Befragung** nach § 32 Abs. 1 BORA entsprechend. Dieser Kreis wird wie folgt eingegrenzt:

- Die Mandanten, mit deren laufender Angelegenheit der Sozius zum Zeitpunkt seines Ausscheidens „befasst", also in nicht unerheblicher Weise beruflich tätig war.
- Die Mandanten, deren Angelegenheiten der Sozius vor seinem Ausscheiden regelmäßig bearbeitet hat. Die Begriffe „vor seinem Ausscheiden" und „regelmäßig" definiert die Berufsordnung nicht. Diese Voraussetzungen dürften erfüllt sein, wenn in den letzten zwei bis drei Jahren in mindestens zwei Fällen Mandate wahrgenommen worden sind, deren Bearbeitung sich

1 BGH NJW 1985, 192; 1993, 2103; näher MünchHdb. GesR I/*Piehler/Schulte*, § 10 Rz. 81ff.; *Heller*, Die Beendigung freiberuflicher Sozietätsverhältnisse, 2000, S. 62ff.; *Peres*, in: Sozietätsrecht, § 8 Rz. 55ff.

2 BGH, LM Nr. 76 zu § 705 BGB m. Anm. *Henssler/Strohe*.

jeweils über einen nicht unerheblichen Zeitraum hingezogen hat. Die Einzelheiten richten sich nach der konkreten Mandantenstruktur der Kanzlei.

265 Für die **Modalitäten der Befragung** nach § 32 Abs. 1 BORA siehe oben Rz. 177 ff. Sowohl bei der Auflösung der Sozietät als auch bei dem Ausscheiden eines einzelnen Partners gelten die Vorschriften des systematisch verfehlten § 32 Abs. 1 Satz 4 und 5 BORA[1]. Hierzu siehe oben Rz. 187 ff.

8. Muster

a) Sozietätsvertrag

266 **Sozietätsvertrag über eine Anwaltssozietät in Form einer BGB-Gesellschaft**

Zwischen

1. Rechtsanwalt A.B., Große Straße 13, Düsseldorf;
2. Rechtsanwalt C.D., Kleine Straße 28, Düsseldorf;
3. Rechtsanwalt E.F., Berliner Allee 34, Düsseldorf.

§ 1 Name, Sitz

(1) Die Sozietät trägt den Namen:

„B, D & Kollegen – Rechtsanwälte".

(2) Der Gesellschafter B gestattet bereits heute die Weiterführung seines Namens im Namen der Sozietät über sein Ausscheiden aus der Gesellschaft hinaus ohne zeitliche Befristung. Diese Einwilligung kann von dem Gesellschafter B bzw. seinen Erben nur bei Vorliegen eines wichtigen Grundes widerrufen werden. Der Widerruf hat schriftlich gegenüber sämtlichen anderen Sozien zu erfolgen.

(3) Sitz der Sozietät ist Düsseldorf.

§ 2 Gegenstand

(1) Gegenstand der Sozietät ist die gemeinschaftliche Ausübung des Rechtsanwaltsberufs.

(2) Die Gesellschaft ist zu allen Geschäften und Maßnahmen berechtigt, die dem Gegenstand der Sozietät dienen. Sie kann zu diesem Zweck auch andere Gesellschaften gründen, erwerben und sich an ihnen beteiligen, soweit dies berufsrechtlich zulässig ist.

(3) Die Sozietät wird ausschließlich freiberuflich und nicht gewerblich tätig. Falls ein Gesellschafter diesem Gebot zuwiderhandelt und im Rahmen der Sozietät ganz oder teilweise einer gewerblichen Tätigkeit nachgeht, werden die damit im Zusammenhang stehenden unmittelbaren und mittelbaren Einnahmen und Ausgaben allein dem betreffenden Sozius zugerechnet.

§ 3 Beginn, Dauer, Geschäftsjahr

(1) Die Sozietät beginnt mit dem 1. 1. 2008.

1 Näher Hartung/Römermann/*Römermann*, § 32 Rz. 19, 52.

(2) Die Dauer der Sozietät ist unbestimmt.

(3) Geschäftsjahr ist das Kalenderjahr.

§ 4 Anteile, Einlagen

(1) Die Sozien sind mit folgenden Anteilen an der Gesellschaft beteiligt:

a) Rechtsanwalt B 60 %
b) Rechtsanwalt D 20 %
c) Rechtsanwalt F 20 %

(2) Die Übertragung oder Belastung eines Gesellschaftsanteils bedarf der vorherigen Zustimmung aller anderen Sozien.

(3) Die Sozien erbringen zum 1.1. 2008 folgende Einlagen:

a) Rechtsanwalt B:

Seine gesamte Rechtsanwaltskanzlei, insbesondere das Inventar gemäß der in Anlage 1 zu diesem Vertrage aufgeführten Inventarliste, die Vertragsbestandteil ist, und die Forderungen aus bisheriger anwaltlicher Tätigkeit. Die Gewährleistung für das eingebrachte Inventar und den Bestand der Forderungen ist ausgeschlossen. Die laufenden Mandate werden in die Sozietät eingebracht.

b) Rechtsanwalt D:

Einen gebrauchten Pkw der Marke ______, Typ ______, Fahrgestell-Nr. ______ amtliches Kennzeichen ______, unter Ausschluss jeglicher Gewährleistung.

c) Rechtsanwalt F:

Eine Bareinlage in Höhe von 40 000,– Euro, zahlbar zum 1. 1. 2008 auf das Konto der Sozietät bei der ______-Bank, BLZ ______, Kto.-Nr. ______.

(4) Das ab dem Beginn der Sozietät (§ 3 Abs. 1) aus Mitteln der Gesellschaft angeschaffte Inventar wird Vermögen der Sozietät.

(5) Die ab Beginn der Sozietät eingehenden Honorare der Sozien aus ihrer den Gegenstand der Sozietät bildenden Ausübung des freien Berufs sind Einnahmen der Sozietät auch dann, wenn sie bereits zuvor erbrachte Leistungen vergüten. Vor Beginn der Sozietät zugeflossene Vorschüsse stehen den betreffenden Sozien selbst zu, auch wenn sie sich auf Leistungen beziehen, die erst noch zu erbringen sind. Soweit Mandate im Außenverhältnis nur durch einen der Sozien und nicht durch die Sozietät übernommen werden, gelten sie im Innenverhältnis als für Rechnung der Gesellschaft geführt. Dies gilt auch, wenn ein Mandant die Zustimmung zur Einbringung des Mandats in die Sozietät verweigert.

§ 5 Berufsausübung

(1) Die Sozien üben im Rahmen der Gesellschaft den Beruf des Rechtsanwalts aus.

(2) Die Sozien stellen ihre volle Arbeitskraft der Sozietät zur Verfügung. Die Gesellschafter gehen von einem Umfang der Tätigkeit von mindestens 50 Stunden pro Woche aus. An Arbeitszeiten sind sie nicht gebunden.

(3) Nebentätigkeiten entgeltlicher oder unentgeltlicher Natur mit einem Umfang von regelmäßig mehr als 5 Stunden pro Woche bedürfen der vorherigen Zustimmung der übrigen Gesellschafter.

§ 6 Geschäftsführung, Vertretung

(1) Jeder der Sozien ist zur alleinigen und eigenverantwortlichen Führung der zu seiner freien Berufsausübung zählenden Geschäfte berechtigt und verpflichtet.

(2) Hinsichtlich der sonstigen Geschäfte sind nur jeweils zwei Gesellschafter gemeinschaftlich zur Geschäftsführung berechtigt. Der Gesellschafter F ist von der Führung der sonstigen Geschäfte ausgeschlossen.

(3) Im Falle des Vorliegens eines wichtigen Grundes in der Person eines Sozius können die übrigen Gesellschafter einstimmig beschließen, ihn von der Geschäftsführung auszuschließen.

(4) Zur Vertretung der Sozietät sind die Gesellschafter jeweils allein befugt.

(5) Im Falle des Vorliegens eines wichtigen Grundes in der Person eines Sozius können die übrigen Gesellschafter mit Stimmenmehrheit beschließen, ihm die Vertretungsbefugnis zu entziehen.

§ 7 Beschlussfassung

(1) Die Beschlussfassung erfolgt in Versammlungen, sofern nicht die Sozien einstimmig ein anderes Verfahren festlegen.

(2) Die Beschlüsse werden mit der Mehrheit der Stimmen gefasst, sofern nicht das Gesetz oder dieser Vertrag etwas anderes verlangen. Der Einstimmigkeit bedürfen insbesondere Änderungen des Sozietätsvertrages und die Gründung von Kanzleien an weiteren Standorten.

(3) Die Mehrheit wird nach den Anteilen an der Gesellschaft bestimmt.

§ 8 Einnahmen, Ausgaben

(1) Sämtliche Einnahmen der Sozien vom Beginn der Sozietät an sind Einnahmen der Gesellschaft, soweit sie aus der Ausübung des Anwaltsberufs resultieren. Hierzu zählen auch die Einnahmen aus der Insolvenzverwaltung, jedoch nicht solche aus schriftstellerischer und Dozententätigkeit sowie Vergütungen aus Aufsichtsrats- und Beiratsmandaten.

(2) Gemeinschaftlich sind sämtliche durch die Ausübung des freien Berufs veranlassten Ausgaben einschließlich der Kammerbeiträge. Dies gilt auch für die Kosten der beruflichen Fortbildung, soweit die Ausgaben der Sozien in einem ausgewogenen Verhältnis zueinander stehen.

§ 9 Buchführung, Jahresabschluss

(1) Die Einnahmen und Ausgaben der Gesellschaft sind in einer geordneten Buchführung laufend aufzuzeichnen. Die Belege sind geordnet aufzubewahren.

(2) Die Gesellschaft ermittelt das Jahresergebnis durch eine Überschussrechnung gemäß § 4 Abs. 3 EStG jeweils binnen vier Monaten nach Ablauf eines Rechnungsjahres.

(3) Die Gesellschafter bestimmen durch Beschluss einen oder mehrere von ihnen, die für die Einhaltung der Vorschriften der Absätze 1 und 2 sowie der gesetzlichen Bestimmungen im Innenverhältnis verantwortlich sind. Erster verantwortlicher Sozius in diesem Sinne ist der Gesellschafter B.

(4) Nach Erstellung des Jahresabschlusses ist unverzüglich durch den i.S. des Absatzes 3 verantwortlichen Sozius eine Gesellschafterversammlung einzuberufen, um über die Feststellung des Jahresabschlusses und die Entlastung des verantwortlichen Sozius zu beschließen. Der Einladung ist der Jahresabschluss beizufügen. Die Beschlussfassung über die Feststellung des Jahresabschlusses sowie über die Entlastung des verantwortlichen Sozius bedarf der Einstimmigkeit. Der verantwortliche Sozius hat bei der Abstimmung über seine Entlastung kein Stimmrecht.

(5) Falls in der Gesellschafterversammlung nach Absatz 4 oder binnen einem Monat nach dieser Gesellschafterversammlung keine Einigkeit über den Jahresabschluss hergestellt werden konnte, erfolgt die Feststellung des Jahresabschlusses durch einen von der Wirtschaftsprüferkammer zu benennenden Wirtschaftsprüfer als Schiedsgutachter mit bindender Wirkung für alle Sozien auf Kosten der Sozietät.

§ 10 Entnahmen

(1) Vor Beginn eines Rechnungsjahres beschließen die Gesellschafter einstimmig über die den jeweiligen Sozien zustehenden Vorabvergütungen. Die Höhe der Vorabvergütung (Entnahme) orientiert sich grundsätzlich an dem Gewinnanteil des Vorjahres abzüglich eines Sicherheitsabschlags in Höhe von 10 %. Der Beschluss kann einstimmig jederzeit geändert werden.

(2) Die Entnahme erfolgt monatlich zu gleichen Teilen, soweit die Gesellschafterversammlung nicht ein anderes beschließt.

(3) Im Falle der Erkrankung eines Sozius besteht das Entnahmerecht noch während eines Monats vom Eintritt der Arbeitsunfähigkeit an. Innerhalb eines Jahres besteht insgesamt ein Entnahmerecht in Höhe von maximal einem Monatsbetrag.

§ 11 Gewinn- und Verlustbeteiligung

(1) Die Verteilung von Gewinnen und Verlusten erfolgt nach Geschäftsanteilen.

(2) Die Gesellschaft bildet eine Rücklage in Höhe der Betriebsausgaben der letzten sechs Monate des jeweils abgelaufenen Rechnungsjahres. Die Rücklage aus dem vergangenen Rechnungsjahr wird auf die nach Satz 1 zu bildende Rücklage angerechnet. Vom Gewinnanteil eines jeden Sozius werden 10 % einbehalten, bis die Rücklage erreicht ist.

§ 12 Haftung

(1) Die Sozietät schließt für alle Sozien Berufshaftpflichtversicherungen mit angemessener Deckungssumme ab, über deren Höhe die Sozien entscheiden. Die in der BRAO vorgeschriebene Mindest-Deckungssumme darf nicht unterschritten werden. Die Bestimmungen dieses Absatzes gelten entsprechend für die Mitarbeiter der Sozietät, soweit die Mehrheit der Sozien den Abschluss einer Versicherung im Einzelfall beschließt.

(2) Über die Annahme eines Auftrages mit einem Haftpflichtrisiko, das die jeweilige Deckungssumme übersteigt, hat jeder Sozius unverzüglich die übrigen Gesellschafter zu unterrichten. Jeder Sozius kann die Gesellschafterversammlung einberufen, die über den Abschluss einer speziellen Berufshaftpflichtversicherung oder über eine Erhöhung der Deckungssumme beschließt.

(3) Im Haftpflichtfall trägt derjenige Sozius, der den Schaden nicht nur leicht fahrlässig verursacht hat, den Schaden im Innenverhältnis allein.

§ 13 Nachvertragliches Wettbewerbsverbot

(1) Nach dem Ausscheiden aus der Sozietät ist es dem Gesellschafter untersagt, im Laufe der auf den Tag des Ausscheidens folgenden zwei Jahre selbständig allein oder als Sozius oder als Angestellter einer Rechtsanwaltskanzlei, gleich in welcher Rechtsform, mit einer Niederlassung im Umkreis von drei Kilometern um den Standort der Kanzlei herum dem Anwaltsberuf nachzugehen.

(2) Dies gilt nicht, wenn der Sozius aus einem durch die übrigen Sozien begründeten wichtigen Grund ausgeschieden ist.

§ 14 Ausscheiden eines Sozius

(1) Der betroffene Sozius scheidet in folgenden Fällen aus der fortbestehenden Sozietät aus:

a) Tod des Sozius. Die Beteiligung an der Sozietät ist nicht vererblich.

b) Kündigung durch einen Sozius. Die Kündigung ist mit einer Frist von vier Monaten zum Ende eines Halbjahres möglich, unbeschadet der Möglichkeit einer außerordentlichen Kündigung aus wichtigem Grunde. Nach Zugang einer Kündigungserklärung hat jeder Sozius das Recht, sich der Kündigung durch eigene schriftliche Kündigungserklärung mit Wirksamkeit zum gleichen Datum wie die ursprüngliche Kündigung anzuschließen.

c) Kündigung durch Privatgläubiger eines Sozius.

d) Ausschließung eines Sozius aus wichtigem Grunde durch einstimmigen Beschluss der übrigen Sozien. Ein wichtiger Grund ist insbesondere

- die Eröffnung des Insolvenzverfahrens über das Vermögen des Sozius;
- die völlige oder weitgehende Einstellung der aktiven Berufstätigkeit.

e) Verlust einer für die Ausübung des innerhalb der Sozietät ausgeübten Berufs notwendigen Zulassung.

(2) Der ausscheidende Gesellschafter bzw. dessen Erben erhalten entsprechend dem Gesellschaftsanteil

a) den Gewinnanteil für das laufende Rechnungsjahr anteilig bis zum Zeitpunkt des Ausscheidens sowie

b) eine Abfindung nach Maßgabe des Ertragswertes der Gesellschaft. Im Falle des Ausscheidens nach Absatz 1 Buchstaben a), d) und e) ist die Abfindung anstelle des Ertragswertes nach dem Buchwert zu ermitteln. Das Abfindungsguthaben ist vom 7. auf das Ausscheiden folgenden Monat an in angemessenen halbjährlichen Raten auszuzahlen. Die Sozien gehen bei Vertragsabschluss davon aus, dass Raten in Höhe von jeweils einem Fünftel des Abfindungsguthabens angemessen sind.

§ 15 Schriftform

Änderungen und Ergänzungen dieses Vertrages bedürfen der Schriftform.

§ 16 Salvatorische Klausel

Sollten einzelne Bestimmungen oder eine Bestimmung dieses Vertrages unwirksam sein oder werden, berührt dies die Gültigkeit der übrigen Vorschriften nicht. Die Sozien werden die unwirksame Klausel durch eine solche ersetzen, die dem wirtschaftlichen Sinn der ursprünglichen Regelung möglichst nahekommt.

Düsseldorf, den ______

(A.B.)	(C.D.)	(E.F.)

b) Varianten zu einzelnen Klauseln

aa) Varianten der Namensgestaltung (§ 1 Abs. 1 des Sozietätsvertrages)

(1) Gründung

Ausgangssituation: Sozietät von Rechtsanwalt A.B., Rechtsanwalt und Steuerberater C.D., Wirtschaftsprüfer E.F. 267

Varianten z.B.

- B. und Kollegen – Rechtsanwälte Steuerberater Wirtschaftsprüfer –.
- B.D. & Coll.
  Rechtsanwälte, Steuerberater, Wirtschaftsprüfer.
- B.D.F.
  Steuerberater – Wirtschaftsprüfer – Rechtsanwälte.
- B. & D.
  Wirtschaftsprüfer/Steuerberater/Rechtsanwälte.
- B. + Kollegen
  Rechtsanwälte Steuerberater Wirtschaftsprüfer.
- B. & Sozien
  Rechtsanwälte Steuerberater Wirtschaftsprüfer.
- Zusätze wie „B. & Partner" nur noch als Bestandschutz für die am 1. 7. 1995 unter dieser Bezeichnung tätige Sozietät und unter Hinzufügung der Rechtsformbezeichnung, §§ 2, 11 PartGG.
  Z.B.: – „B. & Partner GbR"
  – „B. & Partner Anwaltssozietät bürgerlichen Rechts"

(2) Wechsel in der Sozietät

Ausgangssituation: Ursprünglich Sozietät von Rechtsanwalt A.B. sowie Rechtsanwalt und Steuerberater C.D. unter dem Namen „D. & B. Sozietät Rechtsanwälte Steuerberater". Anstelle von B. tritt der Steuerberater F. in die Sozietät ein. Die Namensgestaltung ist jetzt z.B. wie folgt möglich (jeweils mit Berufsbezeichnungen): 268

- „D. & Koll.";
- „D. & B.";
- „D. und F.";

- „F. und Koll.“;
- „F. + D.“.

Unzulässig wäre hingegen etwa „D., B. & Sozien“, da dieser Name auf das Vorhandensein von mehr als zwei Sozien hindeutet und damit irreführend ist.

bb) Varianten der Gestaltung der Namensfortführung (§ 1 Abs. 2 des Sozietätsvertrages)

269 Formulierungsbeispiele:

- Die Sozien willigen bereits jetzt in die zeitlich unbegrenzte Fortführung ihres Namens im Namen der Sozietät nach ihrem Ausscheiden aus der Gesellschaft ein. Diese Einwilligung kann nur bei Vorliegen eines wichtigen Grundes widerrufen werden. Der Widerruf hat schriftlich gegenüber sämtlichen Sozien zu erfolgen.
- Die Fortführung des Namens ausgeschiedener Sozien im Namen der Sozietät nach ihrem Ausscheiden ist ausgeschlossen.
- Die Sozien A.B. und E.F. willigen bereits jetzt in die zeitlich unbegrenzte Fortführung ihrer Namen im Sozietätsnamen nach ihrem Ausscheiden aus der Gesellschaft ein.
- Die Sozien willigen für den Fall ihres Ausscheidens aufgrund folgender Umstände bereits jetzt in die zeitlich unbegrenzte Fortführung ihres Namens im Sozietätsnamen ein:

  a) Tod des Sozius;

  b) Eröffnung des Insolvenzverfahrens über das Vermögen des Sozius;

  c) Endgültiger Verlust der für die Berufsausübung erforderlichen Zulassung des Sozius.
- Die Sozien willigen bereits jetzt in die zeitlich unbegrenzte Fortführung ihrer Namen im Sozietätsnamen nach ihrem Ausscheiden ein. Diese Einwilligung kann nur bei Vorliegen eines wichtigen Grundes widerrufen werden. Einen wichtigen Grund bildet insbesondere die Weiterführung der bis zum Ausscheiden im Rahmen der Sozietät ausgeübten freien Berufe in einer anderen Berufsausübungsgesellschaft, wobei sich der ausgeschiedene Sozius erst nach Ablauf eines Jahres seit seinem Ausscheiden auf diesen wichtigen Grund berufen kann.

cc) Varianten des Gegenstandes bei einer interprofessionellen Sozietät (§ 2 Abs. 1 des Sozietätsvertrages)

270 Formulierungsbeispiele:

- Gegenstand der Sozietät ist die gemeinschaftliche Ausübung der im Sozietätsnamen genannten freien Berufe.
- Gegenstand der Sozietät ist die gemeinschaftliche Ausübung der folgenden freien Berufe: Rechtsanwalt, Steuerberater, Wirtschaftsprüfer.
- Gegenstand der Sozietät ist die gemeinschaftliche Rechtsberatung i.S. der Bundesrechtsanwaltsordnung und Steuerberatung i.S. des Steuerberatergesetzes sowie die mit der Ausübung der freien Berufe des Rechtsanwalts und des Steuerberaters zu vereinbarenden Tätigkeiten.

dd) Varianten der Gewinnbeteiligung (§ 11 Abs. 1 des Sozietätsvertrages)

(1) Quotenvereinbarung

Ausgangssituation: Bislang ist A als Einzelanwalt tätig gewesen. Er will einen Teil seiner Kanzlei gegen Zahlung einer Vergütung an Rechtsanwalt B veräußern und hat zu diesem Zweck mit B eine Sozietät gegründet. B zahlt den Kaufpreis in vier jährlichen Raten. 271

(1) Vom Gewinn der Sozietät erhalten:

a) im ersten Jahr der Sozietät:
Rechtsanwalt A 80 %,
Rechtsanwalt B 20 %;

b) im zweiten und dritten Jahr der Sozietät:
Rechtsanwalt A 65 %,
Rechtsanwalt B 35 %;

c) im vierten Jahr der Sozietät:
Rechtsanwalt A 51 %,
Rechtsanwalt B 49 %.

(2) Bei Aufnahme weiterer Sozien werden die bisherigen Gesellschafter Gewinnanteile im Verhältnis ihrer Gewinnbeteiligung abgeben.

(3) Bei Ausscheiden eines Gesellschafters wächst dessen Gewinnbeteiligung den verbleibenden Sozien im Verhältnis ihrer Gewinnanteile zu.

(2) Punktesystem (Lockstep)

(1) Jedem Sozius steht eine in Punkten ausgedrückte Quote am Gewinn zu. Der Gesamtgewinn der Sozietät wird durch die Summe der Punkte sämtlicher Sozien geteilt. Der jeweilige Gewinnanteil ergibt sich aus der Multiplikation des auf einen Punkt entfallenden Gewinnanteils mit der individuellen Punktezahl des Sozius. 272

(2) Mit dem Eintritt in die Sozietät erhält der Sozius 100 Punkte. Jährlich kommen 10 Punkte hinzu. Die Höchstpunktzahl liegt bei 250 Punkten.

(3) Ab Vollendung des 65. Lebensjahres werden jährlich 25 Punkte abgezogen, bis null Punkte erreicht sind.

(4) Alle Änderungen gelten jeweils ab dem 1. Januar des folgenden Kalenderjahres.

(5) Von den Vorgaben der Absätze 2 und 3 kann im Einzelfall durch einstimmigen Beschluss der Gesellschafterversammlung abgewichen werden. Der betroffene Sozius hat bei der Abstimmung weder ein Anwesenheits- noch ein Stimmrecht.

(3) Produktivitätsorientiertes System

(1) Der Anteil jedes Sozius am Gewinn der Gesellschaft bemisst sich nach seinem Anteil an den insgesamt durch die Sozien geleisteten Arbeitsstunden. 273

(2) Jeder Sozius ist verpflichtet, kontinuierlich Aufzeichnungen über seine Arbeitsstunden anzufertigen und sie einmal wöchentlich zur Erfassung dem Sekretariat zur Verfügung zu stellen. Die Aufzeichnungen sollen Angaben über Beginn und Ende der Tätigkeit, die Bezeichnung der bearbeiteten Angelegenheit und der Art der Bearbeitung enthalten. Die Gesellschafter beschließen über die hierfür zu verwenden-

den Formblätter der Sozietät. Sie können durch Beschluss die unmittelbare Eingabe in ein EDV-gestütztes Erfassungsprogramm vorschreiben.

(3) Von den Vorgaben des Absatzes 1 kann im Einzelfall durch einstimmigen Beschluss der Gesellschafterversammlung abgewichen werden. Der betroffene Sozius hat bei der Abstimmung weder ein Anwesenheits- noch ein Stimmrecht.

(4) Kombiniertes System

274 (1) Der Anteil jedes Sozius am Gewinn der Gesellschaft bemisst sich nach seinem Anteil an den insgesamt durch die Sozien geleisteten Arbeitsstunden. Jeweils angefangene 25 Arbeitsstunden ergeben einen Punkt.

(2) Jeder Sozius ist verpflichtet, kontinuierlich Aufzeichnungen über seine Arbeitsstunden anzufertigen und sie einmal wöchentlich zur Erfassung dem Sekretariat zur Verfügung zu stellen. Die Aufzeichnungen sollen Angaben über Beginn und Ende der Tätigkeit, die Bezeichnung der bearbeiteten Angelegenheit und der Art der Bearbeitung enthalten. Die Gesellschafter beschließen über die hierfür zu verwendenden Formblätter der Sozietät. Sie können durch Beschluss die unmittelbare Eingabe in ein EDV-gestütztes Erfassungsprogramm vorschreiben.

(3) Die Sozien wählen einstimmig im voraus für die folgenden drei Rechnungsjahre aus ihrer Mitte drei Mitglieder und ein stellvertretendes Mitglied eines Punktekomitees. Nach Vorliegen der nach Absatz 1 berechneten Punktezahlen findet unverzüglich eine Sitzung des Punktekomitees statt, bei der keine weiteren Sozien anwesend sein dürfen. Über Diskussionsbeiträge und das Abstimmungsverhalten einzelner Mitglieder des Komitees ist Stillschweigen zu bewahren.

(4) Das Punktekomitee beschließt mehrheitlich über die jedem einzelnen Sozius zustehende Punktezahl. Von dem nach Absatz 1 berechneten Ergebnis kann es bis zu 10 Punkte nach oben oder unten abweichen.

(5) In besonders begründeten Ausnahmefällen kann das Punktekomitee durch einstimmigen Beschluss um bis zu weitere 15 Punkte von dem Ergebnis nach Absatz 4 abweichen.

(6) Soweit ein Mitglied des Komitees selbst betroffen ist, hat es weder ein Anwesenheits- noch ein Stimmrecht bei der Beschlussfassung. Es wird insoweit durch das stellvertretende Mitglied ersetzt.

(7) Nach der Beschlussfassung durch das Punktekomitee wird das Ergebnis unverzüglich sämtlichen Sozien zugeleitet. Jeder Sozius hat das Recht, eine Gesellschafterversammlung einzuberufen. Die Gesellschafterversammlung kann in einem besonders begründeten Fall durch einstimmigen Beschluss, bei dem der betroffene Sozius kein Stimmrecht hat, von den Festlegungen des Punktekomitees abweichen.

ee) Varianten zu nachvertraglichen Wettbewerbsklauseln (§ 13 des Sozietätsvertrages)

(1) Allgemeine Mandantenschutzklausel

275 (1) Nach dem Ausscheiden aus der Sozietät ist es dem Gesellschafter untersagt, innerhalb der folgenden zwei Jahre Aufträge von Personen anzunehmen, die am Stichtag des Ausscheidens oder in dem Zeitraum von zwei Jahren davor in einem Mandatsverhältnis mit der Sozietät standen. Die Sozietät erstellt binnen zwei Wochen nach dem Ausscheiden eine Liste der betroffenen Personen und sendet sie

dem ausgeschiedenen Gesellschafter gegen Empfangsbekenntnis oder per Einschreiben mit Rückschein zu.

(2) Dies gilt nicht, wenn der Sozius aus einem durch die übrigen Sozien begründeten wichtigen Grund ausgeschieden ist.

(2) Gewinnabführungs- oder Mandantenübernahmeklausel

Bei einem umfassenden Auskunftsrecht der Sozietät auch hinsichtlich des Namens und der Angelegenheit des betroffenen Mandanten bestünde die Gefahr, dass der ausgeschiedene Sozius seine Auskunftsverpflichtung nicht ohne Verstoß gegen eine berufliche Schweigepflicht erfüllen könnte. Dies würde unter Umständen die Nichtigkeit einer solchen Klausel gemäß § 134 BGB nach sich ziehen. Diese Gefahr versucht die hier vorgeschlagene Klausel durch die Möglichkeit der anonymisierten Auskunftserteilung zu vermeiden, um so gleichzeitig die berechtigten Interessen der Sozietät und die des ausgeschiedenen Gesellschafters zu wahren. 276

(1) Nach Ausscheiden eines Sozius erstellen die übrigen Gesellschafter binnen zwei Wochen eine Liste der Personen, die am Stichtag des Ausscheidens oder innerhalb der davor liegenden zwei Jahre in einem Mandatsverhältnis mit der Sozietät standen, und senden sie dem ausgeschiedenen Sozius gegen Empfangsbekenntnis oder per Einschreiben mit Rückschein zu. 277

(2) Falls der ausgeschiedene Sozius binnen zwei Jahren nach seinem Ausscheiden ein Mandatsverhältnis mit einer Person nach Absatz 1 für eigene oder fremde Rechnung begründet, hat er die Sozietät unverzüglich hiervon zu unterrichten. Von den Einnahmen aus diesen Mandaten (ohne Umsatzsteuer) stehen der Sozietät 25 % zu. Der Zahlungsanspruch der Sozietät ist nach Eingang des Betrages sofort fällig. Falls die Einnahmen einem Dritten zufließen, hat die Sozietät einen Zahlungsanspruch gegen den ausgeschiedenen Sozius in gleicher Höhe.

(3) Die Sozietät hat gegen den ausgeschiedenen Sozius ein Auskunftsrecht hinsichtlich der Mandate und Einnahmen einschließlich des Zeitpunktes der Einnahmen nach Absatz 2. Dies gilt auch, wenn die Einnahmen einem Dritten zufließen. Auf Verlangen hat der ausgeschiedene Sozius die den Zahlungsansprüchen zugrunde liegenden Kostenrechnungen in Fotokopie vorzulegen. Die Auskünfte können durch den ausgeschiedenen Sozius in anonymisierter Weise erteilt werden, so dass der Name des betroffenen Mandanten nicht erkennbar ist. Auf den vorzulegenden Rechnungen kann der Name des Rechnungsempfängers unkenntlich gemacht werden. Auf Verlangen der Sozietät hat der ausgeschiedene Sozius die Richtigkeit und Vollständigkeit seiner Angaben an Eides statt zu versichern.

ff) Varianten zu den Nachfolgeklauseln (§ 14 Abs. 1 Buchstabe a des Sozietätsvertrages)

(1) Einfache Nachfolgeklausel

Beim Tode eines Gesellschafters treten dessen Erben im Verhältnis ihrer Erbteile an seine Stelle, sofern sie sozietätsfähig im Sinne des § 59a BRAO sowie der Vorschriften der Berufsordnung sind. Hierbei sind sowohl die Berufsrechte der bisherigen Sozien als auch der eintretenden Erben zu beachten. Die eintretenden Erben sind von der sonstigen Geschäftsführung, die nicht Teil der Ausübung des freien Berufes ist, aus- 278 geschlossen. Jedem eingetretenen Erben steht ein Austrittsrecht in entsprechender Anwendung von § 139 HGB zu.

(2) Qualifizierte Nachfolgeklausel

279 Beim Tode eines Gesellschafters treten dessen Erben im Verhältnis ihrer Erbteile an seine Stelle, sofern sie zum Zeitpunkt des Erbfalles

- sozietätsfähig im Sinne des § 59a BRAO sowie der Berufsordnung sind,
- über eine Zulassung zur Rechtsanwaltschaft oder die Bestellung zum Steuerberater oder Wirtschaftsprüfer verfügen und
- das 27. Lebensjahr vollendet haben.

Jedem eingetretenen Erben steht ein Austrittsrecht entsprechend § 139 HGB zu.

(3) Gesellschaftsrechtliche Eintrittsklausel

280 Beim Tode des Gesellschafters D. erhält Herr Steuerberater C. D., Düsseldorf, das Recht, binnen einem Monat nach Kenntnis von dem Todesfall, spätestens jedoch zwei Monate nach dem Todesfall schriftlich gegenüber sämtlichen Sozien unter der Anschrift der Sozietät zu erklären, dass er mit allen Rechten und Pflichten in die Gesellschafterstellung des Gesellschafters D. eintrete.

(4) Rechtsgeschäftliche Nachfolgeklausel

281 Der Gesellschafter D. überträgt hiermit unter Lebenden seine Gesellschaftsanteile mit allen Rechten und Pflichten auf Herrn Steuerberater W.H., Düsseldorf. Die Übertragung steht unter der aufschiebenden Bedingung des Todes des Gesellschafters D. Herr Steuerberater H. erklärt bereits heute seine Einwilligung in die Übertragung und dokumentiert dies durch seine Unterschrift unter diesen Sozietätsvertrag[1].

c) Schiedsklausel und Schiedsvertrag

282 Eine Schiedsklausel ist nicht in jedem Fall geboten. Sie kann vorteilhaft sein, zumal die Sozien die Beisitzer selbst benennen und somit die Fachkompetenz des Schiedsgerichts gewährleisten können. Bei berufsrechtlichen Fragestellungen können auf diese Weise im anwaltlichen Berufsrecht erfahrene Personen beteiligt werden. In jedem Fall sollte zumindest der Vorsitzende über eine juristische Qualifikation verfügen, um den formell ordnungsgemäßen Gang des Verfahrens zu überwachen. Insbesondere dann, wenn es um Fragen der Gewinnbeteiligung geht, bietet es sich an, im Übrigen auf Angehörige der wirtschaftsberatendenden Berufe (Wirtschaftsprüfer, Steuerberater) zurückzugreifen.

283 Es sollte jeweils im Einzelfall geprüft werden, ob die Schiedsklausel notwendig erscheint. Mit einer solchen Vereinbarung verzichten die Parteien auf den ordentlichen Rechtsweg, der durch seinen Instanzenzug und die juristisch qualifizierten Richter eine grundsätzlich hohe Rechtssicherheit bietet.

1 Der Vertrag wird dann nur hinsichtlich dieser Klausel auch durch Steuerberater D. unterzeichnet.

Die Schiedsvereinbarung muss in einem gesonderten Vertrag geschlossen werden, § 1027 Abs. 1 Satz 1 ZPO. Im Sozietätsvertrag muss daher eine **Verweisungsklausel** etwa mit folgendem Inhalt aufgenommen werden: 284

„Sämtliche Streitigkeiten aus diesem Vertrag werden durch ein Schiedsgericht entschieden. Der ordentliche Rechtsweg ist ausgeschlossen. Die Einzelheiten regelt eine gesonderte Vereinbarung."

Schiedsvertrag 285

zwischen

1. Rechtsanwalt A.B., Düsseldorf;
2. Steuerberater C.D., Düsseldorf;
3. Rechtsanwältin E.F., Düsseldorf.

Die Parteien haben einen Sozietätsvertrag abgeschlossen und treffen im Hinblick auf dessen § X folgende Vereinbarung:

§ 1

Ein Schiedsgericht soll über sämtliche Streitigkeiten aus und im Zusammenhang mit dem Sozietätsvertrag entscheiden. Diese Entscheidung ist zwischen den Sozien abschließend und verbindlich. Der ordentliche Rechtsweg ist ausgeschlossen.

§ 2

(1) Das Gericht setzt sich aus einem Vorsitzenden und zwei Beisitzern zusammen.

(2) Jeweils ein Beisitzer wird von der klagenden und der beklagten Partei benannt. Wenn eine Partei der ihr von der anderen Partei gesetzten Frist von vier Wochen zur Benennung ihres Beisitzers nicht nachkommt, erfolgt dessen Benennung entsprechend Abs. 3.

(3) Die Beisitzer benennen den Vorsitzenden. Falls keine Einigung zustande kommt, wird der Vorsitzende vom Präsidenten der Rechtsanwaltskammer X benannt.

(4) Der Vorsitzende soll die Befähigung zum Richteramt haben.

§ 3

(1) Das Landgericht Düsseldorf ist für die Hinterlegung des Schiedsspruches und das sonstige Verfahren zuständig.

(2) Ergänzend gelten die gesetzlichen Bestimmungen.

Düsseldorf, den ______

______________	______________	______________
(A.B.)	(C.D.)	(E.F.)

Einstweilen frei. 286–373

III. Verhältnis der Sozietät zum Mandanten und gegenüber Dritten

374 Im Gegensatz zu der Beziehung, die ein Mandant zu einem Einzelanwalt knüpft, unterscheidet sich dessen Verhältnis zu einer Sozietät vor allem dadurch, dass grundsätzlich eine **Personengesamtheit** verpflichtet ist. Insbesondere jedoch, wenn es um die äußerst strenge Haftung des Anwalts für berufliche Fehlleistungen geht, steht der Mandant, der einen Anwalt in einer Sozietät beauftragt, ungleich besser da als der mit einem Einzelanwalt zusammenarbeitende Mandant[1]. Für die GmbH und auch für die Partnerschaft lässt sich dasselbe nur in eingeschränktem Maße sagen: Bei diesen steht dem Mandanten aufgrund der Vielzahl der Gesellschafter in der Regel ein großes Gesellschaftsvermögen zur Realisierung seiner Haftungsansprüche zur Verfügung. Anders als bei der als GbR organisierten Sozietät entfällt jedoch der Zugriff auf das Privatvermögen der Gesellschafter weitgehend.

375 Für Anwälte, als Einzelanwalt oder im Zusammenschluss, ist deshalb neben der hervorragenden Erfüllung der Pflichten aus dem Anwaltsvertrag die Frage der Haftungsvermeidung und Haftungsbeschränkung, kurz das anwaltliche **Risikomanagement**, ganz entscheidend. Ein solches Risikomanagement ist um so bedeutsamer, wenn, wie vor allem in der Sozietät, der einzelne Anwalt nicht nur für eigene Fehler haftet, sondern auch für diejenigen Verstöße gegen das umfassende anwaltliche Pflichtprogramm durch die mit ihm zusammenarbeitenden Kollegen.

1. Der Anwaltsvertrag

a) Rechtsnatur des Anwaltsvertrages

aa) Dienstvertrag oder Werkvertrag

376 Der Anwalt wird nahezu ausschließlich aufgrund eines mit dem Mandanten abgeschlossenen Anwaltsvertrages tätig. Anwaltsvertrag in diesem Sinne meint hier zunächst nur solche Verträge bei denen sich der Rechtsanwalt bzw. die Rechtsanwaltsgesellschaft zur Erfüllung originär anwaltlicher Aufgaben verpflichtet. Mit der heute absolut herrschenden Auffassung wird man die anwaltliche Tätigkeit als eine entgeltliche **Geschäftsbesorgung** i.S.d. § 675 BGB einordnen können[2], mit den entsprechenden Auskunfts-, Herausgabe-, Weisungs- und Vorschusspflichten, der für die meisten Gegenstände aus dem Spektrum anwaltlicher Tätigkeiten als **Dienstvertrag** gem. § 611 BGB einzuordnen ist[3]. Insbesondere für die anwaltliche Tätigkeit im Rahmen der Prozessführung oder der außergerichtlichen Streitbeilegung wird das bloße

1 Dies gilt seit der Entscheidung des IX. Zivilsenates des BGH AnwBl. 2007, 717, wonach eine Sozietät auch für das deliktische Handeln eines Scheinsozius analog § 31 BGB haftet in verstärktem Maße soweit es sich um eine GbR handelt.

2 Staudinger/*Martinek*, § 675 Rz. B 163 spricht gar vom Rechtsanwalt als dem „Prototypen des Geschäftsbesorgers".

3 BGH NJW 2002, 290, BGH NJW 1997, 1302; *Borgmann/Jungk/Grams*, S. 51 ff.

Tätigwerden geschuldet; würde der Anwalt sich ausdrücklich zum Prozesserfolg verpflichten, so würde dies einen Verstoß gegen die Pflicht zur gewissenhaften Berufsausübung darstellen[1]. Dasselbe gilt auch für die Vertretung des Mandanten in sonstigen Angelegenheiten gegenüber Vertragspartnern oder Behörden, für Beratungsleistungen, auch solche in Verbindung mit Vertragsverhandlungen, und für sonstige Dienstleistungen, z.B. Akteneinsichtnahme, Grundbuch- oder Handelsregistereinsicht[2]. Ein Ertrag ist ohnehin nicht einmal dann geschuldet, wenn der Anwalt ein bestimmtes Verhandlungsergebnis garantiert; die Annahme eines selbständigen Garantieversprechens wird in solchen Fällen von der Rechtsprechung verneint[3]. An dem Verbot sich zur Herbeiführung eines bestimmten Erfolges zu verpflichten, ändert auch der viel diskutierte Beschluss des Bundesverfassungsgerichts vom 12. Dezember 2006[4] nichts. Auch wenn das bisher in § 49b Abs. 2 BRAO vorgesehene, ausnahmslose Verbot der Vereinbarung von Erfolgshonoraren in Folge dieser Entscheidung künftig eine gewisse Aufweichung erfahren hat[5], darf sich der anwaltliche Berater weiterhin in aller Regel nicht zur Herbeiführung eines Erfolges verpflichten. Einzig die Verpflichtung des Mandanten zur Zahlung der Vergütung ist in den Fällen der wirksamen Vereinbarung einer Erfolgsvergütung ganz oder teilweise an den Eintritt eines bestimmten Erfolges geknüpft; der Mandant kann aber nach wie vor nicht auf Erfolgsherbeiführung klagen.

Die Rechtsprechung und weite Teile der Literatur gehen davon aus, dass in 376a
bestimmten Ausnahmefällen ein Rechts- oder Steuerberatungsvertrag auch als **Werkvertrag** gemäß § 631 BGB zu charakterisieren ist; dies wird etwa angenommen wenn der Anwalt sich zur Erstellung eines Gutachtens oder zur Abfassung von Verträgen verpflichtet[6]. Bisweilen wird die Einordnung als Werkvertrag in diesen Fällen von der Kommentarliteratur recht schematisch bejaht[7]. Dem kann nicht gefolgt werden, da häufig die Erstellung eines Gutachtens oder von Vertragsentwürfen derart eng im Zusammenhang mit einer Beratungstätigkeit steht, dass dennoch der dienstvertragliche Charakter der anwaltlichen Tätigkeit überwiegt[8]. In diesem Fall besteht die vertraglich geschuldete Leistung jedenfalls nicht *primär* in der Erstellung eines geistigen

1 *Vollkommer/Greger/Heinemann*, § 1 Rz. 8 m.w.N.; *Borgmann/Jungk/Grams*, S. 58 Rz. 25; *Hirte*, Berufshaftung, 1996, S. 12.

2 Umfassend *Borgmann/Jungk/Grams*, S. 50ff.

3 OLG Frankfurt am Main NJW 2007, 1467 mit Anm. *Jungk*, BRAK-Mitt. 3/2007, 105.

4 BVerfG NJW 2007, 979ff.

5 Zum Gesetzgebungsverfahren siehe BT-Drucks. 16/8384; das Erfolgshonorar ist nun in den Grenzen des § 49b Abs. 2 BRAO erlaubt.

6 BGH VersR 2001, 471 für die Erstellung eines Jahresabschlusses durch Steuerberater); MünchKommBGB/*Heermann*, § 675 Rz. 26; siehe auch schon RG JW 1914, 642.

7 Vgl. etwa Staudinger/*Peters/Jacoby*, Vorbem. zu §§ 631ff. Rz. 25; Palandt/*Sprau*, 69. Aufl., § 675 Rz. 19; Erman/*S. Edenfeld*, BGB, § 611 Rz. 35; Fahrendorf/Mennemeyer/Terbille/*Mennemeyer*, Die Haftung des Rechtsanwalts, S. 8 Rz. 18.

8 *Borgmann/Jungk/Grams*, S. 61 Rz. 35; in einer vereinzelt gebliebenen Entscheidung qualifizierte das OLG Düsseldorf (VersR 1993, 702, 703) die Pflicht zur Erteilung einer Rechtsauskunft über eine konkrete Einzelfrage als Werkvertrag.

Werkes, sondern der Berater hat auch die juristische Umsetzbarkeit gewünschter Regelungen zu prüfen und ggf. von der Umsetzung abzuraten. Werkvertragcharakter kann dagegen etwa zu bejahen sein, wenn die Mandatierung gerade darauf abzielt, im Rahmen einer gutachterlichen Stellungnahme ein von dem Mandanten gewünschtes Ergebnis durch wissenschaftliche Argumentation zu stützen, also die Erstellung eines geistig-wissenschaftlichen Werkes im Vordergrund steht. Dass die Beauftragung eines Anwaltes mit der Erstellung von Gutachten oder Vertragsentwürfen *ausnahmslos* als Werkvertrag zu qualifizieren ist, lässt sich auch der Rechtsprechung des BGH *nicht* entnehmen[1].

377 Die praktische Bedeutung der rechtlichen Qualifikation eines Anwaltsvertrages als Dienst- oder Werkvertrag ist überschaubar. So war schon vor Inkrafttreten der Schuldrechtsreform im Jahre 2002 die rechtliche Einordnung des Anwaltsvertrages als Dienst- oder Werkvertrag für die Praxis weitestgehend unerheblich, soweit es die von der Rechtsprechung entwickelten anwaltlichen Pflichten und Haftungsgrundsätze betraf[2]. Durch die im Rahmen der Schuldrechtsreform für das Gewährleistungsrecht implementierte Verweisungssystematik auf §§ 280ff. BGB besteht überdies – mit gewissen Einschränkungen – Deckungsgleichheit hinsichtlich der Schadensersatzrechte bei Werk- und Dienstvertrag. Dies darf allerdings nicht darüber hinwegtäuschen, dass die Abgrenzung in folgenden Fällen **praktische Relevanz** hat:

1. Mängelansprüche können im Falle der Anwendbarkeit der **werkvertragsrechtlichen Vorschriften** auch **ohne Verschulden des Beraters** gegeben sein; der Mandant kann bei Vorliegen der Voraussetzungen nach § 635 Abs. 1 BGB **Beseitigung des Mangels** oder **Neuherstellung** des Werkes verlangen[3]. Des Weiteren besteht für den Mandanten die Möglichkeit nach erfolglosem Ablauf der von ihm zur Nacherfüllung gesetzten Frist den Mangel selbst zu beseitigen bzw. einen anderen Rechtsanwalt zu beauftragen und hierfür Kostenerstattung zu verlangen. Bei Anwendung der **dienstvertraglichen Vorschriften** bestehen die vorgenannten Möglichkeiten bei fehlendem Verschulden des Anwaltes hingegen nicht[4].
2. Weiterhin hat die Qualifikation eines Anwaltsvertrages als Werkvertrag die Anwendbarkeit des § 640 Abs. 1 BGB zur Folge, wonach der Besteller zu **Abnahme** des vertragsmäßig erstellten Werkes verpflichtet ist. Die Abnahme ist dabei in zweierlei Hinsicht von Bedeutung. So beginnt zum einen die **Verjährung** der dem Mandanten ggf. zustehenden Gewährleis-

1 BGH NJW 1996, 661, insofern zumindest missverständlich Staudinger/*Peters/Jacoby*, Vorbem. zu §§ 631ff. Rz. 32.

2 Fahrendorf/Mennemeyer/Terbille/*Mennemeyer*, S. 9 Rz. 20.

3 BGH NJW-RR 2006, 1490 weist allerdings zutreffend darauf hin, dass der Mandant in der Regel nicht genügend Rechtskenntnisse besitzen dürfte, um noch vor Beauftragung eines neuen Beraters Nachbesserung verlangen zu können.

4 Über praktische Bedeutung dieser rechtlichen Unterschiede kann man vor dem Hintergrund der (zu) scharfen Anforderungen der Rechtsprechung an die anwaltlichen Sorgfaltspflichten sicherlich streiten.

tungsansprüche grundsätzlich erst mit Abnahme bzw. Abnahmefähigkeit des Werkes. Zum anderen ist der Anwalt zur Vorleistung verpflichtet, da nach § 641 Abs. 1 BGB die geschuldete **Vergütung** erst bei Abnahme des Werkes zu entrichten ist.

bb) Atypische vertragliche Tätigkeiten

Grundsätzlich darf der Anwalt auch anders geartete, d.h. nicht zur eigentli- 378
chen anwaltlichen Berufsausübung gehörige Tätigkeiten übernehmen. Die Beurteilung als Anwaltsvertrag richtet sich dabei nach dem Schwerpunkt der Tätigkeit[1]. Steuerlich ist hierbei die gewerbliche Infizierung der freiberuflichen Tätigkeit zu beachten, was die Gewerbesteuerpflicht sämtlicher Einkünfte zur Folge hat (sog. Abfärbetheorie)[2].

Die häufig zu beobachtende, gelegentliche Nebentätigkeit des Anwalts als 379
Makler für die Vermittlung von Krediten[3], bei der Veräußerung oder Verpachtung von Grundstücken[4] wird von der Rechtsprechung grundsätzlich als Anwaltsvertrag eingeordnet, wenn nicht die Beratung oder anderweitige Gewährung rechtlichen Beistandes ganz in den Hintergrund tritt[5]. Berät dagegen der Anwalt die eine Partei und erbringt Maklerleistungen gleichzeitig für die andere Vertragspartei, so kann dies sittenwidrig sein[6]. Eine Tätigkeit, die sich nicht innerhalb des geltenden Rechts bewegt, ist anwaltsfremd; mit Übernahme einer solchen Tätigkeit wird nicht auch die Sozietät des Anwalts verpflichtet[7].

Bei der **Anlageberatung** durch einen Rechtsanwalt geht die Rechtsprechung 380
einen entgegengesetzten Weg; da es hier primär um wirtschaftliche Erwägungen geht, muss ein für die Annahme eines Anwaltsvertrages hinreichend enger Zusammenhang mit der steuer- und rechtsberatenden Tätigkeit im Einzelfall nachgewiesen werden[8].

Weitere Tätigkeiten, die nicht notwendigerweise anwaltliche Berufstätig- 381
keit sind, werden in § 45 Abs. 2 BRAO genannt. Hierbei handelt es sich vor allem um die Tätigkeiten als Vormund, Betreuer, Pfleger, Testamentsvollstrecker, Insolvenzverwalter, Mitglied des Gläubigerausschusses oder Gläubigerbeirats, Nachlassverwalter, Zwangsverwalter, Treuhänder[9], Schiedsrichter o.Ä. Diese Tätigkeiten sind weitgehend gesetzlich normiert.

1 BGH NJW 1994, 1465, 1406; BGH NJW 1999, 3040.
2 BFH FR 1992, 340.
3 RGZ 121, 200; BGHZ 18, 340; BGH AnwBl. 1956, 255.
4 BGH NJW 1971, 2227; BGH WM 1976, 1135; BGH WM 1977, 551; BGH NJW 1992, 681.
5 BGH NJW 1955, 1921; BGH NJW 1971, 2227; BGH WM 1976, 1135, 1136; BGH NJW 1985, 2642; OLG Karlsruhe JurBüro 1991, 374; OLG Hamm NJW-RR 195, 951; weiterführend *Borgmann/Jungk/Grams*, S. 32 Rz. 12ff.
6 BGH NJW 1992, 681, 682; OLG Frankfurt NJW 1990, 2131.
7 BGH NJW 1999, 3040.
8 BGH NJW 1994, 1405, 1406; BGH NJW 2000, 1333.
9 BGH NJW 1999, 3040.

Im vorliegenden Zusammenhang bedeutsam ist vor allem, dass derartige Tätigkeiten grundsätzlich nur von Einzelpersonen ausgeübt werden können; die Bestellung einer Sozietät zum Vormund, Betreuer[1], Pfleger[2] etc.[3] scheidet aus. Zum Testamentsvollstrecker kann allerdings grundsätzlich auch eine Sozietät oder eine juristische Person, beispielsweise eine Anwalts-GmbH, ernannt werden (§§ 2197ff. BGB)[4]. Zur Frage der unentgeltlichen Leistungserbringung durch einen Anwalt (s. unten Rz. 443).

b) Zustandekommen des Anwaltsvertrages

aa) Vertragsschluss

382 Der Anwaltsvertrag kommt nach allgemeinen zivilrechtlichen Vorschriften über den Vertragsschluss (§§ 145ff. BGB) zustande. Zwar wird eine gezielte Anfrage oder die Mandatserteilung in der Regel von dem Mandanten ausgehen; jedoch verbietet es das anwaltliche Berufsrecht – keine Werbung um die Erteilung des Mandats im Einzelfall (§ 43b BRAO) – nicht, dass das Angebot zum Vertragsschluss formell von dem Anwalt ausgeht[5].

383 Da für den Anwaltsvertrag **Formfreiheit** besteht, kann der Vertragsschluss auch durch konkludentes Handeln erfolgen[6]. In der Praxis besteht daher bisweilen das Problem, ob eine Anfrage als **konkludentes Angebot** zum Abschluss eines Rechtsanwaltsvertrages qualifiziert werden kann oder lediglich eine **unverbindliche Anfrage** zum Gegenstand hat. Auch hier gilt der von der Rechtsprechung entwickelte Auslegungsgrundsatz, wonach es bei der Auslegung von Erklärungen darauf ankommt, ob der Empfänger der Anfrage unter Berücksichtigung aller Umstände nach Treu und Glauben und mit Rücksicht auf die Verkehrsitte davon ausgehen musste, dass ein Angebot zum Vertragsschluss abgegeben werden sollte. Der BGH stellt jedoch strenge Anforderungen an das Zustandekommen eines Vertrages durch konkludentes Handeln der Beteiligten[7]. Im praktischen Regelfall, indem ein Mandant etwa Unterlagen per Post oder per Telefax übersendet oder sein Anliegen telefonisch oder in einem persönlichen Gespräch vorträgt, wird man von dem Angebot auf Abschluss eines Rechtsanwaltsvertrages ausgehen können, da der Rechts-

---

1 § 1897 Abs. 1 BGB.

2 §§ 1915, 1779 Abs. 2 BGB.

3 Insolvenzverwalter: § 56 Nr. 1 InsO; Nachlassverwalter: Staudinger/*Marotzke*, § 1981 Rz. 28ff.; Zwangsverwalter: *Stöber*, ZVG, § 150 Anm. 2.2.

4 Staudinger/*Reimann*, § 2197 Rz. 50.

5 A.A. *Vollkommer/Greger/Heinemann*, § 3 Rz. 1; vgl. allgemein Henssler/Prütting/*Prütting*, § 43b Rz. 45.

6 BGH VersR 1981, 460, 461; BGH NJW 1988, 2880, 2881; BGH NJW 1991, 2084, 2085; BGH NJW 2003, 3564, 3565; BGH NJW 2004, 3630 3631.

7 BGH NJW 2004, 3630, 3631; vgl. auch BGH NJW 2003, 3564, 3565 zur Substantiierungspflicht eines auf Vergütung klagenden Rechtsanwaltes, der vorträgt Verhandlungen über die Regulierung von Darlehensverbindlichkeiten auch im Interesse einer weiteren Partei, aber ohne deren ausdrückliche Mandatierung geführt zu haben.

suchende hiermit die Bitte um Rechtsberatung zum Ausdruck bringt[1]. Dabei wird man den Willen des Mandanten weiter grundsätzlich dahingehend auslegen dürfen, dass er auf das Zustandekommen eines *entgeltlichen* Vertrages gerichtet ist[2] und gerade nicht lediglich eine unverbindliche Anfrage zum Gegenstand hat. Die Übernahme des Mandats durch den Anwalt, d.h. die Annahme des Anwaltsvertrages, erfolgt in der Regel durch schriftliche oder mündliche Mandatsbestätigung; in vielen Fällen wird jedoch der Anwalt seinen Annahmewillen stillschweigend durch Aufnahme der verlangten Tätigkeit, Auskunftserteilung, Erstellung eines Gutachtens oder Prozessführung, betätigen[3]. Irgendeine Betätigung des Annahmewillens ist jedoch erforderlich; durch bloßes Schweigen kommt ein Mandatsvertrag nicht zustande[4]. Eine dem § 362 Abs. 1 HGB vergleichbare Vorschrift existiert nicht; § 44 BRAO, der den Rechtsanwalt dazu verpflichtet, eine Ablehnung des Mandats unverzüglich zu erklären, hat allerdings eine Schadensersatzverpflichtung zur Folge[5]. Ob ausnahmsweise ein Vertragsschluss durch bloßes Schweigen anzunehmen ist, wenn ein vom Anwalt ständig betreuter Mandant einen neuen Auftrag erteilt, erscheint zweifelhaft[6]; die Unanwendbarkeit der handelsrechtlichen Vorschrift des § 362 Abs. 1 HGB bedeutet auch, dass es dem Anwalt vorbehalten bleiben muss, eine bestimmte Tätigkeit etwa aufgrund Zeit- oder Kapazitätsmangels oder wegen mangelnder Kenntnisse in einem bestimmten Rechtsgebiet nicht anzunehmen.

Unzutreffend ist die in der Literatur unter Verweis auf eine jüngere Entscheidung des BGH anzutreffende Auffassung, ein Rechtsanwaltsvertrag könne alleine deshalb nicht rechtswirksam geschlossen werden, weil er eine nicht zielführende bzw. rechtlich überflüssige Maßnahme zum Gegenstand hat[7]. 383a
Diese Ansicht führt zu einer systematisch unzutreffenden Vermengung der Auslegungsgrundsätze der Rechtsgeschäftslehre mit dem Leistungsstörungsrecht. Der BGH hat in einem jüngeren Urteil vielmehr entschieden, dass etwa die Einleitung eines Mahnverfahrens gegen eine Gesellschaft, über deren Vermögen bereits das Konkursverfahren eröffnet wurde, eine positive Forderungsverletzung des Anwaltsvertrages darstellt. Da in der betreffenden Entscheidung jedoch von den Vorinstanzen nicht abschließend geklärt worden war, ob aus anderen Gründen ein Mandatsverhältnis nicht wirksam begründet wurde, wies der BGH hilfsweise darauf hin, dass in diesem Falle ein Schadensersatzanspruch des Klägers jedenfalls aus Verschulden bei Vertragsverhandlungen gegeben wäre[8].

1 BGH NJW 1988, 2880, 2881; BGH NJW 2000, 1263.
2 Dies folgt für den regelmäßigen Fall des Vorliegens eines Dienstvertrages auch aus der in § 612 BGB statuierten unwiderleglichen Vermutung.
3 BGH VersR 1981, 460, 461.
4 Insofern missverständlich *Borgmann/Jungk/Grams*, § 73 Rz. 67.
5 Zum privatrechtlichen Charakter der Vorschrift vgl. Henssler/Prütting/*Kilian*, § 44 Rz. 1, 4.
6 *Borgmann/Jungk/Grams*, § 73 Rz. 67.
7 So wohl *Borgmann*, NJW 2005, 22, 23 unter insoweit unzutreffendem Verweis auf BGH VersR 2004, 738.
8 BGH VersR 2004, 738.

bb) Einbeziehung von Mandatsbedingungen

384 Sollte der Anwalt sich zur Verwendung vorformulierter Mandatsbedingungen entschließen, so sind die Vorschriften der §§ 305 ff. BGB zu beachten. Hierbei spielt die Unterscheidung des § 310 BGB zwischen Unternehmern und Verbrauchern eine ganz bedeutsame Rolle.

385 **Gegenüber Verbrauchern** ist zu beachten, dass nicht nur die für eine Vielzahl von Verträgen vorformulierten Vertragsbedingungen, sondern auch solche nur zu einer einmaligen Verwendung bestimmten Bedingungen (§ 310 Abs. 3 Nr. 3 BGB) in den Anwendungsbereich der §§ 305 ff. BGB fallen. Entscheidend für den Vorformulierungstatbestand ist die Frage, inwieweit der Verbraucher aufgrund der Vorformulierung auf den Inhalt der Klausel Einfluss nehmen konnte (§ 310 Abs. 3 Nr. 3 BGB)[1], ist dies nachweisbar der Fall, finden die §§ 305 ff. BGB keine Anwendung. Wird die vorformulierte Klausel durch den Verbraucher oder auf dessen Verlagen eingefügt, entfällt gemäß § 310 Abs. 3 Nr. 1 BGB der Schutz der §§ 305 ff. BGB ebenfalls. Die **Einbeziehung** von Allgemeinen Mandatsbedingungen in den Anwaltsvertrag mit dem Verbraucher erfordert gemäß § 305 Abs. 2 Nr. 1 und Nr. 2 BGB, dass

- der Rechtsanwalt den Mandanten zum einen ausdrücklich auf diese Bedingungen **hinweist**,
- der Rechtsanwalt dem Mandanten die Möglichkeit verschafft, in zumutbarer Weise vom Inhalt **Kenntnis zu nehmen**,
- das **Einverständnis des Mandanten** mit der Geltung der Allgemeinen Mandatsbedingungen *und*
- das Zustandekommen eines wirksamen Vertrages.

385a Der ausdrückliche Hinweis kann dabei schriftlich oder mündlich erfolgen[2]; er hat aber in jedem Fall in einer Weise zu erfolgen, dass er auch bei nur flüchtiger Betrachtung nicht übersehen werden kann[3]. Die in § 305 Abs. 2 Nr. 1 BGB vorgesehene Möglichkeit Allgemeine Geschäftsbedingungen durch Aushang einzubeziehen gilt für den Anwaltsvertrag nicht, da der Hinweis auf die AGB eines Rechtsanwalts keine unverhältnismäßige Schwierigkeiten bereitet[4]. So soll die genannte Regelung in § 305 Abs. 2 Nr. 1 BGB in erster Linie eine Einbeziehung von AGB auch in solchen Konstellationen ermöglichen, die bisweilen auch als „faktische Vertragsverhältnisse" bezeichnet wurden bzw. die konkludent durch bloße Inanspruchnahme der Leistung geschlossen werden[5]. Das nach § 305 Abs. 2 BGB und nach allgemeinem Vertragsrecht erforderliche Einverständnis des Kunden wiederum kann grundsätzlich auch stillschweigend erklärt werden[6]. Dies wird man bei-

1 Palandt/*Grüneberg*, 69. Aufl., § 310 Rz. 17; vgl. auch zum insoweit inhaltsgleichen § 24a Nr. 2 AGBG *Graf von Westphalen*, BB 1996, 2102.
2 BGH NJW 1983, 817.
3 BGH NJW-RR 1987, 113.
4 *Vollkommer/Greger/Heinemann*, § 3 Rz. 6.
5 Palandt/*Grüneberg*, 69. Aufl., § 305 Rz. 31.
6 Palandt/*Grüneberg*, 69. Aufl., § 305 Rz. 43.

spielsweise annehmen, wenn im Rahmen eines Beratungsgespräches der Anwalt dem Mandanten vorschlägt, für ihn einen Vertrag zu entwerfen und ihm dabei Allgemeine Mandatsbedingungen, die insbesondere eine Haftungsbeschränkung (Rz. 486) enthalten, vorlegt. Im umgekehrten Fall, in dem der Anwalt ein ihm angetragenes Mandat unter Hinweis auf die beigefügten Mandatsbedingungen bestätigt, bedeutet weder das Schweigen des Mandanten[1] noch die spätere Entgegennahme anwaltlicher Dienstleistungen[2] ein rechtsgültiges Einverständnis mit den Mandatsbedingungen. Auch im Rahmen eines Dauermandates stellt die regelmäßige Entgegennahme vertraglicher Leistungen kein Einverständnis des Mandanten mit der Geltung von Allgemeinen Mandatsbedingungen dar[3].

Auch bei Anwendung des § 310 Abs. 1 BGB – also etwa bei Mandatierung 386
durch einen Unternehmer im Sinne des § 14 BGB – ist im Einzelfall zu prüfen, ob die Allgemeinen Mandatsbedingungen bei Begründung des Vertragsverhältnisses **wirksam einbezogen** wurden[4]. Für Mandanten, die Unternehmer im Sinne von §§ 310 Abs. 1 S.1, 14 BGB sind, gelten die allgemeinen Vorschriften des Vertragsrechts auch für die Einbeziehung von Mandatsbedingungen. Gemäß § 14 BGB sind hiervon alle natürlichen und juristischen Personen erfasst, die am Markt planmäßig und dauerhaft entgeltliche Leistungen anbieten[5] und damit auch Freiberufler, Handwerker, Landwirte und Kleingewerbetreibende, die nicht im Handelsregister eingetragen sind[6]. Bei Unternehmern kann deshalb zur Einbeziehung von Mandatsbedingungen bereits ein stillschweigender Hinweis des Rechtsanwalts ausreichen, sofern hierin der Einbeziehungswille zum Ausdruck kommt[7] und das Verhalten des Mandanten bei Würdigung aller Einzelumstände als Einverständnis zu werten ist[8]. Eine nachträgliche Bestätigung eines Mandats durch den Anwalt unter Verweis auf die Mandatsbedingungen erfordert jedoch ein zusätzliches Einverständnis des Mandanten, das denselben Voraussetzungen unterliegt wie bei einem Verbraucher[9].

cc) Einschränkungen der Vertragsfreiheit

Dem Rechtsanwalt steht es grundsätzlich frei, ein Mandat bzw. die Vertre- 387
tung eine Mandanten anzunehmen oder abzulehnen. Jedoch ist diese Freiheit

---

1 BGHZ 18, 212, 216; 61, 282, 284ff.; BGH NJW 1988, 2106; OLG Köln NJW-RR 1994, 1430.
2 Palandt/*Grüneberg*, 69. Aufl., § 305 Rz. 43; Erman/*Roloff*, § 305 Rz. 27; a.A. MünchKomm BGB/*Basedow*, § 305 Rz. 84, wobei hier das Schreiben des Mandanten als Annahme gewertet wird, wenn dieser die Dienstleistung entgegennimmt und bezahlt; Staudinger/*Schlosser*, § 305 Rz. 164.
3 *Vollkommer/Greger/Heinemann*, § 3 Rz. 6.
4 BGH ZIP 1983, 81, 89.
5 BGH NJW 2006, 2250.
6 Palandt/*Ellenberger*, 69. Aufl., § 14 Rz. 2.
7 Ulmer/Brandner/Hensen/*Ulmer*, § 305 Rz. 170.
8 Palandt/*Grüneberg*, 69. Aufl., § 305 Rz. 43.
9 BGHZ 18, 121, 216; BGHZ 61, 282, 284ff.; BGH BB 1974, 1136; Ulmer/Brandner/Hensen/*Ulmer*, § 305 Rz. 171.

zum einen durch **Tätigkeitsverbote** und zum anderen durch einige Fälle der **Pflicht zur Übernahme der Prozessvertretung** eingeschränkt.

(1) Tätigkeitsverbote

388 Aus anwaltlichem Berufsrecht können sich in vielen Fällen Tätigkeitsverbote für Rechtsanwälte ergeben. So ist eine anwaltliche Tätigkeit gem. § 45 und § 46 Abs. 2 BRAO in den Fällen der **Vorbefassung** untersagt, wenn der Rechtsanwalt also bereits in anderer Eigenschaft in der Angelegenheit tätig geworden ist. Diese Tätigkeitsverbote gelten gem. §§ 45 Abs. 3, 46 Abs. 3 BRAO auch für die dem Rechtsanwalt in Sozietät oder in sonstiger Weise zur gemeinschaftlichen Berufsausübung verbundenen oder verbunden gewesenen Rechtsanwälte. § 46 Abs. 1 BRAO verbietet eine Tätigkeit in der Eigenschaft als Rechtsanwalt für den sog. Syndikus-Anwalt. Von besonderer Bedeutung ist des Weiteren das **Verbot der Wahrnehmung widerstreitender Interessen** gem. § 43a Abs. 4 BRAO, § 3 BORA, § 356 StGB[1], das sich ebenfalls auf die gesamte Sozietät, Partnerschaft oder GmbH, auch in überörtlicher Verbindung, erstreckt[2]. Für in **Bürogemeinschaften** organisierte Rechtsanwälte gilt es zu beachten, dass sich dieses Verbot seit der Neufassung des § 3 Abs. 2 S.1 BORA auch auf Anwälte in **Bürogemeinschaften** erstreckt[3]. In einem mit Blick auf die anwaltlichen Tätigkeitsverbote wegen Interessenkollisionen bemerkenswerten aktuellen Urteil entschied der IX. Zivilsenat des BGH[4], dass ein Rechtsanwalt auch verpflichtet sein kann, einem neuen Mandanten gegenüber offen zu legen, dass er oder ein anderes Sozietätsmitglied den Gegner bereits häufig in anderen Angelegenheit vertreten habe. Dies gelte unabhängig davon, ob ein tatsächlicher oder rechtlicher Zusammenhang zu dem neuen Mandat bestünde[5].

388a Zivilrechtlich stellt sich die Frage, ob die Übernahme eines kollidierenden Mandats zur **Nichtigkeit des Anwaltsvertrages** gem. § 134 BGB i.V.m. dem Verbotsgesetz führt[6]. Obschon es sich bei den vorgenannten Vorschriften um einseitige Verbote handelt, ergibt sich aus dem Zweck der Vorschriften, das

1 Vgl. auch AG Duisburg ZIP 2007, 2429: Ein Rechtsanwalt, der im Insolvenzverfahren zugleich einen Drittschuldner und einen Insolvenzgläubiger vertritt, verstößt gegen das Verbot gem. § 43a Abs. 4 BRAO; s.a. die hilfreichen Darstellungen zu verschiedenen Fallkonstellationen von *Offermann-Burckart*, AnwBl. 2009, 729ff.

2 Henssler/Prütting/*Henssler*, § 43a Rz. 165; weiterführend vgl. Rz. 406.

3 BRAK-Mitt. 2006, S. 79; siehe hierzu auch Hanseatisches OLG Bremen BRAK-Mitt 2008, 231.

4 BGH NJW 2008, 1307ff.

5 BGH NJW 2008, 1307ff.; vgl. zu den damit verbundenen Folgeproblemen und dem Zusammenhang mit dem Merkmal *„derselben Rechtssache"* *Henssler/Deckenbrock*, NJW 2008, 1275ff.

6 Dafür BGH NZG 2010, 1390; BGHZ 141, 69, 79; BGHZ 147, 39, 44; Überblick bei *Deckenbrock*, AnwBl. 2010, 221. OLG Hamm AnwBl. 1989, 397; OLG Köln AnwBl. 1980, 70; *Feuerich/Weyland*, § 45 Rz. 41; *Feuerich*, DNotZ 1989, 596; Henssler/Prütting/*Kilian*, § 45 Rz. 49; a.A. *Vollkommer/Greger/Heinemann*, § 3 Rz. 17f.

Vertrauen der Allgemeinheit in die Integrität der Anwaltschaft zu schützen[1], die Notwendigkeit, derartige Anwaltsverträge als **nichtig** zu betrachten. Der Mandant wird bei Nichtigkeit des Anwaltsvertrages ausreichend durch einen Anspruch gem. § 311 BGB gegen den Rechtsanwalt aus Verschulden bei Vertragsverhandlungen geschützt[2]. Ginge man entgegen der hier vertretenen Auffassung von einem wirksamen Vertragsverhältnis aus, bestünde ein Schadensersatzanspruch des Mandanten aus §§ 280 Abs. 1, 283, 275 BGB.

(2) Pflicht zur Übernahme der Prozessvertretung

In den in § 48 BRAO geregelten Fällen kann sich für den Anwalt die öffentlich-rechtliche Pflicht ergeben, bei Vorliegen bestimmter Voraussetzungen[3] als beigeordneter Anwalt (§§ 121 ZPO, 11a Abs. 1 ArbGG), als Notanwalt gem. §§ 78b, 78c ZPO oder als Beistand in einer Scheidungssache gem. § 625 ZPO tätig zu werden. Dies hat indes nicht automatisch den Anschluss eines zivilrechtlichen Mandatsvertrages zur Folge, sondern es bedarf grundsätzlich des gesonderten Abschlusses eines privatrechtlichen Rechtsanwaltsvertrages[4]. Vor diesem Hintergrund ist es auch zutreffend die in § 48 BRAO geregelten Fälle nicht als gesetzliche Fälle des Kontrahierungszwanges zu bezeichnen[5]. 389

Weiter ordnet § 48 Abs. 2 BRAO an, dass der Rechtsanwalt in diesen Fällen Beiordnungen nur aus wichtigem Grund ablehnen darf. Darüber hinaus sieht § 49 BRAO vor, dass der Rechtsanwalt auch eine ihm angetragene Pflichtverteidigung oder Beistandsleistung in Strafsachen, Ordnungswidrigkeitssachen und nach dem Gesetz über Internationale Rechtshilfe in Strafsachen annehmen muss; es handelt in diesem Fall aber um ein öffentlich-rechtliches Schuldverhältnis[6]. Auch ist der Anwalt zur Beratung nach dem Beratungshilfegesetz verpflichtet (§ 49a BRAO). Auch in diesen Fällen kann die anwaltliche Tätigkeit nur aus wichtigem Grund abgelehnt werden (§§ 49 Abs. 2, 49a S. 2 BRAO). Ein wichtiger Grund zur Ablehnung des Auftrags ist jedoch gem. § 44 BRAO unverzüglich geltend zu machen; ein schuldhaftes Zögern (§ 121 Abs. 1 S. 1 BGB) führt zu einem Schadensersatzanspruch des Mandanten gem. § 44 S. 2 BRAO, welcher einen gesetzlich besonders geregelten Fall des Verschulden bei Vertragsverhandlungen darstellt und eine der Vorschrift in § 663 BGB entspricht[7]. Soweit dies für seine Tätigkeit erforderlich ist, ist 389a

1 Henssler/Prütting/*Henssler*, § 43a Rz. 161.
2 Henssler/Prütting/*Kilian*, § 45 Rz. 49; *Borgmann/Jungk/Grams*, S. 48 Rz. 52.
3 Tätigkeitsverbote und die Pflicht zur Übernahme der Prozessvertretung können bisweilen auch kollidieren, vgl. etwa Hanseatisches OLG Bremen BRAK-Mitt. 2008, 231, wonach die gerichtliche Beiordnung eines Anwaltes gemäß § 121 ZPO, die gegen das Verbot der Vertretung widerstreitender Interessen gemäß § 3 Abs. 2 BORA verstoßen würde, unzulässig ist, wenn zwar die betroffene Partei der Beiordnung des betreffenden Rechtsanwaltes, nicht aber der Antragsgegner zustimmt.
4 Stellvertretend BGHZ 30, 226.
5 Staudinger/*Martinek*, § 675 Rz. B 167.
6 Henssler/Prütting/*Henssler*, § 49 Rz. 3.
7 Palandt/*Sprau*, 69. Aufl., § 663 Rz. 3.

der Anwalt in solchen Fällen ebenfalls verpflichtet, einen entsprechenden Mandatsvertrag mit der zu betreuenden Partei abzuschließen[1].

390 Es entspreche der h.M. in der Literatur, dass die in der BRAO in Verbindung mit dem jeweils anwendbaren Verfahrensrecht normierten Fälle der Pflicht zur Übernahme der Prozessvertretung immer nur den einzelnen Berufsträger und nicht eine Rechtsanwaltssozietät als ganze treffen[2]. Grund für diese Sichtweise war, dass in Pflichten gem. §§ 48, 49, 49a BRAO nur den Einzelanwalt treffende Berufspflichten gesehen wurden. Bei der Pflichtverteidigung gem. § 141 Abs. 4 StPO folge dies bereits aus dem in der Rechtsprechung anerkannten Grundsatz, dass die Beiordnung mehrerer Verteidiger nur ausnahmsweise bei Vorliegen eines unabwendbaren Bedürfnisses, z.B. bei Großverfahren, begründbar sei[3]. Auch in §§ 121 Abs. 4, 78b Abs. 1 Satz 1 ZPO, 625 Abs. 1 Satz 1 ZPO, 6 Abs. 1 BerHG sei jeweils davon die Rede, dass das Gericht „*einen* Rechtsanwalt" beiordnet. Dieser Auffassung hat der BGH in einer Grundsatzentscheidung widersprochen[4] und ausgeführt, dass die Beiordnung einer Rechtsanwaltssozietät im Rahmen der Bewilligung von Prozesskostenhilfe möglich ist. Der BGH begründet dies zunächst damit, dass jedenfalls die Beiordnungsfähigkeit der Rechtsanwaltsgesellschaft mbH inzwischen anerkannt sei. Zwar würde der Wortlaut des § 121 ZPO unverändert fortbestehen, es stelle sich aber die Frage, ob diese Vorschrift vor dem Hintergrund der inzwischen eingetretenen Rechtsentwicklung in Bezug auf die Rechtsanwalts- und die Partnerschaftsgesellschaft nicht einer Korrektur mittels verfassungskonformer Auslegung bedürfe.

Über diese Erwägung hinaus gelte es zu bedenken, dass jedenfalls seit der Entscheidung des BGH zur Rechtsfähigkeit der Gesellschaft bürgerlichen Rechts[5] auch die Rechtsfähigkeit der Rechtsanwaltssozietät anerkannt ist und damit der wesentliche Grund, die Sozietät von einer Beiordnung auszuschließen, entfallen wäre.

Zudem sei zu berücksichtigen, dass der dem Prozesskostenhilferecht immanente Grundsatz der Waffengleichheit in unzulässiger Weise berührt würde, wenn einerseits eine vermögende Partei in der Lage sei, für sich eine Anwaltssozietät mit den aus deren Arbeitsteilung erwachsenden Vorteilen zu verpflichten, andererseits aber die auf Prozesskostenhilfe angewiesene Partei auf die Vertretung durch einen einzelnen Rechtsanwalt beschränkt würde.

1 Im Einzelnen und ausführlich *Vollkommer/Greger/Heinemann*, § 3 Rz. 22ff.; *Borgmann/Jungk/Grams*, S. 62ff.
2 *Bergerfurth*, Der Anwaltszwang und seine Ausnahmen, 2. Aufl. 1988, Rz. 141; *Borgmann/Jungk/Grams*, S. 65 Rz. 48ff., wo jedoch de lege ferenda eine Ausdehnung auf Sozietäten gefordert wird; *Vollkommer/Greger/Heinemann*, § 3 Rz. 27.
3 OLG Celle StV 1988, 379; OLG Stuttgart NStZ-RR 1996, 207; OLG Hamburg NStZ-RR 1997, 203; *Meyer-Goßner*, StPO, § 141 Rz. 2.
4 BGH NJW 2009, 440ff.
5 BGH NJW 2001, 1056.

c) Parteien des Anwaltsvertrages

An den Anwalt tritt entweder der Mandant selbst, sein gesetzlicher Vertreter (z.B. Geschäftsführer, Vorstand, Eltern eines minderjährigen Kindes) oder aber eine bevollmächtigte Person heran. Hier entstehen ggf. die allgemeinen Probleme des Vertretungsrechts. Bei einer Personenmehrheit auf Auftraggeberseite sind darüber hinaus potentielle Interessenkonflikte zu berücksichtigen, z.B. zwischen Eheleuten oder Gesellschaftern, die eine Ablehnung des Mandats von einzelnen Auftraggebern notwendig machen können (§ 45 Abs. 2 BRAO). Im Übrigen hat eine Mehrheit von Personen auf Auftraggeberseite im Zweifel ein Gesamtschuldverhältnis gem. § 421 BGB zur Folge. Dies wir auch in § 7 Abs. 2 RVG bestätigt. Zur Einbeziehung Dritter vgl. Rz. 450ff. 391

Wer auf der anderen Seite des Anwaltsvertrages als Auftragnehmer steht, ob einzelne oder mehrere in einer Sozietät verbundene Rechtsanwälte, bedarf häufig der Auslegung. 392

aa) Mandant und Einzelanwalt

Ohne weiteres klar ist die Frage, wann ein Rechtsanwalt beauftragt wird, der seine Tätigkeit nicht in räumlicher oder in andere Weise nach außen erkennbarer Verbundenheit mit anderen Rechtsanwälten oder sonstigen Berufsträgern ausübt. Soweit ein solcher Rechtsanwalt andere Personen, Mitarbeiter oder andere Anwälte, in die Mandatsbearbeitung einschaltet, werden diese nicht Vertragspartner; der beauftragte Anwalt haftet jedoch für ein Verschulden seiner Erfüllungsgehilfen[1]. Zwar hat auch ein solcher Rechtsanwalt immer zu prüfen, ob er berechtigt ist, dritte Personen in die Mandatsbearbeitung einzuschalten; im Zweifel wird man jedoch hiervon ausgehen dürfen[2]. Die vollständige Übertragung – ggf. von Teilen – der Mandatsbearbeitung (Substution) ist dem Anwalt jedoch gem. § 664 Abs. 1 Satz 1 BGB nicht gestattet. Einen Schaden aus der Mandatsbearbeitung, den eine der Hilfspersonen verursacht hat, kann der Mandant andererseits in der Regel nicht gegen diese geltend machen, es sei denn nach allgemeinem Deliktsrecht (insb. § 826 BGB). 393

bb) Mandant und Bürogemeinschaft

Eine ähnliche Situation wie bei einem Einzelanwalt ergibt sich grundsätzlich für die Bürogemeinschaft. Anders als § 59a Abs. 4 BRAO enthielt das am 8. 9. 1994 außer Kraft getretene Rechtsanwaltsgesetz (RAG) eine Definition des Begriffes Bürogemeinschaft. Gem. § 39 Abs. 1 Nr. 2 i.V.m. Abs. 2 RAG lag eine **Bürogemeinschaft** vor, wenn Rechtsanwälte ein gemeinsames Büro betrieben und entsprechend vertraglicher Abreden auch die Kosten für die Führung des Büros angemessen teilten. Die Entgegennahme von Aufträgen und die Haftung sollte nach der Definition des RAG bei Bürogemein- 394

1 BGHZ 56, 355, 358f.
2 BGHZ 56, 355, 358f.; BGH NJW 1963, 1301, 1302; *Kornblum*, BB 1973, 218, 227.

schaften hingegen nicht gemeinsam erfolgen. Diese Definition des RAG stimmt auch mit dem in der Literatur anzutreffenden Verständnis überein[1]. Sie verdeutlicht das eine Bürogemeinschaft hinsichtlich des Erwerbs von Büroinventar und den Abschluss von Arbeitsverträgen mit Personal **Innen-** oder *auch* **Außengesellschaften** sein[2]; entscheidend für die Beziehung zum Mandanten ist jedoch, dass die Rechtsanwälte in Bezug auf **ihre Berufsausübung** – im Gegensatz zur Sozietät – **nicht gemeinsam auftreten**[3] und eine Bürogemeinschaft *insoweit* nie eine Außengesellschaft sein kann. Für die Einordnung als Bürogemeinschaft ist entscheidend, wie sich das äußere Erscheinungsbild der Bürogemeinschaft dem Mandanten dargeboten hat[4]. Insbesondere sollten im Wege der Bürogemeinschaft verbundene Rechtsanwälte vermeiden etwa durch ein gemeinsames Türschild, einen gemeinsamen Briefkopf, entsprechende Vollmachtsformulare, Stempel oder ähnliche Zeichen als Zusammenschluss nach außen hin aufzutreten; nach § 28 Abs. 6 S. 2 der früheren Standesrichtlinie[5] war dies der Bürogemeinschaft ausdrücklich untersagt. Erweckt die Bürogemeinschaft so den Schein einer Sozietät, so haften sämtliche Rechtsanwälte gegenüber dem Mandanten als Scheinsozien für ein etwaiges Verschulden eines einzelnen Rechtsanwaltes[6]. Nach einer viel diskutierten Entscheidung des BGH haftet eine (tatsächliche) Rechtsanwaltssozietät analog § 31 BGB auch für das deliktische Handeln eines Scheinsozius[7]. Mithin ist es konsequent eine Haftung auch für deliktisches Handeln auch auf die Schein-Rechtsanwaltssozietät zu erstrecken.

cc) Mandant und Rechtsanwalts-GbR

395 Anders als die Bürogemeinschaft ist die Sozietät ein als solcher nach außen auftretender Zusammenschluss von Rechtsanwälten zur gemeinsamen Berufsausübung[8]. Besteht eine derartig durch gemeinsames Türschild, Briefbögen, Vollmachten, Stempel etc. nach außen in Erscheinung tretende Sozietät, so gilt im Zweifel, dass ein Mandant mit einem Auftrag an ein Mitglied der Sozietät die **gesamte Sozietät vertraglich verpflichten** will[9]. Unerheblich

1 Henssler/Prütting/*Hartung*, § 59a Rz. 149f.; Hartung/Römermann/*Römermann*, vor § 50a Rz. 160.

2 Hartung/Römermann/*Römermann*, vor § 59a Rz. 159.

3 BGHZ 56, 356, 357; BGH NJW 1978, 996; BGH VersR 1978, 444; BGH NJW 1991, 1225; BGH WM 1992, 1964; *Kornblum*, AnwBl. 1973, 153, 154; *Seltmann*, VersR 1973, 97, 98; *Borgmann/Jungk/Grams*, S. 277 Rz. 10f.; *Vollkommer/Greger/Heinemann*, § 4 Rz. 4.

4 BGHZ 56, 356, 357.

5 Diese wurden vom Bundesverfassungsgericht im Jahre 1987 wegen fehlender Rechtssetzungskompetenz für verfassungswidrig erklärt: BVerfG NJW 1988, 191 und BVerfG NJW 1988, 193.

6 BGHZ 70, 247, 249; BGH WM 1988, 986, 987; *Borgmann/Jungk/Grams*, § 36 Rz. 10ff.

7 BGH AnwBl. 2007, 717.

8 BGH NJW 1994, 257; Henssler/Prütting/*Hartung*, § 59a Rz. 150.

9 BGH NJW 1982, 1866; BGH VersR 1986, 686; BGH VersR 1991, 1003, 1004; BGH NJW 1994, 257; BGH NJW 1995, 1841; BGH NJW 1999, 3040; Staudinger/*Martinek*, § 675 Rz. B 167.

ist im Übrigen auch, welcher Sozius den Auftrag angenommen hat. Selbst wenn der einzelne Sozius ggf. für den konkreten Fall nicht die Befugnis hatte, die Sozietät zu vertreten (dies könnte etwa bei einem Gesellschafterbeschluss, das Mandat abzulehnen, der Fall sein), so wäre eine Vertretungsmacht nach außen in der Regel als Duldungs- oder als Anscheinsvollmacht gegeben. Dieselben Grundsätze greifen auch ein für einen Mitarbeiter der Sozietät, der nicht als Gesellschafter nach außen in Erscheinung tritt; allerdings bedarf es hier der Begründung der Duldungs- oder der Anscheinsvollmacht im Einzelfall[1]. Unerheblich ist grundsätzlich auch, wer nach der internen Aufgabenteilung das Mandat bearbeitet[2]. Aus dem Mandatsvertrag werden deshalb sowohl die Gesellschaft als auch – unabhängig von der Annahme von Teilrechtsfähigkeit[3] – aufgrund des auf spezifische anwaltliche Dienstleistungen gerichteten Vertragsinhaltes[4] die Gesellschafter jeweils einzeln zur Erfüllung verpflichtet (Rz. 398).

(1) Grundsätzlich Gesamtmandat

Allerdings kommt der Mandatsvertrag dann nicht mit der Anwaltssozietät zustande, wenn der Mandant ausdrücklich oder aus den Umständen erkennbar nur einen bestimmten Berufsträger beauftragen will[5]. Ein **Einzelmandat** ist jedoch nur in wenigen **Ausnahmefällen** anzunehmen, da und wenn die Sozietät als Gesamtheit aller Sozien im Rechtsverkehr als Einheit auftritt[6] und dem Mandanten ein dahingehender, normativ verstandener Klärungssinn innewohnt. Neben dem ausdrücklich[7] erteilten Einzelmandat sind weitere Fälle denkbar. So wurde in der Rechtsprechung ein Einzelauftrag angenommen, als ein Rechtsanwalt den Auftrag zur Einlegung der Berufung zum OLG erhielt, während in der gesamten Sozietät nur ein Anwalt bei dem Oberlandesgericht zugelassen war[8]. Ein Mandatsvertrag beschränkt auf einen einzelnen Sozius kommt möglicherweise auch dann zustande, wenn dieser als Experte in einer Spezialmaterie um Übernahme der Angelegenheit gebeten wird. Allerdings wird man dies immer nur dann annehmen können, wenn der Mandant klar zu erkennen gibt, dass er eine Vertragserfüllung nur durch den angesprochenen Sozius wünscht[9]. Aber auch in dem Fall, in dem ein mit einem Sozius besonders befreundeter Mandant einen Auftrag er- 396

1 BGHZ 56, 355, 356; BGH NJW 1994, 257.
2 *Vollkommer/Greger/Heinemann*, S. 44 ff.
3 Teilrechtsfähigkeit der GbR wurde in der Entscheidung des BGH v. 29. 1. 2001, ZIP 2001, 330 ff. anerkannt.
4 *Vogels*, S. 148 ff.; *Heckelmann*, FS Quack, 1991, S. 243, 247; Erman/*Westermann*, § 714 Rz. 20; MünchKommBGB/*Ulmer/Schäfer*, § 714 Rz. 44.
5 BGH VersR 1979, 232; BGH NJW 1994, 257, 258; Fahrendorf/Mennemeyer/Terbille/*Mennemeyer*, S. 40 Rz. 126; *Vollkommer/Greger/Heinemann*, § 4 Rz. 13 ff.; BGHZ 124, 47,48.
6 BGHZ 56, 356, 357; BGH WM 1988, 457; OLG Hamm NJW 1970, 1791, 1792; *Kornblum*, BB 1973, 218, 224; *Vollkommer/Greger/Heinemann*, § 4 Rz. 13.
7 BGH NJW 1994, 257, 258.
8 BGHZ 56, 355, 361; BGH VersR 1979, 232; *Borgmann/Jungk/Grams*, S. 60 Rz. 30.
9 Einschränkend *Vollkommer/Greger/Heinemann*, § 41 Rz. 16; Soergel/*Wolff*, § 421 Rz. 30; *Kornblum*, BB 1973, 218, 225; *Müller*, NJW 1969, 903, 905.

teilt, lässt sich nicht ohne weiteres davon ausgehen, dass hierdurch ein Einzelmandat begründet wird[1]. Ein Einzelmandat wird man nur dann annehmen dürfen, wenn die Vertrauensstellung zwischen Mandant und Sozius oder die freundschaftliche Beziehung für den konkreten Auftrag eine besondere Rolle spielen. Nicht hingegen wird man die Fassung einer von dem Mandanten unterzeichneten Vollmacht als Einzelauftrag werten dürfen, wenn nicht weitere Umstände hinzutreten[2]; dasselbe gilt für den umgekehrten Fall[3]. Da die Vollmacht nur die Befugnis des Rechtsanwalts bzw. der Sozietät nach außen hin regelt, kommt ihr nur beschränkte Aussagekraft zu[4].

397 Grundsätzlich anders liegt es in Fällen der **Übernahme eines Amtes** als Testamentsvollstrecker, Nachlassverwalter, Insolvenzverwalter etc. (Rz. 381). Aber auch in den anderen Fällen **nichtanwaltlicher Tätigkeit** (Maklerdienste, Anlageberatung etc.) entsteht im Zweifel kein Gesamtmandat, da insoweit der Mandant nicht erwarten darf, die zur anwaltlichen Berufsausübung entstandene Sozietät werde auch als Einheit nichtanwaltliche Tätigkeiten übernehmen[5]. Anderes gilt wiederum für die Treuhandtätigkeit, die insoweit nicht als berufsfremd angesehen wird[6].

(2) Verpflichtung der Sozien einer Gesellschaft bürgerlichen Rechtes bei Gesamtmandat

(a) Teilrechtsfähigkeit der GbR und akzessorische Haftung der Gesellschafter

398 Bekanntlich hat sich der BGH in einem Grundsatzurteil vom 29. 1. 2001[7] der von der Literatur entwickelten Akzessorietätstheorie[8] sowie der Lehre von der Teilrechtsfähigkeit der GbR[9] in Anlehnung an die §§ 124 ff. HGB angeschlossen[10]. Eine Haftung der Gesellschafter wird seither über eine **Analogie zu § 128 HGB bzw. § 8 Abs. 1 PartGG** begründet[11]. Diese Leitentscheidung

1 A.A. *Borgmann/Jungk/Grams*, S. 60 Rz. 30; *Kornblum*, BB 1973, 218, 219 u. 224; *Müller*, NJW 1969, 903, 905.
2 BGH NJW 1999, 3040.
3 BGHZ 56, 355, 358; BGH NJW 1963, 1301, 1302; BGH BB 1973, 310; *Kornblum*, BB 1973, 218, 224.
4 *Kornblum*, BB 1973, 218, 224; *Vollkommer/Greger/Heinemann*, § 4 Rz. 13; *Borgmann/Jungk/Grams*, S. 277 Rz. 7.
5 RGZ 88, 342, 344; RG, JW 1931, 522, 523; *Borgmann/Jungk/Grams*, S. 276 Rz. 5; Fahrendorf/Mennemeyer/Terbille/*Mennemeyer*, S. 40 Rz. 126 und Rz. 128.
6 BGH WM 1988, 986.
7 BGH ZIP 2001, 330 ff.
8 *Flume*, Allgemeiner Teil, Bd. I/1, § 16 IV 3, S. 326 f.; *Schwark*, FS Heinsius, 1991, S. 753, 758 f.; *Roth*, ZHR 155 (1991), 24, 40; ZIP 1999, 554, 559, *Reiff*, ZIP 1999, 517 ff.; *Reiff*, ZIP 1999, 1329; *Reiff*, Die Haftungsverfassungen nichtrechtsfähiger unternehmenstragender Verbände, 1996, S. 220 ff.; *Bälz*, FS für Zöllner, 1998, S. 35, 53 f.; *Mülbert*, AcP 199 (1999), 38, 67 ff.; *Dauner-Lieb*, Unternehmen in Sondervermögen, 1998, S. 541 ff.; *Dauner-Lieb*, DStR 1998, 2014, 2018 f.
9 *Timm*, NJW 1995, 3209, 3215 ff.
10 BGH ZIP 2001, 330 ff.
11 Vgl. statt aller *K. Schmidt*, Gesellschaftsrecht, § 60 III 2, S. 1791.

wurde in der Folge durch eine ganze Reihe von Entscheidungen weiterentwickelt[1].

(b) Erfüllung des Mandatsvertrages

Wurde ein Gesamtmandat (Rz. 396) der Rechtsanwaltssozietät begründet, so sind grundsätzlich auch alle Gesellschafter gemäß § 128 HGB analog zur Erfüllung des Vertrages verpflichtet[2]. In diesem Sinne entschied der BGH allerdings schon vor dem genannten Paradigmenwechsel hin zur Akzessorietätstheorie[3]. Dies sei in der Regel der den Parteierklärungen zu unterlegende Sinn bei der Vergabe eines Mandates an eine kleinere örtliche Rechtsanwaltssozietät. Sodann wird man nach dem – durch **Auslegung** zu ermittelnden – Vertragsinhalt weiter differenzieren müssen[4]. In der Regel ist nicht anzunehmen, dass nach dem Mandatsvertrag jeder Berufsträger der – u.U. interprofessionellen – Sozietät zur Erfüllung gerade des einzelnen Auftrages verpflichtet ist; häufig hat nur der am Vertragsschluss unmittelbar beteiligte Sozius oder es haben ggf. eine Mehrzahl von Sozien den Vertrag in eigener Person zu erfüllen[5]. Je nach Struktur der Sozietät erscheint es auch möglich, dass eine als solche nach außen in Erscheinung tretende, geschlossene Handlungsorganisation bzw. Abteilung der Sozietät (z.B. „die Steuerrechtsabteilung", „die Bankrechtsabteilung", „das so vorgestellte Börseneinführungsteam") die Erfüllung des Mandatsvertrages im konkreten Fall schuldet[6]. Wenn sich somit im Zuge der Auslegung des Mandatsvertrages ergibt, dass nur einige Mitglieder der Sozietät die eigentliche Beratungs-, Prozessführungs- oder sonstige Leistung zu erbringen haben, so verbleibt doch für die übrigen Sozien (und Scheinsozien) ein Teil der primären Erfüllungspflicht, nämlich die Pflicht zur Organisation und ordnungsgemäßen Erledigung der Angelegenheit[7]. Diese **Organisationspflicht**, die sowohl die Sozietät als auch alle der angehörigen Sozien trifft, erlangt insbesondere dann Bedeutung, wenn der unmittelbar mit der Mandatsbearbeitung betraute Berufsträger erkrankt oder aus anderen Gründen verhindert ist. In diesem Fall entspricht es der durch das einheitliche Auftreten der Sozien hervorgerufenen Verkehrserwartung, dass nicht nur die Sozien in ihrer Gesamtheit, sondern jeder einzelne Berufsträger für die Erledigung des Mandats intern Sorge trägt[8]. 399

1 BGHZ 154, 88; BGHZ 154, 370; BGH WM 2004, 483, BGH AnwBl. 2007, 717, im Einzelnen siehe unter Rz. 401 ff.

2 Davon ging auch der Gesetzgeber der BRAO-Novelle 1994 aus, vgl. BT-Drucks. 12/4993, S. 33; *Vogels*, S. 146; allgemein *Wiedemann*, Gesellschaftsrecht I, S. 288.

3 Stellv. BGHZ 56, 355.

4 *Henssler*, NJW 1993, 2137, 2138; *K. Schmidt*, Gesellschaftsrecht, S. 1776 § 60 II; *Wiedemann*, Gesellschaftsrecht I, S. 288.

5 *Henssler*, NJW 1993, 2137, 2138; ähnlich auch *K. Schmidt*, Gesellschaftsrecht, S. 1488.

6 *Vogels*, S. 149.

7 *Wiedemann*, Gesellschaftsrecht I, S. 288; *Wiedemann*, WM 1975, Sonderbeilage 4, S. 44.

8 *Wiedemann*, Gesellschaftsrecht I, S. 288; *Vogels*, S. 147.

400 Ähnliche Maßstäbe haben auch in der **interprofessionellen Sozietät** (Rz. 778) zu gelten. Hier entspricht es der Verkehrserwartung, dass jedes Mitglied der Sozietät nur „im Rahmen der eigenen beruflichen Befugnis tätig[1]" wird. Auch hier trifft den Rechtsanwalt, der nicht zur Erbringung beispielsweise der im Rahmen eines Steuerberatungsmandates erforderlichen Einzelleistungen verpflichtet ist, eine Organisationspflicht dahingehend, dass er für die Bearbeitung des Mandats intern Sorge zu tragen hat[2]. Erst recht aber wird man in der überörtlichen und internationalen Sozietät (Rz. 729) eine Unterscheidung treffen müssen, da der Mandant in der Regel nur einzelne Sozien an einem bestimmten Standort mit der Mandatsbearbeitung beauftragen will, es sei denn, es ist aufgrund des Umfangs des Mandats eine ganze Organisationseinheit, Abteilung oder Arbeitsgruppe der überörtlichen oder internationalen Sozietät angesprochen.

(c) Haftung der Sozien einer Anwalts-GbR für Pflichtverletzungen

401 Schon vor Änderung der Rechtsprechung hin zur Anerkennung der Teilrechtsfähigkeit einer Gesellschaft bürgerlichen Rechts und der analogen Anwendung der §§ 128 HGB bzw. 8 Abs. 1 PartG entsprach es gängiger Rechtsprechung, dass in einer Anwalts-GbR organisierte Rechtsanwälte auch mit ihrem persönlichen Vermögen für Pflichtverletzungen ihrer Mitsozien hafteten. So war seit der grundlegenden Entscheidung des BGH zur Haftung in der Rechtsanwaltssozietät aus dem Jahre 1971 anerkannt, dass **neben der Gesellschaft als Gruppe auch alle Gesellschafter persönlich** mit ihrem Privatvermögen für Schäden aus Pflichtverletzungen durch einen einzelnen der Sozien einzustehen haben[3]. Nach der alten Doppelverpflichtungslehre erreichte der BGH dieses Ergebnis in ständiger Rechtsprechung mit der Begründung, dass die nach § 425 Abs. 1 BGB grundsätzlich angeordnete Einzelwirkung, die gem. § 425 Abs. 2 BGB insbesondere für das Verschulden jedes Gesamtschuldners gilt, in der Rechtsanwaltssozietät – und dies galt auch für andere Freiberufler-Sozietäten[4] – keine Anwendung[5] fand. Insofern entnahm der BGH mit anderen Worten im Wege der Auslegung dem Mandatsvertrag, dass in diesem stillschweigend eine **Gesamtwirkung des Verschuldens einzelner Gesellschafter** typischerweise vereinbart wird. Das Reichsgericht[6] kam im Anschluss an *Friedlaender*[7] zu diesem Ergebnis durch die Annahme einer stillschweigenden Haftungsgarantie der Sozien. Der BGH[8] legte, aus-

1 Gesetzesbegründung zur BRAO-Novelle, BT-Drucks. 12/4993, S. 33.
2 *Vogels*, S. 146f.
3 BGHZ 56, 355ff. unter Verweis auf RGZ 85, 306; BGHZ 70, 247, 251f.; BGHZ 83, 328, 329f.; BGH VersR 1975, 1028f.; BGH DB 1995, 2468; MünchKommBGB/*Ulmer/Schäfer*, § 714 Rz. 40; *Steindorff*, FS R. Fischer, 1979, S. 751, 756f.; Palandt/*Grüneberg*, 69. Aufl., § 425 Rz. 15; *Borgmann/Jungk/Grams*, S. 275 Rz. 2; *Vollkommer*, Rz. 57ff., jeweils mit weiteren Nachw.; *Arndt*, NJW 1969, 1200.
4 MünchKommBGB/*Ulmer/Schäfer*, § 714 Rz. 3ff. m.w.N.
5 BGHZ 56, 355, 362f.
6 RGZ 85, 306, 307.
7 *Friedlaender*, Rechtsanwaltsordnung, 1930, Exkurs zu § 40, Anm. 14.
8 BGHZ 56, 355, 362f.

gehend von der Verkehrsauffassung, den Anwaltsvertrag entsprechend dem Auftreten der „Anwaltsfirma" als Einheit aus.

Seit der Entscheidung des BGH vom 29. 1. 2001[1] leitet die Rechtsprechung 401a die vorgenannte Haftung der Gesellschafter (der Sozien) für Pflichtverletzungen in der Sozietät nunmehr aus § 128 HGB analog ab. Die Gesellschafter haften akzessorisch, persönlich, unbeschränkt und unmittelbar für Verbindlichkeiten der Sozietät[2].

(aa) Haftung der GbR-Gesellschafter für gem. § 31 BGB analog begründete Verbindlichkeiten der GbR

Eine für die Praxis relevante Neuerung zur Haftung der Gesellschafter ergab 401b sich aus einer Folgeentscheidung des II. Zivilsenats des BGH vom 24. 2. 2003. Er führte in diesem Urteil aus, dass vor dem Hintergrund der Anerkennung der Teilrechtsfähigkeit der GbR nunmehr eine analoge Anwendung des § 31 BGB auf diese Rechtsform bejaht werden müsse[3]. Kern dieser Rechtsprechungsänderung[4] ist mithin, dass eine Gesellschaft bürgerlichen Rechts nun auch für deliktisches Verhalten eines „verfassungsmäßig berufenen Vertreter" – d.h. also bei der GbR für das Handeln eines Gesellschafters – haftet. Dies folgt nach Ansicht des BGH aus der Natur des akzessorischen Haftungskonstrukts, wonach sämtliche Gesellschafter der GbR für deliktische Verbindlichkeiten der Gesellschaft analog § 128 HGB haften.

Dieses Urteil des II. Zivilsenats ließ noch keine (eindeutigen) Rückschlüsse zur **Anwendbarkeit des § 31 BGB** und zur Frage der deliktischen Haftung auf Gesellschafter einer **Anwalts- bzw. Freiberuflersozietät** zu, handelte in dem entschiedenen Fall der verfassungsmäßig berufene Vertreter einer Grundstücksgesellschaft. Jedoch sorgte nunmehr eine jüngere Entscheidung des mit Berufshaftungsfragen betrauten IX. Zivilsenats des BGH vom 3. 5. 2007 für Klarheit[5], wonach § **31 BGB ebenfalls analoge Anwendung bei deliktischen Handeln von Sozien und Scheinssozien** einer Anwalts-GbR findet; sämtliche Sozien und Scheinsozien haften des Weiteren wie Gesellschafter gewerblicher GbR's für deliktische Ansprüche gegen die Sozietät.

(bb) Sonderproblem: Analoge Anwendung des § 128 HGB bei berufhaftungs-rechtlichen Verbindlichkeiten?

In seiner Entscheidung vom 3. 5. 2007 nahm der IX. Zivilsenat überdies zu 401c der in einer vom II. Zivilsenats im Urteil vom 7. 4. 2003[6] aufgeworfenen Frage

---

1 BGH ZIP 2001, 330.
2 Baumbach/Hopt/*Hopt*, 34. Aufl., § 128 Rz. 1.
3 BGHZ 154, 88,
4 So hatte der BGH in BGHZ 45, 311 noch ausgeführt, dass eine GbR zuwenig körperschaftlich strukturiert sei, um deren Gesellschafter als „Organe" einordnen zu können, und eine Analogie zu § 31 BGB mithin ausgeschlossen sei.
5 BGH AnwBl. 2007, 717.
6 BGHZ 154, 370.

Stellung, ob die Vorschrift des § 128 HGB auch bei berufshaftungs-rechtlichen Verbindlichkeiten analoge Anwendung finden kann. Hieran meldete der II. Zivilsenat mit Blick auf die Möglichkeit einer Analogie zu § 8 Abs. 2 PartGG, welcher eine Haftungskonzentration auf den bearbeitenden Partner ermöglicht, Zweifel an. Letztlich geht es also um die Frage, ob man die akzessorische Haftung der Gesellschafter einer Freiberufler-Sozietät über eine Analogie zu den §§ 128ff. HGB oder § 8 PartGG begründen will. Hierzu führt der IX. Zivilsenat – freilich ohne weitere Erklärung – aus, dass das in § 128 HGB zum Ausdruck kommende Haftungsprinzip auch Anwendung bei berufshaftungsrechtlichen Verbindlichkeiten einer anwaltlichen GbR findet. Mithin haften also alle Gesellschafter auch für Kunstfehler, die von einem anderen Sozius (oder Scheinsozius) begangen werden; die Vorschrift des § 128 HGB gilt mithin künftig bei der Anwaltssozietät uneingeschränkt entsprechend. Bedauerlicherweise verzichtet der BGH in seiner Entscheidung, sich mit der Frage einer analogen Anwendung des § 8 Abs. 2 PartGG auf die Freiberufler-GbR auseinanderzusetzen.

(cc) Haftung von Neusozien einer Anwalts-GbR auch für Altverbindlichkeiten gem. § 130 HGB analog

401d Im Wesentlichen setzte sich der II. Zivilsenates in der vorgenannten Entscheidung[1] jedoch mit der entsprechenden Anwendung des § 130 HGB auf die GbR auseinander und bejahte diese. Mithin haften neu eintretende Gesellschafter einer GbR seither analog § 130 HGB auch für vor ihrem Beitritt begründete Verbindlichkeiten der GbR grundsätzlich als Gesamtschuldner mit den Altsozien[2]. Der BGH erteilte der in der Literatur vertretenen Auffassung, wonach eine Haftung des Neugesellschafters für Altverbindlichkeiten bei der Freiberufler-Sozietät Bedenken ausgesetzt sei, eine Absage. Zur Begründung verwies der Senat auf die vom Gesetzgeber in § 8 Abs. 1 S. 2 PartGG getroffene Entscheidung. Hiernach gelte auf für die Partnerschaftsgesellschaft durch den im PartGG geregelten Verweis auf die §§ 128, 130 HGB, dass eine Haftung für Altverbindlichkeiten auch bei Zusammenschlüssen von Freiberuflern unbedenklich sei. Vor dem Hintergrund der Entscheidung, dass die Vorschrift des § 128 HGB auch auf berufshaftungsrechtliche Verbindlichkeiten analog angewandt werden soll, ist für die Praxis davon auszugehen, dass der für das Berufshaftungsrecht zuständige Senat einen neu in eine GbR eintretenden Anwaltsozius auch gemäß § 130 HGB analog haften lassen wird[3]. Insofern empfiehlt es sich aus Sicht des neu eintretenden

1 BGHZ 154, 370.

2 Dies war nach der früher herrschenden Doppelverpflichtungslehre freilich anders, wonach Rechtsanwälte und andere Berufsträger, die nach Begründung des Mandats in die Sozietät eintreten, keine Haftung für vor ihrem Eintreten erfolgte Pflichtverletzungen treffen konnte. Indes wurde auch hier bisweilen versucht, eine Haftung für Altverbindlichkeiten über die Fiktion eines Vertragsbeitrittes zu konstruieren, vgl. etwa BGH NJW 1994, 257, 258.

3 Dies hatte der II. Zivilsenat in BGHZ 154, 370 mangels Entscheidungserheblichkeit noch offen lassen können.

Sozius, von seinen zukünftigen Sozien eine interne Haftungsfreistellung bzw. den Nachweis einer ausreichenden Haftpflichtversicherung zu verlangen.

(dd) Keine Haftung gem. § 28 Abs. 1 S.1 i.V.m. § 128 HGB bei Zusammenschluss mit einem Einzelanwalt

Ein von dem Vorstehenden zu unterscheide Frage ist, ob der sich mit einem bereits eine Einzelkanzlei betreibende Rechtsanwalt zusammenschließende und so eine GbR gründende Anwalt, analog § 28 Abs. 1 S.1 i.V.m. § 128 HGB für die vor dem Zusammenschluss begründeten Verbindlichkeiten haftet. Dies verneinte der IX. Zivilsenat in einer jüngeren Entscheidung mit der Begründung, ein Mandatsverhältnis mit einem Einzelanwalt zeichne sich durch das besondere persönliche Vertrauen gegenüber diesem aus und sei durch dessen Eigenverantwortlichkeit geprägt[1]. Freilich ist nicht ganz einsichtig, warum diese Argumentation nicht auch gegen die Anwendbarkeit des § 130 HGB sprechen soll, wenn ein neuer Gesellschafter z.B. einer zweigliedrigen Anwalts-GbR beitritt. Auch hier ließe sich argumentieren, dass der vor dem Beitritt abgeschlossene Anwaltsvertrag, eben nur mit den bisherigen Gesellschaftern abgeschlossen werden sollte, die Akzessorietät insoweit bei der Freiberufler-Sozietät mithin keine Haftung für Altverbindlichkeiten begründen kann. 401e

(ee) Haftung bei Ausscheiden aus einer Rechtsanwalts-GbR

Bei **Ausscheiden** eines Sozius besteht dessen Haftung aus vor seinem Austritt begründeten Verbindlichkeiten gem. § 736 Abs. 2 BGB i.V.m. § 160 Abs. 1 S. 1 HGB, sog. Altverbindlichkeiten, grundsätzlich fort[2]. Nach der herrschenden Auffassung kommt es für die Frage, ob ein Verbindlichkeit vor dem Ausscheiden des Gesellschafters begründet nicht auf Entstehung oder gar Fälligkeit der Verpflichtung an, sondern darauf, ob die Rechtsgrundlage hierfür zeitlich vor dem Ausscheiden liegt[3]. Aus der h.M. folgt weiter, dass auch vertragliche Sekundäransprüche – z.B. wegen Schlechtleistung – Altverbindlichkeiten sind, auch wenn die Vorrausetzungen des Sekundäranspruches erst nach Ausscheiden des Gesellschafters eintreten. 401f

Dies bedeutet im Ergebnis eine Verschärfung der Haftung für den ausscheidenden Sozius. So nahm zwar auch die Doppelverpflichtungslehre in der 401g

1 BGH WM 2004, 483, siehe hierzu auch die kritische Anmerkung von K. Schmidt, BB 2004, 785 ff.

2 Allg. Meinung: MünchKommBGB/*Ulmer/Schäfer*, § 714 Rz. 40; Erman/*Westermann*, § 714 Rz. 15; *Borgmann/Jungk/Grams*, S. 280 Rz. 17; Fahrendorf/Mennemeyer/Terbille/*Mennemeyer*, S. 46 Rz. 149.

3 MünchKommHGB/*Schmidt*, § 128 Rz. 49; BGH WM 2006, 187; OLG Saarbrücken DStR 2008, 527; a.A. LG Bonn DStR 2010, 1648, welches darauf abstellen will, dass für die „Begründung der Verbindlichkeit" zumindest eine Pflichtverletzung begangen worden sein muss, siehe auch Anmerkung von *Jungk*, BRAK-Mitt. 2010, 209.

Konsequenz der rechtsgeschäftlich durch Abschluss des Mandatsvertrages begründeten Gesamtwirkung aller in § 425 BGB genannten Ereignisse eine Haftung des ausgeschiedenen Sozius auch für nach seinem Ausscheiden liegendes Verschulden an. In der Tat verlangte der BGH daher in einem Urteil aus dem Jahre 1982[1] – insoweit konsequent – eine Kündigung des Mandatsverhältnisses durch den ausscheidenden Gesellschafter. Eine solche Kündigung war nach dieser Entscheidung aber bereits in der Anzeige des Ausscheidens eines Sozius an die Mandanten zu sehen. Mit anderen Worten bestand vor Geltung der Akzessorietätstheorie für den ausscheidenden Sozius die Möglichkeit sich der Haftung für Pflichtverletzungen aus Verträgen, die erst nach dessen Ausscheiden begangen wurden, zu entziehen. Dies ist allerdings nach der Akzessoritätstheorie nicht mehr durchführbar; der ausscheidende Sozius ist nämlich nicht in der Lage, das Mandat teilweise – soweit es seine Person betrifft – zu kündigen, da der Mandatvertrag mit der – teilrechtsfähigen – Sozietät besteht.

401h Nach § 736 Abs. 2 BGB i.V.m. § 160 HGB ist nach 5 Jahren die **Nachhaftung** des ausgeschiedenen Gesellschafters grundsätzlich ausgeschlossen, wenn nicht die Altverbindlichkeit vor Ablauf der 5 Jahre fällig war und eine der in § 160 HGB genannten verjährungsunterbrechenden Maßnahmen ergriffen wurde. Die 5-Jahres-Frist beginnt für den Gesellschafter einer GbR allerdings nach ganz herrschender Meinung erst in dem Zeitpunkt, in dem der jeweilige Gläubiger von dem Ausscheiden des Gesellschafters Kenntnis erhalten hat[2]. Aus diesem Grunde ist dem ausscheidenden Sozius ein Rundschreiben an alle Mandanten zwecks Anzeige seines Ausscheidens dringend zu empfehlen[3]. Auch im Übrigen sollte der ausgeschiedene Gesellschafter alle Maßnahmen ergreifen, um eine Forthaftung als Scheinsozius zu vermeiden; hierzu zählt insbesondere die Änderung des Briefkopfs, des Türschildes und ggf. anderer zulässiger Werbemaßnahmen[4].

(d) Überörtliche und internationale Sozietät

402 Dieselben Grundsätze, die für die (örtliche) Sozietät gelten, finden auch auf die überörtliche Sozietät (Rz. 729 ff.) Anwendung[5]. Eine solche überörtliche Sozietät im Haftungssinne ist immer dann anzunehmen, wenn mehrere Berufsträger nach außen durch gemeinsamen Namen und gemeinsamen Briefkopf als Einheit in Erscheinung treten, selbst wenn im Innenverhältnis ledig-

---

1 BGH NJW 1982, 1866.

2 Ganz h.M.: so schon BGH NJW 1992, 1615, 1616 f., vor Inkrafttreten des § 736 Abs. 2 BGB; Palandt/*Sprau*, 69. Aufl., § 736 Rz. 14; *K. Schmidt*, ZIP 1994, 243, 244; MünchKommBGB/*Ulmer/Schäfer*, § 736 Rz. 27.

3 *Borgmann/Jungk/Grams*, S. 280 Rz. 17; MünchKommBGB/*Ulmer/Schäfer*, § 736 Rz. 17.

4 BGH NJW 1991, 743; OLG München WRP 1993, 708 zum wettbewerbsrechtlichen Aspekt, dies gilt auch für den als Scheinsozius haftenden angestellten Anwalt, vgl. LG Bonn DStR 2010, 1648.

5 *Borgmann/Jungk/Grams*, S. 283 Rz. 22.

lich eine Kooperation im Sinne einer Innengesellschaft ohne Gesamthandsvermögen vereinbart ist[1].

Bei der Haftung für Sozien, die ausschließlich eine **ausländische Berufsberechtigung** führen, ist zu unterscheiden: Haben diese Sozien ihre Niederlassung an einem **inländischen Standort** der Sozietät und werden sie von hier aus tätig, so gelten dieselben Grundsätze wie für sonstige inländische Sozien. Insbesondere kann es nicht darauf ankommen, ob den inländischen Rechtsanwälten oder sonstigen Berufsträgern die Zusammenarbeit mit den ausländischen Freiberuflern nach Standesrecht gestattet ist[2]. Es kommt allenfalls in Betracht, dass die gesamtschuldnerische Haftung unter dem Aspekt des Einzelmandats (oben Rz. 396) ausscheidet. 403

dd) Mandant und Partnerschaft

Der Mandant, der eine Rechtsanwalts-Partnerschaft i.S.d. PartGG als Vertragspartner gewählt hat, hat einen Anspruch auf Vertragserfüllung zunächst gegen die Partnerschaft. Zwar ist die Partnerschaftsgesellschaft keine juristische Person, ähnelt aber strukturell der offenen Handelsgesellschaft im Sinne der §§ 105 ff. HGB und kann daher auch gem. §§ 7 Abs. 2 PartGG i.V.m. 124 Abs. 1 HGB Träger von eigenen Rechten und Pflichten sein sowie klagen und verklagt werden. Des Weiteren sehen die §§ 2, 11 PartGG vor, dass die Partnerschaftsgesellschaft im Rechtsverkehr einen eigenen Namen tragen kann[3]. 404

Die Partner der Partnerschaftsgesellschaft haften – wie die Gesellschafter einer OHG – persönlich als Gesamtschuldner für die Verbindlichkeiten der Gesellschaft. Ob die einzelnen Partner auch gem. § 8 Abs. 1 PartGG auf Erfüllung des Anwaltsvertrages haften, ist fraglich. Insofern kommt der zu § 128 HGB bestehende Theorienstreit zwischen der Erfüllungs- und der Haftungstheorie zum Tragen[4]. Richtigerweise wird man mit der Rechtsprechung zu § 128 HGB[5] auf eine Interessenabwägung abstellen, so dass es im Rahmen des in der Partnerschaft abgeschlossenen Anwaltsvertrages als vereinbart anzusehen ist, dass der Gläubiger auch unmittelbare Erfüllungsansprüche gegen die einzelnen Partner hat, sofern sich die versprochene Leistung auf den jeweils von ihm ausgeübten Beruf bezieht[6]. Im Übrigen erstreckt sich die Haftung der Gesellschafter gem. § 8 Abs. 1 PartGG auch auf gesetzliche Verbindlichkeiten, insbesondere auch auf steuerliche und sozialversiche- 405

1 Zu den wettbewerbsrechtlichen Anforderungen an eine solche überörtliche Sozietät vgl. BGH AnwBl. 1991, 97; BGH BB 1994, 1445.
2 *Borgmann/Jungk/Grams*, S. 284 Rz. 24.
3 Nach BGH NJW 2004, 1651f. ist auch die Verwendung einer Phantasiebezeichnung als Namensteil der PartG zulässig und verstößt weder gegen § 2 PartGG noch gegen § 9 BORA, § 57k BRAO oder § 3 UWG.
4 Vgl. hierzu: Schlegelberger/*K. Schmidt*, HGB, § 128 Rz. 24 ff.; Heymann/*Emmerich*, HGB, § 128 Rz. 18 ff.
5 BGH NJW 1957, 871f.; BGH NJW 1979, 1361; BGH NJW 1987, 2367, 2369.
6 *Michalski/Römermann*, PartGG, § 8 Rz. 11.

rungsrechtliche Ansprüche[1]. Zur Haftungsbeschränkung bei vorformulierten Mandatsbedingungen vgl. Rz. 486ff.

ee) Rechtsanwalts-GmbH, -AG und -„Limited"

406 Hat der Mandant dagegen einen Anwaltsvertrag mit einer Rechtsanwalts-GmbH oder einer Rechtsanwalts-AG abgeschlossen, so ist ihm nur die Kapitalgesellschaft selbst zur Erfüllung verpflichtet, und diese haftet auch allein für Verletzungen des Anwaltsvertrages. Nach einer jüngeren Entscheidung des AGH Berlin, ist überdies auch zulässig, dass sich ausländische Kapitalgesellschaften sich auch im Rahmen der Zulassung als Rechtsanwaltsgesellschaft auf die europäische Niederlassungsfreiheit gemäß Art. 11 der Niederlassungsrichtlinie 98/5 berufen können. Hierbei finden die Regelungen der Art. §§ 59cff. BRAO, die für die GmbH gelten, entsprechende Anwendung.[2] Vor diesem Hintergrund ist es naheliegend auch hier die Kapitalgesellschaft selbst als allein zur Erfüllung verpflichtet anzusehen.

406a Eine Haftung des Berufsträgers, der innerhalb der Rechtsanwalts-GmbH für die Bearbeitung des Mandates zuständig ist, wurde in die gesetzliche Regelung der §§ 59cff. BRAO nicht aufgenommen[3]. Allerdings kommt eine Haftung des bearbeitenden Anwalts nach allgemeinen Regeln, wegen Verschuldens bei den Vertragsverhandlungen gemäß §§ 311 Abs. 2 oder 3 i.V.m. 241 Abs. 2 BGB oder aus Deliktsrecht in Betracht[4]. Entsprechendes muss auch bei der Rechtsanwalts-AG und Rechtsanwalts-„Limited" gelten.

d) Pflichten des Anwalts gegenüber dem Mandanten

aa) Überblick

407 Pflichten des Anwalts gegenüber seinem Mandanten ergeben sich aus dem Anwaltsvertrag, dessen Pflichtenprogramm zum einen durch die gesetzlichen Regelungen des Geschäftsbesorgungsvertrages, des Dienst- und ggf. Werkvertrages bestimmt wird und des Weiteren in erster Linie in einer großen Fülle von **Rechtsprechung zur Schlechterfüllung des Anwaltsvertrages** konkretisiert wurde. Die in dieser Rechtsprechung ausgeprägten einzelnen Pflichten des Anwalts sind naturgemäß ebenso vielfältig wie dessen Tätigkeitsspektrum. Immer haben sie sich an dem konkreten, dem Anwalt unterbreiteten Sachverhalt zu orientieren, an einer möglichen Beschränkung des Auftrags durch den Mandanten, an späteren Weisungen und naturgemäß auch an dem erkennbaren Beratungsbedürfnis des Mandanten[5]. In mehreren

---

1 *Meilicke/Graf von Westphalen/Hoffmann/Lenz/Wolff*, PartGG, § 8 Rz. 9; *Michalski/Römermann*, PartGG, § 8 Rz. 10.

2 AGH Berlin BRAK-Mitt 2007, 171; NJW-RR 2008, 1231.

3 *Henssler*, NJW 1999, 141, 145.

4 Fahrendorf/Mennemeyer/Terbille/*Mennemeyer*, S. 49 Rz. 157.

5 Zuletzt BGH, Urt. v. 13. 3. 2008 – IX ZR 136/07 verbunden mit dem Hinweis, dass auch bei eingeschränkten Mandant vor Gefahren zu warnen ist, die sich bei ordnungsgemäßer Bearbeitung aufdrängen, wenn anzunehmen sei, dass dem Mandanten diese Gefahr nicht gewärtig ist; in diesem Sinne bereits BGH NJW-RR 2003, 1035.

Entscheidungen umschrieb der BGH den Grundsatz und Ausgangspunkt wie folgt:

„Der um Rat gebetene Rechtsanwalt ist seinem Auftraggeber zu einer umfassenden und erschöpfenden Belehrung verpflichtet. Der Anwalt muss den ihm vorgetragenen Sachverhalt dahin prüfen, ob er geeignet ist, den vom Auftraggeber erstrebten Erfolg herbeizuführen. Dem Mandanten hat der Anwalt diejenigen Schritte zu empfehlen, die zu dem erstrebten Ziel führen können. Er muss den Auftraggeber vor Nachteilen bewahren, soweit solche voraussehbar und vermeidbar sind. Dazu hat der Anwalt seinem Mandanten den sichersten Weg vorzuschlagen und ihn über mögliche Risiken aufzuklären, damit der Mandant eine sachgerechte Entscheidung treffen kann; Zweifel und Bedenken zu denen die Sachlage Anlass gibt, muss der Anwalt darlegen und mit seinem Auftraggeber erörtern."[1]

In verkürzter Form findet sich auch der folgende Merksatz: 407a

„Nach gefestigter Rechtsprechung ist ein Rechtsanwalt im Rahmen des ihm erteilten Auftrages verpflichtet, den Auftraggeber allgemein und umfassend zu belehren, seine Belange nach jeder Richtung wahrzunehmen und die Geschäfte so zu erledigen, dass Nachteile für ihn möglichst vermieden werden."[2]

Es ist nicht überraschend, dass eine derart strenge Rechtsprechung, die den 408
„juristischen Supermann"[3] als Maßstab anlegt, auf breite Kritik gestoßen ist[4]. In der Praxis kann es eine derart umfassende und erschöpfende Aufklärung, Beratung und Belehrung des Mandanten nicht geben[5]. Aber bereits in der Theorie steht der so definierte anwaltliche „Übermensch"[6] vor dem nicht lösbaren Problem, komplexe Ursachen- und Wirkungsverhältnisse mit allen Varianten für die Zukunft vorhersehen zu müssen[7]. Diese Problematik wird auch nicht dadurch entschärft, dass es im Einzelfall auf die Verletzung einer konkreten Vertragspflicht und auf das Vorliegen von Verschulden, das – jedenfalls in der Theorie – an den ordentlichen Durchschnittsanwalt ausgerichtet ist, ankommt[8]. In der Praxis der Rechtsprechung spielen die Figur des „Durchschnittsanwalts" und auch die bisweilen zu lesende Ansicht des BGH, man dürfe die anwaltlichen Sorgfaltspflichten nicht überspannen[9], in der Regel keine Rolle, wenn beispielsweise einem Anwalt angelastet wurde, dass er bei Überprüfung eines Vertragstextes eine nur in der Zeitschrift WM veröffentlichte OLG-Entscheidung und eine in der AcP

---

1 OLG Düsseldorf NJW-RR 2009, 874; BGH NJW 1995, 449, 450; ähnlich bereits in: BGH VersR 1968, 969; BGH NJW 1993, 1320; BGH NJW 1994, 1211, 1212.

2 BGH NJW 1993, 2676 m. Anm. *Vollkommer*, LM H. 1/1994 § 675 BGB Nr. 192; BGH NJW 1994, 1472; BGH NJW 1994, 2396, 2397.

3 So wörtlich *Prinz*, VersR 1996, 317; Fahrendorf/Mennemeyer/Terbille/*Fahrendorf*, S. 125 Rz. 426.

4 Nachweise bei *Hartstang*, S. 463 f.; *Borgmann/Jungk/Grams*, S. 99 f.; *Vollkommer/Greger/Heinemann*, § 9 Rz. 6 ff. (steht dem „Urteil" aber zustimmend gegenüber).

5 *Borgmann/Jungk/Grams*, S. 99 Rz. 5.

6 *Scheffler*, NJW 1961, 577.

7 *Borgmann/Jungk/Grams*, S. 99 Rz. 5.

8 So aber *Vollkommer/Greger/Heinemann*, § 9 Rz. 8 ff.

9 BGH NJW 1988, 706, 707; BGH NJW 1991, 2079, 2080.

vertretene Literaturansicht übersehen hat[1]. Auch ein Berufungsanwalt, welcher eine Entscheidung des BGH, abgedruckt in der „NJW-RR" übersieht, bleibt haftbar, selbst, wenn auch das Gericht dieses Urteil nicht gekannt hat[2]. Das es sich bei der Haftung des Beraters in der Praxis faktisch um eine Art Gefährdungshaftung im Gewande einer Verschuldenshaftung handelt, wird auch aus einer BGH-Entscheidung deutlich, wonach auch der Umstand, dass drei von vier Kollegialgerichten (!) die Anwendbarkeit des § 8 S. 2 ApothG übersehen hatten, den Anwalt nicht entschuldigen kann[3].

409 Angesichts der Fülle der Rechtsprechung fällt es schwer, **Pflichtenkategorien** zu bilden. Entsprechend dem Ablauf des Mandates werden jedoch üblicherweise

- die Aufklärung des Sachverhaltes und Pflicht zu umfassendem Sachvortrag,
- die Pflicht zur Prüfung der Rechtslage,
- die Pflicht zur Beratung und Belehrung,
- Hinweispflicht auf die Berechung nach dem Gegenstandswert
- der Grundsatz des sichersten Weges,
- die Weisungsgebundenheit
- sonstige Pflichten

voneinander unterschieden.

bb) Aufklärung des Sachverhaltes und Pflicht zu umfassendem Sachvortrag

410 Der Anwalt ist dafür verantwortlich, dass er selbst umfassende Sachverhaltskenntnisse hat[4]. Die anwaltliche Pflicht, sich selbst über den entscheidungserheblichen Fall zu informieren, steht auf der anderen Seite in engstem Zusammenhang mit der vertraglichen Nebenpflicht(-obliegenheit) des Mandanten zur umfassenden Informationsbeschaffung[5] sowie zur wahrheitsgemäßen Unterrichtung seines Beraters[6]. Dieses Wechselspiel hatte der BGH in der Vergangenheit bereits wie folgt spezifiziert[7]:

---

1 BGH NJW-RR 1993, 243, 245; kritisch auch Fahrendorf/Mennemeyer/Terbille/*Fahrendorf*, S. 126 Rz. 426.

2 BGH NJW 2009, 987.

3 BGH NJW 2004, 1523 weitere Einzelheiten vgl. Rz. 418 ff.; nicht zuletzt vor dem Hintergrund dieser Entscheidung ist die Auffassung, der *„BGH stelle keine überspannten Anforderungen an die Beratungspflichten"* kaum nachvollziehbar (so aber *Ganter*, AnwBl. 2008, 94).

4 BGH NJW 1961, 601; BGH NJW 1982, 437; BGH NJW 1985, 1154; BGH NJW 2000, 730; BGH WM 2005, 2197; BGH NJW-RR 2006, 923; BGH, Beschl. v. 12. 7. 2007 – IX ZR 69/04.

5 BGH NJW 1982, 437; BGH NJW 1996, 2929; BGH NJW 1999, 1381; *Vollkommer/Greger/Heinemann*, § 10 Rz. 3; *Borgmann/Jungk/Grams*, S. 101 ff.

6 BGH NJW-RR 2004, 1358.

7 BGH NJW 1998, 2048, 2049; s. a. BGH NJW 1961, 601, 602.

„Es gehört zu den grundlegenden Pflichten eines Anwalts, zu Beginn eines Mandats zunächst den Sachverhalt möglichst genau zu klären, den er beurteilen soll. Dabei darf er allerdings den tatsächlichen Angaben des Mandanten vertrauen, braucht also keine eigenen Nachforschungen anzustellen, solange er deren Unrichtigkeit nicht kennt oder kennen muss. Erscheint nach den Umständen für eine zutreffende rechtliche Einordnung die Kenntnis weiterer Tatsachen erforderlich und ist deren rechtliche Bedeutsamkeit für den Mandanten nicht ohne weiteres ersichtlich, darf sich der Anwalt nicht mit dem begnügen, was sein Auftraggeber berichtet, sondern hat sich durch zusätzliche Fragen um eine ergänzende Aufklärung zu bemühen."[1]

Ist ein Rechtsanwalt etwa mit der Auseinandersetzung zwischen Eheleuten 411
befasst, die gemeinsam Gesellschafter einer GmbH sind, kann er ohne Heranziehung des Gesellschaftsvertrags das Mandat nicht sachgerecht führen. Mithin liegt eine Pflichtverletzung in Form eines Verstoßes gegen die anwaltlichen Aufklärungspflichten vor, wenn der Anwalt mangels Heranziehung der Satzung verkennt, dass ein in die GmbH im Wege der Sacheinlage eingebrachter Betrieb nicht im eigenen Interesse persönlich genutzt werden kann[2]. Ist bei der Vorbereitung eines Prozesses erkennbar, dass später einzelne Beweismittel fehlen werden oder ggf. sogar nicht mehr feststellbar sein werden, so kann der beauftragte Rechtsanwalt verpflichtet sein, den Mandanten oder Dritte zu weiteren Feststellungen zu veranlassen oder aber ein Beweissicherungsverfahren durchzuführen[3]. Wurde der Anwalt zu Verhandlungen eines Abfindungsanspruchs anlässlich des Ausscheidens aus einer Gesellschaft eingeschaltet, so hat er dem Mandanten ggf. zunächst den Begriff der stillen Reserven eines Unternehmens zu erklären, um auf diesem Wege von seinem Mandanten sachdienliche Informationen zu erhalten[4]. Besondere Vorsicht ist geboten bei rechtlichen Ausführungen eines Mandanten, insbesondere dann, wenn dieser rechtlicher Laie ist. So können auch bei einem Begriff wie „Zustellung" weitere Befragungen des Mandanten durch den Anwalt angezeigt sein[5]. Dies gilt aber in verstärktem Maße, wenn es darum geht, gemeinsam mit dem Mandanten den Verlauf eines Vorprozesses aufzuklären[6]; insbesondere ist dies dann erforderlich, wenn der Mandant erkennbar falsche Rechtsbegriffe verwendet[7]. Weiterhin ist der Rechtsanwalt zu höchster Vorsicht verpflichtet, wenn es um die Sachverhaltsaufklärung im Zusammenhang mit der **Berechnung von Fristen** geht. So entschied der BGH in einem jüngeren Urteil, dass der Rechtsanwalt bei einer arbeitsrechtlichen Kündigung nicht einfach den vom Mandanten behaupteten Zugangszeitpunkt für seine Fristberechnung zu Grunde legen darf. Vielmehr ist er zur

1 Vgl. auch BGH NJW 1991, 2839, 2841; BGH NJW 1994, 1472, 1474; BGH NJW 1994, 2293.
2 BGH NJW 2007, 2490.
3 BGH NJW 1993, 2676, 2677; kritisch hierzu *Henssler*, JZ 1994, 178, 179 Fn. 5.
4 BGH NJW 1994, 1472, 1474.
5 BGH NJW 1994, 2293.
6 BGH NJW 1998, 2048, 2050 m. Anm. *Leipold*, LM H. 9/1998 § 675 BGB Nr. 253.
7 BGH NJW 1998, 2048, 2050.

Nachfrage verpflichtet und muss bei Unsicherheiten das Datum des Kündigungsschreibens für die Fristberechnung heranziehen[1].

412 **Nicht** dagegen kann der Anwalt selbst zu **eigenen Ermittlungstätigkeiten und Erkundigungen zum Sachverhalt** verpflichtet werden[2]. Zutreffend wird darauf hingewiesen, dass es über den auch vom Berufsbild des Rechtsanwalts als Organ der Rechtspflege geprägten Anwaltsvertrag hinaus ginge, wenn man den Rechtsanwalt auch zu detektivischer Arbeit verpflichtet hielte[3]. Ebenso wenig hat der Anwalt Nachforschungen bei der Gegenpartei anzustellen[4]. Auch hat er nicht die Beweismittel selbst herbeizuschaffen, sondern muss lediglich – ggf. wiederholt – gegenüber dem Mandanten darauf drängen[5]. Etwas anderes kann sich im Einzelfall aus dem konkreten Auftrag ergeben. Darüber hinaus ist bei Fragen mit verfahrensrechtlichem Einschlag davon auszugehen, dass hier in der Regel der Anwalt zur Informationsbeschaffung verpflichtet ist. Dies gilt für die Einsichtnahme in das Handelsregister, das Grundbuch, für Nachforschungen über den Stand eines Verfahrens[6] und ggf. auch für die Einsichtnahme in Tarifverträge[7].

413 Wie bereits ausgeführt darf der Rechtsanwalt den Informationen des Mandanten grundsätzlich vertrauen[8]. Nur wenn ein dringender oder begründeter Verdacht besteht, dass die Mandanteninformationen unrichtig sind, hat der Anwalt entweder zusätzlich aufzuklären oder auf die Folgen von falschen Informationen hinzuweisen[9] oder aber das Mandat niederzulegen[10]. Letzteres gilt insbesondere dann, wenn sich der Anwalt ansonsten der Beihilfe zum Prozessbetrug gegenüber dem Gegner schuldig machen würde oder aber – für den Fall des „Abkaufens einer Aktionärsklage" entschieden[11] – dem Gegner aus § 826 BGB haftbar wäre. Entscheidend ist jedoch, dass man den Anwalt nicht für verpflichtet halten darf, den tatsächlichen Angaben seines Mandanten grundsätzlich mit Misstrauen entgegenzutreten, sondern der

---

1 BGH BRAK-Mitt 2002, 267, die Entscheidung ist besonders pikant, da der Mandant bei Eingang der Kündigung in Urlaub war und die darüber hinaus die Briefkastenanlage nicht funktionstüchtig war. Hier ließe sich sicher auch die Auffassung vertreten, dass ein Anwalt davon ausgehen kann, dass ein Mandant eine derartige Sachlage ungefragt offenbart.

2 Fahrendorf/Mennemeyer/Terbille/*Fahrendorf*, S. 143 Rz. 468; BGH NJW 1981, 2741 unter Verweis auf OLG Düsseldorf NJW 1971, 1614.

3 Fahrendorf/Mennemeyer/Terbille/*Fahrendorf*, S. 143 Rz. 468.

4 *Henssler*, JZ 1994, 178, 179; a.A. BGH NJW 1983, 1665 m. Anm. *Lang*, MDR 1984, 458.

5 BGH NJW 1982, 437; BGH WM 1988, 987, 993; OLG Köln NJW 1986, 725ff.

6 BGH NJW 1974, 134.

7 BGH NJW 1983, 1665ff.

8 BGH AnwBl. 1960, 221, 222; BGH NJW 1961, 601, 602; BGH NJW 1985, 1154; BGH NJW 2000, 730; BGH NJW-RR 2004, 1358.

9 BGH VersR 1960, 911.

10 *Hartstang*, S. 455; *Vollkommer/Greger/Heinemann*, § 10 Rz. 8; Fahrendorf/Mennemeyer/Terbille/*Fahrendorf*, S. 145 Rz. 475.

11 BGH DB 1992, 1673f.; kritisch *Kort*, DB 1992, 1765, 1767f.; *Schlee*, AnwBl. 1993, 118, 119; *Henssler*, JZ 1994, 178, 179.

Mandant darf gerade im Gegenteil erwarten, dass „sein Anwalt" das Vertrauen ihm schenkt und nicht der Gegenpartei[1].

In engem sachlichem Zusammenhang mit den Aufklärungspflichten des Rechtsanwaltes steht die Pflicht zum **umfassenden Sachvortrag**. So bejaht die Rechtsprechung einen Pflichtenverstoß des Anwaltes, wenn dieser in einem Rechtsstreit zum nachehelichen Unterhalt nicht zu der in Betracht kommenden Begrenzung des Anspruches vorträgt, obwohl das Gericht diese ohnehin aufgrund des unstreitigen Sachverhaltes sowie des Klageabweisungsantrages hätte bedenken können bzw. müssen[2]. 413a

cc) Prüfung der Rechtslage

Kernbereich der anwaltlichen Tätigkeiten und damit auch des vom Mandanten erhaltenen Auftrages ist die Pflicht zur gewissenhaften Prüfung der Rechtslage des ihm übertragenen Falles. Rechtsirrtümer des Anwalts werden nur in äußerst seltenen Fällen entschuldigt[3]. Von einem Rechtsanwalt wird **umfassende und erschöpfende Gesetzeskenntnis** verlangt. Dies gilt grundsätzlich auch für sehr seltene und entlegene Gesetze[4]. Bei nicht alltäglichen Gesetzen wird allerdings kein aktuelles und präsentes Wissen verlangt, sondern hier verpflichtet sich der Anwalt mit der Übernahme des Mandates, sich selbst die entsprechenden Gesetzeskenntnisse anzueignen[5]. 414

Dennoch finden sich in der Rechtsprechung betreffend die Pflicht zur Kenntnis auch entlegener Gesetze bisweilen nahezu kuriose Blüten. So forderte der BGH in einem jüngeren Urteil – ohne viel Aufhebens darum zu machen –, dass ein Rechtsanwalt bei Verhandlungen zur Änderung eines langfristigen Mietvertrages über Apothekenbetriebsräume u.a. die rechtlichen Vorgaben, die sich aus dem apothekenrechtlichen Verbot der Umsatzmiete ergeben können, zu beachten und über diese zu belehren habe[6]. Dies ist nicht zuletzt deshalb höchst bemerkenswert, da in den insgesamt zwei geführten Rechtsstreitigkeiten nicht weniger als drei von vier Kollegialgerichten die Anwendbarkeit des § 8 S. 2 ApothG und die daraus resultierende Unwirksamkeit der Vereinbarung ebenfalls übersehen hatten[7]. 414a

Ähnlich brisant ist die Entwicklung in der Rechtsprechung zur Kenntnis bzw. Beobachtung zu **Entwicklungen und Stand der Gesetzgebung** durch den (steuer-) rechtlichen Berater. Wird etwa in der Tages- oder Fachpresse über Änderungsvorschläge hinsichtlich des Steuerrechts berichtet, die auf das im Rahmen eines Mandats angestrebte Ziel von Bedeutung sein können bzw. dieses zu vereiteln drohen, kann der Berater verpflichtet sein, sich über 414b

---

1 BGH VersR 1960, 911.
2 OLG Düsseldorf NJW-RR 2009, 874.
3 Beispiel bei *Borgmann/Jungk/Grams*, S. 102f.
4 BGH NJW 2004, 1523; BGH MDR 1958, 496, 497; BVerwG DVBl. 1970, 279 (Lastenausgleichsrecht); BGH NJW 1982, 1866 (Steuerrecht).
5 BGH MDR 1958, 496, 497; BVerwG DVBl. 1970, 279.
6 BGH NJW 2004, 1523.
7 BGH NJW 2004, 1523.

den Stand des Gesetzgebungsverfahrens aus öffentlich zugänglich Quellen zu unterrichten[1]. Lässt sich danach eine Änderung des Rechts antizipieren (!), hat der Berater schnell zu handeln und die Umsetzung voranzutreiben, solange dies nach geltendem Recht noch möglich ist[2]. Zuzustimmen ist dem BGH hingegen insoweit, als das eine Pflichtverletzung eines Beraters zu bejahen ist, wenn trotz eines konkreten Hinweises eines Steuerberaters auf eine bevorstehende nachteilige Gesetzesänderung nicht unverzüglich in der Weise reagiert wird, dass eine steuerlich vorteilhafte Verschmelzung sofort beurkundet und zum Handelsregister angemeldet wird. Es ist nicht einzusehen und wohl auch höchst unverständlich, dass ein Berater einen individuellen Informationsvorsprung nicht zugunsten seines Mandanten nutzt[3].

415 Zur ordnungsgemäßen Auslegung der Gesetze und auch im Übrigen hat sich der Anwalt umfassende **Kenntnis der höchstrichterlichen Rechtsprechung** zu verschaffen[4] und diese seiner Beratung zugrunde zu legen[5]. Der Prozessanwalt ist gar gegenüber seiner Partei verpflichtet, zu versuchen, das streitentscheidende Gericht unter Hinweis auf die von der höchstrichterlichen Rechtsprechung entwickelten Rechtsgrundsätze von seiner Rechtsauffassung zu überzeugen[6]. Die aktuellste Rechtsprechung hat der Anwalt dabei einer allgemeinen juristischen Zeitschrift (NJW, MDR, ZIP) oder der amtlichen Entscheidungssammlung zu entnehmen[7], allerdings wird bisweilen auch die Auffassung vertreten, dass der Rechtsanwalt im Rahmen der detaillierten Einarbeitung in den Fall u.U. auch zum Studium der „Entscheidung in der Originalfassung" verpflichtet sei[8]. Auch kann neben der Pflicht zur Lektüre allgemeiner Fachzeitschriften, ein Rechtsanwalt, der eine Spezialisierung auf das Gesellschaftsrecht für sich reklamiert (ggf. als Interessenschwerpunkt oder gar als „Fachanwalt für Handels- und Gesellschaftsrecht") verpflichtet sein etwa auch in der GmbH-Rundschau veröffentlichte aktuelle Rechtsprechung zu kennen. Dagegen wird man Kenntnisse der Rechtsprechung von Instanzgerichten nur dann verlangen können, wenn die für die Fallbearbeitung zur Verfügung gestellte Zeit eine Einarbeitung erlaubt oder wenn Instanzgerichte in einem bestimmten Sachgebiet abschließend entscheiden[9].

---

1 BGH BB 2004, 2211 (Steuerberaterhaftung).

2 Umfassend zur Haftung wegen der Missachtung werdenden Rechts durch den Steuerberater, *Raebel*, DStR 2004, 1673 ff.

3 BGH, Beschl. v. 26. 4. 2007 – IX ZR 86/06 s. a. Kurzwiedergabe StuB 2008, 450.

4 BGH NJW 1983, 1665; BGH NJW 2000, 275; zur Kenntnis von nicht in den Leitsatz eingegangenen Teilen der Entscheidung vgl. OLG Düsseldorf VersR 1980, 359, 360; kritisch *Hübner*, NJW 1989, 5, 8; *Henssler*, JZ 1994, 178, 179; Fahrendorf/Mennemeyer/Terbille/*Fahrendorf*, S. 159 Rz. 512.

5 BGH, Beschl. v. 26. 4. 2007 – IX ZR 118/04.

6 BGH, Beschl. v. 19. 6. 2008 – IX ZR 111/05 unter Verweis auf BGH NJW 1988, 486, 487; BGH NJW 1994, 1211, 1213; BGH NJW 1996, 2648, 2650 und BGH NJW 2002, 1048, 1049.

7 BGH NJW 1983, 1665; OLG Düsseldorf VersR 1980, 359; nicht jedoch Urteile in der FamRZ: BGH VersR 1979, 232, 233 vgl. für StB auch BGH DB 2010, 2325.

8 Fahrendorf/Mennemeyer/Terbille/*Fahrendorf*, S. 160 Rz. 513.

9 Fahrendorf/Mennemeyer/Terbille/*Fahrendorf*, S. 163 Rz. 521.

Ob von einem Rechtsanwalt auch zu erwarten ist, dass er eine – ggf. in der Literatur vorweggenommene – **Fortentwicklung bzw. Änderung der Rechtsprechung** vorauszusehen hat, kann im Einzelfall schwer zu beurteilen sein. Nach der Rechtsprechung des BGH soll sich der Rechtsanwalt jedenfalls *grundsätzlich*[1] auf die höchstrichterliche Rechtsprechung und deren Fortbestand verlassen dürfen[2]. 415

Zeichnet sich eine Fortentwicklung der höchstrichterlichen Rechtsprechung bereits in Entscheidungen von Instanzgerichten und auch in der zur anwaltlichen Standardbibliothek gehörenden Kommentarliteratur[3] ab, so ist dies vom Rechtsanwalt zu berücksichtigen[4]. Besteht dagegen höchstrichterliche Rechtsprechung zu einer bestimmten Sachfrage, so darf der Rechtsanwalt grundsätzlich auf ihren Fortbestand vertrauen[5]. Grundsätzlich verpflichten auch entgegenstehende, instanzgerichtliche Urteile und Literaturstimmen den Rechtsanwalt nicht, dieses Vertrauen aufzugeben. Etwas anderes gilt dann, wenn die Angriffe auf die bestehende BGH-Judikatur aufgrund von seit der Entscheidung geänderten Umständen (ggf. neue Gesetze, Entwicklungen in anderen Rechtsgebieten) erfolgen[6]. Insofern hat der Rechtsanwalt – im konkreten Fall bei der Frage der notariellen Beurkundung der Aufhebung eines Grundstückskaufvertrages[7] – im Rahmen der Wahl des sichersten Weges die Möglichkeit einer Änderung der höchstrichterlichen Rechtsprechung in Rechnung zu stellen[8]. 415a

Von seiner umfassenden Pflicht zur erschöpfenden und richtigen Prüfung der Rechtslage wird der Rechtsanwalt – wie bereits oben ausgeführt – auch nicht dann entlastet, wenn ein (oder mehrere) Kollegialgerichte denselben Fehler begeht(en)[9]. Danach entlastet es einen Rechtsanwalt insbesondere nicht, wenn er sich in einem Prozess der (falschen) Rechtsauffassung der Kammer/des Senats anschließt, ohne den Versuch unternommen zu haben, das Gericht von seiner (richtigen) Ansicht zu überzeugen[10]; insbesondere hat er die zur Verfügung stehenden **Rechtsmittel** einzulegen. Dies ist nach der Rechtsprechung des BGH allenfalls dann anders, wenn eine bestimmte 416

1 Zu weit gehende Schlussfolgerung wohl *Borgmann*, NJW 2008, 412, die die Rechtsprechung des BGH offenbar dahingehend auslegt, dass sich ein Anwalt *stets* auf den Fortbestand der höchstrichterliche Rechtsprechung verlassen darf, auch wenn hinreichende Gründe für eine Rechtssprechungsänderung bestehen.

2 BGH, Beschl. v. 26. 4. 2007 – IX ZR 118/04 unter Verweis auf BGH NJW 2001, 146ff. m.w.N.

3 *Vollkommer/Greger/Heinemann*, § 11 Rz. 33ff. (jedoch nicht „Kommentarliteratur", sondern „Schriftum + Fachzeitschrift").

4 BGH NJW-RR 1993, 243, 245: Anwendbarkeit des damaligen AbzG auf die Übernahme einer Getränkebezugsverpflichtung.

5 BGH NJW 1993, 3324; *E. Schneider*, MDR 1972, 745, 747.

6 BGH NJW 1993, 3324.

7 BGH NJW 1982, 1639.

8 BGH NJW 1993, 3323, 3325.

9 BGH NJW 2004, 1523; BGH NJW 1993, 820, 822; BGH NJW-RR 1986, 1281, 1282; BGH NJW 1994, 1211, 1213.

10 BGH NJW 1994, 1211, 1213.

Rechtsansicht bereits von einem OLG und von einem gängigen Handkommentar vertreten wurde[1].

417 **Ausländische Gesetze** hat der deutsche Rechtsanwalt dagegen nur dann zu kennen, wenn er hier ausdrücklich oder konkludent gegenüber dem Mandanten besondere Rechtskenntnisse zum Ausdruck bringt[2]. Hiervon geht aber die Verkehrsanschauung selbst dann nicht aus, wenn der deutsche Rechtsanwalt einen im Ausland erworbenen Studienabschluss (LL.M., Maître en Droit) in seinem Briefpapier führt[3]. Dagegen gehört die Kenntnis von internationalen Abkommen, die die Bundesrepublik Deutschland ratifiziert hat[4], und die Kenntnis des internationalen Privatrechts, des Europa- und Völkerrechts zu den Pflichten auch des deutschen Anwalts[5]. Dennoch ist es für die **Praxis** zu empfehlen, dass der Rechtsanwalt ausdrücklich darauf hinweist, nicht über Rechtskenntnisse in dem ggf. einschlägigen ausländischen Recht zu verfügen und daher auf ausländische Kollegen zu verweisen. Bearbeitet er eine Rechtsangelegenheit mit Auslandbezug ohne entsprechenden Hinweis, gibt er u.U. konkludent gegenüber dem Mandanten zu verstehen, über die erforderliche Rechtskenntnis zu verfügen.

dd) Beratung und Belehrung

418 Der um Beratung ersuchte Rechtsanwalt ist zu einer **umfassenden und erschöpfenden Belehrung seines Auftraggebers** verpflichtet, sofern dieser nicht eindeutig zu erkennen gibt, dass er des Rates nur in einer bestimmten Richtung bedarf[6]. Der Anwalt hat nach der Rechtsprechung „dem Mandanten diejenigen Schritte anzuraten, die zu dem erstrebten Ziel führen können, und Nachteile für den Auftraggeber zu verhindern, soweit solche voraussehbar und vermeidbar sind". Dazu hat er dem Auftraggeber den sichersten Weg vorzuschlagen und ihn über mögliche Risiken aufzuklären, damit der Mandant eine sachgerechte Entscheidung treffen kann; Zweifel und Bedenken, zu denen die Sachlage Anlass gibt, muss der Anwalt darlegen und mit seinem Mandanten erörtern. Er muss seinen Auftraggeber nicht nur über das Vorhandensein, sondern auch über das ungefähre, in etwa abschätzbare Ausmaß des Risikos unterrichten, weil der Mandant in der Regel nur aufgrund einer Einschätzung auch des Risikoumfangs über sein weiteres Vorgehen entscheiden kann[7]." Dabei hat der Anwalt beispielsweise im Rahmen einer in Aussicht genommenen Gesellschaftsgründung auch auf etwaige berufsrechtliche und steuerliche Folgen hinzuweisen[8]. Auch im Rahmen der Strafverteidigung

---

1 BGH NJW 1985, 495, 496.

2 Fahrendorf/Mennemeyer/Terbille/*Fahrendorf*, S. 157 Rz. 508.

3 Etwas anderes mag dann gelten, wenn der Anwalt damit wirbt, an bestimmten ausländischen Gerichten zugelassen zu sein.

4 *Rinsche/Schlüter*, ZAP 1992, F. 23, S. 115ff.; *Raiser*, NJW 1991, 2049, 2051.

5 *Rinsche/Schlüter*, ZAP 1992, F. 23, S. 115ff.

6 BGH NJW 1980, 2128; BGH NJW 1984, 791; BGH NJW 1987, 1322; BGH NJW 1992, 1159, 1160; BGH NJW 1995, 449, 450.

7 BGH NJW 1992, 1159, 1160; BGH NJW 1995, 449, 450 m.w.N.

8 BGH NJW 1992, 1159, 1160.

hat der Anwalt berufsrechtliche Konsequenzen zu beachten und hierauf hinzuweisen[1]. Über die wirtschaftlichen Folgen eines beabsichtigten Geschäftes hat der Anwalt ebenfalls aufzuklären[2]. In Vertragsverhandlungen darf der Anwalt günstige Positionen seines Mandanten nicht einfach aufgeben[3]. Im Übrigen ist der Anwalt zur steuerlichen Beratung seines Mandanten grundsätzlich nicht verpflichtet, es sei denn, er hätte derartige Aufgaben – konkludent – im Rahmen des Mandates mit übernommen. Insofern trennt die Verkehrsauffassung zwischen der anwaltlichen und der steuerlichen Beratung[4]. Dennoch wird man wohl davon ausgehen müssen, dass auf evidente bzw. sich aufdrängende negative steuerliche Folgen hinzuweisen ist[5].

Zu einem Vergleich im Rahmen eines Prozesses oder außergerichtlich darf 418a
der Rechtsanwalt seinem Mandanten nur raten, wenn nicht begründete Aussichten bestehen, dass im Falle einer streitigen Entscheidung ein günstigeres Ergebnis zu erzielen ist[6]. In Vergleichsverhandlungen (dies würde auch für sonstige Vertragsverhandlungen gelten) muss der Anwalt den Mandanten ggf. darauf hinweisen, dass er im Begriff ist, ein verbindliches Vertragsangebot abzugeben, dies insbesondere, wenn der dem Vergleich zugrundeliegende Sachverhalt noch nicht vollständig aufgeklärt ist[7].

Ganz besondere Bedeutung im Zusammenhang mit anwaltlicher Beratung 419
und Aufklärung haben **Verjährungsfragen**. So hat er nicht nur bei Entgegennahme eines Mandates die Frage der Verjährung eines Anspruchs zu prüfen, dessen Rechtsverfolgung der Mandant in Auftrag gegeben hat[8]. Darüber hinaus hat der Rechtsanwalt auch die Verjährung von solchen Ansprüchen zu prüfen, die der Mandant über das konkret erteilte Mandat hinaus gegen Dritte, insbesondere vorher tätige Rechtsanwälte, Steuerberater, haben könnte[9]. Bei Zweifeln über Verjährungsfristen hat der Anwalt – auch im Rahmen der Pflicht zur Wahl des sichersten Weges – die für den Mandanten ungünstigere Verjährungsalternative zugrunde zu legen[10].

Vor Beginn eines Prozesses hat der Rechtsanwalt den Mandanten über die 420
Notwendigkeiten, Aussichten und Gefahren des Rechtsstreits ins Bild zu

1 BGH WM 2007, 419: Der BGH bejaht zu Recht die Pflicht des Strafverteidigers über die Voraussetzung einer kassenärztlichen Wiederzulassung aufzuklären, wenn der Anwalt seinem Mandanten aus taktischen Gründen rät, die Kassenarztzulassung kurz vor Vollendung des 55. Lebensjahr zurückzugeben und hierduch eine Wiederzulassung gefährdet war.
2 BGH VersR 1960, 932, 933; BGH NJW 1988, 563, 566.
3 BGH NJW-RR 1999, 19.
4 *Hübner*, NJW 1989, 5, 7; Fahrendorf/Mennemeyer/Terbille/*Fahrendorf*, S. 169 Rz. 535; *Henssler*, JZ 1994, 178, 181; a.A. LG Köln VersR 1981, 390; *Vollkommer/Greger/Heinemann*, § 28 Rz. 107.
5 Siehe hierzu auch Rz. 418 a.E.
6 OLG Hamm VersR 1992, 1404; *Borgmann/Jungk/Grams*, S. 150ff.; *Vollkommer/Greger/Heinemann*, § 12 Rz. 39f.
7 BGH NJW 2000, 1944.
8 OLG Hamburg VersR 1982, 860.
9 BGH WM 1993, 1508 m. Anm. *Henssler*, WuB IV A § 675 BGB 2.93.
10 BGH NJW 1993, 734.

setzen, soweit der Auftraggeber zur eigenen Beurteilung nicht in der Lage ist[1]. Bestehen insoweit Zweifel über die **Erfolgsaussichten einer Klage**, so hat der Rechtsanwalt den Mandanten hierüber deutlich zu belehren[2]. Sollte der Mandant nach ordnungsgemäßer Aufklärung dennoch darauf bestehen, die Klage einzureichen oder – im Falle eines wettbewerbsrechtlich zweifelhaften Vorgehens – das Risiko eines durch einen Konkurrenten initiierten Passiv-Prozesses eingehen wollen, empfiehlt sich vorsorglich – unabhängig von der haftungsrechtlichen Situation[3] – die Vereinbarung einer Haftungsbeschränkung (Rz. 482 ff.).

421 Die Belehrung des Mandanten ist im Übrigen auch an dessen Verständnismöglichkeiten zu orientieren. Dabei sind dessen Bildungsgrad und dessen Geschäftsgewandtheit in Bezug auf den Beratungsgegenstand – über die sich der Rechtsanwalt zu Beginn des Mandates ein Bild zu verschaffen hat[4] – zu berücksichtigen[5]. Die Belehrungspflichten reduzieren sich weiter, wenn der Mandant anderweitig juristisch beraten oder durch seine Rechtsabteilung vertreten wird[6]. Bei geschäftlich unerfahrenen Mandanten, die der Rechtsanwalt einmal ausführlich und eindringlich über die Rechtslage und ggf. negative Konsequenzen eines bestimmten Verhaltens belehrt hat, ist er nicht verpflichtet, die Belehrung in bestimmten Zeitabständen zu wiederholen[7].

ee) Hinweispflicht auf die Berechung nach dem Gegenstandswert

422 Nach der im Rahmen des Kostenrechtsmodernisierungsgesetz vom 5. 4. 2004[8] eingeführten Vorschrift des § 49b Abs. 5 BRAO ist der Rechtsanwalt vor Mandatsübernahme verpflichtet darauf hinzuweisen, wenn sich die von ihm zu erhebenden Gebühren nach dem Gegenstandswert richten. Seit Einführung dieser Vorschrift hatte sich der Bundesgerichtshof bereits in zwei Entscheidungen mit der neu geschaffenen Vorschrift zu befassen[9].

422a In seiner ersten Entscheidung zu § 49b Abs. 5 BRAO[10] führte der BGH zunächst im Einklang mit seiner bisherigen Rechtsprechung aus, ein Anwalt sei grundsätzlich nicht verpflichtet, den potentiellen Mandanten unaufgefordert auf das Entstehen gesetzlich geschuldeten Anwaltsgebühren hinzuweisen. Auch sollte die bekannte Ausnahme weiterhin Geltung behalten, dass ein Hinweispflicht abweichend von diesem Grundsatz bestehe, wenn die Ge-

1 BGH VersR 1963, 387, 388.
2 *Borgmann/Jungk/Grams*, S. 143 Rz. 94.
3 Grundsätzlich keine Haftung: BGH NJW 1997, 2168, 2169.
4 *Borgmann/Jungk/Grams*, S. 136.
5 BGH NJW 1977, 2073, 2074; *Borgmann/Jungk/Grams*, S. 136 ff.
6 BGH MDR 1977, 476; BGH NJW 1988, 2113; *Borgmann/Jungk/Grams*, S. 137 Rz. 83.
7 Entschieden für einen Steuerberater: BGH NJW 1996, 2571, 2572.
8 BGBl. I S. 718.
9 BGH NJW 2007, 2332 sowie BGH DB 2007, 2704.
10 BGH NJW 2007, 2332.

bührenhöhe die beabsichtigte Rechtsverfolgung unwirtschaftlich erscheinen lasse. Weiter besteht nun immer eine Hinweispflicht, wenn das Honorar des Beraters auf Grundlage des Gegenstandswert kalkuliert werde[1], § 49b Abs. 5 BRAO. Dies ist freilich – wenn auf Grundlage des RVG abgerechnet wird – wegen § 2 Abs. 1 RVG der praktische Regelfall. Abweichend von der Rechtsprechung einiger Instanzgerichte[2], entschied der BGH, ein Verstoß gegen die Hinweispflicht des § 49b Abs. 5 BRAO könne einen vorvertraglichen Schadensersatzanspruch des Mandanten gemäß §§ 311 Abs. 2, 241 Abs. 2, 280 Abs. 1 BGB zur Folge haben. Zur Begründung schloss sich der BGH der Auffassung an, wonach § 49b Abs. 5 BRAO nicht lediglich berufsrechtlichen Charakter habe, sondern auch zivilrechtliche Geltung entfalte. Allerdings sei die Vorschrift kein Verbotsgesetz im Sinne des § 134 BGB, so dass der Vergütungsanspruch als solcher nicht entfalle.

Im Rahmen seiner zweiten Entscheidung beantwortet der BGH die Frage, wer das Unterlassen des Hinweises darzulegen und zu beweisen habe dahingehend, dass dies dem Mandanten obliege[3]. Dies folge aus der ständigen Rechtssprechung des BGH, wonach derjenige, der eine Beratungs- oder Aufklärungspflichtverletzung behaupte, hierfür die Beweislast trüge. Das sich hieraus für den Mandanten ergebende Problem des Nachweises einer negativen Tatsache werde dadurch entschärft, dass der Anwalt, die fehlerhafte Beratung substantiiert zu bestreiten habe. Auch wenn der BGH im Folgenden weiter ausführte, eine Beweislastumkehr oder eine Dokumentationspflicht des Anwalts bestehe nicht, dürfte es in der Praxis anzuraten sein, den Mandanten einen kurze Belehrung i.S.d. § 49b Abs. 5 BRAO gegenzeichnen zu lassen. 422b

ff) Grundsatz des sichersten Weges

In der Regel bietet sich nicht nur ein Weg zur Herbeiführung des von dem Mandanten in Aussicht genommenen Erfolges an. Insoweit verlangt die Rechtsprechung von dem Rechtsanwalt, dass er dem Mandanten den sichersten und zweckmäßigsten Weg vorschlägt[4]. Das Verhalten in Verjährungsfällen wurde bereits oben (Rz. 419) angesprochen[5]. Darüber hinaus hat der Anwalt beispielsweise in einem Zivilprozess selbst in einem Fall, in dem er von der mangelnden Schlüssigkeit einer gegnerischen Klage überzeugt ist, die Einwände des von ihm vertretenen Mandanten sicherheitshalber vorzutragen[6]. Ist die Rechtslage im Hinblick auf eine notarielle Beurkundung eines Vertrages unsicher, so ist dem Mandanten zu einer Beurkundung zu raten[7]. 423

---

1 BGH aaO.
2 Stellv. AG Charlottenburg BRAK-Mitt 2007, 136.
3 BGH DB 2007, 2704.
4 BGH NJW 2006, 2701; BGH NJW 2008, 440; BGH NJW-RR 2006, 1070; BGH NJW-RR 1990, 1241, 1242; BGH NJW 1994, 1211, 1212f.; BGH NJW 1996, 2648, 2649.
5 Ähnlich in einem Kündigungsschutzfall: BGH NJW 1999, 1391.
6 OLG Düsseldorf VersR 1989, 46; Fahrendorf/Mennemeyer/Terbille/*Fahrendorf*, S. 185 Rz. 577.
7 BGH NJW 1993, 3323, 3324f.

Der Zugang eines Schreibens bei der Gegenseite ist in der Regel durch Einschreiben mit Rückschein sicherzustellen[1]. Ebenso sollte bei einseitigen Erklärungen des Rechtsanwaltes im Namen seines Auftraggebers eine Vollmachtsurkunde im Original beigelegt werden, um die Zurückweisung der Erklärung zu verhindern[2].

gg) Weisungsgebundenheit

424 Der Rechtsanwalt ist einerseits unabhängiges Organ der Rechtspflege (§ 1 BRAO); andererseits besteht kein Zweifel, dass der Rechtsanwalt aufgrund des Anwaltsvertrages an Weisungen des Auftraggebers i.S.d. § 665 BGB gebunden ist[3]. So kann der Rechtsanwalt verpflichtet sein, einen von ihm wegen des bestehenden Verjährungseinwandes als unbegründet erkannten Anspruch einklagen zu müssen[4], wenn der Mandant dies trotz eines entsprechenden Hinweises verlangt. Unrechtmäßige oder sittenwidrige Weisungen des Mandanten sind dagegen unerheblich[5]; im Übrigen, insbesondere bei Weisungen, die dem Berufsethos widersprechen, bleibt dem Rechtsanwalt die Möglichkeit, das Mandat im Rahmen des § 671 Abs. 2 BGB – nicht zur Unzeit – niederzulegen.

425 Maßnahmen, über die er sich nicht zuvor mit seinem Auftraggeber abstimmen kann, hat der Rechtsanwalt so zu treffen, dass **dem Mandanten das letzte Wort verbleibt**; z.B. einen Prozessvergleich nur mit Widerrufsvorbehalt abzuschließen[6]. Bei einzelnen Verfahrensschritten innerhalb einer Verhandlung oder eines Prozesses ist der Rechtsanwalt dagegen aus dem Anwaltsvertrag berechtigt und auch verpflichtet, so vorzugehen, wie es ihm aufgrund der erhaltenen Informationen und seiner sonstigen Kenntnisse als sachgerecht erscheinen muss[7]. In diesem Rahmen darf und muss er ggf. im Rahmen des § 665 BGB von Weisungen des Mandanten auch abweichen[8]. So entschied etwa das OLG Naumburg unlängst, dass die Rücknahme eines Rechtsbehelfes (Einspruch gegen Steuerbescheid) auch ohne Rücksprache mit dem Mandanten keinen Verstoß gegen die vertraglichen Pflichten darstellt, wenn nach dem Berater bekannten Tatsachen, der Rechtsbehelf keine Aussicht auf Erfolg hat und eine Kontaktaufnahme bis zum Fristablauf erfolglos geblieben ist.[9]

---

1 Fahrendorf/Mennemeyer/Terbille/*Fahrendorf*, S. 192 Rz. 593.
2 BGH WM 1994, 1114ff.
3 BGH NJW 1985, 42; aus neuerer Zeit: BGH NJW 1997, 2168, 2169; *Vollkommer/Greger/Heinemann*, § 14 Rz. 1; *Hartstang*, S. 490ff.; *Borgmann/Jungk/Grams*, S. 167ff.
4 BGH NJW 1997, 2168, 2169.
5 BGH NJW 1991, 2280, 2282.
6 Fahrendorf/Mennemeyer/Terbille/*Fahrendorf*, S. 198 Rz. 610.
7 BGH VersR 1980, 925.
8 BGH VersR 1984, 658, 659.
9 OLG Naumburg DStR 2007, 875.

hh) Sonstige Pflichten

Je nach Lage des Falles können sich weitere Einzelpflichten als Konkretisierung der Pflicht zur umfassenden Wahrung der Interessen des Mandanten ergeben[1]. Darüber hinaus resultieren auch einzelne Pflichten gegenüber dem Mandanten aus dem Berufsrecht, insbesondere §§ 43 ff. BRAO und §§ 11 ff. BORA. Aus § 11 BORA ergibt sich die Pflicht zur **laufenden Unterrichtung** des Mandanten; aus § 50 BRAO, § 17 BORA i.V.m. §§ 675, 667 BGB ergibt sich die Pflicht zur **Führung und Herausgabe von Handakten**; aus § 43a Abs. 2 Satz 1 BRAO ergibt sich die Pflicht zur **Verschwiegenheit** (vgl. auch § 2 BORA)[2]. 426

Zur Konkretisierung der vertraglichen Pflichten des Rechtsanwalts bei einer Tätigkeit mit Auslandsbezug können im Übrigen auch die **internationalen Standesregeln**, die „Internationalen Grundsätze des Standesrechts" der International Bar Association und die „Standesregeln der Rechtsanwälte der Europäischen Gemeinschaft" des Rates der Anwaltschaften der Europäischen Gemeinschaft herangezogen werden[3]. 427

e) Pflichten beim Tätigwerden mehrerer Anwälte

Besonderheiten können sich ergeben, wenn dem Mandanten nicht ein Einzelanwalt, sondern mehrere gesellschaftsrechtlich, durch ein Anstellungsverhältnis oder durch ein Unter-Mandat verbundene Rechtsanwälte gegenüberstehen. Hier hat die sich aus dem Inhalt des Anwaltsvertrages ergebende Möglichkeit der Arbeitsteilung unter den Rechtsanwälten naturgemäß auch eine Verteilung der Pflichten zur Folge. 428

aa) Rechtsanwaltsgesellschaften

Bei Beauftragung von Rechtsanwaltsgesellschaften, also einer Anwaltssozietät, einer Anwalts-Partnerschaft oder einer Anwalts-GmbH, bestehen seitens der Gesellschaften aus dem Anwaltsvertrag dieselben Pflichten, die auch den Alleinbeauftragten und damit ausschließlich verpflichteten Rechtsanwalt treffen würden (Rz. 399). Neben der Gesellschaft ist bei der Sozietät auch der einzelne Sozius zur Erfüllung des Anwaltsvertrags verpflichtet (Rz. 398). Dies ist anders bei der Partnerschaft und bei der GmbH (Rz. 410). Bei Pflichtverletzungen durch einen dem Zusammenschluss angehörigen Rechtsanwalt haften bei der Sozietät und bei der Partnerschaft alle Sozien gesamtschuldnerisch (Rz. 398), es sei denn, es wäre eine wirksame Haftungsbeschränkung oder -konzentration vereinbart (Rz. 486). Aus einem Anwaltsvertrag mit einer Rechtsanwalts-GmbH ist dagegen nur die GmbH verpflichtet und nicht die einzelnen Gesellschafter. Bei Pflichtverletzungen haftet 429

---

1 BGH NJW 1995, 449, 450.

2 BGH VersR 1995, 1242, 1243, das Verbot der Wahrnehmung widerstreitender Interessen (§§ 43a Abs. 4 BRAO, 3 BORA), Aufbewahrungspflichten für fremde Vermögenswerte und Fremdgelder (§§ 43a Abs. 5 BRAO, 4 BORA).

3 *Raiser*, NJW 1991, 2049 ff.; *Rinsche/Schlüter*, ZAP 1992, F. 23, S. 115 ff.; *Hartstang*, S. 741 ff.

nur das Gesellschaftsvermögen. Ungeachtet der Gesellschaftsform und unabhängig von einem Anwaltsvertrag kommt jedoch immer auch die Haftung des Handelnden unter den Gesichtspunkten der Sachwalterhaftung und aus Delikt in Betracht. Zur Bürogemeinschaft vgl. Rz. 394.

bb) Prozessanwalt und Verkehrsanwalt

430 Die räumliche Entfernung einzelnen Prozessgerichte vom Sitz des Hausanwaltes macht das Phänomen der Aufgabenteilung zwischen Verkehrs- und Prozessanwalt notwendig.

431 Zwar wird häufig der Mandant lediglich den Verkehrsanwalt selbst beauftragen; seine Einwilligung in die Einschaltung eines vor Ort tätigen Prozessanwaltes bevollmächtigt jedoch den Verkehrsanwalt, einen **weiteren, selbständigen Anwaltsvertrag mit dem Prozessanwalt** im Namen des Mandanten abzuschließen[1]. Die Aufgabenbereiche von Verkehrs- und Prozessanwalt sind dabei teilweise unterschiedlich, teilweise bestehen Überschneidungen.

432 Der **Verkehrsanwalt** ist dabei in der Regel – auch insofern kommt es auf den Einzelfall an – für die unmittelbare **Betreuung des Mandanten**, vor allem für die Verschaffung der notwendigen Informationen und für die Aufklärung des Sachverhalts gemeinsam mit dem Mandanten verantwortlich[2]. Er hat die notwendigen Informationen an den vor Ort tätigen Prozessanwalt ordnungsgemäß zu übermitteln. Darüber hinaus hat er auch für die Durchführung von Einzelweisungen des Mandanten zu sorgen.

433 Dagegen ist der **Prozessanwalt** vor allem zur eigenverantwortlichen **Prozessführung** vor Ort verpflichtet[3]. Der Prozessanwalt ist deshalb selbständig für den gesamten Kontakt zum Prozessgericht, für die Einreichung der Schriftsätze und auch für die einzuschlagende Prozesstaktik verantwortlich[4]. Darüber hinaus ist der Prozessanwalt auch verantwortlich für die bei dem Gericht eingereichten Schriftsätze, selbst wenn diese vollständig durch den Verkehrsanwalt abgefasst wurden[5]. Den Verkehrsanwalt trifft diesbezüglich nur teilweise eine Überwachungspflicht[6]. Dagegen kann sich die Überwachung durch den Verkehrsanwalt – je nach Lage des Falles – darauf erstrecken, bei Entgegennahme oder Weiterleitung von Schriftstücken auf Beseitigung von Fehlern hinzuwirken[7].

434 Die **Beratung** des Mandanten ist in der Regel – auch hier kommt es jedoch auf den konkreten Fall an – Aufgabe des Verkehrsanwalts[8]. Dies gilt auch für die

---

1 BGH NJW-RR 1990, 1241, 1243 ff.; BGH NJW-RR 1991, 828; Fahrendorf/Mennemeyer/Terbille/*Mennemeyer*, S. 57 Rz. 185; *Hartstang*, S. 595; *Meik*, AnwBl. 1989, 83 ff.
2 OLG Koblenz VersR 1993, 747, 748; OLG Frankfurt MDR 1981, 51.
3 BGH NJW-RR 1990, 1241, 1244.
4 BGH NJW-RR 1990, 1241, 1244.
5 BGH NJW 1988, 1079; OLG München MDR 1998, 968.
6 BGH NJW 1988, 1079 ff.
7 OLG Köln VersR 1994, 1300.
8 BGH NJW 1988, 1079; OLG Frankfurt VersR 1989, 850, 851.

zu verfolgende Prozesstaktik; insofern stellen die von dem Verkehrsanwalt an den Prozessanwalt weitergegebenen Maßgaben Weisungen des Mandanten gemäß § 665 BGB dar. Hält der Prozessanwalt diese Maßgaben nicht für richtig, so hat er den Mandanten jedoch darauf hinzuweisen[1]. Umgekehrt trifft den Verkehrsanwalt die Pflicht, den Mandanten auf seine gegenteilige Rechtsansicht hinzuweisen, wenn dieser von dem Prozessanwalt beraten wurde[2].

Rechtsmittelfristen haben Verkehrs- und Prozessanwalt jeweils eigenständig 435
zu überwachen. Hat es der Verkehrsanwalt gegenüber dem Mandanten übernommen, einen bei dem Berufungsgericht zugelassenen Rechtsanwalt mit der Durchführung des Berufungsverfahrens zu beauftragen, so endet seine Pflicht zur Fristenüberwachung nicht mit der Erteilung des Auftrags[3]. Der Verkehrsanwalt wird erst mit der Mandatsbestätigung durch den Prozessanwalt entlastet[4].

Für die Erledigung ihrer selbständigen Aufgabenbereiche haften Verkehrs- 436
anwalt und Prozessanwalt jeweils eigenständig. Aufgrund der vielfältigen Überschneidungen der Pflichtenkreise ist es jedoch denkbar, dass beide Anwälte als Zweckgemeinschaft[5] gemeinsam als Gesamtschuldner haften[6]. Eine derartige **gesamtschuldnerische Haftung** kommt insbesondere in Betracht, wenn Verkehrs- und Prozessanwalt den Termin vor dem Prozessgericht gemeinsam wahrnehmen und dabei ein Fehler unterläuft[7]. Darüber hinaus kommt auch bei unzureichender Fristenüberwachung sowohl durch den Verkehrs- als auch durch den Prozessanwalt eine Zweckgemeinschaft in Betracht[8]. Dasselbe gilt für solche vom Verkehrsanwalt fehlerhaft entworfene Schriftsätze, die der Prozessanwalt nicht kontrolliert[9]. Verkehrsanwalt und Prozessanwalt sind allerdings keine Erfüllungsgehilfen jeweils für den anderen[10].

In derartigen Fällen stellt sich auch immer wieder die Frage, ob dem Mandan- 437
ten, der entweder den Verkehrs- oder den Prozessanwalt in Anspruch nimmt, ein **Verschulden** des jeweils anderen Anwalts gemäß §§ 254 Abs. 2 S. 2, 278 BGB anzulasten ist. Dies kommt allerdings nur dann in Betracht, wenn der

---

1 BGH NJW-RR 1990, 1241, 1244.
2 BGH NJW 1988, 2113, 2114.
3 BGH NJW 1988, 3020, 3021; BGH NJW-RR 1991, 828; für Fristen in der Zwangsvollstreckung: BGH NJW 1997, 3245; OLG Düsseldorf BB 1998, 765.
4 BGH NJW 1988, 3020, 3021; BGH NJW 1997, 3245.
5 BGHZ 59, 97, 101.
6 OLG Celle DNotZ 1985, 246, 248; OLG Köln VersR 1995, 1313; OLG München MDR 1998, 968; Fahrendorf/Mennemeyer/Terbille/*Mennemeyer*, S. 59 Rz. 189 ff.; *Vollkommer/Greger/Heinemann*, § 18 Rz. 11 ff.; *Borgmann/Jungk/Grams*, S. 97 Rz. 46; *Meik*, AnwBl. 1989, 83, 84.
7 OLG Celle DNotZ 1985, 246, 248; OLG Köln VersR 1995, 1313.
8 OLG München MDR 1998, 968.
9 OLG München MDR 1998, 968.
10 BGH NJW 1988, 1079 ff.; *Seltman*, VersR 1974, 97 ff., 102; *Baumbach/Lauterbach/Albers/Hartmann*, § 233 Rz. 174 ff.

eine Rechtsanwalt gegenüber dem anderen gerade im vertraglich bedungenen Pflichtenkreis des Mandanten tätig wurde. Eine solche **Zurechnung** kommt zum einen dann in Betracht, wenn sich der Prozessanwalt darauf beruft, er sei nicht hinreichend über den streitgegenständlichen Sachverhalt von dem Mandanten bzw. dem Verkehrsanwalt informiert worden. Da sich der Mandant grundsätzlich des Verkehrsanwalts bedient, um seinen aus dem Anwaltsvertrag resultierenden nebenvertraglichen Informationspflichten gegenüber dem Prozessanwalt nachzukommen, scheint hier grundsätzlich eine Zurechnung möglich[1]. Darüber hinaus kommt eine Zurechnung auch dann in Betracht, wenn beispielsweise der Mandant eigenständig den Prozessanwalt bittet, die von dem Verkehrsanwalt vorgeschlagene Maßnahme noch einmal zu überprüfen[2]. Häufig wird in diesen Fällen eine vom Mandanten erteilte Weisung vorliegen, die sodann bereits die Pflichtwidrigkeit entfallen lässt[3].

cc) Hauptbevollmächtigter und Unterbevollmächtigter

438 Ähnliche Grundsätze, die zwischen Verkehrs- und Prozessanwalt gelten, finden auch für den unterbevollmächtigten Rechtsanwalt Anwendung[4]. Grundsätzlich kommt der Anwaltsvertrag auch zwischen Mandant und unterbevollmächtigtem Anwalt zustande. Der hauptbevollmächtigte Rechtsanwalt hat insoweit gemäß § 81 ZPO aus der Prozessvollmacht eine entsprechende Befugnis, einen Unterbevollmächtigten zu bestellen (§ 81 ZPO)[5]. Für Haftungsfragen gilt ebenfalls das zum Verkehrs- und Prozessanwalt oben Gesagte (Rz. 433)[6].

dd) Nacheinander tätige Anwälte

439 Entzieht der Mandant einem zunächst beauftragten Rechtsanwalt das Mandat und überträgt er es sodann einem weiteren Rechtsanwalt, so endet grundsätzlich die Verantwortlichkeit des ersten Anwalts. Dies gilt insbesondere für die Überwachung laufender Verjährungs- oder prozessualer Fristen. Der zweite Anwalt hat grundsätzlich – auch ohne Hinweis des Vorgängers – den Lauf von Fristen eigenständig zu überprüfen und zu überwachen[7]. Lediglich in dem Fall, dass eine Verjährung bereits eingetreten ist oder aber aus praktischen und aus zeitlichen Erwägungen von dem zweiten Rechtsanwalt

1 Fahrendorf/Mennemeyer/Terbille/*Mennemeyer*, S. 59 Rz. 196 ff.
2 BGH NJW 1993, 1779; BGH WM 1994, 1211 ff.; BGH WM 1994, 2162, 2165; Fahrendorf/Mennemeyer/Terbille/*Mennemeyer*, S. 61 Rz. 197.
3 Vgl. BGH NJW 1997, 2168, 2169.
4 Fahrendorf/Mennemeyer/Terbille/*Fahrendorf*, S. 251 Rz. 734.
5 Fahrendorf/Mennemeyer/Terbille/*Fahrendorf*, S. 250 Rz. 732.
6 Der unterbevollmächtigte Rechtsanwalt in einem „Anwaltskartell" handelt fahrlässig, wenn er die Rechtssache nicht ausreichend kennt: OLG Düsseldorf NJW 1982, 1888; *Hartstang*, S. 86 ff.; Fahrendorf/Mennemeyer/Terbille/*Fahrendorf*, S. 251 Rz. 734.
7 BGH VersR 1993, 1523, 1524; BGH NJW 1997, 254; zur Übernahme der Kosten des zweiten Anwalts durch den ersten, vgl. BGH NJW 1999, 2435.

nicht mehr rechtzeitig unterbrochen werden kann, besteht eine **Haftpflicht** des zuerst beauftragten Rechtsanwalts[1]. Eine **Hinweispflicht** kann den Erstanwalt jedoch dann treffen, wenn eine Frist kurz nach Übergabe des Mandats abläuft[2]. Darüber hinaus hat der Erstanwalt auch zu gewährleisten, dass dem zweiten Kollegen die **Handakten** so rechtzeitig zu gehen, dass eine Fristwahrung möglich ist[3].

Ob dem Mandanten im Rahmen seines Schadensersatzanspruchs gegen den Erstanwalt eine Pflichtwidrigkeit seines zweiten Anwalts gemäß §§ 254 Abs. 2 S. 2, 278 BGB zuzurechnen ist, entscheidet sich vor allem danach, ob der Mandant Anlass hatte, den zweiten Anwalt erneut mit einer umfassenden Prüfung des Falles zu beauftragen[4]. Dies kommt einmal dann in Betracht, wenn der Mandant den begründeten Verdacht einer Pflichtwidrigkeit des Erstanwalts haben musste[5], oder aber wenn bereits ein Schaden eingetreten ist und der Mandant sodann neue Anwälte mit der Schadensminderung beauftragt[6]. 440

ee) Angestellte Anwälte, bestellte Vertreter

Grundsätzlich kommt ein Mandatsverhältnis nicht mit dem von dem beauftragten Rechtsanwalt eingeschalteten, angestellten Anwalt oder mit einem etwa bestellten Vertreter (§ 53 BRAO) zustande. Dies ist nur dann anders, wenn der Tatbestand eines Schein-Sozius (Rz. 395) bei dem eingeschalteten Rechtsanwalt vorliegt. Im Übrigen haftet der beauftragte Anwalt gemäß § 278 BGB gegenüber dem Mandanten für ein **Verschulden des eingeschalteten Rechtsanwalts**. Der Mandant hingegen muss sich ein Verschulden des eingeschalteten Anwalts im Rahmen des § 85 Abs. 2 ZPO grundsätzlich nicht zurechnen lassen, wenn dieser ein bloßer Zuarbeiter in der Rechtsanwaltspraxis war[7]. 441

Eine Eigenhaftung solcher Anwälte kommt jedoch nach den Grundsätzen über die **Sachwalterhaftung** in Betracht. Dies ist dann der Fall, wenn der eingeschaltete Rechtsanwalt dem Mandanten selbst als Anwalt nach außen gegenüber auftritt, dessen persönliches Vertrauen in Anspruch nimmt und selbst maßgeblichen Einfluss auf das Mandat ausübt[8]. 442

f) Gebühren und Honorar

Bei anwaltlicher Tätigkeit ist im Regelfall davon auszugehen, dass diese **nicht unentgeltlich** erfolgt[9]. Zwar gilt sicherlich in einer großen Anzahl 443

1 BGH VersR 1993, 1523, 1524; BGH NJW 1997, 254.
2 Fahrendorf/Mennemeyer/Terbille/*Fahrendorf*, S. 214 Rz. 647.
3 BGH VersR 1981, 851; BGH VersR 1983, 185; BGH NJW 1988, 3020, 3021.
4 BGH NJW 1993, 1779, 1781; BGH NJW 1994, 1211, 1212.
5 BGH NJW 1993, 1779, 1781.
6 BGH NJW 1994, 1211, 1212.
7 BGH VersR 1982, 71; BGH VersR 1992, 770.
8 BGH NJW-RR 1990, 459, 460f.; OLG Frankfurt NJW 1986, 3091.
9 *Borgmann/Jungk/Grams*, S. 54 Rz. 15.

von Fällen bei der Mandatsanbahnung immer noch der alte Grundsatz „Über Geld redet man nicht." Jedoch ist nur unter besonderen Umständen im Einzelfall anzunehmen, dass eine unentgeltliche anwaltliche Auskunft oder ein Rat erteilt wird.

444 Ist nicht etwas anderes zwischen dem Rechtsanwalt und dem Mandanten in der dafür erforderlichen Form (Rz. 383) – wirksam – vereinbart, so stehen dem Rechtsanwalt die Gebühren entsprechend der gesetzlichen Regelung gemäß RVG zu. Insofern trifft den Rechtsanwalt auch nicht eine Hinweispflicht bei Abschluss des Mandats[1].

445 Eine **Honorarvereinbarung** ist zulässig (§ 3a RVG). Die Vergütungsvereinbarung ist von der Gebührenvereinbarung – welche in § 34 Abs. 1 S. 1 RVG genannt ist – zu unterscheiden[2]. Der Abschluss einer Vergütungsvereinbarung bedarf gemäß § 3a Abs. 1 S. 1 RVG der Textform i.S.v. § 126b BGB. Weiterhin muss die Vergütungsvereinbarung als solche (oder ähnlich) bezeichnet sein und muss – mit Ausnahme der Auftragserteilung – von anderen Vereinbarungen deutlich abgesetzt sein. Hierbei wird auf die Grundsätze zur Vorgängerregelung des § 4 Abs. 1 S. 2 RVG a.F. zurückgegriffen; ausreichend aber auch erforderlich ist daher ein optische Abgrenzung von anderweitigen Vereinbarungen oder Erklärungen, so dass der Mandant ohne weiteres erkennen kann, dass es sich bei der Vergütungsvereinbarung um eine gesonderte Vereinbarung handelt[3]. Ebenso wie in anderen Berufen findet jedoch der anwaltliche Wettbewerb auch über den Preis statt, so dass Rechtsanwälte in der Konkurrenz um die Mandate durchaus auch gezwungen sein können, von den gesetzlichen Gebühren „nach unten" abzuweichen. Das gesetzliche Verbot des § 49b Abs. 1 BRAO, das einen solchen Preiswettbewerb verhindern will[4] geht insoweit an der Rechtswirklichkeit vorbei. Für **außergerichtliche Angelegenheiten** sieht allerdings § 4 Abs. 1 S. 1 vor, dass eine niedrigere als die gesetzliche Vergütung vereinbart werden kann. Allerdings bedarf es hierbei einer Angemessenheitsprüfung im Sinne des § 4 Abs. 1 S. 2 RVG, wobei die Kriterien „Leistung", „Verantwortung" und „Haftungsrisiko" in die Abwägung einzufließen haben. Bei der **gerichtlichen Tätigkeit** ist allerdings eine derartige Gebührenunterschreitung gem. § 49b Abs. 1 S. 1 BRAO nach wie vor unzulässig[5]. In diesen Fällen ist es jedoch möglich – dies allerdings erst nach Erledigung des Auftrags – besonderen Umständen in der Person des Auftraggebers, insbesondere dessen Bedürftigkeit, durch eine Gebührenermäßigung in Rechnung zu stellen (§ 49b Abs. 1 S. 2 BRAO),

446 Die **Abtretung von Gebührenforderungen** unterliegt den Voraussetzungen des § 49b Abs. 4 BRAO. Dabei ist ein Inkasso durch selbständige Inkassoun-

1 BGH NJW 1980, 2128; OLG München NJW 1984, 2537; dies geht allenfalls bei besonders hohen Gebührenforderungen (ca. 1 Mio. DM): BGH a.a.O.
2 Gerold/Schmidt/*Mayer*, 19. Aufl., § 3a RVG Rz. 2f.
3 Gerold/Schmidt/*Mayer*, 19. Aufl., § 3a RVG, Rz. 9f. m.w.N.
4 BT-Drucks. 12/993, S. 31.
5 Gerold/Schmidt/*Mayer*, 19. Aufl., § 4 RVG Rz. 1, 2.

ternehmen, die nicht Rechtsanwälte sind, gem. § 49b Abs. 4 S. 2 BRAO sehr engen Voraussetzungen, insbesondere einer ausdrücklichen schriftlichen Einigung mit dem Mandanten, unterworfen. Die Abtretung an einen Rechtsanwalt ist dagegen ohne weitere Voraussetzungen gem. § 49b Abs. 4 S. 1 BRAO möglich[1].

g) Haftung aus dem Mandat

aa) Überblick über die Rechtsgrundlagen nach Inkrafttreten der Schuldrechtsreform

Für Pflichtverletzungen haftet der Rechtsanwalt gegenüber dem Mandanten 447
in der Regel aus **positiver Vertragsverletzung** des Anwaltsvertrages, welche seit Inkrafttreten der Schuldrechtsreform in § 280 Abs. 1 BGB verankert ist. Insoweit ergeben sich keine wesentlichen Änderungen im Vergleich zur Rechtslage vor der Schuldrechtsreform. Neu ist hingegen, dass der Mandant bei Vorliegen der zusätzlichen Voraussetzungen in den **§§ 281 bis 283 BGB** auch Schadensersatz statt der Leistung verlangen kann. Hierbei sind in der Regel allein die §§ 281, 282 BGB von Bedeutung, während die Vorschrift des §§ 283 i.V.m. 275 BGB (Schadensersatz statt der Leistung wegen Unmöglichkeit) praktisch nur eine geringe Rolle spielt. Weitere Neuerung der Schuldrechtsreform ist, das gemäß § 325 BGB ein etwaiges Rücktrittsrecht nicht durch die Geltendmachung des Schadensersatzes ausgeschlossen ist. Weiter kann der Rechtsanwalt unter dem Gesichtspunkt des Verzuges nach §§ 280 Abs. 2 i.V.m. 286 BGB zum Schadensersatz verpflichtet sein.

Daneben kommen auch **deliktsrechtliche Ansprüche** in Betracht, die jedoch 447a
im Rahmen der Haftung aus einem Mandat in der Praxis kaum jemals relevant werden, sondern vielmehr in den Fällen Bedeutung erlangen, in denen nicht am Vertrag beteiligte Dritte Ansprüche gegen den Rechtsanwalt geltend machen (Rz. 470). Ist Vertragspartner des Mandanten nicht ein Einzelanwalt, sondern ein Zusammenschluss von Anwälten, so ist für die Frage, welche Personen aus dem Anwaltsvertrag haften, die Rechtsform des Zusammenschlusses maßgeblich. Während bei einer Bürogemeinschaft lediglich der bearbeitende Rechtsanwalt haftet (Rz. 394), erstreckt sich die Haftung bei der Sozietät oder bei der Partnerschaft grundsätzlich – soweit nicht zulässigerweise eine Haftungsbeschränkung besteht (Rz. 486) – auf alle Sozien bzw. Partner (Rz. 405). Bei einer Rechtsanwalts-GmbH haftet dagegen nur die Gesellschaft aus dem Vertrag, nicht aber die einzelnen Gesellschafter (Rz. 398). Die Pflichtverletzungen von angestellten Rechtsanwälten werden grundsätzlich über § 278 BGB zugerechnet (Rz. 441).

1 Zu der seit der BRAO-Novelle 1994 nicht mehr bestehenden Problematik des § 203 Abs. 1 Nr. 3 StGB in diesem Zusammenhang vgl. Henssler/Prütting/*Kilian*, § 49b Rz. 198.

bb) Positive Vertragsverletzung des Anwaltsvertrages

447b Auch nach Inkrafttreten der Schuldrechtsreform setzt eine Schadensersatzanspruch aus positiver Forderungsverletzung (1) ein Schuldverhältnis (2) eine Pflichtverletzung (3) die Rechtswidrigkeit (4) die haftungsbegründende Kausalität (5) das Vertretenmüssen (6) einen Schaden sowie (7) haftungsausfüllende Kausalität voraus[1].

(1) Schuldverhältnis und Pflichtenverstoß

448 In der Regel ist das Schuldverhältnis gleichbedeutend mit dem Abschluss des Anwaltsvertrages (siehe hierzu Rz. 376ff.). Zu den Pflichten gegen die im Rahmen des Anwaltsvertrages verstoßen werden kann siehe Rz. 407ff.)

(2) Rechtswidrigkeit des Pflichtenverstoßes

449 Grundsätzlich ist ein anwaltlicher Pflichtenverstoß nur dann rechtswidrig, wenn ihm kein Rechtfertigungsgrund wie Notwehr, Notstand, Selbsthilfe oder eine rechtfertigende Einwilligung des Mandanten zur Seite steht. Bei dem Anwaltsvertrag ist es jedoch so, dass bereits im Rahmen der Prüfung einer Pflichtverletzung ggf. eine Notstandslage oder eine Einwilligung bzw. sogar Weisung des Mandanten zur Folge hat, dass der Anwalt nicht pflichtwidrig gehandelt hat[2].

(3) Verschulden

450 Auch die Prüfung eines Verschuldens des Rechtsanwalts, d.h. einer subjektiven Pflichtwidrigkeit der objektiven Pflichtverletzung, überschneidet sich stark mit der Prüfung der objektiven Pflichtverletzung selbst. Im Bereich der in der Praxis nahezu ausschließlich relevanten fahrlässigen Pflichtverletzung i.S.d. § 276 Abs. 1 S. 2 BGB gilt ein objektiver Maßstab[3]. Abzustellen ist auf die Sorgfalt des pflichtbewussten Durchschnittsanwalts[4], d.h. das Maß der Anforderungen an die Sorgfalt des Rechtsanwalts bestimmt sich danach, „was normalerweise von einem gewissenhaften und erfahrenen Angehörigen seines Berufskreises bei der gegebenen Sachlage an Umsicht und Sorgfalt zu erwarten war[5]." Vor dem Hintergrund der Beweislastumkehr in § 280 Abs. 1 S. 2 BGB wird in der Praxis in der Regel in aller Regel das Verschulden zu bejahen sein. Da in der Praxis schon in der Vergangenheit die Rechtsprechung nach Feststellung einer objektiven Pflichtwidrigkeit fast automatisch auch ein Verschulden des Rechtsanwalts angenommen hatte[6], ist

---

1 Statt vieler *Marx/Wenglortz*, S. 135f.

2 Vgl. BGH NJW-RR 1990, 1241, 1243; BGH NJW 1996, 2571f. für einen Steuerberater; ähnlich im Fall des beschränkten Mandats BGH NJW 1997, 2168, 2169.

3 Statt aller Palandt/*Grüneberg*, 69. Aufl., § 276 Rz. 15; MünchKommBGB/*Grundmann*, § 276 Rz. 55.

4 BGH VersR 1961, 467, 469; *Vollkommer/Greger/Heinemann*, § 17 Rz. 4; *Borgmann/Jungk/Grams*, S. 199ff.

5 BGH VersR 1967, 700, 705.

6 Fahrendorf/Mennemeyer/Terbille/*Fahrendorf*, S. 241 Rz. 714; *Hartstang*, S. 551.

es vor dem Hintergrund der Beweislastumkehr kaum noch vorstellbar, dass der Anwalt der Haftung durch Exkulpation entrinnen kann.

(4) Kausalität und Zurechnung

Vielfältige Probleme ergeben sich im Bereich der Anwaltshaftung bei der Frage der Zurechnung des dem Mandanten entstandenen Schadens, d.h. der sog. haftungsausfüllenden Kausalität[1]. Hierbei gilt es zu beachten, dass die Frage der haftungsausfüllenden Kausalität nach § 287 ZPO zu beurteilen ist, d.h. als eine überwiegende, auf gesicherte Grundlage bestehende Wahrscheinlichkeit. Mithin genügt es, wenn der Mandanten unter Beweisantritt tatsächliche Umstände vorträgt, die einen bestimmten Kausalverlauf wahrscheinlich erscheinen lassen[2]. 451

(a) Vergleich mit pflichtgemäßem Verhalten

Ein Schaden des Mandanten ist dem Anwalt dann nicht zuzurechnen, wenn diese Vermögensminderung auch dann entstanden wäre, wenn der Anwalt sich pflichtgemäß verhalten hätte[3] (conditio sine qua non-Formel). Wurde die Pflichtverletzung im Zusammenhang mit einer **Prozessführung** begangen, so stellt sich die Frage, wie der Vorprozess bei pflichtgemäßem Verhalten des Anwalts geführt und entschieden worden wäre[4]. Die Verteilung der Darlegungs- und Beweislast des Vorprozesses ist deshalb auch für den Anwaltshaftungsprozess maßgeblich; allerdings anerkennt die Rechtsprechung gewisse Erleichterungen für den Geschädigten[5]. Insofern hat das über den Anwaltshaftungsprozess entscheidende Gericht die notwendigen Feststellungen im Rahmen des § 287 ZPO unter Würdigung aller Umstände nach freier Überzeugung zu tätigen[6]. Allerdings ist nach insoweit feststehender Rechtsprechung nicht maßgeblich, wie das zuständige Gericht im Vorprozess – möglicherweise fälschlich – entschieden hätte, sondern wie es richtig hätte entscheiden müssen[7]. 452

Unzulässig ist in diesem Zusammenhang der Einwand einer hypothetischen Kausalität, d.h. einer „**Reserveursache**“. Hierbei geht es um hypothetische Ereignisse, die zu einem späteren Zeitpunkt aus einem anderen Anlass eingetreten wären; diese haben grundsätzlich außer Betracht zu bleiben[8]. Dies ist jedoch anders bei einem Geschehensablauf, der bereits im Zeitpunkt des schädigenden Ereignisses in Gang gesetzt war[9]; richtigerweise handelt 453

1 Zur Unterscheidung vgl. Palandt/*Grüneberg*, Vorb. zu § 249 Rz. 53.
2 *Borgmann*, NJW 2008, 412ff. unter Verweis auf BGH BeckRS 2007, 09180.
3 BGH NJW 1988, 3013, 3015; aus neuerer Zeit BGH NJW 1998, 2358, 2359.
4 BGH NJW 2000, 730, 732f.
5 BGH NJW 1987, 3255; BGH NJW 1988, 3013, 3015.
6 BGH NJW 1988, 3013, 3015; BGH NJW 2000, 509, 510; dasselbe gilt selbst dann, wenn im Vorprozess der Amtsermittlungsgrundsatz maßgeblich ist: BGH NJW 1996, 2501, 2502; a.A. BGH NJW-RR 1987, 898, 899.
7 BGH NJW-RR 1990, 1241, 1244; BGH NJW 1998, 2358, 2359.
8 BGH NJW 2006, 2767; BGH NJW 1994, 899; BGH NJW 1996, 3343, 3345.
9 BGH NJW 1996, 3343, 3345.

es sich hierbei jedoch um die konsequente Anwendung der conditio-sine-qua-non-Formel, wonach zu prüfen ist, ob der Schaden auch dann bestehen bleibt, wenn die schädigende Handlung hinweggedacht wird.

454 Wird dem Rechtsanwalt hingegen vorgeworfen, aufgrund einer **fehlerhaften Beratung** einen Schaden des Mandanten verursacht zu haben, so geht die Rechtsprechung wegen einer tatsächlichen Vermutung davon aus, dass sich der Mandant beratungsgemäß verhalten hätte[1].

455 Stand ein dem Anwalt vorgeworfenes pflichtwidriges Verhalten im Zusammenhang mit einem **Verwaltungsverfahren**, so ist in diesem Fall zu ermitteln, wie die Behörde entschieden hätte, wenn der Anwalt seinen Pflichten nachgekommen wäre[2]. Stand der Verwaltungsbehörde bei der Entscheidung ein Ermessensspielraum zu, ist in solchen Fällen die mutmaßliche Behördenentscheidung festzustellen[3].

(b) Handlungen des Mandanten, dritter Personen oder des Gerichts

456 Im Rahmen der im Haftungsrecht maßgeblichen Adäquanztheorie werden bestimmte Schadensfolgen dem Schädiger immer dann noch zugerechnet, wenn deren Eintritt im Augenblick des schädigenden Ereignisses vom Standpunkt eines erfahrenen Beobachters aus als **nicht völlig unwahrscheinlich** erscheinen konnte; ausgeschlossen werden damit insbesondere ganz ungewöhnliche Schadensfolgen[4].

457 Bei einer Anwaltshaftung kann es fraglich sein, ob **Handlungen des Mandanten**, die auf die Pflichtverletzung des Rechtsanwalts folgen, dem Anwalt noch zuzurechnen sind. Eine solche Zurechnung entfällt immer dann, wenn der Geschädigte selbst in ungewöhnlicher und unsachgemäßer Weise in den Geschehensablauf eingegriffen und eine weitere Ursache gesetzt hat, die den Schaden erst endgültig herbeigeführt hat[5]. Etwas anderes gilt jedoch dann, wenn für die Handlung des Geschädigten ein rechtfertigender Anlass bestand oder diese durch das haftungsbegründende Ereignis, nämlich die Pflichtverletzung des Anwalts, herausgefordert wurde und sich nicht als ungewöhnliche oder gänzlich unangemessene Reaktion auf die Pflichtverletzung erweist[6].

458 Die **Handlung eines Dritten**, so insbesondere eines zusätzlich beauftragten Rechtsanwalts[7], unterbricht den in Gang gesetzten Ursachenzusammenhang nur dann, wenn der Dritte in völlig ungewöhnlicher und unsachgemä-

1 BGH NJW 1993, 3259, 3260; BGH NJW 1994, 1472, 1475.
2 BGH NJW 1993, 2799, 2801; BGH NJW 1995, 3248; BGH NJW 1996, 321, 322; BGH NJW 1996, 842, 843.
3 BGH NJW 1993, 2799, 2801; BGH NJW 1995, 3248; BGH NJW 1996, 321, 322; BGH NJW 1996, 842, 843.
4 Statt aller *Larenz*, Schuldrecht I, 14. Aufl. 1987, § 27 IIIb), S. 405.
5 BGH NJW 1993, 1320, 1323.
6 BGH NJW 1993, 1139, 1141; BGH NJW 1993, 1320, 1323; BGH NJW 1993, 2797, 2799; BGH NJW 1994, 2822; BGH NJW 1995, 449, 451.
7 BGH, Beschl. v. 12. 7. 2007 – IX ZR 172/04.

ßer Weise in den schadensträchtigen Geschehensablauf eingreift und eine weitere Ursache selbst, die den Schaden erst endgültig herbeiführt[1]. Es darf mithin kein innerer Zusammenhang zwischen den Rechtsverletzung beider Rechtanwälte bestehen. Auch **Fehlentscheidungen von Gerichten** und die daraus entstehenden Schadensfolgen für den Mandanten können dem Anwalt zuzurechnen sein. Dies ist dann der Fall, wenn der gerichtliche Fehler bzw. die Fehlentscheidung maßgeblich auf Problemen beruht, deren Auftreten der Anwalt durch sachgerechtes Arbeiten gerade hätte vermeiden müssen[2].

(c) Schutzzweck

Letztlich wird nach allgemeinem Haftungsrecht ein Schaden dem Schädiger nur dann zugerechnet, wenn der **Schaden im Schutzbereich der verletzten Norm** liegt[3]. Dieser Grundsatz gilt auch im Vertragsrecht[4]. So wurde entschieden, dass der Schaden des Mandanten aus einem ihm jedenfalls teilweise ungünstigen Vergleich dem Rechtsanwalt dann zuzurechnen ist, wenn er die Streitigkeit über die Verjährung eines Anspruchs dadurch verursacht hat, dass er nicht ursprünglich den sichersten Weg zur Unterbrechung der Verjährung gewählt hatte (vgl. oben Rz. 423)[5]. Der Abschluss des Vergleiches stellt insofern eine angemessene und nicht ungewöhnliche Reaktion des Mandanten auf die durch die Pflichtverletzung geschaffene Lage dar[6]. 459

Auch die Frage, wieweit der Schädiger einwenden kann, ein **rechtmäßiges Alternativverhalten** hätte zu demselben Schaden geführt, ist unter dem Gesichtspunkt des Schutzzwecks der Haftungsnorm, im vorliegenden Fall der vertraglich übernommenen Verpflichtung, zu beantworten[7]. Hier wird also nicht die Frage gestellt, ob der Schaden bei ordnungsgemäßer Erfüllung der verletzten vertraglichen Pflicht ebenfalls eingetreten wäre (dazu oben Rz. 452 ff.), sondern es wird ein anderes rechtmäßiges Verhalten des Schädigers unterstellt[8]. Nach der Rechtsprechung hat allerdings der Schutzzweck der jeweils verletzten Norm – bzw. vertraglichen Verpflichtung – darüber zu entscheiden, ob und inwieweit der Einwand im Einzelfall erheblich ist[9]. So entschied der BGH, dass einem Notar, der bei der Abwicklung eines Grundstückskaufvertrages wesentlich zu früh eine Fälligkeitsbescheinigung für die Kaufpreiszahlung erteilt hatte, der Einwand abgeschnitten sei, er 460

1 BGH NJW 1996, 1329, 1331 m. Anm. *Reithmann*, EWiR 1985, 293; BGH NJW 1988, 1263; BGH NJW 1990, 2882; BGH NJW 1993, 1779.
2 BGH NJW 1988, 3013, 3015; BGH NJW 1996, 48, 51; BGH NJW 1996, 2648, 2650; BGH NJW 1997, 250, 253; BGH NJW 1998, 2048.
3 Statt aller BGH NJW 1990, 909; Palandt/*Grüneberg*, Vorb. vor § 249 Rz. 29.
4 BGH NJW 1990, 257, 258.
5 BGH NJW 1993, 2797, 2799; weitere Beispielsfälle BGH NJW 1997, 250, 253; BGH NJW 1997, 518 f.; BGH NJW 1997, 2946, 2947.
6 BGH NJW 1993, 2797, 2799.
7 BGH NJW-RR 1988, 1367.
8 Vgl. BGH NJW 1986, 576, 579, zur Notarhaftung.
9 BGH NJW 1986, 576, 579; Staudinger/*Schiemann*, § 249 Rz. 27 f.

hätte die Fälligkeit zu dem bescheinigten Zeitpunkt selbst herbeiführen können, wenn er eine andere ihm obliegende Pflicht erfüllt. Der Einwand des rechtmäßigen Alternativverhaltens sei abgeschnitten. Insofern sei, so der BGH, zu berücksichtigen, dass ansonsten das Vertrauen der Parteien in die Zuverlässigkeit und Unparteilichkeit des Notars als amtlich bestellte Urkundenperson nicht wirksam geschützt wäre[1].

(5) Mitverschulden des Mandanten

461 In Einzelfällen ist in Erwägung zu ziehen, dass der Mandant oder ein von ihm eingeschalteter Erfüllungsgehilfe den Schaden teilweise schuldhaft mitverursacht hat.

(a) Eigenes Mitverschulden

462 Ein Mitverschulden ist dem Mandanten dann anzulasten, wenn eine Schadensursache im Bereich seiner Eigenverantwortung entstanden ist und er selbst diejenige Sorgfalt außer Acht gelassen hat, die nach der Sachlage erforderlich erschien, um sich selbst vor Schaden zu bewahren[2]. Ein solcher Verstoß gegen die Obliegenheit, sich selbst vor Schaden zu bewahren, kommt insbesondere dann in Betracht, wenn der Mandant die ihm nach dem Anwaltsvertrag obliegende **Vertragspflicht, seinen Anwalt wahrheitsgemäß und vollständig zu unterrichten**, verletzt hat[3]. Hier ist auf der anderen Seite immer zu berücksichtigen, dass der Anwalt dem Mandanten gegenüber die rechtlichen Fragen des Falles derart darlegen muss, dass dieser in der Lage ist, den Informationsbedarf zu erkennen (vgl. oben Rz. 414).

463 Liegt dagegen die **Pflichtverletzung des Anwalts** gerade im Bereich der **rechtlichen Beratung**, so kann sich der Anwalt grundsätzlich nicht darauf berufen, der Mandant hätte bestimmte Maßnahmen (beispielsweise eine Kündigung) selbsttätig treffen müssen, die den Schadenseintritt verhindert hätten, wenn gerade die Beratung über die Risiken solcher Maßnahmen Gegenstand des Anwaltsvertrages war[4]. Ähnlich ist es auch in Fragen der Kontrolle von Fristen. Ein Anwalt, der den Mandanten nicht ordnungsgemäß über die Verjährung von Ersatzansprüchen gegen Dritte aufgeklärt hat, kann dem Mandanten nicht vorhalten, dass er nach Beendigung des Mandats erst mehrere Monate zugewartet hat, bevor er einen weiteren Rechtsanwalt mit der Bearbeitung des Falles betraute[5]. Dagegen hat der Mandant grundsätzlich im Rahmen des § 254 BGB geeignete und zumutbare **Rechtsbehelfe** zu ergreifen, um den ihm drohenden Schaden abzuwenden oder zu mindern; insbesondere kann sich ein Mitverschulden aus der Rücknahme eines Rechtsmittels ergeben[6].

1 BGH NJW 1986, 576, 579.
2 BGH NJW-RR 1995, 252; BGH NJW 1996, 2929, 2932.
3 BGH NJW 1996, 2929, 2932; BGH NJW 1999, 1391, 1392.
4 BGH NJW 1996, 2648, 2651.
5 BGH NJW 1993, 2045, 2047; BGH NJW 1993, 2797, 2799.
6 BGH NJW 1990, 2877; BGH NJW 1993, 522; BGH NJW 1994, 1211, 1212.

(6) Verschulden eines Erfüllungsgehilfen

Nach §§ 254, 278 BGB muss sich der Mandant u.U. das Verschulden einer von ihm eingeschalteten Hilfsperson zurechnen lassen. Dabei kommt eine Zurechnung von Verschulden nicht nur im Bereich der **Schadensminderung** (§ 254 Abs. 2 BGB) in Betracht, sondern auch im Rahmen des haftungsbegründenden Vorgangs, insbesondere wenn es um die Erfüllung der dem Mandanten obliegenden vertraglichen Nebenpflicht zur wahrheitsgemäßen und vollständigen **Unterrichtung des Rechtsanwalts** geht[1]. 464

Problematisch ist diese Frage bei **nacheinander tätigen Rechtsanwälten** (Rz. 440). Entbindet der Mandant den zunächst eingeschalteten Rechtsanwalt von seinem Mandat und beauftragt sodann einen neuen Rechtsanwalt, so kommt es nach der Rechtsprechung darauf an, ob der Mandant Anlass dazu hatte, den zweiten Anwalt auch mit der Prüfung einer Pflichtverletzung des ersten Anwaltes zu beauftragen[2]. 465

Im Rahmen der Schadensminderungspflicht des Mandanten stellt sich weiterhin die Frage, inwiefern er ggf. dafür zu sorgen hat, dass ordnungsgemäße **Rechtsmittel oder Rechtsbehelfe** eingelegt werden. Ein etwaiges Versäumnis eines nachfolgenden Anwalts wäre ihm als Verschulden anzulasten[3]. Allerdings ist es dem Mandanten grundsätzlich nicht zuzumuten, im Ausgang unsichere Rechtsmittel oder Rechtsbehelfe durchzuführen[4]. 466

cc) Schadensersatz statt der Leistung

Im Unterschied zum früheren Recht, kann der Mandant nunmehr gemäß §§ 281 Abs. 1 Satz 1, 280 Abs. 1 BGB Schadensersatz statt der Leistung verlangen, wenn der Anwalt eine fällige Haupt- oder leistungsbezogene Nebenpflicht verletzt und der Mandant eine Frist zur ordnungsgemäßen Erfüllung gesetzt ist bzw. eine Solche entbehrlich ist. Für nicht leistungsbezogene Nebenleistungspflichten gilt das Gleiche, soweit die Vorraussetzungen des § 282 BGB vorliegen, d.h. namentlich eine Leistungserbringung durch den Anwalt nicht mehr zulässig ist. 466a

dd) Gebühren und Honorar bei Schlechterfüllung

Gegen den Schadensersatzanspruch des Mandanten kann der Rechtsanwalt einen fälligen Gebührenanspruch aus dem Mandat **aufrechnen**, wenn und insoweit das Mandat im Rahmen des Schadensersatzes so zu stellen ist, als sei der anwaltliche Auftrag fehlerfrei durchgeführt worden[5]. Eine solche Auf- 467

1 BGH NJW 1996, 2929, 2932; BGH NJW 1997, 2168, 2170.

2 BGH NJW 1993, 1779, 1781, BGH NJW 1994, 1211, 1212; kritisch Fahrendorf/Mennemeyer/Terbille/*Mennemeyer*, S. 356 Rz. 995ff. m. N. d. Rspr.; a.A. *Vollkommer/Greger/Heinemann*, § 18 Rz. 15.

3 BGH NJW 1994, 1211, 1212.

4 BGH VersR 1966, 340; OLG Hamm VersR 1982, 1057.

5 Fahrendorf/Mennemeyer/Terbille/*Mennemeyer*, S. 375 Rz. 1060; *Hartstang*, S. 666.

rechnung kommt allerdings dann nicht in Betracht, wenn die Pflichtverletzung gerade darin bestand, dass der Anwalt zu einem aussichtslosen Prozess geraten hat. Die Verjährung des Gebührenanspruchs steht einer Aufrechnung bei Vorliegen der Voraussetzungen des § 215 BGB nicht entgegen. Gegen den Schadensersatzanspruch aus einem vorsätzlichen Pflichtenverstoß ist jedoch die Aufrechnung versagt (§ 393 BGB).

2. Haftung gegenüber Dritten

a) Überblick – Haftung von Gesellschaften

468 Eine Haftung von Anwälten gegenüber Dritten steht vor allem immer dann in Rede, wenn der Anwalt einer **anderen Person als seinem Mandanten** Auskunft erteilt hat oder es etwa unterlassen hat, solche Personen auf bestimmte Umstände hinzuweisen. Soweit sich ein Vorsatz des Anwalts nachweisen lässt, kommen grundsätzlich auch Straftatbestände in Verbindung mit § 823 Abs. 2 BGB und § 826 BGB in Betracht. Fahrlässige Schädigungen lassen sich jedoch, abgesehen von dem Sonderfall des § 824 BGB, in der Regel nicht über deliktische Anspruchsgrundlagen abwickeln, insbesondere nicht § 823 Abs. 1 BGB, da es fast ausschließlich um Vermögensschäden geht. Aus diesem Grunde steht bei der Dritthaftung des Anwalts – ähnliches gilt für Banken[1], Vermittler[2], Berater[3] und Sachverständige[4] – die Frage der Haftung aus stillschweigend abgeschlossenen Auskunfts- und Beratungsverträgen, aus einem Schutzwirkung zugunsten Dritter entfaltenden Mandatsvertrag[5] sowie aus Verschulden bei Vertragsschluss[6] im Vordergrund.

Insbesondere die Haftung gegenüber Dritten aus abgeschlossenen Treuhandverträgen ist ein Schwerpunkt der neueren Rechtsprechung und weist für den Anwalt in der Praxis eine haftungsrechtliche Brisanz auf (siehe hierzu unter Rz. 471 ff.).

469 **Bei Zusammenschlüssen von Rechtsanwälten** stellt sich die weitere Problematik, inwieweit der Dritte lediglich den einzelnen Anwalt in Anspruch nehmen kann. Im Falle einer Sozietät haften wie bereits oben ausgeführt[7] sowohl die Sozietät selbst als auch die einzelnen Sozien für vertragliche, quasi vertragliche und deliktische Ansprüche. Ebenso haften die Partner einer Rechtsanwalt-Partnerschaft neben der Partnerschaft selbst sowohl für ver-

1 Hierzu *Breinersdorfer*, WM 1991, 977; *Hübner*, VersR 1991, 497; *von Heymann*, Bankenhaftung bei Immobilienanlagen, 14. Aufl. 2000.
2 *Heymann/Edelmann* in Assmann/Schütze, Handbuch des Kapitalanlagerechts, 3. Aufl. 2007, § 4 Rz. 22 ff.
3 Für Steuerberater: *Schmitz*, DB 1989, 1909 ff.; *Grothe/Schindhelm*, DStR 1989, 445 f.; *Späth*, DStR 1996, 400 ff.; zur Kapitalanlagevermittlung: *Bundschuh*, WM 1985, 249; *Potthoff*, WM 1993, 1319; *Raeschke-Kessler*, WM 1993, 1830 ff.; *Vortmann*, WM 1993, 581.
4 Zur Haftung des Abschlussprüfers: *Ebke*, JZ 1998, 991 ff.
5 Allgemein: *Martiny*, JZ 1996, 19 ff.
6 *Wolf*, NJW 1994, 24 ff.
7 S. Rz. 398 ff.

tragliche und quasi vertragliche als auch für deliktische Ansprüche gesamtschuldnerisch, es sei denn, die Haftung wäre wirksam gesellschaftsrechtlich beschränkt. Dagegen haften die Gesellschafter einer Rechtsanwalts-GmbH grundsätzlich nicht (Rz. 410); eine Eigenhaftung des handelnden Gesellschafters aus dem Gesichtspunkt der vertraglichen oder quasi-vertraglichen Haftung oder aus deliktischen Anspruchsgrundlagen ist dagegen nicht ausgeschlossen.

b) Haftung für Auskünfte und Aufklärung

Entgegen § 676 BGB besteht eine lange Tradition von Rechtsprechung, die 470
immer wieder versucht hat, eine Haftung der Auskunftsperson aus einem **stillschweigend abgeschlossenen – oder auch fingierten – Auskunftsvertrag** herzuleiten[1]. Insbesondere entschied bereits das Reichsgericht, dass ein Anwalt unter bestimmten Umständen auch der Gegenpartei für Auskünfte über seinen eigenen Mandanten haften kann[2]. Voraussetzung ist hierbei jedoch stets, dass sich im Einzelfall ein bestimmter rechtsgeschäftlicher Verpflichtungswille schlüssig ergibt. Insofern kommt es jedoch nicht lediglich darauf an, dass die Auskunft Bezug zur Berufstätigkeit des Anwalts hatte, sondern es ist dessen konkrete Funktion im Einzelfall zu würdigen[3]. Als Indizien für das Zustandekommen eines Auskunftsvertrages zieht die Rechtsprechung immer wieder die erkennbare Bedeutung der Auskunft für die Entschließung der einen Vertragspartei, die besondere Sachkunde der Auskunftsperson und deren persönliche Zuverlässigkeit heran[4]. Bei der in einem solchen Fall immer vorzunehmenden Abwägung aller Umstände betont der BGH jedoch in der Regel, dass der Anwalt oder sonstige Berater erkennbar die Interessen seines eigenen Mandanten zu vertreten hatte, die denen des Verhandlungsgegners entgegengesetzt waren[5]. Dies gilt insbesondere dann, wenn sich auch die Gegenseite eines sachkundigen Beistandes bediente[6]. Aber auch in einem solchen Fall können die Umstände des Einzelfalls eine andere Bewertung rechtfertigen, insbesondere wenn der Auskunftsgeber ein anderes Eigeninteresse an dem Geschäftsschluss hatte[7], wenn er Zusicherungen nach Art einer Garantieübernahme oder ein Versprechen eigener Nachprüfung der Angaben des Mandanten abgegeben hat[8].

Allerdings ist die Konstruktion eines stillschweigend abgeschlossenen Auskunftsvertrag in der Regel entbehrlich geworden, da die überwiegenden Fälle nunmehr unmittelbar von § 311 Abs. 2 Nr. 3 BGB umfasst werden. Hier-

1 Zur Entwicklung vgl. *Borgmann/Jungk/Grams*, S. 250ff.
2 RGZ 52, 365; RGZ 129, 109; vgl. BGH NJW 1991, 32f.
3 BGH NJW 1991, 32f.
4 BGH NJW 1953, 60; BGH NJW 1979, 1449; BGH NJW 1987, 1815; BGH NJW 1990, 513; BGH WM 1989, 1836; BGH NJW 1992, 2080, 2082.
5 BGH NJW 1973, 321; BGH NJW 1992, 2080, 2082f.
6 BGH NJW 1986, 180; BGH NJW 1989, 293.
7 BGH WM 1962, 1110, 1111.
8 BGH NJW 1953, 60; BGH NJW 1962, 1500; BGH WM 1965, 287, 288; BGH NJW 1986, 180, 181; BGH NJW 1991, 32f.

nach entsteht ein Schuldverhältnis auch durch „ähnliche geschäftliche Kontakte", d.h. solche Sachverhalte, die nicht auf den Abschluss eines Vertrages zielen.[1]

c) Haftung aus einem Treuhandverhältnis

471 Insbesondere bei der Abwicklung von Zahlungen, sei es im Rahmen von Prozessen, bei der Abwicklung von Kaufverträgen und insbesondere auch bei Kapitalanlageverträgen werden Anwälte häufig als sog. Treuhänder eingeschaltet. Da es jedoch eine gesetzliche Regelung eines Treuhandverhältnisses nicht gibt[2] und man auch nicht von dem typischen Treuhandvertrag sprechen kann[3], ist immer die **Ausgestaltung des Treuhandverhältnisses im Einzelfall** für die Frage entscheidend, welche Haftungsfolgen sich für den Treuhänder ergeben[4].

472 So haftet der Anwalt des Beklagten im Rahmen der **Abwicklung eines Prozessvergleiches**, wonach der Beklagte Zug um Zug gegen Aushändigung eines Kfz-Briefs den Kaufpreis zu zahlen hatte, dafür, dass der Beklagte den vom Kläger an den Beklagtenanwalt ausgehändigten Kfz-Brief nicht vor Zahlung des Kaufpreises an den Kläger erhält[5]. Entscheidend ist jedoch, dass der Anwalt vom Gegner seines Mandanten tatsächlich als Treuhänder und nicht lediglich als Bote seines Mandanten eingeschaltet wird[6].

472a In neuerer Zeit hat sich der BGH in insgesamt drei Entscheidungen[7] mit der Frage der Haftung eines Strafverteidigers aus einem Treuhandvertrag auseinandergesetzt. Dabei stellte der BGH jeweils heraus, dass Zahlungen eines Dritten auf das Konto des Strafverteidigers, welche der bedingten Haftentlassung des Mandanten dienen sollen, grundsätzlich keinen Treuhandvertrag zwischen dem Anwalt und dem Dritten begründen. Ausnahmsweise können jedoch die besonderen Umstände des Einzelfalles die Annahme eines Treuhandverhältnisses rechtfertigen. Dabei sind der Inhalt der jeweiligen Abrede und die verletzten Pflichten jeweils konkret darzulegen und vom Dritten zu beweisen. Für den beratenden Rechtsanwalt liegt die besondere haftungsrelevante Brisanz unter anderem darin, dass der Dritte zwar hinsichtlich des Inhalts beweisbelastet ist, die Rechtsprechung die konkrete Abrede aber durchaus auch durch ergänzende Vertragsauslegung ermitteln lässt[8]. Dies kann letztlich dazu führen, dass die ergänzende Vertragsauslegung zu einem anderen Ergebnis gelangt, als die im Treuhandvertrag ausformulierten Regelun-

---

1 Palandt/*Grüneberg*, 69. Aufl., § 311 Rz. 24.

2 *Coing*, Treuhand, 1973, S. 17, 28.

3 *Coing*, Treuhand, 1973, S. 109; zu einzelnen Treuhandverhältnissen ausführlich *Borgmann/Jungk/Grams*, S. 265 ff.

4 BGH NJW 1966, 1116; OLG Hamm AnwBl. 1987, 42.

5 BGH WM 1988, 986, 987.

6 Fahrendorf/Mennemeyer/Terbille/*Mennemeyer*, S. 106 Rz. 570; *Borgmann/Jungk/Grams*, S. 266.

7 BGH NJW 2004, 3630 f.; BGH, Urt. v. 12. 10. 2006 – IX ZR 108/03 und BGH, Beschl. v. 12. 10. 2006 – IX ZR 69/03, BRAK-Mitt. 2007, 16 (Leitsatz).

8 Hierzu insbesondere BGH NJW-RR 2007, 267 f.

gen mit der – für den Anwalt misslichen – Folge einer Haftung für das Treugut.

Ebenfalls anhand der konkreten Umstände des Einzelfalles ist die Frage zu beurteilen, ob eine Mithaftung der Sozien begründet werden kann. Hier legt es die besondere Rolle als Treuhänder nahe, ausnahmsweise ein Einzelmandat anzunehmen, welches die Haftung der Sozien ausschließt[1].

Fungiert der Anwalt im Rahmen eines **Kapitalanlageprojektes** als sog. Mittel- 473
verwendungstreuhänder, so hat er über die vertraglichen Bindungen aus dem Treuhandvertrag und etwa bestehenden Einzelweisungen der Kapitalanleger hinaus ggf. auch die Kapitalanleger auf Risiken für das eingezahlte Kapital hinzuweisen, die ihm aufgrund seiner Stellung und im Rahmen des von ihm als Rechtsanwalt zu erwartenden Sachverstandes erkennbar waren[2].

d) Haftung aus einem Vertrag mit Schutzwirkung zugunsten Dritter

Die Rechtsprechung hat das Rechtsinstitut des Vertrags mit Schutzwirkung 473a
zugunsten Dritter deshalb entwickelt, weil man es in bestimmten Fällen für notwendig erachtete, die Haftung für das Verschulden von Gehilfen und für Vermögensschäden nach den bestehenden deliktischen Anspruchsgrundlagen zu erweitern[3]. Die Rechtsprechung bejaht zudem im Einzelfall auch einen Drittschutz bereits im vorvertraglichen Stadium[4]. Der Vertrag mit Schutzwirkung zugunsten Dritter hat sich im Laufe der Zeit somit zu einem Schwerpunkt der beruflichen Dritthaftung entwickelt und spielt in den unterschiedlichen Bereichen eine gewichtige Rolle. Beispielhaft zu nennen ist eine Haftung aufgrund eines Auskunftsvertrages bei Abgabe einer „third Party Legal Opinion" oder einer „legal due diligence", aber auch die Haftung bei Prüfung von Prospektangaben neben bzw. an Stelle einer Prospekthaftung[5].

Auch bei einem Anwaltsvertrag ist es daher denkbar, dass Dritte nach dem 473b
Willen der Vertragschließenden in dessen Schutzbereich einbezogen sein sollen. Grundsätzlich anerkannt in der Rechtsprechung ist die vertragliche Schutzwirkung eines Beratervertrages für nahe Verwandte[6] oder Gesellschafter und Gründer von juristischen Personen[7]. Der Auftrag zur Vorbereitung einer Kapitalerhöhung durch eine GmbH entfaltet deshalb in der Regel eine Schutzwirkung für die an der Kapitalerhöhung teilnehmenden Altgesellschafter[8].

1 In diesem Sinne BGH, Beschl. v. 12. 10. 2006 – IX ZR 69/03, BRAK-Mitt. 2007, 16 (Leitsatz + Besprechung); ebenso OLG Celle NJW 2006, 3431.
2 BGH NJW-RR 1989, 1102; BGH NJW 1992, 2221.
3 Statt aller *Larenz*, Schuldrecht I, 14. Aufl. 1987, § 17 II und III, S. 208 ff.; vgl. auch BGH NJW 1996, 2927, 2928.
4 BGH NJW-RR 2003, 1035, 1036.
5 Vgl. hierzu im Einzelnen BGH NJW 2004, 3420 f.; BGH NJW-RR 2007, 1329; BGH NJW-RR 2007, 1332; BGH NJW-RR 2007, 1479; *Koch*, WM 2005, 1208 f. m.w.N.
6 BGH NJW 1965, 1955; BGH NJW 1977, 2073; BGH NJW 1988, 200.
7 BGH NJW 1986, 581, 582; BGH NJW 1993, 1139.
8 BGH NJW 2000, 725, 726 f.

Aktuelle Bedeutung hat in jüngerer Vergangenheit die Frage der Reichweite des vertraglichen Drittschutzes gewonnen, insbesondere ob und vor allem in welchem Umfang Gutachten- und Prüfverträge eine Schutzwirkung zugunsten Dritter entfalten.

aa) Erstattung von Gutachten

473c Der BGH hat bereits seit längerem festgehalten, dass eine Einbeziehung eines Dritten in einen Gutachtenvertrag dann anzunehmen sein kann, wenn die Erstattung des Gutachtens für den Sachverständigen erkennbar auch zum Gebrauch gegenüber Dritten bestimmt ist bzw. sein kann.[1] In Anwendung dieser aufgestellten Grundsätze billigt der BGH einem weiten Personenkreis einen vertraglichen Drittschutz zu. So wird eine Schutzwirkung für Kreditgeber angenommen, wenn das Gutachten Finanzierungszwecken dient. Bei umfangreichen Finanzierungen kann dies sogar „eine namentlich nicht bekannte Vielzahl privater Kreditgeber"[2] umfassen. Die Verteilung auf viele Gläubiger würde das Haftungsrisiko des Beraters nicht per se erhöhen, so dass dieses auch weiterhin kalkulierbar bliebe[3].

bb) Jahresabschlüsse und Prospekt

473d Ob die Erstellung einer Bilanz oder eines Jahresabschlusses(vgl. §§ 242 Abs. 1 und 3 HGB) sowie die Angaben in einem Emissionsprospekt Schutzwirkung für einen Dritten entfalten können, unterliegt denselben Voraussetzungen wie die Bestimmung des vertraglichen Schutzbereich eines Gutachtenvertrages. Auch hier hat die Rechtsprechung in der Vergangenheit den Kreis der einbezogenen Dritten recht weit gefasst[4]. Ein Wirtschaftsprüfer kann beispielsweise bei fehlerhafter Prospektprüfung gegenüber den Kapitalanlegern haften, unabhängig von einer daneben stehenden Prospekthaftung[5].

473e In jüngerer Zeit hat der BGH jedoch seine Rechtsprechung hinsichtlich der **Haftung von Wirtschaftsprüfern** bei Jahresabschlüssen eingeschränkt. Unter Hinweis auf § 323 Abs. 1 S. 3 HGB stellt er nunmehr strenge Anforderungen an die Einbeziehung von Dritten in den vertraglichen Schutzbereich, die kaum zu erfüllen sind[6].

e) Haftung aus Verschulden bei Vertragsverhandlungen

474 Eine Haftung aus **Verschulden bei Vertragsverhandlungen** (culpa in contrahendo) für die Verletzung vorvertraglicher Pflichten kommt vor allem zwischen den Parteien des in Aussicht genommen Vertrages in Betracht. Gesetz-

1 Grundlegend BGH, NJW 2004, 3035 ff.; BGH NJW-RR 2004, 1464 ff.
2 So BGH NJW-RR 2004, 1464, 1466.
3 BGH NJW 2004, 3035, 3037.
4 Vgl. BGH NJW-RR 1986, 1307; BGH NJW-RR 1993, 944; BGH NJW 2001, 360; OLG München WM 1997, 613.
5 So BGH NJW 2004, 3420: Beide Anspruchsgrundlagen würden unterschiedliche Zielrichtungen verfolgen und sich daher auch nicht wechselseitig ausschließen.
6 BGH NJW-RR 2006, 611; BGH NJW 2006, 1975.

lich normiert ist dieses Rechtsinstitut nunmehr in § 311 Abs. 2 BGB, wonach bereits mit dem Eintritt in Vertragsverhandlungen ein gesetzliches Schuldverhältnis entsteht. Der in die Vertragsanbahnung eingeschaltete Rechtsanwalt haftet gegenüber dem Vertragspartner seines Mandanten grundsätzlich zwar nicht selbst. Allerdings bestimmt § 311 Abs. 3 BGB, dass ein Schuldverhältnis mit Pflichten i.S.d. § 241 Abs. 2 BGB auch zu Personen entstehen kann, die nicht selbst Vertragspartei werden sollen. Damit bleibt neben einer möglichen deliktischen Haftung auch eine selbständige Haftung des eingeschalteten Rechtsanwalts möglich.

Dieser Ausnahmefall der persönlichen Haftung des Vertreters oder Verhand- 474a
lungsgehilfen wurde früher unter dem Stichwort „Sachwalterhaftung" erfasst. Der nun eingeführte § 311 Abs. 3 S. 2 BGB knüpft an den von der Rechtsprechung entwickelten Grundsätzen an. Anspruchsgrundlage ist somit § 280 Abs. 1 BGB i.V.m. §§ 311 Abs. 2 und 3 BGB.

Voraussetzung für eine persönliche Haftung des Beraters ist nach § 311 474b
Abs. 3 S. 2 BGB, dass dieser im besonderen Maße Vertrauen für sich in Anspruch nimmt und dadurch die Vertragsverhandlungen oder den Vertragsschluss selbst beeinflusst[1]. Allein die berufliche Stellung als Rechtsanwalt rechtfertigt nicht automatisch die Begründung eines solchen Vertrauens; hinzukommen muss vielmehr, dass der Berater eine über das normale Vertrauen hinausgehende Gewähr für die Seriosität und die Erfüllung des Vertrages übernommen hat[2]. Dabei kann man allerdings von einer Inanspruchnahme besonderen persönlichen Vertrauens bereits dann nicht mehr sprechen, wenn die Gegenseite sich ebenfalls eines sachkundigen Beistands versichert hatte[3]. Auch der Umstand, dass der in die Verhandlung eingeschaltete Rechtsanwalt ersichtlich vor allem die Interessen seiner eigenen Parteien vertritt, steht einer solchen Annahme entgegen[4]. Darüber hinaus ist im konkreten Fall auch immer zu prüfen, ob der Anwalt lediglich die von seinem Mandanten erhaltenen Informationen weitergibt oder ob er sie als Gegenstand eigener Nachprüfung und Erkenntnis darstellt und somit die persönliche Gewähr für die Richtigkeit der mitgeteilten Tatsachen übernimmt[5].

Eine Eigenhaftung setzt zudem nur ein, wenn der Berater wirtschaftlich be- 475
trachtet gleichsam in eigener Sache tätig wird. Von einem eigenen wirtschaftlichen Interesse lässt sich auf der anderen Seite bereits dann nicht reden, wenn dem Rechtsanwalt als Gegenleistung für die Mitwirkung bei den Vertragsverhandlungen ein – zumal erfolgsunabhängiges – Honorar versprochen wurde[6]. Hier kann nicht gesagt werden, dass der verhandelnde Rechtsanwalt gleichsam in eigener Sache tätig wurde, mithin als wirtschaftlicher

1 Palandt/*Grüneberg*, 69. Aufl., § 311 Rz. 63f.
2 BGH NJW 1991, 32, 33.
3 BGH NJW 1989, 293, 294; BGH NJW 1992, 2080, 2083.
4 BGH NJW 1992, 2080, 2082f.
5 BGH NJW 1991, 32, 33.
6 BGH NJW 1991, 32, 33; vgl. auch BGH NJW 1990, 506.

Herr des Geschehens anzusehen ist, von dessen Entscheidung das Geschäft maßgeblich abhängt[1].

f) Prospekthaftung

476 Die Haftung für unrichtige Angaben in Verkaufsprospekten ist in vielen Fällen gesetzlich geregelt (§ 45 BörsG für Börsenprospekte; § 20 KAGG für Kapitalanlagegesellschaften; § 12 AuslInvestmG für ausländische Investmentanteile; § 13 VerkProspG für außerbörslich gehandelte Wertpapiere). In Anlehnung hieran hat die Rechtsprechung für den nicht geregelten, sog. **„grauen" Kapitalmarkt** aus den Grundsätzen des Verschuldens bei Vertragsschluss eine Haftung für die Inanspruchnahme typisierten Vertrauens entwickelt[2]. Nach der Schuldrechtsreform findet sich eine Rechtsgrundlage für eine solche Haftung nunmehr in § 311 Abs. 3 S. 2 BGB.

477 Die von der Rechtsprechung entwickelte bürgerlich-rechtliche Prospekthaftung zielt dabei insbesondere auf die **„Garanten" eines Prospektes** ab, wobei es nicht darauf ankommt, dass derjenige Experte, Gutachter, Sachverständige, insbesondere Wirtschaftsprüfer oder Steuerberater namentlich im Prospekt genannt wird; seine Identifizierbarkeit reicht aus[3].

477a Für die Verjährung solcher bürgerlich-rechtlicher Prospekthaftungsansprüche wendet die Rechtsprechung die gesetzlichen Vorschriften über die Prospekthaftung analog an (vgl. § 47 BörsG, § 20 Abs. 5 KAGG, § 12 Abs. 5 AuslInvestmG, § 13 VerkProspG), d.h. die Verjährung tritt spätestens drei Jahre seit Kauf der Kapitalanlage bzw. Beitritt zur Kapitalanlagegesellschaft ein, jedoch bei Kenntniserlangung von dem Prospektfehler bereits nach 6 Monaten[4].

g) Deliktische Haftung

aa) Überblick

478 Eine deliktische Haftung des Anwalts unter dem Gesichtspunkt der **fahrlässigen Schädigung** kommt zwar grundsätzlich in Betracht, wenn der Anwalt beispielsweise aufgrund eines fahrlässig unberechtigten Vollstreckungsauftrags das Eigentum des Gegners vernichtet oder beeinträchtigt[5] oder wenn

---

1 BGH NJW-RR 1991, 1241; BGH NJW-RR 1992, 605; *Canaris*, FS Geiger, 1989, S. 108; *Borgmann/Jungk/Grams*, S. 258 Rz. 18.

2 *Coing*, WM 1980, 206ff.; *Wolf*, NJW 1994, 24ff.; *Graf von Westphalen*, BB 1994, 85ff.; *Seibel/Graf von Westphalen*, BB 1998, 169ff.; *Schmidt/Weidert*, DB 1998, 2309ff.

3 BGHZ 111, 314, 320; *Assmann*, in: Assmann/Schütze, Handbuch des Kapitalanlagerechts, 3. Aufl. 2007, § 6 Rz. 156; *Borgmann/Jungk/Grams*, S. 259 Rz. 21ff.; zur Deliktshaftung des nicht identifizierbaren Verfassers eines dem Prospekt zugrunde liegenden Gutachtens vgl. BGH WM 1986, 904, 906.

4 BGH NJW 1982, 1514, 1515; BGH NJW 1984, 2523; BGH NJW 1993, 2865; zu geschlossenen Immobilienfonds vgl. *Seibel/Graf von Westphalen*, BB 1998, 169; *Schmidt/Weidert*, DB 1998, 2309ff.

5 *Vollkommer*, Rz. 245; Fahrendorf/Mennemeyer/Terbille/*Mennemeyer*, S. 82 Rz. 277.

ein Eingriff in den ausgeübten und eingerichteten Gewerbetrieb des Gegners[1] vorliegt. Jedoch sind solche Fälle in der Praxis selten. Auch eine Haftung für die Zufügung von psychischen und physischen Gesundheitsschäden durch die Erhebung einer unberechtigten Klage dürften wegen Wahrnehmung berechtigter Interessen (§ 193 StGB analog) nicht durchsetzbar sein[2].

Praktisch bedeutsam sind jedoch die Tatbestände der **vorsätzlichen Schädigung** (Betrug, Untreue, § 823 Abs. 2 BGB i.V.m. §§ 263, 266 StGB) und insbesondere der Tatbestand des § 826 BGB in seiner Ausdehnung, die er in der Rechtsprechung erfahren hat. 479

bb) Haftung aus § 826 BGB

In Fällen, in denen weder eine Haftung aus einem Auskunftsvertrag, aus einem Vertrag mit Schutzwirkung zugunsten Dritter oder aus Verschulden bei Vertragsverhandlungen anzunehmen war, hat die Rechtsprechung eine Haftung aus vorsätzlicher, sittenwidriger Schädigung gem. § 826 BGB bejaht[3]. Da sich der Vorsatz im Rahmen des § 826 BGB auf den Eintritt eines Schadens bei dem Anspruchsteller beziehen muss[4], kann bereits eine **leichtfertig unrichtige Auskunft, ein Gutachten oder sonstiges Handeln des Anwalts** eine Haftung aus § 826 begründen[5]. Die Rechtsprechung leitet nämlich die Sittenwidrigkeit des Verhaltens gerade aus dem grob leichtfertigen Vorgehen ab[6], wenn der Beruf des Schädigers ihm eine **besondere Vertrauensstellung** gibt[7]. Dies soll auch für einen Rechtsanwalt gelten, der dem Verdacht von sittenwidrigen Motiven seiner Mandanten nicht nachgeht und dennoch deren sittenwidriges Anliegen gegenüber Dritten vertritt[8]. 480

Für den **Vorsatz** reicht es aus, wenn der Anwalt mit der Möglichkeit rechnete, dass durch sein Verhalten ein anderer geschädigt werden kann und er dieses Ergebnis billigend in Kauf nimmt[9]. 481

1 Fahrendorf/Mennemeyer/Terbille/*Mennemeyer*, S. 83 Rz. 284.
2 Fahrendorf/Mennemeyer/Terbille/*Mennemeyer*, S. 84 Rz. 288 jedoch nur für den Fall, dass sich der Prozessgegner beleidigt oder verleumdet fühlt.
3 BGH NJW 1986, 180, 181 f.; BGH WM 1986, 904, 906; BGH NJW 1992, 2821 ff.
4 BGH VersR 1956, 641; BGH VersR 1966, 1034, 1035; OLG Hamm NJW 1997, 2121.
5 BGH NJW 1986, 180, 181 f.; BGH WM 1986, 904, 906; BGH NJW 1991, 32, 33; BGH NJW 1992, 2080, 2083 f.
6 BGH NJW 1986, 180, 181.
7 BGH NJW 1991, 32, 33; BGH NJW 1992, 2821, 2822; *Borgmann/Jungk/Grams*, S. 254 Rz. 10.
8 BGH NJW 1992, 2821, 2822 f.; kritisch *Henssler*, JZ 1994, 178, 179.
9 BGH VersR 1956, 641; BGH VersR 1966, 1034, 1035; OLG Hamm NJW 1997, 2121.

3. Möglichkeiten der Haftungsbeschränkung

a) Überblick

482 Die Diskussion über Möglichkeiten der Haftungsbeschränkung für Rechtsanwälte und andere Berufe wird seit vielen Jahren geführt[1]. Grundsätzlich kann die anwaltliche Haftung sowohl in einer **Vereinbarung mit dem Mandanten** als auch durch **Wahl einer bestimmten Gesellschaftsform für einen Zusammenschluss von Berufsträgern** beschränkt werden.

482a Bereits 1994 hat der Gesetzgeber hier maßgebliche Erleichterungen geschaffen. Durch den im Zuge der BRAO-Novelle eingeführten § 51a BRAO entzog der Gesetzgeber insoweit vorformulierte Mandatsbedingungen unter bestimmten Voraussetzungen der Inhaltskontrolle nach dem frührern AGB-Gesetz bzw. den Nachfolgebestimmungen in den §§ 305ff. BGB (vgl. Rz. 384). Mit Einführung des § 8 Abs. 2 PartGG schuf er eine ähnliche Erleichterung für Partnerschaftsgesellschaften (Rz. 404). Die Beschränkung der Haftung durch gesellschaftsrechtliche Vereinbarungen, die sich bei der Sozietät als unpraktikabel erwies, wurde durch den Beschluss des BayObLG vom 24. 11. 1994[2], der die Eintragung der ersten Rechtsanwalts-GmbH zuließ, maßgeblich erweitert. Die Rechtsanwalts-GmbH hat in den §§ 59cff. BRAO seit 1. 3. 1999 eine gesetzliche Regelung gefunden[3]. Bereits zum 1. 7. 1998 setzte der Gesetzgeber eine Neuregelung des § 8 Abs. 2 PartGG in Kraft, wonach nunmehr Partnerschaftsgesellschaften durch gesellschaftsvertragliche Regelung die gem. § 8 Abs. 1 PartGG bestehende gesamtschuldnerische Haftung aller Partner neben der Haftung der Partnerschaftsgesellschaft selbst auf den das Mandat bearbeitenden Partner begrenzen können.

482b Ein besonderes Problem bei den vertraglichen Haftungsbeschränkungen, d.h. bei den Beschränkungen, die mit dem Mandanten vereinbart werden und nicht „Ausfluss" einer bestimmten Rechtsformwahl sind, besteht für den Praktiker darin, dass die Rechtsprechung sich mit diesen bisher höchst selten auseinandergesetzt hat. Vor diesem Hintergrund stellt der Bereich der vertraglichen Haftungsbeschränkungen ein praktisch höchst unsicheres Terrain dar.

b) Haftungsbeschränkung durch vertragliche Vereinbarung mit dem Mandanten

aa) Überblick

483 Die **individualvertragliche Vereinbarung** einer Haftungsbegrenzung im Außenverhältnis zwischen Anwalt und Mandant unterliegt neben den Bestim-

1 Vgl. nur *Chab*, AnwBl 2006, 205ff., *Wölk*, AnwBl. 2003, 328; *Grams*, AnwBl. 2001, 233ff. u. 292ff.; *Junge-Ilges*, Haftungsvereinbarungen der rechts- und wirtschaftsberatenden Berufe, 1995, S. 30ff.

2 ZIP 1994, 1868.

3 Dazu *Henssler*, NJW 1998, 241ff.; *Zuck*, AnwBl. 1999, 297ff.

mungen des bürgerlichen Rechts (§§ 138, 276 Abs. 2 BGB) auch der Bestimmung des § 51a Abs. 1 Nr. 1 und Abs. 2 S. 1 BRAO.

In Übereinstimmung mit § 276 Abs. 2 BGB kann nach § 51a Abs. 1 Nr. 1 BRAO die Haftung des Anwalts **auf Ersatz eines fahrlässig verursachten Schadens bis zur Höhe der Mindestversicherungssumme beschränkt** werden. Zwischen einfacher und grober Fahrlässigkeit differenziert § 51a Abs. 1 Nr. 1 BRAO hierbei nicht[1], so dass eine individualvertragliche Haftungsbeschränkung auch bei grober Fahrlässigkeit greift. Indem § 51a Abs. 1 Nr. 1 BRAO eine schriftliche Vereinbarung verlangt, wird auf die Formvorschrift des § 126 Abs. 2 BGB – Unterzeichnung durch beide Parteien – Bezug genommen[2]. Durch den Wegfall des § 3 Abs. 1 S.1 BRAGO ist die Haftungsbeschränkung wohl nicht mehr in einem isolierten Dokument schriftlich niederzulegen. 483a

Für die **Vereinbarung** einer Haftungsbegrenzung durch vorformulierte Vertragsbedingungen gilt die Vorschrift § 51a Abs. 1 Nr. 2 BRAO. Hiernach ist eine Begrenzung der Haftung auf den vierfachen Schutz der Mindestversicherungssumme für die Fälle einfacher Fahrlässigkeit in Allgemeinen Vertragsbedingungen zulässig. 483b

Die Möglichkeit der **Haftungskonzentration**, d.h. die Beschränkung der Haftung auf die das Mandat bearbeitenden Sozietätsmitglieder ist gemäß § 51a Abs. 2 S. 2 BRAO kann sowohl individualvertraglich als auch in AGB vereinbart werden. Allerdings bedarf es zur Wirksamkeit einer solchen Vereinbarung einer schriftlichen Zustimmung des Mandanten, welche in einem gesonderten Dokument zu erklären ist, welches keine weiteren Vereinbarungen enthalten darf.

bb) Abgrenzungskriterium: Vereinbarung im Einzelfall

Gemäß § 51a Abs. 1 Nr. 1 BRAO bedarf es einer Vereinbarung im Einzelfall, mithin eines Aushandelns im Sinne von § 305 Abs. 1 S. 3 BGB. 484

Für eine Vereinbarung im Einzelfall im Sinne von § 51a Abs. 1 Nr. 1 BRAO ist deshalb erforderlich, dass der Verwender den gesetzesfremden Kerngehalt seiner AGB, also die Haftungsbeschränkung, **inhaltlich ernsthaft zur Disposition stellt** und dem anderen Teil **Gestaltungsfreiheit zur Wahrung eigener Interessen** einräumt, der Kunde muss also die reale Möglichkeit erhalten, den Inhalt der Vertragsbedingungen zu beeinflussen[3]. Selbst wenn sodann der Klauseltext unverändert bleibt, kann ein Aushandeln im Sinne von § 305 Abs. 1 S. 3 BGB ausnahmsweise gegeben sein, wenn der Vertragspartner des Verwenders nach gründlicher Erörterung von der Sachgerechtigkeit der Regelung überzeugt war[4]. Die Beweislast für ein Aushandeln trifft den Klau- 485

---

1 Henssler/Prütting/*Stobbe*, § 51a Rz. 38; *Feuerich/Weyland*, § 51a Rz. 1, s. dort auch Rz. 4f. zum Rechtsstand vor der BRAO-Novelle 1994.

2 *Feuerich/Weyland*, § 51a Rz. 7; *Graf von Westphalen*, MDR 1997, 989.

3 Aus neuerer Zeit: BGH NJW 1992, 1107; BGH NJW 1992, 2760; BGH NJW-RR 1993, 504; BGH NJW-RR 1996, 787.

4 BGH NJW 1991, 1679; BGH NJW 1992, 2285; OLG Köln WM 1995, 1595.

selverwender[1]. Letztlich dürfte es in der Praxis nur in seltenen Ausnahmefällen gelingen, den Nachweis für ein Aushandeln zu führen, wenn vorformulierte Mandatsvereinbarungen genutzt werden. Schließlich wäre hierfür erforderlich, durch entsprechende Dokumentation nachzuweisen, dass der Mandant tatsächlich die Möglichkeiten hatte, über **jede** Klausel der Vereinbarung – und damit auch über die Haftungsbegrenzung – zu verhandeln. Daher dürften individualvertragliche Haftungsvereinbarungen nur in den – nicht nur in „Großkanzleien" – vorkommenden Konstellationen eine Rolle spielen, in denen Anwalt und Mandant vereinbaren, dass der Anwalt – wegen des hohen Haftungsrisiko eines konkreten Mandats – eine gesonderte Versicherung abschließt. Da hier regelmäßig eine höhere als die gesetzliche Mindestversicherungssumme vereinbart wird, handelt es sich hierbei aber nicht um eine Haftungsbeschränkungsmaßnahme im Sinne des § 51a Abs. 1 Nr. 1 BRAO[2]. Der Zweck solcher Vereinbarungen liegt dann weniger in der Haftungsbegrenzung als vielmehr darin, Rechtssicherheit zu gewinnen.

c) Haftungsbeschränkung durch vorformulierte Vertragsbedingungen

aa) Wirksame Einbeziehung

486 Die Einbeziehung von Allgemeinen Mandatsbedingungen in den Anwaltsvertrag richtet sich nach den Vorschriften der §§ 305 ff. BGB.

bb) Schriftform

487 Es erscheint fraglich, ob anders als im Falle des § 51a Abs. 1 Nr. 1 BRAO die Haftungsbeschränkung durch AGB gem. § 51a Abs. 1 Nr. 2 BRAO nicht der Schriftform bedarf[3]. Obschon in der Tat das Schriftformerfordernis in Nr. 2 nicht erwähnt ist, dürfte doch im Wege des Erst-Recht-Schlusses davon auszugehen sein, dass auch der vorformulierte Haftungsausschluss dem Mandanten deutlich in Schriftform vor Augen zu führen ist[4].

cc) Einfache Fahrlässigkeit

488 Wie bereits ausgeführt lässt sich durch vorformulierte Vertragsbedingungen die Haftung allerdings nur für Fälle einfacher Fahrlässigkeit begrenzen. Diese erst auf Drängen des Bundesrates[5] eingefügte Formulierung stieß in der Praxis auf vielfältige Kritik[6]. Insofern wird zu Recht darauf hingewiesen, dass für Steuerberater (§ 67a Abs. 1 StBerG) und für Wirtschaftsprüfer (§ 54a Abs. 1 Nr. 2 WPO) eine Haftungsbeschränkung mittels vorformulierter Vertrags-

---

1 BGH NJW-RR 1987, 144.

2 Insofern missverständlich *Chab*, AnwBl. 2006, 205 ff.

3 So aber: Fahrendorf/Mennemeyer/Terbille/*Mennemeyer*, S. 740 Rz. 2197; *Hartung/Römermann*, § 51a Rz. 19.

4 So wohl auch *Feuerich/Weyland*, § 51a Rz. 9.

5 BR-Drucks. 504/1, S. 4 f.

6 *Borgmann/Jungk/Grams*, S. 318 Rz. 54; Henssler/Prütting/*Stobbe*, § 51a Rz. 47; *Feuerich/Weyland*, § 51a Rz. 10; Hartung/Römermann/*Römermann*, § 51a Rz. 20 f.

bedingungen auch bei grober Fahrlässigkeit möglich ist[1]. Für die Praxis stellt sich das Problem, dass letztlich kaum vorhersehbar ist, bei welchen Pflichtverletzungen der BGH annehmen wird, dass die von den Berufsangehörigen verlangte Sorgfalt in besonders schwerem Maße außer Acht gelassen wurde[2]. Angesichts der Strenge der Rechtsprechung des BGH zur Anwaltshaftung dürfte im Zweifel bei einem Pflichtenverstoß von grober Fahrlässigkeit auszugehen sein[3].

Diese Unsicherheiten bei der Beurteilung der einfachen Fahrlässigkeit lassen es als ratsam erscheinen, in Fällen, in denen das Haftpflichtrisiko die Deckung der abgeschlossenen Haftpflichtversicherung übersteigt, eine Haftungsbeschränkung **individualvertraglich** mit dem Mandanten zu vereinbaren[4], wobei die eingangs genannten Umsetzungsschwierigkeiten bestehen. 489

dd) Versicherungsschutz

Überwiegend wird vertreten, dass der gem. § 51a Abs. 1 Nr. 2 BRAO erforderliche erhöhte Versicherungsschutz des vierfachen der Mindestversicherungssumme aus § 51 Abs. 4 BRAO, zum Zeitpunkt des fraglichen Verstoßes *fort*bestehen muss[5]. Dieses – ungeschriebene Tatbestandsmerkmal – hat zur Konsequenz, dass eine zunächst wirksame Haftungsbegrenzung durch spätere Umstellung der Versicherung unwirksam würde. 490

ee) Inhaltskontrolle der Haftungsbeschränkung nach den §§ 305ff. BGB

Nach zutreffender Meinung unterliegt eine vorformulierte Vertragsbedingung, die die Voraussetzungen des § 51a Abs. 1 Nr. 2 BRAO erfüllt, auch dann nicht der (*zusätzlichen*) Inhaltskontrolle nach Maßgabe der §§ 305c, 307 bis 309 BGB, wenn es sich um allgemeine Geschäftsbedingungen gem. § 305 Abs. 1 S. 1 BGB handelt[6]. Insofern hat der Gesetzgeber in § 51a Abs. 1 Nr. 2 BRAO zum Ausdruck gebracht, dass eine solche Haftungsbeschränkung als **angemessen und auch i.S.d. AGB-Gesetzes als wirksam** anzusehen ist, mithin im Verhältnis zum AGBG bzw. zur Nachfolgeregelung der §§ 305 ff BGB die speziellere Vorschrift ist. Vor dem Hintergrund fehlender Rechtsprechung zu dieser Thematik ist für die Praxis dennoch zu empfehlen, eine den bekannten Grenzen des § 309 Nr. 7a BGB (*kein Haftungsausschluss für* 491

1 *Reiff*, AnwBl. 1997, 3, 6f.
2 *Chab*, AnwBl. 2006, 205ff.; *Borgmann/Jungk/Grams*, S. 318 Rz. 54.
3 *Kleine-Cosack*, § 51a Rz. 8.
4 *Kleine-Cosack*, § 51a Rz. 9.
5 *Zimmermann*, NJW 2005, 177; *Grams*, AnwBl. 2001, 293, Henssler/Prütting/*Stobbe*, § 51a Rz. 60. Einschränkend Fahrendorf/Mennemeyer/Terbille/*Mennemeyer*, S. 749 Rz. 2201; a.A. *Rinsche*, S. 667.
6 In diesem Sinne schon während der Geltung des AGBG: Henssler/Prütting/*Stobbe*, § 51a Rz. 54; *Feuerich/Weyland*, § 51a Rz. 8f.; a.A. Hartung/Römermann/*Römermann*, § 51a Rz. 27; *Reiff*, AnwBl. 1997, 3, 7f.

Verletzung Leib, Leben oder Gesundheit) entsprechende Formulierung zu wählen, insbesondere dann, wenn der Mandant Verbraucher gem. § 13 BGB ist.

d) Haftungskonzentration in der Sozietät gem. § 51a Abs. 2 BRAO

492 Für Sozietäten hat der Gesetzgeber in § 51a Abs. 2 BRAO eine weitere Möglichkeit der Haftungsbeschränkung durch vorformulierte Vertragsbedingungen, nämlich die Haftungskonzentration, geschaffen. § 51a Abs. 2 BRAO ermöglicht damit die Beschränkung der grundsätzlich in Sozietäten bestehenden gesamtschuldnerischen Haftung der einzelnen Sozien mit ihrem Privatvermögen **auf den das Mandat bearbeitenden und namentlich bezeichneten Sozius.** Abs. 2 ergänzt insofern die Vorschriften des § 51a Abs. 1 BRAO.

aa) Mitglieder einer Sozietät

493 Die Haftungskonzentration ist gem. § 51a Abs. 2 BRAO nur für Sozietäten möglich. Bürogemeinschaften sind von § 51a Abs. 2 BRAO nicht erfasst. Jedoch ist es mit Wortlaut und Sinn und Zweck der Vorschrift vereinbar, wenn die an einer Bürogemeinschaft beteiligten Rechtsanwälte jeweils in ihren Mandatsbedingungen eine Haftungskonzentration verankern, die in dem Fall eingreift, dass ein Gericht die **Bürogemeinschaft als Scheinsozietät** ansehen sollte[1]. Insofern ist die Interessenlage der Bürogemeinschaft mit derjenigen einer Sozietät zu vergleichen; auch das Schutzbedürfnis des Mandanten weicht insofern nicht ab.

bb) Haftung auf Schadensersatz

494 Lediglich die Haftung auf Schadensersatz ist in vorformulierten Vertragsbedingungen gem. § 51a Abs. 2 BRAO beschränkbar. Eine **Begrenzung der Pflichten auf Erfüllung** des Vertrages **und sonstiger vertraglicher Nebenpflichten** ist deshalb **nicht** im Rahmen des § 51a Abs. 2 BRAO möglich. Eine solche Änderung des Mandatsvertrages ist aber auf der anderen Seite auch nicht erforderlich, um die Haftungskonzentration herbeizuführen[2].

cc) Haftungskonzentration auf den Sachbearbeiter

495 Nach § 51a Abs. 2 BRAO kommt eine Haftungskonzentration **nur für ein Mitglied der Sozietät** in Betracht; die Beschränkung der Haftung auf einen angestellten Rechtsanwalt oder auf einen Mitarbeiter ist deshalb ausgeschlossen. Aber auch die Beschränkung der Haftung der Sozietät selbst kann nicht über § 51a Abs. 2 S. 2 BRAO herbeigeführt werden[3]. Die Haftung kann nur auf solche Mitglieder der Sozietät konzentriert werden, die das Mandat bearbeiten. Es geht hier um die rein tatsächliche Frage, welcher Sozius im Einzelfall die Erledigung des Mandats übernimmt. Von einer Be-

---

1 Hartung/Römermann/*Römermann*, § 51a Rz. 35; a.A. Henssler/Prütting/*Stobbe*, § 51a Rz. 56; *Feuerich/Weyland*, § 51e Rz. 63.
2 *Borgmann/Jungk/Grams*, S. 319 Rz. 58 ff.
3 *Borgmann/Jungk/Grams*, S. 319 Rz. 58.

schränkung der Erfüllungspflichten aus dem Anwaltsvertrag wird man insofern schon deshalb nicht sprechen können, weil § 51a Abs. 2 S 2 BRAO sich ausdrücklich nur auf die Haftung auf Schadenersatz bezieht. Auf der anderen Seite muss die Haftungskonzentration als unwirksam angesehen werden, wenn ein anderer Sozius als derjenige, der ausdrücklich benannt wurde, wesentliche Leistungen bei der Mandatsbearbeitung erbringt, die über die innerbetriebliche Organisation der Sozietät hinausgehen[1]. Dies muss man aus der Gesetzesbegründung folgern, die insofern das extreme Beispiel des Abschiebens der Haftung auf einen „Haftanwalt" betont[2]. Insofern ist zu empfehlen, die **Haftungskonzentration auf mehrere Rechtsanwälte** vorzunehmen oder ggf. eine **Nachtragsvereinbarung** zu schließen.

Weiterhin fordert § 51a Abs. 2 BRAO, dass die in der Vereinbarung be- 496
nannten Mitglieder der Sozietät auch **im Rahmen ihrer eigenen beruflichen Befugnisse** handeln. Auch hierin kommt zum Ausdruck, dass der Gesetzgeber die Haftungskonzentration auf einen „Haftanwalt" verbieten wollte[3]. Im Übrigen ist die Erwähnung der beruflichen Befugnisse in § 51a Abs. 2 S. 2 BRAO überflüssig, da dieses Erfordernis selbstverständlich ist[4]. Es ist jedoch darauf zu achten, dass in einer entsprechenden Haftungskonzentration von vornherein der möglichen Ausweitung eines Mandates, beispielsweise in den steuerlichen Bereich, Rechnung getragen wird und man die entsprechenden Sozien in der Vereinbarung namentlich erwähnt.

dd) Form der Vereinbarung

Ebenso wie im Rahmen des § 51a Abs. 1 BRAO ist auch für die Haftungskon- 497
zentration **Schriftform** erforderlich[5]. Darüber hinaus ist der sachbearbeitende Sozius in der Vereinbarung namentlich zu bezeichnen. In diesem Zusammenhang sei erwähnt, dass eine Allgemeine Geschäftsbedingung auch dann noch vorliegt, wenn einzelne Daten nachträglich einzufügen sind[6]. Von Seiten des Mandanten verlangt § 51a Abs. 2 S. 3 BRAO eine gesonderte, schriftliche Zustimmungserklärung, die keine weiteren Erklärungen enthalten darf und vom Mandanten zu unterschreiben ist.

e) Sonstige Einschränkungen der Haftung

Beschränkungen der Haftung für die Zukunft, die über das in § 51a BRAO 497a
genannte Maß hinausgehen, haben nach allgemeiner Ansicht rechtlich keinen Bestand[7]. Selbstverständlich steht es den Parteien bzw. dem Mandanten hingegen frei auf in der Vergangenheit entstandene Schadensersatzansprüche zu verzichten.

---

1 *Kleine-Cosack*, § 51a Rz. 17; Hartung/Römermann/*Römermann*, § 51a Rz. 45; ähnlich *Borgmann/Jungk/Grams*, S. 319 Rz. 59f.
2 BT-Drucks. 93/93, S. 97f.
3 *Borgmann/Jungk/Grams*, S. 319 Rz. 61.
4 Hartung/Römermann/*Römermann*, § 51a Rz. 42.
5 A.A. Hartung/Römermann/*Römermann*, § 51a Rz. 47.
6 BGH NJW 1987, 2011.
7 Fahrendorf/Mennemeyer/Terbille/*Mennemeyer*, S. 743 Rz. 2175.

f) Haftungsbeschränkungen aufgrund der gewählten Gesellschaftsform

aa) BGB-Gesellschaft mit beschränkter Haftung

498 Bekanntlich hat der BGH in seiner Entscheidung vom 27. 9. 1999[1] entschieden, dass eine „Haftungsbeschränkung auf das Gesellschaftsvermögen durch einseitige Erklärung des Geschäftsführers und durch gesellschaftsvertragliche Beschränkung der Vertretungsmacht ohne eine dahingehende Vereinbarung mit dem Vertragspartner" nicht wirksam ist. Damit hat der BGH der bis dahin h.M. eine Absage erteilt, die es für möglich gehalten hatte, dass die Gesellschafter einer GbR ihre persönliche Haftung ausschließen, indem sie die Vertretungsmacht des/der geschäftsführenden Gesellschafter einschränken[2]. Vielmehr ist nun geklärt, dass sollten die Gesellschafter eine entsprechende Beschränkung wünschen, sie die dafür von der Rechtsordnung zur Verfügung gestellten Rechtsformen wählen müssen.

499 Für die Vertragspraxis bliebe danach lediglich der (theoretische) Weg über die **vertragliche Haftungsbeschränkung**, den der BGH in der Entscheidung anspricht. Dabei wären die in der Vergangenheit gewählten Formulierungen „Die Haftung ist auf das Gesellschaftsvermögen beschränkt", „Die Gesellschafter haften nicht persönlich", an § 51a Abs. 1 Nr. 2 sowie Abs. 2 BRAO zu messen. Da hier dessen Voraussetzungen einzuhalten sind, brächten derartige Gestaltungsversuche keinen „Mehrwert" mit Blick auf die Haftungsbeschränkung.

bb) Partnerschaftsgesellschaft

500 Seit der am 1. 8. 1998 in Kraft getretenen Neuregelung des § 8 Abs. 2 PartGG kennt die Partnerschaftsgesellschaft eine gesellschaftsrechtliche **Haftungskonzentration auf den oder die den Auftrag bearbeitenden Partner**[3]. Der Unterschied zu § 51a Abs. 2 S. 2 BRAO besteht darin, dass § 8 Abs. 2 PartGG die persönliche Haftung der Partner auf den Sachbearbeiter beschränkt, ohne dass von vornherein festgelegt werden müsste, welcher der Partner den Auftrag bearbeiten wird[4]. Für die Haftung in der Partnerschaft ist nunmehr entscheidend, welcher Partner an der Bearbeitung des Auftrags beteiligt war. In diesem Zusammenhang sei auf eine jüngste Entscheidung des BGH[5] hingewiesen, wonach ein in eine Partnerschaftsgesellschaft eintretender Partner auch für berufliche Pflichtverletzungen eines anderen anwalt-

---

1 BGHZ 142, 315, 318ff.

2 Fahrendorf/Mennemeyer/Terbille/*Mennemeyer*, S. 45 Rz. 146f.; *K. Schmidt*, Gesellschaftsrecht, § 60 II S. 1791f.

3 Zur Kritik an der alten Regelung: *Henssler*, FS Vieregge, 1995, S. 361; *von Falkenhausen*, AnwBl. 1993, 479ff.; *Lenz*, MDR 1994, 741ff.

4 Insoweit besteht nunmehr in Deutschland für die Partnerschaftsgesellschaft eine ähnliche Situation wie schon viele Jahre für die Société civile professionnelle in Frankreich, vgl. *Henrichfreise*, Frankreichs Anwaltschaft im Wandel, 1992, S. 100.

5 BGH ZIP 2010, 124 mit Anmerkung *Jungk/Chab/Grams*, BRAK-Mitt. 2010, 70f.

lichen Sachbearbeiters haftet; dies soll sogar dann gelten, wenn diese Kunstfehler irreversibel sind. Zu den Einzelheiten vgl. Rz. 409.

cc) Anwalts-GmbH und -AG

Durch die Wahl der Rechtsform einer Anwaltsgesellschaft mbH gem. §§ 59c ff. BRAO tritt eine **Beschränkung der Haftung durch das Gesellschaftsvermögen** ein. Eine noch in dem Referentenentwurf zur Rechtsanwalts-GmbH vorgesehene Handelndenhaftung ist nicht Gesetz geworden[1]. 501

Gleiches gilt – auch wenn nicht ausdrücklich in §§ 59c ff BRAO erwähnt – nach allgemeiner bei Gründung einer **Rechtsanwalts-AG**. 502

4. Verjährung von Ersatzansprüchen gegen Rechtsanwälte

a) Überblick über die Neuregelung der Verjährung bei der Anwaltshaftung und die Privilegierung des aufgehobenen § 51b BRAO

Aufgrund des am 15. 12. 2004 in Kraft getretenen „Gesetzes zur Anpassung von Verjährungsvorschriften an das Gesetz zur Modernisierung des Schuldrechts"[2] entfiel die nach alter Rechtslage bestehende verjährungsrechtliche Privilegierung von Rechtsanwälten. Seither gelten auch für die Anwaltshaftung die durch das Schuldrechtsmodernisierungsgesetz vom 26. 11. 2002 eingeführten allgemeinen Verjährungsregeln der §§ 195 ff. BGB[3]. 503

Die allgemeinen Verjährungsvorschriften gelten vollumfänglich für ab dem 15. 12. 2004 entstandene Regressansprüche. Wesentliche Konsequenzen der Gesetzesänderung sind: 504

- **Beginn der regelmäßigen Verjährungsfrist** tritt erst zum Ende des Kalenderjahres, indem der Anspruch entstanden ist und der Auftraggeber von den anspruchsbegründenden Umständen Kenntnis erlangt hat oder seine Unkenntnis die Folge grober Fahrlässigkeit ist, ein (§ 199 Abs. 1 BGB),
- die **regelmäßige Verjährungsfrist** gem. § 195 BGB beträgt drei Jahre,
- Kennt der Auftraggeber die anspruchsbegründenden Umstände nicht und beruht seine Unkenntnis auch nicht auf grober Fahrlässigkeit, beträgt die **Verjährungshöchstfrist** gem. § 199 Abs. 3 S. 1 Nr. 1 BGB zehn Jahre nach Schadensentstehung oder gem. § 199 Abs. 3 S. 1 Nr. 2 BGB 30 Jahre nach Pflichtverletzung, wobei die zuerst endende Frist gem. § 199 Abs. 3 S. 2 maßgeblich ist[4].

---

1 Vgl. *Henssler*, NJW 1999, 241, 243.

2 BGBl. I. S. 3214.

3 Die Regelungen in den §§ 203 ff. BGB betreffend die Hemmung, Ablaufhemmung und den Neubeginn der Verjährung galten allerdings auch für die Anwaltshaftung seit Inkrafttreten des Schuldrechtsmodernisierungsgesetzes v. 26. 11. 2001.

4 Die 30-jährige Verjährungsfrist in § 199 Abs. 2 BGB, die in den Fällen einer Verletzung von Leben, Körper, Gesundheit oder Freiheit greift und deren Beginn unabhängig von Entstehung und/oder Kenntnis oder grob fahrlässiger Unkenntnis beginnt, dürften für die Verjährung von Regressansprüchen gegen Rechtsanwälte nahezu bedeutungslos sein.

505 Im Vergleich zur alten Rechtslage sind damit wesentliche verjährungsrechtliche Privilegierungen für Rechtsanwälte weggefallen, die in der Sondervorschrift des § 51b BRAO manifestiert waren:

- **Verjährungsbeginn** trat im Zeitpunkt des Schadenseintrittes, spätestens jedoch nach Ablauf von drei Jahren nach Mandatsbeendigung ein; dies galt auch, wenn der Mandant den Schadenseintritt weder kannte noch kennen *konnte*,
- **Verjährungsfrist** betrug auch drei Jahre, wurde aber taggenau berechnet.

505a Da nach der alten Rechtslage auch in den Fällen der von der Rechtsprechung entwickelten „Sekundärverjährung"[1] jedenfalls drei Jahre nach Mandatsende sämtliche Regressansprüche gegen den Rechtsanwalt nicht mehr durchsetzbar waren, blieben die anwaltlichen Haftungsrisiken unter verjährungsrechtlichen Gesichtspunkten kalkulierbar.

b) Beginn der regelmäßigen Verjährung und Höchstfristen nach neuer Rechtslage

505b Ob die regelmäßige Verjährungsfrist des § 195 BGB nach § 199 Abs. 1 BGB beginnt, hängt mithin maßgeblich davon ab, ob der Mandant von den anspruchsbegründenden Umständen sowie dem Schädiger Kenntnis erlangt hat bzw. ob er ohne grobe Fahrlässigkeit hiervon hätte Kenntnis erlangen müssen.

aa) Kenntnis des Mandanten gem. § 199 Abs. 1 Nr. 2, 1. Alt. BGB

505c Zur Beantwortung der Frage, ob ausreichende Kenntnis im Sinne des § 199 Abs. 1 Nr. 2 BGB bei dem Mandanten gegeben ist oder nicht, kommt es nach der Rechtsprechung des BGH darauf an, ob der Geschädigte in der Weise **Tatsachenkenntnis** erlangt hat, dass er zumindest eine Feststellungsklage erheben kann, die bei verständiger Würdigung zwar nicht risikolos aber so erfolgversprechend ist, dass sie ihm zumutbar ist[2]. Hierfür ist nicht erforderlich, dass der Mandant alle Einzelheiten kennt und ihm der genauen Ursachenverlauf bekannt ist. Vielmehr müssen ihm die tatsächlichen Umstände zur Kenntnis gelangt sein, welche die Vorraussetzungen der anspruchsbegründenden Norm ausfüllen, mithin die Pflichtverletzung und Kenntnis des Schadenseintritts[3]. Für den Schadenseintritt ist dabei erforderlich aber auch ausreichend, dass der Geschädigte einen ersten Schadensbetrag geltend machen kann; in diesem Moment beginnen auch erst künftige entstehende Schäden zu verjähren[4]. Grundsätzlich ist für den Verjährungsbeginn die **Kenntnis der Rechtslage** bzw. die zutreffende rechtliche Würdigung des bekannten Sachverhaltes nicht erforderlich[5]. Ausnahmsweise hindert fehlende

1 Siehe dazu unten Rz. 505gff.
2 BGH NJW 2007, 830; BGH NJW 2000, 246; BGHZ 102, 246.
3 OLG Frankfurt ZIP 2007, 328; BGH NJW 1996, 117.
4 *Vollkommer/Greger/Heinemann*, § 24 Rz. 3; Fahrendorf/Mennemeyer/Terbille/*Fahrendorf*, S. 390 Rz. 1101ff.
5 Stellv. BGH NJW 2007, 830.

Rechtskenntnis des Geschädigten den Beginn der Verjährung gem. §§ 195, 199 Abs. 1 BGB, wenn es sich um **besonders verwickelte und unübersichtliche Rechtslage** handelt[1]. In diesen Fällen beginnt die Verjährung erst nach der Beratung durch einen Rechtsanwalt[2]. Ein solcher Ausnahmefall kann etwa bei der Rückabwicklung darlehensfinanzierter Immobilien- oder Fondserwerbe zu Steuersparzwecken vorliegen[3]. Begründet wird diese Ausnahme damit, dass es in solchen Fällen an dem Merkmal der „Zumutbarkeit" in Bezug auf die Einleitung etwaiger Rechtsverfolgungsmaßnahmen fehle.

bb) Grob fahrlässige Unkenntnis des Mandanten gem. § 199 Abs. 1 Nr. 2, 2. Alt. BGB

Die regelmäßige Verjährungsfrist beginnt trotz fehlender Kenntnis des Mandanten über die Tatsachen, die die Voraussetzungen der Anspruchsgrundlage ausmachen, wenn die fehlende Kenntnis des Mandanten auf grober Fahrlässigkeit beruht. Auch hier gilt die allgemeine Begriffsbestimmung der groben Fahrlässigkeit. Demnach handelt ein Mandant grob fahrlässig, wenn er die Möglichkeit einer Inanspruchnahme seines Rechtsberaters auf Schadensersatz bzw. die tatsächliche Grundlage hierfür verkennt, obschon sich ihm die anspruchsbegründenden Umstände aufdrängen müssen und er es unterlässt leicht zugängliche Informationsmöglichkeiten heranzuziehen[4]. 505d

c) Verjährungsrechtliche Übergangsregelungen im Überblick

Nach Art. 229 § 12 Abs. 1 Nr. 3 EGBGB ist auf die gemäß dem „Gesetz zur Anpassung der Verjährungsvorschriften an das Gesetz zu Modernisierung des Schuldrechts vom 9. Dezember 2004" geänderten Vorschriften in der Bundesrechtsanwaltsordnung Art. 229 § 6 EGBGB mit der Maßgabe anzuwenden, dass an die Stelle des 1. Januar 2002 der 15. Dezember 2004 tritt und an die Stelle des 31. Dezember 2001 der 14. Dezember 2004[5]. 505e

Demnach unterliegen Regressansprüche gegen Rechtsanwälte, die am 15. Dezember 2004 nicht bereits verjährt waren gemäß Art. 229 § 6 Abs. 1 S. 1 i.V.m. § 12 Abs. 1 S. 1 EGBGB grundsätzlich den Verjährungsregeln der §§ 195ff. BGB.

Dies gilt indes nicht für den **Beginn der Verjährung**; Art. 229 § 6 Abs. 1 S. 1 i.V.m. § 12 Abs. 1 S. 1 EGBGB bestimmt vielmehr, dass am 15. Dezember 2004 (Stichtag) noch nicht verjährte Ansprüche dann den alten Regelungen über Beginn, Hemmung und Ablaufhemmung unterliegen, wenn der für Be- 505f

1 OLG Frankfurt ZIP 2007, 328; BGH NJW 1999, 2041.
2 OLG Frankfurt ZIP 2007, 328; BGH NJW 1999, 2041.
3 OLG Frankfurt ZIP 2007, 328.
4 OLG Karlsruhe WM 2007, 1514ff. in einer Entscheidung zum kreditfinanzierten Fondserwerb geht das Gericht (offenbar) davon aus, dass die grobe Fahrlässigkeit vorliegt, wenn ein Geschädigter nicht die Tagespresse zu einer aktuell diskutierte Rechtsfrage verfolgt.
5 Umfassend hierzu *Diller/Beck*, ZIP 2005, 976ff.

ginn, Hemmung und Ablaufhemmung relevante Umstand zeitlich vor dem Stichtag lag. Mit anderen Worten richtet sich der Verjährungsbeginn für Ansprüche gegen einen Rechtsanwalt nach § 51b BRAO, wenn die Verjährungsfrist bereits vor dem 15. Dezember 2004 zu laufen begonnen hat. Umgekehrt richtet sich der Verjährungsbeginn für Ansprüche, deren Verjährung am 15. Dezember noch nicht angelaufen ist, nach den Regelungen in den §§ 199 ff. BGB.

d) Übergangsregelung und Sekundärhaftung

505g Auch wenn die Neureglung zur Verjährung seit nunmehr gut fünf Jahren in Kraft getreten ist, sind dennoch „Altfälle" denkbar, bei denen die frühere Rechtsprechung zur Sekundärhaftung noch Geltung beanspruchen kann. Hierbei handelt es sich namentlich um Regressfälle gegen Rechtsanwälte bei der die Primärhaftung nach dem aufgehobenen § 51b BRAO vor dem 15. 12. 2004 bereits verjährt war[1].

aa) Sekundärer Schadensersatzanspruch

506 Die sog. sekundäre Verjährung, die bereits in der Rechtsprechung des Reichsgerichts anerkannt war[2], resultierte bekanntlich daraus, dass der Mandant dem Rechtsanwalt unter bestimmten Umständen aus dem fortbestehenden Anwaltsvertrag eine **Verletzung der Pflicht zum Hinweis auf eigenes Fehlverhalten** bzw. die **Verjährung eines Anspruchs gegen den Rechtsanwalt selbst** vorwerfen kann[3]. Diese Konstruktion des Sekundäranspruchs beruhte insbesondere darauf, dass die Rechtsprechung den Mandanten gegen die kurze Verjährung nach § 51b BRAO schützen wollte, insbesondere weil diese unabhängig von der Kenntnis des Mandanten eintrat[4].

bb) Voraussetzungen

507 Dem Rechtsanwalt oblag die Pflicht, den Mandanten vor Ablauf der Primärverjährung sowohl auf seine **Schadensersatzverpflichtung** als auch auf die **laufende Verjährung** hinzuweisen, wenn er begründeten Anlass haben musste zu prüfen, ob er dem Mandanten durch einen Fehler einen Schaden zugefügt hat[5]. Diese Pflicht bestand bis zum Mandatsende, jedoch nicht darüber hinaus, fort[6]. Einen Anlass zur **Überprüfung der eigenen Tätigkeit auf**

1 Ausführlich zur Verjährung der Primärhaftung nach dem alten § 51b BRAO siehe Vorauflage 1 Teil B, Rz. 509ff.

2 RGZ 158, 130ff.

3 Ständige Rsp. seit BGH VersR 1967, 979; zu den Voraussetzungen im Einzelnen: BGH NJW 1985, 2250, 2252; weitere Nachw. bei Henssler/Prütting/*Prütting*, § 51b Rz. 65ff.

4 Deutlich BGH NJW 1985, 2250, 2252; BGH NJW 1992, 836, 837; BGH NJW 1996, 48, 50.

5 BGH NJW 1985, 2250, 2252; BGH NJW 1992, 836, 837; BGH NJW-RR 1997, 50, 52 (Steuerberater).

6 BGH NJW 1993, 1320, 1321.

Fehler hatte allerdings nicht jeder Anwalt generell beim Mandatsende, sondern dieser bestand nur dann, wenn z.B. der Gegner des Mandanten sich auf die durch pflichtwidriges Verhalten des Rechtsanwalts eingetretene Verjährung beruft, der Einspruch gegen ein Versäumnisurteil durch eine gerichtliche Entscheidung als verspätet zurückgewiesen wurde[1] oder wenn sonst im Einzelfall ein solcher Anlass bestand[2].

Die Pflicht zu einem solchen Hinweis entfiel jedoch, sobald der Rechtsanwalt davon ausgehen konnte, dass der Mandant durch einen anderen Kollegen auf das Bestehen eines Ersatzanspruches und auf die Verjährung – rechtzeitig vor Ablauf der Verjährung[3] – hingewiesen wurde[4]. Bei der Übernahme des Mandates durch einen neuen Anwalt war hiervon in der Regel auszugehen, wenn nicht die Haftpflicht des früheren Anwalts nur diesem erkennbar ist[5]. 508

Sowohl hinsichtlich der Verletzung der Nachforschungspflicht als auch im Hinblick auf die Verletzung der Hinweispflicht führte schon **einfach fahrlässiges Verhalten** zur Entstehung des Sekundäranspruchs[6]. Immer dann, wenn ein sorgfältig arbeitender Anwalt die Möglichkeit einer Regresshaftung erkennen musste[7], war demnach ein Hinweis geboten. Der **Schaden des Mandanten** aus einem nicht erfolgten Hinweis auf den Regressanspruch lag hierbei in der Verjährung des Primäranspruchs. Allerdings war die Verletzung der Hinweispflicht nur dann kausal geworden, wenn der Mandant aufgrund eines ordnungsgemäßen und rechtzeitigen Hinweises seinen Regressanspruch innerhalb der Verjährungsfrist geltend gemacht hätte[8]. 509

cc) Folgen des Sekundäranspruchs

Das Bestehen des Sekundäranspruchs hatte zur Folge, dass es dem Anwalt versagt war, sich mit Erfolg auf die Einrede der Verjährung des Primäranspruchs zu berufen[9]. Der Sekundäranspruch war insoweit ein **Hilfsrecht**[10], das mit dem Primäranspruch untrennbar verbunden war und weder selbständig abgetreten noch gepfändet werden konnte[11]; vielmehr erstreckte sich eine Pfändung des Regressanspruches grundsätzlich auch auf den Sekundäranspruch, selbst wenn dessen Voraussetzungen im Zeitpunkt der Pfändung 510

1 BGH NJW 1996, 48, 50.
2 BGH NJW-RR 1990, 459; *Feuerich/Braun*, § 51b Rz. 27ff.; offen gelassen in BGH NJW 1999, 2183.
3 BGH NJW 1985, 1151, 1152; BGH NJW 1992, 836, 837.
4 BGH NJW 1992, 836, 837; BGH NJW 1995, 2108; BGH NJW-RR 1997, 50, 52; *Rinsche*, S. 123.
5 Ähnl. BGH NJW-RR 1997, 50, 52.
6 BGH NJW 1985, 1152, 1153; a.A. OLG Düsseldorf VersR 1985, 92: grobe Fahrlässigkeit.
7 BGH NJW 1985, 2250, 2252.
8 BGH NJW 1985, 2250, 2252; *Borgmann/Jungk/Grams*, S. 362 Rz. 54.
9 BGH NJW 1996, 48, 51; BGH NJW 1996, 2797, 2798.
10 BGH NJW 1996, 2797, 2798.
11 BGH NJW 1996, 48, 51.

noch nicht gegeben waren[1]. Der Sekundäranspruch **verjährte** nach § 51b BRAO innerhalb von drei Jahren ab Entstehen des Sekundäranspruchs, dem Zeitpunkt der Verjährung des Primäranspruchs, oder ab Mandatsende[2].

dd) Auswirkung der Übergangsregelungen auf den Schadensersatzanspruch

510a Wegen der Übergangsregelung in Art. 229 § 6 Abs. 1 S. 1 i.V.m. § 12 Abs. 1 S. 1 EGBGB laueren für den Rechtsanwalt u.U. nach wie vor Haftungsrisiken im Zusammenhang mit der Sekundärhaftung, wenn bei Inkrafttreten der Neuregelung Regressansprüche des Mandanten nicht bereits nach der Altregelung verjährt waren[3].

510b (1) Außer für bereits laufende Verfahren nicht mehr von Bedeutung sind dabei die Fälle, bei denen die Primärverjährung vor dem 15. Dezember 2004, also dem Stichtag gem. Art. 229 § 6 Abs. 1 S. 1 i.V.m. § 12 Abs. 1 S. 1 EGBGB eingetreten ist. So lief in diesen Fällen zwar die Sekundärverjährung nach den oben dargestellten Grundsätzen. Unterstellt man hiernach, dass das Ende der Primärverjährung nach dem aufgehobenen § 51b BRAO auf den 14. 12. 2004 entfiele, wäre die Sekundärverjährung am 14. 12. 2007 abgelaufen.

510c (2) Umstritten – und soweit ersichtlich nicht von der Rechtsprechung geklärt – ist die Frage, was gilt, wenn die Primärverjährung zwar vor dem Stichtag gem. Art. 229 § 6 Abs. 1 S. 1 i.V.m. § 12 Abs. 1 S. 1 EGBGB begonnen hat, aber erst nach dem Stichtag endet. Teilweise wird hier vertreten, dass in diesen Fällen nur eine Sekundärhaftung in Betracht komme, wenn auch die Hinweispflichtverletzung durch den Anwalt vor dem Stichtag erfolgt sei[4]. Diese Auffassung hätte die unter (1) dargestellte Konsequenz, dass auch hier spätestens am 14. 12. 2007 Verjährung aller Ansprüche aus Sekundärhaftung eingetreten sein könnte. Eine weitere Ansicht kommt zu dem – aus Sicht des in Regress genommenen Anwalts – erschreckenden Ergebnis, dass sich die Sekundärhaftung, die durch einen Verstoß nach dem Stichtag ausgelöst wird nach der Neuregelung des § 199 Abs. 3 S. 1 Nr. 1 BGB richten soll. Daher verlängert sich die „Sekundärhaftungsfrist" faktisch auf einen Zeitraum von zehn Jahre nach Entstehung, da die Zehn-Jahresfrist des § 199 BGB mit Eintritt des Primärschadens beginnen soll[5]. Sollte die Rechtsprechung der letztgenannten Ansicht folgen, bleibt das „Damoklesschwert" der Sekundärhaftung also längstes bis zum **14. 12. 2014** erhalten.

1 BGH NJW 1996, 48, 51.
2 BGH NJW 1996, 48, 51; BGH NJW-RR 1997, 50, 53.
3 Siehe auch die umfassende und sehr gute Darstellung von *Diller/Beck*, ZIP 2005, 976 ff.
4 *Borgmann*, NJW 2005, 22 ff.
5 *Mansel/Budzikiewicz*, NJW 2005, 321 ff.

5. Muster Mandatsvertrag mit separater Vergütungsvereinbarung

Mandatsvertrag 511
(Rahmenvereinbarung)

zwischen

X Y Z Rechtsanwaltssozietät, Straße, Stadt
– im Folgenden: Auftragnehmer –

und

der B. AG, Straße, Stadt, vertreten durch ihren Prokuristen P.
– im Folgenden: Auftraggeberin –
wird Folgendes vereinbart:

1. Der Auftragnehmer berät und vertritt die Auftraggeberin beginnend ab dem _____, in sämtlichen gerichtlichen und außergerichtlichen Rechtsangelegenheiten, mit denen die Auftraggeberin den Auftragnehmer beauftragt.
2. Als Ansprechpartner in allen rechtlichen Angelegenheiten steht der B. AG Rechtsanwalt A. zur Verfügung. Weiterer Ansprechpartner für das Rechtsgebiet des Steuerrechts ist Rechtsanwalt B., für das Rechtsgebiet des Arbeitsrechts ist Rechtsanwalt C.
3. Die Haftung des Auftragnehmers für einfache Fahrlässigkeit wird mit Ausnahme der Haftung für Schäden aus der Verletzung von Leben, Körper oder Gesundheit bzw. vertraglicher Kardinalpflichten, begrenzt auf 1 000 000 Euro, die Höhe der Versicherungssumme seiner Berufshaftpflichtversicherung. Die Parteien werden im Einzelfall, soweit erforderlich, über eine zusätzliche Haftpflichtversicherung und die Übernahme der Versicherungsprämien durch die Auftraggeberin gesondert verhandeln.
4. Dieser Vertrag ist jederzeit mit einer Frist von einem Monat kündbar.
5. Der Vertrag untersteht, auch soweit der Auftragnehmer für ausländische Tochtergesellschaften der Auftraggeberin in deren Auftrag tätig wird, deutschem Recht. Gerichtsstand für alle sich aus diesem und im Zusammenhang mit diesem Vertrag entstehenden Streitigkeiten zwischen den Parteien ist ____.

Ort, Datum ______	Ort, Datum ______
______________	______________
Auftragnehmer	Auftraggeberin

Erklärungen der Auftraggeber:

1. Wir nehmen hiermit das vorstehend von Ihnen unterbreitete Angebot für eine Mandatsvereinbarung an.
2. Die Begrenzung der anwaltlichen Haftung nach Maßgabe von Ziff. 5 haben wir zur Kenntnis genommen und halten den Höchstbetrag von 1 000 000 Euro für Fälle einfacher Fahrlässigkeit für ausreichend.

Ort, Datum ______

____
Auftragnehmer

511a

Vergütungsvereinbarung

zwischen

X Y Z Rechtsanwaltssozietät, Straße, Stadt
– im Folgenden: Auftragnehmer –

und

der B. AG, Straße, Stadt, vertreten durch ihren Prokuristen P.
– im Folgenden: Auftraggeberin –

wird Folgendes vereinbart:

1. Diese Vereinbarung gilt ab dem ______ für alle Beratungsleistungen des Auftragnehmers, welche von der Auftraggeberin an den Auftragnehmer herangetragen werden.
2. Die an den Auftragnehmer zu entrichtende Vergütung wird auf Grundlage des tatsächlich angefallenen Zeitaufwandes berechnet. Angefangene Zeitstunden werden anteilig, je zu Einheiten von ______ Minuten[1] berechnet.
3. Für außergerichtliche Tätigkeiten berechnet der Auftragnehmer ein Honorar von ______ Euro/Stunde (Partner). Tätigkeiten angestellter Rechtsanwälte werden mit ______ Euro/Stunde berechnet.

   Die Beträge verstehen sich zuzüglich der jeweiligen gesetzlichen Mehrwertsteuer.
4. Die Vergütung für die Vertretung in Gerichts- oder formellen Verwaltungsverfahren, in denen sich die Auftragnehmer als Vertreter der Auftraggeberin legitimieren, wird ebenfalls gemäß der Regelung in vorstehender Ziffer 3. berechnet; die tatsächliche Vergütung beläuft sich jedoch mindestens auf die nach dem Rechtsanwaltsvergütungsgesetz (RVG) anfallenden Gebühren.
5. Spesen und sonstige Auslagen werden gesondert in Rechnung gestellt.
6. Diese Vergütungsvereinbarung unterliegt deutschem Recht.
7. Die Auftraggeberin bestätigt, dass sie von dem Auftragnehmer darauf hingewiesen wurde, dass diese Vereinbarung von den gesetzlichen Gebührenvorschriften des Rechtsanwaltsvergütungsgesetzes abweicht.

Die Auftraggeberin bestätigt des Weiteren, dass sie von dem Auftragnehmer darauf hingewiesen wurde, dass Ansprüche auf Erstattung der an den Auftragnehmer geleisteten Gebühren gegen Dritte (insbesondere gegen die Staatskasse, gegnerische Parteien, Verfahrensbeteiligte) auf die gesetzlichen Gebühren beschränkt sind.

Ort, Datum ______	Ort, Datum ______
______________	______________
Auftraggeberin	Auftragnehmer

1 Beachte OLG Düsseldorf BRAK-Mitt. 2010, 52 m. Anm. *Schons*, wonach Zeittaktungsklauseln, die je angefangene 15 Minuten abgerechnet werden, § 307 BGB nicht standhalten; der BGH hat in seiner Revisionsentscheidung vom 21. 10, 2010 die Frage ausdrücklich offen gelassen; für Zulässigkeit OLG Schleswig, Internetbeilage zu AnwBl. 7/2009, 1 ff.

6. Berufshaftpflichtversicherung

a) Das Versicherungskonzept

aa) Das Basiskonzept der Allgemeinen Haftpflichtversicherung

Die Berufshaftpflichtversicherung der Rechtsanwälte ist eine **spezielle Ausprägung** der **Vermögensschaden**-Haftpflichtversicherung und diese wiederum eine spezielle Ausprägung der Allgemeinen Haftpflichtversicherung (§§ 100–112 VVG).[1] 512

(1) Haftung und Deckung

Der Haftpflichtversicherer hat den Versicherungsnehmer von unter den Versicherungsschutz fallenden Ansprüchen freizustellen, die von einem Dritten aufgrund der Verantwortlichkeit des Versicherungsnehmers für eine während der Versicherungszeit eingetretene Tatsache begründet geltend gemacht werden, und unbegründete Ansprüche abzuwehren (§ 100 VVG). Die Eintrittspflicht des Haftpflichtversicherers hängt mithin davon ab, dass der Versicherungsnehmer wegen eines Schadens in Anspruch genommen wird, dessen schuldhafte Verursachung zu den Risiken gehört, für die der Versicherer nach dem Haftpflichtversicherungsvertrag Deckung zu gewähren hat. 513

Die **Haftungsfrage** ist im Verhältnis zwischen dem Schadensersatz fordernden Anspruchsteller und dem Anspruchsgegner zu klären, die **Deckungsfrage** im Verhältnis zwischen dem auf Schadensersatz in Anspruch genommenen Versicherungsnehmer und dem Versicherer, mithin in getrennten Verfahren (Trennungsprinzip). Das Versicherungsrecht schreibt dies nicht vor. Die Trennung folgt allein aus der Struktur des Haftpflichtversicherungsverhältnisses als eines Dreiecksverhältnisses zwischen dem Geschädigten/Anspruchsteller und dem Schädiger/Anspruchsgegner einerseits sowie zwischen dem letztgenannten und dessen Versicherer andererseits.[2] 514

Ungeachtet der Trennung sind Haftpflicht- und Deckungsverhältnis jedoch miteinander verknüpft. Wird in einem im Einvernehmen mit dem Versicherer geführten Haftpflichtprozess die Haftung des Versicherungsnehmers durch Sachurteil festgestellt, sind die Feststellungen für den Versicherer grundsätzlich verbindlich (Bindungswirkung).[3] Was in dem im Haftpflichtprozess ergangenen Urteil zur Haftung des Versicherungsnehmers festgestellt ist, ist, soweit es entscheidungserheblich ist, grundsätzlich auch im Deckungsverfahren zugrunde zu legen (§ 106 VVG).[4] 515

---

1 Zugrunde gelegt wird das VVG in seiner seit 1. 1. 2008 geltenden Fassung v. 23. 11. 2007 (BGBl. I S. 2631) und v. 10. 12. 2007 (BGBl. I S. 2833, 2834).

2 BGH NJW 1980, 2021.

3 BGH NJW-RR 2001, 1311; BGH VersR 1992, 1504; 1978, 862.

4 Näher hierzu Rinsche/Fahrenhorst/Terbille/*Terbille*, Die Haftung des Rechtsanwalts, 7. Aufl., Rz. 2143 ff., 2146 m.w.N.; Zugehör/Fischer/Sieg/Schlee/*Schlee*, Handbuch der Anwaltshaftung, 2. Aufl., Rz. 2134 ff. m.w.N.

516 Den **Haftpflichtversicherer** kann der Geschädigte grundsätzlich **nicht unmittelbar** in Anspruch nehmen. Um das zu erreichen, muss er einen Titel im Haftpflichtprozess gegen den Versicherungsnehmer erwirken. Aufgrund dieses Titels kann er den Freistellungsanspruch des Versicherungsnehmers gegen den Versicherer pfänden und sich zur Einziehung überweisen lassen. Durch die Pfändung und Überweisung wandelt sich der Freistellungsanspruch in einen pfändbaren Zahlungsanspruch.[1]

(2) Eintrittspflicht und Versicherungsschutz

517 Wird dem Haftpflichtversicherer ein Schaden gemeldet, hat er vorab zu prüfen, ob er Versicherungsschutz zu gewähren hat, er also nach dem Versicherungsvertrag eintrittspflichtig ist, wenn der gegen den Versicherungsnehmer geltend gemachte Anspruch begründet sein sollte. Das Ergebnis dieser Prüfung kann nur vorläufiger Natur sein; denn der Versicherer kann ihr nur den Sachverhalt zugrunde legen, der sich aus der Schadensmeldung des Versicherungsnehmers ergibt. Ergeben sich im Laufe der Auseinandersetzung Gesichtspunkte, die Zweifel an der zunächst bejahten Eintrittspflicht begründen, hat der Versicherer den Versicherungsnehmer zu informieren und ihm Gelegenheit zu geben, die Zweifel auszuräumen, ggf. den Deckungsanspruch im Deckungsprozess geltend zu machen.

518 Bejaht der Versicherer seine Eintrittspflicht oder hat er sie nicht endgültig abgelehnt, hat er dem Versicherungsnehmer Rechtsschutz zu gewähren. Er hat den Schadensersatzanspruch, der gegen den Versicherungsnehmer geltend gemacht wird, mit der Sorgfalt, wie sie von einem Rechtsanwalt verlangt wird, auf seine Begründetheit zu prüfen. Ergibt die Prüfung, dass der Anspruch begründet ist, hat der Versicherer den Versicherungsnehmer von der Schadensersatzpflicht freizustellen, soweit sie auch der Höhe nach begründet ist, indem er den Anspruchsteller befriedigt. Ergibt sie, dass die Erfolgsaussichten des Anspruchstellers so gering sind, dass ein Anwalt ihm von der Geltendmachung des Anspruchs abraten müsste, hat der Versicherer den Anspruch abzuwehren.

bb) Die Berufshaftpflichtversicherung

(1) Das versicherte Risiko und der Versicherungsschutz

519 Auf diesem Konzept beruht die Berufshaftpflichtversicherung für Rechtsanwälte, die ihre gesetzliche Regelung in § 51 BRAO gefunden hat. Daneben gelten auf der normativen Ebene die Vorschriften des VVG zum Allgemeinen Teil (§§ 1–73), zur Schadensversicherung (§§ 74 ff.), zur Haftpflichtversicherung (§§ 100 ff.) sowie zur Pflichtversicherung (§§ 113 ff.), ferner die allgemeinen vertragsrechtlichen Vorschriften des BGB, insbesondere zum Vertragsschluss, zu den Leistungsstörungen, zur Verjährung und zum AGB-Recht. Auf der vertraglichen Ebene gelten die Allgemeinen und Besonderen Versicherungsbedingungen sowie Risikobeschreibungen für Rechtsanwälte,

---

1 BGH VersR 1963, 412; 1964, 156 u. 500; BGHZ 7, 244, 246; Prölss/Martin/*Lücke*, VVG, 28. Aufl., § 100 Rz. 7 m.w.N.

Patentanwälte, Steuerberater und Wirtschaftsprüfer und vereidigte Buchprüfer (AVB-RSW).[1] Sie treten an die Stelle der Allgemeinen Haftpflichtversicherungsbedingungen (AHB), die auch nicht subsidiär gelten. Soweit beide Bedingungswerke inhaltsgleiche Regelungen treffen, können Rechtsprechung und Literatur zu den AHB allerdings zur Auslegung der AVB-RSW herangezogen werden.[2] Die AVB-RSW unterliegen der gerichtlichen Inhaltskontrolle nach den §§ 305 ff. BGB und stehen als Vertragsrecht grundsätzlich zur Disposition der Vertragsparteien.

Die Berufshaftpflichtversicherung für Rechtsanwälte deckt das Risiko des Rechtsanwalts ab, wegen einer bei Ausübung seiner anwaltlichen Tätigkeit begangenen fahrlässigen Pflichtverletzung, die gesetzliche Haftpflichtansprüche privatrechtlichen Inhalts zur Folge haben könnte, auf Ersatz eines Vermögensschadens in Anspruch genommen zu werden (§ 51 Abs. 1 und 2 BRAO; § 1 I AVB[3]). Was zur anwaltlichen Berufstätigkeit gehört, definieren weder § 51 BRAO noch § 1 AVB-RSW. Das der Berufshaftpflichtversicherung zugrundeliegende Bedingungswerk umgeht das **Definitionsproblem** auf zwei Wegen, einmal durch **negative Ausgrenzung** vom Versicherungsschutz in Gestalt der in § 4 AVB-RSW und in Teil 2 A der Besonderen Bedingungen und Risikobeschreibungen (BBR-RA) aufgelisteten Versicherungsausschlüsse und zum anderen durch die **positive Auflistung** der mitversicherten Tätigkeiten in Teil B der BBR-RA. Haftpflichtansprüche aus Tätigkeiten über im Ausland eingerichtete oder unterhaltene Kanzleien, aus der Beratung oder Beschäftigung mit außereuropäischem Recht oder aus der Vertretung vor außereuropäischen Gerichten (Teil 2 A 2 BBR-RA), Risiken aus Verträgen oder Zusagen, die über den Umfang der gesetzlichen Haftpflicht hinausgehen, aus Veruntreuung, wissentlichem Abweichen von Gesetz, Vorschrift oder Anweisung des Auftraggebers, fallen danach ebenso wenig unter den Versicherungsschutz wie Risiken aus kaufmännischer Kalkulations-, Spekulations- oder Organisationstätigkeit, aus reiner Wirtschaftsberatung, Vermögensverwaltung oder unternehmerischer Tätigkeit z.B. als Geschäftsführer, Vorstands-, Aufsichtsrats- oder Beiratsmitglied (§ 4 Nr. 4 AVB-RSW; BBR-RA A 4.2). Soweit wirtschaftsberatende oder vermögensverwaltende Tätigkeiten mit rechtlicher Beistandsleistung verbunden sind, hat der Versicherer jedoch Versicherungsschutz zu gewähren, wenn die Pflichtverletzung bei der rechtlichen Beistandsleistung unterlaufen ist. Es kann nicht darauf ankommen, ob die rechtlichen Leistungen auch den Schwerpunkt des Mandats bilden.[4] 519a

In Teil B der BBR-RA werden eine Reihe von Tätigkeiten, die dem Rechtsanwalt nicht vorbehalten sind, aber typischerweise auch von Rechtsanwäl- 520

1 Zugrunde gelegt werden die AVB 2008 der Allianz. Sie decken sich inhaltlich mit denen der AXA, der HDI-Gerling u. der Victoria-Vers. Näher dazu *Diller*, AVB-RSW Kommentar, München 2009, Einl. Rz. 1 ff.
2 *Diller*, ebda. Einl. Rz. 4.
3 Näher dazu *Diller*, a.a.O., § 1 Rz. 19 ff.
4 *Schlee*, a.a.O., Rz. 2106; unklar *Terbille*, a.a.O., Rz. 1923 u. 1926; a.A. *Diller*, a.a.O., § 1 Rz. 23 ff.

ten ausgeübt werden, in den Versicherungsschutz einbezogen. Dazu gehören u.a. die Tätigkeiten als **Testamentsvollstrecker**, **Nachlasspfleger** oder -verwalter, **Vormund, Betreuer, Schlichter** oder Mediator. Der Katalog ist abschließend. Die BBR-RA sind jedoch ebenso wie die AVB-RSW Vertragsrecht und deshalb grundsätzlich verhandelbar.

(2) Haftung und Deckung

521 Das Trennungsprinzip und die Bindungswirkung gelten grundsätzlich auch für die Berufshaftpflichtversicherung. Im Unterschied zur Allgemeinen Haftpflichtversicherung lässt diese jedoch in bestimmten Fällen die direkte Inanspruchnahme des Versicherers durch den Geschädigten zu.

(3) Zum gesetzlichen Direktanspruch

522 Die Berufshaftpflichtversicherung ist eine Pflichtversicherung i.S. des § 113 Abs. 1 VVG; denn zu ihrem Abschluss besteht eine Verpflichtung aufgrund einer Rechtsvorschrift. § 51 Abs. 1 BRAO verpflichtet den Rechtsanwalt, eine Berufshaftpflichtversicherung zur Deckung der sich aus seiner Berufstätigkeit ergebenden Haftpflichtgefahren für Vermögensschäden abzuschließen und während der Dauer seiner Berufstätigkeit aufrechtzuerhalten. § 59j BRAO begründet eine entsprechende Verpflichtung für die zugelassenen Rechtsanwaltsgesellschaften.

523 Nach § 115 Abs. 1 S. 1 VVG kann der Mandant seinen Schadensersatzanspruch auch gegen den Berufshaftpflichtversicherer des Rechtsanwalts geltend machen, (Nr. 2) wenn über das Vermögen des Rechtsanwalts das **Insolvenzverfahren** eröffnet oder der Eröffnungsantrag mangels Masse abgewiesen ist oder ein vorläufiger Insolvenzverwalter bestellt worden ist oder (Nr. 3) wenn der **Aufenthalt** des Rechtsanwalts **unbekannt** ist. Der Schadensersatzanspruch des Mandanten gegen den Rechtsanwalt beruht auf der Verletzung einer sich aus dem Anwaltsvertrag ergebenden Pflicht (§ 280 BGB). Der Direktanspruch ist dagegen quasi-deliktsrechtlicher Natur. Er ergibt sich nicht aus dem Versicherungsverhältnis, ist aber mit diesem verbunden.[1] Der Versicherer haftet aufgrund gesetzlich angeordneten Schuldbeitritts, ohne dadurch in das Schuldverhältnis zwischen Anspruchsteller und haftpflichtigem Versicherungsnehmer einbezogen zu werden, mit der Einschränkung, dass er nur für das versicherte Risiko und nur im Rahmen der nach dem Versicherungsvertrag bzw. dem VVG bestehenden Deckungspflicht einzustehen hat (§ 115 Abs. 1 S. 2 VVG).[2] Mit dieser Einschränkung haften der Versicherer und der ersatzpflichtige Versicherungsnehmer als Gesamtschuldner (§ 115 Abs. 1 S. 3 VVG).

---

1 Prölss/Martin/*Knappmann*, VVG a.a.O., § 115 Rz. 11.

2 Prölss/Martin/*Knappmann*, ebda.; *Feyock/Jacobsen/Lemor*, Kraftfahrtversicherung, 2. Aufl., § 3 Nr. 1, 2 PflichtVersG, Rz. 4; BGH VersR 1981, 134; VersR 1979, 838.

(4) Zum gewillkürten Direktanspruch

Abweichend vom früheren Recht darf nach § 108 Abs. 2 VVG die Abtretung des Freistellungsanspruchs an den Schadensersatz begehrenden Dritten, nicht mehr durch Allgemeine Versicherungsbedingungen ausgeschlossen werden. Der Versicherer darf die **Abtretbarkeit** des Freistellungsanspruchs nur durch **Individualvereinbarung** ausschließen. Der Freistellungsanspruch ist zwar ohne Veränderung seines Inhalts nicht abtretbar (§ 399 BGB). Abtretbar ist jedoch der sich aus dem Freistellungsanspruch ergebende Zahlungsanspruch. Was für die zulässige Pfändung des Freistellungsanspruchs gilt, trifft auch auf dessen Abtretung zu.[1] Die Abtretbarkeit des Freistellungsanspruchs an den Schadensersatz verlangenden Dritten ist vom Gesetzgeber gewollt.[2] Das Risiko, dass die Abtretung zu kollusivem Zusammenwirken von Anspruchsteller und Anspruchsgegner missbraucht werden könnte, hat der Gesetzgeber in Kauf genommen. Das Trennungsprinzip steht der Abtretung nicht entgegen, zumal es nicht gesetzlich vorgegeben ist, sondern, wie oben dargestellt, allein auf der Struktur des Haftpflichtversicherungsverhältnisses beruht.[3] 524

Die Abtretung des Freistellungsanspruchs versetzt den Mandanten in die Lage, den Berufshaftpflichtversicherer unmittelbar in Anspruch zu nehmen. Sie lässt den Schadensersatzanspruch gegen den haftpflichtigen Rechtsanwalt unberührt. Dieser und der Versicherer haften zwar aus unterschiedlichen Rechtsgründen, der Rechtsanwalt wegen Verletzung einer aus dem Anwaltsvertrag folgenden Pflicht, der Versicherer dagegen aufgrund des Versicherungsvertrages und nur im Rahmen der von ihm vertraglich geschuldeten Deckung. Gleichwohl haften beide analog § 115 Abs. 1 S. 4 VVG als Gesamtschuldner. 525

Der gesetzliche sowie der durch Abtretung begründete **Direktanspruch verdrängen das Trennungsprinzip**.[4] Wird er geltend gemacht, sind die Haftungs- und die Deckungsfrage in der unmittelbaren Auseinandersetzung zwischen dem Mandanten und dem Berufshaftpflichtversicherer zu klären. 526

Wird die Direktklage abgewiesen, bleibt dem Geschädigten die Möglichkeit, einen Haftungsprozess gegen seinen Anwalt anzustrengen, der dafür keinen Versicherungsschutz mehr beanspruchen kann; denn der Versicherer hat im Direktprozess seine Leistungsverpflichtung erfüllt, indem er seine Inanspruchnahme für den geltend gemachten Schaden erfolgreich abgewehrt hat.[5] 526a

1 S.o. zu Rz. 516 und die dort zitierte Rspr. Näher dazu *Stobbe*, Kammerkurzmitteilungen der RAK Celle, Spezialausgabe Nr. 1/2008 v. 26. 6. 2008.

2 BT-Drucks. 16/3945 S. 87 zu § 108 (3. Abs.).

3 *Marlow/Spuhl*, Das Neue VVG, 3. Aufl., S. 179.

4 Str. s. dazu *Prölss/Martin/Knappmann*, ebda.; näher dazu *Diller*, a.a.O., § 7 Rz. 24ff.

5 *Diller*, a.a.O., § 7 Rz. 26 m.w.N.

b) Die Pflichtversicherung

aa) Zweck

527 Die durch § 51 Abs.1 S. 1 BRAO begründete Verpflichtung, eine Haftpflichtversicherung zur Deckung der sich aus der anwaltlichen Berufstätigkeit ergebenden Haftpflichtgefahren abzuschließen und aufrechtzuerhalten, dient vorrangig dem Schutz des rechtsuchenden Publikums.[1] Sie will die Erfüllbarkeit rechtlich begründeter Ansprüche gegen den Rechtsanwalt auf Ersatz eines Vermögensschadens verbessern. In zweiter Linie dient die Pflichtversicherung dem Schutz des Rechtsanwalts vor ruinöser Haftung. Sie zwingt ihn zur Risikovorsorge.

528 Vor dem Risiko **vorsätzlicher Schädigung** schützt die Pflichtversicherung den Mandanten nicht (§ 51 Abs. 3 Nr. 1 BRAO und § 4 Nr. 5 AVB-RSW). Das Gleiche gilt für die Risiken, die nach § 51 Abs. 3 BRAO vom Versicherungsschutz ausgeschlossen werden dürfen und durch die AVB-RSW (§ 4 AVB und Nr. 2.1–2.3 BBR-RA) ausgeschlossen sind. In diesen Fällen ist der Mandant auf die Zahlungsfähigkeit des haftpflichtigen Rechtsanwalts angewiesen.

bb) Gleichstellung der sozietätsfähigen Berufe

529 Für Steuerberater und Wirtschaftsprüfer wurde die gesetzliche Verpflichtung zur Berufshaftpflichtversicherung ebenfalls durch ihre Berufsgesetze begründet. Die Berufshaftpflicht der Wirtschaftsprüfer erhielt ihre geltende Ausprägung durch die WPBHV v. 18. 12. 1998 i.d.F. v. 1. 12. 2003,[2] die der Steuerberater durch § 67 StBerG v. 16. 8. 1961 i.d.F. v. 4. 11. 1975 und 9. 12. 2004[3] sowie durch die §§ 51 f. DVStB i.d.F. v. 24. 6. 2000.[4]

cc) Deckung der Vermögensschäden (§ 51 Abs. 1 BRAO)

(1) Beschränkung auf echte Vermögensschäden

530 Die Pflichtversicherung deckt, von nachstehend dargestellten Ausnahmen abgesehen, ausschließlich die unmittelbaren sog. echten Vermögensschäden, die einem Dritten durch eine Pflichtverletzung des Versicherungsnehmers entstanden sind. Eigenschäden des Versicherungsnehmers sind nicht gedeckt. Zu diesen gehört der Anspruch des geschädigten Mandanten auf Rückerstattung der vom Rechtsanwalt vereinnahmten Vergütung (§ 1 I Abs. 2 AVB-RSW).[5]

---

1 BT-Drucks. 12/4993 S. 31 zu Nr. 22; BayAGH BRAK-Mitt. 1996, 167; *Feuerich/Weyland*, BRAO, 7. Aufl., § 51 Rz. 2; *Schlee*, a.a.O., Rz. 2085; *Terbille*, a.a.O., Rz. 1879; Gräfe/Brügge/*Brügge*, Vermögensschaden – Haftpflichtversicherung A, Rz. 65 ff.

2 BGBl. 1998 S. 3820 u. BGBl. 2003 I S. 2446.

3 BGBl. 1961 I S. 1301; BGBl. 1975 I S. 2735 u. BGBl. 2004 I S. 3310.

4 BGBl. 1979 I S. 1922 u. BGBl. 2000 I S. 874.

5 Wie hier *Gräfe/Brügge*, a.a.O., A, Rz. 229. A.A. *Diller*, a.a.O., Rz. 67: Der Ausschluss könne nur eine Honorarrückforderung wegen ungerechtfertigter Bereicherung betreffen.

Vermögensschaden ist nach dem Deckungskonzept der Haftpflichtversicherung ein Schaden, der weder Personen- noch Sachschaden ist (Teil 1 A § 1 I 2 AVB-RSW, § 1 Nr. 1 und 3 AHB). Personenschaden ist ein Schadensereignis, das den Tod, die Verletzung des Körpers oder eine Gesundheitsbeschädigung, Sachschaden ein Schadensereignis, das die Beschädigung, das Verderben, die Vernichtung oder das Abhandenkommen von Sachen zur Folge hat (§ 1 I 2 AVB-RSW). Zu den Personen- oder Sachschäden gehören auch die aus ihnen entstandenen Folgenschäden, selbst dann wenn es sich um Vermögensfolgeschäden handelt (§ 1 I 2 letzter HS AVB-RSW). 531

(2) Mitversicherte Sachschäden

Den **Deckungsdefiziten**, die sich aus der Beschränkung der Deckung auf echte Vermögensschäden ergeben, trägt die Berufshaftpflichtversicherung insoweit Rechnung, als sie **bestimmte Sachschäden** in den Versicherungsschutz einbezieht. Sachschäden an Akten und anderen für die Sachbehandlung in Betracht kommenden Schriftstücken sowie an sonstigen beweglichen Sachen, die das Objekt der versicherten Tätigkeit bilden, sind mitversichert, sofern es sich nicht um Sachschäden aus Anlass technischer Berufsausübung oder der Verwaltung von Grundstücken handelt (§ 15 I 1 und 2 AVB-RSW). Ausgeschlossen sind Sachschäden, die durch das Abhandenkommen von Geld, geldwerten Zeichen, Wertsachen, Inhaberpapieren und blanco indossierten Orderpapieren entstehen (§ 15 II AVB-RSW). Sie können durch eine Valorenversicherung gedeckt werden. Eingeschlossen werden jedoch wiederum Sachschäden, die durch das Abhandenkommen von Wechseln oder protestierten Schecks verursacht werden (§ 15 II AVB-RSW). Soweit Sachschäden mitversichert sind, gilt dies auch für die durch sie adaequat verursachten Folgeschäden, einschließlich daraus entstehender Vermögensschäden. Beim Verlust z.B. eines privatschriftlichen Testaments, das den Gegenstand anwaltlicher Bearbeitung bildet, sind es weniger der Substanzverlust als vielmehr die durch den Verlust verursachten Folgeschäden, die den Versicherungsschutz erforderlich machen. Im Beispielsfall dürfte allerdings bereits die Verletzung der sich aus dem Anwaltsvertrag ergebenden Obhutspflicht zum Versicherungsschutz führen. 532

Elektronische Daten sind keine Sachen i.S. des § 90 BGB. Für elektronische Akten oder per e-mail übermittelte und gespeicherte Daten, die irreparabel verloren gegangen sind, muss § 15 I AVB-RSW jedoch entsprechend gelten.[1] 533

(3) Schäden durch Freiheitsentzug

Schäden durch Straf- oder Untersuchungshaft, Festnahme oder Unterbringung unterliegen nach BBR-RA Teil B, letzter Abs. dem Versicherungsschutz. Verletzt sich der Mandant durch einen **Sturz** über eine **Teppichfalte** im Büro des Rechtsanwalts ist sein **Verdienstausfall** als Folge eines Körperschadens kein echter Vermögensschaden und deshalb durch die Berufshaftpflichtversicherung nicht gedeckt. Versicherungsschutz ist durch eine Büro- 534

1 Gräfe/Brügge/*Brügge*, a.a.O., B Rz. 317f.; *Diller*, a.a.O., § 1 Rz. 92.

haftpflichtversicherung zu erreichen. Der Gedanke, dass die Verkehrssicherungspflicht zu den aufgrund des Anwaltsvertrages geschuldeten Sorgfaltspflichten gehört und ihre Verletzung deshalb neben einer deliktischen auch eine vertragliche Haftung begründet, hat sich im Berufshaftpflichtversicherungsrecht bisher nicht durchgesetzt. Der Anwalt sollte deshalb zusätzlich zur Berufshaftpflichtversicherung eine Bürohaftpflichtversicherung abschließen.

dd) Versicherungsfall und Verstoßprinzip (§ 51 Abs. 2 BRAO)

(1) Begriff und Bedeutung

535 Versicherungsfall in der Berufshaftpflichtversicherung ist die Pflichtverletzung, die Schadensersatzansprüche gegen den Versicherungsnehmer zur Folge haben kann (§ 5 I AVB-RSW). Auf der Zeitschiene zwischen erster Verursachung und Geltendmachung des Schadens wird der Versicherungsfall auf den frühest möglichen Zeitpunkt, nämlich auf das Ereignis fixiert, das die **Kausalkette** bis zum Schadenseintritt auslöst. Maßgebend ist der erste Verstoß.[1] Besteht die Pflichtverletzung in einem Unterlassen, gilt der Verstoß im Zweifel an dem Tage als begangen, an dem die versäumte Handlung spätestens hätte vorgenommen werden müssen (§ 2 III AVB-RSW).

536 Der Versicherer hat nach Maßgabe des Versicherungsvertrages Versicherungsschutz für jeden Versicherungsfall zu leisten, der während der Laufzeit des Vertrages eingetreten ist, auch wenn der Schaden erst nach Ablauf des Vertrages eingetreten oder offenbar geworden ist (Spätschadensschutz).

537 Der Versicherungsfall eines Sozius gilt, auch wenn keine Sozietätspolice besteht, als Versicherungsfall aller Sozien (§ 12 I AVB-RSW), die zum Zeitpunkt des Versicherungsfalls zur Sozietät gehörten. Der Verstoß eines Sozius wird so behandelt, als habe jeder Sozius ihn begangen.

(2) Verstoßprinzip

538 Die Fixierung des Versicherungsfalls auf den ersten Verstoß und der Spätschadensschutz sind Kernelemente der Berufshaftpflichtversicherung. Sie liegen der Regelung des § 51 Abs. 2 BRAO zugrunde. Andere Deckungskonzepte kommen als Pflichtversicherung i.S. des § 51 BRAO nur in Betracht, wenn sie entsprechenden Versicherungsschutz bieten. Die Claims-made-Deckung entspricht den Anforderungen des § 51 BRAO insoweit nicht, als sie Versicherungsschutz nur für die während der Laufzeit des Versicherungsvertrages angezeigten Versicherungsfälle und folglich keinen der Verstoßdeckung entsprechenden Spätschadensschutz bietet. Dieser müsste für die Zeit bis zur Verjährung denkbarer Ansprüche durch zusätzliche Nachversicherungen geschaffen werden.[2]

---

1 *Schlee,* a.a.O., Rz. 2171.

2 Näher dazu *Grams,* AnwBl. 2003, 299f.; *Klouba,* BRAK-Mitt. 2002, 165f.

ee) Risikoausschlüsse (§ 51 Abs. 3 BRAO)

(1) Wissentliche Pflichtverletzung

Schäden durch wissentliches Abweichen von Gesetz, Vorschrift, Anweisung 539
oder Bedingung des Auftraggebers oder durch sonstige wissentliche Pflichtverletzung werden durch die Berufshaftpflichtversicherung nicht gedeckt (§ 4 Nr. 5 AVB-RSW). Die wissentliche Pflichtverletzung setzt im Unterschied zur vorsätzlichen Herbeiführung des Versicherungsfalls den dolus directus voraus. Dieser muss sich auf die Pflichtverletzung beziehen. Der Rechtsanwalt muss wissen, welche Pflicht er verletzt.[1] Der Schadenseintritt braucht vom Vorsatz nicht umfasst zu werden.[2] Dieser muss nur eine adäquate Folge der Pflichtverletzung sein.

(2) Auslandsausschlüsse

Für Rechtsbesorgung nach deutschem oder europäischem Recht besteht Ver- 540
sicherungsschutz, unabhängig davon ob sie im In- oder Ausland, vor einem deutschen oder europäischen Gericht erfolgt.[3] Nach BBR-RA Nr. 4.1. beschränkt sich jedoch die Deckung für Inanspruchnahmen vor außereuropäischen Gerichten auf die Mindestversicherungssumme. Ausgeschlossen vom Versicherungsschutz sind Ersatzansprüche, die sich aus der Tätigkeit über ein im Ausland geführtes Büro oder eine dort unterhaltene Kanzlei ergeben. Dass der haftbar gemachte Rechtsanwalt ein Büro oder eine Kanzlei im Ausland unterhält, ist unerheblich. Die Verletzung muss bei einer über dieses Büro bzw. diese Kanzlei ausgeübten Tätigkeit unterlaufen sein (§ 4 Nr.1 AVB-RSW i.V.m. BBR-RA 2.1. a). Vom Versicherungsschutz ausgeschlossen sind ferner Tätigkeiten im Zusammenhang mit der Beratung oder Beschäftigung mit außereuropäischem Recht oder vor außereuropäischen Gerichten (§ 4 Nr. 1 AVB-RSW i.V.m. BBR-RA Nr. 2.1.b und c). Die Pflichtverletzung muss nicht bei der Beratung im oder der Beschäftigung mit außereuropäischem Recht unterlaufen sein; es genügt ein Zusammenhang zwischen dem Haftpflichtanspruch und der Beratung bzw. Beschäftigung im außereuropäischen Recht.[4] Der Ausschluss der Tätigkeit vor außereuropäischen Gerichten greift unabhängig davon, nach welchem Recht judiziert wird.[5]

(3) Veruntreuungsschäden

Ersatzansprüche wegen Veruntreuung durch den Rechtsanwalt selbst sind 541
nicht gedeckt. Die vorsätzliche Tat ist nicht versicherbar. Für Veruntreuung

---

1 BGH VersR 1986, 647; *Gräfe*, a.a.O., E Rz. 201 ff.; *Schlee*, a.a.O., Rz. 2128; *Terbille*, a.a.O., Rz. 1973 ff.

2 OLG Köln NJW-RR 2002, 1646; *Terbille*, a.a.O., Rz. 1974. Näher dazu *Diller*, a.a.O., § 4 Rz. 42 ff.

3 *Brieske*, AnwBl. 1995, 225, 229; *Terbille*, a.a.O., Rz. 1956, 1960. Näher zu den Auslandsausschlüssen *Diller*, a.a.O., BBR-RA, A 2.1 Rz. 25 ff. u. A 4.1 Rz. 55 ff.

4 *Terbille*, a.a.O., Rz. 1957.

5 *Terbille*, a.a.O., Rz. 1959.

durch Personal, Angehörige oder Sozien besteht ebenfalls kein Versicherungsschutz (§ 51 Abs. 3 Nr. 5 BRAO i.V.m. BBR-RA A Nr. 2.2).

(4) Sonstige Ausschlüsse

542 Darüber hinaus gelten die in § 51 Abs. 3 BRAO nicht aufgeführten Ausschlüsse von Risiken aus unternehmerischen Tätigkeiten. Deren in § 4 Abs. 4 AVB-RSW geregelter Ausschluss ist, obwohl er durch § 51 Abs. 3 BRAO nicht ausdrücklich zugelassen wird, wirksam, weil diese Risiken nicht zur anwaltlichen Berufstätigkeit gehören. Ist der Rechtsanwalt Geschäftsführer oder Vorstand einer anerkannten Berufsträgergesellschaft, sind Haftungsrisiken aus seiner anwaltlichen Tätigkeit in dieser Gesellschaft gedeckt, und zwar auch dann, wenn er aus den §§ 43 GmbHG oder 93 AktG für ein anwaltliches Fehlverhalten in Anspruch genommen wird. Anders verhält es sich, wenn ein Anwalt als Insolvenzverwalter oder Testamentsvollstrecker ein insolventes bzw. zum Nachlass gehörendes Unternehmen weiterführt. Er hat für diese unternehmerische Leitungstätigkeit keinen Versicherungsschutz aus der Berufshaftpflichtversicherung.[1]

ff) Versicherungssumme (§ 51 Abs. 4 BRAO)

(1) Mindestsumme und -maximierung

543 Die vorgeschriebenen Mindestversicherungssummen von 250 000 Euro für den Einzelanwalt (§ 51 Abs. 4 BRAO) und 2 500 000 Euro für die zugelassene Rechtsanwaltsgesellschaft (§ 59j Abs. 2 BRAO) bei mindestens vierfacher Maximierung für das Versicherungsjahr decken die bisher auftretenden Schäden.[2]

544 Die im Versicherungsschein auszuweisende Versicherungssumme stellt, abgesehen vom Kostenpunkt, den **Höchstbetrag** der Leistung dar, die der Versicherer im Schadensfall zu erbringen hat (§ 3 II 2 AVB-RSW). Das gilt auch dann, wenn der Versicherer mehreren Personen Versicherungsschutz zu gewähren hat (§ 3 II 2a AVB-RSW). Die Jahreshöchstleistung für alle Versicherungsfälle eines Versicherungsjahres kann auf das Vierfache der Mindestversicherungssumme (Maximierung) begrenzt werden. Sieht der Versicherungsvertrag keine Begrenzung auf eine Jahreshöchstleistung vor, hat der Versicherer für jeden in einem Versicherungsjahr eintretenden Versicherungsfall bis zur Höhe der Versicherungssumme, die die Mindestversicherungssumme nicht unterschreiten darf, Deckung zu gewähren.

(2) Durchschnittsleistung bei Sozietäten

545 Sind Sozien mit unterschiedlichen Versicherungssummen versichert, tritt der Versicherer im Schadensfall mit einer Durchschnittsleistung ein. Sie wird aus den Beträgen ermittelt, die der bzw. die Versicherer für jeden

1 *Diller*, a.a.O., § 4 Rz. 25f. m.w.N.
2 Nach Auskunft von Versicherern. Statistisches Material ist nicht zugänglich.

Rechtsanwalt abzüglich des Selbstbehaltes aufzubringen hätten, wenn dieser allein haftpflichtig wäre (§ 12 II 1 AVB-RSW).[1]

(3) Zinsen

546 Zinsen, die der Versicherungsnehmer infolge einer vom Versicherer veranlassten Verzögerung der Befriedigung des Geschädigten an diesen zu entrichten hat, muss der Versicherer auch insoweit ersetzen, als sie zusammen mit der Entschädigung die Versicherungssumme übersteigen (§ 101 Abs. 2 S. 2 VVG). Auf ein Verschulden des Versicherers kommt es nicht an.

(4) Kosten

547 Die Kosten eines Haftpflichtprozesses oder einer mit Zustimmung des Versicherers betriebenen negativen Feststellungsklage oder Nebenintervention hat der Versicherer zu tragen (§ 3 III 5 AVB-RSW), soweit sie notwendig sind. Er darf sie nicht auf die Versicherungssumme anrechnen (§ 101 Abs. 2 VVG). Er hat sie jedoch dem Versicherungsnehmer nicht zu ersetzen, wenn der Haftpflichtanspruch den Selbstbehalt nicht übersteigt (§ 3 III 5.3 AVB-RSW). Übersteigt der Haftpflichtanspruch die Versicherungssumme, trägt der Versicherer Kosten nur nach der Wertklasse, die der Versicherungssumme entspricht (§ 3 III 5.2a AVB-RSW). Vertritt der Versicherungsnehmer sich selbst oder lässt er sich von einem Sozius, Partner oder Mitarbeiter vertreten, werden ihm seine oder dessen Kosten nicht erstattet (§ 3 III 5.4 AVB-RSW). Scheitert die vom Versicherer verlangte Erledigung eines Haftpflichtanspruchs am Verhalten des Versicherungsnehmers oder stellt der Versicherer die vertragsgemäß zu leistende Entschädigung zur Verfügung, hat der Versicherer für den von diesem Zeitpunkt an entstehenden Mehraufwand an Hauptsache, Zinsen und Kosten nicht aufzukommen (§ 3 III 7 AVB-RSW).

(5) Wahl der Versicherungssumme

548 Die Versicherungssumme sollte einmal den Risiken entsprechen, die sich aus der **tatsächlichen Arbeit** des Rechtsanwalts ergeben, und zum anderen die Geldwert- und Preisentwicklungen berücksichtigen, die in dem u.U. langen Zeitraum zwischen der Pflichtverletzung und dem Eintritt des Schadens eintreten können. Die Angemessenheit der Versicherungssumme sollte deshalb regelmäßig überprüft werden. Wer die Mindestversicherungssumme vereinbart oder aufrecht erhält, obwohl die Risiken seiner Tätigkeit eine höhere Versicherungssumme erfordern, verletzt deshalb allerdings keine Berufspflicht.[2] Eine über die Mindestversicherungssumme hinausgehende auf dem Claims-made-Prinzip beruhende Excedentendeckung ist mit der Berufspflicht aus den §§ 51 und 59j BRAO vereinbar.[3]

---

1 Zur Berechnung Henssler/Prütting/*Stobbe*, BRAO, 3. Aufl., § 51 Rz. 164.
2 Str. näher dazu Henssler/Prütting/*Stobbe*, BRAO, 3. Aufl., § 51 Rz. 131 m.w.N.
3 A.A. *Braun*, BRAK-Mitt. 2002, 150, 151. Wie hier *Diller*, a.a.O., Einl. Rz. 112f., 115ff. m.w.N.

(6) Selbstbehalt

549 § 51 Abs. 5 BRAO erlaubt die Vereinbarung eines Selbstbehaltes bis zu 1 v.H. der Mindestversicherungssumme. Abweichend vom früheren Recht darf der Versicherer den Selbstbehalt jedoch nicht mehr von der an den Geschädigten zu zahlenden Entschädigung absetzen (§ 114 Abs. 2 S. 2 VVG). Er kann ihn nur dem Versicherungsnehmer gegenüber geltend machen.[1] § 3 III 4 AVB-RSW trägt der gesetzlichen Regelung Rechnung.

(7) Serienklausel (§ 51 Abs. 2 BRAO)

550 Bei einem aus **mehreren Verstößen** stammenden einheitlichen Schaden und bezüglich sämtlicher Pflichtverletzungen, die bei Erledigung eines einheitlichen Auftrags unterlaufen sind, mögen sie vom Versicherungsnehmer selbst oder von einer von ihm herangezogenen Hilfsperson verschuldet sein, steht die Versicherungssumme nur einmal zur Verfügung (§ 3 III 2.1 AVB-RSW).[2]

c) Die Beteiligten

aa) Der Versicherer

551 Die Berufshaftpflichtversicherung muss bei einem im **Inland** zum Geschäftsbetrieb befugten Versicherer abgeschlossen werden (§ 51 Abs. 1 S. 2 BRAO).

(1) Inländische Versicherungsunternehmen

552 Inländische Versicherungsunternehmen bedürfen zum Geschäftsbetrieb in Deutschland der Erlaubnis durch die Aufsichtsbehörde (§ 5 Abs. 1 VAG).[3] Ihre Hauptverwaltung muss sich im Inland befinden (§ 7 Abs. 1 u. 1a VAG). Mit dem Antrag auf Erlaubnis ist der Geschäftsplan einzureichen (§ 5 Abs. 2 VAG). Die AVB sind nicht mehr Bestandteil des Geschäftsplans und von der Aufsichtsbehörde nicht mehr zu genehmigen. Die AVB der Berufshaftpflichtversicherer müssen jedoch vor der Geschäftsaufnahme der Aufsichtsbehörde eingereicht werden. Änderungen der AVB müssen unverzüglich angezeigt werden (§ 13d Nr. 7 VAG). Im Rahmen der Versicherungsaufsicht prüft die Aufsichtsbehörde die Rechtmäßigkeit der AVB.

(2) EU-Versicherer

553 Versicherer mit Sitz in der EG oder im EWR sind grundsätzlich befugt, das Versicherungsgeschäft in der Bundesrepublik über eine Niederlassung oder im Dienstleistungsverkehr zu betreiben (§ 110a VAG). Die Voraussetzungen für die Aufnahme des Geschäftsbetriebes entsprechen denjenigen, die ein in-

---

1 Näher dazu Henssler/Prütting/*Stobbe*, a.a.O., Rz. 41 ff.; *Stobbe*, FS für Scharf, S. 293 ff.

2 Näher dazu Henssler/Prütting/*Stobbe*, a.a.O., Rz. 66 ff.

3 Aufsichtsbehörde ist die Bundesanstalt für Finanzdienstleistungsaufsicht (BAFin).

ländisches Unternehmen erfüllen muss, wenn es über eine Niederlassung oder im Dienstleistungsverkehr das Versicherungsgeschäft in einem EG-Mitgliedsstaat oder EWR-Vertragsstaat betreiben will. Will das Unternehmen Pflichtversicherungen anbieten, hat es die AVB der Aufsichtsbehörde einzureichen (§ 110a Abs. 2 Nr. 2 VAG), die ihnen gegenüber die gleichen Auskunfts- und Prüfungsrechte hat wie gegenüber inländischen Versicherern (§ 110a Abs. 4 Nr. 3 i.V.m. § 83 VAG). Für die bei Lloyds vereinigten Einzelversicherer gilt eine Sonderregelung (§ 110b VAG).

(3) Nicht-EU-Versicherer

Versicherer mit Sitz außerhalb der EG oder des EWR bedürfen, wenn sie in 554
der Bundesrepublik das Erstversicherungsgeschäft durch Mittelspersonen betreiben wollen, der Erlaubnis (§ 105 Abs. 2 VAG). Diese setzt die Errichtung einer Niederlassung in der Bundesrepublik und die Bestellung eines Hauptbevollmächtigten voraus, der die Pflichten und persönlichen Voraussetzungen erfüllen muss, die § 7a VAG vom Vorstand eines inländischen Unternehmens verlangt (§ 106 Abs. 2 und 3 VAG). Mit dem Antrag auf Erlaubnis sind der Aufsichtsbehörde u.a. die AVB für Pflichtversicherungen einzureichen (§ 106b Abs. 1 Nr. 1 i.V.m. § 5 Abs. 5 Nr. 1 VAG).

(4) Vorvertragliche Pflichten

Der Versicherer hat dem um den Abschluss einer Berufshaftpflichtversiche- 555
rung nachsuchenden Rechtsanwalt vor Abgabe der Vertragsannahmeerklärung seine Vertragsbestimmungen einschließlich der AVB-RSW sowie die Informationen in Textform vorzulegen, die nach der **VVG-Informationsverordnung** (VVG-InfoV) zu erteilen sind (§ 7 Abs. 2 VVG). Er hat dem Rechtsanwalt außerdem ein Angebot zu unterbreiten, das die Anforderungen des § 51 BRAO erfüllt (§ 114 Abs. 2 VVG). Eine weitergehende Beratungspflicht kann sich aus Treu und Glauben ergeben, z.B. wenn der Versicherer erkennt oder erkennen muss, dass der um den Abschluss einer Berufshaftpflichtversicherung nachsuchende Rechtsanwalt die Risiken seiner Tätigkeit falsch einschätzt oder den Umfang des Versicherungsschutzes verkennt.

(5) Bescheinigungspflicht

Der Versicherer soll der zuständigen Rechtsanwaltskammer den Beginn, die 556
Beendigung, die Kündigung sowie jede den vorgeschriebenen Versicherungsschutz beeinträchtigende Änderung des Versicherungsvertrages unverzüglich mitteilen (§ 51 Abs. 6 BRAO). Diese im Versicherungsvertrag zu begründende Mitteilungspflicht des Versicherers besteht gegenüber dem Versicherungsnehmer, ist aber **gegenüber** dessen **Rechtsanwaltskammer zu erfüllen**. Verletzt der Versicherer die Vertragspflicht, erteilt er insbesondere eine fehlerhafte Bescheinigung, haftet er dem Versicherungsnehmer für daraus entstandenen Schaden. In der Praxis erfolgt die Mitteilung an die Kammer zumeist durch die Vorlage der vorläufigen Deckungszusage. Darin werden nach derzeitiger Praxis die Tätigkeiten aufgelistet, auf die sich der Versicherungsschutz nach den AVB-RSW und BBR-RA erstreckt, die Versicherungs-

summe genannt und versichert, dass die Höchstleistung für alle innerhalb eins Versicherungsjahres verursachten Schäden den vierfachen Betrag der Mindestversicherungssumme nicht unterschreitet.

(6) Leistungspflicht

557 Nach Abschluss des Versicherungsvertrages trägt der Versicherer das nach dem Vertrag, insbesondere den AVB-RSW und der BBR-RA zu deckende Risiko. Durch die **Anzeige** eines Versicherungsfalls **konkretisiert** sich die **Leistungspflicht** dem Grunde nach auf die oben dargestellte Rechtsschutz-, Freistellungs- und Abwehrpflicht. Diese Verpflichtung erstreckt sich auf alle während der Laufzeit des Versicherungsvertrages eingetretenen Versicherungsfälle, auch wenn sie erst nach Ablauf des Vertrages bekannt oder angezeigt werden (Spätschadensschutz).

(7) Regulierungsvollmacht

558 Nach § 3 III 1.3 AVB-RSW ist der Versicherer bevollmächtigt, alle ihm zur Beilegung des Haftpflichtfalls oder zur Abwehr des Schadensersatzanspruchs zweckmäßig erscheinenden Erklärungen im Namen des Versicherungsnehmers abzugeben. Diese Regulierungsvollmacht schließt das Recht ein, einen Prozessbevollmächtigten für den Versicherungsnehmer zu bestellen. Sie gilt für alle Versicherungsfälle, die während der Vertragslaufzeit eingetreten sind, es sei denn, der Versicherer ist auch gegenüber dem Geschädigten leistungsfrei geworden.[1]

(8) Fingierte Leistungspflicht bei kranken Versicherungsverhältnissen

559 Ist der Versicherer gegenüber dem Versicherungsnehmer ganz oder teilweise von seiner Leistungspflicht befreit, bleibt seine Verpflichtung in Ansehung des geschädigten Mandanten bestehen (§ 117 Abs. 1 VVG). Der Versicherer haftet nur im Rahmen der von ihm nach dem Versicherungsvertrag geschuldeten Deckung und nur bis zur Höhe der **Mindestversicherungssumme**. Einen Umstand, der das Nichtbestehen oder die Beendigung des Versicherungsverhältnisses zur Folge hat, kann er dem Schadensersatz fordernden Mandanten nur entgegenhalten, wenn der Schaden später als einen Monat nach dem Zeitpunkt eingetreten ist, an dem der Versicherer diesen Umstand der zuständigen Rechtsanwaltskammer angezeigt hat (§ 117 Abs. 2 VVG). Soweit der Versicherer hiernach den Dritten befriedigt, geht dessen Schadensersatzforderung auf ihn über (§ 117 Abs. 5 VVG).

(9) Auskunftsrecht

560 Der Versicherer kann vom Schadensersatz fordernden Mandanten Auskunft verlangen, soweit dies zur Feststellung des Schadensereignisses und der Höhe des Schadens erforderlich ist (§ 119 Abs. 3 S. 1 VVG). Belege kann er nur verlangen, soweit deren Beschaffung dem Anspruchsteller zugemutet werden kann (§ 119 Abs. 3 S. 2 VVG).

1 *Diller*, a.a.O., § 3 Rz. 53ff. m.w.N.

(10) Zahlungspflicht

Steht die Ersatzleistung fest, hat der Versicherer die fälligen Beträge unter Beachtung der sich aus § 5 III AVB-RSW ergebenden Fristen und Fälligkeitstermine zu zahlen. Sind mehrere Personen geschädigt und übersteigen deren Ansprüche die Versicherungssumme, gilt nicht das Prioritätsprinzip. Der Versicherer hat die **Forderungen** vielmehr **quotal** nach dem Verhältnis der Forderungsbeträge zu **erfüllen** (§ 109 VVG). 561

(11) Verschwiegenheitspflicht

Der Versicherer ist grundsätzlich weder berechtigt noch verpflichtet, ohne Zustimmung des Versicherungsnehmers einer Rechtsanwaltskammer, einem Mandanten oder sonstigen Dritten Auskunft über das Versicherungsverhältnis zu erteilen. Da der Rechtsanwalt dem Versicherer Einblick in persönliche und wirtschaftliche Verhältnisse gibt, kann er erwarten, dass der Versicherer die Vertraulichkeit wahrt. Nachfragen einer Kammer, die unmittelbar eine Bescheinigung oder Anzeige gemäß § 51 Abs. 6 BRAO betreffen, darf er jedoch beantworten, ohne die Zustimmung des Versicherungsnehmers einholen zu müssen. Dies ist insbesondere gerechtfertigt, wenn es dem Versicherer darum geht, durch eine Änderungs- oder Beendigungsanzeige seine Leistungsfreiheit gemäß § 117 Abs. 2 VVG gegenüber dem Mandanten schnellstmöglich herbeizuführen. 562

bb) Der Versicherungsnehmer

(1) Der Adressat der Berufspflicht

Die Versicherungspflicht aus § 51 BRAO obliegt jedem Rechtsanwalt, **unabhängig** davon in welcher **Rechtsform** und in welchem Umfang er den Anwaltsberuf ausübt.[1] Sie knüpft nicht an die Ausübung des Berufs an, sondern ist mit der Bestellung des Rechtsanwalts verbunden. Sie trifft den Einzelanwalt ebenso wie den Rechtsanwalt, der den Anwaltsberuf in einer Bürogemeinschaft, Sozietät, Partnerschaftsgesellschaft oder zugelassenen Rechtsanwaltsgesellschaft ausübt. Sie trifft den als freien Mitarbeiter, als Angestellten oder Syndicus tätigen Anwalt sowie den Rechtsanwalt, der sich zur Ruhe gesetzt, seine Zulassung aber nicht zurückgegeben hat. Dass der von einem Rechtsanwalt angestellte Rechtsanwalt über seinen Arbeitgeber versichert ist, befreit ihn nicht von der berufsrechtlichen Verpflichtung, eine eigene Berufshaftpflichtversicherung zu unterhalten. Der sog. Titularanwalt (§ 17 Abs. 2 BRAO) ist nicht versicherungspflichtig. Er ist zur Rechtsanwaltschaft nicht mehr zugelassen und gehört keiner Kammer an. 563

Rechtsanwälte aus einem **EG-Mitgliedsstaat**, die sich in der Bundesrepublik niederlassen wollen und ihre Aufnahme in die Rechtsanwaltskammer beantragen (§ 206 BRAO), sind gemäß § 6 Abs. 1 EuRAG nach § 51 BRAO versicherungspflichtig. Das Gleiche gilt für Anwälte aus einem Mitgliedsstaat 564

---

1 BGH AnwBl. 2006, 356.

der Welthandelsorganisation, sowie für Anwälte aus anderen Staaten, die sich in der Bundesrepublik niederlassen wollen und ihre Aufnahme in die Rechtsanwaltskammer beantragen (§ 207 Abs. 2 BRAO).

565 Versicherungspflichtig sind ferner die zugelassenen **Rechtsanwaltsgesellschaften** (§ 59j BRAO). Ihre Zulassung setzt den Nachweis des Abschlusses einer den gesetzlichen Anforderungen genügenden Berufshaftpflichtversicherung voraus (§ 59d Abs. 3 BRAO). Für die Partnerschaftsgesellschaft schreiben weder die BRAO noch das PartGG die Versicherungspflicht vor. Da sie gemäß § 7 Abs. 2 PartGG selbständiges Rechtssubjekt ist[1] und analog § 31 BGB für schuldhafte Verletzungen anwaltsvertraglicher Pflichten ihrer Partner haftet, sollte im Interesse der Mandanten die Versicherungspflicht der Partnerschaftsgesellschaft, der Rechtsanwälte angehören, bejaht werden.[2] Der Schutzzweck der Pflichtversicherung gebietet dies. Für die Sozietät gilt nach Anerkennung ihrer Teilrechtsfähigkeit und Änderung ihrer Haftungsverfassung das Gleiche. Da § 51 Abs. 1 S. 1 BRAO ausdrücklich nur den Rechtsanwalt zum Abschluss einer Berufshaftpflichtversicherung verpflichtet und eine Verletzung dieser Pflicht gemäß § 113 BRAO geahndet werden kann, sollte der Gesetzgeber im Hinblick auf das Bestimmtheitsgebot des auch für berufsgerichtliche Maßnahmen geltenden Art 103 Abs 2 GG durch Novellierung der BRAO für Rechtsklarheit sorgen.

(2) Obliegenheiten

566 Der Versicherungsnehmer hat dem Versicherer den Versicherungsfall unverzüglich spätestens **innerhalb einer Woche in Textform anzuzeigen** (§ 5 II 1 AVB-RSW). Die Frist beginnt, wenn der Versicherungsnehmer von Umständen erfährt, die Haftpflichtansprüche gegen ihn begründen könnten. Die Frist wird durch die Absendung der Anzeige gewahrt (§ 5 II 5 AVB-RSW).

567 Gegen **rechtsmittelfähige Bescheide** hat der Versicherungsnehmer fristgemäß, ggf. ohne die Entscheidung des Versicherers abzuwarten, das zulässige Rechtsmittel einzulegen (§ 5 II 1.2 AVB-RSW). Er hat den Versicherer durch ausführlichen und wahrheitsgemäßen Schadensbericht sowohl bei der Prüfung der Rechtslage als auch bei der Schadensermittlung und der Schadensregulierung zu unterstützen (§ 5 II 2.2 AVB-RSW) und unter Beachtung der Weisungen des Versicherers nach Möglichkeit für die Abwendung oder Minderung des Schadens zu sorgen (§ 5 II 2.1 AVB-RSW).

568 Nach § 105 VVG ist eine Vereinbarung, nach welcher der Versicherer nicht zur Leistung verpflichtet ist, wenn der Versicherungsnehmer ohne seine Einwilligung den Dritten befriedigt oder dessen Anspruch anerkennt, unwirksam. Daraus folgt allerdings nicht, dass der Versicherer die Befriedigung oder das Anerkenntnis gegen sich gelten lassen muss. In seinem Verhältnis zum Versicherungsnehmer bleibt zu klären, ob z.B. das Anerkenntnis begründet war. Erweist es sich als ganz oder teilweise unbegründet, hat der Ver-

1 Henssler/Prütting/*Henssler*, BRAO, 3. Aufl., § 7 PartGG Rz. 4.
2 Rinsche/Fahrendorf/Terbille/*Terbille*, a.a.O., Rz. 1881.

sicherer den Freistellungsanspruch gegenüber dem Versicherungsnehmer insoweit nicht zu erfüllen.[1]

(3) Sanktion der Obliegenheitsverletzung

Das Reformgesetz zum VVG hat das bisher geltende „**Alles-oder-Nichts-Prinzip**" beseitigt. Bei einfacher Fahrlässigkeit des Versicherungsnehmers bleibt der Versicherer leistungspflichtig. Die vorsätzliche Obliegenheitsverletzung führt grundsätzlich zur vollständigen Leistungsfreiheit des Versicherers (§ 28 Abs. 2 S. 1 VVG). Die Beweislast richtet sich nach der allgemeinen Beweislastregel: Der Versicherer hat die Obliegenheitsverletzung und ggf. deren vorsätzliche Herbeiführung zu beweisen.[2] Bei grob fahrlässiger Obliegenheitsverletzung ist der Versicherer grundsätzlich berechtigt, seine Leistung in einem der Schwere des Verschuldens entsprechenden Verhältnis zu kürzen (§ 28 Abs. 2 S. 2 VVG).[3] Die Beweislast für das Nichtvorliegen einer groben Fahrlässigkeit trägt der Versicherungsnehmer. Misslingt ihm dieser Beweis, hat der Versicherer darzulegen und zu beweisen, dass die Höhe der Kürzung gerechtfertigt ist. Dies gilt für jede Kürzung. Die Auffassung, der Versicherer sei nur darlegungs- und beweispflichtig, soweit er seine Leistung um mehr als 50 % kürze,[4] lässt sich mit der Beweislastregelung des § 28 Abs. 2 VVG nicht vereinbaren und auch aus der Gesetzesbegründung nicht rechtfertigen. Der BGH hat die Streitfrage bisher nicht entschieden. 569

Sowohl bei vorsätzlicher als auch bei grob fahrlässiger Obliegenheitsverletzung bleibt der Versicherer jedoch leistungspflichtig, soweit die Verletzung weder für den Eintritt oder die Feststellung des Versicherungsfalls noch für die Feststellung oder den Umfang seiner Leistungspflicht ursächlich ist (§ 28 Abs. 3 S. 1 VVG). Dies wiederum gilt nicht, wenn der Versicherungsnehmer die Obliegenheit arglistig, d.h. im Regelfall mit Betrugsabsicht, verletzt hat (§ 28 Abs. 3 S. 2 VVG). Die Folgenlosigkeit der Obliegenheitsverletzung hat der Versicherungsnehmer zu beweisen, die Arglist der Versicherer 570

Die Verletzung einer nach Eintritt des Versicherungsfalls bestehenden Auskunfts- oder Aufklärungsobliegenheit führt darüber hinaus nur zur gänzlichen oder teilweisen Leistungsfreiheit, wenn der Versicherer durch gesonderte Mitteilung in Textform auf diese Rechtsfolge hingewiesen hat (§ 28 Abs. 4 VVG). 571

c) Der Geschädigte

aa) Auskunftsanspruch

Der Mandant kann unter den Voraussetzungen des § 51 Abs. 6 S. 2 BRAO von der Rechtsanwaltskammer Auskünfte über Namen und Anschrift des 572

1 *Meixner/Steinbeck*, Das Neue Versicherungsvertragsrecht, 2007, Teil 2, § 3 Rz. 12; näher dazu *Diller*, a.a.O., § 3 Rz. 46ff.
2 Näher dazu *Franz*, VersR 2008, 298, 304.
3 *Diller*, a.a.O., § 6 Rz. 2 m.w.N.
4 *Langheid*, NJW 2007, 3665, 3669; näher zur Streitfrage *Pohlmann*, VersR 2008, 437, 438f.

Berufshalftpflichtversicherers sowie die Versicherungsscheinnummer verlangen. Der Anwalt schuldet ihm diese Auskunft grundsätzlich nicht. Ein schutzwürdiges Geheimhaltungsinteresse des Anwalts darf die Kammer nicht außer Acht lassen.[1]

bb) Obliegenheiten

572a Der Mandant hat ein Schadensereignis, aus dem er Ansprüche gegen den Rechtsanwalt herleiten will, dem Versicherer innerhalb von zwei Wochen seit Kenntnis des Schadensereignisses in Textform anzuzeigen (§ 119 Abs. 1 VVG). Macht er Ansprüche gegen den Versicherungsnehmer gerichtlich geltend, muss er dies dem Versicherer unverzüglich in Textform anzeigen (§ 119 Abs. 2 VVG). Er hat dem Versicherer auf dessen Verlangen Auskunft zu erteilen, soweit diese zur Feststellung des Schadensereignisses und der Höhe des Schadens erforderlich ist. Die Vorlage von Belegen kann der Versicherer von ihm nur insoweit verlangen, als ihm deren Beschaffung billigerweise zugemutet werden kann (§ 119 Abs. 3 VVG). Kenntnis des Schadensereignisses bedeutet positive Kenntnis des Tatbestandes einer Pflichtverletzung. Darüber hinaus muss der Mandant es nicht nur für möglich halten, aus diesem Tatbestand Ersatzansprüche herleiten zu können; er muss die Geltendmachung des Anspruchs nach eigener Beurteilung für aussichtsreich halten und wollen. Ob diese Obliegenheiten nur im Anwendungsfall der **§§ 115, 117 VVG** gelten, ist streitig.[2]

cc) Sanktion der Obliegenheitsverletzung

573 Die Verletzung der Anzeigeobliegenheit aus § 119 Abs. 1 löst **keine Sanktionen** aus. Werden die anderen Obliegenheiten verletzt, beschränkt sich die Haftung des Versicherers nach den §§ 115 und 117 VVG auf den Betrag, den er auch bei gehöriger Erfüllung der Obliegenheit zu leisten gehabt hätte, sofern der Mandant vorher ausdrücklich und in Textform auf diese Rechtsfolge hingewiesen worden ist (§ 120 VVG). Außerhalb des Direktanspruchs (§ 115 Abs. 1 VVG) sowie der fingierten Leistungspflicht des Versicherers in kranken Versicherungsverhältnissen (§ 117 Abs. 1 und 2 VVG) bleiben Obliegenheitsverletzungen des Mandanten mithin sanktionslos.

d) Lücken im Versicherungsschutz der Sozien

aa) Die Haftungsverfassung der Sozietät

574 Die Rechtsprechung des II. Senats des BGH zur Rechtsfähigkeit der erwerbsgerichteten Außengesellschaft bürgerlichen Rechts[3] hat zu einer grundlegen-

---

1 Weitergehend *Tauchert* in Gaier/Wolf/Göcken, BRAO, Köln 2010, § 51 Rz. 21. Näher dazu *Stobbe* in Henssler/Prütting, BRAO, 3. Aufl., § 51 Rz. 103.

2 Offen lassend BGH VersR 1956, 707 = NJW 1956, 1796; verneinend *Hübsch*, Berliner Kommentar VVG, § 158d Rz. 4–7; bejahend *Brück/Möller/Johannsen*, VVG Bd. V/1, Anm. 327; *Prölss/Martin/Knappmann*, a.a.O., § 119 Rz. 4f.

3 BGH II ZR 331/00 v. 29. 1. 2001 = BGHZ 146, 341ff. = NJW 2001, 1056ff.

den Änderung der Haftungsverfassung auch der Sozietät geführt.[1] Für die **Scheinsozietät** gilt das Gleiche. War die Sozietät bis dahin nach der ständigen, der sog. **Doppelverpflichtungstheorie** folgenden Rechtsprechung ein nicht rechtsfähiger Verbund der gesamtschuldnerisch haftenden Sozien, ist sie nunmehr eine **rechtsfähige Berufsausübungsgesellschaft**, die unter ihrem Namen im Rechtsverkehr auftreten, Rechte und Pflichten übernehmen, klagen und verklagt werden kann. Waren Träger des Mandats bis dahin im Regelfall die Sozien, ist es nunmehr die Sozietät. Hafteten für die Schlechterfüllung eines Mandats bis dahin die Sozien als Gesamtschuldner unbeschränkt sowohl mit dem Sozietätsvermögen als auch mit ihrem Privatvermögen und hatten die Sozien für die angestellten Mitarbeiter, deren sie sich bei der Vertragserfüllung bedienten, nach § 278 BGB einzustehen, wird nunmehr der Sozietät analog § 31 BGB zu Schadensersatz verpflichtendes Handeln der Sozien zugerechnet, hat die Sozietät gemäß § 278 BGB für die angestellten Mitarbeiter einzustehen und haften die Sozien analog § 128 HGB für die Verbindlichkeiten der Sozietät.[2] Der in eine Sozietät Eintretende hat für vor seinem Eintritt begründete Verbindlichkeiten der Sozietät grundsätzlich auch persönlich und als Gesamtschuldner mit den Altsozien analog § 130 HGB einzustehen.[3]

Dies gilt grundsätzlich. Einzelfragen, insbesondere zur Haftung des Neusozius für Verbindlichkeiten aus beruflichen Haftungsfällen sowie zur Haftung der interprofessionellen Sozietät und ihrer Sozien für Haftungsfälle aus Mandaten, deren Erfüllung berufsrechtlich bestimmten Sozien vorbehalten war, hat der BGH bisher nicht entschieden. Aus seinen bisherigen Entscheidungen ist jedoch die Tendenz des Gerichts zu erkennen, im Interesse systematischer Klarheit und der daraus folgenden Rechtssicherheit kein Sozietäts-Sonderrecht für berufshaftungsrechtliche Verbindlichkeiten zu schaffen. Der überwiegende Teil des Schrifttums befürwortet dies.[4] Darauf sollten sich die Sozietäten einrichten. 575

bb) Das Haftungskonzept der Berufshaftpflichtversicherung

Das gegenwärtige Deckungskonzept der Berufshaftpflichtversicherung beruht noch auf der bis zum Januar 2001 ständigen, der sog. Doppelverpflichtungstheorie folgenden Rechtsprechung, derzufolge die Sozietät ein nicht rechtsfähiger Verbund der gesamtschuldnerisch haftenden Sozien ist, Träger des Mandats in der Regel die Sozien sind, diese gesamtschuldnerisch und unbeschränkt für Schäden haften, die durch schuldhafte Schlechterfüllung ei- 576

1 Zu den Auswirkungen dieser Rechtsprechung auf die Sozietät näher *Hartung* in *Henssler/Prütting*, ebda., § 59a Rz. 55ff. m.w.N.; *Diller*, a.a.O., § 1 Rz. 108ff. m.w.N.

2 BGHZ 157, 361ff.; BGH IX ZR 218/05 = ZAP EN-Nr. 604/2007; BGH IX ZR 145/05 = BRAK-Mitt 2008, 209f. = VersR 2008, 1394ff.; BGH IX ZR 18/07 = AnwBl. 2009, 461ff. = NJW 2009, 1597ff.

3 BGH II ZR 56/02 = BGHZ 154, 370ff. = NJW 2003, 1803ff. = BRAK-Mitt 2003, 164 u. 188ff. m. Anm. von *Grams*.

4 S. die Nachweise in BGH IX ZR 218/05 S. 9.

nes Mandats entstanden sind und der in eine Sozietät Eintretende für Altverbindlichkeiten grundsätzlich nicht einzustehen hat. Dementsprechend bietet die Berufshaftpflichtversicherung derzeit Versicherungsschutz im Rahmen der Durchschnittsleistung nach § 12 II AVB-RSW nur für die Risiken der Sozien aus ihrer gesamtschuldnerischen Haftung für schuldhafte Pflichtverletzungen, die einem oder einigen von ihnen bei der Mandatserfüllung unterlaufen sind, sowie für die Risiken aus der Einstandspflicht nach § 278 BGB. Die Haftungsrisiken der Sozietät aus ihrer Einstandspflicht analog § 31 BGB werden, wenn die Sozietät selbst nicht versichert ist, was bisher nur in Ausnahmefällen der Fall ist, durch die Berufshaftpflichtversicherungen der Sozien nicht gedeckt.

Die **Änderung des Rechtsstatus** der Sozietät und ihrer Haftungsverfassung haben bisher weder den Gesetzgeber noch die Anwaltschaft noch die Versicherungswirtschaft veranlasst, für Versicherungsschutz der Sozietät zu sorgen und die nachstehend aufgezeigten **Deckungslücken** im Versicherungsschutz der Sozien zu schließen. Die Versicherer haben lediglich ihre Bereitschaft erklärt, die Risiken der Sozietät als durch die Versicherung der Sozien abgedeckt zu behandeln, weil die Risiken identisch seien. Damit haben die Versicherer zwar erst einmal Abhilfe geschaffen, tatsächlich jedoch den unbefriedigenden Zustand verfestigt, statt ihn dauerhaft zu beseitigen. Außerdem fehlt es nicht nur am eigenen Versicherungsschutz der Sozietät. Die Änderung ihrer Haftungsverfassung hat darüber hinaus zu Deckungslücken im Versicherungsschutz des in eine Sozietät Eintretenden sowie der interprofessionellen Sozietät geführt.

cc) Zur Deckung der akzessorischen Haftung der Sozien

(1) Die Haftung aus § 128 HGB analog

577 Die im Schrifttum diskutierte Frage, ob die Berufshaftpflichtversicherung in ihrer derzeitigen Ausgestaltung die Risiken deckt, die sich aus der akzessorischen Haftung der Sozien für Verbindlichkeiten der Sozietät aus beruflichen Haftungsfällen ergeben, ist zu bejahen. Diese Risiken gehören zum Gegenstand des Versicherungsschutzes i.S. des § 1 I AVB-RSW. Die Sozien haften – daran ändert das Prinzip der Akzessorietät nichts – für einen Verstoß, den einer von ihnen begangen hat, aufgrund gesetzlicher Haftpflichtbestimmungen privatrechtlichen Inhalts.[1] Primär wird die Haftung für den Verstoß zwar entsprechend § 31 BGB der Sozietät zugeordnet. Die Haftung der Sozien analog § 128 HGB für Verbindlichkeiten der Sozietät ist jedoch mit deren Haftung aus § 31 BGB analog untrennbar verbunden. Sie entsteht und endet mit dieser und ist deshalb wie diese eine vom Willen der Beteiligten unabhängige Folge des versicherten Verstoßes. Abgesehen davon, dass die Haftung primär der Sozietät zugeordnet wird, diese also als Haftender hinzutritt, hat sich die Haftung der Sozien gegenüber dem früheren Rechtszustand zwar hinsichtlich ihrer gesellschaftsrechtlichen Begründung, in ihrer praktischen Auswirkung jedoch nicht verändert.

1 Zum Begriff: Prölss/Martin/*Lücke*, VVG, 28. Aufl., AHB 2008, Nr. 1 Rz. 6.

Dass § 128 HGB in § 51 Abs. 1 S. 2 BRAO nicht erwähnt wird, ist deshalb unerheblich und hat außerdem lediglich historische Gründe. Für den Gesetzgeber der BRAO-Novelle von 1994 ergab sich die Haftungsverfassung der Sozietät allein aus der der Doppelverpflichtungstheorie folgenden Rechtsprechung. Das verkennt, wer die Verweisung nur auf die §§ 278 und 831 BGB in § 51 Abs. 1 BRAO sowie in § 1 I 1 AVB-RSW für relevant oder sogar für ausschließlich hält.[1] 578

(2) Zur Haftung des Beitretenden für Altverbindlichkeiten der Sozietät

Analog § 130 HGB haftet der einer Sozietät Beitretende mit den Altsozien gesamtschuldnerisch für vor seinem Beitritt begründete Verbindlichkeiten der Sozietät.[2] Ob dies auch für Verbindlichkeiten aus beruflichen Haftungsfällen gilt, hat der BGH offen gelassen. Wer sich mit dem Gedanken trägt, einer Sozietät beizutreten, ist jedoch gut beraten, wenn er davon ausgeht, dass die Frage aus den oben dargelegten Gründen zu bejahen ist. Die Berufshaftpflichtversicherung des Beitretenden deckt dieses Haftungsrisiko nicht.[3] Sie bietet nur Versicherungsschutz für Verstöße, die der Beitretende selbst oder ein anderer, für den er nach den §§ 278 oder 831 BGB einzustehen hat, während der Laufzeit der Versicherung begangen hat. Die Altsozien können zur Zeit des Verstoßes weder Erfüllungs- noch Verrichtungsgehilfen des Beitretenden gewesen sein. Nach § 12 I AVB-RSW gilt zwar der Versicherungsfall eines Sozius als Versicherungsfall aller Sozien. Diese Fiktion bezieht sich jedoch nur auf diejenigen Sozien, die der Sozietät zum Zeitpunkt des Versicherungsfalls angehört haben.[4] Der vor seinem Beitritt unterlaufene Verstoß kann deshalb dem Beitretenden versicherungsrechtlich nicht zugerechnet werden. 579

Eine freiwillig abzuschließende **Rückwärtsversicherung** könnte Abhilfe schaffen, wenn sie Versicherungsfälle aus dem gesamten vor dem Beitritt liegenden Zeitraum erfasst, aus denen noch unverjährte Schadensersatzansprüche hergeleitet werden könnten. Ob solcher Versicherungsschutz zu erlangen ist, dürfte nicht nur eine Frage der Beitragshöhe sein. Eine Versicherung auf Claims-made-Basis löst das Problem nur unzureichend, weil sie keinen die Laufzeit des Versicherungsvertrages überdauernden Spätschadensschutz bietet. 580

1 Str. dazu *Sassenbach*, NJW 2006, 304, 306; *Burger*, BRAK-Mitt. 2003, 262, 263; *Burger*, AnwBl. 2003, 263; *Terbille*, a.a.O., Rz. 1950; *Diller*, a.a.O., § 1 Rz. 99.

2 BGH II ZR 56/02 = BGHZ 154, 370ff. = NJW 2003, 1803ff. = BRAK-Mitt 2003, 164 u. 188ff. m. Anm. v. *Grams*.

3 Streitig, bejahend aber nur für den Fall, dass die Versicherungsbedingungen nicht ausdrücklich auf die §§ 278, 831 BGB verweisen, *Terbille*, a.a.O., Rz. 1950; verneinend *Grams*, BRAK-Mitt 2002, 60, 61; *Burger*, AnwBl. 2003, 262f.; *Zacharias*, AnwBl. 2003, 679f.; *Sassenbach*, AnwBl. 2006, 304, 306; *Schlee*, a.a.O., Rz. 2154; das Risiko bagatellisierend *K. Schmidt*, NJW 2005, 2801, 2808f.; *Diller*, a.a.O., § 2 Rz. 25.

4 Gräfe/Brügge/*Gräfe*, a.a.O., D Rz. 500; *Grams*, BRAK-Mitt 2002, 60; *Burger*, AnwBl. 2004, 304, 305; *Diller*, a.a.O., § 2 Rz. 26f.

Von Versicherern ist zu hören, die Deckungslücke sei bisher in der Praxis nicht relevant geworden, weil die Altschäden durch die Versicherungen der Altsozien gedeckt waren. Wer beabsichtigt, einer Sozietät beizutreten, sollte dieser Erfahrung nicht blind vertrauen. Er sollte mit seinem Versicherer über die Schließung der Deckungslücke verhandeln und sich die Policen der Altsozien vorlegen lassen und Auskunft über unerledigte sowie potentielle Versicherungsfälle verlangen. Die Altsozien sollten bedenken, dass der fehlende Versicherungsschutz des Neusozius die Durchschnittsleistung nach § 12 II AVB-RSW mindert.

(3) Zur interprofessionellen Sozietät

581 Die größten Schwierigkeiten bereitet die Anpassung des Versicherungsschutzes an die Risiken, die sich aus der akzessorischen Haftung für die Sozien einer interprofessionellen Sozietät ergeben. Dem Zwiespalt, der daraus folgt, dass Mandatsträger nunmehr im Regelfall die Sozietät ist, zur Erfüllung des Mandats jedoch nur berechtigt ist, wer berufsrechtlich dazu befugt ist, entging die frühere Rechtsprechung, weil sie die Mandatierung auf diejenigen Sozien beschränken konnte, die berufsrechtlich zur Mandatswahrnehmung befugt waren. Diese Lösung lässt sich mit der Anerkennung der Rechtsfähigkeit der Sozietät nicht mehr ohne weiteres vereinbaren. Die **Sozietät** wird nunmehr im Regelfall **selbst Vertragspartner** des Mandanten. Für die interprofessionelle Sozietät kann nichts anderes gelten. Der zutreffende Gesichtspunkt, dass der Mandant sich mit seinem Anliegen an eine Sozietät wendet, weil er sich die in ihr vereinte Kompetenz der Sozien zu Nutze machen will, gilt für die interprofessionelle Sozietät eher noch ausgeprägter als für die reine Anwaltssozietät. Die berufsrechtlichen Restriktionen der Sozien betrachtet der Mandant nicht als sein Problem, falls er sich ihrer überhaupt bewusst ist. Dass er ein berufsrechtlich wirksames Mandat erteilen und deshalb nur diejenigen Sozien mandatieren will, die zur Mandatswahrnehmung berufsrechtlich befugt sind, ist eine lebensfremde Hypothese.

582 Die Berufsrechte der sozietsfähigen Berufe tragen dem nicht Rechnung. Ein Mandat zur Hilfeleistung in Steuersachen darf die interprofessionelle Sozietät nicht entgegennehmen. Sie gehört nicht zum Kreis derer, die nach § 3 Nr. 1, 2 und 3 StBerG vom 24. 6. 2000[1] zur Hilfe in Steuersachen befugt sind.[2] Und eine analoge Anwendung der Erlaubnisnorm auf die Sozietät kann nach der Entscheidung des IX. Zivilsenats des BGH vom 26. 1. 2006[3] nur in Betracht gezogen werden, wenn sämtliche Sozien in eigener Person nach 3 StBerG zur geschäftsmäßigen Hilfeleistung in Steuersachen befugt sind. Darauf könne, so der BGH, nicht verzichtet werden, weil bei einer GbR die rechtliche und tatsächliche Verantwortung für die Erfüllung eines Mandats grundsätzlich bei den zur gemeinschaftlichen Geschäftsführung befugten Sozien liege (§ 709 Abs. 1 BGB).

1 BGBl. 2000 I, 874.
2 BGH IX ZR 225/04 = BGH NJW-RR 2006, 1071 f.
3 BGH IX ZR 225/04 = BGH NJW-RR 2006, 1071 f.

Nach § 3 Nr. 2 RBerG bedurften Rechtsanwaltsgesellschaften einer Zulassung zur Rechtsberatung und -besorgung. Das Rechtsdienstleistungsgesetz hat diese Regelung nicht übernommen und schließt deshalb auch nicht aus, dass die Sozietät selbst Träger eines Rechtsbesorgungsmandats sein kann. Die BRAO enthält Zulassungsvorschriften nur für den Einzelanwalt (§ 3 Abs. 1 BRAO) und die Rechtsanwalts-GmbH (§ 59c ff. BRAO). § 59a BRAO erkennt die Sozietät jedoch als zulässige Berufsausübungsgemeinschaft von Rechtsanwälten, Patentanwälten, Steuerberatern, Steuerbevollmächtigten, Wirtschaftsprüfern und vereidigten Buchprüfern an. Dies würde konterkariert, wollte man einer Sozietät, der neben Rechtsanwälten Träger anderer sozietätsfähiger Berufe angehören, die nicht zur Rechtsbesorgung befugt sind, verbieten, ein Rechtsbesorgungsmandat entgegenzunehmen. Allerdings wird sie das Mandat nur von den Anwaltssozien wahrnehmen lassen dürfen. Diese vom Regelfall der gemeinschaftlichen Geschäftsführung abweichende Handhabung sollten die Sozietätsverträge interprofessioneller Sozietäten klarstellen. 583

Ist auch die **gemischte Sozietät** grundsätzlich Träger des Mandats, haftet sie **analog § 31 BGB** für Schäden, die durch Schlechterfüllung des Mandats entstehen, und haften alle Sozien ungeachtet ihrer berufsrechtlichen Befugnisse analog § 128 HGB für die Verbindlichkeiten der Sozietät akzessorisch als Gesamtschuldner.[1] Für eine Beschränkung der akzessorischen Haftung auf die berufsrechtlich legitimierten Sozien oder erst recht auf die handelnden Sozien fehlt die Rechtsgrundlage, sofern die Sozietät von der Haftungsbeschränkungsmöglichkeit nach § 51a Abs. 2 BRAO keinen Gebrauch gemacht hat. Eine dem § 8 Abs. 2 PartGG entsprechende Regelung gibt es für die Sozietät nicht, und eine analoge Anwendung dieser Vorschrift auf die Haftungsverhältnisse in einer gemischten Sozietät ist nicht zulässig. Die akzessorische Haftung beruht allein auf der Zugehörigkeit zur Sozietät. Sie setzt keine irgendwie geartete Mitwirkung an dem Mandat voraus, dessen Wahrnehmung zum Versicherungsfall geführt hat. Sie ist vielmehr, so der BGH,[2] das notwendige Gegenstück zum Fehlen jeglicher Kapitalerhaltungsregeln. § 8 Abs. 2 PartGG ist zudem eine auf diese Gesellschaftsform zugeschnittene vom Prinzip der Akzessorietät abweichende Ausnahmeregelung, die keine analoge Ausweitung erlaubt. Der Sozietät steht es frei, eine entsprechende Haftungsbeschränkung gemäß § 51a Abs. 2 BRAO zu vereinbaren. Dieser vom Gesetzgeber geschaffenen Möglichkeit bedürfte es nicht, wäre § 8 Abs. 2 PartGG auf die Sozietät entsprechend anwendbar. 584

Die Anwendung des Akzesssorietätsprinzips hat zur Folge, dass z.B. der Rechtsanwalt für einen Schaden haften muss, den der Wirtschaftsprüfersozius bei der Wahrnehmung eines ihm berufsrechtlich vorbehaltenen Mandats durch schuldhafte Pflichtverletzung verursacht hat. Dafür bietet die Berufshaftpflichtversicherung dem Anwaltssozius keinen Versicherungsschutz. Sie deckt nur Haftpflichtgefahren, die sich aus der anwaltlichen Berufstätigkeit ergeben. 585

1 *Henssler*, AnwBl 2009, 670 ff., 672 m.w.N.
2 BGH II ZR 56/02 S. 8 = BGHZ 154, 370 ff. = NJW 2003, 1803 ff.

Die Lösung dieses Problems erfordert eine **Harmonisierung der Berufsrechte** der sozietätsfähigen Berufe. Dazu ist der Gesetzgeber aufgerufen.

IV. Besonderheiten der überörtlichen/intraurbanen Sozietät

1. Einführung

a) Geschichtliche Entwicklung

586 Nachdem das Bundesverfassungsgericht in seiner Entscheidung vom 14. 7. 1987[1] mit seiner früheren Judikatur[2] gebrochen hatte und die Grundsätze des anwaltlichen Standesrechts nicht mehr als Hilfsmittel zur Auslegung und Konkretisierung der Generalklausel des § 43 BRAO herangezogen werden dürfen[3], wurde das Sozietätsrecht immer weiter entwickelt. In seinem grundlegenden Beschluss vom 18. 8. 1989[4] hat dann der BGH auch für die überörtliche Sozietät „Grünes Licht" gegeben, sofern die zusammengeschlossenen Rechtsanwälte jeweils ihre Kanzlei am Zugangsort beibehalten. Seitdem ist der **Boom, überörtliche Sozietäten** – aus zahlreichen Gründen – zu errichten, zunächst sehr stark angestiegen, doch mittlerweile ersichtlich wieder **abgeflacht**. Die „Boom-Zeiten" des beginnenden 21. Jahrhunderts sind vorbei. Am Ende der ersten Dekade des neuen Jahrhunderts herrschen vor allem zwei Trends: Zum einen ist ein vermehrtes Eindringen amerikanischer Großkanzleien in den deutschen Anwaltsmarkt zu beobachten; zum anderen beherrschen Abspaltungstendenzen das Bild. Einzelne „Teams" oder „Gruppen" verlassen ihre Sozietät und positionieren sich neu. Es ist das Bild einer beachtlichen Volatilität, das sich hier erkennen lässt. Fast jeder einzelne Sozius stellt sein weiteres Verbleiben im Verbund der Sozietät unter den emotionalen und aktionsbedingten Vorbehalt des „love it, change it or leave it".

587 Den Schritt zur überörtlichen Sozietät hat der BGH dann mit seinem Urteil vom 5. 5. 1994[5] verstärkt. Er hat klargestellt, dass die überörtliche Sozietät auch dann zulässig ist, wenn hier mehrere – in derselben Stadt bzw. in demselben LG-Bezirk – ansässige Rechtsanwälte oder Anwaltssozietäten angehören. Damit war die „intraurbane" Sozietät geschaffen[6]. Begrifflich ergibt sich gegenüber der überörtlichen Sozietät keine Unterscheidung mehr[7]. So gesehen verwundert es auch nicht, dass auch gegenüber der **internationalen Sozietät** keine Besonderheiten mehr bestehen, weil diese Form der Sozietät nichts anderes ist, als die besondere – international geprägte und ausgerichtete – Form der überörtlichen Sozietät[8]. Dass indessen das an dem jeweiligen

1 BVerfG 76, 171 ff.
2 BVerfG NJW 1981, 2289.
3 *Feuerich/Weyland*, BRAO, § 59a Nr. 5.
4 BGH NJW 1989, 2890.
5 BGH NJW 1994, 2288.
6 *Feuerich/Weyland*, BRAO, § 59a Rz. 69.
7 *Hartung/Römermann*, BRAO, § 59a Rz. 41.
8 *Hartung/Römermann*, BRAO, § 59a Rz. 42.

Sitz der – internationalen – Sozietät geltende (unterschiedliche) **Berufsrecht** zu beachten ist, steht auf einem anderen Blatt[1].

b) Begriff der überörtlichen Sozietät

Die wohl inzwischen (immer noch) als klassisch zu bezeichnende Definition der überörtlichen Sozietät geht auf *Henssler*[2] zurück: Danach gilt: Durch die Sozietätsversammlung muss jedes Mitglied ermächtigt und grundsätzlich auch verpflichtet werden, den Anwaltsvertrag mit Wirkung für und gegen alle Sozien abzuschließen. **An jedem Kanzleiort** muss mindestens ein **Sozietätsmitglied**, d.h. nicht nur ein angestellter Anwalt zugelassen sein. Dort muss auch der Mittelpunkt seiner beruflichen Tätigkeit liegen[3]. Jedes Sozietätsmitglied darf nur eine Kanzlei unterhalten; das Zweigstellenverbot des § 28 BRAO a.F. muss beachtet werden[4]. Die Kanzleiorte der jeweiligen Sozietätsmitglieder sind auf dem Briefbogen deutlich zu machen; es ist zu vermeiden, dass der irreführende Eindruck entsteht, an einem Ort sei eine Großkanzlei tätig, obwohl dort nur ein oder mehrere Sozien der Kanzlei arbeiten[5]. Darüber hinaus erwähnt *Henssler*[6], dass die erzielten Honorare auf gemeinsame Konten verbucht werden müssen, und dass bei der internen Organisation auf eine gesteigerte Kollisionsüberwachung – und damit: auf die Vermeidung eines Interessenkonflikts – im Hinblick auf die eingehenden und zu bearbeitenden Mandate zu achten ist[7]. 588

Die in dieser – geschichtlichen – Definition verankerten Begriffsmerkmale wurden dann (im Wesentlichen) von § 59a Abs. 2 BRAO a.F. übernommen; die überörtliche Sozietät erhielt auf diesem Wege eine gesetzliche Grundlage. Daraus ergab sich: Die Anwälte einer überörtlichen Sozietät müssen aufgrund des **Mandatsvertrages** grundsätzlich gemeinsam verpflichtet werden, was allerdings auch für die örtliche Sozietät zutrifft[8]. Auch wenn bei der überörtlichen Sozietät – in gleicher Weise wie bei der örtlichen Sozietät – die Überwachung etwaiger **Interessenkollisionen** geschuldet wird, so ist doch zu unterstreichen: Der technische Aufwand, der für die ordnungsgemäße Überwachung der Interessenkollision bei einer überörtlichen Sozietät – insbesondere aber auch bei einer international agierenden Sozietät – erforderlich ist, ist wesentlich größer als der, der innerhalb einer örtlichen Sozietät anfällt (zu Rz. 599). 589

Ob das von *Henssler*[9] des Weiteren erarbeitete Kriterium, wonach die vereinnahmten Honorare – mit wechselseitiger Verfügungsbefugnis sämtlicher 590

1 Hierzu im Einzelnen *Knöfel*, Grundfragen der internationalen Berufsausübung von Rechtsanwälten, S. 173 ff., 192 ff.
2 *Henssler*, NJW 1993, 2137, 2139.
3 Hierzu OLG Hamm NJW 1991, 2650.
4 BGH NJW 1993, 196.
5 Vgl. BGH NJW 1993, 196.
6 *Henssler*, a.a.O.
7 Vgl. auch OLG München NJW 1990, 2134.
8 *Vogels*, Haftung, S. 182.
9 *Henssler*, a.a.O.

Anwälte – auf einem gemeinsamen Konto zu verbuchen sind, als Begriffsmerkmal einer überörtlichen Sozietät bewertet werden soll, ist sehr zweifelhaft[1]. Der Mandant ist persönlich lediglich davor zu schützen, dass er bei der Beauftragung einer überörtlichen Sozietät wegen des zu zahlenden Honorars mehrfach in Anspruch genommen wird. Dabei reicht es insoweit aus, wenn sich die Partner einer überörtlichen Sozietät darauf verständigen und der Mandant berechtigt ist, mit schuldbefreiender Wirkung sein Honorar gegenüber allen Anwälten an einen von ihnen zu zahlen. Doch ist es selbstverständlich praxisgerecht, ein gemeinsames Konto an allen Standorten der überörtlichen Sozietät zu errichten.

2. Voraussetzungen gemäß § 59a BRAO

a) Allgemeines

591 Berücksichtigt man den Ausgangspunkt (Rz. 587), dass nämlich die überörtliche Sozietät an keine weiteren Voraussetzungen/Anforderungen geknüpft ist als die (einfache) Sozietät, so sind damit die Würfel gefallen[2]. Entscheidend hierfür ist zunächst die Einsicht, dass der weitergehende Berufsrechtsvorbehalt gemäß § 59a Abs. 1 BRAO a.F. ein Verbot der Sternsozietät zum Gegenstand hatte. Danach durfte sich ein Rechtsanwalt mit anderen Angehörigen sozietätsfähiger Berufe in **einer Sozietät** zur gemeinschaftlichen Berufsausübung verbinden. Die Interpretation des Worts „einer" hatte eine Kontroverse hervorgerufen, weil man dieses Wort wohl als einen unbestimmten Artikel als auch als Zahlwort verstehen kann[3]. Dieses Verständnis hat auch der BGH sich zu Eigen gemacht[4], indem er das Verbot der **Sternsozietät** als „zurzeit nicht verfassungswidrig" qualifizierte. Doch gleichzeitig bestätigte der BGH[5], dass das Recht der beruflichen Zusammenarbeit von Rechtsanwälten und insbesondere der Rechtsanwaltsgesellschaften gegenwärtig im „Fluss" sei. Gleichwohl: Schließlich hat der Gesetzgeber eingegriffen[6] und die Wörter in der gesetzlichen Bestimmung „in einer Sozietät" **ersatzlos** gestrichen. Damit ist klargestellt: Gerade im Bereich überörtlicher Sozietäten ist es Rechtsanwälten künftig gestattet, ihren Beruf in mehreren Sozietäten auszuüben[7]. Soweit § 31 BORA a.F. noch das Verbot der Sternsozietät enthält, ist es wegen des Vorrangs des Gesetzes vor Satzungsrecht hinfällig[8].

592 § 59a Abs. 2 BRAO a.F. forderte schließlich auch als weiteren Berufsrechtsvorbehalt für die Sozietät, dass eine **gemeinschaftliche Kanzlei** besteht; der Unterschied zur örtlichen Sozietät bestand deshalb nur darin, dass bei der

---

1 Vgl. Henssler/Prütting/*Hartung*, BRAO, § 59a Rz. 25, 46.
2 *Hartung/Römermann*, BRAO, § 59a Rz. 37.
3 *Feuerich/Weyland*, BRAO, § 59a Rz. 62.
4 BGH NJW 2006, 1132.
5 BGH NJW 2006, 1132, 1133.
6 BGBl. 2007 S. 2848.
7 *Feuerich/Weyland*, BRAO, § 59a Rz. 65.
8 Vgl. Art. 4 Nr. 3 des Gesetzes zur Neuregelung des Rechtsberatungsrechts v. 12. 12. 2007, BGBl. I 2840; vgl. *Quass*, NJW 2008, 1697 – Befreiung des Verbots, widerstreitende Interessen wahrzunehmen; *Römermann*, AnwBl. 2007, 823.

überörtlichen Sozietät ihre Kanzleien zusammengeschlossen sind. Ob es sich dabei um eine „echte" überörtliche Sozietät, eine „Scheinsozietät" oder gar nur um eine „Außensozietät" handelte, war im Rahmen von § 59a Abs. 2 BRAO a.F. irrelevant, solange nur sichergestellt war, dass „zumindest" ein „Sozius" an jedem Standort der überörtlichen Sozietät tätig war und dort auch den Mittelpunkt seiner beruflichen Tätigkeit entfaltete – ein Gesichtspunkt, der wiederum mit dem – aufgehobenen – Zweigstellenverbot gemäß §§ 27, 28 BRAO a.F. zusammenhing. Daraus folgt: Bei der überörtlichen Sozietät kann und darf nicht mehr darauf abgestellt werden, ob eine gemeinschaftliche Kanzlei besteht[1].

b) Ausreichend: Status eines Scheinsozius

Zwar genügt es auch jetzt nicht, dass die – jeweilige – Kanzlei lediglich mit angestellten Anwälten oder freien Mitarbeitern besetzt wird[2]. Doch ist inzwischen anerkannt, dass es für die rechtmäßige Existenz einer überörtlichen Sozietät ausreicht, wenn an dem – jeweiligen – **Kanzleiort** nur ein **Scheinsozius** tätig ist. Mit Recht ist daher in der Literatur darauf aufmerksam gemacht worden, dass auch im Übrigen der Status eines Scheinsozius – etwa: haftungsrechtlich – dem eines „ordentlichen" Sozius gleichgestellt ist, zumal es dem rechtsuchenden Publikum völlig gleichgültig ist, ob an der jeweiligen „Kanzlei" ein Scheinsozius oder ein „wirklicher" Sozius tätig ist[3]. Anwalt ist Anwalt; Schild ist Schild ist man geneigt hinzuzusetzen. 593

c) Gemeinsame Mandatierung

Wenn also danach zwischen einer örtlichen und überörtlichen Sozietät strukturell keine entscheidenden Unterschiede mehr bestehen, dann liegt es auf der Hand, dass auch bei einer überörtlichen Sozietät grundsätzlich die in ihr vereinten Sozien die angetragenen Mandate **gemeinschaftlich** wahrnehmen müssen[4], weil sie ihnen in dieser Eigenschaft auch erteilt wurden. Dies wird auch in der Literatur so gesehen[5]. Doch es drängt sich die Frage auf, ob nicht bei einer überörtlichen Sozietät – im Gegensatz zu dieser Ansicht – nur die Sozien im Sinn von § 51a Abs. 3 Satz 1 BRAO als Gesamtschuldner gegenüber dem Mandanten und Dritten haften, die an dem jeweiligen Kanzleiort tätig sind, nicht aber die übrigen. Dieser Ansatz ist aus dogmatischen Gründen in Frage zu stellen. Denn eine als **Gesellschaft des bürgerlichen Rechts** gemäß § 705 ff. BGB organisierte überörtliche Sozietät besitzt nach der Rechtsprechung des BGH[6] als (Außen-)GbR die uneingeschränkte „Rechtsfähigkeit", soweit sie durch Teilnahme im Rechtsverkehr eigene Rechte und Pflichten begründet[7]. Damit ist der Grundsatz etabliert: 594

---

1 *Feuerich/Weyland*, § 59a Rz. 67.
2 OLG Hamm NJW 1991, 2650; *Henssler*, NJW 1993, 2137.
3 *Feuerich/Weyland*, § 59a Rz. 67.
4 Vgl. BGH NJW 1994, 257; BGH NJW 1998, 49.
5 *Hartung/Römermann*, § 59a Rz. 38.
6 BGH NJW 2001, 1056.
7 So auch *Feuerich/Weyland*, BRAO, § 51a Rz. 14.

Durch den Mandatsvertrag wird die Sozietät und damit auch bei einer überörtlichen Sozietät **jedes ihrer Mitglieder** gegenüber dem Mandanten berechtigt und verpflichtet. Denn eine Spaltung der Haftung in eine Teil BGB-Gesellschaft (örtliche Sozietät) ist nicht zulässig. Aber damit erschöpft sich die aufgeworfene Frage nicht.

d) Differenzierung: Gesamtmandat – Einzelmandat?

595 Denn die Rechtsprechung des BGH geht bei der Mandatierung einer Sozietät bei „Vorliegen besonderer Umstände" ausnahmsweise davon aus, dass nicht die Mitglieder der gesamten Sozietät rechtlich aufgrund eines Mandatsvertrages berechtigt oder verpflichtet sind, sondern dass auch die Möglichkeit besteht, ein **Einzelmandat** zugunsten eines einzelnen Sozius anzunehmen[1]. Der BGH hat diesen Ausnahmefall – abhängig von dem entsprechenden Willen der Beteiligten und den Umständen des Einzelfalls – mit der Erwägung begründet, der Mandant lege für gewöhnlich Wert darauf, dass nicht nur „sein Anwalt" die Sache bearbeitet, sondern dass er die Gewissheit hat, hinter „seinem" Anwalt stehe jeweils die „gesamte Sozietät mit ihren Vorteilen in Bezug auf Organisation und Arbeitsteilung"[2]. Daraus folge, so der BGH, dass im „Zweifel" das Mandat der gesamten Sozietät, nicht aber nur dem jeweiligen Anwalt übertragen sei. In der Literatur wird dieser Ansatzpunkt durchaus so gesehen[3]. Doch wird die Frage nicht gestellt, ob die vom BGH herausgearbeiteten Erwägungen bei der überörtlichen Sozietät überhaupt Relevanz beanspruchen können. Genau darum aber geht es.

596 Es sind nämlich insoweit **erhebliche Zweifel** angezeigt. Sie beruhen auf folgenden Erwägungen: Bei der überörtlichen Sozietät basiert bereits die Grundaussage des BGH, das im Zweifel eine Gesamtmandatierung aller Sozien vom Mandanten gewollt sei, auf einer rechtsgeschäftlich jedenfalls für die überörtliche Sozietät nicht ohne weiteres zu begründenden Annahme. Denn was für die örtliche Sozietät (nach Ansicht des BGH) zutreffend ist, dass nämlich die gesamte Sozietät mit ihrer Arbeitsteilung und ihrer Organisation dem Mandanten durch eine Gesamtmandatierung „Vorteile" bietet, ist für die überörtliche Sozietät nicht ohne weiteres zu bejahen. Es ist vielmehr – ganz im Gegenteil – schlicht **fernliegend** anzunehmen, der Mandant, der etwa die „örtliche Teilsozietät" einer überörtlichen Sozietät mit Sitz z.B. in München beauftragt, erstrecke damit auch – gleichzeitig – aus welchen Gründen dieses Mandat gleichzeitig – und dies als Regelfall – auf alle anderen Sozien, die etwa in Rostock oder Cottbus ansässig sind. Gleich der rechtsgeschäftliche Kontakt zwischen dem Mandanten und der überörtlichen Sozietät erschöpft sich in diesen Fällen regelmäßig darin, dass der Mandant ausschließlich mit der örtlichen Sozietät zu tun hat und dieser Einheit das Mandat erteilt, die es dann auch in der Regel ausschließlich bearbeitet. Auch die vom BGH für den Grundsatz der Gesamtmandatierung ins Spiel gebrachten

1 BGH NJW 1994, 257; BGH NJW 1971, 838.
2 BGH NJW 1994, 257, 258.
3 *Feuerich/Weyland*, BRAO, § 59a Rz. 17.

„Vorteile“[1] fallen bei einer überörtlichen Sozietät zugunsten des Mandanten regelmäßig gar nicht ins Gewicht: Weder die in der Sozietät übliche Organisation noch ihre Arbeitsteilung[2] führen dazu, dass die bei der „örtlichen Teilsozietät“ angesiedelte Mandatsbearbeitung auch ohne weiteres auf die Mitglieder anderer Kanzleiorte erstreckt wird, sofern nicht – ausnahmsweise – Spezialwissen an diesen anderen Kanzleiorten (mehr oder weniger exklusiv) vorhanden ist, welches dann nach dem übereinstimmenden Willen beider Parteien des Mandatsvertrages in die Mandatsbearbeitung einfließen soll. Dann bestehen freilich an einer Gesamtmandatierung keine Bedenken.

Doch für eine Teilmandatierung nur zugunsten der jeweiligen „Teilsozietät“ 597
spricht regelmäßig, dass an der jeweiligen „örtlichen Teilsozietät“ ausreichendes „juristisches Know-How“ vorhanden ist[3], um die pflicht- und ordnungsgemäße Mandatsbearbeitung sicherzustellen. Auch die vom BGH insoweit ins Spiel gebrachte „Arbeitsteilung“[4] vollzieht und erschöpft sich regelmäßig an dem Kanzleiort der einzelnen „Teilsozietät“. Also spricht der rechtsgeschäftliche Kontakt, der ausschließlich zwischen der „Teilsozietät“ und dem Mandanten realisiert wird, in diesen Fällen unter Beachtung der §§ 133, 157 BGB in starkem Maß für eine alleinige und **ausschließliche Mandatierung der „Teilsozietät“**. Die überörtliche Sozietät hat also mit einem so erteilten Mandat regelmäßig nicht das Mindeste zu tun; nichts spricht also in diesen Fällen für die vom BGH als Grundsatz anerkannte Gesamtmandatierung aller Sozien. Hinzu tritt auch der Gedanke, dass der Mandant für gewöhnlich gar keine Ahnung davon hat, welche Sach- und Fachkompetenz in den anderen „Teilsozietäten“ vorhanden ist. Denn der „Ruf“ oder auch das „Image“ einer Kanzlei entsteht am Ort; dort beginnt es, bevor es dann weitere Wellen entfaltet. Das weiß der Mandant; aus diesem Grund mandatiert er auch den jeweiligen Partner der betreffenden „Teilsozietät“. Dieser rechtsgeschäftliche Ansatz spricht also entscheidend dafür, den Grundsatz der Gesamtmandatierung, den der BGH für eine Sozietät entwickelt hat, bei einer überörtlichen Sozietät auf die jeweilige „Teilsozietät“ zu beschränken und zu konzentrieren.

e) Partnerschaftsgesellschaft – Kanalisierung der Haftung (§ 8 Abs. 2 PartGG)

Ein weiterer Gedanke muss in diesem Zusammenhang fruchtbar gemacht 598
werden, den der BGH bislang noch nicht in den Blick nehmen musste: Auch die Sicherstellung des Regresses im Sinne von § 51a Abs. 2 Satz 1 BRAO, welche nach Ansicht des BGH die gesamten Mitglieder der Sozietät – entsprechend dem gesamtschuldnerischen Grundsatz einer BGB- Gesellschaft – haftungsrechtlich verpflichten soll, überzeugt nicht. Hierfür ist vor allem der Grund maßgebend, dass nahezu alle überörtlichen Sozietäten schon aus haftungsrechtlichen Gründen einer Privilegierung gegenüber der gesamtschuldnerischen Haftung der BGB-Gesellschaft als **Partnerschafts-**

1 BGH NJW 1994, 257, 258.
2 So BGH a.a.O.
3 *Feuerich/Weyland*, BRAO, § 59a Rz. 17.
4 BGH a.a.O.

gesellschaft organisiert sind. Unter dieser Voraussetzung kommt aber das **Haftungsprivileg** von § 8 Abs. 2 PartGG in vollem Umfang zum Zug[1]: Für berufliche Fehler haftet dann eben lediglich der einzelne Partner, der mit der Bearbeitung des Auftrags befasst war. Dass insoweit die Haftungsnorm des § 8 Abs. 2 PartGG der allgemeinen Haftungsnorm des § 51a Abs. 2 BRAO als spezielle Regelung vorgeht, ist allgemein anerkannt und nicht in Frage zu ziehen[2]. Doch nach der hier vertretenen Meinung kommt es sodann zu einer entscheidenden **Kongruenz** zwischen rechtsgeschäftlicher Mandatierung der „Teilsozietät" einerseits und einer auf diese Sozietät bezogenen Haftungsprivilegierung nach § 8 Abs. 2 PartGG andererseits. Gerade weil es unter dieser Perspektive auf die Organisation des Arbeitsablaufs entscheidend ankommt, um in den Genuss der Kanalisierung der Haftung auf den Partner zu gelangen, der den beruflichen Fehler zu vertreten hat, spricht hier sehr vieles dafür, dass auf Grund eines Mandatsverhältnisses nur die Sozien der jeweiligen örtlichen „Teilsozietät" gegenüber dem jeweiligen Mandanten berechtigt und verpflichtet sind. Das steht auch tendenziell mit der isolierten Einzelhaftung des Sozius nach § 8 Abs. 2 PartGG im Einklang.

f) Interessenkollision

599 Die Überwachung etwaiger **Interessenkollisionen** und die Sicherstellung, dass ein Interessenkonflikt nicht stattfindet[3], ist freilich das **aktuelle praktische Problem**, welches die örtliche Sozietät von der überörtlichen Sozietät auch nur in engen Grenzen unterscheidet. In beiden Fällen muss nämlich eine funktionierende Kontrolle der behandelten Mandate sichergestellt sein. Doch ist hervorzuheben, dass – naturgemäß – der Aufwand für eine solche (funktionierende) Interessenkollisionsprüfung bei der überörtlichen Sozietät (IT etc.) wesentlich aufwendiger ist. Mehr aber ist zu diesem Unterscheidungsmerkmal nicht zu sagen: Je größer die Zahl der Anwälte ist, desto prekärer kann für den einzelnen Anwalt die Frage der Interessenkollision werden, zumal auch Großsozietäten in der Regel peinlich darauf bedacht sind, dass die Beziehungen zu bestimmten „Edelmandanten" ganz besonders intensiv gepflegt werden, so dass selbst dann eine Interessenkollision bejaht wird, wenn sie nur einen Randbereich, etwa die Vertretung einer Tochter- oder Enkelgesellschaft betrifft, aber eben im Interesse der Hygiene – und des Image – als Ablehnung dieses Mandats angezeigt ist.

g) Entgegennahme von Honoraren

600 Mit Recht ist darauf aufmerksam gemacht worden, dass die gemeinsame Entgegennahme von Honoraren – mit wechselseitiger Verfügungsbefugnis sämtlicher Sozien – nicht erforderlich ist, um die überörtliche Sozietät zu konstituieren[4]. Zwar ist der Mandant davor zu schützen, dass er bei der Be-

1 BGH ZIP 2010, 124.
2 *Feuerich/Weyland*, § 8 PartGG Rz. 13.
3 *Maier-Reimer*, NJW 2006, 36011 – grundlegend.
4 *Hartung/Römermann*, BRAO, § 59 Rz. 40; *Prütting/Hartung*, BRAO, § 59a Rz. 64; a.M. noch *Henssler*, NJW 1993, 2137, 2139.

auftragung einer überörtlichen Sozietät mehrfach wegen des (gleichen) Honorars in Anspruch genommen wird. Doch steht es den Mitgliedern der überörtlichen Sozietät frei, durch eindeutige Vereinbarungen untereinander und vor allem gegenüber dem betreffenden Mandanten sicherzustellen, dass die Zahlung des Honorars an eine der „Teilsozietäten" befreiende Wirkung für die gesamte überörtliche Sozietät entfaltet. In der Praxis ist es daher regelmäßig so, dass die überörtliche Sozietät an den einzelnen Kanzleiorten je eigene **Konten** unterhält, die auf den Namen der Sozietät lauten. Selbstverständlich ist dabei, dass jeweils andere Mitglieder der Sozietät – oder Angestellte – über diese Konto Vollmacht besitzen. Dies ändert jedoch nichts daran, dass auch unter dieser Voraussetzung der Mandant mit schuldbefreiender Wirkung auf eines der Konten der überörtlichen Sozietät zahlen kann und auch zahlt. Aus organisatorischen Gründen achtet freilich jede überörtliche Sozietät darauf, dass durch entsprechenden Vermerk auf der jeweiligen Rechnung sichergestellt ist, dass das Honorar auf das Konto der Kanzlei gezahlt wird, die für die Teilsozietät gezahlt wird, die das Mandat tatsächlich auch bearbeitet hat.

h) Außensozietät – Scheinsozietät

601 Unter der Herrschaft von § 59a Abs. 2 BRAO a.F. war die Frage von erheblich praktischer Bedeutung, ob eine Außensozietät überhaupt auch berechtigt ist, als überörtliche Sozietät aufzutreten. Diese Frage hat nunmehr nach Streichung dieser Bestimmung vieles von ihrer (ohnehin auch früher nur akademischen) Bedeutung verloren. Denn der BGH stellte schon in der Vergangenheit – auch für die Außensozietät – entscheidend darauf ab, dass eine überörtliche Sozietät trotz und wegen der getrennt geführten „Kanzleien" eine die Ankündigung rechtfertigende Zusammenarbeit aufweisen müsse[1]. Diesem Erfordernis war – so der BGH – dann Genüge getan, wenn jedes Mitglied der Sozietät aufgrund des Sozietätsvertrages ermächtigt und grundsätzlich auch verpflichtet ist, den Anwaltsvertrag mit den Mandanten mit Wirkung für und gegen alle Sozien abzuschließen[2]. Entscheidend ist also für den BGH, ob auf diese Weise die gesamtschuldnerische Haftung aller Sozien – einschließlich der Außen- und Scheinsozien – gegenüber dem Mandanten begründet wird[3].

602 Nachdem mittlerweile, wie bereits erwähnt, auch § 28 BRAO a.F. durch das Gesetz vom 26. 3. 2007[4] ersatzlos gestrichen wurde, bestehen nunmehr – auch im Rahmen einer überörtlichen Sozietät – **keinerlei Bedenken** dagegen, dass auch **Außensozien „Partner" der überörtlichen Sozietät** sind. Diesen Ausgangspunkt wird man auch dann für richtig ansehen müssen, wenn man – wie vorstehend dargelegt (Rz. 595 ff.) – davon ausgeht, dass die Begründung einer gesamtschuldnerischen Haftung gegenüber dem Mandanten bei

1 BGH NJW 1991, 49, 50; BGH NJW 1993, 196, 198; BGH NJW 1994, 2288; *Odersky*, in: FS für Merz, 1992, S. 439, 451.
2 BGH NJW 1991, 49, 50; BGH NJW 1993, 196, 198.
3 BGH NJW 1991, 49, 50; BGH NJW 1993, 196, 198.
4 BGBl. I 2007, S. 358.

einer überörtlichen Sozietät eher die Ausnahme denn die Regel darstellt. Denn wenn in einer örtlichen „Teilsozietät" ein Außen- bzw. Scheinsozius tätig ist, dann wird allein deswegen die gesamtschuldnerische Haftung aller Sozien begründet, weil und soweit der Außen- bzw. Scheinsozius aufgrund seines Auftretens – Briefkopf, Praxisschild – den Eindruck erweckt, ordentlicher Partner zu sein (Rz. 192). Doch wird man auch hier die oben vorgenommene Einschränkung wirksam werden lassen müssen: Es ist immer nur die betreffende „Teilsozietät", welche auch im Rahmen einer durch den Scheinsozius begründeten Anscheins- oder Duldungsvollmacht berechtigt und verpflichtet wird. Denn auch in diesen Fällen bedarf der Mandant keines weiteren Schutzes als in den Fällen, in denen er unmittelbar mit einem Sozius kontrahiert.

3. Wettbewerbsrechtliche Aspekte

603 Die sich aus § 8 BORA ergebenden Fragen sind bei einer überörtlichen Sozietät nicht von denjenigen zu unterscheiden, die bei einer örtlichen Sozietät relevant sind. Denn der Normzweck von § 8 BORA besteht erkennbar darin, **enumerativ** diejenigen **Formen** der „beruflichen Zusammenarbeit" **aufzuzeigen**, die berufsrechtlich – und damit auch wettbewerbsrechtlich – unbedenklich sind[1]. Ausdrücklich ist damit auch die Frage **geklärt**, dass ein Außen- und Scheinsozius Mitglied einer Kooperation sein darf, die auf „berufliche Zusammenarbeit" gerichtet ist. Man mag daher die Regelung von § 8 BORA als unerheblich ansehen, zumal auch die Bestimmungen der §§ 3, 5 UWG – Irreführungsverbot – ohnedies auch gegenüber Anwälten uneingeschränkt gelten[2]. Diesem Ansatz ist zu folgen. Jedenfalls in der Praxis haben sich damit auch die Argumente von *Braun* erledigt[3], wonach nämlich die Satzungsermächtigung, eine BORA zu schaffen, nicht so weit gehen dürfe, ein neues Wettbewerbsrecht für die Anwaltschaft zu begründen. Entscheidend ist daher, dass auch die Werbung der überörtlichen Sozietät das Erfordernis der Wahrheit – und damit die Beachtung des Irreführungsgebots gemäß §§ 1, 3, 5 UWG – beachten muss.[4]

604 Damit ist auch die bisherige (frühere) Judikatur des BGH nicht mehr einschlägig[5]. Selbst wenn nämlich eine Außen- oder **Scheinsozietät** im Rahmen einer überörtlichen Sozietät vorliegt, erweckt diese **keinen – irreführenden – Rechtsschein**, sofern eine gesamtschuldnerische Haftung aller Mitglieder der Sozietät – und nach der hier vertretenen Auffassung – jedenfalls der Mitglieder der betreffenden „Teilsozietät" gewährleistet ist. Unter Berücksichtigung der hier vertretenen Auffassung (Rz. 595 ff.) wird man also diesen Gesichtspunkt auch dann gemäß §§ 1, 3, 5 UWG – und damit auch nach § 8 BORA – für zutreffend ansehen dürfen, wenn sich die gesamtschuldnerische

1 *Hartung/Römermann*, § 8 BORA Rz. 21.
2 *Hartung/Römermann*, § 8 BORA Rz. 24.
3 *Braun*, ZRP 1996, 394, 399.
4 Hierzu auch *Köller/Pieper*, UWG, 2002, § 1 Rz. 817 ff.
5 BGH NJW 1993, 196, 198; BGH NJW 1994, 2288, 2289.

Haftung bei einer überörtlichen Sozietät nur auf die örtliche „Teilsozietät" bezieht. Denn diese unterscheidet sich in nichts von einer örtlichen Sozietät.

a) Kurzbezeichnung – § 9 Abs. 1 Satz 2 BORA

Wegen der generellen Identität zwischen örtlicher und überörtlicher Sozietät steht zunächst fest, dass im Hinblick auf die gemäß § 9 BORA zulässige Kurzbezeichnung keine Unterschiede bestehen (Rz. 69 ff.). Indessen folgt auf § 9 Satz 2 BORA: Die gewählte Kurzbezeichnung muss „bei der Unterhaltung mehrerer Kanzleien einheitlich geführt werden"[1]. Folglich ist bei einer überörtlichen Sozietät sicherzustellen, dass die gewählte Kurzbezeichnung an allen Kanzleiorten, auf Briefkopf und Praxisschild sowie in allen sonstigen Verlautbarungen stets die gleiche ist[2]. Das bereitet in der Praxis kaum Schwierigkeiten. 605

b) Gestaltung des Briefkopfs

Da der Verbotstatbestand von § 9 Abs. 2 BORA lediglich darauf abzielt, die Kurzbezeichnung bei einer überörtlichen Sozietät einheitlich zu gestalten, ergibt sich daraus nicht, dass auch die übrige Gestaltung des Briefkopfs einheitlich sein muss. Insbesondere ist nicht zu erkennen, dass die **Anordnung des Briefkopfs**, d.h. die Auflistung der Sozien und der betreffenden Standorte nicht so gewählt werden kann, dass nicht jeweils die örtliche „Teilsozietät", welche die betreffende Korrespondenz führt, in der „Rangfolge" an erster Stelle steht. Dann erscheint eben z.B. die Frankfurter „Teilsozietät" bei einem von einem Partner/Angestellten/Freien Mitarbeiter verfassten Brief dieser „Teilsozietät" an erster Stelle des Briefkopfs, in einem anderen Fall ist es aber die Stuttgarter oder eine sonstige „Teilsozietät". Freilich ist einer solchen – durchaus verbreiteten – Praxis entgegenzuhalten, dass die Gesichtspunkte des **Marketings** es als durchaus förderlich erscheinen lassen können, nicht nur die Kurzbezeichnung, sondern auch den Briefkopf – also das gesamte äußere Auftreten der überörtlichen Sozietät in ihren „Teilsozietäten" – stets einheitlich zu gestalten. Unterschiedlich ist dann lediglich die klare Ortsbezeichnung, von der der jeweilige Briefkopf stammt. 606

Doch hat diese Frage mittlerweile viel an ihrer Brisanz verloren: Überörtlich „aufgestellte" Großkanzleien sind nämlich dazu übergegangen, wegen der Fülle der Namen, die unter den unterschiedlichen Kanzleiorten aufgeführt werden, diese lediglich auf der **Rückseite** der ersten Briefseite aufzuführen. Dagegen bestehen keine Bedenken; die Eitelkeit der einzelnen Partner ist dem „Goodwill" der „Firma" gewichen; Gesichtspunkte des Marketings haben das Sagen. Und das hat seine durchaus guten Seiten. 607

Gleichzeitig ist darauf hinzuweisen, dass es erforderlich ist, den jeweiligen **Kanzleiort**, von dem die Korrespondenz geführt wird, deutlich auf dem Briefkopf zu markieren. Dies folgt zwar nicht mehr – wie in der Vergangenheit – 608

1 Hierzu *Hartung/Römermann*, § 9 BORA Rz. 74 ff.
2 OLG Hamm NJW 1994, 868.

aus § 59a Abs. 2 BRAO a.F., sondern aus dem simplen Befund: Wenn nicht aufgrund der Gestaltung des Briefkopfs klar wird, welcher Kanzleiort als **Absender des betreffenden Schreibens** auftritt, führt dies zu einer völlig unnötigen Verwirrung im Ablauf der Korrespondenz und zwar unabhängig davon, ob damit der wettbewerbsrechtliche Tatbestand der §§ 3, 5 UWG – Irreführung – erfüllt ist oder nicht.

4. Beteiligung von Anwaltsnotaren

609 Für die überörtliche Sozietät stellen sich hier keine anderen Fragen als diejenigen, die – bezogen auf die Sozietätsfähigkeit eines Anwalts, der gemäß § 3 Abs. 2 BNotO Notar im Nebenberuf ist – anderweitig abgehandelt werden (Rz. 69 ff.; 767 ff.): Die Notartätigkeit des Anwaltsnotars ist eben **nicht sozietätsfähig**[1]. Die Verbindung von Anwaltsnotaren mit Rechtsanwälten (und sonstigen Mitgliedern sozietätsfähiger Berufe gemäß § 59a Abs. 2 BRAO) richtet sich im Übrigen nach § 9 Abs. 2 BNotO[2]. Zwischen beiden Standesrechten besteht ein nicht aufhebbares Konkurrenzverhältnis[3]. Dies entspricht auch der Rechtsprechung des BVerfG[4]. Indessen muss unter Berücksichtigung des Irreführungsverbots der §§ 3, 5 UWG der Eindruck vermieden werden, als sei es dem Anwaltsnotar – in seiner Funktion als Notar – gestattet, an allen Kanzleiorten der überörtlichen Sozietät tätig zu werden, weil ja der Notar nur in dem Bezirk tätig werden darf, in dem er als Notar zugelassen worden ist.

5. Interprofessionelle überörtliche Sozietät

610 Der in den 90er Jahren des vorigen Jahrhunderts durchaus sehr bemerkenswerte Trend des „one shop" hat sich in den letzten Jahren deutlich verlangsamt. Die großen WP-Geselslchaften haben durchweg ihr Lehrgeld gezahlt. An erster Stelle steht die auch aus anderen Gründen vollzogene Auflösung von Arthur Anderson. Die interprofessionelle Zusammenarbeit beschränkt sich daher in der Praxis im Wesentlichen auf größere und mittlere Kanzleien, deren Klientel sich vor allem aus dem Mittelstand rekrutiert.

a) Voraussetzungen von § 59a Abs. 2 Nr. 2 BRAO

611 Aus der gesetzlichen Regelung von § 59a Abs. 2 Nr. 2 BRAO (Rz. 9 ff.) ist abzuleiten, dass Rechtsanwälte einer Sozietät – dies gilt dann auch für die überörtliche Sozietät – mit den gleichen Personen/Personengruppen eine Zusammenarbeit unterhalten dürfen, wie dies für die örtliche Sozietät dargestellt wurde[5]. Besonderheiten bestehen insoweit nicht.

1 *Hartung/Römermann*, BRAO, § 59a Rz. 18.
2 *Feuerich/Weyland*, BRAO, § 59a Rz. 49.
3 Vgl. *Schippel/Brocker*, Bundesnotarordnung, 2006, § 29 Rz. 21 ff.
4 BVerfG AnwBl. 2005, 427.
5 *Feuerich/Weyland*, BRAO, § 59a Rz. 49 ff.

b) Außerhalb des Anwendungsbereichs von § 59a Abs. 2 Satz 2 BRAO

Die Gründe, welche für eine **Öffnung** der Kooperationsmöglichkeiten zwischen Anwälten und sonstigen Berufsträgern (Ingenieuren, Architekten, Medizinern etc.) geltend gemacht werden, sind in gleicher Weise für die überörtliche Sozietät fruchtbar zu machen (Rz. 80ff.). Es bestehen auch insoweit keine Besonderheiten. 612

6. Internationale Anwaltssozietäten

Klarstellend sei vorweg genommen (im Einzelnen Rz. 1ff.): Wenn nachfolgend von internationalen Kanzleien die Rede ist, dann sind damit nicht die von angelsächsischen oder amerikanischen Großkanzleien **dominierten deutschen Kanzleien** gemeint. Auch soll hier nicht davon die Rede sein, dass Kanzleien beschrieben werden, die „international" aufgestellt sind. Vielmehr wird dieser Begriff nachfolgend in einer gewissen Engführung verstanden. Es geht nur um die (wenigen) Fälle, in denen ausländische Anwälte im Rahmen einer Sozietät nach näherer Maßgabe der Bestimmungen des EuRAG tätig werden, also in der Bundesrepublik als ausländische Anwälte zugelassen sind. 613

a) Allgemeine Zulässigkeit

§ 59a Abs. 2 Nr. 1 BRAO ist unter Berücksichtigung dieses Verständnisses für die Bildung einer internationalen Anwaltssozietät zwischen Rechtsanwälten die entscheidende gesetzliche Grundlage[1]. Maßgebend ist insoweit zunächst das Gesetz über die Tätigkeit europäischer Rechtsanwälte in Deutschland (EuRAG)[2]. Dieses regelt in Übereinstimmung mit den Vorgaben der Richtlinie 98/5/EG und der Richtlinie 2005/36/EG die Voraussetzungen sowie das Verfahren, bei deren Beachtung sich Rechtsanwälte aus anderen **Mitgliedsstaaten der Europäischen Union** in Deutschland niederlassen und die Eingliederung in die deutsche Anwaltschaft erlangen können[3]. Nach § 2 Abs. 1 EuRAG ist der europäische Rechtsanwalt verpflichtet, in Deutschland unter der Berufsbezeichnung seines **Herkunftslandes** – als „niedergelassener europäischer Rechtsanwalt" – seine Tätigkeit gemäß §§ 1–3 BRAO auszuüben. Zur Konsequenz hat dies, dass die unter ihrem Heimattitel tätigen „niedergelassenen europäischen Rechtsanwälte" hinsichtlich ihrer beruflichen Befugnisse einem inländischen Rechtsanwalt grundsätzlich gleichgestellt sind[4]. Gemäß § 5 EuRAG ist ein so zugelassener Anwalt auch verpflichtet, die Berufsbezeichnung zu verwenden, die er im Herkunftsland nach dem dort geltenden Recht zu führen berechtigt ist, etwa „Barris- 614

1 *Feuerich/Weyland*, BRAO, § 59a Rz. 56; *Römermann/Hartung*, BRAO, § 59a Rz. 44; im Einzelnen auch *Nerlich*, AnwBl. 1994, 529ff.; *Knöfel*, Grundfragen der internationalen Berufsausübung von Rechtsanwälten, 2005, S. 173ff.

2 Hierzu *Feuerich/Weyland*, BRAO, S. 1728ff.

3 Richtlinie 98/5/EG – ABl. Nr. L 77; Richtlinie 2005/36/EG – ABl. L 255.

4 *Feuerich/Weyland*, § 2 EuRAG Rz. 2.

ter" – englischer Rechtsanwalt – oder „Advocaat" – niederländischer Rechtsanwalt – etc. und zu den Einzelheiten (Y Rz. 1ff.).

b) Transnationale Sozietät

615 § 59a Abs. 2 Nr. 1 BRAO bestimmt darüber hinaus, dass eine „gemeinschaftliche Berufsausübung" auch mit solchen Rechtsanwälten zulässig ist, die nach § 206 BRAO berechtigt sind, sich im Geltungsbereich der BRAO niederzulassen und ihre Kanzlei im Ausland zu unterhalten. Es handelt sich hierbei um „Rechtsanwälte" als Angehörige eines **Mitgliedsstaates der WHO**, sofern diese einen Beruf ausüben, der in der Ausbildung und den Befugnissen des Rechtsanwalts nach Maßgabe der einzelnen Bestimmungen der BRAO „entspricht"[1]. Auch diese Fälle sind selten. Soweit nach alledem (im Einzelnen auch Y Rz. 1ff.) eine örtliche Sozietät zulässig ist, bestehen auch keine Bedenken, eine überörtliche Sozietät in gleicher Weise zu strukturieren.

7. Abgrenzung zu anderen überörtlichen Kooperationsformen

616 Es ist durchaus nicht von der Hand zu weisen, wenn *Hartung*[2] bemerkt, bei der Diskussion über die Möglichkeiten und Grenzen anwaltlicher Zusammenarbeit – vor allem im Rahmen einer überörtlichen Sozietät – seien die zahlreichen **sonstigen Gestaltungsmöglichkeiten** ein wenig **außer Betracht** geblieben, die außerhalb des Gesellschaftsrechts angesiedelt sind. Gemeint sind damit in erster Linie verschiedene Formen anwaltlicher Kooperationen, angefangen bei Ad-hoc-Zusammenarbeit über den „Kanzlei-Club" bis hin zur Gründung einer EWiV. Widmet man sich diesen Kooperationsformen, so ist zunächst eine Abgrenzung gegenüber der Sozietät erforderlich.

a) Abgrenzung gegenüber der Sozietät

617 In der Praxis ist es – von außen betrachtet – nicht immer einfach, eine – wie auch immer geartete – Kooperation zwischen verschiedenen Anwaltskanzleien von einer überörtlichen Sozietät zu unterscheiden[3]. Auf den zweiten Blick liegen die Dinge jedoch im praktischen Ergebnis regelmäßig recht einfach: Die Sozietät – gleichgültig, ob es sich um örtliche oder um eine überörtliche **Sozietät** handelt – ist immer dadurch charakterisiert, dass die Sozien nach der Rechtsprechung des BGH (Rz. 25) gehalten sind, alle **Mandate gemeinschaftlich** anzunehmen, so dass eine gesamtschuldnerische Außenhaftung entsteht. Dass diese Ansicht im Vorstehenden zurückgewiesen wurde, sei nochmals ausdrücklich hervorgehoben (Rz. 595). Zu Grunde liegt nach der h.M. der Rechtsfigur einer gesamtschuldnerischen Haftung aller Sozien gegenüber dem Mandanten in der Regel ein Gesellschaftsvertrag. Ein solcher Vertrag ist den sonstigen Kooperationsformen fremd. Ist dieser freilich – wie üblich – nach Maßgabe der Bestimmungen des PartGG gestaltet, dann geschieht dies – wie gezeigt – vor allem deswegen, weil es den Partnern darum

1 *Feuerich/Weyland*, BRAO, § 207 Rz. 4ff.
2 *Hartung*, AnwBl. 1995, 333, 334.
3 Mit Recht *Hartung*, AnwBl. 1995, 333, 334.

geht, die Vorteile des kanalisierten Haftungsregimes von § 8 Abs. 2 PartGG zu erlangen[1]. Aber gerade dieser Gedanke wurde auch zuvor als wesentlich für den Befund angesehen, dass eben keine gesamtschuldnerische Haftung aller Sozien eingefordert ist, sondern nur die der örtlichen „Teilsozietät".

Als weiteres Abgrenzungskriterium zwischen der Sozietät und sonstigen Formen anwaltlicher Kooperation kommt die Definition der „beruflichen Zusammenarbeit" gemäß § 8 BORA in Betracht. Wesentliches Merkmal danach ist es, dass eine solche Kooperation „**auf Dauer**" ausgerichtet sein muss, wobei es vor allem auf die Absicht entscheidend ankommt[2]. Gleichwohl wird man zusätzlich auch noch ein zeitliches Moment – in Form einer tatsächlichen Ausübung einer solchen Kooperation – fordern müssen, auch wenn kein Zweifel daran besteht, dass bereits mit Beginn einer solchen Kooperation auf diese hingewiesen werden darf[3]. Die Einzelheiten können hier durchaus zweifelhaft sein; es entscheiden stets die Umstände des Falles, die sorgsam auszufüllen und zu bewerten sind. 618

Ein weiterer wesentlicher Unterschied besteht darin, dass für die örtliche und überörtliche Sozietät (aber nicht nur für diese) eine **Kurzbezeichnung** im Sinn von § 9 BORA zulässig ist, was nicht für die Kooperation zutrifft[4]. Damit ist für die Praxis ein (relativ) zuverlässiges und rasch zu handhabendes Abgrenzungskriterium gefunden. Im Ergebnis ist also die Kooperation weniger als eine Sozietät und mehr als eine nur zufällige und gelegentliche Kontaktaufnahme zwischen Anwälten[5]. 619

b) Gesellschaftsrechtliche Grundlegung – Zweifelsfragen

Je nachdem, wie weit man den Begriff der Kooperation (Absicht/Zeitdauer) zieht, sind damit zugleich die Würfel gefallen: Handelt es sich nämlich lediglich um eine gelegentliche, kurzfristige Zusammenarbeit wie etwa im Rahmen eines die „Kooperation" angeblich begründenden Korrespondenzmandates, so sind sicherlich keine gesellschaftsrechtlichen Grundlegungen im Sinn der §§ 705 ff. BGB erforderlich; sie sind auch nicht gewollt. Das gilt insbesondere auch in den Fällen, in denen es sich bei der angestrebten und auch verwirklichten Koopeation um ein **reines „Gentlemen Agreement"** handelt. In diesen Fällen fehlt regelmäßig eine rechtlich bindende, weil auch klagbare Verbindlichkeit, die Einhaltung eines – wie auch immer zustande gekommenen – Kooperationsversprechens zu erzwingen. Es wird sich im Zweifel um eine Gefälligkeitsabrede handeln[6]. Diese beruhen auf schlichter Kollegialität – wie hinzuzusetzen ist – häufig aber auch auf der Wahrhaftigkeit und Ehrlichkeit eines solchen Versprechens. Der größere Schein wäre eben trügerisch. 620

---

1 BGH NJW 2010, 1360; zur Haftung bei einer LLP vgl. *TriebelSilny*, NJW 2008, 1034 ff.

2 *Hartung/Römermann*, § 8 BORA Rz. 78; *Feuerich/Weyland*, § 9 BORA Rz. 9.

3 BGH AnwBl. 2005, 651; *Hartung/Römermann*, § 8 BORA Rz. 79 f.

4 *Hartung/Römermann*, § 9 BORA Rz. 34.

5 *Hartung/Römermann*, § 59a BRAO Rz. 169; *Feuerich/Weyland*, § 59a Rz. 92.

6 Hierzu *Palandt/Grüneberg*, vor § 241 Rz. 7 ff.

621 Wenn gleichwohl eine vertragliche Bindung im Sinn der §§ 145 ff. BGB gewollt sein sollte, wird man grundsätzlich erwägen müssen, ob es sich hier – abseits aller gesellschaftsrechtlichen Erwägungen – nicht nur um eine einfache schuldrechtliche Abrede handelt. Wie stets ist dann zunächst eine Abgrenzung gegenüber der Gefälligkeitsvereinbarung erforderlich. Die Nagelprobe besteht im Zweifel darin, dass ein schuldrechtlicher Leistungsanspruch, insbesondere auch ein **Schadensersatzanspruch** gemäß § 241 Abs. 2 BGB oder nach § 280 Abs. 1 BGB im Fall einer Pflichtverletzung gegenüber dem **anderen „Partner"** im Innenverhältnis begründet wird. Entscheidend ist dabei – wie stets – nicht der innere Wille des Erklärenden, sondern ob das Verhalten der Beteiligten unter Berücksichtigung aller Umstände so zu verstehen ist, dass anhand objektiver Kriterien aufgrund der Erklärung und des Verhaltens der Parteien festgestellt werden kann, ein Rechtsbindungswille sei anzunehmen[1].

622 Etwas anderes gilt sicherlich dann – gestützt auch durch die Regel von § 8 BORA –, wenn die Kooperation zwischen den beteiligten Anwälten auf Dauer angelegt ist[2]. Es handelt sich dann im Zweifel auch um einen Gesellschaftsvertrag im Sinn der §§ 705 ff. BGB, weil und soweit dieser auf die Erreichung eines gemeinsamen Kooperationszwecks zielt[3]. Dieser ist dann die Verbindlichkeit der Kooperation: Alle Partner und Mitglieder sind verpflichtet, den Zweck dieser Kooperation auf Dauer zu fördern[4]. Dies setzt dann die im Sinn von § 8 BORA vorgesehene, auf Dauer angelegte, auch organisatorisch verfestigte Zusammenarbeit voraus, an der Einzelanwälte oder Sozietäten beteiligt sind[5].

c) Haftungsregime

623 In Abgrenzung zur Sozietät ist festzuhalten, dass bei einer Kooperation in der Regel feststeht: In diesem Fall nimmt der jeweilige Anwalt/die jeweilige Sozietät das erteilte Mandat **selbständig**, nicht aber für die übrigen Partner der Kooperation entgegen[6]. Ob das zutrifft, ist maßgebend davon abhängig, ob diese Begrenzung der Mandatserteilung auch dem jeweiligen Mandanten erkennbar ist. Insoweit dürfte es ausreichen, aber auch erforderlich sein, dass diese Kooperation in geeigneter Weise gegenüber dem Verkehr deutlich gemacht wird. Trifft dies zu, dann folgt daraus, dass die für die Sozietät charakteristische **gesamtschuldnerische Außenhaftung** in diesen Fällen nicht anzuerkennen ist[7]. Für die Frage, in welcher Weise eine Haftung für eine **Pflichtverletzung** im Sinn der §§ 280 Abs. 1, 241 Abs. 2 BGB für das schuldhafte Verhalten eines Partners einer solchen Kooperation in Betracht zu ziehen ist, ergeben sich daraus folgende Ableitungen.

---

1 BGH NJW-RR 2006, 117, 120.
2 *Hartung*, AnwBl. 1995, 333, 335.
3 Hierzu im Einzelnen: *Palandt/Sprau*, § 705 Rz. 3.
4 *Palandt/Sprau*, § 705 Rz. 15.
5 *Hartung*, AnwBl. 1995, 333, 335.
6 *Hartung*, AnwBl. 1995, 333, 335.
7 *Hartung*, a.a.O.

aa) Gestattung der Einschaltung des Kooperationspartners

Wenn man davon ausgeht, dass der Mandatsvertrag zwischen Anwalt und seinem Klienten üblicherweise ein Geschäftsbesorgungsvertrag im Sinn der §§ 675, 611 ff. BGB ist[1], dann folgt daraus: Der „Kooperationspartner" – gleichgültig, ob es sich um einen Rechtsanwalt oder um ein sonstiges Mitglied eines sozietätsfähigen Berufs im Sinn von § 59a Abs. 2 BRAO handelt – darf nur dann von dem unmittelbar mandatierten Anwalt eingeschaltet werden, wenn der Mandant dies ausdrücklich oder stillschweigend gestattet. Denn die unbesehene Einschaltung des „Kooperationspartners" scheitert regelmäßig daran, dass das erteilte Mandat im Zweifel **höchstpersönlich** vom Einzelanwalt oder von der Sozietät zu erfüllen ist. Für die Annahme einer Haftung als Erfüllungsgehilfe nach § 278 BGB fehlt es hier regelmäßig daran, dass ja der mandatierte Anwalt den „Kooperationspartner" nicht im Rahmen einer ihm als Schuldner gegenüber dem Mandanten obliegenden Verbindlichkeit einschaltet. Zu der gleichen Schlussfolgerung gelangt man im Rahmen der Rechtsfigur einer Substitution gemäß § 664 BGB, weil diese Norm voraussetzt, dass der beauftragte Anwalt „im Zweifel" die Ausführung des Auftrags nicht an einen Dritten übertragen darf[2]. Gerade dann, wenn, was regelmäßig anzunehmen sein dürfte, ein **persönliches Vertrauensverhältnis** besteht, spricht einiges dafür, dass unter diesen Voraussetzungen die Gestattung nicht zulässig ist[3]. In all diesen Fällen liegt also in der Einschaltung eines „Kooperationspartners" eine genuine Pflichtverletzung des mandatierten Anwalts. Demzufolge kann der Mandat verlangen, von den Verbindlichkeiten freigestellt zu werden, die durch die unberechtigte Einschaltung des „Kooperationspartners" entstanden sind; diese Kosten fallen dann dem Anwalt selbst zur Last. Von einer **Gestattung**, das **Mandat** im Sinn des § 664 BGB an einen Dritten **weiterzuleiten**, wird man allerdings dann sprechen können, wenn für den Mandanten erkennbar der erteilte Auftrag nicht in die Kompetenz des zunächst angesprochenen Anwalts, sondern zumindest auch in die des jeweiligen „Kooperationspartners" zielt. Denn unter dieser Voraussetzung spricht – auch bei einer nicht ausdrücklich erklärten Gestattung – einiges dafür, dass dann der bei Erteilung des Mandats erkennbare Wille des Mandanten und des Anwalts, auch wenn insoweit ein Vertrauensverhältnis besteht, die Einschaltung des jeweiligen „Kooperationspartners" jedenfalls konkludent einschließt. Ob dies zutrifft, kann wie stets nach Maßgabe der §§ 133, 157 BGB nur unter Berücksichtigung der Umstände des Einzelfalls geklärt werden, weil es entscheidend darauf ankommt, ob die Einschaltung des „Kooperationspartners" dem Mandanten als Gläubiger erkennbar ist[4]. 624

1 BGH NJW 1996, 561.
2 *Palandt/Sprau*, BGB, § 664 Rz. 3.
3 *Palandt/Sprau*, BGB, § 664 Rz. 1.
4 MünchKomm/*Grundmann*, BGB, § 278 Rz. 4.

bb) Erfüllungsgehilfenschaft – Substitution

625 Wird also die Weiterleitung des Mandats – etwa an einen „Kooperationspartner", der auf das jeweilige Sachgebiet spezialisiert ist – ausdrücklich oder doch stillschweigend gestattet, dann stellt sich die schwierige Frage, ob eine diesem „Spezialisten" zuzurechnende **Pflichtverletzung** nach § 664 Abs. 1 BGB oder nach § 278 BGB zum Nachteil des Anwalts zu beurteilen ist. Abzugrenzen ist hier wie folgt: Von einer Erfüllungsgehilfenschaft im Sinn von § 278 BGB ist dann zu reden, wenn der eingeschaltete „Kooperationspartner" im Rahmen des Mandats – also im Rahmen der nach § 278 BGB maßgeblichen Verbindlichkeit – tätig wird, die damit Gegenstand des Mandatsvertrages ist. Denn § 278 BGB setzt voraus, dass der „Kooperationspartner" im konkreten Pflichtenkreis des mandatierten Anwalts/der Sozietät tätig wird[1]. Aus rein tatsächlichen Gründen spricht vieles dafür, von dieser Haftungsfigur immer dann auszugehen, wenn der mandatierte Anwalt/die Sozietät den jeweiligen „Kooperationspartner" als „Spezialisten" – für den Mandanten erkennbar und im Ergebnis daher auch gewollt – eingeschaltet hat, um auf diese Weise das erteilte Mandat pflichtgemäß bearbeiten zu können. Abzugrenzen ist diese Fallkonstellation aber stets von derjenigen, die § 664 Abs. 1 Satz 2 BGB im Auge hat. Ist die Übertragung des erteilten Mandats nicht ausdrücklich durch den Mandanten **gestattet**, hängt die Anwendbarkeit der privilegierten Haftung nach § 664 Abs. 1 Satz 2 BGB bereits entscheidend davon ab, ob diese Norm im Rahmen von **§ 675 BGB** überhaupt zur Anwendung berufen ist. Das ist **streitig**; die h.M. spricht sich dagegen aus[2]. Folgt man diesem Ansatz, dann scheidet die Anwendbarkeit von § 664 Abs. 1 Satz 2 BGB – und damit die Beschränkung der Haftung des Anwalts auf ein reines Auswahlverschulden – aus, so dass der mandatierte Anwalt/die Sozietät für eine jede Pflichtverletzung des „Kooperationspartners" stets nach § 278 BGB einzustehen verpflichtet ist. Das ist ersichtlich unbefriedigend, zumal dann, wenn der mandatierte Anwalt/die Sozietät mangels Sachkunde – etwa: bei der Einschaltung eines ausländischen Anwalts als „Kooperationspartner" – überhaupt nicht in der Lage ist, die Ordnungsgemäßheit der Erfüllung zu beurteilen oder in sonstiger geeigneter Weise zu kontrollieren und/oder zu überwachen. Vom Ergebnis her wird man daher an der Anwendbarkeit des Privilegs nach § 664 Abs. 1 Satz 2 BGB in diesen Fällen festhalten müssen.

626 Doch gesichert ist dies nicht. Daher dürfte es sich gerade in diesen Fällen dringend empfehlen, im Rahmen des erteilten Mandats die erforderlichen haftungsrechtlichen Vorkehrungen zu treffen. Dies aber kann nur gelingen, wenn sicher gestellt ist, dass der Mandant im Zweifel stets eine **ausdrückliche Gestattung** erklärt, den jeweiligen „Kooperationspartner" auch einzuschalten. Ferner wird man Wert darauf legen müssen, dass die Arbeiten/Leistungen des „Kooperationspartners" direkt mit dem Mandanten abgerechnet werden, weil dann der Tatbestand des § 278 BGB von vornherein

1 MünchKomm/*Grundmann*, BGB, § 278 Rz. 20ff.

2 *Palandt/Grüneberg*, BGB, § 278 Rz. 10; MünchKomm/*Grundmann*, BGB, § 278 Rz. 28; *Staudinger/Löwisch*, BGB, Bearbeitung 2001, § 276 Rz. 31.

ausgeschaltet ist. Lässt sich dies aus welchen Gründen immer nicht erreichen, dann sollte jedenfalls im Vorfeld einer solchen „Kooperation" der Umfang des jeweiligen Haftpflichtversicherungsschutzes abgestimmt werden (Rz. 2ff.).

d) Ad-hoc-Zusammenarbeit

aa) Gesellschaftsrechtlicher Ansatz – Haftungsregime

In diesen Fällen liegt regelmäßig eine klassische **Einzelfall-Kooperation** vor, 627
z.B. dann, wenn eine Sozietät nicht in der Lage ist, ein ihr erteiltes Mandat alleine zu bearbeiten, so dass es angezeigt ist, einen anderen Anwalt/Sozietät – mit Wissen und Wollen des Mandanten – hinzuzuziehen, um das Mandat umfassend betreuen zu können. Diesen Fällen liegt ersichtlich die Annahme eines Gesellschaftsvertrags im Sinn der §§ 705ff. BGB fern, wie bereits ein Blick auf die einschlägigen Kündigungsregeln der §§ 723ff. BGB belegt. Diese passen schlicht nicht.

Das **Haftungsregime** im Verhältnis zwischen Mandant und Anwalt wird in 628
diesen Fällen in gleicher Weise zu beurteilen sein, wie dies zuvor dargestellt wurde (Rz. 623). Im Zweifel ist also davon auszugehen, dass die (zusätzlich) eingeschaltete Sozietät (oder auch ein sonstiger sozietätsfähiger Berufsträger im Sinn von § 59a Abs. 2 BRAO) als **Erfüllungsgehilfe** gemäß § 278 BGB einzuordnen ist. Die Annahme einer Substitution nach § 664 Abs. 1 BGB ist auch hier nicht gesichert, weil die gleichen dogmatischen Vorbehalte hier eingreifen (Rz. 624).

bb) Anwendbarkeit von § 8 BORA

Berufsrechtlich ist es **unzulässig**, auf solche Ad-hoc-**Zusammenarbeiten hin-** 629
zuweisen. Denn § 8 BORA setzt – wie dargelegt – voraus, dass eine auf **Dauer** angelegte, verfestigte Kooperation vorliegt, zumindest aber beabsichtigt ist. Genau dies scheidet in diesen Fällen aber ersichtlich aus. Daran ändert sich nichts, wenn die mehr oder weniger eindeutig erklärte „Absicht" besteht, auch bei künftigen Gelegenheiten in gleicher Weise auf die (bewährte) Ad-hoc-Zusammenarbeit zurückzugreifen. Denn auch in diesen Fällen fehlt es daran, dass diese Kooperation von Anfang an als eine solche gewollt war, die das Wort „verfestigt" verdient[1]. Also bleibt es in all diesen Fällen bei der simplen Einschaltung eines anderen Anwalts, die sich ad hoc aus dem erteilten Mandat und aus der fehlenden Kompetenz oder auch der mangelnden Bereitschaft ergibt, das erteilte Mandat allein zu bearbeiten.

e) „Kanzlei-Clubs" bzw. „XY-Group"

Vorwiegend im **internationalen Bereich** finden sich zahlreiche – wie auch 630
immer benannte – „Clubs"[2], in denen sich Anwälte (oder auch sonstige Berufsträger) in lockerer Form zusammengeschlossen haben. In letzter Zeit ist

1 BGH AnwBl. 2005, 651; *Feuerich/Weyland*, BORA, § 9 Rz. 9.
2 *Hellwig*, AnwBl. 1996, 124, 125.

freilich anstelle des Begriffs „Club" das wohl mehr nach Arbeit und Ansehen klingende Wort einer „XY-Group" getreten. Das klingt nicht ganz so sehr nach Urlaub und Wochenende. Je nach interner Ausgestaltung (und Mandatsakquisitionen) handelt es sich hierbei um eine mehr oder weniger lockere Kooperation. Ziel und Zweck derartiger „Clubs" oder „Groups" ist es lediglich, eigene Mandate an jeweils andere Partner zu verweisen oder auch Mandate – durchaus seltener – gemeinsam zu bearbeiten.

aa) Statutarische Regeln

631 In vielen Fällen haben diese „Clubs" oder „XY-Groups" mehr oder weniger ausgefeilte Statuten, in denen gewisse Regularien, insbesondere auch die Tragung und **Verteilung** der anfallenden **Kosten** der Unterhaltung der „XY-Group" und der regelmäßig jährlich oder halbjährlich durchgeführten Treffen festgelegt werden. Die wesentlichen Bestimmungen in der Regel folgende: Eine Akquisitionsgebühr wird fällig, sofern ein „referral" eines Mandats erfolgreich durchgeführt wird. Wer aber trägt die Kosten diverser Seminare und Treffen? Ist der „Club" oder die „XY-Group" exklusiv, so dass jedes Land nur einen Anwalt/Sozietät als Mitglied aufweisen darf? Besteht wegen einer regelmäßig vereinbarten Exklusivität die Pflicht zum Transfer des Mandats an ein anderes Mitglied des „Clubs" oder der „XY-Group"? Letzteres ist jedenfalls dann nicht der Fall, wenn und soweit – mit Recht – eingewandt wird, letzten Endes entscheidet der Mandant, wer das jeweilige Mandat zu bearbeiten hat. Der Transfer an ein bestimmtes Mitglied des „Clubs" oder der „Gruppe" ist daher nur ein Angebot an den Mandanten – nice to have.

bb) Kollisionsrechtliche Regeln

632 Die hiermit zusammenhängenden Fragen sind gesondert dargestellt (Y Rz. 110ff.)

8. Gründe für die Bildung überörtlicher Sozietäten

633 Die Motive, welche zur Gründung überörtlicher Sozietäten in der Vergangenheit geführt haben und auch für die Zukunft maßgebend sind, sind ausgesprochen vielgestaltig. Immer entscheiden die aktuellen Interessen der an der Bildung einer überörtlichen Sozietät beteiligten Partner; und es entscheidet dann eben auch der Markt. Und ein nicht nur diskreter Blick auf die **Konkurrenz** schadet auch selten. Daraus entsteht ein ganzes Bündel von Interessen und Motivationen, von Hoffnungen und Erwartungen, aber auch von Frustrationen, weil derartige Zusammenschlüsse oft mit dem Weggang einiger, oft nicht der erfolglosen Partner einhergehen. Dann liest man eben die klassische Version in den dann stets der Öffentlichkeit unterbreiteten Erklärungen, dass man sich über die „strategischen Ziele" der Sozietät nicht einig geworden sei. Dies entspricht dem üblichen Ritual, soll aber nicht darüber hinwegtäuschen, dass hinter diesen nichts sagenden Verlautbarungen sich oft sehr schmerzliche Einzelschicksale verbergen: Opfer des Zusammenschlusses, der Fusion; es war kein Platz mehr an Bord. Prämien versüßen dann oft die Bitterkeit des Abschieds.

Die nachfolgend angestellten Erwägungen können daher lediglich – abseits aller subjektiven Erfahrungen des Verfassers – gewisse Anhaltspunkte darstellen. Doch ist eines sogleich hinzuzusetzen: Die in der Vorauflage dargestellten Gründe und Motive für die Bildung einer überörtlichen Sozietät sind nur noch teilweise maßgebend. Denn die **Strukturen** überörtlicher Sozietäten haben sich im Laufe des letzten Jahrzehnts im Wesentlichen **verfestigt**; der **Markt** hat sich erkennbar **beruhigt**: Im Vordergrund steht jetzt vor allem das immer noch anhaltende Eindringen amerikanischer Anwaltskanzleien in den deutschen Markt oder – wesentlich häufiger – das „Abspalten" von Teams, die dann mit einem Schlag zu einer anderen Sozietät wechseln. Der **Gründungsboom** überörtlicher Sozietäten ist jedenfalls im Wesentlichen **abgeschlossen**. Gleichwohl soll nachfolgend der **Versuch** – mehr kann es nicht sein – unternommen werden, einige Gesichtspunkte herauszukristallisieren, die für die – vorgesehene – Gründung einer überörtlichen Sozietät maßgebend sind und daher im vornhinein zu bedenken sein sollten. Denn regelmäßig entsteht eine überörtliche Sozietät – gleichgültig, welche Größenordnung sie letztlich anstrebt – aus dem **Zusammenschluss** verschiedener (örtlicher, intraurbaner) Sozietäten. Es gilt das Motto: 1 plus 1 ist eben mehr als 2. Das „Prinzip Hoffnung" verbindet sich hier auf das nachhaltigste mit der Erwähnung von „Synergieeffekten". Aufbruchstimmung steht im Hintergrund; abschreckende Beispiele haben selten Konjunktur. Nur das zählt, was man selbst erlebt hat und im Rahmen einer überörtlichen Sozietät künftig erleben will – vor allem die (hoffnungsvolle) Zunahme an Mandaten und damit an verfügbarem Einkommen des einzelnen Partners. 634

a) Grundentscheidung

aa) Problemaufriss

Doch man kann den Grundsatz – jedenfalls aus der Sicht des Verfassers geprägt – nicht oft genug wiederholen: Die von den Partnern bei der Bildung einer überörtlichen Sozietät zu treffende – unternehmerische und berufsethische – Grundentscheidung lässt sich in einem einfachen Satz zusammenfassen: Bleibt der Rechtsanwalt weiterhin selbständig und damit auch, wie im deutschen Recht vorgesehen, „Organ der Rechtspflege" oder mutiert er zum Kaufmann[1]. Alle international tätigen Sozietäten, nicht minder aber auch die (nicht mehr oder weniger) großen überörtlichen deutschen Sozietäten sind zwangsläufig und notwendigerweise auf **Gewinnmaximierung** ausgerichtet[2]. Es herrscht das oft brutale Gesetz der betriebswirtschaftlichen Erfolgsrechnung. Typische anwaltliche Aufgaben – nicht nur begrenzt auf internationale Sozietäten – sind in diesem Konzept die Rundumbetreuung der gesellschaftsrechtlichen Gelegenheiten privater, aber auch öffentlicher Auftraggeber, insbesondere das Transaktionsgeschäft (M & A, IPO). Im Vordergrund steht die 635

---

1 Hierzu *Hellwig*, AnwBl. 2004, 213 ff.; *Stürmer/Bormann*, NJW 2004, 1481 ff.; grundlegend *Stürmer*, Markt und Wettbewerb über alles?, München 2007, S. 131 ff.

2 *Knöfel*, Grundfragen der internationalen Berufsausübung von Rechtsanwälten, Bonn 2005, S. 93 ff.

Beratung; die „Litigation", das für einen deutschen Anwalt selbstverständliche Auftreten vor Gericht und Behörden tritt ersichtlich in den Hintergrund.

636 Zahlreiche Rechtsgebiete – und dies gilt es zu sehen – finden in diesen überörtlichen Sozietäten schlicht nicht mehr statt: Ehescheidung, das Testament für den Handwerker, der Verkehrsunfall, der private Mietvertrag, das individuelle Arbeitsrecht (oft, aber nicht immer) – all das überlässt man den „normalen" Anwälten, denen, die sich noch dem einzelnen Bürger widmen und deren Honorarabrechnungen sich regelmäßig noch nach den Bestimmungen des RVG, nicht aber, zumindest nur selten nach vereinbarten Stundensätzen richten[1]. Denn die Betreuung dieser Rechtsgebiete taugt weder für die Verbesserung des vom Management vorgegebenen „leverage effect", schon gar nicht für das Erreichen der erforderlichen Profitabilität. Es ist eben das Bild des „Rechtskaufmanns", das diesen Typ des durchaus erfolgreichen Anwalts im Wesentlichen prägt, der Vorbereitung und Durchführung mehr oder weniger standardisierte „Wirtschaftsverträge" zu seinem Metier zählt. Weithin dominiert die spezialisierte Einseitigkeit, die oft nachhaltigen Erfolg für diesen Typus einer modernen Anwaltszunft verheißt. Dieses Bild ist es aber auch, dass sich auf das gründlichste von dem Bild unterscheidet, das den deutschen Anwalt als „Organ der Rechtspflege" kennzeichnete.

637 Ob man unter Berücksichtigung dieser auseinanderdriftenden Tendenzen in der Anwaltschaft soweit gehen mag, von einer drohenden „**Spaltung**" zu sprechen[2], mag offen bleiben. Doch man wird an der tragenden Erkenntnis – und diese ist wesentlicher Bestandteil der hier anzustellenden grundsätzlichen Erwägungen – nicht vorbei sehen dürfen: Das von den Großkanzleien weithin verkörperte Ideal des am „Marktmodell"[3] ausgerichteten Anwalts hat mit dem tradierten Bild eines Anwalts, der „Organ der Rechtspflege" ist, kaum noch etwas gemein. Aber das hinter diesem Bild erscheinende „Humanitätsideal traditioneller Ethik"[4] ist eben dem Anwalt zu eigen, der sich vergleichbar mit den Funktionen eines Arztes oder mit den Aufgaben eines Seelsorgers um den Klienten als Menschen deswegen kümmert, weil es um die Wahrung der Rechte des Bürgers geht[5]. Anders gewendet und schärfer formuliert: Dieser in hohem Maße individualistisch geprägte und auch in dieser Ausrichtung tätige Anwalt identifiziert sich persönlich mit der Aufgabe, Gerechtigkeit zu verwirklichen, Recht zu schaffen und Unrecht wieder gutzumachen. Das Engagement für öffentliche Angelegenheiten ist ihm kein Selbstzweck zur Gewinnmaximierung, keine wohlfeile „pro bono"-Aktivität, sondern Teil des „Berufsethos" des Anwalts – fernab des Strebens nach gewinnbringender Effizienz. *Stürmer* hat daher uneinholbar Recht, wenn er bemerkt, dass die Hintergrundfrage, ob der Rechtsanwalt künftig „**Rechtskaufmann**" oder noch Anwalt im (herkömmlichen Sinn) ist, von einem unterschiedlichen Menschenbild geprägt wird. Denn ein auf

1 Zu den Stundensätzen *Hommerich*, NJW 2009, 1569.
2 *Graf von Westphalen*, AnwBl. 2005, 681 ff.
3 *Stürmer*, Markt und Wettbewerb über alles?, S. 131.
4 *Stürmer*, a.a.O.
5 *Graf von Westphalen*, AnwBl. 2005, 681, 686 f.

Gewinnmaximierung angelegtes Menschenbild „verbannt oder marginalisiert" jedes Berufsethos, weil dieses zwangsläufig[1] – im Dienste des Gewinnstrebens stehend – instrumentalisiert oder zum „Gegenstand privater Wohltätigkeit"[2] degradiert wird.

bb) „Rechtskaufmann" oder „Rechtsanwalt"

Überspitzt formuliert ist also, bei der Entscheidung, den Weg zu einer (mehr 638
oder weniger großen) überörtlichen Sozietät einzuschlagen, die persönliche Wahl eines jeden Sozius zwischen „Rechtsanwalt" oder „Rechtskaufmann" eingefordert. Sie ist oft in kurzer Frist, aber auch mit dem Anspruch auf Wahrhaftigkeit zu treffen. Es ist im Kern immer eine Entscheidung zwischen zwei Extremen. Im Rahmen der auf internationaler Ebene geführten Debatte kann man sie ein wenig verkürzt unter dem Stichwort „commercialism v. ethics" ansiedeln. Der „commercialism" wird – sicherlich ein wenig holzschnittartig gesprochen – durch das Bild des „Rechtskaufmanns" umschrieben. Es ist der Anwalt als Transaktionsmanager; seine Tätigkeit ist das Gestalten; es ist daher auch kommunikatorisch[3]. Die kontradiktorische Durchsetzung der Interessen des Mandanten vor Gericht ist seine Sache nicht. „Beraten" und „Verhandeln" beherrschen seine Tätigkeit; der „Prozess" ist ihm ein Gräuel, soweit es sich nicht um Schiedsgerichtsbarkeit handelt, wobei allerdings auch hier mehr und mehr – auf Seiten der Schiedsrichter wie der Anwälte – Spezialisten gefragt sind. Mehr noch: Das Abfassen von Verträgen und Memoranden sind seine Sache, nicht aber vor allem das Abfassen von Schriftsätzen gegenüber Gericht oder Behörden.

Zu alledem wäre unendlich viel zu sagen. Es muss indessen in diesem Kon- 639
text ausreichen, die wesentlichen Merkmale zu verdeutlichen, die bei der Entscheidung für eine (mehr oder weniger große) überörtliche Sozietät den „Abschied" vom tradierten Anwaltsbild einläuten dürften. Doch die hiermit verbundene **Grundentscheidung** geht wesentlich über das Maß hinaus, was üblicherweise mit der Entscheidung für oder gegen ein unternehmerisches Risiko verbunden ist. Denn dieses ist, wenn es denn sich realisiert und der Zahltag ansteht, durch Geld wiedergutzumachen. Doch wenn ein Anwalt oder ein Sozius entscheidet, den Weg zu einer überörtlichen Sozietät mitzugehen, dann realisiert sich ein nicht einkalkuliertes Risiko des Scheiterns zum einen in einem beruflichen Misserfolg, mitunter sogar in Desaster. Es werden persönliche Wunden geschlagen, die auch mit der Zeit nur schwer verheilen. Daher sollte man es sich dreimal überlegen, ob sich der Weg zu einer überörtlichen Sozietät wirklich – emotional wie finanziell – lohnt.

b) Fremde Personen – Unternehmenskultur

Heussen hat mit Recht bemerkt[4], dass es nicht so sehr auf den Inhalt des So- 640
zietätsvertrages als vielmehr darauf ankommt, wie einzelne „Elemente der

1 Hierzu *Hellwig*, DRK-Mitteilungen 2008, 92 ff.
2 *Stürmer*, a.a.O., S. 132.
3 *Knöfel*, a.a.O., S. 97.
4 *Heussen*, AnwBl. 2006, 293, 295.

Unternehmenskultur" in der Praxis „gelebt" werden. Es geht also primär um die ohnedies nur sehr schwer zu messende, sondern regelmäßig nur erfahrbare menschliche Kompatibilität der handelnden Partner. Dass „gelebte" Werte einer „Unternehmenskultur" nicht vor Abschluss des Sozietätsvertrages in der Praxis getestet werden können, dass insbesondere auch insoweit eine „due diligence" ausscheidet, ist leider die Realität, die sich hinter diesem Zitat verbirgt. Daher dies als Merkposten – sozusagen: als eine Art Ersatzfunktion – beim gegenseitigen Sichkennenlernen, um Aufschluss über den Gehalt einer „Unternehmenskultur" zu erlangen: In einem ersten Schritt gilt es in Erfahrung zu bringen, ob und wie weit sich die Partner der jeweiligen „Teilsozietät" untereinander, in ihrem beruflichen Verständnis einig sind, ob sie also – um das zuvor Gesagte aufzugreifen – **alle** gemeinsam den Weg in eine überörtliche Sozietät gehen wollen, weil damit – abseits aller Hoffnungen und Erwartungen – zwangsläufig ein mehr oder weniger beträchtlicher **Verlust an Individualität** verbunden ist. Gemeinsames kann nämlich nur wachsen, wenn in der einzelnen „Teilsozietät" bereits Gemeinsames existiert und auch – basierend auf dem menschlichen Faktor, den man gemeinhin auch nur „Kultur" der Kanzlei nennt – tatsächlich gelebt wird. Auf die „soft factors" im gegenseitigen Miteinander, mehr noch auf ihre belastbare Kongruenz kommt es im Ergebnis nach der Euphorie der „Hochzeitsnacht" an.

641 Dabei ist eines sicher: Man kann trotz aller Bemühungen eine wie auch immer geartete „Kultur" nur schwerlich, bestenfalls in Bruchstücken skizzenhaft beschreiben; sie muss „gelebt" werden[1]. Sie muss erlebt und erfahren werden. Doch ein Zweites ist ebenso sicher: Alle anderen, immer wieder in der Acquistiuonsphase gestellten und auch beantworteten Fragen betreffend Führung und Management, Informationskultur, Know-how-Management und Qualitätssicherung und – last, but not least – auch das Gewinnverteilung[2] spielen gegenüber den erforderlichen „soft factors" – dem menschlichen und berufsethischen Verständnis der Partner – in der Regel nur eine marginale Rolle, wenn denn der anwaltliche Alltag mehr sein soll als das verzweifelte Streben nach permanenter Profitmaximierung. Denn der Mangel an „soft factors" wird Tag für Tag erlitten; dem „clash of cultures" kann man nicht ausweichen. Man atmet immer mehr oder weniger die gleiche Luft. Hingegen: Die Mängel des Gewinnverteilungssystems lassen sich notfalls ändern, und eine Veränderung des Managements ist ohnehin oft gleichbedeutend mit dem Austausch der handelnden Personen. Anders gesagt: Die „Unternehmenskultur" hängt ausschließlich an den menschlichen Faktoren; sie ist von den handelnden Personen abhängig. Sie ist kein künstliches, durch das Management so oder anders zu schaffendes oder auch zu beeinflussendes Gebilde.

1 Vgl. auch *Vorbrugg/Salzmann*, AnwBl. 1996, 129, 137.
2 Hierzu *Heussen*, AnwBl. 2006, 293, 295 ff.

c) Gesprächs- und Entscheidungskultur

642 Auch alle Fragen nach der Entscheidungs- oder der Gesprächskultur, die immer wieder im Rahmen einer zu errichtenden überörtlichen Sozietät gestellt und auch in Grenzen beantwortet werden, stehen unter dem bereits angedeuteten, aber immer wieder ins Gedächtnis zu rufenden Vorbehalts.

aa) Wichtiger Vorbehalt

643 Alle diese Antworten spiegeln nämlich nicht die Realität der tatsächlichen und praktischen Binnenerfahrungen wieder. Es verhält sich hier genauso wie mit der in ihrer Dimension verwandten Frage nach den „gelebten Tugenden" eines Menschen, etwa denen eines Freundes oder einer Freundin auf dem Weg zu weiteren Gemeinsamkeiten. Die Erfahrung lehrt hier wie dort: Nur der reuige Sünder beantwortet diese ins Mark der Persönlichkeit zielenden Fragen halbwegs zuverlässig und auch wahrhaftig. Die Mehrzahl der Menschen aber gehört der Kategorie der Pharisäer an: Sie prahlen und meinen, sie seien Tugendbolde, aber in Wirklichkeit sind sie vermutlich Heuchler. Also: Auf alle Fragen nach „Werten" und „Kultur" erhält man keine verlässlichen Antworten. Alle Checklisten, auf denen diese Fragen stehen, sind das Papier nicht wert, auf dem sie zu finden sind. Die Unsinnigkeit einer solchen Frage wird auch sogleich deutlich, wenn man sich vor Augen führt, dass kein Mensch ernsthaft auf die Idee käme, die Fragen nach den „**Werten**" zu stellen, die in einer AG oder einer GmbH – unabhängig von der Branche, in der sie tätig sind – gelebt werden. Man erwartet sie dort auch nicht. Vielleicht erwartet man hin und wieder so etwas, was man – auf einer durchaus realistischeren Ebene – als „**Klima**" umschreibt. Dann aber liegt es doch nahe, nichts anderes von einer mehr oder weniger großen „Teilsozietät" zu erwarten, die sich aufmacht, eine überörtliche Sozietät zu begründen. Doch wenn die Frage nach dem „Klima" realitätsbezogener erscheint, so lege man alle Checklisten beiseite und verabrede sich zu einer Tasse Kaffee mit einer der Sekretärinnen. Dort erfährt man viel mehr an „Wahrheit" über die menschlichen Seiten der Sozien. Doch der Haken ist: Die Sekretärinnen wissen in der Regel erst dann von dem Vorhaben, eine überörtliche Sozietät zu gründen, wenn der Gesellschaftsvertrag bereits unterschrieben ist. Dann aber ist es zu spät. Dieser Vorbehalt ist also nachhaltig zu bedenken.

bb) Gleichwohl: Sinnvolle Fragen

644 Doch sollte man gleichwohl Fragen stellen, die indirekt auf die „Unternehmenskultur" hindeuten. Und es sind Fragen, die man durchaus anlässlich eines gemeinsamen Mittagessen im Rahmen der Phase des Kennenlernens stellen kann und auch stellen sollte: Es macht durchaus einen erheblichen Unterschied im Hinblick auf die Kongruenz der „soft factors", ob in der einzelnen „Teilsozietät" eine offene und unmittelbare Gesprächskultur zwischen den einzelnen Partner gepflegt wird oder ob diese es vorziehen, einander nur mit Aktennotizen/E-Mails zu informieren. Denn keine noch so gekonnt verfasste E-Mail kann das **persönliche Gespräch** ersetzen. Insbesondere ist sie nicht in der Lage ein „Wohlfühlen" des einzelnen Partners zu er-

zielen, weil – oft genug – die E-Mails aggressive Verärgerung erkennen lassen, Defizite von angeblich verbindlich Vereinbartem kategorisch postulieren oder auch nur besserwisserisch einfordern. Lob und Anerkennung, die wesentlicher Bestandteil eines persönlichen Gesprächs sein können, finden in E-Mails kaum Resonanz – ausgenommen, dass ein neues Mandat akquiriert wurde –, womit sich dann der Kreis mit Blick auf die potentielle Profitmaximierung schließt. Und noch eines: Je höher die Zahl der Benutzer von Handys und Blackberries in einer „Teilsozietät" ist, die ständig den dort mitgeteilten Informationen mehr offene Aufmerksamkeit widmen als dem Inhalt des Gesprächs und der dort gezeigten Körpersprache – Manieren eingeschlossen – desto sicherer ist der Befund: Es ist der hektische Autismus, der das Sagen hat; von Gesprächskultur ist dann regelmäßig nicht sehr viel zu erwarten.

645 Notwendigerweise hat eine offene – oder auch eine nicht hinreichend ausgeprägte – Gesprächskultur zwischen den Partnern auch unmittelbare Auswirkungen auf den Prozess der Entscheidungsfindung: Für gewöhnlich dauert es eben länger und ist auch zeitraubender, wenn vor wichtigen Entscheidungen zunächst das intensive Gespräch zwischen einzelnen Partnern geführt und gepflegt wird, damit so ein auf mehreren Schultern ruhender Konsens auf das Sorgfältigste vorbereitet wird, bevor dann die Entscheidung des **Managements** oder gar in der „Gesellschafterversammlung" gefällt wird. Sicherlich, dies ist oft ein mühseliger und sehr beschwerlicher Entscheidungsprozess. Sein Vorteil besteht jedoch darin, dass die jeweiligen Sachargumente in Einzelgesprächen behutsam abgewogen und gewichtet werden können, bevor sie dann im Entscheidungsprozess harmonisiert werden.

cc) Unternehmerische Typen

646 Der Grundbefund ist also nachhaltig der: Eine „Teilsozietät", die ein offenes Gespräch im Umgang mit den Partnern untereinander pflegt, lebt regelmäßig sehr intensiv von der Kommunikation, aber auch von der notwendigen, durch das Gespräch erst herbeigeführten Integration. Häufig ist es auch so, dass unternehmerische Entscheidungen bei „Teilsozietäten", die dieser „Kultur" anhängen, auf unternehmerischer Inspiration einiger weniger beruhen, nicht so sehr auf rationalen Argumenten. Es sind eben klassische Unternehmertypen. Bei ihnen sind es dann oft mehr die Neuronen im „Bauchgefühl", die hier die Richtung vorgeben, nicht wohl dosierte, abgewogene, betriebswirtschaftlich abgesicherte „Kalküle" (und charts) des Managers. Wenn hingegen in einer „Teilsozietät" vor allem das „schriftliche" Argument – E-Mail/Aktennotizen etc. – herrschen und weniger das persönliche Gespräch, dann ist dies oft ein wesentliches Indiz dafür, dass – jedenfalls verkappt – bereits eine gewisse „kapitalistische Struktur" hier vorherrscht. Der Schritt zum „Rechtskaufmann" ist hier vermutlich bereits getan. Umgekehrt: Da, wo das Gespräch dominiert, ist vielleicht auch die für gewöhnlich verhasste Bürokratie die Quelle, die sich hier ihr Recht verschafft hat, sozusagen dann aber auch als „gewachsene Kultur".

dd) Bedeutung der Größe – Zwänge

Doch ist sogleich hinzuzusetzen, dass die entscheidende Prüffrage, ob eine offene, oder eine „schriftliche" Kommunikationskultur zwischen den Partnern der „Teilsozietät" praktiziert wird, abhängig ist von der jeweiligen Größe der „Teilsozietät". Denn je größer eine Einheit ist, desto notwendiger ist es, dass sich die „Demokratie" auf ihr repräsentatives Element verlagert, indem die Entscheidungsprozesse – organisatorisch getrennt nach Sachgebieten – in „Ausschüssen" vorbereitet oder gar nur innerhalb budgetierter Grenzen unmittelbar getroffen werden. Je repräsentativer die „Demokratie" gestaltet ist, welche die „Teilsozietät" kennzeichnet, umso mehr wird der eigentlich selbständige, autonom entscheidende Anwalt – trotz seiner Stellung als „Sozius" – in die Rolle eines Aktionärs gedrängt. Hat er dann sogar für den „Eintritt" in die Sozietät eine „Aufnahmegebühr" (oder wie immer man dieses Gebilde nennt) entrichtet, dann gesellt sich zu der Stellung des „Aktionärs" auch noch die höchst unattraktive Rolle des Darlehensgebers (ohne Entscheidungskompetenz, die Kündigung ausgenommen). Ob das eine wie das andere attraktiv ist, um das zu erreichen, was man so gemeinhin mittlerweile die „**work-life-balance**" nennt, kann nur jeder der an einer solchen Entscheidung Beteiligte für sich (und seine Familie) entscheiden. Denn die Wegscheiden sind in den letzten 10 Jahren schärfer konturiert worden als dies in der Vergangenheit der Fall war, weil viele „Teilsozietäten" mittlerweile sich selbst und ihre „Kultur" – so oder anders – gefunden haben, so dass Änderungen – immer sind sie abhängig von den handelnden Personen – nur schwer, wenn denn überhaupt zu erreichen sind. Die Erfahrung der Jahre lehrt, dass die Bereitschaft und auch die Möglichkeit, den Arbeits- und den Kommunikationsstil eines Menschen zu ändern, sehr begrenzt sind. 647

Abhängig von der Größe befindet sich also jede „Teilsozietät" auf ihrem Weg zur überörtlichen Sozietät, ob sie es zugibt oder nicht, in Wirklichkeit auf dem Pfad vom „Rechtsanwalt" zum „Rechtskaufmann". Und sie bewegt sich dabei mehr oder weniger intensiv von der personalistischen zur kapitalistischen Struktur hin. Kommunikation und Integration der einzelnen Sozien mit- und untereinander sind dann im Zielkorridor der AG angekommen in erster Linie an diesem Erscheinungsbild orientiert. Der „**Managementpartner**" als Kommunikator und Integrator, vor allem als Antreiber hat ohnedies wie ein Vorstand „Leitungsaufgaben" – freilich nicht unähnlich einem Parlamentarier, der sein Amt auch nur befristet, das heißt auf Widerruf ausübt; der nächste Wahltag ist „Zahltag". 648

Mit dieser skizzenhaften Umschreibung soll keineswegs gesagt sein, dass eine „Teilsozietät", welche eine offene Gesprächskultur pflegt und kurze Entscheidungswege ihr eigen nennt, nicht in der Lage sein kann, mit einer „Teilsozietät" eine überörtliche Sozietät zu bilden, die eine gänzlich andere „Kultur" hegt. Doch man soll sich nicht täuschen: Hier treffen stets „Welten" aufeinander; sie sind nicht unbedingt leicht zu harmonisieren. Doch als Trost: Die Kündigung ist ohnehin im Sozietätsvertrag vertraglich zwingend als ordentliche Kündigung verankert; **Sozietäten** sind **nicht mehr auf Lebenszeit** abgeschlossen, seitdem der Wechsel oder auch die Implosion einer über- 649 örtlichen Sozietät – sozusagen ihre „Kernspaltung" – keine berufliche Schande für die Abtrünnigen wie für die Verbliebenen mehr mit sich bringt, sondern in einer volatilen Geschäftswelt fester Bestandteil des anwaltlichen Alltags geworden ist.

ee) Kritisch: Private Kontakte

650 Nicht minder wichtig ist es im Hinblick auf die jeweilige „Kultur" der „Teilsozietät" der Frage nachzugehen, inwieweit zwischen den Partnern mehr oder weniger regelmäßige außerhalb des Beruflichen private Kontakte bestehen. Diese sind sicherlich durchaus wichtig – kein Zweifel. Sie sind jedoch dann durchaus problematisch, wenn sie zu intensiv sind. Denn dann besteht die Gefahr, dass sachliche Auseinandersetzungen allzu leicht „familiarisiert" werden. Denn dass Auseinandersetzungen in der Regel nicht zu vermeiden sind, dass Streit entsteht und auch eine Streitkultur einzufordern ist, darf und kann nicht geleugnet werden. Doch diese – notwendigen und auch nicht zu vermeidenden – Konflikte **beschädigen** dann, wenn die Kontakte zwischen Beruf und Familie der einzelnen Sozien fließend sind, auch sehr leicht **Freundschaften**. Denn die Einbeziehung der Ehefrauen und der Lebenspartner in sozietätsinterne Konflikte ist ohnedies Realität und auch unvermeidlich. Doch die dadurch entstehenden Schwierigkeiten werden noch erheblich gesteigert, wenn dann der jeweilige Konflikt auch – wegen der privaten Kontakte – auch unmittelbar auf der Ebene der nur indirekt Beteiligten, der Ehefrauen und der Lebenspartner, zusätzlich ausgetragen wird. Das ist dann wirklich nur noch mit äußerster Mühe – außerhalb einer Kernspaltung der Sozietät – beherrschbar.

651 Hinter diesem Befund steht die frühere, jetzt aus der Mode geratene Erkenntnis, die dazu geführt hat, dass sich Partner, auch wenn sie auf „Lebenszeit" miteinander sich verbinden wollten und auch verbunden haben, stets das kollegiale „Sie", nicht aber das „Du" gepflegt haben. Daran lag und liegt ein wichtiges Instrument der Distanzierung oder – besser gesagt – der „Mediatisierung" beruflicher Konflikte, die das „Private" erst gar nicht berührten einschließlich des Kontaktes zwischen Ehefrauen. Doch diese nennt man inzwischen auch nur noch „Ehepartner"; der **Abschied vom „Sie"** in der Sozietät ist wohl unwiderruflich. Es ist durchaus ein Verlust an „Kultur". Denn die Umgangsformen und die Konfliktregelung zwischen den Partner sind auf diesem Weg keineswegs „freundschaftlicher" geworden.

d) Streitkultur

652 Ganz im Gegenteil: Die „Streitkultur" hat sichtlich gelitten, weil das distanzierende „Sie" auch dazu beigetragen hat, die – inzwischen weithin verlorene – Kunst der Diplomatie als Teil des (unverzichtbaren) anwaltlichen Berufsethos zu betrachten. Anwälte – dies galt auch gegenüber den „verehrten gegnerischen Kollegen" – berührten sich eben wie die zwei Schneiden einer Schere, aber sie verletzten sich nicht – eine Beschreibung, die abseits aller glorifizierenden Darstellungen vergangener Tage durchaus (freilich in menschlichen Grenzen) Realität im Umgang miteinander war. Was da für die „gegne-

rischen Kollegen" gesagt und auch wohl weithin gepflegt wurde, hat eigentlich eine noch größere Bedeutung und höhere innere Berechtigung für den Umgang der einzelnen Sozien miteinander. Aber im Zeitalter des „Ausdiskutierens" einer jeden Kontroverse – vermeintlich deswegen, um der Gefahr der ansonsten gegebenen Heuchelei und der Unehrlichkeit zu entrinnen – hat die friedensstiftende **Kunst des Schweigens** vieles von der ihr eigentlich zukommenden Tugendhaftigkeit eingebüßt.

Da man die jeweilige „Streitkultur", die in einer „Teilsozietät" gepflegt wird 653
– früher oft um ihrer selbst willen bereits als Defizit vermerkt – nicht „ausprobieren" kann, bevor der Vertrag über die Errichtung einer überörtlichen Sozietät abgeschlossen wird, ist dies festzuhalten: An dieser Stelle, einer neuralgischen Stelle der „Unternehmenskultur" oder auch der „Werte" liegt die „black box". Daher wird man rechtzeitig Fragen stellen müssen, die in die richtige Richtung weisen, vor allem die: Auf welchen Feldern haben sich interne (unvermeidbaren) Konflikte in der Vergangenheit abgespielt? Beziehen sich diese vor allem auf interne Fragen, wie z.B. die Gewinnverteilung, erforderliche Investitionen, Kostensenkungen, Expansionen, Mitarbeiterführung oder (schrecklich genug!) sogar auf etwaige Rentenansprüche, ihre Berechtigung und Höhe – dann ist dieser Befund in der Regel ein Alarmsignal erster Ordnung. Er belegt ein Doppeltes: Zum einen ist diese „Teilsozietät" wohl in erster Linie, wenn denn Konflikte entstehen, auf eine **Binnensicht** konzentriert. Zwangsläufig bedeutet dies, dass damit die **Kundenorientierung** – man nennt dies inzwischen „Strategie" – außer Betracht bleibt. Denn kein Sozius hat bei brennenden internen Konflikten noch den Kopf frei für seine Mandanten oder für neue Klienten.

Dies ist der eine Gesichtspunkt; der andere: Übernimmt man die schöne 654
Umschreibung des Typs einer Sozietät von *Heussen*[1], dann handelt es sich in diesem Fall um die „**Gärtnerkultur**": Sozien, die dieser „Kultur" nachgehen, enden kaum einheitlich, sie bevorzugen wie *Heussen* dies sieht, eine „Mischung aus Gemüse- und Blumengarten" und versuchen, die „Pestizide zu vermeiden". Demgegenüber: Bezieht sich der Konfliktstoff, den die „Teilsozietät" in der Vergangenheit zu bewältigen hatte, auf strategische Ausrichtung, also: auf die „Kundenorientierung", dann ist dies ein wesentliches Indiz dafür, dass zumindest der Versuch einer „corporate identity" ins Auge gefasst wurde, was, wenn denn dieser Versuch gar gelungen ist, zu einer Markendifferenzierung, möglicherweise sogar zu einer „Marke"[2] geführt hat. *Heussen*[3] nennt dies eine „Kultur der Jäger". Diese ist nämlich gerichtet auf die „gemeinsame Erlegung der Jagdbeute".

Heussen hat daher uneinholbar Recht, wenn er bemerkt, dass – und der Ver- 655
fasser schließt sich diesem Urteil an – ihm keine überörtliche Sozietät bekannt ist, die im Markt sich nachhaltig bewährt, obwohl die in sie integrierten „Teilsozietäten" zum einen der „Kultur der Jäger" und zum anderen der

1 *Heussen*, AnwBl. 2006, 293, 295.
2 *Hommerich*, AnwBl. 2006, 435ff.
3 *Heussen*, a.a.O.

„Kultur der Gärtner" folgten. Das liegt auch – vom Marketing her betrachtet – nahe: Ist es nämlich gelungen, dass eine „Teilsozietät", welche sich der „Kultur der Jäger" verschrieben hatte, eine „Marke" etablieren konnte, dann ist dies allein das Ergebnis der komplexen und erfolgreichen Interaktion zwischen Anwälten und ihren Mandanten[1]. In diesen Fällen haben die Signale überwogen, die **Vertrauen** regelmäßig: in hohem Maße sogar – persönliches -Vertrauen begründet haben, so dass die (stets auch begründeten) Signale eines Misstrauens nicht in der Lage waren, eine nachhaltige Beschädigung des „Images" zu begründen. Eine solche Kanzlei – es gibt hiervon nur recht wenige – sollte sich drei Mal überlegen, ob sie bereit ist, eine andere „Teilsozietät" im Rahmen einer überörtlichen Sozietät zu integrieren, weil sie dabei besonders bedenken müsste, ob sie nicht auf diesem „Umweg" die eigene „Marke" verwässert. Doch ist diese Sorge dann nicht indiziert, wenn sich diese „Marke" auf einige (regelmäßig wenige) Sozien beschränkt und bezieht, welche dann in der Summe – durchaus auch auf anderen Fach- und Spezialgebieten – die Existenz der „Marke" rechtfertigen, zumindest nicht verwässern. Unter diesem Gesichtswinkel kann man dann den Beschluss, die überörtliche Sozietät zu gründen, in Angriff nehmen.

e) Unternehmerische Phantasie

656 Eines ist klar: Je mehr der einzelne Anwalt auf dem Weg zur überörtlichen Sozietät – natürlich: abhängig von ihrer Größe – den Statuts eines „Rechtskaufmanns" erwirbt, umso weniger wird er in der Lage sein, die unternehmerische Entscheidung, die man ja gemeinhin als „Strategie" bezeichnet, überhaupt noch zu beeinflussen. Dies ist dann vor allem Sache der einzelnen **Ausschüsse** (Rz. 659). Persönlichkeiten, die unternehmerisch denken und auch als Individualisten handeln wollen, sind in diesen Sozietäten selten gewünscht; sie gelten vielfach als „Störenfriede", zumal dann, wenn sie starke Charaktere sind, also vor allen Dingen einen Hang zu einem hohen Individualismus pflegen und damit nicht so recht „teamfähig" sind. Doch der starke Partner braucht in der Regel kein Team von Gleichstarken, sondern im Rahmen des „leverage" eine große Zahl an Kellerasseln.

Aber für eine „Teilsozietät", die sich entschließt, den Weg zu einer überörtlichen Sozietät zu nehmen, ist gleichwohl die Frage entscheidend, welchen Raum die unternehmerische Phantasie bei den einzelnen Sozien tatsächlich einnimmt. Hier kommt wiederum – wenn auch in einem anderen Gewand – ein Gesichtspunkt zum Tragen, der bereits früher behandelt wurde: Soweit dort die interne Kommunikation Sache des Intranets vorherrscht, insbesondere also die des geschriebenen Wortes, umso geringer ist die Bandbreite unternehmerischer Phantasie. Denn das Geschriebene hält in der Regel das bereits Geschehene – vor allem den Missstand oder auch das Budget – fest. Es zementiert, insbesondere wenn man bedenkt, dass nicht eben viele Anwälte die Fairnesse und Feinheiten der deutschen Sprache in ihrem Nuancenreichtum wirklich beherrschen, um das Gemeinte mit hinreichender Höflichkeit auch zu sagen. Es ist eben ein faktisch unabänderliches Gesetz: Unterneh-

1 *Hommerich*, AnwBl. 2006, 435.

merische Phantasie mündet in der unternehmerischen Strategie: Das eine wie das andere aber wächst erfahrungsgemäß nicht nur in den Neuronen des „Entscheiders", sondern vor allem im **Dialog**. Unternehmerische Strategie bedarf der Phantasie des Gesprächs, der gemeinsam erahnten und dann formulierten Zielprojektion. Das Gespräch ist schon wegen der körperlichen Präsenz der Beteiligten oft durchaus fair und häufig auch offen; das Geschriebene hingegen zu oft harsch und endgültig. Denn es geht um die Virulenz der dialogischen Kräfte, um die Bereitschaft, den Dialog als das Zentrum des Gesprächs zu vertiefen, neue Ideen – eben: eine Strategie – zu formulieren, die zunächst in Gesprächen auf ihre Plausibilität und ihre Realisierbarkeit zu testen ist, um sie sodann in die Tat umzusetzen. Also besteht die Gleichung: Je mehr das geschriebene Wort, gleichgültig, ob es sich um E-Mails, Korrespondenz oder um Aktennotizen/Memoranden handelt, das Tagesgeschehen der internen Kommunikation beherrscht, umso geringer ist der Spielraum, den die untenehmerische Phantasie – im Hinblick auf die Formulierung einer Strategie der „Firma" – einnimmt.

f) Altersstruktur, Funktion und „Leverage"

Bereits nach unverbindlichen Vorgesprächen, ob der Weg der „Teilsozietät" 657
zur überörtlichen Sozietät in der Tat überhaupt beschritten werden soll, ist es wichtig, herauszufinden, welche Funktion der einzelne Sozius innerhalb der „Teilsozietät" wahrnimmt. Es die „Hierarchie" zu beleuchten (Rz. 642). Aber es kommt auch entscheidend auf die Altersstruktur an; und vor allem ist die Frage sehr relevant: Wie nah liegen die Altersstufen beieinander[1]. Nichts anderes gilt für die Frage, wie hoch der „leverage-effect" ist[2]. Dieser sagt zwar in erster Linie auch etwas über die (voraussichtliche) Profitabilität der „Teilsozietät" aus. Viel wichtiger aber ist die Erkenntnis: Ein hoher „leverage" – regelmäßig: mehr als eins/drei – ist ein sicheres Indiz dafür, dass die „Durchlässigkeit" der „Teilsozietät" getrübt ist, dass eben auch versierte und kompetente Associates nicht ohne weiteres den Status eines Sozius erlangen können. Ein wichtiges Indiz ist dies für Haifischbecken oder – vornehmer gesagt – hier offenbart sich eine sehr bewusste Entscheidung, wer denn – selten genug – den Rang eines Partners erreichen kann. Das ist in Zeiten des Booms eine leichter zu beantwortende Frage als in Zeiten der Rezession, schon gar dann, wenn wichtige Arbeitsgebiete der „Teilsozietät" konjunkturabhängig sind.

Bei der Frage nach den einzelnen Funktionen ist auch zu bedenken: Der 658
Kommunikator ist vielleicht ein Inspirator, sicherlich aber (nur selten) ein Administrator; der Administrator ist (möglicherweise) ein Integrator, sicherlich aber kein phantasiereicher Stratege. Mehr noch: Selten sind sich die Partner einer „Teilsozietät" darüber im Klaren, welche Funktion der einzelne Sozius tatsächlich oder auch vermeintlich nach seinen Fähigkeiten und Neigungen haben sollte. Auch in diesem Punkt hat *Heussen* Recht[3].

1 *Heussen*, AnwBl. 2006, 293, 295.
2 *Heussen*, a.a.O.
3 *Heussen*, AnwBl. 2006, 293, 295.

Es ist nämlich auch nur wenigen Partnern in der Regel klar, wie viel Führung sie brauchen und – vor allem – wie viel Führung sie tatsächlich auch (freiwillig) aktzeptieren. „Anwälte sind nämlich Individualisten und wollen nicht geführt werden", wie *Heussen* zutreffend bemerkt[1]. Hier liegt einer der merkwürdigen Widersprüche. Es sind oft die Partner, die gerade nicht geführt werden wollen, die aber immer wieder – oft fast schon verzweifelt – die Frage nach einer „Strategie" stellen. Sie realisieren nicht, dass eine „Strategie", wenn sie denn wirklich diesen Namen auch verdient, immer mit einem hohen Verlust an individueller Selbständigkeit des einzelnen Sozius verbunden ist.

g) Führung – Strategie

659 Anders: Je deutlicher und ausgeprägter die „Strategie" der Sozietät ist, desto mehr ist sie in dem Bereich der Gebilde angekommen, in denen sich der „Rechtskaufmann" bewegt, nicht aber der „Rechtsanwalt". Gleichwohl ein Mindestmaß an Führung ist Teil der jeweiligen „Kultur" einer „Teilsozietät". Wird jedoch – abseits aller Management-Aufgaben – Führung in der Tat nicht oder nur widerstrebend akzeptiert, dann liegt die Schlussfolgerung auf der Hand: Jegliche Maßnahmen, die dann das Management und/oder der Ausschuss einer überörtlichen Sozietät beschließt, wird deshalb von allen Beteiligten – man nennt dies: demokratisch legitimiert – in Frage gestellt, in Zweifel gezogen, oder auch listenreich hintertrieben. In diesem wichtigen Punkt mag der Sozietätsvertrag bestimmen, was immer er für richtig hält, an der Realität ändert sich nichts. Es geht letztlich um die **freiwillige Akzeptanz** der sich individualistisch gerierenden Anwälte, Maßnahmen im Rahmen von Management und Führung zu akzeptieren, sie also **freiwillig** in die Tat umzusetzen. So gilt der alte Satz eines erfahrenen Aufsichtsrats: Wenn einer opponiert, mag man seine Meinung ignorieren; wenn zwei opponieren, muss man zuhören; wenn drei opponieren, dann ist dies Meuterei.

660 Bei den Vorgesprächen ist es daher – soweit technisch sinnvoll – sehr wichtig, dass nicht nur die „senior-partner" die Vorgespräche mit den Vertretern der anderen „Teilsozietät" führen. Es ist auch oft recht schwierig, wenngleich teilweise auch unvermeidlich zu akzeptieren, dass das „Management" die entscheidenden Vorgespräche im Hinblick auf die Bildung einer überörtlichen Sozietät führt. Lässt es sich wegen der Größe der Verhandlungsteams nicht vermeiden, dann sollte jedenfalls im Blick auf eine zu formulierende „Strategie" klar sein: Auf einem immer schwieriger werdenden Anwaltsmarkt wird es in Zukunft immer anspruchsvoller, eine eigene „Strategie" zu erfinden, nicht nur zu finden, sie auch zu formulieren und umzusetzen. Daher müssen Kommunikation, Integration, Administration und Inspiration einer solchen „Strategie" jeweils auch von **den nachwachsenden Partner mitgetragen** und in gleicher Weise mit gestaltet werden. Gerade an dieser Stelle kann sich – schon im Vorfeld – ein bedeutender Unterschied der „Kulturen" der einzelnen „Teilsozietäten" offenbaren, wenn sich etwa herausstellt, dass die „senior-partner" einen „closed shop" bilden, also die jeweils

1 *Heussen*, a.a.O.

zu treffenden Entscheidungen praktisch unter sich ausmachen. Und die jungen Sozien schlicht nur von der durch die Biologie genährten Hoffnung leben, auch eines Tages in den Rang eines „senior partner" aufzurücken, mit den gleichen Privilegien und vielleicht auch mit einer ähnlichen Autorität. Doch tempora mutant.

Umgekehrt: Wenn aus unvermeidbaren Gründen die entscheidenden Vorgespräche nur von dem „Management" geführt und auch praktisch getroffen werden, ohne dass vor der erforderlichen Kommunikation über Ziele, Synergie-Effekte und Kosten in großer Offenheit und Transparenz geführt wurde, dann ist das dadurch entstehende kommunikative Defizit praktisch vorgegeben. Doch muss man realistisch bleiben: Je größer eine Sozietät ist, umso weniger ist diese Forderung zu realisieren. Die Gleichung ist eben immer wieder die: Je mehr die „Kultur" der einzelnen „Teilsozietät" das Bild eines „Rechtskaufmanns" verkörpert und auch als „Firma" idealisiert, desto geringer ist der menschliche Faktor, auf dem die „soft skills" beruhen. Das Maß der Übereinstimmung in persönlich-menschlicher Hinsicht in all diesen Fragen mag groß sein, solange die einzelnen „Teilsozietäten" in der Summe nicht mehr als zwanzig Sozien repräsentieren. Wird diese Zahl jedoch überschritten, dann tritt der entscheidende Faktor des menschlichen **Miteinander** uneinholbar in den Hintergrund; es gelten dann primär wirtschaftliche, d.h. strategische Zielsetzungen im Namen der Kosten-Nutzen-Analyse. Das mag man bedauern; ändern kann man diesen Trend nicht. Die Betriebswirtschaft tritt in ihr Recht; davon soll nunmehr die Rede sein. 661

g) Unabdingbare wirtschaftliche Voraussetzungen

Die Bildung einer funktionstüchtigen überörtlichen Sozietät ist eine ständige Herausforderung an alle Beteiligten. Sie ist mit dem Tag der Unterzeichnung des Gesellschaftsvertrages keineswegs beendet. Der Markt ändert sich, die handelnden Personen ändern sich, weil die einen die Sozietät verlassen, weil andere hinzukommen, weil neue Partner aufgenommen und auch neue Arbeitsgebiete erschlossen, alte abgelegt werden. Dies ist natürlich keine Feststellung, die nur für die überörtliche Sozietät ihre Berechtigung hat. Sie gilt für jedes anwaltliche Unternehmen. Dass der Anwalt als freier Beruf den Zwängen des Gewerbes nicht unterworfen ist, ist eine Mär aus vergangenen Tagen. Sie hatte wohl ernst genommen nie ihre Berechtigung, von Sonntags- und Festreden abgesehen. 662

aa) Kostenstruktur

Jeder Anwalt, wie gesagt, betreibt ein Wirtschaftsunternehmen. Notwendigerweise müssen daher die wirtschaftlichen Grunddaten der einzelnen „Teilsozietäten" jedenfalls in ihrem wesentlichen Merkmalen übereinstimmen, bevor die Bildung einer überörtlichen Sozietät als sinnvolle Lösung erscheinen kann. Zwangsläufig und unabdingbar ist es daher, die **Unterschiede** in der Kostenstruktur, insbesondere aber auch in der Profitabilität ins Auge zu fassen und sorgsam zu **analysieren**. Im Vordergrund dieser Betrachtung sollte die Relation Umsatz/Anwalt/Gewinn stehen. Diese Größe scheint 663 in der Regel wesentlich wichtiger zu sein als die Relation Sozius/Umsatz, weil dieser ja möglicherweise nur deswegen erreicht werden kann, weil der betreffende Sozius zahlreiche Kellerasseln beschäftigt und damit den Typus des modernen Sklavenhalters verkörpert. Wenn aber hier zwischen den einzelnen „Teilsozietäten" erhebliche Unterschiede bestehen, die letztlich ja immer Unterschiede in der Profitabilität und des Gewinns pro Partner sind, dann ist eine überörtliche Sozietät im Zweifel **kontraindiziert**[1].

664 Freilich gilt dies nur dann, wenn man eine überörtliche Sozietät anstrebt, in der die jeweils an den einzelnen Standorten erwirtschafteten Gewinne auch im Rahmen der überörtlichen Sozietät – nach einem einheitlichen Gewinnverteilungssystem – verteilt und die Verluste damit sozialisiert werden. Belässt man es hingegen beim Zusammenschluss der „Teilsozietäten" einer überörtlichen Sozietät bei der Figur der **Außensozietät**, dann mögen diese Unterschiede in der Profitabilität vernachlässigenswert sein. Die einzelnen Partner bleiben dann in der Skala ihrer persönlichen Einkommen, an die sie sich und ihre Familien gewöhnt haben. Es besteht kein zusätzlicher Grund zur Unzufriedenheit. Doch sind unterschiedliche Profitabilitäten allemal ein deutliches Indiz dafür, dass dann – auf lange Sicht – eine (integrierte) überörtliche Sozietät nicht anstreben sollte. Denn diese Unterschiede führen zu Ungleichgewichtigkeiten, was sich dann sowohl in den Mandanten als auch in den Mandaten, in den Fachgebieten, kurz: der „Strategie" niederschlägt. Es gilt eben der Grundsatz, dass „the winner takes it all" auch hier seine Berechtigung verlangt. In den Worten von *Heussen* ist eben eine „Kultur" der Jäger und der Gärtner" (Rz. 654) nicht miteinander zu harmonisieren[2].

bb) Gewinnverteilungssystem

665 Es ist mit Sicherheit eine der schwierigsten und problematischsten Aufgaben, ein Gewinnverteilungssystem für eine überörtliche Sozietät neu zu begründen. Denn es sollte wenigstens im Ergebnis **einigermaßen erträglich für alle beteiligten Partner** sein. Dass es auch wirklich den Namen „gerecht" verdient, ist ohnehin nicht realistischerweise zu erwarten, weil eben die menschliche Natur nicht alle gleich tüchtig, gleich fleißig, gleich strebsam ausgebildet hat; der Unterschied dominiert. Und eine dagegen vorgehende Gleichmacherei kann eben nur das Attribut „eträglich" für sich in Anspruch nehmen. Doch ist die Herausbildung eines einheitlichen Gewinnverteilungssystems unerlässlich, wenn man eine – integrierte – überörtliche Sozietät anstrebt. Dann geht es darum, die regelmäßig sehr unterschiedlichen, oft aus ihrer eigenen „Geschichte" gewachsenen Gewinnverteilungssysteme der einzelnen „Teilsozietäten" auf einen gleichen Nenner des im Ergebnis für jeden Partner „Erträglichen" zu bringen. Zwischen dem „eat what you kill" einerseits und dem „lock step"-System führt aber kein Trampelpfad zu einer Harmonisierung; es sind Welten, die diese unterschiedliche „Kultur" charakterisieren[3]. Dabei sei eins – durchaus auch aus bitterer Erfahrung

1 So mit Recht: *Vorbrugg/Salzmann*, AnwBl. 1996, 129, 137.
2 *Heussen*, AnwBl. 2006, 293, 295.
3 Im Einzelnen auch: *Heussen*, AnwBl. 2006, 293, 296f.

– angemerkt: Auf dem Weg ein Gewinnverteilungssystem „**erträglich**" zu gestalten, ist es erfahrungsgemäß äußerst belastend, darüber während einer längeren Zeit zu verhandeln und neue Systeme ins Leben zu rufen. Denn diese **Diskussionen** führen zwangsläufig dazu, dass früher oder später die **Binnensicht dominiert**: Wer sich um sich selbst, insbesondere um die vergeblich anzustrebende „Gerechtigkeit" eines Gewinnverteilungssystems kümmert, vernachlässigt zwangsläufig die Mandanten. Für die etwa erforderliche Neuformulierung einer „Strategie" fehlt ihm dann während dieser Zeit sowohl die Phantasie als auch das Durchsetzungsvermögen. Denn die Beharrungskräfte einzelner Partner bei der Neuregelung eines Gewinnverteilungssystems sind oft gewaltig; sie nehmen nicht selten eine fundamentalistische Position ein, dass sie das, was sie einmal hatten, nicht aufzugeben bereit sind. Punktum.

Bescheidung wäre daher angesagt und auch ein wenig Einsicht in Zwangsläu- 666
figkeiten: Die menschliche Natur hat einem jeden unterschiedliche Fähigkeiten mit den auf den Weg gegeben. Keineswegs jeder Anwalt ist gleich erfolgreich; nicht jeder Anwalt lebt nur um zu arbeiten. Jeder Anwalt hat seinen – je eigenen – Lebensplan. Bei einigen steht die Familie durchaus noch im Vordergrund, wenngleich keineswegs „gleichberechtigt" gegenüber der „Firma" und den dort im Rahmen der Profitabilität abzuleistenden Arbeitsstunden. Doch es muss ja nicht notwendigerweise vorgegeben und zwangsläufig sein, dass nur derjenige „Associate" zum „Partner" ernannt wird, der zuvor die Ehescheidung – trotz Kindern – hinter sich gebracht hat, weil er nur mit außergewöhnlichem Arbeitseinsatz in der Lage war, den „Brotkorb" zu ergattern, den die Aussicht auf Erlangen des Status eines Sozius mit sich bringt. Das alles sagt in der Summe sehr viel über die „work-life-balance" aus, den die einzelne „Teilsozietät" für ihre Mitglieder anstrebt und so in ihrem Gewinnverteilungssystem, insbesondere aber in Ihrer Profitabilität (und ihrem Streben nach Profitmaximierung) dokumentiert.

cc) Kostenvergleich

Naturgemäß ist auch ein Blick auf die jeweiligen **Kosten** der einzelnen „Teil- 667
sozietät" unerlässlich: Ist nämlich die Kostensituation unterschiedlich, so lässt sich kurzfristig, insbesondere auch nicht nachhaltig eine Angleichung der Kostensituation vornehmen, dann sind Ungleichgewichtslagen – beginnend mit der Bezahlung der einzelnen Sekretärinnen – vorprogrammiert. Auch in diesen Fällen ist im Zweifel die Bildung einer überörtlichen Sozietät **kontraindiziert**[1]. Denn abseits von Änderungskündigungen sind unterschiedliche Kostensituationen nur sehr schwer zu harmonisieren. Dem Neid wegen der als ungerecht empfundenen Besserstellung sollte kein vermeidbarer Vorschub geleistet werden. Der Ausweg kann dann nur darin bestehen, eine überörtliche **Außensozietät** ins Leben zu rufen. Diese aber ist in der Regel kein auf Dauer anzustrebendes Ziel, weil damit gleichzeitig ein Verzicht auf eine gemeinsame „Strategie" verknüpft ist. Für eine Harmoni-

1 Vgl. *Vorbrugg/Salzmann*, AnwBl. 1996, 129, 137.

sierung der unterschiedlichen „Kulturen" der jeweiligen „Teilsozietäten" besteht dann weder Anlass noch Bedürfnis. Noch wichtiger: Wirklich lebensfähig sind diese Gebilde auf Dauer wohl nicht. Denn sie sind für den hochqualifizierten **juristischen Nachwuchs** kaum hinreichend attraktiv. Gerade auf diesem wichtigen Gebiet der **Zukunftssicherung** haben eben überörtliche Sozietäten einen unglaublich wichtigen Vorteil, die sich als „Einheit" darstellen und auch so von den Anwälten empfunden und erlebt werden.

dd) Mandantenstruktur – Interessenkollision

668 Unterschiedliche Profitabilitäten beruhen in der Regel auch darauf, dass die dort tätigen Anwälte/Sozien in unterschiedlicher Weise spezialisiert sind. Denn es ist ein Erfahrungssatz: Die Spezialisierung – Fachanwaltschaft – verbürgt höheren Umsatz, ermöglicht die höheren Stundensätze und führt auch zu attraktiveren Mandaten. Die gute, inzwischen fast antiquierte Allgemeinpraxis hat da stets das Nachsehen. Es ist eben ein unabweisbarer Erfahrungssatz, dass alle international agierenden Großsozietäten sich auf das Wirtschaftsrecht konzentrieren und vornehmlich das Transaktionsgeschäft betreiben; die anderen (minderwertigen?) Rechtsgebiete werden auf Sicht oft ganz geschnitten. Von daher gilt: Bei den Vorgesprächen, die zur Bildung einer überörtlichen Sozietät führen, sollte klargestellt werden, dass eine **Analyse der Mandate** und der Mandantenstruktur unerlässlich ist. Dies hängt auch unmittelbar damit zusammen, dass schon von vorneherein das Risiko von **Interessenkollisionen** ausgeschlossen werden sollte, weil – mangels Bereinigung dieses Konfliktpotentials – die Bildung einer überörtlichen Sozietät wiederum **kontraindiziert** ist[1]. Das setzt selbstverständlich voraus, dass man sich in einem offenen, aber vor allem auch gewissenhaft und gradlinig zu führenden Dialog darüber klar ist, wer welche Mandanten vertritt. Und es setzt weiter auch voraus, darüber Einvernehmen zu erzielen, welche Großmandate als „Edelmandate" künftig einer besonderen Pflege bedürfen, so dass auch nur im Entferntesten eine mögliche Interessenkollision ausgeschlossen werden muss. Das bedeutet mitunter nicht unerhebliche Einschnitte in die Arbeits- und Mandatsreservate eines Sozius. Erhält für seine Mandate angesichts der übergeordneten Interessen der überörtlichen Sozietät der einzelne Sozius keinen „Gebietsschutz", dann wird er sich wohl schon im Vorfeld aus „strategischen Gründen" von seinen bisherigen Partnern verabschieden müssen.

h) Wesentliche, aber wohl gestaltbare Kriterien

669 Sollte eine überörtliche „Teilsozietät" nach all diesen Vorüberlegungen immer noch den Plan haben, mit einer anderen „Teilsozietät" den – gemeinsamen – Weg in eine Fusion zu beschreiten, dann sind folgende Kriterien zu bedenken, weil sie – zumindest teilweise – die Schlussfolgerung rechtfertigen, dass die Bildung einer überörtlichen Sozietät kontraindiziert ist.

1 Vgl. BVerfG NJW 2003, 270 – Sozietätswechsel; *Kilian*, BB 2003, 2189; *Kleine-Cosack*, AnwBl. 2003, 539.

aa) Altersstruktur – Rentenverpflichtungen

Ein ganz wichtiges Indiz für die (vorteilhafte) Bildung einer überörtlichen Sozietät beruht auf der Feststellung, in welchem Maß die jeweilige „Teilsozietät" in den letzten fünf bis zehn Jahren gewachsen ist. Darin spiegelt sich nämlich nicht nur die Alterstruktur der jeweiligen Sozietät wider. Vielmehr gibt die Antwort auf diese Frage auch Aufschluss darüber, wie viele Sozien der oder die „Senior-Partner" im Laufe ihres Sozietäts- und Berufslebens „erzeugt", haben, die noch weiterhin Mitglieder der „Teilsozietät" sind. Denn darin liegt – je nach Ausfall dieses Resultats – ein ganz wesentlicher „weicher" aber auch harter Faktor, der das vorhandene – menschliche – Beziehungsgeflecht ebenso reflektiert wie das Akquisitionspotential. Für gewöhnlich ist es freilich so, dass auch erfolgreiche Sozien im Lauf von etwa zehn Jahren selten mehr als einen jungen Partner „heranzüchten". Doch es gibt auch Ausnahmen. Auf deren alleinige Kompetenz sollte freilich eine überörtliche Sozietät nicht unbedingt gegründet werden. Denn es kommt maßgeblich auf das organische Wachstum an, nicht aber nur darauf, welcher der Sozien seine besonderen „Duftmarken" im Nachwuchs zahlreicher junger Partner hinter sich gelassen hat. 670

Schließlich ist die Antwort auf die Frage eminent wichtig, ob die „jeweilige Teilsozietät" – entsprechend einer immer noch sehr weit verbreiteten Praxis – Rentenverpflichtungen zugunsten der alten Sozien begründet hat. Diese können eine schwere Bürde für die jüngeren Sozien werden, sofern die Ertragskraft der einzelnen „Teilsozietät" nicht nachhaltig gesichert und ein stetiger Expansionskurs gewährleistet ist. Dies aber verlässlich angesichts recht volatiler Marktverhältnisse zu prognostizieren ist schwer; bestenfalls reichen Vermutungen hier aus, die aber kaum weiter helfen. Die Extrapolation aus den Ergebnissen der Vergangenheit ist kaum ein verlässlicher Indikator. Wenn aber schon Rentenverpflichtungen in der Vergangenheit begründet worden sind und nicht im Zusammenhang mit der Errichtung einer überörtlichen Sozietät ad acta gelegt werden können, dann sollte zumindest versucht werden, diese Rentenlasten der jeweiligen „Teilsozietät" aufzubürden und sie nicht zum Kostenblock für die überörtliche Sozietät werden zu lassen. Schließlich handelt es sich um klassische „Altlasten", die daher auch dort abgetragen werden sollten, wo sie einmal begründet wurden. Denn in Großsozietäten sind derartige Rentenverpflichtungen nicht mehr anzutreffen; sie sind eine Wachstumsbremse. 671

bb) Eintrittsvoraussetzungen – Qualitätsmerkmale

Eine nicht minder wichtige Frage, welche die innere Dynamik der „Teilsozietät" belegt, bezieht sich auf die Eintrittsvoraussetzungen für junge Anwälte in der jeweiligen „Teilsozietät". Dies ist eine Nahtstelle, die sehr viel über Vergangenheit und Zukunft verrät. Denn sie gibt Auskunft darüber, ob eine „Teilsozietät" lediglich umsatzorientiert und oft auch statisch denkt, mehr oder weniger an den erreichten Privilegien der Arrivierten festhält oder unabdingbare, nachprüfbare Qualitätsanforderungen in sachlicher und menschlicher Hinsicht an die jungen Anwälte stellt, die in der Sozietät 672 als Angestellter oder – seltener inzwischen – als freie Mitarbeiter aufgenommen werden, um sodann eines Tages – wann (?) – Sozius zu werden. Dass die junge Anwältin oder der junge Anwalt praktisch stets den „Marschallstab im Tornister" haben, ist inzwischen nur noch eine Mär, die der Vergangenheit angehört. Selektion findet statt, und sie muss stattfinden. Die Bewährung als Sozius kommt nicht während der Probezeit ins Blickfeld, sie entwickelt sich erst nach und nach, häufig erst in der praktischen Bewährung von eigener Akquisition und Spezialisierung. Inzwischen entscheiden aber hier vor allem auch **Umsatz- und Ertragsperspektiven**, Mandantenstamm und die Zukunftsträchtigkeit der jeweils besetzten Rechtsgebiete. Die persönliche Eignung als Mensch und Partner sollte jedoch kein geringes Gewicht erhalten. Doch ist die Gewichtig zwischen den Faktoren „menschlich" und „fachlich" sehr abhängig von der Größe der einzelnen „Teilsozietät", weil der bekannte „Arschlochfaktor" in größeren Einheiten eine wesentlich geringe Rolle spielt als in überschaubaren Gebilden. Freilich, ganz transparent sind die Entscheidungen über die Beförderung zum „Sozius" nicht immer. Hier kommt oft vieles zusammen: alte Rechnungen, gebrochene Zusagen, schlechtes Gewissen und die fehlende Bereitschaft, „nein" zu sagen, wenn Zweifel an der unbedingt einzufordernden Qualität des jungen Anwalts bestehen. Das „Haifischbecken" hat eben nicht unbedingt häufig auch die Vorzüge einer durchlässigen Transparenz für sich. Oft, sehr oft entscheidet auch die jeweilige „Strategie" des Management-Ausschusses.

673 All diese Fragen sind in ihren Antworten zu vereinheitlichen. Selbst wenn man das Gewinnverteilungssystem nicht harmonisiert, so sind doch – auch bei Bestehen einer reinen Außensozietät – diese Fragen zu wichtig und müssen einvernehmlich mit Blick auf die (gemeinsame) Zukunft geregelt werden.

cc) Hire and Fire – oder Hängematte

674 Allerdings wird die Bildung einer überörtlichen Sozietät dann sehr schwierig, wenn sie nicht gar **kontraindiziert** ist, sofern eine „Teilsozietät" dem Prinzip „hire and fire" frönt, während die andere jedem Anwalt gleich bei der Einstellung oder jedenfalls nach kurzer Frist bescheinigt, er habe „Marschallstab im Tornister" und könne in absehbarer Zeit – etwa vier bis fünf Jahren – Partner werden. Unternehmerische Kompetenz verspricht hier weder die erste noch die zweite Variante. Dass indessen die unterschiedliche Perspektive, unter welchen Voraussetzungen ein junger Anwalt in der Vergangenheit Partner wurde, auch sehr viel über das jeweilige **Betriebsklima** aussagt, sei der Vollständigkeit halber erwähnt. Doch ist im gleichen Atemzug hinzuzusetzen, dass man ein wirklich homogenes Betriebsklima in größeren „Teilsozietäten" heute kaum noch findet; es herrscht die Individualisierung, die gleichzeitig die zwingende Konsequenz der Spezialisierung ist, so dass sich das gute oder weniger gute Betriebsklima auf das „Departement" reduziert und beschränkt. Indessen sollte kein Zweifel sein: Wird in einer „Teilsozietät" praktisch jeder junge Anwalt auch nach einer gewissen Zeit Partner, dann ist die Bildung einer überörtlichen Sozietät in der Regel durch diese „Politik" kontraindiziert. Denn sie verrät, dass der strenge Prozess der Auslese nur sehr

wählerisch, um es vorsichtig auszudrücken, praktiziert wurde. Treffender dürfte dies alles mit einer mehr oder weniger gnädigen „Politik" der Hängematte zu vergleichen sein: Jeder hat die Chance, sie beginnt mit der Einstellung; Änderungen ergeben sich – überspitzt gesprochen – nur, wenn der Anwalt vor seiner Inthronisierung als Partner selbst das Weite sucht.

i) Erforderliche Institutionalisierung

Wenn die Bildung einer überörtlichen Sozietät – sowohl von innen wie von außen betrachtet – Sinn machen soll, weil aus zwei Teilen ein größeres Ganzes entstehen soll, dann müssen auch die unterschiedlichen **Entscheidungsstrukturen** an einander angepasst werden. Das ist unverzichtbar und auch schmerzhaft. Es bedeutet einen Verzicht auf Eigenständigkeit; die Souveränität des „Standorts" wird auf mehr oder weniger zahlreiche Ausschüsse übertragen. Die Rückkoppelung an demokratische Zustimmungserfordernisse beschränkt sich dann oft nur noch auf die Präsenz in der Partnerversammlung und dem dort auszuübenden Stimmrecht. Doch dahinter gibt es kein Zurück. Nur eine solche Institutionalisierung entspricht den Erfordernissen des Marktes, angefangen von dem Management-Ausschuss bis zu einem (vereinheitlichten) Gewinnverteilungssystem (Rz. 665). Dabei ist – per Saldo – nur eins sicher: Je größer das Gesamtgebilde der überörtlichen Sozietät ist, umso weniger Einfluss hat der einzelne Partner auf die Entscheidungen. Partnerversammlungen sind im Ergebnis kaum etwas anderes als kleinere Hauptversammlungen, an der mehr oder weniger viele Aktionäre – redegewandt oder oppositionsbegabt – teilnehmen, um die nach der Sozietätssatzung erforderlichen Beschlüsse zu verabschieden. 675

j) Strategische Zielsetzungen

Allein die Größe des „Briefkopfs" bringt keine erfolgreiche, einheitliche „Strategie" zustande; sie belegt auch keine zusätzliche Kompetenz: „Masse statt Klasse" bleibt dann häufig die zutreffende Umschreibung eines solchen Aggregatzustandes. Die überörtliche Sozietät generiert nicht aus sich selbst heraus höhere Umsätze oder höhere Erträge; sie erzeugt aber allemal höhere Kosten, angefangen von der Kosten der Koordination (IT-Systeme) bis hin zu einer Vereinheitlichung der Deckungssummen einer regelmäßig erhöhten Haftpflichtversicherung. Doch nicht diese „Synergiekosten" sollten das Denken beherrschen, sondern die Suche nach einer gemeinsamen „Strategie". Diese aber ist – abhängig von der Größe der überörtlichen Sozietät – im Kern stets die Sache des Mangement-Ausschusses (oder wie immer man dieses Gremium nennen mag). Denn eine „Strategie" setzt allemal, wenn denn der Begriff etwas besagt, voraus, dass eine Fokussierung der unterschiedlichen Zielsetzungen stattfinden muss. Es ist barer Unsinn zu meinen, eine wirkliche „Strategie" könne derart sein, dass sich in ihr jeder Partner wiederfindet. Das ist nichts anderes als die Verwässerung der Ziele. Doch genau an dieser Nahtstelle beginnen die wirklich schwierigen Probleme der Definition, der gemeinsamen Zielsetzung, der Hervorhebung der einen und der Herabsetzung der anderen Sozien. Denn wenn eine Sozietät sich auf das 676

Transaktionsgeschäft kaprizieren will und dies auch in der Vergangenheit schon erfolgreich bewiesen hat, dann muss eben der Bereich des privaten Arbeitsrechts oder auch der des Wettbewerbsrechts (oder sonstiger Bereiche) dahinter brav zurücktreten. Das freilich ist ein weites Feld.

677 Finden sich zwei oder mehrere „Teilsozietäten" zu einer überörtlichen Sozietät zusammen, so ist es in der Regel kaum möglich, eine gemeinsame – neue und kohärente – Strategie zu konzipieren und in absehbarer Zeit in die Tat umzusetzen. Das hat ganz einfache, aber oft übersehene Ursachen: Wenn man bedenkt, wie lange es dauert, um das geflügelte Wort eines betagten Kölner Richters zu zitieren, dass es Jahre dauert, bis „wir als Richter einem Anwalt zuhören, und dass es nur Sekunden dauert, dass wir es nicht mehr tun", dann weiß man, wie lange und dornenreich der Weg ist, eine eigene „Marke" aufzubauen. Hat aber eine „Teilsozietät" eine solche „Marke" im Markt etabliert oder ist es auch nur einigen ihrer Partner gelungen, dies erfolgreich zu bewerkstelligen, dann wird deutlich, wie weit und steinig der Weg zu einer „gemeinsamen Marke" ist. Dabei gilt es auch zu bedenken, dass es Unfug wäre, ohne zwingende Gründe die bereits im Markt vorhandene eigene „Marke" zugunsten einer zunächst immer diffusen „Marke" der überörtlichen Sozietät aufzugeben.

678 Eine – gemeinsame – „Strategie" im Bereich der Fachgebiete, in denen internationale Sozietäten tätig sind (IPO, M & A, Transaktionsgeschäfte etc.) und den (sonstigen) Bereichen minderer Ertragskraft – (privates) Arbeitsrecht, Familienrecht, Verkehrsrecht, Mietrecht, (teilweise auch) IT-Recht, Versicherungsrecht etc. lässt sich im Ergebnis kaum formulieren, zumindest nicht mit hinreichender Sichtbarkeit in den Markt implantieren. Hier müssen notwendigerweise Akzente gesetzt werden; das eine hofierend, das andere hinten anstellend. Die Bewältigung einer strategischen Aufgabe heißt immer Distinktion[1]. Es geht darum festzustellen und festzulegen, in welchen Punkten sich die Kanzleien untereinander – im Markt, für den Mandanten und für den Wettbewerber erkennbar – **unterscheiden**. Und es ist ebenso wichtig, den Umstand rückhaltlos ins Auge zu fassen, dass „Distinktion" gleichzeitig „Verzicht" bedeutet, weil eben die „jeweilige Teilsozietät" oder die überörtliche Sozietät dem Markt ein Signal darüber senden muss, welche Leistungsangebote sie künftig dem Markt in erster Linie (mit Wachstumspotential) anbietet und welche sie künftig in den Hintergrund treten lässt[2]. Es gilt der beherzigenswerte Satz: „Die Aufgabe der Markenbildung besteht darin, Kontinuität im Leistungsprogramm mit innovativen Programmangeboten zu verbinden"[3].

679 Man täusche sich nicht: Formulierung und Umsetzung einer „Strategie" für eine überörtliche Sozietät sind nicht nur graduell, sondern auch qualitativ schwieriger als die Verfolgungen des gleichen Ziels bei einer örtlichen oder (selten genug) intraurbanen Sozietät. Dies hängt zwangsläufig damit zusam-

1 *Hommerich*, AnwBl. 2006, 435, 436.
2 *Hommerich*, a.a.O.
3 *Hommerich*, a.a.O.

men, dass der lokale Markt im Zweifel lediglich die lokale „Marke" der jeweiligen „Teilsozietät" wahrnimmt; die Präsenz der überörtlichen Sozietät ist zunächst auf den „Briefkopf" begrenzt. Gerade wenn die jeweilige „Teilsozietät" mehr oder weniger stark im lokalen Marktumfeld verankert ist, ist es ausgesprochen schwierig, eine zukunftsträchtige – gemeinsame – „Strategie" für die überörtliche Sozietät zu formulieren und in die Tat umzusetzen. Denn jeder (lokale) Partner legt entscheidenden Wert darauf, dass er sich in dieser „Strategie" auch „wiederfindet", weil es ihm ja entscheidend darauf ankommt, in seinem lokalen Marktumfeld weiterhin präsent zu sein. Das fällt umso schwerer, je mehr sich die „Strategie" der überörtlichen Sozietät an nationalen oder gar internationalen Herausforderungen orientiert, die im Kern nur von einer „Teilsozietät" wahrgenommen werden. Denn so entsteht notwendigerweise Missgunst und Neid, ein Gefühl der Frustration stellt sich oft ein. Es gilt dann häufig der alte Grundsatz: „love it, change it or leave it".

Hinzukommt, dass die **Strategie**, was jedoch unbedingt erforderlich ist, sen- 680
sibel an die sich ändernden Anforderungen/Herausforderungen des **Marktes angepasst** werden muss[1]. Markenbildung erfordert einen langen Atem, nicht minder aber Tradition, Kontinuität und Präsenz auf dem Teil-Markt, in welchem sich die jeweilige „Marke" – mehr oder weniger sichtbar – gebildet hat.

k) Vertrauen schaffen

Dass die Etablierung einer erfolgreichen „Strategie" sowohl mit einem Wis- 681
sensmanagement[2]als auch mit einem ständigen Qualitätsmanagement zusammenhängt, bedarf keiner weiteren Begründung[3]. Denn das eine wie das andere trägt unverzichtbar dazu bei, die Sichtbarkeit auf dem Markt zu erhöhen. Doch das reicht im Ergebnis auch nicht. Keine, wie auch immer formulierte und in die Tat umgesetzte „Strategie" ist in der Lage, von sich aus das erforderliche **Vertrauen** im Markt – sowohl bei bestehenden als auch bei potentiellen Mandanten – zu erzeugen. Doch die Schaffung eines solchen Vertrauens in die Qualität anwaltlicher Dienstleistung ist ganz und gar unverzichtbar. Wenn es nämlich richtig ist, dass Kanzleien im umkämpften Markt des Dienstleistungsmarketings – anders als beim Produktmarketing – immer die jeweiligen Mandanten als wachsame und skeptische „Kontrolleure" zur Seite haben, dann ist die Erkenntnis wegweisend: Es kommt ganz entscheidend darauf an, in welchem Umfang und in welcher Intensität Vertrauens- oder Misstrauenssignale von dem einzelnen Anwalt der jeweiligen „Teilsozietät" in den Markt gesendet werden[4]. Denn **Mandanten berichten** über ihre Erfahrungen, insbesondere über die negativen. Das ist ein nicht zu durchbrechendes Gesetz. Im einen wie im anderen Fall sind aber die so berichteten Erfahrungen – durch menschliche Interaktionen bedingt – in hohem Maße **personenbezogen**. Dieser Bezugspunkt bleibt im Kern immer außerhalb der Kompetenz einer „Strategie", wenn diese nicht glaubwürdig durch die han-

---

1 *Hommerich*, AnwBl. 2006, 436, 438.
2 *Pilz/Klugmann*, AnwBl. 2006, 339 ff.; vgl. auch *Heussen*, AnwBl. 2006, 99 ff.
3 *Hommerich*, a.a.O.
4 Mit Recht: *Hommerich*, AnwBl. 2006, 435.

delnden Personen verkörpert wird. Das gilt für den Erfolg, vor allem aber auch für den Umgang mit dem Misserfolg.

682 Wenn also Herstellung und Festigung von Vertrauensstrukturen über bestehende und potentiellen Mandanten die wichtigste Voraussetzung dafür ist, eine „Marke" im Anwaltsmarkt zu begründen[1], sollte man mit einiger **Gelassenheit** die Versuche des Management-Ausschusses (oder wie immer er heißen mag) verfolgen, eine (neue) „Strategie" zu formulieren und in die Tat umzusetzen. Von Hochglanz-Broschüren und gelungenen Internetauftritten gehen Vertrauenssignale nämlich auch nur dann aus, wenn es bereits gelungen ist, die mehr oder weniger deutliche – durchaus gegenüber dem sonstigen Marktgeschehen differenzierte – „Marke" zu etablieren. An sich zählt nur dieses und immer wieder dieses: die „Marke". Sieht man die angeschnittenen Fragen in dieser Perspektive, wird gleichzeitig deutlich: Die Bildung einer überörtlichen Sozietät ist gleichzeitig ein erhebliches unternehmerisches Wagnis. Denn es hängt viel davon ab, ob und in welcher Weise sich die einzelnen Sozien mit ihrer jeweiligen „Marke" im Markt weiterhin behaupten oder in einer gemeinsamen „Marke" aufgehen.

683 Das alles soll nicht darüber hinweg täuschen, dass sich die in der einzelnen „Teilsozietät" beheimateten Sozien sich auch nach Bildung einer überörtlichen Sozietät ihrer **Spezialkompetenz** besinnen, um diese weiter auszubauen. Denn nur auf diese Weise besteht die Möglichkeit, die „Marke" der „Firma", seine je eigene „Marke" zu entwickeln. Dabei gilt der alte Satz des Marketing: Bei jeder „Strategie" kommt es maßgebend darauf an, Stärken zu stärken und Schwächen zu glätten. So wird es aber auch unerlässlich sein, dass sich einzelne Anwälte – diskret und bescheiden – ins zweite Glied zurückversetzen lassen, weil sie nicht den hohen Anforderungen des Marketing und der Qualität genügen, die vom Markt und der „Marke" erwartet werden. Dann muss es mitunter ausreichen sich zu vergewissern, dass eben die Bescheidung darin besteht, Anwalt einer überörtlichen Sozietät zu sein. Damit sind gleichermaßen Eitelkeiten und Verletzlichkeiten herausgefordert. Denn Bescheidung und Bescheidenheit sind menschliche Tugenden, die hohe menschliche Qualitäten verlangen und nicht alltäglich sind.

l) „Corporate identity"

684 Ob es überhaupt einer überörtlichen Sozietät gelingt, eine „corporate identity" zu entwickeln, die weiter reicht als die „Marke" der einzelnen „Teilsozietät" oder des einzelnen Sozius, lässt sich nur schwer vorhersagen. Meistens ist eine „Teilsozietät" dominant. Dabei ist natürlich auch völlig offen, ob zwischen der „Corporate identity" einerseits und der „Marke" in der Tat ein Differenzierungsmerkmal besteht, oder ob es nicht vielmehr – dafür spricht einiges – auf die anwaltliche Sach- und Fachkompetenz entscheidend ankommt, für welche die überörtliche „Sozietät" steht, sozusagen als **unverwechselbares Qualitätsmerkmal**. Für jede Implementierung einer „Strate-

1 *Hommerich*, AnwBl. 2006, 435, 438.

gie" wird es daher auch sehr wichtig sein, gesellschaftliche und fachliche Begegnungen der beteiligten Sozien zu arrangieren, weil nur über das mitmenschliche Verständnis die – gemeinsame – unternehmerische Zielsetzung mit Blick auf eine „corporate identity" langsam wachsen kann. Es geht hier nicht um Organisation, es geht auch nicht um ein „Strategie"-Papier. Hier geht es darum, Überzeugungsarbeit zu leisten, die primär im persönlichen Gespräch zu bewältigen ist. Nur dieses bewirkt die erforderliche Kommunikation und Integration auf ein zu formulierendes und umzusetzendes Ziel der „Strategie". Dabei reicht es nicht aus, wenn nur die „Köpfe" der Anwälte/Partner angesprochen werden. Das gegenseitige Verständnis für die Umsetzung einer neuen Idee, der „Strategie" muss gefördert werden – eingedenk der schlichten Erfahrung, dass gute und zukunftsorientierte unternehmerische Entscheidungen regelmäßig nicht im Kopf, sondern im „Bauch" – unter der Verantwortlichkeit der Neuronen – entstehen. Gegenseitiges Vertrauen ist dafür die unerlässliche Grundlage, die es mühselig, zeit- und kostenintensiv zu schaffen gilt.

Eindeutig ist dabei die Antwort auf die Frage, ob diese – gemeinsam zu for- 685
mulierende – „Strategie" mit Blick auf eine „corporate identity" bereits im „Wesentlichen" verabschiedet sein muss, wenn sich eine Teilsozietät zur überörtlichen Sozietät zusammen schließt. Dies zu verlangen überfordert alle Beteiligten. Denn wenn es richtig ist, dass es gilt eine „Strategie" immer wieder sensibel an die Erfordernisse/Herausforderungen des Marktes anzupassen, dann setzt diese Aufgabe wechselseitige Lern- und Denkprozesse voraus. Sie aber müssen stets aufs neue angestoßen werden, um ein Gefühl des „Wir" als Vorstufe einer „corporate identity" zu entwickeln. Viel spricht daher – aus der Erfahrung geboren – dafür, dass auf diesem Weg zunächst die „weichen" Faktoren in den Blick genommen werden sollen, bevor mehr oder weniger – vollmundig – eine „Strategie" verabschiedet wird. Diese soll ja wohl mehr sein als das, was auf Hochglanzpapier nachzulesen ist, aber in der Realität des Alltags keine hinreichende Resonanz findet. Anders gewendet und schärfer formuliert: Es handelt sich hierbei um eine **unerlässliche Daueraufgabe**.

m) Zielsetzung: Großmandate?

In der Vergangenheit sind zahlreiche überörtliche Sozietäten deswegen etab- 686
liert worden, weil ihre Tätigkeiten durch Großmandate mitgeprägt war[1]. Hintergrund dieser Überlegungen und Motivation war, dass in der Zukunft solche Großmandate von einer „Teilsozietät" nicht auf Dauer ordnungsgemäß und befriedigend bedient werden können. Ein weiteres Argument war, dass eben die „Konkurrenz" diesen Weg zur Bildung einer überörtlichen Sozietät bereits gefunden hatte. Man wollte keinen sichtbaren Nachteil im Markt und entschloss sich zum Nachahmen. Doch diese Erwägung dürfte der Vergangenheit angehören. Darüber sollte man sich auch klar sein: Auch ein Großmandat erfordert im Wesentlichen die gleichen „Tugenden",

1 Vgl. *Vorbrugg/Salzmann*, AnwBl. 1996, 129.

die auch ein gewöhnliches Mandat auszeichnen. Regelmäßig stehen hier die sog. **Sekundärtugenden** im Vordergrund: Vertrauen und nochmals Vertrauen, Verlässlichkeit, Pünktlichkeit, Sachlichkeit, fachlich gediegene Arbeit – als Basis für menschliches Vertrauen[1]. Indessen: Beim Großmandat erfordert die Bearbeitung in der Regel höchste sachlich-fachliche Kompetenz und Pünktlichkeit; die persönlichen Beziehungen, auf der das Vertrauen des Mandanten wächst, tritt in den Hintergrund. Großmandate sind auch regelmäßig keine Dauermandate; der Wettbewerb ist hart, unerbittlich. Bei der Verteilung des Apfels des Paris gibt es kein Abonnement.

687 In gleicher Weise dürfte es der Vergangenheit angehören, dass die **Erwartungshaltung des Mandanten** die Gründung einer überörtlichen Sozietät legitimiert. Wesentliches Merkmal war ja hier vor allem der Gesichtspunkt des „**full service**", den eine überörtliche Sozietät notwendigerweise einfacher, leichter und oft auch qualitativ höher zur Verfügung stellen kann als eine kleinere „Teilsozietät". Es ist jedoch nachhaltig davor zu warnen, diese angebliche Erwartungshaltung der Mandanten als Richtschnur auf dem Weg zu einer überörtlichen Sozietät zu nehmen. Das ist zu wenig. Das ist ein schwankender Grund. Mandanten zeichnen sich nicht immer durch Nibelungentreue aus.

688 Auch ist vor der Erwägung zu warnen, man solle deswegen eine überörtliche Sozietät errichten, weil man mit den Mandanten „ins Ausland" (oder auch an einen anderen Platz) gehen müsse. Es mag sein, dass sich solche Gelegenheiten bieten. Wenn dies zutrifft, sollte man sie beim Schopfe ergreifen. Doch man sollte im gleichen Atemzug auch bedenken, dass insoweit durchaus ein unangemessenes Abhängigkeitsverhältnis zwischen Sozietät und Mandanten entstehen kann – ein Gesichtspunkt, der auch die eigenverantwortliche, d.h. die unternehmerische Selbständigkeit der Sozietät (Interessenkollision!) in Frage stellen kann, wenn es nämlich dann dazu führt, dass dieses Mandat – aus welchen Gründen immer – gekündigt wird. Die Souveränität des Anwalts wird erst durch die Ablehnung des Mandats begründet, auch wenn ohne Anfrage einzuräumen ist, dass vor allem die Erteilung eines (neuen) Mandats das Selbstwertgefühl des Anwalts steigert. Die Ablehnung des Mandats ist immer ein Kraftakt, oft aber ein notwendiger.

689 Diese – zurückhaltenden – Erwägungen gelten erst recht, wenn der Mandant erwartet, dass man ihn „ins Ausland" begleitet, weil es dann darum geht, eine **internationale Sozietät** zu gründen[2]. Auch hier gilt das zuvor Gesagte. Monopolsituationen sind regelmäßig nicht hilfreich, Abhängigkeiten nicht minder.

n) Synergieeffekte?

690 Das Wort Synergieeffekte sollte man aus seinem Wortschatz streichen; es taugt im nachschauenden Ergebnis regelmäßig nicht dazu, eine überörtliche

1 Hierzu auch *Vorbrugg/Salzmann*, AnwBl. 1996, 129.
2 Hierzu auch *Vorbrugg/Salzmann*, AnwBl. 1996, 129, 130.

Sozietät zu legitimieren. Die Erwartung, Synergieeffekte würden praktisch von selbst eintreten, beruht vielmehr auf einer Haltung die dem unbegründeten „Prinzip Hoffnung" (Bloch) entspricht. Gegenläufig argumentiert: Die Bildung einer überörtlichen Sozietät verursacht indessen zwangsläufig **Synergiekosten**, weil die notwendigen Prozesse interner Abstimmung und Entscheidungsfindung zeit- und kostenintensiv sind. Diese Kosten sollten als feste Größe **kalkuliert** werden; Synergieeffekte sind dann der Tau am Morgen – wenn der Nebel (der notwendigen Kosten) sich gelichtet hat. Diese angeblichen Effekte sind vor allem dann sehr kritisch unter die Lupe zu nehmen, wenn sich zwei „Teilsozietäten" zu einer überörtlichen Sozietät zusammenschließen, die auf dem gleichen Fachgebiet eine mehr oder weniger hoch ausgewiesene Kompetenz entwickelt haben. Denn unter dem auch stets in diesen Fällen angebotenen Stichwort der erforderlichen **Spezialisierung** stellt sich dann die brisante Frage: Wer entscheidet darüber, welcher Anwalt/Partner der örtlichen „Teilsozietät" die höhere Fachkompetenz besitzt, um seinen „Konkurrenten" bei einem mehr oder weniger großen Mandat aus dem Feld schlagen zu dürfen? Dies ist häufig ein nicht lösbares Problem.

Ein ganz ähnliches Problem stellt sich auch auf einer anderen Ebene – und ist 691
hier regelmäßig kaum lösbar: Wird nämlich einem Anwalt/Partner ein bestimmtes Mandat in einem Gebiet angetragen, das schwerpunktmäßig zu seinem „Interessengebiet" zählt, nicht aber zu seinem spezialisierten „Tätigkeitsbereich", dann müsste dieser Anwalt/Partner – streng genommen – das Mandat im Interesse einer möglichst hohen Qualität anwaltlicher Arbeit an einen anderen Anwalt/Partner innerhalb der überörtlichen Sozietät weiterleiten, um auf diese Weise die Vorteile einer (höheren) Spezialisierung für den Mandanten fruchtbar zu machen. Dies gelingt praktisch nie. Denn der von seinem Mandanten angesprochene Anwalt/Partner darf ja für sich mit Recht den Bonus reklamieren, dass er bei seinen Mandanten inzwischen **Vertrauen** erweckt hat, das es nunmehr rechtfertigt, ihm auch dieses Mandat anzudienen. Wenn er aber dann gehalten ist, wegen der höheren Spezialisierung eines anderen Anwalts/Partners in einer anderen „Teilsozietät" dieses Mandat weiterzugeben, dann erfordert dies ein „Schuldbekenntis" gegenüber dem Mandanten. Das ist gleichbedeutend mit dem Senden eines fast verheerend wirkenden **Misstrauenssignals**[1]. Das ist aber regelmäßig dem Anwalt/Partner kaum zuzumuten. Also: Der Transfer des Mandats unterbleibt.

Dies geschieht erst recht in den Fällen, in denen die angebliche oder tatsäch- 692
lich höhere Spezialisierung des Antwalts/Partners an einem **anderen Standort** der überörtlichen Sozietät etabliert ist. Denn dann ist es auch dem Mandanten häufig nicht zuzumuten, die Korrespondenz mit einem ihm „fremden" Anwalt/Partner zu führen, schon gar nicht ist es ihm zuzumuten, diese Kosten – etwa Reisekosten – für die angeblich qualitativere Mandatsbearbeitung aufzuwenden. Dies lässt sich nur mit einem einzigen Argument entgegnen: Die Spezialisierung – und damit der Transfer des Mandats – begründet für den Mandanten ein geringeres finanzielles Obligo, weil sich un-

1 *Hommerich*, AnwBl. 2006, 435.

ter Berücksichtigung redlicher Stundenabrechnungen um eine **kostengünstigere Variante** der Mandatsbearbeitung handelt. Das freilich setzt eine hohe Transparenz der Gebührenpolitik voraus und man darf hinzusetzen: Es ist auch dann ein hohes Maß an **Kontrolle** erforderlich, um sicherzustellen, dass die insoweit durchaus vorhandenen Synergieeffekte in Form einer höheren Spezialisierung dem Mandanten tatsächlich zu Gute kommen.

693–763 Einstweilen frei.

V. Interprofessionelle Zusammenschlüsse

1. Sinn und Notwendigkeit fachübergreifender Zusammenschlüsse

764 Für die sachgerechte Wahrnehmung vieler Mandate benötigen Rechtsanwälte dringend Zugriff auf das **Fachwissen** anderer Disziplinen. Einige Beispiele: Die juristische Betreuung von Wirtschaftsunternehmen erfordert Kenntnisse aus den Bereichen der Betriebswirtschaft, der Steuerberatung und zum Teil der Wirtschaftsprüfung[1]. Der Arzthaftpflichtprozess verlangt nach einem Verständnis für die medizinische **Fachterminologie** und nach einer Vorstellung von biologischen Vorgängen. Der komplizierte Bauprozess kann nur unter Zuhilfenahme von architektonischem und ingenieurwissenschaftlichem Wissen geführt werden. Anwälte bedienen sich hierzu des Know-how der jeweils fachkompetenten Berufsgruppen, insbesondere Steuerberater, Wirtschaftsprüfer, Ärzte, Architekten oder Ingenieure. Spezialisierte Rechtsanwälte arbeiten in ständigen Kooperationen mit den Angehörigen dieser anderen Berufe. Dies ermöglicht den schnellen und umfassenden Zugriff auf das Fachwissen der anderen Disziplin und ist nicht selten die Grundvoraussetzung für eine gewissenhafte Berufsausübung. In vielen Bereichen ist nämlich die Justiz in eine gewisse Abhängigkeit von anderen Berufen geraten, aus der sich der Anwalt nur durch eine verstärkte Teamarbeit befreien kann.

765 Arzthaftungsprozesse etwa werden von Sachverständigen dominiert, deren Gutachten der prozessbevollmächtigte Rechtsanwalt verstehen, nachvollziehen und notfalls einer fundierten Kritik unterziehen können muss, will er seiner Aufgabe aus dem Mandatsverhältnis gerecht werden. Dass dies in der Prozesswirklichkeit nicht immer in dem wünschenswerten Maße der Fall ist, findet seine wesentliche Ursache in der unzureichenden Zusammenarbeit des Anwalts mit den Spezialisten, die ihm das nötige Wissen zur Verfügung stellen könnten. Eine ähnliche Situation ist im zivilrechtlichen Bereich etwa im Baurecht, im öffentlich-rechtlichen Bereich etwa bei der Genehmigung von Anlagen und im strafrechtlichen Bereich z.B. bei der psychologischen oder psychiatrischen Begutachtung von Angeklagten zu beobachten. Diese Aufzählung ließe sich nahezu beliebig fortsetzen, wie ein Blick in die reich gefüllten Terminkalender öffentlich bestellter Gerichts-

1 Vgl. *Schlößer*, in: Lenz/Imping/Schlößer, Kooperationsformen, Fach D, Kap. 1 Rz. 18f.

sachverständiger zeigt. Wo das Gericht die Hinzuziehung eines Sachverständigen als erforderlich erachtet, da ist die Einbeziehung eines Fachmannes durch den Anwalt in der Regel von Vorteil, und sei es auch nur, um das Gutachten und den Schriftsatz mit der anwaltlichen Stellungnahme hierzu von den kritschen Augen des Fachkundigen noch einmal zur Kontrolle lesen zu lassen.

In Anbetracht dieser Interessenlage läge es nahe, dass das anwaltliche Berufs- 766
recht aktiv zur Förderung von Kooperationen beitrüge. Tatsächlich ist dies aber überraschenderweise nur in geringem Maße der Fall, und insbesondere die Berufsordnung von 1997 enthält zusätzliche, inhaltlich nicht immer überzeugende Barrieren.

2. Sozietätsfähige Berufe, § 59a BRAO

a) Überblick über die Berufe

Nach § 59a Abs. 1 Satz 1 BRAO ist die Bildung einer Sozietät mit Angehöri- 767
gen folgender Berufe **zulässig**:

- Mitglieder einer Rechtsanwaltskammer (vor allem Rechtsbeistände)[1].
- Mitglieder der Patentanwaltskammer (Patentanwälte).
- Steuerberater[2].
- Steuerbevollmächtigte[3].
- Wirtschaftsprüfer.
- Vereidigte Buchprüfer.

§ 59a Abs. 3 BRAO erweitert die Sozietätsfähigkeit auf Angehörige vergleichbarer ausländischer Berufe[4].

b) Mehrfachqualifikationen

Soweit der Angehörige eines sozietätsfähigen Berufs über eine zusätzliche 768
Berufsqualifikation aus dem Bereich der sozietätsfähigen Berufe verfügt, kann dies die Sozietätsfähigkeit selbstverständlich nicht beeinträchtigen. Die früher zuweilen angenommene „schädliche Zusatzqualifikation" des Steuerberaters, der zugleich nichtverkammerter Rechtsbeistand war und deswegen seine Sozietätsfähigkeit mit Rechtsanwälten verlieren sollte[5], entbehrt jeder Rechtfertigung[6].

1 Seit BVerfGE 80, 269 = NJW 1989, 2611 = AnwBl. 1989, 557.
2 Früher str., vgl. BGH NJW 1964, 2023.
3 Seit Einfügung von § 59a BRAO; nach früherer Rechtslage a.A. BGHZ 35, 385 = AnwBl. 1978, 373; BGH NJW 1964, 2023; BGHSt 27, 390 = NJW 1978, 2254.
4 Näher Henssler/Prütting/*Hartung*, § 59a Rz. 127 ff.
5 Vgl. *Lingenberg/Hummel/Zuck/Eich*, § 30 Rz. 39.
6 Zutreffend Henssler/Prütting/*Hartung*, § 59a Rz. 36.

c) Besonderheiten bei Anwaltsnotaren

769 Die Sozietätsfähigkeit derjenigen Rechtsanwälte, die zugleich Notar sind, richtet sich sowohl nach dem anwaltlichen als auch – wie § 59a Abs. 1 Satz 4 BRAO klarstellt – nach dem notariellen Berufsrecht.

770 Das Berufsrecht der Notare könnte engere Voraussetzungen an die Sozietätsfähigkeit stellen als das der Rechtsanwälte. Der BGH tendiert zu einer solchen restriktiven Auslegung und hatte insbesondere den Zusammenschluss eines Anwaltsnotars mit einem Kammerrechtsbeistand[1] und einem Steuerberater[2] für unzulässig erklärt. Diese Beschränkungen sind hinfällig, seit das Bundesverfassungsgericht die Rechtsprechung des BGH für verfassungswidrig erklärt hat[3].

771 Dieses Schicksal ist später auch der Auffassung des BGH[4] zuteil geworden, nach der ein Verbot des Zusammenschlusses eines Anwaltsnotars mit einem Wirtschaftsprüfer bestehen sollte[5]. In einer einstweiligen Anordnung vom 20. 9. 1996[6] hat das BVerfG die Wirkung der im Jahre 1996 ergangenen Entscheidungen des BGH vorläufig ausgesetzt, mit Beschluss vom 8. 4. 1998[7] hat es endgültig die Sozietät zwischen Anwaltsnotaren und Wirtschaftsprüfern für zulässig erklärt. Soweit im Anschluss daran Versuche unternommen wurden, im notariellen Berufsrecht „nachzubessern" und dort ein ausdrückliches Verbot der Sozietät mit Wirtschaftsprüfern zu statuieren, musste dies ebenfalls scheitern, da entsprechende Eingriffe in die freie Berufsausübung verfassungswidrig und damit nichtig wären[8].

d) Erweiterung der zulässigen Berufsgruppen

772 Die für die enge Begrenzung der Sozietätsfähigkeit auf die in § 59a BRAO genannten Berufe angeführten Gründe vermögen nicht immer zu überzeugen, so dass seit einigen Jahren eine erhebliche rechtspolitische Kritik daran zu vernehmen ist[9]. Diese Kritik fordert eine nennenswerte Öffnung des § 59a BRAO für weitere Berufe. Der Regierungsentwurf für ein Gesetz zur Rege-

1 BGH NJW 1988, 208.

2 BGHZ 53, 103 = NJW 1970, 425; BGHZ 64, 214 = NJW 1975, 1414; BGHZ 75, 296 = NJW 1980, 596; BGHZ 78, 237 = NJW 1981, 397.

3 BVerfGE 80, 269 = NJW 1989, 2611 = AnwBl. 1989, 557.

4 BGHZ 64, 214 = NJW 1975, 1414 = AnwBl. 1975, 370; BGHZ 75, 296 = NJW 1980, 596 = MDR 1980, 310; BGH NJW 1996, 392 = AnwBl. 1996, 45 = WPg 1996, 26.

5 Vgl. *Budde/Steuber*, ZIP 1997, 101; *Kornblum*, NJW 1996, 869.

6 BVerfG NJW 1997, 45 m. Anm. *Kraus/Mäder* auf S. 299; a.A. noch BVerfGE 80, 269, 280; 54, 237 = NJW 1980, 2123.

7 BVerfG NJW 1998, 2269.

8 *Sachs*, MDR 1996, 1197; *Casper*, ZIP 1996, 1501, 1506f.; *Kraus/Mäder*, NJW 1997, 299, 300; *Budde/Steuber*, ZIP 1997, 101; *Römermann*, MDR 1998, 821; *Lenz*, in: Lenz/Imping/Schlößer, Kooperationsformen, Fach C, Kap. 1 Rz. 284.

9 Ausführlich *Michalski/Römermann*, NJW 1996, 3233ff.; *Römermann*, Entwicklungen und Tendenzen bei Anwaltsgesellschaften, 1995, S. 89ff.; vgl. auch *Kleine-Cosack*, § 59a Rz. 9; *Lenz*, in: Lenz/Imping/Schlößer, Kooperationsformen, Fach C, Kap. 1 Rz. 290.

lung des Rechtsberatungsgesetzes hatte im Mai 2007 den Versuch unternommen, die Möglichkeiten interprofessioneller Zusammenschlüsse von Rechtsanwälten mit Hilfe einer Generalklausel auf sämtliche „vereinbaren" Berufe zu erweitern, also praktisch auf sämtliche Berufsgruppen mit Ausnahme von Maklern und Finanzdienstleistern (so die Rechtsprechung des BGH zu § 7 Nr. 8 BRAO)[1]. Aufgrund der Streichung des § 59a BRAO-E durch den Rechtsausschuss des Deutschen Bundestages ist dies aber nicht Gesetz geworden[2].

3. Soziierungsmöglichkeiten bei den verschiedenen Gesellschaftsformen – Überblick

Nach seinem früheren Wortlaut betraf die Regelung der Sozietätsfähigkeit in § 59a Abs. 1 BRAO a.F. (bis 18. 12. 2007) nur **Sozietäten**, also nach dem zutreffenden Begriffsverständnis (oben Rz. 1 ff.) Gesellschaften bürgerlichen Rechts und Partnerschaften (vgl. § 1 Abs. 3 PartGG mit einem umfassenden Berufsrechtsvorbehalt). Der Gesellschafterkreis der Anwalts-GmbH ist in § 59e BRAO geregelt. Anwalts-Aktiengesellschaften sind hiervon nicht umfasst, so dass für sie de lege lata keine ausdrückliche Beschränkung des zulässigen Gesellschafterkreises bestehen dürfte, wohl auch nicht nach Änderung des § 59a Abs. 1 Satz 1 BRAO zum 18. 12. 2007. 773

Die bloße Kooperationsform der **Bürogemeinschaft** darf gemäß § 59a Abs. 3 BRAO nur mit Angehörigen sozietätsfähiger Berufe eingegangen werden. Im Gegensatz hierzu lässt sich für die Europäische Wirtschaftliche Interessenvereinigung **(EWIV)**, die ebenfalls nicht der gemeinschaftlichen Berufsausübung, sondern nur der Unterstützung der individuellen Berufstätigkeit dient, keine Einschränkung des Gesellschafterkreises feststellen[3]. 774

4. Vorschriften in der Berufsordnung

a) Beachtung des anwaltlichen Berufsrechts

Nach der gemäß § 33 Abs. 1 BORA für alle Gesellschaftsformen von Rechtsanwälten geltenden Vorschrift des § 30 BORA darf sich der Anwalt nur dann mit Angehörigen anderer Berufe verbinden, wenn sie bei ihrer Tätigkeit auch das anwaltliche Berufsrecht beachten. Soweit also das Berufsrecht der Rechtsanwälte im Einzelfall eine strengere Bestimmung enthält als diejenige des sozietätsfähigen Berufs, gilt als **„kleinster gemeinsamer Nenner"** das Anwaltsrecht. Die Satzungsversammlung wollte auf diese Weise Sanktionslücken verhindern, die dadurch entstehen könnten, dass ein nichtanwaltlicher Sozius eine dem Rechtsanwalt verbotene Handlung vornimmt und im 775

---

1 Kasuistisch bei Henssler/Prütting/*Henssler*, § 7 Rz. 105 f.

2 Vgl. Gesetz zur Neuregelung des Rechtsberatungsrechts v. 12. 12. 2007, BGBl. 2007 I, 2840.

3 *Zuck*, NJW 1990, 954, 957; *Zuck*, Vertragsgestaltung bei Anwaltskooperationen, 1995, Rz. 120; *Michalski/Römermann*, NJW 1996, 3233, 3239; ausführlich zur EWIV *Passauer*, in: Fedtke, Anwaltsmarkt Europa, S. 107 ff.

Wege derartiger Manipulationen das anwaltliche Berufsrecht ausgehebelt wird[1].

776 Der **praktische Anwendungsbereich** des § 30 BORA ist begrenzt. Auch bei den sozietätsfähigen Berufen lassen sich in den sensiblen Bereichen, wie insbesondere der Werbung, Restriktionen feststellen. Zudem kann die Pflicht zur Beachtung des anwaltlichen Berufsrechts nur dort anerkannt werden, wo dessen Vorschriften auf den anderen Beruf überhaupt sinngemäß übertragbar sind. Beispielsweise bei den Bestimmungen über Schwerpunktangaben in § 7 BORA ist dies sicherlich nicht der Fall. Im Übrigen werden die einschlägigen Fälle in aller Regel Handlungen der Sozietät insgesamt betreffen. Wenn beispielsweise eine „unsachliche", also nach § 6 Abs. 1 BORA unzulässige Werbeanzeige der Sozietät erscheint, ergibt sich daraus eine unmittelbare Verantwortlichkeit des anwaltlichen Partners.

b) Früheres Verbot der Sternsozietät

777 Nach § 31 BORA durfte sich ein Rechtsanwalt nur dann mit einem Angehörigen eines sozietätsfähigen Berufs zusammenschließen, wenn dieser nicht daneben einer weiteren Sozietät angehörte. Diese Vorschrift übertrug das angeblich in § 59a Abs. 1 Satz 1 BRAO a.F. (bis 18. 12. 2007) enthaltene Verbot der Sternsozietät auf die nichtanwaltlichen Sozien (näher oben Rz. 202ff.). Die Bestimmung wollte auf diese Weise eine Dominanz des anwaltlichen Berufsrechts erzwingen, die jedenfalls insoweit jeder Rechtfertigung entbehrt. § 31 BORA war daher schon früher verfassungswidrig und nichtig[2]. Der BGH hat die Ausdehnung des (angeblichen) Verbots der Sternsozietät auf nichtanwaltliche Sozien ebenfalls abgelehnt, da die gesetzliche Ermächtigungsgrundlage in § 59b Abs. 1 BRAO insoweit nicht ausreiche[3]. Nach Streichung der Worte „in einer Sozietät" aus § 59a Abs. 1 Satz 1 BRAO zum 18. 12. 2007 konnte das untergesetzliche Verbot aus § 31 BerufsO nicht mehr angewandt werden; es wurde durch Beschluss der Satzungsversammlung vom 18. 1. 2008 aufgehoben.

5. Mandatswahrnehmung durch die interprofessionelle Sozietät

778 Wie allgemein bei Sozietäten, so wird auch bei einer fächerübergreifenden Verbindung das Mandat mit allen Partnern und nicht nur mit einzelnen Rechtsanwälten begründet (Grundsatz des Gemeinschaftsmandats, näher oben Rz. 23). Soweit eine gemischte Sozietät aus Rechtsanwälten und Steuerberatern ein Prozessführungsmandat übernimmt, sind also auch die Steuerberater Vertragspartner. Die übrigen Sozien müssen in einem solchen Fall nur darauf achten, dass die Ausführung des Auftrags, hier also die Wahrnehmung des Prozessmandats durch Schriftsätze, Vertretung im Verhandlungs-

---

1 Hartung/Römermann/*Römermann*, § 30 Rz. 2; *Feuerich/Weyland*, § 30 BORA Rz. 1f.
2 Ausführlich Hartung/Römermann/*Römermann*, § 31 Rz. 1ff.
3 BGH NJW 1999, 2970 = AnwBl. 1999, 553 m. Anm. *Römermann*.

termin usw. ausschließlich den hierfür beruflich qualifizierten Partnern überlassen bleibt. Wird dies befolgt, kann kein Verstoß gegen das RDG angenommen werden.

Andererseits haften in der gemischten ebenso wie in der einfachen Sozietät sämtliche Partner als Gesamtschuldner auch dann, wenn das relevante Mandat nicht zu dem durch sie bearbeiteten Bereich gehört. Die gegenteilige Auffassung des OLG Köln[1], wonach die **Haftung** nur für diejenigen Sozien eintritt, die auf dem Berufsgebiet, bei dessen Bearbeitung eine Pflichtverletzung vorgekommen ist, tätig sein dürfen, steht im Widerspruch zu dem Gemeinschaftsmandat und ist daher abzulehnen. Der BGH hat jüngst einen Rechtsprechungswandel vollzogen und geht nunmehr mit der hier vertretenen Auffassung ebenfalls von einem Gemeinschaftsmandat aus[2]. 779

VI. Steuerrecht

Literatur:

Burhoff/Obermeier, Besteuerung der Rechtsanwälte und Notare, 2. Aufl. 1998; *Caspers*, Die Besteuerung freiberuflicher Einkünfte, 1999; *Haas/Stange/Strothenke*, Steuern in der Anwaltskanzlei, 2010; *Henssler/Mack/Olbing/Olgemöller/Streck*, Sozietäten und andere Zusammenschlüsse rechts- und steuerberatender Berufe, BeratungsAkzente Heft 26, 1999; *Kempermann*, Abgrenzung zwischen freiberuflicher und gewerblicher Tätigkeit unter besonderer Berücksichtigung von Rechtsanwälten, Steuerberatern und Wirtschaftsprüfern, StbJb. 2003/2004, 379; *Kempermann*, Probleme der Freiberufler-Personengesellschaft in der neuen Rechtsprechung, FR 2007, 577; *Kögler/Block/Pauly*, Die Besteuerung von Rechtsanwälten und Anwaltsgesellschaften, 3. Aufl. 2009; *Korn*, Allgemeine Besteuerungsprobleme im Freien Beruf, berufsspezifische Besteuerungsprobleme in den Freien Berufen, StbKongrRep 1995, 143; *Korn*, Besteuerung der Rechtsanwälte und Notare – Einzelpraxis, Sozietät, Bürogemeinschaft, 1982; *Korn*, Freiberufler-Personengesellschaften und -Kapitalgesellschaften, 1998; *Meyer*, Die Besteuerung der Anwaltskanzlei, 2. Aufl. 1996; *Möckershoff* (Hrsg.), Handbuch Freie Berufe im Steuerrecht, 1999; *Möller*, Buchführung, Steuern und Personal in der Anwaltskanzlei, 3. Aufl. 2000; *Schmidt*, EStG, 29. Aufl. 2010; *Schrameyer*, Kanzleibesteuerung Kompakt, 2008; *Seer*, Die Besteuerung der Anwaltskanzlei, 2001; *Streck*, KStG, 7. Aufl. 2008; *Streck*, Steuerprobleme örtlicher, überörtlicher und internationaler Anwaltssozietäten, NJW 1991, 2252; *Streck/Mack*, Steuerrechtsfragen der Rechtsanwalts- und Steuerberatersozietät, Stbg. 1997, 440.

---

1 OLG Köln WiB 1997, 667 m. Anm. *Römermann*; vgl. *Schmid*, in: Sozietätsrecht, § 5 Rz. 63; *Feuerich/Weyland*, § 59a Rz. 31f.
2 BGH BeckRs 2011, 00727; anders noch BGH NJW 2000, 1333.

1. Einkommensteuer

a) Die Sozien als Steuersubjekt

780 In der Rechtsanwaltssozietät beziehen die Partner gemeinsam freiberufliche Einkünfte. Es handelt sich um eine **freiberufliche Mitunternehmerschaft**. Der Gewinnanteil wird den Einkünften aus selbständiger Arbeit (§ 18 EStG) zugeordnet. Die Sozietät als solche ist nicht einkommensteuerpflichtig. Die Einkünfte aus der gemeinschaftlichen Betätigung werden unmittelbar anteilig dem jeweiligen Gesellschafter zugerechnet. Die Einkommensteuer hierauf wird von ihm persönlich geschuldet (anders die Rechtslage bei der Umsatz- und Gewerbesteuer, vgl. Rz. 897 ff., 964 und Rz. 848 ff., 964).

Das Vorhaben der Steuerreform 2001, der Personengesellschaft, auch der Sozietät, die Möglichkeit zu geben, zur **Körperschaftsteuer** zu **optieren**, wurde nicht Gesetz.

Allerdings: Die Einkünfte der Sozien werden **gesondert festgestellt** (§ 180 Abs. 1 Nr. 2a AO). Zuständig ist das Finanzamt, von dessen Bezirk aus die Berufstätigkeit vorwiegend ausgeübt wird (§ 18 Abs. 1 Nr. 3 EStG). Vgl. im Einzelnen Rz. 963 ff.

b) Die Sozietät als Mitunternehmerschaft

781 Haben sich mehrere zu einer Gesellschaft (des bürgerlichen Rechts) zusammengeschlossen, um freiberufliche Einkünfte zu erzielen, so bleibt, steuerrechtlich gesehen, die Freiberuflichkeit der Einkünfte erhalten, wenn sie **Mitunternehmer** sind. Der Mitunternehmerbegriff ist ein steuerrechtlicher, den es bei den drei Gewinn-Einkunftsarten, nämlich den land-und forstwirtschaftlichen (§ 13 EStG), den gewerblichen (§ 15 EStG) und eben den freiberuflichen Einkünften (§ 18 EStG) gibt.

Regelmäßig ist der **zivilrechtliche Gesellschafter** einer Sozietät Mitunternehmer. Das ist aber nicht zwingend. Nicht-Gesellschafter können Mitunternehmer sein, bei Gesellschaftern können die Mitunternehmerkriterien versagen[1].

782 Zum **freiberuflichen** Begriff der **Mitunternehmerschaft** gelten grundsätzlich die allgemeinen, zur gewerblichen Mitunternehmerschaft entwickelten Regeln (vgl. den Verweis in § 18 Abs. 4 Satz 2 EStG auf § 15 Abs. 1 Satz 1 Nr. 2 EStG). Es kann daher weitgehend auf die Besteuerungsgrundsätze zurückgegriffen werden, die Gesetz und Rechtsprechung für die gewerblichen Mitunternehmerschaften entwickelt haben[2]. Voraussetzung der steuerlichen Mitunternehmerschaft sind damit auch für den Freiberufler-Gesellschafter (Sozius):

- Gesellschaftsverhältnis (als Regel)
- Mitunternehmerrisiko
- Mitunternehmerinitiative.

Da die Frage der Mitunternehmerschaft in der Praxis höchst selten ein Problem ist, sei hier nur auf einige **Sonderfragen** eingegangen.

1 Vgl. Schmidt/*Wacker*, § 18 Rz. 39 ff.
2 Vgl. Schmidt/*Wacker*, § 15 Rz. 250 ff.

Die freiberufliche Mitunternehmerschaft wird durch die freiberufliche **Tätigkeit der Gesellschafter der Sozietät** bestimmt. Allein die **kapital- und gewinnmäßige Beteiligung** eines Gesellschafters führt zur Gewerblichkeit[1]. Das ist allerdings nur dann richtig, wenn die Beteiligung final als Kapitalbeteiligung gedacht ist. Der Senior, der seine Arbeit ausklingen lässt, begründet nicht die Gewerblichkeit der Sozietät. 783

Wenn **jüngere Sozien** nicht oder nur gering am Vermögen der Sozietät beteiligt sind, aber ihre ganze Arbeitskraft einbringen, sind sie gleichwohl Mitunternehmer. Ebenso gefährdet es die Mitunternehmerschaft nicht, wenn die Sozien in der ersten Zeit ihrer gesellschaftsrechtlichen Teilnahme nicht die gleichen Rechte haben wie Alt-Gesellschafter. Dies gilt bezüglich eingeschränkter Stimm-, Mitsprache- und Kontrollrechte. Wenn es in einer Sozietät mehrere „Kreise" mit unterschiedlichen Rechten gibt, so sind in der Regel alle Gesellschafter im steuerlichen Sinne Mitunternehmer.

Ohne Probleme akzeptiert die Finanzverwaltung regelmäßig auch als Mitunternehmer sog. „**fixierte Sozien**" (Partner mit zahlenmäßig bestimmtem Gewinnanteil). Dies allerdings in der Regel nur dann, wenn eine derartige Fixierung nur für eine bestimmte Übergangszeit (meist: Startzeit für junge Partner) vereinbart wird. 784

Eine **faktische Mitunternehmerschaft** aufgrund von Beherrschungsmöglichkeiten und Kapitaleinsatz ohne freiberufliche Arbeit ist kaum denkbar. 785

Umgekehrt kann eine freiberufliche und unternehmerische Tätigkeit den **Angestellten** zum **Mitunternehmer** machen. Allerdings führt bei „**Schein-Sozien**", die intern Arbeitnehmer oder freie Mitarbeiter sind, allein die Aufnahme auf den Briefbogen, allein die Rechtsscheinhaftung nicht zur Mitunternehmerschaft[2]. Beide Tatbestandselemente können jedoch in Verbindung mit anderen Kriterien Indizien für eine Mitunternehmerstellung sein. Erbringt der Schein-Sozius eine Kapitaleinlage, hat er unternehmerische Mitspracherechte, kann die Schwelle zur Mitunternehmerschaft überschritten sein. Mit Misstrauen wird z.B. das Finanzamt der Arbeitnehmerstellung eines Anwalts, aufgeführt im Briefbogen, begegnen, der der Sozietät das Bürogebäude vermietet (Arbeitnehmerstellung zur Vermeidung der Qualifikation des Gebäudes als Betriebsvermögen; s. z.B. Rz. 812ff.).

Voraussetzung der Mitunternehmerschaft ist bezüglich der freiberuflichen Einkünfte die **Gewinnerzielungsabsicht** oder in der Diktion des Bundesfinanzhofs die Erzielung eines Totalgewinns über einen geplanten Zeitraum[3]. In der Praxis ist dies eher ein Problem des Einzelanwalts als der Sozietäten[4]. 786

---

1 FG Saarland v. 3. 8. 1998 – 1 K 227/98, EFG 1998, 1583, FG Düsseldorf v. 13. 1. 2005 – 16 K 4282/02 F, EFG 2005, 1350, beide unter Berufung auf BFH v. 10. 11. 1970 – II 117/65, BStBl. 1971 II, 251.

2 Schmidt/*Wacker*, § 18 Rz. 42.

3 Schmidt/*Wacker*, § 18 Rz. 75f.

4 Zur Frage der Gewinnerzielungsabsicht bei langjährigen Verlusten aus einer freiberuflichen Tätigkeit als Rechtsanwalt s. BFH v. 22. 4. 1998 – XI R 10/97, BStBl. 1998 II, 663.

c) Freiberufliche Einkünfte

787 Die Sozietät erzielt freiberufliche Einkünfte nach den **Tatbestandsbedingungen** des § 18 EStG. Die Rechtsanwälte gehören zu dem Katalog des § 18 Abs. 1 Nr. 1 EStG. Die Einkünfte können bei bestimmten Tätigkeiten, die nicht notwendig durch einen Rechtsanwalt ausgeübt werden müssen (Testamentsvollstreckung, Vermögensverwaltung, Aufsichtsrat), auch freiberuflich nach § 18 Abs. 1 Nr. 3 EStG sein (dazu auch Rz. 886ff.). Die schriftstellerische, vortragende und wissenschaftliche Tätigkeit ist wiederum freiberuflich nach § 18 Abs. 1 Nr. 1 EStG.

788 Problematisch ist die **Abgrenzung** zur **gewerblichen Tätigkeit** im steuerrechtlichen Sinn mit der Folge der Gewerbesteuerpflicht. Diese Abgrenzungsfragen sind zur Gewerbesteuer (Rz. 848ff.) behandelt.

d) Einkünfteermittlung

789 Die freiberuflich tätige Sozietät kann ihren Gewinn nach § 4 Abs. 1 EStG (**Bilanzierende**) oder nach § 4 Abs. 3 EStG (**Einnahme-Überschussrechner**) ermitteln. Der Sozietät stehen insoweit die gleichen **Wahlrechte** und Gewinnermittlungssätze zu wie dem Einzelberufler. Ein Wechsel von der einen zur anderen Art der Gewinnermittlung ist jederzeit möglich.

790 Der Freiberufler, auch die Freiberuflersozietät **sind nicht verpflichtet, Bücher** zu **führen** (§§ 140, 141 AO kennen keinen den Freiberufler erfassenden Tatbestand).

Gleichwohl bestehen einzelne gesetzliche **Pflichten**, **Aufzeichnungen** zu **führen**: Nach § 22 UStG ist der Unternehmer verpflichtet, zur Feststellung der Umsatzsteuer und der Grundlagen ihrer Berechnung „Aufzeichnungen" zu machen. Aus den Aufzeichnungen müssen u.a. die vereinbarten bzw. vereinnahmten (dazu Rz. 914) Entgelte für die vom Unternehmer ausgeführten Lieferungen und sonstigen Leistungen, vereinnahmte Entgelte und Teilentgelte für noch nicht ausgeführte sonstige Leistungen (also die Vorschüsse), die Entgelte für empfangene Lieferungen und sonstige Leistungen und die Bemessungsgrundlagen für die Einfuhr von Gegenständen für das Unternehmen hervorgehen (im Einzelnen § 22 Abs. 2 UStG).

Diese sich aus dem Umsatzsteuerrecht ergebenden Aufzeichnungspflichten werden durch weitere **Sondervorschriften** des **EStG** ergänzt. Nach § 4 Abs. 7 EStG sind z.B. Aufwendungen für Geschenke an Personen, die nicht Arbeitnehmer sind, Bewirtungsspesen, Mehraufwendungen für Verpflegung bei Geschäftsreisen und bestimmte Aufwendungen für die Lebensführung des Steuerpflichtigen einzeln und getrennt von den sonstigen Betriebsausgaben aufzuzeichnen. § 4 Abs. 3 Satz 5 EStG kennt Aufzeichnungspflichten für bestimmte Wirtschaftsgüter des Anlage- und Umlaufvermögens.

791 Selbständig Tätige – auch Sozietäten – ermitteln i.d.R. den Gewinn nach § 4 Abs. 3 EStG. Das heißt: Sie **bilanzieren nicht**, sie fertigen keine Vermögensvergleiche, sondern ermitteln die Einkünfte durch Gegenüberstellung der Betriebseinnahmen und -ausgaben (Einnahmeüberschussrechnung). Außer-

betrieblich veranlasste Wertabgaben oder Wertzuflüsse dürfen sich auf den Gewinn auch bei Gewinnermittlung nach § 4 Abs. 3 EStG nicht auswirken. Deshalb sind Entnahmen hinzuzurechnen und Einlagen abzuziehen. Die Vorschriften über die Absetzung für Abnutzung oder Substanzverringerung finden Anwendung; das Gleiche gilt für die Vorschriften über geringwertige Wirtschaftsgüter (§ 6 Abs. 2 EStG) und die Bildung eines Sammelpostens (§ 6 Abs. 2a EStG); vgl. § 4 Abs. 3 Satz 3 EStG.

Die **Einnahmeüberschussrechnung** entbindet die Sozietät, die Gewinner- 792
mittlung nach Maßgabe der Entstehung von Forderungen und Verbindlichkeiten durchzuführen, wie dies die Bilanzierung fordert. Sie ist **nicht** in **jedem** Fall **vorteilhaft**[1]. Insbesondere dann, wenn hohe Risiken, z.B. Haftungsrisiken, die nicht versicherungsmäßig abgedeckt sind, auf eine Sozietät zukommen, kann der Übergang zur Bilanzierung sinnvoll sein, um die Risiken durch Rückstellungen ertragswirksam zu berücksichtigen.[2] Auch sollte nicht aus dem Auge verloren werden, dass in jedem Fall allein die Bilanzierung den Gewinn zeitgerecht richtig ermittelt und der Sozietät zuverlässigen Überblick über die Vermögenssituation der Sozietät gibt.

Wird der Gewinn durch **Bilanzierung** ermittelt, d.h. nach § 4 Abs. 1 EStG, dann **muss** dieser der Besteuerung zugrunde gelegt werden[3].

Für die Frage der Zugehörigkeit von **Wirtschaftsgütern** zum **Betriebsver-** 793
mögen gelten die allgemeinen Grundsätze. Dies gilt für das notwendige Betriebsvermögen ebenso wie für das gewillkürte. Da das Betriebsvermögen der Einkünfteerzielung dient oder zugeordnet sein muss, wird es auch von Besonderheiten des freiberuflichen, hier: der anwaltlichen Arbeit, bestimmt.

Ein Wirtschaftsgut gehört nur dann zum **notwendigen** freiberuflichen **Be-** 794
triebsvermögen, wenn zwischen dem Betrieb oder Beruf und dem Wirtschaftsgut eine objektive Beziehung besteht: das Wirtschaftsgut muss bestimmt und geeignet sein, dem Betrieb zu dienen bzw. ihn zu fördern. Wirtschaftsgüter, die der freiberuflichen Tätigkeit wesensfremd sind und bei denen eine sachliche Beziehung zum Betrieb fehlt, sind kein Betriebsvermögen[4]. Meines Erachtens sind Überlegungen abzulehnen, für die freiberufliche Mitunternehmerschaft einen anders zu definierenden Betriebsvermögensbegriff zu verwenden als den, der für Gewerbetreibende gilt[5]. So bleiben Finanzreserven, die die Sozietät für den laufenden oder zukünftigen Kapitalbedarf angespart hat, in jedem Fall Betriebsvermögen[6]. Werden allerdings verlustträchtige Wirtschaftsgüter in die Sozietät hineingenommen, ohne dass die Betriebsbezogenheit konkret nachgewiesen werden kann, so handelt es sich nach allgemeinen Regeln nicht um Betriebsvermögen der So-

1 S. dazu auch *Wotschofsky*, Steuerpolitik von Freiberuflern, DB 1999, 1615.
2 Zu Problemen des Übergangs s. *Otto*, NJW 2010, 3601.
3 Vgl. R. 4.5 EStR.
4 Vgl. H 18.2 EStR.
5 Vgl. H 18.2 EStR.
6 Zurückhaltend allerdings FG Münster v. 27. 5. 1998 – 8 K 2403/92 E, EFG 1998, 1456: „Kapitalanlagen mit einem eigenen wirtschaftlichen Gewicht gehören regelmäßig nicht zum Betriebsvermögen einer freiberuflichen Praxis." H 18.2 EStR.

zietät[1]. Das Gleiche gilt für eindeutig privat genutzte Wirtschaftsgüter des Gesamthandsvermögens.

795 Anders als die bilanzierende Sozietät konnte die, die den Gewinn nach **§ 4 Abs. 3 EStG** ermittelt, nach allgemeinen Grundsätzen kein gewillkürtes Betriebsvermögen bilden. Die **jüngere Rspr. lässt** heute **gewillkürtes Betriebsvermögen zu**, wenn das Wirtschaftsgut zu mindestens 10 v.H. betrieblich genutzt und die Zuordnung eindeutig dokumentiert ist[2]. Die **bilanzierende** Sozietät kann hingegen frei gewillkürtes Betriebsvermögen, auch gewillkürtes Sonderbetriebsvermögen bilden. Allerdings werden die Tatbestandsbedingungen sorgfältig zu prüfen sein und sorgfältig geprüft werden, da nur solche Wirtschaftsgüter betriebsvermögensfähig sind, die objektiv geeignet und subjektiv bestimmt dazu sind, die Einkünfteerzielung der Gesellschaft zu fördern und deren Charakter nicht zu verändern[3].

796 Für die steuerlichen **Betriebseinnahmen** und **-ausgaben** gibt es keine abweichenden Besonderheiten für die Sozietät.

797 Auch für den **Schuldzinsenabzug** gelten die allgemeinen Grundsätze, und zwar unabhängig davon, ob der Gewinn nach § 4 Abs. 1 EStG oder nach § 4 Abs. 3 EStG ermittelt wird. Die Zinsen sind abzugsfähig, wenn die Schuldaufnahme betriebsbedingt ist. Auch das „Zwei-Konten-Modell" war anwendbar. Im Anschluss an den Beschluss des Großen Senats des BFH[4] hat das Gericht in einem weiteren Urteil vom 4. 3. 1998[5] klargestellt, dass dieselbe Beurteilung im Bereich der Sonderbetriebsausgaben gelte. Die **Abschaffung des „Zwei-Konten-Modells"** durch das Steuerentlastungsgesetz 1999/2000/2002[6] traf sodann den Freiberufler ebenso wie andere Steuerpflichtige. Heute gilt auch für ihn die Regelung des **§ 4 Abs. 4a EStG**.

e) Praxiswert

798 Der **Praxiswert** einer **Freiberufler-Gesellschaft**[7] hängt entscheidend von der Qualifikation, Kompetenz und Ausstrahlung der Partner, von den Beziehungen der Mandanten (Mandantenstamm) und von der Qualität der Mitarbeiter, der Organisation, der EDV-Anlage und ähnlicher Basisgegebenheiten ab. Der Praxiswert kann einen Wert oder keinen haben. Negativ kann er nicht sein[8].

1 Vgl. Schmidt/*Heinicke*, § 4 Rz. 157. Vgl. BFH v. 24. 2. 2000 – IV R 6/99, BStBl. 2000 II, 297: Eine Geldanleihe, die über Nennwert erworben wird, kann kein Betriebsvermögen sein.
2 BFH v. 2. 10. 2003 – IV R 13/03, BStBl. 2004 II, 985; BMF v. 17. 11. 2004, BStBl. 2004 I, 1064.
3 *Korn*, Freiberufler-Personengesellschaften, Rz. 18; Schmidt/*Wacker*, § 18 Rz. 159.
4 BFH v. 8. 12. 1997 – GrS 1-2/95, BStBl. 1998 II, 193.
5 BFH v. 4. 3. 1998 – XI R 64/95, DB 1998, 1643.
6 Vgl. *Haas*, BRAK-Mitt. 1999, 110.
7 Zu dem Nachfolgenden insbesondere *Korn*, Freiberufler-Personengesellschaften, Rz. 40ff.
8 Schmidt/*Wacker*, § 18 Rz. 200.

Die **Komponenten** der **höchstpersönlichen Arbeitsleistung** gehören nicht zum Praxiswert. Sie sind kein übertragbares Wirtschaftsgut. 799

Der **Mandantenstamm** ist als isoliertes Wirtschaftsgut steuerrechtlich bewertbar, übertragbar und verpachtbar[1]. Ob und inwieweit dies zivilrechtlich und berufsrechtlich möglich ist, ist hier nicht zu behandeln. 800

Der **verbleibende allgemeine Praxiswert** ist zusammen mit anderen wesentlichen Betriebsgrundlagen übertragbar und verpachtbar, nicht aber isoliert[2]. 801

Sowohl der Mandantenstamm als auch der Praxiswert sind **abnutzbar** und mithin einer Abschreibung für Abnutzung zugänglich, sofern sie aktivierbar sind. Nach allgemeinen Regeln sind der selbst geschaffene Mandantenstamm und Praxiswert nach § 5 Abs. 2 EStG nicht aktivierbar. Dies gilt auch im Fall der Gewinnermittlung nach § 4 Abs. 3 EStG. 802

Der **entgeltlich erworbene Mandantenstamm** und der entgeltlich erworbene Praxiswert sind zu **aktivieren** und **abzuschreiben**, und zwar sowohl bei Bilanzierenden (§ 4 Abs. 1 EStG) wie bei Einnahmeüberschussrechnern (§ 4 Abs. 3 EStG). Die Abschreibungsdauer beläuft sich auf 3 bis 5 Jahre[3]. Ist der Erwerber eine Sozietät und wirkt der Veräußerer in der Sozietät noch mit, verdoppelt sich nach der Rechtsprechung diese Abschreibungsdauer auf 6 bis 10 Jahre[4]. 803

Die Frage der **Dauer** im Einzelnen hängt von der Art des Mandantenstamms und von der Art der Praxis ab. Bei einer gut eingeführten Steuerberatungssozietät ist der Mandantenstamm dauerhafter als bei einer Anwaltspraxis, die mehr oder weniger von der „Laufkundschaft" lebt. Bei Letzterer wird der immaterielle Wert der Praxis oft weniger von den Mandanten als von der geographischen Lage bestimmt.

Neben der AfA kommen nach allgemeinen Regeln **Teilwertabschreibungen** nach § 6 Abs. 1 Nr. 1 EStG in Betracht. Dies ist im Einzelnen umstritten. Insbesondere soll eine Teilwertabschreibung unzulässig sein, wenn die Gewinne nach § 4 Abs. 3 EStG ermittelt werden[5]. Hier soll nur der Totalverlust des Wirtschaftsguts in die Gewinnermittlung eingehen können. Die durch das Steuerentlastungsgesetz 1999/2000/2002 in § 6 Abs. 1 Nr. 1 EStG ab 1999 eingeführte Rückgängigmachung einer Teilwertabschreibung, wenn der Teilwert wieder gestiegen ist, dürfte für den Praxiswert keine Rolle spielen. 804

Diese Grundregeln gelten für den freiberuflichen Mandantenstamm und Praxiswert **allgemein**. Sie gelten für alle Tatbestände der Realisierung (zu den Umwandlungsvorgängen siehe unten Kap. H.) und für alle Rechtsformen. 805

---

1 *Korn*, Freiberufler-Personengesellschaften, Rz. 40; Schmidt/*Wacker*, § 18 Rz. 200.
2 Schmidt/*Wacker*, § 18 Rz. 200.
3 Vgl. Schmidt/*Wacker*, § 18 Rz. 202; BMF v. 15. 1. 1995, BStBl. 1995 I, 14.
4 Vgl. BFH v. 24. 2. 1994 – IV R 33/93, BStBl. 1994 II, 591; BFH v. 22. 9. 1994 – IV R 38/94, BFH/NV 1995, 385; BMF v. 15. 1. 1995, BStBl. 1995 I, 14.
5 Vgl. Schmidt/*Heinicke*, § 4 Rz. 371, 392.

Dies gilt ebenfalls, wenn ein Gesellschafter aus einer Sozietät **ausscheidet** und er von der Sozietät eine **Abfindung** erhält. Diese Abfindung ist das Entgelt für den erworbenen Mitunternehmeranteil. Soweit das Entgelt sich auf den Mandantenstamm und den Praxiswert – jeweils anteilig – bezieht, gelten die eben genannten Abschreibungsregeln.

Auch wenn die **Anwalts-GmbH** eine Praxis erwirbt, gilt bezüglich der Aktivierung und Abschreibung das Vorstehende. Die Tatsache, dass die Anwalts-GmbH gewerbliche Einkünfte bezieht, führt nicht dazu, dass der Praxiswert nach § 7 Abs. 1 Satz 3 EStG auf 15 Jahre abzuschreiben ist[1].

f) Altersversorgung

806 Die **Altersversorgung** von Sozien erfolgt nach **unterschiedlichen** Modellen.

Die Sozietät kann sich dafür entscheiden, dass die Altersversorgung **Sache** eines **jeden Partners** ist. In diesem Fall spielt sie innerhalb der steuerlichen Behandlung der Sozietät keine Rolle.

807 Der **Sozietätsvertrag** kann eine Regelung enthalten, wonach unter bestimmten Bedingungen ausscheidende **Partner** eine **Altersrente** bekommen. Diese kann auch schon einsetzen, wenn der Senior noch weiterhin als Mitunternehmer tätig ist. Solange die Altersversorgung nicht gezahlt wird, spielt sie im Rahmen der Ertragsteuer keine Rolle. Steuerwirksame Rückstellungen können nicht gebildet werden. Wird sie gezahlt und ist der Empfänger noch Mitunternehmer, handelt es sich innerhalb der Gewinnverteilung um einen Gewinnvorab. Ist er aus der Mitunternehmerschaft ausgeschieden, bezieht er nachträgliche freiberufliche Einkünfte (§ 24 EStG), die bei der Sozietät Betriebsausgaben darstellen[2].

Betriebliche Versorgungsrenten sind auch zwischen nahen Angehörigen denkbar[3].

808 Betriebliche Altersversorgung an einen Ausgeschiedenen können auch als **Veräußerungsentgelt** qualifiziert werden. Dies hängt letztlich davon ab, ob die Versorgung im Zusammenhang mit dem Ausscheiden vereinbart wird oder langjähriger Bestand des Sozietätsvertrags war. Handelt es sich um eine Veräußerungsrente, kann der Berechtigte i.d.R. zwischen der sofortigen, tarifbegünstigten Versteuerung des Barwerts und der Normalversteuerung nach Zufluss wählen[4].

---

1 BFH v. 30. 3. 1994 – I R 52/93, BStBl. 1994 II, 903; BFH v. 15. 5. 1997 – IV R 33/95, BFH/NV 1997, 751.

2 *Korn*, Freiberufler-Personengesellschaften, Rz. 48, befürchtet, dass eine solche betriebliche Altersversorgung auf Schwierigkeiten mit der Finanzverwaltung stößt. Dies entspricht nicht meiner Erfahrung. Problematisch ist die Abgrenzung zur Veräußerung (Rz. 808) und zur privaten Versorgungsrente (Rz. 809).

3 BFH v. 10. 4. 1991 – XI R 27, 28/88, BFH/NV 1991, 530; abgelehnt in einem Zahnarztfall mangels betrieblicher Begründung, BFH v. 22. 9. 1982 – IV R 154/79, BStBl. 1983 II, 99.

4 *Korn*, Freiberufler-Personengesellschaften, Rz. 52.

Sog. **private Versorgungsrenten** bei einem Ausscheiden aus der Sozietät oder bei Übertragungen von Sozietätsanteilen, die keinen betrieblichen Bezug haben, führen beim Zahlenden zu Sonderausgaben nach § 10 Abs. 1 Nr. 1a EStG und beim Berechtigten zur Steuerpflicht nach § 22 Nr. 1b EStG, sofern die engen Tatbestandsbedingungen des § 10 Abs. 1 Nr. 1a EStG vorliegen. Diese Regelung gilt **ab 2008**. 809

Schließt die Sozietät **Lebensversicherungen, Unfallversicherungen, Krankenversicherungen** oder **Krankentagegeldversicherungen** sowie Rentenversicherungen zugunsten der Sozien ab, so sind die Aufwendungen keine Betriebsausgaben, allenfalls Sonderausgaben, wenn das Leben oder die Gesundheit eines Partners oder dessen Angehöriger versichert ist[1]. 810

Prämien für sogenannte **Teilhaberversicherungen** – die Versicherungssumme wird Vermögen der Sozietät und für Abfindungen verwandt – werden ebenfalls heute nicht als Betriebsausgaben anerkannt[2]. Dies ist dann nicht überzeugend, wenn Zweck der Teilhaberversicherung die Vorsorge dafür ist, dass die verbleibenden Gesellschafter beim Tod eines Partners die Erben abfinden können und wenn aus diesem Grund keine Kapitalansparversicherung, sondern eine reine Risikolebensversicherung abgeschlossen wird[3]. 811

g) Sonderbetriebsvermögen; Sonderbetriebseinnahmen und -ausgaben

Zum Betriebsvermögen gehören darüber hinaus alle Wirtschaftsgüter des sog. **Sonderbetriebsvermögens**. Es sind dies Wirtschaftsgüter, die zivilrechtlich und wirtschaftlich oder nur wirtschaftlich (§ 39 Abs. 2 Nr. 1 AO) im Eigentum eines Mitunternehmers stehen und dazu geeignet und bestimmt sind, dem Betrieb der Sozietät zu dienen (Sonderbetriebsvermögen I) oder der Beteiligung des Gesellschafters an der Gesellschaft zumindest förderlich zu sein (Sonderbetriebsvermögen II)[4]. 812

Beispiel Sonderbetriebsvermögen I: Ein Sozius vermietet ein ihm gehörendes Bürogrundstück an „seine" Sozietät, die dort ihre Praxis betreibt. Das Bürogrundstück ist Sonderbetriebsvermögen des vermietenden Sozius. 813

Daraus folgt die **Gestaltungsempfehlung** in derartigen Fällen, der nicht der Sozietät angehörende Ehepartner solle Eigentümer und Vermieter des Gebäudes werden. Dazu die Entscheidung des BFH vom 18. 5. 1995[5]: Die Sozien einer Rechtsanwaltssozietät waren gleichzeitig Gesellschafter einer Grundstücks-GbR, die der Gesellschaft Kanzleiräume vermietet hatte. Die Rechtsanwälte übertrugen 90/100 der GbR-Anteile auf ihre Ehefrauen mit der Maßgabe, dass sie unwiderruflich zur Wahrnehmung der Gesellschafterinteressen ihrer Ehefrauen bevollmächtigt sein sollten, und blieben selbst nur geringfügig beteiligt. Der BFH entschied, dass die Ehefrauen wirtschaftliche

1 Schmidt/*Wacker*, § 18 Rz. 161, 190, m.w.N.
2 BFH v. 6. 2. 1992 – IV R 30/91, BStBl. 1992 II, 653; Schmidt/*Wacker*, § 18 Rz. 190.
3 *Korn*, Freiberufler-Personengesellschaften, Rz. 54.
4 Vgl. R 4.2 (2) EStR.
5 BFH v. 18. 5. 1995 – IV R 125/92, BStBl. 1996 II, 5.

Eigentümer ihrer GbR-Anteile geblieben sind. Es liege mithin kein steuerliches Betriebsvermögen der Ehemänner vor.

Sonderbetriebsvermögen liegt auch vor bei **unentgeltlicher Überlassung**.

814 **Beispiel** Sonderbetriebsvermögen II: Der Sozius nimmt ein Darlehen auf, um seiner Einlageverpflichtung nachzukommen. Die Darlehensschuld ist passives Sonderbetriebsvermögen II.

815 Als **Sonderbetriebseinnahmen** gehören zu den Gewinnanteilen der Gesellschafter einer Anwaltssozietät auch die „**Vergütungen**, die der Gesellschafter von der Gesellschaft für seine Tätigkeit im Dienst der Gesellschaft oder für die Hingabe von Darlehen oder für die Überlassung von Wirtschaftsgütern bezogen hat" (§ 15 Abs. 1 Satz 1 Nr. 2 i.V.m. § 18 Abs. 4 EStG), sog. Sondervergütungen.

816 **Beispiel:** Ein Sozius vermietet ein ihm privat gehörendes Bürogebäude der Sozietät als Praxis. Das Bürogebäude ist Sonderbetriebsvermögen. Die „Miete" zählt bei ihm zu den Einkünften aus freiberuflicher Tätigkeit (§ 18 Abs. 1 Nr. 1 EStG).

817 **Sonderbetriebsausgaben** sind alle Aufwendungen, die durch ein Wirtschaftsgut des Sonderbetriebsvermögens veranlasst sind. **Beispiele:**

AfA auf das der Sozietät als Praxis vermietete Haus, Ausgaben, die praxisbezogen, aber laut Sozienvereinbarung von den Sozien persönlich zu zahlen sind, z.B. anteilige Telefongebühren des privaten Anschlusses, Aufwendungen für doppelte Haushaltsführung, Beiträge zu Vereinen, Reisekosten zu Seminaren etc.

818 **Verfahrensrechtlich** ist zu beachten: Sämtliche Sonderbetriebseinnahmen und -ausgaben müssen im Verfahren über die gesonderte Gewinnfeststellung gemäß § 180 Abs. 1 Nr. 2a AO festgestellt werden. Wird dies versäumt, ist insbesondere die Geltendmachung der Ausgaben im nachfolgenden persönlichen Veranlagungsverfahren des Sozius zur Einkommensteuer nicht mehr möglich. Siehe dazu Rz. 963 ff.

819 Inwiefern Sozien neben ihrer Tätigkeit im Rahmen der Sozietät auf **eigene Rechnung** freiberuflich tätig sind bzw. sein dürfen, ist zivilrechtliche Vereinbarungsfrage innerhalb des Sozienkreises.

Erzielen Sozien danach aus Nebentätigkeiten **(eigene) Honorare**, fließen diese nicht in die gesonderte Gewinnfeststellung der Sozietät mit ein, sondern werden dem sie erzielenden Partner, der sie auch selbst steuerlich zu erklären hat, zugerechnet. Dies ist nicht unproblematisch; siehe Rz. 970.

Inwiefern sich gleichwohl Einkünfte aus Nebentätigkeiten im Rahmen der **Gewinnverteilung** der **Sozietät** auswirken, ist wiederum interne Vereinbarungsfrage. Siehe Rz. 821 f.

h) Einkünfteverteilung

820 Sozien sind steuerlich „einander Fremde". In der Regel wird folglich die **Gewinnverteilung anerkannt**.

Das gilt auch dann, wenn das Finanzamt den **Maßstab** der Gewinnverteilung nicht kennt. Wird dem Finanzamt eine Unterlage vorgelegt, die das Ergebnis der Gewinnverteilung ausweist und die Sozien unterschrieben haben, so wird das Finanzamt nicht umhinkönnen, diese Gewinnverteilung anzuerkennen.

Allenfalls bei einer Gewinnverteilung unter nahen **Angehörigen** kann das Finanzamt vermuten, dass die Gewinnverteilung Unterhaltszahlungen verdeckt.

Eine **Poolung über alle Gewinne** der Sozien und der Sozietät ist auch steuer- 821
lich möglich. Sie kommt dann in Betracht, wenn einzelne Sozien noch anderweitige Einkünfte beziehen, die der anwaltlichen Berufstätigkeit zuzuordnen sind, nicht aber von der Sozietät vereinnahmt werden und die vereinbarungsgemäß dem allgemeinen Gewinnverteilungsschlüssel (dem Poolungs-Schlüssel) unterliegen. Hierunter können – je nach der Abrede im Einzelfall – Schiedsrichterhonorare, Testamentsvollstreckergebühren, schriftstellerische Einkünfte und Vortragseinkünfte fallen, aber auch z.B. Ausschüttungseinkünfte und Geschäftsführergehälter aus einer Anwalts- oder Steuerberatungs-GmbH. Wird hier eine Gewinnverteilung „über alles" so vorgenommen, innerhalb derer Einkünfte aus den Nebentätigkeiten wirtschaftlich als „Entnahmen" behandelt werden, und erfolgt der Gewinnverteilungsausgleich über den Gewinnverteilungsschlüssel der Sozietät, ist dies auch steuerlich anzuerkennen.

Beispiel: Eine solche Poolung kann wie folgt aussehen: 822

	Gewinn Sozietät
+	Nebeneinkünfte der Sozien
+	Ausschüttung der XYZ-GmbH
+	Geschäftsführergehälter aus der XYZ-GmbH
=	zu verteilender Gewinn nach dem Gewinnverteilungsschlüssel
./.	Anrechnung der bezogenen Geschäftsführergehälter auf den Gewinnanteil eines jeden Partners
./.	Anrechnung der bezogenen Ausschüttungen auf den Gewinnanteil eines jeden Partners
./.	Anrechnung der bezogenen Nebeneinkünfte auf den Gewinnanteil eines jeden Partners

Differenz = Anteil am Sozietätsgewinn

2. Einkommensteuer – Besondere Vorfälle

a) Gründung der Sozietät

Schließen sich zwei oder mehr **Berufsanfänger zusammen**, ergeben sich 823
keine besonderen steuerlichen Probleme. Die Bar- und Sacheinlagen haben keinen Einfluss auf den Gewinn (§ 4 Abs. 1 oder 3 EStG). Sie erhöhen lediglich das Kapitalkonto des jeweiligen Partners. Die Sacheinlagen haben jedoch im weiteren Verlauf über die AfA und Entnahmen bzw. Veräußerungen Einfluss auf die Gewinnermittlung.

Wird eine **Einzelpraxis eingebracht**, gelten die unter H Rz. 5ff. dargestellten Grundsätze.

b) Eintritt eines weiteren Partners

824 Vgl. dazu H Rz. 21.

c) Ausscheiden, Tod eines Partners

825 **Scheidet** ein Partner gegen eine **Abfindungszahlung aus**, gelten für den Ausscheidenden die allgemeinen Besteuerungsfolgen gemäß §§ 18, 34 EStG (vgl. zu den Voraussetzungen der Tarifermäßigung Kap. H. Rz. 40). Der oder die Zahlenden stocken zunächst die Buchwerte der materiellen Wirtschaftsgüter bis zum Teilwert auf. Im Übrigen ist ein Praxiswert zu aktivieren. Es wird eine entsprechende Abschreibungsbasis geschaffen.

826 Besonderheiten gelten beim **Tod** eines **Partners**. § 727 Abs. 1 BGB geht davon aus, dass die Gesellschaft aufgelöst wird, wenn einer der Gesellschafter stirbt. Der Liquidationsgewinn nach § 18 Abs. 2 EStG i.V.m. § 16 Abs. 3 EStG ist tarifbegünstigt (§ 34 Abs. 2 EStG).

Zivilrechtlich ist es jedoch zulässig, im Gesellschaftsvertrag zu vereinbaren, dass die Gesellschaft im Todesfall eines Gesellschafters nicht aufgelöst, sondern fortgesetzt wird. Hier besteht jedoch eine **doppelte Gefahr**: Gewinnrealisierung ohne Tarifbegünstigung bei den Erben sowie die Umqualifizierung der freiberuflichen in gewerbliche Einkünfte (dazu Rz. 869) der Sozietät. Gesellschaftsvertrag und Testament sind damit sorgsam aufeinander abzustimmen[1].

827 **Alternative 1 (einfache Nachfolgeklausel):** Durch den Tod des Partners wird die Sozietät nicht aufgelöst. Vielmehr rückt der Erbe bzw. die Erbengemeinschaft in die Gesellschafterstellung des Verstorbenen ein. Dieser Vorgang führt zu keiner Gewinnrealisierung; die Buchwerte sind fortzuführen (§ 6 Abs. 3 EStG). Ist einer der Erben jedoch ein Berufsfremder, können die gesamten Einkünfte der Sozietät gewerblich werden[2]. Eine spätere Erbauseinandersetzung erfolgt nach Realteilungsgrundsätzen[3]. Vergleiche dazu auch Kap. H. Rz. 40.

828 **Alternative 2 (qualifizierte Nachfolgeklausel):** Wie Rz. 827; jedoch rücken nicht alle, sondern nur ein oder mehrere Erben in die Gesellschafterstellung ein. Durch entsprechende Eingrenzung im Gesellschaftsvertrag oder Testament kann sichergestellt werden, dass nur solche Erben einrücken, die die Freiberuflichkeit nicht gefährden. Hinsichtlich des Mitunternehmeranteils gilt § 6 Abs. 3 EStG. Ohne abweichende Regelung geht jedoch das Sonderbetriebsvermögen in den allgemeinen Nachlass. Er gilt steuerlich als vom

1 Vgl. zu den Gestaltungsalternativen *Sistermann*, ZEV 1998, 166.
2 Vgl. dazu Schmidt/*Wacker*, § 18 Rz. 242; BMF v. 11. 1. 2006, BStBl. 2006 I, 253, Tz. 5.
3 Vgl. dazu Schmidt/*Wacker*, § 18 Rz. 244; BMF v. 11. 1. 2006, BStBl. 2006 I, 253, Tz. 10ff.

Erblasser entnommen, was zur teilweisen nicht begünstigten Aufdeckung der stillen Reserven führt[1]. Dieses kann nach Ansicht des BFH nur ausnahmsweise durch ein (Voraus-)Vermächtnis oder eine Teilungsanordnung hinsichtlich des Sonderbetriebsvermögens zugunsten der nachfolgeberechtigten Erben vermieden werden[2]. Eine einfache Nachfolgeklausel in Verbindung mit einer Teilungsanordnung wirkt nach Ansicht des BFH nicht wie eine qualifizierte Nachfolgeklausel[3].

Alternative 3 (Fortsetzungsklausel): Der verstorbene Partner scheidet mit 829 dem Tod aus der Sozietät aus. Es entsteht beim Erblasser ein Veräußerungsgewinn, der tarifbegünstigt ist[4]. Die Erben erwerben den Abfindungsanspruch und sind durch die Steuer belastet. Die verbleibenden und zahlenden Partner können wie bei Rz. 825 aufstocken und abschreiben. Der durch den Wechsel zu § 4 Abs. 1 EStG anfallende Gewinn ist dem verstorbenen Gesellschafter nach dem bisherigen Gewinnverteilungsschlüssel zuzurechnen. Dieser Gewinn ist nicht tarifbegünstigt[5].

Alternative 4 (Eintrittsklausel): Im Gesellschaftsvertrag ist vereinbart, dass 830 der Verstorbene aus der Gesellschaft ausscheidet. Insoweit gelten die Regeln nach Rz. 829. Einem oder mehreren Erben ist jedoch das Recht eingeräumt, in die Gesellschaft zu den bisherigen Konditionen einzutreten. Wird von diesem Eintrittsrecht innerhalb von sechs Monaten Gebrauch gemacht, wendet die Finanzverwaltung die Grundsätze zur Nachfolgeklausel an[6]. Wird das Eintrittsrecht nur einzelnen Erben eingeräumt, ist zivilrechtlich auf Folgendes zu achten: Erbe des Abfindungsanspruchs ist grundsätzlich die Erbengemeinschaft; der zum Eintritt berechtigte Erbe ist jedoch gegenüber der Gesellschaft i.d.R. verpflichtet, eine Einlage in Höhe der Abfindungszahlung zu erbringen. Durch (Voraus-)Vermächtnis ist deshalb dafür Sorge zu tragen, dass der eintrittsberechtigte Erbe außerhalb der Erbengemeinschaft auch den Abfindungsanspruch erwirbt.

d) Übertragung eines Anteils an der Sozietät

Bei der Übertragung des **gesamten Gesellschaftsanteils** an einer Sozietät gel- 831 ten die gleichen Grundsätze wie beim Ausscheiden (vgl. Rz. 825 ff.).

Wird nur ein **Teil des Gesellschaftsanteils** entgeltlich übertragen, kommt 832 ebenfalls die Tarifbegünstigung nach §§ 18, 34 EStG in Betracht. Hier ist jedoch nicht Voraussetzung, dass der Veräußerer seine Tätigkeit im bisherigen Wirkungskreis einstellt[7]. Höchstrichterlich war nicht geklärt, ob für die Ta-

1 Vgl. BMF v. 11. 1. 2006, BStBl. 2006 I, 253, Tz. 73; Schmidt/*Wacker*, § 18 Rz. 246, m.w.N.
2 So BFH v. 28. 1. 1998 – VIII B 9/97, BFH/NV 1998, 959; kritisch Schmidt/*Wacker*, § 16 Rz. 675; dort auch zu weiteren Gestaltungen.
3 BFH v. 4. 11. 1998 – IV B 136/98, BStBl. 1999 II, 291.
4 BFH v. 15. 4. 1993 – IV R 66/92, BStBl. 1994 II, 227; BMF v. 11. 1. 2006, BStBl. I 2006, 253, Tz. 69.
5 BFH v. 13. 11. 1997 – IV R 17/97, BStBl. 1998 II, 290.
6 BMF v. 11. 1. 2006, BStBl. 2006 I, 253, Tz. 70.
7 BFH v. 14. 9. 1994 – I R 12/94, BStBl. II 1995, 407.

rifermäßigung des § 34 EStG auch die stillen Reserven im Sonderbetriebsvermögen anteilig aufgedeckt werden müssen. Inzwischen hat der BFH diese Frage bejaht[1]. Für die unentgeltliche Übertragung eines Mitunternehmeranteils, auch eines Teilanteils, gilt § 6 Abs. 3 EStG (Buchwertfortführung). Dies ist für den Teilanteil nicht unzweifelhaft, entspricht jedoch gefestigter langjähriger Rechtsprechung[2].

e) Veräußerung der Sozietät

833 Die **Veräußerung** der Sozietät kann auf verschiedene Weise erfolgen:

- **Weg 1:** Alle Anteile an der Sozietät werden an den oder die Erwerber veräußert. Hier kommen die Grundsätze nach Rz. 831 zum Tragen.
- **Weg 2:** Der Erwerber wird an der Sozietät beteiligt (vgl. Rz. 824). Die bisherigen Partner scheiden anschließend aus (Rz. 825).
- **Weg 3:** Veräußerung aller Wirtschaftsgüter einschließlich Praxiswert als Akt der Liquidation. Dazu Rz. 845 ff.

f) Praxisverpachtung

834 Das Steuerrecht hat sich in einigen Fallgestaltungen mit der Frage befasst, ob die **freiberufliche Praxis verpachtet werden kann**. Darauf gehen wir nachfolgend ein. Vorab sei jedoch darauf hingewiesen, dass wir nicht die berufsrechtliche Zulässigkeit der Sozietätsverpachtung bejahen. Wir bezweifeln die Zulässigkeit. Einmal setzt m.E. die Verpachtung des Mandantenstamms, d.h. die Verpachtung der Geschäftsbeziehungen zum Mandanten, die Zustimmung des Mandanten voraus. Ist diese nicht gegeben, liegt m.E. ein Verstoß gegen die Verschwiegenheitspflicht vor, da in das Mandatsverhältnis ein Dritter (Pächter) einbezogen wird. Auch scheint mir unklar zu sein, wie in Bezug auf das Mandatsverhältnis die Rechte und Pflichten auf Verpächter und Pächter aufzuteilen sind[3]. Für die steuerrechtliche Beurteilung stellen wir die Bedenken hier zurück.

835 Der **Bundesfinanzhof bejaht** die **Verpachtungsmöglichkeit**, wenn eine freiberufliche Praxis gewerblich geworden ist[4]. Er erkennt in seiner folgenden Rechtsprechung grundsätzlich auch die Verpachtung der freiberuflichen Praxis an, wenn die wesentlichen Grundlagen verpachtet werden[5]. Was zu den wesentlichen Grundlagen zählt, ist im Einzelfall zu ermitteln. Der Bundesfinanzhof differenziert zwischen allgemeinem Praxiswert und Mandantenstamm[6]. Der Mandantenstamm, zumeist wesentliche Grundlage, kann allei-

1 BFH v. 12. 4. 2000 – XI R 35/99, BStBl. II 2001, 26.

2 S. hierzu BFH v. 18. 10. 1999 – GrS 2/98, BStBl. II 2000, 123.

3 In einem bayerischen Einzelfall wurde die Verpachtung einer Anwaltspraxis ein Politikum; s. dazu Anfrage an die und Antwort der Bundesregierung 1993 in BT-Drucks. 12/6360 u. 6519.

4 BFH v. 12. 3. 1992 – IV R 29/91, BStBl. 1993 II, 36.

5 BFH v. 14. 12. 1993 – VIII R 13/93, BStBl. 1994 II, 922, betr. Ingenieure; BFH v. 13. 11. 1996 – I R 134/94, BFH/NV 1997, 438; noch offen BFH v. 12. 3. 1992 – IV R 29/91, BStBl. 1993 II, 36.

6 S. Rz. 798 ff.

ne[1] oder zusammen mit der Büroeinrichtung, den EDV-Anlagen etc. und dem Praxiswert verpachtet werden. Die Verpachtung allein des Praxiswerts mit den materiellen Wirtschaftsgütern ist nur dann möglich, wenn die Praxis wesentlich auf die EDV-Anlage angewiesen ist. Dies ist z.B. denkbar bei einer Sozietät, die sich im Wesentlichen mit dem Inkasso-Geschäft befasst. Allein der Praxiswert – ohne Mandantenstamm, ohne materielle Wirtschaftsgüter – dürfte nicht verpachtbar sein.

Die Verpachtung kann an **Fremde** oder an die vom Verpächter **beherrschte GmbH** erfolgen. Zur Betriebsaufspaltung siehe Rz. 837 f.

Auf die **Sozietätsverpachtung** finden die allgemeinen Regeln zur Betriebsver- 836
pachtung Anwendung[2]. Der Verpächter hat ein Wahlrecht. Er kann alle stillen Reserven realisieren, d.h. insbesondere Praxiswert und Wert des Mandantenstamms. Der Realisationsgewinn führt zu tarifermäßigten Einkünften nach § 34 EStG. Die anschließenden Pachterträge sind private Pachterträge nach § 21 EStG. Oder er entscheidet sich für die Fortführung des freiberuflichen Verpachtungsbetriebs. Da er jedoch nicht mehr freiberuflich tätig ist, bezieht er gewerbliche Verpachtungseinkünfte. Diese gewerblichen Verpachtungseinkünfte sind nur dann gewerbesteuerpflichtig, wenn die Voraussetzungen der Betriebsaufspaltung vorliegen (siehe Rz. 837 f.).

g) Betriebsaufspaltung

Erfolgt die Verpachtung der Praxis an eine von dem **Verpächter beherrschte** 837
GmbH, so liegen die Bedingungen der Betriebsaufspaltung vor[3]. Die Verpächter erzielen gewerbliche Einkünfte, die in diesem Fall auch gewerbesteuerpflichtig sind. Beispiel: Die Sozietät verpachtet ihren Betrieb an eine von den Sozietätsmitgliedern beherrschte Anwalts-GmbH.

Nach der Rechtsprechung ist es denkbar, dass das **Bürogebäude** oder sonstige Büroeinrichtungsgegenstände eine wesentliche Grundlage des Betriebs darstellen[4]. Werden diese an eine beherrschte GmbH verpachtet, liegt ebenfalls eine Betriebsaufspaltung vor.

Beispiel, das die in der Betriebsaufspaltung liegende Gefahr deutlich macht: 838
Eine Ärztepartnerschaft hat den gewerblichen Laborbetrieb ausgegliedert und einer GmbH übertragen. Die GmbH nutzte jedoch Geräte und Gebäude der Mediziner-GbR. Der Bundesfinanzhof sah die Betriebsaufspaltung als gegeben an und qualifizierte die Gesamteinkünfte der Medizinersozietät als gewerblich und gewerbesteuerpflichtig[5].

---

1 BFH v. 18. 12. 1996 – I R 128-129/95, BStBl. 1997 II, 546.
2 Vgl. *Korn*, Freiberufler-Personengesellschaften, Rz. 56; Schmidt/*Wacker*, § 18 Rz. 215.
3 Vgl. dazu R 15.7 (4) EStR.
4 BFH v. 2. 4. 1997 – X R 21/93, BStBl. 1997 II, 565; BFH v. 23. 5. 2000 – VIII R 11/09, BStBl. 2000 II, 621; H 15.7 (5) EStR.
5 BFH v. 13. 11. 1997 – IV R 67/96, BStBl. 1998 II, 254.

h) Überörtliche, intraurbane Sozietät

839 Die **steuerliche** Beurteilung einer Sozietät ist unabhängig davon, wie viele örtliche Niederlassungen diese Sozietät hat. Dies gilt zumindest dann, wenn es sich um eine einheitliche Sozietät mit verschiedenen Standorten handelt. In diesem Fall ist die überörtliche wie eine Sozietät im herkömmlichen Sinn steuerlich zu behandeln.

840 Eine andere Beurteilung kann angebracht sein, wenn die überörtliche oder intraurbane Sozietät als **Sozietät** von **Sozietäten** gestaltet wird. Also: Die Sozietät ABC in Köln schließt sich mit der Sozietät DEF in Berlin zusammen. Man bildet nicht die einheitliche Sozietät ABC-DEF, sondern einen Zusammenschluss zweier Gesellschaften des bürgerlichen Rechts. Hier muss steuerlich geprüft werden, ob bei wirtschaftlicher Betrachtungsweise letztlich doch eine einheitliche Sozietät der sechs Mitunternehmer vorliegt. Dann überspielt das Steuerrecht die zivilrechtliche Gestaltung und nimmt eine einheitliche Mitunternehmerschaft an. Oder aber das Steuerrecht folgt der zivilrechtlichen Gestaltung. In diesem Fall liegt eine mehrstöckige Mitunternehmerschaft vor. Es wird einmal der Gewinn des Zusammenschlusses der beiden Sozietäten ermittelt. Hierüber wird gesondert in einem Verfahren nach § 180 AO entschieden. In diesem Verfahren wird den beiden Sozietäten, die sich zusammengeschlossen haben, jeweils ein Gewinnanteil zugewiesen. In den Gewinnfeststellungsverfahren der beiden Unter-Sozietäten wird sodann letztlich der Gewinn auf die Sozien verteilt.

841 Diese ertragsteuerliche Betrachtung muss nicht zugleich **umsatzsteuerlich** gelten. Wenn die Sozietät, auch Sozietäten, am Markt als einheitliche Sozietät auftritt, so liegt ein einziger Unternehmer vor. Interne Abrechnungen sind Innenumsätze und dürfen nicht mit offenem Umsatzsteuerausweis erfolgen (siehe dazu auch Rz. 897 ff.).

i) Interprofessionelle Sozietät

842 Die allgemeinen Ausführungen zum Steuerrecht der **Sozietäten** gelten auch für die **interprofessionellen Sozietäten**. Auf folgende **Besonderheiten** kann hingewiesen werden:

843 Soweit nur **einzelne Sozien** tätig werden können (Beispiel: In der Sozietät Rechtsanwalt/Steuerberater kann nur der Rechtsanwalt vor den Zivilgerichten auftreten), hindert dies nicht die einheitliche steuerliche Mitunternehmerschaft.

844 Die **Freiberuflichkeit** solcher Sozietäten wird so lange nicht gefährdet, solange ein Zusammenschluss mit Freiberuflern erfolgt. Dies gilt sicher dann, wenn der interprofessionelle Zusammenschluss berufsrechtlich zulässig ist[1]. Wird im Einzelfall eine steuerliche Mitunternehmerschaft festgestellt, an der auch Freiberufler beteiligt sind, die jedoch damit gegen das Berufsrecht verstoßen, kann dies zur Gewerblichkeit führen (Rz. 866). Dies ist m.E. ab-

1 Vgl. BFH v. 28. 10. 2008 – VIII R 69/06, BStBl. 2009 II, 642.

zulehnen, da es schwer verständlich ist, dass der Anwalt, der freiberufliche Einkünfte erzielt, verbindet er sich mit dem Architekten, der freiberufliche Einkünfte erzielt, durch die Verbindung den Schritt zur Gewerblichkeit macht.

j) Liquidation

Bei einer Liquidation wird die freiberufliche Tätigkeit im Rahmen des gesellschaftsrechtlichen Zusammenschlusses beendet und die Sozietät aufgelöst. Die **steuerrechtlichen Folgen** richten sich danach, wie das Vermögen der Sozietät verwendet wird. 845

Wird das Vermögen auf die Partner verteilt, die mit diesem Vermögen weiterhin freiberuflich tätig bleiben, kommen die Grundsätze zur **Realteilung** zur Anwendung. Die Veräußerung bzw. Übernahme einzelner Wirtschaftsgüter in das Privatvermögen führt grundsätzlich zu einem nicht begünstigten laufenden Gewinn. 846

Wird das **gesamte Vermögen veräußert** bzw. in das **Privatvermögen** überführt, kann der dadurch entstehende Gewinn gemäß §§ 18, 34 EStG tarifbegünstigt sein. Dazu muss die Betriebsaufgabe innerhalb eines kurzen Zeitraums erfolgen[1]. Maßgeblich ist der nach außen erkennbare Beginn der Betriebsaufgabe (z.B. durch Einstellung der werbenden Tätigkeit oder Veräußerung des beweglichen Anlagevermögens) und dessen Ende durch die Veräußerung bzw. Überführung der letzten wesentlichen Betriebsgrundlage[2]. Feste zeitliche Grenzen gibt es nicht. Es ist jedoch in der Regel schädlich, wenn sich die Gewinnrealisierung über mehr als zwei Veranlagungszeiträume hinzieht[3]. Der Aufgabegewinn umfasst nicht den Gewinn aus der laufenden Tätigkeit bis zu deren endgültigen Einstellung. 847

3. Gewerbesteuer; Abgrenzungen und Gefährdungen der Freiberuflichkeit der Einkünfte

a) Allgemeines

Freiberufliche Einkünfte unterliegen **nicht** der **Gewerbesteuer**. Werden freiberufliche Einkünfte gewerblich, sind sie zugleich gewerbesteuerpflichtig[4]. Die Gefährdung der freiberuflichen Einkünfte insbesondere der Sozietät durch die Umqualifizierung zu gewerblichen und damit gewerbesteuerpflichtigen Einkünften ist ein wesentliches steuerliches Thema der Sozietäten. 848

Voraussetzung dafür, dass die Sozietät freiberufliche Einkünfte erzielt, ist: 849

- Es wurden ausschließlich freiberufliche Tätigkeiten i.S.d. § 18 Abs. 1 EStG ausgeführt,

1 Vgl. dazu BFH v. 26. 5. 1993 – X R 101/90, BStBl. 1993 II, 710.
2 Vgl. dazu Schmidt/*Wacker*, § 16 Rz. 193, m.w.N.
3 Vgl. BFH v. 26. 5. 1993 – X R 101/90, BStBl. 1993 II, 710.
4 Ausnahme Betriebsverpachtung; siehe Rz. 834 ff.

- keine Beteiligung sog. „Berufsfremder“,
- leitende und eigenverantwortliche Tätigkeit der Berufsangehörigen.

Ist auch nur **eine** dieser **Voraussetzungen nicht** erfüllt, gilt die Sozietät als gewerblich, und zwar insgesamt (Rz. 851).

b) Ausschluss jeglicher gewerblichen Tätigkeit

850 Die **Gefahr, gewerbesteuerpflichtig** zu werden, ist für die Sozietät eine wesentlich größere als für den ohne Sozius tätigen Berater: Erzielt **eine** natürliche **Person** freiberufliche Einkünfte und ist daneben gewerblich tätig, können in der Regel beide Einkunftsquellen getrennt werden, soweit sie sich „nach der Verkehrsanschauung ohne besondere Schwierigkeiten voneinander trennen lassen“[1]. Es gibt einen gewerblichen und einen gewerbefreien, freiberuflichen Bereich.

851 Dies gilt nicht für die **Sozietät**. Ist sie auch nur **partiell gewerblich** tätig, sind alle Einkünfte aus der Sozietät als gewerblich zu qualifizieren. Dies galt früher als „Abfärbetheorie“ und ist heute im Gesetz formuliert (§ 15 Abs. 3 Nr. 1 EStG: „Als Gewerbebetrieb gilt in vollem Umfang ... die Tätigkeit ... einer anderen Personengesellschaft, wenn die Gesellschaft auch eine Tätigkeit i.S.d. (§ 15) Abs. 1 Satz 1 Nr. 1 ausübt“)[2]. Dabei spielt es keine Rolle, welche Bedeutung oder Intensität die gewerbliche Tätigkeit hatte. Auch eine geringfügige gewerbliche Tätigkeit der Sozietät führt zur Umqualifizierung[3] oder ebenso eine von der Gewerbesteuer befreite[4].

852 Die Abfärbetheorie führt nur dann zu einer **Schlechterstellung** der **Sozietät** gegenüber dem als Einzelunternehmer tätigen Freiberufler, wenn trennbare Tätigkeiten vorliegen. Sind dagegen freiberufliche und gewerbliche Leistungselemente untrennbar verwoben, bestimmt sich stets der Charakter der Gesamttätigkeit danach, ob die gewerblichen Leistungselemente dominieren oder die freiberuflichen.

853 Die **Abgrenzung**, ob eine Tätigkeit gewerblich oder freiberuflich ist, ist **problematisch**. Die Tätigkeitsmerkmale der selbständigen Arbeit i.S.d. § 18 EStG überschneiden sich mit denen der gewerblichen Tätigkeit i.S.d. § 15 EStG. Beide werden selbständig, nachhaltig, mit Gewinnerzielungsabsicht und unter Beteiligung am allgemeinen Wirtschaftsverkehr erbracht.

854 Die Einkünfte sind nur dann nicht gewerblich, wenn die Tätigkeiten unter § 18 Abs. 1 Nr. 1 oder 3 EStG subsumierbar sind.

---

1 BFH v. 11. 7. 1991 – IV R 102/90, BStBl. 1992 II, 413. Dazu auch BFH v. 8. 10. 2008 – VIII R 53/07, BStBl. 2009 II, 143.

2 Verfassungsgemäß: BVerfG v. 26. 10. 2004 – 2 BvR 246/98, FR 2005, 139; BVerfG v. 15. 1. 2008 – 1 BvL 2/04, DB 2008, 1243.

3 BFH v. 10. 8. 1994 – I R 133/93, BStBl. 1995 II, 171; *Gosch*, StBp. 1995, 43. Auch die Entscheidung v. 8. 10. 2008 (Fn. 1) dürfte hieran nichts ändern (gl.A. *Clausen*, BRAK-Mitt. 2009, 35).

4 BFH v. 30. 8. 2001 – IV R 43/00, BStBl. 2002 II, 152.

In der Sozietät muss daher Sensibilität bestehen, sobald es um die Ausübung von Tätigkeiten geht, die **nicht** zum **freiberuflichen „Kernbereich“** zählen, wie z.B. 855

- Vermietungen,
- Beschaffungsgeschäfte für Mandanten,
- Personalsuche für Dritte,
- Vermittlungsgeschäfte etc.

Beispiele möglicher gewerblicher Tätigkeit: 856

- Vermittlung von Anteilen an Immobilienfonds[1];
- Vermittlung von Unternehmens- und Anteilsverkäufen[2];
- sonstige Vermittlung von Kapitalanlagen, Versicherungen, Bausparverträgen, Finanzierungen, EDV-Programmen[3];
- Treuhändertätigkeit für Bauherrengemeinschaften[4];
- Geldgeschäfte ohne Bezug zum anwaltlichen Beruf;
- Personalvermittlung und -gestellung;
- Organisation von entgeltlichen Fortbildungsveranstaltungen durch die Sozietät[5].

Die **Beteiligung** eines **Berufsfremden**, eines nicht zugelassenen Rechtsanwalts oder Steuerberaters führt zur Gewerblichkeit (s. Rz. 861 ff.). Allerdings: Allein die Tatsache, dass die Tätigkeit eines zugelassenen Freiberuflers berufsrechtlich zulässig oder unzulässig ist, zwingt nicht zu dem Schluss, dass die Einkünfte freiberuflich oder gewerblich sind. Berufsrecht und Steuerrecht qualifizieren eigenständig. So führt die Berufsrechtswidrigkeit einzelner – ihrer Art nach berufstypischer – Geschäfte nicht in die Gewerblichkeit (Beispiel: Strafverteidigung gegen unzulässiges Erfolgshonorar; rechtswidrige Nötigung des Prozessgegners)[6]. 857

Zum Problem der Gewerblichkeit, weil ein Partner nur **„kapitalistisch“** beteiligt ist, s. Rz. 783.

Sollen gleichwohl gewerbliche oder gewerblich gefährdete Geschäfte durchgeführt werden, kann der **Steuer-Gefahr** bezogen auf die freiberuflichen Einkünfte begegnet werden. 858

Soweit eine gewerbliche Tätigkeit berufsrechtlich erlaubt und aus Sicht der Sozietät erwünscht ist, kann die Sozietät gewerbefrei gehalten werden, in-

1 BFH v. 8. 2. 1990 – IV R 207/85, BFH/NV 1991, 435.
2 BFH v. 8. 2. 1990 – IV R 207/85, BFH/NV 1991, 435.
3 *Streck/Mack*, Stbg. 1997, 442.
4 BFH v. 1. 2. 1990 – IV R 42/89, BStBl. 1990 II, 534; BFH v. 9. 7. 1964 – IV 427/62, BStBl. 1964 III, 530; BFH v. 11. 5. 1989 – IV R 43/88, BStBl. 1989 II, 797.
5 FG Baden-Württemberg v. 10. 10. 1996 – 3 K 193/92, EFG 1997, 228.
6 *Streck/Mack*, Stbg. 1997, 440.

dem eine **getrennte** – möglicherweise personenidentische – **neue** (Personen- oder Kapital-)**Gesellschaft** gegründet wird, die ausschließlich die gewerblichen Tätigkeiten übernimmt. Rechtsprechung und Finanzverwaltung erkennen derartige Ausgründungen an[1]. Berufsrechtlich sind sie zulässig.

Voraussetzung ist, dass die **Tätigkeiten** der beiden Gesellschaften sich voneinander **abgrenzen** lassen[2]: Es sind getrennte Aufzeichnungen zu führen, besondere Bank- und Kassenkonten zu führen und eigene Rechnungsformulare zu verwenden[3].

Weiter muss im Auge behalten werden, dass das Abspaltungsmodell nur funktioniert, wenn **tatsächlich** von der Praxistätigkeit trennbare Aktivitäten ausgelagert werden. Wo z.B. die Vermittlungsleistung des Beraters untrennbar verbunden ist mit steuerberatenden Leistungen, muss die gesamte Leistung (d.h. inklusive des gedanklich anfallenden freiberuflichen Anteils) der gewerblich tätigen Gesellschaft zugewiesen werden.

859 Überlegenswert ist, ein ausdrückliches **gesellschaftsvertragliches Verbot** für die Gesellschafter aufzunehmen, gewerbliche Geschäfte für Rechnung der Sozietät auszuführen[4], verbunden mit der Klarstellung, dass, wenn entgegen diesem Verbot innerhalb der Sozietät gewerbliche Tätigkeiten ausgeübt werden, der betreffende Sozius schadensersatzpflichtig ist.

860 Alternativ kann im Gesellschaftsvertrag auch festgeschrieben werden, dass nur als freiberuflich zu qualifizierende Tätigkeiten als für **Rechnung der Sozietät** ausgeübt gelten, während alle sonstigen Geschäfte als für Rechnung des tätig werdenden Sozius ausgeübt gelten[5]. Dies evtl. mit der Ergänzung, dass der Gewinnanteil dieses Partners entsprechend zu mindern ist. Über eine solche Vereinbarung wären u.U. Fälle unbeabsichtigter schädlicher Geschäfte noch zu retten. Hier ließe sich vor dem Hintergrund der Vertragsvereinbarung argumentieren, die gewerbliche Einzeltätigkeit sei nicht von der Sozietät ausgeführt worden, könne folglich auch nicht über § 15 Abs. 3 Nr. 1 EStG die gesamte Sozietät in die Gewerblichkeit führen.

c) Beteiligung von Berufsfremden

861 Die Beteiligung sog. **Berufsfremder** führt nach völlig herrschender Rechtsprechung[6] die gesamte Sozietät in die Gewerblichkeit.

862 „Beteiligung" heißt: Der „Berufsfremde" muss **Mitunternehmer** im steuerlichen Sinn sein (s. Rz. 781 ff.). Dieser Satz gilt auch mit umgekehrten Vorzei-

1 Vgl. BFH v. 10. 11. 1983 – IV R 86/80, BStBl. 1984 II, 152; BFH v. 5. 10. 1989 – IV R 120/87, BFH/NV 1991, 319; BFH v. 19. 2. 1998 – IV R 11/97, BStBl. 1998 II, 603; BFH v. 17. 1. 2007 – XI R 19/05, BFH/NV 2007, 1315.

2 Vgl. hierzu z.B. BFH v. 12. 6. 2002 – XI R 21/99, BFH/NV 2002, 1554.

3 Vgl. dazu sowie zu weiteren Detailerfordernissen: BMF-Schreiben v. 14. 5. 1997, BStBl. 1997 I, 566.

4 Vgl. *Rainer*, KÖSDI 1984, 5516, 5519.

5 *Altheim*, StbKongrRep. 1985, 289, 303.

6 Vgl. BFH v. 14. 12. 1993 – VIII R 13/93, BStBl. 1994 II, 922; BFH v. 15. 5. 1997 – IV R 33/95, BFH/NV 1997, 751.

chen: Ist ein Partner Mitunternehmer im steuerlichen Sinn, z.B. als atypisch stiller Beteiligter, so vermittelt auch ein berufsfremder atypisch Stiller die Gewerblichkeit[1].

Berufsfremd in diesem Sinne **ist**, wer nicht im Besitz der materiellen und formellen Qualifikation eines Katalogberufs oder eines ähnlichen Berufs i.S.v. § 18 Abs. 1 Nr. 1 EStG ist und wer, wenn er die Qualifikation hat, berufsrechtlich sich nicht mit Rechtsanwälten in einer Sozietät verbinden darf[2]. Auch der **europäische Rechtsanwalt** (vgl. § 1 EuRAG) ist nicht berufsfremd[3]. Andere ausländische Rechtsanwälte sind dann nicht berufsfremd, wenn sie dem deutschen Anwalt vergleichbar sind[4]. 863

Die **interprofessionelle Sozietät** erzielt freiberufliche Einkünfte, wenn alle Partner freiberuflich tätig sind[5]. 864

Wer als Partner aufgenommen wird, um rechtsberatend tätig zu sein, ohne die **formelle Rechtsberatungsbefugnis** zu haben, vermittelt die Gewerblichkeit[6]. 865

Die Beteiligung von **Mitarbeitern**, Bürovorstehern, Sekretärinnen, Mandanten am Gewinn und Verlust der Sozietät, ihre Aufnahme als Mitunternehmer hat die Gewerbesteuerpflicht zur Folge. Erhalten Mitarbeiter angemessene Gewinntantiemen, gefährdet dies nicht die Freiberuflichkeit. Wird die Gewinntantieme zur echten Gewinnbeteiligung, kann das Arbeitsverhältnis zur Mitunternehmerschaft umschlagen. 866

Die **berufsrechtlich unzulässige** Tätigkeit eines Partners im Einzelfall führt nicht notwendig zur Gewerblichkeit (s. Rz. 857). 867

Problematisch ist der Fall, in dem durch **Erbfolge** Berufsfremde in die Sozietät nachfolgen: Führt nach dem Tode eines Freiberuflers eine Erbengemeinschaft, an der nicht berufsqualifizierte Gesellschafter beteiligt sind, die Praxis fort, so entsteht aus der freiberuflichen Praxis ein Gewerbebetrieb[7]. 868

Eine Ausnahme lässt die Finanzverwaltung allerdings zu, wenn die Beteiligung des Berufsfremden nur für eine **kurze Übergangszeit** bestanden hat (sechs Monate)[8]. 869

Zur Gewerblichkeit der Sozietät führt allerdings nur die Beteiligung des Berufsfremden als **Mitunternehmer** (s. Rz. 867). Es ist deshalb genau zu prüfen, ob tatsächlich eine Mitunternehmerschaft vorliegt[9]. Allein die Tatsache, 870

1 BFH v. 10. 8. 1994 – I R 133/93, BStBl. 1995 II, 171.
2 Vgl. *Kempermann*, StbJb. 2003/2004, 379, 384.
3 *Kempermann*, StbJb. 2003/2004, 379, 385 ff.; *Kempermann*, FR 2007, 577, 581.
4 *Kempermann*, a.a.O., Fn. 4.
5 FG Düsseldorf v. 13. 1. 2005 – 16 K 4282/02, EFG 2005, 1350; FinVerw DStR 2007, 1628; abweichend noch BMF v. 20. 9. 2003, StEK EStG § 18 Nr. 251.
6 BFH v. 15. 5. 1997 – IV R 33/95, BFH/NV 1997, 751, betr. einen Zollrechtsberater, der weder Anwalt noch Steuerberater war.
7 BFH v. 14. 12. 1993 – VIII R 13/93, BStBl. 1994 II, 922.
8 BMF BStBl. 1993 I, 63 Tz. 8, 9; Rz. 870.
9 *Korn*, Freiberufler-Personengesellschaften, Rz. 38.

dass der Erbe eines verstorbenen Sozius am Gewinn der zwischen den anderen Sozien fortgeführten Sozietät über kurze Zeit beteiligt ist, macht den Erben nicht ohne weiteres zum Mitunternehmer[1].

871 Lediglich aus Versorgungsgründen gewährte Gewinnbeteiligungen vermitteln ebenfalls nicht bereits die Stellung als Mitunternehmer. Entscheidend sind auch hier Mitunternehmerinitiative und -risiko.

872 Ist beabsichtigt, nach dem Tod eines Sozius dessen **Erben** in die Sozietät nachfolgen zu lassen, sollte auf jeden Fall ausdrücklich geregelt werden, dass der Erbe nur nachfolgt, wenn er die erforderliche berufliche Qualifizierung besitzt. Für den Fall, dass der ins Auge gefasste Erbe seine Ausbildung noch nicht abgeschlossen hat, kann ein späteres Eintrittsrecht (sog. Eintrittsklausel) vereinbart werden.

873 Als berufsfremd gelten auch **alle Freiberufler-Kapitalgesellschaften**, d.h. insbesondere die Anwalts- und Steuerberater-GmbH[2]. Die Frage, ob berufsrechtlich solche Kapitalgesellschaften Mitglied einer Sozietät werden können, ist also wirtschaftlich schon aus steuerlichen Gründen obsolet. Denkbar sind hier allenfalls Bürogemeinschaften.

874 Auch die **Freiberufler-GmbH & Co. KG** erzielt daher stets gewerbliche Einkünfte. Dies gilt selbst dann, wenn alle an der Gesellschaft beteiligten natürlichen Personen Berufsangehörige und Geschäftsführer der GmbH sind. Nicht § 15 Abs. 3 Nr. 2 EStG, sondern § 15 Abs. 1 Nr. 1 EStG unmittelbar ist einschlägig[3].

875 Beteiligt sich die Sozietät ihrerseits an einer **gewerblich** tätigen **Personengesellschaft**, so wird sie dadurch vollumfänglich Gewerbebetrieb[4].

d) Gewerblichkeit durch Beschäftigung zu vieler fachlich qualifizierter Mitarbeiter

876 „Ein Angehöriger eines freien Berufs ... ist auch dann freiberuflich tätig, wenn er sich der Mithilfe **fachlich vorgebildeter Arbeitskräfte** bedient. Voraussetzung ist, dass er aufgrund eigener Fachkenntnisse leitend und eigenverantwortlich tätig wird" (§ 18 Abs. 1 Nr. 1 Satz 3 EStG).

Der Freiberufler darf danach fachlich vorgebildete Arbeitskräfte in grundsätzlich beliebigem Umfang beschäftigen, solange er – aufgrund eigener Fachkenntnis – **leitend** und **eigenverantwortlich** tätig ist.

877 Vor Einfügung des § 18 Abs. 1 Nr. 1 Satz 3 EStG galt auch für Freiberufler die sog. **Vervielfältigungstheorie**, nach der der Freiberufler zum Gewerbetreibenden wurde, wenn er seine berufstypische Tätigkeit durch die Beschäftigung fachlich vorgebildeter Hilfskräfte ersetzte oder vervielfältigte[5].

1 BFH v. 8. 2. 1966 – VI 204/64, BStBl. 1966 III, 246.
2 BFH v. 17. 1. 1980 – IV R 115/76, BStBl. 1980 II, 336.
3 BFH v. 9. 4. 1987 – VIII B 94/86, BFH/NV 1987, 509.
4 BFH v. 8. 12. 1994 – IV R 7/92, BStBl. 1996 II, 264; Übergangsregelung BMF v. 13. 5. 1996, BStBl. 1996 I, 621.
5 BFH v. 7. 11. 1957 – IV 668/55 U, BStBl. 1958 III, 34.

Die **leitende Tätigkeit** des Berufsangehörigen erfordert, dass dieser „die Grundzüge für die Organisation des Tätigkeitsbereichs und für die Durchführung der Tätigkeiten festlegt, den Arbeitsablauf nach den festgelegten Grundsätzen persönlich überwacht und grundsätzliche Fragen selbst entscheidet"[1]. Voraussetzung dafür ist (automatisch), dass sich die eigenen Fachkenntnisse des Betriebsinhabers auf den gesamten Bereich der Berufstätigkeit, die in seinem Betrieb ausgeübt wird, erstrecken. 878

Von einer **„eigenverantwortlichen" Tätigkeit** des **Betriebsinhabers** kann nur dann gesprochen werden, wenn er seine „Arbeitskraft so einsetzt, dass er in der Lage ist, für die von seinen Mitarbeitern erbrachten Leistungen die uneingeschränkte fachliche Verantwortung zu übernehmen"[2]. Diese Eigenverantwortlichkeit soll nicht identisch sein mit der bloßen bürgerlich-rechtlichen Verantwortung (Haftungsrisiko) oder evtl. rein berufsrechtlich vorgeschriebener „Eigenverantwortlichkeit". Maßgeblich ist – so der BFH[3] – vielmehr, dass auch die von den qualifizierten Mitarbeitern erbrachten Leistungen oder das zusammen mit diesen Mitarbeitern geschaffene Werk noch „den **Stempel** der Eigenverantwortlichkeit des Berufsträgers tragen" müssen[4]. 879

Diese als **„Stempel-Theorie"** bekanntgewordene Abgrenzung hat die Probleme gleichwohl nicht gelöst. In der Praxis wird durchaus unterschiedlich für die einzelnen Berufsgruppen geurteilt, ob bei der Zahl der beschäftigten qualifizierten Mitarbeiter der Betriebsinhaber überhaupt noch die Möglichkeit hat, seine Mitarbeiter zu überschauen und zu überprüfen. Dabei ist (natürlich) eine große Zahl fachlich gleich gebildeter Mitarbeiter Indiz für einen Gewerbebetrieb. 880

Bei **größeren Sozietäten**, auch bei interprofessionellen Sozietäten oder Partnerschaftsgesellschaften reicht es aus, wenn jeder als freiberuflich tätige Sozius einen Teilbereich der Gesellschaft leitend und eigenverantwortlich ausübt. Die Tätigkeit des Partners muss sich nicht auf die Gesamttätigkeit der Sozietät leitend und eigenverantwortlich beziehen. Also ist es unschädlich, wenn bestimmte Tätigkeiten nur von einzelnen Mitunternehmern eigenverantwortlich ausgeübt werden können. Dies gilt z.B. für Rechtsanwälte in ihrer Prozessführungsbefugnis im Verhältnis zu den assoziierten Steuerberatern. Dies gilt auch dann, wenn nur ein Anwalt als Verteidiger beauftragt ist. 881

Aktuell hat die Finanzverwaltung ihr Augenmerk allerdings (noch) nicht schwerpunktmäßig auf die rechts- und steuerberatenden Berufe gerichtet. In der Schusslinie stehen vorrangig Laborärzte, vereinzelt auch Architekten. Gleichwohl gibt es bereits Fälle, in denen Betriebsprüfungen große Beratungspraxen unter die Lupe nehmen. 882

Folgende Maxime sollte daher beachtet werden, um unliebsame Gewerbe-Überraschungen zu vermeiden[5]:

---

1 BFH v. 1. 4. 1982 – IV R 139/79, BStBl. 1982 II, 589.
2 BFH v. 25. 11. 1975 – VIII R 116/74, BStBl. 1976 II, 155.
3 BFH v. 25. 11. 1975 – VIII R 116/74, BStBl. 1976 II, 155.
4 Vgl. hierzu auch *Korn*, DStR 1995, 1249.
5 *Frick/Spatscheck*, DB 1995, 239.

883 Problematisch dürfte es sein, wenn ein **Freiberufler Kollegen** beschäftigt, die die typischen Berufsaufgaben gegenüber dem Auftraggeber völlig **eigenständig** ohne fachliche Einschaltung des Praxisinhabers erbringen. Hier ist kein „durch den Praxisinhaber aufgedrückter Stempel" zu erkennen.

884 Ein Rechtsanwalt bleibt dagegen Freiberufler, auch wenn er sich bei Prozessführungen, Beratungen und Stellungnahmen die Schriftsätze, gutachterlichen Äußerungen oder Recherchen von Mitarbeitern vorbereiten bzw. durchführen lässt, vorausgesetzt, er macht sich die **Arbeitsergebnisse zu eigen** bzw. bringt seine eigenen Vorstellungen dazu ein.

Praktisch sollte angestrebt werden, dass **jedes Schriftstück**, das das Büro verlässt, mit Unterschrift/**Paraphe** des/eines Sozius gezeichnet und so dessen Leitung dokumentiert wird.

885 Die **Gewerbesteuergefahr** steigt mit der **Zahl** der **Angestellten**. Sie sinkt mit der Zahl der Sozien. Dies legt gewerbesteuerlich nahe, den Sozienstatus vorzuziehen.

e) Die gefährdete freiberufliche Tätigkeit nach § 18 Abs. 1 Nr. 3 EStG

886 Problematisch ist auch die Tätigkeit eines Partners in einem Bereich, der nicht primär anwaltlicher Natur ist und mithin nicht nach § 18 Abs. 1 Nr. 1 EStG, sondern nach **§ 18 Abs. 1 Nr. 3 EStG freiberuflich** ist. Hierzu gehören Testamentsvollstreckungen, Vermögensverwaltungen, Insolvenzverwaltungen, Vormundschaften, Beirats- und Aufsichtsratsämter. Hier gilt die sogenannte „Vervielfältigungstheorie" (Rz. 877) uneingeschränkt[1]. Solche Tätigkeiten sind mithin nur dann nicht gewerblich, wenn sie höchstpersönlich durch einen Mitunternehmer ausgeübt werden. Jede Aufgaben-Delegation auf Angestellte oder freie Mitarbeiter führt zur Gewerblichkeit der Tätigkeit des Partners und, infolge der Abfärbe-Wirkung (Rz. 850ff.), zur vollumfänglichen Gewerblichkeit der Sozietätseinkünfte. Allenfalls untergeordnete mechanische Hilfstätigkeiten sind geduldet. Die Überlegung, dass solche Aufgaben zu den Primär-Tätigkeiten der freien Berufe gehören und mithin unter § 18 Abs. 1 Nr. 1 EStG zu subsumieren und somit Satz 3 anzuwenden ist, hat der BFH verneint.

887 Innerhalb dieser Problematik hatte sich der BFH mit einem **Insolvenzverwalter** zu befassen[2]. Zwar ging es nur um die Zulässigkeit einer auf die Gewerbesteuer ausgedehnten Betriebsprüfungsanordnung bei einer aus Steuerberatern gebildeten Insolvenzverwalter-GbR. Da der BFH jedoch die Ausdehnung der Außenprüfung zugelassen hat, wird auch das Finanzamt in ähnlichen Fällen gezielt entsprechende Prüfungen durchführen. Der BFH äußert sich für die Praxis wenig nützlich mit **allgemeinen Formulierungen**:

„Die vom Reichsfinanzhof (RFH) und BFH entwickelte Vervielfältigungstheorie beruht auf folgenden Erwägungen: Zu den **Wesensmerkmalen** der **selbständigen Arbeit** gehört, daß sie in ihrem Kernbereich auf der eigenen persönlichen Arbeitskraft des

---

1 BFH v. 11. 8. 1994 – IV R 126/91, BStBl. 1994 II, 936.
2 BFH v. 11. 8. 1994 – IV R 126/91, BStBl. 1994 II, 936.

Berufsträgers beruht ... Nimmt die Tätigkeit einen Umfang an, der die ständige Beschäftigung mehrerer Angestellter oder aber die Einschaltung von Subunternehmern erforderlich macht, und werden den genannten Personen nicht nur untergeordnete, insbesondere vorbereitende oder mechanische Aufgaben übertragen, so beruht sie nicht mehr auf der persönlichen Arbeitskraft des Berufsträgers und ist deshalb steuerrechtlich als gewerblich zu qualifizieren ... Aber auch dann, wenn nur Hilfskräfte beschäftigt werden, die ausschließlich untergeordnete Arbeiten erledigen, kann deren Umfang im Einzelfall den gewerblichen Charakter der Tätigkeit begründen ... Wann diese Voraussetzungen vorliegen, kann nur im Einzelfall nach dem Gesamtbild der Verhältnisse entschieden werden."

„Man mag die Meinung vertreten können, es sei unschädlich, wenn sich ein Steuerberater zur Ausübung seiner Tätigkeit als Testamentsvollstrecker oder Insolvenzverwalter der im Rahmen seiner Steuerkanzlei beschäftigten und für diese Beschäftigung fachlich vorgebildeten Arbeitskräfte bedient. Jedoch ist die **Grenze** zur **Gewerblichkeit** jedenfalls überschritten, wenn die Tätigkeit als Insolvenzverwalter einen Umfang angenommen hat, der allein hierfür die Beschäftigung mehrerer Angestellter und die Einschaltung von Subunternehmern erforderlich macht und diesen Personen nicht nur untergeordnete, insbesondere vorbereitende und mechanische Arbeiten übertragen werden. Das kann insbesondere dann der Fall sein, wenn sich der Insolvenzverwalter weniger mit der Abwicklung in Konkurs geratener Unternehmen als mit der Sanierung notleidender Betriebe befaßt."

Die Rechtsprechung zum Insolvenzverwalter wurde bestätigt[1] und verschärft[2]. Auch die Tätigkeit eines Anwalts als **Berufsbetreuer** soll gewerblich sein[3].

Der Insolvenzentscheidung[4] lässt sich entnehmen, dass die **Einschaltung** 888
von **Hilfskräften** für mechanische Arbeit umso steuerunschädlicher ist, je mehr die Nebentätigkeit untergeordnete Bedeutung hat[5].

Spielen Mandate dieser Art in einer Sozietät eine größere Rolle, sollte unbe- 889
dingt überlegt werden, sie auf eine **neue GbR** auszugliedern (siehe dort zu Rz. 858).

In diesem Bereich sind im übrigen **Sozietäten** weniger gefährdet als Einzel- 890
praxen. Jeder Anwalt kommt, wenn sich seine Praxis ausdehnt, ohne Delegation nicht aus. Je weiter die Delegation reicht, umso eher mindert sich die Eigenverantwortlichkeit und umso eher kann die Freiberuflichkeit angezweifelt werden. Bei einer Sozietät genügt es, dass bezüglich einer anwaltlichen Tätigkeit die Voraussetzungen des § 1 Abs. 1 Nr. 3 EStG nur im Verhältnis zu einem Mitunternehmer gegeben sind. Mitunternehmer können die Aufgaben teilen (horizontale Delegation); diese Delegation ist unschädlich. Sodann kann jeder Mitunternehmer in seinem Bereich in einer kleineren Gruppe delegieren.

1 BFH v. 12. 12. 2001 – XI R 56/00, BStBl. 2002 II, 202; vom BVerfG nicht zur Entscheidung angenommen (DStZ 2003, 578).
2 FG Köln v. 28. 5. 2008 – 12 K 3735/05, EFG 2008, 1876; Az. des BFH: VIII R 29/08.
3 FG Münster v. 17. 6. 2008 – 1 K 5087/06, EFG 2008, 172.
4 BFH v. 11. 8. 1994 – IV R 126/91, BStBl. 1994 II, 936.
5 *Korn*, Freiberufler-Personengesellschaften, Rz. 30. Vgl. zu der Problematik auch *Seer*, Festschrift Hartung, 2008, 203.

f) Folgen der Gewerblichkeit

891 Die Gewerblichkeit der Einkünfte hat die **Gewerbesteuerpflicht** zur Folge. Ausnahme: Gewerblichkeit im Fall der Betriebsverpachtung. Steuersubjekt ist die Sozietät, nicht der einzelne Partner.

892 Erzielt die Sozietät gewerbliche Einkünfte und wird sie gewerbesteuerpflichtig, können die Gesellschafter die Tarif-Kappung nach **§ 32c EStG** in Anspruch nehmen. Diese Tarif-Absenkung wiegt die Gewerbesteuerbelastung indes bei weitem nicht auf. Die Gewerbesteuerlast übersteigt den Einkommensteuervorteil[1].

893 Die Umqualifizierung der Einkünfte zu gewerblichen führt auch dazu, dass die Sozietät das **Wahlrecht** für eine Gewinnermittlung nach § 4 Abs. 3 EStG (s. Rz. 789) und die Möglichkeit der Ist-Besteuerung nach § 20 UStG (Rz. 914) verliert.

4. Einheitsbewertung; Vermögensteuer

894 **Einheitswerte** werden für das Betriebsvermögen der Sozietät **ab 1. 1. 1998 nicht** mehr festgesetzt[2].

Die **Vermögensteuer** wird **ab** dem **1. 1. 1997 nicht** mehr erhoben[3].

895 Die **Vermögensteuer** wird für die Zeit **vor** dem 1. 1. 1997 weiter erhoben.

896 **Hinweis** zu alten **Sozietätsverträgen**: Soweit diese noch von Einheitswerten sprechen oder Vermögensteuerwerte zugrunde liegen, müssen diese angepasst werden.

5. Umsatzsteuer

a) Sozietät als Unternehmer

897 Der Umsatzsteuer unterliegen **Unternehmer**. Als solche kommen unabhängig von der Rechtsform und der zivilrechtlichen Rechtsfähigkeit neben natürlichen und juristischen Personen alle Personenzusammenschlüsse in Betracht, sofern sie als solche erkennbar am Wirtschaftsleben teilnehmen[4].

898 Die **Anwaltsgemeinschaft**, die nicht lediglich Bürogemeinschaft ist, sondern nach außen erkennbar als Sozietät auftritt, ist danach Steuersubjekt der Umsatzsteuer und Steuerschuldner i.S.d. § 13a Abs. 1 Nr. 1 UStG[5].

Dasselbe gilt für die **überörtliche Anwaltssozietät**: Diese, nicht etwa der einzelne Sozius oder die noch organisatorisch und für die interne Gewinnvertei-

---

1 *Korn*, Freiberufler-Personengesellschaften, Rz. 26. Fraglich ist, ob § 32c EStG verfassungsgemäß ist; vgl. Schmidt/*Glanegger*, § 32c Rz. 2.

2 § 19 Abs. 1 BewG i.d.F. des Gesetzes zur Fortsetzung der Unternehmensteuerreform v. 29. 10. 1997, BStBl. 1997 I, 2590.

3 BVerfG v. 22. 6. 1995 – 2 BvL 37/91, BGBl. 1995 I, 1191; BStBl. 1995 II, 655.

4 BFH v. 21. 4. 1994 – V R 105/91, BStBl. 1994 II, 671.

5 RFH v. 13. 12. 1931, RStBl. 1931, 470; BFH v. 27. 8. 1970 – V R 72/66, BStBl. 1970 II, 833; v. 26. 1. 1984 – V R 65/76, BStBl. 1984 II, 231.

lung erhalten gebliebenen Alt(innen)gesellschaften, ist umsatzsteuerlicher Unternehmer.

Ebenso ist die grenzüberschreitende, **internationale Sozietät** nach den allgemeinen Regeln des UStG Unternehmer. Sie ist mit ihren inländischen Umsätzen steuerpflichtig, wobei sich der Ort der Leistung nach § 3a UStG bestimmt.

Die **Partnerschaftsgesellschaft** ist wie die Sozietät Unternehmer.

Zur Unternehmereigenschaft der **Scheinsozietät** s. Rz. 934ff.

Die **Zuständigkeit** des Finanzamts richtet sich in allen Fällen nach § 21 AO. 899

Die Unternehmereigenschaft der Anwaltssozietät kann sich auf **Sondermandate** erstrecken. Hierunter sind solche Beratungstätigkeiten zu verstehen, die höchstpersönlicher Natur sind und nach den gesetzlichen Vorschriften oder dem ausdrücklichen Willen des Auftraggebers nicht durch eine Gesellschaft, sondern nur durch den Berufsträger selbst erfüllt werden können oder dürfen. Beispiele sind die Tätigkeit als **Verteidiger, Testamentsvollstrecker, Gutachter, Insolvenzverwalter, Schiedsrichter, Treuhänder** oder **Aufsichtsrats-/Beiratsmitglied**. 900

In der Rechtsprechung ist anerkannt, dass in den Fällen persönlicher Beauftragung eines Sozietätsmitglieds die **Sozietät** leistender **Unternehmer** ist, wenn sie nach dem Gesamtbild eindeutig als solche auftritt[1]. „Da das UStG tatsächliche wirtschaftliche Vorgänge besteuert, kann Leistender unabhängig von dem zivilrechtlichen Rechtsverhältnis auch derjenige sein, der einen Umsatz im eigenen Namen tatsächlich ausführt, obwohl er eine Leistung zivilrechtlich nicht schuldet." Handelt das Sozietätsmitglied für diese und nicht für sich selbst und ist dies für den Leistungsempfänger erkennbar und akzeptiert er dies, schiebt sich mithin die Sozietät als Leistender im umsatzsteuerlichen Sinne zwischen den Leistungsempfänger und die agierende natürliche Person[2]. 901

Die **einzelnen Mitglieder** der Anwaltssozietät geben durch ihren Zusammenschluss in der Sozietät ihre Selbständigkeit aber nicht notwendigerweise auf; sie sind bzw. bleiben selbst Unternehmer, soweit sie sich die Ausführung von Leistungen im eigenen Namen vorbehalten. Aus der Rechtsprechung[3] ergibt sich, dass der einzelne Sozius Unternehmer ist, wenn ihm bewusst und gezielt allein Auftrag und Vollmacht erteilt sind, selbst wenn er seine Honorare im Innenverhältnis an die Sozietät abliefert oder in die Ergebnisverteilung einbringt. 902

Die Frage der Zuordnung von Umsätzen im Verhältnis Sozietät – Sozius stellt sich ferner im Rahmen von **Nebentätigkeiten**, z.B. bei Fachschriftstellerei und Vortragstätigkeit durch den Sozius oder die Sozien. Auch hier be- 903

---

1 BFH v. 27. 8. 1970 – V R 72/66, BStBl. 1970 II, 833; BFH v. 13. 3. 1987 – V R 33/79, BStBl. 1987 II, 524; *Ising*, DStR 1993, 1313.
2 BFH v. 13. 3. 1987 – V R 33/79, BStBl. 1987 II, 524.
3 BFH v. 5. 9. 1963 – V 117/60 U, BStBl. 1963 III, 520, 522.

steht die **Wahlmöglichkeit**, bei entsprechender Gestaltung des Außenverhältnisses diese Umsätze umsatzsteuerlich entweder der Sozietät oder dem einzelnen Sozius zuzuordnen, und zwar unabhängig davon, ob die Erträge daraus bei der Ergebnisverteilung zu berücksichtigen sind.

904 Für die Behandlung von Sondermandaten und Nebentätigkeiten müssen **klare Regeln** gelten. Entweder werden derartige Umsätze insgesamt bei der Sozietät oder bei den einzelnen Sozien erfasst. Sollen die Umsätze der Sozietät zugeordnet werden, muss verdeutlicht werden, dass der betreffende Sozius in seiner Eigenschaft als Mitglied der Sozietät im Namen und für Rechnung der Sozietät handelt und diese die Leistung abrechnet. I.d.R. reicht es dafür aus, wenn der Leistungsempfänger durch Praxisschilder und Benutzung der Sozietätsbriefbögen und Rechnungsformulare der Sozietät erkennt, dass der tätige Sozius für die Gesellschaft handelt.

b) Leistungen und Entgelt

905 Es gelten die allgemeinen Regeln des Leistungsaustausches. **Umsatzsteuerbar** sind gemäß § 1 Abs. 1 Nr. 1 UStG alle Lieferungen und sonstigen Leistungen der Anwaltssozietät gegen Entgelt im Inland. Umsatzsteuerbare Entgelte sind insbesondere die Beratungshonorare sowie alle damit im Zusammenhang stehenden weiterberechneten Kosten.

906 Umsätze aus **Hilfsgeschäften** gehören ebenfalls zu den umsatzsteuerpflichtigen Geschäften. Ein Hilfsgeschäft liegt z.B. bei dem Verkauf von Anlagegütern aus dem Betriebsvermögen vor, ohne dass es insoweit auf die Nachhaltigkeit ankommt[1]. Beispiele: Verkauf von Einrichtungsgegenständen, Altauflagen, Firmen-Pkw.

907 Ein umsatzsteuerbarer Leistungsaustausch liegt nicht vor, wenn die Anwaltssozietät sich **in eigener Sache** selbst vertritt und im Kostenfestsetzungsverfahren die für die berufsmäßige Erledigung ihrer Geschäfte vorgesehenen Gebühren und Auslagen erstattet erhält[2].

908 Eine besondere umsatzsteuerliche Behandlung erfahren sog. **durchlaufende Posten**. Hierbei handelt es sich um Beträge, die im Rahmen und für Rechnung eines anderen vereinnahmt oder verausgabt werden. Sie gehören gemäß § 10 Abs. 1 Satz 6 UStG nicht zum umsatzsteuerpflichtigen Entgelt. Beispiele: verauslagte Gerichtskosten, Gerichtsvollziehergebühren, Zustellungskosten, Notargebühren, Gebühren für das Anfertigen von Handelsregister- oder Grundbuchauszügen u.a.

909 Eine Behandlung als durchlaufende Posten scheidet allerdings aus, wenn die tatsächlich verauslagten Gebühren und Kosten **pauschal** abgerechnet werden. Pauschalbeträge stellen umsatzsteuerpflichtiges Entgelt dar, da insoweit des Merkmal „für Rechnung eines anderen" nicht erfüllt ist[3].

---

1 BFH v. 20. 9. 1990 – V R 92/85, BStBl. 1991 II, 35.
2 BFH v. 9. 11. 1976 – VII B 69/74, BStBl. 1977 II, 82.
3 BFH v. 27. 2. 1989 – V B 75/88, BFH/NV 1989, 744.

Vorschüsse sind gemäß § 13 Abs. 1 UStG mit Ablauf des Voranmeldungszeitraums, in dem sie vereinnahmt werden, der Umsatzsteuer zu unterwerfen. 910

Im Übrigen sind die ausufernden **Formvorschriften** für Rechnungen nach §§ 14, 14a UStG, die Aufbewahrtungspflicht für Rechnungen nach § 14b UStG und die **Haftung** im Fall des unberechtigten oder unrichtigen Steuerausweises nach § 14c UStG zu beachten.

Die Anwaltssozietät kann nach den allgemeinen Regeln die Tatbestände der sog. **unentgeltlichen Wertabgabe** (§ 3 Abs. 1b und Abs. 9a UStG) verwirklichen. Die neuen Gleichstellungstatbestände des § 3 Abs. 1b und Abs. 9a UStG treten nach der Konzeption des StEntlG 1999/2000/2002[1] an die Stelle der bis dahin geltenden Eigenverbrauchstatbestände. 911

Beispiele: 912

- Die Sozietät schenkt einen ihr gehörenden Pkw einem Partner zum 50. Geburtstag.
- Die Schreibkraft der Sozietät schreibt dem Sohn eines Sozius die Referendar- oder Assessorarbeit.
- Die Sozietät verursacht unangemessen hohe Bewirtungskosten.

Normalerweise entsteht die Umsatzsteuerpflicht mit Erbringung der einzelnen Leistung, unabhängig vom Zeitpunkt der Inrechnungstellung oder Bezahlung durch den Mandanten. Die Versteuerung erfolgt i.d.R. nach vereinbarten Entgelten, auch „**Sollbesteuerung**" genannt. 913

Freiberufler – und damit auch der Freiberufler-Zusammenschluss in der Form der Anwaltssozietät – haben unabhängig von der Umsatzhöhe das Wahlrecht, nach § 20 Abs. 1 Nr. 3 UStG die Umsatzversteuerung nach dem Geldeingang (Besteuerung nach vereinnahmten Entgelten, sog. **Ist-Besteuerung**) vorzunehmen. Die Ist-Versteuerung ist zweckmäßig und üblich bei Überschussrechnern i.S.d. § 4 Abs. 3 EStG, weil dann die einkommensteuerliche und umsatzsteuerliche Erfassung der Einnahmen synchron verläuft. 914

Die zu versteuernden Entgelte müssen gemäß § 22 Abs. 2 Nr. 1 UStG – bei unterschiedlichen Steuersätzen getrennt nach Steuersätzen – **aufgezeichnet** werden. Erfasst werden können die Bruttobeträge einschließlich Umsatzsteuer, aus denen die Steuer herausgerechnet wird, oder die Nettobeträge. Aufzuzeichnen sind ebenfalls nach § 22 Abs. 2 Nr. 5 UStG die Entgelte für steuerpflichtige Leistungen anderer Unternehmen an die Anwaltssozietät und die darauf entfallenden Vorsteuerbeträge. 915

c) Vorsteuerabzug

Die Anwaltssozietät hat, soweit sie Leistungen für ihr Unternehmen bezieht, unter den Voraussetzungen der §§ 14, 14a, 15 UStG das Recht zum **Vorsteuerabzug**. 916

1 BGBl. 1999 I, 402.

917 Erforderlich ist insbesondere, dass als **Rechnungsadressat** die **Sozietät** bezeichnet ist.

918 Anwälte und Notare sind unter bestimmten Voraussetzungen zur **Vorsteuerpauschalierung** berechtigt, können also Vorsteuern ohne Einzelnachweis und Aufzeichnung abziehen. Rechtsgrundlage sind die §§ 23 UStG, 69, 70 UStDV i.V.m. Anlage zur UStDV, Abschnitt B Ziff. 4: 1,5 % des Umsatzes. Diese Vorsteuerpauschalierung ist allerdings in der Praxis selten anzutreffen.

919 Als Vorsteuerfalle erweist sich nicht selten der Vorsteuerabzug aus **Sonderaufwendungen**. Gemeint sind Betriebsausgaben, die wegen ihrer Personenbezogenheit nicht unbedingt konsensfähig sind, wie z.B. der vom Partner genutzte Pkw, aber auch die Büroausstattung, Bewirtungs- und Reisespesen oder ähnliche Aufwendungen.

Solche Betriebsausgaben können vertraglich **aus der Gewinnermittlung der Sozietät ausgeschlossen** werden. Die Sozien sind dann verpflichtet, die Aufwendungen dieser Art alleine zu tragen. Ertragsteuerlich hat dies keine negativen Auswirkungen: Einkommensteuerlich handelt es sich dann um **Sonderbetriebsausgaben** des einzelnen Partners. Nachteil dieser Regelung ist jedoch, dass im Normalfall der Vorsteuerabzug beim Partner verlorengeht, da die Aufwendungen nicht Leistungen an ein eigenes Unternehmen darstellen und die Sozietät nicht Leistungsempfänger ist[1].

920 Es gibt jedoch einen Weg, der den **Vorsteuerabzug rettet**[2]: Auch diese Betriebsausgaben werden – aufgeschlüsselt nach Partnern – dort verbucht, wo sie hingehören, nämlich in der Sozietät. Denn auch Pkw, Büroausstattung, Bewirtungs- und Reisekosten gehören zur Sozietätsarbeit und den eigentlichen Sozietätsausgaben. Damit ist der Vorsteuerabzug gesichert. Im Rahmen der Gewinnermittlung werden die Ausgaben sodann als „**Kosten-Vorab**" den einzelnen Partnern zugerechnet. Auf diese Weise ist sichergestellt, dass der Aufwand im Ergebnis nur den Partner belastet, der dafür verantwortlich ist.

Derartige Regeln müssen auf die **individuellen Bedingungen** der Sozietät zugeschnitten sein. Es kann z.B. unbillig sein, die laufenden Pkw-Kosten aus dem allgemeinen Gewinnverteilungsschlüssel herauszunehmen, wenn ein Partner für die Sozietät viel, der andere wenig fährt. Hier bietet sich an, nur die AfA auf die Pkws gesondert zu behandeln.

921 Problematisch kann ferner der Vorsteuerabzug bei der **überörtlichen Sozietät** sein:

Zwischen den Sozietätsmitgliedern und den Sozietäten, die sich überörtlich zusammengeschlossen haben, gibt es oftmals **komplizierte Abrechnungs- und Gewinnverteilungssysteme**. Umsatzsteuerlich sind dies irrelevante Vorgänge; denn die örtlichen Sozietätsmitglieder und Alt(innen)sozietäten treten der überörtlichen Sozietät gegenüber nicht als Unternehmer auf. Bei dem gesamten Zahlungs- und Abrechnungsverkehr unter den Partnern han-

---

1 BFH v. 23. 5. 1991 – V R 1/88, BFH/NV 1991, 846.

2 *Streck/Schwedhelm*, AnwBl. 1987, 262; *Korn*, StbKongrRep. 1985, 305, 326.

delt es sich um Abrechnungen unter Gesellschaftern, d.h. umsatzsteuerrechtlich liegen sog. **Innenumsätze** vor. Soweit bei dem Abrechnungsverkehr unter den Gesellschaftern Umsatzsteuer offen in Rechnung gestellt wird, wird diese nach § 14c UStG geschuldet. Der Rechnungsempfänger hat keinen Anspruch auf Vorsteuerabzug.

Allein Rechnungen, die die überörtliche Sozietät dem **Mandanten** erteilt, berechtigen diesen zum Vorsteuerabzug. Allein Abrechnungspapiere, die ordnungsgemäß auf die überörtliche Sozietät ausgestellt sind, eröffnen dieser den Vorsteuerabzug.

Der **Übergang** von der **örtlichen** zur **überörtlichen Sozietät** bringt aus umsatzsteuerlicher Sicht nicht selten weitere praktische Schwierigkeiten mit sich: Die Lieferanten haben die bisherigen Sozietäten gespeichert. Damit der neugebildeten überörtlichen Sozietät nicht aufgrund förmlicher Mängel der Vorsteuerabzug verloren geht, muss mit einer gewissen Radikalität dafür gesorgt werden, dass die Vor-Rechnungen den richtigen Leistungsempfänger bezeichnen. Umgekehrt darf den Mandanten gegenüber nur noch mit den Rechnungen der neuen überörtlichen Sozietät gearbeitet werden, um ihnen ggf. den Vorsteuerabzug zu vermitteln. 922

d) Sozietät und Sozien

Gesellschafterbeiträge des Partners an die Gesellschaft (Sozietät) sind nichtsteuerbar[1]. Darunter fallen z.B. Anwaltstätigkeiten der Sozien für die Sozietät oder die Überlassung eines Wirtschaftsguts durch einen Sozius an die Sozietät gegen Gewinnvoraus[2]. Kein gesellschaftsrechtlicher Beitrag, sondern eine steuerbare Leistung gegen Entgelt ist gegeben, wenn der Sozius der Sozietät ein Wirtschaftsgut gegen gewinnunabhängiges Entgelt vermietet. 923

Üben die Partner der Sozietät **Nebentätigkeiten** als eigene Tätigkeiten aus, können Umsatzsteuerbelastungen für die Sozietät entstehen, wenn die Partner für ihre Nebentätigkeit die Sozietätsorganisation (Büroräume, Pkw, Fachliteratur, EDV, Kopierer, Telefon, Mitarbeiterleistungen) beanspruchen. Umsatzsteuerrechtlich ist, wenn kein Entgelt berechnet wird, darin eine **unentgeltliche Wertabgabe** aus dem Unternehmen zu sehen (§ 3 Abs. 1b und Abs. 9a UStG)[3]. Dadurch entsteht Umsatzsteuer auf Selbstkosten ohne Vorsteuerabzugsmöglichkeit im unternehmerischen Bereich des Sozius. 924

Berechnet die Gesellschaft **Kostenumlagen**, unterliegt sie damit zwar der Umsatzsteuer, kann diese aber offen an die Partner ausweisen, die ggf. den Vorsteuerabzug in Anspruch nehmen können. Dieselbe Wirkung tritt bei Teilentgeltlichkeit ein: Das etwaige Mindestentgelt nach § 10 Abs. 5 Nr. 1 UStG und die darauf entfallende Umsatzsteuer ist nach § 14 Abs. 4 Satz 2 UStG offen ausweisbar. 925

---

1 BFH v. 18. 3. 1988 – V R 178/83, BStBl. 1988 II, 646.
2 *Reiß*, UR 1988, 298.
3 Vgl. BFH v. 3. 11. 1983 – V R 4/73, BStBl. 1984 II, 169; BFH v. 18. 5. 1993 – V R 134/89, BStBl. 1993 II, 885.

926 **Klare Zuordnungs-** und **Kostenregelungen** sind also auch im Bereich der Nebentätigkeiten unverzichtbar. Aus umsatzsteuerrechtlicher Sicht ist anzuraten, völlig unentgeltliche Leistungen zwischen der Sozietät und ihren Mitgliedern zu vermeiden. Zumindest sollten **Kostenumlagen** vereinbart werden, die den Vorsteuerabzug gemäß § 14 UStG ermöglichen[1]. Empfehlenswert kann auch eine Generalklausel sein, derzufolge die Sozietät für die Inanspruchnahme ihrer Organisation generell Selbstkosten erhebt. Nachträglich aufgedeckte Fälle lassen sich dann ohne Verstoß gegen das Rückwirkungsverbot nachberechnen.

e) Umsatzsteuer bei besonderen Vorfällen

927 Einen besonderen Stellenwert nehmen aus der Sicht der Anwaltssozietät die gesellschaftsrechtlichen Grundsachverhalte ein. Die umsatzsteuerliche Behandlung von **Gründung** und **Auflösung, Beitritt** und **Austritt** ist von der Vorstellung geprägt, dass insoweit tauschähnliche Umsätze vorliegen.

928 Die **Bargründung** der Anwaltssozietät erfolgt durch Bareinlage des beitretenden Sozius gegen einen Anteil an der Sozietät. Die bloße Geldzahlung stellt keine Leistung i.S.d. UStG dar. Die Anteilsübertragung ist nach Ansicht der Finanzverwaltung eine steuerbare, aber nach § 4 Nr. 8f UStG steuerbefreite Leistung.

929 Tritt ein Anwalt einer Sozietät bei und bringt er aus diesem Anlass einzelne zuvor beruflich genutzte Wirtschaftsgüter in die Sozietät ein – **Sachgründung** –, liegt eine umsatzsteuerbare Leistung vor, weil die Übertragung aus dem bisherigen Einzelunternehmen erfolgt[2]. Bei unentgeltlicher Entnahme der Wirtschaftsgüter durch den Einlegenden kann der Tatbestand des § 3 Abs. 1b UStG gegeben sein. Der Einlegende ist umsatzsteuerpflichtig. Bei der Sozietät ist ein Vorsteuerabzug nicht möglich. § 1 Abs. 1a UStG erfasst nicht die Einlage einzelner Wirtschaftsgüter. Die Einlage kann jedoch als entgeltliche Lieferung steuerbar sein, wenn sie gegen „Sonderentgelt" ausgeführt wird. Sie ermöglicht dann den Vorsteuerabzug der Sozietät bei entsprechender Rechnungserteilung.

930 Seit dem 1. 1. 1994 unterliegen die Umsätze im Rahmen einer **Geschäftsveräußerung** an einen anderen Unternehmer für dessen Unternehmen nicht mehr der Umsatzsteuer, sondern sind gemäß § 1 Abs. 1a UStG nichtsteuerbar. Infolge der Neuregelung sind alle Sachgründungen durch **Praxiseinbringung, Umwandlung** oder **Fusion** nichtsteuerbar.

931 Das **Ausscheiden eines Sozius** ist dann ein steuerbarer Umsatz, wenn er seine Gesellschaftsrechte gegen Entgelt im Rahmen seines Unternehmens an die Sozietät zurückgibt. Als Entgelt ist der Anspruch eines Sozius auf Zahlung einer Abfindung bzw. eines Auseinandersetzungsguthabens anzusehen.

932 Bei Vereinbarung einer **Übernahme des Sozietätsvermögens** ohne Liquidation durch einen Sozius bei gleichzeitigem Ausscheiden der übrigen Sozien

1 *Korn*, Freiberufler-Personengesellschaften, Rz. 90ff.
2 Vgl. BFH v. 8. 11. 1996 – XI R 63/94, BStBl. 1996 II, 114.

liegt zwischen dem Partner-Anwalt und der Sozietät kein steuerbarer Umsatz vor. Das Sozietätsvermögen ist durch Anwachsung im Rahmen der Gesamtrechtsnachfolge in einem Akt Alleinvermögen des übernehmenden Sozius geworden[1].

Einen umsatzsteuerlichen Sonderfall stellt ferner die Behandlung von **Scheinsozietäten** und **Scheinsozien** dar. 933

Eine **Scheinsozietät** liegt vor, wenn ein Angestellter oder freier Mitarbeiter in den Briefkopf der Sozietät aufgenommen wird, ohne dass er tatsächlich Gesellschafter ist. Es wird ein Anschein erweckt, der sachlich nicht zutrifft. Der Scheinsozius, der durch Briefbögen, Stempel usw. den Eindruck eines Partners einer Sozietät erweckt, muss sich zivilrechtlich an dem gesetzten **Rechtsschein** festhalten lassen[2].

Umsatzsteuerlich stellt sich zunächst die Frage, ob die **Scheinsozietät Unternehmer** i.S.d. UStG ist. Die Antwort muss differenzieren: 934

Ist der Scheinsozius **Arbeitnehmer**, so ist er nicht der Sozietät im umsatzsteuerlichen Sinn zuzuordnen. Zwar ist im Umsatzsteuerrecht mehr als in anderen Teilbereichen des Steuerrechts das Auftreten nach außen entscheidend. Die Frage der Selbständigkeit i.S.d. § 2 Abs. 2 UStG bestimmt sich jedoch nach dem Innenverhältnis. Die Unselbständigkeit des Arbeitnehmers schließt die Teilhabe am umsatzsteuerlichen Unternehmen aus[3].

Liegt eine Scheinsozietät mit einem **freien Mitarbeiter** vor, so lässt sich die Frage nach dem Unternehmer nicht so klar beantworten. Auch der freie Mitarbeiter ist selbständig tätig. Es ist durchaus denkbar, dass er zur Sozietät im umsatzsteuerlichen Sinn zu rechnen ist; ist die Selbständigkeit gegeben, rückt das Auftreten nach außen in den Vordergrund. Hier können Sozietät und freier Mitarbeiter ein einheitliches umsatzsteuerliches Unternehmen bilden[4]. Denkbar ist jedoch auch, dass das Finanzamt den freien Mitarbeiter von der Sozietät abtrennt, weil die gesellschaftsrechtliche Beziehung gerade nicht gewollt ist. 935

Gehört der Arbeitnehmer oder freie Mitarbeiter nicht zur Sozietät im umsatzsteuerlichen Sinn, arbeitet die Sozietät, sofern sie auch auf den Rechnungen als Scheinsozietät auftritt, bei puristischer Betrachtung mit einem falschen Abrechnungspapier, denn der leistende Unternehmer ist nicht zutreffend bezeichnet. Außerdem rechnet sie über ein Leistungsverhältnis ab, das nicht zu ihr bestand. Dies könnte den **Vorsteuerabzug** des **Leistungsempfängers**, demgegenüber mit einer so beschaffenen Gebührenrechnung abgerechnet wird, in Frage stellen. 936

Entsprechend ist umgekehrt der **Vorsteuerabzug** der **Scheinsozietät** gefährdet. Da sich die Rechnungen an die Scheinsozietät nicht in dem tatsäch- 937

1 BFH v. 18. 9. 1980 – V R 175/74, BStBl. 1981 II, 293.
2 BGH NJW 1990, 827; BGH WM 1991, 743; BGH NJW 1994, 257.
3 BFH v. 15. 7. 1987 – X R 19/80, BStBl. 1987 II, 746.
4 Vgl. FG Hamburg v. 15. 1. 1981 – VI 204/78, EFG 1981, 534 – gemeinsames Auftreten einer Anwaltssozietät und eines Fachanwalts für Steuerrecht.

lichen Leistungsverhältnis bewegen – die berechnete Leistung muss gerade an die Unternehmersozietät erfolgen[1] – und sie zudem einen falschen Leistungsempfänger ausweisen, legt dies die Schlussfolgerung nahe, dass wegen Verstoßes gegen § 14 Abs. 1 Nr. 2 UStG auch die Bedingungen des Vorsteuerabzugs bei der Scheinsozietät nicht erfüllt sind[2]. Zwar nimmt der BFH[3] an Scheinfirmen und Scheinnamen keinen Anstoß, wenn „die sonstigen Angaben im Abrechnungspapier eine eindeutige und leicht nachprüfbare Feststellung des Lieferanten erlauben". Ob diese Rechtsprechung weiterhilft, ist zweifelhaft. Die Finanzverwaltung[4] fordert im Hinblick auf diese Entscheidung, dass sich der Leistende tatsächlich eindeutig und leicht nachprüfbar aus den Rechnungen ergeben müsse. Die Aufnahme eines Scheinsozius verdeckt aber gerade, wer tatsächlich Unternehmer ist.

938 Vor einiger Zeit hat die Finanzverwaltung[5] in einem Erlass, der im Einvernehmen mit dem BMF und den oberen Finanzbehörden der Länder ergangen ist, zu dem angesprochenen Problemkreis erstmalig Stellung bezogen und die dargestellten Zweifel **zugunsten der Sozietät** beiseite geschoben. Da die Aufnahme von Angestellten dem **Berufsrecht** der Rechtsanwälte und Steuerberater entspreche, seien Bedenken hinsichtlich des Vorsteuerabzugs aus den Gebührenrechnungen der Scheinsozietät nicht angebracht. Gleiches gilt dann für Rechnungen an die Scheinsozietät; die anzuwendenden Maßstäbe sind hier keine anderen.

939 Nicht nur im Außenverhältnis, d.h. auf der Ebene der (Schein-)Sozietät, sondern auch im Innenverhältnis, mithin auf der Ebene **Scheinsozietät – Scheinsozius** ist für umsatzsteuerliche Zwecke nach den internen Rechtsbeziehungen genau zu unterscheiden:

- Verhältnis Sozietät – Scheinsozius, wenn dieser **Arbeitnehmer** ist: Der Arbeitnehmer ist kein umsatzsteuerlicher Unternehmer[6]. Er wird i.d.R. seinen Lohn auch nicht mit offenem Umsatzsteuerausweis abrechnen.
- Verhältnis Sozietät – Scheinsozius, der **freier Mitarbeiter** und **nicht** Mitglied der Unternehmersozietät ist: Hier berechnet der freie Mitarbeiter der Sozietät sein Honorar. Soweit sich die Rechnung an die Scheinsozietät richtet, dürften sich unter Zugrundelegung der Verwaltungsauffassung (Rz. 938) hinsichtlich des Vorsteuerabzugs der Sozietät keine Probleme ergeben.
- Verhältnis Sozietät – Scheinsozius, der **freier Mitarbeiter** und **Mitglied** der Unternehmersozietät ist: Hier gibt es keine umsatzsteuerliche Leistungsbeziehung zwischen dem Scheinsozius und der Scheinsozietät[7]. Ein Vor-

1 *Stadie*, Das Recht des Vorsteuerabzugs, 1989, S. 70f.
2 *Streck/Mack*, Stbg. 1997, 440, 450.
3 BFH v. 7. 10. 1987 – X R 60/82, BStBl. 1988 II, 34.
4 Abschn. 192 Abs. 15 UStR.
5 OFD Erfurt v. 26. 11. 1997, DStR 1998, 34. S. auch OFD Hannover v. 17. 11. 1998, DStR 1999, 200.
6 So auch OFD Hannover v. 17. 11. 1998, DStR 1999, 200.
7 FG Hamburg v. 15. 1. 1981 – VI 204/78, EFG 1981, 534.

steuerabzug der Sozietät kommt nicht in Betracht. Etwa in Rechnung gestellte Umsatzsteuer unterliegt § 14c UStG.

- Verhältnis Sozietät – Scheinsozius, der **Schein-Freier-Mitarbeiter**, in Wirklichkeit Arbeitnehmer ist: Stellt der Arbeitnehmer in einem vermeintlich freien Mitarbeiterverhältnis der Sozietät die Umsatzsteuer in Rechnung, weist er nach § 14c UStG unberechtigt Umsatzsteuer aus, die er auf jeden Fall schuldet. Die Tatsache der unberechtigt ausgewiesenen Umsatzsteuer hindert den Vorsteuerabzug bei der Sozietät.

f) Verfahrensfragen

Die Anwaltssozietät ist in ihrer Eigenschaft als umsatzsteuerlicher Unternehmer verpflichtet, nach Maßgabe des § 18 UStG Umsatzsteuererklärungen abzugeben. Hierbei handelt es sich zum einen um die monatlichen **Umsatzsteuervoranmeldungen**, die bis zum 10. des Folgemonats für alle Umsätze des Vormonats abzugeben sind, zum anderen um die bis zum 31. 5. des Folgejahres zu erstellenden **Umsatzsteuerjahreserklärungen**. 940

Bei **geringen Umsätzen** kann auch das **Kalendervierteljahr** der Voranmeldungszeitraum sein oder die **Pflicht** zu **Voranmeldungen** ganz **entfallen** (Einzelheiten § 18 UStG). 941

Fristverlängerungen sind möglich. So kann hinsichtlich der Umsatzsteuervoranmeldungen **Dauerfristverlängerung** (§§ 46 ff. UStDV) gewährt werden. 942

6. Sozietät als Arbeitgeber; Lohnsteuerpflicht

Die Anwaltssozietät kann **Arbeitgeber** im lohnsteuerlichen Sinne sein[1]. Beschäftigt die Anwaltssozietät Arbeitnehmer, trifft sie alle Rechte und Pflichten eines Arbeitgebers im Lohnsteuerabzugsverfahren. Insbesondere hat sie für diese die Lohnsteuer zu errechnen, anzumelden und abzuführen. 943

Haftungsbescheide (§ 42d EStG) sowie **Pauschalierungsbescheide** (§ 40 EStG) sind folglich nicht an die Sozien, sondern an die **Sozietät** zu richten. An der gesamtschuldnerischen Haftung der Sozien für diese Steuerschulden ändert das freilich nichts, §§ 705, 426 BGB. 944

Die Lohnsteuer wird nach dem **Arbeitslohn** bemessen. Zum Arbeitslohn zählen alle Einnahmen in Geld oder Geldeswert, die dem Arbeitnehmer im Rahmen des Dienstverhältnisses zufließen (§§ 19 Abs. 1 Nr. 1, 8 Abs. 1 EStG). 945

7. Erbschaft- und Schenkungsteuer

Der **vererbte Anteil** an der Sozietät unterliegt der Erbschaftsteuer. Das Gleiche gilt für die **Schenkung** im Falle der **vorweggenommenen Erbfolge**[2]. 946

---

1 BFH v. 17. 2. 1995 – VI R 41/92, BStBl. 1995 II, 390.

2 § 7 Abs. 1 Nr. 1 ErbStG ist anwendbar, BFH v. 1. 7. 1992 – II R 70/88, BStBl. 1992 II, 921; BFH v. 1. 7. 1992 – II R 108/88, BStBl. 1992 II, 923.

947 Wenn die Tochter oder der Sohn in die väterliche/mütterliche Praxis aufgenommen wird, und zwar erst **ohne Beteiligung** am Praxiswert, und in die vermögensmäßige Beteiligung langsam **hineinwächst**, so liegt kein schenkungsteuerlicher Vorgang vor. Tochter oder Sohn erwerben den Anteil durch ihre Leistung; der Erwerb wird einkommensteuerlich erfasst.

948 Scheiden im Todesfall die Erben aus, unterliegt der **Abfindungsanspruch** der Erbschaftsteuer.

949 War der Freiberufler an einer **Anwalts-** oder **Steuerberatungs-GmbH** beteiligt, unterliegt dieser **Anteil** im Todes- oder Schenkungsfall der Erbschaftsteuer.

950 Die **Bewertung** des **Abfindungsanspruchs** erfolgt mit dem **Nennwert** (§ 12 Abs. 1 ErbStG, § 12 Abs. 1 BewG).

Die Bewertung des **Gesellschaftsanteils** an der **Sozietät** erfolgt nach den Regeln der Bewertung von **Beteiligungen** an **Personengesellschaften.**

Die Bewertung der Beteiligung an einer **Anwalts-** oder **Steuerberatungs-GmbH** erfolgt nach den Bewertungsregeln für **Kapitalgesellschaften**.

951 Die Bewertungen für Personen- und Kapitalgesellschaften wiesen **bis zum 31. 12. 2008 gravierende Unterschiede** auf.

Anteile an **Kapitalgesellschaften**: Es galt der gemeine Wert (§ 11 BewG, § 12 Abs. 2 ErbStG), der bei GmbHs nach dem sog. Stuttgarter Verfahren ermittelt wird (Abschn. R 95ff. ErbStR).

Anteile an **Personengesellschaften**: Es galt der Bilanzwert („Buchwert"); nur Grundstücke werden mit einem eigenen Grundbesitzwert angesetzt (§ 109 BewG, § 12 Abs. 5 ErbStG).

952 Der Ansatz der Steuerbilanz heißt, dass, sieht man von den Immobilien ab, **stille Reserven** und **Firmenwert/Praxiswert** bei Erbschaft-und Schenkungsteuervorgängen die Sozietät betreffend **nicht** erfasst werden.

953 Die Erbschaftsteuerreform zum **1.1.2009** beseitigt diese unterschiedliche Bewertung. Personengesellschaften (also auch Sozietäten) werden wie Kapitalgesellschaften nach dem **Ertragswertverfahren**, evtl. nach einem vereinfachten Ertragswertverfahren bewertet (§§ 12 ErbStG, 11, 109, 199f. BewG). Stille Reserven und ein Praxiswert können erfasst werden.

954 Die Bewertung erfolgt **verfahrensmäßig** für jeden Erbschaft- und Schenkungsteuerfall gesondert im Rahmen der Erbschaft- oder Schenkungsbesteuerung. Für das Betriebsvermögen werden die Werte **gesondert** festgestellt (§ 157 Abs. 5 BewG). Das Gleiche gilt für Grundbesitzwerte (§ 157 Abs. 1 BewG).

955 Der Anteil an einer Sozietät, nicht ein Abfindungsanspruch, wird nach **§§ 13a, 13b ErbStG** begünstigt.

956 Neben den Vorteilen der §§13a, 13b ErbStG **begrenzt § 19a ErbStG** den Erwerb von Betriebsvermögen durch Personen der Steuerklasse II und III dahingehend, dass letztlich die **Steuerklasse I** anzuwenden ist.

Die Vergünstigungen der §§ 13a, 13b, 19a ErbStG gelten auch für **Anteile** an einer **Anwalts-** oder **Steuerberatungs-GmbH**, sofern der Anteil 25 % übersteigt (§ 13b Abs. 1, § 19a Abs. 2 ErbStG). 957

Hinweis zu den **Sozietätsverträgen**: Soweit diese noch auf altes Erbschaftsteuerrecht Bezug nehmen, müssen diese dringend angepasst werden. 958

8. Steuerinteressen des Mandanten

Die anwaltliche Arbeit der Sozietät wird auch bestimmt von den **Steuerinteressen** des **Mandanten.** 959

Bei einem **steuerlichen Mandat** werden sie zum unmittelbaren Gegenstand des Auftrags.

Bei anderen Mandaten kann die **Mitberücksichtigung** der Steuerinteressen geboten sein. Inwieweit das der Fall ist, wird insbesondere im Haftpflichtrecht geprüft.

Für den Mandanten ist es schließlich von Bedeutung, ob die in Rechnung gestellten **Honorare ertragsteuerlich abzugsfähig** sind oder nicht. Maßgebend ist der Gegenstand des Mandats. Es gibt eindeutige im Steuersinn „private" Mandatsinhalte, die regelmäßig nicht zur steuerlichen Abzugsfähigkeit führen (Testamentsberatung, familienrechtliche Beratung), andere sind so unmittelbar mit einer Einkunftsquelle verknüpft, dass die Abzugsfähigkeit sicher gegeben ist (Unternehmensberatung). Der Leistungsgegenstand ist richtig anzugeben. Wird er um der Abzugsfähigkeit willen falsch bezeichnet, kann Steuerhinterziehung vorliegen. 960

Vermischen sich in einem Mandat Beratungsgegenstände, die sowohl zur steuerlichen Abzugsfähigkeit wie auch zur nicht steuerlichen Abzugsfähigkeit führen, so sollte die Sozietät mehrere Rechnungen ausstellen. Beispiel: Beratung über letztwillige Verfügung einerseits und Unternehmensnachfolge andererseits. Beratung im Steuerfahndungsverfahren (Steuerrecht einerseits – falls Betriebsausgaben oder Werbungskosten –, Strafverteidigung andererseits). Die Aufteilung durch den Anwalt hat die Vermutung der Richtigkeit für sich[1]. Wird hier nicht aufgeteilt, so nimmt später ein Betriebsprüfer mit Sicherheit eine Aufteilung vor, die dem Mandanten ungünstiger ist[2]. 961

9. Steuerverfahren

a) Veranlagung; Gewinnfeststellung

Zur steuerlichen Behandlung der Rechtsanwaltssozietät finden sich im Steuerrecht keine eigenständigen Vorschriften. Die Besteuerung der Anwaltssozietät als Personengesellschaft in der Organisationsform der Gesellschaft bürgerlichen Rechts bzw. der Partnerschaft richtet sich nach den Regelungen für **Personengesellschaften**. 962

1 BFH v. 30. 4. 1965 – VI 207/62 S, BStBl. 1965 III, 410.
2 Zur Schätzungsmöglichkeit BFH v. 31. 7. 1985 – VIII R 345/82, BStBl. 1986 II, 139.

963 Die Rechtsanwaltssozietät ist wie jede andere Gesellschaft bürgerlichen Rechts **steuerverfahrensrechtlich** weitgehend **verselbständigt**. Dies ist selbstverständlich dort, wo die Sozietät nach den Steuergesetzen selbst Steuerschuldnerin ist (und Steuererklärungen abgeben muss), wie dies bei der **Umsatzsteuer**, der **Lohnsteuer**, der **Grunderwerbsteuer** oder, soweit sie relevant wird, bei der **Gewerbesteuer** der Fall ist. Im Bereich der **Einkommensteuer** ist Steuersubjekt dagegen der einzelne Sozius; jedoch ist die Sozietät hier partiell steuerrechtsfähig insoweit, als sie eigenständiges Subjekt der Gewinnermittlung ist[1].

964 Einen Schwerpunkt der Veranlagung der Rechtsanwaltssozietät bildet das Verfahren der **gesonderten Gewinnfeststellung** (begrifflich korrekt muss es heißen: gesonderte Feststellung von Besteuerungsgrundlagen, hier: von einkommensteuerpflichtigen Einkünften). Die Gewinne der Rechtsanwaltssozietät sind gemäß §§ 179, 180 Abs. 1 Nr. 2a AO durch besonderen Feststellungsbescheid, der Grundlagenbescheid (§ 182 Abs. 1 AO) für die Einkommensteuerveranlagung der Gesellschafter ist, verbindlich festzustellen.

965 Der **Umfang** der materiellen **Feststellungen**, die im Gewinnfeststellungsbescheid mit Wirkung für und gegen die Gesellschafter getroffen werden, ist weitreichend. Im Gewinnfeststellungsbescheid wird entschieden, wer an den gemeinschaftlich erzielten Einkünften beteiligt, wie hoch der Gesamtgewinn ist und in welcher Höhe ein Gewinnanteil auf den einzelnen Gesellschafter entfällt. Im Gewinnfeststellungsbescheid sind darüber hinaus auch die mit den einkommensteuerpflichtigen Einkünften in Zusammenhang stehenden anderen Besteuerungsgrundlagen festzustellen.

966 Im Feststellungsbescheid ist in **persönlicher Hinsicht** zunächst darüber zu befinden, wer an den gemeinschaftlich erzielten Einkünften partizipiert. Ein Feststellungsbescheid kann in besonders gelagerten Fällen auch den Inhalt haben, dass eine bestimmte Person nicht Mitunternehmer ist, dafür aber eine andere Person als Mitunternehmer anzusehen ist, die (vordergründig) nicht Partei des Gesellschaftsvertrags ist[2]. Die Frage tritt regelmäßig auf im Verhältnis **Scheinsozietät – Scheinsozius**.

967 In sachlicher Hinsicht gehören zu den im Rahmen der Sozietät oder Partnerschaft zu erfassenden Einkünften alle **gemeinschaftlich erzielten** Gewinne (oder Verluste).

968 Zu den freiberuflichen Gewinnanteilen aus der Mitunternehmerschaft rechnen weiter gemäß § 18 Abs. 4 EStG i.V.m. § 15 Abs. 1 Satz 1 Nr. 2 EStG alle **Sondervergütungen**, die die Sozietät einem Partner für die Tätigkeit im Dienste der Gesellschaft oder für die Hingabe von Darlehen oder für die Überlassung von Wirtschaftsgütern gezahlt hat.

969 Nicht in die Gewinnermittlung der Sozietät fallen dagegen Einkünfte, die ein an der Sozietät beteiligter Gesellschafter **außerhalb der Sozietät** in einer von

1 BFH v. 26. 5. 1994 – IV R 34/92, BStBl. 1994 II, 891.
2 Vgl. BFH v. 2. 2. 1989 – IV R 69/88, BFH/NV 1990, 343.

ihm allein betriebenen Praxis erzielt, in der er auf eigene Rechnung und Gefahr tätig wird[1].

970 Das Gewinnfeststellungsverfahren erstreckt sich des Weiteren auf solche Besteuerungsgrundlagen, die zwar nur einen Gesellschafter betreffen, aber in untrennbarem Zusammenhang mit den gemeinschaftlich erzielten Einkünften stehen. **Sonderbetriebseinnahmen** und **-ausgaben** eines Sozius sind folglich in die Gewinnfeststellung einzubeziehen[2].

971 Werden **Sonderbetriebsausgaben**, z.B. Darlehenszinsen für ein Darlehen des neuen Sozius, das für den Erwerb des Sozietätsanteils aufgenommen wurde, im Gewinnfeststellungsbescheid nicht erfasst, können die Aufwendungen später bei der Einkommensteuer-Veranlagung nicht nachgeschoben werden. Der Grundlagenbescheid entfaltet insoweit Bindungswirkung[3].

972 Im Feststellungsverfahren ist ferner festzustellen, ob und in welchem Umfang in den Einkünften **Veräußerungsgewinne**, d.h. **steuerbegünstigte Gewinne** i.S.v. § 34 EStG enthalten sind[4]. Dazu gehört auch ein Gewinn aus der Veräußerung oder Aufgabe eines Mitunternehmeranteils an einer freiberuflichen Praxis, der entsteht, wenn ein Sozius aus der Praxis ausscheidet[5]. Um die Frage der Tarifbegünstigung des Veräußerungsgewinns muss mithin im Feststellungsverfahren **gestritten** werden[6].

973 Im Feststellungsbescheid der Sozietät ist schließlich über die **Verteilung** des Gewinns (bzw. des Verlusts) auf die Feststellungsbeteiligten zu entscheiden. Die steuerrechtliche Gewinnverteilung folgt i.d.R. den getroffenen und durchgeführten **gesellschaftsvertraglichen Vereinbarungen**.

974 Gewinnverteilungsabreden der Sozien werden bisweilen **geändert**, vor allem bei Ausscheiden eines Partners oder Eintritt eines neuen Sozius. Insoweit ist zu beachten, dass Änderungen mit steuerlicher Wirksamkeit nur für die Zukunft möglich sind, nicht rückwirkend, und zwar auch nicht innerhalb eines und beschränkt auf das laufende Wirtschaftsjahr[7]. Tritt das Ereignis, das die Änderung der Gewinnverteilung auslöst, im Laufe des Jahres ein, ist zum Zwecke der steuerlichen Zurechnung das Jahr in zwei Zeitabschnitte auf-

1 Zur Abgrenzung von wissenschaftlichen Einkünften, die der Sozietät, und solchen, die dem Sozius zuzurechnen sind, s. BFH v. 11. 7. 1985 – IV R 61/83, BStBl. 1985 II, 577; in der Praxis folgt das Finanzamt i.d.R. den Erklärungen der Sozietät und der Sozien.

2 BFH v. 11. 9. 1991 – XI R 35/90, BStBl. 1992 II, 4; BFH v. 27. 10. 1989 – III R 38/88, BFH/NV 1990, 369.

3 BFH v. 3. 12. 1991 – VIII R 64/87, BFH/NV 1992, 515.

4 BFH v. 26. 11. 1975 – I R 44/74, BStBl. 1976 II, 304; BFH v. 27. 6. 1978 – VIII R 155/75, BStBl. 1978 II, 637; BFH v. 21. 2. 1991 – IV R 93/89, BStBl. 1991 II, 455; BFH v. 8. 2. 1995 – I R 17/94, BStBl. 1995 II, 692; BFH v. 23. 1. 1991 – I B 35/90, BFH/NV 1992, 108.

5 BFH v. 29. 4. 1993 – IV R 107/92, BStBl. 1993 II, 666.

6 BFH v. 10. 7. 1986 – IV R 12/81, BStBl. 1986 II, 811; a.A. *Kaiser/Bellstedt*, Rz. 471.

7 BFH v. 12. 6. 1980 – IV R 40/77, BStBl. 1980 II, 723; BFH v. 7. 7. 1983 – IV R 209/80, BStBl. 1984 II, 53; BFH v. 17. 3. 1987 – VIII R 293/82, BStBl. 1987 II, 558.

zuteilen; die alte Gewinnverteilungsabrede gilt für den Zeitraum bis zum Eintritt des Ereignisses, die neue für den restlichen Zeitraum des Jahres.

975 **Adressat** von Steuerbescheiden oder anderen Steuerverwaltungsakten ist die Sozietät, soweit sie Steuerschuldnerin bzw. Steuerpflichtige ist.

976 Bei einer Sozietät kann das Finanzamt, falls kein gemeinsamer **Empfangsbevollmächtigter** bestellt worden ist, **Feststellungsbescheide** einem der Partner als Empfangsbevollmächtigtem i.S.d. § 183 Abs. 1 Satz 2 AO bekanntgeben[1]. Auf die gesetzliche Regelung des § 183 AO wird im Übrigen verwiesen.

b) Einspruchsverfahren

977 Die an die Sozietät gerichteten Steuerbescheide werden **bestandskräftig**, wenn sie nicht angefochten werden.

Der Gewinnfeststellungsbescheid erwächst selbständig in Bestands- bzw. Rechtskraft und muss deshalb **angefochten** werden, wenn er fehlerhaft ist. **Einwendungen** gegen die Feststellungen des Grundlagenbescheids müssen gegenüber dem zuständigen Tätigkeitsfinanzamt (§ 18 Abs. 1 Nr. 3 AO) erhoben werden. Bei der Einkommensteuer-Veranlagung des einzelnen Sozietätsmitglieds kann die Unrichtigkeit der Feststellung nicht mehr geltend gemacht werden (§ 351 AO).

978 Einwendungen gegen die Steuerfestsetzung oder den Feststellungsbescheid sind mittels **Einspruch** (§ 347 AO) geltend zu machen. Durch den Einspruch wird das Einspruchsverfahren eingeleitet, das das Finanzamt gemäß § 367 Abs. 2 Satz 1 AO zu einer Vollüberprüfung der getroffenen Verwaltungsentscheidung in tatsächlicher wie auch in rechtlicher Hinsicht verpflichtet.

979 Ist Steuerschuldner die Sozietät (Beispiel: USt), kann diese **Einspruch einlegen**.

980 Die Einspruchsbefugnis bei der **einheitlichen Feststellung** bestimmt sich nach § 352 AO. Die Vorschrift schränkt die Rechtsbehelfsbefugnis der Feststellungsbeteiligten ein, indem sie eine Art **Prozessstandschaft** der **geschäftsführenden Gesellschafter** normiert. Rechtsbehelfsbefugt ist hiernach im Regelfall allein der vertretungsberechtigte Gesellschafter und lediglich in bestimmten Ausnahmefällen jeder einzelne betroffene Gesellschafter.

c) Betriebsprüfung

981 Rechtsanwälte gehören als Freiberufler zu dem prüfungspflichtigen Personenkreis des § 193 Abs. 1 AO und unterliegen damit der Betriebsprüfung bzw. – im Sprachgebrauch der AO – der **Außenprüfung**. Die Außenprüfung dient der Ermittlung der steuerlichen Verhältnisse des Steuerpflichtigen anhand der von ihm geführten Bücher und Aufzeichnungen. Die verfahrensrechtliche Selbständigkeit der Rechtsanwaltssozietät kommt darin zum Ausdruck, dass sie selbst die formellen Verpflichtungen einer Außenprüfung zu erfüllen hat.

1 BFH v. 23. 7. 1988 – IV R 33/86, BStBl. 1988 II, 979.

Rechtliches Rückgrat der Außenprüfung bildet die schriftlich zu erteilende **Prüfungsanordnung** (§ 196 AO), die inhaltlich und zeitlich den Umfang der Prüfung festlegt und mit dem Einspruch angefochten werden kann. Die Rechtswidrigkeit der Prüfungsanordnung führt zu einem steuerlichen **Verwertungsverbot** nur dann, wenn sie erfolgreich angefochten wurde[1]. 982

Die Außenprüfung umfasst in der Regel die **drei letzten Jahre**, für die Steuererklärungen abgegeben sind (§ 4 Abs. 3 BpO). Etwas anderes gilt u.a., wenn mit nicht unerheblichen Steuernachforderungen zu rechnen ist oder der Verdacht einer Steuerstraftat vorliegt. Die Ausdehnung des regulären Prüfungszeitraums abweichend von § 4 Abs. 3 BpO erfordert eine mit Gründen zu versehende erweiterte Prüfungsanordnung[2]. Die Rechtsprechung räumt der Finanzverwaltung einen breiten Ermessensspielraum ein. 983

Ist die Sozietät **Großbetrieb** i.S.v. §§ 3, 32 BpO, so unterliegt sie der Anschlussprüfung. Die Finanzverwaltung prüft jedes Jahr, wenn sie dies auch in der Praxis häufig nicht durchhalten kann. 984

Neben der regulären Außenprüfung gibt es die **Sonderprüfungen**, die aus gegebenem Anlass spezielle Rechtsmaterien prüfen, z.B. Umsatzsteuer-Sonderprüfung oder Lohnsteuerprüfung. 985

Dem Berufsgeheimnis trug die Finanzverwaltung dadurch Rechnung, dass **Kontrollmitteilungen** (§ 194 Abs. 3 AO) nicht gefertigt werden sollten, soweit dem Berufsträger ein Auskunftsverweigerungsrecht zusteht und er hierauf nicht ausdrücklich verzichtet[3]. Die Neufassung der BpO 2000 verzichtet hierauf; materiell wird hierdurch das Auskunftsverweigerungsrecht des § 102 AO nicht eingeschränkt. 986

d) Auskunftsverweigerung; Anderkonten

Verteidiger, Rechtsanwälte, Patentanwälte oder Notare können nach § 102 Abs. 1 Nr. 3a AO über das, was ihnen in dieser Eigenschaft anvertraut oder bekanntgegeben ist, die **Auskunft verweigern**. Soweit das Auskunftsverweigerungsrecht reicht, darf auch die Vorlage von Urkunden verweigert werden (§ 104 AO). Das Auskunftsverweigerungsrecht erstreckt sich nach § 102 Abs. 2 AO auch auf die Gehilfen des Rechtsanwalts. 987

Das Auskunftsverweigerungsrecht entfällt, wenn der Rechtsanwalt als **Bevollmächtigter fremdes Vermögen verwaltet**; in diesem Fall ist der Rechtsanwalt nicht Auskunftsperson, sondern hat selbst die steuerlichen Pflichten des Auftraggebers zu erfüllen (§ 35 AO). Es entfällt ferner, wenn der Rechtsanwalt von seiner Verschwiegenheitspflicht **entbunden** wird (§ 102 Abs. 3 AO). 988

Auskunftsverweigerungsrecht und steuerliche Mitwirkungspflicht können **kollidieren**, z.B. mit der Nachweispflicht des Treuhänders, wenn es um die 989

1 BFH v. 27. 7. 1983 – I R 210/79, BStBl. 1984 II, 285; *Tipke/Kruse*, AO/FGO, § 196 AO Rz. 33 ff. (Oktober 2000), m.w.N.
2 BFH v. 10. 2. 1983 – IV R 104/79, BStBl. 1983 II, 286.
3 § 9 BpO a.F.; BFH v. 27. 11. 1996 – IV B 5/96, BFH/NV 1997, 274.

steuerliche Zurechnung von Rechten und Sachen geht. Grundsätzlich gebührt in diesen Fällen der Verschwiegenheitspflicht der Vorrang (§ 159 Abs. 2 AO), vorausgesetzt, es kann glaubhaft gemacht werden, dass es sich bei den festgestellten Vermögenswerten tatsächlich um Fremdvermögen handelt[1]. Bei steuerlich vorgeschriebenen **Angaben** auf **Belegen** oder **Aufzeichnungen** gibt die Rechtsprechung dieser Pflicht Vorrang[2].

990 Anwälte sind berechtigt, **Anderkonten** einzurichten. Bei einem Anderkonto handelt es sich um eine Unterart eines offenen Treuhandkontos, das der gesonderten Verwahrung von Mandantengeldern dient. Sind Gelder auf einem Anderkonto niedergelegt, besteht die – widerlegbare – Vermutung, dass es sich um Fremdgelder handelt. Auch hier gilt: Das Auskunftsverweigerungsrecht hat Vorrang, es sei denn, es besteht Anlass anzunehmen, dass Eigengelder, z.B. Honorare, über das Anderkonto abgewickelt werden[3].

Die Bank, die das Anderkonto führt, hat kein Auskunftsverweigerungsrecht; sie muss über alle Einzelheiten des Anderkontos Auskunft geben[4].

e) Steuerhaftung

991 Die **Steuerhaftung** begegnet dem einzelnen Sozietätsmitglied in zweierlei Gestalt: Zum einen als zivilrechtliches Einstehenmüssen für Verpflichtungen der Sozietät, mithin auch für solche aus dem Steuerschuldverhältnis, zum anderen als spezielle Haftung nach steuerlichen Vorschriften.

992 Die Mitglieder der Rechtsanwaltssozietät **haften** mit ihrem privaten Vermögen **gesamtschuldnerisch** gemäß §§ 421, 427, 714 BGB, § 128 HGB für Steuerschulden der Sozietät, z.B. für Umsatzsteuer[5], Grunderwerbsteuer[6], Lohnsteuer[7] und, soweit sie in Betracht kommt, auch für Gewerbesteuer[8]. Auch der Schein-Sozius haftet gesamtschuldnerisch[9].

993 Daneben tritt die unmittelbare Haftung des einzelnen Sozietätsmitglieds nach den **steuerlichen Vorschriften** (§§ 69 ff. AO), wenn z.B. der Sozius als Insolvenzverwalter oder Testamentsvollstrecker (= Vermögensverwalter i.S.d. §§ 34 Abs. 3, 69 AO) steuerliche Pflichten verletzt oder Steuern hinterzieht (§ 71 AO).

994 Die Haftungsinanspruchnahme erfolgt durch **Haftungsbescheid** nach § 191 AO. Die Finanzverwaltung muss vor Erlass eines Haftungsbescheids wegen einer Handlung i.S.d. § 69 AO, die ein Rechtsanwalt in Ausübung seines Be-

1 BFH v. 7. 3. 1989 – VIII R 355/82, BFH/NV 1989, 753.
2 BFH v. 26. 2. 2004 – IV R 50/01, BStBl. 2004 II, 502, betr. Bewirtungsbelege.
3 *Streck/Spatschek*, Die Steuerfahndung, 4. Aufl. 2006, Rz. 755.
4 Vgl. BVerfG v. 9. 10. 1989 – 2 BvR 1558/89, wistra 1990, 97; *Streck/Spatscheck*, a.a.O., Rz. 755.
5 BFH v. 27. 6. 1989 – VII R 100/86, BStBl. 1989 II, 952; BFH v. 9. 5. 2006 – VII R 50/05, BStBl. 2007 II, 600.
6 BFH v. 2. 2. 1994 – II R 7/91, BStBl. 1995 II, 300.
7 BFH v. 19. 1. 1988 – VII R 161/84, BFH/NV 1988, 615.
8 BFH v. 19. 1. 1988 – VII R 161/84, BFH/NV 1988, 615.
9 BFH v. 9. 5. 2006 – VII R 50/05, BStBl. 2007 II, 600.

rufs vorgenommen hat, der zuständigen Berufskammer gemäß § 191 Abs. 2 AO Gelegenheit zur Stellungnahme geben[1].

Die Haftung ist ein **gravierender Eingriff**, der nicht ungeprüft hingenommen werden sollte. Da gegen die Haftungsinanspruchnahme auf verschiedenen Ebenen Einwendungen möglich sind, ist die Erfolgsquote nirgendwo günstiger als bei Haftungsbescheiden[2]. 995

f) Finanzgerichte

Das **Klageverfahren** bezweckt die richterliche Überprüfung der Rechtmäßigkeit einer Steuerfestsetzung bzw. eines anderen steuerlichen Verwaltungsakts. Die Anrufung des Finanzgerichts setzt regelmäßig voraus, dass die Finanzbehörde zuvor mittels Einspruchsentscheidung ablehnend entschieden hat. In der Praxis dominiert die **Anfechtungsklage** gegen Steuerbescheide. 996

Der zeitliche Druck, in die die Klagefrist von einem Monat (§ 47 FGO) führt, erfordert nicht selten die unbedingte, aber **vorsorgliche Klageeinlegung**. Die Klageerhebung hindert den Eintritt der Bestandskraft, so dass nunmehr mit der gebotenen Ruhe und Gründlichkeit die Erfolgsaussichten geprüft werden können. Das Kostenrecht kommt dem entgegen: Bei einer Klagerücknahme entstehen geminderte Gerichtskosten. 997

Soweit die Anwaltssozietät selbst Steuerschuldnerin ist, ist sie unmittelbar klagebefugt, bei Feststellungsbescheiden regelt § 48 FGO, der § 352 AO entspricht, die **Klagebefugnis** (s.o. Rz. 980). 998

Im Klageverfahren besteht, auch schon vor der Klagebegründung, ein Recht auf **Akteneinsicht** in die den Steuerfall betreffenden Steuerakten (§ 78 FGO), das es im Einspruchsverfahren nicht gibt. 999

Im Klageverfahren kann das Finanzgericht **Ausschlussfristen** für die Angabe des Gegenstands des Klagebegehrens (§ 65 Abs. 2 FGO) oder die Angabe bestimmter Tatsachen oder Beweismittel (§ 79b FGO) mit der Folge der Präklusion setzen. Die Frist für die Vollmachtsvorlage hat für die beratenden Berufe an Bedeutung verloren, da ab 2001 die Bevollmächtigung nicht mehr von Amts wegen zu berücksichtigen ist (§ 62 Abs. 6 FGO). 1000

Kernstück des finanzgerichtlichen Verfahrens ist die mündliche Verhandlung, auf die die Beteiligten einen Anspruch haben. Auf die mündliche Verhandlung, die Gelegenheit bietet, den Streitstoff zu diskutieren, sollte **nicht verzichtet** werden. Wenngleich der Rechtsstreit vor einer mündlichen Verhandlung häufig schon so weit bearbeitet ist, dass fast auch die Entscheidung des Gerichts feststeht, gibt es jedoch Fälle, in denen im Termin neue Gesichtspunkte auftauchen, die zu einer Änderung der Beurteilung führen. 1001

In der mündlichen Verhandlung darf keinesfalls versäumt werden, zu Protokoll[3] zu erklären, dass **Beweisanträge**, denen das Gericht nicht nach- 1002

---

1 BFH v. 26. 11. 1985 – VII R 148/81, BFH/NV 1986, 134, 135; BFH v. 13. 5. 1998 – II R 4/96, BStBl. 1998 II, 760, betr. Anwalt, der als Testamentsvollstrecker tätig ist.
2 *Streck*, Der Steuerstreit, 2. Aufl. 1994, Rz. 586ff.
3 Zur Bedeutsamkeit der Protokollierung s. BFH v. 4. 3. 1992 – II B 201/91, BStBl. 1992 II, 562.

gekommen ist, **aufrechterhalten** werden und vorsorglich deren Übergehung als Verfahrensfehler gerügt wird. Denn Schweigen bedeutet nach der Rechtsprechung des BFH[1] Antragsverzicht und damit Verlust der Verfahrensrüge im Beschwerde- oder Revisionsverfahren, das Finanzgericht sei seiner Pflicht zur Sachverhaltsermittlung nicht nachgekommen.

1003 Hat das Finanzgericht in seiner Entscheidung die Revision zugelassen oder ist die Revisionszulassung mittels Nichtzulassungsbeschwerde erstritten worden, besteht die Möglichkeit, das finanzgerichtliche Urteil durch den **Bundesfinanzhof** überprüfen zu lassen. Im Rahmen des Revisionsverfahrens prüft der Bundesfinanzhof regelmäßig nur, ob das Gericht das Recht auf den festgestellten Sachverhalt korrekt angewendet hat, es sei denn, es werden Verfahrensfehler vorgebracht.

10. Steuerstrafrecht

1004 Mit **Freiheitsstrafe** bis zu fünf Jahren oder mit **Geldstrafe** wird bestraft, wer die Finanzbehörden täuscht und dadurch Steuern für sich oder andere verkürzt (Kurzformel des § 370 AO; Straferhöhung in besonders schweren Fällen nach § 370 Abs. 3 AO).

1005 Der klassische Fall der Steuerhinterziehung einer Sozietät ist die **Nichtversteuerung** von **Honoraren**. Nicht nur der, der Steuererklärungen zeichnet und weiß, dass die Einnahmen nicht vollständig erfasst sind, begeht eine Steuerhinterziehung, sondern auch der, der Honorare von Mandanten annimmt, ohne diese der Sozietät mitzuteilen und dadurch die Fehler der Steuererklärung bewirkt.

1006 Neben der Einnahmenseite sind die **„getürkten" Betriebsausgaben** typische Fallvarianten der Steuerhinterziehung. Getürkt können die Betriebsausgaben einmal in dem Sinne sein, dass mit Belegen gearbeitet wird, denen keinerlei Ausgaben zugrunde liegen, zum anderen dadurch, dass z.B. Privataufwendungen als Betriebsausgaben bezeichnet werden.

In den vorgenannten Fällen wird regelmäßig die **Einkommen-** und **Umsatzsteuer** verkürzt.

1007 Eine **Gewerbesteuerhinterziehung** kann vorliegen, wenn die Sozietät bewusst eine partielle gewerbliche Tätigkeit als freiberufliche verdeckt, um der Gewerbesteuerpflicht zu entgehen.

1008 Schließlich kommen in Sozietäten **Lohnsteuerhinterziehungen** vor. Löhne werden nicht versteuert. Normale Arbeitsverhältnisse werden in mehrere Arbeitsverhältnisse aufgeteilt, auf die die Pauschalierungsregelung für Geringverdienende (§ 40a EStG) angewandt wird.

1009 Steuerhinterziehung kann auch dann vorliegen, wenn dem **Mandanten geholfen** wird, Steuern zu hinterziehen. Dies kommt vor durch die Angabe eines falschen Beratungsgegenstands auf Anwaltsrechnungen, z.B. mit dem

1 BFH v. 31. 1. 1989 – VII B 162/88, BStBl. 1989 II, 372.

Ziel, dem Mandanten die Abzugsfähigkeit des Honorars zu ermöglichen. Das Honorar für eine Testamentsberatung wird als „arbeitsrechtliche Beratung" benannt.

§ 371 AO regelt die Möglichkeit der **Selbstanzeige**, die selbstverständlich auch den Sozietätsmitgliedern offensteht. Die an der Hinterziehung Beteiligten müssen unrichtige oder unvollständige Angaben gegenüber dem Finanzamt korrigieren. Allerdings dürfen die Sperren des § 371 Abs. 2 AO noch nicht greifen (Erscheinen eines Prüfers zur Prüfung, Eröffnung eines Steuerstrafverfahrens, Entdeckung der Tat). 1010

Gibt eine **Sozietät** eine **Selbstanzeige** ab, so sollte diese Selbstanzeige nach Möglichkeit im Namen aller Sozien abgegeben werden, da es ärgerlich ist, wenn sich das Finanzamt mit seinem Tatverdacht später auf den Sozius konzentriert, in dessen Namen die Selbstanzeige nicht abgegeben wurde. Im Hinblick auf diesen Vorsorgegedanken schadet es deshalb auch der Reputation nicht, wenn die Selbstanzeige im Namen von Sozien abgegeben wird, die es im Grunde weit von sich weisen, an einer Hinterziehung beteiligt zu sein. 1011

Erklärt ein Sozius **hinter dem Rücken** der anderen Sozien eine Selbstanzeige, obwohl auch diese an der Hinterziehung beteiligt waren, so ist für die, die sich an der Selbstanzeige nicht beteiligt haben, die Tat entdeckt, mithin die Selbstanzeige unmöglich. Das Ergebnis ist befremdlich. Ein Gesellschafter, der zu seinen Partnern in einem Treueverhältnis steht, erwirkt sich selbst die Straffreiheit und legt zugleich den Grundstein, dass die Partner bestraft werden. Aus diesem Grund ist m.E. der Sozius gesellschaftsrechtlich verpflichtet, den anderen Partnern die Möglichkeit zu geben, sich an der Selbstanzeige zu beteiligen. Anderenfalls macht er sich schadensersatzpflichtig[1]. Der Schadensersatz kann in diesem Fall eine **Geldstrafe** umfassen[2]. 1012

Die **Steuerstrafverfolgung** liegt im Steuerstrafrecht in der Hand der hierfür zuständigen Finanzämter (§§ 385 ff. AO). Dies sind einmal besondere Finanzämter für Steuerstrafsachen und Steuerfahndung, zum anderen Straf- und Bußgeldsachenstellen von regulären Finanzämtern. Diese Strafsachenstellen nehmen die Funktion der Staatsanwaltschaft wahr. Allerdings kann die Staatsanwaltschaft die Sachen jederzeit an sich ziehen. Hier gibt es keine Besonderheiten für Sozietäten. 1013

Auch im **Steuerfahndungsrecht** (§ 208 AO) kennt die Sozietät keine Sonderrechte. Die Steuerfahndung ermittelt, liegen die allgemeinen Verdachtsvoraussetzungen vor, bei Sozietäten ebenso wie bei anderen Unternehmen. 1014

---

1 *Streck/Spatscheck*, Die Steuerfahndung, 4. Aufl. 2006, Rz. 197.
2 Vgl. RG v. 10. 6. 1942 – III 14/42, RGZ 169, 267; BGH v. 31. 1. 1957 – II ZR 41/56, BGHZ 23, 222.

VII. Bewertung einer Praxis

Literatur:

Achter, Bewertungen freiberuflicher Unternehmen, Stbg. 2003, 67, 129; *Breidenbach*, Überlegungen zur Ermittlung des Wertes einer Steuerberaterpraxis, DStR 1991, 47; *Eich*, Die Bewertung von Anwaltspraxen, 2. Aufl. 2010; *Englert*, Die Bewertung von freiberuflichen Praxen mit Hilfe branchentypischer Wertfindungsmethoden, BB 1997, 142; *Heid*, Die Bewertung gemischter Sozietäten, DStR 1998, 1565; *Janssen*, Die Bewertung von Anwaltskanzleien, NJW 2003, 3387; *Kaiser/Ermert*, Kauf und Bewertung einer Anwaltspraxis, 3. Aufl. 2007; *Möller*, Kauf, Verkauf und Fusion von Anwaltskanzleien, 1998; *Wehmeier*, Praxisbewertung: Ertragswertmethode – und sonst nichts?, Stbg. 1996, 496; *Weitekamp*, Der Wert der Anwaltskanzlei, AnwBl. 1994, 448; *Wollny*, Unternehmens- und Praxisübertragung, 4. Aufl. 1996.

1015 Wird am **Markt** die Anwaltspraxis oder die Anwaltspraxis einer Sozietät bewertet, wird regelmäßig der **Jahresumsatz** zugrunde gelegt[1]. Um Zufälligkeiten eines Jahres auszugleichen, wird der Durchschnitt der Umsätze der letzten drei dem Bewertungsstichtag vorausgehenden Jahre genommen. Da das dem Stichtag nächste Jahr das wichtigste Jahr ist, wird es häufig doppelt angesetzt und der Teiler entsprechend erhöht. Man nimmt also den doppelten Jahresumsatz des letzten Jahres, den Jahresumsatz des vorangegangenen und den Jahresumsatz des davor liegenden Jahres und teilt die Summe durch vier. Ausgegangen wird von dem **Nettoumsatz**, der um die Umsatzsteuer bereinigt ist.

Der typischen Gewinnermittlung der Anwaltspraxis folgend wird die **Ist-Besteuerung** zugrunde gelegt.

1016 Der Jahresumsatz wird sodann mit einem **Faktor** multipliziert. Bei Anwaltspraxen liegt der Multiplikationsfaktor zwischen 0,5 und 1,3, in Extremfällen auch bei 1,8[2]. Bei Steuerberatungspraxen liegt er höher. Hier kann er auch schon 2 erreichen.

Dies ist regelmäßig der **Ausgangswert**, über den zwischen **Verkäufer** und **Käufer** sodann **verhandelt** wird.

1017 **Besonderheiten** müssen berücksichtigt werden. Ist die Praxis sehr stark von der Persönlichkeit des Veräußernden abhängig? Gibt es also Umsätze, die nicht ohne weiteres auf den Erwerber übergehen? Ist die Mandantschaft besonders stabil? Diese wertbildenden Faktoren kann man, dafür gibt es keine zwingende Regel, bei der Bestimmung des Multiplikationsfaktors berücksichtigen, aber auch durch Zu- und Abschläge nach der Anwendung des Multiplikators auf den Jahresumsatz.

1 Zum Nachfolgenden s. *Wollny*, Rz. 2274; *Heid*, DStR 1998, 1565, der vom „Umsatzwertverfahren" spricht; *Römermann/Schröder*, NJW 2003, 2709; *Janssen*, NJW 2003, 3387.

2 Vgl. *Heid*, DStR 1998, 1567: 1984 lag der Kaufpreis zwischen 40 und 180 v.H. des Jahresumsatzes; erbarmungsloser *Englert*, BB 1997, 147: zwischen 28 und 70 v.H.

Es gibt auch wertbeeinflussende Faktoren, die weniger den Praxiswert bestimmen als aus der **Person** des **Praxisinhabers** abzuleiten sind. Hat ein 75-jähriger Anwalt eine gutgehende Praxis, so wird er einen geringeren Preis erzielen als der 55-jährige bei gleicher Praxis. Dies einfach deshalb, weil er weniger Zeit hat, weniger „pokern" kann. Das Argument, er könne notfalls die Praxis fortführen, beeindruckt bei einem 75-jährigen weniger als bei einem 55-jährigen Anwalt. 1018

Dieses Bewertungsverfahren nach Maßgabe des Jahresumsatzes ist **methodisch kaum** zu **rechtfertigen**[1]. Die Unternehmensbewertung wird von den zwei Grundverfahren beherrscht, einmal dem Sachwertverfahren, zum anderen dem Ertragswertverfahren[2]. Weder die Sachwerte noch der Ertrag werden durch den Umsatz bestimmt. Natürlich ist der Umsatz notwendig. Ein hoher Umsatz mit einem minimalen Ertrag gibt jedoch keinen hohen Unternehmenswert, was aus einem kleinen Umsatz mit einem hohen Ertrag durchaus folgen kann. 1019

Der **Vorteil** der **Umsatzbewertung** liegt darin, dass es eine sichere und überprüfbare Bemessungsgrundlage gibt. Die Umsätze müssen mit den monatlichen USt-Voranmeldungen dem Finanzamt mitgeteilt werden. Dem Käufer gegenüber kann man sich mit Gewinnzahlen „arm" reden. Ob aus dieser Verhandlungstechnik eine Steuerhinterziehung wird, ist sehr fraglich. Demgegenüber sind die Ist-Umsätze weniger manipulierbar als die Erträge. Zwar kann ich das Schreiben von Rechnungen kontrollieren, nicht aber die Bezahlungsfreude der Mandanten. 1020

Natürlich sehen diejenigen, die an der Bewertung interessiert sind, die Mangelhaftigkeit der Methode. Auch weiß man, dass die Ertragskraft eine große Rolle spielt. Es ist aber eben dieser **Ertragsfaktor**, der letztlich den **Multiplikator**, der auf die Umsatzzahlen angewandt wird, bestimmt. Eine ertragsschwache Anwaltspraxis wird eben mit 0,75 angesetzt, während eine blühende Kanzlei den Faktor 1,2 verdient. 1021

Bei der **Bewertung** eines **Sozietätsanteils** wird ähnlich vorgegangen. Zuerst wird der Wert der Sozietät ermittelt. Sodann wird hierauf die Quote angewandt, zu der der Anwalt an der Sozietät beteiligt ist. Gibt es keine festgelegte Kapitalbeteiligung, so nimmt man den Anteil, der dem Sozius nach Arbeitsvorabs und ähnlichen Vorabs am Restgewinn zusteht. 1022

Letzteres gilt auch, wenn der Sozius **Mandate mitnimmt**. Hier muss man sich darüber verständigen, mit welchem Wert das Mandat angesetzt wird. Hier geschieht häufig die gleiche Bewertung, die man der Praxis zukommen lässt. Das Mandat wird, wenn es ein Dauermandat ist, mit dem Jahresumsatz, multipliziert mit einem Faktor, bewertet. 1023

Von dieser Bewertung, die für den Kauf und Verkauf, für das Ausscheiden und Eintreten eines Anwalts in eine Sozietät im Wirtschaftsleben maß- 1024

1 Vgl. *Heid*, DStR 1998, 1565 m.w.N.

2 Zum Ertragswertverfahren bei einer Freiberuflerpraxis s. *Wehmeier*, Stbg. 1996, 496; *Janssen*, NJW 2003, 3387.

gebend ist, ist – mehr oder weniger scharf – das Bewertungsverfahren dort zu trennen, wo die **Wertbestimmung nicht** im **Interessenausgleich** zwischen **Käufer** und **Verkäufer**, zwischen Eintretendem und Sozietät oder Ausscheidendem und Sozietät stattfinden kann. Dies sind insbesondere die Fälle, in denen die Praxis für die Bemessung eines Zugewinnausgleichs oder für die Bemessung eines Pflichtteils notwendig ist.

1025 Die **Bundesrechtsanwaltskammer** hat schon sehr früh einen Ausschuss ins Leben gerufen, der hierfür Bewertungsmaßstäbe ermittelt hat[1]. Diese Maßstäbe seien hier **wörtlich** wiedergegeben:

1026 **Zur Bewertung von Anwaltskanzleien**

Der BRAK-Ausschuss Bewertung von Anwaltskanzleien hat unter Vorsitz von RA Dr. Jürgen F. Ernst, München, den im Jahre 2004 letztmals überarbeiteten Bericht (BRAK-Mitt. 2004, 222ff.) im Auftrag des Präsidiums der Bundesrechtsanwaltskammer zum vierten Mal fortgeschrieben. Der Bericht dient als interne Entscheidungshilfe für die regionalen RAKn und als Schema für die Bewertung von Anwaltskanzleien. Mitglieder des Ausschusses sind neben dem Vorsitzenden RA Dr. Jürgen F. Ernst, München, RA Dr. Michael Streck, Köln, RAuN Joachim Teubel, Hamm, RAuN Hans-Dieter Meyer, Wilhelmshaven, RA Claus Benz, Stuttgart, RA Dr. Joachim Löhr, Bad Berka, und RAin Julia von Seitmann, BRAK, Berlin.

A. Zweck

Seit Veröffentlichung des überarbeiteten Berichts des Ausschusses im Jahre 2004 haben sich Rechtsprechung und Praxis weiterentwickelt. Der Ausschuss trägt durch eine Überarbeitung dieser Entwicklung Rechnung.

Der Bericht ist dazu bestimmt, Entscheidungsmerkmale für die Bewertung einer Anwaltskanzlei aufzustellen. Damit soll einerseits den Kolleginnen und Kollegen Hilfe für Verkauf oder Erwerb einer Kanzlei, für Eintritt in eine Sozietät, Ausscheiden aus einer Sozietät oder Auflösung einer Sozietät sowie für den Zugewinnausgleich oder für den Erbfall gegeben werden. Andererseits soll eine Entscheidungshilfe für eine gleichmäßige Beurteilung der Angemessenheit bei der Prüfung eines Kanzleiübernahmevertrages und für die gutachterliche Tätigkeit gegeben werden.

Die folgenden Bewertungshinweise gehen von der Umsatzmethode aus, da sich diese in der Praxis gegenüber anderen Methoden, wie z.B. der Ertragswertmethode, als einfacher handhabbar erwiesen hat. Die Erfahrung zeigt, dass die Anwendung der Umsatzmethode zu zutreffenden Ergebnissen führt.

Die Prüfung der Angemessenheit sowie die berufsrechtliche Unbedenklichkeit eines Kanzleiübernahmevertrages setzt auch die Bestimmung des Wertes einer Kanzlei voraus. Dabei soll im Interesse der Rechtspflege der Erwerber vor einer mit der Ausübung des Anwaltsberufes nicht zu vereinbarenden Einschränkung seiner wirtschaftlichen Bewegungsfreiheit geschützt werden. Dazu ist der aktuelle Kanzleiwert festzustellen.

Anlässe für die Feststellung des Kanzleiwerts sind vor allem

die Feststellung des Wertes einer Anwaltskanzlei bei Übergabe oder Verkauf durch den bisherigen Inhaber oder dessen Erben und für die Ermittlung von Erb- und Pflichtteilsansprüchen;

1 BRAK-Mitt. 2007, 112.

die Feststellung des Wertes eines Kanzleianteils bei Eintritt in eine bestehende Sozietät, bei Begründung einer Sozietät, beim Ausscheiden aus einer Sozietät oder bei deren Auflösung;

die Feststellung des Wertes einer Anwaltskanzlei oder eines Kanzleianteils für die Berechnung des Zugewinns.

Die Entscheidungsmerkmale können auf den Einzelfall nicht schematisch angewendet werden, da die Verhältnisse jeder Anwaltskanzlei sich unterscheiden und durchweg individuell zu beurteilen sind.

Bei der Bewertung ist stets zu berücksichtigen, ob die tatsächlichen und rechtlichen Rahmenbedingungen der Rechtsberatung und deren Änderung unmittelbare Auswirkungen auf den zukünftigen Umsatz der Anwaltskanzlei haben werden.

Die folgenden Ausführungen geben daher nur Anhaltspunkte. Im Falle der Aufgabe ohne Nachfolger und beim Tod des Kanzleiinhabers sinkt der Wert der Kanzlei in kurzer Zeit in starkem Maße, so dass in diesen Fällen bei der Feststellung des Kanzleiwertes im Interesse aller Beteiligten kurzfristig ein Ergebnis erzielt werden muss.

B. Begriffsbestimmungen

Die entgeltliche Übernahme einer Kanzlei ist zulässig. Sie verstößt grundsätzlich weder gegen die guten Sitten[1] noch gegen das Berufsrecht (§ 27 Satz 2 BORA).

Im Hinblick auf die Entwicklung der Rechtsprechung müssen Verschwiegenheitsverpflichtung[2] und Datenschutzrecht[3] berücksichtigt werden.

Der Wert einer Kanzlei setzt sich aus dem „Substanzwert" und dem eigentlichen „Kanzleiwert" zusammen.

I. Substanzwert

Der Substanzwert einer Kanzlei ist nach allgemeinen Grundsätzen festzustellen. Er setzt sich wie folgt zusammen:

1. Büroeinrichtung

Büroeinrichtung einschließlich der Bürogeräte, der Bibliothek mit Kommentaren und Zeitschriftensammlungen, den Computerdisketten u.a. Angesichts des geringen Verkehrswertes von gebrauchten Möbeln, des Veraltens von Hardware und Software, des raschen Veraltens von Bibliotheken (abgesehen von Zeitschriftensammlungen) sowie der Kosten aus Lizenz- und Leasingverträgen ist der Substanzwert in der Regel nicht erheblich und entspricht in keinem Fall dem Anschaffungswert. Die Grundsätze für die Ermittlung des gemeinen Wertes im Sinne des Bewertungsgesetzes oder der steuerlichen Richtlinien können Anhaltspunkte für die Bewertung der materiellen Wirtschaftsgüter sein.

---

1 BGH, Urt. v. 13. 6. 2001 – VIII ZR 176/00, NJW 2001, 2462 = AnwBl. 2001, 571; OLG Düsseldorf, Urt. v. 11. 12. 2001 – 24 U 10/01, AnwBl. 2002, 431; OLG Sachsen-Anhalt, Urt. v. 15. 3. 2002 – 1 U 137/01, NJW-RR 2002, 1285.

2 BGH, Urt. v. 13. 6. 2001, NJW 2001, 2462 = AnwBl. 2001, 571; BGH, Urt. v. 22. 5. 1996, NJW 1996, 2087 = AnwBl. 1996, 542.

3 *Römermann*, Zur Verletzung der Schweigepflicht beim Verkauf von Kanzleien oder Praxen, BGHReport 2001, 667; *Auernhammer*, Datenschutz bei Praxiskauf und Praxisfusion, AnwBl. 1996, 517; *Abel*, Datenschutz in Anwaltschaft, Notariat und Justiz, 2. Auflage, München 2003.

2. Ausstehende Forderungen

Über die ausstehenden Forderungen – sowohl bereits abgerechnete als auch noch nicht abgerechnete angefallene Vergütungsansprüche – aus der Zeit vor dem Stichtag der Übernahme oder der Bewertung sollte eine besondere Vereinbarung getroffen werden, wobei Einzelbewertung oder Pauschalierung möglich sind. Bei laufenden Mandaten ist ggf. eine Abgrenzung von Vergütungsansprüchen und/oder Vorschüssen einschließlich Fremdgeldern vorzunehmen.

3. Verbindlichkeiten des Übergebers

Im Falle des Eintritts in eine Sozietät haftet der Übernehmer persönlich für die vor seinem Eintritt begründeten kanzleibezogenen Verbindlichkeiten[1]. Dies gilt nicht im Falle des Zusammenschlusses mehrerer Einzelanwälte zu einer Sozietät[2] sowie im Falle der Übernahme einer Einzelkanzlei.

II. Kanzleiwert

Der Kanzleiwert ist der ideelle Wert einer Kanzlei. Er entspricht nicht dem Geschäftswert (Firmenwert) im kaufmännischen (gewerblichen) Sprachgebrauch[3].

In Rechtsprechung und Literatur ist anerkannt, dass die Kanzlei eines freiberuflich Tätigen, insbesondere auch eine Anwaltskanzlei, einen Kanzleiwert (auch oft „good will" genannt) haben kann[4].

C. Art der Bewertung

Die Anwaltskanzlei ist kein gewerblicher Betrieb und kein kaufmännisches Unternehmen. Sie unterscheidet sich von diesen in wesentlichen Faktoren und Funktionen.

Der Kanzleiwert ist aufgrund der ausgeprägten, durch das Gesetz geschützten Vertrauensbeziehung nachhaltig personengebunden. Er ist daher seinem Wesen nach etwas anderes als der Geschäftswert (Firmenwert) des gewerblichen Unternehmens, der auf einer durch sachliche Maßnahmen und Aufwendungen besonders geförderten Leistungsfähigkeit des Betriebes beruht. Demgegenüber endet das persönliche

---

1 BGH, Versäumnisurteil v. 7. 4. 2003, NJW 2003, 1803 = BRAK-Mitt. 2003, 188; BGH, Urt. v. 12. 12. 2005 – II ZR 283/03, NJW 2006, 765 = AnwBl. 2006, 550.

2 BGH, Urt. v. 22. 1. 2004 – IX ZR 65/01, NJW 2004, 836; a.A. LSG Nordrhein-Westfalen, Urt. v. 7. 12. 2005 – L 11 KA 7/04, MedR 2006, 310 = GesR 2006, 505.

3 BFH, Urt. v. 16. 5. 2002, BStBl. II 2003, 10 = BB 2002, 2494 = DStR 2002, 1945; BFH, Urt. v. 10. 1. 2002, BStBl. II 2002, 387 = NJW 2002, 2813 = DStR 2002, 754; BFH, Urt. v. 30. 3. 1994, BStBl. II 1994, 903 = NJW 1995, 1174; BFH, Urt. v. 24. 2. 1994, BStBl. II 1994, 590 = NJW 1994, 2311.

4 *Kratzsch*, Die Realteilung einer Freiberufler-GbR, PFB 2006, 108; *Lenzen/Ettmann*, Ertragswert- und Umsatzmethode zur Bewertung von Rechtsanwaltskanzleien; *Hellbardt/Prengel*, Die Bewertung einer Steuerberatungspraxis, PFB 2005, 199; *Schulze zur Wiesche*, Ausscheiden aus einer freiberuflichen Praxis unter Mitnahme des bisher betreuten Mandantenstammes, Stbg 2003, 435; *Kampmann*, Rechtsfragen zur Übernahme einer Einzelpraxis unter besonderer Berücksichtigung der Leistungsstörungen, Frankfurt 1999; *Schröder*, Bewertungen im Zugewinnausgleich, Bielefeld 1997; *Achter*, Bewertung von freiberuflichen Unternehmen, Stbg 2003, 67 ff., 79 ff., 129 ff.; BGH, Urt. v. 5. 7. 2006 – VIII ZR 1 72/05, BGHZ 1 68, 220 = NJW 2006, 2847; OLG Karlsruhe, Urt. v. 16. 11. 2000, NZG 2001, 654; BGH, Urt. v. 8. 5. 2000, BRAK-Mitt. 2000, 205 = NJW 2000, 2584.

Vertrauensverhältnis zum Kanzleiinhaber zwangsläufig mit dessen Ausscheiden mit der Folge, dass sich der Kanzleiwert verhältnismäßig rasch verflüchtigt[1].

Auch die Rechtsprechung behandelt den Kanzleiwert beim Freiberufler anders als den Geschäftswert beim Gewerbetreibenden. Soweit für die Bewertung von Wirtschaftsprüfer- und/oder Steuerberaterkanzleien besondere Grundsätze empfohlen werden[2], sind diese Grundsätze auf die Bewertung von Anwaltskanzleien nicht anwendbar. Die Anwaltskanzlei im Allgemeinen hat nicht wie Wirtschaftsprüfer- oder Steuerberaterkanzleien – Letztere übernehmen auch weitgehend Buchführungsfunktion – fast ausschließlich Dauerklienten. Es fallen bei ihr nicht mit der gleichen Regelmäßigkeit Mandate der gleichen Klienten an, von Inkasso-Aufträgen oder Firmenberatungen abgesehen.

D. Bewertungsgrundlagen

I. Umsatz

Der geeignete Wertbestimmungsfaktor ist der Umsatz, da er am sichersten festzustellen ist und da sich aus dem erzielten Umsatz und dessen Entwicklung die Chancen des Übernehmers oder Fortführers einer Kanzlei am ehesten beurteilen lassen. Der Gewinn dagegen hängt weitgehend von den wirtschaftlichen Gegebenheiten des einzelnen Rechtsanwalts ab. Die Berechnung nach dem Umsatz entspricht auch der Praxis[3].

Die Bewertung erfordert Kenntnis der Entwicklung der Kanzlei in den letzten drei Kalenderjahren vor dem Kalenderjahr des Bewertungsfalles. Es hat sich bewährt, das letzte Kalenderjahr vor dem Stichtag doppelt zu gewichten, da sich so die positive oder negative Entwicklung der Kanzlei in jüngster Zeit ausdrückt. Sofern keine Besonderheiten vorliegen, sind daher die Umsätze der letzten drei vollendeten Kalenderjahre zusammenzuzählen und der Umsatz des letzten vollendeten Kalenderjahres nochmals hinzuzuzählen und das Ergebnis dann durch vier zu teilen. Die Umsatzentwicklung des laufenden Jahres kann für die Beurteilung der Entwicklung der Kanzlei im Vergleich mit den Umsätzen der drei vergangenen Jahre hilfreich sein.

Umsatz bedeutet Ist-Umsatz ohne Umsatzsteuer. Es kann unter entsprechender Anwendung dieses Berichtes auch der bilanzierte Umsatz zugrunde gelegt werden.

II. Umsatzbereinigung

Der Umsatz ist von solchen außerordentlichen Einnahmen zu bereinigen, die weniger Ausfluss der Anwaltstätigkeit als Ausfluss der Persönlichkeit des Kanzleiinhabers und daher personenbezogen oder außerordentlich anwaltsbezogen sind.

---

1 BFH, Urt. v. 30. 3. 1994, BStBl. II 1994, 903 = NJW 1995, 1174 = BB 1994, 2042; BFH, Urt. v. 24. 2. 1994, BStBl. 1994, 590 = NJW 1994, 2311 = BRAK-Mitt. 1994, 181.

2 *Platz*, Veräußerung und Übertragung von Steuerberater- und Wirtschaftsprüferpraxen, DStR 1997, 1465; *Englert*, Die Bemessung von rechtlichen Abfindungsansprüchen bei Wirtschaftsprüfungs- und/oder Steuerberatungsgesellschaften, WPg 1997, 761.

3 *Achter*, Bewertung von freiberuflichen Unternehmen, Stbg 2003, 67 ff., 79 ff., 129 ff.; *Janssen*, Die Bewertung von Anwaltskanzleien, NJW 2003, 3387; *Heid*, Die Bewertung gemischter Sozietäten, DStR 1998, 1565; *Meier*, Die Bewertung einer freiberuflichen Praxis im Zugewinnausgleich, FuR 1996, 94; *Lang*, Kauf und Verkauf einer Steuerberatungspraxis, StuB 2000, 1140; Hinweise der Bundessteuerberaterkammer für die Ermittlung des Wertes einer Steuerberaterpraxis, Berufsrechtliches Handbuch der Bundessteuerberaterkammer Teil II Fach 4.

1. Außerordentliche personenbezogene Einnahmen

Beispiele für außerordentliche personenbezogene Einnahmen sind:

Einnahmen als

- Politiker
- Mitglied eines Aufsichtsrats oder Beirats
- Organ eines Verbandes, Vereins und/oder einer sonstigen Organisation
- Schriftsteller
- Lehrer
- Referent in Fort-, Aus- und Weiterbildungsveranstaltungen.

2. außerordentliche anwaltsbezogene Einnahmen

Beispiele für außerordentliche anwaltsbezogene Einnahmen sind:

Einnahmen als

- Testamentsvollstrecker
- Insolvenzverwalter
- Vergleichsverwalter
- Zwangsverwalter
- Vormund
- Pfleger
- Vermögensverwalter
- Treuhänder
- Mediator
- Mitglied eines Schiedsgerichtes, einer Schiedsstelle und/oder eines Berufsgerichtes
- Sachverständiger
- Betreuer,

soweit diese Einnahmen nur gelegentlich erzielt werden und nicht aus der Haupttätigkeit des Rechtsanwalts resultieren.

Bei der Bewertung der Anwaltskanzlei beim Anwaltsnotariat bleibt ein etwaiger Umsatz aus der Notarkanzlei unberücksichtigt. Umsatz ist allein der Umsatz aus der Anwaltskanzlei, da die Notarkanzlei kein veräußerliches Wirtschaftsgut ist[1]. Erfahrungsgemäß profiliert aber die Anwaltskanzlei von der Verbindung mit einem Notar. Die gleichzeitige Tätigkeit als Notar kann deshalb ein werterhöhender Umstand sein, umgekehrt ist der Wegfall, wenn der Übernehmer bzw. Erwerber kein Anwaltsnotar ist oder in naher Zukunft wird, ein wertsenkender Umstand.

III. Berechnungsfaktor für den Einzelfall

Der nach D. I. und II. ermittelte Umsatz ist die Bemessungsgrundlage. Diese ist mit dem von den Umständen des Einzelfalls abhängigen Berechnungsfaktor zu multipli-

1 *Eylmann/Vaasen*, Bundesnotarordnung/Beurkundungsgesetz, 2. Aufl. 2004, § 47 BNotO, Rz. 23.

zieren, der i.d.R. zwischen 0,3 und 1,0 liegt. Dieser Rahmen ergibt sich aus den besonderen beruflichen Verhältnissen und deren Marktsituation. In Ausnahmefällen kann der Berechnungsfaktor auf 0 fallen oder bis 1,3 steigen. Eine Reduzierung auf 0 kommt insbesondere dann in Betracht, wenn durch Krankheit oder aus anderen Gründen eine Kanzlei lange nicht mehr betrieben wurde oder völlig unwirtschaftliche oder zerrüttete Verhältnisse vorliegen.

Es besteht kein Erfahrungssatz, dass bei einer durchschnittlichen Kanzlei der Mittelwert des Bewertungsfaktors anzusetzen ist. Die Bewertungsmerkmale sind im Einzelfall jeweils sorgfältig zu gewichten. Bei jeder Bewertung ist zu berücksichtigen, ob bei der Wertbestimmung Angebot und Nachfrage schon zu einer Konkretisierung geführt haben. Ist zum Beispiel im Falle der Bestimmung des Zugewinns oder bei einer Erbauseinandersetzung kurzfristig der Wert einer Kanzlei zu bestimmen, wird sich in der Regel der abstrakt bestimmte Kanzleiwert nicht durch Verkaufsgespräche konkretisiert haben. Ohne solche Vorgespräche ist auch kaum damit zu rechnen, dass sich der abstrakt berechnete Wert einer Kanzlei kurzfristig realisieren lässt. In solchen Fällen sind entsprechende Abschläge unter Berücksichtigung der Realisierbarkeit des Wertes vorzunehmen[1].

Die bei der Ausfüllung des Regelrahmens im Einzelfall zu berücksichtigenden Umstände sind im Folgenden unter E. dargestellt

E. Anwendung auf Fallgruppen

I. Wert der Einzelkanzlei

1. Bemessungsgrundlage

Die Bemessungsgrundlage ist gemäß Punkt D. I. und II. zu ermitteln.

2. Bestimmung des Berechnungsfaktors

Bei der Bestimmung des Berechnungsfaktors ist zu berücksichtigen, dass sich der „Kanzleiwert" je nach den Umständen des Einzelfalls mehr oder weniger schnell verflüchtigt.

3. wertbestimmende Merkmale

a) wertsenkende Merkmale

Für die Einzelbestimmung des Berechnungsfaktors können z.B. wertsenkende Merkmale sein:

- Bestehen der Kanzlei seit weniger als zehn Jahren,
- Alter des Kanzleiinhabers über 65 Jahre,
- schlechte Gesundheit des Kanzleiinhabers,
- Einkünfte von wenigen Großklienten,
- überdurchschnittliche kanzleibedingte Kosten,
- Kosten angestellter Rechtsanwälte,
- auslaufende Tätigkeitsarten der Kanzlei (z.B. Vertreibungsschäden, Rückübertragungen)

---

1 Zur Frage der Berücksichtigung des Kanzleiwerts bei der Berechnung des Zugewinnausgleiches vgl. Urteil des OLG Oldenburg v. 8. 2. 2006 – 4 UF 92/05 (Revision zugelassen).

b) werterhöhende Merkmale

Bei der Einzelbestimmung des Berechnungsfaktors können z.B. werterhöhende Merkmale sein:

- Bestehen der Kanzlei länger als zehn Jahre,
- breit gestreuter Klientenkreis,
- überdurchschnittlich niedrige Kosten,
- Einführung des Bewerbers in die Klientel durch bisherige Tätigkeit des Erwerbers in der Kanzlei oder weitere Übergangstätigkeit des Übergebers,
- besonderer Ruf der Kanzlei,
- günstige Geschäfts- und Konkurrenzlage der Kanzlei,
- günstiger Mietvertrag der Kanzlei,
- moderne Ausstattung der Kanzlei.

II. Beteiligungswert

Es sind drei Fälle des Beteiligungswertes zu unterscheiden:

1. Beteiligungswert bei bestehender Sozietät,
2. Gründung einer Sozietät oder Eintritt in eine bestehende Sozietät,
3. Auflösung einer Sozietät oder Ausscheiden aus einer Sozietät.

Bei der Bestimmung des Beteiligungswerts ist wie folgt vorzugehen:

Zunächst wird der Kanzleiwert der Sozietät insgesamt ermittelt. Sodann ist er auf die Gesellschafter der Sozietät aufzuteilen. Die Aufteilung ist nicht Teil der Bewertung, sondern folgt dem Gesellschaftsvertrag und, falls dieser nicht weiterhilft, dem allgemeinen Gesellschaftsrecht.

1. Beteiligungswert bei bestehender Sozietät

Dabei ist der Kanzleiwert der Sozietät zu bestimmen.

a) Bemessungsgrundlage

Die Bemessungsgrundlage ist gemäß Punkt D. I. und II. zu ermitteln.

b) Bestimmung des Berechnungsfaktors

Bei der Bestimmung des Berechnungsfaktors ist zu berücksichtigen, dass sich der „Kanzleiwert" je nach den Umständen des Einzelfalls mehr oder weniger schnell verflüchtigt. Die Verflüchtigung erfolgt schneller, wenn der abgebende RA in höherem Alter steht oder krank ist. Weiter ist zu berücksichtigen, dass der Beteiligungswert in besonderem Maße von der Arbeitskraft und der Leistungsfähigkeit des RA abhängig ist, da von diesen der zukünftige Umsatz abhängt. Die Bestimmung des Berechnungsfaktors muss daher die Unsicherheit dieser Faktoren berücksichtigen.

c) wertbestimmende Merkmale

aa) wertsenkende Merkmale

Für die Einzelbestimmung des Berechnungsfaktors können z.B. wertsenkende Merkmale sein:

- Bestehen der Kanzlei seit weniger als zehn Jahren,

- Alter der Kanzleiinhaber über 65 Jahre,
- schlechte Gesundheit der Kanzleiinhaber,
- Einkünfte von wenigen Großklienten,
- überdurchschnittliche kanzleibedingte Kosten,
- Kosten angestellter Rechtsanwälte,
- auslaufende Tätigkeitsarten der Kanzlei (Vertreibungsschäden, Rückübertragungen).

bb) werterhöhende Merkmale

Bei der Einzelbestimmung des Berechnungsfaktors können z.B. werterhöhende Merkmale sein:

- Bestehen der Kanzlei länger als zehn Jahre,
- breit gestreuter Klientenkreis,
- überdurchschnittlich niedrige Kosten,
- Einführung des Bewerbers in die Klientel durch bisherige Tätigkeit des Erwerbers in der Kanzlei oder weitere Übergangstätigkeit des Übergebers,
- besonderer Ruf der Kanzlei,
- günstige Geschäfts- und Konkurrenzlage der Kanzlei,
- günstiger Mietvertrag der Kanzlei,
- moderne Ausstattung der Kanzlei.

d) Ergebnis

Der Beteiligungswert des Sozietätsanteils ergibt sich dann aus dem entsprechenden Prozentsatz, mit dem der Sozius an der Sozietät beteiligt ist. Soweit im Sozietätsvertrag keine besonderen Regelungen über die Bewertung getroffen worden sind, sind Pflichten, die der Sozius im Sozietätsvertrag übernommen hat (z.B. Altersversorgung anderer Sozien), entsprechend zu bewerten und vom Beteiligungswert abzusetzen. Soweit den Pflichten Rechte entsprechen, die dem Eintretenden zustehen, ist dies zu berücksichtigen.

2. Gründung einer Sozietät oder Eintritt in eine bestehende Sozietät

a) Bemessungsgrundlage

Die Bemessungsgrundlage ist gemäß Punkt D. I. und II. zu ermitteln.

b) Bestimmung des Berechnungsfaktors

Bei der Bestimmung des Berechnungsfaktors kann berücksichtigt werden, dass die Aussicht der Wiederkehr der bisherigen Erträge bei der Übernahme einer Beteiligung (Sozietätsanteil) hoch ist.

c) wertbestimmende Merkmale

aa) wertsenkende Merkmale

Für die Einzelbestimmung des Berechnungsfaktors können z.B. wertsenkende Merkmale sein:

- Bestehen der Kanzlei weniger als zehn Jahre,

- hohes Alter der Sozien,
- schlechte Gesundheit der Sozien,
- Einkünfte von wenigen Großklienten,
- überdurchschnittliche kanzleibedingte Kosten,
- auslaufende Tätigkeitsarten der Kanzlei (Vertreibungsschäden, Rückübertragungen).

bb) werterhöhende Merkmale

Bei der Einzelbestimmung des Berechnungsfaktors können z.B. werterhöhende Merkmale sein:

- Bestehen der Kanzlei über zehn Jahre,
- gemischte Altersstruktur der Sozien,
- Spezialgebiet der Sozietät identisch mit dem des Eintretenden,
- breit gestreuter Klientenkreis,
- Einführung des Erwerbers in die Klientel durch bisherige Tätigkeit des Erwerbers in der Kanzlei oder weitere Übergangstätigkeit des Übergebers,
- besonderer Ruf der Kanzlei,
- günstige Geschäfts- und Konkurrenzlage der Kanzlei,
- günstiger Mietvertrag der Kanzlei,
- moderne Ausstattung der Kanzlei.

d) Hinweise zur Bestimmung des Beteiligungswertes

Im Übrigen ist bei

- Zusammenlegung von Kanzleien zur Gründung einer Sozietät und
- Einbringung einer Kanzlei in eine Sozietät

Folgendes zu beachten:

Bringt der Eintretende eine Kanzlei ein, so ist sein bisheriger Kanzleiwert nach den für die Ermittlung des Wertes einer Einzelkanzlei dargestellten Grundsätzen zu bestimmen. Der Kanzleiwert ist dem Kanzleiwert der aufnehmenden Sozietät oder Einzelkanzlei zuzuschlagen. Der sich so ergebende Gesamtkanzleiwert ist auf die Sozien entsprechend ihren Anteilen zu verteilen. Von dem sich so ergebenden Sozietätsanteil des neuen Sozius am Gesamtkanzleiwert ist der Kanzleiwert, den der neue Sozius einbringt, abzusetzen. Die Differenz ist der Ausgleichsbetrag, den der neue Sozius zu erbringen hat oder der ihm zusteht, es sei denn, die Beteiligten treffen eine andere vertragliche Abrede.

Bei Eintritt in eine bestehende Kanzlei oder in eine Sozietät ist zunächst der bisherige bereinigte Umsatz der Kanzlei oder Sozietät festzustellen und danach nach den für die Ermittlung des Wertes einer Sozietät dargestellten Grundsätzen der Kanzleiwert zu bestimmen. Daraus ergibt sich je nach dem Prozentsatz des Sozietätsanteils eines neuen Sozius dessen Beteiligungswert.

Auch in diesen Fällen sind besondere Rechte und Pflichten, die im Sozietätsvertrag übernommen werden, zu berücksichtigen.

3. Auflösung einer Sozietät oder Ausscheiden aus einer Sozietät

Hier sind drei Fallgruppen zu unterscheiden:

a) Auflösung einer Sozietät unter Fortführung mehrerer Einzelkanzleien bzw. Sozietäten

b) Ausscheiden aus der Sozietät unter Fortführung der Sozietät und der Kanzlei des Ausscheidenden

c) Ausscheiden aus der Sozietät ohne Fortführung einer Kanzlei durch den Ausscheidenden

a) Auflösung einer Sozietät unter Fortführung mehrerer Einzelkanzleien oder Sozietäten

aa) Mandantenbefragung ohne weiteren Wertausgleich

Wenn der Sozietätsvertrag keine Regelung enthält, wie bei kündigungsbedingter Auflösung hinsichtlich der Mandanten zu verfahren ist und die Auslegung des Sozietätsvertrags ergibt, dass die durchgeführte Befragung der Mandanten und die damit für jeden Gesellschafter gleichberechtigte Chance, um sie zu werben, eine angemessene Form der Auseinandersetzung ist, bedarf es eines weiteren Wertausgleichs nicht. Demnach ist es eine angemessene Auseinandersetzung, wenn die Sachwerte geteilt werden und jeder Partner die rechtlich nicht beschränkte Möglichkeit erhält, um Mandanten der bisherigen Kanzlei zu werben[1].

bb) Bewertung der Mitnahme von Mandanten

Ist die unter E. II. 3. a) aa) angesprochene Vertragsauslegung nicht möglich und stellt sich bei der Auflösung einer Sozietät unter Fortführung mehrerer Kanzleien heraus, dass eine überwiegende bzw. große Zahl von Mandanten einem Rechtsanwalt zufällt, so ist wie folgt zu verfahren:

Bei der Berechnung des Kanzleiwertes bleibt grundsätzlich unberücksichtigt, ob die Beteiligten eine von ihrem Sozietätsanteil abweichende Zahl von Mandanten (Umsatz) mitnehmen. Denn die Mitnahme von Mandanten stellt grundsätzlich einen hinreichenden Ersatz für die Beteiligung an dem Wert der Sozietät dar[2].

Dieser Umstand kann jedoch bei der Berechnung einer Ausgleichszahlung berücksichtigt werden, sofern besondere Abweichungen zwischen mitgenommenen Mandaten (Umsätzen) und ehemaligem Sozietätsanteil bestehen. Die Bewertung erfolgt dann in folgender Weise: Die Höhe der Ausgleichszahlung kann ermittelt werden aufgrund der Verteilung der Mandanten. Der auf die jeweiligen Mandanten entfallende Umsatz ist im Wege der Schätzung nach den bei der Ermittlung des Kanzleiwerts angewandten Grundsätzen zu ermitteln. Dieser Betrag ist als Umsatz anzusetzen. Daraus ist je ein Kanzleiwert zu ermitteln. Ein zugunsten eines Partners sich ergebender Mehrwert ist auszugleichen.

---

1 OLG München, Urt. v. 16. 7. 2001 – 17 U 4308/98, DStRE 2001, 1191 (rechtskräftig).

2 BGH, Urt. v. 29. 9. 2003 – II ZR 59/02, NJW 2004, 66 = AnwBl. 2004, 186; OLG Hamburg, Urt. v. 10. 1. 2001 – 13 U 41/97; BGH, Urt. v. 6. 3. 1995, NJW 1995, 1551; BGH, Urt. v, 8. 5. 2000, NJW 2000, 2584 = BRAK-Mitt. 2000, 205 = AnwBl. 2000, 626 = DStR 2000, 1021.

b) Ausscheiden aus einer Sozietät unter Fortführung der Sozietät und der Kanzlei des Ausscheidenden

Stellt sich heraus, dass der Ausscheidende Mandate mit einem von seinem Kanzleiwert stark abweichenden Wert mitnimmt, so werden die Mandate angerechnet und wie folgt bewertet: Es ist der bisherige bereinigte Umsatz der Kanzlei und der Sozietät gemäß den unter D. beschriebenen Grundsätzen festzustellen und danach der Kanzleiwert nach den Grundsätzen gemäß E. zu bestimmen. Daraus ergibt sich je nach dem Prozentsatz des Sozietätsanteils der jeweilige Kanzleiwert. Ggf. sind Pflichten, die im Sozietätsvertrag übernommen waren, zu bewerten und zu berücksichtigen.

c) Ausscheiden aus einer Sozietät ohne Fortführung einer Kanzlei durch den Ausscheidenden

Beim Ausscheiden eines Sozius aus der Sozietät unter Fortführung durch die Verbleibenden wegen Kanzleiaufgabe, Alters und Todes finden die Merkmale zu E. II. 1. entsprechende Anwendung.

F. Hinweise für den Einzelfall

I. Bei der Feststellung des Kanzleiwertes sind unter Beachtung vorstehender Grundsätze die konkreten Verhältnisse des Einzelfalls zu berücksichtigen. Dabei ist hilfreich, wenn Rechtsanwälte zugezogen werden, die die Kanzlei und die örtlichen Verhältnisse kennen. Die Feststellung des Kanzleiwertes muss in der Regel beschleunigt erfolgen, da sich der Kanzleiwert bei Unterbrechung der Anwaltstätigkeit schnell verflüchtigt.

II. Die Zahlung der Vergütung für eine Kanzlei (Substanz- und Kanzleiwert) durch den Erwerber kann u.a. als sofortige Gesamtzahlung, Ratenzahlung oder Rentenzahlung erfolgen.

Die sofortige Gesamtzahlung ist aus der Sicht des Übergebers jeder Raten- oder Rentenzahlung vorzuziehen. Raten- oder Rentenzahlungen sollten hinreichend gesichert werden.

III. Der in eine Sozietät eintretende Sozius bringt vielfach seinen Kanzleianteil nicht in bar ein.

Vielmehr wird dieser dadurch abgegolten, dass der Eintretende zunächst in geringerem Umfang am Ertrag beteiligt wird. Hierdurch erbringt er ganz oder teilweise seinen „Kaufpreis".

IV. Gesetz und/oder Sozietätsvertrag geben den Beteiligten im Rahmen der Auseinandersetzung auch nach einer Sozietätstrennung einen Anspruch auf Einsicht in die Unterlagen der Sozietät[1].

V. Auch bei multidisziplinären Partnerschaften ist vorab auf die vertraglichen Vereinbarungen abzustellen. Fehlt es an einer vertraglichen Vereinbarung, so ist der Umsatz eines jeden Berufsträgers nach den jeweiligen berufsspezifischen Regeln und dann durch Addition der Gesamtwert zu ermitteln. Dies gilt auch für die Ermittlung des Kanzleiwertes im Zugewinnausgleichsverfahren.

G. Steuerliche Hinweise

Bei Erwerb oder Veräußerung einer Kanzlei, bei Begründung oder Auflösung einer Sozietät sowie bei Eintritt in eine bestehende Sozietät oder Ausscheiden aus einer

1 *Westermann*, Rechtsfolgen des Ausscheidens aus einer Freiberufler-Sozietät, AnwBl. 2006, 103.

Sozietät treten vielschichtige steuerrechtliche Fragen auf[1]. Es ist unbedingt zu empfehlen, zur Beratung einen Steueranwalt oder Steuerberater hinzuzuziehen.

Angesichts der Methodenvielfalt an Bewertungsmethoden **erkennt** der **BGH Bewertungsrichtlinien** einer **Berufsorganisation**, die noch praktiziert werden, als zulässige Bewertungsmethode an[2].

Die Bewertungsrichtlinien sollen nach ihrem Selbstverständnis **allgemein** 1027
gelten, d.h. auch für den Kauf und Verkauf einer Praxis.

Hierfür sind sie m.E. jedoch nur eingeschränkt tauglich. Jeder potenzielle Käufer oder Verkäufer mag die Praxis „intern" für sich anhand der Kriterien bewerten, um einen Ausgangswert zu erhalten. Mit diesem Wert mag man sodann die Verhandlung beginnen. Alles andere ist Verhandlungssache.

Gutachter, die sich in Zivilstreitigkeiten äußern sollen, wie hoch ein Praxis- 1028
wert im Streit um den **Zugewinnausgleich**, im Streit um den **Pflichtteil** ist, wenden die Richtlinien an. Dies geht auch in Ordnung, da zurzeit keine sonstigen sicheren Regeln vorhanden sind und die Tatsache, dass diese Richtlinien von einem BRAK-Ausschuss ins Leben gerufen wurden, den Grundsätzen nach zumindest den Anschein einer Legitimität gibt.

Die Bewertung mit dem Jahresumsatz erfasst regelmäßig nur den Praxiswert, 1029
nicht den **Sachwert**. Auch hier zeigt sich, dass die Bewertung nach dem Umsatzschlüssel kein verkapptes Ertragswertverfahren ist, da der Ertragswert den Sachwert von der Idee her umfasst.

Dort, wo der Wert nach dem **Umsatzschlüssel** ermittelt wird, wird der Käufer 1030
oder der Ausscheidende auch noch ein Entgelt dafür zu zahlen haben oder dafür verlangen, dass er **materielle Wirtschaftsgüter** erwirbt oder Anteile an materiellen Wirtschaftsgütern hingibt. Dies setzt im Einzelfall voraus, dass diese materiellen Wirtschaftsgüter (Büromöbel, EDV-Anlage, Bücherei etc.) bewertet werden.

Verfügt die Anwaltspraxis über **Kapitalkonten**, so kann die Beteiligung am 1031
Sachwert auch dadurch ermittelt werden, dass das Kapitalkonto um geschätzte stille Reserven aufgestockt wird (oder der Anteil am Kapitalkonto um geschätzte stille Reserven anteilig aufgestockt wird).

Wird außerdem ein Betriebsgebäude erworben, so erfolgt bezüglich dieses 1032
Gebäudes regelmäßig eine isolierte konkrete Bewertung.

1 Vgl. hierzu auch die steuerlichen Hinweise in *Henssler/Streck*, Handbuch des Sozietätsrechts, 2001.
2 BGH v. 6. 2. 2008 – XII Z R 45/06, NJW 2008, 1221.

C. Die Partnerschaft

Rz.

I. Wesen und Bedeutung der Partnerschaft *(Kopp)*

1. Die Partnerschaft nach dem PartGG – Eine Gesellschaftsform für die Freien Berufe . . . 1
2. Die Wesenszüge der Partnerschaft 4
3. Die Akzeptanz der Partnerschaft 14

II. Die Errichtung einer Partnerschaft(-sgesellschaft) *(Kopp)*

1. Formen der Partnerschaftsgründung 15
2. Die Vorpartnerschaft 19
3. Die Anmeldung der Partnerschaft zum Partnerschaftsregister (§ 4 Abs. 1 PartGG) 21
4. Anmeldepflichtige Änderungen 29
5. Die Partnerschaftsregisterverordnung (PRV) 30
6. Kosten der Eintragung in das Partnerschaftsregister . . . 32
7. Verstöße gegen die Anmeldepflicht 33

III. Der Partnerschaftsvertrag *(Kopp)*

1. Inhalt des Partnerschaftsvertrages 34
2. Name und Sitz der Partnerschaft (§ 3 Abs. 2 Nr. 1 PartGG) 41
   a) Der Name der Partnerschaft 41
   b) Anwendung der Vorschriften zur Firma nach dem HGB . . 42
   c) Einzelheiten zum Namensrecht der Partnerschaft . . . 43
   d) Berufsspezifische Besonderheiten 57
   e) Sanktionen bei Verletzung der Vorschriften des Namens der Partnerschaft . 59
   f) Sitz der Partnerschaft 60
3. Name, Vorname, ausgeübter Beruf (§ 3 Abs. 2 Nr. 2 PartGG) 63
4. Gegenstand der Partnerschaft (§ 3 Abs. 2 Nr. 3 PartGG) . . . 66
5. Mängel des Vertrages 68

Rz.

IV. Die Rechtsverhältnisse der Partner untereinander *(Kopp)*

1. Rechtliche Voraussetzungen für die Partnereigenschaft . . . 72
2. Vorrang berufsrechtlicher Pflichten (§ 6 Abs. 1 PartGG) . 75
3. Die Geschäftsführung der Partnerschaft (§ 6 Abs. 2 PartGG) 78
4. Vertragliche Beschränkungen der Gesamtgeschäftsführungsbefugnis 81
5. Nachträglicher Entzug der Geschäftsführungsbefugnis . . 82
6. Niederlegung des Geschäftsführeramtes 86
7. Sonstige Rechte und Pflichten der Gesellschafter im Innenverhältnis (§ 6 Abs. 3 PartGG) 87
8. Informationsrechte der Partner (§ 118 HGB) 95
9. Beschlussfassungen durch die Partner (§ 119 HGB) 98
10. Gewinnverteilung 101
11. Aktive Mitarbeit, stille Beteiligungen, stille Gesellschaft, Unterbeteiligungen . . . 102
12. Der Eintritt eines neuen Partners 109
13. Das Ausscheiden eines Partners aus der Partnerschaft 110
    a) Grundsätzliches 110
    b) Der Tod eines Partners . . . 115
    c) Die Eröffnung des Insolvenzverfahrens über das Vermögen eines Partners . . 122
    d) Die Kündigung eines Partners 123
    e) Die Ausschließung eines Partners (§§ 140, 133 HGB) . 128
    f) Weitere Ausscheidensgründe aufgrund vertraglicher Gestaltungen 131

Rz.

g) Verlust der Zulassung (§ 9 Abs. 3 PartGG) 132
h) Allgemeine Rechtsfolgen des Ausscheidens 136
i) Die Abfindung des ausscheidenden Partners 145
j) Abfindungsklauseln im Partnerschaftsvertrag 154

V. Die Auflösung und Liquidation der Partnerschaft *(Kopp)*

1. Die Auflösung der Partnerschaft 160
   a) Grundsätzliches 160
   b) Einzelheiten zur Antragstellung 166
   c) Auflösung durch Beschluss . 169
   d) Gesetzlicher Auflösungsgrund 170
   e) Weitere Auflösungsgründe aufgrund des Partnerschaftsvertrages 172
   f) Rechtsfolge der Auflösung . 173
2. Die Liquidation der Partnerschaft 174
   a) Grundsätzliches 174
   b) Bestellung der Liquidatoren 175
   c) Beendigung des Liquidatorenamtes 180
   d) Rechte, Pflichten und Aufgaben des Liquidators . . 182
   e) Rechtsstellung der Liquidatoren im Innenverhältnis . . 187
   f) Rechnungslegung der Partnerschaft i.L. 188
   g) Rechtsfolgen der Liquidation 191
3. Andere Arten der Auseinandersetzung (§§ 145 Abs. 1, 158 HGB) 201
   a) Grundsätzliches 201
   b) Geltung der Liquidationsregeln 204

VI. Die Haftung der Partnerschaft und der Partner *(Kopp)*

1. Grundsätzliches 205
2. Gesamtschuldnerschaft 211
3. Akzessorietät der Haftung . . . 212
4. Haftung bei der interprofessionellen Partnerschaft 214
5. Haftung eines Scheinpartners . 215
6. Haftung neu eingetretener Partner (§ 130 HGB) 216
7. Ausgleich im Innenverhältnis 218
8. Haftung bei Namensfortführung durch Unternehmenserwerber 219
9. Verjährung und Nachhaftung (§ 10 Abs. 2 PartGG) 220
10. Verjährung von Ansprüchen gegen einen Partner nach Auflösung der Partnerschaft (§ 10 Abs. 2 i.V.m. § 159 HGB) 221
11. Haftung des ausgeschiedenen Partners (§ 10 Abs. 2 PartGG i.V.m. § 160 HGB) 226
12. Einwendungen der Partner . 232
13. Haftungsbeschränkung 235
14. Berufshaftpflichtversicherung 236

VII. Die Außenwirkungen der Partnerschaft *(Kopp)*

1. Einfluss der Partnerschaft auf das Berufsrecht 237
2. Die Partnerschaft im Gefüge des Wettbewerbsrechts 240
3. Die Partnerschaft als Prozess- oder Verfahrensbevollmächtigte 247

VIII. Die Besonderheiten der überörtlichen Partnerschaft *(Henssler)* 248

IX. Die interprofessionelle Partnerschaft *(Henssler)* . . . 249

1. Berufsrechtliche Schranken der WPO 250
2. Berufsrechtliche Schranken des StBerG 253
3. Anwaltliche Betätigung in einer anerkannten Steuerberatungs- oder Wirtschaftsprüfungsgesellschaft 255a

X. Steuerrecht *(Streck)* 256

XI. Bewertungsfragen *(Streck)* . . 258

XII. Muster eines Partnerschaftsvertrages *(Kopp)* 259

I. Wesen und Bedeutung der Partnerschaft

1. Die Partnerschaft nach dem PartGG – Eine Gesellschaftsform für die Freien Berufe

Mit der Partnerschaft nach dem Partnerschaftsgesellschaftsgesetz vom 25. 7. 1994[1] steht den in § 1 Abs. 2 PartGG genannten Freien Berufen eine gesellschaftsrechtliche Gestaltungsform zur Verfügung, die den spezifischen Anforderungen der Freiberufler in Hinblick auf die Rechtsfähigkeit und Registerpflichtigkeit der Gesellschaft einerseits und die Haftungskonzentration andererseits gerecht werden soll[2] und hierbei die Wesensmerkmale der Freien Berufe, insbesondere die persönlich-vertrauensvolle Beziehung zum Auftraggeber[3] berücksichtigt. 1

Die Gesellschaft bürgerlichen Rechts nach §§ 705 ff. BGB bot ursprünglich[4] 2
im Gegensatz zur Partnerschaft keine ausreichende rechtliche Verselbständigung, um insbesondere für die zunehmende Bedeutung der immer größer werdenden Formen der gemeinsamen Berufsausübung noch sinnvoll nutzbar zu sein[5]. Die Ausübung ihrer Tätigkeit in der OHG ist den Freiberuflern wegen der begrifflichen Bindung der OHG an den Betrieb eines „Handelsgewerbes" nicht erlaubt[6].

Nach § 1 Abs. 1 Satz 1 PartGG ist der gesetzlich festgelegte Zweck einer 3
Partnerschaft der Zusammenschluss Angehöriger Freier Berufe **„zur Ausübung ihrer Berufe"**. Die Partnerschaft nach dem PartGG ist eine Gesellschaft, in der sich ausschließlich Angehörige der Freien Berufe[7] zur Ausübung ihrer Berufe zusammenschließen[8] können. In der Partnerschaft ist die Ausübung einer nicht freiberuflichen, also einer gewerblichen Tätigkeit

1 Gesetz über Partnerschaftsgesellschaften Angehöriger Freier Berufe (Partnerschaftsgesellschaftsgesetz – PartGG), BGBl. 1994 I, 1744; i.d.F. des Gesetzes zur Änderung des Umwandlungsgesetzes, des Partnerschaftsgesellschaftsgesetzes und anderer Gesetze vom 1. 8. 1998 (BGBl. 1998 I, 1878) und des Zweiten Gesetzes zur Änderung der Finanzgerichtsordnung und anderer Gesetze vom 19. 12. 2000 (BGBl. 2000 I, 1757, 1759). Zur Entstehungsgeschichte vgl. *Burgmair/Brink*, Die erfolgreiche Rechtsanwaltskooperation, S. 105 ff.; *Henssler*, Einf PartGG Rz. 1 ff.; *Michalski/Römermann*, Einf PartGG Rz. 1 ff.; *Ulmer*, Gesellschaft bürgerlichen Rechts und Partnerschaftsgesellschaften, Vor § 1 PartGG Rz. 1 ff.

2 Vgl. auch *Seibert*, AnwBl. 1993, 155 mit Hinweis auf die speziell auf die Angehörigen Freier Berufe zugeschnittenen Gesellschaftsform.

3 Vgl. die Aufzählung der Wesensmerkmale des Anwaltsberufes als eines Freien Berufes im Beschluss des Bayerischen Obersten Landesgerichts vom 24. 11. 1994 zur Rechtsanwalts-GmbH, abgedruckt u.a. in NJW 1995, 199, 201; hierzu auch *Kempter*, BRAK-Mitt. 1994, 122.

4 Vgl. zur Rechts- und Parteifähigkeit der Gesellschaft: BGH, Urt. v. 29. 1. 2001 – II ZR 331/00.

5 So schon *Volmer*, StB 1967, 25; *Rittner*, StB 1967, 2, 9.

6 Vgl. BGHZ 56, 355; 70, 247; 83, 328; 108, 290; *Baumbach/Hopt*, § 1 HGB Rz. 3 und § 105 Rz. 3.

7 Vgl. im Einzelnen *Henssler*, § 1 PartGG Rz. 21, 98 ff.

8 Vgl. § 1 Abs. 1 PartGG.

gemäß § 1 Abs. 1 Satz 2 PartGG nicht möglich. Die Partnerschaft übt nach dem ausdrücklichen Wortlaut des Gesetzes kein Handelsgewerbe aus. Angehörige einer Partnerschaft können im Übrigen nur natürliche Personen sein.

2. Die Wesenszüge der Partnerschaft

4 Die Partnerschaft lässt sich charakterisieren als eine gemeinsame Ausübung freiberuflicher Tätigkeit durch mehrere Angehörige derselben oder verschiedener Freier Berufe unter einem einheitlichen Namen, die mit gemeinschaftlichen Einrichtungen sowie mit gemeinsamer Büroorganisation und Abrechnung, zur gemeinschaftlichen Betreuung einer gemeinsamen Klientel gegründet wird[1]. Die Partnerschaft ist aufgrund der geforderten aktiven freiberuflichen Tätigkeit aller Partner eine so genannte **Berufsausübungsgesellschaft**. Als solche ist sie notwendigerweise eine Außengesellschaft[2]. Die Ausgestaltung als stille Gesellschaft ist unzulässig[3].

5 Die Partnerschaft ist eine **Außengesellschaft** im Sinne einer Gesamthandsgemeinschaft der Partner. Im Gegensatz zur Gesellschaft des bürgerlichen Rechts (GbR) ist ihre rechtliche Selbständigkeit gemäß §§ 124 HGB i.V.m. 7 Abs. 2 PartGG positiv-rechtlich geregelt. Sie ist namensrechtsfähig, aktiv und passiv parteifähig, grundbuchfähig und auch deliktsfähig. Sie kann somit unter ihrem Namen Verträge abschließen, Vermögen erwerben, als Prozesspartei auftreten oder als Grundstückseigentümerin im Grundbuch eingetragen werden. Aufgrund dieser Rechtsnatur kann ihr Vermögen Gegenstand von Vollstreckungsmaßnahmen oder eines Insolvenzverfahrens sein.

6 Von der Partnerschaft als Berufsausübungsgesellschaft sind die **Organisationsgesellschaften**, wie z.B. die Bürogemeinschaften, abzugrenzen. Die Organisationsgesellschaften dienen lediglich dem Zweck, sich in einer gemeinsamen Benutzung von Büroräumen, Einrichtungsgegenständen oder Personal zu nutze zu machen. Die einzelnen Mitglieder der Organisationsgesellschaften sind jedoch selbständig und handeln im eigenen Namen und auf eigene Rechnung für ihre jeweils eigene Klientel. Organisationsgesellschaften können nicht in der Rechtsform einer Partnerschaft betrieben werden.

7 Die Struktur der Partnerschaft orientiert sich weitgehend an derjenigen der OHG gemäß §§ 105 ff. HGB. Ihrem Wesen nach ist sie daher **Personen- und Gesamthandsgesellschaft**. Gemäß § 1 Abs. 4 PartGG finden auf die Partnerschaft, soweit im PartGG nichts anderes bestimmt ist, die Vorschriften des Bürgerlichen Gesetzbuches (BGB) über die Gesellschaft (§§ 705 ff. BGB) Anwendung. Die Partnerschaft ist damit eine Personengesellschaft, deren Vermögen den Partnern zur gesamten Hand zusteht.

---

1 Vgl. sinngemäß BGHZ 97, 273, 277; vgl. auch *Michalski*, Das Gesellschafts- und Kartellrecht der berufsrechtlich gebundenen Freien Berufe, S. 95.
2 So auch *Henssler*, § 1 PartGG Rz. 7 und 23.
3 So auch *Henssler*, § 1 PartGG Rz. 23.

Wie bei der OHG muss die Partnerschaft eine gemeinsame, selbständige, auf Dauer angelegte und planmäßige Tätigkeit der Partner zum Gegenstand haben, die der Gewinnerzielung dient[1]. 8

Abweichungen von den Regelungen der OHG ergeben sich im Wesentlichen aus den **Besonderheiten der Freien Berufe**. Insbesondere die Unabhängigkeit und Eigenverantwortlichkeit der Berufsträger im Rahmen ihrer Berufsausübung erfordern, dass die Geschäftsführungsbefugnis für die freiberufliche Tätigkeit nicht beschränkbar ist. Das Berufsrecht geht dem Gesellschaftsrecht generell vor. 9

Neben der Haftung der Partnerschaft ist im Gegensatz zur OHG gemäß § 8 Abs. 2 und 3 PartGG die **Beschränkung der Haftung** auf einzelne, mit der Bearbeitung des Auftrags befassten Partner vorgesehen. 10

Die Partnerschaft muss als **Dauergesellschaft** gewollt sein. Erforderlich ist hierfür eine planmäßige, auf Dauer angelegte gemeinsame Tätigkeit der Partner. Für die Einstufung der Partnerschaft als Dauergesellschaft ist neben dem objektiven zeitlichen Element der subjektive Zweck entscheidend, mit dem die Gesellschaft gegründet worden ist[2]. Aufgrund dieses Zweckes der gemeinsamen Berufsausübung sind Partnerschaften regelmäßig auf Dauer angelegt. Im Falle der Durchführung eines gemeinsamen Projektes ist jedoch auch eine zeitliche Begrenzung möglich. 11

Die Partnerschaft ist den Kapitalgesellschaften durch ihre Teilrechtsfähigkeit angenähert. Sie ist jedoch **keine juristische Person**. Zwischen den einzelnen Partner besteht eine Haftungsgemeinschaft, bei der neben der Haftung des Gesellschaftsvermögens auch die grundsätzlich unbeschränkte, persönliche Haftung der Partner fortbesteht[3]. 12

Im Gegensatz zu den Kapitalgesellschaften ist die Gesellschafterstellung **nicht** ohne die Zustimmung der anderen Gesellschafter **übertragbar**. Der Anteil am Gesellschaftsvermögen kann nicht getrennt von der Mitgliedschaft in der Gesellschaft übertragen werden[4]. Eine Fremdorganschaft ist ebenso unzulässig. Es gilt das Einstimmigkeitsprinzip. 13

3. Die Akzeptanz der Partnerschaft

Die Akzeptanz der Partnerschaft als neue Gesellschaftsform war anfangs sehr gering. Bis Anfang 1996 waren nur ca. 450 Anmeldungen bei den Partnerschaftsregistern erfolgt[5]. In den zwei darauffolgenden Jahren bis Ende 1998 stieg die Zahl dann jedoch auf über 2000[6]. 14

1 Zum Gewerbebegriff vgl. *Baumbach/Hopt*, § 1 HGB Rz. 1 ff.
2 Für die GbR MünchHdb. Ges. R I/*Schücking*, § 4 Rz. 12.
3 Vgl. *Henssler*, § 1 PartGG Rz. 10 f. und § 8 Rz. 26 ff.; *Michalski/Römermann*, § 8 PartGG Rz. 52 ff.
4 Vgl. § 1 Abs. 4 PartGG i.V.m. § 719 Abs. 1 BGB.
5 Zu Einzelheiten vgl. *Seibert*, GmbHR 7/1996, R 153.
6 DSWR 1999, 191.

II. Die Errichtung einer Partnerschaft(-sgesellschaft)

1. Formen der Partnerschaftsgründung

15 Die Bildung einer Partnerschaft erfolgt entweder in Form einer **Neugründung** bei erstmaligem Zusammenschluss zur gemeinsamen Berufsausübung oder in Form einer **Umwandlung** einer BGB-Gesellschaft oder einer Freiberufler-GmbH in eine Partnerschaft. Verschiedene Gesellschaften können sich zudem durch Verschmelzung zu einer Partnerschaft zusammenschließen.

16 Im Falle der Entstehung einer Partnerschaft durch Umwandlung oder Verschmelzung bestehender Gesellschaften, ist zur Vermeidung des aufwendigeren Verfahrens von Liquidation und Neugründung die Anwendung der verschiedenen Umwandlungsformen (identitätswahrende Umwandlung, übertragende Umwandlung bzw. formwechselnde Umwandlung[1]) sinnvoll. Im Falle des Überganges einer Partnerschaft auf eine Erbengemeinschaft setzt die Fortführung der Partnerschaft die Erfüllung der Berufseigenschaft bei allen Erben voraus.

17 Die Partnerschaft als solche entsteht schließlich durch die Abfassung eines rechtsgültigen **Gesellschaftsvertrages**, dem die Anmeldung zum Partnerschaftsregister und die registerrechtliche Prüfung und Eintragung folgen. Mit der Eintragung entsteht die Partnerschaft[2].

18 Wegen der konstitutiven Wirkung der Eintragung in das Partnerschaftsregister ist bis zur Eintragung von einer „Vorpartnerschaft" auszugehen, die jedoch nach außen lediglich eine BGB-Gesellschaft darstellt.

2. Die Vorpartnerschaft

19 Die Aufnahme der Geschäftstätigkeit reicht für die Entstehung einer Partnerschaft nicht aus. Soweit die Partnerschaft ihre Geschäfte bereits vor der Eintragung in das Partnerschaftsregister auszuführen beginnt, gelten für sie im Außenverhältnis die Vorschriften der Gesellschaft des bürgerlichen Rechts[3]. In diesem Vorstadium haften die Partner persönlich und unbeschränkt[4].

20 Im **Innenverhältnis** sind die Partner einer Vorpartnerschaft aber bereits aufgrund des Partnerschaftsvertrages verpflichtet. Ihr Verhältnis zueinander bestimmt sich damit weitgehend nach dem PartGG.

---

1 Vgl. im Einzelnen *Henssler*, § 1 PartGG Rz. 31 ff.

2 § 7 Abs. 1 PartGG.

3 *K. Schmidt*, NJW 1995, 1, 4; *Lenz*, MDR 1994, 741, 743; a.A.: *Michalski/Römermann*, § 7 PartGG Rz. 5: „Vor-Partnerschaft", auf welche die Regeln über die Partnerschaft weitgehend anzuwenden sind; ebenso *Gail/Overlack*, Anwaltsgesellschaften, Rz. 126; vgl. im Einzelnen *Henssler*, § 7 PartGG Rz. 11 ff.

4 Vgl. *Henssler*, § 7 PartGG Rz. 14.

3. Die Anmeldung der Partnerschaft zum Partnerschaftsregister (§ 4 Abs. 1 PartGG)

Die Partnerschaft ist in das Partnerschaftsregister einzutragen. Gemäß § 7 Abs. 1 PartGG wird die Partnerschaft im Verhältnis zu Dritten mit ihrer Eintragung in das Partnerschaftsregister wirksam[1]. Die Eintragung der Partnerschaft in das Partnerschaftsregister hat somit **konstitutive Wirkung**[2]. Beginnt die Gesellschaft ihre Geschäfte vor Eintragung der Partnerschaft, tritt die Wirksamkeit der Partnerschaft abweichend von § 123 Abs. 2 HGB nicht mit dem Zeitpunkt des Geschäftsbeginns ein[3]. 21

Der **Zweck der Anmeldung und Eintragung** in das Partnerschaftsregister ist einerseits die Unterscheidungsmöglichkeit der Partnerschaft von einer freiberuflichen BGB-Gesellschaft. Zum anderen dient die Eintragung dem Informationsbedürfnis des Rechtsverkehrs[4]. Mit dem Register wird Publizität geschaffen und damit wie beim Handelsregister eine Sicherheit über die Einzelheiten der Partnerschaftsgesellschaft für den Rechtsverkehr. 22

Die **Registerpublizität** gemäß § 15 Abs. 1 HGB führt dazu, dass eine Gestaltung der Vertretungsmacht, die vom gesetzlichen Regelfall abweicht (§ 7 Abs. 3 PartGG i.V.m. § 125 Abs. 2 HGB), dem Rechtsverkehr erst nach Eintragung entgegengehalten werden kann. Gleiches gilt für das Ausscheiden eines Partners. Unterbleibt die Eintragung, so beginnt die Fünfjahresfrist gemäß § 10 Abs. 2 PartGG §§ 159 Abs. 2, 160 Abs. 1 Satz 2 HGB nicht zu laufen. Den Partnern obliegt damit im Interesse des Schutzes des Rechtsverkehrs eine kaufmannsähnliche Sorgfaltspflicht in eigenen Angelegenheiten. 23

Die Partnerschaft ist beim **Registergericht** ihres Sitzes zur Eintragung anzumelden (§ 4 Abs. 1 PartGG i.V.m. § 106 Abs. 1 HGB). Die Führung des Partnerschaftsregisters obliegt nach § 160b FGG den Amtsgerichten[5], in deren Bezirk die Partnerschaft ihren Sitz hat. §§ 125 Abs. 2 und 3, 125a und 127–130 FGG sind anzuwenden. 24

Die Anmeldungen erfolgen gemäß § 5 Abs. 2 PartGG i.V.m. § 12 HGB in **öffentlich beglaubigter Form**. Gemäß § 4 Abs. 1 Satz 1 PartGG i.V.m. § 108 Abs. 1 HGB haben die Anmeldung sämtliche Partner gemeinsam durch- 25

1 Vgl. § 7 Abs. 1 PartGG.

2 Zu den rechtlichen Folgen hinsichtlich des Beginns der Geschäfte vor Eintragung in das Partnerschaftsregister vgl. *Henssler*, § 7 PartGG Rz. 2ff.

3 Vgl. *Henssler*, § 7 PartGG Rz. 2; *Michalski/Römermann*, § 7 PartGG Rz. 2, 3a; vgl. auch *Karsten Schmidt*, NJW 1995, 1, 7.

4 BT-Drucks. 12/6152, 13.

5 Die Führung der Partnerschaftsregister kann für mehrere Amtsgerichtsbezirke oder sogar für ganze Landgerichts- und auch Oberlandesgerichtsbezirke durch Landesverordnung bei einem Amtsgericht konzentriert werden. Nordrhein-Westfalen hat ein einziges zentrales Partnerschaftsregister beim Amtsgericht Essen eingerichtet. In Berlin, Hamburg und dem Saarland besteht ebenfalls nur ein Partnerschaftsregistergericht. In Bremen wird das Partnerschaftsregistergericht in zwei Amtsgerichten geführt. Nur in Bayern, Hessen, Niedersachsen und Schleswig-Holstein ist bisher keine Konzentration der Führung der Partnerschaftsregister erfolgt.

zuführen. Eine Bevollmächtigung Dritter zur Durchführung der Anmeldung ist allerdings möglich; ebenso können die Gesellschafter sich auch untereinander vertreten. Die Vollmacht bedarf jedoch ebenfalls der öffentlich beglaubigten Form (§ 5 Abs. 2 PartGG i.V.m. § 12 Abs. 2 Satz 1 HGB).

26 Nach § 4 Abs. 1 Satz 1 PartGG i.V.m. § 108 Abs. 2 HGB sind der Name der Partnerschaft und die Namensunterschrift von den vertretungsberechtigten Partnern zur Aufbewahrung bei dem Registergericht zu zeichnen. Dies muss von den Partnern persönlich erfolgen.

27 Die bei der Anmeldung zu machenden **Angaben** beschränken sich auf den gemäß § 3 Abs. 2 PartGG zwingenden Mindestinhalt des Partnerschaftsvertrages (Name und Sitz der Partnerschaft, Familienname, Vorname und Wohnort jedes Partners, Gegenstand der Partnerschaft und sämtliche in der Partnerschaft ausgeübten Berufe). Ebenfalls ist anzumelden, wenn eine von der gesetzlichen Regelung in § 7 Abs. 3 PartGG i.V.m. § 125 Abs. 1 HGB (Alleinvertretungsbefugnis aller Partner) abweichende Gestaltung der organschaftlichen Vertretungsmacht vereinbart wurde, sofern sie gemäß § 7 Abs. 3 PartGG i.V.m. § 125 Abs. 2 und 4 HGB zulässig ist. Auf das Partnerschaftsregister und die registerrechtliche Behandlung von Zweigniederlassungen sind die §§ 8–12, 13, 13c, 13d, 13h, 14–16 HGB über das Handelsregister entsprechend anzuwenden.

28 Der Partnerschaftsvertrag selbst ist bei der Anmeldung nicht vorzulegen. Für die registerrechtliche Anmeldung sind vom Registergericht weder der Gesellschaftsvertrag noch berufsrechtliche Vorschriften zu prüfen[1]. Ein Nachweis der Zugehörigkeit zu einem in der Partnerschaft ausgeübten freien Beruf ist nicht erforderlich. Ebenso ist eine etwa erforderliche Haftpflichtversicherung für die Partnerschaft nicht nachzuweisen.

4. Anmeldepflichtige Änderungen

29 Gemäß § 4 Abs. 1 Satz 3 PartGG müssen die vertretungsberechtigten Partner auch Änderungen der anmeldepflichtigen Tatsachen (Eintritt eines neuen Partners, Sondernachfolge in einen Partnerschaftsanteil) zur Eintragung in das Partnerschaftsregister anmelden. Das Gesetz sieht zudem Anmeldungspflichten vor bei Erlöschen des Namens der Partnerschaft (§ 2 Abs. 2 PartGG i.V.m. § 31 Abs. 2 HGB), bei Änderung der organschaftlichen Vertretungsmacht (§ 7 Abs. 3 PartGG i.V.m. § 125 Abs. 4 HGB), Ausscheiden eines Partners (§ 9 Abs. 1 PartGG i.V.m. § 143 HGB), bei Auflösung der Partnerschaft (§ 9 Abs. 1 PartGG i.V.m. § 143 Abs. 1 HGB) und bei Verlegung des Sitzes der Partnerschaft (§ 5 Abs. 2 PartGG i.V.m. § 13h Abs. 1 HGB). Bei der Änderung des Partnerschaftsnamens ist erneut eine Zeichnung durch die Partner erforderlich.

1 Beachte aber die Anhörung der zuständigen Berufsvertretung bei Zweifeln bei Rz. 31.

5. Die Partnerschaftsregisterverordnung (PRV)

Die Verordnung wurde am 16. 6. 1995 verkündet[1]. Sie ist wie das PartGG seit dem 1. 7. 1995 in Kraft. 30

Die Partnerschaftsregisterverordnung gibt vor, dass sich die Einrichtung und die Führung des Partnerschaftsregisters nach den Vorschriften der **Handelsregisterverfügung** richten, soweit nicht in der Partnerschaftsregisterverordnung abweichende Regelungen getroffen worden sind. In der Partnerschaftsregisterverordnung sind jedoch nur wenige Abweichungen von der Handelsregisterverfügung vorgesehen, so dass die Registervorschriften für vergleichbare Gesellschaftsformen ein gleichmäßiges Verfahren anordnen.

Die **Pflichten der anmeldenden Partner** werden durch die Sollvorschriften von § 3 Abs. 1 Satz 2 und Abs. 3 PRV näher bestimmt. Bei staatlich reglementierten Freien Berufen ist ein Nachweis der Zulässigkeit bzw. der Befähigung zur Ausübung des Berufes erforderlich (§ 3 Abs. 1 Satz 2 PRV). Die Partner haben eine Erklärung abzugeben, dass berufsrechtliche Vorschriften der Eintragung nicht entgegenstehen (§ 3 Abs. 2 PRV). Die jeweils betroffenen Berufskammern sind anzuhören, soweit Zweifel vorhanden sind (§ 4 PRV: „Sollvorschrift"). Soweit das Registergericht von Stellungnahmen der Berufskammern abweicht, ist dies besonders zu begründen (§ 4 Satz 4 PRV). 31

6. Kosten der Eintragung in das Partnerschaftsregister

Die Eintragung in das Partnerschaftsregister ist wie Eintragungen in andere öffentliche Register **gebührenpflichtig**[2]. Die Höhe der Gebühr[3] richtet sich nach dem Gebührenverzeichnis der Anlage zur Handelsregistergebührenverordnung[4]. Die Gebühr für die Ersteintragung einer Gesellschaft mit bis zu drei Partnern beträgt 70,– Euro und erhöht sich für jeden weiteren einzutragenden Partner um 20,– Euro. 32

7. Verstöße gegen die Anmeldepflicht

Dem Registergericht stehen als Sanktionsmittel die Festsetzung eines **Zwangsgeldes** oder die **Löschung von Amts wegen** zur Verfügung. Bei Namensänderungen ist gemäß § 4 Abs. 1 Satz 3 PartGG eine Anmeldung zum Partnerschaftsregister erforderlich. Erlischt der Name der Partnerschaft insgesamt, so folgt die Anmeldepflicht aus § 31 Abs. 2 HGB analog. Ist die Partnerschaft nicht mehr ausschließlich zur Ausübung Freier Berufe tätig, ist die weitere Verwendung der Zusätze „und Partner" bzw. „Partnerschaft" unzulässig. 33

---

1 BGBl. 1995 I, 808 ff.; BR-Drucks. 213/95.

2 §§ 79 f. KostO i.d.F. v. 26. 7. 1957; § 1 HRegGebV.

3 Vgl. *Henssler*, § 4 PartGG Rz. 26 ff.; aufgrund der Entscheidung des EuGH vom 2. 12. 1997 (Rs. C-188/95 – „Fantask", abgedruckt in: NZG 1998, 274 und in ZIP 1998, 502) zur Unvereinbarkeit aufwandsunabhängiger Registergebühren wurde die Kostenordnung überarbeitet. Vgl. auch: *Mathias*, JurBüro 1998, 566.

4 HRegGebV, BGBl. I 2004, 2563; § 1 HRegGebV i.V.m. §§ 79 Abs. 1, 79a S. 1 KostO.

III. Der Partnerschaftsvertrag

1. Inhalt des Partnerschaftsvertrages

34 Erforderlich für die Entstehung der Partnerschaft durch Neugründung ist ein formwirksamer **Gesellschaftsvertrag**, welcher als Mindestbestandteile folgende Punkte enthalten muss:

- Den Namen und den Sitz der Partnerschaft;
- den Namen und den Vornamen sowie den in der Partnerschaft ausgeübten Beruf und den Wohnort jedes Partners;
- den Gegenstand der Partnerschaft.

Darüber hinaus empfiehlt es sich aber auch, **weitere Regelungen** zu treffen, wie z.B. über die Dauer der Partnerschaft, die Geschäftsführung, die Vertretung der Partnerschaft, die Beschlussfassung, die Ausübung der Stimmrechte, die Auflösungsgründe und die Gesellschafternachfolge im Todesfall.

35 Der Partnerschaftsvertrag ist ein gesellschaftsrechtlicher Vertrag nach den Vorschriften des § 705 BGB. Durch diesen Vertrag verpflichten sich mindestens zwei Gesellschafter gegenseitig, die Erreichung eines gemeinsamen Zweckes in der durch den Vertrag bestimmten Weise zu fördern, insbesondere die vereinbarten Beiträge zu leisten. Da die Partnerschaft eine Gesellschaftsform für Angehörige Freier Berufe zur Ausübung ihrer Berufe darstellt, sind die Besonderheiten in § 1 PartGG zu beachten.

36 § 3 Abs. 1 PartGG schreibt für den ganzen Partnerschaftsvertrag die **Schriftform** vor. Auch Änderungen sind schriftlich vorzunehmen. Gemäß § 126 Abs. 1 BGB ist daher von einer Vertragsurkunde auszugehen, die von den Partnern eigenhändig unterzeichnet wird. Auch die Abtretung von Partnerschaftsanteilen ist schriftlich vorzunehmen. Besonderheiten der Berufsordnungen sind ebenfalls zu beachten, wie z.B. für Vertragszahnärzte, die nach § 85 Abs. 4b SGB V den Nachweis der gleichberechtigten Teilhaberschaft im Hinblick auf den Vergütungsanspruch in notariell beglaubigter Form nachzuweisen haben[1]. Für die Anerkennung der Partnerschaft als Wirtschaftsprüfungs- bzw. als Steuerberatungsgesellschaft ist die Vorlage einer schriftlichen Ausfertigung oder einer öffentlich beglaubigten Abschrift des Gesellschaftsvertrages notwendig[2].

37 Sollten beurkundungsbedürftige Beitragspflichten in der Partnerschaftsurkunde geregelt sein, wie die Einlagepflicht zur Übertragung eines Grundstückes oder die Pflicht eines Partners, sein ganzes oder Bruchteile seines Vermögens zu übertragen, ist eine **notarielle Beurkundung** des Partnerschaftsvertrages notwendig[3].

38 Die **Folgen eines Formverstoßes** führen in der Regel gemäß § 125 Satz 1 BGB zur Nichtigkeit des Partnerschaftsvertrages. Wurde diese dennoch ins Part-

1 Vgl. im Einzelnen *Henssler*, § 3 PartGG Rz. 18.
2 § 29 Abs. 2 WPO; § 49 Abs. 4 StBerG.
3 Vgl. BT-Drucks. 12/6152, 12; *Burrett*, WPK-Mitt. 1995, 201, 204.

nerschaftsregister eingetragen und ist nach außen hin tätig geworden, gilt die Gesellschaft nach der Lehre der fehlerhaften Gesellschaft als bestehend zu betrachten[1]. Nur mittels einer Auflösungsklage nach § 9 i.V.m. § 133 HGB kann die Fehlerhaftigkeit des Partnerschaftsvertrages geltend gemacht werden, wobei die gerichtliche Entscheidung nur für die Zukunft (ex nunc) gelten kann[2].

Ein fehlerhafter, weil formloser Beitritt zu einer Partnerschaft kann durch entsprechende gesellschaftsrechtliche Gestaltungsmöglichkeiten (Austritt, Ausschluss oder Wiedereintritt) behoben werden. Gleiches gilt für eine Anteilsübertragung, die der Schriftform entbehrt. 39

Subsidiär gelten über § 1 Abs. 4 PartGG die Vorschriften über den Gesellschaftsvertrag und die Beiträge der Gesellschafter (§§ 705–708 BGB). § 6 Abs. 3 Satz 2 PartGG und § 7 Abs. 3 PartGG verweisen hinsichtlich des Innen- und des Außenverhältnisses auf die §§ 110 bis 116 Abs. 2, §§ 117 bis 119, 125 Abs. 1, 2 und 4, 126 und 127 HGB, die von §§ 709 ff. BGB abweichen. Bei der Vermögensordnung der Partnerschaft sind §§ 717–720 BGB hinsichtlich der Anwachsung zu beachten. Soweit keine vertraglichen Vereinbarungen getroffen werden (hinsichtlich der Gewinn- und Verlustverteilung), sind §§ 721 f. BGB anzuwenden. Im Falle des Ausscheidens eines Partners, der Auflösung und Liquidation der Partnerschaft sind nach § 9 Abs. 1 und § 10 PartGG weitgehend die Vorschriften zur OHG anzuwenden. Das Ausscheiden eines Partners und die daraus erfolgenden Ansprüche richten sich nach §§ 738–740 BGB. 40

2. Name und Sitz der Partnerschaft (§ 3 Abs. 2 Nr. 1 PartGG)

a) Der Name der Partnerschaft

Die Partnerschaft hat einen eigenen Namen, unter dem sie im Rechtsverkehr auftritt und der rechtlich geschützt ist. 41

Der Name der Partnerschaft muss den in § 2 Abs. 1 PartGG angegebenen Voraussetzungen entsprechen. Danach muss der Name der Partnerschaft den Namen mindestens eines Partners, den Zusatz „und Partner" oder „Partnerschaft" sowie die Berufsbezeichnungen aller in der Partnerschaft vertretenen Berufe enthalten.

Die namentliche Erwähnung aller Partner ist nicht erforderlich. Beim Namen ist vom Familiennamen auszugehen. Zulässig ist ebenfalls die Aufnahme von Sach- und Fantasiebezeichnungen[3].

1 Vgl. *Henssler*, § 3 PartGG Rz. 22 m.w.N.; *Michalski/Römermann*, § 3 PartGG Rz. 12 m.w.N.

2 Vgl. *Michalski/Römermann*, § 3 PartGG Rz. 12.

3 Vgl. *Henssler*, § 2 PartGG Rz. 7: Aufnahme eines Pseudonyms in den Namen einer Künstler-Partnerschaft. Die Zulässigkeit eines ergänzenden Phantasienamens bejahten bereits OLG Karlsruhe, Urt. v. 1. 2. 2001 – 4 U 96/00 und anschließend BGH, NJW 2004, 1651: „artax"; anders noch die erste Instanz LG Waldshut-Tingen, Urt. v. 13. 7. 2000 – 3 HO 13/00; vgl. auch *Henssler*, § 2 Rz. 15.

b) Anwendung der Vorschriften zur Firma nach dem HGB

42 Obwohl bei der Partnerschaft begrifflich von einem „Namen" gesprochen wird, gilt das „Firmen"recht des HGB, dessen Vorschriften weitgehend anzuwenden sind. Die Grundsätze des handelsrechtlichen Firmenrechts, wie die **Firmenwahrheit**, die **Firmenbeständigkeit** und die **Firmenausschließlichkeit**, sind somit auch auf die Partnerschaft anzuwenden. Dies betrifft vor allem die Vorschriften des HGB zur **Firmenfortführung** bei Namensänderung, bei Änderungen im Gesellschafterbestand oder bei Erwerb der Partnerschaft durch Dritte, die Vorschriften hinsichtlich des Veräußerungsverbots, der Firmenunterscheidbarkeit, bei Erlöschen der Firma, bei unzulässigem Firmengebrauch sowie im Insolvenzverfahren[1]. Wichtiges Merkmal ist bei der Partnerschaft, dass diese unter ihrem Namen klagen und verklagt werden kann[2].

c) Einzelheiten zum Namensrecht der Partnerschaft

43 Den Angehörigen der Freien Berufe war es bis zum 1. 7. 1997 möglich, der von ihnen gebildeten Gesellschaft eine **Kurzbezeichnung** mit dem Zusatz „und Partner" mit verschiedenen Ausgestaltungsformen zu geben. Gesellschaften, die eine solche Bezeichnung bei Inkrafttreten des PartGG am 1. 7. 1995 in ihrem Namen führten, ohne jedoch Partnerschaft im Sinne des PartGG zu sein, durften diese Bezeichnung noch bis zum 1. 7. 1997 führen. Seit dem 1. 7. 1997 dürfen sie eine solche Bezeichnung nur noch weiterführen, wenn sie in ihrem Namen der Bezeichnung „Partnerschaft" oder „und Partner" einen Hinweis auf die andere Rechtsform hinzufügen. Eine Gesellschaft, die bisher die Bezeichnung „X, Y und Partner" führte und diese auch weiterhin beibehalten wollte, muss somit den eindeutigen Hinweis auf die Gesellschaft bürgerlichen Rechts in ausgeschriebener oder abgekürzter Form zufügen[3]. Neu gegründete Gesellschaften, die nicht eine Partnerschaft im Sinne des PartGG darstellen, ist die Führung der Bezeichnungen „Partnerschaft" oder „und Partner" nicht gestattet.

44 Dem Namen darf kein **Zusatz** beigefügt werden, der ein Gesellschaftsverhältnis andeutet und sonst geeignet ist, eine Täuschung über die Art oder den Umfang des Geschäfts oder die Verhältnisse der Partner herbeizuführen; Zusätze, die zur Unterscheidung von Partnern oder Partnerschaft dienen und berufsrechtlich zulässig sind, sind gestattet[4].

45 Die Verwendung des Rechtsformhinweises „und Partner" setzt voraus, dass **mindestens zwei Partner** in der Partnerschaft zusammengeschlossen sind. Wenn im Namen der Partnerschaft sämtliche Partner namentlich erwähnt sind, verbleibt bei der Benennung der Partnerschaft nur die Möglichkeit des Zusatzes „Partnerschaft". Die Angabe „und Partner" würde zu einer wettbewerbswidrigen Irreführung über die tatsächliche Zahl der Partner füh-

---

1 §§ 21, 22 Abs. 1, 23, 24, 30, 31 Abs. 2, 32 und 37 HGB i.V.m. § 2 Abs. 2 PartGG.
2 BT-Drucks. 7/5413, 3.
3 Dazu *Kempter*, BRAK-Mitt. 1994, 122, 124; *Henssler*, § 11 PartGG Rz. 7f.
4 § 18 Abs. 2 HBG i.V.m. § 2 Abs. 2 PartGG.

ren[1]. Wie bei der Bezeichnung von Sozietäten ist auch bei der Partnerschaft das kaufmännische „&"-Kürzel vor dem Wort Partner verwendbar.

46 Zusätzliche Angaben müssen u.a. den in § 8 Abs. 2 HGB verankerten Grundsatz der Firmenwahrheit beachten. Der Zusatz **„international"** muss, soweit er berufsrechtlich zulässig ist, anhand objektiv nachprüfbaren Kriterien hinsichtlich einer ausgedehnten Auslandsaktivität sowie einer entsprechenden Größe der Partnerschaft hin überprüft werden können[2].

47 Bei Hinweisen auf **Berufsqualifikationen** oder auf **Titel** ist darauf zu achten, dass keine Täuschung dadurch herbeiführt wird, dass z.B. ein Doktortitel nicht in dem Fachgebiet erworben wurde, auf welchem die Partnerschaft freiberuflich tätig ist[3].

48 Im Namen der Partnerschaft dürfen grundsätzlich **nur aktive Mitglieder** aufgeführt werden[4]. Die Fortführung des Namens ausgeschiedener oder sogar verstorbener Partner entspricht jedoch dem Grundsatz der Firmenbeständigkeit. Das Namensrecht der Partnerschaft steht der Namensfortführung bei der alters- und krankheitsbedingten Aufgabe der aktiven Berufstätigkeit eines in der Partnerschaft verbleibenden Partners nicht entgegen.

49 In der Praxis relevant ist die Möglichkeit, den **Namen eines bereits ausgeschiedenen Partners** auch nach Umwandlung einer BGB-Gesellschaft in eine Partnerschaft weiterzuführen[5]. Dies gilt selbst, wenn der Gesellschafter schon vor der Umwandlung ausgeschieden ist[6]. Der Name eines Partners kann bei entsprechender Einwilligung ohne zeitliche Begrenzung fortgeführt werden[7]. Die Einwilligung kann auch bedingt oder befristet erteilt werden. Insofern ist es nicht erforderlich, dass nur der Name eines Gesellschafters, der bereits in dem Namen der Sozietät enthalten war, in den Namen der Partnerschaft übernommen werden darf[8]. Die Fortführungsbefugnis entfällt, wenn jemand als Strohmann nur für kurze Zeit in die Partnerschaft aufgenommen wurde, um dieser einen werbewirksamen Namen zu geben[9].

50 Aufgrund der Verweisung auf § 24 Abs. 1 HGB darf der Name der Partnerschaft auch dann fortgeführt werden, wenn **nachträglich ein Gesellschafterwechsel** durch Ein- oder Austritt eines Partners erfolgt. Wichtig ist die Vorschrift vor allem für den Fall des Ausscheidens eines namensgebenden Partners. Der Partnerschaftsname darf mit dem Namen des Ausgeschiedenen mit oder ohne Beifügung eines Nachfolgezusatzes fortgeführt werden[10]. Für

1 *Seibert*, Die Partnerschaft, S. 49; *Meilicke*, in: Meilicke/von Westphalen/Hoffmann/Lenz, § 2 PartGG Rz. 4.
2 OLG Stuttgart NJW-RR 1987, 101.
3 BGHZ 53, 67.
4 BT-Drucks. 12/6152.
5 § 2 Abs. 2 2. Halbs. PartGG.
6 BT-Drucks. 12/6152, 12.
7 BayObLG NJW 1998, 1158.
8 A.A. *Meilicke*, in: Meilicke/von Westphalen/Hoffmann/Lenz, § 2 PartGG Rz. 36.
9 BT-Drucks. 12/6152, 12.
10 § 2 Abs. 2 PartGG i.V.m. §§ 22, Abs. 1, 24 Abs. 2 HGB.

den Eintritt eines neuen Partners ist die Verweisung in § 24 Abs. 1 HGB in der Regel ohne Bedeutung, da ohnehin gemäß § 2 Abs. 1 PartGG nicht die Namen aller Partner in den Namen der Partnerschaft aufgenommen werden müssen.

51 Da die Einzelpraxis eines Freiberuflers nicht namensrechtsfähig ist, kommt § 24 HGB beim **Erwerb einer Einzelpraxis** durch eine Partnerschaft sowie im umgekehrten Fall nicht zur Anwendung. Gibt der Partnerschaftsname als Folge einer Praxisübernahme die ausgeübten Berufe nicht mehr zutreffend wieder, so ist zur Vermeidung einer Irreführung des Publikums eine Berichtigung vorzunehmen. Auch der Verweis von § 2 Abs. 2 PartGG auf § 23 HGB dient dem Schutz des Publikums vor Täuschungen, nämlich vor so genannten Leerübertragungen. Der Name einer Partnerschaft darf nicht ohne die dazugehörige Praxis veräußert werden.

52 Fällt mit dem Ausscheiden eines Partners eine im Namen der Partnerschaft genannte **Berufsbezeichnung** weg, so ist der Partnerschaftsname zu berichtigen. Bei Weiterverwendung einer Berufsbezeichnung würde es zu einer Täuschung des Publikums über die in der Partnerschaft ausgeübten Berufe kommen.

Wird der Beruf eines namensgebenden Partners nach dessen Ausscheiden nicht mehr in der interprofessionellen Partnerschaft ausgeübt, so kann auch dessen Name nicht weitergeführt werden[1].

53 Bei **Änderung des Familiennamens** eines namensgebenden Partners muss der Name der Partnerschaft zwar nicht abgeändert, die Änderung des Familiennamens jedoch zum Partnerschaftsregister angemeldet werden[2].

54 Bei einer **Veräußerung** und damit verbundenem Erwerb der „Partnerschaft"[3] kann der bisherige Name mit oder ohne Beifügung eines das Nachfolgeverhältnis andeutenden Zusatzes fortgeführt werden[4].

55 Aufgrund der Verweisung in § 2 Abs. 2 PartGG gilt auch der Grundsatz der Firmenausschließlichkeit[5]. Im Falle mehrerer Partnerschaften mit gleichem Namen sind Zusätze zur Unterscheidung aufzunehmen. Diese **Unterscheidbarkeit** muss eindeutig sein[6].

56 Wichtiges Merkmal bei der Partnerschaft ist, dass diese unter ihrem Namen **klagen und verklagt werden** kann[7].

d) Berufsspezifische Besonderheiten

57 Sonderregelungen für **Wirtschaftsprüfer, vereidigte Buchprüfer und Steuerberater** sehen §§ 31, 130 Abs. 2 WPO und § 53 StBerG vor. Soweit die Partner-

1 BT-Drucks. 12/6152, 12; a.A.: *Michalski/Römermann*, § 2 PartGG Rz. 32: Bloße Streichung der Berufsbezeichnung aus dem Namen der Partnerschaft.
2 § 3 Abs. 2 Nr. 2; § 4 Abs. 1 Satz 3 PartGG.
3 BT-Drucks. 12/6152, 12.
4 §§ 22 Abs. 1 HGB i.V.m. § 2 Abs. 2 PartGG.
5 §§ 18 Abs. 2 Satz 2, 30 HGB.
6 Vgl. im Einzelnen *Henssler*, § 2 PartGG Rz. 21.
7 BT-Drucks. 7/5413, 3.

schaften nach dem jeweiligen Berufsrecht als Steuerberatungsgesellschaft und Wirtschaftsprüfungsgesellschaft bzw. Buchprüfungsgesellschaft anerkannt wurden, sind sie von der Verpflichtung befreit, die Berufsbezeichnungen aller in der Partnerschaft vertretenen Berufe in den Namen aufzunehmen. Die interprofessionelle Ausrichtung einer Partnerschaft ist dann zwar für die Öffentlichkeit nicht ersichtlich. Dies ist jedoch damit zu rechtfertigen, dass durch die Bezeichnung als Wirtschaftsprüfungs-, Buchprüfungs- bzw. als Steuerberatungsgesellschaft bereits ausreichend über die in solchen Partnerschaften möglichen Dienstleistungen aufgeklärt wird[1].

Soweit allerdings Angehörige verschiedener Berufe in einer Steuerberatungs-, Wirtschaftsprüfer- bzw. Buchprüfungsgesellschaft tätig sind, ist ihre Tätigkeit innerhalb dieser Gesellschaften auf den Umfang des Gegenstands der Partnerschaft beschränkt. Mit der **Aufnahme eines Rechtsanwaltes** als weiteren Partner in eine Steuerberatungs-, Wirtschaftsprüfungs- oder Buchprüfungsgesellschaft wird deren Unternehmensgegenstand bzw. von Gesetzes wegen vorgesehener Tätigkeitsbereich grundsätzlich nicht automatisch auf die Rechtsberatung erweitert. 58

e) Sanktionen bei Verletzung der Vorschriften des Namens der Partnerschaft

Unzulässige Namen sind vom Registergericht nicht einzutragen. Wird der Name zu einem späteren Zeitpunkt nach der Eintragung unzulässig, kann das Registergericht durch Festsetzung eines **Ordnungsgeldes** zur Unterlassung der Namensverwendung anhalten[2]. Auch eine **Löschung** ist nach § 395 FamFG denkbar. Wird durch einen unzulässigen Namensgebrauch jemand in seinen Rechten verletzt, kann gemäß § 37 Abs. 2 Satz 1 HGB **Unterlassung** des Namensgebrauchs verlangt werden. Anspruchsberechtigt sind die jeweiligen Konkurrenten der Partnerschaft, bei Namensfortführungen ohne Einwilligung auch der ausgeschiedene Partner oder seine Erben. 59

f) Sitz der Partnerschaft

Beim Sitz ist entsprechend der Regelung zur OHG der **Ort der Geschäftsführung** anzugeben. Ist dieser, wie z.B. bei überörtlichen Gesellschaften nicht eindeutig feststellbar, müssen die Partner sich für einen der verschiedenen Orte entscheiden, den sie im Vertrag und im Handelsregister als Sitz der Partnerschaft angeben[3]. Die weiteren Büros der überörtlichen Gesellschaft werden dann automatisch zu **Zweigniederlassungen**. 60

Einen Doppelsitz, wie er z.B. bei Kapitalgesellschaften bei Vorliegen eines besonderen Bedürfnisses[4] vorkommen kann, gibt es für die Partnerschaft wie auch für die Personenhandelsgesellschaften nicht[5]. 61

1 BT-Drucks. 12/7642, 12.
2 § 37 Abs. 1 HGB.
3 *Henssler*, § 3 PartGG Rz. 26; *Michalski/Römermann*, § 3 PartGG Rz. 15.
4 Vgl. Staub/*Hüffer*, Vor § 13 HGB Rz. 27; Staub/*Ulmer*, § 106 HGB Rz. 22.
5 *Michalski/Römermann*, § 3 PartGG Rz. 15 a.E.

62 Die **Verlegung des Sitzes** im Inland ist gemäß § 5 Abs. 2 PartGG i.V.m. § 13h HGB zum Partnerschaftsregister anzumelden. Eine Verlegung des Sitzes der Partnerschaft ins Ausland führt zur Auflösung der Gesellschaft[1].

3. Name, Vorname, ausgeübter Beruf (§ 3 Abs. 2 Nr. 2 PartGG)

63 Im Partnerschaftsvertrag sind die Partner mit ihrem Namen und Vornamen[2] sowie dem in der Partnerschaft ausgeübten Beruf anzugeben.

Bei den Berufsbezeichnungen sind nur die in der Partnerschaft **konkret ausgeübten Berufe** zu nennen. Die Tätigkeit des Notars ist aufgrund des wahrzunehmenden öffentlichen Amtes im Rahmen der Partnerschaft nicht möglich. Jedoch können Anwaltsnotare zur Ausübung ihrer anwaltlichen Tätigkeit an einer Partnerschaft teilnehmen. Ihre Tätigkeit als Notar darf auf dem Briefkopf der Partnerschaft aufgenommen werden. Allerdings ist ein Hinweis im Namen der Partnerschaft auf die Notarstätigkeit nicht möglich.

64 Übt ein Partner **mehrere Berufe** aus, besteht durch die konkrete Angabe des in der Partnerschaft ausgeübten Berufs die Möglichkeit, nur die Ausübung dieses Berufes in die Partnerschaft einzubeziehen[3]. Dies kann dann von Relevanz sein, wenn ein Rechtsanwalt/Steuerberater in der Rechtsanwalts-Partnerschaft[4] als Rechtsanwalt und in einer Steuerberatungs-GmbH als Steuerberater tätig sein möchte.

65 Entgegenstehendes **Berufsrecht** ist grundsätzlich zu beachten, wie § 1 Abs. 3 PartGG vorgibt. Die Eintragung des Berufs im Partnerschaftsregister ermöglicht zudem, sich darüber zu informieren, welchen Beruf die einzelnen Partner in der Gesellschaft ausüben[5].

4. Gegenstand der Partnerschaft (§ 3 Abs. 2 Nr. 3 PartGG)

66 Mit dem Gegenstand der Partnerschaft sollen die ausgeübten Berufe von Anfang an klar und eindeutig festgelegt werden[6]. Gegenstand der Partnerschaft ist die **gemeinsame Ausübung eines oder verschiedener Freier Berufe**.

67 Im Innenverhältnis und in geringerem Umfang auch im Außenverhältnis[7] können die Partner festlegen, dass das Betätigungsfeld der Partnerschaft nicht durch die Geschäftsführung anderer Partner auf Rechtsgebiete ausgedehnt wird, die ursprünglich nicht beabsichtigt waren.

---

1 So *Henssler*, § 3 PartGG Rz. 30.
2 Der Rufname genügt, vgl. *Baumbach/Hopt*, § 106 HGB Rz. 6.
3 Vgl. BT-Drucks. 12/6152, 13.
4 Zur Ausübung eines Berufes in einer Rechtsanwaltsgesellschaft mbH war früher nach § 59e Abs. 2 BRAO a.F. maßgebend.
5 § 5 Abs. 2 i.V.m. § 9 HGB; vgl. hierzu auch *Seibert*, Die Partnerschaft, S. 48.
6 So die Begründung zum RegE PartGG, BT-Drucks. 12/6152, 13.
7 Nach der Lehre vom Missbrauch der Vertretungsmacht, vgl. MünchKommBGB/*Schramm*, § 164 Rz. 98ff.

5. Mängel des Vertrages

Für Vertragsmängel gelten die §§ 119, 123 BGB, für Scheingeschäfte § 117 BGB und für Fälle fehlender Geschäftsgrundlage die hierfür entwickelten Rechtsgrundsätze. 68

Eine Besonderheit gilt für die **Teilnichtigkeit**. § 139 BGB gilt für den Partnerschaftsvertrag grundsätzlich nicht[1]. Es wird grundsätzlich angenommen, dass die Gesellschafter ein gemeinsames Interesse am Bestand der Gesellschaft haben. Dies gilt um so mehr, wenn die Gesellschaft bereits in Vollzug gesetzt wurde. 69

Im Falle der **Unwirksamkeit einer Willenserklärung nur eines Partners** wird regelmäßig ein Vertragsschluss unter den übrigen Partnern angenommen. Hierfür ist vor allem die Aufnahme der Fortsetzungsklausel in den Gesellschaftsvertrag ein wichtiges Indiz. 70

Wenn der gesamte Vertrag dennoch nichtig sein sollte, die Gesellschaft jedoch schon in Vollzug gesetzt ist und ansonsten keine schutzwürdigen Belange entgegenstehen, besteht die Gesellschaft gleichwohl. Hier gilt dann die **Lehre von der fehlerhaften Gesellschaft**. Nichtigkeits- und Anfechtungsgründe müssen dann mittels der Auflösungsklage gemäß § 9 Abs. 1 PartGG i.V.m. § 133 HGB oder durch das Mittel des Ausschließens (§ 9 Abs. 1 PartGG i.V.m. § 140 HGB) mit ex-nunc-Wirkung geltend gemacht werden. 71

IV. Die Rechtsverhältnisse der Partner untereinander

1. Rechtliche Voraussetzungen für die Partnereigenschaft

Die Partnerschaft ist ausschließlich für die **Angehörigen Freier Berufe** eröffnet. § 1 Abs. 2 PartGG enthält eine gesetzliche Definition und einen Katalog der Berufe, deren selbständige Berufstätigkeit als Ausübung eines Freien Berufes im Sinne des PartGG gilt. Zu den charakterisierten Eigenschaften des Freien Berufes gehören die besondere berufliche Qualifikation, die schöpferische Begabung, die persönliche, eigenverantwortliche und fachlich unabhängige Erbringung von Dienstleistungen höherer Art im Interesse der Auftraggeber und der Allgemeinheit. Angehörige einer Partnerschaft können nur natürliche Personen sein[2]. 72

Die Partnerschaft ist eine Gesellschaft, in der sich die genannten Angehörigen der Freien Berufe zur Ausübung ihrer Berufe zusammenschließen. Dies bedingt, dass sich an einer Partnerschaft **mindestens zwei Partner** beteiligen müssen. Anders als bei einer Kapitalgesellschaft erlischt die Partnerschaft bei Ausscheiden des vorletzten Partners. 73

Aus § 1 Abs. 1 Satz 1 PartGG ergibt sich, dass eine **aktive freiberufliche Tätigkeit** aller Partner in der Partnerschaft erforderlich ist[3]. 74

1 *Henssler*, § 3 PartGG Rz. 37.
2 Vgl. § 1 Abs. 1 Satz 3 PartGG.
3 Vgl. *Henssler*, § 1 PartGG Rz. 22.

2. Vorrang berufsrechtlicher Pflichten (§ 6 Abs. 1 PartGG)

75 Durch den Berufsrechtsvorbehalt ist die Vertragsfreiheit der Partner bei der Bildung einer Partnerschaft eingeschränkt. Sie können sich gegenüber den anderen Partnern nur im Rahmen ihres jeweiligen Berufsrechts verpflichten. Besondere Bedeutung kommt der Wahrung der Unabhängigkeit und Eigenverantwortlichkeit, den Pflichten zur Vermeidung von Interessenkollisionen und zur beruflichen Verschwiegenheit in Berufsausübungszusammenschlüssen zu, wie dies für Rechtsanwälte[1], Wirtschaftsprüfer[2] und Steuerberater[3] berufsrechtlich ausdrücklich geregelt ist.

76 Die **Unabhängigkeit der Partner** wird als Wesenselement der Freien Berufe gesehen. Eine Beschränkung der Geschäftsführung eines Partners hinsichtlich seiner Berufsausübung ist danach unzulässig. Weisungen der Mitgesellschafter, die in die unabhängige Berufsausübung eingreifen, sind nicht erlaubt, sofern sie den Gesellschafter zu einer Vertragserfüllung zwingen, die seiner Vorstellung von einer gewissenhaften Berufsausübung nicht entspricht. Bei einem Zusammenschluss zu einer Steuerberatungsgesellschaft haben die verantwortlichen Leiter in besonderem Maße darauf zu achten, dass ihnen die Unabhängigkeit und die Freiheit zu pflichtgemäßem Handeln nicht genommen wird[4]. Nach außen hin muss das Berufsgeheimnis von der Partnerschaft stets in vollem Umfang beachtet werden. In einer monoprofessionellen Partnerschaft ergeben sich hierbei keine besondere Probleme, da jeder Partner demselben Berufsrecht unterworfen ist und damit derselben Verschwiegenheitsverpflichtung unterliegt.

77 Bei **interprofessionellen Partnerschaften** können unterschiedliche Berufsrechte zur Anwendung kommen. Hierbei hat jeder Partner die von der Gesellschaft übernommenen vertraglichen Pflichten grundsätzlich nur im Rahmen seiner beruflichen Kompetenzen zu erfüllen.

3. Die Geschäftsführung der Partnerschaft (§ 6 Abs. 2 PartGG)

78 Grundsätzlich sind alle Partner jeweils **allein** zur Geschäftsführung berechtigt und verpflichtet[5]. Den anderen Partnern steht ein Widerspruchsrecht nach § 6 Abs. 3 PartGG i.V.m. § 115 Abs. 1 HGB zu. Die Geschäftsführungsbefugnis ist gemäß § 6 Abs. 3 PartGG i.V.m. § 116 Abs. 1 HGB auf Handlungen beschränkt, welche die freiberufliche Tätigkeit der Partnerschaft gewöhnlich mit sich bringt.

79 Die Abgrenzung zwischen **gewöhnlichen und außergewöhnlichen Handlungen** erfolgt aufgrund der partnerschaftsvertraglichen Vereinbarungen. Für außergewöhnliche Geschäfte gilt kraft Gesetzes Gesamtgeschäftsführung[6].

1 §§ 43a Abs. 1, Abs. 2 und Abs. 4, 45 BRAO.
2 § 43 Abs. 1 WPO.
3 § 57 Abs. 1 StBerG.
4 BFHE 133, 322.
5 § 6 Abs. 3 PartGG i.V.m. §§ 114 Abs. 1, 115 Abs. 1 HGB.
6 § 6 Abs. 3 PartGG i.V.m. § 116 Abs. 2 HGB.

Soweit es an einer vertraglichen Regelung fehlt, fallen als Teil der Berufsausübung auch die so genannten „sonstigen Geschäfte" unter die Geschäftsführungsbefugnis, wie z.B. der Abschluss von Anstellungsverträgen mit den Mitarbeitern, der Kauf von Büromaterial u.a. Für außergewöhnliche Geschäfte, wie einschneidende Änderungen in der Organisation, Beteiligungen an anderen Unternehmen oder Geschäfte, die gemessen an den Verhältnissen der Partnerschaft besonders umfang- oder risikoreich sind, ist kraft Gesetzes **Gesamtgeschäftsführung** erforderlich[1].

Die Geschäftsführer haben **nicht** die Möglichkeit, **Prokuristen** zu bestellen. 80
§ 116 Abs. 3 HGB ist in der Verweisung von § 6 Abs. 3 PartGG nicht enthalten.

4. Vertragliche Beschränkungen der Gesamtgeschäftsführungsbefugnis

Wie bei der OHG kann die Geschäftsführung bei der Partnerschaft vertrag- 81
lich abweichend von der gesetzlichen Einzelgeschäftsführungsbefugnis vereinbart werden. So kann mehreren oder allen Partnern gemeinsam die Geschäftsführung übertragen werden[2].

5. Nachträglicher Entzug der Geschäftsführungsbefugnis

Bei Vorliegen eines wichtigen Grundes kann aufgrund einer entsprechenden 82
gerichtlichen Entscheidung der nachträgliche Entzug der Geschäftsführungsbefugnis erfolgen[3]. Hierfür ist ein **gemeinsamer Antrag** aller übrigen Partner erforderlich.

Hierbei ist zu beachten, dass ein dauerhafter Entzug der Geschäftsführungs- 83
befugnis womöglich gegen ein gesetzliches Verbot der aktiven Berufsausübung durch die Partner in der Partnerschaft verstößt. Insofern wird der Entzug der Befugnis zu „sonstigen Geschäften" berufsrechtlich unproblematisch, aber der dauerhafte Entzug der Geschäftsführungsbefugnis **berufsrechtlichen Bedenken** begegnen. So wird nur in besonderen Ausnahmefällen die Geschäftsführung wenigstens vorübergehend entzogen werden können[4].

Im Falle einer schweren Verfehlung eines Partners, welche unter umfassen- 84
der Abwägung der Belange aller Beteiligten zum Schutz der Partnerschaft und der anderen Partner einen dauerhaften Entzug der Geschäftsführungsbefugnis bedingt, kommt nur ein **Ausschluss aus der Partnerschaft** gemäß § 9 Abs. 1 PartGG in Betracht.

Gemäß § 6 Abs. 2 PartGG kann nur einzelnen Partnern, nicht aber allen Part- 85
nern gleichzeitig die Führung der „sonstigen Geschäfte" entzogen werden.

---

1 § 6 Abs. 3 PartGG i.V.m. § 116 Abs. 2 HGB.
2 § 6 Abs. 3 PartGG i.V.m. § 115 Abs. 2 HGB.
3 § 6 Abs. 3 PartGG i.V.m. § 117 HGB.
4 BT-Drucks. 12/6152, 15.

Dies entspricht dem Grundsatz der Selbstorganschaft. Eine Übertragung der Führung der „sonstigen Geschäfte" auf Dritte ist nicht möglich[1].

§ 6 PartGG ist dispositives Recht[2]. Insofern kann das gerichtliche Verfahren abbedungen und durch einen Gesellschafterbeschluss ersetzt werden.

6. Niederlegung des Geschäftsführeramtes

86 Unabhängig von der nachträglichen Entziehung der Geschäftsführungsbefugnis kann jeder Partner sein Geschäftsführeramt niederlegen, wenn er einen wichtigen Grund hierfür hat[3]. Entsprechend dem Gebot der aktiven Berufsausübung durch die Partner gilt ein Verzicht nur für die Führung der „sonstigen Geschäfte". Soweit die aktive Mitarbeit nach der Berufsausübung beendet werden soll, bleibt nur die Möglichkeit des Ausscheidens aus der Partnerschaft.

7. Sonstige Rechte und Pflichten der Gesellschafter im Innenverhältnis (§ 6 Abs. 3 PartGG)

87 Soweit im Partnerschaftsvertrag keine besonderen Vereinbarungen getroffen worden sind, richtet sich das Innenverhältnis der Partner zueinander weitgehend nach den handelsrechtlichen **Regelungen der OHG**. Der das „Rechtsverhältnis der Gesellschafter untereinander" betreffende zweite Titel aus dem ersten Abschnitt des zweiten Buches (§§ 109–122 HGB) ist in seinem Kernbereich entsprechend anzuwenden. § 6 Abs. 3 PartGG verweist jedoch nicht auf § 109 HGB und § 116 Abs. 3 HGB sowie auf die Vorschriften über die Gewinnverteilung (§§ 120 ff. HGB).

88 Jeder Partner hat einen Anspruch auf **Ersatz seiner Aufwendungen** (§ 110 Abs. 1 HGB) und darüber hinaus auf Ersatz der von im Rahmen seiner Geschäftsführung erlittenen **Verluste** (§ 670 BGB). Unter Aufwendungen fallen auch die Prämie einer berufsrechtlich vorgeschriebenen Haftpflichtversicherung und die Ansprüche auf Verlustausgleich im Falle der Inanspruchnahme auf Schadensersatz durch einen Mandanten eines anderen Partners.

89 Gemäß § 6 Abs. 3 PartGG i.V.m. §§ 110 Abs. 2, 111 HGB ist eine entsprechende **Verzinsungspflicht** sowohl der Gesellschaft für vom Partner aufgewendetes Geld als auch umgekehrt für vom Partner gegenüber der Partnerschaft geschuldetes, etwa unbefugt vorenthaltenes Geld, geregelt. Diese Verzinsung ist vor allem relevant bei der Nichteinzahlung von Geldeinlagen, die bei der Gründung oder beim Eintritt eines Partners vereinbart wurden, bei der Nichtablieferung von Partnerschaftsgeldern, wobei Fremdgelder, die dem Mandanten direkt zustehen, ausgenommen sind, und bei unbefugten Entnahmen aus der Partnerschaftskasse.

---

1 BT-Drucks. 12/6152, 15; *Burret*, WPK-Mitt. 1994, 201, 205.
2 Vgl. *Henssler*, § 6 PartGG Rz. 61.
3 § 1 Abs. 4 PartGG i.V.m. § 712 Abs. 2 BGB.

Eine **gleichartige Berufstätigkeit** in Konkurrenz zur Partnerschaft ist den einzelnen Partnern nunmehr aus berufsrechtlichen Gründen nicht mehr verwehrt[1]. Unabhängig davon ist es den Partnern nach § 6 Abs. 3 PartGG i.V.m. § 112 HGB untersagt, ohne Einwilligung der Mitgesellschafter den in der Partnerschaft ausgeübten Beruf außerhalb der Partnerschaft in Konkurrenz zu dieser auszuüben. Soweit eine Einwilligung möglich ist, wird eine solche vermutet, wenn die übrigen Partner die Konkurrenztätigkeit bei Gründung der Partnerschaft kannten und sie gleichwohl nicht beanstandet haben[2]. § 112 HGB ist dispositiv, so dass das Wettbewerbsverbot vertraglich verschärft, aber auch abbedungen werden kann. Wegen des vom Begünstigten erworbenen Vertrauensschutzes ist eine Einwilligung nur aus wichtigem Grund widerrufbar[3]. Eine bloße **Kapitalbeteiligung** an einer Konkurrenzgesellschaft ohne weitere aktive Mitwirkung des Partners in dieser Gesellschaft kann nicht als Verstoß gegen das Wettbewerbsverbot angesehen werden. Anders ist die Tätigkeit als **Aufsichtsrat** in einem solchen Unternehmen anzusehen. Auch wenn dem Aufsichtsrat nur kontrollierende Befugnisse zustehen, erfordern die Berufsrechte zum einen die aktive Mitarbeit in den jeweiligen Gesellschaften, zum anderen entstehen erhebliche Bedenken hinsichtlich der Einhaltung der Verschwiegenheitsverpflichtung und der Vermeidung von Interessenkollisionen. Sowohl die berufsrechtliche Beschränkung auf die Ausübung einer Tätigkeit in einem beruflichen Zusammenschluss als auch ein eventuell bestehendes Wettbewerbsverbot endet in der Regel mit dem Ausscheiden des Partners bzw. im Falle der Liquidation der Partnerschaft mit der Wirksamkeit des Auflösungsbeschlusses, soweit die Gesellschaft nicht teilweise als werbendes Unternehmen fortgeführt wird. Unabhängig davon bleibt das aktive Abwerben von Mandanten der Partnerschaft auch nach dem Ausscheiden aufgrund nachvertraglicher Pflichten des ausgeschiedenen Partners unzulässig (so genanntes **Abwerbungsverbot**). 90

Die vertragliche Vereinbarung nachvertraglicher Wettbewerbsverbote ist im Hinblick auf § 138 Abs. 1 BGB bezüglich des Gegenstandes, des Ortes und der Zeit auf das unbedingt notwendige Maß zu beschränken und darf den betroffenen Partner nicht unangemessen in seiner wirtschaftlichen Bewegungsfreiheit beeinträchtigen[4]. Die gegenständlichen und örtlichen Grenzen des Wettbewerbsverbotes richten sich nach dem Einzugsbereich, aus dem die Partnerschaft ihre Mandanten akquiriert. Ein Wettbewerbsverbot für die gesamte Bundesrepublik ist nur bei überörtlich tätigen Partnerschaften im Einzelfall zulässig. 91

1 Vgl. §§ 59a, 59e Abs. 2 BRAO. Die berufsrechtliche Verpflichtung, den in der Gesellschaft ausgeübten Beruf nur eben in dieser Gesellschaft auszuüben, ist aufgrund des Gesetzes zur Stärkung der Selbstverwaltung der Rechtsanwaltschaft vom 14. 12. 2006 aufgehoben worden (BT-Drucks. 16/3837; BGBl. 2007/I, 358).

2 § 112 Abs. 2 HGB.

3 *Baumbach/Hopt*, § 112 HGB Rz. 9; Heymann/*Emmerich*, § 112 HGB Rz. 16f.

4 BGH ZIP 1990, 586: 2 Jahre nach Ausscheiden ist noch angemessen; BGH StB 1991, 97, 98: Bei unangemessener Laufzeit erfolgt eine geltungserhaltene Reduktion.

92 Eine „absolute **Mandantenschutzklausel**", die es einem aus der Partnerschaft ausgeschiedenen Rechtsanwalt untersagt, für einen bestimmten Zeitraum Mandanten der Partnerschaft zu betreuen, die sich aus eigener Initiative an ihn gewendet haben, ist wegen Verstoßes gegen das Recht des Mandanten auf freie Anwaltswahl nach § 3 BRAO unwirksam[1]. Zulässig sind jedoch auf dem anwaltlichen Sektor so genannte „Gewinnabführungs- oder Mandantenübernahmeklauseln". Diese erlauben eine Betreuung des Mandanten durch den ausgeschiedenen Partner. Allerdings muss dieser sich dann im Gegenzug verpflichten, einen Teil des Honorars an die bisherige Partnerschaft abzuführen.

93 Als **Rechtsfolge** der Verletzung eines eventuell bestehenden Wettbewerbsverbotes stehen alternativ ein Schadensersatzanspruch oder ein Anspruch auf Gewinnherausgabe zur Verfügung[2].

94 Voraussetzung ist ein schuldhafter Verstoß gegen das Wettbewerbsverbot[3]. Das Eintrittsrecht nach § 113 Abs. 1 2. Halbs. HGB ist aufgrund des Berufsrechtsvorbehalts des PartGG bei Berufen ausgeschlossen, bei denen es sich um Geschäfte eines Berufsträgers handelt, der aufgrund des für ihn geltenden Berufsrechts einer Verschwiegenheitsverpflichtung unterliegt. Um die Schwierigkeit bei der Durchsetzung eines Anspruchs gemäß § 113 Abs. 1 HGB zu vermeiden, ist die Vereinbarung einer **Vertragsstrafe** im Partnerschaftsvertrag erwägenswert. Ein Unterlassungsanspruch kann verschuldensunabhängig im Wege der actio pro socio von jedem Partner geltend gemacht werden, so dass ein Mehrheitsbeschluss der Partnerschaft bei der Geltendmachung der Ansprüche aus § 113 Abs. 1 HGB nicht erforderlich ist.

8. Informationsrechte der Partner (§ 118 HGB)

95 § 6 Abs. 3 PartGG i.V.m. § 118 HGB gewährt den Partnern umfassende Informations-, Einsichts- und Auskunftsrechte. Diese bestehen nach Auflösung der Partnerschaft fort. Ausgeschiedenen Partnern hingegen stehen keine Informationsrechte nach § 118 HGB zu. Sie sind auf die Rechte aus § 810 BGB und § 242 BGB angewiesen[4].

96 Diese Rechte der Partner beschränken sich auf die **wirtschaftlichen Verhältnisse der Partnerschaft** im weitesten Sinn[5]. Einschränkungen ergeben sich lediglich aufgrund des Berufsrechtsvorbehaltes. So kann zwar Einsicht in die Bücher und Papiere genommen werden, deren Kenntnis für den Wert, die Gewinnsituation, die steuerlichen Verhältnisse und ganz allein die Vermögens-

---

1 Für die Sozietät Heymann/*Henssler*, Vor § 74 HGB Rz. 11; a.A. *Michalski/Römermann*, § 6 PartGG Rz. 26.

2 § 113 Abs. 1 HGB.

3 Vgl. *Henssler*, § 6 PartGG Rz. 78.

4 BGH NJW 1994, 1925, 1928; *Baumbach/Hopt*, § 118 HGB Rz. 2; a.A. Heymann/*Emmerich*, § 118 HGB Rz. 4.

5 Vgl. BT-Drucks. 12/6152, 15; a.A. *Michalski/Römermann*, § 6 PartGG Rz. 34; für die OHG *Baumbach/Hopt*, § 118 HGB Rz. 4; Heymann/*Emmerich*, § 118 HGB Rz. 13f.

lage der Gesellschaft von Bedeutung ist, jedoch nicht in die persönlichen Handakten, die für die Berufstätigkeit einzelner Partner angelegt wurden[1]. Im Wege der Interessenabwägung ergibt sich allerdings auch hier ein Anspruch auf Einsicht bzw. Auskunft, wenn Haftungsansprüche abgewehrt oder Gewinnansprüche geltend gemacht werden müssen.

Eine vertragliche Regelung zur Beschränkung der Auskunftspflichten der Partner zum **Schutz der berufsrechtlichen Geheimhaltungspflichten** ist aufgrund des dispositiven Charakters von § 118 HGB zwar möglich, berufsrechtlich jedoch wegen der vorhandenen Bestimmungen nicht erforderlich. 97

9. Beschlussfassungen durch die Partner (§ 119 HGB)

Für Gesellschafterbeschlüsse ist gemäß § 119 HGB grundsätzlich die **Zustimmung aller mitwirkungsberechtigten Partner** notwendig. Dies gilt auch für die eines besonders betroffenen Partners. Die Beschlüsse kommen durch die Stimmabgabe der Partner zustande. Fehlerhafte Beschlüsse sind nichtig. Die Nichtigkeit wird im Wege der Feststellungsklage geltend gemacht[2]. § 119 HGB kann insoweit abbedungen werden, dass qualifizierte Mehrheiten zu besonderen Beschlüssen, wie Änderungen des Partnerschaftsvertrages, die Aufnahme neuer Partner, der Ausschluss von Partnern oder die Errichtung von Zweigniederlassungen, vereinbart werden. Statt einer Einstimmigkeit kann auch ein **Mehrheitsbeschluss** vorgesehen werden. Dieser kann eine Abstimmung nach Köpfen, nach der Höhe der Beiträge am Stammkapital oder nach dem Gewinnanteil vorsehen. Zum Schutz von Minderheiten sind an die Bestimmtheit der Fälle, in denen Mehrheitsbeschlüsse vorgesehen sind, hohe Anforderungen gestellt[3]. Soweit der Vertrag keine bestimmte Regelung für Mehrheitsbeschlüsse vorsieht, sind diese nur bei laufenden Geschäften, nicht hingegen bei Vertragsänderungen zulässig. Ein pauschaler Hinweis der Mehrheitsklausel, dass diese auch bei Vertragsänderungen gelte, kann nur für übliche Vertragsänderungen Anwendung finden[4]. Änderungen des Partnerschaftsvertrages mit ungewöhnlichem Beschlussgegenstand müssen bereits aufgrund der Vereinbarung des Mehrheitsprinzips im Partnerschaftsvertrag eindeutig bestimmbar sein[5]. Beschlüsse zur Änderung des Partnerschaftsvertrages bedürfen der Schriftform gemäß § 3 Abs. 1 PartGG[6]. 98

Grundsätzlich kann das **Stimmrecht** für einzelne Partner gesellschaftsrechtlich **ausgeschlossen** werden. Hiervon ausgenommen sind Beschlüsse, die unmittelbar in die Rechtsstellung des Gesellschafters eingreifen[7]. Aufgrund des 99

---

1 Vgl. auch BGH NJW 1990, 510 hinsichtlich der Handakten eines Rechtsanwaltes.
2 Vgl. *Baumbach/Hopt*, § 119 HGB Rz. 31 ff.
3 Vgl. *Baumbach/Hopt*, § 119 HGB Rz. 38.
4 Vgl. Heymann/*Emmerich*, § 119 HGB Rz. 30 ff.; Schlegelberger/*Martens*, § 119 HGB Rz. 17.
5 BGHZ 85, 356; Heymann/*Emmerich*, § 119 HGB Rz. 31–34.
6 S. o. Rz. 36.
7 BGHZ 20, 363, 367 ff.; *Baumbach/Hopt*, § 119 HGB Rz. 13.

Berufsrechtsvorbehaltes ist ein Stimmrechtsausschluss zudem nicht möglich im Bereich der Berufsausübung, um die Unabhängigkeit und Eigenverantwortlichkeit des Berufsangehörigen und dem Gebot der aktiven Mitarbeit der Partner gerecht zu werden.

100 Eine schuldrechtliche Vereinbarung gegenüber einem Partner bezüglich eines bestimmten Abstimmungsverhaltens ist in den Grenzen des § 138 Abs. 1 BGB zulässig. **Stimmrechtsbindungen** gegenüber Dritten sind wegen des Abspaltungsverbotes bereits gesellschaftsrechtlich bedenklich[1]. Für die Angehörigen der Freien Berufe ist ohnehin jede Fremdbestimmung wegen der Gefährdung der Unabhängigkeit unzulässig[2].

10. Gewinnverteilung

101 Einen Verweis auf §§ 120ff. HGB sieht § 6 Abs. 3 PartGG nicht vor[3]. Damit muss die Partnerschaft ergänzend zum Partnerschaftsvertrag über § 1 Abs. 4 PartGG auf § 721 Abs. 2 BGB zurückgreifen. Es müssen damit am Ende jedes Geschäftsjahres ein Rechnungabschluss und eine Gewinnverteilung vorgenommen werden. Soweit der Partnerschaftsvertrag keine spezielle Regelung für die Gewinnverteilung vorsieht, sind nach § 722 Abs. 1 BGB i.V.m. § 1 Abs. 4 PartGG alle Partner **zu gleichen Teilen** an Gewinn und Verlust der Partnerschaft beteiligt.

11. Aktive Mitarbeit, stille Beteiligungen, stille Gesellschaft, Unterbeteiligungen

102 **Stille Beteiligungen** an einer Partnerschaft sind unzulässig[4]. Von der Systematik der Partnerschaft her und nach dem Sinn der Partnerschaft als ein Zusammenschluss von Gesellschaftern zur Ausübung ihrer Berufe ist es systemimmanent auch nicht denkbar, dass es Gesellschafter gibt, die ihren Beruf nicht aktiv in der Partnerschaft ausüben. Einkommensteuerrechtlich bestünde zudem die Gefahr der Gleichstellung mit Gewerbeeinkünften[5]. Unzulässig wäre auch die rein finanzielle Beteiligung einer Person, die nicht Angehörige eines Freien Berufs im Sinn von § 1 Abs. 2 PartGG ist.

103 In welchem Umfang Angehörige der Freien Berufe in der Partnerschaft **aktiv tätig** sein müssen, ist gesetzlich nicht geregelt, so dass auch Aktivitäten in kleinerem Umfang grundsätzlich als ausreichend anzusehen sind. Ein vertraglicher Ausschluss einer Mitarbeit von vornherein ist nicht möglich. Diese wäre gemäß § 134 BGB i.V.m. § 1 Abs. 1 Satz 1 PartGG nichtig und verstieße gegen § 6 Abs. 2 PartGG.

---

1 MünchKommBGB/*Ulmer*, § 717 Rz. 24; a.A. Heymann/*Emmerich*, § 119 HGB Rz. 26a.
2 *Michalski/Römermann*, § 6 PartGG Rz. 30 a.E.
3 BT-Drucks. 12/6152, 15.
4 BT-Drucks. 12/6152, 7, 9.
5 Schmidt/*Seeger*, § 18 EStG Rz. 39ff.

Unzulässig ist auch eine **stille Gesellschaft** zwischen der Partnerschaft und einem stillen Gesellschafter. Dieser würde sich im Rahmen einer Innengesellschaft mit einer Vermögenseinlage an der Partnerschaft beteiligen und dafür am Gewinn teilnehmen. Regelmäßig werden ihm zudem bestimmte Mitspracherechte eingeräumt. Das Verbot der stillen Gesellschaft gilt sowohl für die typische stille Gesellschaft, bei der der stille Gesellschafter am Gewinn (und Verlust) beteiligt ist, als auch für die atypische stille Gesellschaft, bei der der stille Gesellschafter am Gesellschaftsvermögen beteiligt ist. § 230 HGB ist nicht anwendbar, da die Partnerschaft gemäß § 1 Abs. 1 Satz 2 PartGG kein Handelsgewerbe ausübt. Die Vereinbarung einer stillen Gesellschaft wäre gemäß § 134 BGB i.V.m. § 1 Abs. 1 Satz 1 PartGG nichtig. Auch eine Beteiligung am Gewinn oder Verlust der Gesellschaft führt zu einer Gefährdung der Unabhängigkeit der Partner als Angehörige eines Freien Berufes, die nicht nur von den verschiedenen Berufsrechten, sondern auch vom PartGG ganz allgemein untersagt wird. 104

Damit ist auch eine **Unterbeteiligung** im Sinne einer vertraglich eingeräumten Mitberechtigung an einem dem Hauptbeteiligten zustehenden Gesellschaftsanteil unzulässig. Diese Form einer stillen Beteiligung an einer Partnerschaft stellt ein Umgehungsgeschäft dar. Jeder Partner soll seinen Beruf in eigener Verantwortung ausüben und für sein Handeln grundsätzlich persönlich haften[1]. Für Rechtsanwälte ergibt sich z.B. auch aus berufsrechtlichen Vorschriften die Unzulässigkeit einer Unterbeteiligung nicht mitarbeitender Dritter am Gebührenaufkommen aus § 49b BRAO. 105

Ebenso kann kein **Nießbrauch an einem Partnerschaftsanteil** bestellt werden. Dadurch würden dem Berechtigten nicht nur bestimmte Vermögensrechte, sondern auch Mitverwaltungsrechte am Gesellschaftsanteil eingeräumt. Auch die Vereinbarung eines **Treuhandverhältnisses** verstößt gegen die Grundsätze der aktiven Mitarbeit, der Unabhängigkeit und Eigenverantwortlichkeit der mitarbeitenden Partner. Die eigennützige Verwaltungstreuhand, bei welcher der Treuhänder zwar dinglich berechtigt, schuldrechtlich aber an die Weisungen des Treugebers gebunden ist, wäre der verbotenen Unterbeteiligung gleichzusetzen und würde demnach ebenfalls ein unzulässiges Umgehungsgeschäft darstellen[2]. 106

Die Vereinbarung einer **fremdnützigen Sicherungstreuhand**, bei der der Treuhänder zur Sicherung eines Kredits o.Ä. einen Partnerschaftsanteil übertragen erhält, wäre wegen des Gebotes der aktiven Mitarbeit des Treuhänders bereits wirtschaftlich unsinnig. 107

Auch **Verpfändung und Pfändungen** eines Partnerschaftsanteils sind als unzulässig anzusehen. Die Beteiligung Dritter am Gewinn der Gesellschaft wi- 108

1 BT-Drucks. 12/6152, 7.

2 BT-Drucks. 12/6152, 7; *Seibert*, Die Partnerschaft, S. 55f.; *Lenz*, in: Meilicke/von Westphalen/Hoffmann/Lenz, § 1 PartGG Rz. 90f.; *Gail/Overlack*, Anwaltsgesellschaften, Rz. 84ff.: Ableitung des Verbotes aus dem anwaltlichen Berufsrecht.

derspricht dem System der eigenverantwortlichen und unabhängigen Tätigkeit eines Angehörigen eines Freien Berufes[1].

12. Der Eintritt eines neuen Partners

109 Der Eintritt durch Erwerb eines Gesellschaftsanteils ist zulässig, soweit der Erwerber partnerschaftsfähig im Sinne von § 1 Abs. 1 PartGG ist und der Partnerschaftsvertrag nicht entgegensteht. Nur Angehörige Freier Berufe im Sinne von § 1 Abs. 2 PartGG dürfen aufgenommen werden. Die Vorschriften der jeweiligen Berufsrechte über die berufliche Zusammenarbeit sind hierbei ebenfalls zu beachten. Der Beitrittsvertrag bedarf als Änderung des Partnerschaftsvertrages der Schriftform gemäß § 3 Abs. 1 PartGG.

13. Das Ausscheiden eines Partners aus der Partnerschaft

a) Grundsätzliches

110 Auf das Ausscheiden eines Partners sind, soweit im PartGG nichts anderes bestimmt ist, die §§ 131 bis 144 HGB anwendbar. Aufgrund der Ausrichtung der Partnerschaft auf die gemeinsame Berufsausübung mehrerer Partner gilt grundsätzlich der **Vorrang des Ausscheidens eines Partners** gegenüber der Auflösung der Partnerschaft.

111 Da die Partnerschaft als Form der Zusammenarbeit mindestens zwei Partner vorsieht, **erlischt** die Partnerschaft, wenn der vorletzte Partner ausscheidet und nur noch ein Partner in der Partnerschaft verbleibt. Die Partnerschaft wandelt sich dann unter Anwachsung des Gesamthandsvermögens auf den letzten Partner in eine freiberufliche Einzelpraxis um[2].

112 Der Anteil an einer Partnerschaft kann nur an **Partnerschaftsfähige** im Sinne von § 1 Abs. 1 und 2 PartGG veräußert werden. Die Abtretung eines Gesellschaftsanteils an einen Nichtpartnerschaftsfähigen wäre gemäß § 134 BGB nichtig. Eventuelle Sonderregelungen im Partnerschaftsvertrag können vorgesehen werden, soweit dies mit den jeweiligen Berufsrechten vereinbar ist.

113 Der Tod eines Partners, die Eröffnung des Insolvenzverfahrens über das Vermögen eines Partners, die Kündigung eines Partners und die Kündigung durch den Privatgläubiger eines Partners bewirken das Ausscheiden des Partners aus der Partnerschaft, stellen jedoch abweichend von § 131 HGB grundsätzlich **keinen Auflösungsgrund** für die Partnerschaft dar.

114 Verliert ein Partner die erforderliche Zulassung zu dem Freien Beruf, den er in der Partnerschaft ausübt, so scheidet er mit deren Verlust aus der Partnerschaft aus[3].

---

1 A.A. *Henssler*, § 1 PartGG Rz. 204ff.

2 § 738 Abs. 1 Satz 1 BGB; zur Beendigung der Partnerschaft durch „Verschmelzung", s. *Henssler*, § 1 PartGG Rz. 35, § 10 Rz. 44.

3 § 9 Abs. 3 PartGG.

b) Der Tod eines Partners

Die Beteiligung an einer Partnerschaft ist grundsätzlich **nicht vererblich**[1]. Die Partnerschaft kann jedoch bestimmen, dass die Beteiligung an Dritte vererblich ist[2], die Partner im Sinne von § 1 Abs. 1 und 2 PartGG sein können. 115

Der Tod eines Partners bewirkt nur das „Ausscheiden" des Partners aus der Partnerschaft. Das Gesetz stellt damit klar, dass der Tod eines Partners regelmäßig **keinen Auflösungsgrund** für die Partnerschaft darstellt. 116

Nach § 9 Abs. 4 Satz 2 PartGG kann jedoch auch die Vererblichkeit ausdrücklich im Partnerschaftsvertrag geregelt werden. Die **Erben** müssen allerdings ebenfalls **Partner** im Sinne von § 1 Abs. 1 und 2 PartGG sein können. Andere können nur dann in die Partnerschaft eintreten, wenn die jeweiligen berufsrechtlichen Bestimmungen der Gesellschaft oder des Erben einen solchen Zusammenschluss nicht ausschließen[3]. Sollte ein Erbe in die Position eines Partners nachrücken, setzt dies voraus, dass dieser seine freiberufliche Tätigkeit auch aktiv in der Partnerschaft ausübt. 117

Die Partnerschaft kann nähere Anforderungen für die Person des Erben als Nachfolger eines verstorbenen Partners vorsehen. Diese können auch über die berufsrechtlichen Kriterien hinausgehen. So ist nach allgemeinen personengesellschaftsrechtlichen Grundsätzen in den durch § 9 Abs. 4 Satz 2 PartGG gezogenen Grenzen auch die Vereinbarung einer so genannten **„qualifizierten Nachfolgeklausel"** zulässig. Nach dieser können nur bestimmte Personen aus einem größeren Kreis der Erben die Nachfolge antreten. 118

Soweit die Voraussetzungen von § 9 Abs. 4 Satz 2 PartGG vorliegen, erwirkt der Betreffende die Beteiligung des verstorbenen Partners an der Partnerschaft **unmittelbar und im ganzen** und nicht nur in der Höhe seiner Erbquote. 119

Trotz des gesetzlichen Verweises auf **§ 139 HGB** ist diese Vorschrift wegen der Unzulässigkeit einer Kommandit-Partnerschaft in weiten Teilen unanwendbar[4]. Die Gesetzesverweisung ist nur insoweit anwendbar, als der Erbe des Partnerschaftsanteils seinen Austritt aus der Partnerschaft erklären kann. Hierfür muss der Partnerschaftsvertrag aufgrund einer einfachen oder qualifizierten Nachfolgeklausel[5] die Vererbarkeit vorsehen und der Erbe partnerschaftsfähig sein. Da dieser Erwerb des Partnerschaftsanteils aufgrund einer Vereinbarung des Erblassers mit den anderen Partnern ohne Beteiligung des Erben erfolgte, räumt letzterem das Gesetz mit § 139 Abs. 2 HGB das Recht ein, ohne Einhaltung einer Kündigungsfrist sein Ausscheiden aus der Partnerschaft zu erklären. Dieses Recht ist binnen drei Monaten ab Kenntnis von der Erbschaft auszuüben. Ist bei dem Ablauf der drei Monate 120

1 § 9 Abs. 4 Satz 1 PartGG.
2 § 9 Abs. 4 Satz 2 PartGG.
3 Vgl. § 1 Abs. 3 PartGG.
4 *Michalski/Römermann*, § 9 PartGG Rz. 33 m.w.N.
5 Zu den Begriffen „einfache/qualifizierte Nachfolgeklausel" vgl. *Michalski/Römermann*, § 9 PartGG Rz. 27.

das Recht der Ausschlagung der Erbschaft noch nicht verloren, so endet die Frist nicht vor dem Ablauf der Ausschlagungsfrist[1].

121 Die **Testamentsvollstreckung** in den Anteil eines verstorbenen Partners ist unzulässig. Zwar ist die Testamentsvollstreckung an einem Kommanditanteil möglich. Würde aber die Testamentsvollstreckung an dem Anteil eines im Wege der Erbfolge eingetretenen Partners angeordnet, so würde der Testamentsvollstrecker seine Befugnisse überschreiten. Er kann nämlich grundsätzlich den Erben nur im Rahmen des Nachlassvermögens verpflichten, während ein Partner notwendigerweise unbeschränkt auch für die Geschäfte des Testamentsvollstreckers haften würde. In der Partnerschaft müsste der Testamentsvollstrecker außerdem gerade die freiberufliche Tätigkeit des Erben ausüben können.

c) Die Eröffnung des Insolvenzverfahrens über das Vermögen eines Partners

122 Das Ausscheiden eines Partners wegen der Eröffnung des Insolvenzverfahrens über sein Vermögen ergibt sich aus § 9 Abs. 1 PartGG i.V.m. § 131 Abs. 3 Nr. 2 HGB. Der Partnerschaftsvertrag kann zudem vorsehen, dass auch die Ablehnung des Insolvenzverfahrens über das Vermögen eines Partners das Ausscheiden aus der Partnerschaft zur Folge hat.

d) Die Kündigung eines Partners

123 Gemäß § 9 Abs. 1 PartGG i.V.m. § 132 HGB sowie § 1 Abs. 4 PartGG i.V.m. § 723 BGB kann jeder Partner seine Gesellschafterstellung **ordentlich kündigen**. Allerdings darf in solchen Fällen kein Vertrag zur Bildung einer Partnerschaft für einen bestimmten Zeitraum vorliegen. Dies steht im Einklang mit dem Grundsatz des Gesellschaftsrechts, dass alle Personengesellschaften, die für eine bestimmte Zeit eingegangen wurden, ohne das Vorliegen eines wichtigen Grundes nicht gekündigt werden können. Eine Partnerschaft gilt als auf unbestimmte Zeit vereinbart, wenn es sich um eine Partnerschaft auf Lebenszeit oder eine, die stillschweigend fortgesetzt wird, handelt.

124 Weder das PartGG noch das HGB sieht ein fristloses Kündigungsrecht aus wichtigem Grund, wie er in § 723 Abs. 1 BGB für die GbR geregelt ist, vor. Insofern ist nur die Möglichkeit der **Auflösungsklage** entsprechend § 133 HGB gegeben.

125 Soweit im Partnerschaftsvertrag nichts anders geregelt ist, muss die Kündigung **gegenüber allen anderen Partnern** erfolgen. Eine Kündigung gegenüber der Partnerschaft als solche ist nicht erforderlich. Eine Weiterleitung der Kündigungserklärung an die Partner ist jedoch möglich. Eine konkludente Kündigung ist ebenso denkbar, soweit der Erklärungsinhalt eindeutig erkennbar ist. Einer besonderen Form bedarf die Kündigungserklärung nicht. Dies kann jedoch durch den Partnerschaftsvertrag noch näher geregelt werden. Soweit der Partnerschaftsvertrag nichts anderes vorsieht, muss die Kün-

1 § 139 Abs. 3 HGB.

digung mit einer mindestens sechsmonatigen **Frist** zum Ende des Geschäftsjahres erfolgen[1]. Eine **Kündigung zur Unzeit** kann Schadensersatzansprüche gemäß § 1 Abs. 4 PartGG i.V.m. § 723 Abs. 2 Satz 2 BGB auslösen.

Die **Kündigungserklärung** muss inhaltlich eindeutig sein, so dass die Erklä- 126
rungsempfänger die beabsichtigte Rechtsfolge konkret erkennen können. Es muss eindeutig feststehen, ob eine Austrittserklärung gemäß § 9 Abs. 2 PartGG oder eine die Partnerschaft zum nächstmöglichen Termin auflösende Kündigung vorliegt.

Im Partnerschaftsvertrag können andere Regelungen vorgesehen werden, 127
insbesondere hinsichtlich der Festlegung von Kündigungsfristen. Ebenso kann das Kündigungsrecht auch eingeschränkt werden. Nur der generelle Ausschluss des Kündigungsrechts ist nicht möglich.

e) Die Ausschließung eines Partners (§§ 140, 133 HGB)

Gemäß § 140 HGB kann ein Partner durch gerichtliche Entscheidung aus der 128
Partnerschaft ausgeschlossen werden. Hierfür muss in der Person des Partners ein Umstand eingetreten sein, der für die übrigen Gesellschafter einen **Auflösungsgrund** nach § 133 HGB bildet. Damit ergibt sich für die Partner die Möglichkeit, trotz Vorliegen eines Auflösungsgrundes die Partnerschaft zwischen den übrigen Partnern fortzusetzen. Gemäß § 140 HGB ist die Ausschließung durch Gestaltungsurteil möglich. In einem solchen Verfahren sind alle übrigen Partner notwendige Streitgenossen im Sinne von § 62 ZPO. § 140 HGB ist im Gegensatz zum Auflösungsrecht gemäß § 133 Abs. 3 HGB dispositiv und damit abänderbar. Das Ausschlussrecht kann im Partnerschaftsvertrag an bestimmte Bedingungen gebunden oder ganz abbedungen werden.

Die Ausschließung erfordert immer einen wichtigen Grund. Dies ist dann 129
gegeben, wenn das Verhältnis unter den Partnern derart beeinträchtigt ist, dass dem Kläger die **Fortführung der Partnerschaft** zum Zwecke der Erreichung des Gesellschaftszieles **unzumutbar** ist. Im Gegensatz zu gesellschaftsbezogenen Umständen können nur gesellschafterbezogene Umstände als Ausschließungsgrund berücksichtigt werden[2]. Gesellschafterbezogene Gründe sind unter anderem Verleumdung, anderweitige Berufstätigkeit, mangelnde Loyalität gegenüber den anderen Partnern, Alter, Krankheit und zerrüttete Vermögensverhältnisse. Aus § 133 Abs. 2 HGB ergibt sich auch, dass neben einem vorsätzlichen oder grob fahrlässigen Fehlverhalten auch ein unverschuldetes Fehlverhalten als wichtiger Grund für die Ausschließung eines Partners in Betracht kommen kann. Sämtliche Umstände des Einzelfalls sind in einer umfassenden Interessenabwägung zu würdigen.

An die besondere Bedeutung des Ausschließungsgrundes im Sinne von § 140 130
HGB dürfen keine höheren Anforderungen gestellt werden als an die „Wichtigkeit" eines Ausschließungsgrundes gemäß § 133 HGB (vgl. hierzu die Ver-

1 § 132 HGB.
2 Vgl. die Formulierung in § 140 HGB: „In der Person eines Gesellschafters".

weisung in § 140 HGB). Als dispositives Recht kann der Partnerschaftsvertrag auch weitere Regelungen zum „wichtigen Grund" vorsehen.

f) Weitere Ausscheidensgründe aufgrund vertraglicher Gestaltungen

131 Im Partnerschaftsvertrag können über § 9 PartGG hinaus weitere Gründe vorgesehen werden. Zum Beispiel kann ein Partner aus wichtigem Grund durch Beschluss anstatt aufgrund einer langwierigen Klage ausgeschlossen werden. Zudem kann der Partnerschaftsvertrag vorgeben, was als „wichtiger Grund" im Sinne von § 140 HGB gelten soll. Die gesetzlichen Regelungen in § 140 HGB dürfen hierdurch aber nur konkretisiert, nicht dagegen ausgehöhlt werden. Zum Beispiel können die Partner vereinbaren, dass die Aufgabe der aktiven Mitarbeit als Ausschließungsgrund gilt[1]. Ebenso können ein fristloses Austrittsrecht aus wichtigem Grund oder sonstige Erleichterungen des Kündigungsrechts vereinbart werden.

g) Verlust der Zulassung (§ 9 Abs. 3 PartGG)

132 Verliert ein Partner eine erforderliche Zulassung zu dem in der Partnerschaft ausgeübten Freien Beruf, so scheidet er mit deren Verlust aus der Partnerschaft aus. § 9 Abs. 3 PartGG regelt damit ein **zwingendes Ausscheiden** eines Partners kraft Gesetzes. Die Partnerschaft ist nach § 1 Abs. 1 PartGG nur den Angehörigen Freier Berufe eröffnet. Insoweit müssen alle in der Partnerschaft tätigen Partner einen Freien Beruf ausüben und die Zulassung dafür innehaben. Ist eine Zulassung zu einem Beruf nicht erforderlich, ist § 9 Abs. 3 PartGG nicht einschlägig. Betroffen sind vor allem die Freien Berufe, deren Angehörige kraft Gesetzes in Kammern zusammengeschlossen sind[2].

133 Voraussetzung für den Verlust der Zulassung nach § 9 Abs. 3 PartGG ist der **unanfechtbare Verlust der Zulassung bzw. der bestandskräftige Widerruf** oder dessen rechtskräftige Bestätigung durch ein Gericht. Soweit das Berufsrecht einen Widerrufsgrund wegen Vermögensverfalls vorsieht, geht der sich aus § 9 Abs. 3 PartGG ergebende Ausscheidensgrund den aus den § 9 Abs. 1 PartGG i.V.m. § 131 Abs. 3 Nr. 2 HGB folgenden Gründen vor. Soweit der in der Partnerschaft ausgeübte Beruf aufgrund der Übernahme eines öffentlichen Amtes vorübergehend nicht ausgeübt wird, vorübergehend aufgehoben wird oder ruht, führt dies nicht zu einem Ausscheiden aus der Partnerschaft gemäß § 9 Abs. 3 PartGG.

134 Soweit ein Partner **mehrere Berufe** innerhalb der Partnerschaft ausübt und er die Zulassung nur eines dieser Berufe verliert, ist § 9 Abs. 3 PartGG nicht einschlägig. Diese Vorschrift ist nur dann von Relevanz, wenn ein Partner die einzige in der Partnerschaft ausgeübte Berufszulassung verliert, oder wenn er darüber hinaus nur einen anderen, nicht „verkammerten" Freien Be-

---

1 BT-Drucks. 12/6152, 19.

2 Ärzte, Zahnärzte, Tierärzte, Architekten, beratende Ingenieure, Lotsen, Rechtsanwälte, Patentanwälte, Steuerberater und vereidigte Buchprüfer, Wirtschaftsprüfer.

ruf ausübt, selbst wenn er sich zu dessen Ausübung ebenfalls mit seinen bisherigen Partnern zu einer Partnerschaftsgesellschaft hätte zusammenschließen können. Ggf. empfiehlt es sich, im Partnerschaftsvertrag vorzusehen, dass im Falle des Verlustes einer Berufszulassung eine bedingte Umwandlung der Partnerschaft in eine solche mit einem Partner eines nicht verkammerten Berufes erfolgen solle. Hierbei liegt auch keine Umgehung von § 9 Abs. 3 PartGG vor. Der ausgeschlossene Partner könnte nach einer entsprechenden Änderung des Partnerschaftsvertrages ohnehin wieder in die Partnerschaft aufgenommen werden.

Soweit ein Partner **keinem „verkammerten" Beruf angehört**, ist § 9 Abs. 3 PartGG nicht einschlägig. Diese Partner können lediglich gemäß § 140 HGB durch gerichtliche Entscheidung oder bei einer entsprechenden Regelung im Partnerschaftsvertrag durch Beschluss ausgeschlossen werden[1]. 135

h) Allgemeine Rechtsfolgen des Ausscheidens

Das Ausscheiden eines Partners richtet sich nach den zum **Personengesellschaftsrecht** entwickelten Grundsätzen. Vorbehaltlich einer anderen vertraglichen Regelung im Partnerschaftvertrag kommt mangels einer handelsrechtlichen Spezialregelung über § 1 Abs. 4 PartGG die gesellschaftsrechtliche Regelung in § 738 BGB zur Anwendung. 136

Im Falle des Ausscheidens eines Partners wächst dessen Anteil den verbleibenden Partnern an. Eine abweichende Regelung im Partnerschaftsvertrag ist wegen der grundlegenden Bedeutung dieses dinglichen Mechanismus für die Gesamthand nicht möglich[2]. Die **Anwachsung** erfolgt im Zweifel entsprechend der bisherigen Gewinn- und Verlustbeteiligung der Partner. 137

Nicht anzuwenden ist § 738 Abs. 1 Satz 1 BGB bei einer **Zwei-Personen-Partnerschaft**. In Anlehnung an die rechtliche Handhabung bei der OHG wird § 142 HGB analog angewendet[3]. Der verbleibende Partner kann das Partnerschaftsvermögen ohne Liquidation gegen Abfindung des Ausscheidenden im Wege der Gesamtrechtsnachfolge erwerben. 138

Der ausscheidende Partner hat gegenüber den verbleibenden Partnern einen Anspruch auf **Herausgabe** der Gegenstände, die er der Partnerschaft zur Nutzung überlassen hat[4]. Allerdings steht der Partnerschaft bis zur Bezifferung eines bereits wahrscheinlichen Ausgleichsanspruchs der Partnerschaft gegen den ausscheidenden Partner in der Abschichtungsbilanz ein **Zurückbehaltungsrecht** gemäß § 273 BGB zu. Umgekehrt steht der Partnerschaft ein **Rückgabeanspruch** für die dem Partner überlassenen Gegenstände zu[5]. Nach der nachvertraglichen Treuepflicht kann sich außerdem ein Anspruch des bisherigen Nutzungsberechtigten auf entgeltliche **Weiternutzung** ergeben. 139

1 BT-Drucks. 12/6152, 20.
2 MünchKommBGB/*Ulmer*, § 738 Rz. 8.
3 *Henssler*, § 9 PartGG Rz. 27.
4 § 738 Abs. 1 Satz 2 BGB.
5 §§ 667, 713 BGB.

140 Nach § 738 Abs. 1 Satz 2 BGB hat der ausscheidende Partner gegenüber den verbleibenden Partnern den Anspruch, von den gemeinschaftlichen Schulden befreit zu werden. Allerdings bleibt die **Haftung** des ausscheidenden Partners im Außenverhältnis[1] hiervon in den Grenzen von § 10 Abs. 2 PartGG i.V.m. §§ 159, 160 HGB unberührt. Jedoch kann der Ausscheidende im Falle einer Nachhaftung im Innenverhältnis Rückgriff bei den verbleibenden Partnern gemäß § 426 BGB i.V.m. § 738 Abs. 1 Satz 2 BGB nehmen. Soweit der ausscheidende Partner einem Gläubiger der Partnerschaft Sicherheiten aus seinem Privatvermögen gestellt hat, kann er auch hiervon Befreiung verlangen. Der Partnerschaft steht ein Zurückbehaltungsrecht nach § 273 BGB zu, soweit ein Anspruch auf Verlustausgleich gegen den Ausscheidenden entsprechend § 739 BGB zu erwarten ist.

141 Nach § 738 BGB muss dem ausscheidenden Partner das **Auseinandersetzungsguthaben** ausgezahlt werden, welches bei Auflösung der Partnerschaft im Zeitpunkt des Austritts angefallen wäre. Gemäß § 739 BGB kann den die Partnerschaft verlassenden Gesellschafter auch eine Nachschusspflicht bei mangelnder Schuldendeckung durch das Partnerschaftsvermögen treffen.

142 Gemäß § 740 BGB ist eine Beteiligung des ausscheidenden Partners an dem Gewinn und Verlust vorgesehen, der aus den im Zeitpunkt des Ausscheidens **schwebenden Geschäften** erwirtschaftet wird. Zu den schwebenden Geschäften zählen nur die unternehmensbezogenen und unmittelbar auf Erwerb gerichteten Umsatzgeschäfte, also nicht bloße Hilfsgeschäfte, wie Vermietung, Verpachtung, Kapitalanlage etc. Zur Erleichterung der Auseinandersetzung ist dieser Anspruch gegenüber dem Abfindungsanspruch grundsätzlich verselbständigt[2]. Allerdings ist § 740 BGB für eine Unternehmensbewertung vorgesehen gewesen, die nicht von der heute üblichen Abfindung nach dem Ertragswert ausgeht. Damit hat § 740 BGB heute weitgehend nur für Unternehmensbewertungen eine Bedeutung, die den zu erwartenden zukünftigen Ertrag nicht berücksichtigen[3].

143 Für die Fortsetzung der schwebenden Geschäfte, die anzuwendende Sorgfalt sowie den Anspruch des Ausgeschiedenen auf Rechenschaft und eventuelle Auszahlung des Überschusses sind §§ 740, insbesondere §§ 740 Abs. 2, 708 BGB, zu beachten. Ein aktives Informationsrecht steht dem ausgeschiedenen Partner nicht mehr zu, lediglich ein Recht auf Rechnungslegung und Abgabe einer eidesstattlichen Versicherung gemäß § 259 BGB.

144 Das Ausscheiden eines Partners ist gemäß § 9 Abs. 1 PartGG i.V.m. § 143 Abs. 2 HGB **anmeldepflichtig**. Mit dem Ausscheiden des vorletzten Partners erlischt entsprechend § 142 HGB die Partnerschaft.

---

1 § 8 Abs. 1 Satz 1 PartGG i.V.m. § 128 HGB.
2 BGH NJW 1993, 1194; WM 1985, 1166; BB 1969, 773.
3 Sogenannte Substanzwertermittlungen; *Baumbach/Hopt*, § 138 HGB Rz. 17; *Henssler*, § 9 PartGG Rz. 48f.

i) Die Abfindung des ausscheidenden Partners

Grundlage der Vermögensabwicklung der Partnerschaft mit einem ausgeschiedenen Gesellschafter ist § 738 Abs. 1 Satz 2 BGB, aus dem sich ein **Anspruch auf das Auseinandersetzungsguthaben** ergibt. Sein Umfang richtet sich nach dem fiktiven Vermögenszuschuss, der bei Auflösung der Partnerschaft erzielt worden wäre. Schuldner der geltend gemachten Ansprüche sind gemäß § 7 Abs. 2 PartGG i.V.m. § 124 HGB die Partnerschaft sowie gemäß § 8 Abs. 1 PartGG i.V.m. § 130 HGB die nach dem Stichtag verbleibenden oder neu eintretenden Partner. 145

Der Anspruch entsteht mit dem Zeitpunkt des Ausscheidens gemäß § 138 HGB i.V.m. § 738 Abs. 1 Satz 2 BGB. Zeitpunkt der **Fälligkeit** ist grundsätzlich der der Feststellung der Abschichtungsbilanz. In der Partnerschaft selbst ist eine Abschichtungsbilanz regelmäßig entbehrlich. Damit tritt die Fälligkeit gemäß § 271 Abs. 1 BGB sofort ein. 146

Dem ausgeschiedenen Partner steht grundsätzlich gegen die Partnerschaft nur ein **einheitlicher und umfassender Abfindungsanspruch** als Ergebnis einer Gesamtabrechnung im Sinne von §§ 738, 739 BGB zu. Einzelansprüche sind bloße unselbständige Rechnungsposten, deren gesonderte Geltendmachung in aller Regel ausgeschlossen ist[1]. 147

Grundlage der Gesamtabrechnung zur Ermittlung von Abfindungsansprüchen ist eine **Vermögensbilanz**[2] der Partnerschaft auf den Stichtag des Ausscheidens. Sie kann bei ganz einfach gelagerten Fällen, so bei vertraglichen Buchwertabfindungsansprüchen, entbehrlich sein. In der Abschichtungsbilanz sind sämtliche Vermögenswerte der Gesellschaft anzugeben, also der volle wirtschaftliche Wert des aktiven Unternehmens (Verkehrswert) einschließlich aller aufzulösenden stillen Reserven und des „Good will" der Firma. Soweit sich aus der Abschlussbilanz ein Buchgewinn/-verlust gegenüber dem Vorjahresabschluss ergibt, wird nach dem zuletzt gültigen **Gewinnverteilungsschlüssel** auf die Kapitalanteile der einzelnen Partner verteilt. Aus diesem Schlüssel ergibt sich der Saldo des Kapitalkontos, der das Guthaben oder die Schuld des ausgeschiedenen Partners ausweist. Bei der **Ertragswertmethode** werden schwebende Geschäfte nicht gemäß § 740 BGB gesondert abgerechnet. 148

Der Ausgeschiedene hat gegen die Gesellschaft grundsätzlich einen einklagbaren **Anspruch auf Aufstellung einer Abschichtungsbilanz**. Parallel zum Abfindungsanspruch richtet er sich sowohl gegen die Gesellschaft als auch die verbleibenden und die neu eingetretenen Partner. Jeder Gesellschafter kann sich zur Erfüllung der Aufstellungsverpflichtung eines **Sachverständigen** bedienen, so dass es nicht gerechtfertigt ist, den Kreis der Anspruchsgegner auf jene Partner zu beschränken, die als Fachleute innerhalb der Gesellschaft für die Aufstellung von Bilanzen zuständig sind. Von dieser Möglich- 149

1 BGH WM 1971, 130; 1981, 487; 1988, 446. Vgl. im Einzelnen *Henssler*, § 9 PartGG Rz. 52ff., insbes. 56.

2 Mit Abschichtungs-, Auseinandersetzungs- oder Abfindungsbilanz.

keit der Einschaltung eines Sachverständigen werden selbst bilanzerfahrene Partner regelmäßig Gebrauch machen. Im Rahmen der Bilanzaufstellung hat auch der ausgeschiedene Partner ein Mitwirkungsrecht. Zur Vorbereitung steht ihm ein Einsichtsrecht aus § 810 BGB, nicht jedoch das Informationsrecht aus § 118 HGB zu.

150 Die Abschichtungsbilanz wird durch einen ausdrücklichen oder stillschweigend geschlossenen **Vertrag** zwischen den Beteiligten im Sinne einer **Billigung** festgestellt[1]. Seiner Rechtsnatur entspricht derjenigen eines abstrakten Schuldverhältnisses entsprechend, auf die §§ 781 f., 779 BGB analog anzuwenden sind. Prozessual ist eine Stufenklage gemäß § 254 ZPO auf Aufstellung der Abschichtungsbilanz und auf Zahlung des Auseinandersetzungsguthabens möglich.

151 Nicht eindeutig geregelt ist, auf welche Art und Weise der **Auseinandersetzungswert eines Unternehmens berechnet** werden soll. Es sind im Einzelfall jeweils die geeignetste Methode zu wählen. Normalerweise wird dies die Ertragswertberechnung sein[2]. Grundsätzlich kann davon ausgegangen werden, dass sich der Gesamtwert eines Unternehmens aus dessen fiktivem Marktpreis bei einer Veräußerung ergibt[3]. Der Ertragswert des aktiven Unternehmens, das heißt der Fortführungswert des Unternehmens, nicht hingegen der Zerschlagungswert ist hierbei anzusetzen.

152 Die Abfindung bestimmt sich nach dem **Wert des Gesellschaftsvermögens** am Stichtag des Ausscheidens. Entscheidend ist der volle Wert[4] des aktiven Unternehmens im Sinne seines Verkehrswerts einschließlich aller aufzulösenden stillen Reserven und des „Good will". Zukünftige Gewinne der Gesellschaft sind auf den Bewertungsstichtag realistisch abzuzinsen. Hierfür ist eine Prognose der Gewinnerwartungen durchzuführen, die sich an den letzten erreichten Gesellschaftsergebnissen orientiert und bereits absehbare und quantifizierbare künftige Entwicklungen berücksichtigt.

153 Für den Praxiswert von Anwaltskanzleien ist grundsätzlich der **Umsatz der letzten drei Jahre** entscheidende Bemessungsgrundlage[5], wobei der letzte Jahresumsatz doppelt gewichtet wird. Der so ermittelte Umsatz wird um die Umsatzsteuer gekürzt, der verbleibende Betrag wird dann um außerordentliche Maßnahmen bereinigt. Schließlich werden die oben genannten Einzelfallmultiplikatoren zum Ansatz gebracht.

---

1 „Kausaler Feststellungsvertrag", vgl. *Baumbach/Hopt*, § 138 HGB Rz. 23 und § 242 HGB Rz. 3.

2 *Seibert*, Die Partnerschaft, S. 47 unter Hinweis auf BGH NJW 1985, 192; *Henssler*, § 9 PartGG Rz. 62 ff.

3 BGH NJW 1985, 192, 193.

4 BGH NJW 1979, 104.

5 BRAK-Mitt. 1986, 119 f.; 1992, 24 ff.; 2004, 222; 2005, 13; vgl. auch: *Englert*, BB 1997, 142 ff.; *Möller*, DK 2000, 362 ff.

j) Abfindungsklauseln im Partnerschaftsvertrag

§§ 738 bis 740 BGB sind nur hinsichtlich der Anwachsungsfolge zwingend. 154
Alle weiteren vorgesehenen Rechtsfolgen sind **dispositiv**. Gegen die Zulässigkeit der in der Praxis sehr verbreiteten Abfindungsklauseln bestehen daher keine Bedenken. Sie bezwecken regelmäßigen Schutz der Gesellschaft vor finanziellem Ausbluten oder zu großem Substanzverlust in Folge einer sich ergebenden Abfindungspflicht (Kapitalsicherungsfunktion). Auch ergibt sich durch die Abfindungsklauseln, dass die Berechnung des Abfindungsanspruches auf eine klare Grundlage gestellt und damit erleichtert wird[1]. Üblich sind Abfindungsvereinbarungen zum Buchwert, mit denen der Ausscheidende von stillen Reserven sowie vom Geschäftswert ausgeschlossen werden soll. **Grenzen** der Gestaltungsfreiheit für den Partnerschaftsvertrag sind §§ 138, 242 BGB. In der Rechtsprechung werden ferner § 723 Abs. 3 BGB und § 133 Abs. 3 HGB hinsichtlich der Beschränkung des Kündigungsrechts bzw. des Rechts, die Auflösung der Gesellschaft zu verlangen, als Prüfungsmaßstab herangezogen.

Abfindungsregelungen für nicht eintretende **Erben** sollen zulässig sein[2]. 155

Soweit jeder Abfindungsanspruch der Erben nur einzelne Gesellschafter belastet, ist eine Schenkung anzunehmen. Die nach § 2301 BGB formbedürftige Schenkung ist durch Zuwendung auf den Anteil bereits als unter Lebenden vollzogen anzusehen.

Sehr verbreitet sind auch die so genannten **Buchwertklauseln**, bei denen sich 156
der für die Berechnung des Abfindungsgutachtens maßgebliche Unternehmenswert allein aus der letzten Jahresbilanz ergeben und neben den stillen Reserven auch der Geschäftswert unberücksichtigt bleiben soll[3]. Da jedoch bei diesen Buchwertklauseln nicht der volle Wert des Geschäftsanteils erfasst wird, können diese zu einer unangemessenen Bereicherung der verbleibenden Partner führen. Die Abfindungsklausel ist unwirksam, wenn sich der Gesellschafter durch sie derart eingeengt fühlen muss, dass er eine Kündigung gar nicht ernsthaft in Erwägung ziehen wird. Problematisch ist die Schwelle der Erheblichkeit der Abweichung des Buchwerts vom wirklichen Anteilswert. Der BGH lehnt seit jeher die Festsetzung von starren Prozentsätzen ab. Anstelle dieser wendet der BGH mit einer individuellen Festsetzung unter Berücksichtigung der Interessen des ausscheidenden Partners unter Berücksichtigung der Interessen des ausscheidenden Gesellschafters an einer fairen Behandlung und dem Kapitalerhaltungsinteresse an.

Entsteht ein **grobes Missverhältnis** zwischen dem Buchwert und dem wah- 157
ren Anteilswert erst nachträglich, so behält die Buchwertklausel gleichwohl ihre Gültigkeit. Anderenfalls wäre die Wirksamkeit derartiger Klauseln je nach der augenblicklichen wirtschaftlichen Lage der Gesellschaft einem ständigen Wechsel unterworfen. Auf der Grundlage der wirksamen Abfin-

1 Rationalisierungs- und Schlichtungsfunktion.
2 RGZ 145, 289; *Baumbach/Hopt*, § 138 HGB Rz. 34.
3 *Baumbach/Hopt*, § 138 HGB Rz. 36, 43.

dungsklausel muss im Wege **ergänzender Vertragsauslegung** die Abfindungssumme neu ermittelt werden[1]. Dies entspricht im Ergebnis einer Anpassung über das Institut des Wegfalls der Geschäftsgrundlage. Bei der Anpassung an veränderte Umstände sind unter anderem der Anlass der Abfindung sowie die Beteiligungsdauer zu berücksichtigen.

158 Bei **Beschränkungen des Abfindungsanspruchs** ist zu beachten, dass die Zumutbarkeitsgrenzen überschritten sind, wenn der Buchwert weniger als die Hälfte des Anteilswerts beträgt[2]. Ebenso unzulässig ist eine Differenzierung nach der Art der Beteiligung, etwa die Differenzierung eines Partners, dem der überwiegende Teil seiner Gesellschaftereinlage von einem anderen Partner geschenkt wurde. Auszahlungsmodalitäten können unterschiedlich geregelt werden, so z.B. hinsichtlich Fälligkeit, Ratenzahlung, Abzinsung. Diese müssen allerdings durch überwiegende Kapitalerhaltungsinteressen der verbleibenden Gesellschafter gedeckt sein.

159 Für Partnerschaften mit festem Mandanten- oder Patientenstamm sieht die Rechtsprechung in der **Mitnahme eines Teils dieser Kunden** durch den Ausscheidenden eine angemessene Form der Auseinandersetzung. Der ausscheidende Partner soll damit eine Grundlage erhalten, für seine berufliche Existenz zu sorgen. Der Wert der Mandate ist dann in vollem Umfang auf einen finanziellen Abfindungsanspruch anzurechnen. Eine Kumulierung von Mandantenmitnahme und Beteiligung am Geschäftswert wird nur in seltenen Ausnahmefällen als angemessen anzusehen sein[3].

V. Die Auflösung und Liquidation der Partnerschaft

1. Die Auflösung der Partnerschaft

a) Grundsätzliches

160 § 9 Abs. 1 PartGG regelt neben dem Ausscheiden eines Partners auch die Auflösung der Partnerschaft. Die Auflösung der Partnerschaft kann auf Antrag eines Gesellschafters durch gerichtliche Entscheidung ausgesprochen werden. Hierdurch wird die Partnerschaft außerordentlich beendet.

161 Auf die Auflösung der Partnerschaft sind, soweit das PartGG nichts anderes bestimmt, die §§ 131 bis 144 HGB entsprechend anzuwenden[4]. Danach wird die Partnerschaftsgesellschaft aufgelöst,

- durch den Ablauf der Zeit, für welche sie eingegangen ist,
- durch Beschluss der Gesellschafter,
- durch die Eröffnung des Insolvenzverfahrens über das Vermögen der Gesellschaft,

1 *Henssler*, § 9 PartGG Rz. 77 m.w.N.
2 BGH NJW 1989, 2685.
3 BGH DB 1995, 1121.
4 § 9 Abs. 1 PartGG.

– durch gerichtliche Entscheidung.

Entgegen der Regelungen für das Ausscheiden von Gesellschaftern einer OHG und die Auflösung einer OHG dienen die Vorschriften des PartGG der Verfestigung der Partnerschaft. Entsprechend diesem vom PartGG verfolgten Zweck soll eine Auflösung der Partnerschaft nur in **Ausnahmefällen** durchgeführt werden. Anstelle der Auflösung haben Abhilfemaßnahmen, die den Fortbestand der Partnerschaft sichern[1], Vorrang. Diesem allgemeinen personengesellschaftsrechtlichen Prinzip kommt angesichts der gesetzlich bezweckten Strukturverfestigung von Partnerschaften besondere Bedeutung zu[2]. 162

Die Möglichkeit einer Auflösungsklage entfällt, wenn dem Auflösungskläger der Austritt oder das Abwarten eines ordentlichen Kündigungstermins als milderes Mittel zumutbar ist. Nur wenn das Ausscheiden einzelner Mitglieder der Partnerschaft nicht zumutbar ist, weil sich der Gesellschaftszweck nur unter Mitwirkung aller ursprünglichen Partner realisieren lässt, soll eine Auflösung in Betracht kommen. Der Gesellschaftsvertrag kann hierbei den **Vorrang solch milderer Maßnahmen** ausdrücklich regeln. 163

Allerdings darf das Recht der Partner, die **Auflösung aus wichtigem Grund** zu verlangen, gemäß § 133 Abs. 3 HGB nicht eingeschränkt oder ausgeschlossen werden. Eine unzulässige Rechtsverkürzung ist zu bejahen, wenn statt des Rechts aus § 133 HGB allein treuwidrige oder unangemessene Möglichkeiten vorgesehen werden. Abzulehnen sind insoweit nachteilige Abfindungsregelungen für den vorrangigen Ausschluss oder Austritt. Auch kann die Fortführung der Gesellschaft durch die anderen Partner unzumutbar sein[3]. Neben der Unmöglichkeit, den Partnerschaftszweck zu erreichen, können beispielsweise Gründungsfehler einen wichtigen Grund abgeben. Eine Vereinbarung, durch welche das Recht der Partner, die Auflösung der Gesellschaft zu verlangen, ausgeschlossen oder den Vorschriften der §§ 131 bis 144 HGB zuwider beschränkt wird, ist nichtig. 164

Ist die Partnerschaft **zeitlich befristet**, etwa zum Zwecke der Durchführung eines Großprojektes, wird sie nach Ablauf der Vertragsdauer gemäß § 9 Abs. 1 PartGG i.V.m. § 131 Abs. 1 Nr. 1 HGB aufgelöst. Angesichts der auf dauerhafte gemeinsame Berufsausübung gerichteten Zielsetzung der Partnerschaft handelt es sich um eine seltene Ausnahme. 165

b) Einzelheiten zur Antragstellung

Auf Antrag eines Partners kann entsprechend § 133 HGB die Auflösung der Gesellschaft vor dem Ablauf der für ihre Dauer bestimmten Zeit oder bei einer für unbestimmte Zeit eingegangenen Gesellschaft ohne Kündigung durch gerichtliche Entscheidung ausgesprochen werden, wenn ein **wichtiger Grund** vorliegt. Ein solcher Grund ist insbesondere vorhanden, wenn ein an- 166

---

1 BGHZ 80, 346.
2 BT-Drucks. 12/6152, 19f.
3 *Baumbach/Hopt*, § 133 HGB Rz. 19f.

derer Partner eine ihm nach dem Gesellschaftsvertrag obliegende wesentliche Verpflichtung vorsätzlich oder aus grober Fahrlässigkeit verletzt oder wenn die Erfüllung einer solchen Verpflichtung unmöglich wird.

167 Hat ein **Privatgläubiger** eines Partners, nachdem innerhalb der letzten sechs Monate eine Zwangsvollstreckung in das bewegliche Vermögen des Partners ohne Erfolg versucht ist, aufgrund eines nicht bloß vorläufig vollstreckbaren Schuldtitels die Pfändung und Überweisung des Anspruchs auf dasjenige erwirkt, was dem Partner bei der Auseinandersetzung zukommt, so kann er die Partnerschaft ohne Rücksicht darauf, ob sie für bestimmte oder unbestimmte Zeit eingegangen ist, sechs Monate vor dem Ende des Geschäftsjahres für diesen Zeitpunkt kündigen. Macht ein Privatgläubiger eines Partners von dem ihm nach § 9 Abs. 1 PartGG i.V.m. § 135 HGB zustehenden Recht Gebrauch, so können die übrigen Partner aufgrund eines von ihnen gefassten Beschlusses den Gläubiger erklären, dass die Gesellschaft unter ihnen fortbestehen soll. In diesem Falle scheidet der betreffende Partner mit dem Ende des Geschäftsjahres aus der Gesellschaft aus. Gleiches gilt für den Fall der Eröffnung des Insolvenzverfahrens über das Vermögen eines Partners mit der Maßgabe, dass die Erklärung gegenüber dem Insolvenzverwalter zu erfolgen und dass der Gemeinschuldner mit dem Zeitpunkte der Eröffnung des Insolvenzverfahrens als aus der Gesellschaft ausgeschieden gilt.

168 Die Auflösung der Gesellschaft ist, wenn sie nicht in Folge der Eröffnung des Insolvenzverfahrens über das Vermögen der Gesellschaft eintritt, von sämtlichen Partnern zur Eintragung in das Partnerschaftsregister **anzumelden**. Ist anzunehmen, dass der Tod eines Gesellschafters dic Auflösung oder das Ausscheiden zur Folge gehabt hat, so kann, auch ohne dass die Erben bei der Anmeldung mitwirken, die Eintragung erfolgen, soweit einer solchen Mitwirkung besondere Hindernisse entgegenstehen.

c) Auflösung durch Beschluss

169 Den Partnern steht es frei, ihre Partnerschaft durch Beschluss gemäß § 9 Abs. 1 PartGG i.V.m. § 131 Abs. 1 Nr. 2 HGB aufzulösen. Ein solcher Beschluss erfordert **Einstimmigkeit**, wenn nicht im Partnerschaftsvertrag das Mehrheitsprinzip vorgesehen ist. Die allgemeine Vereinbarung des Mehrheitsprinzips im Partnerschaftsvertrag erfasst nicht die Beschlussfassung über die Auflösung der Partnerschaft. Als ungewöhnliche Vertragsänderung, die den Kernbereich der Gesellschafterrechte betrifft, muss sie ausdrücklich dem Mehrheitsprinzip unterworfen werden. Das Mehrheitsprinzip darf keine sittenwidrige Abhängigkeit eines Partners von der Mehrheit begründen. In besonderen Ausnahmefällen, etwa wenn nur durch rasche Auflösung eine angemessene Verwertung des Gesellschaftsvermögens möglich ist, kann ein Partner aufgrund der Treuepflicht zur Zustimmung zu einem Auflösungsbeschluss verpflichtet sein. Vorbehaltlich gesellschaftsvertraglicher Regeln kann der Beschluss formfrei und sogar konkludent – etwa durch den Beschluss, ein Projekt, für welches die Partnerschaft gegründet wurde, nicht fortzuführen – erfolgen.

d) Gesetzlicher Auflösungsgrund

Ein gesetzlicher Auflösungsgrund liegt bei der **Eröffnung des Insolvenzverfahrens** über das Vermögen der Partnerschaft entsprechend § 131 Abs. 1 Nr. 3 HGB zwingend vor. Nach Eröffnung des Insolvenzverfahrens über das Partnerschaftsvermögen muss dieses in erster Linie vom Insolvenzverwalter zur Befriedigung der Partnerschaftsgläubiger verwendet werden. Wird das Insolvenzverfahren aufgehoben oder eingestellt, sieht § 144 HGB eine Fortführungsoption der Gesellschafter vor. Verbleibt nach Beendigung des Insolvenzverfahrens ausnahmsweise ein Überschuss, kann sich eine Abwicklung anschließen. § 143 HGB, der die Anmeldung der Auflösung zur Eintragung durch sämtliche Partner vorsieht, wird durch den gemäß § 2 Abs. 2 PartGG anwendbaren § 32 HGB ergänzt. Die Eintragung der Eröffnung des Insolvenzverfahrens über das Vermögen der Partnerschaft erfolgt daher von Amts wegen. 170

Die **Ablehnung des Insolvenzverfahrens** über das Vermögen der Partnerschaft **mangels Masse** ist vom Gesetzgeber nicht als Auflösungsgrund im Rahmen des PartGG speziell geregelt. Da auch weder das Recht der OHG noch das geänderte Insolvenzrecht eine solche Regelung kennen, kann dieser Umstand nur bei entsprechender Vereinbarung im Partnerschaftsvertrag als Auflösungsgrund wirken. Eine vertragliche Vereinbarung bietet sich an, da zwar Gläubigerinteressen oder Interessen der Allgemeinheit durch die Antragsablehnung regelmäßig nicht beeinträchtigt werden, ein Auflösungsbedürfnis der Partner jedoch unabhängig hiervon bestehen kann. 171

e) Weitere Auflösungsgründe aufgrund des Partnerschaftsvertrages

Im Partnerschaftsvertrag können weitere Gründe vorgesehen werden, die zur Auflösung der Partnerschaft berechtigen. Da das Fortführungs- und Strukturverfestigungsmodell des PartGG nicht als zwingendes Prinzip ausgestaltet ist, steht es den Parteien des Partnerschaftsvertrages frei, diesen gesetzlichen Grundsatz durch Vereinbarungen einer § 131 Abs. 1 Nr. 3 und 4, Abs. 3 Nr. 1 und 2 HGB entsprechenden Regelungen zu umgehen. 172

f) Rechtsfolge der Auflösung

Die Rechtsfolge der Auflösung ist die Umwandlung der Partnerschaft von einer werbenden Gesellschaft in eine **Abwicklungsgesellschaft**. Während der Abwicklung besteht die Partnerschaft fort, ohne ihre Identität zu ändern. Der Auflösung folgt die **Liquidation** unter den Partnern. Die Partnerschaft ist erst beendet, wenn ihr gesamtes Vermögen verteilt, sie somit vollständig abgewickelt ist **(Vollbeendigung)**. Während die Partner im Wege der Änderung des Gesellschaftsvertrages die Abwicklungsgesellschaft wieder in eine werbende Gesellschaft zurückverwandeln können, kann eine voll beendete Partnerschaft nicht wiederhergestellt werden. 173

2. Die Liquidation der Partnerschaft

a) Grundsätzliches

174 Mit der Auflösung der Gesellschaft erlöschen Geschäftsführungsbefugnis und Vertretungsmacht der Gesellschafter, wie sie nach Partnerschaftsvertrag und Gesetz (§ 6 Abs. 3 PartGG i.V.m. §§ 114ff., 125ff. HGB) für die werbende Gesellschaft galten. Die Geschäftsführungsbefugnis und die Vertretungsmacht gehen kraft Gesetzes auf die **Liquidatoren** als Organe der Gesellschaft i.L. über. Gemäß § 146 Abs. 1 HGB sind grundsätzlich sämtliche Partner ohne Rücksicht auf ihre Geschäftsführungsbefugnis und Vertretungsmacht in der werbenden Gesellschaft Liquidatoren.

b) Bestellung der Liquidatoren

175 Durch eine Vereinbarung im Partnerschaftsvertrag oder einen einstimmigen Beschluss der Gesellschafter kann die Liquidation einem der Partner und einem Dritten übertragen werden. Aus wichtigem Grund kann die Ernennung von Liquidatoren gemäß § 146 Abs. 2 HGB auf Antrag eines Beteiligten auch **durch ein Gericht** erfolgen. Ein wichtiger Grund liegt vor, wenn die Abwicklung durch die vom Gesetz vorgesehenen oder von den Gesellschaftern berufenen Liquidatoren eine ordnungsgemäße Auseinandersetzung nicht erwarten lässt und erhebliche Nachteile für die Gesellschaft zu befürchten sind. Als Beteiligte im Sinne des § 146 Abs. 2 HGB sind neben den Partnern alle Personen antragsberechtigt, die eine Gesellschafterstellung ausüben, wie auch Insolvenzverwalter oder Testamentsvollstrecker, sowie die Erben eines Partners und die Gläubiger, die nach § 135 HGB gekündigt haben (§ 146 Abs. 2 Satz 2 HGB). Das Gericht kann dem bestellten Abwickler Einzel- oder Gesamtvertretungsbefugnis einräumen oder festlegen, dass er neben einem oder statt eines bereits vorhandenen Abwicklers tätig werden soll. Im Übrigen fehlt dem Gericht die Kompetenz, die Befugnis eines Abwicklers zu beschränken, ihm Weisungen zu erteilen oder ihn zu überwachen. Es darf weder die Vergütung festsetzen noch für einen verhinderten Abwickler einen Vertreter bestellen.

176 Für die Bestellung der Liquidatoren ist das **Amtsgericht** zuständig, in dessen Bezirk die Gesellschaft ihren Sitz hat. Soll die Gesellschaft entgegen § 9 Abs. 1 PartGG i.V.m. § 131 Abs. 3 Nr. 1 HGB ausnahmsweise nach dem Tod eines Partners aufgelöst werden, so müssen mehrere Erben dieses Partners einen gemeinsamen Vertreter bestellen (§ 146 Abs. 1 Satz 2 HGB). Sollte partnerschaftsvertraglich vorgesehen sein, dass die Partnerschaft nach Eröffnung des Insolvenzverfahrens über das Vermögen eines Partners aufgelöst wird, tritt im Falle der Liquidation der Insolvenzverwalter an die Stelle dieses Partners (§ 146 Abs. 3 HGB).

177 Die **Anmeldung und Eintragung der Liquidatoren** zum Partnerschaftsregister erfolgt gemäß § 148 Abs. 1 HGB grundsätzlich durch sämtliche Partner oder bei gerichtlicher Bestellung gemäß § 148 Abs. 2 HGB von Amts wegen. Die Eintragung der Liquidatoren wirkt nicht konstitutiv.

Das PartGG stellt keine berufsspezifischen Qualifikationsanforderungen für die auszuwählenden Liquidatoren auf. Es überlässt insofern nach § 1 Abs. 3 PartGG vielmehr dem jeweiligen Berufsrecht, eine nähere Regelung vorzunehmen[1]. Die **Liquidation einer interprofessionellen Partnerschaft**, die nach diesen Grundsätzen eine berufliche Mehrfachkompetenz bedingt, lässt sich auf zwei verschiedenen Wegen realisieren. Es können einerseits mehrere Abwickler aus verschiedenen Berufen bestellt werden. Möglich ist es aber auch, nur einen Abwickler zu bestellen, der sich, soweit er selbst die erforderliche Mehrfachqualifikation nicht aufweist, für die praktische Abwicklung der Mitarbeit von Angehörigen der entsprechenden Berufe bedient. 178

Wenn die Liquidatoren aufgrund einer gerichtlichen Bestellung nach § 146 Abs. 2 HGB eingesetzt werden, sind die Gerichte an die berufsrechtlichen Anforderungen gebunden. Bei gekorenen Liquidatoren besteht bereits das Interesse der Partner an einer möglichst effektiven Abwicklung als Korrektiv[2]. 179

c) Beendigung des Liquidatorenamtes

Die Liquidatoren können gemäß § 147 HGB durch einstimmigen Beschluss der Beteiligten **abberufen** werden[3]. Im Falle des Vorliegen eines wichtigen Grundes kann auch eine Abberufung durch das Gericht erfolgen. 180

Ebenso besteht die Möglichkeit, dass die Liquidatoren ihr **Amt niederlegen**. Gesellschafterliquidatoren dürfen nur bei Vorliegen eines wichtigen Grundes kündigen, bei Dritten ist lediglich die Kündigung zur Unzeit unwirksam[4]. 181

d) Rechte, Pflichten und Aufgaben des Liquidators

Gemäß § 149 HGB besteht eine **Gesamtvertretungsmacht der Liquidatoren**. Allerdings erfordert die erfolgreiche Abwicklung laufender Mandatsverhältnisse der Partnerschaft Einzelvertretungsmacht des Bearbeiters. Insofern bietet es sich an, den Liquidatoren Einzelvertretungsbefugnis einzuräumen, soweit sie auch in der werbenden Gesellschaft bestand. Insofern besteht für die Partner die Möglichkeit, auch im Abwicklungsstadium mit Außenwirkung einzeln für die Gesellschaft tätig zu werden. Bei Willenserklärungen gegenüber der zu liquidierenden Gesellschaft reicht die Abgabe gegenüber einem von eventuell mehreren Liquidatoren aus[5]. 182

Dritten gegenüber wäre die Beschränkung des inhaltlichen Umfangs der gesetzlichen Liquidatorenbefugnis gemäß § 151 HGB unwirksam. Ebenso ist eine Beschränkung auf eine von mehreren Niederlassungen der Partnerschaft nicht möglich[6]. 183

1 Siehe hierzu z.B. § 55 BRAO oder § 70 StBerG.
2 Begr. z. RegE, BT-Drucks. 12/6152, 22; *Michalski/Römermann*, § 10 PartGG Rz. 6.
3 Vgl. § 146 Abs. 2 Satz 2 und Abs. 3 HGB.
4 *Baumbach/Hopt*, § 147 HGB Rz. 5; *Hoffmann*, in: Meilicke/von Westphalen/Hoffmann/Lenz, § 10 PartGG Rz. 17.
5 §§ 150 Abs. 2 Satz 2 HGB i.V.m. § 125 Abs. 2 Satz 3 HGB.
6 § 126 Abs. 3 HGB.

184 Im Interesse Dritter ist stets zu vermuten, dass die Handlungen der Abwickler sich im Rahmen des Liquidationszweckes bewegen. Sollte sich ein Geschäft als liquidationsfremd erweisen, so besteht die Verpflichtung der Partnerschaft fort, es sei denn, der Geschäftspartner hätte die **Liquidationsfremdheit** des Geschäftes erkennen müssen. Allerdings trägt die Beweislast für die Liquidationsfremdheit die in Liquidation befindliche Partnerschaft.

185 Von der Rechtsnatur her sind die Liquidatoren innerhalb ihres Geschäftskreises die gerichtlichen und außergerichtlichen (gesetzlichen) Vertreter der abzuwickelnden Partnerschaft[1]. Die Liquidatoren haben ihre Namensunterschrift bei dem Partnerschaftsregister zur Aufbewahrung zu zeichnen[2]. Die Liquidatoren haben im Geschäftsverkehr ihre Unterschrift in der Weise abzugeben, dass sie der als Liquidationsfirma zu bezeichnenden Gesellschaft (i.L.) ihren Namen beifügen[3].

186 Gemäß § 10 Abs. 1 PartGG i.V.m. § 149 Satz 1 HGB haben die Liquidatoren die laufenden Geschäfte im Rahmen des Liquidationsverfahrens zu beenden. Hierzu erstreckt sich die Geschäftsführungsbefugnis der Liquidatoren auf **alle Geschäfte, die dem Abwicklungszweck dienen**, so auch Geschäfte zur Erhaltung des vorhandenen Gesellschaftsvermögens. Alle darüber hinausgehenden Geschäfte bedürfen eines Beschlusses aller Gesellschafter. Gemäß § 149 Satz 1 HGB bestehen folgende ausdrückliche Aufgaben der Liquidatoren:

- Die Liquidatoren haben die laufenden **Geschäfte der Partnerschaft zu beendigen**. Dies bedeutet nicht einen sofortigen Abbruch der Geschäfte. Vielmehr haben die Liquidatoren anhängige Prozesse fortzuführen und verfahrensrechtlich korrekt zu Ende zu bringen. Hierzu können auch neue Geschäfte eingegangen werden, soweit diese zur Erreichung des Liquidationszweckes erforderlich und sinnvoll sind. Allerdings sind werbende Tätigkeiten, die nicht der Erhaltung des Partnerschaftsvermögens, sondern dessen Mehrung dienen, unzulässig. Im Gegensatz zur Eröffnung des Insolvenzverfahrens werden die Geschäfte nicht unterbrochen.
- Die Liquidatoren sind verpflichtet, ausstehende **Forderungen einzuziehen**. Dies umfasst sowohl die Verpflichtung zur Einziehung der Ansprüche gegen Dritte als auch von Sozialansprüchen. Allerdings dienen die eingezogenen Forderungen nicht dem endgültigen Ausgleich unter den Gesellschaftern, da dies Sache der Gesellschafter nach Beendigung der Liquidation ist.
- Als weitere Verpflichtung obliegt den Liquidatoren, das übrige **Vermögen in Geld umzusetzen**, wobei die Art und der genaue Zeitpunkt der Umsetzung in dem Ermessen der Liquidatoren steht. Soweit keine Teilung in natura vorgenommen wird, ist das Gesellschaftsvermögen im Ganzen zu veräußern. Dies ist zum einen notwendig, um bestehende Verbindlichkeiten zu befriedigen. Eine Einwilligung der Partner zur Veräußerung des gesamten von der Gesellschaft betriebenen Geschäfts ist nur erforderlich, wenn dem Erwerber das Recht zur Fortführung der Firma eingeräumt wird.

---

1 Vgl. § 149 Satz 2 HGB.
2 Vgl. § 148 Abs. 3 HGB.
3 § 153 HGB.

- Die Liquidatoren haben die **Drittgläubiger zu befriedigen**. Soweit eine Forderung noch nicht fällig oder streitig ist, so ist die Leistung gemäß § 733 Abs. 1 Satz 2 BGB zurückzuhalten. Soweit die Gläubiger nicht vollständig befriedigt werden können, ist durch die Liquidatoren das Insolvenzverfahren einzuleiten.

e) Rechtsstellung der Liquidatoren im Innenverhältnis

Aufgrund der grundsätzlichen Selbstorganschaft in der Partnerschaft besteht 187
die **Befugnis der Partner zur Einzelgeschäftsführung** fort. Der Ausschluss der Beschränkbarkeit der Vertretungsmacht der Liquidatoren nach außen gemäß § 151 HGB gilt im Innenverhältnis zwischen den Gesellschaftern nicht. Die Gesellschafter können zudem im Innenverhältnis die Geschäftsführungsbefugnis der Liquidatoren beschränken und die Vornahme bestimmter Geschäfte an ihre Zustimmung koppeln. Die Liquidatoren sind ggf. unter Beachtung des einschlägigen Berufsrechts den Weisungen der Partner unterworfen[1]. Soweit im Berufsrecht und im Partnerschaftsvertrag nichts anderes bestimmt ist, muss dieses Weisungsrecht durch einstimmigen Beschluss der Partner ausgeübt werden. Insoweit unterliegt der partnerschaftsfremde Liquidator stets dem **Weisungsrecht der Partner**. Dem Liquidator aus den Reihen der Partner kann dagegen keine Weisung erteilt werden, sofern der Gesellschaftsvertrag nichts anderes bestimmt.

Im Falle der Zuwiderhandlung ist der Liquidator gegenüber dem Partner zum Ersatz des entstehenden Schadens verpflichtet[2].

f) Rechnungslegung der Partnerschaft i.L.

Die Partnerschaft in Liquidation unterliegt nicht der in §§ 238, 242 HGB nor- 188
mierten Pflicht zur Jahresrechnungslegung. Hierfür sah der Gesetzgeber kein Bedürfnis. Daher reicht die **vereinfachte Einnahmen-Überschussrechnung** auch bei der Partnerschaft in Liquidation aus[3].

Neben den allgemeinen Rechnungslegungsvorschriften der §§ 238ff. HGB 189
unterliegen die Liquidatoren jedoch einer eigenständigen gesellschaftsrechtlichen **Bilanzierungspflicht** nach § 154 HGB. Insofern ist die Aufstellung einer Liquidationsschlussbilanz erforderlich, um festzustellen, welche Ansprüche den einzelnen Partnern nach Beendigung der Liquidation zustehen[4]. Trotz der fehlenden Verpflichtung zur Buchführungspflicht nach §§ 238ff. HGB besteht diese Verpflichtung zur Aufstellung einer Liquidationseröffnungsbilanz. Diese dient nicht zur Ermittlung eines Geschäftsergebnisses,

1 § 10 Abs. 1 PartGG i.V.m. § 152 HGB. Anders die Stellung des Abwicklers gem. § 55 Abs. 3 Satz 1 i.V.m. § 53 Abs. 10 Satz 2 BRAO.
2 Vgl. § 152 HGB. Die Haftung des Gesellschafterliquidators ergibt sich hierbei aus der positiven Forderungsverletzung des Gesellschaftsvertrages. Bei einem partnerschaftsfremden Liquidator besteht ein Dienstvertrag in Form eines Geschäftsbesorgungsvertrages gemäß § 677 BGB.
3 Vgl. Begründung zum RegE, BT-Drucks. 12/6152, 22.
4 Begründung zum RegE, BT-Drucks. 12/6152, 22.

sondern lediglich zur vorläufigen Klärung des Standes von Aktiva und Passiva. Soweit sich die Gesellschaft auf eine bloße Einnahmen-Überschussrechnung beschränkt hat, ist diese Vermögensbilanz unverzichtbar, um die Aussichten der Liquidation zu beurteilen. Die Bilanz dient als Grundlage für Beschlüsse der Liquidatoren und ihrer Verhandlungen mit den Gläubigern. Zur Durchführung einer effektiven Liquidation ist entsprechend § 154 HGB sowohl an der Erforderlichkeit einer Aufstellung einer Vermögens- als auch einer Schlussbilanz festzuhalten[1].

190 Nach Berichtigung der Schulden ist das verbleibende Vermögen der Partnerschaft entsprechend § 155 Abs. 1 HGB von den Liquidatoren nach dem Verhältnis der Beteiligungen unter die Partner zu verteilen. Hiervon können die Partner im Partnerschaftsvertrag jedoch abweichen. Soweit eine Einigung nicht herbeiführbar ist, erfolgt eine Aussetzung der **Verteilung** gemäß § 155 Abs. 3 HGB bis zu einer Entscheidung des Streites.

g) Rechtsfolgen der Liquidation

191 Die Rechtsfolgen einer Liquidation sind die Vermögensverteilung, die Nachschusspflicht, das Erlöschen der Partnerschaft und verschiedene Aufbewahrungspflichten.

192 Zunächst sind die Gesellschaftsgläubiger zu befriedigen und über § 149 Satz 1 HGB weitere Verpflichtungen zu erfüllen. Gemäß § 155 Abs. 1 HGB ist das nach Berichtigung der Schulden verbleibende Vermögen der Partnerschaft von den Liquidatoren nach dem Verhältnis der Kapitalanteile, wie sie sich aufgrund der Schlussbilanz ergeben, unter den Partnern zu verteilen. Der Anspruch der Partner auf **Zwischen- und Schlussverteilung** ist auf Geld gerichtet. Allerdings kann der Partnerschaftsvertrag abweichende Gestaltungen vorsehen. Auch sind weitere Vereinbarungen, die mit Zustimmung aller Gesellschafter ad hoc getroffen werden können, möglich.

193 Im Falle der Auseinandersetzung vor Gericht hat der Partner grundsätzlich darauf zu **klagen**, dass eine Schlussbilanz erstellt und der sich daraus ergebende Saldoanteil ausgezahlt wird. Ggf. besteht die Möglichkeit, den dem einzelnen Gesellschafter zustehenden Anteil selbst zu errechnen und ihn unmittelbar einzuklagen, wie dies beim Gläubiger in § 135 HGB der Fall ist.

194 Nach der Schlussverteilung sämtlicher vorhandener Vermögenswerte tritt die **Beendigung der Liquidation** ein. Zu den Vermögenswerten zählen auch die nicht offensichtlich unbegründeten Forderungen gegen Dritter. Soweit sich später herausstellt, dass entgegen der vorausgehenden Vermutungen doch noch Gesellschaftervermögen vorhanden ist, ist die Liquidation wieder aufzunehmen.

195 Gemäß § 155 Abs. 2 HGB ist eine **vorläufige Verteilung** möglich. Dies setzt voraus, dass für die Abwicklung entbehrliches Geld vorhanden ist. Über die „Entbehrlichkeit" des Geldes entscheiden die Liquidatoren nach pflicht-

1 Begründung zum RegE, BT-Drucks. 12/6152, 22.

gemäßem Ermessen. Zu viel gezahltes Geld ist von den Gesellschaftern aufgrund des Vorbehalts der Vorläufigkeit, nicht etwa nach §§ 812 ff. BGB, zurückzuzahlen. Eine Klage der Partner gegen die Liquidatoren auf vorläufige Zahlung ist möglich. Ein Entnahmerecht nach § 122 Abs. 1 HGB entfällt dagegen wegen § 155 Abs. 2 Satz 2 HGB. Die Verteilung ist gemäß § 155 Abs. 3 HGB auszusetzen, wenn die Gesellschafter sich im Streit über die Verteilung des Gesellschaftsvermögens befinden.

Soweit noch Schulden der Partnerschaft offen sind, besteht eine **Nachschusspflicht** der Partner im Verhältnis ihrer Anteile gemäß § 1 Abs. 4 PartGG i.V.m. § 735 BGB. Allerdings besteht keine Nachschusspflicht solcher Verbindlichkeiten, für die Partnerschaft aufgrund wirksamer Haftungsbeschränkungen nach § 8 PartGG nicht haftet. Den Ausfall infolge Vermögenslosigkeit eines gepfändeten Gesellschafters tragen alle übrigen Partner nach dem gesellschaftsvertraglichen Verlustschlüssel[1]. 196

Mit Beendigung der Liquidation erlischt auch der Namen der Partnerschaft. Die Liquidatoren haben das **Erlöschen des Partnerschaftsnamens** zum Partnerschaftsregister anzumelden[2]. 197

Im Falle von **Pflichtverletzungen durch die Liquidatoren** kann das Registergericht Zwangsgeld auferlegen[3]. Notfalls ist gemäß § 2 Abs. 2 PartGG i.V.m. § 31 Abs. 1 Satz 2 HGB die Entscheidung des Erlöschens der Partnerschaft von Amts wegen durch das Gericht vorzunehmen. Die Wirkung der Löschungseintragung ist deklaratorisch. Die Namenslöschung ist ggf. ihrerseits noch nicht zu löschen, wenn sich später noch Partnerschaftsvermögen auffindet und die Liquidation fortgesetzt werden muss. 198

Bücher und Papiere der aufgelösten Gesellschaft müssen gemäß § 157 Abs. 2 und 3 HGB durch einen Partner oder einen Dritten **aufbewahrt** werden. Im Falle der Aufbewahrung durch einen Dritten gemäß § 157 Abs. 2 Satz 1 2. Alt. HGB ist zu beachten, dass die Schweigepflichten der Partner nicht verletzt werden. Den übrigen Partnern und deren Erben steht ein Einsichtsrecht nach § 157 Abs. 3 HGB zu. Der Verwahrer ergibt sich aus der gemäß § 119 HGB zu treffenden Vereinbarung der Gesellschafter oder deren Erben. Soweit eine Vereinbarung über den **Verwahrer** fehlt, bestimmt das Amtsgericht des Sitzes der Gesellschaft in einem Verfahren nach §§ 145, 146 FGG einen solchen. Ein Zwang zur Annahme des Amtes besteht nicht. Mit der Annahme entsteht ein Verwahrungsverhältnis zwischen den früheren Gesellschaftern und dem Aufbewahrer, wobei Letzterem ein Vergütungsanspruch nach § 689 BGB zusteht. Die Kosten der Verwahrung tragen die Gesellschafter gemeinsam. Die Liquidatoren können den zur Deckung der Kosten benötigten Betrag zurückbehalten. 199

1 § 735 Satz 2 BGB. Nach außen hin haften die Gesellschafter gesamtschuldnerisch und untereinander angemessen. Zu überlegen sind jedoch stets entsprechende Ausgleichsmaßnahmen.
2 § 157 Abs. 1 HGB.
3 § 2 Abs. 2 PartGG i.V.m. §§ 31 Abs. 2, 14 HGB.

200 Die in § 257 HGB geregelte Aufbewahrungspflicht aus buchführungsrechtlichen Gründen findet auf die freiberuflich tätigen Partner dagegen keine Anwendung, da sie keiner handelsrechtlichen Buchführungspflicht unterliegen. Ebenso gilt die steuerrechtliche Buchprüfungspflicht nach §§ 141 bis 148 AO nicht für Freiberufler. Allerdings besteht gemäß § 22 UStG auch für vorsteuerabzugsberechtigte Unternehmer, welche auch die Freiberufler in der Regel sind, die **umsatzsteuerrechtliche Aufzeichnungspflicht**.

3. Andere Arten der Auseinandersetzung (§§ 145 Abs. 1, 158 HGB)

a) Grundsätzliches

201 Sobald eine Partnerschaft aus einem der in § 9 Abs. 1 PartGG i.V.m. §§ 131 Abs. 1 Nr. 2–4, 133 HGB genannten Gründe aufgelöst wird, erfolgt ein Übergang der Partnerschaft aus dem Stadium der nach dem Gesellschaftszweck für sie bestimmten werbenden Tätigkeit in das Stadium der Auseinandersetzung unter den Gesellschaftern. Eine Liquidation kann allerdings entfallen, wenn z.B. der Partnerschaftsvertrag vorsieht, dass eine andere Art der Auseinandersetzung erfolgen solle.

202 Soweit das **Insolvenzverfahren** für das Vermögen der Partnerschaft eröffnet ist, erfolgt erst nach Abschluss dieses Verfahrens eine Auseinandersetzung. Dies setzt jedoch voraus, dass noch ein Restvermögen vorhanden ist. Die Auseinandersetzung entfällt jedoch ganz, wenn in einer Zwei-Personen-Gesellschaft einer der beiden Partner verstirbt und der andere ihn beerbt.

203 Als **sonstige Auseinandersetzungsformen** kommen insbesondere noch in Betracht:

- Die Übernahme der Partnerschaft durch einen der Partner durch Anteilskauf oder Abfindung der übrigen Partner.
- Die Naturalteilung des Vermögens der Partnerschaft, etwa in Form der Weiterführung verschiedener Zweigniederlassungen durch jeweils einen Partner.
- Die Übertragung aller Anteile auf einen Dritten.
- Die Übertragung des Gesamtvermögens auf Treuhänder zur Abfindung der Gläubiger. Diesem Liquidationsvergleich steht das grundsätzliche Verbot der Einschaltung von Treuhändern nicht entgegen, da die Gesellschaft nicht nur zur Ausübung eines freien Berufes fortgesetzt wird.

b) Geltung der Liquidationsregeln

204 Gemäß § 158 HGB finden auch bei den anderen Arten der Auseinandersetzung im Außenverhältnis die Vorschriften über die Liquidation bezüglich des ungeteilten Partnerschaftsvermögens entsprechende Anwendung. Im Falle der „fehlerhaften Partnerschaft", in dem lediglich eine BGB-Gesellschaft besteht, und bei Umwandlung der Partnerschaft in eine BGB-Gesellschaft, gilt § 158 HGB nicht. Die Rechtsverhältnisse der Partnerschaft zu Dritten bestimmen sich hier ausschließlich nach §§ 714f., 719f., 725 BGB.

VI. Die Haftung der Partnerschaft und der Partner

1. Grundsätzliches

Nach § 8 Abs. 1 PartGG besteht in Anlehnung an § 128 HGB die Haftung der Partner als **Gesamtschuldner** für die Verbindlichkeiten der Partnerschaft. Diese haften neben der Partnerschaft persönlich mit ihrem Privatvermögen. Die §§ 129 und 130 HGB sind entsprechend anzuwenden. 205

Die Haftung umfasst **alle Arten von Verbindlichkeiten**, vertraglich sowie gesetzlich begründete. Einbezogen sind Verbindlichkeiten aus Verzug, Unmöglichkeit, Gewährleistung, Schlechterfüllung, aus Geschäftsführung ohne Auftrag, Delikt, ungerechtfertigte Bereicherung oder aus dem öffentlichen Recht, wie Steuerverbindlichkeiten und Geldstrafen. 206

Waren nur **einzelne Partner** mit der Bearbeitung eines Auftrages befasst, so haften nur sie für berufliche Fehler neben der Partnerschaft. Hiervon sind Bearbeitungsbeiträge von untergeordneter Bedeutung ausgenommen. 207

Durch Gesetz kann für einzelne Berufe eine **Beschränkung der Haftung** für Ansprüche aus Schäden wegen fehlerhafter Berufsausübung auf einen bestimmten Höchstbetrag zugelassen werden, wenn zugleich eine Pflicht zum Abschluss einer Berufshaftpflichtversicherung der Partner oder der Partnerschaft begründet wird. 208

Die **Partnerschaft** haftet als gemäß § 7 Abs. 2 PartGG i.V.m. § 124 HGB rechtlich verselbständigte Organisation mit ihrem gesamthänderisch gebundenen Vermögen für alle schuldhaften vertraglichen Pflichtverletzungen der Partner. Der Partnerschaft wird ebenso wie der OHG das vertragliche Fehlverhalten ihrer Gesellschafter über § 31 BGB analog zugerechnet. Das Handeln der geschäftsführenden Gesellschafter ist als eigenes Handeln der Partnerschaft anzusehen. Die Partner sind die einzigen vertretungsberechtigten Repräsentanten. Eine Fremdorganschaft ist unzulässig. Auch im Rahmen schuldrechtlicher Sonderverbindungen ist auf § 31 BGB analog zurückzugreifen. 209

Im Falle **deliktischen Handelns** der Partner haftet die Partnerschaft ebenfalls über § 31 BGB analog, wenn der jeweils handelnde Partner eine deliktische Handlung „in Ausführung" einer ihm „zustehenden Verrichtung" begangen hat. 210

2. Gesamtschuldnerschaft

Die Partner sind untereinander Gesamtschuldner im Sinne von §§ 421 ff. BGB. Im Verhältnis zur Gesamthand liegt mangels Gleichstufigkeit keine echte Gesamtschuldnerschaft vor. Zwar ergibt sich aus § 128 Satz 1 HGB für die OHG, dass die Gesellschafter für die Verbindlichkeiten der Gesellschaft den Gläubigern als Gesamtschuldner persönlich haften. § 8 Abs. 1 PartGG lässt die Partner „den Gläubiger neben dem Vermögen der Partnerschaft" als Gesamtschuldner haften. Gemeint sein dürfte jedoch das Glei- 211 che, sonst wäre eine abweichende Auffassung in der amtlichen Begründung zumindest angesprochen worden[1].

3. Akzessorietät der Haftung

212 Für Verbindlichkeiten der Partnerschaft haften den Gläubigern neben dem Vermögen der Partnerschaft die **Partner** als Gesamtschuldern. Die §§ 129 und 130 HGB sind entsprechend anzuwenden.

Daraus ergibt sich, dass ein Gesellschafter **Einwendungen**, die nicht in seiner Person begründet sind, nur insoweit geltend machen kann, als sie von der Gesellschaft erhoben werden können, wenn er wegen einer Verbindlichkeit der Gesellschaft in Anspruch genommen wird. Der Gesellschafter kann die Befriedigung des Gläubigers verweigern, solange der Gesellschaft das Recht zusteht, das ihrer Verbindlichkeit zugrunde liegende Rechtsgeschäft anzufechten. Die gleiche Befugnis hat der Gesellschafter, solange sich der Gläubiger durch Aufrechnung gegen eine fällige Forderung der Gesellschaft befriedigen kann. Aus einem gegen die Gesellschaft gerichteten vollstreckbaren Schuldtitel findet die Zwangsvollstreckung gegen die Gesellschafter nicht statt.

213 Zentrales Anliegen der Regelung des Partnerschaftsgesetzes war die **Verbesserung der Haftungssituation** der Freiberufler. Die persönliche Haftung des Freiberuflers sollte auch in der Partnerschaft auf ein vernünftiges Maß beschränkt werden[2]. Grundsätzlich geht § 8 Abs. 1 PartGG von der akzessorischen gesamtschuldnerischen Haftung aller Partner in Anlehnung an § 128 HGB aus. Zugleich sieht aber § 8 Abs. 2 PartGG abweichend vom Recht der OHG vor, dass nur einzelne Partner für berufliche Fehler neben der Partnerschaft haften, wenn lediglich sie mit der Bearbeitung eines Auftrages befasst waren. Bearbeitungsbeiträge von untergeordneter Bedeutung bleiben hiervon ausgenommen.

4. Haftung bei der interprofessionellen Partnerschaft

214 Bei einer interprofessionellen Sozietät war bisher von der persönlichen Haftung jener Partner auszugehen, die „die generellen rechtlichen und fachlichen Voraussetzung zur Bearbeitung des erhaltenen Auftrags" erfüllen. Eine volle Haftung im Sinne des Gedankens „alle für einen" ist bei der interprofessionellen Sozietät nur bei jenen Mandaten denkbar, bei denen der Mandant alle Berufszweige der Gesellschaft in Anspruch genommen hat. Dies kann sich aufgrund der Rechtsprechung des BGH zur Rechtsfähigkeit der Sozietät geändert haben. In der interprofessionellen Partnerschaft ist die Haftungssituation jedoch schon deshalb entschärft, weil aufgrund der Haftungskonzentration gem. § 8 Abs. 2 PartGG grundsätzlich nur der unmittelbare Mandatsbearbeiter haftet. Der einer Partnerschaft als Wirtschaftsprüfer verbundene Partner wird daher regelmäßig keine Haftung aus einem reinen

1 *Henssler*, § 8 PartGG Rz. 29.
2 BT-Drucks. 12/6152, 7.

Rechtsberatungsmandat befürchten müssen, an dem er nicht oder nur in bedeutungslosem Umfang mitgewirkt hat.

5. Haftung eines Scheinpartners

Soweit jemand im Rechtsverkehr als Partner nach außen auftritt, ohne Partner zu sein[1], haftet dieser **persönlich**. Der erweckte Anschein wird regelmäßig mit der Eintragung im Partnerschaftsregister kollidieren, da dort der tatsächliche Gesellschafterbestand eingetragen ist. Dem „Scheinpartner" wird gleichwohl die Möglichkeit verwehrt, sich auf eine fehlende Eintragung im Partnerschaftsregister zu berufen. Hier ist die Situation mit dem handelsrechtlichen Grundsatz vergleichbar, wonach sich derjenige, der im Geschäftsverkehr als Gesellschafter einer OHG auftritt, auch als Gesellschafter behandeln lassen muss[2]. 215

6. Haftung neu eingetretener Partner (§ 130 HGB)

Anders als bei der BGB-Gesellschaft haften gemäß § 130 HGB später eintretende Partner für alle vor ihrem Eintritt begründeten **Altschulden**[3] der Partnerschaft. Eine entgegenstehende Vereinbarung der Gesellschafter ist Dritten gegenüber nach § 130 Abs. 2 HGB unwirksam. Die Vereinbarung entfaltet Wirkungen lediglich im Innenverhältnis in Form eines Anspruchs auf Haftungsfreistellung. Eine Haftungsbeschränkung und deren Eintragung in das Partnerschaftsregister sind nicht möglich, da §§ 25, 28 HGB keine Anwendung finden. Wer in eine bestehende Gesellschaft eintritt, haftet somit gleich den anderen Gesellschaftern nach Maßgabe der §§ 128 und 129 HGB für die vor seinem Eintritt begründeten Verbindlichkeiten der Gesellschaft, ohne Unterschied, ob im Namen der Partnerschaft eine Änderung vorgenommen wird oder nicht. Eine entgegenstehende Vereinbarung der Partner ist Dritten gegenüber unwirksam. 216

Damit wird im Interesse des Verkehrsschutzes der Akzessoritätsgedanke auf die Haftung des neu eintretenden Partners übertragen. Insofern ist die Haftung der neu eintretenden Partner in eine Partnerschaftsgesellschaft **risikoreicher** als in einer GbR. In letzterer haften neu eintretende Gesellschafter nicht persönlich für Altschulden. Nur in Einzelfällen ist eine Einbeziehung des eintretenden Gesellschafters in im Zeitpunkt des Eintritts bestehende Mandante, keinesfalls aber in im Zeitpunkt des Eintritts bereits abgeschlossene Mandate anzunehmen[4]. Umgekehrt haftet die Partnerschaft nur aufgrund eines erklärten Schuldbeitritts, nicht jedoch entsprechend § 28 Abs. 1 HGB für Verpflichtungen eines eintretenden Partners, die dieser zu einem früheren Zeitpunkt gegenüber Mitgliedern einer anderen Sozietät eingegangen ist[5]. 217

---

1 Vgl. bei Anwaltssozietäten den „Scheinsozius": BGHZ 70, 247, 249; NJW 1991, 1225; *Henssler* NJW 1993, 2137, 2139.
2 BGHZ 17, 13ff.; 61, 59, 64f.
3 § 8 Abs. 1 Satz 2 PartGG i.V.m. § 130 HGB.
4 BGH NJW 1994, 257; ebenso *Borgmann/Jungk/Grams*, Anwaltshaftung, S. 242.
5 Vgl. BGH AnwBl. 2011, 68 und *Hirtz*, WuB II k. § 8 PartGG 1.10.

7. Ausgleich im Innenverhältnis

218 Der Partner hat nach seiner Inanspruchnahme durch einen Gesellschaftsgläubiger den umfassenden **Regressanspruch** gegen die Partnerschaft aus § 110 HGB. Eine zusätzliche Anwendung von § 426 Abs. 2 BGB erfolgt nicht.

8. Haftung bei Namensfortführung durch Unternehmenserwerber

219 § 2 Abs. 2 PartGG nimmt § 25 HGB von der Verweisung aus. Der Erwerb einer Partnerschaft führt deshalb auch bei einer Namensfortführung **nicht** zu einer Haftung für die Altschulden.

9. Verjährung und Nachhaftung (§ 10 Abs. 2 PartGG)

220 Aufgrund des Verweises in § 10 Abs. 2 PartGG gelten auch für die Partnerschaft die durch das **Nachhaftungsbegrenzungsgesetz** 1994[1] neu gefassten §§ 159 und 160 HGB. Die in § 8 Abs. 1 PartGG angeordnete persönliche Haftung eines jeden Partners setzt sich somit auch nach dem Ausscheiden eines Partners oder der Auflösung der Partnerschaft fort. Ebenso bleiben die Haftungskonzentrationen nach § 8 Abs. 2 bestehen. § 159 HGB gilt für die Fälle der Nachhaftung nach Auflösung der Partnerschaft[2]. § 160 HGB erfasst die Nachhaftungssituation nach Ausscheiden eines Partners aus der Gesellschaft. Nach § 160 HGB haftet ein ausgeschiedener Gesellschafter für Altverbindlichkeiten nur noch, „wenn sie vor Ablauf von fünf Jahren nach Ausscheiden fällig und daraus Ansprüche gegen ihn gerichtlich geltend gemacht sind". Insoweit bestehen nunmehr klare Regelungen für eine zeitliche und inhaltliche Haftungsbegrenzung für den ausgeschiedenen Gesellschafter. Deren Haftung erstreckt sich jedoch nicht auf die in § 159 HGB geregelte Haftung der Gesellschafter nach Auflösung der Gesellschaft. Diese Differenzierung erscheint sachgerecht, da den Gläubigern im letzteren Fall die Gesellschaft selbst als Handlungssubjekt nicht mehr verbleibt.

10. Verjährung von Ansprüchen gegen einen Partner nach Auflösung der Partnerschaft (§ 10 Abs. 2 i.V.m. § 159 HGB)

221 Gemäß § 159 Abs. 1 HGB besteht eine **Sonderverjährung von fünf Jahren** für die persönliche Nachhaftung des Gesellschafters nach Auflösung der Partnerschaft. Die Verjährung ist mittels einer Einrede durch den in Anspruch genommenen Gesellschafter geltend zu machen. § 159 HGB greift nur ein, wenn ein Gesellschafter gemäß §§ 128 bis 130 HGB für Gesellschaftsverbindlichkeiten von Dritten in Anspruch genommen wird. Er gilt hingegen nicht für Ansprüche eines Gesellschafters aus dem Gesellschaftsverhältnis, Ausgleichsansprüche nach § 110 HGB, Ansprüche aus Bürgschaft, Schuldbeitritt, Wechselzeichnung oder aus § 25 HGB.

222 Soweit für den Anspruch gegen die Partnerschaft ein Titel vorliegt, verhindert dies die Verjährung gemäß § 159 HGB nicht. Ist der in Anspruch genom-

1 BGBl. I, 560.
2 §§ 131 ff. HGB.

mene Partner selbst bereits **verurteilt** worden, so gilt eine Verjährungsfrist von 30 Jahren gemäß § 218 Abs. 1 Satz 1 BGB.

Kürzere Verjährungsfristen aus anderen Rechtsgründen bleiben unberührt, jedenfalls über § 8 Abs. 1 Satz 2 PartGG i.V.m. § 129 HGB. Eine kürzere Verjährungsfrist kann sich unter anderem auch aus den einschlägigen berufsrechtlichen Regelungen ergeben. So beträgt die Verjährungsfrist für Ansprüche auf Schadensersatz gegenüber einem Rechtsanwalt gemäß § 51b BRAO drei Jahre. Dieselbe Frist gilt gemäß § 68 StBerG für Schadensersatzansprüche gegenüber einem Steuerberater und einem Steuerbevollmächtigten. 223

Für bereits fällige Verbindlichkeiten **beginnt** die Verjährung mit dem Ende des Tages der Eintragung der Partnerschaftsauflösung in das Register des für den Sitz des Gesellschaft zuständigen Gerichts. Die Publizitätsregeln des § 15 HGB sind in diesem Zusammenhang nicht anwendbar. Tritt die Fälligkeit einer Forderung erst nach Eintragung der Auflösung ein oder entsteht die Verbindlichkeit sogar erst nach Eintragung, also im Stadium der Liquidation der Gesellschaft, so beginnt die Verjährung erst zu diesem Zeitpunkt der Fälligkeit. Im Bereich der Dauerschuldverhältnisse mit wiederkehrenden Einzelleistungen verjährt nach § 159 HGB nicht der Gesamtanspruch in fünf Jahren, sondern lediglich der Anspruch auf jede einzelne Rate jeweils nach deren Fälligkeit. Hieraus folgt, dass die Partner der auflösenden Partnerschaft möglicherweise über einen weit längeren Zeitraum als fünf Jahre nach Eintragung der Auflösung haften müssen. Faktisch wird es sich um Ausnahmefälle handeln, da im Rahmen der Liquidation der aufgelösten Partnerschaft auch die Dauerschuldverhältnisse abgewickelt werden. Bei Mandats- und Behandlungsverträgen ist in der Regel eine Kündigung jederzeit möglich, so dass sich für die Partner keine speziellen Haftungsprobleme aufgrund von Dauerschuldverhältnissen ergeben werden, wohl aber bei langfristigen Leasingverträgen über das Praxis-/Kanzleiinventar. 224

Eine **Verjährungsunterbrechung**, wie durch Anerkenntnis oder Klage, §§ 208, 209 BGB, gegenüber der aufgelösten Gesellschaft wirkt auch gegenüber den Partnern, die der Gesellschaft zur Zeit der Auflösung angehört haben[1]. Eine Unterbrechung der Verjährung nur gegenüber einem der Partner der aufgelösten Gesellschaft wirkt dagegen nicht gegenüber den übrigen Partnern. 225

11. Haftung des ausgeschiedenen Partners (§ 10 Abs. 2 PartGG i.V.m. § 160 HGB)

Ausgeschiedene Partner haften nur für im Zeitpunkt ihres Ausscheidens bestehende Verbindlichkeiten der Partnerschaften. § 160 HGB sieht für den aus der fortbestehenden Partnerschaft ausscheidenden Gesellschafter eine **zeitliche Nachhaftungsbegrenzung** von fünf Jahren vor. Dieser Anwendungsbereich erstreckt sich nur auf solche Ansprüche gegen die Gesellschaft, für die der einzelne Partner persönlich haftet. Ein Urteil gegen die Partnerschaft wirkt nicht gegen den ausgeschiedenen Partner[2]. § 160 HGB ist auch anzu- 226

1 § 159 Abs. 3 HGB.
2 § 425 BGB; vgl. BGHZ 44, 229, 233.

wenden, wenn die Partnerschaft nach dem Ausscheiden des Partners aufgelöst wird.

227 Der ausgeschiedene Gesellschafter kann sowohl die **Einwendungen** nach § 8 Abs. 1 Satz 2 PartGG i.V.m. § 129 Abs. 1 bis 3 HGB als auch seine persönlichen Einwendungen geltend machen.

228 § 160 HGB regelt keine Verjährungs-, sondern eine **Ausschlussfrist**, welche als Einwendung gegen den geltend gemachten Anspruch von Amts wegen durch ein Gesetz zu prüfen ist. Ist der gegen den ausgeschiedenen Partner geltend gemachte Anspruch vor Ablauf der Ausschlussfrist verjährt, so kann eine Verjährungseinrede unabhängig von der Ausschlussfrist zusätzlich von dem in Anspruch genommenen Partner in den Prozess eingebracht werden.

229 Gemäß § 160 Abs. 1 Satz 1 1. Halbs. HGB muss der Anspruch gegen einen ausgeschiedenen Partner innerhalb der fünfjährigen Frist fällig sowie **gerichtlich geltend gemacht** werden. Fristbeginn ist das Ende des Tages, an dem das Ausscheiden des betreffenden Gesellschafters in das Register des zuständigen Gerichts eingetragen wird. Die Erwirkung des Titels ist nicht erforderlich. Handelt es sich um eine öffentlich-rechtliche Verbindlichkeit, so genügt zur Geltendmachung gemäß § 160 Abs. 1 Satz 1 2. Halbs. HGB der Erlass eines Verwaltungsakts. Nach § 160 Abs. 2 HGB bedarf es einer gerichtlichen Geltendmachung nicht, soweit der Gesellschafter den Anspruch schriftlich anerkannt hat. Ein bloßes Anerkenntnis faktischer Natur (z.B. durch Abschlagszahlung) genügt nicht. Es muss aus Gründen der Rechtssicherheit schriftlich erklärt werden. § 160 Abs. 3 HGB ist für die Partnerschaft ohne Bedeutung, da ein Wechsel in eine Kommanditistenstellung innerhalb einer Partnerschaft nicht möglich ist.

230 § 160 HGB ist **dispositiv**. Ein Gläubiger kann deshalb mit dem ausscheidenden Partner eine Verlängerung der Ausschlussfrist vereinbaren.

231 § 160 HGB bezweckt nicht eine Ausdehnung, sondern eine Begrenzung der Nachhaftung. Die Vorschrift ist insoweit als **abschließende Regelung** der Nachhaftung konzipiert[1].

12. Einwendungen der Partner

232 Ein in Anspruch genommener Partner kann entsprechend § 129 HGB alle Einwendungen erheben, welche der **Partnerschaft** in dem Zeitpunkt zustehen, in dem sie der Partner vorbringt. Hierunter fallen alle Einwendungen wie das schlichte Bestreiten des Anspruchs, alle Einwendungen und Einreden im Rechtssinne (Erfüllung, Erlass, Vergleich, Annahme, Verzug, Unmöglichkeit, Verwirkung und Verjährung). Auch Einreden, die ausnahmsweise nur von der Partnerschaft, nicht aber vom einzelnen Partner selbst erhoben werden können, wie etwa die Rüge der örtlichen Unzuständigkeit aufgrund des Sitzes der Gesellschaft, könnten geltend gemacht werden.

1 BT-Drucks. 12/1868, 8; OLG Dresden ZIP 1996, 1868, 1870f.; *Seibert*, DB 1994, 461.

Jeder Partner kann die Befriedigung eines Gläubigers der Partnerschaft verweigern, solange der Partnerschaft ein **Gestaltungsrecht**, etwa Anfechtung oder Aufrechnung, zusteht. 233

Zudem stehen den Partnern ihre **persönlichen Einwendungen** (Stundung, Vergleich des Partners mit dem Gläubiger, Einwendungen aus §§ 159, 160 HGB) zu. 234

13. Haftungsbeschränkung

Angesichts der akzessorischen Haftung für die Verbindlichkeiten der Partnerschaft haben die Partner ein besonderes Interesse an einer sachgerechten Begrenzung ihrer persönlichen Einstandspflicht. Über § 8 Abs. 2 und 3 PartGG wird den Partnern daher eine spezielle Form der Haftungsbegrenzung eingeräumt. 235

14. Berufshaftpflichtversicherung

Für den Abschluss einer Berufshaftpflichtversicherung gelten die allgemeinen Regelungen wie bei Sozietäten. Für die Partnerschaft als Gesellschaft sehen die gesetzlichen Regelungen keine eigene Haftpflichtversicherung vor. Es verbleibt daher bei der **Haftpflichtversicherung der einzelnen Partner**. Diesbezüglich wird auf die Ausführungen oben zur Sozietät verwiesen. 236

VII. Die Außenwirkungen der Partnerschaft

1. Einfluss der Partnerschaft auf das Berufsrecht

Das PartGG selbst enthält keine berufsrechtlichen Regelungen. Gemäß § 1 Abs. 3 PartGG eröffnet es jedoch den Berufsrechten die Möglichkeiten, die Berufsausübung in der Partnerschaft auszuschließen oder von weiteren Voraussetzungen abhängig zu machen. Damit kann die Berufsausübung in der Partnerschaft grundsätzlich in berufsrechtlichen Vorschriften ausgeschlossen werden. Auch können die Möglichkeiten zur interprofessionellen Zusammenarbeit eingeschränkt oder von gewissen Voraussetzungen abhängig gemacht werden[1]. Ebenso betroffen sind die Vorschriften über Zweigniederlassungen von Partnerschaften oder die Frage, ob die Partner selbst Berufsträger sind oder sein können[2]. Die grundgesetzliche Grenze zur Einschränkung des Zugangs zur Partnerschaft ist Art. 12 Abs. 1 GG. 237

Bei **internationalen** überörtlichen Partnerschaften stellt sich häufig die Frage des anzuwendenden Berufsrechts. Dies ist eine Frage des deutschen internationalen Verwaltungsrechts. Dieses entscheidet darüber, inwieweit deutsches Berufsrecht einen Zusammenschluss von inländischen mit ausländischen Freiberuflern regelt. Eine allgemeine Kollisionsnorm ist im deutschen Recht nicht vorhanden. 238

---

1 BT-Drucks. 12/6152, 11.

2 So bei Wirtschaftsprüfern und Steuerberatern.

239 Soweit die einzelnen Berufsrechte Regelungen enthalten[1], können **Zusammenschlüsse deutscher Freiberufler mit Ausländern** wie eine Niederlassung der Ausländer im Inland behandelt werden. Dies gilt vor allem dann, wenn es sich um einen überörtlichen internationalen Zusammenschluss handelt, bei dem der ausländische Berufsangehörige nicht im Inland tätig wird. Nach § 59a Abs. 3 Nr. 1 BRAO ist ein Zusammenschluss mit ausländischen Rechtsanwälten nur zulässig, wenn der ausländische Rechtsanwalt die Voraussetzungen für eine inländische Niederlassung gemäß EuRAG oder § 206 BRAO erfüllt.

2. Die Partnerschaft im Gefüge des Wettbewerbsrechts

240 Nach § 6 Abs. 3 PartGG i.V.m. § 112 HGB können die Partner ohne Einwilligung der Mitgesellschafter nicht durch eine gleichartige Berufstätigkeit in Konkurrenz zu den in der Partnerschaft ausgeübten Berufen treten. Hierbei ist dem einzelnen Partner nicht nur die selbständige freiberufliche Dienstleistung außerhalb der Partnerschaft, sondern auch die unselbständige Tätigkeit als Arbeitnehmer, Geschäftsführer oder Vorstand einer anderen Partnerschaft oder Berufsgesellschaft verboten. War allerdings den übrigen Partnern die **Konkurrenztätigkeit** bei Gründung der Partnerschaft schon bekannt und haben sie gleichwohl keine Einwendungen erhoben, wird diese Einwilligung unwiderleglich vermutet[2]. Die Vermutungsregelung nach § 112 HGB ist dispositiv. Das bedeutet, dass das Verbot vertraglich verschärft, aber auch abbedungen werden kann. Allerdings ist die Einwilligung in die Konkurrenztätigkeit wegen des vom Begünstigen erworbenen Vertrauensschutzes nur aus wichtigem Grund widerruflich.

241 Soweit es sich lediglich um eine Gesellschafterstellung handelt, die nicht mit einer persönlichen Haftung verbunden ist, sondern auf eine **Kapitalbeteiligung** an einer Konkurrenzgesellschaft oder die **Tätigkeit als Aufsichtsrat** in einem solchen Unternehmen beschränkt, kann angesichts § 112 Abs. 1 HGB kein Verstoß gegen das Wettbewerbsverbot bejaht werden. Aufgrund des freiberuflichen Charakters der Partnerschaft wäre ein Wettbewerbsverstoß grundsätzlich nur denkbar, wenn die Beteiligung an der konkurrierenden Kapitalgesellschaft ausnahmsweise keine aktive freiberufliche Mitarbeit des Gesellschafters erfordern würde. Die Zuführung von Geschäftspartnern an Dritte (Konkurrenten) verstößt gegen das Wettbewerbsverbot in gleicher Weise, wie wenn der Partner das Geschäft an sich gezogen hätte.

242 Der Gesetzgeber hat davon abgesehen, ein Wettbewerbsverbot für die Zeit **nach dem Ausscheiden aus einer Partnerschaft** zu regeln. Soweit im Partnerschaftsvertrag nichts anderes geregelt ist, endet das Wettbewerbsverbot mit dem Ausscheiden des Partners, insbesondere bei der Liquidation der Partnerschaft mit der Wirksamkeit des Auflösungsbeschlusses, sofern die Gesellschaft nicht teilweise als werbendes Unternehmen fortgeführt wird. Ein ak-

1 § 59a Abs. 2 BRAO, § 56 Abs. 2 StBerG, §§ 28 Abs. 3, 44b Abs. 2 WPO.
2 § 112 Abs. 2 HGB.

tives Abwerben von Mandanten der Partnerschaft ist aber auch nach dem Ausscheiden wettbewerbswidrig (sog. Abwerbungsverbot)[1].

243 Eine vertragliche Vereinbarung von **nachvertraglichen Wettbewerbsverboten** ist grundsätzlich möglich, muss jedoch bestimmte Anforderungen erfüllen. Das Wettbewerbsverbot ist wie in der Personenhandelsgesellschaft zwar nicht an §§ 74ff., 90a HGB zu messen, da die auf den kaufmännischen Angestellten zugeschnittenen Vorschriften nicht im Wege der Analogie übertragbar sind. Das Wettbewerbsverbot ist aber gemäß § 138 Abs. 1 BGB hinsichtlich Gegenstand, Ort und Zeit auf das notwendige Maß zu beschränken und darf dem betreffenden Partner nicht unangemessen in seiner wirtschaftlichen Handlungsfreiheit beeinträchtigen. So gilt als zeitliche Grenze ein Zeitrahmen von etwa zwei Jahren nach Ausscheiden. Die gegenständlichen und örtlichen Grenzen eines Wettbewerbsverbotes richten sich nach dem Einzugsbereich, aus dem die Partnerschaft ihre Mandanten akquiriert. Ein Wettbewerbsverbot, dass das gesamte Bundesgebiet umfasst, ist nur bei überörtlich tätigen Partnerschaften zulässig.

244 Das nachvertragliche Wettbewerbsverbot muss zudem einer Überprüfung anhand des jeweiligen Berufsrechts standhalten. Eine **„absolute Mandantenschutzklausel"**, die es einem aus der Partnerschaft ausgeschiedenen Rechtsanwalt untersagt, für einen bestimmten Zeitraum Mandanten der Partnerschaft zu betreuen, die sich aus eigener Initiative an ihn wenden, ist wegen Verstoßes gegen das Recht des Mandanten auf freie Anwaltswahl nach § 3 BRAO unwirksam. Auf dem anwaltlichen Sektor zulässig sind allerdings „Gewinnabführungs- oder Mandantenübernahmeklauseln", die eine Betreuung des Mandanten durch den ausgeschiedenen Partner erlauben, wobei dieser im Gegenzug verpflichtet ist, einen Teil seines Honorars an die Partnerschaft abzuführen.

245 Im Falle der **Verletzung des Wettbewerbsverbotes** bestehen nach § 113 Abs. 1 HGB alternativ Schadensersatz- oder Gewinnherausgabeansprüche. Nach § 113 Abs. 1 1. Halbs. HGB ist als Rechtsfolge ein Anspruch auf Schadensersatz bei Verschulden (§ 708 BGB) vorgesehen. Weil der Schaden häufig schwer nachzuweisen ist, hat die Partnerschaft wahlweise ein Eintrittsrecht nach § 113 Abs. 1 2. Halbs. HGB. Die Partnerschaft kann verlangen, dass der Partner die für eigene Rechnung getätigten Geschäfte als für Rechnung der Partnerschaft eingegangen gelten lässt und bei Geschäften für fremde Rechnung den Gewinn herausgibt bzw. den Vergütungsanspruch abtritt. Auch für das Eintrittsrecht muss ein schuldhafter Verstoß gegen das Wettbewerbsverbot vorliegen. Mit dem Anspruch der Partnerschaft korrespondiert ein Anspruch des Partners auf Aufwendungsersatz. Wegen des Berufsrechtsvorbehalts ist die Rechtsfolge des § 113 Abs. 1 2. Halbs. HGB ausgeschlossen, soweit es sich um Geschäfte im Rahmen der Berufstätigkeit eines Partners handelt, der aufgrund des für ihn geltenden Berufsrechts einer Schweigepflicht unterliegt.

246 Im Gegensatz zu einem Schadensersatzanspruch ist die Vereinbarung einer **Vertragsstrafe** vorteilhafter, da die Schwierigkeiten bei der Durchsetzung

1 *Michaelski/Römermann*, ZIP 1994, 433, 434, 445f.

der Rechte aus § 113 HGB vermieden werden. Während Ansprüche auf Schadensersatz oder Gewinnherausgabe neben dem Verschulden einen Mehrheitsbeschluss der Partnerschaft erfordern, kann ein Unterlassungsanspruch verschuldensunabhängig im Wege der actio pro socio von jedem Partner geltend gemacht werden.

3. Die Partnerschaft als Prozess- oder Verfahrensbevollmächtigte

247 Aufgrund der Änderung des Partnerschaftsgesellschaftsgesetzes durch Art. 2 des zweiten Gesetzes zur Änderung der Finanzgerichtsordnung und anderer Gesetze vom 19. 12. 2000[1] kann die Partnerschaft als Prozess- oder Verfahrensbevollmächtigte beauftragt werden. Sie handelt hierbei durch ihre Partner und Vertreter, in deren Person die für die Erbringung rechtsbesorgender Leistungen gesetzlich vorgeschriebenen Voraussetzungen im Einzelfall vorliegen müssen. Sie ist im gleichen Umfang wie diese postulationsfähig. Im Bereich des Strafrechts kann jedoch Verteidiger im Sinne der §§ 137ff. StPO nur die für die Partnerschaft handelnde Person sein.

VIII. Die Besonderheiten der überörtlichen Partnerschaft

248 Die überörtliche Partnerschaft weist gegenüber der überörtlichen Sozietät keine Besonderheiten auf. Die für die überörtliche Sozietät dargestellten Regelungen gelten gleichermaßen auch für die Partnerschaft (vgl. dazu B Rz. 586ff.). Ist die Partnerschaftsgesellschaft sowohl überörtlich als auch interprofessionell tätig, muss sie nicht an allen Kanzleistandorten sämtlichen in der Gesellschaft ausgeübten Berufen gleichermaßen nachgehen. Vgl. im Übrigen zur Aufhebung des Zweigstellenverbots M Rz. 61ff.

IX. Die interprofessionelle Partnerschaft

249 Die interprofessionelle Partnerschaft wird durch eigenständige Rechtsprobleme belastet, die allerdings nicht aus dem anwaltlichen Berufsrecht resultieren, sondern aus den Berufsgesetzen der Steuerberater und Wirtschaftsprüfer[2].

1. Berufsrechtliche Schranken der WPO

250 Schwierigkeiten treten bei **gemischten Partnerschaften unter Beteiligung von Wirtschaftsprüfern** auf, sobald die Gesellschaft eine berufsrechtliche Anerkennung anstrebt, ohne die eine **Firmierung als Wirtschaftsprüfungsgesellschaft** nicht zulässig ist. Eine Anerkennung kann nur erfolgen, wenn die Wirtschaftsprüfer die Mehrheit der Partner stellen (§ 28 Abs. 2 S. 3 WPO)[3]. Nur bei zweigliedrigen Gesellschaften genügt Parität. Europarechtlich ist diese strenge Ausgestaltung nicht geboten. Art. 3 Abs. 4 lit. b) der Abschlussprüferrichtlinie verlangt lediglich, dass die Mehrheit der **Stimm-**

1 § 7 Abs. 4 PartGG (BGBl. I, 1757, 1759).
2 Dazu eingehend *Henssler*, AnwBl. 2009, 670ff.
3 Vgl. auch Hense/Ulrich/*Timmer*, § 28 WPO Rz. 20.

rechte von Abschlussprüfern oder Prüfungsgesellschaften, die in einem Mitgliedstaat zugelassen sind, gehalten wird. Auf die Mehrheit der Partner kommt es nach der Richtlinie nicht an. Der Idee der interprofessionellen Zusammenarbeit würde de lege ferenda eine Reduzierung der Anforderungen auf den europäischen Mindeststandard dienen.

Nach geltendem Recht ist eine gleichberechtigte kooperative Zusammenarbeit zwischen Rechtsanwälten und Wirtschaftsprüfern somit in anerkannten Partnerschaften nur bei einer Mehrfachqualifikation der Gesellschafter möglich. In allen anderen Konstellationen kommt es zu einer Diskriminierung der Rechtsanwälte. Einen gewissen Ausweg bietet § 43a Abs. 2 S. 1 WPO[1], der seit seiner Novellierung klarstellt, dass die interprofessionelle Berufsausübung in einer sog. „einfachen", d.h. nicht als Wirtschaftsprüfungsgesellschaft anerkannten, Partnerschaft möglich ist. Die Mehrheitserfordernisse greifen bei dieser berufsrechtlichen Ausgestaltung nicht[2]. Die einfache Partnerschaft weist allerdings einen entscheidenden Nachteil gegenüber der berufsrechtlich anerkannten Partnerschaft auf: Ebenso wenig wie einer interprofessionellen Sozietät kann ihr ein Prüfungsauftrag erteilt werden, da § 319 HGB sie nicht als gesetzliche Abschlussprüferin nennt[3]. Der in einer einfachen Partnerschaft tätige Wirtschaftsprüfer muss daher den Prüfungsauftrag persönlich übernehmen. 251

Eine solche in ihren Befugnissen beschränkte Berufsausübungsgesellschaft entspricht kaum dem Idealbild einer interprofessionellen Zusammenarbeit. Immerhin kann der einzeln mandatierte Wirtschaftsprüfer die Ressourcen der Partnerschaft nutzen, wenn die internen Absprachen entsprechend gestaltet sind. Nach § 43a Abs. 2 S. 1 WPO muss der Wirtschaftsprüfer außerdem stets im Innenverhältnis befugt sein, gesetzlich vorgeschriebene Abschlussprüfungen durchzuführen. 252

2. Berufsrechtliche Schranken des StBerG

Auch das StBerG regelt die gesellschaftsrechtlichen Kooperationsformen sehr detailliert, weicht dabei allerdings von den Vorgaben der WPO ab. Will die gemischte Partnerschaft als **Steuerberatungsgesellschaft** firmieren, so müssen als Voraussetzung für die Anerkennung an ihr mindestens ebenso viele Steuerberater als persönlich haftende Partner beteiligt sein wie Angehörige anderer Berufe (§ 50 Abs. 4 StBerG). Die Rechtsanwälte dürfen somit in einer solchen Gesellschaft zwar von den Steuerberatern majorisiert werden, jedoch nicht selbst die Mehrheit stellen. Auch die Geschäftsführung muss zumindest paritätisch in Händen von Steuerberatern liegen. Zusätzlich ver- 253

---

1 Gesetz v. 19. 12. 2000, BGBl. I S. 1769.

2 Zuvor hatte es in der Praxis aufgrund des Wortlauts von § 44b WPO, der als Rechtsform für nicht anerkannte Zusammenschlüsse nur die Gesellschaft bürgerlichen Rechts nennt, erhebliche Rechtsunsicherheit gegeben, vgl. AG Mannheim BRAK-Mitt. 1997, 93 mit Anm. *Seibert*; AG Bayreuth WPK-Mitt. 1997, 327 sowie *Burret*, WPK-Mitt. 1994, 201, 206 f.

3 Dazu WPK-Mitt. 1998, 219; vgl. auch Art. 3 Abs. 1 der Abschlussprüferrichtlinie.

schärft wird dieses Mindesterfordernis der Parität durch § 25 Abs. 2 BOStB[1] (§ 57 Abs. 2 S. 3 BOStB a. F.). Danach müssen in einer Pattsituation die Stimmen der Steuerberater den Ausschlag geben. Zur Begründung dieser zusätzlichen Zurücksetzung der Rechtsanwälte wird darauf verwiesen, dass andernfalls die verantwortliche Leitung nicht mehr in den Händen der Steuerberater liegen würde[2]. Diese gesetzliche Vorgabe ist durch eine gesellschaftsrechtliche Bindung im Innenverhältnis sicherzustellen[3].

254 In vielen Fällen wird daher bei einer Zusammenarbeit von Rechtsanwälten und Steuerberatern ebenso wie bei der Beteiligung von Wirtschaftsprüfern nur eine **einfache gemischte Partnerschaft** in Betracht kommen. Eine solche interdisziplinär ausgerichtete einfache Partnerschaft darf geschäftsmäßige Steuerrechtshilfe leisten. Die nach altem Recht[4] bestehenden Schwierigkeiten sind durch die im Jahr 2000 erfolgte Neufassung des § 56 Abs. 2 S. 1 StBerG[5] ausgeräumt worden. Der nicht anerkannten Partnerschaftsgesellschaft ist außerdem über § 3 Nr. 2 StBerG ausdrücklich die Befugnis zur geschäftsmäßigen Steuerberatung gewährt worden.

255 Der **Kreis der Gesellschafter**, die für eine einfache Partnerschaft in Betracht kommen, wurde bislang durch § 51a BOStB a. F. eingeschränkt. Danach konnten grundsätzlich nur die in § 3 Nr. 1 StBerG genannten natürlichen Personen als Mitgesellschafter aufgenommen werden. Ausgeschlossen waren und sind auch weiterhin etwa nach §§ 10ff. RDG registrierte Personen. Die Regelung war schon deshalb unbefriedigend, weil in ihr – anders als in der parallelen gesetzlichen Regelung des § 3 Nr. 2 StBerG – die aus dem EU-Ausland stammenden Steuerberater (vgl. § 3 Nr. 4 StBerG a. F.) nicht angesprochen wurden[6]. Nach der Neufassung der BOStB, die vorbehaltlich der Genehmigung durch das BMF Anfang 2011 in Kraft tritt, ist der zulässige Gesellschafterkreis nunmehr allein nach § 3 Nr. 2 StBerG zu bestimmen. Die Rechtslage bleibt freilich konfus, weil auch § 3 Nr. 2 StBerG seit der Streichung des § 3 Nr. 4 StBerG eine teilweise ins Leere gehende Verweisung enthält. In der Literatur wird hieraus der Schluss gezogen, an einer Partnerschaft dürften sich ausschließlich die in § 3 Nr. 1 StBerG genannten Personen beteiligen[7]. Das dürfte indes dem Willen des Gesetzgebers kaum entsprechen und zudem europarechtlichen Bedenken begegnen. Vieles spricht dafür, die

1 Die BOStB ist am 8. 9. 2010 von der Satzungsversammlung der Bundessteuerberaterkammer neu gefasst worden. Sie ist am 1. 1. 2011 in Kraft getreten.

2 *Gehre/Koslowski*, § 50 StBerG Rz. 5; Kuhls/Meurers/Maxl/Schäfer/Goez/*Meurers*, § 50 StBerG Rz. 12.

3 *Gehre/Koslowski*, § 50 StBerG Rz. 8.

4 Der BFH hielt bis zur Gesetzesänderung v. 1. 7. 2000 eine nicht als Steuerberatungsgesellschaft anerkannte Partnerschaftsgesellschaft nicht für befugt, geschäftsmäßige Hilfe in Steuersachen zu erbringen, BFH WPK-Mitt. 1998, 339 und WPK-Mitt. 1999, 264.

5 In der Fassung des 7. Steuerberatungsänderungsgesetzes v. 24. 6. 2000, BGBl. I, 874ff. In der Zwischenzeit ist eine allgemeine Regelung in § 56 Abs. 1 StBerG enthalten.

6 Siehe auch die Kritik bei Mittelsteiner/Gilgan/Späth/*Späth*, § 51a BOStB Rz. 8ff.

7 *Gehre/Koslowski*, § 3 StBerG Rz. 11.

Verweisung in § 3 Nr. 2 StBerG auf die Nachfolgerregelung in § 3a StBerG zu erstrecken. Die Zulässigkeit der Aufnahme ausländischer Berufsangehöriger, die ihre berufliche Niederlassung im EU-Ausland haben und im EU-Ausland einen den in § 3 Nr. 1 StBerG genannten Tätigkeiten vergleichbaren Beruf ausüben, dürfte europarechtlich zwingend sein.

3. Anwaltliche Betätigung in einer anerkannten Steuerberatungs- oder Wirtschaftsprüfungsgesellschaft

Soweit in der Vergangenheit einzelne Steuerberaterkammern und die Wirtschaftsprüferkammer den Standpunkt vertreten haben, als Steuerberatungs- oder Wirtschaftsprüfungsgesellschaften anerkannte Partnerschaften dürften keine Rechtsanwälte als Partner aufnehmen, zumindest aber keine **Rechtsberatung** betreiben, ist diese Rechtsauffassung jedenfalls seit der zum 1. 1. 2001 erfolgten Änderung des PartGG und der Ablösung des RBerG durch das RDG nicht mehr haltbar. Ebenso wie die reine Rechtsanwaltspartnerschaft bedarf auch eine interprofessionelle Partnerschaft, an der Rechtsanwälte als Gesellschafter beteiligt sind, keiner besonderen Erlaubnis nach dem RDG. Das RDG überlässt diese Frage vielmehr allein dem anwaltlichen Berufsrecht, das aber insoweit keine Beschränkung kennt (dazu M Rz. 33 ff.). Eine solche Partnerschaft, in deren Name ja der anwaltliche Partner nebst Berufsbezeichnung in Erscheinung treten muss, verliert ihre Kompetenz zur Rechtsberatung nicht durch die zusätzliche Anerkennung als Steuerberatungs- oder Wirtschaftsprüfungsgesellschaft. Selbstverständlich darf im Rahmen des anwaltlichen Mandates nur der Rechtsanwalt tätig werden. Nur er ist auch als zeichnungsberechtigt anzusehen. Diese Grundsätze werden durch § 7 Abs. 4 PartGG ausdrücklich klargestellt. Danach ist jede Partnerschaft, die anwaltliche Partner in ihren Reihen hat, selbst postulationsfähig, soweit sie durch ihre als Rechtsanwälte zugelassenen Partner handelt[1]. 255a

X. Steuerrecht

Literatur:

Siehe oben B vor Rz. 780.

Die **Partnerschaftsgesellschaft** wird, wie die Sozietät, in der Rechtsform der **Gesellschaft** des **bürgerlichen Rechts** besteuert[2]. Auf die Ausführung zur Sozietät kann daher insgesamt **verwiesen** werden (oben B Rz. 780 ff.). 256

Die Definition der freien Berufe in § 1 Abs. 2 Satz 1 PartGG könnte zu der Überlegung führen, ob damit zugleich die Freiberuflichkeit der Einkünfte im Sinne von § 18 EStG festgelegt wird. Dies ist nicht der Fall. Das PartGG und EStG qualifizieren sich selbständig. Die Freiberuflichkeit im Sinne des Steuerrechts bestimmt sich ausschließlich nach § 18 EStG. 257

1 Dazu *Henssler*, FS Busse, 2006, S. 127, 137; *Henssler*, § 7 PartGG Rz. 49.

2 *Korn*, Freiberufler-Personengesellschaft, Rz. 22; Schmidt/*Wacker*, § 18 EStG Rz. 40.

Anzuwenden sind die allgemeinen Grundsätze zur **Abgrenzung** freiberuflicher und **gewerblicher** Einkünfte (B Rz. 848 ff.).

Die Tatsache, dass das PartGG einer **Vielzahl freier Berufe** erlaubt, **miteinander** die Partnerschaftsgesellschaft einzugehen, heißt nicht, dass die Gewerblichkeit nicht eintritt, wenn Anwälte sich mit Berufsfremden verbinden. Auch hier gelten die allgemeinen Grundsätze[1].

Die Partnerschaft kann **prozessual** wie die **Sozietät** auftreten (§ 7 Abs. 4 PartGG).

XI. Bewertungsfragen

258 Hier kann auf die Sozietät **verwiesen** werden (oben B Rz. 1015 ff.).

XII. Muster eines Partnerschaftsvertrages[2]

259 **Partnerschaftsvertrag**

§ 1 Name, Sitz, Geschäftsjahr und Dauer

(1) Die Gesellschaft ist eine Partnerschaft im Sinne des Partnerschaftsgesellschaftsgesetzes. Der Name lautet:

A und Partner – Rechtsanwälte, Wirtschaftsprüfer, Steuerberater

oder

A Partnerschaft – Rechtsanwälte, Wirtschaftsprüfer, Steuerberater

(2) Die Partnerschaft ist berechtigt, den Namen des Herrn Rechtsanwalt A auch nach dessen Ausscheiden weiterzuführen, sofern nicht ein wichtiger Grund entgegensteht.

(3) Die Gesellschaft hat ihren Sitz in ______.

(4) Das Geschäftsjahr ist das Kalenderjahr.

(5) Die Partnerschaft beginnt mit ihrer Eintragung in das Partnerschaftsregister.

(6) Die Gesellschaft wird auf unbestimmte Zeit errichtet.

§ 2 Gegenstand der Partnerschaft

(1) Gegenstand der Partnerschaft ist die gemeinschaftliche Berufsausübung der Partner als Rechtsanwälte, Wirtschaftsprüfer und Steuerberater.

---

1 Schmidt/*Wacker*, § 18 EStG Rz. 41.

2 Der nachfolgende Mustervertrag bietet lediglich Hinweise für die Erstellung eines Partnerschaftsvertrages. Es wurde hierbei Wert darauf gelegt, die wesentlichen Gesichtspunkte aufzuzeigen und erste Anhaltspunkte für die zweckmäßige Gestaltung des Partnerschaftsvertrages zu geben. Er erhebt keinen Anspruch auf Vollständigkeit und ersetzt nicht die im Einzelfall evtl. gebotene anwaltliche Beratung und sorgfältige Bearbeitung.

(2) Tätigkeiten, die mit dem Beruf des Rechtsanwalts, Steuerberaters und Wirtschaftsprüfer nicht vereinbar sind, insbesondere gewerbliche Tätigkeiten, sind ausgeschlossen.

(3) Die Partnerschaft darf Zweigniederlassungen errichten, soweit die berufsrechtlichen Voraussetzungen erfüllt sind.

§ 3 Partner und Beiträge

(1) Partner der Gesellschaft sind:

a) Rechtsanwalt A, München	30 %
b) Rechtsanwältin B, Hamburg	25 %
c) Wirtschaftsprüfer C, Köln	25 %
d) Steuerberater D, München	20 %

(2) Die Partner bringen ihr bisheriges Inventar gemäß den als Anlage I bis XI beigefügten Inventarlisten unter Ausschluss jeglicher Gewährleistung zu Eigentum in die Partnerschaft ein. Die Einlage des A wird mit ______ Euro, die der B mit ______ Euro, die des C mit ______ Euro und die des D mit ______ Euro bewertet.

(3) Künftig angeschafftes Inventar wird Gesamthandsvermögen der Partnerschaft. Das Vermögen der Partnerschaft ist in einem Vermögensverzeichnis festzuhalten und fortzuschreiben. In dem fortzuschreibenden Vermögensverzeichnis sind für die einzelnen Gegenstände die Anschaffungs- oder Herstellungskosten abzüglich der steuerlich zulässigen Abschreibungen anzugeben.

(4) Partner dürfen nur Angehörige der gem. § 59a Abs. 1 und 3 BRAO sozietätsfähigen Berufe sein.

§ 4 Mandate

(1) Die Partner bringen ihre bisherigen laufenden Einzelmandate in die Partnerschaft ein. Steht der Einbringung einzelner Mandate die fehlende Zustimmung des Auftraggebers entgegen, so werden die Mandate im Außenverhältnis von den einzelnen Partnern eigenverantwortlich fortgeführt, im Innenverhältnis jedoch für Rechnung der Partnerschaft abgerechnet.

(2) Alle Mandate werden der Partnerschaft erteilt. Mandate in Straf- und Bußgeldsachen werden im Außenverhältnis nur von dem jeweils beauftragten einzelnen Partner übernommen. Im Innenverhältnis werden sie für Rechnung der Partnerschaft geführt.

(3) Über die Annahme oder Ablehnung neuer Mandate entscheidet jeder Partner unter Beachtung der berufsrechtlichen Bestimmungen selbständig. Die Partner haben sich laufend über die Übernahme neuer Mandate zu unterrichten.

§ 5 Geschäftsführung, Vertretung

(1) Zur Geschäftsführung und Vertretung der Partnerschaft ist jeder Partner berechtigt und verpflichtet. Ein Partner kann durch Partnerschaftsbeschluss, bei dem der betroffene Partner kein Stimmrecht hat, von der Geschäftsführung und/oder der Vertretung ausgeschlossen werden, wenn ein sachlich rechtfertigender Grund vorliegt.

(2) Die Geschäftsführungsbefugnis ist beschränkt auf Handlungen, welche die selbständige Ausübung des freien Berufes oder der gewöhnliche Gang der Geschäfte

mit sich bringen. Darüber hinausgehende Maßnahmen bedürfen der Zustimmung aller Partner.

(3) Jeder Partner übt seinen Beruf als Rechtsanwalt bzw. Wirtschaftsprüfer oder Steuerberater eigenverantwortlich, unabhängig und frei von Weisungen aus.

§ 6 Partnerversammlung und Beschlüsse

(1) Die Partner entscheiden in allen ihnen durch Gesetz oder diesen Vertrag zugewiesenen Angelegenheiten der Partnerschaft in Versammlungen durch Beschluss. Beschlussfassungen bedürfen der Zustimmung aller Partner, mit Ausnahme der Angelegenheiten, die unter den Berufsrechtsvorbehalt fallen und/oder die Eigenverantwortlichkeit und Unabhängigkeit des betroffenen Partners in Zweifel ziehen.

(2) Beschlüsse werden, soweit in diesem Vertrag nicht etwas anderes geregelt ist, in Partnerversammlungen gefasst. Bei Zustimmung aller Partner können Beschlüsse auch im schriftlichen Verfahren erfolgen. Auf Antrag eines Partners werden die Beschlüsse schriftlich protokolliert.

§ 7 Versicherung, Haftung

(1) Die Partnerschaft schließt eine Berufshaftpflichtversicherung zugunsten des Partnerschaftsvermögens und zugunsten aller Partner und angestellter Rechtsanwälte, Wirtschaftsprüfer und Steuerberater mit mindestens der gesetzlich vorgeschriebenen Deckungssumme ab.

(2) Die Angemessenheit der Deckungssummen ist auf Antrag eines Partners an veränderte Umstände anzupassen. Veränderte Umstände sind insbesondere

a) die Geldentwertung,

b) die Übernahme ungewöhnlich großer oder ungewöhnlich schadensträchtiger Mandate,

c) die Änderung der berufsrechtlichen Bestimmungen über vertragliche Haftungsbeschränkungen.

§ 8 Ausscheiden aus der Partnerschaft

(1) Im Falle des Todes, der Eröffnung des Insolvenzverfahrens über das Vermögen eines Partners oder der Abweisung der Verfahrenseröffnung mangels Masse, der Kündigung eines Partners, der Kündigung durch einen Privatgläubiger eines Partners sowie des Verlusts der erforderlichen Zulassung zur Ausübung des Beratungsberufes scheidet der betroffene Partner mit dem Eintritt des betreffenden Ereignisses aus der Partnerschaft aus. Die Partnerschaft wird zwischen den übrigen Partnern fortgesetzt.

(2) Ein Partner kann durch Beschluss der Partnerversammlung, bei dem der betroffene Partner kein Stimmrecht hat, ausgeschlossen werden, wenn ein wichtiger Grund in der Person des betreffenden Partners vorliegt. Ein wichtiger Grund liegt insbesondere vor, wenn ein Partner seine aktive Mitarbeit in der Partnerschaft aus Altersgründen, Krankheit oder sonstigen Gründen dauerhaft eingestellt hat, ein Partner seinen Verpflichtungen, in vollem Umfang für die Partnerschaft tätig zu sein, seit mindestens einem Jahr trotz Aufforderung nicht nachgekommen ist oder ein Partner seine sonstigen Partnerschaftpflichten grob verletzt hat und trotz schriftlicher Abmahnung mit Fristsetzung von 14 Tagen die Verletzung fortsetzt. Der Ausschluss wird mit Zugang des Ausschließungsbeschlusses bei dem betroffenen Partner wirksam.

§ 9 Abfindung

(1) Der ausscheidende Partner erhält den von ihm aufgebrachten Anteil aus der Rücklage und seinen Gewinnanteil für das laufende Geschäftsjahr bis zum Ausscheidensstichtag ausgezahlt.

(2) Der ausscheidende Partner erhält eine Abfindung. Sie bemisst sich nach dem Buchwert des auf seine Beteiligung entfallenden Anteils an dem Gesellschaftsvermögen gemäß des auf den Ausscheidensstichtag aufzustellenden Rechnungsabschlusses und Vermögensverzeichnisses der Partnerschaft.

(3) Das Abfindungsguthaben ist binnen drei Monaten nach dem Ausscheidenstermin fällig.

(4) Weitergehende Ansprüche des ausscheidenden Partners, insbesondere auf Freistellung von Verbindlichkeiten oder auf Teilnahme an schwebenden Geschäften, bestehen nicht.

§ 10 Kündigung

(1) Jeder Partner kann die Partnerschaft zum Ende eines Kalenderjahres mit einer Frist von sechs Monaten kündigen.

(2) Die Kündigung hat durch eingeschriebenen Brief an alle Partner zu erfolgen. Für die Rechtzeitigkeit der Kündigung ist das Datum des Posteingangsstempels maßgeblich.

§ 11 Auflösung, Liquidation

Zu Liquidatoren dürfen nur Personen bestellt werden, die Rechtsanwälte, Steuerberater oder Wirtschaftsprüfer sind.

§ 12 Schiedsverfahren

Für alle Streitigkeiten aus diesem Vertrag oder über seine Gültigkeit, die zwischen der Partnerschaft und einem oder mehreren Partnern entstehen, wird die ordentliche Gerichtsbarkeit ausgeschlossen und die Zuständigkeit eines Schiedsgerichtes vereinbart. Die Schiedsvereinbarung ist in einer gesonderten Urkunde als Anlage XII zu diesem Vertrag niedergelegt.

§ 13 Bekanntmachungen

Bekanntmachungen der Partnerschaft erfolgen im Bundesanzeiger.

§ 14 Schlussbestimmungen

(1) Sollten einzelne Bestimmungen dieses Vertrages oder eine künftige in ihn aufgenommene Bestimmung ganz oder teilweise unwirksam sein oder werden bzw. sollten Regelungen zu bestimmten Punkten fehlen, so soll hierdurch die Gültigkeit der übrigen Bestimmungen des Vertrages nicht berührt werden. Anstelle der unwirksamen Bestimmung oder zur Ausfüllung einer Lücke gilt eine angemessene Regelung, die dem am nächsten kommt, was die Gesellschafter gewollt haben oder nach dem Sinn und Zweck des Vertrages gewollt haben würden, sofern sie bei Abschluss dieses Vertrages und bei einer späteren Aufnahme der Bestimmung den Punkt bedacht hätten.

(2) Änderungen, Ergänzungen oder die Aufhebung dieses Vertrages bedürfen der Schriftform. Diese Formvorschrift kann nur schriftlich außer Kraft gesetzt werden.

(3) Die Kosten dieses Vertrages und seiner Durchführung trägt die Partnerschaft.

Ort, Datum ______

Unterschriften

D. Die Rechtsanwaltsgesellschaft mbH

	Rz.
I. Entwicklung der „Anwalts-GmbH“ *(Henssler)*	1
II. Gesetzgebungsverfahren zur BRAO-Novelle 1998 *(Henssler)*	4
III. Überblick über die gesetzliche Regelung der Rechtsanwaltsgesellschaft mbH *(Henssler)*	5
IV. Die Gründung der Rechtsanwaltsgesellschaft mbH *(Henssler)*	11
1. Freie Wahl zwischen GmbH und UG	12
2. Gesellschaftsvertrag	14
a) Grundlagen	14
b) Gesellschaftsrechtliche Anforderungen an die Satzung	16
c) Berufsrechtliche Anforderungen an den Gesellschaftsvertrag/die Satzung	20
d) Form des Gesellschaftsvertrages	23
e) Vertragsmängel/fehlerhafte Gesellschaft	25
3. Kapitalaufbringung	28
a) Stammkapital und Stammeinlagen	28
b) Bareinlagen	29
c) Sacheinlagen	30
d) Leistungsstörungen bei Sachgründungen	34
4. Gründung durch Umwandlung	38
a) Umwandlung einer Anwaltssozietät in eine Rechtsanwaltsgesellschaft mbH	38
b) Gründung durch Umwandlung einer Partnerschaftsgesellschaft in eine GmbH	40
5. Zulassungs- und Eintragungsverfahren	44
a) Das Zulassungsverfahren	45
b) Die Eintragung ins Handelsregister	50
V. Gesellschafterkreis *(Henssler)*	
1. Berufsrechtliche Anforderungen an den Gesellschafterkreis	53
a) Die Beschränkung auf die „sozietätsfähigen“ Berufe	53
b) Pflicht zur aktiven Mitarbeit	54
c) Rechtsanwaltschaft beim BGH	56
d) Die Einmann-Rechtsanwaltsgesellschaft mbH	57
e) Ausländische Rechtsanwälte als Gesellschafter	58
f) Gesamthänderische Bindung der Gesellschafter	60
g) Mehrheitserfordernisse	62
h) Rechtsfolgen bei rechtswidriger Zusammensetzung des Gesellschafterkreises	63
2. Der Eintritt eines Gesellschafters	64
3. Verfügungen über Gesellschaftsanteile	65
a) Gesellschaftsrechtliche Übertragbarkeit	65
b) Zustimmungspflicht	66
4. Formen mittelbarer Beteiligung	67
a) Stille Beteiligungen	68
b) Unterbeteiligung, Nießbrauch und Treuhand	69
c) Verpfändung und Pfändung	71
d) Testamentsvollstreckung	73
VI. Rechtsverhältnis der Gesellschafter untereinander *(Henssler)*	
1. Gesellschaftsrechtliches Innenverhältnis	75
a) Beschlussfassung in der Gesellschafterversammlung	75
b) Pflichten der Gesellschafter	79
c) Wettbewerbsverbote	83
d) Informationsrechte	88
e) Gewinnverteilung	91

Rz.

2. Berufspflichten der anwaltlichen Gesellschafter 96
   a) Vorrang des Berufsrechts vor dem Gesellschaftsrecht 96
   b) Einzelne Berufspflichten 98
3. Die Geschäftsführung der Rechtsanwaltsgesellschaft mbH 100
   a) Mehrheitserfordernisse 100
   b) Verantwortliche Leitung durch Rechtsanwälte 102
   c) Weisungsfreiheit 103
   d) Praktikabilitätserwägungen 104
4. Fakultativer Aufsichtsrat einer Rechtsanwaltsgesellschaft mbH 106

VII. Das Ausscheiden von Gesellschaftern *(Henssler)*

1. Überblick 107
2. Ausscheiden auf Initiative des Gesellschafters 108
3. Vererbung von Geschäftsanteilen 113
4. Der Ausschluss eines Gesellschafters 118
5. Die Formen des Ausscheidens 121
   a) Einziehung des Gesellschaftsanteils 121
   b) Die Abtretung des Gesellschaftsanteils 123

VIII. Das Außenverhältnis der Rechtsanwaltsgesellschaft mbH *(Henssler)*

1. Wirksamwerden im Verhältnis zu Dritten 124
   a) Eintragung ins Handelsregister 124
   b) Vor-GmbH 125
2. Die Vertretung der Rechtsanwaltsgesellschaft mbH 127
   a) Die verantwortliche Führung durch anwaltliche Geschäftsführer 127
   b) Prokuristen und Handlungsbevollmächtigte 132
   c) Rechtsscheinsvollmachten 133

Rz.

3. Firmierung und Außendarstellung der Rechtsanwaltsgesellschaft 134
   a) Notwendige Firmenbestandteile 134
   b) Gestaltung von Briefkopf und Praxisschild 139
   c) Beschränkung des Firmenzusatzes auf zugelassene Gesellschaften 140
   d) Die Firma der interprofessionellen Beratungs-GmbH 141
   e) Die Fortführung der Namen ehemaliger Gesellschafter 144
4. Die Postulationsfähigkeit der Rechtsanwaltsgesellschaft mbH 147
5. Das Betätigungsfeld der Rechtsanwaltsgesellschaft mbH 152
   a) Anwaltliche Tätigkeiten 152
   b) Nichtanwaltliche Tätigkeiten 153
   c) Die Zulässigkeit der Organisations-GmbH 155

IX. Das Geschäftsbesorgungsverhältnis zwischen GmbH und Mandant *(Henssler)*

1. Vertragsrechtliche Besonderheiten 156
2. Haftung der GmbH und Haftungsbeschränkungsmöglichkeiten 158
3. Anwaltliche Haftungsrisiken in der GmbH 160
   a) Reichweite des Haftungsprivilegs 160
   b) Persönliche Haftung bei unzureichendem Versicherungsschutz 162
   c) Fälle der Durchgriffshaftung 164
   d) Haftung des anwaltlichen Geschäftsführers 167
   e) Vertrauenshaftung des Mandatsbearbeiters und Vertrag mit Schutzwirkung zugunsten Dritter 170
   f) Generelle Freistellung der Mitgesellschafter 172
4. Berufshaftpflichtversicherung 173

Rz.

X. Die überörtliche Rechtsanwaltsgesellschaft mbH *(Henssler)*
1. Berufsrechtliche Anforderungen 176
2. Eintragung der Zweigniederlassungen 178
3. Zweigniederlassungen im Ausland 181

XI. Auflösung und Liquidation der GmbH *(Henssler)* 182
1. Auflösungsgründe 183
2. Anmeldung und Rechtsfolgen der Auflösung 191
3. Liquidation 192
4. Umwandlung in andere Gesellschaftsformen 197

XII. Unternehmensverbindungen unter Beteiligung von Rechtsanwaltsgesellschaften *(Henssler)*
1. Beteiligung an Berufsausübungsgesellschaften . . . 198
2. Beteiligungen an gewerblichen Unternehmen 199

XIII. Die interdisziplinäre Zusammenarbeit von Angehörigen der sozietätsfähigen Berufe *(Henssler)*
1. Grundsätzliche Zulässigkeit . 201
2. Mehrheitserfordernisse 202
3. Die Rechtsanwaltsgesellschaft und Steuerberatungsgesellschaft mbH 203
4. Die Rechtsanwaltsgesellschaft und Wirtschaftsprüfungsgesellschaft mbH . . 205
5. Die Leitung der Zweigniederlassung in der interprofessionellen Kapitalgesellschaft . . 208
6. Kritik 211
7. Die Beteiligung von Anwalts- und Nur-Notaren an einer Rechtsanwaltsgesellschaft mbH 214

XIV. Steuerrecht *(Streck)*
1. Steuervorteile, Steuernachteile 221
2. Körperschaftsteuer 233

Rz.

a) Allgemeines 233
b) Steuersubjekt 235
c) Gewinnermittlung 237
d) Gewinnausschüttungen, Einlagen 240
e) Verdeckte Gewinnausschüttungen, verdeckte Einlagen 241
f) Einzelthemen 244
aa) Tätigkeitsvergütung . 244
bb) Tantiemen 253
cc) Pensionszusagen . . . 256
dd) Miet- und Pachtverhältnisse 258
ee) Darlehen 259
ff) Kostenumlagen 260
gg) Stille Beteiligung . . . 261
hh) Praxiswert 262
ii) Familienverträge . . . 263
jj) Weitere Tätigkeiten neben der Anwaltsgesellschaft 264
g) Steuerklauseln 266
h) Organschaft 267
3. Anrechnungsverfahren . . . 270
4. Gewerbesteuer 283
5. Einheitsbewertung/Vermögensteuer 284
6. Umsatzsteuer 285
7. Besteuerungsverfahren der GmbH 286
8. Die GmbH als Arbeitgeber; Lohnsteuerpflicht 287
9. Erbschaftsteuer/Schenkungsteuer 288
10. Steuerinteressen des Mandanten 289
11. Besteuerung des GmbH-Geschäftsführers 290
12. Besteuerung des GmbH-Gesellschafters 292
13. Steuerstrafrecht 295

XV. Bewertungsfragen *(Streck)* . . 296

XVI. Mustersatzung einer Rechtsanwaltsgesellschaft mbH unter ausschließlicher Beteiligung von Rechtsanwälten *(Henssler)* . 300

XVII. Muster einer Neuanmeldung einer Rechtsanwaltsgesellschaft mbH *(Henssler)* 301

I. Entwicklung der „Anwalts-GmbH"

1 Die BRAO stellt den Rechtsanwälten auch die GmbH als Berufsausübungsgesellschaft zur Verfügung. Das Gesetz spricht von der „Rechtsanwaltsgesellschaft" und reserviert diese Bezeichnung zugleich für die in einem eigenständigen Genehmigungsverfahren zugelassenen Gesellschaften (§ 59k Abs. 2 BRAO). Da für anwaltliche Personengesellschaften (Anwaltssozietäten und Partnerschaften) bewusst kein Zulassungsverfahren vorgesehen ist (siehe aber M Rz. 23ff.), können derzeit neben der GmbH allenfalls sonstige Kapitalgesellschaften[1] die Bezeichnung **„Rechtsanwaltsgesellschaft"** führen, sofern man diese Gesellschaften in entsprechender Anwendung der §§ 59cff. BRAO einem Zulassungsverfahren unterstellt.

2 Die **gesetzliche Regelung** der Rechtsanwaltsgesellschaft mbH[2], die zum 1. 3. 1999 in Kraft getreten ist, setzte seinerzeit einen vorläufigen Schlusspunkt unter eine rasante, aber auch heftig umstrittene Entwicklung. Die Möglichkeit, sich gesellschaftsrechtlich anders als in der Gesellschaft bürgerlichen Rechts zu organisieren, schien noch Ende der 1980er Jahre nur wenigen Anwälten ein erstrebenswertes Ziel. Ein Berufsstand mit beachtlichem wirtschaftlichen, gesellschafts- und rechtspolitischen Gewicht schreckte damals vor gesellschaftsrechtlichen Veränderungen aus Konkurrenzangst und Sorge um das eigene Ansehen zurück. Noch bis 1990 fand sich kein einziger Beitrag aus dem Schrifttum, der sich für die Zulässigkeit der Anwalts-GmbH bereits *de lege lata* aussprach. Nur die berufspolitische Diskussion über ihre Einführung *de lege ferenda* dauerte schon länger an. Die ersten Plädoyers[3] für diese Gesellschaftsform wurden zunächst sehr skeptisch aufgenommen. Ein grundlegender Meinungsumschwung begann in Rechtsprechung[4] und Schrifttum[5] erst mit dem Votum des **BGH** für die Zulässigkeit der **Zahnärzte-GmbH** im Urteil vom 25. 11. 1993[6]. Das **BayObLG** übertrug die Grundsätze dieser Entscheidung in seinem Beschluss vom 24. 11. 1994[7] auf die **Anwalts-GmbH** als Berufsausübungsgesellschaft[8]. Die damit eingeleitete Entwicklung war schon

1 Dazu nachfolgend (für die Anwalts-AG) E Rz. 16.
2 Gesetz zur Änderung der Bundesrechtsanwaltsordnung, der Patentanwaltsordnung und anderer Gesetze v. 31. 8. 1998, BGBl. I, 2600.
3 *Ahlers*, AnwBl. 1991, 226; *Henssler*, JZ 1992, 697.
4 BayObLG NJW 1996, 3217; OLG Bamberg, MDR 1996, 423; LG Baden-Baden, AnwBl. 1996, 537.
5 Zu Übersichten über den Meinungsstand vgl. *Henssler*, DB 1995, 1549; *Gail/Overlack*, Anwaltsgesellschaften, 2. Aufl. 1996, Rz. 18f.; ferner *Damm*, FS Brandner, 1996, S. 31; *Piper*, FS Odersky, 1996, S. 1063ff.; die Gegenauffassung wurde vertreten von *Taupitz*, JZ 1994, 1100; *Taupitz*, NJW 1995, 369; *Kempter*, BRAK-Mitt. 1995, 4; *Braun*, MDR 1995, 447.
6 BGHZ 124, 224 = NJW 1994, 786.
7 BayObLG NJW 1995, 199, 201.
8 Bezüglich der tatsächlichen Betätigungsmöglichkeiten der Anwalts-GmbH warfen missverständliche Passagen im Beschluss des BayObLG Zweifelsfragen auf. Der Begründung zufolge sollte die GmbH nur „die rechtlichen und tatsächlichen Voraussetzungen für die Rechtsanwaltstätigkeit" schaffen, dagegen „nicht selbst Rechtsberatung" ausüben, BayObLG NJW 1995, 199, 201.

bald nicht mehr aufzuhalten: Weitere Gerichtsentscheidungen bestätigten die Grundsatzentscheidung des BayObLG[1]. Einige der neu gegründeten GmbHs entwickelten sich in der Folgezeit dynamisch zu großen überörtlichen Berufsausübungsgesellschaften[2]. Die **Bundesrechtsanwaltskammer**, die sich lange gegen die Anwaltskapitalgesellschaft gesträubt hatte, kapitulierte daraufhin auf ihrer Hauptversammlung im September 1996 vor der normativen Kraft des Faktischen[3] und machte so den Weg frei für eine gesetzliche Regelung der Rechtsanwaltsgesellschaft.

Die Zulässigkeit der Anwalts-GmbH[4] ergab sich zwingend aus verfassungs- 3
rechtlichen Gesichtspunkten: Das Verbot der Anwalts-GmbH hätte als Einschränkung der grundrechtlich durch Art. 12 GG geschützten Berufsausübungsfreiheit eine hinreichend bestimmte gesetzliche Regelung vorausgesetzt. Außerdem hätte es durch vernünftige Erwägungen des Gemeinwohls gerechtfertigt werden müssen. Ein gesetzliches Verbot war aber weder der BRAO noch sonst einem gewohnheitsrechtlich fixierten Berufsbild des Rechtsanwalts mit der erforderlichen Deutlichkeit[5] zu entnehmen. So konnte der Unabhängigkeit des Rechtsanwalts durch die Beschränkung des Gesellschafterkreises auf sozietätsfähige Personen Rechnung getragen werden. Weder das seinerzeit geltende RBerG[6] noch der Typus des Freien Berufes konnten ein Verbot der Anwalts-GmbH rechtfertigen[7]. Den Besonderheiten des Anwaltsberufs ließ sich bereits vor dem Inkrafttreten der gesetzlichen Regelung durch Anforderungen an die konkrete Ausgestaltung der GmbH-Satzung Rechnung tragen[8].

II. Gesetzgebungsverfahren zur BRAO-Novelle 1998

Das Bundesministerium der Justiz, das sich 1994 noch einer gesetzlichen Re- 4
gelung der Anwalts-GmbH im Rahmen der Novellierung der BRAO verschlossen hatte, stellte im März 1997 den **Referentenentwurf** eines „Gesetzes zur Regelung der Anwaltsgesellschaft mit beschränkter Haftung" vor[9].

1 BayObLG NJW 1996, 3217; OLG Bamberg, MDR 1996, 423; LG Baden-Baden, AnwBl. 1996, 537.
2 Vgl. *Hellwig*, ZHR 161 (1997), 337, 341.
3 Beschl. der 80. Hauptversammlung v. 26./27. 9. 1996, vgl. Presseerklarung v. 30. 9. 1996.
4 Vgl. die umfangreichen Nachweise bei *Henssler*, ZHR 161 (1997), 305, 306; *Gail/Overlack*, Anwaltsgesellschaften, 2. Aufl. 1996, Rz. 17; *Römermann*, GmbHR 1997, 530.
5 Dazu BVerfGE 98, 49, 60 = NJW 1998, 2269, 2270 mit Anm. *Henssler*, JZ 1998, 1065.
6 Das gilt erst recht für das RDG, das ein Verbot einer Anwalts-GmbH nicht stützt; dazu M Rz. 33ff.
7 Zu Einzelheiten *Henssler*, JZ 1992, 697.
8 Kritisch zum Ganzen *Feuerich/Braun*, 4. Aufl. 1999, § 59a BRAO Rz. 19.
9 Referat R B 1, abgedruckt in ZIP 1997, 1518.

Nach heftiger Kritik von Seiten des Schrifttums[1], der BRAK[2] und des DAV[3] wurde der Entwurf insbesondere im Bereich der Handelndenhaftung und der Postulationsfähigkeit überarbeitet. Die gegen den liberalisierten Regierungsentwurf vorgebrachten Bedenken des Bundesrates[4], der ein Verbot der Beteiligung von Anwaltsnotaren wünschte, konnten sich im Gesetzgebungsverfahren nicht durchsetzen. Das am 7. 9. 1998 verkündete[5] **Gesetz zur Änderung der Bundesrechtsanwaltsordnung** ist zum 1. 3. 1999 in Kraft getreten. Seither gab es nur wenige Änderungen der §§ 59c ff. BRAO. Das Gesetz zur Neuregelung des Rechtsberatungsrechts[6] hat mit Wirkung zum 18. 12. 2007 das Verbot der Sternsozietät für Anwaltsgesellschaften aufgehoben und den Wortlaut der §§ 59e und 59f BRAO entsprechend angepasst. Nachträglich wurde auch die Norm des § 59i BRAO durch das Gesetz zur Modernisierung von Verfahren im anwaltlichen und notariellen Berufsrecht[7] entsprechend reformiert. Die Verfahrens- und Zuständigkeitsvorschriften zur Erteilung und zum Erlöschen der Zulassung – §§ 59g, 59h BRAO – wurden durch das Gesetz zur Stärkung der Selbstverwaltung der Rechtsanwaltschaft[8] und durch das Gesetz zur Modernisierung von Verfahren im anwaltlichen und notariellen Berufsrecht an das neue Verfahrensrecht der BRAO angeglichen.

III. Überblick über die gesetzliche Regelung der Rechtsanwaltsgesellschaft mbH

5 Die gesetzliche Regelung der Rechtsanwaltsgesellschaft mbH orientiert sich an den Anforderungen, die von Schrifttum[9] und Rechtsprechung[10] schon zuvor aus allgemeinen berufsrechtlichen Grundsätzen hergeleitet worden waren. Bemerkenswert ist, dass die Rechtsanwaltsgesellschaft mbH unter Verzicht auf eine Handelndenhaftung als „echte" GmbH mit der Haftung nur des Gesellschaftsvermögens ausgestaltet wurde. Überraschend konnte sich der Gesetzgeber außerdem dazu entschließen, der Rechtsanwaltsgesellschaft mbH die Postulationsfähigkeit zuzubilligen. Als Negativaspekt bleibt die schwer nachvollziehbare Entscheidung, die interprofessionelle Zusammenarbeit durch Mehrheitserfordernisse zu erschweren.

6 Geregelt wird die Rechtsanwaltsgesellschaft mbH durch die Bestimmungen der **§§ 59c–59m BRAO**. § 59c BRAO definiert die Rechtsanwaltsgesellschaft

1 *Henssler*, ZIP 1997, 1481; *Römermann*, GmbHR 1997, 530.
2 Stellungnahme der Hauptversammlung der BRAK auf der Sitzung v. 22. 5. 1997.
3 Stellungnahme des Berufsrechts- und des Sozietätsrechtsausschusses des DAV v. Juni 1997.
4 BT-Drucks. 13/9820, Anl. 2, S. 23 ff.
5 BGBl. I, 2600 ff.
6 BGBl. I, 2840.
7 BGBl. 2009 I, 2449.
8 BGBl. 2007 I, 358, 359.
9 *Ahlers*, AnwBl. 1991, 226; *Henssler*, JZ 1992, 697.
10 BayObLG NJW 1995, 199, 201; BayObLG NJW 1996, 3217; OLG Bamberg, MDR 1996, 423; LG Baden-Baden AnwBl. 1996, 537.

mbH als GmbH, deren **Unternehmensgegenstand** die Beratung und Vertretung in Rechtsangelegenheiten ist. **Gesellschafter** einer Rechtsanwaltsgesellschaft können nur Rechtsanwälte und Angehörige sozietätsfähiger Berufe i.S.v. § 59a Abs. 1 und 2 BRAO sein, eine Anforderung, die für alle gesellschaftsrechtlichen Verbindungen von Rechtsanwälten gilt. Zulässig ist auch die Beteiligung von Anwaltsnotaren. Alle Gesellschafter müssen außerdem **aktiv** ihren Beruf in der Gesellschaft ausüben.

Ein Kernstück der gesetzlichen Regelung bilden die Anforderungen an den Gesellschafterkreis der Rechtsanwaltsgesellschaft mbH. Nach § 59e Abs. 2 BRAO muss die **Mehrheit** sowohl der **Geschäftsanteile** als auch der **Stimmrechte Rechtsanwälten** zustehen. Dieses schon für die Rechtslage vor Inkrafttreten der gesetzlichen Regelung durch das BayObLG[1] bejahte Mehrheitserfordernis bleibt auf die Rechtsanwaltsgesellschaft mbH beschränkt: Weder die Gesellschaft bürgerlichen Rechts noch die Partnerschaftsgesellschaft kennen vergleichbare Restriktionen. Auch die **Geschäftsführerpositionen** müssen in der GmbH mehrheitlich mit Rechtsanwälten besetzt sein (§ 59f BRAO). Ihre Unabhängigkeit von Weisungen oder vertraglichen Bindungen ist ausdrücklich vorgeschrieben (§ 59f Abs. 4 BRAO). Selbst mittelbare Beteiligungen sind den nicht sozietätsfähigen Personen verwehrt, da Anteile an der Rechtsanwaltsgesellschaft mbH **nicht für Rechnung Dritter** gehalten und solche Personen auch nicht am Gewinn beteiligt werden dürfen. Der Ausschluss der Einflussnahme durch berufsfremdes Kapital dient der Sicherung der unabhängigen und eigenverantwortlichen anwaltlichen Berufsausübung in der GmbH[2]. 7

Über das die anwaltlichen Gesellschafter treffende **Zulassungserfordernis** hinausgehend bedarf die Rechtsanwaltsgesellschaft mbH selbst einer eigenständigen Berufszulassung; mit der Zulassung wird sie beitragspflichtiges Mitglied der Rechtsanwaltskammer, in deren Bezirk sie ihren Sitz hat[3]. 8

Die Gesellschafterhaftung richtet sich nach den allgemeinen für die GmbH geltenden Grundsätzen. Auf eine Handelndenhaftung der rechtsberatend tätigen oder sonst mit der Sache befassten Gesellschafter wurde verzichtet, da sich ein ausreichender Schutz der Mandanten über die auf 2,5 Mio. Euro **erhöhte Pflichtversicherung** realisieren lässt. Eine Doppelbelastung durch Handelndenhaftung und erhöhte Versicherungspflicht hätte die Rechtsanwaltsgesellschaft mbH als Rechtsform weitgehend entwertet. 9

---

1 BayObLG NJW 1995, 199, 201.

2 Hierzu Feuerich/Weyland/*Feuerich*, § 59e BRAO Rz. 11; *Zuck*, Anwalts-GmbH, § 59e BRAO Rz. 42; Sozietätsrecht/*Kraus/Senft*, § 15 Rz. 14; *Henssler*, BRAK-Mitt. 2007, 186ff. und 238ff.; kritisch *Kleine-Cosack*, § 59e BRAO Rz. 1; *Kleine-Cosack*, DB 2007, 1857; *Kleine-Cosack*, AnwBl. 2007, 737; Hartung/Römermann/*Römermann*, § 59e BRAO Rz. 16; *Römermann*, BB 2005, 1136.

3 Zum Ablauf des Zulassungsverfahrens vgl. Henssler/Prütting/*Henssler*, § 59g BRAO Rz. 2ff.; Feuerich/Weyland/*Feuerich*, § 59g BRAO Rz. 7ff.; *Zuck*, Anwalts-GmbH, § 59g BRAO Rz. 8ff.

10 Die Rechtsanwaltsgesellschaft mbH ist uneingeschränkt **postulationsfähig** (§ 591 BRAO). Sie darf also nicht nur in zivilrechtlichen Streitigkeiten als Prozessbevollmächtigte auftreten (zur Möglichkeit einer Beiordnung siehe M Rz. 37ff.), sondern auch die **Vertretung in Strafsachen** übernehmen. Verteidiger i.S.v. §§ 137ff. StPO kann jedoch nur der einzelne Rechtsanwalt sein (vgl. § 591 S. 4 BRAO).

IV. Die Gründung der Rechtsanwaltsgesellschaft mbH

11 Die Gründung einer GmbH erfolgt durch (1) Abschluss des formwirksamen Gesellschaftsvertrages, (2) Bestellung der Geschäftsführer, (3) Erbringung der gem. § 7 Abs. 2 und 3 GmbHG erforderlichen Leistungen auf die Geschäftsanteile, (4) Anmeldung zum Handelsregister und (5) Eintragung ins Handelsregister nebst Bekanntmachung[1]. Mit Abschluss des Gesellschaftsvertrages ist die Gesellschaft „errichtet"; mit Eintragung entsteht sie als juristische Person (§ 11 Abs. 1 GmbHG). §§ 59c Abs. 1, 59d BRAO verlangen zusätzlich zur Eintragung als sechste Voraussetzung eine berufsrechtliche Zulassung der Gesellschaft durch die Rechtsanwaltskammer.

1. Freie Wahl zwischen GmbH und UG

12 Durch das Gesetz zur Modernisierung des GmbH-Rechts und zur Bekämpfung von Missbräuchen (MoMiG)[2] wurde die Unternehmergesellschaft (UG) geschaffen. Nach der Regierungsbegründung handelt es sich bei der haftungsbeschränkten Unternehmergesellschaft nicht um eine neue Rechtsform, sondern um eine Variante der GmbH, die ohne bestimmtes Mindestkapital gegründet werden kann[3]. Alle Vorschriften des deutschen Rechts, die die GmbH betreffen, gelten auch für die UG. Aus § 5a Abs. 1 GmbHG ist ersichtlich, dass der abweichenden Bezeichnung als „Unternehmergesellschaft" lediglich eine firmenrechtliche Bedeutung zukommt, um den Geschäftsverkehr auf die fehlende Mindestkapitalisierung dieser Form der GmbH aufmerksam zu machen. Da es sich bei der UG um eine Variante der GmbH handelt, kann eine Rechtsanwaltsgesellschaft problemlos als UG gegründet werden[4].

13 Die geringe Kapitalausstattung der UG und ihre von der klassischen GmbH abweichende Firmierung bewirken keine Inkompatibilität mit den §§ 59cff. BRAO. § 59j BRAO gewährleistet vielmehr, dass nur Rechtsanwaltsgesellschaften zugelassen werden, die über eine Mindesthaftpflichtversicherung von 2,5 Mio. Euro verfügen. Da bei der Rechtsanwaltsgesellschaft in Form der regulären GmbH die Mindesthaftpflichtversicherung in keinem Zusam-

---

1 Zum Gründungsablauf vgl. Beck'sches Handbuch der GmbH/*Schwaiger*, 4. Aufl. 2009, § 2 Rz. 3.

2 BGBl. 2008 I, 2026.

3 BT-Drucks. 16/6140, 31.

4 Vgl. auch *Römermann*, AnwBl. 2009, 131. Zum Interesse der Anwaltschaft an der UG *Hommerich/Kilian*, AnwBl. 2009, 861f.

menhang mit der tatsächlichen Kapitaldeckung der Gesellschaft steht, entstehen den Mandanten durch die geringe Kapitalausstattung der UG keine Nachteile. Die firmenrechtliche Vorschrift des § 59k BRAO steht einer UG als Rechtsanwaltsgesellschaft ebenfalls nicht entgegen. Die nach § 5a GmbHG i.V.m. § 59k BRAO korrekte Bezeichnung lautet „Rechtsanwaltsgesellschaft UG (haftungsbeschränkt)".

2. Gesellschaftsvertrag

a) Grundlagen

Der Gesellschaftsvertrag als Gründungsgeschäft der Gesellschafter erfüllt mehrere Funktionen: Er regelt als mehrseitiges (bei der Einmann-GmbH einseitiges) Rechtsgeschäft die Beziehung der Gesellschafter zur Gesellschaft und der Gesellschafter untereinander und bildet zugleich als Satzung die verbandsautonom geschaffene korporationsrechtliche Grundordnung der Gesellschaft[1]. Der **Mindestinhalt** des Gesellschaftsvertrags richtet sich nach **§ 3 GmbHG** richtet. Durch die Eintragung wird die GmbH-Satzung zu einem gegenüber den Gründern verselbständigten und nur noch durch qualifizierte Mehrheit der jeweiligen Gesellschafter zu ändernden Statut. Die Vorschriften des GmbHG sehen neben dem notwendigen Inhalt fakultative Satzungsbestimmungen und sonstige, dem Gesellschaftsvertrag vorbehaltene Regelungen vor. Sie knüpfen damit an ein „Normalstatut" an, das durch eine am Einzelfall orientierte Gestaltung des Gesellschaftsvertrages dem Zweck der Gesellschaft, der Zahl der Gesellschafter etc. angepasst werden kann[2]. Neben den korporationsrechtlichen („echten") Satzungsbestandteilen kann der Gesellschaftsvertrag Vereinbarungen enthalten, die funktionsgleich auch außerhalb des Gesellschaftsvertrages in Kraft gesetzt werden könnten. Bedeutsam ist die Trennung zwischen beiden Bestandteilen für die Bindung der Gesellschafter, die Auslegung der Klauseln sowie die Anwendbarkeit der Regeln über Satzungsänderungen (§§ 53 ff. GmbHG)[3]. 14

Vor Inkrafttreten der gesetzlichen Regelung der Rechtsanwaltsgesellschaft mbH war anerkannt, dass dem auf Rechtsberatung ausgerichteten Gesellschaftszweck und dem infolgedessen zu beachtenden anwaltlichen Berufsrecht dadurch Rechnung getragen werden müsse, dass die Satzung bestimmte Sachverhalte wie z.B. den Gesellschafterkreis im Einzelnen berufsrechtskonform festlegt. Danach bedurfte es gesellschaftsvertraglicher Regelungen, um dispositives, berufsrechtswidriges Gesellschaftsrecht zu verdrängen. Nach aktueller Rechtslage muss die Rechtsanwaltsgesellschaft mbH sowohl den Anforderungen des GmbHG als auch denen der BRAO entsprechen. Satzungsbestimmungen, die gegen gesetzliche Vorschriften ver- 15

1 Zu Einzelheiten *Wiedemann*, Gesellschaftsrecht I, 1980, § 3 II; *K. Schmidt*, Gesellschaftsrecht, § 5 I.

2 Scholz/*Priester/Veil*, § 53 GmbHG Rz. 39; zu Einzelfällen vgl. Rowedder/Schmidt-Leithoff/*Zimmermann*, § 53 GmbHG Rz. 16 ff.

3 Hachenburg/*Ulmer*, Einl. GmbHG Rz. 23 ff., § 2 GmbHG Rz. 8; vgl. auch Scholz/*Priester/Veil*, § 53 GmbHG Rz. 8 ff.

stoßen, sind unwirksam. Umgekehrt muss die Satzung nicht mehr zwingend jene Regelungen enthalten, deren Einhaltung schon durch die Bestimmungen der BRAO gesichert ist. Das gilt auch für die Pflicht zur aktiven Mitarbeit (vgl. Rz. 54f.). Gleichwohl empfiehlt sich eine deklaratorische Aufnahme solcher Regelungen in die Satzung, welche die Beachtung der vom GmbH-Recht abweichenden Anforderungen der BRAO sicherstellen.

b) Gesellschaftsrechtliche Anforderungen an die Satzung

16 Der **obligatorische Mindestinhalt** des Gesellschaftsvertrags einer GmbH ergibt sich aus **§ 3 GmbHG**: Firma und Sitz der Gesellschaft, Gegenstand des Unternehmens, Betrag des Stammkapitals sowie Zahl und Nennbeträge der Geschäftsanteile, die jeder Gesellschafter übernimmt.[1] Soll die Rechtsanwaltsgesellschaft als „normale" GmbH gegründet werden, ist ein Mindeststammkapital von 25 000 Euro (§ 5 Abs. 1 S. 1 GmbHG) erforderlich; wählen die Gründer jedoch die Form der UG, reicht ein Stammkapital von einem Euro aus.[2] Als **Unternehmensgegenstand** ist nach **§ 59c Abs. 1 BRAO** die Beratung und Vertretung in Rechtsangelegenheiten vorzusehen.

17 Die Gesellschafter einer regulären GmbH sind in der Wahl zwischen **Bar-** und **Sachgründung** frei[3]. Die BRAO schränkt dieses Wahlrecht nicht ein. Der im Referentenentwurf[4] enthaltene Ausschluss von Sacheinlagen wurde bereits im Regierungsentwurf gestrichen. Wird eine Rechtsanwaltsgesellschaft als UG gegründet, gilt nach § 5a Abs. 2 S. 2 GmbHG ein Verbot von Sacheinlagen.

18 Im Gesellschaftsvertrag einer GmbH sind Stammkapital und Stammeinlagen als feste Euro-Beträge anzugeben; die konkrete Einlagepflicht kann sich aber auf Sachen oder sonstige Vermögenswerte richten. Bar- und Sachgründung können auch miteinander kombiniert werden[5]. Im Fall einer Sachgründung nach § 5 Abs. 4 GmbHG müssen in der notariellen Gründungsurkunde die auf die Stammeinlagen zu leistenden Vermögensgegenstände und die Beträge der darauf entfallenden Stammeinlagen genau bezeichnet sein[6]. Gegenstand der Sacheinlage können Sachen, Rechte und sonstige vermögenswerte Positionen sein, die wie Geldleistungen bei der Bareinlage zur Bildung der Kapitalgrundlage der Gesellschaft geeignet sind, also nicht nur

---

1 Vgl. dazu Hachenburg/*Ulmer*, § 3 GmbHG Rz. 4; das MoMiG hat die Pflicht zur Übernahme von Geschäftsanteilen gegenüber der Pflicht zur Leistung der Stammeinlage durch eine Änderung des § 3 Abs. 1 Nr. 4 GmbHG in den Vordergrund gerückt; BT-Drucks. 16/6140, 28.

2 Da § 5a GmbHG kein Mindestkapital für die UG vorschreibt, ergibt sich die Summe von einem Euro aus § 5 Abs. 2 GmbHG.

3 Baumbach/Hueck/*Hueck/Fastrich*, § 5 GmbHG Rz. 14; Scholz/*Winter/Westermann*, § 5 GmbHG Rz. 36.

4 Vgl. Erläuterungen des Referentenentwurfs zu § 59f E-BRAO.

5 Zur sog. Mischeinlage vgl. Baumbach/Hueck/*Hueck/Fastrich*, § 5 GmbHG Rz. 20.

6 Rowedder/Schmidt-Leithoff/*Schmidt-Leithoff*, § 5 GmbHG Rz. 57f.; Baumbach/Hueck/*Hueck/Fastrich*, § 5 GmbHG Rz. 45.

Praxisinventar, Grundstücke oder Nutzungsrechte an denselben, sondern auch der zu einer Sozietät gehörende Mandantenstamm[1] etc. Soll die GmbH den **Mandantenstamm** des Einzelanwalts oder der Sozietät nach einer zuvor erfolgten Bargründung übernehmen, so ist zwischen der GmbH und dem Anwalt bzw. der Sozietät ein Kaufvertrag über die Praxisgegenstände, den Mandantenstamm usw. abzuschließen.

Als **fakultative** Bestandteile müssen außerdem all jene mitgliedschaftsrecht- 19
lichen Abreden in den Gesellschaftsvertrag aufgenommen werden, welche die Rechtsverhältnisse der Gesellschaft bestimmen oder für die Beziehungen zwischen Gesellschaft und Gesellschaftern maßgebend sein sollen. Nur dann sind sie für jeden, also auch für künftig an der Gesellschaft Beteiligte, bindend[2]. Zu den fakultativen Bestandteilen gehören etwa zeitliche **Beschränkungen des Unternehmens** oder **Nebenleistungspflichten der Gesellschafter**. Die letztgenannten Pflichten können z.B. die Gewährung von Darlehen oder die Gebrauchsüberlassung bestimmter Sachen (Kanzleiräume oder Büroausstattung) sowie Wettbewerbsverbote umfassen. Angesichts der Regelung in § 59e BRAO muss die **Pflicht zur aktiven Berufsausübung** in der GmbH nicht mehr in der Satzung geregelt sein. Zur Klarstellung kann sich eine entsprechende Bestimmung aber empfehlen (Rz. 15).

c) Berufsrechtliche Anforderungen an den Gesellschaftsvertrag/ die Satzung

Die vier berufsrechtlichen **Mindestanforderungen** an die Satzung der An- 20
walts-GmbH, die vom Schrifttum[3] und vom BayObLG[4] aufgestellt worden waren, nämlich (1) die Beschränkung des Kreises der Gesellschafter und Geschäftsführer auf Rechtsanwälte und die gem. § 59a BRAO sozietätsfähigen Berufe[5], (2) die Weisungsunabhängigkeit der Geschäftsführer und Gesellschafter bei der anwaltlichen Berufsausübung, (3) die Pflicht der Gesellschafter zur aktiven Mitarbeit in der GmbH und damit zugleich das Verbot einer bloßen Kapitalbeteiligung durch Angehörige sozietätsfähiger Berufe oder andere Rechtsanwalts-, Steuerberatungs- oder Wirtschaftsprüfungsgesellschaften[6] sowie (4) der Abschluss einer erhöhten Haftpflichtversicherung, sind

1 Vgl. Scholz/*Winter/Westermann*, § 5 GmbHG Rz. 42ff.; Rowedder/Schmidt-Leithoff/*Schmidt-Leithoff*, § 5 GmbHG Rz. 26ff.; Baumbach/Hueck/*Hueck/Fastrich*, § 5 GmbHG Rz. 23.

2 Hachenburg/*Ulmer*, § 2 GmbHG Rz. 8.

3 Vgl. bereits *Henssler*, JZ 1992, 697ff.; *Henssler*, NJW 1993, 2137ff.; *Ahlers*, AnwBl. 1995, 3ff.; *Ahlers*, AnwBl. 1995, 121ff.; *Koch*, AnwBl. 1993, 157; *Bakker*, AnwBl. 1993, 245ff.; *Sommer*, GmbHR 1995, 249ff. m.w.N.

4 BayObLG NJW 1995, 199, 201.

5 Bezüglich der an den Gesellschafterkreis einer Rechtsanwaltsgesellschaft zu stellenden Anforderungen vgl. ausführlich *Kempter/Kopp*, BRAK-Mitt. 1998, 254, 256.

6 Das Verbot der Beteiligung von anderen Gesellschaften ergibt sich bereits aus § 59a Abs. 1 S. 1 BRAO, in dessen Katalog Steuerberatungs- und Wirtschaftsprüfungsgesellschaften nicht aufgeführt sind. Andere Rechtsanwaltsgesellschaften kämen zwar grundsätzlich in Betracht, da sie ebenfalls Mitglieder einer Rechts-

vom Gesetzgeber aufgegriffen worden. Sie gelten selbst dann, wenn sie im Gesellschaftsvertrag nicht wiederholt werden. Wegen der grundsätzlichen Bedeutung dieser Kriterien empfiehlt sich die Aufnahme entsprechender deklaratorischer Bestimmungen in die Satzung[1]. Das Gleiche gilt für die Mehrheitserfordernisse hinsichtlich der Geschäftsanteile und Stimmrechte.

21 Im Gesellschaftsvertrag kann die **freie Abtretbarkeit** der Geschäftsanteile nach § 15 Abs. 1 GmbHG **ausgeschlossen** werden[2] (siehe unten Rz. 65). Auch wenn bereits die BRAO sicherstellt, dass die Geschäftsanteile nur an sozietätsfähige Personen abgetreten werden können, empfiehlt sich eine Vinkulierung. Das Wesen der Freiberuflichkeit und der Charakter der Rechtsanwaltsgesellschaft mbH als Berufsausübungsgesellschaft zwingen zu einer **personalistischen Struktur**. Es dürfte regelmäßig im Interesse aller Gesellschafter liegen, die Beteiligung neuer Gesellschafter an der Berufsausübungsgesellschaft an die Zustimmung aller oder einer qualifizierten Mehrheit der Gesellschafter zu binden.

22 Weitere denkbare Regelungen des Gesellschaftsvertrages betreffen die Befugnisse der Gesellschafterversammlung gem. § 45 GmbHG. Die Mehrheitserfordernisse bei Gesellschafterbeschlüssen können in der Satzung abweichend von § 47 Abs. 1 GmbHG geregelt werden (siehe unten Rz. 76ff.)[3].

d) Form des Gesellschaftsvertrages

23 Nach § 2 Abs. 1 GmbHG bedarf der Gesellschaftsvertrag der **notariellen Form** und der **Unterzeichnung durch alle Gesellschafter**. Gleichzeitige Anwesenheit aller Gesellschafter beim Notar ist dagegen nicht erforderlich[4]. Es reicht aus, dass jeder Gesellschafter eine Niederschrift unterzeichnet und alle Einzelprotokolle ein geschlossenes Vertragswerk bilden. Beurkundungen durch einen ausländischen Notar sind nach der Rechtsprechung[5] zulässig, sofern der ausländische Notar dem deutschen nach Ausbildung, Auswahl und Stellung gleichwertig ist. Beurkundungspflichtig ist der gesamte Inhalt des Gesellschaftsvertrages, also der notwendige (§ 3 Abs. 1 GmbHG) und der fakultative (§ 3 Abs. 2 GmbHG), soweit ihm Satzungscharakter zukommen soll.

---

anwaltskammer sind (vgl. § 59a Abs. 1 S. 1 BRAO). Es dürfte aber an der aktiven beruflichen Tätigkeit i.S.v. § 59e Abs. 1 S. 2 BRAO fehlen. So auch Feuerich/Weyland/*Feuerich*, § 59e BRAO Rz. 1; a.A. *Zuck*, Anwalts-GmbH, § 59e BRAO Rz. 4, der eine Sozietät als Gesellschafter der Rechtsanwaltsgesellschaft für zulässig erachtet (dazu unten Rz. 60f.).

1 Hierzu *Kempter/Kopp*, BRAK-Mitt. 1998, 254, 255.

2 Dazu Baumbach/Hueck/*Hueck/Fastrich*, § 15 GmbHG Rz. 37 m.w.N.

3 Dazu Baumbach/Hueck/*Zöllner*, § 47 GmbHG Rz. 24.

4 Lutter/Hommelhoff/*Bayer*, § 2 GmbHG Rz. 15; Scholz/*Emmerich*, § 2 GmbHG Rz. 23.

5 BGHZ 80, 76 = NJW 1981, 1160; LG Köln DB 1989, 2214; LG Nürnberg WM 1992, 950; zur aktuellen Entwicklung vgl. *Mankowski*, NZG 2010, 201.

Das MoMiG hat in § 2 Abs. 1a GmbHG ein **vereinfachtes Gründungsverfahren** eingeführt. Es genügt eine schriftliche Abfassung des Gesellschaftsvertrages verbunden mit einer öffentlichen Beglaubigung der Unterschriften der Gesellschafter, wenn die Gesellschaft höchstens drei Gesellschafter und nur einen Geschäftsführer hat und der dem Gesetz als Anlage beigefügte Mustervertrag verwendet wird[1]. Das Muster enthält in nur sieben Paragraphen Vereinbarungen zur Firma, zum Sitz, zum Unternehmensgegenstand, zum Stammkapital, zu den Geschäftsanteilen, zur Vertretung und zur Tragung des Gründungsaufwandes. Außer durch Einfügungen in die offenen Felder dürfen am Muster keine Änderungen vorgenommen werden, wenn die Gründer an dem vereinfachten Verfahren teilnehmen wollen. Ausgeschlossen ist unter anderem eine Sachgründung unter Verwendung des Musterprotokolls, weil dort nur eine Einlage in Geld vorgesehen ist. Bei der Gründung einer Rechtsanwaltsgesellschaft mbH erscheint es ratsam, durch Satzungsregelung die Interessen der Gesellschafter und die berufsrechtlichen Besonderheiten in Einklang zu bringen (insbesondere: Vinkulierung). Die Gründung einer Rechtsanwaltsgesellschaft mbH im vereinfachten Verfahren ist daher in aller Regel nicht zweckmäßig[2]. 24

e) Vertragsmängel/fehlerhafte Gesellschaft

Beim Abschluss des Gesellschaftsvertrages der GmbH können – wie bei jedem anderen Rechtsgeschäft – Mängel auftreten. Denkbar sind Formmängel des Gesellschaftsvertrages, Mängel der Vollmacht zur Vertretung beim Errichtungsgeschäft, Sittenwidrigkeit wegen unzulässigen Gesellschaftszwecks, Mängel des gesetzlichen Inhalts des Gesellschaftsvertrages, Anfechtung wegen Irrtums etc. Nach der heute herrschenden **Lehre von der fehlerhaften Gesellschaft**[3] sind die allgemeinen Vorschriften des BGB über die Geltendmachung von Willensmängeln und die Rechtsfolgen einer Nichtigkeit von Rechtsgeschäften auf Gesellschaftsverträge von Kapitalgesellschaften nur sehr eingeschränkt anwendbar. 25

Ist die Gesellschaft nach Vertragsschluss weder in Vollzug gesetzt noch ins Handelsregister eingetragen, so bleibt es bei der Anwendbarkeit der bürgerlich-rechtlichen Regeln[4]. Sobald die Gesellschaft aber **in Vollzug gesetzt oder eingetragen** wurde, ist eine Rückabwicklung aus Gründen der Verkehrssicherheit im Interesse der Gesellschafter und Gläubiger generell ausgeschlossen[5]. Die Eintragung ins Handelsregister führt zur wirksamen Entstehung der GmbH. Formmängel des Gesellschaftsvertrages oder einer Voll- 26

---

1 BT-Drucks. 16/6140, 27.

2 Kritisch zum vereinfachten Verfahren auch für nichtanwaltliche Gesellschaften *Ries*, AnwBl. 2008, 695.

3 BGHZ 13, 320; BGHZ 55, 5, 8 = NJW 1971, 375, 376f.; Baumbach/Hueck/*Hueck*/*Fastrich*, § 2 GmbHG Rz. 33ff.; Scholz/*Emmerich*, § 2 GmbHG Rz. 62ff.; *K. Schmidt*, Gesellschaftsrecht, § 6 I 1, S. 136ff.

4 Baumbach/Hueck/*Hueck*/*Fastrich*, § 2 GmbHG Rz. 34.

5 BGHZ 13, 320, 324; Hachenburg/*Ulmer*, § 2 GmbHG Rz. 25, 92; Lutter/Hommelhoff/*Bayer*, § 2 GmbHG Rz. 24; Scholz/*Emmerich*, § 2 GmbHG Rz. 64.

macht werden geheilt[1]. Auch die Geltendmachung sonstiger Mängel des Gesellschaftsvertrages ist weitgehend ausgeschlossen. Nichtigkeit tritt nur in den Fällen des § 75 GmbHG ein. Die Nichtigkeit ist durch Klage geltend zu machen. Erst mit Rechtskraft des rechtsgestaltenden Nichtigkeitsurteils ist die GmbH aufgelöst.

27 Fehlt die **erforderliche berufsrechtliche Zulassung** der Rechtsanwaltsgesellschaft mbH, so beeinträchtigt dies die Wirksamkeit einer gleichwohl erfolgten Eintragung nicht. Dies entsprach schon vor der Aufhebung des § 8 Abs. 1 Nr. 6 GmbHG a.F. durch das MoMiG[2] der h.M. Seit der Neuregelung ist bei genehmigungsbedürftigen Unternehmensgegenständen die Vorlage einer staatlichen Genehmigung generell keine Eintragungsvoraussetzung mehr. Wird die Zulassung allerdings auch nachträglich nicht erteilt, stellt dies einen Auflösungsgrund nach § 61 GmbHG dar. Der genehmigungsbedürftige Gesellschaftszweck kann ohne berufsrechtliche Zulassung nicht erreicht werden[3]. Entsprechendes gilt bei der Beteiligung eines nicht zugelassenen Rechtsanwalts.

3. Kapitalaufbringung

a) Stammkapital und Stammeinlagen

28 Die BRAO enthält keine ausdrücklichen Vorgaben für die Höhe des Stammkapitals. Einschlägig sind damit die Vorschriften der §§ 3 Abs. 1 Nr. 3, 5, 5a, 7 GmbHG, so dass auch in der Rechtsanwaltsgesellschaft mbH ein Mindestkapital von **25 000 Euro** (§ 5 Abs. 1 GmbHG) aufzubringen ist. Eine Rechtsanwaltsgesellschaft in Form der UG kann mit einem Stammkapital von **einem Euro** gegründet werden. Jeder der Gründer muss mit seiner Beitrittserklärung einen Geschäftsanteil und damit die Verpflichtung zu einer Leistung an die GmbH übernehmen. Die Summe der Nennbeträge aller Geschäftsanteile hat das gesamte Stammkapital abzudecken (§ 5 Abs. 3 S. 2 GmbHG). Der Mindestbetrag jedes Nennbetrags eines Geschäftsanteils beläuft sich nach der zwingenden Vorschrift des § 5 Abs. 2 S. 1 GmbHG auf **einen Euro**. Die Stammeinlagen können bei der regulären GmbH gem. § 5 GmbHG entweder in Geld oder durch Sacheinlagen erbracht werden. Unabhängig davon, ob die Stammeinlage in bar, in Sachwerten oder als gemischte Einlage erbracht wird, muss sie stets in einem Geldbetrag in Euro ausgedrückt sein. Für die UG gilt nach § 5a Abs. 2 S. 2 GmbHG ein Verbot von Sacheinlagen.

b) Bareinlagen

29 Den gesetzlichen Regelfall, von dem mangels anderer Bestimmung im Gesellschaftsvertrag auszugehen ist, bildet die Bareinlage. Erst wenn auf jede

---

1 BGHZ 21, 378, 383; Lutter/Hommelhoff/*Bayer*, § 2 GmbHG Rz. 25; Baumbach/Hueck/*Hueck*/*Fastrich*, § 2 GmbHG Rz. 36.
2 Siehe die 1. Aufl. bei E Rz. 23.
3 Feuerich/Weyland/*Feuerich*, § 59g BRAO Rz. 6.

Bareinlage ein Viertel eingezahlt ist, darf die Anmeldung zum Handelsregister erfolgen (§ 7 Abs. 2 S. 1 GmbHG). Die Summe der Bareinzahlungen zuzüglich des Gesamtbetrages der Sacheinlagen muss die Hälfte des Mindeststammkapitals erreichen (§ 7 Abs. 2 S. 2 GmbHG). Abweichend von § 7 Abs. 2 GmbHG darf die Eintragung einer UG erst dann erfolgen, wenn das Stammkapital in voller Höhe eingezahlt ist. Dies erklärt sich daraus, dass ihre Gründer selbst über die Höhe des Stammkapitals bestimmen.

c) Sacheinlagen

Sacheinlagen können sich auf alle vermögenswerten Gegenstände, die verkehrsfähig sind, beziehen[1]. Denkbar ist auch die Verrechnung einer Vergütung für die Überlassung von Vermögensgegenständen mit dem Stammeinlagenbetrag (§ 19 Abs. 2 S. 2 GmbHG). Neben der Einbringung eines Grundstücks kommt etwa die eines Unternehmens oder sonstiger für die zukünftige GmbH bedeutsamer Rechte in Betracht. Keine zulässige Sacheinlage ist dagegen auch seit der Neufassung des § 19 Abs. 5 GmbHG durch das MoMiG[2] die Begründung einer Forderung gegen einen anderen einlagepflichtigen Gesellschafter[3]. Wegen der Gefahren für die Gesellschaft und ihre Gläubiger, die mit einer Sacheinlage aufgrund der Bewertungsschwierigkeiten verbunden sind, muss die Satzung Angaben über die Sacheinlage enthalten (§§ 5 Abs. 4 S. 1, 19 Abs. 2 S. 2 GmbHG). Ein Sachgründungsbericht muss erstellt werden (§ 5 Abs. 4 S. 2 GmbHG), in dem die Angemessenheit der Bewertung der Sacheinlagen darzulegen ist. Der Registerrichter hat besondere Prüfungspflichten zu beachten (§ 9c Abs. 1 S. 2 GmbHG). Wird ein Unternehmen eingebracht, so müssen grundsätzlich die Jahresergebnisse der beiden letzten Geschäftsjahre angegeben werden (§ 5 Abs. 4 S. 2 GmbHG). Bei den vorliegend für eine Einbringung in Betracht kommenden freiberuflichen Unternehmen (Einzelkanzlei, Sozietät) wird allerdings kein nach den Grundsätzen ordnungsgemäßer Buchführung ermittelter Jahresüberschuss i.S.v. § 275 HGB[4] vorhanden sein, da vor der Gründung der GmbH regelmäßig mangels Bilanzierungspflicht nur eine Einnahmen-/Ausgaben-/Überschussrechnung durchgeführt worden sein wird. Hier muss dementsprechend die Aufnahme dieses Zahlenwerkes in den Sachgründungsbericht genügen. 30

Die BRAO kennt keine Abweichung von diesen gesellschaftsrechtlichen Grundsätzen. Da die Mandanteninteressen hinreichend durch die erhöhte Berufshaftpflichtversicherung gesichert werden, fehlt es an einem Bedarf für eine Sonderregelung. Bei einer Rechtsanwaltsgesellschaft mbH sind als Sacheinlagen denkbar: die **Einbringung einer Sozietät mit allen Aktiva und** 31

1 Hachenburg/*Ulmer*, § 5 GmbHG Rz. 30ff.; Baumbach/Hueck/*Hueck/Fastrich*, § 5 GmbHG Rz. 23 jeweils mit umfangreichen w.N.

2 Bormann/Kauka/Ockelmann/*Bormann*, Hdb. GmbHR, Kap. 4 Rz. 143.

3 Scholz/*Winter/Westermann*, § 5 GmbHG Rz. 49; Lutter/Hommelhoff/*Bayer*, § 5 GmbHG Rz. 14.

4 Zu dieser Regelvoraussetzung Scholz/*Winter/H.P. Westermann*, § 5 GmbHG Rz. 105; Lutter/Hommelhoff/*Bayer*, § 5 GmbHG Rz. 33.

Passiva (einschließlich des Mandantenstammes), der Büroräume und/oder der Büroeinrichtung zu Eigentum oder zur Nutzung, der Computerausstattung, der Bibliothek o.Ä.

32 In der praktischen Durchführung der Sachgründung durch Einbringung eines freiberuflichen Unternehmens ergeben sich gleichwohl eine Reihe von Schwierigkeiten. Die Sacheinlage muss zum Zeitpunkt der Registeranmeldung bereits zur freien Verfügung des anmeldenden Geschäftsführers geleistet worden sein (§ 7 Abs. 3 GmbHG). Das bedeutet, dass die Einbringung des Unternehmens vollständig vollzogen sein muss[1]. Werden alle GbR-Beteiligungen auf die (Vor-)GmbH übertragen, so führt dies zum Erlöschen der Sozietät (siehe unten Rz. 39). Die Vor-GmbH darf aber ihrerseits ohne Zulassung noch nicht anwaltlich tätig werden, so dass ein seltsames Vakuum bis zur endgültigen Zulassung entsteht. In der Praxis wird man sich angesichts der bewussten Zulassung der Sachgründung durch den Gesetzgeber behelfen müssen, indem man im Übergangsstadium bis zur Zulassung der eingetragenen Rechtsanwaltsgesellschaft mbH ein Auftreten der Anwaltsgesellschaft als GbR gestattet. Im Gesellschaftsrecht wird derzeit verschiedentlich das Dogma von der Unzulässigkeit der Einmann-Personengesellschaft in Frage gestellt[2]. Ein weiterer denkbarer Ausweg ist die Durchführung einer Bargründung mit dem Mindeststammkapital von 25 000 Euro und die anschließende Kapitalerhöhung über eine Sacheinlage, wobei der Betrag der Kapitalerhöhung zur Vermeidung von Haftungsrisiken niedrig gewählt (Beispiel: 100 Euro) und der restliche Unternehmenswert in die Kapitalrücklagen eingestellt werden kann. Vermieden werden sollte der Vorwurf einer Umgehung der Sacheinlagevorschriften durch Rückzahlung der Bareinlage an die Gesellschafter anlässlich der Einbringung der Sozietät[3].

33 Schwierigkeiten kann die Bewertung der eingebrachten Kanzlei bereiten. Während eine Überbewertung unzulässig ist, steht einer einvernehmlichen Unterbewertung nichts entgegen. Zulässig ist es daher, die Praxis zu – unter den Verkehrswerten liegenden – Buchwerten einzubringen, die Differenz zum Verkehrswert muss in diesem Fall nicht in die Kapitalrücklagen eingestellt werden[4].

d) Leistungsstörungen bei Sachgründungen

34 Bei Einbringung einer Anwaltskanzlei stellt sich auch in der Rechtsanwaltsgesellschaft mbH das Problem eventueller Sach- und Rechtsmängel sowie

1 Baumbach/Hueck/*Hueck/Fastrich*, § 5 GmbHG Rz. 31.

2 Dazu *Wiedemann*, FS Zöllner, 1999, S. 635 ff.

3 Auch wenn verdeckte Sacheinlagen seit der MoMiG-Reform nicht mehr nichtig sind, sondern auf die fortbestehende Bareinlagepflicht des Gesellschafters angerechnet werden (§ 19 Abs. 4 GmbHG), bleibt dennoch ein „Sanktionsgefälle" insoweit erhalten, als im Fall der verdeckten Sacheinlage der Einleger die Beweislast für die Vollwertigkeit seiner Leistung trägt; BT-Drucks. 16/6140, 40.

4 Ulmer/Habersack/Winter/*Ulmer*, § 5 GmbHG Rz. 81; Scholz/*H. Winter/H. P. Westermann*, § 5 GmbHG Rz. 56; a.A. Lutter/Hommelhoff/*Bayer*, § 5 GmbHG Rz. 27; Baumbach/Hueck/*Hueck/Fastrich*, § 5 GmbHG Rz. 33.

sonstiger Leistungsstörungen, die sich auf die Sacheinlage beziehen. Ein eigenständiges Gewährleistungsrecht kennt das GmbHG nicht. Auf die allgemeinen Vorschriften des BGB kann wegen des besonderen Rechtscharakters der Einlage als Leistung auf das Eigenkapital der Gesellschaft und aus Gründen des Gläubigerschutzes nur eingeschränkt zurückgegriffen werden. Bei der Beurteilung sind namentlich die Grundsätze des Bestandsschutzes der GmbH, der Sicherung der Kapitalaufbringung und die Funktion der Sacheinlagevereinbarung (vgl. § 19 Abs. 2 GmbHG) zu beachten. Besonderheiten für Rechtsanwaltsgesellschaften bestehen nicht.

35 Ist die Erfüllung der **Sacheinlageverpflichtung anfänglich unmöglich**, so wird der Gesellschafter nach § 275 BGB von seiner Verpflichtung zur Sacheinbringung frei. An ihre Stelle tritt die subsidiär bestehende **Geldleistungspflicht**, ohne dass es auf die weiteren Voraussetzungen des § 311a Abs. 1 BGB ankommt[1]. Hat der Einlageschuldner die Unmöglichkeit zu vertreten, kann die Gesellschaft nach § 311a Abs. 2 BGB Schadensersatz verlangen[2]. Ist die Sacheinlageverpflichtung nachträglich unmöglich geworden, gilt ebenfalls die subsidiäre Geldeinlagepflicht. Im Falle des Vertretenmüssens steht der Gesellschaft ein **Schadensersatzanspruch** entsprechend §§ 280 Abs. 1, Abs. 3, 283 BGB zu, der mindestens den Nennbetrag der Stammeinlage erreichen muss[3]. Die Gesellschaft hat außerdem ein Rücktrittsrecht nach §§ 323, 326 Abs. 5 BGB, das jedoch nur die Sacheinlagevereinbarung und nicht die Übernahme des Geschäftsanteils oder die subsidiäre Bareinlagepflicht erfasst[4].

36 Sacheinlagen sind vollständig vor der Anmeldung der Gesellschaft zum Handelsregister zu leisten (§ 7 Abs. 3 GmbHG). Kommt der Gesellschafter mit der Leistung der Sacheinlage in **Verzug**, kann die Gesellschaft nach §§ 280 Abs. 1, Abs. 2, 286 BGB an der Sachleistung festhalten und Ersatz des Verzugsschadens verlangen[5] oder nach erfolgloser Nachfristsetzung die verspätete Sachleistung ablehnen und sowohl den subsidiären Anspruch auf Geldleistung als auch einen Schadensersatzanspruch wegen Nichterfüllung geltend machen[6].

37 Bei **Rechts-** und **Sachmängeln** sind die Bestimmungen des Kaufrechts über die Gewährleistung (§§ 434 ff., 453 BGB) insoweit anwendbar, als die Besonderheiten des Sacheinlagevertrages und der mitgliedschaftlichen Ein-

---

1 BGHZ 45, 338, 345; Hachenburg/*Ulmer*, § 5 GmbHG Rz. 88; Baumbach/Hueck/*Hueck/Fastrich*, § 5 GmbHG Rz. 38; Rowedder/Schmidt-Leithoff/*Schmidt-Leithoff*, § 5 GmbHG Rz. 40; Scholz/*Winter/Westermann*, § 5 GmbHG Rz. 63.

2 Baumbach/Hueck/*Hueck/Fastrich*, § 5 GmbHG Rz. 38.

3 Hachenburg/*Ulmer*, § 5 GmbHG Rz. 88; Baumbach/Hueck/*Hueck/Fastrich*, § 5 GmbHG Rz. 38; Rowedder/Schmidt-Leithoff/*Schmidt-Leithoff*, § 5 GmbHG Rz. 40.

4 Baumbach/Hueck/*Hueck/Fastrich*, § 5 GmbHG Rz. 38.

5 Hachenburg/*Ulmer*, § 5 GmbHG Rz. 89; Scholz/*Winter/Westermann*, § 5 GmbHG Rz. 65.

6 Hachenburg/*Ulmer*, § 5 GmbHG Rz. 89; Baumbach/Hueck/*Hueck/Fastrich*, § 5 GmbHG Rz. 38; Scholz/*Winter/Westermann*, § 5 GmbHG Rz. 65.

lagepflicht dem nicht entgegenstehen[1]. Die Gesellschaft ist nicht auf den Geldleistungsanspruch beschränkt, sondern kann außerdem in entsprechender Anwendung der §§ 437 Nr. 1, 439 BGB Nacherfüllung und nach §§ 434, 437 Nr. 3, 280ff., 311a BGB Schadensersatz verlangen. Bleibt die Zahlung aus, kann die Gesellschaft den Anteil kaduzieren und die Mitgesellschafter im Wege der Ausfallhaftung (§ 24 GmbHG) in Anspruch nehmen. Auch der **Rücktritt** wird heute für zulässig erachtet[2] mit der Modifikation, dass statt der Sacheinlage eine Geldeinlage in Höhe des festgesetzten Einlagewertes zu leisten ist und die mangelhafte Sache nur gegen vollständige Erfüllung dieser Geldeinlagepflicht zurückgewährt werden darf[3]. Im Fall der **Minderung** bezieht sich die Geldleistungspflicht auf den nach § 441 Abs. 3 BGB zu errechnenden Minderungsbetrag[4].

4. Gründung durch Umwandlung

a) Umwandlung einer Anwaltssozietät in eine Rechtsanwaltsgesellschaft mbH

38 Eine in der Praxis häufige Gründungsform ist die Umwandlung einer bereits bestehenden Sozietät in eine Rechtsanwaltsgesellschaft. Bedauerlicherweise sieht das UmwG in seiner aktuellen Fassung keine Regelung dieser Gründungskonstellation vor. Da die GbR keine Personenhandelsgesellschaft (§ 3 Abs. 1 Nr. 1 UmwG) ist, kommt wegen des abschließenden Charakters des UmwG[5] eine Umwandlung in eine Kapitalgesellschaft nach § 214 UmwG nicht in Betracht. Eine direkte Vermögensübertragung im Wege der Universalsukzession ist damit nicht möglich. Entweder die GbR-Beteiligungen oder die Vermögensgegenstände der GbR sind einzeln auf die Kapitalgesellschaft zu übertragen. Separat hiervon ist die **Überleitung** der **Mandate** zu beurteilen. Die Fortsetzung des Vertragsverhältnisses mit der GmbH bedarf jeweils der **Zustimmung des Mandanten**. Seit der Aufhebung des Verbots von Sternsozietäten mit Wirkung zum 17.12.2007 besteht allerdings die Möglichkeit, die bisherige Gesellschaft zumindest für eine gewisse Zeit parallel zur Rechtsanwaltsgesellschaft mbH weiterzuführen, um die Mandate der nicht zustimmungswilligen Vertragspartner abzuwickeln. Früher schied diese Möglichkeit aufgrund § 59e Abs. 2 BRAO a.F. aus, da die Vorschrift es den Gesellschaftern einer Rechtsanwaltsgesellschaft mbH verbot, ihren in der Rechtsanwaltsgesellschaft mbH ausgeübten Beruf in einem

1 BGHZ 45, 338, 345; Baumbach/Hueck/*Hueck*/*Fastrich*, § 5 GmbHG Rz. 39; Scholz/*Winter*/*Westermann*, § 5 GmbHG Rz. 66; a.A. Hachenburg/*Ulmer*, § 5 GmbHG Rz. 81, 90.

2 BGHZ 45, 338, 345; Scholz/*Winter*/*Westermann*, § 5 GmbHG Rz. 66; a.A. Hachenburg/*Ulmer*, § 5 GmbHG Rz. 95.

3 Baumbach/Hueck/*Hueck*/*Fastrich*, § 5 GmbHG Rz. 39; Rowedder/*Schmidt-Leithoff*, § 5 GmbHG Rz. 41.

4 Scholz/*Winter*/*Westermann*, § 5 GmbHG Rz. 67.

5 Semler/Stengel/*Schlitt*, § 214 UmwG Rz. 14; Kallmeyer/*Dirksen*, § 214 UmwG Rz. 4; Lutter/*Joost*, § 214 UmwG Rz. 4; Goutier/Knopf/Tulloch/*Laumann*, § 214 UmwG Rz. 8.

weiteren beruflichen Zusammenschluss auszuüben. Heute können sich jedoch aus dem Verbot der Vertretung widerstreitender Interessen (§ 43a Abs. 4 BRAO, § 3 BORA) weiterhin Tätigkeitshindernisse ergeben (M Rz. 109ff.).

39 Werden alle GbR-Beteiligungen in die Rechtsanwaltsgesellschaft mbH eingebracht, so führt dies automatisch zum **Erlöschen der GbR**[1]. Die Übernahme der Gesellschafterstellung durch die GmbH ist nach § 59a Abs. 1 BRAO unzulässig. Werden dagegen nicht die einzelnen Beteiligungen eingebracht, sondern das Vermögen der GbR, so bleibt diese bestehen. Die GmbH-Anteile würden in diesem Fall zu Gesamthandsvermögen[2], eine Konstellation, die zwar den Gesetzesmaterialien[3] zu §§ 59cff. BRAO zufolge ebenfalls nicht zulässig sein soll, heute aber allgemein als unbedenklich angesehen wird[4].

b) Gründung durch Umwandlung einer Partnerschaftsgesellschaft in eine GmbH

40 Soll der Weg über eine Universalsukzession genützt werden, so kann die GbR zunächst im Wege des identitätswahrenden Rechtsformwechsels in eine Partnerschaft[5] und sodann in eine Rechtsanwaltsgesellschaft mbH umgewandelt werden.

41 Die Umwandlung einer **Partnerschaftsgesellschaft** in eine Kapitalgesellschaft ist seit dem 1. 8. 1998 durch das zeitgleich mit der Regelung der Rechtsanwaltsgesellschaft mbH beschlossene „Gesetz zur Änderung des Umwandlungsgesetzes, des Partnerschaftsgesellschaftsgesetzes und anderer Gesetze"[6] ermöglicht worden. Denkbar ist – allerdings unter den einschränkenden Voraussetzungen der §§ 45a–e UmwG – eine **Verschmelzung**, bei der eine oder mehrere Partnerschaftsgesellschaften unter Auflösung ohne Abwicklung ihr Vermögen als Ganzes auf eine GmbH übertragen, die schon besteht oder dadurch neu gegründet wird (§ 2 UmwG). An der Verschmelzung können die Partnerschaftsgesellschaft gem. § 3 Abs. 1 Nr. 1 UmwG und die GmbH gem. § 3 Abs. 1 Nr. 2 UmwG als übertragender, übernehmender oder neuer Rechtsträger beteiligt sein.

42 Aufgrund der generellen Verweisung in § 124 UmwG ist die Partnerschaftsgesellschaft auch für **Spaltungen** nach § 123 UmwG (Aufspaltung, Abspaltung, Ausgliederung) ein geeigneter Rechtsträger und kann nach § 191 Abs. 1 Nr. 1, Abs. 2 Nr. 2 UmwG einen **Formwechsel** gem. § 190 UmwG vornehmen. Für den speziellen Fall der Umwandlung einer Rechtsanwalts-Partnerschaft in eine Rechtsanwaltsgesellschaft mbH wird allerdings nur eine Abspaltung, dagegen keine Ausgliederung in Betracht kommen. Bei

1 Dazu *Schwedhelm*, Die Unternehmensumwandlung, 6. Aufl. 2008, Rz. 509.
2 BGHZ 78, 311 = NJW 1981, 682; Scholz/*Emmerich*, § 2 GmbHG Rz. 52.
3 BT-Drucks. 13/9820, 14.
4 Einzelheiten unter Rz. 60f.
5 Dazu *Henssler*, § 7 PartGG Rz. 46; *Seibert*, DB 1994, 2381, 2382; *Sommer*, NJW 1998, 3549.
6 BGBl. I, 1878; dazu *Neye*, ZAP 1998, 989ff. = Fach 15, S. 257ff.

der Abspaltung ergibt sich die Situation, dass die Partner der übertragenden Partnerschaftsgesellschaft sowohl Anteile an dieser halten als auch (als Gegenleistung für den abgespaltenen Teil) Anteile an der übernehmenden/neu gegründeten GmbH. Aus berufsrechtlicher Sicht ist diese Konstellation seit dem Wegfall des Verbots der Sternsozietät (Rz. 38) zulässig; ein Rechtsanwalt darf nunmehr zugleich Gesellschafter zweier Gesellschaften zur Ausübung des Rechtsanwaltsberufs sein. Im Gegensatz zur Abspaltung verbietet sich eine Ausgliederung deshalb, weil bei ihr die als Ausgleich gewährten Anteile an dem übernehmenden/neu gegründeten Rechtsträger, hier der Rechtsanwaltsgesellschaft mbH, in das Vermögen des übertragenden Rechtsträgers selbst übergehen, d.h. die Partnerschaftsgesellschaft Anteile an der Rechtsanwaltsgesellschaft mbH erwerben würde. Nach § 59e BRAO können jedoch nur natürliche Personen Gesellschafter einer Rechtsanwaltsgesellschaft mbH sein[1]. Unproblematisch ist dagegen der Formwechsel einer Partnerschaftsgesellschaft in eine GmbH. Die einschränkende Sondervorschrift des § 225a UmwG lässt – ebenso wie § 214 UmwG für die Personenhandelsgesellschaften – den Wechsel in die Rechtsform einer Kapitalgesellschaft oder einer eingetragenen Genossenschaft zu.

43 Erhebliche Unsicherheit besteht über die steuerrechtlich günstigste Umwandlungsvariante. Werden die gesamten **offenen Forderungen** einer Sozietät in die GmbH **eingebracht**, so entstehen aufgrund der Aktivierungspflicht sofort erhebliche steuerpflichtige Erträge. Empfehlenswert erscheint, sofern die GbR schon bilanziert hat, der Rückgriff auf **§ 20 UmwStG**[2]. Diese Vorschrift bezieht sich nicht nur auf Umwandlungen im Sinne des Umwandlungsgesetzes, sondern betrifft auch sonstige Fallgestaltungen der Einbringung von Mitunternehmeranteilen an einer GbR in eine Kapitalgesellschaft[3]. Danach können die bisherigen Gesellschafter **gewinnneutral** ihre bisherigen GbR-Anteile gegen Gewährung von Gesellschaftsrechten in die GmbH einbringen[4]. Es erfolgt eine Sachgründung der GmbH. Voraussetzung ist jeweils, dass keine wesentlichen Betriebsgrundlagen in der alten Gesellschaft zurückbehalten werden (zu den Einzelheiten siehe unten Rz. 215ff.).

5. Zulassungs- und Eintragungsverfahren

44 Wie jede andere GmbH ist die Rechtsanwaltsgesellschaft mbH nach § 7 GmbHG zur Eintragung ins Handelsregister anzumelden. Die ursprünglich im Referentenentwurf vorgesehene, von § 7 Abs. 2 GmbHG abweichende Regelung (§ 59f E-BRAO), nach der das **gesamte** Mindeststammkapital von 25000 Euro bereits bei Anmeldung eingezahlt werden musste und Sacheinlagen verboten waren, wurde nach massiver Kritik des Schrifttums[5] nicht in

1 Vgl. hierzu Feuerich/Weyland/*Feuerich*, § 59e BRAO Rz. 1.
2 Dazu eingehend *Ehlers*, NWB Fach 3, 9500, 9516f.
3 *Schmitt/Hörtnagl/Stratz*, UmwG, § 20 UmwStG Rz. 133f.
4 Sozietätsrecht/*Kraus/Senft*, § 24 Rz. 92; *Gail/Overlack*, Anwaltsgesellschaften, 2. Aufl. 1996, Rz. 561ff.
5 *Henssler*, ZIP 1997, 1481, 1484; Gemeinsame Stellungnahme des Berufsrechts- und des Sozietätsrechtsausschusses des DAV v. Juni 1997 (unveröffentlicht).

die endgültige Gesetzesfassung aufgenommen. Erforderlich ist nach § 7 Abs. 2 GmbHG eine Einzahlung von mindestens einem Viertel auf jeden Geschäftsanteil, insgesamt von mindestens der Hälfte des Mindeststammkapitals gem. § 5 Abs. 1 GmbHG.

a) Das Zulassungsverfahren

Neben der Eintragung ins Handelsregister verlangt § 59c Abs. 1 BRAO eine berufsrechtliche Zulassung der Gesellschaft durch die zuständige Rechtsanwaltskammer. 45

Das in § 59g BRAO geregelte Zulassungsverfahren entspricht im Grundsatz den für die Zulassung als Rechtsanwalt geltenden Verfahrensregelungen der §§ 4 ff. BRAO. Die Gesellschaft hat einen schriftlichen **Antrag** auf Zulassung als Rechtsanwaltsgesellschaft mbH zu stellen. Der Antrag ist gem. § 78 GmbHG durch alle Geschäftsführer gemeinsam zu stellen[1]. Dem Antrag ist eine Ausfertigung oder beglaubigte Abschrift des **Gesellschaftsvertrages** beizufügen. Nach § 33 Abs. 1, 3 Nr. 3 BRAO ist für die Entscheidung über die Zulassung die **Rechtsanwaltskammer zuständig**, in deren Bezirk die Gesellschaft ihren Sitz hat. Sie ist berechtigt und verpflichtet, Auskünfte einzuholen, ebenso wie sie auch Auskünfte über einen antragstellenden Rechtsanwalt einholt[2]. Zu ermitteln ist etwa, ob die Zulassung der Gesellschaft bereits an einem anderen Ort beantragt und abgelehnt wurde. 46

Die Rechtsanwaltskammer hat in dem Zulassungsverfahren zu prüfen, ob die Gesellschaft die abschließend in § 59d BRAO geregelten Zulassungsvoraussetzungen erfüllt. Sie prüft mithin, ob die Gesellschaft den Anforderungen des **§ 59c BRAO** (Unternehmensgegenstand und Verbot mehrstöckiger Gesellschaften), des **§ 59e BRAO** (Gesellschafterkreis, Mehrheitserfordernisse bezüglich der Geschäftsanteile und der Stimmrechte, Verbot der Kapitalbeteiligung Dritter) sowie **des § 59f BRAO** hinsichtlich der Geschäftsführung entspricht. Nach § 59d Nr. 2 BRAO darf sich die Gesellschaft außerdem nicht in Vermögensverfall befinden; sie muss ferner gem. § 59d Nr. 3 BRAO den Abschluss der Berufshaftpflichtversicherung nachweisen oder eine vorläufige Deckungszusage vorlegen. Nicht geprüft wird dagegen die korrekte Firmenführung. Die Grundlage dieser Prüfung bilden der Gesellschaftsvertrag und Selbstauskünfte der Gesellschaft. Über die Zulassung erhält die Antragstellerin eine von der Rechtsanwaltskammer ausgefertigte **Urkunde** (vgl. § 59g Abs. 3 iVm. § 12 Abs. 1 BRAO), mit deren Aushändigung die Zulassung wirksam wird. 47

Lehnt die Rechtsanwaltskammer den Zulassungsantrag ab, so ist die zu begründende (§ 32 BRAO iVm § 39 VwVfG) Entscheidung der Gesellschaft zuzustellen (§ 34 BRAO). Der Antragstellerin steht nach §§ 112a, 112c BRAO iVm. § 74 Abs. 1 VwGO die Möglichkeit offen, innerhalb eines Monats nach Zustellung des Bescheids der Rechtsanwaltskammer eine Verpflichtungs- 48

---

1 Gaier/Wolf/Göcken/*Bormann*, § 59g BRAO Rz. 2.
2 Feuerich/Weyland/*Feuerich*, § 59g BRAO Rz. 11.

klage nach § 42 Abs. 1 2. Alt VwGO bei dem zuständigen Anwaltsgerichtshof zu erheben[1]. Wurde die Antragstellerin innerhalb von drei Monaten ohne zureichenden Grund nicht beschieden, so kann die Gesellschaft unmittelbar Klage erheben, ohne den Bescheid abwarten zu müssen (sog. Untätigkeitsklage, § 112c BRAO iVm. § 75 VwGO).

49 Gem. § 192 Abs. 1 BRAO sind die Rechtsanwaltskammern ermächtigt, für ihre Amtshandlungen Gebühren zu erheben, über deren Höhe und Fälligkeit die Kammerversammlung zu bestimmen hat (§ 89 Abs. 2 Nr. 2 BRAO). Bei der Rechtsanwaltskammer Köln etwa wird nach der Gebührenordnung vom 5. 3. 2008 eine Zulassungsgebühr von 615 Euro bei Antragsstellung fällig.

b) Die Eintragung ins Handelsregister

50 Das Registergericht prüft gem. **§ 9c GmbHG** die allgemeinen für die Eintragung einer GmbH in das Handelsregister notwendigen Voraussetzungen. Nach § 9c Abs. 2 GmbHG darf das Gericht die Eintragung nur dann ablehnen, wenn die mangelhafte, fehlende oder nichtige Bestimmung des Gesellschaftsvertrages zwingende oder in das Handelsregister einzutragende Regeln betrifft oder Vorschriften verletzt, die dem Gläubigerschutz oder öffentlichen Interessen dienen. Grundsätzlich gehören zur **Prüfungskompetenz des Registergerichts** auch außergesellschaftsrechtliche Normen wie berufsrechtliche Vorschriften[2]. Berücksichtigt werden allerdings nur solche Normen, die nicht von der Zulassungsbehörde im Rahmen des Verwaltungsverfahrens beurteilt werden müssen. Die Prüfung des Registergerichts erstreckt sich danach auf die ordnungsgemäße Errichtung und Anmeldung der Gesellschaft, das heißt auf alle gesetzlichen Eintragungsvoraussetzungen. Überprüft wird **grundsätzlich** die Zulässigkeit von Gesellschaftszweck und Unternehmensgegenstand, die Form des Gesellschaftsvertrages, Vollmachten zum Vertragsschluss, vormundschaftsgerichtliche Genehmigungen, Stammkapital und Stammeinlagen sowie deren vollständige Übernahme und die Mindesteinzahlung nach § 7 Abs. 2 GmbHG, Einbringung von Sacheinlagen, Versicherungen nach § 8 Abs. 2 und 3 GmbHG sowie allgemeine Nichtigkeitsgründe.

51 **Besonderheiten** ergaben sich vor Geltung des MoMiG aus dem Zulassungserfordernis für die Rechtsanwaltsgesellschaft mbH. Die Zulassung der Gesellschaft durch die Rechtsanwaltskammer war als **staatliche Genehmigung** i.S.d. § 8 Abs. 1 Nr. 6 GmbHG a.F. zu qualifizieren und dem Registergericht durch Vorlage der Genehmigungsurkunde nachzuweisen. Da nach h.M.[3] nur eine bereits eingetragene GmbH zugelassen werden konnte, behalf man sich mit einer „Unbedenklichkeitsbescheinigung" der Rechtsanwaltskammer,

---

1 Gaier/Wolf/Göcken/*Bormann*, § 59g BRAO Rz. 7. Die Erforderlichkeit eines Vorverfahrens richtet sich hierbei gem. § 68 Abs. 2 VwGO nach Landesrecht, näher Henssler/Prütting/*Deckenbrock*, § 112c BRAO Rz. 22 m.w.N.

2 Scholz/*Winter/Veil*, § 9c GmbHG Rz. 9; Rowedder/*Schmidt-Leithoff*, § 9c GmbHG Rz. 15 jeweils m.w.N.

3 Feuerich/Weyland/*Feuerich*, § 59g BRAO Rz. 5; *Zuck*, Anwalts-GmbH, § 59c BRAO Rz. 9.

die bei der Eintragung vorgelegt werden musste[1]. Seit § 8 Abs. 1 Nr. 6 GmbHG a.F. im Zuge des MoMiG aufgehoben wurde, bedarf es keiner „Unbedenklichkeitsbescheinigung" mehr; die Gesellschaft kann vielmehr unabhängig von der Zulassung eingetragen werden. Damit ist auch einer berufsrechtlichen Zulassung der Vor-GmbH – wie sie in der Vorauflage erörtert wurde[2] – die Grundlage entzogen. Nach der neuen Rechtslage ist zunächst die Eintragung der Gesellschaft abzuwarten und anschließend das Zulassungsverfahren zu betreiben.

Fehlt die notwendige Zulassung durch die Rechtsanwaltskammer, so beeinflusst dies folglich zunächst das Entstehen der Rechtsanwaltsgesellschaft mbH nicht. Wird die berufsrechtliche Zulassung allerdings auch später nicht beantragt bzw. ihre Erteilung von der Rechtsanwaltskammer abgelehnt, so liegt hierin ein Grund für die Erhebung der **Auflösungsklage**. Der Gesellschaftszweck kann ohne Zulassung nicht realisiert werden, somit ist ein Fall der Unmöglichkeit der Zweckerreichung gegeben[3]. Eine Löschung von Amts wegen gem. § 395 FamFG ist wegen der wirksamen Entstehung der GmbH nicht möglich[4]. Ebenso wenig kann eine Nichtigkeitsklage oder Amtslöschung nach § 397 FamFG auf diesen Fehler gestützt werden. 52

V. Gesellschafterkreis

1. Berufsrechtliche Anforderungen an den Gesellschafterkreis

a) Die Beschränkung auf die „sozietätsfähigen" Berufe

§ 59e BRAO sieht eine Kapitalbindung vor, indem er über einen Verweis auf § 59a Abs. 1 und 2 BRAO den Kreis der Gesellschafter einer Rechtsanwaltsgesellschaft mbH auf **Anwälte** und **Angehörige der sozietätsfähigen Berufe**[5] beschränkt. Dies sind gem. § 59a Abs. 1 BRAO Rechtsanwälte und Patentanwälte, Steuerberater, Steuerbevollmächtigte, Wirtschaftsprüfer und vereidigte Buchprüfer. Auch sonstige Mitglieder der Rechtsanwaltskammer, sofern es sich um natürliche Personen handelt, kommen als Gesellschafter in Betracht. Dazu zählen verkammerte Rechtsbeistände[6] und entsprechend den Bestimmungen der §§ 4ff. EuRAG oder § 206 BRAO niedergelassene ausländische Rechtsanwälte. Der Gesetzesentwurf zur Neuregelung des Rechtsberatungsrechts sah die Möglichkeit der Zusammenarbeit von Rechtsanwälten mit allen vereinbaren Berufen vor[7]. Diese Überlegungen wurden im 53

1 Vgl. noch zum alten Recht Sozietätsrecht/*Kraus/Senft*, § 15 Rz. 124.
2 Vgl. die 1. Aufl. bei E Rz. 49.
3 Feuerich/Weyland/*Feuerich*, § 59g BRAO Rz. 6.
4 A.A. wohl *Zuck*, Anwalts-GmbH, § 59g BRAO Rz. 96, der § 142 FGG a.F. (§ 395 FamFG) als Auflösungsgrund zumindest „in Betracht" zieht.
5 Henssler/Prütting/*Henssler*, § 59e BRAO Rz. 4ff.; vgl. auch *Kempter/Kopp*, BRAK-Mitt. 1998, 254, 256.
6 Henssler/Prütting/*Henssler*, § 59a BRAO Rz. 43.
7 BT-Drucks. 16/3655, 15; gemeint waren alle i.S.d. §§ 7 Nr. 8, 14 Abs. 2 Nr. 8 BRAO vereinbaren Berufe.

Rechtsausschuss zurückgestellt und auf eine spätere, umfassende BRAO-Reform verschoben[1]. In § 59a BRAO ist nach der Streichung des Wortes „Sozietät" (M Rz. 6) ein für alle Berufsausübungsgesellschaften verallgemeinerungsfähiger Rechtsgedanke verankert, der auf den Schutz vor berufsfremden Einflüssen abzielt[2]. Nur jene Berufe, die den gleichen strengen gesetzlichen Verschwiegenheitspflichten unterliegen wie die Anwaltschaft, sollen als Mitgesellschafter in Betracht kommen[3]. Das BVerfG hat für die Parallelregelung in § 56 StBerG hervorgehoben, die Beschränkung der Assoziierungsmöglichkeit wolle die Unabhängigkeit und Eigenverantwortlichkeit sowie das Berufsgeheimnis des Beraters gewährleisten[4] und sei daher verfassungsrechtlich unbedenklich. Zu Einzelheiten der **interprofessionellen Zusammenarbeit** in der Rechtsanwaltsgesellschaft mbH siehe unten Rz. 201 ff.

b) Pflicht zur aktiven Mitarbeit

54 § 59e Abs. 1 S. 2 BRAO beschränkt den Gesellschafterkreis auf solche natürliche Personen, die in der Gesellschaft beruflich tätig sind[5]. Das entspricht der Regelung in § 1 Abs. 1 PartGG[6]. Die Satzung einer Rechtsanwaltsgesellschaft mbH darf konsequenterweise für nachhaltige Verstöße gegen dieses Tätigkeitsgebot die Sanktion der Einziehung (§§ 34, 46 Nr. 4 GmbHG) vorsehen[7]. Dagegen wird man gem. den unter Rz. 15 geschilderten allgemeinen Grundsätzen nicht verlangen können, dass die Satzung die Pflicht zur aktiven Mitarbeit ausdrücklich regelt[8]. Die gesetzliche Pflicht trifft die Gesellschafter ja unabhängig von einer vertraglichen Wiederholung als bereits aus dem Gesellschaftszweck folgende immanente Pflicht. Sie geht damit zwingend auch mit dem Geschäftsanteil auf einen neuen Gesellschafter über.

55 Die Pflicht zur aktiven Mitarbeit in der Gesellschaft bedeutet nicht, dass jeder Gesellschafter die gesamte Palette anwaltlicher Tätigkeit verwirklichen oder zumindest im Kontakt mit Mandanten die anwaltliche Beratungstätigkeit ausüben müsste. Einzelne Gesellschafter dürfen zulässigerweise etwa ausschließlich einer Vortragstätigkeit oder schriftstellerischen Aufgaben nach-

1 BT-Drucks. 16/6634, 66; siehe auch *Henssler/Deckenbrock*, DB 2008, 41, 47 f.
2 A.A. *Michalski/Römermann*, NJW 1996, 3232, 3238, die unter der Geltung des alten Rechts eine analoge Anwendbarkeit des § 59a BRAO ablehnten.
3 Henssler/Prütting/*Hartung*, § 59a BRAO Rz. 37.
4 BVerfG StB 1982, 219; vgl. auch Stbg 1990, 20.
5 *Henssler*, BRAK-Mitt. 2007, 186 ff. und 238 ff.; Gaier/Wolf/Göcken/*Bormann*, § 59e BRAO Rz. 13. Nach Hartung/Römermann/*Römermann*, § 59e BRAO Rz. 16 ist die Vorschrift verfassungswidrig; so auch *Pluskat*, AnwBl. 2005, 609, 611, die jede natürliche oder juristische Person unabhängig von der Berufszugehörigkeit und der aktiven Berufsausübung als Anteilseigner zulassen will, ähnlich *Römermann*, BB 2005, 1136; europarechtliche Bedenken äußert *Kleine-Cosack*, DB 2007, 1851.
6 Dazu BT-Drucks. 12/6152, 9; *Henssler*, § 1 PartGG Rz. 22 ff.; Meilicke/von Westphalen/Hoffmann/Lenz/Wolff/*Lenz*, § 1 PartGG Rz. 89 ff.; kritisch *Michalski/Römermann*, § 1 PartGG Rz. 5 ff.
7 Vgl. hierzu *Kempter/Kopp*, BRAK-Mitt. 1998, 254, 256.
8 A.A. Gaier/Wolf/Göcken/*Bormann*, § 59e BRAO Rz. 15.

gehen. Sie sind damit beruflich tätig und fördern Ansehen und Unternehmenswert der Gesellschaft. Als ausreichend ist es auch anzusehen, wenn sich einzelne Gesellschafter auf die Unternehmensführung im Sinne der organisatorischen Leitung der Rechtsanwaltsgesellschaft mbH konzentrieren[1]. Die Funktionsfähigkeit größerer Zusammenschlüsse erfordert es geradezu, einzelne Partner ganz oder weitgehend für solche Managementaufgaben freizustellen. Ein Zwang, solche Positionen mit gesellschafterfremden Personen zu besetzen, wäre geradezu absurd. Auch die Unternehmensleitung ist damit als „berufliche" Tätigkeit i.S.v. § 59e Abs. 1 S. 2 BRAO einzustufen[2]. Einschränkungen der Pflicht zur aktiven Mitarbeit müssen für in der GmbH ehemals aktiv tätige Rechtsanwälte, die ihre Berufsausübung aus Alters- oder Gesundheitsgründen stark reduziert haben, anerkannt werden[3]. Erforderlich ist nach der amtlichen Begründung zu § 59e BRAO aber auch bei diesen Personen, dass ein Mindestmaß an beruflicher Tätigkeit erbracht wird. Im Fall von Seniorpartnern können Aktivitäten zur Mandantenakquisition genügen.

c) Rechtsanwaltschaft beim BGH

Den BGH-Anwälten steht die Rechtsanwaltsgesellschaft mbH ebenfalls offen[4]. § 162 BRAO erklärt für die Rechtsanwaltschaft beim BGH u.a. den Dritten Teil der BRAO, in dem die Rechtsanwaltsgesellschaft mbH geregelt ist, für anwendbar. Der in § 59e Abs. 1 S. 3 BRAO aufgenommene Hinweis auf § 172a BRAO bestätigt diese Einstellung des Gesetzgebers. Zugleich wird damit die für Sozietäten geltende Beschränkung auf die Rechtsanwaltsgesellschaft mbH erstreckt. Rechtsanwälte beim BGH dürfen sich danach nur dann an einer Rechtsanwaltsgesellschaft mbH beteiligen, wenn Gesellschafter dieser GmbH ausschließlich beim BGH zugelassene Rechtsanwälte sind. Außerdem darf der Gesellschafterkreis **höchstens zwei Rechtsanwälte** umfassen[5]. Nach seinem Regelungszweck will der vom Wortlaut nur auf die Sozietät bezogene § 172a BRAO einer Konzentration in größeren Kanzleien vorbeugen. Der Mandant soll angesichts der geringen Zahl der BGH-Anwälte die freie Wahlmöglichkeit zwischen mehreren Kanzleien haben. Dieser Rechtsgedanke gilt erst recht für die Assoziierung in der für größere Personenzusammenschlüsse geeigneten Rechtsanwaltsgesellschaft mbH. 56

d) Die Einmann-Rechtsanwaltsgesellschaft mbH

Der nach § 1 GmbHG zulässigen Gründung einer **Einmann-GmbH** steht aus berufsrechtlicher Sicht nichts entgegen[6]. Weder enthält die gesetzliche Neu- 57

1 A.A. Gaier/Wolf/Göcken/*Bormann*, § 59e BRAO Rz. 14.
2 So auch Sozietätsrecht/*Kraus/Senft*, § 15 Rz. 16.
3 Zur parallelen Problematik in der PartG vgl. BT-Drucks. 12/6152, 9; *Henssler*, § 1 PartGG Rz. 24; *Michalski/Römermann*, § 1 PartGG Rz. 7.
4 Henssler/Prütting/*Henssler*, § 59e BRAO Rz. 7.
5 Feuerich/Weyland/*Feuerich*, § 59e BRAO Rz. 4; *Kempter/Kopp*, BRAK-Mitt. 1998, 254, 256.
6 So auch *Zuck*, Anwalts-GmbH, § 59e BRAO Rz. 1; Sozietätsrecht/*Kraus/Senft*, § 15 Rz. 39.

regelung ein explizites Verbot noch kann dem Gesetzestext sonst ein Verbot der Einmann-Rechtsanwaltsgesellschaft mbH entnommen werden. Für eine sogar bewusste Entscheidung des Gesetzes zugunsten der Einmann-GmbH spricht, dass die Neuregelung auf eine an § 59a BRAO angeglichene Formulierung verzichtet, nach der sich der Rechtsanwalt **mit anderen Personen** zur gemeinschaftlichen Berufsausübung **zusammenschließen** kann. § 59e BRAO regelt vielmehr nur, wer **Gesellschafter** einer Rechtsanwaltsgesellschaft mbH sein kann. Aus rechtspolitischer Sicht besteht zudem kein Anlass, den Einzelanwalt im Wettbewerb mit Mehrpersonen-Kanzleien schlechter zu stellen[1]. Die auf 2,5 Mio. Euro erhöhte Berufshaftpflichtversicherung sorgt dafür, dass der Mandant beim Vertragsschluss mit einer Einmann-Rechtsanwaltsgesellschaft mbH nahezu ausnahmslos besser gestellt ist als bei einem mit einem Einzelanwalt geschlossenen Vertrag. Die enorme Kostenbelastung der Rechtsanwaltsgesellschaft mbH führt freilich dazu, dass diese Berufsausübungsform für „Einzelkämpfer" unattraktiv bleibt.

e) Ausländische Rechtsanwälte als Gesellschafter

58 **Rechtsanwälte aus EU-Mitgliedstaaten**, die in Deutschland unter der Berufsbezeichnung ihres Herkunftsstaates niedergelassen sind[2], können ebenfalls Gesellschafter einer Rechtsanwaltsgesellschaft sein. Im Falle ihrer Kammermitgliedschaft werden sie von § 59a Abs. 1 S. 1 BRAO ausdrücklich als sozietätsfähige Personen anerkannt[3]. Aufgrund der Verweisung in § 59e Abs. 1 BRAO auf § 59a Abs. 1 S. 1 BRAO steht einer Beteiligung solcher europäischer Rechtsanwälte mit deutscher Kammermitgliedschaft nichts im Wege. Gleiches gilt für **ausländische Rechtsanwälte**, die nach **§ 206 BRAO** niedergelassen und gem. § 207 BRAO Mitglied der Rechtsanwaltskammer sind. **Ausländische Anwälte, die keine Mitgliedschaft in einer deutschen Rechtsanwaltskammer erworben haben**, können die Gesellschafterstellung unter den Voraussetzungen des § 59a Abs. 2 Nr. 1 BRAO übernehmen. Erfasst sind Anwälte, die nach dem EuRAG oder nach § 206 BRAO berechtigt wären, sich in Deutschland niederzulassen, die ihre Kanzlei aber (nur) im Ausland unterhalten. Gesellschafter kann damit etwa ein französischer oder italienischer Anwalt sein, der seinem Beruf ausschließlich in einer ausländischen Zweigniederlassung der deutschen Rechtsanwaltsgesellschaft nachgeht. Eine grenzüberschreitende berufliche Zusammenarbeit ist damit in der Rechtsanwaltsgesellschaft möglich[4].

59 Nicht abschließend geklärt ist, inwieweit **ausländische Rechtsanwälte** auch die Mehrheit im Gesellschafterkreis stellen dürfen. Nach § 59e Abs. 2 BRAO müssen Rechtsanwälte die Mehrheit der Geschäftsanteile und der

1 *Hommelhoff/Schwab*, WiB 1995, 115, 117.
2 Vgl. § 5 EuRAG.
3 § 59a Abs. 2 Nr. 1 BRAO hingegen betrifft eine andere Form der Zusammenarbeit; die Vorschrift gestattet internationale Rechtsanwaltssozietäten mit Berufsangehörigen, die ihre Kanzlei im Ausland unterhalten. Vgl. hierzu *Franz*, BB 2000, 989, 993.
4 BT Drucks. 12/4993, 34.

Stimmrechte haben (dazu noch Rz. 62). Da selbst die nach § 2 EuRAG unter ihrer ursprünglichen Berufsbezeichnung niedergelassenen europäischen Rechtsanwälte nicht nach § 12 Abs. 3 BRAO berechtigt sind, die Bezeichnung „Rechtsanwalt" zu führen[1], wäre es bei einer streng am Wortlaut der Norm orientierten Auslegung solchen Anwälten verwehrt, sich in Deutschland mehrheitlich an einer Rechtsanwaltsgesellschaft zu beteiligen. Diese Beschränkung der Niederlassungsfreiheit wäre aber weder mit Art. 2 und 11 der **Richtlinie 98/5/EG** zu vereinbaren noch mit § 2 Abs. 1 EuRAG, der es europäischen Rechtsanwälten erlaubt, die Tätigkeit eines Rechtsanwalts gem. §§ 1 bis 3 BRAO in vollem Umfang auszuüben[2]. § 59e Abs. 2 BRAO ist daher dahingehend auszulegen, dass unter den Begriff „Rechtsanwalt" auch nach § 2 EuRAG niedergelassene europäische Rechtsanwälte fallen[3]. **Ausländische Rechtsanwälte**, die sich (nur) nach **§ 206 BRAO** in Deutschland niedergelassen haben, sind dagegen auch nach Aufnahme in eine deutsche Rechtsanwaltskammer nicht den deutschen Rechtsanwälten gleichgestellt. Da für sie die gemeinschaftsrechtlichen Grundsätze der Niederlassungsfreiheit weder nach dem GATS-Verpflichtungskatalog noch nach dem Deutsch-Amerikanischen Freundschafts-, Handels- und Schifffahrtsvertrag[4] gelten, sind sie nicht als „Rechtsanwalt" im Sinne des Mehrheitserfordernisses zu behandeln. Gleiches gilt für **ausländische Anwälte**, die zwar nach § 59a Abs. 2 Nr. 1 BRAO sozietätsfähig, aber **keine Mitglieder einer deutschen Rechtsanwaltskammer** sind. Internationale Law Firms mit mehrheitlich ausländischen Anteilseignern, die nicht nach den Vorschriften des EuRAG Mitglieder einer deutschen Rechtsanwaltskammer sind, können demnach nicht als Rechtsanwaltsgesellschaft zugelassen werden[5].

f) Gesamthänderische Bindung der Gesellschafter

Nach dem „Willen des Gesetzgebers" sollen die Anteile an einer Rechtsanwaltsgesellschaft mbH weder ganz noch teilweise von **einer GbR** gehalten werden dürfen[6]. Diese mittelbare Form der Beteiligung der Freiberufler hat sich bei größeren Wirtschaftsprüfungs- oder Steuerberatungsgesellschaften bewährt. Die im Berufsrecht der Steuerberater und Wirtschaftsprüfer ausdrücklich als zulässig anerkannte Gestaltung (vgl. § 28 Abs. 4 S. 2 WPO, § 50a Abs. 2 StBerG) eröffnet die vom BGH[7] grundsätzlich bejahte Möglichkeit einer formlosen Übertragung von GmbH-Anteilen durch die jederzeit mögliche formlose Abtretung der Anteile an der BGB-Gesellschaft[8]. Das gilt selbst dann, wenn das Vermögen der BGB-Gesellschaft im Wesentlichen 60

---

1 Nach *Zuck*, Anwalts-GmbH, § 59e BRAO Rz. 33 gilt als „Rechtsanwalt" im Sinne des Mehrheitserfordernisses nur, wer diese Bezeichnung führen darf.

2 Siehe *Franz*, BB 2000, 989, 991.

3 So auch Hartung/Römermann/*Römermann*, § 59e BRAO Rz. 19; Feuerich/Weyland/*Feuerich*, § 59e BRAO Rz. 9.

4 OVG NRW, BRAK-Mitt. 2005, 44.

5 Im Einzelnen Henssler/Prütting/*Henssler*, § 59e BRAO Rz. 20f.

6 BT-Drucks. 13/9820, 14; zustimmend *Kempter/Kopp*, BRAK-Mitt. 1998, 254, 256.

7 BGH NZG 2008, 377; dazu *Wertenbruch*, NZG 2008, 454.

8 Vgl. auch Scholz/*Emmerich*, § 2 GmbHG Rz. 52; *K. Schmidt*, BB 1983, 1697ff.

aus ihren Anteilen an der GmbH besteht. § 59e Abs. 1 BRAO begnügt sich im Gegensatz zu den anderen Berufsrechten mit dem Hinweis, dass nur Rechtsanwälte und Berufsangehörige nach § 59a Abs. 1 S. 1, Abs. 2 BRAO als Gesellschafter einer Rechtsanwaltsgesellschaft mbH zugelassen sind. Die amtliche Begründung führt dazu aus, dass „Berufsangehörige einer BGB-Gesellschaft in ihrer gesamthänderischen Verbundenheit nicht Gesellschafter sein können"[1]. Die Einschränkung soll der Transparenz von Rechtsanwaltsgesellschaften dienen.

61 Ein auf die Rechtsanwaltsgesellschaft mbH beschränktes Verbot einer Holding-GbR begegnet erheblichen verfassungsrechtlichen Bedenken. Nach den vom BVerfG[2] aufgestellten Grundsätzen ist der Gesetzgeber gehindert, einzelne der drei wirtschaftsnahen Beratungsberufe bei der Regelung von Berufsausübungsbeschränkungen ohne sachlichen Grund zu benachteiligen. Ein Sachgrund für die vom StBerG und der WPO abweichende Behinderung der Beteiligung an einer Rechtsanwaltsgesellschaft mbH ist indes nicht ersichtlich. Das Gebot der Transparenz des Gesellschafterbestands gilt in gleicher Weise für die Steuerberatungsgesellschaft. Wird dort die formlose Übertragung der Gesellschaftsanteile geduldet, kann für die Rechtsanwaltsgesellschaft mbH nichts anderes gelten. Da sich die Einschränkung nicht unmittelbar aus dem Gesetzestext, sondern nur aus der amtlichen Begründung ergibt, bietet es sich an, im Wege der **verfassungskonformen Auslegung** die Übernahme von Geschäftsanteilen durch BGB-Gesellschaften zuzulassen[3]. Die Geschäftsanteile an der Rechtsanwaltsgesellschaft mbH lassen sich damit in einer Holding in der Rechtsform einer GbR bündeln[4]. Diese tritt als einzige Gesellschafterin einer Einmanngesellschaft, vertreten durch ihren Geschäftsführer, in Erscheinung. Seit dem Wegfall des Verbots der Sternsozietät (§ 59e Abs. 2 BRAO a.F.) darf die BGB-Gesellschaft auch eine Berufsausübungsgesellschaft sein[5]. Die arbeitsgerichtliche Rechtsprechung geht davon aus, dass die Anstellung eines Gesellschafters der Holding-GBR in der GmbH weder den Status als Arbeitnehmer noch als arbeitnehmerähnliche Person nach sich zieht[6].

---

1 BT-Drucks. 13/9820, 14.

2 BVerfGE 98, 49, 62 ff. = NJW 1998, 2269, 2271 ff. mit Anm. *Henssler*, JZ 1998, 1065.

3 Ebenso *Zuck*, Anwalts-GmbH, § 59e BRAO Rz. 4; *Zuck*, MDR 1998, 1317, 1319; Sozietätsrecht/*Kraus/Senft*, § 15 Rz. 38.

4 So auch BGHZ 148, 270 = NJW 2002, 68 = NZG 2001, 983 (mit zustimmender Anm. *Kilian*) für den inhaltsgleichen § 59e PAO; Feuerich/Weyland/*Feuerich*, § 59e BRAO Rz. 1; Hartung/Römermann/*Römermann*, § 59e BRAO Rz. 7; Sozietätsrecht/*Kraus/Senft*, § 15 Rz. 31 ff.; *Henssler*, NJW 1999, 241, 246; *Kilian*, NZG 2001, 150, 153; *Römermann*, GmbHR 1999, 1175, 1178; *Muthers*, NZG 2001, 930, 934.

5 A.A., allerdings ohne Begründung, Feuerich/Weyland/*Feuerich*, § 59e BRAO Rz. 1.

6 ArbG Berlin AnwBl. 2004, 379.

g) Mehrheitserfordernisse

62 Die Mehrheit der Geschäftsanteile und der Stimmrechte muss nach § 59e Abs. 2 BRAO Rechtsanwälten zustehen. § 59e Abs. 2 BRAO soll den maßgeblichen Einfluss der Rechtsanwälte auf die Gesellschaft sichern[1]. Der Geschäftsanteil bestimmt sich nach dem Betrag der übernommenen Stammeinlage, wobei auf den Nennwert der Einlage abzustellen ist[2], nicht auf die Summe der Stammeinlagen[3]. Die erforderlichen Anteile bzw. Stimmrechte können auf verschiedene Rechtsanwälte verteilt sein, da nur der anwaltliche Einfluss insgesamt gewährleistet sein muss[4]. Die interprofessionelle Zusammenarbeit mit Steuerberatern und Wirtschaftsprüfern wird durch das Mehrheitserfordernis erheblich erschwert (dazu Rz. 202). Dem AGH München zufolge ist auch eine Rechtsanwaltsgesellschaft, an der zwei Patentanwälte und nur ein Rechtsanwalt beteiligt sind, nicht zulässig[5]. Zur Berücksichtigung ausländischer Rechtsanwälte im Rahmen der Ermittlung der relevanten Mehrheitsverhältnisse vgl. Rz. 59. Nichtanwaltliche Mitglieder einer Rechtsanwaltskammer i.S.d. § 59a Abs. 1 BRAO sind zwar an sich Rechtsanwälten gleichgestellt, können aber nicht die Mehrheit an einer Rechtsanwaltsgesellschaft halten[6].

h) Rechtsfolgen bei rechtswidriger Zusammensetzung des Gesellschafterkreises

63 Sind bereits zum Zeitpunkt der Gesellschaftsgründung nicht sozietätsfähige Personen an der Gesellschaft beteiligt oder sind die Mehrheitserfordernisse nicht erfüllt, so kommt eine Zulassung der Gesellschaft nicht in Betracht. Wurde die Beteiligung unter Verstoß gegen § 59g Abs. 1 BRAO verschwiegen, ist die Zulassung gem. § 59h Abs. 2 BRAO zurückzunehmen. Die Abtretung eines Gesellschaftsanteils an eine nicht sozietätsfähige Person ist gem. §§ 59e Abs. 1 BRAO, 134 BGB von Anfang an nichtig. Nach dem Normzweck der berufsrechtlichen Vorschrift kann nicht einmal die vorübergehende Beteiligung des Dritten geduldet werden, da sie einen massiven Verstoß gegen die anwaltliche Unabhängigkeit und eine Gefährdung des anwaltlichen Berufsgeheimnisses bedeutet. Die Grundsätze der fehlerhaften Gesellschaft sind ebenso wenig wie bei der Formnichtigkeit der Abtretung[7] anwendbar. Verstirbt ein Rechtsanwalt, so räumt das Gesetz der Gesellschaft einen Zeitraum von mindestens einem Jahr ein, um die gesetzlichen Mehrheitsverhältnisse wiederherzustellen (§ 59h Abs. 3 S. 2 BRAO).

---

1 BT-Drucks. 13/9820, 15.
2 Scholz/*Winter/Seibt*, § 14 Rz. 4; Lutter/Hommelhoff/*Lutter/Bayer*, § 14 Rz. 3.
3 So zumindest missverständlich *Zuck*, Anwalts-GmbH, § 59e BRAO Rz. 32, der wohl davon ausgeht, dass man unter dem Geschäftsanteil den zahlenmäßigen Stammeinlageanteil versteht und nicht wie die h.M. in der GmbH-rechtlichen Literatur auf den Wert der Stammeinlage abstellt.
4 So auch Feuerich/Weyland/*Feuerich*, § 59e BRAO Rz. 9.
5 AGH München, BRAK-Mitt. 2010, 214.
6 BGH NJW-RR 2008, 366 mit krit. Anm. *Kreibich*, DStR 2008, 271.
7 Dazu BGH GmbHR 1990, 164.

2. Der Eintritt eines Gesellschafters

64 Der Eintritt eines Gesellschafters kann auf verschiedene Arten erfolgen:

- durch die **Abtretung von Geschäftsanteilen** durch einen oder mehrere bisherige Gesellschafter an den neuen Gesellschafter, § 15 GmbHG (siehe unten Rz. 65ff.) oder
- im Rahmen einer **Kapitalerhöhung** nach §§ 55ff. GmbHG.

Im Falle einer Kapitalerhöhung bedarf es neben dem satzungsändernden (§§ 53ff. GmbHG) Kapitalerhöhungsbeschluss[1] eines mit einfacher Mehrheit zu fassenden[2] Gesellschafterbeschlusses über die Zulassung des aufzunehmenden Gesellschafters zum Beitritt, der notariell beglaubigten Beitrittserklärung des neuen Gesellschafters (§ 55 Abs. 2 S. 1 GmbHG) nebst ihrer Annahme durch die GmbH (Übernahmevertrag), der Leistung der Einlage auf das erhöhte Stammkapital (§ 56a GmbHG)[3] und der Anmeldung der Kapitalerhöhung zur Eintragung unter Abgabe der Versicherung, dass die Einlage zur freien Verfügung des Geschäftsführers geleistet wurde (§ 57 Abs. 2 iVm. § 7 Abs. 2 S. 1 und 3, Abs. 3; § 8 Abs. 2 GmbHG) sowie ihrer Eintragung in das Handelsregister (§§ 57, 57a iVm. § 9c GmbHG). Außerdem ist eine neue Gesellschafterliste einzureichen (§ 40 GmbHG). Eine Anhebung der für die Kapitalerhöhung erforderlichen Mehrheit durch die Satzung ist zulässig; auch kann Einstimmigkeit aller abstimmenden, aller erschienenen oder aller Gesellschafter vorgeschrieben werden[4].

3. Verfügungen über Gesellschaftsanteile

a) Gesellschaftsrechtliche Übertragbarkeit

65 Das GmbH-Recht sieht in § 15 Abs. 1 GmbHG die **freie Veräußerbarkeit** der Geschäftsanteile vor. Die BRAO behält diesen Grundsatz bei[5]. Im Gesellschaftsvertrag kann die Abtretung der Gesellschaftsanteile an bestimmte Voraussetzungen geknüpft werden (§ 15 Abs. 5 GmbHG)[6], insbesondere an die Zustimmung aller oder einer statutarisch festgelegten Mehrheit der Gesellschafter (Vinkulierung). Die Abtretbarkeit der Gesellschaftsanteile kann auch ganz ausgeschlossen werden[7]. Dem einzelnen Gesellschafter steht dann aber ein Austrittsrecht zu[8] (siehe unten Rz. 109). Sowohl der schuld-

---

1 Baumbach/Hueck/*Zöllner*, § 55 GmbHG Rz. 9f.

2 Baumbach/Hueck/*Zöllner*, § 55 GmbHG Rz. 28; Lutter/Hommelhoff/*Lutter*, § 55 GmbHG Rz. 27; a.A. *Hachenburg/Ulmer*, § 55 GmbHG Rz. 33.

3 Nach dem gesetzlichen Konzept führt eine Kapitalerhöhung grundsätzlich zur Bildung neuer Geschäftsanteile, vgl. § 55 Abs. 3 GmbHG.

4 Hierzu Scholz/*Priester/Veil*, § 53 GmbHG Rz. 88.

5 BT-Drucks. 13/9820, 15.

6 Vgl. Feuerich/Weyland/*Feuerich*, § 59e BRAO Rz. 13.

7 H.M., BayObLG WM 1989, 142; Rowedder/Schmidt-Leithoff/*Rowedder/Bergmann*, § 15 GmbHG Rz. 161; Lutter/Hommelhoff/*Bayer*, § 15 GmbHG Rz. 57; Scholz/*Winter/Seibt*, § 15 GmbHG Rz. 135.

8 Rowedder/Schmidt-Leithoff/*Rowedder/Bergmann*, § 15 GmbHG Rz. 161; Scholz/*Winter/Seibt*, § 15 GmbHG Rz. 135.

rechtliche Veräußerungsvertrag als auch die dingliche Abtretung bedürfen gem. § 15 Abs. 3, 4 GmbHG der notariellen Beurkundung. Aus Kostengründen empfiehlt sich die gemeinsame Beurkundung beider Geschäfte[1].

b) Zustimmungspflicht

Da der Gesellschafterkreis gesetzlich vorgegeben und die Abtretung an nicht sozietätsfähige Drittpersonen unwirksam ist, muss aus berufsrechtlichen Gründen keine Vinkulierung zur Vermeidung einer unzulässigen Kapitalbeteiligung vereinbart werden[2]. Sichergestellt ist, dass nur solche Personen Gesellschafter werden, die zum zulässigen Gesellschafterkreis gehören. Angesichts der personalistischen Ausgestaltung einer Rechtsanwaltsgesellschaft mbH und ihres Charakters als Berufsausübungsgesellschaft wird eine Vinkulierung aber ausnahmslos zu empfehlen sein. Allzu groß ist anderenfalls die Gefahr des Übergangs der Gesellschafterstellung auf Personen, zu denen nicht die erforderliche Vertrauensbeziehung besteht. Die Abtretbarkeit ist entweder völlig auszuschließen oder an die Zustimmung der Gesellschaft[3] oder der Gesellschafter zu knüpfen. Fehlt im Gesellschaftsvertrag eine Regelung der erforderlichen Stimmenzahl, so ist für die Rechtsanwaltsgesellschaft mbH aufgrund ihrer Besonderheit als Berufsausübungsgesellschaft im Zweifel von der Zustimmungspflicht aller Gesellschafter auszugehen[4]. Nicht empfehlenswert dürfte es sein, die Zustimmungsversagung an bestimmte im Gesellschaftsvertrag aufgezählte Gründe zu koppeln. Generell darf die Zustimmung nicht willkürlich verweigert werden[5]. Bis zur Erteilung der Genehmigung durch die Gesellschaft ist der Abtretungsvertrag schwebend unwirksam; wird die Genehmigung verweigert, tritt endgültige Unwirksamkeit nach §§ 399, 413 BGB ein[6]. – Zur Vererbung siehe unten Rz. 113 ff. 66

4. Formen mittelbarer Beteiligung

Schon aus der Beschränkung des Gesellschafterkreises auf die aktiv in der Gesellschaft tätigen Berufsträger folgt das **Verbot jeder mittelbaren Beteiligungsform**, sei es als stille Beteiligung, Unterbeteiligung oder Treuhandverhältnis[7]. § 59e Abs. 3 BRAO betont diese Intention durch die Verpflichtung, 67

1 Bei gesonderter Beurkundung fällt eine halbe Gebühr gem. § 38 Abs. 2 Nr. 6d KostO zusätzlich an.
2 BT-Drucks. 13/9820, 15.
3 Zuständig für die Erteilung ist in diesem Fall der Geschäftsführer, BGHZ 14, 25, 31. Im Innenverhältnis bedarf es – jedenfalls bei der personalistisch strukturierten Rechtsanwaltsgesellschaft – eines Gesellschafterbeschlusses, dazu BGH NJW 1988, 2241; Baumbach/Hueck/*Hueck*/*Fastrich*, § 15 GmbHG Rz. 42.
4 Vgl. zu Einzelheiten Baumbach/Hueck/*Hueck*/*Fastrich*, § 15 GmbHG Rz. 44; Scholz/*Winter*/*Seibt*, § 15 GmbHG Rz. 126.
5 Rowedder/Schmidt-Leithoff/*Rowedder*/*Bergmann*, § 15 GmbHG Rz. 164, 182 m.w.N.
6 BGHZ 13, 179, 187; BGHZ 48, 163, 166; Hachenburg/*Zutt*, § 15 GmbHG Rz. 118.
7 Feuerich/Weyland/*Feuerich*, § 59e BRAO Rz. 11; *Zuck*, Anwalts-GmbH, § 59e BRAO Rz. 42.

Gesellschaftsanteile grundsätzlich nicht für Rechnung Dritter zu erwerben und zu halten und Dritte nicht am Gewinn der Rechtsanwaltsgesellschaft mbH zu beteiligen. Schließlich bringt auch § 27 BORA die Unzulässigkeit jeder mittelbaren Beteiligung deutlich zum Ausdruck. Danach dürfen Dritte, die nicht Sozietätspartner sind, nicht am wirtschaftlichen Ergebnis anwaltlicher Tätigkeit beteiligt werden. § 27 BORA verbietet damit jede Form der Gewinnbeteiligung an anwaltlichen Berufsausübungsgesellschaften (vgl. auch § 33 Abs. 2 BORA). Regelungsmotiv ist es nach den Protokollen der Beratungen der Satzungsversammlung, jede Form eines Poolings von Gewinnen zu verhindern[1].

a) Stille Beteiligungen

68 Stille Beteiligungen sind unzulässig. Ihr Verbot soll die Unabhängigkeit der Rechtsanwälte sichern und die berufspolitisch untragbare Auslagerung der Rechtsabteilungen von Banken und Versicherungen in konzernabhängige Rechtsanwaltsgesellschaften verhindern[2]. Ausnahmen vom Verbot der stillen Beteiligung können für in der GmbH ehemals tätige Rechtsanwälte, die ihre Berufsausübung aus Alters- oder Gesundheitsgründen eingestellt haben, in Betracht kommen[3].

b) Unterbeteiligung, Nießbrauch und Treuhand

69 Während das Gesellschaftsrecht die Möglichkeit eröffnet, durch Treuhand, Nießbrauch und Unterbeteiligung einen Nichtgesellschafter am Unternehmen einer GmbH zu beteiligen, steht das Berufsrecht solchen Gestaltungsvarianten entgegen. Bei der **Unterbeteiligung** als einer rein schuldrechtlichen Beziehung zwischen Gesellschafter und Unterbeteiligtem ist der Unterbeteiligte am Geschäftsanteil des Hauptbeteiligten (still) beteiligt, d.h. der Unterbeteiligte steht in keinem Verhältnis zur Gesellschaft. In der Regel leistet er eine Einlage und partizipiert am Gewinnanteil. Die Rechte und Pflichten eines Gesellschafters in der Hauptgesellschaft stehen allein dem Hauptgesellschafter zu, bei Ausübung seines Stimmrechts hat er allerdings die Interessen des Unterbeteiligten zu berücksichtigen. Selbst Stimmbindungsverträge sind gesellschaftsrechtlich zulässig, zumindest aber hat der Unterbeteiligte Informationsrechte. Der anwaltlichen Unabhängigkeit widerspricht es, wenn sich ein Rechtsanwalt in eine Abhängigkeit von wirtschaftlichen Einflüssen Dritter begibt. Auch unter dem Gesichtspunkt der Verschwiegenheitspflicht sind Unterbeteiligungen an Geschäftsanteilen abzulehnen. Berufsrechtlich ist die Unterbeteiligung damit unzulässig.

70 Noch weitergehend ist der Verlust an anwaltlicher Unabhängigkeit bei Treuhand und Nießbrauch, so dass auch diese Beteiligungsformen entfallen müs-

---

1 Vgl. Protokoll der Sitzung des Ausschusses 5 v. 9. 11. 1995, S. 4.

2 *Henssler*, JZ 1992, 697, 703 f.; zustimmend *Damm*, FS Brandner, 1996, S. 31, 53; vgl. auch Feuerich/Weyland/*Feuerich*, § 59e BRAO Rz. 11.

3 Zur parallelen Problematik in der PartG vgl. BT-Drucks. 12/6152, 9; *Henssler*, § 1 PartGG Rz. 92 ff.; *Michalski/Römermann*, § 1 PartGG Rz. 7.

sen[1]. Bei einer **Treuhand** wird der Treuhänder Gesellschafter mit allen Rechten und Pflichten, bleibt aber intern an die Weisungen des Treugebers gebunden und schuldrechtlich in der Möglichkeit beschränkt, über den Geschäftsanteil zu verfügen[2]. Durch die Bestellung eines **Nießbrauchs** werden der Geschäftsanteil dinglich belastet und die Rechte am Geschäftsanteil zwischen Gesellschafter und Nießbraucher aufgeteilt.

c) Verpfändung und Pfändung

Die Verpfändung eines Geschäftsanteils bewirkt nicht die wirtschaftliche Teilhabe am Erfolg oder Misserfolg der GmbH, sondern dient der **Absicherung einer Forderung** des Pfandgläubigers. Durch die Verpfändung erhält der Pfandgläubiger das Recht, sich aus dem Geschäftsanteil zu befriedigen (§§ 1273, 1204 BGB). Grundsätzlich ist die Verpfändung eines Geschäftsanteils zulässig, soweit auch dessen Abtretbarkeit zulässig ist. Ist in der Satzung also schon die Veräußerbarkeit ausgeschlossen oder an die Zustimmung der Gesellschafter gebunden, so gilt Entsprechendes für die Verpfändung[3]. Die Satzung kann aber auch für die Verpfändung gesonderte Regeln aufstellen. Zwar stehen bei einer Verpfändung des Geschäftsanteils die Verwaltungsrechte, insbesondere also das Stimmrecht, weiterhin dem Anteilseigner zu, die Befriedigung des Pfandgläubigers erfolgt aber im Wege der Zwangsvollstreckung. Um den Eintritt nicht sozietätsfähiger Personen und somit das Risiko des Widerrufs der Zulassung oder den Eintritt sozietätsfähiger, aber unliebsamer Dritter in die Gesellschaft zu vermeiden, ist dringend anzuraten, die Verpfändung des Geschäftsanteils in der Satzung auszuschließen, zumindest aber an die Zustimmung der Gesellschaft zu binden. 71

Die **Pfändung eines Gesellschaftsanteils aufgrund eines vollstreckbaren Titels** kann weder durch gesellschaftsvertragliche Regelungen[4] noch durch berufsrechtliche Vorschriften eingeschränkt oder gar ausgeschlossen werden. Anderenfalls würde das zur Sicherung der Gläubigerinteressen unverzichtbare gesetzliche Pfandrecht vereitelt. 72

d) Testamentsvollstreckung

Ordnet der Erblasser – aus Interesse an dem künftigen Schicksal seines Vermögens – Testamentsvollstreckung an, fallen typischerweise Rechtsinhaberschaft und Rechtsausübung auseinander. Der Erbe wird zwar Inhaber des Rechts, ist aber an der Ausübung seiner Rechte gehindert, solange und soweit der Erblasser diese dem Testamentsvollstrecker überträgt. Zu unterscheiden ist zwischen der reinen Abwicklungsvollstreckung (§§ 2203–2207 BGB), bei der es im Wesentlichen darum geht, den Nachlass unter den Erben möglichst streitfrei auseinanderzusetzen, der Dauervollstreckung sowie der 73

1 Dazu Feuerich/Weyland/*Feuerich*, § 59e BRAO Rz. 11.
2 Dazu *Henssler*, AcP 196 (1996), 37ff.
3 Rowedder/Schmidt-Leithoff/*Rowedder/Bergmann*, § 15 GmbHG Rz. 82.
4 Dazu Scholz/*Winter/Seibt*, § 15 GmbHG Rz. 202; Rowedder/Schmidt-Leithoff/*Rowedder/Bergmann*, § 15 GmbHG Rz. 134.

Verwaltungsvollstreckung. Die Anordnung der Testamentsvollstreckung an einem GmbH-Geschäftsanteil ist gesellschaftsrechtlich grundsätzlich zulässig[1]. Selbst bei einer personalistischen Struktur einer GmbH setzt sie weder eine Zulassung durch Satzung noch die Zustimmung der Gesellschafter durch Gesellschafterbeschluss voraus. Begründet wird dies insbesondere damit, dass gem. § 47 Abs. 3 GmbHG eine Stimmrechtsvollmacht auch Gesellschaftsfremden erteilt werden kann. Bei der Rechtsanwaltsgesellschaft mbH ist gerade dies aber nicht möglich: Nach § 59e Abs. 4 BRAO können zur Stimmrechtsausübung nur selbst stimmberechtigte Gesellschafter des gleichen Berufs bevollmächtigt werden. Der nicht sozietätsfähige Erbe selbst hat jedoch kein Stimmrecht gem. § 59e Abs. 2 S. 2 BRAO. Dieser Stimmrechtsausschluss kann nicht dadurch unterlaufen werden, dass ein Rechtsanwalt – und somit eine sozietätsfähige Person – als Testamentsvollstrecker eingesetzt wird. Da das Stimmrecht Ausfluss der Gesellschafterstellung ist[2], der nicht sozietätsfähige Erbe aber gerade kein Stimmrecht hat, kann dieses aufgrund der Verwaltung durch einen sozietätsfähigen Testamentsvollstrecker nicht wieder aufleben.

74 Gegen eine **Abwicklungsvollstreckung** bestehen keine Bedenken. Denkbar ist auch eine **Verwaltungsvollstreckung** für eine Übergangszeit, wenn zu erwarten ist, dass innerhalb einer von der Rechtsanwaltskammer zu setzenden Frist die Zulassungsvoraussetzungen wieder vorliegen, z.B. wenn die Zulassung des Erben zum Rechtsanwalt zu erwarten ist. Eine Dauervollstreckung ist dagegen nicht möglich, weil zum einen nur sozietätsfähige Personen Gesellschafter sein dürfen und diese zudem die Pflicht zur aktiven Mitarbeit haben (siehe oben Rz. 54ff.).

VI. Rechtsverhältnis der Gesellschafter untereinander

1. Gesellschaftsrechtliches Innenverhältnis

a) Beschlussfassung in der Gesellschafterversammlung

75 Für das Innenverhältnis der Gesellschaft kennt das GmbH-Recht weitgehend nur dispositive Vorschriften[3]. So kann im Gesellschaftsvertrag von den Regelungen über die Gesellschafterversammlung sowie über die Fassung der Gesellschafterbeschlüsse in **§§ 45–51 GmbHG** abgewichen werden. Zwingend vorbehalten sind den Gesellschaftern die Einforderung von Nachschüssen (§ 26 GmbHG), Grundlagenbeschlüsse wie Satzungsänderungen einschließlich der Kapitaländerungsmaßnahmen, die Auflösung sowie die Umwand-

1 MünchHdb. GesR III/*Jasper/Wollbrink*, § 25 Rz. 45; Scholz/*Winter/Seibt*, § 15 GmbHG Rz. 250.

2 Dazu Rowedder/Schmidt-Leithoff/*Koppensteiner*, § 47 GmbHG Rz. 19.

3 Vgl. § 45 Abs. 2 GmbHG. Die h.M. leitet aus dieser Vorschrift die grundsätzliche Dispositivität der §§ 46–51 GmbHG ab, Lutter/Hommelhoff/*Bayer*, § 45 GmbHG Rz. 5; *K. Schmidt*, Gesellschaftsrecht, § 36 III 2, S. 1095; einschränkend Baumbach/Hueck/*Zöllner*, § 45 GmbHG Rz. 5ff.

lung[1]. Das mit jedem Geschäftsanteil verbundene **Stimmrecht** als das Recht auf Mitwirkung an der Beschlussfassung der Gesellschafter kann gem. § 47 Abs. 3 GmbHG grundsätzlich auch durch **Bevollmächtigte** ausgeübt werden[2]. Abweichend von gesellschaftsrechtlichen Grundsätzen können nach § 59e Abs. 4 BRAO als Bevollmächtigte nur selbst stimmberechtigte Gesellschafter fungieren, die Angehörige desselben Berufs oder Rechtsanwälte sind.

Nach der dispositiven Vorschrift des § 47 Abs. 2 GmbHG gewährt **jeder Euro** 76
eines Geschäftsanteils eine Stimme. Bei einer personalistisch strukturierten Rechtsanwaltsgesellschaft mbH wird sich häufig ein von der Beteiligungshöhe unabhängiges Stimmrecht, d.h. ein **Stimmrecht nach Köpfen** anbieten. Berufsrechtlich unbedenklich sind aber auch **Mehrfachstimmrechte**, Vetorechte oder Zustimmungserfordernisse zugunsten einzelner Gesellschafter (Seniorpartner). § 59e Abs. 2 S. 1 BRAO verlangt, dass die **Mehrheit der Stimmrechte** ebenfalls den Rechtsanwälten zustehen muss.

Grundsätzlich werden die Beschlüsse der Gesellschaft mit **einfacher Mehr-** 77
heit gefasst (§ 47 Abs. 1 GmbHG), sofern nicht die Satzung oder zwingende gesetzliche Vorschriften etwas anderes bestimmen. Das Gesetz fordert eine **qualifizierte Mehrheit** – drei Viertel der abgegebenen Stimmen – bei Satzungsänderungen (§§ 53 Abs. 2, 57c Abs. 4, 58a Abs. 5 GmbHG), Auflösung der Gesellschaft (§ 60 Abs. 1 Nr. 2 GmbHG) sowie bestimmten Umwandlungsvorgängen[3]. In der Satzung können die **gesetzlichen Mehrheitserfordernisse verschärft** werden; auch Einstimmigkeit kann vorgesehen werden[4]. Die diesbezügliche Ausgestaltung wird hauptsächlich von der Größe der Gesellschaft und den voraussichtlichen Notwendigkeiten abhängen.

Nach § 49 Abs. 1 GmbHG wird die **Gesellschafterversammlung** von den Ge- 78
schäftsführern einberufen. Diese Befugnis kann nach allerdings bestrittener Auffassung abbedungen werden[5]; zumindest aber kann in der Satzung weiteren Organen eine **Einberufungsbefugnis** zugestanden werden[6]. In der personalistischen Rechtsanwaltsgesellschaft mbH empfiehlt sich eine Satzungsbestimmung, die jeden Gesellschafter, zumindest aber eine Minderheit von Gesellschaftern berechtigt, eine Gesellschafterversammlung einzuberufen.

---

1 Vgl. *K. Schmidt*, Gesellschaftsrecht, § 36 III 2, S. 1095; zu weiteren Grenzen der Satzungsautonomie Baumbach/Hueck/*Zöllner*, § 45 GmbHG Rz. 6.

2 Baumbach/Hueck/*Zöllner*, § 47 GmbHG Rz. 44; Rowedder/Schmidt-Leithoff/*Koppensteiner*, § 47 GmbHG Rz. 43.

3 Zu Einzelheiten Baumbach/Hueck/*Zöllner*, § 47 GmbHG Rz. 22.

4 Rowedder/Schmidt-Leithoff/*Koppensteiner*, § 47 GmbHG Rz. 16ff.; Baumbach/Hueck/*Zöllner*, § 47 GmbHG Rz. 24. Die Abberufung von Geschäftsführern aus wichtigem Grund darf dagegen nach h.M. nicht von einer qualifizierten Mehrheit abhängig gemacht werden: BGHZ 86, 177, 179 = NJW 1983, 938; Lutter/Hommelhoff/*Kleindiek*, § 38 GmbHG Rz. 16; a.A. Baumbach/Hueck/*Zöllner*/*Noack*, § 38 GmbHG Rz. 27.

5 Lutter/Hommelhoff/*Bayer*, § 49 GmbHG Rz. 8; Hachenburg/*Hüffer*, § 49 GmbHG Rz. 31; a.A. Baumbach/Hueck/*Zöllner*, § 49 GmbHG Rz. 4.

6 Rowedder/Schmidt-Leithoff/*Koppensteiner*, § 49 GmbHG Rz. 8.

b) Pflichten der Gesellschafter

79 Zu den Pflichten des Gesellschafters gehört als **Vermögenspflicht** zunächst die Leistung auf die von ihm übernommenen Geschäftsanteile gem. § 19 GmbHG, bei Sacheinlagen die Differenzhaftung nach § 9 GmbHG. Daneben unterliegt der einzelne Gesellschafter der Ausfallhaftung für Mitgesellschafter, die ihre Stammeinlage nicht erbringen, § 24 GmbHG.

80 Aufgrund des besonderen Charakters der Rechtsanwaltsgesellschaft mbH als Berufsausübungsgesellschaft ist in ihr auch die **Verhaltenspflicht** zur **aktiven Tätigkeit** als Hauptleistungspflicht der Gesellschafter zu qualifizieren. Entsprechend den zur Anwaltspartnerschaft vertretenen Ansichten[1] ist eine fortbestehende Beteiligung von Anwälten, die sich aus Altersgründen sukzessive zurückziehen, zulässig, solange ihre Zulassung noch besteht und „ein Mindestmaß an beruflicher Aktivität"[2] erfolgt. Dieses Mindestmaß kann in der Beratung der anderen Anwälte, Akquisition o.Ä. liegen (siehe oben Rz. 55). In der Satzung sollte für diese Fälle an eine Modifikation des Stimmrechts der nur noch begrenzt tätigen Gesellschafter gedacht werden. Aus der Satzung können sich weitere **Nebenpflichten**, wie z.B. die Pflicht zur Überlassung bestimmter Gegenstände, ergeben.

81 Als Hauptpflicht obliegt jedem Gesellschafter außerdem eine **Treuepflicht**[3]. Jeder Gesellschafter ist gegenüber der Gesellschaft und auch gegenüber den Mitgesellschaftern an diese Treuepflicht gebunden. Er hat sich gegenüber der Gesellschaft loyal zu verhalten[4], d.h. die Gesellschaft nicht zu schädigen. Bei der Ausübung **eigennütziger** Rechte – Austrittsrecht, Kontrollrecht, Recht auf Erhebung der Auflösungsklage – darf der Gesellschafter zwar vorrangig seine eigenen Interessen verfolgen. Art, Zeitpunkt und Intensität der Ausübung müssen aber vom Zweck der Einräumung des Rechtes gedeckt sein und dürfen Gesellschaft und Mitgesellschafter nicht übermäßig belasten[5].

82 Auch die Ausübung des Stimmrechtes kann durch die Treuepflicht beeinflusst sein[6]. In Ausnahmefällen kann sogar eine Pflicht zur Mitwirkung an Satzungsänderungen bestehen, soweit dies zur Anpassung an veränderte Umstände erforderlich ist. Sind Mehrheitsentscheidungen vorgesehen, kann die Mehrheit

---

1 Zur parallelen Problematik in der PartG vgl. BT-Drucks. 12/6152, 9; *Henssler*, § 1 PartGG Rz. 92ff.; *Michalski/Römermann*, § 1 PartGG Rz. 7.

2 Begründung des RegE, BT-Drucks. 13/9820, 14.

3 Die Treuepflicht der Gesellschafter ist inzwischen für alle Gesellschaftsformen anerkannt; für die GmbH: BGHZ 65, 15, 18 = NJW 1976, 19; BGHZ 98, 276 = NJW 1987, 189; BGH NJW 1989, 166, 167; Scholz/*Emmerich*, § 13 GmbHG Rz. 36ff.; Baumbach/Hueck/*Hueck/Fastrich*, § 13 GmbHG Rz. 26; *Raiser*, ZHR 151 (1987), 422; zur AG: BGHZ 103, 184 = NJW 1988, 1579; BGHZ 129, 136ff. = NJW 1995, 1739ff.; OLG Düsseldorf, DZWiR 1997, 30ff.; *Henssler*, DZWiR 1995, 430; *Henssler*, DZWiR 1997, 36; *Henze*, BB 1996, 489.

4 Zur Loyalitätspflicht Baumbach/Hueck/*Hueck/Fastrich*, § 13 GmbHG Rz. 27ff.

5 BGHZ 14, 25, 38; BGH GmbHR 1991, 362; Scholz/*Winter/Seibt*, § 14 GmbHG Rz. 54f.; Baumbach/Hueck/*Hueck/Fastrich*, § 13 GmbHG Rz. 29.

6 BGHZ 98, 276 = NJW 1987, 189; Scholz/*Winter/Seibt*, § 14 GmbHG Rz. 60; Baumbach/Hueck/*Hueck/Fastrich*, § 13 GmbHG Rz. 35.

in Einzelfällen aufgrund der Treuepflicht gehindert sein, sich gegen die Minderheit durchzusetzen, ohne auf deren Interessen Rücksicht zu nehmen. Beispielsweise darf die Mehrheit die Minderheit nicht durch Rücklagenbildungen „aushungern"[1].

c) Wettbewerbsverbote

83 Ein allgemeines, alle Gesellschafter treffendes Wettbewerbsverbot besteht in der GmbH nicht[2]. Es kann aber in der **Satzung** begründet werden. Fehlt eine Satzungsbestimmung, so wird ein Wettbewerbsverbot für geschäftsführende Gesellschafter aus der **Treuepflicht** hergeleitet[3]. Ihnen ist es entsprechend § 112 HGB verwehrt, sich in dem Geschäftszweig der Gesellschaft anderweitig unternehmerisch zu betätigen. In der Rechtsanwaltsgesellschaft mbH als Berufsausübungsgesellschaft üben sowohl Gesellschafter als auch Geschäftsführer aktiv ihren Rechtsanwaltsberuf aus. Beide Gruppen sind daher gleichermaßen zur Wahrung der Interessen der Gesellschaft und folglich auch zur Unterlassung von Wettbewerb verpflichtet. Aufgrund ihrer Prägung als Berufsausübungsgesellschaft darf in der Rechtsanwaltsgesellschaft mbH also auch der nicht geschäftsführende Gesellschafter keine Konkurrenztätigkeit ausüben. Eine entsprechende Bestimmung in der Satzung ist zwar nicht zwingend erforderlich, zur Klarstellung aber dringend zu empfehlen.

84 **Nachvertragliche** Wettbewerbsverbote sind möglich, bedürfen aber in jedem Fall einer Vereinbarung. Grundsätzlich ist es **berufsrechtlich unbedenklich**, wenn ein ausscheidender Mitgesellschafter Mandanten „**mitnimmt**". Im freien Wettbewerb hat niemand Anspruch auf Erhaltung seines Mandantenstamms. Erst durch Hinzutreten besonderer Umstände – etwa Diffamierung des bisherigen Mandatsbearbeiters oder unbefugte Mitnahme der Mandantendaten – ist die Grenze zur berufswidrigen Abwerbung überschritten[4]. Es reicht damit nicht aus, wenn der ausscheidende Gesellschafter vor seinem Ausscheiden Mandanten der Gesellschaft direkt oder indirekt auf seine zukünftige Tätigkeit als Wettbewerber oder für einen anderen Wettbewerber hinweist[5]. Einzelheiten der Mandantenbefragung bei Ausscheiden eines anwaltlichen Gesellschafters regelt der gem. § 33 BORA auf die GmbH sinngemäß anwendbare **§ 32 Abs. 2 BORA** (M Rz. 165 ff.). Für Wirtschaftsprüfer (und vereidigte Buchprüfer) bestimmt § 14 BOWP, dass Wirtschaftsprüfer weder bei der Gründung einer eigenen Praxis noch bei Wechsel des Arbeitgebers Auftraggeber ihres bisherigen Arbeitgebers veranlassen dürfen, ihnen Aufträge zu überlassen. Die Vorschrift soll den Wettbewerb um Mandate als solchen nicht unterbinden.

1 Baumbach/Hueck/*Hueck/Fastrich*, § 29 GmbHG Rz. 30; Lutter/Hommelhoff/*Hommelhoff*, § 29 GmbHG Rz. 21; *Henssler*, FS Zöllner, 1999, S. 203, 206 f.
2 Hachenburg/*Raiser*, § 14 GmbHG Rz. 62.
3 Baumbach/Hueck/*Hueck/Fastrich*, § 13 GmbHG Rz. 34.
4 Vgl. OLG Düsseldorf, DStR 2003, 1049.
5 Vgl. aber BGH NJW 2004, 2385 f. und *Dahns/Detlefsen*, DStR 2006, 1574 f.

85 Die **vertragliche Vereinbarung nachvertraglicher Wettbewerbsverbote** ist nicht schrankenlos möglich. Zwar ist das einen Gesellschafter treffende Wettbewerbsverbot nicht an §§ 74ff., 90a HGB zu messen[1]. Nachvertragliche Wettbewerbsbeschränkungen sind aber mit Rücksicht auf die grundgesetzlich geschützte Berufsausübungsfreiheit nur dann gerechtfertigt und nicht gem. § 138 BGB sittenwidrig, wenn und soweit sie notwendig sind, um die Partner des ausgeschiedenen Gesellschafters vor einer illoyalen Verwertung der Erfolge der gemeinsamen Arbeit oder vor einem Missbrauch der Ausübung der Berufsfreiheit zu schützen; sie dürfen insbesondere nicht dazu eingesetzt werden, den früheren Mitgesellschafter als Wettbewerber auszuschalten. Das Wettbewerbsverbot ist daher wegen § 138 Abs. 1 BGB hinsichtlich Gegenstand, Ort und Zeit auf das notwendige Maß zu begrenzen und darf den betroffenen Gesellschafter nicht unangemessen in seiner wirtschaftlichen Bewegungsfreiheit beeinträchtigen[2]. Ein zeitlich zu langes Wettbewerbsverbot kann mit wirksamer kürzerer Laufzeit aufrechterhalten werden; die Missachtung der gegenständlichen und räumlichen Grenzen hat dagegen die Nichtigkeit des Verbots zur Folge[3].

86 Das nachvertragliche Wettbewerbsverbot muss zudem einer Überprüfung anhand des Berufsrechts standhalten. Uneingeschränkt zulässig sind **beschränkte Mandatsschutzklauseln**, in welchen dem ausgeschiedenen Partner untersagt wird, Mandanten der Rechtsanwaltsgesellschaft aktiv abzuwerben. Sie können durch Vertragsstrafen gesichert werden. Unbeschränkte Mandatsschutzklauseln, die es einem aus der Anwaltsgesellschaft ausgeschiedenen Gesellschafter verbieten, für einen bestimmten Zeitraum Mandanten der Gesellschaft zu betreuen, die sich aus eigener Initiative an ihn wenden, werden von der Rechtsprechung zugelassen[4]. Der BGH stuft Mandantenschutzklauseln stets dann als rechtmäßig ein, wenn sie gegenständlich und räumlich auf bisherige Mandanten der Sozietät beschränkt sind[5]. Rechtlich unbedenklich sind **Gewinnabführungsklauseln**, in welchen sich der ausgeschiedene Gesellschafter verpflichtet, für die Mitnahme von Mandanten, die er nicht selbst für die GmbH geworben hat, zeitlich begrenzt Teile des Gewinns abzuführen. Selbst akquirierte Mandate dürfen von einem ausscheidenden Gesellschafter stets ohne Ausgleichszahlung mitgenommen werden. Allerdings kommt es dann zu einer Kürzung eventueller Abfindungsansprüche. Bei der rechtlichen Bewertung von Gewinnabführungsklauseln muss stets eine Gesamtschau von Abführungsquote und Abfüh-

---

1 Vgl. für Personengesellschaften Heymann/*Henssler*, vor § 74 Rz. 11; MünchHdb. GesR I/*Salger*, § 41 Rz. 10; *Michalski/Römermann*, § 6 PartGG Rz. 25.

2 BGH NJW-RR 1996, 741; BGH NJW 2004, 66; BGH NJW 2005, 3061, 3062 m. Anm. *Henssler/Bank*, LMK 2005, 163409 – zwei Jahre nach Ausscheiden ist noch angemessen; OLG Stuttgart, NJW 2002, 1431, 1432 – siebenjähriges Wettbewerbsverbot für alte und gegenwärtige Mandate ist nichtig.

3 BGH NJW 2005, 3061, 3062 m. Anm. *Henssler/Bank*, LMK 2005, 163409.

4 Zu den Grenzen BGH NJW 1986, 2944.

5 BGH NJW 2000, 2584 m. krit. Anm. *Henssler/Strohe*, LM Nr. 76 zu § 705 BGB, S. 232f.

rungsdauer vorgenommen werden. In die Gesamtschau ist ferner eine dem ausgeschiedenen Gesellschafter gewährte Abfindung einzubeziehen[1].

Eine Alternative zu Gewinnabführungsvereinbarungen sind Klauseln, die für den Fall der Mitnahme nicht selbst akquirierter Mandate eine Ausgleichszahlung vorsehen, die sich an den von der GmbH in der Vergangenheit aus dem Mandat erzielten Honoraren orientiert. Solche am wirtschaftlichen Wert der Mandate ausgerichteten Vereinbarungen vermeiden Manipulationsmöglichkeiten durch zeitlich verzögerte Rechnungsstellung des ausgeschiedenen Gesellschafters. Ein ausgeschiedener Rechtsanwalt, der sich einer Gewinnabführungsverpflichtung unterworfen hat, ist berufsrechtlich berechtigt und vertraglich verpflichtet, die Namen der von ihm übernommenen Mandanten sowie das von ihm während der Dauer der Abführungspflicht erzielte Honorar offenzulegen[2] (vgl. im Übrigen B Rz. 250ff.; M Rz. 100). 87

d) Informationsrechte

Das mitgliedschaftliche Recht der Gesellschafter auf Information ist in **§§ 51a, 51b GmbHG** gesetzlich geregelt. Die aus Gründen des Minderheitenschutzes **zwingende Regelung** (§ 51a Abs. 3 GmbHG) wird allgemein als zu umfassend angesehen. Kritisiert wird die fehlende Begrenzungsmöglichkeit[3]. Durch die Satzung kann weder der Informationsanspruch des Gesellschafters nach § 51a Abs. 1 GmbHG beschränkt noch das Auskunftsverweigerungsrecht des Geschäftsführers nach § 51a Abs. 2 GmbHG erweitert werden. 88

Grundsätzlich kann nach § 51a Abs. 1 GmbHG jeder Gesellschafter **unverzügliche Auskunft** über die Angelegenheit der Gesellschaft verlangen. Schuldner des Anspruchs ist die Gesellschaft selbst, die bei der Informationserteilung organschaftlich durch die Geschäftsführer vertreten wird. Der Begriff der **Angelegenheiten der Gesellschaft** umfasst alles, was mit der Gesellschaft, mit ihrer unternehmerischen oder sonstigen Tätigkeit und mit der Beteiligung des Gesellschafters zusammenhängt[4]. Die Auskunft darf gem. Abs. 2 der Vorschrift nur **verweigert** werden, wenn der Gesellschafter sie zu **gesellschaftsfremden Zwecken** verwenden will und dadurch der Gesellschaft einen nicht unerheblichen Nachteil zufügen wird[5]. 89

Nach allgemeiner Meinung unterliegt der Informationsanspruch weiteren **ungeschriebenen Schranken**. Zum einen sind die Geschäftsführer berechtigt, die Auskunft zu verweigern, wenn sie sich durch die Offenbarung **strafbar** 90

---

1 *Henssler*, FS Geiß, 2000, S. 271, 284ff.

2 *Henssler*, FS Geiß, 2000, S. 271, 288ff.; für den Steuerberater BAG AP Nr. 35 zu § 611 BGB Konkurrenzklausel.

3 Hachenburg/*Hüffer*, § 51a GmbHG Rz. 4; MünchHdb. GesR III/*Schiessl*, § 33 Rz. 2; *K. Schmidt*, Gesellschaftsrecht, § 21 III 1, S. 626; Baumbach/Hueck/*Zöllner*, § 51a GmbHG Rz. 2; *Lutter*, ZGR 1982, 1, 9; *Mertens*, FS Werner, 1984, S. 557f.

4 Baumbach/Hueck/*Zöllner*, § 51a GmbHG Rz. 11.

5 Lutter/Hommelhoff/*Lutter*, § 51a GmbHG Rz. 26; Baumbach/Hueck/*Zöllner*, § 51a GmbHG Rz. 32ff.

machen, insbesondere gegen § 203 StGB verstoßen würden[1]. Ein Verweigerungsrecht besteht auch dann, wenn in der Weitergabe der Information eine **Ordnungswidrigkeit** zu sehen wäre[2]. Der Grund für die Möglichkeit der Auskunftsverweigerung liegt darin, dass es keine Rechtspflicht zur Vornahme rechtswidriger Handlungen geben kann. Deshalb ist das für den strafrechtlichen Bereich anerkannte Auskunftsverweigerungsrecht auf den Bereich des **berufsrechtswidrigen Verhaltens** auszudehnen: Soweit dadurch die Verschwiegenheitspflicht aus § 43a Abs. 2 BRAO verletzt würde (dazu M Rz. 81 ff.), sind die Geschäftsführer nicht zur Auskunftserteilung nach § 51a GmbHG verpflichtet.

e) Gewinnverteilung

91 Nach der Gewinnverwendungsregel des **§ 29 GmbHG** haben die Gesellschafter Anspruch auf den Jahresüberschuss zuzüglich eines Gewinnvortrags und abzüglich eines Verlustvortrags. Die Verteilung hat gem. Abs. 3 grundsätzlich nach dem **Verhältnis der Geschäftsanteile** zu erfolgen. Der Verteilungsmaßstab ist **dispositiv**, abweichende Satzungsgestaltungen sind zulässig. Über die Gewinnverwendung entscheidet die Gesellschafterversammlung mit einfacher Mehrheit, sofern die Satzung keine abweichende Regelung enthält[3]. Denkbar ist es daher, dass die Gesellschaftermehrheit gegen den Willen einzelner Gesellschafter oder Gesellschafterminderheiten die Thesaurierung eines Teils des Gewinnes beschließt. Ein Vollausschüttungsgebot kennt das GmbHG seit der im Zuge der Verabschiedung des BilanzrichtlinienG v. 19. 12. 1985[4] erfolgten Neufassung des § 29 GmbHG nicht mehr. Grenzen ergeben sich für eine Rücklagenbildung aus der gesellschaftsrechtlichen Treuepflicht (vgl. Rz. 82).

92 In der Praxis wird der Gewinnverwendung eine eher untergeordnete Bedeutung zukommen. Schon um die Gewerbesteuerbelastung zu minimieren, werden die Gesellschafter bestrebt sein, den Gewinn durch hohe Geschäftsführer- und Angestelltengehälter möglichst gering zu halten. Alle Gesellschafter werden aufgrund ihrer Verpflichtung zur aktiven Mitarbeit in einem Anstellungsverhältnis zur GmbH stehen und dort Einkünfte aus abhängiger Beschäftigung erzielen. Für die Gewinnausschüttung werden nur jene Beträge übrig bleiben, die der von der Finanzverwaltung verlangten angemessenen Verzinsung des Eigenkapitals und der Vermeidung des Vorwurfs der verdeckten Gewinnausschüttung dienen (zu Einzelheiten s. Rz. 241 ff.).

93 Über die Kombination der Vereinbarungen im Gesellschaftsvertrag und in den Anstellungsverträgen lassen sich all jene Modelle der Gewinnverteilung verwirklichen, die sich in der Sozietät bewährt haben. So kann der Vergütung

1 BT-Drucks. 8/3908, 76; Baumbach/Hueck/*Zöllner*, § 51a GmbHG Rz. 41; Hachenburg/*Hüffer*, § 51a GmbHG Rz. 55; MünchHdb. GesR III/*Schiessl*, § 33 Rz. 24.
2 Hachenburg/*Hüffer*, § 51a GmbHG Rz. 55.
3 Baumbach/Hueck/*Hueck/Fastrich*, § 29 GmbHG Rz. 46.
4 BGBl. I, 2355 ff.

der Gesellschafter ein **Lockstep-System**, ein **Produktivitäts-Modell** oder ein **gemischtes System** zugrunde gelegt werden (siehe oben B. Rz. 220ff.). Das GmbH-Recht erlaubt es, in den Grenzen des § 138 BGB einzelnen Gesellschaftern den Gewinnanspruch ganz oder teilweise abzusprechen[1]. Zu beachten ist, dass eine im Gesellschaftsvertrag getroffene Vereinbarung von den Gesellschaftern bereits mit satzungsändernder Mehrheit modifiziert werden kann. Ist im Gesellschaftsvertrag nichts Abweichendes vereinbart, reicht gem. § 53 Abs. 2 S. 1 GmbHG also eine 3/4-Mehrheit aus. Um eine Benachteiligung der Minderheit zu vermeiden, kann sich eine Satzungsbestimmung anbieten, die für eine Änderung des Gewinnverteilungsmaßstabs einen einstimmigen Beschluss aller Gesellschafter verlangt.

Nicht am Gewinn beteiligt werden dürfen Dritte, die mit dem Rechtsanwalt 94
nicht zur gemeinsamen Berufsausübung verbunden sind. Dies ergibt sich generell für alle Berufsausübungsgesellschaften aus § 27 S. 1 BORA und ist nunmehr in § 59e Abs. 3 BRAO für die Rechtsanwaltsgesellschaft mbH ausdrücklich normiert. Zweck der Regelung ist es, einer befürchteten Ausgliederung von Rechtsabteilungen durch Wirtschaftsprüfungsgesellschaften oder Banken zu begegnen, die sodann verdeckt konzernabhängig bleiben[2]. Obwohl nach außen als selbständige Anwaltskanzleien auftretend, könnten – so wird geargwöhnt – solche Gesellschaften weiterhin fremdnützig arbeiten und mit den Wirtschaftsprüfungsgesellschaften „Gewinn-Pools" bilden. Konkrete Missstände sind freilich bislang nicht bekannt geworden.

Nicht unter das Verbot des § 59e Abs. 3 BRAO fallen Versorgungsbezüge, 95
Vergütungen für die Übernahme der Kanzlei und Leistungen, die im Zuge einer Auseinandersetzung oder Abwicklung der beruflichen Zusammenarbeit erbracht werden[3].

2. Berufspflichten der anwaltlichen Gesellschafter

a) Vorrang des Berufsrechts vor dem Gesellschaftsrecht

Unabhängig von der Gesellschaftsform, in der die Anwälte ihren Beruf aus- 96
üben, haben sie stets ihr Berufsrecht zu beachten. Im PartGG ist der Vorrang des Berufsrechts vor dem Gesellschaftsrecht in § 1 Abs. 3 und § 6 Abs. 1 ausdrücklich geregelt. Nichts anderes kann für die Rechtsanwaltsgesellschaft mbH gelten. Die BRAO kennt zwar **keinen allgemeinen Berufsrechtsvorbehalt**. Dass aber jeder zugelassene Rechtsanwalt auch als Gesellschafter einer Rechtsanwaltsgesellschaft mbH das für ihn geltende Berufsrecht zu beachten hat, ist indes ohnehin **selbstverständlich**. Die BRAO begnügt sich deshalb damit, im Sinne einer Klarstellung einzelne Berufspflichten bzw. Teilaspekte anwaltlicher Grundwerte ausdrücklich zu betonen, so etwa das Verbot der Kapitalbeteiligung Dritter in § 59e Abs. 3 BRAO sowie mit

1 Zu Einzelheiten GmbH-Handbuch/*Kallmeyer*, Rz. I 1220.
2 *Johnigk*, ZAP 1998, 1068f. = Fach 23, S. 376f.; vgl. auch BT-Drucks. 13/9820, 14.
3 BT-Drucks. 13/9820, 15; *Zuck*, Anwalts-GmbH, § 59e BRAO Rz. 44; Henssler/Prütting/*Henssler*, § 59e BRAO Rz. 29.

der Weisungsunabhängigkeit der geschäftsführenden Rechtsanwälte das Postulat anwaltlicher Unabhängigkeit. Außerdem sind nach § 59m Abs. 2 BRAO bestimmte Vorschriften der BRAO auf die **Rechtsanwaltsgesellschaft mbH** als solche sinngemäß anzuwenden.

97 Die Beachtung der Vorschriften der **BORA** ist in der Rechtsanwaltsgesellschaft mbH auf gleich mehrfache Weise sichergestellt: Zum einen verpflichtet § 33 Abs. 2 BORA jeden in der GmbH tätigen Rechtsanwalt auf die Einhaltung des Berufsrechts in der GmbH zu achten, zum anderen ist die GmbH aufgrund ihrer Zulassung zur Rechtsanwaltschaft selbst Adressat der in der BORA verankerten Pflichten (vgl. auch § 59m Abs. 2 BRAO)[1].

b) Einzelne Berufspflichten

98 Gem. **§ 43a Abs. 2 BRAO** ist der **Rechtsanwalt** zur **Verschwiegenheit** verpflichtet. Diese Pflicht obliegt dem in der Einzelpraxis tätigen, in einer Gesellschaft bürgerlichen Rechts, Partnerschaftsgesellschaft oder Rechtsanwaltsgesellschaft mbH verbundenen Rechtsanwalt gleichermaßen. § 59m Abs. 3 BRAO betont im Sinne einer Klarstellung die Geltung der Verschwiegenheitspflicht für alle Gesellschafter und alle Mitglieder der Aufsichtsorgane. Alle als Gesellschafter in Betracht kommenden Personen sind ohnehin aufgrund ihres jeweiligen Berufsrechts zur Verschwiegenheit verpflichtet (vgl. § 57 Abs. 1 StBerG und § 43 Abs. 1 WPO). Die Verschwiegenheitspflicht unterliegt in Berufsausübungsgesellschaften insofern Einschränkungen, als von einem zumindest schlüssigen Einverständnis der Mandanten dahingehend auszugehen ist, dass die arbeitsteilig in der Gesellschaft zusammenwirkenden Rechtsanwälte Zugang zu den für die Mandatsbearbeitung erforderlichen Informationen erhalten (M Rz. 88). Über § 59m Abs. 2 BRAO ist das Verschwiegenheitsgebot des **§ 43a Abs. 2 BRAO** nunmehr auch auf die **Rechtsanwaltsgesellschaft mbH selbst** anzuwenden. So ist gewährleistet, dass z.B. die im Eigentum der GmbH stehenden Akten nicht von der GmbH an unbefugte Dritte weitergegeben werden können, ohne dass die Rechtsanwaltsgesellschaft mbH ihre ihr selbst obliegende Verschwiegenheitspflicht verletzt.

99 Gem. § 43a Abs. 4 BRAO ist es dem Rechtsanwalt weiterhin untersagt, **widerstreitende Interessen** wahrzunehmen. Im Gegensatz zu den in §§ 45, 46 BRAO (M Rz. 147ff.) normierten Tätigkeitsverboten, bei denen jeweils in den Absätzen 3 das Verbot auf die **mit dem Rechtsanwalt zur gemeinsamen Berufsausübung verbundenen Rechtsanwälte** erstreckt wird, fehlt eine solche Regelung bei § 43a BRAO. Aufgrund der Neufassung des § 3 Abs. 2 BORA, der nunmehr das Verbot auf Berufsausübungsgemeinschaften jeglicher Rechtsform erstreckt, ist in Verbindung mit der Regelung in § 59m Abs. 2 BRAO klargestellt, dass das Verbot der Prävarikation für die Rechtsanwaltsgesellschaft mbH im gleichen Umfang gilt wie für die Sozietät. Der Rechtsanwaltsgesellschaft mbH ist es demnach nicht verwehrt, durch unterschiedliche für sie tätige Anwälte widerstreitende Interessen zu vertreten, soweit

1 Henssler/Prütting/*Henssler*, § 33 BORA Rz. 14.

die betroffenen Parteien zugestimmt haben und Belange der Rechtspflege nicht entgegenstehen[1] (dazu ausführlich M Rz. 105ff.).

3. Die Geschäftsführung der Rechtsanwaltsgesellschaft mbH

a) Mehrheitserfordernisse

Gem. § 6 Abs. 1 GmbHG muss die Gesellschaft **einen oder mehrere** Geschäftsführer haben. Die Geschäftsführer der GmbH vertreten als Organ der juristischen Person diese gerichtlich und außergerichtlich gem. § 35 Abs. 1 GmbHG und führen ihre Geschäfte. In der Rechtsanwaltsgesellschaft mbH können nur Angehörige der nach § 59a BRAO sozietätsfähigen Berufe zu Geschäftsführern bestellt werden. Außerdem muss die Geschäftsführung **mehrheitlich von Rechtsanwälten** wahrgenommen werden (§ 59f Abs. 1 S. 2 BRAO). Rechtspolitisch fragwürdig ist, dass die BRAO im Gegensatz zu § 28 Abs. 1 S. 3 WPO nicht einmal für ein Zweiergremium auf die anwaltliche Überparität verzichtet. 100

Auf die Geschäftsführerstellung jedes einzelnen Gesellschafters verzichtet die verabschiedete Gesetzesfassung im Gegensatz zum Regelungsvorschlag des Referentenentwurfs (§ 59g E-BRAO)[2]. Beibehalten wurde auch die vom GmbH-Recht vorgesehene Möglichkeit der **Drittorganschaft**, so dass auch Nicht-Gesellschafter zu Geschäftsführern der Rechtsanwaltsgesellschaft mbH bestellt werden können. 101

b) Verantwortliche Leitung durch Rechtsanwälte

Der amtlichen Begründung zufolge ergibt sich aus dem Gebot der verantwortlichen Leitung der Gesellschaft durch Rechtsanwälte, dass die Entscheidungsgewalt Rechtsanwälten zustehen muss. Allerdings wird die Notwendigkeit einer solchen Leitung mit dem Aufgabenbereich der Rechtsanwaltsgesellschaft mbH begründet[3]. Daraus lässt sich ableiten, dass die verantwortliche Leitung nur für den **anwaltlichen Tätigkeitsbereich** sichergestellt sein muss. Bei einer mehrfachen beruflichen Zulassung bzw. Anerkennung (Rechtsanwaltsgesellschaft/Steuerberatungsgesellschaft/Wirtschaftsprüfungsgesellschaft) ist es daher denkbar, die Verantwortlichkeit für den nichtanwaltlichen Tätigkeitsbereich auf nichtanwaltliche Geschäftsführer zu übertragen. Die Gegenansicht führt zu einer sachlich nicht gerechtfertigten Behinderung der interprofessionellen Zusammenarbeit in der GmbH und würde zudem bei einer mehrfachen beruflichen Zulassung/Anerkennung zwangsläufig eine Diskriminierung der anderen Berufsträger nach sich ziehen. Auch im Bereich der nichtberufsbezogenen Geschäfte (Kaufverträge, Mietverträge, Anstellungsverträge) wird man die Geschäftsführungskompetenz auf Nichtanwälte übertragen dürfen[4]. Weder die äußere noch die innere Unabhängigkeit wird 102

1 *Deckenbrock*, Strafrechtlicher Parteiverrat und berufsrechtliches Verbot der Vertretung widerstreitender Interessen, 2009, Rz. 498ff.
2 Dazu kritisch *Henssler*, ZIP 1997, 1481.
3 BT-Drucks. 13/9820, 15.
4 A.A. Feuerich/Weyland/*Feuerich*, § 59f BRAO Rz. 5.

hierdurch gefährdet, wie der Regelung in § 6 Abs. 2 PartGG entnommen werden kann. Im Bereich der anwaltlichen Berufsausübung darf die Handlungskompetenz dagegen nicht an die Zustimmung eines Steuerberaters oder Wirtschaftsprüfers gekoppelt werden. Eine generelle **Gesamt**geschäftsführungsbefugnis eines aus zwei Anwälten und einem Steuerberater bestehenden Geschäftsführungsgremiums dürfte damit unzulässig sein.

c) Weisungsfreiheit

103 Der durch den Rechtsausschuss eingefügte § 59f Abs. 4 BRAO stellt mit Blick auf § 37 GmbHG die Weisungsfreiheit der Geschäftsführer im beruflichen Bereich klar. Diese unschädliche Klarstellung ändert aber nichts an der Anwendbarkeit der allgemeinen Grundsätze, die für alle beruflichen Zusammenschlüsse gelten. Auch für die Rechtsanwaltsgesellschaft mbH gilt daher: Die Unabhängigkeit des einzelnen anwaltlichen Geschäftsführers endet dort, wo die Unabhängigkeit der (anderen) Gesellschafter tangiert ist. Ebenso wie in GBR-Sozietät und Partnerschaft[1] darf daher auch in der GmbH die Übernahme besonders risikoträchtiger Mandate an die Zustimmung der Gesellschafterversammlung geknüpft werden[2]. Auch lässt sich die Einführung des Vier-Augen-Prinzips als binnenorganisatorischer Grundsatz durchaus mit der anwaltlichen Unabhängigkeit in Einklang bringen. Nach der amtlichen Begründung bedarf es bei der Abgrenzung zwischen zulässigen und der Unabhängigkeit zuwiderlaufenden Vorgaben einer Einzelfallwürdigung[3].

d) Praktikabilitätserwägungen

104 In der Rechtsanwaltsgesellschaft mbH empfiehlt es sich, den **Kreis der Geschäftsführer** so **klein** wie möglich zu halten. Eine an die Sozietät angelehnte Bestellung aller Gesellschafter zu Geschäftsführern belastet in größeren, überörtlichen Unternehmenseinheiten die Handlungsfähigkeit der Gesellschaft, etwa bei Registeranmeldungen[4].

105 Jede personelle Änderung der Geschäftsführung ist zur Eintragung in das Handelsregister anzumelden (§ 39 GmbHG), so dass bei einer großzügigen Vergabe von Geschäftsführerpositionen jeder Gesellschafterwechsel zum registerrelevanten Vorgang wird. Auch ergeben sich unter Umständen erhöhte persönliche Haftungsrisiken über § 43 GmbHG (siehe unten Rz. 167 ff.). Anders als in der AG (vgl. § 119 Abs. 2 AktG) können den Geschäftsführern der GmbH gem. § 37 GmbHG jederzeit Weisungen der Gesellschafterversammlung erteilt werden, so dass es des Geschäftsführeramtes nicht bedarf, um den Einfluss der Gesellschafter auf die Binnenorganisation sicherzustellen. In Bezug auf die anwaltliche Berufsausübung begründet das Geschäftsführer-

1 Henssler/Prütting/*Henssler*, § 6 PartGG Rz. 8.
2 In diesem Sinne auch die amtliche Begründung der Fassung des Regierungsentwurfs BT-Drucks. 13/9820, 15.
3 BT-Drucks. 13/9820, 15.
4 Vgl. insbesondere §§ 57, 58 GmbHG; dazu Lutter/Hommelhoff/*Kleindiek*, § 78 GmbHG Rz. 2.

amt keine Sonderstellung. Soweit § 59f Abs. 4 BRAO die Unabhängigkeit der Geschäftsführer bei der Ausübung ihres Anwaltsberufes gewährleistet, betont die Vorschrift lediglich das, was ohnehin für jeden in der Gesellschaft tätigen Rechtsanwalt – selbst den nur angestellten Nichtgesellschafter – gilt[1].

4. Fakultativer Aufsichtsrat einer Rechtsanwaltsgesellschaft mbH

Ist in der GmbH ein fakultativer Aufsichtsrat gem. § 52 Abs. 1 GmbHG gebildet und sind diesem Organ per Satzung Kompetenzen übertragen worden, so muss auch dieses Gremium verantwortlich durch Rechtsanwälte geführt werden[2]. Nur noch eine Frage der Zeit dürfte es sein, bis die erste Rechtsanwaltsgesellschaft unter Einschluss der nichtanwaltlichen Mitarbeiter eine regelmäßige Arbeitnehmerzahl von mehr als 500 erreicht. § 1 DrittelbG ordnet für solche Gesellschaften die Bildung eines Aufsichtsrates zwingend an. Das Kontrollgremium muss dann nach § 4 DrittelbG zu einem Drittel mit Vertretern der Arbeitnehmer besetzt sein[3]. Um eine angemessene Vertretung aller Arbeitnehmer zu gewährleisten, wird es dann zwangsläufig zur Entsendung auch von Nicht-Berufsträgern in den Aufsichtsrat kommen. Konflikte zwischen den mitbestimmungs- und den berufsrechtlichen Wertungen sind aufgrund einer Abwägung im Einzelfall zu lösen. Gegebenenfalls ist eine teleologische Reduktion der Rechte der Arbeitnehmervertreter vorzunehmen[4]. Eines kompletten Ausschlusses der nichtanwaltlichen Arbeitnehmer von der Wählbarkeit bedarf es dagegen zur Sicherung der anwaltlichen Grundwerte nicht. 106

VII. Das Ausscheiden von Gesellschaftern

1. Überblick

Das Ausscheiden eines Gesellschafters aus der GmbH tangiert – ebenso wie inzwischen in der Personenhandelsgesellschaft (vgl. § 131 HGB) – den Fortbestand der GmbH nicht. Das GmbH-Recht enthält nur eine lückenhafte und unsystematische Regelung der **Voraussetzungen des Ausscheidens**. Wichtige Grundformen wie das Austrittsrecht des Gesellschafters werden nicht angesprochen. Auch für das Ausschlussrecht fehlt eine allgemeine Regelung. Eingehend befasst sich die gesetzliche Regelung dagegen mit dem **Vollzug des Ausscheidens** (**Formen des Ausscheidens**, siehe unten Rz. 121 ff.). 107

---

1 Dazu *Zuck*, Anwalts-GmbH, § 59f BRAO Rz. 25f.

2 Henssler/Prütting/*Henssler*, § 59f BRAO Rz. 29; ebenso *Zuck*, Anwalts-GmbH, § 59f BRAO Rz. 6.

3 Dazu Ulmer/Habersack/Henssler/*Henssler*, § 4 DrittelbG Rz. 9f.

4 Zustimmend Feuerich/Weyland/*Feuerich*, § 59f BRAO Rz. 2 (noch zu §§ 76f. BetrVG 1952); Gaier/Wolf/Göcken/*Bormann*, § 59f BRAO Rz. 11; siehe zum Ganzen auch *Kilian*, ZIP 2007, 710.

2. Ausscheiden auf Initiative des Gesellschafters

108 Das GmbH-Recht kennt kein Austritts- bzw. Kündigungsrecht des Gesellschafters. Kündigungsklauseln können jedoch in den Gesellschaftsvertrag aufgenommen werden. Nach der (allerdings älteren) Rechtsprechung[1] bildet eine solche Kündigung einen Anwendungsfall des § 60 Abs. 2 GmbHG, d.h. einen gesellschaftsvertraglichen Auflösungsgrund, wenn die Satzung nicht zugleich die Fortsetzung der Gesellschaft vorsieht. Das Schrifttum[2] geht dagegen vielfach davon aus, dass die Kündigung aufgrund einer solchen satzungsmäßigen Rechtsposition nicht zur Auflösung der Gesellschaft, sondern nur zum Ausscheiden des kündigenden Gesellschafters führt.

109 Auch ohne gesellschaftsvertragliche Regelung steht dem Gesellschafter stets bei **Vorliegen eines wichtigen Grundes** ein Austrittsrecht zu[3]. Es greift nur in Fällen der Unzumutbarkeit, etwa wenn die Gesellschafter wiederholt die vertraglich vereinbarte Zustimmung zur Abtretung verweigern[4] oder wenn die Abtretung ganz ausgeschlossen[5] ist. Das RG hat auch in der Verpflichtung zu erheblichen, auf Dauer untragbaren Nebenleistungen einen wichtigen Grund gesehen[6]. Dem entspräche es, generell dann ein Kündigungsrecht anzuerkennen, wenn die für die GmbH zu erbringenden Verpflichtungen die alltägliche Berufs- und Lebensplanung des Gesellschafters erheblich beeinflussen. In der Rechtsanwaltsgesellschaft mbH besteht insofern eine Besonderheit, als der Gesellschafter zur aktiven Mitarbeit verpflichtet ist. Er tritt damit nicht nur als Kapitalanleger in Erscheinung. Vielmehr ist an die Mitgliedschaft atypisch auch seine gesamte berufliche Entwicklung gebunden. Meist wird außerhalb der GmbH keine berufliche oder gewerbliche Zweittätigkeit ausgeübt werden dürfen.

110 Die Situation des Gesellschafters ähnelt damit derjenigen in einer Personengesellschaft. Obwohl für die GmbH grundsätzlich kein **ordentliches Kündigungsrecht analog § 723 BGB** bejaht wird[7], drängt es sich geradezu auf, für die Berufsausübungs-GmbH eine Sonderbehandlung anzuerkennen. Im gesellschafts- und berufsrechtlichen Schrifttum sind diese Fragen bislang nur vereinzelt erörtert worden[8]. Methodologisch denkbar erscheinen auf den ersten Blick sowohl der vom RG[9] vorgezeichnete Weg über die Annahme eines

1 RGZ 93, 326, 327; RGZ 113, 147, 149; OLG Karlsruhe, GmbHR 1960, 24f.

2 Rowedder/Schmidt-Leithoff/*Rasner*, § 60 GmbHG Rz. 45; Lutter/Hommelhoff/*Kleindiek*, § 60 GmbHG Rz. 27 jeweils m.w.N.; dagegen Hachenburg/*Ulmer*, § 60 GmbHG Rz. 68ff.; Baumbach/Hueck/*Osterloh*/*Fastrich*, § 60 GmbHG Rz. 51.

3 OLG München, WM 1990, 558; OLG Hamm, GmbHR 1993, 657; Hachenburg/*Ulmer*, § 34 GmbHG Anh. 44; Lutter/Hommelhoff/*Lutter*, § 34 GmbHG Rz. 70ff.

4 Lutter/Hommelhoff/*Lutter*, § 34 GmbHG Rz. 72.

5 OLG Karlsruhe, BB 1984, 2016.

6 RGZ 128, 17.

7 Scholz/*Winter*/*Seibt*, § 15 GmbHG Rz. 1; *Röhricht*, FS Kellermann, 1991, S. 361, 374.

8 Eingehend *Henssler*, FS Konzen, 2006, S. 267, 278f.

9 RGZ 128, 17.

wichtigen Grundes als auch die Anerkennung eines ordentlichen Kündigungsrechtes analog § 723 BGB. Da die ordentliche Kündigung anders als die Kündigung aus wichtigem Grund vertraglich einschränkbar ist, divergieren die über die jeweiligen Lösungswege erzielbaren Ergebnisse erheblich voneinander.

Ein jederzeitiges, aus der Verpflichtung zur aktiven Mitarbeit abgeleitetes Austrittsrecht vernachlässigt die Planungsinteressen der Mitgesellschafter. 111
Zumindest für einen überschaubaren Zeitraum müssen die Gesellschafter darauf vertrauen dürfen, dass das eingebrachte Kapital und die Arbeitskraft des Gesellschafters der GmbH tatsächlich zur Verfügung stehen. Damit bildet nur das ordentliche Kündigungsrecht den sachgerechten Lösungsweg. Bei seiner vertraglichen Ausgestaltung muss berücksichtigt werden, dass die langfristige Bindung an einen Arbeitsplatz, der für den Gesellschafter eine psychische Belastung bedeutet, gegen die durch §§ 723, 724 BGB geschützte persönliche Freiheit des Gesellschafters[1] verstößt. Aus der die Freien Berufe charakterisierenden Eigenverantwortlichkeit und Unabhängigkeit des Berufsträgers sowie seinem Status als Vertrauensperson folgt die Schutzwürdigkeit des Lösungswunsches eines Gesellschafters, wenn er mit der Verhaltensweise der Gesellschaftermehrheit nicht mehr einverstanden ist. So können etwa Meinungsverschiedenheiten über die grundsätzliche Art der Mandatsbearbeitung, der Risikovorsorge, der Einkommensentwicklung oder des Kanzleimanagements einer überlangen zeitlichen Bindung an die Gesellschaft entgegenstehen. Der Gesellschafter muss in solchen Konstellationen, die noch nicht die Anforderungen an ein sofortiges außerordentliches Kündigungsrecht erfüllen, innerhalb eines überschaubaren Zeitraumes aus der Gesellschaft ausscheiden können[2].

Sachgerecht erscheint es außerdem, die Gesellschafter von Berufsausübungs- 112
gesellschaften nur einer beschränken Bindung an die Gesellschaft von maximal 5 Jahren zu unterwerfen, wenn der Gesellschafter seine gesamte Arbeitskraft der Gesellschaft zur Verfügung stellen muss. Unter Berücksichtigung der veränderten Verhältnisse des Anwaltsmarktes, nach denen ein Sozietätswechsel keinen Ausnahmefall mehr darstellt, übersteigt eine längere Vertragsbindung die Prognosefähigkeit der Vertragspartner. Diese Veränderungen haben die Rechtsprechung veranlasst die bisherige Auffassung aufzugeben, wonach in Personengesellschaften Bindungen von bis zu 30 Jahren unbedenklich waren[3]. Nach einer zu einer Anwaltssozietät ergangenen Entscheidung des BGH vom 18. 9. 2006 engt ein Kündigungsausschluss für einen Zeitraum von 30 Jahren die Berufsfreiheit des Berufsträgers in unvertretbarer Weise ein[4]. Das Gericht hielt eine geltungserhaltende Reduktion der Befristung auf – bereits vergangene – 14 Jahre für rechtmäßig. Im Anschluss an diese Entscheidung gelangte das OLG Stuttgart – ebenfalls für

1 MünchKommBGB/*Ulmer/Schäfer*, § 723 Rz. 61.
2 *Henssler*, FS Konzen, 2006, S. 267, 278f.
3 BGH WM 1967, 315, 316; so auch aus dem früheren Schrifttum *Gersch*, BB 1977, 871, 874; RGRK/*Gamm*, § 723 BGB Rz. 13.
4 BGH NJW 2007, 295, 296 mit Anm. *Römermann*.

eine Anwaltssozietät – durch geltungserhaltende Reduktion des Gesellschaftsvertrages zu einer Maximalfrist von 5 Jahren[1]. Dem folgt nunmehr auch das Schrifttum, das eine starre Höchstgrenze von 30 Jahren ebenfalls ablehnt[2]. Es bietet sich an, für Berufsausübungsgesellschaften **rechtsformunabhängige Maximalbindungen** zu entwickeln[3]. Die rechtsformspezifischen Besonderheiten treten hinter die dominierende Bedeutung der Verpflichtung der Gesellschafter zur aktiven Mitarbeit als gemeinsamem Faktor zurück.

3. Vererbung von Geschäftsanteilen

113 Nach § 15 Abs. 1 GmbHG sind Geschäftsanteile einer GmbH **frei vererblich**. Die Vererblichkeit kann in der Satzung weder ausgeschlossen noch eingeschränkt werden[4]. Unzulässig wäre es auch, bestimmte Personen von einem Anteilserwerb von Todes wegen auszuschließen oder eine mit dem Tode automatisch wirkende Einziehung des Geschäftsanteils anzuordnen[5]. Jedoch kann über eine statutarische Regelung das Schicksal des vererbten Geschäftsanteils geregelt werden (siehe § 13 des Mustervertrages, unten Rz. 300)[6]. Anders als in der Personengesellschaft (vgl. dort die qualifizierte Nachfolgeklausel) kann der Geschäftsanteil nicht über eine gesellschaftsrechtliche Regelung unmittelbar einem bestimmten Miterben zugedacht werden. Eine erbrechtliche Nachfolge neben der Erbengemeinschaft gibt es in der GmbH nicht[7].

114 In der Rechtsanwaltsgesellschaft mbH besteht schon deshalb ein Bedarf für eine entsprechende Regelung, weil hier die Übertragung der Gesellschafterstellung auf eine nicht sozietätsfähige Person vermieden werden muss. So sieht § 59h Abs. 3 BRAO den Widerruf der **Zulassung** vor, wenn der Gesellschafterkreis nicht mehr den Voraussetzungen des § 59e BRAO entspricht und innerhalb einer von der Rechtsanwaltskammer zu setzenden Frist auch nicht wieder hergestellt wird. Es empfiehlt sich daher, bereits im Gesellschaftsvertrag Vorsorgemaßnahmen für den Fall einer Vererbung an nicht sozietätsfähige Personen zu treffen. Denkbar und zulässig sind insoweit verschiedenartige Vereinbarungen, die jeweils allein die gesellschaftsrechtliche Behandlung des vererbten Geschäftsanteils betreffen und daher letztwillig nicht wirksam abbedungen werden können[8]. So kann in der Satzung ange-

---

1 OLG Stuttgart, NZG 2007, 786.

2 MünchKommBGB/*Ulmer/Schäfer*, § 723 Rz. 66; Erman/*Westermann*, § 723 BGB Rz. 20; ähnlich bereits *K. Schmidt*, Gesellschaftsrecht, § 50 II 4c, S. 1456.

3 So schon *Henssler*, FS Konzen, 2006, S. 267, 285.

4 Ganz h.M., vgl. nur Lutter/Hommelhoff/*Bayer*, § 15 GmbHG Rz. 11; Baumbach/Hueck/*Hueck/Fastrich*, § 15 GmbHG Rz. 12; Hachenburg/*Zutt*, § 15 GmbHG Rz. 5; *K. Schmidt*, Gesellschaftsrecht, § 35 II 3a, S. 1050; *Priester*, GmbHR 1981, 208; a.A. *Finger*, GmbHR 1975, 98; *Däubler*, Die Vererbung von Geschäftsanteilen an der GmbH, 1965, S. 117ff.

5 *Käppler*, ZGR 1978, 569; Hachenburg/*Zutt*, § 15 GmbHG Rz. 5f.

6 BayObLG WM 1989, 138, 142.

7 Staudinger/*Marotzke*, § 1922 BGB Rz. 211; a.A. *Kesselmeier*, Ausschließungs- und Nachfolgeregelung in der GmbH-Satzung, 1989, S. 259ff.

8 BGHZ 92, 386 = NJW 1985, 259.

ordnet werden, dass der **Erbe** den Geschäftsanteil an eine von der Gesellschaft bestimmte Person **abtreten muss**. Möglich ist auch eine Satzungsregelung, die eine **Einziehung durch Gesellschafterbeschluss**[1] vorsieht. Die notwendige Abfindung ist ebenfalls in der Satzung zu regeln. Der nicht sozietätsfähige Erbe, der danach zunächst in die Gesellschafterstellung eintritt, hat während der Übergangszeit kein Stimmrecht, wie sich aus § 59e Abs. 2 S. 2 BRAO ergibt. Ein möglicher, freilich nicht absolut verlässlicher Ausweg aus dem berufsrechtlichen Dilemma liegt auch in einer Satzungsgestaltung, der zufolge die Gesellschafter verpflichtet sind, eine erbrechtliche Regelung zu treffen, die einen berufsrechtswidrigen Zustand vermeidet.

In den Gesellschaftsverträgen der Wirtschaftsprüfungs- und Steuerberatungs- 115
gesellschaften wird häufig vereinbart, dass der Geschäftsanteil innerhalb einer bestimmten Frist **an die Gesellschaft** abgetreten werden muss[2]. In der Rechtsanwaltsgesellschaft mbH scheitert die Wirksamkeit entsprechender Klauseln grundsätzlich an § 59e Abs. 1 BRAO, da sich eine solche Gesellschaft als juristische Person nicht an einer Rechtsanwaltsgesellschaft mbH beteiligen darf. Nach den Normzwecken der §§ 59e Abs. 1, 59h Abs. 3 BRAO könnte der Erwerb eigener Anteile allerdings für eine Übergangsfrist geduldet werden.

Im Gesetzgebungsverfahren war zunächst angedacht (vgl. § 59e Abs. 2 S. 2 116
E-BRAO), nicht sozietätsfähigen Erben eine Übergangszeit von zwei Jahren zuzubilligen, binnen derer sie aus der Gesellschaft ausscheiden sollten. Diese Regelung wurde in der verabschiedeten Gesetzesfassung in einen systematischen Zusammenhang zum Widerruf der Zulassung gestellt unter gleichzeitiger Einführung einer Mindestfrist von einem Jahr. Gem. § 59h Abs. 3 S. 1 und 2 BRAO ist die Zulassung zu widerrufen, wenn wegen eines Erbfalls die Voraussetzungen der § 59e Abs. 1 und 2 BRAO nicht mehr vorliegen. Die Rechtsanwaltskammer muss der Rechtsanwaltsgesellschaft mbH dabei eine **Frist** von **mindestens einem Jahr beginnend mit dem Eintritt des Erbfalls** setzen. Innerhalb der Jahresfrist hat die Rechtsanwaltsgesellschaft mbH einen dem Gesetz entsprechenden Zustand herbeizuführen.

Sieht die Satzung keine Regelung des Schicksals der an Berufsfremde vererb- 117
ten Geschäftsanteile vor, so bleiben als Ausweg nur die **Einziehung des Geschäftsanteils** bzw. der **Ausschluss des Gesellschafters**. Die an die engen Voraussetzungen des § 34 GmbHG gebundene Einziehung ist der Gesellschaft eröffnet, wenn der Gesellschaftsvertrag dies für den Fall der Vererbung ausdrücklich vorsieht. In der Rechtsprechung[3] sowie im gesellschaftsrechtlichen[4] und berufsrechtlichen[5] Schrifttum wird für diese Konstellationen

1 BGHZ 92, 386 = NJW 1985, 259.

2 Rowedder/Schmidt-Leithoff/*Rowedder/Bergmann*, § 15 GmbHG Rz. 118; zur Zulässigkeit solcher Gestaltungen BayObLG WM 1989, 138, 142; Hachenburg/*Zutt*, Anh. § 15 GmbHG Rz. 107.

3 BGHZ 9, 157, 159.

4 Lutter/Hommelhoff/*Lutter*, § 34 GmbHG Rz. 53.

5 *Henssler*, FS Konzen, 2006, S. 267, 268, 277. Zur vergleichbaren Rechtslage bei der Wirtschaftsprüfungsgesellschaft *Haibt*, Die Kapitalbeteiligung Berufsfremder an Wirtschaftsprüfungsgesellschaften, 1998, S. 163ff.

einhellig ein Ausschlussrecht der Gesellschaft anerkannt (siehe unten Rz. 118 ff.). In der Tat erfüllt die durch den Berufsfremden verursachte **„Störung"** den Tatbestand eines wichtigen Grundes. Ein schuldhaftes Verhalten des Auszuschließenden ist in der GmbH ebenso wenig erforderlich wie in OHG oder KG (vgl. dort § 140 HGB)[1].

4. Der Ausschluss eines Gesellschafters

118 Obwohl das GmbHG – anders als § 140 HGB für OHG und KG – kein allgemeines Recht der Gesellschaft oder der Gesellschafter auf Ausschluss eines Gesellschafters kennt, ist seit langem die Möglichkeit eines Ausschlusses von Gesellschaftern aus wichtigem Grund anerkannt[2]. Der nur als äußerstes Mittel zulässige Ausschluss setzt voraus, dass der Bestand der Gesellschaft durch einen in der Person des Gesellschafters liegenden wichtigen Grund ernstlich gefährdet ist[3]. Er kann nur durch eine **Ausschlussklage**, deren Zulässigkeit einen **Gesellschafterbeschluss**[4] bedingt, durchgesetzt werden. Der Beschluss ist mit der in der Satzung vorgesehenen Mehrheit, bei fehlender Satzungsregelung entsprechend § 60 Abs. 1 Nr. 2 GmbHG mit 3/4-Mehrheit[5] zu fassen.

119 Der Gesellschaftsvertrag kann außerdem festlegen, welche Gründe einen Ausschluss rechtfertigen[6]. Der Gestaltungsspielraum der Vertragspartner ist weit und findet seine Grenzen nur in § 138 BGB. So genannte „Hinauskündigungsklauseln", die an keine Voraussetzungen geknüpft sind[7], lässt die Rechtsprechung nur ausnahmsweise zu, wenn der Ausschluss wegen besonderer Umstände sachlich gerechtfertigt ist[8]. Seit kurzem anerkennt der BGH jedoch für Freiberuflergesellschaften die Möglichkeit, neue Gesellschafter während einer anfänglichen Probezeit ohne wichtigen Grund auszuschließen[9].

1 BGHZ 9, 157, 164; BGHZ 80, 346, 349; Scholz/*Winter/Seibt*, Anhang zu § 34 GmbHG Rz. 26.

2 BGHZ 9, 157; BGHZ 16, 317, 322; BGHZ 80, 346, 349; BGH NJW 1996, 2573; BGH NZG 2003, 625; Scholz/*Winter/Seibt*, Anhang zu § 34 GmbHG Rz. 21; Lutter/Hommelhoff/*Lutter*, § 34 GmbHG Rz. 52.

3 BGHZ 9, 157; OLG München GmbHR 1994, 320; Baumbach/Hueck/*Hueck/Fastrich*, Anhang zu § 34 GmbHG Rz. 3; Lutter/Hommelhoff/*Lutter*, § 34 GmbHG Rz. 53.

4 BGHZ 9, 157, 177; Hachenburg/*Ulmer*, Anh. § 34 GmbHG Rz. 24.

5 BGHZ 9, 157, 177; BGHZ 153, 285, 288 f. = NJW 2003, 2314; Hachenburg/*Ulmer*, Anh. § 34 GmbHG Rz. 24; a.A. Scholz/*Winter/Seibt*, Anhang zu § 34 GmbHG Rz. 35 (einfache Mehrheit).

6 Zu Einzelheiten Beck'sches Handbuch der GmbH/*Maul*, 4. Aufl. 2009, § 13 Rz. 102 ff.

7 Dazu *Henssler*, FS Konzen, 2006, S. 267, 271.

8 BGHZ 112, 103, 108 = NJW 1990, 2622; BGH NJW 1994, 1156; BGHZ 164, 98 = NJW 2005, 3641; siehe auch BGH NJW-RR 2007, 913; zu Einzelheiten vgl. *Henssler/Kilian*, ZIP 2005, 2229 ff.; Lutter/Hommelhoff/*Lutter*, § 34 GmbHG Rz. 27.

9 BGH NJW 2004, 2013 mit Anm. *Henssler*, LMK 2005, 15; BGH NJW-RR 2007, 1256.

Gesetzlich geregelte **Sonderfälle** betreffen den Ausschluss des mit der Einlage säumigen Gesellschafters (§§ 21 ff. GmbHG) und den Ausschluss des mit einer unbeschränkten Nachschusspflicht säumigen Gesellschafters (§ 27 GmbHG). 120

5. Die Formen des Ausscheidens

a) Einziehung des Gesellschaftsanteils

Gesellschaftsrechtlich richtet sich die Einziehung eines Geschäftsanteils nach **§ 34 GmbHG**. Voraussetzung einer Einziehung ist nach Abs. 1 eine Regelung derselben im Gesellschaftsvertrag sowie nach Abs. 2 entweder die Zustimmung des betreffenden Gesellschafters oder eine genaue gesellschaftsvertragliche Regelung der jeweiligen Einziehungsvoraussetzungen. Die Einziehung führt zur Vernichtung des Geschäftsanteils, ohne hierdurch eine Minderung des Stammkapitals zu bewirken. Vielmehr erhöht sich der Nennbetrag jedes der verbliebenen Geschäftsanteile entsprechend. Die Einziehung darf erst nach Volleinzahlung der Stammeinlage erfolgen und das Stammkapital nicht durch Abfindungszahlungen beeinträchtigen[1]. 121

Die Voraussetzungen einer Einziehung gegen den Willen des Betroffenen durch Gesellschafterbeschluss (§ 46 Nr. 4 GmbHG)[2] müssen in der **Satzung** hinreichend bestimmt geregelt sein und zwar bereits zum Zeitpunkt des Erwerbs des Geschäftsanteils durch den Gesellschafter. Die nachträgliche Einführung der Zwangseinziehung ist zwar möglich, setzt aber die Zustimmung aller betroffenen Gesellschafter voraus[3]. 122

b) Die Abtretung des Gesellschaftsanteils

Im Normalfall wird bei einer GmbH das freiwillige Ausscheiden aus der GmbH durch Abtretung des Geschäftsanteils an andere Gesellschafter oder Dritte erfolgen (§ 15 GmbHG; siehe oben Rz. 65 ff.). Das Gesellschaftsrecht erlaubt darüber hinausgehend grundsätzlich die Abtretung des Geschäftsanteils an die GmbH, verknüpft sie allerdings mit der Verpflichtung, eine „Rücklage für eigene Anteile" gem. §§ 272 Abs. 4 HGB, 33 Abs. 2 GmbHG zu bilden. In der Rechtsanwaltsgesellschaft mbH scheitert ein solcher Rückkauf eigener Anteile an § 59e Abs. 1 BRAO, da als Gesellschafter nur aktiv in der Gesellschaft tätige Angehörige der sozietätsfähigen Berufe zugelassen sind. 123

---

1 Baumbach/Hueck/*Hueck/Fastrich*, § 34 GmbHG Rz. 1.

2 Zur umstrittenen Möglichkeit der Einziehung durch andere Organe (Aufsichtsrat, Beirat, Geschäftsführer) vgl. Lutter/Hommelhoff/*Lutter*, § 34 GmbHG Rz. 38, 14; *Mertens*, FS Stimpel, 1985, S. 421.

3 BGHZ 9, 157, 160; BGHZ 116, 359, 363 = NJW 1992, 892; Scholz/*Westermann*, § 34 GmbHG Rz. 22.

VIII. Das Außenverhältnis der Rechtsanwaltsgesellschaft mbH

1. Wirksamwerden im Verhältnis zu Dritten

a) Eintragung ins Handelsregister

124 Die Rechtsanwaltsgesellschaft mbH wird gem. § 11 Abs. 1 GmbHG erst mit ihrer Eintragung ins Handelsregister wirksam; sie entsteht zu diesem Zeitpunkt als **juristische Person**.

b) Vor-GmbH

125 Zwischen Abschluss des Gesellschaftsvertrages und Eintragung ins Handelsregister besteht die Gesellschaft mit beschränkter Haftung als Vor-GmbH. Sie wird heute gemeinhin als Gesellschaft sui generis eingestuft, die durch die angestrebte Rechtsform weitgehend vorgeprägt ist[1]. Eine vollwertige juristische Person ist sie nicht. Demzufolge finden auf die Vor-GmbH nur solche Regelungen des GmbHG Anwendung, die nicht die Eintragung voraussetzen. Von ihrer Rechtsnatur her ist die Vor-GmbH als Gesamthandsgemeinschaft anzusehen[2].

126 Für die **Haftung** in der Vorgesellschaft gilt nach der BGH-Rechtsprechung[3] eine anteilige, der Höhe nach unbeschränkte Innenhaftung der Gründungsgesellschafter. Vor Eintragung besteht diese Haftung als sog. Verlustdeckungshaftung, nach Eintragung als Vorbelastungshaftung[4].

2. Die Vertretung der Rechtsanwaltsgesellschaft mbH

a) Die verantwortliche Führung durch anwaltliche Geschäftsführer

127 Die gesetzliche Regelung der Rechtsanwaltsgesellschaft mbH kennt keine ins Detail gehenden Bestimmungen über die Vertretung der Gesellschaft. Es bleibt damit im Grundsatz bei der Vorschrift des § 35 Abs. 1 GmbHG, der zufolge die Rechtsanwaltsgesellschaft mbH durch ihre **Geschäftsführer** gerichtlich und außergerichtlich vertreten wird. Unklarheiten bestehen

1 Zum Ganzen BGHZ 21, 242, 246; BGHZ 45, 338, 347; BGHZ 51, 30, 32; BGHZ 72, 45, 48; Scholz/*K. Schmidt*, § 11 GmbHG Rz. 21ff.; Rowedder/Schmidt-Leithoff/*Rittner/Schmidt-Leithoff*, § 11 GmbHG Rz. 4ff.; Hachenburg/*Ulmer*, § 11 GmbHG Rz. 10.

2 Eingehend *Schaffner*, Die Vorgesellschaft als Gesellschaft sui generis, 2003.

3 BGHZ 134, 333 = NJW 1997, 1507 mit Anm. *Wilken*, GmbHR 1997, 405; *Gummert*, WiB 1997, 463; *Noack*, LM § 11 GmbHG Nr. 38; *Monhemius*, JABl. 1997, 913; *Schöpflin*, JR 1998, 103; *Goette*, DStR 1997, 628.

4 Allgemein zur Haftungsverfassung *K. Schmidt*, ZHR 156 (1992), 93; *Stimpel*, FS Fleck, 1988, S. 345; *Ulmer*, FS Fischer, 1979, S. 785. Zur Rechtsprechungsentwicklung *Altmeppen*, NJW 1997, 3272; *Michalski/Barth*, NZG 1998, 525; *Beuthien*, GmbHR 1996, 309; *Dauner-Lieb*, GmbHR 1996, 82; *Flume*, DB 1998, 45; *Gummert*, DStR 1997, 1007; *Kleindiek*, ZGR 1997, 427; *K. Schmidt*, ZIP 1996, 353; *K. Schmidt*, ZIP 1997, 671; *Ulmer*, ZIP 1996, 733; *Wiegand*, BB 1998, 1065; *Wilhelm*, DStR 1998, 457.

über die Ausgestaltung der Vertretungsmacht bei der Bestellung mehrerer Geschäftsführer. Nach § 35 Abs. 2 S. 2 GmbHG greift für den Fall der **Aktivvertretung** Gesamtvertretung, sofern die Satzung nichts anderes vorsieht[1]. Im Bereich der Passivvertretung genügen dagegen Abgabe und Zugang von Willenserklärungen an einen der Gesamtvertreter (§ 35 Abs. 2 S. 3 GmbHG). Der schlichten Übernahme dieser Grundsätze steht das Postulat des § 59f Abs. 1 S. 1 BRAO entgegen. Danach muss die Gesellschaft **verantwortlich durch Rechtsanwälte geführt** werden.

Für die Vertretungsmacht bedeutet dies zunächst, dass die anwaltlichen Gesellschafter in **interprofessionellen Zusammenschlüssen** stets ohne Mitwirkung der sonstigen Berufsangehörigen handlungsfähig sein müssen. Ausdrücklich für zulässig erklärt die amtliche Begründung[2] eine Satzungsregelung, der zufolge alle Rechtsanwälte zur Einzelvertretung befugt sind und die nichtanwaltlichen Geschäftsführer die Gesellschaft nur zusammen mit Rechtsanwälten vertreten dürfen. Ebenso unbedenklich wäre danach die generelle Anordnung der Gesamtvertretung durch mindestens zwei Geschäftsführer, von denen zumindest einer Rechtsanwalt sein muss. Aufgrund des anwaltsbezogenen Mehrheitserfordernisses müssen in einem solchen Mehrpersonengremium immer zumindest zwei Rechtsanwälte bestellt worden sein, so dass bei der geschilderten Gesamtvertretungsregelung stets alternativ zwei anwaltliche Geschäftsführer – ohne Beteiligung Berufsfremder – die Gesellschaft vertreten können. 128

Ohne anwaltliche Beteiligung sollen nach der Gesetzesbegründung offenbar Organakte überhaupt nicht vorgenommen werden dürfen[3], so dass die generelle, auch auf nichtanwaltliche Geschäftsführer erstreckte Anordnung der Einzelvertretungsbefugnis in der interprofessionellen Gesellschaft an sich nicht in Betracht käme. Diese Vorgabe steht indes im Widerspruch zur Interpretation der Parallelregelung in § 32 Abs. 3 S. 2 StBerG. Danach muss auch jede Steuerberatungsgesellschaft „von Steuerberatern verantwortlich geführt" werden. Nach der Auffassung des BFH[4] steht diese Formulierung jedoch der Einzelvertretungsmacht eines anwaltlichen Geschäftsführers in der Steuerberatungsgesellschaft nicht entgegen, wenn durch Vereinbarungen im Innenverhältnis die verantwortliche Führung durch Steuerberater gewährleistet ist[5]. Ersichtlich kann der Begriff der „verantwortlichen Führung" in den Berufsordnungen der wirtschaftsnahen Berufe nur einheitlich interpre- 129

1 Zu den verschiedenen Gestaltungsmöglichkeiten vgl. Baumbach/Hueck/*Zöllner/Noack*, § 35 GmbHG Rz. 106ff.
2 BT-Drucks. 13/9820, 15.
3 So auch Gaier/Wolf/Göcken/*Bormann*, § 59f BRAO Rz. 7.
4 BFH BB 1995, 1228; VG Schleswig-Holstein DStR 1995, 1327; Kuhls/Meurers/Maxl/Schäfer/Goez/Willerscheid/*Meurers*, § 50 StBerG Rz. 9, 11, 32; a.A. FG Köln, DStR 1995, 823, das ohne auf die Regelung im Innenverhältnis einzugehen, die Möglichkeit der Einzelvertretung auf den Steuerbevollmächtigten beschränkt (dazu auch BGH Stbg. 1992, 108; BGHSt 30, 367).
5 Im entschiedenen Fall handelte es sich um einen Steuerbevollmächtigten. Gegen eine Übertragbarkeit der Grundsätze auf Rechtsanwälte sprechen sich Feuerich/Weyland/*Feuerich*, § 59f BRAO Rz. 8 aus.

tiert werden[1]. Normzweckbezogene Unterschiede sind nicht ersichtlich. Da man offenbar in der Gesetzesbegründung vor einer eindeutigen Fixierung des Begriffs der verantwortlichen Leitung zurückscheute, bietet es sich an, die Interpretation der Parallelregelung aus dem StBerG zu übernehmen und auch die Einzelvertretungsbefugnis eines jeweils „berufsfremden" Geschäftsführers zuzulassen[2].

130 Eine Vertretungsregelung, die zwischen anwaltlichen Mandatsverträgen und sonstigen Rechtsgeschäften differenziert, wäre im Handelsregister nicht eintragungsfähig. Es kann daher nicht mit Wirksamkeit für das Außenverhältnis festgelegt werden, dass in einer „Mehrbänder-GmbH", die neben der Zulassung als Rechtsanwaltsgesellschaft mbH über eine Anerkennung als Steuerberatungsgesellschaft verfügt, bei steuerrechtlichen Mandaten die Steuerberater allein vertretungsbefugt sind. Die von § 6 Abs. 2 PartGG her bekannte, das Innenverhältnis betreffende Trennung zwischen beruflichen Angelegenheiten und „sonstigen Geschäften"[3] ist auf die Vertretungsregelung der Organe einer Rechtsanwaltsgesellschaft mbH nicht übertragbar.

131 Die **unechte Gesamtvertretung** zwischen einem Geschäftsführer und einem Prokuristen ist zwar in § 35 Abs. 2 S. 2 GmbHG nicht erwähnt, wird aber in Anlehnung an § 78 Abs. 3 AktG und § 125 Abs. 3 HGB für zulässig erachtet[4]. Da § 59f Abs. 3 BRAO die Erteilung einer Prokura für zulässig erklärt, bestehen damit auch in der Rechtsanwaltsgesellschaft mbH keine Bedenken gegen solche Gestaltungen. Zutreffend geht das gesellschaftsrechtliche Schrifttum davon aus, dass die Vertretungsmacht des einzigen Geschäftsführers nicht an die Mitwirkung eines Prokuristen gebunden werden kann[5]. Generell müssen die Geschäftsführer bei einem gemeinschaftlichen Handeln auch ohne die Beteiligung von Prokuristen vertretungsbefugt sein.

b) Prokuristen und Handlungsbevollmächtigte

132 Nach § 59f Abs. 3 BRAO kann in der Rechtsanwaltsgesellschaft mbH sowohl Prokura als auch Handlungsvollmacht erteilt werden. Prokuristen und Handlungsbevollmächtigte müssen zur Ausübung eines der sozietätsfähigen Berufe berechtigt und mehrheitlich Rechtsanwälte sein. Grundsätzlich sollte jedem Gesellschafter und jedem für die Gesellschaft im Rahmen eines Anstellungsverhältnisses tätigen Rechtsanwalt zumindest eine Handlungsvollmacht erteilt werden, sobald sein Name in den Briefkopf der Kanzlei aufgenommen wird (siehe aber auch Rz. 133). Trotz der insoweit nicht eindeutigen Gesetzesfassung ist davon auszugehen, dass einem Angehörigen

1 Henssler/Prütting/*Henssler*, § 59f BRAO Rz. 18.
2 So wohl auch *Zuck*, Anwalts-GmbH, § 59f BRAO Rz. 13, allerdings ohne auf die Problematik einzugehen; vgl. auch Hense/Ulrich/*Timmer*, § 28 WPO Rz. 10, der die Rechtsauffassung für die StBerG auf die WPG für anwendbar hält.
3 Dazu Henssler/Prütting/*Henssler*, § 6 PartGG Rz. 7.
4 BGHZ 13, 61, 64; BGHZ 26, 330, 332; BGHZ 62, 166, 170; Scholz/*U. H. Schneider*, § 35 GmbHG Rz. 71; Lutter/Hommelhoff/*Kleindiek*, § 35 GmbHG Rz. 39.
5 Scholz/*U. H. Schneider*, § 35 GmbHG Rz. 72; Lutter/Hommelhoff/*Kleindiek*, § 35 GmbHG Rz. 39; *Zuck*, Anwalts-GmbH, § 59f BRAO Rz. 13.

eines der sozietätsfähigen Berufe (Steuerberater, Wirtschaftsprüfer) eine Einzelhandlungsvollmacht erteilt werden darf[1]. Auch ein Steuerberater kann damit allein in Vertretung der Gesellschaft wirksam einen Mandatsvertrag abschließen, jedenfalls wenn es sich um ein Steuerberatungsmandat handelt. Jedes gegenteilige Ergebnis würde die Interessen der Mandanten grob missachten[2].

c) Rechtsscheinsvollmachten

Ebenso wie in der Sozietät ist auch in der Rechtsanwaltsgesellschaft mbH 133
der Abschluss der Mandatsverträge nicht den Geschäftsführern vorbehalten. Jene werden im Gegenteil in größeren Gesellschaften mit Managementaufgaben belastet sein und damit für die rechtsbesorgende Tätigkeit nur eingeschränkt zur Verfügung stehen. Der Abschluss der Mandatsverträge liegt damit in der Hand der für die Gesellschaft tätigen Rechtsanwälte. Aus Gründen des Mandantenschutzes kommt insoweit der internen Erteilung einer Handlungsvollmacht nur beschränkte Bedeutung zu. Denn jeder auf dem Briefbogen und den Kanzleischildern der GmbH aufgeführte Anwalt erweckt den Anschein, die Gesellschaft im Rahmen der rechtsberatenden Tätigkeit vertreten zu dürfen. In der Sozietät wird die gleiche rechtliche Bewertung aus der Stellung der auf dem Briefkopf benannten Personen als Scheinsozius hergeleitet[3]. Aus der Einstufung als Scheingesellschafter der GbR folgt dann zugleich die Alleinvertretungsbefugnis des Briefkopfpartners[4]. Für die GmbH gilt, dass mit der Angabe auf dem Briefkopf zwar nicht der Anschein der Gesellschafterstellung, wohl aber derjenige einer erteilten Einzelhandlungsvollmacht erweckt wird. Das entspricht der allgemein anerkannten Rechtsscheinsvollmacht[5]. Der Gesellschaft ist damit der Einwand verwehrt, dem entsprechenden Anwalt sei keine Vertretungsmacht erteilt oder eine früher erteilte wieder entzogen worden, so dass mangels wirksamen Vertragsschlusses auch eine Haftung für eine fehlerhafte Mandatsbearbeitung nicht in Betracht komme. Um diesem Rechtsschein entgegenzuwirken, verzichten manche Rechtsanwaltsgesellschaften mbH bereits darauf, die Berufsträger auf dem Briefbogen zu benennen (dazu Rz. 139; M Rz. 194ff.).

---

1 A.A. Gaier/Wolf/Göcken/*Bormann*, § 59f BRAO Rz. 13.

2 So auch *Zuck*, Anwalts-GmbH, § 59f BRAO Rz. 23, der eine Erteilung auch an nicht zusammenschlussfähige Personen für zulässig hält.

3 BGHZ 70, 247, 249 = BGH NJW 1978, 996; BGH NJW 1991, 1225; BGH NJW 1999, 3040; BGH NJW 2008, 2330 m. Anm. *Henssler/Deckenbrock*, WuB IV A, § 675 3.08.

4 Dazu BGH NJW 1992, 3037, 3039; *Schroeder*, DStR 1992, 507, 510; *Heckelmann*, FS Quack, 1991, S. 243, 251; Soergel/*Hadding*, § 714 BGB Rz. 20; *Hadding*, FS Rittner, 1991, S. 133, 142; *Wüst*, JZ 1989, 270.

5 Dazu BGH WM 1987, 689, 690; BGH NJW 1992, 3037, 3039.

3. Firmierung und Außendarstellung der Rechtsanwaltsgesellschaft

a) Notwendige Firmenbestandteile

134 Das Firmenrecht der Rechtsanwaltsgesellschaft findet seine Grundlagen in § 59k BRAO i.V.m. § 4 Abs. 1 GmbHG. Für die Rechtsanwaltsgesellschaft in Form einer UG gilt ergänzend § 5a Abs. 1 GmbHG.

135 Während nach dem Gesellschaftsrecht die Firma der GmbH grundsätzlich Personen-, Sach- oder Fantasiefirma[1] sein kann, verlangte **§ 59k Abs. 1 BRAO a.F.** als lex specialis die Aufnahme des **Namens** (zumindest) **eines anwaltlichen Gesellschafters** sowie der Bezeichnung **Rechtsanwaltsgesellschaft** in die Firma. Gegen diese Regelung sprachen erhebliche verfassungsrechtliche Bedenken, da die Firma einer Rechtsanwaltsgesellschaft wesentlich strengeren Beschränkungen unterworfen wurde als der Name einer Steuerberatungs- oder Wirtschaftsprüfungsgesellschaft[2]. Bis 2004 galten auch für Sozietäten und Partnerschaftsgesellschaften vergleichbare Beschränkungen der Namensgestaltung. Nachdem die Satzungsversammlung der Bundesrechtsanwaltskammer mit Wirkung zum 1. 11. 2004 die Beschränkung auf die Personenfirma in § 9 BORA aufgehoben hatte, so dass Sozietäten und Partnerschaftsgesellschaften Sach- oder Fantasiebezeichnungen wählen konnten (M Rz. 190ff.), war eine gleichlautende Beschränkung für die Rechtsanwaltsgesellschaft mbH nicht mehr haltbar.

136 Der durch das Gesetz zur Modernisierung von Verfahren im anwaltlichen und notariellen Berufsrecht[3] geänderte § 59k Abs. 1 BRAO verzichtet nunmehr auf das Erfordernis der Personenfirma, so dass sich die Firma der Rechtsanwaltsgesellschaft nur noch durch die zwingende Bezeichnung „Rechtsanwaltsgesellschaft" von dem Namensrecht der Sozietät unterscheidet. Der Zusatz Rechtsanwaltsgesellschaft muss ausgeschrieben sein, darf also nicht etwa als Rechtsanwalts-GmbH abgekürzt werden[4].

137 § 4 Abs. 2 GmbHG schreibt weiterhin den **Rechtsformzusatz** „Gesellschaft mit beschränkter Haftung" vor. Er kann in abgekürzter Form „GmbH" oder „mbH" verwendet werden[5]. Wird die Rechtsanwaltsgesellschaft als Unternehmergesellschaft gegründet, richtet sich die Firmierung nach § 5a GmbHG. In diesem Fall muss die Firma den Zusatz „Unternehmergesellschaft (Haftungsbeschränkt)" oder abgekürzt „UG (Haftungsbeschränkt)" führen. Um den firmenrechtlichen Regelungen in § 59k BRAO und § 5a GmbHG gerecht zu werden, muss die volle Bezeichnung „XY Rechtsanwaltsgesellschaft UG (Haftungsbeschränkt)" lauten.

---

1 Allg. anerkannt, vgl. etwa Baumbach/Hueck/*Hueck/Fastrich*, § 4 GmbHG Rz. 1.

2 Im Ergebnis offengelassen von BGH NJW 2004, 1099 („KPMG"); wie hier Hartung/Römermann/*Römermann*, § 59k BRAO Rz. 11.

3 BGBl. 2009 I, 2449.

4 Siehe auch Henssler/Prütting/*Henssler*, § 59k BRAO Rz. 10; a.A. OLG Rostock NJW 2007, 1473. Für die gleichlautende Vorschrift des Steuerberatungsgesetzes vgl. *Gehre/Koslowski*, § 53 StBerG Rz. 2.

5 Feuerich/Weyland/*Feuerich*, § 59k BRAO Rz. 10 unter Hinweis auf BGHZ 62, 216.

Die Zulässigkeit der Firma wird – auch im Hinblick auf die berufsrechtlichen Vorgaben – **vom Registergericht geprüft**[1]. Ein unzulässiger Firmengebrauch führt weder zur Versagung noch zum Widerruf der Zulassung. Die Rechtsanwaltskammer kann aber über §§ 3, 4 Nr. 11, 8 Abs. 3 Nr. 2 UWG Rechtsanwaltsgesellschaften, die eine unzulässige Firma führen, auf Unterlassung in Anspruch nehmen. Außerdem greifen die Regelungen der §§ 37 Abs. 1 HGB, 13 Abs. 3 GmbHG i.V.m. §§ 6 Abs. 1 HGB, 399 Abs. 4 FamFG ein. Das bedeutet, dass das Registergericht gegen eine unzulässige Firma mit der Festsetzung eines Ordnungsgelds vorgehen kann. Bleiben diese Bemühungen fruchtlos, so kommt gem. § 399 Abs. 4 i.V.m. Abs. 1 und 3 FamFG ein abgestuftes Verfahren bis zur Auflösung der Gesellschaft in Betracht[2]. Die zuständige Rechtsanwaltskammer kann nach § 399 Abs. 1 FamFG (§ 126 FGG a.F. analog) ein Tätigwerden des Registergerichts erzwingen[3]. 138

b) Gestaltung von Briefkopf und Praxisschild

Bezüglich der Gestaltung von Briefkopf und Praxisschild bestehen keine GmbH-spezifischen Besonderheiten (zu Einzelheiten siehe M Rz. 194ff.). § 10 Abs. 2 BORA verlangt, dass die **Namen aller Gesellschafter** auf dem Kanzleibriefbogen erscheinen. Die Regelung gilt für Sozietät, Partnerschaft und GmbH gleichermaßen[4], auch wenn die Pflicht zur Angabe der Gesellschafter bei der Kapitalgesellschaft nicht überzeugen kann. Außerdem muss für jede auf dem Briefbogen benannte Person die **Zuordnung** zu der jeweiligen Haupt- oder Zweigniederlassung erkennbar sein, an der diese Person ihren Kanzleisitz unterhält (§ 10 Abs. 1 S. 2 BORA). § 10 Abs. 2 BORA lässt es außerdem zu, zusätzlich die Namen der in der GmbH angestellten Rechtsanwälte oder freien Mitarbeiter in den Briefbogen der GmbH aufzunehmen. 139

c) Beschränkung des Firmenzusatzes auf zugelassene Gesellschaften

Nach dem 1. 3. 1999 neu gegründete Sozietäten oder Partnerschaften, an denen Rechtsanwälte beteiligt sind, dürfen die Bezeichnung Rechtsanwaltsgesellschaft nicht mehr verwenden. Die in Art. 8 Abs. 2 des Gesetzes zur Änderung des Bundesrechtsanwaltsordnung, der Patentanwaltsordnung und anderer Gesetze[5] vorgesehene Übergangsvorschrift wurde durch das Erste Gesetz über die Bereinigung von Bundesrecht im Zuständigkeitsbereich des Bundesministeriums der Justiz vom 24. 4. 2006[6] in § 59k Abs. 2 S. 2 BRAO in leicht abgeänderter Form eingefügt. Die als Ausnahme konzipierte Bestimmung gewährt zeitlich unbegrenzten Bestandsschutz für alle Sozietäten und Partnerschaftsgesellschaften, die vor Regelung der Rechtsanwaltsgesellschaft mbH durch den Gesetzgeber (Stichtag: 1. 3. 1999) die Bezeich- 140

1 Dazu Feuerich/Weyland/*Feuerich*, § 59d BRAO Rz. 10 und § 59k BRAO Rz. 14.
2 Dazu Feuerich/Weyland/*Feuerich*, § 59k BRAO Rz. 15.
3 So BayObLG NJW 1996, 3217 („Seufert II").
4 Hartung/Römermann/*Römermann*, § 10 BORA Rz. 31.
5 BGBl. 1998 I, 2607.
6 BGBl. I, 872.

nung „Rechtsanwaltsgesellschaft" geführt haben. Sie müssen ihrem Namen jedoch seit dem 1. 3. 2000 einen Hinweis auf die Rechtsform hinzufügen.

d) Die Firma der interprofessionellen Beratungs-GmbH

141 Aufgrund der Unterschiede im Firmenrecht der Rechtsanwaltsgesellschaften einerseits und der Steuerberatungs- und Wirtschaftsprüfungsgesellschaften andererseits ergaben sich unter der Geltung des § 59k BRAO a.F. Besonderheiten. Hatte eine bereits bestehende Steuerberatungsgesellschaft zusätzlich die Zulassung als Rechtsanwaltsgesellschaft erworben, so war § 59k Abs. 1 BRAO a.F. verfassungskonform dahingehend zu interpretieren, dass in einer interprofessionellen Kapitalgesellschaft neben dem Namen eines anwaltlichen Gesellschafters auch solche Firmenbestandteile verwendet werden durften, die nach den Berufsrechten der Steuerberater oder Wirtschaftsprüfer zulässig waren. Dementsprechend hielt der BGH zu Recht die Fortführung der Bezeichnung einer Steuerberatungsgesellschaft („KPMG") nach § 59k Abs. 1 S. 2 BRAO a.F. analog für zulässig[1].

142 Da nach geltendem Recht auch die Rechtsanwaltsgesellschaft mbH Fantasiebezeichnungen führen darf, gilt für interprofessionelle Berufszusammenschlüsse als einzige Besonderheit, dass die Bezeichnungen des Unternehmensgegenstandes nach dem Muster „X GmbH Rechtsanwaltsgesellschaft, Steuerberatungsgesellschaft und Wirtschaftsprüfungsgesellschaft" aneinanderzureihen sind. Abkürzungen, Wortverbindungen[2] oder ein Zusammenziehen der Bezeichnungen des Unternehmensgegenstandes[3] sind unzulässig.

143 Bei der **Neugründung** einer reinen Rechtsanwaltsgesellschaft können sich aus dem wettbewerbsrechtlichen Irreführungsverbot Beschränkungen ergeben. Namen bereits verstorbener Personen dürfen somit grundsätzlich nicht in die Firma aufgenommen werden (vgl. auch M Rz. 192). Außerdem ergeben sich Beschränkungen aus den Berufsrechten der Steuerberater und Wirtschaftsprüfer. So verbietet § 30 der Berufssatzung der Wirtschaftsprüfer es einer Wirtschaftsprüfungsgesellschaft, Bestandteile ihrer Firma anderen Gesellschaften zur Verfügung zu stellen oder die Verwendung durch solche Gesellschaften zu dulden, wenn diese Gesellschaften nicht als Wirtschaftsprüfungsgesellschaften anerkannt sind. Eine reine Rechtsanwaltsgesellschaft dürfte somit nicht mehr den Firmenbestandteil einer der „big four" in ihren Namen aufnehmen.

e) Die Fortführung der Namen ehemaliger Gesellschafter

144 Das anwaltliche Berufsrecht lässt es zu, die Namen der ausgeschiedenen Gesellschafter weiterzuführen. Für die Sozietät gilt – ebenso wie für das Recht

1 BGH NJW 2004, 1099 mit zustimmender Anm. *Römermann*, BB 2004, 514.

2 Unzulässig wäre auch die Wortverbindung „Rechtsanwaltsgesellschaft/Wirtschaftsprüfungsgesellschaft mbH", dazu WP-Hdb. 2006 I/*Naumann*, A Rz. 156.

3 Unzulässig ist etwa der Firmenbestandteil „Rechtsanwalts-, Steuerberatungs- und Wirtschaftsprüfungsgesellschaft", vgl. § 24 Abs. 2 BOStB (§ 56 Abs. 7 BOStB a.F.).

der Personenhandelsgesellschaft (§ 24 Abs. 2 HGB) –, dass die Fortführung des Namens der **Zustimmung des Gesellschafters** als Inhaber des Namensrechts gem. § 12 BGB bzw. des Erbens bedarf[1]. Für die GmbH geht der BGH dagegen seit seiner Entscheidung vom 20. 4. 1972[2] davon aus, dass der Gesellschafter, der seinen Namen für die Firma der GmbH zur Verfügung stellt, sich damit zugleich auf Dauer mit der Verwendung dieses Namens einverstanden erklärt[3]. Der Grund für die Abweichung von § 24 Abs. 2 HGB wird in dem Umstand gesehen, dass bei der GmbH schon vor der Reform des Firmenrechts die Sachfirma zulässig war, daher für den Gesellschafter anders als bei der Personengesellschaft „keinerlei gesetzliche(r) Zwang"[4] bestand, seinen Namen zur Verfügung zu stellen. Auf die Rechtsanwaltsgesellschaft mbH ließ sich diese Rechtsprechung nach altem Recht nicht übertragen, da hier atypischerweise nur eine Kombination von Sach- und Personenfirma gesetzlich für zulässig erklärt wurde[5]. Es empfahl sich daher eine ausdrückliche Vereinbarung, in welcher der namensgebende Gesellschafter seinen Namen zur Firmenbildung der Gesellschaft dauerhaft auch für die Zeit nach seinem Ausscheiden zur Verfügung stellte[6]. Seit die Personenfirma für Anwaltsgesellschaften nicht mehr zwingend gefordert wird, gelten nunmehr auch für sie die allgemeinen GmbH-rechtlichen Grundsätze.

Zwar hat der Gesetzgeber trotz der Liberalisierung des Firmenrechts an dem Zustimmungserfordernis des § 24 Abs. 2 HGB festgehalten, so dass sich die gesetzliche Ausgangslage für die Entscheidungspraxis des BGH verändert hat. Der Zwang zur Personenfirma soll danach offenbar nicht mehr der ausschlaggebende Gesichtspunkt sein, der eine Zustimmung der namensgebenden Person bedingt. Ob hieraus aber Schlussfolgerungen für die Rechtslage in der GmbH gezogen werden können, erscheint zweifelhaft, da im Rahmen der Handelsrechtsreform diese mittelbaren Konsequenzen ersichtlich nicht bedacht wurden. 145

Hat der namensgebende Rechtsanwalt seinen Namen ursprünglich dauerhaft nur für die Kurzbezeichnung einer Sozietät oder Partnerschaft zur Verfügung gestellt, so erstreckt sich diese Zustimmung im Zweifel auch auf die Fortführung des Namens in der Firma einer GmbH[7]. 146

1 Hartung/Römermann/*Römermann*, § 9 BORA Rz. 65.
2 BGHZ 58, 322; bestätigt durch Urt. v. 27. 9. 1982, BGHZ 85, 221; aus dem zustimmenden Schrifttum vgl. nur Hachenburg/*Heinrich*, § 4 GmbHG Rz. 54, 83f.
3 Scholz/*Emmerich*, § 4 GmbHG Rz. 34.
4 BGHZ 85, 221, 224.
5 So auch *Zuck*, Anwalts-GmbH, § 59k BRAO Rz. 11.
6 Zur Reichweite derartiger Gestaltungen vgl. OLG München, NZG 2000, 367 mit Anm. *Henssler* NZG 2000, 875.
7 Zur parallelen Situation bei der Fortführung einer Sozietätsbezeichnung durch eine Partnerschaft BGH NJW 2002, 2093; BayObLG NJW 1998, 1158; OLG München, NZG 2000, 367 mit Anm. *Henssler*, NZG 2000, 875.

4. Die Postulationsfähigkeit der Rechtsanwaltsgesellschaft mbH

147 **§ 59l BRAO** gewährt der Rechtsanwaltsgesellschaft mbH die eigenständige Postulationsfähigkeit (dazu allgemein M Rz. 42 ff.), die der vor Inkrafttreten der gesetzlichen Regelung möglichen Anwalts-GmbH noch fehlte. Mit der Anerkennung der Postulationsfähigkeit setzte sich die gesetzliche Regelung der Rechtsanwaltsgesellschaft mbH in **Widerspruch zu der bis dahin h.M. im Zivilprozessrecht**, die juristische Personen weder als prozessfähig i.S.v. § 52 ZPO ansah[1] noch die Möglichkeit anerkannte, juristische Personen zu Bevollmächtigten gem. § 79 ZPO zu bestellen[2]. Nach der Anerkennung der Postulationsfähigkeit der Rechtsanwaltsgesellschaft mbH ist diese Ansicht nicht mehr ernsthaft vertretbar[3].

148 Vor der Finanzgerichtsbarkeit wurden juristische Personen schon früher als prozessfähig angesehen[4]. Nach Art. 1 Nr. 1 BFH-EntlG[5] war der Vertretungszwang vor dem BFH allerdings verbunden mit einer Beschränkung auf Rechtsanwälte, Steuerberater und Wirtschaftsprüfer als natürliche Personen[6]. Eine Bevollmächtigung von Steuerberatungsgesellschaften und somit auch von Rechtsanwaltsgesellschaften war danach vor dem BFH nicht möglich[7]. Nunmehr ist durch § 62 Abs. 2 FGO klargestellt, dass auch Gesellschaften i.S.d. § 3 Nr. 2 und 3 StBerG zur Vertretung ihrer Mandanten vor dem BFH berechtigt sind. Neben den Steuerberatungsgesellschaften sind damit auch Rechtsanwaltsgesellschaften und Wirtschaftsprüfungsgesellschaften als Bevollmächtigte zugelassen.

149 Das Gesetz geht von der **Prozessfähigkeit der durch ihre Organe handelnden GmbH** aus[8]. Die GmbH ist rechtsfähig und kann sich selbst durch Verträge verpflichten, da ihr die Handlungen ihrer Organe als **eigene** zugerechnet werden. Folgerichtig ist sie zugleich prozessfähig, so dass sie auch unbedenklich selbst als Bevollmächtigte angesehen werden kann. Die Rechtsanwaltsgesellschaft mbH kann durch ihre Geschäftsführer oder andere Vertreter

---

1 BGHZ 38, 71, 75; Thomas/Putzo/*Hüßtege*, § 52 ZPO Rz. 4, § 79 ZPO Rz. 4 (Anwalts-GmbH als Ausnahme); a.A. BGH NJW 1965, 1667; BGH NJW 1984, 668; *Jauernig*, Zivilprozessrecht, bereits 25. Aufl. 1998, § 20 II 1; wohl auch BGH NJW 1993, 1654, 1655, wo der Senat davon ausgeht, dass eine juristische Person nachträglich prozessunfähig wird.

2 BFH NJW 1977, 776; OVG Berlin NJW 1974, 2255; *Baumbach/Lauterbach/Albers/Hartmann*, 58. Aufl. 2000, § 79 ZPO Rz. 1; Zöller/*Vollkommer*, 21. Aufl. 1999, § 79 ZPO Rz. 2; MünchKommZPO/*v. Mettenheim*, 2. Aufl. 2000, § 79 ZPO Rz. 4; a.A. *Jauernig*, Zivilprozessrecht, bereits 25. Aufl. 1998, § 20 II 1, 56; für den Fall eines Mietervereins LG Flensburg MDR 1975, 408.

3 *Henssler*, NJW 1999, 241, 244; Zöller/*Vollkommer*, § 52 Rz. 2.

4 Vgl. § 58 Abs. 2 S. 1 FGO; BFHE 130, 477; BFH BFH/NV 12/90, 796; zustimmend m.w.N. Feuerich/Weyland/*Feuerich*, § 59l BRAO Rz. 2.

5 BStBl. 1975 I, 932.

6 BFH BStBl. 1977 II, 121.

7 Sozietätsrecht/*Kraus/Senft*, 1. Aufl. 2000, § 16 Rz. 42.

8 Treffend *Jauernig*, Zivilprozessrecht, 29. Aufl. 2007, § 20 II 1; Hachenburg/*Raiser*, § 13 GmbHG Rz. 17; Feuerich/Weyland/*Feuerich*, § 59l BRAO Rz. 2.

als Prozessbevollmächtigte auftreten, sofern diese Personen jeweils selbst postulationsfähig sind.

Nach § 59l BRAO genügt es in allen forensischen Streitigkeiten, allein der GmbH eine **Prozessvollmacht** zu erteilen[1]. Tritt für die GmbH nicht deren Geschäftsführer auf, so bedarf es freilich einer zusätzlichen Bevollmächtigung des handelnden Rechtsanwalts, die auch in Form einer Prokura vorliegen kann[2]. Die GmbH kann forensisch nur durch zugelassene Rechtsanwälte tätig werden (§ 59l S. 3 BRAO). Diese haben vor Gericht ihre Berufspflichten zu beachten. Zusätzlich muss die GmbH selbst das Berufspflichtenprogramm einhalten. 150

Aufgrund einer erst durch den Rechtsausschuss[3] in § 59l S. 4 BRAO eingefügten Klarstellung kann die Rechtsanwaltsgesellschaft mbH nun auch ein **strafverfahrensrechtliches Mandat** übernehmen, ohne dass es einer zusätzlichen Änderung der §§ 137ff. StPO bedurfte[4]. Der Mandatsvertrag kommt in diesen Fällen nur zwischen der Gesellschaft und dem Mandanten zustande[5]. Lediglich die verfahrensrechtliche Position als Strafverteidiger i.S.d. §§ 137ff. StPO wird nicht von der GmbH, sondern von der für die Gesellschaft handelnden Person übernommen. Im Interesse einer funktionierenden Strafrechtspflege und der Vermeidung von Verfahrensverschleppungen soll auf diese Weise die Höchstzahl von drei Verteidigern gesichert werden[6]. § 59l S. 4 BRAO erfasst nicht nur die Verteidigung im Strafprozess, sondern auch die Vertretung in anderen Verfahren, die sich nach der StPO richten, wie das Ordnungswidrigkeitenverfahren (§ 46 OWiG) oder das anwaltsgerichtliche Verfahren (§ 116 BRAO)[7]. 151

5. Das Betätigungsfeld der Rechtsanwaltsgesellschaft mbH

a) Anwaltliche Tätigkeiten

Der Rechtsanwaltsgesellschaft mbH steht nach § 59l BRAO im Grundsatz das gesamte Spektrum der **rechtsbesorgenden Tätigkeit** offen. Einschränkungen können sich aus außerberuflichen Vorschriften ergeben. So zählt zwar die Insolvenzverwaltung zum anwaltlichen Tätigkeitsfeld[8]. Die Verwalter- 152

---

1 Gaier/Wolf/Göcken/*Bormann*, § 59l BRAO Rz. 2.

2 Zu beachten ist bei einer Einzelvollmacht, dass bei einseitigen Rechtsgeschäften (insbesondere auch Prozesserklärungen) des bevollmächtigten Anwalts immer eine Vollmachtsurkunde vorzulegen ist. Ansonsten besteht die Gefahr der Zurückweisung der Erklärung gem. § 174 BGB.

3 BT-Drucks. 13/11035, 33.

4 Dazu Feuerich/Weyland/*Feuerich*, § 59l BRAO Rz. 5.

5 A.A. *Zuck*, Anwalts-GmbH, § 59l BRAO Rz. 9, der davon spricht, dass das Verteidigermandat nur einer natürlichen Person erteilt werden darf.

6 Zweifelnd *Johnigk*, ZAP 1998, 1071 = Fach 23, S. 379.

7 Hartung/Römermann/*Römermann*, § 59l BRAO Rz. 10.

8 *Henssler*, AnwBl. 1997, 129, 130; a.A. Braun/Uhlenbruck/*Braun*, Unternehmensinsolvenz, 2. Aufl. 1999, S. 726.

tätigkeit konnte aber bereits unter der Geltung der KO[1] nicht von Kapitalgesellschaften wahrgenommen werden. § 56 Abs. 1 InsO[2] schließt nunmehr sogar ausdrücklich die Kapitalgesellschaft von der Verwaltertätigkeit aus. Das Gleiche gilt für die ähnlich gelagerten Aufgaben eines vorläufigen Insolvenzverwalters (§§ 21 Abs. 2 Nr. 1, 56 Abs. 1 InsO) oder Sequesters. Nur von natürlichen Personen können auch die Tätigkeiten als Betreuer (vgl. § 1897 Abs. 1 BGB), als Nachlassverwalter (vgl. §§ 1975, 1985 BGB), als Pfleger (§ 1915 BGB), als Vormund (§§ 1779ff., insbes. §§ 1791aff. BGB) und als Zwangsverwalter[3] ausgeübt werden[4]. Dagegen sollte ein **Mediationsmandat** auch der GmbH erteilt werden können[5]. Allein der Umstand, dass die Mediation selbst faktisch nur von einer natürlichen Person ausgeübt werden kann[6], dürfte nicht entscheidend sein, kann doch auch die unmittelbare anwaltliche Rechtsberatung typischerweise nur von einer natürlichen Person erbracht werden. Unproblematisch ist ferner die Übernahme einer **Testamentsvollstreckung**[7] durch eine juristische Person. So werden schon derzeit vielfach Banken[8], aber auch Wirtschaftsprüfungs- und Steuerberatungsgesellschaften zu Testamentsvollstreckern ernannt.

b) Nichtanwaltliche Tätigkeiten

153 Nichtanwaltliche Tätigkeiten sollen der Rechtsanwaltsgesellschaft mbH – nach der freilich nicht eindeutigen Gesetzesfassung – verwehrt bleiben[9]. § 59c Abs. 1 BRAO sieht zwar keine ausdrückliche Beschränkung des Unternehmensgegenstandes auf die Beratung und Vertretung in Rechtsangelegenheiten vor. Aus der Regelung der Zulassungs- und der Widerrufsvoraussetzungen in §§ 59d, 59h Abs. 3 BRAO ergibt sich aber, dass die Zulassung nur für solche Gesellschaften vorgesehen ist, deren Gegenstand **ausschließlich** die geschäftsmäßige Besorgung fremder Rechtsangelegenheiten ist. Anderenfalls hätte sich ein Rückgriff auf die allgemeinen Regeln etwa der §§ 7 Nr. 8, 14 Abs. 2 Nr. 9, 59m BRAO aufgedrängt. Denn selbstverständlich müssen auch der GmbH all jene Tätigkeiten verwehrt bleiben, die mit

1 Hachenburg/*Raiser*, § 13 GmbHG Rz. 14; *Uhlenbruck/Delhaes*, Konkurs- und Vergleichsverfahren, 5. Aufl. 1990, Rz. 518; *Pape*, ZIP 1993, 737, 738; Prütting/*Henssler*, Insolvenzrecht 1996, S. 165, 185.

2 Anders noch § 65 des RegE InsO, abgedruckt bei *Kübler/Prütting* (Hrsg.), Das neue Insolvenzrecht, 1994, Bd. 1, S. 227.

3 *Stöber*, Zwangsversteigerungsgesetz, 19. Aufl. 2009, § 150 ZVG Rz. 2.

4 Zum Ganzen *Zuck*, Anwalts-GmbH, § 59c BRAO Rz. 24.

5 A.A. *Zuck*, Anwalts-GmbH, § 59c BRAO Rz. 24 und wohl auch der Schlussbericht des BRAK-Ausschusses Mediation, BRAK-Mitt. 1996, 186.

6 Hierauf stellt *Zuck*, Anwalts-GmbH, § 59c BRAO Rz. 24 entscheidend ab.

7 MünchKommBGB/*Zimmermann*, § 2197 Rz. 9.

8 Zur Problematik der fehlenden Erlaubnis nach dem RBerG a.F. OLG Karlsruhe WM 1994, 688; *Henssler*, ZEV 1994, 261; *Bork*, WM 1995, 225. Nach § 5 Abs. 2 Nr. 1 RDG wird vermutet, dass Rechtsdienstleistungen im Zusammenhang mit einer Testamentsvollstreckung stets erlaubte Nebenleistungen sind; hierzu näher Grunewald/Römermann/*Hirtz*, § 5 RDG Rz. 205ff.; *Kleine-Cosack*, § 5 RDG Rz. 71ff.

9 *Zuck*, MDR 1998, 1317, 1318.

dem Anwaltsberuf, insbesondere der Stellung des Rechtsanwalts als unabhängigem Organ der Rechtspflege, nicht zu vereinbaren sind oder das Vertrauen in die Unabhängigkeit der Rechtsanwaltsgesellschaft mbH gefährden.

Zugleich ergibt sich aus der Zulässigkeit der interprofessionellen Zusammenarbeit in der GmbH, dass auch die Berufstätigkeit der **sozietätsfähigen Berufe** als Unternehmensgegenstand gewählt werden kann[1]. Diese Erstreckung auf die berufliche Tätigkeit aller sozietätsfähigen Berufe unter gleichzeitiger Ausklammerung sonstiger Unternehmensgegenstände hätte redaktionell weit klarer zum Ausdruck gebracht werden können[2]. 154

c) Die Zulässigkeit der Organisations-GmbH

Die gesetzliche Neuregelung erfasst die reine Organisations-GmbH nicht. 155
Anwaltliche Bürogemeinschaften in der Rechtsform der GmbH können damit keine Zulassung erhalten. § 59c Abs. 1 BRAO ist aber nicht als Verbot der Organisationsgesellschaft zu verstehen[3]. Sie war schon nach altem Recht als unbedenklich eingestuft worden, lange bevor die Diskussion um die Zulässigkeit der GmbH als Berufsausübungsgesellschaft begann[4]. Ein Verbot ist der Neuregelung jedenfalls nicht mit der verfassungsrechtlich erforderlichen Bestimmtheit zu entnehmen.

IX. Das Geschäftsbesorgungsverhältnis zwischen GmbH und Mandant

1. Vertragsrechtliche Besonderheiten

In der Rechtsanwaltsgesellschaft mbH kommt der Anwaltsvertrag ausschließ- 156
lich zwischen dem Mandanten und der GmbH selbst zustande. Dies gilt sowohl für beratende als auch – aufgrund der durch § 59l BRAO gewährten Postulationsfähigkeit – für forensische und für strafrechtliche Mandate. Die Gesellschaft wird beim Vertragsschluss durch ihre Organe (Geschäftsführer) oder sonstige vertretungsberechtigte Personen (siehe oben Rz. 132ff.) vertreten. Jeder auf dem Briefkopf oder dem Kanzleischild genannte Berufsträger gilt nach Rechtsscheinsgrundsätzen als bevollmächtigt, allein im Namen der Gesellschaft Mandate anzunehmen (siehe oben Rz. 133).

Die Erfüllung des Mandatsvertrages erfolgt im forensischen Bereich aus- 157
schließlich durch zugelassene Rechtsanwälte. Einer speziellen Untervollmacht bedarf es nicht. Das Auftreten vor Gericht ist durch die jeweilige Vertretungsmacht (Organstellung, Prokura, Handlungsvollmacht) gedeckt.

---

1 Feuerich/Weyland/*Feuerich*, § 59c BRAO Rz. 3; zweifelnd im Hinblick auf die unterschiedlichen berufsrechtlichen Voraussetzungen *Kempter/Kopp*, BRAK-Mitt. 1998, 254, 255.
2 Vgl. auch BGH NJW 2006, 1132.
3 A.A. *Zuck*, MDR 1998, 1317, 1318; vgl. ferner *Römermann*, GmbHR 1997, 590, 531f.
4 *Henssler*, JZ 1992, 697, 705.

2. Haftung der GmbH und Haftungsbeschränkungsmöglichkeiten

158 Der Rechtsanwaltsgesellschaft mbH wird das Handeln ihrer Organe und satzungsmäßig berufenen Vertreter über § 31 BGB analog und dasjenige der angestellten Rechtsanwälte über § 278 BGB zugerechnet. Sie haftet damit selbst für alle Pflichtverletzungen während der Mandatsbearbeitung.

159 Die Möglichkeiten, die Haftung der Gesellschaft zu **beschränken**, richten sich nach den allgemeinen Grundsätzen des § 51a Abs. 1 BRAO. Neben einer individualvertraglichen Haftungsbeschränkung kommt danach auch eine formularvertragliche Vereinbarung in Allgemeinen Mandatsbedingungen in Betracht. § 51a Abs. 1 Nr. 2 BRAO lässt insoweit allerdings lediglich eine Beschränkung für Fälle einfacher Fahrlässigkeit und nur auf den vierfachen Betrag der Mindestversicherungssumme zu. Außerdem muss ein entsprechender Versicherungsschutz bestehen. Während diese Regelung dem Einzelanwalt eine summenmäßige Haftungsbegrenzung auf einen Betrag von 1 Mio. Euro erlaubt, kommt in der GmbH aufgrund der auf 2,5 Mio. Euro erhöhten Mindestversicherungssumme nur eine Begrenzung auf einen Betrag von mindestens 10 Mio. Euro in Betracht. Für eine formularvertragliche Haftungsbegrenzung verbleibt damit in aller Regel kein Raum, weil entsprechende Haftungsrisiken nur in Sonderkonstellationen bestehen, in denen allein eine Individualvereinbarung sachgerecht ist. Auch wird nur für einen relativ kleinen Teil aller Rechtsanwaltsgesellschaften ein genereller Versicherungsschutz in Höhe von mindestens 10 Mio. Euro sachgerecht sein. Die Regelung verdeutlicht, dass die vom Gesetzgeber zur Verfügung gestellte GmbH nur für Großgesellschaften optimal ausgestaltet ist. Die gesetzliche Regelung verschärft damit in bedenklicher Weise den Konzentrations- und Fusionsprozess auf dem Anwaltsmarkt. Aus Gründen der Chancengleichheit hätte unbedingt auch den kleinen Berufsausübungsgesellschaften ein gleichberechtigter Zugang zur GmbH eröffnet werden müssen. Die Einführung der Rechtsform der UG durch das MoMiG erleichtert die Situation der kleineren Berufsausübungsgesellschaften nicht, da die berufsrechtliche Mindestversicherung ausnahmslos auch für Unternehmergesellschaften gilt.

3. Anwaltliche Haftungsrisiken in der GmbH

a) Reichweite des Haftungsprivilegs

160 Die Rechtsanwaltsgesellschaft mbH erlaubt als einzige Rechtsform der Anwaltschaft ein in sich geschlossenes und lückenloses Risikomanagementkonzept. Die vom Berufsrecht unangetastete gesellschaftsrechtliche Haftungsbeschränkung hält die Haftungsgefahren bei Mandaten mit unüberschaubaren Risiken in einem angemessenen Rahmen. Das kapitalgesellschaftsrechtliche Haftungsprivileg unterliegt in der Rechtsanwaltsgesellschaft mbH nur den allgemeinen gesellschaftsrechtlichen, auf Ausnahmesituationen beschränkten Durchbrechungen (dazu Rz. 165).

161 Außerhalb der Fälle gesellschaftsrechtlicher Durchgriffshaftung ist eine persönliche Haftung des Rechtsanwalts zunächst im Anwendungsbereich der

Dritthaftung aus **culpa in contrahendo** (§ 311 Abs. 3 BGB) denkbar (siehe unten Rz. 170f.)[1]. Sie setzt voraus, dass der anwaltliche Gesellschafter selbst besonderes persönliches Vertrauen in Anspruch nimmt[2]. Auch über **§ 826 BGB** hat die Rechtsprechung bereits eine außervertragliche Haftung von Rechtsanwälten konstruiert[3].

b) Persönliche Haftung bei unzureichendem Versicherungsschutz

§ 59j Abs. 4 BRAO begründet eine persönliche Haftung der Gesellschafter und Geschäftsführer bei unzureichendem Versicherungsschutz. Unterhält die Rechtsanwaltsgesellschaft mbH nicht die erforderliche Berufshaftpflichtversicherung mit einer Mindestversicherungssumme von 2,5 Mio. Euro, so haften alle Gesellschafter und Geschäftsführer persönlich als Gesamtschuldner (§ 421 BGB) neben der Gesellschaft. Die persönliche Haftung ist auf die Höhe des fehlenden Versicherungsschutzes begrenzt. 162

Die Haftung greift unabhängig davon, ob den Betroffenen ein Verschulden an dem Versäumnis trifft[4]. Da der Nachweis der Pflichtversicherung Zulassungsvoraussetzung (§ 59d Nr. 3 BRAO) ist, werden solche Fälle selten sein. Denkbar ist eine nachträgliche Kündigung der Versicherung durch das Versicherungsunternehmen oder ein Tätigwerden ohne Zulassung. Lehnt die Versicherung eine Leistung nicht wegen des fehlenden Versicherungsschutzes, sondern aus anderen Gründen ab, so ist der Haftungstatbestand nicht einschlägig[5]. Generell wird man die Haftung auch bei einer bloßen (unzulässigen) Firmierung als Rechtsanwaltsgesellschaft bejahen müssen, da die Mandanten in diesen Fällen auf eine Sicherung ihrer Forderungen in Höhe der Mindestversicherungssumme von 2,5 Mio. Euro vertrauen dürfen. 163

c) Fälle der Durchgriffshaftung

Der einzelne Gesellschafter der Rechtsanwaltsgesellschaft mbH kann u.U. nach den gesellschaftsrechtlichen Grundsätzen der Durchgriffshaftung in Anspruch genommen werden mit der Folge, dass er unmittelbar persönlich für die Schulden der Gesellschaft haftet. Die Rechtsprechung[6] erkennt eine Durchgriffshaftung allerdings nur unter sehr eng gefassten Voraussetzungen an, die in der Freiberufler-GmbH nur selten erfüllt sein werden. In der Mehrpersonen-GmbH wird die Durchgriffshaftung an die beherrschende Stellung 164

1 Dazu BGH NJW-RR 1988, 328; *Henssler*, AnwBl. 1996, 3, 6; *Henssler*, JZ 1994, 178, 184; Borgmann/Jungk/Grams/*Jungk*, Anwaltshaftung, 4. Aufl. 2005, VI Rz. 18ff.; Sozietätsrecht/*Kraus/Senft*, § 15 Rz. 94f.

2 BGHZ 77, 172, 176f.; BGH NJW-RR 1988, 328; MünchKommBGB/*Emmerich*, § 311 Rz. 245; *Henssler*, AnwBl. 1996, 3, 6.

3 BGH NJW 1992, 2821; dazu *Kort*, DB 1992, 1765, 1767f.; *Schlee*, AnwBl. 1993, 118, 119; *Henssler*, AnwBl. 1996, 3, 6.

4 BT-Drucks. 13/9820, 18; Henssler/Prütting/*Henssler*, § 59l BRAO Rz. 12.

5 Feuerich/Weyland/*Feuerich*, § 59j BRAO Rz. 6.

6 BGH WM 1977, 845; BGH NJW 1981, 2810 (zur Unterkapitalisierung); BGH WM 1958, 463; BGH ZIP 1985, 31 (zur Vermögensvermischung).

des Gesellschafters geknüpft. Selbst dem Gesellschafter-Geschäftsführer bleibt der Einwand des fehlenden Einflusses auf die Geschäftspolitik.

165 Von der gesellschaftsrechtlichen Literatur wurden – zum Teil im Anschluss an die Rechtsprechung – vier Fallgruppen der Durchgriffshaftung[1] entwickelt. In Betracht kommt eine Durchgriffshaftung nur bei

- **offenbarer Unterkapitalisierung** (völlig unzureichende Eigenkapitalausstattung),
- **Vermögensvermischung**[2] (Vermischung von Privat- und Gesellschaftsvermögen),
- **Sphärenvermischung**[3] (z.B. Führung mehrerer ähnlicher Firmen, gleiche Geschäftsräume) oder bei
- **Institutsmissbrauch** (Beispiel: die GmbH trägt alle Risiken, hat aber keine korrespondierenden Gewinnchancen)[4].

Hinzu tritt die auf § 826 BGB gestützte Haftung wegen eines existenzvernichtenden Eingriffs. Der BGH[5] hat insoweit allerdings das Konzept einer eigenständigen Haftungsfigur aufgegeben und die Verantwortlichkeit des Gesellschafters als schadensersatzrechtliche Innenhaftung gegenüber der Gesellschaft ausgestaltet. Die Haftung bleibt – wegen ihrer Herleitung aus § 826 BGB – auf Fälle einer sittenwidrigen vorsätzlichen Schädigung begrenzt.

166 Die Fallgruppen verdeutlichen, dass stets eine normzweckwidrige oder missbräuchliche Verwendung der Rechtsform gegeben sein muss. Aus dem besonderen Charakter der anwaltlichen Berufstätigkeit ergeben sich – wie die gesetzliche Regelung verdeutlicht – für sich genommen keine Bedenken gegen die Freistellung der Gesellschafter von der persönlichen Haftung. Für eine Inanspruchnahme der Gesellschafter gelten damit in der Rechtsanwaltsgesellschaft mbH keine erleichterten Bedingungen.

d) Haftung des anwaltlichen Geschäftsführers

167 Besondere Haftungsrisiken ergeben sich für jene in der GmbH tätigen Rechtsanwälte, die zugleich zu Geschäftsführern bestellt sind. Die Geschäftsführer haften für die Folgen ihrer Pflichtverletzungen gem. **§ 43 Abs. 2 GmbHG** gegenüber der GmbH. Diese Innenhaftung beschränkt sich nicht auf den Bereich der typischen Managementfunktionen im Sinne der Unternehmensleitung. Führt das Fehlverhalten des Geschäftsführers zu ei-

---

1 Dazu Lutter/Hommelhoff/*Lutter*, § 13 GmbHG Rz. 11 ff.; *K. Schmidt*, ZIP 1994, 837; *Geißler*, GmbHR 1993, 71; *Lutter*, DB 1994, 129.

2 BGH WM 1958, 463; BGH ZIP 1985, 31.

3 BGH WM 1958, 463.

4 Dazu BGH ZIP 1992, 694; BGH WM 1979, 229; BGH NJW-RR 1988, 1181; *Wiedemann*, Gesellschaftsrecht I, 1980, S. 227.

5 BGHZ 173, 246 = NJW 2007, 2689 – Trihotel; BGHZ 176, 204 = NJW 2008, 2437 – Gamma.

ner Verletzung vertraglicher Pflichten der Gesellschaft gegenüber Dritten, so greift § 43 Abs. 2 GmbHG ebenfalls ein[1]. Zu einer Haftung kommt es also in der Rechtsanwaltsgesellschaft mbH stets dann, wenn der Geschäftsführer einen fehlerhaften Rat erteilt oder er bei einer Mandatsbearbeitung die Verjährungsfrist versäumt hat[2]. Eine sinnvolle Trennung zwischen unternehmensleitenden Tätigkeiten und einer „nicht organschaftlichen" Dienstleistung im Rahmen des Anstellungsverhältnisses mit der Gesellschaft lässt sich in der Praxis nicht realisieren. Das Arbeitnehmerhaftungsprivileg kommt dem Geschäftsführer im Rahmen seines Anstellungsverhältnisses mit der GmbH grundsätzlich nicht zugute[3], so dass er bei einem beruflichem Fehlverhalten ohnehin gegenüber der Gesellschaft aus dem Anstellungsvertrag nach § 280 BGB haftet. Geschädigte Mandanten können sowohl den Anspruch der Gesellschaft aus § 43 Abs. 2 GmbHG als auch jenen aus § 280 BGB (Pflichtverletzung des Anstellungsvertrages) **pfänden und sich überweisen** lassen[4]. Zwar entscheiden gem. § 46 Nr. 8 GmbHG grundsätzlich die Gesellschafter, ob der Anspruch überhaupt geltend gemacht werden soll, so dass ohne einen entsprechenden Beschluss eine Schadensersatzklage als unbegründet abzuweisen ist[5]. Diese Voraussetzung greift jedoch bei der Pfändung des Anspruchs durch einen Gläubiger nicht[6]. Auch ein nachträglicher Verzicht ist als unwirksam einzustufen, sofern der Ersatzanspruch erforderlich ist, um die Gesellschaftsgläubiger zu befriedigen[7].

Inwieweit eine **vertragliche Freistellung des Geschäftsführers von der Haftung** für fahrlässige Pflichtverletzungen oder ein genereller antizipierter Verzicht zulässig ist, ist im gesellschaftsrechtlichen Schrifttum umstritten. Die h.M. in Rechtsprechung und Schrifttum befürwortet diese Möglichkeit, soweit es sich um Pflichten handelt, die nicht die Kapitalerhaltung oder den Existenzschutz der GmbH betreffen[8]. Demnach ist eine Freistellung oder ein 168

1 BGH WM 1975, 467; Scholz/*U. H. Schneider*, § 43 GmbHG Rz. 108; Baumbach/Hueck/*Zöllner/Noack*, § 43 GmbHG Rz. 17.

2 Offenbar a.A. ohne Begründung *Gail/Overlack*, Anwaltsgesellschaften, 2. Aufl. 1996, S. 106, die ein Haftungsrisiko des handelnden Geschäftsführers leugnen; wie hier: Feuerich/Weyland/*Feuerich*, § 59j BRAO Rz. 6; *Henssler*, ZIP 1997, 1481, 1484.

3 BAG NJW 1995, 210, 211 ff.; OLG Düsseldorf, AG 1995, 416, 420; *Edenfeld/Neufang*, AG 1999, 49, 53; Baumbach/Hueck/*Zöllner/Noack*, § 43 GmbHG Rz. 6, 9; Lutter/Hommelhoff/*Kleindiek*, § 43 GmbHG Rz. 31.

4 Baumbach/Hueck/*Zöllner/Noack*, § 43 GmbHG Rz. 30; Scholz/*U. H. Schneider*, § 43 GmbHG Rz. 291; *Henssler*, ZIP 1997, 1481, 1484, dem zustimmend Feuerich/Weyland/*Feuerich*, § 59j BRAO Rz. 6.

5 BGH GmbHR 1998, 278.

6 Baumbach/Hueck/*Zöllner/Noack*, § 43 GmbHG Rz. 30; Scholz/*U. H. Schneider*, § 43 GmbHG Rz. 291.

7 Lutter/Hommelhoff/*Kleindiek*, § 43 GmbHG Rz. 52; *Cahn*, Vergleichsverbote im Gesellschaftsrecht, 1996, S. 103 f.

8 BGH NJW 2002, 3777; BGH NZG 2003, 528; Baumbach/Hueck/*Zöllner/Noack*, § 43 GmbHG Rz. 46 f.; Lutter/Hommelhoff/*Kleindiek*, § 43 GmbHG Rz. 55; Scholz/*U. Schneider*, § 43 GmbHG Rz. 261; Ulmer/*Paefgen*, § 43 GmbHG Rz. 124; *Konzen*, NJW 1989, 2977, 2984; *Felix*, DStR 1987, 457; a.A. *Roth/Alt-*

Anspruchsverzicht für anwaltliche Pflichtverletzungen zulässig, auch wenn der Schadensersatzbetrag später zur Gläubigerbefriedigung benötigt würde. Teilweise wird vertreten, dass sogar für grob fahrlässige Pflichtverletzungen eine Freistellung erfolgen könne[1]. Für anwaltliche Geschäftsführer ergeben sich aus berufsrechtlichen Überlegungen keine Besonderheiten. Insbesondere lässt sich keine Parallele zu § 51a BRAO ziehen und mit diesem Argument die Haftungsfreistellung für grob fahrlässige Pflichtverletzungen verneinen. Es ist nämlich nicht erkennbar, weshalb der Mandant einer Rechtsanwaltsgesellschaft mbH ein besonders schutzwürdiges Interesse an der persönlichen Inanspruchnahme des Geschäftsführers haben sollte[2]. Er ist vielmehr hinreichend durch den erhöhten Versicherungsschutz abgesichert. Ob das Mandat durch den Geschäftsführer oder einen Gesellschafter/angestellten Mitarbeiter bearbeitet wird, ist für den Mandanten in der GmbH von untergeordneter Bedeutung.

169 Probleme ergeben sich aus der freistellenden Wirkung von **Weisungen der Gesellschafterversammlung**[3]. Wird die Durchführung eines schwierigen Großmandats unter den Gesellschaftern vorbesprochen und eine bestimmte Marschrichtung festgelegt, so entfällt eine Haftung des in die Vertragserfüllung eingeschalteten Geschäftsführers aus § 43 GmbHG. In Einmann-Gesellschaften ist danach der Geschäftsführer-Gesellschafter immer freigestellt, da er sich stets auf eine entsprechende Gesellschafter-Weisung berufen kann. Eines förmlichen Gesellschafterentscheides bedarf es beim Allein-Gesellschafter-Geschäftsführer nach der jüngeren Rechtsprechung des BGH nicht[4]. Man wird sich behelfen können, indem man alle berufsbezogenen Weisungen, zumindest aber jene, die zu einer Gefährdung und potenziellen Schädigung der Mandanten führen, z.B. die Pflicht zur „Wahl des sichersten Weges" zu missachten, als rechtswidrig und damit wirkungslos einstuft. Eine gesetzliche Basis für diese Bewertung bietet – neben der in §§ 1, 3, 59f Abs. 4 BRAO garantierten anwaltlichen Unabhängigkeit (dazu allgemein M Rz. 66ff.) – § 43 Abs. 3 S. 3 GmbHG, der für Verstöße gegen die Kapitalerhaltungsvorschriften der §§ 30, 31 GmbHG die freistellende Wirkung von Gesellschafterweisungen verneint, wenn der Ersatzanspruch zur Befriedigung der Gesellschaftsgläubiger erforderlich ist.

---

meppen, § 43 GmbHG Rz. 97f. (für gröbliche Sorgfaltsverstöße); *Henssler*, ZHR 161 (1997), 305, 323.

1 Scholz/*U. Schneider*, § 43 GmbHG Rz. 261; a.A. (Haftung für grobe Fahrlässigkeit absoluter Mindeststandard) Baumbach/Hueck/*Zöllner*/*Noack*, § 43 GmbHG Rz. 46.

2 Henssler/Prütting/*Henssler*, § 59j BRAO Rz. 11.

3 Lutter/Hommelhoff/*Kleindiek*, § 43 GmbHG Rz. 32; *Konzen*, NJW 1989, 2977; Baumbach/Hueck/*Zöllner*/*Noack*, § 43 GmbHG Rz. 33; bei entsprechender Satzungsgestaltung genügen auch Weisungen einer Gesellschaftermehrheit ohne Gesellschafterbeschluss.

4 BGHZ 119, 257, 261f. = NJW 1993, 193; BGHZ 122, 333, 336 = NJW 1993, 1922; BGH GmbHR 1994, 459; OLG Köln, BB 1995, 794; Baumbach/Hueck/*Zöllner*/*Noack*, § 43 GmbHG Rz. 33.

e) Vertrauenshaftung des Mandatsbearbeiters und Vertrag mit Schutzwirkung zugunsten Dritter

Für die nicht zu Geschäftsführern bestellten Rechtsanwälte können sich Haftungsrisiken insbesondere über die Grundsätze der **Vertrauenshaftung** ergeben. Der BGH hat die Eigenhaftung des Vertreters aus culpa in contrahendo (§ 311 Abs. 3 BGB) kontinuierlich zu einer **allgemeinen Sachwalterhaftung** weiterentwickelt[1]. Jeder Rechtsanwalt muss damit rechnen, von Dritten, etwa von Vertragspartnern des eigenen Mandanten, in Anspruch genommen zu werden, sofern er bei jenen persönliches Vertrauen erweckt[2]. Das gilt insbesondere dann, wenn der Anwalt auf seine eigene Sachkunde verweist und den Vertragspartner dadurch veranlasst, von eigenen Nachforschungen abzusehen. Allein die Tätigkeit als Geschäftsführer oder Vertreter der GmbH begründet jedoch keine solche Vertrauenshaftung[3]. Sowohl für Rechtsanwälte[4] als auch für Steuerberater[5] betont die Rechtsprechung vielmehr, dass diese Personen nicht allein kraft ihres Berufes Vertrauenspersonen sind, die für die mittelbaren Folgen ihrer Erklärungen unter allen Umständen einzustehen haben. Eine sog. „professional liability" lässt sich für deutsche Rechtsanwälte nicht begründen, so dass bei einer Tätigkeit für eine GmbH auch **eine generelle Vertrauenshaftung aus c.i.c. ausscheiden muss**. 170

Das Problem der Expertenhaftung gegenüber Dritten, etwa den Vertragspartnern des eigenen Mandanten, löst der BGH in ständiger Rechtsprechung über die Rechtsfigur des Vertrags mit Schutzwirkung zugunsten Dritter[6]. In einer Aufsehen erregenden Entscheidung vom 2. 4. 1998 hat der III. Zivilsenat auf dieser Basis sogar eine Haftung des gesetzlichen Abschlussprüfers gegenüber Dritten für fehlerhafte Auskünfte im Vorfeld der Testatserteilung für möglich erachtet[7]. Diese Grundsätze der Expertenhaftung sind zwar an sich auf Rechtsanwälte übertragbar und können etwa bei sog. „third party legal opinions" zum Tragen kommen. Auf die besondere Konstellation der für die 171

---

1 Vgl. nur BGHZ 56, 81; BGHZ 70, 337; BGHZ 77, 172, 176; BGH NJW 1989, 293; dazu MünchKommBGB/*Emmerich*, § 311 Rz. 253ff.; Soergel/*Wiedemann*, vor § 275 BGB Rz. 227ff.; *Henssler*, AnwBl. 1996, 3, 6.

2 Dazu *Henssler*, JZ 1994, 184.

3 Zum Ganzen *Henssler*, AnwBl. 1996, 3, 6f.; *Henssler*, JZ 1994, 178, 184.

4 BGH NJW 1987, 293, 294; BGH NJW 1991, 32, 33.

5 BGH NJW 1992, 2080.

6 BGH NJW 1984, 355; BGH NJW-RR 1986, 484, 486; BGH NJW 1987, 1758, 1759f.; BGH NJW-RR 1989, 696; BGHZ 127, 378, 380; BGH WM 1998, 440, 441; dazu *Karampatzos*, Vom Vertrag mit Schutzwirkung für Dritte zur deliktischen berufsbezogenen Vertrauenshaftung, 2005; *Plötner*, Die Rechtsfigur des Vertrags mit Schutzwirkung für Dritte und die sog. Expertenhaftung, 2003; *Ebke*, Die zivilrechtliche Verantwortlichkeit der wirtschaftsprüfenden, steuer- und rechtsberatenden Berufe im internationalen Vergleich, 1996, S. 40ff.; siehe auch die Entscheidung BGH ZIP 2000, 72ff., in der der Anwaltsvertrag mit einer GmbH Schutzwirkung zugunsten der Gesellschafter der GmbH entfaltete.

7 BGHZ 138, 257 = NJW 1998, 1948 = WPK-Mitt. 1998, 254 mit Anm. *Ebke*; vgl. ferner LG Hamburg WPK-Mitt. 1999, 110 mit Anm. *Ebke*.

GmbH tätigen Rechtsanwälte sind sie indes nicht zugeschnitten. Der zwischen der GmbH und dem Rechtsanwalt bestehende Anstellungsvertrag scheidet als Vertrag mit drittschützender Wirkung zugunsten des Mandanten von vornherein aus[1]. Schließlich hat der Mandant einen eigenen Anspruch gegenüber der GmbH, so dass es nach den von der Rechtsprechung entwickelten Grundsätzen[2] an seiner Schutzbedürftigkeit fehlt.

f) Generelle Freistellung der Mitgesellschafter

172 Hervorhebung verdient, dass in **allen** angesprochenen Fällen einer ausnahmsweise zu bejahenden persönlichen Gesellschafterhaftung die Freistellung der **Mitgesellschafter nicht tangiert** ist. Die nicht in die Behandlung oder Beratung eingeschalteten Gesellschafter sind in jedem Fall von der persönlichen Haftung ausgenommen. Die gesellschaftsrechtliche Freistellung der Partner von der Haftung für das Fehlverhalten ihrer Mitgesellschafter ist in der GmbH **umfassend**.

4. Berufshaftpflichtversicherung

173 In § 59j BRAO ist die Pflicht der Rechtsanwaltsgesellschaft mbH zum Abschluss einer Berufshaftpflichtversicherung normiert. Verstöße gegen diese Pflicht werden mit der Nichtzulassung der Gesellschaft (§ 59d Nr. 3 BRAO) bzw. mit dem Widerruf der berufsrechtlichen Zulassung (§ 59h Abs. 3 BRAO) sanktioniert. Die **Mindestversicherungssumme** beträgt 2,5 Mio. Euro für jeden Versicherungsfall. Die Versicherungspflicht der Rechtsanwaltsgesellschaft mbH sichert die schutzbedürftigen Interessen des rechtsuchenden Publikums und bewahrt damit langfristig das hochsensible Vertrauensverhältnis zwischen der Anwaltsgesellschaft und dem Mandanten. Die erhöhte Haftpflichtversicherung ist vor dem Hintergrund des Verzichts auf die im Gesetzgebungsverfahren zunächst erwogene Einführung einer Handelndenhaftung zu sehen. Die von der englischen Rechtsordnung her bekannte Belastung der GmbH mit einer erhöhten Versicherungspflicht (top-up-insurance)[3] soll einen immerhin denkbaren Vertrauensverlust, der für bestimmte Bevölkerungskreise mit der Rechtsform der GmbH verbunden sein könnte, kompensieren. Allerdings erscheint der Betrag von 2,5 Mio. Euro weit überhöht. Berücksichtigt man, dass über 95 % aller Haftungsfälle im Vermögensschadensbereich unter 50000 Euro liegen, so führt die Regelung zu einer realitätsfremden Belastung der Rechtsanwaltsgesellschaft mbH. Kleinere Zusammenschlüsse werden die GmbH aufgrund der Kostenbelastung durch die gegenüber Sozietät und Partnerschaft deutlich höhere Versicherungsprämie meiden.

174 Der **Betrag der Jahreshöchstleistung** muss sich mindestens auf den vierfachen Betrag der Mindestversicherungssumme und damit auf 10 Mio. Euro belaufen. Die Regelung entspricht insoweit § 51 Abs. 4 S. 2 BRAO. Die Jah-

1 Vgl. auch BGH NJW 1987, 2510, 2511.
2 BGH NJW 1987, 2510, 2511.
3 Dazu *Henssler*, ZHR 161 (1997), 305.

reshöchstleistung richtet sich im Übrigen nach der Zahl der Gesellschafter und der angestellten Geschäftsführer. Bei fünf Gesellschaftern, darunter einem Gesellschafter-Geschäftsführer, und einem weiteren angestellten Geschäftsführer muss damit eine sechsfache Maximierung der Mindestversicherungssumme auf eine Jahreshöchstleistung von 15 Mio. Euro vereinbart werden. Schon in mittelgroßen Gesellschaften wird dies einer Verpflichtung zum Abschluss einer unmaximierten Versicherung gleichkommen.

Außerdem ist jeder in der Rechtsanwaltsgesellschaft mbH tätige Anwalt un- 175
abhängig von seinem Status als Geschäftsführer, Gesellschafter oder Angestellter persönlich verpflichtet, selbst eine Berufshaftpflichtversicherung mit einer Mindestversicherungssumme von 250000 Euro abzuschließen. In der Praxis wird sich dies jedoch kaum prämienerhöhend auswirken, da die zusätzlichen Risiken für das Versicherungsunternehmen gering sind.

X. Die überörtliche Rechtsanwaltsgesellschaft mbH

1. Berufsrechtliche Anforderungen

Überörtlich tätige Rechtsanwaltsgesellschaften waren bereits zulässig, als 176
für den Einzelanwalt noch das Zweigstellenverbot galt. § 59i Abs. 2 BRAO a.F. bestimmte jedoch, dass in jeder Zweigniederlassung ein **geschäftsführender Rechtsanwalt** tätig werden musste, für den die Zweigniederlassung den Mittelpunkt seiner beruflichen Tätigkeit bildete. Die organschaftliche Vertretung wurde angesichts der Bedeutung von Zweigniederlassungen für erforderlich gehalten[1]. Diese verfassungswidrige[2] Pflicht zur Verortung eines anwaltlichen Geschäftsführers in allen Zweigniederlassungen führte in größeren überörtlich strukturierten Gesellschaften zu einer unnötigen Ausweitung des Geschäftsführergremiums und damit zu organisatorischer Schwerfälligkeit. Der BGH deutete daher in einer Entscheidung aus dem Jahre 2003 aus gutem Grund Zweifel an der Verfassungsmäßigkeit der Regelung an[3].

Das Gesetz zur Modernisierung von Verfahren im anwaltlichen und notariel- 177
len Berufsrecht hat zu Recht[4] § 59i Abs. 2 BRAO a.F. aufgehoben. Entfallen ist damit jedoch nur die Erstreckung auf Zweigniederlassungen. Wenig folgerichtig bestimmt § 59i S. 1 BRAO weiterhin, dass am Sitz der Gesellschaft eine Kanzlei unterhalten werden muss, in der verantwortlich zumindest ein geschäftsführender Rechtsanwalt tätig ist, für den die Kanzlei den Mittelpunkt seiner beruflichen Tätigkeit bildet. Die Regelung lehnt sich an § 59a Abs. 2 BRAO a.F. an und soll in Übertragung der Anforderungen an die über-

1 BT-Drucks. 13/9820, 17.
2 Zur Kritik bereits *Henssler*, ZIP 1997, 1481, 1485; *Henssler*, NJW 1999, 241, 243; zustimmend Sozietätsrecht/*Kraus/Senft*, § 15 Rz. 107; Hartung/Römermann/*Römermann*, § 59i BRAO Rz. 4; *Gerlt*, MDR 1998, 261; *Römermann*, GmbHR 1999, 526, 530; *Zuck*, MDR 1998, 1317, 1320; *Deppert*, BRAK-Mitt. 2004, 94, 98; zurückhaltender Feuerich/Weyland/*Feuerich*, § 59i BRAO Rz. 6f.
3 BGH NJW 2003, 2025.
4 Kritisch dagegen Gaier/Wolf/Göcken/*Bormann*, § 59i BRAO Rz. 5.

örtliche Sozietät sicherstellen, dass in der Kanzlei am Sitz der Sozietät ein selbständig und weisungsfrei arbeitender geschäftsführender Rechtsanwalt anzutreffen ist. Seit der Abschaffung des Zweigstellenverbotes für den Einzelanwalt ist das Erfordernis des anwaltlichen Tätigkeitsmittelpunktes in einer bestimmten Kanzlei indes zu einem Fremdkörper in der BRAO geworden. Der Einzelanwalt kann seit Streichung des § 28 BRAO a.F. ohne weiteres seine Arbeitszeit zu gleichen Teilen in seiner Kanzlei und in seiner Zweigstelle verbringen[1]. Da auch die Einmann-Rechtsanwaltsgesellschaft mbH Zweigniederlassungen errichten darf, ist nicht einzusehen, weshalb hier dem Gesellschafter eine bestimmte Aufteilung seiner Tätigkeit vorgegeben werden sollte[2]. Zu den Besonderheiten bei interprofessionellen Zweigstellen siehe Rz. 209.

2. Eintragung der Zweigniederlassungen

178 Die jeweiligen Zweigniederlassungen sind gem. § 13 HGB am **Sitz der Hauptniederlassung** zum Handelsregister anzumelden. Die Eintragung bei dem Gericht der Zweigniederlassung (§ 13 Abs. 1 HGB a.F.) ist mit der Umstellung auf das elektronische Handelsregister entfallen, weil nunmehr ein ortsungebundener Informationsabruf aus dem Register der Hauptniederlassung möglich ist.

179 Folgerichtig ist auch für die berufsrechtliche Überprüfung und für das Zulassungsverfahren allein die Rechtsanwaltskammer am Sitz der Hauptniederlassung zuständig. Nur ihr gegenüber bestehen die Mitteilungs- und Vorlagepflichten gem. § 59m Abs. 1 BRAO. Die Vorschrift spricht auch bei Umständen, welche eine Zweigniederlassung betreffen, nur von einer Anzeigepflicht gegenüber „der Rechtsanwaltskammer".

180 Die Zuständigkeit der jeweiligen Rechtsanwaltskammer gegenüber den angestellten Rechtsanwälten und Geschäftsführern, die in ihrem Bezirk zugelassen und damit in ihr mitgliedschaftlich organisiert sind, bleibt hiervon unberührt. Die jeweilige Rechtsanwaltskammer kann auch wettbewerbsrechtlich über §§ 3, 4 Nr. 11, 8 Abs. 3 Nr. 2 UWG gegen die GmbH vorgehen, wenn sie deren Errichtung bzw. Betätigung für unzulässig hält.

3. Zweigniederlassungen im Ausland

181 Angesichts der europäischen Niederlassungsfreiheit des Art. 49 AEUV sind Zweigniederlassungen einer Rechtsanwaltsgesellschaft mbH im europäischen Ausland unbedenklich, aber auch im außereuropäischen Ausland kann eine Rechtsanwaltsgesellschaft mbH grundsätzlich Zweigniederlassungen errichten, sofern nicht das Berufsrecht des Aufnahmestaates dem ausnahmsweise entgegensteht. Die französische Cour de Cassation hat dies für den Fall der Zweigniederlassung einer deutschen Rechtsanwalts-

---

1 Vgl. *Römermann*, AnwBl. 2007, 609, 610.

2 A.A. offenbar Gaier/Wolf/Göcken/*Bormann*, § 59i BRAO Rz. 5, der aber die Problematik der Einmanngesellschaft bei seiner Kritik nicht berücksichtigt.

gesellschaft in Frankreich ausdrücklich bestätigt, und einen Anspruch der Gesellschaft auf Aufnahme in das Anwaltsverzeichnis bejaht[1]. Gem. § 59i Abs. 1 S. 3 i.V.m. § 29a Abs. 2 BRAO kann die Rechtsanwaltsgesellschaft bei Errichtung einer ausländischen Niederlassung von der Kanzleipflicht im Inland befreit werden. Entsprechend der Möglichkeit einer Trennung von Registersitz und Verwaltungssitz kann damit eine deutsche Rechtsanwaltsgesellschaft ihren Sitz auch ausschließlich im Ausland unterhalten[2].

XI. Auflösung und Liquidation der GmbH

Wird die GmbH aufgelöst, ändert sich ihr Zweck, der nunmehr auf Abwicklung des Gesellschaftsvermögens gerichtet ist. Erst bei vollständig erfolgter Abwicklung ist die Gesellschaft beendet (Vollbeendigung) und kann im Handelsregister gelöscht werden. 182

1. Auflösungsgründe

§ 60 Abs. 1 Nr. 1–7 GmbHG sieht insgesamt sieben Auflösungsgründe vor: Zeitablauf, Auflösungsbeschluss, Staatsakt, Eröffnung des Insolvenzverfahrens, Verfügungen des Registergerichts nach § 399 FamFG, rechtskräftiger Gerichtsbeschluss, durch den die Eröffnung des Insolvenzverfahrens mangels Masse abgelehnt worden ist (Nr. 5)[3] und „Löschung der Gesellschaft wegen Vermögenslosigkeit" nach § 394 FamFG (Nr. 7)[4]. 183

Bei der in der Praxis seltenen[5] Auflösung durch **Zeitablauf** (§ 60 Abs. 1 Nr. 1 GmbHG) muss der Endtermin im Gesellschaftsvertrag bestimmt sein[6]. In Betracht kommt sowohl eine kalendermäßige Bestimmung als auch die Anknüpfung an ein objektiv bestimmbares künftiges Ereignis. Während eine kalendermäßige Bestimmung bei der Rechtsanwaltsgesellschaft mbH nur selten anzutreffen sein wird, ist z.B. denkbar, dass die Gesellschafter vereinbaren, dass die Gesellschaft bei Tod eines Gesellschafters oder bei Erreichen einer bestimmten Altersgrenze aufgelöst werden soll. Die Vereinbarung eines Kündigungsrechts ist nicht als Zeitbestimmung anzusehen. Bei Zeitablauf wird die GmbH automatisch aufgelöst, die Eintragung der Auflösung gem. § 65 GmbHG hat nur deklaratorische Bedeutung[7]. 184

---

1 Cour de Cassation La Semaine Juridique Entreprise et Affaires n° 36, 4 Septembre 2008, 2051 = JurisData n° 2008-044633; dazu *Henssler*, NJW 2009, 950.

2 Dazu Henssler/Prütting/*Henssler*, § 59i BRAO Rz. 8; Gaier/Wolf/Göcken/*Bormann*, § 59i BRAO Rz. 6.

3 Zum Ganzen Feuerich/Weyland/*Feuerich*, § 59h BRAO Rz. 2ff.

4 Art. 48 Nr. 5d EGInsO; dazu Rowedder/Schmidt-Leithoff/*Rasner*, § 60 GmbHG Rz. 1; *K. Schmidt*, ZGR 1998, 633, 638.

5 Rowedder/Schmidt-Leithoff/*Rasner*, § 60 GmbHG Rz. 12.

6 BayObLG BB 1975, 249f.; Rowedder/Schmidt-Leithoff/*Rasner*, § 60 GmbHG Rz. 12.

7 Rowedder/Schmidt-Leithoff/*Rasner*, § 60 GmbHG Rz. 15.

185 Bei der Auflösung durch **Beschluss der Gesellschafterversammlung** (§ 60 Abs. 1 Nr. 2 GmbHG) reicht eine Mehrheit von 75 % der anwesenden Stimmen aus, sofern im Gesellschaftsvertrag keine abweichende Regelung getroffen worden ist[1]. Der Auflösungsbeschluss ist formlos möglich, es sei denn, er stellt ausnahmsweise inhaltlich eine Satzungsänderung dar. So ist die Kündigung aller Gesellschafter auf den gleichen Zeitpunkt regelmäßig als Auflösungsbeschluss zu qualifizieren[2]. Rechtsfolge ist auch hier die automatische Auflösung der Gesellschaft zu dem im Gesellschafterbeschluss festgelegten Termin.

186 Bei der Auflösung durch einen **staatlichen Akt** (§ 60 Abs. 1 Nr. 3 GmbHG) kommt namentlich der Auflösung durch **gerichtliches Gestaltungsurteil** gem. § 61 GmbHG als einem wichtigen Minderheitenrecht Bedeutung zu. Bei Vorliegen eines wichtigen Grundes können Gesellschafter, deren Geschäftsanteile mindestens 10 % des Stammkapitals ausmachen, die Auflösungsklage erheben. Die Gesellschaft wird dann mit Rechtskraft des Urteils aufgelöst. Die in der Praxis nahezu bedeutungslose[3] Auflösung durch Entscheidung der Verwaltungsbehörde gem. § 62 GmbHG kommt in Betracht, wenn die Gesellschaft durch gesetzeswidrige Beschlüsse oder Handlungen das Gemeinwohl gefährdet und keine milderen Mittel zur Gefahrenabwehr zur Verfügung stehen. Der Widerruf der Zulassung führt dagegen nicht automatisch zur Auflösung der Gesellschaft[4].

187 Wird über das Vermögen der Rechtsanwaltsgesellschaft mbH wegen Überschuldung oder (drohender) Zahlungsunfähigkeit gem. § 63 GmbHG, §§ 18, 19 InsO das **Insolvenzverfahren eröffnet**, oder wird die Eröffnung des Insolvenzverfahrens mangels Masse abgelehnt, wird die Gesellschaft ebenfalls automatisch aufgelöst (§ 60 Abs. 1 Nr. 4 und 5 GmbHG). Gleichzeitig kann es zu einem Widerruf der Zulassung wegen Vermögensverfalls gem. § 59h Abs. 4 Nr. 2 BRAO kommen. Die Eröffnung des Insolvenzverfahrens oder die Eintragung ins amtliche Schuldnerverzeichnis begründet regelmäßig den hinreichenden Verdacht des Vermögensverfalls[5]. Die Insolvenz eines Gesellschafters berührt den Fortbestand der Rechtsanwaltsgesellschaft mbH dagegen nicht. Empfehlenswert ist es, im Gesellschaftsvertrag die Möglichkeit der Einziehung von Geschäftsanteilen eines Gesellschafters im Falle seiner Insolvenz vorzusehen. Die Insolvenz eines Gesellschafters ist als wichtiger Grund für eine Zwangseinziehung nach § 34 Abs. 2 GmbHG anerkannt[6].

---

1 Rowedder/Schmidt-Leithoff/*Rasner*, § 60 GmbHG Rz. 17.

2 BayObLG GmbHR 1995, 54.

3 Rowedder/Schmidt-Leithoff/*Rasner*, § 60 GmbHG Rz. 19.

4 So auch bei Gewerbeuntersagungen nach §§ 35 GewO, 16 Abs. 3 HandwO und dem Widerruf von Konzessionen.

5 WP-Hdb. 2006 I/*Naumann*, A Rz. 184; Feuerich/Weyland/*Feuerich*, § 59h BRAO Rz. 26.

6 Dazu BGHZ 65, 22; *Michalski*, ZIP 1991, 147; Baumbach/Hueck/*Hueck*/*Fastrich*, § 34 GmbHG Rz. 19; Rowedder/Schmidt-Leithoff/*Rowedder*/*Bergmann*, § 34 GmbHG Rz. 5.

Zur automatischen Auflösung der Gesellschaft kommt es gem. § 60 Abs. 1 Nr. 6 GmbHG ferner mit Rechtskraft einer **Verfügung des Registergerichts** nach § 399 FamFG, wenn bestimmte Satzungsmängel nach § 3 Abs. 1 Nr. 1, 3, 4 GmbHG vorliegen und diese – trotz Gelegenheit – nicht beseitigt wurden. Neben die Auflösung nach § 60 Abs. 1 Nr. 6 GmbHG tritt die Auflösung als Folge eines Nichtigkeitsurteils gem. § 75 GmbHG[1], mit dem stets das Amtslöschungsverfahren nach § 397 FamFG einhergeht. 188

Nach § 394 FamFG kann eine GmbH, die kein Vermögen besitzt, auch von Amts wegen oder auf Antrag der Steuerbehörde gelöscht werden. Die Regelung ergänzt § 60 Abs. 1 Nr. 4 GmbHG. Bedeutung erlangt dies für Rechtsanwaltsgesellschaften, die nur als (leere) GmbH-Mäntel bestehen. Der Gesetzgeber sieht diese Gebilde als unerwünscht an und versucht, den Handel mit ihnen zu unterdrücken[2]. § 60 Abs. 1 Nr. 7 GmbHG stellt klar, dass die Löschung ebenfalls als Auflösungsgrund wirkt[3]. Die Regelung ist wenig glücklich, ist doch nicht die Auflösung, sondern die Vollbeendigung das Ziel der Amtslöschung[4]. Sachgerechterweise wird daher auf die überflüssige Eintragung der Auflösung verzichtet (§ 65 Abs. 1 S. 4 GmbHG). 189

Gesellschaftsvertraglich können gem. § 60 Abs. 2 GmbHG weitere Auflösungsgründe vereinbart werden. In Betracht kommen der Tod oder die Insolvenz eines Gesellschafters, der Verlust der Zulassung oder das Ausscheiden eines bestimmten Gesellschafters. Zum Teil handelt es sich hierbei um satzungsmäßige Befristungen nach § 60 Abs. 1 Nr. 1 GmbHG (siehe oben Rz. 184). Da bei Eintritt solcher Auflösungsgründe die Gesellschaft automatisch aufgelöst wird, müssen die entsprechenden Satzungsklauseln hinreichend bestimmt sein[5]. Enthält die Satzung sog. Kündigungsklauseln, so stellt sich die Frage, welche Folgen eine solche Kündigung haben soll. In der Satzung muss deutlich festgelegt werden, ob die Auflösung der Gesellschaft oder nur ein Austritt des Kündigenden eintreten soll[6] (siehe oben Rz. 108 f.). 190

2. Anmeldung und Rechtsfolgen der Auflösung

Die Auflösung der Gesellschaft ist gem. § 65 Abs. 1 GmbHG zur Eintragung in das Handelsregister **anzumelden**[7]. Verpflichtet zur Anmeldung sind die **Li-** 191

1 Dazu Rowedder/Schmidt-Leithoff/*Zimmermann*, § 75 GmbHG Rz. 4.
2 Kritisch dazu Rowedder/Schmidt-Leithoff/*Rasner*, § 60 GmbHG Rz. 31; vgl. ferner Hachenburg/*Ulmer*, § 3 GmbHG Rz. 27 ff.; *Ihrig*, BB 1988, 1197, 1200.
3 Zur rechtlichen Bedeutung der begrifflichen Unterscheidung zwischen Auflösung, Löschung und Beendigung vgl. Rowedder/Schmidt-Leithoff/*Rasner*, § 60 GmbHG Rz. 2.
4 So auch *K. Schmidt*, ZGR 1998, 633, 640.
5 Hachenburg/*Ulmer*, § 60 GmbHG Rz. 64; Scholz/*K. Schmidt/Bitter*, § 60 GmbHG Rz. 76.
6 Dazu Rowedder/Schmidt-Leithoff/*Rasner*, § 60 GmbHG Rz. 44.
7 Eine Ausnahme gilt für die Auflösung (§ 60 Abs. 1 Nr. 7 GmbHG) aufgrund einer Löschung gem. § 394 FamFG; § 65 Abs. 1 S. 4 GmbHG.

quidatoren[1], nicht die Geschäftsführer, deren Amt mit der Auflösung endet (Rz. 192). Eine Ausnahme bildet der Auflösungsbeschluss durch Satzungsänderung, bei dem erst die Eintragung der Satzungsänderung die Auflösung bewirkt. Hier haben die Geschäftsführer die Anmeldung vorzunehmen[2]. Erforderlich ist die Mitwirkung jener Anzahl von Liquidatoren, die auch für die wirksame Vertretung der Gesellschaft erforderlich wäre[3]. Mit der Auflösung der Gesellschaft **erlischt** gem. **§ 59h Abs. 1 BRAO** automatisch die Zulassung der Rechtsanwaltsgesellschaft mbH. Nach **§ 59h Abs. 6 BRAO** kann für die Rechtsanwaltsgesellschaft mbH außerdem durch die Rechtsanwaltskammer (§ 55 Abs. 1 BRAO) ein **Abwickler** bestellt werden, sofern die Geschäftsführer keine hinreichende Gewähr für die ordnungsgemäße Abwicklung der schwebenden – beruflichen – Angelegenheiten bieten (unten Rz. 195).

3. Liquidation

192 Während der Abwicklung der Gesellschaft besteht diese mit dem geänderten Gesellschaftszweck der Abwicklung des Gesellschaftsvermögens fort. Mit der Auflösung der Gesellschaft erlöschen Geschäftsführungsbefugnis und Vertretungsmacht der Geschäftsführer[4]. An ihre Stelle treten die Liquidatoren. Im Regelfall sind die zur Zeit der Auflösung tätigen **Geschäftsführer** auch die **„geborenen" Liquidatoren** der Abwicklungsgesellschaft (§ 66 Abs. 1 GmbHG; Ausnahme: Insolvenzverfahren)[5]. Sie werden gem. § 67 GmbHG – deklaratorisch – ins Handelsregister eingetragen.

193 Durch die Satzung oder qua Gesellschafterbeschluss können auch **andere oder zusätzliche Liquidatoren** bestimmt werden. Ausnahmsweise kann die Bestimmung und Bestellung der Liquidatoren auf Antrag von Gesellschaftern (Vertretung von mindestens 10 % des Stammkapitals) auch durch ein Gericht erfolgen, § 66 Abs. 2 GmbHG. Voraussetzung ist ein wichtiger Grund, von dem auszugehen ist, wenn die Abwicklung durch die vom Gesetz oder den Gesellschaftern berufenen Liquidatoren keine ordnungsgemäße Auseinandersetzung erwarten lässt und erhebliche Nachteile für die Gesellschaft zu befürchten sind[6]. Zuständig für die Bestellung ist das Registergericht am Sitz der Rechtsanwaltsgesellschaft mbH.

194 Die Liquidation dient der Beendigung der Geschäftstätigkeit mit dem Ziel, nach Erfüllung aller Verbindlichkeiten das verbleibende nur noch in Geld bestehende Vermögen an die Gesellschafter nach § 72 GmbHG zu verteilen. Die Liquidatoren haben die laufenden Geschäfte zu beendigen (§ 70 S. 1 GmbHG). Dazu müssen die bestehenden Forderungen eingezogen und die of-

---

1 BayObLG DB 1994, 976; Rowedder/Schmidt-Leithoff/*Rasner*, § 65 GmbHG Rz. 2.
2 BayObLG DB 1994, 976; Scholz/*K. Schmidt*, § 65 GmbHG Rz. 7.
3 Rowedder/Schmidt-Leithoff/*Rasner*, § 65 GmbHG Rz. 2.
4 Hachenburg/*Hohner*, § 65 GmbHG Rz. 2.
5 Rowedder/Schmidt-Leithoff/*Rasner*, § 66 GmbHG Rz. 3f.
6 Rowedder/Schmidt-Leithoff/*Rasner*, § 66 GmbHG Rz. 13.

fenen Verbindlichkeiten erfüllt werden. Da die Geschäfte der Rechtsanwaltsgesellschaft mbH in erster Linie die anwaltliche (oder steuerberatende bzw. prüfende) Berufsausübung umfassen, muss zur Abwicklung laufender Mandatsverhältnisse grundsätzlich jeder Liquidator über die berufliche Qualifikation eines Rechtsanwalts bzw. eines der sonst in der Anwaltsgesellschaft vertretenen Berufe verfügen[1]. Besitzt der Liquidator bei einer interprofessionellen Rechtsanwaltsgesellschaft mbH keine Mehrfachqualifikation, so müssen entweder mehrere Liquidatoren aus unterschiedlichen Berufen bestellt werden oder aber der Liquidator muss sich für die praktische Abwicklung der Mitarbeit von Angehörigen der entsprechenden Berufe bedienen. Dies ist auch bei einer gerichtlichen Bestellung gem. § 66 Abs. 2 GmbHG zu beachten.

Nach **§ 59h Abs. 6 BRAO** kann für die Rechtsanwaltsgesellschaft mbH ergänzend ein **Abwickler** durch die Rechtsanwaltskammer bestellt werden, sofern die Liquidatoren keine hinreichende Gewähr für die ordnungsgemäße Abwicklung der schwebenden Angelegenheiten bieten. Dieser Abwickler ist kein Liquidator, sondern eine nur mit der Abwicklung der berufsrechtlichen Angelegenheiten befasste Person[2]. § 55 BRAO gilt entsprechend für Verfahren, Auswahl und Kompetenz des Abwicklers. Der Abwickler führt die laufenden Mandate fort, d.h. er bringt sie zum jeweiligen Mandatsende. Innerhalb der ersten sechs Monate nach der Bestellung darf er auch neue Aufträge annehmen, wenn er sie voraussichtlich innerhalb des Zeitraums, für den er bestellt ist, noch erledigen kann. Parallel zum Abwickler werden die Liquidatoren in der Abwicklung der „sonstigen (nicht berufsbezogenen) Geschäfte" tätig. Für die Vergütung des Abwicklers haften die Gesellschafter als Gesamtschuldner. Darüber hinaus besteht eine subsidiäre Bürgenhaftung der Rechtsanwaltskammer (§ 53 Abs. 10 S. 7 iVm. § 55 Abs. 3 S. 1 BRAO). 195

Denkbar sind somit mehrere Fallkonstellationen: Entweder sind der oder die Geschäftsführer oder sonstige Personen als Liquidatoren eingesetzt und wickeln sämtliche Geschäfte einschließlich der berufsrechtlichen ab, oder die Liquidatoren im Sinne des Gesellschaftsrechts kümmern sich lediglich um die ordnungsgemäße Erfüllung der „sonstigen" (außerberuflichen) Geschäfte, während ein zusätzlich bestellter Abwickler für die Erledigung der berufsrechtlichen Angelegenheiten sorgt. 196

4. Umwandlung in andere Gesellschaftsformen

Nach Aufnahme der Partnerschaftsgesellschaft in das Umwandlungsgesetz ist ein Formwechsel der GmbH in eine Partnerschaftsgesellschaft nach §§ 226, 191 Abs. 1 Nr. 1 UmwG möglich. Auch eine Gesellschaft bürgerlichen Rechts kann nach §§ 226, 191 Abs. 2 Nr. 1 UmwG übernehmender Rechtsträger sein. Zu Einzelheiten der Umwandlung von Anwaltsgesellschaften siehe die Ausführungen unter Rz. 38ff. sowie H Rz. 1ff. 197

1 Feuerich/Weyland/*Feuerich*, § 59h BRAO Rz. 12.
2 BT-Drucks. 13/9820, 17.

XII. Unternehmensverbindungen unter Beteiligung von Rechtsanwaltsgesellschaften

1. Beteiligung an Berufsausübungsgesellschaften

198 § 59c Abs. 2 BRAO verbietet die Beteiligung einer Rechtsanwaltsgesellschaft mbH an einem weiteren Zusammenschluss zur gemeinschaftlichen Berufsausübung. Die Rechtsanwaltsgesellschaft mbH darf sich somit weder an einer Sozietät noch an einer Partnerschaft beteiligen. Auch die Übernahme eines Gesellschaftsanteils an einer weiteren anwaltlichen Kapitalgesellschaft ist unzulässig. Da gem. § 59e Abs. 1 BRAO an der Rechtsanwaltsgesellschaft mbH außerdem Drittgesellschaften nicht beteiligt sein dürfen, sind Konzernverbindungen der GmbH nach deutschem Berufsrecht erheblich eingeschränkt. Ausländische Rechtsordnungen sind hier teilweise großzügiger[1].

2. Beteiligungen an gewerblichen Unternehmen

199 Unbedenklich ist dagegen die Beteiligung an einer **gewerblichen** Personenhandelsgesellschaft oder Kapitalgesellschaft. So ist die Rechtsanwaltsgesellschaft mbH nicht gehindert, ihr Kapital in Geschäftsanteilen an einer GmbH oder in Aktien anzulegen. Es können auch nichtanwaltliche Tätigkeitsbereiche und Organisationsaufgaben auf rechtlich verselbständigte Tochtergesellschaften übertragen werden. Denkbar wäre etwa für größere Organisationseinheiten die Gründung einer Reisebüro-GmbH. Praktisch bedeutsam ist in erster Linie die Gründung von Unternehmensberatungsgesellschaften, die für das Beratungsangebot einer wirtschaftsrechtlich ausgerichteten Rechtsanwaltsgesellschaft mbH eine sinnvolle Ergänzung bilden. Seit der Zweitberufsentscheidung des BVerfG[2] darf ein anwaltlicher Gesellschafter zugleich als Geschäftsführer der gewerblichen Tochtergesellschaften fungieren, eine Position, die den Wirtschaftsprüfern derzeit noch nach § 43a Abs. 3 Nr. 1 WPO verwehrt ist[3] und den Steuerberatern nach § 57 Abs. 4 Nr. 1 StBerG[4] nur ausnahmsweise von der Steuerberaterkammer erlaubt werden kann. Der BGH[5] hat das Verbot der gewerblichen Nebentätigkeit für den Fall der zweitberuflichen Unternehmensberatung durch einen Steuerberater bestätigt, ohne sich allerdings mit der verfassungsrechtlichen Problematik[6] auseinanderzusetzen.

---

1 Dazu *Henssler*, BRAK-Mitt. 2007, 238.

2 BVerfGE 87, 287 = NJW 1993, 317.

3 WP-Hdb. 2006 I/*Naumann*, A Rz. 50ff.

4 Das vorherige absolute Verbot gewerblicher Zweitberufe wurde durch das Achte Steuerberatungsänderungsgesetz v. 8. 4. 2008, BGBl I, 666 etwas gelockert. Hierzu *Mutschler*, DStR 2008, 1500.

5 BGHSt 42, 55 = JZ 1996, 1183 mit ablehnender Anm. *Henssler*.

6 Dazu eingehend Kuhls/Meurers/Maxl/Schäfer/Goez/Willerscheid/*Maxl*, § 57 StBerG Rz. 399ff.

Obwohl § 59c Abs. 2 BRAO generell von „Zusammenschlüssen zur gemeinschaftlichen Berufsausübung" spricht, wird man nach dem Regelungsgegenstand der BRAO aus der Vorschrift nur ein Verbot der Beteiligung an anwaltlichen Berufsausübungsgesellschaften herleiten können. Ob etwa die Beteiligung an einer Steuerberatungsgesellschaft zulässig ist, richtet sich nicht nach § 59c Abs. 2 BRAO, sondern ausschließlich nach dem StBerG. Bei Zusammenschlüssen der anderen Freien Berufe kann das jeweilige Berufsrecht der Fremdbeteiligung entgegenstehen (vgl. etwa § 29 Abs. 2 S. 4 HeilberufsG NRW). An einer Partnerschaftsgesellschaft können sich allerdings Kapitalgesellschaften ohnehin nicht beteiligen (§ 1 PartGG). Aus der Sicht des anwaltlichen Berufsrechts, das ja sogar die Beteiligung an **gewerblichen** Gesellschaften zulässt, begegnet die Gesellschafterstellung in nichtanwaltlichen **freiberuflichen** Gesellschaften keinen Bedenken. Nach dem Normzweck sollen lediglich Überschneidungen der Tätigkeitsfelder von mehreren kapitalmäßig verbundenen Gesellschaften vermieden werden, da es in solchen Konstellationen zur berufsrechtswidrigen Vertretung widerstreitender Interessen kommen könnte. 200

XIII. Die interdisziplinäre Zusammenarbeit von Angehörigen der sozietätsfähigen Berufe

1. Grundsätzliche Zulässigkeit

Die gesetzliche Regelung der Rechtsanwaltsgesellschaft mbH bekennt sich grundsätzlich zur Zulässigkeit der interprofessionellen Berufsausübung in der Rechtsform der GmbH. Gesellschafter und Geschäftsführer einer Rechtsanwaltsgesellschaft mbH können alle Angehörige der gem. § 59a Abs. 1 BRAO sozietätsfähigen Berufe werden. Die Rechtsanwaltsgesellschaft mbH kann außerdem neben der berufsrechtlichen Zulassung nach der BRAO eine Anerkennung als Steuerberatungsgesellschaft und/oder als Wirtschaftsprüfungsgesellschaft erwerben. Eine solche Anerkennung kann nachträglich erfolgen, ebenso wie auch eine anerkannte Steuerberatungsgesellschaft und/oder Wirtschaftsprüfungsgesellschaft nachträglich die Zulassung als Rechtsanwaltsgesellschaft mbH erwerben kann. Die Gesellschaft muss in diesen Fällen allen betroffenen Berufsrechten genügen. Divergieren die öffentlich-rechtlichen Zulassungsvoraussetzungen, so muss das jeweils strengste Berufsrecht beachtet werden (**Prinzip der Meistbelastung**[1]). 201

2. Mehrheitserfordernisse

Ungeachtet der grundsätzlichen Zulässigkeit der interprofessionellen Ausrichtung wird eine gleichberechtigte und effektive Zusammenarbeit der sozietätsfähigen Berufe durch berufsrechtliche Mehrheitserfordernisse erheblich erschwert. Die Mehrheitsanforderungen zugunsten der Rechtsanwälte, die § 59e Abs. 2 BRAO für die **„Geschäftsanteile und Stimmrechte"** statuiert 202

1 Dazu *Henssler*, AnwBl. 2009, 670, 674; Kuhls/Meurers/Maxl/Schäfer/Goez/Willerscheid/*Maxl*, § 56 StBerG Rz. 62.

und die § 59f Abs. 1 S. 2 BRAO auf die Geschäftsführerpositionen erstreckt, stehen im Widerspruch zur Behandlung der Partnerschaft von Rechtsanwälten, für die trotz deren Rechtsfähigkeit keine Dominanz eines Berufes verlangt wird. Ähnlich restriktiv ist das Berufsrecht der Wirtschaftsprüfer. § 28 Abs. 4 Nr. 3 WPO verlangt für als Wirtschaftsprüfungsgesellschaft anerkannte Kapitalgesellschaften, dass die Mehrheit der Anteile und Stimmrechte Wirtschaftsprüfern bzw. Wirtschaftsprüfungsgesellschaften zusteht. Dagegen genügt es gem. § 50a Abs. 1 Nr. 5 StBerG, wenn in Steuerberatungsgesellschaften die Mehrheit der Gesellschaftsanteile bei Steuerberatern oder aber Rechtsanwälten, Wirtschaftsprüfern, vereidigten Buchprüfern oder Steuerbevollmächtigten liegt. Hier wird also sogar eine unterparitätische Besetzung des Gesellschafterkreises toleriert. Auch die Einmann-Steuerberatungsgesellschaft mbH, deren einziger Gesellschafter ein Rechtsanwalt ist, ist zulässig[1].

3. Die Rechtsanwaltsgesellschaft und Steuerberatungsgesellschaft mbH

203 Als zwar nicht unproblematisch, aber praktizierbar stellt sich danach die Zusammenarbeit in einer GmbH dar, die über die Doppelqualifikation als Rechtsanwaltsgesellschaft und Steuerberatungsgesellschaft verfügt. Der Zusammenschluss ist zulässig, wenn mehr als 50 % (bis zu 100 %) der Gesellschaftsanteile und Stimmrechte Rechtsanwälten zustehen. Außerdem muss zumindest die Hälfte der – gegebenenfalls angestellten – Geschäftsführer die Steuerberaterqualifikation aufweisen (§ 50 Abs. 4 StBerG). Zumindest *ein* mehrfach als Rechtsanwalt und Steuerberater qualifizierter Geschäftsführer muss der GmbH angehören, damit diese personellen Anforderungen erfüllt werden können. Nach der Rechtsprechung des BFH darf ein Rechtsanwalt im Falle einer 100%igen anwaltlichen Beherrschung einer Steuerberatungsgesellschaft als einzelvertretungsberechtigter Geschäftsführer fungieren, solange nur ein weiterer angestellter Steuerberater ebenfalls zum Geschäftsführer bestellt ist[2].

204 Zusätzliche Hürden für das Auftreten der Gesellschaft ergeben sich aus dem Berufsrecht der Steuerberater. So ist nach § 25 Abs. 3 S. 2 BOStB[3] (§ 57 Abs. 4 S. 2 BOStB a.F.) die Alleinvertretung nur durch Steuerberater zulässig. Wird anderen Berufsträgern eine Einzelvertretungsmacht eingeräumt, so ist durch eine Regelung im Innenverhältnis sicherzustellen, dass die verant-

1 Unzutreffend insoweit *Johnigk*, ZAP 1998, 1068 = Fach 23, S. 376.

2 BFH BB 1995, 1228; VG Schleswig-Holstein, DStR 1995, 1327; Kuhls/Meurers/Maxl/Schäfer/Goez/Willerscheid/*Meurers*, § 50 StBerG Rz. 9, 11, 32; a.A. FG Köln, DStR 1995, 823, das, ohne auf die Regelung im Innenverhältnis einzugehen, die Möglichkeit der Einzelvertretung auf den Steuerbevollmächtigten beschränkt.

3 Die Satzungsversammlung der Bundessteuerberaterkammer hat am 8. 9. 2010 die BOStB mit Wirkung vom 1. 1. 2011 vollständig neu gefasst.

wortliche Geschäftsführung durch Steuerberater gewährleistet ist[1]. Wird Steuerberatern und Angehörigen eines anderen Berufes eine Gesamtvertretungsmacht eingeräumt, so sollen bei Meinungsverschiedenheiten die Stimmen der Steuerberater ausschlaggebend sein, § 25 Abs. 2 S. 1 BOStB (§ 57 Abs. 3 S. 1 BOStB a.F.).

4. Die Rechtsanwaltsgesellschaft und Wirtschaftsprüfungsgesellschaft mbH

Die Kumulation der anwaltsrechtlichen Anforderungen und derjenigen in § 28 Abs. 1 WPO führt zu dem unbefriedigenden Zustand, dass eine kooperative interprofessionelle Berufsausübung zwischen Rechtsanwälten und Wirtschaftsprüfern derzeit nur bei Mehrfachqualifikation eines Teils der Gesellschafter und Geschäftsführer zulässig ist[2]. Hat zumindest ein Gesellschafter die Mehrfachqualifikation, so genügt bei jeweils gleichen Geschäftsanteilen und Stimmrechten im Übrigen Parität. Da es nur auf die Mehrheit der Stimmrechte und Geschäftsanteile, nicht aber auf die Zahl der Gesellschafter[3] ankommt, kann ein einziger mehrfachqualifizierter Gesellschafter durch eine entsprechende Verteilung der Stimmrechte und Geschäftsanteile auch bei jeder anderen personellen Zusammensetzung des Gesellschafterkreises die Zulassungsvoraussetzungen sicherstellen. Gegebenenfalls müssen ihm 50,01 % der Stimmrechte und Anteile übertragen werden. 205

Ein einzelner (Nur-)Rechtsanwalt und ein (Nur-)Wirtschaftsprüfer können sich in einer GmbH überhaupt nicht zusammenschließen, da die BRAO nicht einmal in der zweigliedrigen GmbH eine gleichberechtigte Besetzung von Gesellschafterkreis und Geschäftsführung erlaubt. § 28 Abs. 1 S. 3 WPO gestattet zwar die paritätische Besetzung eines aus zwei Geschäftsführern bestehenden Gremiums, für den Anteilsbesitz sieht aber auch § 28 Abs. 4 Nr. 3 WPO ein generelles Mehrheitserfordernis zugunsten der Wirtschaftsprüfer vor[4]. 206

Die gleichen Voraussetzungen gelten auch für die **„Drei-Bänder-Gesellschaft"**, die neben der Zulassung als Rechtsanwaltsgesellschaft die Anerkennung als Steuerberatungsgesellschaft und Wirtschaftsprüfungsgesellschaft erwirbt. Hier muss zusätzlich noch darauf geachtet werden, dass die Steuerberater die Hälfte der Geschäftsführer stellen. 207

---

1 Kuhls/Meurers/Maxl/Schäfer/Goez/Willerscheid/*Meurers*, § 50 StBerG Rz. 31; Mittelsteiner/Gilgan/Späth/*Gilgan*, § 57 BOStB Rz. 21.

2 Zum Ganzen *Henssler*, AnwBl. 2009, 670, 678; Sozietätsrecht/*Kraus/Senft*, § 19 Rz. 18; *Hellwig*, ZHR 161 (1997), 337, 352.

3 Anders noch der Referentenentwurf in § 59 E-BRAO; dazu *Henssler*, ZIP 1997, 1481.

4 Auch die denkbare, aber wenig praktikable Bestellung eines gesellschaftsfremden, mehrfach als Rechtsanwalt und Wirtschaftsprüfer qualifizierten Geschäftsführers wäre daher nur eine unzureichende Teillösung.

5. Die Leitung der Zweigniederlassung in der interprofessionellen Kapitalgesellschaft

208 Nach § 59i Abs. 2 BRAO a.F. musste in jeder Zweigniederlassung zumindest ein anwaltlicher Geschäftsführer tätig sein, für den der Sitz der Zweigniederlassung den Mittelpunkt seiner beruflichen Tätigkeit bildete. Die Aufhebung des § 59i Abs. 2 BRAO a.F. hat einige der Unklarheiten bezüglich der Leitung der Zweigniederlassungen von interprofessionellen Gesellschaften beseitigt. Von § 59i Abs. 2 BRAO a.F. abweichend bestimmt nämlich § 34 Abs. 2 S. 2 StBerG, dass der „Leiter" einer weiteren Beratungsstelle und damit auch jeder Zweigniederlassung einer Steuerberatungsgesellschaft ein Steuerberater sein muss. Rechtsanwälte oder Wirtschaftsprüfer können also eine weitere Beratungsstelle nicht leiten[1]. Nicht erforderlich ist, dass der „Leiter" zugleich die Geschäftsführerposition innehat[2]. Vielmehr reicht eine Entscheidungsgewalt in beruflichen, die Steuerberatung betreffenden Angelegenheiten aus. § 47 S. 1 WPO begnügt sich ebenfalls mit dem Erfordernis der Leitung von Zweigniederlassungen durch wenigstens einen Wirtschaftsprüfer, der seine berufliche Niederlassung am Ort der Zweigniederlassung unterhält. Aus der sprachlichen Differenzierung zwischen „Führung" (= Geschäftsführung durch Organmitglieder)[3] und „Leitung" (= Entscheidungsgewalt im beruflichen Bereich) lässt sich herleiten, dass die Zweigniederlassungen der mehrfachqualifizierten Gesellschaften von – aus Sicht des StBerG bzw. der WPO – berufsfremden Personen geführt werden können, solange nur im Bereich der jeweiligen – steuerberatenden oder prüfenden – Berufsausübung die Entscheidungskompetenz ausschließlich bei den zuständigen Berufsträgern liegt.

209 Da nunmehr das anwaltliche Berufsrecht ebenfalls auf das Erfordernis eines anwaltlichen Geschäftsführers in der Zweigniederlassung verzichtet, haben sich die Berufsrechte der beratenden Berufe angenähert. Ein Unterschied bleibt insoweit, als das Berufsrecht der Rechtsanwälte auf das Erfordernis der Leitung der Zweigstelle durch einen Rechtsanwalt verzichtet. Das ursprünglich strengere anwaltliche Berufsrecht ist nunmehr zum liberalsten geworden. Werden aus einer Zweigstelle heraus allgemeine Rechtsberatungsleistungen erbracht, muss dies aufgrund der Vorgaben des RDG jedoch weiterhin zwingend durch einen Anwalt erfolgen.

210 In jeder Zweigniederlassung muss jeweils zumindest ein Angehöriger der in der Firma der Gesellschaft genannten Berufe tätig sein. Diesen Personen muss zugleich eine unbeschränkte Handlungsvollmacht (Prokura, Generalvollmacht) für die Geschäfte der Zweigniederlassung erteilt werden, da andernfalls nicht von einer „Leitung" gesprochen werden kann. Der Umstand, dass die jeweiligen Berufsträger trotz ihrer auf die Zweigniederlassung bezogenen Leitungsfunktion im **außerberuflichen Bereich** den Weisungen der

---

1 *Gehre/Koslowski*, § 34 StBerG Rz. 9.

2 Kuhls/Meurers/Maxl/Schäfer/Goez/Willerscheid/*Kuhls*, § 34 StBerG Rz. 21 ff.; *Gehre/Koslowski*, § 34 StBerG Rz. 9 ff., 12.

3 Hierzu Kuhls/Meurers/Maxl/Schäfer/Goez/Willerscheid/*Meurers*, § 50 Rz. 2 f.

Geschäftsführung unterworfen sind, begegnet keinen Bedenken. Vielmehr entspricht dies der typischen Situation in überörtlich organisierten Kapitalgesellschaften, bei denen stets der Leiter der Zweigniederlassung die Weisungen der Geschäftsführung zu beachten hat[1]. Bei der Beschränkung der Prokura auf den Betrieb einer Zweigniederlassung ist § 50 Abs. 3 HGB (eigene Firma der Zweigniederlassung) zu beachten. Nach § 59k BRAO sind Zusätze, die auf eine Zweigniederlassung hinweisen, unbedenklich[2]. Die Notwendigkeit für einen entsprechenden Zusatz kann sich aus § 30 Abs. 3 HGB ergeben, wenn die Unterscheidbarkeit der Zweigniederlassung von einer am Ort der Niederlassung bereits eingetragenen Firma gewährleistet werden muss[3].

6. Kritik

Nach geltendem Recht ist die Regelung der interprofessionellen Zusammenarbeit der wirtschaftsnahen Beratungsberufe äußerst unbefriedigend gelöst. 211
Die restriktive Einstellung des anwaltlichen Berufsrechts gegenüber der interprofessionellen Kapitalgesellschaft dürfte auf die inzwischen überholte Besorgnis zurückzuführen sein, die großen, weltweit agierenden Wirtschaftsprüfungsgesellschaften („big four") könnten über die Kapitalgesellschaft in den anwaltlichen Beratungsmarkt einsteigen und diesen auf längere Sicht dominieren[4].

Im Rahmen der gesetzlichen Regelung der Rechtsanwaltsgesellschaft mbH 212
bot sich die Gelegenheit zu einer **Harmonisierung der Berufsrechte** der wirtschaftsnahen Beratungsberufe, die der Gesetzgeber jedoch nicht wahrgenommen hat. Die sachgerechte Lösung wäre die grundsätzliche Freigabe der gesellschaftsrechtlichen Beteiligung zwischen den drei Berufsgruppen gewesen. Nur bei einem isolierten Auftreten als Rechtsanwaltsgesellschaft, als Steuerberatungsgesellschaft oder als Wirtschaftsprüfungsgesellschaft kann sachgerechterweise verlangt werden, dass die namensgebende Berufsgruppe zumindest die Hälfte der Gesellschafter und Organmitglieder stellt. Wird die Mehrfachqualifizierung dagegen in der Firmierung – etwa durch die Bezeichnung als „Rechtsanwaltsgesellschaft **und** Steuerberatungsgesellschaft" – zum Ausdruck gebracht, so verlieren Mehrheitserfordernisse ihren Sinn, wenn man von der grundsätzlichen Gleichwertigkeit aller wirtschaftsnahen Beratungsberufe ausgeht.

Schwierigkeiten für die Umsetzung eines derartigen Konzepts ergeben sich 213
aus europarechtlichen Vorgaben. Die reformierte Abschlussprüferrichtlinie 2006/43/EG[5] schreibt in Art. 3 Abs. 4 lit. b) und c) vor, dass in Prüfungsgesellschaften die Mehrheit der Stimmrechte von Prüfungsgesellschaften, die in einem Mitgliedstaat zugelassen sind, oder von natürlichen Personen,

1 So auch Feuerich/Weyland/*Feuerich*, § 59i BRAO Rz. 2.
2 Ebenso Feuerich/Weyland/*Feuerich*, § 59i BRAO Rz. 3.
3 So auch Feuerich/Weyland/*Feuerich*, § 59i BRAO Rz. 3.
4 Dazu *Gerlt*, MDR 1998, 259, 261; *Johnigk*, ZAP 1998, 1068f. = Fach 23, S. 376f.
5 Abl. EU L 157/87 v. 9. 6. 2006.

die zumindest die Voraussetzungen der Art. 4 und 6 bis 12 der Richtlinie erfüllen, gehalten werden muss. Nach Art. 8 und 10 der Richtlinie müssen die geeigneten Personen neben einem theoretischen Nachweis der für Pflichtprüfungen erforderlichen Kenntnisse auch eine mindestens dreijährige praktische Ausbildung vorweisen. Rechtsanwälte erfüllen diese Voraussetzungen nicht.

7. Die Beteiligung von Anwalts- und Nur-Notaren an einer Rechtsanwaltsgesellschaft mbH

214 Generell ausgeschlossen von der Berufs**ausübung** in der Rechtsanwaltsgesellschaft mbH ist der Nur-Notar. Die notarielle Amtstätigkeit ist als Ausübung eines personenbezogenen Amts nicht sozietätsfähig[1], der Tätigkeit in der GmbH damit nicht zugänglich. Der Geschäftszweck der Rechtsanwaltsgesellschaft mbH darf sich nicht auf das Notaramt erstrecken[2]. Die Berufsausübung in der GmbH wäre zudem mit der Haftung für Amtspflichtverletzungen gem. § 19 BNotO nicht zu vereinbaren. Privatrechtliche Haftungsbeschränkungen kommen insoweit nicht in Betracht[3].

215 Differenziert zu betrachten ist die Situation beim Anwaltsnotar. Anwaltsnotare dürfen sich zur Ausübung ihrer **anwaltlichen Tätigkeit** sowohl an einer Sozietät als auch an einer Partnerschaft oder einer Rechtsanwaltsgesellschaft mbH beteiligen. § 59a Abs. 1 BRAO und § 9 BNotO lassen eine Berufsausübungsgesellschaft und damit auch die Rechtsanwaltsgesellschaft mbH zwischen einem Anwaltsnotar (§ 3 Abs. 2 BNotO) und einem Rechtsanwalt grundsätzlich zu. Der Rechtsausschuss des Bundestages hat in seiner Beschlussempfehlung zum Gesetzesentwurf zur Änderung der BNotO sogar ausdrücklich betont, dass entgegen den Bestrebungen einzelner Bundesländer den Anwaltsnotaren die Zusammenarbeit in einer Rechtsanwaltsgesellschaft mit beschränkter Haftung nicht untersagt werden soll[4]. Die Zusammenarbeit in der Gesellschaft darf allerdings nur die anwaltliche Berufsausübung, nicht dagegen die Ausübung des Notaramtes erfassen. Außerdem wird im Schrifttum verlangt, dass der Anwaltsnotar Gesellschafter und einzelvertretungsbefugter Geschäftsführer sein müsse[5], weil nur so eine effektive Einhaltung der Mitwirkungsverbote bei anwaltlicher Vorbefassung nach § 3 Abs. 1 Nr. 7 BeurkG gewährleistet werden könne.

---

1 § 9 Abs. 1 BNotO lässt die gemeinsame Berufsausübung in einer Sozietät von Nur-Notaren zu; vgl. Schippel/Bracker/*Görk*, § 9 BNotO Rz. 1 ff.

2 Auch für die PartG verneinend OLG Stuttgart, NJW-RR 2006, 1723 mit Anm. *Henssler/Jansen*, EWiR 2006, 603.

3 H.M., RG JW 1913, 1152; dazu Zugehör/Gantel/Hertel/*Zugehör*, Rz. 306; Arndt/Lech/Sandkühler/*Sandkühler*, § 19 BNotO Rz. 234; Eylmann/Vaasen/*Frenz*, § 19 BNotO Rz. 4; *Junge/Ilges*, Haftungsvereinbarungen der rechts- und wirtschaftsberatenden Berufe, 1995, S. 139 ff. m.w.N.; a.A. *Rossak*, VersR 1985, 1121 f.

4 BT-Drucks. 13/10589, 48; dazu *Henssler*, NJW 1999, 241, 247.

5 Gaier/Wolf/Göcken/*Bormann*, § 59e BRAO Rz. 4.

Das vom BGH[1] früher bejahte Verbot der Assoziierung von **Anwaltsnotaren** und **Wirtschaftsprüfern** wurde vom BVerfG[2] für verfassungswidrig erklärt. Bestrebungen, das Verbot im Zuge der Novellierung der BNotO sogar gesetzlich zu verankern[3], sind daraufhin gescheitert. Anwaltsnotaren ist damit der Zugang zu den großen interprofessionellen Beratungsgesellschaften eröffnet. 216

In der Praxis des Anwaltsnotariats ist es üblich, die Gebühren aus der notariellen Tätigkeit mit den Gebühren der anderen (anwaltlichen) Sozietätsmitglieder nach einem vereinbarten Schlüssel zu teilen. Diese seit Jahrzehnten bestehende Praxis wird allerdings von Seiten der Notarkammern immer wieder in Zweifel gezogen. Bedenken gegen die **Gebührenteilung** in der Berufsausübungsgesellschaft ergeben sich zum einen aus der strikten Trennung der anwaltlichen und notariellen Entgeltsysteme und zum anderen aus den gesetzlichen Verboten der Gebührenvereinbarung und Gebührenteilung, wie sie in den §§ 140 KostO, 17 BNotO normiert sind. Im Schrifttum wird daher verschiedentlich die Möglichkeit der Gebührenteilung restriktiv beurteilt[4]. 217

Für die herkömmliche **Anwaltssozietät** kann aus § 17 BNotO kein Verbot der Gebührenteilung in der Sozietät hergeleitet werden[5] (dazu auch M Rz. 80). § 17 BNotO verbietet lediglich die Beteiligung Dritter an den Gebühren. Diejenigen Personen, mit denen der Notar in einer Berufsausübungsgesellschaft verbunden ist, können jedoch nicht als Dritte eingestuft werden. Vielmehr entspricht es allgemeinen berufsrechtlichen Grundsätzen, in der Berufsausübungsgesellschaft eine Gebührenteilung zuzulassen. Dementsprechend nimmt auch § 27 BORA die Anwaltsnotare in der Berufsausübungsgesellschaft ausdrücklich von dem Verbot der Gebührenteilung mit Dritten aus. Dieses aus allgemeinen systematischen Erwägungen zu gewinnende Auslegungsergebnis wird durch die Gesetzesmaterialien zu § 17 BNotO eindeutig bestätigt. In der amtlichen Begründung des Regierungsentwurfes[6] heißt es wörtlich: 218

1 BGH NJW 1996, 392.

2 BVerfGE 98, 49 = NJW 1998, 2269 mit Anm. *Henssler*, JZ 1998, 1065; dazu auch *Kraus/Mäder*, NJW 1997, 299 f.

3 Siehe dazu den Entwurf eines Dritten Gesetzes zur Änderung der Bundesnotarordnung der Bundesregierung v. 29. 12. 1995, BR-Drucks. 890/95; auch der Rechtsausschuss hielt hier eine Öffnung der Assoziierungsmöglichkeiten nicht für angezeigt, BT-Drucks. 13/10589, 47.

4 So sieht Eylmann/Vaasen/*Baumann*, § 9 BNotO Rz. 23 die Gebührenteilung nur zwischen Notaren als zulässig an, beschränkt sie damit faktisch auf das Nur-Notariat. Auch *Eue*, FS Schippel, 1996, S. 599, 629 steht der Gebührenteilung in der Berufsausübungsgesellschaft kritisch gegenüber. Demgegenüber wird die bisherige Praxis ausdrücklich gebilligt von *Ahlers*, AnwBl. 1995, 3, 4 und 121, 122. Offengelassen wird die rechtliche Bewertung von *Vaasen/Starke*, DNotZ 1998, 661, 668 und *Henssler*, NJW 1999, 241, 247 (Gleichbehandlung von Sozietät und GmbH).

5 So nun auch OLG Celle, BRAK-Mitt. 2010, 97, 98 unter Aufgabe seiner früheren Rechtsprechung (BRAK-Mitt. 2007, 231 ff.).

6 BT-Drucks. 13/4184, 25.

„Die bislang nur in den Richtlinien (§ 13 Abs. 1 und 2) enthaltene Pflicht zur Gebührenerhebung und das grundsätzliche Verbot der Gebührenunterschreitung bedürfen wegen ihres statusbildenden Charakters einer Regelung durch Gesetz. Die Neufassung von § 17 Abs. 1 übernimmt inhaltlich weitgehend unverändert die genannten Absätze von § 13 der Richtlinien. Wegen des Sachzusammenhangs scheint es geboten, auch das bislang in § 13 Abs. 3 der Richtlinien geregelte Verbot jeder Gebührenteilung an dieser Stelle in das Gesetz einzustellen. Hiervon wird – wie bislang – eine Gewinnbeteiligung innerhalb einer Verbindung zur gemeinsamen Berufsausübung nicht erfasst."

219 Ersichtlich kann mit der „Verbindung zur gemeinsamen Berufsausübung" nicht nur die reine Notariatssozietät gemeint sein, sondern jede Berufsausübungsgesellschaft, die einem der beiden gleichberechtigten Notariatsformen offensteht. Der Grundsatz der höchstpersönlichen Amtsausübung kann bei der Gebührenteilung zwischen Nur-Notaren in gleicher Weise gefährdet sein wie bei der Gebührenteilung zwischen Anwaltsnotaren bzw. zwischen einem Anwaltsnotar und einem Nur-Rechtsanwalt. So differenziert auch § 140 KostO nicht zwischen Hoheitsträgern und Nicht-Hoheitsträgern. Die Möglichkeit der Gewinnbeteiligung innerhalb einer Verbindung zur gemeinsamen Berufsausübung ist damit auf die Berufsausübungsgesellschaften der **Anwalts**notare zu erstrecken[1]. Begrenzt wird sie allein durch § 9 Abs. 3 BNotO, wobei nach der Rechtsprechung eine vollständige Abführung der Einnahmen aus dem Notariat an die Sozietät das in dieser Vorschrift bestimmte Gebot der persönlichen und eigenverantwortlichen Amtsführung, der Unabhängigkeit und Unparteilichkeit nicht verletzt ist[2].

220 Für die Berufstätigkeit in der **Rechtsanwaltsgesellschaft mbH** kann im Ergebnis nichts anderes gelten. Auch wenn die Notartätigkeit selbst nicht Unternehmensgegenstand der GmbH ist, werden doch sämtliche sächlichen und personellen Mittel, die der Notar zu seiner Berufsausübung braucht, der Kapitalgesellschaft und damit deren Verfügungsgewalt zugeordnet sein. Dieser Gestaltung entspricht es, die Ausübung des Notariats ebenso wie diejenige der anwaltlichen Tätigkeit auf gemeinsame Rechnung zu vereinbaren. Damit wird die Kapitalgesellschaft an den vom Notar vereinnahmten Gebühren teilhaben und zugleich den Aufwand des Notariats tragen. Sachgründe für eine von der Rechtslage bei der Sozietät abweichende rechtliche Würdigung sind nicht ersichtlich. Sie können insbesondere nicht in der größeren Leitungs- und Lenkungsmacht in der GmbH gesehen werden. Namentlich in Großsozietäten wird die Einflussnahmemöglichkeit des einzelnen Gesellschafters von derjenigen in der Kapitalgesellschaft nicht abweichen.

1 OLG Celle BRAK-Mitt. 2010, 97, 98, zuvor bereits Frenz/*Sandkühler*, Neues Berufs- und Verfahrensrecht für Notare, 1999, S. 50, Rz. 149; Sozietätsrecht/*Kraus*/*Senft*, § 15 Rz. 27; *Mihm*, Berufsrechtliche Kollisionsprobleme beim Anwaltsnotar, 2000, S. 177f.

2 OLG Celle BRAK-Mitt. 2010, 97, 99.

XIV. Steuerrecht

Literatur:
Korn, Freiberufler-Personengesellschaften und -Kapitalgesellschaften, 1998; *Korn*, Spezifische Steuerfragen bei Freiberufler-Kapitalgesellschaften, KÖSDI 1999, 12091; *Sauren/Haritz*, Anwalts-GmbH: Gründung oder Einbringung im Steuerrecht, MDR 1996, 109; *Schmidt*, Die neue Rechtsanwalts-GmbH in der Besteuerung, DB 1999, 1576; *Sommer*, Anwalts-GmbH oder Anwalts-Partnerschaft? Zivil- und steuerrechtliche Vorteile, GmbHR 1995, 249; *Streck*, KStG, 7. Aufl. 2008; s. auch die Literaturhinweise zu B vor Rz. 780.

1. Steuervorteile, Steuernachteile

Bei der Diskussion um die Anwalts-GmbH spielten die Hinweise auf die **steuerlich günstigere Rechtsform** der **GmbH** eine große Rolle; diese Vorteile müsse man auch den Anwälten eröffnen. Steuerrechtler hatten ihre **Probleme, dies zu verstehen**[1]. Wenn die Kapitalgesellschaft im freiberuflichen Bereich so günstig sein soll, so müsste eigentlich jede Steuerberatung in der Rechtsform der Steuerberatungs-GmbH geführt werden, was offensichtlich nicht der Fall ist. 221

Der **Körperschaftsteuersatz** von 40 % (bis 2000) ist geringer als der **Einkommenspitzensteuersatz**. Freiberufliche Kapitalgesellschaften schütten ihren Gewinn jedoch in der Regel aus. Mit der Ausschüttung wird der Steuersatz 40 % auf den Steuersatz der Gesellschafter (2000: 53 %) hochgeschleust. **Ab 2001** wird die Differenz erheblicher. Die GmbH versteuert den Gewinn mit 25 %, hinzu tritt die Gewerbesteuer und im Ausschüttungsfall die halbe ESt auf die Dividende (Halbeinkünfteverfahren). Dies setzt sich **ab 2008** fort. Die KSt beträgt 15 %. Der steuerpflichtige Teil der Dividende steigt ab 2009 auf 60 v.H. (Teileinkünfteverfahren). Die Gesamtsteuerbelastung liegt bei 29 % (KSt und Gewerbesteuer). Die Anwalts-GmbH wird zum **Steuersparmodell**, aber nur dann, wenn der Gewinn **thesauriert** wird. 221a

Die Kapitalgesellschaft ist **gewerbesteuerpflichtig**, und zwar auch ab 2008. Diese Gewerbesteuerpflicht bleibt auch unter Berücksichtigung der Tatsache, dass der Gewinn der GmbH in wesentlichen Teilen als Gehalt an die Gesellschafter-Geschäftsführer fließt, bestehen. Die Anwalts-GmbH kann auf keinen Fall durch die Gehälter „auf Null" gestellt werden. 222

Die GmbH ist für Auseinandersetzungen mit der Finanzverwaltung weit streitanfälliger als die Gesellschaft des bürgerlichen Rechts. Die Gesellschafter-Geschäftsführer der Anwalts-GmbH werden stets bemüht sein, so viel Gewinn wie möglich in „Leistungsentgelte" (Gehalt, Mieten etc.) an die Gesellschafter umzuqualifizieren, um die Gewerbesteuerlast zu senken. Dies gilt auch ab 2001/2008, wenn die Besteuerung von Kapitaleinkünften wegen des Halbeinkünfteverfahrens/Teileinkünfteverfahrens günstiger ist als die Besteuerung normaler Leistungsentgelte. Die Finanzverwaltung wird alle 223

1 Vgl z.B. *Sauren/Haritz*, MDR 1996, 109; *Sommer*, GmbHR 1995, 249.

diese Entgelte daraufhin überprüfen, ob **verdeckte Gewinnausschüttungen** vorliegen (Rz. 241 ff.).

224 Die **Einkünfte** aus **nichtselbständiger Tätigkeit**, die die Geschäftsführer beziehen, werden steuerlich minimal besser behandelt als die allgemeinen freiberuflichen Einkünfte. So können sie den Werbekostenpauschbetrag in Anspruch nehmen (§ 9a Nr. 1 EStG). Dies kann aber kein Grund sein, eine GmbH zu gründen.

225 Was bleibt, ist der Hinweis auf die **Pensionszusage**[1]. Diese führt jedoch nicht zu einer direkten Steuerentlastung, sondern nur zu einer steuerlichen Verschiebung. Der Pensionsberechtigte versteuert die Bezüge in dem Zeitpunkt, zu dem sie ihm zufließen, während die GmbH diese Beträge bereits vorher steuerwirksam zurückstellen kann. Man muss schon mit sehr spitzer Feder rechnen, um aus diesem Zinsvorteil einen Steuervorteil der GmbH herzuleiten.

226 Die Schlechterbehandlung der GmbH-Anteile im **Erbschaft-** und **Schenkungsteuerrecht** wurde allerdings durch die ErbStR 2009 dadurch beseitigt, dass die Personengesellschaft im Wesentlichen wie die GmbH bewertet wird (siehe B Rz. 946 ff.).

227 Zu berücksichtigen ist schließlich, dass der Erwerber der Anteile an einer Anwalts-GmbH **kein Abschreibungsvolumen** erhält. Nur im Gestaltungswege kann er die Anschaffungskosten auf GmbH-Anteile auf abschreibbare Wirtschaftsgüter umqualifizieren, wobei der Gesetzgeber jede neue Gestaltungsmöglichkeit zu konterkarieren sucht.

228 Bestimmte Vorteile der Freiberufler GbR-Sozietät darf man nicht aus dem Auge verlieren: Die Sozietät hat die Möglichkeit, den Gewinn wahlweise nach § 4 Abs. 1 EStG (Bilanzierung) oder § 4 Abs. 3 EStG (**Einnahme-Überschussrechnung**) zu ermitteln. Die GmbH muss stets bilanzieren. Der in Bilanzierungsfragen ungeübte Anwalt kann hier Überraschungen erleben.

229 **Umsatzsteuerlich** kann die Sozietät die Einnahmen nach dem **Ist-Prinzip** versteuern, während die GmbH Forderungen versteuert (Soll-Versteuerung), d.h., die Umsatzsteuer muss bereits abgeführt werden, wenn sie in Rechnung gestellt, nicht erst wenn der Rechnungsbetrag eingegangen ist (s. Rz. 286).

230, 231 Einstweilen frei.

232 **Fazit:** Niemand sollte die Anwalts-GmbH allein aus steuerrechtlichen Gründen wählen. Die Entscheidung muss aus außersteuerrechtlichen Gründen erfolgen.

Für die **überörtliche Anwalts-GmbH**, die interprofessionelle Rechtsanwalts-GmbH, die Rechtsanwalts- und Steuerberatungs-GmbH, die Rechtsanwalts- und Wirtschaftsprüfungs-GmbH gelten die nachfolgenden Ausführungen gleichermaßen.

1 Vgl. z.B. *Henssler*, DB 1995, 1549 und oben A Rz. 72 f.

2. Körperschaftsteuer

a) Allgemeines

Die Körperschaftsteuer ist die **„persönliche" Steuer** der Kapitalgesellschaften und anderer körperschaftsteuerpflichtiger Subjekte (Vereine, Stiftungen, Betriebe gewerblicher Art der öffentlich-rechtlichen Körperschaften; s. § 1 KStG). So wie natürliche Personen Einkommensteuer schulden, schuldet die Anwalts-GmbH Körperschaftsteuer. 233

Wenn die Anwalts-GmbH ihren Gewinn ausschüttet, führt dies beim Anteilseigner in der Regel zu Einkünften aus Kapitalvermögen, die bei ihm einkommensteuerpflichtig sind. Es gibt verschiedene Techniken, um die **Doppelbesteuerung** der Gewinne mit der Steuer der Gesellschaft und des Anteilseigners zu **vermeiden**[1]. Durch das KStG 1977 hatte sich das deutsche KStG für das Anrechnungsverfahren entschieden. Ab 2001 wird die Doppelbesteuerung „pauschal" dadurch vermieden, dass die Gewinnausschüttungen und die Veräußerungsgewinne der Kapitalbeteiligungen nur noch zur Hälfte, ab 2009 zu 60 % angesetzt werden (sog. Halb- oder Teileinkünfteverfahren). Siehe Rz. 292ff. 234

b) Steuersubjekt

Die Anwalts-GmbH, die ihre Geschäftsleitung oder ihren Sitz im Inland hat, ist **unbeschränkt körperschaftsteuerpflichtig** (§ 1 KStG). 235

Die Körperschaftsteuerpflicht der Anwalts-GmbH **beginnt** mit dem Gründungsakt vor dem Notar. Es entsteht die sog. Gründungs- oder Vorgesellschaft, die wie im Zivilrecht eher Ähnlichkeit mit der gegründeten Körperschaft als mit anderen Gebilden hat und folglich wie diese körperschaftsteuerpflichtig ist[2]. Streitig ist die Beurteilung, wenn die Gründung scheitert, die GmbH im zivilrechtlichen Sinn nicht zur Entstehung gelangt. M.E. kann die Körperschaftsteuerpflicht nicht rückwirkend entfallen[3].

Die vorangehende Vereinbarung, eine Anwalts-GmbH zu errichten oder zu gründen, führt steuerlich zur sog. **Vorgründungsgesellschaft**, die, wenn sie bereits anwaltlich tätig war, eine freiberufliche Vorgründungsgesellschaft ist (= Mitunternehmerschaft[4]). 236

c) Gewinnermittlung

Was bei der GmbH als **Einkommen** gilt und wie das Einkommen zu **ermitteln** ist, bestimmt sich nach den Vorschriften des Einkommensteuergesetzes und des KStG (§ 8 Abs. 1 KStG). 237

---

1 *Streck*, Vor § 1 KStG Rz. 17.
2 Vgl. R 2 u. H 2 KStR.
3 S. *Streck*, § 1 KStG Rz. 20.
4 A 2 Abs. 4 KStR.

238 Alle Einkünfte der Anwalts-GmbH sind **Einkünfte** aus **Gewerbebetrieb** (§ 8 Abs. 2 KStG). Eine „Privatsphäre" hat die GmbH nicht[1].

239 Die **Gewinnermittlung** richtet sich nach §§ 4 Abs. 1, 5 EStG. Die Anwalts-GmbH muss bilanzieren. Die Möglichkeit der Einnahme-Überschuss-Rechnung nach § 4 Abs. 3 EStG ist verschlossen.

d) Gewinnausschüttungen, Einlagen

240 „Für die Ermittlung des Einkommens ist **ohne Bedeutung**, ob das **Einkommen verteilt** wird" (§ 8 Abs. 3 Satz 1 KStG). Ebenso wie bei einer natürlichen Person der Verbrauch des steuerpflichtigen Einkommens auf die Ermittlung des steuerpflichtigen Einkommens ohne Auswirkung ist, gilt dies entsprechend bei einer Körperschaft.

Die **offene Gewinnausschüttung** berührt also die Einkommensermittlung nicht.

Das Gleiche gilt für **offene Einlagen**. Wenn die Gesellschafter in ihre Anwalts-GmbH Geld einlegen, d.h. ohne weiteres schuldrechtliches Gewand der GmbH Geld zur Verfügung stellen, so stellt dies bei der GmbH keine Einnahme dar, wird also bei der GmbH nicht steuerpflichtig.

e) Verdeckte Gewinnausschüttungen, verdeckte Einlagen

241 Auch **verdeckte Gewinnausschüttungen** (§ 8 Abs. 3 KStG) und **verdeckte Einlagen** dürfen den Gewinn der GmbH beeinflussen. Das Anrechnungsverfahren und die Steuerreformen 2001/2008 änderten die Behandlung der verdeckten Gewinnausschüttungen und verdeckten Einlagen nicht.

Verdeckte Gewinnausschüttungen sind **Vermögensminderungen** oder verhinderte Vermögensmehrungen, die durch das Gesellschaftsverhältnis veranlasst, d.h. nicht betriebsbedingt sind[2]. Das entsprechend Umgekehrte gilt für verdeckte Einlagen[3].

242 Um bei Leistungsbeziehungen mit **beherrschenden Gesellschaftern** verdeckte Gewinnausschüttungen zu vermeiden, verlangt die Rechtsprechung klare und eindeutige, zivilrechtlich rechtswirksame, zeitgerechte und durchgeführte Verträge[4].

Beherrschung setzt eine 50 % übersteigende Beteiligung voraus. Liegen gleichgerichtete Interessen vor, können auch mehrere Gesellschaften zusammen als beherrschend gelten[5].

243 Das Recht der verdeckten Gewinnausschüttung (und verdeckten Einlagen) ist das **Zentralproblem** des Körperschaftsteuerrechts. Hier kann nur auf die

---

1 BFH v. 4. 12. 1996 – I R 54/95, DB 1997, 707; BFH v. 8. 7. 1998 – I R 123/97, BB 1998, 2350; BFH v. 22. 8. 2007 – I R 32/06, BStBl. 2007 II, 961.

2 Vgl. hierzu R 36 KStR.

3 Vgl. hierzu R 40 KStR.

4 H 36 KStR; Streck/*Schwedhelm*, § 8 Rz. 320ff.

5 A 31 Abs. 6 KStR.

körperschaftsteuerrechtliche Literatur verwiesen werden[1]. Auch nach den Steuerreformen 2001/2008 wird das Problem der verdeckten Gewinnausschüttungen bleiben, da es immer noch Besteuerungsdifferenzen zwischen Leistungsentgelten und Gewinnausschüttungen gibt. Dies gilt auch unter Berücksichtigung der Tatsache, dass die verdeckten Gewinnausschüttungen beim Anteilseigner nur zum Teil angesetzt werden.

Nachfolgend gehen wir auf einige **besondere Leistungsverhältnisse**, die für die Anwalts-GmbH typisch sind, ein.

f) Einzelthemen

aa) Tätigkeitsvergütung

Die Gesellschafter-Geschäftsführer einer Anwalts-GmbH beziehen **Einkünfte aus nichtselbständiger Tätigkeit**. Dies entspricht der nicht unstreitigen, aber herrschenden Ansicht im Körperschaftsteuerrecht[2]. 244

Vereinbart der Geschäftsführer mit der GmbH, dass er neben seinen Einkünften aus nichtselbständiger Tätigkeit noch **anwaltliche Leistungen** als **freiberufliches Honorar** soll abrechnen können, so wird dies zutreffend für zulässig gehalten. Gesichert ist dies nicht[3].

Sind die Gesellschafter-Geschäftsführer **alleine** oder **zusammen beherrschend**, so müssen die Entgelte für die Geschäftsführertätigkeit auf Verträge zurückgehen, die den Bedingungen für beherrschende Gesellschafter genügen (Rz. 242). Da jeder Betriebsprüfer eher Entgelte als verdeckte Gewinnausschüttungen qualifiziert, weil die formellen Voraussetzungen nicht vorliegen, als sich auf das Glatteis der Angemessenheit zu begeben, kann die Empfehlung nicht oft genug wiederholt werden, den hier notwendigen Verträgen größte Aufmerksamkeit zu schenken. Die sicher richtige Erfahrung, dass des Schusters eigene Kinder in der Regel die schlechtesten Schuhe tragen, gilt auch für Anwaltsgestaltungen in eigener Sache; sie kann extrem teuer werden. 245

Der Umfang der Tätigkeit der Geschäftsführer kann geregelt werden. Die Steuerbefreiung nach **§ 3b EStG** (Steuerfreiheit von Zuschlägen für Sonntags-, Feiertags- oder Nachtarbeit) wird allerdings den Gesellschafter-Geschäftsführern von der Rechtsprechung verwehrt[4]. 246

Die **Angemessenheit** von Gesellschafter-**Geschäftsführergehältern** einer freiberuflich tätigen GmbH zu bestimmen, ist schwierig. Betriebsprüfer haben in der Regel mit gewerblich tätigen GmbHs zu tun, bei denen der persönliche Einsatz der Geschäftsführer nicht in dem Maße hervortritt wie im freiberuflichen Bereich. Folglich tendiert man dahin, die Zügel anzuziehen. 247

---

1 Streck/*Schwedhelm*, § 8 Rz. 142ff. mit Verweisungen.
2 Streck/*Schwedhelm*, § 8 KStG, § 8 Anh. Rz. 276.
3 Vgl. *Korn*, Freiberufler-Personengesellschaften, Rz. 61.
4 BFH v. 19. 3. 1997 – I R 75/96, BStBl. 1997 II, 577; Übergangsregelung BMF v. 28. 9. 1998, BStBl. 1998 I, 1194.

Als **allgemeine Grundsätze** gelten: Die Art und der Umfang der Tätigkeit, die künftigen Ertragsaussichten, das Verhältnis des Geschäftsführergehalts zum Gesamtgewinn und zur verbleibenden Kapitalverzinsung sind zu berücksichtigen. Ist ein Vergleich mit ähnlichen Betrieben möglich, so kann dieser herangezogen werden. Die Freiberuflichkeit muss dazu führen, dass der durch die Arbeit erzielte persönliche Ertrag höher sein kann und muss als bei industriellen und anderen gewerblichen Gesellschaften. Diese allgemeinen Grundsätze hier anzuführen heißt zugleich zu bekennen, dass mit ihnen in der Praxis wenig anzufangen ist.

248 Für die **Steuerberatungs-GmbH** hielt das Finanzgericht des Saarlands[1] eine Aufteilung des Gewinns im Verhältnis von 1/3 (GmbH) und 2/3 (Geschäftsführer) für angemessen; in beiden Fällen waren Gehälter vereinbart, die den Gewinn der GmbH im Wesentlichen abschöpften. Der BFH hat diese pauschale Aufteilung abgelehnt[2]. Die Gehälter der Geschäftsführer der Steuerberatungs-GmbH seien danach zu bestimmen, was man ihnen im Fall des Verkaufs für eine Fortsetzung ihrer Tätigkeit zahlen würde. Dem persönlichen Leistungseinsatz komme eine besondere Bedeutung zu[3]. Die Tatsache, dass die Gehälter den Gewinn aufzehrten, spielte hier für den BFH keine Rolle. Auch diese Rechtsprechung bringt keine konkreten Anhaltspunkte.

Von Bedeutung ist die Aussage, dass die Geschäftsführergehälter nicht mit **„normalen" Anwaltsgehältern** der gleichen GmbH verglichen werden dürfen, da sich die leitende Geschäftsführertätigkeit in jenen Gehältern nicht ausdrückt[4].

249 Daneben treten **Fremdvergleiche** anhand von Gehaltserhebungen, die jedoch nur mit Vorsicht anzuwenden sind. Bei solchen Erhebungen sind echte freiberufliche Kapitalgesellschaften und kleine Gesellschaften mit hoher Rentabilität regelmäßig unterrepräsentiert, weil diese Unternehmen in der Regel keine Veranlassung haben, sich an Unternehmensberater zu wenden oder sich an Gehaltserhebungen zu beteiligen.

250 Wichtiges Indiz ist der der GmbH **verbleibende Gewinn**. Erwirtschaftet die GmbH Verluste, hat sie keinen oder nur einen sehr minimalen Gewinn bei hohen Geschäftsführergehältern, so ist der Streit um die verdeckte Gewinnausschüttung vorprogrammiert. Verbleibt der GmbH ein nennenswerter Gewinn, so wird die Finanzverwaltung geneigt sein, auch hohe Geschäftsführergehälter anzuerkennen.

251 Von der OFD Stuttgart stammt eine mit „Mai 1995" datierte und in 1997[5] veröffentlichte **Anweisung** über **Angemessenheitsregeln**, die für **Freiberufler** Folgendes sagt:

---

1 Vgl. zur Rspr. des FG die Nachweise bei Streck/*Schwedhelm*, § 8 Anh. Rz. 288.
2 BFH v. 16. 10. 1991 – I B 227/90, I B 228/90, BFH/NV 1992, 341; v. 11. 12. 1991 – I R 152/90, BStBl. 1992 II, 690; v. 8. 7. 1998 – I R 134/97, BFH/NV 1999, 370.
3 BFH v. 8. 7. 1998 – I R 134/97, BFH/NV 1999, 370.
4 BFH v. 16. 10. 1991 – I B 227/90, I B 228/90, BFH/NV 1992, 341.
5 BB 1997, 243.

„Nach dem BFH-Beschluß vom 1. 12. 1993 (BFH/NV 1994 S. 740) sind einerseits dem nach § 8 Abs. 3 Satz 2 KStG anzustellenden Fremdvergleich die Gesamtbezüge des Gesellschafter-Geschäftsführers zugrunde zu legen; andererseits gibt es für die Angemessenheitsprüfung keine allgemein gültigen Regeln. Deshalb kann die Grenze des Angemessenen nur für den Einzelfall bestimmt werden. Nach Auffassung des BFH ist dabei sowohl ein interner als auch ein externer (z.B. veröffentlichte Gehaltsstrukturuntersuchungen) Betriebsvergleich zu berücksichtigen. Nicht unberücksichtigt bleiben kann danach auch das Verhältnis der Gesamtbezüge des Gesellschafter-Geschäftsführers zum Gewinn (vor Körperschaftsteuer) der Kapitalgesellschaft.

Die Finanzverwaltung in Baden-Württemberg hat hierzu auf Landesebene zwischenzeitlich folgende Auslegungsgrundsätze beschlossen, nach denen bis auf weiteres zu verfahren ist:

a) ______

b) ______

c) Anwendung der sog. **Freiberufler-Regelung**

Der BFH hat zwar im Urteil vom 11. 12. 1991 (BStBl. II 1992 S. 690) entschieden, daß es in der Regel nicht möglich ist, die Angemessenheit des Geschäftsführergehaltes von Gesellschafter-Geschäftsführern einer GmbH nach einem bestimmten Prozentsatz des Gewinns der GmbH vor Abzug von Geschäftsführergehältern zu beurteilen. Aus Praktikabilitätsgründen wird jedoch an der Freiberufler-Regelung grundsätzlich festgehalten. Allerdings ist mittlerweile auch in den Fällen der Freiberufler-Regelung für Angemessenheit der Bezüge ein Gesamtbetrag von 800 000 DM als absolute jährliche Obergrenze anzusehen. Bei mehreren Gesellschafter-Geschäftsführern gilt die Obergrenze von 800 000 DM für jeden Gesellschafter-Geschäftsführer. Auch bei einer Geschäftsführertätigkeit in mehreren „Freiberufler-GmbHs" ist bei Prüfung der Angemessenheit der Geschäftsführerbezüge i.d.R. von einer jährlichen Obergrenze der Gesellschafter-Geschäftsführerbezüge von insgesamt 800 000 DM (je Geschäftsführer) auszugehen, d.h., die Obergrenze kann nicht mehrfach in Anspruch genommen werden.

Nach der sog. Freiberufler-Regelung kann bei Kapitalgesellschaften, die dem Grunde nach eine der in § 18 EStG aufgeführten Tätigkeiten ausüben, die Höhe des angemessenen Jahresüberschusses (vor Ertragsteuern) der Kapitalgesellschaft wie folgt beurteilt werden:

- Das gezeichnete Kapital der Kapitalgesellschaft muß mit 15 v.H. jährlich verzinst werden.
- Der Kapitalgesellschaft muß darüber hinaus ein Betrag von 5 v.H. der Summe der an die Gesellschafter für das jeweilige Wirtschaftsjahr gewährten Tantiemen verbleiben.

Diese Regelung gilt nicht nur bei Kapitalgesellschaften, die eine der in § 18 EStG aufgeführten Tätigkeiten ausüben, sondern auch bei solchen Kapitalgesellschaften, die eine personenbezogene Tätigkeit als Immobilienmakler, Treuhänder, Versicherungsvermittler, Handelsvertreter und im EDV-Bereich (Programmentwickler) ausüben. Vgl. auch TOP 11 der KSt-Dienstbesprechungen 1993. Eine weitere Ausdehnung dieses Personenkreises ist jedoch nicht vorgesehen.

Beispiel:

An einer Steuerberatungs-GmbH sind vier Gesellschafter-Geschäftsführer mit jeweils 25 v.H. am Stammkapital in Höhe von 100 000 DM beteiligt. Die Gesellschafter-Geschäftsführer erhalten eine Jahrestantieme in Höhe von insgesamt 1 600 000 DM.

Bei der GmbH ist folgender Mindestgewinn (vor KSt und GewSt) erforderlich:

Kapitalverzinsung 15 v.H. von 100000 DM =	15000 DM
+ 5 v.H. von 1600000 DM (Tantiemen der Gesellschafter Geschäftsführer) =	80000 DM
Mindestgewinn	95000 DM

Der restliche Jahresüberschuß der GmbH kann – innerhalb der absoluten Obergrenze von 800000 DM für jeden Gesellschafter-Geschäftsführer – als Tätigkeitsvergütung an die Gesellschafter-Geschäftsführer ausgezahlt werden."

Dieser **Erlass** ist eine **Ansicht** der **Finanzverwaltung** Baden-Württemberg, der nicht bundeseinheitlich gilt und später auch eingeschränkt wurde[1]. Bereits das zeigt seine Relativität. Ob die Rechtsprechung ihn akzeptiert, muss nach den bisherigen Erfahrungen mit pauschalierenden Regelungen bezweifelt werden (s. oben Rz. 248).

252 Dort, wo in einer Anwalts-GmbH die **Angemessenheitsgrenze ausgeschöpft** werden soll, sollte an die Möglichkeit der verdeckten Gewinnausschüttung stets gedacht werden. Werden ihre Steuerfolgen in Rechnung gestellt und planerisch vorausgedacht, kann das Bemühen um Ausschöpfung richtig sein. Denn es hinterlässt bei allen beteiligten Steuerpflichtigen ein ungutes Gefühl, wenn eine Betriebsprüfung zu Ende geht und die Angemessenheit der Geschäftsführergehälter nicht in Frage gestellt wird.

bb) Tantiemen

253 Bei der Frage der **Angemessenheit** sind Tantiemen nicht gesondert neben den Festbezügen zu behandeln. Geprüft wird zur Angemessenheit die **„Gesamtausstattung"** des Geschäftsführers[2].

254 **Umsatztantiemen** werden in der Regel **nicht** anerkannt[3]. Die bei Sozietäten anzutreffende Gewinnverteilung, die an die erwirtschafteten Umsätze anknüpft, ist mithin bei der GmbH nicht praktizierbar.

255 Für **Gewinntantiemen** hat der BFH[4] die sog. **75:25-Regel** aufgestellt. Im Einzelnen: Soweit die Tantieme gegenüber mehreren Gesellschafter-Geschäftsführern insgesamt den Satz von 50 % des Jahresüberschusses übersteigt, spricht der Beweis des ersten Anscheins für die Annahme einer verdeckten Gewinnausschüttung. „Bei der Beurteilung der Angemessenheit einer Gewinntantieme ist von der Höhe der angemessenen Jahresgesamtbezüge auszugehen, die die GmbH bei normaler Geschäftslage ihrem Geschäftsführer zu zahlen in der Lage und bereit ist. Die Jahresgesamtbezüge sind in ein Festgehalt (in der Regel mindestens 75 v.H.) und in einen Tantiemeteil (in der Regel höchstens 25 v.H.) aufzuteilen. Der variable Tantiemeteil ist in Relation zu dem erwarteten Durchschnittsgewinn auszudrücken"[5]. Die Tantie-

1 OFD Karlsruhe v. 17. 4. 2001, BB 2001, 1339.
2 Streck/*Schwedhelm*, § 8 Anh. Rz. 278ff., 310ff.
3 BFH v. 28. 6. 1989 – I R 89/85, BStBl. 1989 II, 854; Streck/*Schwedhelm*, § 8 Anh. Rz. 310.
4 BFH v. 5. 10. 1994 – I R 50/94, BStBl. 1995 II, 549.
5 BFH v. 5. 10. 1994 – I R 50/94, BStBl. 1995 II, 549.

mevereinbarung muss alle drei Jahre überprüft werden. Ausnahmen von dieser Regel bleiben möglich; sie müssen von der GmbH erläutert werden. Liegt eine verdeckte Gewinnausschüttung vor, ist nur der unangemessene Teil der Tantieme verdeckte Gewinnausschüttung. Diese „Regel" ist von der Rechtsprechung und der Finanzverwaltung weiter konkretisiert worden[1].

cc) Pensionszusagen

Steuerlich können Pensionszusagen **sinnvoll** sein. Sie mindern durch die notwendigen Rückstellungen die Steuerlast der GmbH Jahr für Jahr, während die Steuerpflicht der Pensionen erst eintritt, wenn die Pensionen ausgezahlt werden. Wirtschaftlich sollte mit Pensionszusagen vorsichtig umgegangen werden. Sie scheinen bei ihrer vertraglichen Vereinbarung wegen des Steuereffekts einerseits und der Tatsache, dass nichts zu zahlen ist, andererseits nur vorteilhaft; die sich langsam aufstauende Schuldenlast kann für jede GmbH jedoch existenzgefährdend werden. Auch ist in das Kalkül aufzunehmen, dass der plötzliche Tod des Pensionsverpflichteten mit einem Schlag zur Auflösung der Pensionsrückstellung und damit zur vollen Nachversteuerung auf der Ebene der GmbH führt. Dem kann durch eine Rückdeckungsversicherung begegnet werden. 256

Die Rechtsprechung hat in den letzten Jahren **Restriktionen** für die **steuerliche Anerkennung**, insbesondere auch bei beherrschenden Gesellschafter-Geschäftsführern formuliert[2]: 257

Es wird i.d.R. eine **Wartezeit** von ca. fünf Jahren verlangt, bevor erstmals ein unverfallbarer Pensionsanspruch entsteht. Dies gilt nicht, wenn der Gesellschafter-Geschäftsführer seine Leistung bereits unter Beweis gestellt hat, weil er z.B. seine eigene Praxis eingebracht hat[3].

Es muss im Zeitpunkt der Teilung der Pensionszusagen noch ausreichend Zeit verbleiben, in der der Gesellschafter-Geschäftsführer seine Pension **erdienen** kann. Bei beherrschenden Gesellschaftern müssen mindestens noch 10 Jahre – höchstens auf eine Tätigkeit bis zum 70. Lebensjahr[4] – verbleiben, bei nicht beherrschenden Gesellschaftern reicht es aus, wenn diese im Zeitpunkt der Zusage seit mindestens 12 Jahren bei der Gesellschaft beschäftigt sind und noch mindestens drei Arbeitsjahre bis zum Beginn der Pension verbleiben. Zu dem Problem der „Nichtbeherrschung" sei daran erinnert, dass fünf gleichrangige Gesellschafter-Geschäftsführer, die zu je 20 % an der Anwalts-GmbH beteiligt sind, als beherrschend gelten, wenn sie entsprechende Gesellschafter-Geschäftsführer-Verträge und Pensionszusagen haben (Rz. 242).

Es darf keine **Überversorgung** entstehen. Alle zu erwartenden Versorgungsbezüge einschließlich einer Sozialversicherungsrente sollen 75 % der jeweils

1 R, H 39 KStR; Streck/*Schwedhelm*, § 8 Anh. Rz. 314 ff.
2 Vgl. R, H 38 KStR; Streck/*Schwedhelm*, § 8 Anh. Rz. 897 ff.; dort jeweils die aktuelle Rechtsprechung.
3 BFH v. 29. 10. 1997 – I R 52/97, BStBl. 1999 II, 318; BFH v. 11. 2. 1998 – I R 73/97, DB 1998, 2094.
4 Vgl. hierzu auch BFH v. 19. 5. 1998 – I R 36/97, DStR 1998, 1381.

aktuellen laufenden Bezüge nicht übersteigen. Die Rechtsprechung und die Finanzverwaltungen[1] nahmen vereinfachend keine Überversorgung an, wenn die Aufwendungen des Pensionsverpflichteten (Beiträge zur gesetzlichen Rentenversicherung, zur Direktversicherung und Zuführungen zu Pensionsrückstellungen) 30 % der laufenden Stichtagsbezüge nicht übersteigen. Diese Vereinfachung, für die es ohnehin keine Rechtsgrundlage gab[2], soll ab 1. 1. 2005 nicht mehr gelten[3].

Die voraussichtliche **Ertragsentwicklung** der GmbH muss die Zusage erlauben[4].

Rückdeckungsversicherungen sind nicht zwingend notwendig[5]. Die Rückdeckung ist aber auch kein durchschlagendes Argument gegen die Unangemessenheit der Pensionszusage[6].

dd) Miet- und Pachtverhältnisse

258 Vermieten Gesellschafter der Anwalts-GmbH an ihre GmbH, muss der Miet- und Pachtzins **angemessen** sein.

Bei **beherrschenden Gesellschaftern** müssen die strengen förmlichen Voraussetzungen erfüllt sein.

ee) Darlehen

259 Geben die Anwalts-Gesellschafter ihrer GmbH oder gibt die GmbH ihren Gesellschaftern ein Darlehen, so müssen die **Konditionen** angemessen sein. Die Angemessenheitsprüfung bezieht sich auf die Laufzeit, den Zinssatz und die Absicherung.

Bei **beherrschenden Gesellschaftern** müssen die besonderen förmlichen Bedingungen vorliegen.

ff) Kostenumlagen

260 Soweit der Anwalt als Anwaltseigner den Kostenapparat der GmbH für betriebsfremde Zwecke nutzt, muss mit der GmbH die Kostenerstattung geregelt werden. Hierbei ist zu berücksichtigen, dass die GmbH in der Regel einen Gewinn erzielen will, wenn sie für Dritte tätig wird. Kosten über Kostenumlagen dürfen also nicht einfach nur die tatsächlich entstandenen Kosten weiterberechnen, sondern müssen einen **Gewinnaufschlag** berücksichtigen.

---

1 BMF v. 7. 1. 1998, DB 1998, 497; Rechtsprechung s. Streck/*Schwedhelm*, § 8 Anh. Rz. 902.
2 Streck/*Schwedhelm*, § 8 Anh. Rz. 902.
3 BMF v. 28. 9. 2004, BStBl. 2004 I, 1045, Tz. 23.
4 BFH v. 29. 10. 1997 – I R 52/97, BStBl. 1999 II, 318; BFH v. 11. 2. 1998 – I R 73/97, DB 1998, 2094.
5 BFH v. 29. 10. 1999 – I R 52/97, BStBl. 1999 II, 318; BFH v. 15. 12. 1997 – I R 42/97, DStR 1998, 418.
6 BFH v. 11. 2. 1998 – I R 73/97, DB 1998, 2094.

gg) Stille Beteiligung

Unabhängig von der berufsrechtlichen Zulässigkeit führt die mitunternehmerische, d.h. die atypisch stille Beteiligung an einer Anwalts-GmbH insgesamt zu **gewerblichen** Einkünften (siehe B Rz. 873 f.). 261

Die **typisch stille Beteiligung** ist hingegen eine echte „Kapitalanlage", die zu Einkünften aus Kapitalvermögen führt.

hh) Praxiswert

Der Praxiswert einer Anwalts- oder Steuerberatungspraxis ist ein vom Anwalt oder Steuerberater lösbares **immaterielles Wirtschaftsgut**, das verpachtet und veräußert werden kann. Siehe B Rz. 798 ff. 262

ii) Familienverträge

Die Regeln über die verdeckte Gewinnausschüttung und zur Vermeidung der verdeckten Gewinnausschüttung zwischen der Anwalts-GmbH und ihren Anteilseignern gelten auch im Verhältnis zu Nahestehenden[1]. Die Leistungsbeziehungen zu den Ehepartnern der Anwälte, zu ihren Kindern, werden ebenfalls daraufhin überprüft, ob sie angemessen sind. Für die Leistungsbeziehungen zu den **Nahestehenden** von beherrschenden Gesellschaftern gelten die strengen Förmlichkeitsbedingungen (Rz. 242). 263

jj) Weitere Tätigkeiten neben der Anwaltsgesellschaft

Grundsätzlich kann der Rechtsanwalt neben seiner Tätigkeit als Geschäftsführer der Anwalts-GmbH aus steuerlicher Sicht **weiteren** gewerblichen oder freiberuflichen **Tätigkeiten** nachgehen. Auf die Frage der berufsrechtlichen Zulässigkeit gehe ich hier nicht ein. 264

Handelt er innerhalb des Gesellschaftszwecks der Anwalts-GmbH, so muss ihm die Tätigkeit nach der GmbH-Satzung oder aufgrund der **GmbH-Satzung** erlaubt sein. Anderenfalls nimmt er „Gewinnchancen" der GmbH weg, was zu verdeckten Gewinnausschüttungen führen kann[2]. 265

Hier muss eine **klare Regelung** getroffen werden, welche Geschäfte der GmbH, welche Tätigkeit dem Anwalt unmittelbar zuzurechnen sind.

g) Steuerklauseln

Die Rechtsfolgen einer verdeckten Gewinnausschüttung durch Steuerklauseln **rückgängig** zu **machen**, ist bis heute nicht gelungen. Allen dahin gehenden Überlegungen hat der BFH bisher die Anerkennung versagt[3]. 266

---

1 R, H 36 KStR.

2 Vgl. zu diesem komplexen Thema, das die Rechtsprechung lange beherrscht hat, Streck/*Schwedhelm*, § 8 Anh. Rz. 1406 ff.

3 Streck/*Schwedhelm*, § 8 Rz. 305 ff.

h) Organschaft

267 Grundsätzlich kann die **Anwalts-GmbH** aus steuerlicher Sicht sowohl Organträger wie auch Organgesellschaft im Sinn der Körperschaft steuerliche Organschaft (§§ 14 ff. KStG) sein. Beschränkungen können sich aus dem **Berufsrecht** ergeben.

268 Die Anwalts-GmbH kann sich an Kapitalgesellschaften beteiligen. Folglich kann sie **Organträger** bei Tochter-AGs (§ 14 KStG) und bei Tochter-GmbHs (§ 17 KStG) sein. Die im Körperschaftsteuerrecht bis 2000 geforderte organisatorische und wirtschaftliche Eingliederung (entfällt ab 2001) sowie ein Ergebnisabführungsvertrag werden m.E. durch das Berufsrecht nicht gehindert.

269 Schwieriger werden Gestaltungen sein, die die Anwalts-GmbH als **Organtochter** bezwecken. Der Organträger muss ein **gewerbliches Unternehmen** sein. Dieses kann auch von Gesellschaftern der Anwalts-GmbH gebildet werden, die § 59e BRAO genügen. Die bis 2000 erforderliche organisatorische Eingliederung wird jedoch in der Regel an § 59f Abs. 4 BRAO (Voraussetzung der Weisungsfreiheit) scheitern. Werden jedoch der Organträger und die Organtochter von eben den gleichen Personen beherrscht, könnte berufsrechtlich gefragt werden, ob nicht die „Weisungsfreiheit" mangels tatsächlicher Abhängigkeit Bestand hat. **Ab 2001** ist nur noch die finanzielle Eingliederung erforderlich. Die Anwalts-GmbH als Organtochter wird gestaltbar sein.

3. Anrechnungsverfahren

270 Auch für die Anwalts-GmbH galt **bis 2000** das **Anrechnungsverfahren** zur **Vermeidung** der **steuerlichen Doppelbelastung** der GmbH-Gewinne mit Körperschaft- und Einkommensteuer. Da es auch noch für Ausschüttungen in 2001 für 2000 galt, wurde auf das Verfahren in der 1. Aufl. noch eingegangen. Darauf wird jetzt verwiesen[1].

271–282 Einstweilen frei.

4. Gewerbesteuer

283 Die Anwalts-GmbH ist nach allgemeinen Regeln **gewerbesteuerpflichtig**.

Bei der Kalkulation mit der Gewerbesteuer ist zu berücksichtigen, dass ihr der **Freibetrag** nach § 11 Abs. 1 Nr. 1 GewStG nicht zusteht.

Zur Problematik, die Gewerbesteuerlast durch obligatorische Leistungsentgelte zu mindern, und der Gefahr der **verdeckten Gewinnausschüttung** siehe Rz. 241 ff.

5. Einheitsbewertung/Vermögensteuer

284 Hier gilt das zu B Rz. 894 ff. Gesagte.

---

1 Ein Überblick findet sich auch bei Streck/*Alvermann*, KStG, Beratungs-ABC, Anrechnungsverfahren (Überblick).

6. Umsatzsteuer

Die Anwalts-GmbH ist umsatzsteuerlich **Unternehmer**. Es gelten die allgemeinen Umsatzsteuerregeln. 285

In Abweichung von der Sozietät hat die GmbH **nicht** die Möglichkeit der **„Ist-Versteuerung"** (siehe B Rz. 914)[1]. Anwaltliche Forderungen sind der Umsatzsteuer zu unterwerfen, wenn sie entstanden sind. Selbst auf die Inrechnungstellung kommt es nicht an.

7. Besteuerungsverfahren der GmbH

Die GmbH wird zur Körperschaft-, Gewerbe- und Umsatzsteuer **veranlagt** wie natürliche Personen zur Einkommensteuer. Hier gibt es keinerlei Besonderheiten, die an die Freiberuflichkeit der GmbH anknüpfen. 286

8. Die GmbH als Arbeitgeber; Lohnsteuerpflicht

Das zu B Rz. 943ff. **Gesagte** gilt. 287

9. Erbschaftsteuer/Schenkungsteuer

Dieses **Thema** ist bei B unter Rz. 946ff. **behandelt**. 288

10. Steuerinteressen des Mandanten

Hier kann auf das zu B Rz. 960ff. **Gesagte** verwiesen werden. 289

11. Besteuerung des GmbH-Geschäftsführers

Der Geschäftsführer der Anwalts-GmbH bezieht in der Regel **Einkünfte** aus **nichtselbständiger Tätigkeit**, die bei der GmbH der Lohnsteuer unterliegen und in der Einkommensteuerveranlagung der endgültigen Besteuerung zugeführt werden. 290

Die Frage, ob der GmbH-Geschäftsführer neben den Einkünften aus nichtselbständiger Tätigkeit noch **weitere Einkünfte** von der GmbH beziehen kann, kann problematisch sein. Unstreitig kann er aus einem Darlehen Einkünfte aus Kapitalvermögen, aus seiner GmbH-Beteiligung ebenfalls Einkünfte aus Kapitalvermögen, aber auch z.B. Mieteinkünfte beziehen. Problematisch ist die freiberufliche Tätigkeit für die GmbH neben seiner Tätigkeit als „abhängiger" Geschäftsführer (s. Rz. 264ff.). 291

12. Besteuerung des GmbH-Gesellschafters

Soweit der Anwalt die Beteiligung an der Anwalts-GmbH im **Privatvermögen** hält, bezieht er, wenn die GmbH Ausschüttungen tätigt, Einkünfte aus Kapitalvermögen. 292

---

1 BFH v. 22. 7. 1999 – V R 51/98, DB 1999, 2296; FG Berlin v. 22. 6. 1999 – 7 K 7091/97, EFG 1999, 1203.

Ebenfalls sind die ihm zuzurechnenden **verdeckten Gewinnausschüttungen** (s. Rz. 241 ff.) Einkünfte aus Kapitalvermögen.

Ab **2001** gilt: Verdeckte Gewinnausschüttungen, ordnungsgemäß beschlossene Ausschüttungen für Wirtschaftsjahre ab 2001 unterliegen dem sog. **Halbeinkünfteverfahren**; sie werden zur Hälfte angesetzt (§ 3 Nr. 40 EStG). Eine Anrechnung der KSt entfällt. Ab **2009** beträgt der steuerpflichtige Anteil 60 % (**Teileinkünfteverfahren**).

Ab **2009** unterliegen offene und verdeckte Ausschüttungen allerdings dem **Abgeltungsverfahren** (Abgeltung der Steuer durch die Kapitalertragsteuer), es sei denn, die Anteile stellen steuerliches **Betriebsvermögen** dar oder der Gesellschafter macht von dem **Wahlrecht** des § 32d Abs. 2 Nr. 3 EStG Gebrauch.

293 Sollten die Anteile **Betriebsvermögen** sein – z.B. in einer Betriebsaufspaltung – bestimmt dieses die Einkunftsart.

294 Die **Veräußerung** des GmbH-Anteils führt bei ihm, wenn der Anteil Privatvermögen darstellt, in der Regel zu Einkünften nach § 17 EStG. Handelt es sich, z.B. innerhalb einer Betriebsaufspaltung, um Betriebsvermögen, so führt die Veräußerung des GmbH-Anteils zu gewerblichen Einkünften. Evtl. können die Voraussetzungen des § 16 EStG vorliegen.

Ab 2001 werden die Veräußerungseinkünfte nur zur Hälfte, ab 2009 zu 60 % angesetzt (§ 3c EStG).

Ab 2009 gilt bei einer Beteiligung **unter 1 v.H.** das Abgeltungsverfahren, ein bei der Anwalts-GmbH kaum vorkommender Sachverhalt.

13. Steuerstrafrecht

295 Grundsätzlich kann auf das zu B Rz. 1004 ff. **Gesagte** verwiesen werden.

Nimmt der Gesellschafter-Geschäftsführer **Schwarzgelder** an, die er nicht versteuern will und nicht versteuert, so gelten körperschaftsteuerlich die Regeln für unberechtigte Entnahmen. Ist er Alleingesellschafter-Geschäftsführer, so liegen verdeckte Gewinnausschüttungen vor. Hat er Mitgesellschafter, die die Schwarzgeldvereinbarung nicht akzeptieren, so ist die steuerliche Behandlung problematisch. Die Diskussion konzentriert sich auf die Frage, ob der der GmbH unstreitig zustehende Ersatzanspruch die verdeckte Gewinnausschüttung kompensiert, so dass erst später in dem Verzicht auf den Ersatzanspruch eine verdeckte Gewinnausschüttung liegen kann. Oder aber ob trotz Ersatzanspruch die verdeckte Gewinnausschüttung anzunehmen ist. Hier sei auf die nicht ganz klare Rechtsprechung, auf die Haltung der Finanzverwaltung und das Schrifttum verwiesen[1].

---

1 Vgl. Streck/*Schwedhelm*, § 8 Rz. 210 ff.

XV. Bewertungsfragen

Veräußert die Anwalts-GmbH ihr Unternehmen, gelten die **Ausführungen** zu B Rz. 1015ff. **entsprechend** für die Bemessung des Kaufpreises. 296

Grundsätzlich gilt dies auch, soweit es darum geht, die **GmbH-Anteile** zu veräußern. Hier können jedoch weitere wertbildende Faktoren zu berücksichtigen sein.

Werden GmbH-Anteile bewertet, so sind grundsätzlich alle **Aktiva** und **Passiva** in die Bewertung einzubeziehen, da das ganze Vermögen der GmbH veräußert wird. Dies entspricht nicht der Veräußerung eines Anwaltsbetriebs durch die Veräußerung von Aktiva und Passiva, weil hier z.B. häufig Forderungen und Verpflichtungen zurückbehalten werden. 297

Problematisch bei dem Erwerb von GmbH-Anteilen ist die Tatsache, dass der **Erwerber** die **Anschaffungskosten** nicht sofort oder kontinuierlich **absetzen** kann. Dies mindert die Attraktivität des Erwerbs von GmbH-Anteilen. Auf der anderen Seite ist zu berücksichtigen, dass die **Veräußerung** von GmbH-Anteilen weit **unproblematischer** realisiert werden kann als die Veräußerung von positiven und negativen Wirtschaftsgütern. 298

Die steuerrechtliche Bewertung nach dem sog. **Stuttgarter Verfahren**[1] spielt bei Kaufverhandlungen eine untergeordnete Rolle. 299

XVI. Mustersatzung einer Rechtsanwaltsgesellschaft mbH unter ausschließlicher Beteiligung von Rechtsanwälten

Vorbemerkung: Der nachfolgende Mustervertrag bietet lediglich eine erste Orientierungshilfe. Er soll die notwendigsten regelungsbedürftigen Gesichtspunkte aufzeigen und Anhaltspunkte für eine zweckmäßige Gestaltung einer Rechtsanwaltsgesellschaft mbH geben. Die Satzung erhebt keinen Anspruch auf Vollständigkeit und ersetzt nicht die im Einzelfall gebotene Beratung. Sie muss im Bedarfsfall den Besonderheiten der zu gründenden Gesellschaft angepasst werden. Soll die Rechtsanwaltsgesellschaft als UG gegründet werden, sind die hierfür geltenden Besonderheiten zu beachten. 300

Gesellschaftsvertrag

§ 1 Firma und Sitz

(1) Die Gesellschaft führt die Firma X Rechtsanwaltsgesellschaft[2] mbH.

(2) Der Sitz der Gesellschaft ist …

---

1 R 96ff. ErbStR.

2 Die Firma muss zwingend die Bezeichnung „Rechtsanwaltsgesellschaft" enthalten (§ 59k BRAO); eine andere Bezeichnung, etwa als „Rechtsberatungsgesellschaft", ist unzulässig. Gleichzeitig ist die Bezeichnung „Rechtsanwaltsgesellschaft" für andere als zugelassene Anwalts-GmbHs gesperrt.

(3) Die Gesellschaft kann Zweigniederlassungen errichten. § 29a BRAO bleibt unberührt.

§ 2 Gegenstand des Unternehmens

(1) Gegenstand des Unternehmens ist die Beratung und Vertretung in Rechtsangelegenheiten[1].

(2) Die Aufträge werden durch in Diensten der Gesellschaft stehende Rechtsanwälte eigenverantwortlich, unabhängig und weisungsfrei unter Beachtung ihres Berufsrechts und ihrer Berufspflichten ausgeführt.

(3) Soweit Anwaltsnotare an der Gesellschaft beteiligt sind, erfolgt diese Beteiligung nur mit ihrer anwaltlichen Tätigkeit, die notarielle Amtsausübung ist nicht Gegenstand des Unternehmens.

(4) Tätigkeiten, die mit dem Beruf eines Rechtsanwalts nicht vereinbar sind, insbesondere gewerbliche Tätigkeiten, sind ausgeschlossen.

(5) Sofern einem im Dienste der Gesellschaft stehenden Berufsträger das anwaltliche Tätigwerden im Einzelfall untersagt ist, erstreckt sich dieses Verbot auf alle anderen in der Gesellschaft tätigen Berufsträger. Dies gilt nicht im Fall der Vertretung widerstreitender Interessen (§ 43a Abs. 4 BRAO), wenn sich im Einzelfall die betroffenen Mandanten in den widerstreitenden Mandaten nach umfassender Information mit der Vertretung ausdrücklich einverstanden erklärt haben und Belange der Rechtspflege nicht entgegenstehen (§ 3 BORA).

(6) Die Beteiligung der Gesellschaft an anderen Gesellschaften zur Ausübung eines der in § 59a Abs. 1 BRAO genannten Berufe ist nicht zulässig.

(7) Die Gesellschaft darf den berufsrechtlichen Ge- und Verboten nicht zuwiderhandeln.

§ 3 Gesellschafter

Gesellschafter dürfen nur Rechtsanwälte sein[2].

§ 4 Pflichten der Gesellschafter; Berufstätigkeit

(1) Die Gesellschafter sind verpflichtet, in der Gesellschaft ihren Beruf aktiv auszuüben[3]. Jeder Gesellschafter hat dabei das geltende Berufsrecht zu beachten, insbesondere auch die Verpflichtung zur Berufsverschwiegenheit.

(2) Alle Gesellschafter üben ihre Berufstätigkeit eigenverantwortlich und unabhängig aus; sie sind in ihrer anwaltlichen Tätigkeit an Weisungen der Gesellschaft nicht gebunden.

§ 5 Stammkapital, Stammeinlagen

(1) Das Stammkapital der Gesellschaft beträgt 25 000 Euro (in Worten: fünfundzwanzigtausend Euro)[4].

---

1 Vgl. § 59c Abs. 1 BRAO.
2 Eine allgemein gehaltene Fassung könnte lauten: „... dürfen nur die in § 59a Abs. 1 S. 1 und Abs. 2 BRAO genannten Personen sein."
3 Vgl. § 59e Abs. 1 BRAO.
4 § 5 Abs. 1 S. 1 GmbHG.

(2) Hiervon übernehmen

a) Herr Rechtsanwalt A 10000 (in Worten: zehntausend) Geschäftsanteile mit einem Nennbetrag in Höhe von jeweils 1 Euro (in Worten: ein Euro), auf die er eine Bareinlage von 10000 Euro (in Worten: zehntausend Euro) leistet[1],

b) Frau Rechtsanwältin B 10000 Geschäftsanteile mit einem Nennbetrag von jeweils 1 Euro (in Worten: ein Euro), auf die sie eine Bareinlage von 10000 Euro (in Worten: zehntausend Euro) leistet,

c) Herr Rechtsanwalt C 5000 Geschäftsanteile mit einem Nennbetrag von jeweils 1 Euro (in Worten: ein Euro), auf die er eine Bareinlage von 5000 Euro (in Worten: fünftausend Euro) leistet.

§ 6 Geschäftsführer

(1) Die Gesellschaft hat einen oder mehrere Geschäftsführer[2].

(2) Zu Geschäftsführern und Prokuristen dürfen nur Rechtsanwälte bestellt werden[3].

(3) Die Geschäftsführer werden durch Gesellschafterbeschluss bestellt[4] und abberufen[5]. Bei Abschluss, Änderung oder Beendigung von Dienstverträgen mit Geschäftsführern wird die Gesellschaft durch die Gesellschafter vertreten.

(4) Verliert ein Geschäftsführer seine Zulassung als Rechtsanwalt oder erfüllt er nicht mehr die in § 59e Abs. 1 iVm. § 59a Abs. 1 S. 1, Abs. 2 BRAO genannten Voraussetzungen, so hat er sein Amt unverzüglich niederzulegen. Anderenfalls wird ihn die Gesellschafterversammlung unverzüglich abberufen. Bei dem Beschluss über die Abberufung hat der betroffene Gesellschafter kein Stimmrecht.

---

1 Zur neuen Terminologie des MoMiG vgl. *Katschinski/Rawert*, ZIP 2008, 1993, 1995.

2 Die Gesellschaft muss zwingend einen oder mehrere Geschäftsführer haben, § 6 Abs. 1 GmbHG. Die Zahl der Geschäftsführer ist im GmbHG nicht vorgeschrieben. Der Gesellschaftsvertrag kann eine Mindest- oder Höchstzahl vorschreiben.

3 Nach § 6 Abs. 2 S. 1 GmbHG iVm. § 59f Abs. 2 BRAO kann nur eine Person, die einem nach § 59a Abs. 1 S. 1, Abs. 2 BRAO sozietätsfähigen Beruf angehört, als Geschäftsführer bestellt werden. Es können nach den Regelungen des GmbHG und der BRAO sowohl Gesellschafter als auch Nichtgesellschafter zu Geschäftsführern bestellt werden. Der Gesellschaftsvertrag kann zusätzliche Qualifikationsvoraussetzungen aufstellen. Z.B. kann – wie hier im Muster – festgelegt werden, dass ausschließlich Rechtsanwälte zu Geschäftsführern bestellt werden können oder auch, dass nur Gesellschafter der GmbH Geschäftsführer sein können.

4 Die Bestellung der Geschäftsführer erfolgt im Gesellschaftsvertrag (§ 6 Abs. 3 S. 2 GmbHG) oder durch Gesellschafterbeschluss, § 46 Nr. 5 GmbHG. Nach § 47 Abs. 1 GmbHG reicht eine einfache Mehrheit aus; der Gesellschaftsvertrag kann eine größere Mehrheit verlangen oder die Bestellung einem oder mehreren Gesellschaftern übertragen.

5 Die Abberufung erfolgt durch Gesellschafterbeschluss, § 46 Nr. 5 GmbHG, und ist jederzeit möglich, § 38 Abs. 1 GmbHG. Der Gesellschaftsvertrag kann die Befugnis zur Abberufung auf einzelne Gesellschafter übertragen oder die Zulässigkeit der Abberufung einschränken. Die Abberufung aus wichtigem Grund kann nicht ausgeschlossen werden.

(5) Bei Geschäftsführern und Prokuristen, die zugleich Gesellschafter sind, sind der Widerruf der Bestellung zum Geschäftsführer und der Widerruf der Prokura nur zulässig, wenn wichtige Gründe dies rechtfertigen.

§ 7 Geschäftsführung

(1) Die Geschäftsführer sind verpflichtet, die Geschäfte der Gesellschaft in Übereinstimmung mit dem Gesetz, diesem Gesellschaftsvertrag in seiner jeweils gültigen Fassung sowie den Beschlüssen der Gesellschafter zu führen.

(2) Hinsichtlich der Ausübung ihrer anwaltlichen Berufstätigkeit unterliegen die Geschäftsführer, Prokuristen oder sonst Handlungsbevollmächtigten keinen Beschränkungen durch Beschlüsse der Gesellschafterversammlung. Einflussnahmen der Gesellschafter, namentlich durch Weisungen oder vertragliche Bindungen, sind unzulässig[1].

(3) Mehrere Geschäftsführer sind, unbeschadet ihrer Vertretungsmacht nach außen, nur gemeinschaftlich zur Geschäftsführung befugt[2]. Sie beschließen mit einfacher Mehrheit[3]. Bei Stimmengleichheit gilt ein Antrag als abgelehnt. Die Gesellschafter können für die Geschäftsführer eine Geschäftsordnung[4] beschließen, die auch Abweichungen von den Bestimmungen dieses Abs. 3 vorsehen kann.

(4) Die Geschäftsführer bedürfen der vorherigen Zustimmung durch Gesellschafterbeschluss für alle Geschäfte, die über den gewöhnlichen Geschäftsbetrieb der Gesellschaft hinausgehen. Dazu zählen insbesondere folgende Rechtsgeschäfte:

a) die Errichtung oder Aufhebung von Zweigniederlassungen,

b) der Erwerb, die Veräußerung oder die Belastung von Grundbesitz,

c) die Aufnahme oder Vergabe von Darlehen, die über den gewöhnlichen Geschäftsbetrieb hinausgehen,

d) alle Geschäfte, die die Gesellschafter durch Gesellschafterbeschluss für zustimmungsbedürftig erklären.

§ 8 Vertretung

(1) Ist nur ein Geschäftsführer bestellt worden, so vertritt dieser die Gesellschaft allein. Bei der Bestellung mehrerer Geschäftsführer ist jeder Geschäftsführer alleinvertretungsberechtigt[5].

---

1 Vgl. § 59f Abs. 4 BRAO.

2 Bei mehreren Geschäftsführern gilt grundsätzlich Gesamtgeschäftsführung. Dies kann im Gesellschaftsvertrag abweichend, insbes. in Form einer Ressortverteilung, geregelt werden.

3 Bei Gesamtgeschäftsführung erfordern Entscheidungen Einstimmigkeit, es sei denn, im Gesellschaftsvertrag sind – wie hier – Mehrheitsbeschlüsse zugelassen.

4 Die Gesellschafter können durch Gesellschaftsvertrag oder Gesellschafterbeschluss den Geschäftsführern eine Geschäftsordnung geben, insbesondere eine bestimmte Geschäftsverteilung verfügen, die die Übernahme von Mandaten und ihre Bearbeitung durch die Geschäftsführer und die restlichen im Dienste der Gesellschaft stehenden Personen nach ihrer fachlichen Ausrichtung bzw. Spezialisierung im Rahmen ihrer eigenen beruflichen Befugnisse regelt.

5 Nach § 35 Abs. 2 S. 1 und 2 GmbHG gilt grundsätzlich Gesamtvertretung. Abweichendes kann – wie hier im Muster – im Gesellschaftsvertrag bestimmt werden.

(2) Durch Beschluss der Gesellschafterversammlung kann den Geschäftsführern oder einzelnen von ihnen Befreiung von den Beschränkungen des § 181 BGB gewährt werden.

§ 9 Gesellschafterversammlung

(1) Gesellschafterversammlungen werden durch einen oder mehrere Geschäftsführer einberufen. Auch jeder Gesellschafter ist einberufungsberechtigt.

(2) Die Einberufung erfolgt schriftlich unter Angabe von Ort, Tag, Zeit und Tagesordnung mit einer Frist von mindestens vier Wochen bei ordentlichen Gesellschafterversammlungen und von mindestens zwei Wochen bei außerordentlichen Gesellschafterversammlungen.

§ 10 Gesellschafterbeschlüsse

(1) Die Beschlüsse der Gesellschafter werden in Versammlungen gefasst. Die Beschlüsse sind zu protokollieren[1]. Außerhalb von Versammlungen können sie, wenn sich jeder Gesellschafter an der Abstimmung beteiligt, durch schriftliche, fernschriftliche, telegrafische, elektronische (E-Mail) oder mündliche, auch fernmündliche Abstimmung gefasst werden.

(2) Jeder Gesellschafter hat eine Stimme[2].

(3) Soweit in zwingenden gesetzlichen Bestimmungen oder in dieser Satzung nichts anderes bestimmt ist, werden Gesellschafterbeschlüsse mit einfacher Mehrheit der abgegebenen Stimmen gefasst. Stimmenthaltungen zählen als Neinstimmen.

(4) Die Gesellschafter können sich bei Ausübung ihrer Gesellschafterrechte durch einen mit ordnungsgemäßer schriftlicher Vollmacht versehenen anderen stimmberechtigten Gesellschafter vertreten lassen[3].

§ 11 Jahresabschluss und Gewinnverteilung[4]

(1) Geschäftsjahr ist das Kalenderjahr.

(2) Die Geschäftsführer haben den Jahresabschluss (Bilanz, Gewinn- und Verlustrechnung samt Anhang) nebst Lagebericht innerhalb der gesetzlichen Frist aufzustellen und den Gesellschaftern mit ihrem Ergebnisverwendungsvorschlag vorzulegen.

(3) Die Gesellschafterversammlung beschließt innerhalb der gesetzlichen Fristen über die Feststellung des Jahresabschlusses und über die Ergebnisverwendung[5].

---

1 Es empfiehlt sich, die Protokollierungspflicht im Gesellschaftsvertrag festzulegen, um unnötige Anfechtungs- und Feststellungsklagen zu vermeiden.

2 Nach § 47 Abs. 2 GmbHG gewährt jeder Euro eine Stimme. Diese Regelung ist dispositiv und kann im Gesellschaftsvertrag abgeändert werden. Insbesondere bei einer personalistischen GmbH mit wenigen Gesellschaftern, die der Berufsausübung dient, in der somit alle Gesellschafter gleichermaßen tätig sind, wird sich häufig ein Stimmrecht nach Köpfen anbieten.

3 Vgl. § 59e Abs. 4 BRAO.

4 Vgl. §§ 242 ff. HGB, 29 GmbHG.

5 Vgl. § 46 Nr. 1 GmbHG. Verluste werden vorgetragen; die Satzung kann aber auch Verlustausgleichspflichten begründen. Der Jahresüberschuss wird ausgeschüttet, als Gewinn vorgetragen oder in die Gewinnrücklagen eingestellt.

(4) Beschlüsse, Beträge in die Gewinnrücklagen einzustellen und/oder als Gewinn vorzutragen, dürfen nur einstimmig gefasst werden[1].

(5) Gesellschaftsfremde Dritte dürfen am Gewinn nicht beteiligt werden[2].

§ 12 Veräußerung und Belastung von Geschäftsanteilen

(1) Die Abtretung von Geschäftsanteilen bedarf der Zustimmung durch die Gesellschaft und durch die Gesellschafter. Die Zustimmung darf – vorbehaltlich einer Satzungsänderung – nicht erteilt werden, wenn der Erwerber kein Mitglied einer Rechtsanwaltskammer ist[3].

(2) Der die Zustimmung erteilende Beschluss der Gesellschafter muss einstimmig gefasst werden[4].

(3) Die Geschäftsanteile dürfen nicht belastet oder verpfändet werden. Treuhandverhältnisse und Unterbeteiligungen sind unzulässig[5].

§ 13 Vererbung von Geschäftsanteilen

(1) Die Geschäftsanteile sind vererblich[6].

(2) Erfolgt der Erwerb eines Geschäftsanteils von Todes wegen durch Personen, die über keine Anwaltszulassung verfügen, so müssen die Gesellschafter innerhalb

---

1 Für bestimmte Inhalte des Ergebnisverwendungsbeschlusses können in der Satzung qualifizierte Mehrheiten oder – wie hier aufgrund der geringen Gesellschafterzahl – Einstimmigkeit vorgesehen werden. Es können auch bestimmte Einstellungen in die Rücklagen in der Satzung festgelegt werden, um die Eigenkapitalbildung der Gesellschaft zu stärken. Umgekehrt kann in der Satzung zum Schutz von Minderheitsgesellschaftern die Rücklagenbildung beschränkt oder eine Mindestausschüttung festgelegt werden.

2 § 59e Abs. 3 BRAO.

3 Nach § 15 GmbHG sind die Geschäftsanteile frei veräußerlich. Diese Bestimmung ist durch die §§ 59cff. BRAO nicht abgeändert worden. Nach § 15 Abs. 5 GmbHG kann die Veräußerlichkeit jedoch im Gesellschaftsvertrag eingeschränkt werden. Dies ist zweckmäßig, um nicht später Gesellschafter, die nicht die erforderliche Qualifikation als Gesellschafter besitzen, ausschließen zu müssen oder sich der Gefahr des Verlustes der Zulassung der Gesellschaft auszusetzen. Zum einen kann eine statutarische Regelung den Erwerb eines Geschäftsanteils an bestimmte Voraussetzungen knüpfen, in concreto an die Zulassung als Rechtsanwalt. Erfüllt der Erwerber nachweislich die Voraussetzungen, ist die Übertragung des Geschäftsanteils wirksam. Zum anderen kann die Abtretung an die Zustimmung der Gesellschaft oder der Gesellschafter geknüpft werden. Dann ist die förmliche Zustimmung Wirksamkeitsvoraussetzung für die Abtretung.

4 Mit welcher Mehrheit der Zustimmungsbeschluss gefasst werden muss, kann frei vereinbart werden.

5 Vgl. § 59e Abs. 3 BRAO.

6 Nach § 15 Abs. 1 GmbHG ist der Geschäftsanteil frei vererblich. Die Vererblichkeit kann in der Satzung weder ausgeschlossen noch eingeschränkt werden. Jedoch kann über eine statutarische Regelung das Schicksal des vererbten Geschäftsanteils geregelt werden (siehe § 13 des Vertrages). Zulässig wäre auch eine Verpflichtung der Gesellschafter, bestimmte erbrechtliche Regelungen zu treffen.

eines Zeitraumes von einem Jahr[1] die Einziehung des Geschäftsanteils nach § 15 beschließen. Stattdessen können sie auch die Abtretung an andere Gesellschafter oder Dritte, die über eine Anwaltszulassung verfügen, verlangen[2]. Während der Übergangszeit haben die Gesellschafter ohne Anwaltszulassung kein Stimmrecht.

(3) Vermächtnisnehmer stehen Erben gleich.

§ 14 Kündigung, Austritt eines Gesellschafters

(1) Jeder Gesellschafter, dessen Geschäftsanteil voll eingezahlt ist, kann das Gesellschaftsverhältnis zum Ende eines jeden Geschäftsjahres unter Einhaltung einer Kündigungsfrist von zwölf Monaten mittels eingeschriebenen Briefs an die Gesellschaft kündigen[3].

(2) Durch die Kündigung wird die Gesellschaft nicht aufgelöst, sondern von dem oder den verbleibenden Gesellschaftern fortgesetzt.

(3) Der ausscheidende Gesellschafter ist verpflichtet, seinen Geschäftsanteil an einen anderen Gesellschafter oder an einen von der Gesellschaft benannten Dritten abzutreten oder die Einziehung seines Anteils zu dulden.

(4) Die Abfindung erfolgt entsprechend § 16.

§ 15 Einziehung von Geschäftsanteilen

(1) Die Einziehung von Geschäftsanteilen ist zulässig[4].

(2) Die Einziehung eines Geschäftsanteils auch ohne Zustimmung des Gesellschafters ist zulässig, wenn

a) über das Vermögen des betreffenden Gesellschafters das Insolvenzverfahren eröffnet und nicht innerhalb von sechs Wochen wieder eingestellt oder die Eröffnung mangels Masse abgelehnt worden ist,

b) der betroffene Geschäftsanteil gepfändet oder sonst wie in diesen vollstreckt wird und es dem Inhaber des Geschäftsanteils nicht innerhalb von sechs Wochen gelingt, die Aufhebung der Zwangsvollstreckungsmaßnahme zu erreichen,

c) gegen den Gesellschafter ein Berufs- oder Vertretungsverbot verhängt wird oder wenn er seine Zulassung zur Berufsausübung verliert,

d) der Geschäftsanteil von Todes wegen auf einen Erben oder Vermächtnisnehmer übergegangen ist[5],

---

1 § 59h Abs. 3 S. 2 BRAO gewährt eine Mindestfrist von einem Jahr zur Herbeiführung eines dem Gesetz entsprechenden Zustandes.

2 Eine Abtretung an die Gesellschaft ist nicht möglich, da die Rechtsanwaltsgesellschaft keine eigenen Anteile erwerben darf, § 59e Abs. 1 BRAO.

3 Im GmbHG gibt es kein ordentliches gesetzliches Kündigungsrecht. Ein solches Kündigungsrecht kann aber in der Satzung vereinbart werden. Die Rechtsfolgen einer derartigen Kündigung sind klar zu regeln, insbesondere der Umstand, dass die Gesellschaft durch die Kündigung nicht aufgelöst wird, vgl. Abs. 2 und 3 der Regelung.

4 Vgl. § 34 Abs. 1 GmbHG.

5 Die Vorschrift kann auch enger gefasst und die Einziehung nur dann für zulässig erklärt werden, wenn der Geschäftsanteil auf eine gesetzlich nicht als Gesellschafter anerkannte Person übergeht. Die hier getroffene Regelung ist sinnvoll, wenn sich die Gesellschafter in jedem Fall die Entscheidung über neue Gesellschafter vorbehalten wollen.

e) wenn der Gesellschafter das Gesellschaftsverhältnis nach § 14 gekündigt hat.

(3) Über die Einziehung beschließt die Gesellschafterversammlung. Der Beschluss muss einstimmig gefasst werden. Der betroffene Gesellschafter hat bei dem Gesellschafterbeschluss kein Stimmrecht.

(4) Statt der Einziehung kann die Gesellschaft in den Fällen der Absätze 1 und 2 verlangen, dass der Geschäftsanteil an eine von ihr bezeichnete Person, bei der es sich auch um einen Gesellschafter handeln kann, abgetreten wird.

(5) Die Einziehung erfolgt gegen Zahlung einer Abfindung nach § 16.

(6) Die Neubildung eines eingezogenen Geschäftsanteiles ist zulässig, soweit dem nicht zwingendes Recht entgegensteht. Sie erfolgt durch einstimmigen Gesellschafterbeschluss.

§ 16 Abfindung

(1) In den Fällen der Einziehung eines Geschäftsanteils oder einer Übertragung gemäß § 15 Abs. 4 steht dem betroffenen Gesellschafter ein Abfindungsanspruch zu. Schuldner des Abfindungsanspruchs sind im Fall der Einziehung die Gesellschaft, ansonsten der Erwerber des Geschäftsanteils und die Gesellschaft als Gesamtschuldner.

(2) Der Abfindungsanspruch bemisst sich nach dem Wert des Geschäftsanteils, der sich für den Zeitpunkt des Ausscheidens aus den Büchern der Gesellschaft ergibt (Buchwert)[1].

(3) Das Entgelt ist in drei gleichen Jahresraten zu bezahlen. Die erste Rate wird sechs Monate nach dem Tag des Ausscheidens fällig. Steht zu diesem Zeitpunkt die Höhe des Entgelts noch nicht fest, so ist eine von der Gesellschaft zu bestimmende angemessene Abschlagszahlung zu leisten. Das Entgelt ist ab dem Tag des Ausscheidens mit … % über dem Basiszinssatz (§ 247 BGB) zu verzinsen. Die angelaufenen Zinsen sind mit jeder Rate zu bezahlen. Die Gesellschaft und der Erwerber sind berechtigt, das Entgelt ganz oder teilweise früher zu bezahlen.

§ 17 Auflösung, Abwicklung

(1) Die Gesellschaft wird durch Beschluss der Gesellschafter aufgelöst. Der Auflösungsbeschluss bedarf einer Mehrheit von drei Vierteln der abgegebenen Stimmen[2].

(2) Als Liquidatoren der Gesellschaft sind die Geschäftsführer berufen. Hat die Gesellschaft mehrere Geschäftsführer, sind von dem Beginn der Auflösung an nur jeweils zwei Liquidatoren gemeinsam vertretungsberechtigt.

---

1 Bei der Vereinbarung einer Buchwertklausel ist allerdings zu beachten, dass sie bei einem groben Missverhältnis zwischen dem Buchwert und dem tatsächlichen Wert der Gesellschaft (Verkehrswert) sittenwidrig sein kann. Im Regelfall wird jedoch von der Rechtsprechung eine Anpassung der Klausel vorgenommen (dazu B Rz. 261; zu weiteren Gestaltungsmöglichkeiten vgl. das Muster bei B Rz. 266).

2 Vgl. § 60 Abs. 1 Nr. 2 GmbHG.

§ 18 Ehelicher Güterstand[1]

(1) Verheiratete Gesellschafter sind verpflichtet, durch formgültigen Vertrag mit dem Ehegatten zu vereinbaren, dass der Gesellschafter den Beschränkungen des § 1365 BGB nicht unterliegt und der Geschäftsanteil an der GmbH von der Zugewinngemeinschaft ausgeschlossen ist, es sei denn, die Zugewinngemeinschaft endet durch den Tod des Gesellschafters. Dem steht es gleich, wenn der Gesellschafter mit dem Ehegatten Gütertrennung vereinbart.

(2) Die Gesellschafter können durch einstimmigen Beschluss einzelne oder alle Gesellschafter von der Verpflichtung nach Absatz 1 befreien.

§ 19 Haftpflichtversicherung

Die Gesellschaft schließt eine Vermögensschadenhaftpflichtversicherung ab, deren Mindestversicherungssumme für jeden Versicherungsfall 2 500 000 Euro (in Worten: zwei Millionen fünfhunderttausend Euro) beträgt[2].

§ 20 Wettbewerb

Den Geschäftsführern und den Gesellschaftern kann Befreiung vom Wettbewerbsverbot gewährt werden. Über die Befreiung, deren Art und Umfang und die Abgrenzung der Tätigkeitsbereiche entscheiden die Gesellschafter.

§ 21 Namensverwendung

Herr A als Gründungsgesellschafter erklärt hiermit seine Zustimmung zur Verwendung seines Namens in der Firma der Rechtsanwaltsgesellschaft auflösend bedingt durch den Zeitpunkt seines Ausscheidens aus der Gesellschaft.

§ 22 Dauer der Gesellschaft

Die Gesellschaft wird auf unbestimmte Zeit errichtet.

§ 23 Gründungsaufwand

Die Gesellschaft trägt die mit der Gründung verbundenen Kosten der Eintragung und Bekanntmachung (Gründungsaufwand) bis zu einem Betrag von insgesamt ______Euro (Betrag).

§ 24 Schlussbestimmungen

(1) Soweit in dieser Satzung nicht etwas anderes bestimmt ist, gelten die Vorschriften der §§ 59c–59m BRAO sowie die Vorschriften des Gesetzes betreffend die Gesellschaft mit beschränkter Haftung.

(2) Falls einzelne Bestimmungen dieses Vertrages unwirksam sein sollten oder werden oder dieser Vertrag Lücken enthält, wird dadurch die Wirksamkeit der übrigen Bestimmungen nicht berührt. Anstelle der unwirksamen Bestimmung gilt diejenige

1 Sinn der Regelung ist es zu verhindern, dass bei Ehescheidung eines Partners gegen diesen erhebliche Zugewinnausgleichsansprüche geltend gemacht werden, die der betroffene Gesellschafter nur durch Entnahmen aus der Gesellschaft erfüllen könnte.

2 Vgl. § 59j BRAO.

wirksame Bestimmung als vereinbart, welche dem Sinn und Zweck der unwirksamen Bestimmung entspricht. Im Fall von Lücken gilt diejenige Bestimmung als vereinbart, die dem entspricht, was nach Sinn und Zweck dieses Vertrages vernünftigerweise vereinbart worden wäre, hätte man die Angelegenheit von vornherein bedacht.

XVII. Muster einer Neuanmeldung einer Rechtsanwaltsgesellschaft mbH

301 **Vorbemerkung:** Es handelt sich um ein allgemeines Muster einer Neuanmeldung. Ein Bezug zu dem unter XVI. wiedergegebenen Gesellschaftsvertrag besteht nicht.

An das
Amtsgericht

____

– Handelsregister –

Neuanmeldung der XY Rechtsanwaltsgesellschaft mbH

Zur Eintragung in das Handelsregister melde ich als einziger Geschäftsführer Folgendes an:

1. Die o.g. Gesellschaft ist errichtet.

   Ihre inländische Geschäftsanschrift lautet: ______

2. Zum ersten Geschäftsführer der Gesellschaft wurde ______ (Name, Vorname, Beruf, Wohnort) bestellt.

   Er ist stets einzeln zur Vertretung der Gesellschafter berechtigt. Er ist in allen Fällen von den Beschränkungen des § 181 BGB befreit.

3. Abstrakte Vertretungsbefugnis:

   Die Gesellschaft hat einen oder mehrere Geschäftsführer. Ist nur ein Geschäftsführer bestellt, so vertritt er die Gesellschaft allein. Sind mehrere Geschäftsführer bestellt, so wird die Gesellschaft durch zwei Geschäftsführer gemeinschaftlich oder durch einen Geschäftsführer und einen Prokuristen gemeinschaftlich vertreten.

   Die Gesellschafterversammlung kann unabhängig von der Zahl der bestellten Geschäftsführer jederzeit einem, mehreren oder allen Geschäftsführern Einzelvertretungsbefugnis und Befreiung von § 181 BGB erteilen.

4. Die Unterschrift des Geschäftsführers wird zur Aufbewahrung bei Gericht wie folgt gezeichnet:

   ____

   (Unterschriftszeichnung)

5. Versicherungen des Geschäftsführers:

   Ich versichere, dass auf die Geschäftsanteile des Gesellschafters X i.H.v. ______ Euro ein Betrag von ______ Euro und auf die Geschäftsanteile des Gesellschafters Y i.H.v. ______ Euro ein Betrag von ______ Euro, je durch Überweisung auf das Bankkonto der Gesellschaft geleistet wurde. Ich versichere, dass sich die eingezahlten Beträge endgültig in der freien Verfügung des Geschäftsführers befinden.

Ich versichere weiter, dass das Gesellschaftsvermögen nicht mit Verbindlichkeiten vorbelastet ist, mit Ausnahme des im Gesellschaftsvertrag genannten Gründungsaufwandes i.H.v. ______ Euro (Kosten, Gebühren und Steuern).

Ich versichere als Geschäftsführer weiter, dass keine Umstände vorliegen, die meiner Bestellung nach § 6 Abs. 2 Satz 2 GmbHG entgegenstehen.

Ich versichere ferner:

a) Ich unterliege nicht als Betreuter bei Besorgung meiner Vermögensangelegenheiten ganz oder teilweise einem Einwilligungsvorbehalt (§ 1903 BGB).

b) Mir wurde weder durch gerichtliches Urteil noch durch vollziehbare Entscheidung einer Verwaltungsbehörde die Ausübung eines Berufs, Berufszweigs, Gewerbes oder Gewerbezweigs untersagt.

c) Während der letzten fünf Jahre bin ich nicht rechtskräftig wegen einer oder mehrerer vorsätzlich begangener Straftaten des Unterlassens der Stellung eines Antrags auf Eröffnung eines Insolvenzverfahrens (Insolvenzverschleppung), nach §§ 283 bis 283d StGB (Insolvenzstraftaten), wegen falscher Angaben nach § 82 GmbHG oder § 399 AktG, wegen unrichtiger Darstellung nach § 400 AktG, § 331 HGB, § 313 UmwG oder § 17 PublG oder nach den §§ 263 bis 264a StGB (Betrug) oder den §§ 265b bis 266a (Untreue) zu einer Freiheitsstrafe von mindestens einem Jahr verurteilt worden, und zwar auch nicht wegen einer im Ausland begangenen vergleichbaren Straftat. Ich wurde überdies nicht aufgrund einer behördlichen Anordnung in einer Anstalt verwahrt.

Ich bekenne als Geschäftsführer, vom unterschriftsbeglaubigten Notar nach § 53 Abs. 2 des Gesetzes über das Zentralregister und das Erziehungsregister in der Fassung der Bekanntmachung vom 21. 9. 1984 über die unbeschränkte Auskunftspflicht gegenüber dem Registergericht belehrt worden zu sein.

6. Zu dieser Anmeldung überreichen wir folgende Anlagen:

- beglaubigte Abschrift des Gesellschaftsvertrages zur Urkunde des Notars ______ in ______, Ur.-Nr. ______,
- beglaubigte Abschrift des Beschlusses über die Geschäftsführerbestellung, in der gleichen Urkunde enthalten,
- Liste der Gesellschafter.

____

(Unterschrift des Geschäftsführers)
(Beglaubigungsvermerk)

Anlagen: Gesellschafterliste

Liste der Gesellschafter der GmbH:
______ (Nr. des Geschäftsanteils, Name, Vorname, Beruf, Wohnort), ______ Nennbetrag in Euro,
______ (Nr. des Geschäftsanteils, Name, Vorname, Beruf, Wohnort), ______ Nennbetrag in Euro

____

(Unterschrift des Geschäftsführers)

E. Die Rechtsanwalts-AG

	Rz.
I. Zulässigkeit nach geltendem Recht *(Henssler)*	1
II. Die berufsrechtlichen Mindestanforderungen an die Rechtsanwalts-AG *(Henssler)*	5
III. Berufsrechtliche Zulassung als Rechtsanwaltsgesellschaft in Form der AG *(Henssler)*	10
IV. Firmierung und Briefbogen der Rechtsanwalts-AG *(Henssler)*	15
V. Die Aktionäre der Rechtsanwalts-AG *(Henssler)*	
1. Beschränkung auf sozietätsfähige Berufe	19
2. Übertragung von Aktien in der Rechtsanwalts-AG	21
VI. Die Organe der Rechtsanwalts-AG *(Henssler)*	
1. Der Vorstand der AG	25
2. Der Aufsichtsrat	26
VII. Regelungsbedarf und praktische Bedeutung *(Henssler)*	34
VIII. Die Rechtsanwalts-KGaA *(Henssler)*	36
IX. Steuerrecht *(Streck)*	40

I. Zulässigkeit nach geltendem Recht

1 Die gesetzliche Neuregelung erfasst in §§ 59c ff. BRAO ausschließlich die Berufsausübung in der GmbH, also weder die Rechtsanwalts-AG noch sonstige Gesellschaftsformen. So heißt es in der Begründung zum **Regierungsentwurf** wörtlich: „Zur Frage der Zulassung auch anderer Gesellschaftsformen – insbesondere von Aktiengesellschaften – als Anwaltsgesellschaften macht der Entwurf keine Aussage"[1]. Der zunächst vorgestellte **Referentenentwurf** hatte dagegen noch versucht, verdeckt ein Verbot der Rechtsanwalts-AG einzuführen. Art. 1 § 3 Nr. 2 RBerG a.F. sollte dahingehend ergänzt werden, dass von der Erlaubnispflicht nach diesem Gesetz (nur) „die Berufstätigkeit ... der Rechtsanwälte, Rechtsanwaltsgesellschaften mit beschränkter Haftung, ... sowie die geschäftsmäßige Rechtsbesorgung von Partnerschaftsgesellschaften, die durch im Rahmen ihrer beruflichen Befugnisse handelnde Rechtsanwälte oder Patentanwälte tätig werden" ausgeklammert wurde. Der Verzicht auf die Erwähnung der AG als Berufsausübungsgesellschaft hätte zwingend im Wege des Umkehrschlusses bedeutet, dass diese Gesellschaftsform den Anwälten nicht zur Verfügung gestanden hätte. Nach Kritik[2] aus dem Schrifttum klammerte schließlich Art. 1 § 3 Nr. 2 RBerG a.F. **alle** Rechtsanwaltsgesellschaften vom Verbotsbereich dieses Gesetzes aus[3].

---

1 BT-Drucks. 13/9820, 11.

2 *Henssler*, ZIP 1997, 1481, 1489.

3 Nach dem ab dem 1. 7. 2008 geltenden Rechtsdienstleistungsgesetz (RDG) ist die anwaltliche Rechtsberatungstätigkeit nur noch an der BRAO zu messen. Die Rechtsdienstleistungsbefugnis bleibt grundsätzlich an den einzelnen Berufsträger

2 Der Grund für den **Regelungsverzicht** dürfte in dem Umstand zu sehen sein, dass zum Zeitpunkt des Gesetzesentwurfs die Neugründung einer AG noch nicht versucht worden war, so dass ein Regelungsbedarf verneint werden konnte. Auch die Berufsverbände hatten – zunächst[1] – die Rechtsform der AG nicht gefordert. Die Zurückhaltung des Gesetzgebers war gleichwohl kurzsichtig, weil sich Rechtsanwälte erwartungsgemäß unmittelbar nach dem Inkrafttreten des neuen Gesetzes um die Eintragung einer Rechtsanwalts-AG bemüht haben. Gegenüber der GmbH hat die AG für die Angehörigen der Freien Berufe den Vorteil, weder vom Firmenzusatz noch in der Einschätzung des Publikums mit dem Makel der Haftungsbeschränkung belastet zu sein. Nach der unbefriedigenden geltenden Rechtslage stellt somit die Frage einer analogen Anwendbarkeit der GmbH-Vorschriften.

3 Schon nach dem alten Rechtszustand[2], erst recht aber seit dem Inkrafttreten der §§ 59c ff. BRAO[3] ist die **Zulässigkeit der Rechtsanwalts-AG eindeutig zu bejahen**. Ihre grundsätzliche Zulässigkeit ergibt sich unmittelbar aus Art. 12 Abs. 1 GG. Ein gesetzliches Verbot der Rechtsanwalts-AG besteht ebenso wenig, wie nach altem Recht ein solches der Rechtsanwalts-GmbH bestand. Nach den vom BGH[4] in der Entscheidung zur Zahnärzte-GmbH entwickelten und später auf die Rechtsanwalts-AG angewendeten[5] Kriterien bedarf nicht die Zulassung der Rechtsanwalts-AG einer gesetzlichen Regelung, vielmehr müsste das Verbot als Eingriff in die durch Art. 12 GG geschützte Berufsfreiheit gesetzlich vorgegeben werden. Ein solches Verbot muss zwar nicht ausdrücklich fixiert sein, sich aber mit der hinreichenden Eindeutigkeit aus den Normzwecken des vorhandenen gesetzlichen Regelungswerks ergeben[6]. Je stärker in grundrechtlich geschützte Bereiche eingegriffen wird, desto deutlicher muss das gesetzgeberische Wollen zum Ausdruck kommen[7]. Der Regelung der Rechtsanwaltsgesellschaft mbH ist aber zu entnehmen, dass die Berufsausübung in einer Kapitalgesellschaft mit dem anwaltlichen Berufsbild zu vereinbaren ist. Die gesellschaftsrechtlichen und berufsrechtlichen Problemlagen entsprechen bei der Rechtsanwalts-AG

---

gebunden und beurteilt sich nicht nach der Rechtsform der Berufsausübungsgesellschaft; dazu M Rz. 33 ff.

1 Vgl. etwa die ablehnende Stellungnahme des DAV, AnwBl. 1995, 251, 253.

2 Zur Zulässigkeit nach altem Recht: *Römermann*, Entwicklungen und Tendenzen bei Anwaltsgesellschaften, 1995, S. 183 ff.; *Boin*, Die Partnerschaftsgesellschaft für Rechtsanwälte, 1995, S. 115; *Henssler*, Organisationsfreiheit für die Anwaltschaft, in Max-Hachenburg-Gedächtnisvorlesung, 1995, S. 13, 20 ff.; *Römermann/Spönemann*, NZG 1998, 18; *Hartung/Holl*, GmbHR 1997, 532; *Droste*, Gemeinschaftliche Berufsausübung von Rechtsanwälten mit Angehörigen anderer steuer- und wirtschaftsberatender Berufe, 1998, S. 278; *Schumacher*, AnwBl. 1998, 364 ff. (zugleich zur Rechtslage nach dem Regierungsentwurf); gegen die Zulässigkeit *Hommelhoff/Schwab*, WiB 1995, 115, 117 f.

3 *Zuck*, MDR 1998, 1317; offengelassen von *Johnigk*, ZAP 1998, 1072 = Fach 23, S. 380.

4 BGHZ 124, 224 = NJW 1994, 786; dazu *Henssler*, ZIP 1994, 844.

5 BGHZ 161, 376, 382 ff. = NJW 2005, 1568, 1569 ff.

6 Dazu eingehend die Entscheidung des BVerfGE 98, 49, 60 = NJW 1998, 2269, 2270.

7 BVerfGE 87, 287, 317; BVerfGE 98, 49, 60 = NJW 1998, 2269, 2270.

weitgehend denjenigen bei der kodifizierten Rechtsanwaltsgesellschaft mbH. Die Rechtsanwalts-AG ist daher ebenso wie die Rechtsanwaltsgesellschaft mbH im Handelsregister eintragungsfähig.

Das BayObLG hat mit Beschluss vom 27. 3. 2000[1] erstmals den Zusammenschluss von Rechtsanwälten in einer Aktiengesellschaft für zulässig erklärt. 4
Anders als in seiner früheren Entscheidung zur Zulässigkeit der Anwalts-GmbH[2] hat sich das BayObLG jedoch jeder Stellungnahme zu den berufsrechtlichen Anforderungen, die an eine Rechtsanwalts-AG zu stellen sind, enthalten. Nachdem zwischenzeitlich schon der BFH die Zulässigkeit der Rechtsanwalts-AG bejaht hatte[3], wurde die Zulässigkeit der Berufsausübung in der Rechtsform der AG im Beschluss vom 10. 1. 2005[4] schließlich auch vom BGH bestätigt. Seither ist es zur Gründung einer allerdings noch überschaubaren Anzahl von Rechtsanwaltsaktiengesellschaften, darunter durchaus renommierter Gesellschaften, gekommen.

II. Die berufsrechtlichen Mindestanforderungen an die Rechtsanwalts-AG

Voraussetzung einer analogen Anwendung der §§ 59c ff. BRAO wäre das Vor- 5
liegen einer entsprechend weiten planwidrigen gesetzlichen Regelungslücke[5]. Der Annahme einer solchen Regelungslücke steht zunächst nicht entgegen, dass der Gesetzgeber die Problematik der Rechtsanwalts-AG gesehen und bewusst auf eine gesetzliche Regelung verzichtet hat[6]. Eine **planwidrige Regelungslücke** liegt nämlich auch dann vor, wenn die Rechtsordnung eine Regelung – unter Berücksichtigung des Gleichheitssatzes – fordert[7]. Im Hinblick auf Art. 3 Abs. 1 GG ist eine gesetzliche Anerkennung der Rechtsanwalts-AG geboten, weil den verwandten Berufen der Steuerberater und Wirtschaftsprüfer diese Rechtsform für die Berufsausübung zur Verfügung steht[8]. Außerdem greift der Normzweck der §§ 59c ff. BRAO bei der AG in gleicher Weise wie bei der GmbH. Die Zurückhaltung des Gesetzgebers kann nur dahingehend verstanden werden, dass er auf eine bewusste Aussage zur Zulässigkeit verzichtet hat. Keinesfalls wollte er zum Ausdruck

1 BayObLG NJW 2000, 1647 mit Anm. *Henssler*, NZG 2000, 875.
2 BayObLG NJW 1995, 199.
3 BFH BFH/NV 2004, 224; BFH NJW 2004, 1974; BFH GmbHR 2004, 1105.
4 BGHZ 161, 376 = NJW 2005, 1568 mit Anm. *Henssler*, AnwBl. 2005, 374; *Kilian*, JR 2006, 206; *Kempter/Kopp*, NZG 2005, 582; *Pluskat*, AnwBl. 2005, 609; *Römermann*, BB 2005, 1135; vgl. im Anschluss auch BGH NJW 2006, 1132; OLG Hamm, NJW 2006, 3434.
5 *Larenz*, Methodenlehre der Rechtswissenschaft, 4. Aufl. 1979, S. 358.
6 BT-Drucks. 13/9820, 11.
7 *Canaris*, Die Feststellung von Lücken im Gesetz, 2. Aufl. 1983, S. 34 ff. Dies lässt der BGH (BGHZ 161, 376, 383 = NJW 2005, 1568, 1570) bei seiner gegenteiligen Einschätzung außer Betracht.
8 Zum Gebot der prinzipiellen Gleichbehandlung der drei wirtschaftnahen Beratungsberufe vgl. BVerfGE 98, 49, 62 ff. = NJW 1998, 2269, 2271 ff. mit Anm. *Henssler*.

bringen, dass die AG im Vergleich zur GmbH generell unter erleichterten Bedingungen als Berufsausübungsgesellschaft zur Verfügung stehen sollte.

6 Eingriffe in die Berufsausübungsfreiheit unterliegen indes in besonderer Weise dem Bestimmtheitsgrundsatz. Daher lässt sich eine Analogie nur für diejenigen Regelungen in Betracht ziehen, in denen unzweifelhaft unabdingbare Voraussetzungen für die anwaltliche Berufsausübung in der Kapitalgesellschaft normiert sind. Analog anzuwenden sind jedenfalls diejenigen Kriterien, die seinerzeit im Schrifttum[1] für die Anwalts-GmbH gefordert wurden und die auch das BayObLG[2] für die Anwalts-GmbH als **Mindestvoraussetzungen** postuliert hat[3]. Namentlich sind dies:

- die Beschränkung des Kreises der Vorstandsmitglieder auf Rechtsanwälte bzw. sozietätsfähige Personen i.S.v. § 59a BRAO (so auch § 59f BRAO für die GmbH),
- die Weisungsfreiheit der in der AG tätigen Rechtsanwälte hinsichtlich ihrer anwaltlichen Tätigkeit, unabhängig davon, ob sie als Vorstandsmitglied, angestellter Aktionär oder Arbeitnehmer tätig sind,
- die Beschränkung der Aktionärsstellung auf sozietätsfähige Personen,
- das Verbot einer Kapitalbeteiligung von nicht aktiv mitarbeitenden Berufsträgern (vgl. § 59e Abs. 1 BRAO für die GmbH)[4] und
- der Abschluss einer erhöhten Haftpflichtversicherung, deren Mindestversicherungssumme deutlich über derjenigen des Einzelanwalts liegt (vgl. § 59j BRAO für die GmbH)[5].

7 Diese Voraussetzungen sollten nach der ersten Entscheidung des BayObLG zur Anwalts-GmbH vom Registergericht bei der Eintragung der Gesellschaft ins Handelsregister geprüft werden[6]. Nach der Rechtsprechung des OLG Hamm[7] ist diese Sichtweise seit Geltung der §§ 59c ff. BRAO nicht nur für die GmbH, sondern auch für die AG überholt. Gemäß der Wertung der BRAO obliegt die Überprüfung der berufsrechtlichen Strukturen der Gesellschaft ausschließlich den Rechtsanwaltskammern[8]. Gegen die Übertragbarkeit dieser Prüfungskompetenz aus § 59g BRAO auf eine berufsrechtlich nicht zugelassene Rechtsanwalts-AG spricht auch nicht das Erfordernis einer vergleichbaren Interessenlage. Vielmehr ist die Prüfungskompetenz der Kammern bereits von der – nicht zulassungsfähigen – Partnerschaftsgesellschaft bekannt. Nach § 4 der Partnerschaftsregisterverordnung soll durch

1 *Henssler*, ZIP 1994, 844, 849.
2 BayObLG NJW 1995, 199.
3 Vgl. *Henssler*, NZG 2000, 875.
4 Zum für alle Berufsausübungsgesellschaften geltenden „Dogma" der aktiven Mitarbeit *Henssler*, BRAK-Mitt. 2007, 186.
5 Gegen das Erfordernis der Mindesthaftpflichtversicherung *Kilian*, NZG 2001, 150, 151.
6 BayObLG NJW 1995, 199.
7 OLG Hamm NJW 2006, 3434.
8 OLG Hamm NJW 2006, 3434, 3435 unter Verweis auf BT-Drucks. 13/9820, 11.

die Stellungnahme der zuständigen Berufskammer vor der Eintragung in das Partnerschaftsregister die Einhaltung berufsrechtlicher Vorschriften gewährleistet werden.

8 Außerhalb dieses Kernbereichs analogiefähiger Vorschriften führt die Zurückhaltung des Gesetzgebers zu einer fatalen **Rechtsunsicherheit**. Unklar bleibt die entsprechende Anwendung weiterer Vorschriften, insbesondere des § 59l BRAO, welcher der Rechtsanwaltsgesellschaft mbH die Postulationsfähigkeit zuspricht. Eine Analogie zu § 59l BRAO setzt voraus, dass sich auch die AG dem berufsrechtlichen Zulassungsverfahren gem. §§ 59d und 59g BRAO unterzogen hat. Nach der Intention des Gesetzgebers, wie sie den §§ 59cff. BRAO zugrunde liegt, sollte ersichtlich nur der einem staatlichen Genehmigungsverfahren unterworfenen Gesellschaft die Postulationsfähigkeit zuteil werden[1]. Daher ist eine Differenzierung zwischen solchen Gesellschaften, die sich freiwillig einem Zulassungsverfahren entsprechend §§ 59d, 59g BRAO unterwerfen, und solchen, die aufgrund der ihnen zustehenden Berufsfreiheit auf eine berufsrechtliche Zulassung verzichten, sachgerecht[2]. Wie die Rechtslage vor Einführung der §§ 59cff. BRAO zeigt, erfordert die anwaltliche Berufsausübung in der Kapitalgesellschaft keine berufsrechtliche Zulassung als Rechtsanwaltsgesellschaft. Im Gegensatz zur Rechtsanwaltsgesellschaft mbH, die sich nach der ausdrücklichen gesetzlichen Regelung als Rechtsanwaltsgesellschaft zulassen muss, besteht für die AG mangels entsprechender gesetzlicher Vorgabe keine vergleichbare Pflicht[3]. Rechtsanwälte haben damit eine Wahlmöglichkeit zwischen der berufsrechtlich zugelassenen Rechtsanwaltsgesellschaft AG mit Postulationsfähigkeit und der nicht zugelassenen Rechtsanwalts-AG. Auf letztere können die Regeln der Rechtsanwaltsgesellschaft mbH nicht mit gleicher Strenge angewendet werden.

9 Gesellschaften, die eine berufsrechtliche Zulassung anstreben, müssen zwar sämtliche Anforderungen der §§ 59cff. BRAO erfüllen; sie gelangen aber zugleich in den Genuss der Vorteile, die diese Normen vermitteln. Aktiengesellschaften, die auf das Zulassungsverfahren verzichten, können sich nicht auf den Gleichbehandlungsgrundsatz des Art. 3 Abs. 1 GG berufen. Im Falle des Verzichts auf die Zulassung muss der Anwalt auf der Grundlage seiner persönlichen Vollmacht vor Gericht auftreten, so dass er vom Haftungsprivileg der AG nur im Rahmen außergerichtlicher Tätigkeit profitiert[4]. Nur au-

1 A.A. *Pluskat*, AnwBl. 2003, 131, 139.

2 *Henssler*, AnwBl. 2005, 374. Im berufsrechtlichen Schrifttum wird die Notwendigkeit dieser Differenzierung bislang kaum gesehen und zur Postulationsfähigkeit einer außerhalb der §§ 59cff. BRAO stehenden Anwalts-AG nicht Stellung bezogen, vgl. nur Hartung/Römermann/*Römermann*, vor § 59a BRAO Rz. 103ff.; *Schumacher*, AnwBl. 2000, 409; differenzierend *Muthers*, NZG 2001, 931, 933; *Kilian*, NZG 2001, 150; zur Postulationsfähigkeit nicht zugelassener anwaltlicher Kapitalgesellschaften *Kilian*, NZG 2001, 150, 151, *Pluskat*, AnwBl. 2003, 131, 139.

3 So ausdrücklich OLG Hamm, NJW 2006, 3434; a.A. *Römermann*, BB 2005, 1135 und *Pluskat*, AnwBl. 2005, 609.

4 Siehe *Henssler*, NJW 1999, 241, 243.

ßerhalb des Anwaltsprozesses kann auch die nicht zugelassene Rechtsanwalts-AG (und jede andere anwaltliche Kapitalgesellschaft) als Prozessvertreter auftreten[1].

III. Berufsrechtliche Zulassung als Rechtsanwaltsgesellschaft in Form der AG

10 Unter Berücksichtigung des Bestimmtheitsgebots kann die berufsrechtliche Zulassung als Rechtsanwaltsgesellschaft in Form der AG nicht über eine analoge Anwendung der §§ 59c ff. BRAO erreicht werden (hierzu siehe oben Rz. 6). Wenn jedoch die AG die wesentlichen Voraussetzungen, die an die Zulassung einer Kapitalgesellschaft als Rechtsanwaltsgesellschaft zu stellen sind und die in §§ 59c ff. BRAO ihren Niederschlag gefunden haben, erfüllt, folgt aus Art. 12 Abs. 1 GG und Art. 3 Abs. 1 GG ein Anspruch auf berufsrechtliche Zulassung entsprechend § 59g BRAO[2].

11 „In Anlehnung an die §§ 59c ff. BRAO" hat der BGH[3] für die berufsrechtliche Zulassung die folgenden Voraussetzungen entwickelt:

- Anwaltliche Mehrheit an den Aktien und Stimmrechten,
- Verbot der Beteiligung einer Rechtsanwaltsgesellschaft AG an anderen Berufsausübungsgesellschaften (vgl. § 59c Abs. 2 BRAO),
- die finanzielle Solvenz der Gesellschaft im Sinne von §§ 7 Nr. 9, 59d Nr. 2 BRAO und
- eine mehrheitliche Besetzung des Aufsichtsrats der AG mit Rechtsanwälten[4].

12 Der Senatsbeschluss vom 10. 1. 2005 wurde teilweise in dem Sinne missverstanden, dass der Unternehmensgegenstand der AG auf die Übernahme von Aufträgen, die zur Berufstätigkeit von Rechtsanwälten gehören, beschränkt werden sollte[5]. Der BGH stellte jedoch nachfolgend klar, dass der Unternehmensgegenstand der zugelassenen Rechtsanwalts-AG alle Berufstätigkeiten umfassen kann, die den Angehörigen der nach § 59a Abs. 1 S. 1 BRAO sozietätsfähigen Berufen offenstehen[6]. Dies folgt aus dem Bekenntnis des Gesetzgebers zur interprofessionellen GmbH und aus dem Gesamtkonzept der Regelung aller anwaltlichen Berufsausübungsgesellschaften[7].

13 Verfassungsrechtliche Bedenken sprechen gegen die Übertragung des Verbotes der Beteiligung an anderen beruflichen Zusammenschlüssen (§ 59c

1 Zöller/*Vollkommer*, § 52 ZPO Rz. 2; § 79 ZPO Rz. 2.
2 BGHZ 161, 376, 384 f. = NJW 2005, 1568, 1570; zustimmend *Kempter/Kopp*, BRAK-Mitt. 2005, 174; *Henssler*, AnwBl. 2005, 374; vgl. auch BFH BFH/NV 2004, 224; BGH NJW 2006, 1132.
3 BGHZ 161, 376, 386 f. = NJW 2005, 1568, 1570.
4 Hierzu *Kilian*, JR 2006, 206, 207.
5 *Römermann*, BB 2005, 1135, 1136; *Pluskat*, AnwBl. 2005, 609, 612.
6 BGH NJW 2006, 1132.
7 Hierzu *Henssler*, AnwBl. 2005, 374, 375.

Abs. 2 BRAO) auf die zugelassene Rechtsanwaltsgesellschaft in Form der AG, weil die verwandten Berufe der Steuerberater und Wirtschaftsprüfer keinen vergleichbaren Beschränkungen unterliegen (vgl. § 50a Abs. 1 Nr. 1 StBerG, § 28 Abs. 5 WPO). Bedenkt man, dass die steuerberatende Tätigkeit nur einen Ausschnitt der anwaltlichen Berufsausübung bildet, so lässt sich eine unterschiedliche Behandlung sachlich nicht rechtfertigen.

Erfolgt die Umwandlung einer zugelassenen Rechtsanwaltsgesellschaft mbH in eine AG, verliert die Gesellschaft nach der Rechtsprechung des BGH und des BFH ihre Anwaltszulassung[1]. Als Begründung hierfür dient das Argument der Personenbezogenheit der Zulassungsvoraussetzungen hinsichtlich der Gesellschafter und der Geschäftsführung (vgl. §§ 59e und 59f BRAO). Diese formalistische Sichtweise führt zum automatischen Verlust der Postulationsfähigkeit der Gesellschaft und hat somit weit reichende Konsequenzen für die Gesellschafterhaftung[2]. Angesichts der aus § 59m BRAO abzuleitenden Transparenzpflicht der AG hinsichtlich der für die Zulassung maßgeblichen Verhältnisse bedarf es keines automatischen Verlusts der Zulassung. Die entsprechend informierte Rechtsanwaltskammer hat die Möglichkeit, die Zulassung nach § 59h Abs. 3 BRAO zu widerrufen. 14

IV. Firmierung und Briefbogen der Rechtsanwalts-AG

In rechtlicher Hinsicht sind aufgrund der geschilderten Situation zwei Formen der Rechtsanwalts-AG zu unterscheiden: 15

- die AG **mit berufsrechtlicher Zulassung** nach §§ 59c, 59d und 59g BRAO **(Rechtsanwaltsgesellschaft AG)**
- und die Rechtsanwalts-AG ohne berufsrechtliche Zulassung.

Für die erstgenannte ist generell im Wege der Analogie auf die §§ 59c ff. BRAO zurückzugreifen, für die letztgenannte Form dagegen nur, soweit diese Normen unverzichtbare Voraussetzungen für die anwaltliche Berufsausübung in einer Kapitalgesellschaft enthalten.

In entsprechender Anwendung der §§ 59c Abs. 1 BRAO und § 59k Abs. 2 BRAO kann nur die **berufsrechtlich zugelassene AG** die Bezeichnung **Rechtsanwaltsgesellschaft** führen. Nur so lässt es sich vermeiden, dass es zu einer Verwechslung mit einer nicht zugelassenen Rechtsanwalts-AG kommt. Die Firma muss ferner einen Hinweis auf die Rechtsform als AG enthalten[3]. Nur die als **Rechtsanwaltsgesellschaft AG** auftretende Gesellschaft ist demnach postulationsfähig. Im Sinne der klaren Unterscheidung zwischen postulationsfähiger und nicht-postulationsfähiger AG ist trotz der unschönen 16

1 BGHZ 161, 376, 381 = NJW 2005, 1568, 1569; BFH GmbHR 2004, 1105.
2 Kritisch *Henssler*, AnwBl. 2005, 374, 376.
3 Auch die Rechtsanwaltsgesellschaft AG muss nach § 4 Abs. 1 AktG die Bezeichnung Aktiengesellschaft enthalten.

Doppelung des Wortes „Gesellschaft" die strikte Einhaltung dieser gesetzlichen Vorgaben unverzichtbar[1].

17 Die „einfache" Rechtsanwalts-AG konnte bereits vor der Liberalisierung der Firmenregelung des § 59k BRAO durch das Gesetz zur Modernisierung von Verfahren im anwaltlichen und notariellen Berufsrecht[2] sowohl eine Personen- als auch eine Sach- oder Phantasiefirma führen. Dies folgte aus § 18 HGB, der gem. § 6 HGB i.V.m. § 3 Abs. 1 AktG auch dann auf die AG Anwendung findet, wenn der Gegenstand des Unternehmens nicht in einem Handelsgewerbe besteht. Die analoge Anwendung des § 59k BRAO a.F., der einer Rechtsanwaltsgesellschaft mbH nur die Personenfirma erlaubte, kam bei der einfachen Anwalts-AG nicht in Betracht[3]. Seit der Reform des § 59k Abs. 1 BRAO sind nunmehr der Rechtsanwaltsgesellschaft mbH (hierzu D Rz. 134ff.) und somit auch der zugelassenen Rechtsanwaltsgesellschaft AG Phantasiebezeichnungen erlaubt. Der Verzicht auf eine Zulassung bietet daher insoweit keinen Vorteil mehr.

18 Eine Besonderheit soll nach einer im Schrifttum[4] vertretenen Auffassung für den **Briefbogen** der Rechtsanwalts-AG gelten. Entgegen § 10 BORA wird eine Verpflichtung zur Aufnahme der Namen sämtlicher Aktionäre auf den Briefbogen abgelehnt (dazu M Rz. 198).

V. Die Aktionäre der Rechtsanwalts-AG

1. Beschränkung auf sozietätsfähige Berufe

19 Aktionäre können gem. §§ 59a, 59e BRAO analog ausschließlich **aktiv mitarbeitende Anwälte und Angehörige der sozietätsfähigen Berufe** sein[5]. Bereits für sich genommen enthält § 59a Abs. 1 BRAO einen verallgemeinerungsfähigen Rechtsgedanken, der die Gesellschafterstellung in anwaltlichen Berufsausübungsgesellschaften den sozietätsfähigen Berufen vorbehält[6]. Seit der Ver-

---

1 A.A. Gaier/Wolf/Göcken/*Bormann*, § 59c BRAO Rz. 15, der aus sprachlichen Gründen auch den Zusatz „Rechtsanwalts-AG" für zulässig hält, allerdings ohne auf die Unterscheidung zwischen zugelassener und nicht zugelassener AG einzugehen.

2 Gesetz v. 30. 7. 2009, BGBl. I, 2449.

3 BayObLG NJW 2000, 1647; *Henssler*, NZG 2000, 875; *Römermann*, MDR 2000, 734.

4 Hartung/Römermann/*Römermann*, § 10 BORA Rz. 38.

5 BGHZ 161, 376, 387 = NJW 2005, 1568, 1571; ebenfalls für das Verbot externer Kapitalbeteiligung Sozietätsrecht/*Kraus/Senft*, § 16 Rz. 43; eingehend *Henssler*, BRAK-Mitt. 2007, 186, 188; *Kilian*, NZG 2001, 150, 152; *Muthers*, NZG 2002, 932; zweifelnd *Schumacher*, AnwBl. 2000, 409, 411; a.A. Hartung/Römermann/*Römermann*, vor § 59a BRAO Rz. 112f.; *Pluskat*, AnwBl. 2005, 609, 611, die jede natürliche oder juristische Person unabhängig von der Berufszugehörigkeit und der aktiven Berufsausübung als Aktionär zulassen will; ähnlich *Römermann*, BB 2005, 1136; *Kleine-Cosack*, DB 2007, 1851.

6 A.A. *Michalski/Römermann*, NJW 1996, 3232, 3238, die eine analoge Anwendbarkeit des § 59a BRAO ablehnen.

weisung in § 59e Abs. 1 BRAO sind selbst letzte Zweifel an einem entsprechenden Gesetzgeberwillen ausgeräumt. Da die Zulassung des Fremdbesitzes an anwaltlichen Kapitalgesellschaften in erheblichem Maße die anwaltliche Unabhängigkeit gefährden würde[1], der Grundsatz der aktiven Mitarbeit in Berufsausübungsgesellschaften außerdem rechtsformunabhängig Geltung beansprucht[2], greift diese Einschränkung nicht nur für die berufsrechtlich zugelassene AG, sondern auch für die nicht-zugelassene Gesellschaft. Um verdeckten Konflikten entgegenzuwirken, soll nach außen hin erkennbar sein, wer hinter der Rechtsanwaltsgesellschaft steht[3]. Entwicklungen im Ausland zeigen allerdings, dass dieser Grundsatz international keine allgemeine Anerkennung mehr findet[4].

Strebt die AG die berufsrechtliche Zulassung an, muss die Mehrheit der Aktien und der Stimmrechte in Anlehnung an § 59e Abs. 2 BRAO Rechtsanwälten zustehen[5]. Die rechtspolitischen Bedenken, die gegen dieses Mehrheitserfordernis bei der GmbH bestehen, lassen sich freilich auf die AG übertragen (vgl. D Rz. 203). 20

2. Übertragung von Aktien in der Rechtsanwalts-AG

Die Übertragbarkeit der Aktien muss – entgegen aktienrechtlichen Grundsätzen – eingeschränkt werden. So müssen die Aktien auf Namen lauten (§§ 10, 24, 68 AktG). Eine Verpflichtung, die Übertragung an die Zustimmung der Gesellschaft zu binden (§ 68 Abs. 2 Satz 1 AktG), wäre zwar rechtspolitisch vertretbar. Der Gesetzgeber hat sich bei der gesetzlichen Regelung der Rechtsanwaltsgesellschaft mbH jedoch gegen diesen Weg und für den **Grundsatz der freien Übertragbarkeit** der Gesellschaftsanteile entschieden[6]. In der amtlichen Begründung (D Rz. 66) wird sogar betont, es bestehe keine Notwendigkeit die Übertragung von Geschäftsanteilen an die Zustimmung der Gesellschafter zu binden (abweichend § 50 Abs. 5 StBerG). Die Ausgabe vinkulierter Namensaktien wird jedoch in der berufsrechtlich zugelassenen Rechtsanwaltsgesellschaft AG immer erforderlich sein, damit die Gesellschaft der vom BGH entwickelten Transparenzpflicht hinsichtlich ihres Aktionärskreises nachkommen kann[7]. Aufgrund der entsprechenden Geltung des § 59m Abs. 1 BRAO ist die berufsrechtlich zugelassene Rechtsanwaltsgesellschaft AG verpflichtet, jede Änderung der Satzung, der Aktionäre oder der Vorstandsmitglieder der Rechtsanwaltskammer anzuzeigen und öffentlich beglaubigte Abschriften der jeweiligen Urkunden vorzulegen. Die Rechtsanwaltskammer erhält auf diese Weise unverzüglich Kenntnis 21

1 *Henssler*, BRAK-Mitt. 2007, 238.
2 Vgl. § 1 Abs. 1 S. 1 PartGG für die Partnerschaft und § 59a Abs. 1 S. 1 BRAO für die herkömmliche Sozietät; dazu M Rz. 16f.
3 BGHZ 161, 376, 388 = NJW 2005, 1568, 1571.
4 Vgl. *Henssler*, BRAK-Mitt. 2007, 238.
5 BGHZ 161, 376, 387 = NJW 2005, 1568, 1571.
6 A.A. Gaier/Wolf/Göcken/*Bormann*, § 59c BRAO Rz. 9, der ein Zustimmungserfordernis der Gesellschaft für die Aktienübertragung annimmt.
7 BGHZ 161, 376, 388 = NJW 2005, 1568, 1571.

von berufsrechtswidrigen Übertragungsakten. Die Gefahr einer faktischen berufsrechtswidrigen Zusammensetzung des Gesellschafterkreises ist damit nicht höher als in der Rechtsanwaltsgesellschaft mbH.

22 Eine **Übertragung an nicht sozietätsfähige Dritte** ist aufgrund der Berufsrechtswidrigkeit zivilrechtlich **nichtig**. Das in §§ 59a Abs. 1, 59e Abs. 1 BRAO zum Ausdruck kommende allgemeine Verbot der Beteiligung Berufsfremder an anwaltlichen Berufsausübungsgesellschaften ist hinreichend bestimmt, um für die Rechtsanwalts-AG ein gesetzliches Verbot i.S.d. §§ 134 BGB i.V.m. 59a Abs. 1, 59e Abs. 1 BRAO analog zu begründen. Ersichtlich lassen sich nur bei der dort statuierten Beschränkung auf die sozietätsfähigen Berufe die zentrale anwaltliche Berufspflicht der Verschwiegenheit gewährleisten[1] und Interessenkollisionen vermeiden. Der dem anwaltlichen Berufsrecht nicht unterworfene Erwerber verstößt zwar selbst nicht gegen gesetzliche Verbotsvorschriften, da er selbst dem anwaltlichen Berufsrecht nicht unterliegt. Gleichwohl ist § 134 BGB einschlägig, da nur so der Normzweck der berufsrechtlichen Vorschriften verwirklicht werden kann. Dementsprechend hat der Gesetzgeber auch für die Vererbung des Geschäftsanteils an einen Berufsfremden eine Übergangsfrist im Sinne einer Ausnahmevorschrift vorgesehen (§ 59h Abs. 3 BRAO). Die Nichtigkeitsfolge stellt die Einhaltung des anwaltlichen Berufsrechts ebenso wie in der GmbH sicher.

23 Üben Rechtsanwälte ihren Beruf in einer Rechtsanwalts-AG aus, an der auch Vertreter nicht-sozietätsfähiger Berufe beteiligt sind, so verstoßen sie zudem selbst gegen das **Berufsrecht**. In einer solchen Gesellschaft ist nämlich die Einhaltung ihrer Berufspflichten nicht sichergestellt, ihre Unabhängigkeit und Verschwiegenheit gefährdet. Die zuständige Kammer kann daher sowohl berufs- als auch wettbewerbsrechtlich gegen diese Anwälte vorgehen und die Unterlassung der Berufsausübung in der AG verlangen, wenn die anwaltlichen Gesellschafter den Berufsfremden trotz der Nichtigkeit des Erwerbsaktes als faktischen Gesellschafter behandeln. Selbst die angestellten Rechtsanwälte oder freien anwaltlichen Mitarbeiter verletzen ihre Berufspflichten, wenn sie für eine Gesellschaft tätig werden, in der die Einhaltung ihrer statusbegründenden Pflichten nicht gewährleistet ist. Darf aber ein Rechtsanwalt seinem Beruf weder in noch für eine fremdgesteuerte Anwaltsgesellschaft nachgehen, so ist dieser Gesellschaft der Abschluss von Anwaltsverträgen generell verwehrt. Ein Vertragsschluss führt damit zwangsläufig zu einer Täuschung des Mandanten, der sich über diese Umstände nicht im Klaren sein wird. Auch gegen die Gesellschaft selbst kann damit wettbewerbsrechtlich vorgegangen werden.

24 Hat die Satzung die Übertragung an die **Zustimmung aller Aktionäre** gebunden (§ 68 Abs. 2 Satz 1 AktG), so ist eine dieses Zustimmungserfordernis nicht beachtende Anteilsübertragung schwebend unwirksam. Mit Versagung der Genehmigung tritt endgültige Unwirksamkeit gem. §§ 399, 413 BGB ein.

---

1 BVerfG StB 1982, 219 zur Parallelnorm des § 56 StBerG.

VI. Die Organe der Rechtsanwalts-AG

1. Der Vorstand der AG

An die Stelle der Geschäftsführer treten in der Rechtsanwalts-AG die Vorstandsmitglieder. 25 Die berufsrechtlich zugelassene Rechtsanwaltsgesellschaft in der Rechtsform der AG muss entsprechend § 59f Abs. 1 BRAO mehrheitlich und verantwortlich von anwaltlichen Vorstandsmitgliedern geführt werden. Für nicht zugelassene Rechtsanwalts-AGs gilt diese Voraussetzung, die kein allgemeiner Grundsatz des Rechts der anwaltlichen Berufsausübungsgesellschaften ist, nicht[1]. Auch für die Sozietät und die Partnerschaft kennt das anwaltliche Berufsrecht keine vergleichbaren Mehrheitsvoraussetzungen. Die Vorstandsmitglieder haben aufgrund der umfassenden Kompetenzzuweisung im Bereich der Geschäftsführung durch § 119 Abs. 2 AktG eine ausgesprochen starke Stellung gegenüber der Gesamtheit der Aktionäre (Hauptversammlung). Angesichts der Überwachung des Vorstands durch den Aufsichtsrat (§ 111 Abs. 1 AktG) begegnet diese Machtposition auch in Freiberuflergesellschaften keinen Bedenken. Weisungen des Aufsichtsrats, welche die anwaltliche Berufsausübung betreffen, sind freilich berufsrechtlich unzulässig (§ 59f Abs. 4 BRAO). Das Erfordernis der verantwortlichen Führung der zugelassenen Gesellschaft durch Rechtsanwälte (§ 59f Abs. 1 BRAO) betrifft nur Entscheidungen im Bereich der anwaltlichen Rechtsdienstleistung. Rein organisatorische Entscheidungen wie die Anstellung von Mitarbeitern, der Abschluss von Mietverträgen oder die Büroausstattung betreffende Verträge dürfen dagegen auch berufsfremden Vorstandsmitgliedern überantwortet werden[2].

2. Der Aufsichtsrat

Der gesetzlich vorgeschriebene (§§ 90, 95 ff. AktG) Aufsichtsrat steht der be- 26 rufsrechtlichen Zulässigkeit einer Rechtsanwalts-AG nicht entgegen. Die berufsrechtskonforme Ausgestaltung des Aufsichtsrates wirft jedoch bislang noch ungelöste Zweifelsfragen auf.

Das aktienrechtliche Kontrollorgan hat ein umfassendes Einsichtsrecht in 27 alle „Schriften der Gesellschaft" (§ 111 AktG), so dass sich zwangsläufig Kollisionen mit dem anwaltlichen Berufsgeheimnis ergeben[3]. Den berufsrechtlichen Vorgaben ist durch eine Beschränkung der Mandatsträger auf aktiv in der AG tätige Angehörige der sozietätsfähigen Berufe Rechnung zu tragen[4]. Aktienrechtlich können zwar auch Nicht-Aktionäre Aufsichtsratsmit-

1 Vgl. auch Hartung/Römermann/*Römermann*, vor § 59a BRAO Rz. 109; *Schumacher*, AnwBl. 2000, 409, 410.

2 Gaier/Wolf/Göcken/*Bormann*, § 59c BRAO Rz. 12.

3 Dazu *Hommelhoff/Schwab*, WiB 1995, 115, 116; *Römermann*, Anwaltsgesellschaften, 1995, S. 185.

4 So auch *Kempter/Kopp*, NJW 2001, 777, 780; *Kilian*, NZG 2001, 150, 152; *Henssler*, ZIP 2007, 710, 712; enger *Heublein*, AnwBl. 1999, 304, 306, der nur Rechtsanwälte als mandatsfähig ansieht; hingegen verlangen Sozietätsrecht/*Kraus*/*Senft*, § 16 Rz. 39; *Schumacher*, AnwBl. 2000, 409, 411 und *Stabreit*, NZG 1998, 452, 453 nur die Zugehörigkeit zum Kreis der sozietätsfähigen Personen, nicht da-

glieder sein. Aus der BRAO folgt aber zwingend, dass zu Aufsichtsratsmitgliedern **nur Rechtsanwälte und sozietätsfähige Personen** bestellt werden dürfen. § 59a Abs. 1 und 2 BRAO stellt klar, dass nur bei den wirtschaftsnahen Beratungsberufen der Steuerberater, Wirtschaftsprüfer und vereidigten Buchprüfer ein vergleichbar strenges Berufsethos unterstellt und das Berufsgeheimnis als gewahrt angesehen wird. Der auf den Gesellschafterkreis zugeschnittene Gedanke des § 59a Abs. 1 bzw. § 59f Abs. 2 BRAO ist auf das Kontrollorgan „Aufsichtsrat" übertragbar.

28 Noch einen Schritt weitergehend sind nur **aktiv** in der Gesellschaft tätige Angehörige der Beratungsberufe (Aktionäre oder angestellte Berufsträger) als mandatsfähig anzusehen[1]. Das StBerG weist zwar einen anderen Weg, wenn es in § 50a keine persönlichen Eignungsvoraussetzungen für Aufsichtsratsmitglieder statuiert. Auch könnte sich das anwaltliche Berufsrecht durchaus eine vergleichbare Zurückhaltung leisten, da § 59m Abs. 3 BRAO ebenso wie § 72 Abs. 2 StBerG und § 56 Abs. 2 WPO die Aufsichtsratsmitglieder einer eigenen gesetzlichen Schweigepflicht unterwirft. Anders als in den Berufsrechten der verwandten Professionen wird aber im Regelungskomplex der §§ 59c–59m BRAO ein gesellschaftsfremder Einfluss kategorisch ausgeschlossen. Deutlich wird dies etwa in § 59e Abs. 3 BRAO, der eine Beteiligung Dritter am Gewinn der Rechtsanwaltsgesellschaft ausschließt, oder in der Sicherung der verantwortlichen Leitung durch Rechtsanwälte gem. § 59f Abs. 1 BRAO. Aufgrund dieser ausgeprägten Betonung der anwaltlichen Unabhängigkeit muss de lege lata jede gesellschaftsfremde Kontrolle der Anwaltsgesellschaft abgelehnt werden[2].

29 Eine Ausnahme ist allein für den Fall der gesetzlich zwingenden Unternehmensmitbestimmung anzuerkennen. Sind in der Rechtsanwalts-AG mehr als 500 Mitarbeiter tätig – was in Anbetracht der aktuellen Größe internationaler Großkanzleien durchaus realitätsnah ist –, verpflichtet das DrittelbG[3] zu einer drittelparitätischen und bei mehr als 2000 Mitarbeitern das MitbestG[4] zu einer paritätischen Arbeitnehmermitbestimmung. Diese im Interesse der Arbeitnehmer zwingenden Regelungen stehen im Widerspruch zu dem Grundgedanken der §§ 59a, 59e und 59f BRAO. Die Frage, welche Rege-

---

gegen die aktive Mitarbeit in der Gesellschaft; a.A. *Pluskat*, AnwBl. 2005, 609, 611; *Römermann*, BB 2005, 1135, 1136.

1 Vgl. auch *Henssler*, AnwBl. 2005, 374, 375; so auch *Kempter/Kopp*, NJW 2001, 777, 780; Gaier/Wolf/Göcken/*Bormann*, § 59c BRAO Rz. 11; a.A. Hartung/Römermann/*Römermann*, vor § 59a BRAO Rz. 106ff.; Sozietätsrecht/*Kraus/Senft*, § 16 Rz. 39; *Kilian*, NZG 2001, 150, 152; *Kilian*, JR 2006, 206, 207; *Kilian*, ZIP 2007, 710, 713; *Muthers*, NZG 2001, 932; *Römermann*, Entwicklungen und Tendenzen bei Anwaltsgesellschaften, 1995, S. 185ff.; *Schumacher*, AnwBl. 2000, 409, 411.

2 Vgl. aber den Regelungsvorschlag aus dem DAV, AnwBl. 2001, 158f. sowie AnwBl. 2007, 682, 686.

3 Dazu Ulmer/Habersack/Henssler/*Habersack*, Mitbestimmungsrecht, 2. Aufl. 2006, § 1 DrittelbG Rz. 22.

4 Dazu Ulmer/Habersack/Henssler/*Habersack*, Mitbestimmungsrecht, 2. Aufl. 2006, § 1 MitbestG Rz. 41f.

lung zurücktreten muss, ist durch eine Interessenabwägung zu klären. Hierbei ist die Vorschrift des § 59m Abs. 3 BRAO zu berücksichtigen, die in der Rechtsanwaltsgesellschaft mbH die Verschwiegenheitspflicht auf alle Aufsichtsorgane der Gesellschaft erstreckt[1]. Da diese Vorschrift einen auf alle anwaltlichen Kapitalgesellschaften anwendbaren Grundgedanken enthält, ist sie sowohl auf die zugelassene Rechtsanwaltsgesellschaft in Form der AG als auch auf die nicht zugelassene Rechtsanwalts-AG entsprechend anwendbar. Berufsrechtliche Belange der Verschwiegenheit werden nicht gefährdet, so dass dem Belang der Arbeitnehmerbeteiligung in diesem Fall der Vorrang vor der berufsrechtlichen Regelung zu gewähren ist.

Offene Fragen werfen die **Mehrheitsverhältnisse** im Aufsichtsrat auf. Hin- 30
sichtlich der Details ist zwischen zugelassenen und nicht zugelassenen Gesellschaften zu trennen. Die BRAO kennt außerhalb der rechtspolitisch fragwürdigen und nicht ohne weiteres analogiefähigen Vorschrift des § 59f Abs. 1 S. 2 (vgl. oben Rz. 25) keine für solche Kontrollorgane verwertbaren Vorgaben[2]. Aus diesem Regelungsverzicht ist mangels unmittelbar verwertbarer Vorgaben zu folgern, dass in der Rechtsanwalts-AG ohne berufsrechtliche Zulassung über die genannten Anforderungen hinaus keine weiteren berufsrechtlichen Voraussetzungen gelten[3]. Eine mehrheitliche Besetzung mit Rechtsanwälten ist daher nicht zwingend.

Bei zugelassenen Gesellschaften muss dagegen die Wertung des § 59f Abs. 1 31
S. 2 BRAO ungeachtet ihrer rechtspolitischen Fragwürdigkeit beachtet werden (Rz. 25). Dementsprechend verlangt auch der BGH für die berufsrechtlich zugelassene Rechtsanwaltsgesellschaft AG – unter Bezugnahme auf die vom Verfasser für den fakultativen Aufsichtsrat der GmbH (D Rz. 106) aufgestellten Anforderungen – eine mehrheitliche Besetzung mit Rechtsanwälten, wenn dem Aufsichtsrat durch die Satzung über die gesetzlichen Mindestbefugnisse hinausgehende Kompetenzen übertragen werden[4]. § 59f BRAO lässt sich der allgemeine Grundsatz entnehmen, dass die verantwortliche Leitung der Gesellschaft in den Händen von Rechtsanwälten liegen muss. Werden dem Aufsichtsrat daher über die reine Kontrollaufgabe hinaus Zustimmungsrechte in Angelegenheiten der Unternehmensleitung zugesprochen, so sind die Voraussetzungen des § 59f BRAO zu übertragen.

Die Bindung einer Mandats**übernahme** an die Zustimmung des Aufsichts- 32
rates verletzt allerdings für sich genommen noch nicht die anwaltliche Unabhängigkeit, selbst wenn dort Steuerberater oder Wirtschaftsprüfer die Mehrheit bilden sollten. Die anwaltliche Unabhängigkeit verlangt lediglich, dass der Rechtsanwalt über die Bearbeitung eines Mandates autonom entscheiden können muss. Sie bedeutet dagegen in der Berufsausübungsgesell-

1 Vgl. hierzu *Kilian*, ZIP 2007, 710, 712; *Muthers*, NZG 2001, 930, 932.
2 Vgl. Gaier/Wolf/Göcken/*Bormann*, § 59f BRAO Rz. 10.
3 A.A. *Schumacher*, AnwBl. 1998, 364, 366, der verlangt, dass die Rechtsanwälte stets die Mehrheit der Aufsichtsratsmitglieder stellen müssen.
4 BGHZ 161, 376, 387 = NJW 2005, 1568, 1571; so auch *Schumacher*, AnwBl. 1998, 366; kritisch *Römermann*, BB 2005, 1135, 1136; *Pluskat*, AnwBl. 2005, 609, 611.

schaft nicht, dass der Anwalt auch die Übernahme eines besonders risikoträchtigen oder eines finanziell nicht lohnenden Mandates gegen seine Mitgesellschafter durchsetzen kann. Insoweit findet die Unabhängigkeit ihre immanente Grenze in der gleichwertigen Unabhängigkeit der freiberuflichen Mitgesellschafter (M Rz. 68 ff.). Gegebenfalls muss der übernahmewillige Gesellschafter das Mandat außerhalb der Gesellschaft als Einzelmandat annehmen und bearbeiten.

33 Erklärt der Aufsichtsrat ad hoc eine bestimmte – etwa eine besonders risikoträchtige – Mandatsübernahme für zustimmungspflichtig[1], ein Recht, das ihm selbst durch eine statutarische Bestimmung nicht genommen werden kann[2], liegt hierin kein unzulässiger Eingriff in die anwaltliche Berufsausübung. Bezeichnenderweise verbietet § 6 PartGG zwar den **Ausschluss** eines freiberuflichen Partners von der berufsbezogenen Geschäftsführung. Die Vereinbarung einer Gesamtgeschäftsführung (§ 6 Abs. 3 S. 2 PartGG i.V.m. § 115 Abs. 2 HGB) – und damit eine interne Bindung der Mandatsübernahme an die Zustimmung eines Dritten – bleibt hingegen ebenso wie eine Gesamtvertretung im Außenverhältnis (§ 7 Abs. 3 PartGG i.V.m. § 125 Abs. 2 HGB) zulässig[3].

VII. Regelungsbedarf und praktische Bedeutung

34 Seit Einführung der sog. **„kleinen AG"**[4] ist die Rechtsform der AG auch für personalistisch strukturierte, kleinere Zusammenschlüsse geöffnet worden. Sie eignet sich seitdem sogar sehr gut für Freiberuflergesellschaften[5], weil sie nicht – wie die GmbH – mit dem „Makel" der Haftungsbeschränkung belastet ist und sich daher etwa bei größeren Wirtschaftsprüfungsgesellschaften traditionell großer Beliebtheit erfreut, wenn sie auch zahlenmäßig hinter der GmbH zurückliegt (A Rz. 6). Ein Sachgrund, der eine Ungleichbehandlung gegenüber den Steuerberatern rechtfertigen könnte, ist nicht zu erkennen. Rechtspolitisch gesehen rechtfertigt es der Hinweis auf die „komplizierte Organisationsstruktur" gerade nicht, Anwälten diese Rechtsform zu verwehren. Die Rechtsanwalts-AG leistet sogar einen Beitrag zur Bewältigung der Führungsprobleme, welche die in den letzten Jahren rapide gewachsenen deutschen Anwaltssozietäten belasten. Unverzichtbar für den dauerhaften Zusammenhalt eines Verbundes ausgeprägter Individualisten und hochqualifi-

---

1 BGHZ 124, 111, 127 = NJW 1994, 520, 524; *Mertens*, Kölner Komm. zum AktG, § 111 Rz. 61; *Lutter/Krieger*, Rechte und Pflichten des Aufsichtsrates, 5. Aufl. 2008, Rz. 108; *Hommelhoff/Schwab*, WiB 1995, 115, 117.

2 *Mertens*, Kölner Komm. zum AktG, § 111 Rz. 60; *Lutter/Krieger*, Rechte und Pflichten des Aufsichtsrates, 5. Aufl. 2008, Rz. 105 m. Nachw. auch zur Gegenansicht.

3 *Henssler*, § 7 PartGG Rz. 37.

4 Dazu *Seibert/Kirchfeld*, ZAP Fach 15, S. 173; *Priester*, BB 1996, 333; *Lutter*, AG 1994, 429; *Bösert*, DStR 1994, 1423; *Kindler*, NJW 1994, 3041; *Dehmer*, WiB 1994, 753; *Hommelhoff*, AG 1995, 529.

5 Vgl. *Schumacher*, AnwBl. 1998, 364; *Stabreit*, NZG 1998, 452.

zierter Spezialisten ist eine klare Führungsstruktur mit einer Unternehmensspitze, die eine gewisse Unabhängigkeit und Durchsetzungsfähigkeit aufweist. Der Vorstand einer AG ist nach dem gesetzlichen Leitbild hierfür weit besser geeignet als der Geschäftsführer einer GmbH.

Die aktuelle Rechtslage bleibt aufgrund der unzureichenden Anpassung an aktienrechtliche Besonderheiten – insbesondere der Unsicherheit hinsichtlich Besetzung und Kompetenz des Aufsichtsrates – unbefriedigend. Erst eine gesetzliche Klarstellung wird für eine größere Anzahl deutscher Kanzleien den enormen Umgründungsaufwand rechtfertigen. 35

VIII. Die Rechtsanwalts-KGaA

Das Berufsrecht der Steuerberater (§ 49 Abs. 1 StBerG) und der Wirtschaftsprüfer (§ 27 Abs. 1 WPO) stellt diesen Berufen auch die Kommanditgesellschaft auf Aktien zur Verfügung. Die KGaA ist ebenso wie die AG juristische Person und Handelsgesellschaft kraft Rechtsform. Sie setzt damit nicht den Betrieb eines Handelsgewerbes im Sinne von § 1 HGB voraus. Folglich bestehen anders als bei der KG keine gesellschaftsrechtlichen Hindernisse für die Gründung einer Rechtsanwaltsgesellschaft KGaA. Berufsrechtliche Bedenken stehen der Gründung einer Rechtsanwalts KGaA, die als Gesellschaftsform steuerrechtliche Vorteile bietet[1], ebenfalls nicht entgegen. Attraktiv könnte die Gesellschaftsform der KGaA etwa sein, um frühzeitig junge Gesellschafter als Kommanditaktionäre an die Gesellschaft zu binden, ohne ihnen Haftungsrisiken zuzuweisen. Aufgrund der persönlichen Haftung des Komplementärs sind die schutzwürdigen Interessen der Mandanten hier sogar weniger stark tangiert als bei der AG. 36

Da die KGaA wegen der persönlichen Haftung des Komplementärs für Kapitalgesellschaften atypische Besonderheiten aufweist, verbietet sich die analoge Anwendung der §§ 59c ff. BRAO. Die Stellung des Komplementärs ähnelt derjenigen des Gesellschafters einer Sozietät oder Partnerschaft. Auch bei der KGaA greifen jedoch die alle Berufsausübungsgesellschaften betreffenden Wertungen der §§ 59a und 59e BRAO, so dass auch in der KGaA der Gesellschafterkreis auf die sozietätsfähigen Berufe beschränkt bliebt[2]. 37

Die gesellschaftsrechtliche Rechtsprechung[3] hat auch die GmbH & Co. KGaA anerkannt, bei der keine natürliche Person als persönlich haftender Gesellschafter in Erscheinung tritt. Für die Rechtsanwaltsgesellschaft scheidet diese Konstruktion jedoch schon deshalb aus, weil sich juristische Personen an ihr nicht beteiligen können (vgl. §§ 59a, § 59e Abs. 1 BRAO; siehe 38

1 Eingehend *Wagner*, Rechtsformen für internationale Rechtsanwaltsgesellschaften, 2006, S. 273 f.

2 A.A. für die Kommanditaktionäre Hartung/Römermann/*Römermann*, vor § 59a Rz. 129.

3 BGHZ 134, 392; dazu die Beiträge von *Hommelhoff* und *Ihrig/Schlitt*, in: Ulmer, Die GmbH und Co. KGaA nach dem Beschluss BGHZ 134, 392, 1998, S. 9 ff. und 33 ff.

dazu auch F Rz. 10ff.). Die Beteiligung einer berufsrechtlich zugelassenen Rechtsanwaltsgesellschaft mbH an einer KGaA scheitert am Beteiligungsverbot des § 59c Abs. 2 BRAO.

39 Die gesetzliche Regelung der KGaA richtet sich nach dem AktG unter Einschluss der besonderen Vorschriften der §§ 278–290 AktG und den Sonderbestimmungen in einer Reihe weiterer Gesetze (z.B. § 221 UmwG). Einzelheiten ihrer berufsrechtlichen Zulässigkeit entsprechen denjenigen bei der AG.

IX. Steuerrecht

Literatur:

Siehe bei D vor Rz. 221a.

40 Für die Anwalts-AG gilt das zur Anwalts-GmbH Gesagte entsprechend.

Anders sind nur **beherrschende Aktionäre** zu behandeln. Es ist nämlich zweifelhaft, ob auf beherrschende Aktionäre angesichts der starken Stellung des Aufsichtsrats auch die förmlichen Bedingungen für beherrschende GmbH-Gesellschafter[1] bzgl. verdeckter **Gewinnausschüttungen** gelten. In älteren Entscheidungen wurde dies vom Bundesfinanzhof zurückhaltend beurteilt. Neuere Urteile liegen hierzu nicht vor[2].

Der BFH lässt auch die **Vertretungsbefugnis** der Anwalts-AG vor den **Finanzgerichten** und dem **BFH** zu[3].

1 Siehe bei D Rz. 242.
2 S. dazu *Streck/Binnewies*, AG 1998, 26ff.
3 BFH v. 11. 3. 2004 – VII R 15/03, BStBl. 2004 II, 566.

F. Die Rechtsanwalts-GmbH & Co KG

	Rz.
I. Zulässigkeit nach geltendem Recht *(Henssler)*	
1. Handels- und gesellschaftsrechtliche Unzulässigkeit . . .	1
2. Sonderregeln für Wirtschaftsprüfungs- und Steuerberatungsgesellschaften	3
3. Berufsrechtliche Bewertung . .	5
a) Das Beteiligungsverbot in § 59c Abs. 2 BRAO	6
b) Ausgestaltung der KG als Steuerberatungsgesellschaft	7
c) Vereinbarkeit der GmbH & Co KG mit §§ 59a und 59e BRAO	10
II. Verfassungs- und europarechtliche Bedenken *(Henssler)* . . .	13
III. Steuerrecht *(Streck)*	18

I. Zulässigkeit nach geltendem Recht

1. Handels- und gesellschaftsrechtliche Unzulässigkeit

Während GmbH und AG kraft gesetzlicher Fiktion als Handelsgesellschaften gelten, aber für jede Tätigkeit gegründet werden können, setzt die Berufsausübung in einer Rechtsanwalts-GmbH & Co KG zunächst voraus, dass eine solche Gesellschaft überhaupt als KG ins Handelsregister eingetragen werden dürfte. Dafür bedarf es gem. §§ 161, 105 HGB des Betriebs eines Handelsgewerbes im Sinne der §§ 1 ff. HGB. Orientiert man sich am Gewerbebegriff der herrschenden Meinung und versteht man darunter eine offene, planmäßige, erlaubte, auf Gewinnerzielung gerichtete und selbständige Tätigkeit mit Ausnahme der Freien Berufe[1], so bleiben Rechtsanwälte, deren Zugehörigkeit zu den Freien Berufen und deren fehlende Gewerblichkeit durch § 2 BRAO hervorgehoben ist, generell vom Anwendungsbereich des HGB ausgenommen. Auch wenn eine einheitliche Behandlung aller Unternehmer zu begrüßen wäre, könnte dies nicht durch die schlichte Einbeziehung der Freien Berufe in das HGB erreicht werden, weil viele Regelungen des HGB nicht auf Freiberufler zugeschnitten sind[2]. Da sich der Gesetzgeber anlässlich der HGB-Reform im Jahr 1998 bewusst dagegen entschieden hat, die Freien Berufe in das HGB einzubeziehen, scheitert eine analoge Anwendung handelsrechtlicher Vorschriften an der Regelungslücke. 1

Die Zulässigkeit der Rechtsanwalts-GmbH & Co KG kann auch nicht aus § 105 Abs. 2 HGB hergeleitet werden[3], da diese Vorschrift für den eng begrenzten Ausnahmefall der Vermögensverwaltungsgesellschaften geschaffen 2

---

1 Vgl. nur BGHZ 63, 32, 33 = NJW 1974, 1462, 1463 m.w.N.

2 Vielmehr würde die Einbeziehung der Freien Berufe in ein allgemeines Unternehmensgesetzbuch nach inhaltlicher Neuregelung des HGB möglich sein; hierzu *Henssler*, ZHR 161 (1997), 13.

3 So aber *K. Schmidt*, DB 2009, 271, 273; *Römermann*, AnwBl. 2008, 609, 610.

wurde[1]. Eine KG, deren Unternehmenszweck ausschließlich auf die Ausübung eines Freien Berufs gerichtet ist, kann nicht in das Handelsregister eingetragen werden.

2. Sonderregeln für Wirtschaftsprüfungs- und Steuerberatungsgesellschaften

3 Gleichwohl stellt der Gesetzgeber die GmbH & Co KG seit September 2007 den Wirtschaftsprüfern[2] und seit April 2008[3] den Steuerberatern zur Verfügung. Durch diese Reformen wurde den Wünschen der wirtschafts- und steuerberatenden Berufe entsprochen, die von den steuer- und haftungsrechtlichen Vorteilen der GmbH & Co KG profitieren wollten[4].

4 Eine OHG oder KG konnte bereits vor der genannten Gesetzesreform nach § 27 Abs. 2 WPO als Wirtschaftsprüfungsgesellschaft anerkannt werden, wenn sie wegen ihrer **Treuhandtätigkeit** als Handelsgesellschaft in das Handelsregister eingetragen wurde. Entsprechendes galt für Steuerberatungsgesellschaften nach § 49 Abs. 2 StBerG. Nach allgemeinen Grundsätzen ist der für einen gewerblichen Unternehmer tätige Treuhänder selbst als Gewerbetreibender anzusehen[5], wobei die Treuhandtätigkeit vom Registergericht nicht gesondert geprüft wird, sondern es ausreicht, wenn eine solche Tätigkeit geplant ist. Es handelt sich bei diesen Regelungen demnach nicht um eine Durchbrechung des Grundsatzes, dass Freiberufler kein Gewerbe im Sinne des HGB betreiben, sondern um einen besonderen Fall gewerblicher Tätigkeit. Da es aus handelsrechtlicher Sicht unschädlich ist, wenn neben einer schwerpunktmäßig gewerblichen Tätigkeit auch freiberufliche Dienstleistungen erbracht werden, wäre eine Rechtsanwalts- und Steuerberatungs-GmbH & Co KG, die überwiegend Treuhandtätigkeiten wahrnimmt und deswegen als Steuerberatungsgesellschaft anerkannt wurde, handelsrechtlich zulässig. Ihre Gründung hat freilich den steuerrechtlichen Nachteil, dass eine gesetzliche Vermutung für die Erzielung gewerblicher Einkünfte besteht[6].

3. Berufsrechtliche Bewertung

5 Über die unter Rz. 1 f. geschilderten handelsrechtlichen Einwände hinaus ergeben sich Bedenken gegen die Zulässigkeit der Rechtsanwalts-GmbH & Co KG auch aus den berufsrechtlichen Vorschriften über die Rechtsanwaltsgesellschaft mbH, die in den §§ 59c ff. BRAO niedergelegt sind. Diese Berufs-

---

1 BT-Drucks. 13/8444, S. 40 f.

2 Das BARefG v. 3. 9. 2007 (7. WPO Novelle) hat den § 28 WPO neu gefasst und ist am 6. 9. 2007 in Kraft getreten (BGBl. I S. 2178); hierzu *Naumann/Hamannt*, Wpg 2007, 901, 904.

3 Das 8. StBerÄndG v. 8. 4. 2008, das § 50 Abs. 1 StBerG neu gefasst hat, ist am 12. 4. 2008 in Kraft getreten (BGBl. I S. 666); dazu *Goez*, DB 2008, 971.

4 BT Drucks. 16/2858, S. 24; BR-Drucks. 508/07, S. 40; BT-Drucks. 16/7077, S. 30.

5 Koller/Roth/Morck/*Roth*, § 1 HGB Rz. 18.

6 Hense/Ulrich/*Timmer*, § 27 WPO Rz. 7.

rechtsnormen schränken zum einen den Gesellschafterkreis der GmbH ein und sehen zum anderen ein Beteiligungsverbot für die Rechtsanwaltsgesellschaft mbH vor.

a) Das Beteiligungsverbot in § 59c Abs. 2 BRAO

Nach § 59c Abs. 2 BRAO ist die Beteiligung von Rechtsanwaltsgesellschaf- 6
ten an Zusammenschlüssen zur gemeinschaftlichen Berufsausübung unzulässig. Der Gesetzgeber wollte ersichtlich **Konzernverbindungen** zwischen anwaltlichen Berufsausübungsgesellschaften verhindern. Seinem Regelungsanliegen nach ist die Vorschrift jedoch insofern zu weit gefasst, als dass sie die Beteiligung der GmbH an allen Zusammenschlüssen zur gemeinschaftlichen Berufsausübung verbietet. Nach Sinn und Zweck der Vorschrift stellt jedoch nicht der *von* einer anwaltlichen Kapitalgesellschaft ausgeübte Einfluss, sondern nur die Einwirkung *auf* eine solche Berufsausübungsgesellschaft eine berufsrechtlich relevante Gefahr dar. Daher ist die Vorschrift des § 59c Abs. 2 BRAO dahingehend teleologisch zu reduzieren, dass sie allein die gesellschaftsrechtliche Beteiligung an einer Rechtsanwaltssozietät, einer Rechtsanwaltspartnerschaft oder einer anwaltlichen Kapitalgesellschaft verbietet. Die Beteiligung einer Rechtsanwaltsgesellschaft mbH an einer KG, die selbst als anwaltliche Berufsausübungsgesellschaft auftritt, ist somit unzulässig. Ob sich eine Rechtsanwaltsgesellschaft mbH an gesellschaftsrechtlichen Zusammenschlüssen anderer Freier Berufe beteiligen darf, bestimmt sich hingegen nach dem Berufsrecht dieser Berufe.

b) Ausgestaltung der KG als Steuerberatungsgesellschaft

Da sich die Zulässigkeit der Beteiligung an einer anderen freiberuflichen Be- 7
rufsausübungsgesellschaft nicht nach der BRAO sondern nach dem jeweiligen Berufsrecht richtet, ist es denkbar, die KG nicht als anwaltliche Berufsausübungsgesellschaft, sondern als Steuerberatungsgesellschaft auszugestalten[1]. Ebenso wie nach dem neu gefassten § 28 Abs. 1 S. 2 WPO, wonach persönlich haftende Gesellschafterin einer Wirtschaftsprüfungsgesellschaft eine Prüfungsgesellschaft sein kann, kann auch nach der Parallelnorm des § 50 Abs. 1 S. 3 StBerG persönlich haftende Gesellschafterin eine Steuerberatungsgesellschaft sein, welche die Voraussetzungen des § 50a StBerG erfüllt. Obwohl beide Vorschriften verlangen, dass es sich jeweils um eine Steuerberatungs- bzw. Wirtschaftsprüfungsgesellschaft handelt, ist die Beteiligung einer Rechtsanwaltsgesellschaft dadurch nicht ausgeschlossen. Voraussetzung ist lediglich, dass diese Gesellschaft neben ihrer Zulassung als Rechtsanwaltsgesellschaft eine weitere berufsrechtliche Anerkennung erhält.

Eine **Doppelzulassung als Rechtsanwalts- und Steuerberatungsgesellschaft** 8
ist sogar recht unproblematisch möglich, da es nach § 50a Abs. 1 Nr. 5 StBerG ausreicht, wenn in Steuerberatungsgesellschaften die Mehrheit der Gesellschaftsanteile bei Steuerberatern oder aber Rechtsanwälten, Wirt-

1 Vgl. hierzu auch *Henssler*, FS Kreutz, 2009, S. 635, 641 f.

schaftsprüfern, vereidigten Buchprüfern oder Steuerbevollmächtigten liegt[1]. Selbst die Einmann-Steuerberatungs-GmbH, deren einziger Gesellschafter ein Rechtsanwalt ist, ist berufsrechtlich unbedenklich (siehe hierzu D Rz. 204). Voraussetzung ist gem. § 50 Abs. 4 StBerG lediglich, dass die Zahl der anwaltlichen Geschäftsführer die Zahl der Steuerberater unter den Geschäftsführern nicht übersteigt. Demnach kann eine Rechtsanwalts- und Steuerberatungsgesellschaft mbH Komplementärin einer Steuerberatungs-GmbH & Co KG sein. Rechtsanwälte dürfen als Kommanditisten an der Berufsausübungsgesellschaft beteiligt werden, da § 50a Abs. 1 Nr. 4 StBerG dies ausdrücklich zulässt.

9 Es verbleibt eine Einschränkung insoweit, als nur die Komplementär-GmbH allgemeine Rechtsdienstleistungen erbringen darf und der Tätigkeitsbereich der KG auf die Steuerberatung beschränkt ist. Gewisse Erweiterungen ergeben sich aus § 5 RDG[2].

c) Vereinbarkeit der GmbH & Co KG mit §§ 59a und 59e BRAO

10 Lässt sich für die Gründer die hier aufgezeigte Lösung über die Steuerberatungsgesellschaft mbH & Co KG nicht verwirklichen, so bietet auch die Ausgestaltung der Komplementär-GmbH als **bloße Organisationsgesellschaft** keinen Ausweg. Zwar greift das Verbot des § 59c Abs. 2 BRAO nicht, wenn die Komplementär-GmbH nicht als Berufsausübungsgesellschaft, sondern als Organisationsgesellschaft ohne Rechtsanwaltszulassung ausgestaltet ist. Die Unbedenklichkeit solcher Organisationsgesellschaften war lange vor der gesetzlichen Zulassung der Rechtsanwaltsgesellschaft mbH anerkannt[3]. Bei dieser Konstruktion stellt sich jedoch das Problem der Beteiligung von Kapitalgesellschaften an einer anwaltlichen Berufsausübungsgesellschaft. Für die KG als Personengesellschaft ergibt sich unmittelbar aus § 59a BRAO eine Beschränkung des Gesellschafterkreises auf in der Gesellschaft aktiv tätige und sozietätsfähige Personen. Hieraus wird von der ganz h.M. im berufsrechtlichen Schrifttum ein Verbot der Beteiligung von Kapitalgesellschaften an anwaltlichen Berufsausübungsgesellschaften hergeleitet. Unterstellt man, dass die KG trotz fehlender gesetzlicher Regelung auch den Rechtsanwälten zur Verfügung zu stellen ist, dann muss bei widerspruchsfreier Auslegung der berufsrechtlichen Vorschriften die Beschränkung des § 59a Abs. 1 BRAO auf diese Rechtsform erstreckt werden.

11 Soweit im Schrifttum aus dem Umstand, dass § 59a BRAO unmittelbar nur die Sozietät betraf, der Schluss gezogen wird, für die KG ließen sich keine vergleichbaren Beschränkungen rechtfertigen[4], ist dies seit der Streichung

---

1 Entgegen der Ansicht von *Karl*, NJW 2010, 967, 968 ist die berufsrechtliche Anerkennung der Komplementär-GmbH sowohl als Rechtsanwalts- als auch als Steuerberatungsgesellschaft nicht durch § 59c Abs. 2 BRAO ausgeschlossen. Diese Vorschrift trifft vielmehr überhaupt keine Aussage zu dieser Frage.

2 Hierzu *Henssler/Deckenbrock*, DB 2008, 41, 42f.

3 *Henssler*, JZ 1992, 697, 705.

4 *Römermann*, AnwBl. 2008, 609, 611.

des Wortes „Sozietät" in § 59a BRAO überholt. Zudem gilt: Wäre der Gesetzgeber bei Erlass des § 59a BRAO von der seinerzeit nicht einmal angedachten Zulässigkeit anwaltlicher Personenhandelsgesellschaften ausgegangen, hätte er ohne jeden Zweifel die Norm auf diese Gesellschaften erstreckt. Bejahte man nunmehr entgegen der seinerzeit völlig unstreitigen Rechtslage die Zulässigkeit der Rechtsanwalts-KG, so eröffnete sich eine nachträgliche Regelungslücke. Die Vorschrift des § 59a BRAO müsste daher analog auf die Rechtsanwalts-KG angewandt werden, um Wertungswidersprüche zu vermeiden.

Aus berufsrechtlicher Sicht scheitert die anwaltliche Berufsausübung in Form der GmbH & Co KG somit daran, dass eine Kapitalgesellschaft nicht Gesellschafterin einer anwaltlichen Berufsausübungsgesellschaft sein kann. § 59a Abs. 1 BRAO untersagt außerdem die Beteiligung einer bloßen Organisations-GmbH als Komplementärin an einer Rechtsanwalts-GmbH & Co KG. 12

II. Verfassungs- und europarechtliche Bedenken

Während sich die Zulässigkeit der Rechtsanwaltsgesellschaft in der Rechtsform der AG oder einer ausländischen Rechtsform aus Art. 12 GG bzw. aus den europäischen Grundfreiheiten ergibt, helfen diese Überlegungen für die GmbH & Co KG nicht weiter. Angesichts der bewussten Entscheidung des Gesetzgebers, die Freien Berufe aus dem Anwendungsbereich des HGB auszuklammern, und der eindeutigen Regelungen der §§ 59c Abs. 2 und 59a Abs. 1 BRAO lässt sich die Zulässigkeit der Rechtsanwalts-GmbH & Co KG *de lege lata* nicht begründen. Allerdings stellt sich die Frage, ob diese eindeutigen gesetzlichen Beschränkungen mit Art. 12 Abs. 1 GG zu vereinbaren sind. Da der Gesetzgeber den Wirtschaftsprüfern und Steuerberatern die Rechtsform der GmbH & Co KG seit der Neufassung von § 28 Abs. 1 S. 2 WPO und § 50 Abs. 1 S. 3 StBerG zur Verfügung stellt, sie den Rechtsanwälten hingegen nach wie vor verwehrt, drängt sich die Annahme eines Verstoßes gegen Art. 3 Abs. 1 GG auf[1]. 13

Nach der Rechtsprechung des BVerfG sind die drei wirtschaftsnahen Beratungsberufe wesensverwandt und somit grundsätzlich gleich zu behandeln[2]. Divergierende Berufsausübungsbeschränkungen sind nur bei **Vorliegen sachlicher Gründe** möglich. Um das bestehende Verbot der Rechtsanwalts-GmbH & Co KG zu rechtfertigen, müssten sich also sachliche Unterschiede zwischen den Berufsgruppen feststellen lassen, die nach ihrer Art und ihrem Gewicht die Sonderbehandlung der Steuerberater und Wirtschaftsprüfer erklären. Hierbei kommt es entscheidend auf das Regelungsanliegen an, das den Gesetzgeber bewogen hat, Steuerberatern und Wirtschaftsprüfern die Rechtsform der GmbH & Co KG zur Verfügung zu stellen. Der Gesetzgeber hat die Zulassung der Rechtsform nicht mit Besonderheiten des Wirtschafts- 14

1 Zum Ganzen im Detail *Henssler*, FS Kreutz, 2009, S. 635, 645 ff.

2 BVerfGE 80, 269, 280 – Steuerberater und Rechtsanwälte; BVerfGE 98, 49, 63 mit Anm. *Henssler*, JZ 1998, 1062, 1064 – Steuerberater und Wirtschaftsprüfer.

prüfer- und Steuerberaterberufs begründet, sondern mit den steuer- und haftungsrechtlichen Vorteilen der GmbH & Co KG und einem entsprechenden Bedürfnis der Angehörigen der beiden Berufsgruppen[1]. Da ein solches Bedürfnis unter den anwaltlichen Beratungsgesellschaften indes in exakt gleicher Weise besteht[2], muss ein diskriminierungsfrei handelnder Gesetzgeber diese Rechtsform auch den Rechtsanwälten zur Verfügung stellen.

15 Die Entscheidung des Gesetzgebers, den Rechtsanwälten diese Rechtsform zu verwehren, verletzt zugleich die von Art. 12 Abs. 1 GG gewährleistete **freie Rechtsformwahl**. Die Möglichkeit, auf bestimmte haftungs- und steuerrechtlich attraktive Berufsausübungsformen zurückzugreifen, berührt die Freiheit anwaltlicher Berufsausübung, ohne dass wichtige Gemeinschaftsgüter für eine Rechtfertigung herangezogen werden könnten.

16 Auch **europarechtlich** ist die Differenzierung zwischen den Berufen nicht haltbar. So könnte etwa ausländischen, auf das Steuerrecht spezialisierten Rechtsanwälten die angestrebte Niederlassung in Deutschland als GmbH & Co KG kaum verwehrt werden. Der Grundsatz, dass die Personenhandelsgesellschaften den Freien Berufen nicht zur Verfügung stehen, ist vom Gesetzgeber selbst aufgegeben worden, so dass er nicht mehr als zwingender Grund des Allgemeininteresses im Sinne der EuGH-Rechtsprechung angesehen werden kann.

17 Nach diesen Überlegungen darf Rechtsanwaltsgesellschaften jedenfalls dann, wenn sie vortragen, auch Treuhandtätigkeiten in ihrer Gesellschaft durchführen zu wollen, die Rechtsform der GmbH & Co KG nicht verwehrt werden. Aus denselben Gründen sind die berufsrechtlichen Vorschriften der §§ 59a, 59c BRAO verfassungsrechtlich zu beanstanden, da sie der rein anwaltlichen GmbH & Co KG entgegenstehen. Gleichwohl ist es angesichts der eindeutigen Rechtslage den Rechtsanwaltskammern derzeit nicht möglich, Rechtsanwaltsgesellschaften in der Rechtsform der GmbH & Co KG zuzulassen. Selbst wenn die Regelung im Rahmen einer streitigen Auseinandersetzung dem BVerfG zur Prüfung der Verfassungsmäßigkeit vorgelegt würde, könnte auch das Gericht lediglich die Verfassungswidrigkeit der geltenden Rechtslage feststellen und dem Gesetzgeber aufgeben, für einen verfassungskonformen Zustand zu sorgen[3].

III. Steuerrecht

18 Unterstellt, eine anwaltliche GmbH & Co. KG übt trotz der dargestellten Bedenken eine freiberufliche Tätigkeit aus, so findet das relativ **gesicherte Steu-**

1 BT-Drucks. 16/2858, S. 24 für die Wirtschaftsprüfer; BR-Drucks. 508/07, S. 40 und BT-Drucks. 16/7077, S. 30 für die Steuerberater.

2 Der 68. DJT 2010 in Berlin hat knapp den Vorschlag, allen freien Berufen durch entsprechende Gesetzesänderungen alle Formen von Kapitalgesellschaften und von Personengesellschaften, auch die GmbH & Co. KG, zur Verfügung zu stellen, mit 59 : 62 Stimmen bei 17 Enthaltungen abgelehnt.

3 Dazu *Henssler*, FS Graf von Westphalen, 2010, S. 311 ff.

errecht der **GmbH & Co. KG** Anwendung. Wenige Einzelpunkte seien hier erwähnt:

- Wegen der Beteiligung der GmbH erzielt die KG in jedem Fall **gewerbliche** 19
Einkünfte, und zwar auch dann, wenn die Tatbestandsbedingungen des § 15 Abs. 3 Nr. 2 EStG vermieden werden.
- Der Gewerblichkeit des EStG entspricht die **Gewerbesteuerpflicht**. 20
- **Bezüge** der Anwalts-Kommanditisten zählen zu den gewerblichen Ein- 21
künften. „Gehaltsvereinbarungen" sind **Gewinnverteilungsvereinbarungen**.
- Die Komplementär-GmbH, die idR nicht am Vermögen der KG beteiligt 22
ist, muss zur Vermeidung von verdeckten Gewinnausschüttungen für ihre Tätigkeit und Haftung eine **angemessene Gewinnverteilung** erhalten.
- Werden der GmbH Co. KG von ihren Anwaltskommanditisten Wirt- 23
schaftsgüter, zB Büroräume, überlassen, sind diese Sonderbetriebsvermögen; Vergütungen sind Teile des Gewinns.
- Das Gleiche gilt für die **Beteiligung** der **Kommanditisten** an der **Komplementär-GmbH**.
- Im Übrigen wird für die **Kommanditgesellschaft** auf das **Steuerrecht** der 24
GbR (Sozietät) verwiesen (B Rz. 880ff.).
- Für das **Steuerrecht** der **Komplementär-GmbH** kann das Steuerrecht der **Rechtsanwalts-GmbH** herangezogen werden (D Rz. 221a ff.).

G. Gesellschaften ausländischer Rechtsform

Rz.

I. Einführung 1

II. Allgemeiner Teil

1. Europarechtliche/Völkerrechtliche Ebene 3
2. Gesellschaftsrechtliche Ebene 11
   a) Statut 11
   b) Bestimmung des Gesellschaftsstatuts 12
   c) Anwendung von Gründungs- bzw. Sitzrecht 18
   d) Zweigniederlassungen 21
3. Berufsrechtliche Ebene 24
   a) Grundlagen 24
   b) Strukturanforderungen an ausländische Berufsausübungsgesellschaften 29
      aa) Beurteilungsmaßstab . . 29
      bb) Gesellschaftsvertrag . . . 32
      cc) Gesellschafterkreis . . . 33
      dd) Gebot der aktiven Berufsausübung/ Verbot der bloßen Kapitalbeteiligung 38
      ee) Name/Firma 40
      ff) Geschäftsführung und Beschlussfassung 43
      gg) Haftungsverfassung . . . 46
      hh) Berufsrechtliche Registerpflichten 54
4. Folgefragen 55
   a) Zulassung und berufsrechtliche Anerkennung der Gesellschaft 55
   b) Registerpflichten 64
   c) Postulationsfähigkeit der Gesellschaft 68
   d) Rechtsdienstleistungsbefugnis der Gesellschaft . . 74

III. Besonderer Teil

1. Einleitung 76
2. Die Limited Liability Partnership (UK) 78
   a) Charakteristika und Vorzüge der LLP als Berufsausübungsgesellschaft 78
   b) Gründung 81
      aa) Gründungsvoraussetzungen nach britischem Recht 81
      bb) Ergänzende Anforderungen des deutschen Rechts 87
   c) Registerfragen 88
      aa) Registerfragen des britischen Rechts 88
      bb) Registerfragen des deutschen Rechts 90
   d) Gesellschaftsvertrag 96
   e) Mitgliedschaft 97
      aa) Regelungen des englischen Gesellschaftsrechts 97
      bb) Regelungen des deutschen Berufsrechts . . . 103
   f) Rechtsbeziehungen der LLP im Außenverhältnis . . 104
      aa) Regelungen des britischen Gesellschaftsrechts 104
      bb) Regelungen des deutschen Berufsrechts . . . 106
   g) Rechtsbeziehungen des LLP-Gesellschafters im Außenverhältnis 107
      aa) Regelungen des britischen Rechts 107
      bb) Gesellschafterhaftung im deutschen IPR 112
   h) Rechnungslegung, Prüfung und Publizität 116
   i) Folgefragen 118
3. Sonstige Gesellschaftsformen des ausländischen Rechts – Überblick 119

I. Einführung

1 Zu den dramatischen Umbrüchen, die das Sozietätsrecht in den zurückliegenden 20 Jahren erfahren hat, zählt neben seiner Öffnung für die Kapitalgesellschaften und der Schaffung der PartG als einer spezifischen Rechtsform für Freiberufler die der Anwaltschaft durch den EuGH eröffnete Möglichkeit, ihre Berufsausübung unter Beachtung berufsrechtlicher Einschränkungen in beliebigen Rechtsformen des Rechts der Mitgliedstaaten der Europäischen Union und der EFTA zu organisieren[1]. Das Sozietätsrecht, das noch Anfang der 90er Jahre synonym mit dem Recht der Gesellschaft bürgerlichen Rechts war, hat sich mit dieser Entwicklung endgültig zu einer stark zerfaserten, unübersichtlichen Rechtsmaterie entwickelt. Standen dem Rechtsanwalt bis vor wenigen Jahren ohne die europarechtliche Öffnung ein halbes Dutzend Rechtsformen des nationalen Rechts zur Verfügung, sind nun im Grundsatz alle Gesellschaftsformen, die das Recht der 29 übrigen Mitgliedstaaten des EWR kennt, ebenfalls Gestaltungsoptionen. Rechtsanwälte unterliegen bei der Rechtsformwahl nicht mehr dem Typenzwang des nationalen Gesellschaftsrechts. Die Tatsache, dass Sozietäten in Deutschland bislang nicht in einer unübersichtlichen Vielfalt von Rechtsformen organisiert sind, vielmehr allenfalls Gesellschaftsformen des englischen Rechts das Interesse der deutschen Anwaltschaft gefunden haben, ist hierbei nicht Ausdruck rechtlicher Grenzen, die das Gesellschafts- oder Berufsrecht gezogen hat, sondern Ergebnis rein tatsächlicher Gegebenheiten auf dem Rechtsdienstleistungsmarkt.

2 Die Berufsausübung in einer Berufsausübungsgesellschaft ausländischer Rechtsform kann sich in zwei Grundkonstellationen ergeben: Zum einen kann eine nach dem Recht eines anderen Staates gegründete Gesellschaft ihren Verwaltungssitz als Ort der tatsächlichen Willensbildung nach Deutschland verlegen (ohne Bedeutung ist, dass der statutarische Sitz im Ausland verbleibt). Zum anderen ist denkbar, dass eine Gesellschaft mit Sitz in einem anderen Staat in Deutschland eine Zweigniederlassung begründet. Das Europarecht oder völkerrechtliche Verträge schaffen die für eine solche grenzüberschreitende Sitzverlegung bzw. Begründung einer Zweigniederlassung notwendigen Berechtigungen (unten Rz. 3 ff.), das deutsche internationale Gesellschaftsrecht sieht Kollisionsregeln zur Beantwortung der Frage vor, welcher Rechtsordnung der Verband als solcher (Gesellschaftsstatut) untersteht (unten Rz. 11 ff.). Das deutsche Berufsrecht modifiziert schließlich das allgemeine Gesellschaftsrecht für Gesellschaften, die der Ausübung des Anwaltsberufs dienen (unten Rz. 24 ff.).

II. Allgemeiner Teil

Literatur:

Bayer, Die EuGH-Entscheidung „Inspire Art" und die deutsche GmbH im Wettbewerb der europäischen Rechtsordnung, BB 2003, 2357; *Brand*, Das Kollisionsrecht

1 Die Mitgliedstaaten der EU und die weiteren Vertragsstaaten der EFTA bilden den Europäischen Wirtschaftsraum (EWR).

und die Niederlassungsfreiheit von Gesellschaften, JR 2004, 89; *Bruinier*, Der Einfluss der Grundfreiheiten auf das Internationale Privatrecht, 2003; *Eidenmüller*, Ausländische Kapitalgesellschaften im deutschen Recht, 2004; *Eidenmüller*, Wettbewerb der Gesellschaftsrechte in Europa, Zugleich Besprechung der Urteils der Europäischen Gerichtshofs vom 5. 11. 2002 in der Rechtssache C-208/00, ZIP 2002, 2233; *Dubovizkaja*, „Überseering"-Rechtsprechung: Gerichtliche Klarstellung zur Niederlassungsfreiheit von Gesellschaften, GmbHR 2003, 694; *Ebke*, Das Schicksal der Sitztheorie nach dem Centros-Urteil des EuGH, JZ 1999, 656; *Ebke*, Überseering: „Die wahre Liberalität ist Anerkennung", JZ 2003, 927; *Forsthoff*, Internationales Gesellschaftsrecht im Umbruch – Zugleich Anmerkung zu BGH-Urteil vom 13. 3. 2003, DB 2003, 979; *von Halen*, Das internationale Gesellschaftsrecht nach dem Überseering-Urteil des EuGH, WM 2003, 571; *Heublein*, Die Rechtsanwalts-Aktiengesellschaft vor der Eintragung ins Handelsregister, AnwBl. 1999, 304; *Hoffmann*, Die anwaltliche Kapitalgesellschaft – insbesondere die Anwalts-AG, Diss. 2003; *Horn*, Deutsches und europäisches Gesellschaftrecht und die EuGH-Rechtsprechung zur Niederlassungsfreiheit – Inspire Art, NJW 2004, 893; *Kilian*, Die limited liability partnership, Eine neue Gesellschaftsform im britischen Recht, NZG 2000, 1008; *Kleinert/Probst*, Erneute klare Absage an Wegzugsbeschränkungen durch EuGH und Kommission, NJW 2004, 2425; *Knobbe-Keuk*, Umzug von Gesellschaften in Europa, ZHR 1990, 325; *Großfeld*, Europäisches Gesellschaftsrecht, WM 1992, 2121; *Grunewald/Müller*, Ausländische Rechtsberatungsgesellschaften in Deutschland, NJW 2005, 465 ff.; *Henssler*, Die Zulassung ausländischer Rechtsanwaltsgesellschaften in Deutschland, FS Busse, 2005, S. 127; *Henssler*, Die grenzüberschreitende Tätigkeit von Rechtsanwaltsgesellschaften in der Rechtsform der Kapitalgesellschaft innerhalb der EU, NJW 2009, 950; *Henssler*, Anwaltliche Berufspflichten bei grenzüberschreitender Tätigkeit, NJW 2009, 1556; *Henssler*, Die Postulationsfähigkeit ausländischer Anwaltsgesellschaften, NJW 2009, 3136; *Kaligin*, Das internationale Gesellschaftsrecht der Bundesrepublik Deutschland, DB 1985,1449; *Knöfel*, Zulassung einer Anwalts-Ltd. als Rechtsanwaltsgesellschaft, AnwBl. 2007, 742; *Leible/Hoffmann*, „Überseering" und das vermeintliche Ende der Sitztheorie, RIW 2002, 925; *Luther*, „Überseering" und die Folgen, BB 2003, 7; *von der Linden*, Die Zulassung von kapitalisitisch strukturierten Anwaltsgesellschaften des europäischen Auslands am deutschen Rechtsberatungsmarkt, 2008; *Meilicke*, Die Niederlassungsfreiheit nach „Überseering", Überblick und Ausblick nach Handelsrecht und Steuerrecht, GmbHR 2003, 793; *Mellert/Verfürth*, Wettbewerb der Gesellschaftsformen- Ausländische Kapitalgesellschaften als Alternative zu AG und GmbH, 2005; *Paefgen*, Auslandsgesellschaften und Durchsetzung deutscher Schutzinteressen nach „Überseering", DB 2003, 487; *Paefgen*, Gezeitenwechsel im Gesellschaftskollisionsrecht, WM 2003, 561, *Passarge*, Die Aktiengesellschaft als neue Rechtsform für anwaltliche Zusammenschlüsse, Zulässigkeit und Ausgestaltung, Diss. 2002; *Pluskat*, Chancen für eine internationale GmbH von Rechtsanwälten, Steuerberatern und Wirtschaftsprüfern in gleichberechtigten Gesellschaften, Diskussionsanstoß und Reformvorschlag, DStR 2004, 58; *Sandrock*, Ein Etappensieg für die Überlagerungstheorie, BB 1999, 1337; *Schanze/Jüttner*, Anerkennung und Kontrolle ausländischer Gesellschaften- Rechtslagen und Perspektiven nach der Überseering, AG 2003, 30; *Schanze/Jüttner.*, Die Entscheidung für Pluralität, Kollisionsrecht und Gesellschaftsrecht nach der EuGH-Entscheidung „Inspire Art", AG 2003, 661; *Spindler/Berner*, Inspire Art- der europäische Wettbewerb um das Gesellschaftsrecht ist endgültig eröffnet, RIW 2003, 949; *Stabreit*, Die Rechtsanwalts-Aktiengesellschaft, NZG 1998, 452; *Zimmer*, Nach „Inspire Art": Grenzenlose Gestaltungsfreiheit für deutsche Unternehmer?, NJW 2003, 3585; *Zuck*, Die berufsrechtliche Zulassung der Anwalts-GmbH, AnwBl. 1999, 297.

1. Europarechtliche/Völkerrechtliche Ebene

3 Die Möglichkeit der Organisation der anwaltlichen Berufsausübung in einer Gesellschaftsform eines **Mitgliedstaates der EU** auf dem Gebiet der Bundesrepublik Deutschland folgt aus Gewährleistungen des Europarechts. Die Niederlassungsfreiheit, die Art. 49 AEU den Gemeinschaftsangehörigen zubilligt, umfasst nach Art. 49 Abs. 2 AEU das Recht zur Aufnahme und Ausübung selbständiger Erwerbstätigkeiten sowie zur Errichtung von Unternehmen und zur Ausübung der Unternehmertätigkeit nach den Bestimmungen, die im Niederlassungsstaat für dessen eigene Angehörige gelten. Art. 54 AEU stellt die nach dem Recht eines Mitgliedstaats gegründeten Gesellschaften, die ihren satzungsmäßigen Sitz, ihre Hauptverwaltung oder ihre Hauptniederlassung innerhalb des Binnenmarktes haben, den natürlichen Personen gleich, die Angehörige der Mitgliedstaaten sind. Gesellschaften aus dem Binnenmarkt können daher die Niederlassungsfreiheit durch einen Zuzug in einen anderen Mitgliedsstaat für sich in Anspruch nehmen. Für den Bereich des Binnenmarktes hat der EuGH beide denkbaren Zuzugsfälle – Verlegung des Verwaltungssitzes als Ort der tatsächlichen Willensbildung der Gesellschaft[1] und Begründung einer Zweigniederlassung[2] – als von der Niederlassungsfreiheit i.S.d. Artt. 49, 54 AEU erfasst anerkannt. Bei Begründung einer Zweigniederlassung dient dann ihr satzungsmäßiger Sitz, ihre Hauptverwaltung oder ihre Hauptniederlassung, ähnlich der Staatsangehörigkeit bei natürlichen Personen, dazu, ihre Zugehörigkeit zur Rechtsordnung eines Mitgliedstaats zu bestimmen[3].

4 Für die Anwendung der Vorschriften über die Niederlassungsfreiheit ist es ohne Bedeutung, dass eine Gesellschaft in einem Mitgliedstaat nur errichtet wurde, um sich in einem zweiten Mitgliedstaat niederzulassen, in dem die Geschäftstätigkeit im Wesentlichen oder ausschließlich ausgeübt werden soll[4]. Die Gründe, aus denen eine Gesellschaft in einem bestimmten Mitgliedstaat errichtet wird, sind, sieht man vom Fall des Betrugs ab, für die Anwendung der Vorschriften über die Niederlassungsfreiheit irrelevant[5]. Auch stellt der Umstand, dass eine Gesellschaft in einem Mitgliedstaat nur gegründet wurde, um in den Genuss vorteilhafterer Rechtsvorschriften zu kommen, keinen Missbrauch dar. Dies gilt auch dann, wenn die betreffende Gesellschaft ihre Tätigkeiten hauptsächlich oder ausschließlich in diesem zweiten Staat ausübt[6].

5 In identischer Weise gelten die Gewährleistungen der Niederlassungsfreiheit für Gesellschaften aus den **Mitgliedstaaten der EFTA** (Liechtenstein, Island,

1 Ein solcher Sachverhalt war Gegenstand der Entscheidung *„Überseering"* des EuGH NJW 2002, 3614.
2 Ein solcher Sachverhalt war Gegenstand der Entscheidungen *„Centros"* und *„Inspire Art"* des EuGH, NJW 1999, 2027 und NJW 2003, 3331.
3 EuGH NJW 1999, 2027, 2028 (*„Centros"*); EuZW 1993, 740 (*„Commerzbank"*); EuZW 1999, 20 (*„ICI"*).
4 EuGH NJW 1987, 571 (*„Segers"*); NJW 1999, 2027 (*„Centros"*).
5 EuGH NJW 1999, 2027 (*„Centros"*).
6 EuGH NJW 1987, 571 (*„Segers"*); NJW 1999, 2027 (*„Centros"*).

Norwegen), die gemeinsam mit den Mitgliedsstaaten der EU den Europäischen Wirtschaftsraum (EWR) bildet. Nach Art. 31 Abs. 1 S. 1 EWR unterliegt die freie Niederlassung von Staatsangehörigen eines EU-Mitgliedstaats oder eines EFTA-Staates im Hoheitsgebiet eines dieser Staaten keinen Beschränkungen. Dies gilt auch für die Gründung von Agenturen, Zweigniederlassungen oder Tochtergesellschaften durch Angehörige eines EU-Mitgliedstaats oder eines EFTA-Staates, die im Hoheitsgebiet eines dieser Staaten ansässig sind. Art. 31 EWR entspricht der im Wesentlichen gleich lautenden Vorschrift des Art. 49 AEU und ist daher wie diese auszulegen und anzuwenden[1]. Da nach der Präambel zum EWR-Abkommen die Vertragsstaaten eine EWR-weite Anwendung „der gemeinschaftsrechtlichen Bestimmungen, die in ihrem wesentlichen Gehalt in dieses Abkommen übernommen werden" und „eine Gleichbehandlung der ... Marktteilnehmer hinsichtlich der vier Freiheiten und der Wettbewerbsbedingungen" erreichen wollen, ist es insofern ohne Bedeutung, ob das Niederlassungsrecht durch Entscheidungen des EuGH vor oder nach Unterzeichnung des Abkommens gestaltet worden ist. Eine einschränkende Auslegung der Niederlassungsfreiheit im Verhältnis zu einem EFTA-Staat wäre nicht gerechtfertigt[2]. Damit können auch Gesellschaften aus den EFTA-Staaten ihren Verwaltungssitz nach Deutschland verlegen oder dort eine Zweigniederlassung begründen, ohne dass das deutsche Recht die Anerkennung der ausländischen Rechtsform verweigern dürfte[3].

Keine Anwendung findet die Niederlassungsfreiheit auf europäisches Hoheitsgebiet, das nicht Mitgliedstaat des EWR oder Teilhaberin an einem „Mitgliedstaat"-Status ist. Dies trifft insbesondere auf die für Gesellschaftsgründungen beliebten „off-shore"-Standorte **Jersey, Guernsey** und **Isle Of Man** zu, deren Recht zum Teil für Freiberufler attraktive Rechtsformen anbietet[4]. Die Kanalinseln und die Isle Of Man gehören als unmittelbar mit der britischen Krone verbundenes Gebiet nicht zum Hoheitsbereich des Vereinigten Königreichs. Ihre Beziehungen zur Europäischen Union ergeben sich aus Art. 355 AEU i. V. mit dem Protokoll Nr. 3 zur Beitrittsakte 1972[5]. Nach Art. 2 des Protokolls sind insbesondere die Vorschriften über die Freizügigkeit und den freien Dienstleistungsverkehr nicht anwendbar. Dasselbe gilt für die Niederlassungsfreiheit[6]. Auch das allgemeine Diskriminierungsverbot des Art. 18 AEU findet nach Maßgabe des Protokolls Nr. 3 nur im Hinblick auf Zölle und mengenmäßige Beschränkungen Anwendung. Die Grundsätze der Rechtsprechung des EuGH zur Niederlassungsfreiheit finden daher auf Gesellschaften von den Kanalinseln und der Isle Of Man keine Anwendung[7]. 6

1 BGH NJW 2005, 3352.
2 BGH NJW 2005, 3352.
3 BGH NJW 2005, 3352 (liechtensteinische AG).
4 Näher *Kilian*, RIW 2000, 896ff.
5 BGBl II 1972, 1338.
6 OLG Hamburg NZG 2007, 597, 598 (für die Isle Of Man).
7 KG NZG 2005, 758, 759; NZG 2007, 597, 598 (jeweils für die Isle Of Man).

7 Auch für Gesellschaften nach schweizerischem Recht gelten die Gewährleistungen der Niederlassungsfreiheit nicht, auch wenn die **Schweizerische Eidgenossenschaft** ein sektorielles Abkommen über die Freizügigkeit mit der EU geschlossen hat[1], das eine – zeitlich begrenzte – Niederlassungsfreiheit für Angehörige der Vertragsstaaten beinhaltet[2]. Da Gesellschaften von der Dienstleistungsfreiheit auch ohne Verlegung ihres Verwaltungssitzes Gebrauch machen können, ergibt sich aus dem Abkommen keine – zeitlich begrenzte – Niederlassungsfreiheit für Gesellschaften[3].

8 Soweit die Niederlassungsfreiheit nicht aus dem Europarecht oder aus einem völkerrechtlichen Abkommen der EU mit einem Drittstaat folgt, kann sie sich **aus bilateralen völkerrechtlichen Verpflichtungen** der Bundesrepublik Deutschland mit einem Drittstaat ergeben[4]. So hat der BGH entschieden, dass aufgrund Art. XXV Abs. 5 S. 2 des Freundschafts-, Handels- und Schifffahrtvertrages zwischen der Bundesrepublik und den Vereinigten Staaten von Amerika vom 29. 10. 1956[5] für US-Gesellschaften in Deutschland „ähnliches [gilt] wie im Geltungsbereich der Niederlassungsfreiheit“[6]. Für in Deutschland niedergelassene US-Gesellschaften ist demzufolge grundsätzlich ebenfalls an das Gründungsrecht anzuknüpfen[7].

9 Aus dem allgemeinen Übereinkommen über den Handel mit Dienstleistungen[8] lässt sich hingegen keine Pflicht zur Anerkennung ausländischer Gesellschaften mit Verwaltungssitz in Deutschland herleiten[9]. Das **GATS-Übereinkommen**, das allein eine Förderung des Handels mit Dienstleistungen bezweckt, richtet sich nur an die Mitgliedstaaten und begründet keine subjektiven Rechte der Angehörigen dieser Staaten. Eine völkerrechtsfreundliche Auslegung des nationalen Rechts im Sinne einer Gewährleistung auch der Niederlassungsfreiheit für Gesellschaften scheitert bereits daran, dass das Übereinkommen international nicht so verstanden wird[10].

10 Im Anwendungsbereich des europäischen Primärrechts kommt es nur in geringem Maße zu einer **berufsrechtlichen Überlagerung** der allgemeinen Prinzipien durch das **Sekundärrecht**: Nach Art. 11 RiLi 98/5 hat eine in einem Mitgliedsstaat angesiedelte Anwaltsgesellschaft das Recht, in Ausübung

---

1 Abkommen zwischen der Europäischen Gemeinschaft und ihren Mitgliedstaaten einerseits und der Schweizerischen Eidgenossenschaft andererseits über die Freizügigkeit v. 21. 6. 1999 (ABlEG Nr. L 114 v. 30. 4. 2002, S. 6ff.).

2 BGBl. 2001 II, 810; BGBl. 2002 II, 1692.

3 BGH NJW 2009, 289, 290; *Jung*, NZG 2008, 681, 683; a.A. *Thölke*, DNotZ 2006, 145, 147f.; *Beretta*, GPR 2006, 96, 98.

4 Vgl. die Auflistung der Staatsverträge bei *Rehm*, in: Eidenmüller, Ausländische Kapitalgesellschaften im deutschen Recht, 2004, § 2 Rz. 12ff.

5 BGBl. II 1956, 487.

6 BGH NZG 2004, 1001.

7 BGH NJW 2003, 1607, 1608f.

8 General Agreements in Trade And Services (GATS), BGBl. II 1994, 1643.

9 BGH NJW 2009, 289, 290; MünchKommBGB/*Kindler*, 4. Aufl., IntGesR Rz. 481f.; a.A. AnwKommBGB/*Hoffmann*, Anh. zu § 12 EGBGB Rz. 146ff.

10 BGH NJW 2009, 289, 290; *Lehmann*, RIW 2004, 816; *Jung*, NZG 2008, 681, 683.

der nach dem EG gewährleisteten Niederlassungsfreiheit in einem anderen Mitgliedsstaat eine Zweigstelle oder eine Zweigniederlassung zu errichten, ohne die Hauptniederlassung aufgeben zu müssen[1].

2. Gesellschaftsrechtliche Ebene

a) Statut

Der EU-Vertrag will zwar einen einheitlichen Markt schaffen, äußert sich aber nicht über die Rechtsform der in ihm tätigen Unternehmen. In Ermangelung echter transnationaler Gesellschaften des Europarechts richten sich die Rechtsverhältnisse grenzüberschreitend tätiger Anwaltsgesellschaften somit sowohl innerhalb als auch aus dem Binnenmarkt hinaus nach Internationalem Privatrecht. Unter welchen Voraussetzungen eine Gesellschaft „entsteht, lebt und vergeht"[2], regelt im IPR das sog. **Gesellschaftsstatut**. Der Regelungsbereich des Gesellschaftsstatuts umfasst daher die Rechtsnatur der Gesellschaft, ihre Entstehung und ihren Untergang, Namen bzw. Firma, die Organisation und internen Beziehungen der Gesellschaft, die Haftung für Schulden der Gesellschaft und die Vertretungsregelungen[3]. Das Gesellschaftsstatut ist auch dann maßgebend, wenn zwischen Gesellschaft und Dritten bestehende Schuldverhältnisse – etwa der Anwaltsvertrag – einer anderen Rechtsordnung unterstehen[4]. Das internationale Gesellschaftsrecht, welches das Gesellschaftsstatut ermittelt, gilt für alle organisierten Personenzusammenschlüsse und organisierten Vermögenseinheiten[5] und damit für alle für eine Anwaltsgesellschaft denkbaren Organisationsformen. 11

b) Bestimmung des Gesellschaftsstatuts

Kraft Gewohnheitsrecht galt im deutschen internationalen Gesellschaftsrecht traditionell die sog. **Sitztheorie**, nach der die Gesellschaft der Rechtsordnung unterliegt, die am Ort ihres tatsächlichen Verwaltungssitzes gilt[6]. Ein grenzüberschreitender Sitzwechsel kann bei einem solchen Verständnis nicht rechtsformwahrend erfolgen. Die Sitznahme einer Gesellschaft ausländischer Rechtsform in Deutschland führt nach der Sitztheorie zur Unterwerfung aller das Gesellschaftsstatut betreffenden Fragen unter das deutsche Recht. Da es an den Voraussetzungen einer formwirksamen Errichtung der Gesellschaft in jeder der deutschen Rechtsformen mangelt, die einen gesetzlich ausgestalteten Gründungsprozess erfordern, kommt es nach der Sitz- 12

1 EuGHE 1984, 2971 („*Klopp*"); 1988, 111 („*Gullung*").
2 So die Umschreibung des BGH in BGHZ 25, 134, 144.
3 Vgl. *Kaligin*, DB 1985, 1449, 1451.
4 *Kaligin*, DB 1985, 1449, 1454; MünchKommBGB/*Kindler*, IntGesR, Rz. 479. Dies gilt nach h.M. auch für Fragen des Haftungsdurchgriffs.
5 MünchKommBGB/*Kindler*, IntGesR, Rz. 2.
6 RGZ 77, 19, 22; 83, 367, 369f.; 92, 73, 75; 159, 33, 42; BGHZ 25, 134, 144; 51, 27, 28; 53, 181, 183; 78, 318, 334; 97, 269, 272; 134, 116, 118. Zu instanzgerichtlicher Rspr. und Schrifttumsnachweisen MünchKommBGB/*Kindler*, IntGesR, Rz. 5 Fn. 13 und Rz. 264 Fn. 344.

theorie mit der Sitznahme in Deutschland regelmäßig zu einem Rechtsverlust der Gesellschaft ausländischer Rechtsform. Folge ist ihre Behandlung im Inland als GbR oder oHG; die Sitztheorie trägt mit diesem Ansatz dem Schutzinteresse des durch die Tätigkeit der Gesellschaft unmittelbar betroffenen Staates Rechnung.

13 Die vor allem im angelsächsischen Rechtskreis verwurzelte **Gründungstheorie**[1] nimmt hingegen eine Anknüpfung an den nach dem Willen der Gründer maßgeblichen Sitz der Gesellschaft, also an den Ort der Gründung, vor[2]. Eine grenzüberschreitend in Deutschland tätige Gesellschaft ist nach der Gründungstheorie daher im Grundsatz nur dann deutschem Gesellschaftsrecht unterworfen, wenn sie eine Gesellschaftsform deutschen Rechts hat oder wenn sie in Deutschland gegründet oder registriert ist. In allen anderen Fällen ist für das Statut der Gesellschaft dasjenige ausländische Recht maßgeblich, welches diese Kriterien erfüllt. Möglich ist es bei Zugrundelegung dieser Theorie, eine Gesellschaft in einer Rechtsordnung anzusiedeln, in der keinerlei Aktivitäten entfaltet werden sollen, und die Gesellschaft sodann durch eine rechtsformwahrende Sitzverlagerung oder die Gründung von Zweigniederlassungen ins Ausland zu tragen.

14 Die Entscheidungen des EuGH in den Verfahren **Centros**[3], **Überseering**[4] und **Inspire Art**[5] haben in Deutschland zu einer Abkehr von der gewohnheitsrechtlich geltenden Sitztheorie in Sachverhalten mit EWR-Bezug (s. auch unten Rz. 20) gezwungen[6]. Auch wenn anfänglich umstritten war, inwieweit die Sitztheorie durch die Rspr. des EuGH tatsächlich einer Modifizierung bedarf[7], wurde in Folge der Entscheidungen *Überseering* und *Inspire Art* deutlich, dass die Sitztheorie im Binnenmarkt keine Anwendung mehr finden kann. Von dieser Frage zu unterscheiden ist, welche Konsequenzen der Herkunftsstaat der Gesellschaft an den Wegzug der Gesellschaft knüpft. Ein Mitgliedstaat kann sowohl die Anknüpfung bestimmen, die eine Gesellschaft aufweisen muss, um als nach seinem innerstaatlichen Recht überhaupt als gegründet angesehen zu werden (und damit in den Genuss der Niederlassungsfreiheit zu gelangen), als auch die Anknüpfung, die für den Erhalt

1 Eine Auflistung, welches ausländische Gesellschaftsrecht Sitz- bzw. Gründungstheorie folgt, findet sich bei MünchKommBGB/*Kindler*, IntGesR, Rz. 381 f.

2 Für das deutsche Recht befürworten die Gründungstheorie etwa *Drobnig*, ZHR 129 (1967), 93, 115; *Sandrock*, RabelsZ 42 (1978), 222 ff.; zu weiteren Nachweisen MünchKommBGB/*Kindler*, IntGesR, Rz. 264 Fn. 345.

3 EuGH NJW 1999, 2027 ff.; hierzu *Behrens*, IPRax 1999, 323 ff.; *Borges*, RIW 2000, 167 ff.; *Bungert*, DB 1999, 1841 ff.; *Ebke*, JZ 1999, 656 ff.; *Görk*, GmbHR 1999, 793 ff.; *Höfling*, DB 1999, 1206; *Kieninger*, ZGR 1999, 724 ff.; *Kindler*, NJW 1999, 1993 ff.; *Korn*, WBl. 2000, 56 ff.; *Meilicke*, DB 1999, 627 f.; *Roth*, ZIP 1999, 861 ff.; *Sandrock*, BB 1999, 1337 ff.; *Ulmer*, JZ 1999, 662 ff.; *Roth*, ZGR 2000, 311 ff.

4 EuGH NJW 2002, 3614.

5 EuGH NJW 2003, 3331.

6 Vgl. aus der Rspr. des BGH etwa BGH NJW 2003, 1461 ff.; NJW 2005, 1647 ff.

7 Zur vorangegangenen EuGH-Rspr. zur Niederlassungsfreiheit von Gesellschaften („*Fearon*", „*Segers*", „*Daily Mail*") umfassend MünchKommBGB/*Kindler*, IntGesR, Rz. 359 ff. mit zahlreichen weiteren Nachweisen.

dieser Eigenschaft verlangt wird. Diese Befugnis umfasst die Möglichkeit für diesen Mitgliedstaat, es einer Gesellschaft seines nationalen Rechts nicht zu gestatten, ihre Rechtsform zu behalten, wenn sie sich durch die Verlegung ihres Sitzes in einen anderen Mitgliedstaat dort neu organisieren möchte und damit die Anknüpfung löst, die das nationale Recht des Gründungsmitgliedstaats vorsieht[1]. Nur wenn der Herkunftsmitgliedsstaat den rechtsformwahrenden Wegzug ermöglicht, existiert nach dem Wegzug in einem anderen Mitgliedsstaat nach Maßgabe der Gründungstheorie eine Gesellschaft ausländischen Rechts, die sich auf die Niederlassungsfreiheit berufen kann.

Das Bundesministerium der Justiz hat einen Referentenentwurf eines Geset- 15
zes zum internationalen Gesellschaftsrecht auf den Weg gebracht, der die Abkehr von der traditionellen Sitztheorie auf Gesetzesebene vollzieht und die grundsätzliche Verankerung der Gründungstheorie im EGBGB vorsieht[2]. Nach dem vorgeschlagenen Art. 10 EGBGB-E sollen Gesellschaften „dem Recht des Staates unterliegen, in dem sie in ein öffentliches Register eingetragen sind". Sind sie nicht oder noch nicht in ein öffentliches Register eingetragen, so sollen sie dem Recht des Staates, nach dem sie organisiert sind, unterliegen. Diese Regelung wird im Verhältnis zu allen Drittstaaten gelten, d.h. nicht nur wie die vom EuGH entwickelten Grundsätze im Verhältnis zu den Mitgliedsstaaten der EU und des EWR. Bis zum Ende der 16. Legislaturperiode im Sommer 2009 ist es allerdings aus verschiedenen Gründen nicht zu einer Verabschiedung der gesetzlichen Regelung gekommen[3]. Bis zum Inkrafttreten eines Art. 10 EGBGB n.F. ist die insofern weiterhin gewohnheitsrechtlich erfolgende Bestimmung des Gesellschaftsstatuts nach Maßgabe des vom EuGH vorgezeichneten europarechtskonformen Verständnisses vorzunehmen. Es verpflichtet die deutschen Gerichte zu einer Rechtsanwendung, die nicht zu einer vom EuGH zu beanstandenden Beschränkung der Niederlassungsfreiheit führt, d.h. zur Anwendung der Gründungstheorie[4].

Der EuGH sieht in der uneingeschränkten Anwendung des Rechts am tat- 16
sächlichen Verwaltungssitz einer Gesellschaft einen Verstoß gegen die Niederlassungsfreiheit[5]. Nach der *Centros*-Entscheidung verstößt es gegen Artt. 49, 54 AEU, wenn ein Mitgliedsstaat einer nach dem Recht eines anderen Mitgliedsstaats wirksam gegründeten Gesellschaft die Eintragung einer Zweigniederlassung versagt, auch wenn das Gründungsrecht ausschließlich zur Umgehung der Rechtsordnung gewählt wurde, in dem die Gesellschaft ihre Aktivitäten zu entfalten gedenkt. Die Verfahren *Überseering* und *Inspire Art* betrafen Gesellschaften, die nach dem Recht eines EU-Mitgliedstaates wirksam gegründet waren, ihre Aktivitäten jedoch ausschließlich

1 EuGH NJW 2009, 569, 571 („*Cartesio*").

2 Referentenentwurf eines Gesetzes zum internationalen Privatrecht der Gesellschaften, Vereine und juristischen Personen; vgl. http://bmj.de > Themen > Zivilrecht > Internationales Privat- und Zivilverfahrensrecht.

3 Vgl. BT-Drucks. 16/11004, 7.

4 BGH NJW 2003, 1461; *Forsthoff*, DB 2002, 2471, 2474.

5 EuGH NJW 2002, 3614 („*Überseering*"); NJW 2003, 331 („*Inspire Art*").

in einem anderen Mitgliedstaat ausübten bzw. ausüben wollten. Der EuGH hat aus der Niederlassungsfreiheit abgeleitet, dass eine nach dem Recht eines Mitgliedstaates wirksam gegründete Gesellschaft auch im Staat ihres tatsächlichen Sitzes als rechts- und parteifähig anzusehen ist. Ihre Niederlassung dort darf nicht von bestimmten weiteren Voraussetzungen abhängig gemacht werden. Dies gilt nach ganz einhelliger Ansicht für alle Regelungsbereiche, die nach allgemeiner Auffassung dem Gesellschaftsstatut zuzuordnen sind[1]. Darunter wird gemeinhin die Summe aller gesellschaftsrechtlichen Angelegenheiten verstanden, die für das Leben einer Gesellschaft maßgebend sind[2]. Erfasst wird nicht zuletzt auch die Haftungsverfassung der jeweiligen Gesellschaft[3].

17 Zwar ist nach der Rechtsprechung des EuGH anerkannt, dass zwingende Gründe des Gemeinwohls unter bestimmten Umständen und unter Beachtung bestimmter Voraussetzungen Beschränkungen der Niederlassungsfreiheit rechtfertigen können[4]. Allerdings kann eine Beschränkung der durch den EG garantierten Grundfreiheiten durch nationale Maßnahmen nur unter engen Voraussetzungen gerechtfertigt sein: Die Maßnahmen müssen in nicht diskriminierender Weise angewendet werden, sie müssen zwingenden Gründen des Allgemeininteresses entsprechen, sie müssen zur Erreichung des verfolgten Ziels geeignet sein und sie dürfen nicht über das hinausgehen, was zur Erreichung dieses Ziels erforderlich ist[5]. Danach stellt selbst die bewusste Ausnutzung unterschiedlicher Rechtssysteme für sich allein genommen noch keinen Missbrauch dar, auch wenn sie in der offenen Absicht erfolgt, die „größte Freiheit" zu erzielen und mit einer ausländischen Briefkastengesellschaft die zwingenden inländischen Normativbestimmungen zu umgehen[6]. Ausnahmen von diesem Grundsatz sollen nur gelten, wenn im Einzelfall ein betrügerisches oder missbräuchliches Verhalten der Gesellschaft gegeben ist.

c) Anwendung von Gründungs- bzw. Sitzrecht

18 Der vorstehend skizzierten Rechtsprechung des EuGH kann keine ausdrückliche Aussage dazu entnommen werden, ob im Binnenmarkt der Gründungstheorie generell der Vorzug vor der Sitztheorie zu geben ist. Allerdings zwingt die jüngere Rspr. des EuGH zu dem Schluss, dass auf Gesellschaften und juristische Personen, die in einem Mitgliedstaat der Europäischen Union wirksam gegründet worden sind, unabhängig von ihrem aktuellen Sitz

---

1 Vgl. *Eidenmüller*, Ausländische Kapitalgesellschaften im deutschen Recht, 2004, § 4 Rz. 1; Lutter/*Fleischer*, Europäische Auslandsgesellschaften in Deutschland, 2005, Kapitel C, S. 96; *Ulmer*, NJW 2004, 531, 534; *Behrens*, IPRax 2004, 20, 24f.; *Leible*, ZGR 2004, 531, 534; *Riegger*, ZGR 2004, 520, 524; v. *Bernstorff*, RIW 2004, 498, 500.

2 Vgl. nur *Wiedemann*, GesR I, S. 777.

3 Dazu EuGH NJW 2003, 3331 („Inspire Art").

4 EuGH NJW 2002, 3614 („*Überseering*"); NJW 2003, 3331 („*Inspire Art*").

5 EuGH NJW 2003, 3331, 3334 („*Inspire Art*"); BGH NJW 2005, 1648, 1649.

6 BGH NJW 2005, 1648, 1649.

schlechthin ihr Gründungsrecht anzuwenden ist[1]. Diese Rspr. beeinflusst zudem nicht nur die Tätigkeit der Gesellschaften innerhalb der EU. Die vorstehenden Grundsätze gelten aufgrund des EWR-Abkommens auch für die Staaten der EFTA (Island, Liechtenstein und Norwegen; vgl. oben Rz. 5). Der weitgehende Schutz der Niederlassungsfreiheit durch den EuGH prägt auch die Rspr. des EFTA-Gerichtshofs[2]. Dieser weist selbst auf den Gleichklang seiner Rechtsprechung mit derjenigen des EuGH hin[3].

19 Eine Anknüpfung an das Gründungsrecht kann sich auch in Folge bilateraler völkerrechtlicher Verpflichtungen wie dem Freundschafts-, Handels- und Schifffahrtvertrag zwischen der Bundesrepublik und den Vereinigten Staaten von Amerika vom 29. 10. 1956[4] ergeben (oben Rz. 8). Gestützt auf dessen Art. XXV Abs. 5 S. 2 gilt für US-Gesellschaften in Deutschland „ähnliches wie im Geltungsbereich der Niederlassungsfreiheit"[5]. Für in Deutschland niedergelassene US-Gesellschaften ist demzufolge grundsätzlich ebenfalls an das Gründungsrecht anzuknüpfen[6].

20 Für Staaten, die keiner der vorstehenden Fallgruppen zugeordnet werden können, gelten einstweilen, d.h. bis zur Realisierung der geplanten Regelung im EGBGB (oben Rz. 15), die Grundsätze der Sitztheorie fort. Soweit sich die Sitztheorie traditionell auf Gewohnheitsrecht stützt, ließe sich zwar vertreten, dass die subjektive Voraussetzung des Geltungsanspruchs des Gewohnheitsrechts, nämlich die *opinio necessitatis*, jedenfalls mittlerweile keine Geltung mehr beanspruchen kann, weil auf die Mehrzahl der in Deutschland tätigen Gesellschaften (jene aus Staaten der EU, der EFTA und aus den USA) die Gründungstheorie zur Anwendung zu bringen ist. Der BGH hat eine solche Sichtweise freilich noch nicht einmal erwogen. Im Verhältnis zu Gesellschaften Schweizerischen Rechts hat er insoweit konsequent die Anwendung des Gründungsrechts abgelehnt (oben Rz. 7), da diese sich nicht auf die Niederlassungsfreiheit berufen könnten[7]. Generell gilt einstweilen, dass eine Gesellschaft, die nicht unter die europäische Niederlassungsfreiheit und auch nicht unter sonstige Freizügigkeitsabkommen oder Staatsverträge fällt, weiterhin nach Maßgabe der Sitztheorie zu beurteilen ist[8]. Verlegt eine solche Gesellschaft ihren tatsächlichen Verwaltungssitz nach Deutschland, ohne dadurch ihre rechtliche Existenz nach dem Sachrecht des Gründungsstaats zu verlieren, ist sie als rechtsfähige Personengesellschaft zu behandeln[9].

---

1 BGH NJW 2005, 1648, 1649.
2 EFTA-Gerichtshof, Urt. v. 22. 2. 2002, Az. E-2/01, ABlEG Nr. C 115 v. 16. 5. 2002, S. 13 („*Pucher*").
3 EFTA-Gerichtshof, Urt. v. 1. 7. 2005, Az. E-8/04 („*EFTA-Aufsichtsbehörde/Fürstentum Liechtenstein*").
4 BGBl. II 1956, S. 487.
5 BGH NZG 2004, 1001.
6 BGHZ 153, 353, 356 f. = NJW 2003, 1607, 1608 f.
7 BGH NJW 2009, 289, 290; a.A. OLG Hamm BB 2006, 2487, 2488.
8 OLG Hamburg NZG 2007, 597, 598.
9 OLG Hamburg NZG 2007, 597, 598 (für eine Isle Of Man Ltd.); ferner, wenngleich ohne Diskussion der europarechtlichen Weiterungen BGH NZG 2002, 1009 (für eine Jersey Ltd.).

d) Zweigniederlassungen

21 Nach den allgemeinen Regeln des deutschen internationalen Gesellschaftsrechts folgt aus der rechtlichen Unselbständigkeit einer **Zweigniederlassung**, dass für diese das Statut der Hauptniederlassung maßgeblich ist[1]. Zweig- und Hauptniederlassung bilden gemeinsam das Unternehmen des Rechtsträgers, so dass eine differenzierende Anknüpfung mit der Folge eines eigenständigen Zweigniederlassungsstatuts nach h.M. nicht sachgerecht ist[2]. Die in Deutschland gelegene Zweigniederlassung einer ausländischen Gesellschaft unterliegt daher in jedem Fall dem ausländischen Gesellschaftsstatut.

22 Für Anwaltsgesellschaften stellt sich allerdings das Problem einer fehlenden Harmonisierung des Gesellschaftsrechts und des ihre Gesellschafter beherrschenden Berufsrechts. Art. 11 Nr. 2 Satz 2 RiLi 98/5/EU bestimmt, dass auf eine Zweigniederlassung einer anwaltlichen Berufsausübungsgesellschaft die „Rechts- und Verwaltungsvorschriften" des Aufnahmestaats Anwendung finden, soweit die nach dem Recht des Herkunftsstaats anzuwendenden Regeln mit grundlegenden Regeln des Aufnahmestaats unvereinbar sind und die Anwendung der Vorschriften des Aufnahmestaats im allgemeinen Interesse zum Schutz der Mandanten und Dritter gerechtfertigt ist. Unvereinbarkeit von Vorschriften des Herkunftsstaats mit grundlegenden Regeln des Aufnahmestaats liegt nach deutschem Verständnis vor, wenn die Wahl einer bestimmten im Ausland zugelassenen Rechtsform einen Ausschluss oder eine Begrenzung der persönlichen Haftung des ihr zugehörenden Rechtsanwalts bewirkt, ohne zugleich den Belangen ersatzanspruchsberechtigter Mandanten Rechnung zu tragen[3]. Diese Bestimmung ist eine Spielart des allgemeinen IPR-Problems, ob eine gesellschaftsrechtlich erreichte Haftungsbeschränkung auch außerhalb der Rechtsordnung, in der die Gesellschaft angesiedelt ist, durchgesetzt werden kann[4]. Die Richtlinie beschränkt die „Diskrepanzregel" allerdings nicht auf die Haftungsproblematik. Relevant wird diese Problematik vor allem bei Anwaltskapitalgesellschaften, da in den meisten in diesem Zusammenhang bedeutsamen Rechtsordnungen Personengesellschaften mit unbeschränkter gesamtschuldnerischer Haftung sowie Personengesellschaften mit einer gesellschaftsrechtlich angeleg-

---

1 H.M., BayObLGZ 1985, 272, 277ff.; *Kaligin*, DB 1985, 1449, 1450; MünchKommBGB/*Kindler*, IntGesR, Rz. 203 m.w.N. Bzgl. der Schaffung von Zweigniederlassungen ordnet die 11. gesellschaftsrechtliche EU-Richtlinie („Zweigniederlassungsrichtlinie") für Kapitalgesellschaften besondere Publizitätspflichten an.

2 Vgl. etwa *Bumeder*, Die inländische Zweigniederlassung ausländischer Unternehmen im deutschen Register- und Kollisionsrecht, Diss. München 1971, S. 115ff.; weitere Nachweise bei MünchKommBGB/*Kindler*, IntGesR, Rz. 203.

3 BT-Drucks. 14/2269, 28.

4 Zum Teil wird vertreten, dass Haftungsbeschränkungen, die nur nach dem Gesellschaftsstatut der ausländischen Korporation bestehen, vom Vornahmestatut für vergleichbare Gesellschaften aber nicht vorgesehen sind, keine Anerkennung finden können; Staudinger/*Großfeld*, IntGesR, Rz. 254. Überwiegend wird eine solche Einschränkung des Gesellschaftsstatuts abgelehnt (vgl. *Kaligin*, DB 1985, 1449, 1454; MünchKommBGB/*Kindler*, IntGesR, Rz. 481; *Wiedemann*, GesR I, S. 820).

ten Haftungskonzentration mit weitgehend identischen Haftungsprinzipien existieren (vgl. unten Rz. 76ff.).

23 Ungeklärt ist vor diesem Hintergrund, ob mit dem Verweis auf die „Rechts- und Verwaltungsvorschriften" des Aufnahmestaats eine Sonderanknüpfung des internationalen Gesellschaftsrechts erreicht werden soll, aufgrund derer ausnahmsweise das Gesellschaftsstatut der Zweigniederlassung dem Recht des Aufnahmestaats folgen würde. Bei einer solchen Sichtweise wäre wohl oftmals Konsequenz, dass eine in Deutschland gelegene Zweigniederlassung einer ausländischen Anwaltsgesellschaft als **GbR** eingestuft werden müsste, (siehe bereits oben Rz. 12), da es regelmäßig an einer konstitutiven Eintragung in einem deutschen Register fehlen würde. Sie wäre daher wie bei einer rein nationalen Rechtsformverfehlung als nichtrechtsfähiger Verband und somit im Falle, dass kein Handelsgewerbe verfolgt wird, als GbR zu behandeln. Sachgerechter erscheint, dass mit den „Rechts- und Verwaltungsvorschriften des Aufnahmestaats" lediglich **spezifische drittschützende Vorschriften des Berufsrechts** gemeint sind, die das Gesellschaftsstatut unberührt lassen und denen lediglich Anwendungsvorrang verschafft werden muss.

3. Berufsrechtliche Ebene

a) Grundlagen

24 Das europäische Gesellschaftsrecht klärt lediglich, dass eine ausländische Gesellschaft die nach Artt. 49, 54 AEU garantierte Niederlassungsfreiheit in Anspruch nehmen kann und in diesem Fall sowohl die Verlegung des Verwaltungssitzes nach als auch die Einrichtung einer Zweigniederlassung in Deutschland nicht zur Anwendbarkeit des deutschen Gesellschaftsrechts führen (oben Rz. 14ff.). Im Übrigen bleibt das Recht des Herkunftsstaats maßgeblich. Das Erfordernis der grundsätzlichen Niederlassungsfreiheit ausländischer Gesellschaften verlangt insbesondere nicht, dass an diese geringere Anforderungen zu stellen sind als an reine Inlandsgesellschaften. Soweit daher das nationale Recht besondere berufsrechtliche Anforderungen für Gesellschaften vorsieht, die der Ausübung des Anwaltsberufs dienen, ist nicht zu beanstanden, wenn Haupt- oder Zweigniederlassungen von Gesellschaften ausländischen Rechts diese berufsrechtlichen Erfordernisse erfüllen müssen. Dies folgt sowohl aus den Grundsätzen des europäischen Gesellschaftsrechts als auch aus den berufsrechtlichen Vorgaben der anwaltsspezifischen Richtlinien des europäischen Sekundärrechts.

25 Berufsrechtliche Fragen richten sich demnach nach deutschem Recht[1]. Dies ergibt sich aus Art. 11 Nr. 1 RiLi 98/5/EG, der einen Vorbehalt des nationalen Berufsrechts nicht nur für Zweigniederlassungen von Anwaltsgesellschaften mit Sitz im Ausland, sondern auch für Hauptniederlassungen ausländischer Rechtsform enthält[2]. Für Zweigniederlassungen ist in Art. 11

1 *Knöfel*, RIW 2006, 87, 92.
2 *Henssler*, FS Busse, 2006, 127, 140f. Zur Abgrenzung von Haupt- und Zweigniederlassung ausführlicher *Wernicke*, BB 2006, 843ff.

Nr. 1 Satz 2 RiLi 98/5/EG bestimmt, dass auf eine Zweigniederlassung einer anwaltlichen Berufsausübungsgesellschaft die „Rechts- und Verwaltungsvorschriften" des Aufnahmestaats Anwendung finden, soweit die nach dem Recht des Herkunftsstaats anzuwendenden Regeln mit grundlegenden Regeln des Aufnahmestaats unvereinbar sind und die Anwendung der Vorschriften des Aufnahmestaats im allgemeinen Interesse zum Schutz der Mandanten und Dritter gerechtfertigt ist (oben Rz. 21 ff.). Art. 11 RiLi ist hierbei nicht selbst Eingriffsnorm zu Gunsten der Rechtsanwaltskammern. Beschränkungen müssen sich vielmehr aus dem nationalen Berufsrecht ergeben, dessen Anwendung Art. 11 RiLi lediglich ermöglicht[1].

26 Bei der Anwendung deutschen Berufsrechts müssen die vom EuGH aufgestellten Rechtfertigungsgründe für die Beschränkung der Niederlassungsfreiheit beachtet werden: Beschränkungen der Niederlassungsfreiheit durch berufsrechtliche Anforderungen des deutschen Rechts sind nach der Dogmatik der Grundfreiheiten des AEU nur dann gerechtfertigt, wenn die aus dem Berufsrecht folgende Beschränkung in nicht diskriminierender Weise Anwendung findet, zwingenden Gründen des Allgemeininteresses dient, zur Erreichung des verfolgten Ziels geeignet ist und nicht über das hinausgeht, was zur Erreichung dieses Ziels erforderlich ist[2]. In einem solchen Fall liegt keine europarechtlich unzulässige Beschränkung der Niederlassungsfreiheit vor. Soweit daher das deutsche Berufsrecht durch Berufsausübungsregeln zur vergesellschafteten Berufsausübung Grundrechte zum Schutz von Mandanteninteressen oder Belangen der Rechtspflege in geeigneter, erforderlicher und verhältnismäßiger, in verfassungsrechtlich nicht zu beanstandender Art und Weise einschränkt, lassen sich europarechtlich Beschränkungen der Niederlassungsfreiheit in der Regel ebenso rechtfertigen. Dennoch muss im Einzelfall geprüft werden, ob das ausländische (Berufs-)Recht dem deutschen Regelungsanliegen durch vergleichbare Regelungen bereits ausreichend Rechnung trägt. Ist dies der Fall, stellt die Anwendung der §§ 59c ff. BRAO eine ungerechtfertigte Beschränkung der Niederlassungsfreiheit dar[3].

27 Soweit sich die berufsrechtliche Beurteilung der in Deutschland vergesellschaftet tätigen Rechtsanwälte und ausländischen Anwälte nach deutschem Berufsrecht richtet (oben Rz. 24), enthält dieses keine ausdrücklichen Regelungen zu Berufsausübungsgesellschaften ausländischer Rechtsform – wie sich das deutsche Berufsrecht überhaupt zum anwaltsspezifischen Gesellschaftsrecht nur rudimentär in § 59a BRAO für die Berufsausübungsgesellschaft allgemein und in §§ 59c ff. BRAO für die GmbH im Speziellen äußert. An berufsrechtlichen Sonderregelungen mangelt es darüber hinaus. Vor dem Hintergrund der unüberschaubaren Vielzahl theoretisch nutzbarer Rechtsformen des in- und ausländischen Rechts ist dieser weitgehende Regelungsverzicht grundsätzlich sinnvoll, wenngleich durchaus denkbar wäre, etwa

1 *Koch/Kilian*, Rz. B 993 (Fn. 1518).
2 EuGH NJW 1996, 579, 581(„*Gebhard*"); NJW 2003, 3331, 3334 („*Inspire Art*"); BGH NJW 2005, 1648, 1649.
3 Henssler/Prütting/*Henssler*, Anhang zu §§ 59c ff., Rz. 19.

nach dem Vorbild des spanischen Rechts[1], zumindest einen grundlegenden Katalog von Mindestanforderungen an eine anwaltliche Berufsausübungsgesellschaft gesetzlich zu statuieren. Solche Mindestanforderungen werden aktuell noch von der Rspr. aus einer Gesamtschau des anwaltlichen Berufsrechts gewonnen (unten Rz. 29ff.).

Aus dem Regelungszusammenhang des Berufsrechts lassen sich rechtsformunabhängige Grundsätze des anwaltlichen Gesellschaftsrechts abstrahieren, die auch bei Fehlen rechtsformspezifischer Regelungen das allgemeine Gesellschaftsrecht modifizieren. Die rechtlichen Rahmenbedingungen sowohl für die Anwalts-GmbH als auch für die Anwalts-AG sind auf diese Weise entwickelt worden, ohne dass der Gesetzgeber dezidierte Vorgaben gemacht hatte. Ebenso ist mit Gesellschaftsformen zu verfahren, die bislang noch nicht als Rechtsträger für anwaltliche Berufsausübungsgesellschaften genutzt werden. Dies gilt für Gesellschaften deutschen (z.B. die KGaA) wie auch für Personen- und Kapitalgesellschaften ausländischen Rechts. Aus der Tatsache, dass der Gesetzgeber bei der gesetzlichen Regelung der Rechtsanwaltsgesellschaft mbH keine Bestimmungen auch für ausländische Rechtsformen vorgesehen hat, lässt sich insofern nicht schließen, dass die in § 59a, §§ 59cff. BRAO niedergelegten Grundprinzipien des deutschen Anwaltsgesellschaftsrechts nicht entsprechend auf Gesellschaften ausländischer Rechtsform anwendbar sind[2]. Zum Zeitpunkt der letztmaligen grundlegenden Änderungen im Anwaltsgesellschaftsrecht galt in Deutschland noch die Sitztheorie, so dass sich für den Gesetzgeber die Frage der Regulierung ausländischer Rechtsformen seinerzeit nicht stellte. Fehlende gesetzliche Vorschriften beruhen daher auf einer für einen Analogieschluss notwendigen unbewussten Regelungslücke. 28

b) Strukturanforderungen an ausländische Berufsausübungsgesellschaften

aa) Beurteilungsmaßstab

Aus § 59a BRAO ergeben sich die grundlegenden berufsrechtlichen Anforderungen an anwaltliche Berufsausübungsgesellschaften, durch die die allgemeineren gesellschaftsrechtlichen Gestaltungsmöglichkeiten eingeengt werden[3]. Für eine als Kapitalgesellschaft verfasste Berufsausübungsgesellschaft bestimmen die §§ 59cff. BRAO unter Wiederholung der Grundentscheidungen in § 59a BRAO weitere Anforderungen. Allerdings können nur diejenigen Vorschriften der §§ 59cff. BRAO auf Kapitalgesellschaften ausländischen Rechts übertragen werden, in denen unabdingbare Mindest- 29

1 Hierzu *Kilian/Bubrowski*, RIW 2007, 669ff.
2 Vgl. *von der Linden*, S. 220ff.
3 Im Wesentlichen akademischer Natur ist – insbesondere nach der Neufassung des § 59a Abs. 1 BRAO mit Wirkung zum 18. 12. 2007 – die Debatte, ob § 59a BRAO alle Berufsausübungsgesellschaften oder nur Personengesellschaften erfasst; näher *Koch/Kilian*, Rz. B 796.

voraussetzungen für die Berufsausübung in Form der Kapitalgesellschaft normiert sind (unten Rz. 33 ff.).

30 Ob eine ausländische Gesellschaft lediglich den allgemeinen Anforderungen des § 59a BRAO oder den strengeren Voraussetzungen der §§ 59c ff. BRAO entsprechen muss, setzt eine Zuordnung der ausländischen Rechtsform zu einer der beiden Gruppen von Berufsausübungsgesellschaften, nach denen das deutsche Berufsrecht differenziert, voraus. Der notwendig werdende Rechtsformvergleich, der zu einer Zuordnung der ausländischen Rechtsform entweder zur Gruppe der Personengesellschaften oder zur Gruppe der Kapitalgesellschaften führt, muss hierbei danach fragen, welcher Gesellschaftsform aus dem numerus clausus der Gesellschaftsformen des deutschen Rechts die ausländische Gesellschaft am ehesten entspricht[1]. Dieses Problem ist in vergleichbarer Form auch aus dem Handelsregisterrecht bekannt (siehe auch unten Rz. 64 ff.). Bei der rechtsvergleichenden Qualifikation ist die ausländische Bezeichnung der Rechtsträgerform nicht ausschlaggebend, wenngleich diese Indiz für die rechtliche Einordnung sein kann. Sachlich sind die Organisationsstruktur, die Haftungs- und Vermögensverhältnisse und weitere typenbestimmende Merkmale zu vergleichen. Nicht erforderlich ist die Übereinstimmung in allen Punkten, das Vorliegen bzw. die Ähnlichkeit der Hauptmerkmale reicht aus[2]. Insbesondere bei hybriden Rechtsformen des ausländischen Rechts ist diese Zuordnung bisweilen problematisch[3]; eine Entscheidung ist nur im Einzelfall möglich.

31 Eine anwaltliche Berufsausübungsgesellschaft ausländischen Rechts muss die durch den Rechtsformvergleich ermittelten Anforderungen an ihre Struktur gemäß § 59a BRAO oder §§ 59c ff. BRAO erfüllen[4]. Ist dies nicht der Fall, verletzen die in der Gesellschaft organisierten, dem deutschen Berufsrecht unterfallenden Berufsangehörigen ihre Berufspflichten. Ihnen kann in einem solchen Fall von der Rechtsanwaltskammer aufgegeben werden, zur Beendigung des berufspflichtwidrigen Zustands die Gesellschaft zu verlassen. Halten die Berufsangehörigen einen berufspflichtwidrigen Zustand aufrecht, stehen berufsrechtliche Sanktionen bis hin zur anwaltsgerichtlichen Ahndung im Raum.

bb) Gesellschaftsvertrag

32 Der Vorgang der Gründung der Berufsausübungsgesellschaft ausländischen Rechts sowie die Verlagerung ihres Verwaltungssitzes nach Deutschland bzw. die Begründung einer Zweigniederlassung vollzieht sich nach den Regeln der jeweiligen ausländischen Rechtsordnung. Zu beachtende Formvorschriften des deutschen Berufsrechts für den Abschluss des Gesellschaftsvertrages einer Berufsausübungsgesellschaft existieren nicht. Der Gesellschaftsvertrag einer Berufsausübungsgesellschaft kann daher aus Sicht des

1 *Koch/Kilian*, Rz. B 995.
2 Vgl. MünchKommHGB/*Krafka*, 2. Aufl. 2005, § 13d Rz. 9a.
3 Vgl. etwa für die britische LLP *Henssler/Mansel*, NJW 2007, 1393 ff.
4 Ausführlich *von der Linden*, S. 228 ff.

deutschen Berufsrechts formlos geschlossen werden; zwingende Formerfordernisse können sich nur aus dem ausländischen Recht ergeben. Freilich ist aus praktischer Sicht ohne schriftlichen Gesellschaftsvertrag der Nachweis, dass spezifische Anforderungen, die das Berufsrecht an eine anwaltliche Berufsausübungsgesellschaft stellt, eingehalten werden, erschwert.

cc) Gesellschafterkreis

Der zulässige Gesellschafterkreis einer Berufsausübungsgesellschaft wird 33
durch das deutsche Berufsrecht eingeschränkt. Ein wesentlicher Unterschied des Anwaltsgesellschaftsrechts zum allgemeinen Gesellschaftsrecht ist, dass Mitglieder einer anwaltlichen Berufsausübungsgesellschaft grundsätzlich nur natürliche Personen sein können. Dies ergibt sich aus § 59a Abs. 1 BRAO, § 1 Abs. 1 S. 2 PartGG und § 59e Abs. 1 S. 1 BRAO. Dieser Grundsatz wird nur dahingehend durchbrochen, dass die Rspr. eine Alleingesellschafterstellung einer GbR in einer Rechtsanwaltskapitalgesellschaft zulässt, soweit der Zweck der GbR allein das Halten von Anteilen an der Rechtsanwaltskapitalgesellschaft ist[1].

Darüber hinaus muss die natürliche Person „Sozietätsfähigkeit" besitzen, da 34
der Gesellschafterkreis einer Berufsausübungsgesellschaft unter Beteiligung von Rechtsanwälten (bislang noch[2]) auf die in § 59a Abs. 1 BRAO genannten Berufsgruppen beschränkt ist. Neben anderen Rechtsanwälten können Gesellschafter einer Berufsausübungsgesellschaft nur Rechtsbeistände, Steuerberater, Steuerbevollmächtigte, Wirtschaftsprüfer, vereidigte Buchprüfer und Patentanwälte sein[3]. Erstreckt wird diese Gewährleistung auf Angehörige der jeweils entsprechenden Berufe aus den Mitgliedstaaten der EU, soweit deren Angehörige nach den Gewährleistungen des Europarechts in Deutschland niedergelassen sein dürfen. Eingeschränkt sozietätsfähig sind BGH-Rechtsanwälte: Sie dürfen sich nur mit einem weiteren BGH-Rechtsanwalt soziieren (§ 172a S. 2 BRAO). Ein spezielles Problem der Sozietätsfähigkeit spricht § 8 Abs. 2 EuRAG an: Die Norm gewährt den in einer Zweigniederlassung in Deutschland unter ihrer ursprünglichen Berufsbezeichnung tätigen Anwälten („niedergelassenen europäischen Rechtsanwälten") ein eigenständiges Assoziierungsrecht, das für sie aus § 59a Abs. 1 BRAO nicht ohne weiteres folgen würde.

Sind in einer Berufsausübungsgesellschaft nicht nur Rechtsanwälte i.S.d. 35
BRAO Mitglied, ergibt sich aus der Möglichkeit einer Assoziierung mit – einem eingeschränkten Kreis von – Berufsfremden die Folgefrage, ob in einer derartig strukturierten Gesellschaft bestimmte Beteiligungsverhältnisse gewährleistet sein müssen. Das Berufsrecht macht keine rechtsformüber-

1 BGH NZG 2001, 983 ff. m. Anm. *Kilian*; OLG München NZG 2001, 26 ff.

2 Die Frage der Erweiterung der Sozietätsfähigkeit steht auf der rechtspolitischen Agenda, wenngleich ein erster Reformversuch 2007 gescheitert ist; näher *Hommerich/Kilian*, NJW 2007, 2308 ff.; *Hommerich/Kilian*, NJW 2010, 31 ff.

3 Zu den zivilrechtlichen Folgen eines Verstoßes gegen diese Anforderung des Berufsrechts *Koch/Kilian*, Rz. B 838.

greifenden Vorgaben zu der Frage der Ausgestaltung der Binnenstruktur der Gesellschaft, solange diese monoprofessionell besetzt ist. So müssen einzelnen Anwälten keine Mindeststimmanteile zukommen. Gruppenbezogene Mehrheitserfordernisse sind allerdings für die Anwaltskapitalgesellschaft bestimmt, für die GmbH in § 59e Abs. 3 S. 1 BRAO, für die AG und KGaA folgen sie aus einer analogen Anwendung dieser Norm[1]. In einer interprofessionell strukturierten Anwaltskapitalgesellschaft müssen sich – aus Sicht des anwaltlichen Berufsrechts – mindestens 50 % der Geschäftsanteile und Stimmrechte in den Händen der anwaltlichen Gesellschafter befinden.

36 Unter den Begriff der anwaltlichen Gesellschafter fallen hierbei neben dem Rechtsanwalt i.S.d. BRAO auch die Angehörigen der dem deutschen Rechtsanwalt nach der Anlage zu § 1 EuRAG gleichwertigen ausländischen Anwaltsberufe (nicht automatisch alle in einem Staat der EU zugelassenen Anwälte). § 59a Abs. 3 Nr. 1 BRAO lässt sich entnehmen, dass dies unabhängig davon gilt, ob sie als registrierte europäische Rechtsanwälte im Geltungsbereich der BRAO, in ihrem Herkunftsstaat oder einem Drittstaat niedergelassen sind. Maßgeblich ist ausschließlich ihre Berechtigung zu einer Niederlassung im Inland. Das Kriterium der „anwaltlichen Gesellschafter" erfasst auch Rechtsanwälte aus Mitgliedstaaten des GATS, deren Beruf als dem Rechtsanwaltsberuf gleichwertig anerkannt ist und die sich in Deutschland nach § 206 BRAO niedergelassen haben oder niederlassen dürften. Das Mehrheitserfordernis spielt daher ausschließlich im Verhältnis zu anderen sozietätsfähigen Berufen eine Rolle, insbesondere zu Wirtschaftsprüfern und Steuerberatern. Bei rein nationalen Sachverhalten wird die Begründung einer Sozietät häufig an konfligierenden Mehrheitserfordernissen der beteiligten deutschen Berufsrechte scheitern[2]. In einer multinationalen Sozietät werden hingegen die in Fragen interprofessioneller Berufsausübung zumeist sehr restriktiven Berufsrechte der ausländischen Anwaltsberufe eine Vergesellschaftung mit Angehörigen nicht-anwaltlicher Berufe unmöglich machen, soweit sie einen entsprechenden Geltungsanspruch für die Organisation der Berufsangehörigen im Ausland erheben[3].

37 Großzügiger als das deutsche Berufsrecht ist das ausländische Recht hingegen bisweilen bei der Zulässigkeit der Beteiligung von Familienangehörigen eines Rechtsanwalts an dessen aktueller oder ehemaliger Berufsausübungsgesellschaft zum Zwecke der Versorgung. So gestattet das österreichische Berufsrecht die Aufnahme von Ehegatten und Kindern (bis zu einer Altersgrenze) eines lebenden oder verstorbenen Anwaltsgesellschafters[4]. Auch die französische SEL ermöglicht die Beteiligung von Familienangehörigen[5]. Das deutsche Berufsrecht sieht eine solche Möglichkeit nicht vor. Da im Lichte der Niederlassungsfreiheit im Einzelfall geprüft werden

1 *Koch/Kilian*, Rz. B 986.
2 Näher hierzu *Henssler*, WPK-Mitt. 1999, 2ff.
3 Vgl. auch *Grunewald/Müller*, NJW 2005, 465, 467.
4 Vgl. zu § 21c RAO etwa *Kilian*, AnwBl. 2000, 21, 24; *Henssler*, BRAK-Mitt. 2007, 238, 242.
5 *Henssler*, NJW 2009, 950, 953.

muss, ob das ausländische (Berufs-)Recht dem deutschen Regelungsanliegen durch vergleichbare Regelungen ausreichend Rechnung trägt, dürfte die Anwendung der §§ 59a, 59cff. BRAO in einem Fall wie diesem eine ungerechtfertigte Beschränkung der Niederlassungsfreiheit darstellen[1]. In diesem Fall muss der auf einer analogen Anwendung der §§ 59a, 59cff. BRAO beruhende Geltungsanspruch des deutschen Berufsrechts zur Vermeidung einer europarechtswidrigen Rechtsanwendung zurücktreten und es ausreichend sein, wenn die ausländische Gesellschaft in der fraglichen Detailproblematik dem Berufsrecht des Herkunftslandes entspricht.

dd) Gebot der aktiven Berufsausübung/Verbot der bloßen Kapitalbeteiligung

Die berufsrechtlich gestattete Vergesellschaftung von Rechtsanwälten in 38
sog. „Berufsausübungsgesellschaften" setzt gedanklich voraus, dass die Gesellschaften tatsächlich der Ausübung des sozietätsfähigen Berufs und nicht der bloßen Kapitalanlage dienen. Das Berufsrecht verlangt daher, dies ergibt sich aus dem Regelungsgehalt der §§ 59a Abs. 1 S. 1, § 59e Abs. 1 S. 2 BRAO, eine aktive Berufsausübung der Gesellschafter in der Gesellschaft (vgl. § 59a Abs. 1 S. 1 BRAO: „zur gemeinschaftlichen Berufsausübung"). Inhaltliche Vorgaben über die Tätigkeit in der Gesellschaft macht das Berufsrecht nicht. Einen Anhaltspunkt gibt die amtliche Begründung zu § 59e BRAO, die davon ausgeht, dass ein Mindestmaß an beruflichen Aktivitäten gegeben sein muss[2]. Diese Voraussetzung ist auch erfüllt, wenn der Rechtsanwalt sich auf – an sich anwaltsuntypische – Tätigkeiten wie das Kanzleimanagement, die Mandatsakquisition oder die schriftstellerische Tätigkeit konzentriert. Die überwiegende berufliche Tätigkeit außerhalb der Gesellschaft, etwa als Syndikusanwalt, steht einer Gesellschafterstellung ebenfalls nicht entgegen[3]. Solange noch ein Mindestmaß an anwaltlicher Tätigkeit entfaltet wird, ist es auch unschädlich, wenn sich Gesellschafter aus Alters- oder Gesundheitsgründen weitgehend aus dem Tagesgeschäft zurückziehen[4]. Gestattet das ausländische (Berufs-)Recht einen Verbleib in der Gesellschaft auch bei völliger Aufgabe der Berufstätigkeit – so etwa das österreichische Recht[5] – dürfte eine Überprüfung der strengeren Vorgaben des deutschen Berufsrechts an den Anforderungen zur Beschränkung der Niederlassungsfreiheit ergeben, dass eine Rechtfertigung kaum möglich ist, wenn nicht ersichtlich ist, dass die großzügigere Regelung im Herkunftsstaat zu Gefährdungen des Allgemeinwohls geführt hat[6].

---

1 So auch Henssler/Prütting/*Henssler*, Anh. zu §§ 59cff. BRAO, Rz. 19; *Henssler*, NJW 2009, 950, 953; *von der Linden*, S. 245ff.
2 BT-Drucks. 13/9820 S. 14.
3 Vgl. *Kleine-Cosack*, NJW 1994, 2249, 2254; *Gail/Overlack*, Rz. 38.
4 Vgl. Henssler/Prütting/*Henssler*, § 59e Rz. 14.
5 § 21c RAO; hierzu *Kilian*, AnwBl. 2000, 21, 24.
6 Enger *Grunewald/Müller*, NJW 2005, 465, 468. Von Europarechtswidrigkeit geht *von der Linden*, S. 259 aus.

39 Mit dem berufsrechtlichen Gebot der aktiven Berufsausübung der Gesellschafter in der Gesellschaft eng verbunden ist das Verbot der Kapitalbeteiligung Gesellschaftsfremder an Berufsausübungsgesellschaften. Es wird vor allem für die Anwaltskapitalgesellschaft diskutiert und ist für diese gesetzlich explizit geregelt, gilt aber für alle Gesellschaftsformen in gleicher Weise: Die Unabhängigkeit des Rechtsanwalts als Organ der Rechtspflege soll nicht durch Beteiligungen gefährdet werden, die die Gesellschaft externer wirtschaftlicher Einflussnahme aussetzen könnten[1]. Ausgeschlossen sind damit stille Beteiligungen, Unterbeteiligungen, partiarische Darlehen, Gewinnschuldverschreibungen, Nießbrauch und Treuhand[2].

ee) Name/Firma

40 Hinsichtlich des Namens einer Personengesellschaft bzw. der Firma einer Anwaltskapitalgesellschaft ergeben sich keine rechtsformübergreifenden berufsrechtlichen Besonderheiten. Zu beachten sind freilich allgemeine handels- und wettbewerbsrechtliche Einschränkungen der Bildung der Firma bzw. des Namens, die auch jede Gesellschaft deutschen Rechts binden. Darüber hinausgehend regelt das Berufsrecht in § 8 BORA lediglich den Inhalt der Kanzleibezeichnung. Sie ist häufig, aber nicht zwangsläufig mit dem Namen oder der Firma der Gesellschaft als Träger der Kanzlei identisch (näher unten Kap. M Rz. 185).

41 Das Berufsrecht modifiziert das allgemeine Firmenrecht nicht, so dass die allgemeinen handels- und gesellschaftsrechtlichen Grundsätze Geltung beanspruchen (§§ 17ff. HGB; §§ 3 Abs. 2, 4 GmbHG)[3]. Durch § 59k Abs. 2 BRAO wird der Begriff der Rechtsanwaltsgesellschaft geschützt: Nur die nach den §§ 59cff. BRAO zugelassene Gesellschaft darf die Bezeichnung „Rechtsanwaltsgesellschaft" führen.

42 Eine Besonderheit ergibt sich allerdings aus § 8 Abs. 3 EuRAG, der in Deutschland niedergelassenen europäischen Rechtsanwälten die Beibehaltung der Bezeichnung ihres beruflichen Zusammenschlusses aus dem Heimatstaat gestattet. Diese Regelung ist an sich nur für die Bezeichnung von Zweigniederlassungen von Bedeutung, in denen ein nach § 2 EuRAG registrierter europäischer Rechtsanwalt niedergelassen ist. Die Vorschrift wird allerdings allgemein auch auf Auslandsgesellschaften schlechthin angewendet[4]. Demnach kann auch die ausländische Kapitalgesellschaft in Deutschland eine in ihrem Herkunftsstaat zulässige Sach- oder Fantasiefirma verwenden. Wird die entsprechende Bezeichnung geführt, muss nach § 8 Abs. 3 S. 2 EuRAG auch die Rechtsform mit angegeben werden.

---

1 BT-Drucks. 13/9820 S. 14; *Feuerich/Weyland*, § 59e BRAO Rz. 10.

2 Vgl. BT-Drucks. 13/9820 S. 15; vgl. auch *Koch/Kilian*, Rz. B 847.

3 Die Vorschrift des § 59k BRAO, die für die Personengesellschaft die Verwendung einer Personenfirma vorschrieb, ist mit Wirkung zum 1. 9. 2009 neu gefasst worden. Zum alten Recht etwa BGH NJW 2004, 1099, 1100.

4 *Grunewald/Müller*, NJW 2005, 465, 469; Henssler/Prütting/*Henssler*, Vorb. § 59c Rz. 44.

ff) Geschäftsführung und Beschlussfassung

Der Zweck einer Berufsausübungsgesellschaft, die Ausübung des Anwaltsberufs durch ihre Mitglieder in der Gesellschaft, zieht aus berufsrechtlichen Gründen Grenzen, in welchen Bereichen die Einzelgeschäftsführung ausgeschlossen sein kann: Mit Blick auf die Wahrung der anwaltlichen Unabhängigkeit und der weisungsfreien Aufgabenwahrnehmung kann sich ein Ausschluss von der Geschäftsführung nicht auf die anwaltliche Berufsausübung des einzelnen Gesellschafters erstrecken[1]. „Berufsausübung" meint insbesondere den Abschluss des Anwaltsvertrages, die Erfüllung der hieraus folgenden Leistungspflichten und die Abwicklung der sich aus ihm ergebenden Forderungen[2]. Ein genereller gesellschaftsvertraglicher Ausschluss ist hinsichtlich der sonstigen gewöhnlichen Geschäfte der Gesellschaft zulässig (z.B. Arbeits-, Leasing- und Mietverträge)[3]. Über den Kernbereich der Berufsausübung hinaus ist die Geschäftsführung damit frei gestaltbar. 43

Für eine Gesellschaft, die aufgrund berufsrechtlicher Anerkennung als Rechtsanwaltsgesellschaft i.S.d. BRAO den Anwaltsberuf selbst ausübt, folgt aus der Wertung des § 59f Abs. 1 BRAO (der wiederum auf dem in §§ 1, 43a Abs. 1 BRAO verwurzelten Grundsatz der anwaltlichen Unabhängigkeit beruht), dass die verantwortliche Führung der Gesellschaft durch Rechtsanwälte erfolgen muss. Zwar müssen aufgrund dieses Erfordernisses nicht alle Geschäftsführer Rechtsanwalt sein (hinreichend ist nach § 59f Abs. 2 BRAO die Zugehörigkeit zu einem sozietätsfähigen Beruf i.S.v. § 59a Abs. 1 BRAO), wohl aber die Mehrheit der Geschäftsführer. Aus § 59f Abs. 4 BRAO folgt zudem, dass den geschäftsführenden oder bevollmächtigten Rechtsanwälten das gleiche Maß an anwaltlicher Unabhängigkeit zustehen muss wie einem Anwaltsgesellschafter, da sich in ihrer Person die Berufsausübung der zur Anwaltschaft zugelassenen Gesellschaft vollzieht. 44

Hinsichtlich der gesellschaftsinternen Willensbildung bestimmt das Berufsrecht kein Erfordernis von Mindeststimmanteilen für einzelne Anwälte. Gruppenbezogene Mehrheitserfordernisse sind nur für die interprofessionelle Anwaltskapitalgesellschaft angeordnet (unten Kap. D Rz. 202ff.). Die allgemeinen Regeln zur Beschlussfassung sind aufgrund der berufsrechtlichen Bindungen der Gesellschafter modifiziert: Um die anwaltliche Unabhängigkeit und die aktive Berufsausübung in der Gesellschaft sicherzustellen, sind gesellschaftsvertraglich vereinbarte Stimmrechtsausschlüsse unwirksam[4]. Gleiches gilt, unbeachtlich der umstrittenen Frage ihrer gesellschaftsrechtlichen Zulässigkeit, für die Vereinbarung von Stimmbindungsverträgen in der Gesellschaft. Die Bestellung eines Stimmrechtsvertreters ist grundsätzlich zulässig, Vertreter kann aber nur ein anderer Rechtsanwalt sein[5]. 45

---

1 Kilian/vom Stein/*Brandi*, § 18 Rz. 24.
2 Vgl. *Henssler*, PartGG, § 6 Rz. 41.
3 Zur Entziehung der Geschäftsführungsbefugnis durch Gericht Henssler/Prütting/*Henssler*, § 6 PartGG Rz. 6f.
4 *Henssler*, PartGG, § 6 Rz. 67.
5 *Henssler*, PartGG, § 6 Rz. 68.

gg) Haftungsverfassung

46 Aus dem Berufsrecht oder dem Wesen des Anwaltsberufs abgeleitete Anforderungen an die Haftungsverfassung einer anwaltlichen Berufsausübungsgesellschaft existieren nicht. Rechtsformbedingte Beschränkungen der Haftung vergesellschafteter Rechtsanwälte akzeptiert das Berufsrecht grundsätzlich. Die frühere Sichtweise des deutschen Rechts, dass dem Anwaltsberuf als freiem Beruf die unbeschränkte zivilrechtliche Haftung gegenüber dem Mandanten wesensimmanent und damit die persönliche Verantwortlichkeit des einzelnen Rechtsanwalts jedenfalls nicht auf der Ebene des Gesellschaftsrechts gestaltbar sei, ist mit den Entscheidungen zur Zulässigkeit von Anwalts-GmbH und Anwalts-AG aufgegeben worden. Eine Eigenhaftung des Rechtsanwalts, der nicht Vertragspartner ist, wird auch nicht außerhalb des Gesellschaftsrechts herbeigeführt: Weder auf der Ebene des allgemeinen Vertragsrechts noch sonderprivatrechtlich auf der Ebene des Berufsrechts, etwa in Form einer Berufshaftung, ist sie angelegt; sie ist auch nicht, wie zum Teil in ausländischen Rechtsordnungen, quasideliktisch begründet. Insbesondere begründet § 51a Abs. 2 S. 1 BRAO („die Mitglieder einer Sozietät haften aus dem zwischen ihr und dem Auftraggeber bestehenden Vertragsverhältnis als Gesamtschuldner") keine berufsrechtlich verwurzelte Haftung für Mitglieder von Berufsausübungsgesellschaften[1]. Der dort verwendete Begriff der Sozietät meint die GbR[2], so dass die Norm rein klarstellende Bedeutung hat und nicht anspruchsbegründend ist. Die Haftungsverfassung einer Berufsausübungsgesellschaft ausländischer Rechtsform wird damit vom deutschen Recht grundsätzlich respektiert, wie auch immer sie ausgestaltet sein mag.

47 Der vom Gesetzgeber als notwendig erachtete Schutz der Mandanten wird freilich auf andere Art und Weise gewährleistet: Jedes Berufsrechtssubjekt – nicht jede Berufsausübungsgesellschaft – trifft nach der BRAO eine Berufspflicht zur Unterhaltung einer Berufshaftpflichtversicherung (§§ 51, 59j BRAO), durch die das Vorhandensein einer adäquaten Haftungsmasse für den Fall von Berufsausübungsfehlern sichergestellt wird. Aus gesellschaftsrechtlicher Sicht wird dieser Schutzmechanismus aufgrund seiner berufsrechtlichen Verankerung in unterschiedlicher Art und Weise etabliert: Im Falle der Personengesellschaften wird die Verfügbarkeit einer Haftungsmasse durch eine die in der Gesellschaft tätigen Berufsträger persönlich treffende Versicherungspflicht (§ 51 BRAO), also auf der Ebene der akzessorischen Gesellschafterhaftung, sichergestellt. Eine gesetzliche Versicherungspflicht einer Berufsausübungsgesellschaft ist nur für die Rechtsanwaltsgesellschaft mbH in § 59j BRAO bestimmt.

48 Für alle übrigen Rechtsformen, in denen eine Berufsausübungsgesellschaft organisiert werden kann, d.h. auch für Gesellschaften ausländischen Rechts, fehlt es an einer gesellschaftsbezogenen Versicherungspflicht. Sie lässt sich allerdings (ebenso wie für die Anwalts-AG deutschen Rechts), aus dem Rege-

---

1 *Grunewald/Müller*, NJW 2005, 465, 467.
2 BT-Drucks 12/4992, S. 33.

lungssystem der §§ 51, 59j BRAO auch ohne ausdrückliche Anordnung gewinnen: Eine Berufshaftpflichtversicherung ist von der Berufsausübungsgesellschaft in den Fällen, in denen eine persönliche Haftung der in der Gesellschaft tätigen Rechtsanwälte für Haftpflichtfälle der Gesellschaft ausgeschlossen ist, mit einer Deckungssumme von mindestens 2500000 Euro für jeden Versicherungsfall von der Gesellschaft zu unterhalten[1]. Dieser verallgemeinerungsfähige Grundsatz ist in § 59j Abs. 2 S. 1 BRAO explizit für die Rechtsanwaltsgesellschaft mbH bestimmt; die Pflicht trifft dort die Gesellschaft als eigenständiges Berufsrechtssubjekt. Sie besteht freilich nicht aufgrund der Zulassung der Gesellschaft zur Anwaltschaft, sondern resultiert, da sie auch für die frühere, berufsrechtlich nicht eigenständig anerkannte Anwalts-GmbH galt[2] und für die nicht zugelassene Anwalts-AG gilt[3] (Kap. E Rz. 6), aus ihrer Haftungsverfassung[4].

49 Ausländische Gesellschaften, in denen für Berufsausübungsfehler kein Gesellschafter unbeschränkt haftet, trifft die Pflicht daher unbeachtlich der Frage, ob die Gesellschaft durch eine Zulassung zur Rechtsanwaltschaft analog §§ 59c ff. BRAO für sich den Status als Berufsrechtssubjekt anstrebt oder nicht (unten Rz. 55 ff.). Ungeklärt ist bislang, ob eine Versicherungspflicht in entsprechender Höhe bereits eintritt, wenn die fehlende Haftung rechtsformbedingt, d.h. gesellschaftsrechtlicher Art ist, oder sie nur anzunehmen ist, wenn eine Gesellschafterhaftung auch aus anderen Instituten des ausländischen Rechts, etwa unter dem Gesichtspunkt der quasi-deliktischen Haftung oder der Handelndenhaftung, ausgeschlossen ist[5]. Eine verallgemeinernde Aussage ist hier nicht möglich, da eine Bewertung stets vor dem Hintergrund der Notwendigkeit der Herstellung einer dem deutschen Recht identischen Intensität des Mandantenschutzes erfolgen muss. Grundsätzlich wird davon auszugehen sein, dass bereits ein rechtsformbedingter Ausschluss der Haftung sämtlicher Gesellschafter zu einer erhöhten Versicherungspflicht führen muss, da das Eingreifen alternativer Haftungskonzepte stets eine zur Anwendbarkeit des ausländischen Rechts führende Anknüpfung nach den Grundsätzen des IPR notwendig macht, die nur im Einzelfall erfolgt und nicht zwangsläufig zu stets identischen Ergebnissen führen muss.

50 Kommt die Gesellschaft ihrer Versicherungspflicht überhaupt nicht oder nicht in hinreichender Höhe nach, haften in entsprechender Anwendung von § 59j Abs. 4 BRAO neben der Gesellschaft die Gesellschafter und Geschäftsführer persönlich auf die Summe des fehlenden Versicherungsschut

1 Die in ihr tätigen Rechtsanwälte trifft persönlich ebenfalls eine Versicherungspflicht nach § 51 BRAO, die allerdings nur relevant wird, wenn sie selbst in Person vertragliche Verpflichtungen übernehmen.
2 BayObLG NJW 1995, 199 f.
3 *Kilian*, JR 2006, 206 ff. m.w.N.; *von der Linden*, S. 206.
4 Vgl. auch *Henssler/Mansel*, NJW 2007, 1393, 1399.
5 So *Grunewald/Müller*, NJW 2005, 465, 469.

zes, d.h. auf maximal 2 500 000 Euro pro Schadensfall[1]. Ob die Nicht-Unterhaltung des Versicherungsschutzes schuldhaft erfolgt oder nicht, ist für die verschuldensunabhängig ausgestaltete Haftung ohne Bedeutung[2]. Die Gesellschaft und die Gesellschafter und Geschäftsführer haften gesamtschuldnerisch i.S.v. § 421 BGB[3].

51 Schließt die Organisationsform rechtsformbedingt eine persönliche Haftung jedenfalls der schadenverursachenden Berufsträger für Verpflichtungen der Gesellschaft nicht aus, besteht bei einem Verzicht auf eine eigenständige Zulassung der Gesellschaft (unten Rz. 56 ff.) keine unmittelbare Versicherungspflicht der Gesellschaft. Richtigerweise wird dies auch für Kapitalgesellschaften gelten müssen, deren Gesellschafter aufgrund einer sie unmittelbar treffenden Berufshaftung rechtsformunabhängig haften[4]. Die Regelung der §§ 51, 59j BRAO will eine Mindesthaftungsmasse sicherstellen und nicht eine Verdopplung des Mandantenschutzes erreichen. Sichergestellt sein muss nur, dass eine Berufshaftpflichtversicherung mit einer Mindestversicherungssumme von 250 000,– Euro durch jeden in der Gesellschaft tätigen Rechtsanwalt unterhalten wird. Träger dieser Versicherungspflicht ist nicht die Gesellschaft, sondern der einzelne Rechtsanwalt. Ohne eine entsprechende Erklärung der Versicherungsgesellschaft ist bei Abschluss einer Versicherung auch nur dieser in Person und nicht die als Vertragspartnerin auftretende Gesellschaft versichert. Das Risiko der gesamtschuldnerischen Haftung der Gesellschaft mit ihren (versicherten) Gesellschaftern kann insoweit nur durch eine vorsorgliche Erklärung des Versicherers aufgefangen werden, dass die Gesellschafterdeckung den Versicherungsschutz der Gesellschaft mit abdeckt[5]. Eine Versicherungspflicht in dieser geringeren Höhe setzt im Übrigen nicht voraus, dass alle Gesellschafter unbegrenzt persönlich für Gesellschaftsverbindlichkeiten haften müssen, die aus Berufsausübungsfehlern resultieren. Der Gesetzgeber hat auch für die PartG, in der nur mandatsbearbeitende Gesellschafter neben der Gesellschaft haften, keine eigenständige Versicherungspflicht der Gesellschaft angeordnet, obwohl sich deren Mandanten wegen der typischen Vermögensarmut von Berufsausübungsgesellschaften wirtschaftlich häufig nur bei dem mandatsbearbeitenden Gesellschafter schadlos halten können[6].

52 Für den nach Maßgabe des EuRAG unter seiner ursprünglichen Berufsbezeichnung in Deutschland tätigen ausländischen Anwalt trifft § 8 Abs. 2 EuRAG eine Sonderregelung dahingehend, dass seine persönliche Haftung bei Unterschreiten der o.a. Mindeststandards der Gesellschaft, der er ange-

1 Diese Konstellation ist kein Fall des § 8 Abs. 2 EuRAG, der nur die Niederlassung eines Rechtsanwalts nach § 2 EuRAG im Aufnahmestaats erfasst; a.A. wohl *Grunewald/Müller*, NJW 2005, 465, 468.
2 BT-Drucks. 13/9820 S. 18.
3 *Feuerich/Weyland*, § 59j Rz. 6; *Zuck*, Anwalts-GmbH, § 59j Rz. 36.
4 In diese Richtung, aber zurückhaltender *Henssler*, NJW 2009, 950, 953 für die französische SEL.
5 *Gräfe/Brügge*, Rz. 470.
6 Kritisch hierzu auch Henssler/Prütting/*Henssler*, § 8 PartGG Rz. 26.

hört, unberührt bleibt. Wie diese Haftung dogmatisch herbeigeführt wird, bleibt unklar. Eine gesellschaftsrechtlich verwurzelte Durchgriffshaftung kann hiermit nicht gemeint sein, da sich diese nach h.M. nach dem Gesellschaftsstatut und damit (ebenfalls) nach möglicherweise nicht hinreichend schutzintensivem ausländischem Recht bestimmt[1]. Vertragliche Beziehungen bestehen im Falle der Niederlassung einer rechtsfähigen ausländischen Gesellschaft regelmäßig nur mit dieser, nicht aber mit dem betroffenen Anwalt, so dass eine vertragsrechtliche Begründung ebenfalls ausscheidet. Gemeint sein kann nur, dass durch § 8 Abs. 2 EuRAG den drittschützenden Vorschriften des deutschen Berufsrechts, namentlich der Pflicht zum Unterhalt einer Berufshaftpflichtversicherung, Schutzgesetzcharakter im Sinne des § 823 Abs. 2 BGB eingeräumt wird. Bei Unterschreiten der deutschen Schutzstandards wird der Rechtsverkehr durch eine unmittelbare deliktische Haftung der Angehörigen der ausländischem Gesellschaftsstatut unterliegenden Zweigniederlassung geschützt.

Der notwendige Versicherungsschutz muss nicht bei einer inländischen Ver- 53
sicherungsgesellschaft genommen werden. Ausreichend ist nach § 51 Abs. 1 S. 2 BRAO, wenn die Pflichtversicherung bei einem in Deutschland zum Geschäftsbetrieb befugten Versicherungsunternehmen abgeschlossen wird[2].

hh) Berufsrechtliche Registerpflichten

Aus dem Berufsrecht ergeben sich keine allgemeinen, rechtsformunabhängi- 54
gen Registerpflichten für Berufsausübungsgesellschaften: Eine spezielles Register anwaltlicher Berufsausübungsgesellschaften, etwa geführt bei den regionalen Rechtsanwaltskammern, in das diese Gesellschaften eingetragen werden müssten, existiert – anders übrigens als in vielen europäischen Rechtsordnungen – nicht. Das nach § 31 Abs. 1 BRAO bei der BRAK geführte Gesamtregister aller Mitglieder der Rechtsanwaltskammern nimmt ausschließlich Berufsrechtssubjekte – Rechtsanwälte und zugelassene Rechtsanwaltsgesellschaften – auf, nicht aber Berufsausübungsgesellschaften. Auch in das Rechtsdienstleistungsregister (§ 16 RDG) sind Berufsausübungsgesellschaften nicht einzutragen, da in dieses nicht alle Rechtsdienstleister, sondern nur die nicht-anwaltlichen Rechtsdienstleister aufgenommen werden. Registereintragungen können sich daher nur ergeben, soweit sie gesellschaftsrechtlich veranlasst sind, also für die berufsrechtlich zugelassene Anwaltskapitalgesellschaft die Eintragung in das Handelsregister (und das Rechtsanwaltsverzeichnis).

---

1 BGH WM 1957, 1047, 1049; BGHZ 78, 318, 334; MünchKommBGB/*Kindler*, IntGesR, Rz. 487; Soergel/*Lüderitz*, Anh. Art. 10, Rz. 26. Im Schrifttum gibt es eine Anzahl abweichender Ansätze, siehe etwa *C. Schmidt*, Der Haftungsdurchgriff und seine Umkehrung im IPR, 1993, S. 151ff.

2 Näher Henssler/Prütting/*Stobbe*, § 51 Rz. 19ff.

4. Folgefragen

a) Zulassung und berufsrechtliche Anerkennung der Gesellschaft

55 Nach dem Konzept des deutschen Berufsrechts üben Berufsausübungsgesellschaften den Anwaltsberuf nicht selbst aus, obschon sie Vertragspartner der Mandanten sind und sich diesen gegenüber zur Erbringung einer Rechtsdienstleistung verpflichten. Sie sind daher nicht Mitglied der Rechtsanwaltskammer und können nicht Anknüpfungssubjekt eigenständiger anwaltlicher Rechte und Pflichten sein, wie sie aus BRAO und BORA folgen. Auch eine freiwillige Mitgliedschaft der Gesellschaft in der Rechtsanwaltskammer ist nicht möglich.

56 Eine Ausnahme gilt nur für Rechtsanwaltsgesellschaften, die nach §§ 59c ff. BRAO ein Zulassungsverfahren bei der Rechtsanwaltskammer durchlaufen haben. Gesetzlich vorgesehen ist ein solches Zulassungsverfahren für eine Berufsausübungsgesellschaft in der Rechtsform der (deutschen) GmbH. Die der Ausübung des Anwaltsberufs dienende GmbH muss sich zwingend einem Zulassungsverfahren unterziehen, sich berufsrechtlich anerkennen lassen und Mitglied der Rechtsanwaltskammer werden[1]. Die GmbH wird durch die Zulassung zur Rechtsanwaltsgesellschaft mbH i.S.d. § 59c BRAO. Diese rechtsformspezifische Sonderregelung knüpft nicht an Wesensmerkmale der GmbH als solche an, sondern an ihre Zuordnung zu den Kapitalgesellschaften. Daher wird richterrechtlich auch den anderen Kapitalgesellschaften deutschen Rechts die Möglichkeit eröffnet, sich in entsprechender Anwendung der §§ 59c ff. BRAO berufsrechtlich anerkennen zu lassen und Mitglied der Rechtsanwaltskammer zu werden[2] (im Detail oben Kap. E Rz. 10).

57 Nichts anderes gilt zur Vermeidung einer europarechtswidrigen Diskriminierung bei der Wahrnehmung ihrer Niederlassungsfreiheit für Kapitalgesellschaften ausländischer Rechtsform. Ihnen muss, um eine europarechtswidrige Diskriminierung zu vermeiden, grundsätzlich eine Zulassung ermöglicht werden, damit sie die mit einer Zulassung verbundenen Vorteile, etwa den Erwerb der Postulationsfähigkeit (unten Rz. 68), in Anspruch nehmen können. Für die Möglichkeit einer berufsrechtlichen Zulassung ist es ausreichend, wenn die Gesellschaft ausländischen Rechts lediglich eine Zweigniederlassung – und keine Hauptniederlassung – in Deutschland unterhält[3].

58 Ein Zulassungszwang kann angesichts des gesetzlichen Regelungsverzichts de lege lata nicht begründet werden[4]. Für die Wahrung der dem Anwaltsberuf

1 Henssler/Prütting/*Henssler*, § 59c Rz. 9; *Koch/Kilian*, Rz. B 984. Der Wortlaut des § 59c Abs. 1 BRAO ist insofern missverständlich („können … zugelassen werden").

2 Für die AG BGH NJW 2005, 1569 ff.; hierzu *Kilian*, JR 2006, 306 ff.

3 AGH Berlin BRAK-Mitt 2007, 171, 172.

4 OLG Hamm NJW 2006, 3434, 3435; *Koch/Kilian*, Rz. B 985; Henssler/Prütting/*Henssler*, Anhang zu §§ 59c ff., Rz. 21; *Henssler*, FS Busse, S. 146; *Henssler*, NJW 2009, 950, 953; a.A. *Schmidt-Kessel/Kopp*, GPR 2008, 221, 229; *Grunewald/Müller*, NJW 2005, 465, 468.

wesensimmanenten Berufsrechtstandards ist eine solche Zulassung nicht notwendig; dies zeigt bereits die Figur der nicht zugelassenen „Anwalts-GmbH" in der Zeit vor Inkrafttreten der §§ 59c ff. BRAO, aber auch der generelle Verzicht des Gesetzgebers, für anwaltliche Berufsausübungsgesellschaften schlechthin ein Zulassungsverfahren vorzusehen[1]. Solange es an ausdrücklichen berufsrechtlichen Regelungen für andere Kapitalgesellschaften des deutschen und des ausländischen Rechts fehlt, können diese ausländischen Gesellschaften daher, anders als die GmbH des deutschen Rechts, nicht diskriminierungsfrei gezwungen werden, sich einem Zulassungsverfahren zu unterziehen.

Als Kapitalgesellschaften verfasste Berufsausübungsgesellschaften ausländischen Rechts haben daher bei Sitznahme im Inland ein Wahlrecht zwischen dem Status einer berufsrechtlich zugelassenen Kapitalgesellschaft und einer lediglich im Handelsregister eingetragenen Kapitalgesellschaft mit dem Gesellschaftszweck „Erbringung von Rechtsdienstleistungen". Dies muss auch für die ausländischen Rechtsformen gelten, die der deutschen GmbH entsprechen. Zwar ist nach einer Entscheidung des AGH Berlin die englische Private Limited Company by Shares („plc") im Rahmen des Zulassungsverfahrens wie eine deutsche Rechtsanwaltsgesellschaft mbH zu behandeln[2]. Allerdings hatte die „plc" in der zu Grunde liegenden Streitigkeit die Zulassung selbst beantragt, so dass über einen Zulassungszwang nicht zu befinden war. Eine Ausdehnung des Zulassungszwangs auf alle der deutschen GmbH vergleichbaren ausländischen Rechtsformen ist aber nicht praktikabel und deshalb abzulehnen: Zwar ist es regelmäßig möglich, eine ausländische Rechtsform in das deutsche System von Personen- und Kapitalgesellschaft einzuordnen. Eine Abgrenzung innerhalb der Kapitalgesellschaften ist ungleich problematischer, da viele Rechtsordnungen eine scharfe Scheidung von GmbH und AG, wie sie aus dem deutschen Recht vertraut ist, nicht kennen. Diese Probleme deuten an, dass eine grundlegende, abstrakt-generalisierende gesetzliche Regelung des anwaltlichen Gesellschaftsrechts unter Berücksichtigung auch der ausländischen Rechtsformen angezeigt ist[3]. Solange es hieran fehlt, ist ein Zulassungszwang zu verneinen. Die hieraus folgende Wahlmöglichkeit hat eine praktische Bedeutung, weil nicht alle Gesellschaften eine Zulassung anstreben werden, etwa wenn sie rein beratend tätig sind und keine Postulationsfähigkeit für forensische Mandate benötigen. 59

Die Wahlmöglichkeit zwischen einer Zulassung und einem Verzicht auf diese hat nicht nur eine Kapitalgesellschaft ausländischer Rechtsform, die durch Sitzverlegung ihren Verwaltungssitz im Inland nimmt. Eine Zulassungsmöglichkeit muss auch bestehen, soweit in Deutschland lediglich eine **Zweigniederlassung** begründet wird. Eine solche Zulassung einer Gesellschaft, die im Inland lediglich eine Zweigniederlassung unterhält, ent- 60

1 *Koch/Kilian*, Rz. B 985.
2 AGH Berlin BRAK-Mitt. 2007, 171.
3 Henssler/Prütting/*Henssler*, vor § 59c Rz. 45; ferner die Vorschläge des DAV zur Änderung der BRAO, AnwBl. 2007, 679.

spricht letztlich der Registrierung eines registrierten europäischen Rechtsanwalts bei bzw. der Mitgliedschaft eines vollintegrierten Rechtsanwalts in der Rechtsanwaltskammer (unten Kap. N Rz. 4ff., 18ff.), wenn dieser zugleich in seinem Herkunftsstaat tätig bleibt[1].

61 Entscheidet sich die Gesellschaft gegen eine Zulassung, entspricht ihr berufsrechtlicher Status dem der früheren, von der Rspr. geschaffenen Anwalts-GmbH, die keine Berufsrechtssubjektivität besaß. Alternativ kann die ausländische Kapitalgesellschaft eine Zulassung anstreben. Die Strukturanforderungen sind, da aus grundsätzlichen Wertentscheidungen des Berufsrechts abgeleitet, in beiden Fällen identisch, der Verzicht auf eine Zulassung bringt daher keine Erleichterungen mit sich, was die Merkmale der Gesellschaft betrifft.

62 Eine Kapitalgesellschaft ausländischen Rechts wird demgemäß nach § 59d BRAO analog als Rechtsanwaltsgesellschaft zugelassen, wenn die Erfordernisse der § 59c (oben Rz. 34), § 59e (oben Rz. 38), § 59f (oben Rz. 44) BRAO gewahrt sind, die Gesellschaft sich nicht in Vermögensverfall befindet und sie, soweit notwendig, den Abschluss einer Vermögensschadenshaftpflichtversicherung mit erhöhter Deckungssumme nach § 59j BRAO (oben Rz. 47f.) nachweist. Das Vorliegen dieser gesetzlichen Voraussetzungen wird nach § 59j BRAO im Zulassungsverfahren, das von der Rechtsanwaltskammer, in deren Geschäftsbereich die Gesellschaft ihren Sitz hat, durchgeführt wird, überprüft. Erfolgt die Zulassung, wird die Gesellschaft vollwertiges Kammermitglied und ist hinsichtlich ihrer Befugnisse in vollem Umfang einer zugelassenen Rechtsanwaltskapitalgesellschaft deutschen Rechts gleichgestellt. Anwaltliche Leistungen darf sie nur durch Gesellschafter oder Mitarbeiter erbringen, die hierzu auch befugt sind. Verfügen alle diese Anwälte nur über eine ausländische Berufsqualifikation und sind nicht in Person als Rechtsanwalt i.S.d. BRAO Mitglied der Rechtsanwaltskammer (aufgrund Erwerb der Zulassungsvoraussetzungen durch Eignungsprüfung nach § 16 EuRAG oder Integration nach § 11 EuRAG), sind sie also nur berechtigt, den Beruf unter ihrem Heimattitel auszuüben, sollen die Beratungsleistungen auch durch die zugelassene Gesellschaft nur unter dem ausländischen Titel erbracht werden dürfen[2].

63 Strebt die Gesellschaft keine Zulassung an, entspricht ihr berufsrechtlicher Status im Grundsatz der Mehrzahl der in Deutschland niedergelassenen Berufsausübungsgesellschaften deutscher Rechtsform, der GbR, PartG oder der nicht zugelassenen Anwalts-AG: Die in der Gesellschaft tätigen Anwaltsgesellschafter mit in- oder ausländischer Zulassung müssen sicherstellen, dass die Gesellschaft berufsrechtskonform geführt wird. Bei einer berufsrechtswidrigen Ausgestaltung der Satzung kommen berufsrechtliche Maßnahmen der Rechtsanwaltskammer gegen die einzelnen Berufsträger in Betracht, die bis zum Entzug der Zulassung gehen können. Aufsichtsrechtliche und anwaltsgerichtliche Maßnahmen sind nach § 6 Abs. 1 EuRAG auch ge-

1 Näher *Henssler*, NJW 2009, 950, 954.
2 So *Henssler*, NJW 2009, 950, 953.

gen lediglich nach § 2 EuRAG unter ihrer heimatlichen Berufsbezeichnung niedergelassene „ausländische" Rechtsanwälte möglich. An die Stelle der Ausschließung aus der Rechtsanwaltschaft tritt für niedergelassene europäische Rechtsanwälte gem. § 6 Abs. 3 EuRAG ggf. das Verbot, in Deutschland fremde Rechtsangelegenheiten zu besorgen.

b) Registerpflichten

Liegt der Verwaltungssitz einer Gesellschaft aus einer ausländischen Rechtsordnung, deren Gesellschaften das deutsche Recht nach Maßgabe der Gründungstheorie zu behandeln hat (oben Rz. 18 ff.), in Deutschland oder begründet eine ausländische Gesellschaft eine Zweigniederlassung im Inland, muss sie trotz ausländischen Gesellschaftsstatuts dem Registerzwang genügen. § 13d ff. HGB ordnen eine Registerpflicht für Zweigniederlassungen ausländischer Gesellschaften an. Die Registerpflicht wird in analoger Anwendung dieser Vorschriften auch auf Gesellschaften erstreckt, die ihren Verwaltungssitz rechtsformwahrend nach Deutschland verlegen (oder diesen bereits mit Gründung im Ausland im Inland unterhalten) und im Herkunftsstaat lediglich einen statutarischen Sitz aufweisen[1]. 64

Während bei einer ausländischen Kapitalgesellschaft bei Vorliegen der vorstehenden Voraussetzungen die Pflicht zur Eintragung im Handelsregister regelmäßig zwangsläufig ist, sind für Personengesellschaften und hybride Gesellschaftsformen eindeutige Aussagen nicht ohne weiteres möglich: Hier kommt es einerseits darauf an, ob eine ausländische Rechtsform bei einem Rechtsformvergleich eher einer nicht registerpflichtigen GbR oder einer Partnerschaftsgesellschaft entspricht, die im Partnerschaftsregister einzutragen ist. Andererseits kann bei hybriden Gesellschaftsformen auch eine Abgrenzung notwendig werden, ob eine größere Nähe zu den Kapitalgesellschaften oder den registerpflichtigen Personengesellschaften wie der PartG besteht. Hiervon hängt ab, in welchem Register – Handelsregister oder Partnerschaftsregister – die Gesellschaft einzutragen ist. Diese Problematik ist eine der ungelösten Fragen beim Tätigwerden z.B. von Berufsausübungsgesellschaften in der Rechtsform der LLP (hierzu unten Rz. 76 ff.). Allgemein gilt, dass bei einer rechtsvergleichenden Qualifikation die ausländische Bezeichnung der Rechtsträgerform nicht ausschlaggebend ist, wenngleich diese Indiz für die rechtliche Einordnung sein kann. Sachlich sind die Organisationsstruktur, die Haftungs- und Vermögensverhältnisse und weitere typenbestimmende Merkmale zu vergleichen. Nicht erforderlich ist die Übereinstimmung in allen Punkten, das Vorliegen bzw. die Ähnlichkeit der Hauptmerkmale reicht aus[2]. 65

Für die Beurteilung der Registerpflicht kann im Einzelfall eine Abgrenzung einer Zweigniederlassung von einem unselbstständigen Betriebsteil notwendig 66

---

1 H.M., KG NJW-RR 2004, 331, 332; OLG Zweibrücken RIW 2003, 542; *Baumbach/Hopt*, HGB, 33. Aufl. 2008, § 13d Rz. 1; Ebenroth/Boujong/Joost/Strohn/*Pentz*, HGB, 2. Aufl. 2008, § 13d Rz. 14.

2 MünchKommHGB/*Krafka*, 2. Aufl. 2005, § 13d Rz. 9a.

werden. Ein solcher ist nicht registerpflichtig (er wäre im Falle einer gewerblichen Tätigkeit allenfalls nach Gewerberecht anmeldepflichtig). Der Begriff der Zweigniederlassung und ihr Errichtungsvorgang im Inland, der aus einem dahin gehenden Organisationsakt und einer Aufnahme der Geschäftstätigkeit besteht, beurteilen sich nach deutschem Recht[1], so dass auf die allgemeinen Abgrenzungskriterien zurückgegriffen werden kann. Zu verlangen ist ein räumlich getrennter Teil des Unternehmens der Gesellschaft, von dem aus dauerhaft selbständig Geschäfte abgeschlossen werden und der die hierfür erforderliche Organisation in sachlicher und personeller Hinsicht aufweist[2]. Als Faustregel kann gelten, dass eine Zweigniederlassung dann vorliegt, wenn die Organisation in der Weise erfolgt, dass sie aufgrund ihres Geschäftsbetriebs beim Wegfall der Hauptniederlassung selbstständig fortbestehen könnte[3]. Bei Berufsausübungsgesellschaften kann hiervon regelmäßig ausgegangen werden, da Kanzleistandorte typischerweise selbstständig Anwaltsverträge abschließen und prägendes Strukturmerkmal stets das durch die Berufsträger an einem Standort vorgehaltene juristische Know-How ist.

67 Besteht eine Registerpflicht, so soll nach der Rspr. das Registergericht nicht zu prüfen haben, ob die Satzungsbestimmungen inhaltlich den Kriterien genügen, die als Strukturvoraussetzungen aus dem Berufsrecht abzuleiten sind[4]. Bei einer nicht durch ein Zulassungsverfahren entsprechend §§ 59c ff. BRAO berufsrechtlich anerkannten Gesellschaft kommt es damit zu keiner aktiven Überprüfung der aus dem Berufsrecht abgeleiteten Strukturanforderungen. Die Rechtsanwaltskammer ist nicht automatisch mit dem Vorgang befasst, das Registergericht soll nicht zu einer Überprüfung befugt sein. Für eine Übertragung der für die frühere Anwalts-GmbH geltenden Grundsätze auf die gegenwärtig gesetzlich nicht regulierten Rechtsformen anwaltlicher Berufsausübungsgesellschaften hat das OLG Hamm in einer Entscheidung aus dem Jahr 2006 keine hinreichende Grundlage gefunden, da der Gesetzgeber im Rahmen des Gesetzgebungsverfahrens zu den §§ 59c ff. BRAO zu erkennen gegeben habe, dass er die Registergerichte nicht als berufen ansieht, berufsrechtliche Aspekte zu überprüfen[5].

c) Postulationsfähigkeit der Gesellschaft

68 Die Postulationsfähigkeit definiert aus Sicht des Verfahrensrechts, unter welchen Rahmenbedingungen eine rechtsfähige Berufsausübungsgesellschaft – gleich welcher Rechtsform – unmittelbar als Vertragspartner des Mandanten für diesen forensisch tätig werden kann. Zwar ist eine Berufsaus-

---

1 Vgl. KG NJW-RR 2004, 331, 332; OLG Düsseldorf NJW-RR 1999, 403 (Ls.). Daher wirkt die Registereintragung nicht konstitutiv, sondern verlautbart lediglich den entsprechenden Errichtungsvorgang und hat somit nur deklaratorische Bedeutung.

2 Ebenroth/Boujong/Joost/Strohn/*Pentz*, HGB, 2. Aufl. 2008, § 13d Rz. 9.

3 Vgl. MünchKommHGB/*Krafka*, 2. Aufl. 2005, § 13d Rz. 10; Hirte/Bücker/*Mankowski*/*Knöfel*, § 13 Rz. 11b.

4 OLG Hamm NJW 2006, 3434, 3435 (für die Anwalts-AG).

5 OLG Hamm NJW 2006, 3434, 3435.

übungsgesellschaft bei fehlender eigener Postulationsfähigkeit faktisch nicht gehindert, forensische Mandate zu betreuen. Eine Auftretungsberechtigung besitzt in diesem Falle aber nur ein postulationsfähiger Gesellschafter oder Angestellter der Gesellschaft in eigener Person. Er muss dann auf diese gestützt im Rahmen einer eigenständigen Geschäftsbesorgung für den Auftraggeber die Prozessvertretung übernehmen. In der Person des Handelnden können sich bei einer solchen Substitution Haftungsrisiken realisieren, da er bei einem unmittelbaren Tätigwerden nicht von der Haftungsverfassung der Gesellschaft geschützt ist[1].

Postulationsfähig ist eine Gesellschaft nur dann, wenn das Gesetz diese Befugnis für die fragliche Gesellschaftsform ausdrücklich verliehen hat. Nur der Rechtsanwaltsgesellschaft mbH und die PartG verleiht der Gesetzgeber durch ausdrückliche gesetzliche Anordnung (§ 591 BRAO, § 7 Abs. 4 PartGG) mit der Zulassung zur Anwaltschaft (GmbH) bzw. Eintragung im Partnerschaftsregister (PartG) die Postulationsfähigkeit. Diese Gesellschaften deutscher Rechtsform können sodann nach den Prozess- und Verfahrensordnungen als Prozess- bzw. Verfahrensbevollmächtigte auftreten und sind auch prozessfähig[2]. Das Gesetz knüpft die Postulationsfähigkeit in beiden Fällen an eine zusätzliche Voraussetzung: Die Gesellschaft muss jeweils durch einen selbst postulationsfähigen Rechtsanwalt handeln. Derjenige, der für eine Rechtsanwaltsgesellschaft mbH Prozesshandlungen vornimmt, muss vor dem jeweiligen Gericht selbst postulationsfähig sein[3] (§ 591 S. 3 BRAO) und bei seinen Erklärungen einerseits klarstellen, dass er nur für die Gesellschaft handelt, andererseits aber auf seine berufliche Stellung als postulationsfähiger Rechtsanwalt (bzw. EU-Anwalt) hinweisen[4]. Eine inhaltsgleiche Verknüpfung der Postulationsfähigkeit der Gesellschaft mit derjenigen des handelnden Anwalts findet sich für die PartG in § 7 Abs. 4 PartGG.

Für beliebige Gesellschaftsformen des ausländischen Rechts fehlt es an einer 69
gesetzlichen Verleihung der Postulationsfähigkeit. Für jene Gesellschaftsformen, die eine unbeschränkte Gesellschafterhaftung vorsehen, ist dies grundsätzlich unschädlich: Die Substitution des Prozessmandats der Gesellschaft als Vertragspartner auf einen anwaltlichen Gesellschafter birgt für diesen keine erweiterten Haftungsrisiken, da er ohnehin für die Verbindlichkeiten der Gesellschaft haften müsste. Misslicher ist die Lage für einen angestellten Rechtsanwalt der Gesellschaft, der das Prozessmandat übernimmt. Er hat im Schadensfalle zwar einen Ausgleichsanspruch gegen die substituierende Gesellschaft, haftet im Außenverhältnis aber selbst, da durch die Substitution

1 Vgl. *Kilian*, NZG 2001, 150ff.

2 In beiden Fällen gehen die Befugnisse der Gesellschaft nicht weiter als die Befugnisse der Personen, die als Geschäftsführer/Partner bzw. Vertreter konkret für die Gesellschaft handeln. Die Gesellschaft kann nur dann prozessual wirksam tätig werden, wenn die für sie handelnde Person die im Einzelfall vorgeschriebenen gesetzlichen Voraussetzungen erfüllt; vgl. *Koch/Kilian*, Rz. B 903.

3 *Kleine-Cosack*, § 591 Rz. 2; Henssler/Prütting/*Henssler*, § 591 Rz. 4; Hartung/Römermann/*Römermann*, Berufs- und Fachanwaltsordnung, 4. Aufl. 2008, § 591 BRAO, Rz. 9.

4 *Henssler*, NJW 2009, 3136.

ein eigenständiges Vertragsverhältnis mit dem Mandanten begründet wird. Noch problematischer ist die Rechtslage für Berufsausübungsgesellschaften ausländischer Rechtsform, deren Gesellschafter nach der Haftungsverfassung der Gesellschaft an sich nicht oder nicht alle für berufliche Kunstfehler einzelner Gesellschafter oder Angestellter haften. Mangels ausdrücklicher gesetzlicher Regelung der Postulationsfähigkeit von Berufsausübungsgesellschaften jenseits der PartG und Rechtsanwaltsgesellschaft mbH sind diese Gesellschaften prima facie nicht auftretungsberechtigt und müssen zur Wahrnehmung entsprechender Mandate eine Substitution vornehmen.

70 Die hierdurch bewirkte europarechtswidrige Diskriminierung dieser ausländischen Rechtsformen im Vergleich zu strukturgleichen Gesellschaftsformen des deutschen Rechts – PartG und GmbH – kann nur durch eine analoge Anwendung der § 59l BRAO und § 7 Abs. 4 PartGG auf jene Gesellschaften vermieden werden, die strukturell GmbH und PartG entsprechen, also etwa der englischen Ltd. und LLP oder der österreichischen GmbH und OG[1]. Der BGH hat eine Stellungnahme zu dieser Frage bislang vermieden und behilft sich mit dem – haftungsrechtlich riskanten und stellvertretungsrechtlich problematischen – Ansatz, dass eine unter Hinweis auf die Stellung als Rechtsanwalt und auf seine Zughörigkeit zu einer Anwaltsgesellschaft vorgenommene Prozesshandlung grundsätzlich auch im eigenen Namen des – in jedem Falle postulationsfähigen – Rechtsanwalts erfolgt[2].

71 Bejaht man eine die Möglichkeit der Erlangung der Postulationsfähigkeit EWR-ausländischer Gesellschaften in entsprechender Anwendung der Vorschriften zu GmbH und PartG, kann die Verleihung der Postulationsfähigkeit mit dem Erfordernis der Zulassung gem. §§ 59c ff. BRAO verknüpft werden. Da auch Kapitalgesellschaften deutschen Rechts ohne berufliche Zulassung nicht postulationsfähig sind, folgt hieraus keine europarechtswidrige Diskriminierung[3]. Aus diesen Überlegungen folgt zugleich, dass ausländischen Kapitalgesellschaften grundsätzlich die Möglichkeit der Zulassung eingeräumt werden muss (siehe bereits oben Rz. 58 ff.), damit sie die Postulationsfähigkeit erwerben können.

72 Weniger eindeutig ist die Rechtslage hinsichtlich ausländischer Personengesellschaften: Der PartG als postulationsfähiger Personengesellschaft des deutschen Rechts wird die Auftretungsberechtigung nach § 7 Abs. 4 S. 2 PartGG ohne Zulassung und berufsrechtliche Anerkennung – die sie als Personengesellschaft ohnehin nicht erreichen kann – zugebilligt, sie ist allerdings an die Eintragung in das Partnerschaftsregister gekoppelt. Die Gesellschaft bürgerlichen Rechts ist nach deutschem Recht hingegen nicht postulationsfähig (ihre Postulationsfähigkeit würde den Gesellschaftern auch keine haftungsrechtlichen Vorteile bringen, oben Rz. 68). Soweit der deutsche Gesetzgeber der PartG mit Registereintragung die Postulationsfähigkeit gewährt, kann er strukturell vergleichbaren Rechtsformen aus Rechtsord-

1 *Koch/Kilian*, Rz. B 906.
2 BGH NJW 2009, 3162; vgl. auch LG München NJW 2006, 704.
3 Im Einzelnen siehe *Henssler*, FS Busse, S. 147 f.

nungen des EWR – etwa der britischen LLP – die Postulationsfähigkeit nicht verwehren[1]. Sie müssen sich allerdings gem. § 5 Abs. 2 PartGG i.V.m. § 13d HGB in das Partnerschaftsregister eintragen lassen, um die Postulationsfähigkeit analog § 7 Abs. 4 PartGG zu erlangen, und sodann durch ihrerseits postulationsfähige Organe und Vertreter handeln.

Beschränkt ist die Möglichkeit des Erwerbs der Postulationsfähigkeit unter 73
den vorstehend genannten Voraussetzungen auf Gesellschaften aus dem EWR. Soweit die Niederlassungsfreiheit in Deutschland nicht aus dem Europarecht, sondern aus bilateralen Verträgen mit einem Drittstaat herrührt, kann eine Gesellschaft aus diesem Drittstaat für sich keine Position in Anspruch nehmen, die die Bundesrepublik im Hinblick auf rechtliche Gegebenheiten zubilligt, die im Rahmen eines Zusammenschlusses mit anderen Staaten zu supranationalen Gemeinschaften unter teilweiser Aufgabe eigener Regelungskompetenz begründet wurden[2]. Für eine durch völkerrechtliche Vereinbarung zugesicherte Einräumung gleicher Vergünstigungen, wie sie anderen Ausländern seitens der Vertragsstaaten zugebilligt wird, kann als Bezugspunkt nicht ein Rechtszustand herangezogen werden, wie er sich als Folge der Integration eines Vertragsstaats in eine supranationale völkerrechtliche Gemeinschaft darstellt[3]. Namentlich Gesellschaften aus den USA können daher nicht unter Berufung auf den Freundschafts-, Handels- und Schifffahrtsvertrag zwischen der Bundesrepublik Deutschland und den Vereinigten Staaten von Amerika (oben Rz. 8) die Postulationsfähigkeit erlangen[4].

d) Rechtsdienstleistungsbefugnis der Gesellschaft

Ein weitgehend übersehenes Problem des Tätigwerdens ausländischer Be- 74
rufsausübungsgesellschaften ist die Klärung der Befugnis zur Erbringung von Rechtsdienstleistungen im Inland[5]. Unter Geltung deutschen Sachrechts kommt der Anwaltsvertrag nach der Rechtsprechung des BGH mit der Berufsausübungsgesellschaft zustande, wenn nicht ausdrücklich etwas anderes vereinbart wurde[6]. Daher ist die Rechtsdienstleistungsbefugnis der Berufsausübungsgesellschaft maßgeblich, da sie die Erbringung von Rechtsdienstleistungen schuldet. Nach dem Rechtsdienstleistungsgesetz (RDG) ist die anwaltliche Rechtsberatungstätigkeit nur noch an der BRAO zu messen[7]. Das RDG enthält, anders als das frühere RBerG in Art. 1 § 3 Nr. 2, keine pauschale Freistellung von anwaltlichen Berufsausübungsgesellschaften von der Erlaubnispflicht[8].

1 *Dahns*, NJW-Spezial 2005, 333; *Weller/Kienle*, DStR 2005, 1102, 1103; *Henssler*, NJW 2009, 3136, 3137; *Bettinger*, S. 287.
2 OVG Münster NJOZ 2005, 4662, 4663.
3 OVG Münster NJOZ 2005, 4662, 4663.
4 *Henssler*, NJW 2009, 3136, 3137.
5 Nicht erwähnt etwa bei *Grunewald/Müller*, NJW 2005, 465; *Weller/Kienle*, DStR 2005, 1060; *Weller/Kienle*, DStR 2005, 1102; *Triebel/Otte/Kimpel*, BB 2005, 1102.
6 Siehe nur BGH NJW 2003, 1803, 1804.
7 BT-Drucks. 16/3655, S. 32.
8 Zur alten Rechtslage etwa *Henssler/Mansel*, NJW 2007, 1393, 1397.

75 Entsprechende Befugnisse müssen insofern unmittelbar aus der BRAO gewonnen werden. Die Rechtsdienstleistungsbefugnis bleibt damit – von der zugelassenen Rechtsanwaltsgesellschaft mbH abgesehen – grundsätzlich an den einzelnen Berufsträger gebunden und beurteilt sich nicht nach der Rechtsform der Berufsausübungsgesellschaft. Uneingeschränkt rechtsdienstleistungsbefugt sind daher Berufsträger, die Rechtsanwälte nach § 12 BRAO oder niedergelassene europäische Rechtsanwälte nach §§ 2 ff. EuRAG sind. Eine nur eingeschränkte Rechtsdienstleistungsbefugnis haben Anwälte aus Drittstaaten nach § 206 BRAO. Soweit der Gesetzgeber mit dem RDG die Stellung von Berufsausübungsgesellschaften im Rechtsdienstleistungsrecht im Vergleich zum früheren RBerG nicht ändern wollte[1], lässt sich aufgrund des völligen Schweigens des RDG zur Rechtsdienstleistungsbefugnis natürlicher oder juristischer Personen eine solche nur gewinnen, wenn man die Befugnis der Gesellschaft von der Befugnis der in der Gesellschaft tätigen Rechtsanwältinnen und Rechtsanwälte ableitet[2]. Dies ist solange unproblematisch, wie in der Gesellschaft ausschließlich unbeschränkt befugte Berufsträger, d.h. deutsche Rechtsanwälte oder registrierte europäische Rechtsanwälte, tätig sind. Soweit in der Gesellschaft hingegen auch Rechtsanwälte i.S.d. § 206 BRAO tätig sind, können sie nicht über den Umweg einer Rechtsdienstleistungsbefugnis der Gesellschaft weitergehende Befugnisse erhalten als ihnen in Person nach § 206 BRAO zustehen.

III. Besonderer Teil

Literatur:

Bank, Die britische Limited Liability Partnership: Eine attraktive Organisationsform für Freiberufler?, 2006; *Bank*, Die LLP – eine attraktive Alternative für deutsche Anwaltssozietäten, BB-Special 3/2010, 4; *Bettinger*, Englische LLP und Anwaltshaftung in Deutschland, 2009; *Bennet*, Die US-Limited Partnership, RIW 1992, 276; *Bungert*, Die (Registered) Limited Liability Partnership, RIW 1994, 360; *Cuber*, Formen anwaltlicher Zusammenarbeit unter besonderer Berücksichtigung der Anwalts-EEG, 1996; *Dahns*, Die englische LLP als Rechtsform für die anwaltliche Berufsausübung, NJW-Spezial 2005, 333; *Eilers*, Umwandlungssteuerrecht: Der Weg in die LLP, BB-Special 3/2010, 27; *Hallweger*, Limited Liability Partnership – eine Gesellschaftsform für US-amerikanische Anwaltszusammenschlüsse und ihre Haftungsfragen, NZG 1998, 531; *Henssler/Mansel*, Internationalrechtliche Haftungsfragen beim Auftreten einer anwaltlich tätigen Limited Liability Partnership (LLP) englischen Rechts in Deutschland, FS Horn (2006), S. 403; *Henssler/Mansel*, Die Limited Liability Partnership als Organisationsform anwaltlicher Berufsausübung, NJW 2007, 1393; *Kilian*, Die limited liability partnership – Eine neue Gesellschaftsform im deutschen Recht, NZG 2000, 1008 ff.; *Kilian*, Modernes Gesellschaftsrecht Off-Shore, RIW 2000, 896; *Kilian*, Die GmbH als Organisationsform für die österreichische Anwaltschaft, AnwBl. 2000, 21; *Knöfel*, Zulassung einer Anwalts-Ltd. als Rechtsanwaltsgesellschaft, AnwBl. 2007, 742; *Leicht*, Gründung der LLP und Ausgestaltung des Gesellschaftsvertrages, BB-Special 3/2010, 14; *McGoldrick/Morris*, Legal Services And The Business Community On Jersey [1995]

1 BT-Drucks. 16/3655, S. 62, 92.
2 Ähnlich wie hier *Bettinger*, S. 234; vgl. auch *Koch/Kilian*, Rz. B 798.

24 Anglo-American Law Review, 168; *Rehm*, Private Haftung der Gesellschafter einer LLP mit Verwaltungssitz in Deutschland, BB-Special 3/2010, 10; *Roth*, Die Postulationsfähigkeit der LLP, BB-Special 3/2010, 29; *Sassenbach*, Rechtsanwaltsgesellschaften: RA-GmbH, RA-AG und RA-LLP? – die Möglichkeit der gesetzlichen Haftungsbeschränkung bei der Berufsausübung, AnwBl. 2007, 293; *Schnittker*, Gesellschafts- und steuerrechtliche Behandlung einer englischen Limited Liability Partnership mit Verwaltungssitz in Deutschland, 2007; *Schmuck*, Die Anwalts-AG nach französischen Recht, RIW 1993, 983; *Triebel/Kartsten*, Limited Liability Partnerships Act 2000 – maßgeschneiderte Rechtsform für freie Berufe?, RIW 2001, 1; *Triebel/Otte/Kimpel*, Die englische Limited Liability Partnership in Deutschland: attraktive Rechtsform für deutsche Beratungsgesellschaften?, BB 2005, 1233; *Weller/Kienle*, Die Anwalts-LLP in Deutschland, Anerkennung- Postulationsfähigkeit-Haftung (Teil I), DStR 2005, 1060; *Weller/Kienle*, Die Anwalts-LLP in Deutschland, Anerkennung – Postulationsfähigkeit – Haftung (Teil II), DStR 2005, 1102.

1. Einleitung

Nach den vorangegangenen Ausführungen besteht für Rechtsanwälte grundsätzlich die Möglichkeit, ihre Berufsausübung in Deutschland in einer Gesellschaft ausländischer Rechtsform zu organisieren. Die fragliche Gesellschaft muss in einem Mitgliedstaat des EWR oder in einem sonstigen Drittstaat – wie etwa den USA – gegründet worden sein, dessen Gesellschaften aufgrund bilateraler Gewährleistungen Niederlassungsfreiheit in Deutschland in Anspruch nehmen können. Praktisch herbeizuführen ist dieser „Import" einer ausländischen Gesellschaftsform durch Gründung der Gesellschaft im Ausland und anschließende Verlegung ihres Verwaltungssitzes nach Deutschland. Alternativ möglich ist die Begründung einer Zweigniederlassung in Deutschland. Die Zahl der theoretisch nutzbaren Gesellschaftsformen ist aufgrund der Vielzahl der von den Gewährleistungen der Niederlassungsfreiheit erfassten Rechtsordnungen nahezu unüberschaubar. In diesem Kontext kann insofern kein Überblick über das Gesellschaftsrecht mehrerer Dutzend Rechtsordnungen gegeben werden. Die Darstellung muss daher eine Beschränkung unter Berücksichtigung der Praxisrelevanz vornehmen. 76

In der Berufspraxis der Anwaltschaft spielen bislang vor allem die Gesellschaftsformen des britischen Rechts eine Rolle[1]. Als *Limited Liability Partnership* (LLP) sind bereits einige Berufsausübungsgesellschaften in Deutschland tätig, zumeist in Form von Zweigniederlassungen einer LLP mit Verwaltungssitz in Großbritannien. Gerichtsverfahren, die die Eintragung einer der anwaltlichen Berufsausübung dienenden, ihren Verwaltungssitz nach Deutschland verlegenden *Public Limited Company* (PLC) und einer *Private Limited Company* (Ltd.) als Pendant zu deutscher AG und GmbH zum Gegenstand hatten, sind bekannt geworden[2]. Auf eine nähere Befassung mit diesen beiden Kapitalgesellschaften des britischen Rechts wird in der weiteren Darstellung angesichts der für die Organisation der anwaltlichen 77

1 „Exportpotential" dürften aus deutscher Sicht künftig möglicherweise auch Gesellschaftsformen des französischen und des österreichischen Rechts besitzen.

2 Für die Ltd. AGH Berlin BRAK-Mitt. 2007, 171, für die PLC vgl. *Römermann*, Anwalt 1/2000, S. 6, 7 („pro videntia").

Berufsausübung geringen Bedeutung bereits der deutschen Kapitalgesellschaften allerdings verzichtet. Für die Ltd. gilt dies umso mehr, als der deutsche Gesetzgeber mit der Schaffung der haftungsbeschränkten Unternehmergesellschaft (UG) einen wesentlichen Vorteil der Ltd. im Wettbewerb der Rechtsformen nivelliert hat. Die nachfolgende Darstellung konzentriert sich daher auf die LLP als der deutschen PartG vergleichbare Gesellschaftsform.

2. Die Limited Liability Partnership (UK)

a) Charakteristika und Vorzüge der LLP als Berufsausübungsgesellschaft

78 Aufgrund der Schaffung neuer auf Freiberufler zielender Gesellschaftsformen in den wichtigsten konkurrierenden Beratungsmärkten USA und Deutschland sowie „off-shore" vor der britischen Haustür in Jersey[1], hat Großbritannien im Jahr 2000 die Gesellschaftsform der *limited liability partnership* geschaffen, um eine drohende Abwanderung britischer Beratungsgesellschaften zu anderen Standorten zu verhindern[2]. Anders als die deutsche PartG steht die LLP als Organisationsform aber auch Gewerbetreibenden offen. Dies erklärt ihre enorme Verbreitung im Vereinigten Königreich, in dem monatlich mehrere Hundert Neueintragungen von LLPs erfolgen[3]. Ihre Rechtsgrundlage findet die LLP im *Limited Liability Partnership Act 2000* (LLPA) sowie im Verordnungsrecht, das auf Grundlage des LLPA ergangen ist (sog. *Regulations*). Regelungstechnisch nimmt das Recht der LLP umfassend andere Rechtsquellen des britischen Gesellschaftsrechts in Bezug und modifiziert bzw. adaptiert diese nach Bedarf.

79 Ihrer Rechtnatur nach ist die *limited liability partnership* eine juristische Person (*body corporate*), die durch Inkorporierung nach Maßgabe des LLPA entsteht. Die auf eine Personengesellschaft hindeutende Bezeichnung *„partnership"* ist hierbei irreführend; es handelt sich bei der LLP um eine Gesellschaft, auf die bis auf steuerrechtliche Fragen fast ausschließlich Kapitalgesellschaftsrecht zur Anwendung kommt. Einen hybriden Charakter hat sie aufgrund ihrer flexiblen Organisations- und Verwaltungsstrukturen, die sie einer Personengesellschaft annähern. Die *limited liability partnership* entsteht konstitutiv durch Registrierung (unten Rz. 88 ff.). Aus der Verleihung der eigenen Rechtspersönlichkeit für die *limited liability partnership* folgt der grundsätzliche Ausschluss der (gesellschaftsrechtlich angelegten) Haftung der Partner aus Vertrag (unten Rz. 107 ff.). Die Haftung ausschließlich des mandatsbearbeitenden Anwalts ist durch die allgemeinen Prinzipien der Anwaltshaftung (Verletzung einer *„duty of care"* des Mandatsbearbeiters gegenüber dem Mandanten) sichergestellt (unten Rz. 104 ff.).

80 Bei einer Einordnung der LLP aus dem Blickwinkel des deutschen Rechts zeigt sich, dass die LLP zwischen GmbH und PartG steht[4]: Im Vergleich

---

1 Hierzu *Kilian*, RIW 2000, 896 ff.

2 Ausführlich zur Genese *Kilian*, NZG 2000, 1008 ff.

3 *Schnittker/Bank*, Rz. 32.

4 *Schnittker/Bank*, Rz. 10.

zur GmbH ist die LLP flexibler bei der Geschäftsführung, Vertretung und Gewinnverteilung und gewinnt ihren Reiz durch fehlende Kapitalaufbringungs- und Kapitalerhaltungsvorschriften sowie einen schlanken und kostengünstigen Gründungsakt. Von der PartG (und der GbR) unterscheidet sich die LLP durch den völligen Verzicht auf eine gesellschaftsrechtlich verwurzelte akzessorische Gesellschafterhaftung, d.h. nach gesellschaftsrechtlichen Grundsätzen haftet stets nur die Gesellschaft begrenzt auf ihr Gesellschaftsvermögen. Das deutsche Recht ermöglicht eine ähnlich strukturierte Gesellschaft nur in Form der GmbH & Co. KG im Wege einer Typenvermischung. Die GmbH & Co. KG weist eine deutlich komplexere Struktur auf als eine LLP und führt auch bei einem Einsatz als Gesellschaft zur Ausübung eines freien Berufs zur Gewerbesteuerpflicht. Zudem ist die Möglichkeit der Nutzung der GmbH & Co. KG für die anwaltliche Berufsausübung gegenwärtig (noch) umstritten (oben Kap. F Rz. 1 ff.). Diesen Vorteilen stehen aus Sicht vieler Freiberufler als Nachteil weitreichende Publizitäts- und Bilanzierungspflichten gegenüber.

b) Gründung

aa) Gründungsvoraussetzungen nach britischem Recht

Die Gründung der LLP erfolgt durch **Eintragung** beim sog. *„registrar of companies"* im Rahmen eines kostenpflichtigen[1] Verwaltungsverfahrens auf Grundlage einer bei diesem im Original oder in zugelassener Abschrift eingereichten Gründungsurkunde, dem sog. *„incorporation document"*. Mit dem *„registrar of companies"* ist für England und Wales die Behörde gemeint, die die Registerpflichten gemäß dem *Companies Act* wahrnimmt (*Companies House*[2]). Das Verfahren beim *Registrar* ist bewusst einfach strukturiert, kann formularmäßig abgewickelt werden und ist an dem Ziel orientiert, dass die Gründung jedem Laien ohne Inanspruchnahme fachkundiger Hilfe möglich ist[3]. Ein entsprechender Formularsatz steht auf der Internetpräsenz des *Companies House* jedermann zur Verfügung[4]. Aufgrund der geringen Anforderungen und des standardisierten Gründungsvorgangs erfolgt die konstitutive Eintragung der LLP in der Regel binnen fünf Werktagen und kann durch Zahlung einer zusätzlichen Gebühr sogar weiter beschleunigt werden. Deutlich wird eine weitgehende „Formlosigkeit" der Errichtung der LLP, die für Gründer besonders reizvoll sein kann. Im Gesetzgebungsverfahren wurde sie unter ausdrücklichem Hinweis auf die deutlich strengeren Voraussetzungen der Errichtung von Gesellschaften in Deutschland kritisiert[5], ist aber letztlich Gesetz geworden und bietet einen Vorteil im Wettbewerb der LLP mit deutschen Gesellschaftsformen. 81

1 Die Eintragungsgebühr betrug im Jahr 2010 20 GBP.
2 Online erreichbar unter www.companieshouse.gov.
3 Die Übernahme der Registrierung wird von britischen und deutschen Dienstleistern angeboten.
4 Abgedruckt auch bei *Schnittker/Bank* im Anhang.
5 *Kilian*, NZG 2000, 1008, 1011 (Fn. 31).

82 In der **Gründungsurkunde** muss der Name der zu errichtenden Gesellschaft ersichtlich sein und angegeben werden, ob der Sitz der Gesellschaft in England und Wales, nur in Wales oder in Schottland sein wird[1]. Ferner mitzuteilen sind die genaue Adresse des Sitzes der Gesellschaft und die Namen und Adressen aller Gesellschafter. Das *incorporation document* ist schließlich auch von den Gesellschaftern in spe zu unterschreiben.

83 Die Mindestzahl der **Gesellschafter** einer LLP beträgt zwei. Sie werden in s. 2 (2a) umschrieben als *„persons associated for carrying on a lawful business with a view to profit"*; es handelt sich hierbei um eine leicht modernisierte Definition des klassischen *partnership*-Begriffs (*„carrying on a business in common with a view of profit"*). Dass die Gesellschafter ein rechtmäßiges Geschäft mit Gewinnerzielung zu betreiben beabsichtigen, müssen sie gegenüber dem *Registrar* nach s. 3(2) LLPA in einer Konformitätserklärung bestätigen.

84 In der Gründungsurkunde sind die Gesellschafter zu benennen, die die Funktion der sog. *„designated members"* übernehmen. Sie erfüllen in einer *limited liability partnership* die Funktion, wie sie in britischen Kapitalgesellschaften den *„company secretaries"* zukommt. Der LLPA und die Regulations definieren die Aufgaben und Pflichten der *„designated members"* nicht näher; diese sind analog der Aufgaben eines *„officer of the company"* zu bestimmen und umfassen u.a. die Wahrung von Registerpflichten, die Überprüfung der Buchführung, Ernennung der Prüfer und weitere administrative Aufgaben. Soweit auf Grund Wechseln im Gesellschafterbestand die Zahl der *„designated members"* auf unter zwei absinkt, sind alle Gesellschafter als *„designated members"* anzusehen; s. 8 (2) LLPA.

85 Gem. s. 2 Schedule 1 muss der **Name** („the name") der Gesellschaft auf *„limited liability partnership"* oder die Abkürzung „llp" bzw. „LLP" enden. Für dem Fall, dass die Gesellschaft ihren Sitz in Wales hat, kann alternativ auch die walisische Entsprechung *„partneriaeth atebolrwydd cyfyngedig"* oder „pac" bzw. „PAC" verwendet werden. Die missbräuchliche Verwendung des Rechtsformzusatzes ist gem. s. 7 Schedule 1 strafbewehrt. Der LLPA enthält keine Vorgaben, wie der Namenskern zu bilden ist. Die üblichen allgemeinen Einschränkungen nach dem *Companies Act* gelten insofern auch für die *limited liability partnership*; so kann vorbehaltlich einer Genehmigung kein Name gewählt werden, die eine Nähe zu staatlichen Einrichtungen nahelegt. Verboten sind Namen mit beleidigendem oder strafrechtlich relevantem Wortlaut. Nicht möglich ist die Wahl eines Namens, der bereits nach dem *Companies Act* registriert ist. Ein neuer Name kann jederzeit gewählt werden; eine Änderung ist zum Register anzuzeigen und mit dem Tag der Ausstellung eines entsprechenden Änderungszertifikats wirksam. S. 6 Schedule 1 stellt klar, dass durch eine Umbenennung die Rechte und Pflichten der *limited liability partnership* unberührt bleiben; verfahrensrechtlich können Prozessverfahren ohne weitere Formalien unter dem neuen Namen fortgeführt werden. Die Anwendung von firmenrechtlichen Bestimmungen des *Companies Act* zwingt die LLP ferner dazu, auf

1 *Kilian*, NZG 2000, 1008, 1011.

Drucksachen Sitz und Registereintragung anzugeben sowie die Abkürzung „LLP" im vollen Wortlaut aufzuschlüsseln.

86 Nicht notwendig ist die Aufbringung eines **Grundkapitals**. Die Gesellschafter können in Folge einer gesellschaftsvertraglichen Vereinbarung oder eines einstimmigen Beschlusses zur Erbringung von Kapital- oder Sacheinlagen verpflichtet sein. Die Gesellschaft kann insofern aufgrund ihrer Rechtsfähigkeit Vermögen bilden, notwendig ist dies aber nicht.

bb) Ergänzende Anforderungen des deutschen Rechts

87 Gesellschafter einer LLP kann neben einer natürlichen Person grundsätzlich auch eine juristische Person sein. In einer anwaltlichen Berufsausübungsgesellschaft, deren Gesellschafter dem deutschen anwaltlichen Berufsrecht unterfallen, ist die Gesellschafterstellung einer juristischen Gesellschaft indes nicht möglich (oben Rz. 33). Ebenso kann nur eine sozietätsfähige natürliche Person Gesellschafter sein (oben Rz. 34). Verstöße gegen diese Voraussetzungen hindern nicht die Niederlassung der Gesellschaft in Deutschland, wohl aber den Verbleib der Personen in der Gesellschaft, von denen die Gesellschaft ihre Rechtsdienstleistungsbefugnis (oben Rz. 68) und Postulationsfähigkeit (oben Rz. 74) ableitet.

c) Registerfragen

aa) Registerfragen des britischen Rechts

88 Sind die vorstehend skizzierten Gründungsvoraussetzungen erfüllt, wird die Gesellschaft vom *Registrar* in das *„companies register"* eingetragen und über diesen Vorgang ein Zertifikat ausgestellt. Das Zertifikat belegt gem. s. 3 (4) LLPA urkundlich, dass die fragliche *limited liability partnership* durch die Registrierung entstanden ist. Im Registerverfahren kann ausschließlich die LLP, typischerweise durch ihre ***„designated members"*** handelnd, tätig werden. Einem einzelnen Gesellschafter kommt kein eigenständiges Antragsrecht zu. So ist es einem Gesellschafter nicht möglich, bei einem Ausscheiden aus der Gesellschaft seine Löschung im Register zu bewirken oder bei Aufgabe des Status als *„designated member"* diese Änderung eintragen zu lassen. Wenn die Gesellschaft ihren diesbezüglichen Pflichten nicht nachkommt, bleibt dem betroffenen Gesellschafter nur die Möglichkeit, eine einstweilige Verfügung gegen die Gesellschaft zu erwirken, die sie zur Vornahme der begehrten Verfahrenshandlung zwingt. Für die Gesellschaft selbst ist die Nicht-Vornahme von Registereintragungen in der Weise strafbewehrt, dass den für die Gesellschaft handelnden *„designated members"* eine Geldbuße auferlegt werden kann. Ein angeregtes eigenständiges Antragsrecht von Gesellschaftern wurde als Durchbrechung allgemeiner, im *Company Law* geltender Prinzipien mit dem Hinweis abgelehnt, dass dies für die Registerbehörde auf Grund paralleler oder kreuzender Anträge die Gefahr unnötiger Arbeit nach sich ziehen kann[1].

1 Vgl. *Hansard*, 24. 1. 2000, c. 1391.

89 Wechsel im Gesellschafterbestand (unten Rz. 100) müssen binnen 14 Tagen zum Register gemeldet werden; während für die Mitteilung von Änderungen persönlicher Angaben eines Gesellschafters (Name, Adresse) eine Frist von 28 Tagen bestimmt ist. Die auf den ersten Blick nicht nachvollziehbare zeitliche Differenzierung beruht auf der Überlegung, dass für die grundsätzliche Frage der Mitgliedschaft eine Verlängerung der für *companies* geltenden 14-Tages-Frist nicht sachgerecht ist, während auf Grund der administrativen Probleme bei der Verwaltung von persönlichen Daten möglicherweise Tausender Gesellschafter einer weltweit tätigen LLP eine längere Frist vertretbar ist[1].

bb) Registerfragen des deutschen Rechts

90 LLPs, deren Verwaltungssitz sich in Deutschland befindet bzw. die in Deutschland eine Zweigniederlassung (zur Abgrenzung von einem unselbstständigen Betriebsteil oben Rz. 66) unterhalten, sind registerpflichtig (oben 64 ff.), da sie bei einem Rechtsformvergleich keinesfalls als der nicht-registerpflichtigen GbR gleichartig anzusehen sind. Problematisch und bislang nicht abschließend geklärt ist nur, ob die LLP als partnerschaftsähnliche Gesellschaft in das Partnerschaftsregister oder aufgrund ihrer Ähnlichkeit mit der Kapitalgesellschaft als *body corporate* in das Handelsregister einzutragen ist. Als partnerschaftsähnlich sollen all jene ausländischen gesellschaftsrechtlichen Zusammenschlüsse von Freiberuflern i.S.d. § 1 Abs. 2 S. 2 PartGG anzusehen sein, die eine ähnliche personalistische Struktur wie die Partnerschaft aufweisen und über eine eigene Rechtspersönlichkeit verfügen[2]. Nicht erforderlich ist nach dieser Sichtweise, dass die ausländische Rechtsform in jedem Falle eine § 8 Abs. 2 PartGG vergleichbare Form der Haftungsbeschränkung kennt[3]. So wird etwa im Kontext der AG in einem vergleichbaren Fall der Substitution unter Hinweis auf die persönlichen Haftung von Aktionären in Anwaltsgesellschaften bestimmter Rechtsordnungen vertreten, dass eine auf das Gesellschaftsvermögen beschränkte Haftung kein wesentliches Merkmal der AG sei[4].

Unter Zugrundelegung des für einen Rechtsformenvergleich allgemein anerkannten Maßstabs, nach dem die Organisationsstruktur, die Haftungs- und Vermögensverhältnisse und weitere typenbestimmende Merkmale zu vergleichen sind, aber keine Übereinstimmung in allen Punkten erforderlich ist, wird die Haftungsverfassung in der PartG nicht zu deren die Zuordnung zu den Personen- bzw. Kapitalgesellschaften determinierenden Hauptmerkmalen gezählt[5]. Die Haftungsverfassung hat insofern lediglich die Funktion, innerhalb der Gruppe der Personengesellschaften in einem zweiten Schritt eine Zuordnung der LLP zur PartG zu ermöglichen[6].

---

1 Vgl. *Hansard*, 24. 1. 2000, c. 1389.
2 *Henssler*, NJW 2009, 3136, 3137; vgl. auch MünchKommHGB/*Krafka*, § 13d Rz. 10.
3 *Henssler*, NJW 2009, 3136, 3137.
4 Ebenroth/Boujong/Joost/Strohn/*Pentz*, HGB, 2. Aufl. 2008, § 13e Rz. 9.
5 MünchKommHGB/*Krafka*, 2. Aufl. 2005, § 13d Rz. 9a.
6 Anders wohl *Henssler*, NJW 2009, 3136, 3138.

Diese Sichtweise erscheint sachgerecht, weil die PartG, ähnlich wie die LLP, primär geschaffen worden ist, um eine (der oHG identische) Rechtsform für die Freien Berufe anzubieten. Freilich lässt sich nicht verkennen, dass die PartG ebenso wie die oHG auf dem Grundmodell einer Personengesellschaft mit akzessorischer Haftung aller Gesellschafter beruht, während die Haftungskonzentration auf den Handelnden in § 8 Abs. 2 PartGG nur für Berufsausübungsfehler greift (und zudem erst nachträglich geschaffen wurde). Die LLP ist hingegen von vorneherein als haftungsbeschränkte Gesellschaft konzipiert. Im Rahmen einer Gesamtabwägung erscheint es aber vertretbar, jedenfalls die dem gesetzlichen Leitbild des LLPA und den *Regulations* entsprechende LLP den Personengesellschaften zuzurechnen. Für eine solche Sichtweise streiten insbesondere Merkmale wie der gesellschaftsinterne Willensbildungsprozess, die Regeln zur Geschäftsführung, die organschaftliche Vertretung, die Vermögensordnung, die Gewinnverteilung pro rata und der Verzicht auf ein Mindestkapital. Soweit aus diesen Charakteristika die Zuordnung zu den Personengesellschaften folgt, führt die Haftungsverfassung der LLP sodann zwangsläufig zur größten Nähe zur Partnerschaftsgesellschaft, soweit Zweck der Gesellschaft die Ausübung eines freien Berufs ist (ansonsten entspräche sie der oHG). Vor diesem Hintergrund wird überwiegend vertreten, dass die freiberufliche LLP wegen ihrer Ähnlichkeit mit der deutschen PartG schlechthin ins Partnerschaftsregister einzutragen sei[1]. Diese Sichtweise nimmt auch der BRAK-Ausschuss Internationale Sozietäten ein[2]. 91

Zum Teil wird auch vertreten, dass eine Zuordnung stets nur im Einzelfall möglich sei und davon abhänge, ob die LLP in ihren Strukturen dem gesetzlichen Leitbild des LLPA und der *Regulations* tatsächlich entspricht[3]. Nur dann soll sie der PartG äquivalent sein und im Partnerschaftsregister eingetragen werden können. Soweit die Gesellschafter die LLP hingegen in Abweichung vom gesetzlichen Grundmodell kapitalistisch ausgeformt haben, müsste sie als eine der Kapitalgesellschaft ähnliche Rechtsform ins Handelsregister eingetragen werden[4]. Dem deutschen Rechtsverständnis ist eine solche fallweise Qualifizierung von Rechtsformen fremd. Obschon auch die Gesellschaftsformen des deutschen Rechts durch Gesellschaftsvertrag deutlich kapitalistischer oder personalistischer ausgestaltet werden können als das gesetzliche Grundmodell dies vorsieht, verändert sich ihre Zuordnung zu den Personen- oder Kapitalgesellschaft durch kautelarjuristische Gestaltung nicht. Auch bei der nach § 13e HGB notwendig werdenden Abgrenzung der Kapitalgesellschaften voneinander wird eine formelle, generalisierende Betrachtung gewählt[5]. Insofern erscheint es richtiger, dass eine Freiberufler- 92

1 Vgl. nur *Koch/Kilian*, Rz. 995 (Fn. 1520); Henssler/Prütting/*Henssler*, § 5 PartGG Rz. 6; *Henssler/Mansel*, NJW 2007, 1393, 1399; *Bettinger*, S. 217; *Dahns*, NJW-Spezial 2005, 333.

2 Vgl. BRAK-Mitt. 2008, 17, 18; BRAK-Mitt. 2009, 22, 23.

3 So insbesondere *Schnittker/Bank*, Rz. 60ff.; *Weller/Kienle*, DStR 2005, 1102, 1103.

4 So dezidiert *Schnittker/Bank*, Rz. 58ff.

5 Vgl. nur Ebenroth/Boujong/Joost/Strohn/*Pentz*, HGB, 2. Aufl. 2008, § 13e Rz. 14f.

LLP grundsätzlich, d.h. ohne Rücksicht auf ihre kautelarjuristische Gestaltung, in das Partnerschaftsregister einzutragen ist[1]. Ein solches Verständnis trägt auch den Bedürfnissen des Registerverfahrens Rechnung[2] und entspricht, so weit bekannt, der überwiegenden Praxis der Registergerichte[3].

93 Zur Erfüllung der Registerpflicht durch die LLP müssen in entsprechender Anwendung der § 3 Abs. 2 und 5 Abs. 1 PartGG der Name, Vorname, der in der LLP ausgeübte Beruf, Wohnort, Geburtsdatum und Vertretungsmacht eines jeden Partners in das Partnerschaftsregister eingetragen werden. Zur Begrenzung des hiermit verbundenen erheblichen administrativen Aufwands insbesondere für größere, international tätige Gesellschaften bei Gesellschafterwechseln wird vorgeschlagen, dass es ausreichend sein müsse, nur die an den deutschen Standorten tätigen „*members*" einer LLP in das Register einzutragen[4]. Das englische Registerrecht kann für diese Überlegung nicht fruchtbar gemacht werden. In diesem gibt es keinerlei Erleichterungen dieser Art, vielmehr hat der Gesetzgeber dort sogar die für andere Gesellschaftsformen geltende Frist (oben Rz. 89) mit Rücksicht auf den LLPs treffenden Aufwand von 14 auf 28 Tage verdoppelt[5].

94 Gestützt wird diese Sichtweise auf eine teleologische Reduktion, da eine Registereintragung mangels akzessorischer Gesellschafterhaftung in der LLP (unten Rz. 107ff.) ihren auf die oHG oder PartG zugeschnittenen Schutzzweck[6] von vorneherein nicht entfalten könne. Die Haftung in der LLP folgt aus einer *duty of care* des jeweils handelnden Berufsträgers und knüpft gerade nicht an seine Gesellschafterstellung an. Eine persönliche Haftung aller Gesellschafter für außerberufliche Gesellschaftsschulden kennt die LLP, anders als die PartG, nicht; vielmehr greift dort der Haftungsvorteil auch im außerberuflichen Bereich[7]. Soweit auf die LLP §§ 3 Abs. 2 und 5 Abs. 1 PartGG nur analog zur Anwendung kommen, ist methodisch wohl auch ein anderer Ansatz denkbar, nämlich die Übertragung der Registeranforderungen aus § 5 PartG auf die LLP in nur jenem Umfang, der die für den Analogieschluss notwendige Vergleichbarkeit der Interessenlage abbildet. Ein entsprechendes

1 *Koch/Kilian*, Rz. B 995 (Fn. 1520).
2 Wollte man dies anders sehen, wären LLPs je nach Gesellschaftszweck und Ausgestaltung im Einzelfall in das Partnerschaftsregister (personalistische Freiberufler-LLP), in das Handelsregister Abt. A (personalistische LLP mit gewerblichem Zweck) oder in das Handelsregister B (körperschaftliche Freiberufler-LLP bzw. körperschaftliche LLP mit gewerblichem Zweck) einzutragen.
3 Siehe *Henssler*, NJW 2009, 3136, 3138, der auf Erkenntnisse eine gemeinsame Tagung von Registerrichtern und dem Ausschuss internationale Sozietäten bei der BRAK hinweist.
4 *Henssler*, NJW 2009, 3136, 3138.
5 Vgl. *Kilian*, NZG 2000, 1008, 1013. Wenngleich die Meldung auf einem einseitigen Formular vergleichsweise formlos erfolgen kann; hierzu mit Muster *Schnittker/Bank*, Rz. 85ff.
6 Vgl. Staub/*Ulmer*, HGB, § 106, Rz. 14.
7 Dazu eingehend *Kilian*, NZG 2000, 1008, 1013; ferner *Henssler/Mansel*, NJW 2007, 1393.

Verständnis berücksichtigt, dass nach der Rspr. des EuGH[1] im Lichte der Niederlassungsfreiheit ausländischen Gesellschaften nur solche Anmeldepflichten abverlangt werden dürfen, die nicht diskriminierend und zudem geeignet, erforderlich und verhältnismäßig sind. Sieht man als Zweck der Eintragung aller Gesellschafter aus deutscher Sicht primär die Bereitstellung von Informationen über die potenziell Haftenden, wäre die Pflicht, auch alle ausländischen Gesellschafter einer LLP zum deutschen Partnerschaftsregister anzumelden, dann im Sinne der Dogmatik der Grundfreiheiten wohl bereits nicht erforderlich, jedenfalls aber unverhältnismäßig, wenn die Gesellschafter keinen Bezug zur anwaltlichen Tätigkeit auf dem deutschen Markt haben[2]. Dies gilt umso mehr, als die entsprechenden Informationen dem *Companies Register* entnommen werden können, das von Deutschland aus unproblematisch online abgerufen werden kann.

Nach § 5 Abs. 2 PartGG i.V.m. § 13d Abs. 2 HGB muss die Eintragung auch den **Ort der Zweigniederlassung** enthalten. Unterhält eine LLP mehrere Niederlassungen in Deutschland, kann sie, entsprechend der Pflicht der PartG zur Benennung lediglich ihrer Hauptniederlassung, eine „inländische Hauptniederlassung" festlegen, in deren Register sodann die weiteren Zweigniederlassungen vermerkt werden[3]. 95

d) Gesellschaftsvertrag

Die Gesellschafter der *limited liability partnership* sind nicht verpflichtet, einen förmlichen Gesellschaftsvertrag abzufassen. Entscheiden sie sich für eine schriftliche Fixierung ihrer Rechte und Pflichten in der Gesellschaft[4], besteht **keine Publikationspflicht** etwa durch Hinterlegung. Die Eintragung der LLP erfolgt vielmehr auf Grundlage des *incorporation documents* (oben Rz. 82). Aus dem deutschen Recht folgen für eine anwaltliche Berufsausübungsgesellschaft keine weitergehenden Anforderungen (oben Rz. 32). 96

e) Mitgliedschaft

aa) Regelungen des englischen Gesellschaftsrechts

Gemäß s. 4 LLPA haben **Gesellschafterstatus** („*membership*") in einer *limited liability partnership* alle Personen, die auf dem „*incorporation document*" namentlich erscheinen. s. 4 (4) LLPA enthält eine ausdrückliche Klarstellung, dass ein Gesellschafter einer LLP unter keinem rechtlichen Gesichtspunkt als Arbeitnehmer der Gesellschaft angesehen werden kann, es sei denn, dass er bei hypothetischer Anwendung des *partnership laws* nicht als Partner, sondern als Angestellter zu qualifizieren wäre[5]. Hierdurch soll verhindert werden, dass Scheingesellschafter in das *incorporation document* 97

1 Vgl. nur EuGH NJW 1996, 579 („*Gebhard*").
2 Ähnlich *Henssler*, NJW 2009, 3136, 3138.
3 So auch die Empfehlungen des BRAK-Ausschusses Internationale Sozietäten, BRAK-Mitt. 2009, 22, 23.
4 Zu den Grundsätzen der Vertragsgestaltung *Leicht*, BB-Special 3/2010, 14ff.
5 *Kilian*, NZG 2000, 1008, 1011.

aufgenommen werden, um ihnen auf diese Weise Arbeitnehmerschutzrechte abzuschneiden. Die Möglichkeit, Gesellschafter anzustellen, schneidet diese Regelung gleichwohl nicht ab[1].

98 Die **Rechtsbeziehungen der Gesellschafter untereinander** werden vorrangig durch Gesellschaftsvertrag geregelt. Da ein solcher für die Gründung einer LLP nicht zwingend vorgeschrieben ist, stellt sich die Frage nach der Bestimmung der wechselseitigen Rechte und Pflichten bei Fehlen einer gesellschaftsvertraglichen Regelung. Wechselseitige Treupflichten bestehen nach h.M. nicht[2]. Mangels abweichender vertraglicher Vereinbarung ist jeder Gesellschafter der LLP zu gleichen Teilen am Vermögen und Gewinn der Gesellschaft beteiligt (Regulation 7(1)). Die LLP muss ihre Gesellschafter von jeder Haftung und von Aufwendungen freistellen, die sie im Rahmen der ordnungsgemäßen Geschäftsführung treffen.

99 Jeder Gesellschafter ist bei Fehlen abweichender diesbezüglicher Vereinbarung geschäftsführungsbefugt. Fremdgeschäftsführung ist möglich[3]. Fragen der gewöhnlichen **Geschäftsführung** können mit einfacher Mehrheit beschlossen werden, Grundsatzentscheidungen erfordern Einstimmigkeit. Die Bücher der LLP stehen jedem Gesellschafter jederzeit zur Einsicht zur Verfügung[4]. Besondere gesetzliche Regelungen zum Minderheitenschutz sind nicht bestimmt[5].

100 Der **Eintritt eines neuen Gesellschafters** erfolgt durch entsprechenden Vertrag mit den bisherigen Gesellschaftern, aufgrund dessen er Mitglied der *limited liability partnership* wird. Soweit keine abweichende Absprache getroffen ist, bestimmen die sog. *„Default Provisions"* der *Regulations*, dass neue Gesellschafter nur mit Zustimmung aller Gesellschafter aufgenommen werden können (reg. 7(5)). Zu den resultierenden Anzeigepflichten oben Rz. 93.

101 Ein **Ausscheiden aus der Gesellschaft** ist nach Maßgabe entsprechender vertraglicher Absprachen zwischen den Gesellschaftern möglich. Fehlt eine gesellschaftsvertragliche Vereinbarung, ist eine Kündigung der Mitgliedschaft jederzeit und unter Wahrung einer „angemessenen Frist" möglich (s. 5 (3) LLPA). Der Ausschluss von Mitgliedern durch Mehrheitsentscheidung ist nur möglich, wenn dies ausdrücklich vertraglich vereinbart wird (vgl. Regulations 8). Wird die Ausschließung gesellschaftsvertraglich ermöglicht, muss sie in gutem Glauben und im Interesse der Gesellschaft ausgeübt werden[6]. Nicht höchstrichterlich geklärt ist bislang, ob ohne explizite Vereinbarung bei Ausscheiden ein Abfindungsanspruch besteht. Überwiegend wird dies

1 Im Detail *Schnittker/Bank*, Rz. 95.
2 *Schnittker/Bank*, Rz. 115.
3 *Schnittker/Bank*, Rz. 102.
4 Diese Bestimmungen spiegeln das Recht der *partnership* wider; sie sind s. 24 PA 1890 entlehnt.
5 Näher *Kilian*, NZG 2000, 1008, 1012.
6 *Schnittker/Bank*, Rz. 88.

wohl verneint[1]. Zu den aus dem Ausscheiden resultierenden Anzeigepflichten oben Rz. 93.

Führen Wechsel im Gesellschafterbestand zu einem Herabsinken der Zahl der Gesellschafter auf nur noch einen („**Ein-Mann-LLP**"), hindert dies den Fortbestand der Gesellschaft nicht. Allerdings haftet der letztverbliebene Gesellschafter bei Fortführung der Geschäfte nach Ablauf von sechs Monaten seit der Alleingesellschafterstellung für alle ab diesem Zeitpunkt entstandenen Verbindlichkeiten der Gesellschaft persönlich[2]. 102

bb) Regelungen des deutschen Berufsrechts

Das deutsche Berufsrecht sieht besondere Anforderungen für die Geschäftsführung und Beschlussfassung einer Berufsausübungsgesellschaft vor (oben Rz. 43 ff.), die in der LLP zu beachten sind. 103

f) Rechtsbeziehungen der LLP im Außenverhältnis

aa) Regelungen des britischen Gesellschaftsrechts

Gemäß s. 6 LLPA ist jeder Gesellschafter im Außenverhältnis **Vertreter** („*agent*") der *limited liability partnership* und besitzt organschaftliche Einzelvertretungsmacht[3]. Der Gesellschafter kann die LLP nur dann nicht wirksam berechtigen und verpflichten, wenn er im Innenverhältnis zur Vornahme der entsprechenden Rechtshandlung nicht berechtigt ist und der Vertragspartner entweder positiv weiß, dass der Gesellschafter ihm gegenüber seine Kompetenzen überschreitet oder der Vertragspartner nicht davon ausgeht, dass der Gesellschafter als Vertreter der Gesellschaft handelt (s. 6 (2) LLPA). Im Falle des Ausscheidens eines Gesellschafters kann einem Dritten diese Tatsache nicht entgegengehalten werden, soweit ihm das Ausscheiden des Gesellschafters nicht bekannt gemacht worden ist oder die entsprechende Mitteilung bei der Registerbehörde eingegangen ist. 104

Die **Haftungsverfassung** der LLP folgt aus allgemeinen Prinzipien: Die LLP als eigenes Rechtssubjekt haftet für berufliche Kunstfehler und andere schadensersatzauslösende Handlungen der Mitglieder, weil diese „*agents*" der LLP sind[4]. Die Regelung von Haftungsfragen in der LLP-Gesetzgebung erschöpft sich in s. 6 (4) LLPA, die bestimmt, dass die LLP bei Haftung eines Gesellschafters im selben Umfang akzessorisch haftet wie der Gesellschafter selbst. Die Gesellschafter haften hingegen nicht akzessorisch zur Gesellschaft für deren Verbindlichkeiten (unten Rz. 107 ff.). 105

1 Nachweise bei *Schnittker/Bank*, Rz. 90.
2 *Schnittker/Bank*, Rz. 43.
3 Angestellte und Dritte können rechtsgeschäftlich – ausdrücklich oder konkludent – bevollmächtigt werden.
4 *Kilian*, NZG 2000, 1008, 1013; *Henssler/Mansel*, NJW 2007, 1393, 1394; *Bank*, S. 94.

bb) Regelungen des deutschen Berufsrechts

106 Das deutsche Berufsrecht akzeptiert grundsätzlich die Haftungsverfassung von Berufsausübungsgesellschaften (oben Rz. 46) und somit auch der LLP[1]. Der aus Sicht des deutschen Gesetzgebers notwendige Mandantenschutz wird auf der Ebene des Berufsrechts durch eine Pflicht zum Vorhalten einer Berufshaftpflichtversicherung entsprechend §§ 51, 59j BRAO sichergestellt. Für die LLP ist aufgrund ihrer hybriden Natur ungeklärt, ob sie selbst eine Versicherungspflicht entsprechend § 59j BRAO in der für Kapitalgesellschaften bestimmten Höhe tritt oder ob lediglich die in der Gesellschaft tätigen Rechtsanwälte persönlich über Versicherungsschutz entsprechend § 51 BRAO in niedrigerer Höhe verfügen müssen. Zwar ist in der LLP eine akzessorische Gesellschafterhaftung für Gesellschaftsverbindlichkeiten ausgeschlossen, allerdings ist eine zivilrechtliche Handelndenhaftung (unten Rz. 108) bestimmt. Gleichwohl wird grundsätzlich davon auszugehen sein, dass bereits ein rechtsformbedingter Ausschluss der Haftung sämtlicher Gesellschafter zu einer erhöhten Versicherungspflicht führt, die LLP also entsprechend § 59j BRAO versicherungspflichtig ist[2] (näher oben Rz. 51).

g) Rechtsbeziehungen des LLP-Gesellschafters im Außenverhältnis

aa) Regelungen des britischen Rechts

107 Eine Haftung der Gesellschafter der LLP nach gesellschaftsrechtlichen Grundsätzen scheidet aufgrund des Privilegs der Haftungsbeschränkung auf das Gesellschaftsvermögen aus. Eine gesellschaftsrechtliche Inanspruchnahme der LLP-Mitglieder ist nur ausnahmsweise unter den Voraussetzungen des Haftungsdurchgriffs möglich[3]. Eine persönliche Haftung unter diesem Gesichtspunkt wird nur zugelassen, wenn die LLP als Gesellschaftsform ganz offensichtlich in betrügerischer Absicht missbraucht wurde[4]. Daneben können Schadensersatzpflichten im Falle der Insolvenz der Gesellschaft bestehen[5].

108 Im Übrigen kann eine persönliche Haftung nur einen *schadensverursachenden* Rechtsanwalt im Sinne einer Handelndenhaftung treffen. Diese Haftung ist allerdings nicht akzessorisch zur Haftung der Gesellschaft, sondern ergibt sich aus dem Gesichtspunkt der Verletzung der dem Vertragspartner geschuldeten *„duty of care"* des Rechtsanwalts[6]. Gestützt wird die Haftung auf das richterrechtliche Institut der fahrlässigen Vermögenshaftung. Es erinnert an die Dritthaftung von Rechtsanwälten gegenüber Nicht-Vertragspartnern auf Grund Inanspruchnahme besonderen Vertrauens im deutschen

1 *Henssler/Mansel*, NJW 2007, 1393, 1394.
2 So auch *Henssler/Mansel*, NJW 2007, 1393, 1399.
3 *Schnittker/Bank*, Rz. 143 f.
4 Hierzu im Detail *Bank*, S. 144–152.
5 Näher *Schnittker/Bank*, Rz. 145 ff.
6 Vgl. aus der Rspr. *Williams & Anor vs (1) Natural Life Health Foods Ltd. (2) Richard Mistlin* (1998) 1 W.L. R. 830 ff.

Recht[1], ist aber nach englischem Rechtsverständnis deliktsrechtlicher Natur und wurzelt in der *„tort of negligence"*[2]. Die aus s. 10ff. PA 1890 folgende gesamtschuldnerische Haftung der Gesellschafter der „allgemeinen" *partnership* ist durch s. 1 Abs. 4 LLPA ausgeschlossen, der die Nicht-Anwendbarkeit des PA 1890 ausdrücklich anordnet[3].

Eine *„duty of care"*, deren Verletzung Schadensersatzpflichten auslösen kann, setzt nach der ständigen Rspr. eine gegenüber dem Geschädigten in irgendeiner Art und Weise zum Ausdruck gekommene *„assumption of responsibility"*[4] voraus[5]. Da bei der Erbringung von beruflichen Leistungen unter Zwischenschaltung eines verselbständigten Rechtssubjekts eine Vermutung dafür besteht, dass offensichtlich keine persönliche Verantwortung übernommen werden soll[6], ist diese Vermutung im Schadensfalle vom Geschädigten zwar zu widerlegen. Im Bereich freiberuflicher Rechtsdienstleistungen ist es jedoch erklärtes Anliegen des Gesetzgebers, dass durch die LLP die persönliche Verantwortlichkeit des schadensverursachenden Berufsträger nicht ohne Weiteres entfallen soll (wohl aber die gesamtschuldnerische Haftung aller Gesellschafter für den Fehler eines Einzelnen). Von den Gerichten geprüft werden die *„... things said or done ... in dealing with the plaintiff ... judged in the light of the relevance contextual scene"*, es kann jedoch davon ausgegangen werden, dass die Zugrundelegung dieses Kriteriums im Falle von Rechtsanwälten relativ problemlos zur Annahme einer Verantwortungsübernahme führt[7]. Soweit eine Übernahme persönlicher Verantwortung festgestellt werden kann, muss sich der Anspruchsteller auf diese Übernahme der Verantwortung des Rechtsanwalts verlassen haben (*„reliance on the assumption"*) und dieses Vertrauen muss auch gerechtfertigt gewesen sein (*„reasonable reliance"*). 109

Das Problem, das bei Zugrundelegung dieses Maßstabs besteht, erhellt sich bei einem Blick auf große Beratungsgesellschaften, in denen der Außenkontakt mit dem Mandanten oftmals durch herausgehobene Seniorpartner erfolgt, die in die konkrete Mandatsbearbeitung zum Teil überhaupt nicht eingebunden sind[8]. Soweit sich der Gesellschafter hierbei zur Erfüllung der geschuldeten Leistung Nicht-Gesellschaftern bedient („Associates"), mag man unter dem Gesichtspunkt der Substitution eine Haftung begründen können. 110

1 Vgl. hierzu *Henssler*, JZ 1994, 178, 184f.; *Henssler/Kilian*, JuS 1999, 256, 262ff.
2 *Henssler/Mansel*, NJW 2007, 1393, 1394.
3 *Kilian*, NZG 2000, 1008, 1013.
4 *Henderson vs. Merrett Syndicates Ltd.* (1995) 2 AC 145; *Williams & Anor vs (1) Natural Life Health Foods Ltd. (2) Richard Mistlin* (1998) 1 W.L.R. 830ff.; *ADT Limited vs. BDO Binder Hamlyn* (1996) BCC 808; *Trevor Ivory Ltd. Vs. Anderson* (1992) 2 NZLR 517.
5 Das bloße Bestehen einer *„special relationship"* ist nicht ausreichend; *Williams & Anor vs (1) Natural Life Health Foods Ltd. (2) Richard Mistlin* (1998) 1 W.L.R. 830, 835.
6 *Williams & Anor vs (1) Natural Life Health Foods Ltd. (2) Richard Mistlin* (1998) 1 W. L. R. 830ff.
7 Vgl. *Schnittker/Bank*, Rz. 137ff.
8 *Kilian*, NZG 2000, 1008, 1013f.

Schwieriger wird es bei der Mandatserledigung durch im Hintergrund verbleibende Junior-Partner. Da diese besonderen Probleme vor allem im Bereich der Anwalts- und Wirtschaftsprüferhaftung bestehen, entschied sich der britische Gesetzgeber gleichwohl gegen eine ausdrückliche gesetzliche Haftungsanordnung, um zu verhindern, dass die LLP als zu sehr an den Gegebenheiten bei einzelnen Berufsgruppen ausgerichtet erscheint[1]. Es wird daher im Schrifttum vorgeschlagen, dass bei der Erbringung von *„professional services"*, bei denen dem Berufsträger traditionell von Seiten der Vertragspartner ein besonderes Vertrauen entgegengebracht wird, eine Vermutung für die Übernahme persönlicher Verantwortung im Sinne der Rspr. besteht[2]. Die Klärung dieses Problemkreises wird den Gerichten überlassen sein.

111 Im Schrifttum ist die Frage aufgeworfen worden, ob das Haftungsregime der LLP in Beratungsgesellschaften die dort typische kooperative Bearbeitung von Mandaten erschweren wird[3]. Die kollegialiter erfolgende Abgabe von *„second opinions"* in Mandaten, die ein Mitgesellschafter federführend bearbeitet, kann nach dem *common law* die o.a. haftungsbegründende *„duty of care"* begründen[4]. Auf Grund der gesamtschuldnerischen Haftung in der *partnership* birgt eine wechselseitige Unterstützung bei der Mandatsbearbeitung dort traditionell keine zusätzlichen Haftungsrisiken. In der LLP hingegen kann die u.U. gefälligkeitshalber erfolgte Unterstützung eines Partners ein eigenständiges Haftungspotential mit sich bringen.

bb) Gesellschafterhaftung im deutschen IPR

112 Aus den von deutschen Gerichten anzuwendenden Regeln des deutschen internationalen Privatrechts folgt regelmäßig die Geltung des deutschen Vertrags- und Deliktsrechts auf die Erbringung der Rechtsdienstleistungen durch die Gesellschaft und die für sie Handelnden. Die Anwendbarkeit des deutschen Vertragsrechts ergibt sich, wenn nicht aus einer Rechtswahl, dann jedenfalls aus dem Ort der Niederlassung des mandatsführenden Kanzleistandorts (Art. 19 Abs. 2 S. 2 Rom I-VO) oder aus der Verbrauchereigenschaft des Mandanten (Art. 6 Rom I-VO) (näher Kap. N Rz. 110ff.). Nichts Anderes gilt für das Deliktsrecht, für das die Anwendbarkeit des deutschen Rechts aus dem gewöhnlichen Aufenthalt des Auftraggebers und dem Sitz bzw. der Niederlassung der LLP als Auftragnehmer (*„lex domicilii communis"*, Art. 40 Abs. 2 S. 2 EGBGB) oder aus dem in Deutschland belegenen Ort der schädigenden Handlung bzw. des durch sie bewirkten Erfolgs folgt (*„lex loci delicti commissi"*, Art. 40 Abs. 1 S. 1 EGBGB). Eine akzessorische Anknüpfung (Art. 41 Abs. 1 EGBGB) wegen einer wesentlich engeren Verbindung des Sachverhalts mit dem britischen Recht kann regelmäßig nicht angenommen werden[5].

---

1 Vgl. *Hansard*, 24. 1. 2000, c. 1385f.
2 *Griffiths* (1998) 2 CfiLR 157, 169.
3 *Mabey*, Solicitors Journal 2000, 148, 149.
4 *Kilian*, NZG 2000, 1008, 1013; ferner *Schnittker/Bank*, Rz. 140.
5 Ausführlich *Bettinger*, S. 322ff.

Das nach dieser Maßgabe anwendbare deutsche Vertrags- und Deliktsrecht sieht keine persönliche Haftung eines Anwaltsgesellschafters für eigene fehlerhafte Berufsausübung vor. Vertraglich kann sie nicht angelegt sein, weil der Anwaltsvertrag allein zwischen dem Auftraggeber und der LLP als Auftragnehmer geschlossen wird. Eine Eigenhaftung des für die Gesellschaft handelnden Vertreters ist im deutschen Deliktsrecht nicht vorgesehen. Sie folgt, wenn überhaupt, vertragsrechtlich aus dem Institut der *culpa in contrahendo* (§§ 280 Abs. 1, 311 Abs. 3 S. 2 BGB). Die Anforderungen für eine Haftung aus *culpa in contrahendo* sind freilich deutlich strenger als jene des englischen Rechts für eine Verletzung einer „*duty of care*"[1]. Vorausgesetzt ist die Inanspruchnahme besonderen persönlichen Vertrauens oder ein unmittelbares eigenes Interesse am fremden Geschäft[2]. Eine Eigenhaftung muss auch dann ausscheiden, wenn der Gesellschafter einer LLP im Rechtsverkehr als „Partner" auftritt und hierdurch möglicherweise den Rechtsschein erweckt, für Berufsausübungsfehler akzessorisch haftender Gesellschafter einer PartG zu sein. Soweit man überhaupt an die bloße Begrifflichkeit einen entsprechenden Rechtsschein knüpfen kann[3], würde dieser jedenfalls durch einen Rechtsformzusatz zerstört. Eine deliktsrechtliche Haftung des Rechtsanwalts scheidet regelmäßig aus, weil reine Vermögensschäden nicht ersatzfähig sind und die Voraussetzungen der §§ 823 Abs. 2, 826 BGB, aus denen ausnahmsweise der Ersatz solcher Schäden folgen kann, bei Berufsausübungsfehlern regelmäßig nicht angesprochen sind. 113

Konsequenz ist, dass der Gesellschafter einer LLP bei der Anwendbarkeit deutschen Vertrags- und Deliktsrechts in Fragen seiner persönlichen Haftung günstiger gestellt ist als nach dem Recht des Herkunftsstaats seiner Gesellschaft[4]. Ob diese aus den Grundsätzen des IPR folgende „Haftungslücke"[5] hinzunehmen ist oder nicht, ist eine der lebhaft umstrittenen Fragen in der Diskussion über die Behandlung der LLP und ihrer Gesellschafter in Deutschland. Zwei Meinungsströmungen lassen sich in dieser – gerichtlich noch nicht entschiedenen – Frage identifizieren: Wohl überwiegend wird die dem Gesellschafter günstige Haftungslücke akzeptiert, zum Teil ohne nähere Diskussion[6], zum Teil auf Grundlage internationalprivat- oder europarechtlicher Erwägungen[7]. Eine im Vordringen begriffene Meinungsströmung korrigiert den Normenwiderspruch (der kein außergewöhnliches, sondern eher zwangsläufiges Phänomen im IPR ist) durch Rückgriff auf die für solche Fälle entwickelte international-privatrechtliche Methode der Anpassung bzw. Angleichung. Sie dient dazu, im Einzelfall das Ergebnis der herkömm- 114

1 Vgl. BGH NJW 1989, 293, 294; NJW 1991, 32, 33; NJW 1992, 2080, 2083.
2 BGHZ 56, 81, 83; NJW 1987, 2511, 2512; NJW-RR 1991, 1241, 1242; NJW-RR 2006, 993.
3 Dies erwägen *Triebel/Silny*, NJW 2008, 1034, 1036 ff.
4 Dies als Vorteil herausstellend etwa *Weller/Kienle*, DStR 2005, 1102, 1107; *Triebel/Otte/Kimpel*, BB 2005, 1233, 1236.
5 So *Bettinger*, S. 289.
6 *Weller/Kienle*, DStR 2005, 1102, 1107; *Triebel/Otte/Kimpel*, BB 2005, 1233, 1235.
7 *Bank*, S. 404 ff.; *Schnittker*, S. 117 ff.; *von der Linden*, S. 296 ff.; *Rehm*, BB-Special 3/2010, 10, 13 ff.

lichen Normanwendung zu korrigieren und einen identifizierten Normenwiderspruch aufzulösen[1]. Er ergibt sich daraus, dass in einer Rechtsordnung Normen etwa des Gesellschafts-, Vertrags- und Deliktsrechts aufeinander abgestimmt sind und Konkurrenz- und Konfliktprobleme sachgerecht im Zusammenspiel der verschiedenen Rechtsmaterien aufgelöst werden. Durch die Anwendung von Kollisionsnormen kann es dazu kommen, dass ein entsprechendes Gesamtsystem lückenhaft wird. Die Anpassung korrigiert diese Lücken.

115 Das Vorliegen einer Anpassungslage wird speziell für den Fall der Anwalts-LLP vertreten[2], da das Zusammenspiel von Delikts- und Gesellschaftsstatut das nach englischem Recht gewollte, der deutschen PartG entsprechende Konzept der Haftung für Berufsausübungsfehler der LLP in Deutschland aufbreche[3]. Dieser Auffassung ist beizupflichten, wobei maßgeblicher Gesichtspunkt weniger die Ähnlichkeit von PartG und LLP sein kann, sondern die Wertung der beteiligten Rechtsordnungen, dass in der Rechtsordnung, aus der die LLP herrührt, eine persönliche Haftung des Handelnden für Berufsausübungsfehler nicht ausgeschlossen sein soll – noch nicht einmal in Kapitalgesellschaften, in denen das deutsche Recht (um den Preis einer erhöhten Versicherungspflicht, oben Rz. 47) auf eine Gesellschafterhaftung verzichtet. Soweit von einer Anpassungslage auszugehen ist, erfolgt die Anpassung richtigerweise nicht sachrechtlich, sondern kollisionsrechtlich. Im Ergebnis wird die Haftung wegen einer Verletzung einer *duty of care* irregulär gesellschaftsrechtlich qualifiziert, so dass es zu einer Verweisung ins Recht des Gründungsstaates kommt[4].

h) Rechnungslegung, Prüfung und Publizität

116 Rechnungslegung und Prüfung der *limited liability partnership* sind gesetzlich nicht im *Limited Liability Partnership Act* geregelt, sondern Gegenstand von Verordnungsrecht. Die Bestimmungen werden durch Verweis auf die entsprechenden Vorschriften des *Companies Act* in s. 3 (1) *Regulations* getroffen[5]. Im europäischen Vergleich sind hier besonders strenge und aufwendige Bilanzierungspflichten statuiert[6]. Für große Beratungsgesellschaften bringen die Vorschriften unerwünschte Publizität ihrer finanziellen

---

1 Vgl. BGHZ 56, 193, 199; 64, 19, 24; WM 1963, 506, 507.

2 *Henssler/Mansel*, FS Horn, S. 402, 413 ff.; *Henssler/Mansel*, NJW 2007, 1393, 1396 f.; *Bettinger*, S. 403 ff.

3 *Henssler/Mansel*, FS Horn, S. 402, 418; *Henssler/Mansel*, NJW 2007, 1393, 1396; *Bettinger*, S. 390. Das Vorliegen einer Anpassungslage ablehnend etwa *Schnittker*, S. 121 ff. (LLP sei nicht mit der PartG vergleichbar); *Schnittker/Bank*, Rz. 191 ff.; *Triebel/Silny*, NJW 2008, 1034, 1035 (konzeptionell sei der Haftungsausschluss in der PartG die – in § 8 Abs. 2 PartGG besonders bestimmte – Ausnahme, in der LLP hingegen die Regel); *von der Linden*, S. 296 ff.

4 *Henssler/Mansel*, FS Horn, S. 402, 419; *Henssler/Mansel*, NJW 2007, 1393, 1397; *Bettinger*, S. 390.

5 Gesetzgebungstechnisch werden durch *Schedules* zu den *Regulations* die redaktionellen Änderungen des *Companies Act* vorgenommen.

6 Vgl. die Kritik von *Beresford*, New Law Journal 1999, 1647, 1649.

Verhältnisse, für kleinere Zusammenschlüsse erheblichen administrativen und finanziellen Aufwand[1]. So müssen am statutarischen Sitz der Gesellschaft oder an einem gesellschaftsvertraglich bestimmten Ort in Großbritannien tagesaktuell gehaltene Unterlagen über den Finanzstatus zur jederzeitigen Inspektion durch die Gesellschafter geführt werden[2]. Nach dem *Companies Act* muss ein jährlicher Abschluss erstellt werden, dessen inhaltliche Anforderungen von der Größe der Gesellschaft abhängen[3]. Üblicherweise notwendig sind eine Jahresbilanz, eine Gewinn- und Verlustrechnung sowie ein Lagebericht; die Rechnungslegung stimmt auf Grund der einschlägigen Gesellschaftsrechtsrichtlinien der EU weitgehend mit deutschem Recht überein[4]. Bilanzierungspflichten nach deutschem Recht bestehen nicht, da die LLP als hybride Gesellschaftsform keine Handelsgesellschaft (§ 6 HGB) sein kann, wenn sie der Ausübung eines freien Berufs dient und insofern der PartG äquivalent (oben Rz. 90ff.) ist. Auf die (zu verneinende) Frage, ob doppelte Bilanzierungspflichten überhaupt europarechtskonform wären, kommt es daher nicht an.

Eine Kopie der Bilanz sowie der Prüfbericht ist binnen Monatsfrist nach Testierung zum Register einzureichen und an alle Gesellschafter zu versenden. 117
Die Wahrung der entsprechenden Pflichten trifft die sog. *„designated members"* der LLP (oben Rz. 84). Erleichterungen sind im Vergleich zu *companies* vorgesehen, soweit für den Jahresabschluss keine Verpflichtung besteht, einen Lagebericht zu erstellen bzw. detaillierte Erläuterungen der Buchführung abzugeben. Die entsprechenden Vorschriften des *Companies Act* sind durch Schedule 1 der *Regulations* für unanwendbar erklärt worden.

i) Folgefragen

Ein **Zulassungszwang** nach §§ 59c ff. BRAO besteht selbst für ausländische 118
Kapitalgesellschaften nicht generell (oben Rz. 59), so dass er auch für die LLP nicht in Betracht kommt. Eine Zulassung auf freiwilliger Basis ist auch nicht zur Erlangung der **Postulationsfähigkeit** notwendig, da für diese – arg e § 7 Abs. 4 PartGG – eine Registereintragung, nicht aber eine berufsrechtliche Anerkennung notwendig ist (vgl. oben Rz. 72).

3. Sonstige Gesellschaftsformen des ausländischen Rechts – Überblick

Belgien: In Belgien stehen Rechtsanwälten verschiedene Gesellschaftsfor- 119
men zur gemeinsamen Berufsausübung zur Verfügung: so die *société de droit commun* ohne Rechtspersönlichkeit, die *société civile professionnelle à forme commerciale,* eine rechtsfähige Gesellschaft mit nicht kaufmän-

1 Siehe *Linsell*, Solicitors Journal 1998, 950.
2 *Schnittker/Bank*, Rz. 262, gehen davon aus, dass bei einem Verwaltungssitz in Deutschland Verstöße nicht sanktioniert würden, empfehlen aber, in Großbritannien zumindest Kopien der Unterlagen vorzuhalten.
3 Zu Bewertungsproblemen siehe *Cross*, Juridical Review 1999, 2259, 265 f.
4 Näher *Schnittker/Bank*, Rz. 261 ff.

nischem Gesellschaftszweck, aber kaufmännischer Rechtsform, die *société en nom collectif* (*S.N.C.*), vergleichbar mit der deutschen OHG, die *société coopérative*, vergleichbar mit der deutschen Genossenschaft, sowie die *société privée à responsabilité limitée* (*S.P.R.L.*), vergleichbar mit der deutschen GmbH[1]. Unabhängig von der gewählten Gesellschaftsform haften die Rechtsanwälte neben der Gesellschaft persönlich und unbeschränkt für Ansprüche aus Schäden wegen fehlerhafter Berufsausübung. Der Zusammenschluss von Rechtsanwälten zu einer *société anonyme* (*S.A.*, eine Aktiengesellschaft)[2] oder einer *société en commandite* (Kommanditgesellschaft) konnte sich bislang nicht durchsetzen[3].

120 **Bulgarien:** Zur gemeinsamen Berufsausübung steht bulgarischen Rechtsanwälten die speziell auf sie zugeschnittene Rechtsanwaltsgesellschaft zur Verfügung. Dabei kann eine Rechtsanwaltsgesellschaft ohne oder mit eigener Rechtspersönlichkeit vereinbart werden, die ausführlich im Anwaltsgesetz geregelt ist[4]. In beiden Fällen haftet der handelnde Rechtsanwalt unmittelbar und persönlich neben der Gesellschaft[5].

121 **Dänemark:** Seit dem 1. Januar 1991 ist es den dänischen Rechtsanwälten erlaubt, sich mit anderen Rechtsanwälten in einer Kapitalgesellschaft – in einer Aktiengesellschaft oder Gesellschaft mit beschränkter Haftung – zusammenzuschließen. Dabei haftet der Rechtsanwalt neben der Gesellschaft für alle Schäden, die dem Mandanten als Folge seiner Beratung entstehen, nicht aber für das Fehlverhalten seiner Mitgesellschafter. Auch aktiv tätige Nichtanwälte können sich an der Anwaltsgesellschaft beteiligen (z.B. für Finanzfragen zuständige Ökonomen), ihr Anteil ist allerdings auf 10 Prozent beschränkt. Eine reine Kapitalbeteiligung ist aber ebenso wenig möglich wie eine interprofessionelle Berufsausübung.

122 **England und Wales:** In der Vergangenheit war in der zweigeteilten englischen Anwaltschaft nur den *solicitors*, nicht aber den *barristers*, erlaubt, eine *partnership* (vergleichbar mit der deutschen OHG), eine *private limited company* (vergleichbar mit der deutschen GmbH) oder eine *public limited company* (vergleichbar mit der deutschen AG) zu gründen. Seit April 2001 stand zudem allen Freiberuflern und Gewerbetreibenden eine *limited liability company (LLP)* offen (ausführlicher oben Rz. 78). Der *Legal Services Act* vom 30. November 2007 sieht die Einführung von *Legal Disciplinary Partnerships* (*LDPs*) vor, die die gemeinschaftliche Berufsausübung von *solicitors, barristers*, Angehörigen anderer juristischer Berufe und Nichtjuristen

1 Vgl. Art. 4 der Verordnung zur gemeinsamen Ausübung des Anwaltsberufes v. 18. 6. 2003, vgl. unter http://www.avocat.be/gallery/documents/reglements/7.exercice-en-commun-de-la-profession.reglement.pdf (Stand: Dezember 2009).

2 Hierzu auch Art. 437 des Code des sociétés.

3 Vgl. Art. 4 der Verordnung zur gemeinsamen Ausübung des Anwaltsberufes v. 18. 6. 2003.

4 Im Gegensatz zur Rechtsanwaltsgesellschaft ohne eigene Rechtspersönlichkeit, die kaum im Berufsrecht erwähnt wird. Vgl. hierzu Art. 357 bis 364 des Obligationenrechts.

5 Art. 72 AnwaltsG.

ermöglichen sollen[1]. Das Verbot, dass sich *barristers* nur zu *chambers* (Bürogemeinschaften) und zu keiner interprofessionellen Berufsausübung zusammenschließen dürfen, wurde damit aufgehoben[2]. Trotz der Kritik des gemeinsamen Ausschusses des *House of Commons* und *House of Lords* (*Joint Commitee*), dass die *LDPs* zu Interessenkonflikten zwischen Rechtsanwälten, Nichtanwälten und Anteilseignern führten, setzte die für die *solicitors* zuständige *Solicitors Regulation Authority (SRA)* die gesetzlichen Vorgaben des *Solicitors' Code* um. So können seit dem 31. März 2009 Nichtjuristen 25 Prozent der Geschäftsführung, Anteile und Stimmrechte einer *LDP* halten sowie Managementfunktionen ausüben, nicht aber juristische Tätigkeiten. Ihre Beteiligung an den *LDPs* muss von der *SRA* genehmigt werden. Geplant ist zudem eine reine Kapitalbeteiligung von Nichtjuristen, die Mitte 2011 in Kraft treten sollen[3].

Estland: Dem estnischen Rechtsanwalt stehen alle Gesellschaftsformen zur 123
gemeinschaftlichen Berufsausübung offen: neben einer Gesellschaft bürgerlichen Rechts (*täisühing*) kann eine Kommanditgesellschaft (*usaldusühing*), eine GmbH (*osaühing*) oder eine Aktiengesellschaft (*aktsiaselts*) gegründet werden[4]. Durch die Kapitalgesellschaft bieten sich dem Rechtsanwalt aber keine haftungsrechtlichen Vorteile, seine Haftung kann er nicht beschränken[5]. Weiterhin sind Berufsausübungsgesellschaften mit anderen Freiberuflern verboten[6].

Finnland/Norwegen/Schweden: In Finnland, Norwegen und Schweden 124
ist die Kapitalgesellschaft als Berufsausübungsgesellschaft anerkannt: den Rechtsanwälten stehen die offene Gesellschaft, die Personenhandelsgesellschaft und die Kommanditgesellschaft zur Verfügung[7]. In Norwegen existiert zudem eine mit der deutschen GmbH vergleichbare Rechtsform[8]. Nach partiellen Verboten[9] haben Finnland und Norwegen die anwaltliche Berufsausübung in Kapitalgesellschaften eingeführt. In diesem Rahmen können selbst allgemeine Subsidiaritätsklauseln der Aktiengesetze den spezielleren berufsrechtlichen Grundsatz der beschränkten Haftung außer Kraft setzen. So haftet bei der finnischen Anwaltsaktiengesellschaft, vergleichbar mit dem dänischen Modell, der schadensverursachende Rechtsanwalt neben der Gesellschaft[10]. In Schweden muss hingegen der Anwaltsaktionär für die Pflichtverletzungen aller Mitaktionäre einstehen. Seit der Einführung des Verhal-

1 Vgl. Part 5 des Legal Services Act 2007.
2 So noch section 207 des Code of Conduct i.d.F. v. 1990.
3 Vgl. Part 5 des Legal Services Act 2007.
4 Vgl. Art. 50 AnwaltsG i.d.F. v. 10. 12. 2008.
5 Art. 47 AnwaltsG i.d.F. v. 28. 12. 2007.
6 Vgl. Art. 50 und Art. 54 AnwaltsG i.d.F. v. 10. 12. 2008.
7 Siehe zur aktuellen Änderung in Finnland: Gesetz über die Handels- und Kommanditgesellschaften (*Lag om öppna bolag och kommanditbolag*) v. 13. 3. 2009.
8 Vgl. Gesetz über die Gesellschaft mit beschränkter Haftung (*lov om aksjeselskaper*) v. 1. 1. 1999, zuletzt modifiziert am 3. 8. 2009.
9 Vgl. noch § 5 Abs. 3 des finnischen AnwaltsG i.d.F. v. 8. 1. 1993. Hierzu auch Pretzell, Anwaltsrecht in Finnland, Schweden und Norwegen, 1997.
10 § 5 Abs. 2 AnwaltsG i.d.F. v. 29. 8. 2008.

tenskodex vom 29. August 2008, der am 1. Januar 2009 in Kraft trat, können in Schweden zudem Nichtjuristen bis zu zehn Prozent der Anteile und Stimmrechte einer Anwaltsgesellschaft erwerben[1]. Interprofessionelle Zusammenschlüsse können in Finnland und in Schweden nur im Einzelfall genehmigt werden[2]. in Norwegen dürfen Anwaltsgesellschaften allen Tätigkeiten nachgehen, die mit ihr in einem natürlichen Zusammenhang stehen (z.B. die Beteiligung von Büro- und Verwaltungspersonal)[3].

125 **Frankreich:** Seit der Berufsrechtsreform von 1990/1991[4] stehen allen freien Berufen die Kapitalgesellschaften als Organisationsform offen. Dabei wurden die bestehenden Kapitalgesellschaftsformen[5], die *Société à Responsabilité Limitée – SARL* (GmbH), die *Société Anonyme – SA* (AG) und die *Société en Commandite par Actions* (KG auf Aktien) speziell für die freien Berufe modifiziert und angepasst[6], also personalistisch ausgestaltet. Durch die Verordnung vom 15. Mai 2007 wurde in Frankreich eine der angelsächsischen *LLP* ähnliche Gesellschaftsform eingeführt, die Anwaltsgesellschaft *association d'avocats.* In ihr können juristische Personen Gesellschafter sein, zudem ist sie steuerrechtlich transparent wie eine Personenhandelsgesellschaft. Soweit die Anwaltsgesellschaft den Zusatz *„à responsabilité professionnelle individuelle"* trägt, können die Gesellschafter ihre Haftung für berufsrechtliche Verstöße durch einen einstimmigen Gesellschafterbeschluss auf den handelnden Gesellschafter beschränken. Rechtspolitisch diskutiert wird die Zulässigkeit einer externen Kapitalbeteiligung an Rechtsanwaltsgesellschaften, begrenzt auf maximal 25 Prozent der Anteile. Vorgeschlagen wird dies in dem Vorschlag der *Commission Darrois* zur Reform des französischen Berufsrechts aus dem Jahr 2009. Eine solche externe Kapitalbeteiligung findet bei der nationalen Anwaltskammer, dem *Conseil Nationale des Barreaux (CNB),* Zustimmung, zur Börsennotierung solcher Gesellschaften äußert das *CNB* aber Bedenken. Zu Gesetzgebungsaktivitäten ist es bis Ende 2010 nicht gekommen.

126 **Griechenland:** Wesentliche Änderung des Präsidialdekrets Nr. 81 vom 23. Mai 2005, das das Präsidialdekret Nr. 518 vom 5. Oktober 1989 aufhob, war die Abschaffung einer Mindestanzahl von fünf Gesellschaftern für eine anwaltliche Berufsausübungsgesellschaft. Noch heute weist die griechische Berufsgesellschaft Bezüge zur französischen *societé civile professionelle* auf. Der schadensverursachende Rechtsanwalt haftet als Gesamtschuldner ne-

---

1 § 7.5 Abs. 3 Verhaltenskodex.
2 § 7.7 Abs. 5 Verhaltenskodex.
3 Titel 2 des 2. Kapitels des norwegischen AnwaltsG i.d.F. v. 16. 1. 2008.
4 Siehe Gesetz Nr. 90–1258 v. 31. 12. 1990, J.O. vom 5. 1. 1991, S. 216ff.
5 Siehe Gesetz Nr. 66–537 v. 24. 7. 1966 über die Handelsgesellschaften.
6 So genannte S.E.L.A.F.A. (*Société d' exercice libéral à forme anonyme*), S.E.A.R.L. (*Société d' exercice libéral à responsabilité limitée*), S.E.L.C.A (*Société d' exercice libéral commandite par actions*).

ben der Gesellschaft[1]. Die Gründung von Kapitalgesellschaften oder interprofessionelle Zusammenschlüsse sind weiterhin untersagt[2].

Irland: Traditionell konnten *barrister* ihren Beruf nur einzeln und unabhängig ausüben[3], die *solicitors* konnten sich zu einer *partnership* zusammenschließen[4]. Aktiengesellschaften und die gemeinsame Berufsausübung mit anderen Freien Berufen waren den *solicitors* aber nicht erlaubt[5]. Bereits seit Ende 2006 wirbt die irische *Competition Authority* für eine effizientere Berufsausübung durch so genannte *Alternative Business Structures (ABS)*: sie befürwortet *partnerships* für *barristers* und steht *Legal Disciplinary Practices, Limited Liability Partnerships* sowie der reinen Kapitalbeteiligung von Nichtjuristen offen gegenüber. Durchsetzen konnten sich diese Vorschläge bislang allerdings nicht. 127

Italien: Mit dem Gesetzesdekret Nr. 96 vom 2. Februar 2001, das die Richtlinie 98/5/EG umsetzte, wurde erstmals die berufliche Zusammenarbeit der italienischen Rechtsanwälte in Form der *società tra avvocati* bestimmt[6], auf die die Vorschriften über die *società in nome collettivo* (vergleichbar mit der deutschen OHG) Anwendung finden[7]. Danach besteht für den Rechtsanwalt eine Handelndenhaftung. Seit dem Gesetzesdekret vom 4. Juli 2006 (so genanntes *Decreto Bersani*)[8] ist zudem die multidisziplinäre Zusammenarbeit von Rechtsanwälten und anderen Freiberuflern möglich[9]. Von der Reform des Berufsrechts vom 17. Oktober 2009 blieb die Unzulässigkeit von Kapitalgesellschaften unberührt[10]. 128

Lettland: Das lettische Anwaltsgesetz[11] sieht für die Rechtsanwälte entweder die Berufsausübung in einer Einzelkanzlei (*individuāli praktizējošs zvērināts advokāts*) oder in einer Gesellschaft vor. Das Berufsrecht beschränkt sich auf wenige gesellschaftsrechtliche Vorgaben. So ist zur Gründung einer Gesell- 129

1 Art. 13 des Präsidialdekrets Nr. 81 vom 23. 5. 2005. Vgl. auch noch Art. 2 und Art. 14 des Präsidialdekrets Nr. 518 v. 5. 10. 1989.
2 Art. 2 des Dekrets Nr. 81 v. 23. 5. 2005.
3 Regel 7.13 und 8.6 Barristers Code of Conduct i.d.F. v. 13. 3. 2006.
4 Section 71 des Solicitors (Amendment) Act 1994.
5 Sections 59 und 64 des Solicitors Act 1954. Hierzu Law Society of Ireland, http://www.lawsociety.ie/Documents/committees/guidance/partnership.pdf (Stand: Dezember 2009), S. 17.
6 Art. 16ff. des Gesetzesdekrets Nr. 96 v. 2. 2. 2001. Hierzu *Muthers*, RIW 2003, 247.
7 Vgl. Art. 2291ff. Codice Civile.
8 Vom Parlament bestätigt durch das Gesetz Nr. 248/2006 v. 4. 8. 2006.
9 Hierzu auch Bericht des *CNF* v. 21. 9. 2009, vgl. unter http://www.apertacontrada.it/wp-content/uploads/2009/11/26_09_2009-Osservazioni-su-segnalazione-AGCM.pdf, (Stand: Dezember 2009), S. 19f.
10 Hierzu auch die Stellungnahme des Vizepräsidenten des CNF *Perfetti* v. 24. 10. 2009, La riforma dell'ordinamento forense: lo stato dell'arte, vgl. unter http://www.consiglionazionaleforense.it/on-line/Home/BancaDation-line/AttivitadellaPresidenza/articolo6045.html (Stand: Dezember 2009), S. 18f.
11 Das Anwaltsgesetz wurde zuletzt am 19. 6. 2008 modifiziert und trat am 9. 7. 2008 in Kraft.

schaft ein Gesellschaftsvertrag bei der Anwaltskammer zu hinterlegen, als Gesellschafter kommen nur Rechtsanwälte in Betracht. Interdisziplinäre Berufsausübungsgesellschaften sind untersagt. Allerdings beschäftigen in der Praxis Kanzleien zur Umgehung des Verbots Berufsträger anderer Berufe als Angestellte[1]. Ihnen können technische, verwaltende oder beratende Tätigkeiten übertragen werden, nicht aber die eigentliche Rechtsdienstleistung.

130 **Litauen:** Die litauischen Rechtsanwälte können ihren Beruf in Einzelkanzleien sowie gemeinsam mit anderen Rechtsanwälten in Form von Partnerschaften (*partnerystes pagrindais*) oder juristischen Personen (*juridinio asmens*) ausüben[2]. Die Gründung einer juristischen Person ist ebenso den Rechtsanwälten vorbehalten wie die Erbringung von anwaltlichen Dienstleistungen[3]. Sie haften persönlich und gesamtschuldnerisch neben der Gesellschaft[4]. Interdisziplinäre Zusammenschlüsse sind nicht möglich[5].

131 **Luxemburg:** Rechtsanwälte in Luxemburg können eine *„association"*, die bürgerlich-rechtliche Grundform der Personengesellschaften, für die gemeinsame Berufsausübung gründen[6]. Interprofessionelle Zusammenschlüsse sind verboten. Sowohl dieses strikte Verbot als auch die fehlenden Möglichkeiten zur Haftungsbeschränkung sind Anlass für eine in den letzten Jahren vorangetriebene Diskussion über die Reform des anwaltlichen Gesellschaftsrechts nach belgischem Vorbild[7].

132 **Malta:** Eine Haftungsbeschränkung durch Rechtsformwahl ist grundsätzlich nicht möglich, da die Berufshaftung eine persönliche Haftung des Rechtsanwalts und keine der Berufsausübungsgesellschaft ist, deren Gesellschafter oder Angestellter er ist. Die Kanzlei kann zwar insoweit als Kapitalgesellschaft organisiert sein, eine etwaige Haftungsprivilegierung betrifft aber grundsätzlich nur die Verbindlichkeiten jenseits von Mandatsbeziehungen, etwa Forderungen aus Miet- oder Dienstverhältnissen oder aus Kaufverträgen.

133 **Niederlande:** Niederländische Rechtsanwälte können zur gemeinsamen Berufsausübung auf die Gesellschaft mit beschränkter Haftung (vergleichbar mit der deutschen GmbH), die Partnerschaft (eine sozietätsähnliche Berufsausübungsgesellschaft) und die Aktiengesellschaft zurückgreifen[8]. Die

1 Beliebt ist die Beschäftigung von Universitätsabsolventen, die noch keinen berufsqualifizierenden Titel erlangt haben.
2 Art. 21 AnwaltsG i.d.F. v. 18. 3. 2004.
3 Art. 28 Abs. 2, Art. 29 und Art. 31 AnwaltsG.
4 Art. 28 Abs. 5 AnwaltsG.
5 Art. 30f. AnwaltsG.
6 Art. 11.3. des *Règlement Intérieur de l'Ordre des Avocats du Barreau de Luxembourg* v. 28. 11. 2007, Amtsblatt des Großherzogtums Luxemburg Nr. 207 v. 28. 11. 2007, S. 3608. Eine vergleichbare Regelung kennt Art 9.3. der internen Regelung der Rechtsanwaltskammer Diekirch v. 22. 5. 2005.
7 Zum Ganzen auch *Kilian*, AnwBl. 2001, 354ff.
8 Hierzu *Samenwerkingsverordening* 1993, Verordnung v. 23. 9. 1993, Amtsblatt 1993, 193. Zuletzt modifiziert durch die Verordnung v. 26. 6. 2008, Amtsblatt 2008, 141. Wenig Verbreitung fand hingegen die Genossenschaft (*cooperatieve*) als Form der gemeinsamen Berufsausübung.

Gründung einer Kapitalgesellschaft bringt steuerrechtliche und versicherungsrechtliche Vorzüge mit sich, nicht aber haftungsrechtliche Vorteile: alle Rechtsanwälte haften persönlich und gesamtschuldnerisch neben der Gesellschaft[1]. Interprofessionelle Zusammenschlüsse mit Angehörigen anderer Freier Berufe sind erlaubt, ausgenommen hiervon sind jedoch Wirtschaftsprüfer[2].

Österreich: Durch das Handelsrechtsänderungsgesetz vom 27. Oktober 2005[3] wurde das Erwerbsgesellschaftengesetz (EEG) mit Wirkung zum 1. Januar 2007 abgeschafft. Seit 1990 hatte das EEG Nicht-Kaufleuten an die OHG und KG des österreichischen HGB angenäherte Gesellschaftsformen ermöglicht, die Eingetragene Erwerbsgesellschaft in Form der Offenen Erwerbsgesellschaft und der Kommanditerwerbsgesellschaft. Mit dem neuen Unternehmensgesetzbuch (UGB) sind die Offene Handelsgesellschaft und die Offene Erwerbsgesellschaft zur Offenen Gesellschaft (OG) vereint worden[4]. Mit der OG kann jeder erlaubte Zweck wahrgenommen werden, auch die freiberufliche Tätigkeit. Im Verhältnis zum Berufsrecht gilt es jedoch den Berufsrechtsvorbehalt des UGB zu beachten, das Recht der verkammerten Freien Berufe genießt damit Vorrang vor den gesellschaftsrechtlichen Vorschriften[5]. Die Rechtsanwaltsordnung sieht für die gemeinsame Berufsausübung neben der GbR die Rechtsformen der KG und OG vor, die auch als Rechtsanwalts-Partnerschaften bezeichnet werden. Zudem besteht seit der Berufsrechtsreform von 1999 die Möglichkeit, eine Rechtsanwalts-GmbH zu gründen, die jedoch bis heute keine eigene Postulationsfähigkeit besitzt[6]. Berufsfremde Personen können sich an den Rechtsanwaltsgesellschaften unter den einschränkenden Voraussetzungen des § 21c RAO beteiligen, interprofessionelle Zusammenschlüsse sind hingegen unzulässig[7]. 134

Polen: Polnische Rechtsanwälte dürfen ihren Beruf in jeder durch das Anwaltsgesetz zugelassenen Gesellschaftsform ausüben. Als mögliche Zusammenschlussformen kommen die Rechtsanwaltskanzlei, die Rechtsanwaltssozietät, die Offene Handelsgesellschaft, die Gesellschaft bürgerlichen Rechts, die Kommanditgesellschaft sowie die Partnergesellschaft in Betracht[8]. Zulässig sind zudem gemeinsame Berufsausübungsgesellschaften 135

---

1 So der Niederländische Anwaltsverband (*Nederlandse Orde van Advokaten, NOvA*), vgl. unter http://www.advocatenorde.nl/wetenregelgeving/vademecum.asp (Stand: Dezember 2009). Zum Ganzen auch *Nerlich*, 146 ff.

2 Diese Einschränkung sah der EuGH in der Rechtssache Wouters ./. NOvA am 19. 2. 2002 als gemeinschaftskonform an, vgl. EuGH v. 19. 2. 2002 – Rs. C-309/99, NJW 2002, 877. Dazu auch *Henssler*, JZ 2002, 983.

3 BGBl. I Nr. 120/2005.

4 § 105 UBG.

5 Vgl. § 4 Abs. 2 UBG.

6 Weiterführend *Kilian*, AnwBl. 2000, 21 ff.

7 Vgl.§ 21c RAO.

8 Vgl. § 2 der Verordnung über die Berufsausübung als Einzelkanzlei oder in Form einer Gesellschaft i.d.F. v. 12. 9. 2009, Verordnung Nr. 54/2009.

von beiden rechtsberatenden Berufsgruppen Polens, den Rechtsanwälten und Rechtsberatern[1].

136 **Portugal:** Als besondere Form der Gesellschaft bürgerlichen Rechts wurde die Rechtsanwaltsgesellschaft (*sociedade de advogados*) durch das *Decreto-Lei n.° 229/2004* vom 10. Dezember 2004 eingeführt. Durch den Gesellschaftsvertrag kann sie als Gesellschaft mit unbeschränkter Haftung (*sociedades de advogados de responsabilidade ilimitada, RI*) oder beschränkter Haftung (*sociedades de advogados de responsabilidade limitada*) gegründet werden[2]. Mehrere *sociedades de advogados* können zu einer *fusão* vereint werden[3]. Das Berufsrecht sieht weder eine externe Kapitalbeteiligung durch Nichtjuristen noch interprofessionelle Zusammenschlüsse vor[4].

137 **Rumänien:** In Rumänien steht den Rechtsanwälten keine spezielle Gesellschaftsform zur gemeinsamen Berufsausübung zur Verfügung. Freiberufler können ihren Beruf gemeinschaftlich in einer so genannten Freiberuflergesellschaft bürgerlichen Rechts und seit 2004 in einer Gesellschaft mit beschränkter Haftung ausüben, die eine besondere Form der Freiberuflergesellschaft darstellt.

138 **Schottland:** In Schottland wird seit 2007 die Einführung von *Alternative Business Structures* (ABS) diskutiert, um, ähnlich wie in England und Wales, die Wettbewerbsfähigkeit des heimischen Rechtsberatungsmarktes zu erhöhen[5]. Ein vom Justizministerium initiiertes Expertenforum (*Business Experts and Law Forum, BELF*) forderte, nach Vorbild des englischen *Legal Services Act 2007*, auch für schottische *solicitors* inter- und multiprofessionelle Berufsausübungsgemeinschaften und eine externe Kapitalbeteiligung an Berufsausübungsgesellschaften zuzulassen[6]. Im Oktober 2009 wurde ein Regierungsentwurf zu einem schottischen *Legal Services Act* vorgelegt, der eine Reform nach englischem Vorbild vorsieht[7]. Der Gesetzentwurf wurde im Oktober 2010 verabschiedet.

---

1 Vgl. § 2 der Verordnung über die Berufsausübung als Einzelkanzlei oder in Form einer Gesellschaft i.d.F. v. 12. 9. 2009. Zum Ganzen *Kilian/Wielgosz*, WIRO 2006, 257, 262.

2 Vgl. Art. 1, 3, 7 und Art. 33 des *Decreto-Lei n.° 229/2004* sowie Art. 203 AnwaltsG i.d.F. v. 26. 5. 2005. Im Jahr 2003 machten aber nur 5,9 Prozent der *advogados* von einer Rechtsanwaltsgesellschaft Gebrauch. In der zweigeteilten portugiesischen Anwaltschaft steht neben den *advogados* auch den *procuradores*, Rechtsanwälten, die nur vor Gericht auftreten dürfen, eine besondere Form der Gesellschaft bürgerlichen Rechts zu, vgl. Art. 29 *des Decreto-Lei n.° 229/2004.*

3 Zu einer Gesellschaft können sich auch die *procuradoes* zusammenschließen.

4 Hierzu Art. 16 des *Decreto-Lei n.° 229/2004.*

5 Vgl. auch die *ABS Policy* der *Law Society of Scotland* v. 3. 4. 2008, vgl. unter http://www.lawscot.org.uk/Members_Information/abs/, S. 4ff. (Stand: Dezember 2009).

6 Hierzu der Abschlussbericht des *BELF* v. 3. 11. 2008, vgl. unter http://www.scotland.gov.uk/Publications/2008/10/30105800/0 (Stand: Dezember 2009).

7 Vgl. *Legal Services (Scotland) Bill (Regulatory Impact Assessment)* v. 7. 10. 2009, vgl. unter http://www.scotland.gov.uk/Resource/Doc/980/0087717.pdf (Dezember 2009).

Schweiz: Lange Zeit war Rechtsanwälten in der Schweiz die Gründung von Handelsgesellschaften („Kollektivgesellschaften") verwehrt[1], Zulässig war in allen Kantonen die gemeinsame Berufsausübung durch Gesellschaften bürgerlichen Rechts („einfache Gesellschaften"), vergleichbar mit der deutschen OHG, die Zulässigkeit von Kollektivgesellschaften wurde von der Rechtsprechung und Stimmen der Lehre unterschiedlich beurteilt: so wurde einerseits die Unvereinbarkeit des anwaltlichen Berufsethos, die persönliche Leistungserbringung durch den Rechtsanwalt, mit der kapitalbezogenen Struktur der Körperschaft angeführt, andererseits gefordert, Rechtsanwälten die Gründung von Kapitalgesellschaften (GmbH und AG) in Form einer personalistischen Ausgestaltung zu ermöglichen[2]. Im Jahr 2006 wurde die Anwalts-AG durch zwei Beschlüsse der kantonalen Aufsichtsbehörden in Zürich und Obwalden ausdrücklich zugelassen[3], es folgte die Zustimmung der Berner Anwaltskammer und ein Urteil des Genfer Verwaltungsgerichts vom 11. März 2008, das eine Genfer Gesetzesbestimmung, die die Anwalts-AG verbietet, als bundesrechtswidrig erachtete[4]. Während z.B. der Kanton St. Gallen weiterhin von der Unzulässigkeit der anwaltlichen Kapitalgesellschaft ausgeht, wird in anderen Kantonen sogar die Beteiligung von nicht-registrierten Rechtsanwälten und Nichtanwälten bzw. berufsfremden Personen an der Anwalts-AG erlaubt. 139

Slowakische Republik: Rechtsanwälte in der Slowakischen Republik können ihren Beruf in einer Sozietät, als Gesellschafter einer OHG und seit dem 1. Januar 2004 als Komplementär einer KG oder als geschäftsführender Gesellschafter einer GmbH ausüben[5]. Interprofessionelle Berufszusammenschlüsse sind unzulässig[6]. 140

Slowenien: Slowenische Rechtsanwälte können sich zu einer Rechtsanwaltsgesellschaft (*Odvetniška Družba*) zusammenschließen, wie die Gesellschafter haften, bestimmt der Gesellschaftsvertrag[7]. Bei einer unbeschränkten Haftung (*Odvetniška družba z neomejeno odgovornostjo)* haften die Gesellschafter persönlich, bei beschränkter Haftung (*Odvetniška družba z omejeno odgovornostjo*) bis zur Höhe ihrer Einlage[8]. Ebenso verboten wie die interprofessionelle Berufsausübungsgemeinschaft ist seit der Änderung des Anwaltsgesetzes vom 2. Juli 2008[9] die reine Kapitalbeteiligung von Nichtjuristen an den Rechtsanwaltsgesellschaften[10]. 141

---

1 Vgl. Fellmann/Huguenin/Jacobs/Poledna/Schwarz/*Nobel*, Schweizerisches Anwaltsrecht, S. 368 ff.
2 Vgl. Fellman u.a./*Nobel*, S. 339 ff.
3 Hierzu *Henssler*, AnwBl. 2006, 836.
4 Vgl. unter www.bgfa.ch (Stand: Dezember 2009).
5 Art. 12 Abs. 1 lit. a) bis e) AnwaltsG.
6 Hierzu *Kilian/Wielgosz*, WIRO 2006, 33, 37.
7 Art. 35 und Art. 37 AnwaltsG.
8 Art. 35 und Art. 37 AnwaltsG.
9 Änderungsgesetz zum Anwaltsgesetz v. 2. 6. 2008, Amtsblatt der Republik Slowenien Nr. 54/2008.
10 Vgl. Art. 16 des Änderungsgesetzes zum Anwaltsgesetz v. 2. 6. 2008.

142 **Spanien:** Das Ley 2/2007 vom 15. März 2007[1], das am 16. Juni 2007 in Kraft trat, führte eine gesellschaftsrechtliche Rahmenregelung für die Freien Berufe ein, eine anwaltsspezifische Gesellschaftsform existiert nicht. Danach haftet der schadensverursachende Gesellschafter, unabhängig von der gewählten Gesellschaftsform, neben der Gesellschaft[2]. Zwar sieht das Ley 2/2007 unter bestimmten Voraussetzungen auch die Gründung von Kapitalgesellschaften vor[3]. Zulässig ist die gemeinsame Berufsausübung in Form einer Aktiengesellschaft bzw. Gesellschaft mit beschränkter Haftung aber nur dann, wenn sie nicht den berufsrechtlichen Standespflichten widerspricht. Da das spanische Anwaltsgesetz[4] die gemeinsame Berufsausübung in Kapitalgesellschaften verbietet, ist Art. 17 des Ley 2/2007 für Rechtsanwälte irrelevant[5]. Erlaubt sind hingegen multidisziplinäre Zusammenschlüsse mit Angehörigen anderer Freier Berufe[6].

143 **Tschechische Republik:** Das Anwaltsgesetz[7] bestimmt, dass tschechischen Rechtsanwälten die gemeinsame Berufsausübung als Mitglied einer Vereinigung nach Bürgerlichem Recht, als Gesellschafter einer OHG und seit dem 1. April 2006 als Gesellschafter einer KG oder GmbH möglich ist[8]. Unabhängig von der gewählten Gesellschaftsform besteht eine Handelndenhaftung[9]. Gesellschafter einer Kapitalgesellschaft können nur Rechtsanwälte sein[10]. Interdisziplinäre Berufsausübungsgesellschaften sind verboten[11].

144 **Ungarn:** Für ungarische Rechtsanwälte existiert eine anwaltsspezifische Gesellschaftsform mit eigener Rechtspersönlichkeit (*ügyvédi iroda*), die nur bei den Anwaltskammern registriert ist. Für Verbindlichkeiten haftet primär die *ügyvédi iroda*, eine subsidiäre unbeschränkte Haftung trifft die beteiligten Rechtsanwälte. Nach dem Anwaltsgesetz sind weder Kapitalgesellschaften noch Berufsausübungsgemeinschaften mit nichtanwaltlichen Berufsträgern erlaubt[12].

---

1 *Ley de sociedades profesionales* 2/2007 v. 15. 3. 2007, Amtsblatt Nr. 65, 11246.
2 Art. 11 des Ley 2/2007.
3 Art. 17 des Ley 2/2007.
4 Königliches Dekret 658/2001 v. 22. 6. 2001, Amtsblatt Nr. 164, 24913. Das Anwaltsgesetz wurde zuletzt am 2. 2. 2007 modifiziert.
5 Art. 28 AnwaltsG.
6 Art. 29 AnwaltsG.
7 Zuletzt modifiziert durch das Gesetz Nr. 219/2009, das am 1. 9. 2009 in Kraft trat.
8 § 15 Abs. 1 AnwaltsG.
9 Vgl. §§ 24–24 lit. b) AnwaltsG.
10 § 15 Abs. 1 AnwaltsG.
11 Vgl. *Nürnberger/Dokoupilová* in: Kolonovits (Hrsg.), Anwaltsrecht in EU-Beitrittsländern, Wien 2003, S. 261, 278f.
12 Vgl. §§ 67ff. AnwaltsG. Zum Ganzen *Kilian/Dux*, WIRO 2006, 137, 141f.

Zypern: Das zypriotische Anwaltsgesetz erklärt das Gesellschaftsrecht auf die Anwaltsgesellschaften für anwendbar[1]. Die gemeinsame Berufsausübung ist in Form einer Offenen Handelsgesellschaft, einer Kommanditgesellschaft und seit 2007 in Form einer Gesellschaft mit beschränkter Haftung möglich[2]. Eine nichtanwaltliche Beteiligung ist ausgeschlossen[3]. Für die Eintragung in das Verzeichnis für Anwaltsgesellschaften und ihre Kontrolle ist der Anwaltsrat zuständig[4]. 145

1 Art. 6 lit. c) Abs. 1 AnwaltsG i.d.F. v. 2007.
2 Art. 6 lit. c) Abs. 1b) und c) AnwaltsG.
3 Art. 6 lit. c) Abs. 2 und Abs. 3 AnwaltsG.
4 Atr. 6 lit. c) Abs. 3 ff. AnwaltsG.

H. Umwandlungsvorgänge Zivilrecht/Steuerrecht

	Rz.
I. Einleitung	1
II. Von der Einzelpraxis in die Sozietät	
1. Übersicht	5
2. Aufnahme eines Gesellschafters	8
a) Zivilrecht	8
b) Steuerrecht	11
3. Übertragung einer Einzelpraxis auf eine bestehende Sozietät	21
4. Zusammenschluss von Einzelpraxen	22
III. Von der Einzelpraxis in die Partnerschaft	23
IV. Von der Einzelpraxis in die GmbH	
1. Zivilrecht	26
2. Steuerrecht	30
V. Von der Sozietät in die Einzelpraxis	39
VI. Von der Sozietät in die Partnerschaft	45
VII. Von der Sozietät in die GmbH	47
VIII. Zusammenschluss von mehreren Sozietäten	51
IX. Trennung einer Sozietät in mehrere Sozietäten	57
X. Von der Partnerschaft in die Einzelpraxis	58
XI. Von der Partnerschaft in die Sozietät	61
XII. Von der Partnerschaft in die GmbH	63
XIII. Verschmelzung von Partnerschaften	68
XIV. Spaltung von Partnerschaften	70
XV. Von der GmbH in die Einzelpraxis	
1. Übersicht	72
2. Verschmelzung durch Aufnahme	73
a) Zivilrecht	73
b) Steuerrecht	80
XVI. Von der GmbH in die Sozietät	
1. Übersicht	91
2. Formwechsel	93
a) Zivilrecht	93
b) Steuerrecht	100
XVII. Von der GmbH in die Partnerschaft	101

Literatur

Korn, Freiberufler-Personengesellschaften und -Kapitalgesellschaften, 1998; *Schmitt/Hörtnagl/Stratz*, UmwStG, 4. Aufl. 2009; *Schwedhelm*, Die Unternehmensum wandlung, 6. Aufl. 2008.

I. Einleitung

Für die freiberufliche Tätigkeit bietet sich heute eine **Vielzahl von Rechtsformen** an. Mit der Zeit kann sich erweisen, dass die bisherige Rechtsform nicht bzw. nicht mehr angemessen ist. Die Gründe dafür können vielfältig sein, z.B.: 1

- **Änderung der tatsächlichen Rahmenbedingungen** (z.B. Umsatzsteigerung, Vorbereitung der Unternehmensnachfolge);

- **rechtsformspezifische Unterschiede** (z.B. Haftungsbegrenzung, laufende Besteuerung);
- **Steuervorteile** durch die Umwandlung als solche (z.B. Realisierung hoher Anschaffungskosten oder Verluste, Aufstockung der stillen Reserven);
- **Marketing** (z.B. die erste Anwalts-GmbH am Ort).

2 Das **UmwG** vom 28. 10. 1994[1] bietet hier gesellschaftsrechtlich im Grundsatz eine Vielzahl von Möglichkeiten. Dieses bezieht sich sowohl auf die Rechtsform der Ausgangs- und Zielgesellschaft als auch auf den Weg der Umwandlung – Formwechsel, Verschmelzung (durch Aufnahme und durch Neugründung), Spaltung (Aufspaltung, Abspaltung und Ausgliederung, jeweils zur Aufnahme bzw. zur Neugründung).

3 Für die Rechtsformen, die – noch – für die **freiberufliche Tätigkeit** typisch sind, gilt dieses jedoch **nur eingeschränkt**. So sind die Einzelpraxis und die Sozietät nur ausnahmsweise im UmwG als Ausgangs- bzw. Zielrechtsform zugelassen. Die Partnerschaft ist aufgrund des Ersten Gesetzes zur Änderung des Umwandlungsgesetzes[2] seit dem 1. 8. 1998 der Personenhandelsgesellschaft gleichgestellt und kann sich wie diese an einer Umwandlung beteiligen. Ist die anwaltliche Tätigkeit ausnahmsweise als gewerblich zu qualifizieren (z.B. bei Insolvenzverwaltern), erweiterten sich die Umwandlungsmöglichkeiten nicht, da das UmwG i.d.R. an die Eintragung ins Handelsregister anknüpft.

Soweit das UmwG keine Umwandlung i.e.S. zulässt (z.B. Einzelpraxis in Sozietät, Teilung einer Sozietät in mehrere Sozietäten), bietet in der Regel das **allgemeine Zivilrecht Möglichkeiten der Rechtsformänderung** (z.B. Einbringung, Realteilung).

4 Das **steuerliche Interesse** bei der Umwandlung ist klar: Der Vorgang soll weitestgehend steuerneutral sein; soweit Gewinne zu versteuern sind, sollen diese tarifbegünstigt sein und zusätzliche Abschreibungsmasse schaffen. Das **UmwStG** vom 28. 10. 1994[3] sowie die ergänzenden Vorschriften des EStG, KStG und UStG werden diesem Interesse weitgehend gerecht. Hieran hat sich durch die grundlegende Reform des UmwStG durch das SEStEG vom 7. 12. 2006[4] sowie das Unternehmensteuerreformgesetz 2008 vom 14. 8. 2007[5] einiges geändert.

II. Von der Einzelpraxis in die Sozietät

1. Übersicht

5 Eine **Umwandlung** i.e.S. nach dem UmwG ist **nicht möglich**. Insbesondere ist eine Ausgliederung aus dem Vermögen eines Freiberuflers auf eine Sozie-

1 BGBl. 1994 I, 3210.
2 BGBl. 1998 I, 1878.
3 BGBl. 1994 I, 3267.
4 BGBl. 2006 I, 2782.
5 BGBl. 2007 I, 1912.

tät nach § 152 UmwG ausgeschlossen. § 152 UmwG lässt nur eine Ausgliederung auf eine Personenhandelsgesellschaft zu.

Ein Freiberufler kann jedoch eine weitere Person an seiner Praxis beteiligen bzw. sich mit einem anderen Freiberufler **zusammenschließen oder** seinen Betrieb in eine bereits bestehende Sozietät **einbringen**, der er anlässlich der Übertragung beitritt oder an der er bereits beteiligt ist. **Zivilrechtlich** liegt in allen vorgenannten Fällen entweder die Gründung einer Sozietät (Aufnahme) oder die Änderung eines bestehenden Gesellschaftsverhältnisses (auch Beitritt) vor. **Steuerlich** kommt § 24 UmwStG zur Anwendung. Der „Betrieb" kann zum Buchwert oder einem höheren Wert bis zum gemeinen Wert eingebracht werden. 6

Daneben bleibt der **Verkauf** der Einzelpraxis an eine Sozietät möglich. 7

2. Aufnahme eines Gesellschafters

a) Zivilrecht

Zivilrechtlich ist die Aufnahme eines Gesellschafters die **Gründung einer Sozietät** (GbR). Voraussetzung ist der Abschluss eines Gesellschaftsvertrags mit der Verpflichtung, den gemeinsamen Zweck zu fördern. Der Gesellschaftsvertrag bedarf keiner besonderen Form. Schriftform ist aber empfehlenswert. 8

Als **Beitrag** bringt der Freiberufler regelmäßig seine Einzelpraxis ein, während der Eintretende durch Einlagen oder in sonstiger Weise einen Ausgleich für den ihm zuwachsenden Anteil am Wert des Unternehmens erbringen muss. Zivilrechtlich besteht ein breiter Gestaltungsspielraum: 9

- Der Eintretende kann dem Inhaber **außerhalb der Gesellschaft** einen **Ausgleich zahlen**.
- Der Eintretende kann eine seiner Beteiligung entsprechende **Bareinlage** in die Gesellschaft erbringen, die ihm als Kapitalanlage weiter zusteht.
- Der Ausgleich kann durch einen **Vorabgewinn** des bisherigen Inhabers erfolgen.
- Zulässig ist es auch, den Eintretenden **zunächst nicht am Gesellschaftsvermögen zu beteiligen**.

Vorstehende Ausgleichsmöglichkeiten können **kombiniert** werden. Ausschlaggebend für die Auswahl sind die steuerlichen Folgen.

Der Eintretende **haftet** grundsätzlich nicht persönlich für Altschulden des Freiberuflers, es sei denn, Schulden werden beim Einbringen des Unternehmens übernommen (Schuldbeitritt). Allerdings kann ein Altgläubiger in das Gesamthandsvermögen der Sozietät vollstrecken. 10

b) Steuerrecht

11 Steuerrechtlich unterfällt die Einbringung **§ 24 UmwStG**[1]. Hierbei ist jedoch zu beachten, dass mangels Gesamtrechtsnachfolge eine **Rückbeziehung nicht möglich** ist (§ 24 Abs. 4 2. HS UmwStG).

12 Soweit der Freiberufler seinen Gewinn nach § 4 Abs. 3 EStG ermittelt, muss für den Einbringungszeitraum zur **Bilanzierung** übergegangen werden[2]. Forderungen und unabgerechnete Arbeiten werden erfasst (R 4.6 EStR). Ein hieraus entstehender Gewinn ist nicht tarifbegünstigt. Nach der Einbringung ist eine **Rückkehr nach § 4 Abs. 3 EStG** möglich. Der dabei entstehende Verlust ist grundsätzlich sofort geltend zu machen. Wird die Bilanzierung unterlassen, kann kein begünstigter Einbringungsgewinn entstehen[3]. Die Finanzverwaltung verlangt diese Schritte auch, wenn eine Buchwertfortführung beabsichtigt ist[4].

13 Die Sozietät kann die eingebrachten Wirtschaftsgüter mit dem Buchwert, dem gemeinen Wert oder einem Zwischenwert in ihrer Eröffnungsbilanz ansetzen, soweit das Besteuerungsrecht der Bundesrepublik nicht ausgeschlossen oder beschränkt wird (§ 24 Abs. 2 UmwStG) (**Wahlrecht**)[5]. Soweit die Wirtschaftsgüter des Freiberuflers **über den Buchwerten** angesetzt werden, entsteht in der Höhe der Differenz zwischen den Buchwerten und dem Ansatz in der Eröffnungsbilanz ein Einbringungsgewinn (§ 24 Abs. 3 UmwStG). **Tarifbegünstigt** (§§ 18, 34 EStG) ist der Gewinn **nur, wenn** das eingebrachte Betriebsvermögen (einschließlich Sonderbetriebsvermögen) mit dem gemeinen Wert angesetzt wird, keine Teile eines Mitunternehmers eingebracht werden **und** nur, soweit der Einbringende **nicht selbst** an der Sozietät **beteiligt** ist. Die Tarifbegünstigung erstreckt sich nicht auf den Gewinn im Sonderbetriebsvermögen[6]. Der Gewinn kann vermieden werden, indem die Wertaufstockung in der Bilanz der Sozietät in einer **Ergänzungsbilanz** für den Einbringenden rückgängig gemacht wird. Zahlungen in das steuerliche Privatvermögen des Einbringenden sind nicht tarifbegünstigt.

14 Werden **wesentliche Betriebsgrundlagen** nicht mit eingebracht und der Sozietät auch nicht zur Nutzung überlassen, ist § 24 UmwStG nicht anwendbar[7].

15 Einstweilen frei

16 **Kernproblem** der Aufnahme eines Gesellschafters ist der **Ausgleich der unterschiedlichen Werte oder Bewertungen der jeweiligen Einlagen** des Freiberuflers und des neuen Gesellschafters. Dieses gilt sowohl, wenn der neue Gesellschafter einen Betrag in Geld erbringen soll, als auch für den Fall, dass der neue Gesellschafter Sacheinlagen erbringt.

---

1 Vgl. nur BFH v. 21. 9. 2000 – IV R 54/99, BStBl. 2001 II, 178.
2 Vgl. Schmidt/*Wacker*, § 18 Rz. 232.
3 Vgl. BFH v. 5. 4. 1984 – IV R 88/80, BStBl. 1984 II, 518.
4 OFD Hannover v. 25. 1. 2007, DStR 2007, 1037.
5 Vgl. zu den Entscheidungskriterien *Korn*, Rz. 109.
6 Vgl. BFH v. 21. 9. 2000 – IV R 54/99, BStBl. 2001 II, 178.
7 Vgl. *Korn*, Rz. 149.

Leistet der **neue Gesellschafter eine Bareinlage, während die Einzelpraxis zum Buchwert** eingebracht wird, entsteht für den Einzelunternehmer zwar kein Veräußerungsgewinn, die Anfangsbilanz der Sozietät gibt jedoch weder die gewinnmäßige noch die kapitalmäßige Beteiligung richtig wieder. 17

Beispiel: Freiberufler E will den Gesellschafter G aufnehmen. Die Einzelpraxis hat einen Buchwert von 100 000 Euro, einen gemeinen Wert von 500 000 Euro. Erfolgt die Einbringung zum Buchwert und erbringt G eine Bareinlage von 100 000 Euro, so weisen die Kapitalkonten der Gesellschafter jeweils 100 000 Euro aus, was nicht dem tatsächlichen Beteiligungsverhältnis von 5/6 zu 1/6 entspricht. Die Gesellschafter werden folglich nach einem **Ausgleich suchen.** 18

Hinweis: Unterlassen die Gesellschafter einen Ausgleich, führt dies zur Verschiebung stiller Reserven von E auf G, was nach Ansicht der Finanzverwaltung zu einem Veräußerungsgewinn für den einbringenden Freiberufler führt[1].

Lösung 1: Die **Einbringung** des Einzelunternehmens erfolgt **zum gemeinen Wert.** Die Bilanz ergibt ein korrektes Bild der Beteiligung. E kann den Einbringungsgewinn entweder – teils begünstigt, teils nicht begünstigt – versteuern oder den Gewinn durch eine Ergänzungsbilanz neutralisieren. Die an sich nach § 24 Abs. 3 Satz 2 UmwStG mögliche Tarifbegünstigung ist jedoch nicht zulässig, wenn der Einbringende eine Zuzahlung in das Privatvermögen erhält[2].

Lösung 2: Die **Einbringung** erfolgt **zum Buchwert.** Korrekte Beteiligungsverhältnisse werden durch Anpassung der Kapitalkonten hergestellt. Zum Ausgleich werden positive und negative **Ergänzungsbilanzen** für die Gesellschafter aufgestellt.

Lösung 3: Die **Einbringung** der Einzelpraxis erfolgt zum **Buchwert.** Die Wertdifferenz (im Beispiel 200 000 Euro) gleicht G durch unmittelbare oder mittelbare **Zahlung an E** aus. Auch hierbei handelt es sich um einen laufenden nicht tarifbegünstigten Gewinn.

Lösung 4: Eher bei Anwälten als bei Steuerberatern ist die Gestaltung anzutreffen, wonach der aufgenommene Gesellschafter keine Zahlung erbringen muss. Vielmehr wird das **Entgelt über die Gewinnverteilung** geregelt. Der junge Sozius erhält zu Beginn einen vergleichsweise geringen Gewinnanteil, der über die Jahre wächst. In diesen Fällen führt die Sozietät die **Buchwerte** fort. Es ergibt sich kein Veräußerungsgewinn. Der Eintretende hat keine zusätzlichen Anschaffungskosten. Die Gewinnanteile werden ohne Tarifbegünstigungen versteuert. Unproblematisch ist dieser Weg bei Gewinnvorabbeträgen, die quotal gerechnet werden, d.h. gewinnabhängig sind. Riskant ist es, die Gewinnvorabbeträge genau festzulegen. Hier droht die Gefahr, dass

1 Vgl. BMF v. 16. 6. 1978, BStBl. 1978 I, 235, Rz. 79; a.A. FG Rheinland-Pfalz v. 10. 11. 1992 – 2 K 2326/89, EFG 1993, 482.
2 BFH v. 18. 10. 1999 – GrS 2/98, BStBl. 2000 II, 123.

die Finanzverwaltung die Beträge als Ratenzahlungen auf eine Veräußerung qualifiziert und den Barwert sofort als laufenden Gewinn erfasst[1].

Lösung 5: Schließlich gibt es die Gestaltung, wonach der Eintretende nichts erwerben soll. Der oder die Aufnehmenden wollen nichts veräußern. Die Aufnahme des Sozius soll jedoch Anlass sein, dass der bisherige Freiberufler eine **Sonderentnahme** tätigen kann. Der Eintretende legt einen Geldbetrag in die Sozietät ein – in dem Beispielsfall 200 000 Euro –, der voll und uneingeschränkt seinem Kapitalkonto gutgeschrieben wird. Aufgrund der jetzt gegebenen Liquidität entnimmt der bisherige Freiberufler zu Lasten seines Kapitalkontos diesen Betrag. Der Vorgang ist erfolgsneutral. Er löst keine Einkommensteuer, aber auch keine AfA aus. Allerdings muss es sich rechtlich und wirtschaftlich um durchgeführte Einlagen und Entnahmen handeln. Der BFH hat in einer Entscheidung eine entsprechende Gestaltung verworfen, weil sich hinter ihr tatsächlich eine Veräußerung verbarg[2].

19 Auf die **unentgeltliche Aufnahme** eines Partners in einer Einzelpraxis (z.B.: Der Vater nimmt den Sohn auf) kann § 6 EStG (Buchwertfortführung) unmittelbar nicht angewandt werden, da der übertragene Anteil an der Einzelpraxis keinen Mitunternehmeranteil darstellt[3]. Die Finanzverwaltung wendet § 6 Abs. 3 EStG analog an[4].

Wer hier Risiken vermeiden will, muss auch insoweit den Weg des § 24 UmwStG gehen.

20 **Umsatzsteuerlich** beinhaltet die Einbringung eine Geschäftsveräußerung, die nach § 1 Abs. 1a UStG nicht der Umsatzsteuer unterliegt. Die Unternehmereigenschaft des Einbringenden endet. Unternehmer ist regelmäßig nur noch die Sozietät.

3. Übertragung einer Einzelpraxis auf eine bestehende Sozietät

21 **Zivilrechtlich** kann eine Einzelpraxis im Wege der **Sacheinlage in eine bereits bestehende Sozietät** eingebracht werden. Ist der Freiberufler bereits an der Sozietät beteiligt, erfolgt dies gegen Erhöhung seiner Beteiligung, sonst gegen Gewährung einer Beteiligung. In beiden Fällen handelt es sich um eine **Änderung des bestehenden Gesellschaftsvertrags**. Damit ist die Zustimmung aller Gesellschafter erforderlich, soweit der Gesellschaftsvertrag nichts anderes vorsieht. Besondere Formvorschriften sind nicht zu beachten.

Steuerlich fällt auch dieser Vorgang unter § 24 UmwStG. Es gelten die Rz. 11 ff. Der Erwerb von Teil-Mitunternehmeranteilen ist nicht tarifbegünstigt.

---

1 Vgl. FG Münster v. 30. 11. 1989 – 16 K 10133/81, EFG 1990, 319; sowie *Korn*, Rz. 113 ff.

2 Vgl. BFH v. 5. 4. 1984 – IV R 88/90, BStBl. 1984 II, 518, der auch die Anwendung des § 34 EStG verneinte und Tz. 24.12. UmwE zu Missbrauchsgefahren.

3 BFH v. 18. 10. 1999 – GrS 2/98, BStBl. 2000 II, 123.

4 Allerdings nur in einer OFD-Verfügung v. 9. 9. 1999, FR 1999, 1147, die zudem noch vor der BFH-Entscheidung v. 18. 10. 1999 (vorhergehende Fn.) erging.

4. Zusammenschluss von Einzelpraxen

22 Auch durch den **Zusammenschluss** von mehreren Einzelpraxen entsteht eine Sozietät. Es gelten die Rz. 8 ff.

III. Von der Einzelpraxis in die Partnerschaft

23 Eine Umwandlung einer Einzelpraxis in eine Partnerschaft **nach dem UmwG ist nicht möglich**. Hieran hat sich auch nach der Änderung des UmwG (Rz. 3) nichts geändert. Es bleiben damit nur die Umwandlungswege **wie bei der Sozietät** (vgl. Rz. 5 ff.).

24 **Zivilrechtlich** bestehen hier nur insoweit Unterschiede, als bei der Gründung einer Partnerschaft bzw. der Aufnahme eines neuen Partners besondere Formvorschriften zu beachten sind, § 3 PartGG (Schriftform); § 5 PartGG (Eintragung in das Partnerschaftsregister).

25 **Steuerrechtlich** ergeben sich keine Besonderheiten (vgl. Rz. 15 ff.).

IV. Von der Einzelpraxis in die GmbH

1. Zivilrecht

26 Eine Umwandlung der Einzelpraxis in eine GmbH ist **nach dem UmwG nicht möglich**. Für eine Ausgliederung nach § 152 UmwG wäre die Eintragung des Einzelunternehmens in das Handelsregister erforderlich.

27 Eine Einzelpraxis kann jedoch **an eine zuvor gegründete GmbH veräußert oder** ohne Gewährung neuer Anteile (verdeckt) **eingebracht** werden. Beim Verkauf an die GmbH kann handelsrechtlich eine verschleierte Sachgründung vorliegen. Beide Gestaltungen zwingen steuerlich zur Aufdeckung aller stillen Reserven – einschließlich des Praxiswerts – und führen damit zur vollen Gewinnrealisierung[1].

28 Eine Einzelpraxis kann auch im Wege der **Sachgründung** auf eine neu zu gründende GmbH übertragen oder im Wege einer **Sachkapitalerhöhung** in eine bereits bestehende GmbH eingebracht werden. Im Rahmen einer Sachgründung können mehrere Praxen eingebracht werden (A und B bringen jeweils ihre Einzelpraxis in eine gemeinsame GmbH ein). Ebenso ist eine gemischte Bar- und Sachgründung zulässig (A bringt seine Praxis, B einen Barbetrag ein). Entsprechendes gilt für die **Sachkapitalerhöhung**.

29 Im Unterschied zur Ausgliederung nach § 152 UmwG tritt bei der Einbringung **keine Gesamtrechtsnachfolge** ein. Entsprechend gehen Mandatsverhältnisse nicht automatisch, sondern nur mit Zustimmung des Mandanten auf die GmbH über. In der Praxis empfiehlt es sich daher, den Mandanten die Einbringung der Praxis in die GmbH zumindest mitzuteilen. Wird das Mandat sodann für den Mandanten erkennbar von der GmbH weitergeführt und

1 Vgl. auch Tz. 20.04 UmwE.

widerspricht der Mandant nicht, dürfte dies als konkludente Genehmigung angesehen werden[1]. Im Übrigen gelten die allgemeinen zivilrechtlichen Grundsätze zur Sachgründung bzw. Kapitalerhöhung[2].

2. Steuerrecht

30 **Verkauft** der bisherige Praxisinhaber seine Praxis zum Buchwert an die eigene GmbH, kann – mit der Person des Inhabers – der **Praxiswert** auf die GmbH übergehen, wenn bzw. weil der bisherige Praxisinhaber als Geschäftsführer der GmbH für diese tätig ist[3]. Der Praxiswert ist damit (in Bezug auf die Einzelpraxis) betriebsfremden Zwecken zugeführt worden. Infolgedessen unterliegen sämtliche stillen Reserven, d.h. auch der Praxiswert, gemäß § 16 Abs. 3 Satz 1 und 2 EStG der Besteuerung[4]. Der Gewinn ist nach den regulären Vorschriften tarifbegünstigt.

Hiervon kann der **Mandantenstamm** getrennt betrachtet werden. Dieser kann vom bisherigen Inhaber der Einzelpraxis zurückbehalten und anderweitig verwendet werden[5]. Die Tarifermäßigung setzt allerdings auch insoweit die Gewinnrealisierung voraus.

31 Ansonsten gilt der Grundsatz, dass eine verdeckte Einlage vorliegt, soweit die **Veräußerung unter dem Teilwert** (einschließlich Geschäftswert) der Einzelpraxis erfolgt. Die Differenz zwischen Kaufpreis und Teilwert ist als Entnahme Bestandteil des nach §§ 16, 34 EStG begünstigten Veräußerungsgewinns. Die Anschaffungskosten der GmbH-Anteile sind entsprechend zu erhöhen. Die GmbH hat die Wirtschaftsgüter mit dem Teilwert anzusetzen.

Entsprechendes gilt für die **unentgeltliche Übertragung**[6].

32 Erfolgt der **Verkauf** der Einzelpraxis **über dem Teilwert**, liegt eine verdeckte Gewinnausschüttung vor. Eine verdeckte Gewinnausschüttung liegt auch dann vor, wenn sich der Inhaber der bisherigen Einzelpraxis den Teil des Geschäftswerts vergüten lässt, der auf seiner höchstpersönlichen Arbeitsleistung und Schaffenskraft beruht[7]. Entsprechendes dürfte für die Übertragung eines überschuldeten Unternehmens gelten[8].

33 **Hinweis:** Die **verdeckte Einlage** kann ein **bewusstes Gestaltungsmittel** sein, wenn die Aufdeckung der stillen Reserven gewollt ist. Kosten und Zeit für eine Sachgründung bzw. Sachkapitalerhöhung werden erspart. Die Begüns-

1 Siehe jedoch BGH NJW 1991, 2955 und NJW 1992, 737.
2 Vgl. *Schwedhelm*, Rz. 305–341, m.w.N.
3 Vgl. BFH v. 28. 2. 1990 – I R 144/87, BStBl. 1990 II, 595, korrigiert und fortentwickelt durch BFH v. 30. 3. 1994 – I R 52/93, BStBl. 1994 II, 903; BFH v. 14. 1. 1998 – X R 57/93, DStR 1998, 887.
4 Vgl. BFH v. 24. 3. 1987 – I R 202/83, BStBl. 1987 II, 705.
5 Z.B. Veräußerung an Dritte bzw. Verpachtung an die eigene GmbH; vgl. BFH v. 18. 12. 1996 – I R 128-129/95, BStBl. 1997 II, 546.
6 Vgl. BFH v. 14. 1. 1993 – IV R 121/91, BFH/NV 1993, 525; differenzierend Schmidt/*Wacker*, § 16 Rz. 201.
7 Vgl. BFH v. 18. 12. 1996 – I R 128-129/95, BStBl. 1997 II, 546.
8 Vgl. dazu FG Baden-Württemberg v. 18. 2. 1992 – 3 K 157/88, EFG 1992, 686.

tigung des Veräußerungsgewinns und die Erhöhung des Abschreibungsvolumens bestehen. Nachteil ist, dass die verdeckte Einlage in voller Höhe dem Eigenkapital zuzurechnen ist. Eine Rückführung an den Gesellschafter ist somit nur über eine Ausschüttung möglich. Wird hingegen offen im Rahmen der Gründung oder Kapitalerhöhung eingelegt, kann die Einlage teilweise als Gesellschafterdarlehen verwendet und damit jederzeit zurückgeführt werden.

Bei der **Einbringung im Wege der Sachgründung bzw. Kapitalerhöhung** ist 34
§ 20 UmwStG einschlägig, wenn die gesamte Einzelpraxis eingebracht wird[1]. Es gelten die allgemeinen Grundsätze[2]. Das eingebrachte Vermögen kann mit dem Buch-, Zwischenwert oder dem gemeinen Wert angesetzt werden (§ 20 Abs. 2 UmwStG)[3]. Bei einer Buchwertverknüpfung findet keine Gewinnrealisierung statt. Wird zum gemeinen Wert eingebracht, ist der Einbringungsgewinn tarifbegünstigt (§ 20 Abs. 4 UmwStG i.V.m. § 34 EStG). Wählt die GmbH den gemeinen Wert, so gelten die Wirtschaftsgüter als mit dem gemeinen Wert angeschafft (§ 23 Abs. 4 UmwStG). Die AfA erhöht sich entsprechend. Anschaffungszeitpunkt ist der Einbringungszeitpunkt. Die GmbH kann steuerfrei gebildete Rücklagen nicht fortführen. Soweit steuerliche Begünstigungen an den Herstellungsvorgang anknüpfen, kommen diese für die GmbH nicht in Betracht, da die übernommenen Wirtschaftsgüter als erworben gelten[4].

Die **steuerliche Rückbeziehung** darf auf einen Tag erfolgen, der höchstens 35
acht Monate vor dem Tag des Abschlusses des Einbringungsvertrags (gleich notarielle Gründung bzw. Kapitalerhöhung) liegt und höchstens acht Monate vor dem Zeitpunkt liegt, an dem das eingebrachte Betriebsvermögen auf die GmbH übergeht (§ 20 Abs. 6 UmwStG). Die Rückbeziehung im Falle der Sachgründung oder Sachkapitalerhöhung ist damit nicht an die Anmeldung zum Handelsregister gebunden. Es empfiehlt sich daher, die Übereignung des Vermögens als Erbringung der Einlage in das Gründungsprotokoll bzw. in den Erhöhungsbeschluss aufzunehmen.

Die Einbringung der freiberuflichen Praxis zwingt zum **Übergang zur Ge-** 36
winnermittlung nach § 4 Abs. 1 und 5 EStG. Wurde der Gewinn bisher nach § 4 Abs. 3 EStG ermittelt, führt die Einbringung zur Korrektur bislang unerfasster Geschäftsvorfälle (vgl. R 46 EStR). Die sofortige Versteuerung kann vermieden werden, wenn diese Forderung nicht mit eingebracht wird. § 20 UmwStG bleibt davon unberührt[5].

Der Vorgang ist nach § 1 Abs. 1a UStG **nicht umsatzsteuerbar**. 37

1 Vgl. *Schwedhelm*, Rz. 232ff., m.w.N. zu den Fällen, in denen einzelne Wirtschaftsgüter zurückbehalten werden.
2 Vgl. dazu im Einzelnen *Schwedhelm*, Rz. 229–289.
3 Vgl. zu den Entscheidungskriterien *Korn*, Rz. 127.
4 Vgl. zu Sonderabschreibungen nach dem Fördergebietsgesetz BMF-Schreiben v. 14. 7. 1995, BStBl. 1995 I, 374.
5 Vgl. *Schwedhelm*, Rz. 366.

38 Sind an der GmbH weitere Personen beteiligt, kann ein notwendiger **Wertausgleich** über Vorzugsdividenden, Einlagen in die Gesellschaften und/oder Ausgleichszahlungen an die Mitgesellschafter erfolgen[1].

V. Von der Sozietät in die Einzelpraxis

39 Die Umwandlung einer Sozietät in eine Einzelpraxis ist **nach dem UmwG nicht** möglich.

Denkbar ist jedoch, dass **alle Gesellschafter bis auf einen ausscheiden** und damit das Gesamthandsvermögen dem verbleibenden Gesellschafter zuwächst.

Ferner ist denkbar, dass sich eine Sozietät auflöst, indem Vermögen auf die einzelnen Gesellschafter übertragen wird, die damit jeweils eine eigene Einzelpraxis gründen **(Realteilung)**.

40 **Steuerlich** ist das **Ausscheiden** aus der Sozietät Veräußerung der Beteiligung mit den sich daraus ergebenden allgemeinen Besteuerungsfolgen (§§ 18, 34 EStG). Für eine Tarifermäßigung ist es jedoch erforderlich, dass der Ausscheidende seine Tätigkeit im bisherigen örtlichen Wirkungskreis einstellt[2]. Zudem muss das Sonderbetriebsvermögen veräußert oder in das Privatvermögen übernommen werden. Die Überführung in ein anderes Betriebsvermögen ist steuerschädlich[3].

41 Einstweilen frei.

42 Seit 1999 ist eine steuerneutrale **Realteilung** nur noch dann möglich, wenn sie auf die Übertragung von Teilbetrieben[4] gerichtet ist. Ansonsten gilt die Realteilung als Betriebsaufgabe (§ 16 Abs. 3 Satz 3 EStG). Die stillen Reserven sind vollständig zu realisieren. Auf den dabei entstehenden Aufgabegewinn ist die Tarifbegünstigung der §§ 16, 34 EStG anzuwenden[5].

43 Einstweilen frei.

44 **Umsatzsteuer** fällt gemäß § 1 Abs. 1a UStG nicht an.

VI. Von der Sozietät in die Partnerschaft

45 Auch hier ist eine Umwandlung **nach dem UmwG nicht möglich**.

Dennoch ist ein **„Formwechsel" i.w.S.** problemlos möglich. Mit der Eintragung einer bisher als Sozietät tätigen Gesellschaft in das Partnerschaftsregis-

1 Vgl. dazu *Korn*, Rz. 132.

2 Vgl. BFH v. 23. 1. 1997 – IV R 36/95, BStBl. 1997 II, 498, sowie ausführlich *Richter*, DStR 1998, 442; die Tätigkeit als Angestellter für die ehemals eigene Sozietät ist unschädlich: BFH v. 17. 7. 2008 – X R 40/07, BFH/NV 2008, 2099.

3 BFH v. 2. 10. 1997 – IV R 84/96, BStBl. 1998 II, 104.

4 Vgl. zu den Voraussetzungen eines Teilbetriebs Schmidt/*Wacker*, § 16 Rz. 140ff.

5 Vgl. dazu auch *Strahl*, NJW 2000, 2626.

ter entsteht eine Partnerschaft (vgl. Rz. 24). Rechtsübertragungen sind dazu nicht erforderlich, da das Unternehmen das gleiche bleibt. Lediglich das Rechtskleid wird geändert.

Da **steuerlich** die bisherige Mitunternehmerschaft unverändert bestehen bleibt, hat diese Umwandlung keine steuerlichen Folgen. 46

VII. Von der Sozietät in die GmbH

Die Umwandlung einer Sozietät in eine GmbH **nach dem UmwG ist ausgeschlossen.** 47

In Betracht kommt jedoch die **Einbringung aller Sozietätsbeteiligungen** in eine GmbH im Wege der Sachgründung bzw. Sachkapitalerhöhung. Die Sozietät erlischt. Ihr gesamtes Vermögen geht auf die GmbH über.

Werden nicht die Beteiligungen, sondern wird das **Vermögen der Sozietät eingebracht**, bleibt diese bestehen. Die GmbH-Anteile werden Gesamthandsvermögen[1].

Die Bargründung einer GmbH durch die Sozien mit dem anschließenden **Verkauf des Sozietätsvermögens** an die GmbH begründet die Gefahr einer verschleierten Sachgründung und einer verdeckten Einlage (vgl. dazu Rz. 28). 48

Sowohl die Einbringung des Vermögens der Sozietät als auch die Einbringung der Beteiligungen unterliegen **§ 20 UmwStG**[2]. 49

Umsatzsteuer fällt gemäß § 1 Abs. 1a UmwStG nicht an. 50

VIII. Zusammenschluss von mehreren Sozietäten

Eine Verschmelzung nach dem **UmwG ist nicht möglich**. Offen sind **jedoch** folgende Wege für einen Zusammenschluss: 51

- **Weg 1:** Die Partner der Sozietät 1 bringen ihre Gesellschaftsanteile in die Sozietät 2 ein und erhalten dafür einen Gesellschaftsanteil an der Sozietät 2. Die Sozietät 1 geht unter, da alle Anteile in der Hand eines Gesellschafters – hier der Sozietät 2 – zusammenfallen.
- **Weg 2:** Die Partner der Sozietät 1 und der Sozietät 2 übertragen ihre Beteiligungen gegen Gewährung von Gesellschaftsrechten auf eine neu zu gründende Sozietät 3. Hier gehen Sozietät 1 und Sozietät 2 unter.
- **Weg 3:** Die Sozietät 2 tritt der Sozietät 1 als Gesellschafterin bei. Anschließend scheiden die bisherigen Partner der Sozietät 1 aus, womit das Vermögen allein auf die Sozietät 2 übergeht und die Sozietät 1 erlischt. Die aus der Sozietät 1 ausscheidenden Partner werden an der Sozietät 2 beteiligt, indem sie ihre Abfindungsansprüche gegen die Sozietät 2 einbringen.

---

1 Vgl. BGH BB 1981, 450.
2 *Schmitt/Hörtnagl/Stratz*, § 20 UmwStG Rz. 9.

52 Unabhängig davon, welchen Weg man beschreitet, wird allgemein vertreten, dass er steuerlich dem **§ 24 UmwStG** unterfällt. Die Anwendbarkeit des § 24 UmwStG gibt damit ein **Wahlrecht**[1] zwischen der Buchwertfortführung und der ganzen oder teilweisen Aufstockung der stillen Reserven bis zum gemeinen Wert der Mitunternehmeranteile. Das Wahlrecht kann hinsichtlich jedes Mitunternehmeranteils unterschiedlich ausgeübt werden. Selbst bei einem negativen Kapitalkonto des Einbringenden gelten keine besonderen Bewertungsgrundsätze.

53 **Sonderbetriebsvermögen** eines seinen Mitunternehmeranteil einbringenden Gesellschafters behält seinen Status. Wird das nicht zu den wesentlichen Betriebsgrundlagen gehörende Sonderbetriebsvermögen anlässlich der Einbringung an Dritte veräußert oder in das Privatvermögen überführt, sind die enthaltenen stillen Reserven zu realisieren. Ein daraus resultierender Veräußerungsgewinn ist tarifbegünstigt, wenn die Einbringung zum Buchwert erfolgt.

54 Der Ansatz der Wirtschaftsgüter bei der aufnehmenden Sozietät bestimmt den Veräußerungspreis des Gesellschaftsanteils. Ein **Veräußerungsgewinn** ist bei einer natürlichen Person **tarifbegünstigt, wenn** alle stillen Reserven (einschließlich Firmenwert und Sonderbetriebsvermögen) steuerlich erfasst werden, keine Zahlungen in das Privatvermögen erfolgen, keine Teile an Mitunternehmeranteilen eingebracht werden und nur, soweit der Einbringende nicht selbst an der aufnehmenden Sozietät beteiligt ist (§ 24 Abs. 3 UmwStG).

55 Es ist zulässig, den über dem Buchwert liegenden Ansatz in der Bilanz der aufnehmenden Gesellschaft durch eine **Ergänzungsbilanz** ganz oder teilweise zu neutralisieren. Ein Veräußerungsgewinn entsteht dann nur, wenn der Bilanzansatz einschließlich Ergänzungsbilanz den Buchwert übersteigt.

56 Die Einbringung unterliegt nicht der **Umsatzsteuer** (§ 1 Abs. 1a UStG).

IX. Trennung einer Sozietät in mehrere Sozietäten

57 Die Spaltung einer Sozietät **nach dem UmwG** ist **ausgeschlossen**. Möglich ist jedoch die **Realteilung**. Vergleiche dazu Rz. 40ff.

X. Von der Partnerschaft in die Einzelpraxis

58 **Nach dem UmwG** ist eine Umwandlung der Partnerschaft in eine Einzelpraxis **nicht möglich**.

Möglich bleiben damit nur die **Wege, die** auch von der **Sozietät** in die Einzelpraxis bestehen. Vergleiche dazu Rz. 39.

59 Das Ausscheiden eines Partners sowie die Auflösung der Partnerschaft müssen gemäß § 9 Abs. 1 PartGG i.V.m. § 143 HGB in das **Partnerschaftsregister**

1 Vgl. für die Entscheidungskriterien zur Ausübung des Wahlrechts *Schwedhelm*, Rz. 1393ff.

eingetragen werden. Eine solche Eintragung hat jedoch nur deklaratorische Bedeutung, d.h. auch ohne Eintragung kann ein Partner ausscheiden bzw. die Partnerschaft aufgelöst werden[1]. Auf die eingetretene Rechtsänderung können sich die Partner ohne Eintragung jedoch gegenüber Dritten nicht berufen (§ 5 PartGG i.V.m. § 15 Abs. 1 HGB).

Steuerlich gelten die gleichen Grundsätze wie bei der Umwandlung einer So- 60
zietät in eine Einzelpraxis (vgl. Rz. 40ff.).

XI. Von der Partnerschaft in die Sozietät

Die Umwandlung einer Partnerschaft in eine Sozietät nach dem **UmwG ist** 61
nicht möglich.

Ein **„Formwechsel" i.w.S.** tritt jedoch ein, sobald die Personengesellschaft ihren freiberuflichen Gesellschaftszweck verliert und gewerblich ausgerichtet wird. Die Änderung des Gesellschaftszwecks kann auch stillschweigend erfolgen (z.B. anwaltliche Partnerschaft übernimmt nur noch treuhänderische Aufgaben ohne beratende Tätigkeit). Die Eintragung im Partnerschaftsregister steht der Umwandlung nicht entgegen[2].

Bei unverändertem Gesellschaftszweck kann ein „Formwechsel" durch **Löschung im Partnerschaftsregister** erreicht werden.

In beiden Fällen bleibt die Identität der Gesellschaft bestehen. Es ändert sich lediglich das Rechtskleid. Eine **Vermögensübertragung findet nicht statt**.

Steuerlich hat diese Umwandlung deshalb keine Folgen. 62

XII. Von der Partnerschaft in die GmbH

Die Umwandlung einer Partnerschaft in eine GmbH kann **außerhalb des** 63
UmwG wie bei einer Sozietät erfolgen (vgl. dazu Rz. 47f.). Steuerlich gilt das Entsprechende (vgl. Rz. 49).

Nach dem neuen **UmwG** kann die Partnerschaft wie eine Personenhandels- 64
gesellschaft umgewandelt werden (vgl. §§ 3 Abs. 1 Nr. 1, 191 Abs. 1 Nr. 1 UmwG). Damit wird der **Formwechsel** in, die **Verschmelzung** mit sowie die **Abspaltung** auf eine bzw. mehrere GmbH möglich.

Hierbei gelten grundsätzlich die **Vorschriften für eine Umwandlung einer Personenhandelsgesellschaft** in bzw. auf eine GmbH (§§ 45e und 225c UmwG)[3].

Bei der **Verschmelzung** sind jedoch folgende **Besonderheiten** zu berücksich- 65
tigen:

1 Vgl. dazu *Baumbach/Hopt*, § 143 Rz. 6.
2 Vgl. *Henssler*, § 1 PartGG Rz. 2.
3 Vgl. dazu *Schwedhelm*, Rz. 1646 bis 1820.

- Nach § 45c UmwG ist ein **Verschmelzungsbericht** für eine an der Verschmelzung beteiligte Partnerschaft nur dann erforderlich, wenn ein Partner gemäß § 6 Abs. 2 PartGG von der Geschäftsführung ausgeschlossen ist. Von der Geschäftsführung ausgeschlossene Partner sind entsprechend § 42 UmwG zu unterrichten.
- Nach § 45d UmwG bedarf der **Verschmelzungsbeschluss** der Zustimmung aller anwesenden Partner; ihm müssen auch die nicht erschienenen Partner zustimmen. Der Partnerschaftsvertrag kann jedoch eine Mehrheitsentscheidung der Partner vorsehen. Die Mehrheit muss mindestens ¾ der abgegebenen Stimmen betragen.

Über § 125 UmwG gelten diese Bestimmungen auch für die **Spaltung**.

66 Beim **Formwechsel** ist die Sonderbestimmung des § 225b UmwG zu beachten. Danach ist ein **Umwandlungsbericht** nur erforderlich, wenn ein Partner der formwechselnden Partnerschaft gemäß § 6 Abs. 2 PartGG von der Geschäftsführung ausgeschlossen ist. Von der Geschäftsführung ausgeschlossene Partner sind entsprechend § 216 UmwG zu unterrichten.

67 **Steuerlich** werden bei diesen Umwandlungen die gleichen Grundsätze zum Zuge kommen, wie sie derzeit bei der Umwandlung einer Verschmelzung von Partnerschaftspersonenhandelsgesellschaft in bzw. auf eine GmbH bereits bestehen[1].

XIII. Verschmelzung von Partnerschaften

68 Wie bisher können sich Partnerschaften **außerhalb des UmwG** wie Sozietäten zusammenschließen (vgl. Rz. 51).

69 Nach § 3 Abs. 1 Nr. 1 **UmwG** ist auch eine Verschmelzung i.e.S. möglich. Hierbei sind zunächst die Vorschriften bezüglich der Verschmelzung von Personenhandelsgesellschaften zu berücksichtigen (§ 45e UmwG)[2]. Zudem sind die Besonderheiten der §§ 45c und 45d UmwG zu berücksichtigen (vgl. Rz. 65).

XIV. Spaltung von Partnerschaften

70 Auch hier kann sich eine Partnerschaft **außerhalb des UmwG** wie eine Sozietät teilen (Rz. 57).

71 Durch das **UmwG** ist auch die Partnerschaft spaltungsfähig i.e.S. (vgl. §§ 125, 135 UmwG i.V.m. § 3 Abs. 1 Nr. 1 UmwG). Es gelten die zur Spaltung von Personenhandelsgesellschaften bestehenden Vorschriften[3], wobei die Besonderheiten bezüglich der Verschmelzung von Partnerschaften zu berücksichtigen sind (vgl. dazu Rz. 69).

---

1 Vgl. dazu *Schwedhelm*, Rz. 1715 ff.
2 Vgl. dazu *Schwedhelm*, Rz. 1938 bis 2024.
3 Vgl. dazu *Schwedhelm*, Rz. 1856 bis 1927.

XV. Von der GmbH in die Einzelpraxis

1. Übersicht

Durch § 122 Abs. 2 UmwG ist klargestellt, dass auch **eine freiberuflich tätige Kapitalgesellschaft auf eine natürliche Person gemäß § 120 UmwG verschmolzen werden kann**, wenn der alleinige Gesellschafter eine natürliche Person ist. 72

2. Verschmelzung durch Aufnahme

a) Zivilrecht

Notwendig ist ein **Verschmelzungsvertrag** zwischen der GmbH, vertreten durch den Geschäftsführer, und dem alleinigen Gesellschafter (§ 4 UmwG). Soweit die GmbH von dem Gesellschafter als Geschäftsführer vertreten wird, ist eine Befreiung von § 181 BGB erforderlich. Hierbei ist darauf zu achten, dass die Befreiung von § 181 BGB bei einer Einpersonen-GmbH der Satzungsgrundlage bedarf[1]. 73

Firma, Sitz und Vertretung der GmbH sind im Vertrag zu nennen (§ 5 Abs. 1 Nr. 1 UmwG). Inhaltlich ist zu bestimmen, dass das **Vermögen** auf den Gesellschafter **übergeht** (§ 5 Abs. 1 Nr. 2 UmwG). Die übrigen Angaben nach § 5 Abs. 1 Nr. 2 bis 5 UmwG sind gemäß § 5 Abs. 2 UmwG entbehrlich. Festzulegen ist der **Verschmelzungsstichtag** (§ 4 Abs. 1 Nr. 6 UmwG). Die Angaben nach §§ 5 Nr. 7 und 8 UmwG (besondere **Rechte und Vorteile**) sind verzichtbar[2]. Erforderlich sind Angaben zu den **Folgen für die Arbeitnehmer** (§ 5 Abs. 1 Nr. 9 UmwG).

Der Verschmelzungsvertrag ist **notariell zu beurkunden**.

Verschmelzungsbericht und Prüfung sind nicht erforderlich (§§ 8 Abs. 3, 9 Abs. 3 UmwG). 74

Notwendig ist jedoch ein **Zustimmungsbeschluss** des Gesellschafters der GmbH, der m.A. nach in der Beurkundung des Vertrags mit gefasst werden kann, wenn der Entwurf des Vertrags einen Monat zuvor dem **Betriebsrat** zugeleitet wurde (§ 5 Abs. 3 UmwG). Eine gesonderte Zustimmungserklärung des Gesellschafters als Übernehmenden ist nicht erforderlich[3]. 75

Zur **Bilanzierung** vgl. *Schwedhelm*, Rz. 1052 bis 1058.

Die Verschmelzung ist zum **Handelsregister** des Sitzes der GmbH **anzumelden** (§ 16 Abs. 1 Satz 1 UmwG). 76

Mit der **Eintragung** der Verschmelzung – d.h. nicht rückwirkend zum Verschmelzungsstichtag – geht das gesamte Vermögen der übertragenen GmbH auf den Alleingesellschafter im Wege der **Gesamtrechtsnachfolge** über (§ 20 Abs. 1 Nr. 1 UmwG). Forderungen und Verbindlichkeiten der 77

1 Vgl. BayObLG DB 1984, 1517.
2 Vgl. *Schwedhelm*, Rz. 669.
3 LG Dresden GmbHR 1997, 175.

GmbH gegenüber dem Alleingesellschafter erlöschen durch **Konfusion** (Rz. 88). Mit der Eintragung **erlischt die GmbH** (§ 20 Abs. 1 Nr. 2 UmwG). Ein **Mangel der notariellen Beurkundung** des Verschmelzungsvertrags wird **geheilt** (§ 20 Abs. 1 Nr. 4 UmwG).

78 Nach **§ 21 UmwG** kann es zu einer Anpassung von miteinander nicht mehr zu vereinbarenden Verpflichtungen aus gegenseitigen Verträgen kommen.

79 Den Gläubigern der GmbH ist unter bestimmten Voraussetzungen **Sicherheit zu leisten** (vgl. § 22 UmwG).

Zu den **Kosten** vgl. *Schwedhelm*, Rz. 1098 bis 1101.

b) Steuerrecht

80 Für die Vermögensübertragung auf den Alleingesellschafter sind die **Vorschriften über die Vermögensübertragung auf eine Personengesellschaft gleichermaßen anzuwenden** (§ 3 Abs. 1 UmwStG). Danach gilt im Grundsatz Folgendes[1]:

81 Es besteht die Möglichkeit der **steuerlichen Rückwirkung**. Nach § 2 Abs. 1 UmwStG sind das Einkommen und das Vermögen der übertragenen GmbH sowie des übernehmenden Alleingesellschafters so zu ermitteln, als ob das Vermögen der GmbH mit Ablauf des Stichtags der Bilanz, die dem Vermögensübergang zugrunde liegt (steuerlicher Übertragungsstichtag), auf den übernehmenden Alleingesellschafter übergegangen wäre. Wegen der Bindung an den handelsrechtlichen Verschmelzungsstichtag kommt die Acht-Monatsfrist des § 17 Abs. 2 UmwG zum Zuge. Maßgeblich für die Fristberechnung ist sowohl handels- als auch steuerrechtlich nicht der Tag der Eintragung, sondern der Tag der Anmeldung der Umwandlung zur Eintragung in das Handelsregister. Die Rückwirkung gilt nicht für die Grunderwerbsteuer und die Umsatzsteuer.

82 § 3 UmwStG gibt bei der übertragenen GmbH ein **Wahlrecht hinsichtlich der Bewertungsansätze**. In der auf den Umwandlungsstichtag zu erstellenden Schlussbilanz können die Wirtschaftsgüter mit dem Buchwert oder einem höheren Wert angesetzt werden. Die gemeinen Werte der Einzelwirtschaftsgüter dürfen nicht überschritten werden.

83 Der Wert, mit dem die Wirtschaftsgüter in der steuerlichen Schlussbilanz angesetzt werden, abzüglich der Buchwerte zum Übertragungsstichtag sowie der Aufwendungen, die wirtschaftlich im Zusammenhang mit dem Vermögensübergang stehen, ergibt einen **Übertragungsgewinn oder -verlust bei der GmbH**. Ein Übertragungsgewinn entsteht bei der Aufdeckung stiller Reserven. Dieser unterliegt der Körperschaftsteuer zum vollen Steuersatz sowie der Gewerbesteuer (§ 18 Abs. 1 i.V.m. § 3 UmwStG).

84 Der übernehmende **Alleingesellschafter** hat die übergehenden Wirtschaftsgüter mit den in der Schlussbilanz der übertragenen GmbH enthaltenen **Werten zu übernehmen** (§ 4 Abs. 1 UmwStG). Mit dieser Buchwertverknüpfung

1 Vgl. dazu ausführlich *Schwedhelm*, Rz. 680 bis 688 und 1337 bis 1483.

wird die Besteuerung der stillen Reserven sichergestellt, wenn diese im Rahmen des Wahlrechts nach § 3 UmwStG bei der GmbH nicht vollständig aufgedeckt wurden.

Der übernehmende Alleingesellschafter **tritt** gemäß § 4 Abs. 2 und 3 UmwStG bezüglich der AfA etc. **in die Rechtsstellung der GmbH ein.**

Bei dem übernehmenden Alleingesellschafter ist gemäß § 4 Abs. 4 UmwStG der **Übernahmegewinn bzw. -verlust** zu ermitteln. Hierbei ist der Wert, mit dem die übergegangenen Wirtschaftsgüter nach § 4 Abs. 1 UmwStG zu übernehmen sind, dem Buchwert der Anteile an der übertragenen GmbH gegenüberzustellen.

Einweilen frei. 85

Gemäß § 4 Abs. 5 Satz 1 UmwStG erhöht sich der Übernahmegewinn bzw. verringert sich der Übernahmeverlust um einen **Sperrbetrag** im Sinne des § 50c EStG. 86

Unberührt bleibt die Versteuerung der **offenen Rücklagen** nach § 7 UmwStG. Insoweit ist eine Berücksichtigung des **Übernahmeverlusts** zulässig. Im Übrigen bleibt der Übernahmeverlust außer Ansatz (§ 4 Abs. 6 UmwStG). 87

Zudem sind die Regelungen hinsichtlich des **Übernahmefolgegewinns** nach § 6 UmwStG zu beachten. Bestehen am steuerlichen Übertragungsstichtag Forderungen und Verbindlichkeiten zwischen der GmbH und dem Alleingesellschafter, so führt die Verschmelzung zur Vereinigung von Gläubiger und Schuldner in einer Person (Konfusion). Forderungen und Verbindlichkeiten erlöschen. Entsprechende Rückstellungen sind aufzulösen. Soweit hierdurch ein Gewinn entsteht, darf der Alleingesellschafter eine den steuerlichen Gewinn mindernde Rücklage bilden, die in den folgenden Wirtschaftsjahren mit mindestens je 1/3 gewinnerhöhend aufzulösen ist. Dieser Gewinn unterliegt der Gewerbesteuer. 88

Dieses wird insbesondere hinsichtlich der **Pensionsrückstellungen** zugunsten des Alleingesellschafters problematisch. Die Auflösung der Pensionsrückstellung kann dadurch vermieden werden, dass zunächst eine zweite Person an der GmbH beteiligt wird und erst anschließend die Umwandlung auf eine Personengesellschaft erfolgt.

Für die **Gewerbesteuer** gelten die §§ 4 bis 9 UmwStG (§ 18 Abs. 1 Satz 1 UmwStG). Ein Übernahmegewinn bzw. -verlust ist jedoch gemäß § 18 Abs. 2 UmwStG bei der Gewerbesteuer nicht zu erfassen. Wird der Betrieb innerhalb von fünf Jahren nach der Verschmelzung veräußert oder aufgegeben, unterliegt ein Auflösungs- oder Veräußerungsgewinn der Gewerbesteuer (§ 18 Abs. 3 UmwStG). Von dieser Besteuerung sind nicht nur die stillen Reserven erfasst, die bei der Umwandlung nicht aufgedeckt wurden, sondern auch solche, die erst nach der Umwandlung entstanden sind[1]. Nach – zweifelhafter – herrschender Meinung soll dieses auch dann gelten, wenn 89

1 Vgl. Tz. 18.07 UmwE.

nach der Umwandlung eine freiberufliche Tätigkeit ausgeübt wird, die an und für sich nicht der Gewerbesteuer unterliegt[1].

90 Die Verschmelzung ist gemäß § 1 Abs. 1a UmwStG **nicht umsatzsteuerbar**.

XVI. Von der GmbH in die Sozietät

1. Übersicht

91 Die GmbH kann durch **Formwechsel** in eine Sozietät umgewandelt werden (§§ 191 Abs. 2 Nr. 1, 226 UmwG).

92 Die **Spaltung oder Verschmelzung** einer GmbH auf bzw. mit einer Sozietät ist **nach dem UmwG ausgeschlossen**, da hier jeweils nur auf Personenhandelsgesellschaften umgewandelt werden kann (§§ 3, 124, 135 UmwG). **Das gleiche Ziel** kann jedoch dadurch erreicht werden, dass zunächst die GmbH durch Formwechsel in eine Sozietät umgewandelt wird, die sodann mit einer bestehenden Sozietät zusammengeschlossen wird (vgl. Rz. 51 ff.).

2. Formwechsel

a) Zivilrecht

93 Von dem Geschäftsführer der GmbH muss zunächst ein **Umwandlungsbericht** erstellt werden (§ 192 Abs. 1 und 2 UmwG). Die Anteilseigner können darauf gemäß § 192 Abs. 3 UmwG in notarieller Form verzichten. Dies dürfte die Regel sein.

94 Unverzichtbar ist der **Umwandlungsbeschluss** gemäß §§ 193 bis 196, 230 bis 234 UmwG[2]. In dem Umwandlungsbeschluss muss bestimmt werden (vgl. §§ 194 Abs. 1 und 234 UmwG),

- dass die GmbH durch den Formwechsel die **Rechtsform** einer GbR (Sozietät) erhält;
- der **Name** der Sozietät;
- der **Sitz** der Gesellschaft, der nicht mit der der GmbH identisch sein muss;
- die **Beteiligungsverhältnisse** der Partner an der neuen Sozietät;
- die Fortgeltung, Änderung und Aufhebung etwaiger **Sonderrechte**;
- ein **Abfindungsgebot** nach § 207 UmwG[3];
- die **Folgen** des Formwechsels **für die Arbeitnehmer** und ihre Vertretung sowie die insoweit vorgesehenen Maßnahmen.

95 Nicht vorgeschrieben, jedoch dringend ratsam ist die Abfassung des **Sozietätsvertrags**. Dieser sollte jedoch nicht mit dem Umwandlungsbeschluss notariell beurkundet werden.

1 So Tz. 18.08 UmwE; *Schmitt/Hörtnagl/Stratz*, § 18 UmwStG Rz. 37.
2 Vgl. dazu im Einzelnen *Schwedhelm*, Rz. 1227 ff.
3 Vgl. dazu *Schwedhelm*, Rz. 1242 ff.

Der Umwandlungsbeschluss kann nur in einer **Versammlung** der Anteilsinhaber gefasst werden (§ 193 UmwG). Für die **Ladung** gelten die Satzungsbestimmungen der GmbH. Zudem sind die Sonderbestimmungen der §§ 230 bis 232 UmwG zu beachten, auf die jedoch verzichtet werden kann. 96

Zwingend ist die Vorschrift gemäß § 194 Abs. 2 UmwG, wonach der Entwurf des Umwandlungsbeschlusses spätestens einen Monat vor dem Tag der Versammlung der Anteilsinhaber, die den Formwechsel beschließen sollen, dem zuständigen **Betriebsrat zuzuleiten** ist. 97

Der Umwandlungsbeschluss bedarf der **Zustimmung aller Gesellschafter** (§ 233 Abs. 1 UmwG). Der Umwandlungsbeschluss und die erforderlichen Zustimmungserklärungen müssen **notariell beurkundet** werden (§ 193 Abs. 3 UmwG). 98

Die Umwandlung der GmbH ist zur Eintragung in das **Handelsregister** der GmbH **anzumelden** (§§ 198f., 235 Abs. 1 UmwG)[1]. Mit der **Eintragung** in das Handelsregister wird der Formwechsel wirksam. Aus der GmbH wird eine Sozietät (keine Rückwirkung). Die Gesellschafter bleiben identisch (§ 202 Abs. 1 UmwG). 99

Vergleiche zu den **Kosten** *Schwedhelm*, Rz. 1268ff.

b) Steuerrecht

Steuerlich gelten die gleichen Grundsätze **wie bei der Umwandlung einer GmbH auf ein Einzelunternehmen** (vgl. Rz. 80ff.). 100

Der Übernahmegewinn bzw. -verlust und die Hinzurechnungsbeträge sind im Rahmen der **gesonderten Gewinnfeststellung** der Sozietät für jeden Gesellschafter getrennt zu ermitteln[2].

XVII. Von der GmbH in die Partnerschaft

Nach dem neuen UmwG kann eine GmbH durch **Formwechsel, Verschmelzung oder Spaltung** auf bzw. in eine Partnerschaft umgewandelt werden. 101

Zivilrechtlich gelten die gleichen Vorschriften wie bei Personenhandelsgesellschaften[3].

Bei der **Verschmelzung bzw. Spaltung** auf eine Partnerschaft sind jedoch folgende Sondervorschriften zu beachten: 102

- Die Umwandlung ist **nur möglich, wenn** im Zeitpunkt ihres Wirksamwerdens alle Anteilsinhaber der GmbH natürliche Personen sind, die einen **freien Beruf** ausüben; § 1 Abs. 3 PartGG soll unberührt bleiben (§ 45a UmwG).

1 Vgl. dazu *Schwedhelm*, Rz. 1254ff.
2 So auch Tz. 04.13f. UmwE; Ausnahme: privat gehaltene Anteile eines nicht wesentlich beteiligten Gesellschafters.
3 Vgl. dazu *Schwedhelm*, Rz. 1199 bis 1496.

- Der **Umwandlungsvertrag** oder sein Entwurf hat zusätzlich für jeden Anteilsinhaber der GmbH den Namen und den Vornamen sowie den in der übernehmenden Partnerschaft ausgeübten Beruf und den Wohnort zu enthalten (§ 45b UmwG).
- Der **Umwandlungsbericht** ist für eine an der Umwandlung beteiligte Partnerschaft nur erforderlich, wenn ein Partner gemäß § 6 Abs. 2 des PartGG von der Geschäftsführung ausgeschlossen ist; von der Geschäftsführung ausgeschlossene Partner sind entsprechend § 42 UmwG zu unterrichten (§ 45c UmwG).
- Nach § 45d UmwG bedarf der **Umwandlungsbeschluss** der Zustimmung aller Partner. Der Partnerschaftsvertrag kann jedoch eine Mehrheitsentscheidung der Partner vorsehen, wenn diese mindestens 3/4 der abgegebenen Stimmen beträgt.

103 Beim **Formwechsel** in die Partnerschaft sind folgende **Sondervorschriften** zu beachten:

- Nach § 238 Abs. 3 UmwG wird ein Formwechsel in eine Partnerschaft **nur möglich sein**, wenn im Zeitpunkt seines Wirksamwerdens alle Anteilsinhaber der GmbH natürliche Personen sind, die einen **freien Beruf** ausüben.
- Der **Umwandlungsbeschluss** wird nach § 234 Nr. 3 UmwG auch den Partnerschaftsvertrag enthalten müssen (zusätzliche Kosten!).
- Wie bei dem Formwechsel in eine Sozietät werden alle Partner **zustimmen** müssen (§ 233 Abs. 1 UmwG).

104 **Steuerlich** werden beim Formwechsel und der Verschmelzung die gleichen Grundsätze gelten wie beim Formwechsel einer GmbH in eine Sozietät (vgl. Rz. 100).

Bei der **Spaltung** sind die zusätzlichen Bestimmungen des § 16 UmwStG zu berücksichtigen[1].

1 Vgl. dazu *Schwedhelm*, Rz. 1288 ff.

I. Die Bürogemeinschaft

	Rz.
I. Erscheinungsformen *(Hartung)*	1
1. Begriff	8
2. Rechtstatsächliche Entwicklung	9
a) Erhebung des Instituts für Freie Berufe (2004)	10
b) Soldan Vergütungsbarometer (2008)	16
II. Zivil- und gesellschaftsrechtliche Grundlagen *(Hartung)*	18
1. Struktur der Bürogemeinschaft	19
a) Gemeinschaftsfähigkeit	23
aa) Erlaubter Personenkreis	24
bb) Sonderstatus des Anwaltsnotars	26
b) Rechtsnatur des Vertrags	33
c) Abgrenzung zur Sozietät	37
d) Abgrenzung von anderen Vertragstypen	38
2. Inhalt des Gründungsvertrags	42
a) Vertragsdauer	43
b) Kündigung	44
c) Raumnutzung	46
d) Personal	50
e) Büroausstattung	54
f) Versicherungen	59
g) Vertretung	60
h) Verschwiegenheitspflicht	63
i) Kundgabe	65
j) Auflösung	69
3. Eintritt eines neuen Gemeinschaftsmitglieds	70
a) Aufnahme	74
b) Eintritt eines Gemeinschaftsmitglieds bei Ausscheiden eines anderen (Gesellschafterwechsel)	75
4. Ausscheiden von Gemeinschaftsmitgliedern	80
5. Auflösung	89
6. „Umwandlung"	94
7. Muster	95
III. Außenwirkungen der Bürogemeinschaft *(Hartung)*	96
1. Berufsrecht	100
a) Name	103
b) Verschwiegenheitspflicht	104
c) Kundgabe	113
d) Verbot der Vertretung widerstreitender Interessen	117
e) Gesetzliche Tätigkeitsverbote	120
aa) Tätigkeitsverbot des § 45 BRAO	122
bb) Tätigkeitsverbot des § 46 BRAO	126
cc) Kommunale Vertretungsverbote	131
2. Auftreten gegenüber Mandanten	132
a) Grundsatz	132
b) Wechselseitige Vertretung	134
c) Wettbewerbsrecht	137
d) Haftung	138
3. Honorarfragen	140
4. Risikomanagement	141
5. Berufshaftpflichtversicherung	146
IV. Steuerrecht *(Streck)*	
1. Allgemeines	155
2. Büro- und Gerätegemeinschaft ohne Außenwirkung	156
3. Miteigentum an den Bürogeräten	160
4. Bürogemeinschaft mit Außenwirkung	163

Literatur:

Baldringer/Jordans, Die Bürogemeinschaft – Haftung und Vertragsgestaltung, JurBüro 2006, 286; *Deckenbrock*, Sozietät und Bürogemeinschaft – berufsrechtlich gebotene Gleichbehandlung?, NJW 2008, 3529; *Fedtke*, Wirtschaftsunternehmen Anwalts- und Notarkanzlei, 1993; *Gaier/Wolf/Göcken*, Anwaltliches Berufsrecht, 2010; *Hartung*, Sozietät oder Kooperation?, AnwBl. 1995, 333; *Hartung/Römer*-

mann, Anwaltliche Berufsordnung, 4. Aufl. 2008; *Hartung/Scharmer*, Bürogemeinschaft für Rechtsanwälte, 2010; *Henssler/Prütting*, Bundesrechtsanwaltsordnung, 3. Aufl. 2010; *Kleine-Cosack*, Bundesrechtsanwaltsordnung mit BORA und FAO, 6. Aufl. 2009; *Michalski/Römermann*, Interprofessionelle Zusammenarbeit von Rechtsanwälten, NJW 1996, 3233; *Nerlich*, Internationale Kooperationsmöglichkeiten für europäische Rechtsanwälte, 1994; *Späth*, Formen beruflicher Zusammenarbeit – ihre Zulässigkeit und ihre Grenzen, StB 1996, 432 und 474; *Stehle/Longin*, Rechtsformen für die Freien Berufe, 1995; *Stoldt*, in: Seibert, Die Partnerschaft, 1994, S. 62 ff.; *Streck*, Sozietät oder Bürogemeinschaft? Entscheidungshilfen für den (Jung)-Anwalt, MDR 1997, 897; *Zuck*, Vertragsgestaltung bei Anwaltskooperationen, 1995.

I. Erscheinungsformen

1 Die **Bürogemeinschaft** führt, seit sie in den früheren Grundsätzen des anwaltlichen Standesrechts im Jahre 1949 zum ersten Mal erwähnt worden war, ein **Schattendasein**. Solange diese Grundsätze galten, war es der Bürogemeinschaft berufsrechtlich untersagt, nach außen in Erscheinung zu treten (§ 28 RichtlRA), so dass ihre Verbreitung in der Praxis kaum feststellbar war. Hieran änderte sich auch wenig nach den Entscheidungen des Bundesverfassungsgerichts vom 14. 7. 1987[1], die die Grundsätze anwaltlichen Standesrechts (RichtlRA) für obsolet erklärten.

2 In den ersten Jahren nach diesen Entscheidungen stand die **Bildung überörtlicher Sozietäten** im Vordergrund. *Zucks*[2] Feststellung, die Bürogemeinschaft spiele in der Praxis eine wesentliche Rolle, war vor diesem Hintergrund kaum nachvollziehbar. Dasselbe galt auch für *Fedtkes* Einschätzung, die Bürogemeinschaft sei die „zukunftsträchtigste kaufmännische Gemeinschaftsform in Anwalts- und Notarkanzleien"[3]. Dieser Aussage lag die Vorstellung zugrunde, der zu einer Bürogemeinschaft gehörende Rechtsanwalt könne besonders rentabel arbeiten. Die Wirklichkeit sieht anders aus. Bürogemeinschaften von Rechtsanwälten sind in der Mehrzahl der Fälle **„Notgemeinschaften" junger Rechtsanwälte**, die sich ein eigenes Büro (noch) nicht leisten können. Gelingt einem von ihnen der berufliche und damit auch der wirtschaftliche Erfolg, ist das Ende der Bürogemeinschaft meist absehbar, da der berufliche Erfolg erhöhte Verwaltungskosten mit sich bringt, an denen die übrigen nicht so erfolgreichen Gemeinschaftsmitglieder sich nicht beteiligen wollen.

3 Zu Recht stellt *Streck*[4] fest, dass die Bürogemeinschaft sehr **„ärgeranfällig"** ist. Ärger kann es schon dann geben, wenn die gemeinsam beschäftigte Sekretärin den Mandanten des einen auf Kosten des anderen am Telefon zu lange warten lässt. Leicht setzt sie sich dem Verdacht aus, die Interessen des einen Gemeinschaftsmitglieds stärker als die des anderen im Auge zu haben[5].

1 BVerfGE 76, 171 = NJW 1988, 191; BVerfGE 76, 196 = NJW 1988, 194.
2 *Zuck*, Vertragsgestaltung bei Anwaltskooperationen, Rz. 76.
3 *Fedtke*, Wirtschaftsunternehmen Anwalts- und Notarkanzlei, S. 64.
4 *Streck*, MDR 1997, 897, 899.
5 *Streck*, MDR 1997, 897, 898.

Im Gegensatz zur Sozietät, deren Mitglieder einen gemeinsamen Mandantenstamm betreuen, haben die Mitglieder einer Bürogemeinschaft jeweils ihre eigenen Mandanten und kommen daher eher in eine **Konkurrenzsituation** und damit in die Gefahr, sich Mandanten wechselseitig streitig zu machen. So wird beruflicher Erfolg des einen Gemeinschaftsmitglieds unter Umständen zum **Störfaktor** für die übrigen, der diese in ihrer beruflichen Entwicklung behindert. 4

Die geringe Verbreitung der Bürogemeinschaft in der Praxis führte dazu, dass sie auch in rechtlicher Hinsicht kaum Beachtung fand und dass ihre Rechtsnatur **zivil- und gesellschaftsrechtlich** weitgehend ungeklärt blieb. 1995 wurde ihr in einer von *Zuck* verfassten Abhandlung über die „**Vertragsgestaltung bei Anwaltskooperationen**" erstmals größere Aufmerksamkeit gewidmet. Sie blieb bis in die jüngste Zeit, abgesehen von Kommentierungen zu § 59a BRAO[1], die einzige Abhandlung zur Bürogemeinschaft. Nunmehr erschien im Jahr 2010 eine erste umfassende **Monographie** zur „**Bürogemeinschaft der Rechtsanwälte**"[2]. 5

Auch **berufsrechtlich** fand die Bürogemeinschaft zunächst kaum Aufmerksamkeit. Die vom Bundesverfassungsgericht für obsolet erklärten Grundsätze des anwaltlichen Standesrechts erwähnten sie in § 28 Abs. 6 nur beiläufig, die berufsrechtliche Zulässigkeit einer Bürogemeinschaft wurde wie jetzt in § 59a Abs. 3 BRAO lediglich konstatiert. 6

Mehr Aufmerksamkeit widmet ihr seit ihrem Inkrafttreten im Jahr 1997 die **anwaltliche Berufsordnung (BORA)**. § 3 Abs. 2 und 3 BORA führt sie im Zusammenhang mit dem Verbot der Vertretung widerstreitender Interessen an. § 30 BORA verlangt, dass Rechtsanwälte, die eine Bürogemeinschaft mit Angehörigen anderer nach § 59a Abs. 1 BRAO mit dem Anwaltsberuf vereinbarer Berufe eingehen, für die Beachtung des anwaltlichen Berufsrechts durch diese Gemeinschaftsmitglieder sorgen müssen. Früher fand die Bürogemeinschaft auch in § 31 BORA Erwähnung, die Rechtsanwälten die Zugehörigkeit zu mehreren Bürogemeinschaften verbot. Diese Vorschrift wurde durch Beschluss der Satzungsversammlung vom 18. 1. 2008[3] aufgehoben, nachdem zuvor das früher in § 59a Abs. 1 BRAO geregelte Verbot der Sternsozietät mit Wirkung ab 12. 12. 2007 weggefallen war[4]. Rechtsanwälten ist es also heute erlaubt, Mitglied mehrerer Bürogemeinschaften zu sein[5]. Auch die Errichtung von Zweigstellen ist erlaubt. 7

1. Begriff

Der Begriff der Bürogemeinschaft ist gesetzlich nicht definiert. Eine **Legaldefinition** fand sich in § 39 Abs. 2 RAG der früheren DDR. Dort hieß es, eine Bürogemeinschaft von Rechtsanwälten liege vor, wenn Rechtsanwälte ein 8

1 Henssler/Prütting/*Hartung*, § 59a BRAO Rz. 148 ff.
2 *Hartung/Scharmer*, Bürogemeinschaft der Rechtsanwälte, 2010.
3 BRAK-Mitt. 2008, 65.
4 BGBl. I 2840.
5 *Hartung/Scharmer*, Bürogemeinschaft, § 6 Rz. 34.

gemeinsames Büro betreiben und entsprechend vertraglicher Abreden auch die Kosten für die Führung des Büros angemessen teilen und die Entgegennahme von Aufträgen sowie die Haftung nicht gemeinsam erfolgen. Ferner war in § 39 Abs. 4 RAG gesagt, dass die Bürogemeinschaft auch überörtlich organisiert sein könne. Diese Regelung erwies sich als Redaktionsversehen[1], weil § 26 RAG ebenso wie § 28 BRAO a.F.[2] das **Verbot einer Zweigstelle** enthielt[3]. Der durch Gesetz zur Neuordnung des Berufsrechts der Rechtsanwälte und der Patentanwälte vom 2. 9. 1994[4] in die BRAO eingefügte § 59a wiederholt die Legaldefinition des früheren § 39 Abs. 2 RAG nicht. Deshalb bleibt die **Begriffsbestimmung** der Bürogemeinschaft weiterhin der Rechtsprechung und der Wissenschaft überlassen. Im Schrifttum wird sie überwiegend als **Betriebsgesellschaft** zur Minderung von Kosten durch bessere Auslastung der Büroinfrastruktur verstanden[5]. Die Rechtsprechung hat sich mit ihr bisher nur beiläufig befasst[6]. Berufsrechtlich wäre es präziser, den Begriff der Bürogemeinschaft durch den der **Kanzleigemeinschaft** zu ersetzen, weil das gemeinsame Büro nichts anderes als eine gemeinsame Kanzlei ist, die den Anforderungen des § 27 BRAO und des § 5 BORA genügen muss[7]. Allerdings dürfte die Verwendung des Begriffs „Kanzleigemeinschaft" haftungsrechtlich noch gefährlicher sein als die Bezeichnung als Bürogemeinschaft[8].

2. Rechtstatsächliche Entwicklung

9 Die Bürogemeinschaft wurde im Berufsrecht der Rechtsanwälte erstmalig 1949 erwähnt. § 19 Abs. 1 Satz 2 der damaligen Richtlinien erklärte eine Bü-

1 *Feuerich*, 2. Aufl. 1992, § 39 RAG Rz. 2.

2 Das früher in § 28 BRAO geregelte Zweigstellenverbot ist seit dem 1. Juni 2007 durch das Gesetz zur Stärkung der Selbstverwaltung der Rechtsanwaltschaft vom 26. März 2007 (BGBl. I 358) aufgehoben worden. Vgl. dazu *Hartung*, AnwBl. 2007, 438; *Horn*, BRAK-Mitt. 2007, 94.

3 *Odersky*, AnwBl. 1991, 238, 246. Zu den Möglichkeiten einer Bürogemeinschaft in den einzelnen Ländern der EU vgl. *Nerlich*, Internationale Kooperationsmöglichkeiten für europäische Rechtsanwälte, 1994, S. 124ff.; eine sehr ausführliche Übersicht über die Kooperationsmöglichkeiten für Anwälte, Steuerberater und Wirtschaftsprüfer gibt *Stoldt* in Seibert, Die Partnerschaft, 1994, S. 62ff.

4 BGBl. I 2278.

5 *Feuerich/Weyland*, § 59a BRAO Rz. 15; Henssler/Prütting/*Hartung*, § 59a BRAO Rz. 150; *Lingenberg/Hummel/Zuck/Eich*, § 28 Rz. 52; *Zuck*, Vertragsgestaltung bei Anwaltskooperationen, Rz. 90 spricht von einer Nutzungsgesellschaft.

6 Siehe BGHZ 70, 247 = NJW 1978, 996; BGH NJW 1986, 1490; LG Saarbrücken, BRAK-Mitt. 1990, 225.

7 So *Hartung/Scharmer*, Bürogemeinschaft, § 1 Rz. 11; **a.A.** OLG Köln, MDR 2003, 900 mit der Begründung, dass der Begriff „Kanzlei" weiter reiche als der Begriff „Büro", indem er sich von der bloßen Beschreibung der Räumlichkeit entferne und unter Einbeziehung der anwaltlichen Tätigkeit den Gesamtbetrieb charakterisiere. Diese Differenzierung ist eine bloße Förmelei und wird dem allgemeinen Verständnis beider Begriffe nicht gerecht.

8 Dazu *Hartung/Scharmer*, Bürogemeinschaft, § 26 Rz. 36; OLG Köln, MDR 2003, 900.

rogemeinschaft zwischen einem **Rechtsanwalt** und einem **Wirtschaftsprüfer** für zulässig. Die Zulässigkeit einer Bürogemeinschaft unter Rechtsanwälten wurde incidenter unterstellt. Die Richtlinien von 1957 wiederholten in § 21 diese Regelung, brachten aber auch sehr deutlich zum Ausdruck, dass ein Rechtsanwalt sich mit einem anderen zu einer Bürogemeinschaft zusammenschließen konnte und dass dies mit Angehörigen anderer Berufe mit Ausnahme des Wirtschaftsprüfers nicht zulässig war. Die 1963 überarbeiteten Richtlinien schrieben diese Regelung fort, schränkten sie aber gleichzeitig dahingehend ein, dass eine Bürogemeinschaft zwischen einem Rechtsanwalt und einem Wirtschaftsprüfer nur zulässig blieb, wenn der Wirtschaftsprüfer nicht als Rechtsbeistand oder Prozessagent zugelassen war. In späteren Fassungen der Richtlinien kamen der **Patentanwalt** und der **Steuerberater**, sofern sie nicht auch als Rechtsbeistand zugelassen waren, als mögliche Partner hinzu (§ 30 RichtlRA). Mit Angehörigen anderer Berufe blieb unverändert jegliche Zusammenarbeit verboten.

a) Erhebung des Instituts für Freie Berufe (2004)

In welchem Umfang es in der Zeit von 1949 bis 1994 Bürogemeinschaften gegeben hat, ist nicht feststellbar. **Statistische Erhebungen** aus diesem Zeitraum existieren nicht. Das **Institut für Freie Berufe an der Friedrich-Alexander-Universität Erlangen-Nürnberg** hat 2004 im Auftrag der Bundesrechtsanwaltskammer Rechtsanwälte nach ihrer Kanzleiform befragt. Hierbei ergab sich, dass 361 von 2812 befragten Rechtsanwälten, also etwa 13 %, eine aus zwei Rechtsanwälten bestehende Bürogemeinschaft unterhielten. Nur an zwei Bürogemeinschaften war auch ein Steuerberater beteiligt, ein Wirtschaftsprüfer gehörte in keinem Fall dazu[1]. 10

Die Umfrage belegt, dass eine Bürogemeinschaft in der Praxis vornehmlich von Einzelanwälten unterhalten wird. *Zuck*[2] nennt sie deshalb zu Recht die **klassische Domäne des geborenen Einzelanwalts** („Einzelkämpfer"), der einen Teil seiner Kosten günstig auf weitere Kostenträger umlegen möchte. 11

Die Umfrage lässt nicht erkennen, welchen **Altersklassen** die Rechtsanwälte angehörten, die sich zu einer Bürogemeinschaft zusammengeschlossen hatten. Aussagen darüber sind daher eher spekulativ. 12

Meist werden es jüngere Rechtsanwälte sein, vor allem **Berufsanfänger**, die die Zusammenarbeit in einer Bürogemeinschaft suchen[3]. Sie wollen die Kosten einer eigenen, häufig nicht ausgelasteten Kanzlei mit Kollegen teilen, die sich in einer ähnlichen beruflichen Situation befinden. Ihnen erleichtert die Bürogemeinschaft den **Einstieg in den Anwaltsberuf**, nicht selten ist sie auch eine **Übergangslösung** auf dem Weg zur Gründung einer Sozietät. 13

---

1 Die Studie soll demnächst veröffentlicht werden. Die obigen Angaben wurden mit Zustimmung der Bundesrechtsanwaltskammer dem Autor vorab mitgeteilt.
2 *Zuck*, Vertragsgestaltung bei Anwaltskooperationen, Rz. 77.
3 So auch *Späth*, StB 1996, 432, 433; *Streck*, MDR 1997, 897.

14 Es kommt jedoch auch vor, dass ein **älterer Rechtsanwalt** seine Kanzlei einem jüngeren Kollegen ohne oder auch gegen Kostenbeteiligung zur Verfügung stellt. Der junge Rechtsanwalt erhält auf diese Weise Gelegenheit, berufliche Erfahrung zu sammeln und dem älteren Partner sein Können zu beweisen. Gelingt ihm das, erhält er die Chance, dass ihm der ältere Partner die Gründung einer Sozietät oder den Kauf seiner Praxis anbietet.

15 Für **junge Rechtsanwälte**, die sich für eine Bürogemeinschaft interessieren, gilt die Empfehlung, die *Streck* sehr eindeutig formuliert hat[1]. Sie lautet:

„Der Schritt zur Bürogemeinschaft, der so leicht erscheint, sollte gut überlegt werden. Auch bei bester vertraglicher Vorbereitung ist die Bürogemeinschaft sehr **problematisch** und **ärgeranfällig**. Oft ist die gewollte Bürogemeinschaft leicht zur Sozietät umzugestalten. Eine Sozietät muss nicht von Anfang an ein auf Jahre hin bindendes Gebilde sein. Eine solche Bindung verträgt sich ohnehin nicht mit einer freiberuflichen Arbeit, da kein Partner allein auf der Basis einer rechtlichen Verpflichtung zur gemeinschaftlichen freiberuflichen und unternehmerischen Arbeit angehalten werden kann. Junge Anwälte, die spontan die Bürogemeinschaft suchen, können sich auch zur „**Sozietät auf Probe**" zusammentun. Eines setzt dies allerdings voraus, was bei der Bürogemeinschaft nicht erforderlich ist: Die wechselseitige Arbeit und die Arbeitsergebnisse werden transparent. Es ist jedoch falsch, anzunehmen, dass eine solche Transparenz der gemeinsamen Arbeit schadet. Sie kann auch den Wettbewerb fördern. Das ängstliche Geheimhalten der eigenen Zahlen macht schließlich aus kleinen Zahlen nicht einen Erfolg."

b) Soldan Vergütungsbarometer (2008)

16 Etwas genauere Erkenntnisse brachte eine Befragung von 6000 Rechtsanwälten im Jahr 2008 im Rahmen des Soldan-Vergütungsbarometers[2]. Die Ergebnisse lauten im Wesentlichen:

- 14 Prozent der Rechtsanwälte üben ihren Beruf in einer Bürogemeinschaft aus. 55 Prozent aller Rechtsanwälte sind Einzelanwalt, jeder Vierte von ihnen ist in einer Bürogemeinschaft tätig[3].
- Rechtsanwälte in Bürogemeinschaften sind unterdurchschnittlich oft promoviert. Der Anteil nicht promovierter Rechtsanwälte in Bürogemeinschaften mit 90,7 Prozent liegt 7,4 Prozentpunkte über dem Durchschnitt aller Rechtsanwälte.
- Der Anteil der Fachanwälte ist in Bürogemeinschaften signifikant höher als in Einzelkanzleien, liegt aber mit 32,4 Prozent immerhin noch 4,4 Prozentpunkte unter dem Wert für die Gesamtanwaltschaft. Der mehr als 8 Prozentpunkte über dem Ergebnis für Einzelanwälte liegende Wert deutet darauf hin, dass eine Berufsausübung in einer Bürogemeinschaft dazu ermutigt, sich zu spezialisieren.

1 *Streck*, MDR 1997, 897, 899.
2 *Hommerich/Kilian*, AnwBl. 2009, 376.
3 *Hommerich/Kilian*, AnwBl. 2009, 298.

- Bürogemeinschaften finden sich, anders als Einzelanwaltskanzleien, eher selten im kleinstädtischen Umfeld, das heißt in Städten von bis zu 50000 Einwohnern.
- Rechtsanwälte in Bürogemeinschaften sind im Schnitt deutlich jünger als die Gesamtanwaltschaft. 28,6 Prozent der Rechtsanwälte sind bis zu 40 Jahre alt, in Einzelkanzleien hingegen nur 18 Prozent und in örtlichen Sozietäten 20,1 Prozent.

17 Die Altersstruktur, die sich aus diesen statistischen Werten ergibt, belegt die oben bereits erörterte These, dass Bürogemeinschaften häufig als Vorstufe zu einer späteren Sozietät genutzt werden. Die übrigen Ergebnisse zeigen, dass die Bürogemeinschaft konzeptionell zwischen der klassischen Einzelkanzlei und der Sozietät steht[1].

II. Zivil- und gesellschaftsrechtliche Grundlagen

18 Die Bürogemeinschaft dient dazu, den äußeren Rahmen der für die anwaltliche Tätigkeit notwendigen Kanzlei (vgl. § 27 BRAO und § 5 BORA) gemeinschaftlich zu organisieren, ohne den Beruf des Rechtsanwalts mit den anderen zur Bürogemeinschaft gehörenden Rechtsanwälten gemeinsam auszuüben. Ihr **Zweck** ist die **Reduzierung von Kosten durch Führung und Unterhaltung einer gemeinsamen Kanzlei unter Beibehaltung der beruflichen Selbständigkeit**. Die Bürogemeinschaft ist mithin eine **Betriebsgesellschaft**[2] und aufgrund der gemeinsamen Zweckbestimmung der Unterhaltung gemeinschaftlich genutzter Betriebsmittel eine **Gesellschaft bürgerlichen Rechts**[3]. Das unterscheidet sie grundlegend von der **Sozietät**. Diese ist auch eine Gesellschaft bürgerlichen Rechts, aber wegen der gemeinschaftlichen Berufsausübung nicht nur eine Betriebsgesellschaft, sondern eine **Berufsausübungsgemeinschaft**. In ihr ist, seitdem der Bundesgerichtshof die Sozietät als Gesellschaft bürgerlichen Rechts mit weitreichenden Haftungsfolgen der einzelnen Sozien für rechts- und parteifähig erklärt hat[4], Auftragnehmer die Sozietät selbst[5]. Anders ist das in der Bürogemeinschaft: Ihre Mitglieder bewahren ihre berufliche Selbständigkeit und führen – wie in einer Einzelpraxis – ihre Mandate allein. Geteilt werden nicht die Einnahmen, sondern lediglich einzelne, klar definierte Betriebskosten[6].

---

1 *Hommerich/Kilian*, AnwBl. 2009, 376.
2 So Hartung/Römermann/*Römermann*, Vor § 59a BRAO Rz. 141; Henssler/Prütting/*Hartung*, § 59a BRAO Rz. 150.
3 Hartung/Römermann/*Römermann*, Vor § 59a BRAO Rz. 144; Henssler/Prütting/*Hartung*, § 59a BRAO Rz. 150.
4 BGHZ 146, 341 = NJW 2001, 1056 = DB 2001, 423 m. Anm. *Römermann* = DStR 2001, 310 m. Anm. *Goette*; kritisch und die Entscheidung des BGH ablehnend *Prütting*, EWiR 2001, 341. Zur Grundrechts- und Parteifähigkeit der Gesellschaft bürgerlichen Rechts vgl. BVerfG NJW 2002, 3533.
5 Dazu *Hartung/Scharmer*, Bürogemeinschaft, § 30 Rz. 2.
6 Hartung/Römermann/*Römermann*, Vor § 59a BRAO Rz. 143.

1. Struktur der Bürogemeinschaft

19 Im **Innenverhältnis** unterscheidet sich die Bürogemeinschaft personell und sachlich von einer Sozietät nur wenig. Ihre Mitglieder führen in gemeinsam genutzten Räumen eine gemeinsam verwaltete Anwaltskanzlei. Deren Ausstattung und Personal stehen allen gemeinsam zur Nutzung zur Verfügung.

20 Die **Unterschiede zur Sozietät** zeigen sich im **Außenverhältnis**. Während in einer Sozietät die Aufträge der Mandanten von der Sozietät mit der Folge gesamtschuldnerischer Haftung der Sozien (auch der Scheinsozien[1]) entgegengenommen werden, betreut jedes Mitglied einer Bürogemeinschaft seine eigenen Mandanten und nimmt die Aufträge im eigenen Namen entgegen. Die Gemeinschaftsmitglieder müssen sogar bemüht sein, den Anschein einer Sozietät zu vermeiden, damit es bei Fehlern nicht zu einer gesamtschuldnerischen Haftung kommt. Der sog. Scheinsozius haftet nämlich für eine Schlechterfüllung des Mandatsvertrages gemäß § 31 BGB sogar selbst dann, wenn durch sie zugleich eine **unerlaubte Handlung** verwirklicht wird[2]. Das gilt nicht, wenn das deliktische Verhalten vertragsunabhängig ist, die unerlaubte Handlung eines Mitglieds der Scheinsozietät mit dem Mandatsvertrag also in keinem Zusammenhang steht[3].

21 Im **Sprachgebrauch der anwaltlichen Berufsordnung** (§ 8 Satz 1 BORA) fällt die Bürogemeinschaft unter den Begriff der **Kooperation**[4]. Das führt allerdings nicht weiter, weil der Begriff „Kooperation" nichts anderes als Zusammenarbeit bedeutet und nichts darüber aussagt, welcher Art die Zusammenarbeit ist[5].

22 **Zulässig** ist die Bürogemeinschaft zwischen Rechtsanwälten nicht nur auf **örtlicher Ebene**. Auch eine **überörtliche Bürogemeinschaft** ist seit der Neufassung des § 59a BRAO durch das Gesetz zur Stärkung der Selbstverwaltung der Rechtsanwaltschaft vom 26. 3. 2007[6] erlaubt[7]. Unter dem Gesichtspunkt der Kostenminderung ergibt eine überörtliche Bürogemeinschaft dann Sinn, wenn mehrere Rechtsanwälte mit einem Kanzleisitz an verschiedenen Orten an einem anderen Ort eine Zweigstelle errichten und unterhalten und sich die Kosten dieser Zweigstelle teilen wollen. In einem solchen Fall könnten sie hierfür in Bezug auf die Zweigstelle eine Bürogemeinschaft gründen, um die Kosten der Zweigstelle bei Beibehaltung der beruflichen Selbständigkeit auch in dieser Zweigstelle zu reduzieren. Ob sich eine solche Konstruktion in der Praxis bewähren wird, bleibt abzuwarten.

---

1 Dazu ausführlich *Hartung/Scharmer*, Bürogemeinschaft, §§ 25–29.
2 BGHZ 45, 311 = NJW 1966, 1807; BGHZ 56, 355 = NJW 1971, 1801; BGH NJW 1975, 533; BGHZ 70, 247 = NJW 1978, 996; zur Haftung des Mitglieds einer Scheinsozietät für die Veruntreuung von Mandantengeldern vgl. BGH NJW 1999, 3040 = EWiR 1999, 1165 m. Anm. *Jungk*; **a.A.** OLG Celle NJW 2006, 3431 (3433).
3 Vgl. BGHZ 45, 311 = NJW 1966, 1807.
4 So Hartung/Römermann/*Römermann*, § 8 BORA Rz. 75 ff.
5 OLG Köln AnwBl. 1997, 120.
6 BGBl. I 358.
7 Dazu ausführlich *Hartung/Scharmer*, Bürogemeinschaft, § 4 Rz. 33 ff.

a) Gemeinschaftsfähigkeit

Mitglieder einer Bürogemeinschaft können Einzelanwälte, Sozietäten, Rechtsanwaltsgesellschaften und auch Partnerschaftsgesellschaften sein. In der Praxis werden sich allerdings in der Regel nur Einzelanwälte zu einer Bürogemeinschaft verbinden[1]. 23

aa) Erlaubter Personenkreis

Welche Personen mit Rechtsanwälten eine Bürogemeinschaft bilden dürfen, regeln § 59a Abs. 3 i.V.m. Abs. 1 BRAO. Danach können Mitglieder einer Bürogemeinschaft sein: 24

- Mitglieder einer Rechtsanwaltskammer. Das sind auch Anwaltsnotare (§ 59a Abs. 1 Satz 3 BRAO) und „verkammerte" Rechtsbeistände (§ 209 BRAO)
- Mitglieder einer Patentanwaltskammer
- Steuerberater
- Steuerbevollmächtigte
- Wirtschaftsprüfer
- vereidigte Buchprüfer
- Steuerberatungsgesellschaften, Wirtschaftsprüfungsgesellschaften und Buchprüfungsgesellschaften
- Angehörige von Rechtsanwaltsberufen aus Staaten, die nach dem Gesetz über die Tätigkeit europäischer Rechtsanwälte in Deutschland oder nach § 206 BRAO berechtigt sind, sich im Geltungsbereich dieses Gesetzes niederzulassen und ihre Kanzlei im Ausland unterhalten
- Patentanwälte, Steuerberater, Steuerbevollmächtigte, Wirtschaftsprüfer oder vereidigte Buchprüfer anderer Staaten, die einen Beruf ausüben, der in Ausbildung und Befugnissen den Berufen nach der Patentanwaltsordnung, dem Steuerberatungsgesetz oder der Wirtschaftsprüferordnung entspricht und die mit Patentanwälten, Steuerberatern, Steuerbevollmächtigten oder Wirtschaftsprüfern im Geltungsbereich der BRAO ihren Beruf gemeinschaftlich ausüben dürfen (§ 44b Abs. 2 WPO, § 56 Abs. 2 StBerG).

Die in § 59a Abs. 1 BRAO enthaltene **Aufzählung** der gemeinschaftsfähigen Berufe ist **abschließend**[2]. Mit Angehörigen anderer Berufe ist eine Bürogemeinschaft verboten. Das Verbot dient dem Schutz des Berufsgeheimnisses, das nur gesichert ist, wenn der Rechtsanwalt ausschließlich mit Berufsangehörigen zusammenarbeiten darf, die wie er ein Berufsgeheimnis und ein Zeugnisverweigerungsrecht im Sinne von § 53 Abs. 1 Nr. 3 StPO haben und zu deren Gunsten auch ein Beschlagnahmeverbot besteht (§ 97 Abs. 1 Nr. 1 25

---

1 *Hartung/Scharmer*, Bürogemeinschaft, § 6 Rz. 3–31.
2 *Kleine-Cosack*, NJW 1994, 2249, 2257; *Ewer*, AnwBl. 1995, 161; Henssler/Prütting/*Hartung*, § 59a BRAO Rz. 36; **a.A.** *Michalski/Römermann*, NJW 1996, 3233.

und 2 StPO). Vor einiger Zeit haben das *Michalski/Römermann* in Frage gestellt[1]. Auch im Rahmen der gesetzgeberischen Beratungen betreffend das Rechtsdienstleistungsgesetz wurde erwogen, den Kreis der Berufe, die mit dem Anwaltsberuf vereinbar sind, zu erweitern[2]. Letztlich haben sich diese Überlegungen jedoch nicht durchgesetzt.

bb) Sonderstatus des Anwaltsnotars

26 Berufsrechtliche Besonderheiten gelten für den **Anwaltsnotar**[3]. Er darf gemäß § 59a Abs. 1 Satz 3 BRAO eine Bürogemeinschaft nur bezogen auf die anwaltliche Berufsausübung eingehen. Im Übrigen richtet sich die Zulässigkeit einer Bürogemeinschaft zwischen einem Anwaltsnotar und einem Angehörigen der in § 59a Abs. 1 BRAO enumerativ aufgezählten Berufe nach den Bestimmungen und **Anforderungen des notariellen Berufsrechts**. Das bedeutet, dass die Frage, ob sich ein Anwaltsnotar mit jemandem in Bürogemeinschaft verbinden darf, der nicht oder nicht nur Rechtsanwalt (und Notar) ist (§ 3 Abs. 2 BNotO), nach dem Notarrecht unter Umständen anders zu entscheiden ist als nach dem anwaltlichen Berufsrecht (§ 59a Abs. 1 BRAO). Wo anwaltliches Berufsrecht dem Rechtsanwalt eine gemeinsame Berufsausübung gestattet (§ 59a Abs. 1 BRAO), muss für den Anwaltsnotar dessen Zulässigkeit nach dem notariellen Berufsrecht gesondert geprüft werden. Das liegt daran, dass ein Rechtsanwalt, der gemäß § 3 Abs. 2 BNotO zugleich zum Notar bestellt wird, **zwei getrennte juristische Berufe** ausübt, die verschiedene Aufgaben erfüllen und deshalb berufsrechtlich verschieden geregelt sind. Der Anwaltsnotar, der eine Bürogemeinschaft eingehen will, muss deshalb beide berufsrechtlichen Regelungen beachten. Es gilt das **Prinzip des kleinsten gemeinsamen Nenners**.

27 Beide Berufsrechte erlauben eine Bürogemeinschaft zwischen einem **Anwaltsnotar** und einem **Rechtsanwalt**, einem **Patentanwalt** und einem **Kammerrechtsbeistand**. Für die Bürogemeinschaft mit einem Kammerrechtsbeistand war das zunächst umstritten[4]. Das Bundesverfassungsgericht entschied diesen Streit endgültig zugunsten der Zulässigkeit einer Bürogemeinschaft zwischen Anwaltsnotar und Kammerrechtsbeistand[5]. § 59a Abs. 1 i.V.m. § 59a Abs. 3 BRAO übernehmen diese Rechtsprechung, wenn in § 59a Abs. 1 BRAO von den Mitgliedern einer Rechtsanwaltskammer gesprochen wird, zu denen gemäß § 209 BRAO auch Kammerrechtsbeistände gehören.

28 Bei einer Bürogemeinschaft eines Anwaltsnotars mit Angehörigen der anderen in § 59a Abs. 1 BRAO genannten Berufe, also mit Steuerberatern, Steuerbevollmächtigten, Wirtschaftsprüfern oder vereidigten Buchprüfern etc., ist zu unterscheiden:

---

1 *Michalski/Römermann*, NJW 1996, 3233.
2 BT-Drucks. 16/3655.
3 *Hartung/Scharmer*, Bürogemeinschaft, § 6 Rz. 16f.
4 Verneinend noch BGH NJW 1988, 208.
5 BVerfGE 80, 269 = NJW 1989, 2611.

Erlaubt ist eine Bürogemeinschaft zwischen einem **Anwaltsnotar** und einem **Steuerberater**. Dabei ist es gleichgültig, ob der Steuerberater zugleich Rechtsanwalt oder ausschließlich Steuerberater ist. Die gegenteilige Auffassung des Bundesgerichtshofs[1] war schon durch eine Entscheidung des Bundesverfassungsgerichts[2] gegenstandslos geworden und ist nun durch die gesetzliche Regelung des § 59a Abs. 1 BRAO gänzlich überholt. 29

Erlaubt ist nach § 59a BRAO auch eine Bürogemeinschaft zwischen einem **Anwaltsnotar** und einem **Steuerbevollmächtigten**. Das folgt aus der **Integration** des Berufs des Steuerbevollmächtigten in den des Steuerberaters (§§ 156, 157 StBerG). Das Dritte Gesetz zur Änderung der Bundesnotarordnung und anderer Gesetze stellt in § 9 Abs. 2 BNotO klar, dass der Anwaltsnotar gemeinsame Geschäftsräume auch mit einem Steuerbevollmächtigten unterhalten darf. 30

Seit der Entscheidung des Bundesverfassungsgerichts vom 8. 4. 1998[3] und der sich daran anknüpfenden Änderung des § 8 Abs. 2 BNotO ist eine Bürogemeinschaft auch zwischen einem **Anwaltsnotar** und einem **Wirtschaftsprüfer** oder einem **vereidigten Buchprüfer** erlaubt. Dadurch soll der Tatsache Rechnung getragen werden, dass die wirtschaftliche Entwicklung eine verstärkte Wechselbeziehung zwischen juristischen, steuerlichen und wirtschaftlichen Fragen mit sich bringt und deshalb ein **zunehmender Kooperationsbedarf** besteht. 31

Die Entscheidung des Bundesverfassungsgerichts wurde allgemein begrüßt. Nutznießer sind allerdings nur größere Sozietäten. Bürogemeinschaften zwischen einem Anwaltsnotar und einem Wirtschaftsprüfer kommen in der Praxis nach den bisherigen Umfragen nicht vor. 32

b) Rechtsnatur des Vertrags

Die Rechtsnatur des (formfreien) Vertrages, durch den Rechtsanwälte miteinander oder mit Angehörigen der in § 59a Abs. 1 BRAO genannten Berufe übereinkommen, bei getrennter Berufsausübung gemeinsam ein Büro (Kanzlei) zu nutzen, ist umstritten. *Von der Recke*[4] ordnet ihn den **gemischttypischen Verträgen** zu, die Elemente des Miet-, Dienst- und Gesellschaftsrechts in sich vereinen. *Zuck*[5] sieht in der Bürogemeinschaft eine **Gesellschaft bürgerlichen Rechts**, wenn sie nicht nur in der gemeinsamen Nutzung von Räumen besteht, sondern auch die gemeinsame Nutzung der Einrichtung und des Personals umfasst. Er nennt dies die **„große" Bürogemeinschaft**. Beide Auffassungen sind zu wenig differenziert. 33

---

1 BGHZ 53, 103 = NJW 1970, 425; BGHZ 64, 214 = NJW 1975, 1414; BGHZ 75, 296 = NJW 1980, 596; BGHZ 78, 237 = NJW 1981, 397 = MDR 1981, 225; vgl. hierzu auch *Kornblum*, NJW 1981, 2735; *Dithmar*, AnwBl. 1989, 475.
2 BVerfGE 80, 269 = NJW 1989, 2611.
3 BVerfG NJW 1998, 2269 = BB 1998, 1379 m. Anm. *Hartung*.
4 *Von der Recke*, in Beck'sches Rechtsanwalts-Handbuch, 9. Aufl., N 6 Rz. 136.
5 *Zuck*, Vertragsgestaltung bei Anwaltskooperationen, Rz. 78 ff.

34 Die für die rechtliche Einordnung **maßgeblichen Kriterien** eines Vertrages, durch den Rechtsanwälte vereinbaren, Räume, Personal und Einrichtung gemeinsam zu nutzen, sind die **Art und der Zweck der Nutzung**[1]. Der Vertrag ist **Gesellschaftsvertrag** im Sinne der §§ 705 ff. BGB, wenn über die eine Bruchteilsgemeinschaft charakterisierende gemeinsame Berechtigung der Gemeinschaftsmitglieder am Vertragsgegenstand (Räume und/oder Personal und/oder Einrichtung) hinaus ein weiterer, auf die **gemeinsame Verwaltung und Nutzung bezogener Zweck** verfolgt wird[2]. Dieser besteht in der Regel im Betrieb eines gemeinsamen Büros zur Reduzierung von Kosten und zur besseren Auslastung der Kanzleikapazität, gelegentlich auch in der wechselseitigen Vertretung in Zeiten der Abwesenheit. Fehlt ein solcher Zweck, sind also die Gemeinschaftsmitglieder nur einzeln zur Nutzung berechtigt und verbindet sie lediglich dieses Interesse, ist der Vertrag kein Gesellschaftsvertrag, vielmehr finden die Vorschriften der §§ 741 ff. BGB über die Gemeinschaft Anwendung.

35 Sehr deutlich wird das an einem von *Michalski*[3] gebildeten **Beispiel**: Erwerben zwei Rechtsanwälte einen Gegenstand, den beide abwechselnd benutzen wollen, z.B. der eine an geraden und der andere an ungeraden Tagen, beschränkt sich der Zweck dieser Nutzungsregelung auf die gemeinsame Nutzung ohne weiteren gemeinschaftlichen Zweck. Einigen sich die Rechtsanwälte jedoch darauf, den gemeinsam erworbenen Gegenstand nicht nur nebeneinander, sondern zum Betrieb eines gemeinschaftlichen Büros zu nutzen, ist diese Vereinbarung ein Gesellschaftsvertrag im Sinne der §§ 705 ff. BGB.

36 Als Gesellschaft bürgerlichen Rechts ist die Bürogemeinschaft nicht nur **Innengesellschaft**[4], da ihre Mitglieder im Geschäftsverkehr mit den Mandanten getrennt voneinander im eigenen Namen und nicht im Namen der Bürogemeinschaft auftreten[5]. Wesensmerkmal einer bloßen Innengesellschaft ist die **Nichtteilnahme am Rechtsverkehr** und der **Verzicht auf die Bildung von Gesamthandsvermögen**[6]. Der Zweck einer Bürogemeinschaft ist jedoch auf die Nutzung und Verwaltung eines gemeinsamen Büros gerichtet. Damit ist sie zwangsläufig am Rechtsverkehr beteiligt. Auch stehen die gemeinsam erworbenen Einrichtungsgegenstände im Gesamthandsvermögen. Deshalb ist die Bürogemeinschaft auch eine **Außengesellschaft**. Das heißt zusammengefasst: Innengesellschaft ist die Bürogemeinschaft nur im Verhältnis der Gemeinschaftsmitglieder zu ihren Mandanten, Außengesellschaft ist

1 *Hartung/Scharmer*, Bürogemeinschaft, § 5 Rz. 7 ff.
2 So zutreffend *Michalski*, Das Gesellschafts- und Kartellrecht der berufsrechtlich gebundenen freien Berufe, S. 111 f.; Hartung/Römermann/*Römermann*, Vor § 59a BRAO Rz. 141; Henssler/Prütting/*Hartung*, § 59a BRAO Rz. 160.
3 *Michalski*, Das Gesellschafts- und Kartellrecht der berufsrechtlich gebundenen freien Berufe, S. 112.
4 *Hartung/Scharmer*, Bürogemeinschaft, § 5 Rz. 11.
5 *Michalski*, Das Gesellschafts- und Kartellrecht der berufsrechtlich gebundenen freien Berufe, S. 115 f.
6 MünchKommBGB/*Ulmer/Schäfer*, § 705 Rz. 229.

sie, wenn sie außerhalb von Mandatsverträgen als Gesellschaft am Rechtsverkehr teilnimmt[1].

c) Abgrenzung zur Sozietät

Gegenüber der Sozietät gelingt eine **Abgrenzung** nur negativ. In einer **Bürogemeinschaft** werden Mandate und Gebühren nicht gemeinschaftlich entgegengenommen. Jedes Mitglied einer Bürogemeinschaft bewahrt seine berufliche Selbständigkeit und führt seine Mandate allein. Die Einnahmen werden nicht geteilt, sondern nur einzelne, vertraglich klar definierte Betriebskosten[2]. In der **Sozietät** ist es umgekehrt. Mandate werden im Namen der Sozietät angenommen und auch Honorare gemeinsam entgegengenommen. An den Honoraren ist jedes Sozietätsmitglied nach Maßgabe des vereinbarten Gewinnschlüssels beteiligt. Ein weiterer Unterschied besteht darin, dass die Mitglieder einer Sozietät für ein Berufsversehen eines anderen Mitglieds gesamtschuldnerisch haften, während die Mitglieder einer Bürogemeinschaft nur für eigene Fehler haften, es sei denn, sie setzten den Rechtsschein einer Sozietät. 37

d) Abgrenzung von anderen Vertragstypen

Eine Bürogemeinschaft im Sinne des § 59a Abs. 3 BRAO erfordert einen **Zusammenschluss auf der Ebene des Gesellschaftsrechts** (§§ 705 ff. BGB). Davon abzugrenzen sind Vertragsgestaltungen, die eine gemeinsame Nutzung unterhalb dieser Ebene regeln, bei denen also das gemeinsame Interesse an der Ersparnis von Verwaltungskosten fehlt und die deshalb keine Bürogemeinschaft als Gesellschaft bürgerlichen Rechts begründen. 38

Schließen Gemeinschaftsmitglieder mit einem Dritten gemeinsam einen **Mietvertrag** ab und teilen die Räume im Innenverhältnis zur getrennten Nutzung unter sich auf, ohne ein gemeinsames Büro zu führen, sind sie Mieter in Gesamtgläubiger- bzw. Gesamtschuldnerschaft, nicht aber Gesellschafter einer Bürogemeinschaft. Gleiches gilt, wenn einer der beteiligten Rechtsanwälte Eigentümer oder alleiniger Mieter aller Räume ist und einen Teil der Räume einem anderen Rechtsanwalt zur Nutzung überlässt. Die interne Vereinbarung der Rechtsanwälte hierüber ist **Leihe** oder **Untermiete**. Eine Bürogemeinschaft in der Rechtsform eines Gesellschaftsvertrages entsteht nicht, weil es an einer gemeinsamen Führung und Unterhaltung eines Büros im Sinne einer gesellschaftsrechtlichen Zweckvereinbarung fehlt. 39

Bei der **Anschaffung von Gegenständen** gilt nichts anderes. Unterhalten mehrere Rechtsanwälte mit getrennten Kanzleien in ein und demselben Haus eine gemeinsame Bücherei, deren Kosten sie unter sich aufteilen, werden sie Miteigentümer an den Büchern in Bruchteilsgemeinschaft mit wechselseitigen Nutzungsrechten, ohne dass eine Bürogemeinschaft entsteht. 40

1 *Hartung/Scharmer*, Bürogemeinschaft, § 5 Rz. 11.
2 Hartung/Römermann/*Römermann*, Vor § 59a BRAO Rz. 143; vgl. auch *Hartung*, AnwBl. 1995, 333, 335.

Das gilt auch, wenn einer der beteiligten Rechtsanwälte die Anschaffungen allein tätigt und der andere lediglich Entleiher oder Mieter ist.

41 Schließlich können mehrere Rechtsanwälte, ohne eine Bürogemeinschaft zu gründen, auch **Personal gemeinsam einstellen**, um es zu unterschiedlichen Zeitpunkten in ihren getrennt geführten Kanzleien zu beschäftigen. In einem solchen Fall sind sie gemeinsam Arbeitgeber, nicht aber Mitglieder einer Bürogemeinschaft. Nicht anders ist es zu beurteilen, wenn die **Einstellung** von Mitarbeitern nur **durch einen Rechtsanwalt** erfolgt, diese aber für mehrere Rechtsanwälte tätig werden. Die gemeinsame Verwendung des Personals ist eine **erlaubnisfreie** (§ 1 Abs. 1 AÜG) **Arbeitnehmerüberlassung** ohne gesellschaftsrechtliche Bindung.

2. Inhalt des Gründungsvertrags

42 Eine Bürogemeinschaft wird durch Abschluss eines **formfreien Vertrags** gegründet, durch den Rechtsanwälte untereinander oder mit Angehörigen der in § 59a Abs. 1 BRAO genannten Berufe übereinkommen, ein bereits vorhandenes oder erst einzurichtendes Büro bei getrennter Berufsausübung gemeinsam zu nutzen. Zum wesentlichen Inhalt eines solchen Vertrages gehören neben der **Zweckvereinbarung**, ein Büro aus Kostenersparnisgründen gemeinsam zu führen und zu unterhalten, in erster Linie Regelungen über Art und Umfang der Nutzung und über das Nutzungsentgelt. Wegen der Vielfältigkeit der denkbaren Konstellationen kann ein für alle Fälle gültiges **Vertragsmuster** nicht empfohlen werden. Nachstehend werden Fragen erörtert, wie sie sich im Regelfall stellen.

a) Vertragsdauer

43 Eine Bürogemeinschaft nur auf bestimmte Zeit zu gründen empfiehlt sich im Regelfall nicht[1]. Wird der Zeitraum zu kurz bemessen, ist die Bürogemeinschaft schon im Ansatz verfehlt, weil sie, um ihren Zweck erfüllen zu können, von gewisser Dauer sein muss. Wird der Zeitraum zu lang bemessen, kann er den beruflichen Spielraum einzelner Gemeinschaftsmitglieder unangemessen einengen und den Weg in eine andere Form der Berufsausübung versperren. Deshalb sollte eine Bürogemeinschaft auf **unbestimmte Zeit** geschlossen werden.

b) Kündigung

44 Eine Kündigung sollte in nicht zu kurz bemessenen Zeiträumen möglich sein und zur Auflösung der Bürogemeinschaft zum Ende eines Kalenderjahres führen. Zum möglichen Kündigungstermin sollten nach Möglichkeit auch alle von der Bürogemeinschaft abgeschlossenen Verträge enden, um zu verhindern, dass sie trotz Beendigung der Bürogemeinschaft weiterlaufen und die ehemaligen Gemeinschaftsmitglieder mit **nachlaufenden Kosten** belasten. Umgekehrt sollte, wenn solche Verträge schon bei Gründung der Bü-

1 Ausführlich dazu *Hartung/Scharmer*, Bürogemeinschaft, § 7 Rz. 19–33ff.

rogemeinschaft bestehen, die Kündigung der Bürogemeinschaft an die Beendigung dieser Verträge gekoppelt werden. Ist die Kündigung der Bürogemeinschaft hiervon unabhängig zulässig, sollte geregelt werden, wer bei Beendigung der Bürogemeinschaft in die bestehenden Verträge eintritt.

Auch wenn die Bürogemeinschaft aus **mehr als zwei Mitgliedern** besteht, 45
führt die Kündigung eines Gemeinschaftsmitgliedes zu ihrer **Auflösung**, wenn im Vertrag nicht ausdrücklich bestimmt ist, dass die Bürogemeinschaft von den übrigen Gemeinschaftsmitgliedern fortgesetzt wird. Eine solche Regelung ist bei einer mehrgliedrigen Bürogemeinschaft immer zu empfehlen, um die Auflösung mit der Notwendigkeit einer anschließenden Neugründung zu vermeiden[1].

c) Raumnutzung

Die Gemeinschaftsmitglieder können die benötigten Räume gemeinsam **im** 46
Namen der Bürogemeinschaft mieten. In diesem Fall empfiehlt es sich, vertraglich festzulegen, wer bei einer Auflösung der Bürogemeinschaft das Mietverhältnis fortführen soll. Das kann sowohl im Rahmen des Mietvertrages als auch im Vertrag über die Bürogemeinschaft geschehen. Anzuraten ist, die Regelung in beide Verträge aufzunehmen. Gleichzeitig sollte geregelt werden, ob sich das Mietverhältnis auch auf neu in die Bürogemeinschaft eintretende Gemeinschaftsmitglieder erstrecken bzw. ob es bei einem Ausscheiden von Gemeinschaftsmitgliedern nur mit den verbleibenden fortgesetzt werden soll. Zu empfehlen ist auch, dass ein Gemeinschaftsmitglied mit seinem Ausscheiden aus der Bürogemeinschaft gleichzeitig aus dem Mietvertrag entlassen wird.

Denkbar ist auch, dass ein **Mitglied der Bürogemeinschaft** die Räume im **ei-** 47
genen Namen mietet, während sich die anderen Gemeinschaftsmitglieder in die Rolle des **Untermieters** begeben. Dabei sind etwaige Untermietklauseln im Mietvertrag zu beachten. Auch in diesem Fall ist eine Bürogemeinschaft auf der Ebene des Gesellschaftsrechts möglich, wenn über das Untermietverhältnis hinaus ein weiterer gemeinsamer Zweck verfolgt wird[2].

Schließlich kann ein Gemeinschaftsmitglied **eigene Räume** durch Abschluss 48
eines Mietvertrages der Bürogemeinschaft zur Nutzung überlassen. Das Eigentümer-Gemeinschaftsmitglied ist dann Vermieter und im Rahmen seiner Gesellschafterstellung in der Bürogemeinschaft gleichzeitig (Mit-)Mieter. Es erhält in seiner Eigenschaft als Vermieter den vollen Mietzins, muss aber als Gemeinschaftsmitglied und damit als (Mit-)Mieter im Rahmen der Bürogemeinschaft im Innenverhältnis den anteiligen Mietzins für die von ihm genutzten Räume tragen. Der Mietvertrag kann aber auch zwischen dem Eigentümer-Gemeinschaftsmitglied und den anderen Gemeinschaftsmitgliedern geschlossen werden. Dann beschränkt sich die vertragliche Verteilung des Mietzinses auf die Gemeinschaftsmitglieder, die die Rolle des Mieters über-

1 *Hartung/Scharmer*, Bürogemeinschaft, § 38 Rz. 1 ff.
2 *Hartung/Scharmer*, Bürogemeinschaft, § 7 Rz. 11 ff. und 40; *Kaiser/Bellstedt*, Rz. 29.

nehmen, ohne dass sich dadurch an der vertraglich vereinbarten gemeinsamen Nutzung der gemieteten Räume etwas ändert.

49 Die **interne Verteilung des Mietzinses und der Raumnebenkosten** sollten sich an den einerseits allein und den andererseits gemeinsam genutzten Flächen orientieren. Denkbar sind noch weitere **Verteilungsschlüssel**[1]. Sie können sich an anderen Merkmalen, beispielsweise bei den Verbrauchskosten an der Anzahl der für das einzelne Gemeinschaftsmitglied tätigen Mitarbeiter orientieren. Im Einzelfall wird die Regelung in erster Linie davon abhängen, wie genau die Verteilung der Aufwendungen erfolgen soll bzw. welches Maß an Großzügigkeit sich die Gemeinschaftsmitglieder entgegenbringen. In jedem Fall sollte der Verteilungsschlüssel klar und leicht umsetzbar sein.

d) Personal

50 In bezug auf das für die Bürogemeinschaft notwendige Personal stehen **zwei Möglichkeiten** zur Verfügung:

51 Die eine Möglichkeit besteht darin, dass die Gemeinschaftsmitglieder das Personal **im Namen der Bürogemeinschaft einstellen**. Arbeitgeber ist dann die Bürogemeinschaft. Im Vertrag der Gemeinschaftsmitglieder untereinander sollten in diesem Fall Regelungen über den Arbeitseinsatz, das Direktionsrecht und auch darüber enthalten sein, wann und unter welchen Bedingungen ein Gemeinschaftsmitglied die Kündigung eines Dienstverhältnisses verlangen kann[2].

52 Die andere Möglichkeit besteht darin, dass bei Gründung der Bürogemeinschaft schon **bestehende Arbeitsverträge** in diese „**eingebracht**" werden oder trotz bereits bestehender Bürogemeinschaft das **Arbeitsverhältnis** nur **mit einem Gemeinschaftsmitglied** abgeschlossen und der Umfang der Tätigkeit des Arbeitnehmers für die einzelnen Gemeinschaftsmitglieder im Vertrag der Bürogemeinschaft geregelt wird.

53 In beiden Fällen sollte im Vertrag der Bürogemeinschaft eine klare Regelung über die Verteilung der **Personalkosten** enthalten sein[3]. Der **Verteilungsschlüssel** wird in erster Linie vom Umfang der Tätigkeit des Arbeitnehmers für die einzelnen Gemeinschaftsmitglieder bestimmt. Es empfiehlt sich, den Arbeitsaufwand für das einzelne Gemeinschaftsmitglied prozentual festzulegen, damit nicht jede Arbeitsstunde konkret ermittelt werden muss. Kosten für Überstunden des Personals sollten allerdings stets demjenigen Gemeinschaftsmitglied angelastet werden, auf dessen Veranlassung sie notwendig werden.

e) Büroausstattung

54 Der Begriff der Büroausstattung umfasst die gesamte Büroeinrichtung, also nicht nur das **Mobiliar** und die **Bücherei**, sondern auch die **technischen Ein-**

---

1 *Hartung/Scharmer*, Bürogemeinschaft, § 7 Rz. 43.
2 *Hartung/Scharmer*, Bürogemeinschaft, § 7 Rz. 57.
3 *Hartung/Scharmer*, Bürogemeinschaft, § 7 Rz. 60.

richtungen wie Telefonanlage, Telefax- und Fotokopiergeräte und die EDV-Anlage[1]. Da die Bürogemeinschaft nichts anderes als eine Kanzleigemeinschaft ist, muss **§ 5 BORA** beachtet werden. Danach ist der Rechtsanwalt verpflichtet, die für seine Berufsausübung erforderlichen sachlichen, personellen und organisatorischen Voraussetzungen vorzuhalten[2].

Die Möglichkeiten der gemeinsamen **Nutzung der Büroausstattung** reichen von der Zurverfügungstellung einer kompletten Büroausstattung durch ein Gemeinschaftsmitglied gegen Zahlung einer Nutzungspauschale über eine gemeinsame Anschaffung und Nutzung aller erforderlichen Einrichtungsgegenstände bis zu einer nur auf bestimmte Einrichtungsgegenstände beschränkten gemeinsamen Nutzung bei getrennter Nutzung der übrigen Büroausstattung. Meist sind deshalb zwei Vermögensbereiche zu unterscheiden, nämlich das im Alleineigentum eines Gemeinschaftsmitglieds stehende Vermögen und das gemeinschaftliche Vermögen aller Gemeinschaftsmitglieder. 55

Genau so vielfältig sind die Möglichkeiten bei der **Regelung des Nutzungsentgeltes**. Sie führen von einer Gesamtpauschale über eine teils pauschal zu berechnende und teils konkret zu ermittelnde Kostenbeteiligung bis hin zu einer insgesamt auf die konkrete Nutzungssituation abstellenden Berechnung. Welche Regelung zu bevorzugen ist, hängt von den Umständen des Einzelfalles ab. Eine **generelle Empfehlung** lässt sich wegen der sehr unterschiedlichen Fallkonstellationen nicht geben. Ratsam ist es, für gemeinsam angeschaffte Gegenstände der Büroeinrichtung eine Regelung für den Fall der Beendigung der Bürogemeinschaft zu treffen[3]. Es sollte festgelegt werden, ob solche Gegenstände in das Alleineigentum eines Gemeinschaftsmitglieds übergehen sollen und welche Entschädigung dafür zu zahlen ist oder ob eine andere Art der Verwertung in Betracht kommen soll. 56

In der Praxis kann die gemeinsame **Nutzung von Gegenständen**, die zur Büroausstattung gehören, zu **Schwierigkeiten** führen, weil es gerade in diesem Bereich sehr **unterschiedliche Interessen** geben kann. So kann die Qualität des Chefschreibtisches für ein Gemeinschaftsmitglied eine Prestigefrage sein. Ein anderes Gemeinschaftsmitglied ist vielleicht an jeder technischen Neuerung interessiert und scheut hierfür keinerlei Kosten. Deshalb sollte der Vertrag bezüglich der Büroausstattung auch Bestimmungen darüber enthalten, in welchem Umfang besonderen Neigungen und Wünschen des einzelnen Gemeinschaftsmitglieds zu entsprechen ist und wie die hierdurch entstehenden Aufwendungen verteilt werden sollen. 57

Besondere Aufmerksamkeit sollte der **Nutzung einer gemeinsamen Telefonnummer** gelten[4]. Neue Mandanten suchen den ersten Kontakt zu ihrem Rechtsanwalt hauptsächlich über das Telefon, um sich einen Besprechungstermin geben zu lassen. Bestehen über die Zuordnung eines solchen Anrufers 58

1 *Hartung/Scharmer*, Bürogemeinschaft, § 7 Rz. 46ff.
2 Dazu ausführlich Hartung/Römermann/*Hartung*, § 5 BORA.
3 *Hartung/Scharmer*, Bürogemeinschaft, § 7 Rz. 48.
4 *Hartung/Scharmer*, Bürogemeinschaft, § 7 Rz. 51ff.

Zweifel, muss sichergestellt sein, dass der Anrufer befragt wird, welchen Rechtsanwalt er zu konsultieren wünscht. Bleibt die Verteilung neuer Mandate der Telefonistin überlassen, kann es sehr schnell zu internen Auseinandersetzungen kommen. Konkrete Anweisungen an das für die Entgegennahme von Telefongesprächen zuständige Personal sind also empfehlenswert.

f) Versicherungen

59 Jedes Gemeinschaftsmitglied sollte auf **ausreichenden Versicherungsschutz** bedacht sein. In diesem Punkt zu sparen kann teuer zu stehen kommen. Zu denken ist in erster Linie an eine Versicherung der Büroausstattung gegen Einbruchsdiebstahl einschließlich Vandalismus, gegen Feuer und Leitungswasserschäden sowie Blitz- und Überspannungsschäden. Auch eine Betriebsunterbrechungsversicherung ist angezeigt, um die im Schadensfall entstehenden Gewinnausfälle und fortbestehenden Gehaltsverpflichtungen abzusichern. Nicht hierher gehört die **Berufshaftpflichtversicherung**, für die mangels gemeinsamer Berufsausübung jedes Gemeinschaftsmitglied allein verantwortlich ist[1] (vgl. dazu Rz. 146–152).

g) Vertretung

60 Manche Gemeinschaftsmitglieder sehen den Vorteil einer Bürogemeinschaft auch in der Möglichkeit **gegenseitiger Vertretung bei Urlaub, Krankheit oder sonstiger Verhinderung**[2]. Sie ist grundsätzlich berufsrechtlich zulässig, ohne dass sich dadurch an der getrennten Berufsausübung, die die Grundlage jeder Bürogemeinschaft ist, etwas ändert. Vertretung bedeutet Handeln für das andere Gemeinschaftsmitglied, nicht für die Gemeinschaft und ist mithin keine gemeinsame Berufsausübung. **Haftungsrechtlich** kann sie mit nicht unerheblichen Gefahren verbunden sein (vgl. hierzu Rz. 138f.), wenn auch Fehler des vertretenden Gemeinschaftsmitglieds in der Regel von dessen Vermögenshaftpflichtversicherung gedeckt sind. Das setzt aber voraus, dass das Vertretungsverhältnis für den Mandanten erkennbar wird, indem Schriftstücke beispielsweise mit dem Zusatz versehen werden „Rechtsanwalt X als Vertreter des Rechtsanwalts Y". Auf diese Weise wird klargestellt, welches Gemeinschaftsmitglied für berufliche Haftungsfälle verantwortlich ist.

61 Die gegenseitige Vertretung der Gemeinschaftsmitglieder kann für den **Einzelfall** oder auch allgemein für **alle Fälle einer Verhinderung** vereinbart werden. Maßgebend ist § 53 BRAO. Gemäß § 53 Abs. 1 BRAO muss der Rechtsanwalt für seine Vertretung sorgen, wenn er länger als eine Woche daran gehindert ist, seinen Beruf auszuüben oder wenn er sich länger als eine Woche von seiner Kanzlei entfernen will. Im letzteren Fall ist § 53 Abs. 2 BRAO zu beachten. Danach kann der Rechtsanwalt den Vertreter selbst bestellen, wenn die Vertretung von einem derselben Rechtsanwaltskammer angehö-

1 Dazu *Hartung/Scharmer*, Bürogemeinschaft, § 18 Rz. 1–24.
2 *Hartung/Scharmer*, Bürogemeinschaft, § 7 Rz. 78ff.

renden Rechtsanwalt übernommen wird. Ein Vertreter kann auch von Vornherein für alle Verhinderungsfälle, die während eines Kalenderjahres eintreten können, bestellt werden. In anderen Fällen wird ein Vertreter nur auf Antrag des Rechtsanwalts von der Rechtsanwaltskammer bestellt. Der Vertreter soll ein anderer Rechtsanwalt sein. **Andere Personen** dürfen bestellt werden, wenn sie die **Befähigung zum Richteramt** haben oder wenn sie als **Referendar** mindestens zwölf Monate im Vorbereitungsdienst sind (§ 53 Abs. 4 BRAO).

Bei einer **interprofessionellen Bürogemeinschaft** scheiden als Vertreter eines anwaltlichen Gemeinschaftsmitglieds alle Gemeinschaftsmitglieder aus, die nicht zur Rechtsanwaltschaft zugelassen sind. Eine entsprechende Regelung für **Steuerberater** und **Steuerbevollmächtigte** findet sich in § 69 StBerG. Dieser schreibt vor, dass Vertreter nur ein anderer Steuerberater oder Steuerbevollmächtigter sein kann. In einer interprofessionellen Bürogemeinschaft, die aus Rechtsanwälten und Steuerberatern besteht, können sich nur die Gemeinschaftsmitglieder wechselseitig vertreten, die denselben Beruf ausüben wie der Vertretene. 62

h) Verschwiegenheitspflicht

In einer Bürogemeinschaft wirft die Einhaltung der in § 43a Abs. 2 BRAO geregelten Verschwiegenheitspflicht besondere Probleme auf. *Streck*[1] meint, die Verschwiegenheitspflicht werde innerhalb einer Bürogemeinschaft „geradezu anhaltend" verletzt. Das dürfte der Realität sehr nahe kommen. Die Verschwiegenheitspflicht setzt ein Mandatsverhältnis voraus. Erst durch die Begründung eines Mandatsverhältnisses entsteht sie, allerdings nur inter partes. Das bedeutet, dass sie nur von dem Gemeinschaftsmitglied beachtet werden muss, zu dem der Mandant in ein Mandatsverhältnis tritt. Nun bringen es aber die **räumliche Nähe** und die **enge personelle und sachliche Verknüpfung** mit sich, dass jedes Gemeinschaftsmitglied in die Akten der anderen Einsicht nehmen kann. Benutzen die Gemeinschaftsmitglieder eine gemeinsame EDV-Anlage, ist zudem der Zugang zu den gespeicherten Daten möglich, wenn die einzelnen Dateien nicht durch besondere Codewörter vor dem Zugriff der anderen geschützt sind. Schließlich erschwert auch gemeinsam beschäftigtes Personal die Geheimhaltung. Es muss die Verschwiegenheitspflicht nur dem Mandanten gegenüber wahren, zu dem das als Arbeitgeber fungierende Gemeinschaftsmitglied in einem Mandatsverhältnis steht. Personal, das für mehrere Gemeinschaftsmitglieder arbeitet, wird es besonders schwer haben, die einzelnen Verschwiegenheitsbereiche zu trennen[2]. 63

Gesetz und Berufsordnung regeln die möglichen **Konfliktsituationen** nicht. 64
Deshalb ist es die Pflicht der Gemeinschaftsmitglieder, die Verschwiegenheitspflicht durch klare und unmissverständliche Vereinbarungen sowohl im **Gesellschaftsvertrag** als auch in den **Dienstverträgen** mit dem Personal

1 *Streck*, MDR 1997, 897, 898.
2 Dazu *Hartung/Scharmer*, Bürogemeinschaft, § 34 Rz. 9ff.

besonders zu regeln[1]. Sie müssen sicherstellen, dass die jedes Gemeinschaftsmitglied treffende Verschwiegenheitspflicht wegen der räumlichen Nähe und der engen personellen Verknüpfung im besonderen Maße gewahrt wird. Dazu gehören vor allem eine **getrennte Führung und Aufbewahrung der Akten** eines jeden Gemeinschaftsmitglieds, die **Sicherung einer gemeinsamen EDV-Anlage** vor unbefugtem Zugriff des einen Gemeinschaftsmitglieds auf die Dateien der anderen und eine **ständige Überwachung des Personals**, das auf seine Verschwiegenheitspflicht im Verhältnis der Gemeinschaftsmitglieder untereinander auch in den Dienstverträgen besonders hinzuweisen und zu verpflichten ist (vgl. auch Rz. 106ff.).

i) Kundgabe

65 Ein Bedürfnis, die Bürogemeinschaft nach außen kundzugeben, besteht an sich nicht, da diese lediglich der Verminderung von Kosten und der besseren Ausnutzung der Bürokapazität dient und wegen der getrennten Berufsausübung der Gemeinschaftsmitglieder nach außen nicht in Erscheinung zu treten braucht. Gleichwohl wollen meist auch die Mitglieder einer Bürogemeinschaft auf ihre – beruflich getrennte – Tätigkeit in einer Bürogemeinschaft hinweisen. Die Zulässigkeit einer solchen Kundgabe folgt aus § 8 Satz 1 BORA. Zu den dort gemeinten auf Dauer angelegten und durch tatsächliche Ausübung verfestigten Kooperationen gehört auch die Bürogemeinschaft[2].

66 Der gemäß § 8 BORA den Rechtsanwälten erlaubte Hinweis auf eine Bürogemeinschaft ist für deren Mitglieder unter **haftungsrechtlichen Gesichtspunkten** mit Risiken verbunden. Jede Kundgabe über das Bestehen einer Bürogemeinschaft birgt die Gefahr gesamtschuldnerischer **(Anscheins-)Haftung** trotz getrennter Berufsausübung in sich, die bei einer Bürogemeinschaft gerade nicht gewollt ist. Das gilt vor allem bei gemeinsamen Briefbögen. Ob sich eine gesamtschuldnerische Haftung durch **erläuternde Zusätze** wie „in Bürogemeinschaft" zuverlässig ausschließen lässt, ist zweifelhaft[3]. Nach Meinung des OLG Köln erweckt eine als **„Kanzleigemeinschaft"** bezeichnete Verbindung von Rechtsanwälten den Eindruck einer Sozietät und führt dementsprechend zur gesamtschuldnerischen Haftung, weil der Begriff der Kanzlei weiter reiche als der Begriff des Büros[4]. Die Entscheidung belegt, wie groß die Gefahr gemeinsamer **Haftung aus Rechtsscheingründen** bei einer Kundgabe der Bürogemeinschaft ist. Sie lässt sich nur verhindern, wenn die Gemeinschaftsmitglieder den Rechtsschein einer Sozietät in einer

---

1 Dazu Hartung/Römermann/*Hartung*, § 2 BORA Rz. 21 (Regelung durch eine vertragliche Vereinbarung gemäß § 30 BORA); kritisch *Hartung/Scharmer*, Bürogemeinschaft, § 34 Rz. 16; ablehnend Henssler/Prütting/*Henssler*, § 43a BRAO Fn. 230.

2 Hartung/Römermann/*Römermann*, § 8 BORA Rz. 48–52 und 75–77; *Hartung/Scharmer*, Bürogemeinschaft, §§ 22, 23, 24.

3 Hartung/Römermann/*Römermann*, Vor § 59a BRAO Rz. 147–149; *Hartung/Scharmer*, Bürogemeinschaft, § 7 Rz. 48.

4 OLG Köln, MDR 2003, 900.

klaren und für das Publikum verständlichen Weise vermeiden. Dazu reicht der **bloße Hinweis** auf eine Bürogemeinschaft kaum aus. Hinzukommen sollte ein in der **Mandatsbestätigung** enthaltener Hinweis, dass das Mandat nur von dem beauftragten Gemeinschaftsmitglied und nicht von der Bürogemeinschaft angenommen wird. Außerdem sollte im Innenverhältnis der Gemeinschaftsmitglieder eine vertragliche Freistellung vereinbart werden.

Wegen der genannten Gefahren ist den Mitgliedern einer Bürogemeinschaft zu empfehlen, im **Rechtsverkehr mit den Mandanten** nicht als Bürogemeinschaft aufzutreten. Das sollte leicht fallen, weil das rechtsuchende Publikum in der Regel **kein Informationsinteresse** hat. Die Kundmachung, dass eine Bürogemeinschaft besteht, stellt keine Information über das Dienstleistungsangebot der einzelnen Gemeinschaftsmitglieder dar. Nur hieran ist das rechtsuchende Publikum interessiert. 67

Schon bei Abschluss des Vertrages über die Gründung einer Bürogemeinschaft sollten diese Gesichtspunkte zur Vermeidung einer gesamtschuldnerischen Haftung beachtet werden. Es sollte vereinbart werden, **kein gemeinsames Briefpapier** zu verwenden und alles zu unterlassen, was den **Anschein gemeinsamer Berufsausübung** begründen könnte. Das gilt in besonderem Maße für das Benutzen einer gemeinsamen **Telefonnummer**. Die Gemeinschaftsmitglieder sollten festlegen, dass bei der Annahme von Telefongesprächen zunächst eine **neutrale Meldung** erfolgt, damit bei den Anrufern nicht der Eindruck entsteht, es mit einer Sozietät zu tun zu haben. Wenn geklärt ist, welches Gemeinschaftsmitglied der Anrufer zu sprechen wünscht, sollte klargestellt werden, dass der Anrufer mit der Kanzlei dieses Gemeinschaftsmitglieds verbunden wird[1]. 68

j) Auflösung

Dringend anzuraten sind Regelungen für den Fall, dass die Bürogemeinschaft wegen **Zeitablaufs, Kündigung** oder **Tod** aufgelöst wird. Selbstverständlich ist, dass jedes Gemeinschaftsmitglied Eigentümer der in die Bürogemeinschaft zur gemeinsamen Nutzung eingebrachten Gegenstände bleibt. Geregelt werden muss, was aus den während des Bestehens der Bürogemeinschaft gemeinsam erworbenen Gegenständen werden soll. Denkbar ist eine Regelung, die das Eigentum an diesen Gegenständen einem Gemeinschaftsmitglied gegen Zahlung einer Entschädigung zuweist. Möglich ist aber auch, alle Gegenstände zu veräußern und den Erlös zu teilen[2]. Im Übrigen wird auf die Ausführungen unten Rz. 85 ff. verwiesen. 69

1 *Hartung/Scharmer*, Bürogemeinschaft, § 21 Rz. 3 ff.

2 Zu den Einzelheiten einer Auflösung vgl. *Hartung/Scharmer*, Bürogemeinschaft, § 38.

3. Eintritt eines neuen Gemeinschaftsmitglieds

70 Als Domäne des „geborenen Einzelkämpfers"[1] ist die Bürogemeinschaft im Regelfall keine geeignete Grundlage für eine Expansion durch Aufnahme weiterer Gemeinschaftsmitglieder.

71 Der **etablierte Rechtsanwalt**, der mit einem jüngeren Kollegen eine Bürogemeinschaft gründet, um die Grundlage für eine Sozietät oder eine Übertragung der Praxis auf den Jüngeren zu schaffen, wird an der Aufnahme eines weiteren Gemeinschaftsmitglieds kein Interesse haben, wenn der in der Bürogemeinschaft bereits tätige Rechtsanwalt sich bewährt.

72 Handelt es sich bei den Gründern der Bürogemeinschaft um **Berufsanfänger** ohne nennenswerten Umsatz und Gewinn, werden sie den Eintritt eines weiteren Gemeinschaftsmitglieds nur erwägen, wenn die Einkommenssituation so ungünstig ist, dass zur Deckung der Kosten des gemeinsamen Büros die Aufnahme eines weiteren Gemeinschaftsmitglieds geboten erscheint.

73 **Rechtlich** kann sich der Eintritt eines neuen Mitglieds in die Bürogemeinschaft auf **zweierlei Weise** vollziehen. Eine Möglichkeit besteht darin, dass die bisherigen Gemeinschaftsmitglieder ein **weiteres Gemeinschaftsmitglied aufnehmen**. Denkbar ist aber auch, dass ein **neues Gemeinschaftsmitglied** bei gleichzeitigem Ausscheiden eines bisherigen Gemeinschaftsmitglieds **eintritt** (Wechsel von Gemeinschaftsmitgliedern)[2].

a) Aufnahme

74 Die Aufnahme eines neuen Gemeinschaftsmitglieds[3] erfordert einen **Aufnahmevertrag**. Mit Abschluss dieses Vertrages erwirbt das neue Gemeinschaftsmitglied einen Anteil am gemeinsamen Vermögen im Wege der **Anwachsung**. Welchen **Preis** das neue Gemeinschaftsmitglied hierfür zu zahlen hat, ist im Vertrag zu regeln. Gleichzeitig kann es sinnvoll sein, die Kosten neu zu verteilen und die Vertragsdauer den veränderten Umständen anzupassen. Zudem sollte klargestellt werden, dass das neue Gemeinschaftsmitglied für die **bisherigen Schulden** der Bürogemeinschaft nicht haftet[4], soweit sich eine Haftung nicht ausnahmsweise aus einem besonderen Verpflichtungsgrund (z.B. Schuldbeitritt) ergibt.

b) Eintritt eines Gemeinschaftsmitglieds bei Ausscheiden eines anderen (Gesellschafterwechsel)

75 Ein Eintritt eines neuen Gemeinschaftsmitglieds im Wege des Wechsels von Gemeinschaftsmitgliedern, also durch Eintritt eines neuen Gemeinschafts-

1 *Zuck*, Vertragsgestaltung bei Anwaltskooperationen, Rz. 77.
2 Zu Fragen des Mitgliederwechsels *Hartung/Scharmer*, Bürogemeinschaft, §§ 12 und 13.
3 Zur Aufnahme weiterer Mitglieder vgl. *Hartung/Scharmer*, Bürogemeinschaft, § 12.
4 BGH NJW 1979, 1821.

mitglieds bei gleichzeitigem Ausscheiden eines anderen, ist auf **zweierlei Weise** möglich.

Das **ausscheidende Gemeinschaftsmitglied** kann mit Zustimmung der verbleibenden Gemeinschaftsmitglieder dem neuen Gemeinschaftsmitglied seine Beteiligung an der Bürogemeinschaft als Ganzes im Wege der **Abtretung** übertragen und gleichzeitig seine in die Bürogemeinschaft eingebrachten und in seinem Eigentum verbliebenen Vermögensgegenstände übereignen. Der Wechsel der Gemeinschaftsmitglieder vollzieht sich in diesem Falle durch Vertrag zwischen dem ausscheidenden und dem neuen Gemeinschaftsmitglied, wenn auch seine Wirksamkeit von der Zustimmung der übrigen Gemeinschaftsmitglieder abhängt, die bereits im Vertrag über die Gründung der Bürogemeinschaft enthalten sein oder durch nachträglichen Beschluss der Gemeinschaftsmitglieder herbeigeführt werden kann. Das neue Gemeinschaftsmitglied wird **Rechtsnachfolger des Ausscheidenden**, tritt also unmittelbar in dessen Rechte und Pflichten ein. 76

Das **neue Gemeinschaftsmitglied** kann aber auch durch **Abschluss eines Aufnahmevertrages** mit den bisherigen Gemeinschaftsmitgliedern in die Bürogemeinschaft eintreten, wobei das bisherige Gemeinschaftsmitglied gleichzeitig durch Vertrag mit den verbleibenden Gemeinschaftsmitgliedern ausscheidet. In diesem Fall sind **zwei Verträge** notwendig, nämlich je ein Vertrag des ausscheidenden und des eintretenden Gemeinschaftsmitglieds mit den übrigen Gemeinschaftsmitgliedern. Beide Verträge können in einer einheitlichen Vertragsurkunde zusammengefasst werden. Der Anteil des ausscheidenden Gemeinschaftsmitglieds wächst den übrigen an und geht von ihnen auf das neue Gemeinschaftsmitglied über. Das neue Gemeinschaftsmitglied wird also nicht Rechtsnachfolger des ausscheidenden Gemeinschaftsmitglieds, sondern erwirbt einen neuen Anteil an der Bürogemeinschaft. 77

In **beiden Fällen** entstehen zwischen dem ausscheidenden und dem neuen Gemeinschaftsmitglied **keinerlei gesellschaftsrechtlichen Ansprüche**. Insbesondere ist § 738 BGB weder unmittelbar noch analog anwendbar[1]. Einen Anspruch auf Freistellung von der Haftung für Schulden der Bürogemeinschaft hat das ausscheidende Gemeinschaftsmitglied gegen das neue nur, wenn dies zwischen ihnen vereinbart ist[2]. 78

Das neue Gemeinschaftsmitglied haftet für die bestehenden **Schulden der Bürogemeinschaft** nicht, es sei denn, es träte den Verbindlichkeiten durch Vertrag mit dem Gläubiger bei. Zur Haftung des ausscheidenden Gemeinschaftsmitgliedes wird auf die Ausführungen zu Rz. 82f. und 138f. verwiesen. 79

4. Ausscheiden von Gemeinschaftsmitgliedern

Eine Bürogemeinschaft besteht in der Mehrzahl der Fälle nur aus zwei Gemeinschaftsmitgliedern. Scheidet aus einer **zweigliedrigen Bürogemein-** 80

1 BGH NJW 1981, 1095.
2 BGH NJW 1975, 166.

schaft ein Mitglied aus, führt das zur Beendigung und damit zur Auflösung der Bürogemeinschaft. Bürogemeinschaften, die mehr als zwei Mitglieder haben, können bei Ausscheiden eines Mitglieds fortbestehen. Aber auch eine **mehrgliedrige Bürogemeinschaft** bleibt als Gesellschaft bürgerlichen Rechts nur bestehen, wenn im Gesellschaftsvertrag bestimmt ist, dass sie zwischen den verbleibenden Gemeinschaftsmitgliedern fortgesetzt werden soll. Fehlt es an einer solchen vertraglichen Regelung, führt das Ausscheiden eines Gemeinschaftsmitglieds auch bei einer mehrgliedrigen Bürogemeinschaft zu deren Auflösung (§§ 723, 727 BGB)[1].

81 Als **Gründe für ein Ausscheiden** eines Gemeinschaftsmitglieds aus einer Bürogemeinschaft kommen **Ablauf der vertraglich vereinbarten Zeit, Kündigung** (§§ 723–725 BGB), **Tod** (§ 727 BGB), **Insolvenz** (§ 728 BGB) oder **Ausschließung** (§ 737 BGB) in Betracht. Das auf diesen Gründen beruhende Ausscheiden ist in §§ 736, 737 BGB geregelt. Die Gemeinschaftsmitglieder können auch andere Voraussetzungen für ein Ausscheiden vereinbaren.

82 Die **Rechtsfolgen des Ausscheidens** sind, wenn die Gemeinschaftsmitglieder nichts anderes vereinbart haben, in §§ 738–740 BGB geregelt. Die gesetzliche Regelung beruht auf dem Grundgedanken, die Stellung des ausscheidenden Gemeinschaftsmitglieds trotz Verzichts auf eine Auseinandersetzung derjenigen anzunähern, die es hätte, wenn sein Ausscheiden wegen Fehlens einer vertraglichen Fortsetzungsklausel zur Auflösung der Bürogemeinschaft führte.

83 Gemäß § 738 Abs. 1 BGB haben die Gemeinschaftsmitglieder, die die Bürogemeinschaft fortsetzen, dem ausscheidenden Gemeinschaftsmitglied nach Maßgabe des § 732 BGB die **Gegenstände** zurückzugeben, die es der Bürogemeinschaft zur Benutzung überlassen hat. Für einen durch Zufall untergegangenen oder verschlechterten Gegenstand kann der Ausscheidende keinen Ersatz verlangen.

84 Des Weiteren sind die Gemeinschaftsmitglieder, die die Bürogemeinschaft fortsetzen, verpflichtet, das ausgeschiedene Gemeinschaftsmitglied von **gemeinschaftlichen Schulden zu befreien**. Das sind in erster Linie Verpflichtungen aus dem Mietverhältnis über gemeinsam benutzte Räume und Gegenstände der Büroausstattung, aber auch Verpflichtungen aus Dienstverträgen mit dem Personal. Diesbezüglich muss das ausscheidende Gemeinschaftsmitglied beachten, dass seine Haftung im Verhältnis zu Dritten, also z.B. im Verhältnis zum Vermieter, zu Leasinggebern oder zum Personal, bestehen bleibt. Sind gemeinschaftliche Schulden noch nicht fällig, so können die verbleibenden Gemeinschaftsmitglieder dem Ausscheidenden, statt ihn von den Schulden zu befreien, **Sicherheit leisten** (§ 738 Abs. 1 Satz 3 BGB).

85 Das ausgeschiedene Gemeinschaftsmitglied kann sich gemäß § 159 HGB auf die **fünfjährige Verjährungsfrist** berufen[2]. Das bedeutet, dass der Ausgeschie-

---

1 Zum Ausscheiden von Mitgliedern vgl. *Hartung/Scharmer*, Bürogemeinschaft, § 13.

2 BGHZ 87, 286, 291 f., 294; BGHZ 117, 168 = NJW 1992, 1615; BAG NJW 1983, 2283; MünchKommBGB/*Ulmer/Schäfer*, § 714 Rz. 51.

dene von seiner Haftung aus Dauerschuldverhältnissen nach fünf Jahren frei wird.

Soweit die Bürogemeinschaft **gemeinsames Vermögen** hat, an dem das ausscheidende Gemeinschaftsmitglied beteiligt war, **wächst der Miteigentumsanteil** des ausscheidenden Gemeinschaftsmitglieds den verbleibenden Gemeinschaftsmitgliedern der fortbestehenden Bürogemeinschaft zu. Diese sind verpflichtet, dem ausscheidenden Gemeinschaftsmitglied dasjenige zu zahlen, was es erhielte, wenn die Bürogemeinschaft zum Zeitpunkt seines Ausscheidens aufgelöst würde (§ 738 Abs. 1 Satz 2 BGB). 86

Zweckmäßig ist es, die **Höhe des Abfindungsanspruchs** und dessen **Fälligkeit** schon bei der Gründung der Bürogemeinschaft zu regeln. Insbesondere sollte ein praktikabler Maßstab für die Bemessung des Abfindungsanspruchs vorgesehen werden. Das erspart die Aufstellung der sonst notwendigen **Abfindungsbilanz**[1]. Fehlt es an einer entsprechenden vertraglichen Regelung, ist der Wert des gemeinsamen Vermögens der bisherigen Bürogemeinschaft zu schätzen (§ 738 Abs. 2 BGB). 87

In der **Praxis** wird sich das **Ausscheiden** eines Gemeinschaftsmitglieds nach den beschriebenen gesetzlichen Grundlagen bzw. aufgrund einer vertraglich vereinbarten Regelung **ohne größere Schwierigkeiten** vollziehen. Soweit gemeinschaftliche Schulden – insbesondere aus Dauerschuldverhältnissen – bestehen, werden die verbleibenden Gemeinschaftsmitglieder sie tilgen, weil sie ein eigenes Interesse an der Erfüllung der eingegangenen Verträge haben. Gemeinsames Vermögen wird in einer Bürogemeinschaft ohnehin nur in eingeschränktem Umfang angeschafft und besteht im Wesentlichen aus Gegenständen der Büroausstattung, über deren Bewertung sich selbst bei Fehlen einer vertraglichen Regelung Meinungsverschiedenheiten kaum ergeben können. 88

5. Auflösung

Zur Auflösung der Bürogemeinschaft[2] kommt es in einer **zweigliedrigen** Bürogemeinschaft durch **Zeitablauf**, **Kündigung** oder **Tod** eines Gemeinschaftsmitglieds. In einer **mehrgliedrigen** Bürogemeinschaft tritt diese Rechtsfolge ein, wenn keine **Fortsetzungsklausel** vereinbart ist. Seltenere Auflösungsgründe sind der Eintritt einer auflösenden Bedingung und der Abschluss eines Aufhebungsvertrages. 89

Alle Auflösungsgründe beenden **faktisch** die gemeinsame Nutzung des Büros und seiner Infrastruktur. **Rechtlich** ist die Bürogemeinschaft als Gesellschaft bürgerlichen Rechts erst beendet, wenn die Auseinandersetzung gemäß §§ 730–735 BGB abgeschlossen ist. Die Bürogemeinschaft besteht also als Gesellschaft bürgerlichen Rechts trotz Wegfalls der gemeinsamen Nutzung des Büros fort (§ 730 Abs. 2 BGB), bis jedes Gemeinschaftsmitglied die ihm 90

---

1 BGH WM 1980, 1362, 1363.
2 Zur Auflösung und Beendigung einer Bürogemeinschaft vgl. *Hartung/Scharmer*, Bürogemeinschaft, § 38.

allein gehörenden Gegenstände zurückerhalten hat und die gesamthänderische Verbundenheit an gemeinsamen Vermögensgegenständen aufgelöst ist. Das bedeutet, dass die den Anteilen der einzelnen Gemeinschaftsmitglieder entsprechenden Werte diesen nach Maßgabe der gesetzlichen Vorschriften über die Auseinandersetzung nach Erfüllung aller im Zeitpunkt der Auflösung noch bestehenden Verbindlichkeiten zugeflossen (§ 734 BGB) und die Gemeinschaftsmitglieder ihrer Nachschusspflicht (§ 735 BGB) nachgekommen sein müssen.

91 Die **Auflösung** einer **zweigliedrigen Bürogemeinschaft** im Wege der Auseinandersetzung gemäß §§ 730–735 BGB lässt sich durch Vereinbarung einer **Übernahmeklausel** abwenden. Sie kann der Regelung des § 736 BGB nachgebildet sein, so dass bei Eintritt eines Auflösungsgrundes das betroffene Gemeinschaftsmitglied **automatisch** ausscheidet. Sie kann aber auch als ein durch **Gestaltungserklärung auszuübendes Übernahmerecht** formuliert werden.

92 Die **Rechtsfolge** der Auflösung einer zweigliedrigen Bürogemeinschaft ist sowohl bei einer automatisch wirkenden Übernahmeklausel als auch bei Ausübung eines Übernahmerechts gleich. Sie besteht darin, dass das betroffene Gemeinschaftsmitglied ausscheidet und dass der Übernehmer im Wege der **Gesamtrechtsnachfolge** das Gesellschaftsvermögen erwirbt. Damit ist die Bürogemeinschaft bei Eintritt eines Auflösungsgrundes nicht nur faktisch, sondern auch rechtlich sofort beendet. Das ist für das durch die Übernahmeklausel begünstigte Gemeinschaftsmitglied ein **wesentlicher Vorteil**, insbesondere dann, wenn die **Auflösung durch den Tod** eines Gemeinschaftsmitgliedes herbeigeführt wird. Ohne Übernahmeklausel könnte es die bisher von der Bürogemeinschaft gemeinsam genutzte Büroinfrastruktur erst nach Absprache mit den Erben bzw. nach Durchführung der Auseinandersetzung gemäß §§ 730–735 BGB fortsetzen. Die Übernahmeklausel ermöglicht eine nahtlose Weiterbenutzung des bisher von der Bürogemeinschaft unterhaltenen Büros.

93 Eine vereinbarte Gesamtrechtsnachfolge betrifft nur das Vermögen der Bürogemeinschaft bzw. des ausscheidenden Gemeinschaftsmitglieds, nicht aber die **Fortführung seiner Mandate**. Insoweit ist zu beachten: Scheidet ein Gemeinschaftsmitglied durch **Tod** aus, ist die **Bestellung eines Abwicklers** gemäß § 55 BRAO, der die Mandate des Verstorbenen abwickelt, notwendig. Dabei kann es sowohl für die Erben des verstorbenen Gemeinschaftsmitglieds als auch für das seinen Anteil übernehmende neue Gemeinschaftsmitglied nützlich sein, wenn das neue Gemeinschaftsmitglied zum Abwickler bestellt wird, weil es die Kanzlei kennt. In allen anderen Fällen eines Ausscheidens wird das ausscheidende Gemeinschaftsmitglied die ihm erteilten Mandate auch weiterhin selbst betreuen.

6. „Umwandlung“

94 Den Begriff der Umwandlung kennt das Gesetz in § 1 Abs. 1 Ziffer 4 UmwG. Damit gemeint ist ein Wechsel der Gesellschaftsform bei **Wahrung der Identi-**

tät des bisherigen Rechtsträgers. Als formwechselnder Rechtsträger kommt gemäß § 191 Abs. 1 Ziffer 1 UmwG auch eine Gesellschaft bürgerlichen Rechts in Betracht, allerdings nur dann, wenn es sich um eine Handelsgesellschaft handelt. Das ist bei der Bürogemeinschaft nicht der Fall. Bei ihr kann deshalb nur an eine „Umwandlung" im nicht gesetzestechnischen Sinn gedacht werden, so, wenn die Mitglieder der Bürogemeinschaft ihren bislang getrennt ausgeübten Beruf künftig gemeinsam in der Rechtsform einer **Sozietät** ausüben oder die Bürogemeinschaft in der Rechtsform einer **Partnerschaftsgesellschaft** oder einer **Rechtsanwalts-GmbH** fortsetzen wollen[1].

7. Muster

Das nachstehende Vertragsmuster kann nur Leitlinie für die im Einzelfall gewünschte Regelung sein. Die Vielfalt der denkbaren Vertragsgestaltungen lässt es nicht zu, einen Mustervertrag zu empfehlen, der jeden Fall trifft. Grundlage des nachstehenden Mustervertrages ist eine **zweigliedrige Bürogemeinschaft**. 95

Vertrag über eine Bürogemeinschaft[2]

§ 1 Zweck der Bürogemeinschaft

(1) Zweck der Bürogemeinschaft ist die Reduzierung von Bürokosten, insbesondere durch bessere Auslastung der Kanzleikapazität und durch Teilung der Kosten für Praxisräume, Büroausstattung und Personal.

(2) Unseren Beruf üben wir innerhalb der Bürogemeinschaft selbständig und eigenverantwortlich aus. Jeder von uns betreut seine eigenen Mandanten und rechnet seine Leistungen getrennt ab. Eine gemeinsame Entgegennahme von Mandaten und Honoraren schließen wir ausdrücklich aus.

(3) Wir sind uns darüber einig, dass die durch diesen Vertrag begründete Bürogemeinschaft eine Gesellschaft bürgerlichen Rechts ist, für die, soweit wir keine anderen Regelungen treffen, die Vorschriften der §§ 705 ff. BGB gelten.

§ 2 Beginn und Dauer

(1) Die Bürogemeinschaft beginnt am 1. 1. 2011. Sie wird auf unbestimmte Zeit geschlossen.

(2) Jeder von uns kann den Vertrag mit einer Frist von sechs Monaten zum Ende eines Kalenderjahres kündigen.

(3) Eine außerordentliche Kündigung ohne Einhaltung der vereinbarten Kündigungsfrist ist zulässig, wenn

- der Mietvertrag über die gemeinsam benutzten Räume, gleich aus welchen Gründen, endet;

---

1 Zu den Einzelheiten vgl. *Hartung/Scharmer*, Bürogemeinschaft, § 39 Rz. 5 ff.

2 Weitere Musterverträge sind abgedruckt bei *Hartung/Scharmer*, Bürogemeinschaft, § 42; *von der Recke*, in: Beck'sches Rechtsanwalts-Handbuch, 9. Aufl., (N 6 Rz. 163); *Stehle/Longin*, Rechtsformen für die Freien Berufe, S. 79; *Zuck*, Vertragsgestaltung bei Anwaltskooperationen, S. 34.

– einer von uns mit der Zahlung von Beträgen, die er nach diesem Vertrag im Innenverhältnis schuldet, mehr als zwei Monate im Rückstand ist;

– einer von uns trotz Abmahnung die ihm nach diesem Vertrag obliegenden Pflichten weiterhin verletzt.

(4) Die Kündigung hat durch eingeschriebenen Brief zu erfolgen. Für die Rechtzeitigkeit der Kündigung kommt es auf den Tag der Absendung des Kündigungsschreibens an.

(5) Die Kündigung hat die Auflösung der Bürogemeinschaft zur Folge. Das gilt nicht, wenn zur Bürogemeinschaft mehr als zwei Mitglieder gehören. In diesem Fall scheidet das kündigende Mitglied aus, die verbleibenden Mitglieder setzen die Bürogemeinschaft fort. Im Übrigen gilt § 10.

§ 3 Büroräume

Wir mieten die für die Bürogemeinschaft notwendigen Räume gemeinsam und teilen uns den Mietzins und alle Nebenkosten hälftig.

Oder:

Rechtsanwalt A stellt die von ihm gemieteten Räume der Bürogemeinschaft zur Verfügung. Die Räume, die in dem dieser Vereinbarung beigefügten Grundriss als Nr. 1 und 2 bezeichnet sind, nutzt er selbst, die Räume Nr. 3 und 4 nutzt Rechtsanwalt B, der Raum Nr. 5 wird als Wartezimmer gemeinsam genutzt. Die Rechtsanwalt B zur alleinigen Nutzung zugewiesenen Räume werden ihm von Rechtsanwalt A gegen ein monatliches Entgelt von … Euro untervermietet. In diesem Betrag sind die Kosten für Heizung, Strom, Gas, Wasser und Reinigung nicht enthalten. Diese Kosten verteilen sich zwischen uns im Verhältnis der Fläche der von uns jeweils allein genutzten Räume. Den Anteil der Fläche des Wartezimmers im Verhältnis zu der Gesamtmiete tragen wir jeweils zur Hälfte.

§ 4 Personal

(1) Die von uns vor Abschluss dieses Vertrages eingestellten Arbeitnehmer sind vom Zeitpunkt der Unterzeichnung dieses Vertrages an unsere gemeinsamen Arbeitnehmer. Deren Zustimmung zur Änderung der Arbeitsverträge haben wir bereits eingeholt. Die Kosten für diese Arbeitnehmer tragen wir jeweils zur Hälfte.

(2) Überstunden der Arbeitnehmer hat derjenige zu tragen, auf dessen Veranlassung sie notwendig werden.

(3) Die Einstellung weiterer Arbeitnehmer werden wir miteinander abstimmen. Sollten wir keine Übereinstimmung erzielen, ist es jedem von uns unbenommen, auf eigene Kosten weitere Arbeitnehmer einzustellen.

(4) Sollte es auf Dauer zu einer ungleichen Inanspruchnahme der gemeinsam beschäftigten Arbeitnehmer kommen, tritt an die Stelle der vereinbarten Kostenteilung eine Verteilung der Kosten im Verhältnis des von den Arbeitnehmern für jeden von uns erbrachten Zeitaufwandes. Wir stimmen miteinander ab, von welchem Zeitpunkt an diese Regelung gelten soll.

§ 5 Kanzleieinrichtung

(1) Jeder von uns bringt die Möblierung seines Sprechzimmers in die Bürogemeinschaft ein.

(2) Die Einrichtung für die übrigen Räume (Wartezimmer, Sekretariat) schaffen wir gemeinsam an. Die dadurch entstehenden Kosten tragen wir jeweils zur Hälfte.

(3) Alle für den Kanzleibetrieb notwendigen Verbrauchsartikel (Papier, Stempel, Briefmarken etc.) schafft jeder von uns für seinen eigenen Gebrauch auf seine Kosten an.

(4) Telefon-, Telefax- und Internetanschlüsse unterhalten wir gemeinsam. Die Grundgebühren tragen wir jeweils zur Hälfte, die Nutzungsgebühren werden durch technische Zusatzeinrichtungen intern ermittelt und im Innenverhältnis von demjenigen getragen, der die Gebühren durch eine Nutzung der Telefon-, Telefax- und Internetanschlüsse verursacht.

§ 6 Versicherungen

(1) Die Berufshaftpflichtversicherung schließen wir mit den gesetzlichen Mindestversicherungssummen ab („Sozietätspolice"). Die Beiträge hierfür tragen wir hälftig.

(2) Alle sonstigen Versicherungen schließen wir getrennt voneinander ab, wenn wir diese für notwendig halten.

§ 7 Gegenseitige Unterstützung

(1) Wir wollen kollegial zusammenarbeiten und unsere Erfahrungen austauschen. Dazu gehört insbesondere, dass jeder von uns die Fachliteratur des anderen kostenlos mitbenutzen darf. Eine gemeinsame Bibliothek wollen wir nicht einrichten, weil wir unterschiedliche Interessen- und Tätigkeitsschwerpunkte haben.

(2) Bei Urlaub und Krankheit vertreten wir uns gegenseitig. Wechselseitig sind wir verpflichtet, die Mandanten dessen, der vertreten wird, darüber aufzuklären, dass ausschließlicher Mandatsträger der Vertretene bleibt.

§ 8 Kundgabe der Bürogemeinschaft

Wir sind uns darüber einig, die Bürogemeinschaft nach außen kundzugeben. Dabei sind wir uns bewusst, dass daraus bei Fehlern, die einem von uns unterlaufen, eine gesamtschuldnerische Haftung aus Rechtsscheingrundsätzen entstehen kann. Für einen solchen Fall stellen wir uns im Innenverhältnis von Regressansprüchen unserer jeweiligen Mandanten mit der Maßgabe frei, dass im Innenverhältnis derjenige für den entstandenen Schaden allein verantwortlich ist, um dessen Mandanten es sich handelt.

§ 9 Verschwiegenheit

Uns ist bewusst, dass die Verschwiegenheitspflicht durch den Abschluss des Mandatsvertrages begründet wird. Da wir die Mandate getrennt voneinander entgegennehmen, beschränkt sich die Verschwiegenheitspflicht eines jeden von uns auf die eigenen Mandate. Demgemäß sind wir zur strengen Einhaltung der Verschwiegenheitspflicht auch untereinander verpflichtet. Um den Gefahren vorzubeugen, die sich aus der Bürogemeinschaft für die Verschwiegenheitspflicht ergeben können, vereinbaren wir wechselseitig, Verschwiegenheit auch in Bezug auf die Mandate des anderen zu wahren und auch unser Personal zur Einhaltung dieser erweiterten Verschwiegenheitspflicht zu verpflichten.

§ 10 Auseinandersetzung im Falle der Kündigung

(1) Wird die Bürogemeinschaft durch Kündigung aufgelöst, erhält jeder von uns das in die Bürogemeinschaft eingebrachte Mobiliar zurück. Das gemeinsam angeschaffte Mobiliar soll bestmöglich verkauft werden. Ein jeder von uns hat das Recht, dieses

Mobiliar zu dem Preis zu erwerben, den ein Dritter bietet oder den mangels Angebot ein Sachverständiger schätzt, sofern wir uns nicht über den Preis einigen können. Alle Verträge mit Dritten werden zum nächstmöglichen Termin gekündigt, wenn keiner von uns die Verträge unter Freistellung des anderen allein fortsetzen will.

(2) Sofern die Bürogemeinschaft bei Ausscheiden eines Mitglieds fortgesetzt wird (§ 2 Abs. 5), hat das ausscheidende Mitglied Anspruch auf Rückgabe des von ihm eingebrachten Mobiliars. Im Übrigen gilt die Regelung der §§ 738–740 BGB.

(3) Die Auflösung der Bürogemeinschaft durch Tod, Eröffnung des Insolvenzverfahrens oder Ausschließung regeln wir nicht. Für diesen Fall gelten die gesetzlichen Vorschriften.

§ 11 Schlussbestimmungen

(1) Änderungen dieses Vertrages bedürfen der Schriftform. Das gilt auch für diese Schriftformklausel.

(2) Erfüllungsort ist der Sitz der Bürogemeinschaft.

(3) Sollte eine Bestimmung dieses Vertrages ganz oder teilweise unwirksam sein, werden wir die unwirksame Bestimmung durch eine Regelung ersetzen, die der unwirksamen Bestimmung wirtschaftlich am nächsten kommt.

III. Außenwirkungen der Bürogemeinschaft

96 Die Bürogemeinschaft ist **Innengesellschaft**, wenn ihre Mitglieder im **eigenen Namen** handeln. Das ist bei Abschluss von Mandatsverträgen der Fall. Sie ist **Außengesellschaft**, wenn ihre Mitglieder nicht im eigenen Namen, sondern im **Namen der Bürogemeinschaft** handeln. Das geschieht im Rahmen des auf die Verwaltung und Nutzung eines gemeinsamen Büros gerichteten Gesellschaftszwecks.

97 Sowohl als Innen- wie auch als Außengesellschaft entfaltet die Bürogemeinschaft **Außenwirkungen**. Diese betreffen zwei Bereiche.

98 Der eine Bereich ist dem **Berufsrecht** zuzuordnen. Hiermit sind die **Verschwiegenheitspflicht** gegenüber Mandanten (§ 43a Abs. 2 BRAO), die **Kundgabe** der Bürogemeinschaft nach außen, das Verbot der **Vertretung widerstreitender Interessen** (§ 43a Abs. 4 BRAO) und die gesetzlichen **Tätigkeitsverbote** (§§ 45 f. BRAO) gemeint.

99 Der andere Bereich betrifft die **Teilnahme** der Bürogemeinschaft als Gesellschaft bürgerlichen Rechts **am Rechtsverkehr**. Damit sind alle Verträge gemeint, die von der Bürogemeinschaft in ihrem Namen mit Dritten, die nicht Mandanten sind, abgeschlossen werden.

1. Berufsrecht

100 Jedes Mitglied einer Bürogemeinschaft muss das für seinen Beruf geltende Berufsrecht beachten. Sind sämtliche Gemeinschaftsmitglieder Rechtsanwälte, so gelten für sie die in der Bundesrechtsanwaltsordnung und in der anwaltlichen Berufsordnung festgelegten Pflichten. Handelt es sich um

eine **interprofessionelle Bürogemeinschaft**, ist jedes Gemeinschaftsmitglied an sein eigenes Berufsrecht gebunden. Bei sich widersprechenden berufsrechtlichen Normen gilt stets die engere Fassung (**Prinzip des kleinsten gemeinsamen Nenners**[1]). Nicht anders ist die Rechtslage bei einer **Mehrfachqualifikation** eines Gemeinschaftsmitglieds, wenn also ein Gemeinschaftsmitglied nicht nur Rechtsanwalt, sondern zugleich Steuerberater und/oder Wirtschaftsprüfer ist.

Das **Prinzip des kleinsten gemeinsamen Nenners** kann Rechtsanwälte benachteiligen. Besonders deutlich wurde das in der Vergangenheit an dem früher in § 59a Abs. 1 BRAO a.F. geregelt gewesenen **Verbot einer Sternsozietät**. Die Vorschrift verbot dem Rechtsanwalt die Gründung einer Bürogemeinschaft mit sozietätsfähigen Personen, die schon einer anderen Bürogemeinschaft oder Sozietät angehörten[2]. 101

Die zu diesem früheren anwaltlichen Verbot der Sternsozietät vom Bundesgerichtshof[3] angestellten Überlegungen gelten auch für **andere berufsrechtliche Normen**. Wann immer die Berufsordnungen für Angehörige der sozietätsfähigen Berufe (§ 59a Abs. 1 BRAO) unterschiedlich strenge Verbotsnormen aufstellen, ist zu prüfen, ob es für das strengere Verbot schwerwiegende Allgemeininteressen gibt, die die im Vergleich zu anderen Berufsordnungen strengere Regelung rechtfertigen. 102

a) Name

Die Bürogemeinschaft braucht keinen Namen zu führen, da ihre Mitglieder sich nicht zur gemeinsamen Berufsausübung zusammenschließen. Wenn sie sich keinen Namen gibt, entfällt auch die Möglichkeit, eine **Kurzbezeichnung** zu führen. 103

b) Verschwiegenheitspflicht

Gemäß § 43a Abs. 2 BRAO ist der Rechtsanwalt zur Verschwiegenheit verpflichtet. Die Pflicht zur Verschwiegenheit wird durch den **Abschluss des Mandatsvertrages** begründet. Sie bezieht sich auf alles, was dem Rechtsanwalt in Ausübung seines Berufes bekannt wird und besteht gegenüber jedermann, auch gegenüber anderen Rechtsanwälten. Das bedeutet, dass auch die Gemeinschaftsmitglieder untereinander an die Verschwiegenheitspflicht gebunden sind[4]. Gibt also ein Gemeinschaftsmitglied Informationen über ein Mandat an ein anderes Gemeinschaftsmitglied weiter, macht es sich nach § 203 Abs. 1 Nr. 3 StGB strafbar, und zwar unabhängig davon, ob es sich bei dem anderen Gemeinschaftsmitglied um einen Rechtsanwalt handelt oder nicht[5]. Mit einer **konkludenten Einwilligung** des Mandanten 104

1 Hartung/Römermann/*Römermann*, § 30 BORA Rz. 14.
2 Dazu auch *Streck*, MDR 1997, 897, 898.
3 BGH MDR 1999, 1160 m. Anm. *Zuck*.
4 Vgl. dazu Hartung/Römermann/*Hartung*, § 2 BORA Rz. 18–21; Henssler/Prütting/*Henssler*, § 43a BRAO Rz. 76ff.
5 *Michalski/Römermann*, NJW 1996, 3233, 3239; BGH NJW 1995, 2026.

kann sich das gegen § 203 Abs. 1 Nr. 3 StGB verstoßende Gemeinschaftsmitglied nicht verteidigen, weil der Mandant bei einer bloßen Bürogemeinschaft mit einer Weitergabe von Informationen nicht rechnet.

105 Die Verschwiegenheitspflicht trifft nicht nur die einzelnen Gemeinschaftsmitglieder, sondern erstreckt sich auch auf das **Personal**[1]. Problematisch ist die Wahrung der Verschwiegenheitspflicht gegenüber den übrigen Mitgliedern der Bürogemeinschaft und auch gegenüber den Angestellten, die einen Arbeitsvertrag nicht mit allen Mitgliedern der Bürogemeinschaft, sondern nur mit einem ihrer Mitglieder schließen[2]. Die zu einer Bürogemeinschaft verbundenen Mitglieder sind nicht in die Mandatsverträge der anderen Gemeinschaftsmitglieder eingebunden. Jedes Gemeinschaftsmitglied muss deshalb dafür sorgen, dass die anderen Mitglieder der Bürogemeinschaft keinen Zugang zu seinen Mandaten haben.

106 Diese Anforderungen an die Verschwiegenheitspflicht sind in der **Praxis** selbst bei **strengsten Vorkehrungen** kaum zu erfüllen[3]. Jedes Gemeinschaftsmitglied und auch die Angestellten können sich in der Regel Kenntnis vom Akteninhalt der anderen Gemeinschaftsmitglieder verschaffen. Schon das **gemeinsame Wartezimmer** kann die Einhaltung der Verschwiegenheitspflicht gefährden. So möchte mancher Mandant bereits die Tatsache, dass er überhaupt einen Rechtsanwalt konsultiert, geheim halten und erwartet von diesem, dass niemand hiervon erfährt.

107 Hinzu kommt, dass das durch § 3 Abs. 2 BORA auf die Bürogemeinschaft ausgedehnte **Verbot der Vertretung widerstreitender Interessen** die Gemeinschaftsmitglieder sogar zu einem **Austausch von Daten** zwingt. Die Einhaltung dieses Verbots führt zwangsläufig zu einer Verletzung der Verschwiegenheitspflicht. Der dadurch bedingte **Konflikt** zwischen der Verschwiegenheitspflicht einerseits und dem Verbot der Vertretung widerstreitender Interessen andererseits macht die Problematik der Bürogemeinschaft und der Geltung des § 3 Abs. 2 BORA auch für diese Form der Berufsausübung in besonderem Maße deutlich.

108 Weitere Bedenken ergeben sich unter dem Gesichtspunkt des **Datenschutzes**. Nach der Terminologie des § 3 Abs. 8 BDSG ist das sachbearbeitende Gemeinschaftsmitglied eine speichernde Stelle, die anderen Gemeinschaftsmitglieder sind Dritte im Sinne von § 3 Abs. 9 BDSG. Damit ist die Weitergabe von Daten innerhalb der Bürogemeinschaft nur unter den Voraussetzungen des § 28 BDSG erlaubt[4]. Diese sind in der Regel nicht erfüllt.

109 Nimmt man die vorstehenden Überlegungen ernst, dürfte die Bürogemeinschaft **berufsrechtlich nicht erlaubt** sein, weil eine Verletzung der Ver-

---

1 Vgl. *Römermann*, Entwicklungen und Tendenzen bei Anwaltsgesellschaften, S. 91ff.

2 Zu dieser Problematik *Hartung/Scharmer*, Bürogemeinschaft, § 34 Rz. 9ff.

3 Hartung/Römermann/*Hartung*, § 2 BORA Rz. 18ff.

4 Dazu *Abel*, AnwBl. 1996, 436; vgl. auch Hartung/Römermann/*Hartung*, § 2 BORA Rz. 20.

schwiegenheitspflicht vorprogrammiert ist. Die Praxis setzt sich allerdings über solche Bedenken hinweg[1], ohne nach Auswegen zu suchen.

Eine **gesetzliche Lösung** gibt es nicht. § 43a Abs. 2 BRAO schützt den Mandanten nur vor Verletzungen der Verschwiegenheitspflicht durch das von ihm beauftragte Gemeinschaftsmitglied. Auch die **Regelung des § 2 BORA**, durch die die Pflicht zur Verschwiegenheit näher geregelt wird, hilft nicht weiter. Anders als § 3 Abs. 2 BORA, der das Verbot der Vertretung widerstreitender Interessen auf sämtliche Gemeinschaftsmitglieder erstreckt, fehlt es für die Verschwiegenheitspflicht in § 2 BORA an einer entsprechenden Regelung. 110

Eine **berufsrechtliche** Lösung lässt sich aus § 30 BORA ableiten. Danach darf sich der Rechtsanwalt mit Angehörigen anderer nach § 59a Abs. 1 BRAO gemeinschaftsfähiger Berufe in einer Bürogemeinschaft nur verbinden, wenn diese bei ihrer Tätigkeit auch das anwaltliche Berufsrecht beachten. Das muss erst recht für eine Bürogemeinschaft zwischen Rechtsanwälten gelten[2]. Demgemäß muss im Vertrag der Gemeinschaftsmitglieder vereinbart werden, dass jedes Gemeinschaftsmitglied einschließlich seiner Mitarbeiter Verschwiegenheit auch bezüglich der Tatsachen zu bewahren hat, die die Mandanten der anderen Gemeinschaftsmitglieder betreffen. Eine solche vertraglich begründete Verschwiegenheitspflicht schützt die Mandanten jedenfalls **zivilrechtlich**, da der Vertrag zwischen den Gemeinschaftsmitgliedern insoweit ein **Vertrag mit Schutzwirkung zugunsten Dritter** ist. Dennoch ist der Bruch der Verschwiegenheitspflicht nur zulässig, wenn der Mandant das zur Verschwiegenheit verpflichtete Gemeinschaftsmitglied von dieser Pflicht entbindet. Das wird dem Mandanten leichter fallen, wenn er die Verschwiegenheit auch in der Person der anderen Gemeinschaftsmitglieder gewahrt weiß. Willigt er in einen Bruch der Verschwiegenheitspflicht nicht ein, bleibt die Weitergabe von Informationen an andere Gemeinschaftsmitglieder trotz der empfohlenen vertraglichen Regelung **berufsrechtlich verboten** (§ 2 BORA) und ist gemäß § 203 Abs. 1 Nr. 3 StGB **strafbar**. 111

Eine **vertragliche** Regelung der Verschwiegenheitspflicht sollte auf **zwei Ebenen** erfolgen. Auf **gesellschaftsrechtlicher Ebene** sollte vereinbart werden, dass jedes Gemeinschaftsmitglied einschließlich seiner Mitarbeiter verpflichtet ist, Verschwiegenheit auch bezüglich der Tatsachen zu wahren, auf die sich die Verschwiegenheitspflicht der anderen Gemeinschaftsmitglieder erstreckt. Auf **arbeitsrechtlicher Ebene** sollten die Angestellten und Arbeitnehmer zur Verschwiegenheit in Bezug auf alle Tatsachen verpflichtet werden, die ihnen durch ihre Tätigkeit in der Bürogemeinschaft zur Kenntnis gelangen. 112

---

1 Vgl. Hartung/Römermann/*Römermann*, Vor § 59a BRAO Rz. 152.

2 Ebenso Hartung/Römermann/*Hartung*, § 2 BORA Rz. 21; kritisch *Hartung/Scharmer*, Bürogemeinschaft, § 34 Rz. 16; ablehnend Henssler/Prütting/*Henssler*, § 43a BRAO Fn. 230.

c) Kundgabe

113 Unter der Geltung der früheren Grundsätze des anwaltlichen Standesrechts war es der Bürogemeinschaft untersagt, nach außen in Erscheinung zu treten (§ 28 RichtlRA). Das wurde mit der Überlegung gerechtfertigt, dass es für eine Kundgabe **kein Informationsbedürfnis** des rechtsuchenden Publikums gebe und der Rechtsuchende sich unter „Bürogemeinschaft" ohnehin kaum etwas vorstellen könne[1]. Mit diesem Argument wurde auch in der Satzungsversammlung für eine Beibehaltung des Verbots plädiert. Doch die Mehrheit der Mitglieder sprach sich gegen ein solches Verbot aus[2].

114 Die Zulässigkeit der Kundgabe wird heute aus § 8 BORA abgeleitet[3]. Der **Wortlaut** dieser Norm erwähnt die Bürogemeinschaft allerdings nicht ausdrücklich. Die Vorschrift erlaubt jedoch die Kundgabe u.a. einer auf Dauer angelegten und durch tatsächliche Ausübung verfestigten Kooperation. Eine solche Kooperation ist die Bürogemeinschaft[4].

115 Im Rechtsverkehr mit den Mandanten der einzelnen Gemeinschaftsmitglieder darf die Bürogemeinschaft einen **gemeinsamen Namen** und auch eine **Kurzbezeichnung** im Sinne von § 9 BORA führen[5]. Daraus folgt aber nicht die Pflicht, gemäß § 10 BORA auf dem Briefbogen sämtliche Mitglieder der Bürogemeinschaft zu nennen.

116 Die **berufsrechtliche Zulässigkeit** eines Hinweises auf die Bürogemeinschaft im Rechtsverkehr mit Mandanten der einzelnen Gemeinschaftsmitglieder sollte nicht dazu verführen, auf Praxisschild, Briefpapier, Stempeln oder anderen Informationsträgern die **Bürogemeinschaft zu präsentieren**[6]. Allzu schnell kann daraus trotz getrennter Berufsausübung eine **gesamtschuldnerische Haftung** aller Gemeinschaftsmitglieder für berufliche Fehler und selbst für unerlaubte Handlungen (z.B. Veruntreuung von Mandantengeldern) eines einzelnen Gemeinschaftsmitglieds entstehen. Die Rechtsprechung neigt dazu, aus Unklarheiten im äußeren Erscheinungsbild eine gesamtschuldnerische Haftung abzuleiten. Deshalb ist von gemeinsamem Briefpapier abzuraten und bei der Kundgabe der Bürogemeinschaft auf sonstige Weise **äußerste Vorsicht** angezeigt, um zu vermeiden, dass die Bürogemeinschaft als Scheinsozietät[7] behandelt wird.

1 So noch LG Düsseldorf Stbg. 1996, 405 mit abl. Anm. *Späth*, Stbg. 1997, 76; vgl. auch Hartung/Römermann/*Römermann*, § 8 BORA Rz. 48–52.
2 Dazu ausführlich Hartung/Römermann/*Römermann*, § 8 BORA Rz. 7–11 und 75–77.
3 Hartung/Römermann/*Römermann*, § 8 BORA Rz. 3–11; *Hartung/Scharmer*, Bürogemeinschaft § 20 Rz. 1 ff.; *Kleine-Cosack*, § 8 BORA Rz. 3; zu den einzelnen Formen der Kundgabe *Hartung/Scharmer*, Bürogemeinschaft, § 24 Rz. 24–44.
4 So auch Hartung/Römermann/*Römermann*, § 8 BORA Rz. 76.
5 Hartung/Römermann/*Römermann*, § 9 BORA Rz. 51.
6 Hartung/Römermann/*Römermann*, Vor § 59a BRAO Rz. 146.
7 Zur Bürogemeinschaft als Scheinsozietät vgl. *Hartung/Scharmer*, Bürogemeinschaft, §§ 25–29.

d) Verbot der Vertretung widerstreitender Interessen

Schon § 46 Abs. 1 der Grundsätze des anwaltlichen Standesrechts verbot dem Rechtsanwalt jede Tätigkeit, wenn sein Partner in einer Bürogemeinschaft eine andere Partei in derselben Rechtssache bereits im entgegengesetzten Interesse beraten oder vertreten hatte[1]. Diese Regelung findet sich heute in § 3 BORA[2]. Sie ist notwendig, weil jedes Gemeinschaftsmitglied jederzeit **Zugang zu den Akten** der anderen Gemeinschaftsmitglieder hat und das Verbot der Vertretung widerstreitender Interessen auch vor einer Verletzung der Verschwiegenheitspflicht schützen soll[3]. Deshalb müssen die einzelnen Gemeinschaftsmitglieder vor Annahme eines Mandats stets klären, ob der Gegner in derselben Rechtssache bereits von einem Gemeinschaftsmitglied beraten oder vertreten wurde oder noch wird. Das macht einen **Austausch von Daten** notwendig, um die Einhaltung der Verschwiegenheitspflicht durch alle Gemeinschaftsmitglieder ohne Rücksicht darauf zu gewährleisten, welches Gemeinschaftsmitglied kraft Gesetzes dazu verpflichtet ist. § 3 Abs. 3 i.V.m. Abs. 2 BORA lässt allerdings eine Befreiung vom Verbot der Vertretung widerstreitender Interessen zu, wenn sich im Einzelfall die betroffenen Mandanten in den widerstreitenden Mandate nach umfassender Information mit der Vertretung ausdrücklich einverstanden erklärt haben und Belange der Rechtspflege nicht entgegenstehen[4]. 117

Neuerdings stellt *Deckenbrock*[5] die These auf: „**Unbefugt erlangtes Wissen begründet als solches keine Interessenkollision**". Das begründet er mit Zweifeln an der Satzungskompetenz der Satzungsversammlung sowie damit, der Rechtsuchende sehe den Partner der Bürogemeinschaft des von ihm beauftragten Rechtsanwalts nicht als seinen Interessenvertreter an und wähne ihn nicht in seinem Lager. Das ergebe sich schon daraus, dass beide keinerlei vertragliche Beziehungen hätten und dementsprechend keine Pflichten bestünden. 118

Diese Begründung ist jedoch realitätsfern. Wäre sie zutreffend, könnte eine Bürogemeinschaft selbst bei entsprechender Außendarstellung haftungsrechtlich nicht als Scheinsozietät behandelt werden. Auch die Rechtsprechung steht dieser These entgegen. So hat das **Oberlandesgericht Bremen** erst kürzlich entschieden, dass die Beiordnung eines Rechtsanwalts im Wege der Prozesskostenhilfe unzulässig ist, wenn der Rechtsanwalt mit dem anwaltlichen Vertreter des Gegners in einer Bürogemeinschaft verbunden ist[6]. Ebenso lautet eine Entscheidung des **Oberlandesgerichts Hamburg**[7]. 119

---

1 *Lingenberg/Hummel/Zuck/Eich*, § 46 Rz. 25.

2 Dennoch hält *Streck*, MDR 1997, 897, 898 eine Vertretung widerstreitender Interessen durch die Mitglieder einer Bürogemeinschaft für erlaubt.

3 Hartung/Römermann/*Hartung*, § 3 BORA Rz. 104–106.

4 Dazu ausführlich Hartung/Römermann/*Hartung*, § 3 BORA Rz. 125–156.

5 *Deckenbrock*, NJW 2008, 3529 (3532).

6 OLG Bremen NJW-Spezial 2008, 478 = OLG-Report 2008, 447.

7 OLG Hamburg AGS 2009, 506; vgl. auch AG Hamburg-Barmbek NJOZ 2009, 2103.

e) Gesetzliche Tätigkeitsverbote

120 Gesetzliche Tätigkeitsverbote sind in den §§ 45, 46 BRAO geregelt. Sie gehören zu den allgemeinen **Berufs- und Grundpflichten** des Rechtsanwalts und verbieten in den gesetzlich geregelten Fallkonstellationen die Übernahme eines Mandats. Ergänzt wird die gesetzliche Regelung durch § 3 Abs. 4 BORA. Danach muss der Rechtsanwalt, sobald er erkennt, dass er gegen gesetzliche Tätigkeitsverbote verstößt, den Mandanten unterrichten und alle Mandate in derselben Rechtssache beenden.

121 Ob die **Tätigkeitsverbote** der §§ 45, 46 BRAO auch die **Mitglieder einer Bürogemeinschaft** treffen, ist **umstritten**. Gegen eine Anwendung dieser Verbote spricht, dass die Bürogemeinschaft in dem jeweils dritten Absatz beider Vorschriften nicht ausdrücklich erwähnt wird. Auch fehlt es bei ihr an der nach dem Gesetzeswortlaut erforderlichen gemeinschaftlichen Berufsausübung. Die Geltung des Verbots folgt jedoch nach der hier vertretenen Meinung aus § 3 Abs. 1 BORA in Verbindung mit § 3 Abs. 2 BORA. Die Vorschrift des § 3 Abs. 1 BORA ordnet die gesetzlichen Tätigkeitsverbote der §§ 45, 46 BRAO zutreffend dem Verbot der Vertretung widerstreitender Interessen zu, das gemäß § 3 Abs. 2 BORA auch für die Mitglieder einer Bürogemeinschaft gilt[1].

aa) Tätigkeitsverbot des § 45 BRAO

122 Das in § 45 BRAO geregelte Tätigkeitsverbot unterscheidet zwei Fallgruppen.

123 **§ 45 Abs. 1 BRAO** erfasst Fälle, in denen der Rechtsanwalt bereits außerhalb seines Anwaltsberufs in anderer Funktion tätig gewesen ist, verbietet also anwaltliche Tätigkeit nach **vorangegangener nichtanwaltlicher Vorbefassung**. Der Rechtsanwalt darf nicht tätig werden,

- wenn er in derselben Rechtssache als Richter, Schiedsrichter, Staatsanwalt, Angehöriger des öffentlichen Dienstes, Notar, Notarvertreter oder Notariatsverweser bereits tätig geworden ist;
- wenn er als Notar, Notarvertreter oder Notariatsverweser eine Urkunde aufgenommen hat und deren Rechtsbestand oder Auslegung streitig ist oder die Vollstreckung aus ihr betrieben wird;
- wenn er gegen den Träger des von ihm verwalteten Vermögens vorgehen soll in Angelegenheiten, mit denen er als Insolvenzverwalter, Nachlassverwalter, Testamentsvollstrecker, Betreuer oder in ähnlicher Funktion bereits befasst war;
- wenn er in derselben Angelegenheit außerhalb seiner Anwaltstätigkeit oder einer sonstigen Tätigkeit im Sinne des § 59a Abs. 1 Satz 1 BRAO be-

1 Ebenso *Feuerich/Weyland*, § 45 BRAO Rz. 38; **a.A.** *Hartung/Scharmer*, Bürogemeinschaft, § 31 Rz. 6ff.; Henssler/Prütting/*Kilian*, § 45 BRAO Rz. 45.

reits beruflich tätig war; dies gilt nicht, wenn die berufliche Tätigkeit beendet ist[1].

§ 45 Abs. 2 BRAO regelt Fälle, in denen der Rechtsanwalt bereits anwaltlich tätig gewesen ist, verbietet also **nichtanwaltliche Tätigkeit nach anwaltlicher Vorbefassung**. Danach ist es dem Rechtsanwalt untersagt, 124

- in Angelegenheiten, mit denen er bereits als Rechtsanwalt gegen den Träger des zu verwaltenden Vermögens befasst war, als Insolvenzverwalter, Nachlassverwalter, Testamentsvollstrecker, Betreuer oder in ähnlicher Funktion tätig zu werden;
- in Angelegenheiten, mit denen er bereits als Rechtsanwalt befasst war, außerhalb seiner Anwaltstätigkeit oder einer sonstigen Tätigkeit im Sinne des § 59a Abs. 1 Satz 1 BRAO beruflich tätig zu werden.

Die **Verfassungsmäßigkeit** der in § 45 Abs. 2 BRAO geregelten Tätigkeitsverbote ist umstritten. *Eylmann*[2] verteidigt sie, mehrheitlich wird sie in Frage gestellt[3]. 125

bb) Tätigkeitsverbot des § 46 BRAO

Das in § 46 BRAO geregelte Tätigkeitsverbot betrifft den **Syndikusanwalt**. Das ist ein Rechtsanwalt, der aufgrund eines ständigen Dienst- oder ähnlichen Beschäftigungsverhältnisses seine Arbeitszeit und -kraft einem Auftraggeber zur Verfügung stellen muss (§ 46 Abs. 1 BRAO). In Bürogemeinschaften ist der Syndikusanwalt kaum anzutreffen. 1997 waren nur etwa 6 % aller zugelassenen Rechtsanwälte Syndikusanwälte. Von ihnen waren nur rund 22 % – das sind gerade etwa 1,3 % aller Anwälte – in einer Bürogemeinschaft tätig[4]. Neuere Erhebungen sind nicht bekannt. 126

Ob das Tätigkeitsverbot für einen in einer Bürogemeinschaft tätigen Syndikusanwalt gilt, ist ebenfalls umstritten. Die wohl herrschende Meinung lehnt die Anwendbarkeit ab[5]. Wenn man sie bejaht, ist zu beachten: 127

§ 46 Abs. 1 BRAO verbietet dem Syndikusanwalt, seinen Auftraggeber vor Gerichten oder Schiedsgerichten in seiner Eigenschaft als Rechtsanwalt zu vertreten (**Vertretungsverbot**). Erlaubt bleibt neben jeder außergerichtlichen Tätigkeit eine Vertretung des Auftraggebers vor Gericht als dessen Bevollmächtigter in allen Verfahren ohne Anwaltszwang. 128

---

1 Dazu im Einzelnen Hartung/Römermann/*Hartung*, § 45 BRAO Rz. 11–15; Henssler/Prütting/*Eylmann*, 2. Aufl., § 45 BRAO Rz. 13ff.

2 Henssler/Prütting/*Eylmann*, 2. Aufl., § 45 BRAO Rz. 4–11.

3 Hartung/Römermann/*Hartung*, § 45 BRAO Rz. 46; *Kleine-Cosack*, § 45 BRAO Rz. 33f.

4 *Hommerich/Prütting*, Das Berufsbild des Syndikusanwalts, Beilage zu AnwBl. Heft 11/1997, 15 (2.1.) und 35 (3.7.3).

5 Gaier/Wolf/Göcken/*Huff*, § 46 BRAO Rz. 29; *Hartung/Scharmer*, Bürogemeinschaft, § 32 Rz. 1ff.; Henssler/Prütting/*Henssler*, § 46 BRAO Rz. 47.

129 **§ 46 Abs. 2 Nr. 1 BRAO** verbietet dem Syndikusanwalt als Rechtsanwalt tätig zu werden, wenn er in derselben Angelegenheit als sonstiger Berater, der in einem ständigen Dienst- oder ähnlichen Beschäftigungsverhältnis Rechtsrat erteilt, bereits rechtsbesorgend tätig geworden ist. Umgekehrt betrifft § 46 Abs. 2 Nr. 2 BRAO den Fall, dass der Syndikusanwalt mit derselben Angelegenheit zunächst als Rechtsanwalt befasst war und anschließend in einem ständigen Dienst- oder ähnlichen Beschäftigungsverhältnis Rechtsrat erteilen soll.

130 In jüngerer Zeit sind an diesem Tätigkeitsverbot unabhängig von der Frage seiner Anwendbarkeit auf die Bürogemeinschaft **verfassungsrechtliche Zweifel** laut geworden[1]. Es spricht viel dafür, dass die vor allem von *Kleine-Cosack*[2] vorgetragenen Argumente im Falle einer Verfassungsbeschwerde zu der Erkenntnis führen werden, dass § 46 Abs. 1 BRAO verfassungswidrig ist.

cc) Kommunale Vertretungsverbote

131 Die Kommunalverfassungen vieler deutscher Bundesländer verbieten den Inhabern kommunale Ehrenämter und Ratsmitgliedern, die zugleich den Beruf des Rechtsanwalts ausüben, Ansprüche gegen die Gemeinde geltend zu machen (z.B. §§ 24 Abs. 1, 30 GONW, § 22 Abs. 2 KrONW)[3]. Diese Tätigkeitsverbote sind **verfassungsgemäß**[4]. Sie treffen nur das Gemeinschaftsmitglied einer Bürogemeinschaft, das in seiner Gemeinde ein Ehrenamt bekleidet oder Ratsmitglied ist[5]. Alle anderen Mitglieder der Bürogemeinschaft sind nicht gehindert, Ansprüche gegen die Gemeinde, in der ein anderes Gemeinschaftsmitglied ein Ehrenamt hat oder Ratsmitglied ist, geltend zu machen. § 3 Abs. 1 BORA ändert an dieser Rechtslage nichts. Die Vorschrift ist anwendbar, wenn ein Rechtsanwalt in derselben Rechtssache im widerstreitenden Interesse beraten oder vertreten hat oder mit ihr in sonstiger Weise beruflich befasst war. Das trifft für das Gemeinschaftsmitglied, das Ansprüche Dritter gegen die Gemeinde geltend macht, nicht zu. Die kommunalen Tätigkeitsverbote beruhen nicht auf der potentiellen Gefahr eines Interessenwiderstreites, die § 3 BORA meint, sondern auf der **Treuepflicht**, die sich aus der ehrenamtlichen Tätigkeit bzw. aus der Mandatsträgerschaft ableitet[6].

---

1 Wegen der Einzelheiten siehe Hartung/Römermann/*Hartung*, § 46 BRAO Rz. 35; *Kleine-Cosack*, § 46 BRAO Rz. 17; vermittelnd Henssler/Prütting/*Henssler*, § 46 BRAO Rz. 5–10; verneinend BGH AnwBl. 1999, 554.

2 *Kleine-Cosack*, § 46 BRAO Rz. 17.

3 Hierzu Henssler/Prütting/*Henssler*, § 43a BRAO Rz. 207 f.; vgl. auch *Schoch*, Das kommunale Vertretungsverbot, 1981.

4 BVerfGE 41, 231 = NJW 1976, 954; BVerfGE 52, 42 = NJW 1980, 33; BVerfGE 56, 99 = NJW 1981, 1599; BVerfGE 61, 68 = NJW 1982, 2177; kritisch *Hartstang*, Anwaltsrecht, 1991, S. 204 ff.; ferner *Erlenkämper*, NVwZ 1986, 989.

5 BVerfGE 56, 99 = NJW 1981, 1599.

6 Vgl. Hartung/Römermann/*Hartung*, § 3 BORA Rz. 207 ff.; Henssler/Prütting/*Henssler*, § 43a BRAO Rz. 65 ff.

2. Auftreten gegenüber Mandanten

a) Grundsatz

Zwischen den Mandanten der einzelnen Gemeinschaftsmitglieder und der Bürogemeinschaft gibt es keine vertraglichen Beziehungen. Jeder Mandant schließt den Anwaltsvertrag nur mit dem von ihm beauftragten Gemeinschaftsmitglied, nicht aber mit der Bürogemeinschaft ab. 132

Die Bürogemeinschaft, gekennzeichnet durch getrennte Entgegennahme von Mandaten ohne gesamtschuldnerische Haftung der Gemeinschaftsmitglieder für berufliche Fehler, tritt im **Geschäftsverkehr** als Gesellschaft bürgerlichen Rechts nur **außerhalb von Mandatsverträgen** auf. In der Regel handelt es sich um Rechtsgeschäfte, die das gemeinsame Büro betreffen. Dabei kann sie von allen Gesellschaftern vertreten werden. Aber auch ein einzelner Gesellschafter kann kraft Vollmacht im Namen der Gesellschaft handeln. 133

b) Wechselseitige Vertretung

Das **Mandatsverhältnis** zwischen dem Mandanten und dem einzelnen Mitglied der Bürogemeinschaft wird nicht berührt, wenn sich die Gemeinschaftsmitglieder in **Verhinderungsfällen** vertreten und der Mandant dem von ihm beauftragten Gemeinschaftsmitglied die Befugnis einräumt, einem anderen Gemeinschaftsmitglied **Untervollmacht** zu erteilen. Durch eine Untervollmacht wird das mit ihr ausgestattete Gemeinschaftsmitglied lediglich zum **Erfüllungsgehilfen** des beauftragten Gemeinschaftsmitglieds, nicht jedoch **zum Vertragspartner** des Mandanten[1]. Auch rückt die Bürogemeinschaft durch die Vertretung eines Gemeinschaftsmitglieds durch ein anderes nicht in die Nähe einer Sozietät. 134

In Bezug auf die **Verschwiegenheitspflicht** führt die wechselseitige Vertretung in Verhinderungsfällen zu einer **Pflichtenerweiterung** des zum Unterbevollmächtigten berufenen Gemeinschaftsmitgliedes. Durch die Erteilung einer Untervollmacht wird das unterbevollmächtigte Gemeinschaftsmitglied – über die vertraglich vereinbarte, aber berufsrechtlich nicht sanktionsbewehrte Verschwiegenheitspflicht hinaus (vgl. dazu Rz. 108–112) – in das Mandatsverhältnis und damit in die gesetzlich geregelte Verschwiegenheitspflicht (§ 43a Abs. 2 BRAO, § 2 BORA) eingebunden. 135

Die wechselseitige Vertretung in Verhinderungsfällen ist nicht ohne **haftungsrechtliche Gefahren**. In den Augen der Mandanten kann dadurch – vor allem bei einer Bürogemeinschaft zwischen zwei Rechtsanwälten – der Eindruck erweckt werden, die beteiligten Rechtsanwälte bildeten eine Sozietät. Deshalb ist es angezeigt, dem Mandanten bei wechselseitiger Vertretung zu verdeutlichen, dass Mandatsträger das beauftragte Gemeinschaftsmitglied bleibt. Das sollte aus Gründen der Beweisführung schriftlich geschehen. 136

1 Dazu *Hartung/Scharmer*, Bürogemeinschaft, § 36 Rz. 9ff.

c) Wettbewerbsrecht

137 Wettbewerbsrechtlich ist die Bürogemeinschaft verpflichtet, den Eindruck zu vermeiden, sie sei eine Schein- oder Außensozietät. § 8 BORA erlaubt die Scheinsozietät nur in Bezug auf angestellte Rechtsanwälte und freie Mitarbeiter einer Sozietät. Einer auf Dauer angelegten und durch tatsächliche Ausübung verfestigten Bürogemeinschaft ist es im Hinblick auf § 3 UWG untersagt, auf ihre Existenz in einer Weise hinzuweisen, die eine enge, der Sozietät ähnelnde berufliche Zusammenarbeit vortäuscht. Deshalb muss sie zur Vermeidung einer Irreführung kennzeichnen, dass sie eine Bürogemeinschaft mit getrennter beruflicher Tätigkeit ist. Hierzu sollte der Zusatz „in Bürogemeinschaft mit A und B" genügen. Auch wenn der Rechtsuchende den Begriff der Bürogemeinschaft nicht unbedingt mit getrennter Berufsausübung verbindet, reicht ein solcher Zusatz wettbewerbsrechtlich aus, weil es insoweit auf die Betrachtung des Wettbewerbers und damit von Berufskreisen ankommt, die eine Bürogemeinschaft von einer Sozietät unterscheiden können.

d) Haftung

138 Für berufliche Fehler eines Mitglieds einer Bürogemeinschaft haften die übrigen Gemeinschaftsmitglieder nicht, da jedes Gemeinschaftsmitglied die Mandatsverträge nur im eigenen Namen abschließt[1]. Das gilt aber nur, wenn für den Mandanten erkennbar wird, dass er den Mandatsvertrag ausschließlich mit einem der Gemeinschaftsmitglieder abschließt. Bleibt das unklar – etwa weil auf dem Vollmachtsformular die Bürogemeinschaft genannt oder das Mandat auf Briefpapier der Bürogemeinschaft ohne klarstellende Hinweise bestätigt wird –, erwecken die Gemeinschaftsmitglieder den **Anschein einer Sozietät (Scheinsozietät)**. Sie haften dann nach den Haftungsgrundsätzen, die von der Rechtsprechung zur Haftung einer echten Sozietät und ihrer Gesellschafter entwickelt worden sind[2]. Die danach gebotene analoge Anwendung des § 128 HGB hat zur Folge, dass die Mitglieder einer als Scheinsozietät geführten Bürogemeinschaft den Mandanten im Regressfall gesamtschuldnerisch persönlich haften[3].

139 Unter dem Gesichtspunkt einer gesamtschuldnerischen Haftung aus Rechtsscheingrundsätzen ist für jedes Gemeinschaftsmitglied **äußerste Vorsicht** angezeigt[4]. Ob sich diese Haftungsfolge durch **erläuternde Zusätze** wie **„in Bürogemeinschaft"** oder ähnliche Hinweise zuverlässig vermeiden lässt, ist zweifelhaft. Einer Rechtsscheinhaftung wird vermutlich nur dann mit Sicherheit vorgebeugt, wenn die Mitglieder einer Bürogemeinschaft den Rechtsschein einer Sozietät in einer klaren und für das rechtsuchende Publi-

---

1 Hartung/Römermann/*Römermann*, Vor § 59a BRAO Rz. 147.
2 BGHZ 70, 247 = NJW 1978, 996.
3 Dazu ausführlich *Hartung/Scharmer*, Bürogemeinschaft, § 27.
4 So zutreffend Hartung/Römermann/*Römermann*, Vor § 59a BRAO Rz. 147–149; ausführlich *Hartung/Scharmer*, Bürogemeinschaft, §§ 25–28.

kum verständlichen Weise zerstören[1]. Nach Meinung des OLG Köln erweckt z.B. bereits eine als „**Kanzleigemeinschaft**" bezeichnete Verbindung von Rechtsanwälten den Eindruck einer Sozietät und führt dementsprechend zur gesamtschuldnerischen Haftung, weil der Begriff der Kanzlei weiter reiche als der Begriff des Büros[2]. Dringend zu empfehlen ist, in der **Mandatsbestätigung** den Mandanten darüber zu unterrichten, dass Mandatsträger nur das vom ihm beauftragte Mitglied der Bürogemeinschaft ist.

3. Honorarfragen

Die in einer Bürogemeinschaft getrennt ausgeübte Berufstätigkeit hat zwangsläufig zur Folge, dass jedes Gemeinschaftsmitglied die von ihm erbrachten Leistungen im **eigenen Namen** abrechnet und das in Rechnung gestellte Honorar **allein vereinnahmt**. Selbst wenn mehrere Gemeinschaftsmitglieder in derselben Angelegenheit mehrere Parteien im gemeinsamen Interesse (mehrere Mieter oder mehrere Gesellschafter ohne widerstreitende Interessen) vertreten, gibt es keine der Bürogemeinschaft als Gesellschaft zustehenden Honoraransprüche. Insbesondere gelten die gesetzlichen Regelungen nicht, die bei der Vertretung mehrerer Parteien in derselben Angelegenheit zu einer Gebührenerhöhung führen (beispielsweise Nr. 1008 VV RVG). 140

4. Risikomanagement

Die Bürogemeinschaft **darf** im Geschäftsverkehr mit den Mandanten der einzelnen Gemeinschaftsmitglieder wie eine Sozietät gemeinsame Drucksachen, Praxisschilder, Stempel etc. benutzen, ohne dass darin wettbewerbsrechtlich eine Irreführung des rechtsuchenden Publikums gesehen werden kann[3]. Voraussetzung ist allerdings, dass die Bürogemeinschaft sich als solche darstellt und nicht eine Sozietät vortäuscht. 141

Haftungsrechtlich ist das gefährlich. Sehr schnell wird aus der Bürogemeinschaft eine – gemäß § 8 BORA berufsrechtlich erlaubte – **Schein- oder Außensozietät** mit der Folge einer gesamtschuldnerischen Haftung aller Gemeinschaftsmitglieder für berufliche Fehler eines einzelnen[4]. Es ist keineswegs sicher, dass sich diese Haftungsfolge durch erläuternde Zusätze wie „in Bürogemeinschaft" zuverlässig ausschließen lässt. Deshalb sollte im Geschäftsverkehr mit Mandanten ein **Auftreten der Bürogemeinschaft** als Gesellschaft bürgerlichen Rechts vermieden werden, weil sie sonst als sog. Scheinsozietät mit der Rechtsfolge gesamtschuldnerischer Haftung aller Gemeinschaftsmitglieder für berufliche Fehler angesehen werden könnte. 142

Die **Berufsordnung der Bundessteuerberaterkammer** in der Fassung vom 1. 1. 2011 ist wesentlich konsequenter als die anwaltliche Berufsordnung. Sie schreibt in § 53 Abs. 2 vor, dass Bürogemeinschaften zwischen Steuer- 143

1 Hartung/Römermann/*Römermann*, Vor § 59a BRAO Rz. 149; vgl. auch LG Saarbrücken BRAK-Mitt. 1990, 255.
2 OLG Köln MDR 2003, 900.
3 So auch Hartung/Römermann/*Römermann*, Vor § 59a BRAO Rz. 146.
4 Hartung/Römermann/*Römermann*, Vor § 59a BRAO Rz. 147.

beratern nicht den Anschein einer Sozietät erwecken dürfen. Gemeinsame Geschäftspapiere oder Praxisschilder dürfen nicht verwendet werden. Selbst ein Hinweis auf Geschäftspapieren ist verboten.

144 Ähnlich konsequent ist die **Berufsordnung der Patentanwälte**[1]. Sie bestimmt in § 16 Abs. 5, dass es einer Bürogemeinschaft untersagt ist, nach außen als Zusammenschluss zur gemeinschaftlichen Berufsausübung in Erscheinung zu treten. Sie muss sich auf die organisatorische Zusammenarbeit beschränken und darf nicht den Anschein des Bestehens eines Zusammenschlusses im Sinne einer Sozietät erwecken, insbesondere keine gemeinsamen Praxisschilder, Drucksachen oder Stempel benutzen. Des Weiteren hat der Patentanwalt, der einer Bürogemeinschaft angehört, besondere Vorkehrungen der ihm übermittelten oder ihm in Ausübung seines Berufes bekannt gewordenen Informationen zu treffen.

145 Im Interesse vor allem **junger Rechtsanwälte**, die in erster Linie einen Zusammenschluss in der Rechtsform einer Bürogemeinschaft suchen, wäre es wünschenswert, wenn die anwaltliche Berufsordnung die Regelungen der Berufsordnungen der Steuerberater und der Patentanwälte übernehmen würde. Zu große Liberalität kann, wie § 8 BORA belegt, den Mitgliedern des eigenen Berufsstandes im Einzelfall durchaus schaden.

5. Berufshaftpflichtversicherung

146 Versicherungsrechtlich weist die Bürogemeinschaft im Vergleich zu einer Einzelpraxis **keine Besonderheiten** auf. Jedes Gemeinschaftsmitglied schließt die gemäß § 51 BRAO vorgeschriebene Berufshaftpflichtversicherung zur Deckung der sich aus seiner Berufstätigkeit ergebenden Haftpflichtgefahren wie ein Einzelanwalt selbständig und getrennt von den anderen Gemeinschaftsmitgliedern ab. Verwenden die Gemeinschaftsmitglieder Einzelanwaltspapier und erwecken bei den Mandanten auch sonst nicht den Eindruck, es handele sich um eine gemeinsame Berufsausübung, so haften sie nur für eigene Fehler und nicht auch für Fehler der übrigen Gemeinschaftsmitglieder.

147 Jedes Gemeinschaftsmitglied kann selbst entscheiden, ob es sich über die in § 51 Abs. 4 BRAO vorgeschriebene Mindestversicherungssumme hinaus versichert. **Unterschiedlich hohe Versicherungssummen** beeinflussen jedoch den eigenen Versicherungsschutz. Der Versicherer tritt dann im Schadensfall mit einer Durchschnittsleistung ein. Sie errechnet sich nach § 12 II 1 AVB. Danach ist die Leistung auf die Haftpflichtsumme in der Weise zu errechnen, dass zunächst bei jedem einzelnen Mitglied der Bürogemeinschaft festgestellt wird, wie viel er vom Versicherer zu erhalten hätte, wenn er, ohne Mitglied einer Bürogemeinschaft zu sein, allein einzutreten hätte (fiktive Leistung), und sodann die Summe dieser fiktiven Leistungen durch die Zahl aller Sozien geteilt wird[2]. Das belegt das folgende **Beispiel**:

1 Abgedruckt in Mitteilungen der deutschen Patentanwälte 1997, 243.
2 § 12 II 1 AVB spricht vom Sozius und nicht vom Mitglied einer Bürogemeinschaft. Die AVB stellen sie jedoch den Sozien gleich (siehe § 1 II 1 und 2 AVB).

Das Mitglied A ist mit 1 Mio. Euro versichert, das Mitglied B mit 500000 Euro. Der zu erstattende Schaden beträgt 700000 Euro. Der Versicherer des Mitglieds A müsste, wenn A nicht in eine gesamtschuldnerische Haftung verwickelt wäre, den Schaden von 700000 Euro voll übernehmen. Der Versicherer des anderen Mitglieds hätte, wenn es für sich allein schadensersatzpflichtig wäre, 500000 Euro zu tragen. Hieraus errechnen sich eine Gesamtdeckungssumme von 1,2 Mio. Euro und eine von dem Versicherer aufzubringende Durchschnittsleistung von 600000 Euro. Damit ist das Mitglied A trotz der für ihn vertraglich vereinbarten Versicherungssumme von 1 Mio. Euro im gesamtschuldnerischen Schadensfall mit 100000 Euro **unterversichert**. Das mit einer hohen Versicherungssumme versicherte Mitglied der Bürogemeinschaft läuft mithin Gefahr, trotz ausreichender Versicherung in eine Haftung mit seinem Privatvermögen zu geraten[1]. 148

Die Mitglieder einer Bürogemeinschaft sollten deshalb darauf achten, dass ihre Versicherungssummen gleich hoch sind. Empfehlenswert ist zudem, sämtliche Verträge zur Berufshaftpflichtversicherung mit nur einem Versicherer abzuschließen. Dabei sollte sich die Versicherungssumme am Risiko des Mitglieds der Bürogemeinschaft orientieren, dessen **Mandate mit dem höchsten Haftungsrisiko** verbunden sind. Hierfür stellen die Versicherer eine sog. **Sozietätspolice** zur Verfügung. In jedem Fall sollten sich die Mitglieder der Bürogemeinschaft vorsorglich von versicherungsrechtlich nicht gedeckten Schadensersatzansprüchen wechselseitig im Innenverhältnis **freistellen**, wenn sie sich mit unterschiedlichen Versicherungssummen versichern lassen. 149

In der Praxis vermitteln die Mitglieder einer Bürogemeinschaft den Mandanten häufig den **Eindruck gemeinsamer Berufsausübung**. Hierzu kann, auch wenn kein gemeinsames Briefpapier benutzt wird, schon der unter dem eigenen Namen in der Kopfleiste des Briefbogens angebrachte Hinweis auf die Existenz der Bürogemeinschaft genügen, ebenso ein gemeinsames Praxisschild oder eine gemeinsame Telefon- und Faxnummer. Auch in solchen Fällen ist grundsätzlich zu einer **Sozietätspolice**, d.h. zu einer Versicherung mit gleich hohen Versicherungssummen zu raten[2]. 150

Gehören zur Bürogemeinschaft außer Rechtsanwälten auch Wirtschaftsprüfer, vereidigte Buchprüfer, Steuerberater oder Steuerbevollmächtigte (**gemischte Bürogemeinschaft**), so sollten von allen Gemeinschaftsmitgliedern die **strengsten** Versicherungsanforderungen erfüllt werden. § 51 Abs. 4 und 5 BRAO entspricht bezüglich der **Mindestversicherungssummen** dem § 67 StBerG i.V.m. § 52 DVStB, lässt aber einen höheren **Selbstbehalt** zu. § 54 Abs. 1 WPO kennt aufgrund des Verweises auf § 323 Abs. 2 Satz 1 HGB nicht die Möglichkeit der Begrenzung auf eine **Jahreshöchstleistung**. § 44b Abs. 4 WPO erlaubt daher Wirtschaftsprüfern, die eine Sozietät mit Rechtsanwälten oder Angehörigen anderer sozietätsfähiger Berufe (§ 59a Abs. 1 BRAO) unterhalten wollen, die Sozietät nur unter der Voraussetzung, dass alle Sozien eine Berufshaftpflichtversicherung abschließen und aufrechterhalten, die den Anforderungen entspricht, die für Wirtschaftsprüfer gelten. 151

---

1 Das Beispiel wurde aus *Hartung/Scharmer*, Bürogemeinschaft, § 18 Rz. 15ff. entnommen.

2 Dazu *Hartung/Scharmer*, Bürogemeinschaft, § 18 Rz. 17.

152 Kommt es bei der **gemischten Bürogemeinschaft** trotz getrennter Berufsausübung aus Rechtsscheingründen zu einer gesamtschuldnerischen Haftung aller Gemeinschaftsmitglieder, können bei **unterschiedlich hohen Versicherungssummen** dieselben versicherungsrechtlichen **Nachteile** wie bei einer nur aus Rechtsanwälten bestehenden Bürogemeinschaft eintreten (§ 12 AVB-WB). Nachteile können sich zusätzlich daraus ergeben, dass die Mindestversicherungssumme den Wirtschaftsprüfern für **jeden Schadensfall** im Jahr, den Rechtsanwälten jedoch nur **viermal im Jahr** zur Verfügung steht. Ist mit vier jeweils die Mindestversicherungssumme erreichenden Schadensfällen der Versicherungsschutz der anwaltlichen Gemeinschaftsmitglieder erschöpft, führt die Durchschnittsdeckung im fünften Schadensfall zu einer entsprechenden Minderung der Versicherungsleistung[1]. Solchen versicherungsrechtlichen Nachteilen kann dadurch vorgebeugt werden, dass die Gemeinschaftsmitglieder sich wie Sozien versichern.

153, 154 Einstweilen frei.

IV. Steuerrecht

Literatur:

Korn, Freiberufler-Personengesellschaften und -Kapitalgesellschaften, 1998; *Streck*, Sozietät oder Bürogemeinschaft? Entscheidungshilfen für den (Jung-)Anwalt, MDR 1997, 897; s. auch B vor Rz. 780.

1. Allgemeines

155 Die steuerliche Behandlung der Bürogemeinschaften hängt davon ab, wie **intensiv** und **rechtlich qualifiziert** die **Beziehung** der Bürogemeinschaften zueinander ist.

2. Büro- und Gerätegemeinschaft ohne Außenwirkung

156 Die Büro- und Gerätegemeinschaft kann so gestaltet sein, dass ein **Einzelanwalt** oder eine Sozietät mit **Außenwirkung** das Büro unterhält oder ein Bürogerät angeschafft und gemietet hat und sich **andere intern** daran beteiligen.

157 **Ertragsteuern:** Die von dem Eigentümer oder Erstmieter an die Partner berechneten Beträge sind bei ihm ertragsteuerlich Betriebseinnahmen und bei den anderen Betriebsausgaben.

Da die zur Verfügungstellung einer Büroorganisation oder die Vermietung oder Untervermietung von Geräten keine anwaltstypische Tätigkeit darstellt, besteht die **Gefahr** der **Gewerblichkeit** (siehe B Rz. 850ff.). Da es sich jedoch um eine Hilfstätigkeit zur Rationalisierung innerhalb der freiberuflichen Berufsausübung handelt, lehnen wir die Gewerblichkeit solcher Leistungen ab.

---

1 Vgl. Henssler/Prütting/*Stobbe*, § 51 BRAO Rz. 59.

Berechnet eine **Anwalts-GmbH** an Gesellschafter oder Nahestehende solche Kosten weiter, ist darauf zu achten, dass die Weiterberechnung **mit Gewinnaufschlag** erfolgt (siehe D Rz. 241 ff.).

Lohnsteuer: Die Arbeitgeberpflichten treffen den Gemeinschafter, der die oder den Mitarbeiter(in) angestellt hat. 158

Umsatzsteuer: Die Inrechnungstellung der anteiligen Kosten ist umsatzsteuerbar und in der Regel umsatzsteuerpflichtig. Die Umsatzsteuer wird offen in Rechnung gestellt. Die Rechnungsempfänger haben die Möglichkeit, die Vorsteuern abzuziehen. Derjenige, der nach außen auftritt, hat auch die Möglichkeit, die Vorsteuern auf die Investitionen abzuziehen. 159

Problematisch ist die Situation, wenn die einzelnen Partner dieser Bürogemeinschaft jeweils einzeln Geräte anschaffen und sie sich diese im **Tauschweg**, ohne Berechnung im Einzelnen, zur Verfügung stellen. Es sind umsatzsteuerbare und umsatzsteuerpflichtige Tauschgeschäfte, die mangels Inrechnungstellung nicht zum Vorsteuerabzug führen. Die Umsatzsteuer wird zum echten Kostenfaktor.

3. Miteigentum an den Bürogeräten

Tritt nur ein Partner nach außen auf, erwerben die Mitglieder der Bürogemeinschaft die Geräte jedoch in **Miteigentum**, so dass anschließend jeder einen Miteigentumsanteil i.S.v. §§ 740ff. BGB hat, so bleibt es dabei, dass nur der Erwerber nach außen auftritt, nicht aber die Miteigentumsgemeinschaft. 160

Ertragsteuern: Was die Kosten anbelangt und die Inrechnungstellung der Kosten, gilt das zur Rz. 157 Gesagte entsprechend. Der Miteigentumsanteil an aktivierungspflichtigen Wirtschaftsgütern ist beim jeweiligen Bruchteilseigentümer zu aktivieren und abzuschreiben. 161

In solchen Fällen können die zu verteilenden Kosten nach § 180 Abs. 2 AO in Verbindung mit der Verordnung über die **gesonderte Feststellung** von Besteuerungsgrundlagen gesondert festgestellt werden.

Umsatzsteuer: Die Vorsteuern können die einzelnen Beteiligten auf die im Miteigentum erworbenen Geräte nur dann abziehen, wenn sie anteilig Leistungsempfänger geworden sind und anteilig Rechnungen i.S.d. § 14 UStG, ausgestellt auf ihren Namen, erhalten haben[1]. Bei einer einheitlichen Rechnung kann ein **gesondertes Feststellungsverfahren** nach § 1 Abs. 2 der VO zu § 180 AO duchgeführt werden[2]. Die Eigentümergemeinschaft ist in diesen Fällen regelmäßig nicht umsatzsteuerlicher Unternehmer, es sei denn, wenn sie nach außen in Erscheinung tritt (dazu Rz. 163ff.). 162

4. Bürogemeinschaft mit Außenwirkung

Die steuerliche Beurteilung ändert sich, wenn die **Bürogemeinschaft nach außen** auftritt, wenn sie Geräte kauft, Büros anmietet, Mitarbeiter beschäf- 163

1 Vgl. BFH v. 1. 10. 1998 – V R 31/98, HFR 1999, 307.
2 BFH v. 1. 10. 1998 – V R 31/98, HFR 1999, 307.

tigt. Sie ist erst dann regelmäßig eine Gesellschaft des bürgerlichen Rechts; sie kann, dies ist steuerrechtlich irrelevant, aber auch Bruchteilsgemeinschaft sein. Entscheidend ist, dass sie sich als Gemeinschaft am Markt beteiligt.

164 **Ertragsteuer:** Es handelt sich nicht um freiberufliche oder gewerbliche Mitunternehmerschaften, da die Gewinnerzielungsabsicht fehlt. Es sind „**Aufwandsgemeinschaften**". Die Bürogemeinschaft selbst ermittelt also keinen Gewinn, sondern nur die Gemeinschaftler. Die Feststellung und Verteilung der Betriebsausgaben erfolgt regelmäßig nach § 180 Abs. 2 AO. Soweit die Beteiligten selbst die anteiligen Kosten in ihren Einnahme-Überschuss-Rechnungen berücksichtigt haben, müssen sie dort eliminiert werden.

165 Die Handhabung sollte mit dem **zuständigen Finanzamt abgestimmt** werden. Dies, um folgendes Risiko zu vermeiden: Wenn die Bürogemeinschaftler die Betriebsausgaben der Bürogemeinschaft in ihrer eigenen Gewinnermittlung nicht erfassen in der Erwartung, das Finanzamt werde eine gesonderte Feststellung nach § 180 Abs. 2 AO durchführen und wenn diese später abgelehnt wird (die Durchführung ist Ermessenssache), so könnte es sein, dass die Betriebsausgaben wegen eingetretener Bestandskraft der Einkommensteuerveranlagungen nicht mehr angesetzt werden können. Dieses Risiko kann man allerdings auch dadurch vermeiden, dass man die Betriebsausgaben auf jeden Fall in der eigenen Gewinnermittlung erfasst und sie erst dann herausnimmt, wenn das Verfahren nach § 180 Abs. 2 AO durchgeführt wird.

166 **Lohnsteuer:** Beschäftigt die Bürogemeinschaft Mitarbeiter, ist sie Arbeitgeber; sie treffen die lohnsteuerlichen Arbeitgeberpflichten.

167 **Gewerbesteuergefahr:** Ist die Bürogemeinschaft noch mit eigenen Geschäften tätig, die sie mit Gewinnerzielungsabsicht betreibt und die sie zur Mitunternehmerin machen, so führt die Beteiligung einer freiberuflichen Sozietät an dieser gewerblichen Mitunternehmerschaft dazu, dass die Sozietät gewerblich wird. Zu dieser Infektionswirkung siehe B Rz. 850ff.

168 **Umsatzsteuer:** Die Bürogemeinschaft ist Unternehmerin im umsatzsteuerlichen Sinn, wenn sie für die Partner Leistungen erbringt und dafür ein Entgelt (z.B. Kostenumlagen) erhebt. Dies gilt auch dann, wenn die Beträge nur die Verluste ausgleichen sollen und nach festen Beteiligungsquoten erhoben werden.

169 Die Bürogemeinschaft stellt die Kostenumlage den Partnern mit offenem Umsatzsteuerausweis in Rechnung, die den Partnern den Vorsteuerabzug ermöglicht. Die Bürogemeinschaft selbst kann als Unternehmerin die eigenen Vorsteuern abziehen.

170 **Unterlässt** es die Bürogemeinschaft, die Bedingungen des **umsatzsteuerlichen Unternehmers** zu schaffen, droht die ihr von anderen Leistungserbringern in Rechnung gestellte Umsatzsteuer als Vorsteuer verlorenzugehen. Sie kann sie mangels Unternehmereigenschaft nicht geltend machen; die Partner sind nicht Leistungsempfänger. Allerdings sollte hier den Gesellschaf-

tern der anteilige Vorsteuerabzug ermöglicht werden wie in den Fällen des Miteigentums (Rz. 162)[1].

171 Die umsatzsteuerliche Situation, die hier theoretisch so klar erscheint, wird in der **Praxis** dadurch problematisiert, dass die **Beteiligten „unsauber"** arbeiten. Die Bürogemeinschaft tritt mit eigenem Briefkopf nach außen auf. Gleichwohl bestellen die Partner jeweils die Geräte, die Miteigentum der Bürogemeinschaft sein sollen. Oder aber: Die Bürogemeinschaft bestellt die Geräte. Der Lieferant stellt diese Geräte einem Partner, der nach außen aufgetreten ist, in Rechnung. Man muss sich bewusst sein, dass gerade, was die Umsatzsteuer anbelangt, die Bürogemeinschaft Tücken und Schwierigkeiten hat. Eine saubere theoretische Grundkonstruktion und eine klare praktische Durchführung sind unabdingbar.

172 Besondere Beachtung muss die Behandlung solcher Wirtschaftsgüter erfahren, die von einem Gemeinschafter der Bürogemeinschaft **bereits angeschafft** worden sind und die **anschließend Gegenstand** der **Bürogemeinschaft** werden sollen. Wenn der Gemeinschafter den Vorsteuerabzug in Anspruch genommen hat und die Gegenstände jetzt aufgrund des Vertrags über die Bürogemeinschaft in die Bürogemeinschaft einbringt, ist der Sachverhalt des § 15a UStG gegeben. Der Vorsteuerabzug ist zu korrigieren. Sieht man das Problem, so kann es gelöst werden. Der Partner muss den Gegenstand nicht in die Gesellschaft der Bürogemeinschaft „einbringen", sondern diesen Gegenstand an die Bürogemeinschaft verkaufen, und zwar mit offenem Umsatzsteuerausweis. Er behält sodann den Vorsteuerabzug. Die in Rechnung gestellte Umsatzsteuer führt er ab, die bei der Bürogemeinschaft wiederum zum Vorsteuerabzug führt.

173 Erweckt die Bürogemeinschaft nach außen hin den **Eindruck** einer **Sozietät**, ist jedoch nach ihrem internen Abrechnungsverkehr nichts anderes als eine kostenumlegende Bürogemeinschaft gegeben, so handelt es sich nicht um eine Mitunternehmerschaft im ertragsteuerlichen Sinne. Allein die Haftung aus dem Anschein einer Sozietät reicht nicht, die Mitunternehmerschaft zu begründen.

174 Umsatzsteuerlich unproblematisch ist es, wenn die nach außen auftretende Bürogemeinschaft zugleich den Anschein erweckt, **berufsausübende Sozietät** zu sein. In jedem Fall ist sie umsatzsteuerliche Unternehmerin. Die **Probleme** entstehen bezüglich der anwaltlichen Leistungen, weil hier nicht der leistende Unternehmer nach außen auftritt, sondern die die Anwaltsleistung nicht erbringende Bürogemeinschaft. Diese Bürogemeinschaft kann bezüglich der anwaltlichen Leistungen mit Rechnungen, die sie ausstellt, keinen Vorsteuerabzug vermitteln, und Vorleistungen, die eigentlich die anwaltliche Berufsausübung betreffen, können bei der Bürogemeinschaft nicht zum Vorsteuerabzug führen.

---

1 So auch HFR-Anm. 1999, 208 zu BFH v. 1. 10. 1998 – V R 31/98.

J. Sonstige Kooperationen

	Rz.
I. Begriff *(Hartung)*	1
II. Rechtstatsächliche Entwicklung *(Hartung)*	3
III. Zivil- und gesellschaftsrechtliche Grundlagen *(Hartung)*	7
1. Struktur der Kooperation	8
2. Kooperationsfähigkeit	9
3. Ausgestaltung der Zusammenarbeit	12
4. Abgrenzung zur Sozietät	14
IV. Außendarstellung *(Hartung)*	15
1. Name	18
2. Verschwiegenheitspflicht	19
3. Kundgabe	21
4. Wahrnehmung widerstreitender Interessen	23
5. Gesetzliche Tätigkeitsverbote	34
a) Tätigkeitsverbot gemäß § 45 BRAO	35
b) Tätigkeitsverbot gemäß § 46 BRAO	38
c) Erstreckung der Tätigkeitsverbote	41
V. Erscheinungsformen im Einzelnen *(Hartung)*	43
1. Zusammenarbeit von Fall zu Fall	45
2. Best-Friends-System	47
3. Club-System	48
4. Allianz-System	50
5. EWIV	52
6. Franchising	53
7. Sonstige Kooperationen	54
8. Abgrenzungsschwierigkeiten Kooperation/Sozietät	55
VI. Auftreten gegenüber Mandanten *(Hartung)*	
1. Grundsatz	58
2. Wechselseitige Vertretung	60
3. Wettbewerbsrecht	62
4. Haftung	63
5. Honorarfragen	65
6. Risikomanagement	67
7. Berufshaftpflichtversicherung	69
VII. Steuerrecht *(Streck)*	
1. Allgemeines	79
2. Erscheinungsformen	81
a) Zusammenarbeit von Fall zu Fall	81
b) Best-Friends-System	83
c) Club-System	84
d) Allianz-System	86
e) EWIV	87
f) Sonstige Kooperationen	89

Literatur:

Beckmann, Der Umweltanwalt und die Kooperation mit dem Strafverteidiger, AnwBl. 1997, 586; *Ewer*, Interdisziplinäre Zusammenarbeit, AnwBl. 1995, 161; *Gaier/Wolf/Gocken*, Anwaltliches Berufsrecht, 2010; *Görg*, Der Wirtschaftsanwalt und die Kooperation mit dem Strafverteidiger, AnwBl. 1997, 593; *Hartung*, Sozietät oder Kooperation?, AnwBl. 1995, 333; *Hartung/Römermann*, Anwaltliche Berufsordnung, 4. Aufl. 2008; *Hartung/Scharmer*, Bürogemeinschaft für Rechtsanwälte, 2010; *Heintze*, Franchising im Rechtsberatungsmarkt, NJW 2003, 2888; *Hellwig*, Formen der Gestaltung der Zusammenarbeit mit dem ausländischen Rechtsanwalt, AnwBl. 1996, 124; *Henssler/Deckenbrock*, Das Rätsel Anwaltskooperation, DB 2007, 447; *Henssler/Prütting*, Bundesrechtsanwaltsordnung, 3. Aufl. 2010; *Kleine-Cosack*, Bundesrechtsanwaltsordnung mit BORA und FAO, 6. Aufl. 2009; *Koch*, Nationale und transnationale Organisations- und Kooperationsformen anwaltlicher Tätigkeit, in: Gilles (Hrsg.), Anwaltsberuf und Richterberuf in der heutigen Gesellschaft, 1991, S. 153; *Nerlich*, Internationale Kooperationsmöglichkeiten für europäische Rechtsanwälte, Band 8 der Schriftenreihe des Instituts für Anwaltsrecht an der Universität zu Köln, 1994; *Nerlich*, Anwaltssozietäten in Europa, AnwBl. 1994, 529; *Nerlich*, Multinationale und transnationale Anwaltssozietäten in Europa in: Henssler/Nerlich, Anwaltliche Tätigkeit in Europa, 1994, S. 37; *von Rummel*, Formen der Kooperation von Anwälten aus deutscher Sicht, in: Formen anwaltlicher Zusammenarbeit in Europa, 1995, S. 23; *Schneider*, Von der losen Kooperation nach dem „Best-friends-System" zur überörtlichen oder gar transnationalen Sozietät, AnwBl. 1991, 565; *Siegmund*, Franchising für Rechtsanwälte, NJW 2004, 1635; *Stahl*, Der Steueranwalt und die Kooperation mit dem Strafverteidiger, AnwBl. 1997, 591; *Vorbrugg/Salzmann*, Überregionale Anwaltskooperationen, AnwBl. 1996, 129.

I. Begriff

1 Eine **gesetzliche Definition** der Zusammenarbeit in einer Kooperation gibt es nicht[1]. In der Literatur finden sich gleich mehrere Definitionen. So verstand *Hartstang*[2] unter einer Kooperation eine lockere Zusammenarbeit von Rechtsanwälten verschiedener Zulassungsorte und zog hieraus den Schluss, dass eine Kooperation kein Gesellschaftsverhältnis begründe. *Zuck*[3] erschließt den Begriff durch einen Verweis auf verschiedene Vertragstypen, die für die Bildung einer Kooperation denkbar sein können und nennt als Beispiele einen gegenseitigen Vertrag mit starken Geschäftsbesorgungs- oder Werkvertragselementen, einen Gesellschaftsvertrag, oder – allerdings nur für die Verwirklichung von Nebenzwecken (Erfahrungs- und Informationsaustausch, Einkaufsverbund) – auch die Rechtsform eines nicht rechtsfähigen Vereins, einer EWIV oder einer GmbH. Eine besonders ausführliche, zugleich aber umständliche Definition stammt von *Huff*[4].

2 In dem hier verstandenen Sinn ist unter einer **Kooperation** eine auf gesellschaftsvertraglicher Vereinbarung beruhende dauerhafte und organisatorisch verfestigte **Form beruflicher Zusammenarbeit** zur Verbesserung der Wettbewerbsfähigkeit außerhalb von Berufsausübungsgesellschaften wie Sozietät, Partnerschaftsgesellschaft, Anwalts-GmbH oder Anwalts-AG zu verstehen[5]. An ihr beteiligt sein können natürliche Personen, auch wenn sie nicht denselben Beruf haben, aber auch Sozietäten, Partnerschaftsgesellschaften und juristische Personen wie die Anwalts-GmbH oder die Anwalts-AG.

II. Rechtstatsächliche Entwicklung

3 Im anwaltlichen Berufsrecht tauchte der Begriff der Kooperation – soweit ersichtlich – erstmalig in einem **Entwurf des Richtlinienausschusses** der Bun-

---

1 Hartung/Römermann/*Römermann*, Vor § 59a BRAO Rz. 166.

2 *Hartstang*, II, S. 57.

3 *Zuck*, Vertragsgestaltung bei Anwaltskooperationen Rz. 26–31; vgl. auch *Hartung*, AnwBl. 1995, 333 (335).

4 *Huff*, NJW-Spezial 2005, 429.

5 Vgl. zum Begriff der Kooperation im anwaltlichen Werberecht OLG Köln AnwBl. 1997, 120.

desrechtsanwaltskammer vom Juli 1990 auf[1]. In § 15 dieses Entwurfs wurde zwischen der Sozietät, der EWIV, einer auf Dauer angelegten und organisatorisch verfestigten Kooperation und einer beruflichen Zusammenarbeit in sonstiger Weise unterschieden. 1995 legte die Bundesrechtsanwaltskammer den Entwurf einer Berufsordnung vor, der in § 14 ebenfalls die Umschreibung einer auf Dauer angelegten, organisatorisch verfestigten Kooperation verwendete. Die **anwaltliche Berufsordnung** übernahm diese Definition in § 8 Satz 1 BORA in leicht veränderter Formulierung und betrifft eine auf Dauer angelegte und durch tatsächliche Ausübung verfestigte Kooperation.

4 In der Praxis wird die Kooperation in letzter Zeit neben Sozietät, Partnerschaftsgesellschaft, Anwalts-GmbH und Anwalts-AG als Zusammenschluss zur **gemeinsamen** Berufsausübung und neben der Bürogemeinschaft als Betriebsgemeinschaft mit **getrennter** beruflicher Tätigkeit als eine weitere Form beruflicher Zusammenarbeit vermehrt genutzt. Das gilt in zweierlei Hinsicht:

5 Schon seit einiger Zeit ist in der Praxis zu beobachten, dass sich **Rechtsanwälte untereinander** oder mit **Angehörigen anderer sozietätsfähiger Berufe** (§ 59a BRAO) der Rechtsform einer Kooperation bedienen. Dahinter verbirgt sich meist der Wunsch, die Gründung einer Sozietät zu vermeiden, weil die beteiligten Partner ihre berufliche Selbständigkeit behalten und insbesondere ihren örtlichen Bekanntheitsgrad nicht unter Aufgabe ihres eingeführten Praxisnamens durch eine alle Partner verbindende Kurzbezeichnung gefährden wollen[2]. Auch die Gründung einer auf Kostenminimierung beruhenden Bürogemeinschaft scheidet in diesen Fällen aus, weil es den Beteiligten nicht auf eine Kostenminderung ankommt.

6 In letzter Zeit sind aber auch Kooperationen zwischen **Rechtsanwälten und Nichtrechtsanwälten** zu beobachten. Dabei handelt es sich um Kooperationspartner, die weder dem Anwaltsberuf noch den sonstigen sozietätsfähigen Berufen zugeordnet werden können. Durchweg sind es Angehörige eines Berufsstandes, die dem Tätigkeitsschwerpunkt des jeweiligen Rechtsanwalts nahestehen, so gibt es im Medizinrecht die Kooperation eines Rechtsanwalts mit einem Arzt und im Baurecht die mit einem Architekten[3]. Auch andere Fallgestaltungen sind denkbar.

III. Zivil- und gesellschaftsrechtliche Grundlagen

7 Jede Kooperation beruht auf einer mündlichen oder schriftlichen **vertraglichen Vereinbarung**, in der die Art und Weise der beruflichen Zusammenarbeit und deren Modalitäten geregelt sind. Diese Vereinbarung ist in der Regel ein **Gesellschaftsvertrag** oder zumindest ein **gesellschaftsähnlicher Ver-**

1 BRAK-Mitt., Beiheft August 1990, S. 7; siehe auch DAV, Beiblatt zu AnwBl. Heft 4/1990, S. 36.
2 *Hartung*, AnwBl. 1995, 333, 334.
3 Zur berufsrechtlichen Zulässigkeit eines Hinweises auf eine Kooperation gemäß § 8 BORA vgl. AGH NRW 2005, 198, bestätigt durch BGH BRAK-Mitt. 2005, 235.

trag[1]. In ihm sollte, um die Kooperation deutlich von einer Sozietät als Berufsausübungsgesellschaft abzugrenzen, neben dem **Zweck der Kooperation** und den **Modalitäten der Zusammenarbeit** insbesondere geregelt werden, dass die Partner Mandate und Aufträge **nicht gemeinschaftlich**, sondern im eigenen Namen entgegennehmen und Honorare und Entgelte **getrennt** vereinnahmen. Vorsorglich kommt auch noch eine wechselseitige Haftungsfreistellung im Innenverhältnis in Betracht.

1. Struktur der Kooperation

8 Die Kooperation ist eine **Innengesellschaft**[2]. Wesensmerkmale einer Innengesellschaft sind die Nichtteilnahme am Rechtsverkehr und der Verzicht auf die Bildung von Gesamthandsvermögen[3]. Beide Merkmale erfüllt die Kooperation. Sie nimmt am Rechtsverkehr nicht als Gesellschaft teil. Die einzelnen Partner erhalten getrennt voneinander Aufträge, die sie auch getrennt abrechnen. Selbst wenn die Kooperationspartner von dem Recht Gebrauch machen, die berufliche Zusammenarbeit nach außen **kundzugeben** (§ 8 BORA), ist Vertragspartner des Mandanten nicht die Kooperation, sondern der einzelne vom Mandanten beauftragte Kooperationspartner. Voraussetzung dafür ist allerdings, dass die Partner dem Mandanten nicht die Existenz einer Sozietät **vortäuschen**, sondern ihm unmissverständlich erklären, dass sie keine Sozietät sind. Die Mandatsbestätigung ist das **geeignete Mittel**, das Mandat ausdrücklich nur im eigenen Namen anzunehmen und den Mandanten darüber zu unterrichten, dass er die anderen Kooperationspartner gesondert beauftragen und honorieren muss, wenn er deren Hilfe in Anspruch nehmen will.

2. Kooperationsfähigkeit

9 Die Kooperationsfähigkeit ist nicht zu verwechseln mit der Sozietätsfähigkeit im Sinne des § 59a Abs. 1 Satz 1 BRAO. Sozietätsfähig sind gemäß § 59a Abs. 1 BRAO nur die Angehörigen der dort genannten Berufe, also Rechtsanwälte, Patentanwälte, Rechtsbeistände, soweit sie gemäß § 209 BRAO Mitglied einer Rechtsanwaltskammer sind, ferner Steuerberater, Steuerbevollmächtigte, Wirtschaftsprüfer und vereidigte Buchprüfer sowie der in § 59a Abs. 2 BRAO genannte Personenkreis. Diese Berufe vereint, dass ihre Angehörigen eine gesetzlich normierte Schweigepflicht trifft.

10 Für die Kooperation gilt § 59a Abs. 1 BRAO jedoch nicht, auch nicht entsprechend. Kooperationspartner eines Rechtsanwalts oder einer Berufsausübungsgemeinschaft (Sozietät, Partnerschaftsgesellschaft, Anwalts-GmbH oder Anwalts-AG) können also auch Angehörige eines Berufs sein, die keine Schweigepflicht trifft. Selbst eine Kooperation mit Gewerbetreibenden ist

---

1 *Hartung*, AnwBl. 1995, 333, 335; *Henssler/Deckenbrock*, DB 2007, 447; Palandt/*Sprau*, § 705 BGB Rz. 50.
2 So auch *Kleine-Cosack*, Vor § 59a BRAO Rz. 69.
3 MünchKommBGB/*Ulmer/Schäfer*, § 705 BGB Rz. 229.

zulässig[1]. Das Fehlen von **interprofessionellen Restriktionen**[2] bezüglich der nicht schweigepflichtigen Kooperationspartner hat für die schweigepflichtigen Kooperationspartner im Sinne des § 59a BRAO allerdings berufsrechtliche Konsequenzen: Jede fallbezogene **Information an nicht schweigepflichtige Kooperationspartner** benötigt das **Einverständnis des Mandanten**[3]. Nur wenn dieser damit einverstanden ist, dass die nicht schweigepflichtigen Kooperationspartner in die Mandatsbearbeitung einbezogen werden, darf ein fallbezogener Informationsaustausch stattfinden.

Berufsrechtlich bedenklich wird eine Kooperation mit nicht schweigepflichtigen Partnern, wenn es im Verlauf einer zunächst nur lose angelegten und auf Einzelfälle beschränkten Kooperation zu einer engeren Zusammenarbeit kommt, so zum Beispiel, wenn es einem nicht schweigepflichtigen Partner – z.B. durch Nutzung gemeinsamer Büroräume – möglich wird, sich Kenntnis von Tatsachen zu verschaffen, die dem **Berufsgeheimnis** der übrigen Partner unterliegen. Erreicht eine Kooperation eine solche Verflechtung der Zusammenarbeit, werden die schweigepflichtigen Partner gehalten sein, nach anderen Organisationsformen zu suchen oder sogar die Trennung von den nicht schweigepflichtigen Partnern herbeizuführen. 11

3. Ausgestaltung der Zusammenarbeit

Für die Zusammenarbeit in einer Kooperation gibt es **zwei Möglichkeiten**. 12
Die eine besteht darin, dass der nichtanwaltliche und nicht an eine berufliche Schweigepflicht gebundene Kooperationspartner als **Erfüllungsgehilfe** des Rechtsanwalts im Sinne des § 278 BGB tätig wird[4]. In diesem Fall ist Auftragnehmer des Mandanten allein der anwaltliche Kooperationspartner. Erforderlich für eine gemeinsame Mandatsbearbeitung im Innenverhältnis ist das Einverständnis des Mandanten, das eine Entbindung des anwaltlichen Kooperationspartner von der Schweigepflicht bedeutet. Bei dieser Fallkonstellation kommt es zu keinen vertraglichen Beziehungen des Mandanten zu dem nichtanwaltlichen Kooperationspartner.

Die andere Möglichkeit ist ein **unmittelbares Auftragsverhältnis** zwischen 13
dem Mandanten und dem nichtanwaltlichen Kooperationspartner. Wenn der Rechtsanwalt an dem Zustandekommen des Auftragsverhältnisses im Namen des Mandanten mitwirkt, bedarf er dazu der vorherigen Entbindung von seiner anwaltlichen Schweigepflicht. Ohne sie muss er die Beauftragung des nichtanwaltlichen Vertragspartners dem Mandanten überlassen. Seine Auftragserteilung entbindet zugleich den für ihn tätigen Rechtsanwalt von seiner Schweigepflicht[5].

1 *Henssler/Deckenbrock*, DB 2007, 447.
2 *Kleine-Cosack*, Vor § 59a BRAO Rz. 70.
3 *Kleine-Cosack*, § 43a BRAO Rz. 48ff.
4 *Hartung/Scharmer*, Bürogemeinschaft, § 4 Rz. 24f.
5 *Hartung/Scharmer*, Bürogemeinschaft, § 4 Rz. 26f.

4. Abgrenzung zur Sozietät

14 Im Gegensatz zur Sozietät als Außengesellschaft ist die Kooperation eine **Innengesellschaft**[1]. Über die Kooperation regeln die beteiligten Partner ihre Zusammenarbeit intern, ohne die einer Sozietät eigenen Bindungen mit der Konsequenz gesamtschuldnerischer Haftung einzugehen. Werden die Unterschiede zur Sozietät verwischt, kann die Kooperation zu einer **Scheinsozietät** mit der Folge gesamtschuldnerischer Haftung werden[2]. Deshalb sollte jeder Partner darauf achten, dass die ihm erteilte Vollmacht sich auf ihn allein beschränkt. Insbesondere wenn die Kooperation im Briefkopf oder auf sonstige Weise auf die Zusammenarbeit in der Rechtsform einer Kooperation hinweist (§ 8 BORA), gewährleistet die Beschränkung der Vollmacht auf einen Kooperationspartner am ehesten, dass es nicht zu einer gesamtschuldnerischen Haftung kommt. Auch sonst sollte alles vermieden werden, was bei Mandanten den Eindruck erwecken könnte, die anderen Partner der Kooperation seien in die Bearbeitung des Auftrages eingebunden.

IV. Außendarstellung

15 Jede Kooperation hat, obwohl sie eine Innengesellschaft ist und Vertragspartner im Rechtsverkehr mit den Mandanten nur der einzelne Kooperationspartner und nicht die Kooperation ist, auch **Außenwirkungen**. Damit sind der **Name** der Kooperation, ihre **Bekanntgabe** nach außen, die **Verschwiegenheitspflicht** ihrer Partner, das **Verbot der Wahrnehmung widerstreitender Interessen** und die **Tätigkeitsverbote** der §§ 45, 46 BRAO gemeint. In jedem der genannten Bereiche geht es um die Frage, ob und in welchem Umfang die Kooperationspartner berufsrechtliche Pflichten einzuhalten haben. Als Rechtsgrundlage sind die jeweiligen gesetzlichen Regelungen und auch die Vorschriften der einzelnen Berufsordnungen heranzuziehen.

16 Die berufsrechtlichen Pflichten für die anwaltlichen Kooperationspartner sind in der **Berufsordnung für Rechtsanwälte (BORA)** geregelt. Berufsordnungen haben auch die **Wirtschaftsprüfer** und **Steuerberater**. Die **anwaltliche Berufsordnung** befasst sich nur mit Kooperationen, die auf Dauer angelegt und durch tatsächliche Ausübung verfestigt sind (§ 8 BORA). § 56 Abs. 5 StBerG i.V.m. § 52 der **Berufsordnung der Bundessteuerberaterkammer** erlaubten Kooperationen jeder Art. Damit gehen sie über die anwaltliche Berufsordnung hinaus, weil sie auch Kooperationen zulassen, die nicht auf Dauer angelegt sind und die sich auch nicht durch tatsächliche Ausübung verfestigt haben. Das gleiche gilt für die **Satzung über die Rechte und Pflichten bei der Ausübung der Berufe des Wirtschaftsprüfers und des vereidigten Buchprüfers**[3].

17 Bei einer Kooperation zwischen Rechtsanwälten, Wirtschaftsprüfern, vereidigten Buchprüfern, Steuerberatern oder Steuerbevollmächtigten müssen die Partner nach dem **Prinzip des kleinsten gemeinsamen Nenners** die je-

1 *Zuck*, Vertragsgestaltung bei Anwaltskooperationen, Rz. 27.
2 Dazu *Hartung/Scharmer*, Bürogemeinschaft, § 25 Rz. 17.
3 BAnz. 1996, S. 11077; vgl. ferner BAnz. 1998, S. 14917.

weils strengeren Vorschriften beachten. Sind sie hierzu nicht bereit, verstößt die Zusammenarbeit in der Rechtsform der Kooperation gegen berufsrechtliche Normen eines ihrer Partner. Das kann im Einzelfall gemäß § 134 BGB zur **Nichtigkeit des Kooperationsvertrages** führen, so insbesondere, wenn die berufsrechtliche Norm eine gesetzliche Verbotsnorm (z.B. § 43a BRAO) konkretisiert[1]. Das gilt nicht, wenn sich die unterschiedlichen Normen im Wege der Auslegung als deckungsgleich erweisen, wie es zum Beispiel bei einem Vergleich der nach dem Wortlaut strengeren Regelung des § 8 BORA mit § 52 der Berufsordnung der Bundessteuerberaterkammer der Fall ist.

1. Name

Die Kooperation braucht als Innengesellschaft keinen Namen. Gleichwohl ist es ihr erlaubt, einen Namen und auch eine Kurzbezeichnung zu führen[2]. Nach der zutreffenden Meinung des Anwaltsgerichtshofes Hamburg sind nämlich im Rahmen einer verfassungskonformen Auslegung des § 9 BORA keine Gründe des Gemeinwohls erkennbar, die es erforderlich machen könnten, eine Kooperation von der gemäß § 9 Abs. 1 Satz 1 BORA für Berufsausübungsgesellschaften geltenden Berechtigung auszuschließen, einen Namen und auch eine Kurzbezeichnung zu verwenden[3]. 18

2. Verschwiegenheitspflicht

Die Verschwiegenheitspflicht des Rechtsanwalts gehört zu den sechs **statusbildenden Grundpflichten** des Rechtsanwalts (§ 43a Abs. 2 BRAO). Sie wird begründet durch den Mandatsvertrag. Das bedeutet, dass sie nur den Kooperationspartner trifft, zu dem der Mandant in ein Mandatsverhältnis tritt. Deshalb darf ein zur Verschwiegenheit verpflichteter Kooperationspartner eine **fallbezogene Mitarbeit** eines anderen Kooperationspartners nur in Anspruch nehmen, wenn der Mandant ihn von der Schweigepflicht entbindet oder dem anderen Kooperationspartner zusätzlich ein Mandat erteilt[4]. 19

Allein aufgrund der Beauftragung einer Kooperation kann nicht davon ausgegangen werden, dass der Mandant mit der Weitergabe von Informationen an einen der Schweigepflicht nicht unterliegenden Kooperationspartner einverstanden ist. Der Mandant muss seinen Willen vielmehr ausdrücklich und auch schriftlich erklären[5]. Entscheidet er, dass ein nicht zur Verschwiegenheit verpflichteter Kooperationspartner in eine **fallbezogenc Mitarbeit** ein- 20

1 Dazu Hartung/Römermann/*Hartung*, Einf. BORA Rz. 79.

2 AGH Hamburg BRAK-Mitt. 2004, 81 (84).

3 *Henssler/Deckenbrock*, DB 2007, 447 (448); *Kleine-Cosack*, Vor § 59a BRAO Rz. 77.

4 *Henssler*, AnwBl. 2007, 559; *Kleine-Cosack*, § 43a BRAO Rz. 49.

5 *Henssler/Deckenbrock*, DB 2007, 447 (449); vgl. auch *Siegmund*, NJW 2004, 1635 (1636), der in Franchisefällen gegebene Einwilligungen für unwirksam hält, weil das Franchise-System oft wie eine überörtliche Sozietät auftrete und der Mandant insoweit irregeführt werde.

bezogen werden soll, muss er sich der Folgen seiner Erklärung bewusst sein. Deshalb hat ihn der zur Verschwiegenheit verpflichtete Kooperationspartner darüber zu **belehren**, dass sein an keine Schweigepflicht gebundener Partner weder ein **Zeugnisverweigerungsrecht** hat noch für sich ein **Beschlagnahmeverbot** in Anspruch nehmen kann. Mancher Mandant wird nach entsprechender Belehrung nicht bereit sein, auf diese **Privilegien** einer strafbewehrten Verschwiegenheitspflicht zu verzichten.

3. Kundgabe

21 § 8 BORA erlaubt dem Rechtsanwalt einen Hinweis auf eine berufliche Zusammenarbeit in einer Kooperation, wenn sie auf Dauer **angelegt** und durch tatsächliche Ausübung **verfestigt** ist. Seinem Wortlaut nach verbietet § 8 BORA folglich die Kundgabe einer nur **vereinzelt genutzten Kooperation**. Diese Regelung ist zu unbestimmt und letztlich auch kaum kontrollierbar. Offen ist schon, wie die Dauer im Sinne des § 8 BORA bemessen sein soll. Die tatsächliche Dauer dürfte nicht gemeint sein, weil die Kooperation nur auf Dauer **„angelegt"**, also dauerhaft **beabsichtigt** sein muss, was in der Praxis nicht verifizierbar ist. Das gilt – wenn auch eingeschränkt – auch für das Merkmal der Verfestigung durch tatsächliche Ausübung[1].

22 Die Regelung widerspricht zudem der gesetzlichen Regelung des § 43b BRAO. Diese erlaubt dem Rechtsanwalt Werbung, wenn er über seine berufliche Tätigkeit in Form und Inhalt sachlich unterrichtet. Die Berufsordnung darf diese im Gesetz enthaltene Einschränkung **konkretisieren**, nicht aber **verschärfen** und dadurch die Freiheit der anwaltlichen Berufsausübung über die vom Gesetz gezogene Grenze hinaus beschränken[2]. Weiterhin ist auch nicht ersichtlich, warum ein der Wahrheit entsprechender und damit nicht irreführender (§ 3 UWG) Hinweis auf eine Einzelfallkooperation oder eine Kooperation von beschränkter Dauer berufsrechtlich verboten sein sollte. Bei **verfassungskonformer Anwendung** des § 8 BORA muss deshalb aus den genannten Gründen davon ausgegangen werden, dass jede Art von Kooperation kundgegeben werden darf und dass die von § 8 BORA verlangten Voraussetzungen lediglich als Zielvorgabe zu interpretieren sind[3].

4. Wahrnehmung widerstreitender Interessen

23 Der Rechtsanwalt darf gemäß § 43a Abs. 4 BRAO keine widerstreitenden Interessen vertreten. Eine ähnliche, wenn auch abgeschwächte Regelung enthält § 53 WPO. Das Steuerberatungsgesetz lässt eine entsprechende Vorschrift vermissen, wenngleich auch der Berufsstand der Steuerberater den Be-

1 Siehe dazu auch Gaier/Wolf/Göcken/*Bormann*, § 59a BRAO/§ 8 BORA Rz. 111; *Hartung/Scharmer*, Bürogemeinschaft, § 4 Rz. 41 ff.; Henssler/Prütting/*Prütting*, § 8 BORA Rz. 9 ff.; Koch/Kilian/*Kilian*, Berufsrecht, Teil B Rz. 813.

2 Hartung/Römermann/*Römermann*, § 8 BORA Rz. 23 f.

3 So *Henssler/Deckenbrock*, DB 2007, 447 (448); vgl. auch *Feuerich/Weyland*, § 8 BORA Rz. 9; Hartung/Römermann/*Römermann*, § 8 BORA Rz. 78 f.; *Huff*, NJW-Spezial 2005, 429 (430); *Römermann*, BB 2005, 2041.

griff des Interessenkonflikts kennt[1]. Konkretisiert wird das gesetzlich geregelte Verbot der Wahrnehmung widerstreitender Interessen in den verschiedenen Berufsordnungen der Rechtsanwälte, Wirtschaftsprüfer und Steuerberater.

§ 3 der **anwaltlichen Berufsordnung** erstreckt das Verbot auf Sozietäten, auf eine gemeinschaftliche Berufsausübung in sonstiger Weise (Anstellungsverhältnis, freie Mitarbeit) und auf die Bürogemeinschaft, nicht aber auf Kooperationen. Auch **§ 3 der Berufssatzung der Wirtschaftsprüferkammer** bezieht die Kooperation nicht in das dort näher ausgestaltete Verbot ein. Demgegenüber erstreckt **§ 6 Abs. 3 der Berufsordnung der Bundessteuerberaterkammer** das Verbot auf Sozietäten und sonstige Formen der Zusammenarbeit, womit auch die Kooperation gemeint ist[2]. Die verschiedenen Berufsordnungen beantworten also die Frage nach der Geltung des Verbots der Wahrnehmung widerstreitender Interessen in Bezug auf eine Kooperation durchaus unterschiedlich. 24

In der **Literatur** zur anwaltlichen Berufsordnung ist die Frage umstritten. Mehrheitlich wird die Auffassung vertreten, dass das Verbot der Wahrnehmung widerstreitender Interessen – anders als bei der Sozietät und der Bürogemeinschaft – für die **Kooperation** nicht gelte[3]. Zur Begründung wird angeführt, die Besonderheit der Kooperation bestehe gerade darin, dass die Partner einer Kooperation rechtlich selbständig bleiben und ihren Beruf nicht gemeinschaftlich, sondern unabhängig voneinander, also nicht miteinander, sondern nebeneinander ausüben. Die herrschende Meinung erweist sich jedoch bei näherer Betrachtung als nicht haltbar. 25

Richtig ist zwar, dass § 3 Abs. 2 BORA das Verbot der Vertretung widerstreitender Interessen auf die Sozietät, auf eine gemeinschaftliche Berufsausübung in sonstiger Weise (Anstellungsverhältnis, freie Mitarbeit) und auf die Bürogemeinschaft beschränkt. Die Anwendbarkeit der genannten Verbote ergibt sich jedoch aus **§ 33 BORA**. Danach gelten die in der Berufsordnung enthaltenen Vorschriften, die Rechte und Pflichten des Rechtsanwalts im Hinblick auf die Sozietät als Form der beruflichen Zusammenarbeit vorsehen, sinngemäß für alle **anderen Rechtsformen der beruflichen Zusammenarbeit**. Diese Regelung ist an sich eindeutig. Gleichwohl lehnt es die herrschende Meinung aber ab, aus dieser Vorschrift die Geltung der Rechte und Pflichten, die den Rechtsanwalt bei einer Tätigkeit in einer Sozietät treffen, auf seine Tätigkeit in einer Kooperation zu übertragen. *Henssler* führt zur Begründung an, der Begriff der „beruflichen Zusammenarbeit" in § 33 26

1 Kuhls/Meurers/Maxl/Schäfer/Goez/*Maxl*, § 57 Rz. 89ff.
2 *Maxl*, NWB Fach 30, S. 1104.
3 So Gaier/Wolf/Göcken/*Bormann*, § 59a BRAO/§ 33 BORA Rz. 179; *Hartung*, AnwBl. 1995, 333 (336); Hartung/Holl/*Hartung*, (1. Aufl.), § 3 BORA Rz. 57; *Hartung/Scharmer*, Bürogemeinschaft, § 4 Rz. 12; Henssler/Prütting/*Henssler*, § 33 BORA Rz. 6; *Henssler/Deckenbrock*, DB 2007, 447 (450); *Kleine-Cosack*, § 3 BORA Rz. 8; *Kleine-Cosack*, NJW 1994, 2249; **a.A.** nur *Feuerich/Weyland*, § 3 BORA Rz. 11; Hartung/Römermann/*Hartung*, § 3 BORA Rz. 101 f.; Hartung/Römermann/*Römermann*, § 33 BORA Rz. 22.

Abs. 1 BORA knüpfe offensichtlich an § 59a BRAO an. Auch in dieser Vorschrift seien trotz der im Hinblick auf das Erfordernis der Vergesellschaftung nicht eindeutigen Wortwahl („berufliche Zusammenarbeit") nur Berufsausübungsgemeinschaften gemeint[1]. Verdeutlicht werde dies durch die ausdrückliche Anordnung einer nur entsprechenden Geltung für die nicht zu den Berufsausübungsgemeinschaften zählende Bürogemeinschaft in § 59a Abs. 4 BRAO. Folgerichtig werde in §§ 3 Abs. 2, 30, 31 Satz 1 BORA die Anwendbarkeit der entsprechenden Berufspflicht auf die Bürogemeinschaft als reine Innengesellschaft ausdrücklich angeordnet, was bei einem weiten Verständnis des § 33 Abs. 1 BORA entbehrlich wäre[2].

27 Diese Argumentation überzeugt nicht. Sie lässt sich schon mit dem **Wortlaut** des § 33 Abs. 1 BORA nicht vereinbaren und verstößt zudem gegen Sinn und Zweck dieser Vorschrift. § 33 BORA gehört zu dem Achten Abschnitt des Zweiten Teils der Berufsordnung. Dieser Abschnitt trägt die Überschrift „Besondere Berufspflichten bei beruflicher Zusammenarbeit" und lässt ebenso wenig wie der Wortlaut des § 33 BORA den Schluss zu, die Anwendbarkeit der im Achten Abschnitt enthaltenen Vorschriften solle auf den Bereich der Berufsausübungsgemeinschaften beschränkt bleiben. Die Berufsordnung verwendet nicht den auf eine gemeinschaftliche Berufsausübung hindeutenden Begriff des Zusammenschlusses, sondern regelt die „Zusammenarbeit", also eine berufliche Kooperation, die nicht notwendig in der engen Verbindung einer Sozietät oder einer vergleichbaren Zusammenschlussform geschehen muss. Wäre die Norm anders zu verstehen, wäre der Achte Abschnitt überflüssig, da die Rechte und Pflichten des Rechtsanwalts bei einer Tätigkeit in den Berufsausübungsgemeinschaften bereits im Ersten Abschnitt des Zweiten Teils in den §§ 2 bis 10 BORA geregelt sind. Die Regelung des § 33 Abs. 1 BORA liefe also ins Leere, wenn ihr Anwendungsbereich auf die Tätigkeit des Rechtsanwalts in Berufsausübungsgemeinschaften beschränkt bleiben würde.

28 Bei der Auslegung des § 33 Abs. 1 BORA ist auch die Regelung des § 33 Abs. 2 BORA zu beachten. Sie besagt, dass jeder Rechtsanwalt „bei beruflicher Zusammenarbeit gleich in welcher Form" zu gewährleisten hat, dass die Regeln der Berufsordnung auch von der Organisation eingehalten werden. Die Regelung stellt also expressis verbis eindeutig klar, dass die Form der beruflichen Zusammenarbeit von Rechtsanwälten ohne Belang für die Geltung der Berufsordnung ist. Das hat auch einen guten Grund. Die Regelung soll **Lücken** in der berufsrechtlichen Verantwortlichkeit verhindern[3]. Dieser Regelungszweck wird nur erreicht, wenn die Tätigkeit von Rechtsanwälten in einer Kooperation deckungsgleich an die Rechte und Pflichten geknüpft ist, die ihn in einer Berufsausübungsgemeinschaft treffen.

---

1 Henssler/Prütting/*Henssler*, § 33 BORA Rz. 6, der von *Henssler* in diesem Zusammenhang erwähnte § 31 BORA wurde inzwischen aufgehoben (vgl. dazu Henssler/Prütting/*Henssler*, § 31 BORA Rz. 4; *Henssler/Deckenbrock*, DB 2007, 447 (450).

2 Ähnlich Gaier/Wolf/Göcken/*Bormann*, § 59a BRAO/§ 33 BORA Rz. 179.

3 Hartung/Römermann/*Römermann*, § 33 BORA Rz. 26.

Zudem sind die Argumente der herrschenden Meinung auch mit der **Entstehungsgeschichte** des § 33 BORA nicht vereinbar. In den Beratungen des zuständigen Ausschusses der Satzungsversammlung ist nachzulesen, dass er der Auffassung war, dass für die berufliche Zusammenarbeit, sei es in Form der BGB-Gesellschaft oder sei es in anderen zulässigen Organisationsformen, dieselben berufsrechtlichen Rechte und Pflichten gelten müssten und dass deshalb eine allgemeine Verweisungsregel für die Berufsausübung in anderen zulässigen Organisationsformen gefunden werden müsse[1]. Die Satzungsversammlung wollte also mit § 33 BORA sicherstellen, dass keine Regelungslücke entsteht[2]. 29

Des weiteren müssten die Vertreter der herrschenden Meinung in letzter Konsequenz in Kauf nehmen, dass mehrere in einer Kooperation tätigen Rechtsanwälte entgegen **Sinn** und **Zweck** des § 33 Abs. 1 BORA von fundamentalen beruflichen Pflichten wie der Schweigepflicht und dem Verbot der Wahrnehmung widerstreitender Interessen befreit wären und damit in ein und derselben Rechtssache beide Parteien vertreten dürften, nur weil sie ihre Tätigkeit nicht in einer Berufsausübungsgemeinschaft, sondern in einer Kooperation ausüben. Doch diese letzte Konsequenz will auch die herrschende Meinung nicht. *Henssler*[3] führt insoweit aus, im Einzelfall könne der Normzweck einzelner berufsrechtlicher Vorschriften eine Erstreckung auf Rechtsanwälte verbieten, die lediglich in einer entsprechenden Innengesellschaft verbunden sind. Das gelte etwa für §§ 43a Abs. 4, 45, 46 BRAO, wenn die Verschwiegenheitspflicht in der Kooperation nicht eingehalten werde und die organisatorische Ausgestaltung der Zusammenarbeit daher der Sozietät gleichstehe. Doch wann dieser Grad der Ausgestaltung in einer Kooperation erreicht sein soll, lässt auch *Henssler* unbeantwortet. 30

Gegen die herrschende Meinung spricht schließlich auch **§ 33 Abs. 2 BORA**. Danach hat jeder Rechtsanwalt zu gewährleisten, dass „**bei beruflicher Zusammenarbeit gleich in welcher Form**" die Regeln der Berufsordnung auch von der Organisation eingehalten werden. Daraus folgt, dass Rechtsanwälte auch außerhalb einer Berufsausübungsgemeinschaft, so vor allem in einer Kooperation, an das Verbot der Wahrnehmung widerstreitender Interessen gebunden sind und dass sich das Verbot in einer aus mehreren Rechtsanwälten bestehenden Kooperation auf alle anderen anwaltlichen Kooperationspartner erstreckt [4]. 31

Für die Zukunft ist der Meinungsstreit im Sinne der Mindermeinung entschieden. Die Satzungsversammlung hat nämlich in ihrer Sitzung vom 24./25. 6. 2010 u.a. eine Änderung des § 8 BORA beschlossen. Danach hat § 8 BORA künftig folgenden Wortlaut: 32

---

1 SV-Mat. 11/96, 7.

2 Hartung/Römermann/*Römermann*, § 33 BORA Rz. 14.

3 Henssler/Prütting/*Henssler*, § 33 BORA Rz. 6; *Henssler/Deckenbrock*, DB 2007, 447 (450).

4 Dazu BayAGH BRAK-Mitt. 2002, 283 (284).

„§ 8 Kundgabe gemeinschaftlicher Berufsausübung und anderer beruflicher Zusammenarbeit.

Auf eine Verbindung zur gemeinschaftlichen Berufsausübung darf nur hingewiesen werden, wenn sie in Sozietät oder in sonstiger Weise mit den in § 59a BRAO genannten Berufsträgern erfolgt. Die Kundgabe jeder anderen Form der beruflichen Zusammenarbeit ist zulässig, sofern nicht der Eindruck einer gemeinschaftlichen Berufsausübung erweckt wird.“[1]

33 Bereits durch die neue Überschrift soll klargestellt werden, dass zwischen gemeinschaftlicher und anderer beruflicher Zusammenarbeit unterschieden werden muss. Der Begriff „gemeinschaftliche Berufsausübung" bedeutet ausschließlich die berufliche Verbindung in einer Berufsausübungsgesellschaft, gleich welcher Rechtsform mit Angehörigen der sozietätsfähigen Berufe im Sinne des § 59a BRAO. Demgegenüber fällt unter den Begriff „andere berufliche Zusammenarbeit" die Bürogemeinschaft mit sozietätsfähigen Personen ebenso wie jede andere Form der beruflichen Zusammenarbeit mit nicht sozietätsfähigen Personen. Dazu gehört auch die berufliche Zusammenarbeit in einer Kooperation[2].

5. Gesetzliche Tätigkeitsverbote

34 Neben dem in § 43a Abs. 4 BRAO geregelten Verbot der Vertretung widerstreitender Interessen kennt die Bundesrechtsanwaltsordnung weitere Tätigkeitsverbote, die in den §§ 45, 46 BRAO geregelt sind. Diese gehören zu den allgemeinen **Berufs- und Grundpflichten** des Rechtsanwalts und verbieten in den gesetzlich im Einzelnen geregelten Fallkonstellationen die Übernahme eines Mandats. Ergänzt wird die gesetzliche Regelung durch § 3 Abs. 3 BORA. Danach muss der Rechtsanwalt, sobald er erkennt, dass er gegen gesetzliche Tätigkeitsverbote verstößt, den Mandanten unterrichten und alle Mandate in derselben Rechtssache beenden.

a) Tätigkeitsverbot gemäß § 45 BRAO

35 Das in **§ 45 BRAO** geregelte Tätigkeitsverbot unterscheidet **zwei Fallgruppen**.

36 **§ 45 Abs. 1 BRAO** erfasst Fälle, in denen der Rechtsanwalt bereits außerhalb seines Anwaltsberufs in anderer Funktion tätig gewesen ist, verbietet also anwaltliche Tätigkeit nach **vorangegangener nichtanwaltlicher Vorbefassung**. Der Rechtsanwalt darf nicht tätig werden,

- wenn er in derselben Rechtssache als Richter, Schiedsrichter, Staatsanwalt, Angehöriger des öffentlichen Dienstes, Notar, Notarvertreter oder Notariatsverweser bereits tätig geworden ist;
- wenn er als Notar, Notarvertreter oder Notariatsverweser eine Urkunde aufgenommen hat, deren Rechtsbestand oder Auslegung streitig ist oder aus der die Vollstreckung betrieben wird;

1 BRAK-Mitt 2010, 253.
2 *Dahns*, NJW-Spezial 2010, 446.

- wenn er gegen den Träger des von ihm verwalteten Vermögens in Angelegenheiten vorgehen soll, mit denen er als Insolvenzverwalter, Nachlassverwalter, Testamentsvollstrecker, Betreuer oder in ähnlicher Funktion bereits befasst war;
- wenn er in derselben Angelegenheit außerhalb seiner Anwaltstätigkeit oder einer sonstigen Tätigkeit im Sinne des § 59a Abs. 1 Satz 1 BRAO bereits beruflich tätig war; dies gilt nicht, wenn die berufliche Tätigkeit beendet ist[1].

§ 45 Abs. 2 BRAO regelt Fälle, in denen der Rechtsanwalt bereits anwaltlich 37
tätig gewesen ist, verbietet also **nichtanwaltliche Tätigkeit nach anwaltlicher Vorbefassung**. Danach ist es dem Rechtsanwalt untersagt,

- in Angelegenheiten, mit denen er bereits als Rechtsanwalt gegen den Träger des zu verwaltenden Vermögens befasst war, als Insolvenzverwalter, Nachlassverwalter, Testamentsvollstrecker, Betreuer oder in ähnlicher Funktion tätig zu werden;
- in Angelegenheiten, mit denen er bereits als Rechtsanwalt befasst war, außerhalb seiner Anwaltstätigkeit oder einer sonstigen Tätigkeit im Sinne des § 59a Abs. 1 Satz 1 BRAO beruflich tätig zu werden.

b) Tätigkeitsverbot gemäß § 46 BRAO

Das in § 46 BRAO geregelte Tätigkeitsverbot betrifft den **Syndikusanwalt**. 38
Das ist ein Rechtsanwalt, der aufgrund eines ständigen Dienst- oder ähnlichen Beschäftigungsverhältnisses seine Arbeitszeit und -kraft einem Auftraggeber zur Verfügung stellen muss (§ 46 Abs. 1 BRAO). In Kooperationen ist der Syndikusanwalt seltener anzutreffen. Ob für ihn § 46 BRAO in einer Kooperation überhaupt gilt, ist strittig (vgl. dazu Kap. I Rz. 126). Wenn man die Anwendbarkeit bejaht, ist zu beachten:

§ 46 Abs. 1 BRAO verbietet dem Syndikusanwalt, seinen Auftraggeber vor 39
Gerichten oder Schiedsgerichten in seiner Eigenschaft als Rechtsanwalt zu vertreten (Vertretungsverbot). Erlaubt ist ihm hingegen – neben jeder außergerichtlichen Tätigkeit –, seinen Auftraggeber vor Gericht als dessen Bevollmächtigter in allen Verfahren ohne Anwaltszwang zu vertreten.

§ 46 Abs. 2 Nr. 1 BRAO verbietet dem Syndikusanwalt, als Rechtsanwalt tä- 40
tig zu werden, wenn er in derselben Angelegenheit als sonstiger Berater, der in einem ständigen Dienst- oder ähnlichen Beschäftigungsverhältnis Rechtsrat erteilt, also als Syndikusanwalt bereits rechtsbesorgend tätig geworden ist. Die umgekehrte Situation regelt § 46 Abs. 2 Nr. 2 BRAO. Der Syndikusanwalt, der in derselben Angelegenheit zunächst in einem ständigen Dienst- oder ähnlichen Beschäftigungsverhältnis Rechtsrat erteilt hat, darf anschließend nicht als Rechtsanwalt tätig werden.

---

1 Dazu im Einzelnen Hartung/Römermann/*Hartung*, § 45 BRAO Rz. 11–45; Henssler/Prütting/*Kilian*, § 45 BRAO Rz. 12–40.

c) Erstreckung der Tätigkeitsverbote

41 Auch die in den §§ 45, 46 BRAO geregelten Tätigkeitsverbote betreffen nicht die im Einzelfall gewählte **Organisationsform** (siehe dazu oben Rz. 35ff.), also nicht die Kooperation, sondern ihre einzelnen **Mitglieder**, soweit sie dem Berufsstand der Rechtsanwälte angehören[1]. Auch hier stellt sich, wenn einer Kooperation mehrere Rechtsanwälte angehören die Frage, ob sich diese Tätigkeitsverbote gemäß §§ 45 Abs. 3 bzw. 46 Abs. 3 BRAO auf die übrigen anwaltlichen Kooperationspartner erstrecken.

42 Nach dem **Wortlaut** der §§ 45, 46 BRAO gelten die Verbote für die mit dem Rechtsanwalt in Sozietät oder in sonstiger Weise zur **gemeinschaftlichen** Berufsausübung verbundenen oder verbunden gewesenen Rechtsanwälte und Angehörigen anderer Berufe, womit die sozietätsfähigen Berufe im Sinne des § 59a BRAO gemeint sind. Dazu zählt die Tätigkeit von Rechtsanwälten in einer Kooperation nicht, weil es bei einer Kooperation an einer „gemeinschaftlichen Berufsausübung" fehlt[2]. Doch auch bei der Anwendung der Tätigkeitsverbote der §§ 45, 46 BRAO ist entgegen der herrschenden Meinung die Regelung des § 33 BORA zu beachten. Wegen der Einzelheiten wird auf die Ausführungen oben unter Rz. 19ff. verwiesen.

V. Erscheinungsformen im Einzelnen

43 Kooperationen zwischen Rechtsanwälten können auf vielen Ebenen stattfinden. Der **Hauptanwendungsfall** ist die Bürogemeinschaft, für die die anwaltliche Berufsordnung in den §§ 3 Abs. 2, 30 BORA die Anwendbarkeit von für Berufsausübungsgemeinschaften geltenden Berufspflichten ausdrücklich anordnet. Für alle anderen Kooperationen ist der **Regelung des § 8 BORA** zufolge eine **Trennungslinie** zwischen den auf Dauer angelegten und durch tatsächliche Ausübung verfestigten Kooperationen und solchen zu ziehen, die nicht auf Dauer angelegt oder (noch) nicht durch tatsächliche Ausübung verfestigt sind.

44 Was inhaltlich unter einer solchen Kooperation zu verstehen ist, regelt die Berufsordnung nicht. Bei genauerer Betrachtung erweisen sich die in § 8 BORA verwendeten **Abgrenzungskriterien** als **ungeeignet**. Offen ist schon, wie das **Merkmal der Dauer** im Sinne des § 8 BORA bemessen sein soll. Unstrittig ist nur, dass es auf die tatsächliche Zeitdauer nicht ankommt, sondern nur darauf, dass die Kooperation als dauerhaft **beabsichtigt („angelegt")** ist[3]. Dies ist jedoch kaum verifizierbar. Das **Merkmal der Verfestigung** durch tatsächliche Ausübung ist sprachlich **missglückt** und inhaltlich kaum ver-

1 Gaier/Wolf/Göcken/*Bormann*, § 45 BRAO Rz. 45; *Hartung/Scharmer*, Bürogemeinschaft, § 4 Rz. 15; *Henssler/Deckenbrock*, DB 2007, 447 (450).

2 So die ganz herrschende Meinung, vgl. Gaier/Wolf/Göcken/*Bormann*, § 45 BRAO Rz. 45; *Hartung/Scharmer*, Bürogemeinschaft, § 4 Rz. 15; *Henssler/Deckenbrock*, DB 2007, 447; differenzierend Henssler/Prütting/*Kilian*, § 45 BRAO Rz. 11 mit Hinweis auf Henssler/Prütting/*Henssler*, § 3 BORA Rz. 14.

3 So zutreffend Hartung/Römermann/*Römermann*, § 8 BORA Rz. 79.

ständlich[1]. Nähme man dieses Erfordernis wörtlich, dürften neu gegründete Kooperationen ihre berufliche Zusammenarbeit erst längere Zeit nach der Gründung kundgeben.

1. Zusammenarbeit von Fall zu Fall

Vor allem bei **Prozessmandaten**, vereinzelt aber auch bei **Beratungsmandaten**, kommt es im Einzelfall zu Kontakten zwischen Rechtsanwälten und Angehörigen anderer Berufe im Sinne des § 59a Abs. 1 BRAO. Im **nationalen Bereich** ist vor allem an die Vergabe eines **Korrespondenzmandates** an den bei dem zuständigen Gericht ansässigen Prozessanwalt zu denken. Im **internationalen Bereich** steht das **Beratungsmandat** im Vordergrund, so z.B. wenn ein deutscher Rechtsanwalt einen deutschen Mandanten im Ausland bei Abschluss eines Vertrages berät und er dazu die Hilfe eines ausländischen Rechtsanwalts benötigt. Diese berufliche Zusammenarbeit im Einzelfall ist keine Kooperation im berufsrechtlichen Sinne, wenngleich auch solche „**Einzelfallkooperationen**" Ausdruck beruflicher Zusammenarbeit sind. Diese Zusammenarbeit findet aber in der Regel ohne dauerhafte Vereinbarungen zwischen den beteiligten Rechtsanwälten statt. Stattdessen beschränken sich die Absprachen auf die Aufgabenverteilung im konkreten Einzelfall und auf die interne Verteilung des anfallenden Honorars gemäß § 49b BRAO. 45

Wenn die **Zusammenarbeit zwischen einem deutschen und einem ausländischen Rechtsanwalt** für einen Einzelfall vereinbart wird, ist Ziffer 5.7 der Standesregeln der Rechtsanwälte der Europäischen Gemeinschaft (CCBE) zu beachten. Ihr zufolge ist der Rechtsanwalt im beruflichen Verkehr zwischen Rechtsanwälten verschiedener Mitgliedstaaten, der sich nicht darauf beschränkt, seinem Mandanten einen ausländischen Kollegen zu benennen oder das Mandat zu vermitteln, sondern einem ausländischen Kollegen eine Angelegenheit überträgt oder diesen um Rat bittet, **persönlich zur Zahlung** des Honorars, der Kosten und Auslagen des ausländischen Rechtsanwalts **verpflichtet**, wenn eine Zahlung von dem Mandanten nicht erlangt werden kann. Zu Beginn der Zusammenarbeit kann diese Regelung jedoch ausgeschlossen werden. Der beauftragende Rechtsanwalt kann ferner zu jeder Zeit seine persönliche Verpflichtung auf das Honorar und die Kosten und Auslagen beschränken, die bis zu dem Zeitpunkt angefallen sind, zu dem er seinen ausländischen Kollegen mitteilt, dass er nicht mehr haften will[2]. 46

2. Best-Friends-System

Die beratende und/oder forensische Zusammenarbeit im Einzelfall stärkt gelegentlich im Laufe der Zeit die Bindungen zwischen den beteiligten Rechtsanwälten. Man lernt sich persönlich kennen, empfiehlt sich wechselseitig und schätzt die berufliche Leistung des anderen. So entwickelt sich gegenseitiges Vertrauen. Jeder schätzt die erstklassige, prompte und zuverlässige Ar- 47

---

1 Hartung/Römermann/*Römermann*, § 8 BORA Rz. 79.

2 Vgl. dazu Hartung/Römermann/*Lörcher*, CCBE 5.7. Rz. 1–5.

beit des anderen. Auch diese – anders als die Einzelfallkooperation – auf Dauer angelegte berufliche Zusammenarbeit ist als Kooperation einzustufen, erreicht jedoch nicht die Verfestigung, die für eine berufsrechtliche Relevanz notwendig ist. Die Zusammenarbeit ist nicht ausschließlich, weil das Ziel aller beteiligten Rechtsanwälte darin besteht, für das jeweilige Mandat den bestmöglichen „best-friend" zu empfehlen und selbst für Empfehlungen durch Kollegen offen zu bleiben[1]. Deshalb legen die beteiligten Rechtsanwälte grundsätzlich auch keinen Wert darauf, die Zusammenarbeit nach außen kundzugeben[2].

3. Club-System

48 Das Club-System ist eine **Verdichtung des Best-Friends-Systems**[3]. Es hat sich vornehmlich im Bereich internationaler Zusammenarbeit entwickelt[4]. In der Regel hat der Club in jedem Land nur ein Mitglied, das auch nur diesem Club angehört. Insofern ist das Club-System ausschließlich, ohne dass die Club-Mitgliedschaft die angeschlossenen Rechtsanwälte daran hindert, im Einzelfall mit Rechtsanwälten zusammenzuarbeiten, die nicht Mitglied des Clubs sind.

49 Das Club-System ist **strukturell und organisatorisch** stärker ausgebildet als das Best-Friends-System[5]. Die Mitglieder treffen sich regelmäßig. Oft sind sie verpflichtet, sich gegenseitig zu unterstützen und kostenlos zu beraten[6]. Dennoch bleibt auch diese Form der Kooperation unterhalb der Schwelle berufsrechtlicher Relevanz, weil die berufliche Zusammenarbeit in einem Club nicht nach außen kundgegeben wird.

4. Allianz-System

50 Der Unterschied zum Club-System besteht in der Offenlegung der beruflichen Zusammenarbeit. Über die **interne Struktur** dieser Allianzen ist wenig bekannt. In jedem Fall überschreiten sie die von § 8 BORA gezogene Grenze und dürfen folglich ihre berufliche Zusammenarbeit kundgeben.

51 **Probleme des Allianz-Systems** sind, dass das Verbot der Vertretung widerstreitender Interessen für alle beteiligten Rechtsanwälte gilt und die Gefahr einer gesamtschuldnerischen Haftung besteht. Wer als Einheit auftritt, haftet nach den Grundsätzen der Anscheinshaftung auch als Einheit, selbst

---

1 *Hellwig*, AnwBl. 1996, 124, 125.

2 *Hellwig*, AnwBl. 1996, 124, 125; *Schneider*, AnwBl. 1991, 565.

3 Dazu *Hartung/Scharmer*, Bürogemeinschaft, § 4 Rz. 40; *Zuck*, Vertragsgestaltung bei Anwaltskooperationen, Rz. 194–196, versteht unter „Club-System" offenbar sowohl das Club-System im hier gemeinten Sinn als auch das Best-Friends-System.

4 *Schneider*, AnwBl. 1991, 565.

5 *Hellwig*, AnwBl. 1996, 124 (125).

6 Wegen weiterer Einzelheiten wird auf *Hellwig*, AnwBl. 1996, 124 und *Schneider*, AnwBl. 1991, 565 verwiesen.

wenn die der Allianz angeschlossenen Rechtsanwaltskanzleien rechtlich selbständig bleiben[1].

5. EWIV

Die Europäische wirtschaftliche Interessenvereinigung (EWIV) ist eine transnationale Kooperation. Sie ist keine Berufsausübungsgesellschaft, sondern eine **Betriebsgemeinschaft**, die lediglich die berufliche Tätigkeit ihrer Mitglieder unterstützt. Berufsrechtlich ist sie als Kooperation anerkannt. § 8 Satz 2 BORA erlaubt ausdrücklich den Hinweis auf die Mitgliedschaft in einer EWIV. Im Übrigen wird auf die Verordnung des Rates der Europäischen Gemeinschaften über die Schaffung einer Europäischen wirtschaftlichen Interessenvereinigung (EWIV-VO)[2] und auf das deutsche Gesetz zur Ausführung dieser Verordnung vom 14. 4. 1988[3] verwiesen. *Römermann*[4] hat sie übersichtlich kommentiert und die bisher veröffentlichte Literatur und Rechtsprechung ausführlich dargestellt. 52

6. Franchising

Das Franchising besteht in der Regel in der gemeinschaftlichen **Nutzung eines Logos** – vergleichbar einer „Marke" – in gemeinschaftlicher Werbung, häufig auch in der gemeinsamen Nutzung von juristischen Datenbanken, Schriftsatzmustern oder sonstigen Ressourcen in der Form einer „Organisationsplattform"[5]. Die Führung eines gemeinsamen Namens ist zulässig[6]. Die Mitgliedschaft in einem Franchising-System ist als eine berufsrechtlich zulässige verfestigte Kooperation zu werten. Die Franchise-Nehmer sind als selbständig tätige Rechtsanwälte an die berufsrechtlichen Regelungen gebunden[7]. 53

7. Sonstige Kooperationen

Bei Großmandaten im internationalen Beratungsmarkt kommt es vor, dass zwei verschiedene Großkanzleien in derselben Angelegenheit beauftragt werden. *Hellwig*[8] spricht in einem solchen Fall vom **Joint Venture** bzw. einer **Teilfusion**. Diese Form beruflicher Zusammenarbeit ist in der Praxis bislang 54

1 So zutreffend *Hellwig*, AnwBl. 1996, 124 (126) mit Anmerkungen zur weiteren Entwicklung.
2 Verordnung des Rates v. 25. 7. 1985, ABl. L 201 v. 31. 7. 1985.
3 BGBl. 1988 I, 514.
4 Hartung/Römermann/*Römermann*, Vor § 59a BRAO Rz. 124–130; vgl. auch Henssler/Prütting/*Hartung*, § 59a Rz. 195–204.
5 *Hartung/Scharmer*, Bürogemeinschaft, § 4 Rz. 29; *Heintze*, BRAK-Mitt. 2004, 260 (261).
6 AGH Hamburg BRAK-Mitt. 2004, 81 betr. „LEGITAS" m. Anm. *Heintze*; *Hartung/Scharmer*, Bürogemeinschaft, § 4 Rz. 29; kritisch dazu *Kopp*, BRAK-Mitt. 2004, 154.
7 Zu weiteren Einzelheiten vgl. *Hartung/Scharmer*, Bürogemeinschaft, § 4 Rz. 28–32.
8 AnwBl. 1995, 124 (127).

sehr selten, so dass sie hier nicht näher erörtert werden muss, zumal bislang kaum bekannt geworden ist, wie die beteiligten Kanzleien ihre Zusammenarbeit im Innenverhältnis rechtlich gestalten.

8. Abgrenzungsschwierigkeiten Kooperation/Sozietät

55 In der Praxis ist es oft nicht einfach, eine **Kooperation** von einer **Sozietät** zu unterscheiden. Werden zum Zwecke überörtlicher Zusammenarbeit mehrere örtliche Sozietäten zu einer neuen überörtlichen Sozietät verschmolzen[1], so dass die bisherigen örtlichen Sozietäten untergehen, ist die Feststellung, dass auch das neue Rechtsgebilde eine Sozietät ist, nicht schwierig. Meist kommt es in solchen Fällen zu einer neuen **Kurzbezeichnung**, die in aller Regel als Hinweis auf eine Sozietät gewertet werden kann (§ 8 BORA).

56 Schwieriger wird die Unterscheidung, wenn die Gesellschafter örtlicher Sozietäten unter deren Fortbestand eine neue Gesellschaft als überörtliche Sozietät gründen und ihren Beruf über die neue Sozietät gemeinsam ausüben, während die örtlichen Sozietäten als bloße **Organisationseinheit** erhalten bleiben, deren Aufgabe nur noch in der Verwaltung der örtlichen Kanzleien im Rahmen der neuen überörtlichen Sozietät besteht.

57 Noch undurchsichtiger ist die genau umgekehrte Vertragsgestaltung, wenn nämlich eine bloße Organisationsgesellschaft gegründet wird, deren Zweck ausschließlich die Organisation einer kooperativen Zusammenarbeit zwischen verschiedenen örtlichen Sozietäten ist. Deren Gesellschafter üben ihren Beruf in den örtlichen Sozietäten aus, sind aber gleichzeitig auch Gesellschafter der Organisationsgesellschaft. Bei einer solchen Gestaltung, die im internationalen Bereich auf eine EWIV hinausläuft, vermischen sich Sozietät und Kooperation.

VI. Auftreten gegenüber Mandanten

1. Grundsatz

58 Zwischen den Mandanten der einzelnen Partner und der Kooperation gibt es **keinerlei vertragliche Beziehungen**. Jeder Mandant schließt den Mandatsvertrag nur mit dem von ihm beauftragten Partner, nicht aber mit der Kooperation.

59 **Außerhalb von Mandatsverträgen** kann es vorkommen, dass die Kooperation als Gesellschaft bürgerlichen Rechts am Rechtsverkehr teilnimmt, z.B. wenn sie eine Kooperationsbroschüre drucken lässt oder in sonstiger Weise (z.B. im Internet) wirbt oder wenn sie die als Kooperation gemeinsam zu nutzenden Sachwerte (z.B. eine von allen Partnern zu nutzende EDV-Anlage) erwirbt. Im Gegensatz zur Bürogemeinschaft wird das jedoch die Ausnahme sein, allein schon deswegen, weil die Partner einer Kooperation durchweg an verschiedenen Orten ihrer beruflichen Tätigkeit nachgehen.

---

1 Der Entwurf eines solchen Vertrages findet sich in AnwBl. 1991, 321.

2. Wechselseitige Vertretung

Seltener als in einer Bürogemeinschaft werden sich Partner einer Kooperation in Verhinderungsfällen vertreten. Wenn es zu einer wechselseitigen Vertretung kommt, führt diese zu einer **Pflichtenerweiterung** in Bezug auf die **Verpflichtung zur Verschwiegenheit**. Die Vertretung ist nur zulässig, wenn der beauftragte Partner der Kooperation vom Mandanten ermächtigt ist, einen Unterbevollmächtigten zu bestellen. Durch eine **Untervollmacht** wird der zur Vertretung berufene Kooperationspartner zum **Erfüllungsgehilfen** des beauftragten Kooperationspartners. Damit ist er in das Mandatsverhältnis mit dem beauftragten Kooperationspartner eingebunden und somit auch in die Verschwiegenheitspflicht (§ 43a Abs. 2 BRAO, § 2 BORA). 60

Die wechselseitige Vertretung ist nicht ohne **haftungsrechtliche Gefahren**. Bei den Mandanten kann dadurch der Eindruck erweckt werden, die Kooperationspartner bildeten eine Sozietät. Deshalb ist es geboten, einen solchen Eindruck von vornherein zu vermeiden. Am ehesten ist hierfür eine unmissverständliche Aufklärung des Mandanten geeignet, die vorsorglich schriftlich erfolgen sollte. 61

3. Wettbewerbsrecht

Wettbewerbsrechtlich ist die Kooperation der Bürogemeinschaft vergleichbar. Sie muss alles vermeiden, was den Eindruck entstehen lassen könnte, es handele sich um eine Schein- oder Außensozietät. Entsteht ein solcher Eindruck, verhalten sich die Kooperationspartner berufswidrig und können gemäß § 3 UWG wettbewerbsrechtlich in Anspruch genommen werden. Die Kooperationspartner sollten deshalb, wenn sie die Kooperation nach außen kundgeben, durch den Zusatz „in Kooperation" oder auf ähnliche Weise verdeutlichen, dass es sich nicht um eine Sozietät handelt. Im Übrigen wird auf die Ausführungen unter I Rz. 137 verwiesen. 62

4. Haftung

Haftungsrechtlich unterscheidet sich die Kooperation nicht von der Bürogemeinschaft. Für berufliche Fehler eines Kooperationspartners haften die übrigen Partner nicht, da jeder zur Kooperation gehörende Partner die Mandatsverträge nur im eigenen Namen abschließt. Das gilt aber nur, wenn für den Mandanten erkennbar wird, dass er den Mandatsvertrag nur mit einem der Gemeinschaftsmitglieder abschließt. Bleibt das unklar – etwa weil das Mandat auf Briefpapier der Kooperation ohne klarstellende Hinweise bestätigt wird –, erwecken die Kooperationspartner den **Anschein einer Sozietät** und haften nach **Rechtsscheingrundsätzen** wie in einer Sozietät als Gesamtschuldner (siehe dazu oben Rz. 14). 63

Wegen einer möglichen gesamtschuldnerischen Haftung aus Rechtsscheingrundsätzen ist für jedes Mitglied der Kooperation **äußerste Vorsicht** angezeigt. Ob sich diese Haftungsfolge durch **erläuternde Zusätze** wie „in Kooperation mit ..." oder ähnliche Hinweise zuverlässig vermeiden lässt, ist mangels einschlägiger Rechtsprechung kaum vorherzusagen. Im Hinblick auf die 64 strengen Anforderungen der Rechtsprechung im Zusammenhang mit anwaltlicher Haftung wird sich eine gesamtschuldnerische Haftung aller Kooperationspartner nur vermeiden lassen, wenn die Kooperation keinen Zweifel daran aufkommen lässt, dass der Mandatsvertrag nur mit einem Kooperationsmitglied zustande kommt. Zu empfehlen ist, in der **Mandatsbestätigung** den Mandanten ausdrücklich darauf hinzuweisen, dass Mandatsträger nur das vom Mandanten angesprochene Mitglied der Kooperation ist, nicht aber die Kooperation selbst.

5. Honorarfragen

65 Die Partner einer Kooperation üben ihren Beruf nicht gemeinsam, sondern getrennt voneinander aus. Das hat zur Folge, dass jeder Kooperationspartner die ihm in Auftrag gegebenen Leistungen im **eigenen Namen** abrechnet und das in Rechnung gestellte Honorar **allein vereinnahmt**.

66 Im **Innenverhältnis** kann es Absprachen über die interne Verteilung der Einnahmen aus den mehreren Kooperationspartnern erteilten Mandaten geben. Solche Vereinbarungen sind für den Mandanten ohne Bedeutung. Er schuldet jedem von ihm beauftragten Kooperationspartner Honorar für dessen Leistungen. Nichts anderes gilt, wenn die Kooperation nicht nach außen auftritt und nur der beauftragte Kooperationspartner Honoraransprüche hat. Sieht der Kooperationsvertrag eine interne Verteilung des einem Kooperationsmitglieds zustehenden Honorars vor, schuldet der Mandant das vereinbarte oder nach den Vorschriften des Rechtsanwaltsvergütungsgesetzes angefallene Honorar nur dem von ihm beauftragten Kooperationspartner.

6. Risikomanagement

67 Die Mitglieder einer Kooperation sind – anders als die Mitglieder einer Bürogemeinschaft – nicht in Gefahr, in eine gesamtschuldnerische Haftung nach Rechtsscheingrundsätzen zu geraten. Die Kooperation tritt in der Regel nicht nach außen in Erscheinung. Jeder Kooperationspartner trägt damit nur für eigene Fehler das **Haftungsrisiko**.

68 Anders gestaltet sich das Haftungsrisiko, wenn die Kooperation von den einzelnen Kooperationspartnern nach außen kundgegeben wird. Nicht selten finden sich auf anwaltlichem Briefpapier **Hinweise auf eine überörtliche Kooperation**, z.B. „in Kooperation mit Rechtsanwälten A + B" oder „Kooperationspartner: Steuerberater C". Solche Hinweise sind gefährlich, weil das rechtsuchende Publikum die Unterschiede zwischen einer Sozietät und einer Kooperation nicht kennt und deshalb glaubt, die auf dem Briefpapier genannten Kooperationspartner seien in das Mandatsverhältnis eingebunden. Der auf diese Weise erzeugte **Rechtsschein** kann dadurch vermieden werden, dass auf dem **Vollmachtsformular** jeder Hinweis auf die Kooperation unterbleibt und dass in der **Mandatsbestätigung** ausdrücklich erwähnt wird, dass das Mandat sich nicht auf die im Briefkopf genannte Kooperation erstreckt und Leistungen der Kooperationspartner einen gesonderten Auftrag nebst Honorierung voraussetzen.

7. Berufshaftpflichtversicherung

Die Kooperationspartner müssen – entsprechend den für ihren Berufsstand geltenden Vorschriften – eine Berufshaftpflichtversicherung zur Deckung von Vermögensschäden abschließen. Für Rechtsanwälte ist das in § 51 BRAO, für Wirtschaftsprüfer und vereidigte Buchprüfer in § 54 WPO und für Steuerberater und Steuerbevollmächtigte in § 67 StBerG i.V.m. §§ 51 ff. DVStB geregelt. 69

Gehören der Kooperation **Angehörige nicht sozietätsfähiger Berufe** an, für die es keine gesetzlich geregelte Berufshaftpflichtversicherung gibt, steht der Abschluss eines eigenen Versicherungsvertrages in deren Belieben. Im eigenen Interesse sollten sich solche Kooperationspartner freiwillig versichern. Dennoch müssen die zur Kooperation gehörenden sozietätsfähigen Kooperationspartner **wachsam sein**. Sobald die Kooperation nach außen in Erscheinung tritt und damit die Gefahr einer gesamtschuldnerischen Haftung nach Rechtsscheingrundsätzen droht, sollten alle Kooperationspartner, die kraft Gesetzes eine Berufshaftpflichtversicherung unterhalten müssen, ihre Zusammenarbeit mit den nichtsozietätsfähigen Kooperationspartnern davon abhängig machen, dass diese sich in gleicher Weise versichern. Andernfalls kann bei einer gesamtschuldnerischen Haftung die eigene Berufshaftpflichtversicherung sehr schnell zur **Unterdeckung** führen. 70

Einstweilen frei. 71–78

VII. Steuerrecht

1. Allgemeines

Die sonstigen Kooperationen sind in erster Linie hinsichtlich der **Ertragsteuern** und der **Umsatzsteuer** von Bedeutung. Wenn kein besonderer Anlass besteht, beschränken wir uns auf diese beiden Steuern. 79

Bei den Personensteuern ist zu fragen, wer ist **Subjekt** der **Einkommen-** oder **Körperschaftsteuer?** Liegt ein eigenes Steuersubjekt vor oder eine steuerliche Mitunternehmerschaft? Oder ist keines von beiden verwirklicht? In diesem Fall regeln sich die Beziehungen der kooperativen Partner nach der Behandlung der Betriebseinnahmen und Betriebsausgaben.

Umsatzsteuerlich ist entsprechend zu fragen, ob ein **Umsatzsteuersubjekt** gegeben ist. Die Antworten im Ertragsteuer- und Umsatzsteuerbereich müssen nicht gleich ausfallen. Eine Kooperation ist schneller ein Umsatzsteuersubjekt denn ein Ertragsteuersubjekt. Bei den sonstigen Kooperationen dürften in der Praxis am ehesten im Rahmen der Umsatzsteuer Probleme auftreten.

In negativer Hinsicht **zeichnen** sich die Kooperationen wie folgt **aus**: 80

- Mandat und Aufträge werden nicht gemeinschaftlich, sondern im eigenen Namen entgegengenommen.
- Honorare und Entgelte werden getrennt vereinnahmt.

- Die Partner haften nicht wechselseitig für die Kanzlei und die Tätigkeit der jeweils anderen Partner.
- Im Geschäftsverkehr wird kein gemeinsamer Name geführt. Allenfalls wird auf die Kooperation nur informativ hingewiesen.

Sind diese Bedingungen gegeben, so liegt weder eine ertragswirtschaftliche Mitunternehmerschaft vor, noch wurde ein eigenständiger umsatzsteuerlicher Unternehmer begründet. **Fraglich** ist nur, ob diese Tatbestandsbedingungen in der Praxis in dieser Reinform verwirklicht werden.

2. Erscheinungsformen

a) Zusammenarbeit von Fall zu Fall

81 Die Partner, die von Fall zu Fall zusammenarbeiten, sind **eigene Einkommen-** oder **Körperschaftsteuersubjekte**. Abrechnungen zwischen beiden Partnern regeln sich nach Betriebseinnahmen- und Betriebsausgabenregeln.

Dies gilt unabhängig davon, ob es sich um eine **nationale** oder **internationale** Kooperation von Fall zu Fall handelt.

In aller Regel wird auch bei dieser Zusammenarbeit **kein** eigenständiger **umsatzsteuerlicher Unternehmer** gegründet.

82 Die **Leistungsbeziehungen** zwischen den Partnern sind umsatzsteuerlich jeweils gesondert zu beurteilen. Kommt es zu Leistungsabrechnungen, so ist im innerstaatlichen Bereich die Leistung mit Umsatzsteuer zu berechnen, während der Partner die Vorsteuer-Abzugsmöglichkeit hat. Im internationalen Bereich sind die Besonderheiten des **Dienstleistungsverkehrs über** die **Grenze** zu berücksichtigen.

b) Best-Friends-System

83 Hier gilt das Gleiche, das zu der Zusammenarbeit von Fall zu Fall gesagt ist (Rz. 81 f.).

c) Club-System

84 Der Club ist ertragsteuerlich noch **keine Mitunternehmerschaft**. Es handelt sich um eine „Verdichtung des Best-Friends-Systems" (Rz. 81 f.). Daher gilt ertragsteuerlich das zur Zusammenarbeit von Fall zu Fall Gesagte entsprechend (Rz. 81 f.).

85 **Umsatzsteuerlich** betreten wir den „Risikobereich". Hier ist entscheidend, wie der Club nach außen auftritt. Erbringt der Club nach außen eine eigene Leistung, so kann er umsatzsteuerlich Unternehmer werden. Er muss die Rechnungen ausstellen, nur so kann er den Vorsteuerabzug vermitteln. An ihn müssen die Vorleistungs-Rechnungen gerichtet werden, wenn sein Vorsteuerabzug gesichert sein soll. Hier sei auf das Problem hingewiesen. In der Regel wird allerdings auch der Club nicht nach außen als ein Unternehmer, der Anwaltsleistungen erbringt, auftreten.

d) Allianz-System

Auch insoweit liegt ertragsteuerlich eine **Mitunternehmerschaft** noch **nicht** vor. 86

Umsatzsteuerlich bewegt sich das Allianz-System einen Schritt weiter hin zum umsatzsteuerlichen Unternehmen. Das zu Rz. 85 Gesagte gilt verstärkt.

e) EWIV

Ertragsteuerlich verhält sich die Freiberufler-EWIV in Deutschland, die mit Gewinnerzielungsabsicht tätig wird, wie eine Mitunternehmerschaft (vgl. Art. 40 EWIV-VO)[1]. Zwar darf diese nach Art. 3 Abs. 1 EWIV-VO nicht den Zweck haben, Gewinne für sich selbst zu erzielen. Für die ertragsteuerliche Gewinnerzielungsabsicht nach § 15 EStG ist jedoch ausreichend, dass dies nur ein Nebenzweck ist. 87

Die Freiberufler-EWIV mit Gewinnerzielungsabsicht erzielt Einkünfte aus **selbständiger Tätigkeit** im Sinn des **§ 18 EStG**. Für sie gelten sodann die Regeln der Sozietät (siehe oben B).

Wird die EWIV ohne **Gewinnerzielungsabsicht** tätig, handelt es sich um eine reine Betriebsausgaben-Gemeinschaft[2].

Ertragsteuerlich kann auch für die Verteilung der Betriebsausgaben ein gesondertes **Feststellungsverfahren** durchgeführt werden, wenn die EWIV selbst die Aufwendungen getragen hat (§ 180 Abs. 1 Nr. 20 AO oder § 180 Abs. 2 AO i.V.m. der VO über die gesonderte Feststellung von Besteuerungsgrundlagen)[3].

Umsatzsteuerrechtlich ist die EWIV in der Regel Unternehmer, so dass es auf die Gewinnerzielungsabsicht nicht ankommt. Die Einnahmen sind die Kostenbeiträge der Gesellschafter[4]. 88

f) Sonstige Kooperationen

Bei sonstigen Kooperationen ist stets zu prüfen, ob ertragsteuerlich eine **Mitunternehmerschaft** vorliegt, und umsatzsteuerlich, ob sie sich zu einem **umsatzsteuerlichen Unternehmer** verdichtet hat. 89

1 *Spatscheck*, Die Besteuerung der Europäischen Wirtschaftlichen Interessenvereinigung, 1997, S. 28ff.
2 *Spatscheck*, a.a.O., S. 39.
3 Vgl. *Korn*, Freiberufler-Personengesellschaften und -Kapitalgesellschaften, 1998, Rz. 218.
4 *Korn*, Freiberufler-Personengesellschaften und -Kapitalgesellschaften, 1998, Rz. 219.

K. Europäische Wirtschaftliche Interessenvereinigung

	Rz.
I. Wesen und Bedeutung der EWIV *(Kilian)*	1
II. Grundlagen der EWIV *(Kilian)*	
1. Rechtliche Rahmenbedingungen	2
2. Unternehmensgegenstand	5
3. Vorzüge und Nachteile einer EWIV	10
a) Kooperation vs. EWIV	11
b) EWIV vs. transnationale Sozietät	12
III. Errichtung der EWIV *(Kilian)*	
1. Mitgliedschaftsfähigkeit	13
2. Mitgliederstruktur	15
3. Gründungsvertrag	18
4. Registerfragen	21
5. Name	24
6. Sitz	27
IV. Rechtsverhältnisse der Mitglieder untereinander *(Kilian)*	
1. Geschäftsführung	30
2. Sonstige Rechte und Pflichten der Mitglieder	37
a) Rechte der Mitglieder	38
b) Pflichten der Mitglieder	43
3. Buchführung/Bilanzierung	45
4. Veränderungen im Mitgliederbestand	46
a) Ausscheiden von Mitgliedern	46
b) Eintritt von Mitgliedern	50
c) Mitgliedschaft im Falle von Kanzleifusionen	51
V. Außenrecht der EWIV *(Kilian)*	
1. Teilnahme am Rechtsverkehr	52
2. Haftung	54
3. Außendarstellung	56
4. EWIV und Kartellrecht	59
VI. Beendigung der EWIV *(Kilian)*	60
VII. Steuerrecht *(Streck)*	62

Literatur (allgemein):

Abmeier, Die Europäische wirtschaftliche Interessenvereinigung und nationales Recht, NJW 1986, 2987; *Althoff*, Die EWIV als Kooperationsinstrument des Mittelstandes, Diss. Hannover 1993; *Anderson*, European Economic Interest Groupings, 1990; *Autenrieth*, Die inländische Europäische wirtschaftliche Interessenvereinigung (EWIV) als Gestaltungsmittel, BB 1989, 305; *Bach*, Die BGB-Gesellschaft als Mitglied einer Europäischen wirtschaftlichen Interessenvereinigung (EWIV)?, BB 1990, 1432; *Blomeyer*, Neue Impulse für den Genossenschaftsgedanken; Die Europäische wirtschaftliche Interessenvereinigung, ZfgG 1987, 144; *Böhringer*, Europäische wirtschaftliche Interessenvereinigung (EWIV), BWNotZ 1990, 129; *Brindlmayer/Förschle/Hense/Lenhard*, EWIV – Die Europäische wirtschaftliche Interessenvereinigung, 1989; *Deckert*, Europäisches Unternehmensrecht, EWS 1996, 365; *Döring*, Grenzüberschreitende Wirtschaftliche Zusammenarbeit in Europa (EWIV), 1993; *Eckhardt*, Einführung in das Recht der Europäischen wirtschaftlichen Interessenvereinigung (EWIV), MittBayNot 1989, 125; *Fey*, Rechnungslegungs- und Prüfungspflichten Europäischer wirtschaftlicher Interessenvereinigungen, DB 1992, 233; *Fritz*, Die Europäische wirtschaftliche Interessenvereinigung, Praxiskommentar, 1997; *Ganske*, Das Recht der Europäischen wirtschaftlichen Interessenvereinigung (EWIV), 1988; *Gleichmann*, Europäische wirtschaftliche Interessenvereinigung, ZHR 149 (1985), 633; *Gleichmann*, Überblick über neue Kooperationsformen und über Entwicklungen im Gesellschaftsrecht der Europäischen Wirtschaftsgemeinschaft, AG 1988, 159; *Gloria/Karbowski*, Die Europäische wirtschaftliche Interessenvereinigung (EWIV) – Rechtsgrundlagen, Zweck sowie Gründung einer EWIV mit Sitz in der Bundesrepublik Deutschland, WM 1990, 1313; *Hartard*, Die Europäische wirtschaftliche Interessenvereinigung im deutschen, englischen und französischen Recht, 1991; *Hatzig*, Die Europäische wirtschaftliche Interessenvereinigung, 1990; *Hausmaninger/Feyl*, Die Europäische wirtschaftliche Interessenvereinigung (EWIV), 1995; *von der Heydt/von Rechenberg*, Die Europäische wirtschaftliche Interessenvereinigung – Unter besonderer Berücksichtigung gesellschafts-, steuer- und kartellrechtlicher Aspekte, 1990; *Jahn*, Die gemeinschaftlich handelnden Mitglieder einer deutschen EWIV, 1996; *Kappus/Eckstein*, Europäische Wirtschaftliche Interessenvereinigung, AnwBl. 1992, 298; *Klein-Blenkers*, Wirtschaftliche Bedeutung und rechtliche Fragen zur Europäischen wirtschaftlichen Interessenvereinigung, DB 1994, 2224; *Kloiber*, Europäische wirtschaftliche Interessenvereinigung (EWIV), ÖJZ 1994, 641; *Knoll/Schüppen*, Die Europäische wirtschaftliche Interessenvereinigung (EWIV), WiB 1994, 889, 926; *Kollhosser/Raddatz*, Die Europäische Wirtschaftliche Interessenvereinigung (EWIV), JA 1989, 10; *Lentner*, Das Gesellschaftsrecht der Europäischen wirtschaftlichen Interessenvereinigung (EWIV), 1994; *Lenz*, Die EWIV mit dem Sitz in der Bundesrepublik Deutschland vor Eintragung, 1997; *Löffler*, Die Europäische Wirtschaftliche Interessenvereinigung in Österreich, 1998; *Meyer-Landrut*, Die Europäische Wirtschaftliche Interessenvereinigung, 1988; *Meyer-Landrut*, Europäische wirtschaftliche Interessenvereinigung (EWIV) – Eine neue Gesellschaftsform europäischen Rechts, RiW 1986, 107; *Müller-Gugenberger*, EWIV – Die neue europäische Gesellschaftsform, NJW 1989, 1449; *Müller-Gugenberger*, Die Firma der Europäischen wirtschaftlichen Interessenvereinigung, BB 1989, 1922; *Müller-Gugenberger*, Die EWIV im europäischen Wirtschaftsraum, EWS 1994, 346; *Müller-Gugenberger/Schötthöfer*, Die EWIV in Europa, Texte und Erläuterungen aus rechtsvergleichender Sicht, 1995; *Neye*, Die Europäische wirtschaftliche Interessenvereinigung – eine Zwischenbilanz, DB 1997, 861; *Pegger*, Die EWIV als neue Form grenzüberschreitender Zusammenarbeit, in: FS Lexa, 1995, S. 97; *von Rechenberg*, Die EWIV – Ihr Sein und Werden, ZGR 1992, 299; *Rinze*, Die Europäische wirtschaftliche Interessenvereinigung (EWIV) im Unternehmensverbund, 1996; *Rübesamen*, Die EWIV im deutschen und europäischen Wettbewerbsrecht, 1995; *Schäfer*, Die Europäische wirtschaftliche Interessenvereinigung (EWIV) als Institut sui generis, in: DACH (Hrsg.), Formen anwaltlicher Zusammenarbeit in Europa, 1995, S. 9; *Scriba*, Die Europäische wirtschaftliche Interessenvereinigung, 1989; *Selbherr/Manz*, Kommentar zur Europäischen Wirtschaftlichen Interessenvereinigung, 1995; *Thiery/Rief*, Die „EWIV" und das österreichische Gesellschaftsrecht, ecolex 1994, 815; *Töpfer/Mävers*, Die Europäische wirtschaftliche Interessenvereinigung (EWIV): Eine neue Gesellschaftsform für europaweite Kooperationen, in: Töpfer/Berger (Hrsg.), Unternehmenserfolg im Europäischen Binnenmarkt, 1991, S. 233; *Wegener*, Die Europäische wirtschaftliche Interessenvereinigung, Heidelberger Musterverträge, 1992; *Weimar*, Rechtsfragen der Europäischen wirtschaftlichen Interessenvereinigung, NWB 1989, 3187; *Weimar*, Die Europäische wirtschaftliche Interessenvereinigung im Gründungsstadium, DZWiR 1997, 441; *Wöbke/Danckwerts*, Europäische wirtschaftliche Interessenvereinigung: Eintragung mit reiner Sachfirma?, DB 1994, 413; *Wünsch*, Europäische wirtschaftliche Interessenvereinigung – wieder eine neue Gesellschaftsform, GesRZ 1994, 157, 280; *Wüst*, Ausbaubedürfnisse im Gesellschaftsrecht, JZ 1989, 270; *Zahorka*, Die Teilnahme von Drittlandsunternehmen an einer EWIV, EuZW 1994, 201; *Zahorka*, Europäische wirtschaftliche Interessenvereinigung (EWIV): Vertragsmuster, Eintragung, Gesetzestexte, 2. Aufl. 1996; *Zettelmeyer*, Die Europäische wirtschaftliche Interessenvereinigung (EWIV) – ihre Grundlagen und Struktur, DRiZ 1990, 161; *Ziegler*, Europäische Wirtschaftliche Interessenvereinigung, Rpfleger 1989, 261;

Ziegler, Zur Firma der Europäischen wirtschaftlichen Interessenvereinigung, Rpfleger 1990, 239.

Literatur (Freie Berufe):

Grüninger, Die deutsche Rechtsanwaltssozietät als Mitglied einer Europäischen Wirtschaftlichen Interessenvereinigung (EWIV), DB 1990, 1449; *Grüninger*, Die deutsche Rechtsanwaltssozietät als Mitglied einer EWIV, AnwBl. 1990, 228; *Grüninger*, Aspekte, Strategien und Möglichkeiten einer EWIV von Rechtsanwälten, AnwBl. 1992, 111; *Hauschka/von Saalfeld*, Die Europäische Wirtschaftliche Interessenvereinigung als Kooperationsinstrument für die Angehörigen der freien Berufe, DStR 1991, 1083; *Hetz*, Anwaltsgemeinschaften – die Anwendung der Gesellschaft bürgerlichen Rechts, der Gesellschaften des EGG sowie der Europäischen wirtschaftlichen Interessenvereinigung auf nationale und internationale Zusammenschlüsse von Rechtsanwälten, 1995; *Marx*, Die Europäische wirtschaftliche Interessenvereinigung (EWIV) als Kooperationsform für die freien Berufe, AnwBl. 1997, 241; *Römermann*, Entwicklungen und Tendenzen bei Anwaltsgesellschaften: Eine vergleichende Studie zu EWIV, Sozietät und Kapitalgesellschaft, 1995; *Zuck*, Die Europäische wirtschaftliche Interessenvereinigung als Instrument anwaltlicher Zusammenarbeit, NJW 1990, 954.

I. Wesen und Bedeutung der EWIV

Für die Organisation einer grenzüberschreitenden Kooperation steht Rechts- 1
anwälten mit der Europäischen Wirtschaftlichen Interessenvereinigung (EWIV) eine spezifische Rechtsform des Europäischen Rechts zur Verfügung. Sie ist nach deutschem Rechtsverständnis ein aliud zur „einfachen" Kooperation, die der BGH „als Zusammenarbeit ohne bestimmte gesellschaftsrechtliche Verpflichtungen als Partner einer … EWIV" beschrieben hat[1]. Mit der EWIV ist bereits 1985 durch EU-Sekundärrecht[2] eine supranationale europäische Gesellschaftsform geschaffen worden, die Unternehmen die (begrenzte) Möglichkeit zu grenzüberschreitender Kooperation ohne übermäßigen finanziellen und verwaltungstechnischen Aufwand bietet[3]. Durch die mit der EWIV geförderte unternehmerische Kooperation sollen für Unternehmen verbesserte Zutrittsmöglichkeiten zu einem den gesamten europäischen Wirtschaftsraum umfassenden Wirkungskreis geschaffen werden[4]. Die EWIV soll insbesondere für **kleinere und mittlere Unternehmen** attraktiv sein[5], die nicht von Hause aus eine internationale Ausrichtung aufweisen und denen mit einer supranationalen Gesellschaftsform Anreize für ein grenzüberschreitendes Tätigwerden geboten werden können. Adressaten sind vor diesem Hintergrund auch **Anwaltsgesellschaften**, die aufgrund ihrer traditionellen Verwurzelung in nationalstaatlichen Rechtssystemen Betätigungsmöglichkeiten jenseits von Staatsgrenzen erst entdecken und Märkte

1 BGH NJW 1993, 1331, 1332.
2 Verordnung 2137/85 v. 25. 7. 1985, ABl. Nr. L 199/1 v. 31. 7. 1985.
3 Zu Vorgeschichte und Vorbildern der EWIV umfassend Selbherr/Manz/*Manz*, S. 6ff.
4 Erwägungsgrund Nr. 1 der EWIV-VO.
5 *Rübesamen*, S. 31.

erschließen müssen. Es überrascht daher nicht, dass sich europaweit vor allem Dienstleistungsunternehmen in EWIVen zusammengeschlossen haben und unter den von Dienstleistern gegründeten EWIVen Anwaltskanzleien sowie Steuer- und Unternehmensberatungsgesellschaften den Hauptanteil stellen[1]. Gleichwohl ist festzustellen, dass die absolute Bedeutung der EWIV im Rechtsdienstleistungsmarkt bislang gering geblieben ist.

II. Grundlagen der EWIV

1. Rechtliche Rahmenbedingungen

2 Die EWIV-Verordnung stützt sich auf die Globalermächtigung des Art. 352 AEU, nach welcher der Rat auf Vorschlag der Kommission und nach Zustimmung des Parlaments einstimmig Vorschriften erlassen kann, soweit ein Tätigwerden der Gemeinschaft, für das im AEU die erforderlichen Befugnisse nicht ausdrücklich vorgesehen sind, erforderlich erscheint. Die Rechtssetzung im Wege einer Verordnung stellt gem. Art. 288 Abs. 2 AEU sicher, dass durch die unmittelbare Geltungswirkung der Verordnung in den Mitgliedsstaaten einheitliche Voraussetzungen ohne das Risiko einer Verwässerung der Regelungsanliegen durch nationalstaatliche Implementierungen gegeben sind. Der Preis einer solchen Verordnungslösung ist allerdings eine vergleichsweise geringe Regelungsdichte der EWIV-VO, die sich auf die Gründung, rechtliche Existenz und innere Verfassung der EWIV beschränkt.

3 Aus diesem Grund ist ein weitreichender **subsidiärer Rückgriff auf nationale Regelungen** notwendig. Die EWIV-VO bedient sich für die Bereiche, in denen keine eigenständigen Regelungen getroffen worden sind, einer umfassenden Verweisungstechnik durch Sachnorm- und Generalverweisungen. Bei Generalverweisungen muss mit Hilfe des Internationalen Privatrechts des Staats, dessen Gerichte zu einer Entscheidung angerufen worden sind, ermittelt werden, welche Sachnormen Anwendung finden. Mit **Generalverweisungen** arbeitet die EWIV-VO etwa hinsichtlich Fragen der Auflösung, Insolvenz, Liquidation und Verjährung. Bei der Sachnormermittlung erlangt die Frage Bedeutung, ob das nationalstaatliche Recht – wie etwa in den angelsächsischen Rechtsordnungen – bei Gesellschaften an das Recht des Gründungsstaats („Gründungstheorie") oder – wie Deutschland – an das Recht des tatsächlichen Sitzes („Sitztheorie") anknüpft[2]. **Sachnormverweisungen**, die unmittelbar das Recht eines bestimmten Staats zur Anwendung kommen lassen, finden sich in der EWIV-VO im Zusammenhang mit Regelungen des Gründungsvertrags, der inneren Verfassung, des Registers und Problemen der Geschäftsführerfähigkeit[3].

4 Nationales Recht kommt ferner unmittelbar zur Anwendung, soweit die EWIV-VO auf **Ausführungsbestimmungen** verweist, zu deren Erlass sie die

1 Vgl. die Nachweise bei *Rübesamen*, S. 21f. sowie Selbherr/Manz/*Manz*, S. 59 Rz. 23.
2 Zur Bedeutung der „Centros"-Entscheidung des EuGH oben Kap. G Rz. 12.
3 Vgl. die Übersicht bei Selbherr/Manz/*Manz*, S. 10ff.

Mitgliedsstaaten verpflichtet oder ausdrücklich ermächtigt[1]. Die Bundesrepublik Deutschland hat die notwendigen Ausführungsbestimmungen durch das EWIV-Ausführungsgesetz[2] und die Achte Verordnung zur Änderung der Handelsregisterverfügung[3] geschaffen[4].

2. Unternehmensgegenstand

Gem. Art. 3 Abs. 1 Satz 1 EWIV-VO hat die Vereinigung den Zweck, „die wirtschaftliche Tätigkeit ihrer Mitglieder zu erleichtern oder zu entwickeln sowie die Ergebnisse dieser Tätigkeit zu verbessern oder zu steigern; sie hat nicht den Zweck, Gewinne für sich selbst zu erzielen." Wenngleich Freiberufler nach klassischem Verständnis nicht gewerblich tätig sind, so ist ihre Tätigkeit gleichwohl als „wirtschaftlich" i.S.d. Art. 4 EWIV-VO aufzufassen: In Art. 4 Abs. 1 lit. b EWIV-VO ist die freiberufliche Tätigkeit im Zusammenhang mit natürlichen Personen ausdrücklich erwähnt, so dass der Begriff der „wirtschaftlichen Tätigkeit" der Inhaltsbestimmung durch die Mitgliedsstaaten entzogen worden ist[5]. 5

Da der Unternehmensgegenstand der EWIV im Zusammenhang mit der wirtschaftlichen Tätigkeit ihrer Mitglieder stehen muss und nur eine Hilfstätigkeit hierzu bilden darf[6] (Art. 3 Abs. 1 Satz 2 EWIV-VO), scheidet die EWIV als rechtliche Plattform für eine anwaltliche Berufsausübungsgesellschaft aus, da in ihr eine Vergesellschaftung der anwaltlichen Tätigkeit nicht möglich ist. Die EWIV darf zudem weder mittelbar noch unmittelbar Lenkungs- und Leitungsmacht über die Tätigkeiten ihrer Mitglieder ausüben („Beherrschungsverbot"), keine Anteile an Mitgliedsunternehmen halten („Beteiligungsverbot") und nicht Mitglied einer anderen EWIV sein[7]. 6

Bilden Anwaltskanzleien eine EWIV, folgt aus dem für die Vereinigung geltenden **Verbot eigener Rechtsberatungstätigkeit** (sog. „Ersetzungsverbot"), dass Mandate ausschließlich den EWIV-Mitgliedern erteilt werden können. Vertragspartner des Mandanten darf immer nur das einzelne Mitglied sein[8]. 7

Im anwaltlichen Kontext sind für eine EWIV aufgrund dieser Vorgaben vor allem folgende **Aufgaben** vorstellbar: 8

---

1 Zu den von den Mitgliedsstaaten verpflichtend zu regelnden Fragen vgl. Selbherr/Manz/*Manz*, S. 13f.

2 BGBl. 1988 I, 514ff.

3 BGBl. 1989 I, 1113f.

4 Zu den entsprechenden Ausführungsbestimmungen in den übrigen Ländern sowie dem dort einschlägigen Sachrecht siehe die Länderdarstellungen bei *Selbherr/Manz* und *von der Heydt/von Rechenberg*.

5 *Gleichmann*, ZHR 149 (1985), 633, 638f.; *Löffler*, S. 89f.; *Müller-Gugenberger*, NJW 1989, 1449, 1454; *Scriba*, S. 81; *Nerlich*, Kooperationsmöglichkeiten von Rechtsanwälten in der EU, Bonn 1994, S. 98.

6 Erwägungsgrund Nr. 5 der EWIV-VO.

7 Hierzu und zu weiteren Verästelungen der Betätigungsverbote für die EWIV *Hauschka/von Saalfeld*, DStR 1991, 1083, 1085.

8 Vgl. Selbherr/Manz/*Manz*, S. 61 Rz. 27. Reithmann/Martiny/*Mankowski*, Internationales Vertragsrecht, 6. Aufl. 2004, Rz. 2108.

- Koordinierung von Rechtsberatungstätigkeiten der Mitglieder[1]
- Bildung einer Bürogemeinschaft unter EU-Anwälten[2]
- Gemeinsame Aus- und Fortbildung von Mitarbeitern[3]
- Medienarbeit (unter Beachtung nationaler Werbeverbote für die in der EWIV tätigen Anwaltschaften)[4]
- Entwicklung anwaltsspezifischer Marketingstrategien[5]
- Akquisition von Großvorhaben (Rechtsberatungs-Joint-Ventures)[6].

9 Die Auflistung der typischen Tätigkeitsbereiche einer EWIV zeigt, dass die Gründung einer Vereinigung wenig zusätzliche Betätigungsmöglichkeiten bietet, die nicht auch bereits in einer engen Kooperation realisiert werden können. Der wesentliche Anreiz liegt daher in der Möglichkeit der **Vermarktung des Zusammenschlusses** in einer Weise, wie sie Kooperationen nicht möglich ist. Insbesondere für Anwälte aus Ländern, die ein sehr restriktives anwaltliches Werberecht kennen[7], stellt die Mitgliedschaft in einer EWIV eine Möglichkeit dar, auf ihre internationale Kompetenz durch den Hinweis auf die EWIV aufmerksam zu machen. Nach deutschem Berufsrecht ist der Hinweis auf die Mitgliedschaft unbedenklich, da er nur Informationen über eine zutreffende Tatsache enthält. Unbedenklich ist auch die Auflistung der Kanzleien der übrigen Mitglieder der Vereinigung[8]. Da sich die deutsche Rechtsprechung zunehmend großzügiger erweist, Hinweise auf „einfache" Kooperationen zuzulassen[9] – und auch in einigen anderen Ländern das anwaltliche Werberecht vor allem aus kartellrechtlichen Gründen liberalisiert werden musste – verliert der Marketingvorteil der EWIV im Vergleich zur Kooperation zunehmend an Bedeutung[10].

3. Vorzüge und Nachteile einer EWIV

10 Eine Kanzlei, die die Gründung einer EWIV erwägt, muss deren Vor- und Nachteile durch einen Vergleich mit alternativ denkbaren Organisationsmodellen abwägen. Eine weniger intensive Form des Zusammenschlusses stellt eine (grenzüberschreitende) Kooperation dar (ausführlich hierzu Kap. N Rz. 86ff. sowie zur Kooperation allgemein oben Kap. J), während die Grün-

1 *Nerlich*, S. 94; *Rübesamen*, S. 37.
2 *Zuck*, NJW 1990, 954, 958.
3 *Rübesamen*, S. 37; *Grüninger*, AnwBl. 1992, 111, 112; *Zuck*, NJW 1990, 954, 957.
4 *Nerlich*, S. 95f.
5 *Schiefer*, NJW 1987, 1969, 1972f.
6 *Zuck*, NJW 1990, 954, 957; *Nerlich*, S. 95; Selbherr/Manz/*Manz*, S. 61 Rz. 27.
7 Siehe umfassend *Mälzer*, Werbemöglichkeiten für Rechtsanwälte in der EU, 1995.
8 *Römermann*, S. 15.
9 BGH NJW 1993, 1331 = EWiR § 1 UWG 11/93 (*Henssler*).
10 *Henssler*, NJW 1993, 2137, 2143; *Klein-Blenkers*, DB 1994, 2224, 2225; *Römermann*, S. 15 Fn. 31.

dung einer multinationalen Sozietät eine deutlich engere Zusammenarbeit mit ausländischen Rechtsanwälten mit sich bringt.

a) Kooperation vs. EWIV

Bei einer Entscheidung zwischen einer losen Kooperation und einer EWIV dürften folgende Aspekte von Belang sein: Im Gegensatz zu einer EWIV weist eine lose, rein einzelvertragliche Kooperation eine geringere Regelungsdichte auf und bietet weniger ausgeprägte Synergiepotenziale. Die EWIV hat den Vorteil, dass sie einen organisatorischen Rahmen mit sich bringt, in dem die Zusammenarbeit erfolgt. Die Verhandlung von Einzelfragen erübrigt sich, eine Repräsentation nach außen ist eher möglich, und die Beteiligten signalisieren durch die EWIV in der Außendarstellung eine europafreundliche Gesinnung. Der EWIV als Trägerin eigener Rechte und Pflichten ist es möglich, Personal zu beschäftigen, Verträge zu schließen und Eigentum zu erwerben (hierzu unten Rz. 52ff.). Die Wahrnehmung als eigenständige Rechtsfigur bietet im Geschäftsverkehr im Vergleich zu losen Kooperationen ein erhöhtes Maß an Rechtssicherheit und Vertrauen für die Geschäftspartner. 11

b) EWIV vs. transnationale Sozietät

Wägt man die Vor- und Nachteile zwischen einer transnationalen Sozietät und einer EWIV gegeneinander ab, sind folgende Überlegungen von Bedeutung: Der Vorteil einer EWIV kann sein, dass sich die Mitglieder nicht dem für sie fremden Recht eines Staats unterstellen müssen, nach dem die transnationale Sozietät gegründet werden muss. Die Ansiedlung der transnationalen Sozietät in einer bestimmten Rechtsordnung führt zwangsläufig zu **Informationsasymmetrien** unter den Gesellschaftern, die eine psychologisch ungünstige Auswirkung auf die Herausbildung von Hierarchiestrukturen und Einflussmöglichkeiten innerhalb der Sozietät haben können. Die EWIV wahrt hingegen die juristische und wirtschaftliche Autonomie der Mitglieder und hält ein Gleichgewicht zwischen ihnen aufrecht. Die Kanzleiprofile müssen in einer EWIV zur Vermeidung von Friktionen nicht in ähnlichem Maße deckungsgleich sein wie bei einer durch Fusion entstehenden transnationalen Sozietät: In einer solchen muss zur Gewährleistung einer gleichen Ausgangsposition für alle Beteiligten die Vergleichbarkeit der Mandatsstrukturen und der Qualitätsstandards ebenso gewährleistet sein wie weitgehend identische Eintrittskriterien und Senioritätsstrukturen. Erwartete Erträge und Umsätze pro Anwalt und die hieraus resultierenden Vergütungssysteme dürfen nicht signifikant voneinander abweichen. Selbst wenn diese Rahmenbedingungen gewährleistet sind – was etwa bei Aufeinandertreffen deutscher und angelsächsischer Kanzleien oftmals nicht ohne weiteres der Fall ist – geht mit der Gründung einer transnationalen Sozietät ein beträchtlicher **Informations- und Verhandlungsaufwand** einher; verbunden hiermit sind erhebliche Kosten. Bei der Beteiligung einer deutschen Sozietät, in der Wirtschaftsprüfer, Steuerberater oder Anwaltsnotare tätig sind, stellt sich das Problem, dass in vielen Ländern den beim Fusionspartner tätigen Anwäl- 12 ten die **Vergesellschaftung mit Nicht-Anwälten** berufsrechtlich nicht gestattet ist. Die operative Tätigkeit der multinationalen Sozietät kann zudem durch die aus einer Vergesellschaftung resultierenden berufsrechtlichen Probleme wie grenzüberschreitende Interessenkonflikte oder Tätigkeitsverbote für einzelne Gesellschafter empfindlich beeinträchtigt werden, die sich bei einer loseren Kooperation in Form der EWIV nicht mit derselben Intensität stellen. Entscheidender Vorteil der multinationalen Sozietät ist allerdings die in allen anderen Formen der Zusammenarbeit nicht gegebene Möglichkeit der **Sozialisierung der Gewinne**, die ein maximales Engagement aller Beteiligten gewährleisten wird. Die Ansiedlung der Gesellschaft in einer steuergünstigen Rechtsordnung kann bei einer entsprechenden Rechtsformwahl zudem u.U. Steuervorteile bergen.

III. Errichtung der EWIV

1. Mitgliedschaftsfähigkeit

13 Gem. Art. 4 Abs. 1 lit. a EWIV-VO können Mitglieder einer EWIV (neben **natürlichen Personen**; lit. b) **Gesellschaften i.S.d. Art. 54 Abs. 2 AEU** und sog. „juristische Einheiten" sein. Notwendig ist, dass diese nach dem Recht eines Mitgliedsstaats gegründet worden sind sowie ihren Sitz *und* ihre Hauptverwaltung im Gemeinschaftsraum haben. Art. 4 Abs. 1 lit. a EWIV-VO ist somit restriktiver als Art. 54 AEU, der es für die Gewährung der Niederlassungsfreiheit ausreichend sein lässt, dass die Gesellschaft ihren Sitz *oder* ihre Hauptverwaltung *oder* ihre Hauptniederlassung in der Gemeinschaft hat.

14 Gesellschaften i.S.d. Art. 54 Abs. 2 AEU sind Gesellschaften des bürgerlichen Rechts und des Handelsrechts einschließlich der Genossenschaften und die sonstigen juristischen Personen des öffentlichen und privaten Rechts mit Ausnahme derjenigen, die keinen Erwerbszweck verfolgen[1]. Neben den als Organisationsformen für die anwaltliche Tätigkeit denkbaren Gesellschaftsformen der Partnerschaft, GmbH und AG ist nach ganz h.M. auch die GbR mitgliedsfähig[2]. Wenngleich § 1 EWIV-AusfG die Vereinigung für das deutsche Recht als OHG definiert, hat diese Einordnung als Handelsgesellschaft auf die Mitgliedsfähigkeit von Anwälten oder Anwaltsgesellschaften keine Auswirkung, da die EWIV keine Berufsausübungsgesellschaft ist.

2. Mitgliederstruktur

15 Voraussetzung für einen Zusammenschluss von Anwälten bzw. Anwaltsgesellschaften in einer EWIV ist, dass mindestens zwei **Mitglieder** der EWIV **unterschiedlichen Mitgliedsstaaten** zugerechnet werden können. Bei natürlichen Personen ist Anknüpfungskriterium der „Ort der Haupttätigkeit",

1 Selbherr/Manz/*Manz*, S. 51 Rz. 2.

2 Vgl. nur *Feuerich*, AnwBl. 1989, 361; *Grüninger*, AnwBl. 1990, 228, 232; *Meyer-Landrut*, S. 127; *Rabe*, NJW 1989, 1113, 1119; *Scriba*, S. 75; *Zuck*, NJW 1990, 954, 956; a.A. *Müller-Gugenberger*, NJW 1989, 1449, 1456.

bei Gesellschaften der „Ort der Hauptverwaltung“[1] (Art. 4 Abs. 2 EWIV-VO). Für natürliche Personen ist streitig, ob mit „Ort der Haupttätigkeit“ auf den Ort der geschäftlichen Leitung[2] oder auf den Schwerpunkt der wirtschaftlichen Tätigkeit[3] abzustellen ist. Im Hinblick auf eine erstrebenswerte Gleichbehandlung von natürlichen Personen und Gesellschaften wird sinnvollerweise auch bei natürlichen Personen auf das formelle Kriterium des „Ortes der geschäftlichen Leitung“ und damit bei Einzelanwälten auf den Kanzleisitz abzustellen sein. Anknüpfungskriterium ist nicht der jeweilige Herkunftsstaat der Mitglieder, sondern der tatsächliche Schwerpunkt der Erbringung der anwaltlichen Leistungen. Ein in Deutschland zugelassener Rechtsanwalt mit Haupttätigkeit im EU-Ausland kann daher mit einer „deutschen“ Kanzlei mit Ort der Haupttätigkeit in Deutschland eine EWIV gründen.

Auch wenn die Mindesterfordernisse durch EWIV-Mitglieder aus EU-Staaten 16 gewahrt werden, können **gemeinschaftsfremde Anwälte oder Anwaltsgesellschaften** nicht zusätzliches Mitglied der EWIV werden[4]. Denkbar wäre allenfalls – soweit nach ausländischem Berufsrecht entsprechende Holding- oder Konzernstrukturen zulässig sind – die Mitgliedschaft einer im EU-Raum ansässigen Tochtergesellschaft, die von einem Drittstaatunternehmen beherrscht wird. Die Gründung einer Zweigniederlassung in einem Mitgliedsstaat durch ein Drittstaatunternehmen ist nicht ausreichend, da der Zweigniederlassung die notwendige rechtliche Eigenständigkeit fehlt[5]. Denkbar ist lediglich, mit Drittstaatgesellschaften einen Zusammenarbeitsvertrag zu schließen, der inhaltlich weitestgehend deckungsgleich mit dem Gründungsvertrag der EWIV ist[6].

Die mögliche Zahl der Mitglieder einer in Deutschland eingetragenen EWIV 17 ist nicht beschränkt. Irland und Griechenland haben von der durch Art. 4 Abs. 3 EWIV-VO eingeräumten Möglichkeit[7] Gebrauch gemacht, die maximal mögliche Zahl der Mitglieder für in ihren Registern eingetragene Vereinigungen auf 20 zu begrenzen[8].

---

1 Zu Auswirkungen bei der Beteiligung von Gesellschaften aus Staaten, die gesellschaftsrechtlich der Gründungs- und nicht der Sitztheorie folgen, siehe Selbherr/Manz/*Manz*, S. 56 Rz. 16.

2 So etwa *Löffler*, S. 94 m.w.N.

3 So etwa *Zuck*, NJW 1990, 956.

4 H. M., *Zahorka*, EuZW 1994, 201, 202; *Löffler*, S. 95f.; a.A. *Straube*, FS Kastner, S. 427; *Autenrieth*, BB 1989, 308. Eine solche Möglichkeit sah der Entwurf der EWIV-VO noch ausdrücklich vor.

5 *Zahorka*, EuZW 1994, 201, 204. An diesem Kriterium scheitert auch die Gründung einer EWIV durch eine im Land A ansässige Gesellschaft und deren Zweigniederlassung im Land B; vgl. *Löffler*, S. 92f.

6 Vgl. umfassend *Zahorka*, EuZW 1994, 201ff. mit Vorschlägen zur näheren Ausgestaltung. Zu den damit verbundenen Problemen hinsichtlich Haftung und Beschlussfassung Selbherr/Manz/*Manz*, S. 54f. Rz. 13.

7 Eine Anzahl europäischer Länder kennt für Gesellschaften bürgerlichen Rechts Größenbegrenzungen. Durch Art. 4 Abs. 3 EWIV-VO sollte insofern eine Harmonisierung ermöglicht werden.

8 Selbherr/Manz/*Lazos*, S. 401 (zu Griechenland); Selbherr/Manz/*Linnane*, S. 505 (zu Irland).

3. Gründungsvertrag

18 Gemäß Art. 1 Abs. 2 EWIV-VO wird die EWIV durch Abschluss eines **schriftlichen Gründungsvertrages** durch zwei i.S.d. Art. 4 EWIV-VO mitgliedsfähige Gründer gegründet. Hinsichtlich der allgemeinen vertragsrechtlichen Fragen kommt gem. Art. 2 Abs. 1 EWIV-VO innerstaatliches Recht zur Anwendung. Die Errichtung einer EWIV durch Umwandlung, Verschmelzung oder Spaltung ist nicht möglich[1].

19 Art. 5 EWIV-VO bestimmt den **Mindestinhalt des Vertrages**. Dieser muss enthalten:

- Name (hierzu unten Rz. 24),
- Sitz (hierzu unten Rz. 27),
- Unternehmensgegenstand (oben Rz. 5),
- Mitglieder (Name bzw. Firma aller Mitglieder, ggf. ihre Rechtsform, ihr Sitz sowie Ort und Nummer der Registereintragung),
- Dauer, soweit nicht unbefristet,

der Vereinigung.

20 Aus diesen rudimentären Vorgaben folgt eine weitgehende Gestaltungsfreiheit der Parteien. Sinnvollerweise sollte der Gründungsvertrag regeln[2]:

- Beschlussfassung: Vereinbarung eines Umlaufverfahrens und – je nach Größe der EWIV – eines Mehrheits- anstelle Einstimmigkeitserfordernisses,
- Beitrags- und Einlageverpflichtungen,
- Befugnisse der Geschäftsführer,
- Einrichtung weiterer Organe,
- Gewinn- und Verlustverteilung,
- Beendigung der EWIV,
- Vertragssprache.

4. Registerfragen

21 Die EWIV entsteht mit Eintragung in das in den jeweiligen Mitgliedstaaten durch nationales Recht bestimmte Register[3], ein zentrales EU-weites EWIV-Register gibt es nicht[4]. Die **Eintragung** erfolgt in Deutschland in das Handels-

1 *Löffler*, S. 39; *Scriba*, S. 95; *Meyer-Landrut*, S. 126.

2 Musterverträge finden sich bei *Kappus/Eckstein*, AnwBl. 1992, 298 ff.; *Knoll/Schüppen*, WiB 1994, 926 ff.; *Zuck*, Vertragsgestaltung bei Anwaltskooperationen, S. 44 ff.

3 Zu Fragen der „Vor-Vereinigung" siehe *Lenz*, S. 140 ff.

4 Die EU führt im Geschäftsbereich der DG Internal Market Unit F4, Financial Reporting and Company Law eine sog. REGIE-Datenbank, in der sich EWIVen auf freiwilliger Basis verzeichnen lassen können.

register des gemäß § 8 HGB i.V.m. § 377 FamFG zuständigen Amtsgerichts, in dessen Bezirk die EWIV ihren im Gründungsvertrag genannten Sitz hat (anders als bei der OHG, für die es gem. § 106 Abs. 2 HGB auf den tatsächlichen Sitz ankommt). Die in die Abteilung A des Handelsregisters vorzunehmende Eintragung wirkt konstitutiv; § 123 Abs. 2 HGB gilt aufgrund vorrangigen europäischen Rechts nicht.

Das EWIV-spezifische **Registerverfahren** regelt gem. Art. 39 Abs. 1 EWIV-VO das EWIV-AusfG. Die anzumeldenden und einzutragenden Tatsachen entsprechen im Wesentlichen dem oben (Rz. 19f.) angegebenen zwingenden Inhalt des Gründungsvertrages mit der Erweiterung, dass die Geschäftsführer mit Namen, Beruf und Wohnsitz sowie mit der Angabe, ob sie allein oder nur gemeinschaftlich vertretungsbefugt sind, ebenfalls angemeldet werden müssen (§ 2 Abs. 2 Nr. 5 EWIV-AusfG). Bei einer als Gesellschaft bürgerlichen Rechts verfassten Anwaltsgesellschaft müssten i.S.d. § 2 Abs. 2 Nr. 4 EWIV-VO unter den einzutragenden „Namen ... eines jeden Mitglieds der Vereinigung" die Namen aller Gesellschafter mit dem Zusatz „in Gesellschaft bürgerlichen Rechts" gefasst werden. Da bei einer solchen Sichtweise jeder Wechsel im Mitgliederbestand der GbR zu einer eintragungspflichtigen Namensänderung der EWIV führen würde, tragen deutsche Registergerichte üblicherweise lediglich die Kanzleibezeichnung ein[1]. 22

Die Anmeldung ist von den **Geschäftsführern** zu bewirken (§ 3 Abs. 1 EWIV-AusfG). 23

5. Name

Die EWIV-VO spricht in ihrer deutschen Fassung hinsichtlich der Bezeichnung der EWIV in Abgrenzung zum Begriff der „Firma" in Art. 5 lit. a vom „Namen der EWIV". Da die EWIV-VO außer der Bestimmung, dass neben dem Namen voran- oder nachgestellt der Zusatz „Europäische Wirtschaftliche Interessenvereinigung" oder „EWIV" bzw. die in dem jeweiligen Mitgliedstaat gebräuchliche Entsprechung zu führen ist, keine weitergehenden Vorgaben enthält, finden grundsätzlich die Vorschriften des nationalen Rechts Anwendung. In Deutschland bestimmt sich der Name daher grundsätzlich nach dem Firmenrecht der OHG (§ 19 Abs. 1 Nr. 2 HGB), so dass eine Personen-, Sach oder Phantasiefirma zulässig ist[2]. Insbesondere im Hinblick auf die Möglichkeit der Kommunikation des Kooperationsgedankens einer EWIV ist eine Personenfirma denkbar ungeeignet. Die Namen bereits gegründeter Anwaltsvereinigungen belegen die durch die Verwendung einer Sachfirma eröffneten Marketingmöglichkeiten: *Eurojurist, European Law Firm, Parlex Group of European Lawyers, European Advertising Lawyers Association, Legal Alliance, Consulegis, Alliance of European Lawyers, Euro-Advocaten* oder *Ars Legis*. 24

---

1 Ausführlich *Römermann*, S. 18.

2 Der EuGH (NJW 1998, 972) hat in der Entscheidung *European Information Technology Observatory* klargestellt, dass die EWIV-VO über die Notwendigkeit des EWIV-Zusatzes den Mitgliedsstaaten keine weiteren namensrechtlichen Vorgaben macht.

25 Art. 25 EWIV-VO regelt näher, wie der Name der EWIV in der **Außendarstellung** zu verwenden ist: Auf „Briefen, Bestellscheinen und ähnlichen Schriftstücken" muss der Name der EWIV inklusive Rechtsformzusatz lesbar enthalten sein. „Briefe" meint den gesamten nach außen gerichteten Schriftverkehr der Vereinigung[1], nach allgemeiner Auffassung aber nicht Zeitungsinserate o.Ä.[2]. Ebenfalls erscheinen müssen Ort und Nummer der Registereintragung sowie die Anschrift der Vereinigung an ihrem Sitz. Den Schutzinteressen des Rechtsverkehrs ist hinreichend Rechnung getragen, wenn der Name mit vor- und nachgestelltem Zusatz einmal in lesbarer Form – etwa gemeinsam mit den weiteren Pflichtangaben in der Fußzeile – erscheint. Nicht notwendig ist, dass der EWIV-Zusatz auch bei einer blickfangmäßigen Herausstellung des Namens im Kopf verwendet wird, soweit an anderer Stelle auf demselben Schriftstück eine vollständige Namensverwendung erfolgt.

26 Keine Vorgaben enthält die EWIV-VO, in welcher **Sprache** die Pflichtangaben zu machen sind. Zum Teil wird vertreten, dass jedenfalls bei Kommunikation innerhalb des Sitzstaats eine offizielle Sprache dieses Staats zu verwenden ist[3]. Bei grenzüberschreitender Kommunikation beurteilt sich die Sprachproblematik nach dem Wettbewerbsrecht des Staats des Adressaten. Großbritannien konnte sich bei Schaffung der EWIV-VO nicht mit dem Wunsch durchsetzen, dass grundsätzlich die Sprache des Staats des Adressaten zu verwenden ist[4]. Der völlige Verzicht auf den Rechtsformzusatz stellt in Deutschland einen Verstoß gegen § 5 UWG bzw. § 43b BRAO dar, da in einem solchen Fall der unzulässige Eindruck einer internationalen Anwaltsgesellschaft bürgerlichen Rechts erweckt wird[5].

6. Sitz

27 Zwingend im Gründungsvertrag zu regeln ist der Sitz der EWIV, da dieser das subsidiär gemäß Art. 2 Abs. 1 EWIV-VO anwendbare Recht bestimmt. Der Sitz der EWIV kann innerhalb des Europäischen Wirtschaftsraumes frei gewählt werden, soweit eine Anknüpfung an bestimmte Tatsachen gewährleistet ist: Art. 12 EWIV-VO gestattet insofern **zwei Anknüpfungspunkte**. Als Sitz kann zum einen der Ort, an dem die Vereinigung ihre Hauptverwaltung hat, bestimmt werden (Art. 12 lit. a EWIV-VO). Der Sitz der Hauptverwaltung befindet sich dort, wo die leitenden Entscheidungen des laufenden Geschäfts- und Verwaltungsbetriebes gefasst und in Geschäftsführungsakte umgesetzt werden[6]. Möglich ist eine Sitznahme auch am Ort der Hauptverwaltung eines der Mitglieder der EWIV (Art. 12 lit. b EWIV-VO). Art. 12 EWIV-VO stellt somit eine Vermengung der Sitz- und Gründungstheorie (ausführlich oben Kap. G Rz. 12ff.) dar, weil zwar grundsätzlich für die Bestim-

---

1 Selbherr/Manz/*Manz/Zwosta*, S. 153.
2 Selbherr/Manz/*Manz/Zwosta*, S. 153; *Löffler*, S. 217; *Scriba*, S. 157.
3 *Löffler*, S. 218; a.A. *Scriba*, S. 57; Selbherr/Manz/*Manz/Zwosta*, S. 153.
4 Vgl. *Scriba*, S. 157; eine solche Verpflichtung dürfte schwerlich mit Art. 34 AEU vereinbar sein.
5 *Römermann*, S. 15.
6 *Löffler*, S. 45f.

mung des Personalstatuts der Gesellschaft auf die aus der Hauptverwaltung der EWIV resultierende Nähebeziehung zu einer bestimmten Rechtsordnung abgestellt wird. Möglich ist aber aufgrund Art. 12 lit. b EWIV-VO auch die Sitznahme an einem Ort, an dem sich lediglich die Hauptverwaltung eines Mitglieds, nicht aber der EWIV selbst befindet („abgeschwächte Sitztheorie").

Gem. Art. 13 EWIV-VO kann der Sitz der EWIV innerhalb der Gemeinschaft beliebig verlegt werden. Erfolgt die **Sitzverlegung** innerhalb eines Gebiets, das demselben Recht untersteht, genügt eine Beschlussfassung unter den gründungsvertraglich vorgesehenen Bedingungen und Anmeldung zum zuständigen Register. Eine Sitzverlegung bei Wahrung der rechtlichen Identität unter Wechsel des anwendbaren Rechts ist gem. Art. 14 EWIV-VO möglich, hierfür sind zum Schutz des Rechtsverkehrs umfangreiche Publizitätsmaßnahmen vorgesehen: Die Mitglieder müssen einen Verlegungsplan erstellen, der Auskunft über den künftigen Sitz und beabsichtigten Zeitpunkt der Verlegung geben muss. Der Verlegungsplan muss hinterlegt (Art. 7 Satz 2 lit. i EWIV-VO) und bekanntgemacht (Art. 8 Satz 1 lit. c EWIV-VO) werden (Art. 14 Abs. 1 Satz 1 EWIV-VO). Frühestens nach Ablauf einer Zweimonatsfrist ab Bekanntmachung kann einstimmig der Beschluss über die Verlegung gefasst werden (Art. 14 Abs. 1 Satz 2 EWIV-VO). Ein bei Aufstellung des Verlegungsplanes aufschiebend bedingter gefasster Verlegungsbeschluss ist ebenso nichtig wie ein unbedingter vorzeitiger Beschluss[1]. Unter Vorlage von Verlegungsbeschluss und Nachweis der Bekanntmachung des Verlegungsplans kann sodann die Eintragung der EWIV im Register des neuen Sitzstaats und, ist diese erfolgt, mit entsprechendem Registerauszug die Löschung im bisherigen Sitzstaat veranlasst werden (Art. 14 Abs. 1 Satz 5; Abs. 2 EWIV-VO). Mit Bekanntmachung der Registrierung im neuen Sitzstaat kann sich die EWIV gegenüber Dritten auf die Rechtswirkungen des neuen Sitzes berufen (Art. 14 Abs. 3 EWIV-VO). 28

Die EWIV kann in ihrem Sitzstaat eine oder mehrere **Niederlassungen** unterhalten, die zum Register anzumelden sind (Art. 7 lit. b EWIV-VO). Als Gesellschaft im Sinne des Art. 54 AEU genießt sie im Europäischen Wirtschaftsraum Niederlassungsfreiheit und kann daher auch in jedem Mitgliedsland eine Zweigniederlassung gründen[2]. Dies ist insbesondere für Anwaltsvereinigungen, die zum Zwecke der Bereitstellung einer von den Mitgliedern an verschiedenen Standorten gemeinsam genutzten Infrastruktur gegründet werden, hilfreich. Gem. Art. 10 EWIV-VO sind die ausländischen Niederlassungen im zuständigen Register des Mitgliedstaats unter Hinterlegung sämtlicher – gegebenenfalls übersetzter – Urkunden, die bereits im Sitzstaat zu hinterlegen waren, eintragen zu lassen. Keine Aussagen trifft die EWIV-VO zu Niederlassungen einer EWIV außerhalb des Europäischen Wirtschaftsraums. Europarechtlich sind sie daher nicht verboten[3]; 29

1 Selbherr/Manz/*Manz/Zwosta*, S. 99.
2 Nach der Rechtsprechung des EuGH (EuGHE 1987, 2183 – Somafer ./. Saar-Ferngas) reicht ein bloßes Büro nicht aus, um die Annahme einer Zweigniederlassung zu rechtfertigen. Notwendig ist vielmehr eine gewisse Selbstständigkeit.
3 Vgl. *Knoll/Schüppen*, WiB 1994, 890f.

ihre Zulässigkeit richtet sich ausschließlich nach dem Recht des Staats, in dem die EWIV eine Zweigniederlassung gründen will. Reizvoll kann die Einrichtung einer Zweigstelle in neu zu erschließenden Beratungsmärkten wie beispielsweise Osteuropa sein, in denen einzelne Kanzleien die Kosten für Niederlassungen anfänglich kaum erwirtschaften können.

IV. Rechtsverhältnisse der Mitglieder untereinander

1. Geschäftsführung

30 Die Geschäftsführer der EWIV sind gem. Art. 16 Abs. 1 EWIV-VO – neben den gemeinschaftlich handelnden Mitgliedern – zwingendes (gekorenes) Organ der Vereinigung. Zur Geschäftsführung können durch Gründungsvertrag oder Beschluss der Mitglieder **eine oder mehrere natürliche oder juristische Personen** bestellt werden. Art. 19 Abs. 2 EWIV-VO sieht eine Ermächtigung vor, aufgrund derer die einzelnen Mitgliedstaaten auch juristischen Personen eine Geschäftsführerstellung ermöglichen können. Deutschland hat hiervon keinen Gebrauch gemacht. Das im deutschen Recht für Personengesellschaften geltende Prinzip der Selbstorganschaft ist durch Art. 19 EWIV-VO durchbrochen, da die Geschäftsführerstellung nicht an eine Mitgliedschaft in der Vereinigung geknüpft ist. Im deutschen Ausführungsgesetz war daher hinsichtlich der näheren Ausgestaltung der Geschäftsführerstellung ein Rückgriff auf GmbHG und AktG notwendig: § 5 EWIV-AusfG bestimmt die Sorgfaltsanforderungen durch den Maßstab des „ordentlichen und gewissenhaften Geschäftsleiters" identisch zu jenen der Vorstandsmitglieder einer AG (§ 93 AktG). Der Sorgfaltsmaßstab ist objektiviert: Persönliche Eigenschaften des Geschäftsführers wie Alter oder Berufserfahrungen sind unerheblich[1]. § 5 Abs. 1 S. 2 EWIV-AusfG verpflichtet die Geschäftsführer zur Verschwiegenheit, § 5 Abs. 2 EWIV-AusfG bei schuldhaften Pflichtverletzungen (ggf. gesamtschuldnerisch) zum Ersatz des entstehenden Schadens.

31 Die Geschäftsführerstellung eines deutschen Rechtsanwalts, egal ob zugleich in einem Mitglied der Vereinigung tätig oder nicht, unterliegt trotz der Anlehnung der Geschäftsführerregelung an das Recht der GmbH im Lichte der Zweitberufsentscheidung des BVerfG und der Zulässigkeit der Rechtsanwalts-GmbH keinen berufsrechtlichen Bedenken[2].

32 Den Geschäftsführern obliegt es gem. Art. 19 Abs. 1 EWIV-VO, die Geschäfte der Vereinigung zu führen. Aufgrund der Stellung als Fremdorgan ist im deutschen Recht ein Rückgriff auf § 37 GmbHG hilfreich, da die in § 116 HGB angelegte Differenzierung nach laufender Geschäftsführung und ungewöhnlichen Geschäftsführungsmaßnahmen keinen Sinn macht. Mangels abweichender Vereinbarungen im Gründungsvertrag sind die Ge-

---

1 Selbherr/Manz/*Manz/Zwosta*, S. 310.

2 Die diesbezügliche Diskussion (vgl. *von Rechenberg*, ZGR 1992, 299, 305; *Zuck*, NJW 1990, 953, 957) ist aufgrund der bundesverfassungsgerichtlichen Vorgaben zu § 7 Nr. 8 BRAO in der „Zweitberufsentscheidung" (NJW 1993, 317) mittlerweile weitgehend gegenstandslos.

schäftsführer daher zu allen Geschäftsführungsmaßnahmen gleich welchen Ausmaßes mit Ausnahme der in der EWIV-VO ausdrücklich den Mitgliedern zugewiesenen Grundlagengeschäfte berechtigt[1]. Zur Geschäftsführung zählen darüber hinaus die durch die EWIV-VO vorgegebenen organisationsrechtlichen Maßnahmen im Innenverhältnis (z.B. Art. 17 Abs. 4 EWIV-VO) sowie die Wahrung der Pflichten gegenüber dem Registergericht. Im Innenverhältnis kann die **Geschäftsführungsbefugnis** durch Einzelweisungen, Richtlinien oder Anstellungsvertrag umfassend beschränkt werden.

Die EWIV wird ausschließlich durch einen oder mehrere Geschäftsführer vertreten[2]. Sind mehrere Geschäftsführer bestellt, geht Art. 20 Abs. 1 EWIV-VO von Einzelvertretung aus, so dass Gesamtvertretung gründungsvertraglich vereinbart (Art. 20 Abs. 2 S. 1 EWIV-VO), bekanntgemacht und auf Drucksachen der EWIV erwähnt (Art. 25 S. 1 lit. d EWIV-VO) werden muss. Die **Vertretungsmacht** ist im Außenverhältnis unbeschränkbar (Art. 20 Abs. 1 S. 3 EWIV-VO). Selbst wenn die Handlungen des Geschäftsführers nicht zum Unternehmensgegenstand der EWIV gehören, verpflichtet er die EWIV. Dies gilt nur dann nicht, wenn die EWIV beweist, dass der Dritte Kenntnis hatte oder hätte haben müssen, dass der Geschäftsführer außerhalb des Unternehmensgegenstandes der EWIV handelte (Art. 20 Abs. 1 S. 2 EWIV-VO). 33

Die EWIV-VO trifft keine Regelung hinsichtlich des **Widerrufs der Bestellung** – die EWIV-VO spricht untechnisch von „Entlassung" – und überlässt diese Fragen dem Gründungsvertrag. Der deutsche Gesetzgeber hat zur Vermeidung hieraus resultierender Regelungslücken in § 7 EWIV-AusfG angeordnet, dass mangels anders lautender Bestimmung die Bestellung der Geschäftsführer jederzeit widerruflich ist. Die Folgen eines wirksamen Widerrufs sind der einheitliche Wegfall von Geschäftsführungsbefugnis und Vertretungsmacht. Die – vom neuen Geschäftsführer zu bewirkende – Registereintragung (Löschung) ist deklaratorisch; gutgläubige Dritte sind bis zur Bekanntmachung der Löschung durch § 15 Abs. 1 HGB geschützt. 34

Art. 19 Abs. 3 EWIV-VO befasst sich ausschließlich mit der Begründung und Beendigung der organschaftlichen Stellung der Geschäftsführer. Das daneben bestehende Vertragsverhältnis zwischen Vereinigung und Geschäftsführer richtet sich nach den Vorschriften des jeweils anwendbaren nationalen Rechts, das nach den Regeln des IPR zu bestimmen ist[3]. Welches Recht auf den **Anstellungsvertrag** anzuwenden ist, hängt von der arbeitsrechtlichen Einordnung der Geschäftsführertätigkeit ab. Da ein Organmitglied im deutschen Recht nach ganz h.M. nicht als Arbeitnehmer qualifiziert wird, erfolgt die Anknüpfung nicht gem. Art. 8 Rom I-VO, sondern nach Art. 4 Rom I-VO. Anwendbar ist daher das Recht des Staats, in dem der Geschäftsführer nach dem Anstellungsvertrag tätig werden soll. 35

1 *Meyer-Landrut*, S. 51 f.; *Löffler*, S. 203 f.; *Weimar/Delp*, WPg 1989, 93.

2 Zur Möglichkeit der Prokuraerteilung für eine EWIV mit Sitz in Deutschland gemäß § 1 EWIV-AusfG i.V.m. §§ 48, 126 Abs. 1 HGB siehe *Meyer-Landrut*, S. 54 f.

3 Denkbar ist auch, dass ein Mitglied der EWIV einen seiner Arbeitnehmer als Geschäftsführer in die EWIV entsendet und somit nicht die EWIV, sondern ein Dritter Vertragspartner des Geschäftsführers ist, vgl. *Löffler*, S. 198.

36 Es ist denkbar, zusätzlich zu den Geschäftsführern durch Gründungsvertrag weitere Organe der Vereinigung zu kreieren. Aus Anwaltsvereinigungen ist, angelehnt an das angelsächsische *board regime*, die Einrichtung eines **Beirates** als Bindeglied zwischen Geschäftsführung und Mitgliederversammlung bekannt. Auch die Benennung eines **Ombudsmanns** für die Schlichtung von Streitigkeiten innerhalb der EWIV ist denkbar[1].

2. Sonstige Rechte und Pflichten der Mitglieder

37 Ausdrückliche Bestimmungen finden sich in der EWIV-VO lediglich zu Stimm- und Auskunftsrecht, während Fragen der Vermögensordnung und der Mitwirkungspflichten dem nationalen Recht überlassen bleiben.

a) Rechte der Mitglieder

38 Art. 17 Satz 1 EWIV-VO bestimmt, dass jedes Mitglied der EWIV mindestens eine Stimme besitzen muss. Zwar kann im Gründungsvertrag Mitgliedern ein Mehrstimmrecht eingeräumt werden, allerdings darf dies nicht zur Stimmenmehrheit eines einzelnen Mitglieds führen. Ein **Stimmrecht** nach Kapitalanteilen ist nach h.M. unzulässig[2]. Für Fragen der Ausübung des Stimmrechts gelten das anwendbare nationale Recht bzw. die gründungsvertraglichen Regelungen. In Ermangelung von Vorgaben des deutschen OHG-Rechts empfehlen sich diesbezügliche vertragliche Vereinbarungen. Denkbar ist ein Erfordernis schriftlicher Stimmabgabe, für bestimmte Fälle evtl. in notariell beglaubigter Form. Ein Umlaufverfahren erscheint am praktikabelsten, denkbar sind auch Telefon- oder Videokonferenzen. Eine gründungsvertraglich vereinbarte Dokumentation der Beschlussfassung ist ratsam, da gemäß Art. 7 EWIV-VO bestimmte Beschlüsse ohnehin urkundlich belegt zum Register zu melden sind. Soweit man die Stimmabgabe mit der h.M. als Willenserklärung ansieht, ist hinsichtlich Fragen der Qualifizierung, des Zugangs, von Mängeln und der Anfechtung gemäß Art. 2 Abs. 1 EWIV-VO das innerstaatliche Recht des Sitzstaats anzuwenden, da die Stimmabgabe zur inneren Verfassung der Vereinigung im Sinne der Sachnormverweisung des Art. 2 EWIV-VO zählt. Der einer EWIV immanente Kooperationsgedanke kommt durch die Regelung zum Ausdruck, dass jeder Geschäftsführer und jedes Mitglied der EWIV gemäß Art. 17 Abs. 4 EWIV-VO verlangen kann, dass die Geschäftsführer eine Konsultation der Mitglieder arrangieren, damit diese einen Beschluss fassen[3]. **Stimmrechtsausschlüsse** können sich für eine EWIV mit Sitz in Deutschland nach den von Lehre und Rechtsprechung entwickelten Grundsätzen von Interessenkonflikten in der OHG ergeben[4]. Vertraglich vereinbarte Stimmrechtsausschlüsse, die für die OHG verbreitet als zulässig angesehen werden, sind mit dem Wesen der auf Kooperation und wechselseitige Interessenwahrnehmung angelegten

---

1 Vgl. *Marx*, AnwBl. 1997, 241, 244.

2 *Meyer-Landrut*, S. 39; von der Heydt/von Rechenberg/*von Rechenberg*, S. 48; einschränkend *Löffler*, S. 102.

3 Zu speziellen Problemen des Art. 17 Abs. 4 EWIV-VO umfassend *Löffler*, S. 105f.

4 Näher *Michalski*, OHG-Recht, 2000, § 119 Rz. 34.

EWIV nicht vereinbar[1]. **Stimmrechtsabspaltungen** sind ebenso wie in der OHG trotz des in der EWIV nicht geltenden Prinzips der Selbstorganschaft auch mit Zustimmung aller Gesellschafter nicht zulässig[2]. Allein möglich ist eine – sinnvollerweise im Gründungsvertrag eingeräumte[3] – Stimmrechtsabspaltung aufgrund rechtsgeschäftlicher Vertretung im Einzelfall. Die Zulässigkeit von **Stimmrechtsbindung**sverträgen innerhalb der EWIV ist umstritten[4], aber nach allgemeinen Grundsätzen[5] zu bejahen.

Für bestimmte Beschlüsse sieht Art. 17 Abs. 2 EWIV-VO ein **Einstimmigkeitserfordernis** vor. Für alle anderen Beschlüsse kann gründungsvertraglich ein **Mehrheitserfordernis** bestimmt werden (Art. 17 Abs. 3 S. 2 EWIV-VO); unterbleibt dieses, sind auch alle übrigen Beschlüsse einstimmig zu fassen (Art. 17 Abs. 3 S. 2 EWIV-VO). 39

Art. 18 EWIV-VO eröffnet jedem Mitglied das unbeschränkbare und unabdingbare Recht, von den Geschäftsführern Auskünfte über die Geschäfte der Vereinigung zu erhalten und Einsicht in die Bücher und Geschäftsunterlagen zu nehmen. Der Anspruch ist ein Individualanspruch des Mitglieds und richtet sich gegen die EWIV, nicht gegen die Geschäftsführer persönlich[6]. Für seine Durchsetzung ist kein bestimmtes Interesse nachzuweisen. Der nähere Inhalt des **Auskunfts- und Einsichtsrecht**s bestimmt sich im deutschen Recht analog § 51a GmbHG[7]. Ein Verweigerungsrecht kommt den Geschäftsführern nur bei rechtsmissbräuchlicher Ausübung des Anspruchs zu[8]. Bei einer Anwalts-EWIV ist dies typischerweise der Fall, wenn sich die begehrten Auskünfte auf Tatsachen erstrecken, die der anwaltlichen Schweigepflicht eines anderen Mitglieds unterfallen. Für die Ausübung des Einsichtsrechts ist – soweit nicht ohnehin vernünftigerweise entsprechend im Gründungsvertrag eingeräumt – nach der Rechtsprechung zu § 118 HGB[9] die Zuziehung von berufsmäßig zur Verschwiegenheit verpflichteten Sachverständigen möglich. 40

Wenn auch der Zweck der EWIV gem. Art. 3 Abs. 1 EWIV-VO nicht die Gewinnerzielung sein darf, so unterliegt die EWIV keinem Gewinnerzielungsverbot[10]. Gewinne der EWIV sind gem. Art. 21 Abs. 1 EWIV-VO zu gleichen 41

---

1 Siehe auch *Lentner*, S. 100f.

2 Von der Heydt/von Rechenberg/*von Rechenberg*, S. 48; *Lentner*, S. 101; *Löffler*, S. 110; a.A. *Meyer-Landrut*, S. 48f. Trotz der möglichen Drittorganschaft ist für die EWIV der personenrechtliche Charakter bestimmend, mit dem eine Stimmrechtsabspaltung nicht verträglich ist.

3 Ohne eine solche Klausel ist eine Vertretung nach den für die OHG entwickelten Grundsätzen nur mit Zustimmung aller Mitglieder möglich.

4 Bejahend von der Heydt/von Rechenberg/*von Rechenberg*, S. 49; *Löffler*, S. 112. Ablehnend *Scriba*, S. 116.

5 *Michalski*, OHG-Recht, § 119 Rz. 41ff.

6 *Löffler*, S. 117.

7 Str., wie hier *Meyer-Landrut*, S. 67; *Baumbach/Hopt*, Anh. § 160 Rz. 28.

8 Näher von der Heydt/von Rechenberg/*von Rechenberg*, S. 64; *Löffler*, S. 118.

9 BGHZ 25, 112; BGH BB 1962, 899.

10 *Meyer-Landrut*, RIW 1986, 108; Selbherr/Manz/*Selbherr/Zwosta*, S. 135; *Löffler*, S. 121.

Teilen auf die Mitglieder zu verteilen, soweit der Gründungsvertrag keinen anderen Schlüssel vorsieht. Da Art. 21 EWIV-VO lediglich die Gewinnverteilung, nicht aber die Gewinnermittlung regelt, ist hierfür § 120 Abs. 1 HGB heranzuziehen[1], so dass die Gewinnermittlung über den Jahresabschluss erfolgt, zu dessen Aufstellung die Geschäftsführer gem. § 6 EWIV-AusfG verpflichtet sind. Ein **gewinnunabhängiges Entnahmerecht** in Höhe von jährlich 4 % des für das letzte Geschäftsjahr festgestellten Kapitalanteils gemäß § 122 Abs. 1 HGB wird allgemein bejaht[2]. Allerdings sind bei einer EWIV weder Sinn und Zweck der Vorschrift – Finanzierung des Lebensunterhalts der Gesellschafter – angesprochen, noch ist die EWIV i.S.d. §§ 120ff. HGB nach Kapitalanteilen strukturiert. Sinnvollerweise sollte die Geltung des § 122 HGB daher gründungsvertraglich ausgeschlossen werden.

42 Die EWIV-VO trifft keine Regelungen hinsichtlich **Aufwendungsersatzansprüchen** der Mitglieder. Gemäß § 1 EWIV-AusfG i.V.m. § 110 HGB hat das Mitglied einer EWIV mit Sitz in Deutschland Anspruch auf Ersatz der Aufwendungen, die es in Gesellschaftsangelegenheiten getätigt hat und den Umständen nach für erforderlich halten durfte.

b) Pflichten der Mitglieder

43 Die Grundsätze der **Treuepflicht** in Personengesellschaften gelten gem. § 1 EWIV-AusfG auch bei der EWIV. **Beitragspflichten** sieht die EWIV-VO nicht vor. Im Rahmen des Gründungsvertrages kann jedoch die Leistung von Bar- oder Sacheinlagen vorgesehen sowie die Zahlung jährlicher Mitgliederbeiträge (vgl. Art. 17 Abs. 2 lit. e EWIV-VO) vereinbart werden. Aus Art. 21 Abs. 2 EWIV-VO ergibt sich, dass Verluste einer EWIV jährlich durch die Mitglieder im Zweifel zu gleichen Teilen unmittelbar auszugleichen sind. Das für die OHG gem. §§ 112, 113 HGB geltende **Wettbewerbsverbot** ist auf die Mitglieder hinsichtlich der die Mitgliedschaft in der EWIV ermöglichenden Tätigkeit unanwendbar, da sich in einer EWIV typischerweise Mitglieder zusammenschließen, die im selben „Handelszweig" tätig sind und die EWIV zu dieser Primärtätigkeit lediglich eine komplementäre Funktion ausübt. Allerdings beansprucht das Wettbewerbsverbot Geltung hinsichtlich der Mitgliedschaft an einer anderen EWIV mit demselben Unternehmensgegenstand. Eine Sozietät kann daher nicht an zwei Anwaltsvereinigungen beteiligt sein, es sei denn, dass diese etwa aufgrund besonderer Spezialisierung ihrer Mitglieder ganz unterschiedliche Zielrichtungen haben.

44 Die **Durchsetzung** der Mitgliederpflichten erfolgt entweder durch die EWIV selbst, vertreten durch ihre Geschäftsführer, oder hinsichtlich sog. Sozialansprüche durch einzelne Mitglieder im Rahmen der auch in der EWIV möglichen actio pro socio.

---

1 *Meyer-Landrut*, S. 71; *Löffler*, S. 122; a.A. von der Heydt/von Rechenberg/*von Rechenberg*, S. 66.

2 Von der Heydt/von Rechenberg/*von Rechenberg*, S. 67; *Lentner*, S. 125; *Löffler*, S. 123.

3. Buchführung/Bilanzierung

Für eine EWIV mit Sitz in Deutschland sind gem. § 6 EWIV-AusfG die Geschäftsführer zur ordnungsgemäßen Buchführung und zur Aufstellung des Jahresabschlusses verpflichtet. Verwiesen ist damit auf die §§ 238–263 HGB, die für alle Formkaufleute gelten[1]. Für eine EWIV ist § 239 Abs. 1 S. 1 HGB von Bedeutung: Die Handelsbücher müssen nicht in Deutsch geführt werden, vielmehr darf jede andere lebende **Sprache** verwendet werden. Da für eine EWIV sinnvollerweise eine Verkehrssprache vereinbart werden sollte und diese bei einer typischen Zusammensetzung der EWIV eher Englisch oder Französisch als Deutsch sein wird, bietet § 239 Abs. 1 S. 1 HGB die Möglichkeit, auch die Handelsbücher in dieser Verkehrssprache zu führen. Der Jahresabschluss ist gem. § 244 HGB hingegen zwingend in deutscher Sprache zu erstellen. Das Bilanzrichtliniengesetz gilt für die EWIV nicht[2]. Bei **Verletzung der Buchführungspflicht** hat die EWIV gem. § 5 Abs. 2 EWIV-AusfG einen Ersatzanspruch gegen die Geschäftsführer. Ersatzansprüche Dritter können allenfalls aus culpa in contrahendo oder § 826 BGB bestehen; § 6 EWIV-AusfG hat keine Schutznormqualität i.S.d. § 823 Abs. 2 BGB. Die straf- und ordnungswidrigkeitsrechtlichen Sanktionen der §§ 331, 334 und 335 HGB für unrichtige Darstellungen und Versäumnisse bei Buchführung und Bilanzierung gelten für die EWIV nicht. 45

4. Veränderungen im Mitgliederbestand

a) Ausscheiden von Mitgliedern

Soweit der Gründungsvertrag nichts Abweichendes vorsieht, kann ein Mitglied mit Zustimmung aller anderen Mitglieder die Mitgliedschaft „kündigen" (Art. 27 Abs. 1 Satz 1 EWIV-VO). Die Terminologie der EWIV-VO ist nach deutschem Rechtsverständnis unglücklich; Art. 27 Abs. 1 EWIV-VO enthält der Sache nach ein **Austrittsrecht**, durch welches das Vertragsverhältnis mit einem der Mitglieder einvernehmlich aufgelöst und mit den übrigen fortgesetzt wird. Sinnvollerweise sollte der Gründungsvertrag die Möglichkeit einer echten ordentlichen Kündigung einräumen. Ist in einer entsprechenden Klausel keine diesbezügliche Frist bestimmt, gilt im deutschen Recht die Frist des § 132 HGB (sechs Monate zum Ende des Geschäftsjahres). Eine regelrechte Kündigungsmöglichkeit enthält Art. 27 Abs. 1 S. 2 EWIV-VO, demgemäß ohne Zustimmung der übrigen Mitglieder aus wichtigem Grund gekundigt werden kann[3]. Für eine EWIV mit Sitz in Deutschland kann die Rechtsprechung zur Auflösung der OHG aus wichtigem Grund herangezogen werden, falls der Gründungsvertrag den wichtigen Grund nicht näher konkretisiert. Allerdings ist zu berücksichtigen, dass die EWIV anders als die OHG von den verbleibenden Mitgliedern fortgesetzt wird und an das 46

---

1 Zu Einzelheiten siehe Selbherr/Manz/*Manz/Zwosta*, S. 316ff.

2 *Eckhardt*, MittBayNot 1989, 128; Selbherr/Manz/*Manz/Zwosta*, S. 317.

3 Nach nationalem Recht ist die Kündigung der Mitgliedschaft zudem durch einen Privatgläubiger eines Mitglieds gemäß § 1 EWIV-AusfG i.V.m. § 135 HGB möglich.

Vorliegen eines wichtigen Grundes geringere Anforderungen gestellt werden müssen als bei einem OHG-Gesellschafter[1].

47 Eine Gesellschaft scheidet gem. Art. 28 Abs. 1 S. 1 2. Alt. EWIV-VO aus der EWIV aus, wenn sie nicht mehr mitgliedsfähig im Sinne des Art. 4 Abs. 1 EWIV-VO ist. Zum einen betrifft dies Fälle der Verlegung des Sitzes der Gesellschaft außerhalb des Europäischen Wirtschaftsraumes sowie der Aufgabe der wirtschaftlichen Tätigkeit. Zum anderen ist erfasst – entsprechend dem Tod als **Ausscheiden**sgrund einer natürlichen Person – die Auflösung bzw. das Ende der Gesellschaft. Den Verlust der Mitgliedsfähigkeit wird man in diesem Fall nicht erst mit Vollbeendigung der EWIV, sondern bereits mit der Auflösung annehmen müssen, da Art. 3 Abs. 1 EWIV-VO klarstellt, dass die Vereinigung die werbende wirtschaftliche Tätigkeit ihrer Mitglieder zu erleichtern und zu entwickeln hat[2]. Die Auflösung der Gesellschaft bedeutet in diesem Sinne regelmäßig den Übergang aus der dem Gesellschaftszweck gewidmeten, werbenden Tätigkeit in die Auseinandersetzung[3]. Weiterer vom deutschen Gesetzgeber gem. Art. 28 Abs. 1 S. 2 EWIV-VO i.V.m. § 8 EWIV-AusfG vorgesehener Ausscheidensgrund ist die Eröffnung des Insolvenzverfahrens über das Vermögen des Mitglieds[4].

48 Der **Ausschluss** eines Mitglieds ist – nicht dispositiv – gem. Art. 27 Abs. 2 EWIV-VO wegen schuldhafter grober Pflichtverletzungen oder Störungen der Arbeit der Vereinigung möglich[5]. Der Ausschluss erfolgt auf Antrag der übrigen Mitglieder durch gerichtliche Entscheidung. Im Gründungsvertrag kann bestimmt werden, dass anstelle einer gerichtlichen Entscheidung ein Mitgliederbeschluss ausreichend ist[6].

49 Gem. Art. 30 EWIV-VO ist der Bestand der EWIV unabhängig von ihren Mitgliedern. Bei Ausscheiden eines Mitglieds wird die EWIV vorbehaltlich abweichender Bestimmungen im Gründungsvertrag von den übrigen Mitgliedern fortgesetzt. Der Gründungsvertrag muss gegebenenfalls hinsichtlich der Stimmrechte und Gewinnverteilungen und zwingend hinsichtlich der Zusammensetzung der Vereinigung angepasst werden. Die Geschäftsführer trifft gem. Art. 29 EWIV-VO die Pflicht zur Wahrung der entsprechenden Publizitätsbestimmungen, im deutschen Recht also die Meldung zum Handelsregister. Diese kann auch von jedem anderen „Beteiligten", insbesondere dem ausscheidenden Mitglied selbst, veranlasst werden. Für das ausscheidende Mitglied entfällt das Wettbewerbsverbot; Auskunfts- und Einsichts-

1 Zu Ermittlung des anwendbaren Rechts hinsichtlich Form und Wirksamkeitsvoraussetzungen der Kündigung siehe *Meyer-Landrut*, S. 103; *Löffler*, S. 159.

2 *Löffler*, S. 153.; a.A. *Meyer-Landrut*, S. 98.

3 *Baumbach/Hopt*, § 131 Rz. 2.

4 Zu Problemen der Anerkennung der Insolvenz ausländischer Mitglieder aufgrund einer fehlenden europarechtlichen Vereinheitlichung des Insolvenzrechts siehe *Löffler*, S. 155 f.

5 Die Störung der Arbeit der Vereinigung ist objektiv und damit verschuldensunabhängig zu bestimmen, Selbherr/Manz/*Manz/Zwosta*, S. 163.

6 Zu entsprechenden Verfahrensfragen *Meyer-Landrut*, S. 104.

rechte beschränken sich auf das für die Kontrolle des Auseinandersetzungsguthabens notwendige Maß.

b) Eintritt von Mitgliedern

Die Mitglieder können gem. Art. 26 EWIV-VO zwingend nur einstimmig über die Aufnahme neuer Mitglieder entscheiden. Die **Aufnahme** erfolgt durch Abschluss eines entsprechenden Aufnahmevertrages zwischen den bisherigen Mitgliedern und dem neuen Mitglied. 50

c) Mitgliedschaft im Falle von Kanzleifusionen

In Zeiten immer häufigerer Fusionen von Anwaltskanzleien empfiehlt sich eine gründungsvertragliche Regelung des Schicksals der Mitgliedschaft für den Fall einer Fusion eines Mitglieds mit einem anderen Mitglied der EWIV oder einer Drittkanzlei. Fehlt es an einer solchen **vertraglichen Regelung**, kommt es darauf an, ob die durch Fusion entstandene Gesellschaft **Rechtsnachfolgerin** jener Gesellschaft ist, von der sich die Mitgliedsfähigkeit im Sinne des Art. 4 Abs. 1 EWIV-VO ableitet[1]. Soweit nicht in Größe und Zuschnitt gleichartige Kanzleien fusionieren, kann der automatische Fortbestand der Mitgliedschaft kraft Rechtsnachfolge unerwünscht sein, weil sich die durch Fusion entstandene Kanzlei nicht mehr in die Struktur der Vereinigung einfügt. Es empfiehlt sich insofern, vertraglich ein Ausscheiden der Rechtsnachfolgerin und eine zwingende Abstimmung der übrigen Mitglieder über eine Neuaufnahme vorzusehen. Kommt es nicht zu einer Verschmelzung und deshalb zu einem Untergang des alten Rechtsträgers, ist gemäß Art. 22 EWIV-VO ein Eintritt durch Übertragung der Mitgliedschaft auf die neu entstandene dritte Gesellschaft möglich, soweit alle anderen Mitglieder dieser Übertragung zustimmen[2]. 51

V. Außenrecht der EWIV

1. Teilnahme am Rechtsverkehr

Mit der Registereintragung (oben Rz. 21f.) kann die EWIV Träger von Rechten und Pflichten jeder Art sein. Sie kann daher Rechtshandlungen vornehmen, Verträge schließen und Prozesspartei sein (Art. 1 Abs. 2 EWIV-VO). Die Entscheidung, ob mit diesen Fähigkeiten eine eigene Rechtspersönlichkeit einhergeht, überlässt die EWIV-VO den Mitgliedstaaten. Für Deutschland bedeutet dies aufgrund der Verweisung auf das OHG-Recht, dass die EWIV **keine juristische Person** ist, sondern ihr lediglich eine *capacité juridique* verliehen ist. In den meisten anderen Mitgliedstaaten ist der EWIV hingegen eine eigene Rechtspersönlichkeit zugebilligt worden. 52

---

1 Vgl. *Römermann*, S. 20ff.

2 Die Auswirkungen von Verschmelzung, übertragender Umwandlung und Spaltung unter Beteiligung eines EWIV-Mitglieds sind umstritten; vgl. etwa *Ganske*, S. 54f. einer- und Selbherr/Manz/*Manz*/*Zwosta*, S. 168f. andererseits.

53 Gesellschaftszweck der EWIV kann nicht die Ausübung des Anwaltsberufs sein; die EWIV ist keine Berufsausübungsgesellschaft, sondern Organisationsgesellschaft. Hieraus folgt, dass sie am Rechtsverkehr nur mit Blick auf den letztgenannten Zweck teilnimmt, also nur in Fragen des organisatorischen Rahmens der Berufsausübung der Mitglieder, nicht aber mit Blick auf die Besorgung fremder Rechtsangelegenheiten. Vertragspartner eines Anwaltsvertrages ist stets nur das betroffene Mitglied der EWIV, nicht die EWIV selbst, so dass sich die Frage des anwendbaren Vertragsrechts nach allgemeinen Grundsätzen bestimmt (näher unten Kap. N Rz. 110ff.). Erfolgt die Bearbeitung einer Rechtsangelegenheit durch verschiedene Mitglieder einer EWIV, muss der Mandant mit diesen jeweils **getrennte Mandatsverträge** abschließen, die unabhängig voneinander anzuknüpfen sind[1]. Dasselbe gilt, wenn die ausländische Kanzlei nicht vom Mandanten, sondern vom deutschen Mitglied der EWIV beauftragt wird[2].

2. Haftung

54 Art. 24 EWIV-VO ordnet für die Mitglieder einer EWIV eine **unbeschränkte und gesamtschuldnerische Haftung** für Verbindlichkeiten jeder Art (vertraglich, deliktisch, öffentlich-rechtlich usw.) der Vereinigung an. Diese unbeschränkte Haftung ist Korrelat der Teilnahme der EWIV am Rechtsverkehr unter eigenem Namen und ohne Haftungskapital. Die Haftung ist gem. Art. 24 Abs. 2 EWIV-VO allerdings lediglich subsidiär, da sie eine fruchtlose Leistungsaufforderung des Gläubigers an die EWIV voraussetzt[3]. Die Mitglieder schulden nach richtigem Verständnis im Sinne der Haftungstheorie Schadensersatz wegen Nichterfüllung, nicht aber Erfüllung der von der EWIV geschuldeten Leistung. Aufgrund der Drittorganschaft der EWIV ist die für die OHG vertretene Erfüllungstheorie nicht sachgerecht, da die Mitglieder der Vereinigung in der Regel keinen direkten Einfluss auf die Erfüllung der originären Leistungspflicht der Vereinigung haben. Für Verbindlichkeiten der Mitglieder haftet die EWIV regelmäßig nicht, so dass bei einer Rechtsanwalts-EWIV keine Gefahr der Haftung für Beratungsfehler eines Mitglieds besteht. Etwas anderes kann allenfalls gelten, falls die EWIV ein Auswahlverschulden bei der Benennung eines Mitglieds trifft, dem ein Mandat vermittelt wird. Für nicht als Kapitalgesellschaften verfasste Anwaltsgesellschaften kann die unbegrenzte Haftung als Mitglied einer EWIV faktisch durch die Gründung einer EWIV-Beteiligungs-GmbH, die gem. Art. 4 Abs. 1 EWIV-VO Mitglied der EWIV sein kann, umgangen werden. Das Mitglied einer EWIV mit Sitz in Deutschland kann gem. § 1 EWIV-AusfG i.V.m. § 129 HGB persönliche Einwendungen aus einer Direktbeziehung gegen Gläubiger geltend machen. Zudem kann das Mitglied auch alle Einwendun-

---

1 Reithmann/Martiny/*Mankowski*, Rz. 2108.

2 Reithmann/Martiny/*Mankowski*, Rz. 2109; *Sieg*, Internationale Anwaltshaftung, S. 194.

3 Art. 24 Abs. 2 EWIV-VO spricht nur von einer Zahlungsaufforderung; verständigerweise muss die Notwendigkeit einer Aufforderung jedoch für jede geschuldete Leistung gelten.

gen erheben, die der EWIV selbst zustehen. Neu eintretende Mitglieder haften gemäß Art. 26 Abs. 2 EWIV-VO auch für die vor dem Eintritt entstandenen Verbindlichkeiten der Vereinigung, soweit nicht im Gründungsvertrag durch eine entsprechende, für ihre Wirksamkeit im Außenverhältnis gemäß Art. 9 Abs. 1 EWIV-VO bekanntzumachende Klausel eine Befreiung vorgesehen ist.

Ausscheidende Mitglieder der Vereinigung haften gemäß Art. 34 EWIV-VO für alle Verbindlichkeiten weiter, die sich aus der Tätigkeit der Vereinigung vor ihrem Ausscheiden ergeben haben. „Ergeben" meint die Entstehung des Rechtsgrundes, nicht die Fälligkeit. Art. 37 Abs. 1 EWIV-VO sieht eine **Nachhaftungsbegrenzung** von fünf Jahren ab Bekanntmachung der Eintragung des Ausscheidens vor. Von der EWIV-VO nicht ausdrücklich angesprochen ist das Problem der Haftung für Verbindlichkeiten aus Dauerschuldverhältnissen. Ob bei einer EWIV, auf die deutsches Recht anwendbar ist, auf die Nachhaftungsregeln der §§ 159, 160 HGB zurückgegriffen werden kann[1] oder ob die Art. 34, 37 EWIV-VO eine abschließende Regelung enthalten, ist umstritten. Da Art. 37 Abs. 1 EWIV-VO für den Verjährungsbeginn an das Ausscheiden aus der EWIV und – anders als das deutsche Recht im Allgemeinen – nicht an die Fälligkeit von Forderungen anknüpft, stellt sich das Problem der unbegrenzten Nachhaftung nicht. Art. 34, 37 EWIV dürften daher eine abschließende Regelung der Nachhaftungsproblematik enthalten, die einen Rückgriff auf nationales Recht nicht gestattet[2]. Kann der Gläubiger weder von der EWIV noch von den Mitgliedern eine Leistung erlangen, ist aus einem gegen die Vereinigung gerichteten Schuldtitel nicht zugleich die Vollstreckung gegen die Mitglieder möglich, § 1 EWIV-AusfG i.V.m. § 129 Abs. 4 HGB. Regressansprüche der Mitglieder bestimmen sich ebenfalls nach nationalem Recht. Gegenüber der EWIV sind Ersatzansprüche somit auf § 110 HGB zu stützen. Die Anwendbarkeit des Art. 24 Abs. 1 S. 2 EWIV-VO hinsichtlich der Regressansprüche der Mitglieder untereinander – mit der Folge der Ermittlung des anzuwendenden Sachrechts nach internationalem Privatrecht[3] –, ist sehr umstritten. Man wird den Regress wohl zu Fragen der „inneren Verfassung" der EWIV i.S.d. Art. 2 Abs. 1 EWIV-VO rechnen müssen, so dass das Recht des Sitzstaats anwendbar ist[4]. 55

3. Außendarstellung

Bei der Vermarktung einer EWIV ist zwischen der Außendarstellung der EWIV selbst und der – praktisch relevanteren – Frage der Möglichkeit des Hinweises auf die Zugehörigkeit ihrer Mitglieder zu der EWIV zu unterscheiden[5]. Ist bereits der Hinweis auf eine Kooperation unbedenklich, so gilt dies erst recht für eine gesellschaftsrechtlich verfestigte Zusammenarbeit in 56

1 BGHZ 70, 135; BGHZ 87, 286; BGH NJW 1983, 2940.
2 So auch Selbherr/Manz/*Manz/Zwosta*, S. 195 f.; a.A. *Löffler*, S. 145.
3 So Selbherr/Manz/*Manz/Zwosta*, S. 149; *Gleichmann*, ZHR 149 (1985), 633, 646.
4 *Lentner*, S. 163; *Hartard*, S. 143; *Scriba*, S. 160; *Löffler*, S. 149.
5 Ohne diese Differenzierung *Ring*, S. 31.

einer supranationalen Gesellschaft wie der EWIV[1]. § 8 S. 2 BORA aF. stellte dies zwischenzeitlich sogar ausdrücklich klar. Da die EWIV selbst eine Sachfirma führen darf, ist es möglich, *zusätzlich* zum Sozietätsnamen die Firma und ggf. das Logo der EWIV zu verwenden. Zu verlangen ist aber ein Zusatz „... Mitglied der [EWIV] ...", um eine Irreführung darüber zu vermeiden, welcher der angeführten Zusammenschlüsse die Berufsausübungsgesellschaft darstellt. Weil die EWIV selbst verpflichtet ist, zusätzlich zu ihrem Namen den **Rechtsformzusatz „EWIV"** zu führen, wird man dies auch bei der Verwendung des EWIV-Namens durch ein Mitglied annehmen müssen (zu Einzelheiten des Rechtsformzusatzes siehe oben Rz. 24). Unterbleiben diese Erklärungen bzw. Zusätze, wird unzulässigerweise der – zudem haftungsrechtlich gefährliche – Rechtsschein einer Vergesellschaftung gesetzt[2]. Ein EWIV-Mitglied ist daher gut beraten, nicht nur die eigene Darstellung der Zugehörigkeit zur EWIV, sondern auch jene der anderen Mitglieder im Auge zu behalten, um nicht ggf. wegen Duldung eines irreführenden Hinweises nach Rechtsscheingrundsätzen ausländischen Rechts zu haften.

57 **Weitere Zusätze** zur Firma der EWIV, die den Eindruck erwecken können, dass eine über eine Zusammenarbeit hinausgehende Vergesellschaftung vorliegt („Internationale Anwälte Steuerberater Wirtschaftsprüfer"), sind unzulässig[3].

58 Die **Angabe der verschiedenen Standorte der EWIV** auf einem Briefbogen ist möglich[4], allerdings muss insbesondere bei einer überörtlichen Sozietät hinreichend deutlich abgegrenzt sein, welche Standorte die Sozietät und welche die Mitglieder der EWIV betreffen[5]. Insbesondere darf nicht der Eindruck erweckt werden, bei den ausländischen Standorten handele es sich um solche der Sozietät.

4. EWIV und Kartellrecht

59 Weitgehend unbeachtet ist die Tatsache, dass der EWIV als Gesellschaftsform eine Kartellierung der Tätigkeit ihrer Mitglieder immanent ist: Die EWIV soll die wirtschaftliche Tätigkeit ihrer selbständig bleibenden Mitglieder fördern, es werden aber keine Verbote bestimmter Handlungsformen vorgesehen. Dies kann zwangsläufig zu einer Verfälschung des Wettbewerbs führen, wenn sich im rechtsberatenden Bereich etwa hochspezialisierte Kanzleien verschiedener Länder in einem als EWIV strukturierten *referral*-System zusammenschließen[6]. Die Verwirklichung von Wettbewerbsbeschränkungen entspricht allerdings der Konzeption der Rechtsform der

1 Vgl. OLG Hamm NJW 1993, 1339; Hartung/Römermann/*Römermann*, § 8 BORA Rz. 83.
2 Vgl. BGH MDR 1996, 966.
3 OLG Hamm NJW 1993, 1339.
4 Hartung/Römermann/*Römermann*, § 8 BORA Rz. 83.
5 Vgl. auch Hartung/Römermann/*Römermann*, § 8 BORA Rz. 84.
6 Die erste in Deutschland gegründete EWIV war etwa die *European Advertising Lawyers Association EWIV*.

EWIV. Gleichwohl kann eine EWIV nicht generell dem Kartellverbot des § 1 GWB und des Art. 101 AEU entzogen werden. Bei Anwaltsvereinigungen wird allerdings oftmals kein kartellrechtlich notwendiges ursprüngliches Wettbewerbsverhältnis der Mitglieder vorliegen[1]. In der Regel kaum denkbar ist auch, dass die im Kartellrecht zur Bewertung der Beeinflussung des Handelsverkehrs herangezogenen Bagatellgrenzen überschritten werden[2]. Je nach Definition des Marktes und der in diesem gebildeten Marktmacht ist in Zeiten zunehmender Konzentrationen eine hinreichend signifikante Wettbewerbsbeschränkung in einem durch eine EWIV räumlich aufgeteilten Beratungsmarkt aber nicht völlig ausgeschlossen[3].

VI. Beendigung der EWIV

Die Beendigungsgründe der EWIV sind in Art. 31, 32 EWIV-VO abschließend geregelt. Bei Eintritt eines vertraglich vereinbarten Auflösungsgrundes, bei Unmöglichkeit der weiteren Verfolgung des Unternehmenszwecks und bei Verlust des grenzüberschreitenden Charakters ist die EWIV durch Beschluss ihrer Mitglieder aufzulösen. Fassen die Mitglieder keinen entsprechenden Beschluss, für den eine einfache Mehrheit ausreichend ist, kann jedes Mitglied nach Ablauf einer Drei-Monats-Frist die gerichtliche Auflösung der Vereinigung herbeiführen[4]. Eine **gerichtliche Auflösung** muss gemäß Art. 32 Abs. 2 EWIV-VO auf Antrag eines Mitglieds auch bei Vorliegen eines wichtigen Grundes erfolgen. Ein wichtiger Grund liegt nur dann vor, wenn einem Mitglied die Fortführung der Vereinigung nicht zumutbar ist und auch durch Kündigung, Ausschluss anderer Mitglieder oder Vertragsänderung nicht geholfen werden kann[5]. Das Gericht hat bei der Entscheidung über eine beantragte Auflösung einen Beurteilungsspielraum, aber kein Ermessen[6]. Auf Antrag Beteiligter oder von Behörden muss gerichtlich die Auflösung auch wegen Verfolgung eines nach Art. 3 EWIV-VO unzulässigen Zwecks oder bei Verstoß gegen die Pflicht der Sitznahme im Europäischen Wirtschaftsraum ausgesprochen werden. Form des Antrags und des gerichtlichen Verfahrens richten sich bei einer EWIV mit Sitz in Deutschland nach OHG-Recht, so 60

1 Insofern bestünde aufgrund Rationalisierungseffekts eine Freistellungsmöglichkeit i.S.v. Art. 101 Abs. 3 AEU.

2 Vgl. BKartA BAnz. Nr. 61 vom 28. 3. 2007, S. 3342 sowie Kommission, ABl. 2001 Nr. C 368, S. 7.

3 Vgl. *Rübesamen*, S. 91; 110f. Der Frage kann hier nicht erschöpfend nachgegangen werden; siehe umfassend *Rübesamen*, S. 40ff.; allgemein zu Formen kartellfreier Kooperationen *Werner*, DB 1986, 1809ff.

4 Die Drei-Monats-Frist gilt nicht bei Verlust des grenzüberschreitenden Charakters; in diesem Falle kann die gerichtliche Auflösung sofort beantragt werden (Art. 31 Abs. 3 EWIV-VO).

5 *Meyer-Landrut*, S. 114; Selbherr/Manz/*Manz*/*Zwosta*, S. 183.

6 *Meyer-Landrut*, S. 113; Selbherr/Manz/*Manz*/*Zwosta*, S. 183. Nach Art. 32 Abs. 2 EWIV-VO „kann" das Gericht die Auflösung aussprechen. Ebenso wie bei § 133 Abs. 1 HGB hat das Gericht entgegen dem Wortlaut auch hier kein Ermessen (zur OHG bereits RGZ 122, 312, 314).

dass entsprechend § 133 HGB Gestaltungsklage zu erheben ist. Die Auflösungswirkung tritt sodann mit der formellen Rechtskraft des Urteils ein.

61 Gemäß Art. 35 Abs. 1 EWIV-VO führt die Auflösung der Vereinigung zu deren **Abwicklung**. Die Geschäftsfähigkeit der Vereinigung besteht bis zum Ende der Abwicklung fort (Art. 35 Abs. 3 EWIV-VO). Hinsichtlich der Einzelheiten der Abwicklung verweist Art. 35 Abs. 2 EWIV-VO auf das einzelstaatliche Recht. Die Ermittlung des anwendbaren Rechts erfolgt nach dem IPR. Bei Geltung deutschen Rechts wird das Recht der Abwicklung von Gesellschaften dem Gesellschaftsstatut und damit bei Geltung der Sitztheorie dem Recht des Sitzstaats entnommen. Erfolgt eine Abwicklung nach deutschem Recht, sind gemäß § 1 EWIV-AusfG §§ 145ff. HGB anzuwenden[1]. Die Abwicklung erfolgt gemäß § 10 EWIV-AusfG – vorbehaltlich abweichender Bestimmung im Gründungsvertrag oder durch Mitgliederbeschluss – ähnlich wie bei der GmbH (§ 66 Abs. 1 GmbHG) durch die Geschäftsführer; der Abschluss der Abwicklung ist gemäß § 2 Abs. 3 Nr. 4 EWIV-AusfG zur Eintragung im Handelsregister anzumelden.

VII. Steuerrecht

62 Zu den steuerrechtlichen Fragen der EWIV vgl. Kap. J Rz. 87ff.

1 Zu Einzelheiten der Abwicklung siehe *Meyer-Landrut*, S. 118ff.

L. Der Rechtsanwalt als Arbeitnehmer und als freier Mitarbeiter

	Rz.
I. Erscheinungsformen anwaltlicher Tätigkeit *(Moll)*	
1. Einleitung	1
2. Abgrenzung zwischen Arbeitnehmern und Selbständigen	2
a) Personenorientierte Abhängigkeit	4
b) Arbeitsorganisatorische Abhängigkeit	6
c) Gesamtschau	7
d) Alternative und ergänzende Lösungsversuche	8
e) Normbezogenheit	9
3. Rechtsanwalt als abhängiger Arbeitnehmer und als freier Mitarbeiter	10
4. Erscheinungsformen des angestellten Rechtsanwalts	19
5. Erscheinungsformen des freien Mitarbeiters	21
a) Referendare als freie Mitarbeiter	22
b) Rechtsanwälte als freie Mitarbeiter	23
c) Rechtsanwälte als arbeitnehmerähnliche Personen	24
II. Vertragsverhältnis zwischen Rechtsanwalt und Anwaltssozietät *(Moll)*	
1. Vertragstypus	28
a) Dienstvertrag und Werkvertrag	29
b) Qualifizierungsklauseln	30
c) Vertragsrechtliche Folgen einer Fehlbeurteilung	34
2. Zustandekommen und Form	37
a) Zustandekommen	37
b) Formvorschriften	38
c) Dokumentationspflicht: Nachweisgesetz	39
3. AGB-Kontrolle	46
4. Dienstpflichten	47
a) Ablehnungsrecht des freien Mitarbeiters	48
b) Direktionsrechtliche Bestimmung der Arbeitspflicht für den Arbeitnehmer	49
aa) Inhalt des Direktionsrechts	50
bb) Direktionsrecht und anwaltliche Tätigkeit	56
5. Vergütung	66
6. Tätigkeitsort	72
a) Arbeitsvertrag	72
b) Vertrag als freier Mitarbeiter	73
7. Arbeitszeit	74
a) Vertrag als freier Mitarbeiter	74
b) Arbeitsvertrag	75
8. Beendigung des Vertragsverhältnisses	78
a) Befristungen	79
b) Kündigungsfristen	100
c) Kündigungsschutz	101
9. Urlaub	103
10. Entgeltfortzahlung im Krankheitsfall	104
11. Nebentätigkeit und Konkurrenz	105
a) Nebentätigkeit	105
aa) Freie Mitarbeiter	106
bb) Arbeitnehmer	107
b) Konkurrenzverbot während der Beschäftigung	108
aa) Rechtslage für Arbeitnehmer	109
bb) Rechtslage für freie Mitarbeiter	115
cc) Dauer des Wettbewerbsverbots	117
dd) Auskunftsanspruch	118
12. Nachvertragliche Wettbewerbsbeschränkungen	119
a) Grundsatz	119
b) Auswirkung der Vertragsbeendigung auf das Mandantenverhältnis	120

Rz.

c) Nachvertragliche Wettbewerbsbeschränkungen für Arbeitnehmer 121
aa) Niederlassungs- bzw. Tätigkeitsverbote 122
bb) Allgemeine Mandantenschutzklauseln 128
cc) Beschränkte Mandantenschutzklausel 132
dd) Mandantenübernahmeklauseln 133
ee) Mandatsklauseln 137
ff) Prämien 138
d) Nachvertragliche Wettbewerbsbeschränkungen für freie Mitarbeiter 139
13. Sozietätszusagen 144
14. Berufshaftpflichtversicherung . 147
15. Urheberrechtliche Fragen . . . 148
16. Geheimhaltung 153
17. Fortbildung 154
18. Kammer- und Mitgliedsbeiträge 155
19. Freistellung 156
20. Kollektives Arbeitsrecht 157
a) Betriebsverfassung 157
b) Tarifrecht 158

III. Sozialrechtliche Grundlagen *(Moll)* 159
1. Beschäftigungsbegriff 160
2. Krankenversicherung 162
3. Pflegeversicherung 163
4. Rentenversicherung 164
5. Arbeitslosenversicherung . . . 165
6. Unfallversicherung 166
7. Teilzeittätigkeit 167
a) Grundsatz 167
b) Geringfügige Beschäftigung 168
c) Beitragspflicht 169
8. Anfrageverfahren zur Statusklärung 175
9. Alternativgestaltungen 179

Rz.

10. Regelung des § 2 Satz 1 Nr. 9 SGB VI: Arbeitnehmerähnliche Selbständige 181
11. Rückgriffsmöglichkeiten des Arbeitgebers 184

IV. Haftung *(Moll)* 190
1. Außenhaftung: Mandatsverhältnis zwischen Rechtsanwalt bzw. Sozietät und Mandant 191
2. Innenhaftung: Rechtsverhältnis zwischen Rechtsanwalt und Anwaltssozietät 199
a) Regress 199
b) Arbeitnehmer 202
c) Freier Mitarbeiter 206
3. Versicherungsverhältnis: Vertragsverhältnis zwischen Rechtsanwalt und Haftpflichtversicherung 207

V. Außenverhältnis *(Moll)*
1. Anwendbarkeit des anwaltlichen Berufsrechts 208
2. Kanzleipflicht 209
3. Auftreten der anwaltlichen Mitarbeiter nach außen 214

VI. Vertragsmuster *(Moll)*
1. Vertrag mit einem angestellten Rechtsanwalt (Arbeitsvertrag) 220
2. Vertrag mit einem Rechtsanwalt als freiem Mitarbeiter . 221

VII. Steuerrecht *(Streck)*
1. Allgemeines 222
2. Abgrenzung zum Arbeitsverhältnis 226
3. Rechtsfolgen nachträglich aufgedeckter Arbeitsverhältnisse . 235

Literatur:

Arbeitskreis Deutsche Rechtseinheit im Arbeitsrecht, Entwurf eines Arbeitsvertragsgesetzes, Gutachten D zum 59. Deutschen Juristentag, 1992; Ausschuss für Büroorganisation und -technik des Deutschen Anwaltvereins (Hrsg.), Die moderne Anwaltskanzlei, 1994; *Baldringer/Jordans*, Die Haftung des Anwalts für den gemeinsamen Auftritt der (Schein-)Sozietät, AnwBl 2005, 676–679; *Bauer/Diller*, Wettbewerbsverbote, 5. Aufl. 2009; *Bauer/Diller*, Indirekte Wettbewerbsverbote, DB 1995, 426–429; *Bauer/Diller*, Zulässige und unzulässige Bedingungen in Wettbewerbsverboten, DB 1997, 94–99; *Bauer/Diller/Lorenzen*, Das neue Gesetz zur „Scheinselbständigkeit", NZA 1999, 169–177; *Bauer/Diller/Schuster*, Das Korrekturgesetz zur „Scheinselbständigkeit", NZA 1999, 1297–1303; *Bauer*, „Spielregeln" für die Freistellung von Arbeitnehmern, NZA 2007, 409; *Bauschke*, Auf dem Weg zu einem neuen Arbeitnehmerbegriff, RdA 1994, 209–215; *Becker*, Zulässigkeit und Wirksamkeit von Konkurrenzklauseln zwischen Rechtsanwälten, 1990; *Beckers*, Jahressonderzahlungen: Wegfall der Zahlungsverpflichtung – Zulässigkeit von Bindungs- und Rückzahlungsklauseln, NZA 1997, 129–138; *Beckmann*, Mindestlohn für Rechtsanwälte?, AnwBl. 2009, 102; *Berger*, Umsatzsteuerrechtliche Konsequenzen verdeckter Arbeitsverhältnisse, BB 1996, 70–75; *Berger-Delhey/Alfmeier*, Freier Mitarbeiter oder Arbeitnehmer?, NZA 1991, 257–260; *Berghahn*, Der Rechtsanwalt als freier Mitarbeiter, 1989; *Bergwitz*, Die Bedeutung des Nachweisgesetzes für die Darlegungs- und Beweislast beim Arbeitsvertrag, BB 2001, 2316–2320; *Bergwitz*, Beschäftigungsverhältnis bei Freistellung, NZA 2009, 518; *Berndt*, Einbeziehung der „Scheinselbständigen" und der „arbeitnehmerähnlichen Selbständigen" in die Sozialversicherung zum 1. 1. 1999, MDR 1999, 210–215; *Berndt*, Von der Scheinselbständigkeit zur Förderung der Selbständigkeit, NJW 2000, 464–468; *Bieske*, Die Berufshaftpflichtversicherung, AnwBl. 1995, 225–232; *Birk*, Das Nachweisgesetz zur Umsetzung der Richtlinie 91/533/EWG in das deutsche Recht, NZA 1996, 281–289; *Boecken*, Die Neuregelung der geringfügigen Beschäftigungsverhältnisse, NZA 1999, 393–402; *Boemke*, Neue Selbständigkeit und Arbeitsverhältnis, ZfA 1998, 285–326; *Bohle/Eich*, Die Verträge des Rechtsanwalts mit seinen juristischen Mitarbeitern, 1996; *Bohle*, Verträge mit juristischen Mitarbeitern, 2. Aufl. 2002; *Borgmann/Haug*, Anwaltshaftung, 3. Aufl. 1995; *Borgmann/Jungk/Grams*, Anwaltshaftung, 4. Aufl. 2005; *Brand*, Das Gesetz zur Bekämpfung der Scheinselbständigkeit, DB 1999, 1162–1168; *Brieske*, Die Berufshaftpflichtversicherung, AnwBl. 1995, 225–232; *Bruckner*, Nachvertragliche Wettbewerbsverbote zwischen Rechtsanwälten, 1987; *Buchner*, Die Rechte der Arbeitnehmer, der Arbeitnehmerähnlichen und der Selbständigen – jedem das Gleiche oder jedem das Seine?, NZA 1998, 1144–1153, *Buchner*, Versicherungs-, Beitrags- und Melderecht für scheinselbständige Arbeitnehmer, DB 1999, 533–535; *Buchner*, Scheinselbständige und arbeitnehmerähnliche Selbständige in der Sozialversicherung – Gesetz zu „Korrekturen in der Sozialversicherung", DB 1999, 146–151; *Büsken*, Mandantenschutzklausel und Mandantenübernahmeklausel, MDR 1985, 898–902; Centrale für GmbH Dr. Otto Schmidt, GmbH-Handbuch, 131. EL 12/09; *Compensis*, Die Fürsorgepflichtverletzung im Anwaltsarbeitsverhältnis, BB 1996, 321–325; *von Einem*, Rechtliche Probleme bei Mehrfachtätigkeit geringfügig Beschäftigter, BB 1994, 1614–1617; *Ennemann*, Scheinselbständigkeit und Anwaltschaft, MDR 2000, 252–255; *Feit/Giedinghagen*, Zur Haftung des Scheingesellschafters einer GbR für Verbindlichkeiten, die vor Setzung des Rechtsscheins entstanden sind, VersR 2007, 362–364; *Feuerich/Weyland*, BRAO, 3. Aufl. 2008; *Fischer*, Wettbewerb und freie Mitarbeit, AnwBl. 1996, 304–307; *Franke*, Bedeutung des Nachweisgesetzes für die Darlegungs- und Beweislast im arbeitsgerichtlichen Verfahren, DB 2000, 274–278; *Fuhrmann*, Rechtsstellung des angestellten Rechtsanwaltes, 1988; *Ganter*, Aktuelle Rechtsprechung des BGH zur Anwaltshaftung, AnwBl 2008, 94–99; *B. Gaul*, Neues zum nachvertraglichen Wettbewerbsverbot, DB 1995, 874–878; *Gitter*, Die abhängigen Selbständigen – zur Flucht aus der Sozialversicherungspflicht, SGb 1996, 263; *Glock/Danko*, Die 630-Mark-Regelung und ihre Konsequenzen in der Praxis, NZA 1999, 402–405; *Griebeling*, Die Merkmale des Arbeitsverhältnisses, NZA 1998, 1137–1144; *Griebeling*, Der Arbeitnehmerbegriff und das Problem der „Scheinselbständigkeit", RdA 1998, 208–216; *Griese*, Die Gesetzesentwürfe der Länder für ein Arbeitsvertragsgesetz, NZA 1996, 803–809; *Grunsky*, Wettbewerbsverbote für Arbeitnehmer, 2. Aufl. 1987; *Habscheid*, Die Unabhängigkeit des Rechtsanwalts, NJW 1962,

1985–1991; *Hanau/Rolfs*, Abschied von der gefahrgeneigten Arbeit, NJW 1994, 1439–1442; *Hartstang*, Der deutsche Rechtsanwalt, 1986; *Hartung*, Anwaltliche Berufsordnung, 3. Auflage 2006; *Hartung/Römermann*, Berufs- und Fachanwaltsordnung, 4. Aufl. 2008; *Heidl*, Probleme der sachgrundlosen Befristung von Arbeitsverhältnissen nach § 14 Abs. 2 Satz 1, 2 TzBfG, RdA 2009, 297–306; *Henssler*, Anwaltsrecht und Arbeitsrecht, RdA 1999, 38–48; *Henssler*, Der freie Mitarbeiter im Spiegel des anwaltlichen Berufsrechts, AnwBl. 2000, 213–222; *Henssler/Holthausen*, Der Eintritt in eine Kanzlei – Gestaltung des anwaltlichen Arbeitsvertrages, BRAK-Mitt. 2001, 132–134; *Henssler*, Die Vergütung angestellter Junganwälte – Kinderarbeit im Haifischbecken?, MDR 2002, 315–319; *Henssler/Prütting*, Bundesrechtsanwaltsordnung, 3. Aufl. 2010; *Hoß*, Das nachvertragliche Wettbewerbsverbot während des Kündigungsschutzprozesses und im Aufhebungsvertrag, DB 1997, 1818–1821; *Hromadka*, Arbeitnehmerbegriff und Arbeitsrecht, NZA 1997, 569–580; *Hübsch*, Arbeitnehmerhaftung bei Versicherbarkeit des Schadensrisikos und bei grober Fahrlässigkeit, BB 1998, 690–695; *Hümmerich*, Arbeitsverhältnis als Wettbewerbsgemeinschaft, NJW 1998, 2625–2634; *Hümmerich*, Beendigung von Arbeitsverhältnissen angestellter Rechtsanwälte, AnwBl 2005, 77–92; *Kääb*, Berufseinstieg und Berufserfolg junger Rechtsanwältinnen und Rechtsanwälte, BRAK-Mitt. 2000, 65–67; *Kilger*, Der Traum vom „freien" Mitarbeiter oder: Die Brutalpädagogik des Dritten Abschnitts des SGB IV, AnwBl. 1992, 212–213; *Kilger*, Scheinselbständige und arbeitnehmerähnliche Selbständige, AnwBl. 2000, 149–159; *Klar*, Einvernehmliche Freistellung und Anrechnung anderweitigen Verdienstes, NZA 2004, 576; *Knief*, Der Rechtsanwalt als Angestellter und freier Mitarbeiter, AnwBl. 1985, 58–61; *Knöfel*, Angestellte Rechtsanwälte als Handlungsgehilfen?, AnwBl 2008, 241–243; *Kopp*, Die Anbringung eines Kanzleischildes als Voraussetzung für die Errichtung einer Kanzlei, BRAK-Mitt. 2005, 178; *Köster*, Die Nachentrichtung von Sozialversicherungsbeiträgen bei der Aufnahme mehrerer geringfügiger Beschäftigungen, NZA 1994, 54–57; *Kothe*, Gewissenskonflikte am Arbeitsplatz. Zur Aktualität des Rechts der Leistungsstörungen, NZA 1989, 161–163; *Kramer*, Die arbeitsvertragliche Abdingbarkeit des § 625 BGB, NZA 1993, 1115–1120; *Krasshöfer*, Die Beendigung des Arbeitsverhältnisses aufgrund Befristung oder Aufhebungsvertrag, 1997; *Kunz*, Betriebs- und Geschäftsgeheimnisse und Wettbewerbsverbot während der Dauer und nach Beendigung des Anstellungsverhältnisses, DB 1993, 2482–2487; *Kunz/Kunz*, Freie Mitarbeiter – Verträge als Alternative zur Festanstellung?, DB 1993, 326–329; *Kunz/Kunz*, Freie Mitarbeiter als Freiberufler im Fokus der Sozialversicherungsträger?, DB 1999, 583–586; *Kunz/Kunz*, Scheinselbständigkeit oder (arbeitnehmerähnlich-)selbständig, DB 1999, 846–851; *Langenkamp/Jaeger*, Die Haftung für Fehler von Scheinpartnern in Rechtsanwalts- und Steuerberater-Partnerschaftsgesellschaften, NJW 2005, 3238–3241; *Lembke*, Die Neuregelung der „630-DM-Jobs", NJW 1999, 1825–1830; *Lepcyk*, Haftung des GbR-Scheingesellschafters für Altverbindlichkeiten, NJW 2006, 3391–3392; *Lingemann/Winkel*, Der Anstellungsvertrag des Rechtsanwalts, NJW 2009, 343 (Teil 1), 483 (Teil 2), 817 (Teil 3), 966 (Teil 4), 1574 (Teil 5), 2185 (Teil 6); *Lingemann/Winkel*, Der Rechtsanwalt als freier Mitarbeiter, NJW 2010, 38 (Teil 1), 208 (Teil 2); *Löw*, Rechte und Pflichten des angestellten Rechtsanwalts – Darstellung einiger praxisrelevanter Problemkreise, MDR 2006, 913–916; *Lingenberg/Hummel/Zuck/Eich*, Kommentar zu den Grundsätzen des anwaltlichen Standesrechts, 2. Aufl. 1988; *Löwisch*, Das Arbeitsrechtliche Beschäftigungsförderungsgesetz, NZA 1996, 1009–1017; *Löwisch*, Die Neuregelung der 630-Mark-Verträge: Gesetzesinhalt und Handlungsalternativen, BB 1999, 739–743; *Mayer*, Zur Bedeutung des Grundrechts der Gewissensfreiheit für das Arbeitsverhältnis, JZ 1985, 1111–1113; *Meiser*, Urheberrechtliche Besonderheiten bei angestellten Filmschaffenden, NZA 1998, 291–297; *Michalski*, Nachvertragliches Wettbewerbsverbot, NZG 1998, 21; *Michalski/Römermann*,

Wettbewerbsbeschränkungen zwischen Rechtsanwälten, ZIP 1994, 433–447; *Müller*, Arbeitnehmer und freie Mitarbeiter, MDR 1998, 1061–1069; *Nietzer/Stadie/Hopfenziz*, Scheinselbständigkeit – der Rechtsanwalt in der Situation der Vertragsgestaltung, NZA 1999, 19–26; *Odersky*, Anwaltliches Berufsrecht und höchstrichterliche Rechtsprechung, AnwBl. 1991, 238–247; *Olbing*, Das arbeits- und sozialrechtliche Korrekturgesetz und die Scheinselbständigkeit, AnwBl. 2000, 159–162; *Preis*, Das Nachweisgesetz – lästige Förmelei oder arbeitsvertragliche Zeitbombe?, NZA 1997, 10–17; *Reuter*, Arbeitsrechtliche Zeitbomben bei Anschlussbefristungen?, NZA 1998, 1321–1323; *Rewolle*, Der Rechtsanwalt als freier Mitarbeiter, AnwBl. 1978, 388–390; *Reinecke*, Neudefinition des Arbeitnehmerbegriffs durch Gesetz und Rechtsprechung, ZIP 1998, 581–588; *Richardi*, Formzwang im Arbeitsverhältnis, NZA 2001, 57–63; *Rolfs*, Erweiterte Zulässigkeit befristeter Arbeitsverträge durch das arbeitsrechtliche Beschäftigungsförderungsgesetz, NZA 1996, 1134–1140; *Rieble*, Verjährung verhaltener Ansprüche – am Beispiel einer Vertragsstrafe, NJW 2004, 2270–2273; *Römermann*, Nachvertragliche Wettbewerbsverbote bei Freiberuflern, BB 1998, 1489–1490; Roth, Zur Haftung eines Scheingesellschafters einer GbR für Gesellschaftsschulden, DB 2007, 616–620; *Sagel*, Wie angestellte Junganwälte richtig vergüten, AnwBl 2008, 126–130; *Schiefer/Worzalla*, Das arbeitsrechtliche Beschäftigungsförderungsgesetz und seine Auswirkungen für die betriebliche Praxis, 1996; *Schlegel*, Versicherungs- und Beitragspflicht bei Freistellung von der Arbeit, NZA 2005, 972; *Schmidt*, Arbeitsrechtliche Auswirkungen der Neuregelungen zur Scheinselbständigkeit im Bereich der Anwaltschaft, AnwBl. 2000, 162–168; *Schrader/Straube*, Die tatsächliche Beschäftigung während des Kündigungsrechtsstreites, RdA 2006, 98; *Schricker/Loewenheim*, Urheberrecht, 4. Aufl. 2010; *Schumann*, Die Befreiung der Rechtsanwaltschaft von obrigkeitlichen Schranken, NJW 1990, 2089–2097; *Schwarze*, Praktische Handhabung und dogmatische Einordnung des Nachweisgesetzes, ZfA 1997, 43–84; *Schwerdtner*, Die freie Mitarbeit im Arbeits- und Sozialrecht, in: Brennpunkte des Arbeitsrechts, 1994, S. 321–343; *Seul*, Advokatur und Ausbeutung – Die Missachtung des § 26 BRAO in der etablierten Anwaltschaft, NJW 2002, 197–199; *Sieben/Albert/Dahlbender/Müller*, Geringfügige Beschäftigung und Scheinselbständigkeit, 1999; *Sowka*, Befristete Arbeitsverträge nach dem Beschäftigungsförderungsgesetz, BB 1997, 677–680; *Staudacher/Hellmann*, Teilzeitarbeit, 1997; *Stehmann*, Beschäftigungsverhältnisse unter Rechtsanwälten, 1989; *von Steinau-Steinrück*, Kanzlei und angestellter Anwalt – wie viel Arbeitsrecht gilt?, AnwBl. 2008, 90–93; *Steindorff*, Die Anwaltssozietät, FS R. Fischer, 1979, S. 747–770; *Stöhr*, Die Vermögensschaden-Haftpflichtversicherung als Pflichtversicherung für Rechtsanwälte und Notare, AnwBl. 1995, 234–237; *Streck*, Der Traum vom „freien Mitarbeiter". Die Brutalpädagogik des Dritten Abschnitts SGB IV und die Streicheleinheiten des Steuerrechts, AnwBl. 1992, 309–310; *Stückmann*, Dokumentationspflichten für den Arbeitgeber, BB 1995, 1846–1849; *Vogels*, Haftung von Rechtsanwälten in der Sozietät, 1995; *Wank*, Arbeitnehmer und Selbständige, 1988; *Wank*, Die „neue Selbständigkeit", DB 1992, 90–93; *Wank*, Das Nachweisgesetz, RdA 1996, 21–24; *Weber*, Materielle und prozessuale Folgen des Nachweisgesetzes bei Nichterteilung des Nachweises, NZA 2002, 641–644; *Weissbrodt*, Wo aber Gefahrt ist, ... – Wettbewerbsverbote unter Insolvenzverwalter, ZInsO 2008, 633–638; *Wendeling-Schröder*, Gewissen und Eigenverantwortung im Arbeitsleben, BB 1988, 1742–1748; *Wettlaufer*, Angestellter oder freier Mitarbeiter?, AnwBl. 1989, 194–210; *Wiedemann*, Das Arbeitsverhältnis als Austausch- und Gemeinschaftsverhältnis, 1966; *Wolf*, Erfolg im Anwaltsberuf, 1994; *Zeuner*, Überlegungen zum Begriff des Arbeitnehmerns und zum Anwendungsbereich arbeitsrechtlicher Regeln, RdA 1975, 84–88; *Zöllner*, Die Reichweite des Urheberrechts im Arbeitsverhältnis untypischer Urheber, FS Hubmann, 1985, S. 523–539; *Zwanziger*, Ausgewählte Einzelprobleme des Nachweisgesetzes, DB 1996, 2027–2031.

I. Erscheinungsformen anwaltlicher Tätigkeit

1. Einleitung

1 Die Veränderungen der anwaltlichen Tätigkeit in den letzten Jahrzehnten und insbesondere die Tendenz zur Bildung großer, überörtlicher Sozietäten haben sich auf die Stellung des Rechtsanwaltes ausgewirkt. Rechtsanwälte stehen heute oftmals in den Diensten eines Rechtsanwalts oder einer Sozietät. Dass § 1 BORA die **Unabhängigkeit** des Rechtsanwalts postuliert (hat)[1], hat diese Realität nicht zu verhindern vermocht. Die Gründe für diese Entwicklung sind vielfältiger Natur. Angesichts der exponentiell ansteigenden Zulassungszahlen ist es für Berufsanfänger schwer, den Lebensunterhalt mit der Eröffnung einer eigenen Kanzlei zu verdienen, zumal in der Regel die finanziellen Mittel, das organisatorische Wissen und die praktischen Erfahrungen fehlen, die für den Schritt in die Selbständigkeit erforderlich sind[2]. Längst bewegt sich die Arbeit der Rechtsanwälte zu einem erheblichen Teil in – dem Berufsanfänger fremden – Spezialgebieten. Eine Einarbeitung in diese Gebiete kann häufig nur durch Lernen und Tätigkeit in einer Anwaltskanzlei erfolgen. Dies wirft die Frage auf, welcher rechtliche Status diesen Rechtsanwälten zukommt, wie ihr vertragliches Verhältnis einzuordnen ist und welche gesetzlichen und vertraglichen Pflichten und Rechte damit verbunden sind. Die Feststellung dienstvertraglicher Beziehungen begründet eine erste grobe Einordnung. Es bleibt allerdings zu klären, ob diese Dienstleistung im Rahmen eines abhängigen Arbeitsverhältnisses oder freien Dienstverhältnisses erbracht wird. Für die Bestimmung der Pflichten und Rechte beider Parteien ist die Klärung erforderlich, ob der Rechtsanwalt als Arbeitnehmer oder als Selbständiger für die Anwaltssozietät tätig ist. Gerade in Zeiten einer verstärkten Konkurrenz und eines erheblichen Leistungsdrucks sowohl auf die Anwaltssozietät insgesamt wie auch auf jeden einzelnen Rechtsanwalt erscheint die Betrachtung der vertraglichen Bindungen unter den Gesichtspunkten des Dienstvertragsrechts im Allgemeinen und des Arbeitsrechts im Besonderen angezeigt.

2. Abgrenzung zwischen Arbeitnehmern und Selbständigen[3]

2 Anwaltliche Tätigkeit für eine Anwaltssozietät kann **innerhalb oder außerhalb eines Arbeitsverhältnisses durchgeführt** werden. Die Parteien sind in der Gestaltung ihrer Rechtsbeziehungen frei. Wird aber die anwaltliche Tätigkeit tatsächlich in einer Weise verrichtet, dass die Voraussetzungen eines Arbeitsverhältnisses vorliegen, so lässt sich dieses (Auslegungs-)Ergebnis nicht terminologisch korrigieren[4]. Die Qualifizierung als Arbeitsverhältnis richtet sich nicht danach, wie das Vertragsverhältnis bezeichnet ist, sondern nach den tatsächlichen Umständen des konkreten Falles. Entscheidend ist,

---

1 Vgl. auch §§ 3 Abs. 1, 7 Nr. 8, 14 Abs. 2 Nr. 9, 43a Abs. 1 BRAO.

2 Siehe zu den tatsächlichen Rahmenbedingungen des Berufseinstiegs junger Anwälte etwa *Kääb*, BRAK-Mitt. 2000, 65 ff.

3 Siehe zu den sozialrechtlichen Rechtsfolgen Rz. 159 ff.

4 Vgl. BAG v. 12. 9. 1996, AP Nr. 1 zu § 611 BGB Freier Mitarbeiter.

welchen Inhalt ein Vertragsverhältnis hat und wie es tatsächlich durchgeführt wird[1]. Die von den Parteien gewählte Bezeichnung ist unerheblich. Sie kann in Zweifelsfällen als Indiz in die Gesamtwürdigung einbezogen werden. Ein Arbeitsverhältnis ist allerdings regelmäßig anzunehmen, wenn die Parteien ihr Rechtsverhältnis als solches bezeichnen.

Eine allgemeine gesetzliche Definition des Arbeitnehmers ist nicht vorhanden. Einen Anhaltspunkt für die Abgrenzung liefert § 84 Abs. 1 Satz 2 HGB. Selbständig ist danach derjenige, der **im Wesentlichen frei seine Tätigkeit gestalten und seine Arbeitszeit bestimmen** kann. Die Unterscheidung zwischen Arbeitnehmer und freiem Mitarbeiter setzt an dem **Kriterium der Fremdbestimmtheit** an[2]. Die Rechtsprechung hat dies dahingehend präzisiert, dass zu fragen sei, ob nach Art, Ort und Zeit der Tätigkeit eine Weisungsunterworfenheit bestehe oder nicht. Entscheidend ist die persönliche Abhängigkeit im Sinne einer Weisungsgebundenheit[3]. Die persönliche **Abhängigkeit** im Sinne einer Weisungsgebundenheit zielt für die Abgrenzung insbesondere auf zwei Elemente ab: die **personenorientierte** sowie die **arbeitsorganisatorische** Abhängigkeit[4]. Die Bewertung erfolgt aufgrund einer Gesamtschau unter Berücksichtigung aller Einzelfallumstände. 3

a) Personenorientierte Abhängigkeit

Die personenorientierte Abhängigkeit ergibt sich aus den Umständen der tatsächlichen Beschäftigung. Kristallisationspunkt ist die persönliche und fachliche Weisungsgebundenheit. Es ist zu prüfen, ob die Person eine im Wesentlichen fremdbestimmte Arbeitsleistung verrichtet[5]. Dass das Kriterium der persönlichen und fachlichen Weisungsgebundenheit **einzelfallbezogen** anzuwenden ist, liegt angesichts der Vielgestaltigkeit von Abhängigkeitsverhältnissen auf der Hand. Es sind Berufsgruppen bekannt, denen kaum fachliche 4

1 Vgl. BAG v. 8. 6. 1967, v. 14. 2. 1974, v. 3. 10. 1975, v. 9. 3. 1977, v. 15. 3. 1978, v. 23. 4. 1980, v. 13. 1. 1983, v. 20. 7. 1994, v. 16. 6. 1988, AP Nr. 6, 12, 16, 21, 26, 34, 42, 73, 101 zu § 611 BGB Abhängigkeit; *Kunz/Kunz*, DB 1993, 326, 327; *Reiserer*, in: Moll (Hrsg.), MAH Arbeitsrecht, 2. Aufl. 2009, § 4 Rz. 24.

2 Vgl. BAG v. 28. 2. 1962, v. 13. 12. 1962, v. 27. 10. 1964, v. 13. 10. 1975, v. 7. 5. 1980, v. 13. 1. 1983, v. 20. 7. 1994, v. 16. 6. 1998, AP Nr. 1, 3, 4, 15, 36, 42, 73, 101 zu § 611 BGB Abhängigkeit.

3 Vgl. BAG v. 16. 10. 1987, AP Nr. 69 zu § 613a BGB (Hausmeister); BAG v. 15. 12. 1999, AP Nr. 12 zu § 84 HGB.

4 Vgl. BAG v. 16. 6. 1998, AP Nr. 101 zu § 611 BGB Abhängigkeit; *Moll/Reufels*, in: GmbH-Handbuch, Teil IV, Rz. 52; *Reiserer*, in: Moll (Hrsg.), MAH Arbeitsrecht, 2. Aufl. 2009, § 4 Rz. 7; Staudinger/*Richardi*, Dienstvertragsrecht 1, Neubearbeitung 2005, Vorbemerkung zu §§ 611 ff. BGB, Rz. 136 ff., 141 ff.; *Wank*, Gemeinsame Anmerkung zu BAG AP Nr. 34–36 zu § 611 BGB Abhängigkeit; *Wiedemann*, Das Arbeitsverhältnis als Austausch- und Gemeinschaftsverhältnis, 1966, S. 14 ff.

5 Vgl. BAG v. 13. 12. 1962, v. 8. 6. 1967, v. 13. 1. 1983, AP Nr. 3, 6, 42 zu § 611 BGB Abhängigkeit; BAG v. 16. 3. 1972, AP Nr. 10 zu § 611 BGB Lehrer/Dozenten; BAG v. 9. 6. 1993, AP Nr. 66 zu § 611 BGB Abhängigkeit; BAG v. 16. 2. 1994, AP Nr. 15 zu § 611 BGB Rundfunk.

Weisungen erteilt werden (können), die aber gleichwohl Arbeitnehmer sind (Bsp.: Chefärzte)[1]. Das BAG hat daher weniger auf die **fachliche** als vielmehr auf die **persönliche** Weisungsgebundenheit abgestellt[2]. Eine persönliche Abhängigkeit ergibt sich oftmals als Folge einer fachlichen Weisungsgebundenheit. Eine – isolierte – persönliche Weisungsgebundenheit kann letztlich nur darin bestehen, dass die **Rahmenbedingungen** der Tätigkeit vorgegeben werden, etwa Art, Ort, Zeit[3]. Eine Anwesenheit zu feststehenden Zeiten steht der Selbstständigkeit nicht entgegen, wenn dies Bestandteil der übernommenen Aufgabe ist[4].

5 Dem Gesichtspunkt der „Arbeitszeitsouveränität" kommt besondere Bedeutung zu[5]. Die Rechtsprechung sieht es als ein entscheidendes, wesentliches Kriterium im Rahmen der Bestimmung der persönlichen Abhängigkeit an, ob der Dienstberechtigte **innerhalb eines bestimmten zeitlichen Rahmens über die Arbeitsleistung des Dienstverpflichteten verfügen** kann[6]. Abgabetermine indizieren kein Arbeitsverhältnis. Dauer und Intensität der Zusammenarbeit sind arbeitsrechtlich ebenfalls unerheblich. Korrekturmöglichkeiten und Qualitätskontrollen bestehen auch bei Dienst- und Werkverträgen außerhalb von Arbeitsverhältnissen. Die **Aufführung in Dienstplänen** ist hingegen ein starkes **Indiz** für eine Arbeitnehmereigenschaft. Die **Erwartung ständiger Dienstbereitschaft** oder das **Heranziehen zu Arbeiten ohne dahingehende spezielle Vereinbarungen** begründen die arbeitsrechtlich relevante persönliche Abhängigkeit. Eine Erwartung ständiger Dienstbereitschaft im Sinne der Rechtsprechung ist auch dann zu bejahen, wenn der Dienstberechtigte auf eine rechtlich mögliche Ablehnung einer Mitarbeit mit dem Abbruch der Vertragsbeziehungen reagiert. Die Rechtsprechung fordert, dass von einer rechtlich gegebenen Ablehnungsmöglichkeit tatsächlich auch sanktionslos Gebrauch gemacht wird[7]. Eine vereinbarte Verpflichtung zur Teilnahme an Besprechungsterminen steht der Arbeitszeitsouveränität nicht entgegen[8].

---

1 BAG v. 27. 7. 1961 und v. 24. 10. 1963, AP Nr. 24 und 26 zu § 611 BGB Ärzte/Gehaltsansprüche.

2 BAG v. 13. 1. 1983 und v. 15. 3. 1987, AP Nr. 42 und 26 zu § 611 BGB Abhängigkeit.

3 Vgl. BAG v. 16. 2. 1994, AP Nr. 15 zu § 611 BGB Rundfunk; BAG v. 16. 6. 1998, AP Nr. 101 zu § 611 BGB Abhängigkeit.

4 Vgl. BAG v. 20. 5. 2009, AP Nr. 16 zu § 611 BGB Arbeitnehmerähnlichkeit.

5 Vgl. BAG v. 16. 3. 1994 und v. 16. 6. 1998, AP Nr. 68 und 101 zu § 611 BGB Abhängigkeit; *Moll/Reufels*, in: GmbH-Handbuch, Teil IV, Rz. 54.

6 BAG v. 9. 6. 1993, AP Nr. 66 zu § 611 BGB Abhängigkeit; BAG v. 16. 2. 1994, AP Nr. 15 zu § 611 BGB Rundfunk; BAG v. 30. 11. 1994, AP Nr. 74 zu § 611 BGB Abhängigkeit.

7 BAG v. 30. 11. 1994 und v. 16. 6. 1998, AP Nr. 74 und 101 zu § 611 BGB Abhängigkeit; *Moll/Reufels*, in: GmbH-Handbuch, Teil IV, Rz. 54.

8 Vgl. BAG v. 20. 5. 2009, AP Nr. 16 zu § 611 BGB Arbeitnehmerähnlichkeit; BAG v. 9. 6. 2010, NZA 2010, 877.

b) Arbeitsorganisatorische Abhängigkeit

Die arbeitsorganisatorische Abhängigkeit zeigt sich darin, dass die **Arbeitsleistung an einem zugewiesenen Arbeitsplatz** zu erbringen ist und dass der Arbeitgeber die Arbeitsmittel zur Verfügung stellt. Die Erbringung der Arbeitsleistung ist damit in einen konkreten Betriebsablauf eingebunden, in dessen Rahmen sich die Arbeit vollzieht[1]. Die arbeitsorganisatorische Abhängigkeit hat allerdings weniger Gewicht als die personenorientierte. Dies hängt damit zusammen, dass die modernen Organisationserscheinungsformen zu verschieden sind, als dass die abstrakte Bildung geeigneter organisatorischer Abgrenzungmerkmale für eine (einfache) Anknüpfung von Abhängigkeitserwägungen möglich oder sinnvoll erscheint. 6

c) Gesamtschau

Die Rechtsprechung nimmt zwecks Feststellung persönlicher Abhängigkeit 7
im Ergebnis eine Gesamtschau vor, aufgrund derer das Rechtsverhältnis dem Bereich der selbständigen Dienstleistung oder der abhängigen Arbeitsleistung zuzuordnen ist[2]. Die Gesamtschau-Formel zeigt, dass eine Abgrenzung von Arbeitnehmern und Selbständigen anhand einheitlicher, feststehender, singulärer Merkmale für alle Fälle – soweit diese über den allgemeinen Gesichtspunkt der persönlichen Abhängigkeit hinausgehen –-kaum möglich ist. Die Rechtsprechung geht daher **typologisch** unter Zugrundelegung einer Mehrzahl von Einzelkriterien vor, deren Gewichtung im Hinblick auf die Besonderheiten und Einzelfallumstände der jeweiligen Tätigkeit erfolgt. Zu diesen Indizien zählen neben den bereits im Hinblick auf die personenorientierte und die arbeitsorganisatorische Abhängigkeit erörterten Gesichtspunkten[3]: Dauer und Regelmäßigkeit der Beschäftigung; Ausübung einer ansonsten üblicherweise von Arbeitnehmern wahrgenommenen Tätigkeit und Behandlung vergleichbarer Beschäftigter; Eingliederung in eine Arbeitsorganisation; Bindung an Dienstpläne; Zustimmungsbedürftigkeit des Erholungsurlaubs; Gestaltung und Höhe des Entgelts; Ausgewogenheit unternehmerischer Chancen und Risiken; Auftreten am Markt; Übereinstimmung mit gesetzlichen Rechtsverhältnissen/Strukturen; Leistungserbringung nur in eigener Person; Pflicht zur Annahme von Aufträgen; Berichterstattungspflichten; Überwachungsmöglichkeiten; Gesamtheit der Arbeitskraft; Konkurrenzregeln; Möglichkeit anderer Tätigkeiten.

---

1 Vgl. BAG v. 13. 12. 1962, v. 8. 6. 1967, v. 28. 6. 1973, v. 3. 10. 1975, v. 21. 9. 1977, v. 23. 4. 1980, AP Nr. 3, 6, 10, 17, 23, 34 zu § 611 BGB Abhängigkeit.

2 Vgl. BAG v. 8. 6. 1967, v. 28. 6. 1973, v. 3. 10. 1975, v. 8. 10. 1975, AP Nr. 6, 10, 16, 18 zu § 611 BGB Abhängigkeit; *Berger-Delhey/Alfmeier*, NZA 1991, 257ff.; *Kunz/Kunz*, DB 1993, 326, 327; *Reiserer*, in: Moll (Hrsg.), MAH Arbeitsrecht, 2. Aufl. 2009, § 4 Rz. 5ff. und 24; *Wank*, DB 1992, 90, 91; *Wiedemann*, Das Arbeitsverhältnis als Austausch- und Gemeinschaftsverhältnis, 1966, S. 13ff.

3 Vgl. BAG v. 24. 3. 1980, v. 20. 7. 1994, v. 30. 11. 1994, v. 19. 11. 1997, AP Nr. 34, 73, 74, 90 zu § 611 BGB Abhängigkeit; BAG v. 15. 12. 1999, AP Nr. 12 zu § 84 HGB; *Reiserer*, in: Moll (Hrsg.), MAH Arbeitsrecht, 2. Aufl. 2009, § 4 Rz. 8ff.

d) Alternative und ergänzende Lösungsversuche

8 Das Schrifttum hat eine Neubestimmung des Arbeitnehmerbegriffes diskutiert[1]. Das Kriterium der Weisungsgebundenheit verliert dabei an Bedeutung[2]. Insbesondere wird darauf hingewiesen, dass der von der Rechtsprechung entwickelte Arbeitnehmerbegriff solche Personen nicht erfasse, die formell zwar selbständig, materiell tatsächlich aber von einem alleinigen Auftraggeber wirtschaftlich abhängig seien: „Neue Selbständigkeit“[3]. Die Abgrenzungsversuche im Schrifttum verwenden andere Begrifflichkeiten als die Rechtsprechung: Fremdnützigkeit und Möglichkeit eigenverantwortlicher unternehmerischer Disposition über die eigene Arbeitskraft oder Möglichkeit eigener unternehmerischer Teilnahme am Marktgeschehen[4]. Ebenso wird auf das Fehlen von Erfolgschance und Geschäftsrisiko bzw. das Fehlen eigenunternehmerischer Entscheidungs- und Gestaltungsfreiheit abgestellt[5]. Der Arbeitnehmerbegriff wird insbesondere von *Wank* anders – nämlich teleologisch – bestimmt[6]. Neben den herkömmlichen Tatbestandsmerkmalen des Arbeitnehmerbegriffes sei ein Sinnzusammenhang zwischen diesen Tatbestandsmerkmalen und der Anwendbarkeit von Arbeitsrecht aufzuzeigen. Typische Merkmale eines Arbeitnehmers seien, dass er auf Dauer angelegte Arbeit für nur einen Auftraggeber erbringe und dass er ohne Mitarbeiter im Wesentlichen ohne eigenes Kapital und ohne eigene Organisation tätig sei[7]. Selbständigkeit liege vor, wenn die Person freiwillig ein Unternehmerrisiko übernehme, am Markt auftrete und unternehmerische Chancen und Risiken in einem ausgewogenen Verhältnis stünden. Diese Kriterien seien gerade auch bei freien Berufen wie dem des Rechtsanwalts zur Abgrenzung besser geeignet als der Begriff der persönlichen Abhängigkeit. Insbesondere bei denjenigen Angehörigen der freien Berufe, die im Wesentlichen ohne eigene Organisation und für nur einen Auftraggeber tätig würden und sich somit in einer Grauzone befänden, sei die Abgrenzung mit Hilfe unternehmerischer Gesichtspunkte vorzunehmen. Es komme bei solchen Freiberuflern darauf an, wer die Kosten der Organisation und damit das unternehmerische Risiko trage und wem die Gewinnung neuer Kunden zugute komme[8]. Die unternehmerische Aktivität ist auch Ansatzpunkt diverser Entwürfe zur Kodifikation des Arbeitsvertragsrechts gewesen. Die Legaldefinition in § 1 Abs. 3 des Arbeitsvertragsgesetzentwurfes des Arbeits-

---

1 Siehe dazu etwa *Hromadka*, NZA 1997, 569 ff.; *Reinecke*, ZIP 1998, 581 ff.; *Rüthers/Beninca*, Anmerkung zu BAG EzA § 611 BGB Arbeitnehmerbegriff Nr. 55.
2 Vgl. *Bauschke*, RdA 1994, 209, 210.
3 Vgl. *Wank*, DB 1992, 90 ff.
4 Vgl. *Wiedemann*, Das Arbeitsverhältnis als Austausch- und Gemeinschaftsverhältnis, 1966, S. 14 ff. Siehe auch LAG Nürnberg v. 25. 2. 1998, LAGE § 611 Arbeitnehmerbegriff Nr. 34.
5 Vgl. *Brammsen*, RdA 2010, 267 ff.
6 Vgl. *Wank*, Arbeitnehmer und Selbständige, 1988, S. 389; *Wank*, RdA 2010, 193 ff.
7 Vgl. LAG Köln v. 30. 6. 1995, LAGE § 611 BGB Arbeitnehmerbegriff Nr. 29; *Wank*, Arbeitnehmer und Selbständige, 1988, S. 389; *Wank*, DB 1992, 90, 91.
8 Vgl. *Wank*, Arbeitnehmer und Selbständige, 1988, S. 299.

kreises Deutsche Rechtseinheit im Arbeitsrecht von 1992 lautet[1]: „Personen, die aufgrund unternehmerischer Tätigkeit am Markt auftreten, sind keine Arbeitnehmer". Die Konferenz der Arbeits- und Sozialminister der Länder hat eine gesetzliche Definition des Arbeitnehmerbegriffes befürwortet und zur Abgrenzung darauf abgestellt, ob jemand mit freiwilliger Risikoübernahme als Unternehmer am Markt auftritt und ob tatsächlich unternehmerische Chancen realisiert werden können[2]. Der Kodifikationsvorschlag von Henssler und Preis stellt für das Vorliegen eines Arbeitsvertrages dagegen maßgeblich auf die Verpflichtung des Arbeitnehmers zu Diensten nach Weisungen des Arbeitgebers (Arbeitsleistung) ab (§ 1 Abs. 2 des Entwurfes)[3]. Er berücksichtigt mithin, dass das Kriterium der unternehmerischen Tätigkeit gegenüber dem der persönlichen Abhängigkeit nicht weiterführt und mit dem geltenden Recht unvereinbar ist[4]. Die mit ihm verbundenen soziologischen und wirtschaftlichen Kategorien mögen eine Gesamtschau zur Feststellung persönlicher Abhängigkeit abrunden. Ein Grund zur Aufgabe des herkömmlichen Abgrenzungsbegriffs besteht nicht, zumal dieser in § 84 Abs. 1 Satz 2 HGB einen tragfähigen legislatorischen Anknüpfungspunkt hat.

e) Normbezogenheit

Eine andere Frage ist, ob es sinnvoll sein kann, den Arbeitnehmerbegriff jeweils ausgehend vom Normzweck der jeweiligen arbeitsrechtlichen Gesetze und unter Berücksichtigung der Besonderheiten der jeweiligen tatsächlichen Tätigkeiten zu entwickeln[5]. Dieser „flexible" Arbeitnehmerbegriff vermag den jeweiligen Umständen des konkreten Falles gerecht zu werden. Er steht allerdings auf der Grundlage des allgemeinen Arbeitnehmerbegriffs und räumt (lediglich) den legislatorischen, normzweckgerichteten Sonderaspekten und den spezifischen tatsächlichen Umständen des Rechtsverhältnisses im Einzelfall das diesen gebührende Gewicht ein. 9

3. Rechtsanwalt als abhängiger Arbeitnehmer und als freier Mitarbeiter

Das anwaltliche Berufsrecht regelt die **Beschäftigung von Rechtsanwälten** in einer Anwaltssozietät nur begrenzt. Nach § 26 Abs. 1 Satz 1 BORA dürfen Rechtsanwälte nur zu angemessenen Bedingungen beschäftigt werden. Die 10

1 Vgl. Arbeitskreis Deutsche Rechtseinheit im Arbeitsrecht, Entwurf eines Arbeitsvertragsgesetzes, Gutachten D zum 59. Deutschen Juristentag, 1992.

2 Vgl. Beschluss der 71. Arbeits- und Sozialministerkonferenz der Bundesländer, NZA 1995, 300, 301. Siehe dazu *Griese*, NZA 1996, 803, 805.

3 Vgl. Diskussionsentwurf eines Arbeitsvertragsgesetzes, Stand November 2007, NZA-Beilage 2007, S. 6 ff.

4 Vgl. *Boemke*, ZfA 1998, 285, 321; *Buchner*, NZA 1998, 1144, 1147; *Griebeling*, RdA 1998, 208, 214; *Griebeling*, NZA 1998, 1137 ff.; *Reinecke*, ZIP 1998, 581 ff.; *Hromadka*, NZA 1997, 569 ff.; Staudinger/*Richardi*, Dienstvertragsrecht 1, Neubearbeitung 2005, Vorbemerkung zu § 611 ff. BGB, Rz. 157.

5 Vgl. Staudinger/*Richardi*, Dienstvertragsrecht 1, Neubearbeitung 2005, Vorbemerkung zu §§ 611 ff. BGB, Rz. 163.

Angemessenheit der Bedingungen ist gemäß der Legaldefinition des § 26 Abs. 1 Satz 2 BORA dann gegeben, wenn Bedingungen vorliegen, die

- eine unter Berücksichtigung der Kenntnisse und Erfahrungen des beschäftigten und des Haftungsrisikos des beschäftigenden Rechtsanwalts sachgerechte Mandatsbearbeitung ermöglichen,
- eine der Qualifikation, den Leistungen und dem Umfang der Tätigkeit des beschäftigten und den Vorteilen des beschäftigenden Rechtsanwaltes aus dieser Tätigkeit entsprechende Vergütung gewährleisten,
- dem beschäftigten Rechtsanwalt auf Verlangen angemessene Zeit zur Fortbildung einräumen und
- bei der Vereinbarung von Wettbewerbsverboten eine angemessene Ausgleichszahlung vorsehen.

11 Diese Regelungen sind Ausdruck des Spannungsverhältnisses zwischen der Realität eines anwaltlichen Dienstverhältnisses und dem gesetzlichen Leitbild des selbständigen Rechtsanwalts. Der in **§ 26 Abs. 1 Satz 1 BORA** verwendete **Begriff der Beschäftigung** umfasst sowohl Arbeitsverhältnisse als auch Dienstverhältnisse in der Form freier Mitarbeit[1]. Die berufliche Unabhängigkeit des beschäftigten Rechtsanwalts ist unabhängig von der Form der Beschäftigung zu wahren. Sie gilt für die Beschäftigung sowohl als abhängiger Arbeitnehmer wie auch als freier Mitarbeiter[2]. Zur Wahrung der Unabhängigkeit des beschäftigten Anwalts stellt § 26 Abs. 1 Satz 1 BORA die Voraussetzung einer Beschäftigung zu angemessenen Bedingungen auf. § 26 Abs. 1 Satz 2 BORA listet dazu einen Katalog angemessener Bedingungen auf: Ermöglichung einer sachgerechten Mandatsbearbeitung; Gewährleistung einer der Qualifikation, den Leistungen und dem Umfang der Tätigkeit des beschäftigten und den Vorteilen des beschäftigenden Rechtsanwalts entsprechenden Vergütung; Einräumung angemessener Zeit zur Fortbildung; Vereinbarung einer Ausgleichszahlung im Fall eines Wettbewerbsverbots. Weitergehende Folgerungen im Hinblick auf die Charakterisierung des der Tätigkeit zugrunde liegenden Rechtsverhältnisses oder die Konkretisierung einzelner Vertragsbedingungen sind § 26 Abs. 1 BORA nicht zu entnehmen. Insbesondere bestehen keine Anhaltspunkte dafür, dass § 26 Abs. 1 BORA bestimmte Gestaltungsformen – etwa ob und in welchem Maß die Anwaltssozietät Sozialversicherungsanteile zu übernehmen hat – vorgibt. Dies richtet sich allein nach den einschlägigen sozialversicherungsrechtlichen Vorschriften.

---

1 Siehe zu Erscheinungsformen der Tätigkeit von Rechtsanwälten in Kanzleien etwa *Berghahn*, Der Rechtsanwalt als freier Mitarbeiter, 1989; *Ennemann*, MDR 2000, 252; *Fuhrmann*, Die Rechtsstellung des angestellten Rechtsanwalts, 1988; *Henssler*, AnwBl. 2000, 213; *Kilger*, AnwBl. 1992, 212; *Kunz*, WPrax 1995, 219, 222; *Schmidt*, AnwBl. 2000, 162.

2 Vgl. *Feuerich/Weyland*, BRAO, 7. Aufl. 2008, § 26 BORA Rz. 2; *Hümmerich*, AnwBl. 2005, 77, 80; Henssler/Prütting/*Koch*, BRAO, 3. Aufl. 2010, § 1 BRAO, Rz. 53; Hartung/*Nerlich*, Anwaltliche Berufsordnung, 3. Aufl. 2006, § 26 BORA, Rz. 13ff.; Hartung/Römermann/*Nerlich*, Berufs- und Fachanwaltsordnung, 4. Aufl. 2008, § 26 BORA Rz. 13ff.

Die jahrzehntelang geführte Diskussion über die Vereinbarkeit der Arbeitnehmereigenschaft eines Rechtsanwalt mit der Ausübung eines freien Berufes ist mit § 26 Abs. 1 BORA legislatorsich entschieden worden. Die Frage ist lange umstritten gewesen[1]. § 26 Abs. 1 BORA stellt klar, dass die Arbeitnehmereigenschaft eines Rechtsanwalts nicht per se unvereinbar ist mit der beruflich notwendigen Unabhängigkeit. Arbeitsrechtliche Weisungsgebundenheit und Stellung des Rechtsanwalts als unabhängiges Organ der Rechtspflege (§ 1 BRAO) schließen sich nicht aus[2]. Die arbeitsrechtliche Weisungsgebundenheit berührt nicht, dass der Arbeitnehmer-Rechtsanwalt im Außenverhältnis unabhängiges Organ der Rechtspflege (§ 1 BRAO) ist und den allgemeinen Berufspflichten (§ 43 BRAO) unterliegt. Die freie, unabhängige Berufstätigkeit des Arbeitnehmer-Rechtsanwalts wird durch den anwaltlichen Arbeitgeber – auch deshalb – nicht beeinträchtigt, weil Letzterer seinerseits dem anwaltlichen Berufsrecht unterliegt. Arbeitsrechtliche Bindungen, Pflichten und Weisungsrechte gelten auch gegenüber dem in der Anwaltssozietät als Arbeitnehmer tätigen Rechtsanwalt[3]. Man stelle sich vor, ein erfahrener Seniorpartner könnte einen Berufsanfänger nicht anweisen, wie Fälle sachgerecht erledigt werden! Die Anwaltssozietät hat sich ihrerseits innerhalb der Grundsätze des Berufsrechts zu halten, d.h. sachfremde Einflüsse zu unterbinden und zu unterlassen. Ein derartiges Arbeitsverhältnis ist mit dem Charakter des Anwaltsberufes vereinbar[4]. Das Bundesverfassungsgericht hat die Begründung eines Arbeitsverhältnisses zwischen zwei Rechtsanwälten gebilligt[5]. Dies beinhaltet die Bejahung typischer und üblicher Arbeitnehmerpflichten. 12

Verschiedentlich ist unter berufsrechtlichen Gesichtspunkten gefordert worden, der in der Anwaltssozietät beschäftigte Rechtsanwalt müsse **eigene Mandate bearbeiten** können, damit seine **Stellung als unabhängiges Organ der Rechtspflege** und damit auch seine **Anwaltszulassung** nicht gefährdet werde[6]. Diese Ansicht kann heute aufgrund von § 26 Abs. 1 BORA als überholt betrachtet werden. Sie ist auch sachlich nicht begründet. Sie würde die Parteien zu Vertragsgestaltungen drängen, die sachlich nicht veranlasst sind; entweder wird der Rechtsanwalt dadurch so „frei", dass er aus dem Anwen- 13

1 Siehe etwa die Nachweise bei *Fuhrmann*, Rechtsstellung des angestellten Rechtsanwalts, 1988, S. 84. Siehe auch OLG Celle v. 31. 5. 1963, NJW 1963, 1310, 1311.

2 Vgl. LAG Düsseldorf v. 23. 7. 2002, AnwBl. 2002, 600 = NZA-RR 2002, 567; Hartung/*Nerlich*, Anwaltliche Berufsordnung, 3. Aufl. 2006, § 26 BORA, Rz. 14; Hartung/Römermann/*Nerlich*, Berufs- und Fachanwaltsordnung, 4. Aufl. 2008, § 26 BORA, Rz. 14; *Hümmerich*, AnwBl. 2005, 77, 81; *Lingemann/Winkel*, NJW 2009, S. 343, 344; *von Steinau-Steinrück*, AnwBl. 2008, 90.

3 I.E. bestehen bezüglich der Reichweite des arbeitgeberseitigen Direktionsrechts unterschiedliche Ansichten; dazu näher unten Rz. 49ff. Siehe etwa zu Unrecht restriktiv Henssler/Prütting/*Koch*, BRAO, 3. Aufl. 2010, § 1 BRAO, Rz. 54.

4 Vgl. BGH v. 10. 11. 1986, NJW 1987, 1328.

5 Vgl. BVerfG v. 4. 11. 1992, NJW 1993, 317ff.; Henssler/Prütting/*Koch*, BRAO, 3. Aufl. 2010, § 2 BRAO Rz. 11; *Henssler*, Anmerkung zu BAG v. 15. 4. 1993, AP Nr. 12 zu § 15 ArbGG 1979.

6 Vgl. *Hartstang*, Anwaltsrecht, 1991, S. 102.

dungsbereich des Arbeitsrechts ausscheidet; oder die Möglichkeit anwaltlicher Tätigkeit in abhängiger Stellung wird wegen Versagung der Anwaltszulassung vereitelt. Beides wird weder dem Normzweck des § 26 Abs. 1 BORA noch der Rechtswirklichkeit gerecht. Die Aufnahme der Berufstätigkeit als Arbeitnehmer-Rechtsanwalt in einer Anwaltssozietät ist jedenfalls in Großstädten außerordentlich verbreitet, wenn nicht fast schon zum Regelfall geworden. Das Gebot anwaltlicher Unabhängigkeit verlangt bei einer derartigen Tätigkeit nicht, dass der Arbeitnehmer-Rechtsanwalt die Möglichkeit haben muss, eigene Mandate zu bearbeiten.

14 Die **Berufsordnung** stellt für die Abgrenzung von Arbeitnehmern und freien Mitarbeitern **keine** eigenständigen **Kriterien** auf. Es verbleibt bei den allgemein von der Rechtsprechung entwickelten Abgrenzungskriterien. Die Bezeichnung der Rechtsbeziehung ist für die Beurteilung des Status eines Rechtsanwalts von untergeordneter Bedeutung. Maßgeblich ist, wie der Vertrag **praktiziert** wird[1]. Es kommt auf die **tatsächliche** Ausgestaltung des Vertragsverhältnisses an (Vertragspraxis)[2]. Entscheidende Bedeutung kommt dem **Gesichtspunkt der Weisungsgebundenheit** zu. Lässt sich eine im Wesentlichen freie Gestaltung der Tätigkeit durch den Rechtsanwalt nicht feststellen, bestimmt die Anwaltssozietät die Arbeitsabläufe und kontrolliert sie die Arbeitsergebnisse, so liegt Arbeitnehmereigenschaft vor. Der Umstand allein, dass direkte Weisungen in Bezug auf die zu bearbeitenden Mandate nicht erteilt werden, besagt für sich nicht, dass ein Vertragsverhältnis in freier Mitarbeit vorliegt[3]. Die Frage nach dem Bestehen oder Nichtbestehen eines **fachlichen** Weisungsrechts führt nicht weiter. Das fachliche Weisungsrecht hinsichtlich der Bearbeitung von Mandaten oder der Anfertigung von Schriftsätzen ist unabhängig davon gegeben, ob der Rechtsanwalt selbständig oder unselbständig tätig ist. Das Bestehen eines fachlichen Weisungsrechts spricht dann, wenn Tätigkeiten sowohl im Rahmen eines Arbeitsverhältnisses als auch im Rahmen eines Rechtsverhältnisses über freie Mitarbeit erbracht werden können, nicht für das Bestehen eines Arbeitsverhältnisses[4]. Die Rechtsprechung hat für die Grenzziehung zwischen Selbständigkeit und Unselbständigkeit im Rahmen von § 84 Abs. 1 Satz 2 HGB regelmäßig auch berücksichtigt, in welchem Umfang Berichtspflichten und Kontrollrechte bestehen[5].

15 Für die **Arbeitnehmereigenschaft** des in der Anwaltssozietät tätigen Rechtsanwalts spricht es, wenn er verpflichtet ist, während der üblichen **Bürostunden** in der Kanzlei anwesend zu sein, d.h. **Dienstzeiten** einzuhalten, für Man-

1 Vgl. LAG Baden-Württemberg v. 14. 3. 1985, NZA 1985, 739; LAG Hamm v. 5. 10. 1989, LAGE § 611 Arbeitnehmerbegriff Nr. 13.

2 Vgl. BAG v. 9. 3. 1977, AP Nr. 21 zu § 611 BGB; BAG v. 15. 3. 1978, AP Nr. 26 zu § 611 BGB; BAG v. 13. 1. 1983, AP 42 zu § 611 BGB; BAG v. 20. 7. 1994, AP Nr. 73 zu § 611 BGB; BAG v. 3. 6. 1998, AP Nr. 97 zu § 611 BGB Abhängigkeit.

3 Vgl. OLG Düsseldorf v. 13. 6. 1985, AnwBl. 1987, 200.

4 Vgl. BAG v. 3. 6. 1998, AP Nr. 97 zu § 611 BGB Abhängigkeit.

5 Vgl. BAG v. 16. 7. 1997, AP Nr. 37 zu § 5 ArbGG 1979; BAG v. 15. 12. 1999, AP Nr. 6 zu § 92 HGB; BAG v. 15. 12. 1999, AP Nr. 12 zu § 84 HGB; BAG v. 15. 12. 1999, AP Nr. 9 zu § 84 HGB; BGH v. 4. 11. 1998, NJW 1999, 218.

dantengespräche zur Verfügung zu stehen, ggf. Rechtsanwälte zu vertreten oder deren **Termine** wahrzunehmen, d.h. letztlich in den **Tagesablauf** der Kanzlei integriert ist[1]. Die Eingliederung in den fremden Organisationsbereich des Arbeitgebers wird durch eine Reihe von Indizien begründet, die die Rahmenbedingungen der Tätigkeit des beschäftigten Rechtsanwalts betreffen. So spricht es für die Arbeitnehmereigenschaft, wenn der Rechtsanwalt ein **Büro** zugewiesen erhält, eine **Sekretärin** zur Verfügung gestellt bekommt, auf dem **Briefbogen** und auf dem **Kanzleischild** ausgewiesen ist und im **Telefonverzeichnis** wie die anderen Rechtsanwälte der Anwaltssozietät aufgeführt ist. Es reicht für die Begründung der Arbeitnehmereigenschaft allerdings nicht aus, dass der beschäftigte Rechtsanwalt in den Räumen der Anwaltssozietät lediglich einen Schreibtisch zur Verfügung hat. Besteht eine vertragliche Verpflichtung des Mitarbeiters, seine Arbeit ausschließlich in den **Räumen der Sozietät** zu erbringen, so liegt demgegenüber ein starkes Indiz für die Arbeitnehmereigenschaft vor[2]. Ist der beschäftigte Rechtsanwalt **zur Bearbeitung der ihm zugewiesenen Mandate verpflichtet** und können ihm **die Mandate jederzeit entzogen** werden, so spricht dies dafür, dass er Arbeitnehmer ist[3]. Ist der beschäftigte Rechtsanwalt verpflichtet, der Sozietät **die gesamte Arbeitskraft zur Verfügung zu stellen** und keine eigenen Mandate zu übernehmen, so ist dies ein ganz wesentliches Indiz für die Arbeitnehmereigenschaft[4]. Ist der Rechtsanwalt in Teilzeit beschäftigt, so deutet allerdings der Umstand, dass ihm gestattet ist, auch eigene Mandate zu übernehmen, nicht schon darauf hin, dass ein Rechtsverhältnis als freier Mitarbeiter besteht. Ein Indiz für ein Arbeitsverhältnis kann u.U. im Einzelfall im Zusammenhang mit anderen Gesichtspunkten vorliegen, wenn eine feste monatliche Vergütung vereinbart ist. Umgekehrt stellt jedoch eine vereinbarte Umsatz- oder Gewinnbeteiligung die Eigenschaft des Rechtsanwalts als Arbeitnehmer nicht grundsätzlich in Frage[5]. Ist ein

---

1 Vgl. BAG v. 16. 8. 1990, AP Nr. 10 zu § 611 BGB Treuepflicht; LAG Berlin v. 16. 12. 1986, LAGE § 2 ArbGG 1979 Nr. 6; LAG Baden-Württemberg v. 14. 3. 1985, NZA 1985, 739; LAG Frankfurt a.M. v. 16. 3. 1990, LAGE § 611 BGB Arbeitnehmerbegriff Nr. 16; LAG Hamm v. 20. 7. 1989, LAGE § 611 BGB Abmahnung Nr. 20; *Berghahn*, Der Rechtsanwalt als freier Mitarbeiter, 1989, S. 62; *Fuhrmann*, Rechtsstellung des angestellten Rechtsanwalts, 1989, S. 72; *Hümmerich*, AnwBl. 2005, 77, 81; *Knief*, AnwBl. 1985, 58; *Reiserer*, in: Moll (Hrsg.), MAH Arbeitsrecht, 2. Aufl. 2009, § 4 Rz. 51 ff.; *Rewolle*, AnwBl. 1978, 388, 389; *von Steinau-Steinrück*, AnwBl. 2008, 90.

2 Vgl. BAG v. 16. 2. 1994, AP Nr. 15 zu § 611 BGB Rundfunk; OLG Köln v. 15. 9. 1993, BB 1994, 145 (betr. einem Betriebswirt, der in einer Anwaltskanzlei beschäftigt wird).

3 Vgl. LAG Baden-Württemberg v. 14. 3. 1985, NZA 1985, 739; OLG Köln v. 15. 9. 1993, BB 1994, 145, 146; OLG Düsseldorf v. 13. 6. 1985, AnwBl. 1987, 200; *Feuerich/Weyland*, BRAO, 7. Aufl. 2008, § 2 Rz. 19 f.

4 Vgl. LAG Baden-Württemberg v. 14. 3. 1985, NZA 1985, 739; LAG Frankfurt a.M. v. 16. 3. 1990, LAGE § 611 BGB Arbeitnehmerbegriff Nr. 16; LAG Thüringen v. 28. 3. 1996, LAGE § 611 BGB Arbeitnehmerbegriff Nr. 31; *Ennemann*, MDR 2000, 252 ff.

5 Vgl. LAG Baden-Württemberg v. 14. 3. 1985, NZA 1985, 739.

Dienstleistender aufgrund eines Vertrags tätig, der ausdrücklich als „Arbeitsvertrag" bezeichnet wird und der für die persönliche Abhängigkeit und Weisungsgebundenheit des Dienstleistenden typische Regelungen enthält, dann ist das Rechtsverhältnis als ein Arbeitsverhältnis und der Dienstleistende als Arbeitnehmer anzusehen, ohne dass es der Überprüfung einer etwaigen anderweitigen tatsächlichen Vertragsdurchführung bedarf; dies wird damit begründet, dass in einem derartigen Fall der Arbeitnehmerschutzzweck nicht berührt ist[1].

16 Die Arbeitnehmereigenschaft ist verneint worden für einen Rechtsanwalt in einem Amt für offene Vermögensfragen ohne Präsenzpflicht[2]. Selbständigkeit kann zu erwägen sein, wenn ein Rechtsanwalt als Gutachter Einzelaufträge bearbeitet[3]. Gegen eine Arbeitnehmereigenschaft spricht auch, wenn ein eigenes Gerichtsfach besteht, eigene Kanzleiräume vorhanden sind und er andere Mandate auf eigene Rechnung führt[4]. Das ArbG Düsseldorf hat „Non-Equity-Partner" einer Großkanzlei nicht als Arbeitnehmer i.S.d. Verfahrensrechts angesehen, weil diese gesetzlich zur Vertretung berechtigt gewesen sind (§ 5 Abs. 1 Satz 3 ArbGG)[5].

17 Das Schrifttum hat vereinzelt eine Abgrenzung nach **berufsrechtlichen** Vorgaben vorgeschlagen[6]. Diese Ansicht differenziert danach, ob der Mitarbeiter die Betreuung von gesamten Mandaten übertragen erhält oder ob er in Bezug auf einzelne Mandate nur Teilleistungen erbringt. Übertrage der beschäftigende Rechtsanwalt die Bearbeitung von gesamten Mandaten, so werde der beschäftigte Rechtsanwalt in einem Abhängigkeitsverhältnis tätig, weil er den Weisungen des mandatierten Anwalts unterworfen sei. Demzufolge sei der beschäftigte Rechtsanwalt als Arbeitnehmer anzusehen. Anwaltliche Tätigkeit als freier Mitarbeiter zeichne sich demgegenüber dadurch aus, dass der anwaltliche Mitarbeiter Teilleistungen erbringe, die ohne weitere Umsetzung und Übernahme nicht als die dem Mandanten geschuldete Leistung angesehen werden könnten. Diese Ansicht verkennt den Bezugspunkt der Feststellung einer abhängigen oder selbständigen Tätigkeit und die Vielfalt anwaltlicher Tätigkeit. Die Eigenschaft eines beschäftigten Rechtsanwalts als Arbeitnehmer oder als Selbständiger hängt nicht davon ab, ob die Mandatsbearbeitung in Teilen oder als Ganzes von dem anwaltlichen Mitarbeiter wahrgenommen wird; mit der Unterscheidung zwischen abhängiger oder selbständiger Tätigkeit weist diese Differenzierung keinerlei Sachzusammenhang auf. Die Beurteilung der Arbeitnehmereigenschaft eines beschäf-

1 Vgl. LAG Thüringen v. 6. 2. 1998, MDR 1998, 478 = NZA-RR 1998, 296; *Hümmerich*, AnwBl. 2005, 77, 81.

2 Vgl. BAG v. 3. 6. 1998, AP Nr. 97 zu § 611 BGB. Anders LAG Thüringen v. 22. 9. 1998, BB 1999, 322.

3 Vgl. OLG Hamm v. 15. 11. 1995 – 25 U 157/94.

4 Vgl. BAG v. 3. 6. 1998, AP Nr. 97 zu § 611 BGB; LAG Frankfurt a.M. v. 16. 3. 1990, LAGE § 611 BGB Arbeitnehmerbegriff Nr. 16; OLG Celle v. 31. 5. 1963, NJW 1963, 1310.

5 Vgl. ArbG Düsseldorf v. 19. 11. 2009 – 6 Ca 4447/09 und 4448/09.

6 Vgl. *Bohle*, Verträge mit juristischen Mitarbeitern, 2. Aufl. 2002, Rz. 15, S. 12.

tigten Rechtsanwalts richtet sich nicht danach, ob er einfachere, kleinere Fälle bearbeitet oder in großen, schwierigen Aufgabenbereichen Teilaufgaben erbringt. Angesichts dessen ist das Kriterium der Teil- oder Vollbearbeitung eines Mandats zur Abgrenzung des Arbeitnehmers von einem Selbständigen nicht geeignet.

Die Tätigkeit auf der Grundlage eines **Gesellschaftsvertrages** ist im Einzelfall zu beurteilen. Es ist nicht auszuschließen, dass auch im Rahmen gesellschaftsrechtlicher Beziehungen ein solches Maß an persönlicher Abhängigkeit begründet wird, dass der Rechtsanwalt eine dem typischen Arbeitnehmer vergleichbare Stellung erhält[1]. Dies wird allerdings auf Ausnahmefälle beschränkt sein. Voraussetzung dafür ist, dass den beschäftigenden Rechtsanwälten gegenüber dem beschäftigten Rechtsanwalt durch den Gesellschaftsvertrag ein Weisungsrecht hinsichtlich Art, Ort und Zeit der zu verrichtenden Arbeit eingeräumt wird. Die Begründung gesellschaftsvertraglicher Beziehungen schließt ansonsten die Annahme eines Arbeitsverhältnisses aus[2]. 18

4. Erscheinungsformen des angestellten Rechtsanwalts

Eine Beschäftigung des angestellten Rechtsanwalts im Rahmen eines Arbeitsverhältnisses kann als Vollzeitbeschäftigung oder als Teilzeitbeschäftigung ausgestaltet werden. Die Teilzeitbeschäftigung stellt in der Praxis die Ausnahme dar. Bei der **Gestaltung von Teilzeitarbeit** sind vielfältige Regelungsmodalitäten denkbar. Neben einer Verkürzung der täglichen Arbeitszeit ist denkbar, dass der Arbeitnehmer die Arbeit ganztägig verrichtet, aber tageweise, wochenweise oder monatsweise von der Arbeit freigestellt wird. Rechtsanwälte können aus vielfältigen Gründen an einer derartigen Gestaltung des Arbeitsverhältnisses interessiert sein. In Betracht kommen private Gründe wie z.B. Kindererziehung oder berufliche bzw. wissenschaftliche Interessen wie z.B. Fertigstellung einer Promotion. Andere Formen der Teilzeitarbeit wie etwa das Job-Sharing sind im Anwaltsbereich unüblich und problematisch. Tätigkeit und Verantwortung bei der Bearbeitung eines Mandates sind nicht ohne weiteres unter Arbeitszeitgesichtspunkten aufteilbar. Aus diesem Grund kommen auch die neueren Formen der Teilzeitarbeit (Baukastensystem, Rollierendes System) im Rahmen der Tätigkeit als Rechtsanwalt kaum in Betracht. 19

Die Beschäftigung des angestellten Rechtsanwalts kann im Rahmen **befristeter** Verträge erfolgen. Bei der Vereinbarung befristeter Arbeitsverträge sind die Maßgaben des Teilzeit- und Befristungsgesetzes in Verbindung mit den Anforderungen der Rechtsprechung an Art und Dauer der Befristung zu beachten[3]. Der Abschluss eines befristeten Arbeitsvertrages bietet sich etwa an, wenn der Rechtsanwalt zur Bearbeitung eines bestimmten, größeren 20

1 Vgl. *Henssler*, Anmerkung zu BAG v. 15. 4. 1993, AP Nr. 12 zu § 5 ArbGG 1979.
2 Vgl. BAG v. 10. 4. 1991, AP Nr. 54 zu § 611 BGB Abhängigkeit; BAG v. 15. 4. 1993, AP Nr. 12 zu § 5 ArbGG 1979.
3 Siehe dazu unten Rz. 79ff.

Mandats eingestellt wird, dessen Ende absehbar ist. Die Vereinbarung eines befristeten Arbeitsvertrages kann auch das Ziel verfolgen, die Fähigkeiten des Berufsanfängers kennenzulernen, um nach Ablauf der Befristung über den Abschluss eines unbefristeten Arbeitsvertrags zu entscheiden.

5. Erscheinungsformen des freien Mitarbeiters

21 Die Erscheinungsformen von Dienstverhältnissen mit freien Mitarbeitern weisen eine große Heterogenität auf. Sie reichen von dem „festen freien" Mitarbeiter, der rechtlich dem Arbeitnehmer nahesteht, bis zu solchen Mitarbeitern, die nur einmal oder gelegentlich tätig sind.

a) Referendare als freie Mitarbeiter

22 Als „klassischer" Fall einer freien Mitarbeit in einer Anwaltskanzlei kann die stundenweise erfolgende Mitarbeit von Referendaren angesehen werden, d.h. von Referendaren, die über die Ausbildungsstation im Rahmen ihres juristischen Vorbereitungsdienstes hinaus bzw. unabhängig davon tätig werden. Referendare übernehmen die Erledigung einzelner Arbeiten wie die Erstellung von Rechtsgutachten oder Voten sowie die Fertigung von Schriftsatzentwürfen. Häufig wird dem Referendar ein Arbeitsraum in der Kanzlei zur Verfügung gestellt. Feste Dienstzeiten bestehen in der Regel nicht. Der Referendar erhält für die Erledigung der ihm übertragenen Arbeiten eine Vergütung pro Arbeitsstunde. Alternativ kann bei einer vereinbarten Wochenstundenzahl eine Monatspauschale als Bezahlung vereinbart werden. Verträge mit Referendaren sind in der Regel befristet. Referendare benötigen für ihre Tätigkeit in einer Anwaltskanzlei eine Nebentätigkeitserlaubnis nach den Landesbeamtengesetzen und den entsprechenden Nebentätigkeitsverordnungen der Länder. Soweit die Nebentätigkeit acht Stunden pro Woche nicht übersteigt, wird die Nebentätigkeitserlaubnis in der Regel erteilt.

b) Rechtsanwälte als freie Mitarbeiter

23 Die freie Mitarbeit von Rechtsanwälten lässt sich in vielfältiger Form gestalten. Rechtsanwälte können für einzelne Aufträge oder Mandate wie etwa zur Wahrnehmung von Terminen oder zur Vorbereitung größerer Gutachten oder Schriftsätze tätig werden. Sie können aber auch dauerhaft mit der Sozietät zusammenarbeiten. Einzelaufträge und Gutachtertätigkeit stellen typischerweise Konstellationen dar, in denen freie Mitarbeit als möglich angesehen wird[1]. Die Bearbeitung eigener Mandate ohne Einfluss durch die Anwaltssozietät stellt regelmäßig ein Indiz für freie Mitarbeit dar[2]. Die Anwaltssozietät ist bei der Gestaltung der vertraglichen Pflichten und Aufgaben des freien Mitarbeiters frei. Die Gestaltung eines Dienstverhältnisses als das eines freien Mitarbeiters führt dazu, dass – wenn die Voraussetzungen der

1 Vgl. OLG Hamm v. 15. 11. 1995 – 25 U 157/94; *Hümmerich*, AnwBl. 2005, 77, 81.
2 Vgl. BAG v. 3. 6. 1998, AP Nr. 97 zu § 611 BGB Abhängigkeit; OLG Celle v. 31. 5. 1963, NJW 1963, 1310.

freien Mitarbeit tatsächlich vorliegen – die Schutzvorschriften des Arbeitsrechts im Wesentlichen nicht anwendbar sind[1].

c) Rechtsanwälte als arbeitnehmerähnliche Personen

Als freie Mitarbeiter tätige Rechtsanwälte können je nach den Umständen als arbeitnehmerähnliche Personen anzusehen sein. Dies kommt vor allem für Rechtsanwälte in Betracht, die aufgrund von Dienstverträgen, die eine Stellung als freier Mitarbeiter vorsehen, tatsächlich ausschließlich und ständig für eine Anwaltssozietät tätig sind[2], insbesondere dann, wenn sich aus der Art der Tätigkeit eines gewisse Einbindung in die Kanzleiorganisation ergibt. Es gelten die allgemeinen Kriterien; eine extensive Interpretation des Begriffs der arbeitnehmerähnlichen Person ist bei der Beurteilung von Dienstverhältnissen von Rechtsanwälten nicht angezeigt[3]. Diejenige Partei, die ihre Anerkennung als arbeitnehmerähnliche Person erstrebt, hat ihre gesamten Einkommens- und Vermögensverhältnisse darzulegen[4]. Rechtsanwälte, die zwar nicht persönlich abhängig und daher keine Arbeitnehmer sind, **können bei wirtschaftlicher Abhängigkeit arbeitnehmerähnliche Personen sein**, wenn ihr sozialer Status nach dem Gesamtbild der vertraglichen Gestaltung und der praktischen Handhabung mit demjenigen eines Arbeitnehmers vergleichbar ist[5]. Eine Eigenschaft als arbeitnehmerähnliche Person ist insbesondere angenommen worden, wenn der beschäftigte Rechtsanwalt sein gesamtes Einkommen von einer Kanzlei bezieht und sich den Kanzleiabläufen unterordnen muss[6]. Ein nur auf wenige Monate befristeter Dienstvertrag ist nicht ausreichend, um eine wirtschaftliche Abhängigkeit zu begründen[7]. Die Regelungen für arbeitnehmerähnliche Personen durchbrechen den Dualismus von Selbständigen und Unselbständigen. 24

§ 12a TVG definiert arbeitnehmerähnliche Personen als Personen, die **wirtschaftlich abhängig und vergleichbar einem Arbeitnehmer sozial schutzbedürftig** sind. Arbeitnehmerähnlichkeit besteht danach dann, wenn Personen aufgrund von Dienst- oder Werkverträgen für andere Personen tätig sind, die geschuldeten Leistungen persönlich und im Wesentlichen ohne Mitarbeit von Arbeitnehmern erbringen und entweder überwiegend für eine Person tätig sind oder sie von einer Person im Durchschnitt mehr als die Hälfte des Entgelts erhalten, das sie für ihre Erwerbstätigkeit insgesamt erzielen. Arbeitnehmerähnliche Personen sind wegen ihrer fehlenden Eingliederung in cinc betriebliche Organisation und im Wesentlichen freier 25

1 Vgl. BAG v. 3. 6. 1998, AP Nr. 97 zu § 611 BGB Abhängigkeit.
2 Vgl. LAG Köln v. 6. 5. 2005, AnwBl. 2005, 719; *Henssler*, RdA 1999, 38, 40.
3 Siehe dazu auch *Henssler*, Anmerkung zu BAG v. 15. 4. 1993, AP Nr. 12 zu § 5 ArbGG 1979.
4 Vgl. LAG Rheinland-Pfalz v. 16. 7. 2004 – 9 Ta 110/04; LAG Köln v. 3. 7. 1998 – 11 Ta 94/98.
5 Vgl. OLG München v. 24. 11. 1998, MDR 1999, 1412; Brandenburgisches OLG v. 7. 2. 2002, NJW 2002, 1659; LAG Berlin v. 18. 5. 1998, NZA 1998, 943.
6 Vgl. LAG Köln v. 6. 5. 2005, AnwBl. 2005, 719 = MDR 2006, 35.
7 Vgl. BAG v. 15. 11. 2005, AP Nr. 12 zu § 611 BGB Abhängigkeit.

Zeitbestimmung nicht persönlich abhängig wie Arbeitnehmer. An die Stelle der **persönlichen** Abhängigkeit tritt das Merkmal der **wirtschaftlichen** Abhängigkeit. Der in dieser Weise wirtschaftlich Abhängige muss darüber hinaus nach seiner gesamten sozialen Stellung einem Arbeitnehmer vergleichbar sozial schutzbedürftig sein[1]. Die arbeitnehmerähnlichen Personen zeichnen sich dadurch aus, dass sie ähnlich schutzbedürftig wie die Arbeitnehmer sind, weil ihre Arbeitsergebnisse von einem anderen vermarktet werden. Sie haben aber ihre Dispositionsfreiheit behalten. Arbeitnehmerähnlichen Personen wird daher nicht ohne weiteres der Schutz zuerkannt, den Arbeitnehmer beanspruchen können[2].

26 Ein Rechtsanwalt kann als arbeitnehmerähnliche Person angesehen werden, wenn er seine Arbeitszeit in weit überwiegendem oder ausschließlichem Maße der Anwaltssozietät zur Verfügung stellt und die Vergütung für seine Tätigkeit seine Existenzgrundlage darstellt. Die Beurteilung, ob ein Rechtsanwalt vergleichbar einem Arbeitnehmer sozial schutzbedürftig ist, ist unter Berücksichtigung der Verkehrsanschauung und der Einzelfallumstände zu beurteilen. Das **Kriterium der sozialen Schutzbedürftigkeit** erfordert die Vornahme einer rechtspolitischen Bewertung. Dabei sind abzuwägen einerseits die Stellung des Rechtsanwalts als ein unabhängiges Organ der Rechtspflege und andererseits die zum Teil erhebliche Eingliederung in den Arbeitsablauf einer Anwaltssozietät. Das Bundesarbeitsgericht hat bezüglich eines Rechtsanwaltes, der Partner einer Anwaltssozietät gewesen ist, unter Berücksichtigung der Regelungen des Gesellschaftsvertrages angenommen, dass die Eigenschaft als arbeitnehmerähnliche Person im Sinne des § 5 Abs. 1 Satz 2 ArbGG im konkreten Fall trotz wirtschaftlicher Abhängigkeit nicht vorgelegen hat[3]. Ein Rechtsanwalt als Kursleiter eines juristischen Repetitoriums ist als arbeitnehmerähnliche Person angesehen worden[4]. Die Schutzbedürftigkeit wurde zudem für den Fall verneint, dass die Verdienstmöglichkeit nach einer für den selbständig Tätigen geltenden Gebühren- und Vergütungsordnung eingeräumt wurde. Die wirtschaftliche Existenz bestimmt sich dann nicht nach einer vertraglichen Gegenleistung, sondern nach Art und Umfang der selbständig ausgeübten Tätigkeit[5]. Wenn sich die Beziehung zwischen Auftraggeber und Rechtsanwalt auf eine bloße Mandanten-Rechtsanwalt-Beziehung reduzieren lässt, steht der Annahme einer Arbeitnehmerähnlichkeit der freie und unabhängige Charakter des Rechtsanwaltsberufs entgegen. Das Sächsische Landessozialgericht hat in zwei Entscheidungen Rechtsanwälte, die in einem Landratsamt als Berater beschäftigt werden, nicht als arbeitnehmerähnliche Personen angesehen. Die in den freien Berufen Tätigen (Architekten, Rechtsanwälte etc.), die für mehrere Auftraggeber

1 Vgl. BAG v. 11. 4. 1997, AP Nr. 30 zu § 5 ArbGG 1979; LAG Berlin v. 18. 5. 1998, NZA 1998, 943 (Rechtsanwalt als Repetitor).

2 Vgl. *Hromadka*, NZA 1997, 569, 576.

3 Vgl. BAG v. 15. 4. 1993, AP Nr. 12 zu § 5 ArbGG 1979. Ebenso ArbG Berlin v. 9. 10. 2003, NZA-RR 2004, 328.

4 Vgl. LAG Berlin v. 18. 5. 1998, NZA 1998, 943.

5 Vgl. BAG v. 21. 2. 2007, AP Nr. 64 zu § 5 ArbGG 1979; a.A. ArbG Köln v. 1. 9. 2010 – 3 Ca 12080/09.

arbeiten dürfen, seien keine arbeitnehmerähnlichen Personen, weil sie ihrer Stellung nach nicht der eines Arbeitnehmers vergleichbar seien[1]. Das Bundessozialgericht hat als Revisionsgericht diese Einschätzung nicht geteilt. Das Landessozialgericht habe verkannt, dass Selbständigkeit eine Verfügungsmöglichkeit über die eigene Arbeitskraft und eine im Wesentlichen frei gestaltete Tätigkeit und Arbeitszeit voraussetze. Dies liege bei einem Berater nur dann vor, wenn dieser seine Arbeitsleistung so frei gestalten könne, dass er daneben eine Tätigkeit als freiberuflicher Rechtsanwalt (Wahrnehmung von Gerichtsterminen, Besprechungsterminen mit Mandanten, Betreuung der Kanzlei) aufrechterhalten könne. Ob jemand abhängig beschäftigt oder selbständig sei, hinge davon ab, ob die Merkmale für persönliche Abhängigkeit oder aber Selbständigkeit überwögen. Maßgeblich sei das Gesamtbild der Arbeitsleistung[2]. Das LAG Köln hat bei der Bejahung der Eigenschaft als arbeitnehmerähnliche Person darauf abgestellt, dass die angestellte Rechtsanwältin nicht allein deshalb nicht als arbeitnehmerähnliche Person anzusehen sei, weil sie neben ihrer Tätigkeit die rechtliche Möglichkeit gehabt habe, eigene Mandate zu betreuen. Sie habe gerade auf dem von zahlreichen Anwälten besetzten Arbeitsmarkt in und um Köln keine realistische Chance gehabt, ihren Lebensunterhalt zu verdienen. Sie unterhielt kein eigenes Anwaltsbüro, keine eigene Büroorganisation, die ihr eine Chance zur Akquisition von eigenen Mandaten in einem nennenswerten Umfang gegeben hätten[3]. Die ordentliche Gerichtsbarkeit hat maßgeblich darauf abgestellt, dass der Rechtsanwalt innerhalb einer vorgegebenen Arbeitsorganisation tätig wird, innerhalb derer er hinsichtlich der Zeit, Dauer und des Ortes der zu erbringenden Dienstleistung der Weisungsbefugnis des Kanzleiinhabers unterworfen ist und darüber hinaus weder am Gewinn noch am Verlust der Kanzlei beteiligt ist. Der soziale Status sei dann nach dem Gesamtbild der vertraglichen Gestaltung und der praktischen Handhabung demjenigen eines Arbeitnehmers vergleichbar[4].

Die rechtlichen **Konsequenzen** der Stellung eines Rechtsanwalts als arbeit- 27
nehmerähnliche Person stellen sich u.a. wie folgt dar:

Arbeitsrechtliche Bestimmungen sind auf arbeitnehmerähnliche Personen anwendbar, soweit dies im Einzelfall angeordnet ist. Arbeitnehmerähnlichen Personen kommt kein Kündigungsschutz nach dem Kündigungsschutzgesetz zu. Eine analoge Anwendung arbeitsrechtlicher Grundsätze und Regelungen kann von Fall zu Fall zu erwägen sein, ist aber grundsätzlich nicht veranlasst. Steuerrechtlich gelten arbeitnehmerähnliche Personen als Selbständige. Sie unterliegen nicht dem Lohnsteuerabzug[5]. Der arbeitnehmerähnliche Rechtsanwalt kann Ansprüche vor dem Arbeitsgericht geltend machen (§ 5 Abs. 1

1 Vgl. LSG Sachsen v. 2. 3. 2000 – L 1 KR 1/99; LSG Sachsen v. 2. 3. 2000 – L 1 KR 38/97.
2 Vgl. BSG v. 25. 1. 2001, SozVersR 2001, 329.
3 Vgl. LAG Köln v. 6. 5. 2005, MDR 2006, 35. Siehe auch LAG Rheinland Pfalz v. 31. 1. 2007 – 6 Ta 15/07; LAG Hessen v. 1. 6. 1995, NZA-RR 1996, 64.
4 Vgl. OLG Brandenburg v. 7. 2. 2002, NJW 2002, 1659; OLG München v. 24. 11. 1998, NZA-RR 1999, 604.
5 Siehe zu sozialversicherungsrechtlichen Aspekten unten Rz. 159ff.

Satz 2 ArbGG)[1]. Dem arbeitnehmerähnlichen Rechtsanwalt steht ein Urlaubsanspruch nach dem Bundesurlaubsgesetz zu, da § 2 Satz 2 BUrlG auf arbeitnehmerähnliche Personen Bezug nimmt. § 12a TVG mit der Möglichkeit des Abschlusses von Tarifverträgen ist für arbeitnehmerähnliche Rechtsanwälte bislang jedenfalls nicht von praktischem Interesse.

II. Vertragsverhältnis zwischen Rechtsanwalt und Anwaltssozietät

1. Vertragstypus

28 Das Vertragsverhältnis zwischen Rechtsanwalt und Anwaltssozietät kann im Rahmen der Vertragsfreiheit nach § 311 Abs. 1 BGB gestaltet werden. Je nach Ausgestaltung ist zu prüfen, inwieweit Vorschriften des Arbeitsrechts Anwendung finden. Dies hängt davon ab, ob der Rechtsanwalt als freier Mitarbeiter, als arbeitnehmerähnliche Person oder als abhängiger Arbeitnehmer für die Anwaltssozietät tätig ist[2].

a) Dienstvertrag und Werkvertrag

29 Verträge mit Rechtsanwälten können als Dienstvertrag oder als Werkvertrag abgeschlossen werden. Während beim Dienstvertrag die (ordnungsgemäße) **Tätigkeit** als solche geschuldet wird, ist beim Werkvertrag die **Herbeiführung des vereinbarten, gegenständlich fassbaren Arbeitsergebnisses** geschuldet[3]. Ob ein Dienst- oder ein Werkvertrag abgeschlossen wird, hängt von der von dem Rechtsanwalt zu erbringenden Leistung ab. Soll der Rechtsanwalt in der Sozietät Mandate betreuen oder bei der Erledigung von Mandaten mitarbeiten, so ist ein Dienstvertrag abzuschließen. Ist der Rechtsanwalt verpflichtet, ein bestimmtes „Werk" (Bsp.: Rechtsgutachten) zu erstellen, so handelt es sich um einen Werkvertrag.

b) Qualifizierungsklauseln

30 Qualifizierungsklauseln im Vertrag sind von begrenztem Nutzen. Unter Qualifizierungsklauseln sind Regelungen im Vertrag zu verstehen, die den Vertrag bzw. die Tätigkeit rechtlich einordnen. Die mit den Qualifizierungsklauseln der Parteien getroffene rechtliche Einordnung des Vertragsverhältnisses ist für Gerichte, Sozialversicherungsbehörden und Steuerbehörden nicht bindend. Zwar haben diese von den getroffenen Parteiabreden auszugehen und müssen den Parteiwillen entsprechend berücksichtigen. Die von

---

1 Vgl. OLG München v. 24. 11. 1998, NZA-RR 1999, 604.

2 Vgl. die Vertragsformulare bei *Bohle*, Verträge mit juristischen Mitarbeitern, 2. Aufl. 2002, D, Anhang 1, Mitarbeiterverträge.

3 Siehe zu den Abgrenzungskriterien zwischen Dienst- und Werkvertrag etwa Palandt/*Thomas*, 70. Aufl. 2011, Vor § 631 BGB Rz. 5; Staudinger/*Richardi*, Neubearbeitung 2005, Vorbemerkung zu §§ 611 ff., Rz. 23 ff., 60 ff.; *Richardi*, Dienstvertrag, in: Eckpfeiler des Zivilrechts (Staudinger), Neubearbeitung 2008, S. 688 ff.

den Vertragsparteien im Rahmen ihrer Vertragsfreiheit getroffene rechtliche Einordnung des Vertragsverhältnisses findet jedoch dort ihre Grenze, wo die Parteien ein Rechtsverhältnis, welches sich tatsächlich als Arbeitsverhältnis darstellt, fälschlich als Rechtsverhältnis eines freien Mitarbeiters bezeichnet haben. Die Bindung an eine Qualifizierungsklausel entgegen dem sonstigen Rechtsgeschäftsinhalt stehen abgesehen von allgemeinen Auslegungsgrundsätzen zwingende Schutzvorschriften entgegen.

Stimmen formulierter Vertragstext und praktische Handhabung des Vertragsverhältnisses nicht überein, ist für dessen rechtliche Einordnung der wirkliche Gehalt der Tätigkeit maßgebend[1]. Liegen nach Art und Umfang der Tätigkeit die Voraussetzungen der Arbeitnehmereigenschaft vor, ist die „Etikettierung" des Vertragsverhältnisses als ein Rechtsverhältnis eines freien Mitarbeiters unerheblich. Maßgeblich ist die **tatsächlich ausgeübte** Tätigkeit. Unverbindlich sind damit auch Vertragsklauseln, die „klarstellen", dass die Parteien kein Arbeitsverhältnis begründen, sondern ausschließlich ein Rechtsverhältnis als freier Mitarbeiter vereinbaren. 31

Diese Grundsätze greifen ihrem Schutzzweck nach nur ein, wenn die Parteien ihr Rechtsverhältnis nicht als Arbeitsverhältnis, sondern als Rechtsverhältnis eines freien Mitarbeiters bezeichnet haben. Haben die Parteien dagegen – umgekehrt – ein **Arbeitsverhältnis** vereinbart, ist es auch als ein solches einzuordnen, ohne dass es dann auf eine anderweitige tatsächliche Vertragsdurchführung ankommt[2]. 32

Ein zunächst als Arbeitsverhältnis ausgestaltetes Vertragsverhältnis kann später einvernehmlich in ein Rechtsverhältnis als freier Mitarbeiter abgeändert werden. Die Rechtsprechung verlangt dabei aber, dass wegen der weitreichenden Folgen eine solche Vereinbarung klar und unmissverständlich getroffen wird[3]. 33

c) Vertragsrechtliche Folgen einer Fehlbeurteilung

Die Praxis hat gelegentlich versucht, das wirtschaftliche Risiko, das mit der Feststellung einer Arbeitnehmereigenschaft verbunden ist, auf die beschäftigte Partei abzuwälzen, indem eine Klausel aufgenommen wird, die vorsieht, dass der freie Mitarbeiter die Anwaltssozietät für den Fall, dass das Rechtsverhältnis sozialversicherungspflichtig ist, von den Beitragsaufwendungen freistellt. Ein solcher Freistellungsanspruch weicht von den gesetzlichen Vorschriften über die Abführung von Sozialversicherungsbeiträgen ab (§§ 28d ff. SGB IV). Die Beitragsbelastung des Versicherungspflichtigen ist in § 28g SGB IV abschließend geregelt. Privatrechtliche Vereinbarungen, die zum Nachteil des Sozialleistungsberechtigten von Vorschriften des Sozialgesetzbuches abweichen, sind gemäß § 32 SGB I nichtig. Der Arbeitgeber 34

1 Vgl. BAG v. 3. 6. 1998, AP Nr. 97 zu § 611 BGB Abhängigkeit; LAG Thüringen v. 28. 3. 1996, LAGE § 611 BGB Arbeitnehmerbegriff Nr. 31.
2 Vgl. BAG v. 3. 6. 1998, AP Nr. 97 zu § 611 BGB Abhängigkeit; LAG Thüringen v. 6. 2. 1998, MDR 1998, 478 = NZA-RR 1998, 296, 297.
3 Vgl. BAG v. 12. 9. 1996, AP Nr. 1 zu § 611 BGB Freier Mitarbeiter.

kann sich im Innenverhältnis nicht von den ihn treffenden sozialversicherungsrechtlichen Pflichten freistellen lassen[1].

34a In der Praxis mit dem Etikett des freien Mitarbeiters tätige Rechtsanwälte werden oftmals als abhängige Arbeitnehmer einzustufen sein. Das Rechtsverhältnis eines freien Mitarbeiters dürfte tatsächlich die Ausnahme sein[2]. Wenn der Rechtsanwalt als Selbständiger behandelt wird, obwohl er in Wahrheit die Eigenschaft eines Arbeitnehmers aufweist, ist dies für beide Vertragsparteien mit erheblichen Risiken behaftet. Stellt sich der Arbeitnehmerstatus des Rechtsanwaltes heraus, so ist der Arbeitgeber verpflichtet, die Beiträge zur Sozialversicherung nach § 28e Abs. 1 SGB IV nach zu entrichten[3]. Die Rückgriffsmöglichkeit ist beschränkt[4]. Der Arbeitnehmer wird Einkommensteuer/Lohnsteuer nach zu entrichten haben. Der Arbeitgeber haftet für nicht abgeführte Lohnsteuer (Haftung nach § 42d EStG). Er kann diesbezüglich Rückgriff beim Arbeitnehmer nehmen. Dem Arbeitnehmer und dem Arbeitgeber droht die Nachentrichtung von Umsatzsteuer[5].

35 Neben den sozialversicherungs- und steuerrechtlichen Folgen einer Fehlbeurteilung ergeben sich auch gravierende vertragsrechtliche Folgen[6].

36 Stellt sich während des Vertragsverhältnisses heraus, dass entgegen der Annahme beider Parteien ein Arbeitsverhältnis besteht, so stellt sich die Frage, inwieweit die vereinbarten vertraglichen Bedingungen weiterhin Bestand haben. Gegebenenfalls haben die Parteien Vertragsregelungen vereinbart, die derart auf das Freie-Mitarbeiter-Verhältnis zugeschnitten sind, dass sie nicht mehr angewendet werden können, wenn feststeht, dass ein Freies-Mitarbeiter-Verhältnis nicht vorliegt. Derartige Regelungen betreffen insbesondere das Entgelt. Die Vergütung des freien Mitarbeiters liegt regelmäßig über derjenigen von Arbeitnehmern in vergleichbarer Stellung. Die **Vergütung** des

---

1 Vgl. *Lingemann/Winkel*, NJW 2010, 38, 39; Kasseler Kommentar/*Seewald*, 62. EL 07/09, § 32 SGB I, Rz. 2ff.; *Kunz/Kunz*, DB 1993, 326, 329; *Moll/Reufels*, in: GmbH-Handbuch, Teil IV, Rz. 81; *Reiserer*, in: Moll (Hrsg.), MAH Arbeitsrecht, 2. Aufl. 2009, § 5 Rz. 11 und 12; *Schwerdtner*, in: Brennpunkte des Arbeitsrechts, 1994, S. 321, 341.

2 Siehe die Warnungen vor „Formenmissbrauch" etwa bei Henssler/Prütting/*Hartung*, 3. Aufl. 2010, § 59a BRAO, Rz. 168; *Hümmerich*, NJW 1998, 2625; *Hümmerich* AnwBl. 2005, 77, 80; *Kilger*, AnwBl. 1992, 212; *Knief*, AnwBl. 1985, 58; *Rewolle*, AnwBl. 1978, 388; Hartung/*Nerlich*, Anwaltliche Berufsordnung, 3. Aufl. 2006, § 26 BORA, Rz. 18; Hartung/Römermann/*Nerlich*, Berufs- und Fachanwaltsordnung, 4. Aufl. 2008, § 26 BORA Rz. 18.

3 Vgl. *Kilger*, AnwBl. 1992, 212; *Kunz/Kunz*, DB 1993, 326, 329; *Moll/Reufels*, in: GmbH-Handbuch, Teil IV, Rz. 81; *Schwerdtner*, in: Brennpunkte des Arbeitsrechts, 1994, S. 321, 339ff.

4 Siehe unten Rz. 198ff.

5 Vgl. *Berger*, BB 1996, 70, 71ff.; *Kunz/Kunz*, DB 1993, 326, 329; *Moll/Reufels*, in: GmbH-Handbuch, Teil IV, Rz. 82; *Otto*, BRAK-Magazin 6/2006, S. 8; *Reiserer*, in: Moll (Hrsg.), MAH Arbeitsrecht, 2. Aufl. 2009, § 5 Rz. 19ff.; *Schwerdtner*, in: Brennpunkte des Arbeitsrechts, 1994, S. 321, 339ff.; *Streck*, AnwBl. 1992, 309.

6 Vgl. *Moll/Reufels*, in: GmbH-Handbuch, Teil IV, Rz. 81f.; *Müller*, MDR 1998, 1061, 1065; *Otto*, BRAK-Magazin 6/2006, S. 8.

Rechtsanwalts, die im Hinblick auf dessen **selbständige** Tätigkeit festgesetzt worden ist, ist bei Feststellung der Arbeitnehmereigenschaft ggf. **neu** zu bestimmen auf der Grundlage einer „üblichen" Vergütung gemäß § 612 Abs. 2 BGB[1]. Dies gilt allerdings regelmäßig nur für die Zukunft. Die Höhe wird nicht für die Vergangenheit korrigiert. Der für die Zukunft nach § 612 Abs. 2 BGB zu bemessende Entgeltanspruch kann nur im Ausnahmefall dem Honoraranspruch entsprechen, der für die Selbständigkeit vereinbart worden ist. Das BAG hat ursprünglich eine **Anpassung der Entgeltregelung** über die Grundsätze des Wegfalls der Geschäftsgrundlage vorgesehen[2]. Geschäftsgrundlage sind die bei Abschluss des Vertrages zutage getretenen, dem anderen Teil erkennbar gewordenen und von ihm nicht beanstandeten Vorstellungen einer Partei oder die gemeinsamen Vorstellungen beider Parteien vom gegenwärtigen Vorhandensein oder künftigen Eintritt gewisser Umstände, sofern der Geschäftswille der Parteien hierauf aufbaut. Dies kann auch ein beiderseitiger Irrtum in der Beurteilung der Rechtslage bei Abschluss eines Vertrages sein, wenn ohne diesen beiderseitigen Rechtsirrtum der Vertrag nicht wie geschehen geschlossen worden wäre. Eine Vertragsanpassung nach der Geschäftsgrundlagenlehre erfolgt allerdings nur dann, wenn das Festhalten am bisherigen Vertrag einen Verstoß gegen Treu und Glauben darstellen würde, dem Schuldner also die Erfüllung des Vertrages auf der bisherigen Grundlage nicht mehr so zugemutet werden kann. Eine Anpassung der Entgeltregelung unter Anwendung der Grundsätze des Wegfalls der Geschäftsgrundlage hat sinnvollerweise dahingehend zu erfolgen, dass eine Absenkung auf das für Arbeitnehmer maßgebliche Niveau erfolgt. Das BAG hat den rechtlichen Ansatzpunkt später modifiziert und die Entgeltregelung in einem Vertrag über freie Mitarbeit dahingehend ausgelegt, dass sie nicht auch für den Fall vereinbart sei, dass der Dienstnehmer rechtskräftig seine Arbeitnehmereigenschaft feststellen lasse[3]. Dem Arbeitnehmer steht dann mangels Vergütungsvereinbarung nach § 612 Abs. 2 BGB die **übliche** Vergütung zu. Dies ist die Bezahlung vergleichbarer Arbeitnehmer[4].

2. Zustandekommen und Form

a) Zustandekommen

Das Zustandekommen des Vertragsverhältnisses zwischen Rechtsanwalt 37
und Anwaltssozietät richtet sich nach den allgemeinen zivilrechtlichen Regeln. Das Vertragsverhältnis kommt – ausdrücklich oder konkludent – durch korrespondierende **Willenserklärungen** zustande. Ein Vertragsverhältnis kann konkludent insbesondere durch die einvernehmlich erfolgte tatsächliche Erbringung von Dienstleistungen begründet werden.

1 Vgl. BAG v. 21. 1. 1998, AP Nr. 55 zu § 612 BGB; LAG Köln v. 21. 1. 1998, LAGE § 611 BGB Nr. 7.
2 Vgl. BAG v. 9. 7. 1986, AP Nr. 7 zu § 242 BGB Geschäftsgrundlage.
3 Vgl. BAG v. 21. 1. 1998, AP Nr. 55 zu § 612 BGB.
4 Vgl. *Moll/Reufels*, in: GmbH-Handbuch, Teil IV, Rz. 80.

b) Formvorschriften

38 Gesetzliche Formvorschriften im Sinne des § 125 Satz 1 BGB existieren nicht. Der zwischen Rechtsanwalt und Anwaltssozietät geschlossene Vertrag bedarf keiner gesetzlichen Form. Er bedarf insbesondere nicht der Schriftform. Eine mündliche Abrede ist ausreichend. Dies gilt gleichermaßen für einen Dienstvertrag mit einem freien Mitarbeiter wie für einen Arbeitsvertrag.

c) Dokumentationspflicht: Nachweisgesetz

39 Das Nachweisgesetz (NachwG) sieht Dokumentationspflichten hinsichtlich der vereinbarten Vertragsbedingungen vor. Das Nachweisgesetz stellt kein Formerfordernis für den Abschluss eines Arbeitsvertrages auf, sondern begründet lediglich eine arbeitgeberseitige Verpflichtung zur schriftlichen Fixierung der getroffenen Vereinbarungen. Der Anwendungsbereich des Nachweisgesetzes bezieht sich nach § 1 NachwG nur auf **Arbeitsverhältnisse** und nicht auch auf Dienstverhältnisse mit freien Mitarbeitern. Das Nachweisgesetz gilt für alle Arbeitsverhältnisse außer für Aushilfsarbeitsverhältnisse bis zu einem Monat.

40 Der Arbeitgeber ist nach § 2 Abs. 1 Satz 1 NachwG verpflichtet, die wesentlichen Vertragsbedingungen spätestens einen Monat nach dem vereinbarten Beginn des Arbeitsverhältnisses schriftlich niederzulegen, die Niederschrift zu unterzeichnen und dem Arbeitnehmer auszuhändigen. § 2 Abs. 1 Satz 2 NachwG enthält einen Katalog, der angibt, welche Arbeitsbedingungen mindestens schriftlich niederzulegen sind. Dieser Katalog ist umfangreich und umfasst neben den Arbeitsvertragsparteien den Arbeitsort, die Arbeitszeit, das Entgelt, die Kündigungsfristen, den Urlaub etc. Die Erfüllung der Dokumentationspflicht hängt nicht davon ab, ob die dokumentierten Arbeitsbedingungen eng oder weit gefasst sind. Das Nachweisgesetz verlangt nicht, dass der Inhalt der Arbeitsbedingungen nicht mehr unbestimmt sein dürfe[1]. Der im Gesetz enthaltene Katalog der Vertragsbedingungen ist recht umfangreich und kann Arbeitsbedingungen enthalten, über die eine Einigung u.U. mündlich nicht zustande gekommen ist oder die nicht Gegenstand der Verhandlungen gewesen sind. Dies lässt sinnvoll erscheinen, den Arbeitsvertrag von vornherein schriftlich abzuschließen und die in § 2 Abs. 1 Satz 2 Nr. 1 bis 10 NachwG enthaltenen Gesichtspunkte in den Vertragstext aufzunehmen.

41 Die Vorschriften des Nachweisgesetzes sind gemäß § 5 NachwG nicht zu Ungunsten des Arbeitnehmers abdingbar.

42 Das Nachweisgesetz sieht keine Sanktionen für den Fall vor, dass der Arbeitgeber seiner Pflicht zum schriftlichen Nachweis der Vertragsbedingungen nicht nachkommt. Das Schrifttum hat deshalb teilweise angenommen, dass die Richtlinie 91/533/EWG des Rates vom 14. 10. 1991 über die Pflicht des Arbeitgebers zur Unterrichtung des Arbeitnehmers über die für seinen Arbeitsvertrag oder sein Arbeitsverhältnis geltenden Bedingungen wegen

---

1 So aber *Zwanziger*, DB 1996, 2027, 2028.

des Fehlens von Sanktionsregelungen nicht ausreichend umgesetzt sei[1]. Die richtige und vollständige Umsetzung einer Richtlinie setzt nach der Rechtsprechung des EuGH voraus, dass Verstöße mit Sanktionen belegt werden, die einen tatsächlichen und wirksamen Rechtsschutz gewähren[2]. Der These einer nicht richtlinienkonformen Umsetzung ist nicht zu folgen. Ihr ist entgegenzuhalten, dass die sich aus allgemeinen deutschen Rechtsgrundsätzen und Rechtsregeln ergebenden Sanktionen ausreichen.

Die Beachtung der Vorschriften des Nachweisgesetzes stellt eine dem Arbeitgeber obliegende gesetzliche Pflicht im Rahmen des Arbeitsvertrags dar, so dass der Arbeitnehmer einen einklagbaren **Erfüllungsanspruch** und im Falle der Verletzung nach § 280 Abs. 1 BGB einen **Anspruch** gegen den Arbeitgeber auf **Ersatz des sich daraus ergebenden Schadens** hat[3]. Ein **deliktsrechtlicher** Schadensersatzanspruch nach § 823 Abs. 2 BGB ist zu bejahen, weil § 2 Abs. 1 NachwG ein Schutzgesetz i.S.d. § 823 Abs. 2 BGB darstellt; das Nachweisgesetz bezweckt, dem Arbeitnehmer die Beweisführung im Hinblick auf die wesentlichen Vertragsbedingungen zu erleichtern[4]. Der Arbeitnehmer hat für den Schadenersatzanspruch die adäquate Verursachung des Schadens darzulegen. Ihm kommt dabei die Vermutung aufklärungsgemäßen Verhaltens zugute. 43

Die Nichterfüllung der durch das Nachweisgesetz vorgesehenen Dokumentationspflicht hat Auswirkungen auf die **Beweissituation** im Rechtsstreit. Es ist aus der Rechtsprechung zur ärztlichen Dokumentationspflicht bekannt, dass im Fall der Verletzung von Dokumentationspflichten, die im Interesse eines Vertragspartners bestehen, Beweiserleichterungen zuerkannt werden, wenn dem geschützten Vertragspartner die Beweisführung durch die Verletzung der Dokumentationspflichten erschwert oder unmöglich gemacht worden ist[5]. Dieser Gedanke wird auf die Verletzung der im Nachweisgesetz vorgesehenen Dokumentationspflichten übertragbar sein. Der Zweck des Nachweisgesetzes besteht darin, für den Arbeitnehmer Klarheit über die Arbeitsbedingungen zu schaffen und den Arbeitnehmer vor Beweisschwierigkeiten zu schützen[6]. Dies begründet, dass bei Verletzungen der Nachweispflicht **Beweiserleichterungen** eingreifen müssen. Äußerungen des Schrifttums, die darüber hinaus davon ausgehen, dass man zu dem Ergebnis gelangen könne, dass „plausible" Arbeitsbedingungen im Fall eines entsprechenden Sachvortrags des Arbeitnehmers als bewiesen gelten[7], gehen zu weit. Sie verkennen, dass das Nachweisgesetz lediglich eine Dokumentati- 44

1 Vgl. *Wank*, RdA 1996, 21, 24.
2 Vgl. EuGH v. 10. 4. 1984, Slg. 1984, S. 1891 = AP Nr. 1 zu § 611a BGB.
3 Vgl. BAG v. 17. 4. 2002, AP Nr. 6 zu § 2 NachwG; ArbG Frankfurt a.M. v. 19. 11. 2009 – 19 Ca 6269/08, AE 2010, 20; *Birk*, NZA 1996, 281, 289; *Wank*, RdA 1996, 21, 24.
4 Vgl. *Birk*, NZA 1996, 281, 289.
5 Vgl. BGH v. 28. 6. 1988, NJW 1988, 2949; BGH v. 24. 1. 1989, NJW 1989, 2330, 2331; OLG Köln v. 18. 4. 1994, NJW-RR 1995, 346, 347.
6 Vgl. LAG Hamm v. 9. 7. 1996, DB 1996, 1627; LAG Köln v. 25. 7. 1997, BB 1998, 590; LAG Köln v. 9. 1. 1998, LAGE § 2 NachwG Nr. 4.
7 So aber *Zwanziger*, DB 1996, 2027, 2030.

onspflicht anordnet, ohne Folgen für die Arbeitsbedingungen selbst vorzusehen. Das Schrifttum hat die sich im Hinblick auf die Beweislast ergebenden Rechtsfolgen teilweise im Sinne einer Beweislastumkehr bei Nichteinhaltung der Dokumentationspflicht durch den Arbeitgeber aufgefasst[1]. Der Gesetzgeber hat die Statuierung einer Umkehrung der Beweislast allerdings ausdrücklich abgelehnt und unterlassen[2]. Es spricht viel dafür, eine **Erleichterung der Beweisführungslast nach den Grundsätzen der Beweisvereitelung** in entsprechender Anwendung der §§ 427, 444 ZPO vorzunehmen[3]. Dies führt nicht ohne weiteres zur Umkehr der Beweislast. Die Verletzung der Nachweispflicht ist jedenfalls im Rahmen der Beweiswürdigung nach § 286 Abs. 1 ZPO zu berücksichtigen und kann zu einer erheblichen Erleichterung der Beweisführungslast für den Arbeitnehmer führen[4]. Eine Beweislastumkehr wird daraus nur in besonderen Fällen folgen, insbesondere wenn es in Anbetracht der Gesamtumstände unzumutbar ist, den Arbeitnehmer mit der Beweisführung zu belasten. Die Unzumutbarkeit der Beweisführung erfordert das Vorliegen besonderer Umstände. Diese können etwa darin liegen, dass der Arbeitgeber einen Nachweis vorsätzlich bzw. trotz ausdrücklicher Aufforderung nicht erteilt hat[5]. Das Gericht wird im Übrigen im Rahmen des § 286 Abs. 1 ZPO den Gesichtspunkt der Dokumentationspflicht berücksichtigen.

45 Die Arbeitsbedingungen können trotz Erfüllung der Dokumentationserfordernisse streitig sein, weil Arbeitgeber oder Arbeitnehmer andere Arbeitsbedingungen geltend machen. Es gelten in diesem Fall die allgemeinen beweisrechtlichen Grundsätze. Besonderheiten aufgrund des Nachweisgesetzes ergeben sich nicht[6]. Der Arbeitnehmer, der Arbeitsbedingungen geltend macht, die denjenigen entsprechen, die der Arbeitgeber in den Nachweis aufgenommen hat, kann den **Urkundsbeweis** gemäß §§ 416, 420 ZPO führen. Der Arbeitgeber muss die Beweiswirkung der Privaturkunde entkräften[7]. Ihm obliegt der Beweis des Gegenteils hinsichtlich der Privaturkunde[8]: Der Arbeitgeber, der den Nachweis erteilt hat, muss die Unrichtigkeit oder Unvollständigkeit der Urkunde beweisen. Der Nachweis begründet einen

---

1 Vgl. *Birk*, NZA 1996, 281, 289; *Wank*, RdA 1996, 21, 24; *Weber*, NZA 2002, 641.

2 Siehe dazu *Bergwitz*, BB 2001, 2316, 2318; *Bodenbender/Griese*, FS Wlotzke, 1996, S. 3, 19; *Franke*, DB 2000, 274; *Richardi*, NZA 2001, 57, 60; *Schwarze*, ZfA 1997, 43, 61, 63.

3 Vgl. LAG Hamm v. 14. 8. 1998, LAGE § 2 NachwG Nr. 7; ErfK/*Preis*, 11. Aufl. 2011, Einf. NachwG, Rz. 22; *Preis*, NZA 1997, 10, 13; Schaub/*Linck*, ArbR-Hdb., 13. Aufl. 2009, § 34 Rz. 55; *Schwarze*, ZfA 1997, 43, 63; *Stückmann*, BB 1995, 1846, 1848. Siehe auch LAG Köln v. 25. 7. 1997, BB 1998, 590; LAG Köln v. 9. 1. 1998, LAGE § 2 NachwG Nr. 4.

4 Vgl. grundlegend: BGH v. 15. 11. 1984, NJW 1986, 59; ErfK/*Preis*, 11. Aufl. 2011, Einf. NachwG, Rz. 22; *Melms*, in: Moll (Hrsg.), MAH Arbeitsrecht, 2. Aufl. 2009, § 8 Rz. 38.

5 Vgl. ErfK/*Preis*, 11. Aufl. 2011, Einf. NachwG, Rz. 20.

6 Vgl. *Preis*, NZA 1997, 10, 12.

7 Vgl. *Bergwitz*, BB 2001, 2316, 2319; *Schwarze*, ZfA 1997, 43, 65.

8 Siehe auch EuGH v. 4. 12. 1997, Slg. 1997, S. I-6923 ff. = AP Nr. 3 zu EWG-Richtlinie Nr 91/533 = NZA 1998, 137.

Anscheinsbeweis. Der Arbeitgeber kann und muss den Anschein der Richtigkeit des Nachweises durch entsprechenden Tatsachenvortrag erschüttern[1]. Der Arbeitnehmer, der Arbeitsbedingungen geltend macht, die nicht dem Nachweis entsprechen, muss die anspruchsbegründenden Tatsachen darlegen und beweisen. Es gelten die allgemeinen beweisrechtlichen Grundregeln. Der von der Behauptung des Arbeitnehmers abweichende Nachweis ändert nichts. Er gewährt dem Arbeitgeber keine günstigere Position[2]. Der Arbeitgeber wird durch die Ausstellung der Urkunde nicht privilegiert. Es gibt keinen Anscheinsbeweis zu seinen Gunsten. Es kann allerdings berücksichtigt werden, dass der Arbeitnehmer längere Zeit zu den im Nachweis genannten Arbeitsbedingungen gearbeitet hat.

3. AGB-Kontrolle

Die §§ 305 ff. BGB sind regelmäßig auf die mit Arbeitnehmer-Rechtsanwälten abgeschlossenen Arbeitsverträge anzuwenden, weil und wenn diese „AGB" darstellen. Es gilt in diesem Zusammenhang § 310 Abs. 3 BGB. Arbeitnehmer sind Verbraucher i.S.d. §§ 13, 310 Abs. 3 BGB[3]. Die AGB-Kontrolle scheidet nur aus, wenn die in Rede stehende Klausel ernsthaft zur Disposition gestellt worden ist[4]. Die AGB-Kontrolle betrifft nicht die gegenseitigen Hauptleistungspflichten (Arbeitszeit, Entgelt). Die Klassifizierung einer Klausel kann im Einzelfall allerdings problematisch sein. Dies zeigt sich etwa bei Bestimmungen zu Beginn und Ende des Arbeitsverhältnisses. 46

4. Dienstpflichten

Die Leistung der versprochenen Dienste im Sinne des § 611 Abs. 1 BGB bestimmt sich nach den getroffenen Vereinbarungen. Die Dienstpflichten unterscheiden sich insbesondere danach, inwieweit die Anwaltssozietät dem Rechtsanwalt Weisungen erteilen kann. Es ist zwischen der Situation des freien Mitarbeiters und derjenigen des Arbeitnehmers zu unterscheiden. 47

a) Ablehnungsrecht des freien Mitarbeiters

Dem freien Mitarbeiter steht es frei, die Übernahme einer Aufgabe abzulehnen, soweit er sich dazu nicht im voraus verpflichtet hat. Ihm können anders als einem Arbeitnehmer Aufgaben nicht kraft Direktionsrechts einseitig zugewiesen werden. Die Aufzählung von Tätigkeiten im Dienst- oder Werkvertrag ist auszulegen. Sie kann nur die Erklärung des freien Mitarbeiters enthalten, entsprechende Aufgaben grundsätzlich zu erledigen. Eine Leistungspflicht entsteht erst dann, wenn im Hinblick auf einzelne Aufgaben die Übernahme durch den freien Mitarbeiter vereinbart wird[5]. Es sind alternativ 48

1 Vgl. *Melms*, in: Moll (Hrsg.), MAH Arbeitsrecht, 2. Aufl. 2009, § 8 Rz. 38.
2 Vgl. ErfK/*Preis*, 11. Aufl. 2011, Einf. NachwG, Rz. 18.
3 Vgl. BAG v. 25. 5. 2005, AP Nr. 1 zu § 310 BGB.
4 Vgl. BAG v. 27. 7. 2005, AP Nr. 6 zu § 307 BGB.
5 Siehe etwa die Vertragsformulierung bei *Bohle*, Verträge mit juristischen Mitarbeitern, 2. Aufl. 2002, Rz. 83, S. 66.

Gestaltungen denkbar, bei denen der freie Mitarbeiter zwar generell im voraus die Bearbeitung von Mandaten oder die Erstellung von Gutachten bzw. Schriftsätzen übernimmt, ihm jedoch im Wesentlichen – von vereinbarten Abgabeterminen abgesehen – freigestellt ist, wann, wie und wo er seiner Tätigkeit nachgeht.

b) Direktionsrechtliche Bestimmung der Arbeitspflicht für den Arbeitnehmer

49 Besteht zwischen den Parteien ein Arbeitsverhältnis, so schuldet der Arbeitnehmer Arbeitsleistungen, wie sie der Arbeitgeber im Rahmen des Arbeitsvertrages durch das Direktionsrecht bestimmt (§ 106 Satz 1 GewO).

aa) Inhalt des Direktionsrechts

50 Der Arbeitnehmer ist nach § 611 Abs. 1 BGB zur „Leistung der versprochenen Dienste" verpflichtet. Der Arbeitgeber kann im Rahmen der durch den Arbeitsvertrag definierten Leistungspflicht die Arbeitspflicht des Arbeitnehmers aufgrund seines Weisungsrechtes einseitig nach Art, Ort und Zeit der Leistung bestimmen[1]. Die Konkretisierung der im Arbeitsvertrag rahmenmäßig umschriebenen Leistungspflicht ist gemäß § 106 Satz 1 GewO nach billigem Ermessen vorzunehmen[2]. Die Ausübung des Direktionsrechts durch den Arbeitgeber unterliegt dementsprechend einer zweifachen gerichtlichen Kontrolle: die **Grenzen des Direktionsrechts nach dem Arbeitsvertrag** sind einzuhalten (es ist denkbar, wenn auch nicht üblich, und kann letztlich sogar problematisch sein, dass Fachgebiete festgelegt werden);[3] die **Ermessensgrenzen** für die Ausübung des Direktionsrechts sind zu wahren. Der Inhalt billigen Ermessens i.S.v. § 106 Satz 1 GewO ist unter Abwägung der Interessen beider Vertragsparteien im Einzelfall festzustellen[4]. Einer gerichtlichen Überprüfung zugänglich ist nur der Ermessensfehlgebrauch, nicht jedoch, ob der Arbeitgeber sein Ermessen zweckmäßig ausgeübt hat. Zu weit dürfte daher eine vereinzelt gebliebene Entscheidung des BAG gehen, die eine Leistungsbestimmung des Arbeitgebers allein deswegen für unbillig erklärt, weil der Arbeitgeber die Gründe für sein Handeln nicht von vornherein offengelegt hat[5]. Dies steht im Widerspruch dazu, dass grundsätzlich die Ausübung leistungsbestimmter Gestaltungsrechte nicht begründungspflichtig ist[6].

51 Erfolgt die Einstellung des Arbeitnehmers für einen **fachlich umschriebenen** Bereich (Rechtsanwalt), so kann ihm der Arbeitgeber kraft seines Direktionsrechts sämtliche Arbeiten zuweisen, die sich innerhalb des vereinbarten Berufsbildes bewegen. Eine derartige Fassung des Arbeitsvertrages räumt dem

---

1 Vgl. BAG v. 20. 12. 1984, AP Nr. 27 zu § 611 BGB Direktionsrecht.
2 Vgl. BAG v. 27. 3. 1980, AP Nr. 26 zu § 611 BGB Direktionsrecht.
3 Vgl. *Lingemann/Winkel*, NJW 2009, 343, 344.
4 Vgl. BAG v. 15. 12. 1976, AP Nr. 3 zu § 611 BGB Arzt-Krankenhaus-Vertrag.
5 Vgl. BAG v. 21. 12. 1970, AP Nr. 1 zu § 305 BGB Billigkeitskontrolle.
6 Vgl. MünchKommBGB/*Gottwald*, 5. Aufl. 2007, § 315 BGB, Rz. 25, 46.

Arbeitgeber weitgehende Möglichkeiten zur Ausübung des Direktionsrechts ein[1]. So kann die Sozietät einem angestellten Rechtsanwalt spezifische Mandate zur Bearbeitung übertragen bzw. festlegen, dass der Rechtsanwalt eine bestimmte Art von Mandaten zu bearbeiten hat, sei es fachlich-gegenständlich, sei es mandanten- bzw. personenbezogen. Der Arbeitgeber kann kraft seines Direktionsrechts den Arbeitsbereich des Arbeitnehmers auch verkleinern[2]. Der Arbeitgeber kann den Arbeitsbereich des Arbeitnehmers nicht nur generell erweitern oder verkleinern. Er kann dem Arbeitnehmer Arten von Aufgaben oder Einzelfällen entziehen und ihn mit einem anderen Arbeitsbereich oder anderen Einzelfällen im Rahmen der durch den Arbeitsvertrag gesteckten Grenzen betrauen. Eine Zuweisung von Arbeiten außerhalb von Rechtsanwaltstätigkeit scheidet aus. Eine andere Frage ist, ob nicht je nach Kanzleiüblichkeit Zusammenhangstätigkeiten geschuldet werden wie z.B. das Erstellen der eigenen Schriftsätze oder deren Beförderung zum Gericht oder zur Post. Dies kann im Einzelfall je nach den Umständen/Üblichkeiten in der Kanzlei oder der Situationsanforderung zu bejahen sein.

Das Direktionsrecht kann durch konkludentes Verhalten des Arbeitgebers 52
eingeschränkt sein (Konkretisierung). Übt ein Arbeitnehmer über einen längeren Zeitraum eine bestimmte Tätigkeit aus und ergibt sich aus den Umständen, dass diese Tätigkeit nunmehr allein die vertraglich geschuldete sein soll, so hat sich die Arbeitspflicht auf diese Tätigkeit konkretisiert, so dass sich das **Direktionsrecht** des Arbeitgebers fortan in den durch die **Konkretisierung** enger gesteckten **Grenzen** bewegen muss[3]. Der Arbeitgeber kann diese Aufgaben dann nicht mehr einseitig, sondern nur noch im Wege einer Änderungsvereinbarung oder Änderungskündigung ändern. Die Konkretisierung ergibt sich aus einem Zeit- und einem Umstandsmoment. Letzteres ist nur dann anzunehmen, wenn bei dem Arbeitnehmer aufgrund der Übung das **Vertrauen** erweckt wird, er werde in Zukunft nur noch bestimmte Aufgaben verrichten, insbesondere, wenn der Arbeitnehmer sich über einen längeren Zeitraum in ein Aufgabengebiet eingearbeitet hat oder mit der Ausübung höherwertiger Tätigkeiten betraut worden ist[4]. Eine Konkretisierung erfolgt nicht bereits durch die Zuweisung eines konkreten Arbeitsplatzes innerhalb des vereinbarten Tätigkeitsbereichs. Dies gilt selbst dann, wenn der Arbeitnehmer über viele Jahre hinweg dieselbe Arbeit verrichtet[5]. Wird in einer Anwaltssozietät ein Rechtsanwalt, dessen Aufgabenbereich im Arbeitsvertrag nicht näher festgelegt ist, jahrelang mit der Bearbeitung von Mandaten eines bestimmten Rechtsgebiets betraut, so spricht allein dieser Umstand nicht dagegen, ihm dieses Aufgabengebiet wieder zu entziehen und nach Bedarf ein anderes Rechtsgebiet zuzuteilen, in dem er nunmehr die Mandatsbetreuung wahrnehmen soll. Etwas anderes kann

1 Vgl. BAG v. 27. 3. 1980, AP Nr. 26 zu § 611 BGB Direktionsrecht.
2 Vgl. BAG v. 23. 6. 1993, AP Nr. 42 zu § 611 BGB Direktionsrecht.
3 Vgl. BAG v. 12. 4. 1973, AP Nr. 24 zu § 611 BGB Direktionsrecht.
4 Vgl. LAG Frankfurt a.M. v. 4. 12. 1986, LAGE § 611 BGB Direktionsrecht Nr. 3; LAG Köln v. 23. 2. 1987, LAGE § 611 BGB Direktionsrecht Nr. 1.
5 Vgl. BAG v. 24. 4. 1996, AP Nr. 48 zu § 611 BGB Direktionsrecht.

dann zu erwägen sein, wenn der Rechtsanwalt bestimmte Qualifikationen erworben hat, z.B. eine Fachanwaltsbezeichnung führt, und sich in diesem Bereich durch langjährige Tätigkeit und gegebenenfalls auch durch beachtete Veröffentlichungen hervorgetan hat.

53 Der Arbeitnehmer ist in nicht vorhersehbaren **Notfällen** verpflichtet, auch andere Arbeiten, die außerhalb des vertraglichen oder konkretisierten Tätigkeitsbereiches liegen, zu übernehmen[1].

54 Das Direktionsrecht des Arbeitgebers erstreckt sich auch auf konkrete **Verhaltensanweisungen** im Einzelfall. Diese betreffen Vorgaben, die nicht unmittelbar die Arbeitspflicht selbst betreffen. Kleidungsvorschriften liegen im Rahmen des Direktionsrechts, wenn die vom Arbeitnehmer übernommene Funktion das Tragen einer bestimmten Kleidung erfordert[2]. Von einem Rechtsanwalt, der Mandantengespräche führt oder vor Gericht tätig ist, kann erwartet werden, mit Anzug bzw. Jackett und Krawatte aufzutreten.

55 Das Direktionsrecht umfasst auch die Weisung, an bestimmten Fortbildungsmaßnahmen teilzunehmen, die für die Wahrnehmung der Tätigkeit des Arbeitnehmers in der Anwaltssozietät von Nutzen sind[3].

bb) Direktionsrecht und anwaltliche Tätigkeit

56 Weisungen der Anwaltssozietät gegenüber dem angestellten Rechtsanwalt werden sich häufig auf konkrete Angelegenheiten der anwaltlichen Tätigkeit des angestellten Rechtsanwalts beziehen. Es ist umstritten, inwieweit das Direktionsrecht der Anwaltssozietät durch berufsrechtliche oder verfassungsrechtliche Vorgaben begrenzt und eingeschränkt wird. Die Ausübung des Direktionsrechts hat unabhängig davon die Fürsorgepflicht des Arbeitgebers zu beachten.

(1) Berufsrechtliche Vorgaben

57 Das Direktionsrecht der Anwaltssozietät gegenüber dem angestellten Rechtsanwalt hat die berufsrechtlich vorgegebene unabhängige Stellung des Rechtsanwalts zu berücksichtigen. Die Literatur weist in diesem Zusammenhang auf einen **Konflikt** zwischen dem **Direktionsrecht** des Arbeitgebers und der **Unabhängigkeit** des angestellten Rechtsanwalts hin[4]. Das Schrifttum hat aus dem Unabhängigkeitsgrundsatz gefolgert, dass Weisungen unzulässig sind, die sich auf die inhaltliche Mandatsbearbeitung im Sinne der

1 Vgl. BAG v. 8. 10. 1962, AP Nr. 18 zu § 611 BGB Direktionsrecht.

2 Vgl. LAG Hamm v. 22. 10. 1991, LAGE § 611 BGB Direktionsrecht Nr. 11 (Verkäufer für Möbel eines gehobenen Genres).

3 Vgl. ArbG Bonn v. 4. 7. 1990, NZA 1991, 512. Ablehnend *Künzl*, in: Kasseler Handbuch zum Arbeitsrecht, 2. Aufl. 2000, Band 1, Kap. 2.1, Rz. 12, S. 257.

4 Vgl. *Bohle*, Verträge mit juristischen Mitarbeitern, 2. Aufl. 2002, Rz. 18, S. 14; Hartung/*Nerlich*, Anwaltliche Berufsordnung, 3. Aufl. 2006, § 26 BORA, Rz. 24; Hartung/Römermann/*Nerlich*, Berufs- und Fachanwaltsordnung, 4. Aufl. 2008, § 26 BORA Rz. 24; Henssler/Prütting/*Henssler*, BRAO, 3. Aufl. 2010, § 43a BRAO, Rz. 19; *Henssler*, RdA 1999, 38ff.

fachlichen Tätigkeit beziehen[1]. Im Rahmen des Arbeitsverhältnisses dürfe auf den Rechtsanwalt kein Druck ausgeübt werden, ein Mandat in einer Weise zu bearbeiten, die der angestellte Rechtsanwalt für unkorrekt hält. Entsprechende Weisungen seien unbeachtlich, der angestellte Rechtsanwalt könne sie ignorieren. Einem angestellten Rechtsanwalt könnten nur hinsichtlich der Aktenführung, der Büroorganisation, der Bürostunden u.ä. Weisungen erteilt werden. Dem ist nicht zu folgen. Diese Auffassung wird (nicht nur) der Praxis nicht gerecht. Sie kann sich auch – zumindest was die Ausübung des arbeitgeberseitigen Direktionsrechts angeht – nicht auf § 1 BRAO stützen. Weisungen der Anwaltssozietät, bestimmte Mandate zu bearbeiten und darin aufgeworfene Rechts- und Tatsachenfragen in einem konkreten Sinn anzugehen, sind mit der anwaltlichen, berufsrechtlichen Unabhängigkeit ohne weiteres vereinbar, wobei die Weisungen ihrerseits den Rahmen des Berufsrechts wahren müssen.

Der Rechtsanwalt ist nach § 1 BRAO unabhängiges Organ der Rechtspflege. 58
Diese Stellung des Rechtsanwalts in der Rechtspflege darf – auch – durch das arbeitgeberseitige Direktionsrecht nicht beeinträchtigt werden. Eine derartige Gefahr besteht aber nicht, weil arbeitsrechtliches Direktionsrecht und berufsrechtliche Stellung des Rechtsanwalts auf **verschiedenen** Ebenen liegen. Die Auffassungen, die durch die Ausübung des arbeitgeberseitigen Direktionsrechts hinsichtlich der Bearbeitung von Mandaten die Unabhängigkeit des Rechtsanwalts beeinträchtigt sehen, ziehen unzutreffende arbeitsrechtliche Schlüsse aus dem Inhalt des Unabhängigkeitsbegriffs. Unabhängigkeit im Sinne von § 1 BRAO bedeutet nicht die Abwesenheit von Weisungen eines Arbeitgeber-Rechtsanwalts. Die Unabhängigkeit des Rechtsanwalts zeichnet sich – durch die historische Entwicklung geprägt – durch drei Merkmale aus: Staatsunabhängigkeit, Parteiunabhängigkeit und Gesellschaftsunabhängigkeit[2]. Die in dieser Hinsicht konkretisierte anwaltliche Unabhängigkeit wird durch arbeitgeberseitige Weisungen, die nicht gegen Vorschriften der BRAO verstoßen, nicht tangiert. Die **Staatsunabhängigkeit** des angestellten Rechtsanwaltes kann durch Weisungen des Arbeitgebers bereits deshalb nicht betroffen sein, weil die Anwaltssozietät nicht dem Staat zuzurechnen ist. Die **Parteiunabhängigkeit** des Rechtsanwalts schützt den Rechtsanwalt vor dem Einfluss der Mandanten, die ihn für ihre Zwecke ausnutzen wollen. Arbeitgeberseitige Weisungen können diese Parteiunabhängigkeit nicht beeinträchtigen. Die Parteiunabhängigkeit wird durch die gemeinsame Bearbeitung von Mandaten in einer Anwaltssozietät im Gegensatz sogar gestärkt, da die Rechtsanwälte der Anwaltssozietät, die nicht in unmittelbarem Mandantenkontakt stehen, als gegebenenfalls notwendiges Korrektiv wirken können. Die **Gesellschaftsunabhängigkeit** des Rechtsanwalts, der von seinem Arbeitgeber Weisungen hinsichtlich der Mandatsbearbeitung erhält, ist ebenfalls nicht betroffen.

1 Vgl. *Henssler*, RdA 1999, 38, 39.
2 Vgl. im Einzelnen *Habscheid*, NJW 1962, 1985, 1986; *Hartstang*, Der deutsche Rechtsanwalt, 1986, S. 75.

59 Der angestellte Rechtsanwalt bearbeitet Angelegenheiten, in denen **die Anwaltssozietät mandatiert** ist. Die **Partner** tragen gegenüber den Mandanten die volle **Verantwortung** für die Wahrnehmung des Mandats. Dieser Verantwortung entsprechen sie nur dann, wenn die **Bearbeitung** des Mandats trotz mehr oder weniger weitgehender Delegation auf einen angestellten Rechtsanwalt **bestimmt** werden kann. Das Unabhängigkeitsgebot hat die auf diese **Mandatswahrnehmung** bezogene Stellung und Tätigkeit der Rechtsanwaltsgesellschaft im Blick. Vorgaben an den angestellten Rechtsanwalt sowohl hinsichtlich der Beurteilung von Rechtsfragen als auch hinsichtlich des Verhaltens gegenüber dem Mandanten, der Gegenseite und dem Gericht sind erforderlich und notwendig, um die sachgerechte und sorgfältige Mandatsbearbeitung zu gewährleisten. Nur auf diese Weise können die Mitglieder der Anwaltssozietät ihre ihnen nach § 43 BRAO obliegende allgemeine Berufspflicht erfüllen, ihren Beruf gewissenhaft auszuüben.

60 Im Ergebnis ist damit festzustellen, dass das arbeitgeberseitige Direktionsrecht der beschäftigenden Anwaltssozietät die Unabhängigkeit des angestellten Rechtsanwalts nach § 1 BRAO nicht tangiert. Die Unabhängigkeit des Rechtsanwalts hat **Außenbezug** (Staatsunabhängigkeit, Parteiunabhängigkeit, Gesellschaftsunabhängigkeit). Sie wird durch Weisungen, die das **Innenverhältnis** zwischen Arbeitnehmer-Rechtsanwalt und Anwaltssozietät betreffen, nicht beeinträchtigt. Im Gegenteil ist es, weil der Mandant die Anwaltssozietät mandatiert, aufgrund des mandatsbezogenen Sorgfalts- und Unabhängigkeitsgebots geradezu notwendig, den angestellten und mitarbeitenden Rechtsanwälten konkrete Weisungen zur Mandatsbearbeitung erteilen zu können. Dass die Unabhängigkeit gemäß § 1 BRAO des angestellten Rechtsanwalts durch Weisungen bezüglich der Mandatsbearbeitung nicht verletzt wird, kann schließlich daran verdeutlicht werden, dass die Folgen eines Verstoßes des angestellten Rechtsanwalts gegen eine konkrete Anweisung der Anwaltssozietät nur arbeitsrechtlicher, aber nicht prozessrechtlicher Natur sind. Verstößt der angestellte Rechtsanwalt gegen Anweisungen der Anwaltssozietät, so sind Erklärungen und Stellungnahmen, die er im Prozess abgibt, gleichwohl wirksam. Arbeitgeberseitige Weisungen entfalten keine Bindungswirkung im Außenverhältnis zu Gerichten und Mandanten. Derartige Verstöße rechtfertigen jedoch arbeitsrechtliche Maßnahmen und können Grund für die Erteilung von Abmahnungen und gegebenenfalls den Ausspruch einer ordentlichen sowie in krassen Fällen auch einer außerordentlichen Kündigung sein. Die Berufung auf die anwaltliche Unabhängigkeit stellt in diesem Rahmen **keinen** Rechtfertigungsgrund dar.

61 Die Grenzen des Direktionsrechts werden (erst dann) überschritten, wenn von dem angestellten Rechtsanwalt ein Verhalten verlangt wird, das objektiv einen **Verstoß gegen geltendes Recht** beinhaltet. Dem Rechtsanwalt steht in diesem Fall ein **Leistungsverweigerungsrecht** zu.

(2) Verfassungsrechtliche Vorgaben

62 Das Direktionsrecht gegenüber dem angestellten Rechtsanwalt mit der Möglichkeit, dem angestellten Rechtsanwalt in konkreten Fragen Anweisungen

zu erteilen, nach denen dieser ggf. Rechtsauffassungen vertreten muss, die seiner eigenen Meinung widersprechen, verletzt den angestellten Rechtsanwalt weder in seiner Wissenschaftsfreiheit noch in seiner Gewissensfreiheit[1]. Dies gilt selbst dann, wenn man auf der Grundlage der Lehre von der mittelbaren Drittwirkung der Grundrechte im Privatrechtsverkehr § 106 GewO bzw. §§ 242, 315 Abs. 1 BGB mit den diesen Grundrechten entsprechenden Wertungen ausfüllt.

Ein Verstoß gegen die in Art. 5 Abs. 3 Satz 1 GG geschützte **Wissenschaftsfreiheit** scheidet aus, weil die anwaltliche Tätigkeit (Erstellen von Schriftsätzen, Auftreten vor Gericht, Gespräche mit Mandanten) keine wissenschaftliche Tätigkeit darstellt. Genauso wenig verletzt ein Chefarzt, der seinem Assistenzarzt die Weisung zur Vornahme eines bestimmten Arbeitsschrittes während einer Operation gibt, die Wissenschaftsfreiheit des Assistenzarztes. Wissenschaftliche Tätigkeit zeichnet sich dadurch aus, dass sie im Wesentlichen zweckfrei ausgerichtet ist und der Vermehrung von Kenntnissen über einen bestimmten Bereich der Wirklichkeit zu dienen bestimmt ist. Die anwaltliche Tätigkeit bezweckt die Interessenwahrnehmung zugunsten des Mandanten. Diese Zweckbindung entzieht die anwaltliche Tätigkeit dem Schutzbereich der Wissenschaftsfreiheit. 63

Die nach Art. 4 Abs. 1 GG geschützte **Gewissensfreiheit** hat der Arbeitgeber zwar im Rahmen der nach § 106 Satz 3 GewO geforderten Billigkeit bei Ausübung seines Direktionsrechts zu berücksichtigen[2]. Weisungen des Arbeitgebers werden die Gewissensfreiheit des angestellten Rechtsanwaltes in der Regel jedoch nicht einmal tangieren. Die dem Anwalt nach der Generalklausel des § 43 Satz 1 BRAO obliegende **Pflicht zur gewissenhaften Berufsausübung** verweist nicht auf den Gewissensbegriff des Art. 4 Abs. 1 GG[3], sondern auf die **sorgfältige** Einhaltung der berufsrechtlichen Grundpflichten[4]. Unter Gewissen im Sinne des Art. 4 Abs. 1 GG versteht die Rechtsprechung ein real erfahrbares seelisches Phänomen, dessen Forderungen, Mahnungen und Warnungen für den Menschen unmittelbar evidente Gebote unbedingten Sollens sind. Eine Gewissensentscheidung ist danach jede ernste sittliche, d.h. an den Kategorien von „gut" und „böse" orientierte Entscheidung, die der Einzelne in einer bestimmten Lage als für sich bindend und unbedingt verpflichtend innerlich erfährt, so dass er gegen sie nicht ohne ernste Gewissensnot handeln kann[5]. Grundlage einer Gewissensentscheidung können nicht nur religiöse oder ethische Vorstellungen sein. Die Gewissensentscheidung kann auch in gefühlsmäßigen Erwägungen, in weltanschaulichen Grundsätzen oder politischen Überzeugungen wurzeln. Der in diesem Sinne von der Rechtsprechung angewandte Gewissensbegriff ist subjektiv determiniert[6]. Wenn 64

1 Siehe aber demgegenüber *Knief*, AnwBl. 1985, 58, 59.
2 Vgl. BAG v. 24. 4. 1989, AP Nr. 1 zu § 611 BGB Gewissensfreiheit.
3 U.U. missverständlich *Compensis*, BB 1996, 321, 323.
4 Vgl. Henssler/Prütting/*Prütting*, BRAO, 3. Aufl. 2010, § 43 BRAO, Rz. 7ff.
5 Vgl. BVerfG v. 20. 12. 1960, NJW 1963, 355ff.
6 Vgl. *Kothe*, NZA 1989, 161, 163; *Mayer*, JZ 1985, 1111, 1112; *Wendeling-Schröder*, BB 1988, 1742, 1744.

auch durch die Tatsache, dass es sich bei der Gewissensentscheidung um einen inneren Vorgang handelt, die Überprüfbarkeit eingeschränkt ist, sind die Gerichte nicht gezwungen, jede nur behauptete Gewissensentscheidung hinzunehmen. Die Gewissensentscheidung ist trotz subjektiver Determinierung überprüfbar. Der Arbeitnehmer muss seine Entscheidung im Einzelnen darlegen und erläutern. Es muss hierbei erkennbar sein, dass es sich um eine nach außen tretende, rational mitteilbare und intersubjektiv nachvollziehbare Ernsthaftigkeit und absolute Verbindlichkeit einer Selbstbestimmung handelt[1]. Diese Kategorien werden von fachbezogenen Vorgaben über das anwaltliche Vorgehen in einem bestimmten Mandat regelmäßig nicht berührt. Lediglich in besonders gelagerten Ausnahmefällen, die mit der Art des Mandates zu tun haben, kann die Gewissensfreiheit nach Art. 4 Abs. 1 GG tangiert sein.

(3) Fürsorgepflicht

65 Die **Fürsorgepflicht des Arbeitgebers** gebietet, die Belastbarkeit, die Erfahrung und die Fachkenntnisse des angestellten Rechtsanwalts bei der Arbeitszuweisung zu berücksichtigen. Die Anwaltssozietät darf dem angestellten Rechtsanwalt insbesondere nicht Aufgaben und Mandate übertragen, deren sorgfältige Erledigung aufgrund Qualität und Quantität nicht gewährleistet ist.

5. Vergütung

66 Die Entgeltregelungen unterliegen der freien Vereinbarung der Parteien. Sowohl beim Dienst- wie auch beim Werkvertrag bieten sich verschiedene Gestaltungsmöglichkeiten an[2]. Beim Dienstvertrag kann z.B. eine Abrechnung nach Stunden erfolgen oder eine Monatspauschale auf der Basis einer festen Stundenzahl vereinbart werden. Beim Werkvertrag kann die Vergütung – ebenfalls – am Arbeits- bzw. Zeitaufwand orientiert werden. In allen Fällen erscheint auch eine prozentuale Beteiligung an den RVG-Gebühren vorstellbar. Die Vergütung im Arbeitsverhältnis wird regelmäßig in Form eines festen Jahres- oder Monatsentgelts vereinbart, das nicht selten durch eine variable Komponente ergänzt wird (Boni, Tantiemen). Ebenso kommen freiwillige Gratifikationen in Betracht, die ggf. jährlich von Fall zu Fall gewährt werden.

67 Die **Fälligkeit** der Vergütung richtet sich, soweit nichts anderes vereinbart ist, sowohl im abhängigen Arbeitsverhältnis als auch im freien Dienstverhältnis nach § 614 BGB.

68 Die Höhe des Entgelts wird durch Vereinbarung der Parteien festgelegt. Die Anwaltssozietät hat das **Angemessenheitsgebot** des § 26 Abs. 1 Satz 2 Buchst. b) BORA, das für abhängige Arbeiter und freie Mitarbeiter in gleicher Weise gilt[3], zu wahren. Dies gilt bereits in den dem Vertragsschluss vorausgehenden Anbahnungsstadium (Bsp.: Stellenanzeigen)[4]. Jeder Rechtsanwalt

1 Vgl. BAG v. 24. 5. 1989, AP Nr. 1 zu § 611 BGB Gewissensfreiheit.
2 Vgl. *Wettlaufer*, AnwBl. 1989, 194, 206.
3 Vgl. *Lingemann/Winkel*, NJW 2010, 208.
4 Vgl. BGH v. 30. 11. 2009, NJW 2010, 1972.

ist verpflichtet, andere Rechtsanwälte nur zu angemessenen Bedingungen zu beschäftigen, was insbesondere eine Vergütung beinhaltet, die der „Qualifikation, den Leistungen und dem Umfang der Tätigkeit des beschäftigten und den Vorteilen des beschäftigenden Rechtsanwalts" entspricht. Was als angemessene Vergütung im Sinne des § 26 Abs. 1 Satz 2 Buchst. b) BORA anzusehen ist, ist berufsrechtlich nicht näher bestimmt. Es handelt sich um einen unbestimmten Rechtsbegriff, der eine Bewertung sämtlicher Umstände des Einzelfalls erfordert. Minimalgehälter für junge Rechtsanwälte, die unter Ausnutzung der starken Konkurrenz unter Berufsanfängern festgelegt werden und eine Bezahlung unterhalb oder lediglich im Bereich des Existenzminimums vorsehen, sind mit dem Angemessenheitsgebot nicht vereinbar. Das Angemessenheitsgebot ist nicht gewahrt, wenn Leistung und Gegenleistung in einem auffälligen Missverhältnis stehen, wobei auf das Gesamtgefüge abzustellen ist, in dem Qualifikation und Tätigkeit des angestellten Rechtsanwalts, Vorteile der beschäftigenden Sozietät und die Vergütung zueinander stehen[1].

Das Angemessenheitsgebot des § 26 Abs. 1 Satz 2 Buchst. b) BORA stellt 69
eine berufsrechtliche Vorschrift dar, die kein Individualrecht des angestellten Rechtsanwalts begründet, sondern im Sinne einer Ordnungsvorschrift dem Berufsstand der Rechtsanwälte im Ganzen dient[2]. Eine privatrechtlich wirkende, das Arbeitsverhältnis (individualrechtlich) prägende Pflicht des beschäftigenden Rechtsanwalts könnte durch die Berufsordnung nicht wirksam begründet werden, da die die Berufsordnung beschließende Satzungsversammlung keine Kompetenz hat, privatrechtliche Regelungen über Dienstverhältnisse zwischen Rechtsanwälten und Mitarbeitern zu treffen[3]. Die Satzungskompetenz betrifft nach § 59b Abs. 1 BRAO lediglich die Ausgestaltung der **beruflichen** Rechte und Pflichten der Rechtsanwälte[4]. Diese Berufspflichten sind grundsätzlich disziplinarischer Natur und entfalten daher keine unmittelbare zivilrechtliche Wirkung[5]. § 26 Abs. 1 Satz 2 Buchst. b) BORA begründet daher kein gesetzliches Verbot i.S.d. § 134 BGB[6]. § 26 Abs. 1 BORA kann vor diesem Hintergrund auch nicht als Schutzgesetz im Sinne des § 823 Abs. 2 BGB angesehen werden[7]. Die Einhaltung angemessener Vergütungsbedingungen i.S.d. § 26 Abs. 1 Satz 2 Buchst. b) BORA kann angesichts dessen nur auf berufsrechtlichem Weg angemahnt werden.

---

1 Vgl. BGH v. 30. 11. 2009, NJW 2010, 1972.

2 Vgl. *Feuerich/Weyland*, BRAO, 7. Aufl. 2008, § 26 BORA Rz. 2; *Henssler*, RdA 1999, 38, 42; Henssler/Prütting/*Koch*, BRAO, 3. Aufl. 2010, § 26 BORA Rz. 8.

3 Vgl. *Henssler*, AnwBl. 2000, 213, 216.

4 Vgl. Henssler/Prütting/*Koch*, BRAO, 3. Aufl. 2010, § 59b Rz. 11–13.

5 Vgl. Henssler/Prütting/*Prütting*, BRAO, 3. Aufl. 2010, § 43 Rz. 35f.

6 Vgl. *Henssler*, RdA 1999, 38, 42; Hartung/*Nerlich*, Anwaltliche Berufsordnung, 3. Aufl. 2006, § 26 BORA, Rz. 140, 143; Hartung/Römermann/*Nerlich*, Berufs- und Fachanwaltsordnung, 4. Aufl. 2008, § 26 BORA Rz. 145 (lediglich berufsrechtliche Ahndung). Anders *Sagel*, AnwBl. 2008, 126, 129.

7 Vgl. Hartung/Römermann/*Nerlich*, Berufs- und Fachanwaltsordnung, 4. Aufl. 2008, § 26 BORA Rz. 169; *Henssler*, RdA 1999, 38, 42. Anders *Sagel*, AnwBl. 2008, 126, 130.

70 Die Entgelthöhe ist zivilrechtlich an dem Sittenwidrigkeitsmaßstab (§ 138 Abs. 1 BGB) zu messen. Die Rechtsprechung hat sich in einer reichhaltigen Kasuistik damit beschäftigt, ob und welche Vergütungen für angestellte Rechtsanwälte sittenwidrig sind[1]. Das ArbG Bad Hersfeld hat 1998 ein Bruttoeinkommen von 610 DM im Monat und 1 300 DM im Monat als sittenwidrig angesehen[2]. Das Hessische LAG hat dies bestätigt[3]. Ebenso ist 2007 ein Einstiegsgehalt von 1 000 Euro im Monat als sittenwidrig angesehen worden.[4] Eine Vergütung von etwas über Referendarbezügen ist ebenso unzureichend wie eine solche von nur etwas mehr als der Hälfte branchenüblicher Einstiegsgehälter (1 250 Euro im Jahr 2006)[5]. Eine in Aussicht gestellte Umsatzbeteiligung für eigenakquirierte Mandate führt zu keiner anderen Beurteilung. Einem Berufsanfänger bietet sich erfahrungsgemäß kaum die Möglichkeit zu erfolgreicher Akquisition. Der AnwGH NRW hat angenommen, dass eine Vollzeitstelle mindestens mit 2 300 Euro vergütet werden muss[6]. Unterdurchschnittliche Vergütungen selbst von weniger als 2 300 Euro im Monat (Durchschnitt im Jahr 2006) müssen allerdings nicht zwingend ausgeschlossen sein, wenn im Rahmen der gebotenen Gesamtbetrachtung weitere Umstände außerhalb der finanziellen Aspekte berücksichtigt werden, die das Beschäftigungsverhältnis für den angestellten Rechtsanwalt attraktiv machen können (Bsp.: Ausbildung, Qualifikationsmängel)[7].

71 Nicht selten werden variable Zusatzvergütungen in Form von Boni oder Tantiemen gewährt[8]. Diese können sich im Rahmen der wirtschaftlichen Erfolge der Sozietät an der persönlichen Leistung bzw. dem persönlichen Erfolg des Arbeitnehmer-Rechtsanwalts orientieren. Derartige Bezugsgrößen können z.B. sein: Akquisition von Mandaten, Erreichung von Umsatzkennziffern. Sie können auch in jährlich neuen Zielbestimmungen- bzw. Zielvereinbarungen enthalten sein[9]. Diese variablen Vergütungen können mit Freiwilligkeits-, Widerrufs-, Rückzahlungs- oder Stichtagsklauseln verbunden sein. Derartige Klauseln müssen die entsprechenden arbeitsrechtlichen Anforderungen beachten. Freiwilligkeitsklauseln dürfen nicht intransparent (§ 307 Abs. 1 Satz 2 BGB) sein, was bei Kombination mit Widerrufsklauseln der Fall sein kann[10], und es darf nicht der Eindruck entstehen, es bestehe ein ver-

---

1 Siehe zu dem tatsächlich gezahlten und zu dem rechtlich gebotenen Entgelt *Beckmann*, AnwBl. 2009, 102; *Henssler*, MDR 2002, 315, 319; *Hümmerich*, AnwBl. 2005, 77, 81; *Löw*, MDR 2006, 913, 915; *Sagel*, AnwBl. 2008, 126 ff.; *Seul*, NJW 2002, 197; *von Steinau-Steinrück*, AnwBl. 2008, 90, 91.
2 Vgl. ArbG Bad Hersfeld v. 4. 11. 1998, NZA-RR 1999, 629.
3 Vgl. Hess. LAG v. 28. 10. 1999, NZA-RR 2000, 521 = NJW 2000, 3372.
4 Vgl. AnwGH NRW v. 2. 11. 2007, NJW 2008, 668.
5 Vgl. BGH v. 30. 11. 2009, NJW 2010, 1972.
6 Vgl. AnwGH NRW v. 2. 11. 2007, NJW 2008, 668.
7 Vgl. BGH v. 30. 11. 2009, NJW 2010, 1972
8 Siehe *Lingemann/Winkel*, NJW 2009, 817, 818.
9 Siehe *Kolvenbach/Glaser*, in: Moll (Hrsg.), MAH Arbeitsrecht, 2. Aufl. 2009, § 18 IV, Rz. 44 ff., S. 408 ff.
10 Vgl. LAG Hamm v. 27. 7. 2005, NZA-RR 2006, 125; LAG Brandenburg v. 13. 10. 2005, LAGE § 611 BGB 2002 Nr. 5 Gratifikation.

traglicher Anspruch[1]. Widerrufsvorbehalte sind auf 25 % der Gesamtvergütung zu beschränken und müssen die Widerrufsgründe erkennen lassen[2]. Rückzahlungsklauseln haben die Staffelung der Bindungsdauer je nach Höhe der Zahlung zu beachten[3].

6. Tätigkeitsort

a) Arbeitsvertrag

Der **Ort** der Arbeitsleistung ergibt sich aus dem nach Treu und Glauben auszulegenden Arbeitsvertrag. Dies sind regelmäßig die Geschäftsräume der Kanzlei. Der Arbeitgeber kann sich vertraglich im Rahmen einer Versetzungsklausel das Recht vorbehalten, den Arbeitnehmer an einen anderen Ort einzusetzen. Eine derartige vertragliche Regelung bietet sich für überörtliche Kanzleien an. Es besteht dann die Möglichkeit, den Rechtsanwalt an verschiedenen Standorten einzusetzen. 72

b) Vertrag als freier Mitarbeiter

Im Dienst- ebenso wie im Werkvertrag kann geregelt werden, dass dem freien Mitarbeiter ein **Arbeitsraum in den Kanzleiräumen** zur Verfügung gestellt wird, es dem freien Mitarbeiter jedoch freisteht, hiervon Gebrauch zu machen. Der freie Mitarbeiter kann selbst entscheiden, wo er die übernommenen Arbeiten erledigt[4]. 73

7. Arbeitszeit

a) Vertrag als freier Mitarbeiter

Die Vertragsparteien können im Rahmen eines Rechtsverhältnisses über freie Mitarbeit ein Stundenvolumen festlegen. Es kann eine Mindest- und auch eine Höchststundenzahl festgelegt werden, innerhalb derer der freie Mitarbeiter selbst entscheidet, in welchem Umfang er für die Anwaltssozietät tätig wird. Ebenso ist die Vereinbarung einer aufgaben- oder fallbezogenen Tätigkeit denkbar, bei der es auf das Zeitvolumen nicht ankommt. Der freie Mitarbeiter ist bei Vereinbarung eines Zeitvolumens grundsätzlich frei zu entscheiden, wann er seine Leistung erbringt, vorbehaltlich der sich aus Schriftsatzfristen oder Mandantenterminen ergebenden Anforderungen. 74

b) Arbeitsvertrag

Die **Dauer** der Arbeitszeit ergibt sich innerhalb des gesetzlichen Volumens aus der Vereinbarung der Parteien. Die Parteien werden berücksichtigen, 75

---

1 Vgl. BAG v. 24. 10. 2007, AP Nr. 32 zu § 307 BGB; BAG v. 30. 7. 2008, AP Nr. 274 zu § 611 BGB Gratifikation.

2 Vgl. BAG v. 12. 1. 2005 und 11. 10. 2006, AP Nr. 1 und 6 zu § 308 BGB.

3 Vgl. BAG v. 10. 5. 1962, 28. 1. 1981, 17. 3. 1982, 9. 6. 1993, 21. 5. 2003, 28. 4. 2004, AP Nr. 22, 106, 110, 150, 250, 255 zu § 611 BGB Gratifikation; *Beckers*, NZA 1997, 129, 134 ff.; MünchHdbArbR/*Krause*, 3. Aufl. 2009, § 59 Rz. 41 f.

4 Vgl. *Bohle*, Verträge mit juristischen Mitarbeitern, 2. Aufl. 2002, Rz. 84, S. 67.

dass dem Rechtsanwalt angemessene Zeit zur Fortbildung einzuräumen ist (§ 26 Abs. 1 Satz 2 Buchst. c) BORA). Haben die Parteien ein Arbeitsverhältnis begründet, so hat sich die Arbeitszeit im Rahmen des **Arbeitszeitgesetzes** zu halten. Nach § 3 Satz 1 ArbZG darf die werktägliche Arbeitszeit acht Stunden nicht überschreiten. Das Arbeitszeitgesetz geht von 6 Arbeitstagen aus, so dass sich eine Wochenarbeitszeit von 48 Stunden ergibt. Die werktägliche Arbeitszeit kann nach § 3 Satz 2 ArbZG auf bis zu zehn Stunden verlängert werden, wenn innerhalb von sechs Kalendermonaten oder innerhalb von 24 Wochen im Durchschnitt acht Stunden werktäglich nicht überschritten werden. Eine 5-Tage-Woche führt nach dem Arbeitszeitgesetz bereits ohne Ausgleichs- oder Verlängerungsregelungen zu einer Tagesarbeitszeit von 9,6 Stunden.

76 Die **Lage** der Arbeitszeit unterliegt anders als die Dauer mangels anderweitiger vertraglicher Festlegung dem Direktionsrecht des Arbeitgebers[1]. Entsprechend den beruflichen Anforderungen ist mit Mehrarbeit zu rechnen. Der Arbeitsvertrag sieht daher regelmäßig die Anordnung von Überstunden vor. Es empfiehlt sich zu regeln, in welcher Weise ein Ausgleich erfolgt. Pauschale Regeln sind in der Weise möglich, dass eine bestimmte (geringe) Anzahl von Überstunden durch die Monatsbezüge abgegolten ist[2]. Die Mehrarbeitsproblematik erledigt sich, wenn die Parteien von einer Regelarbeitszeit in Höhe der gesetzlichen Höchstarbeitszeit ausgehen.

77 Teilzeitarbeitsverhältnisse für Rechtsanwälte haben in den letzten Jahren zwar an Bedeutung gewonnen, bleiben jedoch untypisch, weil sie mit den Gegebenheiten anwaltlicher Tätigkeit nur schwer vereinbar sind. Die im Grundsatz auf Erreichbarkeit, Terminwahrnehmungen, Schriftsatzfristen, Reaktionsnotwendigkeit angelegte Anwaltstätigkeit kann in Teilzeit nur unvollkommen wahrgenommen werden. Dieses Leitbild kann allerdings je nach Gestaltung der juristischen Mitarbeit – mindestens zeitweise – auch einmal in den Hintergrund gedrängt werden. „Sachbearbeitung" ist auch in Teilzeit möglich, die dann den §§ 1 ff. TzBfG unterliegt.

8. Beendigung des Vertragsverhältnisses

78 Die Beendigung des Vertragsverhältnisses erfolgt durch Zeitablauf, wenn das Vertragsverhältnis befristet gewesen ist, oder durch Kündigung. Die rechtlichen Möglichkeiten zur Beendigung des Vertragsverhältnisses unterscheiden sich danach, ob ein Vertrag als freier Mitarbeiter oder ein Arbeitsvertrag zustande gekommen ist.

a) Befristungen

79 Befristungen von **Dienstverträgen mit freien Mitarbeitern** können ohne weitere Voraussetzungen vertraglich vereinbart werden (§ 620 Abs. 1 BGB). Eine

1 Vgl. *Moll/Reufels*, in: GmbH-Handbuch, Teil IV, Rz. 162.
2 Vgl. BAG v. 28. 9. 2005, AP Nr. 7 zu § 307 BGB; *Melms*, in: Moll (Hrsg.), MAH Arbeitsrecht, 2. Aufl. 2009, § 8 Rz. 82.

(arbeitsrechtliche) Befristungskontrolle (§ 14 TzBfG) in Verträgen mit freien Mitarbeitern findet nicht statt.

Liegt ein **Arbeitsverhältnis** vor, so kann eine Befristung nur nach Maßgabe der §§ 14 ff. TzBfG erfolgen (§ 620 Abs. 3 BGB). Seit dem 1. 1. 2001 ist das Gesetz über Teilzeitarbeit und befristete Arbeitsverträge (Teilzeit- und Befristungsgesetz) in Kraft, das der Umsetzung der Richtlinie 97/81/EG des Rates vom 15. 12. 1997 dient. Ziel des Gesetzes ist es einerseits, Teilzeitarbeit zu fördern, und andererseits, die Voraussetzungen für die Zulässigkeit befristeter Arbeitsverträge festzulegen sowie die Diskriminierung von Teilzeitbeschäftigten und befristet beschäftigten Arbeitnehmern zu verhindern (§ 1 TzBfG). 80

Die Befristungsmöglichkeit ohne Sachgrund ist von folgenden **Voraussetzungen** abhängig:[1] 81

- Die Befristung des Arbeitsvertrages erfolgt insgesamt nicht länger als zwei Jahre (§ 14 Abs. 2 Satz 1 Halbsatz 1 TzBfG).
- Eine nicht mehr als dreimalige Verlängerung bis zur Gesamtdauer von zwei Jahren ist möglich (§ 14 Abs. 2 Satz 1 Halbsatz 2 TzBfG).
- Zu demselben Arbeitgeber darf nicht bereits zuvor ein befristetes oder unbefristetes Arbeitsverhältnis bestanden haben (§ 14 Abs. 2 Satz 2 TzBfG).
- Eine Befristung bis zu 5 Jahren mit Arbeitnehmern ab Vollendung des 52. Lebensjahres ist zulässig, wenn der Arbeitnehmer unmittelbar vor Beginn des befristeten Arbeitsverhältnisses mindestens vier Monate beschäftigungslos gewesen ist, wobei eine mehrfache Befristung bis zu einer Dauer von 5 Jahren möglich ist (§ 14 Abs. 3 TzBfG).
- Eine Befristungserleichterung besteht nach § 14 Abs. 2a TzBfG während der ersten vier Jahre nach der Gründung eines Unternehmens.

Die Befristung setzt, wenn nicht die Fälle des § 14 Abs. 2–3 TzBfG vorliegen, nach § 14 Abs. 1 TzBfG einen Sachgrund voraus. 82

Der unbestimmte Rechtsbegriff des sachlichen Grundes für die Befristung knüpft an die **Üblichkeit im Arbeitsleben** und damit daran an, was verständige und verantwortungsbewusste Parteien zu vereinbaren pflegen[2]. Maßgeblich für das Vorliegen der sachlichen Rechtfertigung einer Befristung und Anknüpfungspunkt für die gerichtliche Kontrolle ist der Zeitpunkt des Vertragsschlusses[3]. 83

Ein sachlicher Grund für die Befristung kommt im Anschluss an die von der Rechtsprechung entwickelten Grundsätze auf der Grundlage von § 14 Abs. 1 TzBfG in folgenden – für die befristete Einstellung von Rechtsanwälten relevanten – Fällen in Betracht: 84

1 Siehe zur sachgrundlosen Befristung etwa *Heidl*, RdA 2009, 297 ff.
2 Vgl. BAG v. 12. 10. 1960, AP Nr. 16 zu § 620 BGB Befristeter Arbeitsvertrag.
3 Vgl. BAG v. 17. 2. 1983, AP Nr. 14 zu § 15 KSchG 1969 (Wahl in den Personalrat).

85 – Der betriebliche Bedarf an der Arbeitsleistung besteht nur vorübergehend (§ 14 Abs. 1 Satz 2 Nr. 1 TzBfG). Dieser Befristungsgrund erfasst etwa, dass eine projektbezogene Befristung vereinbart wird[1]. Ein Rechtsanwalt wird beispielsweise zur Bearbeitung eines größeren Rechtsstreits oder zur Erstellung eines umfangreichen Gutachtens eingestellt. Ebenso ist denkbar, dass ansonsten ein hoher Arbeitsanfall sein Ende findet, sei dieser bislang dauerhaft oder nur vorübergehend gewesen[2]. Die Befristung des Arbeitsverhältnisses wäre danach dann ermöglicht, wenn im Zeitpunkt des Vertragsabschlusses zu erwarten ist, dass nach Ablauf der Vertragszeit kein Bedarf für die Beschäftigung des Arbeitnehmers bestehen wird. Dies gilt insbesondere, wenn es darum geht, einen zeitlich begrenzten zusätzlichen Arbeitsanfall zu bewältigen[3]. Es müssen dabei im Zeitpunkt des Vertragsschlusses konkrete tatsächliche Anhaltspunkte dafür vorliegen, dass die anfallende Arbeit in absehbarer Zeit wieder mit der bestehenden bisherigen Anzahl von Arbeitnehmern bewältigt werden kann. Der Arbeitgeber hat eine Prognose zu Umfang und Dauer des voraussichtlichen Mehrbedarfs zu erstellen. Deren Grundlage hat er offenzulegen.

86 – Der Arbeitnehmer wird zur Vertretung eines anderen Arbeitnehmers beschäftigt (§ 14 Abs. 1 Satz 2 Nr. 3 TzBfG). Der Rechtsanwalt wird zu dem Zweck eingestellt, einen **vorübergehenden** Ausfall anderer Rechtsanwälte abzudecken. Es ist nicht erforderlich, dass der zur Vertretung eines zeitweilig ausfallenden Mitarbeiters befristet eingestellte Rechtsanwalt mit der Verrichtung der Aufgaben betraut wird, die der ausgefallene Rechtsanwalt ausgeübt hat. Erforderlich für die Anerkennung eines Vertretungsfalles als Befristungsgrund ist nur, dass durch den zeitweiligen Ausfall eines Mitarbeiters ein vorübergehender Beschäftigungsbedarf entstanden ist und die befristete Einstellung wegen dieses Bedarfs erfolgt. Ob und wie der Arbeitgeber anlässlich dieser Einstellung die Arbeitsaufgaben umverteilt, ist unerheblich[4]. Die Prognose des Arbeitgebers bei der Befristung des Arbeitsvertrages braucht sich nur darauf zu beziehen, dass der zu vertretende Mitarbeiter die Arbeit wieder antreten wird, nicht aber auch darauf, wann dies der Fall sein wird. Ist eine Vertretungskraft bereits langjährig beschäftigt, hat der Arbeitgeber sorgfältig zu prüfen, ob mit einer Rückkehr des zu vertretenden Mitarbeiters zu rechnen ist. Auf den zu erwartenden Zeitpunkt der Rückkehr kommt es jedoch auch hier nicht an[5]. Einen Sonderfall der Befristung zur Vertretung regelt § 21 BEEG. Nach § 21 Abs. 1 BEEG liegt ein die Befristung eines Arbeitsverhältnisses rechtfertigender Grund vor, wenn ein Arbeitnehmer zur Vertretung eines anderen Arbeitnehmers für Zeiten eines Beschäftigungsverbotes nach dem

1 Siehe bereits BAG v. 28. 5. 1996, AP Nr. 102 zu § 620 BGB Befristeter Arbeitsvertrag (Lehrkräfte im Rahmen von Maßnahmen zur sozialen Eingliederung junger Ausländer).

2 Vgl. *Backhaus*, in: Ascheid/Preis/Schmidt (Hrsg.), Großkommentar zum Kündigungsrecht, 3. Aufl. 2007, § 14 TzBfG Rz. 82.

3 Vgl. BAG v. 12. 9. 1996, AP Nr. 182 zu § 620 Befristeter Arbeitsvertrag.

4 Vgl. BAG v. 8. 5. 1985, AP Nr. 97 zu § 620 BGB Befristeter Arbeitsvertrag.

5 Vgl. BAG v. 22. 11. 1995, AP Nr. 178 zu § 620 BGB Befristeter Arbeitsvertrag.

Mutterschutzgesetz, einer Elternzeit oder einer auf arbeitsvertraglicher oder kollektivvertraglicher Vereinbarung beruhenden Arbeitsfreistellung zur Betreuung eines Kindes eingestellt wird. Der Arbeitgeber ist nicht verpflichtet, eine Prognose anzustellen, ob und in welchem Umfang die Arbeitnehmer seines Betriebes in Zukunft Elternzeit in Anspruch nehmen werden und welcher Vertretungsbedarf sich voraussichtlich aus der Inanspruchnahme von Erziehungsurlaub ergeben wird. Auch bei vorhersehbarem zukünftigen Bedarf muss er mit den Vertretungskräften keine unbefristeten Arbeitsverträge schließen[1].

- Befristung zur Erprobung (§ 14 Abs. 1 Satz 2 Nr. 5 TzBfG): Befristungen zur Erprobung sind angemessen. Insbesondere, aber nicht nur, wenn die Leistungen des einzustellenden Rechtsanwalts während des juristischen Vorbereitungsdienstes nicht zufriedenstellend ausgefallen sind, kann ein befristetes Probearbeitsverhältnis abgeschlossen werden. Die Erprobung von Beamten und Richtern ist sogar laufbahnmäßig vorgesehen. Die Erprobung als Befristungsgrund muss ausdrücklicher Vertragsinhalt sein[2]. Sie darf nicht unangemessen lang sein[3]. 87
- Die Befristung kann durch in der Person des Arbeitnehmers liegende Umstände gerechtfertigt sein (§ 14 Abs. 1 Satz 2 Nr. 6 TzBfG). Diese Regelung erfasst mehrere in der Rechtsprechung entwickelte Fallgruppen. 88

Beispiel: Wunsch des Arbeitnehmers: Der Wunsch des Arbeitnehmers kann die Befristung eines Arbeitsvertrages sachlich rechtfertigen. Im Zeitpunkt des Vertragsschlusses müssen **objektive** Anhaltspunkte vorliegen, aus denen gefolgert werden kann, dass der Arbeitnehmer Interesse gerade an einer befristeten Beschäftigung hat. Das ist etwa anzunehmen, wenn der Arbeitnehmer aus Gründen, die in seiner Person liegen, nur für einen begrenzten Zeitraum arbeiten will oder kann[4]. Insoweit kommen berufliche oder familiäre Verpflichtungen oder eine noch nicht abgeschlossene Ausbildung in Betracht. 89

Beispiel: Befristung von Arbeitsverhältnissen mit Studenten: Befristete Arbeitsverhältnisse mit Studenten sind wirksam, wenn die Befristung die Möglichkeit bietet, dass die Studenten die Erfordernisse des Studiums mit denen des Arbeitsverhältnisses vereinbaren können[5]. Ist dem Interesse des Studenten, die von ihm zu erbringende Arbeitsleistung mit den wechselnden Erfordernissen des Studium in Einklang zu bringen, bereits durch eine entsprechend flexible Ausgestaltung des Arbeitsverhältnisses Rechnung getragen, so ist eine Befristung unter dem Gesichtspunkt der Anpassung der Erwerbs- 90

1 Vgl. LAG Köln v. 13. 9. 1995, LAGE § 620 BGB Nr. 41.
2 Vgl. BAG v. 30. 9. 1981, AP Nr. 61 zu § 620 BGB Befristeter Arbeitsvertrag.
3 Vgl. BAG v. 12. 9. 1996, AP Nr. 27 zu § 611 BGB Musiker (Erprobung eines Konzertmeisters).
4 Vgl. BAG v. 26. 5. 1985, AP Nr. 91 zu § 620 BGB Befristeter Arbeitsvertrag.
5 Vgl. BAG v. 18. 8. 1982 – 7 AZR 3/80; BAG v. 13. 2. 1985 – 7 AZR 345/82; BAG v. 4. 4. 1990, AP Nr. 136 zu § 620 BGB Befristeter Arbeitsvertrag; BAG v. 10. 8. 1994, AP Nr. 162 zu § 620 BGB Befristeter Arbeitsvertrag.

tätigkeit an die Erfordernisse des Studium sachlich nicht gerechtfertigt[1]. Befristete Arbeitsverträge mit Studenten können vor diesem Hintergrund nur dann abgeschlossen werden, wenn keine flexible **Arbeitszeitregelung** besteht oder die Studienerfordernisse aus anderen Gründen mit den Arbeitsvertragspflichten kollidieren können. In diesem Fall ist die Befristung vor dem Hintergrund der Flexibilitätserfordernisse des Studenten als gerechtfertigt anzusehen. Dies gilt auch dann, wenn die Studenten über Jahre hinweg in befristeten Aushilfsarbeitsverhältnissen beschäftigt werden[2]. Studentische Kräfte werden in Anwaltskanzleien vielfach mit Bibliotheksarbeiten, Schreibarbeiten, Recherchearbeiten betraut.

91 **Beispiel:** Soziale Überbrückungsmaßnahmen: Dient das befristete Arbeitsverhältnis der **Überleitung oder Eingliederung** in das künftige Berufsleben oder in eine andere Arbeitsstelle, so sind aus diesem Grund vereinbarte Befristungen wirksam[3]. Dies überschneidet sich teilweise mit dem Befristungsgrund des § 14 Abs. 1 Satz 2 Nr. 2 TzBfG.

92 Eine Befristung des Arbeitsverhältnisses ist bei Arbeitnehmer-Rechtsanwälten unter dem Gesichtspunkt zu erwägen, dass deren **Beschäftigung** erfolgt, um später einmal in eine **Partnerschaft** zu münden. Die Höchstdauer der sachgrundlosen Befristung (2 Jahre) genügt dem regelmäßig nicht. Die Befristung mit Sachgrund ist an den Tatbeständen des § 14 Abs. 1 TzBfG zu messen. Nr. 4 und Nr. 5 könnten näher in Erwägung gezogen werden. Beide Vorschriften scheiden im Ergebnis allerdings aus. Dass die Parteien einen künftigen Wechsel in eine Partnerschaft beabsichtigen, hat mit der „Eigenart der Arbeitsleistung" (Nr. 4) nichts zu tun,[4] sondern mit fachlichen und persönlichen Erfahrungen und Leistungen. Eine Erprobungsbefristung (§ 14 Abs. 1 Satz 2 Nr. 5 TzBfG) scheitert nicht nur an der Dauer, sondern auch daran, dass oftmals die Aufnahme in die Partnerschaft von anderen Kriterien als der Bewährung abhängig ist und Art und Inhalt der Bewährung nur schwer beurteilbar sind.

93 Die Anforderungen an den Sachgrund der Befristung steigen mit **zunehmender** Dauer der Beschäftigung bei demselben Arbeitgeber. Nach längeren Zeitabschnitten wächst die Abhängigkeit des Arbeitnehmers. Es wird für ihn schwieriger, anderweitig Arbeit zu finden. Damit wächst die soziale Verantwortung des Arbeitgebers. Er muss nach **langjähriger** Beschäftigung bei einer weiteren Befristung besonders sorgfältig prüfen, ob nicht schutzwürdige Interessen des Arbeitnehmers eine Dauerbeschäftigung gebieten. Eine Befristung aus Vertretungsgründen ist dann nur noch sachlich gerechtfertigt, wenn beim Abschluss des befristeten Vertrages hinreichend sichere konkrete Anhaltspunkte für den endgültigen Wegfall des Vertretungsbedarfs vorliegen[5].

---

1 Vgl. BAG v. 10. 8. 1994, AP Nr. 162 zu § 620 BGB Befristeter Arbeitsvertrag.
2 Vgl. BAG v. 4. 4. 1990, AP Nr. 136 zu § 620 BGB Befristeter Arbeitsvertrag.
3 Vgl. BAG v. 3. 10. 1984, AP Nr. 88 zu § 620 BGB Befristeter Arbeitsvertrag.
4 Siehe aber demgegenüber *Baeck/Diller*, FS 25 Jahre AG ArbR, 2006, S. 25, 31 ff.; *von Steinau-Steinrück*, AnwBl. 2008, 90, 93.
5 Vgl. BAG v. 11. 2. 1991, AP Nr. 141 zu § 620 BGB Befristeter Arbeitsvertrag.

Die Befristungsabrede muss **Inhalt des Arbeitsvertrages** werden. Die Beschäftigung des Arbeitnehmers hat in dem durch den Arbeitsvertrag und den Befristungszweck gesetzten Rahmen zu erfolgen. Die Befristung eines Arbeitsvertrages bedarf zu ihrer Wirksamkeit der Schriftform (§ 14 Abs. 4 TzBfG). Ein Hinweis im Arbeitsvertrag auf den Sachgrund oder die Rechtsgrundlage der Befristung ist nicht erforderlich. Liegen die Voraussetzungen einer Befristung nach dem TzBfG vor, rechtfertigt das Gesetz die Befristung[1]. 94

Will der Arbeitnehmer geltend machen, dass die Befristung eines Arbeitsvertrages rechtsunwirksam ist, so muss er innerhalb von 3 Wochen nach dem vereinbarten Ende des befristeten Arbeitsvertrages Klage beim Arbeitsgericht auf Feststellung erheben, dass das Arbeitsverhältnis aufgrund der Befristung nicht beendet ist (§ 17 Satz 1 TzBfG). 95

Die gerichtliche **Wirksamkeitskontrolle erstreckt sich in Fällen mehrfacher Befristung** auf den **letzten befristeten** Vertrag[2]. Dies ergibt sich daraus, dass der Abschluss eines neuen befristeten Arbeitsvertrages zugleich konkludent die Aufhebung eines früheren unbefristeten Arbeitsvertrages darstellt. Es ist zudem als Erfordernis der Rechtssicherheit anzusehen, die Parteien nicht noch nach Jahr und Tag über ihre Rechtsbeziehung im Ungewissen zu lassen. Dies wäre der Fall, wenn der Arbeitgeber nach Ablauf mehrerer aufeinanderfolgender befristeter Verträge damit rechnen müsste, aus dem ersten oder jedem beliebigen dieser Arbeitsverträge wegen Unwirksamkeit der darin vereinbarten Befristung auf eine Fortsetzung des Arbeitsverhältnisses in Anspruch genommen zu werden. Vorangegangene befristete Verträge sind nur dann einer gerichtlichen Wirksamkeitskontrolle zugänglich, wenn der Arbeitnehmer bei Abschluss eines neuen befristeten Vertrages den Vorbehalt erklärt, dass er den neuen Vertrag nur unter dem Vorbehalt schließe, dass er nicht bereits aufgrund einer unwirksamen Befristung in einem unbefristeten Arbeitsverhältnis steht[3]. Ansonsten ist die gerichtliche Kontrolle der Wirksamkeit einer Befristung eines vorhergehenden Vertrages nur dann eröffnet, wenn der letzte Vertrag lediglich einen **Annex** zu dem vorhergehenden darstellt[4]. Dies ist dann der Fall, wenn der letzte befristete Arbeitsvertrag mit dem ersten Arbeitsvertrag eine Einheit darstellt und aus diesem Grund auch hinsichtlich der Befristung mit diesem einheitlich zu beurteilen ist. 96

Ist die Befristung wirksam, so endet das Arbeitsverhältnis mit Ablauf der Befristung (§ 15 Abs. 1 TzBfG). Ein unbefristetes Arbeitsverhältnis kann in diesem Fall gleichwohl nach § 15 Abs. 5 TzBfG zustande kommen, und zwar dann, wenn das **Arbeitsverhältnis mit Wissen des Arbeitgebers fortgesetzt wird**, ohne dass dieser unverzüglich widerspricht. Ein Widerspruch kann bereits vor Ablauf der Befristung erfolgen. Er kann in dem Angebot eines weiteren befristeten Arbeitsverhältnisses liegen und insbesondere in Zusammenhang mit 97

---

1 Vgl. BAG v. 8. 12. 1988, AP Nr. 6 zu § 1 BeschFG 1985.
2 Vgl. BAG v. 8. 5. 1985, AP Nr. 97 zu § 620 BGB Befristeter Arbeitsvertrag.
3 Vgl. BAG v. 12. 6. 1987, AP Nr. 114 zu § 620 BGB Befristeter Arbeitsvertrag; BAG v. 8. 5. 1985, AP Nr. 97 zu § 620 BGB Befristeter Arbeitsvertrag.
4 Vgl. BAG v. 12. 2. 1986, AP Nr. 1 zu § 620 BGB Hochschule.

Verhandlungen über eine Fortsetzung des Arbeitsverhältnisses erklärt werden[1].

98 Der Arbeitgeber kann sich im Einzelfall bei der Berufung auf die Befristung in einer gegen **Treu und Glauben** verstoßenden Weise mit seinem früheren Verhalten in Widerspruch setzen. Er ist in diesem Fall zur Fortsetzung des Arbeitsverhältnisses verpflichtet. Ein solcher Ausnahmefall liegt vor, wenn der Arbeitgeber einen Vertrauenstatbestand gesetzt hat, der bei dem Arbeitnehmer die Erwartung erweckt hat, das Arbeitsverhältnis werde fortgesetzt[2]. Beispiel: Dem Arbeitnehmer ist mitgeteilt worden, er werde bei Eignung unbefristet eingestellt; während der Befristung wird dem Arbeitnehmer bestätigt, dass er die Anforderungen des Arbeitsplatzes erfülle; entgegen der Erwartung des Arbeitnehmers wird im Anschluss an den befristeten Vertrag kein unbefristetes Arbeitsverhältnis begründet.

99 Das Recht beider Parteien zur ordentlichen Kündigung bei Vorliegen einer Befristung ist ausgeschlossen (§ 15 Abs. 3 TzBfG). Das Arbeitsverhältnis kann durch ordentliche Kündigung nicht vor Ablauf der vereinbarten Frist beendet werden. Eine ordentliche Kündigung zwecks Beendigung des Arbeitsverhältnisses vor Fristablauf ist nur möglich, wenn dies ausdrücklich oder konkludent vertraglich vereinbart, d.h. vorbehalten worden ist[3]. Ein entsprechender Wille, die ordentliche Kündigung vorzubehalten, muss aus den Umständen der Vertragsgestaltung (eindeutig) erkennbar sein, wie dies etwa im Falle einer Probezeitvereinbarung gegeben ist[4]. Das Arbeitsverhältnis ist ansonsten vor Fristablauf nur aus wichtigem Grund (§ 626 BGB) kündbar. Der Arbeitnehmer genießt im Übrigen, soweit die ordentliche Kündigung nicht ohnehin ausgeschlossen ist, auch bei ordentlichen Kündigungen während der Dauer des befristeten Arbeitsverhältnisses Kündigungsschutz im Rahmen der gesetzlichen Vorschriften.

b) Kündigungsfristen

100 Hinsichtlich der Kündigungsfristen ist danach zu differenzieren, ob ein Rechtsverhältnis eines freien Mitarbeiters oder ein Arbeitsverhältnis vorliegt. Bei einem Rechtsverhältnis über freie Mitarbeit können die Vertragsparteien Regelungen über Kündigungsfristen frei vereinbaren; die in § 621 BGB vorgesehenen Fristen für die ordentliche Kündigung sind abdingbar[5]. Bei einem **Arbeitsverhältnis** sind die Regelungen über Kündigungsfristen nach § 622 BGB zu beachten.

---

1 Vgl. BAG v. 8. 3. 1962, AP Nr. 22 zu § 620 BGB Befristeter Arbeitsvertrag; BAG v. 5. 5. 2004, AP Nr. 1 zu § 27 BeschFG 1996; BAG v. 11. 7. 2007, AP Nr. 12 zu § 57a HRG; LAG Sachsen v. 4. 11. 2003, 2 Sa 199/03.

2 Vgl. BAG v. 16. 3. 1989, AP Nr. 8 zu § 1 BeschFG 1985; BAG v. 26. 4. 1995, AP Nr. 4 zu § 91 AFG; BAG v. 24. 10. 2001, AP Nr. 9 zu § 57c HRG.

3 Vgl. BAG v. 19. 6. 1980, AP Nr. 55 zu § 620 BGB Befristeter Arbeitsvertrag.

4 Vgl. *Schulte*, in: Moll (Hrsg.), MAH Arbeitsrecht, 2. Aufl. 2009, § 38 Rz. 136, S. 949.

5 Vgl. BGH v. 25. 11. 1963, NJW 1964, 350; Palandt/*Putzo*, 70. Aufl. 2011, § 621 BGB Rz. 2.

c) Kündigungsschutz

101 Das Kündigungsschutzgesetz findet auf freie Mitarbeiter keine Anwendung. Freie Mitarbeiter können gegen eine Kündigung allenfalls den Einwand des Verstoßes gegen Treu und Glauben gem. § 242 BGB geltend machen.

102 Die Anforderungen und Vorgaben des Kündigungsschutzgesetzes sind zu beachten, wenn die Parteien ein Arbeitsverhältnis begründet haben. Voraussetzung für das Eingreifen des Kündigungsschutzes nach dem Kündigungsschutzgesetz ist, dass das Arbeitsverhältnis zum Zeitpunkt des Zugangs der Kündigung bereits länger als sechs Monate bestanden hat (§ 1 Abs. 1 KSchG) und in dem Betrieb mehr als zehn Arbeitnehmer („Altfälle" fünf Arbeitnehmer) beschäftigt werden (§ 23 Abs. 1 KSchG). Sonderkündigungsschutz besteht ebenfalls nur innerhalb eines Arbeitsverhältnisses. Der Kündigungsschutz nach dem Schwerbehindertengesetz knüpft in § 85 SGB IX an das Bestehen eines Arbeitsverhältnisses an. Gleiches gilt für das Kündigungsverbot im Rahmen des Mutterschutzes (§ 9 MuSchG). § 1 MuSchG setzt das Bestehen eines Arbeitsverhältnisses oder eines Heimarbeitsverhältnisses voraus. Ebenso knüpft der Kündigungsschutz gemäß § 18 BEEG während der Elternzeit an ein Arbeitsverhältnis an.

9. Urlaub

103 Der freie Mitarbeiter hat, sofern er nicht arbeitnehmerähnliche Person ist, keinen Anspruch auf Erholungsurlaub, da er nicht in den Anwendungsbereich des Bundesurlaubsgesetzes fällt. Eine Vereinbarung über einen Anspruch des freien Mitarbeiters auf bezahlten Erholungsurlaub widerspricht dem Leitbild des freien Mitarbeiters und kann im Zusammenhang mit anderen Umständen ein Indiz begründen, welches gegen Selbständigkeit spricht. Urlaubsregelungen können in zweierlei Hinsicht getroffen werden. Zum einen kann geregelt werden, dass der freie Mitarbeiter die Belange der Anwaltssozietät angemessen berücksichtigt, wenn er für einen gewissen, längeren Zeitraum nicht für die Erledigung von Aufgaben zur Verfügung steht[1]. Dies bietet sich in Fällen an, in denen der freie Mitarbeiter von Fall zu Fall nach eigener Entscheidung tätig wird. Es ist nicht zu verkennen, dass – auch – dies je nach Intensität einer derartigen Klausel im Einzelfall mit dem Status als freier Mitarbeiter in Konflikt geraten kann. Zum anderen ist vorstellbar, dass eine bestimmte Zeitdauer für eine Freistellung festgelegt wird, darüber hinaus u.U. deren Lage. Dies erscheint dann sinnvoll, wenn der freie Mitarbeiter zwar im voraus Bearbeitungspflichten übernommen hat, die Selbständigkeit sich jedoch daraus ergibt, dass er bei seiner Tätigkeit ansonsten im Wesentlichen frei ist. Der **Arbeitnehmer** und der freie Mitarbeiter, der arbeitnehmerähnliche Person ist, haben Anspruch auf Erholungsurlaub nach den Regelungen des Bundesurlaubsgesetzes (§ 2 BUrlG).

---

1 Vgl. *Bohle*, Verträge mit juristischen Mitarbeitern, 2. Aufl. 2002, Rz. 90, S. 71.

10. Entgeltfortzahlung im Krankheitsfall

104 Ein Anspruch auf Entgeltfortzahlung im Krankheitsfall nach § 3 Abs. 1 EFZG steht nur dem Arbeitnehmer zu. Sofern der freie Mitarbeiter die Krankheit nicht verschuldet hat, behält er in dem Fall, dass ein Dienstvertrag besteht, seinen Anspruch auf die Vergütung, soweit die Krankheit eine „verhältnismäßig nicht erhebliche" Zeit dauert (§ 616 Satz 1 BGB). Der zur Dienstleistung Verpflichtete hat danach in Abweichung von den Regeln über die (teilweise) Nichterfüllung den Anspruch auf die volle Vergütung, wenn er für eine **verhältnismäßig nicht erhebliche** Zeit durch einen in seiner Person liegenden Grund ohne sein Verschulden an der Arbeitsleistung verhindert ist. Krankheit stellt ein derartiges Leistungshindernis dar. Die Frage, welcher Zeitraum als verhältnismäßig nicht erheblich im Sinne des § 616 Satz 1 BGB angesehen werden kann, ist nach den Umständen des Einzelfalls zu bestimmen[1]. Als Bestimmungskriterien kommen in Betracht: das Verhältnis der Verhinderungszeit zur Gesamtdauer des Dienstverhältnisses unter Berücksichtigung der bereits verflossenen und noch zu erwartenden Dauer, die Länge der Kündigungsfrist und die in Anbetracht des Verhinderungsgrundes objektiv notwendige Zeit. Feste Richtwerte existieren nicht. Während teilweise angenommen wird, dass es sich auch bei schwerwiegenden Umständen nur um einen Anspruch für wenige Tage handelt[2], wird von anderer Seite ein Zeitraum von mehreren Wochen nicht grundsätzlich ausgeschlossen[3]. Zur Vermeidung von Streitigkeiten darüber, wie lange eine verhältnismäßig nicht erhebliche Zeit im Sinne des § 616 Satz 1 BGB ist, kann im Vertrag festgelegt werden, wie lange die Vergütung fortgezahlt wird. § 616 Satz 1 BGB ist im Übrigen abdingbar[4].

11. Nebentätigkeit und Konkurrenz

a) Nebentätigkeit

105 Der Inhalt vertraglicher Regelungen über die Zulässigkeit einer Nebentätigkeit richtet sich danach, ob es sich um die Nebentätigkeit eines freien Mitarbeiters oder eines Arbeitnehmers handelt.

aa) Freie Mitarbeiter

106 Für ein freies Mitarbeiterverhältnis ist es typisch, dass eine Dienstleistungserbringung nicht für einen Auftraggeber erfolgt. Üblicherweise ist dem freien Mitarbeiter eine Nebentätigkeit ohne ausdrückliche vertragliche Regelung im Rahmen der allgemeinen Neben- und Rücksichtnahmepflichten gestattet.

---

1 Vgl. Schaub/*Linck*, ArbR-Hdb., 13. Aufl. 2009, § 97 Rz. 24.

2 Vgl. ErfK/*Dörner*, 11. Aufl. 2011, § 616 BGB Rz. 10.

3 Vgl. BAG v. 20. 7. 1997, AP Nr. 47 zu § 616 BGB; *Moll/Reufels*, in: GmbH-Handbuch, Teil IV, Rz. 264.1; Palandt/*Weidenkaff*, 70. Aufl. 2011, § 616 BGB Rz. 14. Schaub/*Linck*, ArbR-Hdb., 13. Aufl. 2009, § 97 Rz. 24.

4 Vgl. BAG v. 6. 12. 1956, v. 25. 4. 1960, v. 20. 6. 1979, v. 25. 8. 1982, AP Nr. 8, 23, 51, 55 zu § 616 BGB; MünchHandbArbR/*Boewer*, 3. Aufl. 2009, § 70 Rz. 6; Erman/*Belling*, 12. Aufl. 2008, § 616 BGB Rz. 11.

bb) Arbeitnehmer

Es wird bei Arbeitnehmern regelmäßig angezeigt sein, etwaige Nebentätigkeiten zu regeln. Nebentätigkeiten können einer **Anzeigepflicht** unterworfen oder von einem **Genehmigungsvorbehalt** abhängig gemacht werden. Der Arbeitgeber muss eine Nebentätigkeit gestatten, wenn die Nebentätigkeit keine berechtigten Interessen des Arbeitgebers berührt[1]. Ein genereller Ausschluss von Nebentätigkeiten ist nicht möglich. 107

b) Konkurrenzverbot während der Beschäftigung

Das Konkurrenzverbot während der Dauer des Vertragsverhältnisses ist für die Anwaltssozietät und den dort tätigen Rechtsanwalt von erheblicher Bedeutung. Ist im Vertrag kein ausdrückliches Wettbewerbsverbot für die Dauer des Vertragsverhältnisses vereinbart worden, ist auf allgemeine Grundsätze zurückzugreifen. 108

aa) Rechtslage für Arbeitnehmer

(1) Grundsätze

Das Arbeitsverhältnis begründet für einen Arbeitnehmer die Pflicht, jeden Wettbewerb gegenüber seinem Arbeitgeber für die Dauer des Arbeitsverhältnisses zu unterlassen. Es handelt sich um eine arbeitsvertragliche Nebenpflicht. Die Pflicht zur Förderung der Ziele und Zwecke des Arbeitgebers gebietet dem Arbeitnehmer grundsätzlich, eine Konkurrenztätigkeit zu unterlassen. Dieses arbeitsvertragliche Wettbewerbsverbot ist Ausfluss der dem Arbeitnehmer obliegenden allgemeinen „Treuepflicht"[2]. Es handelt sich um die Ausprägung eines für alle Arbeitnehmer geltenden allgemeinen Rechtsgedankens[3]. Wer seine Existenz durch abhängige Arbeit sichert, darf nicht zugleich die wirtschaftlichen Möglichkeiten seines Arbeitgebers gefährden. Die Pflicht des Arbeitnehmers, für die Dauer des Arbeitsverhältnisses nicht in Konkurrenz zu dem Arbeitgeber zu treten, ist für kaufmännische Angestellte in § 60 Abs. 1 HGB positiv-rechtlich niedergelegt, wobei es sich um einen für alle Arbeitsverhältnisse verallgemeinerungsfähigen Rechtsgedanken handelt[4]. Entsprechend § 60 Abs. 1 HGB darf ein Arbeitnehmer ohne Einwilligung des Arbeitgebers weder ein Handelsgewerbe betreiben noch im Handelszweig des Arbeitgebers für eigene oder fremde Rechnung 109

---

1 Vgl. z.B. BAG v. 3. 12. 1970 und v. 26. 8. 1976, AP Nr. 60 und 68 zu § 626 BGB; BAG v. 24. 3. 2010, AP Nr. 141 zu Art. 12 GG; *Löw*, MDR 2006, 913, 913; Staudinger/*Richardi*, Neubearbeitung 2005, § 611 BGB Rz. 490.

2 Vgl. Heymann/*Henssler*, Band 1, 2. Aufl. 1995, § 60 HGB, Rz. 1; MünchKommHGB/*von Hoyningen-Huene*, 2. Aufl. 2005, § 60 Rz. 2; *Kunz*, DB 1993, 2482, 2484; Staudinger/*Richardi*, Neubearbeitung 2005, § 611 BGB Rz. 475 („Grundsatz von Treu und Glauben").

3 Vgl. BAG v. 16. 8. 1990, AP Nr. 10 zu § 611 BGB Treuepflicht.

4 Vgl. BAG v. 12. 5. 1972, AP Nr. 6 zu § 60 HGB; BAG v. 16. 1. 1975, AP Nr. 8 zu § 60 HGB; BAG v. 16. 8. 1990, AP Nr. 10 zu § 611 BGB; *Reinfeld*, in: Moll (Hrsg.), MAH Arbeitsrecht, 2. Aufl. 2009, § 29 Rz. 1, S. 689.

Geschäfte machen. § 60 Abs. 1 HGB ist in der 1. Alt. verfassungskonform einengend auszulegen. Das Betreiben eines Handelsgewerbes bzw. einer Nebentätigkeit verstößt nur insofern gegen § 60 Abs. 1 HGB, wie dies den Interessen des Arbeitgebers aus Gründen des Wettbewerbs zuwiderläuft, weil der Arbeitnehmer sich im Handelszweig des Arbeitgebers betätigt[1]. Das Wettbewerbsverbot bezweckt, den Arbeitgeber vor Konkurrenz durch die eigenen Arbeitnehmer in derselben Branche und auf derselben Handels- oder Produktionsstufe zu schützen. Dieser Schutzzweck kommt nicht zum Tragen, wenn sich die Arbeitnehmer in anderen Branchen oder auf anderen Produktionsstufen betätigen, da in diesem Fall kein Wettbewerbsverhältnis besteht. Im Zweifel werden nach der unter dem Gesichtspunkt des Art. 12 Abs. 1 GG vorzunehmenden Gesamtwürdigung auch bloße Hilfstätigkeiten mit nur mittelbarem Wettbewerbsbezug nicht vom Wettbewerbsverbot erfasst[2].

110 Ein Verstoß gegen § 60 Abs. 1 HGB löst die Rechtsfolgen des § 61 Abs. 1 HGB aus. Der Arbeitgeber kann Schadensersatz verlangen oder stattdessen fordern, dass der Arbeitnehmer die für eigene Rechnung gemachten Geschäfte als für Rechnung des Arbeitgebers eingegangen gelten lässt und die aus Geschäften für fremde Rechnung bezogene Vergütung herausgibt oder ihm seinen Anspruch auf die Vergütung abtritt[3]. Das Eintrittsrecht bewirkt, dass das wirtschaftliche Ergebnis des Geschäfts dem Arbeitgeber zusteht. Ein Eintritt in bestehende Verträge mit Dritten findet nicht statt. Der Arbeitgeber hat einen Anspruch auf Herausgabe des von dem angestellten Rechtsanwalt erzielten wirtschaftlichen Ergebnisses. Die Ansprüche des Arbeitgebers aus § 61 Abs. 1 HGB verjähren nach § 61 Abs. 2 HGB in drei Monaten von dem Zeitpunkt an, zu dem der Arbeitgeber Kenntnis von dem Geschäft bzw. der Wettbewerbshandlung erlangt oder ohne grobe Fahrlässigkeit hätte erlangen müssen. Unabhängig davon steht der Rechtsanwaltssozietät ein Anspruch auf Unterlassung zu. Der Arbeitgeber kann den Verstoß gegen das Wettbewerbsverbot überdies je nach Art und Schwere zum Anlass einer außerordentlichen oder ordentlichen Kündigung nehmen[4].

(2) Geltung für angestellte Rechtsanwälte

111 Das Wettbewerbsverbot gilt auch für den in einem Arbeitsverhältnis zur Anwaltssozietät stehenden Rechtsanwalt. Die §§ 60, 61 HGB sind (entsprechend) auch für das Arbeitsverhältnis des angestellten Rechtsanwalts anzu-

---

1 Vgl. BAG v. 25. 5. 1970, AP Nr. 4 zu § 60 HGB; BAG v. 3. 5. 1983, AP Nr. 10 zu § 60 HGB.

2 Vgl. BAG v. 24. 3. 2010, AP Nr. 141 zu Art. 12 GG.

3 Siehe dazu näher Heymann/*Henssler*, Band 1, 2. Aufl. 1995, § 61 HGB Rz. 1; MünchKommHGB/*von Hoyningen-Huene*, 2. Aufl. 2005, § 61 HGB Rz. 9ff.; *Reinfeld*, in: Moll (Hrsg.), MAH Arbeitsrecht, 2. Aufl. 2009, § 29 Rz. 27ff., S. 695; Staudinger/*Richardi*, Neubearbeitung 205, § 611 BGB Rz. 479f.; *Kunz*, DB 1993, 2482, 2484.

4 Vgl. BAG v. 6. 8. 1987, AP Nr. 97 zu § 626 BGB; BAG v. 16. 8. 1990, AP Nr. 10 zu § 611 BGB Treuepflicht; Heymann/*Henssler*, Band 1, 2. Aufl. 1995, § 61 HGB, Rz. 16; *Reinfeld*, in: Moll (Hrsg.), MAH Arbeitsrecht, 2. Aufl. 2009, § 29 Rz. 32, S. 696.

wenden[1]. Folge ist die Anwendung der kurzen Verjährungsfrist des § 61 Abs. 2 HGB: Die Rechtsprechung ist deshalb im Schrifttum kritisiert worden[2]. Das Wettbewerbsverbot sei bereits aus § 241 Abs. 2 BGB bzw. aus der Treuepflicht abzuleiten, so dass BGB-Verjährungsregeln außerhalb der §§ 60, 61 HGB anzuwenden seien. Es sei jedenfalls davon auszugehen, dass bei Konkurrenztätigkeit ein Verstoß gegen §§ 3 Abs. 1, 43 Abs. 1 BRAO vorliege, der einen Lauterkeitsverstoß (§ 4 Nr. 11 UWG) mit einer sechsmonatigen Verjährungsfrist (§ 11 Abs. 2 UWG) begründe. Die Praxis wird sich auf die – den vertragsbrüchigen(!) Arbeitnehmer erheblich begünstigende – BAG-Rechtsprechung einzurichten haben, die die §§ 60, 61 HGB über ihren persönlichen und sachlichen Geltungsbereich hinaus auch auf Arbeitsverhältnisse angestellter Rechtsanwälte anwendet. Dies ist umso einschneidender, als die – kurze – Verjährungsfrist **alle konkurrierenden** Ansprüche aus dem jeweiligen Wettbewerbsverstoß erfasst[3]. Ob dem durch die Vereinbarung einer Vertragsstrafe zu entgehen ist, die nicht der kurzen Verjährung unterworfen wird, wie vorgeschlagen wird,[4] ist ungeklärt.

Eine **anderweitige anwaltliche** Tätigkeit ist regelmäßig auch ohne eine ausdrückliche diesbezügliche Regelung ausgeschlossen. Dem angestellten Rechtsanwalt obliegt die arbeitsvertragliche Pflicht, Mandanten nur für seinen Arbeitgeber zu werben. Der angestellte Rechtsanwalt muss das Vertrauen von Mandanten in seine Fähigkeiten in den Dienst der Anwaltssozietät stellen und darf dieses nicht für Geschäfte auf eigene Rechnung missbrauchen. Die Akquisition von Mandaten ist Inhalt der arbeitsvertraglichen Leistungspflicht des angestellten Rechtsanwalts. Die Rechtsprechung hat die Geltung des Wettbewerbsverbots für die anwaltliche Tätigkeit ausdrücklich bejaht. Das BAG hat in einem Fall, in dem ein bei einem Rechtsanwalt am BGH angestellter wissenschaftlicher Mitarbeiter zugleich für einen anderen Rechtsanwalt am BGH die Bearbeitung von Revisionsangelegenheiten besorgt hatte, unter Hinweis auf das unmittelbare Konkurrenzverhältnis zwischen den Rechtsanwälten einen Verstoß gegen die Treuepflicht bzw. das Wettbewerbsverbot angenommen und festgestellt, dass ein derartiger Verstoß einen wichtigen Grund für eine außerordentliche Kündigung nach § 626 Abs. 1 BGB darstellen kann[5]. Das BAG hat in einem anderen Fall entschieden, ein Rechtsschutz-Sekretär der DGB-Rechtsschutz-GmbH könne keine Erlaubnis für eine Nebentätigkeit als Rechtsanwalt verlangen, weil 112

1 Vgl. BAG v. 26. 9. 2007, AP Nr. 4 zu § 61 HGB; BAG v. 11. 4. 2000, AP Nr. 3 zu § 61 HGB.

2 Vgl. *Knöfel*, AnwBl. 2008, 241 ff.

3 Vgl. RG v. 1. 5. 1906, RGZ 63, 252, 254; BAG v. 12. 5. 1972, AP Nr. 6 zu § 60 HGB; BAG v. 11. 8. 1989, AP Nr. 90 zu § 611 BGB Haftung des Arbeitnehmers; MünchKommHGB/*von Hoyningen-Huene*, 2. Aufl. 2005, § 61 HGB, Rz. 28; Oetker/*Kotzian-Marggraf*, 2009, § 61 HGB, Rz. 12; Ablehnend LAG Baden-Württemberg v. 6. 6. 1989, LAGE § 61 HGB Nr. 1; *Knöfel*, AnwBl. 2008, 241, 243.

4 Vgl. *Rieble*, NJW 2004, 2270, 2270. Ebenso zu § 113 Abs. 3 HGB OLG Düsseldorf v. 10. 12. 1968, NJW 1970, 1373.

5 Vgl. BAG v. 16. 8. 1990, AP Nr. 10 zu § 611 BGB Treuepflicht.

fachliche und zeitliche Überschneidungen nicht auszuschließen seien[1]. Das LAG Düsseldorf hat (einschränkend) ausgeführt, einer angestellten Rechtsanwältin sei zwar nicht grundsätzlich verboten, einer anderweitigen anwaltlichen Tätigkeit nachzugehen, im konkreten Fall jedoch die Ablehnung der Nebentätigkeitsgenehmigung durch den Arbeitgeber als rechtens angesehen, weil die anderweitige Tätigkeit bei den Mandanten des Arbeitgebers zu Irritationen und fachlich-sachlich zu Konflikten führen könne[2]. Der „Bankenanwalt" kann weder anderswo Tätigkeit für den gleichen Mandantenkreis entfalten noch auf der Gegenseite für Verbraucherrechte kämpfen[3]. Grundgedanke in allen Fällen ist, dass dem Arbeitgeber der Marktbereich und das Mandatspotential unbeeinträchtigt zur Verfügung steht. Der Arbeitnehmer-Rechtsanwalt hat alles zu unterlassen, was auch nur die Gefahr einer nachteiligen, zweifelhaften oder zwielichtigen Einwirkung mit sich bringt.

113 Die **berufsrechtliche** Stellung der Rechtsanwälte steht einem derartigen Wettbewerbsverbot während der Dauer des Arbeitsverhältnisses nicht entgegen[4]. Die Auffassung, dass es dem angestellten Rechtsanwalt grundsätzlich gestattet sein müsse, nach Erbringung und außerhalb seiner vertraglich geschuldeten Arbeitsleistung eine eigene Anwaltstätigkeit auszuüben, und dass ein Wettbewerbsverbot diese Tätigkeit nicht beeinträchtigen dürfe[5], geht fehl. Der angestellte Rechtsanwalt ist ebenso wie der selbständige Rechtsanwalt unabhängiges Organ der Rechtspflege. Die Möglichkeit und die Verpflichtung, eigene Mandate zu bearbeiten, ist hierfür nicht erforderlich[6]. Die berufsrechtliche Möglichkeit, eigene Mandate anzunehmen, kann beschränkt werden, ohne dass dies zu einem Widerruf der Zulassung des angestellten Rechtsanwalts führt. Der angestellte Rechtsanwalt übt dieselben berufsspezifischen Tätigkeiten aus wie ein selbständiger Rechtsanwalt.

114 Die Treuepflicht und das Wettbewerbsverbot stehen bloßen Vorbereitungshandlungen für künftigen Wettbewerb nach Beendigung des Arbeitsverhältnisses nicht entgegen. Sie verbieten jedoch alle Maßnahmen, die direkt auf den Eingriff in den Mandantenkreis gerichtet sind, insbesondere Maßnahmen im Außenverhältnis zu den Mandanten. Dies gilt insbesondere für die Aufnahme einer werbenden Tätigkeit, wie z.B. durch Vermittlung von Konkurrenzgeschäften oder duch Abwerbungsversuche während des Bestandes

1 Vgl. BAG v. 21. 9. 1999, AP Nr. 6 zu § 611 BGB Nebentätigkeit.

2 Vgl. LAG Düsseldorf v. 8. 10. 2003, AnwBl. 2004, 187 = AuR 2005, 74 (Arbeitgeberkanzlei mit Immobiliengesellschaften mit hohen Mietwohnungsbeständen als Großmandanten und Nebentätigkeitswunsch für Mieterverein).

3 Vgl. *Knöfel*, AnwBl. 2008, 241, 242; *Lachmann*, FS Geimer, 2002, S. 513, 521.

4 Vgl. *Bohle*, Verträge mit juristischen Mitarbeitern, 2. Aufl. 2002, Rz. 36, S. 31 f.; *Fuhrmann*, Rechtsstellung des angestellten Rechtsanwalts, 1988, S. 154, 158; *Michalski/Römermann*, ZIP 1994, 433, 435.

5 Vgl. Hartung/*Nerlich*, Anwaltliche Berufsordnung, 3. Aufl. 2006, § 26 BORA Rz. 31 f.; Hartung/Römermann/*Nerlich*, Berufs- und Fachanwaltsordnung, 4. Aufl. 2008, § 26 BORA Rz. 63.

6 Vgl. *Fuhrmann*, Rechtsstellung des angestellten Rechtsanwalts, 1988, S. 157.

des Arbeitsverhältnisses[1]. Die erklärte und manifest gewordene Absicht, Auftraggeber abzuwerben, kann die für eine weitere Zusammenarbeit erforderliche Vertrauensgrundlage so entfallen lassen, so dass eine außerordentliche Kündigung aus wichtigem Grund begründet ist[2]. Das Wettbewerbsverbot gilt bis zum rechtlichen Ende des Arbeitsverhältnisses ungeachtet einer Freistellung von der Arbeit. Der ausscheidende angestellte Rechtsanwalt darf den Mandanten vor Beendigung des Arbeitsverhältnisses weder das Ausscheiden noch die Kontaktdaten mitteilen.

§ 32 Abs. 3 BORA ändert daran im Grundsatz nichts. Zwar ist das Ausscheiden eines angestellten Rechtsanwalts im Falle einer „Außensozietät" bzw. „Scheinsozietät" wie im Falle der Auflösung einer Sozietät mitzuteilen. Jedoch darf die Mitteilung nicht verfrüht erfolgen (vier Wochen vor dem Ausscheiden ist zu früh)[3]. Eine Mitteilung der neuen Kanzleiadresse ist in jedem Fall erst nach dem rechtlichen Ende des Arbeitsverhältnisses möglich. Das Auftreten nach außen mit eigener Homepage und mit eigenen Visitenkarten während des Bestandes des Arbeitsverhältnisses stellt unerlaubte Wettbewerbstätigkeit dar[4]. Der Arbeitnehmer verletzt seine Treuepflicht bereits dann, wenn er zur Vorbereitung des Ausscheidens Mandantendaten oder Mustertexte sammelt[5]. 114a

bb) Rechtslage für freie Mitarbeiter

§ 60 HGB findet keine Anwendung auf Personen, die in einem nicht dem Arbeitsrecht unterliegenden Dienstverhältnis stehen[6]. Eine entsprechende Anwendung von § 60 HGB auf Rechtsanwälte, die als freie Mitarbeiter beschäftigt sind, scheidet aus. Eine Übertragung der arbeitsrechtlichen Treuepflicht auf Dienstverhältnisse der freien Mitarbeit findet nicht ohne weiteres statt. Der Bundesgerichtshof hat entschieden, dass die Übertragung der für die arbeitsrechtliche Treuepflicht entwickelten Grundsätze auf den Dienstvertrag eines freien Mitarbeiters besonderer Begründung und Rechtfertigung bedarf[7]. Dies bedeutet, dass die unter dem Begriff der Treuepflicht zusammengefassten Nebenpflichten sich aus der **Natur des Schuldverhältnisses** ergeben können. Es ist dabei ist auf den **Einzelfall** abzustellen[8]. Ein Wettbewerbsverbot kann sich aus dem Inhalt und den Umständen des **Vertragsverhältnisses** ergeben[9]. Der Grundsatz von Treu und Glauben kann in Fällen, in denen die Sozietät ein anzuerkennendes berechtigtes Interesse daran hat, dass ihr freier Mitarbeiter keine anderweitigen Mandate annimmt, ein aus dem Dienstver- 115

1 Vgl. BAG v. 28. 1. 2010, DB 2010, 1709; *Hümmerich*, AnwBl. 2005, 77, 82.
2 Vgl. BAG v. 23. 5. 1985 – 2 AZR 268/84.
3 Vgl. LAG Mecklenburg-Vorpommern v. 21. 2. 2002 – 1 Sa 254/01; ArbG Schwerin v. 16. 5. 2001 – 6 Ca 3731/00, AnwBl. 2002, 56.
4 Vgl. ArbG Duisburg v. 11. 9. 2007, AE 2008, 192.
5 Vgl. *Hümmerich*, AnwBl. 2005, 77, 85.
6 Vgl. BAG v. 21. 1. 1997, AP Nr. 44 zu § 611 BGB Konkurrenzklausel; MünchKommHGB/*von Hoyningen-Huene*, 2. Aufl. 2005, § 60 HGB Rz. 11.
7 Vgl. BGH v. 23. 2. 1989, AP Nr. 9 zu § 611 BGB Treuepflicht (II 3a der Gründe).
8 Vgl. *Michalski/Römermann*, ZIP 1994, 433, 436.
9 Vgl. ArbG Köln v. 18. 3. 1998, NZA-RR 1998, 342.

hältnis folgendes Wettbewerbsverbot begründen. Dies wird regelmäßig dann anzunehmen sein, wenn der freie Mitarbeiter seine Arbeitskraft im Wesentlichen für die Sozietät aufwendet. Maßgeblich dafür, ob für einen freien Mitarbeiter ein Wettbewerbsverbot erwächst, sind Ausmaß und Intensität der Zusammenarbeit. Bedeutsam erscheint auch, inwiefern dem freien Mitarbeiter durch Ausgestaltung der Vergütungsregelung ein eigenes unternehmerisches Risiko abgenommen worden ist[1]. Ein Wettbewerbsverbot wird nicht bestehen, wenn der freie Mitarbeiter nur **sporadisch** für die Anwaltssozietät arbeitet. Eine Beschränkung wird auch in diesem Fall allerdings in Bezug auf die **Mandanten** der Anwaltssozietät gegeben sein: Der Rechtsanwalt, der als freier Mitarbeiter tätig ist, darf die Mandanten seines Arbeitgebers nicht außerhalb des bestehenden Mandatsverhältnisses mit der Anwaltssozietät betreuen. Unabhängig von einem etwaigen vertraglichen Wettbewerbsverbot ist von dem freien Mitarbeiter das Abwerbungsverbot zu beachten[2].

116 Es liegt nahe, mit dem freien Mitarbeiter zu vereinbaren, dass die Betreuung von Mandaten außerhalb der Sozietät ausgeschlossen wird. Das Verbot einer Bearbeitung von Mandaten außerhalb der Tätigkeit für die Kanzlei kann allerdings im Rahmen eines Gesamtbildes als ein Indiz für das Vorliegen einer Arbeitnehmereigenschaft angesehen werden. Die Beurteilung im Einzelfall wird berücksichtigen müssen, dass es selbständige Tätigkeiten gibt, die aufgrund von Interessenwahrungs- und Loyalitätspflichten die Förderung von Drittinteressen schon nach dem legislatorischen Leitbild nicht ohne weiteres zulassen (Bsp.: Handelsvertreter). Einem freien Mitarbeiter mag daher im Einzelfall untersagt werden, gleichzeitig für andere Anwaltssozietäten tätig zu werden, ohne dass dadurch im Rahmen der gebotenen Gesamtbetrachtung der Status als freier Mitarbeiter in Frage gestellt wird[3].

cc) Dauer des Wettbewerbsverbots

117 Ein sich aus dem Vertragsverhältnis ergebendes Wettbewerbsverbot dauert an, so lange das Vertragsverhältnis rechtlich besteht. Das Wettbewerbsverbot entfällt nicht mit der Freistellung von der Arbeitsleistung[4]. Das Bundesarbeitsgericht nimmt allerdings an, dass der Arbeitnehmer dann nicht (mehr) an das vertragliche Wettbewerbsverbot gebunden sei, wenn er freigestellt werde und der Arbeitgeber sich die Anrechnung anderweitigen Verdienstes nach § 615 Satz 2 BGB vorbehalte[5]. Ein Rechtsanwalt wird nicht dadurch von dem arbeitsvertraglichen Wettbewerbsverbot befreit, dass die Anwaltssozietät eine außerordentliche oder ordentliche Kündigung ausspricht, die

---

1 Vgl. OLG Düsseldorf v. 13. 6. 1985, AnwBl. 1987, 146.

2 Vgl. *Fischer*, AnwBl. 1996, 304, 305.

3 Siehe dazu auch ArbG Köln v. 18. 3. 1998, NZA-RR 1998, 342 (Reporter).

4 Vgl. BAG v. 30. 5. 1978, AP Nr. 9 zu § 60 HGB; BAG v. 17. 10. 1969, AP Nr. 7 zu § 611 BGB Treuepflicht; BAG v. 6. 9. 2006, AP Nr. 118 zu § 615 BGB; Staudinger/*Richardi*, Neubearbeitung 2005, § 611 BGB, Rz. 476f.

5 Vgl. BAG v. 6. 9. 2006, AP Nr. 118 zu § 615 BGB. Siehe dagegen kritisch *Bauer*, NZA 2007, 490, 410; *Reinfeld*, in: Moll (Hrsg.), MAH Arbeitsrecht, 2. Aufl. 2009, § 29 Rz. 11.

der Rechtsanwalt für unwirksam hält und deswegen gerichtlich angreift[1]. Erklärt die Anwaltssozietät nicht ausdrücklich oder konkludent, sie verzichte auf das Wettbewerbsverbot, so hat sich der Rechtsanwalt, der die Unwirksamkeit der Kündigung geltend macht, an das Wettbewerbsverbot zu halten, um das Risiko einer abermaligen Kündigung wegen Vertragsverstoßes zu vermeiden. Entsprechend kann dem Rechtsanwalt nicht angelastet werden, er habe durch Nichtausübung einer Konkurrenztätigkeit gemäß § 615 Satz 2 BGB den Erwerb von Einnahmen böswillig unterlassen. Die Bindung an das Wettbewerbsverbot kann in Ausnahmefällen, in denen der Rechtsanwalt sich in einer Zwangslage befindet, aufgehoben sein. Dies kann dann der Fall sein, wenn die dem Rechtsanwalt gegenüber ausgesprochene fristlose Kündigung in einem langwierigen gerichtlichen Verfahren überprüft wird und dem Rechtsanwalt aufgrund seiner beruflichen Qualifikation keine andere Erwerbsmöglichkeit offensteht, als in Wettbewerb zu seinem Vertragspartner zu treten[2].

dd) Auskunftsanspruch

Der Anwaltssozietät steht ein Auskunftsrecht gegenüber dem Rechtsanwalt 118
zu, der Anlass zu der Vermutung gegeben hat, er habe das vertragliche Wettbewerbsverbot verletzt[3]. Der Auskunftsanspruch setzt voraus, dass die Anwaltssozietät Anlass hat, vertragswidrigen Wettbewerb anzunehmen. Es reicht dafür aus, dass ein (einziger) Versuch des Rechtsanwalts zur Aufnahme von Wettbewerb feststeht, unabhängig davon, ob er erfolgreich gewesen ist oder nicht.

12. Nachvertragliche Wettbewerbsbeschränkungen

a) Grundsatz

Grundsätzlich besteht nach Beendigung des Vertragsverhältnisses **kein** Wett- 119
bewerbsverbot unabhängig davon, ob der Rechtsanwalt als Arbeitnehmer oder als freier Mitarbeiter tätig ist. Die relativ weit gezogene Grenze für zulässige nachvertragliche Aktivitäten bilden § 242 BGB, § 823 Abs. 1 BGB, § 826 BGB und Bestimmungen des Lauterkeits- bzw. Wettbewerbsrechts.

b) Auswirkung der Vertragsbeendigung auf das Mandantenverhältnis

Der in der Anwaltssozietät tätige Rechtsanwalt ist in der Regel nicht Vertrags- 120
partner des Mandanten. Das Mandatsverhältnis besteht in aller Regel zu den

---

1 Vgl. BAG v. 25. 4. 1991, AP Nr. 104 zu § 626 BGB; BAG v. 25. 10. 2007, AP Nr. 3 zu § 12 KSchG 1969; BAG v. 28. 1. 2010, DB 2010, 1709; LAG Köln v. 26. 6. 2006, LAGE § 626 BGB 2002 Nr. 8a.

2 Vgl. BAG v. 25. 4. 1991, AP Nr. 104 zu § 626 BGB (A.III.3.b) bb) der Gründe). Siehe auch *Grunsky*, Wettbewerbsverbote für Arbeitnehmer, 2. Aufl. 1987, S. 25.

3 Vgl. BAG v. 12. 5. 1972, AP Nr. 6 zu § 60 HGB; BAG v. 21. 10. 1970, AP Nr. 13 zu § 242 BGB Auskunftspflicht; BAG v. 16. 6. 1976, AP Nr. 8 zu § 611 BGB Treuepflicht; *Reinfeld*, in: Moll (Hrsg.), MAH Arbeitsrecht, 2. Aufl. 2009, § 29 Rz. 28, S. 695.

Partnern der Anwaltssozietät. Dies gilt auch dann, wenn der Rechtsanwalt eine Stellung als **Schein-Sozius** hat. Ist der für die Anwaltssozietät tätige Rechtsanwalt als Schein-Sozius aufgetreten, so ist er allerdings im Außenverhältnis in die Mandatsbeziehung einbezogen[1]. Ihm kann auch in diesem Fall im Innenverhältnis die Bearbeitung eines konkreten Mandats jederzeit entzogen werden. Der Rechtsanwalt kann – unabhängig davon, ob er freier Mitarbeiter oder Arbeitnehmer ist – nach Vertragsbeendigung nicht verlangen, die von ihm betreuten Mandate weiter zu bearbeiten. Die Beendigung des Vertragsverhältnisses mit dem Schein-Sozius bleibt auf den Mandantenstamm und die Mandatsbeziehungen der Anwaltssozietät ohne Auswirkung. Eine Verteilung der Mandate anlässlich des Ausscheidens des Rechtsanwalts findet nicht statt[2]. Eine Befragung der Mandanten erfolgt nicht[3]. § 32 BORA ist nicht anwendbar[4]. Das Argument, der Mandant sehe den Schein-Sozius als Repräsentanten der Sozietät und habe ihm sein Vertrauen geschenkt, so dass beim Weggang des Schein-Sozius dem Mandanten das gleiche Recht zur freien Wahl des Anwalts wie bei der Auflösung der Sozietät eingeräumt werden müsse,[5] verkennt, dass der Mandant nicht schutzbedürftig ist. Er kann jederzeit der Anwaltssozietät das Mandat entziehen und den Rechtsanwalt beauftragen, der die Anwaltssozietät verlassen hat. Anwaltssozietäten ist vorsorglich anzuraten, bei ihnen beschäftigte Rechtsanwälte, die die Stellung als Schein-Sozius aufweisen, eine Erklärung abgeben zu lassen, in denen diese auf Rechte verzichten, die sich aus der Eigenschaft als Schein-Sozius ergeben. Die Anwaltssozietät kann im Gegenzug den Schein-Sozius von Ansprüchen freistellen, die Dritte gegen die Anwaltssozietät erheben.

c) Nachvertragliche Wettbewerbsbeschränkungen für Arbeitnehmer

121 Nachvertraglicher Wettbewerb kann durch entsprechende **Vertragsklauseln** geregelt bzw. untersagt werden[6]. Die folgenden Regelungsmodelle sind in der Praxis anzutreffen.

- Niederlassungs- bzw. Tätigkeitsverbote
- Allgemeine Mandantenschutzklauseln
- Beschränkte Mandantenschutzklauseln
- Mandantenübernahmeklauseln
- Mandatsklauseln
- Gewährung von Prämien für die Nichtbetreuung bisheriger Mandanten

---

1 Vgl. BGH v. 24. 1. 1991, NJW 1991, 1225; BGH v. 5. 11. 1993, NJW 1994, 257, 258.

2 Vgl. *Michalski/Römermann*, ZIP 1994, 433, 437.

3 Vgl. *Hümmerich*, AnwBl. 2005, 77, 83; *Michalski/Römermann*, ZIP 1994, 433, 438.

4 Siehe aber auch LAG Hamm v. 10. 5. 2001 – 16 Sa 1523/00; LAG Mecklenburg-Vorpommern v. 21. 2. 2002 – 1 Sa 254/01.

5 Vgl. *Stehmann*, Beschäftigungsverhältnisse unter Rechtsanwälten, 1989, S. 215.

6 Vgl. *Bauer/Diller* DB 1997, 94ff.; *Henssler*, in: FS Geiß, S. 271ff.

Die Wirksamkeit derartiger Klauseln hängt davon ab, ob sie als Wettbewerbsverbote i.S.d. §§ 74ff. HGB zu bewerten sind und ob sie in einem Arbeitsverhältnis oder in einem Rechtsverhältnis über freie Mitarbeit Verwendung finden. Die gesetzlich für Handlungsgehilfen vorgesehenen Regelungen der §§ 74ff. HGB werden generell auf alle Arbeitsverhältnisse angewandt. Diese Vorschriften finden bei freien Mitarbeitern demgegenüber grundsätzlich keine Anwendung. Es können allerdings im Hinblick auf Gruppen oder Situationen freier Mitarbeiter einzelne Grundgedanken oder Einzelvorschriften entsprechend herangezogen werden[1]. Ohne eine vereinbarte nachvertragliche Wettbewerbsbeschränkung kann der ausgeschiedene Rechtsanwalt **nach** seinem Ausscheiden Mandanten der Sozietät mit sachlichen Werbebriefen in den Grenzen des § 1 UWG anschreiben[2]. Dies gilt unabhängig davon, ob es sich um einen freien Mitarbeiter oder abhängigen Arbeitnehmer handelt.

aa) Niederlassungs- bzw. Tätigkeitsverbote

Die gravierendste Form der Wettbewerbsbeschränkung ist das Niederlassungs- bzw. Tätigkeitsverbot. Dem ausscheidenden angestellten Rechtsanwalt wird verboten, überhaupt bzw. in einer bestimmten Region eine Tätigkeit als Rechtsanwalt aufzunehmen. Die Wirksamkeit derartiger Regelungen richtet sich nach den §§ 74ff. HGB[3]. 122

Das nachvertragliche Wettbewerbsverbot bedarf gemäß § 74 Abs. 1 HGB der Schriftform (§ 126 Abs. 2 BGB) und der Aushändigung der die vereinbarten Bedingungen enthaltenden und von dem Arbeitgeber unterschriebenen Urkunde. Das nachvertragliche Wettbewerbsverbot kommt nicht zustande, wenn die Bedingungen lediglich im Rahmen eines Briefwechsels ausgehandelt werden. Dasselbe gilt, wenn der Arbeitgeber dem Arbeitnehmer bei Arbeitsaufnahme ein von ihm unterschriebenes Exemplar des Arbeitsvertrags aushändigt, der das nachvertragliche Wettbewerbsverbot enthält, und der Arbeitnehmer dieses Exemplar lediglich zu seinen Unterlagen nimmt ohne es gegenzuzeichnen. Der Formmangel hat nach § 125 Satz 1 BGB die Nichtigkeit zur Folge. Ein Wahlrecht des Arbeitnehmers besteht nicht[4]. Das Formerfordernis gilt auch für einen Vorvertrag[5]. 123

Das nachvertragliche Wettbewerbsverbot ist nur verbindlich, wenn es dem Schutz berechtigter Interessen der Anwaltssozietät dient und keine unbillige Erschwerung des Fortkommens des ausscheidenden angestellten Rechtsanwalts enthält (§ 74a Abs. 1 Sätze 1 und 2 HGB). Dies erfordert eine Abwägung im Einzelfall. Dem Arbeitnehmer darf die Berufsausübung nicht weit- 124

---

1 Vgl. BAG v. 21. 1. 1997, AP Nr. 44 zu § 611 BGB Konkurrenzklausel; *Bauer/Diller*, Wettbewerbsverbote, 5. Aufl. 2009, Rz. 42–46, 703, 711, S. 27f., 373, 376.
2 Vgl. LG Düsseldorf NJW-RR 1998, 1002.
3 Vgl. *Bohle*, Verträge mit juristischen Mitarbeitern, 2. Aufl. 2002, Rz. 139, S. 91.
4 Vgl. BAG v. 14. 7. 2010, EzA § 74 HGB Nr. 72; *Bauer/Diller*, Wettbewerbsverbote, 5. Aufl. 2009, Rz. 107f., S. 70; Oetker/*Kotzian-Marggraf*, 2009, § 74 HGB Rz. 25.
5 Vgl. BAG v. 14. 7. 2010, EzA § 74 HGB Nr. 72.

gehend unmöglich gemacht werden[1]. Die Wettbewerbsabrede darf nicht zu einer Knebelung des Arbeitnehmers in seiner beruflichen Bewegungsfreiheit führen. Ein Wettbewerbsverbot, das nicht dem berechtigten Interesse des Arbeitgebers dient, stellt regelmäßig auch eine unbillige Fortkommenserschwerung dar[2]. Die nachvertragliche Wettbewerbsbeschränkung muss räumlich und sachlich nachvollziehbar sein. Der Einsatz der von dem Arbeitgeber erworbenen Arbeitsmethoden, erfahrenen Betriebsgeheimnisse und ermöglichten Beziehungen muss für die Anwaltssozietät wettbewerbsschädigend sein. Die Dauer und der Umfang der Wettbewerbsbeschränkung dürfen darüber hinaus nicht unbillig bzw. übermäßig sein[3]. Grundsätzlich ist der Arbeitnehmer für die rechtshindernden Einwendungen des § 74a HGB darlegungs- und beweispflichtig[4]. Ein zu weit gefasstes Wettbewerbsverbot büßt seine Wirksamkeit nicht insgesamt ein, sondern wird auf Grund der tatsächlichen Umstände des Einzelfalls auf das erlaubte Maß zurückgeführt[5]. Die Anwaltssozietät wird regelmäßig ein berechtigtes Interesse daran haben, eine künftige Wettbewerbstätigkeit des ausscheidenden angestellten Rechtsanwalts jedenfalls in einem bestimmten räumlichen Bereich vorübergehend zu unterbinden. Soweit teilweise angenommen wird, dass ein generelles nachvertragliches Wettbewerbsverbot in Form eines Niederlassungs- bzw. Tätigkeitsverbots nicht möglich sei, weil dies über das Geschäftsinteresse der Anwaltssozietät hinausgehe, ist dem nicht zu folgen[6]. Ein berechtigtes geschäftliches Interesse der Anwaltssozietät an einem – immer selbstverständlich den Anforderungen der §§ 74 ff. HGB entsprechenden – Niederlassungs- bzw. Tätigkeitsverbot für einen bestimmten räumlichen Bereich kann nicht in Abrede gestellt werden. Die Niederlassungs- bzw. Tätigkeitsbeschränkung kann nicht mit dem bloßen Hinweis auf die allgemeine Mandantenschutzklausel als ein milderes und damit verhältnismäßigeres Mittel verwehrt werden. Dem Bedürfnis nach Vereinbarung eines Niederlassungs- bzw. Tätigkeitsverbots in einem bestimmten räumlichen Bereich wird durch die allgemeine Mandantenschutzklausel wegen des Wettbewerbs auf dem Anwaltsmarkt nicht Rechnung getragen. Die Anwaltssozietät hat ein berechtigtes Interesse daran, dass der ausscheidende angestellte Rechtsanwalt die Arbeitsmethoden, Betriebsgeheimnisse und Geschäftsbeziehungen auf dem Anwaltsmarkt nicht nutzt, um Mandate/Mandanten zu akquirieren, die auch für die Anwaltssozietät in Betracht kommen. Dem entspricht, dass § 26 Abs. 1 Satz 2 Buchst. d) BORA die Vereinbarung eines Niederlassungs- bzw. Tätigkeitsverbots gegen Zahlung einer Karenzentschädigung als grundsätzlich möglich ansieht.

1 Vgl. BGH v. 16. 10. 1989, DB 1990, 213; LAG München 12. 2. 1986, DB 1986, 2191; *Bohle*, Verträge mit juristischen Mitarbeitern, 2. Aufl. 2002, Rz. 139, S. 91; MünchKommHGB/*von Hoyningen-Huene*, 2. Aufl. 2005, § 74a HGB Rz. 9.
2 Vgl. BAG v. 21. 4. 2010, AP Nr. 6 zu § 74a HGB.
3 Vgl. HWK/*Diller*, 4. Aufl. 2010, § 74a HGB Rz. 2.
4 Vgl. LAG Niedersachsen v. 16. 7. 2009, NZA-RR 2010, 68.
5 Vgl. BAG v. 21. 4. 2010, AP Nr. 6 zu § 74a HGB.
6 Siehe aber: *Lingemann/Winkel*, NJW 2009, 966.

Ein allgemeines, einschränkungsloses Wettbewerbsverbot kann im Hinblick auf § 74a Abs. 1 Sätze 1 und 2 HGB nicht wirksam vereinbart werden[1]. Eine andere Frage ist, auf welchen räumlichen Bereich das Niederlassungs- und Tätigkeitsverbot erstreckt werden kann. Es wird teilweise angenommen, dass eine Erstreckung auf eine Stadt oder einen LG-Bezirk eine unbillige Erschwerung des Fortkommens und damit unwirksam sei[2]. Der Sozietätsrechtsausschuss des DAV hat Niederlassungs- bzw. Tätigkeitsverbote in kleineren Orten, die zwar nicht mit dem AG-Bezirk identisch zu sein brauchen, regelmäßig aber nicht den ganzen LG-Bezirk umfassen dürfen, als zulässig angesehen, derartige Verbote für Großstädte aber abgelehnt[3]. Dieser Betrachtung ist entgegengehalten worden, dass die Auswirkungen eines – räumlich immerhin begrenzten – Niederlassungs- oder Tätigkeitsverbots auf die Berufsausübungsfreiheit von der Bevölkerungsstruktur des jeweiligen Gebiets unabhängig ist[4]. Eine generelle Beschränkung von Niederlassungs- bzw. Tätigkeitsverboten auf kleine Orte unter Ausschluss von Großstädten und Landgerichtsbezirken wird weder den gesetzlichen Wertungen, wie sie in §§ 74ff. HGB ihren Niederschlag gefunden haben, noch den realen Gegebenheiten aktueller Anwaltstätigkeit gerecht. Die Beschränkung anwaltlicher Tätigkeit auf ein Gericht bzw. einen Landgerichtsbezirk ist überholt. Rechtsanwälte werden in regionalen und überregionalen Zusammenhängen tätig und dadurch bekannt. Sie konkurrieren regional und überregional um dieselben Mandanten. Die Anwaltssozietät hat ein berechtigtes Interesse daran, eine nachvertragliche Konkurrenz des ausscheidenden angestellten Anwalts jedenfalls in dem jeweiligen Landgerichtsbezirk zu vermeiden. Mandanten erkundigen sich mindestens in diesem räumlichen Umfeld nach in Betracht kommenden Rechtsanwälten. Dem ausscheidenden angestellten Rechtsanwalt kann es, will man den Konkurrenzschutz der Anwaltssozietät, die den ausscheidenden angestellten Rechtsanwalt „aufgebaut" hat, überhaupt ernst nehmen, durchaus zugemutet werden, sich in einem anderen, ggf. benachbarten Landgerichtsbezirk niederzulassen. Dies bietet unter modernen Kommunikations- und Verkehrsmitteln sogar immer noch genügend Anbindung an den bisherigen Landgerichtsbezirk. Andere örtliche Abgrenzungen unter Definition von regionalen Bereichen, die in ländlichen Gegenden mehrere kleine Städte oder ggf. aneinandergrenzende Teile mehrerer Landgerichtsbezirke erfassen können, sind denkbar. Die räumlichen Abgrenzungen können letztlich nur unter Berücksichtigung der Umstände des Einzelfalles getroffen werden. Einen bundes- bzw. landesweiten Konkurrenzschutz wird es dabei allerdings auch dann nicht geben können, wenn die Anwaltssozietät national und international tätig ist, weil dies, selbst wenn man 124a

1 Vgl. BGH v. 18. 7. 2005, NJW 2005, 3061 m.w.N.; Unzulässigkeit eines umfassenden Niederlassungsverbots: BGH v. 8. 5. 2000, NJW 2000, 977; *Knief*, AnwBl. 1985, 58; *von Steinau-Steinrück*, AnwBl. 2008, 90, 92.

2 Vgl. *Löw*, MDR 2006, 913, 915; Hartung/*Nerlich*, Anwaltliche Berufsordnung, 3. Aufl. 2006, § 26 BORA, Rz. 41; Hartung/Römermann/*Nerlich*, Berufs- und Fachanwaltsordnung, 4. Aufl. 2008, § 26 BORA Rz. 41.

3 Vgl. Memorandum des Sozietätsrechtsausschusses DAV v. 2. 12. 1983, AnwBl. 1984, 80.

4 Vgl. *Michalski/Römermann*, ZIP 1994, 434, 440.

in diesen Bereich anwaltlicher Tätigkeit ein berechtigtes Interesse der Anwaltssozietät anerkennen würde, zu einer unbilligen bzw. unzumutbaren Erschwerung für den ausscheidenden angestellten Rechtsanwalt führen würde.

125 Das nachvertragliche Wettbewerbsverbot ist nur verbindlich, wenn eine Entschädigung nach § 74 Abs. 2 HGB zugesagt wird.

126 Das nachvertragliche Wettbewerbsverbot darf nach § 74a Abs. 1 Satz 3 HGB nicht auf eine Zeit von mehr als zwei Jahren ab Beendigung des Arbeitsverhältnisses erstreckt werden. Die Anwaltssozietät kann sich nicht auf solche Vereinbarungen berufen, die von § 74 Abs. 2 HGB und § 74a Abs. 1 HGB zum Nachteil des Arbeitnehmers abweichen (§ 75d Satz 1 HGB).

127 Der Anspruch auf Karenzentschädigung setzt voraus, dass der Arbeitnehmer das nachvertragliche Wettbewerbsverbot insoweit einhält, wie es nach § 74a Abs. 1 S. 1 bzw. 2 HGB verbindlich ist: die Einhaltung auch des unverbindlichen Teiles ist nicht erforderlich[1]. Ein über die Höchstdauer von zwei Jahren vereinbartes nachvertragliches Wettbewerbsverbot führt nicht dazu, dass das Wettbewerbsverbot schlechthin nicht gilt. Es ist, soweit es über die Dauer von zwei Jahren hinausgeht unverbindlich, bis zur gesetzlichen Höhe von zwei Dauer jedoch verbindlich[2]. Der Arbeitgeber kann den Arbeitnehmer zwar nicht auf Einhaltung des unverbindlichen Teils in Anspruch nehmen. Der Arbeitnehmer kann jedoch den unverbindlichen Teil als für sich verbindlich ansehen (dies dem Arbeitgeber mitteilen) und – folgerichtig – für die längere Zeit die vereinbarte Karenzentschädigung in Anspruch nehmen.

127a Entsprechendes gilt, wenn ein Vorvertrag abgeschlossen wird, durch den sich der Arbeitnehmer zum Abschluss eines nachvertraglichen Wettbewerbsverbots auf Verlangen des Arbeitgebers verpflichtet, wenn die dem Arbeitgeber eingeräumte Option nicht auf den Zeitpunkt bis zum Ausspruch einer Kündigung oder bis zum Abschluss eines Aufhebungsvertrags beschränkt wird. Dem hiernach unzulässigen Vorvertrag kommen die Wirkungen eines unverbindlichen Wettbewerbsverbots zu. Der Arbeitnehmer kann zwischen Wettbewerbsfreiheit ohne Karenzentschädigung und Wettbewerbsenthaltung zu den Bedingungen des Vorvertrags wählen[3].

bb) Allgemeine Mandantenschutzklauseln

128 Die allgemeine Mandantenschutzklausel verpflichtet den ausgeschiedenen angestellten Rechtsanwalt für eine bestimmte Zeit keine Mandate für frühere Mandanten der Anwaltssozietät zu übernehmen[4].

---

1 Vgl. BAG AP Nr. 6 zu § 74a HGB.

2 Vgl. BAG v. 2. 12. 1966, AP Nr. 18 zu § 133f GewO; BAG v. 5. 10. 1982, AP Nr. 42 zu § 74 HGB; BGH v. 8. 5. 2000, NJW 2000, 2584; LAG Düsseldorf v. 4. 3. 1997, NZA-RR 1998, 58; *Reinfeld*, in: Moll (Hrsg.), MAH Arbeitsrecht, 2. Aufl. 2009, § 30, Rz. 24; Oetker/*Kotzin-Marggraf*, 2009, § 74a HGB, Rz. 8.

3 Vgl. BAG v. 14. 7. 2010, EzA § 74 HGB Nr. 72.

4 Vgl. *Bohle*, Verträge mit juristischen Mitarbeitern, 2. Aufl. 2002, Rz. 159, S. 100; umfassend zu Mandatsschutzklauseln für ausgeschiedene Sozietätspartner: *Henssler*, in: FS Geiß, S. 271 ff.

129 Es ist teilweise vertreten worden, dass allgemeine Mandantenschutzklauseln wegen Verstoßes gegen § 3 BRAO unwirksam seien[1]. Dem ist nicht zu folgen. Die allgemeine Mandantenschutzklausel ist berufsrechtlich zulässig[2]. Ein Verstoß gegen § 3 Abs. 2 BRAO liegt nicht vor. Diese Norm ist auf das Verbot staatlicher Eingriffe bezogen und steht beschränkenden privatrechtlichen Vereinbarungen nicht entgegen. Ein Verstoß gegen § 3 Abs. 3 BRAO ist ebenfalls nicht zu bejahen. § 3 Abs. 3 BRAO räumt im Rahmen der gesetzlichen Vorschriften jedermann das Recht ein, sich in Rechtsangelegenheiten aller Art durch einen Rechtsanwalt seiner Wahl beraten und vor Gerichten, Schiedsgerichten oder Behörden vertreten zu lassen. § 3 Abs. 3 BRAO schützt das Wahlrecht des Rechtssuchenden, sich den Rechtsanwalt selbst auszusuchen[3]. Die Schlussfolgerung des LAG Baden-Württemberg, die unterstellt, dass dem Recht zur freien Anwaltswahl des Rechtssuchenden die Möglichkeit und Verpflichtung zur Beratung und Vertretung eines jeden Mandanten entspreche,[4] ist nicht statthaft. Den Rechtsanwalt trifft, von den Sonderfällen des § 48 BRAGO abgesehen, keine Pflicht zur Übernahme eines Mandats oder einer Prozessvertretung. Kein Mandant hat einen Anspruch darauf, dass ein bestimmter Anwalt für ihn tätig wird. Allgemeine Mandantenschutzklauseln können folgerichtig nicht in Rechte Dritter eingreifen. Ein Verstoß der allgemeinen Mandantenschutzklausel gegen § 3 Abs. 3 BRAO scheidet deshalb aus. Allgemeine Mandantenschutzklauseln verstoßen auch nicht gegen § 1 GWB[5].

130 Allgemeine Mandantenschutzklauseln sind Vereinbarungen i.S.d. §§ 74 ff. HGB und unterliegen mithin den Verbindlichkeits- und Wirksamkeitsanforderungen nach diesen Vorschriften[6]. Die allgemeine Mandantenschutzklausel ist daher nur verbindlich, wenn sie eine nach § 74 Abs. 2 HGB ausreichende Karenzentschädigung vorsieht. Sie kann nach § 74a Abs. 1 Satz 3

---

1 Vgl. LAG Baden-Württemberg v. 14. 3. 1985, AnwBl. 1987, S. 142, 145; *Schaub*, ArbR-Hdb., 13. Aufl. 2009, § 58 Rz. 13; *Steindorff*, in: FS R. Fischer, 1979, S. 747, 768.

2 Vgl. *Bauer/Diller*, Wettbewerbsverbote, 5. Aufl. 2009, Rz. 148, S. 100; Henssler/Prütting/*Koch*, BRAO, 3. Aufl. 2010, § 3 BRAO, Rz. 33; *Hümmerich*, AnwBl. 2005, 77, 84; *Löw*, MDR 2006, 913, 916; *Michalski/Römermann*, ZIP 1994, 433, 442.

3 Vgl. Henssler/Prütting/*Koch*, BRAO, 3. Aufl. 2010, § 3 BRAO, Rz. 25 ff.

4 Vgl. Hartung/*Nerlich*, Anwaltliche Berufsordnung, 3. Aufl. 2006, § 26 BORA, Rz. 39, Hartung/Römermann/*Nerlich*, Berufs- und Fachanwaltsordnung, 4. Aufl. 2008, § 26 BORA Rz. 39.

5 Vgl. *Michalski/Römermann*, ZIP 1994, 433, 442.

6 Vgl. BGH v. 29. 10. 1990, NJW 1991, 699; BAG v. 13. 9. 1969, AP Nr. 24 zu § 611 BGB Konkurrenzklausel; BAG v. 16. 7. 1971, AP Nr. 25 zu § 611 BGB Konkurrenzklausel; BAG v. 27. 9. 1988, AP Nr. 35 zu § 611 BGB Konkurrenzklausel; *Bauer/Diller*, Wettbewerbsverbote, 5. Aufl. 2009, Rz. 148 f., S. 100; *Bohle*, Verträge mit juristischen Mitarbeitern, 2. Aufl. 2002, Rz. 159, S. 100; Hartung/*Nerlich*, Anwaltliche Berufsordnung, 3. Aufl. 2006, § 26 BORA, Rz. 93; Hartung/Römermann/*Nerlich*, Berufs- und Fachanwaltsordnung, 4. Aufl. 2008, § 26 BORA Rz. 93; *Lingemann/Winkel*, NJW 2009, 966, 967; *Reinfeld*, in: Moll (Hrsg.), MAH Arbeitsrecht, 2. Aufl. 2009, § 30 Rz. 16; *von Steinau-Steinrück*, AnwBl. 2008, 90, 91.

HGB nicht auf einen Zeitraum von mehr als zwei Jahren nach der Beendigung des Arbeitsverhältnisses erstreckt werden.

131 Die allgemeine Mandantenschutzklausel wird regelmäßig den Anforderungen nach § 74a Abs. 1 Sätze 1 und 2 HGB gerecht. Die Anwaltssozietät hat ein offenkundig berechtigtes Interesse an Mandantenschutz. Die allgemeine Mandantenschutzklausel beschränkt den ausscheidenden angestellten Rechtsanwalt im Regelfall auch nicht unangemessen, weil er nur im Hinblick auf bestimmte Mandanten eingeschränkt wird, während ihm die Berufsausübung örtlich und sachlich verbleibt[1]. Die allgemeine Mandantenschutzklausel wird insbesondere dem Erfordernis gerecht, dass dem Arbeitnehmer die Berufsausübung nicht weitgehend unmöglich gemacht werden darf[2]. Der Mandantenschutz ist allerdings auf solche Mandanten beschränkt, die während der letzten zwei Jahre zum Mandantenkreis der Anwaltssozietät gehört haben[3]. Die allgemeine Mandantenschutzklausel muss hinreichend klar erkennen lassen, welche Mandanten wie lange gesperrt werden[4].

cc) Beschränkte Mandantenschutzklausel

132 Die beschränkte Mandantenschutzklausel untersagt die aktive, gezielte Abwerbung bisheriger Mandanten der Anwaltssozietät. Derartige beschränkte Mandantenschutzklauseln stimmen mit § 43b BRAO überein. Dem Rechtsanwalt ist die Werbung danach nur erlaubt, soweit sie über die berufliche Tätigkeit in Form und Inhalt sachlich unterrichtet und nicht auf die Erteilung eines Auftrags im Einzelfall gerichtet ist. Dies ergibt das Verbot einer unzulässigen Direktwerbung. Eine solche Direktwerbung liegt dann vor, wenn ein Rechtsanwalt gezielt an Einzelpersonen herantritt, um diese als Klienten zu gewinnen[5]. Beschränkte Mandantenschutzklauseln sind mit Art. 12 Abs. 1 GG vereinbar und verstoßen nicht gegen §§ 134, 138 Abs. 1 BGB. Die beschränkte Mandantenschutzklausel konkretisiert in vertraglicher Form die ohnehin bestehende standesrechtliche Pflicht des Rechtsanwalts (§ 43b BRAO). Die aktive, gezielte Abwerbung von Mandanten ist dem Rechtsanwalt bereits nach Standesrecht verboten, so dass beschränkte Mandantenschutzklauseln nichts anderes als eine deklaratorische Wiederholung dieses Verbots darstellen und keinen eigenständigen Regelungsgehalt besit-

---

1 Vgl. *Bohle*, Verträge mit juristischen Mitarbeitern, 2. Aufl. 2002, Rz. 159, S. 100; *Fuhrmann*, Rechtsstellung des angestellten Rechtsanwalts, 1988, S. 166; *Michalski/Römermann*, ZIP 1994, 433, 444.

2 Vgl. BGH v. 6. 10. 1989, NJW-RR 1990, 226; LAG München v. 12. 2. 1986, DB 1986, 2191; *Reinfeld*, in: Moll (Hrsg.), MAH Arbeitsrecht, 2. Aufl. 2009, § 30 Rz. 24.

3 Vgl. BGH v. 26. 3. 1984, NJW 1984, 2366; *Bauer/Diller*, Wettbewerbsverbote, 5. Aufl. 2009, Rz. 722, S. 381; *Lingemann/Winkel*, NJW 2009, 966; *Michalski/Römermann*, ZIP 1994, 433, 445.

4 Vgl. OLG Düsseldorf v. 29. 4. 1993, BB 1994, 1957.

5 Vgl. BGH v. 9. 5. 1968, NJW 1968, 1717; BGH v. 8. 5. 2000, NJW 2000, 2584; BAG v. 16. 7. 1971, AP Nr. 25 zu § 611 BGB; LAG Düsseldorf v. 28. 6. 2001, LAGE § 611 BGB Konkurrenzklausel Nr. 1; Henssler/Prütting/*Prütting*, BRAO, 3. Aufl. 2010, § 43b BRAO, Rz. 14. Siehe aber auch *Büsken*, MDR 1985, 898.

zen[1]. Die §§ 74ff. HGB sind daher auf beschränkte Mandantenschutzklauseln nicht anzuwenden[2].

dd) Mandantenübernahmeklauseln

Mandantenübernahmeklauseln stellen Regelungen dar, die für den Fall der Betreuung eines Mandanten aus dem Mandantenstamm der Anwaltssozietät die Abführung eines Teils des Honorars des jeweils angenommenen Mandats an die Anwaltssozietät vorsehen. Derartige Klauseln begründen keine Rechtspflicht zur Unterlassung von Wettbewerb. Sie beeinflussen den Wettbewerb lediglich in wirtschaftlicher Hinsicht und werden daher als indirekte oder mittelbare Wettbewerbsverbote bezeichnet. Sie finden auch unter der Bezeichnung Gewinn- oder Honorarabführungsklauseln Verwendung. Die Berufsfreiheit nach Art. 12 Abs. 1 GG wird von Mandantenübernahmeklauseln nicht tangiert. Der Rechtsanwalt wird in seiner Berufsausübungsfreiheit nicht eingeschränkt, da er (lediglich) einen Teil des Gewinns aus dieser Tätigkeit abzuführen hat. Art. 12. Abs. 1 GG schützt nicht eine bestimmte Einkommenshöhe. 133

Mandantenübernahmeklauseln sind grundsätzlich zulässig, da sie den Wettbewerb nicht verbieten, sondern lediglich eine Zahlungspflicht begründen. Mandantenübernahmeklauseln sind grundsätzlich nicht an den § 74ff. HGB, sondern lediglich an § 138 HGB zu messen[3]. Die §§ 74ff. HGB sind auf Mandantenübernahmeklauseln nicht anwendbar, soweit und wenn nicht eine Umgehung i.S.v. § 75d Satz 2 HGB vorliegt[4]. Eine Mandantenübernahmeklausel ohne Karenzentschädigung stellt eine Umgehung i.S.v. § 75d Satz 2 HGB dar, wenn die Konditionen so gestaltet sind, dass sich die Bearbeitung der Mandate wirtschaftlich nicht mehr lohnt[5]. Eine unzulässige Umgehung i.S.d. § 75d Satz 2 HGB bedeutet, dass der ausgeschiedene angestellte Rechtsanwalt nicht verpflichtet ist, die Honoraranteile an seinen Arbeitgeber abzuführen[6]. Die Ausgestaltung der Mandantenübernahmeklausel ist 134

1 Vgl. *Heymann/Henssler*, 2. Aufl. 1995, Vor § 74 HGB Rz. 8.

2 Vgl. BAG v. 16. 7. 1971, AP Nr. 25 zu § 611 BGB Konkurrenzklausel (II.4.); *Bauer/Diller*, Wettbewerbsverbote, 5. Aufl. 2009, Rz. 147, S. 99; *Hümmerich*, AnwBl. 2005, 86; *Lingemann/Winkel*, NJW 2009, 967; *Löw*, MDR 2006, 913, 916; *Michalski/Römermann*, ZIP 1994, 433, 446; *Reinfeld*, in: Moll (Hrsg.), MAH Arbeitsrecht, 2. Aufl. 2009, § 30 Rz. 15; *von Steinau-Steinrück*, AnwBl. 2008, 90, 92.

3 Vgl. *Bohle*, Verträge mit juristischen Mitarbeitern, 2. Aufl. 2002, Rz. 181, S. 110; *Büsken*, MDR 1985, 898, 900; Lingenberg/Hummel/Zuck/*Eich*, Grundsätze des anwaltlichen Standesrechts, 2. Aufl. 1988, § 81 Rz. 181f.; *Weissbrodt*, ZInsO 2008, 633, 635.

4 Vgl. BAG v. 7. 8. 2002, AP Nr. 4 zu § 75d HGB; LAG Düsseldorf v. 28. 6. 2001, LAGE § 611 BGB Konkurrenzklausel Nr. 1; *Bauer/Diller*, Wettbewerbsverbote, 5. Aufl. 2009, Rz. 172, S. 108; *Bauer/Diller*, DB 1995, 426, 427; *Büsken*, MDR 1985, 898, 900; *Michalski/Römermann*, ZIP 1994, 434, 446.

5 Vgl. BAG v. 7. 8. 2002, AP Nr. 4 zu § 75d HGB (II. 2. a); LAG Köln v. 24. 8. 2007, NZA-RR 2008, 10.

6 Vgl. *Bauer/Diller*, Wettbewerbsverbote, 5. Aufl. 2009, Rz. 172, S. 108; *Bohle*, Verträge mit juristischen Mitarbeitern, 2. Aufl. 2002, Rz. 181, S. 110; *Michalski/Römermann*, ZIP 1994, 434, 446.

insbesondere mit zwei Fragestellungen verbunden. Erstens geht es darum, für welchen Zeitraum die Honorarabführungspflicht vereinbart werden kann. Zweitens fragt sich, welcher Honoraranteil der Abführungspflicht unterworfen werden darf.

135 Die Umgehung der §§ 74 ff. HGB durch die Honorarabführungspflicht kann aus einer zu langen Bindungsdauer folgen[1]. Die Dauer der Honorarabführungspflicht ist im Schrifttum (lediglich) an § 138 Abs. 1 BGB gemessen worden, wobei ein Zeitraum von drei bis vier Jahren noch als rechtmäßig angesehen worden ist[2]. Die Mandantenübernahmeklausel wird aber ganz überwiegend im Hinblick auf die Dauer der Honorarabführungspflicht auf einen Zeitraum von zwei Jahren beschränkt[3]. Dies bedeutet, dass eine Abführungspflicht nur für solche Mandate vorgesehen werden kann, die innerhalb von zwei Jahren nach Ausscheiden des angestellten Rechtsanwalts mit früheren Mandanten der Anwaltssozietät angenommen werden.

136 Die Frage nach einer „angemessenen" Abführungshöhe, die keine Umgehung i.S.v. § 75d Satz 2 HGB darstellt, ist schwieriger zu beantworten. Das Bundesarbeitsgericht hat einen Abführungsprozentsatz von 20 % unbeanstandet gelassen, ohne jedoch darauf einzugehen, ob ggf. auch ein höherer Abführungsprozentsatz akzeptiert werden könnte[4]. Der Bundesgerichtshof hat ebenfalls einen Honorarabführungsanteil von 20 % als angemessen angesehen, ohne weitere Ausführungen hierzu zu machen[5]. Ob nach diesem Rechtsprechungsstand Abführungsprozentsätze von mehr als 20 % noch als angemessen angesehen werden können, ist unklar. Es wird teilweise nicht als Umgehungsfall i.S.v. § 75d Satz 2 HGB angesehen, wenn der Honoraranteil 30 % nicht übersteigt[6]. Eine rechtssichere Gestaltung einer Mandantenübernahmeklausel wird im Anschluss an die Entscheidungen aber davon auszugehen haben, dass nicht mehr als 20 % des Honorars der Abführung unterworfen werden können, um das Verdikt zu vermeiden, dass sich

1 Vgl. BAG v. 7. 8. 2002, AP Nr. 4 zu § 75d HGB (II. 2a); LAG Köln v. 24. 8. 2007, NZA-RR 2008, 10.

2 Vgl. *Michalski/Römermann*, ZIP 1994, 434, 447.

3 Vgl. BAG v. 7. 8. 2002, AP Nr. 4 zu § 75d HGB; LAG Köln v. 24. 8. 2007, NZA-RR 2008, 10; *Bohle*, Verträge mit juristischen Mitarbeitern, 2. Aufl. 2002, Rz. 183, S. 112; *Büsken*, MDR 1985, 898; Lingenberg/Hummel/Zuck/*Eich*, Grundsätze des anwaltlichen Standesrechts, 2. Aufl. 1988, § 81 Rz. 190; *Henssler/Holthausen*, BRAK-Mitt. 2001, 132, 134.

4 Vgl. BAG v. 7. 8. 2002, AP Nr. 4 zu § 75d HGB; LAG Köln v. 24. 8. 2007, NZA-RR 2008, 10.

5 Vgl. BGH v. 9. 5. 1968, AP Nr. 12 zu § 611 BGB Konkurrenzklausel.

6 Vgl. *Bauer/Diller*, Wettbewerbsverbote, 5. Aufl. 2009, Rz. 172 ff., S. 107 f.; *Bauer/Diller*, DB 1995, S. 426, 427; *Becker*, Zulässigkeit und Wirksamkeit von Konkurrenzklauseln zwischen Rechtsanwälten, S. 144; *Bohle*, Verträge mit juristischen Mitarbeitern, 2. Aufl. 2002, Rz. 183, S. 111 (25 %); *Bruckner*, Nachvertragliche Wettbewerbsverbote zwischen Rechtsanwälten, S. 75, 79; Lingenberg/Hummel/Zuck/*Eich*, Grundsätze des anwaltlichen Standesrechts, 2. Aufl. 1988, § 81 Rz. 188 (25 %); *Michalski/Römermann*, ZIP 1994, 434, 446 f.

die Bearbeitung wirtschaftlich nicht mehr lohnt und daher ein Umgehungsfall i.S.v. § 75d Satz 2 HGB vorliegt[1].

ee) Mandatsklauseln

Mandatsklauseln betreffen im Unterschied zu Mandantenübernahmeklauseln laufende Mandate und nicht künftige Fälle der bisherigen Mandanten der Anwaltssozietät. Soweit geregelt wird, dass laufende Mandate bei der Anwaltssozietät verbleiben, wird lediglich die Rechtslage wiederholt;[2] die während des Arbeitsverhältnisses dem angestellten Rechtsanwalt zur Bearbeitung übertragenden Mandate sind solche der Anwaltssozietät und nicht solche des angestellten Rechtsanwalts. Soweit geregelt wird, dass laufende Mandate auf Wunsch des Mandanten von dem ausscheidenden angestellten Rechtsanwalt „mitgenommen" werden dürfen und dafür eine Abgeltung geregelt wird, stimmt dies – ebenfalls – mit den Grundzügen der Rechtslage überein; zum einen stehen bei übertragenen bzw. weitergeführten Mandaten die bis zum Ausscheiden angefallenen Honorare der Anwaltssozietät zu;[3] zum anderen stellt es **keine** Beschränkung **künftiger** beruflicher, wettbewerbsmäßiger Tätigkeit i.S.d. §§ 74ff. HGB dar, wenn die Anwaltssozietät Zahlungspflichten damit verknüpft, dass sie ein mit ihr bestehendes Mandatsverhältnis abgibt. 137

ff) Prämien

Die Anwaltssozietät kann Prämien für den Fall gewähren, dass der ausgeschiedene Rechtsanwalt bisherige Mandanten nicht betreut. Es handelt sich dabei nicht um Wettbewerbsverbot i.S.d. §§ 74ff. HGB[4]. Die Gewährung von Vorteilen für den Fall, dass Wettbewerb unterlassen wird, stellt keine Beschränkung der beruflichen Tätigkeit i.S.d. § 74 Abs. 1 HGB dar. Der Rechtsanwalt ist in der Akquisition und Bearbeitung von Mandaten uneingeschränkt frei. Er hat auf die Gewährung von Prämien für den Fall, dass er diese Aktivitäten unterlässt, keinerlei Rechtsanspruch. 138

d) Nachvertragliche Wettbewerbsbeschränkungen für freie Mitarbeiter

Niederlassungs- bzw. Tätigkeitsverbote sind für freie Mitarbeiter nach den Generalklauseln des Zivilrechts im Licht der Berufsfreiheit (Art. 12 Abs. 1 GG) zu beurteilen[5]. Die Vorschriften der §§ 74ff. HGB sind auch auf all- 139

---

1 Vgl. *Henssler*, MDR 2002, 315, 319; *Hümmerich*, AnwBl. 2005, 77, 86; *Löw*, MDR 2006, 913, 916; *von Steinau-Steinrück*, AnwBl. 2008, 90, 92; *Weissbrodt*, ZInsO 2008, 633, 635.
2 Vgl. *Löw*, MDR 2006, 913, 916; *Michalski/Römermann*, ZIP 1994, 433, 446.
3 Siehe auch Sächsisches LAG v. 14. 9. 2010 – 7 Sa 709/09: Herausgabe nach Geschäftsbesorgungsgrundsätzen (§§ 675 Abs. 1, 667 BGB) bei angestelltem Insolvenzverwalter.
4 Vgl. *Bauer/Diller*, Wettbewerbsverbote, 5. Aufl. 2009, Rz. 174, S. 109.
5 Vgl. BGH v. 28. 4. 1986, NJW 1986, 2944; *Bohle*, Verträge mit juristischen Mitarbeitern, 2. Aufl. 2002, Rz. 150, S. 96.

gemeine Mandantenschutzklauseln, die mit freien Mitarbeitern vereinbart werden, grundsätzlich nicht anzuwenden[1]. Dies wird damit begründet, dass es des Schutzes der §§ 74ff. HGB nicht bedarf, wenn die Tätigkeit nicht im Rahmen eines Arbeitsverhältnisses erbracht wird[2]. Im Rahmen von Dienstverträgen mit freien Mitarbeitern sind lediglich die **Grenzen des § 138 Abs. 1 BGB** zu beachten[3].

140 Zeitlich und örtlich uneingeschränkte Verbote sind aufgrund der faktischen Wirkung eines Berufsverbots nach § 138 Abs. 1 BGB sittenwidrig und nichtig. Niederlassungs- bzw. Tätigkeitsverbote können lediglich mit **zeitlichen und räumlichen** Beschränkungen vereinbart werden. Sie sind auch daraufhin zu überprüfen, ob sie den schutzwürdigen Interessen des Begünstigten (noch) entsprechen oder die wirtschaftliche Bewegungsfreiheit des Verpflichteten (schon) unangemessen beschränken. Das LG Hannover hat im Fall eines Facharztes ein Wettbewerbsverbot für unangemessen erachtet, wonach der Verpflichtete für die Dauer von fünf Jahren im Umkreis von 5 km der alten Praxis keine eigene Praxis gründen durfte[4]. Dass das Landgericht im konkreten Fall eine geltungserhaltende Reduktion des Wettbewerbsverbots (2 Jahre statt 5 Jahre Dauer) gemäß § 139 BGB angenommen hat, ist nicht ganz unbedenklich[5]. Es kann nicht ohne weiteres davon ausgegangen werden, dass die Vertragspartner bei Kenntnis der Unwirksamkeit eine Dauer des Niederlassungsverbots von zwei Jahren vereinbart hätten. Die Rechtsprechung hat in der Vergangenheit eine geltungserhaltende Reduktion bei einer zu langen Laufzeit des Wettbewerbsverbots durchgeführt[6]. Ob daran bei Anwendung der §§ 305ff. BGB (AGB-Kontrolle) festzuhalten ist, erscheint allerdings fraglich. Eine zu starke räumliche Beschränkung der Tätigkeit kann nach § 138 Abs. 1 BGB im Hinblick auf Art. 12 Abs. 1 GG ebenfalls die Nichtigkeit eines Niederlassungs- oder Tätigkeitsverbots zur Folge haben. Dies hängt von den Umständen des Einzelfalls ab. Es ist einerseits eine Begrenzung auf die tatsächlichen Interessen- bzw. Tätigkeitsgebiete des Arbeitgebers vorzunehmen. Dem Rechtsanwalt muss andererseits unter Berücksichtigung der ihm zuzumutenden Mobilität möglich sein, seiner Anwaltstätigkeit weiterhin nachzugehen. Der Sozietätsrechtsausschuss des DAV ist der Auffassung, für die Vereinbarung einer Wettbewerbsklausel mit einem echten freien Mitarbeiter gelte grundsätzlich das gleiche wie bei einer entsprechenden Vereinbarung mit einem angestellten Rechtsanwalt, jedoch mit der Maßgabe, dass

---

1 Vgl. LG Frankfurt a.M. v. 13. 1. 1992, NJW-RR 1993, 803; *Bauer/Diller*, Wettbewerbsverbote, 5. Aufl. 2009, Rz. 704, S. 373; *Bohle*, Verträge mit juristischen Mitarbeitern, 2. Aufl. 2002, Rz. 92, S. 72; *Knief*, AnwBl. 1985, 58, 61; *Kunz*, DB 1993, 2482, 2487.

2 Vgl. MünchKommHGB/*von Hoyningen-Huene*, 2. Aufl. 2005, § 74 HGB Rz. 9.

3 Vgl. LG Frankfurt a.M. v. 13. 1. 1992, NJW-RR 1993, 803; *Bohle*, Verträge mit juristischen Mitarbeitern, 2. Aufl. 2002, Rz. 92, S. 72; *Michalski*, NZG 1998, 21.

4 Vgl. LG Hannover v. 22. 4. 1998, BB 1998, 1501, 1502.

5 Vgl. *Römermann*, BB 1998, 2489, 1490.

6 Vgl. BGH v. 13. 3. 1979, NJW 1979, 1606; BGH v. 14. 7. 1997, NJW 1997, 3089; OLG Hamm v. 15. 2. 1993, NJW-RR 1993, 1314; LG Hannover v. 22. 4. 1998, BB 1998, 1501, 1502.

ein Niederlassungsverbot eher noch größeren Bedenken begegne und eine Mandantenschutzvereinbarung strenger gefasst werden könne[1]. Dem folgt ein Teil des Schrifttums unter Hinweis auf die geringere Schutzbedürftigkeit des Dienstberechtigten gegenüber einem echten freien Mitarbeiter als gegenüber einem Arbeitnehmer. Der freie Mitarbeiter werde kaum in den Kanzleibetrieb integriert und sei deshalb tatsächlich kaum in der Lage, auf das Know-how des Dienstberechtigten und dessen Mandantenstamm zuzugreifen[2]. Dem ist zu widersprechen. Eine derartige ebenso enge wie auch holzschnitzartige Bewertung wird der beidseitigen Interessenlage nicht gerecht. Sie bevorzugt einseitig denjenigen, der als freier Mitarbeiter Erfahrungen, Geschäftsbeziehungen und Marktdurchdringung während seiner Tätigkeit in der Anwaltssozietät sammelt, um diese dann einschränkungslos für sich wettbewerblich zu nutzen. Einer ausgewogeneren Interessenbewertung dürfte es entsprechen, das Niederlassungs- und Tätigkeitsverbot mindestens auf einen Landgerichtsbezirk beziehen zu können und ggf. je nach regionaler oder überregionaler Ausrichtung der Anwaltssozietät eine Abgrenzung vorzunehmen. Das Abwägungsergebnis ist letztendlich von der Gesamtheit der Umstände abhängig, wobei Beschränkungsdauer, Beschränkungsraum, Entschädigungsleistungen und Vorteilsmitnahmen eine Rolle spielen. Jedwede geltungserhaltende Aufrechterhaltung einer Wettbewerbsregelung muss sich an den Grundsätzen des AGB-Rechts (§§ 306, 307 BGB) messen lassen, sofern es sich im konkreten Fall um AGB i.S.d. §§ 305 ff. BGB handelt.

Hat ein freier Mitarbeiter keine Gelegenheit gehabt, eigene Mandantenbezie- 141
hungen aufzubauen, so fragt sich, ob ein berechtigtes Interesse der Anwaltssozietät an einer Mandenschutzklausel besteht. Teilweise wird angenommen, dass in derartigen Fällen die Vereinbarung einer Mandantenschutzklausel stets unangemessen sei und gegen § 138 Abs. 1 BGB verstoße[3]. Dem ist nicht zu folgen. Hat der freie Mitarbeiter keine eigenen Mandantenbeziehungen aufbauen können, etwa weil sich seine Tätigkeit auf interne Kanzleiarbeiten oder die Erstellung von Gutachten beschränkt hat oder fehlt es aus anderen Gründen an einer Grundlage für die Herausbildung von Mandantenbeziehungen (der Rechtsanwalt ist beispielsweise nur gelegentlich tätig), so schränkt die Mandantenschutzklausel die Berufsausübung des freien Mitarbeiters schon in tatsächlicher Hinsicht deshalb nicht nennenswert ein, weil die Wahrscheinlichkeit, dass er Mandate von der Kanzlei abziehen kann, gering ist. Ihm wird durch die Mandantenschutzklausel keine unangemessene Belastung auferlegt. Das Interesse der Anwaltssozietät erscheint demgegenüber schützenswert, wenn sie verhindern möchte, dass der freie Mitarbeiter nach seinem Ausscheiden eigene neue Mandatsbeziehungen unter Berufung auf seine frühere Tätigkeit in der Anwaltssozietät aufbaut.

1 Vgl. Memorandum des Sozietätsrechtsausschuss des DAV v. 2. 12. 1983, AnwBl. 1984, 80.

2 Vgl. *Bohle*, Verträge mit juristischen Mitarbeitern, 2. Aufl. 2002, Rz. 150, S. 96, Rz. 171, S. 105.

3 Vgl. *Michalski/Römermann*, ZIP 1994, 433, 444.

142 Mandantenübernahmeklauseln sind grundsätzlich unbedenklich, es sei denn, dass eine übermäßige und unzumutbare Abführungspflicht vereinbart wird. Die Grenzen können weiter als unter dem Gesichtspunkt des § 75d Satz 2 HGB gezogen werden. Es bietet sich an, sich wegen der Dauer an der vom Bundesgerichtshof im Falle von Wirtschaftsprüfern als rechtmäßig angesehenen Dauer von drei Jahren als Höchstgrenze zu orientieren[1]. Es spricht bei freien Mitarbeitern grundsätzlich nichts gegen einen Abführungssatz von 30 %.

143 Die Ausklammerung der §§ 74ff. HGB, soweit diese auf Arbeitsverhältnisse anzuwenden sein würden, kann für die Rechtsverhältnisse freier Mitarbeiter nicht einschränkungslos aufrecht erhalten werden. Es erscheint erwägenswert, die Grundgedanken der §§ 74ff. HGB auch bei freien Mitarbeitern im Rahmen des § 138 Abs. 1 BGB zu berücksichtigen[2]. Dies gilt jedenfalls bei solchen, die länger und vollzeitig für die Anwaltssozietät tätig gewesen sind, d.h. die außerhalb der Anwaltssozietät keine anwaltlichen Aktivitäten entfaltet haben. Die Frage wird im Wesentlichen bei der Karenzentschädigung praktisch. Eine gänzlich **entschädigungslose** Wettbewerbsenthaltung erscheint problematisch[3]. Dies ist aus der Rechtsprechung des Bundesgerichtshofs zu nachvertraglichen Wettbewerbsverboten für Organmitglieder bekannt[4]. Die Bestimmungen des HGB über das nachvertragliche Wettbewerbsverbot und insbesondere die Pflicht zur Zahlung einer Karenzentschädigung nach § 74 Abs. 2 HGB sind auf arbeitnehmerähnliche Personen und wirtschaftlich abhängige freie Mitarbeiter entsprechend anzuwenden[5]. Ob die im Rahmen von § 138 Abs. 1 BGB anzustellende Abwägung die Entschädigungspflicht allerdings in allen Fällen freier Mitarbeit gebietet, erscheint gleichwohl fraglich. Zum einen wird die Dauer der Beschränkung eine Rolle spielen. Zum anderen ist nicht zu übersehen, dass bei – bloßen – Mandantenschutzklauseln die berufliche Tätigkeit weder insgesamt noch auch nur fachlich beschränkt wird. Dies macht es im Rahmen von § 138 Abs. 1 BGB nicht zwingend, entschädigungslose Mandantenschutzklauseln bei freien Mitarbeitern in allen Fällen zu missbilligen, jedenfalls dann nicht, wenn sie nur einen kürzeren Zeitraum abdecken. Eine Mandantenschutzklausel bedarf daher, wenn es sich nicht um einen „wirtschaftlich abhängigen" freien Mitarbeiter handelt, im Hinblick auf § 138 Abs. 1 BGB keiner Karenzentschädigung. Dies schließt im Einzelfall nicht aus, dass eine Mandantenschutzklausel nach § 138 Abs. 1 BGB unwirksam ist, weil sie ohne

---

1 Vgl. BGH v. 9. 5. 1968, AP Nr. 12 zu § 611 BGB Konkurrenzklausel.

2 *Lingemann/Winkel*, NJW 2010, 208, 209.

3 Vgl. *Lingemann/Winkel*, NJW 2010, 208, 209; *Wettlaufer*, AnwBl. 1989, 194, 208.

4 Vgl. BGH v. 26.1984, NJW 1984, 2366; BGH v. 17. 2. 1992, NJW 1992, 1892, 1893; BGH v. 7. 7. 2008, DB 2008, 2187; OLG Düsseldorf v. 23. 10. 1996, GmbHR 1998, 180; *Moll/Grobys*, in: Moll (Hrsg.), MAH Arbeitsrecht, 2. Aufl. 2009, § 77 Rz. 52.

5 Vgl. BAG v. 21. 1. 1997 AP Nr. 44 zu § 611 BGB Konkurrenzklausel; BAG v. 21. 1. 1997, AP Nr. 44 zu § 611 BGB Konkurrenzklausel; BGH v. 10. 4. 2003, NJW 2003, 1864; LAG Köln v. 2. 6. 1999, NZA-RR 2000, 19; LAG Köln v. 23. 1. 2004, AE 2005, 39; OLG München v. 18. 10. 1996, BB 1997, 224; OLG Düsseldorf v. 9. 9. 2004, NZA-RR 2005, 318.

eine Entschädigung unangemessen und unbillig ist. Je mehr Rechtsverhältnis und Tätigkeit eines freien Mitarbeiters denjenigen eines Arbeitnehmers ähneln, desto eher wird ein Äquivalent für die Mandantenschutzklausel zu verlangen und aus fundamentalen Schutzgesichtspunkten im Rahmen des Rechtsgedankens von § 138 Abs. 1 BGB und §§ 74ff. HGB heranzuziehen sein, auch wenn Art und Höhe der Gegenleistung nicht exakt den Anforderungen des § 74 Abs. 2 HGB entsprechen müssen.

13. Sozietätszusagen

Der Dienstvertrag mit dem Rechtsanwalt kann eine Regelung bezüglich einer **Sozietätsaussicht** treffen[1]. Die Vereinbarung einer festen Sozietätszusage und damit eines Anspruchs auf Aufnahme in den Kreis der Gesellschafter wird bei der Einstellung von Berufsanfängern in der Regel nicht erfolgen, da nicht feststeht, ob der Rechtsanwalt sich den Erwartungen entsprechend entwickelt. Eine mögliche Vereinbarung hinsichtlich einer Sozietätsaussicht besteht darin, dass der Rechtsanwalt nach einer bestimmten Zeit die Aufnahme in den Gesellschafterkreis zu von vornherein fixierten Bedingungen beantragen kann und die Entscheidung der Anwaltssozietät über die Aufnahme binnen einer bestimmten Frist zu erfolgen hat. Eine solche Regelung stellt einen angemessenen Ausgleich zwischen dem Interesse des Arbeitnehmers, sich beruflich zu entwickeln, und dem Interesse der Anwaltssozietät an der freien Entscheidung über die Aufnahme neuer Partner dar. Es kann allerdings problematisch sein, dass bereits bei Abschluss des Dienstvertrages die Bedingungen für die spätere Aufnahme in den Gesellschafterkreis festgelegt werden, obwohl noch nicht feststeht, ob sich diese Modalitäten im Fall einer Jahre später erfolgenden Aufnahme in die Sozietät als realistisch erweisen. Dem lässt sich dadurch Rechnung tragen, dass die Regelung auf eine Pflicht zur Entscheidung über ein Partnerschaftsangebot und dessen Bedingungen zu einem bestimmten Zeitpunkt reduziert wird[2]. Dem Rechtsanwalt steht aufgrund derartiger Regelungen kein einklagbarer Anspruch auf Abschluss des Gesellschaftsvertrages zu. Die Anwaltssozietät bleibt in ihrer Aufnahmeentscheidung frei. Streitigkeiten über die Einhaltung einer Sozietätszusage in einem Arbeitsvertrag sind vor den Zivil- und nicht vor den Arbeitsgerichten auszutragen[3]. 144

Die Kanzleien haben in den letzten Jahren insbesondere unter dem Einfluss anglo-amerikanischer Anwaltssozietäten Karrierestufen unterhalb der Ebene der Partnerschaft entwickelt. Dazu zählt etwa der Status des „Counsel" oder des „Salary-Partner". Ob dies Durchgangsstadien auf dem Weg zur Partnerschaft oder Endstufen sind, ist von den Einzelfallumständen abhängig. 145

1 Siehe das Vertragsformular bei *Bohle*, Verträge mit juristischen Mitarbeitern, 2. Aufl. 2002, Rz. 55, S. 49.
2 Vgl. *Lingemann/Winkel*, NJW 2009, 483.
3 Vgl. BAG v. 15. 8. 1975, AP Nr. 32 zu § 2 ArbGG 1953 Zuständigkeitsprüfung.

146 Das Nichterreichen der Partnerebene stellt für sich allein keinen Kündigungsgrund dar, und zwar auch dann nicht, wenn die Sozietät ein System des „up or out" praktiziert[1].

14. Berufshaftpflichtversicherung

147 § 51 BRAO schreibt eine Berufshaftpflichtversicherung vor. Die Beiträge werden oftmals von der Anwaltssozietät übernommen, wobei entweder eine Erstreckung der Sozietätsversicherung oder der Abschluss einer gesonderten Versicherung erfolgt[2]. Es wird darüber hinaus teilweise vertreten, dass die Anwaltssozietät standesrechtlich zur **Übernahme der Beiträge** des für sie tätigen Rechtsanwalts zur Berufshaftpflichtversicherung verpflichtet sei[3]. Dem ist nicht zu folgen. Dies gilt unabhängig davon, ob es sich um Arbeitnehmer oder Rechtsverhältnisse freier Mitarbeiter handelt. Die anwaltliche Standespflicht beinhaltet keine Pflicht, Dritte zu versichern. Es besteht auch keine arbeitsvertragliche Verpflichtung, den angestellten Rechtsanwalt zu versichern. Der Rechtsanwalt, der als Arbeitnehmer für die Anwaltssozietät tätig ist, ist nach den Grundsätzen über die Haftungsbeschränkung für Arbeitnehmer ausreichend geschützt. Der Arbeitgeber muss den Arbeitnehmer nicht darüber hinaus durch den Abschluss einer Versicherung vor Haftungsrisiken sichern.

15. Urheberrechtliche Fragen

148 Urheberrechtliche Fragen treten auf, wenn der Rechtsanwalt ein Werk erstellt, das dem Schutz des Urheberrechts unterliegt. Als geschütztes Werk im Sinne des § 2 Abs. 1 UrhG gelten alle Sprachwerke, die die Eigenschaft als persönliche geistige Schöpfung (§ 2 Abs. 2 UrhG) erfüllen. Dieser denkbar weite Werkbegriff führt dazu, dass nicht nur etwa wissenschaftliche **Aufsätze für Fachzeitschriften** dem Urheberrechtsschutz unterfallen, sondern auch die in einem Verfahren erstellten **Schriftsätze** Urheberrechtsschutz genießen, wenn sie in der Auswahl, Anordnung, Einteilung und Darstellung des behandelten Stoffes eine eigene schöpferische Prägung erkennen lassen und sich von einer durchschnittlichen Stoffsammlung und ungeordneten Materialwiedergabe abheben[4]. Umfangreichere, sorgfältig verfasste Schrift-

1 Ebenso *von Steinau-Steinrück*, AnwBl. 2008, 90, 92. Anders aber *Baeck/Diller*, FS 25 Jahre AG ArbR, 2006, S. 25 ff. (die Anwaltssozietät habe die unternehmerische Entscheidung getroffen, die Mandate durch Partner abarbeiten zu lassen, wenn junge Rechtsanwälte – nur – ausgebildet würden). – Dies übersieht zweierlei: Zum einen erscheint die Annahme fraglich, junge Rechtsanwälte würden zur Entwicklung zum Partner und nicht zur Erledigung von Mandaten eingestellt; zum anderen wird damit der Kündigungsgrund in die Hand der Anwaltssozietät gelegt, weil diese über das Partnerschaftsangebot entscheidet, d.h. die betriebsbedingte Kündigung wird nicht von einer objektiv nachvollziehbaren Unternehmerentscheidung abhängig gemacht, sondern von subjektiven Einschätzungen und Bewertungen.

2 Vgl. *Lingemann/Winkel*, NJW 2009, 483.

3 Vgl. *Fuhrmann*, Rechtsstellung des angestellten Rechtsanwalts, 1988, S. 126.

4 Vgl. BGH v. 17. 4. 1986, NJW 1987, 1332; OLG Düsseldorf v. 14. 7. 1983, NJW 1984, 1125.

sätze, die eine durchdrungene und geordnete Sachverhaltsaufbereitung enthalten oder die sich mit Rechtsprechung und Literatur auseinandersetzen, werden diese Voraussetzungen im Regelfall erfüllen. Dies wird auch für **Vertragsentwürfe** gelten, die nicht lediglich Abschriften von Vertragsformularen aus Handbüchern darstellen[1]. **Inhaber des Urheberrechts ist unabhängig von der rechtlichen Stellung des Rechtsanwalts gemäß § 43 UrhG der Rechtsanwalt**. Der Rechtsanwalt ist als Urheber nach § 11 UrhG in seinen geistigen persönlichen Beziehungen zum Werk und in der Nutzung des Werkes geschützt.

Dem **Arbeitgeber** kann an dem Werk des angestellten Rechtsanwalts gemäß § 31 UrhG ein **Nutzungsrecht** zustehen. Eine derartige Abrede kann bereits im Arbeitsvertrag enthalten sein[2]. Ohne eine ausdrückliche Regelung im Arbeitsvertrag bestimmt sich die Reichweite des arbeitgeberseitigen Nutzungsrechts gemäß § 31 UrhG nach Zweckübertragungstheorie[3]. Dem Arbeitgeber, dem das Recht am Arbeitsergebnis aus den vom Arbeitnehmer erbrachten Arbeitsleistungen zusteht, sind die Nutzungsrechte an den Werken des Arbeitnehmers insoweit einzuräumen, wie er sie für seine betrieblichen Zwecke benötigt[4]. Die Einräumung dieses zweckbezogenen Nutzungsrechts ergibt sich im Regelfall stillschweigend aus dem Abschluss des Arbeitsvertrages. Bei einer derartigen Auslegung des Arbeitsvertrages im Hinblick auf die Einräumung von Nutzungsrechten stellt sich das Problem, ob nicht das Schriftformerfordernis des § 40 Abs. 1 Satz 1 UrhG für Vereinbarungen, aufgrund derer sich der Urheber zur Einräumung von Nutzungsrechten an künftigen Werken verpflichtet, übergangen wird. Einem derartigen Bedenken könnte nicht gefolgt werden. Entweder nimmt man im Rahmen einer teleologischen Reduktion an, dass das Schriftformerfordernis des § 40 Abs. 1 Satz 1 UrhG im Arbeitsverhältnis nicht anwendbar ist[5]. Oder man sieht das Schriftformerfordernis als durch den Arbeitsvertrag, aus dessen Inhalt sich konkludent die Einräumung des Nutzungsrechts ergibt, erfüllt an. Die Einräumung des Nutzungsrechts unter Berücksichtigung des Zweckübertragungsgedankens hat zur Folge, dass der Arbeitgeber die Texte des angestellten Rechtsanwalts nach Belieben auch in anderen Angelegenheiten verwenden kann und gemäß § 31 Abs. 3 UrhG das ausschließliche Nutzungsrecht ausübt. Ein besonderer Vergütungsanspruch des angestellten Rechtsanwalts hierfür entsteht nicht, weil die Erstellung des Werks 149

1 Vgl. LG Hamburg v. 4. 6. 1986, GRUR 1987, 167.

2 Vgl. *Meiser*, NZA 1998, 291, 293ff.; Schricker/Loewenheim/*Rojahn*, Urheberrecht, 4. Aufl. 2010, § 43 UrhG, Rz. 48. Siehe zur Kollision von Arbeitsvertrag und Urheberrecht *Zöllner*, FS Hubmann, S. 523, 527.

3 Vgl. *Gennen*, in: Moll (Hrsg.), MAH Arbeitsrecht, 2. Aufl. 2009, § 14 Rz. 218, 220ff.; Staudinger/*Richardi*, Neubearbeitung 2005, § 611 BGB Rz. 539; Schricker/Loewenheim/*Rojahn*, Urheberrecht, 4. Aufl. 2010, § 43 UrhG Rz. 48.

4 Vgl. Schricker/Loewenheim/*Rojahn*, Urheberrecht, 4. Aufl. 2010, § 43 UrhG Rz. 38, 51.

5 Vgl. Schricker/Loewenheim/*Schricker*, Urheberrecht, 4. Aufl. 2010, § 40 UrhG Rz. 3; *Zöllner*, FS Hubmann, S. 523, 533.

Inhalt der Hauptleistungspflicht des Arbeitnehmers aus seinem Arbeitsverhältnis ist.

150 Es fragt sich, ob dem Arbeitgeber aufgrund seines ausschließlichen Nutzungsrechts gemäß § 31 Abs. 3 UrhG auch ein Recht zur **Änderung** des Werks zusteht. Das Änderungsrecht bedarf nach § 39 Abs. 1 UrhG einer gesonderten Vereinbarung. Das Änderungsrecht geht über das ausschließliche Nutzungsrecht hinaus. Es ist in dem ausschließlichen Nutzungsrecht nicht enthalten. Ob dem Arbeitgeber ein Änderungsrecht zusteht, muss sich aus einer Auslegung des Arbeitsvertrages ergeben. Der Anwaltssozietät wird im Regelfall ein Änderungsrecht zuzuerkennen sein, da ansonsten die Verwertbarkeit der von dem Rechtsanwalt erstellten Ausführungen etwa in Schriftsätzen oder in Vertragsentwürfen erheblich eingeschränkt wäre,[1] letztlich sogar vereitelt werden könnte.

151 Das Recht des angestellten Rechtsanwalts auf **Anerkennung seiner Urheberschaft** (§ 13 Satz 1 UrhG) ist arbeitsvertraglich abbedungen. Dies gilt schon deshalb, weil es nicht selten sein wird, dass nicht der angestellte Rechtsanwalt, sondern ein anderer Rechtsanwalt (Partner der Sozietät) nach außen hin als Unterzeichner und damit als Urheber des Textes in Erscheinung tritt. Angesichts des Umstandes, dass die Sozietät und nicht der angestellte Rechtsanwalt Mandatsträger ist, besteht für die Anerkennung der Urheberschaft des angestellten Rechtsanwalts kein Bedürfnis[2].

152 Die urheberrechtliche Situation eines in einem Rechtsverhältnis als freier Mitarbeiter stehenden Rechtsanwalts ist differenziert zu beurteilen. Wird der freie Mitarbeiter nur gelegentlich für die Sozietät tätig und unterhält er sogar eine eigene Kanzlei, so kann bei einer Auslegung des Vertrages, der die Stellung als freier Mitarbeiter begründet, nicht ohne weiteres davon ausgegangen werden, dass der freie Mitarbeiter stillschweigend an die Sozietät das ausschließliche Nutzungsrecht der von ihm erstellten Werke überträgt. Entscheidend werden die Einzelfallumstände sein. Der Anwaltssozietät wird in jedem Fall ein einfaches Nutzungsrecht nach § 31 Abs. 2 UrhG zustehen, das die Anwaltssozietät berechtigt, die Texte neben den anderen Nutzungsberechtigten oder neben dem Urheber auf die ihr erlaubte Art zu nutzen. Der der Tätigkeit als freier Mitarbeiter zugrundeliegenden Vereinbarung wird im Regelfall auch ein Änderungsrecht (§ 39 Abs. 1 UrhG) und eine Abbedingung des Rechts auf Anerkennung der Urheberschaft (§ 13 Satz 1 UrhG) zu entnehmen sein. Ein ausschließliches Nutzungsrecht der Anwaltssozietät wird sich nur insoweit bejahen lassen, wie der Text gerade nur für einen einzigen Zweck bestimmt sein kann, etwa weil ein Vertragstext oder ein Veröffentlichungstext als „Aushängeschild" der Anwaltssozietät deren Niveau und Qualifikationen charakterisiert. Beschränkungen der Dritt- oder Eigennutzung können sich allerdings auch im Falle eines nur einfachen Nutzungsrechts aus sonstigen Gesichtspunkten ergeben. Diese können standesrechtlicher oder wettbewerbsrechtlicher Natur sein. Es wird nicht angehen, dass

---

1 Vgl. *Berghahn*, Der Rechtsanwalt als freier Mitarbeiter, 1989, S. 208 ff., 212.
2 Vgl. *Berghahn*, Der Rechtsanwalt als freier Mitarbeiter, 1989, S. 204.

der freie Mitarbeiter einen Schriftsatzentwurf nutzt, um in vergleichbaren Fällen Gegenteiliges zu vertreten. Der freie Mitarbeiter wird umgekehrt selbst dort, wo ein weitrechendes Nutzungsrecht der Anwaltssozietät zu bejahen ist, eher als ein angestellter Rechtsanwalt in der Lage sein, aus einem Text Argumente, Fundstellen, Passagen anderweitig zu nutzen und zu verwerten.

16. Geheimhaltung

Der in der Anwaltssozietät beschäftigte Rechtsanwalt unterliegt der Verschwiegenheitsverpflichtung gemäß § 43a BRAO. Diese Geheimhaltungspflicht bezieht sich auf alle berufs- und mandatsbezogenen Angelegenheiten. Sie erfasst nicht kanzleiinterne Betriebs- und Geschäftsgeheimnisse[1]. Der Geheimnisschutz kanzleiinterner Angelegenheiten wie z.B. von Musterschriftsätzen oder Musterverträgen kann sinnvollerweise durch eine Geheimhaltungsklausel im Vertrag geregelt werden, unabhängig davon, dass sich Verschwiegenheitspflichten bereits aus den allgemeinen Grundsätzen ergeben (können). Die Geheimhaltungsklausel kann über das Ende der Vertragsbeziehung hinaus auch auf die Zeit danach bezogen werden. Sie muss in diesem Fall allerdings gegenüber dem Schutzbereich der §§ 74 ff. HGB abgegrenzt werden[2]. Es ist nicht möglich, dem Arbeitnehmer zu untersagen, jegliche Betriebs- bzw. Geschäftsgeheimnisse zu verwerten. Die Nutzung von Erfahrungswissen kann durch Geheimhaltungsklauseln nicht eingeschränkt werden[3]. 153

17. Fortbildung

Dem in der Anwaltssozietät beschäftigten Rechtsanwalt ist gemäß § 26 Abs. 1 Satz 2 Buchst. c) BORA eine angemessene Zeit zur Fortbildung einzuräumen. Fortbildungskosten werden oftmals von der Anwaltskanzlei für angestellte Rechtsanwälte übernommen. Ob und in welchem Umfang die Anwaltskanzlei eine Rückzahlung dieser Fortbildungskosten mit dem Arbeitnehmer-Rechtsanwalt vereinbaren kann, hängt im Grundsatz davon ab, ob die Fortbildung für den Arbeitnehmer-Rechtsanwalt die Chancen auf dem allgemeinen Arbeitsmarkt verbessert und nicht nur arbeitsvertrags- bzw. kanzleispezifische Gesichtspunkte betrifft[4]. Der Erwerb des Fachanwaltstitels aufgrund des Fachanwaltslehrgangs stellt eine Fortbildungsmaßnahme dar, die die Chancen auf dem Arbeitsmarkt verbessert und daher grundsätzlich eine Bindung rechtfertigt. Die Bindungsdauer hängt von der Dauer der Fortbildungsmaßnahme ab, die als maßgeblich dafür angesehen wird, ob und in welchem Umfang sich die Chancen des Arbeitnehmer-Rechtsanwalts auf dem Arbeitsmarkt verbessert haben[5]. Eine Lehrgangs- 154

---

1 Vgl. *Lingemann/Winkel*, NJW 2009, 966, 967.
2 Vgl. *Bauer/Diller*, Wettbewerbsverbote, 5. Aufl. 2009, Rz. 157 ff., S. 102.
3 Vgl. BAG v. 16. 3. 1982, AP Nr. 1 zu § 611 BGB Betriebsgeheimnis; *Lingemann/Winkel*, NJW 2009, 966, 967.
4 Vgl. BAG v. 11. 4. 1990, AP Nr. 14 zu § 611 BGB Ausbildungsbeihilfe; *Kolvenbach/Glaser*, in: Moll (Hrsg.), MAH Arbeitsrecht, 2. Aufl. 2009, § 24 Rz. 12 ff.
5 Vgl. *Lingemann/Winkel*, NZA 2009, 817; *Löw*, MDR 2006, 913, 914.

dauer von einem Monat rechtfertigt nach herkömmlicher Rechtsprechung eine Bindung von sechs Monaten[1]. Eine Lehrgangsdauer von mehr als zwei Monaten rechtfertigt eine Bindung von 12 Monaten[2]. Eine Lehrgangsdauer von drei bis vier Monaten rechtfertigt eine Bindungsdauer von bis zu 24 Monaten[3]. Die Rückzahlung ist entsprechend dem Verhältnis der Nicht-Bleibemonate zu den Bindungsmonaten zu staffeln. Eine vorformulierte Rückzahlungsregelung muss danach differenzieren, worauf die Beendigung des Arbeitsverhältnisses innerhalb der Bindungsdauer beruht, um sich nicht dem Vorwurf unangemessener Benachteiligung auszusetzen[4]. Die Rückzahlungsklausel kann nur an ein bestimmtes Verhalten des Arbeitnehmers anknüpfen.

18. Kammer- und Mitgliedsbeiträge

155 Die Anwaltssozietät kann im Rahmen der jeweiligen Vertragsgestaltung Kammer- und Mitgliedsbeiträge übernehmen. Eine Verpflichtung dazu besteht allerdings weder gegenüber einem angestellten Rechtsanwalt noch gegenüber einem freien Mitarbeiter.

19. Freistellung

156 Die Anwaltssozietät kann ein Interesse daran haben, den ausscheidenden angestellten Rechtsanwalt von der Tätigkeit freizustellen. Diesbezüglich bietet es sich an, eine Freistellungsklausel in den Arbeitsvertrag aufzunehmen. Ob eine derartige Freistellungsklausel rechtswirksam ist und insbesondere einer AGB-Kontrolle standhält, ist nicht abschließend entschieden. Der Arbeitnehmer hat grundsätzlich einen Beschäftigungsanspruch[5]. Eine Angemessenheitskontrolle nach § 307 Abs. 1 Satz 1 BGB wird dies als Leitbild berücksichtigen müssen[6]. Dies schließt nicht aus, dass Freistellungsfälle definiert werden, bei denen überwiegende Interessen der Anwaltssozietät an einer Nichtbeschäftigung konkretisiert werden. Dies ist bei Beschäftigungsmangel oder Vertragsverstößen anerkannt[7]. Ebenso wenn der Verdacht besteht, dass Betriebs- oder Geschäftsgeheimnisse weitergegeben werden[8]. Man wird der Anwaltssozietät unter Konkurrenzgesichtspunkten gestatten müssen, den Arbeitnehmer-Rechtsanwalt im Falle einer Kündigung während der Kündigungsfrist von der Tätigkeit freizustellen. Der Kunden- und Wettbewerbsschutz ist in der Rechtsprechung jedenfalls als legitimes Anliegen anerkannt[9]. Die Anwaltssozietät wird bei der konkreten Freistellung,

1 Vgl. BAG v. 5. 12. 2000, AP Nr. 12 zu § 611 BGB Ausbildungsbeihilfe.
2 Vgl. BAG v. 5. 12. 1993, AP Nr. 14 zu § 611 BGB Ausbildungsbeihilfe.
3 Vgl. BAG v. 6. 5. 1995, AP Nr. 23 zu § 611 BGB Ausbildungsbeihilfe.
4 Vgl. BAG v. 11. 4. 2006, AP Nr. 16 zu § 307 BGB.
5 Vgl. BAG v. 27. 2. 1985, AP Nr. 14 zu § 611 Beschäftigungsanspruch.
6 Vgl. *v. Steinau-Steinrück*, AnwBl. 2008, 90, 92.
7 Vgl. MünchKommBGB/*Henssler*, 5. Aufl. 2009, § 626 Rz. 28.
8 Vgl. BAG v. 27. 2. 1985, AP Nr. 14 zu § 611 Beschäftigungsanspruch.
9 Vgl. LAG Hamm v. 3. 2. 2004, NZA-RR 2005, 358.

unabhängig davon, ob sie vereinbarungsmäßig vorbehalten ist oder nicht, entscheiden, ob die Freistellung unwiderruflich oder widerruflich erfolgt[1].

20. Kollektives Arbeitsrecht

a) Betriebsverfassung

Betriebsräte in Anwaltskanzleien existieren nach wie vor nicht. Ob dies in Anbetracht der weiter expandierenden Großkanzleien auch in Zukunft der Fall sein wird, bleibt abzuwarten. Die großen Wirtschaftsprüfungsgesellschaften zeigen, dass Betriebsräte und Sprecherausschüsse nicht nur denkbar, sondern auch tatsächlich anzutreffen sind. Ob die angestellten Rechtsanwälte nach § 5 Abs. 3 BetrVG, § 1 Abs. 1 SprAuG als **leitende** Angestellte zu betrachten sind, soweit sie nicht Befugnisse nach § 5 Abs. 3 Satz 2 Nr. 1 und 2 BetrVG wahrnehmen, ist fraglich. Die Fragestellung spitzt sich auf die Fälle des § 5 Abs. 3 Satz 2 Nr. 3 BetrVG zu. Die angestellten Rechtsanwälte müssen in diesem Fall die Entscheidungen im Wesentlichen frei von Weisungen treffen oder die Entscheidungen maßgeblich beeinflussen. Ihnen muss, soweit es sich nicht um die Einflussnahme- bzw. Ratgruppe handelt, ein rechtlich und tatsächlich eigener, erheblicher Entscheidungsspielraum zur Verfügung stehen, d.h. sie müssen mit weitgehender Weisungsfreiheit und Selbstbestimmung im Rahmen ihres Tätigkeitsbereiches arbeiten[2]. Dies bedeutet allerdings nicht, dass die Tätigkeit völlig frei von Weisungen geschehen muss, um die Eigenschaft als leitender Angestellter zu erfüllen[3]. Ist einem angestellten Rechtsanwalt ein eigenes Rechtsgebiet in der Kanzlei zur Bearbeitung zugeteilt und bearbeitet er Angelegenheiten in diesem Bereich im Wesentlichen eigenverantwortlich, so ist die Eigenschaft als leitender Angestellter zu bejahen. 157

b) Tarifrecht

Tarifverträge, die die Arbeitsbedingungen von angestellten Rechtsanwälten regeln, gibt es nicht. Es bestehen allerdings keine rechtlichen Bedenken gegen Tarifregelungen für angestellte Rechtsanwälte. 158

III. Sozialrechtliche Grundlagen

Die Tätigkeit eines Rechtsanwalts in der Anwaltssozietät wirft die Frage nach 159
der Versicherungspflicht in der gesetzlichen Sozialversicherung auf. Nach § 2

1 Siehe zu den möglichen Rechtsfolgen der Freistellung: *Bauer/Günther*, DStR 2008, 2422; *Bauer*, NZA 2007, 409; *Bergwitz*, NZA 2009, 518; *Klar*, NZA 2004, 576; Küttner/*Kreitner*, Personalbuch, 17. Aufl. 2010, „Freistellung"; *Lingemann/Winkel*, NJW 2009, 483, 484; *Schlegel*, NZA 2005, 972; *Schrader/Straube*, RdA 2006, 98; BAG v. 23. 1. 2008, NJW 2008, 1550; BSG v. 24. 9. 2008, NZA-RR 2009, 236; BSG v. 25. 4. 2002, AP Nr. 1 zu § 128 SGB III = NZA-RR 2003, 105; BAG v. 14. 3. 2006, AP Nr. 32 zu § 7 BUrlG.

2 Vgl. BAG v. 23. 1. 1986, AP Nr. 32 zu § 5 BetrVG 1972.

3 Vgl. *Fitting*, 25. Aufl. 2010, § 5 BetrVG, Rz. 384ff., insbes. 395.

Abs. 2 Nr. 1 SGB IV gehören zum versicherungspflichtigen Personenkreis Personen, die gegen Arbeitsentgelt oder zu ihrer Berufsausbildung **beschäftigt** sind. Selbständige unterliegen nicht der gesetzlichen Sozialversicherung.

1. Beschäftigungsbegriff

160 Unter **Beschäftigung** wird gemäß § 7 Abs. 1 Satz 1 SGB IV die **nichtselbständige** Arbeit, insbesondere in einem **Arbeitsverhältnis** verstanden. Der Beschäftigungsbegriff nach § 7 Abs. 1 Satz 1 SGB IV ist das entscheidende Anknüpfungsmerkmal zur Bestimmung der Versicherungspflicht in den gesetzlichen Sozialversicherungszweigen. Das Vorliegen eines Beschäftigungsverhältnisses i.S.d. § 7 Abs. 1 Satz 1 SGB IV ist (eine) Voraussetzung für die Versicherungspflicht in den einzelnen Sozialversicherungszweigen. So beziehen sich § 5 Abs. 1 Nr. 1 SGB V (Krankenversicherung), § 1 Abs. 1 Nr. 1 SGB VI (Rentenversicherung), § 2 Abs. 1 Nr. 1 SGB VII (Unfallversicherung), § 25 Abs. 1 SGB III (Arbeitslosenversicherung) und § 20 Abs. 1 Satz 1 Nr. 1 SGB XI (Pflegeversicherung) auf den Begriff der Beschäftigung. Indem § 7 Abs. 1 SGB IV auf das Vorliegen eines Arbeitsverhältnisses abstellt, kommt die Abgrenzung zwischen Arbeitnehmern und freien Mitarbeitern zum Tragen. In Übereinstimmung mit der Rechtsprechung des BAG zur Arbeitnehmereigenschaft stellt das BSG im Hinblick auf das Vorliegen einer nichtselbständigen Beschäftigung darauf ab, ob jemand **in persönlicher Abhängigkeit für einen anderen tätig** ist. Eine selbständige Beschäftigung wird angenommen, wenn mit der Tätigkeit die Möglichkeit und das Recht besteht, über die eigene Arbeitskraft sowie über Arbeitszeit und Arbeitsort frei zu bestimmen. Die Rechtsprechung des BSG geht bei der Prüfung der Frage der Nichtselbständigkeit methodologisch so vor, dass als Hauptmerkmal auf die persönliche Abhängigkeit gegenüber einem Arbeitgeber abgestellt wird, wobei im Übrigen anhand einer Vielzahl weiterer Merkmale typologisch geprüft wird, ob Nichtselbständigkeit vorliegt, etwa ob die Befugnis besteht, die geschuldete Leistung auch durch Dritte erbringen zu lassen. Derartige weitere Kriterien im Rahmen der typologischen Beurteilung können auch solche wirtschaftlicher Art sein, wie z.B. das Vorhandensein einer eigenen Betriebsstätte, der Einsatz eigenen Kapitals, die Übernahme eines unternehmerischen Risikos[1]. Ebenso werden in diesem Zusammenhang auch die in der – aufgehobenen – Beweislast- bzw. Vermutungsregelung des früheren § 7 Abs. 4 SBG IV genannten Kriterien in die Gesamtbewertung einfließen:[2] Nichtbeschäftigung versicherungspflichtiger Arbeitnehmer, Tätigkeit im Wesentlichen nur für einen Auftraggeber, Ausführung entspre-

1 Siehe dazu auch *Gitter*, SGB 1996, 263, 265 (Vermeidung einer „Flucht aus der Sozialversicherungspflicht" durch „Scheinselbständigkeit").

2 Siehe zu diesen Kriterien und der mit ihnen verbundenen Vermutungsproblematik etwa: Gemeinsames Rundschreiben der Spitzenorganisationen der Sozialversicherung zum Gesetz zur Förderung der Selbständigkeit v. 20. 12. 1999, NZA 2000, 190ff.; *Bauer/Diller/Schuster*, NZA 1999, 1297ff.; *Bauer/Diller/Lorenzen*, NZA 1999, 169ff.; *Berndt*, MDR 1999, 210ff.; *Berndt*, NJW 2000, 464ff.; *Buchner*, DB 1999, 533ff.; *Kilger*, AnwBl. 2000, 149, 159; *Kunz/Kunz*, DB 1999, 583ff.; *Kunz/Kunz*, DB 1999, 846ff.; *Olbring*, AnwBl. 2000, 159, 162.

chender Tätigkeiten regelmäßig durch beim Auftraggeber beschäftigte Arbeitnehmer, Fehlen typischer Merkmale unternehmerischen Handelns, Erscheinungsbild wie bei einem voraufgegangenen Beschäftigungsverhältnis. Diesen Kriterien kommt zwar kein Beweislast- oder Vermutungscharakter mehr zu. Sie können jedoch im Rahmen der typologischen Gesamtschau das Gesamtbild in die eine oder andere Richtung abrunden. Die einzelnen Indizien werden im Rahmen einer Gesamtbewertung zusammengetragen, situativ gewichtet und in ihrer Gesamtheit abgewogen, um zu einer Entscheidung zu gelangen. Das BSG berücksichtigt dabei alle Umstände des Einzelfalls. Maßgebend ist das Gesamtbild der jeweiligen Tätigkeit unter Berücksichtigung der Verkehrsanschauung[1]. Die von dem BSG geforderte Gesamtwürdigung aller Umstände des Einzelfalls erfordert eine Gewichtung sämtlicher Indizien für und gegen eine abhängige Beschäftigung bzw. selbständige Tätigkeit, ohne dass darauf abgestellt werden könnte, ob quantitativ mehr Indizien für die Selbständigkeit bzw. das Beschäftigungsverhältnis sprechen. Gefordert wird eine **wertende** Berücksichtigung sämtlicher Indizien, die das **Gesamtbild** der Arbeitsleistung zu erfassen hat. Diese wertende Betrachtungsweise bringt die Schwierigkeit mit sich, dass sich die Entscheidungen der Sozialversicherungsbehörden bzw. der Sozialgerichte in Grenzfällen kaum vorhersehen lassen. Die Erstellung umfangreicher Checklisten erleichtert die Handhabung in der Praxis[2], kann aber die geforderte Gesamtwürdigung nicht ersetzen. Weichen die zwischen den Vertragsparteien getroffenen Vereinbarungen von den tatsächlichen Verhältnissen ab, so geben die tatsächlichen Verhältnisse den Ausschlag.

Das BSG hat insbesondere folgende **Merkmale für die Abgrenzung selbständiger von nichtselbständiger Beschäftigung bei Rechtsanwälten** für wesentlich erachtet: die Bindung an Dienstzeiten, die Zuweisung von Akten, die Genehmigungspflicht für die Wahrnehmung eigener Termine während der Arbeitszeit sowie die Vereinbarung einer festen Vergütung[3]. Es hat sich in der Entscheidung vom 14. 5. 1981 (12 RK 11/80) ausführlich mit der versicherungsrechtlichen Beurteilung eines in einer Rechtsanwaltskanzlei mitarbeitenden Rechtsanwalts beschäftigt[4]. Das BSG stellt danach in Zweifelsfällen, die nach der tatsächlichen Ausgestaltung der Beziehungen zwischen den Vertragsschließenden gleichermaßen die Deutung als abhängiges Beschäftigungsverhältnis wie auch als freies Mitarbeiterverhältnis zulassen, darauf ab, was die vertragsschließenden Parteien **gewollt** haben. Im Rahmen dieses Willens wird auch die **steuerliche** Behandlung der Vergütung beachtet. Das BSG hat das Bestreben, bei zwei möglichen Ausübungsformen einer Berufstätigkeit die sozialversicherungsfreie zu wählen, als legitim anerkannt. Es bezieht die spezifischen Bedingtheiten anwaltlicher Tätigkeit in die Gesamtwürdigung ein. Die Eigenart der Anwaltstätigkeit als Dienstleistung höherer Art mit einer aus dem Status eines Organs der Rechtspflege fließenden 161

1 Vgl. BSG v. 17. 10. 1969, BB 1969, 1481, 1482; BSG v. 25. 2. 1977, BB 1978, 966.
2 Siehe etwa *Brand*, DB 1999, 1162, 1163.
3 Vgl. BSG v. 17. 10. 1969, BB 1969, 1481.
4 Vgl. BSG v. 14. 5. 1981, BB 1981, 1581.

Stellung einerseits und mit einem weitgehend durch Sachzwänge bestimmten zeitlichen und örtlichen Arbeitsablauf andererseits reduziere das Abgrenzungsmerkmal der äußeren Weisungsgebundenheit hinsichtlich Zeit, Ort und Dauer der Tätigkeit so sehr, dass eine sichere Unterscheidung zwischen abhängiger und selbständiger Ausübung kaum mehr möglich sei. Das BSG stellt fest, dass auch der freie Mitarbeiter die Ausstattung (personell und sachlich) der Kanzlei nutzen und den Zwängen der Arbeitsgestaltung in gleichem Maße wie ein abhängiger Beschäftigter unterliegen kann. Es sei deshalb insgesamt sinnvoll darauf abzustellen, was die vertragsschließenden Parteien gewollt haben. Die Rechtsprechung des BSG, die im Hinblick auf die Sozialversicherungspflicht des Rechtsanwalts auf den **Willen** der Vertragsparteien abstellt, wenn die tatsächlichen Umstände eine Einordnung als abhängiges Beschäftigungsverhältnis oder als freies Mitarbeiterverhältnis nicht eindeutig zulassen, führt zu dem Ergebnis, dass derselbe Sachverhalt gegebenenfalls von den Arbeitsgerichten als Arbeitsverhältnis, von den Sozialgerichten aber nicht als Beschäftigungsverhältnis im Sinne des § 7 Abs. 1 SGB IV angesehen wird. Es kann in einem derartigen Fall je nach Interessenlage zu erwägen sein, aufgrund einer rechtskräftigen Feststellung eines Arbeitsgerichts, dass ein Arbeitsverhältnis besteht, eine revidierte Beurteilung der Sozialversicherungspflicht im Sinne des § 7 Abs. 1 SGB IV zu betreiben und die Bejahung einer versicherungspflichtigen Beschäftigung durch die Sozialversicherungsbehörde herbeizuführen[1].

2. Krankenversicherung

162 Die Versicherungspflicht in der gesetzlichen Krankenversicherung richtet sich nach §§ 5 ff. SGB V. Nach § 5 Abs. 1 Nr. 1 SGB V sind versicherungspflichtig Arbeiter, Angestellte und Auszubildende, die gegen Arbeitsentgelt beschäftigt sind. Es gilt der sozialversicherungsrechtliche Beschäftigungsbegriff. Soweit das regelmäßige Jahresarbeitsentgelt in einer bestimmten Bezugsperiode die Jahresarbeitsentgeltgrenze übersteigt, besteht gemäß § 6 Abs. 1 Nr. 1 SGB V Versicherungsfreiheit. Bei den freiwillig Versicherten, die allein wegen Überschreitens der Jahresarbeitsentgeltgrenze versicherungsfrei sind, leistet der Arbeitgeber einen Beitragszuschuss (§ 257 Abs. 1 Satz 1 SGB V). Die Aufteilung des Gesamtbeitrags auf Arbeitgeber und Arbeitnehmer richtet sich nach § 249 SGB V.

3. Pflegeversicherung

163 Die Versicherungspflicht in der Pflegeversicherung richtet sich nach § 20 Abs. 1 Satz 1 Nr. 1, Abs. 3 SGB XI. Die Aufteilung des Gesamtbeitrags zwischen Arbeitgeber und Arbeitnehmer richtet sich nach § 58 SGB XI.

4. Rentenversicherung

164 Die Rentenversicherungspflicht ist nach § 1 Abs. 1 Nr. 1 SGB VI zu bestimmen. Die Beiträge zur Deutschen Rentenversicherung tragen die arbeit-

---

1 Vgl. *Schwerdtner*, in: Bennpunkte des Arbeitsrechts, 1994, S. 321, 325.

gebende Anwaltssozietät und der angestellte Rechtsanwalt je zur Hälfte (§ 168 Abs. 1 Nr. 1 SGB VI). Soweit der angestellte Rechtsanwalt Mitglied eines **Versorgungswerkes** für Rechtsanwälte ist, kann er einen Antrag auf Befreiung von der Versicherungspflicht gemäß § 6 Abs. 1 Nr. 1 SGB VI stellen. Im Fall der Befreiung trägt die Anwaltssozietät die Hälfte der Beiträge zu dem Versorgungswerk, höchstens aber die Hälfte des Beitrags, der zu zahlen wäre, wenn der angestellte Rechtsanwalt nicht von der Versicherungspflicht befreit wäre (§ 172 Abs. 2 SGB VI).

5. Arbeitslosenversicherung

Die Anknüpfung an das Bestehen eines Beschäftigungsverhältnisses ist maßgeblich für die Beitragspflicht in der Arbeitslosenversicherung (§§ 24 Abs. 1, 25 Abs. 1 Satz 1 SGB III). Die Beiträge tragen die arbeitgebende Sozietät und der angestellte Rechtsanwalt zu gleichen Teilen (§ 346 Abs. 1 Satz 1 SGB III). 165

6. Unfallversicherung

Der nichtselbständig beschäftigte Rechtsanwalt ist in der Berufsgenossenschaft der Banken, Versicherungen, Verwaltungen, freien Berufe und besonderer Unternehmen (Verwaltungs-Berufsgenossenschaft) unfallversichert (Anlage 1 zu § 114 Abs. 1 Nr. 1 SGB VII Nr. 31). Die Beiträge zur Unfallversicherung trägt der Arbeitgeber gemäß § 150 Abs. 1 SGB VII allein. Selbständigen Rechtsanwälten steht die Möglichkeit freiwilliger Mitgliedschaft offen. In diesem Fall zahlt der Rechtsanwalt die Beiträge selbst. 166

7. Teilzeittätigkeit

a) Grundsatz

Teilzeitbeschäftigte unterliegen der Sozialversicherung ebenso wie Vollzeitbeschäftigte. Sonderregelungen ergeben sich für geringfügig Beschäftigte[1]. 167

b) Geringfügige Beschäftigung

Geringfügigkeit liegt vor, wenn das Arbeitsentgelt aus der Beschäftigung regelmäßig im Monat 400,00 € nicht übersteigt (Verdienstgeringfügigkeit nach § 8 Abs. 1 Nr. 1 SGB IV). Geringfügigkeit liegt ferner vor, wenn die Beschäftigung innerhalb eines Kalenderjahres auf längstens zwei Monate oder 50 Arbeitstage nach ihrer Eigenart begrenzt zu sein pflegt oder im Voraus vertraglich begrenzt ist, es sei denn, dass die Beschäftigung berufsmäßig ausgeübt wird und ihr Entgelt 400 Euro im Monat übersteigt (Zeitgeringfügigkeit nach § 8 Abs. 1 Nr. 2 SGB IV). Mehrere Beschäftigungen sind nach der Maßgabe des § 8 Abs. 2 Satz 1 SGB IV zusammenzurechnen. Mehrere **geringfügige** Beschäftigungen werden zusammengerechnet, so dass in diesen Fällen zu überprüfen ist, ob die Voraussetzungen für die geringfügige Beschäftigung noch gegeben sind (1. Fall). Ebenso wird mit einer nicht gering- 168

1 Vgl. *Boecken*, NZA 1999, 393 ff.; *Glock/Danko*, NZA 1999, 402 ff.; *Lembke*, NJW 1999, 1825 ff.

fügigen Beschäftigung zusammengerechnet, wenn mehr als eine geringfügige Beschäftigung i.S.v. § 8 Abs. 1 Nr. 1 SGB ausgeübt wird (2. Fall). Bei der Prüfung der Frage, ob das Arbeitsentgelt 400 Euro übersteigt, ist vom regelmäßigen Arbeitsentgelt auszugehen. Einmalige Einnahmen, deren Gewährung mindestens einmal jährlich zu erwarten ist, sind bei der Ermittlung des Arbeitsentgelts zu berücksichtigen. Bei schwankender Höhe des Arbeitsentgelts und in den Fällen, in denen im Rahmen eines Dauerarbeitsverhältnisses saisonbedingt unterschiedliche Arbeitsentgelte erzielt werden, ist der regelmäßige Betrag zu ermitteln[1].

c) Beitragspflicht

169 Die Beitragspflicht für geringfügige Beschäftigung nach § 8 Abs. 1 Nr. 1 SGB IV gestaltet sich im Einzelnen wie folgt:

- **Arbeitslosenversicherung**

170 In der Arbeitslosenversicherung besteht für gering Beschäftigte nach § 27 Abs. 2 Satz 1 1. Halbs. SGB III Versicherungsfreiheit. Nach § 27 Abs. 2 Satz 1 2. Halbs. SGB III werden geringfügige und nicht geringfügige Beschäftigungen abweichend von § 8 Abs. 2 Satz 1 SGB IV **nicht** zusammengerechnet.

- **Krankenversicherung**

171 Nach § 249b Satz 1 SGB V hat der Arbeitgeber für geringfügig Beschäftigte im Sinne von § 8 Abs. 1 Nr. 1 SGB IV einen **Krankenversicherungsbeitrag** in Höhe von 13 % des Arbeitsentgelts aus der geringfügigen Beschäftigung zu tragen. Für den geringfügig Beschäftigten verbleibt es nach § 7 SGB V bei der Versicherungsfreiheit. Mit der Entrichtung des Beitrags durch den Arbeitgeber entsteht für den geringfügig Beschäftigten kein Leistungsanspruch. Eine auf Leistungsverbesserung zielende Aufstockung des Krankenversicherungsbeitrags durch den Versicherten, wie dies etwa in der Rentenversicherung möglich ist, ist wegen des Sachleistungsprinzips der gesetzlichen Krankenversicherung durch den Gesetzgeber als nicht gerechtfertigt angesehen worden[2]. Die Pflicht des Arbeitgebers zur Entrichtung des Beitrags zur Krankenversicherung besteht nur, wenn der geringfügig Beschäftigte aufgrund **anderer** Versicherungstatbestände in der gesetzlichen Krankenversicherung **versichert** ist[3]. Die Mitgliedschaft in der gesetzlichen Krankenversicherung beruht in diesem Fall nicht auf der geringfügigen Beschäftigung (der geringfügig Beschäftigte ist nach § 7 SGB V nicht krankenversicherungspflichtig). Der geringfügig Beschäftigte kann aber zum Beispiel als Rentner oder als Leistungsbezieher nach dem SGB III oder aufgrund einer freiwilligen Versicherung bzw. aufgrund einer Familienversicherung oder nach § 5 Nr. 9,

---

1 Vgl. Richtlinien für die versicherungsrechtliche Beurteilung von geringfügigen Beschäftigungen (Geringfügigkeits-Richtlinien) Nr. 2. 1. 3, NZA 1999, 522, 524.
2 Vgl. BT-Drucks. 14/280, 14.
3 Vgl. Kasseler Kommentar/*Peters*, 62. EL 07/09, § 249b SGB V, Rz. 14; *Sieben/Albert/Dahlbender/Müller*, Geringfügige Beschäftigung, 1999, Rz. 115f.

10 SGB V in der gesetzlichen Krankenversicherung versichert sein. Für geringfügig Beschäftigte, die ausschließlich privat krankenversichert oder (anderweitig) gar nicht krankenversichert sind, fallen keine Beiträge des Arbeitgebers an[1].

- **Pflegeversicherung**

Eine Beitragspflicht im Rahmen der Pflegeversicherung besteht nicht (§ 20 Abs. 1 Satz 1 SGB XI)[2]. Auswirkungen für die Pflegeversicherung ergeben sich aus der nach § 8 Abs. 2 SGB IV erfolgenden **Zusammenrechnung** von Beschäftigungen. Insbesondere wird bei Zusammenfassung von geringfügiger und nicht geringfügiger Beschäftigung nunmehr auch das Arbeitsentgelt aus einer geringfügigen Beschäftigung als Beitragsbemessungsgrundlage in der Pflegeversicherung herangezogen, so dass sich der Beitrag zur Pflegeversicherung erhöhen kann[3]. 172

- **Beitrag zur Rentenversicherung**

Nach § 172 Abs. 3 Satz 1 SGB VI trägt der Arbeitgeber für die Rentenversicherung einen **Beitragsanteil** in Höhe von 15 % des Arbeitsentgelts, das beitragspflichtig wäre, wenn der Beschäftigte versicherungspflichtig wäre. Die arbeitgeberseitige Beitragspflicht gilt auch dann, wenn die geringfügig Beschäftigten in ihrer Hauptbeschäftigung versicherungsfrei oder von der Versicherungspflicht befreit sind[4]. 173

- **Unfallversicherung**

Die Unfallversicherung bleibt von der geringfügigen Beschäftigung unberührt[5]. Nach § 2 Abs. 1 Nr. 1 SGB VII sind alle Beschäftigten gegen die Risiken Arbeitsunfall und Berufskrankheit in der gesetzlichen Unfallversicherung versichert. Auf den Umfang der Beschäftigung kommt es nicht an. Geringfügig beschäftigte Personen bleiben daher unverändert in den Schutz der Unfallversicherung einbezogen[6]. 174

8. Anfrageverfahren zur Statusklärung

§ 7a SGB IV sieht ein **Anfrageverfahren zur Statusklärung** vor. Die Beteiligten (Auftraggeber und Auftragnehmer) können nach § 7a Abs. 1 SGB IV schriftlich eine Entscheidung beantragen, ob ein Beschäftigungsverhältnis vorliegt. Zuständig für die Entscheidung ist die Deutsche Rentenversicherung Bund, die gemäß § 7a Abs. 2 SGB IV aufgrund einer Gesamtwürdigung aller Umstände des Einzelfalls entscheidet, ob eine Beschäftigung vorliegt. Die Entscheidung der Deutschen Rentenversicherung Bund kann auch 175

1 Vgl. Richtlinien für die versicherungsrechtliche Beurteilung von geringfügigen Beschäftigungen (Geringfügigkeits-Richtlinien) Nr. 1. 1. 1, NZA 1999, 522, 526.
2 Vgl. *Löwisch*, BB 1999, 739, 741.
3 Vgl. *Boecken*, NZA 1999, 393, 400.
4 Vgl. *Boecken*, NZA 1999, 393, 398.
5 Vgl. Kasseler Kommentar/*Seewald*, 62. EL 07/09, § 8 SGB IV Rz. 2.
6 Vgl. *Boecken*, NZA 1999, 393, 400.

nach Beendigung des Beschäftigungsverhältnisses beantragt werden[1]. Es kann bei Beschäftigung eines freien Mitarbeiters erwogen werden, vor Beginn der Tätigkeit ein Anfrageverfahren nach § 7a SGB IV durchzuführen, um dessen Status feststellen zu lassen[2].

176 Wird der Antrag im Rahmen des Anfrageverfahrens nach § 7a SGB IV innerhalb eines Monats nach Aufnahme der Tätigkeit gestellt und stellt die Deutsche Rentenversicherung Bund ein versicherungspflichtiges Beschäftigungsverhältnis fest, so tritt die Versicherungspflicht nach § 7a Abs. 6 Satz 1 SGB IV erst mit Bekanntgabe der Entscheidung ein, wenn der Beschäftigte zustimmt und er für den Zeitraum zwischen der Aufnahme der Beschäftigung und der Entscheidung der Bundesversicherungsanstalt eine Absicherung vorgenommen hat, die der Art nach den Leistungen der gesetzlichen Krankenversicherung und der gesetzlichen Rentenversicherung entspricht. In diesem Fall kommt der Feststellung eines Beschäftigungsverhältnisses keine Rückwirkung zu. Sind die Voraussetzungen des § 7a SGB IV nicht erfüllt, so tritt die Sozialversicherungspflicht grundsätzlich rückwirkend mit dem Tag des Eintritts in das Beschäftigungsverhältnis ein. Sozialversicherungsbeiträge sind dann im Rahmen der Verjährungsregelung des § 25 SGB IV nachzuzahlen.

177 Widerspruch und Klage gegen eine Entscheidung, dass eine Beschäftigung vorliegt, haben aufschiebende Wirkung (§ 7a Abs. 7 Satz 1 SGB IV).

178 Die Bestimmungen zu § 7a Abs. 3–5 SGB IV stellen Verfahrensregeln auf, die den **Untersuchungsgrundsatz** des § 20 SGB X modifizieren. Die Sozialversicherungsbehörde hat den Sachverhalt nach § 20 Abs. 1 Satz 1 SGB X **von Amts wegen** zu ermitteln. Der Untersuchungsgrundsatz des § 20 SGB X gilt auch für die Beurteilung der Frage, ob eine Sozialversicherungspflicht besteht. Die Sozialversicherungsbehörden werden gemäß § 20 Abs. 1 Satz 1 SGB X den Sachverhalt von Amts wegen zu ermitteln und auch gemäß § 20 Abs. 2 SGB X alle für den Einzelfall bedeutsamen, also auch die für den Beteiligten günstigen Umstände, zu berücksichtigen haben, um zu der Gesamtwürdigung nach § 7a Abs. 2 SGB IV zu gelangen. Ähnlich wie bei den besonderen Mitwirkungspflichten der §§ 60 bis 64 SGB I setzt im Rahmen des § 7a Abs. 3–5 SGB IV das Eingreifen des Untersuchungsgrundsatzes voraus, dass der Betroffene selbst Tatsachen vorgetragen hat, die geeignet sind, die Sachentscheidung im Rahmen des § 7a Abs. 2 SGB IV zu fördern[3].

9. Alternativgestaltungen

179 Es ist in der Praxis erwogen worden, ein Beschäftigungsverhältnis dadurch zu vermeiden, dass vertragliche Bindungen des Auftraggebers nicht zu einzel-

1 Vgl. BSG v. 4. 6. 2009, NZA-RR 2010, 435.
2 Vgl. *Lingemann/Winkel*, NJW 2010, 38, 39.
3 Vgl. zu den besonderen Mitwirkungspflichten und § 20 SGB X etwa *Hauck*, SGB X, EL 10/09, § 20 Rz. 11.

nen Personen, sondern zu **Personen- oder Kapitalgesellschaften** begründet werden.

Eine gesellschaftsrechtliche „Einkleidung" der Dienstleistungserbringung schließt die Annahme eines Beschäftigungsverhältnisses nicht aus. Entscheidend bleibt auch dann eine Gesamtbewertung der Situation nach § 7 Abs. 1 SGB IV[1]. Ein Beschäftigungsverhältnis ist insbesondere in Erwägung zu ziehen, wenn der nunmehrige Gesellschafter vorher die gleichen Arbeiten in einem sozialversicherungsrechtlichen Beschäftigungsverhältnis für den gleichen Auftraggeber erbracht hat[2].

Die Beurteilung sozialversicherungsrechtlicher Tatbestände erfolgt stets im Einzelfall auf der Basis der **tatsächlichen** Verhältnisse[3]. Parteivereinbarungen haben für die Sozialversicherungsbehörden im Allgemeinen nur die Funktion von Indizien und können nur dort entscheidend sein, wo die tatsächlichen Umstände gleichermaßen für eine selbständige Tätigkeit sprechen[4]. Der Wille der Vertragspartner, kein Beschäftigungsverhältnis begründen zu wollen, ist vor diesem Hintergrund nur zu berücksichtigen[5], wenn die tatsächlichen Umstände beide Gestaltungsformen zulassen. Parteienvereinbarungen sind für die Sozialversicherungsbehörden gegebenenfalls auch dann nicht bindend, wenn diese gesellschaftsrechtlicher Natur sind. Dass dies von den Sozialversicherungsbehörden im Einzelnen überprüft wird, wird darin deutlich, dass sich diese bei der sozialversicherungsrechtlichen Beurteilung formularmäßig danach erkundigen, ob der freie Mitarbeiter sich mit anderen Kollegen zu einer Gesellschaft, wie z.B. Sozietät, Praxisgemeinschaft oder Partnerschaftsgesellschaft zusammengeschlossen hat[6]. Nach der Rechtsprechung des Bundessozialgerichts können in einer Gesellschaft bürgerlichen Rechts zusammengeschlossene Mitarbeiter abhängig Beschäftigte ihres Auftraggebers sein. Als Beispiel werden Lohnschlachter genannt, die in Kolonnen (Arbeitsgemeinschaften) zusammengeschlossen sind und die gleichwohl als Arbeitnehmer des sie beschäftigenden Schlacht- und Viehhofs angesehen werden können[7]. Das Bundessozialgericht hat jüngst auf die Möglichkeit des Bestehens einer abhängigen Beschäftigung hingewiesen, auch wenn eine dritte Person als Auftragnehmer zwischen die Auftraggeber und die die Dienstleistung erbringenden Personen getreten ist und mithin ein „**Dreiecksverhältnis**" vorgelegen hat[8]. Eine verlässliche Beurteilung der 180

---

1 Vgl. Gemeinsames Rundschreiben der Spitzenorganisationen der Sozialversicherung zum Gesetz zur Förderung der Selbständigkeit vom 20. 12. 1999 (Nr. 3. 5. 7.2.), NZA 2000, 190, 192.
2 Vgl. *Brand*, DB 1999, 162, 168.
3 Vgl. Kasseler Kommentar/*Seewald*, 62. EL 07/09, § 7 SGB IV, Rz. 46ff., insbes. 48.
4 Vgl. Hauck/*Knospe*, SGB IV, EL 10/09, § 7 Rz. 55.
5 Vgl. BSG v. 8. 8. 1990, SozR 3-2400, § 7 SGB IV, Nr. 4; Hauck/*Knospe*, SGB IV, EL 10/09, § 7 Rz. 17.
6 Vgl. *Kunz/Kunz*, DB 1999, 846, 848.
7 Vgl. BSG v. 15. 10. 1970, SozR Nr. 15 zu § 1227 RVO; *Kunz/Kunz*, DB 1999, 846, 848.
8 Vgl. BSG v. 4. 6. 1998, SozR 3-2400, § 7 SGB IV, Nr. 13.

sozialversicherungsrechtlichen Folgen der Tätigkeit von Personen als BGB-Gesellschafter, als Partner einer Partnerschaftsgesellschaft oder als Geschäftsführer einer GmbH lässt sich angesichts dessen nur dann durchführen, wenn auf den konkreten **Einzelfall** der zu erbringenden Dienstleistung abgestellt wird. Die Beschäftigteneigenschaft von Gesellschaftern einer BGB-Gesellschaft, Partnern einer Partnerschaftsgesellschaft oder Geschäftsführern einer GmbH im Verhältnis zum Auftraggeber ist nicht schon allein deshalb zu verneinen ist, weil der Vertragspartner des Auftraggebers eine Gesellschaft ist. Es ist unter Berücksichtigung der tatsächlichen Verhältnisse zu prüfen, inwieweit die die Dienstleistung verrichtenden Personen dem Weisungsrecht des Auftraggebers unterliegen und in dessen Betrieb eingegliedert sind. Ausgehend vom Einzelfall ist zu überprüfen, ob die erbrachte Tätigkeit sich in der Tat als selbständige Tätigkeit darstellt oder lediglich in der „Einkleidung" der gesellschaftsrechtlichen Form erbracht wird. Ist die Person (weiterhin) von dem Auftraggeber persönlich abhängig, unterliegt dessen Weisungen und ist in den Betrieb eingegliedert, ist nach § 7 Abs. 1 SGB IV ein Beschäftigungsverhältnis anzunehmen, unabhängig davon, ob zwischen dieser Person und einem Dritten wie z.B. einer GmbH ein vertragliches Verhältnis besteht[1]. Ergibt sich bei einer Überprüfung, dass der Dritte bzw. die Gesellschaft und nicht der Auftraggeber die Weisungsrechte gegenüber der Person ausübt und diese in den Betrieb des Dritten bzw. der Gesellschaft eingegliedert ist, so liegt ein Beschäftigungsverhältnis zu diesem Dritten bzw. der Gesellschaft vor, nicht aber zu dem Auftraggeber, der Vertragsbeziehungen mit diesem Dritten bzw. der Gesellschaft unterhält[2].

10. Regelung des § 2 Satz 1 Nr. 9 SGB VI: Arbeitnehmerähnliche Selbständige

181 Eine bedeutsame Erweiterung der Versicherungspflicht enthält § 2 Satz 1 Nr. 9 SGB VI. Die Regelung führt die **Rentenversicherungspflicht für arbeitnehmerähnliche Selbständige** ein. Die Versicherungspflicht wird danach für selbständige Personen begründet, die im Zusammenhang mit ihrer selbständigen Tätigkeit regelmäßig keinen versicherungspflichtigen Arbeitnehmer beschäftigen und auf Dauer und im Wesentlichen nur für einen Auftraggeber tätig sind, bei Gesellschaften gelten als Auftraggeber die Auftraggeber der Gesellschaft.

182 Der arbeitnehmerähnliche Selbständige hat nach § 169 Nr. 1 SGB VI den **vollen** Beitrag selbst zu entrichten.

183 Die Einführung der Rentenversicherungspflicht für arbeitnehmerähnliche Selbständige ist mit einer **Übergangsregelung** verbunden worden, die berücksichtigt, dass viele arbeitnehmerähnliche Selbständige sich anderweitig für ihr Alter abgesichert haben. Nach § 231 Abs. 5 SGB VI werden Selbständige, die am 31. 12. 1998 nicht versicherungspflichtig waren und danach gemäß § 2 Satz 1 Nr. 9 SGB VI versicherungspflichtig werden, auf Antrag für die Tä-

1 Vgl. *Brand,* DB 1999, 162, 168.
2 Vgl. *Brand,* DB 1999, 162, 168.

tigkeit als arbeitnehmerähnlicher Selbständiger von der Versicherungspflicht befreit, wenn sie

- vor dem 2. 1. 1949 geboren sind

oder

- vor dem 10. 12. 1998 mit einem öffentlichen oder privaten Versicherungsunternehmen einen Lebens- oder Rentenversicherungsvertrag abgeschlossen haben, der so ausgestaltet ist oder bis zum 30. 6. 2000 so ausgestaltet wird, dass
  a) Leistungen für den Fall der Invalidität und des Erlebens des 60. oder eines höheren Lebensjahres sowie im Todesfall Leistungen an Hinterbliebene erbracht werden

  und

  b) für die Versicherung mindestens ebensoviel Beiträge aufzuwenden sind wie Beiträge zur Rentenversicherung zu zahlen wären,

oder

- vor dem 10. 12. 1998 eine vergleichbare Form der Vorsorge betrieben haben oder nach diesem Zeitpunkt bis zum 30. 6. 2000 oder binnen eines Jahres nach Eintritt der Versicherungspflicht entsprechend ausgestalten; eine vergleichbare Vorsorge liegt vor, wenn
  a) vorhandenes Vermögen

  oder

  b) Vermögen, das aufgrund einer auf Dauer angelegten vertraglichen Verpflichtung angepasst wird, insgesamt gewährleistet, dass eine Sicherung für den Fall der Invalidität und des Erlebens des 60. oder eines höheren Lebensalters sowie im Todesfall für die Hinterbliebenen vorhanden ist, deren wirtschaftlicher Wert nicht hinter dem einer Lebens- oder Rentenversicherung nach § 231 Abs. 5 Satz 1 Nr. 2 SGB VI zurückbleibt.

Die Befreiung ist binnen eines Jahres nach Eintritt der Versicherungspflicht zu beantragen.

11. Rückgriffsmöglichkeiten des Arbeitgebers

Der Arbeitgeber ist gegenüber den Trägern der Sozialversicherung gemäß 184
§ 28e Abs. 1 Satz 1 SGB IV zur Zahlung des Gesamtsozialversicherungsbeitrags (§ 28d SGB IV) verpflichtet. Ergibt sich, dass ein für die Anwaltssozietät tätiger Rechtsanwalt, der als freier Mitarbeiter angesehen worden ist und für den keine Sozialversicherungsbeiträge abgeführt worden sind, tatsächlich in einem sozialversicherungspflichtigen Beschäftigungsverhältnis steht, so ist die Anwaltssozietät zur **Nachentrichtung** der gesamten Sozialversicherungsbeiträge verpflichtet[1]. Die Abführung von Beiträgen an das Rechtsanwalts-

1 Vgl. LSG Mainz v. 29. 7. 2009, DB 2009, 2443; *Kilger*, AnwBl. 1992, 212, 213; *Kunz/Kunz*, DB 1993, 326, 329; *Otto*, BRAK-Magazin 6/2006, 8.

versorgungswerk durch den für die Sozietät tätigen Rechtsanwalt steht einer Nachforderung der genannten Sozialversicherungsbeiträge auch in der Rentenversicherung nicht entgegen, weil (naturgemäß) kein Befreiungsantrag bei der Deutschen Rentenversicherung gestellt worden ist. Die Nacherhebung unterliegt einer vierjährigen Verjährungsfrist (§ 25 Abs. 1 Satz 1 SGB IV). Die Verjährungsfrist beträgt 30 Jahre, wenn die Beiträge vorsätzlich vorenthalten worden sind (§ 25 Abs. 1 Satz 2 SGB IV).

185 Dem Arbeitgeber steht zwar gegen den Arbeitnehmer im Innenverhältnis nach § 28g Satz 1 SGB IV ein **Rückgriffsanspruch** in Höhe des Arbeitnehmeranteils zu. Dieser kann gemäß § 28g Satz 2 SGB IV nur durch Abzug vom Arbeitsentgelt geltend gemacht werden. Ein unterbliebener Abzug kann nur bei den nächsten drei Entgeltzahlungen vorgenommen werden. Ein Abzug während eines längeren Zeitraums ist nur möglich, wenn der „richtige" Abzug ohne Verschulden des Arbeitgebers unterblieben ist. Dieses Abzugsverfahren während eines bestimmten Rückgriffszeitraums ist grundsätzlich ausschließlich[1]. Ein weitergehender Rückgriff ist nur nach Maßgabe und im Rahmen von § 28g Satz 4 SGB IV möglich. Einem Rückgriff sind dadurch enge Grenzen gesetzt. Ein Rückgriff durch Beitragsabzug ist nicht mehr möglich, wenn das Beschäftigungsverhältnis beendet ist oder wenn kein Entgelt mehr ausgezahlt wird, weil der Rückgriffsanspruch nur durch Abzug des Beitragsanteils vom Arbeitsentgelt geltend gemacht werden kann. Der Arbeitgeber hat den Arbeitnehmeranteil in diesen Fällen nicht nur zu entrichten, sondern auch endgültig wirtschaftlich zu tragen.

186 Eine Ausnahme ist gemäß § 28g Satz 4 SGB IV dann gegeben, wenn der Arbeitnehmer seiner Auskunfts- und Vorlagepflicht gemäß § 28o Abs. 1 SGB IV gegenüber dem Arbeitgeber vorsätzlich oder grob fahrlässig nicht nachgekommen ist; nach dieser Vorschrift hat der Beschäftigte dem Arbeitgeber die zur Durchführung des Meldeverfahrens und der Beitragszahlung erforderlichen Angaben zu machen und, soweit erforderlich, Unterlagen vorzulegen. Der Arbeitgeber kann in diesen Fällen seinen Anspruch auch anders als durch Beitragsabzug und auch nach Ende des Beschäftigungsverhältnisses geltend machen. Dem Arbeitgeber können dann neben dem Anspruch aus § 28g Satz 1 SGB IV auch zivilrechtliche Ansprüche gemäß § 670 oder § 826 BGB zustehen[2].

187 Eine **Ersatzpflicht nach § 826 BGB** ist in Betracht zu ziehen, wenn der Arbeitnehmer auf ausdrückliches Befragen des Arbeitgebers im Falle einer geringfügigen Tätigkeit eine weitere Beschäftigung bewusst verschweigt und der Arbeitgeber deshalb keine Beträge abführt. Eine Ersatzpflicht des Arbeitnehmers nach § 826 BGB setzt voraus, dass der Arbeitgeber den Arbeitnehmer nach dem Bestehen weiterer Beschäftigungsverhältnisse befragt oder arbeitsvertraglich eine Pflicht zur Anzeige weiterer Beschäftigungsverhältnisse vereinbart. Der Arbeitnehmer verletzt bei der Nichtanzeige sowohl

1 Vgl. BAG v. 14. 1. 1988, AP Nr. 7 zu §§ 394, 395 RVO.

2 Vgl. BAG v. 3. 4. 1958 und 12. 10. 1977, AP Nr. 1 und 3 zu §§ 394, 395 RVO; Kasseler Kommentar/*Seewald*, 62. EL 07/09, § 28g SGB IV, Rz. 7.

eine arbeitsvertragliche Pflicht als auch die ihm nach § 28o Abs. 1 SGB IV obliegende Anzeigepflicht. Die bloße Verletzung der Meldepflicht nach § 28o Abs. 1 SGB IV allein begründet nach der Rechtsprechung des Bundesarbeitsgerichts noch keinen deliktischen Anspruch des Arbeitgebers gegen den Arbeitnehmer[1]. Eine sittenwidrige Schädigung setzt neben der Verletzung der Anzeigepflicht ein weiteres Moment voraus, etwa eine Falschauskunft oder ein Verschweigen trotz einer vertraglichen Auskunfts- bzw. Offenbarungspflicht[2]. Die Schadensersatzpflicht des Arbeitnehmers gemäß § 826 BGB, der anderweitige geringfügige Beschäftigungsverhältnisse auf Befragen verschweigt, bezieht sich jedenfalls auf die vom Arbeitgeber nach § 28e Abs. 1 Satz 1 SGB IV nachzuentrichtenden Arbeitnehmeranteile[3]. Die Pflicht zur (Nach-)Entrichtung dieser Sozialversicherungsbeiträge durch den Arbeitgeber stellt den Schaden aus der Rechtsverletzung des Arbeitnehmers dar. Die Erstreckung der Schadensersatzpflicht auch auf die **Arbeitgeberanteile** ist umstritten[4]. Das Arbeitsgericht Bonn und das Landesarbeitsgericht Köln haben einen Erstattungsanspruch bezüglich der Arbeitgeberanteile abgelehnt[5]. Diesbezüglich liege kein adäquater, kausaler Schaden vor. Die Ablehnung der Beschäftigung der Arbeitnehmerin wegen eines weiteren Beschäftigungsverhältnisses stelle eine mittelbare Frauendiskriminierung dar, so dass es an einem rechtmäßigen Zurechnungszusammenhang zwischen dem Verhalten der Arbeitnehmerin und der Belastung mit dem Arbeitgeberanteil fehle; der Beitragsaufwand wäre auch bei rechtmäßigem Alternativverhalten entstanden[6]. Diese Argumentation vermag nicht zu überzeugen. Die grundsätzliche Ersatzfähigkeit des Schadens kann nicht zweifelhaft sein. Dies wird deutlich im Falle einer Pflichtverletzung durch eine männliche Person. Dass eine weibliche Person die Pflichtverletzung begeht, ändert nichts. Der Tatbestand einer mittelbaren Diskriminierung ist nicht gegeben. Es kann auch und insbesondere ein berechtigtes betriebliches bzw. wirtschaftliches Interesse eines Arbeitgebers daran bestehen, geringfügige Beschäftigungsverhältnisse zu begründen. Ein Schadensersatzanspruch wegen sittenwidriger Schädigung ist auch denkbar, wenn der Arbeitnehmer das Beschäftigungsverhältnis allein zu dem Zweck gekündigt hat, um dem Gehaltsabzug zu entgehen[7]. Der Schadenersatzanspruch erfasst dann allerdings nur den Arbeitnehmeranteil.

---

1 Vgl. BAG v. 27. 4. 1995, NZA 1995, 935, 936

2 Vgl. BAG v. 27. 4. 1995, NZA 1995, 935, 936.

3 Vgl. LAG Frankfurt a.M. v. 12. 10. 1992 – 10 Sa 360/92; LAG Rheinland-Pfalz v. 14. 10. 1992 – 2 Sa 315/92; *von Einem*, BB 1989, 1614, 1615; *Köster*, NZA 1994, 54 ff.

4 Vgl. für eine Erstattung auch der Arbeitgeberanteile *von Einem*, BB 1989, 1614, 1617; *Köster*, NZA 1994, 54 ff.

5 Vgl. ArbG Bonn v. 8. 1. 1993, DB 1993, 1148; LAG Köln v. 28. 1. 1994, LAGE § 28g SGB IV Nr. 3.

6 Vgl. ArbG Bonn v. 8. 1. 1993, DB 1993, 1148; LAG Köln v. 28. 1. 1994, LAGE § 28g SGB IV Nr. 3.

7 Vgl. BAG v. 3. 4. 1958 und v. 14. 1. 1988, AP Nr. 1 und 7 zu §§ 394, 395 RVO; LAG Düsseldorf v. 27. 2. 1995, LAGE § 28g SGB IV Nr. 4.

188 Die Klage eines Arbeitgebers gegen einen Arbeitnehmer auf Erstattung der entrichteten Sozialversicherungsbeiträge ist vor dem Arbeitsgericht und nicht dem Sozialgericht zu erheben[1]. Eine Klage des Arbeitnehmers gegen Entgeltabzug durch den Arbeitgeber ist nach Auffassung des Bundessozialgerichts vor den Sozialgerichten gemäß § 51 Abs. 1 SGG zu erheben. Das Beitragsverfahren, zu dem auch die Zulässigkeit des Beitragsabzugs vom Entgelt gehört, ist Teil des öffentlich-rechtlichen, sozialversicherungsrechtlichen Rechtsverhältnisses[2].

189 Die engen Grenzen eines Rückgriffs des Arbeitgebers gegen den Arbeitnehmer bei der Nachentrichtung von Sozialversicherungsbeiträgen sind nicht vertraglich abdingbar. Die Parteien können die Erstattungspflicht des Arbeitnehmers für Beitragsrückstände nicht abweichend von § 28g SGB IV regeln. Eine solche Regelung ist gemäß § 32 SGB I nichtig[3].

IV. Haftung

190 Die Haftung des angestellten Rechtsanwalts und des freien Mitarbeiters ist unter drei Gesichtspunkten zu behandeln. Die Haftung ist geprägt erstens durch die Außenhaftung (Vertragsbeziehung zwischen Rechtsanwalt und Mandant), zweitens durch die Innenhaftung (Vertragsbeziehung zwischen Rechtsanwalt und Anwaltssozietät) und drittens durch das Haftpflichtversicherungsverhältnis.

1. Außenhaftung: Mandatsverhältnis zwischen Rechtsanwalt bzw. Sozietät und Mandant

191 Eine vertragliche Außenhaftung des für die Anwaltssozietät tätigen Rechtsanwalts gegenüber dem Mandanten entsteht in der Regel deshalb nicht, weil der für die Anwaltssozietät tätige Rechtsanwalt nicht Vertragspartner des Mandanten ist.

192 Ein **Sozius** nimmt ein Mandat regelmäßig namens der Sozietät an. Die Rechtsprechung nimmt im Falle eines Auftretens als Sozietät nach außen (Briefkopf, Türschild, Vollmacht) aufgrund dieser Außenwirkung eine Beauftragung aller im Außenverhältnis als Sozien erscheinenden Personen und deren gesamtschuldnerische Haftung an, selbst wenn im Innenverhältnis nur eine „Scheinsozietät" gegeben ist[4]. Die Erteilung eines Mandats an eine Einzelperson wird nur dann angenommen, wenn hierfür konkrete Anhaltspunkte ersichtlich sind. Die Vollmachtserteilung an nur einen Sozius kann ein Indiz sein. Die Annahme eines Mandats der Sozietät ist aber auch dann nicht ausgeschlossen, da die Prozessvollmacht den Anwalt vornehmlich

---

1 Vgl. BAG v. 3. 4. 1958, AP Nr. 1 zu §§ 394, 395 RVO.

2 Vgl. Kasseler Kommentar/*Seewald*, 62. EL 07/09,§ 28g SGB IV, Rz. 11.

3 Vgl. BAG v. 3. 4. 1958, AP Nr. 1 zu §§ 394, 395 RVO; *Schmidt*, AnwBl. 2000, 162, 167.

4 Vgl. BGH v. 5. 5. 1994, NJW 1994, 2288; BGH v. 8. 7. 1999, NJW 1999, 3040; *Borgmann/Jungk/Grams*, Anwaltshaftung, 4. Aufl. 2005, § 36 Rz. 25ff.; *Feuerich/Weyland*, BRAO, 7. Aufl. 2008, § 59a Rz. 29.

nach außen hin legitimieren soll[1]. Der Rechtsanwalt muss den Mandanten in Zweifelsfällen ausdrücklich darauf hinweisen bzw. erklären, dass der Auftrag nicht für die Sozietät, sondern als Mandat des Sozius angenommen werde[2]. Ausnahmen bestehen in den gesetzlich vorgesehenen Fällen der Beiordnung eines Rechtsanwalts im Prozesskostenhilfeverfahren oder als Pflichtverteidiger[3]. Die Haftung trifft, wenn nicht mit der nötigen Eindeutigkeit (nur) ein einzelner Rechtsanwalt beauftragt ist, die Sozietätsmitglieder als Gesamtschuldner nach § 421 BGB[4]. Die mandatierten Sozii haften für das Verschulden des freien Mitarbeiters bzw. des angestellten Rechtsanwalts nach § 278 BGB. Die Mandatserteilung erstreckt sich im Zweifel sowohl auf gegenwärtige als auch auf künftige Mitglieder der Sozietät bzw. Scheinsozietät[5].

Der angestellte Rechtsanwalt und der freie Mitarbeiter schließen Mandats- 193
verhältnisse ebenfalls regelmäßig im **Namen der Sozietät** ab. Sie haften dem Mandanten gegenüber nur nach Deliktsrecht.

Es kommt nicht selten vor, dass der angestellte Rechtsanwalt oder der freie 194
Mitarbeiter nach außen hin (Bsp.: Briefkopf) als Sozius („**Scheinsozius**") auftreten[6]. Er haftet dann nach Rechtsscheingrundsätzen ebenso wie die Sozietätsmitglieder nach § 421 BGB als Gesamtschuldner[7]. Dies gilt unabhängig davon, ob er das Mandat selbst entgegennimmt oder nicht[8]. Eines doppelten Vertragsschlusses des „Scheinsozius" sowohl im eigenen als auch im fremden Namen bedarf es in diesem Falle für die Begründung dieser Haftung nicht. Ob im konkreten Fall eine Scheinsozietät anzunehmen ist, richtet sich nach dem Kenntnisstand und der Sicht des Mandanten[9]. Die Annahme einer Scheinsozietät mit Haftungsfolgen für den Scheinpartner ist im Hinblick auf die tatsächliche Entwicklung insoweit zu hinterfragen, wie es

---

1 Vgl. BGH v. 6. 7. 1971, NJW 1971, 1801, 1802; *Borgmann/Jungk/Grams*, Anwaltshaftung, 4. Aufl. 2005, § 36 Rz. 4 ff.; *Feuerich/Weyland*, BRAO, 7. Aufl. 2008, § 59a Rz. 17, 23.

2 Vgl. BGH v. 24. 1. 1978, NJW 1978, 1003, 1004.

3 Vgl. *Borgmann/Jungk/Grams*, Anwaltshaftung, 4. Aufl. 2005, § 12 Rz. 43, 46; *Feuerich/Weyland*, BRAO, 7. Aufl. 2008, § 59a Rz. 20, 25.

4 Vgl. BGH v. 23. 9. 1992, NJW 1993, 196; *Borgmann/Jungk/Grams*, Anwaltshaftung, 4. Aufl. 2005, § 36 Rz. 2.

5 Vgl. OLG Saarbrücken v. 22. 5. 2005, MDR 2006, 1019 = NJW- RR 2006, 707.

6 Siehe zur „Scheinsozietät" ausführlich *Offermann-Burckart*, AnwBl. 2010, 743 ff.

7 Vgl. BGH v. 24. 1. 1978, NJW 1978, 996; BGH v. 24. 1. 1991, NJW 1991, 1225; BGH v. 8. 7. 1999, NJW 1999, 3040; BGH v. 3. 5. 2007, NJW 2007, 2490. Anders aber OLG Saarbrücken v. 22. 12. 2005, NJW 2006, 2862; OLG München v. 31. 10. 2007 – 15 U 2571/07, BRAK-Mitt. 2009, 18 (LS); OLG München v. 12. 12. 2007 – 15 U 3973/07, BRAK-Mitt. 2009, 18 (LS); Siehe zur Diskussion über die Haftung des Scheingesellschafters auch *Baldinger/Jordans*, AnwBl. 2005, 676 ff.; *Borgmann/Jungk/Grams*, Anwaltshaftung, 4. Aufl. 2005, § 36 Rz. 25 ff.; *Feit/Giedinghagen*, VersR 2007, 362; *Ganter*, AnwBl. 2008, 94, 98; *Langenkamp/Jaeger*, NJW 2005, 3238 ff.; *Lepczyk*, NJW 2006, 3391; *Roth*, DB 2007, 616 ff.

8 Siehe auch *Vogels*, Haftung von Rechtsanwälten in der Sozietät, 1995, S. 170.

9 Vgl. OLG Saarbrücken v. 22. 12. 2005, NJW 2006, 2862.

um die Annahme geht, wann der Mandant vom Partner- oder Soziusstatus ausgehen kann. Es ist bekannt, dass eine Aufnahme auf den Briefkopf mit Gesellschafterstatus nichts (mehr) zu tun hat. Die Annahme der Scheinsozietät muss daher an andere Gesichtspunkte anknüpfen. Jeder (Schein-)Sozius ist verfassungsmäßiger Vertreter i.S.d. § 31 BGB. Alle (Schein-)Sozien haften daher nach dieser Maßgabe auch für deliktisches Verhalten[1]. Die Rechtsscheinhaftung des Scheinsozius besteht nicht, wenn keine anwaltstypischen Tätigkeiten betroffen sind[2].

195 Eine unmittelbare vertragliche Haftung des für die Sozietät tätigen Anwalts lässt sich **nicht** damit begründen, dass der Vertrag zwischen Rechtsanwalt und Anwaltssozietät als **Vertrag mit Schutzwirkung zugunsten Dritter** angesehen wird. Dass Dienstverträge grundsätzlich Schutzwirkung zugunsten Dritter entfalten können, ist in der Rechtsprechung zwar anerkannt[3]. Ob eine Einbeziehung des Mandanten in die vertraglichen Sorgfaltspflichten des für die Sozietät tätigen Rechtsanwalts im Wege der ergänzenden Vertragsauslegung nach dem Vertragszweck unter Berücksichtigung von Treu und Glauben anzunehmen ist, erscheint jedoch fraglich. Dies hängt davon ab, ob die von der Rechtsprechung aufgestellten Erfordernisse der „Leistungsnähe" des Mandanten, des Interesses der Anwaltssozietät am Schutz des Mandanten, der Erkennbarkeit und Zumutbarkeit der Haftungsausdehnung zu Lasten des für die Sozietät tätigen Anwalts vorliegen und darüber hinaus nach Treu und Glauben ein Bedürfnis besteht, den an dem Vertrag der Sozietät mit dem für die Sozietät tätigen Anwalt unbeteiligten Mandanten in dessen Schutzbereich einzubeziehen, weil dieser andernfalls nicht angemessen gegen Schädigungen durch die Anwaltssozietät als seinem Vertragspartner geschützt wäre[4]. Es fehlt jedenfalls an der letztgenannten Voraussetzung. Eine Erstreckung des Instituts des Vertrags mit Schutzwirkung zugunsten Dritter auf die arbeitsrechtlichen Beziehungen des angestellten Rechtsanwalts zu der Anwaltssozietät ist abzulehnen. Er ist Erfüllungsgehilfe der Sozietät[5]. Dem Mandanten stehen gegen die Sozietät über § 278 BGB bereits eigene vertragliche Ansprüche desselben Inhalts auf Ersatz seines Schadens zu wie diejenigen, die er im Wege des Vertrags mit Schutzwirkung zugunsten Dritter gegen den angestellten Rechtsanwalt erlangen könnte.

196 Die Ansicht, dass aufgrund der **berufsrechtlichen** Stellung des angestellten Rechtsanwalts ein direkter (vertraglicher) Anspruch des Mandanten gegen den angestellten Rechtsanwalt zu befürworten sei[6], ist abzulehnen. Dass aufgrund des durch die Freiberuflichkeit geprägten anwaltlichen Berufsbildes

1 Vgl. BGH v. 3. 5. 2007, NJW 2007, 2490.
2 Vgl. BGH v. 16. 4. 2008, NJW 2008, 2330.
3 Vgl. BGH v. 12. 11. 1979, NJW 1980, 589, 590; BGH v. 24. 3. 1980, NJW 1980, 1524, 1526.
4 Vgl. *Fuhrmann*, Rechtsstellung des angestellten Rechtsanwalts, 1988, S. 116, 118.
5 Vgl. BGH v. 15. 7. 2010 – IX ZR 227/09.
6 Vgl. *Fuhrmann*, Rechtsstellung des angestellten Rechtsanwalts, 1988, S. 118.

die Haftung des angestellten Anwalts gegenüber dem Mandanten erforderlich wäre, ist nicht ersichtlich. Dies allein kann keine unmittelbare vertragliche Beziehung begründen, sondern allenfalls eine Aussage über das Ausmaß der von dem angestellten Rechtsanwalt einzuhaltenden Sorgfaltspflichten treffen. Die berufsrechtliche Eigenverantwortlichkeit des angestellten Rechtsanwalts ist von der Frage zu trennen, ob direkte vertragliche Ansprüche zwischen Mandant und angestelltem Rechtsanwalt stehen.

Eine **Sachwalterhaftung** des angestellten Rechtsanwalts ist abzulehnen. Die 197
Rechtsprechung lässt einen als Vertreter auftretenden Dritten vertraglich haften, wenn der Vertreter in besonderem Maße persönliches Vertrauen des Vertragspartners in Anspruch genommen und dadurch die Vertragsverhandlungen beeinflusst hat[1]. Eine Übertragung dieser Grundsätze auf die Haftung des für eine Sozietät tätigen Rechtsanwalts scheidet aus. Zum einen beziehen sich die von der Rechtsprechung entschiedenen Fälle (nur) auf die Verletzung vorvertraglicher Pflichten und nicht auf die Verletzung von Pflichten, die bei Ausführung und Erfüllung des Vertrages bestehen. Zum anderen wird eine Vertrauenshaftung des für die Sozietät tätigen Anwalts ausscheiden, weil eine Beauftragung der Anwaltssozietät erfolgt und dem Mandanten aufgrund dessen klar ist, dass ein vertraglicher Anspruch gegen den angestellten Rechtsanwalt nicht besteht. Eine besondere Schutzwürdigkeit des Mandanten besteht vor diesem Hintergrund nicht.

Ein etwaiger **Schadensersatzanspruch** des Mandanten richtet sich gegen die 198
Sozietät als seinen Vertragspartner. Der Mandant hat aus dem Mandatsverhältnis im Schadensfall nach Maßgabe der §§ 113 ff. VVG einen eigenen unmittelbaren Anspruch gegen die Berufshaftpflichtversicherung.

2. Innenhaftung: Rechtsverhältnis zwischen Rechtsanwalt und Anwaltssozietät

a) Regress

Ein Regress der Sozietät gegen den für sie tätigen Rechtsanwalt kommt in 199
Betracht, wenn durch die schuldhafte Pflichtverletzung des Rechtsanwaltes der Sozietät ein Schaden entstanden ist. Zwischen der Vertragsverletzung des Rechtsanwalts und dem Schaden muss ein **Kausalzusammenhang** bestehen[2]. Einen derartigen Kausalzusammenhang hat das LAG München dann verneint, wenn der Rechtsanwalt bei der Ausübung seiner Tätigkeit von den Mitgliedern der Sozietät überwacht worden ist und diese die anwaltliche Handlung, die eine Pflichtverletzung darstellt, gebilligt bzw. genehmigt haben[3]. In diesem Fall habe die Sozietät im Verhältnis zum Mandanten die Verantwortung für die Mandatsbearbeitung wahrgenommen und dadurch den Schaden allein verursacht.

---

1 Vgl. BGH v. 17. 9. 1954, NJW 1954, 1925; BGH v. 22. 3. 1979, NJW 1979, 1449.
2 Vgl. BAG v. 24. 7. 1969, AP Nr. 48 zu § 611 BGB Haftung des Arbeitnehmers.
3 Vgl. LAG München v. 27. 5. 1986, NJW-RR 1988, 542.

200 In dem vom LAG München entschiedenen Fall hatte der als angestellter Rechtsanwalt beschäftigte Beklagte einen unzutreffenden Aktenvermerk über den Ablauf der Berufungsbegründungsfrist in einer Baulandsache verfasst, weil er nach einem Blick in einen Kommentar irrtümlich davon ausgegangen war, dass eine Feriensache vorlag. Das LAG München hat den Kausalzusammenhang zwischen Vertragsverletzung und dem Schaden verneint, da der angestellte Rechtsanwalt einem Sozius die Kommentarstelle gezeigt und dieser sich damit zufrieden gegeben hatte[1]. Der Sozius hatte den angestellten Rechtsanwalt daraufhin angewiesen, einen entsprechenden Aktenvermerk zu erstellen. Mit dieser Anweisung und Billigung des nicht sorgfaltsgerechten Verhaltens habe der Sozius im Verhältnis zum angestellten Rechtsanwalt die Verantwortung für die Sachbehandlung übernommen[2].

201 Im (Innen-)Verhältnis zwischen Rechtsanwalt und Sozietät bestehen unterschiedliche Haftungsmaßstäbe je nachdem, ob der Rechtsanwalt als Arbeitnehmer oder als freier Mitarbeiter beschäftigt ist. Während bei dem angestellten Rechtsanwalt eine Haftungsbeschränkung nach den Grundsätzen in Betracht kommt, die die Rechtsprechung für betriebsbezogene Tätigkeiten entwickelt hat, kommt freien Mitarbeitern diese Haftungsbeschränkung nicht zugute. Im Fall der Arbeitnehmerähnlichkeit findet eine analoge Anwendung der Grundsätze der Haftungsbeschränkung nicht statt, da es an der persönlichen Abhängigkeit dieses Personenkreises fehlt und der Sinn und Zweck einer derartigen Haftungsprivilegierung auf in persönlicher Abhängigkeit tätige Personen zugeschnitten ist[3].

b) Arbeitnehmer

202 Auf den angestellten Rechtsanwalt sind die **Grundsätze über die Haftungsbeschränkung von Arbeitnehmern** anzuwenden. Nach der Rechtsprechung gelten folgende Grundsätze[4]:

Bei vorsätzlichem Handeln hat der Arbeitnehmer den gesamten Schaden zu tragen. Dies gilt herkömmlich und regelmäßig auch bei einem grob fahrlässigen Handeln. Bei normaler Fahrlässigkeit ist der Schaden in aller Regel zwischen Arbeitgeber und Arbeitnehmer quotal zu verteilen, wobei die Gesamtumstände von Schadenanlass und Schadenfolge nach Billigkeitsgrundsätzen und Zumutbarkeitsgesichtspunkten gegeneinander abzuwägen sind. Bei leichtester Fahrlässigkeit haftet der Arbeitnehmer dagegen nicht. Die früher geltende Beschränkung der Haftungserleichterung auf gefahrgeneigte Tätigkeiten ist aufgehoben. Es wird nur noch auf das Merkmal der **betriebsbezogenen** Tätigkeit abgestellt.

1 Vgl. LAG München v. 27. 5. 1986, NJW-RR 1988, 542.
2 Vgl. LAG München v. 27. 5. 1986, NJW-RR 1988, 542.
3 Vgl. BAG v. 1. 2. 1963, AP Nr. 28 zu § 611 BGB Haftung des Arbeitnehmers.
4 Vgl. BAG (GS) v. 27. 9. 1994, AP Nr. 103 zu § 611 BGB Haftung des Arbeitnehmers; BAG v. 25. 9. 1997, AP Nr. 111 zu § 611 BGB Haftung des Arbeitnehmers; BAG v. 23. 1. 1997, NZA 1998, 140; *Eisenbeis*, in: Moll (Hrsg.), MAH Arbeitsrecht, 2. Aufl. 2009, § 15 Rz. 69; Staudinger/*Richardi*, Neubearbeitung 2005, § 611 BGB, Rz. 577ff.

Rechtssicherheit ist weder mit der Differenzierung hinsichtlich des Verschuldensgrades noch mit quotaler Verteilung im Abgrenzungswege gewonnen. Die von dem Gesetzgeber nicht geregelte, rechtspolitisch aber brisante Frage einer gerechten Risikoverteilung im Arbeitsverhältnis wird von der Rechtsprechung zu einem nicht unerheblichen Maß auch von verschuldensfremden Kriterien bestimmt. Vor allem bei der Frage, ob auch bei grober Fahrlässigkeit eine Haftungsbeschränkung des Arbeitnehmers erfolgen kann, misst das BAG auch dem Umstand Bedeutung zu, dass der **Verdienst des Arbeitnehmers in einem deutlichen Missverhältnis zum Schadensrisiko** steht, und daher zunehmend auch bei **grober** Fahrlässigkeit des Arbeitnehmers eine Schadensteilung vorgenommen[1]. In Weiterentwicklung dieser Rechtsprechung lässt sich eine faktische summenmäßige Begrenzung der Haftung in den Fällen mittlerer und grober Fahrlässigkeit feststellen, wobei ein Betrag von drei Monatsbezügen möglichst nicht überschritten zu werden scheint[2]. Das LAG Köln hat für den Fall grober Fahrlässigkeit – der Fahrer eines Lastzugs hatte ein Schild mit der Angabe der Durchfahrtshöhe übersehen und deshalb sein Fahrzeug an der Unterführung beschädigt – die Haftung des Arbeitnehmers auf zwei Monatsbezüge begrenzt[3]. Das LAG Nürnberg hat in einem Fall grober Fahrlässigkeit eine Haftung in Höhe eines Monatsgehaltes angenommen. In diesem Fall hatte die Arbeitnehmerin mit dem Fahrzeug ihres Arbeitgebers auf einer Dienstfahrt dadurch einen Unfall herbeigeführt, dass sie während der Fahrt eine Straßenkarte studierte und aufgrund dessen einen geparkten PKW übersehen hatte[4]. Zum Teil hat die Rechtsprechung die Anforderungen an das Vorliegen einer groben Fahrlässigkeit in die Höhe geschraubt. So soll ein LKW-Fahrer, der bei Rot in eine Kreuzung eingefahren ist, deswegen nicht grob fahrlässig gehandelt haben, weil er kurz vor der Ampel über eine Funksprechanlage angerufen und in ein Gespräch verwickelt worden sei[5]. Das BAG hat allerdings darauf hingewiesen, dass eine Haftungsbegrenzung deshalb ausscheiden kann, weil der Arbeitnehmer mit „besonders grober (gröbster)" Fahrlässigkeit gehandelt hat[6]. In diesem Fall ging es um eine Schadensersatzklage gegen eine Narkoseärztin, die vergessen hatte, die Blutgruppe der zu operierenden Patientin festzustellen, so dass die Patientin bei einer darauffolgenden Bluttransfusion aufgrund einer nicht übereinstimmenden Blutgruppe verstarb. Hinzu kam, dass die beklagte Ärztin auch die Sicherheitskontrolle des so genannten Bedside-Tests unterlassen hatte. Wie die Abgrenzung zwischen grober und besonders grober (gröbster) Fahrlässigkeit zu treffen ist, ist offen. Das BAG möchte es offensichtlich 203

1 Vgl. BAG v. 12. 10. 1989, AP Nr. 97 zu § 611 BGB Haftung des Arbeitnehmers (II 2 der Gründe); BAG v. 23. 1. 1997, NZA 1998, 140; BAG v. 12. 11. 1998, AP Nr. 117 zu § 611 BGB Haftung des Arbeitnehmers; siehe auch *Hanau/Rolfs*, NJW 1994, 1439, 1441; *Hübsch*, BB 1998, 690 ff.

2 Siehe auch *Wank*, BAG, EWiR § 276 BGB, 2/99, S. 443.

3 Vgl. LAG Köln v. 17. 6. 1993, LAGE § 611 BGB Gefahrgeneigte Arbeit Nr. 10.

4 Vgl. LAG Nürnberg v. 18. 4. 1990, LAGE § 611 BGB Arbeitnehmerhaftung Nr. 14.

5 Vgl. LAG Köln v. 29. 1. 1997, LAGE § 611 BGB Arbeitnehmerhaftung Nr. 23.

6 Vgl. BAG v. 25. 9. 1997, AP Nr. 111 zu § 611 BGB Haftung des Arbeitnehmers.

vermeiden, zu der alten Rechtsprechung der jederzeitigen vollen Haftung bei grober Fahrlässigkeit zurückzukehren, ohne aber in allen Fällen der groben Fahrlässigkeit die Haftungsprivilegierung zu gewähren.

204 Die von der Rechtsprechung entwickelten Grundsätze der **Haftungsbeschränkung** für Arbeitnehmer finden **uneingeschränkt** auf den angestellten Rechtsanwalt Anwendung. Die Ansicht, die eine Haftungsbeschränkung des Rechtsanwaltes als mit seiner eigenverantwortlichen und unabhängigen berufsrechtlichen Stellung unvereinbar ansieht[1], verkennt, dass die berufsrechtlich vorgegebene unabhängige Stellung des Rechtsanwalts seinen arbeitsvertraglichen Pflichten und Rechten nicht entgegensteht, da diese verschiedene Aspekte bzw. Dimensionen seiner Rechtsstellung betreffen. Die Versagung des mit der Haftungsprivilegierung gewährten Arbeitnehmerschutzes mit Blick auf die berufsrechtliche Stellung des Rechtsanwalts würde dazu führen, dass ihn das Haftungsrisiko trifft, obgleich er nicht Mandatsträger ist. Eine Risikozuordnung an jemanden, der nicht Mandatsträger ist, erscheint nicht veranlasst, so dass es mit den allgemeinen arbeitsrechtlichen Grundsätzen sein Bewenden haben kann.

205 Ungeachtet der Anwendbarkeit der Grundsätze der Haftungsbeschränkung im Arbeitsverhältnis von angestellten Rechtsanwälten kann im Arbeitsvertrag eine **Vereinbarung über eine Beschränkung der Haftung im Innenverhältnis** getroffen werden. Dies kann dann angebracht sein, wenn die Sozii im Gesellschaftsvertrag ihrerseits eine Vereinbarung über Haftungsfragen im Innenverhältnis getroffen haben[2].

c) Freier Mitarbeiter

206 Der freie Mitarbeiter trägt als Selbständiger das mit seiner Tätigkeit verbundene Risiko. Die Grundsätze der Haftungsbeschränkung für Arbeitnehmer gelten nicht für Rechtsanwälte, die als freie Mitarbeiter tätig sind[3]. Damit bleibt es bei den allgemeinen Haftungsbestimmungen auch dann, wenn mit der Tätigkeit das Risiko des Eintritts eines hohen Schadens verbunden ist. Die Übernahme des vollen Risikos ist nicht unbillig. Der Schutz des Rechtsanwalts ist überdies durch seine Berufshaftpflichtversicherung in nennenswertem Umfang gewährleistet.

3. Versicherungsverhältnis: Vertragsverhältnis zwischen Rechtsanwalt und Haftpflichtversicherung

207 Der Rechtsanwalt ist durch die **Berufshaftpflichtversicherung** versichert. Der Rechtsanwalt hat für den Schaden selbst einzutreten, wenn dieser nicht von der Versicherung erfasst ist, sei es, weil der Schaden im Rahmen eines zulässig vereinbarten Selbstbehalts liegt, sei es, weil die Deckungssumme überschritten wird oder ein Ausschlusstatbestand vorliegt. Ein Ausschluss-

1 Vgl. *Fuhrmann*, Rechtsstellung des angestellten Rechtsanwalts, 1988, S. 125.
2 Vgl. die Vertragsformulierungen bei *Marsch-Barner*, in: Münchener Vertragshandbuch, Band 1, 6. Aufl. 2005, S. 42ff. (zur Haftungsvereinbarung § 10, S. 44).
3 Vgl. BAG v. 1. 2. 1963, AP Nr. 28 zu § 611 BGB Haftung des Arbeitnehmers.

tatbestand ist nach § 51 Abs. 3 Nr. 1 BRAO gegeben, wenn der Rechtsanwalt die von ihm verletzte Pflicht positiv gekannt und dennoch gegen sie verstoßen hat[1]. Der Vorsatz des Rechtsanwalts muss sich auf die Pflichtverletzung und nicht auf den durch die Pflichtverletzung bewirkten Schaden beziehen[2]. Ist der Rechtsanwalt nach außen nicht als Sozius aufgetreten, sondern als angestellter Rechtsanwalt mitversichert, greift der in § 4 Nr. 5 AVB-A geregelte Ausschluss bei wissentlichen Pflichtverletzungen nicht ein. In diesem Fall kann jedoch der Versicherer nach § 7 Abs. 4 Nr. 2 AVB-A Regress nehmen[3].

V. Außenverhältnis

1. Anwendbarkeit des anwaltlichen Berufsrechts

Der zugelassene Rechtsanwalt unterliegt dem anwaltlichen Berufsrecht, unabhängig davon, ob er als Arbeitnehmer oder als freier Mitarbeiter tätig ist, ebenso wie jeder einzeln oder als Gesellschafter tätige Rechtsanwalt. Einschränkungen der anwaltlichen Tätigkeit unter arbeitsrechtlichen bzw. dienstvertraglichen Gesichtspunkten (Bsp.: Wettbewerbsbeschränkungen) berühren die berufsrechtlichen Pflichten und Rechte des Rechtsanwalts nicht. 208

2. Kanzleipflicht

Nach § 27 Abs. 1 Satz 1 BRAO muss der Rechtsanwalt an dem Ort des Gerichts, bei dem er zugelassen ist, eine Kanzlei einrichten. Die **Kanzleipflicht** dient der Gewährleistung einer sachgerechten Rechtsberatung und -vertretung, indem dem Rechtssuchenden wie auch Gerichten und Behörden eine räumlich eindeutig definierte Stelle bekannt ist, an die alle für den Anwalt bestimmten Zustellungen, Mitteilungen und sonstigen Nachrichten wirksam gerichtet werden können[4]. Ausnahmen von der Kanzleipflicht sind nur nach Maßgabe des § 29 BRAO möglich. 209

Zu den von der Rechtsprechung an eine Kanzlei gestellten **Mindestanforderungen** zählen ein auf die Existenz anwaltlicher Geschäftsräume hinweisendes Praxisschild sowie ein betrieblicher Telefonanschluss[5]. In der Räumlichkeit selbst muss ihrer Ausstattung nach eine anwaltliche Arbeit einschließlich des Mandantengesprächs möglich sein[6]. 210

---

1 Vgl. BGH v. 5. 3. 1986, VersR 1986, 647, 648; BGH v. 26. 9. 1990, NJW-RR 1991, 145.

2 Vgl. BGH v. 13. 7. 1959, VersR 1959, 691, 692; Henssler/Prütting/*Stobbe*, BRAO, 3. Aufl. 2010, § 51 Rz. 132.

3 Zu den Einzelheiten vgl. die Ausführungen zur Berufshaftpflichtversicherung von *Stobbe*, oben Teil B.

4 Vgl. Henssler/Prütting/*Prütting*, BRAO, 3. Aufl. 2010, § 27 BRAO Rz. 2; *Schumann*, NJW 1990, 2089, 2092.

5 Vgl. BGH v. 16. 7. 1962, NJW 1962, 2005, 2006; Konferenz der Vorstände der Rechtsanwaltskammern, BRAK-Mitt. 2000, 87.

6 Vgl. Henssler/Prütting/*Prütting*, BRAO 3. Aufl. 2010, § 27 BRAO Rz. 6.

211 Bei **angestellten** Rechtsanwälten, die die Räumlichkeiten und den Telefonanschluss der Sozietät benutzen, kann die Erfüllung der Kanzleipflicht dann problematisch sein, wenn der Rechtsanwalt **nicht auf dem Kanzleischild steht** und aufgrund dessen von außen nicht erkennbar ist, dass die Kanzlei des angestellten Rechtsanwalts sich in den Räumen der Anwaltssozietät befindet. Die Rechtsprechung hat es bisher auch bei dem angestellten Rechtsanwalt für erforderlich gehalten, dass er durch Anbringung eines Praxisschildes oder durch sonstige für Außenstehende erkennbare Vorkehrungen auf seine Anwaltstätigkeit hinweist[1]. Andernfalls komme er seiner Kanzleipflicht nicht nach.

212 Dies erscheint bedenklich. Ein angestellter Rechtsanwalt könnte dann seine Kanzleipflicht nur erfüllen, wenn er nach außen hin das Risiko auf sicht nimmt, als **Scheinsozius** angesehen zu werden. Das Erfordernis, dass der Name eines jeden Rechtsanwalts auf einem Kanzleischild zu finden ist, führt jedenfalls dann, wenn aus der Namensangabe auf die Partner- bzw. Soziuseigenschaft geschlossen werden kann, zu den aus der Eigenschaft als „Schein-Sozius" folgenden Haftungsrisiken[2]. Die Anwaltssozietät kann den bei ihr tätigen Rechtsanwalt lediglich im Innenverhältnis von der Haftung als Schein-Sozius freistellen. Eine Außenhaftung lässt sich nur dann vermeiden, wenn der Rechtsanwalt auf dem Kanzleischild ausdrücklich als angestellter Rechtsanwalt bezeichnet wird oder wenn ein zweites, abgesetztes Schild verwendet wird, das die Namen der angestellten Rechtsanwälte trägt und mit dem deutlich gemacht wird, dass eine Eigenschaft als Sozius nicht besteht. Derartige Schilder sind in der Praxis nicht üblich. Die Nachteile derartiger Gestaltungen liegen darin, dass der für die Anwaltssozietät tätige Rechtsanwalt als ein solcher zweiter Klasse ausgewiesen wird, dem Mandanten möglicherweise weniger Vertrauen entgegenbringen[3]. Ein anderer Vorschlag geht dahin, dass es ausreichend, aber auch erforderlich sei, eine „Kanzlei in der Kanzlei" der Anwaltssozietät zu unterhalten und dies durch ein eigenes Schild kenntlich zu machen[4]. Diese Auffassung ist lebensfremd und unpraktikabel. Sie führt letztlich zu einer falschen Aussage: es gibt für den Mandanten und den Rechtsverkehr nur die eine Kanzlei mit Mitgliedern und Mitarbeitenden.

213 Es ist richtigerweise davon auszugehen, dass das Praxisschild mit den Einzelnamen nicht (mehr) als Voraussetzung der Erfüllung der Kanzleipflicht anzusehen ist, und zwar weder für Gesellschafter noch für Mitarbeitende[5]. Es mag grundsätzlich sinnvoll sein, von der Anwaltssozietät die Anbringung eines Kanzleischildes zu verlangen, dies besagt indes noch nichts darüber, ob Einzelnamen aufgeführt werden müssen oder ob die Angabe eines Sozietätnamens genügt. Dem Praxisschild kommt für den in der Anwaltssozietät tätigen Rechtsanwalt keine wesentliche Bedeutung zu. Die Benennung jedes

1 Vgl. BGH v. 8. 12. 1993, VersR 1994, 577; BGH v. 25. 11. 1992, ZIP 1993, 67, 68.
2 Vgl. *Brieske*, AnwBl. 1995, 225, 227, Fn. 30.
3 Vgl. *Bohle*, Verträge mit juristischen Mitarbeitern, 2. Aufl. 2002, Rz. 49, S. 43.
4 Vgl. *Knief*, AnwBl. 1985, 58, 60.
5 Vgl. *Feuerich/Weyland*, BRAO, 7. Aufl. 2008, § 27 BRAO Rz. 14.

einzelnen Rechtsanwalts auf dem Praxisschild ist in Anbetracht dessen kaum von praktischer Bedeutung. Dies gilt umso mehr, als in immer mehr Fällen die Benennung jedes einzelnen Rechtsanwalts schon wegen der schieren Zahl fast unmöglich wäre und immer häufiger ein – kurzer – Firmenname für das Auftreten und die Wahrnehmung im Rechtsverkehr maßgeblich ist. Syndikus-Anwälte führen ohne Beanstandung durch die Rechtsanwaltskammern in der Regel kein Praxisschild. Der BGH hat festgestellt, dass bei einer überörtlichen Sozietät die ausdrückliche Nennung aller zur Kanzlei gehörenden Rechtsanwälte nicht erforderlich sei[1]. Das Praxisschild verfolgt den Zweck, die Erreichbarkeit des Rechtsanwalts für Mandanten, Gegner, Gerichte und Behörden sicherzustellen. Dieses Ziel wird erreicht, wenn der Rechtsanwalt unter dem Namen der Anwaltssozietät nach außen hin auftritt. Selbst wenn der Name des Rechtsanwalts weder auf dem Briefkopf noch auf dem Praxisschild verzeichnet ist, ist die Erreichbarkeit sichergestellt, weil und wenn im Briefverkehr und in Schriftsätzen die Anwaltssozietät auftritt und aus den Umständen die Tätigkeit für die bzw. die Zugehörigkeit zu der Anwaltssozietät deutlich wird. Dies geschieht dadurch, dass der Rechtsanwalt auf dem Briefpapier der Kanzlei korrespondiert und im Anwaltsverzeichnis bzw. im Telefonbuch als Rechtsanwalt in der Sozietät verzeichnet ist. Die Erreichbarkeit des Rechtsanwalts ist dadurch sichergestellt. Eines weiteren Zusatzes oder gesonderten Schildes bedarf es darüber hinaus nicht.

3. Auftreten der anwaltlichen Mitarbeiter nach außen

Die in der Anwaltssozietät beschäftigten Rechtsanwälte haben berufsrechtlich die gleiche Stellung wie Rechtsanwälte, die Gesellschafter der Anwaltssozietät oder in einer Einzelkanzlei tätig sind. 214

Ein Problem beim Auftreten der anwaltlichen Mitarbeiter nach außen besteht darin, ob die Nennung des Namens auf dem **Briefkopf der Anwaltssozietät** und auf deren **Kanzleischild** zulässig ist. Es ist (mittlerweile) verbreitete Praxis, auch die Rechtsanwälte, die nicht Partner sind, ohne besonderen Zusatz auf dem Briefkopf und dem Kanzleischild aufzuführen. 215

Das Schrifttum hat daher angenommen, dass es nur dann zulässig sei, anwaltliche Mitarbeiter auf Briefbögen und Kanzleischild aufzuführen, wenn die Verträge mit den Mandanten im Namen der Partner und der namentlich genannten anwaltlichen Mitarbeiter geschlossen würden und dies so auch gewollt sei, da nur dann die Anforderungen der Rechtsprechung an eine Sozietät erfüllt seien[2]. Dies knüpft an die BGH-Rechtsprechung an. Der BGH hält die **Voraussetzungen einer Anwaltssozietät** dann für gegeben, wenn jedes Mitglied durch die Sozietätsvereinbarung ermächtigt und grundsätzlich verpflichtet ist, den Anwaltsvertrag mit Wirkung für und gegen die Anwaltssozietät abzuschließen und die gesamtschuldnerische Haftung von deren Mitgliedern mit den Mandanten zu begründen. Das Erwecken eines bloßen 216

1 Vgl. BGH v. 25. 11. 1994, VersR 1995, 557.
2 Vgl. *Odersky*, AnwBl. 1991, 238, 242.

Anscheins einer Sozietät, wenn tatsächlich nur eine Außen- oder Scheinsozietät vorliege, sei wettbewerbswidrig[1]. Die Mandantenverträge der Sozietäten müssen folgerichtig im Namen der Sozii und aller anderen auf dem Briefkopf und in dem Kanzleischild aufgelisteten Rechtsanwälte geschlossen werden. Die Aufnahme angestellter Rechtsanwälte auf den Briefbogen und in das Praxisschild der Kanzlei ist mit diesen Maßgaben grundsätzlich zulässig. Rechtsfolge ist zum einen, dass auch angestellte Rechtsanwälte Mandatsverträge für die Sozietät abschließen können (inwieweit sie dies im Innenverhältnis dürfen, kann anders zu beurteilen sein)[2]. Rechtsfolge ist zum anderen, dass auch die Schein-Sozii dem Mandanten gegenüber gesamtschuldnerisch haften. Die Haftung des Scheinsozius nach Rechtsscheingrundsätzen ist in ständiger Rechtsprechung anerkannt[3]. Dritte und insbesondere Mandanten können anhand von Briefkopf und Kanzleischild nicht erkennbar, dass im Innenverhältnis zwischen den gesellschaftsvertraglich verbundenen und den anderen in der Sozietät beschäftigten Rechtsanwälten keine Gesellschaft bzw. Partnerschaft vorliegt, sondern lediglich eine sonstige schuldvertragliche Beziehung besteht. Es wird herkömmlich davon ausgegangen, durch die unterschiedslose Aneinanderreihung der Rechtsanwälte auf Briefkopf und Praxisschild werde der Eindruck erweckt, als seien alle aufgezählten Rechtsanwälte als Sozii miteinander gesellschaftsrechtlich verbunden. Dies führt dazu, dass der in und von der Sozietät nur beschäftigte, aber nach außen hin gemeinsam mit anderen Anwälten gleichberechtigt aufgeführte Rechtsanwalt für Schäden, die aus der anwaltlichen Tätigkeit einer der aufgeführten Rechtsanwälte entstehen, gesamtschuldnerisch haftet. Der BGH stellt lediglich auf das äußere Erscheinungsbild ab, weil der Mandant das interne Vertragsverhältnis der Rechtsanwälte nicht kennen kann. Der Mandant muss darauf vertrauen, dass alle unterschiedslos genannten Rechtsanwälte gesamtschuldnerisch haften[4]. – Ob die Grundlage dieser Erwägungen (heute noch) besteht, müsste hinterfragt werden. Dritte und insbesondere Mandanten dürften angesichts der allgemein bekannten tatsächlichen Verhältnisse kaum mehr davon ausgehen, dass alle genannten Rechtsanwälte Gesellschafter und Vertragspartner sind. Es handelt sich letztlich um eine Haftungsfiktion.

217 Es ist umstritten, ob der angestellte Rechtsanwalt verlangen kann, im Außenverhältnis als Kanzleimitglied benannt zu werden[5]. Die Beurteilung hat zu differenzieren. Solange die Aufnahme auf den Briefkopf bzw. das Praxisschild nicht erfolgt ist, ist keine gesetzliche oder vertragliche Grundlage für einen Anspruch des angestellten Rechtsanwalts auf Benennung im Außenverhältnis ersichtlich. Sobald der Name des angestellten Rechtsanwalts auf dem Briefbogen oder Praxisschild erfolgt ist, kann sich diese Beurteilung ändern. Das LAG Düsseldorf ist davon ausgegangen, dass die Namensangabe

1 Vgl. BGH v. 29. 10. 1990, NJW 1991, 49; BGH v. 23. 9. 1992, NJW 1993, 196, 198.
2 Vgl. OLG Düsseldorf v. 13. 3. 2007, AnwBl. 2008, 145 (Honorarverzicht als Verletzung der Pflichten im Anstellungsvertrag).
3 Vgl. BGH v. 6. 7. 1971, NJW 1971, 1801; BGH v. 24. 1. 1978, NJW 1978, 996.
4 Vgl. *Fuhrmann*, Rechtsstellung des angestellten Rechtsanwalts, 1988, S. 122.
5 Siehe dazu *Löw*, MDR 2006, 913, 914.

auf Briefbogen und Praxisschild aufgrund einer Vereinbarung erfolge, die – wenn nichts anderes vereinbart werde – beide Seiten binde, so dass eine Änderung nur durch Änderungskündigung oder Änderungsvereinbarung herbeigeführt werden könne[1].

Die Angaben müssen **wettbewerbsrechtlich zulässig** sein. Ein Verstoß gegen § 3 UWG liegt vor, wenn der Anschein einer überörtlichen Sozietät erweckt wird, obwohl am zweiten Standort nur eine von den Sozii des ersten Standorts beschäftigte Rechtsanwältin tätig ist[2]. Ebenso irreführend ist auch ein Briefkopf mit namentlich benannten Rechtsanwälten mit dem Zusatz „und Sozien", wenn außer den namentlich genannten keine weiteren Sozien vorhanden sind[3]. 218

VI. Vertragsmuster[4]

Im folgenden werden Verträge vorgestellt, die die Beschäftigung eines angestellten Rechtsanwalts und eines als freien Mitarbeiter tätigen Rechtsanwalt betreffen. Die Formulare orientieren sich an einem typischen Anstellungsverhältnis bzw. Rechtsverhältnis als freier Mitarbeiter. Sie sind bewusst knapp gehalten. 219

1. Vertrag mit einem angestellten Rechtsanwalt (Arbeitsvertrag)

Arbeitsvertrag 220

Zwischen

XYZ

– im folgenden „Sozietät" genannt –

und

Herrn A

– im folgenden „Herr A" genannt –

wird der folgende Arbeitsvertrag geschlossen:

§ 1 Tätigkeit

Herr A wird von der Sozietät als Rechtsanwalt angestellt. Herr A verpflichtet sich, soweit dies noch nicht geschehen ist, umgehend die Zulassung als Rechtsanwalt zu beantragen.

§ 2 Vertragsdauer

Das Vertragsverhältnis beginnt mit dem ______ und wird auf unbestimmte Zeit geschlossen. Es wird eine Probezeit von sechs Monaten vereinbart. Innerhalb der Pro-

1 Vgl. LAG Düsseldorf v. 8. 10. 2003, AnwBl. 2004, 187.
2 Vgl. OLG Hamm v. 21. 3. 1991, NJW 1991, 2650.
3 Vgl. *Feuerich/Weyland*, BRAO, 7. Aufl. 2008, § 43b Rz. 42.
4 Siehe auch *Bohle*, Verträge mit juristischen Mitarbeitern, 2. Aufl. 2002, D, Anhang I; *Lingemann/Winkel*, NJW 2009, 2185 ff.; *Nietzer/Stadie/Hopfenziz*, NZA 1999, 19 ff.

bezeit kann das Arbeitsverhältnis mit einer Frist von einem Monat zum Monatsende von beiden Parteien gekündigt werden. Nach der Probezeit gilt für beide Parteien eine Kündigungsfrist von drei Monaten zum Monatsende. Etwa gesetzlich verlängerte Kündigungsfristen für Kündigungen durch den Arbeitgeber gelten auch für Kündigungen durch den Arbeitnehmer.

§ 3 Vergütung

Herr A erhält für seine Tätigkeit ein festes monatliches Entgelt von Euro brutto _____.

Herr A erhält eine variable jährliche Prämie, deren Höhe von der Sozietät unter Berücksichtigung des wirtschaftlichen Erfolgs der Sozietät und der persönlichen Leistungen von Herrn A nach billigem Ermessen bestimmt wird. Die Sozietät kann zu Beginn eines jeden Kalenderjahres Zielvorgaben aufstellen, die für die Bemessung der variablen jährlichen Prämie maßgeblich sind, ist dazu aber nicht verpflichtet. Die Prämie kann zwischen _____ Euro und _____ Euro betragen. Sie entfällt, wenn Herr A nicht mindestens einen Jahresumsatz von _____ Euro oder die Sozietät nicht mindestens einen Gewinn von _____ Euro erreicht. Die Prämie wird am Ende des auf das Kalenderjahresende folgenden Kalendermonats gezahlt.

Die Gewährung sonstiger Leistungen erfolgt freiwillig, so dass auch bei wiederholter Gewährung kein Rechtsanspruch für die Zukunft begründet wird.

§ 4 Beiträge, Versicherungen

Beiträge zur Rechtsanwaltskammer trägt die Sozietät. Beiträge zu anderen Vereinigungen trägt die Sozietät nach entsprechender Absprache im Einzelfall.

Die Sozietät übernimmt die Berufshaftpflichtversicherung zugunsten von Herrn A.

§ 5 Urlaub

Herr A hat Anspruch auf Erholungsurlaub von _____ Arbeitstagen (5-Tage-Woche) im Kalenderjahr.

§ 6 Nebentätigkeit

Herr A wird außerhalb der Tätigkeit für die Sozietät keine anwaltliche Tätigkeit entfalten. Sämtliche Herrn A angetragenen oder von Herrn A angenommenen Mandate gelten als solche der Sozietät. Anderweitige Nebentätigkeiten, ob entgeltlich oder unentgeltlich, bedürfen der Genehmigung der Sozietät. Dies gilt auch für – allerdings erwünschte – fachbezogene Publikationen und Vorträge.

§ 7 Geheimhaltung und Unterlagen

Herr A wird über die anwaltliche Verschwiegenheit hinaus über alle Angelegenheiten der Sozietät und über alles, was deren Mandanten betreffen könnte, Stillschweigen bewahren.

Alle Arbeitsergebnisse und Unterlagen, die Herr A erhält oder erstellt, sind Eigentum der Sozietät. Die Anfertigung und Aufzeichnung von Unterlagen aller Art erfolgt ausschließlich zu dienstlichen Zwecken und für dienstlichen Gebrauch. Herr A wird alle Aufzeichnungen, Entwürfe, Korrespondenzen, Materialien, Notizen, die er anfertigt oder erhält, sowie davon eventuell gefertigte Abschriften oder Kopien oder Mehrstücke ordnungsgemäß aufbewahren und dafür Sorge tragen, dass Dritte nicht Einsicht nehmen können. Jede Anfertigung von Abschriften oder Kopien oder Mehrstücken für andere als dienstliche Zwecke ist ausgeschlossen. Die genannten Gegenstände sind bei Beendigung des Arbeitsvertrages oder bei Freistellung vor dem Zeitpunkt der Beendigung unverzüglich und unaufgefordert sowie vollständig an die Sozietät herauszugeben und in der Sozietät an diese zu übergeben. Eine Herausgabe der genannten Gegenstände hat im Übrigen auf Anforderung der Sozietät jederzeit zu erfolgen. Herr A wird bei Beendigung des Arbeitsverhältnisses auf Wunsch der Sozietät an Eides Statt versichern, dass er die Gegenstände vollständig herausgegeben und nicht zurückbehalten hat. Die in § 7 dieses Vertrages geregelten Pflichten gelten zugleich für alle Datenträger, Codes, Passwörter, Zugangssperren u.Ä., die sich auf Angelegenheiten der Sozietät oder die von ihr betreuten Mandate beziehen.

§ 8 Tätigkeitsergebnisse

Alle Tätigkeitsergebnisse und Rechte an ihnen (Urheberrechte, Ideen, Erfindungen) stehen ausschließlich der Sozietät zu. Die Nutzungsrechte auch an Bearbeitungen und Veränderungen stehen der Sozietät ausschließlich, unbefristet und räumlich uneingeschränkt zu. Dies gilt für alle bekannten Nutzungsarten und schließt das Recht zu Änderungen und Bearbeitungen ein. Sie beinhalten auch die Übertragung auf Datenträger. Die Rechtseinräumung ist inhaltlich uneingeschränkt und sachlich umfassend. Die Einräumung der Rechte an den Tätigkeitsergebnissen zugunsten der Sozietät ist durch die Vergütung nach diesem Vertrag abgegolten. Zur Ausübung der Nutzungsrechte einschließlich deren Übertragung bedarf es keiner weiteren Zustimmung oder Einwilligung von Herrn A. Die Nutzungseinräumung und die daraus resultierenden Rechte werden durch die Beendigung dieses Vertrages nicht berührt.

§ 9 Mandantenschutzklausel

Herr A verpflichtet sich, für die Dauer eines Jahres nach seinem Ausscheiden aus dem Arbeitsverhältnis auf die Übernahme von Mandaten all jener Auftraggeber zu verzichten, welche innerhalb der letzten zwei Jahre vor seinem Ausscheiden zur Mandantschaft der Sozietät gehört haben (Mandantenschutz). Während der Dauer des Mandantenschutzes erhält Herr A eine Karenzentschädigung, die für jedes Jahr des Mandantenschutzes die Hälfte der zuletzt bezogenen vertragsmäßigen Leistungen beträgt. Im Übrigen gelten die §§ 74 ff. HGB.

§ 10 Schlussbestimmungen

Nebenabreden sind weder mündlich noch schriftlich geschlossen. Ergänzungen und Änderungen des Vertrages bedürfen der Schriftform. Dies gilt auch für die Abbedingung dieses Schriftformerfordernisses. Individualabreden nach § 305b BGB bleiben unberührt.

Sollten einzelne Bestimmungen des Vertrages undurchführbar oder unwirksam sein oder werden, wird hierdurch die Wirksamkeit des übrigen Vertrages nicht berührt.

2. Vertrag mit einem Rechtsanwalt als freiem Mitarbeiter[1]

221 **Freier-Mitarbeiter-Vertrag**

Zwischen

XYZ

– im folgenden „Sozietät“ genannt –

und

Herrn A

– im folgenden „Herr A“ genannt –

wird der folgende Dienstvertrag geschlossen:

§ 1 Tätigkeit

Herr A wird für die Sozietät als Rechtsanwalt tätig. Die Tätigkeit beinhaltet:

- Anfertigung von Berichten.
- Erstattung von Rechtsgutachten.
- Fertigung von Schriftsatzentwürfen.
- Wahrnehmung von Gerichtsterminen.
- Wahrnehmung von Besprechungsterminen.

§ 2 Zusammenarbeit

Herr A wird auf Anfrage der Sozietät tätig. Die Sozietät wird Herrn A die Übernahme einer Aufgabe jeweils anbieten, und Herr A wird unverzüglich mitteilen, ob er die Aufgabe übernimmt. Herr A ist zur Übernahme der Aufgabe nicht verpflichtet.

Herr A bestimmt Ort und Zeit der Aufgabenerledigung selbst. Er ist in der Ausgestaltung seiner Tätigkeit frei und entscheidet im Rahmen der sich aus der Aufgabenerfüllung ergebenden Erfordernisse. Herr A ist berechtigt, ein Büro in den Räumlichkeiten der Sozietät zur Erfüllung seiner Dienstleistung zu benutzen. Ihm steht es frei, hiervon Gebrauch zu machen; er ist dazu allerdings nicht verpflichtet. Herr A wird auf die sich aus der Aufgabenwahrnehmung ergebenden Belange der Sozietät angemessen Rücksicht nehmen. Er verpflichtet sich insbesondere, übernommene Arbeiten innerhalb der jeweils vereinbarten Zeit zu erledigen.

§ 3 Honorar

Herr A erhält für die Erledigung der von ihm übernommenen Aufgaben ein Stundenhonorar. Dies beträgt ______ Euro je Stunde.

---

1 Die Vertragsgestaltung betrifft eine von mehreren möglichen Formen der Zusammenarbeit mit freien Mitarbeitern. Neben der gewählten Gestaltung ist eine bloße Einzelfalltätigkeit oder ein Dauerrechtsverhältnis mit Dienstpflicht zur Erledigung bestimmter Aufgaben denkbar, wobei dann die konkrete Ausgestaltung den Charakter als freie Mitarbeit begründen muss.
Siehe zur Ausgestaltung eines Vertrages mit einem Rechtsanwalt als freiem Mitarbeiter auch *Lingemann/Winkel*, NJW 2010, 208f.

Eine etwaige gesetzliche Verkehrssteuer ist hinzuzusetzen.

Die Aufwendungen von Herrn A sind mit dieser Vergütung abgegolten, soweit sich nicht aus § 4 etwas anderes ergibt.

Herr A wird zum Ende eines Kalendermonats der Sozietät eine Rechnung über den abgelaufenen Monat mit einer Aufstellung der angefallenen Stunden und der aufgewandten Auslagen übermitteln. Die Zahlung durch die Sozietät erfolgt innerhalb von zwei Wochen nach Rechnungseingang.

§ 4 Auslagenersatz

Herr A erhält erforderliche Fahrtkosten auf der Grundlage der Regelungen des RVG erstattet. Reisekosten für Fahrten zwischen den Kanzleiräumen der Sozietat und der Wohnung von Herrn A sind nicht als Fahrtkosten in Ansatz zu bringen.

§ 5 Ausübung einer eigenen Anwaltstätigkeit

Herr A ist berechtigt, eine eigene Anwaltstätigkeit auszuüben.

Es ist Herrn A während der Dauer des Dienstverhältnisses nicht gestattet, bei Ausübung einer eigenen Anwaltstätigkeit Aufträge gegen oder von Mandanten der Sozietät anzunehmen.

§ 6 Beendigung des Dienstverhältnisses

Das Dienstverhältnis beginnt mit dem ______. Es wird auf unbestimmte Zeit geschlossen und kann beiderseits mit einer Frist von einem Monat zum Quartalsende gekündigt werden. Die Kündigung bedarf zu ihrer Wirksamkeit der Schriftform.

§ 7 Geheimhaltung und Unterlagen

Herr A wird über die anwaltliche Verschwiegenheit hinaus über alle Angelegenheiten der Sozietät und über alles, was deren Mandanten betreffen könnte, Stillschweigen bewahren.

Alle Arbeitsergebnisse und Unterlagen, die Herr A erhält oder erstellt, sind Eigentum der Sozietät. Die Anfertigung und Aufzeichnung von Unterlagen aller Art erfolgt ausschließlich zu dienstlichen Zwecken und für dienstlichen Gebrauch. Herr A wird alle Aufzeichnungen, Entwürfe, Korrespondenzen, Materialien, Notizen, die er anfertigt oder erhält, sowie davon eventuell gefertigte Abschriften oder Kopien oder Mehrstücke ordnungsgemäß aufbewahren und dafür Sorge tragen, dass Dritte nicht Einsicht nehmen können. Jede Anfertigung von Abschriften oder Kopien oder Mehrstücken für andere als dienstliche Zwecke ist ausgeschlossen. Die genannten Gegenstände sind bei Beendigung des Arbeitsvertrages oder bei Freistellung vor dem Zeitpunkt der Beendigung unverzüglich und unaufgefordert sowie vollständig an die Sozietät herauszugeben und in der Sozietät an diese zu übergeben. Eine Herausgabe der genannten Gegenstände hat im Übrigen auf Anforderung der Sozietät jederzeit zu erfolgen. Herr A wird bei Beendigung des Arbeitsverhältnisses auf Wunsch der Sozietät versichern, dass er die Gegenstände vollständig herausgegeben und nicht zurückbehalten hat.

Die in § 7 geregelten Pflichten gelten auch und zugleich für alle Datenträger, Codes, Passwörter, Zugangssperren u.Ä., die sich auf Angelegenheiten der Sozietät oder die von ihr betreuten Mandate beziehen.

§ 8 Tätigkeitsergebnisse

Alle Tätigkeitsergebnisse und Rechte an ihnen (Urheberrechte, Ideen, Erfindungen) stehen ausschließlich der Sozietät zu. Die Nutzungsrechte auch an Bearbeitungen und Veränderungen stehen der Sozietät ausschließlich, unbefristet und räumlich uneingeschränkt zu. Dies gilt für alle bekannten Nutzungsarten und schließt das Recht zu Änderungen und Bearbeitungen ein. Sie beinhalten auch die Übertragung auf Datenträger. Die Rechtseinräumung ist inhaltlich uneingeschränkt und sachlich umfassend. Die Einräumung der Rechte an den Tätigkeitsergebnissen zugunsten der Sozietät ist durch die Honorierung nach diesem Vertrag abgegolten. Zur Ausübung der Nutzungsrechte einschließlich deren Übertragung bedarf es keiner weiteren Zustimmung oder Einwilligung von Herrn A. Die Nutzungseinräumung und die daraus resultierenden Rechte werden durch die Beendigung dieses Vertrages nicht berührt.

§ 9 Mandantenschutzklausel

Herr A verpflichtet sich, für die Dauer eines Jahres nach seinem Ausscheiden aus dem Arbeitsverhältnis, auf die Übernahme von Mandaten all jener Auftraggeber zu verzichten, welche innerhalb der letzten zwei Jahre vor seinem Ausscheiden zur Mandantschaft der Sozietät gehört haben (Mandantenschutz). Während der Dauer des Mandantenschutzes erhält Herr A eine Karenzentschädigung, die für jedes Jahr des Mandantenschutzes die Hälfte der zuletzt bezogenen vertragsmäßigen Leistungen beträgt. Im Übrigen gelten die §§ 74ff. HGB.

§ 10 Schlussbestimmungen

Nebenabreden sind weder mündlich noch schriftlich geschlossen.

Änderungen des Vertrages bedürfen der Schriftform. Dies gilt auch für die Abbedingung des Schriftformerfordernisses. Individualabreden nach § 305b BGB bleiben unberührt.

Sollten einzelne Bestimmungen des Vertrages undurchführbar oder unwirksam sein oder werden, wird die Wirksamkeit der übrigen Vorschriften hierdurch nicht berührt.

VII. Steuerrecht

Literatur:

Siehe B vor Rz. 780.

1. Allgemeines

222 Die Zulässigkeit der Tätigkeit **freier Mitarbeiter in Rechtsanwalts- und Steuerberaterpraxen** ist heute im Grundsatz anerkannt.

Die freie Mitarbeit hat auf den ersten Blick für die Parteien verlockende **Vorzüge**[1]. In steuerlicher Hinsicht für den Geschäftsherrn attraktiv ist der Wegfall der Verpflichtung, Lohnsteuer errechnen, einbehalten und abführen zu müssen. Dem freien Mitarbeiter erscheinen die ggf. noch zuzüglich Umsatz-

1 Vgl. ausführlich und umfassend *Weimar/Grote*, INF 1998, 179 zur freien Mitarbeit in der Steuerberaterpraxis.

steuer gewährten Bruttobezüge weitaus stattlicher als der kümmerliche Rest des netto ausgezahlten Gehalts eines Angestellten. Gerade Berufsanfänger lassen sich, ohne die Schattenseiten zu sehen, von der Höhe des zunächst ankommenden Geldes beeindrucken.

Wird freie Mitarbeit in Anspruch genommen, ist den steuerrechtlichen Anforderungen, die an die **Eigenverantwortlichkeit** der Tätigkeit des Berufsträgers gestellt werden (§ 18 Abs. 1 Nr. 1 Satz 2 EStG), besondere Beachtung zu schenken. Bei der Beschäftigung zahlreicher freier Mitarbeiter mit und ohne entsprechende Qualifikation muss der bzw. müssen die in der Sozietät zusammengeschlossenen Berufsträger, um den Übergang in die **Gewerblichkeit** zu vermeiden, stets in der Lage sein, uneingeschränkt die fachliche Verantwortung für die von diesen Mitarbeitern erbrachten Leistungen zu übernehmen (siehe B Rz. 876ff.). 223

Prägendes Kennzeichen und Merkmal des freien Mitarbeiters ist seine **Selbständigkeit**. Er übt eine selbstbestimmte Tätigkeit aus, ist nicht an Arbeitszeit und Arbeitsort gebunden, keinen Weisungen eines Arbeitgebers unterworfen. Seine tatsächliche und rechtliche Unabhängigkeit ist offenkundig, wenn er einzelne Aufträge übernimmt und für verschiedene Auftraggeber tätig wird. 224

Dass dieses **Idealbild** freier Mitarbeit in der Praxis kaum anzutreffen ist, bedarf keiner Hervorhebung. Wird davon abgewichen, entstehen **Abgrenzungsprobleme**. Regelmäßig stellt sich die Frage nach der Arbeitnehmerschaft. Ggf. kann der freie Mitarbeiter aber auch als Mitunternehmer anzusehen sein, u.a. wenn er auf dem Briefkopf steht[1]. 225

2. Abgrenzung zum Arbeitsverhältnis

Das Phänomen der **Scheinselbständigkeit** ist so alt wie die freie Mitarbeit selbst. Unter dem Einfluss der vorwiegend arbeitsrechtlichen Diskussion um die Abgrenzung zwischen selbständiger (freiberuflicher) und unselbständiger (abhängiger) Beschäftigung unter dem Schlagwort der „neuen Scheinselbständigkeit" seit Ende der 80er Jahre[2] hat auch die Intensität der steuerlichen Überprüfung freier Mitarbeiterverhältnisse zugenommen. 226

Die Abgrenzungsproblematik stellt sich nicht in allen Rechtsgebieten gleichrangig. Es ist zu differenzieren nach Berufs-, Steuer-, Arbeits- und Sozialrecht. Gemeinsam ist, dass in allen Bereichen die Abgrenzung an den **Arbeitnehmerbegriff** anknüpft. Eine gesetzliche Definition, wann ein Arbeitsverhältnis vorliegt und wer Arbeitnehmer ist, gibt es nicht und ist auch in Zukunft nicht zu erwarten[3]. Für die Praxis ist daher die Ausformung maßgeblich, die diese Begriffe in der **Rechtsprechung** des **BAG**, **BSG** und **BFH** erfahren haben[4].

1 FG Münster v. 22. 11. 1971 – VII 574/71 F, EFG 1972, 287.
2 *Wank*, DB 1992, 90 m.w.N.
3 Auch § 7 Abs. 4 SGB IV beinhaltete keine Definition, sondern stellte lediglich eine – auf den Bereich des Sozialrechts beschränkte – Vermutungsregel dar.
4 Dazu eingehend *Kessler*, FS 75 Jahre RFH/BFH, 1993, S. 563 m.w.N.

227 Die Begriffe des Arbeitnehmers im Steuer-, Arbeits- und Sozialrecht sind nicht deckungsgleich[1], aber angenähert[2]. Eine **Bindung** des **Steuerrechts** an die Beurteilung in anderen Rechtsgebieten besteht nicht[3]; immerhin wird der arbeits- und sozialversicherungsrechtlichen Behandlung Indizwirkung beigemessen[4].

Die **faktische Anknüpfung** des Steuerrechts bzw. die Neigung zur Übernahme arbeits- und sozialrechtlicher Entscheidungen durch die Finanzverwaltung und – vice versa – die Übernahme steuerrechtlicher Einordnungen durch die arbeits- oder sozialrechtlichen Entscheidungsträger sind das eigentliche Problem.

228 Den **steuerrechtlichen Arbeitnehmerbegriff** umschreibt in zutreffender Auslegung des Gesetzes § 1 LStDV. Arbeitnehmer im steuerrechtlichen Sinne ist danach die natürliche Person, die in einem Dienstverhältnis weisungsgebunden und/oder organisatorisch eingegliedert ihre Arbeitskraft schuldet und dabei vom Vermögensrisiko der Erwerbstätigkeit grundsätzlich freigestellt ist[5].

Eingliederung und **Weisungsgebundenheit** sind Ausdruck der Unselbständigkeit des Arbeitnehmers. Sie werden regelmäßig bei längerfristiger Mitarbeit im Büro des Auftraggebers, wo die gerade anfallenden, geeigneten Arbeiten mit mehr oder weniger fest umrissenen Vorgaben erledigt werden, vorliegen.

Das „**Vermögensrisiko** der Erwerbstätigkeit" entfällt praktisch, wenn der freie Mitarbeiter über feste Bezüge verfügt. Gleichwohl kann Selbständigkeit gegeben sein. Dies ist für den sog. **Fixum-Anwalt** erörtert und angenommen worden[6]. Gewichtiger als die Entgeltbemessung ist danach die Selbständigkeit der Arbeitserledigung, das Fehlen von Einzelweisungen.

Andererseits steht die **erfolgsbezogene Vergütung** der Arbeitnehmereigenschaft nicht notwendig entgegen[7].

229 **Längere Dauer** der Beschäftigung spricht für Eingliederung[8], die sich im Übrigen auch aus der Art der Betätigung ergeben kann[9].

---

1 BFH v. 28. 2. 1975 – VI R 29/72, BStBl. 1975 II, 520; BFH v. 19. 4. 1985 – VI R 131/81, BStBl. 1985 II, 467.

2 Schmidt/*Schmidt*, § 15 EStG Rz. 12.

3 H.M., vgl. *Lang*, DStJG 9 (1986), 15, 27f.; BFH v. 29. 11. 1978 – I R 159/76, BStBl. 1979 II, 182, 184; BFH v. 23. 10. 1992 – VI R 59/91, BStBl. 1993 II, 303, 305; BFH v. 2. 12. 1998 – X R 83/96, BStBl. 1999 II, 534.

4 BFH v. 24. 11. 1961 – VI 183/59 S, BStBl. 1962 III, 37; BFH v. 4. 12. 1975 – IV R 180/72, BStBl. 1976 II, 292; BFH v. 29. 11. 1978 – I R 159/76, BStBl. 1979 II, 182, 184.

5 BFH v. 20. 4. 1988 – X R 40/81, BStBl. 1988 II, 804; BFH v. 18. 1. 1991 – VI R 122/87, BStBl. 1991 II, 409; BFH v. 24. 7. 1992 – VI R 126/88, BStBl. 1993 II, 155; *Giloy*, DB 1986, 822; *Lang*, DStJG 9 (1986), 15, 33.

6 RFH v. 29. 5. 1935 – VI A 1233/33, RStBl. 1935, 1206; *Felix*, FR 1972, 180; *Kaiser/Bellstedt*, Rz. 36.

7 BFH v. 29. 11. 1978 – I R 159/76, BStBl. 1979 II, 182, 184.

8 BFH v. 2. 10. 1968 – VI R 56/67, BStBl. 1969 II, 71; BFH v. 4. 12. 1975 – IV R 180/72, BStBl. 1976 II, 292.

9 BFH v. 24. 7. 1992 – VI R 126/88, BStBl. 1993 II, 155.

Unterhalten eines **eigenen Büros** spricht für Selbständigkeit[1].

Für Selbständigkeit sprechen geschäftliche Kontakte zu **mehreren Auftraggebern**[2].

Das Fehlen einer **Urlaubsregelung** und einer **festen Arbeitszeit** sind Indizien für Selbständigkeit[3]; die fehlende Urlaubsregelung allein hat, weil Rechtsfolge der rechtlichen Einordnung, keinen Stellenwert für die Beurteilung[4].

Für Arbeitnehmereigenschaft spricht die Abmachung der **Entgeltfortzahlung** im Krankheitsfall[5]. Das Gleiche gilt für **Sonderzuwendungen**, für die Zahlung von **Zuschlägen** für Überstunden und Wochenend- oder Nachtarbeit[6].

Anspruchsvolle, qualitativ **hochwertige Tätigkeit** lässt eher die Annahme selbständiger Tätigkeit zu als die Verrichtung einfacher Arbeiten[7].

Für **Nichtselbständigkeit** spricht, wenn der Mitarbeiter zu Arbeiten herangezogen wird, die nicht unmittelbar zu seinem vertraglich bestimmten Aufgabenkreis gehören.

Problematisch ist, inwiefern der **Wille der Vertragsparteien** beachtlich ist. 230
Grundsätzlich entscheidet die Finanzrechtsprechung nach dem objektiven Gesamtbild, wie es sich aus der tatsächlichen Durchführung ergibt. Der Bezeichnung des Vertrages soll keine Bedeutung zukommen[8].

Tatsächlich werden der Wille, die **Motive** für **unbeachtlich** regelmäßig dann erklärt, wenn sie auf freie Mitarbeit hindeuten. Umgekehrt gilt dies nicht. Trägt ein Vertrag die Überschrift „Arbeitsvertrag", wird im Text von Arbeitnehmer oder Arbeitgeber gesprochen, enthält der Vertrag arbeitnehmertypische Regelungen, so wird der Nachweis der Selbständigkeit praktisch ausgeschlossen sein[9].

---

1 BFH v. 3. 10. 1961 – I 200/59 S, BStBl. 1961 III, 567, 570.

2 BFH v. 27. 4. 1961 – IV 329/58 U, BStBl. 1961 III, 315; BFH v. 14. 1. 1965 – V 225/62 U, BStBl. 1965 III, 185, 187; BFH v. 2. 2. 1968 – VI 127/65, BStBl. 1968 II, 430; zur fehlenden Selbständigkeit eines Stundenbuchhalters trotz vier verschiedener Auftraggeber BFH v. 6. 7. 1955 – II 154/53 U, BStBl. 1955 III, 256; im Allg. aber Selbständigkeit anzunehmen, vgl. RFH v. 19. 12. 1936 – GrS D 10/36, RStBl. 1937, 1; BFH v. 20. 2. 1969 – IV R 119/66, BStBl. 1969 II, 434; zur „Scheinselbständigkeit" bei Buchführungshelfern *Traxel*, DStZ 1996, 364

3 BFH v. 10. 5. 1984 – IV R 34/80, BStBl. 1984 II, 654; vgl. auch BFH v. 2. 2. 1968 – VI 127/65, BStBl. 1968 II, 430.

4 FG Münster v. 14. 12. 1993 – II 279/92, EFG 1994, 544.

5 BFH v. 4. 12. 1975 – IV R 180/72, BStBl. 1976 II, 292.

6 Kirchhof/Söhn/*Breinersdorfer*, EStG, § 19 Anm. B 97ff. (Sept. 2006).

7 Vgl. BFH v. 1. 3. 1973 – IV R 231/69, BStBl. 1973 II, 458; BFH v. 21. 3. 1975 – VI R 60/73, BStBl. 1975 II, 513.

8 BFH v. 13. 2. 1980 – I R 17/78, BStBl. 1980 II, 303, 304; BFH v. 20. 4. 1988 – X R 40/81, BStBl. 1988 II, 804; FG Hamburg v. 16. 3. 1983 – II 355/81, EFG 1984, 47; FG München v. 12. 3. 1980 – IX 264/79 E, G, EFG 1980, 545.

9 LAG Rheinland-Pfalz v. 29. 10. 2009 – 10 Sa 399/09, LAGE § 611 BGB 2002 Arbeitnehmerbegriff Nr. 4.

Auf eine **sorgfältige Abfassung** des Freien-Mitarbeiter-Vertrages sollte aus diesem Grunde Wert gelegt werden[1]. Alle Merkmale, die auf Selbständigkeit hindeuten – soweit sie im Einzelfall in Betracht kommen –, sollten betont, alle auf Abhängigkeit hindeutenden Formulierungen und Regelungen vermieden werden. Ansonsten droht bereits aus formellen Gesichtspunkten heraus das Aus.

Dem Willen der Parteien wird allenfalls in **Grenzfällen** für oder gegen das Bestehen eines Dienstverhältnisses **indizielle Bedeutung** beigemessen[2]. Sprechen allerdings gewichtige Gründe für eine abweichende Beurteilung, soll ein entgegenstehender Parteiwille unbeachtlich sein; entscheidend ist dann, als was sich das Verhältnis nach seiner tatsächlichen Durchführung darstellt[3].

231 Der **Umwandlung** bestehender Arbeits- in freie Mitarbeiterverhältnisse sind hiernach enge Grenzen gesetzt. Ein Statuswechsel wird nur dann anerkannt, wenn tatsächlich die bisherigen Arbeitsbedingungen in einer Weise umgestaltet werden, dass eine Eingliederung in die fremde Arbeitsorganisation fortan nicht mehr stattfindet und das Vertragsverhältnis dem neuen Rahmen entsprechend auch durchgeführt wird[4].

232 In unterschiedlicher Gewichtung der Einzelmerkmale entscheidet die Rechtsprechung nach dem „**Gesamtbild der Verhältnisse**"[5]. „Die Ermittlung des Gesamtbilds bedeutet, dass die gesamte rechtliche, wirtschaftliche und soziale Stellung des Beschäftigten gegenüber seinem Auftraggeber in ihren **einzelnen Komponenten gewürdigt** und dass die für und gegen ein Arbeitsverhältnis sprechenden Merkmale **gegeneinander abgewogen** werden"[6].

233 Für die Einordnung einer Tätigkeit als selbständig oder unselbständig können folgende **Einzelkriterien**[7] bedeutsam sein:

- persönliche Abhängigkeit,
- Weisungsgebundenheit hinsichtlich Ort, Zeit und Inhalt der Tätigkeit,
- feste Arbeitszeiten,
- Ausübung der Tätigkeit gleichbleibend an einem bestimmten Ort,
- feste Bezüge,
- Urlaubsanspruch,

---

1 *Kupfer*, KÖSDI 1997, 11368, 11379; *Eckert*, DStR 1997, 705, 709.

2 BFH v. 20. 2. 1979 – VIII R 52/77, BStBl. 1979 II, 414; BFH v. 24. 7. 1992 – VI R 126/88, BStBl. 1993 II, 155, 157.

3 BFH v. 6. 10. 1971 – I R 207/66, BStBl. 1972 II, 88; BFH v. 10. 9. 1976 – VI R 80/74, BStBl. 1977 II, 178; BFH v. 23. 4. 1997 – VI R 12/96, BFH/NV 1997, 656.

4 Eingehend *Kunz/Kunz*, DB 1993, 326; *Bergmann*, INF 1996, 306; *E. Schmidt*, FR 1996, 706.

5 BFH v. 30. 5. 1996 – V R 2/95, BStBl. 1996 II, 493; BFH v. 5. 10. 2005 – VI R 152/01, BStBl. 2006 II, 94.

6 BFH v. 10. 5. 1984 – IV R 34/80, BStBl. 1984 II, 654, 655.

7 Vgl. BFH v. 14. 6. 1985 – VI R 150-152/82, BStBl. 1985 II, 661; Kirchhof/Söhn/*Breinersdorfer*, EStG, § 19 Anm. B 68 ff. (Sept. 2006).

- Anspruch auf sonstige Sozialleistungen,
- Fortzahlung der Bezüge im Krankheitsfall,
- Überstundenvergütung,
- zeitlicher Umfang der Dienstleistungen,
- Unselbständigkeit in Organisation und Durchführung der Tätigkeit,
- kein Unternehmerrisiko,
- keine Unternehmerinitiative,
- kein Kapitaleinsatz,
- keine Pflicht zur Beschaffung von Arbeitsmitteln,
- Notwendigkeit der engen ständigen Zusammenarbeit mit anderen Mitarbeitern,
- Eingliederung in den Betrieb,
- Schulden der Arbeitskraft und nicht eines Arbeitserfolges,
- Ausführung von einfachen Tätigkeiten, bei denen eine Weisungsabhängigkeit die Regel ist.

Von den vorgenannten Merkmalen kommt regelmäßig folgenden Umständen eine **Schlüsselrolle** zu:

- Bestimmung von **Ort, Zeit, Inhalt** und **Art** und **Weise** der Tätigkeit,
- fehlende **Eingliederung** in den Betrieb,
- Vorliegen eines **Unternehmerrisikos**.

Ob jemand selbständig oder nichtselbständig tätig ist, ist für **alle Steuerarten** – ESt, LSt, GewSt, USt – gleich zu beurteilen[1]. 234

3. Rechtsfolgen nachträglich aufgedeckter Arbeitsverhältnisse

Die Rechtsfolgen nachträglich aufgedeckter Arbeitsverhältnisse sind **gravierend** und für den Arbeitgeber nicht selten **existenzgefährdend**. Die steuerlichen Folgen treten zu den arbeitsrechtlichen und sozialrechtlichen Auswirkungen hinzu[2]. 235

Die Behandlung eines Beschäftigten als freier Mitarbeiter, der nach den tatsächlichen Gegebenheiten als Arbeitnehmer anzusehen ist, führt naturgemäß zur Nichtbeachtung der Grundsätze des Lohnsteuerverfahrens durch den Arbeitgeber und damit zur **Nichtabführung der Lohnsteuer**. 236

Neben dem Arbeitnehmer als Lohnsteuerschuldner gemäß § 38 Abs. 2 EStG **haftet** nach § 42d Abs. 1 Nr. 1 EStG der **Arbeitgeber** für die richtige Einbehal-

1 BFH v. 27. 7. 1972 – V R 136/71, BStBl. 1972 II, 810; BFH v. 20. 4. 1988 – X R 40/81, BStBl. 1988 II, 804; BFH v. 18. 1. 1995 – XI R 71/93, BStBl. 1995 II, 559.

2 Für das Sozialabgabenrecht vgl. LSG Berlin-Brandenburg v. 24. 3. 2010 – L 9 KR 13/08, juris; LSG Bayern v. 14. 12. 2001 – L 4 KR 147/99, HVBG-INFO 2002, 3324.

tung und Abführung der Lohnsteuer. Soweit die Haftung des Arbeitgebers reicht, sind Arbeitnehmer und Arbeitgeber Gesamtschuldner gemäß § 42d Abs. 3 Satz 1 EStG.

Die **Sozietät** kann **Arbeitgeber** im lohnsteuerlichen Sinne sein[1]. Haftungsbescheide (§ 42d Abs. 3 Nr. 1 EStG) und Pauschalierungsbescheide (§ 40 Abs. 3 Satz 1 EStG) sind folglich nicht an die Sozien, sondern an die Sozietät zu richten. An der gesamtschuldnerischen Haftung aller Sozien für diese Steuerschulden ändert das freilich nichts, §§ 705, 426 BGB.

237 Im Rahmen der **Ermessensprüfung** kommt eine Haftung des Arbeitgebers dann nicht in Betracht, wenn die Steuer ebenso schnell und einfach beim Arbeitnehmer eingetrieben werden kann[2] oder die Steuer beim Arbeitnehmer deshalb nicht mehr nachgefordert werden kann, weil seine Veranlagung zur Einkommensteuer bereits bestandskräftig ist und die für eine Änderung nach § 173 Abs. 1 Nr. 1 AO erforderlichen Voraussetzungen nicht vorliegen[3].

238 Grundsätzlich kann der Arbeitgeber nach Erfüllung der Haftungsschuld den Arbeitnehmer auf **Ersatz** in Anspruch nehmen[4]. Verzichtet er auf die Durchsetzung, ohne dass die Rechtslage schwierig oder die Durchsetzung des Anspruchs zweifelhaft ist, liegt im Zeitpunkt des **Regressverzichts** die Zuwendung eines **geldwerten Vorteils** an den Arbeitnehmer vor[5].

Der Arbeitgeber sollte darauf **hinwirken**, dass die Einkommensteuer beim ausgeschiedenen Arbeitnehmer erhoben wird, der primär der Steuerschuldner ist. Ist dieser bekannt und zahlungsfähig, wird dies kein Problem sein.

239 Einschneidend sind auch die **umsatzsteuerlichen Konsequenzen**[6]: Der Angestellte hat als Nichtunternehmer Umsatzsteuer zu Unrecht offen ausgewiesen. Er haftet nach Maßgabe des § 14c Abs. 2 (§ 14 Abs. 2 a.F.) UStG. Der Vorsteuerabzug des Arbeitgebers entfällt (siehe hierzu auch B Rz. 933ff.).

1 BFH v. 17. 2. 1995 – VI R 41/92, BStBl. 1995 II, 390.
2 BFH v. 30. 11. 1966 – VI 164/65, BStBl. 1967 III, 331; BFH v. 12. 1. 1968 – VI R 117/66, BStBl. 1968 II, 324.
3 BFH v. 9. 10. 1992 – VI R 47/91, BStBl. 1993 II, 169; FG Baden-Württemberg v. 15. 12. 1992 – 3 K 77/89, EFG 1993, 411.
4 BAG v. 14. 6. 1974 – 3 AZ R 456/73, DB 1974, 2210.
5 BFH v. 24. 4. 1961 – VI 219/60 V, BStBl. 1961 III, 285.
6 *Berger*, BB 1986, 70.

M. Die Berufsausübungsgemeinschaft im Berufsrecht

	Rz.
I. Vorbemerkung	1
II. Berufsrechtliche Stellung der Berufsausübungsgemeinschaft	
1. Klärung der Begrifflichkeiten und Versuch einer Definition	2
a) Begriffswirrwarr in BRAO und BORA	2
b) Sozietätsbegriff im Wandel der Zeit	4
c) Abgrenzung zu oder Gleichbehandlung mit den sog. Organisationsgesellschaften?	8
2. Anforderungen an die Gesellschafterstellung	12
a) Sozietätsfähige Berufe	12
b) Geltung des anwaltlichen Berufsrechts in der interprofessionellen Sozietät	14
c) Erfordernis aktiver Berufsausübung	16
d) Bürogemeinschaft	18
e) Kooperation	19
3. Berufsausübungsgemeinschaft als Bezugssubjekt berufsrechtlicher Regelungen	20
4. Zulassung	23
a) Originäre Zulassung von Berufsausübungsgemeinschaften	23
b) Widerruf der Zulassung eines (Einzel-)Rechtsanwalts wegen Vermögensverfalls	27
5. Erlaubnis zur Rechtsdienstleistung	33
6. Beiordnung und Kontrahierungszwang (§§ 48 ff. BRAO)	37
7. Postulationsfähigkeit	42
8. Besondere Formen der „Sozietät"	47
a) Außen-/Scheinsozietät	48
b) Sternsozietät	54
III. Kanzleipflicht	
1. Anforderungen	58
2. Wahl des Kanzleisitzes	59
3. Mehrere Kanzleien, Zweigstelle und überörtliche Sozietät	61
IV. Unabhängigkeit	
1. Regelungsüberblick	66
2. Bindungen in einer Berufsausübungsgemeinschaft	68
3. Behandlung der Mitarbeiter	71
a) Direktionsrecht	73
b) Vergütung	75
4. Bindungen zu Nichtjuristen	78
V. Verschwiegenheitspflicht	
1. Regelungsüberblick	81
2. Umfang	82
a) Schweigepflichtiger Personenkreis	82
b) „In Ausübung seines Berufes"	83
c) Gegenüber jedermann	84
d) Offenbaren	85
3. Ausnahmen	87
a) Einwilligung	87
b) Grenzen der Verschwiegenheitspflicht	97
VI. Tätigkeitsverbote	101
1. Regelungsüberblick	102
2. Verbot der Vertretung widerstreitender Interessen	105
a) Persönliche Disqualifikation des Anwalts	105
b) Sozietätsweite Erstreckung	106
aa) Unbeachtlichkeit der Rechtsform und des Status des Anwalts	106
bb) Sternsozietät	109
cc) Interprofessionelle Sozietät	112
dd) Bürogemeinschaft	115
ee) Kooperation	117
ff) Einzelmandat	119
gg) Sozietäts- und Bürogemeinschaftswechsler	120
c) Ausnahme von der sozietätsweiten Erstreckung	125

Rz.
aa) Einverständnis der betroffenen Mandanten . 126
bb) Entgegenstehende Belange der Rechtspflege 140
3. Vertragliche Aufklärungspflichten außerhalb derselben Rechtssache 145
4. Tätigkeitsverbote bei nichtanwaltlicher Vorbefassung . . 147
a) Abgrenzung zum Verbot der Vertretung widerstreitender Interessen 147
b) Pauschale Erstreckung in §§ 45 Abs. 3, 46 Abs. 3 BRAO 149
aa) Verfassungskonforme Auslegung der §§ 45 Abs. 3, 46 Abs. 3 BRAO 150
bb) Konkretisierung durch § 3 Abs. 2 BORA 154
5. Verbot der Mehrfachverteidigung (§ 146 StPO) 156
6. Kommunalrechtliche Verbote 158
7. Hinweise zur Konfliktprüfung 160
VII. Behandlung von Fremdgeld 162
VIII. Beendigung der beruflichen Zusammenarbeit 165

Rz.
1. Auflösung der Berufsausübungsgemeinschaft 165
2. Ausscheiden eines Sozius . . 169
3. Außen-/Scheinsozietät 170
4. Umzugshinweis und Bekanntgabepflicht 171
5. Verbleib der Handakten 172
IX. Werbung/Außendarstellung
1. Grundsatz der Werbefreiheit . 173
2. Regelungsüberblick 174
3. Weitere Entwicklung und Zukunft des Werberechts . . . 175
4. Begriff der Werbung 177
5. Angabe von Erfolgs- und Umsatzzahlen (§ 6 Abs. 2 S. 1 BORA) 178
6. Benennung von Teilbereichen der Berufstätigkeit (§ 7 BORA) 181
7. Kundgabe gemeinschaftlicher Berufsausübung und anderer beruflicher Zusammenarbeit (§ 8 BORA) 185
8. Kurzbezeichnung (§ 9 BORA) 190
9. Gestaltung der Briefbögen (§ 10 BORA) 194
10. Erlaubnis zur Führung der Fachanwaltschaftsbezeichnung (§ 43c BRAO) 202
11. Pro bono-Rechtsberatung . . . 209

I. Vorbemerkung

1 Das folgende, in die 2. Auflage dieses Handbuchs neu aufgenommene Kapitel verfolgt den Zweck, die berufsrechtlichen Vorgaben für Anwaltssozietäten in einem Abschnitt zu bündeln. Die Darstellung ist begrenzt auf das **allgemeine Berufsrecht** der Berufsausübungsgesellschaften. Damit sind die berufsrechtlichen Vorgaben gemeint, die nicht nur Berufsausübungsgemeinschaften (zum Begriff Rz. 2ff.) einer bestimmten Rechtsform betreffen, sondern die Berufsausübungsgesellschaften als solche. Ein Beispiel sind die berufsrechtlichen Tätigkeitsverbote der §§ 43a Abs. 4, 45, 46 BRAO, die in GbR, Partnerschaftsgesellschaft, Anwalts-GmbH und Anwalts-AG gleichermaßen gelten. Besonderheiten einzelner Rechtsformen (etwa die auf die Anwalts-GmbH zugeschnittenen §§ 59cff. BRAO) werden dagegen nicht hier, sondern in dem entsprechenden Kapitel behandelt. Keinen Schwerpunkt dieses Teils bilden die berufsrechtlichen Fragen der Bürogemeinschaft, der Kooperation, der interprofessionellen Sozietät und der Berufsausübungsgesell-

schaften ausländischer Rechtsform; hier finden sich ebenfalls gesonderte Abschnitte in den jeweiligen Kapiteln. Soweit es dem Gesamtverständnis dient, wird aber auf Besonderheiten dieser Organisationsformen hingewiesen. Zudem beschränkt sich diese Darstellung auf die **spezifisch sozietätsrechtlichen Fragen** (einschließlich des Werberechts) des anwaltlichen Berufsrechts. Das Kapitel ist daher kein Ersatz für ein Buch zum Berufsrecht, weil es auf die Pflichten, die den Einzelanwalt in gleicher Weise und ohne Besonderheiten treffen (Beispiel: Verbot des Erfolgshonorars), nicht eingeht. Ebenfalls nicht behandelt werden Fragen rund um die Berufshaftpflichtversicherung (dazu B Rz. 512ff.).

II. Berufsrechtliche Stellung der Berufsausübungsgemeinschaft

Literatur:
Deckenbrock, Sozietät und Bürogemeinschaft – berufsrechtlich gebotene Gleichbehandlung?, NJW 2008, 3529; *Grunewald*, Folgerungen aus der Aufgabe der „Doppelverpflichtungstheorie" für die Sozietäten der Freiberufler, FS Peltzer, 2001, S. 129; *Henssler*, Anwaltsgesellschaften, NJW 1993, 2137; *Henssler*, Die Kapitalbeteiligung an Anwaltsgesellschaften, BRAK-Mitt. 2007, 186; *Henssler*, Die interprofessionelle Zusammenarbeit des Anwalts mit anderen Berufen: Praxisprobleme und Reformbedarf, AnwBl. 2009, 670; *Henssler/Deckenbrock*, Das Rätsel Anwaltskooperation – Rechtsfragen der kooperativen Zusammenarbeit von Rechtsanwälten, Steuerberatern und Wirtschaftsprüfern –, DB 2007, 447; *Jungk*, Haftungsrechtliche Probleme in der interprofessionellen Sozietät, AnwBl. 2009, 865; *Knöfel*, Grundfragen der internationalen Berufsausübung von Rechtsanwälten, 2005; *Offermann-Burckart*, Die Scheinsozietät – das (un)bekannte Wesen: Zugleich ein Beitrag zu dem häufig verkannten, aber wichtigen § 32 BORA, AnwBl. 2010, 743; *Pelzer*, Die Sozietät im Sinne der BRAO unter besonderer Berücksichtigung der Beteiligung von Berufsfremden, 2008; *Posegga*, Die Haftung der Mitglieder einer interprofessionellen Sozietät aus Rechtsanwälten und Steuerberatern: Zugleich ein Beitrag zur Diskussion über die freiberufliche Sozietät im Spannungsgeflecht von Gesellschafts- und Berufsrecht, DStR 2009, 2391; *Römermann*, Reformbedarf bei anwaltlichen Gesellschaftsformen: Auch ein Beitrag zu Chancen und Risiken von Fremdkapital, AnwBl. 2009, 681; *Schultz*, Rechtsfähigkeit der Rechtsanwaltssozietät zwischen Anspruch und Wirklichkeit, FS Hirsch, 2008, S. 525.

1. Klärung der Begrifflichkeiten und Versuch einer Definition

a) Begriffswirrwarr in BRAO und BORA

Die Schwierigkeiten, die Reichweite der einzelnen Berufspflichten innerhalb 2
von Berufsausübungsgesellschaften zu bestimmen, beginnen mit den **Begrifflichkeiten der BRAO und BORA**. Schaut man sich die einzelnen Normen an, stößt man mal auf den Begriff der **beruflichen Zusammenarbeit** (§§ 59a, 59b Abs. 2 Nr. 8 BRAO; §§ 8, 10, 30, 32, 33 BORA), mal auf den der **gemeinschaftlichen Berufsausübung** (§§ 45 Abs. 3, 46 Abs. 3, 59a, 59c Abs. 2 BRAO; §§ 8, 24 Abs. 1 Nr. 4, 27, 30 BORA) und mal auf den der **Sozietät** (§§ 45 Abs. 3, 46 Abs. 3, 51a Abs. 2, 172a BRAO; §§ 8, 24 Abs. 1 Nr. 4, 30,

32, 33 BORA sowie § 59a BRAO a.F.[1]). In den jüngst neu gefassten § 49b Abs. 4 BRAO, § 3 Abs. 2, Abs. 3 BORA und § 7 Abs. 3 BORA ist schließlich von der **Berufsausübungsgemeinschaft** die Rede. Erklären lässt sich diese unterschiedliche Terminologie wohl damit, dass die Normen aus verschiedenen Zeiten stammen und weder Gesetzgeber noch Satzungsversammlung auf eine einheitliche Begriffswahl geachtet haben[2].

3 Dass die Praxis mit diesem Wirrwarr ihre Schwierigkeiten hat, ist in der aktuellen Diskussion um die zum 1. 3. 2011 erfolgte **Neufassung des § 8 BORA**[3] (Rz. 185 ff.) deutlich geworden, mit der die Satzungsversammlung auch das Ziel verfolgte, das Verhältnis der verschiedenen Begriffe zueinander neu zu ordnen und verständlicher zu gestalten[4]. Ob dies angesichts der nun geschaffenen Unterscheidung zwischen „gemeinschaftlicher Berufsausübung" und „anderer beruflicher Zusammenarbeit" gelungen ist, darf indes bezweifelt werden. Eine Neuordnung der Begriffswelt wird nur Erfolg haben, wenn alle Normen gemeinsam neu gestaltet werden. Zu hoffen bleibt daher auf die große **Reform der BRAO**, die seit Jahren in Aussicht gestellt wird[5], aber jedenfalls in dieser Legislaturperiode nicht mehr angegangen wird, und ihr folgend der BORA.

b) Sozietätsbegriff im Wandel der Zeit

4 Trotz dieser Begriffsvielfalt fehlt es heute an einer **gesetzlichen Definition**, wie sie sich für die Sozietät in § 39 Abs. 3 des mit Wirkung zum 9. 9. 1994 aufgehobenen Rechtsanwaltsgesetzes (RAG) vom 13. 9. 1990 der DDR fand.

---

1 Aufgehoben durch Art. 4 Nr. 3 des „Gesetz(es) zur Neuregelung des Rechtsberatungsrechts vom 12. 12. 2007", BGBl. I, S. 2840, 2848 f. § 59a Abs. 1 S. 1 BRAO a.F. lautete: „Rechtsanwälte dürfen sich mit Mitgliedern einer Rechtsanwaltskammer und der Patentanwaltskammer, mit Steuerberatern, Steuerbevollmächtigten, Wirtschaftsprüfern und vereidigten Buchprüfern *in einer Sozietät* zur gemeinschaftlichen Berufsausübung im Rahmen der eigenen beruflichen Befugnisse verbinden." (Hervorhebung hinzugefügt).

2 Siehe auch die Kritik an der Begriffsvielfalt bei Gaier/Wolf/Göcken/*Bormann*, § 59a BRAO/§ 33 BORA Rz. 175; *Pelzer*, S. 45 („Ausdruck eines mangelnden Konzeptes bezüglich der in Rede stehenden Begrifflichkeiten in der BORA").

3 BRAK-Mitt. 2010, 253. Die Norm mit der Überschrift „Kundgabe gemeinschaftlicher Berufsausübung und anderer beruflicher Zusammenarbeit" lautet: „Auf eine Verbindung zur gemeinschaftlichen Berufsausübung darf nur hingewiesen werden, wenn sie in Sozietät oder in sonstiger Weise mit den in § 59a BRAO genannten Berufsträgern erfolgt. Die Kundgabe jeder anderen Form der beruflichen Zusammenarbeit ist zulässig, sofern nicht der Eindruck einer gemeinschaftlichen Berufsausübung erweckt wird."

4 Vgl. das Protokoll über die 6. Sitzung des Ausschusses 2 – Allgemeine Berufs- und Grundpflichten und Werbung – der 4. Satzungsversammlung am 29. 1. 2010 (SV-Mat. 14/2010), S. 5 ff.

5 BT-Drucks. 16/6634, S. 1: „Angesichts erheblicher Meinungsunterschiede innerhalb der Anwaltschaft ist es sachgerecht, diese Neuregelung zunächst zurückzustellen und nicht in dem vorliegenden Gesetzgebungsverfahren, sondern in einer demnächst anstehenden Novelle der Bundesrechtsanwaltsordnung vorzunehmen."

Dort hieß es: „Eine Sozietät liegt nur dann vor, wenn sich die Rechtsanwälte auf vertraglicher Basis zur gemeinsamen Berufsausübung und gemeinsamen Kostentragung und Haftung zusammengeschlossen haben. Die Auftragsübernahme erfolgt in diesen Fällen gemeinsam." Da zu diesem Zeitpunkt die GbR die einzige der Anwaltschaft zur Verfügung stehende Rechtsform war, wurde der Begriff der Sozietät synomym mit dem der Anwalts-GbR verwandt[1] (siehe auch B Rz. 1ff.).

Nach dem Inkrafttreten des PartGG, der Regelung der Rechtsanwalts-GmbH in den §§ 59cff. BRAO und der Anerkennung weiterer Rechtsformen für die anwaltliche Zusammenarbeit wie etwa der Anwalts-AG oder sogar ausländischer Gesellschaften (dazu allgemein A Rz. 28ff.) stellt sich die Frage, ob sich auch der **Begriff der Sozietät weiterentwickelt** hat. In der Literatur ist – noch zur Zeit von § 59a Abs. 1 BRAO a.F. – ein heftiger Streit über die Auslegung des Sozietätsbegriffs entbrannt. Während teilweise die Sozietät nach wie vor als Synonym für die GbR angesehen wird, subsumieren andere Stimmen unter den Begriff der Sozietät jegliche Form gemeinsamer anwaltlicher Berufsausübung. Eine vermittelnde Meinung versteht dagegen unter Sozietät sowohl die GbR als auch die Partnerschaftsgesellschaft, nicht aber die anwaltlichen Kapitalgesellschaften[2]. 5

Nach der Aufhebung des Begriffs der Sozietät in § 59a Abs. 1 BRAO a.F. ist davon auszugehen, dass jedenfalls dieser zentralen Norm (zu ihrem Regelungsgehalt siehe Rz. 12ff.) eine **rechtsformunabhängige Geltung** zukommt[3]. Es lässt sich sogar darüber hinaus festhalten, dass grundsätzlich alle Vorschriften der BRAO mit (allgemeinem) Sozietätsbezug nicht danach unterscheiden, in welcher Rechtsform sich die Berufsträger zusammengeschlossen haben[4]. Für die BORA ergibt sich dies aus § 33 (Rz. 10f.)[5]. Eine Ausnahme stellt insoweit allein § 51a Abs. 2 BRAO dar. Die Norm, nach der die Mitglieder einer Sozietät aus dem zwischen ihr und dem Auftraggeber bestehenden Vertragsverhältnis als Gesamtschuldner haften, bezieht sich ersichtlich ausschließlich auf die in der Rechtsform einer GbR organisierte Berufsausübungsgemeinschaft[6]. 6

1 Siehe etwa BGH MDR 1960, 657 („Die Rechtsanwaltssozietät ist eine Gesellschaft des bürgerlichen Rechts."); BGHZ 56, 355, 357f. = NJW 1971, 1801, 1802; BGH NJW-RR 1987, 1137, 1138.

2 Eine ausführliche Darstellung zum Sozietätsbegriff mit umfangreichen Nachweisen findet sich bei *Pelzer*, S. 33ff.

3 BT-Drucks. 16/3655, S. 82f. Siehe auch Gaier/Wolf/Göcken/*Bormann*, § 59a BRAO Rz. 14f.

4 So etwa AGH Hamm BRAK-Mitt. 2000, 260; Sozietätsrecht/*Peres*/*Depping*, § 1 Rz. 2f; *Knöfel*, S. 583f.

5 Deswegen ist der zum Begriff der Sozietät geführte Meinungsstreit ohnehin unergiebig und für die Praxis ohne Relevanz. Die von *Pelzer*, S. 36ff., angeführten Beispiele zur Relevanz der Zuordnung sind inzwischen mehr oder weniger Rechtsgeschichte.

6 *Kleine-Cosack*, § 51a Rz. 13; Koch/Kilian/*Kilian*, B Rz. 458.

7 Letztlich ist daher der vor allem in den 90er Jahren verwandte Begriff der Sozietät durch die modernere und in den letzten Gesetzgebungsverfahren geprägte Bezeichnung der Berufsausübungsgemeinschaft abgelöst worden. Dieses Verständnis bedingt, dass von den ursprünglichen Sozietätsmerkmalen, wie sie in § 39 Abs. 3 RAG DDR festgehalten waren (Rz. 4), nur das der **gemeinschaftlichen Berufsausübung** konstitutiv ist[1]. In der nachfolgenden Darstellung wird vor diesem Hintergrund den Begriffen der **Sozietät** und der **Berufsausübungsgemeinschaft dieselbe Bedeutung** zugemessen. Kein Synonym ist dagegen die Bezeichnung „**Rechtsanwaltsgesellschaft**", die – wie ein Blick in § 59k BRAO zeigt – der Anwalts-GmbH vorbehalten ist.

c) Abgrenzung zu oder Gleichbehandlung mit den sog. Organisationsgesellschaften?

8 Die Berufsausübungsgemeinschaften sind von den sog. Organisationsgesellschaften, also der Bürogemeinschaft und der Kooperation, abzugrenzen[2] (siehe hierzu auch B Rz. 9ff.). Sie sind zwar wie die klassische Sozietät in der Rechtsform der GbR organisiert[3]: Ihr Zweck beschränkt sich aber auf die Verbesserung des äußeren Rahmens der Berufsausübung; die **berufliche und unternehmerische Selbständigkeit** bleibt dagegen gewahrt. So hat die **Bürogemeinschaft**, die in § 59a BRAO, §§ 3, 30 BORA erwähnt, nicht aber definiert wird, als sog. **Innengesellschaft** lediglich den Zweck, den Beruf in gemeinsamen Kanzleiräumen auszuüben und bestimmte Kosten von der Bürogemeinschaft tragen zu lassen und umzulegen[4]. Bei der **Kooperation**, die nach der jüngsten Änderung des § 8 BORA (Rz. 3, 185ff.) weder in der BRAO noch in der BORA explizit genannt wird[5], ist die Zusammenarbeit mangels räumlicher Verbindung sogar noch loser. Mit ihr verfolgen Berufsträger das Ziel der Steigerung der Leistungsfähigkeit durch Erfahrungsaustausch, Informationsvermittlung, insbesondere durch Know-how-Transfer in Bereichen unterschiedlicher Spezialisierung, gemeinsame Akquisition und die gegenseitige Vermittlung von Aufträgen[6].

9 Es mutet daher nicht gewagt an, Sozietät und Bürogemeinschaft bzw. Kooperation als zwei verschiedene Paar Schuhe zu bezeichnen oder – wenn man sich der Worte *Karsten Schmidts* bedient –: „Durch das Gesellschaftsrecht des BGB geht ein tiefer Riss. Außengesellschaften und Innengesellschaften sind vollständig heterogene Gebilde. Im Anwaltsrecht schlägt sich dies in Gestalt des Unterschieds zwischen Sozietäten und Bürogemeinschaften nie-

---

1 Gaier/Wolf/Göcken/*Bormann*, § 59a BRAO Rz. 17.

2 Unverständlich die Gleichsetzung in BT-Drucks. 16/3655, S. 83: „Im Falle der gemeinschaftlichen Berufsausübung in Sozietät, Partnerschaftsgesellschaft, Bürogemeinschaft und in Gesellschaften anderer Form (Satz 1) ist die Zusammenarbeit der Rechtsanwaltskammer anzuzeigen."

3 Vgl. zur Rechtsnatur der Kooperation im Einzelnen *Henssler/Deckenbrock*, DB 2007, 447.

4 Siehe dazu I Rz. 18ff. sowie *Deckenbrock*, NJW 2008, 3529ff.

5 Das Fehlen einer gesetzlichen Regelung in der BRAO wird etwa von *Huff*, NJW-Spezial 2005, 429, kritisiert.

6 Hierzu ausführlich J Rz. 7ff. sowie *Henssler/Deckenbrock*, DB 2007, 447ff.

der."[1] Diese gravierenden Unterschiede zwischen Berufsausübungs- und Betriebsgemeinschaft, zwischen Außen- und Innengesellschaft legen es nahe, die Berufsausübungsgemeinschaft auf der einen und die Bürogemeinschaft sowie die Kooperation auf der anderen Seite auch berufsrechtlich unterschiedlich zu behandeln. In der Tat bringt § 59a BRAO zum Ausdruck, dass die Bürogemeinschaft und die Kooperation berufsrechtlich kein Fall der „gemeinschaftlichen Berufsausübung" darstellen. Wären sie hierunter subsumierbar, müsste man die Regelung des § 59a Abs. 3 BRAO, der die Absätze 1 und 2 des § 59a BRAO auf die Bürogemeinschaft für entsprechend anwendbar erklärt, als gesetzgeberische Unzulänglichkeit qualifizieren[2].

Auch aus **§ 33 BORA** folgt keine einheitliche berufsrechtliche Behandlung von Berufsausübungs- und Bürogemeinschaft. Die Norm bestimmt in Absatz 1, dass die Vorschriften der BORA, die Rechte und Pflichten des Rechtsanwalts im Hinblick auf die Sozietät als Form der beruflichen Zusammenarbeit vorsehen, sinngemäß für alle anderen Rechtsformen der beruflichen Zusammenarbeit gelten. Absatz 2 ergänzt, dass bei beruflicher Zusammenarbeit gleich in welcher Form jeder Rechtsanwalt zu gewährleisten hat, dass die Regeln der BORA auch von der Organisation eingehalten werden. Zwar wird in der Literatur teilweise vertreten, dass § 33 BORA den Anwendungsbereich der für die Sozietät geltenden Vorschriften auf die Bürogemeinschaft oder gar die Kooperation ausdehne[3] (siehe auch J Rz. 26ff.). Begründet wird dies mit einem weiten Verständnis des Begriffs der „**beruflichen Zusammenarbeit**". In der Tat lässt sich für diese These anführen, dass in § 59a BRAO derselbe Begriff als gemeinsame Überschrift für die in Absatz 1 und 2 geregelte gemeinsame Berufsausübung sowie für die von Absatz 3 erfasste Bürogemeinschaft gewählt ist[4]. Auch die jüngst erfolgte Neufassung des § 8 BORA spricht auf den ersten Blick für eine weite Auslegung der „beruflichen Zusammenarbeit", zeigt doch die Entstehungsgeschichte der Norm, dass sie auch die Kundgabe einer Kooperation erfassen soll[5] (Rz. 186). 10

Berücksichtigt werden muss aber, dass die Satzungsversammlung sich jedenfalls bei der Verabschiedung des § 33 BORA keine tieferen Gedanken zu der Bedeutung des Begriffs der „beruflichen Zusammenarbeit" gemacht hat[6]. 11

---

1 *K. Schmidt*, NJW 2005, 2801, 2809.

2 Siehe bereits *Deckenbrock*, NJW 2008, 3529, 3531f.

3 Feuerich/Weyland/*Feuerich*, § 33 BORA Rz. 2; Hartung/Römermann/*Römermann*, § 33 Rz. 21f.; Hartung/Scharmer/*Hartung/Scharmer*, § 7 Rz. 84ff.; *Quaas*, NJW 2008, 1697, 1700 (nach dem § 33 Abs. 1 BORA sogar eine Erstreckung auf die „Sternsozietät" sicherstellt).

4 Siehe aber die genau gegenteilige Interpretation bei Gaier/Wolf/Göcken/*Bormann*, § 59a BRAO/§ 33 BORA Rz. 179; Henssler/Prütting/*Henssler*, § 33 BORA Rz. 6; *Henssler/Deckenbrock*, DB 2007, 447, 450.

5 Vgl. das Protokoll über die 6. Sitzung des Ausschusses 2 – Allgemeine Berufs- und Grundpflichten und Werbung – der 4. Satzungsversammlung am 29. 1. 2010 (SV-Mat. 14/2010), S. 10ff.

6 Der Entstehungsgeschichte des § 33 BORA lassen sich keine Anhaltspunkte dafür entnehmen, dass die Satzungsversammlung die Bürogemeinschaft oder gar die Kooperation erfassen wollte, vgl. Hartung/Römermann/*Römermann*, § 33 Rz. 1ff.

Vielmehr hat sie mit der Regelung lediglich die verschiedenen denkbaren Rechtsformen einer Berufsausübungsgemeinschaft im Blick gehabt[1]. Hierfür spricht, dass Bürogemeinschaft und Kooperation keine andere „Rechtsform der beruflichen Zusammenarbeit" sind, sondern einen völlig anderen Gesellschaftszweck haben. Außerdem ist in § 3 Abs. 2 BORA die Anwendbarkeit des Verbots der Vertretung widerstreitender Interessen auf die Bürogemeinschaft als reine Innengesellschaft ausdrücklich vorgesehen. Entsprechendes gilt für § 30 BORA, der immerhin in demselben Abschnitt der BORA wie § 33 zu finden ist („Besondere Berufspflichten bei beruflicher Zusammenarbeit"). Der Sinn dieser expliziten Erwähnung der Bürogemeinschaft ließe sich bei einem weiten Verständnis des § 33 Abs. 1 BORA nicht erschließen[2]. Richtigerweise erfasst § 33 BORA alle Arten von Berufsausübungsgemeinschaften unabhängig von ihrer Rechtsform, nicht aber Bürogemeinschaft und Kooperation.

2. Anforderungen an die Gesellschafterstellung

a) Sozietätsfähige Berufe

12 Ausgangspunkt jeder Darstellung der sozietätsspezifischen Besonderheiten des anwaltlichen Berufsrechts muss § 59a BRAO sein, der allgemeine Vorgaben zur beruflichen Zusammenarbeit enthält. Nach § 59a Abs. 1 BRAO dürfen Rechtsanwälte sich mit **Mitgliedern einer Rechtsanwaltskammer und der Patentanwaltskammer, mit Steuerberatern, Steuerbevollmächtigten, Wirtschaftsprüfern und vereidigten Buchprüfern** zur gemeinschaftlichen Berufsausübung im Rahmen der eigenen beruflichen Befugnisse verbinden. Rechtsanwälte, die zugleich Notar sind (sog. **Anwaltsnotare**), dürfen eine solche Verbindung nur bezogen auf ihre anwaltliche Berufsausübung eingehen. § 59a Abs. 2 BRAO gestattet Rechtsanwälten eine gemeinschaftliche Berufsausübung auch mit Angehörigen von Rechtsanwaltsberufen aus Staaten, die nach dem EuRAG oder nach § 206 BRAO berechtigt sind, sich im Geltungsbereich der BRAO niederzulassen, und ihre Kanzlei im Ausland unterhalten, sowie mit Patentanwälten, Steuerberatern, Steuerbevollmächtigten, Wirtschaftsprüfern oder vereidigten Buchprüfern anderer Staaten, die einen in der Ausbildung und den Befugnissen den Berufen nach der PatAnwO, dem StBerG oder der WPO entsprechenden Beruf ausüben und mit Patentanwälten, Steuerberatern, Steuerbevollmächtigten, Wirtschaftsprüfern oder vereidigten Buchprüfern im Geltungsbereich der BRAO ihren Beruf gemeinschaftlich ausüben dürfen.

---

1 So findet etwa nach BVerfG NJW 2009, 2587, 2588, die Vorschrift über die Briefbogengestaltung (§ 10 BORA) und nach AGH Hamm NJW-RR 2002, 1494 f., die Berufspflicht des § 32 BORA über § 33 BORA auch auf die Anwalts-GmbH Anwendung; siehe dazu aber BGH NJW 2004, 1099, 1101; Hartung/Römermann/*Römermann*, § 33 Rz. 28 ff. (dagegen zu Recht Gaier/Wolf/Göcken/*Bormann*, § 59a BRAO/§ 33 BORA Rz. 177 f.).

2 So bereits Gaier/Wolf/Göcken/*Bormann*, § 59a BRAO/§ 33 BORA Rz. 179; Henssler/Prütting/*Henssler*, § 33 BORA Rz. 6; *Henssler/Deckenbrock*, DB 2007, 447, 450.

Wichtigste Funktion des § 59a BRAO ist also die **Festlegung der Anforderungen an die Gesellschafterstellung**. Er beschränkt den Kreis der sozietätsfähigen Personen neben Rechtsanwälten im Wesentlichen auf Patentanwälte, Steuerberater und Wirtschaftsprüfer. **Rechtspolitische Bestrebungen**, im Rahmen der Reform des Rechtsberatungsrechts den Kreis der sozietätsfähigen Berufe auszudehnen, sind vorerst nicht Gesetz geworden[1]. § 59a Abs. 4 BRAO-E wollte es Rechtsanwälten gestatten, ihren Beruf gemeinschaftlich mit Angehörigen aller vereinbaren Berufe auszuüben. Sie sollten im Einzelfall einen Auftrag gemeinsam mit Angehörigen vereinbarer Berufe annehmen oder im Auftrag eines Angehörigen eines vereinbaren Berufs für dessen Vertragspartner Rechtsdienstleistungen erbringen können. Verbunden werden sollte diese Befugnis mit einer Pflicht zur Sicherstellung einer berufsrechtskonformen Zusammenarbeit. Obwohl sich 2004 der 65. Deutsche Juristentag mit 65 : 61 Stimmen bei 34 Enthaltungen für diese Änderung ausgesprochen hatte[2], ist die geplante Erweiterung der Assoziierungsmöglichkeiten, die europaweit einzigartig gewesen wäre[3], vom Rechtsausschuss gekippt worden. In der Diskussion wurde vor allem darauf hingewiesen, dass die in § 59a Abs. 4 BRAO-E geplante Regelung im Zusammenspiel mit der Zulassung der Sternsozietät (Rz. 54 ff.) zu einer fundamentalen Veränderung des anwaltlichen Rechtsberatungsmarkts führen würde und die Folgen für die anwaltlichen Grundwerte der Unabhängigkeit, Verschwiegenheit und Geradlinigkeit (Vermeidung widerstreitender Interessen) kaum absehbar wären[4]. 13

b) Geltung des anwaltlichen Berufsrechts in der interprofessionellen Sozietät

Soweit die interprofessionelle Zusammenarbeit schon jetzt zulässig ist, muss § 30 BORA beachtet werden. Nach Satz 1 darf sich ein Rechtsanwalt mit Angehörigen anderer nach § 59a Abs. 1 BRAO sozietätsfähiger Berufe nur dann zu einer gemeinschaftlichen Berufsausübung in einer Sozietät, in sonstiger Weise oder in einer Bürogemeinschaft (Rz. 18) verbinden, wenn diese bei ihrer Tätigkeit auch das anwaltliche Berufsrecht beachten[5]. Da- 14

---

1 Zu dem Regelungsvorschlag umfassend *Pelzer*, S. 88 ff. Zu einem möglichen Alternativmodell siehe *Henssler*, AnwBl. 2007, 553, 558; *Henssler*, BRAK-Mitt. 2007, 186, 190.

2 Ständige Deputation des Deutschen Juristentages, Verhandlungen des 65. Deutschen Juristentages Bonn 2004, Band II/1, 2004, R 41 ff. Der 68. Deutsche Juristentag 2010 in Berlin hat allerdings den Vorschlag, die bestehenden berufsrechtlichen Beschränkungen einer multidisziplinären Zusammenarbeit innerhalb von Freiberuflergesellschaften aufzuheben, soweit es um den Zusammenschluss mit Angehörigen anderer reglementierter freier Berufe mit gleicher Verschwiegenheitspflicht geht, mit 56 : 62 Stimmen bei 9 Enthaltungen abgelehnt.

3 Siehe den Überblick bei *Henssler*, BRAK-Mitt. 2007, 238 ff.

4 Vgl. BT-Drucks. 16/6634, S. 54 („weit reichende Änderung des anwaltlichen Berufsrechts").

5 Zu **verfassungsrechtlichen Bedenken** siehe Henssler/Prütting/*Henssler*, § 30 BORA Rz. 4; Gaier/Wolf/Göcken/*Bormann*, § 59a BRAO/§ 30 BORA Rz. 143 ff.;

durch soll sichergestellt werden, dass nicht zum Vorteil der interprofessionellen Berufsausübungsgemeinschaft Handlungen, die einem Rechtsanwalt selbst verboten wären, von einem nicht an das anwaltliche Berufsrecht gebundenen Berufsträger sanktionslos vorgenommen werden können[1]. Es soll generalpräventiv eine sozietätsinterne Organisation und Leitung begünstigt werden, die die Erfüllung gegenüber berufsfremden Einflüssen stärkt[2]. Da die berufsfremden Sozien an ihr eigenes Berufsrecht gebunden bleiben, müssen interprofessionelle Sozietäten daher ihre Zusammenarbeit nach dem jeweils strengsten Berufsrecht ausrichten (**Prinzip der Meistbelastung**)[3]. Die Regelung des § 30 BORA sieht als Rechtsfolge allein die Möglichkeit vor, den Rechtsanwalt oder die Rechtsanwälte aufzufordern, die Sozietät zu beenden oder aus ihr auszuscheiden. Sie wird aber von § 33 Abs. 2 BORA ergänzt, der dem Rechtsanwalt zu einem aktiven Tätigwerden mit dem Ziel verpflichtet, das berufsrechtswidrige Handeln der Berufsausübungsgemeinschaft und damit der in ihr Tätigen abzustellen (Rz. 10). §§ 45 Abs. 3, 46 Abs. 3 BRAO enthalten sogar eine unmittelbare gesetzliche Erstreckung der dort geregelten Tätigkeitsverbote auf alle Sozien unabhängig von ihrer Profession (Rz. 112ff.).

15 Die Regelung des § 30 BORA verdeckt das eigentliche Dilemma: die **unzureichende Harmonisierung des anwaltlichen Berufsrechts mit dem Berufsrecht der anderen sozietätsfähigen Berufe**. Werden bei vergleichbaren Berufsgruppen[4] die jeweiligen Pflichtenprogramme unterschiedlich ausgestaltet, kommt es nicht nur zu Schwierigkeiten bei der interprofessionellen Zusammenarbeit. Es entstehen sachlich nicht zu rechtfertigende Widersprüche, wenn ein Wirtschaftsprüfer, der Steuerberatung betreibt, anders als ein Rechtsanwalt oder Steuerberater reglementiert wird, obwohl er dieselbe Tätigkeit vornimmt. Will man für die Regulierung bestimmter Vorbehaltsaufgaben weiterhin nicht an die Dienstleistung, sondern an den Dienstleister anknüpfen, ist eine Berufsrechtsreform aus einem Guss unerlässlich. Diese wird indes nur schwer zu erreichen sein, wenn für die Berufsrechte der Anwälte, Steuerberater und Wirtschaftsprüfer drei verschiedene Bundesminis-

---

Deckenbrock, BB 2002, 2453, 2458: Es sei fraglich, inwieweit die Satzungsversammlung die Kompetenz für eine mittelbare Erstreckung des anwaltlichen Berufsrechts auf berufsfremde Dritte, die nicht Mitglied einer Rechtsanwaltskammer seien, habe, vgl. insoweit auch (zu § 31 BORA a.F.) BGH NJW 1999, 2970, 2971f.

1 Henssler/Prütting/*Henssler*, § 30 BORA Rz. 1.

2 BGH DB 2011, 170, 171.

3 *Deckenbrock*, BB 2002, 2453, 2458.

4 Nach BVerfGE 98, 49, 62 = NJW 1998, 2269, 2271, sind die drei wirtschaftsnahen Beratungsberufe der Rechtsanwälte, Steuerberater und Wirtschaftsprüfer grundsätzlich gleich zu behandeln. Zum Ganzen *Henssler*, ZIP 1998, 2121, 2124f.; *Henssler*, JZ 1998, 1065, 1067; *Deckenbrock*, BB 2002, 2453, 2457. Siehe aber EGMR NJW 2007, 3049, 3050: „Die Berufe, auf die der Beschwerdeführer hinweist (sc. Steuerberater und Wirtschaftsprüfer), können von dem Beruf des Rechtsanwalts, dessen Tätigkeitsfeld als an der Rechtspflege beteiligter unabhängiger Person deutlich umfassender ist, eindeutig unterschieden werden."

terien zuständig bleiben und jedes für sich seine eigenen Vorstellungen zu verwirklichen versucht, gleichzeitig aber der Bundestag seiner Gesamtverantwortung nur unzureichend nachkommt[1].

c) Erfordernis aktiver Berufsausübung

16 § 59a Abs. 1 S. 1 BRAO wird darüber hinaus das Erfordernis entnommen, dass jeder Gesellschafter aktiv seinen Beruf ausüben muss. Dies folgt aus dem Satzteil „zur gemeinschaftlichen Berufsausübung"[2]. Bei dem Grundsatz der aktiven Mitarbeit handelt es sich um ein Prinzip, das allgemein für alle Berufsausübungsgesellschaften unabhängig von ihrer Rechtsform gilt (kritisch hierzu B Rz. 16ff.). Für die Partnerschaftsgesellschaft wird es in § 1 Abs. 1 S. 1 PartGG wiederholt, nach dem der Zweck der Partnerschaft der Zusammenschluss der Partner „zur Ausübung ihrer Berufe" ist[3]. Zudem müssen die Gesellschafter einer Anwalts-GmbH gemäß § 59e Abs. 1 S. 2 BRAO in der Rechtsanwaltsgesellschaft „beruflich tätig" sein[4]. Aus dem Erfordernis der aktiven Mitarbeit folgt zugleich das sog. **Verbot der „auswärtigen Kapitalbeteiligung"[5] an Anwaltsgesellschaften**. Unzulässig sind damit stille Beteiligungen, Unterbeteiligungen, partiarische Darlehen, Gewinnschuldverschreibungen, Nießbrauch und Treuhand[6].

17 Eine besondere Intensität der aktiven Berufsausübung wird nicht gefordert und wäre in der Praxis auch kaum kontrollierbar. Es soll ein „**Mindestmaß an beruflichen Aktivitäten**" genügen, wie es in der Begründung des Regierungsentwurfs zu § 59e Abs. 1 BRAO heißt[7]. Ausreichend sind etwa rein akquisitorische oder geschäftsführende Aufgaben (sog. *managing partner*). Unproblematisch ist es auch, wenn ein Partner sich aus Alters- oder Gesundheitsgründen weitgehend aus der Gesellschaft zurückzieht und sich auf die sporadische Mitarbeit bei Mandaten beschränkt[8] (siehe auch D Rz. 54f.).

---

1 Siehe dazu am Beispiel des Verbots der Vertretung widerstreitender Interessen *Deckenbrock*, Rz. 362ff.

2 Koch/Kilian/*Kilian*, B Rz. 845; *Henssler*, BRAK-Mitt. 2007, 186, 187.

3 BT-Drucks. 12/6152, S. 7, 9.

4 BT-Drucks. 13/9820, S. 14.

5 So die Wortschöpfung von *Henssler*, ZIP 1994, 844, 849, übernommen vom BayObLG NJW 1995, 199, 201.

6 Vgl. BT-Drucks. 13/9820, S. 15 (zur Anwalts-GmbH). Ausführlich *Henssler*, § 1 Rz. 21ff., 200ff.

7 BT-Drucks. 13/9820, S. 14.

8 Koch/Kilian/*Kilian*, B Rz. 846; Henssler/Prütting/*Henssler*, § 59e Rz. 17; *Henssler*, BRAK-Mitt. 2007, 186, 187. Zu der Frage, inwieweit das Gebot der aktiven Mitarbeit und das strikte Verbot der Kapitalbeteiligung noch zeitgemäß sind, und zu einem Alternativmodell siehe *Kämmerer*, in: Ständige Deputation des Deutschen Juristentages, Verhandlungen des 68. Deutschen Juristentages Berlin 2010, Band I, 2010, H 80ff.; *Henssler*, BRAK-Mitt. 2007, 186, 189f.; *Kleine-Cosack*, AnwBl. 2010, 537, 539f.; *Singer*, AnwBl. 2010, 79ff. Zu internationalen Entwicklungen siehe *Henssler*, BRAK-Mitt. 2007, 238ff. Der 68. Deutsche Juristentag 2010 in Berlin hat allerdings mit großer Mehrheit (113 : 10 Stimmen bei 4 Enthaltungen) den gesetzlichen Ausschluss der Kapitalbeteiligung Externer an Freiberuflergesellschaften befürwortet. Die Wahrung der essentiellen Grund-

Verliert der Anwalt seine **Zulassung**, scheidet er allerdings unmittelbar aus der Sozietät aus. Dieses Ergebnis folgt nicht aus dem Erfordernis aktiver Mitarbeit, sondern aus der Notwendigkeit der Zugehörigkeit zu einem sozietätsfähigen Beruf gemäß § 59a BRAO.

d) Bürogemeinschaft

18 Aus § 59a Abs. 3 BRAO folgt, dass eine Bürogemeinschaft ebenfalls nur mit **Angehörigen sozietätsfähiger Berufe** eingegangen werden darf. Der Gesetzgeber hat diese Einschränkung mit dem Interesse des rechtsuchenden Publikums gerechtfertigt. Es sei sicherzustellen, dass die mit dem Rechtsanwalt in einem Büro tätigen Angehörigen anderer Berufe in gleicher Weise der Verschwiegenheitspflicht und den damit korrespondierenden Aussageverweigerungsrechten und Beschlagnahmeverboten unterfielen. Gewährleistet sei dies nur bei den in § 59a Abs. 1 BRAO genannten Berufen, die zudem der Aufsicht durch ihre eigenen Berufskammern, durch gleichfalls verpflichtete Kollegen also, unterlägen[1]. Wie noch zu zeigen sein wird (Rz. 94ff.), ist die Begründung für diese Berufsausausübungsbeschränkung wenig überzeugend[2].

e) Kooperation

19 Für die Kooperation gibt es keine vergleichbare Beschränkung. Während Kooperationen **zwischen sozietätsfähigen Berufsgruppen** vorgeworfen wird, dass sie „nur in fragwürdiger Weise der Anwaltswerbung" dienten und einen „Versuch der Aufwertung von Kanzleien" darstellten, „welche nicht den Mut haben, sich zu einer echten (überörtlichen) Sozietät zusammenzuschließen"[3], bleiben sie für die anwaltliche **Zusammenarbeit mit nicht sozietätsfähigen Berufen** angesichts der gesetzlichen Beschränkung des Gesellschafterkreises (§ 59a BRAO) derzeit die einzige gangbare Alternative. Der BGH hat insofern herausgestellt, dass eine Zusammenarbeit mit Angehörigen nicht sozietätsfähiger Berufe, etwa eines im Arzthaftungsrecht tätigen Anwalts mit einem Mediziner oder eines im Baurecht tätigen Rechtsanwalts mit einem Bausachverständigen, als sinnvoll erscheine und den Interessen der Rechtsuchenden an einer sachgerechten und qualifizierten Beratung in entsprechenden Rechtsangelegenheiten diene[4]. Kooperationsvereinbarungen von Anwälten sind mit jeglicher Berufsgruppe denkbar, da es an entsprechenden, die Berufsausübung einschränkenden Regelungen fehlt[5]. Das bedeutet, dass nicht nur mit Angehörigen freier Berufe, sondern auch mit **Gewerbetrei-**

---

pflichten des jeweiligen freien Berufs sei durch zielgenaue Regelungen über die innere Verfassung der Gesellschaft nur schwer zu erreichen.

1 BT-Drucks. 12/4993, S. 34; vgl. auch BGH NJW 2003, 3548, 3549.

2 Vgl. zur Rechtfertigung des § 59a Abs. 3 BRAO für die Bürogemeinschaft *Deckenbrock*, NJW 2008, 3529, 3530f.

3 *Kleine-Cosack*, Vor § 59a Rz. 74. Selbstverständlich kann das Kooperationsverhältnis Vorstufe eines späteren Sozietätsverhältnisses sein, vgl. BGH NJW-RR 2005, 1722, 1724.

4 BGH NJW 2005, 2692.

5 Gaier/Wolf/Göcken/*Bormann*, § 59a BRAO/§ 30 BORA Rz. 139.

benden eine Kooperationsvereinbarung getroffen werden kann. Insoweit unterscheidet sich das Berufsrecht der Rechtsanwälte von demjenigen der Steuerberater. Dort dürfen nach § 56 Abs. 5 StBerG **Steuerberater** und Steuerbevollmächtigte eine auf einen Einzelfall oder auf Dauer angelegte berufliche Zusammenarbeit, der nicht die Annahme gemeinschaftlicher Aufträge zugrunde liegt, allein mit Angehörigen freier Berufe i.S.d. § 1 Abs. 2 PartGG sowie von diesen gebildeten Berufsausübungsgemeinschaften eingehen.

3. Berufsausübungsgemeinschaft als Bezugssubjekt berufsrechtlicher Regelungen

Nach § 113 Abs. 1 BRAO wird gegen einen Rechtsanwalt, der schuldhaft gegen Pflichten verstößt, die in der BRAO oder in der BORA bestimmt sind, eine anwaltsgerichtliche Maßnahme verhängt. Es können daher lediglich **einzelne Rechtsanwälte**, nicht aber Berufsausübungsgemeinschaften mögliche **Subjekte einer anwaltsgerichtlichen Maßnahme** sein[1]. Gleiches folgt aus § 33 Abs. 2 BORA, nach dem bei beruflicher Zusammenarbeit gleich in welcher Form jeder Rechtsanwalt zu gewährleisten hat, dass die Regeln der BORA auch von der Organisation eingehalten werden. Dementsprechend bestimmt etwa auch § 3 Abs. 2, Abs. 4 BORA nicht, dass die Sozietät im Fall einer Interessenkollision das Mandat niederzulegen hat. Vielmehr spricht die Norm allein die in der Berufsausübungs- oder Bürogemeinschaft verbundenen Rechtsanwälte an, die für die Niederlegung des Mandats auch dann Sorge zu tragen haben, wenn sie selbst gar nicht Vertragspartei geworden sind (sondern die Sozietät). Ein weiteres Beispiel bietet § 51 BRAO, nach dem nur der einzelne Rechtsanwalt eine Pflicht zum Abschluss einer Berufshaftpflichtversicherung hat, eine Sozietätsversicherung dem Berufsrecht dagegen unbekannt ist. *De lege lata* erscheint jeder Versuch einer Ausdehnung des Anwendungsbereichs wenig Erfolg versprechend, weil im Berufsrecht das strafrechtliche Analogieverbot des Art. 103 Abs. 2 GG zumindest eingeschränkt gilt[2]. 20

Selbst bei **Rechtsanwaltsgesellschaften**, die eine eigene Zulassung (Rz. 24) und Postulationsfähigkeit (Rz. 42) kennen, sind damit nur die einzelnen Sozietätsmitglieder Zuordnungssubjekt berufsrechtlicher Regelungen, die – je nach Involvierung und Verschuldensgrad – zur Verantwortung gezogen werden können. Insoweit hilft auch § 59h BRAO nicht weiter, der für die Rechtsanwalts-GmbH in bestimmten Fällen (Beispiel: Aufnahme eines berufsfremden Gesellschafters i.S.d. § 59e Abs. 1 S. 1 BRAO; Wegfall des nach § 59j BRAO erforderlichen Versicherungsschutzes) den Widerruf der Zulassung vorsieht, nicht aber für den Fall, dass Anwälte der Gesellschaft Berufspflich- 21

---

1 Sozietätsrecht/*Nerlich*, § 30 Rz. 1 ff.; *Deckenbrock*, Rz. 784; *Schultz*, FS Hirsch, S. 525, 537; *Posegga*, DStR 2009, 2391, 2395.

2 BVerfGE 26, 186, 203 f. = NJW 1969, 2192, 2194 f.; BVerfGE 33, 125, 164 = NJW 1972, 1504, 1508; BVerfGE 45, 346, 351 = NJW 1978, 101; BVerfGE 60, 215, 233 f. = NJW 1982, 2487, 2488; BVerfGE 66, 337, 355 f. = NJW 1984, 2341 f.; BGHSt 19, 90, 91 = NJW 1963, 2179, 2180.

ten missachten[1]. § 115c BRAO enthält lediglich eine Sonderregelung für die aus anderen sozietätsfähigen Berufen stammenden **Geschäftsführer** von Rechtsanwaltsgesellschaften, die nach § 60 Abs. 1 S. 2 BRAO Mitglied einer Rechtsanwaltskammer sind. Nach der Norm können auch gegen diese Geschäftsführer die in § 114 Abs. 1 BRAO genannten anwaltsgerichtlichen Maßnahmen getroffen werden, mit der Maßgabe, dass an die Stelle des Ausschlusses aus der Rechtsanwaltschaft die Aberkennung der Eignung tritt, eine Rechtsanwaltsgesellschaft zu vertreten und ihre Geschäfte zu führen. Denkbar erscheint es lediglich, aus § 73 Abs. 2 Nr. 4 BRAO ein Recht des Kammervorstands herzuleiten, die Erfüllung der berufsrechtlichen Pflichten durch die Rechtsanwaltsgesellschaft zu überwachen und das Recht der Rüge zu handhaben[2]. Auch dies scheint jedoch vor dem Hintergrund zweifelhaft, dass § 74 BRAO – die eigentliche Regelung zum Rügerecht – ausschließlich an den Begriff des Rechtsanwalts anknüpft.

22 Das der BRAO zugrunde liegende **Prinzip der personalen Verantwortung des einzelnen Berufsträgers** kann zu Schwierigkeiten bei der Bestimmung des Grads der Verantwortlichkeit führen. Insbesondere in größeren Verbünden und bei Berufsrechtsverstößen außerhalb der unmittelbaren Mandatsarbeit (Beispiel: unzulässige Werbung der Sozietät, Annahme eines kollidierenden Mandats) ist eine sachgerechte Verteilung der Schuld kaum möglich oder werden sich Anwälte unter Hinweis auf eine von ihnen nicht zu verantwortende unzureichende interne Organisation zu entlasten wissen. Vor diesem Hintergrund stellt sich die Frage, ob eine Regulierung, die bei Zusammenschlüssen von mehreren tausend Anwälten an verschiedenen Orten und in verschiedenen Ländern nicht an der Gesellschaft als solcher, sondern ausschließlich an jedem einzelnen Anwalt ansetzt, wirklich sachgerecht ist[3].

4. Zulassung

Literatur:

Bartosch-Koch, Widerruf der Zulassung zur Rechtsanwaltschaft wegen Vermögensverfalls: Voraussetzungen und Möglichkeiten der Abwendung, AnwBl. 2008, 737; *Ehlers*, Vermeidung des Widerrufs der Zulassung als kammergebundener Freiberufler wegen Vermögensverfalls, NJW 2008, 1480; *Klose*, Der Widerruf der Anwaltszulassung in der Insolvenz des Rechtsanwalts, BRAK-Mitt. 2010, 6; *Schultz*, Rechts-

1 Missverständlich daher *Henssler/Mansel*, NJW 2007, 1393, 1398, die von der berufsrechtlichen Verantwortlichkeit der *Rechtsanwaltsgesellschaft* sprechen.

2 So der Ausschuss „Internationale Sozietäten" der BRAK in seinem Tätigkeitsbericht zur 109. Hauptversammlung von September 2006, S. 27.

3 Siehe *Hellwig*, NJW 2005, 1217, 1222, der allerdings kritisiert, dass nach geltendem Recht der einzelne Rechtsanwalt disziplinargesamtschuldnerisch für die Berufsverstöße eines jeden Kollegen persönlich haften soll, auch wenn er von ihnen nichts weiß und sie nicht verhindern kann. Richtigerweise ist die Verhängung anwaltsgerichtlicher Maßnahmen gegen einen Anwalt nur dann mit dem Bestimmtheitsgebot (Art. 103 Abs. 2 GG) vereinbar, wenn seine Verantwortung positiv feststeht. Keinesfalls können ihm Pflichtverletzungen seiner Sozien allein aufgrund der sozietätsrechtlichen Verbundenheit zugerechnet werden.

fähigkeit der Rechtsanwaltssozietät zwischen Anspruch und Wirklichkeit, FS Hirsch, 2008, S. 525.

a) Originäre Zulassung von Berufsausübungsgemeinschaften

Die BRAO kennt grundsätzlich nur die Zulassung von (Einzel-)Rechtsanwälten (§§ 4 ff. BRAO), nicht aber die Zulassung von Sozietäten[1]. Obwohl die Berufsausübungsgesellschaften Vertragspartner der Mandanten sind und sich diesen gegenüber zur Erbringung einer Rechtsdienstleistung verpflichten (B Rz. 395 ff.), sind sie daher **nicht Mitglied der Rechtsanwaltskammer** und auch nicht Anknüpfungssubjekt eigenständiger anwaltlicher Rechte und Pflichten nach der BRAO (siehe bereits Rz. 20). Nach herrschender Meinung soll mangels gesetzlicher Regelung auch eine freiwillige Zulassung nicht in Betracht kommen[2]. 23

Eine Besonderheit sieht die BRAO allerdings in den §§ 59c Abs. 1, 59g BRAO für die **Anwalts-GmbH** vor, die eine eigene Zulassung kennt (dazu D Rz. 44 ff.). Da diese rechtsformspezifische Sonderregelung nicht an Wesensmerkmale der GmbH als solcher, sondern an ihre Zuordnung zu den Kapitalgesellschaften anknüpft, wird richterrechtlich auch den anderen Kapitalgesellschaften deutschen Rechts die Möglichkeit eröffnet, sich „in Anlehnung" an die §§ 59c ff. BRAO berufsrechtlich anerkennen zu lassen und Mitglied der Rechtsanwaltskammer zu werden (E Rz. 10 ff.). Entsprechendes wird für Gesellschaften ausländischer Rechtsform vertreten (G Rz. 55 ff.). Erstaunlicherweise sind aber sogar zugelassene Berufsausübungsgesellschaften nicht ins Rechtsanwaltsverzeichnis nach § 31 BRAO einzutragen (dazu noch Rz. 59). 24

Angesichts dieser richterrechtlich anerkannten Eröffnung einer Zulassungsmöglichkeit über die Anwalts-GmbH hinaus stellt sich die Frage, ob das Fehlen einer gesetzlichen Regelung wirklich ein hinreichender Grund ist, um der als **BGB-Gesellschaft** organisierten Sozietät die **(freiwillige) Zulassung** zur Rechtsanwaltschaft zu verwehren. Immerhin lässt sich – anders als für die Anwalts-AG[3] (siehe aber E Rz. 5 ff.) – insoweit eine planwidrige Regelungslücke, die mit dem Rechtsprechungswandel 2001 entstanden ist, kaum leugnen. Der Gesetzgeber hat für das Zulassungsrecht schlicht die Weiterentwicklung in der Rechtsprechung des BGH zur Rechtsfähigkeit der GbR nicht nachvollzogen[4]. Die Zulassung von GbR-Sozietäten ergibt allerdings von vornherein nur Sinn, wenn aus ihr unmittelbar Vorteile für die Gesellschaft folgen. Für die Anwalts-AG ist insoweit vor allem auf die mit der Zulassung verbundene Postulationsfähigkeit nach § 59l BRAO verwie- 25

---

1 BGH DB 2011, 170, 171: „... weil die Sozietät trotz Rechtsfähigkeit nicht Träger der Berufszulassung ist, sondern sich in ihrer Tätigkeit auf die Berufszulassung ihrer Gesellschafter stützt und in deren Grenzen zu bewegen hat."

2 *Posegga*, DStR 2009, 2391, 2394; siehe aber *Schultz*, FS Hirsch, S. 525, 527 ff.

3 BGHZ 161, 376, 383 = NJW 2005, 1568, 1570.

4 Vgl. auch BGH NJW-RR 2006, 1071, 1072, zu § 3 StBerG, und BGH DB 2011, 170, 171.

sen worden. Nur sie ermögliche es der Anwalts-AG, vom Haftungsprivileg der AG bzw. ihrer Aktionäre uneingeschränkt zu profitieren[1].

26 Zulassung und Postulationsfähigkeit sind richtigerweise allerdings nicht untrennbar miteinander verbunden, wie etwa das Beispiel der Partnerschaftsgesellschaft zeigt; sie ist gemäß § 7 Abs. 4 PartGG auch ohne eigene Zulassung postulationsfähig (Rz. 42, 45). Es erscheint daher ausreichend, wenn man für die Sozietät die Übertragbarkeit dieser Regelung erwägt (Rz. 42ff.). Wie noch zu zeigen sein wird, sind auch die Rechtsdienstleistungserlaubnis (Rz. 33ff.) und die Möglichkeit der Beiordnung einer Sozietät (Rz. 38ff.) letztlich unabhängig von einer originären Zulassung der Gesellschaft. Ein eigenständiges Zulassungsverfahren führt also zu keiner Erweiterung der Handlungsmöglichkeiten der Sozietät. Überhaupt hat das Zulassungsverfahren nach §§ 59cff. BRAO in erster Linie den Zweck, die Überprüfbarkeit der in §§ 59cff. BRAO niedergelegten Anforderungen sicherzustellen[2]. Diese Regelungen (etwa die nach § 59j BRAO erhöhte Versicherungssumme) sind als Ausgleich für das Haftungsprivileg der Anwalts-GmbH in die BRAO aufgenommen worden. Eines solchen Überprüfungsverfahrens bedürfen Personengesellschaften, die anders als die Kapitalgesellschaften eine persönliche Haftung der Gesellschafter kennen[3], nicht im gleichen Maße. Der Gesetzgeber sollte dennoch die Auswirkungen der Rechtsfähigkeit der Sozietät auf die verschiedenen Regelungen der BRAO sorgfältig analysieren und ein stimmiges Konzept entwickeln.

b) Widerruf der Zulassung eines (Einzel-)Rechtsanwalts wegen Vermögensverfalls

27 Sozietätsspezifische Aspekte können auch eine Rolle spielen, wenn einem (Einzel-)Rechtsanwalt der Widerruf der Zulassung wegen Vermögensverfalls droht. Insoweit ist nach § 14 Abs. 2 Nr. 7 BRAO die Zulassung zur Rechtsanwaltschaft zu widerrufen, wenn der Rechtsanwalt in Vermögensverfall geraten ist, es sei denn, dass dadurch die Interessen der Rechtsuchenden nicht gefährdet sind; ein Vermögensverfall wird vermutet, wenn ein Insolvenzverfahren über das Vermögen des Rechtsanwalts eröffnet oder der Rechtsanwalt in das vom Insolvenzgericht oder vom Vollstreckungsgericht zu führende Verzeichnis (§ 26 Abs. 2 InsO, § 915 ZPO) eingetragen worden ist.

28 Nach den strengen Kriterien der Rechtsprechung war an eine **fehlende Gefährdung der Rechtsuchenden** nur zu denken, wenn die Forderungen geprüft sind, das Insolvenzverfahren aufgehoben ist und das Gericht dem Rechtsanwalt als Schuldner gemäß § 291 Abs. 1 InsO die Restschuldbefreiung förmlich durch Beschluss angekündigt hat[4] oder zumindest Aussicht auf ge-

---

1 So Henssler/Prütting/*Henssler*, Vor §§ 59cff. Rz. 27.
2 Henssler/Prütting/*Henssler*, § 59c Rz. 1.
3 Vgl. *Schultz*, FS Hirsch, S. 525, 530.
4 Siehe nur BGH NJW 2005, 1271; BGH NJW-RR 2006, 559; BGH NJW 2007, 2924, 2925; BGH, Beschl. v. 3. 11. 2008 – AnwZ (B) 2/08, BeckRS 2009, 04224; siehe auch die ausführliche Darstellung von *Klose*, BRAK-Mitt. 2010, 6ff.

richtliche Bestätigung eines von dem Rechtsanwalt oder auf seine Veranlassung hin vorgelegten Schuldenbereinigungsplans (§ 254 InsO) besteht[1]. Hatte das Insolvenzverfahren diesen Stand noch nicht erreicht, blieb dem überschuldeten Rechtsanwalt nach jahrzehntelanger Rechtsprechung praktisch kein gangbarer Weg, um seine Anwaltstätigkeit fortzuführen.

29 Bemerkenswert ist daher eine **in zwei Beschlüssen des Anwaltssenats vorgenommene großzügigere Auslegung** dieses in der Praxis enorm bedeutsamen Widerrufsgrunds. Der Senat hat eine Gefährdung der Interessen der Rechtsuchenden in Fällen verneint, in denen der Anwalt seine selbständige Tätigkeit vollständig und nachhaltig aufgegeben hatte, nur noch als Angestellter einer Rechtsanwaltssozietät tätig war und mit dieser rechtlich abgesicherte Maßnahmen verabredet hatte, die verhinderten, dass er mit Mandantengeldern in Berührung kam. Um dies sicherzustellen, war vertraglich vereinbart, dass der Rechtsanwalt auf dem Kanzleibriefkopf entweder gar nicht oder ausdrücklich als angestellter Rechtsanwalt geführt wurde, Mandatsverhältnisse ausschließlich im Auftrag und für Rechnung der Sozietät eingehen, eigene Mandate nicht annehmen und Zahlungen an die Sozietät nicht entgegennehmen durfte. Die Sozien der Kanzlei, gegen deren berufsrechtliche Zuverlässigkeit keine Bedenken bestanden, hatten geeignete Sicherheitsvorkehrungen und Vertretungsregeln getroffen, die eine Einhaltung dieser Regelungen gewährleisteten. Der pfändbare Teil des Arbeitseinkommens wurde an den Insolvenzverwalter abgeführt. Beide Vertragsparteien hatten sich durch schriftliche Erklärungen gegenüber der Rechtsanwaltskammer verpflichtet, jede Änderung des geschlossenen Anstellungsvertrags und ein etwaiges Ende des Anstellungsverhältnisses unverzüglich mitzuteilen[2].

30 Diese beiden Entscheidungen nahm eine Reihe von Rechtsanwälten, die sich gerichtlich gegen den Widerruf ihrer Zulassung zur Wehr setzten, zum Anlass, im Termin zur mündlichen Verhandlung vor dem BGH kurzfristig den Erfordernissen der einschlägigen Senatsentscheidungen angepasste Arbeitsverträge vorzulegen. Teilweise wurde sogar nur ein verbindlicher Abschluss für den Fall der Aufhebung des Widerrufsbescheids in Aussicht gestellt, verbunden mit der Bitte um rechtliche Hinweise zur „Vervollkommnung" des jeweils vorgelegten Entwurfs[3]. Der Anwaltssenat nahm diese Praxis zum Anlass, in einer weiteren Entscheidung zu betonen, dass nach § 14 Abs. 2 Nr. 7 BRAO der Widerruf der Zulassung zur Rechtsanwaltschaft die Regel und die Verneinung der Gefährdung der Interessen der Rechtsuchenden trotz des Vermögensverfalls die Ausnahme sei. Von einem Widerruf der Zulassung eines in Vermögensverfall geratenen Anwalts könne folglich nur dann abgesehen werden, wenn im Zeitpunkt der Entscheidung eine sichere Prognose dahingehend getroffen werden könne, dass sich die typischen Gefahren, die mit dem Vermögensverfall eines Anwalts verbunden seien, nicht realisieren würden. Grundlage einer solchen Prognose könne nicht allein der Abschluss

1 BGH, Beschl. v. 26. 1. 2009 – AnwZ (B) 72/07, BeckRS 2009, 08600; BGH, Beschl. v. 16. 3. 2009 – AnwZ (B) 61/07, BeckRS 2009, 10356.
2 BGH NJW 2005, 511; BGH NJW 2007, 2924.
3 So die Schilderung in BGH BRAK-Mitt 2010, 129, 131.

eines den einschlägigen Senatsentscheidungen nachgebildeten Anstellungsvertrags sein. Vielmehr entscheide eine Gesamtwürdigung aller maßgeblichen Umstände darüber, ob die Gefährdung der Rechtsuchenden hinreichend sicher ausgeschlossen sei. Dies werde angesichts der für eine Gefährdung streitenden Vermutung nur in seltenen Ausnahmefällen in Betracht kommen; die Feststellungslast hierfür treffe den Rechtsanwalt[1].

31 Besonderes Augenmerk gelte dabei der Frage, ob die arbeitsvertraglichen Beschränkungen vom angestellten Rechtsanwalt und seinen Arbeitgebern auch eingehalten würden. Hierzu müssten – auch in Vertretungsfällen greifende – Sicherungsvorkehrungen getroffen werden, die eine effektive Kontrolle der vertraglichen Vereinbarungen gewährleisteten; es bedürfe einer ausreichend engen tatsächlichen Überwachung, um zu verhindern, dass der Rechtsanwalt mit Mandantengeldern in Berührung komme[2]. Unter diesem Gesichtspunkt hat der Senat etwa ein **Anstellungsverhältnis mit einem Einzelanwalt nicht als ausreichend** angesehen, weil in diesem Fall nicht zuverlässig sichergestellt sei, dass die Einhaltung der Vereinbarungen auch während urlaubs- oder krankheitsbedingter Abwesenheit des Einzelanwalts überwacht werde[3]. In diesem Zusammenhang ist von Bedeutung, ob der Vertrag bisher nur bei Gericht vorgelegt oder aber im Zeitpunkt der Entscheidung schon über einen längeren Zeitraum beanstandungsfrei durchgeführt („gelebt") worden sei. In den beiden Fällen, in denen der Senat zugunsten des Rechtsanwalts entschieden hat, bestanden die Arbeitsverhältnisse im Zeitpunkt der Entscheidung des Senats bereits seit mehr als eineinhalb[4] bzw. sogar seit mehr als drei Jahren[5].

32 Um die Prognose abzusichern, dass eine Gefährdung der Rechtsuchenden ausgeschlossen sei, hat der Senat im Übrigen stets – neben der Aufgabe der selbständigen Tätigkeit und dem Abschluss eines Anstellungsvertrags, der die üblichen Befugnisse eines Anwalts im Umgang mit Mandanten und mit Fremdgeld zum Schutz der Mandanten einschränkt – für relevant gehalten, ob der Anwalt seine berufliche Tätigkeit bis dahin beanstandungsfrei ausgeübt und ob er selbst zielgerichtet, ernsthaft und planvoll die erforderlichen Schritte zur Stabilisierung seiner Vermögensverhältnisse unternommen hat. Die arbeitsvertraglichen Beschränkungen und insbesondere die Sicherheitsvorkehrungen zu ihrer Überwachung dürften nicht auf unabsehbare Zeit erforderlich sein. Da dies mit dem Berufsbild des Rechtsanwalts nicht in Einklang zu bringen wäre, könnten sie nur vorübergehend hingenommen werden, wenn nach Ablauf einer gewissen Zeit wieder mit einer

1 BGH BRAK-Mitt 2010, 129, 131.
2 BGH BRAK-Mitt 2010, 129, 131.
3 BGH NJW-RR 2006, 559, 560; BGH AnwBl. 2006, 281; BGH, Beschl. v. 31. 3. 2008 – AnwZ (B) 33/07, BeckRS 2008, 07474; BGH, Beschl. v. 26. 11. 2009 – AnwZ (B) 27/09, BeckRS 2009, 89329. Nach BGH AnwBl. 2009, 64f., gilt Entsprechendes, wenn der Rechtsanwalt am Standort **einer überörtlichen Sozietät** (seiner Arbeitgeberin) nur unter Aufsicht *eines* an diesem Standort tätigen Sozietätsmitglieds tätig werde.
4 BGH NJW 2005, 511.
5 BGH NJW 2007, 2924, 2925.

Konsolidierung der Vermögensverhältnisse gerechnet werden könne, die die Notwendigkeit der Beschränkungen entfallen lasse[1].

5. Erlaubnis zur Rechtsdienstleistung

Literatur:

Deckenbrock, Anmerkung zu BGH, Urt. v. 5. 2. 2009 – IX ZR 18/07 (zum Vertragsschluss mit einer interprofessionellen Sozietät nach Anerkennung der Rechtsfähigkeit der GbR), EWiR § 164 BGB 1/09, 333; *Henssler*, Die Zulassung ausländischer Anwaltsgesellschaften in Deutschland, FS Busse, 2005, S. 127; *Henssler*, Zehn Thesen zum Entwurf eines Rechtsdienstleistungsgesetzes, AnwBl. 2007, 553; *Henssler/Mansel*, Die Limited Liability Partnership als Organisationsform anwaltlicher Berufsausübung, NJW 2007, 1393; *Kilian*, Anmerkung zu BGH, Beschl. v. 10. 1. 2005 – AnwZ (B) 27/03 (Anforderungen an die Zulassung einer Anwaltskapitalgesellschaft in der Rechtsform der AG), JR 2006, 206; *Schultz*, Rechtsfähigkeit der Rechtsanwaltssozietät zwischen Anspruch und Wirklichkeit, FS Hirsch, 2008, S. 525.

Mit der Frage, inwieweit eine Rechtsanwaltssozietät zugelassen werden kann (Rz. 23 ff.), korrespondiert – zumindest auf den ersten Blick – die Frage nach der Notwendigkeit einer Erlaubnis zur Rechtsdienstleistung. Da der Anwaltsvertrag grundsätzlich mit der Berufsausübungsgesellschaft zustande kommt (B Rz. 395 ff.), benötigt diese an sich eine eigene Rechtsdienstleistungsbefugnis. Im RBerG war in Art. 1 § 3 Nr. 2 ausdrücklich klargestellt[2], dass die restriktiven Vorgaben zur Erlaubnis von Rechtsberatung die Berufstätigkeit der Rechtsanwälte sowie der Rechtsanwaltsgesellschaften, die durch im Rahmen ihrer beruflichen Befugnisse handelnde Personen tätig werden, nicht berührten. Auch wenn Art. 1 § 3 Nr. 2 RBerG aus Anlass der gesetzlichen Normierung der Rechtsanwaltsgesellschaft mbH in den §§ 59c ff. BRAO geschaffen worden war und auch den auf diese deutenden Begriff der „Rechtsanwaltsgesellschaft" verwendete, verstand die Literatur den Begriff „Rechtsanwaltsgesellschaft" nicht als Beschränkung auf Kapitalgesellschaften[3]. In der Praxis wurde daher die Verpflichtung einer Berufsausübungsgesellschaft zur Erbringung von Rechtsdienstleistungen **unabhängig von ihrer Rechtsform** akzeptiert (siehe auch E Rz. 1). 33

Zu Problemen ist es allerdings bei **interprofessionellen Sozietäten** (dazu auch B Rz. 764 ff.) gekommen. Der BGH hatte in einer Entscheidung aus dem Jahr 2000, also noch unter Zugrundelegung der für die GbR entwickelten Doppelverpflichtungstheorie, die Ansicht vertreten, dass ein Geschäftsbesorgungsvertrag, der auf eine Rechtsbesorgung gerichtet sei, im Zweifel nicht mit Steuerberatern und Wirtschaftsprüfern einer aus unterschiedlichen Berufsangehörigen bestehenden Sozietät zustande komme[4]. Das inzwischen er- 34

1 BGH BRAK-Mitt 2010, 129, 132, unter Hinweis auf BGH NJW 2005, 511; BGH AnwBl. 2006, 281.
2 BT-Drucks. 13/9820, S. 20.
3 Siehe nur *Chemnitz/Johnigk*, Art. 1 § 3 Rz. 378.1; *Schultz*, FS Hirsch, S. 525, 528; *Henssler/Mansel*, NJW 2007, 1393, 1397 f. Vgl. auch BGH NJW-RR 2006, 1071, 1072, zu § 3 StBerG.
4 BGH NJW 2000, 1333.

folgte Bekenntnis des BGH zur Akzessorietätstheorie hat in der instanzgerichtlichen Rechtsprechung und in der Literatur zu der Annahme geführt, dass nunmehr die Sozietät als solche Vertragspartnerin des Mandanten werde und die sozietätsfähigen, selbst zur Rechtsberatung nicht befugten Berufsträger analog § 128 S. 1 HGB hafteten[1]. Der BGH hat indes in zwei jüngeren Entscheidungen die Frage, inwieweit eine interprofessionelle Sozietät Vertragspartnerin eines Rechtsberatungsmandats werden kann, offengelassen. Da in den zu beurteilenden Sachverhalten das Mandat vor dem Erlass der Grundsatzentscheidung des BGH zur Akzessorietätstheorie übernommen worden sei, gebiete es der Vertrauensschutz, dass der Vertrag über eine Rechtsberatung wegen der Beschränkungen des RBerG allein mit den der gemischten Sozietät angehörenden Rechtsanwälten zustande komme[2].

35 Im nun geltenden RDG fehlt es an einem Ausnahmetatbestand für anwaltliche Berufsausübungsgesellschaften. Der Gesetzgeber hat eine Art. 1 § 3 Nr. 2 RBerG entsprechende Norm als überflüssig angesehen, weil das **RDG die Befugnisse zur Rechtsdienstleistung nicht mehr abschließend regele**, Befugnisse zur Rechtsberatung sich daher auch aus anderen Gesetzen ergeben könnten[3]. In der Literatur ist dieser Regelungsverzicht mit dem Hinweis kritisiert worden, dass es an einer solchen Befugniserteilung mit Ausnahme der §§ 59c ff. in der BRAO fehle[4].

36 Im Ergebnis wird man allerdings kaum die These vertreten können, dass eine Sozietät sich – anders als unter der Ägide des RBerG – nicht zur Erbringung von Rechtsdienstleistungen verpflichten dürfe und verbotswidrig abgeschlossene Verträge gemäß § 3 RDG i.V.m. § 134 BGB nichtig seien. Es wäre zu kurz gegriffen, wenn man eine Rechtsdienstleistungsbefugnis nur dann annähme, wenn die Sozietät selbst zugelassen oder postulationsfähig ist. Richtigerweise folgt – wie der BGH ganz aktuell bestätigt hat[5] – aus § 59a Abs. 1 BRAO, dass eine Sozietät am Rechtsberatungsmarkt auftreten und sich wirksam verpflichten kann[6]. Dies gilt auch für eine interprofessionelle Gesellschaft, solange sie ausschließlich aus Angehörigen sozietätsfähiger Berufe besteht und die Vorbehaltsaufgaben von den insoweit berechtigten Gesellschaftern („**im Rahmen der eigenen beruflichen Befugnisse**") erbracht werden[7].

---

1 Siehe nur OLG München Stbg 2006, 177, 178; *Henssler*, § 8 Rz. 32 ff.; *Stobbe*, AnwBl. 2010, 449, 454; Borgmann/Jungk/Grams/*Jungk*, VII Rz. 23; **a.A.** aber nun *Jungk*, AnwBl. 2009, 865, 866, sowie *Posegga*, DStR 2009, 2391, 2395 f.; *Matz/Henkel*, VersR 2010, 1406, 1413.

2 BGH NJW-RR 2008, 1594, 1595; BGH NJW 2009, 1597, 1598, m. krit. Anm. *Deckenbrock*, EWiR § 164 BGB 1/09, 333.

3 BT-Drucks. 16/3655, S. 32.

4 Koch/Kilian/*Kilian*, B Rz. 798; *Henssler*, AnwBl. 2007, 553, 556 f.

5 BGH DB 2011, 170, 172 f.

6 Vgl. auch Henssler/Prütting/*Henssler*, Vor §§ 59c ff. Rz. 26: „... erfordert die anwaltliche Berufsausübung in der Kapitalgesellschaft keine berufsrechtliche Zulassung als Rechtsanwaltsgesellschaft".

7 *Deckenbrock*, EWiR § 164 BGB 1/09, 333, 334. In diesem Sinne dürfte auch BGH NJW-RR 2006, 1071, 1072 (zu § 3 StBerG), zu verstehen sein; siehe insoweit auch *Henssler*, § 8 Rz. 34; *Henssler/Jansen*, LMK 2006, 196757.

Diese Auffassung vermeidet auch Schwierigkeiten, die für laufende Mandatsverhältnisse entstehen würden, wenn eine Rechtsanwaltsgesellschaft die Form wechselt oder eine vormals reine Anwaltssozietät Steuerberater oder Wirtschaftsprüfer aufnimmt[1]. Überlegenswert erscheint allein, ob die fehlende Erfüllungsbefugnis der nichtanwaltlichen Gesellschafter es rechtfertigt, ihre analog § 128 S. 1 HGB bestehende persönliche Haftung als konkludent vertraglich abbedungen zu erachten (vgl. § 128 S. 2 HGB)[2]. Schließlich kann ein Mandant von einem Wirtschaftsprüfer oder Steuerberater nicht erwarten, dass er für Fehler einzustehen hat, die er wegen eines gesetzlichen Verbots gar nicht hätte verhindern können[3] (siehe zur Haftung in der interprofessionellen Sozietät auch B Rz. 779).

6. Beiordnung und Kontrahierungszwang (§§ 48 ff. BRAO)

Literatur:

Deckenbrock, Anmerkung zu BGH, Beschl. v. 17. 9. 2008 – IV ZR 343/07 (Beiordnung einer Rechtsanwaltssozietät im Rahmen der Bewilligung von Prozesskostenhilfe), EWiR § 121 ZPO 1/08, 95; *Ganter*, Zum Gleichlauf von Anwaltsmandat und Anwaltsbeiordnung, AnwBl. 2007, 847; *Schultz*, Rechtsfähigkeit der Rechtsanwaltssozietät zwischen Anspruch und Wirklichkeit, FS Hirsch, 2008, S. 525.

Der Rechtsanwalt ist grundsätzlich frei darin, ob er einen ihm angetragenen Auftrag annimmt oder ablehnt. § 44 BRAO schreibt ihm lediglich vor, wie er bei der Ablehnung eines Mandats zu verfahren hat. Die §§ 48, 49, 49a BRAO **schränken diese Vertragsfreiheit ein** (siehe dazu auch B Rz. 389 ff.). So verpflichtet § 48 BRAO den Rechtsanwalt dazu, in bestimmten Fällen im gerichtlichen Verfahren die Vertretung einer Partei oder die Beistandschaft zu übernehmen. Immer dann, wenn der Anwalt aufgrund einer gerichtlichen Verfahrensvorschrift einer Partei beigeordnet worden ist, erwächst die Übernahme der Vertretung über § 48 BRAO zugleich zu einer Berufspflicht. Hauptanwendungsfall ist die Beiordnung eines Anwalts im Zivilprozess im Rahmen der **Prozesskostenhilfe** gemäß § 121 ZPO. Weitere Übernahmepflichten sehen § 49 BRAO für die Verteidigung in Straf- und Ordnungswidrigkeitenverfahren und § 49a BRAO für die außergerichtliche Beratungshilfe vor. 37

Vor dem Hintergrund, dass sich die anwaltlichen Berufspflichten grundsätzlich an den Einzelanwalt richten (Rz. 20 ff.), fehlt es in den §§ 48, 49, 49a BRAO an einer Regelung zur Berufsausübungsgesellschaft. Lediglich für die **Anwalts-GmbH** findet sich in § 59m Abs. 2 BRAO ein Verweis auf die §§ 48, 49a BRAO. Hieraus wird zwar zu Recht gefolgert, dass die Rechts- 38

1 BGH DB 2011, 170, 172.

2 Vgl. insoweit Zugehör/Fischer/Sieg/Schlee/*Sieg*, Rz. 354; *Gladys*, Stbg 2006, 178, 187 ff. Der BGH (DB 2011, 170, 172) hat diese Frage offengelassen.

3 *Deckenbrock*, EWiR § 164 BGB 1/09, 333, 334.

anwaltsgesellschaft nicht nur selbst beigeordnet[1], sondern sogar zur Übernahme verpflichtet werden kann[2]. Es muss allerdings bedacht werden, dass berufsrechtlich allein die hinter der GmbH stehenden Berufsträger verantwortlich bleiben. Nicht vom Verweis des § 59m Abs. 2 BRAO erfasst ist die in § 49 BRAO verankerte Pflicht zur Übernahme einer **Pflichtverteidigung**. Vielmehr hält § 59l S. 4 BRAO fest, dass Verteidiger i.S.d. §§ 137ff. StPO nur die für die Rechtsanwaltsgesellschaft handelnde Person ist. Grund hierfür dürfte der Umstand sein, dass der Begriff des Verteidigers in Strafverfahren gemäß § 137 StPO nach einer Entscheidung des BVerfG[3] nur natürliche Personen erfasst und die Einzelperson des Verteidigers in Strafprozessen traditionell viel stärker im Vordergrund steht als in anderen Verfahren[4].

39 Da auch die gerichtlichen Verfahrensvorschriften nicht von der Berufsausübungsgesellschaft, sondern allein von der Beiordnung eines zur Vertretung bereiten „Rechtsanwalts" (§ 121 Abs. 1 ZPO) sprechen, ging die herrschende Meinung davon aus, dass abgesehen von dem Fall der Anwalts-GmbH stets ein bestimmter Anwalt namentlich beigeordnet werden müsse[5]. Sofern kein Anwalt explizit benannt worden war, war dies derjenige, der den Antrag auf Prozesskostenhilfe gestellt hatte[6]. Einzelne Stimmen in der Literatur kritisierten diese Sichtweise unter Hinweis auf die geänderte Rechtsprechung des BGH zur Rechtsfähigkeit der GbR (B Rz. 395ff.) und forderten einen **Gleichlauf von Anwaltsmandat und Anwaltsbeiordnung**[7].

40 In einer jüngeren Entscheidung hat nun auch der BGH im Wege verfassungskonformer Auslegung die Möglichkeit der Beiordnung einer als GbR organisierten Rechtsanwaltssozietät nach § 121 Abs. 1 ZPO bejaht. Der IV. Senat verwies in seiner Begründung zunächst darauf, dass für die Rechtsanwaltsgesellschaft (§ 59cff. BRAO) und die Partnerschaftsgesellschaft[8] die Möglichkeit der Beiordnung nach § 121 Abs. 1 ZPO anerkannt sei. Mit der Anerkennung der Rechtsfähigkeit einschließlich der Parteifähigkeit einer in der Rechtsform der GbR organisierten Anwaltssozietät sei der wesentliche Grund, die Sozietät von einer Beiordnung auszuschließen, entfallen. Denn eine Beschränkung der Beiordnungsmöglichkeit auf Rechtsanwälte als Einzelpersonen würde die Rechtsanwaltssozietät in ihrer von Art. 12 Abs. 1

1 OLG Frankfurt OLG-Report Frankfurt 2001, 153, 154; OLG Nürnberg NJW 2002, 3715; OLG Nürnberg MDR 2002, 1459; LSG Berlin-Brandenburg, Beschl. v. 8. 6. 2010 – L 19 AS 651/10 B PKH, juris; Henssler/Prütting/*Henssler*, § 48 Rz. 9, § 59m Rz. 8.

2 OLG Nürnberg MDR 2002, 1459; Henssler/Prütting/*Henssler*, § 48 Rz. 9, § 59m Rz. 8.

3 BVerfGE 43, 79, 91 = NJW 1977, 99.

4 Gaier/Wolf/Göcken/*Bormann*, § 59l BRAO Rz. 5f.; Henssler/Prütting/*Henssler*, § 59l Rz. 5ff.

5 OLG Düsseldorf AnwBl. 1991, 223; OLG Karlsruhe NJW-RR 1996, 1339f.

6 OLG Zweibrücken NJW-RR 1986, 615; OLG Karlsruhe NJW-RR 1996, 1339f.

7 *Schultz*, FS Hirsch, S. 525, 534; *Ganter*, AnwBl. 2007, 847f.

8 Rechtsprechung zur Zulässigkeit der Beiordnung einer Partnerschaftsgesellschaft, die aus der Zeit vor der BGH-Entscheidung stammt, ist allerdings nicht bekannt.

GG geschützten Berufsausübung einschränken, ohne dass sich dafür tragfähige Gründe finden ließen. Zugleich würde die Anwaltssozietät gegenüber Einzelanwälten, der Rechtsanwaltsgesellschaft und der Partnerschaftsgesellschaft in einer den Schutzbereich des Art. 3 Abs. 1 GG berührenden Weise benachteiligt. Zudem sei der dem Prozesskostenhilferecht immanente Grundsatz der Waffengleichheit berührt, wenn einerseits eine vermögende Partei in der Lage sei, für sich eine Anwaltssozietät mit den aus deren Arbeitsteilung erwachsenden Vorteilen zu verpflichten, andererseits die auf Prozesskostenhilfe angewiesene Partei auf die Vertretung durch einen einzelnen Rechtsanwalt beschränkt sei. Auch Kostenargumente könnten ein abweichendes Ergebnis nicht begründen. Der Gefahr, dass im Rahmen einer Sozietätsbeiordnung ein auswärtiger Rechtsanwalt für die bedürftige Partei auftrete und Kosten verursache, die bei einer Einzelbeiordnung nicht entstanden wären, könne im Einzelfall nach § 121 Abs. 3 ZPO ausreichend begegnet werden. Möglich sei es etwa, dass das Gericht die Beiordnung einer überörtlich tätigen Sozietät von der Zusage abhängig mache, auf die Erstattung von Reisekosten für Sozien aus entfernt gelegenen Niederlassungen zu verzichten, oder bereits der Beiordnungsantrag dahin ausgelegt werde, dass er einen solchen Verzicht enthalte[1].

Vom BGH nicht thematisiert werden die **berufsrechtlichen Folgen** dieser weiten Auslegung des § 121 ZPO. Weil nach § 113 BRAO lediglich einzelne Rechtsanwälte, nicht aber Berufsausübungsgemeinschaften mögliche Subjekte einer anwaltsgerichtlichen Maßnahme sein können (Rz. 20ff.), scheidet eine originäre Berufspflicht der Sozietät zur Übernahme der Prozessvertretung nach § 48 BRAO aus[2]. Die (vertretungsberechtigten) Sozien müssen allerdings sicherstellen, dass die Sozietät mit der Partei ein Mandatsverhältnis eingeht und sie im gerichtlichen Verfahren vertritt. Ansonsten begehen sie genauso eine Berufspflichtverletzung wie in dem Fall einer persönlichen Beiordnung. Entsprechendes gilt für den Fall der Beratungshilfe nach § 49a BRAO. 41

7. Postulationsfähigkeit

Literatur:

Henssler, Die Postulationsfähigkeit ausländischer Anwaltsgesellschaften, NJW 2009, 3136; *Roth*, Die Postulationsfähigkeit der LLP, BB-Special 3.2010, 29; *Schnabl*, Postulationsfähigkeit von „LLP-Anwälten“: Zugleich Besprechung des Beschlusses des BGH vom 22. 4. 2009 – IV ZB 34/08 (AnwBl 2009, 549), AnwBl. 2010, 394; *Schultz*, Rechtsfähigkeit der Rechtsanwaltssozietät zwischen Anspruch und Wirklichkeit, FS Hirsch, 2008, S. 525.

1 BGH NJW 2009, 440, m. Anm. *Deckenbrock*, EWiR § 121 ZPO 1/08, 95; **a.A.** aber LSG Stuttgart JurBüro 2010, 39f., zu § 73a Abs. 1 S. 1 SGG i.V.m. § 121 ZPO. Siehe auch BGH NJW 2011, 229: Ein bei der Sozietät angestellter Rechtsanwalt, der ein Mandat akquiriert und dabei erkennen kann, dass das Mandat unter Inanspruchnahme von Prozesskostenhilfe geführt werden soll, hat auf den Gleichlauf von Anwaltsmandat und Anwaltsbeiordnung hinzuwirken.

2 *Deckenbrock*, EWiR § 121 ZPO 1/08, 95.

42 Es verwundert, dass der IV. Senat in seiner Entscheidung zur Beiordnung einer Rechtsanwaltssozietät (Rz. 40) kein Wort zu der Frage verloren hat, ob eine Sozietät selbst als Prozess- oder Verfahrensbevollmächtigte beauftragt werden kann. Denn der Umstand, dass der Gesetzgeber die Postulationsfähigkeit für die Rechtsanwaltsgesellschaft (§ 59l BRAO) ausdrücklich angeordnet hat, war der maßgebliche Grund dafür, dass die instanzgerichtliche Rechtsprechung und die Literatur für diese Gesellschaftsform die Möglichkeit der Beiordnung bejaht hat[1]. Entsprechendes dürfte für die Partnerschaftsgesellschaft gelten, die in § 7 Abs. 4 PartGG eine fast inhaltsgleiche Regelung kennt[2]. Anders als im Fall der Rechtsanwaltsgesellschaft ist der Erwerb dieser Postulationsfähigkeit nicht an ein berufsrechtliches Zulassungsverfahren geknüpft, sondern setzt lediglich das wirksame Entstehen der Gesellschaft voraus[3]. Der als **GbR** organisierten Sozietät wird eine **Postulationsfähigkeit mangels expliziter Regelung** allerdings bislang **abgesprochen**[4].

43 Konsequenz des nun vorliegenden Beschlusses des BGH könnte daher sein, auch jede Rechtsanwaltssozietät als postulationsfähig zu betrachten[5]. Folge wäre, dass diese die prozessuale Vertretung durch jeden ihrer organschaftlichen oder rechtsgeschäftlichen Vertreter erbringen könnte, ohne dass der Mandant jedem sachbearbeitenden Rechtsanwalt eine Vollmacht erteilen müsste oder der auftretende Rechtsanwalt einer Untervollmacht bedürfte[6]. Auch wäre so die Gefahr gebannt, dass einen angestellten Rechtsanwalt der Gesellschaft, der das Prozessmandat übernimmt, ein Haftungsrisiko nach außen trifft[7].

44 Ob man eine eigene Postulationsfähigkeit der GbR-Sozietät anerkennen kann, hängt zunächst davon ab, inwieweit man die für die Partnerschaftsgesellschaft oder die Anwalts-GmbH ausdrücklich getroffenen Regelungen für analogiefähig hält. Dass das Fehlen einer expliziten Regelung für die GbR eine **planwidrige Regelungslücke** darstellt, ist bereits herausgearbeitet worden (Rz. 25). Eine Übertragbarkeit der § 59l BRAO, § 7 Abs. 4 PartGG müsste aber ausscheiden, wenn es einen Sachgrund gäbe, die als GbR organisierte Sozietät auch nach Anerkennung ihrer Rechtsfähigkeit anders als die übrigen Gesellschaftsformen zu behandeln und ihr eine eigenständige Rolle im Prozess zu verweigern. Ein solcher Grund könnte darin zu sehen sein, dass die GbR anders als die Partnerschaft oder die GmbH in keinem Register eingetragen wird. *Henssler* hat insoweit für die LLP darauf hingewiesen, dass

1 Siehe nur OLG Nürnberg NJW 2002, 3715.

2 Im Rahmen einer BRAO-Novelle wird zu überlegen sein, inwieweit das PartGG für die Zuerkennung der Postulationsfähigkeit der richtige Ort ist oder ob die BRAO eine allgemeine Regelung zur Postulationsfähigkeit treffen sollte.

3 Koch/Kilian/*Kilian*, B Rz. 902.

4 Koch/Kilian/*Kilian*, B Rz. 905.

5 So *Schultz*, FS Hirsch, S. 525, 531 ff.; vgl. auch *Deckenbrock*, EWiR § 121 ZPO 1/08, 95, 96.

6 Vgl. *Henssler*, § 7 Rz. 47 f.

7 Vgl. Koch/Kilian/*Kilian*, B Rz. 905; *Henssler*, NJW 2009, 3136. Eine solche Gefahr sieht *Schnabl*, AnwBl. 2010, 394, 395 f., nicht.

ohne **Registereintragung** bei einem Auftreten vor deutschen Gerichten nicht einmal die zentralen Informationen über die rechtliche Einordnung der Gesellschaft und über ihre Organe verfügbar wären. Da dies nicht im Interesse einer funktionsfähigen deutschen Rechtspflege wäre, sei nur eingetragenen Gesellschaften die Postulationsfähigkeit zuzuerkennen[1]. Zwingend erscheint ein solcher Ansatz indes nicht. Immerhin ergeben sich die notwendigen Informationen auch aus dem Briefbogen der Gesellschaft, auf dem nach § 10 Abs. 2 S. 1 BORA die Namen aller Gesellschafter aufgeführt werden müssen (dazu im Einzelnen Rz. 194ff.). Im Übrigen bietet das Prozessrecht (vgl. §§ 80, 88 Abs. 1 ZPO) die Möglichkeit der Rüge, falls Zweifel an einer ordnungsgemäßen Vertretung bestehen. Der Prozessbevollmächtigte muss in diesem Fall die ordnungsgemäße Vertretung nachweisen[2]. Es spricht daher nichts dagegen, der Sozietät eine eigene Postulationsfähigkeit zuzuerkennen und auf diese Weise auch im Prozessrecht die neue Haftungsverfassung der GbR nachzuvollziehen.

Zu beachten ist jedoch, dass der Gesetzgeber die Postulationsfähigkeit sowohl der Partnerschaftsgesellschaft als auch der Rechtsanwaltsgesellschaft an eine **zusätzliche Voraussetzung** geknüpft hat, nämlich daran, dass **die Gesellschaft jeweils durch einen selbst postulationsfähigen Rechtsanwalt handelt**. Dementsprechend genügt es nicht, dass irgendein Mitarbeiter der Gesellschaft, etwa ein nicht aus der EU stammender ausländischer Rechtsanwalt, den Schriftsatz unterzeichnet oder vor Gericht auftritt[3]. Vielmehr muss der Unterzeichner vor dem jeweiligen Gericht selbst postulationsfähig sein (§ 59l S. 3 BRAO; § 7 Abs. 4 S. 2 PartGG). Er muss bei den von ihm vorgenommenen Prozesshandlungen einerseits klarstellen, dass er für die Gesellschaft auftritt, andererseits auf seine berufliche Stellung als postulationsfähiger Rechtsanwalt hinweisen. 45

Wer die Postulationsfähigkeit der GbR nicht anerkennen möchte, muss beachten, dass eine Prozesshandlung im Namen der Sozietät nicht zwingend zur Unzulässigkeit führt. Vielmehr ist die **Prozesshandlung auslegungsfähig**. Insoweit hat der BGH in einer Entscheidung zur LLP (siehe zur Postulationsfähigkeit bei ausländischen Rechtsberatungsgesellschaften auch G Rz. 68ff.) zwar die Frage, ob diese selbst postulationsfähig ist, offengelassen. Wenn die Berufungsschrift von einem zugelassenen Rechtsanwalt sowohl unter Hinweis auf seine Zulassung zur Rechtsanwaltschaft als auch auf seine Zugehörigkeit zu einer deutschen Zweigniederlassung einer englischen LLP unterzeichnet werde, sei aber grundsätzlich davon auszugehen, dass die Prozesshandlung nicht ausschließlich im Namen der Gesellschaft, sondern jedenfalls auch von dem handelnden Rechtsanwalt selbst vorgenommen worden sei, wenn dem nicht besondere Anhaltspunkte entgegenstünden. Bereite die Klärung der Postulationsfähigkeit einer Anwaltsgesellschaft auslän- 46

1 *Henssler*, NJW 2009, 3136, 3137f.; **a.A.** *Schnabl*, AnwBl. 2010, 394, 397f.; *Roth*, BB-Special 3.2010, 29, 31.

2 So zu Recht *Schnabl*, AnwBl. 2010, 394, 397f., für die LLP.

3 *Kleine-Cosack*, § 59l Rz. 2; Hartung/Römermann/*Römermann*, § 59l BRAO Rz. 9; Henssler/Prütting/*Henssler*, § 59l Rz. 4; *Henssler*, NJW 2009, 3136.

dischen Rechts Schwierigkeiten, liege vom erkennbaren Interesse der vertretenen Partei her eine Auslegung nahe, die der Prozesshandlung auf jeden Fall zum erstrebten Erfolg verhelfe, nämlich dass diese Prozesshandlung vom unterzeichnenden Rechtsanwalt auch selbst und unabhängig von der Gesellschaft vorgenommen werde, der er angehöre. Dies gelte insbesondere, wenn es – wie im vom BGH entschiedenen Fall – auf die Einhaltung einer Frist ankomme[1].

8. Besondere Formen der „Sozietät"

47 Es ist einleitend schon darauf hingewiesen worden, dass sich dieses Kapitel den sich rechtsformunabhängig stellenden berufsrechtlichen Fragen im Hinblick auf die Berufsausübungsgesellschaft widmet (Rz. 1). Keine Sozietät sind die unter den Schlagworten „Scheinsozietät" und „Sternsozietät" bekannten Gebilde. Im Folgenden soll der Frage nachgegangen werden, ob gleichwohl besondere berufsrechtliche Regeln für diese „Rechtsformen" bestehen.

a) Außen-/Scheinsozietät

48 Der Begriff der Außen- oder Scheinsozietät[2] wird in verschiedenen Fallgruppen diskutiert: In einer ersten Konstellation besteht tatsächlich eine Sozietät. Als Mitglieder dieser real existierenden Gesellschaft treten aber auch freie Mitarbeiter und/oder angestellte Anwälte auf, also solche Berufsträger, die nicht Gesellschafter sind. Es ist daher die **Statusangabe des Berufsträgers unzutreffend**. Denkbar ist zudem, dass das Ausscheiden eines Gesellschafters nicht kenntlich gemacht worden ist. Eine zweite Konstellation betrifft die Fälle, dass ein als Sozius auftretender Anwalt für die (angebliche) Gesellschaft überhaupt nicht tätig wird, sondern die **berufliche Zusammenarbeit nur vorgetäuscht** wird. Hier liegt regelmäßig im Innenverhältnis eine Bürogemeinschaft vor, wobei noch einmal danach differenziert werden kann, ob die scheinbare Sozietät zwar nicht mit dem in Bürogemeinschaft tätigen Kollegen, wohl aber generell besteht (dann entspricht die Konstellation dem Fall der falschen Statusangabe), oder ob in Wahrheit überhaupt keine Sozietät existiert. Schließlich sind Sachverhalte bekannt, in denen mehrere real bestehende Sozietäten den Anschein einer größeren Gesellschaft erwecken[3].

49 Die Gründe für die Existenz solcher Scheinsozietäten sind vielfältig. Bisweilen ist es bloße Nachlässigkeit, die zu einer inkorrekten Statusangabe führt. Manchmal ist es die Vorstufe zu einem Partnerverhältnis, die missverständlich zum Ausdruck gebracht wird. In den weitaus meisten Fällen aber steht die **Werbewirkung** im Vordergrund, die sich die beteiligten Berufsträger durch ihr Auftreten erhoffen[4]. Die Beweggründe, mit einer „größeren Einheit" zu wer-

1 BGH NJW 2009, 3162, 3163.

2 Zur Gleichsetzung bzw. Abgrenzung der Begriffe „Außen-" und „Scheinsozietät" siehe *Offermann-Burckart*, AnwBl. 2010, 743 f.

3 Siehe zu dieser Unterscheidung *Pelzer*, S. 324 ff.; *Schäfer*, DStR 2003, 1078; *Offermann-Burckart*, AnwBl. 2010, 743.

4 Vgl. auch *Schäfer*, DStR 2003, 1078, nach dem sich manche Sozietät zu ihren erfahrenen Angestellten öffentlich „bekennen" möchte, um diese zu motivieren.

ben, liegen auf der Hand. So wird der Mandant doch vielfach die Gewissheit verspüren, dass hinter „seinem" Anwalt eine Sozietät mit ihren Vorteilen in Bezug auf Organisation und Arbeitsteilung steht; er weiß z.B., dass bei Verhinderung „seines" Anwalts stets für Vertretung gesorgt ist[1]. Wenn seine Sache von einem der „Sozien" bearbeitet wird, der noch über keine große Erfahrung verfügt, rechnet er zudem vielfach damit, dass dieser erforderlichenfalls, insbesondere in Spezialfragen, bei den anderen Sozietätsmitgliedern Rat einholen wird. Denn die gemeinsame Nutzung der Berufserfahrung und die Pflege des Gedankenaustauschs gehören zum Zweck der Sozietät[2].

Inzwischen gilt es als gesicherte Erkenntnis, dass ein Auftreten als Scheinso- 50
zius oder die **Bildung einer Scheinsozietät nicht per se berufsrechtswidrig** ist. Zur Begründung wurde auf die §§ 8, 9 BORA a.F. verwiesen, nach denen es zulässig war, auf eine Zusammenarbeit mit angestellten und als freie Mitarbeiter tätigen Rechtsanwälten hinzuweisen und eine einheitliche Kurzbezeichnung zu verwenden[3]. Auch nach der Neufassung der §§ 8, 9 BORA[4] (dazu noch Rz. 185 ff.) steht außer Frage, dass die Kundgabe einer Scheinsozietät berufsrechtlich zulässig ist, sofern sie ausschließlich sozietätsfähige Personen i.S.d. § 59a BRAO umfasst. Die Einschränkung des § 8 S. 2 BORA n.F. betrifft allein die Zulässigkeit der Kundgabe einer Zusammenarbeit mit nicht-sozietätsfähigen Personen[5]. Schließlich kommt die berufsrechtliche Anerkennung der Scheinsozietät sogar ausdrücklich in § 32 Abs. 3 BORA zum Ausdruck, wenn es dort heißt, dass die Regelung des § 32 Abs. 1, Abs. 2 BORA (Rz. 170) auch für die Beendigung einer beruflichen Zusammenarbeit in sonstiger Weise gilt, wenn diese nach außen als Sozietät hervorgetreten ist[6].

Ist ein Auftreten als Scheinsozietät berufsrechtlich zulässig, stellt sich die Fra- 51
ge, inwieweit die auf die in einer Berufsausübungsgemeinschaft verbundenen Rechtsanwälte erstreckten Berufspflichten für die Scheinsozien gelten. Der Senat für Wirtschaftsprüfersachen des BGH hat es in einer Entscheidung aus

1 Vgl. zuletzt BGH NJW 2008, 2122, 2124.

2 BGHZ 56, 355, 360 = NJW 1971, 1801, 1803.

3 Henssler/Prütting/*Prütting*, § 8 BORA Rz. 2, 5; Hartung/Römermann/*Römermann*, § 8 BORA Rz. 12 ff.; *Kleine-Cosack*, § 8 BORA Rz. 2; Gaier/Wolf/Göcken/*Bormann*, § 59a BRAO/§ 8 BORA Rz. 104; Sozietätsrecht/*Peres*/*Depping*, § 9 Rz. 36; *Pelzer*, S. 332 f. Siehe auch Kilian/Offermann-Burckart/vom Stein/*Kilian*, § 7 Rz. 189.

4 BRAK-Mitt. 2010, 253.

5 Siehe das Protokoll über die 6. Sitzung des Ausschusses 2 – Allgemeine Berufs- und Grundpflichten und Werbung – der 4. Satzungsversammlung am 29. 1. 2010 (SV-Mat. 14/2010), S. 10 ff.

6 *Offermann-Burckart*, AnwBl. 2010, 743, 744. Zur Frage, ob aus der berufsrechtlichen Anerkennung der Scheinsozietät entgegen der früheren Rechtsprechung des BGH (BGH NJW 1991, 49, 50; BGHZ 115, 105, 115 = NJW 1991, 2641, 2643 f.; BGHZ 119, 225, 233 = NJW 1993, 196, 198; BGH NJW 1996, 2308, 2309 f.) der Schluss gezogen werden kann, dass sie auch **wettbewerbsrechtlich** unbedenklich ist, siehe ausführlich Sozietätsrecht/*Peres*/*Depping*, § 9 Rz. 38 ff.; *Pelzer*, S. 331 ff.

dem Jahr 2000 abgelehnt, die „Scheinsozietät" eines Wirtschaftsprüfers auch unter den Gesichtspunkten des Berufsregisterrechts (§§ 37–40 WPO a.F.) und unter dem Aspekt der Pflicht zum Nachweis des Versicherungsschutzes (§ 44b Abs. 4 S. 1, 2 WPO a.F.) wie eine Sozietät zu behandeln. Hinter dem Begriff der „Scheinsozietät" verberge sich nicht etwa eine Sonder- oder Parallelform der Sozietät. Der Terminus diene vielmehr allein der **schlagwortartigen Bezeichnung einer bestimmten, eine Haftung auslösenden Konstellation**. Die mit diesem Slogan abgerufene Rechtsprechung des BGH ziele darauf ab, im Interesse des Mandanten und zum Schutz seines Vertrauens die Haftung derjenigen Personen sicherzustellen, die den Anschein ihrer Gesellschafterstellung erweckt hätten[1]. Insoweit gilt: Wer den Anschein einer gemeinsamen Berufsausübung in Form einer Außengesellschaft erzeugt, haftet für – eigentlich vom Bürogemeinschafter begründete – Verbindlichkeiten als „Gesellschafter der Scheinsozietät" entsprechend § 128 S. 1 HGB[2]. Eine persönliche Haftung trifft auch den Anwalt, der in Wirklichkeit angestellt oder als freier Mitarbeiter tätig ist, nach außen aber als Sozius auftritt. Typische **Quellen eines solchen Rechtsscheins** sind ein gemeinsames Kanzleischild sowie gemeinsame Briefbögen und Stempel[3] (zu den haftungsrechtlichen Voraussetzungen und Auswirkungen siehe B Rz. 394[4]; zu der Frage, ob der Scheingesellschafter vertretungsberechtigt ist, siehe D Rz. 137).

52 Mit einer ähnlichen Argumentation hat das BVerfG in seinem Sozietätswechslerbeschluss vom 3. 7. 2003[5] die Überlegungen des Anwaltssenats des BGH verworfen, der das aus § 43a Abs. 4 BRAO folgende Tätigkeitsverbot eines Anwalts auf den Außensozius erstrecken wollte[6]. In welchem Ausmaß das Verbot Dritte erfasse, mit denen der tatsächlich mandatierte Rechtsanwalt zusammenarbeite oder zusammengearbeitet habe, müsse allein unter

1 BGHSt 46, 155, 157 = NJW 2001, 165, 166; zustimmend etwa *Kamps/Alvermann*, NJW 2001, 2121, 2123. Diese Rechtsprechung hat zur Einfügung des § 44b Abs. 6 WPO geführt, der für die Mitglieder einer (Wirtschaftsprüfer-)Scheinsozietät ausdrücklich die Erstreckung bestimmter Berufspflichten (insbesondere der Versicherungspflicht) anordnet.

2 BGHZ 70, 247, 249 = NJW 1978, 996; BGH NJW 1991, 1225; BGH NJW 1999, 3040, 3041; BGHZ 172, 169, 174 = NJW 2007, 2490, 2492; BGH NJW 2008, 2330, m. krit. Anm. *Henssler/Deckenbrock*, WuB IV A. § 675 BGB 3.08. Erstaunlich ist, dass der BGH auch in den beiden neueren Entscheidungen – trotz der zwischenzeitlich erfolgten Anerkennung der Akzessorietätstheorie – von einer Haftung nach den „Grundsätzen der Duldungs- und Anscheinsvollmacht" spricht.

3 Vgl. BGHZ 70, 247, 249 = NJW 1978, 996; BGH NJW 1991, 1225, 1226; BGH NJW 1999, 3040, 3041. Ein **klarstellender Zusatz** („in Bürogemeinschaft", „angestellter Rechtsanwalt") kann eine Rechtsscheinhaftung vermeiden, siehe Koch/Kilian/*Kilian*, B Rz. 885 ff.; *Deckenbrock*, NJW 2008, 3529, 3533.

4 Siehe auch die umfassende Darstellung von Gaier/Wolf/Göcken/*Schultz*, Die Zivilrechtliche Haftung des Anwalts Rz. 454 ff. sowie *Offermann-Burckart*, AnwBl. 2010, 743, 745 f.

5 BVerfGE 108, 150, 167 = NJW 2003, 2520, 2522 f.; dem folgend Feuerich/Weyland/*Feuerich*, § 43a Rz. 66, im Widerspruch zu § 3 BORA Rz. 11.

6 BGH NJW 2001, 1572, 1573, unter Verweis auf BGHZ 70, 247, 249 = NJW 1978, 996; BGHZ 124, 47, 51 = NJW 1994, 257, 258.

dem Gesichtspunkt der Verhältnismäßigkeit austariert werden. Die für die Außenhaftung und für die Außenvollmacht entwickelten Grundsätze der zivilgerichtlichen Rechtsprechung, die Mandanten und Rechtsverkehr eine erleichterte Zurechnung ermöglichten, könnten insofern nicht maßgeblich sein. Denn der Schutzzweck des § 43a Abs. 4 BRAO (Schutz des individuellen Vertrauensverhältnisses zwischen Anwalt und Mandant sowie Wahrung der Unabhängigkeit des Rechtsanwalts sowie des Gemeinwohls in Gestalt der Rechtspflege, die auf eine Geradlinigkeit der anwaltlichen Berufsausübung angewiesen ist) sei ein anderer. Auch § 8 BORA a.F., der es gestattete, freie Mitarbeiter durch Aufnahme in den Briefkopf zu Außensozien zu machen, ließen sich keine Abwägungskriterien entnehmen, denn diese Regelung diene der Selbstdarstellung der abgebenden Sozietät, habe daher nicht den Interessenwiderstreit bei gemeinschaftlicher Berufsausübung im Blick. Außerhalb einer gesellschaftsrechtlichen Verbindung zur gemeinsamen Berufsausübung sei entscheidend, welcher Informationsfluss zwischen den Rechtsanwälten stattfinde. Das hänge aber von der Organisation und der Ausgestaltung der Rechtsbeziehungen zwischen den Anwälten ab[1].

Diese Feststellungen des BVerfG und des BGH legen nahe, dass die Scheinsozietät **berufsrechtlich „ein Nichts"** ist[2]. In der Tat haben Scheingesellschaften in Registern, die die wahre Rechtslage abbilden sollen, nichts zu suchen. So kann etwa weder eine Scheinpartnerschaft noch ein Scheinpartner in das Partnerschaftsregister eingetragen werden[3]. Es erscheint aber zweifelhaft, die Aussagen des BVerfG und des Senats für Wirtschaftsprüfersachen so zu verallgemeinern, dass das Auftreten als Scheinsozius gänzlich irrelevant sei. Entscheidendes Kriterium sollte die Frage sein, ob der Schutz des Mandanten eine Erstreckung der jeweiligen Berufspflicht erfordert. Insoweit greifen die gleichen Überlegungen wie bei der Rechtsscheinhaftung der Scheinsozietät oder des Scheinsozius, die ebenfalls die (gutgläubige) Sicht des Mandanten im Blick hat. Auch um Umgehungsmöglichkeiten zu vermeiden, ist daher mithilfe einer teleologischen Auslegung die Anwendbarkeit jeder einzelnen Berufspflicht zu prüfen[4]. Dies kann bei der Verschwiegenheitspflicht (Rz. 90) zu einem anderen Ergebnis führen als beim Verbot der Vertretung widerstreitender Interessen (Rz. 108). § 32 Abs. 3 BORA dehnt sogar ausdrücklich die für die Beendigung der beruflichen Zusammenarbeit getroffenen Berufspflichten auf die Scheinsozietät aus (Rz. 170). In vielen Fällen muss die Frage der Erstreckung einer Berufspflicht auf Außensozien allerdings gar nicht beantwortet werden. Denn die Scheingesellschafter sind im Regelfall in Wirklichkeit entweder angestellte Rechtsanwälte, freie Mitarbeiter oder Bürogemeinschafter; dieser Personenkreis wird bereits nach dem Wortlaut der die Berufspflicht regelnden Norm oftmals erfasst (vgl. § 3 Abs. 2 BORA; siehe aber die Einschränkung in Rz. 115 f.). 53

1 BVerfGE 108, 150, 167 f. = NJW 2003, 2520, 2522.

2 *Schäfer*, DStR 2003, 1078. **A.A.** *Knöfel*, S. 589, der über § 33 Abs. 1 BORA pauschal alle Berufspflichten auf die Scheinsozietät und ihre Mitglieder erstrecken möchte.

3 *Henssler*, § 8 Rz. 45.

4 Sozietätsrecht/*Peres/Depping*, § 9 Rz. 36; *Pelzer*, S. 335 f.

b) Sternsozietät

54 Keine Sozietät im klassischen Sinne ist die sog. Sternsozietät (siehe dazu auch B Rz. 208 ff.). Sie liegt vor, wenn mehrere **organisatorisch und rechtlich selbständige Sozietäten** dadurch miteinander verbunden sind, dass ein Anwalt beiden Sozietäten angehört[1]. Da die beiden so verklammerten Sozietäten nicht zusammenarbeiten, ist der Begriff der Sternsozietät an sich irreführend. In der Praxis sind solche Sternsozietäten erst seit jüngerer Zeit anzutreffen, waren sie doch bis zum 17. 12. 2007 berufsrechtlich untersagt. Erst mit dem „Gesetz zur Neuregelung des Rechtsberatungsrechts"[2], das in Artikel 4 auch Änderungen der BRAO mit sich gebracht hat, ist das **Verbot aufgehoben** worden, indem in § 59a Abs. 1 BRAO die Wörter „in einer Sozietät" gestrichen worden sind[3]. Nach der Gesetzesbegründung soll es der Verantwortung des einzelnen Rechtsanwalts obliegen, wie er seine Tätigkeit organisiere. Dabei sei es nicht erforderlich, ihm vorzuschreiben, in welcher Kanzlei er seinen Beruf in welchem Umfang ausübe[4]. Mit Wirkung zum 1. 7. 2008 ist auch der das Verbot konkretisierende § 31 BORA von der Satzungsversammlung der BRAK aufgehoben worden[5]. Der gleichzeitigen Mitgliedschaft eines Rechtsanwalts in verschiedenen Berufsausübungsgemeinschaften steht damit berufsrechtlich nichts mehr im Wege; denkbar ist daher die Bildung von **konzernartigen Strukturen** bei Rechtsanwaltssozietäten[6]. Gesellschaftsvertraglich kann dagegen einem Anwalt untersagt werden, noch in einer anderen Sozietät seinen Beruf auszuüben. Aber auch ohne eine solche Regelung unterliegt ein Anwalt einem gesetzlichen Wettbewerbsverbot, wenn ihm nicht aus-

---

1 Teilweise wurde ein Verstoß gegen das damals geltende Verbot der Sternsozietät sogar bejaht, wenn ein Sozietätspartner einer weiteren Sozietät lediglich als angestellter Anwalt oder als freier Mitarbeiter angehörte; vgl. *Henssler*, ZIP 1998, 2121; **a.A.** Hartung/Römermann/*Römermann*, § 31 Rz. 36.

2 V. 12. 12. 2007, BGBl. I, S. 2840.

3 Das Verbot der Sternsozietät war nach herrschender Auffassung an diesem Satzteil festgemacht worden, vgl. BT-Drucks. 12/4993, S. 33; BT-Drucks. 13/9820, S. 14; BGH NJW 2003, 3548; BGH NJW 2006, 1132 (zu § 59e Abs. 2 BRAO); **a.A.** Hartung/Römermann/*Römermann*, § 59a BRAO Rz. 8. Für **Anwaltsgesellschaften** folgt Entsprechendes aus der Aufhebung der Parallelregelung des § 59e Abs. 2 BRAO. Das bislang für **Steuerberater** gleichfalls geltende Verbot der Sternsozietät ist mit Wirkung zum 12. 4. 2008 durch das „Achte Gesetz zur Änderung des Steuerberatungsgesetzes vom 8. 4. 2008" (BGBl. I, S. 666) parallel zur Änderung bei den Rechtsanwälten aufgehoben worden, siehe § 56 Abs. 1 StBerG n.F. (dazu BT-Drucks. 16/7077, S. 31). Für Steuerberatungsgesellschaften gilt es (ebenso wie für Wirtschaftsprüfersozietäten) ohnehin nicht, vgl. BGH NJW 2006, 1132, 1133.

4 BT-Drucks. 16/3655, S. 83.

5 BRAK-Mitt. 2008, 65. Entgegen dem BGH (NJW 2006, 1132, 1133 f.) wurde die Norm in der Literatur vielfach für verfassungs- bzw. gesetzeswidrig erachtet, etwa von Henssler/Prütting/*Henssler*, § 31 BORA Rz. 1 ff.; *Henssler*, ZIP 1998, 2121, 2124; *Henssler*, NJW 1999, 241, 245; *Zuck*, NJW 1999, 263, 265.

6 Siehe auch Gaier/Wolf/Göcken/*Bormann*, § 59a BRAO Rz. 59. Zur Akzeptanz von Sternsozietäten am Anwaltsmarkt siehe *Hommerich*/*Kilian*, AnwBl. 2009, 785 f.

drücklich die Zweittätigkeit genehmigt worden ist (B Rz. 247 f.; D Rz. 83 ff.; L Rz. 105 ff.).

Die Neufassung des § 59a Abs. 1 BRAO hatte im Gesetzgebungsverfahren erhebliche Kritik erfahren – insbesondere wegen ihrer Folgen für das Gebot interessenkollisionsfreier Tätigkeit. So wurde angemahnt, dass bei Zulassung von Sternsozietäten das Problem der **Interessenkollision** nicht auf den Augenblick eines Sozietätswechsels beschränkt wäre, sondern zu einem Dauerzustand zwischen den Sozietäten würde, an denen der Sternsozius beteiligt sei. Der Sternsozius wäre in hohem Maße mit Kollisionsprüfungen befasst, wenn er nicht fortwährend Gefahr laufen wolle, gegen seine Berufspflicht aus § 43a Abs. 4 BRAO und § 3 BORA zu verstoßen[1]. Der BGH hatte noch 2005 die Verfassungsmäßigkeit des Verbots der Sternsozietät damit gerechtfertigt, dass derjenige, der anwaltliche Leistungen in Anspruch nehme, ohne komplizierte Nachfrage wissen wolle, wem er die Wahrnehmung seiner rechtlichen Belange anvertraue und ob der Beauftragte nicht zugleich widerstreitende Interessen vertrete oder sich auf sonstige Weise in der Gefahr einer Interessenkollision befinde. Der Rechtsuchende, der sich mannigfach verschachtelten, intransparenten Rechtsanwaltsgesellschaften gegenüber sähe, müsse befürchten, dass für ihn unerkennbare Rücksichtnahmen und Interessenkollisionen die Qualität der rechtlichen Dienstleistung beeinflussten und minderten. Er könne nicht ohne Weiteres ausschließen, dass der Gegner von anderen Rechtsanwälten desselben Dienstleistungskonzerns vertreten werde[2]. 55

Richtigerweise war das Verbot der Sternsozietät zur Vermeidung von Interessenkollisionen nicht haltbar. Wenn das Verbot tatsächlich vornehmlich den Schutz des Verbots der Vertretung widerstreitender Interessen bezweckte, war es in den Fällen, in denen tatsächlich keine Gefahr einer Interessenkollision bestand, nie erforderlich gewesen[3]. Vielmehr hätten die problematischen Fälle über die Begründung neuer Tätigkeitsverbote gelöst werden können[4]. Diese Überlegungen erinnern an die Zweitberufsentscheidung des BVerfG: Dort hatten die Karlsruher Richter unter Hinweis auf den Verhältnismäßigkeitsgrundsatz die bis dahin geltende strenge Zweitberufsjudikatur wegen Verstoßes gegen Art. 12 GG für verfassungswidrig erklärt. Die Ausübung eines Zweitberufs sei nur ganz ausnahmsweise mit dem Anwaltsberuf vollständig unvereinbar, wenn der Gefahr von Interessenkollisionen nicht 56

1 Auf diese Problematik hat die BRAK in ihrer Stellungnahme „zum Diskussionsentwurf des BMJ eines Gesetzes zur Neuregelung des Rechtsberatungsrechts", S. 31 f., abrufbar unter http://www.brak.de/seiten/pdf/Stellungnahmen/2004/Nr37.pdf, hingewiesen.

2 BGH NJW 2006, 1132, 1133.

3 Vgl. Henssler/Prütting/*Henssler*, § 31 BORA Rz. 3.

4 **A.A.** BGH NJW 2006, 1132, 1133: „Dies erscheint unzutreffend, weil bei verschachtelten, konzernähnlichen Gebilden die Einhaltung eines Tätigkeitsverbots nur mit Schwierigkeiten zu kontrollieren wäre. Außerdem wäre durch ein Tätigkeitsverbot die erforderliche Transparenz und die im Interesse der freien Advokatur gebotene persönliche Unabhängigkeit der Rechtsanwälte nicht herzustellen."

durch Tätigkeitsverbote, wie sie nun in den §§ 45, 46 BRAO geregelt sind, begegnet werden könne[1]. Die Lösung des Problems der Interessenkollision muss daher allein über die Auslegung des Verbots der Vertretung widerstreitender Interessen gemäß § 43a Abs. 4 BRAO i.V.m. § 3 BORA gesucht werden (Rz. 109ff.).

57 Das Verbot der Sternsozietät wurde darüber hinaus mit möglichen **Unklarheiten über den Vertragspartner eines Rechtsberatungsmandats** gerechtfertigt[2]. Insoweit obliegt es der Verantwortung des betroffenen Rechtsanwalts und der über ihn verklammerten Sozietäten, durch eine eindeutige Gestaltung der Briefköpfe, Kanzleischilder und Vollmachtsformulare sicherzustellen, dass klar ist, für welche Sozietät der Sternsozius den Mandatsvertrag schließen möchte. Sollte es dennoch zu Fehlvorstellungen des Mandanten kommen, werden seine Interessen hinreichend durch die Grundsätze der Rechtsscheinhaftung geschützt[3].

III. Kanzleipflicht

Literatur:

Deckenbrock, Kanzlei und Zweigstelle, NJW 2010, 3750; *Huff*, Mehrere Kanzleisitze eines Rechtsanwalts – Zur Notwendigkeit eines „Zulassungssitzes" bei einer Mehrheit von Kanzleien, ZAP 2010, 233 = Fach 23, S. 885.

1. Anforderungen

58 Nach § 27 Abs. 1 BRAO muss der Rechtsanwalt im Bezirk der Rechtsanwaltskammer, deren Mitglied er ist, eine Kanzlei einrichten und unterhalten. § 5 BORA verpflichtet den Rechtsanwalt, die für seine Berufsausübung erforderlichen sachlichen, personellen und organisatorischen Voraussetzungen vorzuhalten. Zu den Mindestanforderungen zählen nach herrschender Meinung ein ordnungsgemäßer **Kanzleiraum**, eine eindeutige **Kanzleiadresse**, ein auf die Existenz der anwaltlichen Niederlassung hinweisendes **Kanzleischild**, die **telefonische Erreichbarkeit** des Rechtsanwalts und eine gewisse Anwesenheit des Anwalts in seiner Kanzlei (Stichwort: **personelle Besetzung**)[4].

---

1 BVerfGE 87, 287, 322 = NJW 1993, 317, 319. Siehe auch *Kleine-Cosack*, DB 2007, 1851, 1856f.: „Allein das Bestehen von Problemen rechtfertigt keine Verbote; nur wenn Alternativen nicht zur Verfügung stehen, kommen sie als ultima ratio in Betracht."

2 Vgl. das Protokoll über die 4. Sitzung der Satzungsversammlung am 13.–15. 6. 1996 (SV-Prot. 4/1996), S. 27ff.

3 Dazu Hartung/Römermann/*Römermann*, § 59a BRAO Rz. 14ff.; *Henssler*, ZIP 1998, 2121, 2122; *Henssler*, BRAK-Mitt. 2007, 186, 188; *Laschke*, AnwBl. 2009, 546.

4 Zu den allgemeinen Anforderungen an eine Kanzlei siehe Gaier/Wolf/Göcken/*Siegmund*, § 27 BRAO/§ 5 BORA Rz. 45ff.; Kilian/Offermann-Burckart/vom Stein/*Offermann-Burckart*, § 6 Rz. 4ff.; teilweise **kritisch** zu diesen Voraussetzungen *Kleine-Cosack*, § 27 Rz. 3ff.

2. Wahl des Kanzleisitzes

Die Kanzleipflicht richtet sich dabei stets an den Einzelanwalt; es gibt daher **keine eigene Kanzleipflicht der Sozietät**. Die Kanzlei einer Sozietät ist deshalb streng genommen die Kanzlei ihrer einzelnen Sozien[1]. § 10 Abs. 1 S. 2 BORA n.F. („Werden mehrere Kanzleien ... unterhalten ...") ist insoweit missverständlich formuliert. Dieser Sichtweise widerspricht auch nicht die frühere, durch das „Gesetz zur Neuregelung des Rechtsberatungsrechts" zum 18. 12. 2007 aufgehobene[2] Regelung des § 59a Abs. 2 BRAO a.F., nach dem die Sozietät eine gemeinschaftliche Kanzlei oder mehrere Kanzleien erforderte, in denen verantwortlich zumindest ein Mitglied der Sozietät tätig war, für das die Kanzlei den Mittelpunkt seiner beruflichen Tätigkeit bildete. Denn auch diese Norm richtete sich allein an die einzelnen Rechtsanwälte, die – örtlich oder überörtlich – zu einer Sozietät zusammengeschlossen waren[3]. Aus diesem Grund werden in das Rechtsanwaltsverzeichnis nach § 31 BRAO keine Sozietäten selbst eingetragen, sondern nur die die Sozietät bildenden Anwälte. Selbst für Rechtsanwaltsgesellschaften nach den §§ 59c ff. BRAO gilt nichts anderes, obwohl sie eine eigene Zulassung haben (§ 60 Abs. 1 S. 1 Alt. 2 BRAO)[4]. Es gibt daher **kein Register für Berufsausübungsgesellschaften**. Nach § 24 Abs. 1 Nr. 4 BORA ist der Rechtsanwalt allerdings verpflichtet, dem Vorstand der Rechtsanwaltskammer unaufgefordert und unverzüglich die Eingehung oder Auflösung einer Sozietät, Partnerschaftsgesellschaft oder sonstigen Verbindung zur gemeinschaftlichen Berufsausübung anzuzeigen[5]. 59

Entsprechendes gilt für die **angestellten Rechtsanwälte** und für die **freien Mitarbeiter**, wenn diese den Standort der Sozietät zu ihrem Kanzleisitz wählen[6]. Die Praxis akzeptiert es allerdings, wenn nicht jedes Mitglied einer Sozietät oder gar angestellte oder als freie Mitarbeiter tätige Anwälte auf dem 60

1 Kilian/Offermann-Burckart/vom Stein/*Offermann-Burckart*, § 6 Rz. 97, 105; **unklar** *Kleine-Cosack*, § 27 Rz. 12.

2 V. 12. 12. 2007, BGBl. I, S. 2840.

3 Kilian/Offermann-Burckart/vom Stein/*Offermann-Burckart*, § 6 Rz. 97.

4 BT-Drucks. 16/11385, S. 35; dazu **kritisch** Gaier/Wolf/Göcken/*Siegmund*, § 31 BRAO Rz. 25 ff. Feuerich/Weyland/*Weyland*, § 31 Rz. 19, will zugelassene Rechtsanwaltsgesellschaften „im Wege der ergänzenden Auslegung" in § 31 Abs. 3 BRAO hineinlesen.

5 Nach *Offermann-Burckart*, AnwBl. 2010, 743, 744, gehört die Norm allerdings zu den am wenigsten „... Ernst genommenen und ‚gelebten' Vorschriften des anwaltlichen Berufsrechts".

6 Kilian/Offermann-Burckart/vom Stein/*Offermann-Burckart*, § 6 Rz. 97; **a.A.** offenbar Henssler/Prütting/*Prütting*, § 27 Rz. 12, der davon ausgeht, dass den angestellten Rechtsanwalt keine Verpflichtung zur Einrichtung einer Kanzlei trifft, sondern sich aus dem Anstellungsverhältnis zwingend ergebe, dass er in eine von seinem Arbeitgeber eingerichtete und unterhaltene Kanzlei eingegliedert werde.

Kanzleischild[1] benannt sind[2]. Es sei schon aus Platz- und/oder Praktikabilitätsgründen (häufige Sozietätswechsel) nicht möglich, sämtliche in einer Sozietät beschäftigten Berufsträger auf dem Schild aufzuführen (zum Briefbogen siehe Rz. 194 ff.). Erforderlich ist allerdings, dass der betreffende Anwalt anderweitig der Kanzlei zugeordnet und identifiziert werden kann[3].

3. Mehrere Kanzleien, Zweigstelle und überörtliche Sozietät

61 In jüngerer Zeit haben sich durch die Änderungen der rechtlichen Rahmenbedingungen einige völlig neue Fragestellungen ergeben, für die die Praxis bislang keine befriedigenden Antworten kennt. Eine beachtenswerte Liberalisierung hat dabei neben der bereits angesprochenen Aufhebung des Verbots der Sternsozietät, die es einem Anwalt erlaubt, in mehreren Sozietäten Mitglied zu sein (Rz. 54 ff.), vor allem der durch das „Gesetz zur Stärkung der Selbstverwaltung der Rechtsanwaltschaft"[4] mit Wirkung zum 1. 6. 2007 erfolgte Wegfall des in § 28 BRAO a.F. verankerten Zweigstellenverbots mit sich gebracht. Die **Errichtung von Zweigstellen** und die **Abhaltung auswärtiger Sprechtage** sind nunmehr grundsätzlich **unbeschränkt zulässig.** Der Rechtsanwalt ist jedoch verpflichtet, die Errichtung der Zweigstelle nach § 27 Abs. 2 BRAO der Rechtsanwaltskammer unverzüglich anzuzeigen; die Errichtung einer Zweigstelle im Bezirk einer anderen Rechtsanwaltskammer ist auch dieser Rechtsanwaltskammer mitzuteilen. In das Rechtsanwaltsverzeichnis ist nach § 31 Abs. 3 BRAO neben der Kanzleianschrift u.a. auch die Anschrift von Zweigstellen einzutragen.

62 Zudem muss die Zweigstelle nach einer aktuellen Entscheidung des Anwaltssenats des BGH **Niederlassung** sein und darf sich nicht in einer bloßen Geschäftsadresse erschöpfen. Es müsse einen festen Ort geben, an dem der Rechtsanwalt gewöhnlich angetroffen werden könne, Mandanten mit ihrem Rechtsanwalt vertrauliche Gespräche führen sowie ihre Unterlagen und Mitteilungen vor unbefugtem Zugriff sicher verwahrt wissen könnten. Die notwendige „enge Verbindung" mit dem Gericht und den Rechtsuchenden werde dagegen nicht allein dadurch hergestellt, dass an den Rechtsanwalt Zustellungen erfolgen könnten und er überhaupt erreichbar sei. Der BGH geht davon aus, dass „Zweigstelle" und „Kanzlei" kein begriffliches Gegensatzpaar seien. Mit dem Begriff der „Zweigstelle" korrespondiere nach allgemeinem Sprachgebrauch der – im Gesetz indes nicht verwandte – Begriff der „Hauptstelle". Sowohl Haupt- als auch Zweigstelle seien Niederlassun-

1 Zur grundsätzlichen Erforderlichkeit des Kanzleischilds siehe zuletzt BGH NJW 2005, 1420; BGH NJW-RR 2009, 1577, 1578; LG Karlsruhe, NJW-RR 2009, 204 f.; **a.A.** AnwG München NJW 2008, 600.

2 Dies ist schon deshalb notwendig, weil die Rechtsprechung angestellte oder als freie Mitarbeiter tätige Rechtsanwälte, die ohne klarstellenden Zusatz auf dem Kanzleischild aufgeführt werden, als Scheinsozien ansieht und sie dadurch Haftungsgefahren aussetzt, vgl. Rz. 51.

3 Henssler/Prütting/*Prütting*, § 27 Rz. 11; Kilian/Offermann-Burckart/vom Stein/*Offermann-Burckart*, § 6 Rz. 15.

4 V. 26. 3. 2007, BGBl. I, S. 358.

gen der „Kanzlei", die sich allein danach unterschieden, in welcher der Rechtsanwalt seine berufliche Tätigkeit ihrem Schwerpunkt nach entfalte[1]. Dementsprechend verpflichtet der zum 1. 1. 2011 neu gefasste § 5 BORA[2] unter der Überschrift „Kanzlei und Zweigstelle" den Rechtsanwalt, die für seine Berufsausübung erforderlichen sachlichen, personellen und organisatorischen Voraussetzungen nicht nur in der Kanzlei (Rz. 58), sondern auch in der Zweigstelle vorzuhalten[3].

Die aktuelle BGH-Entscheidung, die den Begriff der „Hauptstelle" erfindet, 63
trägt zur Begriffsklarheit wenig bei[4]. Dies wäre aber dringend notwendig gewesen, werden doch bereits in der Kammerpraxis mehrdeutige Begriffe verwendet. So wird vielfach darauf hingewiesen, dass ein Anwalt **mehrere Kanzleisitze** haben kann. Begründet wird dies insbesondere mit der Zulässigkeit der Sternsozietät und dem Umstand, dass heutzutage die Unterhaltung mehrerer Kanzleien aus sachlicher und technischer Sicht kein Problem darstelle. Der Rechtsanwalt sei allerdings gemäß § 27 BRAO verpflichtet, sich für einen Zulassungssitz zu entscheiden, damit klar sei, welche Kammer den Anwalt berufsrechtlich kontrolliere[5]. Sieht man wie der BGH Haupt- und Zweigstelle als Unterform eines Oberbegriffs „Kanzlei", ist die Aussage, dass ein Anwalt mehrere Kanzleisitze haben kann, zwar nicht falsch. Um Verwechslungen zu vermeiden, sollte sich die Begriffswahl allerdings an dem Sprachgebrauch des Gesetzgebers orientieren. So sollte berücksichtigt werden, dass die Aufhebung des Verbots der Sternsozietät zu keinen Änderungen im Bereich der §§ 27ff. BRAO geführt hat. Vielmehr spricht § 27 Abs. 1 BRAO ausdrücklich nur von einer Kanzlei, wobei „eins" als Zahlwort zu verstehen sein dürfte. Auch in § 31 Abs. 3 BRAO ist der Begriff der „Kanzleianschrift" im Singular gehalten, während „Zweigstellen" im Plural erwähnt werden. Vor dem Hintergrund der gesetzlichen Vorgaben erscheint daher die Annahme sachgerecht, dass ein Anwalt auch dann, wenn er Mitglied in zwei Sozietäten ist, nur eine Kanzlei i.S.d. § 27 Abs. 1 BRAO unterhält. In seiner zweiten Sozietät führt er im Sinne der berufsrechtlichen Terminologie eine Zweigstelle. Dass diese tatsächlich nicht anders ausgestaltet ist als die (Haupt-)Kanzlei (und nach der Neufassung des § 5 BORA auch nicht sein darf), spielt insoweit keine Rolle.

---

1 BGH NJW 2010, 3787, 3788.

2 BRAK-Mitt. 2010, 207.

3 Das BMJ hatte ursprünglich den neu gefassten § 5 BORA gemäß § 191e BRAO mangels Kompetenz der Satzungsversammlung – § 59b Abs. 1g) BRAO erlaube nur nähere Regelungen zur Kanzleipflicht, nicht aber zur Zweigstelle – aufgehoben. Der BGH (NJW 2010, 3787) hat allerdings der gegen den Aufhebungsbescheid gerichteten Klage stattgegeben. Zu der Neuregelung *Deckenbrock*, NJW 2010, 3750, 3752f.

4 Ausführliche Kritik bei *Deckenbrock*, NJW 2010, 3750ff.

5 Mitteilung der Rechtsanwaltskammer Köln, KammerForum Rechtsanwaltskammer Köln 2010, 46 und 112; *Peitscher*, KammerReport Hamm 2010, 31. Siehe auch *Huff*, ZAP 2010, 233, 234ff. = Fach 23, S. 885, 886ff.; *Huff* ist Geschäftsführer der Rechtsanwaltskammer Köln.

64 In der Praxis ist breit diskutiert worden, ob neben Einzelanwälten auch Sozietäten Zweigstellen errichten dürfen. Ebenso wie sich die Kanzleipflicht ausschließlich an Einzelanwälte richtet (Rz. 59), trifft auch die Anzeigepflicht nach § 27 Abs. 2 S. 1 BRAO ausschließlich den einzelnen Rechtsanwalt. Dennoch liegt rein tatsächlich eine **Zweigstelle einer Sozietät** vor, wenn alle Mitglieder einer Sozietät gemeinsam eine oder mehrere Zweigstellen einrichten. Nicht erforderlich ist es, dass alle Sozien einzeln der zuständigen Rechtsanwaltskammer die Einrichtung der Zweigstelle anzeigen; vielmehr kann die Mitteilung durch die Sozietät gebündelt erfolgen[1]. Zulässig ist es schließlich auch, wenn **Sozien** und angestellte oder als freie Mitarbeiter tätige Rechtsanwälte unabhängig von dieser Sozietät eine **eigene Zweigstelle** errichten[2].

65 Damit stellt sich die Frage nach der Abgrenzung der Zweigstelle einer Sozietät von der **überörtlichen Sozietät.** Nimmt man den Wortlaut und die Systematik der BRAO ernst, zeichnet sich die überörtliche Sozietät dadurch aus, dass an jedem ihrer Standorte zumindest ein Anwalt seiner Kanzleipflicht nach § 27 Abs. 1 BRAO nachkommt. Eine überörtliche Sozietät liegt daher nicht vor, wenn – wie bei der Zweigstelle einer örtlichen Sozietät – alle Anwälte ihre Kanzlei unter derselben Adresse eingerichtet haben. Zwar ist mit § 59a Abs. 2 BRAO a.F. (Rz. 59) die einzige Regelung zur überörtlichen Sozietät inzwischen aufgehoben worden. Die Streichung der Norm hat aber nur zur Folge, dass anders als früher der Standort einer Sozietät auch von einem angestellten Rechtsanwalt oder freien Mitarbeiter geführt werden darf[3]. Insoweit muss nämlich berücksichtigt werden, dass § 59a Abs. 2 BRAO a.F. auf eine Entscheidung des OLG Hamm aus dem Jahre 1991[4] zurückgeht, nach der derjenige, der mit einem angestellten Anwalt eine überörtliche Sozietät bildete, eine zweite Kanzlei zum weiteren Mittelpunkt seiner beruflichen Tätigkeit machte und so gegen das Zweigstellenverbot (§ 28 BRAO a.F.) verstieß[5].

---

1 Gaier/Wolf/Göcken/*Siegmund*, § 27 BRAO/§ 5 BORA Rz. 101; Kilian/Offermann-Burckart/vom Stein/*Offermann-Burckart*, § 6 Rz. 98. Siehe auch *Kopp*, BRAK-Mitt. 2007, 256, der die Ergebnisse eines Symposions zum Thema „Kanzlei – Zweigstelle – Sprechtag“ zusammenfasst, an dem Vertreter fast aller deutschen Rechtsanwaltskammern teilgenommen haben. In diesen sog. „Münchener Empfehlungen“ heißt es: „Im Ergebnis einigten sich die Teilnehmer darauf, dass Sozietäten gemeinsame Zweigstellen zumindest in der Form einrichten können, dass alle Sozien dieselbe Zweigstellenadresse unter ihrer Kurzbezeichnung angeben.“

2 Gaier/Wolf/Göcken/*Siegmund*, § 27 BRAO/§ 5 BORA Rz. 100; Kilian/Offermann-Burckart/vom Stein/*Offermann-Burckart*, § 6 Rz. 103ff.; *Kopp*, BRAK-Mitt. 2007, 256; **a.A.** Henssler/Prütting/*Prütting*, § 27 Rz. 20; Feuerich/Weyland/*Weyland*, § 27 Rz. 31; Offermann-Burckart/*Dahns*, § 1 Rz. 50.

3 Gaier/Wolf/Göcken/*Bormann*, § 59a BRAO Rz. 82; *Pelzer*, S. 295; **a.A.** Gaier/Wolf/Göcken/*Siegmund*, § 27 BRAO/§ 5 BORA Rz. 99; Kilian/Offermann-Burckart/vom Stein/*Offermann-Burckart*, § 6 Rz. 100.

4 OLG Hamm, NJW 1991, 2650; siehe zuvor BGHZ 108, 290, 294f. = NJW 1989, 2890, 2891.

5 Gaier/Wolf/Göcken/*Bormann*, § 59a BRAO Rz. 82; Hartung/Römermann/*Römermann*, § 59a BRAO Rz. 31.

Mit der Aufhebung des Zweigstellenverbots (Rz. 61) entfiel daher zugleich die Rechtfertigung für die Regelung des § 59a Abs. 2 BRAO a.F.[1]

IV. Unabhängigkeit

Literatur:

Grunewald, Die Unabhängigkeit des Rechtsanwalts, AnwBl. 2004, 463; *Grunewald*, Entgeltliche Mandatsvermittlung und Beteiligung Dritter am Erfolg anwaltlicher Leistung, FS Hartung, 2008, S. 9; *Henssler*, Arbeitsrecht und Anwaltsrecht, RdA 1999, 38; *Henssler*, Die Vergütung angestellter Junganwälte – Kinderarbeit im Haifischbecken?, MDR 2002, 315; *Henssler*, Der leitende Angestellte in Beratungsgesellschaften, FS Hromadka, 2008, S. 131; *Knöfel*, Der Berufsstatus angestellter Rechtsanwälte – Binnenethik im Anwaltsberuf, NJW-Beilage zu Heft 5/2006, 20; *Löw*, Rechte und Pflichten des angestellten Rechtsanwaltes – Darstellung einiger praxisrelevanter Problemkreise, MDR 2006, 913; *Schautes*, Anwaltliche Unabhängigkeit: Eine rechtsvergleichende Untersuchung des deutschen und des US-amerikanischen Berufsrechts, 2005.

1. Regelungsüberblick

Das Postulat der anwaltlichen Unabhängigkeit wird neben der Verschwie- 66
genheitspflicht und dem Verbot der Vertretung widerstreitender Interessen als die **anwaltliche Kernpflicht**[2] schlechthin verstanden. Sie begegnet dem Rechtsanwalt an verschiedenen Stellen in der BRAO und BORA. So ist nach § 1 BRAO der Rechtsanwalt ein unabhängiges Organ der Rechtspflege. Gemäß § 3 Abs. 1 BRAO ist der Rechtsanwalt der berufene unabhängige Berater und Vertreter in allen Rechtsangelegenheiten. Zudem darf der Rechtsanwalt nach § 43a Abs. 1 BRAO keine Bindungen eingehen, die seine berufliche Unabhängigkeit gefährden. Nach §§ 7 Nr. 8, 14 Abs. 2 Nr. 8 BRAO ist die Zulassung zur Rechtsanwaltschaft zu versagen bzw. zu widerrufen, wenn der Bewerber eine Tätigkeit ausübt, die mit dem Beruf des Rechtsanwalts, insbesondere seiner Stellung als unabhängiges Organ der Rechtspflege nicht vereinbar ist oder das Vertrauen in seine Unabhängigkeit gefährden kann[3]. Schließlich findet sich für die Anwalts-GmbH in § 59f Abs. 4 BRAO (D Rz. 7, 103ff.) eine Spezialregelung. Dort ist festgehalten, dass die Unabhängigkeit der Rechtsanwälte, die Geschäftsführer, Prokuristen oder Handlungsbevollmächtigte zum gesamten Geschäftsbetrieb sind, bei der Ausübung ihres Rechtsanwaltsberufs zu gewährleisten ist; Einflussnahmen der Gesellschafter, namentlich durch Weisungen oder vertragliche Bindungen,

1 Die für Anwaltsgesellschaften geltende vergleichbare Beschränkung des § 59i Abs. 2 BRAO a.F. ist mit Wirkung zum 1. 9. 2009 durch das „Gesetz zur Modernisierung von Verfahren im anwaltlichen und notariellen Berufsrecht, zur Errichtung einer Schlichtungsstelle der Rechtsanwaltschaft sowie zur Änderung sonstiger Vorschriften v. 30. 7. 2009", BGBl. I, S. 2449, aufgehoben worden; dazu Henssler/Prütting/*Henssler*, § 59i Rz. 2ff., 12ff.

2 Zum Begriff siehe Henssler/Prütting/*Henssler*, § 43a Rz. 1.

3 Zu diesen allein den Einzelanwalt betreffenden Fragen siehe Henssler/Prütting/*Henssler*, § 7 Rz. 75ff. und § 14 Rz. 39ff.

sind unzulässig. Darüber hinaus werden viele berufsrechtliche Regelungen mit dem Schutz der anwaltlichen Unabhängigkeit gerechtfertigt, ohne dass sie diese explizit ansprechen. So wird etwa die Beschränkung des Gesellschafterkreises auf die in § 59a BRAO genannten Berufsgruppen (dazu Rz. 12f.) damit begründet, dass nur diese Berufe vergleichbaren berufsrechtlichen Beschränkungen unterlägen und allein so gewährleistet werden könne, dass das anwaltliche Berufsrecht durchweg Beachtung finde[1].

67 In der BORA heißt es in § 1 Abs. 1 unter der Überschrift „Freiheit der Advokatur", dass der Rechtsanwalt seinen Beruf frei, selbstbestimmt und unreglementiert ausübt, soweit Gesetz oder BORA ihn nicht besonders verpflichten. Nach § 1 Abs. 3 BORA hat der Rechtsanwalt als unabhängiger Berater und Vertreter in allen Rechtsangelegenheiten seine Mandanten vor Rechtsverlusten zu schützen, rechtsgestaltend, konfliktvermeidend und streitschlichtend zu begleiten, vor Fehlentscheidungen durch Gerichte und Behörden zu bewahren und gegen verfassungswidrige Beeinträchtigung und staatliche Machtüberschreitung zu sichern. Weitere Ausprägungen der anwaltlichen Unabhängigkeit finden sich in den §§ 26 (Beschäftigung von Rechtsanwälten und anderen Mitarbeitern), 27 (Beteiligung Dritter) und 30 BORA (Zusammenarbeit mit Angehörigen anderer Berufe). Keine Regelung getroffen hat die Satzungsversammlung – trotz der in § 59b Abs. 2 Nr. 1b BRAO eingeräumten Kompetenz – zur Wahrung der Unabhängigkeit i.S.v. § 43a Abs. 1 BRAO[2].

2. Bindungen in einer Berufsausübungsgemeinschaft

68 Unter dem Gesichtspunkt der Unabhängigkeit sind zunächst die rechtlichen Bindungen in einer Berufsausübungsgemeinschaft zu beurteilen. Teile der Literatur folgern aus dem freiberuflichen und unabhängigen Charakter des Anwaltsberufs, dass kein Sozius von der eigenen Berufsausübung ausgeschlossen oder über die interne Geschäftsverteilung oder Zuständigkeitsverteilung hinaus beschränkt werden dürfe; jeder Sozius müsse also zur Alleingeschäftsführung und -vertretung in der Lage sein[3]. Insoweit enthalte § 6 Abs. 2 PartGG, nach dem jeder einzelne Partner im Partnerschaftsvertrag nur von der Führung der „sonstigen Geschäfte" ausgeschlossen werden könne, eine über seinen unmittelbaren Anwendungsbereich hinausgehende allgemeingültige Aussage (ausführlich B Rz. 126ff.).

69 In der Tat muss dem assoziierten Rechtsanwalt grundsätzlich eine eigenverantwortliche Bearbeitung seiner Mandate ermöglicht werden. Die vertragliche Vereinbarung der Geschäftsführung darf den einzelnen Partner nicht an der Berufsausübung hindern. So darf ein Anwalt **nicht von sämtlichen Mandantenkontakten ausgeschlossen** werden. Ihm muss sowohl Geschäftsfüh-

---

1 Vgl. BT-Drucks. 12/4993, S. 34; BT-Drucks. 16/3655, S. 83.
2 Diese Nichtregelung hat die Zustimmung von *Grunewald*, AnwBl. 2004, 463, 466, erfahren.
3 *Michalski/Römermann*, § 6 Rz. 16 (zum PartGG); siehe auch Sozietätsrecht/*Peres*, § 6 Rz. 11ff.

rungs- als auch Vertretungsbefugnis für die Annahme des Beratungsvertrags, dessen Durchführung sowie zur Durchsetzung seiner Vergütung zustehen[1]. Richtigerweise ist die **Einräumung einer Einzelgeschäftsführungsbefugnis bzw. von Einzelvertretungsmacht nicht erforderlich**. Denn aus der von der BRAO akzeptierten Möglichkeit, sich zur gemeinschaftlichen Berufsausübung zusammenzuschließen, folgen Bindungen unter den einzelnen Sozien fast zwangsläufig. Die Unabhängigkeit beinhaltet nicht das Recht, ohne Rücksicht auf die Belange der anderen Partner Geschäfte zu machen. Vielmehr findet die Unabhängigkeit des einzelnen Partners ihre Grenze in der Unabhängigkeit der Mitgesellschafter. Die Unabhängigkeit des Einzelnen darf nicht zur Folge haben, dass sich die zur gemeinsamen Berufsausübung verbundenen Gesellschafter ohne Rücksprache nicht überschaubaren Haftungsrisiken bzw. der Gefahr von Reputationsverlusten für die Berufsausübungsgemeinschaft aussetzen müssen. Dies gilt selbst dann, wenn nicht alle Gesellschafter – wie in der Partnerschaftsgesellschaft oder in der Anwalts-GmbH – persönlich haften, sind sie doch durch die drohende Minderung des Gesellschaftsvermögens zumindest mittelbar betroffen. Um diesem berechtigten Anliegen Rechnung zu tragen, darf daher die **Übernahme risikoträchtiger Mandate an die Zustimmung der Sozien** geknüpft werden. Ein Vertragsentwurf oder ein an das Gericht gerichteter Schriftsatz darf – entsprechend dem Vier-Augen-Prinzip – an die **Gegenzeichnung eines anderen Partners** gebunden werden. Die Eigenverantwortung wird nicht dadurch berührt, dass im Einzelfall eine Abstimmung zwischen den Sozien zu erfolgen hat[2].

Bei **interprofessionellen Gesellschaften** kann die Geschäftsführungsbefugnis 70
der einzelnen Sozien auf den von ihnen jeweils ausgeübten freien Beruf beschränkt werden. Soweit der freie Beruf eine besondere Qualifikation der Gesellschafter – wie etwa die Zulassung zur Rechtsanwaltschaft und die damit verbundene Erlaubnis zur Erbringung von Rechtsdienstleistungen – voraussetzt, kann eine entsprechende Beschränkung sogar aus berufsrechtlichen Gründen (vgl. für die Partnerschaftsgesellschaft § 6 Abs. 1 PartGG) unverzichtbar sein[3] (siehe auch Rz. 34 ff.).

3. Behandlung der Mitarbeiter

An ihre Grenzen stößt die anwaltliche Unabhängigkeit im Hinblick auf den 71
angestellten Rechtsanwalt (ausführlich dazu L Rz. 57 ff.). Insbesondere das **Direktionsrecht** des Arbeitgeber-Anwalts lässt sich auf den ersten Blick kaum damit vereinbaren, dass die Unabhängigkeit an sich **Weisungsfreiheit** voraussetzt[4]. Allerdings haben Gesetz- und Satzungsgeber sich den Notwendigkeiten der Praxis gebeugt und grundsätzlich Anstellungs- und freie Mitarbeiterverhältnisse von Rechtsanwälten akzeptiert. Dabei hat eine wesent-

1 Henssler/Prütting/*Henssler*, § 43a Rz. 25; zum PartGG siehe *Henssler*, § 6 Rz. 53 f.
2 Henssler/Prütting/*Henssler*, § 43a Rz. 25; siehe auch (zum PartGG) *Henssler*, § 6 Rz. 55; Meilicke/Graf von Westphalen/Hoffmann/Lenz/Wolff/*Meilicke*, § 6 Rz. 45 f.
3 *Henssler*, § 6 Rz. 56; MünchKommBGB/*Ulmer/Schäfer*, § 6 PartGG Rz. 14.
4 Siehe auch Gaier/Wolf/Göcken/*Wolf*, § 2 BRAO/§ 26 BORA Rz. 60.

liche Rolle gespielt, dass man die mit einem Anstellungsverhältnis für die anwaltliche Unabhängigkeit verbundenen Gefahren bei einem selbst zur Unabhängigkeit verpflichteten Anwalt als Arbeitgeber geringer einschätzt als bei einem berufsfremden Dienstherrn[1].

72 Nähere Vorgaben für den Umgang mit angestellten Anwälten, freien Mitarbeitern und sonstigen Beschäftigungen enthält § 26 BORA. Nach Absatz 1 dürfen Rechtsanwälte nur **zu angemessenen Bedingungen beschäftigt** werden. Als angemessen gelten Bedingungen, die eine unter Berücksichtigung der Kenntnisse und Erfahrungen des Beschäftigten und des Haftungsrisikos des beschäftigenden Rechtsanwalts sachgerechte Mandatsbearbeitung ermöglichen, eine der Qualifikation, den Leistungen und dem Umfang der Tätigkeit des Beschäftigten und den Vorteilen des beschäftigenden Rechtsanwalts aus dieser Tätigkeit entsprechende Vergütung gewährleisten, dem beschäftigten Rechtsanwalt auf Verlangen angemessene Zeit zur Fortbildung einräumen und bei der Vereinbarung von Wettbewerbsverboten eine angemessene Ausgleichszahlung vorsehen. Ergänzend sieht Absatz 2 vor, dass ein Rechtsanwalt andere Mitarbeiter und Auszubildende nicht zu unangemessenen Bedingungen beschäftigen darf.

a) Direktionsrecht

73 Nach diesen Grundsätzen wird die Unabhängigkeit des angestellten Rechtsanwalts oder freien Mitarbeiters nicht tangiert, wenn er bestimmte Mandate oder Ausschnitte davon zur Bearbeitung übertragen bekommt. Nicht erforderlich ist es, dass er auch **eigene Mandate** bearbeiten kann[2]. Das Direktionsrecht umfasst darüber hinaus auch die Frage, **wie** der Anwalt die im Mandat aufgeworfenen **Tatsachen- und Rechtsfragen anzugehen hat**[3]. Da der Arbeitgeber-Anwalt oder die den Anwalt beschäftigende Sozietät für die Fehler ihres Mitarbeiters einzustehen hat, muss es ihm bzw. ihr möglich sein, durch die Erteilung von Weisungen Haftungsrisiken zu vermeiden. Andererseits wäre seine eigene Unabhängigkeit nicht mehr gewahrt, wenn er die Arbeitsweise seines Mitarbeiters nicht beeinflussen könnte, obwohl er nach außen hin die Verantwortung zu tragen hat (für Einzelheiten, auch zur Zulässigkeit von Regelungen zum **Arbeitsort** und zur **Arbeitszeit** sowie von **Wettbewerbsverboten**, siehe L Rz. 72ff.).

74 Dies heißt allerdings nicht, dass der Arbeitgeber-Anwalt[4] den bei ihm als Anwalt oder freien Mitarbeiter beschäftigten Berufsträger **alle Einzelheiten** vor-

---

1 BGHZ 65, 238, 241 = NJW 1976, 425, 426. Dazu Henssler/Prütting/*Henssler*, § 43a Rz. 13ff.

2 Henssler/Prütting/*Henssler*, § 43a Rz. 19; *Schautes*, S. 258.

3 Gaier/Wolf/Göcken/*Wolf*, § 1 Rz. 55ff.; **a.A.** Henssler/Prütting/*Koch*, § 1 Rz. 45; *Henssler*, RdA 1999, 38, 39f.

4 Wird eine Anwaltskanzlei von mehreren Rechtsanwälten als GbR betrieben, so ist regelmäßig diese **Gesellschaft** und nicht jeder einzelne Gesellschafter **Arbeitgeber der in der Kanzlei beschäftigten Arbeitnehmer**, vgl. BAG NZA 2009, 485, 486f. Berufsrechtlich müssen sich gleichwohl die jeweiligen Gesellschafter verantworten (Rz. 20ff.).

geben kann. So sind die Grenzen des Direktionsrechts überschritten, die objektiv gegen geltendes Recht verstoßen, also etwa berufsrechtswidrig sind (Beispiele: Anweisung, entgegen § 43a Abs. 4 BRAO i.V.m. § 3 BORA widerstreitende Interessen zu vertreten; Anweisung, entgegen § 43a Abs. 5 BRAO Fremdgelder nicht unverzüglich weiterzuleiten)[1]. Aber auch ansonsten stehen allzu strenge Kontrollen des beschäftigten Anwalts in Widerspruch zu § 26 Abs. 1a) BORA. Zu der sachgerechten Mandatsbearbeitung, die nach dieser Norm dem angestellten Anwalt ermöglicht werden muss, gehört in einem gewissen Maß, **eigenverantwortlich** tätig werden zu können. **Eigenverantwortlichkeit** bedeutet die erkennbare Urheberschaft von Berufshandeln[2], beinhaltet also, dass der Anwalt auch nach außen auftritt. Diese Eigenverantwortlichkeit ist Teil der anwaltlichen Unabhängigkeit, obwohl die BRAO anders als das StBerG (§§ 57 Abs. 1, 60) und die WPO (§§ 43 Abs. 1 S. 1, 44) den Begriff nicht kennt[3]. Wie weit ein Anwalt eigenverantwortlich arbeiten können muss, ist dabei eine Frage des Einzelfalls, die entsprechend § 26 Abs. 1a) BORA unter Berücksichtigung der Kenntnisse und Erfahrungen des Beschäftigten und des Haftungsrisikos des beschäftigenden Rechtsanwalts beurteilt werden muss. Je unerfahrener der Anwalt ist, desto größer sind die Kontrollmöglichkeiten des arbeitgebenden Anwalts. Zur Absicherung dieser Kontrolle ist es daher zunächst zulässig, dem angestellten Anwalt im Innenverhältnis keine **Zeichnungsmacht** einzuräumen oder eine Gegenzeichnungs- oder Vorlagepflicht zu bestimmen (vgl. für den Wirtschaftsprüfer § 44 Abs. 2 WPO)[4]. Die dauerhafte Verweigerung der Zeichnungsmacht verletzt hingegen das Unabhängigkeitsgebot[5]. In der Praxis wird ein solcher Berufsrechtsverstoß angesichts der vorzunehmenden Einzelfallbeurteilung allerdings kaum feststellbar sein. Der Berufspflicht der anwaltlichen Unabhängigkeit kommt daher in erster Linie **Programmcharakter** zu[6].

b) Vergütung

Neben dem Direktionsrecht wird im Zusammenhang mit § 26 BORA insbesondere die Frage einer angemessenen Vergütung des beschäftigten Anwalts diskutiert (zu Einzelheiten und zur Rechtsfolge eines Berufsrechtsverstoßes siehe L Rz. 66ff.). Die Berufspflicht, Rechtsanwälte nur zu angemessenen Bedingungen zu beschäftigen, wirkt sich bereits im Vorfeld eines 75

1 Henssler/Prütting/*Henssler*, § 43a Rz. 19; Hartung/Römermann/*Nerlich*, § 26 Rz. 26; *Schautes*, S. 256.

2 BGHZ 65, 238, 240 = NJW 1976, 425, 426.

3 *Knöfel*, NJW-Beilage zu Heft 5/2006, 20, 26, schlägt nach dem Vorbild des StBerG und der WPO eine ausdrückliche Regelung der „Eigenverantwortlichkeit" in der BRAO vor.

4 Dazu BVerwGE 124, 110, 123f. = NJW 2005, 3795, 3799. Nach BGH, Beschl. v. 10. 12. 2010 – AnwZ (Brfg) 2/10, BeckRS 2011, 00439, soll bei einem angestellten Anwalt eine Gegenzeichnungspflicht dagegen nicht in Betracht kommen.

5 Henssler/Prütting/*Henssler*, § 43a Rz. 19; Hartung/Römermann/*Nerlich*, § 26 BORA Rz. 153ff.; *Knöfel*, NJW-Beilage zu Heft 5/2006, 20, 24ff.

6 *Busse*, S. 552.

Vertragsschlusses aus. Daher ist es einem Rechtsanwalt verboten, in allgemein zugänglichen Stellenanzeigen den Abschluss von Beschäftigungsverhältnissen zu unangemessenen Bedingungen anzubahnen. **Bereits die Veröffentlichung einer solchen Stellenanzeige** verstößt gegen die sich aus § 43 S. 2 BRAO ergebende Pflicht, sich der Achtung und des Vertrauens, welche die Stellung des Rechtsanwalts erfordert, würdig zu erweisen[1].

76 In einer aktuellen Entscheidung hat der Anwaltssenat des BGH einen Berufsrechtsverstoß eines Anwalts bejaht, der als Partner einer Sozietät im Jahr 2006 eine „Traineestelle für junge Anwältinnen/Anwälte" inseriert hatte. Die Stellenanzeige enthielt im Anschluss an eine Darstellung des Trainee-Programms folgenden Text: „Der Trainee wird in ein auf zwei Jahre befristetes Angestelltenverhältnis inklusive sämtlicher Sozialversicherungen übernommen. Wir übernehmen zusätzlich die Kosten für die Berufshaftpflicht und die Anwaltskammer. Daneben übernehmen wir noch anfallende Fahrtkosten, die aus dienstlichem Anlass erfolgen. Wir unterstützen den jungen Anwalt auch bei Fortbildungsveranstaltungen durch Übernahme der Seminargebühren. Wir zahlen als Grundvergütung ein Gehalt, welches ein wenig über dem Referendargehalt liegt. Zusätzlich wird eine Umsatzbeteiligung an denjenigen Mandaten gewährt, die der Trainee selbst akquiriert."

77 Unangemessene Beschäftigungsbedingungen i.S.d. § 26 BORA seien jedenfalls dann anzunehmen, wenn Leistung und Gegenleistung in einem auffälligen Missverhältnis zueinander stünden, welches einen objektiven Verstoß gegen die guten Sitten nach § 138 BGB begründe. Dies sei vorliegend der Fall gewesen, selbst wenn man unter Berücksichtigung der zusätzlich zum Gehalt in Aussicht gestellten Leistungen von einer Vergütung von über 1250 Euro ausgehe. Denn das verkehrsübliche Einstiegsgehalt von Rechtsanwälten in vergleichbaren Angestelltenverhältnissen (ohne besondere Spezialisierung, ohne besondere Zusatzqualifikation und ohne Prädikatsexamen), die Aufschluss über den für die Beurteilung des (Miss-)Verhältnisses zwischen Leistung und Gegenleistung maßgeblichen objektiven Marktwert der Arbeitsleistung gebe, habe im Jahr 2006 rund 2300 Euro brutto für eine Vollzeitstelle betragen. Auch das angebotene **„Trainee-Programm"** ändere an dieser Beurteilung nichts. Zwar seien bei der gebotenen Gesamtbetrachtung nicht die finanziellen Aspekte, sondern auch weitere Umstände zu berücksichtigen, die ein Beschäftigungsverhältnis für den angestellten Rechtsanwalt attraktiv machen könnten. Für einen Berufsanfänger mit fehlender Erfahrung und auch im Übrigen geringerer Qualifikation könne eine unterdurchschnittliche Vergütung in gewissem Umfang dadurch kompensiert werden, dass er in seiner Erstanstellung ein Ausbildungsprogramm durchlaufe, das seiner Weiterqualifikation diene. Das angebotene „Trainee-Programm" könne jedoch keinen Vergütungsabschlag in einer solchen Größenordnung rechtfertigen. Insoweit müsse auch bedacht werden, dass das in der Anzeige angebotene Gehalt sich sogar unterhalb der Vergütung eines ausgebildeten Rechtsanwalts- und RENO-Fachangestellten belaufe, der im ers-

1 BGH NJW 2010, 1972f.

ten Berufsjahr einen Lohn von 1200 Euro bis 1500 Euro und im zweiten bis vierten Berufsjahr von 1300 Euro bis 1700 Euro erwarten könne[1].

4. Bindungen zu Nichtjuristen

78 Fragen der Unabhängigkeit stellen sich schließlich im Verhältnis zu Nichtjuristen. Im Mittelpunkt steht hier die Frage, inwieweit sich **Anwälte mit Nichtjuristen zur gemeinsamen Berufsausübung oder in sonstiger Weise zusammenschließen** (dazu bereits Rz. 12f.) oder **Nichtjuristen an Anwaltsgesellschaften beteiligen können** (zur Anwalts-GmbH siehe D Rz. 53ff.).

79 Eine weitere zentrale Frage ist die **Honorarteilung mit Dritten**. Insoweit bestimmt § 49b Abs. 3 S. 1 BRAO, dass die Abgabe und Entgegennahme eines Teils der Gebühren oder sonstiger Vorteile für die Vermittlung von Aufträgen, gleichviel ob im Verhältnis zu einem Rechtsanwalt oder Dritten gleich welcher Art, grundsätzlich unzulässig ist. In § 27 S. 1 BORA ist weiter ausgeführt, dass Dritte, die mit dem Rechtsanwalt nicht zur gemeinschaftlichen Berufsausübung verbunden sind, am wirtschaftlichen Ergebnis anwaltlicher Tätigkeit nicht beteiligt sein dürfen[2] (dazu B Rz. 216ff.). Das gilt allerdings nach § 27 S. 2 BORA nicht für Mitarbeitervergütungen, Versorgungsbezüge, Vergütungen für die Übernahme der Kanzlei und Leistungen, die im Zuge einer Auseinandersetzung oder Abwicklung der beruflichen Zusammenarbeit erbracht werden. Diese Ausnahmeregelung erfasst auch eine Abrede, wonach sich die Vergütung eines Rechtsanwalts, der als freier Mitarbeiter die auftraggebende Rechtsanwaltsgesellschaft beim Aufbau eines bundesweiten Filialnetzes von Anwaltskanzleien unterstützen soll, am Umsatz der von ihm angeworbenen Partner orientiert[3]. Schließlich bestimmt § 59e Abs. 3 BRAO für die Anwalts-GmbH, dass Anteile an ihr nicht für Rechnung Dritter gehalten und Dritte nicht am Gewinn der Rechtsanwaltsgesellschaft beteiligt werden dürfen (dazu D Rz. 67ff.).

80 Ein **Anwaltsnotar**, der sich mit anderen Anwaltsnotaren oder Rechtsanwälten zu einer GbR zusammengeschlossen hat und nach dem Gesellschaftsvertrag alle Einnahmen (auch) aus dem Notariat an die Sozietät abführt, verstößt nach einer aktuellen Entscheidung des OLG Celle nicht gegen das **Gebührenteilungsverbot des § 17 Abs. 1 S. 4 BNotO**. Allein die pauschale Abführung der Notargebühren an die Sozietät gefährde die persönliche oder wirtschaftliche Unabhängigkeit des Notars i.S.d. § 9 Abs. 3 BNotO nicht, wenn er am Gewinn mit einem den konkreten Umständen des Einzelfalls angemessenen Anteil partizipiere[4].

---

1 BGH NJW 2010, 1972ff.

2 Dazu *Schautes*, S. 230ff.

3 BGH NJW 2007, 2856ff.; siehe generell zu Franchisesystemen *Busse*, S. 602; *Henssler/Deckenbrock*, DB 2007, 447, 449.

4 OLG Celle MDR 2010, 475, 476, unter teilweiser Aufgabe von OLG Celle NJW 2007, 2929, 2930f. Der Senat hat die Frage offengelassen, ob die Notaraufsicht von dem Notar allein wegen einer pauschalen Abführung der Notargebühren an die Sozietät verlangen kann, die Regelungen des Sozietätsvertrags vorzulegen.

V. Verschwiegenheitspflicht

Literatur:

Deckenbrock, Sozietät und Bürogemeinschaft – berufsrechtlich gebotene Gleichbehandlung?, NJW 2008, 3529; *Henssler*, Das anwaltliche Berufsgeheimnis, NJW 1994, 1817; *Wessels*, Die anwaltliche Verschwiegenheitspflicht bei beruflicher Zusammenarbeit, FS zum 125-jährigen Bestehen der Rechtsanwaltskammer für den Oberlandesgerichtsbezirk Hamm, 2004, S. 305; *Wild*, Die anwaltliche Verschwiegenheitspflicht in Deutschland und Frankreich, 2008.

1. Regelungsüberblick

81 Gemäß § 203 Abs. 1 Nr. 3 StGB, § 43a Abs. 2 BRAO und § 2 BORA ist der Rechtsanwalt zur Verschwiegenheit verpflichtet. Eine Regelung zur Reichweite dieser **anwaltlichen Kernpflicht** innerhalb von Berufsausübungsgesellschaften existiert allerdings nicht; in § 2 Abs. 4 BORA ist lediglich festgehalten, dass der Rechtsanwalt seine Mitarbeiter und alle sonstigen Personen, die bei seiner beruflichen Tätigkeit mitwirken, ausdrücklich zur Verschwiegenheit zu verpflichten und anzuhalten hat. Die Schweigepflicht wird ergänzt durch die verschiedenen prozessualen **Zeugnisverweigerungsrechte** (§§ 383 Abs. 1 Nr. 6, 385 Abs. 2 ZPO; §§ 53 Abs. 1 Nr. 3, 53a StPO; § 29 Abs. 2 FamFG; § 98 VwGO; §§ 46 Abs. 2, 80 Abs. 2 ArbGG; § 84 Abs. 1 FGO; § 102 Abs. 1 Nr. 3 AO; § 65 Abs. 1 VwVfG; § 28 Abs. 1 BVerfGG; § 56 Abs. 1 BRAO) und das **Beschlagnahmeverbot** (§ 97 Abs. 1 StPO).

2. Umfang

a) Schweigepflichtiger Personenkreis

82 Obwohl stets der Berufsausübungsgesellschaft – auch in der Rechtsform der GbR – das Mandat erteilt wird, sind alle für die Sozietät tätigen Rechtsanwälte **originär der Verschwiegenheitspflicht** unterworfen[1]. Insoweit folgt aus § 113 Abs. 1 BRAO, dass berufsrechtliche Sanktionen nur gegen den einzelnen Rechtsanwalt, nicht aber gegen die Berufsausübungsgesellschaft als solche möglich sind (Rz. 20ff.). Nach § 203 Abs. 3 S. 2 StGB unterliegen zudem die „**berufsmäßig tätigen Gehilfen**" des Anwalts und die Personen, die bei ihm „zur Vorbereitung auf den Beruf tätig sind", der strafrechtlich sanktionierten Verschwiegenheitspflicht. Damit korrespondiert auch für sie ein entsprechendes Zeugnisverweigerungsrecht (§ 53a StPO, § 383 ZPO). Erfasst sind insbesondere Rechtsanwaltsgehilfen und Sekretariatskräfte. § 2 Abs. 4 BORA verpflichtet den Anwalt, alle bei seiner beruflichen Tätigkeit mitwirkenden Personen (die ja selbst mangels Zulassung dem anwaltlichen Berufsrecht nicht unterfallen) ausdrücklich zur Verschwiegenheit **anzuhalten** und zu **verpflichten**. Bei der **Rechtsanwaltsgesellschaft** erstreckt § 59m Abs. 3 BRAO die Verschwiegenheitspflicht zusätzlich auf alle Gesellschafter sowie die Mitglieder der durch Gesetz oder Gesellschaftsvertrag vorgesehenen Aufsichtsorgane. Damit sind auch solche Gesellschafter der Verschwiegenheits-

1 *Deckenbrock*, NJW 2008, 3529, 3530.

pflicht unterworfen, die nicht schon kraft ihres Berufs zur Verschwiegenheit verpflichtet sind (D Rz. 98).

b) „In Ausübung seines Berufes"

Die anwaltliche Verschwiegenheitspflicht ist **grundsätzlich umfassend**. Dies gilt zunächst für den Gegenstand des Berufsgeheimnisses, also für die Informationen, die der Anwalt vertraulich zu behandeln hat. Nach § 43a Abs. 2 S. 2 BRAO bezieht sich die Schweigepflicht auf **alles**, was ihm in Ausübung seines Berufes bekannt geworden ist. Eine Ausnahme sieht Satz 3 lediglich für die Tatsachen vor, die offenkundig sind oder ihrer Bedeutung nach keiner Geheimhaltung bedürfen[1]. Selbst das Mandatsverhältnis als solches bzw. der **Name des Mandanten** unterliegt der Schweigepflicht[2]. Will eine Sozietät auf die von ihr akquirierten Mandate werbewirksam hinweisen, muss sie die betroffenen Auftraggeber um ihr Einverständnis (Rz. 87 ff.) bitten. Der Pflicht zur Verschwiegenheit unterfallen bereits die Anbahnung des Mandats und damit auch das Wissen, das im Rahmen eines Mandatsauswahlverfahrens (***beauty contest***) einem Anwalt anvertraut wird[3]. In der Praxis lässt sich in diesem Punkt bisweilen ein recht lockerer Umgang der Anwaltschaft mit der Verschwiegenheitspflicht beobachten. Dies ist misslich, führt das doch zu einer Entwertung der anwaltlichen Vertraulichkeit durch die Anwälte selbst[4]. Unproblematisch ist allerdings mangels Personenbezugs die **anonymisierte Veröffentlichung** von für den Mandanten erstrittenen Gerichtsentscheidungen oder die wissenschaftliche Auseinandersetzung mit Rechtsfragen eines Mandats[5]. 83

c) Gegenüber jedermann

Die Verschwiegenheitspflicht ist darüber hinaus im Hinblick auf den Empfängerkreis von Mitteilungen umfassend. Sie gilt im Grundsatz gegenüber jedermann und damit auch gegenüber selbst zur Verschwiegenheit verpflichteten Berufsträgern wie etwa **anderen Anwälten**[6]. Weil berufsrechtliche Sanktionen nur gegen den einzelnen Rechtsanwalt, nicht aber gegen die Berufsausübungsgesellschaft als solche möglich sind (Rz. 20 ff.), verletzt sogar ein Informationsaustausch unter den Anwälten einer Sozietät grundsätzlich die anwaltliche Verschwiegenheitspflicht[7] (siehe aber zur regelmäßig vorliegen- 84

---

1 Siehe dazu die Kasuistik bei Henssler/Prütting/*Henssler*, § 43a Rz. 52 ff.

2 Vgl. BGH NJW 2002, 2096, 2098; Henssler/Prütting/*Henssler*, § 43a Rz. 45, 116 sowie (zu § 57 Abs. 1 StBerG) BFHE 198, 319, 322 = NJW 2002, 2903; OLG Köln OLG-Report Köln 2007, 327, 328.

3 BGHSt 33, 148, 151 = NJW 1985, 2203, 2204; Henssler/Prütting/*Henssler*, § 43a Rz. 47.

4 Henssler/Prütting/*Henssler*, § 43a Rz. 44; *Streck*, NJW 2001, 3605 f.

5 AnwG Köln AnwBl. 2009, 792, 793; Henssler/Prütting/*Henssler*, § 43a Rz. 45.

6 Siehe aber *Michalski/Römermann*, NJW 1996, 1305, 1310.

7 Henssler/Prütting/*Henssler*, § 43a Rz. 58; *Deckenbrock*, NJW 2008, 3529, 3530; **a.A.** Hartung/Römermann/*Hartung*, § 2 Rz. 18; *Kleine-Cosack*, § 43a Rz. 37; *Wessels*, FS zum 125-jährigen Bestehen der Rechtsanwaltskammer für den Oberlandesgerichtsbezirk Hamm, S. 305, 308, unter Hinweis auf die gemeinsame Beauftragung der Mitglieder der Sozietät.

den Einwilligung Rz. 88 ff.). Dies gilt erst recht für **Bürogemeinschaften**[1] (I Rz. 104 ff.) und **Kooperationen**[2] (J Rz. 19 f.); hier erfolgt noch nicht einmal eine Gesamtbeauftragung des Verbunds.

d) Offenbaren

85 Ein Verstoß gegen die Verschwiegenheitspflicht setzt immer **Vermittlung** von **Wissen** an eine andere Person voraus. Nicht ausreichend ist – anders als beim Verbot der Vertretung widerstreitender Interessen – die bloße interne **Verwertung** von beruflich erlangtem Wissen. § 203 StGB, § 43a Abs. 2 BRAO und § 2 BORA untersagen ihrem Wortlaut nach nur ein unbefugtes Offenbaren anvertrauter Tatsachen, nicht jedoch ein schlichtes Handeln unter Ausnutzung der Kenntnisse aus anderen Mandaten[3]. Während in § 204 StGB unter engen Voraussetzungen auch die unbefugte Verwertung von vertraulichen Informationen strafbewehrt ist, kennt das Berufsrecht keine vergleichbare Regelung[4].

86 Da die berufsrechtliche Verschwiegenheitspflicht auch **fahrlässig** verletzt werden kann (vgl. § 113 Abs. 1 BRAO), muss in der Sozietät sichergestellt werden, dass fremde Personen – etwa bei **unbeaufsichtigten Reinigungs-, Wartungs- und Reparaturarbeiten** – nicht die Möglichkeit haben, Handakten einzusehen[5]. Besondere Sicherheitsmaßnahmen müssen ergriffen werden, wenn die Sozietätsanwälte untereinander nicht zum Informationsaustausch berechtigt sind. Die Etablierung solcher ***chinese walls*** ist insbesondere für den Fall erforderlich, dass verschiedene Berufsträger einer Berufsausübungsgemeinschaft unter den Voraussetzungen des § 3 Abs. 2 S. 2 BORA zulässigerweise widerstreitende Interessen vertreten (Rz. 138 f.).

---

1 *Deckenbrock*, NJW 2008, 3529, 3530; **a.A.** *Kleine-Cosack*, § 43a Rz. 50, Vor § 59a Rz. 67.

2 Siehe auch Hartung/Scharmer/*Scharmer*, § 4 Rz. 14; *Henssler/Deckenbrock*, DB 2007, 447, 449.

3 Henssler/Prütting/*Henssler*, § 43a Rz. 60; Feuerich/Weyland/*Feuerich*, § 43a Rz. 19; *Kleine-Cosack*, § 43a Rz. 20; *Deckenbrock*, BB 2002, 2453, 2459. **Anders** für den Steuerberater (§ 57 StBerG) *Gehre/Koslowski*, § 57 Rz. 60.

4 Dazu *Deckenbrock*, Rz. 141 ff., 274; Kilian/Offermann-Burckart/vom Stein/*Offermann-Burckart*, § 13 Rz. 133.

5 *Filges*, NJW 2010, 2619, 2621 f., weist auf ein Strafbarkeitsrisiko für Berufsgeheimnisträger bei der **Auslagerung von IT-Dienstleistungen** ohne Einwilligung der Mandanten nach § 203 StGB hin. Deshalb vertrete die BRAK die Auffassung, dass IT-Dienstleister durch Änderung des § 203 StGB – Gehilfen vergleichbar – einer strafbewehrten Schweigepflicht unterworfen werden müssten. Zudem bedürfe es einer Befugnis, dass die Berufsgeheimnisträger ihnen anvertraute Geheimnisse auch diesen IT-Dienstleistern offenbaren dürfen. Schließlich seien die strafrechtlichen Regelungen durch strafprozessuale Vorschriften zu ergänzen, indem IT-Dienstleistern für Berufsgeheimnisträger ein von diesen abgeleitetes Zeugnisverweigerungsrecht sowie eine Beschlagnahmefreiheit zugebilligt würden.

3. Ausnahmen

a) Einwilligung

Der betroffene Mandant kann seinen Anwalt von der Verschwiegenheitspflicht durch die Erteilung seines Einverständnisses entbinden. Er ist insoweit als „**Herr des Geheimnisses**" dispositionsbefugt[1]. Dies gilt auch, wenn der Mandant seinem Anwalt Tatsachen anvertraut, an deren Geheimhaltung allein Dritte ein Interesse haben. Die anwaltliche Verschwiegenheitspflicht besteht nicht abstrakt gegenüber jedem, den es angeht, sondern nur gegenüber demjenigen, der dem Anwalt sein Vertrauen geschenkt hat; der Mandant und kein anderer soll auf die Verschwiegenheit seines Anwalts vertrauen dürfen[2]. Folge ist, dass ein Anwalt jedenfalls nicht gegen § 43a Abs. 2 BRAO verstößt, wenn er einen Mandanten seiner (ehemaligen) Sozietät auf einen haftungsrechtlich relevanten Fehler seiner (früheren) Kollegen hinweist[3]. Mit der Entbindung von der Pflicht zur Verschwiegenheit geht der Verlust des anwaltlichen Schweigerechts einher, das seine Ausprägung insbesondere in den Zeugnis- und Aussageverweigerungsrechten findet. So wird etwa in § 53 Abs. 2 StPO und § 385 Abs. 2 ZPO eine **Aussagepflicht** des Anwalts statuiert, wenn der Mandant ihn von der Verschwiegenheitspflicht entbunden hat[4]. 87

Die Entbindung von der Verschwiegenheitspflicht kann auch **konkludent** erfolgen. Anders als § 3 Abs. 2 S. 3 BORA für das Verbot der Vertretung widerstreitender Interessen empfiehlt das Berufsrecht für sie noch nicht einmal Schriftform[5]. In der **Beauftragung einer Berufsausübungsgesellschaft** liegt regelmäßig eine solche stillschweigende Befreiung aller Berufsträger von der Verschwiegenheitspflicht (Rz. 84), soweit es um die Kommunikation untereinander geht. Denn in der ganz überwiegenden Zahl der Fälle wird ein solcher Wissenstransfer von dem Mandanten nicht nur gebilligt, sondern sogar erwartet[6]. Wer eine Sozietät mandatiert, will gerade von ihren personellen Ressourcen und den daraus folgenden Vorteilen arbeitsteiligen Zusammenwirkens profitieren (Rz. 49). Die in der Beauftragung einer Sozietät konkludent liegende Einwilligung bezieht sich nicht nur auf die **Sozien**, sondern auch auf **angestellte Anwälte** und **freie Mitarbeiter**. Der BGH hat insoweit hervorgehoben, dass ein Rechtsanwalt einen rechtskundigen Mitarbeiter mit der Besorgung der ihm übertragenen Rechtsangelegenheiten betrauen 88

1 Zu den Voraussetzungen eines wirksamen Einverständnisses ausführlich Henssler/Prütting/*Henssler*, § 43a Rz. 66ff.

2 Henssler/Prütting/*Henssler*, § 43a Rz. 62; **a.A.** OLG Köln NJW 2000, 3656, 3657.

3 AnwG Köln AnwBl. 2009, 792, 794; Hartung/Römermann/*Hartung*, § 43a BRAO Rz. 32.

4 Der DAV fordert allerdings Änderungen der Verfahrensordnungen, die dem Anwalt erlaubten, auch bei Entbindung von der Verschwiegenheitspflicht die Aussage zu verweigern, vgl. *Ewer*, AnwBl. 2010, 475, 476.

5 Allerdings verlangt § 6 Abs. 2 S. 2 BORA für werbende Hinweise auf Mandate und Mandanten eine ausdrückliche Einwilligung des Mandanten.

6 BGHZ 115, 123, 126f. = NJW 1995, 2915, 2916; BGHZ 148, 97, 102 = NJW 2001, 2462, 2463.

darf, ohne damit ein Mandantengeheimnis unbefugt zu offenbaren[1]. Ebenfalls von der Einwilligung erfasst sind die Fälle der **Sozietätserweiterung** und der **Sozietätsfusion**[2]. Diejenigen Sozietätsanwälte, denen – rechtmäßig – vertrauliches Wissen anvertraut wird, unterliegen gegenüber Dritten selbst der Verschwiegenheitspflicht.

89 Anderes gilt aber bei Vereinbarung eines **Einzelmandats**, weil der Mandant in diesem Fall erkennbar auf ein arbeitsteiliges Zusammenwirken keinen Wert legt[3]. Eine weitere Ausnahme greift, wenn der Mandant ausdrücklich **Einschränkungen verlangt** hat. So legen Klienten mitunter Wert darauf, dass der Inhalt eines Vieraugengesprächs nicht in der Kanzlei bekannt wird. Zweifelhaft erscheint es auch, das Einverständnis so weit auszulegen, dass von ihm auch noch zum Zeitpunkt des Eintritts bereits **beendete Mandate** erfasst sind[4]. Soweit vertreten wird, dass im Hinblick auf nachwirkende Vertragspflichten (etwa Aufbewahrung der Handakten) und die Ermöglichung einer sachgerechten Berufsausübung (Studium von Altfällen als Musterakte) es geboten erscheine, auch später eintretenden Anwälten den Zugang zu Altakten zu ermöglichen[5], wird übersehen, dass nicht – was maßgeblich ist – dem Mandanten, sondern allein den betroffenen Anwälten die Anerkennung derartiger Ausnahmen nützlich ist. Nicht ohne Weiteres kann von einer Einwilligung ausgegangen werden, wenn der Mandant den Anwaltsvertrag ursprünglich mit einem **Einzelanwalt** schließt, dieser jedoch im Laufe des Mandats **einen Sozius aufnimmt**[6]. Da bei Auftragserteilung überhaupt keine Sozietät bestand, der Mandant gar keine Kenntnis von einer beruflichen Zusammenarbeit haben konnte, bedarf es über die Mandatserteilung hinausgehender Umstände, um von einem stillschweigend erteilten Einverständnis ausgehen zu können[7].

90 Gleiches gilt für die Weitergabe vertraulicher Informationen an einen **Scheinsozius**, der auch ansonsten nicht für die Sozietät als angestellter Anwalt oder freier Mitarbeiter tätig ist (etwa der Bürogemeinschafter; dazu Rz. 93 ff.). Die Erweckung eines entsprechenden Rechtsscheins hat grundsätzlich nur haftungs-, nicht aber berufsrechtliche Konsequenzen[8] (ausführlich Rz. 51 ff.). Hinzu kommt, dass die von der Rechtsprechung entwickelte Rechtsscheinhaftung[9]

---

1 Vgl. BGHZ 115, 123, 128 = NJW 1991, 2955, 2957; BGHZ 148, 97, 102 = NJW 2001, 2462, 2463.

2 BGH NJW 1991, 1225; BGHZ 124, 47, 48 f. = NJW 1994, 257; BGHZ 148, 97, 102 = NJW 2001, 2462, 2463.

3 Zu den verschiedenen Fallgruppen siehe Koch/Kilian/*Kilian*, B Rz. 880ff.

4 Vgl. *Steuber*, RIW 2002, 590, 593.

5 So Henssler/Prütting/*Henssler*, § 43a Rz. 76. In der Rechtsprechung und sonstigen Literatur wird eine solche Einschränkung nicht diskutiert.

6 Henssler/Prütting/*Henssler*, § 43a Rz. 76.

7 BGH NJW 1988, 1973; BGHZ 157, 361, 363 f. = NJW 2004, 836, 837 f.

8 BVerfGE 108, 150, 167 = NJW 2003, 2520, 2522 f.; BGHSt 46, 155, 157 = NJW 2001, 165, 166.

9 Siehe etwa BGHZ 70, 247, 249 = NJW 1978, 996; BGH NJW 1991, 1225; BGH NJW 1999, 3040, 3041; BGHZ 172, 169, 174 = NJW 2007, 2490, 2492; BGH NJW 2008, 2330.

allein den Mandanten schützen soll, die bei diesem hervorgerufenen Fehlvorstellungen also keine Rechtserweiterung aufseiten des Anwalts begründen können[1]. Unproblematisch ist dagegen der Fall, dass der Scheinsozius in Wirklichkeit angestellter Anwalt oder freier Mitarbeiter der betreffenden Sozietät ist[2]. Auf ihn erstreckt sich die in der Beauftragung einer Berufsausübungsgesellschaft liegende Einwilligung ohnehin (Rz. 88).

Besonderheiten bestehen ferner, wenn eine Sozietät unter den Voraussetzungen des § 3 Abs. 2 S. 2 BORA (Einverständnis der betroffenen Auftraggeber und keine entgegenstehenden Belange der Rechtspflege) **widerstreitende Mandate** wahrnimmt. Durch ihr Einverständnis willigen die Mandanten nicht in die Aufhebung der Verschwiegenheitspflicht ein, sondern bringen vielmehr ihr Vertrauen zum Ausdruck, dass die Verschwiegenheitspflicht – ggf. mithilfe von *„chinese walls"* – auch sozietätsintern beachtet wird (Rz. 138 f.). 91

In einer **interprofessionellen Sozietät** soll in der Regel ebenfalls davon auszugehen sein, dass der Auftraggeber mit der Erteilung des Auftrags an die Gesellschaft die Partner im partnerschaftlichen Innenverhältnis von einer eventuellen Verschwiegenheitspflicht entbindet. Die Bündelung verschiedener Kompetenzen entspreche dem Mandanteninteresse. Es sei grundsätzlich zu unterstellen, dass der Mandant sie auch im Rahmen seines Vertragsverhältnisses genutzt wissen möchte[3] (ausführlich B Rz. 764 ff.). Diese Fiktion verdient zwar im Ausgangspunkt Zustimmung. Sie kann allerdings nur so weit gehen, wie dem Angehörigen der anderen Berufe i.S.d. § 59a Abs. 1 BRAO überhaupt ein Tätigwerden gestattet ist. Wenn etwa einem Steuerberater die Betreuung eines Rechtsberatungsmandats nach § 3 RDG verwehrt ist und er womöglich noch nicht einmal für Fehler seiner anwaltlichen Partner einzustehen hat (dazu Rz. 34 ff.), erscheint es zweifelhaft, von einer umfassenden Entbindung von der Verschwiegenheitspflicht durch den Mandanten auszugehen. Denn die Offenbarung dieser Informationen ist für eine sachgerechte Vertragserfüllung nicht notwendig. Liegt eine Einwilligung des Mandanten in die Informationsweitergabe vor, obliegt jedem Sozius die Verschwiegenheit auf der Grundlage seines Berufsrechts; sie folgt für Patentanwälte aus § 39a Abs. 2 PatAnwO i.V.m. § 2 BOPA, für Steuerberater aus § 57 Abs. 1 StBerG i.V.m. § 5 BOStB (§ 9 BOStB a.F.)[4] und für Wirtschaftsprüfer/vereidigte Buchprüfer aus § 43 Abs. 1 S. 1 WPO i.V.m. §§ 9 f. BS WP/vBP. 92

Auch in **Bürogemeinschaften** und **Kooperationen** kann nicht ohne weitere Anhaltspunkte unterstellt werden, dass der Mandant als „Herr des Geheimnisses" mit der Weitergabe sensibler Informationen an den Bürogemeinschafter oder Kooperationspartner einverstanden ist. Etwas anderes ist nur 93

---

1 Henssler/Prütting/*Henssler*, § 43a Rz. 84; *Deckenbrock*, Rz. 510 ff.

2 So der Fall BGHZ 148, 97, 103 = NJW 2001, 2462, 2463.

3 Henssler/Prütting/*Henssler*, § 43a Rz. 80; vgl. auch Sozietätsrecht/*Nerlich*, § 31 Rz. 77.

4 Die Satzungsversammlung der BStBK hat am 8. 9. 2010 eine vollständig neu gefasste BOStB verabschiedet, die nach Genehmigung durch das BMF (vgl. § 86 Abs. 3 S. 3 StBerG) am 1. 1. 2011 in Kraft getreten ist (siehe dazu den Überblick bei *Reidlinger*, DStR 2010, 2658).

anzunehmen, wenn die beabsichtigte Einschaltung des Partners der Bürogemeinschaft (etwa bei gegenseitiger Urlaubsvertretung) dem Mandanten offensichtlich ist oder gar von ihm gewünscht wird[1].

94 Umstritten ist, welche berufsrechtlichen Folgen den Bürogemeinschaftspartner treffen, der – unter Verstoß gegen die Verschwiegenheitspflicht – geheimhaltungsbedürftige Informationen erlangt hat. Zum Teil wird vertreten, dass eine **teleologische Auslegung des § 43a Abs. 2 BRAO** eine Ausdehnung der Schweigepflicht auf alle Anwälte erzwinge, die aufgrund ihrer wie auch immer gearteten Zusammenarbeit mit dem mandatierten Anwalt mit oder ohne dessen Willen in die Lage versetzt werden, Kenntnisse aus dem Mandatsverhältnis zu erlangen. Der Gesetzgeber habe mit § 59a Abs. 3 BRAO zum Ausdruck gebracht, dass nach außen alle Bürogemeinschafter der Verschwiegenheitspflicht unterliegen[2] (vgl. Rz. 18).

95 Richtigerweise besteht eine solch weite Verschwiegenheitspflicht nicht[3]. Eine Kenntnisnahme kraft Berufsausübung verlangt einen inneren Zusammenhang mit einem Mandat, an dem es im Hinblick auf den Bürogemeinschafter fehlt[4]. Nur gegenüber den Anwälten, die rechtmäßig sensibles Wissen erhalten haben, bringt der Rechtsuchende das von § 43a Abs. 2 BRAO geschützte Vertrauen entgegen, dass es nicht zur Offenbarung des Wissens kommt. Hätte der Gesetzgeber eine weitergehende Schweigepflicht gewollt, hätte er die **Weitergabe der Schweigepflicht** an den Bürogemeinschafter ausdrücklich anordnen müssen, wie er es bei Abtretung einer anwaltlichen Vergütungsforderung in § 49b Abs. 4 S. 4 BRAO getan hat. Ein Sachgrund dafür, dass gerade in der Bürogemeinschaft eine solche Weitergabe der Schweigepflicht anzunehmen ist, nicht aber, wenn ein Anwalt seiner ebenfalls zur Rechtsanwaltschaft zugelassenen Ehefrau unter Verletzung der Verschwiegenheitspflicht sensible Informationen offenbart hat, ist nicht ersichtlich.

96 Sanktionierbar ist daher allein das Verhalten seines Kollegen, der etwa auf Grund unzureichender Büroorganisation den Wissensfluss ermöglicht hat. Allerdings wird man dem (Innen-)Gesellschaftsverhältnis eine Pflicht des Bürogenossen entnehmen können, das auf Grund der räumlichen Zusammenarbeit erlangte Wissen nicht an Dritte weiterzugeben[5]. Können (potenzielle) Bürogemeinschaftspartner die Verschwiegenheitspflicht tatsächlich generell nicht einhalten, müssen sie von dem Eingehen der Gemeinschaft

---

1 Siehe etwa BGH NJW 2005, 2692, 2693; KG NJW 1992, 2771, 2772; Henssler/Prütting/*Henssler*, § 43a Rz. 84f. und 86f.; Hartung/Scharmer/*Scharmer*, § 4 Rz. 14; Hartung/Scharmer/*Hartung*, § 33 Rz. 9ff.; *Henssler/Deckenbrock*, DB 2007, 447, 449; *Deckenbrock*, NJW 2008, 3529, 3530.

2 Henssler/Prütting/*Henssler*, § 43a Rz. 85; Feuerich/Weyland/*Feuerich*, § 43a Rz. 21; Kilian/Offermann-Burckart/vom Stein/*Weber*, § 5 Rz. 26.

3 Ausführlich *Deckenbrock*, Rz. 522ff.; *Deckenbrock*, NJW 2008, 3529, 3530f.

4 Vgl. Hartung/Römermann/*Hartung*, § 2 BORA Rz. 18; Kilian/Offermann-Burckart/vom Stein/*Brandi*, § 9 Rz. 176; *Wessels*, FS zum 125-jährigen Bestehen der Rechtsanwaltskammer für den Oberlandesgerichtsbezirk Hamm, S. 305, 313, 316f.

5 Henssler/Prütting/*Henssler*, § 43a Rz. 85; *Deckenbrock*, NJW 2008, 3529, 3531.

absehen bzw. sie unverzüglich beenden. Im Einzelfall bleibt dem Anwalt die Möglichkeit, vor der Mandatsübernahme um die Entbindung von der Schweigepflicht gegenüber seinem Bürogemeinschaftspartner zu bitten.

b) Grenzen der Verschwiegenheitspflicht

Unter engen Voraussetzungen ist der Anwalt berechtigt, **ohne Zustimmung** des Mandanten das ihm Anvertraute zu offenbaren. § 2 Abs. 3 BORA hebt die Verschwiegenheit auf, soweit die „Berufsordnung oder andere Rechtsvorschriften Ausnahmen zulassen oder die Durchsetzung oder Abwehr von Ansprüchen aus dem Mandatsverhältnis oder die Verteidigung des Rechtsanwalts in eigener Sache die Offenbarung erfordern". Zu unterscheiden ist danach zwischen gesetzlichen Ausnahmen von der Verschwiegenheitspflicht und den Fällen, in denen die Wahrung berechtigter Interessen des Anwalts eine Einschränkung erfordert. 97

Gesetzliche Ausnahmen ergeben sich etwa aus § 138 StGB, § 807 ZPO, § 49b Abs. 4 BRAO und dem GWG[1]. § 49b Abs. 4 S. 1 BRAO stellt nun klar, dass die **Abtretung von Vergütungsforderungen** oder die Übertragung ihrer Einziehung auch an „rechtsanwaltliche Berufsausübungsgemeinschaften" zulässig ist; hierunter fallen alle Fälle gemeinschaftlicher Berufsausübung i.S.d. § 59a Abs. 1 und 2 BRAO[2] und damit auch interprofessionelle Sozietäten[3]. Dies ist angesichts der anerkannten Rechtsfähigkeit selbst der als GbR organisierten Anwaltssozietät (B Rz. 395ff.) nur konsequent. § 49b Abs. 4 S. 1 BRAO lässt sich allerdings nicht die allgemeine Zulässigkeit von **Praxis-** 98

1 Ungeklärt ist das Verhältnis von **Datenschutzrecht** zum anwaltlichen Berufsrecht und hier insbesondere zur Verschwiegenheitspflicht. Ob das Datenschutzrecht von der Verschwiegenheitspflicht vollständig verdrängt wird, ist angesichts der unterschiedlichen Schutzzwecke der Vorschriften umstritten. Während die Schweigepflicht auf der einen Seite weiter gefasst ist, da sie auch nicht personenbezogene Daten und Fakten erfasst, hat sie auf der anderen Seite einen engeren Anwendungsbereich, als sie nur mit Blick auf den Mandanten und nicht auf sonstige Betroffene greift. Nach einer aktuellen Entscheidung des KG AnwBl. 2010, 802f., m. Anm. *Härting*, AnwBl. 2011, 50, ergibt sich aus der Kontrollpflicht der Datenschutzbehörde keine gesetzliche Befugnis oder gar Verpflichtung des Rechtsanwalts zur Weitergabe mandatsbezogener Informationen an den Datenschutzbeauftragten. Die anwaltliche Verschwiegenheitspflicht werde nicht durch § 24 Abs. 2 S. 1 Nr. 2 BDSG außer Kraft gesetzt. Siehe zu diesem Themenkomplex die jüngeren Beiträge von Gaier/Wolf/Göcken/*Zuck*, § 43a BRAO/§ 2 BORA Rz. 30; *Brisch*, 10 Fragen zum Datenschutz in Kanzleien, KammerForum Rechtsanwaltskammer Köln 2009, 6; *Redeker*, Datenschutz auch bei Anwälten – aber gegenüber Datenschutzkontrollinstanzen gilt das Berufsgeheimnis, NJW 2009, 554; *Weichert*, Datenschutz auch bei Anwälten?, NJW 2009, 550. DAV (AnwBl. 2007, 682, 685, 694f.) und BRAK (dazu *Filges*, NJW 2010, 2619, 2621f.) bemühen sich schon seit Längerem um eine klarstellende Regelung zum berufsspezifischen Datenschutz.

2 BT-Drucks. 16/3655, S. 82.

3 Henssler/Prütting/*Kilian*, § 49b Rz. 217.

verkäufen entnehmen[1]. Werden im Zuge eines Kanzleiverkaufs nicht nur Vergütungsforderungen an den Erwerber abgetreten, sondern auch Handakten und Daten von Mandanten übertragen, ist ihre Einwilligung erforderlich; andernfalls ist die Praxisübertragung gemäß § 134 BGB nichtig[2]. Etwas anderes gilt, wenn der Erwerber den Akteninhalt bereits zuvor rechtmäßig kennenlernen konnte (sog. „**sanfter Übergang**"), sei es aufgrund früherer Mitarbeit in der Kanzlei des Veräußerers[3] oder weil er als Abwickler bestellt war[4]. Gleiches soll bei der Gründung einer (temporären Schein-)Sozietät zwischen Käufer und Verkäufer gelten[5]. Dabei kommt es weder auf den aktuellen Gedächtnisstand im Augenblick der Abtretung noch auf den Zeitpunkt der Übergabe der Handakten durch den Zedenten an[6]. Weitere Besonderheiten im Vergleich zum Einzelanwalt bestehen im Bereich der gesetzlichen Ausnahmen[7] nicht.

99 Den klassischen Fall der **Wahrung berechtigter Eigeninteressen**[8] stellt die gerichtliche Geltendmachung des anwaltlichen Vergütungsanspruchs dar. Die mit der Substantiierung der Klageforderung verbundene Aufdeckung vertraulicher Informationen ist schon deshalb rechtmäßig, weil das Gesetz in §§ 11 Abs. 5 S. 2, 14 Abs. 2 RVG solche Klagen vorsieht[9]. Sofern erforderlich und nicht anders möglich, kann ein Rechtsanwalt Zeugenbeweis durch **angestellte Anwälte** oder Büropersonal antreten. Das bedeutet, dass in einem solchen Fall auch diese Zeugen aussagen dürfen, ohne gegen die Verschwiegenheitspflicht zu verstoßen[10]. Dies gilt selbst dann, wenn der **als Zeuge benannte Anwalt** inzwischen **aus der auf Vergütung klagenden Sozietät ausgeschieden** ist. Ob ein Anwalt der klagenden Sozietät noch oder nicht mehr angehört, ist aus der maßgeblichen Sicht des Mandanten kein erheblicher Umstand, der bei der vorzunehmenden Rechtsgüterabwägung ein abweichendes Ergebnis rechtfertigen könnte. Da mit dem Nichteingreifen der Verschwiegenheitspflicht die prozessuale Aussagepflicht des Zeugen wieder in

---

1 So aber LG Baden-Baden NJW-RR 1998, 202, 203; Henssler/Prütting/*Henssler*, § 43a Rz. 107; *Henssler/Kilian*, MDR 2001, 1274, 1275 f.; vgl. auch *Kleine-Cosack*, § 43a Rz. 47; Hartung/Römermann/*Römermann*, Anh. § 27 Rz. 18 ff.

2 BGHZ 116, 268, 272 ff. = NJW 1992, 737, 739 f.; BGH NJW 1995, 2026; BGH NJW 1996, 393; BGH NJW 1996, 2087; BGH NJW 1999, 1404, 1406; BGHZ 148, 97, 101 ff. = NJW 2001, 2462, 2463 f.

3 BGH NJW 1995, 2915, 2916.

4 BGH NJW 1997, 188; siehe aber zum nicht als Rechtsanwalt zugelassenen Vertreter i.S.d. § 53 BRAO BGH NJW 1995, 2026, 2027.

5 BGHZ 148, 97, 102 = NJW 2001, 2462, 2463; kritisch zur Begründung *Grunewald*, FS Ulmer, 2003, S. 141, 147.

6 BGH NJW 1995, 2915, 2916; BGH NJW 2005, 507, 508.

7 Siehe die ausführliche Darstellung bei Henssler/Prütting/*Henssler*, § 43a Rz. 89 ff.

8 Umfassend zu dieser Fallgruppe Henssler/Prütting/*Henssler*, § 43a Rz. 101 ff.

9 Vgl. BGHSt 1, 366, 368 = NJW 1952, 151; BGHZ 115, 123, 129 = NJW 1991, 2955, 2957; BGHZ 122, 115, 120 = NJW 1993, 1638, 1639 f.; BGH NJW 1993, 2371, 2372.

10 OLG Stuttgart MDR 1999, 192; OLG Brandenburg MDR 2002, 905, 906.

Kraft tritt (Rz. 87), besteht sogar eine Aussagepflicht des als Zeuge benannten Anwalts[1].

Eine weitere sozietätsspezifische Fallgruppe betrifft **Rechenschaftspflichten** 100
nach Ausscheiden eines Anwalts aus einer Sozietät. Besteht der Verdacht, dass der ausgeschiedene Anwalt unter Verletzung eines nachvertraglichen Wettbewerbsverbots oder einer Mandantenschutzklausel (dazu Rz. 166; B Rz. 247ff.; D Rz. 83ff.), ehemalige Mandanten der Sozietät weiter betreut, kann er gegenüber seinen ehemaligen Mitgesellschaftern nicht unter Berufung auf die Verschwiegenheitspflicht die Auskunft verweigern, welche Mandanten er vertragswidrig an sich gebunden hat. Andernfalls wäre die Einhaltung eines vereinbarten Wettbewerbsverbots bei Anwälten praktisch nicht durchsetzbar. Zudem wird dem Mandanten nur ein sehr begrenzter Eingriff in sein informationelles Selbstbestimmungsrecht zugemutet, nämlich nur insoweit, als sein bisheriger Berater, der seine Verhältnisse ohnehin bestens kennt, erfährt, dass er nun von dem ehemaligen Sozius weiter vertreten wird[2]. Ein Rechtsanwalt, der durch die Bezeichnung seiner Kanzlei die Rechte eines Wettbewerbers verletzt hat, ist allerdings nicht verpflichtet, im Rahmen einer zur Schadensberechnung dienenden Auskunft die Namen seiner Mandanten zu offenbaren[3]. Zum Verhältnis von Verschwiegenheitspflicht und Verbot der Vertretung widerstreitender Interessen siehe unten Rz. 128, 138f.

VI. Tätigkeitsverbote

Literatur:

Arnemann-Bredohl, Der Anwalt im Spannungsfeld zwischen Rechtspflege und Dienstleistung: Eine rechtsvergleichende Untersuchung der deutschen und englischen Anwaltschaft, 2010; *Deckenbrock*, Strafrechtlicher Parteiverrat und berufsrechtliches Verbot der Vertretung widerstreitender Interessen, 2009; *Deckenbrock*, Interessenkonflikte bei Wirtschaftsprüfern und Rechtsanwälten unter dem besonderen Aspekt der beruflichen Verschwiegenheitspflicht, BB 2002, 2453; *Deckenbrock*, Sozietät und Bürogemeinschaft – berufsrechtlich gebotene Gleichbehandlung?, NJW 2008, 3529; *Deckenbrock*, Tätigkeitsverbote bei nichtanwaltlicher Vorbefassung: Neue Regeln für die §§ 45, 46 BRAO durch § 3 BORA?, AnwBl. 2009, 16; *Deckenbrock*, Interessenkollision und gemeinschaftliche Berufsausübung – was gilt?: Die Konkretisierung des Verbots der Vertretung widerstreitender Interessen (§ 43a Abs. 4 BRAO) in der BORA (§ 3 BORA), AnwBl. 2009, 170; *Deckenbrock*, Tätigkeitsverbote des Anwalts: Rechtsfolgen beim Verstoß: Straf-, prozess-, berufs- und zivilrechtliche Fragen bei Interessenkollision und Inkompatibilität, AnwBl. 2010, 221; *Erb*, Parteiverrat: Rechtsgut und Einwilligung im Tatbestand des § 356 StGB, 2005, *Grunewald*, Die Vertretung mehrerer Miterben durch einen Rechts-

1 LG Weiden MDR 2007, 484f. (Ls.); **a.A.** *Schons*, AnwBl. 2007, 441. Die gegen die Entscheidung des LG Weiden eingelegte Verfassungsbeschwerde ist vom BVerfG BRAK-Mitt. 2008, 125 (Ls.), nicht zur Entscheidung angenommen worden.

2 Henssler/Prütting/*Henssler*, § 43a Rz. 118; *Henssler*, FS Geiß, 2000, S. 271, 290 sowie (zu § 57 Abs. 1 StBerG) BAG AP § 611 BGB Nr. 35 Konkurrenzklausel; OLG Köln OLG-Report Köln 2007, 327f.

3 BGH NJW 2002, 2096, 2098.

anwalt bzw. eine Sozietät, ZEV 2006, 386; *Hartung*, Ist die Vertretung widerstreitender Interessen künftig erlaubt?, NJW 2006, 2721; *Henssler*, Das Verbot der Vertretung widerstreitender Interessen, NJW 2001, 1521; *Henssler*, Die Vertretung mehrerer Beteiligter in M&A-Auktionsverfahren durch sozietätsverbundene Rechtsanwälte, FS Maier-Reimer, 2010, S. 217; *Henssler/Deckenbrock*, Neue anwaltliche Betätigungsverbote bei Interessenkonflikten, NJW 2008, 1275; *Kilian*, Die Globalisierung der Rechtsberatung, WM 2000, 1366; *Kilian*, Interessenkonflikte beim Sozietätswechsel: Verbot der Vertretung widerstreitender Interessen contra Berufsfreiheit, BB 2003, 2189; *Kleine-Cosack*, Sozietätserstreckung des Verbots der Interessenkollision, AnwBl. 2006, 13; *Kleine-Cosack*, Haftungsrisiko bei vorzeitiger Mandatsbeendigung: Offenlegungspflicht für Rechtsanwälte bei Mandatsübernahme?, AnwBl. 2008, 278; *Kretschmer*, Der strafrechtliche Parteiverrat (§ 356 StGB): Eine Analyse der Norm im individualrechtlichen Verständnis, 2005; *Maier-Reimer*, Widerstreitende Interessen und Anwaltssozietät, NJW 2006, 3601; *Offermann-Burckart*, Interessenkollision – Was jeder Anwalt wissen sollte: Leitlinien und die Situation nach der Neufassung von § 3 Abs. 2 BORA, AnwBl. 2008, 446; *Offermann-Burckart*, Interessenkollision in familienrechtlichen Angelegenheiten, FF 2009, 58 und 104; *Offermann-Burckart*, Interessenkollision – Jeder Fall ist anders: 35 Einzelfälle aus der Praxis zu einer Kernpflicht des Anwaltsberufs, AnwBl. 2009, 729; *Purrucker*, Der fremde § 3 Abs. 2 S. 2 BORA, BRAK-Mitt. 2007, 150; *Quaas*, Verbot widerstreitender Interessen und Sternsozietät – Hat sich durch die Änderung des § 59a BRAO etwas geändert?, NJW 2008, 1697; *Saenger/Riße*, Offene Fragen zur Sozietätserstreckung beim Interessenwiderstreit, MDR 2006, 1385; *Saenger/Riße*, Tätigkeitsverbot für Rechtsanwälte bei nichtanwaltlicher Vorbefassung eines Sozietätsmitgliedes, BRAK-Mitt. 2007, 97; *Sahan*, Anwälte einer Sozietät als Vertreter widerstreitender Interessen, AnwBl. 2008, 698; *Scharmer*, Die Selbstentkernung der Anwaltschaft – Zur Neufassung von § 3 Abs. 2 BORA, BRAK-Mitt. 2006, 150; *Schramm*, Das Verbot der Vertretung widerstreitender Interessen, 2004.

101 Von herausragender Bedeutung für die Praxis sind die anwaltlichen Tätigkeitsverbote. Das Verbot, ein Mandat zu übernehmen, bzw. die Pflicht, ein bestehendes Mandat niederzulegen, können nicht nur in der konkreten Situation zu immensen Honorarausfällen des Rechtsanwalts führen, sondern bringen auch für den Anwalt die Gefahr mit sich, langjährige Mandanten dauerhaft zu verlieren, wenn sie einmal Leidtragende einer solchen Mandatsablehnung oder -beendigung werden. Hinzu kommen mögliche berufs- oder gar strafrechtliche Sanktionen[1]. Vor diesem Hintergrund greifen die Tätigkeitsverbote besonders spürbar in die Berufsausübungsfreiheit (Art. 12 Abs. 1 GG) des Anwalts ein. Für die hier interessierenden Berufsausübungsgesellschaften gilt dies verstärkt, können sich doch die an den einzelnen Anwalt anknüpfenden Verbote in großen Verbünden potenzieren[2]. Um den vielfältigen Anforderungen gerecht zu werden, haben insbesondere Großkanzleien – oft sogar mit mehreren Personen besetzte – Konfliktabteilungen (so genannte *clearance center*) eingerichtet, die jedes Mandat auf eine mögliche Interessenkollision überprüfen (Rz. 160f.).

---

1 Zu den Rechtsfolgen von berufsrechtlichen Tätigkeitsverboten siehe *Deckenbrock*, Rz. 772ff.; *Deckenbrock*, AnwBl. 2010, 221ff.

2 *Kilian*, BB 2003, 2189, 2190, spricht von einer lawinengleichen Vervielfachung potenzieller Interessenkonflikte.

1. Regelungsüberblick

Grenzen zieht der anwaltlichen Vertragsfreiheit vor allem das Verbot der Vertretung widerstreitender Interessen, das in seinem **Kernbestand** sogar **strafrechtlich abgesichert** ist. Nach § 356 Abs. 1 StGB wird ein Anwalt oder ein anderer Rechtsbeistand, welcher bei den ihm in dieser Eigenschaft anvertrauten Angelegenheiten in derselben Rechtssache beiden Parteien durch Rat oder Beistand pflichtwidrig dient, mit Freiheitsstrafe von drei Monaten bis zu fünf Jahren bestraft. Bei einem Handeln im Einverständnis mit der Gegenpartei zum Nachteil seiner Partei, liegt nach Absatz 2 sogar ein Verbrechen vor, das mit einer Freiheitsstrafe von einem Jahr bis zu fünf Jahren bedroht ist. Das berufsrechtliche Pendant zu § 356 StGB findet sich in § 43a Abs. 4 BRAO, der denkbar knapp regelt: „Der Rechtsanwalt darf keine widerstreitenden Interessen vertreten." Schließlich bestimmt § 3 Abs. 1 Alt. 1 BORA, dass der Rechtsanwalt nicht tätig werden darf, wenn er eine andere Partei in derselben Rechtssache im widerstreitenden Interesse bereits beraten oder vertreten hat. 102

Bemerkenswert ist, dass sich allein auf der Ebene der BORA eine ausdrückliche Regelung zur Reichweite des Verbots der Vertretung widerstreitender Interessen in der Sozietät findet. § 3 Abs. 2 BORA erstreckt insoweit das den einzelnen Berufsträger nach Absatz 1 treffende Tätigkeitsverbot auf mit ihm in derselben Berufsausübungs- oder Bürogemeinschaft gleich welcher Rechts- oder Organisationsform verbundenen Rechtsanwälte. Hiervon macht § 3 Abs. 2 S. 2 BORA eine Ausnahme, wenn sich im Einzelfall die betroffenen Mandanten in den widerstreitenden Mandaten nach umfassender Information mit der Vertretung ausdrücklich einverstanden erklärt haben und Belange der Rechtspflege nicht entgegenstehen. Nach § 3 Abs. 3 BORA gelten die Absätze 1 und 2 auch für den Fall, dass der Rechtsanwalt von einer Berufsausübungs- oder Bürogemeinschaft zu einer anderen Berufsausübungs- oder Bürogemeinschaft wechselt. Die mit der Erstreckung des Tätigkeitsverbots verbundenen spezifischen sozietätsrechtlichen Fragen stehen im Mittelpunkt dieses Abschnitts (Rz. 106ff.). 103

Die Tätigkeitsverbote der §§ 45, 46 BRAO, die strafrechtlich nicht abgesichert sind[1], knüpfen anders als § 43a Abs. 4 BRAO nicht an eine gleichzeitige oder vorherige anwaltliche Tätigkeit an, sondern regeln mögliche Konflikte mit einer zweitberuflichen Tätigkeit des Anwalts. § 45 Abs. 1 BRAO bestimmt, wann der Rechtsanwalt gehindert ist, aufgrund einer anderen beruflichen Tätigkeit ein Mandat zu übernehmen. Absatz 2 enthält eine Regelung für die umgekehrte Konstellation, in der jemand zunächst als Anwalt tätig gewesen ist und nun nichtanwaltlich agieren möchte. § 46 Abs. 2 BRAO legt die Voraussetzungen fest, unter denen ein Rechtsanwalt, der zugleich in einem ständigen Dienstverhältnis zu einem nichtanwaltlichen Arbeitgeber (Syndikusanwalt) steht, nicht tätig werden darf. Für die Tätigkeitsverbote der §§ 45, 46 BRAO findet sich bereits auf Ebene der BRAO – in den 104

1 OLG Nürnberg NJW 1999, 2381. § 356 StGB lässt allerdings eine Vortätigkeit als „anderer Rechtsbeistand" ausreichen, vgl. dazu *Deckenbrock*, Rz. 104.

dritten Absätzen der Normen – eine Sozietätsklausel, nach der sie „auch für die mit dem Rechtsanwalt in Sozietät oder in sonstiger Weise zur gemeinschaftlichen Berufsausübung verbundenen oder verbunden gewesenen Rechtsanwälte" gelten (Rz. 149ff.). Ergänzend ist wiederum § 3 BORA zu beachten, nach dessen Absatz 1 Alternative 2 der Rechtsanwalt nicht tätig werden darf, wenn er mit derselben Rechtssache in sonstiger Weise i.S.d. §§ 45, 46 BRAO bereits beruflich befasst war (Rz. 154f.).

2. Verbot der Vertretung widerstreitender Interessen

a) Persönliche Disqualifikation des Anwalts

105 Dass ein Tätigkeitsverbot innerhalb einer Berufsausübungsgemeinschaft erstreckt werden kann, setzt zunächst voraus, dass ein konkreter Berufsträger persönlich disqualifiziert ist. § 3 Abs. 2 BORA verdeutlicht dies anschaulich, indem er an „das Verbot des Abs. 1" anknüpft. § 3 Abs. 1, 1. Hs. BORA, der inhaltlich nicht über § 43a Abs. 4 BRAO hinausgeht[1], dient daher primär als Anknüpfungstatbestand für die in § 3 Abs. 2 und 3 BORA vorgesehene sozietätsweite Erstreckung[2]. Geht es etwa um die Frage, ob eine Sozietät mehrere Bieter in einem Auktionsverfahren vertreten darf[3], muss in einem ersten Schritt geklärt werden, ob einem **Einzelanwalt** ein solches Vorgehen erlaubt wäre. Ist dies nicht der Fall, muss in einem zweiten Schritt geprüft werden, ob ein Tätigkeitsverbot ausnahmsweise vermieden werden kann, wenn nicht ein und derselbe Anwalt, sondern **verschiedene Berufsträger**, die möglicherweise sogar an unterschiedlichen Standorten tätig sind, die Bieter vertreten. Bei der Subsumtion unter die **Tatbestandsmerkmale „dieselbe Rechtssache", „widerstreitende Interessen" und „vertreten"**[4] spielt es dagegen keine Rolle, ob ein und derselbe Anwalt oder zwei verschiedene Anwälte einer Sozietät die widerstreitenden Mandate betreuen. Die in der Literatur anklingende Überlegung, dass § 3 BORA ein **bewegliches System der Tatbestandsmerkmale** enthalte[5], überzeugt nicht: Dem Berufsrecht lassen sich keine Anhaltspunkte dafür entnehmen, dass alle Tatbestandsmerkmale der Satzungsnorm in einer Art Gesamtabwägung zu beurteilen wären[6].

---

1 *Deckenbrock*, Rz. 287f.; *Deckenbrock*, AnwBl. 2009, 170, 171.

2 Henssler/Prütting/*Henssler*, § 3 BORA Rz. 2; *Kleine-Cosack*, § 3 BORA Rz. 5; *Deckenbrock*, AnwBl. 2009, 170, 171.

3 Dazu *Deckenbrock*, Rz. 129f.; 213ff.; *Henssler*, FS Maier-Reimer, S. 217ff.

4 Zu den Voraussetzungen des Verbots der Vertretung widerstreitender Interessen und insbesondere zu den Tatbestandsmerkmalen „widerstreitende Interessen" und „dieselbe Rechtssache" siehe ausführlich Henssler/Prütting/*Henssler*, § 43a Rz. 168ff.; *Deckenbrock*, Rz. 120ff., 145ff., 271ff., 279ff.; *Offermann-Burckart*, AnwBl. 2008, 446ff.; *Offermann-Burckart*, AnwBl. 2009, 729ff.; *Offermann-Burckart*, NJW 2010, 2489ff.

5 *Kleine-Cosack*, § 43a Rz. 96.

6 *Deckenbrock*, Rz. 674; *Deckenbrock*, AnwBl. 2009, 170, 171f.

b) Sozietätsweite Erstreckung

aa) Unbeachtlichkeit der Rechtsform und des Status des Anwalts

106 Wie bereits angesprochen (Rz. 103) enthält die BRAO für das Verbot der Vertretung widerstreitender Interessen keine ausdrückliche Regelung, die es auf alle Sozien ausdehnt. Das BVerfG hat allerdings 2003 eine solche Erstreckung im Wege einer **teleologischen Extension des § 43a Abs. 4 BRAO** im Grundsatz gebilligt[1]. Die Leitlinien der Entscheidung haben nun Eingang in § 3 Abs. 2, Abs. 3 BORA gefunden[2]. Dagegen erfasst **§ 356 Abs. 1 StGB** von vornherein **keine Sozietätssachverhalte**. Im Rahmen des § 356 StGB fehlt es nicht nur an einer eindeutigen Aussage zu der Frage der Erstreckung des Vertretungsverbots auf die Sozietätspartner. Es ist sogar einhellig anerkannt, dass die Interessenkollisionen, zu denen es im Rahmen von Sozietätsbeziehungen kommen kann, von der Norm grundsätzlich nicht erfasst werden. Die Bestimmung setzt ein pflichtwidriges, auf beide Parteien bezogenes **„Dienen“** eines Anwalts in der gleichen, ihm anvertrauten Rechtssache voraus. Dieses Merkmal des „Dienens“ ist nach der zu Recht überwiegend vertretenen Auffassung nicht schon dann erfüllt, wenn ein mit dem Rechtsanwalt assoziierter Anwalt für die Gegenpartei tätig war. Das bloße auf dem Sozietätsverhältnis beruhende Anvertrautsein ist mit der konkreten tatsächlichen Bearbeitung des Mandats durch den Rechtsanwalt nicht gleichzusetzen. War daher ein Anwalt im betreffenden Mandat nicht persönlich vorbefasst, kann der Parteiverratstatbestand von vornherein nicht verwirklicht werden[3].

107 Nach § 3 Abs. 2 S. 1 BORA wird das den Einzelanwalt treffende Verbot der Vertretung widerstreitender Interessen auf „alle mit ihm in derselben Berufsausübungs- und Bürogemeinschaft gleich welcher Rechts- oder Organisationsform

---

1 BVerfGE 108, 150, 159f. = NJW 2003, 2520. In der Entscheidung hatte das BVerfG die damals geltende Regelung des § 3 Abs. 2 BORA a.F., die eine ausnahmslose Erstreckung des Verbots der Vertretung widerstreitender Interessen auf alle Sozien vorsah (vgl. Rz. 150), für verfassungswidrig erklärt.

2 Zur Frage, ob die Sozietätsklausel des § 3 Abs. 2 BORA von der Satzungskompetenz des § 59b Abs. 2 Nr. 1e) BRAO gedeckt ist, siehe einerseits (bejahend) *Deckenbrock*, Rz. 615ff.; *Deckenbrock*, AnwBl. 2009, 170, 171, und andererseits *Kleine-Cosack*, AnwBl. 2006, 13, 18 (verneinend; nur noch zweifelnd jetzt aber *Kleine-Cosack*, § 3 BORA Rz. 3). BVerfGK 8, 239, 242f. = NJW 2006, 2469f., hat die nun geltende Fassung des § 3 BORA als verfassungskonform bezeichnet; die Entscheidung bezieht sich allerdings nur auf die Vertretung widerstreitender Interessen durch verschiedene Sozietätsmitglieder, trifft aber keine Aussage zur Bürogemeinschaft (dazu *Deckenbrock*, NJW 2008, 3529, 3532).

3 Siehe nur BGHSt 40, 188 = NJW 1994, 2302; OLG Stuttgart, NJW 1986, 948; Schönke/Schröder/*Heine*, § 356 Rz. 10; Feuerich/Weyland/*Feuerich*, § 43a Rz. 66; *Kleine-Cosack*, § 43a Rz. 124ff.; Kilian/Offermann-Burckart/vom Stein/*Offermann-Burckart*, § 13 Rz. 104ff.; *Deckenbrock*, Rz. 429ff.; *Henssler*, NJW 2001, 1521, 1525; **a.A.** *O. Geppert*, Der strafrechtliche Parteiverrat, 1961, S. 164ff. Missverständlich BVerfGE 98, 49, 69 = NJW 1988, 2269, 2273: „... in Großkanzleien zur Vermeidung des Parteiverrats (§ 356 StGB) auch notwendigen Computerprogramme zur Prüfung von Kollisionen ...“.

verbundenen Rechtsanwälte" erstreckt. Von dieser Ausdehnung werden damit nicht nur die in einer als **GbR organisierten Sozietät**, sondern auch alle in einer **Partnerschaftsgesellschaft, Anwalts-GmbH, Anwalts-AG** und in einer in Deutschland tätigen **ausländischen Anwaltskanzlei**[1] verbundenen Berufsträger erfasst – unabhängig davon, ob sie **Partner, angestellt** oder als **freie Mitarbeiter** tätig sind[2].

108 Berufsausübungsgesellschaft i.S.d. § 3 Abs. 2 S. 1 BORA ist auch die **Scheinsozietät**. Zwar ist diese grundsätzlich ein berufsrechtliches Nullum (Rz. 51 ff.). Im Fall des Verbots der Vertretung widerstreitender Interessen – anders als etwa bei der Verschwiegenheitspflicht (Rz. 90) – überzeugt eine vollständige Trennung von Haftungs- und Berufsrecht dagegen nicht. Die Rechtsscheinhaftung des Scheinsozius wird damit begründet, dass der gutgläubige Mandant in seinem Vertrauen auf die Gesellschafterstellung des Scheinsozius geschützt werden müsse. Nichts anderes gilt aber für das Verbot der Vertretung widerstreitender Interessen: Treten zwei Anwälte nach außen als Sozietät auf, geht der Mandant davon aus, dass sie sich beide für die Durchsetzung seiner Interessen stark machen. Dieses Vertrauen würde enttäuscht, wenn später einer von ihnen ohne Zustimmung des Mandanten die Gegenseite im widerstreitenden Interesse vertreten könnte. Solange die Ausgestaltung des Innenverhältnisses für den Mandanten nicht erkennbar ist, sind Scheinsozien wie Anwälte zu behandeln, die ihren Beruf gemeinschaftlich ausüben[3]. In den meisten Fällen unterfallen die Scheinsozien als angestellte Anwälte, freie Mitarbeiter oder Bürogemeinschafter (siehe dazu aber noch Rz. 115 f.) aber ohnehin bereits nach allgemeinen Grundsätzen der Norm.

bb) Sternsozietät

109 Will man die Regelung des § 3 Abs. 2 S. 1 BORA auf die seit dem 18. 12. 2007 zulässigen Fälle der **Sternsozietät** (Rz. 54 ff.) anwenden, muss bedacht werden, dass der Satzungsgeber zum Zeitpunkt der Neuregelung des § 3 BORA (1. 7. 2006) diese Fälle noch gar nicht regeln konnte. Auf eine Anpassung, wie sie der Gesetzgeber für das **notarielle Mitwirkungsverbot** (§ 3 Abs. 1 S. 1 Nr. 7 BeurkG) vorgenommen hat[4], ist bislang verzichtet worden. Dennoch erstreckt sich ein den Sternsozius nach § 3 Abs. 1 BORA persönlich treffendes Tätigkeitsverbot auf alle mit ihm zur gemeinschaftlichen Berufsausübung verbundenen Berufsträger, und zwar unabhängig davon, für welche Sozietät er das fragliche Mandat wahrgenommen hat. Ein

---

1 Zum Problem der sog. *double deontology* siehe N Rz. 150 ff. und *Henssler*, NJW 2009, 1556 ff.

2 Siehe Henssler/Prütting/*Henssler*, § 3 BORA Rz. 12; Feuerich/Weyland/*Feuerich*, § 3 BORA Rz. 11.

3 *Kleine-Cosack*, § 3 BORA Rz. 8; Feuerich/Weyland/*Feuerich*, § 3 BORA Rz. 11 (der sich damit allerdings in Widerspruch zu seinen Ausführungen bei § 43a Rz. 66 setzt); *Deckenbrock*, Rz. 510 ff.

4 Dazu Gaier/Wolf/Göcken/*Bormann*, § 59a BRAO Rz. 62; *Deckenbrock*, Rz. 606 f.; *Henssler/Kilian*, FS Hartung, 2008, S. 65 ff.

Rechtsanwalt, der Mitglied in mehreren, kollidierende Mandate vertretenden Sozietäten ist, darf daher ohne Zustimmung der betroffenen Mandanten auf keiner Seite in der fraglichen Rechtssache eingebunden werden. Dieses Ergebnis folgt nicht nur aus dem Wortlaut des § 3 Abs. 2 S. 1 BORA, sondern auch aus einem Vergleich mit dem Fall des vorbefassten Sozietätswechslers, dessen Wechsel für die ihn aufnehmende Sozietät über § 3 Abs. 3 BORA grundsätzlich eine Pflicht zur Niederlegung nach sich zieht (Rz. 120f.). Wenn in dieser Konstellation die aufnehmende Kanzlei zur Mandatsniederlegung verpflichtet ist, muss das Gleiche erst recht gelten, wenn die vorbefassten Anwälte sogar weiterhin das konfligierende Mandat betreuen[1].

Nicht von der Sozietätsklausel des § 3 Abs. 2 S. 1 BORA ist dagegen der ***socius multiplex* erfasst, der auf keiner Seite das fragliche Mandat betreut**. Absatz 2 dehnt das Tätigkeitsverbot, das sich aus Absatz 1 ergibt und an den vorbefassten Anwalt richtet, auf alle mit ihm in derselben Berufsausübungsgemeinschaft verbundenen Rechtsanwälte aus. Unterliegt der Mehrfachsozius dagegen einem nur mittelbar über § 3 Abs. 2 S. 1 BORA begründeten Tätigkeitsverbot, kann dieses nicht mithilfe einer erneuten Anwendung der Norm auf seine Kollegen in anderen Sozietäten erstreckt werden. Dem insoweit eindeutigen Wortlaut des § 3 Abs. 2 S. 1 BORA lässt sich ein solches Verbot nicht entnehmen, da dieser ausschließlich an „das Verbot des Abs. 1" anknüpft. Außerdem stützt die Norm nur eine Verbotserstreckung auf mit dem vorbefassten Rechtsanwalt in *derselben* Berufsausübungsgemeinschaft verbundene Anwälte. Durch den „Zusammenschluss" mehrerer Sozietäten zu einer „Sternsozietät" behalten diese rechtlich ihre volle Selbständigkeit, sie werden nicht über einen nicht vorbefassten Sternsozius zu einer „Interessenkollisionseinheit" vereinigt. Es handelt sich zwar um einen „organisierten Zusammenschluss" von Rechtsanwälten, nicht aber um eine gemeinsame Berufsausübung, die durch die gemeinsame Entgegennahme von Aufträgen und Entgelt gekennzeichnet ist[2]. 110

Erst recht begründen **mittelbare Verknüpfungen** kein Tätigkeitsverbot. Es ist daher bedeutungslos, wenn zwischen verschiedenen Sozietäten nur ein mittelbarer Zusammenhang dergestalt besteht, dass ein Sozius als Mitglied einer zweiten Sozietät über andere (nicht mit dem Sachbearbeiter der ersten Kanzlei verbundene) Personen mit einer dritten Sozietät beruflich verbunden ist[3]. 111

cc) Interprofessionelle Sozietät

Haben sich Rechtsanwälte, Steuerberater oder Wirtschaftsprüfer zu einer interprofessionellen Sozietät zusammengeschlossen, ergeben sich im Hinblick auf das Verbot der Vertretung widerstreitender Interessen Probleme, weil die 112

1 Henssler/Prütting/*Henssler*, § 3 BORA Rz. 33; *Deckenbrock*, Rz. 609, 660; *Deckenbrock*, AnwBl. 2009, 170, 176; im Ergebnis ebenso *Quaas*, NJW 2008, 1697, 1699f.

2 *Quaas*, NJW 2008, 1697, 1699.

3 Henssler/Prütting/*Henssler*, § 3 BORA Rz. 33; *Deckenbrock*, Rz. 662; *Deckenbrock*, AnwBl. 2009, 170, 176.

jeweiligen Berufskammern grundsätzlich nur das Verhalten der ihnen angehörenden Berufsträger sanktionieren können. Auch enthält die aktuelle Fassung des § 3 Abs. 2 BORA anders als die Vorgängerregelung eine Verbotserstreckung allein auf die mit dem persönlich disqualifizierten Anwalt zusammenarbeitenden Rechtsanwälte. Nach dem vom BVerfG für nichtig erklärten § 3 Abs. 2 BORA a.F.[1] galt das Verbot dagegen „auch, wenn ein ... Angehöriger eines anderen Berufes im Sinne des § 59a Bundesrechtsanwaltsordnung, mit dem der Rechtsanwalt in Sozietät zur gemeinschaftlichen Berufsausübung ... verbunden ist oder war, in derselben Rechtssache, gleich in welcher Funktion, im widerstreitenden Interesse berät, vertritt, bereits beraten oder vertreten hat oder mit dieser Rechtssache in sonstiger Weise beruflich befasst ist oder war". Damit unterscheidet sich § 43a Abs. 4 BRAO i.V.m. § 3 BORA auch von § 45 BRAO, dessen Absatz 3 für die nichtanwaltlichen Tätigkeitsverbote (Rz. 149ff.) eine Erstreckung auf die mit dem Anwalt zur gemeinschaftlichen Berufsausübung verbundenen Angehörigen anderer Berufe vorsieht. Daraus ist der Schluss gezogen worden, dass das Verbot der Vertretung widerstreitender Interessen nicht mehr für Angehörige anderer Berufe i.S.d. § 59a Abs. 1 BRAO gilt[2].

113 Richtigerweise ist danach zu differenzieren, ob die Angehörigen der anderen Berufe i.S.d. § 59a BRAO ein **Rechtsberatungsmandat der Sozietät** wahrnehmen[3]. Dies ist ihnen im Hinblick auf das RDG nur eingeschränkt gestattet; die wohl wichtigste Ausnahme bildet die Steuerrechtsberatung (§ 3 StBerG). Denkbar ist insoweit etwa folgendes Beispiel: Ein Steuerberater betreut für A dessen Steuersachen mit dem Ziel, eine günstige Besteuerung zu erreichen, was die Feststellung eines möglichst geringen Einkommens und Vermögens des A voraussetzt. Nun wird ein Anwalt, der mit dem Steuerberater in Sozietät verbunden ist, von der Ehefrau des A beauftragt, sie bei der Scheidung von A zu vertreten. Für dieses Mandat spielen wiederum die Vermögensverhältnisse des A eine bedeutende Rolle, da sie Grundlage für die Berechnung des von A geschuldeten Zugewinnausgleichs sind[4]. Dieses Beispiel verdeutlicht, dass es keinen Unterschied bedeuten kann, ob die steuerrechtliche Beratung des A innerhalb der Sozietät durch einen Steuerberater oder einen Rechtsanwalt erfolgt. Für diesen Fall lässt sich über §§ 30, 33 Abs. 2 BORA daher aus § 43a Abs. 4 BRAO i.V.m. § 3 BORA – vorbehaltlich der Zustimmung der betroffenen Mandanten (Rz. 126ff.) – ein *an den Anwalt* gerichtetes Verbot entnehmen, widerstreitende Interessen zu vertreten. Diese Konstruktion führt einerseits nicht dazu, dass der Anwalt fremden Berufsregeln unterworfen wird, vermeidet aber andererseits unbillige Ergebnisse.

114 Werden die in Rede stehenden widerstreitenden Mandate innerhalb einer Sozietät ausschließlich von Nichtanwälten, also etwa von zwei Steuerberatern

1 BVerfGE 108, 150 = NJW 2003, 2520.
2 Hartung/Römermann/*Hartung*, § 3 Rz. 96; Gaier/Wolf/Göcken/*Zuck*, § 43a BRAO/§ 3 BORA Rz. 19; *Pelzer*, S. 226.
3 Siehe bereits *Deckenbrock*, Rz. 703ff.
4 Dieses Beispiel geht zurück auf den vom EGH München, BRAK-Mitt. 1981, 43, entschiedenen Sachverhalt.

oder Wirtschaftsprüfern, wahrgenommen, stellt bereits das Berufsrecht der Steuerberater (§ 57 Abs. 1 StBerG; § 6 BOStB) bzw. der Wirtschaftsprüfer (§ 53 WPO; § 3 BS WP/vBP) sicher, dass die widerstreitenden Mandate nicht fortgeführt werden[1]. Steht einem Steuerberater oder Wirtschaftsprüfer dagegen kein Erlaubnistatbestand des RDG zur Seite, kommt eine Vertretung widerstreitender Interessen i.S.v. § 43a Abs. 4 BRAO unter Beteiligung von Nichtanwälten von vornherein nicht in Betracht. Für andere Vorbefassungen greift § 45 BRAO mit der weiten Sozietätsklausel des Absatzes 3.

dd) Bürogemeinschaft

§ 3 Abs. 2 S. 1 BORA dehnt das Tätigkeitsverbot auch auf den Bürogemeinschafter aus (ausführlich, mit teilweise abweichenden Ergebnissen, I Rz. 117ff.). Diese Ausdehnung bedeutet nicht nur einen Systembruch, sondern ist darüber hinaus verfassungsrechtlich zumindest bedenklich[2]. Durch das Verbot der Vertretung widerstreitender Interessen soll in erster Linie verhindert werden, dass ein Anwalt zum Interessenvertreter verschiedener Mandanten mit konträren Zielen wird. Während bei der Sozietät der Rechtsuchende gerade die personellen Ressourcen der gesamten Gesellschaft nutzen möchte, steht er zum Bürogemeinschafter in keiner vertraglichen Beziehung, mit der Folge, dass er ihn nicht als seinen Interessenvertreter und in seinem Lager stehend betrachtet (zur Besonderheit der Scheinsozietät siehe Rz. 108). 115

Auch die Auffassung, die Einbeziehung des Bürogemeinschafters sei angesichts der bestehenden Gefahren für die Verschwiegenheitspflicht notwendig[3], überzeugt nicht. Diese Sichtweise qualifiziert das Verbot der Vertretung widerstreitender Interessen **unzulässigerweise als Auffangtatbestand für Verstöße gegen die anwaltliche Schweigepflicht**. Eine Konkretisierung des Verbots der Vertretung widerstreitender Interessen, wie sie die Satzungsversammlung nach § 59b Abs. 2 Nr. 1e) BRAO vornehmen wollte, liegt hierin nicht. Die Missachtung der Verschwiegenheitspflicht führt nicht dazu, dass ein Anwalt, der dieses Wissen zu Unrecht erlangt hat, nun (im Nachhinein) zum Interessenvertreter der Partei wird, deren Geheimnisse „verraten" worden sind. Im Gegenteil: Gerade in der Erweiterung des Verbots auf den Bürogemeinschafter liegt eine Schwächung der Verschwiegenheitspflicht. Will ein Anwalt die Anforderungen des § 3 Abs. 2 S. 1 BORA erfüllen, ist er vor Mandatsannahme zur Prüfung verpflichtet, ob sein Bürogemeinschaftspartner ein kollidierendes Mandat betreut (hat). Der Bürogemeinschafter wird da- 116

---

1 Zur Reichweite des Verbots der Vertretung widerstreitender Interessen bei **Steuerberatern** und **Wirtschaftsprüfern** siehe *Deckenbrock*, Rz. 298ff., 682ff.; *Schramm*, S. 150ff.; *Schramm*, DStR 2003, 1364ff.

2 Koch/Kilian/*Kilian*, B Rz. 646; *Kilian*, AnwBl. 2008, 707, 708; *Deckenbrock*, NJW 2008, 3529, 3531ff. **A.A.** OLG Bremen, FamRZ 2008, 1544; OLG Frankfurt, FamRZ 2010, 1687, 1688; OLG Hamburg FamRZ 2009, 631f.; OLG Hamburg MDR 2010, 934 (das allerdings im konkreten Fall ein Tätigkeitsverbot verneint); Feuerich/Weyland/*Feuerich*, § 3 BORA Rz. 8, 11; Hartung/Römermann/*Hartung*, § 3 Rz. 104 = NJW 2006, 2721, 2724; Hartung/Scharmer/*Hartung*, § 33 Rz. 5ff.

3 So etwa SV-Mat. 12/2006, BRAK-Mitt. 2006, 213, 214, und wohl auch Henssler/Prütting/*Henssler*, § 3 BORA Rz. 13.

mit zur Preisgabe von Informationen verpflichtet, die der – an sich vorrangigen (vgl. § 3 Abs. 5 BORA) – Verschwiegenheitspflicht unterfallen[1].

ee) Kooperation

117 Dagegen sieht § 3 Abs. 2 S. 1 BORA bereits seinem Wortlaut nach keine Erstreckung des Verbots der Vertretung widerstreitender Interessen auf den Kooperationspartner vor – jedenfalls solange die Kooperation nicht zugleich eine Bürogemeinschaft ist. Die von *Hartung* begründete Gegenauffassung, der zufolge die Kooperation nach Wortlaut, Systematik, Sinn und Zweck der Norm als Berufsausübungsgemeinschaft gelten soll[2] (J Rz. 23ff.), überzeugt schon deshalb nicht, weil die Kooperation als **Innengesellschaft** keine auf eine gemeinsame Auftragsannahme angelegte Berufsausübungsgesellschaft darstellt[3] (Rz. 8). Auch aus § 33 Abs. 1 BORA ergibt sich nichts anderes. Unter den dort verwandten Begriff der „beruflichen Zusammenarbeit" fallen nur Berufsausübungsgesellschaften, nicht aber Organisationsgesellschaften. Dementsprechend ist in § 3 Abs. 2 BORA die Anwendbarkeit der entsprechenden Berufspflicht auf die Bürogemeinschaft als reine Innengesellschaft ausdrücklich vorgesehen. Dies wäre bei einem weiten Verständnis des § 33 Abs. 1 BORA entbehrlich (ausführlich Rz. 10f.)[4].

118 Wird allerdings ein Berufsträger des (anwaltlichen) Kooperationspartners mit Einverständnis des Mandanten in die Mandatsbearbeitung eingeschaltet, ist er in seiner Person disqualifiziert. Er hat dann selbst die Interessen des Mandanten i.S.v. § 43a Abs. 4 BRAO i.V.m. § 3 Abs. 1 BORA vertreten. Diese persönliche Disqualifikation führt dann unter den Voraussetzungen der Sozietätsklausel in § 3 Abs. 2 BORA zu einer Erstreckung innerhalb des Kooperationspartners[5].

---

1 Auf diese Problematik weist auch Kilian/Offermann-Burckart/vom Stein/*Offermann-Burckart*, § 13 Rz. 118, hin.

2 Ihm folgend Feuerich/Weyland/*Feuerich*, § 3 BORA Rz. 11 (für verfestigte Kooperationen); *Quaas*, NJW 2008, 1697, 1698.

3 *Deckenbrock*, Rz. 635; *Deckenbrock*, AnwBl. 2009, 170, 177; Hartung/Scharmer/*Scharmer*, § 4 Rz. 11ff.; im Ergebnis ebenso Kilian/Offermann-Burckart/vom Stein/*Offermann-Burckart*, § 13 Rz. 117. Differenzierend Henssler/Prütting/*Henssler*, § 3 BORA Rz. 14, nach dem das Tätigkeitsverbot auf den Kooperationspartner erstreckt wird, wenn die anwaltliche Verschwiegenheitspflicht zwischen den Kooperationspartnern nicht eingehalten wird und sie daher nach ihrer organisatorischen Ausgestaltung der Sozietät gleichsteht.

4 Aus der Tatsache, dass in § 30 S. 1 BORA die Bürogemeinschaft, nicht aber die Kooperation erwähnt ist, folgt, dass auch § 30 BORA nicht geeignet ist, (mittelbar) die Erstreckung der anwaltlichen Pflichten auf den Kooperationspartner zu erreichen.

5 Hartung/Scharmer/*Scharmer*, § 4 Rz. 11; *Henssler/Deckenbrock*, DB 2007, 447, 451.

ff) Einzelmandat

Der Wortlaut des § 3 Abs. 2 S. 1 BORA legt nahe, dass die Satzungsnorm auch Anwendung findet, wenn zwei Sozien widerstreitende Interessen jeweils auf Basis eines Einzelmandats führen und keine Beauftragung der Sozietät gegeben ist[1]. Hierfür könnte zudem sprechen, dass § 3 Abs. 2 S. 1 BORA seinem Wortlaut nach auch auf die Bürogemeinschaft Anwendung findet (dazu Rz. 115f.) und es dort ebenfalls an einer Gesamtbeauftragung fehlt. Insoweit greifen aber dieselben **verfassungsrechtlichen Bedenken** wie bei der Einbeziehung des Bürogemeinschafters in das Tätigkeitsverbot. Zum einen sieht bei einem Einzelmandat kein Mandant den jeweils gegnerischen Anwalt als seinen Interessenvertreter an, zum anderen verlangt die Einzelmandatierung ohnehin die Errichtung vertraulichkeitssichernder Maßnahmen. Richtigerweise ist § 3 Abs. 2 S. 1 BORA daher so auszulegen, dass eine Erstreckung des Tätigkeitsverbots voraussetzt, dass die mandatsbearbeitenden Anwälte in ihrer Funktion als Anwalt der Sozietät agiert haben. Ein Tätigwerden ist dem Sozius aber nur dann möglich, wenn beide Mandate als Einzelmandate geführt werden, eine Überlappung des Kreises der Interessenvertreter also vollständig ausgeschlossen ist[2]. Angesichts einer gewissen **Rechtsunsicherheit** sollten Anwälte ein Einverständnis der betroffenen Mandanten einholen. In der Praxis kommt hinzu, dass die Sozietätsverträge einem Anwalt ohnehin nur in eng begrenzten Fällen ein Tätigwerden als Einzelanwalt und damit auf eigene Rechnung gestatten. 119

gg) Sozietäts- und Bürogemeinschaftswechsler

Der mit der Rechtssache persönlich befasste Anwalt unterliegt unmittelbar aus § 43a Abs. 4 BRAO i.V.m. § 3 Abs. 1 Alt. 1 BORA einem Tätigkeitsverbot. Wird das Mandat von einem mit ihm in derselben Berufsausübungsgemeinschaft verbundenen Anwalt betreut, folgt Entsprechendes aus § 3 Abs. 2 S. 1 BORA. In beiden Fällen darf er für die Gegenseite keine widerstreitenden Interessen wahrnehmen. Diese Verbote bestehen auch nach einem Wechsel in eine andere Sozietät fort. Insoweit gelten nach § 3 Abs. 3 BORA „die Absätze 1 und 2 ... auch für den Fall, dass der Rechtsanwalt von einer Berufsausübungs...gemeinschaft zu einer anderen Berufsausübungs...gemeinschaft wechselt". Ein Unterschied besteht lediglich darin, dass im zweiten Fall die betroffenen Mandanten dem Sozietätswechsler erlauben können, das widerstreitende Mandat zu übernehmen (dazu Rz. 125ff.). 120

Ist der Sozietätswechsler **persönlich vorbefasst**, findet nach § 3 Abs. 2 i.V.m. Abs. 3 BORA das Tätigkeitsverbot auch auf seine neuen Kollegen Anwendung[3]. Denn diese sind nun mit ihm in derselben Berufsausübungsgemein- 121

1 So auch Gaier/Wolf/Göcken/*Zuck*, § 43a BRAO/§ 3 BORA Rz. 20; Feuerich/Weyland/*Feuerich*, § 3 BORA Rz. 11; Hartung/Römermann/*Hartung*, § 3 Rz. 99 = NJW 2006, 2721, 2724; *Schultz*, FS Hirsch, 2008, S. 525, 536f.; differenzierend *Kleine-Cosack*, § 3 BORA Rz. 47.

2 Henssler/Prütting/*Henssler*, § 3 BORA Rz. 11; *Deckenbrock*, Rz. 636.

3 Henssler/Prütting/*Henssler*, § 3 BORA Rz. 30; *Deckenbrock*, Rz. 578ff., 647; *Deckenbrock*, AnwBl. 2009, 170, 175.

schaft verbunden. Umstritten ist, ob auch der Wechsel eines **nicht vorbefassten Rechtsanwalts** die ihn aufnehmende Sozietät „infiziert". Der Ausschuss 4 der Satzungsversammlung, der die Neufassung des § 3 BORA maßgeblich konzipiert hat[1], und eine beachtliche Literaturmeinung[2] bejahen bei fehlender Zustimmung der Mandanten eine Pflicht zur Mandatsniederlegung. Aus der maßgeblichen Sicht des Mandanten sei der Kanzleiwechsler zum Gegner „übergelaufen" mit der Folge, dass ein Austausch vertraulicher Informationen drohe.

122 Richtigerweise kann dem Wortlaut des § 3 Abs. 3 BORA keine Erstreckung des Tätigkeitsverbots von einem nicht vorbefassten Anwalt auf die Neusozien entnommen werden. War der Sozietätswechsler mit der Sache nicht befasst, unterliegt er für die konkrete Rechtssache nicht dem Verbot des § 3 Abs. 1 BORA, darf aber dennoch aufgrund der in § 3 Abs. 2 BORA vorgesehenen Erstreckung – vorbehaltlich der Mandantenzustimmung – nicht persönlich tätig werden. Dieses Verbot endet auch nicht mit seinem Wechsel in eine andere Kanzlei, wie aus § 3 Abs. 3 BORA folgt. Seine Kollegen in der neuen Sozietät „infiziert" er jedoch nicht mit einem Tätigkeitsverbot, da für sie nicht die Voraussetzungen des § 3 Abs. 2 BORA erfüllt sind. Sie sind nicht mit einem Anwalt verbunden, der in derselben Rechtssache im widerstreitenden Interesse beraten oder vertreten und damit die Voraussetzungen des § 3 Abs. 1 BORA verwirklicht hat[3]. Die Erstreckungsnorm erfasst bereits ausweislich ihres Wortlauts **nicht den Fall einer ehemaligen Verbindung**[4]. Dafür hätte es der Aufnahme der Worte „oder verbunden gewesenen" in den Tatbestand des § 3 Abs. 2 S. 1 BORA bedurft. Diese Lücke soll vielmehr mit § 3 Abs. 3 BORA überwunden werden, der insoweit in Form einer bloßen Verweisung § 3 Abs. 1 und 2 BORA für anwendbar erklärt. Dies bedeutet, dass ein Anwalt nach seinem Ausscheiden aus einer Sozietät an das über § 3 Abs. 2 BORA begründete Tätigkeitsverbot gebunden bleibt und selbst in derselben Rechtssache in seiner neuen Sozietät nicht im widerstreitenden Interesse tätig werden darf. § 3 Abs. 3 BORA bezweckt nicht, Sonderverbotstatbestände für den Sozietätswechsler zu schaffen, sondern will verhindern, dass ein Anwalt durch den Wechsel von jeglichem Tätigkeitsverbot befreit wird. Mit anderen Worten: § 3 Abs. 2 BORA begründet ein Tätigkeitsverbot für Anwälte, die mit einem unmittelbar nach § 3 Abs. 1 BORA disqualifizierten Anwalt in derselben Berufsausübungsgemeinschaft verbunden sind, nur so lange, wie diese Verbindung besteht.

---

1 Siehe den Begründungstext zu § 3 BORA (SV-Mat. 12/2006), BRAK-Mitt. 2006, 213, 215.

2 Vgl. Feuerich/Weyland/*Feuerich*, § 3 BORA Rz. 32; Hartung/Römermann/*Hartung*, § 3 Rz. 132ff. = NJW 2006, 2721, 2725f.; Gaier/Wolf/Göcken/*Zuck*, § 43a BRAO/§ 3 BORA Rz. 28; *Saenger/Riße*, MDR 2006, 1385, 1388, und wohl auch Kilian/Offermann-Burckart/vom Stein/*Offermann-Burckart*, § 13 Rz. 120; *Quaas*, NJW 2008, 1697, 1699.

3 Ebenso Henssler/Prütting/*Henssler*, § 3 BORA Rz. 32; *Kleine-Cosack*, § 3 BORA Rz. 27, 40; Koch/Kilian/*Kilian*, B Rz. 660; *Maier-Reimer*, NJW 2006, 3601, 3604.

4 Das räumen auch *Saenger/Riße*, MDR 2006, 1385, 1388, trotz ihrer im Ergebnis abweichenden Auffassung ein.

Nicht ganz eindeutig ist die Satzungsregelung jedoch im Hinblick auf die Folgen eines Sozietätswechsels für die **„alte" Sozietät**, wenn der ausscheidende Anwalt das betreffende Mandat mitnimmt. Auf den ersten Blick liegt ein „Freiwerden" der Sozietät nahe. Wendet man § 3 Abs. 2 S. 1 BORA, der „das Verbot des Abs. 1" auf alle Anwälte der Sozietät erstreckt, wörtlich an, scheint es nach dem Ausscheiden des oder der Mandatsbearbeiter aus der Sozietät an einer Anknüpfung für die personelle Erstreckung des Verbots der Vertretung widerstreitender Interessen zu fehlen. Richtigerweise folgt aber aus § 3 Abs. 3 BORA, dass die in der Sozietät verbliebenen Anwälte nicht tätig werden dürfen. Wenn es dort heißt, dass „die Absätze 1 und 2 ... auch für den Fall" gelten, „dass der Rechtsanwalt von einer Berufsausübungs...gemeinschaft zu einer anderen Berufsausübungs...gemeinschaft wechselt", ist damit nicht nur gemeint, dass dem vorbefassten Sozietätswechsler ein Tätigwerden im widerstreitenden Interesse versagt bleibt. Auch für die übrigen Anwälte soll sich durch den Wechsel keine neue Rechtslage ergeben. Ein anderes Ergebnis stünde im Widerspruch zu dem Fall des nicht vorbefassten Sozietätswechslers, der in seiner neuen Kanzlei nicht in kollidierende Mandate eingebunden werden darf[1]. 123

Nach § 3 Abs. 3 BORA soll Entsprechendes gelten, wenn ein Anwalt von oder zu einer **Bürogemeinschaft** wechselt. Insoweit bestehen erst recht die bereits zu § 3 Abs. 2 BORA dargestellten verfassungsrechtlichen Bedenken (Rz. 115f.). 124

c) Ausnahme von der sozietätsweiten Erstreckung

Nach § 3 Abs. 2 S. 2 BORA entfällt die Erstreckung des Tätigkeitsverbots, „wenn sich im Einzelfall die betroffenen Mandanten in den widerstreitenden Mandaten nach umfassender Information mit der Vertretung ausdrücklich einverstanden erklärt haben und Belange der Rechtspflege nicht entgegenstehen". Beide Voraussetzungen (Einverständnis der betroffenen Mandanten und keine entgegenstehenden Belange der Rechtspflege) müssen **kumulativ** vorliegen. 125

aa) Einverständnis der betroffenen Mandanten

Die Einholung des Einverständnisses der betroffenen Mandanten ist nach dem eindeutigen Wortlaut und der klaren Systematik des § 3 Abs. 2 S. 2 BORA die **einzige Möglichkeit** für die Sozietät, die Erstreckung des Tätigkeitsverbots zu vermeiden. Da sich diese Ausnahme nur auf Absatz 2, nicht aber auf Absatz 1 bezieht, verdeutlicht die Systematik der Norm, dass das Einverständnis der Mandanten **nur in Sozietätskonstellationen** von Bedeutung ist[2]. Gegenüber einem Einzelanwalt 126

---

1 Siehe bereits *Deckenbrock*, Rz. 659; *Deckenbrock*, AnwBl. 2009, 170, 176.

2 Hartung/Römermann/*Hartung*, § 3 Rz. 106ff.; *Hartung*, NJW 2006, 2721, 2722; *Hartung*, AnwBl. 2007, 752, vertritt wenig überzeugend, dass die Möglichkeit, die Erstreckung eines Tätigkeitsverbots durch Einholung des Einverständnis des betroffenen Mandanten (§ 3 Abs. 2 S. 2 BORA) zu vermeiden, gesetzeswidrig sei; ihm folgend *Arnemann-Bredohl*, S. 216ff. Hierzu ausführlich Henssler/Prüt-

können die Mandanten nicht in eine Vertretung widerstreitender Interessen einwilligen[1].

127 Dennoch soll nach teilweise vertretener Ansicht eine Sozietätserstreckung auch dann ausscheiden, wenn ein schutzwürdiges Vertrauen des Mandanten nicht erkennbar sei, die Versagung des Einverständnisses rechtsmissbräuchlich sei oder die Interessen der nachteilig betroffenen Rechtsanwälte und deren Mandanten überwögen. Ein alleiniges Abstellen auf das Einverständnis sei verfassungsrechtlich nicht haltbar[2]. Diese Auffassung übersieht, dass das BVerfG ausdrücklich einen „Rechtssatz des Inhalts, dass das Verbot der Vertretung widerstreitender Interessen auch für die mit einem Rechtsanwalt in einer Sozietät verbundenen Kollegen gilt, wenn die Mandanten mit der weiteren Tätigkeit des Sozius nicht einverstanden sind", als mit Art. 12 Abs. 1 GG vereinbar angesehen hat[3]. Die Erstreckung des Tätigkeitsverbots kann daher nicht anderweitig, etwa durch die Errichtung von Informationssperren (*chinese walls*) vermieden werden. Die Errichtung solch objektiver vertraulichkeitssichernder Maßnahmen kann allenfalls dazu beitragen, dass der Mandant sein Einverständnis erteilt, nicht aber die Zerstörung des subjektiv geprägten Vertrauensverhältnisses zum Mandanten vollständig kompensieren[4].

(1) Anforderungen an das Einverständnis

128 § 3 Abs. 2 S. 2 BORA konkretisiert die Anforderungen an ein wirksames Einverständnis und verlangt, dass „sich im Einzelfall die betroffenen Mandanten in den widerstreitenden Mandaten nach umfassender Information mit der Vertretung ausdrücklich einverstanden erklärt haben". Bevor die Mandanten um ihr Einverständnis gebeten werden können, ist zunächst zu prüfen, ob die **vorrangige Verschwiegenheitspflicht** (§ 3 Abs. 5 BORA) der notwendigen Aufklärung im Wege stehen könnte. Erfordert diese die Offenbarung geheimhaltungsbedürftiger Informationen (dazu kann bereits das Bestehen des Mandatsverhältnisses gehören, Rz. 83), in die der betroffene Mandant nicht eingewilligt hat, muss sie unterbleiben, so dass eine Beratung oder Vertretung in widerstreitenden Mandaten durch Angehörige derselben Berufsausübungsgemeinschaft unmöglich ist[5]. In diesem Fall ist die Sozietät

ting/*Henssler*, § 3 BORA Rz. 15; Feuerich/Weyland/*Feuerich*, § 3 BORA Rz. 8, 12, 34; Koch/Kilian/*Kilian*, B Rz. 644; *Deckenbrock*, Rz. 624 ff.; *Deckenbrock*, AnwBl. 2009, 170, 172.

1 **A.A.** aber *Grunewald*, ZEV 2006, 386, 387; *Grunewald*, JZ 2008, 691, 692; *Offermann-Burckart*, ZEV 2007, 151, 154.

2 *Kleine-Cosack*, § 3 BORA Rz. 15, 45 ff.; Koch/Kilian/*Kilian*, B Rz. 648; *Kilian*, BB 2003, 2189, 2193.

3 BVerfGK 8, 239, 242 = NJW 2006, 2469. Dies möchte *Kleine-Cosack*, § 3 BORA Rz. 47, nicht wahr haben.

4 Siehe bereits *Deckenbrock*, Rz. 564 ff., 674; *Deckenbrock*, AnwBl. 2009, 170, 173 f. Wie hier auch Henssler/Prütting/*Henssler*, § 3 BORA Rz. 15; *Henssler*, FS Maier-Reimer, S. 217, 235 f.

5 Vgl. den vom Ausschuss 4 der Satzungsversammlung gebilligten Begründungstext zu § 3 BORA (SV-Mat. 12/2006), BRAK-Mitt. 2006, 213, 216, sowie Henssler/Prütting/*Henssler*, § 3 BORA Rz. 16; Feuerich/Weyland/*Feuerich*, § 3 BORA

zur Ablehnung des an sie nun herangetragenen Kollisionsmandats verpflichtet, wozu es einer Nennung von Gründen nicht bedarf[1].

Die **umfassende** Information sollte sich sowohl auf die **Sach- als auch auf die Rechtslage** beziehen[2]. Der Mandant ist zunächst darüber aufzuklären, dass einer Sozietät die Wahrnehmung konfligierender Mandate grundsätzlich verboten ist und nur das nun in Rede stehende Einverständnis ausnahmsweise ein Tätigkeitsverbot vermeiden kann. Welche Informationen darüber hinaus offenbart werden müssen, ist eine Frage des Einzelfalls. Entscheidend ist, welches Wissen der Mandant für ein verantwortungsvolles und freies Urteil benötigt. Mitunter kann das Aufzeigen abstrakter Gefahren ausreichend sein: So mag bei einer Konkurrentenklage der Hinweis genügen, dass die eine Position nur zulasten der anderen durchgesetzt werden kann. Insoweit ist auch zu berücksichtigen, welchem Umfeld der Mandant entstammt. Gegenüber einem Verbraucher können weit höhere Anforderungen bestehen als gegenüber einem Unternehmen mit eigener Rechtsabteilung[3]. Die Aufklärung muss Informationen darüber enthalten, welche Maßnahmen zur Sicherung der Vertraulichkeit von der Sozietät ergriffen werden, um den Fluss sensiblen Wissens innerhalb der Berufsausübungsgemeinschaft zu verhindern. Denn nur so kann der Rechtsuchende beurteilen, inwieweit er *seiner* Sozietät trotz der Doppelmandatierung vertrauen kann. 129

Information und Einverständnis müssen sich stets auf den **Einzelfall** beziehen. Unzulässig sind **Pauschal- oder Blankozustimmungen**, bei denen ein Mandant schon bei der Mandatsannahme und vor Auftreten der Interessenkollision darin einwilligt, dass im Fall des Falls von anderen Sozietätsanwälten widerstreitende Interessen vertreten werden dürfen. Aus dem Erfordernis eines **ausdrücklichen** Einverständnisses folgt, dass weder eine konkludente noch eine mutmaßliche Einwilligung ausreichen[4]. Die Annahme des widerstreitenden Mandats ist zudem erst **nach Erteilung des ausdrücklichen Einverständnisses** möglich, weil der einmal erfolgte Berufsrechtsverstoß nicht *ex post* beseitigt werden kann. Damit kann weder während noch nach Abschluss des zweiten Mandats ein Einverständnis eingeholt werden[5]. 130

Rz. 16; **a.A.** *Grunewald*, JZ 2008, 691, 692, sowie Hense/Ulrich/*Richter*, 2008, § 53 Rz. 12, zum Wirtschaftsprüfer („sanktionierte Durchbrechung der Verschwiegenheitspflicht").

1 Zu den **Besonderheiten im Fall des Sozietätswechsels** siehe Kilian/Offermann-Burckart/vom Stein/*Offermann-Burckart*, § 13 Rz. 124; *Deckenbrock*, Rz. 678 ff.

2 *Scharmer*, BRAK-Mitt. 2006, 150, 152, meint offenbar, dass die Belehrung nicht von der Kanzlei durchgeführt werden müsse, sondern die Zustimmungserklärung auch vom Gegner beigebracht werden könne.

3 Vgl. *Henssler*, FS Maier-Reimer, S. 217, 234 f.; *Westerwelle*, NJW 2003, 2958, 2960.

4 Henssler/Prütting/*Henssler*, § 3 BORA Rz. 17; Feuerich/Weyland/*Feuerich*, § 3 BORA Rz. 18; Kilian/Offermann-Burckart/vom Stein/*Offermann-Burckart*, § 13 Rz. 81. **Anders** dagegen Hense/Ulrich/*Richter*, WPO, 2008, § 53 Rz. 17, für den Wirtschaftsprüfer

5 **A.A.** Gaier/Wolf/Göcken/*Zuck*, § 43a BRAO/§ 3 BORA Rz. 32; Hartung/Römermann/*Hartung*, § 3 Rz. 148 = NJW 2006, 2721, 2726, ohne Begründung. Feuerich/Weyland/*Feuerich*, § 3 BORA Rz. 17; Koch/Kilian/*Kilian*, B Rz. 652, und *Kleine-*

131 Nicht erforderlich ist dagegen die **Schrift- oder Textform** der Einverständniserklärung. Anders als ursprünglich vorgesehen verlangt § 3 Abs. 2 S. 3 BORA nur, dass sie – wie die Information – in Textform erfolgen soll[1]. Die Satzungsversammlung hat davon abgesehen, zwingend Textform zu fordern, damit reine Formverstöße bei materiell bedenkenfreier Beratung oder Vertretung keine Sanktionen auslösen[2]. Allerdings empfiehlt sich für die Anwaltschaft schon zwecks Beweissicherung die Einhaltung der Schrift- oder Textform.

132 Umstritten ist, ob die Mandanten an das einmal erklärte Einverständnis gebunden sind oder ob ein **Widerruf** des Einverständnisses möglich ist. Nach einer starken Ansicht in der Literatur muss ein Widerruf jederzeit möglich sein[3], er soll sogar nicht einmal einzelvertraglich ausgeschlossen werden können. Wo derart sensible Werte wie anwaltliche Treue und – vielfach höchstpersönliches – Vertrauen zur Disposition stünden, müsse dem Mandanten jederzeit der Weg zurück offenstehen[4].

133 Diese Sichtweise kann nicht überzeugen. Das Einverständnis der Mandanten in die Wahrnehmung gegensätzlicher Interessen durch verschiedene Anwälte einer Sozietät darf nicht widerruflich sein, wenn es auf einer ordnungsgemäßen Aufklärung beruht. Andernfalls hinge die Möglichkeit, das Mandat für die andere Partei bis zum Ende fortzuführen, von der Laune des Gegners ab; beide Mandanten hätten ihren jeweiligen Gegenpart in der Hand und könnten ihm jederzeit den Anwalt seines Vertrauens entziehen. Im Interesse der Rechtssicherheit für den jeweils anderen Mandanten muss es daher hingenommen werden, dass das Einverständnis nicht frei widerruflich ist[5]. Selbstverständlich bleibt es jeder Partei unbenommen, das eigene Mandat über eine Kündigung (§ 627 BGB) sofort zu beenden.

134 Um einen ganz anderen Sachverhalt handelt es sich, wenn sich im Nachhinein herausstellt, dass die Kanzlei ihre Mandanten **falsch oder unzureichend aufgeklärt** hat. In diesem Fall fehlt es bereits an einem wirksamen Einverständnis, so dass § 43a Abs. 4 BRAO i.V.m. § 3 BORA den Anwälten einer Sozietät untersagt, konfligierende Mandate fortzuführen. Gleiches gilt,

---

Cosack, AnwBl. 2006, 13, 16 (**anders** wohl *Kleine-Cosack*, § 3 BORA Rz. 11: „vor deren Aufnahme"), halten ein Einverständnis im Laufe der Mandatsarbeit, nicht jedoch nach Abschluss des Mandats für ausreichend.

1 Siehe aber *Purrucker*, BRAK-Mitt. 2007, 150, 152.

2 SV-Mat. 12/2006, BRAK-Mitt. 2006, 213, 214.

3 Koch/Kilian/*Kilian*, B Rz. 652; *Erb*, S. 213f. (zu § 356 StGB); *Harting*, Berufspflichten des Strafverteidigers und Sanktionierung pflichtwidrigen Verhaltens, 2008, S. 181; *Kleine-Cosack*, AnwBl. 2006, 13, 17 (anders aber nun *Kleine-Cosack*, § 3 BORA Rz. 48f.); *Grunewald*, AnwBl. 2005, 437, 440; *Grunewald*, ZEV 2006, 386, 388; Kilian/Offermann-Burckart/vom Stein/*Offermann-Burckart*, § 13 Rz. 81; *Offermann-Burckart*, ZEV 2007, 151, 153; siehe auch den vom Berufsrechtsausschuss der Satzungsversammlung gebilligten Begründungstext zu § 3 BORA (SV-Mat. 12/2006), BRAK-Mitt. 2006, 213, 215.

4 *Erb*, S. 214 (zu § 356 StGB).

5 Henssler/Prütting/*Henssler*, § 3 BORA Rz. 18; *Deckenbrock*, Rz. 549ff.; *Deckenbrock*, AnwBl. 2009, 170, 173.

wenn sich die Maßnahmen, die zur Sicherung der Vertraulichkeit zu ergreifen sind (Rz. 138f.), als lückenhaft erweisen. Ab dem Zeitpunkt, in dem der eigentlich zu unterbindende Informationsfluss erfolgt ist, steht der Mandatsfortführung das fehlende, weil nicht unter diesen Umständen erteilte Einverständnis entgegen[1]. Um keinen Widerruf der Einverständniserklärung handelt es sich auch dann, wenn sich eine ursprüngliche Interessengleichheit in einen Interessenkonflikt verwandelt. Eine solche **Änderung der Mandanteninteressen** ist beachtlich und begründet für die Sozietät die Pflicht zur Niederlegung beider Mandate, sofern die betroffenen Klienten nun nicht in die Konfliktvertretung einwilligen. Dies folgt aus dem Umstand, dass erst mit der Änderung der Interessenlage der Anwendungsbereich des § 43a Abs. 4 BRAO i.V.m. § 3 BORA eröffnet wird. Vorher, im Stadium der Interessengleichheit, ist ein Einverständnis der beiden Parteien nicht einmal erforderlich[2].

§ 3 Abs. 2 S. 2 BORA verlangt eine Einwilligung der **betroffenen Mandanten**. 135
Aus dieser Wortlautfassung soll nach dem vom Berufsrechtsausschuss der Satzungsversammlung gebilligten Begründungstext zu § 3 Abs. 2 BORA für den Fall des **Sozietätswechsels** folgen, dass nur der Mandant der abgebenden Kanzlei um die Erteilung des Einverständnisses gebeten werden muss[3]. Überzeugen kann dieser Ansatz indes nicht. Zwar wird zu Recht darauf hingewiesen, dass im Hinblick auf den Mandanten, der durch Anwälte der den Sozietätswechsler aufnehmenden Kanzlei vertreten wird, keiner der auf der Gegenseite verbleibenden Anwälte je seine und somit widerstreitende Interessen wahrgenommen hat. Eine Mandatsniederlegung in diese Richtung kann daher keinesfalls rechtlich durchgesetzt werden. Es sind jedoch Fallkonstellationen denkbar, in denen der Mandant der den Wechsler aufnehmenden Kanzlei nicht damit einverstanden ist, dass der frühere gegnerische Anwalt jetzt Teil der eigenen Reihen ist. So besteht etwa das Risiko, dass die gegnerische Partei die Wirksamkeit ihres zunächst erteilten Einverständnisses im weiteren Fortgang der Mandatsbearbeitung anzugreifen versucht, was die Gefahr mit sich bringt, dass dann die Voraussetzungen des § 3 Abs. 2 S. 2 BORA für eine Fortführung des Mandats aufseiten der aufnehmenden Sozietät nicht mehr gegeben sind.

In diesen Fällen stellt die Möglichkeit der **Mandatskündigung nach § 627** 136
BGB keine geeignete Alternative dar[4]. Entscheidend ist, dass der Erteilung des Einverständnisses eine umfassende Information und Aufklärung voran-

1 Henssler/Prütting/*Henssler*, § 3 BORA Rz. 18; *Deckenbrock*, Rz. 552; *Deckenbrock*, AnwBl. 2009, 170, 173; siehe auch *Sahan*, AnwBl. 2008, 698, 702, der für dasselbe Ergebnis auf die „Belange der Rechtspflege" zurückgreift.

2 Dazu ausführlich *Deckenbrock*, Rz. 170f.

3 Siehe den vom Ausschuss 4 der Satzungsversammlung gebilligten Begründungstext zu § 3 BORA (SV-Mat. 12/2006), BRAK-Mitt. 2006, 213, 215; dem folgend Feuerich/Weyland/*Feuerich*, § 3 BORA Rz. 35.

4 So aber der vom Ausschuss 4 der Satzungsversammlung gebilligte Begründungstext zu § 3 BORA (SV-Mat. 12/2006), BRAK-Mitt. 2006, 213, 215; Feuerich/Weyland/*Feuerich*, § 3 BORA Rz. 35; *Saenger/Riße*, MDR 2006, 1385, 1389. Differenzierend Henssler/Prütting/*Henssler*, § 3 BORA Rz. 34, der keine ausdrückliche Zustimmung des Mandanten der abgebenden Kanzlei, wohl aber dessen Aufklärung verlangt.

gehen muss. So muss beispielsweise sichergestellt werden, dass der Mandant der aufnehmenden Kanzlei überhaupt Kenntnis von dem Wechsel und der Rolle erhält, die der Kanzleiwechsler im Rahmen des konfligierenden Mandats eingenommen hat. Andernfalls könnte er die Risiken, die der Wechsel für ihn nach sich ziehen kann, überhaupt nicht einschätzen. Aber selbst wenn die an die Aufklärung und Information zu stellenden Anforderungen beachtet werden, sind ausdrückliche Zustimmung und Kündigungsmöglichkeit keine gleichwertigen Varianten. Eine Kündigung durch den Mandanten wäre stets mit dem Risiko verbunden, über § 628 BGB vergütungsrechtliche Nachteile zu erleiden[1]. Sachgerecht ist es daher auch im Fall des Sozietätswechsels, die Zustimmung beider Mandanten einzufordern[2].

137 **Empfänger der Einverständniserklärungen** ist die Sozietät, welche die Wahrnehmung widerstreitender Interessen beabsichtigt. Im Fall eines Sozietätswechsels müssen die betroffenen Kanzleien die jeweiligen Einverständniserklärungen der Mandanten wechselseitig austauschen[3]. Keinesfalls darf die den Anwalt aufnehmende Berufsausübungsgemeinschaft selbst versuchen, sich das Einverständnis vom Mandanten der abgebenden Kanzlei zu beschaffen. § 12 BORA steht insoweit jeglicher Kontaktaufnahme zu dieser (für den Wechsler nun gegnerischen) Partei entgegen[4].

(2) Folgen des erteilten Einverständnisses für die Verschwiegenheitspflicht

138 Beauftragt ein Mandant eine Sozietät, willigt er grundsätzlich zugleich konkludent in die Weitergabe vertraulicher Informationen unter den Sozietätsmitgliedern ein (Rz. 88). Eine solche Erlaubnis kann allerdings nicht fingiert werden, wenn der Mandant mit der Wahrnehmung widerstreitender Interessen durch die Sozietät einverstanden ist[5]. In diesem Fall billigt der Mandant es nicht, dass sich alle Berufsträger seiner Angelegenheit annehmen (können). Im Gegenteil wird er sein Einverständnis regelmäßig sogar an die Bedingung knüpfen, dass die mit der konkreten Mandatsbearbeitung betrauten Anwälte gegenüber anderen Berufsträgern der Kanzlei Verschwiegenheit wahren. Die Kanzlei bzw. ihre Anwälte müssen daher aktiv Maßnahmen ergreifen, um eine Verletzung der Verschwiegenheitspflicht zu vermeiden. Kommt es infolge mangelhafter **Schutzvorkehrungen** dennoch zu einem Austausch geheimhaltungsbedürftiger Informationen, liegt zumindest eine fahrlässige Verschwiegenheitspflichtverletzung vor[6]. Denn die pflichtwid-

1 Dazu *Henssler/Deckenbrock*, NJW 2005, 1 ff.; *Henssler/Deckenbrock*, ZAP 2005, 413 ff. = Fach 24, S. 877 ff.; *Deckenbrock*, AnwBl. 2010, 221, 226 ff.

2 Siehe bereits *Deckenbrock*, Rz. 669 f. Ebenso (ohne jegliche Begründung) Hartung/Römermann/*Hartung*, § 3 Rz. 142 f. = NJW 2006, 2721, 2726.

3 Hartung/Römermann/*Hartung*, § 3 Rz. 149 = NJW 2006, 2721, 2726.

4 *Deckenbrock*, Rz. 673.

5 Henssler/Prütting/*Henssler*, § 3 BORA Rz. 25; *Deckenbrock*, Rz. 540 ff.; *Deckenbrock*, AnwBl. 2009, 170, 173; **a.A.** *Kleine-Cosack*, § 43a Rz. 55. Nach *Henssler*, FS Maier-Reimer, S. 217, 238 f., soll sogar ein insoweit erklärter Verzicht auf die Verschwiegenheitspflicht unwirksam sein.

6 Vgl. Henssler/Prütting/*Henssler*, § 3 BORA Rz. 25; Koch/Kilian/*Kilian*, B Rz. 707; *Schramm*, S. 113.

rige Weitergabe vertraulichen Wissens kann nicht nur durch eine mündliche oder schriftliche Äußerung erfolgen, sondern auch dadurch, dass einem anderen die Möglichkeit der Kenntniserlangung eröffnet wird (Rz. 86)[1]. Kann die Gefahr einer Verschwiegenheitspflichtverletzung nicht hinreichend sicher gebannt werden, darf die Sozietät ein kollidierendes Mandat erst gar nicht übernehmen[2].

Solche die Schweigepflicht sichernden Maßnahmen können sog. ***chinese walls*** sein, die aus der Finanzwelt[3] und dem anglo-amerikanischen Rechtskreis bekannt sind. Sie sehen eine strikte Trennung der jeweils in die Mandatsbearbeitung involvierten Anwälte und der sie unterstützenden Kräfte wie Sekretariat und Referendare vor. Kein Mitglied eines solchen Teams darf sich mandatsbezogen äußern. Jegliche Möglichkeit eines unbefugten Zugriffs auf relevante Informationen muss unterbunden werden, etwa durch Verschluss der Akten und Passwortschutz der Dateien. Eine örtliche Trennung der Teams, insbesondere durch Aufteilung auf verschiedene Etagen oder – noch besser – Standorte, kann zu einem effektiven Schutz beitragen, ist aber berufsrechtlich nicht erforderlich (Rz. 143 f.). Um die Wirksamkeit der *chinese walls* überprüfen zu können, sollte einem Anwalt der Sozietät die Überwachung der Wirksamkeit der errichteten Sperren übertragen werden. Dieser Rechtsanwalt ist allerdings nur für die Koordination der organisatorischen Anordnungen verantwortlich, darf selbst aber nicht in die Mandatsbearbeitung eingebunden werden, weil sonst die Teamtrennung wieder aufgehoben wäre. Zudem sollte ein kanzleiinternes Disziplinarwesen eingerichtet werden. Der für die Effektivität der *chinese walls* verantwortliche Rechtsanwalt, eine Art *compliance officer*, muss seine Kollegen mit der Errichtung der Schutzsperren über alle zu beachtenden Maßnahmen unterrichten, was schriftlich dokumentiert werden sollte. Sinnvoll kann es auch sein, wenn die beteiligten Anwälte eidesstattliche Versicherungen abgeben. Wird ein Mandat innerhalb der Sozietät bereits bearbeitet und kommt erst dann der Wunsch auf, dass gegensätzliche Interessen von Anwälten ein und derselben Sozietät vertreten werden sollen, mag es für die Errichtung derartiger Schutzmechanismen bereits zu spät sein. In diesem Fall ist eine besonders sorgfältige Prüfung vorzunehmen. Nach Abschluss des Mandats muss sichergestellt sein, dass ein Informationsfluss unterbleibt[4]. 139

bb) Entgegenstehende Belange der Rechtspflege

Trotz Einverständnisses der betroffenen Mandanten scheidet nach § 3 Abs. 2 S. 2 BORA eine Wahrnehmung widerstreitender Interessen durch die Sozietät aus, wenn Belange der Rechtspflege entgegenstehen. Diese Einschränkung geht auf die beiden Entscheidungen des BVerfG zur sozietätsweiten 140

---

1 Henssler/Prütting/*Henssler*, § 43a Rz. 61; Koch/Kilian/*Kilian*, B Rz. 707.
2 Ähnlich *Steuber*, RIW 2002, 590, 593.
3 Dazu etwa *Buck-Heeb*, FS Hopt, 2010, S. 1647 ff.
4 Zu den Voraussetzungen siehe Henssler/Prütting/*Henssler*, § 3 BORA Rz. 26; Gaier/Wolf/Göcken/*Zuck*, § 43a BRAO/§ 3 BORA Rz. 32; *Deckenbrock*, Rz. 519, 729 ff.; *Kilian*, WM 2000, 1366, 1372 ff.

Geltung des § 43a Abs. 4 BRAO zurück. Die Karlsruher Richter haben zwar maßgeblich darauf abgestellt, ob die betroffenen Mandanten in die Wahrnehmung gegensätzlicher Interessen durch Sozietätsanwälte eingewilligt haben. Das Einverständnis sei jedoch nicht das allein entscheidende Kriterium, sondern es bestehe trotz erteilten Einverständnisses im Interesse der Rechtspflege Anlass zum Eingreifen, wenn hierfür sonstige Indizien sprächen, die den Mandanten verborgen geblieben oder von ihnen unzutreffend eingeschätzt worden seien. Die Rechtsanwaltskammern seien insoweit berechtigt und verpflichtet, allen Hinweisen nachzugehen[1]. Belange der Rechtspflege könnten daher die Nichtannahme des Mandats bzw. dessen Beendigung erfordern. Eine derartige **objektive Betrachtung** ergänze das subjektive Vertrauenselement des Einverständnisses[2].

141 Was genau unter den „Belangen der Rechtspflege" zu verstehen sein soll, sagt das BVerfG nicht. Auch in der Literatur fehlen zumeist klare Hinweise[3]. Ein erster Ansatzpunkt findet sich in dem vom Ausschuss 4 der Satzungsversammlung gebilligten Begründungstext zu § 3 BORA: Belange der Rechtspflege, die eine unabhängige, verschwiegene und geradlinige Wahrnehmung der Mandanteninteressen durch den Rechtsanwalt voraussetzten, könnten nicht nur im gerichtlichen Verfahren, sondern auch im außergerichtlichen Bereich einer Wahrnehmung widerstreitender Interessen durch unterschiedliche Rechtsanwälte derselben Berufsausübungsgemeinschaft entgegenstehen, auch wenn sie dort in der Regel grundsätzlich ein geringeres Gewicht hätten. Maßgeblich sei zudem die Frage, inwieweit ein ungewollter Fluss geheimhaltungsbedürftiger Informationen denkbar sei. Ob Belange der Rechtspflege widerstreitenden Beratungsmandaten in der Sozietät entgegenstünden, hänge daher davon ab, ob die getroffenen Vorkehrungen zur Wahrung der Vertraulichkeit effektiv seien[4]. Hieraus folge in der Regel eine räumliche Trennung der Mandatsbearbeiter: „Ist beispielsweise innerhalb einer Berufsausübungsgemeinschaft am gleichen Ort die Gefahr groß, dass der Berater oder Vertreter des Gegners gewollt oder ungewollt geheimhaltungsbedürftige Informationen des Gegners erlangt, etwa beim abendlichen Blick in die Faxeingänge, könnte dies allein schon trotz vorliegender Einverständniserklärungen der Beratung oder Vertretung entgegenstehen. Umgekehrt bedeutet dies, dass Belange der Rechtspflege in der Regel nicht entgegenstehen, wenn widerstreitende Beratungsmandate von räumlich verschiedenen Büros derselben Berufsausübungsgemeinschaft geführt werden und überzeugende faktische Vorkehrungen zur Wahrung der Vertraulichkeit (sog. *chinese walls*) getroffen worden sind, sei es aus freien Stücken, sei es, weil die Mandanten davon ihre Zustimmungserklärungen abhängig gemacht haben. Ein

1 BVerfGE 108, 150, 164 = NJW 2003, 2520, 2522.

2 BVerfGK 8, 239, 243 = NJW 2006, 2469, 2470.

3 Etwa bei Koch/Kilian/*Kilian*, B Rz. 651; *Grunewald*, ZEV 2006, 386, 388; *Kleine-Cosack*, AnwBl. 2006, 13, 17; *Offermann-Burckart*, ZEV 2007, 151, 155; *Quaas*, NJW 2008, 1697, 1698; *Scharmer*, BRAK-Mitt. 2006, 150, 154.

4 SV-Mat. 12/2006, BRAK-Mitt. 2006, 213, 215. Ähnlich Feuerich/Weyland/*Feuerich*, § 3 BORA Rz. 23 ff.; Koch/Kilian/*Kilian*, B Rz. 651; *Maier-Reimer*, NJW 2006, 3601, 3603; *Saenger/Riße*, MDR 2006, 1386, 1387.

widerstreitendes Beratungsmandat kann dann also mit Blick auf die Belange der Rechtspflege zwischen den Büros derselben Berufsausübungsgemeinschaft in Hamburg und München geführt werden, nicht aber innerhalb der Münchner oder Hamburger Kanzlei."[1] Andere Stimmen gehen über das Erfordernis einer räumlichen Trennung der Mandatsbearbeiter hinaus und leiten aus den „Belangen der Rechtspflege" sogar ab, dass eine Vertretung widerstreitender Mandate durch verschiedene Sozietätsanwälte generell nicht in Betracht komme, sondern nur im Fall des Sozietätswechsels[2].

142 Der Versuch, über die Hintertür der „Belange der Rechtspflege" die Ausnahmeregelung des § 3 Abs. 2 S. 2 BORA wieder einzuschränken, überzeugt nicht. So widerspricht die These, dass eine **Vertretung widerstreitender Mandate durch verschiedene Sozietätsanwälte generell unzulässig** sei, der Systematik des § 3 BORA. Bei einem derartigen Verständnis der Norm hätte es nicht einer generellen Ausnahmeregelung in § 3 Abs. 2 S. 2 BORA bedurft, sondern es hätte ausgereicht, für den Fall des Sozietätswechsels in § 3 Abs. 3 BORA eine Ausnahme zu schaffen[3].

143 Auch das Erfordernis einer **räumlichen Trennung der Mandatsbearbeiter** und eine daraus folgende unterschiedliche Behandlung von örtlichen und überörtlichen Sozietäten lässt sich § 3 Abs. 2 BORA nicht entnehmen. Hätte die Satzungsversammlung eine derart generelle Differenzierung vorsehen wollen, hätte sie diese unproblematisch in § 3 Abs. 2 S. 2 BORA festschreiben können. Im Grundsatz erlaubt das geltende Recht daher eine Vertretung widerstreitender Interessen sogar durch die beiden Anwälte einer Zweiersozietät[4]. Inhaltlich ist die – rechtlich völlig unverbindliche[5] – Beurteilung des

---

1 SV-Mat. 12/2006, BRAK-Mitt. 2006, 213, 214 f.; zustimmend Feuerich/Weyland/*Feuerich*, § 3 BORA Rz. 26. Vor dem Inkrafttreten des neu gefassten § 3 BORA wurde im Schrifttum zur Reichweite des § 43a Abs. 4 BRAO eine so differenzierende Lösung vertreten, vgl. *Henssler*, NJW 2001, 1521, 1525 f. Auch das BVerfG hatte in der Sozietätswechsler-Entscheidung die Bedeutung einer räumlichen Trennung der Mandatsbearbeitung aufgegriffen und hervorgehoben, BVerfGE 108, 150, 163 = NJW 2003, 2520, 2521.

2 So AGH München NJW-RR 2005, 1225, 1226; OLG Frankfurt FamRZ 2010, 1687, 1688 (für die Bürogemeinschaft); Hartung/Römermann/*Hartung*, § 3 Rz. 124; *Hartung*, AnwBl. 2007, 752; *Arnemann-Bredohl*, S. 216 ff.; *Purrucker*, BRAK-Mitt. 2007, 150, 152.

3 Im Ergebnis ebenso *Grunewald*, NJW 2009, 1563, 1564.

4 Siehe bereits Henssler/Prütting/*Henssler*, § 3 BORA Rz. 21; *Henssler*, FS Maier-Reimer, S. 217, 236 ff.; *Deckenbrock*, Rz. 561, 629 ff.; *Deckenbrock*, AnwBl. 2009, 170, 174. Zur Frage, ob in – rechtlich unverbindlichen – berufsethischen Regeln festgelegt werden soll, dass eine Sozietät widerstreitende Mandate nicht von demselben Kanzleistandort führen darf, siehe *Henssler*, AnwBl. 2008, 721, 728; zum Stand der Diskussion zur **anwaltlichen Berufsethik** siehe *Filges*, NJW 2010, 2619, 2623 f.; *Gaier*, ZAP 2010, 795 ff. = Fach 23, S. 901 ff.

5 Die vom Ausschuss 4 der Satzungsversammlung nach § 11 der Geschäftsordnung der Satzungsversammlung erarbeitete Begründung zu § 3 BORA bringt nicht den Willen des Satzungsgebers zum Ausdruck. Anders als Gesetzesbegründungen ist sie erst nach Inkrafttreten der Norm erstellt worden; weder stand sie den Mitgliedern der Satzungsversammlung bei der Beschlussfassung zur Verfügung noch ist

Ausschusses allerdings insoweit zutreffend, als die nicht ausreichende Sicherung der Verschwiegenheitspflicht dazu führen kann, dass die Sozietät von einer Doppelvertretung Abstand nehmen muss (Rz. 134). Selbst wenn die Sozietätsanwälte Gefahren für das anwaltliche Berufsgeheimnis nicht sehen, kann die lokale Trennung der verschiedenen Mandatsbearbeiter maßgeblich dazu beitragen, dass die betroffenen Mandanten überhaupt zur Zustimmung bereit sind. Sie ist aber kein berufsrechtliches „Muss". Unzulässig wäre es, einen berufsrechtswidrigen Wissenstransfer aufgrund der fehlenden lokalen Trennung zu unterstellen. Es ist vielmehr grundsätzlich davon auszugehen, dass die sozietätsverbundenen Anwälte ihren Berufspflichten nachkommen[1].

144 Sofern darauf hingewiesen wird, dass Belange der Rechtspflege die Errichtung von Informationssperren und eine Mandatsniederlegung im Fall von lückenhaften Schutzmechanismen erfordern, wird übersehen, dass schon aus dem erteilten Einverständnis selbst die Pflicht zur Errichtung von wirksamen *chinese walls* folgt (Rz. 138 f.). Ebenso wenig erfordern etwaige Belange der Rechtspflege, dass die **gerichtliche Vertretung** oder die Vertretung in Schiedsverfahren von verschiedenen Anwälten einer Sozietät oder gar von unterschiedlichen Büros übernommen werden müssen. Der Rechtsanwalt ist im forensischen und beratenden Bereich gleichermaßen Organ der Rechtspflege[2]. Im Ergebnis handelt es sich bei den „entgegenstehenden Belangen der Rechtspflege" daher um ein völlig **konturloses Tatbestandsmerkmal**, aus dem keinerlei Restriktionen folgen[3].

3. Vertragliche Aufklärungspflichten außerhalb derselben Rechtssache

145 Die berufsrechtlichen Tätigkeitsverbote sind schon aus verfassungsrechtlichen Gründen eng auszulegen. Liegen ihre Voraussetzungen nicht vor, bedeutet dies jedoch nicht, dass Anwälte völlig unreglementiert in der Mandatsannahme sind. Insbesondere für Sozietäten sind umfangreiche vertragliche Aufklärungspflichten zu beachten, die der BGH in zwei Entscheidungen begründet hat. Willigt der Auftraggeber eines Rechtsanwalts darin ein, dass der Rechtsanwalt in einer anderen Sache gleichzeitig die Interessen eines Dritten gegen ihn wahrnimmt, so soll nach einem Urteil des III. Zivilsenats aus dem Jahr 1984 diese Zustimmung nur wirksam sein, wenn der Rechtsanwalt den Auftraggeber über ihre Tragweite ausreichend unterrichtet hat. Ist dies unterblieben, so können Angriffe des Rechtsanwalts gegen die berufliche Qualifikation seines Mandanten in der anderen Sache einen – die Kündigung des Anwaltsvertrags rechtfertigenden – Verstoß gegen seine Pflicht

---

sie von ihnen im Nachhinein gebilligt worden. Siehe dazu *Kleine-Cosack*, § 3 BORA Rz. 1; *Deckenbrock*, Rz. 633; *Deckenbrock*, AnwBl. 2009, 170, 175; *Maier-Reimer*, NJW 2006, 3601, 3604; *Römermann*, AnwBl. 2006, 831.

1 So ausdrücklich BVerfGE 108, 150, 162 f. = NJW 2003, 2520, 2521.

2 *Deckenbrock*, Rz. 255 ff.; *Deckenbrock*, AnwBl. 2009, 170, 174; *Schramm*, S. 232; **a.A.** Henssler/Prütting/*Henssler*, § 3 BORA Rz. 22; *Henssler*, FS Maier-Reimer, S. 217, 234.

3 Siehe auch Gaier/Wolf/Göcken/*Zuck*, § 43a BRAO/§ 3 BORA Rz. 33, nach dem die Einschränkung praktisch bedeutungslos sei.

enthalten, alles zu unterlassen, was das Vertrauensverhältnis zum Mandanten beeinträchtigen kann[1]. Wird eine Anwaltssozietät häufig von dem Gegner der Partei, die ihr ein neues Mandat anträgt, beauftragt, so muss sie nach einem Urteil des IX. Zivilsenats von 2007 auch dann auf diesen Umstand hinweisen, wenn ein tatsächlicher oder rechtlicher Zusammenhang mit den vom Gegner erteilten Aufträgen nicht besteht[2].

Da schon das Mandatsverhältnis als solches bzw. der Name des Mandanten Gegenstand des Berufsgeheimnisses ist (Rz. 83), stellt sich die Frage nach dem Pflichtenvorrang, wenn der (Alt-)Mandant mit der Offenbarung des Mandatsverhältnisses nicht einverstanden ist. Aus dem Umstand, dass beide Urteile eine Aussage zum Verhältnis zur anwaltlichen Verschwiegenheitspflicht vermissen lassen, darf nicht auf die Nachrangigkeit der Schweigepflicht geschlossen werden. Der bloße Wunsch, die Voraussetzungen für eine weitere Mandatsübernahme zu erfüllen, und zwar auch noch für eine solche im gegenläufigen Interesse, verkörpert kein übergeordnetes Interesse, das einen Verstoß gegen die Verschwiegenheitspflicht rechtfertigen könnte. Ist der Anwalt aufgrund der Verschwiegenheitspflicht an einer Information des Rechtsuchenden gehindert, muss er das Mandat unverzüglich (§ 44 BRAO) und ohne nähere Angabe von Gründen ablehnen[3]. 146

4. Tätigkeitsverbote bei nichtanwaltlicher Vorbefassung

a) Abgrenzung zum Verbot der Vertretung widerstreitender Interessen

Wie bereits angesprochen (Rz. 104) knüpfen die §§ 45, 46 BRAO anders als § 43a Abs. 4 BRAO nicht an eine gleichzeitige oder vorherige anwaltliche Tätigkeit an, sondern regeln mögliche Konflikte mit einer zweitberuflichen Tätigkeit des Anwalts. Die Verbotstatbestände des § 43a Abs. 4 BRAO und der §§ 45, 46 BRAO stehen daher nicht in einem Spezialitätsverhältnis zueinander, sondern **gleichberechtigt nebeneinander**[4]. Etwas anderes ergibt sich auch nicht aus § 3 Abs. 1 Alt. 2 BORA, nach dem den Rechtsanwalt, der zuvor mit dieser Rechtssache in sonstiger Weise i.S.d. §§ 45, 46 BRAO beruflich befasst war, ein Tätigkeitsverbot trifft. Aus der Einbeziehung anderweitiger Funktionen in das Vertretungsverbot des § 3 Abs. 1 BORA folgt nicht, 147

---

1 BGH NJW 1985, 41 f.

2 BGHZ 174, 186, 189 = NJW 2008, 1307, 1308, m. krit. Anm. *Henssler/Deckenbrock*, NJW 2008, 1275 ff.; *Kleine-Cosack*, AnwBl. 2008, 278 ff.

3 Siehe ausführlich *Henssler/Deckenbrock*, NJW 2008, 1275, 1278 f.; **a.A.** *Fischer*, AnwBl. 2009, 178, 179.

4 Henssler/Prütting/*Henssler*, § 3 BORA Rz. 3 ff.; *Deckenbrock*, Rz. 561; *Deckenbrock*, AnwBl. 2009, 16 f. **A.A.** Feuerich/Weyland/*Feuerich*, § 43a Rz. 56; *Kleine-Cosack*, § 43a Rz. 100; Kilian/Offermann-Burckart/vom Stein/*Offermann-Burckart*, § 13 Rz. 14, 253; *Offermann-Burckart*, AnwBl. 2005, 312, 313; *Grunewald*, AnwBl. 2005, 437, 441 Fn. 49; *Knöfel*, S. 745 ff.; *Knöfel*, NJW 2005, 6, 8, nach denen ein Rechtsanwalt gegen § 43a Abs. 4 BRAO verstoßen könne, ohne für beide Parteien in seiner Funktion als Anwalt tätig geworden zu sein.

dass § 43a Abs. 4 BRAO zu einem Qualifikationstatbestand gegenüber § 45 BRAO wird[1].

148 Richtigerweise gestaltet die Satzungsnorm nicht nur das Verbot in § 43a Abs. 4 BRAO (§ 59b Abs. 2 Nr. 1e) BRAO), sondern auch die Tätigkeitsverbote der §§ 45, 46 BRAO näher aus (§ 59b Abs. 2 Nr. 4 BRAO). Deutlich wird dies anhand der redaktionellen Aufteilung des § 3 Abs. 1 BORA in Alternativen, nämlich die Vertretung widerstreitender Interessen einerseits (Alt. 1) und die Versagung der Berufstätigkeit (Alt. 2) andererseits. Beide werden zwar in der Norm zusammengefasst, aber eben nicht – wie die Unterscheidung in der Überschrift klarstellt – identisch behandelt. § 3 Abs. 1 BORA erweitert also nicht den Tatbestand des Verbots der Vertretung widerstreitender Interessen, sondern wiederholt lediglich die Tätigkeitsverbote, wie sie in den §§ 45, 46 BRAO verankert sind[2].

b) Pauschale Erstreckung in §§ 45 Abs. 3, 46 Abs. 3 BRAO

149 Anders als § 43a Abs. 4 BRAO kennen die in §§ 45, 46 BRAO geregelten Tätigkeitsverbote in ihren dritten Absätzen eine **ausdrückliche Erstreckungsklausel**. Danach werden die Tätigkeitsverbote der §§ 45 Abs. 1, Abs. 2, 46 Abs. 2 BRAO **ohne Einzelfallprüfung pauschal** auf die mit dem Rechtsanwalt in Sozietät oder in sonstiger Weise zur gemeinschaftlichen Berufsausübung verbundenen[3] oder verbunden gewesenen Rechtsanwälte und Angehörigen anderer Berufe ausgedehnt[4]. Eine Einwilligungsmöglichkeit der betroffenen Mandanten kann dem Wortlaut der Normen nicht entnommen werden. Hierzu scheint § 3 Abs. 2 BORA im Widerspruch zu stehen, weil die Regelung einerseits über den Verweis auf den kompletten Absatz 1 auch auf die in §§ 45, 46 BRAO niedergelegten Tätigkeitsverbote Bezug nimmt, andererseits

---

1 So aber etwa Hartung/Römermann/*Hartung*, § 3 Rz. 1ff., 90f.; Feuerich/Weyland/*Feuerich*, § 3 BORA Rz. 4ff.

2 Henssler/Prütting/*Henssler*, § 3 BORA Rz. 4; Kilian/Offermann-Burckart/vom Stein/*Offermann-Burckart*, § 13 Rz. 13; *Offermann-Burckart*, AnwBl. 2005, 312, 313; *Deckenbrock*, Rz. 295; *Deckenbrock*, AnwBl. 2009, 16, 18. Hartung/Römermann/*Hartung*, § 59b BRAO Rz. 9, geht dagegen davon aus, dass die Satzungsversammlung ihre Kompetenz aus § 59b Abs. 2 Nr. 4 BRAO nicht wahrgenommen habe.

3 Bürogemeinschaft und Kooperation fallen indes nicht unter §§ 45 Abs. 3, 46 Abs. 3 BORA, vgl. Henssler/Prütting/*Kilian*, § 45 Rz. 45; Hartung/Scharmer/*Scharmer*, § 4 Rz. 15; *Deckenbrock*, NJW 2008, 3529, 3532f.; **a.A.** Hartung/Römermann/*Hartung*, § 45 BRAO Rz. 57. **Differenzierend** – jeweils unter Verweis auf BT-Drucks. 12/4993, S. 30 – Henssler/Prütting/*Henssler*, § 46 Rz. 47; Kilian/Offermann-Burckart/vom Stein/*Offermann-Burckart*, § 13 Rz. 193, nach denen ein Tätigkeitsverbot besteht, wenn die Bürogemeinschaft „über die bloße gemeinsame Nutzung sachlicher Arbeitsmittel hinausgeht" und sich so einer Sozietät annähert. Siehe auch I Rz. 120ff.; J Rz. 34ff.

4 §§ 45 Abs. 3, 46 Abs. 3 BRAO kennen aber keine Erstreckungsnormen in umgekehrter Richtung. Nur in der Sozietät, nicht dagegen in der nicht-anwaltlichen Parallelgesellschaft wird eine Zurechnung angeordnet. Die Bearbeitung durch einen anderen Mitarbeiter der nicht-anwaltlichen Gesellschaft kann daher kein Tätigkeitsverbot zulasten des betroffenen Rechtsanwalts bzw. der Sozietät begründen.

in § 3 Abs. 2 S. 2 BORA eine Ausnahme von einer sozietätsweiten Erstreckung bei Vorliegen eines Dispenses vorsieht.

aa) Verfassungskonforme Auslegung der §§ 45 Abs. 3, 46 Abs. 3 BRAO

Richtigerweise bedürfen bereits die §§ 45 Abs. 3, 46 Abs. 3 BRAO einer restriktiven verfassungskonformen Auslegung. Die Erstreckungsklausel darf die Grenzen, die das BVerfG für die Einbeziehung Dritter in § 43a Abs. 4 BRAO gezogen hat, nicht überschreiten[1]. § 3 Abs. 2 BORA a.F.[2], der ebenso wenig Raum für eine Einzelabwägung ließ, ist aus genau diesem Grund als mit Art. 12 Abs. 1 GG unvereinbar und nichtig erklärt worden[3]. Insoweit betonte das BVerfG, dass § 3 Abs. 2 BORA a.F. die Nachteile für die aufnehmende Sozietät nicht auf das zum Schutz von Gemeinwohlinteressen erforderliche Minimum beschränke. Die Vorschrift enthalte keine Regeln, die eine Prüfung im Einzelfall ermöglichten, ob Sicherungen zur Wahrung des Vertrauens in die Beachtung der Verschwiegenheitspflicht bestünden[4]. Das BVerfG hat daher die Verfassungswidrigkeit des § 3 Abs. 2 BORA a.F. damit begründet, dass die Satzungsnorm pauschal alle Fälle gemeinschaftlicher Berufsausübung erfasste. Diese Argumentation ist ohne Weiteres auf die von §§ 45 Abs. 3, 46 Abs. 3 BRAO erfassten Konstellationen übertragbar. Dort ist es ebenfalls unter dem Gesichtspunkt des Verhältnismäßigkeitsgrundsatzes nicht hinnehmbar, dass einem Anwalt ein Tätigwerden untersagt ist, nur weil ein mit ihm in einer überörtlichen Sozietät verbundener Anwalt einmal in derselben Angelegenheit in einer anderen Funktion tätig war, wenn die „Gegenpartei" insoweit ihre **Einwilligung** erteilt hat und ein **Wissensfluss in der Sozietät unterbunden** wird. 150

Vor dem Hintergrund des Art. 3 Abs. 1 GG ist keine sachliche Rechtfertigung erkennbar, einerseits beim Verbot der Vertretung widerstreitender Interessen eine Einwilligungsmöglichkeit zur Vermeidung einer sozietätswei- 151

---

1 Henssler/Prütting/*Henssler*, § 3 BORA Rz. 27; Henssler/Prütting/*Kilian*, § 45 Rz. 45b; Hartung/Römermann/*Hartung*, § 45 BRAO Rz. 59; *Kleine-Cosack*, § 45 Rz. 46f., § 3 BORA Rz. 3; Kilian/Offermann-Burckart/vom Stein/*Offermann-Burckart*, § 13 Rz. 194; Koch/Kilian/*Koch*/*Kilian*, B Rz. 677; *Deckenbrock*, Rz. 639ff.; *Deckenbrock*, AnwBl. 2009, 16, 19f.; *Saenger*/*Riße*, BRAK-Mitt. 2007, 97, 98ff.; **a.A.** Gaier/Wolf/Göcken/*Bormann*, § 45 BRAO Rz. 45; *Knöfel*, S. 760f.

2 Die Regelung lautete: „Das Verbot gilt auch, wenn ein anderer Rechtsanwalt oder Angehöriger eines anderen Berufes im Sinne des § 59a Bundesrechtsanwaltsordnung, mit dem der Rechtsanwalt in Sozietät, zur gemeinschaftlichen Berufsausübung in sonstiger Weise (Anstellungsverhältnis, freie Mitarbeit) oder in Bürogemeinschaft verbunden ist oder war, in derselben Rechtssache, gleich in welcher Funktion, im widerstreitenden Interesse berät, vertritt, bereits beraten oder vertreten hat oder mit dieser Rechtssache in sonstiger Weise beruflich befasst ist oder war."

3 Zu der Frage, warum das BVerfG § 3 Abs. 2 BORA a.F. für nichtig erklärt und diese Regelung nicht – obwohl dies möglich gewesen wäre – verfassungskonform ausgelegt hat, siehe *Deckenbrock*, Rz. 654.

4 BVerfGE 108, 150, 166 = NJW 2003, 2520, 2522.

ten Erstreckung anzuerkennen, sie aber andererseits im Hinblick auf die Erstreckung eines Tätigkeitsverbots wegen nichtanwaltlicher Vorbefassung gänzlich auszuschließen. Eine gegenteilige Rechtsauffassung kann angesichts der eng verwandten Regelungsanliegen der beiden Normen nicht überzeugen. Auch die in den §§ 45, 46 BRAO vorgesehenen Tätigkeitsverbote dienen dem Ziel, Interessenkollisionen zu vermeiden[1]. Jedenfalls in den Fällen, in denen konkret Personen ausgemacht werden können, deren Interessen durch die (nichtanwaltliche) Vortätigkeit eines Anwalts berührt sein können („Gegenpartei"), und diese Personen für die Vertretung eines nun mit diesem Anwalt verbundenen Berufsträgers ihre Einwilligung erteilen, liegen vergleichbare Sachverhalte vor: Jeweils soll ein Anwalt von einer Mandatsbetreuung ausgeschlossen werden, weil ihm aufgrund der (im Fall des § 43a Abs. 4 BRAO anwaltlichen, im Fall der §§ 45, 46 BRAO nichtanwaltlichen) Vorbefassung eines mit ihm verbundenen Kollegen nicht mehr zugetraut wird, das Mandat mit der notwendigen Unabhängigkeit zu betreuen.

152 Bezieht man zusätzlich noch die Gefahr des unbeabsichtigten Wissensflusses in die Überlegungen mit ein, fällt das Ergebnis noch eindeutiger aus, weil die Risiken bei einer nichtanwaltlichen Vorbefassung weitaus geringer sind: Da die in den §§ 45, 46 BRAO angesprochenen Vortätigkeiten regelmäßig solche sind, die nicht innerhalb der Kanzlei erbracht worden sind, gibt es in der Sozietät außer in der Person des gemäß §§ 45 Abs. 1, 46 Abs. 2 Nr. 1 BRAO persönlich disqualifizierten Berufsträgers kein sensibles Wissen (etwa auf Datenträgern gespeichert oder in Akten nachlesbar), auf das ein Zugriff erfolgen könnte[2].

153 Auch der Wortlaut der §§ 45 Abs. 3, 46 Abs. 3 BRAO steht einer verfassungskonformen Auslegung nicht entgegen. Zwar muss sich auch eine verfassungskonforme Auslegung noch im Rahmen des möglichen Wortsinns halten, da andernfalls nicht mehr eine Auslegung, sondern eine unzulässige Gesetzeskorrektur vorläge[3]. Es ist aber durchaus nichts Ungewöhnliches, dass Normen zur Frage ihrer Dispositivität keine ausdrückliche Aussage treffen. Die Abdingbarkeit einer Regelung ist vielmehr regelmäßig ihrem Normzweck und systematischen Überlegungen zu entnehmen. Für die Verschwiegenheitspflicht des § 43a Abs. 2 BRAO ist etwa die Beachtlichkeit der Einwilligung des Mandanten einhellig anerkannt, ohne dass dies im Gesetzeswortlaut eindeutig zum Ausdruck kommt (Rz. 87). Da die §§ 45 Abs. 3, 46 Abs. 3 BRAO jedenfalls keine abschließende Aussage treffen, welche Bedeutung einer Einwilligung der betroffenen Personen zukommt, bewegt sich eine einschränkende Auslegung durchaus im Einklang mit dem möglichen Wortsinn der Normen[4]. Selbst wenn ein einschränkendes Verständnis der

---

1 BT-Drucks. 12/4993, S. 29f.; *Saenger/Riße*, BRAK-Mitt. 2007, 97, 98.
2 *Saenger/Riße*, BRAK-Mitt. 2007, 97, 99.
3 Dazu *Larenz*, Methodenlehre der Rechtswissenschaft, 6. Aufl. 1991, S. 340.
4 Wer angesichts des Wortlauts den Weg über eine verfassungskonforme Auslegung nicht gehen möchte, müsste über eine **teleologische Reduktion** der §§ 45 Abs. 3, 46 Abs. 3 BRAO zu einem identischen Ergebnis gelangen; dazu *Deckenbrock*, Rz. 644f.; *Deckenbrock*, AnwBl. 2009, 16, 20.

Bestimmungen nicht dem Willen des Gesetzgebers bei deren Verabschiedung entsprochen haben sollte, wäre dies unbeachtlich. Stehen die Motive des Gesetzgebers, die im Wortlaut keinen Ausdruck gefunden haben, nicht im Einklang mit der Verfassung, darf nur das Maximum dessen aufrecht erhalten bleiben, was verfassungsrechtlich zulässig ist, solange – wie hier – der Vorschrift ein vernünftiger, dem erkennbaren Gesetzeszweck nicht zuwider laufender Sinn belassen wird[1].

bb) Konkretisierung durch § 3 Abs. 2 BORA

154 Das vermeintliche **Spannungsverhältnis zwischen den §§ 45 Abs. 3, 46 Abs. 3 BRAO** auf der einen und § 3 Abs. 2 BORA auf der anderen Seite **besteht** daher **nicht**: Die Satzungsregelung fasst (auch) für den Fall einer nichtanwaltlichen Vorbefassung lediglich die Grenzen einer sozietätsweiten Erstreckung des Tätigkeitsverbots in Worte, die bereits unmittelbar dem Gesetz entnommen werden können[2]. Ebenso wenig folgt aus dem Wortlaut des § 3 Abs. 2 S. 2 BORA, dass sich die Möglichkeit der Einwilligung und damit die Ausnahme von der grundsätzlichen, in § 3 Abs. 2 S. 1 BORA angeordneten sozietätsweiten Erstreckung nicht auf die Fälle der §§ 45, 46 BRAO bezieht. Zwar ist in § 3 Abs. 2 S. 2 BORA von „widerstreitenden Mandaten" die Rede[3]. Dies bedeutet indes nicht, dass der Satzungsgeber eine solche Ausnahme für den Anwendungsbereich der §§ 45, 46 BRAO bewusst abgelehnt hat. Er hat diese Problematik wohl übersehen, wofür der Umstand spricht, dass der vom Ausschuss 4 der Satzungsversammlung erarbeitete Begründungstext zu § 3 BORA zu dieser Frage keine Aussage trifft[4]. Da auch die in den §§ 45, 46 BRAO vorgesehenen Tätigkeitsverbote der Verhinderung von Interessenkollisionen dienen und dort ebenfalls widerstreitende Interessen (wenn auch auf anderer Ebene) betroffen sind (Rz. 151), wird man richtigerweise die vom Wortlaut nicht ganz eindeutige Bestimmung des § 3 Abs. 2 S. 2 BORA so zu verstehen haben, dass die Ausnahme einheitlich für alle in § 3 Abs. 1 BORA genannten Konstellationen eines Tätigkeitsverbots gilt. So kann dem offensichtlichen Anliegen der Satzungsversammlung, die verschiedenen Kollisionslagen gleich zu behandeln, Rechnung getragen werden[5].

1 Siehe nur BVerfGE 2, 266, 282 = NJW 1953, 1057, 1059; BVerfGE 8, 28, 34 = NJW 1958, 1227; BVerfGE 33, 52, 70 = NJW 1972, 1934, 1937.

2 Henssler/Prütting/*Henssler*, § 3 BORA Rz. 27; *Deckenbrock*, Rz. 645; *Deckenbrock*, AnwBl. 2009, 16, 21; *Kleine Cosack*, AnwBl. 2006, 13, 14f.

3 Darauf weisen Henssler/Prütting/*Kilian*, § 45 Rz. 45a; Koch/Kilian/*Koch*/*Kilian*, B Rz. 677 hin.

4 SV-Mat. 12/2006, BRAK-Mitt. 2006, 213.

5 Kilian/Offermann-Burckart/vom Stein/*Offermann-Burckart*, § 13 Rz. 195; **anders** Henssler/Prütting/*Kilian*, § 45 Rz. 45a; Koch/Kilian/*Koch*/*Kilian*, B Rz. 677, die der Satzungsversammlung insoweit eine Kompetenz absprechen, parallel dazu aber eine verfassungskonforme Auslegung des § 45 Abs. 3 BRAO bejahen. *Saenger*/*Riße*, BRAK-Mitt. 2007, 97, 99f., halten dagegen §§ 45 Abs. 3, 46 Abs. 3 BRAO isoliert betrachtet für verfassungswidrig, sehen sich aber nun angesichts des neu gefassten § 3 Abs. 2 S. 2, S. 3 BORA zu einer verfassungskonformen Auslegung der Sozietätsklauseln in der Lage. Damit bejahen sie zugleich die Kompetenz der Satzungsversammlung.

155 Gesetzeswidrig ist § 3 Abs. 2 S. 1 BORA allerdings, soweit die Norm die Tätigkeitsverbote auf die **Bürogemeinschafter** erstreckt und insoweit über §§ 45 Abs. 3, 46 Abs. 3 BRAO hinausgeht (Rz. 149; siehe auch mit abweichendem Ergebnis I Rz. 120ff.)[1]. Denn im Hinblick auf die grundsätzlich weit gefassten Erstreckungsklauseln („in sonstiger Weise zur gemeinschaftlichen Berufsausübung verbundenen oder verbunden gewesenen Rechtsanwälte und Angehörigen anderer Berufe") ist zu beachten, dass die Bürogemeinschaft keine Berufsausübungsgemeinschaft i.S.d. § 59a Abs. 1 BRAO ist (Rz. 9).

5. Verbot der Mehrfachverteidigung (§ 146 StPO)

156 Außer aus der BRAO kann sich aus anderen Gesetzen ein Tätigkeitsverbot für einen Rechtsanwalt ergeben. So verbietet § 146 StPO die gleichzeitige Verteidigung mehrerer Beschuldigter durch einen Verteidiger[2]. Nach – erstmals 1976 geäußerter – Ansicht des BVerfG ist es **mit Art. 12 Abs. 1 GG unvereinbar**, § 146 StPO in dem Sinne auszulegen, dass er auch die gleichzeitige Verteidigung durch verschiedene Sozietätsanwälte untersagt[3]. Dabei führe die Tatsache, dass die **Vollmachtsurkunden** jeweils auf sämtliche Sozien ausgestellt seien, noch nicht zur Anwendbarkeit des § 146 StPO. Es komme darauf an, von wem die Verteidigung angenommen sei[4].

157 Einer weiter gehenden Auslegung des § 146 StPO stehe bereits der Wortlaut der Norm entgegen, da der Begriff des „Verteidigers" nach dem natürlichen Sprachverständnis nur den einzelnen Verteidiger, nicht aber eine Personenvereinigung meine und in den §§ 137ff. StPO ebenfalls in diesem Sinne verwandt werde. Hinzu komme, dass der Regelungszweck der Vorschrift eine andere Auslegung des § 146 StPO verbiete: Der gemeinschaftliche Verteidiger könne seiner Beistandsfunktion gegenüber mehreren Beschuldigten nicht gerecht werden, wenn der eine Beschuldigte, um sich zu entlasten, den anderen belastet oder belasten müsste. Dieser Konflikt trete aber nur auf, sofern mehrere Beschuldigte ein und dieselbe Person zum Verteidiger hätten. Bei einer Verteidigung mehrerer Beschuldigter durch verschiedene Verteidiger soll sogar „die Möglichkeit, dass der Widerstreit ihrer Interessen die Verteidiger in einen Pflichtenkonflikt bringt, von vornherein" ausscheiden[5]. Selbst wenn § 146 StPO eine weitere Wortlautfassung hätte, wäre eine

---

1 Gaier/Wolf/Göcken/*Bormann*, § 45 BRAO Rz. 45; *Deckenbrock*, Rz. 646; *Deckenbrock*, NJW 2008, 3529, 3533; *Deckenbrock*, AnwBl. 2009, 16, 21; **a.A.** Hartung/Römermann/*Hartung*, § 45 BRAO Rz. 56.

2 Die Norm verbietet es auch, in einem Verfahren gleichzeitig mehrere verschiedener Taten Beschuldigte zu vertreten (vgl. § 146 S. 2 StPO). Zur Reichweite des Verbots beim Einzelanwalt siehe Kilian/Offermann-Burckart/vom Stein/*Offermann-Burckart*, § 13 Rz. 145ff.; *Deckenbrock*, Rz. 188ff.

3 BVerfGE 43, 79, 90 = NJW 1977, 99. Ebenso BVerfGE 45, 272, 288, 295f. = NJW 1977, 1629, 1631; OLG Karlsruhe NStZ 1999, 212; OLG Düsseldorf NJW 2002, 3267; LG Frankfurt NStZ-RR 2008, 205.

4 BVerfGE 43, 79, 93ff. = NJW 1977, 99, 100. Vgl. auch BGHSt 40, 188, 190 = NJW 1994, 2302.

5 BVerfGE 43, 79, 91ff. = NJW 1977, 99f.

solche Ausdehnung des Verbots gemeinschaftlicher Verteidigung mit Art. 12 Abs. 1 GG unvereinbar[1].

6. Kommunalrechtliche Verbote

Im Gemeindeverfassungsrecht (für Nordrhein-Westfalen: § 32 GO NRW; 158
§ 24 KrO NRW) ist regelmäßig ein Verbot verankert, das **Inhabern von Ehrenämtern in Gemeinden und Kreisen** sowie **Mandatsträgern** untersagt, **Ansprüche Dritter gegen Gemeinde und Kreis** geltend zu machen. Durch die landesrechtlichen Vertretungsverbote soll nicht die Berufstätigkeit der Mandatsträger geregelt werden, sondern es sollen allein Kollisionen zwischen der beruflichen Interessenvertretung durch Mandatsträger unterschiedlicher Berufe und ihren Amtspflichten gegenüber Gemeinde und Kreis verhindert werden. Es soll ihnen verwehrt bleiben, ihre Stellung im öffentlichen Leben unangemessen für ihre Berufsausübung auszunutzen[2].

Nach der Rechtsprechung des BVerfG sind die kommunalen Vertretungsver- 159
bote in **Sozietätskonstellationen** allerdings **unanwendbar**. Sie treffen ausschließlich den einzelnen Anwalt, da nur der Ehrenamtler oder Mandatsträger Adressat des Verbots ist[3]. Eine Erstreckung mithilfe berufsrechtlicher Tätigkeitsverbote, etwa § 3 Abs. 2 BORA, ist nicht möglich, da kommunalrechtliche Disqualifikationsnormen weder vom Grundtatbestand des § 43a Abs. 4 BRAO noch der §§ 45, 46 BRAO noch des § 3 BORA erfasst werden[4] (zur Bürogemeinschaft I Rz. 131).

7. Hinweise zur Konfliktprüfung

Die Ahndung eines berufsrechtlichen Verstoßes oder gar die Auferlegung 160
strafrechtlicher Sanktionen setzt stets ein Verschulden des entsprechenden Berufsträgers voraus. Dieses wird zwar regelmäßig gegeben sein, wenn ein Anwalt in derselben Rechtssache im widerstreitenden Interesse Mandate annimmt und bearbeitet. Gerade bei länger zurückliegenden Sachverhalten oder in Sozietätskonstellationen fehlt es dem Berater aber oftmals an dem erforderlichen Problembewusstsein. **Fahrlässigkeit** liegt jedoch schon dann vor, wenn die Berufsträger nicht die im Verkehr erforderliche Sorgfalt an den Tag legen. Je größer die berufsrechtliche Einheit und je größer die Komplexität der in Rede stehenden Sachverhalte ist, desto größer ist die Gefahr

---

1 BVerfGE 43, 79, 92 = NJW 1977, 99, 100.

2 BVerfGE 41, 231, 241 = NJW 1976, 954, 955; BVerfGE 52, 42, 54 = NJW 1980, 33. Siehe auch BVerfGE 56, 99, 108 = NJW 1981, 1599; BVerfGE 61, 68, 74 = NJW 1982, 2177, 2178.

3 BVerfGE 56, 99, 107 ff. = NJW 1981, 1599; BVerfGE 61, 68, 72 ff. = NJW 1982, 2177, 2178.

4 Vgl. Henssler/Prütting/*Henssler*, § 43a Rz. 208; Hartung/Römermann/*Hartung*, § 3 Rz. 170; Kilian/Offermann-Burckart/vom Stein/*Offermann-Burckart*, § 13 Rz. 233. Ob ein Verstoß gegen ein kommunalrechtliches Vertretungsverbot einen über § 43 BRAO sanktionierbaren berufsrechtlichen Verstoß darstellt, ist umstritten, siehe bejahend Kilian/Offermann-Burckart/vom Stein/*Offermann-Burckart*, § 13 Rz. 240, und verneinend Henssler/Prütting/*Henssler*, § 43a Rz. 207.

der unbewussten Vertretung widerstreitender Interessen und desto höhere Anforderungen müssen an die Konfliktprüfung gestellt werden[1]. Ob durch die Annahme eines neuen Mandats gegen das berufsrechtlich festgeschriebene Verbot der Vertretung widerstreitender Interessen verstoßen würde, ist für Einzelanwälte und Kleinsozietäten meist ohne Weiteres feststellbar. Schon bei mittelständischen und erst recht bei Großkanzleien ist so etwas nicht einfach abklärbar. Eine umfangreiche Prüfung auf mögliche Interessenkonflikte ist für Sozietäten von einer derartigen Größe unabdingbar[2]. Der hohe Aufwand ist Preis dafür, dass diese Gesellschaften in solch einer Größe auf dem Anwaltsmarkt auftreten. Die Schwierigkeit einer Kollisionsprüfung darf nicht zu einer laxeren Prüfung verleiten, da ansonsten die anwaltliche Grundpflicht des Verbots der Vertretung widerstreitender Interessen nicht mehr ausreichend umgesetzt werden könnte.

161 Diese Problematik ist von den Sozietäten erkannt worden. Insbesondere Großkanzleien haben oft sogar mit mehreren Personen besetzte Konfliktabteilungen (so genannte *clearance center*) eingerichtet, die jedes Mandat auf eine mögliche Interessenkollision überprüfen. Hierbei wird moderne **Software** eingesetzt, die nicht nur die Namen der eigenen Mandanten[3] abgleicht, sondern weitere Parameter wie die **Namen der Gegner** und die **Gegenstände des Mandats** berücksichtigt. Da die Einheitlichkeit des Lebenssachverhalts nicht durch einen längeren Zeitablauf aufgehoben wird[4], muss die Kollisionskontrolle nicht nur laufende Mandate, sondern auch den gesamten Mandatsbestand erfassen; dies gilt selbst nach Ablauf der Aktenaufbewahrungsfrist nach § 50 Abs. 2 S. 1 BRAO[5]. *Conflict checks* müssen zudem auf sämtliche Anwälte und Standorte einer Sozietät erstreckt werden. Im Hinblick auf die **nichtanwaltlichen Tätigkeitsverbote** (Rz. 147 ff.) sollten auch etwaige Vortätigkeiten der Anwälte berücksichtigt werden. Sind **Anwaltsnotare** in der Berufsausübungsgemeinschaft tätig, müssen sie nach § 28 BNotO durch geeignete Vorkehrungen die Einhaltung der Mitwirkungsverbote sicherstellen[6]. Über die berufsrechtlichen Anforderungen hinaus sollte die Konfliktprüfung zudem die sog. **wirtschaftlichen Interessenkonflikte** einbeziehen, wie die vom BGH auch außerhalb derselben Rechtssache ins Leben gerufenen Aufklärungspflichten zeigen (Rz. 145 f.).

---

1 Kilian/Offermann-Burckart/vom Stein/*Offermann-Burckart*, § 13 Rz. 143 f.

2 Vgl. bereits BVerfGE 98, 49, 69 = NJW 1988, 2269, 2273: „Eine solche Berufsaufsicht wird aber durch die … in Großkanzleien zur Vermeidung des Parteiverrats (§ 356 StGB) auch notwendigen Computerprogramme zur Prüfung von Kollisionen eher verbessert."

3 Die Kollisionskontrolle sollte auch berücksichtigen, dass sich Name und Anschrift der Mandanten inzwischen geändert haben können, vgl. Kilian/Offermann-Burckart/vom Stein/*Offermann-Burckart*, § 15 Rz. 51.

4 BGHSt 4, 80, 83 = NJW 1953, 428; BGHSt 9, 341, 346 = NJW 1956, 1687, 1688; BGHSt 17, 305, 306 = NJW 1962, 1831; BGHSt 18, 192, 193 f. = NJW 1963, 668, 669.

5 Kilian/Offermann-Burckart/vom Stein/*Offermann-Burckart*, § 15 Rz. 50.

6 Einzelheiten bei Gaier/Wolf/Göcken/*Bormann*, § 45 BRAO Rz. 47.

VII. Behandlung von Fremdgeld

Nach § 43a Abs. 5 BRAO ist der Rechtsanwalt bei der Behandlung der ihm anvertrauten Vermögenswerte zu der erforderlichen Sorgfalt verpflichtet. Fremde Gelder sind unverzüglich an den Empfangsberechtigten weiterzuleiten oder auf ein Anderkonto einzuzahlen. § 4 Abs. 1 BORA stellt klar, dass der Rechtsanwalt zur Verwaltung von Fremdgeldern in Erfüllung der Pflichten aus § 43a Abs. 5 BRAO Anderkonten zu führen hat[1]. In § 4 Abs. 2 BORA heißt es weiter: „Fremdgelder und sonstige Vermögenswerte, insbesondere Wertpapiere und andere geldwerte Urkunden, sind unverzüglich an den Berechtigten weiterzuleiten. Solange dies nicht möglich ist, sind Fremdgelder auf Anderkonten zu verwalten; dies sind in der Regel Einzelanderkonten. Auf einem Sammelanderkonto dürfen Beträge über 15000 Euro für einen einzelnen Mandanten nicht länger als einen Monat verwaltet werden. Sonstige Vermögenswerte sind gesondert zu verwahren. Die vorstehenden Bestimmungen gelten nicht, solange etwas anderes in Textform vereinbart ist. Über Fremdgelder ist unverzüglich, spätestens mit Beendigung des Mandats, abzurechnen." Schließlich dürfen nach § 4 Abs. 3 BORA eigene Forderungen nicht mit Geldern verrechnet werden, die zweckgebunden zur Auszahlung an andere als den Mandanten bestimmt sind. 162

Grundsätzlich gelten diese Vorgaben für Einzelanwalt[2] und Sozietät gleichermaßen; auch die Berufsausübungsgesellschaft kann ein Anderkonto führen[3]. Lediglich für die Auslegung des Begriffs der unverzüglichen Weiterleitung werden in der Literatur teilweise sozietätsspezifische Besonderheiten ausgemacht. Insbesondere für *Nerlich* hängt die Frage, ob das Fremdgeld ohne schuldhaftes Zögern weitergeleitet worden ist, von der **Größe der Sozietät** ab. Handele es sich um eine kleine Sozietät aus zwei oder drei Gesellschaftern und habe einer der Sozien das Fremdgeld persönlich in Empfang genommen, so soll eine Weiterleitung des Geldes innerhalb zwei bis drei Tagen erwartet werden können. Bei einer Überweisung auf das Sozietätskonto verlängere sich die Frist um weitere zwei bis drei Tage, da es keine Pflicht zum täglichen Abruf des Kontostands gebe. Außerdem müsse zunächst geprüft werden, ob es sich überhaupt um Fremdgeld und nicht um eingegangene Honorare handele. Bei einer größeren Sozietät mit mehr als drei Partnern soll unter Umständen selbst eine Weiterleitung innerhalb einer Zwei- bis Dreiwochenfrist ab Zugang des Geldes auf einem Kanzleikonto noch unverzüglich sein. Es sei zu berücksichtigen, dass die Buchung eingehender und ausgehender Gelder nicht täglich erfolgen könne. Denn die verantwortlichen Sozietätsmitglieder müssten stets die Handakte aus den Handaktenmagazinen ziehen oder gar in der ganzen Kanzlei suchen, bis eine Zuordnung der eingegangenen Gelder möglich sei[4]. 163

1 Nach Hartung/Römermann/*Nerlich*, § 4 Rz. 16ff.; Feuerich/Weyland/*Feuerich*, § 43a Rz. 90; dagegen zu Recht Henssler/Prütting/*Henssler*, § 4 BORA Rz. 2.
2 Einzelheiten bei Henssler/Prütting/*Henssler*, § 43a Rz. 223ff.
3 Kilian/Offermann-Burckart/vom Stein/*Offermann-Burckart*, § 14 Rz. 95.
4 Sozietätsrecht/*Nerlich*, § 31 Rz. 14ff.; vgl. auch Hartung/Römermann/*Nerlich*, § 23 Rz. 42ff.; Feuerich/Weyland/*Feuerich*, § 43a Rz. 90.

164 Diese Differenzierung nach der Größe der Sozietät ist richtigerweise nicht mit dem von § 43a Abs. 5 BRAO bezweckten **Mandantenschutz** vereinbar. Ebenso wenig wie ein Einzelanwalt kann eine Berufsausübungsgesellschaft von ihr selbst verantwortete Bürokratie als Entschuldigung für eine verzögerte Weiterleitung anbringen. Vielmehr ist der Inhalt der Berufspflicht des § 43a Abs. 5 BRAO i.V.m. § 4 BORA einheitlich zu bestimmen[1]. Daher kann weder die interne Notwendigkeit, die **Controlling-Abteilung** einschalten zu müssen, noch die **berufliche Überlastung** des für die Weiterleitung verantwortlichen Sozietätsmitglieds eine längere Weiterleitungsfrist rechtfertigen[2]. Auch ansonsten kann die Annahme, Sozietäten müssten ihre Konten nicht täglich überprüfen, nicht überzeugen. Die heutigen technischen Errungenschaften müssen daher dazu führen, dass Bar- und Buchgeld innerhalb weniger Tage weiterzuleiten sind. Die verbreitet akzeptierte **Drei-Wochenfrist**[3] ist im Regelfall zu lang bemessen[4].

VIII. Beendigung der beruflichen Zusammenarbeit

Literatur:

Bunk, Vermögenszuordnung, Auseinandersetzung und Ausscheiden in Sozietät und Gemeinschaftspraxis, 2007; *Henssler*, Mandatsschutzklauseln in Sozietätsverträgen, FS Geiß, 2000, S. 271; *Kleine-Cosack*, Berufsfreiheit beim Kanzleiwechsel: Berufsrechtliche Maßstäbe bei Ausscheiden und Neueintritt, AnwBl. 2005, 95; *Offermann-Burckart*, Die Scheinsozietät – das (un)bekannte Wesen: Zugleich ein Beitrag zu dem häufig verkannten, aber wichtigen § 32 BORA, AnwBl. 2010, 743; *Römermann*, Auflösung und Abspaltung bei Anwaltssozietäten, NJW 2007, 2209; *Schwärzer*, Anwaltsgesellschaften und Abwicklung, BRAK-Mitt. 2009, 259; *Westermann*, Rechtsfolgen des Ausscheidens aus einer Freiberufler-Sozietät, AnwBl. 2007, 103; *Wolff*, Die Auseinandersetzung von Freiberuflergesellschaften und ihre prozessuale Bewältigung, NJW 2009, 1302.

1. Auflösung der Berufsausübungsgemeinschaft

165 Berufsrechtliche Vorgaben für den Fall der Beendigung einer beruflichen Zusammenarbeit enthält § 32 BORA[5]. Gegenstand der Regelung ist zunächst

1 Gaier/Wolf/Göcken/*Zuck*, § 43a BRAO/§ 4 BORA Rz. 16; Koch/Kilian/*Koch*, B Rz. 741.

2 Gaier/Wolf/Göcken/*Zuck*, § 43a BRAO/§ 4 BORA Rz. 16; siehe zum zweiten Fall auch Sozietätsrecht/*Nerlich*, § 31 Rz. 13.

3 Siehe etwa Feuerich/Weyland/*Feuerich*, § 43a Rz. 90; Koch/Kilian/*Koch*, B Rz. 741.

4 So auch Gaier/Wolf/Göcken/*Zuck*, § 43a BRAO/§ 4 BORA Rz. 16. Nach Kilian/Offermann-Burckart/vom Stein/*Offermann-Burckart*, § 14 Rz. 88, ist eine Weiterleitung innerhalb von einer Woche in jedem Fall als unverzüglich anzusehen; dies folge schon aus § 53 Abs. 1 BRAO, nach dem sich jeder Anwalt bis zu einer Woche aus der Kanzlei entfernen könne, ohne für eine Vertretung sorgen zu müssen.

5 Allgemein zur Auseinandersetzung von Freiberuflergesellschaften *Wolff*, NJW 2009, 1302ff.; siehe auch BGH NJW 2010, 2660f.

das **Schicksal der der Sozietät erteilten Mandate**, das durch eine Mandantenbefragung geklärt werden soll: Nach § 32 Abs. 1 BORA haben bei Auflösung einer Sozietät die Sozien mangels anderer vertraglicher Regelung jeden Mandanten darüber zu befragen, wer künftig seine laufenden Sachen bearbeiten soll[1]. Da es um die Zukunft noch laufender Mandate geht, sind bereits **beendete und abgewickelte Auftragsverhältnisse** nicht Gegenstand der Befragung (siehe aber Rz. 172). Im Einzelfall kann sich eine solche Abgrenzung, etwa bei Dauermandaten, allerdings als schwierig erweisen. Eine bestimmte Art der Befragung, etwa in schriftlicher Form, ist nicht vorgeschrieben[2]. § 32 Abs. 1 S. 2 BORA sieht jedoch vor, dass die Befragung in einem gemeinsamen Rundschreiben zu erfolgen hat, wenn sich die bisherigen Sozien über die Art der Befragung nicht einigen. Kommt eine Verständigung der bisherigen Sozien über ein solches Rundschreiben nicht zustande, darf nach § 32 Abs. 1 S. 3 BORA jeder der bisherigen Sozien einseitig die Entscheidung der Mandanten einholen (ausführlich B Rz. 177ff.).

Keine Befragungspflicht besteht nach § 32 Abs. 1 S. 1 BORA im Fall **anderer vertraglicher Regelungen**. Damit sollen nach herrschender Meinung keine gesellschaftsvertraglichen Abreden zwischen den Anwälten gemeint sein, sondern allein Vereinbarungen mit dem Mandanten im Anwaltsvertrag. Denn § 32 BORA stelle eine öffentlich-rechtliche Berufspflicht dar, die Ausdruck des **Grundsatzes der freien Anwaltswahl** sei[3]. Auf diesen Schutz könne allein der Mandant verzichten; die Sozien seien insoweit dagegen nicht dispositionsbefugt[4]. Dieser Ansatz vermag allerdings nicht zu erklären, warum nach der Rechtsprechung des BGH **nachvertragliche unbeschränkte Mandantenschutzklauseln** grundsätzlich zulässig sind[5] (zu den Anforderungen an **Wettbewerbsverbote** siehe im Einzelnen B Rz. 247f.; D Rz. 83ff.). Dass das Recht des Mandanten auf freie Anwaltswahl nicht unbeschränkt besteht, sondern in bestimmten Grenzen vertraglichen Vereinbarungen zwischen den Gesellschaftern zugänglich ist, folgt schon daraus, dass kein Anwalt verpflichtet ist, ein Mandat zu übernehmen (Rz. 37)[6]. 166

Das Ergebnis der Mandantenbefragung kann Auswirkungen auf das **Vertragsverhältnis** haben. Grundsätzlich besteht das Mandat aber nach der Auflösung der Berufsausübungsgemeinschaft mit der **Liquidationsgesellschaft** fort. Benennt der Mandant aber auf die Befragung hin einen Sozius, der künftig seine laufenden Sachen bearbeiten soll, soll nach herrschender Meinung 167

1 Die Befragungspflicht entfällt allerdings bei **Einzelmandanten**, vgl. Henssler/Prütting/*Henssler*, § 32 BORA Rz. 3; Gaier/Wolf/Göcken/*Bormann*, § 59a BRAO/§ 32 BORA Rz. 162.

2 Henssler/Prütting/*Henssler*, § 32 BORA Rz. 6.

3 Henssler/Prütting/*Henssler*, § 32 BORA Rz. 2; Gaier/Wolf/Göcken/*Bormann*, § 59a BRAO/§ 32 BORA Rz. 161; Koch/Kilian/*Kilian*, B Rz. 969; **a.A.** *Wolff*, NJW 2009, 1302, 1304.

4 Henssler/Prütting/*Henssler*, § 32 BORA Rz. 10f.; Gaier/Wolf/Göcken/*Bormann*, § 59a BRAO/§ 32 BORA Rz. 161.

5 BGH NJW 2000, 2584. Henssler/Prütting/*Henssler*, § 32 BORA Rz. 23, lehnt die Zulässigkeit derartiger Klauseln allerdings konsequent ab.

6 Im Ergebnis ähnlich *Bunk*, S. 86ff.; *Westermann*, AnwBl. 2007, 103, 107f.

dieser Anwalt im Rahmen einer **gewillkürten Vertragsübernahme** an die Stelle der Sozietät in den ansonsten unverändert bleibenden Rechtsanwaltsvertrag eintreten. Insoweit liege in der an den Mandanten gerichteten Frage zugleich ein Angebot der Sozietät und aller Sozien auf Änderung des Mandatsvertrags, das von dem Mandanten mit seiner Antwort angenommen werde[1]. Es müsse dann also nicht der formale Weg über die Kündigung nach § 627 BGB mit der vergütungsrechtlichen Abwicklung nach § 628 Abs. 1 BGB, die sich für den Mandanten als nachteilig erweisen könnte, gegangen werden[2]. Dies soll aber nicht gelten, wenn ein Sozius nach § 32 Abs. 1 S. 3 BORA einseitig die Entscheidung des Mandanten einhole[3].

168 Auch wenn Regelungen der BORA angesichts ihres disziplinarrechtlichen Schutzzwecks grundsätzlich nur begrenzten Einfluss auf das Zivilrecht haben[4], wird man im Ergebnis annehmen müssen, dass die berufsrechtlich geforderte Entscheidung des Mandanten vertragsrechtlich – unabhängig von der gewählten dogmatischen Konstruktion – für ihn ohne Nachteile bleibt. Andernfalls wäre der Mandant in seiner Antwort auf die Befragung nicht frei und die Berufspflicht des § 32 BORA wirkungslos. Wer den Weg über die gewillkürte Vertragsübernahme als gekünstelt ablehnt und eine Kündigung des Mandatsvertrags gemäß § 627 BGB für erforderlich hält, muss über die Anwendung des Rechtsgedankens des § 628 Abs. 1 S. 2 BGB[5] zum Ergebnis gelangen, dass der Mandant insgesamt nur die Vergütung für einen Anwalt bzw. eine Sozietät aufzuwenden hat[6].

2. Ausscheiden eines Sozius

169 Für den Fall des Ausscheidens eines Sozius aus der Sozietät gilt nach § 32 Abs. 2 S. 1 BORA die in Absatz 1 getroffene Regelung hinsichtlich derjenigen Auftraggeber, mit deren laufenden Sachen der ausscheidende Sozius zum Zeitpunkt seines Ausscheidens befasst oder für die er vor seinem Ausscheiden **regelmäßig tätig** war. Insbesondere in Großkanzleien, wo mehrere Sozien ein Mandat mit wechselnder Intensität bearbeiten, drohen Abgrenzungsschwierigkeiten, die im Zweifel zugunsten des Ausscheidenden gelöst werden sollten[7]. Liegen die Voraussetzungen für eine Mandantenbefragung vor, muss die Wahl des Mandanten auch im Fall des Absatzes 2 für ihn **ohne vergütungsrechtliche Nachteile** bleiben[8] (siehe erneut Rz. 167 f.). Gemäß § 32

---

1 Henssler/Prütting/*Henssler*, § 32 BORA Rz. 7; Gaier/Wolf/Göcken/*Bormann*, § 59a BRAO/§ 32 BORA Rz. 164; Sozietätsrecht/*Peres*, § 8 Rz. 79.
2 Henssler/Prütting/*Henssler*, § 32 BORA Rz. 7; Koch/Kilian/*Kilian*, B Rz. 969.
3 Henssler/Prütting/*Henssler*, § 32 BORA Rz. 8.
4 Siehe dazu Henssler/Prütting/*Henssler*, Einl BORA Rz. 10 ff., sowie ganz allgemein *Steinkraus*, Anwaltliche Berufsordnung und Zivilrecht, 2004, passim.
5 Dazu *Henssler/Deckenbrock*, NJW 2005, 1 ff.; *Henssler/Deckenbrock*, ZAP 2005, 413 ff. = Fach 24, S. 877 ff.; *Deckenbrock*, AnwBl. 2010, 221, 226 ff.
6 So *Bunk*, S. 88 ff.; siehe auch *Westermann*, AnwBl. 2007, 103, 107 f.
7 Sozietätsrecht/*Nerlich*, § 31 Rz. 54.
8 Vgl. auch Henssler/Prütting/*Henssler*, § 32 BORA Rz. 13, der von einer „vom bearbeitenden Rechtsanwalt gegenüber der Sozietät durchsetzbare(n) Möglichkeit der Vertragsübernahme" spricht.

Abs. 2 S. 2 BORA bleibt das Recht des Sozius unberührt, sein Ausscheiden aus der Gesellschaft allen Mandanten bekannt zu geben. Eine solche Information kann aus **haftungsrechtlichen Gründen** geboten sein, ist sie doch geeignet, das Vertrauen des Mandanten in die (fortbestehende) Gesellschafterstellung des Anwalts zu zerstören und so eine Rechtsscheinhaftung des Anwalts für nach seinem Ausscheiden begründete Verbindlichkeiten zu vermeiden[1].

3. Außen-/Scheinsozietät

Gemäß § 32 Abs. 3 BORA gilt schließlich Entsprechendes für die Beendi- 170
gung einer beruflichen Zusammenarbeit in sonstiger Weise, wenn diese **nach außen als Sozietät** hervorgetreten ist. Soweit die Regelung auch die Zerstörung eines Rechtsscheins ermöglicht (Rz. 169), ist sie zwingend notwendig; sie kompensiert zumindest teilweise das Haftungsrisiko, das Scheinsozien einer Personengesellschaft zu tragen haben. Ansonsten, etwa für die Außengesellschafter einer Anwalts-GmbH, führt die Norm aber zu einer Rechtserweiterung aufseiten der Scheinsozien und zu einer Privilegierung gegenüber sonstigen angestellten Anwälten[2].

4. Umzugshinweis und Bekanntgabepflicht

In § 32 BORA ist ferner geregelt, dass der ausscheidende Sozius am bisheri- 171
gen Kanzleisitz einen **Hinweis auf seinen Umzug** für ein Jahr anbringen (Abs. 1 S. 4) und dass der verbleibende Sozius während dieser Zeit auf Anfrage die neue **Kanzleiadresse, Telefon- und Faxnummern des ausgeschiedenen Sozius bekannt zu geben** hat (Abs. 1 S. 5)[3]. Angestellte Anwälte kommen nur unter den Voraussetzungen des Absatzes 3 (Rz. 170) in den Genuss dieser Rechte. Zu Einzelheiten siehe B Rz. 187ff.

5. Verbleib der Handakten

Im Fall der Auflösung einer Sozietät oder des Ausscheidens eines Ge- 172
sellschafters ist auch das Schicksal der Handakten des Rechtsanwalts festzulegen. Nach § 50 Abs. 2 S. 1 BRAO hat der Rechtsanwalt die Handakten auf die **Dauer von fünf Jahren nach Beendigung des Auftrags** aufzubewah-

---

1 Vgl. ArbG Schwerin AnwBl. 2002, 57; Henssler/Prütting/*Henssler*, § 32 BORA Rz. 20; Gaier/Wolf/Göcken/*Bormann*, § 59a BRAO/§ 32 BORA Rz. 166.

2 **Kritisch** zu der am 1. 3. 2011 (BRAK-Mitt. 2010, 253, 254) in Kraft getretenen Neufassung des § 32 Abs. 3 BORA *Offermann-Burckart*, AnwBl. 2010, 743, 747f.

3 Zu Einzelheiten Henssler/Prütting/*Henssler*, § 32 BORA Rz. 17ff. Die Regelung des § 32 Abs. 1 S. 4, 5 BORA wäre systematisch zutreffender in § 32 Abs. 2 BORA aufgehoben, regelt doch Absatz 1 ansonsten die aufgelöste Sozietät, bei der es jedoch weder einen ausscheidenden noch einen verbleibenden Sozius gibt. Nach Hartung/Scharmer/*Hartung/Scharmer*, § 13 Rz. 50ff., sollen die Regelungen des § 32 Abs. 1 S. 4 und 5 BORA sogar auf die **Bürogemeinschaft** anwendbar sein. Dies ist bereits mangels Einschlägigkeit des § 33 Abs. 1 BORA (Rz. 10f.) nicht überzeugend.

ren[1]. Berufsrechtliche Regeln zum Verbleib der Akten bei einer Trennung fehlen jedoch: Wer ist der „Rechtsanwalt", wenn das Mandat einer Sozietät erteilt worden ist? Und ist der Mandatsbearbeiter nach seinem Ausscheiden berechtigt oder gar verpflichtet, alle von ihm bearbeiteten Mandatsakten mitzunehmen? Auch in der Literatur werden diese Fragestellungen bislang fast nicht erörtert. *Offermann-Burckart* vertritt allerdings die These, dass es letztlich egal sei, wo bei einem Ausscheiden einzelner Anwälte oder einer Auflösung der gesamten Berufsausübungsgemeinschaft die Akten aufbewahrt werden. Denn die nachvertraglichen Pflichten träfen sämtliche Gesellschafter in gleicher Weise[2]. Richtigerweise sollte die Handakte dem Mandat und damit dem Ergebnis der Mandantenbefragung folgen. Soweit darauf hingewiesen wird, dass die Gesellschaft bzw. die in ihr verbleibenden Anwälte vor dem Hintergrund der fortbestehenden Haftungsrisiken ein legitimes Interesse daran hätten, die Handakten auch dann im Besitz zu behalten, wenn klar sei, dass der Ausscheidende der bearbeitende Partner gewesen sei und bleibe[3], kann diesem Anliegen durch die Anfertigung von Kopien Rechnung getragen werden[4]. Problematisch ist dann nur die Aufteilung der Akten, die den Inhalt bereits beendeter Mandate dokumentieren, für die jedoch die Aufbewahrungsfrist noch nicht abgelaufen ist (Rz. 165). Insoweit ist es sachgerecht, wenn sie beim früheren Sachbearbeiter verbleiben. Berufsrechtlich zwingend ist das angesichts der offenen Regelung des § 50 BRAO nicht.

IX. Werbung/Außendarstellung

Literatur:

Axmann/Deister, Anwaltswerbung in der Praxis – Zulässigkeitsgrenzen und rechtliche Risiken, NJW 2009, 39; *Borowski*, Gestalterische und rechtliche Anforderungen an die Erstellung von Anwalts-Homepages, ZAP 2009, 297 = Fach 23, S. 819; *Borowski*, Berufs- und wettbewerbsrechtliche Rahmenbedingungen für Anwalts-Homepages und Online-Beratung, ZAP 2009, 537 = Fach 23, S. 843; *Döbbelt*, Werbebeschränkungen im anwaltlichen Berufsrecht: Eine kritische Analyse unter Berücksichtigung der verfassungs-, europa- und wettbewerbsrechtlichen Rahmenbedingungen, 2008; *Faßbender*, Von Fachanwälten und selbsternannten „Spezialisten" – Ein Beitrag zu den zulässigen Grenzen werblicher Äußerungen von Rechtsanwälten, NJW 2006, 1463; *Huff*, Mehrere Kanzleisitze eines Rechtsanwalts – Zur Notwendigkeit eines „Zulassungssitzes" bei einer Mehrheit von Kanzleien, ZAP 2010, 233 = Fach 23, S. 885; *Lemke*, Sind Zweigstellen von Rechtsanwaltskanzleien

1 Dazu allgemein *Stöber*, ZAP 2006, 229 ff. = Fach 23, S. 689 ff., sowie (zum Steuerberater) *Obenhaus*, Stbg 2010, 269 ff. Nach der nicht überzeugenden Entscheidung des AnwG Frankfurt, BRAK-Mitt. 2010, 223, 224, kann weder aus § 50 BRAO noch aus § 43 BRAO eine berufsrechtlich sanktionierbare Pflicht zur Herausgabe der (Original-)Handakten hergeleitet werden. Richtigerweise folgt die Möglichkeit der Sanktionierung aus § 113 Abs. 1 BRAO i.V.m. § 50 BRAO.

2 Kilian/Offermann-Burckart/vom Stein/*Offermann-Burckart*, § 14 Rz. 21.

3 *Römermann*, NJW 2007, 2209, 2212.

4 Ein Verstoß gegen die Verschwiegenheitspflicht droht – anders als beim Kanzleiverkauf – nicht, da regelmäßig alle Sozien Zugang zu den Akten haben dürfen (Rz. 88 ff.).

in Briefbögen, E-Mails, Webseiten oder auf Kanzleischildern als solche zu kennzeichnen?, BRAK-Mitt. 2008, 146; *Prütting*, 20 Jahre anwaltliches Berufsrecht in Deutschland, AnwBl. 2009, 9; *Römermann*, Das UWG – besser als das anwaltliche Werberecht: Warum das Berufsrecht bei der Werbung des Anwalts ausgedient hat, AnwBl. 2007, 744; *Saenger/Riße*, Die anwaltliche Homepage – Berufs- und wettbewerbsrechtliche Grenzen bei der Wahl eines Domainnamens, MDR 2005, 1381; *Wolf*, Anwaltliche Werbung: Zulässigkeit und Grenzen, 2011; *Zastrow*, Der anwaltliche Briefbogen, BRAK-Mitt. 2009, 55.

1. Grundsatz der Werbefreiheit

Den wohl deutlichsten Wandel hat das Berufsrecht im Werberecht vollzogen. 173
Noch vor einem Vierteljahrhundert galt das „Werben um Praxis" als weitgehend standeswidrig. Dem Rechtsanwalt war es verwehrt, für sich anders als mit seiner bloßen Leistung zu werben. Derjenige, der mehr leiste, sollte größeren Erfolg haben; wer weniger leiste, dürfe das Fehlen echter Leistung nicht mit Werbung wettmachen. Damit sollte eine Verfälschung des Berufsbilds durch die Verwendung von Werbemethoden verhindert werden, wie sie bereits damals in der gewerblichen Wirtschaft üblich waren[1]. Die alten Standesrichtlinien verlangten vom Rechtsanwalt sogar den „Anschein zu vermeiden", dass er sich oder die von ihm bearbeitete Sache sensationell herausstelle (§ 2 Abs. 2). Erst mit den sog. Bastille-Entscheidungen des BVerfG hat sich die Sichtweise grundlegend gewandelt. Aus den **grundgesetzlichen Gewährleistungen der Berufs- und Meinungsfreiheit** folge der Grundsatz der Werbefreiheit[2]. Nicht Ausnahmen vom Werbeverbot, sondern das (nur ausnahmsweise zulässige) Verbot von Werbemaßnahmen bedürften einer Rechtfertigung[3].

2. Regelungsüberblick

Die Entscheidung des BVerfG erforderte eine Reaktion des Gesetzgebers. Seit 174
der Neufassung der BRAO im Jahr 1994 ist Werbung dem Rechtsanwalt erlaubt, soweit **sie über die berufliche Tätigkeit in Form und Inhalt sachlich unterrichtet**[4] und nicht auf die Erteilung eines Auftrags im Einzelfall gerichtet ist (§ 43b BRAO). Mit den §§ 6–10 BORA hat die Satzungsversammlung von der ihr in § 59b Abs. 2 Nr. 3 BRAO eingeräumten Kompetenz Gebrauch gemacht, nähere Regelungen zu den besonderen Berufspflichten im Zusammenhang mit der Werbung und mit Angaben über selbst ernannte Interessenschwerpunkte zu treffen. Während § 6 Abs. 1 BORA („Der Rechtsanwalt darf über seine Dienstleistung und seine Person informieren, soweit die

1 BVerfGE 33, 125, 170 = NJW 1972, 1504, 1509; BVerfGE 60, 215, 232 = NJW 1982, 2487, 2488. Die rigiden Standesrichtlinien wurden noch für gerechtfertigt angesehen von BVerfGE 36, 212, 219 ff. = NJW 1974, 232, 233 f.; BVerfGE 57, 121, 133 f. = NJW 1981, 2239 f.; BGHSt 26, 131, 133 ff. = NJW 1975, 1979 f.

2 Umfassend zur Rechtsentwicklung *Busse*, S. 573 ff.; *Wolf*, S. 38 ff.

3 BVerfGE 76, 196, 207 ff. = NJW 1988, 194, 195 f.

4 Unsachlich ist etwa nach OLG Nürnberg NJW 2004, 2167, 2168, die Aussage, die Kanzlei „behauptet sich als führende Wirtschaftsprüfungs-, Steuerberatungs- und Rechtsanwaltskanzlei deutschen Ursprungs" und sei „damit Partner Nr. 1 im internationalen Mittelstand".

Angaben sachlich unterrichten und berufsbezogen sind.") keine gegenüber § 43b BRAO hinausgehende Aussage enthält[1], findet sich in § 6 Abs. 2 S. 1 BORA ein Verbot der Angabe von Erfolgs- und Umsatzzahlen (dazu Rz. 178 ff.). Nach § 6 Abs. 2 S. 2 BORA sind Hinweise auf Mandate und Mandanten nur zulässig, soweit der Mandant ausdrücklich eingewilligt hat (siehe bereits Rz. 88). Gemäß § 6 Abs. 3 BORA darf der Rechtsanwalt nicht daran mitwirken, dass Dritte für ihn Werbung betreiben, die ihm selbst verboten ist. Die weiteren Regelungen betreffen die Benennung von Teilbereichen der Berufstätigkeit (§ 7 BORA; Rz. 181 ff.), die Verwendung der Bezeichnung „Mediator" (§ 7a BORA), die Kundgabe gemeinschaftlicher Berufsausübung und anderer beruflicher Zusammenarbeit (§ 8 BORA; Rz. 185 ff.), die Verwendung einer Kurzbezeichnung (§ 9 BORA; Rz. 190 ff.) und die Gestaltung anwaltlicher Briefbögen (§ 10 BORA; Rz. 194 ff.).

3. Weitere Entwicklung und Zukunft des Werberechts

175 Trotz der gesetzlichen Neuregelung hat die Rechtsprechung, allen voran das BVerfG[2], immer wieder den Grundsatz der Werbefreiheit betonen und allzu strikte Vorgaben der Kammern zurechtstutzen müssen. So ist etwa das **Verbot der Einzelfallwerbung** zurückgedrängt worden. Insbesondere werden von der Rechtsprechung **unaufgefordert übersandte Rundschreiben** auch an Nichtmandanten grundsätzlich akzeptiert. Das Verbot der Einzelfallmandatswerbung sei nicht immer schon dann verletzt, wenn ein Rechtsanwalt sein Ziel zu erkennen gebe, in einer konkreten Angelegenheit mandatiert zu werden. § 43b BRAO schließe es nicht aus, einen potenziellen Mandanten zu umwerben, wenn noch kein konkreter, dem Rechtsanwalt bekannter Beratungsbedarf bestehe[3]. Denn die Adressaten des Rundschreibens hätten keinen Anlass, ein ganz allgemein gehaltenes Rundschreiben als eine gezielte persönliche und daher gegebenenfalls als aufdringlich zu empfindende Kontaktaufnahme zu verstehen, wie sie durch das Verbot der auf die Erteilung von Aufträgen im Einzelfall gerichteten Werbung verhindert werden soll[4]. Nach einer

---

1 Henssler/Prütting/*Prütting*, § 6 BORA Rz. 1.

2 Siehe etwa BVerfG NJW-RR 2000, 941 (Anwaltswerbung auf Fachmessen); BVerfG NJW 2000, 3195 (Anwaltswerbung durch Sponsoring); BVerfG NJW 2001, 2620 (Anwaltswerbung mit Beschreibung steuerlicher Tätigkeiten); BVerfG NJW 2001, 3324 (Anwaltswerbung mit Interessenschwerpunkten und Wegbeschreibung im Internet); BVerfG NJW 2003, 344 (Bewertung von Tätigkeits- und Interessenschwerpunkten); BVerfGK 1, 66 = NJW 2003, 1307 (Anwaltswerbung mit „optimaler Interessenvertretung"); BVerfG NJW 2003, 2816 (Werbung einer Rechtsanwältin mit sportlichen Erfolgen); BVerfG NJW 2004, 2656 (Bezeichnung als „Spezialist für Verkehrsrecht" auf Briefbogen); BVerfG NJW 2008, 1298 (Versteigerung von Beratungsleistungen eines Rechtsanwalts in einem Internetauktionshaus).

3 BVerfG NJW 2008, 1298, 1299.

4 BGH NJW 2001, 2886, 2887 f.; siehe auch BGHZ 147, 71, 74 ff. = NJW 2001, 2087 ff., zur Zulässigkeit der Einladung einer Anwaltskanzlei zu einem Seminar mit Imbiss sowie BGH NJW 2002, 2642, 2644, zur Zulässigkeit einer Anwaltswerbung mit sog. Vanity-Nummer.

Entscheidung des OLG Naumburg sollen sogar unaufgefordert versandte Schreiben an Gesellschafter eines Fonds zulässig sein, in denen auf eine Kostenübernahme durch Rechtsschutzversicherungen sowie auf die Internetpräsenz einer Interessengemeinschaft von anderen Gesellschaftern dieses Fonds und die Möglichkeit des (kostenlosen) Erwerbs der Mitgliedschaft in dieser Gemeinschaft hingewiesen wird[1]. Insoweit müsse zwischen der Intensität des konkreten Beratungsbedarfs (im Sinne einer Notsituation) und der Intensität der anwaltlichen mandatsbezogenen Werbung (zum Beispiel im Sinne von Bedrängung, Nötigung, Überrumpelung)[2] abgewogen werden.

Die immer weiter fortschreitende Liberalisierung hat dazu geführt, dass anwaltliche Werbung heute im Wesentlichen nur noch den allgemeinen Beschränkungen aus dem UWG unterliegt, die werberechtlichen Vorschriften in BRAO und BORA also bei verfassungskonformer Auslegung materiell im Wesentlichen nicht mehr über die Regelungen des allgemeinen Wettbewerbsrechts hinausgehen[3]. In der Literatur plädieren daher Stimmen für einen Verzicht auf eigenständige Regelungen zu Fragen der Werbung von Rechtsanwälten im Berufsrecht[4]. Als Vorbild wird insoweit auf die Entwicklung bei den Wirtschaftsprüfern verwiesen: Im Zuge der 7. Novelle der WPO ist die zuvor im Kern § 43b BRAO entsprechende Vorschrift des § 52 WPO in eine bloße **Verweisungsnorm ins UWG** umgestaltet worden, so dass für Wirtschaftsprüfer damit grundsätzlich nur noch die sich aus dem allgemeinen Wettbewerbsrecht ergebenden Werbebeschränkungen gelten[5]. Vertreter der BRAK sprechen sich dagegen für eine Beibehaltung der berufsrechtlichen Werbevorschriften aus und verweisen darauf, dass sich das Rügerecht des Kammervorstands nach § 74 BRAO allein auf die Verletzung spezifischer Berufspflichten in BRAO und BORA beziehe, eine Rüge für den betroffenen Rechtsanwalt aber allemal preiswerter sei als eine Unterlassungsverurteilung durch staatliche Gerichte[6]. In einer Umfrage des Soldan-Instituts 2009 haben sich 65 % der befragten Anwälte dafür ausgesprochen, dass in 176

---

1 Siehe zuletzt OLG Naumburg NJW-RR 2008, 445, 446; **strenger** aber OLG Hamburg NJW 2005, 2783, 2784ff.; OLG München NJW 2006, 517, 518; OLG Saarbrücken MDR 2008, 295, 296; LG Berlin NJW-RR 2005, 431, 433; AnwG München BRAK-Mitt. 2008, 225, 226.

2 OLG Naumburg NJW 2003, 3566f.; OLG Naumburg NJW-RR 2008, 445, 446; siehe auch KG AnwBl. 2010, 800f.

3 OLG Naumburg NJW-RR 2008, 442.

4 Siehe zuletzt *Busse*, S. 578; *Kämmerer*, in: Ständige Deputation des Deutschen Juristentages, Verhandlungen des 68. Deutschen Juristentages Berlin 2010, Band I, 2010, H 96f.; *Römermann*, AnwBl. 2007, 744ff.; *Henssler*, AnwBl. 2008, 721, 726f.; *Henssler*, AnwBl. 2009, 1, 7; *Kleine-Cosack*, AnwBl. 2010, 537, 542f.; *Kleine-Cosack*, NJW 2010, 1921, 1924. Vgl. auch Sechzehntes Hauptgutachten der Monopolkommission 2004/2005, BT-Drucks. 16/2460, Nr. 1099.

5 Mit Wirkung zum 6. 9. 2007 geändert durch das „Gesetz zur Stärkung der Berufsaufsicht und zur Reform berufsrechtlicher Regelungen in der Wirtschaftsprüferordnung (Berufsaufsichtsreformgesetz – BARefG) v. 3. 9. 2007" (BGBl. I, S. 2178).

6 Vgl. das Protokoll über die 6. Sitzung des Ausschusses 2 – Allgemeine Berufs- und Grundpflichten und Werbung – der 4. Satzungsversammlung am 29. 1. 2010 (SV-Mat. 14/2010), S. 12f.

BRAO und BORA auch künftig berufsspezifische Regelungen des Werberechts enthalten sein sollen[1]. Dieser Sichtweise hat sich nun auch mit überraschend großer Mehrheit (115 : 22 Stimmen bei 6 Enthaltungen) die Abteilung Berufsrecht auf dem 68. Deutschen Juristentag in Berlin angeschlossen. Spezielle konkretisierende Regelungen zur Werbung seien erforderlich, um die wettbewerbsrechtliche Generalklausel auszufüllen und der besonderen Stellung und Funktion der Berufsträger gerecht zu werden. Das Berufsrecht stelle überdies durch die Anwaltsgerichtsbarkeit eine Überprüfung von Streitfällen durch Richter sicher, die mit den Gegebenheiten des Anwaltsberufs besonders vertraut seien.

4. Begriff der Werbung

177 Eine Werbemaßnahme ist planvoll darauf angelegt, andere dafür zu gewinnen, die Leistungen des anbietenden Rechtsanwalts in Anspruch zu nehmen[2]. Der berufsrechtliche Begriff der Werbung wird dabei weit verstanden. Unter ihn fallen nicht nur die klassischen Werbemethoden wie Anzeigen oder Broschüren, sondern das gesamte **Marketing**, also der gesamte geplante Auftritt der Kanzlei nach außen. Damit gehört auch die **Öffentlichkeitsarbeit** der Kanzlei (Pressearbeit, Kanzleiveranstaltungen, Publikationen, Sponsoring, Werbegeschenke) zur Werbung[3]. Die folgenden Überlegungen verfolgen nicht den Zweck, einen Überblick über das gesamte anwaltliche Werberecht zu geben. Vielmehr beschränken sie sich, ausgehend von dem Grundsatz, dass alles, was dem Einzelanwalt erlaubt ist, auch der Berufsausübungsgemeinschaft gestattet ist, auf die sozietätsrechtlichen Besonderheiten (siehe bereits Rz. 1). Daher wird etwa die reichhaltige Rechtsprechung zur Preiswerbung und zur Gestaltung der Internetseite der Kanzlei nachfolgend nicht aufgegriffen[4]. Auch wenn der Schwerpunkt auf der Darstellung der berufsrechtlichen Vorgaben des Werberechts liegt, werden einige wenige Hinweise zu rein wettbewerbsrechtlicher Rechtsprechung gegeben. Denn wer sich mit der Werbung einer Anwaltssozietät beschäftigt, muss zwangsläufig die gesellschafts-, wettbewerbs- und berufsrechtlichen Rahmenbedingungen gleichermaßen im Blick haben.

5. Angabe von Erfolgs- und Umsatzzahlen (§ 6 Abs. 2 S. 1 BORA)

178 Nach § 6 Abs. 2 S. 1 BORA ist die Angabe von Erfolgs- und Umsatzzahlen – ohne Ausnahme – unzulässig. Diesem Verbot, das sich zwar nicht spezifisch an Berufsausübungsgemeinschaften wendet, sie aber dennoch faktisch am meisten trifft, liegt der Gedanke zugrunde, dass **sich der Erfolg eines An-**

---

1 *Hommerich/Kilian*, NJW 2010, 31, 33.

2 BVerfG NJW 2003, 346; BVerfGE 111, 366, 378 = NJW 2004, 3765, 3767; BVerfG NJW 2008, 1298, 1299.

3 Gaier/Wolf/Göcken/*Huff*, § 43b BRAO Rz. 10.

4 Siehe den ausführlichen Überblick über die von der Rechtsprechung entschiedenen Fallkonstellationen bei Henssler/Prütting/*Prütting*, § 43b Rz. 14ff.; Kilian/vom Stein/Offermann-Burckart/*Kilian*, § 7 Rz. 49ff.; Koch/Kilian/*Kilian*, B Rz. 274ff.

walts nicht in Zahlen ausdrücken lasse[1]. Die Rechtsprechung hält diesen Normzweck nicht für durchschlagend, sondern vielmehr das Verbot für zu weitgehend und hat es mehr oder weniger außer Kraft gesetzt. Es erstaunt indes, dass die Satzungsversammlung gleichwohl die Norm noch nicht aufgehoben oder zumindest eingeschränkt hat[2].

Nach einem Urteil des OLG Nürnberg **verstößt § 6 Abs. 2 S. 1 BORA**, soweit 179
er Rechtsanwälten die **Werbung mit Umsatzzahlen** untersagt, **gegen Art. 12 GG und Art. 3 Abs. 1 GG**. Durch die Nennung der Umsatzzahl werde nicht der falsche Eindruck erweckt, der Rechtsanwalt sei besonders erfolgreich und qualifiziert. Zwar würden Umsatzzahlen nichts über die Qualität rechtsanwaltlicher Tätigkeit aussagen. Diese Feststellung könne allerdings für jeden freien Beruf und für jede gewerbliche Tätigkeit getroffen werden, weswegen es auszuschließen sei, dass der Verbraucher ausgerechnet bei Rechtsanwälten dem Irrtum unterliegen sollte, Umsatz mit Qualität gleichzusetzen. Entscheidend sei, ob die Angabe der Zahlen zutreffend sei. Außerdem unterlägen **Kapitalgesellschaften** der **Publizitätspflicht** des § 325 HGB; sie seien verpflichtet, den Jahresabschluss und eine Reihe weiterer Unterlagen dem Registergericht vorzulegen und zu veröffentlichen. Zweck dieser Regelung sei es, all diejenigen zu schützen, die mit dem Unternehmen geschäftlich verkehrten. Da § 325 HGB der Satzungsvorschrift des § 6 BORA vorgehe, seien anwaltliche Kapitalgesellschaften zur Veröffentlichung der Umsatzzahlen verpflichtet. Ein sachlicher Grund dafür, Einzelanwälte oder Anwaltssozietäten in der Rechtsform einer GbR oder einer Partnerschaftsgesellschaft anders zu behandeln, sei nicht erkennbar, zumal die Publizitätspflicht nach § 325 HGB verbraucherschützende Elemente aufweise. Gleiches gelte im Hinblick auf die Ungleichbehandlung mit Wirtschaftsprüfern und Steuerberatern, die ein entsprechendes Verbot nicht kennen[3].

Eine jüngere Entscheidung des BGH widmet sich der Angabe von **Erfolgszahlen**. 180
Der Anwaltssenat hat es für zulässig erachtet, dass ein Rechtsanwalt auf eine Erfolgsquote bei Inkassoverfahren im Jahre 2002 von 78,4 % hinweist. Im Hinblick auf die durch Art. 12 GG gewährleistete Werbefreiheit sei das Verbot des § 6 Abs. 2 S. 1 BORA eng auszulegen. Nur in Fällen, in denen eine Irreführung zu befürchten sei, sei eine solche Erfolgsangabe verboten[4]. Mit ähnlicher Begründung hat es das OLG Frankfurt für unbedenklich erachtet, wenn Rechtsanwälte in einem Zeitungsinterview angeben, dass fast alle ihre Mandanten in ihrem Spezialgebiet, denen sie ein Verfahren angeraten haben, Erfolg hatten, sofern diese Erfolgsangabe im Zusammenhang mit allgemeinen Ausführungen zu den Erfolgsaussichten solcher Verfahren mit-

1 Gaier/Wolf/Göcken/*Huff*, § 43b BRAO/§ 6 BORA Rz. 36; Hartung/Römermann/*Römermann*, § 6 Rz. 140.
2 Siehe auch die berechtigte Kritik von Gaier/Wolf/Göcken/*Huff*, § 43b BRAO/§ 6 BORA Rz. 37; *Kämmerer*, in: Ständige Deputation des Deutschen Juristentages, Verhandlungen des 68. Deutschen Juristentages Berlin 2010, Band I, 2010, H 95.
3 OLG Nürnberg NJW 2004, 2167, 2168f.
4 BGH NJW 2009, 534, 535.

geteilt wird[1]. Irreführend ist es aber nach einem Urteil des LG Kiel, wenn ein Rechtsanwalt behauptet, dass seine Sozietät nur „höchst selten Auseinandersetzungen" verliere, diese Aussagen aber allein auf Zahlen seines Dezernats und nicht der gesamten Gesellschaft gestützt sei[2].

6. Benennung von Teilbereichen der Berufstätigkeit (§ 7 BORA)

181 Nach § 7 Abs. 1 BORA darf unabhängig von Fachanwaltsbezeichnungen Teilbereiche der Berufstätigkeit nur benennen, wer seinen Angaben **entsprechende Kenntnisse nachweisen** kann, die in der Ausbildung, durch Berufstätigkeit, mit Veröffentlichungen oder in sonstiger Weise erworben wurden. Wer qualifizierende Zusätze verwendet, muss zusätzlich über entsprechende theoretische Kenntnisse verfügen und auf dem benannten Gebiet in erheblichem Umfang tätig gewesen sein. Gemäß § 7 Abs. 2 BORA sind Benennungen nach Absatz 1 unzulässig, soweit sie die Gefahr einer Verwechslung mit Fachanwaltschaften begründen oder sonst irreführend sind. § 7 Abs. 3 BORA ordnet schließlich eine **entsprechende Geltung der vorstehenden Regelungen für Berufsausübungsgemeinschaften nach § 9 BORA** an. Hieraus folgt, dass für Berufsausübungsgemeinschaften grundsätzlich keine Besonderheiten im Vergleich zum Einzelanwalt bestehen[3].

182 Erstaunlich ist allerdings, dass die Satzungsversammlung die jüngst erfolgte Änderung des § 9 BORA (Rz. 190) nicht zum Anlass genommen hat, auch § 7 BORA zu ändern. Denn der **Verweis auf § 9 BORA** ist, nachdem die Regelung keine Aussage zur gemeinschaftlichen Berufsausübung mehr enthält, nichtssagend[4]. Richtigerweise erfasst die Norm **alle Formen gemeinschaftlicher Berufsausübung unabhängig von ihrer Rechtsform**. Dies zeigt nicht nur die Verwendung des modernen Begriffs der „Berufsausübungsgemeinschaft" (Rz. 7), sondern folgt zudem aus § 33 Abs. 1 BORA (Rz. 10f.).

183 Grundsätzlich zulässig sind Bezeichnungen wie **„Kanzlei/Anwaltssozietät für Arbeitsrecht"**, wenn der Sozietät Anwälte angehören, die entsprechende Kenntnisse im Teilbereich nachweisen können[5]. Allein fraglich ist, wie viele Mitglieder einer Berufsausübungsgemeinschaft die Kenntnisse i.S.d. § 7

1 OLG Frankfurt NJW 2000, 1652, 1653.
2 LG Kiel NJW 2006, 2496, 2498.
3 Dazu Henssler/Prütting/*Prütting*, § 7 BORA Rz. 6 ff; Gaier/Wolf/Göcken/*Huff*, § 43b BRAO/§ 7 BORA Rz. 45ff.; Hartung/Römermann/*Römermann*, § 7 Rz. 47ff.
4 Hartung/Römermann/*Römermann*, § 7 Rz. 90f., hatte auch schon den Verweis auf § 9 BORA a.F. als zu eng erachtet.
5 Vgl. bereits BGH NJW 2001, 1573, 1574f., zu § 7 BORA a.F. Siehe aber BVerfGK 7, 448, 450ff. = NJW 2006, 1499, 1500, wonach die Ansicht, dass das nach § 2 Abs. 2 Hs. 1 PartGG entsprechend geltende Irreführungsverbot des § 18 Abs. 2 HGB die nach § 43 Abs. 4 S. 3 StBerG für Rechtsanwälte grundsätzlich zulässige Verwendung des Zusatzes „Steuerberatung" im Namen einer Partnerschaft verbiete, weil bei objektivierter Sicht eines in Steuersachen Ratsuchenden davon auszugehen sei, dass die Bezeichnung „Steuerberatung" mit der Berufsausübung eines Steuerberaters gleichgesetzt werde, keinen verfassungsrechtlichen Bedenken begegne; dagegen zu Recht *Huff*, BRAK-Mitt. 2006, 173f. Siehe hierzu auch unten Rz. 200.

Abs. 1 BORA nachweisen müssen. Die Satzungsversammlung hat auf eine explizite Bestimmung verzichtet, weil eine kasuistische Regelung angesichts der Vielzahl möglicher Angaben und der extrem unterschiedlichen Mitgliederzahlen von Berufsausübungsgemeinschaften nicht tunlich sei[1]. Richtigerweise beruht das für die Mandanten wesentliche Dienstleistungsprofil einer Personenmehrheit auf den Kenntnissen und Fähigkeiten jedes einzelnen Kanzleimitglieds und setzt sich aus den Arbeitsschwerpunkten dieser Personen zusammen, die sich zur gemeinsamen Berufsausübung verbunden haben[2]. Der BGH hat insoweit für die Verwendung des **Begriffs „Fachanwälte" als Zusatz zu der Kurzbezeichnung einer überörtlichen Anwaltssozietät** entschieden, dass eine den Plural rechtfertigende Zahl von Sozietätsmitgliedern Fachanwälte sein muss. Nicht erforderlich sei es dagegen, dass an jedem Standort, an dem der Zusatz verwendet werde, ein oder mehrere Fachanwälte tätig seien[3]. Richtigerweise sollten der Entscheidung des BGH folgend die Anforderungen an solche Sozietätsbezeichnungen nicht zu hoch geschraubt werden und es grundsätzlich als ausreichend angesehen werden, wenn in einer Sozietät **zwei Rechtsanwälte** entsprechende Fachkenntnisse haben[4]. Wenn mehr als ein Kanzleimitglied für die genannten Aufgaben zur Verfügung steht, wird ein die Sozietät charakterisierender Arbeitsschwerpunkt näher konkretisiert[5]. Eine abweichende Auffassung kann nur in besonders großen Berufsausübungsgemeinschaften angebracht sein, wenn die Relation der das benannte Teilgebiet bearbeitenden Rechtsanwälte zur Größe der Sozietät nicht mehr nennenswert ist[6].

Bei **qualifizierenden Zusätzen** soll es nach *Feuerich* nicht ausreichend sein, 184
dass ein Sozius – wie von § 7 Abs. 1 S. 2 BORA vorgesehen – auf dem benannten Teilgebiet in erheblichem Umfang tätig war. Vielmehr müsse auch die Berufsausübungsgemeinschaft in erheblichem Umfang tätig gewesen sein, was bedeute, dass der Gesellschafter gerade in seiner Zeit in der Sozietät die praktischen Tätigkeiten geleistet habe, frühere Tätigkeiten in einer anderen Sozietät dagegen unberücksichtigt bleiben müssten[7].

---

1 Vgl. den vom Ausschuss 2 der Satzungsversammlung gebilligten Begründungstext zu § 7 BORA, BRAK-Mitt. 2006, 212, 213; siehe auch Henssler/Prütting/*Prütting*, § 7 BORA Rz. 20; Feuerich/Weyland/*Feuerich*, § 7 BORA Rz. 33.

2 BVerfG NJW 2001, 2620.

3 BGH NJW 2007, 2334, 2335 f., im Anschluss an BGH NJW 1994, 2288.

4 Hartung/Römermann/*Römermann*, § 7 Rz. 92.

5 BVerfG NJW 2001, 2620, 2621.

6 Siehe auch Offermann-Burckart/*Offermann-Burckart*, § 9 Rz. 205, die die Zulässigkeit derartiger Hinweise auch davon abhängig macht, wie viele verschiedene Rechtsgebiete die Sozietät benennt. Während bei einem Hinweis auf mehrere Rechtsgebiete niemand davon ausgehen könne, dass sich jedes einzelne Mitglied auf das angegebene Gebiet spezialisiert habe, müssten bei einem einzigen Hinweis (etwa Kanzlei für Arbeitsrecht) auch mehrere Anwälte tatsächlich auf diesem Gebiet tätig sein.

7 Feuerich/Weyland/*Feuerich*, § 7 BORA Rz. 38.

7. Kundgabe gemeinschaftlicher Berufsausübung und anderer beruflicher Zusammenarbeit (§ 8 BORA)

185 § 8 BORA, der von der 4. Satzungsversammlung der BRAK auf ihrer 5. Sitzung am 25./26. 6. 2010 mit Wirkung zum 1. 3. 2011 neu gefasst worden ist[1], regelt die Zulässigkeit (werblicher) Hinweise auf eine berufliche Zusammenarbeit. Nach Satz 1 darf auf eine Verbindung zur gemeinschaftlichen Berufsausübung nur hingewiesen werden, wenn sie in Sozietät oder in sonstiger Weise mit den in § 59a BRAO genannten Berufsträgern erfolgt. Die insoweit (§ 8 S. 1 Hs. 1 BORA a.F.) ähnlich lautende, aber doch nicht identische Vorgängerregelung[2], die ausdrücklich gestattete, freie Mitarbeiter und angestellte Rechtsanwälte durch Aufnahme in den Briefkopf zu Außensozien zu machen, wurde – im Zusammenspiel mit § 9 BORA a.F., der die Aufnahme angestellter und als freier Mitarbeiter tätiger Anwälte in die Kurzbezeichnung erlaubte – als **berufsrechtliche Legalisierung der Außen- bzw. Scheinsozietät** (Rz. 48 ff.) verstanden[3]. Zwar fehlt nun in § 8 BORA n.F. der explizite Hinweis auf das Anstellungsverhältnis oder die freie Mitarbeit, es lassen sich in der Entstehungsgeschichte der Norm jedoch keine Anhaltspunkte dafür ausmachen, dass die bislang gelebte Praxis nun berufsrechtswidrig sein soll[4]. Entscheidend bleibt allein, dass es sich um Angehörige eines sozietätsfähigen Berufs i.S.d. § 59a BRAO handelt.

186 Die **berufliche Zusammenarbeit mit nicht-sozietätsfähigen Personen** wird ausschließlich von § 8 S. 2 BORA erfasst. Danach ist die Kundgabe jeder anderen Form der beruflichen Zusammenarbeit zulässig, sofern nicht der Eindruck einer gemeinschaftlichen Berufsausübung erweckt wird. Unter eine „andere Form beruflicher Zusammenarbeit" fallen vor allem **die Bürogemeinschaft[5], die Kooperation und die EWIV**, auch wenn die beiden letzteren anders als in § 8 BORA a.F. nicht mehr ausdrücklich erwähnt werden (zur Außendarstellung der EWIV siehe auch K Rz. 56 ff.). § 8 S. 2 BORA

---

1 BRAK-Mitt. 2010, 253.

2 § 8 BORA a.F. mit der Überschrift „Kundgabe beruflicher Zusammenarbeit" lautete: „Auf eine berufliche Zusammenarbeit darf nur hingewiesen werden, wenn sie in einer Sozietät, in sonstiger Weise (Anstellungsverhältnis, freie Mitarbeit) mit sozietätsfähigen Personen im Sinne des § 59a Bundesrechtsanwaltsordnung oder in einer auf Dauer angelegten und durch tatsächliche Ausübung verfestigten Kooperation erfolgt. Zulässig ist auch der Hinweis auf die Mitgliedschaft in einer Europäischen Wirtschaftlichen Interessenvereinigung."

3 BVerfGE 108, 150, 167 f. = NJW 2003, 2520, 2522; Henssler/Prütting/*Prütting*, § 8 BORA Rz. 2, 5; Feuerich/Weyland/*Feuerich*, § 8 BORA Rz. 3; Hartung/Römermann/*Römermann*, § 8 BORA Rz. 12 ff.; Gaier/Wolf/Göcken/*Bormann*, § 59a BRAO/§ 8 BORA Rz. 104; *Kleine-Cosack*, § 8 BORA Rz. 2; Sozietätsrecht/*Peres/Depping*, § 9 Rz. 36; *Pelzer*, S. 332 f. Siehe auch Kilian/Offermann-Burckart/vom Stein/*Kilian*, § 7 Rz. 189.

4 Vgl. das Protokoll über die 6. Sitzung des Ausschusses 2 – Allgemeine Berufs- und Grundpflichten und Werbung – der 4. Satzungsversammlung am 29. 1. 2010 (SV-Mat. 14/2010), S. 4 ff.

5 Siehe hierzu auch Hartung/Scharmer/*Scharmer*, § 20 Rz. 1 ff.; Feuerich/Weyland/*Feuerich*, § 8 BORA Rz. 8.

schließt einen Hinweis auf **eine Kooperation mit sozietätsfähigen Personen** nicht aus; er ist – weil den Kooperationspartnern sogar eine engere Zusammenarbeit möglich wäre – erst recht zulässig.

Um den „Eindruck einer gemeinschaftlichen Berufsausübung" zu vermeiden, wird man eine **ausdrückliche Klarstellung** verlangen müssen, dass die Zusammenarbeit „in Kooperation", „in Bürogemeinschaft" etc. erfolgt[1]. Ohne einen solchen Zusatz ist etwa die Aufführung eines Diplom-Ökonomen auf einem anwaltlichen Briefbogen unzulässig[2]. Für das rechtsuchende Publikum ergibt sich nicht allein aus dem Umstand, dass es sich bei einem Diplom-Ökonomen nicht um einen sozietätsfähigen Beruf i.S.d. § 59a BRAO handelt, hinreichend klar, dass der Anwalt mit ihm nur eine Kooperation unterhält. 187

Die Neufassung des § 8 BORA unterscheidet sich aber insoweit von ihrer Vorgängerregelung, als sie die Zulässigkeit eines Hinweises nicht auf **auf Dauer angelegte** und **durch tatsächliche Ausübung verfestigte Kooperationen** beschränkt. Über die notwendige Verfestigung verfügte eine Kooperation nach allgemeiner Ansicht dann, wenn sie eine näher ausgestaltete organisatorische Grundlage hat, aus der sich der Inhalt der Zusammenarbeit ebenso eindeutig entnehmen lässt wie die Rechte und Pflichten der Partner[3]. Diese Einschränkung war in der Vergangenheit immer wieder als in der Praxis kaum justiziabel kritisiert worden[4]. Wohl auch deshalb ging man allgemein davon aus, dass die in § 8 BORA a.F. genannten Voraussetzungen „auf Dauer angelegt" und „durch tatsächliche Ausübung verfestigt" lediglich als Zielvorgabe zu interpretieren waren und daher selbstverständlich mit der Kooperation von Beginn an geworben werden konnte[5] (siehe auch J Rz. 21 f.). Mit der Änderung des § 8 BORA kann daher auch auf lose oder auf einen Einzelfall zielende Kooperationen hingewiesen werden. Suggeriert der Anwalt allerdings eine engere Zusammenarbeit, als sie tatsächlich gelebt wird, kann 188

---

1 Zu der Frage, inwieweit derartige Zusätze eine Rechtsscheinhaftung der auf dem Briefkopf genannten Berufsträger vermeiden können, siehe *Henssler/Deckenbrock*, DB 2007, 447, 448 f. (zur Kooperation), sowie *Deckenbrock*, NJW 2008, 3529, 3533 (zur Bürogemeinschaft). Andere nicht berufsrechtlich vorgeprägte Begriffe sollten unbedingt vermieden werden, siehe etwa OLG Köln NJW-RR 2004, 279, 280; OLG Hamm BRAK-Mitt. 2006, 218 (Ls.); OLG Hamm NZG 2011, 137, 139, wonach die Zusätze „in Kanzleigemeinschaft" und „Anwaltsgemeinschaft" den Anschein der Verbindung in einer Sozietät erwecken.

2 AGH Celle NJW-RR 2006, 927, 928. Siehe auch AGH Hamm NJW-RR 2002, 1494 f. (zu einer Diplom-Verwaltungswirtin), und AGH Stuttgart NJW-RR 1995, 1017, 1018 f. (zu einer Unternehmensberaterin).

3 Kilian/Offermann-Burckart/vom Stein/*Kilian*, § 7 Rz. 133; *Henssler/Deckenbrock*, DB 2007, 447, 448.

4 Gaier/Wolf/Göcken/*Bormann*, § 59a BRAO/§ 8 BORA Rz. 111; Hartung/Römermann/*Römermann*, § 8 Rz. 23 f. *Kleine-Cosack*, § 8 BORA Rz. 4, hielt das Verbot der Angabe von Einzelfallkooperationen sogar für verfassungswidrig.

5 Henssler/Prütting/*Prütting*, § 8 BORA Rz. 12; *Henssler/Deckenbrock*, DB 2007, 447, 448; *Huff*, NJW-Spezial 2005, 429, 430; *Römermann*, BB 2005, 2041.

dies gegen das wettbewerbsrechtliche Irreführungsverbot (§ 5 UWG) verstoßen[1].

189 § 8 BORA enthält **keine Pflicht**, sondern nur **ein Recht zur Kundgabe**. Lediglich auf Briefbögen muss nach Maßgabe des § 10 BORA (Rz. 194ff.) auf die gemeinschaftliche Berufsausübung hingewiesen werden. Eingegangene Bürogemeinschaften oder Kooperationen können nach außen sogar vollständig verschwiegen werden.

8. Kurzbezeichnung (§ 9 BORA)

190 In § 9 BORA, der ebenfalls zum 1. 3. 2011 (Rz. 185) neu gefasst worden ist, heißt es schlicht: „Eine Kurzbezeichnung muss einheitlich geführt werden." Anders als die Vorgängerregelung[2] wird die Zulässigkeit von Kurzbezeichnungen damit stillschweigend vorausgesetzt. Mangels einschränkender Regelung kann sie nicht nur von Sozietäten[3], sondern auch von Einzelanwälten, Bürogemeinschaften oder Kooperationen geführt werden[4]. Damit hat die Satzungsversammlung dem Druck der anwaltsgerichtlichen Rechtsprechung nachgegeben, die trotz der sich im Wesentlichen auf die Sozietät beschränkenden Formulierung in § 9 S. 1 BORA a.F. auch für Kooperationen ein sog. ***common branding*** akzeptiert hat[5]. Auf die Auslegung von § 33 BORA (Rz. 10f.) kommt es insoweit nicht mehr an.

191 Die Verwendung von **Personen- und Sachfirmen** ist gleichermaßen zulässig[6]. In der Praxis vorherrschend sind nach wie vor Kurzbezeichnungen, die die Namen gegenwärtiger oder früherer Kanzleiinhaber oder Gesellschafter enthalten. Zulässig ist aber auch die Aufnahme von angestellten oder als freie Mitarbeiter tätigen Anwälte, wie es in § 9 S. 1 BORA a.F. noch ausdrücklich geregelt war (ausführlich zu den gesellschaftsrechtlichen Vorgaben für den Namen einer Sozietät und den beizufügenden **Rechtsformzusätzen**

---

1 Vgl. das Protokoll über die 6. Sitzung des Ausschusses 2 – Allgemeine Berufs- und Grundpflichten und Werbung – der 4. Satzungsversammlung am 29. 1. 2010 (SV-Mat. 14/2010), S. 21f.

2 § 9 BORA a.F. lautete: „Bei gemeinschaftlicher Berufsausübung, soweit sie in einer Sozietät, Partnerschaftsgesellschaft oder in sonstiger Weise (Anstellungsverhältnis, freie Mitarbeit) mit sozietätsfähigen Personen im Sinne des § 59a Bundesrechtsanwaltsordnung erfolgt, darf eine Kurzbezeichnung geführt werden. Diese muss bei der Unterhaltung mehrerer Kanzleien einheitlich geführt werden."

3 Nach BGH NJW 2004, 1099, 1101, sollte § 9 BORA a.F. nicht auf die **Anwalts-GmbH** Anwendung finden; eine Begründung blieb der BGH allerdings schuldig.

4 Vgl. das Protokoll über die 7. Sitzung des Ausschusses 2 – Allgemeine Berufs- und Grundpflichten und Werbung – der 4. Satzungsversammlung am 26. 4. 2010 (SV-Mat. 14/2010), S. 10f.

5 BGH NJW 2002, 608f. („CMS"); OLG Köln NJW-RR 2003, 782f. („Advo Garant"); AGH Hamburg NJW 2004, 371ff. („Legitas"); AGH München BRAK-Mitt. 2007, 224, 226 („Associates"). Siehe auch *Henssler/Deckenbrock*, DB 2007, 447, 448. **A.A.** Henssler/Prütting/*Prütting*, § 9 BORA Rz. 5; Feuerich/Weyland/*Feuerich*, § 9 BORA Rz. 3; Hartung/Römermann/*Römermann*, § 9 Rz. 33ff.

6 Vgl. BGH NJW 2004, 1651, 1652 (zu § 9 BORA a.F.).

B Rz. 69ff.). Erforderlich ist jedoch wegen § 12 BGB die **Zustimmung des Namensgebers bzw. seiner Erben**. Ist die Fortführungsbefugnis einer GbR erteilt, umfasst sie grundsätzlich auch die Weiterverwendung des Sozietätsnamens als Namen einer Partnerschaft, in die die Sozietät umgewandelt wird[1].

Zu beachten ist zudem das sich aus § 5 UWG ergebende **Verbot der Irreführung**: Setzt der Seniorpartner nach seinem Ausscheiden entgegen der ur- 192
sprünglichen Absicht seine anwaltliche Tätigkeit in eigener Praxis fort, kann einer Irreführungsgefahr dadurch begegnet werden, dass in der Namensleiste auf das Ausscheiden des Namengebers und auf den Umstand hingewiesen wird, dass dieser inzwischen in anderer Kanzlei tätig ist[2]. Eine Buchstabenfolge als Kürzel für eine Anwaltssozietät ist jedoch dann irreführend, wenn die ursprüngliche Sozietät **nach völligem Wechsel der Gesellschafter** nicht mehr fortgesetzt wird[3]. Auch darf nicht fälschlicherweise über die Kurzbezeichnung der Eindruck einer Sozietät erweckt werden, obwohl in Wahrheit nur noch ein einzelner Anwalt die Kanzlei führt[4]. Entsprechendes gilt für die Verwendung von Fantasiebezeichnungen. Für die Kurzbezeichnung „K-Associates" hat der BGH insoweit angenommen, dass durch die Verwendung dieses englischen Wortes nicht der Eindruck entstehe, es handele sich bei der so bezeichneten Kanzlei um einen Zusammenschluss von Rechtsanwälten im internationalen Bereich. Auch wenn in einer Kanzlei nur ein Anwalt im Ausland zugelassen sei, sei die Bezeichnung „K-Associates" nicht irreführend, weil sie nicht schon für sich gesehen das Vorliegen einer aus deutschen und weiteren ausländischen Rechtsanwälten gebildeten „internationalen Sozietät" suggeriere[5].

§ 9 BORA verlangt, dass die Kurzbezeichnung **einheitlich geführt** wird. Die- 193
ses Gebot erlangt insbesondere für überörtliche Sozietäten oder Zweigstellen Bedeutung. So ist es unzulässig, die Namen in der Kurzbezeichnung an den verschiedenen Standorten einer Sozietät in eine unterschiedliche Reihenfolge zu bringen oder einzelne Namen sogar ganz wegzulassen[6].

9. Gestaltung der Briefbögen (§ 10 BORA)

§ 10 BORA, der zum 1. 7. 2010 neu gefasst worden ist[7], enthält Vorgaben für die 194
Gestaltung des anwaltlichen Briefbogens[8]. Er ist insoweit enger als § 8 BORA, der jegliche Kundgabe gemeinschaftlicher Berufsausübung und anderer berufli-

1 BGH NJW 2002, 2093, 2095 f.
2 BGH NJW 2002, 2093, 2095.
3 OLG Hamm NJW-RR 1998, 1073; OLG Hamm NJW-RR 2010, 420 f.
4 BGH BRAK-Mitt. 2009, 80 f.
5 BGH NJW 2005, 1770. Siehe aber BGH NJW 1996, 2308, 2309 f.: „Die Verwendung der Bezeichnung ‚Internationale Sozietät von Rechtsanwälten und Attorneys-at-Law' auf dem Briefkopf einer aus sechs Rechtsanwälten bestehenden inländischen Kanzlei ist als irreführend zu beanstanden, wenn der Sozietät mit den ausländischen Rechtsberatern nur einer dieser Rechtsanwälte angehört."
6 Gaier/Wolf/Göcken/*Bormann*, § 59a BRAO/§ 9 BORA Rz. 118.
7 BRAK-Mitt. 2010, 69.
8 Ausführlich zum **Briefbogen in der internationalen Sozietät** *Knöfel*, S. 572 ff.

cher Zusammenarbeit betrifft[1]. Als Sonderregelung für die Briefbögen enthält die Norm **keine Aussage zur Gestaltung von Kanzleischildern oder Stempeln**[2].

195 Nach Absatz 1 hat der Rechtsanwalt auf Briefbögen seine Kanzleianschrift anzugeben. Werden mehrere Kanzleien, eine oder mehrere Zweigstellen unterhalten, so ist für **jeden auf den Briefbögen Genannten seine Kanzleianschrift** (§ 31 BRAO) anzugeben. Die Norm erfasst im Grundsatz den Einzelanwalt und die Berufsausübungsgemeinschaft gleichermaßen[3]. Soweit es um die Unterhaltung mehrerer Kanzleien geht, sind damit nach zutreffender Auffassung die verschiedenen Standorte einer überörtlichen Sozietät gemeint. Die Formulierung des § 10 Abs. 1 S. 2 BORA ist insoweit missverständlich, kennt doch die BRAO ausschließlich eine Kanzleipflicht des einzelnen Anwalts (Rz. 59).

196 § 10 Abs. 1 S. 2 BORA verpflichtet zur Angabe der Kanzleianschrift (§ 31 BRAO). Damit ist die Adresse der Kanzlei gemeint, mit der er seiner Kanzleipflicht nachkommt und die auch im Rechtsanwaltsverzeichnis als Sitz der Kanzlei steht. Nicht angegeben werden muss dagegen der **Sitz einer Zweigstelle**[4]. Hat ein Anwalt oder eine Sozietät eine solche Zweigstelle errichtet (Rz. 61 ff.), kann diese auf dem Briefbogen verschwiegen werden. Will der Anwalt oder die Sozietät dagegen einen eigenen Briefbogen der Zweigstelle nutzen, muss zugleich die Anschrift der Kanzlei benannt werden. Dies gilt selbst dann, wenn sich die Zweigstelle in demselben Kammerbezirk befindet. Die notwendige eindeutige Identifizierung des Berufsträgers (Rz. 197) wäre, insbesondere bei Allerweltsnamen, nicht sichergestellt, wenn der Rechtsuchende lediglich weiß, in welcher Kammer der Anwalt zugelassen ist. Nicht ausreichend ist daher auch der Hinweis „zugelassen bei der Rechtsanwaltskammer X"[5]. Die Angabepflicht erfasst allerdings nur die Kanzleianschrift nach § 31 BRAO, nicht aber den **Namen einer (weiteren) Berufsausübungsgemeinschaft**, der der Anwalt angehört. Wer also in Berlin unter der Anschrift Potsdamer Platz Nr. 1 zugelassen und Mitglied einer weiteren Sozietät in München ist, muss auf dem Briefbogen der Münchener Gesellschaft zwar auf die Adresse seiner Kanzlei am Potsdamer Platz Nr. 1 hinweisen, nicht aber den Namen der Sozietät erwähnen, der er dort angehört[6]. Auch ist es nicht erforderlich, dass der Anwalt auf dem Briefbogen seine Berliner Sozien erwähnt, die mit der Münchener Sozietät nichts zu tun haben. Das Berufsrecht lässt daher genügend Freiraum für die Gestaltung

---

1 Siehe zum Verhältnis von § 8 und § 10 BORA auch Gaier/Wolf/Göcken/*Bormann*, § 59a BRAO/§ 8 BORA Rz. 107.

2 Feuerich/Weyland/*Feuerich*, § 10 BORA Rz. 1; Hartung/Römermann/*Römermann*, § 10 Rz. 28.

3 Dazu *Deckenbrock*, NJW 2010, 3750, 3754.

4 Siehe dazu auch *Zastrow*, BRAK-Mitt. 2009, 55, 56f.

5 **A.A.** *Huff*, ZAP 2010, 233, 236 = Fach 23, S. 885, 888.

6 Siehe das Protokoll über die 6. Sitzung des Ausschusses 2 – Allgemeine Berufs- und Grundpflichten und Werbung – der 4. Satzungsversammlung am 29. 1. 2010 (SV-Mat. 14/2010), S. 4.

eines Briefbogens, der die Berliner Sozien nicht in die Gefahr einer Rechtsscheinhaftung für Fehler der Münchener Anwälte bringt.

Die Formulierung in § 10 Abs. 1 S. 2 BORA („für jeden auf den Briefbögen Genannten") legt die Vermutung nahe, dass die Anzahl der zu erwähnenden Berufsträger im Belieben der Berufsausübungsgemeinschaft steht. Diese Regelung ist allerdings im Zusammenhang mit § 10 Abs. 2 S. 1 BORA zu lesen, nach dem auch bei Verwendung einer Kurzbezeichnung die Namen sämtlicher Gesellschafter mit mindestens einem ausgeschriebenen Vornamen auf den Briefbögen aufgeführt werden müssen. Die **Pflicht zur Nennung der Partner verstößt** nach der Rechtsprechung des BVerfG **nicht gegen Art. 12 GG**. Sie sei insbesondere gerechtfertigt durch das gewichtige Interesse des Mandanten, dadurch zu erkennen, ob die **Gefahr der Vertretung widerstreitender Interessen** bestehe oder ob eine anderweitige Interessenkollision zu befürchten sei[1]. Zudem biete die Norm den Rechtsuchenden auch insoweit Transparenz, als ihnen die namentliche Benennung der Berufsträger einen Eindruck über die Größe der Sozietät verschaffe. Die Pluralbezeichnung deute zudem nicht nur auf eine bestimmte Größe hin, sondern erwecke beim rechtsuchenden Publikum auch die Erwartung, dass **im Haftungsfall** mehrere gesamtschuldnerisch haftende Gesellschafter zur Verfügung stünden[2]. Nach der Aufhebung des Verbots der Zweigstelle (Rz. 61) und der Sternsozietät (Rz. 54 ff.) verfolgt § 10 BORA darüber hinaus den Zweck, **eine eindeutige Identifizierung des Berufsträgers** zu ermöglichen. 197

Über § 33 BORA (Rz. 10 f.) gilt § 10 BORA für alle **Berufsausübungsgemeinschaften unabhängig von ihrer Rechtsform**. Da die Gesellschafter einer Partnerschaftsgesellschaft und einer Rechtsanwaltsgesellschaft ohnehin im Partnerschafts- bzw. Handelsregister eingetragen sind und es außerhalb der als GbR organisierten Sozietät keine unbegrenzte Haftung aller Gesellschafter gibt, wird die Pflicht zur Angabe aller Gesellschafter auf dem Briefbogen verschiedentlich für andere Gesellschaftsformen als **verfassungswidrig** bezeichnet[3]. Die Vertreter dieser Auffassung lassen allerdings außer Betracht, dass es sich hierbei durchweg um andere Arten der Informationsbeschaffung handelt, bei denen der – oft juristisch nicht vorgebildete – Rechtsuchende selbst aktiv werden muss und die schon aus diesem Grunde keine vergleichbare Alternative darstellen[4]. Zuzugeben ist allerdings, dass die Briefbögen den Wechsel eines Gesellschafters anders als die Register nicht tagesaktuell nachzeichnen können und die Kammerpraxis die übergangsweise Weiternutzung bereits gedruckter Briefbögen akzeptiert[5]. Rechtspolitisch erwägens- 198

1 BVerfG NJW 2002, 2163.
2 BVerfG NJW 2009, 2587.
3 Siehe etwa Hartung/Römermann/*Römermann*, § 10 Rz. 36 ff.; *Kleine-Cosack*, § 10 BORA Rz. 3 ff.
4 BVerfG NJW 2009, 2587, 2588; siehe auch Gaier/Wolf/Göcken/*Bormann*, § 59a BRAO/§ 10 BORA Rz. 122.
5 Die Praxis vieler Rechtsanwaltskammern, die Vorschrift des § 10 BORA in zeitlicher Hinsicht nicht streng zu überwachen, begegnet allerdings keinen verfassungsrechtlichen Bedenken, vgl. BVerfG NJW 2002, 2163.

wert erscheint es, das online verfügbare Rechtsanwaltsregister gemäß § 31 BRAO zu einem Berufsausübungsgemeinschaftsregister (Rz. 59) auszubauen und eine Suche nicht nur nach den Namen der einzelnen Anwälte, sondern auch nach den Namen der Sozietäten zu ermöglichen.

199 **Angestellte oder als freie Mitarbeiter tätige Rechtsanwälte** können auf den Briefbogen aufgenommen werden, eine Pflicht hierzu besteht aber grundsätzlich nicht. Etwas anderes gilt nach § 10 Abs. 2 S. 2 BORA nur dann, wenn ihre Namen Bestandteil der Kurzbezeichnung gemäß § 9 BORA sind. § 10 Abs. 2 S. 3 BORA verlangt zudem, dass mindestens eine der Kurzbezeichnung entsprechende Zahl von Gesellschaftern, Angestellten oder freien Mitarbeitern auf den Briefbögen namentlich aufgeführt werden. Dieses Benennungsgebot steht nach zwei jüngeren Entscheidungen des BVerfG in Einklang mit Art. 12 Abs. 1 GG und Art. 3 Abs. 1 GG[1]. Sofern mit einer Kurzbezeichnung eine Aussage über die Anzahl der in der Kanzlei aktiv tätigen Rechtsanwälte verbunden sei, biete die Norm den Rechtsuchenden auch insoweit Transparenz, als ihnen die namentliche Benennung der Berufsträger die Kontrolle ermögliche, ob die Kanzlei tatsächlich die durch die Kurzbezeichnung suggerierte Größe aufweise, und ihnen so die Haftungssituation erkennbar mache[2] (siehe bereits Rz. 197). Heißt es in der Kurzbezeichnung einer Anwaltskanzlei „Rechtsanwälte A, B & Kollegen", muss der Rechtsverkehr davon ausgehen, dass sich neben den beiden namentlich genannten Rechtsanwälten mindestens zwei weitere „Kollegen" zu gemeinschaftlicher Berufsausübung verbunden haben und dass deshalb auf dem Kanzleibriefbogen insgesamt mindestens vier in der Kanzlei tätige Rechtsanwälte namentlich aufgeführt werden müssen[3].

200 Bei **beruflicher Zusammenarbeit mit Angehörigen anderer Berufe** (gemeint sind Angehörige sozietätsfähiger Berufe i.S.d. § 59a Abs. 1 BRAO) sind nach § 10 Abs. 3 BORA die jeweiligen Berufsbezeichnungen anzugeben[4]. Dadurch soll eine eindeutige Zuordnung der in der Berufsausübungsgemeinschaft vorhandenen Qualifikationen zu den einzelnen Berufsträgern gewährleistet werden[5]. So ist nach einer Entscheidung des BGH die in der Mitte des Briefkopfs einer Sozietät von Rechtsanwälten platzierte Kanzleibezeichnung „Anwalts- und Steuerkanzlei" – isoliert betrachtet – grundsätzlich geeignet, bei einem nicht unerheblichen Teil der angesprochenen Verkehrskreise den unzutreffenden Eindruck zu erwecken, es handele sich um eine Kanzlei, in der neben Rechtsanwälten auch Steuerberater tätig seien (siehe bereits

1 BVerfG NJW 2008, 502f.; BVerfG NJW 2009, 2587f.; **a.A.** *Kleine-Cosack*, § 10 BORA Rz. 9ff.

2 BVerfG NJW 2009, 2587.

3 BGH NJW 2007, 3349f.; verfassungsrechtlich nicht beanstandet von BVerfG NJW 2008, 502.

4 Nach Gaier/Wolf/Göcken/*Bormann*, § 59a BRAO/§ 10 BORA Rz. 127, und Hartung/Römermann/*Römermann*, § 10 Rz. 55, soll die Regelung – was wenig überzeugend ist (vgl. insoweit zur Anwendbarkeit des § 33 BORA Rz. 10f.) – auch auf **Bürogemeinschaften** und **Kooperationen** Anwendung finden.

5 Gaier/Wolf/Göcken/*Bormann*, § 59a BRAO/§ 10 BORA Rz. 127.

Rz. 183). Diese Eignung zur Irreführung könne jedoch dadurch beseitigt werden, dass am rechten Rand des Briefkopfs die Kanzleimitglieder und ihre berufliche Qualifikation aufgelistet seien[1].

Ausgeschiedene Kanzleiinhaber, Gesellschafter, Angestellte oder **freie Mitarbeiter** können auf den Briefbögen nur weitergeführt werden, wenn ihr Ausscheiden kenntlich gemacht wird. Durch diese Regelung des § 10 Abs. 4 BORA soll vermieden werden, dass beim rechtsuchenden Publikum der irrige Eindruck entsteht, der genannte Anwalt sei noch in der Kanzlei tätig. Die Kenntlichmachung kann etwa durch die Angabe des Zeitpunkts des Ausscheidens („bis 2008") oder bei Tod durch ein Kreuz hinter dem Namen erfolgen. Sie ist auch dann erforderlich, wenn der Name nicht in der nach § 9 BORA verwendeten Kurzbezeichnung enthalten ist[2]. Taucht der Name des Gesellschafters zugleich in der **Kurzbezeichnung** auf, wird man zur Vermeidung einer Irreführung des rechtsuchenden Publikums in der Auflistung der Anwälte einen ausdrücklichen Hinweis auf das Ausscheiden dieses Anwalts verlangen müssen und das bloße Weglassen des Namens nicht für ausreichend erachten[3]. Wie bei § 9 BORA (Rz. 191) kommt eine Namensfortführung auf dem Briefkopf allerdings ohnehin nur in Betracht, wenn der ausgeschiedene Anwalt dem **zugestimmt** hat. Ein legitimes Interesse eines Rechtsanwalts, mit der Tradition seiner Kanzlei und daher auch mit dem Namen früherer Kanzleiinhaber oder -gesellschafter zu werben, ist allerdings nur dann anzuerkennen, wenn eine solche Tradition wirklich besteht, nicht aber dann, wenn es sich bei seiner Kanzlei tatsächlich um eine **Neugründung** handelt[4]. 201

10. Erlaubnis zur Führung der Fachanwaltschaftsbezeichnung (§ 43c BRAO)

Literatur:

Offermann-Burckart, Fachanwalt werden und bleiben, 2. Aufl. 2007.

Fachanwaltsbezeichnungen (§ 43c BRAO) dienen nicht nur der Förderung der Qualität sowie der Information und Orientierung der Rechtsuchenden, sondern auch dem anwaltlichen Marketing[5]. Sozietätsspezifische Probleme beim Erwerb von Fachanwaltschaftsbezeichnungen stellen sich im Grundsatz nicht, da die Erlaubnis, sie zu führen, allein dem einzelnen Anwalt, nicht aber der Sozietät verliehen wird. Geklärt werden muss aber, inwieweit der den Fachanwaltstitel anstrebende Anwalt seine **praktischen Erfahrungen** im Rahmen von Sozietätsmandaten gewinnen kann. Nach § 5 FAO setzt der Erwerb besonderer praktischer Erfahrungen voraus, dass der Antragsteller in- 202

1 BGH NJW 2001, 3193, 3194f.
2 Gaier/Wolf/Göcken/*Bormann*, § 59a BRAO/§ 10 BORA Rz. 126.
3 Gaier/Wolf/Göcken/*Bormann*, § 59a BRAO/§ 10 BORA Rz. 126; **a.A.** Henssler/Prütting/*Prütting*, § 10 BORA Rz. 9; Hartung/Römermann/*Römermann*, § 10 Rz. 75.
4 OLG Stuttgart NJW 2005, 3429f.
5 Henssler/Prütting/*Offermann-Burckart*, § 43c Rz. 12.

nerhalb der letzten drei Jahre vor der Antragstellung im Fachgebiet als Rechtsanwalt[1] persönlich und weisungsfrei bearbeitet hat. Nach § 6 Abs. 3 FAO sind zur Prüfung der Voraussetzungen nach § 5 FAO Falllisten vorzulegen, die regelmäßig folgende Angaben enthalten müssen: Aktenzeichen, Gegenstand, Zeitraum, Art und Umfang der Tätigkeit, Stand des Verfahrens. Ferner müssen auf Verlangen des Fachausschusses anonymisierte Arbeitsproben vorgelegt werden.

203 Die **persönliche Bearbeitung** setzt eine **eigenhändige und eigenständige Tätigkeit** voraus. Der Rechtsanwalt muss also nachweisen, dass er der Sachbearbeiter des Mandats ist. Während dies hinsichtlich der Wahrnehmung von Gerichtsterminen kein größeres Problem darstellt, kann der betroffene Rechtsanwalt vor Schwierigkeiten stehen, wenn er selbst noch nicht zeichnungsberechtigt ist (Rz. 74). Er sollte daher von Anfang an dafür Sorge tragen, dass die von ihm gefertigten Schriftsätze ihm später auch zugeordnet werden können. Hierfür bietet sich das **Aufbringen eines eigenen erkennbaren Diktatzeichens oder eines Bearbeitervermerks** an[2]. Sogar eine entsprechende anwaltliche Versicherung des jeweiligen Sozius wird als ausreichend angesehen[3]. Nicht genügend ist es jedoch, wenn ein Anwalt weder einen eigenen Schriftsatz anfertigt noch an einer Gerichtsverhandlung teilnimmt, sondern sich seine Tätigkeit auf die Unterstützung der jeweils von seinem Arbeitgeber beauftragten Rechtsanwälte beschränkt. Ein solches Wirken im Hintergrund mag zwar auch zur anwaltlichen Fallbearbeitung gehören, es kann aber einem Rechtsanwalt die in § 5 Abs. 1 FAO geforderte praktische Erfahrung in der unmittelbaren Wahrnehmung der Interessen seiner Mandanten gegenüber ihren Kontrahenten und Behörden oder Gerichten nicht vermitteln[4].

204 An der notwendigen **Weisungsfreiheit** fehlt es regelmäßig nicht, wenn der antragstellende Rechtsanwalt die Fälle ausschließlich als Angestellter einer Sozietät bearbeitet. Dies ist vor dem Hintergrund, dass nach allgemeiner Ansicht der angestellte Rechtsanwalt unabhängig i.S.v. § 43a Abs. 1 BRAO ist (Rz. 71), nur konsequent. Der BGH hat insoweit herausgearbeitet, dass sich die Tätigkeit eines angestellten Anwalts und die hierbei erreichbaren praktischen Erfahrungen grundsätzlich inhaltlich nicht von denen eines selbständigen Rechtsanwalts unterscheiden. Beide hätten die Mandate unabhängig und weisungsfrei zu bearbeiten. Wie der selbständige Rechtsanwalt habe auch der angestellte Rechtsanwalt hierbei nicht die Perspektive seines Arbeitgebers, sondern, was den Rechtsanwaltsberuf präge, die Perspektive des jeweiligen Mandanten einzunehmen. Beide könnten fachliche Schwer-

---

1 Zu der Frage, inwieweit Tätigkeiten eines **Syndikusanwalts** im Rahmen von § 5 FAO anrechenbar sind, siehe BGH NJW 2003, 883 ff., sowie Gaier/Wolf/Göcken/*Zuck*, § 5 FAO Rz. 23 f.; Hartung/Römermann/*Scharmer*, § 5 FAO Rz. 255 ff.; Henssler/Prütting/*Offermann-Burckart*, § 5 FAO Rz. 22 ff.; *Offermann-Burckart*, Rz. 507 ff.

2 Gaier/Wolf/Göcken/*Zuck*, § 5 FAO Rz. 26; Hartung/Römermann/*Scharmer*, § 5 FAO Rz. 249; *Offermann-Burckart*, Rz. 501.

3 Gaier/Wolf/Göcken/*Zuck*, § 5 FAO Rz. 26; Hartung/Römermann/*Scharmer*, § 5 FAO Rz. 249.

4 BGH NJW 2007, 599.

punkte bilden und besondere Expertise in bestimmten Gebieten erwerben[1]. Eine weisungsfreie Bearbeitung ist aber verneint worden, wenn Rechtsanwälte innerhalb einer Fallbearbeitung im Wege der Zuarbeit eng umgrenzte Teilaspekte, zum Beispiel durch wissenschaftliche Gutachten, ohne eigene Entscheidungsbefugnis darüber, wie die von ihnen für den Teilaspekt gefundenen Lösungen in die Mandatsbearbeitung einfließen und welche Rechtsfolgen hieraus für die Lösung des Falles resultieren, behandelten[2].

Da Sozietäten oftmals gerade wegen ihrer personellen Ressourcen und den daraus folgenden Vorteilen **arbeitsteiligen Zusammenwirkens** mandatiert werden (Rz. 49, 88), stellt sich die weitere Problematik, wie der Beitrag des Fachanwaltskandidaten an dem Gesamtmandat zu gewichten ist, wenn er es nicht vollständig allein bearbeitet. Die Bandbreite der Arbeitsteilung ist dabei weit: So ist denkbar, dass sich der Anwalt im Rahmen einer Krankheits- oder Urlaubsvertretung bei einzelnen Terminen vertreten lässt, möglich ist aber auch die Bearbeitung des gesamten Falls durch ein Team von Rechtsanwälten. Während früher die Auffassung vertreten wurde, dass die Angelegenheit nach den Umständen des Einzelfalls anteilig auf die verschiedenen Bearbeiter verteilt werden müsse, wird es heute grundsätzlich für möglich erachtet, **auch mehreren Anwälten den Fall jeweils vollständig anzurechnen**[3]. 205

Insoweit hat der AGH Frankfurt in einer jüngeren Entscheidung ausgeführt, dass bei der gemeinsamen Bearbeitung eines Falls von mehreren Sozietätsanwälten eine vom Faktor „1" abweichende Gewichtung nach § 5 Abs. 4 FAO nicht in Betracht komme. Die Vorschrift, nach der „Bedeutung, Umfang und Schwierigkeit einzelner Fälle ... zu einer höheren oder niedrigeren Gewichtung führen" können, spreche nicht die Konstellation an, dass mehrere Anwälte einen Fall gemeinsam bearbeiteten. Denn die „Selbständigkeit" der Bearbeitung sei ausdrücklich kein Kriterium von § 5 Abs. 4 FAO. Allein entscheidend für die Anrechnung eines Falls sei die Frage, ob der betroffene Rechtsanwalt die Voraussetzungen des § 5 Abs. 1 FAO erfülle, also den Fall „persönlich und weisungsfrei bearbeitet" habe. Seien diese Voraussetzungen aber zu bejahen, zähle der Fall als Fall und könne jedenfalls nicht deshalb minder gewichtet werden, weil an der Bearbeitung noch andere Anwälte beteiligt gewesen seien[4]. 206

In diesem Zusammenhang ist auch eine Entscheidung des BGH zu beachten, die sich ausdrücklich jedoch nur zu der nach § 5 Abs. 1 FAO erforderlichen Bearbeitung innerhalb eines Zeitraums von drei Jahren vor Antragstellung äußert. Nach dem Anwaltssenat kommt es für die Berücksichtigung von Fällen darauf an, ob diese im Drei-Jahres-Zeitraum auf dem rechtlichen Spezialgebiet rechtlich bearbeitet worden sind. Wegen der Formalisierung des Nachweises praktischer Erfahrungen sei es nicht entscheidend, ob auch die **wesentliche Fallbearbeitung** innerhalb des Drei-Jahres-Zeitraums liege. Eine 207

1 BGH NJW 2006, 1516, 1517f. (zu einem in einer Steuerberatungsgesellschaft angestellten Rechtsanwalt).
2 AGH Frankfurt BRAK-Mitt. 2009, 82, 85.
3 Gaier/Wolf/Göcken/*Zuck*, § 5 FAO Rz. 26; *Offermann-Burckart*, Rz. 503ff.
4 AGH Frankfurt BRAK-Mitt. 2009, 82, 84f.

derartige Einengung ergebe sich im Übrigen weder aus dem Wortlaut noch aus dem Zweck der Regelung und führe zu vermeidbaren Abgrenzungsschwierigkeiten. Eine Mindergewichtung der im Drei-Jahres-Zeitraum betreuten Fälle lasse sich deshalb regelmäßig nicht mit der Erwägung rechtfertigen, dass der Fall bereits vor dem Beginn des Drei-Jahres-Zeitraums betreut worden sei. Vielmehr sei es ausreichend, wenn der Rechtsanwalt in dem maßgeblichen Zeitraum den Fall **inhaltlich bearbeitet** habe[1]. In personeller Hinsicht dürfte insoweit nichts anderes als in zeitlicher Hinsicht gelten; ausreichend ist die Bearbeitung eines nennenswerten Abschnitts[2].

208 Gehören einer Sozietät ein oder mehrere Fachanwälte an, wollen Sozietäten diese Qualifikationen gerne auch werblich einsetzen. Der BGH hat insoweit die Verwendung des **Begriffs „Fachanwälte" als Zusatz zu der Kurzbezeichnung einer überörtlichen Anwaltssozietät** auf einem Praxisschild oder Briefkopf gebilligt, sofern eine den Plural rechtfertigende Zahl von Sozietätsmitgliedern Fachanwälte seien (siehe bereits Rz. 183). Es müssten dagegen nicht an jedem Standort, an dem der Zusatz verwendet werde, ein oder mehrere Fachanwälte tätig sein. Verwende eine Sozietät in ihrer Kurzbezeichnung eine auf eine Zusatzqualifikation hinweisende Bezeichnung, müsse sie dort, wo die Mitglieder der Sozietät namentlich aufgeführt seien, die (Zusatz-) Qualifikation jedes einzelnen Sozietätsmitglieds benennen[3].

11. Pro bono-Rechtsberatung

Literatur:

Bälz/Moelle/Zeidler, Rechtsberatung pro bono publico in Deutschland – eine Bestandsaufnahme, NJW 2008, 3383; *Dux*, Die pro bono-Tätigkeit des Anwalts und der Zugang zum Recht – Übertragbarkeit eines US-amerikanischen Modells auf Deutschland, 2011; *Dux*, Anwaltliche pro bono-Tätigkeit in Deutschland: Die Erweiterung des Zugangs zum Recht ist im Einklang mit berufsrechtlichen Vorgaben möglich, AnwBl. 2011, 90; *Müller*, Pro-Bono-Beratung nach dem neuen Rechtsdienstleistungsgesetz, MDR 2008, 357.

209 Unter pro bono-Tätigkeit, die in den USA anders als hierzulande eine lange Tradition hat[4], wird im Wesentlichen eine kostenlose Rechtsberatung für einen guten Zweck verstanden[5]. In der Praxis sind es insbesondere Großsozietäten, die derartige Mandate übernehmen und ihr Engagement auch nach außen kundzutun. Die unentgeltliche Tätigkeit der Anwaltssozietät steht berufsrechtlich **in einem gewissen Widerspruch zu § 49b Abs. 1 S. 1 BRAO**, nach dem es unzulässig ist, geringere Gebühren und Auslagen zu vereinbaren oder zu fordern, als es das RVG vorsieht, soweit dieses nichts anderes bestimmt. Lediglich im Einzelfall und nach Erledigung des Auftrags darf der

1 BGH NJW 2006, 1513, 1514; siehe auch II. 4. der sog. Berliner Empfehlungen 2006, BRAK-Mitt. 2006, 274, 275.
2 Henssler/Prütting/*Offermann-Burckart*, § 5 FAO Rz. 19; *Offermann-Burckart*, Rz. 503 f.
3 BGH NJW 2007, 2334, 2335 f., im Anschluss an BGH NJW 1994, 2288.
4 Dazu *Dux*, S. 29 ff.
5 Henssler/Prütting/*Kilian*, § 49b Rz. 31.

Rechtsanwalt gemäß § 49b Abs. 1 S. 2 BRAO besonderen Umständen in der Person des Auftraggebers, insbesondere dessen Bedürftigkeit, durch Ermäßigung oder Erlass von Gebühren oder Auslagen Rechnung tragen. Während in gerichtlichen Streitigkeiten das RVG die Vereinbarung niedriger Gebühren nicht zulässt, kann nach § 4 Abs. 1 RVG in außergerichtlichen Angelegenheiten eine niedrigere als die gesetzliche Vergütung verabredet werden. Sie muss allerdings in einem angemessenen Verhältnis zu Leistung, Verantwortung und Haftungsrisiko des Rechtsanwalts stehen. Nach dem RVG ist die Vereinbarung unentgeltlicher Anwaltstätigkeit nur im Bereich außergerichtlicher Beratung, Begutachtung und Mediation zulässig. Im Fall außergerichtlicher Vertretung scheitern entsprechende Absprachen am Angemessenheitserfordernis des § 4 Abs. 1 S. 2 RVG. Die pro bono-Rechtsberatung wird zudem durch § 49b Abs. 2 S. 2 BRAO eingeschränkt, nach dem sich der Rechtsanwalt nicht verpflichten darf, Gerichtskosten, Verwaltungskosten oder Kosten anderer Beteiligter zu tragen[1].

Trotz dieser sich aus dem Wortlaut der berufsrechtlichen Normen ergebenden Restriktionen ist in der Praxis die pro bono-Tätigkeit akzeptiert. Dass eine Sozietät ernsthafte Probleme mit den Kammern hat, ist bislang nicht bekannt geworden. Gerichtlich ist – soweit ersichtlich – bislang nur der Fall der **kostenlosen Rechtsberatung für „Hartz IV"-Empfänger**[2] entschieden (und gebilligt) worden. Gleichwohl sollte der Gesetzgeber die berufsrechtliche Unbedenklichkeit von pro bono-Rechtsberatung bei nächster Gelegenheit positiv klarstellen. Bis dahin wird man das **Verbot der Gebührenunterschreitung** zumindest für den Fall, dass der Auftraggeber ohne die pro bono-Vereinbarung von der Rechtsverfolgung abgehalten würde, **teleologisch zu reduzieren** haben. Denn § 49b Abs. 1 S. 1 BRAO, der die mit dem anwaltlichen Preiswettbewerb einhergehende Gefährdung der Beratungsqualität und die mittelbare Vereinbarung eines Erfolgshonorars im Gerichtsverfahren verhindern soll[3], wird in seinem Schutzzweck durch die Vereinbarung von pro bono-Mandanten nicht tangiert. Zum einen besteht bei solchen Mandaten mangels wirtschaftlichen Bezugs keine Gefahr für die Beratungsqualität. Der bloße Imagegewinn stellt jedenfalls so lange keinen notwendigen Marktbezug dar, wie die „kostenlose Beratung" nicht mit dem Ziel erfolgt, das Erstmandat über die Akquise honorarpflichtiger Folgemandate des Auftraggebers querfinanzieren zu können und damit im Ergebnis nicht unentgeltlich bearbeiten zu müssen[4]. Zum anderen folgt aus der Freigabe der unentgeltlichen Rechtsberatung (für Nichtanwälte) nach § 6 RDG das grundsätzliche Bekenntnis des Gesetzgebers, die kostenlose Rechtsberatung zu fördern. Anhaltspunkte dafür, dass der Gesetzgeber bewusst auf eine Anpassung des § 49b Abs. 1 S. 1 BRAO verzichtet hat und allein das soziale Engagement von Nichtanwälten stärken wollte, sind nicht ersichtlich[5]. 210

1 Dazu umfassend *Dux*, S. 202ff.

2 AGH Berlin AnwBl. 2007, 375f.

3 BT-Drucks. 12/4993, S. 31.

4 Henssler/Prütting/*Kilian*, § 49b Rz. 31; *Dux*, S. 222ff.; *Dux*, AnwBl. 2011, 90, 93f.; *Bälz/Moelle/Zeidler*, NJW 2008, 3383, 3386f.

5 *Dux*, S. 238f.

N. Transnationale Sozietäten

	Rz.
I. Einführung *(Kilian)*	1
II. Berufsausübungsbefugnis *(Kilian)*	
1. Einleitung	2
2. Tätigkeit ausländischer Rechtsanwälte in Deutschland	3
a) Anwälte aus dem EU-Raum	4
aa) Niedergelassenes Tätigwerden unter der ursprünglichen Berufsbezeichnung	4
bb) Dienstleistendes Tätigwerden unter der ursprünglichen Berufsbezeichnung	12
cc) Niedergelassenes Tätigwerden unter der deutschen Berufsbezeichnung „Rechtsanwalt"	18
b) Anwälte aus GATS-Vertragsstaaten	23
aa) Niedergelassene Tätigkeit	23
bb) Dienstleistende Tätigkeit	29
c) Andere ausländische Anwälte	31
d) Sozietätsbezogene Folgefragen	33
3. Tätigkeit deutscher Rechtsanwälte im Ausland	34
a) Einleitung	34
b) Niedergelassene Betätigung im EWR	35
aa) Überblick	35
bb) Niederlassung unter der deutschen Berufsbezeichnung („registrierter europäischer Rechtsanwalt")	36
cc) Niederlassung unter der Berufsbezeichnung des Aufnahmestaats	39
c) Dienstleistende Tätigkeit im EWR	46
d) Anwaltliche Tätigkeit deutscher Rechtsanwälte außerhalb des EWR	50
aa) Vereinigte Staaten von Amerika	51
bb) Kanada	55
cc) Australien	58
dd) Japan	61
ee) Volksrepublik China	62
III. Organisation der transnationalen Berufsausübung *(Kilian)*	
1. Einleitung	63
2. Transnationale Sozietät	64
a) Inlandsbezogene Organisationsfragen	64
b) Auslandsbezogene Organisationsfragen	66
aa) Zweigniederlassungen im Ausland	66
bb) Fazilitäten im Ausland	76
c) Außendarstellung	78
3. Transnationale Kooperation	86
a) Kooperationsformen	86
b) Rechtsnatur der Kooperation	90
c) Kooperationsvertrag	91
d) Haftungsprobleme in der Kooperation	92
e) Außendarstellung	96
f) Berufsrecht in der Kooperation	102
g) Kooperationsspezifische CCBE-Standesregeln	105
IV. Zivilrecht *(Kilian)*	
1. Anwaltsvertrag	110
a) Anwendbares Recht	110
b) Reichweite der Vertragsbeziehungen	113
2. Vergütung	118
a) Tarifgesetz	118
b) Vergütungsvereinbarung	123
c) Vergütungsklage	128
d) Kostenerstattung	129
aa) Verkehrsanwalt	129
bb) Beweisanwalt	132
cc) Einvernehmensanwalt	133

Rz.
dd) Prozessbevollmächtigter 134
e) Prozesskostenhilfe 135
3. Haftung 136
a) Haftpflicht 137
b) Haftungsmaßstab 141
c) Haftpflichtversicherung . . 144

V. **Berufsrecht** *(Kilian)*
1. Anwendbares Berufsrecht . . 150
a) Auf den deutschen Rechtsanwalt anwendbares Berufsrecht 151
b) Auf den Nicht-Rechtsanwalt anwendbares Berufsrecht 154
2. CCBE-Standesregeln 156
3. Kollidierende Berufsrechte . . 161

VI. **Strafrecht** *(Kilian)*
1. Inlandstaten ausländischer Anwälte 163
2. Auslandstaten deutscher Anwälte 164

VII. **Verfahrensrecht** *(Kilian)*
1. Verfahrenshandlungen 165
2. Kostenerstattung 167
3. Prozesskostenhilfe 168

VIII. **Steuerrecht** *(Streck)*
1. Internationale Sozietät nach deutschem Ertragsteuerrecht. 229

Rz.
a) Allgemeines 229
aa) Die internationale Sozietät 229
bb) Der Inlandssozius 230
cc) Der Auslandssozius . . . 231
b) Besteuerung unter Berücksichtigung von Doppelbesteuerungsabkommen . . 233
aa) Allgemeines 233
bb) Begriff der festen Einrichtung (Betriebstätte) 234
cc) Zurordnung der freiberuflichen Tätigkeit . . . 235
c) Internationale Einkünftezuordnung 236
d) Gewinnermittlung 237
e) Sonderbetriebsausgaben . . . 238
f) Problem der Gewerblichkeit 239
g) Verfahrensrecht 240
2. Kapitalistische Organisationsform 241
a) Zweigniederlassung einer inländischen GmbH oder Aktiengesellschaft im Ausland 241
b) Zweigniederlassung einer ausländischen Kapitalgesellschaft im Inland 242
3. EWIV 243
4. Umsatzsteuer 244
5. BMF-Schreiben (Entwurf) 257

I. Einführung

1 In diesem Kapitel werden Rechtsfragen behandelt, die sich aus der grenzüberschreitenden, transnationalen Tätigkeit einer Sozietät ergeben können. Das transnationale Moment kann auf den verschiedensten Anknüpfungen beruhen, so dass Schlagworte wie „transnationale", „grenzüberschreitende" oder „internationale" Sozietät wenig mehr als **Sammelbegriffe** für ein rechtstatsächliches Phänomen sind, das vielfältige rechtliche Verästelungen aufweist. „Transnational" kann eine Sozietät etwa deshalb sein, weil in ihr Rechtsanwälte tätig sind, die ihre Berufsqualifikation in einem anderen Staat als dem ihrer beruflichen Niederlassung erworben haben und unter Ausnutzung europarechtlich oder völkerrechtlich gewährter Betätigungsmöglichkeiten beruflich migriert sind. „Grenzüberschreitend" kann eine Tätigkeit aber auch bereits deshalb sein, weil eine Sozietät vorübergehend Rechtsdienstleistungen in einem anderen Staat erbringt, z.B. dort Gerichtstermine wahrnimmt, oder auch nur ausländische Mandanten betreut. „International"

kann eine Sozietät sein, weil sie im Ausland Zweigniederlassungen begründet oder eine verfestigte Kooperation mit einer ausländischen Kanzlei eingeht. Zu unterscheiden sind diese Aspekte grenzüberschreitender *Tätigkeit* von Fragen der *Organisation* der Berufsausübung in einer Gesellschaftsform des ausländischen Rechts, denen im Kapitel G nachgegangen wird. In Deutschland beheimatete Gesellschaften ausländischer Rechtsform sind häufig, nicht aber zwangsläufig transnational tätig.

II. Berufsausübungsbefugnis

Literatur[1]:

Abel, Transnational Legal Practice, [1993] 44 Case Western Reserve Law Review, 737; *Barth*, Das allgemeine Abkommen über den internationalen Dienstleistungshandel (GATS), EuZW 1994, 155; *Beckmann*, Zulassung eines deutschen Rechtsanwalts als „Avocat" in Frankreich, EuZW 1994, 337; *Brangsch*, Grenzüberschreitende Dienstleistung der Anwälte in der Europäischen Gemeinschaft, NJW 1981, 1177; *Deckert*, EG-Binnenmarkt für rechtsberatende Berufe, IStR 1998, 121; *Dörig*, Der Zugang zur Anwaltschaft nach der EG-Diplomanerkennungsrichtlinie, EuZW 1991, 243; *Errens*, Auswirkungen des GATS-Abkommens auf den Beruf des Rechtsanwalts, EuZW 1994, 460; *Everling*, Niederlassungsrecht und Dienstleistungsfreiheit der Rechtsanwälte in der Europäischen Gemeinschaft, EuR 1989, 338; *Ewig*, Internationaler Dienstleistungshandel und neue Tätigkeitsfelder für die Anwaltschaft (GATS-Abkommen), NJW 1995, 434; *Ewig*, Verwirklichung der Niederlassungsfreiheit für Rechtsanwälte in der EU und im EWR, NJW 1999, 248; *Ewig*., Systematik und Auswirkungen des GATT-Welthandelsabkommens auf den Beruf des Rechtsanwalts, BRAK-Mitt. 1994, 205; *Franz*, Neues Niederlassungsrecht für europäische Rechtsanwälte, BB 2000, 989; *Gres*, Keine juristischen Geisterfahrer in der EU, BRAK-Mitt. 1996, 132; *Henssler*, Der lange Weg zur EU-Niederlassungsrichtlinie für die Anwaltschaft, ZEuP 1999, 689; *Henssler*, Der europäische Anwalt, AnwBl. 1996, 353; *Henssler*, Das Berufsbild des europäischen Rechtsanwalts- Harmonisierung durch Deregulierung?, AnwBl. 2004, 458; *Henssler*, Der Richtlinienvorschlag über die Anerkennung von Berufsqualifikationen, EuZW 2003, 229; *Henssler/Nerlich*, Anwaltstätigkeit in Europa, 1994; *Johanson*, Die Freizügigkeit der freien Berufe in der Europäischen Gemeinschaft, 1986; *Kilian*, Freizügigkeit der Anwälte in der EU, JA 2000, 438; *Kluth/Rieger*, Die neue EU-Berufsanerkennungsrichtlinie- Regelungsgehalt und Auswirkung für Berufsangehörige und Berufsorganisationen, EuZW 2005, 486; *Knöfel*, Grundfragen der internationalen Berufsausübung von Rechtsanwälten, 2006; *Knöfel*, Unerlaubte Rechtsberatung nach Deutschland hinein!, AnwBl. 2007, 264; *Kühling/Müller*, Die Europäische Dienstleistungsrichtlinie: Deregulierungsschub für das Berufsrecht der Rechtsanwälte oder viel Lärm um nichts?, BRAK-Mitt. 2008, 5; *Leibrock*, Die Umsetzung der Hochschuldiplom-Richtlinie in Deutschland, EuZW 1993, 634; *Lörcher*, EG-Niederlassungsrichtlinie für Rechtsanwälte endlich verabschiedet, BRAK-Mitt. 1998, 9; *Lonbay*, Lawyers Bounding Over Borders, [1996] 21 European Law Review, 50; *Mankowski*, Anwendbares Recht beim Mandatsverhältnis einer internationalen Sozietät, AnwBl. 2001, 249; *Man-*

1 Auf die Wiedergabe von Schrifttum zur europarechtlichen Rechtslage vor Inkrafttreten der Niederlassungsrichtlinie 98/5/EG und des EuRAG wurde verzichtet. Siehe hierzu die umfassenden Nachweise bei Henssler/Prütting/*Schroeder*, Vorbem. § 206.

kowski, Anwaltsvertrag, in: Reithmann/Martiny (Hrsg.), Internationales Vertragsrecht, 7. Auflage 2009, *Nerlich*, Internationale Kooperationsmöglichkeiten für europäische Rechtsanwälte, 1994, *Nerlich*, Erleichterte Niederlassungsbedingungen für europäische Rechtsanwälte in Sicht, MDR 1996, 874; *Nerlich*, Anwaltssozietäten in Europa, AnwBl. 1994, 529; *Rabe*, Internationales Anwaltsrecht – Dienstleistung und Niederlassung, NJW 1987, 2185; *Rothenbühler*, Freizügigkeit für Rechtsanwälte, 1995; *Rothley/Lehne*, Niederlassungsrichtlinie – Eine notwendige Regelung, BRAK-Mitt. 1996, 131; *Scherer*, Europäisches Niederlassungsrecht für Freiberufler, WiVerw 1987, 159; *Sobotta/Kleinschnittger*, Freizügigkeit für Anwälte in der EU nach der Richtlinie 98/5/EG, EuZW 1998, 645; *Terry*, Cross-Border Legal Practice, [1998] 21 Fordham International Law Review, 1382; *Weber*, Der Vorschlag für eine Richtlinie zur Verbesserung der Niederlassungsbedingungen für Rechtsanwälte im EG-Ausland, DZWiR 1996, 127; *Wilsing*, Gemischte Sozietäten zwischen Rechtsanwälten, Steuerberatern und Wirtschaftsprüfern in Europa, in: Henssler/Nerlich (Hrsg.), Anwaltliche Tätigkeit in Europa, 1994, S. 83.

1. Einleitung

2 Zu klärende Ausgangsfrage jeder grenzüberschreitenden Tätigkeit von Rechtsdienstleistern im Allgemeinen und Rechtsanwälten im Besonderen ist die Befugnis zur Erbringung von Rechtsdienstleistungen in einer anderen Rechtsordnung als jener, in der eine originäre Befugnis, etwa Kraft Zulassung zur Rechtsanwaltschaft, besteht. Inwieweit es einer solchen Befugnis überhaupt bedarf, hängt von der Reichweite in einer Rechtsordnung bestehender Vorbehaltsaufgaben für einheimische Rechtsanwälte ab. Für eine transnational tätige deutsche Sozietät stellt sich diese Frage in verschiedenen Ausprägungen: Zum einen kann die Absicht bestehen, dass ausländische Rechtsanwälte in der deutschen Sozietät tätig werden. Zum anderen ist denkbar, dass eine deutsche Sozietät mit deutschen Rechtsanwälten im Ausland tätig werden möchte. In beiden Fällen kann die Tätigkeit vorübergehend oder dauerhaft angelegt sein. Für die Sozietät stellt sich zudem die darüber hinausgehende Frage, inwieweit nicht nur der einzelne Sozietätsangehörige, sondern auch die unternehmenstragende Gesellschaft als solche grenzüberschreitend tätig sein darf.

2. Tätigkeit ausländischer Rechtsanwälte in Deutschland

3 Eine insbesondere von größeren Sozietäten praktizierte Form der Internationalisierung ihrer Tätigkeit ist die Aufnahme von ausländischen Anwälten in die deutsche Kanzlei[1]. Außergerichtliche Rechtsdienstleistungen darf in Deutschland nach § 3 RDG nur erbringen, wer hierzu aufgrund des RDG oder anderer Gesetze befugt ist[2]. Gerichtliche Dienstleistungen darf nur erbringen, wem in den Verfahrensrechten eine entsprechende Auftretungs-

1 Die Zahl der unter einem ausländischen Anwaltstitel in Deutschland niedergelassenen Rechtsanwälte (§ 2 EuRAG bzw. § 206 BRAO) betrug per 1. 1. 2010, 564, von denen 33 % im Bereich der RAK Frankfurt angesiedelt sind; zur Entwickung seit 1991 vgl. *Hommerich/Kilian/Dreske* (Hrsg.), Statistisches Jahrbuch der Anwaltschaft 2009/10, S. 194f.

2 Kilian/Sabel/vom Stein/*vom Stein*, Rz. 18ff.

berechtigung verliehen ist[1]. Für Anwälte aus den Mitgliedsstaaten der Europäischen Union, Vertragsstaaten des Abkommens über den Europäischen Wirtschaftsraum und Staaten, mit denen die EU bilaterale Freizügigkeitsabkommen geschlossen hat, schafft das **„Gesetz über die Tätigkeit europäischer Rechtsanwälte in Deutschland" (EuRAG)**[2] entsprechende Befugnisse. Das EuRAG setzt u.a. die beiden Niederlassungsfragen der Anwaltschaft erfassenden EU-Richtlinien 2005/36/EG und 98/5/EG um[3]. Für Anwälte aus anderen Staaten können sich Tätigkeitsmöglichkeiten auf Grundlage des **General Agreement On Trade In Services (GATS)** oder aufgrund bilateraler Gewährleistungen ergeben. Die Befugnisse sind hierbei in Abhängigkeit von ihrer Quelle unterschiedlich ausgestaltet und nicht an identische Voraussetzungen geknüpft.

a) Anwälte aus dem EU-Raum[4]

aa) Niedergelassenes Tätigwerden unter der ursprünglichen Berufsbezeichnung

Die Richtlinie 98/5/EG ermöglicht Anwälten mit Anwaltstitel und Staatsangehörigkeit aus dem EU-Raum, unter ihrer ursprünglichen Berufsbezeichnung (Heimattitel) dauerhaft, d.h. niedergelassen in jedem anderen Mitgliedstaat die gleichen beruflichen Tätigkeiten auszuüben wie die Berufsangehörigen des Aufnahmestaats. Voraussetzung für die Berufsausübung unter der ursprünglichen Berufsbezeichnung ist, dass die zuwandernden Anwälte sich bei einer zuständigen Stelle des Aufnahmestaats registrieren lassen. Das **EuRAG** bezeichnet diese Anwälte gemäß § 2 Abs. 1 als **„niedergelassene euro-** 4

1 Im Detail Kilian/Sabel/vom Stein/*Sabel*, Rz. 498 ff.

2 Art. 1 des Gesetzes zur Umsetzung von Richtlinien der Europäischen Gemeinschaft auf dem Gebiet des Berufsrechts der Rechtsanwälte, BGBl. I 2000, 182 ff. Der Gesetzgeber hat die Notwendigkeit der Implementierung der Rechtsanwaltsniederlassungsrichtlinie 98/5/EG zum Anlass genommen, die Freizügigkeit von Anwälten aus anderen EU-Mitgliedstaaten, die zuvor in der BRAO, dem RADG und dem EigPrüfG verstreut geregelt waren, in einem Gesetz zu konsolidieren.

3 Richtlinie 98/5/EG v. 16. 2. 1998 zur Erleichterung der ständigen Ausübung des Rechtsanwaltsberufs in einem anderen Mitgliedsstaat als dem, in dem die Qualifikation erworben wurde (ABl. Nr. L 77 v. 16. 2. 1998, 36 ff.) sowie Richtlinie 2005/36/EG v. 7. 9. 2005 über die Anerkennung von Berufsqualifikationen (ABl. L 255 v. 30. 9. 2005, 22 ff.). Die Richtlinie 2005/36/EG ist an Stelle der sektoralen Richtlinien in diesem Bereich – darunter die RiLi 89/48/EG v. 21. 12. 1988 („Hochschuldiplomanerkennungsrichtlinie") – getreten. Umfassend zu primärrechtlichen Fragen der Niederlassungsfreiheit für Anwälte und den Richtlinien 89/48/EG und 98/5/EG *Henssler*, AnwBl. 1996, 353 ff. bzw. *Henssler*, ZEuP 1999, 689 ff. sowie zum System der Freizügigkeit für Anwälte in der EU *Kilian*, JA 2000, 438 ff.

4 Zur Vermeidung sprachlicher Schwerfälligkeit wird im nachfolgenden der Begriff „Anwälte aus dem EU-Raum" als Sammelbegriff für alle Anwälte aus den Mitgliedstaaten der Europäischen Union, den Vertragsstaaten des Abkommens über den Europäischen Wirtschaftsraum und den Staaten, mit denen die EU bilaterale Freizügigkeitsabkommen geschlossen hat, verwendet.

päische Anwälte". In Deutschland entspricht der in der Richtlinie vorgesehenen Registrierung die Aufnahme in die Rechtsanwaltskammer. Diese kann erfolgen, wenn der Antragsteller gemäß § 3 EuRAG einen aktuellen Nachweis der im Herkunftsstaat zuständigen Stelle über die Zugehörigkeit zum Anwaltsberuf sowie über die Staatsangehörigkeit zu einem EU-Mitglieds- oder EWR-Vertragsstaat erbringt. Herkunftsstaat meint nicht Heimatstaat; Anknüpfungskriterium ist der Staat, in dem die betreffende Person als Rechtsanwalt zugelassen ist und in dem sie – in der Regel – ihre berufliche Qualifikation erworben hat. Auch deutsche Staatsangehörige, die aufgrund des Erwerbs eines die anwaltliche Tätigkeit gestattenden ausländischen Befähigungsnachweises oder einer entsprechenden Eignungsprüfung im Ausland zugelassen sind, können in Deutschland als „niedergelassener europäischer Anwalt" tätig werden. Nicht ausreichend sind bloße Qualifikationen, die es gestatten, den Beruf auszuüben, entscheidend ist vielmehr die tatsächliche Zulassung als Anwalt und die Zugehörigkeit zum Berufsstand. Weitergehende Erfordernisse, insbesondere materielle Anforderungen im Hinblick auf die berufliche Qualifikation, sind nicht vorgesehen.

5 Der „niedergelassene europäische Anwalt" kann, da ihn § 2 EuRAG ausdrücklich dem deutschen Rechtsanwalt gleichstellt, dieselben beruflichen Befugnisse wahrnehmen wie der deutsche Sozietätskollege. Der in einer deutschen Sozietät tätige englische *Solicitor*, französische *Avocat* oder österreichische *Rechtsanwalt* kann sowohl im deutschen Recht beraten als auch forensisch[1] tätig werden. Der deutsche Gesetzgeber hat darauf verzichtet, von der durch Art. 5 Abs. 3 RiLi 98/5/EG eingeräumten Ermächtigung Gebrauch zu machen, bei forensischem Tätigwerden gemäß dem Modell der Dienstleistungsrichtlinie 77/249/EWG die Einschaltung eines einheimischen Einvernehmensanwalts vorzusehen[2]. Verfehlt ist die Auffassung, der niedergelassene europäische Rechtsanwalt sei nicht postulationsfähig, weil § 6 BRAO nicht den 2. Teil der BRAO in Bezug nehme[3]. Spätestens mit der Abschaffung der Zulassung der Rechtsanwälte i.S.d. BRAO bei einem Gericht kann dies für die Postulationsfähigkeit keine Rolle mehr spielen[4].

6 Aufgrund der völligen **Gleichstellung** der unter ihrem Heimattitel in Deutschland niedergelassenen Anwälte **mit deutschen Rechtsanwälten** ist ihre Tätigkeit in einer Sozietät noch reizvoller geworden. Der „niedergelassene europäische Rechtsanwalt" ist etwa gemäß § 2 Nr. 2 StBerG wie der Rechtsanwalt zur unbeschränkten Hilfeleistung in Steuersachen befugt. Er kann in allen Fällen tätig werden, in denen gesetzlich das Handeln oder Auftreten eines Rechtsanwalts vorgeschrieben ist, und es finden alle Vorschriften

1 Musielak/*Weth*, ZPO, 6. Aufl. 2008, § 78 Rz. 35; Henssler/Prütting/*Lörcher*, § 6 EuRAG Rz. 6.

2 Hierzu BT-Drucks. 14/2269, S. 18.

3 So MünchKommZPO/*v. Mettenheim*, 3. Aufl. 2008, § 78 Rz. 81.

4 Es war auch unter Geltung des § 18 BRAO a.F. ohne Bedeutung. Die fehlende Bezugnahme auf den 2. Teil der BRAO in § 6 EuRAG beruht schlicht darauf, dass die entsprechende Voraussetzung durch die Zulassung im Herkunftsstaat substituiert ist; vgl. § 4 Abs. 1 EuRAG.

der Verfahrensordnungen und sonstiger Gesetze auf ihn Anwendung, die in ihrem Tatbestand an die Eigenschaft als Rechtsanwalt anknüpfen.

§ 4 EuRAG erklärt weite Teile der Vorschriften des Zweiten Teils der BRAO auf den niedergelassenen europäischen Rechtsanwalt für anwendbar[1]. Die Vorschriften über Erteilung, Versagung, Erlöschen, Rücknahme und Widerruf der Zulassung zur Rechtsanwaltschaft gelten daher auch für die „Europaanwälte". Insbesondere sind die in § 7 und § 14 BRAO aufgeführten Versagungs- und Widerrufsgründe anwendbar. Durch den Verweis auf § 12 Abs. 2 BRAO wird sichergestellt, dass die berufliche Tätigkeit erst aufgenommen werden kann, wenn eine Berufshaftpflichtversicherung nach § 51 BRAO oder ein gleichwertiger Versicherungsschutz nach § 7 EuRAG nachgewiesen ist. Aus der Gleichstellung mit einheimischen Rechtsanwälten und der Möglichkeit eines forensischen Tätigwerdens folgt, dass der unter seiner ursprünglichen Berufsbezeichnung tätige Rechtsanwalt im Hinblick auf seine Kanzleipflicht keinen Sonderstatus genießt. 7

In der **Außendarstellung**, so auf Kanzleidrucksachen, in Verzeichnissen und im Schriftverkehr, tritt der niedergelassene europäische Anwalt unter dem im Herkunftsstaat gebräuchlichen Titel auf. Die Angabe des Herkunftsstaats ist nicht notwendig. Gemäß § 5 Abs. 1 S. 2 EuRAG sind allerdings Anwälte, die in ihrem Herkunftsstaat unter der Berufsbezeichnung „Rechtanwalt" tätig sind (dies betrifft Rechtsanwälte aus Österreich, Liechtenstein und teilweise aus Belgien, Italien und der Schweiz[2]) verpflichtet, der Berufsbezeichnung die Berufsorganisation hinzu zu setzen, der sie im Herkunftsstaat angehören. A maiore ad minus muss bei anderen Berufsbezeichnungen ein Zusatz möglich sein. So kann etwa ein schottischer Solicitor ein berechtigtes Interesse daran haben, durch den Zusatz „Law Society of Scotland" deutlich zu machen, dass er kein irischer oder englischer Solicitor ist. Nicht gestattet ist die alleinstehende Übersetzung der ausländischen Berufsbezeichnung (z.B. „englischer Rechtsanwalt"), allerdings ist ein solcher erklärender Zusatz zum Heimattitel unbedenklich („Solicitor – englischer Rechtsanwalt"), da er einem berechtigten Informationsbedürfnis des rechtsuchenden Publikums nachkommt, das nicht ohne weiteres etwas mit ausländischen Berufsbezeichnungen wird anfangen können. Ein solcher erklärender Zusatz bietet sich zudem an, wenn die fremdsprachliche Berufsbezeichnung in mehreren Rechtsordnungen verwendet wird (*Advokat* in Finnland, Schweden, Norwegen und Dänemark, *Avocat* in Belgien, Luxemburg und Frankreich, *Advocaat* in Belgien und den Niederlanden, *Solicitor* und *Barrister* in Großbritannien – England und Wales, Schottland sowie Nordirland – und Irland; *Avvocato* in Italien und Teilen der Schweiz). Der vom EuRAG im Bemühen um sprachliche Eleganz verwendete Begriff des „europäischen Anwalts" darf gemäß § 5 Abs. 2 S. 2 EuRAG weder als Berufsbezeichnung noch werblich genutzt werden. 8

---

1 Näher Henssler/Prütting/*Lörcher*, § 4 EuRAG Rz. 1 ff.

2 Die Schweiz hat mit der EU ein Freizügigkeitsabkommen geschlossen (hierzu *Kilian*, ZEuP 2000, 601 ff.). Das die anwaltliche Berufstätigkeit betreffende EU-Sekundärrecht wird durch das BGFA in schweizerisches Recht implementiert; vgl. hierzu *Kilian*, BRAK-Mitt. 1999, 249 ff.

9 Die Tätigkeit eines Anwalts ist zeitlich unbegrenzt möglich, der registrierte europäische Rechtsanwalt hat lediglich die Optionen, sich nach dreijähriger regelmäßiger und effektiver Tätigkeit im deutschen Recht ohne weitere Voraussetzungen, insbesondere ohne eine Prüfung, in die deutsche Anwaltschaft vollständig zu integrieren, d.h. den deutschen Rechtsanwaltstitel zu erwerben (unten Rz. 29). Verpflichtet hierzu ist er nicht.

10 Da die registrierten Anwälte weiterhin Angehörige der berufsständischen Organisation ihres Herkunftsstaats sind, bleiben sie auch dessen anwaltlichem **Berufsrecht** unterworfen[1]. In den in Frage kommenden Herkunftsländern hat etwa die *Law Society of England And Wales* für ihre im Binnenmarkt tätigen Mitglieder *(Solicitors)* spezielle berufsrechtliche Vorschriften erlassen (rule 16 Code Of Conduct – European Cross Border Practice). Neben dem Berufsrecht ihres Herkunftslandes müssen die niedergelassenen europäischen Rechtsanwälte gemäß Art. 6 Abs. 1, 7 RiLi 98/5/EG auch das Berufsrecht des Aufnahmestaats beachten; im EuRAG ist diese aus der Gleichstellung mit inländischen Anwälten zwangsläufige Konsequenz durch eine Verweisung in § 6 Abs. 1 klargestellt.

11 **Disziplinarrechtlich** unterliegt auch der niedergelassene europäische Anwalt bei Verstößen gegen berufsrechtliche Verpflichtungen in Deutschland der Aufsicht der zuständigen Rechtsanwaltskammer sowie der Anwaltsgerichtsbarkeit (§ 6 Abs. 1 EuRAG). Unbenommen bleibt hiervon die Kompetenz des Herkunftslandes zur disziplinarrechtlichen Verfolgung. Hinsichtlich der insofern kollidierenden Kompetenzen bestimmt § 6 Abs. 4 EuRAG, dass zwar eine aus dem Verstoß resultierende Rücknahme der Genehmigung zur Berufsausübung im Herkunftsland automatisch den Verlust des Rechts zur Berufsausübung in Deutschland nach sich zieht. Umgekehrt ist aber die disziplinarrechtliche Ahndung in Deutschland nicht von einer vorgängigen Entscheidung im Herkunftsstaat abhängig.

bb) Dienstleistendes Tätigwerden unter der ursprünglichen Berufsbezeichnung

12 Die vorübergehende, dienstleistende Tätigkeit eines Anwalts aus dem EWR in Deutschland richtet sich nach den §§ 25–34a EuRAG. Die Vorschriften gehen zurück auf das Gesetz zur Durchführung der Richtlinie des Rates der Europäischen Gemeinschaften vom 22. März 1977 zur Erleichterung der tatsächlichen Ausübung des freien Dienstleistungsverkehrs der Rechtsanwälte (RADG) vom 16. 8. 1980[2], mit dem die Richtlinie 77/249/EWG des Rates vom 22. März 1977 in das deutsche Recht umgesetzt wurde. Der Regelungsgehalt des RADG wurde mit Wirkung zum 14. 3. 2000 in das Gesetz

---

1 Übersichten zum Berufsrecht der EU/EWR-Staaten finden sich etwa bei *Kolonovits* (Hrsg.), Anwaltsrecht in den EU-Beitrittsländern, 2003; *Tyrell/Yaqub*, The Legal Professions In The New Europe, 2nd ed., 1996; *Donald/Little* (Hrsg.), Cross-Border-Practice-Compendium, Loseblatt; *Henssler/Nerlich*, Anwaltliche Tätigkeit in Europa, 1994. Speziell zum Berufsrecht bei Tätigkeit von Anwälten im Ausland siehe die Länderübersichten bei *Godfrey* (Hrsg.), Law Without Frontiers, 1995.

2 BGBl. I 1980, 1453.

über die Tätigkeit europäischer Rechtsanwälte in Deutschland (EuRAG) vom 9. März 2000 überführt.

Der Normkomplex der §§ 25–34a EuRAG regelt die Befugnis zu vorübergehenden grenzüberschreitenden Rechtsdienstleistungen nicht grundsätzlich, sondern schafft mit § 25 EuRAG lediglich eine Befugnisnorm im Sinne von § 3 RDG. Im Rahmen einer dienstleistenden Tätigkeit kann der europäische Rechtsanwalt in Deutschland alle forensischen und außerforensischen Tätigkeiten beratender und vertretender Art ausüben, die ein Rechtsanwalt mit inländischer Zulassung erbringen darf[1]. Dienstleistende europäische Rechtsanwälte dürfen daher im Rahmen ihrer inländischen Tätigkeit auch umfassend im deutschen Recht beraten und vor Gericht auftreten. Möglich sein muss daher auch eine Beiordnung,[2] wobei in Verfahren mit Anwalts- und Vertretungszwang eine solche richtigerweise nur erfolgen kann, wenn zum Zeitpunkt der Beiordnung bereits ein Einvernehmensanwalt im Sinne von § 29 EuRAG benannt ist (unten Rz. 14f.). In § 27 Abs. 1 S. 2 EuRAG[3] hat der Gesetzgeber von der Möglichkeit Gebrauch gemacht, dienstleistende europäische Anwälte von der Vertretung vor dem BGH auszuschließen. Soweit der dienstleistende europäische Rechtsanwalt nicht als Prozessbevollmächtigter vor dem BGH tätig werden kann, ist es jedoch möglich, ihm die Ausführung der Parteirechte zu überlassen (§ 28 Abs. 4 EuRAG[4]). 13

Grundsätzlich vertritt der dienstleistende europäische Rechtsanwalt seinen Mandanten allein und eigenverantwortlich. Mit § 28 EuRAG macht der Gesetzgeber aber für Verfahren mit Anwalts- oder Vertretungszwang von der durch Art. 5 RiLi 77/249/EWG eingeräumten Möglichkeit Gebrauch, dienstleistenden europäischen Rechtsanwälten die Bedingung aufzuerlegen, „dass sie im **Einvernehmen** […] mit einem bei dem angerufenen Gericht zugelassenen Rechtsanwalt, der gegebenenfalls diesem Gericht gegenüber die Verantwortung trägt, […] handeln". Der europäische Normgeber gestattet eine solche Verpflichtung zur Zusammenarbeit mit einem Einvernehmensanwalt, damit dem dienstleistenden europäischen Rechtsanwalt die notwendige Unterstützung dafür gegeben werden kann, um in einem anderen als dem ihm vertrauten Rechtssystem effektiv tätig werden zu können. Dem angerufenen Gericht soll das Einvernehmenserfordernis Gewähr dafür bieten, der der dienstleistende Rechtsanwalt dank entsprechender Unterstützung „das geltende Verfahrensrecht und die geltenden Berufs- und Standesregeln voll und ganz einhalten" kann[5]. 14

Dieses – nur für einen Ausschnittsbereich des anwaltlichen Tätigkeitsfeldes vorgesehene – Einvernehmenserfordernis lässt die Eigenverantwortlichkeit des dienstleistenden europäischen Rechtsanwalts aber unberührt. Der Einvernehmensanwalt muss nicht, wie dies die ursprüngliche Fassung des § 4 Abs. 1 RADG noch vorsah, selbst **Prozessbevollmächtigter oder Verteidiger** 15

---

1 Amtl. Begr. zum RADG, BT-Drucks. 8/3181, S. 12f.
2 A.A. *Zimmermann*, FPR 2002, 486, 487.
3 Ehemals § 3 Abs. 1 S. 2 RADG.
4 Ehemals § 4 Abs. 4 RADG.
5 EuGH Slg. 1988, 1123 = NJW 1988, 887 („Kommission/Deutschland").

sein und den dienstleistenden europäischen Anwalt auch nicht in jeder mündlichen Verhandlung begleiten. Die eigentliche Prozessführung obliegt dem dienstleistenden europäischen Rechtsanwalt.

16 Der dienstleistende europäische Rechtsanwalt hat aufgrund dieser Gleichstellung grundsätzliche alle Vorschriften einzuhalten, die auch der einheimische Rechtsanwalt zu beachten hat. § 27 EuRAG lockert dieses Pflichtenprogramm in Randbereichen und in Abhängigkeit davon, ob die dienstleistende Tätigkeit in der Rechtspflege oder vor Behörden (Abs. 1) oder in sonstiger Weise (Abs. 2) erfolgt. § 26 EuRAG verpflichtet den dienstleistenden Rechtsanwalt zur Führung der Berufsbezeichnung seines Herkunftsstaats[1]. Unzulässig ist, entsprechend § 5 Abs. 2 S. 2 EuRAG, insbesondere die Verwendung der Berufsbezeichnung „dienstleistender europäischer Rechtsanwalt".

17 § 32 EuRAG unterwirft die dienstleistenden europäischen Rechtsanwälte der **Aufsicht** der Rechtsanwaltskammern. Da das Gesetz jedoch keine Meldepflicht des dienstleistenden Anwalts vorsieht, ist die Durchführung der Aufsicht in der Praxis nur schwer möglich. Die Kammer wird lediglich auf Beschwerden reagieren können.

cc) Niedergelassenes Tätigwerden unter der deutschen Berufsbezeichnung „Rechtsanwalt"

18 Das EuRAG erlaubt in Umsetzung von Art. 10 Abs. 1 RiLi 98/5/EG und Art. 14 RiLi 2005/36/EG neben der Tätigkeit als niedergelassener europäischer Anwalt unter dem Heimattitel auch eine Vollintegration in die deutsche Rechtsanwaltschaft. Eine solche Integration durch Erwerb des deutschen Rechtsanwaltstitels ist jederzeit möglich, wenn der ausländische Anwalt gemäß § 16 Abs. 1 EuRAG eine **Eignungsprüfung** besteht. Der Anwalt muss in einem EU-Mitgliedsstaat die formalen Voraussetzungen für den unmittelbaren Zugang zum Anwaltsberuf erfüllen[2]. Die Eignungsprüfung dient der Überprüfung der beruflichen Kenntnisse des ausländischen Anwalts im deutschen Recht. Sie muss dem Umstand Rechnung tragen, dass der Anwalt in einem anderen Staat bereits über eine vollwertige berufliche Qualifikation zur Ausübung des Anwaltsberufs verfügt (§ 17 EuRAG). Das Prüfungsverfahren (§§ 18–24 EuRAG) orientiert sich formell an der Zweiten Juristischen Staatsprüfung. Materiell ist aufgrund § 17 EuRAG sicherzustellen, dass die Prüfung im Schwierigkeitsgrad dem Assessorexamen nicht entsprechen darf, da der Prüfling in einem anderen Staat bereits voll qualifizierter Anwalt ist.

19 Will sich der Anwalt keiner Eignungsprüfung unterziehen, kann er gemäß § 11 EuRAG nach einer dreijährigen effektiven und regelmäßigen Tätigkeit auf dem Gebiet des deutschen Rechts einschließlich des Gemeinschaftsrechts als „niedergelassener europäischer Rechtsanwalt" die Zulassung als Rechtsanwalt beantragen[3]. Spezielle inhaltliche Anforderungen an die Tätig-

1 BT-Drucks. 14/2269, S. 33.
2 BVerwG AnwBl. 2000, 256; VGH BW AnwBl. 2000, 370.
3 Zu den Anforderungen an eine Tätigkeit „im deutschen Recht einschließlich des Gemeinschaftsrechts" siehe *Henssler*, ZEuP 1999, 689, 701.

keit stellt weder § 11 EuRAG noch Art. 10 Abs. 1 RiLi 98/5/EG auf. Nach der Vorstellung des EU-Normgebers hat der Anwalt nach einer dreijährigen Tätigkeit im Recht des Aufnahmestaats automatisch hinreichend breite und fundierte Rechtskenntnisse erworben. Eine regelrechte Prüfung von Kenntnissen des Anwalts ist im Zulassungsverfahren nach § 12 EuRAG ohnehin nicht möglich[1].

Das Kriterium der Effektivität verlangt nach dem Verständnis der deutschen Rspr. nicht, dass eine Vollzeitbeschäftigung vorliegen muss[2]. Es kann auch nicht verlangt werden, dass der ausländische Anwalt selbstständig in dem Sinne tätig ist, dass er alle Angelegenheiten vollständig allein bearbeitet, da insbesondere zu Beginn der Tätigkeit Beratung und Unterstützung durch deutsche Kollegen notwendig ist[3]. Gerade wegen des Fehlens jeglicher Überprüfung der Kenntnisse und Fähigkeiten muss die tatsächliche Tätigkeit ein Mindestmaß an Rechtskenntnissen und anwaltlicher Erfahrung gewährleisten, so dass eine gewisse Anzahl an bearbeiteten Fällen erforderlich ist[4]. Wie hoch diese Zahl sein muss, kann nicht abstrakt festgelegt werden, sondern hängt auch vom Umfang der jeweiligen Angelegenheit ab sowie vom Anteil des Antragstellers an der Bearbeitung. 20

Hinsichtlich des Regelmäßigkeitskriteriums nimmt ein Pendeln zwischen Deutschland und dem Herkunftsstaat zum Zwecke der Berufsausübung hier wie dort der Tätigkeit in Deutschland nach wohl herrschender Auffassung die notwendige Regelmäßigkeit[5]. Das „Regelmäßigkeitskriterium" ist nicht ohne Tücken, da ein Anwalt zulässigerweise in Zweigstellen in mehreren Mitgliedstaaten tätig sein kann[6], was zwangsläufig zu Aufenthaltsunterbrechungen führt. Letztendlich ist entscheidend, dass eine kontinuierliche Berufsausübung in Deutschland erkennbar ist[7]. Nicht anrechenbar sind Tätigkeiten als Syndikusanwalt[8]. 21

Fehlt es der Tätigkeit im deutschen Recht an der geforderten Regelmäßigkeit während der **dreijährigen Qualifikationsphase** als niedergelassener europäischer Rechtsanwalt, kann der Rechtsanwaltstitel gleichwohl gemäß §§ 13ff. EuRAG erworben werden, wenn sich der Anwalt einem Gespräch zur Prüfung der beruflichen Fähigkeiten unterzieht (§ 15 EuRAG). Die dreijährige Tätigkeit als Anwalt i.S.d. § 2 EuRAG ist unverzichtbar; substituierbar ist lediglich die regelmäßige Tätigkeit im deutschen Recht während der dreijährigen Qualifikationsphase. Eine Kommission prüft, gestützt auf vorzulegende Unterlagen, z.B. Aktenstücke, Belege über Seminarteilnahmen oder Fortbildungen, ob die bisherige Tätigkeit, insbesondere vor Gerichten, eine 22

1 *Ewig*, NJW 1999, 248, 252; *Kilian*, JA 2000, 438, 444.
2 AGH Celle BRAK-Mitt. 2006, 225ff.
3 AGH Celle BRAK-Mitt. 2006, 225ff.
4 AGH Celle BRAK-Mitt. 2006, 225ff.
5 *Lach*, NJW 2000, 1609, 1612; *Klein/Ott/Zerdick*, S. 38f. Großzügiger Henssler/Prütting/*Lörcher*, § 11 EuRAG Rz. 10.
6 Vgl. EuGH NJW 1985, 1275 („Klopp").
7 Vgl. umfassend *Ewig*, NJW 1999, 248, 252.
8 BayAGH BRAK-Mitt. 2010, 138ff.

Gleichstellung mit den einheimischen deutschen Anwälten erlaubt. Dieses Prüfungsgespräch darf allerdings nicht auf eine verkappte mündliche Eignungsprüfung i.S.d. § 16 EuRAG hinauslaufen.

b) Anwälte aus GATS-Vertragsstaaten

aa) Niedergelassene Tätigkeit

23 Für Anwälte mit einer Berufsqualifikation aus Staaten, die nicht Mitglied der Europäischen Union sind oder nicht mit dieser als Mitglieder des Europäischen Wirtschaftsraums oder durch bilaterale Abkommen im Bereich des freien Personenverkehrs assoziiert sind[1], ergeben sich Betätigungsmöglichkeiten in Deutschland, wenn ihr Herkunftsstaat Vertragsstaat des General Agreement On Trade In Services (**GATS**)[2] ist. Diesem internationalen Handelsabkommen sind mehr als einhundert Signatarstaaten beigetreten[3]. Aufgrund von Meinungsverschiedenheiten zwischen den USA, der EU und Japan ist es im GATS nicht zu einer expliziten Berücksichtigung anwaltlicher Dienstleistungen gekommen. Nach dem GATS besteht somit grundsätzlich keine Verpflichtung eines Vertragspartners, den Mitgliedern eines anderen Vertragspartners Marktzugang für einen bestimmten Dienstleistungssektor zu gewähren. Allerdings sind die allgemeinen, im GATS festgelegten Prinzipien über den grenzüberschreitenden Dienstleistungsverkehr auch auf anwaltliche Tätigkeiten anzuwenden[4].

24 Im GATS haben sich die Unterzeichnerstaaten auf den **Grundsatz der Meistbegünstigung** verständigt. Nach diesem ist, wenn von einem Staat Angehörigen eines anderen Mitgliedsstaats die Möglichkeit zur Erbringung von Dienstleistungen gewährt wird, dieses Recht auch den Angehörigen aller übrigen GATS-Mitgliedsstaaten einzuräumen[5]. Darüber hinaus ist die Möglichkeit der grenzüberschreitenden Betätigung für ausländische Anwälte davon abhängig, ob der jeweilige Vertragsstaat (auf freiwilliger Basis) einen sog. „Verpflichtungskatalog" aufgestellt hat, aufgrund dessen er seinen Markt

---

1 So etwa die Schweiz, die gemäß einer entsprechenden bilateralen Verpflichtung gegenüber der EU durch das Bundesgesetz über die Freizügigkeit der Anwältinnen und Anwälte (BGFA) die Richtlinien 98/5/EG und 77/249/EWG in nationales (Bundes-)Recht implementiert hat; näher *Kilian*, ZEuP 2000, 601 ff.

2 BGBl. II 1994, 1473 ff., 1643 ff.

3 Eine Liste der Vertragsstaaten, in denen das GATS am 1. 1. 1995 in Kraft getreten ist, findet sich in der Bekanntmachung über das Inkrafttreten des Übereinkommens zur Entstehung der Welthandelsorganisation, BGBl. II 1995, 456 ff.

4 Vgl. umfassend zum GATS und der anwaltlichen Tätigkeit *Errens*, EuZW 1994, 460 ff.; *Ewig*, NJW 1995, 434; *Kilimnik*, Dickinson Journal Of International Law, Vol. 12 (1994), S. 269, 281 ff.

5 Anwälte aus Staaten, die nicht Mitglieder der EU sind, können allerdings aus dem Meistbegünstigungsgrundsatz keine Ansprüche unter dem Gesichtspunkt ableiten, dass die EU-Mitgliedsstaaten EU-Anwälten aufgrund der RiLi 77/249, 89/48/EG und 98/5/EG grenzüberschreitende Betätigungsmöglichkeiten eröffnen. Der Grundsatz der Meistbegünstigung findet bei multilateralen Liberalisierungsabkommen wie dem AEU keine Anwendung.

unter bestimmten, von ihm festgelegten Voraussetzungen für Ausländer öffnet. In diesem Fall darf ein Staat ohne entsprechende Vorbehalte in seinem Verpflichtungskatalog ausländische Anwälte nicht schlechter behandeln als inländische Anwälte und muss in Fragen des Berufszugangs und der Berufsausübung bestehende nationale Bestimmungen objektiv und unparteiisch anwenden. Für die Mitgliedstaaten der EU besteht ein einheitlicher Verpflichtungskatalog, da die EU-Mitgliedstaaten ihre Verhandlungskompetenz bezüglich der Außenhandelspolitik gemäß Art. 207 AEU auf die EU übertragen haben[1].

Für in Deutschland nach Maßgabe des GATS tätig werdende Anwälte bestimmen sich die Rahmenbedingungen nach §§ 206, 207 BRAO. Diese erfassen Anwälte mit einer Berufsqualifikation aus Mitgliedstaaten der Welthandelsorganisation außerhalb des EWR sowie sonstigen Nicht-EU-Staaten. Gemäß § 206 Abs. 1 BRAO kann eine Person, die einen Beruf ausübt, der in der Ausbildung und den Befugnissen dem Beruf des Rechtsanwalts entspricht, sich unter der Berufsbezeichnung des Herkunftstaats seiner Qualifikation zur Rechtsberatung im Recht des Herkunftstaats sowie im Völkerrecht niederlassen[2]. Nicht vorausgesetzt ist nach § 206 BRAO eine Staatsangehörigkeit eines Mitgliedstaats der Welthandelsorganisation. Unzulässig ist die Beratung im Europarecht, da dieses von der EU-Kommission nicht als internationales Recht, sondern als besondere Rechtsordnung der Mitgliedstaaten angesehen wird[3]. Notwendig ist eine Aufnahme in die örtlich zuständige Rechtsanwaltskammer. Die i.S.d. § 206 Abs. 1 BRAO dem Rechtsanwalt entsprechenden Berufe werden vom Bundesministerium der Justiz im Verordnungswege bestimmt. Bislang ist dies erfolgt für den 25

- albanischen „Avokat" (BGBl. I 2009, 1387 f.)
- australischen „Barrister", „Solicitor", „Legal Practitioner" (BGBl. I 2003, 1671)
- argentinischen „Abogado" (BGBl. I 1999, 1494)
- bolivianischen „Abogado" (BGBl. I 2005, 1452)
- brasilianischen „Advogado" (BGBl. I 1999, 1494)
- chilenischen „Abogado" (BGBl. I 2009, 1387 f.)
- chinesichen „Lü shi" (BGBl. I 2007, 2302)
- georgischen „Adwokati"(BGBl. I 2009, 1387 f.)
- ghanaischen „Lawyer", „Legal Practitioner", „Solicitor", „Barrister" (BGBl. I 2009, 1387 f.)
- indischen „Advocate" (BGBl. I 2002, 1886)

1 Siehe umfassend hierzu *Errens*, EuZW 1994, 460, 463.
2 Die Zahl der nach § 206 Abs. 1 BRAO in Deutschland niedergelassenen Anwälte betrug Ende 2007 168, hiervon 88 aus den USA und 40 aus der Türkei. Die übrigen 40 Rechtsanwälte verteilen sich auf 16 Herkunftsstaaten. Näher *Hommerich/Kilian/Dreske* (Hrsg.), S. 186.
3 *Feuerich/Weyland*, § 206 Rz. 6; Hartung/Römermann/*Lörcher*, § 34 Rz. 17.

- israelischen „Orech-Din" (BGBl. I 2005, 1452)
- japanischen „Bengoshi" (BGBl. I 1997, 66)
- kamerunischen „Avocat"/„Advocate" (BGBl. I 2005, 1452)
- kanadischen „Barrister", „Solicitor" (BGBl. I 2003, 1671)
- (süd)koreanischen: „Byeonhosa", „Lawyer" (BGBl. I 2009, 1387f.)
- kroatischen „Odvjetnik" (BGBl. I 2003, 1671)
- malaysischen „Peguambela & Peguamcara", „Advocate and Solicitor" (BGBl. I 2009, 1387f.)
- mazedonischen „Advokat" (BGBl. I 2009, 1387f.)
- mexikanischen „Abogado" (BGBl. I 2005, 1452)
- namibischen „Legal Practitioner"/„Advocate"/„Attorney" (BGBl. I 2005, 1452)
- neuseeländischen „Barrister", „Solicitor" (BGBl. I 1997, 66)
- panamaischen „Abogado" (BGBl. I 2009, 1387f.)
- singapurianischen „Advocate and Solicitor" (BGBl. I 2009, 1387f.)
- südafrikanischen „Attorney/Prokureur", „Advocate/Advokaat" (BGBl. I 2003, 1671)
- türkischen „Avukat" (BGBl. I 1999, 1494).
- tunesischen „Avocat" (BGBl. I 2009, 1387f.)
- ukrainischen „Advokat" (BGBl. I 2009, 1387f.)
- uruguayanischen „Abogado" (BGBl. I 2009, 1387f.)
- US-amerikanischen „Attorney at law" (BGBl. I 1995, 142)
- venezolanischen „Abogado" (BGBl. I 2005, 1452)

26 Das entsprechende Verfahren des BMJ beruht auf Anregungen von Anwaltskammern oder Betroffenen. Eine Anerkennung setzt einen Anwaltsberuf voraus, der in Ausbildung und Befugnissen dem Beruf des Rechtsanwalts i.S.d. BRAO entspricht. Kein für die Anerkennung heranzuziehender Vergleichsmaßstab ist das Berufsrecht des fraglichen Staates; die Wahrung berufsrechtlicher Standards ist durch die Unterwerfung des Migranten unter das deutsche Berufsrecht gewährleistet, die aus der Notwendigkeit der Mitgliedschaft in einer Rechtsanwaltskammer folgt.

27 Anders als § 206 BRAO eröffnet das EuRAG eine Niederlassungsmöglichkeit nur aufgrund einer doppelten Anknüpfung an die Staatsangehörigkeit und den Erwerb eines Anwaltstitels eines Mitgliedsstaats des EWR (vgl. § 1 EuRAG). Es ist daher denkbar, dass ein Anwalt aus einem GATS-Vertragsstaat über einen EU-Anwaltstitel i.S.d. EuRAG verfügt, gleichwohl aber mangels EU-Staatsangehörigkeit nicht in den Genuss der Freizügigkeitsrechte des EuRAG kommt. Die Anwaltsberufe der EU-Mitgliedsstaaten i.S.d. § 206 Abs. 1 BRAO entsprechen bereits nach der Richtlinien 77/249/EWG und 98/5/EG der „Ausbildung und den Befugnissen" des deutschen Rechtsanwalts. Für den Anwendungsbereich des § 206 BRAO ist dies noch einmal explizit durch

eine auf die Anlage zu § 1 EuRAG verweisende Verordnung festgestellt worden (BGBl. I 2002, 2886). Für Rechtsanwälte, die einen der in Anlage 1 zu § 1 EuRAG aufgelisteten Anwaltstitel erworben haben und über eine WTO-Staatsangehörigkeit verfügen, nicht aber über eine Staatsangehörigkeit eines EWR-Mitgliedsstaats (bzw. der Schweiz), besteht daher ebenfalls die Möglichkeit einer Niederlassung nach § 206 Abs. 1 BRAO. Erfasst sind der:

- belgische „Avocat"/„Advocaat"/„Rechtsanwalt"
- bulgarische „Адвокат" (Advokat)
- dänische „Advokat"
- estnische „Vandeadvokaat"
- finnische „Asianajaja"/„Advokat"
- französische „Avocat"
- griechische „Δικηγόρος" (Dikigoros)
- britische „Advocate"/„Barrister"/„Solicitor"
- irische „Barrister"/„Solicitor"
- isländische „Lögmaur"
- italienische „Avvocato"
- lettische „Zverinats advokats"
- liechtensteinische „Rechtsanwalt"
- litauische „Advokatas"
- luxemburgische „Avocat"
- maltesische „Avukat"/„Prokuratur Legali"
- niederländische „Advocaat"
- norwegische „Advokat"
- österreichische „Rechtsanwalt"
- polnische „Adwokat"/„Radca prawny"
- portugiesische „Advogado"
- rumänische „Avocat"
- schwedische „Advokat"
- schweizerische „Advokat", „Rechtsanwalt", „Anwalt", „Fürsprecher", „Fürsprech"/„Avocat"/„Avvocato"
- slowakische „Advokát"/„Komerèný právnik"
- slowenische „Odvetnik"/„Odvetnica"
- spanische „Abogado"/„Advocat"/„Avogado"/„Abokatu"
- tschechische „Advokát"
- ungarische „Ügyved"
- zypriotische „Δικηγόρος" (Dikigoros)

28 Die in § 207 BRAO getroffenen Verfahrensregelungen entsprechen den Anforderungen, die für eine Kammermitgliedschaft als niedergelassener europäischer Rechtsanwalt gelten. Die Bescheinigung über die Zugehörigkeit zum Anwaltsberuf im Heimatstaat ist jährlich neu vorzulegen. Anders als der nach dem EuRAG niedergelassene europäische Rechtsanwalt muss der nach § 206 Abs. 1 BRAO niedergelassene Anwalt gemäß § 207 Abs. 4 BRAO beim Führen des Heimattitels den **Herkunftsstaat angeben**. Er darf den Zusatz „Mitglied der Rechtsanwaltskammer X" führen. Als Mitglied der Rechtsanwaltskammer unterliegt er dem berufsrechtlichen Pflichtenprogramm von BRAO und BORA (vgl. § 34 Abs. 1 BORA) sowie der Kammeraufsicht; daneben bleibt er, soweit das nationale Recht dies für einen im Ausland tätigen Anwalt vorsieht, seinem heimatlichen Berufsrecht verpflichtet[1].

bb) Dienstleistende Tätigkeit

29 Rechtsanwälten, die nicht aus dem EWR stammen (oben Rz. 23), wird eine Befugnis zur vorübergehenden, dienstleistenden Erbringung von Rechtsdienstleistungen weder im RDG noch in einem anderen Gesetz eingeräumt. Sie folgt für WTO-Anwälte insbesondere auch nicht aus § 206 BRAO, der eine Rechtsdienstleistungsbefugnis an eine dauerhafte Niederlassung in Deutschland knüpft. Daher gilt, dass für Rechtsanwälte, die vom EuRAG nicht erfasst sind, eine vorübergehende rechtsdienstleistende Tätigkeit in Deutschland grundsätzlich unzulässig ist. Die ad hoc im Inland erfolgende Beteiligung ausländischer Rechtsanwälte an einer Mandatsbearbeitung einer Sozietät ist daher de lege lata nicht zulässig[2]. Dieses aus einfacher Rechtsanwendung folgende Ergebnis ist besonders zu betonen, weil es zwar in der Vergangenheit immer wieder zu gerichtlichen Auseinandersetzungen insbesondere mit grenzüberschreitend tätigen nicht-anwaltlichen Rechtsdienstleistern gekommen ist[3], das regelmäßige Tätigwerden von Anwälten aus Staaten, die nicht zum EWR gehören, ohne vertieftes Problembewusstsein toleriert und für zulässig erachtet wurde. Kommentarliteratur[4], Schrifttum[5] und Gesetzgeber[6] gehen jedenfalls ohne nähere Befassung mit dem zu Grunde liegenden Problem von jeher beiläufig von der Zulässigkeit einer

---

1 Umfassend zur Anwendbarkeit deutscher Berufsregeln Henssler/Prütting/*Schroeder*, § 207 Rz. 7 ff.

2 Vgl. Ausführlich *Kilian*, RIW 2008, 373 ff.

3 OLG Köln, NJW 2004, 2684 ff.; OLG Hamm AnwBl. 2000, 381 f.; OLG Stuttgart AnwBl. 2002, 368 f.; OLG Stuttgart NStZ-RR 1997, 117 f.; LG Dortmund AnwBl. 1999, 617 f.; OLG Dresden DStRE 2000, 328.

4 *Chemnitz/Johnigk*, RBerG, 2003, Art. 1 § 1 Rz. 261; *Kleine-Cosack*, RBerG, 2004, Allgemeiner Teil Rz. 93; *Rennen/Caliebe*, RBerG, 3. Aufl. 2001, Art. 1 § 1 Rz. 5; Art. 1 § 3 Rz. 26 f.; Erbs/Kohlhaas/*Senge*, RBerG, Art. 1 § 3 Rz. 11.

5 *Rabe*, NJW 1987, 2185, 2186; *Jessnitzer*, BRAK-Mitt. 1985, 78, 82; *Brangsch*, NJW 1981, 1177; *Brangsch*, AnwBl. 1962, 234, 238; *Schultz*, AnwBl. 1981, 41, 43; *Friedlaender*, AnwBl. 1954, 1, 4. A.A. einzig *Errens*, EuZW 1994, 460, 461, wohl auch *Mauro/Weil*, AnwBl. 1981, 128, 129. Zweifelnd Henssler/Prütting/*Schroeder*, Vorb § 206 Rz. 3, der die h.M. für paradox hält.

6 BT-Drucks. 8/3181, S. 12.

solchen vorübergehenden Betätigung ausländischer „Rechtsanwälte"[1] in Deutschland aus.

Soweit Rechtsanwälte mit einer Berufsqualifikation aus einem WTO-Staat betroffen sind, kann die durch § 206 BRAO diesen Rechtanwälten nach Maßgabe des *General Agreements On Trade In Services* (GATS)[2] eingeräumte Möglichkeit einer *dauerhaften, niedergelassenen Tätigkeit* (oben Rz. 23ff.) nicht als *argumentum a fortiori* für die Zulässigkeit einer *vorübergehenden, dienstleistenden Tätigkeit* in Deutschland verwendet werden: Eine Niederlassung führt zum einen zur Mitgliedschaft in der Rechtsanwaltskammer und damit zu einer Unterwerfung unter ein umfassendes Pflichtenprogramm, zum anderen aber – trotz dieser Anforderungen – nur zu fachlich begrenzten Betätigungsmöglichkeiten (oben Rz. 25). Dass ein voraussetzungsfreies vorübergehendes Tätigwerden ausländischer Rechtsdienstleister in Deutschland dem System des Rechtsdienstleistungsrechts fremd ist, zeigt zum einen die an verschiedene Voraussetzungen geknüpfte anwaltliche dienstleistende Tätigkeit nach Maßgabe des EuRAG, aber auch die Regelung des § 15 RDG für nicht-anwaltliche Rechtsdienstleister[3]. Dass diese Rechtsdienstleister aus dem Binnenmarkt bei vorübergehenden Tätigkeiten in Deutschland strengen Regelungen unterworfen sind, während Rechtsdienstleister aus allen anderen Staaten losgelöst von jeglicher rechtlicher Vorgabe tätig werden können, lässt sich schwerlich vertreten[4]. Der EG-Verpflichtungskatalog[5] zum GATS sieht deshalb konsequenterweise für Rechtsanwälte aus Mitgliedsstaaten der WTO auch keine Möglichkeit der Beratung von Mandanten ohne Errichtung einer kommerziellen Präsenz, d.h. einer Niederlassung, vor[6]. Eine Rechtsdienstleistungsbefugnis kann auch nicht durch „Grundsätze des internationalen Anwaltsrechts"[7] oder kraft (Verwal- 30

---

1 Diese Bezugnahme ist, ungeachtet ihrer materiellen Rechtfertigung, bereits im Ansatz problematisch, weil es im Sinne des deutschen Rechts keine Gruppe der „ausländischen Rechtsanwälte" gibt. Ausländische Rechtsanwälte sind vielmehr grundsätzlich als nicht-anwaltliche Rechtsdienstleister zu behandeln, solange ihr Beruf nicht durch staatlichen Akt (Rechtsverordnung des BMJ) nach § 206 BRAO als dem deutschen Rechtsanwaltsberuf gleichwertig anerkannt worden ist (oben Rz. 26).

2 Zu dessen Bedeutung für die Anwaltschaft *Errens*, EuZW 1994, 460ff.; *Errens*, AnwBl. 1994, 461ff.; *Ewig*, NJW 1995, 434ff.; *Ewig*, BRAK-Mitt. 1994, 205ff.

3 *Kilian*, RIW 2008, 373, 374.

4 *Kilian*, RIW 2008, 373, 374f.

5 BGBl. II 1994 1678ff.

6 Vgl. Henssler/Prütting/*Schroeder*, Vorb. § 206 Rz. 10. Auf die „Niederlassungspflicht" weist auch *Ewig*, NJW 1995, 434, 435 hin, ohne freilich den Bezug zur im Kontext des RBerG geführten Diskussion herzustellen.

7 So etwa *Schultz*, AnwBl. 1981, 41, 43. Diese Sichtweise geht zurück auf *Friedlaender*, AnwBl. 1954, 1, 4 und entwickelte sich über den Kommentar *Altenhoff/Busch*, RBerG, 1957, Rz. 65, Äußerungen von *Brangsch* (AnwBl. 1962, 234, 238) und drei weitere Auflagen des *Altenhoff*'schen Kommentars bis hin zur – teilweise falschen – Rezeption des Schrifttums in den Gesetzesmaterialien zum RADG (BT-Drucks. 8/3181, S. 12). Auf diese rekurrieren die nachfolgenden Literaturstimmen seitdem beharrlich.

tungs-)Gewohnheitsrechts[1] – weil entsprechende Aktivitäten seit langem geduldet sind – gewonnen werden[2]. Rechtspolitisch ist die Frage der Zulässigkeit eines vorübergehenden Tätigwerdens von ausländischen Rechtsanwälten, die keine Qualifikation aus dem EWR besitzen, angesichts der Häufigkeit von kurzfristigen konsiliarischen Aktivitäten solcher Anwälte insbesondere in komplexen Großmandaten zweifelsfrei regelungsbedürftig.

c) Andere ausländische Anwälte

31 Für Anwälte, die weder aus dem EU-Raum noch aus einem der GATS-Vertragsstaaten kommen, ist eine Niederlassung in Deutschland gemäß § 206 Abs. 2 BRAO möglich, wenn sie einen dem Rechtsanwalt entsprechenden Beruf ausüben und für deutsche Anwälte in dem fraglichen Staat eine durch Verordnung des Bundesministeriums der Justiz festgestellte identische Betätigungsmöglichkeit verbürgt ist. Gegenwärtig (2010) existiert nur für Russland eine solche feststellende Rechtsverordnung des BMJ[3]. In ihr wird der Beruf des russischen „Advokat" als gleichwertig mit dem deutschen Rechtsanwaltsberuf bestimmt.

32 Eine beratende Tätigkeit im Rahmen einer Niederlassung ist nach § 206 Abs. 2 BRAO nur im Recht des Herkunftsstaats möglich[4] (zur vorübergehenden, dienstleistenden Tätigkeit gilt das zu WTO-Anwälten Gesagte entsprechend, vgl. oben Rz. 30).

d) Sozietätsbezogene Folgefragen

33 Die werbliche Herausstellung der Tätigkeit ausländischer Anwälte in der Kanzlei durch eine Wendung „Internationale Sozietät von Rechtsanwälten und *[ausländischer Anwaltstitel]*" ist berufsrechts- und wettbewerbswidrig, wenn dem ausländischen Anwalt in der Sozietät keine Partnerstellung zukommt. Gleiches gilt, wenn der ausländische Anwaltstitel im Sinne eines Sammelbegriffs im Plural verwendet wird, tatsächlich aber nur einer der Partner entsprechender ausländischer Anwalt ist[5] (s. auch unten Rz. 80).

3. Tätigkeit deutscher Rechtsanwälte im Ausland

a) Einleitung

34 Ein weiterer Weg hin zu einer Internationalisierung der Sozietät ohne Beteiligung eines externen Kooperationspartners ist die Erbringung von anwaltlichen Dienstleistungen in einem anderen Staat oder die Niederlassung von Sozietätsmitgliedern an einem ausländischen Standort in Ausübung der natürliche Personen und Gesellschaften erfassenden Dienst- und Niederlassungs-

---

1 *Rennen/Caliebe*, Art. 1 § 3 Rz. 27.
2 Ausführlich hierzu *Kilian*, RIW 2008, 375f.
3 BGBl. I 2005, 1453.
4 Hinsichtlich Verfahren und beruflicher Stellung verweist § 206 Abs. 2 auf § 206 Abs. 1 BRAO.
5 Vgl. BGH NJW 1996, 2308, 2309 (für den umgekehrten Fall).

freiheit der Art. 49, 54 AEU. Außerhalb des EU-Raums schafft das GATS die entsprechenden Betätigungsmöglichkeiten.

b) Niedergelassene Betätigung im EWR

aa) Überblick

Die Betätigungsmöglichkeiten für deutsche Rechtsanwälte in Mitgliedstaaten der Europäischen Union, Vertragsstaaten des Abkommens über den Europäischen Wirtschaftsraum und Staaten, mit denen die EU bilaterale Freizügigkeitsabkommen geschlossen hat („EU-Raum"), entsprechen jenen, die der deutsche Gesetzgeber durch das EuRAG Anwälten aus diesen Staaten in Deutschland eingeräumt hat (oben Rz. 4ff., 18ff.). Niederlassungsmöglichkeiten für Rechtsanwälte mit einer Berufsqualifikation und einer Staatsangehörigkeit aus dem EWR können sich nach Maßgabe der anwaltsspezifischen Richtlinie 98/5/EG oder der allgemeineren Berufsqualifikationsrichtlinie 2005/36/EG in einem anderen Mitgliedstaat dauerhaft niederlassen und den Anwaltsberuf ausüben[1]. Die nachfolgende Darstellung kann die Rechtslage insofern nur auf der Ebene des europäischen Sekundärrechts schildern. Die Bundesrechtsanwaltskammer (BRAK) und der Deutsche Anwaltverein (DAV) informieren durch ihre Brüsseler Büros auf Anfrage über die in den einzelnen Staaten existierenden Implementierungen der Richtlinien[2]. 35

bb) Niederlassung unter der deutschen Berufsbezeichnung („registrierter europäischer Rechtsanwalt")

Die Richtlinie 98/5/EG ermöglicht es deutschen Rechtsanwälten, unter ihrer ursprünglichen Berufsbezeichnung in jedem anderen Mitgliedstaat des EWR die gleichen beruflichen Tätigkeiten auszuüben wie die Berufsangehörigen des Aufnahmestaats. Voraussetzung für die Niederlassung unter der deutschen Berufsbezeichnung ist, dass sich der zuwandernde Rechtsanwalt bei einer zuständigen Stelle des Aufnahmestaats registrieren lässt (sog. registrierter europäischer Rechtsanwalt). Die entsprechende Eintragung erfolgt gemäß Art. 3 RiLi 98/5/EG unter Nachweis einer Zulassung in Deutschland. Der Aufnahmestaat darf die Registrierung nicht an die Kenntnis seiner Sprache knüpfen[3]. 36

Die demgemäß registrierten deutschen Rechtsanwälte können gemäß Art. 5 Abs. 1 RiLi 98/5/EG uneingeschränkt im Recht des Aufnahmestaats, im internationalen Recht und im deutschen Recht beraten. Bei Vertretung vor Gericht können die Mitgliedstaaten allerdings gemäß Art. 5 Abs. 3 RiLi 98/5/EG und entsprechend dem Modell der Dienstleistungsrichtlinie 77/249/EWG die Einschaltung eines einheimischen Einvernehmensanwalts 37

---

1 Unterhält der Rechtsanwalt in Folge einer Niederlassung im Ausland nach § 29a Abs. 2 BRAO keine Kanzlei im Inland mehr, bleibt er gleichwohl zur Zahlung des Kammerbeitrags verpflichtet, AGH Celle BRAK-Mitt 2006, 280.

2 Für die BRAK siehe www.brak.de; für den DAV www.anwaltverein.de.

3 EuGH Slg. I 2006, 8643 = NJW 2006, 3697ff. („Wilson").

– der auch aus derselben Kanzlei stammen kann – vorschreiben. Der im Ausland registrierte deutsche Rechtsanwalt kann dann nur im Einvernehmen mit einem bei dem angerufenen Gericht zugelassenen Rechtanwalt, der diesem Gericht gegenüber verantwortlich ist, handeln. Durch das Einvernehmenserfordernis soll sichergestellt werden, dass dem Mandanten nicht dadurch Nachteile entstehen, dass der registrierte europäische Rechtsanwalt aufgrund seiner beruflichen Sozialisation in einem anderen Mitgliedstaat nicht mit den örtlichen Verfahrensvorschriften vertraut ist.

38 Da die im Ausland registrierten deutschen Rechtsanwälte weiterhin Angehörige einer Rechtsanwaltskammer in Deutschland sind, bleiben sie auch dem deutschen Berufsrecht unterworfen. Zusätzlich müssen sie gemäß Art. 6 Abs. 1, 7 RiLi 98/5/EG auch das Berufsrecht des Aufnahmestaats beachten. Wie die im Rahmen der Richtlinie 77/249/EWG vorübergehend Dienstleistungen erbringenden Anwälte haben auch die nach Maßgabe von Art. 4 RiLi 98/5/EG registrierten Anwälte im Ausland ihre heimatliche Berufsbezeichnung in deutscher Sprache zu verwenden, um sie allein aufgrund der Berufsbezeichnung von den dort „einheimischen" Anwälten unterscheiden zu können.

cc) Niederlassung unter der Berufsbezeichnung des Aufnahmestaats

39 Im Hinblick auf die Reichweite der Berufsausübungsbefugnisse im EWR-Ausland ist es für einen deutschen Rechtsanwalt in der Regel ausreichend, sich unter seiner Heimatbezeichnung „Rechtsanwalt" im Ausland registrieren zu lassen. Ein darüber hinausgehender Erwerb des ausländischen Rechtsanwaltstitels führt befugnisseitig allenfalls dazu, dass bei einem forensischen Tätigwerden die Einschaltung eines Einvernehmensanwalts (oben Rz. 14) entbehrlich wird. Ein Tätigwerden unter dem Anwaltstitel des Niederlassungsstaats hat daher vor allem eine marketingtechnische Dimension. Möglich ist der Titelerwerb auf zwei Wegen: Die Richtlinie 98/5/EG ermöglicht den Erwerb des ausländischen Anwaltstitels durch eine vorangehende dreijährige effektive und regelmäßige Tätigkeit im Aufnahmestaat unter der deutschen Berufsbezeichnung „Rechtsanwalt". Die Richtlinie 2005/36/EG garantiert einem deutschen Rechtsanwalt einen *unmittelbaren* Berufszugang in einem anderen Mitgliedstaat, wenn er sich – nach Wahl des Mitgliedstaats – erfolgreich einer sog. Eignungsprüfung unterzieht oder einen Anpassungslehrgang absolviert (unten Rz. 41).

40 Die Richtlinie 2005/36/EG, die in Fragen der Anerkennung an Hochschulen erworbener Berufsqualifikationen im Binnenmarkt an die Stelle der früheren sog. „Hochschuldiplomanerkennungsrichtlinie" 89/48/EG getreten ist[1], geht von der grundsätzlichen Gleichwertigkeit der im Binnenmarkt erworbenen Qualifikationen für sog. reglementierte Berufe aus. Die Richtlinie stellt für die akademischen Berufe den allgemeinen Grundsatz auf, dass jeder Absolvent einer akademischen Ausbildung eine diesbezügliche berufliche Tä-

1 Umfassend zur Richtlinie 89/48/EG *Schneider*, Die Anerkennung von Diplomen in der EG, 1995.

tigkeit auch in den anderen Mitgliedstaaten ausüben darf. Geknüpft ist diese Befugnis allerdings nicht an den bloßen Erwerb eines universitären Befähigungsnachweises, sondern an die tatsächliche Berufszugehörigkeit im Herkunftsstaat, die an weitere Voraussetzungen (post-universitäre Ausbildung, Fehlen von Zulassungshindernissen etc.) gebunden sein kann. Notwendig ist daher zunächst der Berufszugang im Herkunftsstaat, d.h. die Zulassung als Rechtsanwalt in Deutschland nach §§ 4 ff. BRAO.

Art. 14 Abs. 3 RiLi 2005/36/EG sieht für die „Rechtsberufe" ergänzend vor, 41
dass die einzelnen Mitgliedstaaten der Unterschiedlichkeit der Ausbildungssysteme und Ausbildungsinhalte im juristischen Bereich dadurch Rechnung tragen können, dass sie einem niederlassungswilligen Anwalt aus einem anderen Mitgliedstaat abverlangen dürfen, eine Eignungsprüfung abzulegen, um seine Rechtskenntnisse im Recht des Aufnahmestaates zu überprüfen. Die Richtlinie 2005/36/EG gestattet nach Art. 14 Abs. 1 alternativ als Anpassungsinstrumentarium auch einen sog. berufsbegleitenden Anpassungslehrgang von maximal dreijähriger Dauer, der ohne förmliche Prüfung endet. Fast alle EU-Staaten haben sich aber für das System der Eignungsprüfung entschieden[1]. Ist eine solche Eignungsprüfung erfolgreich bestanden, wird der Anwalt vollwertiges Mitglied der Anwaltschaft des Aufnahmestaates, insbesondere kann er die entsprechende Berufsbezeichnung tragen. Die entsprechenden Eignungsprüfungsverfahren sind in den Mitgliedstaaten in Umsetzung der Richtlinienvorgaben in nationales Recht jeweils unterschiedlich ausgestaltet worden und orientieren sich in der Regel in Struktur und Inhalten an den Berufszugangsprüfungen, die den einheimischen Rechtsanwälten in dem jeweiligen Mitgliedstaat abverlangt werden.

Europarechtlich notwendig ist freilich, dass die Tatsache, dass der Eignungs- 42
prüfling bereits zugelassener Rechtsanwalt ist, im Prüfungsverfahren angemessen berücksichtigt wird und im Vergleich zu nationalen Berufszugangsprüfungen für Hochschulabsolventen bzw. „Referendare" zu Erleichterungen führt. Zudem kann der Prüfling von einzelnen Prüfungsinhalten dispensiert werden, wenn er nachzuweisen vermag, dass er bereits über adäquate Kenntnisse in den fraglichen Rechtsmaterien des Aufnahmestaats verfügt. In Extremfällen kann sich die Eignungsprüfung dann auf ein bloßes Prüfungsgespräch reduzieren[2].

Die Richtlinie 98/5/EG erlaubt neben der vorstehend beschriebenen Regis- 43
trierung auch – wie die Richtlinie 2005/36/EG – einem deutschen Rechtsanwalt eine Vollintegrierung in die Anwaltschaft des Aufnahmestaats (Art. 10 Abs. 1 RiLi 98/5/EG). Anders als bei der Berufsqualifikationsrichtlinie ist Zugangshürde nicht eine Eignungsprüfung, sondern der Nachweis einer mindestens dreijährigen „effektiven und regelmäßigen" Tätigkeit im Recht des Aufnahmestaats. Auch wenn dies aus dem Wortlaut nicht unmit-

---

1 Im Einzelnen *Henssler*, AnwBl. 1996, 353 ff. sowie die Beiträge von *Kilian* zu den osteuropäischen Anwaltschaften in WiRO 2006 bis 2010.

2 *Henssler*, AnwBl. 1996, 353, 356; Henssler/Prütting/*Lörcher*, Einl. EuRAG Rz. 74; *Nachbaur*, EuZW 1991, 472; *Zuck*, JZ 1991, 1131, 1132.

telbar hervorgeht, muss der Anwalt die Tätigkeit im Recht des Aufnahmestaats auch im Aufnahmestaat ausgeübt haben. Es genügt nicht, wenn ein deutscher Anwalt von Deutschland aus drei Jahre lang z.B. englisches Recht praktiziert hat, da in diesem Fall die Grundvoraussetzung der Niederlassungsrichtlinie, nämlich die Niederlassung im Aufnahmestaat, nicht erfüllt ist[1]. Der unbestimmte Rechtsbegriff der „effektiven und regelmäßigen" Tätigkeit führt zwangsläufig zu Unsicherheiten hinsichtlich des Anforderungsprofils an diese Tätigkeit im Niederlassungsstaat. Richtigerweise wird man unter einer „effektiven" Tätigkeit eine solche verstehen müssen, die ein Anwalt selbst und auf eigene Verantwortung ausübt[2]. Das reine Abstellen auf eine bestimmte Zahl von bearbeiteten Aktenstücken als „Effektivitätskriterium" ist problematisch, wenngleich diese ein wichtiges Indiz bei der Beurteilung ist[3]. „Regelmäßig" ist die Tätigkeit, wenn sie lediglich durch Ereignisse des täglichen Lebens unterbrochen wird. Ein Pendeln zwischen Heimat- und Aufnahmestaat zum Zwecke der Berufsausübung hier wie dort nimmt der Tätigkeit im Aufnahmestaat daher die notwendige Regelmäßigkeit[4].

44 Spezielle inhaltliche Anforderungen stellt Art. 10 Abs. 1 RiLi 98/5/EG nicht auf. Nach der Vorstellung des EU-Normgebers hat der Anwalt nach einer dreijährigen Tätigkeit im Recht des Aufnahmestaats automatisch hinreichend breite und fundierte Rechtskenntnisse erworben. Eine regelrechte Prüfung von Kenntnissen des Anwalts ist im Zulassungsverfahren nach Art. 10 Abs. 1 RiLi 98/5/EG ohnehin nicht möglich[5]. Fehlt es der Tätigkeit im Recht des Aufnahmestaats an der geforderten Regelmäßigkeit während der dreijährigen Minimaldauer, kann eine Integration gleichwohl gemäß Art. 10 Abs. 3 RiLi erreicht werden, wenn sich der Anwalt einem Gespräch zur Prüfung der beruflichen Fähigkeiten unterzieht. Eine Prüfungskommission prüft, gestützt auf vorzulegende Unterlagen, z.B. Aktenstücke, Belege über Seminarteilnahmen oder Fortbildungen, ob die bisherige Tätigkeit, insbesondere vor Gerichten, eine Gleichstellung mit den einheimischen Anwälten erlaubt. Dieses Prüfungsgespräch darf allerdings nicht auf eine verkappte mündliche Eignungsprüfung i.S.d. RiLi 2005/36/EG hinauslaufen.

45 Liegen die vorstehenden Voraussetzungen für eine Vollintegration vor, kann sich der Anwalt auf Antrag in den Berufsstand des Aufnahmestaats eingliedern lassen; ist dies erfolgt, besteht kein materieller Unterschied mehr zu

1 Henssler/Prütting/*Lörcher*, Einl. EuRAG Rz. 52.

2 *Pertek*, Recueil Dalloz 1998, 30e cahier, S. 287. Reine Hospitationen o.Ä. reichen insofern nicht aus; vgl. *Sobotta/Kleinschnittger*, EuZW 1998, 645, 648.

3 Vgl. die Bedenken bei *Sobotta/Kleinschnittger*, EuZW 1998, 645, 648; *Nerlich*, MDR 1996, 874, 876; *Henssler*, ZEuP 1999, 689, 700.

4 Das „Regelmäßigkeitskriterium" ist nicht ohne Tücken, da ein Anwalt zulässigerweise in mehreren Mitgliedstaaten Zweigstellen unterhalten darf, deren Betreuung zwangsläufig zu Aufenthaltsunterbrechungen führt. Entscheidend ist, dass eine kontinuierliche Berufsausübung im Aufnahmestaat erkennbar ist. Vgl. *Ewig*, NJW 1999, 248, 252.

5 *Ewig*, NJW 1999, 248, 252.

den einheimischen Anwälten. Er ist fortan unter der Berufsbezeichnung des Aufnahmestaats tätig.

c) Dienstleistende Tätigkeit im EWR

Die Richtlinie 77/249/EWG ermöglicht Anwälten, die Träger einer in Art. 1 Abs. 2 RiLi enumerativ aufgeführten, im Herkunftsstaat verliehenen Berufsbezeichnung (für Deutschland: „Rechtsanwalt") sind, in einem anderem EWR-Staat die Rechtsberatung und gerichtliche Tätigkeit. Ausnahmen dürfen die Mitgliedstaaten lediglich für Tätigkeiten bei der „Abfassung förmlicher Urkunden" im Zusammenhang mit Nachlassverwaltungen und Grundstücksgeschäften vorsehen, soweit diese in dem betreffenden Staat durch Anwälte erbracht werden. 46

Ein besondere Überprüfung der Befähigung des grenzüberschreitend Tätigen erfolgt nicht; als hinreichender Nachweis wird die im Herkunftsstaat verliehene, auf Verlangen nachzuweisende (Art. 7 Abs. 1 RiLi) Bezeichnung als „Rechtsanwalt" o.Ä. erachtet. Bei der Erbringung der Dienstleistung im Aufnahmestaat muss der Anwalt unter seiner Berufsbezeichnung auftreten, die er im Herkunftsstaat, in dem er niedergelassen ist, führt. Der deutsche Rechtsanwalt kann also im Rahmen der Erbringung einer Dienstleistung etwa in England nicht die dortige Berufsbezeichnung „Solicitor" adaptieren, sondern muss sich als „Rechtsanwalt" bezeichnen. Allerdings kann er seiner einheimischen Berufsbezeichnung einen erklärenden, fremdsprachlichen Zusatz hinzufügen[1]. 47

In Übereinstimmung mit dem Richtlinienerlass vorangegangener Rechtsprechung[2] sieht die Richtlinie in Art. 4 Abs. 1 vor, dass für die Dienstleistungserbringung weder ein Wohnsitz im Aufnahmestaat noch die Zugehörigkeit zu einer anwaltlichen Berufsorganisation des Aufnahmestaats notwendig ist. Die sich hieraus ergebenden Probleme einer effektiven Unterwerfung des Anwalts unter eine Disziplinaraufsicht sind dahingehend gelöst worden, dass der Anwalt grundsätzlich sowohl das anwaltliche Berufsrecht des Staates, in dem er seine Niederlassung hat, als auch jenes des Aufnahmestaates, in dem er dienstleistend tätig wird, zu beachten hat. Dieser Grundsatz gilt uneingeschränkt für ein gerichtliches Tätigwerden; die Anforderungen bei nicht-forensischer Tätigkeit sind aufgrund einer sibyllinischen Bestimmung der Richtlinie in Art. 4 Abs. 4 weniger umfassend; hier sollen zusätzlich nur die in einem in Art. 4 Abs. 4 enthaltenen Katalog aufgezählten „Kern-Berufspflichten" des Aufnahmestaats zu beachten sein. 48

Beschränkt sich die Tätigkeit nicht auf den außergerichtlichen Bereich, so kann der Aufnahmestaat, vor dessen Gerichten der Anwalt tätig werden will, nach den Vorgaben der Richtlinie (Art. 5 2. SpStr.) verlangen, dass die „auswärtigen" Anwälte nur im Einvernehmen mit einem bei dem angerufenen 49

---

1 Benutzen mehrere Mitgliedstaaten dieselbe Berufsbezeichnung („*avocat*" z.B. in Belgien und Frankreich, „*Rechtsanwalt*" in Deutschland und Österreich), muss ein die Herkunft erkennen lassender Zusatz geführt werden.

2 EuGH NJW 1975, 1095 („*van Binsbergen*").

Gericht zugelassenen, einheimischen Anwalt auftreten. Die Notwendigkeit der Einschaltung eines solchen „Einvernehmensanwalts" durch diese sog. „Gouvernantenklausel" des Art. 5 RiLi hat seit dem Erlass der Richtlinie für viel Zündstoff gesorgt, stellt sie doch je nach Umsetzung durch die Mitgliedstaaten ein protektionistisches Instrumentarium zugunsten der einheimischen Anwaltschaften dar. Ursprüngliche Regelungen in den deutschen und französischen Implementierungsgesetzen sahen die Notwendigkeit der Einschaltung eines einheimischen Anwalts für jedes Gerichtsverfahren vor und bestimmten, dass der einheimische Einvernehmensanwalt selbst zum Prozessbevollmächtigten bestellt werden und in jeder Verhandlung gemeinsam mit dem „auswärtigen" Anwalt auftreten musste. Diese weitreichenden Beschränkungen sind vom EuGH für gemeinschaftsrechtswidrig befunden worden; die Mitgliedstaaten können das Einvernehmenserfordernis nicht auch auf solche Verfahrensarten erstrecken, in denen sich der Mandant in Ermangelung eines gesetzlichen Anwaltszwangs ohnehin keines (einheimischen) Anwalts bedienen müsste. Auch ist es den Mitgliedstaaten nach der Rechtsprechung des EuGH verwehrt, eine ständige Begleitung durch einen einheimischen Anwalt zu den Gerichtsterminen vorzusehen. Etwaig fehlende Kenntnisse des Verfahrensrechts o.Ä. berühren nach Auffassung des EuGH vorrangig das Innenverhältnis von Anwalt und Mandant in haftungsrechtlicher Hinsicht, können aber nicht derart weitreichende Einschränkungen der Handlungsfreiheit des Dienstleistungserbringers im Verhältnis zum Gericht rechtfertigen. Die nationalen Rechtsordnungen sehen im Lichte dieser Rechtsprechung nunmehr in der Regel vor, dass die Einschaltung eines Einvernehmensanwalts gegenüber dem Gericht nur bei der ersten Verfahrenshandlung nachgewiesen werden muss. Einige Umsetzungen der Richtlinie insbesondere in den jüngeren EU-Mitgliedsstaaten dürften hingegen nicht gemeinschaftsrechtskonform sein.

d) Anwaltliche Tätigkeit deutscher Rechtsanwälte außerhalb des EWR

50 Außerhalb des EWR-Raumes richtet sich die Möglichkeit einer Betätigung nach dem Recht des Aufnahmestaats und gegebenenfalls entsprechenden bi- oder multilateralen Abkommen wie dem GATS[1] (zu den Grundlagen oben Rz. 23ff.). Verallgemeinernde Aussagen sind demgemäß nicht möglich. Die nachfolgende Darstellung beschränkt sich auf die Betätigungsmöglichkeiten in den fünf bedeutendsten überseeischen Beratungsmärkten: Den Vereinigten Staaten von Amerika, Kanada, Australien, China und Japan.

aa) Vereinigte Staaten von Amerika

51 Für Fragen der anwaltlichen Berufsausübung besteht in den USA keine Bundeskompetenz, so dass in den Bundesstaaten der USA **keine einheitliche Regelung** der Marktöffnung für ausländische Anwälte existiert. In den Vereinigten Staaten ermöglicht lediglich ein Teil der Bundesstaaten ausländischen

---

1 Zu den verschiedenen Regulierungsmodellen, auf denen Trans-National Legal Practice beruhen kann, ausführlich *Terry*, S. 1382, 1386ff.

Anwälten eine Niederlassung als *Foreign Legal Consultant*. Noch deutlich seltener wird die vorübergehende, dienstleistende Tätigkeit als ausländischer Rechtsanwalt ermöglicht. Unbenommen bleibt es einem ausländischen Anwalt, nach Erwerb eines Master-Titels an einer von der *American Bar Association* akkreditierten US-Universität durch Ablegen eines *Bar-Exams* bei einer Anwaltskammer die Zulassung als *Attorney-at-Law* zu erwerben.

Eine **Niederlassung** als *Legal Consultant* wird im wichtigsten amerikanischen Beratungsmarkt, dem Bundesstaat **New York**, ausländischen Anwälten nach Maßgabe der *Rules and Regulations of the State of New York (NYCRR)* gestattet. Das Verfahren auf Zulassung als *Legal Consultant* erfolgt nicht bei der Rechtsanwaltskammer, sondern beim *New York State Supreme Court, Appellate Division*[1]. NYCRR Part 521[2], die sog. *„Rules Of The Court Of Appeals For The Licensing Of Legal Consultants"*, bestimmen hierbei die materiellen Anforderungen und die Rechtsfolgen der Zulassung, 22 NYCRR Part 610[3], die *Rules of the First Department* des *Court Of Appeals* das zu Grunde liegende Verfahrensrecht. Voraussetzung der Zulassung ist nach NYCRR § 521.1 eine hinreichende Berufserfahrung im Herkunftsstaat (mindestens 5 Jahre), ein Mindestalter (26 Jahre), eine berufliche Residenz in New York und berufliche und persönliche Unbescholtenheit. Nach NYCRR § 521.2 ist neben den Nachweisen der Berufsqualifikation auch ein Empfehlungsschreiben der einheimischen Rechtsanwaltskammer oder eines Richters eines Obergerichts beizufügen. Die Rechtsgebiete, auf denen beraten werden darf, sind nach NYCRR § 521.3 stark eingeschränkt, insbesondere ist weder ein forensisches Tätigwerden (Ausnahme: *pro hac vice*) noch die Beratung im Recht des Staats New York und im amerikanischen Bundesrecht gestattet[4]. Mit der Zulassung als *Legal Consultant* einher geht nach NYCRR § 521.4 die Pflicht zur Beachtung des *New York Code of Professional Responsibility*[5], aber auch das Recht, sich auf Anwaltsprivilegien zu berufen. Neben der Unterhaltung eines eigenständigen Büros ist es ausländischen Kanzleien auch möglich, mit einer einheimischen Anwaltskanzlei eine Bürogemeinschaft einzugehen, soweit in der Außendarstellung nicht der Eindruck einer Assoziierung erweckt wird. Denkbar ist nach amerikanischem Recht auch die Gründung einer auf die amerikanische Jurisdiktion beschränkten *local partnership* von ausländischer und einheimischer Sozietät, allerdings erwerben die Mitglieder der ausländischen Gesellschaft auf diese Weise kein automatisches Recht zur Rechtsberatung. 52

---

1 Informationen bei http://www.nycourts.gov/courts/ad1/Committees&Programs/CFC/index.shtml.

2 http://www.nycourts.gov/courts/appeals/521rules.htm.

3 http://www.nycourts.gov/courts/ad1/Committees&Programs/CFC/CFC_Part%20610.pdf.

4 Zu weiteren Ausnahmen *Morris*, in Godfrey (ed.), Law Without Frontiers, 1995, S. 161 f.

5 Die Rechtsberatung ohne eine Zulassung als *Legal Consultant* stellt eine „unauthorized practice of law" dar.

53 Vergleichbare Niederlassungsmöglichkeiten als *Foreign Legal Consultant* bestehen in 30 Bundesstaaten und im District of Columbia[1] (Stand Dezember 2010), so etwa in **Florida**[2], **Texas**[3] oder **Kalifornien**[4]. Staaten, die ebenfalls die Möglichkeit einer Niederlassung als Foreign Legal Consultant eröffnen, sind Alaska, Arizona, Connecticut, Delaware, der District of Columbia, Georgia, Hawaii, Idaho, Illinois, Indiana, Iowa, Louisiana, Massachusetts, Michigan, Minnesota, Missouri, New Jersey, New Mexico, North Carolina, North Dakota, Ohio, Oregon, Pennsylvania, South Carolina, Utah, Virginia und Washington. Es fallen Registrierungsgebühren zwischen 175 USD und 1 000 USD an (in New York sind keine Gebühren vorgesehen).

54 Die Eröffnung einer Möglichkeit der **vorübergehenden, dienstleistenden Tätigkeit** für ausländische Rechtsanwälte ist in den US-Bundesstaaten bislang noch die Ausnahme. Die American Bar Association hat zwar im August 2002 eine *Model Rule for Temporary Practice by Foreign Lawyers* verabschiedet. Nach ihr darf ein Rechtsanwalt in einem US-Bundesstaat vorübergehend Rechtsdienstleistungen erbringen, wenn sich diese Tätigkeit auf ein bevorstehendes oder anhängiges Verfahren vor einem ausländischen Gericht o.Ä. in der Rechtordnung bezieht, in der der Rechtsanwalt zugelassen ist, wenn die Rechtsberatung für einen außerhalb der USA niedergelassenen Mandanten erfolgt, wenn die Beratung sich auf eine Rechtssache bezieht, die einen substanziellen Bezug zur Rechtsordnung der Zulassung hat, wenn die Rechtsdienstleistung in Kooperation mit einem einheimischen Rechtsanwalt erfolgt oder die Beratung im ausländischen oder internationalen Recht erfolgt. Dieser Regelungsvorschlag ist bislang (Stand Oktober 2010) lediglich – jeweils mit mehr oder weniger ausgeprägten Modifikationen[5] – von Delaware, Florida, New Hampshire, North Carolina, Georgia, Pennsylvania und Virginia übernommen worden. Mehr als 20 weitere Bundesstaaten planen bereits konkret oder erwägen zumindest die Einführung von Regelungen für dienstleistende ausländische Rechtsanwälte[6].

bb) Kanada

55 In Kanada sind die Möglichkeiten einer Betätigung ausländischer Anwälte ebenfalls bundesstaatlich unterschiedlich geregelt[7]. Allerdings haben sich die bundesstaatlichen Anwaltskammern unter dem Dach der Federation of Law Societies of Canada (FLSC) auf ein *„inter-jurisdictional practice protocol"* zur Behandlung von *Foreign Legal Consultants* in Kanada verstän-

---

1 Vgl. http://www.abanet.org/cpr/mjp/for_legal_consultants.pdf; ausführlich *Silver/De Bruin*, Comparative Analysis of United States Rules Licensing Legal Consultants, 2006; ferner *Jaksic*, The National Law Journal, June 11, 2007.

2 Siehe http://www.floridabar.org (Unlicensed Practice > Foreing Legal Consultant).

3 Siehe http://www.ble.state.tx.us/one/flc_main2.htm.

4 Siehe http://www.calbar.ca.gov/state/calbar/calbar_generic.jsp?cid=10163.

5 Vgl. http://www.abanet.org/cpr/mjp/8_and_9_status_chart.pdf.

6 Siehe http://www.abanet.org/cpr/mjp/8_and_9_status_chart.pdf.

7 Vgl. im Einzelnen *Arnett*, in Godfrey (ed.), Law Without Frontiers, 1995, S. 165 ff.

digt[1], das weitgehend identische Niederlassungsvoraussetzungen in allen Teilrechtsordnungen Kanadas sicherstellt.

In **Ontario (Toronto)** müssen ausländische Anwälte gemäß By Law 14 vom 1. Mai 2007 i.d.F. vom 21. Mai 2009[2] durch die *Law Society of Upper Canada* als *foreign legal consultant* zugelassen werden, um im Recht ihres Herkunftsstaats beraten zu dürfen. Voraussetzungen sind sec. 4ff. By-Law: Berufliche Erfahrung im Heimatrecht während mindestens drei der letzten fünf Jahre, eine Residenz oder die Verpflichtung, eine Residenz in Ontario zu nehmen, berufliche *(good standing)* und persönliche Unbescholtenheit, der Nachweis einer Berufshaftpflichtversicherung, die Verpflichtung, die berufsrechtlichen Vorschriften Ontarios zu beachten und eine Unterwerfung unter die Disziplinargewalt der *Law Society of Upper Canada*. Anwälte, die den Nachweis einer mindestens dreijährigen Berufserfahrung nicht erbringen, können nach sec. 4(3) By-Law gleichwohl eine Zulassung als *foreign legal consultant* unter Aufsicht eines bereits zugelassenen *foreign legal consultant* erhalten. Als *foreign legal consultant* ist ein forensisches Tätigwerden nicht möglich, ebensowenig eine Vertretung von Parteien in Verwaltungsverfahren. Ausgeschlossen ist die Beratung im Recht Ontarios oder eines Drittstaats. Die *Law Society of Upper Canada* gestattet ihren Mitgliedern nicht, eine Bürogemeinschaft mit ausländischen Anwälten einzugehen. 56

Die Bestimmungen des Bundesstaats **British Columbia** (Vancouver) sind im Wesentlichen inhaltsgleich zu jenen Ontarios (Law Society Rule 405.1-10). In British Columbia ist der ausländische Anwalt ausdrücklich verpflichtet, in der Außendarstellung zusätzlich zu der Bezeichnung *Foreign Legal Consultant* einen Hinweis auf seinen Herkunftsstaat zu verwenden. 57

cc) Australien

Der 2006 vom *Standing Committee* der Justizminister der australischen Bundesstaaten und Territorien verabschiedete *Model Bill On The Legal Profession* enthält Regelungsvorschläge auch für die Tätigkeit ausländischer Rechtsanwälte in Australien. Die Bundesstaaten und Territorien haben die Vorgaben des *Model Bill On The Legal Profession* sowie die zugehörigen Model Regulations in ihr Berufsrecht übernommen. Die für die Niederlassung und Dienstleistung ausländischer Rechtsanwälte maßgeblichen Vorschriften finden sich in part 2.8. des *Model Bill*. 58

Niedergelassen darf ein ausländischer Rechtsanwalt nach part 2.8.5 als sog. „*Australian-registered foreign lawyer*" nach Zulassung im Recht des Staates seiner beruflichen Qualifikation beraten oder vertreten. Er darf in gesetzlich näher bestimmten Verfahren der alternativen Konfliktbeilegung agieren sowie in sonstigen gesetzlich vorgesehenen Konfliktbeilegungsverfahren auftreten, soweit es in diesen nicht zu einer Beweisaufnahme kommen kann 59

1 Eine Übersicht findet sich bei FLSC (ed.), Foreign Legal Consultants In Canada, Montreal 2000 (online abrufbar unter http://www.flsc.ca/en/pdf/flc.pdf).

2 http://www.lsuc.on.ca/media/bylaw14.pdf.

und die Anwendung ausländischen Rechts notwendig ist. Ein gerichtliches Tätigwerden ist ihm, außer in eigenen Angelegenheiten, nicht gestattet. Im „australischen" Recht darf der ausländische Rechtsanwalt nur beraten, soweit das australische Recht eine Begleitfrage des ausländischen Rechts betrifft oder wenn der Rechtsrat ausdrücklich auf einer Beratung des Anwalts durch einen australischen Berufsangehörigen beruht. Er ist – jedenfalls nach dem Model Bill – nicht auf die Tätigkeit in der australischen Teilrechtsordnung beschränkt, in der er registriert ist. Das Verfahren der Registrierung ist in sec. 2.8.19 ff. bestimmt, der Widerruf bzw. die Suspendierung der Registrierung in sec. 2.8.25 ff. Die jeweiligen Regelungen sind als Rahmengesetzgebung bewusst abstrakt gehalten. Notwendig ist eine Registrierung bei der *„domestic registration authority"*. Entweder handelt es sich hierbei um die zuständige bzw. die zuständigen Anwaltsorganisationen in der Teilrechtsordnung (z.B. in New South Wales) oder um eine übergeordnete Aufsichtsbehörde (z.B. das Legal Services Board in Victoria).

In der Außendarstellung (*„letterhead"*, *„identifying documents"*) muss der *„Australian-registered foreign lawyer"* auf diesen Status und auf die Beschränkung seiner Rechtsdienstleistungsbefugnisse hinweisen. Er kann hierbei, muss aber nicht auf die Rechtsordnung seiner professionellen Herkunft hinweisen. Der *„Australian-registered foreign lawyer"* kann sich nach part 2.8.7. im Rahmen der Niederlassung mit anderen ausländischen, aber auch mit inländischen Rechtsanwälten zusammenschließen oder als Direktor einer *incorporated legal practice*[1] tätig werden, soweit dies auch einem inländischen Rechtsanwalt möglich wäre. Auch kann er angestellt praktizieren. Er unterliegt vollumfänglich dem „australischen" Berufsrecht, ist aber nicht verpflichtet, Mitglied einer australischen Berufsorganisation zu werden (sec. 2.8.54.).

60 **Dienstleistend**, d.h. ohne Begründung einer Niederlassung in Australien (auch als „fly in and fly out" bezeichnet), darf ein ausländischer Rechtsanwalt nach sec. 2.8.4. in Australien im ausländischen Recht beraten, soweit er in einem Zwölf-Monatszeitraum nicht mehr als zusammen genommen 90 Tage praktiziert und keine Kanzlei unterhält. In diesem Fall ist er von der grundsätzlichen Registrierungspflicht für ausländische Rechtsanwälte befreit.

dd) Japan

61 In Japan ist ausländischen Anwälten ein Tätigwerden als *gaikokuho-jimu-bengoshi* (ausländischer Anwalt) nach Maßgabe des *Gaikoku Bengoshi Ho* (GBH-Gesetz über ausländische Anwälte) 1986/66 möglich[2]. Voraussetzun-

1 Hierzu *Kilian*, NZG 2004, 71 ff.

2 Gesetzestext unter http://www.jseinc.org/en/laws/foreign_lawyers.html. Zu Einzelheiten siehe *Kigawa*, Foreign Lawyers In Japan, [1989] 62 Southern California Law Review, S. 1490 ff.; *Finn*, Foreign Lawyers: Regulation of Foreign Lawyers In Japan, [1987] 28 Harvard International Law Journal, S. 126 ff.; *Dwyer*, The Door Only Opens Out: Japan's Special Measures Law For Regulation Of Foreign Attorneys, [1995] 18 University Of Hawaii Law Review 257 ff.

gen für eine Zulassung sind eine anwaltliche Tätigkeit von mindestens fünf Jahren im Heimatstaat, ein guter Leumund und ausreichende finanzielle Ressourcen, um ein Büro in Japan und eine Haftpflichtversicherung zu unterhalten. Das Tätigkeitsfeld ist auf das Recht des Heimatstaats sowie unter Umständen weiterer Jurisdiktionen beschränkt, für die Rechtskenntnisse nachgewiesen werden (Art. 3 GBH ff.). Eine Vertretung von Mandanten vor Gerichten oder Behörden ist nicht möglich. Eine weitere Einschränkung besteht dahingehend, dass bei der Beratung nicht familien-, erb- oder grundstücksrechtliche Belange japanischer Staatsbürger betroffen sein dürfen, soweit die Beratung nicht gemeinsam mit einem japanischen Rechtsanwalt erfolgt oder sich der ausländische Rechtsanwalt zumindest von einem solchen zuvor hat beraten lassen. Mit der Registrierung als *gaikokuho-jimu-bengoshi* einher geht die Unterwerfung unter das japanische Berufsrecht für alle in Japan entfalteten Tätigkeiten. Eine praktische Hürde besteht durch das Erfordernis, dass sich der ausländische Anwalt nach Art. 48 Abs. 1 GBH mindestens 180 Tage im Jahr in Japan aufhalten muss. Der ausländische Anwalt kann sich mit einheimischen oder ausländischen Anwälten Büroräume teilen. Möglich ist auch, ein Joint Venture mit einer japanischen Kanzlei einzugehen (Art. 49–2 GBH) und in der Außendarstellung den Namen der Heimatkanzlei anstelle des persönlichen Namens des Anwalts zu nutzen[1]. Seine Kanzlei muss den Namen *gaikokuho-jimu-bengoshi-jimusho* tragen (Art. 45 Abs. 1 GBH). Der Rechtsanwalt selbst muss sich als *gaikokuho-jimu-bengoshi* bezeichnen, die Berufsbezeichnung des Herkunftsstaates darf nur ergänzend geführt werden (Art. 44 GBH).

ee) Volksrepublik China

Die Tätigkeit ausländischer Rechtsanwälte ist in einer Verordnung über die Verwaltung von ausländischen Rechtsanwaltskanzleien in China (外国律师事务所驻华代表机构管理条例) aus dem Jahr 2002[2] geregelt[3]. Möglich ist nur die Gründung eines Repräsentanzbüros einer bereits im Ausland praktizierenden Rechtsanwaltssozietät (§ 6 VO). Der Leiter des Büros muss über eine dreijährige Auslandserfahrung verfügen. Zu den der Genehmigungsbehörde vorzulegenden Unterlagen gehört u.a. der Sozietätsvertrag (§ 8 VO). Der Antrag ist bei der Justizverwaltungsbehörde (政府司法行政部门) auf Provinzebene einzureichen, entschieden wird über den Antrag aber durch die Justizabteilung des Staatsrates binnen einer Sechs-Monats-Frist. Ein Anspruch auf Zulassung besteht nicht, der Staatsrat kann vielmehr eine Bedürfnisprüfung vornehmen. Im Falle einer Genehmigung 62

1 Näher *Henderson*, The Role Of Lawyers In Japan, in: Baum, Japan – Economic Success And Legal System, 1997, S. 66.

2 Erlass des Staatsrates Nr. 338.

3 Hierzu *o. Verf.*, Newsletter der Deutsch-Chinesischen Juristenvereinigung 2002/2, S. 25f. Allgemein zur Tätigkeit ausländischer Anwälte in China Lamb, Die Entwicklung und heutige Stellung der Anwaltschaft in China, 2003, S. 168 ff. (die dortige Schilderung des rechtlichen Rahmens basiert noch auf den Verwaltungsvorschriften des Jahres 1992, die bis Ende 2001 die Tätigkeit ausländischer Kanzleien in China regulierten).

wird eine Lizenz erteilt, aufgrund derer eine Registrierung bei der regionalen Justizbehörde erfolgen kann und die Rechtsdienstleistungsbefugnis entsteht. Sie ist auf die Beratung im ausländischen Recht und im Rahmen von internationalen Verträgen beschränkt (§ 15 VO). Zur Beratung im chinesischen Recht sind ausländische Kanzleien nicht befugt, sie dürfen aber über das chinesische Rechtssystem informieren (§ 15 Nr. 5 VO) und chinesische Kanzleien mit der Vertretung ausländischer Mandanten in China beauftragen. Zulässig ist eine langfristige Zusammenarbeit mit einer chinesischen Kanzlei (§ 15 Nr. 4 VO), aus der die Möglichkeit der Beratung im chinesischen Recht erwächst. Da § 16 VO ein Verbot der Beschäftigung chinesischer Rechtsanwälte bestimmt, kann die Beschränkung auch nicht durch die Tätigkeit einheimischer Rechtsanwälte umgangen werden.

III. Organisation der transnationalen Berufsausübung

Literatur:

Commichau, Zulässigkeit des Hinweises auf ausländische Kooperationspartner auf Anwaltsbriefbogen, IPRax 1994, 277; *Fedtke*, Anwaltsmarkt Europa, 1999; *Fedtke*, Eintrittsstrategien in den europäischen Anwaltsmarkt, in: DACH (Hrsg.), Das künftige Berufsbild des Anwalts in Europa, 2000, S. 1; *Geck*, Strategische Allianzen und ihre Rechtsformen, DB 1991, 1337; *Hellwig*, Formen der Gestaltung der Zusammenarbeit mit dem ausländischen Anwalt, AnwBl. 1996, 124; *Hemmelrath*, Kooperationen und Gesellschaftsrecht, in: Schwappach, EG-Rechtshandbuch für die Wirtschaft, 1991; *Rummel*, Formen der Kooperation von Anwälten aus deutscher Sicht, in: DACH (Hrsg.), Formen anwaltlicher Zusammenarbeit in Europa, 1995, S. 23; *Schneider*, Von der losen Kooperation nach dem Best-Friends-System zur überörtlichen oder gar transnationalen Sozietät, AnwBl. 1991, 565; *Straube*, Zur gesellschaftsrechtlichen Organisation der zwischenbetrieblichen Kooperation im Europäischen Binnenmarkt, in: FS Kastner, 1992, S. 421; *Vorbrugg*, Der deutsche Anwalt im internationalen Wettbewerb, AnwBl. 1989, 451; *Vorbrugg/Salzmann*, Überregionale Anwaltskooperationen, AnwBl. 1996, 129; *Zuck/Eich*, Vertragsgestaltung bei Anwaltskooperationen, 1995.

1. Einleitung

63 Von der Frage der Berufsausübungsbefugnis der in einer Kanzlei im In- und Ausland tätigen Berufsträger zu unterscheiden ist das Problem, wie eine Kanzlei ihr transnationales Geschäft organisiert und wie Berufsträger in die kanzleitragenden Strukturen eingebunden werden können. Entsprechende Fragestellungen ergeben sich sowohl mit Blick auf die Berufsorganisation im Inland als auch mit Blick auf die Aktivitäten im Ausland.

2. Transnationale Sozietät

a) Inlandsbezogene Organisationsfragen

64 Gemäß § 59a Abs. 3 BRAO sind niedergelassene europäische Anwälte i.S.d. EuRAG (oben Rz. 4ff.) sowie Angehörige von Rechtsanwaltsberufen, die gemäß § 206 BRAO zur Niederlassung in Deutschland berechtigt sind (oben Rz. 23ff.), (nach deutschem Berufsrecht) sozietätsfähig. Nach dem Berufs-

recht des Herkunftsstaats kann dem niedergelassenen europäischen Rechtsanwalt (oder dem integrierten Anwalt, der Mitglied des Berufsverbandes seines Herkunftsstaats bleiben möchte) die **Vergesellschaftung** insbesondere dann untersagt sein, wenn die deutsche Sozietät interprofessionell strukturiert ist und im Herkunftsstaat solche Zusammenschlüsse nicht zulässig sind (unten Rz. 73).

Der deutsche Gesetzgeber hat im EuRAG auf eine eigenständige Umsetzung 65
der durch Art. 8 RiLi 98/5/EG geregelten Möglichkeit einer Berufsausübung des niedergelassenen europäischen Rechtsanwalts im abhängigen Beschäftigungsverhältnis verzichtet. Die Richtlinie sieht in Art. 8 vor, dass für einen Rechtsanwalt eine Tätigkeit im Ausland als **abhängig Beschäftigter** möglich ist, wenn der Aufnahmestaat diese unselbstständige Berufsausübung seinen eigenen Rechtsanwälten gestattet. Eine ausdrückliche Umsetzung dieser Richtlinienbestimmung war aufgrund der durch den Verweis in § 6 Abs. 1 EuRAG begründeten Anwendbarkeit des Dritten Teils der BRAO entbehrlich. In einigen Rechtsordnungen ist die Berufsausübung in Anstellung weiterhin unzulässig, so dass nicht das deutsche, wohl aber das ausländische Berufsrecht die angestellte Tätigkeit ausländischer Rechtsanwälte in Deutschland unterbinden kann. Zu klären ist insoweit, ob das Verbot angestellter Tätigkeit im jeweiligen Berufsrecht statusbezogen uneingeschränkte Geltung beansprucht, d.h. auch bei einer Auslandstätigkeit.

b) Auslandsbezogene Organisationsfragen

aa) Zweigniederlassungen im Ausland

Je nach strategischer Ausrichtung einer transnational tätigen Kanzlei wird der 66
Aufbau einer Niederlassung im Ausland, in der auch deutsche, im Aufnahmestaat im Sinne des Art. 4 RiLi 98/5/EG registrierte Rechtsanwälte (oben Rz. 38) der Sozietät tätig sind, von Interesse sein. § 29a Abs. 1 BRAO stellt aus Sicht des deutschen Berufsrechts klar, dass **Zweigstellen im Ausland** zulässig sind. § 29a Abs. 2 BRAO erlaubt die Zulassung bzw. verhindert den Verlust der Zulassung als Rechtsanwalt, wenn der Anwalt seiner Kanzleipflicht nur durch die Unterhaltung einer Kanzlei außerhalb Deutschlands nachkommt[1]. Für den nur im Ausland niedergelassenen Rechtsanwalt besteht die Pflicht zur Entrichtung von Kammerbeiträgen in Deutschland fort[2] (siehe auch unter Rz. 144). Gleiches gilt für die Mitgliedschaft im Versorgungswerk[3].

Europarechtlich unterscheiden sich die Voraussetzungen des Niederlas- 67
sungsrechts je nachdem, ob es sich um die „Aufnahme" einer Tätigkeit oder um die Gründung eines zusätzlichen wirtschaftlichen Stützpunkts im Ausland handelt. Das Recht zur „Aufnahme" einer Tätigkeit in einem anderen Mitgliedstaat steht allen Angehörigen eines Mitgliedstaates zu. Unter der Aufnahme sind die erstmalige Ausübung einer bestimmten Tätigkeit so-

1 Entgegenstehende Regelungen sind 1984 vom EuGH im Verfahren *Klopp* (NJW 1985, 1275) für gemeinschaftsrechtswidrig erklärt worden.
2 AGH Celle BRAK-Mitt. 2006, 280.
3 BVerfG NJW 2001, 2111.

wie die grenzüberschreitende Verlagerung einer bereits ausgeübten Tätigkeit zu verstehen[1]. Das Recht zur Gründung sekundärer Niederlassungen steht dagegen nur Angehörigen eines Mitgliedstaates zu, die bereits in einem Mitgliedstaat (nicht notwendig ihrem Heimatstaat) ansässig sind, d.h. dort ihre wirtschaftliche Tätigkeit ausüben[2]. So fällt beispielsweise eine im Nicht-EWR-Ausland zugelassene Anwaltsgesellschaft mit EWR-Satzungssitz, die sich unter Aufgabe ihrer Tätigkeit im Nicht-EWR-Ausland in der Gemeinschaft niederlässt, unter die Gewährleistungen der Niederlassungsfreiheit. Will sie dagegen unter Beibehaltung ihrer Kanzlei im Nicht-EWR-Ausland ein weiteres Büro im EWR eröffnen, so kann sie sich hierbei nicht auf die Niederlassungsfreiheit berufen[3].

68 Die Niederlassungsfreiheit beschränkt sich hierbei nicht auf das Recht zur Gründung einer Zweitniederlassung, sondern erlaubt die Schaffung **mehrerer Niederlassungen** im Binnenmarkt[4]. Der EuGH hat in der Rechtssache *Klopp* das Recht Selbständiger betont, „im Gebiet der Gemeinschaft mehr als eine Stätte für die Ausübung einer Tätigkeit einzurichten und beizubehalten"[5].

69 Mit Blick auf die Sozietät regelt Art. 11 RiLi 98/5/EG die grundsätzlich bereits durch Art. 49, 54 AEU gewährleistete Niederlassungsfreiheit für Gesellschaften anwaltsspezifisch. Die gesellschaftsrechtlichen Regelungen der Richtlinie bezwecken, dass Anwälte, die in ihrem Herkunftsstaat im Rahmen einer Anwaltsgesellschaft praktizieren, ihren Beruf auch in allen anderen Mitgliedstaaten gemeinsam ausüben können. Da die Rechtsformen, in denen sich Anwälte assoziieren können, **EU-weit** stark variieren und es teilweise für bestimmte Gesellschaftsformen in den jeweiligen Mitgliedstaaten keine Entsprechung gibt (siehe hierzu die Übersicht in G Rz. 119ff.), bedient sich Art. 11 RiLi 98/5/EG des neutralen Begriffs der „Gruppe".

70 „**Gruppe**" ist gemäß Art. 1 Abs. 2 lit. e RiLi 98/5/EG jeder nach dem Recht des Mitgliedstaats errichtete Zusammenschluss mit oder ohne Rechtspersönlichkeit, in dem Rechtsanwälte ihre Berufstätigkeit gemeinsam oder unter einem gemeinsamen Namen ausüben. Die Rechtsform, in die eine „Gruppe" gekleidet ist, richtet sich hierbei gemäß Art. 11 Nr. 2 RiLi 98/5/EG und Art. 49 Abs. 2 AEU nach dem Recht des jeweiligen Aufnahmestaats. Art. 11 Nr. 1 RiLi 98/5/EG gestattet es Anwälten, die in ihrem Herkunftsstaat Mitglied derselben „Gruppe" sind, eine Tätigkeit als registrierter Anwalt im Rahmen einer **Zweigstelle** oder Agentur ihrer „Gruppe" im Aufnahmestaat auszuüben, wenn im fraglichen Staat den einheimischen Anwälten eine gemeinsame Berufsausübung gestattet ist. Art. 11 Nr. 1 RiLi 98/5/EG enthält allerdings eine Vorbehaltsklausel, nach der die Assoziierungsmöglichkeit in einer Zweigstelle in der Rechtsform des Herkunfts-

1 Der Verbleib von Betriebsteilen im Herkunftsstaat ist hierbei unschädlich, sofern diese organisatorisch oder wirtschaftlich von der Zentrale abhängig sind; Henssler/Prütting/*Lörcher*, EuRAG Einl. Rz. 17.
2 Groeben/Schwarze/*Tiedje*/*Troberg*, EUV/EG, Art. 48 Rz. 14.
3 Beispiel nach Henssler/Prütting/*Lörcher*, EuRAG Einl. Rz. 17.
4 So auch *Steindorff*, EuR 1988, 19, 22f. und *Rabe*, NJW 1987, 2185, 2190.
5 EuGH Slg. 1984, 2971 = NJW 1985, 1275, Tz. 19 – Klopp.

staats ausnahmsweise ausgeschlossen ist, wenn der Aufnahmestaat sie nach nationalem Recht nicht gestattet und diese nationalen Vorschriften im allgemeinen Interesse zum Schutz der Mandanten und Dritter gerechtfertigt sind[1].

Bei einer transnationalen Assoziierung i.S.d. Art. 11 Nr. 1 RiLi 98/5/EG ist der Anwalt gemäß Art. 11 Nr. 4 RiLi 98/5/EG verpflichtet, seine gesellschaftsrechtlichen Verflechtungen im Heimatstaat gegenüber der zuständigen Behörde des Aufnahmestaats durch „zweckdienliche Auskünfte" offenzulegen. Bezweckt ist hierdurch ein effektiver Verbraucherschutz, da auf diese Weise die ansonsten grenzüberschreitend nur erschwert eruierbaren Haftungsverhältnisse der im Aufnahmestaat durch eine Zweigstelle tätig werdenden Gruppe transparent gemacht werden. 71

Neben einer Präsenz im Ausland durch eine Zweigstelle der in Deutschland beheimateten Kanzlei ermöglicht Art. 11 Nr. 1 RiLi 98/5/EG im Ausland registrierten Rechtsanwälten die Berufsausübung auch in einer „**Gruppe**" nach den im Aufnahmestaat für Assoziierungen vorgesehenen Rechtsformen. Unerheblich ist, ob die in der Gruppe zusammengeschlossenen registrierten Anwälte aus demselben Herkunftsland oder verschiedenen Herkunftsländern stammen (Art. 11 Nr. 3 lit. a RiLi 98/5). Auch ist eine Assoziierung mit einheimischen Rechtsanwälten des Aufnahmestaats möglich (Art. 11 Nr. 3 lit. a RiLi 98/5/EG). 72

Art. 11 Nr. 5 RiLi 98/5/EG ermöglicht den Mitgliedsstaaten bei der Implementierung der Richtlinie die Beschränkung der Zulässigkeit von einem Tätigwerden in Zweigstellen für Anwälte, die im Herkunftsstaat interprofessionellen Zusammenschlüssen angehören. Diesen kann der Aufnahmestaat das Recht verweigern, sich in seinem Gebiet als Mitglied des betreffenden Zusammenschlusses zu betätigen, soweit nach seinem Berufsrecht entsprechende interprofessionelle Zusammenschlüsse verboten sind und die betroffenen ausländischen Anwälte in ihrem Herkunftsstaat Mitglied eines interprofessionellen Zusammenschlusses sind, in dem nicht-anwaltliche Berufsträger 73

- ganz- oder teilweise das Kapital halten[2] oder
- dort unter derselben Bezeichnung wie die anwaltlichen Berufsträger tätig sind oder
- de facto oder de jure die Entscheidungsbefugnis in der Gesellschaft ausüben.

Durch Art. 11 Nr. 5 RiLi 98/5/EG soll verhindert werden, dass nationale Assoziierungsverbote auf dem Umweg über das Europarecht ausgehebelt werden[3]. Für deutsche Sozietäten stellt Art. 11 Nr. 5 RiLi 98/5/EG ein ernsthaftes Hindernis dar, da die meisten Staaten des EWR interprofessionelle Sozietäten nicht gestatten.

1 Kritisch zu dieser Einschränkung *Henssler*, ZEuP 1999, 689, 707.
2 Entwürfe der Richtlinie sahen weniger einschneidend vor, dass eine Untersagung nur möglich sein sollte, wenn das Kapital ganz oder überwiegend von Nicht-Anwälten gehalten wird.
3 Kritisch zum Regelungsanliegen *Henssler*, ZEuP 1999, 689, 708.

74 Soweit Mitgliedstaaten von der Ermächtigung des Art. 11 Nr. 5 RiLi 98/5/EG Gebrauch machen, bleibt nur der Ausweg, anstelle einer rechtlich unselbstständigen Zweigstelle im Aufnahmestaat eine **rechtlich unabhängige Gesellschaft** zu gründen, deren Gesellschafter alle oder zum Teil anwaltliche Berufsträger auch der Sozietät im Herkunftsstaat sind. Dieser „Kunstgriff" ist deutschen Sozietäten mittlerweile möglich, da das früher § 59a Abs. 1 BRAO entnommene Verbot der Sternsozietät, d.h. die Zugehörigkeit eines Rechtsanwalts zu mehr als einer Berufsausübungsgesellschaft, Ende 2007 aufgehoben worden ist[1].

75 In der **Außendarstellung** können die im Aufnahmestaat tätigen Rechtsanwälte gemäß Art. 12 RiLi 98/5/EG unbeachtlich der dort gewählten Organisationsform den Namen der Sozietät angeben, der sie in Deutschland angehören. Die Mitgliedstaaten können im nationalen Recht vorsehen, dass zusätzlich auch die Rechtsform der Sozietät im Herkunftsstaat und die dort in ihr tätigen Mitglieder anzugeben sind. In Ermangelung genauerer Vorgaben ist davon auszugehen, dass ein abgekürzter herkunftssprachlicher Rechtsformzusatz ausreichend ist und der Begriff „Mitglieder der Gruppe" nur die Gesellschafter im Herkunftsstaat meint.

bb) Fazilitäten im Ausland

76 Beabsichtigt eine deutsche Sozietät, ihre Rechtsanwälte im Sinne der Richtlinie 77/249/EWG im Ausland lediglich dienstleistend einzusetzen (oben Rz. 46ff.), besteht die Möglichkeit, an einem ausländischen Standort die notwendige Infrastruktur für einen solchen Einsatz vorzuhalten. Der EuGH hat im Verfahren *Gebhard*[2] entschieden, dass eine vorübergehende Tätigkeit nicht bereits deshalb zu einer Niederlassung führt, weil sich der Dienstleistungserbringer im Aufnahmestaat eine bestimmte Infrastruktur wie z.B. Büroräume zulegt, soweit diese bei verständiger Würdigung zur sachgerechten **Erbringung der Dienstleistung** notwendig ist[3]. Erst wenn in einem anderen Mitgliedstaat in „stabiler und kontinuierlicher" Weise eine Berufstätigkeit ausgeübt wird, indem dort etwa eine regelrechte Kanzlei unterhalten und gezielt Akquisition betrieben wird, fällt die Tätigkeit unter das (sekundärrechtlich strengere Anforderungen stellende) Niederlassungsrecht. Ob es sich hierbei um eine regelrechte „Zweigniederlassung" handelt, ist für die Beurteilung ohne Bedeutung. Ausreichend für eine Anwendbarkeit des Niederlassungsrechts ist allgemeiner das Vorliegen eines Berufsdomizils, „das von dem eigenen Personal des Unternehmens oder von einer Person geführt wird, die zwar unabhängig, aber beauftragt ist, auf Dauer für dieses Unternehmen wie eine Agentur zu handeln"[4]. Zur Abgrenzung der Dienstleistungserbringung in einer ausländischen Fazilität von der Niederlassung präzisierte der EuGH in der Entscheidung *Gebhard*, dass der vorübergehende Charakter

1 *Koch/Kilian*, Rz. B 850.
2 EuGH Slg. 1995, I-4165 = NJW 1996, 479 = EuZW 1996, 92.
3 Vgl. auch von der Groeben/Schwarze/*Tiedje/Troberg*, EUV/EGV, Art. 43 Rz. 12f.
4 EuGH Slg. 1986, 3755 = NJW 1987, 572, Tz. 21 – Kommission/Deutschland.

der Dienstleistungen unter Berücksichtigung ihrer Dauer, Häufigkeit, regelmäßigen Wiederkehr oder ihrer Dauerhaftigkeit zu beurteilen sei.

Im Einzelfall kann zweifelhaft sein, welchen Regeln ein Leistungserbringer unterworfen ist, der zwar immer nur **für kurze Zeiträume, jedoch regelmäßig** in einem anderen Land tätig wird. Eine Dienstleistung liegt in solchen Fällen nur vor, wenn sich der **Tätigkeitsschwerpunkt** des Leistungserbringers in einem anderen Mitgliedstaat befindet als dem Aufenthaltsstaat[1]. Längere Tätigkeiten im Ausland führen freilich nicht ohne Weiteres zur Annahme einer Niederlassung: So muss ein Anwalt etwa die Möglichkeit haben, sich zu einem langwierigen Schiedsverfahren oder zu komplexen Vertragsverhandlungen für längere Zeiträume im Gastland aufzuhalten, ohne deshalb als dort niedergelassen zu gelten[2]. Die Unterhaltung von Kanzleiräumen, Hinweise hierauf durch ein Kanzleischild und die Anstellung einer Teilzeitsekretärin sollen demnach im Rahmen der Dienstleistungsfreiheit zulässig sein, die kontinuierliche Beschäftigung eines juristischen Mitarbeiters vor Ort hingegen eine ständige Basis begründen, die dem Niederlassungsrecht unterfällt[3]. 77

c) Außendarstellung

Einer der berufsrechtlich problematischsten Bereiche für international tätige Sozietäten ist die Frage der möglichen Außendarstellung. In Zusammenfassung des bereits bei den verschiedenen Organisationsformen Ausgeführten gilt für deutsche Sozietäten[4] Folgendes: 78

Der ausländische Rechtsanwalt muss gemäß § 5 Abs. 1 EuRAG bzw. § 206 Abs. 1 BRAO bei der beruflichen Tätigkeit in Deutschland seine **ausländische Berufsbezeichnung** führen; nicht gestattet ist ihm die alleinstehende Führung einer Übersetzung der ausländischen Berufsbezeichnung (z.B. „englischer Rechtsanwalt"). Ein erklärender Zusatz zum Heimattitel ist als unbedenklich anzusehen („Solicitor – englischer Rechtsanwalt"), soweit nicht der Eindruck einer Doppelqualifikation („Solicitor – Rechtsanwalt") erweckt wird[5]. Ein erklärender Zusatz kommt einem berechtigten Informationsbedürfnis des rechtsuchenden Publikums nach, das nicht ohne weiteres etwas mit ausländischen Berufsbezeichnungen wird anfangen können. Ein solcher erklärender Zusatz bietet sich zudem an, wenn die fremdsprachliche Berufsbezeichnung in mehreren Rechtsordnungen verwendet wird (z.B. *Advokat* in Finnland, Schweden, Norwegen und Dänemark, *Avocat* in Belgien, Luxemburg und Frankreich, *Advocaat* in Belgien und den Niederlanden, *Solicitor* und *Barrister* in Großbritannien (England und Wales, Schottland sowie Nordirland) und Irland; *Avvocato* in Italien und Teilen der Schweiz). 79

1 So Generalanwalt Léger in der Rechtssache *Gebhard*, EuGH Slg. 1995, I-4165, Tz. 37 der Schlussanträge.
2 Henssler/Prütting/*Lörcher*, Einl EuRAG, Rz. 108f.
3 So Henssler/Prütting/*Lörcher*, Einl EuRAG, Rz. 109.
4 Hinsichtlich der allgemeinen Anforderungen an die Außendarstellung einer Sozietät, insbesondere auf Drucksachen und Briefbögen, siehe M Rz. 173ff.
5 Str., weiter etwa *Feuerich/Weyland*, § 43b Rz. 41; enger *Ring*, S. 64.

80 Die **werbliche Herausstellung der Tätigkeit ausländischer Anwälte** in der Kanzlei durch eine Wendung „Internationale Sozietät von Rechtsanwälten und *[ausländischer Anwaltstitel]*" ist berufsrechts- und wettbewerbswidrig, wenn keinem ausländischen Anwalt in der Sozietät eine Partnerstellung zukommt. Gleiches gilt, wenn der ausländische Anwaltstitel im Sinne eines Sammelbegriffs im Plural verwendet wird, tatsächlich aber nur einer der Partner ausländischer Anwalt ist. Enthält die Kanzleibezeichnung den Begriff „Associates", erweckt dies den Eindruck, dass es sich um den Zusammenschluss mehrerer Rechtsanwälte im Bereich des internationalen Rechtsverkehrs handelt. Dieser erweckte Eindruck ist auch dann zutreffend und nicht irreführend i.S.d. § 43b BRAO, § 6 BORA, wenn lediglich einer der Berufsträger über eine Anwaltszulassung im Ausland verfügt[1]. Der Begriff „Associates" kann aber auch nach Maßgabe des § 8 BORA als Bezeichnung der Kooperationspartner einer Kanzlei verwendet werden, da er nicht zwingend als ein Hinweis auf eine Vergesellschaftung zu verstehen ist[2].

81 Hinweise auf Niederlassungen im Ausland sind unproblematisch[3]. § 10 Abs. 3 BORA verlangt bei der Unterhaltung mehrerer Kanzleien, dass für jeden auf einem Briefbogen genannten Berufsträger dessen Kanzleianschrift zu nennen ist. Insoweit besteht ggf. eine Verpflichtung, den ausländischen Kanzleistandort mit Adresse und den üblichen Kontaktdetails anzugeben. Eine Hinweismöglichkeit besteht auch dann, wenn es sich bei dem ausländischen Büro um die Anschrift einer **ausländischen Sozietät** handelt, mit der eine **Kooperationsvereinbarung** besteht, aus der ein verbindliches Benutzungsrecht der Räume und Einrichtungen folgt[4].

82 § 10 Abs. 1 BORA verlangt, dass auf Briefbögen einer Sozietät die Namen sämtlicher **Gesellschafter** sowie die durch Nennung in der Kurzbezeichnung der Kanzlei zu **Sozii kraft Rechtsscheins** gemachten Mitarbeiter (vgl. § 10 Abs. 1 S. 2 BRAO) mit mindestens einem ausgeschriebenem Vornamen aufgeführt werden müssen. Regelungsanliegen ist, dass eine entsprechende Auflistung als Informationsquelle für den Rechtsverkehr die fehlende Registerfähigkeit der GbR als klassische anwaltliche Organisationsform ersetzen soll. § 10 Abs. 1 BORA beansprucht allerdings – im Hinblick auf das Regelungsanliegen unverständlicherweise – Geltung für alle Gesellschaftsformen und damit auch für die durch eine eingeschränkte Gesellschafterhaftung gekennzeichnete und registerpflichtige Partnerschaftsgesellschaft, Rechtsanwaltsgesellschaft mbH und Anwalts-AG. Der BGH und das BVerfG haben freilich verfassungsrechtliche Bedenken gegen § 10 BORA zurückgewiesen[5].

83 Die Befolgung der Vorgaben des § 10 BORA bereitet bereits auf nationaler Ebene Schwierigkeiten, da eine Auswahl aufgrund des Regelungsanliegens der Vorschrift nicht möglich ist und u.U. mehrere Hundert Berufsträger nicht in der klassischen „Partnerspalte" eines Sozietätsbriefbogens auf-

---

1 BGH NJW 2005, 1770; a.A. AGH Hamm NJW 2004, 1537f.
2 BayAGH BRAK-Mitt. 2007, 224, 226f.
3 *Feuerich/Weyland*, § 43b Rz. 41.
4 OLG Hamm NJW 1993, 582.
5 NJW 2002, 1419; NJW 2002, 2163.

geführt werden können. Die Möglichkeit des mittlerweile verbreitet praktizierten Ausweichens auf die Rückseite des Briefbogens stößt bei großen multinationalen Sozietäten ersichtlich an Grenzen. Es müssen hier sachgerechte Lösungen möglich sein, zumal bei der Annahme, dass bei einer multinationalen Sozietät nicht automatisch ein Gesamtmandat erteilt wird (s.u. Rz. 113ff.), das Regelungsanliegen des § 10 BORA bei grenzüberschreitenden Sachverhalten nur eingeschränkt angesprochen ist. Sinnvoll erscheint etwa eine in die BORA aufzunehmende Regelung, dass auf die Auflistung sämtlicher Gesellschafter verzichtet werden kann, wenn bei den für die jeweiligen Kanzleistandorte zuständigen Rechtsanwaltskammern ein aktuell zu haltendes, allgemein einsehbares Gesellschafterverzeichnis hinterlegt wird, auf das auf dem Briefbogen hinzuweisen ist.

Im Übrigen beanspruchen die für überörtliche Sozietäten entwickelten Grund- 84
sätze Geltung. Demnach muss der Kanzleiort jedes auf Briefbögen aufgeführten Berufsträgers klar und eindeutig erkennbar sein (§ 10 Abs. 3 BORA)[1]. Bei einem isolierten Hinweis auf die in der Sozietät tätigen Anwaltsberufe (z.B. „Rechtsanwälte – Avocats – Solicitors"; eine solche Kopfzeile setzt nicht voraus, dass alle in der Kopfzeile genannten Personen über sämtliche Qualifikationen gleichzeitig verfügen[2]) hat in einer Randleiste o.Ä. eine **Zuordnung von Berufsträgern, Berufsqualifikationen und Standorten** zu erfolgen[3].

Ebenso wie die überörtliche muss auch die multinationale Sozietät eine **ein-** 85
heitliche Kurzbezeichnung führen (§ 9 Abs. 1 Satz 2 BORA)[4]. Problematisch ist insofern, dass sich multinationale Sozietäten hieran im nationalen Rahmen halten, aber grenzüberschreitend unter unterschiedlichen Bezeichnungen auftreten, indem dem Namen der dominierenden „Muttergesellschaft" jeweils der Name des nationalen „Juniorpartners" hinzugefügt wird, um die Wirkungen der starken internationalen *Brand* durch den Marketingeffekt des national verwurzelten Namens zu potenzieren. Nationales Berufsrecht hält für solche grenzüberschreitenden Strategien keine Antworten bereit.

3. Transnationale Kooperation

a) Kooperationsformen

An Stelle der Begründung eigener Zweigniederlassungen (oben Rz. 66ff.) 86
oder des Vorhaltens von Fazilitäten, die für vorübergehende Tätigkeiten von Sozietätsangehörigen im Ausland genutzt werden (oben Rz. 76ff.), ist ein alternativer Weg zu einer Präsenz in Auslandsmärkten eine Kooperation mit ausländischen Kanzleien. Der BGH hat eine Kooperation „als Zusammenarbeit ohne bestimmte gesellschaftsrechtliche Verpflichtungen als Partner einer Anwaltssozietät oder einer EWIV" beschrieben[5]. Hiervon ausgehend, wird im anwaltlichen Bereich traditionell zwischen dem Best-

1 Vgl. bereits BGH BB 1993, 85; BGH MDR 1994, 944.
2 OLG Karlsruhe NJW 1992, 1114.
3 Für die nationale interprofessionelle Sozietät BGH NJW 1994, 2288.
4 OLG Hamm NJW 1994, 868.
5 BGH NJW 1993, 1331, 1332.

Friends-System, dem Club-System und der Allianz-Lösung unterschieden[1], die in ihrem Wesen über eine ad hoc etablierte Einzelfallkooperation hinausgehen.

87 In einem **Best-Friends-System** liegt – anders als bei einer Einzelfallkooperation – zwar bereits eine auf Dauer angelegte berufliche Zusammenarbeit vor, bei der durch wechselseitiges Vertrauen Mandanten weiterempfohlen werden. Die Zusammenarbeit ist aber nicht ausschließlich, weil das Ziel aller Beteiligten darin besteht, für das jeweilige Mandat den bestmöglichen „best friend" zu empfehlen und selbst für Empfehlungen durch Dritte offen zu bleiben. Diesem System fehlt eine Außenwirkung; die Zusammenarbeit wird grundsätzlich nicht bekanntgegeben.

88 Das **Club-System** ist eine Verdichtung des Best-Friends-Systems in dem Sinne, dass in verschiedenen Ländern jeweils ein Club-Mitglied existiert, mit dem ein anderes Mitglied im Bedarfsfalle zusammenarbeitet. Im internationalen Kontext ist das Club-System im Vergleich zur Best-Friends-Lösung die gebräuchlichere Form der Kooperation[2]. Die Mitglieder unterstützen sich gegenseitig etwa durch wechselseitige kostenlose Erteilung von Rechtsauskünften zum jeweiligen Heimatrecht. Zur Stärkung des Club-Gedankens wird es zu gelegentlichen Zusammenkünften der Mitglieder kommen, in deren Rahmen Fragen der Behandlung ausländischer Mandanten, gebräuchliche Vergütungsmodelle, des Qualitätsmanagements usw. erörtert werden. Auch im Club-System wird die Kooperation nicht gegenüber Außenstehenden offengelegt; sie ist auch nicht so intensiv, dass sich ein Club-Mitglied im Einzelfall nicht einer anderen ausländischen Kanzlei bedienen könnte.

89 Etwas anderes gilt für die so genannten Allianz-Lösungen. Eine **Allianz** zielt auf die exklusive Zusammenarbeit der einzelnen Mitglieder, damit einhergehen soll regelmäßig die Offenlegung der beruflichen Zusammenarbeit. Ein intensiver Erfahrungsaustausch der Allianzmitglieder erfolgt durch die Bildung von gemeinsamen Arbeitsgruppen oder den Austausch von Nachwuchskräften. Typischerweise wird ein Management-Komitee gebildet, das paritätisch von Mitgliedern der Allianz besetzt wird und sich regelmäßig in kürzeren Abständen trifft. Das Tagesgeschäft der Allianz betreibt ein für diese Zwecke beschäftigter Allianzmanager oder Generalsekretär. Soll die Kooperationsvereinbarung eine Verpflichtung enthalten, sich bei Aufträgen gegenseitig den Mandanten zu empfehlen (sog. *referral*) und nach Möglichkeit gemeinsam tätig zu werden, bestehen aus der Sicht des deutschen Berufsrechts hiergegen keine Bedenken.

b) Rechtsnatur der Kooperation

90 Die rechtliche Einordnung der Kooperation ist im deutschen Recht umstritten. Während zum Teil davon ausgegangen wird, dass eine Kooperation auf Grundlage eines Vertrages sui generis erfolgt, sieht die wohl h.M. in einer

1 Vgl. Kap. I Rz. 43 ff. sowie *Hellwig*, AnwBl. 1996, 124, 125 ff.; *Schneider*, AnwBl. 1991, 565 f.

2 *Schneider*, AnwBl. 1991, 565.

Kooperation eine **Innengesellschaft**. Für diese ist die Nichtteilnahme am Rechtsverkehr und der Verzicht auf die Bildung eines Gesamthandsvermögens charakteristisch. Am Rechtsverkehr nehmen die einzelnen Mitglieder der Kooperation teil, mit einem bestimmten Mitglied der Kooperation schließt ein Mandant einen Mandatsvertrag. Die rechtlichen Beziehungen beurteilen sich insoweit nach dem auf den Anwaltsvertrag anwendbaren Recht (hierzu unten Rz. 110ff.). Die Rechtsverhältnisse der Kooperationspartner untereinander bestimmen sich in Ermangelung einer im Kooperationsvertrag getroffenen Rechtswahl i.S.d. Art. 3 Rom I-VO nach Art. 4 Abs. 1 Rom I-VO. Aus dem Wesen einer „co-operation of equals" und der Art der von den Kooperationspartnern geschuldeten Leistung folgt, dass das bei der Anwendung des Art. 4 Abs. 2 Rom I-VO maßgebliche Kriterium, die Anknüpfung an den Ort der Erbringung der charakteristischen Leistung (unten Rz. 110ff.), in der Regel nicht weiterhilft. Zur Vermeidung von willkürlichen Ergebnissen, etwa der Anknüpfung an den Ort der Tätigkeit des Kooperationsmanagers o.Ä., sollte unbedingt eine Rechtswahl i.S.d. Art. 3 Rom I-VO erfolgen.

c) Kooperationsvertrag

Ziel des Kooperationsvertrages[1] ist, typischerweise in einer Präambel festgehalten, die Begründung einer dauerhaften, verfestigten Zusammenarbeit zum Zwecke der beruflichen Ergänzung, des Meinungs- und Erfahrungsaustausches und der Verbesserung von Leistungs- und Wettbewerbsfähigkeit bei gleichzeitiger Wahrung der beruflichen und unternehmerischen Selbstständigkeit. Klarstellend sollte im Vertrag darauf hingewiesen werden, dass Mandate nicht gemeinschaftlich, sondern nur im eigenen Namen entgegengenommen werden und in der Außendarstellung eine gemeinsame Vermarktung nur unter den national gestatteten Voraussetzungen erfolgt. Im Rahmen des berufsrechtlich bzw. werberechtlich Möglichen können sich die Kooperationsangehörigen detailliert verpflichten, auf geschäftlichen Verlautbarungen in bestimmter Form auf die Kooperation hinzuweisen. Im Hinblick auf die durch ein gemeinsames Marketing begründeten Gefahren der Schaffung eines Rechtsscheins der Vergesellschaftung sollte der Kooperationsvertrag die Angehörigen verpflichten, bei Mandatsannahmen auf die Reichweite der bestehenden Vertragsbindungen hinzuweisen. Regelungen über eine Aufteilung des Honoraraufkommens müssen aufgrund der berufsrechtlichen Beschränkungen des § 49b Abs. 3 BRAO danach differenzieren, ob der deutsche Kooperationspartner nach Art eines Korrespondenzanwaltes oder lediglich als Mandatsvermittler tätig wird; die Vereinbarung reiner Vermittlungsgebühren ist dem deutschen Rechtsanwalt gemäß § 49b Abs. 3 BRAO verboten[2]. Soweit vorgeschlagen wird, dass sich Kooperationspartner zur Anzeige von unmittelbar erteilten und nicht mehr im Dreiecksverhältnis vermittelten Folgemandaten verpflichten sollten[3], dürfte dem auf deut- 91

1 Umfassend zu Gestaltungsfragen *Zuck*, Rz. 34ff. (für nationale Kooperationen).
2 Näher Henssler/Prütting/*Kilian*, § 49b Rz. 164; *Feuerich/Weyland*, § 49b Rz. 28.
3 *Zuck*, Rz. 69.

scher Seite die anwaltliche Verschwiegenheitspflicht gemäß § 43a Abs. 2 Satz 1 BRAO entgegenstehen. Da der Kooperationsvertrag allein interne Fragen betrifft, ist es sachgerecht, für die Kooperation betreffende Entscheidungen der Partner ein Einstimmigkeits- und kein Mehrheitserfordernis vorzusehen. Vor dem Hintergrund, dass in der Kooperation eine Vielzahl von Anwaltsgesellschaften tätig ist, empfiehlt es sich, ausdrücklich für jede dieser Gesellschaften einen für Fragen der Kooperation Verantwortlichen zu benennen, dem die Kooperation betreffende Entscheidungsbefugnisse eingeräumt werden. Weitere denkbare Elemente des Vertrages sind die wechselseitige Einräumung einer entgeltlichen oder unentgeltlichen Nutzungsmöglichkeit der Infrastruktur der Kooperationspartner, etwa die zeitweilige Nutzung von Büroräumen oder von Hilfspersonal für den Fall einer Dienstleistung am Standort des Kooperationspartners (hierzu bereits oben Rz. 76f.).

d) Haftungsprobleme in der Kooperation

92 Charakteristische Eigenschaft einer Kooperation ist, dass im Außenverhältnis vertragliche Beziehungen lediglich zwischen einzelnen Partnern der Kooperation und dem Mandanten bestehen: Im Rahmen der Kooperation führt ein Mitglied einen eigenen Mandanten bei Fragestellungen mit überwiegendem Bezug zum ausländischen Recht im Wege der Substitution (unten Rz. 93) mit einem fachkundigeren ausländischen Kooperationspartner zusammen. Haftungsrechtliche Fragen richten sich dann grundsätzlich nach dem auf den zwischen Kooperationsmitglied und Mandant geschlossenen Anwaltsvertrag anwendbaren Recht (hierzu unten Rz. 110ff.). Alternativ denkbar ist, dass der ausländische Kooperationspartner lediglich intern eingeschaltet wird und keine Mandatsbeziehung zwischen deutschem Auftraggeber und ausländischem Kooperationspartner besteht (unten Rz. 94).

93 Im Rahmen dieser mit Gestattung des Mandanten gemäß §§ 675, 661ff. BGB zulässigen Substitution (§ 664 Abs. 1 Satz 2 BGB) kommt zwischen Mandant und ausländischem Kooperationspartner ein gesonderter Anwaltsvertrag zustande, der hinsichtlich des anwendbaren Rechts und damit des Haftungsregimes eigenständig anzuknüpfen ist. Eine Beauftragung eines ausländischen Kooperationspartners mit Wirkung für den Mandanten durch dessen deutsche Rechtsanwälte setzt nach § 664 BGB[1] eine „Gestattung" voraus, worunter allgemein ein ausdrückliches oder stillschweigendes Einverständnis verstanden wird, dass die beauftragte deutsche Sozietät die mandatierte Geschäftsbesorgung nicht höchstpersönlich vornehmen muss, sondern sie (ausnahmsweise) substituieren darf. Ein stillschweigendes Einverständnis des Mandanten in eine Substitution bei Erteilung eines Mandats mit bekanntem Auslandsbezug lässt sich jedenfalls dann annehmen, wenn die deutsche Partnersozietät einer (nach außen kommunizierten) Kooperation auf die Zugehörigkeit zu der internationalen Kooperation hinweist und sie zugleich

1 Die Anwendbarkeit des § 664 BGB auf die Geschäftsbesorgung nach §§ 675, 611 BGB wird im Schrifttum zum Teil bestritten. Wie hier RG JW 1926, 246; *Henssler*, JZ 1994, 178, 185f.; *Mankowski*, NJW 1996, 2218; *Hellwig*, AnwBl. 1996, 124, 125; *von Westphalen*, FS Geimer (2002), S. 1485, 1492.

nicht durch Werbeaussagen, Publikationen etc. den Eindruck erweckt, selbst Spezialist im ausländischen Recht zu sein[1]. Ohne Bedeutung für die Beurteilung dieser vertragsrechtlichen Frage ist, ob die Liquidation der Vergütung der ausländischen Kanzlei über den Kooperationspartner erfolgt oder unmittelbar beim Auftraggeber[2]. Ist eine Substitution zulässig, verengt sich für den deutschen Kooperationspartner das Haftungsrisiko gemäß § 664 Abs. 1 S. 2 BGB darauf, dass er sich u.U. ein „Verschulden bei der Übertragung", also hinsichtlich der Auswahl des Kooperationspartners als geeignetem Bearbeiter des konkreten Rechtsproblems, vorwerfen lassen muss. Da dem Substituten die Besorgung des ihm übertragenen Geschäfts zur selbstständigen Ausführung übertragen ist, besteht nach sorgfältiger Einweisung in den Sachverhalt eine weitergehende Pflicht zur Überwachung für die deutsche Kanzlei nicht, soweit sich eine solche nicht auf der mit dem Mandanten getroffenen Vereinbarung gewinnen lässt[3]. Das der Kooperation immanente *referral*-Prinzip birgt besondere Risiken bei der **Weiterverweisung eines Mandanten an einen ausländischen Kooperationspartner**. Es besteht die Gefahr, dass eine Auswahl nicht nach einer im Einzelfall vorgenommenen Prüfung, ob der Substitut i.S.d. § 664 Abs. 1 S. 2 BGB fachlich und personell in der Lage ist, das konkrete Mandat sachgerecht zu bearbeiten, sondern allein nach dem Kriterium der Zugehörigkeit zu einer Kooperation erfolgt[4].

Erfolgt die Hinzuziehung eines Kooperationspartners **rein intern**, ohne dass 94
es zum Abschluss eines separaten Mandatsvertrages zwischen Mandant und ausländischem Kooperationspartner kommt, gilt die hinzugezogene ausländische Kanzlei nicht als Substitut (§ 664 Abs. 1 S. 2 BGB), sondern gemäß § 664 Abs. 1 S. 3 BGB als **Erfüllungsgehilfe** i.S.d. § 278 BGB[5] mit der Konsequenz, dass ein Verschulden zugerechnet wird.

Ist die Kooperation im Sinne einer Allianz auf die Offenlegung der Zusam- 95
menarbeit in der Außendarstellung angelegt – etwa unter Verwendung von Kurzbezeichnungen und/oder Nennung von Kooperationspartnern auf Drucksachen –, ist besonderes Augenmerk darauf zu richten, dass nicht der **Rechtsschein einer einheitlichen Berufsausübungsgesellschaft** mit der Folge der gesamtschuldnerischen Haftung der Kooperationspartner gemäß §§ 421, 427 BGB – bzw. entsprechenden Grundsätzen des ausländischen Rechts – gesetzt wird[6]. Zwar wird bei einer solchen multinationalen Gesell-

1 Enger wohl *von Westphalen*, FS Geimer (2002), S. 1485, 1494. Das Problem stellt sich stets dann nicht in dieser Form, wenn der ausländische Kooperationspartner auf Veranlassung der deutscher Partnersozietät unmittelbaren Kontakt mit dem deutschen Mandanten aufnimmt und auf diese Weise seine unmittelbare Mandatierung bewirkt.

2 Vgl. *von Westphalen*, FS Geimer (2002), S. 1485, 1497.

3 Vgl. *von Westphalen*, FS Geimer (2002), S. 1485, 1492.

4 Vgl. auch *von Westphalen*, FS Geimer (2002), S. 1485, 1498.

5 Vgl. *von Westphalen*, FS Geimer (2002), S. 1485, 1492. Einen anderen Ansatz wählt *Sieg*, ZAP Fach 23, 191, 194f., der § 664 BGB nicht auf Anwaltsverträge anwendbar hält und eine Lösung anhand des Rechtsgedankens des § 613 BGB entwickelt.

6 Vgl. *von Westphalen*, FS Geimer (2002), S. 1485, 1503ff.

schaft kraft Rechtsscheins die Erteilung eines Gesamtmandats an alle Scheingesellschafter nicht automatisch angenommen werden können (hierzu unten Rz. 113 ff.), jedoch empfiehlt sich zur Vermeidung von Risiken einer Rechtsscheinshaftung in schriftlichen Mandatsbestätigungen der Hinweis, dass sich das Mandat nicht auf die in Drucksachen genannte Kooperation erstreckt und Leistungen der Kooperationspartner einen gesonderten Auftrag nebst Honorierung voraussetzen. Entsprechende Sorgfalt ist bei der Verwendung von Vollmachtvordrucken geboten.

e) Außendarstellung

96 Während bei einer Best-Friends- oder Club-Lösung kein nach außen gerichtetes Tätigwerden der Kooperation beabsichtigt ist, bezweckt eine Allianz die werbliche Ausnutzung der Zusammenarbeit. In der Außendarstellung entsteht bei einer solchen Intention das Problem, den Eindruck einer (unzulässigen) Vergesellschaftung zu vermeiden und gleichwohl angemessen auf die Zusammenarbeit hinweisen zu können. Angesprochen sind zwei Problemkreise: Wann darf überhaupt auf die Kooperation hingewiesen werden, und wie muss ein solcher Hinweis inhaltlich ausgestaltet sein?

97 Spezifische Vorschriften zu werblichen Hinweisen auf eine Kooperation finden sich in § 8 BORA. Erlaubt ist ein Hinweis auf eine gemeinschaftliche Berufsausübung nur, wenn diese in einer auf Dauer angelegten und durch tatsächliche Ausübung verfestigten Kooperation erfolgt. Partner, die in Wahrheit allenfalls einen lockeren Kontakt pflegen, sollen sich nicht über Kooperationshinweise mit einer Zusammenarbeit mit anwaltlichen Partnern schmücken dürfen. Eine lediglich lockere Form der Zusammenarbeit, ohne dass ihr eine vertragliche Vereinbarung zugrunde liegt, darf nach außen nicht beworben werden, da es sich hierbei um einen Fall berufsrechtlich unzulässiger Werbung mit Selbstverständlichkeiten handeln würde. Über die notwendige Verfestigung verfügt die Kooperation erst, wenn sie auf eine rechtsgeschäftliche Basis mit gegenseitigen Rechten und Pflichten gestellt worden ist[1]. Eine schriftliche Vereinbarung drängt sich daher bereits deshalb auf, weil mit ihr im Streitfall gegenüber der Anwaltskammer ein erleichterter Nachweis der notwendigen Verfestigung erbracht werden kann.

Die Zugehörigkeit zu einer Kooperation kann unter Beachtung dieser Prämissen werblich ohne Einschränkung hinsichtlich Ort, Zeit oder Medium[2] genutzt werden[3]. Das rechtsuchende Publikum, das sich Fragen fremden Rechts gegenübersieht, hat ein **Informationsinteresse** daran zu erfahren, ob ein rascher Informationsaustausch mit kundigen Anwälten aus einem fremden Rechtskreis hergestellt werden kann[4].

---

1 Ausführlich zum Ganzen Henssler/Koch/*Henssler*, Mediation in der Anwaltspraxis, 2000, S. 114 ff.

2 *Kleine-Cosack*, Werberecht, Rz. 126.

3 BGH NJW 1993, 1313 ff.; OLG Hamm NJW 1991, 2093 ff.; anders noch OLG Oldenburg NJW 1991, 48.

4 BGH NJW 1993, 1331 f.; OLG Karlsruhe NJW 1990, 3093, 3096.

Nicht nur zur Vermeidung eines berufs- und wettbewerbsrechtlich relevanten Verstoßes gegen das Irreführungsverbot des § 5 UWG, sondern auch zur Vermeidung von Haftungsrisiken muss die Form des Hinweises so gewählt werden, dass **nicht der unzutreffende Eindruck einer Vergesellschaftung** erweckt wird[1]. Unverzichtbar ist daher ein Hinweis „... in Kooperation mit ...", „Kooperationspartner ..." o.Ä. Nicht möglich ist die bloße Auflistung der ausländischen Kooperationspartner unter deren Berufsbezeichnung, da dies den Eindruck einer über eine Kooperation hinausgehenden multinationalen Sozietät erweckt[2]. 98

Vermieden werden muss auch eine Irreführung über den Status des Kooperationspartners. Das OLG Düsseldorf[3] sieht es als irreführend an, wenn ein **nicht-anwaltlicher Mitarbeiter** eines Kooperationspartners lediglich mit dem Namen angeführt wird, weil eine bloße Namensangabe auf dem Briefbogen einer Anwaltskanzlei den Eindruck erwecke, die dort Aufgeführten seien sämtlich Anwälte. Im Sinne dieser Rechtsprechung ist es daher bei einer über die Angabe der Kurzbezeichnung des Kooperationspartners hinausgehenden Erwähnung notwendig, dem Namen der ausländischen Kooperationspartner den jeweiligen Berufstitel hinzuzufügen. Zweifelhaft ist allerdings die Ansicht des OLG München[4], dass eine solche Erklärung nicht unmittelbar neben dem Namen, sondern in einer Fußnote nicht hinreichend sei, weil abgesetzte Erklärungen nicht wahrgenommen werden. 99

Die ausschließliche Verwendung einer **Kurzbezeichnung** der Kooperation anstelle des Namens, der Firma oder der Kurzbezeichnung des Kooperationsmitglieds ist nicht möglich (§ 9 BORA)[5]. Da § 9 BORA bei richtigem Verständnis lediglich die ausschließliche Verwendung einer Kurzbezeichnung regelt, ist aber denkbar, dass das Kooperationsmitglied auf Schriftstücken, Drucksachen usw. zusätzlich zu der (Kurz-)Bezeichnung der Sozietät und gestaltungstechnisch nicht im Vordergrund stehend den Namen der Kooperation verwendet, wenn an selber Stelle durch einen entsprechenden Zusatz der Hintergrund der Kooperation offengelegt wird. 100

Hat die Kooperationsvereinbarung mit dem ausländischen Partner eine Nutzungsmöglichkeit von dessen Räumlichkeiten und Einrichtungen zur Folge, kann die deutsche Sozietät die Kanzleianschrift des Partners als Standort eines eigenen „**ausländischen Büros**" vermarkten; es soll nach der Rechtsprechung an einer Irreführung mangeln, da die deutsche Sozietät tatsächlich eine Kanzlei im Ausland unterhält[6]. 101

---

1 Vgl. *Vorbrugg/Salzmann*, AnwBl. 1996, 129, 130; *Grüninger*, AnwBl. 1992, 111, 114.
2 OLG Karlsruhe NJW 1990, 3093.
3 OLG Düsseldorf NJW 1991, 46.
4 OLG München NJW-RR 1996, 1149.
5 Siehe auch *Henssler/Kilian*, ZKM 2000, 55, 57 (für die nationale interprofessionelle Kooperation).
6 OLG Hamm NJW 1993, 582.

f) Berufsrecht in der Kooperation

102 § 30 BORA ordnet die Notwendigkeit der Beachtung des anwaltlichen Berufsrechts auch durch alle nicht dem anwaltlichen Berufsrecht unterfallenden Mitglieder einer Sozietät, Bürogemeinschaft oder sonstigen Verbindung an[1]. Da die Berufsordnung nur für Mitglieder der Rechtsanwaltskammern verbindliches Recht setzen kann, verbietet § 33 i.V.m. § 30 BORA regelungstechnisch (nur) einem Rechtsanwalt das Tätigwerden, wenn die Angehörigen der anderen in der Verbindung tätigen Berufe das anwaltliche Berufsrecht beachten. Adressat ist somit ausschließlich der **Rechtsanwalt**, dem bei Verstößen der in der Gesellschaft tätigen Nicht-Anwälte gegen das anwaltliche Berufsrecht in schwerwiegenden Fällen im Wege der Disziplinaraufsicht aufgegeben werden kann, die Gesellschaft zu beenden[2].

103 Der Streit, ob das Gebot der Beachtung anwaltlichen Berufsrechts durch Nicht-Anwälte auch bei einer **Zusammenarbeit außerhalb gesellschaftsrechtlicher Verflechtungen** Geltung beanspruchen kann, ist im internationalen Kontext praktisch bedeutungslos. Auch wenn man Kooperationen unter §§ 33, 30 BORA fasst, müsste das Gebot nur von **in Deutschland** tätig werdenden Kooperationspartnern beachtet werden (§ 30 S. 2 BORA). Auf eine solche Tätigkeit im Land des Kooperationspartners ist eine Allianz als *referral*-System typischerweise nicht angelegt; auf nach außen nicht vermarktete Kooperationen *(best-friends, Club)* kann § 30 BORA keinesfalls angewendet werden. Die Berechtigung der Erstreckung für Sozietäten geltender Vorschriften auf „Kooperationen" beruht auf der Annahme, dass diese sich durch gemeinsame Vermarktung „sozietätsähnlich" gerieren; diese Annahme trifft aber nur auf eine Außenkooperation wie die Allianz zu.

104 Wird ein anwaltlicher Kooperationspartner ausnahmsweise doch in Deutschland tätig, muss er im Rahmen der auf diese Dienstleistung anwendbaren Regularien ohnehin das deutsche Berufsrecht beachten, ohne dass es §§ 33, 30 BORA bedarf. Nur im Fall einer Kooperation mit einer ausländischen nicht-anwaltlichen Gesellschaft, deren Mitglieder in Deutschland tätig werden, kann das Gebot der Beachtung des deutschen anwaltlichen Berufsrechts virulent werden. Soweit das deutsche anwaltliche Berufsrecht strengere Vorschriften enthält als das Berufsrecht, dem der nicht-anwaltliche Kooperationspartner im Rahmen seiner Tätigkeit in Deutschland unterworfen ist, muss ersteres beachtet werden, soweit es für die sinngemäße Anwendung auf Angehörige anderer Berufe überhaupt geeignet ist. Praktisch ist dies nur denkbar hinsichtlich des **anwaltlichen Werberechts** und – wenn auf Kooperationen anwendbar – des **anwaltlichen „Gesellschaftsrechts"**. Der ausländische Kooperationspartner darf die Kooperation bei seiner Tätigkeit in Deutschland daher nur unter den Voraussetzungen des § 8 S. 1 BORA und nicht aggressiver, als dies dem anwaltlichen Kooperationspartner erlaubt

1 Auch spezifische berufsrechtliche Vorschriften, insbesondere zu Fragen der Interessenkonflikte, knüpfen an eine „gemeinsame Berufsausübung" an (z.B. §§ 45 Abs. 3, 46 Abs. 3 BRAO, § 3 Abs. 2 BORA). Für sie gilt das o.a. entsprechend.

2 Hartung/Römermann/*Römermann*, § 30 Rz. 14.

ist, bewerben. Zu beachten sind auch die Bestimmungen hinsichtlich der Verwendung der Kurzbezeichnung der Kooperation und, soweit anwendbar (hierzu unten Rz. 155ff.), der Interessenkonflikte, § 3 Abs. 2 BORA.

g) Kooperationsspezifische CCBE-Standesregeln

Gemäß § 29 BORA verdrängen die nach § 34 BORA bei grenzüberschreiten- 105
der Tätigkeit anwendbaren CCBE-Standesregeln – unter dem Vorbehalt ihrer Vereinbarkeit mit höherrangigem Recht (s. unten Rz. 155ff.) – die Bestimmungen der BORA. Kooperationsspezifischen Belang haben allein die Vorschriften des 5. Abschnitts („Verhalten gegenüber (ausländischen) Kollegen"), die aber im Wesentlichen programmatischen Charakter aufweisen (Verpflichtung zur Kollegialität, Streitschlichtung, wechselseitige Ausbildung) bzw. sich inhaltsgleich in BRAO (§ 49b Abs. 3 S. 1) und BORA (§§ 12, 15) finden und damit materiell keine Neuerungen bergen.

Nr. 5.3 CCBE-Standesregeln ist durch § 29 S. 1 BORA ausdrücklich als in 106
Deutschland nicht anwendbar erklärt worden. Die Regel erklärt die **Korrespondenz unter Anwälten** als auch gegenüber dem eigenen Mandanten für vertraulich und ist insofern mit § 666 BGB als höherrangigem Recht unvereinbar. Bei der Kooperation mit einem ausländischen Anwalt muss der deutsche Anwalt darauf hinweisen, dass er aufgrund vorrangigen nationalen Rechts Regel Nr. 5.3. nicht beachten kann.

Nr. 5.6. CCBE-Standesregeln trifft – im Wesentlichen inhaltsgleich zu § 15 107
BORA – Regelungen hinsichtlich der **Übernahme eines Mandats** von einem ausländischen Kollegen. Über § 15 BORA geht Regel Nr. 5.6.1. insoweit hinaus, als dort angeordnet wird, dass sich der tätig werdende Anwalt vergewissern muss, dass Maßnahmen zum Ausgleich des Honorars und der Auslagen des ausländischen Kollegen getroffen werden müssen. Sanktioniert ist diese Pflicht nicht.

Nr. 5.7. CCBE-Standesregeln ordnet an, dass ein Anwalt bei der Zusammen- 108
arbeit mit einem ausländischen Kollegen gesamtschuldnerisch mit dem Mandanten für dessen Honorar haftet, wenn er ein Mandat nicht lediglich vermittelt, sondern die Angelegenheit dem ausländischen Kollegen „überträgt". Gemeint ist hiermit eine Substitution gemäß § 664 Abs. 1 S. 1 BGB in der Form, dass der Anwalt die Ausführung der Geschäftsbesorgung mit Vollmacht des Auftraggebers in dessen Namen weitergibt[1]. Grundsätzlich ist bei einer solchen Form der Substitution der Mandant selbst gegenüber dem Drittanwalt verpflichtet[2], durch Nr. 5.7. CCBE-Standesregeln wird darüber hinausgehend eine gesamtschuldnerische Haftung des Anwalts und des Mandanten angeordnet[3]. Sie führt dazu, dass der beauftragte Kollege auch sofort den Anwalt in Anspruch nehmen kann, ohne den Umweg über

---

1 Henssler/Prütting-*Offermann-Burckart*, Nr. 5.7. CCBE-Regeln, Rz. 4.

2 Vgl. Palandt/*Sprau*, § 664 Rz. 1.

3 Dies ergibt sich aus dem englischen bzw. französischen Originalwortlaut der Regelung, näher Henssler/Prütting/*Offermann-Burckart*, Nr. 5.7. CCBE-Regeln, Rz. 3.

den Mandanten gegangen zu sein. Die Regelung soll Missverständnisse unter Rechtsanwälten über die Verantwortlichkeit für unbezahlte Rechnungen vermeiden und dafür sorgen, dass ein Anwalt, der seine Kostenhaftung vermeiden will, vor einer Zusammenarbeit mit einem ausländischen Kollegen eine klare Vereinbarung mit diesem trifft.

109 Die durch Nr. 5.7 CCBE-Standesregeln angeordnete Haftung ist im deutschen Recht in § 664 Abs. 1 BGB nicht angelegt. § 59b Abs. 2 Nr. 9 BRAO ermächtigt die Satzungsversammlung nicht, durch Verweis auf Verbandsrecht des CCBE einen neuen zivilrechtlichen Haftungstatbestand zu schaffen. Deutsche Rechtsanwälte, die von ausländischen Kollegen beauftragt worden sind, können diese daher nicht auf Nr. 5.7. CCBE-Regeln gestützt in Anspruch nehmen, soweit in einem solchen Fall auf das Rechtsverhältnis zwischen ausländischem und deutschem Rechtsanwalt deutsches Sachrecht (unten Rz. 110ff.) zur Anwendung kommt[1]. Hiervon zu unterscheiden ist die Frage, ob sich nach dem bei einer Beauftragung eines ausländischen Rechtsanwalts durch einen deutschen Rechtsanwalt im Zweifel anwendbaren ausländischen Sachrecht eine Haftung des deutschen Rechtsanwalts ergeben kann[2]. Dies wird verbreitet angenommen[3], lässt sich aber nicht verallgemeinernd feststellen. Vielmehr ist in jedem Einzelfall nach kollisionsrechtlichen Grundsätzen die Rechtslage im ausländischen Sachrecht zu ermitteln[4], d.h. zu prüfen, ob das ausländische Zivilrecht oder Berufsrecht, soweit dieses (z.B. durch Inkorporierung der CCBE-Regeln in nationales Recht) das Zivilrecht gestalten kann, zu einer Nr. 5.7. CCBE-Regeln entsprechenden Haftung führt.

IV. Zivilrecht

Literatur:

Becker, Haftungsfragen internationaler Anwaltstätigkeit, AnwBl. 1998, 305; *Bendref*, Erfolgshonorar und internationale Mandate, AnwBl. 1998, 309; *Campbell/Campbell*, Professional Liability Of Lawyers, London 1995; *Eisenberg*, Das Internationale Privatrecht der Anwaltshaftung, 1998; *Finger*, Versicherungsschutz bei anwaltlicher Tätigkeit mit Auslandsbezug, FuR 1998, 19; *Fischer*, Die Haftung des Rechtsanwalts für Berufspflichtverletzungen im englischen und deutschen Recht, 1995; *Gatto*, die Anwaltshaftung im US-amerikanischen und deutschen Recht, 1993; *Gruber*, Anwaltshaftung bei grenzüberschreitenden Sachverhalten, MDR 1998, 1399; *Gruber*, Anwaltshaftung bei internationalen Sachverhalten, VersRAI 2005, 12; *Hök*, Zum Haftungsrisiko der Anwälte bei der Übernahme von Mandaten

---

1 AG Aachen BRAK-Mitt. 1998, 51. Vgl. auch AnwG Hamburg BRAK-Mitt. 2009, 242.

2 So etwa OLG Hamburg BRAK-Mitt. 1990, 184 = IPRspr. 1989, Nr. 233b; LG Hamburg BRAK-Mitt. 1988, 215 = IPRspr. 1989, Nr. 233a; Hartung/Römermann/*Lörcher*, CCBE 5.7. Rz. 3; Henssler/Prütting/*Offermann-Burckart*, Nr. 5.7. CCBE-Regeln, Rz. 9.

3 Hartung/Römermann/*Lörcher*, CCBE 5.7. Rz. 3.

4 Mustergültig insofern OLG Hamburg BRAK-Mitt. 1990, 184 = IPRspr. 1989, Nr. 233b.

mit Auslandsberührung, JurBüro 1990, 155; *IBA* (Hrsg.), Liability Of Lawyers And Indemnity Insurance, London 1995; *Knöfel*, Der Anwaltsvertrag mit der internationalen Sozietät, BRAK-Mitt 2006, 156; *Kouba*, Wie sinnvoll sind Excedentenversicherungen im Ausland?, BRAK-Mitt. 2002, 165; *Louven*, Die Haftung des deutschen Rechtsanwalts im internationalen Mandat, VersR 1997, 1050; *Mankowski*, Anwaltsvertrag, in: Reithmann/Martiny, Internationales Vertragsrecht, 6. Aufl. 2004; *Mankowski.*, Anwendbares Recht beim Mandatsverhältnis einer internationalen Sozietät, AnwBl. 2001, 249; *Müller*, Der Rechtsanwalt und die Globalisierung, AnwBl. 2006, 278; *Raiser*, Die Haftung des deutschen Rechtsanwalts bei grenzüberschreitender Tätigkeit, NJW 1991, 2049; *Riederer von Paar*, Die Haftung des Rechtsanwalts bei grenzüberschreitender Tätigkeit, AnwBl. 1991, 496; *Slobodenjuk*, Risiken grenzüberschreitender Anwaltstätigkeit, 2007; *Schmidt*, Die internationale Durchsetzung von Anwaltshonoraren nach EuGVÜ, 1991; *Sieg*, Internationale Anwaltshaftung, 1996; *Tepper*, Anwaltshaftung und EuGVÜ, IPRax 1991, 98; *von Westphalen*, Einige international-rechtliche Aspekte bei grenzüberschreitender Tätigkeit, FS Geimer (2002), 1485.

1. Anwaltsvertrag

a) Anwendbares Recht

Die Parteien des Rechtsanwaltsvertrages können das auf den Vertrag anwendbare Recht grundsätzlich nach Art. 3 Rom I-VO frei wählen. Es gelten insoweit die allgemeinen Regeln der Anknüpfung kraft **Rechtswahl**[1]. Ist der Rechtsanwalt für seinen Mandanten in einer Sache tätig, die nicht der beruflichen bzw. gewerblichen Sphäre des Mandanten zuzurechnen ist, wird die Möglichkeit der Rechtswahl nach Art. 6 Abs. 2 Rom I-VO durch die Grundsätze zum internationalen Verbrauchervertragsrecht beschränkt d.h. stets dann, wenn der Mandant als Verbraucher handelt[2]. In Ermangelung einer Rechtswahl ist das Statut des Anwaltsvertrages durch objektive Anknüpfung zu ermitteln. Der Anwaltsvertrag ist ein auf eine Geschäftsbesorgung gerichteter Dienstvertrag. Der Vertrag ist durch die Dienstleistung des Rechtsanwalts typisiert, so dass nach Art. 4 Abs. 1 lit. b) Rom I-VO anzuknüpfen ist. Anwendbar ist daher das Recht der **Niederlassung des Rechtsanwalts**[3]. Vom Statut des Anwaltsvertrages zu trennen ist das Statut einer eventuell zu erteilenden Prozessvollmacht. Vertrag und Vollmacht sind unabhängig voneinander; eine Prozessvollmacht unterliegt dem Recht des Prozessortes[4]. 110

Wird der Anwaltsvertrag mit einer Sozietät geschlossen, die **Niederlassungen in mehreren Rechtsordnungen** betreibt, ist nach Art. 19 Abs. 2 Rom I-VO diejenige Niederlassung maßgeblich, welche die vertraglichen Leistungen erbringt[5]. Werden mehrere Niederlassungen im Rahmen desselben Mandats tä- 111

1 *Eisenberg*, S. 39; *Mankowski*, Rz. 1411.
2 Näher *Mankowski*, Rz. 1414 ff.
3 BGHZ 44, 181 ff.; BGH RIW 1991, 513; OLG Hamburg IPRspr. 1989 Nr. 233b; LG Paderborn EWS 1995, 248; LG Hamburg NJW-RR 2000, 510; SozG Münster AnwBl. 1992, 238; *Henssler*, JZ 1994, 178, 185; *Mankowski*, Rz. 1425; *Zuck*, NJW 1987, 3033; *von Westphalen*, FS Geimer (2002), S. 1485, 1491.
4 *Mankowski*, Rz. 1413.
5 *Bendref*, AnwBl. 1998, 309; *Mankowski*, Rz. 1426.

tig, führt dies bei einer hinreichenden Separierbarkeit der einzelnen Tätigkeitsbereiche zu einer getrennten Anknüpfung der einzelnen Tätigkeitsbereiche an das Recht der jeweils tätigen Niederlassung[1]. Ist eine Separierung nicht möglich, tritt das Recht des Ortes der Niederlassung zurück, die reine Hilfsfunktionen für die andere erbringt. Kann eine solche Gewichtung nicht vorgenommen werden, muss eine offene Schwerpunktanknüpfung über Art. 4 Abs. 4 Rom I-VO erfolgen[2].

112 Erfolgt die Bearbeitung einer Rechtsangelegenheit durch verschiedene Mitglieder einer internationalen Kooperation (zu dieser oben Rz. 86 ff.) oder einer EWIV (zu dieser oben K Rz. 52 ff.), muss der Mandant mit diesen jeweils **getrennte Mandatsverträge** abschließen, die unabhängig voneinander anzuknüpfen sind[3]. Dasselbe gilt, wenn die ausländische Kanzlei nicht vom Mandanten, sondern vom deutschen Mitglied der Kooperation/EWIV beauftragt wird[4].

b) Reichweite der Vertragsbeziehungen

113 Bei Anwendung deutschen Rechts kommen in einer überörtlichen nationalen Sozietät Vertragsbeziehungen grundsätzlich zwischen Mandant und Sozietät sowie allen Sozietätsmitgliedern – Sozien und Scheinsozien – zustande[5]. Diese aus der mutmaßlichen Sicht des rechtsuchenden Publikums anhand §§ 133, 157 BGB entwickelten Grundsätze werden allgemein auch auf eine transnationale Sozietät erstreckt[6], da sich diese typischerweise nicht anders vermarktet als eine nationale Sozietät. Zwingend ist die Übertragung dieser Grundsätze indes nicht. So wird auch vertreten, dass in einer **transnationalen Sozietät** nur diejenigen Sozien vertraglich verpflichtet werden, die in demjenigen Staat zugelassen sind, um dessen Rechtsordnung es bei dem zu bearbeitenden Mandat geht[7]. Insbesondere bei reinen Inlandsmandaten der transnationalen Sozietät gehe das Publikum nicht davon aus, dass ausländische Sozietätsmitglieder, die keine Rechtskenntnisse in der entsprechenden Rechtsordnung besitzen, den Auftrag mit bearbeiten[8]. Rechtsprechung zu dieser Problematik existiert bislang nicht[9].

---

1 *Mankowski*, Rz. 1426. Vor Inkrafttreten der Rom I-VO folgte dies unmittelbar aus Art. 28 Abs. 1 S. 2 EGBGB.
2 Zu den Kriterien für die Bestimmung des relativen Schwerpunkts *Mankowski*, Rz. 1427 ff.
3 Ebenso *Mankowski*, Rz. 1432.
4 *Mankowski*, Rz. 1433; *Sieg*, S. 194.
5 Hierzu umfassend oben Rz. 113 ff. Siehe auch *Koch/Kilian*, Rz.B. 877 ff.
6 Vgl. etwa *Hellwig*, AnwBl. 1996, 124, 126; *Rinsche/Schlüter*, ZAP Fach 23, 115, 122.
7 *Sieg*, S. 151 ff.; in diese Richtung wohl auch *Raiser*, NJW 1991, 2049, 2056.
8 *Sieg*, S. 151 ff.
9 Die Entscheidung BGH NJW-RR 2006, 1071 ff. betraf einen Fall, in der ein (im Inland tätiger und leistungserbringender) ausländischer Berufsträger (Steuerberater) nicht über die notwendige Berufsausübungsbefugnis verfügte.

Allerdings ist eine gewisse Parallele zur Haftung in der interprofessionellen Sozietät unverkennbar. In einer interprofessionellen Sozietät sollen nach der Rechtsprechung des IX. Senats des BGH aufgrund einer entsprechenden Beschränkung der Reichweite der Vertragsbeziehungen nur diejenigen Mitglieder als Gesamtschuldner haften, welche die rechtlichen und fachlichen Voraussetzungen zur Bearbeitung des Mandats erfüllen[1]. Dies folgt nach Auffassung des BGH aus dem aus § 59a BRAO abzuleitenden beschränkten Erfüllungsanspruch des Mandanten, weil sich Gesellschafter einer interprofessionellen Sozietät nur verpflichten dürfen, „im Rahmen der eigenen beruflichen Befugnisse" tätig zu werden. Bei einer solchen Sichtweise ist es problematisch, einen in der transnationalen Sozietät tätigen ausländischen Anwalt in die vertraglichen Verpflichtungen mit einzubeziehen, wenn der Mandatsauftrag hierfür keinen Anhaltspunkt bietet und die Vertragsparteien keine den Vertragszweck gefährdenden Verstöße gegen das RDG in Kauf nehmen wollen. 114

Diese von der Rechtsprechung des IX. Senats vorgenommene Anknüpfung des Haftungsrechts an eine aus dem Berufsrecht zu gewinnende Erfüllungsbefugnis stößt bei einer internationalen Sozietät an ihre Grenzen, wenn tatsächlich die Auslegung der Willenserklärungen nach §§ 133, 157 BGB aus Sicht des Mandanten Maßstab sein soll. Wenngleich ein Mandant davon ausgehen mag, dass ein Wirtschaftsprüfer oder Steuerberater keine von ihm gewünschten anwaltlichen Vorbehaltsaufgaben übernehmen darf, ist eine entsprechende Differenzierung nach deutschen und ausländischen Anwaltsgesellschaften aus Mandantensicht kaum möglich. In der Gesellschaft tätige ausländische Anwälte können nach den Gewährleistungen des EuRAG uneingeschränkt, gemäß § 206 Abs. 1 BRAO beschränkt oder ggf. überhaupt nicht erfüllungsbefugt sein. 115

Von seiner Rechtsprechung ist der BGH nach der Entscheidung zur Rechtsfähigkeit der GbR[2] aus dem Jahr 2001 lange Zeit nicht abgerückt und hat wiederholt die Frage nach der Reichweite der Vertragsbeziehungen in interprofessionellen Sozietäten offen gelassen[3]. Zu dem vergleichbaren Problem in internationalen Sozietäten hat er sich lediglich in einer atypischen Konstellation geäußert[4]: In dem dieser Entscheidung zu Grunde liegenden Sachverhalt war die vertraglich von der Gesellschaft geschuldete erlaubnispflichtige Leistung sowohl von einer Gesellschaft als auch von einer Person erbracht worden, die nicht über die notwendige Berufsausübungsbefugnis verfügte. 116

---

1 Vgl. BGH NJW 1982, 1866; NJW 2000, 1333; OLG Köln NJW-RR 1997, 438; *Busse*, DStR 195, 738, 741; *Henssler*, ZIP 1997, 1481, 1489; a.A. *Kuhls/Maxl*, § 56 Rz. 77; *Römermann*, WiB 1997, 667, 668; wohl auch *Damm/von Mickwitz*, JZ 2001, 76ff. Das OLG Frankfurt (GI 1998, 117) nimmt eine Haftung des nicht-erfüllungsbefugten Gesellschafters mit seinem Gesellschafts-, nicht aber seinem Privatvermögen an.

2 BGH BB 2001, 374ff. = DB 2001, 423ff. mit Anm. *Römermann*.

3 BGH NJW-RR 2008, 1594ff. betraf einen Fall der Haftung für Altschulden; BGH NJW 2009, 1597 einen „Altfall" aus der Zeit vor der Anerkennung der Rechtsfähigkeit der GbR.

4 BGH NJW-RR 2006, 1072ff.; hierzu *Henssler/Jansen*, LMK 2006, 196757.

Der BGH gelangte hier zu einer Nichtigkeit des Geschäftsbesorgungsvertrages zwischen Mandant und Gesellschaft[1]. Für die Beurteilung des – typischen – Falls, dass eine Gesellschaft die vertragliche Leistung durch einen berufsausübungsbefugten Gesellschafter erbringt und sich die Rolle nicht berufsausübungsbefugter Berufsträger auf eine bloße Gesellschafterstellung beschränkt, ist damit nichts gewonnen.

117 Ist von der Rechtssubjektqualität der GbR und der Akzessorietät der Gesellschafterverpflichtungen auszugehen, lässt sich eine Beschränkung der Vertragsbeziehungen auf einzelne, berufsrechtlich definierte Gesellschaftergruppen bei Fehlen ausdrücklicher Absprachen dogmatisch schwerlich begründen[2]. Die Sozietät ist Vertragspartnerin und Erfüllungsschuldnerin, da sie aufgrund der Leistungserbringung durch entsprechend befugte Berufsträger eine eigene Rechtsberatungserlaubnis nicht benötigt. Die Verpflichtung aller ihrer Gesellschafter folgt aus der Akzessorietät der Gesellschafterschuld und ist unbedenklich: Die Haftung eines Gesellschafters für die Verletzung von Pflichten, die er in Person nicht erfüllen konnte, ist dem Gesellschaftsrecht nicht fremd. Dieser Sichtweise hat sich der BGH für die nationale interprofessionelle Sozietät Ende 2010 angeschlossen[3]. Aufgrund der für „internationale" Sozietäten weiterhin nicht höchstrichterlich geklärten Rechtslage empfiehlt sich in jedem Fall, in den Mandatsbedingungen oder einzelvertraglich eine entsprechende **Klarstellung** vorzusehen, wenn ein Sozietätsmandat vermieden werden soll.

2. Vergütung

a) Tarifgesetz

118 Bei Fehlen einer individuellen Vereinbarung gelten bei grenzüberschreitenden Sachverhalten für den beteiligten deutschen Rechtsanwalt die Vergütungsregelungen des RVG[4]. Für die grundsätzliche Anwendbarkeit des RVG soll wegen des Wortlauts des § 1 RVG nach allgemeiner Auffassung eine personale Anknüpfung vorzunehmen sein; entscheidend soll die Stellung als Rechtsanwalt i.S.d. BRAO sein. So hat der BGH entschieden, dass sich bei Fehlen einer Vereinbarung die Vergütungsforderung eines deutschen Rechtsanwalts nach den Gebühren des deutschen Tarifgesetzes richtet, auch soweit er in den USA tätig war[5]. Ohne Bedeutung ist hierbei, ob der Auftraggeber Inländer oder Ausländer ist.

---

1 BGH NJW-RR 2006, 1072, 1073.

2 Ähnlich *Fahrendorf/Mennemeyer/Terbille*, Die Haftung des Rechtsanwalts, 8. Aufl. 2009, Rz. 123; *Vollkommer/Heinemann/Greger*, Anwaltshaftungsrecht, 3. Aufl. 2009, § 4 Rz. 20; *Borgmann/Jungk/Grams*, Anwaltshaftung, 4. Aufl., Kap. VII Rz. 23. A.A. etwa *Sieg*, in: Zugehör/Fischer/Sieg/Schlee, Handbuch der Anwaltshaftung, 2. Aufl., Rz. 354; *Dahns*, NJW-Spezial 2009, 382; *Meixner/Schröder*, DStR 2009, 1002, 1004.

3 BeckRS 2011, 00727.

4 BGHZ 54, 193 ff, 197; Mayer/Kroiß/*Mayer*, RVG, § 1 Rz. 232; *Hartmann*, Kostenrecht, Grundzüge Rz. 41; Gerold/Schmidt/*Madert*, RVG § 1 Rz. 276.

5 BGHZ 54, 170.

119 Die Anwendbarkeit des Tarifgesetzes gilt aber nicht zwangsläufig auch dann, wenn der Anwaltsvertrag, der den Rechtsgrund des Vergütungsanspruchs gibt, ausländischem Sachrecht unterfällt. Nach § 1 RVG bemisst sich zwar die Vergütung der Rechtsanwälte ganz allgemein nach dem RVG. Eine hierauf basierende personale Anknüpfung wäre der Sache nach eine Qualifizierung des RVG als öffentlich-rechtliches Preisrecht. Für die HOAI, also das Vergütungsrecht der Architekten und Ingenieure, hat der BGH noch unter Geltung des Art. 34 EGBGB angenommen, dass diese als öffentlich-rechtliche Verordnung kein Vertragsrecht regelt, sondern öffentlich-rechtliches Preisrecht, sie damit nicht dem Vertragsstatut unterliegt[1]. Es kommt insoweit nicht auf das Vertragsstatut des Anwaltsvertrages im Sinne von Art. 3 f. Rom I-VO an, sondern darauf, ob es sich beim RVG um öffentliches Preisrecht und um Eingriffsnormen im Sinne des Art. 9 Rom I-VO handelt.

120 Diese zu Art. 34 EGBGB entwickelte Sichtweise des BGH ist nicht überzeugend, determiniert aber in gewisser Weise die Einordnung des RVG in das System des IPR. Richtiger erscheint ein Verständnis, dass die Regelungen des RVG unmittelbar das Vertragsverhältnis der Parteien des Vertrages hinsichtlich des zu zahlenden Entgeltes – und nicht primär öffentlich-rechtliche Pflichten – berühren[2]. Die jüngste Rspr. des BGH setzt sich auch in Widerspruch zu älterer Rspr.[3] zu ähnlich gelagerten Fragen, in der der BGH stets betont hat, dass die einzelnen Gebührentatbestände des Tarifgesetzes nur Bemessungsgrundlage für die Anspruchshöhe seien und der vertragliche Vergütungsanspruch sich dem Grunde nach ausschließlich aus der vertraglich geschuldeten Leistungserbringung ergebe. Bei richtigem Verständnis zeigt sich, dass das Tarifgesetz gerade einen Teil der vertraglichen Beziehungen, nämlich die Höhe des Anspruchs regelt. Wegen des vertragsrechtlichen Gehaltes des RVG sollte daher richtigerweise von einer Geltung der Art. 3 f. Rom I-VO ausgegangen werden[4]. Unterfällt der Anwaltsvertrag ausländischem Sachrecht, kann sich die Höhe der Vergütung des deutschen Rechtsanwalts nicht aus dem RVG ergeben (veröffentlichte Rechtsprechung zu dieser Frage gibt es bislang nicht).

121 Nr. 3.4.2. CCBE-Regeln, die bestimmt, dass die Berechnung des Honorars des grenzüberschreitend tätigen Rechtsanwalts nach den Vorschriften der Heimatorganisation des Rechtsanwalts erfolgt, steht dem nicht entgegen. Zwar ist bisweilen zu lesen, dass Nr. 3.4.2. eine „Kollisionsregelung" enthalte[5], offenbar also zivilrechtlichen Gehalt haben soll. Über den von der Satzungsversammlung verabschiedeten § 29 BORA ist diese Bestimmung der CCBE-Regeln innerstaatliches Recht. Allerdings kann die Satzungsversammlung im Rahmen ihrer Satzungskompetenz nach § 59b BRAO Regelungskomplexe, die vom parlamentarischen Gesetzgeber außerhalb der BRAO geregelt worden sind, nicht adressieren. Was auch immer die CCBE-

1 BGH NJW 2003, 2020 ff.
2 BGH NJW 2003, 2020 ff.
3 BGHZ 133, 399 ff.
4 Ausführlich *Kilian/Müller*, IPRax 2003, 436 ff.
5 Hartung/Römermann/*Lörcher*, Nr. 3.4. CCBE-Regeln Rz. 2.

Regeln daher in Abweichung zum nationalen Recht zu Fragen der anwaltlichen Vergütung bestimmen, ist aus deutscher Sicht nicht verbindlich. Der Satzungsgeber kann die Rom I-VO oder das RVG nicht modifizieren, auch nicht für „lediglich" grenzüberschreitende Sachverhalte.

122 Ergibt sich unter diesen Prämissen im Einzelfall die Geltung ausländischen Sachrechts, sind verallgemeinerungsfähige Aussagen, wie die Vergütung des Rechtsanwalts nach diesem Recht zu bestimmen ist, nicht möglich. Als Leitlinie kann gelten, dass Vergütungsfragen in anderen Rechtsordnungen zumeist nicht im Detail gesetzlich geregelt sind. „Gebührenberechnungen" deutscher Prägung sind daher zumeist nicht möglich, vielmehr Vergütungsvereinbarungen maßgeblich (unten Rz. 123).

b) Vergütungsvereinbarung

123 In den meisten Staaten sind gesetzliche oder berufsständische Gebührenordnungen unbekannt[1], so dass ausländischen Mandanten das System des RVG mit dem ihm immanenten Gedanken der Streitwertabhängigkeit und Quersubventionierung von Streitigkeiten nicht vermittelbar ist. Im Ausland ist die anwaltliche Vergütung fast immer nur dahingehend normiert, dass die Vergütung angemessen zu sein hat. In grenzüberschreitenden Mandaten wird es daher regelmäßig zur Vereinbarung der Vergütung kommen. Bei der Abrechnung der anwaltlichen Leistungen sind in international ausgerichteten Sozietäten Stundenhonorare gebräuchlich[2], da sie neben betriebswirtschaftlichen Vorteilen für Mandanten einen **international gebräuchlichen und damit vergleichbaren Standard** bieten sowie den Preiswettbewerb erleichtern[3]. Es geht daher in Streitfällen vor allem um die Kontrolle von Marktpreisen durch die Gerichte. Verfahrensrechtlich ist bei Anwendung ausländischen Rechts zu beachten, dass nicht überall eine Vergütungsforderung unmittelbar gerichtlich durchgesetzt werden kann. Einige Rechtsordnungen sehen ein besonderes Vorschaltverfahren unter Beteiligung der Rechtsanwaltskammer vor. Rspr. zu der Frage, ob ein deutsches Gericht, das nach ausländischem Sachrecht zu entscheiden hat, ohne Weiteres eine Entscheidung treffen darf, wenn das ausländische Recht ein Vorschaltverfahren unter Beteiligung einer staatlichen Stelle vorsieht, steht bislang noch aus.

124 Aus Sicht des deutschen Rechts können sich in grenzüberschreitenden Sachverhalten Probleme ergeben, soweit die Möglichkeiten der Vereinbarung der Vergütung berufsrechtlich eingeschränkt sind. Das den Anwaltsvertrag bestimmende Zivilrecht wird in Vergütungsfragen berufsrechtlich, insbeson-

---

1 Siehe die Länderübersichten bei *Kilian*, ZVersWiss 1999, 23ff.

2 Vgl. *Hellwig*, AnwBl. 1998, 623ff.; *Henke*, AnwBl. 1999, 110f. Üblich ist neben nach Seniorität gestaffelten Stundensätzen für anwaltliche Berufsträger z.T. die gesonderte Berechnung der Tätigkeit von „Paralegals" wie Referendaren, Sachbearbeitern usw.

3 Zum anwaltlichen Pricing *Krämer/Kohn-Lehnhof*, AnwBl. 1997, 306; *Krämer*, AnwBl. 1998, 371.

dere durch § 49b BRAO überlagert. § 49b BRAO verbietet zum einen Gebührenunterschreitungen bzw. einen Gebührenverzicht und untersagt zum anderen weiterhin umfassend Erfolgshonorare[1]. International tätige Sozietäten sehen sich in Vergütungsfragen daher häufig insbesondere dem Problem ausgesetzt, dass eine erfolgsbezogene Vergütung anwaltlicher Tätigkeiten im forensischen und außerforensischen Bereich im Ausland zunehmend gebräuchlicher wird. Während Deutschland ein nur in Randbereichen gelockertes Verbot der Erfolgsabhängigkeit der anwaltlichen Vergütung kennt (§ 49b Abs. 2 BRAO i.V.m. § 4a RVG)[2], sind Verbote solcher Erfolgshonorare[3] in ausländischen Beratungsmärkten traditionell unbekannt oder abgeschafft worden[4]. Für grenzüberschreitend tätige Sozietäten stellt sich die Frage, in welchem Fall ihnen bei einem Deutschland-Bezug ihrer Tätigkeit die Vereinbarung einer nach § 49b BRAO an sich verbotenen Vergütung gestattet ist.

Bei rein nationalen Sachverhalten führt ein Verstoß gegen die einschlägigen Vorschriften der BRAO nach § 134 BGB zur Nichtigkeit der Vereinbarung[5]. Ob dies auch in einem grenzüberschreitenden Sachverhalt gilt, beurteilt sich nach Maßgabe des Art. 9 Rom I-VO, anhand dessen der internationale Geltungsanspruch des § 49b BRAO zu bestimmen ist. Der Geltungsanspruch einer Norm ergibt sich grundsätzlich aus ihrem Regelungsanliegen, im Falle des § 49b BRAO insbesondere der Wahrung der Funktionsfähigkeit der Rechtspflege[6]. Konkretisiert wird der Anwendungsbereich durch ausdrückliche gesetzliche Bestimmungen zur Geltung des Berufsrechts im EuRAG und der BRAO, die aus einer innerstaatlichen Umsetzung der EU-Anwalts-Richtlinien 77/249/EWG und 98/5/EG sowie des GATS folgen[7]. Dies ist eine Konsequenz der – an sich systemfremden – Ansiedlung von vergütungsrechtlichen Vorschriften im Berufsgesetz, für das es, anders als für das anwaltliche Zivilrecht, eigene europarechtliche Kollisionsregeln gibt. 125

Grundsätzlich gilt, dass eine „Abwahl" des deutschen Berufsrechts durch Wahl des Schuldstatuts nicht möglich ist [8]. Für die vorübergehende ausländische Tätigkeit eines deutschen Rechtsanwalts im EWR kommt es nach Art. 4 Abs. 1, 4 RiLi 77/249/EWG zur Anwendbarkeit der Vorschriften sowohl des Herkunfts- als auch des Aufnahmestaates. Gestattet das ausländische Recht, was § 49b BRAO verbietet, muss das strengere deutsche Recht zur Vermeidung der Beschneidung der gemeinschaftsrechtlich garantierten 126

1 Im Detail Henssler/Prütting/*Kilian*, § 49b Rz. 1 ff.
2 Hierzu *Kilian*, JurBüro 1994, 641 ff.; siehe auch *Bendref*, AnwBl. 1998, 309, 311.
3 Gemeint sind Erfolgshonorare (*conditional fees, speculative fees*), nicht Streitanteilsvereinbarungen US-amerikanischer Prägung (*contingency fees*). Diese sind anders als in Deutschland in vielen Staaten, die Erfolgshonorare zulassen, nicht gestattet.
4 Für einen rechtsvergleichenden Überblick *Kilian*, AnwBl. 2006, 515 ff.
5 Henssler/Prütting/*Kilian*, § 49b Rz. 144 ff.
6 Näher *Kilian/Müller*, IPRax 2003, 436 ff.
7 Vgl. im Detail *Kilian*, AnwBl. 2003, 452 ff.
8 Vgl. Henssler/Prütting/*Kilian*, § 49b Rz. 267; *Ponschab/Avvento*, AnwBl. 2006, 125, 129.

Dienstleistungsfreiheit jedenfalls dann zurücktreten, wenn die Erbringung der Dienstleistung keine Auswirkung auf die deutsche Rechtspflege hat[1]. Erfolgt die Tätigkeit eines deutschen Rechtsanwalts im Ausland im Rahmen einer dortigen Niederlassung als registrierter oder vollintegrierter ausländischer Rechtsanwalt, der (auch) dem Berufsrecht des Aufnahmestaats vollumfänglich unterworfen ist, kann, falls deutsches Sachrecht zur Anwendung kommt, ein Geltungsanspruch des § 49b BRAO über Art. 9 Rom I-VO nicht begründet werden[2]. Ein anderes Ergebnis folgt für die Ermittlung der aus Sicht des deutschen Rechts maßgeblichen Reichweite der Verbotsnorm auch nicht aus den CCBE-Regeln, die nach dem in § 34 BORA manifestierten Willen der Satzungsversammlung bei der grenzüberschreitenden Tätigkeit gelten und in Abweichung von § 49b BRAO Erfolgshonorare grundsätzlich erlauben und Streitbeteiligungen grundsätzlich verbieten. Die Satzungsversammlung kann § 49b BRAO als höherrangiges Recht freilich nicht modifizieren, sondern einzig ihre eigenen Regelungen, d.h. Normen der BORA, für grenzüberschreitende Sachverhalte unter Beachtung der grundlegenden Entscheidungen des Gesetzgebers in der BRAO modifizieren. Soweit der grenzüberschreitend tätige Rechtsanwalt (auch) deutsches Berufsrecht zu beachten hat, sind die strengeren Regelungen der BRAO und nicht die Vorgaben der CCBE-Regeln maßgeblich.

127 Begegnet, in welcher Konstellation auch immer, eine Vergütungsvereinbarung aufgrund ihres Inhalts internationalrechtlich keinen Bedenken, kann sie aufgrund ihrer **Höhe** teilweise gegen den deutschen *ordre public* (Art. 21 Rom I-VO) verstoßen. Relevant wird dieses Problem insbesondere bei der Vereinbarung von Streitwertanteilen, durch die ein Großteil des Erstrittenen nicht dem Mandanten, sondern dem Anwalt zufließen soll. Der Streitwertanteil wird in einem solchen Fall gegebenenfalls gerichtlich auf eine akzeptable Quote reduziert. Bei einem gewöhnlichen Erfolgshonorar, das im Erfolgsfalle lediglich zu einer proportionalen Erhöhung des üblichen Honorars führt („uplift"), kann ein Verstoß gegen den *ordre public* allenfalls angenommen werden, wenn die Vergütung die vergleichsweise heranzuziehenden, für Vergütungsvereinbarungen geltenden Grenzen des § 3a RVG erheblich übersteigt[3].

c) Vergütungsklage

128 Bei einer Vergütungsklage bestimmt sich die Zuständigkeit des Gerichts in grenzüberschreitenden Sachverhalten nach Art. 5 Nr. 1 lit. b Brüssel I-Verordnung (EuGVVO). Demnach folgt der Gerichtsstand aus dem Erfüllungsort für die Erbringung der vertragscharakteristischen Dienstleistung. Maßgeblich ist der örtliche Schwerpunkt der Dienstleistung, wenn die Dienstleistung tatsächlich und vertragsgemäß in zwei verschiedenen Mitgliedstaaten erbracht wird. Zeitaufwand und Bedeutung der Tätigkeitsanteile sind hierbei

---

1 *Kilian*, AnwBl. 2003, 451, 460f.

2 Näher *Kilian/Müller*, IPRax 2003, 436ff. (zu Art. 34 EGBGB).

3 Zur Äquivalenzkontrolle von Vergütungsvereinbarungen allgemein *Kilian*, BB 2009, 2098ff.

gegeneinander abzuwägen[1]. Die Tätigkeit vor einem Gericht führt nicht immer dazu, dass der Ort der mündlichen Verhandlung als Schwerpunkt der Leistungerbringung anzusehen sei[2]. So kann aufgrund des zeitlichen Aufwandes für die Vorbereitung der Verhandlung der örtliche Schwerpunkt der Tätigkeit in einem anderen Staat liegen, woraus die internationale Zuständigkeit von dessen Gericht folgt.

d) Kostenerstattung

aa) Verkehrsanwalt

Bei einem prozessualen Tätigwerden **für eine ausländische Partei** unter Einschaltung eines ausländischen Verkehrsanwalts gilt grundsätzlich, dass die Kosten des ausländischen Verkehrsanwaltes erstattungsfähig sind, wenn dessen Hinzuziehung zur zweckentsprechenden Rechtsverfolgung oder Rechtsverteidigung geboten war. In diesem Fall greift der Grundsatz des § 91 Abs. 2 S. 2 ZPO, nach dem die Kosten mehrerer Rechtsanwälte im Regelfall nur bis zur Höhe der Kosten eines Rechtsanwalts zu erstatten sind, nicht ein[3]. Grundsätzlich nicht geboten ist die Hinzuziehung eines ausländischen Verkehrsanwalts allerdings bei Bestehen einer grenzüberschreitenden überörtlichen Sozietät mit einer Niederlassung am Sitz der ausländischen Partei[4]. Dies gilt unabhängig davon, ob in der fraglichen Niederlassung tatsächlich ein Rechtsanwalt zur Verfügung steht. Solange in der Außendarstellung der Eindruck der Präsenz eines entsprechend qualifizierten Ansprechpartners erweckt wird, auch wenn dieser ohne effektive Anwesenheit das Büro lediglich administrativ betreut, muss sich der Anwalt kostenrechtlich als ein einen externen Verkehrsanwalt überflüssig machendes Kanzleimitglied ansehen lassen[5]. Ein anderes gilt naturgemäß für die Einschaltung eines Mitglieds einer EWIV oder einer Kooperation, da dieses grundsätzlich nur aufgrund gesonderter Mandatierung tätig wird (oben Rz. 93). 129

Ist die Einschaltung eines ausländischen Verkehrsanwalts geboten, sind dessen Kosten nach der Rspr. des BGH nur in Höhe der Gebühren eines deutschen Rechtsanwalts erstattungsfähig[6]. Demnach richtet sich zwar nur die Frage, ob eine Erstattung für die Kosten eines Verkehrsanwalts erfolgt, nach deutschem (Prozess-)Recht[7], während sich die Höhe der erstattungsfähigen Kosten aus 130

1 BGH NJW 2006, 1806, 1807.
2 BGH NJW 2006, 1806, 1808.
3 BGH NJW 2005, 1373, 1374.
4 OLG München AnwBl. 1994, 198, 199; OLG Rostock BeckRS 2011, 01456.
5 OLG München AnwBl. 1994, 198, 199; OLG Rostock BeckRS 2011, 01456.
6 BGH NJW 2005, 1373, 1374; OLG Stuttgart NJW-RR 2004, 1581, 1583. Anders die frühere Rspr., OLG Bremen OLGR 2001, 363; OLG Celle, JurBüro 1986, 281; OLG Hamburg, JurBüro 1988, 1186; OLG Frankfurt, AnwBl. 1990, 48; 1977, 28; KG JurBüro 1971, 622 (erstattungsfähig sind sämtliche sich nach ausländischem Vertragsstatut ergebende Kosten).
7 OLG Stuttgart NJW-RR 2004, 1581, 1583; OLG Düsseldorf JurBüro 1990, 347; KG 1971, 257.

dem Recht ergibt, das auf den Vertrag zwischen der erstattungsberechtigten Partei und ihrem ausländischen Verkehrsanwalt anwendbar ist. Allerdings begrenzt das deutsche Gebührenrecht die erstattungsfähigen Kosten der Höhe nach, so dass die nach ausländischem Vertragsstatut bestehenden Ansprüche im Wege einer Plafonierung ggf. gekappt werden[1]. Soweit der BGH – möglicherweise unbeabsichtigt zweideutig – formuliert, dass deutsches Recht nicht nur für die Frage der generellen Erstattungsfähigkeit der Kosten eines ausländischen Anwalts, sondern auch für die Höhe dieser Kosten maßgebend sein soll[2], kann hiermit schwerlich die Anwendung deutschen Sachrechts auf das Vertragsverhältnis von ausländischer Partei und ausländischem Verkehrsanwalt gemeint sein.

131 Die Kosten ausländischer Korrespondenzanwälte **für eine inländische Partei** sind neben den Kosten des inländischen Prozessbevollmächtigten grundsätzlich nicht erstattungsfähig. Dies gilt auch, wenn die inländische Partei in einen Rechtsstreit mit ausländischem Bezug verwickelt ist[3].

bb) Beweisanwalt

132 Die vorstehend skizzierten Grundsätze gelten auch, wenn ein ausländischer Rechtsanwalt als Beweisanwalt eingeschaltet wird und sich dessen Tätigwerden im Sinne des § 91 ZPO als zweckentsprechende Rechtsverfolgung darstellt[4]. Auch bei Wahrnehmung eines Beweistermins im Ausland durch einen ausländischen Rechtsanwalt beurteilt sich die Kostentragungspflicht hinsichtlich des Grundes nach dem inländischen Verfahrensrecht und hinsichtlich der Höhe nach dem Heimatrecht des ausländischen Rechtsanwalts, allerdings plafoniert in Höhe der Gebühren des RVG[5]. Nicht möglich ist die Beiordnung eines ausländischen Anwalts als Beweisanwalt (unten Rz. 135)[6].

cc) Einvernehmensanwalt

133 Bei einer grenzüberschreitenden forensischen Tätigkeit im EWR kann die Einschaltung eines ausländischen Rechtsanwalts als sog. Einvernehmensanwalt im Sinne der Richtlinien 77/249/EWG bzw. 98/5/EG notwendig werden (oben Rz. 49). Ebenso kann der deutsche Rechtsanwalt beauftragt werden, im Inland als Einvernehmensanwalt eines ausländischen Rechtsanwalts tätig zu werden[7]. Im Falle eines Obsiegens ist die Vergütung des Einvernehmensanwalts nach der Rspr. des EuGH erstattungsfähig, soweit

---

1 OLG Stuttgart NJW-RR 2004, 1581, 1583.
2 BGH NJW 2005, 1373, 1374; NJW-RR 2005, 1732.
3 OLG Hamburg NJW-RR 2000, 876.
4 BGH NJW-RR 2005, 1732, 1733.
5 Insofern methodisch unklar BGH NJW-RR 2005, 1732, 1733.
6 OLGR Stuttgart 1998, 91, 92.
7 In diesem Fall kommt nach § 28 Abs. 3 EuRAG nur bei Vereinbarung eine vertragliche Beziehung des Einvernehmensanwalts mit dem dienstleistenden ausländischen Rechtsanwalt zustande, so dass der Einvernehmensanwalt als Erfüllungsgehilfe (§ 278 BGB) des dienstleistenden ausländischen Rechtsanwalts tätig wird.

es in einer Rechtsordnung grundsätzlich zu einer Kostenerstattung kommt[1]: Wäre die Vergütung des Einvernehmensanwalts nicht erstattungsfähig, würde dies aus Sicht des EuGH dazu führen, dass sich nur wenige Mandanten unter Einschaltung eines Einvernehmensanwalts im Ausland von ihrem einheimischen Rechtsanwalt vertreten lassen. Für ein Tätigwerden als Einvernehmensanwalt in Deutschland folgt aus diesen Vorgaben des EuGH, dass dessen Vergütung nach Maßgabe der Nr. 2200 VV und Nr. 2201 VV[2] erstattungsfähig ist[3].

dd) Prozessbevollmächtigter

Bei Tätigwerden eines ausländischen Prozessbevollmächtigten im Inland, etwa als dienstleistender europäischer Rechtsanwalt (oben Rz. 12ff.) ist auch dann, wenn sich das Vertragsverhältnis zur Partei nach ausländischem Sachrecht beurteilt, der Kostenerstattungsanspruch grundsätzlich auf die Kosten eines deutschen Prozessbevollmächtigten beschränkt[4]. 134

e) Prozesskostenhilfe

§ 121 Abs. 4 ZPO erlaubt grundsätzlich die Beiordnung eines ausländischen Rechtsanwalts für eine im Ausland wohnhafte Partei als Verkehrsanwalt[5]. Dies gilt auch für Rechtsanwälte, die nicht der Richtlinie 77/249/EWG unterfallen[6]. Gerechtfertigt und notwendig ist eine Beiordnung aber nur, wenn sie auf Grund besonderer Umstände erforderlich ist[7]. 135

Nicht möglich ist die Beiordnung eines ausländischen Rechtsanwalts als Beweisanwalt[8]. Der beigeordnete Prozessbevollmächtigte kann allerdings einen ausländischen Anwalt als Unterbevollmächtigten beauftragen und die ihm dadurch entstehenden Kosten als Auslagen geltend machen[9].

3. Haftung

Fragen der Haftung in einer transnational tätigen Berufsausübungsgesellschaft können sich in verschiedenen Ausprägungen stellen. Für eine multinationale Sozietät ist zu klären, ob diese bei einem Haftungsfall insgesamt in die Haftpflicht gerät oder die Haftung örtlich beschränkt ist etwa auf die deutschen Berufsträger. Ergibt sich das transnationale Moment des Mandats aus einer verfestigten oder ad hoc erfolgenden Zusammenarbeit mit auslän- 136

1 EuGH NJW 2004, 833, 834 (AMOK).
2 Näher hierzu Mayer/Kroiß/*Klees*, RVG Nr. 2200–2201, Rz. 3f.
3 OLG München NJW-RR 2004, 1508f.; anders noch OLG München NJW-RR 1998, 1692, 1693.
4 OLG München NJW-RR 2004, 1508f.
5 OLG Nürnberg MDR 2004, 1017, 1018; OLG Bamberg FamRZ 1997, 1543; a.A. OLG Köln NJW 1975, 1607, 1608; OLG Bamberg NJW 1977, 113.
6 OLG Bamberg FamRZ 1997, 1543.
7 OLG Nürnberg MDR 2004, 1017, 1018.
8 OLGR Stuttgart 1998, 91, 92.
9 OLGR Stuttgart 1998, 91, 92.

dischen Rechtsanwälten, ist zu klären, wie sich Fehler des ausländischen Rechtsanwalts auf die eigene Haftung auswirken.

a) Haftpflicht

137 Soweit die Haftung eines Rechtsanwalts gegenüber einem Mandanten nach deutschem Verständnis regelmäßig vertraglicher Natur ist, beurteilt sie sich in einem Mandat mit Auslandsbezug sachrechtlich nach Maßgabe des Rechts, das aus dem Vertragsstatut folgt. Die Ermittlung des Statuts folgt den unter Rz. 110ff. dargestellten Grundsätzen. Ergibt sich die Anwendbarkeit deutschen Rechts, folgt die Haftung den vertrauten Grundsätzen der in § 280 Abs. 1 BGB verwurzelten Anwaltshaftung nach deutschem Recht. Bei soziierten Rechtsanwälten besteht in der GbR eine unbeschränkte, gesamtschuldnerische, akzessorische Haftung der Gesellschafter (oben B Rz. 401ff.), in der PartG lediglich eine Haftung der Mandatsbearbeiter (oben C Rz. 205ff.) und in der GmbH und AG keine persönliche Haftung (oben D Rz. 154ff.). Führt die Anknüpfung zur Anwendbarkeit ausländischen Sachrechts, ist insbesondere darauf zu achten, dass die dogmatische Verwurzelung der Anwaltshaftung im ausländischen Recht nicht überall den aus dem deutschen Recht vertrauten Kategorien folgt, sondern zum Teil als Delikts- oder Berufshaftung ausgestaltet ist (vgl. etwa oben Rz. 109)[1].

138 Qualifizierungsprobleme können sich in einer multinationalen Sozietät ergeben: Zum einen scheitert in einer solchen Sozietät bei Fehlen einer wirksamen Rechtswahl die Anknüpfung an eine ausschließlich inländische Hauptniederlassung nach Art. 4 Abs. 1 lit. b) Rom I-VO, aus der die Anwendbarkeit des deutschen Rechts folgen würde. Maßgeblich ist in einem solchen Fall das Recht der Niederlassung, von der aus schwerpunktmäßig die Mandatsbearbeitung erfolgt. Ergibt sich die Anwendbarkeit des deutschen Rechts, weil die Mandatsbearbeitung im Inland erfolgt, kann zum anderen zweifelhaft sein, ob die vertraglichen Verpflichtungen alle Berufsträger erfassen: Unter Zugrundelegung der traditionellen höchstrichterlichen Rechtsprechung zur Haftung in der interprofessionellen Sozietät haften nur solche Mitglieder der multinationalen Sozietät aus Vertrag, welche die fachlichen und rechtlichen Voraussetzungen erfüllen, die zur Bearbeitung des erteilten Auftrags notwendig sind[2]. Gewonnen wird dieses Ergebnis aus einer Auslegung der Willenserklärung der Beteiligten bei Mandatsschluss. Bei reinen Inlandsmandaten scheiden insofern alle nicht als Rechtsanwalt zugelassenen bzw. nach dem EuRAG registrierten Sozien aus, da diesen die Beratung im deutschen Recht nicht gestattet und ihre Beauftragung nicht gewollt sein soll. Bei internationalen Mandaten beschränkt sich nach diesem Verständnis die Haftung auf diejenigen Anwälte, von denen der Mandant erwarten darf, dass sie aufgrund ihrer Residenz oder ihrer Außendarstellung Kenntnisse in

---

1 Eine Übersicht der Anwaltshaftung in verschiedenen Rechtsordnungen bieten *IBA* (Hrsg.), Liability Of Lawyers And Indemnity Insurance, London 1995; *Campbell/Campbell*, Professional Liability Of Lawyers, London 1995.

2 Zur Haftung in der interprofessionellen Sozietät vgl. BGH NJW 1982, 1866; ZIP 2000, 545; OLG Köln NJW-RR 1997, 438. Siehe krit. oben Rz. 159.

einer derjenigen Rechtsordnungen haben, die für die Bearbeitung des konkreten Mandats von Bedeutung sind[1]. Inwieweit die Rechtsprechung des BGH zur Rechtssubjektivität der GbR entsprechende Differenzierungen weiterhin erlaubt, da nach neuerer Rechtsprechung des BGH die Sozietät als Rechtssubjekt Vertragspartner wird und die Haftung der Gesellschafter nicht mehr aus einer Doppelverpflichtung, sondern akzessorisch aus jener der Sozietät folgt, ist bislang ungeklärt (siehe näher oben Rz. 116f.)[2].

Ist nach vertragsrechtlichen Grundsätzen eine Haftung des Vertragspartners 139
des Mandanten anzunehmen, ist damit für die Frage der Verantwortlichkeit der anwaltlichen Gesellschafter neben der Gesellschaft nichts gewonnen. Sie beurteilt sich nach dem Gesellschaftsstatut, das bei einem Auseinanderfallen der Rechtsordnungen der Gründung und des Sitzes der Gesellschaft grundsätzlich der Rechtsordnung am Ort der Gründung der Gesellschaft folgt (oben G Rz. 11ff.)[3]. Bei in Deutschland ansässigen Gesellschaften ausländischer Rechtsform kann daher die Gesellschafterhaftung selbst dann ausgeschlossen sein, wenn die Gesellschaft personengesellschaftsähnliche Strukturen aufweist. Dies ist namentlich bei der in Deutschland häufiger anzutreffenden LLP britischen Rechts der Fall. In dieser haftet neben der Gesellschaft ausschließlich der Mandatsbearbeiter, aber nicht nach gesellschaftsrechtlichen Grundsätzen akzessorisch, sondern unmittelbar deliktsrechtlich (ausführlich oben Rz. 107ff).

Bei einer Mandatsbearbeitung im Rahmen einer Kooperation oder einer EWIV 140
können sich Haftungsfragen für die deutsche Sozietät bei schadensverursachenden Ereignissen beim Kooperationspartner unter dem Gesichtspunkt der **Einschaltung des Kooperationspartners** in die Mandatsbearbeitung ergeben (umfassender hierzu oben B Rz. 428ff.). Die Konsequenzen einer solchen Einschaltung unterscheiden sich danach, ob der Mandant mit dem ausländischen Kooperationspartner einen gesonderten, eigenständigen Vertrag geschlossen oder ob die deutsche Sozietät den ausländischen Partner intern eingeschaltet hat (näher oben Rz. 93). – Zur **gesamtschuldnerischen Haftung** der deutschen Sozietät für die einem ausländischen Kooperationspartner bzw. einer im Einzelfall beauftragten ausländischen Kanzlei u.U. vom Mandanten geschuldete Vergütung, siehe unten Rz. 109.

b) Haftungsmaßstab

Es ist umstritten, ob bei Beurteilung eines Haftungsfalls nach deutschem 141
Recht einen deutschen Rechtsanwalt bei der **Anwendung ausländischen Rechts**[4] dieselben strengen Sorgfaltsstandards treffen wie bei seiner Beratungstätigkeit im nationalen Recht. Zum Teil wird vertreten, dass ohne entsprechende vertragliche Vereinbarung die allgemeine Rechtsprüfungspflicht des

---

1 *Sieg*, ZAP Fach 23, 191, 198.

2 BGHZ 146, 361ff.

3 Soweit die Rechtsordnung, an der die Gesellschaft gegründet wurde, eine rechtsformwahrende Sitzverlegung ermöglicht.

4 Im Sinne ausländischen Sachrechts, nicht Internationalen Privat- bzw. Zivilverfahrensrechts.

Rechtsanwalts hinsichtlich des anwendbaren ausländischen Rechts nicht gemildert oder eingeschränkt werden könne[1]. Dem steht die Auffassung gegenüber, dass an den Rechtsanwalt hinsichtlich der Anwendung ausländischen Rechts geringere Anforderungen gestellt werden müssen, da das Gesetz in § 239 ZPO noch nicht einmal vom Richter – der sich freilich seine Fälle nicht aussuchen kann – mehr als „Nachforschungen" zum ausländischen Recht verlange[2]. Ohne ausdrückliche Stellungnahme tendiert die Rechtsprechung wohl zu einem strengen Sorgfaltsmaßstab[3], so dass sachgerechtes Risikomanagement – Haftungsbeschränkungsvereinbarung nach Maßgabe des § 51a BRAO, Zuziehung ausländischen Sachverstands im Namen des Mandanten, Ablehnung des Mandats etc. – angezeigt ist.

142 Einigkeit besteht jedenfalls dahingehend, dass ein strenger Sorgfaltsmaßstab anzulegen ist, wenn der Anwalt bzw. die Sozietät **besonderes Vertrauen des Mandanten** in Anspruch genommen hat. Dies ist nicht nur bei der ausdrücklich vereinbarten Übernahme der Prüfung ausländischen Rechts der Fall[4], sondern typischerweise auch bei einer allgemein die internationale Tätigkeit werblich ausnutzenden Sozietät. Der Hinweis auf ausländische Kooperationspartner begründet das besondere Vertrauen des rechtsuchenden Publikums, dass die Sozietät sich bei diesen im Zweifelsfall rechtlich absichern kann. Eine in verschiedenen Ländern mit eigenen Büros tätige Sozietät erweckt bei einer entsprechenden Vermarktung den Eindruck des Vorhandenseins eines entsprechenden Know-hows. Gleiches gilt bei einer nach außen hervorgehobenen Spezialisierung einzelner Mitglieder einer Sozietät etwa durch Führen ausländischer Anwaltstitel[5]. Ungeklärte Grenzbereiche bleiben, so etwa, wenn das Recht eines Staats anzuwenden ist, in dem die „internationale Sozietät" oder Kooperation nicht präsent ist. Vor diesem Hintergrund empfiehlt sich eine möglichst detaillierte **vertragliche Fixierung der geschuldeten Leistungen** bzw. ein **Haftungsausschluss** nach § 51a Abs. 2 S. 2, 3 BRAO für Beratungsfehler im Recht von Staaten, für welche die Sozietät oder Kooperation kein Know-how vorhält[6].

143 Bei Einschaltung eines ausländischen, sachkundigen Rechtsanwalts im Einvernehmen mit dem Mandanten kann sich der deutsche Rechtsanwalt nach umfassender Einweisung des ausländischen Rechtsanwalts in den Sachverhalt[7] in der Regel darauf beschränken, das vom ausländischen Rechtsanwalt übermittelte Ergebnis auf Plausibilität und vollständige Berücksichtigung

1 *Raiser*, NJW 1991, 2049, 2052f.; *Henssler*, JZ 1994, 178, 185; *Riederer von Paar*, AnwBl. 1991, 496; *von Westphalen*, FS Geimer (2002), S. 1485, 1488.

2 *Hök*, JurBüro 1990, 155, 158; *Rinsche/Schlüter*, ZAP Fach 23, 115, 117.

3 Vgl. BGH NJW 1972, 1044ff.; OLG Bamberg MDR 1989, 542f.; OLG Hamm DZWiR 1997, 460f.

4 Vgl. *von Westphalen*, FS Geimer (2002), S. 1485, 1488.

5 Wohl nicht bei Führen eines Master-Titels (LL. M.); a.A. *Sieg*, S. 130.

6 Hierzu umfassend *Sieg*, S. 186ff.

7 RG JW 1926, 246.

des Sachverhalts zu überprüfen[1]. Er darf sich darauf verlassen, dass der ausländische Kollege seine Heimatrechtsordnung kennt[2].

c) Haftpflichtversicherung

§ 51 Abs. 1 BRAO verpflichtet den Rechtsanwalt, eine **Berufshaftpflichtversicherung** mit einer Mindestversicherungssumme von 250000 EUR (§ 51 Abs. 4 BRAO) bzw. 2500000 EUR im Falle einer zugelassenen Rechtsanwaltsgesellschaft (§ 59j Abs. 2 BRAO) zur Deckung von Regressgefahren zu unterhalten. Die Verpflichtung zur Unterhaltung einer Berufshaftpflichtversicherung trifft den Rechtsanwalt auch dann, wenn er von der Residenzpflicht befreit ist und eine Kanzlei nur im Ausland (§ 29a Abs. 2 BRAO) eingerichtet hat[3]. Trotz der Befreiung von der Verpflichtung, eine Kanzlei in Deutschland einzurichten, ist der Rechtsanwalt weiterhin berechtigt, seinen Beruf in Deutschland auszuüben[4]. 144

Hinsichtlich des Versicherungsschutzes ist bei einer Tätigkeit mit Auslandsbezug zu differenzieren, ob der Auslandsbezug durch den Ort oder den Gegenstand der Tätigkeit besteht. In beiden Fällen kann aufgrund § 51 Abs. 3 BRAO nach den AVB-RSW der Versicherungsschutz ausgeschlossen sein. Dann sind weder eingetretene Schäden gedeckt noch ist die Versicherung verpflichtet, die Kosten der Schadenabwehr zu tragen. Fällt die Tätigkeit einer Kanzlei typischerweise in Bereiche, für die die Deckung nach den AVB-RSW ausgeschlossen ist, sind aufgrund der erheblichen Haftungsrisiken ggf. einzelvertragliche Regelungen mit einer Versicherungsgesellschaft anzustreben. 145

Bei Rechtsbesorgung im deutschen und nicht-außereuropäischen Recht ist es für den Deckungsschutz zwar grundsätzlich unerheblich, ob die Pflichtverletzung im In- oder Ausland begangen worden ist[5]. Der Versicherer kann aber nach § 51 Abs. 3 Nr. 2 BRAO im Versicherungsvertrag den Versicherungsschutz ausschließen für Tätigkeiten, die über **in anderen Staaten eingerichtete oder unterhaltene Kanzleien oder Büros** entfaltet werden[6]. Von dieser Ausschlussmöglichkeit wird von den Versicherern in den BBR-RA zu den AVB-RSW in Nr. 2.1. lit a) Gebrauch gemacht, zumal bei Niederlassung im Ausland nach dem dortigen Berufsrecht typischerweise eine eigene Pflicht zur Unterhaltung einer Individual- oder Kollektivversicherung oder zur Mitgliedschaft in einem sog. *Mutual Indemnity Fund* besteht[7]. Maßgeb- 146

---

1 BGH NJW 1972, 1044 ff.

2 OLG Bamberg MDR 1989, 542.

3 BGHZ 137, 200 ff.; AGH Stuttgart BRAK-Mitt. 2009, 85 f.; AGH Hamm BRAK-Mitt. 2006, 141.

4 Zur Frage einer Excedentendeckung für das Auslandsgeschäft siehe *Kouba*, BRAK-Mitt. 2002, 165 ff.

5 *Feuerich/Weyland*, § 51 Rz. 17; Henssler/Prütting/*Stobbe*, § 51 Rz. 65.

6 Zu entsprechenden Ausschlüssen im internationalen Vergleich *IBA* (Hrsg.), Liability of Lawyers and Indemnity Insurance, 1995, S. 57 f.

7 Zur anwaltlichen Haftpflicht in mehr als 60 Jurisdiktionen und entsprechenden Versicherungspflichten und -konzepten die Länderberichte bei *IBA* (Hrsg.), Liability of Lawyers and Indemnity Insurance, 1995, S. 75 ff. Eine Pflichtversicherung ist nur in 19 Ländern bekannt.

lich für das Eingreifen des Ausschlusses ist allein die Tätigkeit *über* die ausländische Niederlassung. Unerheblich ist, ob die Beratung im deutschen oder ausländischen Recht erfolgt oder sie für einen deutschen oder ausländischen Mandanten erfolgt. Die exakte Reichweite des Ausschlusses ist aufgrund der bloßen Anknüpfung an eine Tätigkeit *über* die ausländische Niederlassung weitgehend unklar. Gemeint sein dürfte eine federführende Bearbeitung und die „Verwaltung" des Mandats in der ausländischen Niederlassung, nicht aber bereits eine rein örtliche Bearbeitung in ausländischen Kanzleiräumen etwa im Rahmen von Besprechungen zu einem ansonsten über ein deutsches Büro betreutes Mandat[1]. Umgekehrt greift der Ausschluss, wenn ein über das ausländische Büro betreute Mandat zu Tätigkeiten im Inland führt[2]. Soweit durch abweichende vertragliche Vereinbarung mit der Versicherung Auslandsbüros mitversichert werden, findet eine Einbeziehung der ausländischen Sozien in die Berechnung der Durchschnittsleistung nach § 12 AVB-RSW nicht statt[3].

147 Von der Frage der Reichweite des deutschen Versicherungsschutzes losgelöst zu beantworten ist die Frage, welche berufsrechtlichen Anforderungen an das Bestehen von Versicherungsschutz das ausländische Recht aufstellt, das der deutsche Rechtsanwalt ggf. (oben Rz. 38, 45) zu beachten hat. Zu klären ist daher bei Unterhaltung von Kanzleien bzw. Büros in anderen Staaten, ob die Anforderungen des dortigen Berufsrechts an die anwaltliche Haftpflichtversicherung durch eine Sondervereinbarung mit einem deutschen Versicherer erfüllt werden können, das Auslandsrisiko vor Ort versichert wird oder eine Gesamtdeckung durch eine Versicherung bei einem ausländischen Versicherer erzielt werden kann.

148 Nach § 51 Abs. 3 Nr. 3 BRAO kann im Versicherungsvertrag der Versicherungsschutz „im Zusammenhang mit der **Beratung und Beschäftigung im außereuropäischen Recht**" ausgeschlossen werden, was seitens der Versicherer in den BBR-RA in Nr. 2.1 lit b) erfolgt. „Außereuropäisch" ist geografisch zu verstehen, eingeschlossen sind auch Rechtsordnungen, die nur teilweise in Europa angesiedelt sind (Türkei, Russland) oder sich auf überseeische Kolonien erstrecken. Kein außereuropäisches Recht ist das Völkerrecht, das internationale Recht einschließlich internationaler Schiedsgerichtsordnungen, das europäische Recht und das nationale Recht der Staaten Europas. Das für den Ausschluss vorgesehene Erfordernis der „Beratung/Beschäftigung" mit dem außereuropäischen Recht schließt aus, dass bereits jede Nichtbeachtung oder Verletzung entsprechender Vorschriften ungedeckt ist[4], notwendig ist vielmehr, dass der Rechtsanwalt bewusst unter Annahme seiner Anwendbarkeit über ausländisches Recht berät[5] und diese Beschäfti-

---

1 Ähnlich *Diller*, AVB-RSW, A2 Rz. 22; anders wohl *Borgmann*, AnwBl. 2005, 733, die jegliche räumliche Nähe zum ausländischen Büro für schädlich hält.
2 So auch *Diller*, AVB-RSW, A2 Rz. 23.
3 Allg. Auffassung, *Diller*, § 12 AVB-RSW Rz. 18; *Müller*, AnwBl. 2006, 278, 279; *Borgmann*, AnwBl. 2005,732, 737.
4 *Diller*, AVB-RSW, A2 Rz. 28; *Borgmann*, AnwBl. 2005, 732, 733.
5 *Diller*, AVB-RSW, A2 Rz. 28; *Borgmann*, AnwBl. 2005, 732, 733.

gung mit dem außereuropäischen Recht kausal für den Schadenseintritt ist[1]. Eine kollisionsrechtliche Prüfung, die fälschlich zur Verneinung der Anwendbarkeit außereuropäischen Rechts führt, ist daher nicht ausschlussbegründend[2].

149 § 51 Abs. 3 Nr. 4 BRAO erlaubt den Ausschluss der Deckung für die **Tätigkeit des Rechtsanwalts vor außereuropäischen Gerichten**. Einen entsprechenden Ausschluss sehen die BBR-RA zu den AVB-RA in Nr. 2.1. lit c) vor. „Gericht" meint staatliche Gerichte, nicht auch Schiedsgerichte. „Außereuropäisch" ist geografisch zu verstehen (oben Rz. 148), so dass es Rechtsordnungen geben kann, in denen Gerichte zum Teil erfasst, zum Teil nicht erfasst sind (Russland, Türkei)[3]. „Tätigkeit" erfasst nur die eigentliche forensische Tätigkeit; ein breiter angelegtes Mandat wird durch ein gerichtliches Tätigwerden nicht insgesamt von der Deckung ausgeschlossen[4]. Welches Recht vor dem außereuropäischen Gericht verhandelt wird, ist ohne Bedeutung, so dass auch die Verhandlung deutschen Rechts vor einem außereuropäischen Gericht zum Ausschluss führt[5].

V. Berufsrecht

Literatur:

Boon/Flood, Globalization Of Legal Ethics, [1999] 2 Legal Ethics, S. 29; *Henssler*, Anwaltliche Berufspflichten bei grenzüberschreitender Tätigkeit, NJW 2009, 1556; *Knöfel*, Anwalts-Kollisionsrecht, AnwBl. 2003, 3; *Knöfel*, Internationales Lauterkeitsrecht contra Sonderrecht der Dienstleistungsaufsicht, RIW 2008, 552; *Terry*, European Community's Ethics Code, [1993] 12 Georgetown Journal Of Legal Ethics, 1; *Toulmin*, A Worldwide Common Code Of Professional Ethics?, [1991] 15 Fordham International Law Journal, 556; *Willandsen*, Die verwaltungs- und standesrechtliche Stellung des auch im Ausland zugelassenen deutschen Rechtsanwaltes oder Rechtsbeistandes, NJW 1989, 1128; *Zuck*, Internationales Anwaltsrecht, NJW 1987, 3033.

1. Anwendbares Berufsrecht

150 Für eine grenzüberschreitend aktive Sozietät stellt sich die Frage nach der Anwendbarkeit des deutschen und des Berufsrechts des Aufnahmestaats für die im Ausland tätigen Sozietätsangehörigen. Bei der grenzüberschreitenden Tätigkeit im EWR gelten folgende Grundsätze:

a) Auf den deutschen Rechtsanwalt anwendbares Berufsrecht

151 Im Falle einer reinen **Dienstleistung** im Ausland hat der deutsche Rechtsanwalt sowohl die Bestimmungen der BRAO als auch das Berufsrecht des Aufnahmestaats zu beachten. Ob und in welchem Maße ein Aufnahmestaat

1 Zugehör/*Schlee*, Rz. 2117; *Diller*, AVB-RSW, A2 Rz. 31.
2 *Diller*, AVB-RSW, A2 Rz. 29.
3 *Diller*, AVB-RSW, A2 Rz. 36.
4 *Diller*, AVB-RSW, A2 Rz. 35.
5 *Diller*, AVB-RSW, A2 Rz. 34.

aus dem EU-Raum für die Tätigkeit ausländischer Anwälte anstelle des nationalen Berufsrechts die CCBE-Regeln (hierzu unten Rz. 156ff.) zur Anwendung kommen lässt, muss im Einzelfall ermittelt werden. Der **Grundsatz der Beachtung doppelten Berufsrechts** gilt uneingeschränkt für ein gerichtliches Tätigwerden; die Anforderungen bei nicht-forensischer Tätigkeit sind aufgrund einer sibyllinischen Bestimmung der Richtlinie in Art. 4 Abs. 4 RiLi 77/249/EWG weniger umfassend; hier soll der Anwalt neben dem Berufsrecht des Herkunftsstaats zusätzlich nur die in einem in Art. 4 Abs. 4 enthaltenen Katalog aufgezählten „Kern-Berufspflichten" des Aufnahmestaats zu beachten haben, soweit dies „objektiv gerechtfertigt" ist.

152 Im Ausland **registrierte deutsche Anwälte** bleiben weiterhin Angehörige der Rechtsanwaltskammer und damit auch dem deutschen Berufsrecht unterworfen. Zusätzlich müssen sie gemäß Art. 6 Abs. 1, 7 RiLi 98/5/EG auch das Berufsrecht des Aufnahmestaats beachten. Das Berufsrecht des Aufnahmestaats gilt, anders als bei der Dienstleistung (s.o. Rz. 151) unabhängig davon, ob eine forensische oder außerforensische Tätigkeit erbracht wird, uneingeschränkt. Dasselbe gilt, wenn der deutsche Rechtsanwalt durch Eignungsprüfung oder dreijährige Qualifikationsphase zusätzlich zu seinem Heimattitel den ausländischen Anwaltstitel erworben hat und Mitglied des dortigen Berufsverbands geworden ist.

153 Problematisch kann mitunter die Feststellung sein, in welchem Umfang ein anderer Staat die Geltung seines „Berufsrechts" beansprucht. Berufsrecht im klassischen deutschen Sinne ist in vielen anderen Jurisdiktionen unbekannt. Zum Teil werden nach deutschem Verständnis berufsrechtliche Fragen im Ausland als verfahrens-, gesellschafts-, wettbewerbs- oder vertragsrechtliche Probleme aufgefasst, so dass eine Bewertung grenzüberschreitender Sachverhalte dort nach den Regeln des lokalen Verfahrensrechts (lex fori) oder internationalen Delikts- bzw. Vertragsrechts erfolgen muss[1]. Bei Auftreten vermeintlich berufsrechtlicher Probleme ist daher Augenmerk darauf zu richten, als welchem Rechtsgebiet zugehörig das ausländische Recht das spezifische Problem erachtet.

b) Auf den Nicht-Rechtsanwalt anwendbares Berufsrecht

154 In Deutschland tätige **registrierte ausländische Anwälte** i.S.d. § 2 EuRAG bzw. sonstige gemäß § 206 BRAO niedergelassene Anwälte bleiben weiterhin Angehörige des Berufsverbandes ihres Herkunftsstaats und damit auch dessen Berufsrecht unterworfen. Inwieweit dieses für eine Auslandstätigkeit Geltung beansprucht, muss im Einzelfall geklärt werden (umfassender oben Rz. 23ff.). Zusätzlich müssen diese niedergelassenen Anwälte gemäß § 6 Abs. 1 EuRAG bzw. § 207 Abs. 2 BRAO (jeweils i.V.m. § 29 BORA) auch das deutsche Berufsrecht beachten (zum Problem kollidierender Berufsrechte unten Rz. 160).

155 Für Angehörige der transnational tätigen Sozietät, die nicht Mitglied einer deutschen Rechtsanwaltskammer sind, erlangen §§ 33, 30 BORA Bedeu-

1 So sind Fragen der Interessenkonflikte in den USA dem Verfahrensrecht, in Großbritannien dem Vertragsrecht zuzuordnen.

tung: Gemäß §§ 33, 30 BORA darf sich ein Rechtsanwalt mit Angehörigen nach § 59a Abs. 1, 3 BRAO sozietätsfähiger Berufe in einer Sozietät, in sonstiger Weise oder in Bürogemeinschaft nur dann verbinden, wenn diese bei ihrer Tätigkeit auch das anwaltliche Berufsrecht des deutschen Rechtsanwalts beachten. Diese unmittelbar nur Rechtsanwälte treffende Bestimmung zwingt mittelbar alle **nicht-anwaltlichen Angehörigen von Berufsausübungsgesellschaften** unter das anwaltliche Berufsrecht, da, wenn sie gegen dieses verstoßen, dem anwaltlichen Partner bei (schwerwiegenden) Verstößen von der Kammeraufsicht das Verlassen der Gesellschaft aufgegeben werden kann. § 30 S. 2 BORA nimmt von der Verpflichtung der Beachtung des deutschen Berufsrechts allerdings alle Angehörigen des Zusammenschlusses aus, die nicht in Deutschland tätig sind. Der in der multinationalen Sozietät in England tätige *solicitor* oder der in der Pariser Zweigniederlassung einer deutschen Sozietät tätige *expert comptable* muss daher nicht das deutsche Berufsrecht beachten. Wird ein ausländisches *anwaltliches* Sozietätsmitglied vorübergehend (= dienstleistend) in Deutschland tätig, muss es deutsches Berufsrecht gemäß § 27 Abs. 1 EuRAG beachten. Im internationalen Kontext erlangt § 30 BORA daher vor allem für nicht-anwaltliche ausländische Sozietätsmitglieder Bedeutung, die in Deutschland in der Sozietät tätig werden wollen. Diese müssen ggf. ihr berufsspezifisches einheimisches Berufsrecht, das im Rahmen der Niederlassung in Deutschland zu beachtende Berufsrecht ihrer deutschen Standeskollegen sowie das anwaltliche Berufsrecht beachten, soweit es für die sinngemäße Anwendung auf Angehörige anderer Berufe überhaupt geeignet ist. Praktisch ist dies nur denkbar hinsichtlich des anwaltlichen Werbe- und des anwaltlichen „Gesellschaftsrechts". Der ausländische Kooperationspartner darf etwa seine Tätigkeit nicht aggressiver als die Rechtsanwälte der Sozietät bewerben, auch wenn sein Berufsrecht dies grundsätzlich gestatten würde.

2. CCBE-Standesregeln

Soweit beim grenzüberschreitenden Verkehr die o.a. Grundsätze (Rz. 150ff.) Geltung beanspruchen können, werden gemäß § 29 BORA die berufsrechtlichen Bestimmungen der deutschen BORA – nicht aber jene der BRAO – durch die CCBE-Regeln verdrängt, wenn diese nicht im Widerspruch zu Europarecht oder deutschem Verfassungs-, Gesetzes- oder Verordnungsrecht stehen. § 29 BORA findet Anwendung auf den grenzüberschreitenden Rechtsverkehr mit allen EU-Mitgliedstaaten[1] und den weiteren EWR-Staaten, nicht aber den CCBE-Beobachterstaaten[2]. Das 1960 gegründete CCBE ist eine Dachorganisation der Anwaltschaften der Mitgliedstaaten der Europäischen Union, es hat 1988 einen Verhaltenskodex verabschiedet, in dem die in Europa geltenden Grundwerte und Grundüberzeugungen des anwalt- 156

1 Vgl. die Überlegungen bei Hartung/Römermann/*Lörcher*, § 29 Rz. 50ff., inwieweit aufgrund des Verweises in § 29 BORA auf die CCBE-Regeln v. 28. 11. 1998 auch später beigetretene Mitgliedstaten erfasst sein können.

2 Hartung/Römermann/*Lörcher*, § 29 Rz. 58ff.

lichen Standesrechts zusammengefasst sind[1]. Da es sich bei diesen Regeln, auf deren Fassung vom 28. 11. 1998 § 29 BORA statisch verweist[2], lediglich um **Verbandsrecht** handelt, das von den CCBE-Mitgliedern – den nationalen Anwaltsverbänden/-kammern – innerstaatlich implementiert werden soll, konnte die Satzungsversammlung den CCBE-Regeln lediglich im Rahmen ihrer Regelungskompetenz und nur soweit, wie höherrangiges deutsches Recht nicht ein anderes bestimmt, Geltung verschaffen. Weil die Berufsordnung zudem ihrerseits im Hinblick auf Art. 12 GG lediglich gesetzlich bereits formulierte Berufspflichten näher konkretisiert, aber keine eigenständigen Verpflichtungen schaffen kann, ist die praktische Bedeutung des Verweises auf die CCBE-Regeln vergleichsweise gering[3].

157 Die CCBE-Regeln enthalten Vorschriften zu folgenden berufsrechtlichen Fragen[4]:

Anwaltliche Unabhängigkeit (2.1.), Vertrauensverhältnis zwischen Anwalt und Mandant (2.2.), Berufsgeheimnis (2.3.), Verpflichtung zur Beachtung fremden Berufsrechts (2.4.), Inkompatibilitäten (2.5.), Werbung (2.6.), Interessenvertretung (2.7.), Haftungsbegrenzung (2.8.), Mandantsannahme und -beendigung (3.1.), Interessenkonflikte (3.2.), Quota-Litis-Vereinbarungen (3.3.), Honorarabrechnungen (3.4.), Honorarvorschüsse (3.5.), Honorarteilung (3.6.), Hinweispflicht auf Prozesskosten- und Beratungshilfe (3.7.), Mandantengelder (3.8.), Berufshaftpflichtversicherung (3.9.), Faire Verfahrensführung (4.2.), Achtung des Gerichts (4.3.), Wahrheitspflicht (4.4.), Kollegialität (5.1.), Zusammenarbeit mit ausländischen Kollegen (5.2.), Korrespondenz unter Rechtsanwälten (5.3.), Vermittlungshonorar (5.4.), Umgehung des Gegenanwalts (5.5.), Anwaltswechsel (5.6.), Haftung für Honorarforderungen (5.7.), Ausbildung (5.8.), Streitschlichtung (5.9.).

158 Die meisten dieser Vorschriften behandeln Fragen, die von der **BRAO** geregelt sind; sie können daher keine verdrängende Wirkung entfalten. Vorschriften der **BORA**, die gemäß § 29 BORA verdrängt werden, sind vor allem:

- § 3 BORA durch Regel 3.2. (Interessenkonflikte)
- § 4 BORA durch Regel 3.8. (Mandantengelder)
- § 11 BORA durch Regel 3.1. (Unterrichtung des Mandanten)
- § 12 BORA durch Regel 5.5. (Umgehung des Gegenanwalts)
- § 15 BORA durch Regel 5.6. (Fragen des Anwaltswechsels)

---

1 Umfassend zum CCBE-Code *Terry*, [1993] 12 Georgetown Journal Of Legal Ethics, 1 ff.; *Boon/Flood*, [1999] 2 Legal Ethics, 29, 31 ff.

2 Hartung/Römermann/*Lörcher*, § 29 Rz. 57. Die Satzungsversammlung plant eine Neufassung des § 29 BORA, in der auf die aktuelle Fassung der CCBE-Regeln verwiesen werden soll.

3 In den CCBE-Regeln sind zudem einige gebührenrechtliche Fragen angesprochen, die nach deutschem Recht im RVG geregelt sind.

4 Eine Kurzkommentierung der CCBE-Regeln findet sich bei Hartung/Römermann/*Lörcher*, S. 795–832, Henssler/Prütting/*Offermann-Burckart*, S. 1855–1899 sowie Gaier/Wolf/Göcken/*Eichele*, S. 1735–1754.

– § 16 Abs. 1 BORA durch Regel 3.7. (Hinweispflicht auf Prozesskosten- und Beratungshilfe).

Gemäß Nr. 1.5 lit. a CCBE-Regeln sind die CCBE-Regeln auch bei einer „Tätigkeit gegenüber Rechtsanwälten anderer Mitgliedstaaten anlässlich anwaltlicher Berufsausübung" anwendbar. Gemeint ist die berufliche Zusammenarbeit mit ausländischen Kollegen im Rahmen einer Einzelfall- oder dauerhaft angelegten Kooperation. Anknüpfungskriterium ist die (ausschließliche) Zugehörigkeit des anderen Anwalts zum Berufsstand eines anderen Mitgliedstaats, nicht die berufliche Zusammenarbeit über eine Grenze hinweg[1]. 159

Ist der ausländische Anwalt gemäß § 206 BRAO bzw. § 2 Abs. 1 EuRAG (auch) Mitglied einer Rechtsanwaltskammer, ist der Anwendungsbereich von Nr. 1.5 lit. a **CCBE-Regeln** nicht eröffnet. Der Betroffene ist im Sinne der Vorschrift lediglich „auch" Rechtsanwalt eines anderen Mitgliedstaats, da er dem deutschen Berufsrecht unterliegt. Die ratio legis der Nr. 1.5 lit. a CCBE-Regeln, eine gemeinsame berufsrechtliche Plattform im Sinne eines kleinsten gemeinsamen Nenners bereitzustellen, ist dann nicht angesprochen und die Anwendung außerstaatlichen Verbandsrechts auf das Verhältnis der Mitglieder der Rechtsanwaltskammer nicht sachgerecht[2]. 160

3. Kollidierende Berufsrechte

Die CCBE-Regeln können nur für den o.a., eng umrissenen Bereich eine Harmonisierung der europäischen Berufsrechte gewährleisten. Wenngleich viele Grundprinzipien der anwaltlichen Berufsausübung weltweit weitgehend inhaltsgleich geregelt sind, sind Kollisionsfälle denkbar, wenn auf eine anwaltliche Tätigkeit die Berufsrechte zweier oder mehrerer Staaten Anwendung finden (sog. *„double deontology"*). Weder internationales, europäisches noch deutsches Recht enthält in Ermangelung eines eigenständigen „Internationalen Anwaltsrechts" Regeln, wie solche Grenzfälle zu behandeln sind. Ein Rückgriff auf den *International Code of Ethics* der IBA ist nicht möglich, da es diesen Berufsregeln an Allgemeinverbindlichkeit mangelt[3]. 161

Soweit es zu einem Kollisionsproblem aufgrund abweichender Regelungen in den fraglichen Staaten kommt, erscheint es aufgrund der größeren Sachnähe und der unmittelbaren Betroffenheit des **Staats, in dem der Anwalt grenzüberschreitend tätig ist**, sachgerecht, das Recht dieses Staats zur Anwendung kommen zu lassen und nicht auf das restriktivere der beiden konkurrierenden Be- 162

1 Hartung/Römermann/*Lörcher*, § 29 Rz. 32.
2 So nun auch Hartung/Römermann/*Lörcher*, § 29 Rz. 46f.
3 In diesem werden, wesentlich allgemeiner und programmatischer als in den CCBE-Regeln, grundsätzliche berufsrechtliche Fragen der grenzüberschreitenden Tätigkeit von Anwälten angesprochen. Der IBA Code of Ethics ist abgedruckt etwa bei *Godfrey*, Law Without Frontiers, Appendix 11. Ausführlicher *Boon/Flood*, [1999] 2 Legal Ethics, 29, 31ff.

rufsrechte zurückzugreifen[1]. Auch Aufbau und Wortlaut von Art. 4 Abs. 2 RiLi 77/249/EWG[2] deuten darauf hin, dass das Berufsrecht des Herkunftsstaates im Kollisionsfalle zurücktritt[3]. Ein solches Verständnis ist interessengerecht, da auf einen berufsrechtlichen Sachverhalt grundsätzlich jene Berufsregeln zur Anwendung kommen sollten, die einen stärkeren sachlichen Bezug aufweisen und nicht jene, bei denen lediglich ein personaler Konnex besteht.

VI. Strafrecht

1. Inlandstaten ausländischer Anwälte

163 Eine Anzahl strafrechtlicher Vorschriften des StGB[4] knüpfen als Berufsvergehen eine Strafbarkeit an berufliches Fehlverhalten eines Anwalts. Als objektive Tatbestandsvoraussetzung ist diesen Delikten die Notwendigkeit des Handelns eines „Rechtsanwalts" oder „Anwalts oder anderen Rechtsbeistands" gemein. Zum Teil wurde daher unter Geltung des RADG und des § 206 BRAO a.F. vertreten, dass unter ihrem Heimattitel in Deutschland tätige Anwälte ohne ausdrückliche gesetzliche Anordnung keine tauglichen Täter sein können, weil sie kein Anwalt i.S.d. §§ 4ff. BRAO sind[5]. § 42 Abs. 1 EuRAG will einem solchen Verständnis vorbeugen, indem die Geltung der einschlägigen Vorschriften des StGB ausdrücklich angeordnet wird[6]. Notwendig ist diese Anordnung nur für den dienstleistenden ausländischen Rechtsanwalt. Niedergelassene Anwälte werden – jedenfalls von §§ 352, 356 StGB – unmittelbar erfasst: Soweit das StGB den Begriff „Anwalt" verwendet, sind nicht lediglich Rechtsanwälte i.S.d. §§ 4ff. BRAO gemeint, weil unter den Begriff auch Patentanwälte subsumiert werden[7]. „Anwalt" ist viel-

1 So auch *Everling*, Gutachten DJT 1990, C 29; *Mauro/Weil* AnwBl. 1981, 128, 130; *Feuerich/Weyland-Feuerich*, § 27 EuRAG Rz. 2; Henssler/Prütting/*Kilian*, § 27 EuRAG Rz. 7; a.A. *Henssler*, ZEuP 1999, 689, 709; *Skarlatos*, Legal Issues of European Integration 1/1991, 49 (56), der davon ausgeht, dass jeweils die restriktivere Vorschrift Anwendung findet.

2 Art. 4 Abs. 2 RiLi 77/249/EWG: „Bei der Ausübung dieser Tätigkeit hält der Rechtsanwalt die Standesregeln des Aufnahmestaats neben den ihm im Herkunftsstaat obliegenden Verpflichtungen ein."

3 Henssler/Prütting/*Kilian*, § 27 EuRAG Rz. 7.

4 § 356 StGB (Parteiverrat), § 352 StGB (Gebührenüberhebung), § 139 Abs. 3 S. 2 (Nichtanzeige geplanter Straftaten), § 203 Abs. 1 Nr. 3, Abs. 3 bis 5, §§ 204, 205 (Verletzung von Privatgeheimnissen).

5 *Roxin*, in: Büchting/Heussen, Beck'sches Rechtsanwalts-Handbuch 1999/2000, E 3 Rz. 23. Ein solches Verständnis wurde allerdings weder den historischen Wurzeln noch dem Schutzgut der Vorschriften gerecht; vgl. *Hübner*, in: Strafgesetzbuch, Leipziger Kommentar, 10. Aufl. 1988, § 356 Rz. 11.

6 BT-Drucks. 14/2269, S. 34; es handelt sich um die pauschale Übernahme der RADG-Vorschrift, obschon eingeräumt wird, dass registrierte Rechtsanwälte an sich Rechtsanwälten i.S.d. §§ 4ff. BRAO gleichgestellt sind.

7 *Gillmeister*, in: Strafgesetzbuch, Leipziger Kommentar, 12. Aufl. 2009, § 356 Rz. 13f.

mehr ein untechnischer Oberbegriff[1]. Entscheidend für die Strafwürdigkeit ist eine anwaltliche Tätigkeit in der durch die Sonderdelikte geschützten deutschen Rechtspflege. Anzuknüpfen ist an eine Mitgliedschaft in der Rechtsanwaltskammer, gleich unter welcher Berufsbezeichnung. Erfasst werden somit auch registrierte europäische Rechtsanwälte i.S.d. § 2 Abs. 1 EuRAG und der verkammerte ausländische Anwalt i.S.d. § 206 Abs. 1 BRAO[2]. Nicht unmittelbar, sondern nur kraft ausdrücklicher Erstreckung erfasst ist hingegen der nur im Ausland zugelassene und damit im Inland ausschließlich dienstleistende Anwalt[3].

2. Auslandstaten deutscher Anwälte

Deutsche Rechtsanwälte, die für Rechtsanwälte im Inland strafbewehrte Handlungen im Ausland (niedergelassen oder dienstleistend) unter ihrem Heimattitel vornehmen, machen sich aufgrund des Territorialitätsprinzips (§ 3 StGB) nicht nach deutschem Recht strafbar. Das das Territorialitätsprinzip ausnahmsweise durchbrechende Staatsschutzprinzip beansprucht keine Geltung, da keine Auslandstat gegen inländische Rechtsgüter i.S.d. § 5 StGB vorliegt. Die hierfür notwendige Amtsträgereigenschaft eines Rechtsanwalts im Sinne des § 5 Nr. 12 i.V.m. § 11 Abs. 1 Nr. 2b StGB wird heute nicht mehr bejaht[4]. 164

VII. Verfahrensrecht

1. Verfahrenshandlungen

Verfahrensrechtlich ist in einer transnationalen Sozietät insbesondere darauf zu achten, dass bei gerichtlichem Tätigwerden in Deutschland in Verfahren mit Anwaltszwang Verfahrenshandlungen nur von postulationsfähigen Mitgliedern der Sozietät vorgenommen werden, soweit diese nicht kraft gesetzlicher Anordnung aufgrund ihrer Rechtsform selbst postulationsfähig ist (dies sind die Rechtsanwaltsgesellschaft mbH [§ 59l BRAO], die zugelassene Anwalts-AG [§ 59l BRAO analog] und die Partnerschaftsgesellschaft [§ 7 Abs. 4 PartGG]). Bei einer Sozietät, deren Unternehmensträger eine Gesellschaft ausländischer Rechtsform ist, scheidet eine Postulationsfähigkeit aus, 165

---

1 Das Problem des Analogieverbotes des Art. 103 Abs. 2 GG stellt sich daher nicht. Vgl. *Hübner*, in: Strafgesetzbuch, Leipziger Kommentar, § 356 Rz. 14: „[Der Begriff des Anwalts hat] sich (...) von einer ursprünglichen Unterart der Rechtsanwaltschaft über die Gleichbedeutung mit ihr zu einem jetzt umfassenden Oberbegriff gewandelt ...".

2 Die gegenteilige Auffassung hätte die befremdliche Konsequenz, dass niedergelassene GATS-Anwälte i.S.d. § 206 Abs. 1 BRAO als Kammermitglieder straffrei bleiben müssten, während sich dienstleistende oder registrierte EU-Anwälte strafbar machen könnten.

3 Vgl. *Gillmeister*, in: Strafgesetzbuch, Leipziger Kommentar, § 356 Rz. 16.

4 Vgl. *Fischer*, Strafgesetzbuch, 56. Aufl. 2009, § 11 Rz. 18. Anders noch RGZ 51, 220, 222 (vgl. die systematische Zuordnung der §§ 352, 356 StGB zu den Straftaten im Amt).

soweit nicht bei Gesellschaften aus dem EWR aufgrund eines Rechtsformvergleichs eine analoge Anwendung der §§ 59l BRAO, 7 Abs. 4 PartGG in Betracht kommt (vgl. oben zur LLP G Rz. 72).

166 Soweit eine Postulationsfahigkeit der Gesellschaft selbst ausscheidet und Sozietätsmitglieder ohne deutsche Berufsausübungsbefugnis, d.h. nicht in Deutschland nach der BRAO zugelassene oder nach dem EuRAG registrierte Rechtsanwälte, Verfahrenshandlungen vornehmen, muss sichergesellt sein, dass vor Vornahme der Verfahrenshandlung nach §§ 28, 29 EuRAG das Einvernehmen mit einem deutschen Sozietätsmitglied hergestellt worden ist. Uneingeschränkt vertretungsberechtigt sind nur als solche in Deutschland zugelassene oder nach § 2 EuRAG registrierte ausländische Rechtsanwälte. Ein dienstleistender europäischer Rechtsanwalt im Sinne des § 25 EuRAG kann wirksame Prozesshandlungen gemäß §§ 28, 29 EuRAG nur durch schriftlichen Nachweis eines Einvernehmens mit einem in Deutschland zugelassenen Rechtsanwalt vornehmen. Dieser schriftliche Nachweis muss dem Gericht zum Zeitpunkt der Vornahme der Prozesshandlung vorliegen[1]. Ohne den Nachweis des Einvernehmens werden Rechtsanwälte, die nicht Mitglied einer deutschen Rechtsanwaltskammer sind, nicht als „Rechtsanwalt" im Sinne der Verfahrensordnungen behandelt, so dass von ihnen vorgenommene Verfahrenshandlungen unzulässig sind[2]. Die Notwendigkeit einer Belehrung durch das Gericht, dass der ausländische Rechtsanwalt nicht bzw. nur unter besonderen Voraussetzungen postulationsfähig ist, verneint die Rechtsprechung[3].

2. Kostenerstattung

167 Zu Fragen der Kostenerstattung in grenzüberschreitenden Mandaten siehe oben Rz. 129–134.

3. Prozesskostenhilfe

168 Zu Fragen der Beiordnung eines ausländischen Anwalts siehe oben Rz. 135.

169–228 Einstweilen frei.

VIII. Steuerrecht[4]

Literatur:

Bellstedt, Einkommensteuer der Internationalen Sozietät, IStR 1995, 361; *Delp/Lorentz*, Zur Besteuerung der Europäischen Wirtschaftlichen Interessenvereinigung in Frankreich, RIW 1997, 323; *Delp/Maniezzo*, Die Besteuerung der Europäischen

---

1 BVerwG BeckRS 2006, 20626.

2 BFH NV 2005, 718; BVerwG BeckRS 2006, 20626; BSG BeckRS 2010, 71733.

3 BFH NV 2005, 718.

4 Das Kapitel betrifft ebenfalls die steuerrechtlichen Aspekte, die sich aus der grenzüberschreitenden Tätigkeit von Sozietäten ergeben, vgl. hierzu auch oben Rz. 1.

Wirtschaftlichen Interessenvereinigung in Italien, RIW 1997, 674; *Eckert*, Besteht die Gefahr der Gewerblichkeit bei einer multinationalen Rechtsanwaltssozietät?, IStR 1999, 478; *Grüninger*, Die Europäische Wirtschaftliche Interessenvereinigung beratender Freiberufler – Steuerrechtliche Vor- und Nachteile, BB 1990, 2161; *Haug-Adrion*, Zur ertragsteuerlichen Behandlung der Europäischen Wirtschaftlichen Interessenvereinigung, GmbHR 1985, 336; *Jahndorf*, Die EWIV im Ertragsteuerrecht, 1995; *Kempermann*, Besteuerung der Einkünfte internationaler Anwaltsozietäten, FS Wassermeyer, 2005, 332; *Knöfel*, Besteuerung der internationalen Anwaltsozietät, AnwBl. 2005, 153; *Krabbe*, Abgrenzung der Besteuerungsrechte bei international tätigen Sozietäten, FR 1995, 692; *Kramer*, Die steuerliche Behandlung internationaler Anwaltssozietäten, Unternehmensteuerrecht und Internationales Steuerrecht, Gedächtnisschrift für Dirk Krüger, 2006, 173; *Portner/Bödefeld*, Steuern der Internationalen Sozietät, AnwBl. 1994, 104; *Sass*, Zu den steuerlichen Aspekten der „Europäischen Wirtschaftlichen Interessenvereinigung", DB 1985, 2266; *Salbach/Delp*, Zur Besteuerung der Europäischen Wirtschaftlichen Interessenvereinigung, RIW 1995, 658; *Sandner*, Die steuerliche Behandlung der EWIV, 1995; *Schaumburg*, Internationales Steuerrecht, 2. Aufl. 1998; *Schnittker/Bank*, Die LLP in der Praxis, 2008; *Spatscheck*, Die Besteuerung der Europäischen Wirtschaftlichen Interessenvereinigung, 1997; *Streck*, Steuerprobleme örtlicher, überörtlicher und internationaler Anwaltssozietäten, AnwBl. 1991, 449; *Streck/Streck*, KStG, 7. Aufl. 2008; *Tautorus*, Supranationale und länderspezifische Besteuerung der Europäischen Wirtschaftlichen Interessenvereinigung, 1992; *Tessin/Kjeldsen/Delp*, Zur Besteuerung der Europäischen Wirtschaftlichen Interessenvereinigung in Dänemark, RIW 1996, 848; *Töben*, Besteuerung international tätiger Anwaltssozitäten – System oder Chaos, IWB Fach 10 Gr. 2, 387 (1997); *Vogel/Lehner*, Doppelbesteuerungsabkommen, 5. Aufl. 2008; *Weimar/Delp*, Die Europäische Wirtschaftliche Interessenvereinigung (EWIV) in rechtlicher und steuerlicher Sicht, WPg 1989, 89.

1. Internationale Sozietät nach deutschem Ertragsteuerrecht

a) Allgemeines

aa) Die internationale Sozietät

Der **Begriff „internationale Sozietät"** ist nirgendwo definiert. Im allgemeinen 229
Sprachgebrauch versteht man hierunter eine Sozietät, die Büros in verschiedenen Staaten hat. Gesellschaftsrechtlich handelt es sich um Personengesellschaften, eventuell mit mehr oder weniger wirkenden Haftungsbeschränkungen des auf die Personengesellschaft anwendbaren Rechts. Ertragsteuerlich wird nicht die Sozietät besteuert (wie eine Kapitalgesellschaft), sondern der einzelne Partner. Auch die internationale Sozietät ist nach deutschem Ertragsteuerrecht eine **Mitunternehmerschaft**.

Ob eine Personengesellschaft (Mitunternehmerschaft) oder eine juristische Person (Kapitalgesellschaft) vorliegt, wird bei ausländischen Rechtsgebilden nach dem sog. **Typenvergleich** entschieden[1]. Die Gesellschaft wird mit einer Gesellschaft des Bürgerlichen Rechts oder einer OHG einerseits oder aber einer GmbH, einer Aktiengesellschaft anderseits verglichen. Je nach dem wie der Vergleich ausfällt, liegt eine Mitunternehmerschaft oder ein körper-

1 Zum Typenvergleich s. *Streck/Streck*, § 1 Rz. 13; *Schnittker/Bank*, Die LLP in der Praxis, Rz. 302 ff.

schaftsteuerpflichtiges Subjekt vor. Die **Limited Liability Partnerships (LLP)** des englischen Rechts und die **Limited Liability Company (LLC)** von einzelnen US-Staaten können nach der von den Gesellschaftern gewählten Gestaltung sowohl als Mitunternehmerschaft als auch als Körperschaft beurteilt werden. In der Regel handelt es sich bei anwaltlicher Tätigkeit um Mitunternehmerschaften[1].

bb) Der Inlandssozius

230 Der im Inland (Deutschland) arbeitende – unbeschränkt steuerpflichtige – Partner erzielt mit seinem **gesamten Gewinnanteil**, dh. auch mit seinem Gewinnanteil aus den Auslandsbüros, Einkünfte aus selbständiger Arbeit. Die steuerliche Qualifizierung als freiberufliche Mitunternehmerschaft bleibt unbeeinflusst davon, dass die Sozietät nicht nur überörtlich, sondern auch grenzüberschreitend, dh. mit Büros im Ausland, tätig ist.

cc) Der Auslandssozius

231 Bei den im Ausland ansässigen Partnern stellt sich (nur) die Frage, inwieweit sie im **Inland beschränkt steuerpflichtig** sind. Dies allerdings nur, soweit es um den Teil ihres Gewinnanteils geht, der durch das **Inlandsbüro erwirtschaftet** wurde.

232 Der Gewinnanteil, der von den Gewinnen der inländischen Sozietät aus einer ausländischen Einrichtung (Auslandsbüro) auf einen **nur beschränkt steuerpflichtigen** Mitunternehmer (Sozius) entfällt, ist im **Inland nicht steuerbar**[2]. Um inländische Einkünfte handelt es sich nur, wenn die selbständige Arbeit im Inland ausgeübt oder verwertet bzw. ab (VZ 2004) oder für sie im Inland eine feste Einrichtung oder eine Betriebstätte unterhalten wird (§ 49 Abs. 1 Nr. 3 EStG).

b) Besteuerung unter Berücksichtigung von Doppelbesteuerungsabkommen

aa) Allgemeines

233 Die meisten Doppelbesteuerungsabkommen folgen der Vorgabe des **OECD-Musterabkommens** (im folgenden **OECD-MA**). Das Musterabkommen soll im Folgenden zugrunde gelegt werden.

Einkünfte aus einem freien Beruf sind solche aus „selbständiger Arbeit". Sie unterfallen **Art. 14 OECD-MA**.

233a Art. 14 OECD-MA galt **nur bis 2000**. **Ab 2001** verzichtet das OECD-MA auf eine besondere Vorschrift für freiberufliche Einkünfte. **Art. 7 OECD-MA** (unternehmerische Einkünfte) ist einschlägig[3]. Da jedoch in nahezu allen DBA noch eine Art. 14 OECD-MA entsprechende Vorschrift enthalten ist,

---

1 Vgl. zur LLC BMF v. 19. 3. 2004, BStBl. 2004 I, 411; zur LLP FinVerw. v. 19. 1. 2007, DStR 2007, 1034; *Schnittker/Bank*, Die LLP in der Praxis, Rz. 302 ff.

2 Vgl. BFH v. 24. 2. 1998 – I R 95/84, BStBl. 1988 II, 663.

3 *Vogel/Lehner*, Art. 14 Rz. 2. Vgl. auch nachfolgend Fn. 4.

ist es sinnvoll, auch an dieser Stelle weiterhin an den Text des Art. 14 OECD-MA anzuknüpfen[1]. Ob sich durch die Ersetzung des Art. 14 durch Art. 7 OECD-MA materiell etwas ändert, ist noch nicht absehbar.

Das OECD-Musterabkommen definiert in Art. 14 den Begriff des freien Berufs nicht. Es enthält jedoch einen Katalog typischer freiberuflicher Tätigkeit mit unverkennbaren Parallelen zu **§ 18 EStG**. 233b

Vor diesem Hintergrund kann, soweit sich aus dem Zusammenhang des Abkommens nichts anderes ergibt, für Zwecke der Auslegung **innerstaatliches Recht** herangezogen werden (Art. 3 Abs. 2 OECD-MA). 233c

Interessant für die Praxis ist die Existenz eines – nur als Entwurf existenten – **BMF-Schreibens** vom 18. 2. 1998 – IV C 7 - S 1300-25/98, abgedruckt als Anlage zu diesem Beitrag unter Rz. 257 [...]. Es wird bei dem Entwurf bleiben[2]. Auch ist nicht bekannt, dass die Finanzverwaltung in anderer Weise versuchen wird, die Besteuerung internationaler Sozietäten im Erlasswege zu regeln. Gleichwohl bleibt das Schreiben als **Belegstück** von Interesse. 233d

Die **Abgrenzung** zwischen Einkünften aus selbständiger Tätigkeit (Art. 14 OECD-MA) und Unternehmensgewinnen (Art. 7 OECD-MA) richtet sich – so auch der Entwurf des BMF-Schreibens – nach dem **nationalen Recht des Anwenderstaats**, es sei denn, es ergeben sich aus den jeweiligen DBA Sonderregelungen. Auch für die internationale Sozietät gilt die sog. Abfärbe- oder Infektionstheorie (siehe B. Rz. 851 ff.). Ist sie teilweise gewerblich tätig, erstreckt sich die Gewerblichkeit auf alle freiberuflichen Einkünfte. In diesem Fall ist sodann Art. 7 OECD-MA einschlägig. 233e

Zur **Gewerblichkeit** siehe weiter unten Rz. 239.

In der internationalen Abkommenspraxis sind die **Einkünfte** aus **freiem Beruf** oder aus sonstiger selbständiger Arbeit grundsätzlich allein dem Wohnsitzstaat zur Besteuerung zugewiesen (Art. 14 Abs. 1 OECD-MA). Der Staat, in dem die **Tätigkeit** ausgeübt wird, darf als Quellenstaat nur dann besteuern, wenn für die Tätigkeit dort gewöhnlich bzw. regelmäßig eine **feste Einrichtung** zur Verfügung steht. 233f

Grundgedanke: Die selbständige Arbeit soll erst dann von einem ausländischen Staat zum Anknüpfungspunkt für eine Besteuerung gemacht werden, wenn sie zu einer intensiven geschäftlichen Bindung an diesen Staat geführt hat[3]. 233g

Für die berufliche Tätigkeit ist dies die „**feste Einrichtung**". Dieser Begriff ist der Parallelbegriff zum Betriebstättenprinzip bei unternehmerischen Einkünften. Die „feste Einrichtung" entspricht ... der „Betriebstätte des Gewer- 233h

1 Vgl. auch *Vogel/Lehner*, Art. 14 Rz. 2, die Art. 14 weiterhin kommentieren.

2 Auch das BMF-Schreiben v. 16. 4. 2010, BStBl. I 2010, 354, betr. die Anwendung der Doppelbesteuererungsabkommen auf Personengesellschaften spart besondere Anweisungen für freiberufliche Personengesellschaften aus; das Schreiben begnügt sich damit, freiberufliche Einkünfte allgemein wie Unternehmensgewinne zu behandeln (Tz. 2.2.1.1); s. auch *Hruschka*, DStR 2010, 1357 ff.

3 *Schaumburg*, Rz. 16.412.

bebetriebs"[1]. Dies wird auch dadurch unterstrichen, dass in Zukunft Art. 14 OECD-MA durch Art. 7 OECD-MA ersetzt wird (vgl. oben 233).

233i Erfolgt danach die Besteuerung im Ausland, steht in der deutschen Abkommenspraxis für die Behandlung im Inland die **Freistellung** unter **Progressionsvorbehalt** im Vordergrund[2]. Die im Ausland steuerlich zu erfassenden freiberuflichen Einkünfte erhöhen im Inland nicht die Bemessungsgrundlage, werden jedoch für die Bestimmung des Steuersatzes (erhöhend) herangezogen.

bb) Begriff der festen Einrichtung (Betriebstätte)

234 Der zentrale Begriff der „festen Einrichtung" ist im OECD-MA nicht definiert. Nach allgemeiner Ansicht (vgl. vorstehend Rz. 233 ff.) kann grundsätzlich jedoch im Zweifel auf die **abkommensrechtliche Betriebstättendefinition** zurückgegriffen werden[3]. S. auch Rz. 233 ff.

234a Der Entwurf des **BMF-Schreibens** (vgl. Rz. 257) schreibt fest: Der Begriff „feste Einrichtung" entspricht dem Begriff der Betriebstätte i.S.d. Art. 4 OECD-MA, dh. auch die Grundsätze des Art. 5 Abs. 1 bis 7 OECD-MA sind analog anzuwenden. Einrichtungen, in denen nur **Hilfstätigkeiten** geleistet werden, fallen nicht unter den Begriff der festen Einrichtung.

234b Wird – so das BMF weiter – die selbständige Arbeit von einer Freiberuflergesellschaft (**Sozietät**) ausgeübt, so ist ihr die feste Einrichtung (z.B. das **Büro**) zuzuordnen. Die feste Einrichtung wird zugleich jedem Gesellschafter (Sozius) wie dessen feste Einrichtung zugerechnet, unabhängig davon, in welchem Umfang der einzelne Gesellschafter die Räumlichkeiten nutzt.

234c Im **Unterschied** zur **Betriebstätte** muss die feste Einrichtung dem selbständig Tätigen für seine Tätigkeit **gewöhnlich** zur Verfügung stehen. „Gewöhnlich" steht die Einrichtung zur Verfügung, wenn sie nur ausnahmsweise der Verfügung des Steuerpflichtigen entzogen ist[4].

234d Die feste Einrichtung muss **nur regelmäßig**, aber **nicht ständig** benutzt werden. Erforderlich ist, dass die feste Einrichtung unter der Verfügungsgewalt des selbständig Tätigen derart steht, dass er über diese entweder rechtlich oder tatsächlich verfügen kann.

234e Für die Praxis der Besteuerung kann davon ausgegangen werden, dass die **Büros** und **Kanzleien** international tätiger Sozietäten dem **Begriff** der **festen Einrichtung** genügen. Werden Büros nur für vorübergehende Zwecke angemietet, z.B. in Konferenzcentern oder in Bürohäusern, die für solche vorübergehende Nutzung geschaffen sind, liegt eine feste Einrichtung nicht vor.

---

1 Vgl. *Vogel/Lehner*, Art. 14 Rz. 22.
2 Vgl. *Vogel/Lehner*, Art. 14 Rz. 34.
3 *Schaumburg*, Rz. 16.416, m.w.N.
4 Vgl. *Vogel/Lehner*, Art. 14 Rz. 26f.

cc) Zuordnung der freiberuflichen Tätigkeit

In der Sache angelegt, besteht in der Literatur zur Ausübung der freiberuflichen Tätigkeit in den verschiedenen Büros internationaler Sozietäten folgende **Kontroverse**:[1] 235

Auf der einen Seite wird vertreten:[2] Der Staat der Belegenheit der festen Einrichtung habe nach dem Abkommen auch insoweit ein Besteuerungsrecht, als der Gewinn auf die **nicht** in dieser Einrichtung tätigen und im (jeweiligen) Ausland ansässigen Personen entfalle. 235a

Argument: Wenn sich mehrere Partner zu einer Tätigkeit verbinden und ihre Einkünfte „poolen", stelle sich insoweit auch ihre **Tätigkeit als Einheit** dar, so dass die Tätigkeit des einen Sozius dem anderen zugerechnet werden müsse. Nicht an den Sozius, an die Gesamthandschaft der Sozietät, dessen Tätigkeit allen Partnern zuzuordnen ist, wird angeknüpft[3]. Auch der Wettbewerbsgedanke weise in die gleiche Richtung: Das Prinzip der „festen Einrichtung" solle dafür sorgen, dass der durch eine feste Einrichtung erzielte Gewinn der steuerlichen Berechtigung des Belegenheitsstaats unterliege. 235b

Folge:[4] Der Gewinn in internationalen Sozietäten ist in so viele Teile aufzuteilen, wie es dem **rechnerischen Produkt** der beteiligten **Länder** und **Sozien** entspricht.

Die **Gegenansicht**[5] argumentiert: Der Quellenstaat sei zur Erhebung nur berechtigt, wenn der Steuerpflichtige auch **persönlich** in der festen Einrichtung freiberuflich tätig sei. Hierzu müsse er sich regelmäßig physisch dort aufhalten. 235c

Diese Auffassung hat – vgl. soweit selbst *Krabbe*[6] – eindeutig den Vorteil der **einfacheren Handhabung**. Sie führt – so das Beispiel von *Krabbe* – dazu, dass z.B. bei einer großen US-amerikanischen Lawfirm mit 100 Partnern, die in Deutschland ein Büro unterhält, nur die in dem deutschen Büro tätigen Partner der deutschen Besteuerung unterworfen sind. Die übrigen Partner brauchen in Deutschland weder eine Steuererklärung abzugeben noch ergeht an sie ein deutscher Einkommensteuerbescheid. Dieser Disput hat folglich nicht nur für die Besteuerung der inländischen Partner Auswirkung, sondern auch auf die des **ausländischen Partners**. Hier entscheidet sich, inwieweit er im Inland steuerpflichtig ist. 235d

Im Entwurf des **BMF-Schreibens** vom 18. 2. 1998 (vgl. Rz. 257) wird auf diese Problematik eingegangen. Dort wird der **zweiten Alternative** der Vorzug ge- 235e

1 Vgl. dazu *Kramer*, Gedächtnisschrift Dirk Krüger, 173 ff.
2 Vgl. *Krabbe*, FR 1995, 692; *Bellstedt*, IWB F 2, 521 (3/1991); *Kempermann*, FS Wassermeyer, 333, 339 ff.
3 *Kempermann*, a.a.O.
4 Zu den Problemen der Gegenansicht s. *Streck/Mack*, Stbg. 1997, 448.
5 Vgl. *Portner/Bödefeld*, IWB F 3 – Gr. 3, 1037, 1040; *Vogel/Lehner*, Art. 14 Rz. 30; *Toben*, IWB International Gr. 2, 1253 (4/1997); *Bellstedt*, IStR 1995, 361, 364, infolge des neuen Berufsrechts seine Meinung ändernd (Rz. 235 zu Beginn mit Fn.).
6 *Krabbe*, FR 1995, 692.

geben. Die feste Einrichtung muss danach der Person, für deren Rechnung die Tätigkeit ausgeübt werde, nicht nur gewöhnlich oder regelmäßig für die Ausübung ihrer Tätigkeit zur Verfügung stehen. Ein **persönliches Tätigwerden** darin sei in jedem Fall erforderlich. Bei freiberuflichen Sozietäten werde die feste Einrichtung zwar stets allen Sozien zugerechnet. Das **Besteuerungsrecht** der **betroffenen Vertragsstaaten** und damit der Umfang der Steuerpflicht des einzelnen Sozius dagegen bestimme sich nach dem Ort der von ihm ausgeübten Tätigkeit und nicht danach, wo die Gesellschaft insgesamt tätig geworden sei.

235f **Beispiel** (nach dem BMF-Schreiben, siehe unter Rz. 257): Rechtsanwalt A mit Wohnsitz und Kanzlei in der Bundesrepublik Deutschland und Rechtsanwalt B mit Wohnsitz und Kanzlei in Frankreich schließen sich zu einer Sozietät zusammen und vereinbaren eine Gewinnaufteilung zu jeweils 50 %. A wird nur in der Bundesrepublik Deutschland und B nur in Frankreich tätig. Im Jahr 01 erwirtschaftet die Sozietät einen Gewinn von 120, davon entfallen auf die Tätigkeit in der Bundesrepublik Deutschland 70, durch A erwirtschaftet, und auf die Tätigkeit in Frankreich 50, durch B erwirtschaftet.

235g **Lösung:** A erzielt aus freiberuflicher Tätigkeit inländische Einkünfte in Höhe von 35 (50 % von 70) und ausländische Einkünfte in Höhe von 25 (50 % von 50), die im Rahmen seiner unbeschränkten Steuerpflicht zu erfassen sind. Seine aus Frankreich stammenden Einkünfte in Höhe von 25 werden durch das Doppelbesteuerungsabkommen nicht von der deutschen Besteuerung freigestellt, da er seine Tätigkeit in Frankreich nicht ausgeübt hat. Die Einkünfte des B sind in der Bundesrepublik Deutschland nicht steuerpflichtig, da B ausschließlich in Frankreich tätig ist, sie sind danach in vollem Umfang in Frankreich zu besteuern. Wären beide Rechtsanwälte jeweils in beiden Staaten beratend tätig, hätte eine entsprechende Zurechnung auf die jeweiligen festen Einrichtungen zu erfolgen.

235h Obwohl diese Lösung den Vorzug der Praktikabilität hat, hat sich die **Besteuerungspraxis** in **Deutschland**, soweit mir hierzu Informationen vorliegen, für die **erste Alternative** entschieden[1]. Um zu dem steuerpflichtigen Gewinn eines im Inland unbeschränkt steuerpflichtigen Partners zu gelangen, wird sein Gewinnanteil zum Ausgangspunkt einer Aufspaltung genommen. Aus dem Gewinnanteil des Inländers werden die Teile abgespalten, die den ausländischen „festen Einrichtungen" (= Büros) zuzuordnen sind. Der Rest ist im Inland unbeschränkt steuerpflichtig. Der abgespaltene Teil erhöht in dem Wege des Progressionsvorbehalts den Steuersatz. Umgekehrt wird ein Teil der dem inländischen Büro zuzurechnenden Gewinne allen ausländischen Partnern zugerechnet, die mit diesem Anteil beschränkt steuerpflichtig sind.

235i Die vorgenannte **Abspaltung nicht steuerpflichtiger Teile** bei unbeschränkt Steuerpflichtigen setzt natürlich voraus, dass es zwischen Deutschland und dem ausländischen Büro-Staat ein Doppelbesteuerungsabkommen gibt, das eine Regelung enthält, die dem Art. 14 OECD-MA (oder Art. 7 OECD-

---

1 S. auch *Kramer*, Gedächtnisschrift Dirk Krüger, 173ff.

MA; vgl. Rz. 233) entspricht. Hat die internationale Sozietät auch Büros in Staaten, mit denen **kein Doppelbesteuerungsabkommen** abgeschlossen ist, so ist der auf diese Büros entfallende Gewinnanteil des inländischen Partners voll steuerpflichtig.

c) Internationale Einkünftezuordnung

Für die **Zuordnung** von **Einkünften** aus freiberuflicher Tätigkeit zu einer festen Einrichtung gelten – so auch ausdrücklich der Entwurf des BMF-Schreibens vom 18. 2. 1998 (vgl. Rz. 257) – die Regelungen der Doppelbesteuerungsabkommen über die Zuordnung von Unternehmensgewinnen zu Betriebstätten (Art. 7 OECD-MA) entsprechend. Dies wird in Zukunft zwingend so sein (s. oben Rz. 233). 236

Entscheidend ist in erster Linie, in **welcher festen Einrichtung** der Freiberufler seine **Leistungen „gewöhnlich"** erbringt. So sind z.B. im Ausland stattfindende Beratungen eines im Inland ansässigen Rechtsanwalts oder Steuerberaters der inländischen festen Einrichtung zuzurechnen, da er derart gewöhnlich tätig ist oder das Mandat dort gewöhnlich betreut wird. 236a

Auch diese Regel kann zu **Schwierigkeiten** führen, nämlich dann, wenn ein Partner zwar nicht auf Dauer, sondern für eine **bestimmte Zeit** in einem ausländischen Büro arbeit (z.B. neun oder zwölf Monate). Das Honorar, das er im Ausland erwirtschaftet, ist, so die erste Antwort, dem ausländischen Büro zuzuordnen. Gilt dies aber auch für Honorare bezüglich eines Mandats, das nur über die vorübergehende Arbeit im Ausland in das inländische Büro zu akquirieren ist? Wie steht es um die Aufwendungen des Auslandseinsatzes? Sind sie auch dann dem ausländischen Büro anzulasten, wenn sie der Sache nach Akquisitionsausgaben für das inländische Büro darstellen? 236b

Problematisch ist auch die Zuordnung, wenn die Tätigkeit der Sozietät durch mehrere **Partner gleichzeitig** oder **hintereinander** ausgeübt wird. Als Lösung kann sich anbieten, die Einkünfte nach dem Verhältnis der in der jeweiligen Einrichtung verbrauchten Arbeitszeit aufzuteilen. Aber auch hier können Besonderheiten einen anderen Aufteilungsmaßstab rechtfertigen. 236c

Die internationalen Sozietäten versuchen, das Problem dadurch zu meistern, dass bei jedem **Mandat deutlich** gemacht wird, **welchem Büro es zuzuordnen** ist und von welchem Büro aus die **Steuerung des Mandats** erfolgt. Da es nahezu keine Aufsatzliteratur zu diesem Problem gibt, scheint die Finanzverwaltung auch die von den Sozietäten vorgegebene Aufteilung zunächst einmal nicht zu problematisieren. Allerdings wird in dem erwähnten BMF-Schreiben (Rz. 257) ausdrücklich darauf hingewiesen, dass im Rahmen des „spontanen Auskunftsverkehrs" eine Unterrichtung des Ansässigkeitsstaats vorgenommen werden könne, um eine Einmalbesteuerung in jedem Fall sicherzustellen, soweit Einkünfte in der Bundesrepublik Deutschland nicht besteuert werden. 236d

Die internationalen Sozietäten belegen die einzelnen Büros im **Umlageverfahren** mit bestimmten **Allgemeinkosten** (z.B. EDV, Haftpflichtversicherung). Dass dies durch die Steuerbehörden besonders geprüft wird, versteht sich. 236e

d) Gewinnermittlung

237 Nach deutschem Steuerrecht können freiberufliche Sozietäten ihren Gewinn aufgrund einer **Einnahme-Überschuss-Rechnung** (§ 4 Abs. 3 EStG) ermitteln. Eine Pflicht zur Bilanzierung (nach §§ 140f. AO) gibt es nicht[1]. Gleichwohl ist es z.B. bei den von London aus gesteuerten Sozietäten die Regel, dass sie auf den 30. 4. **bilanzieren**. Diese Bilanzdaten könnten für die deutsche Besteuerung übernommen werden. Nach mir gegebenen Auskünften erfolgt jedoch in der Regel für die deutsche Besteuerung eine **Umrechnung** in eine Gewinnermittlung nach § 4 Abs. 3 EStG[2], die sich auch auf das Kalenderjahr bezieht.

237a Diese Gewinnermittlung nach § 4 Abs. 3 EStG wird sodann den **unbeschränkt** steuerpflichtigen und den **beschränkt** steuerpflichtigen Partnern (dazu oben 236) zugrunde gelegt.

237b Soweit die in Deutschland unbeschränkt steuerpflichtigen Partner an dem Gewinn **ausländischer Büros** direkt oder über den **Progressionsvorbehalt** beteiligt sind, scheint sich die Finanzverwaltung mit einer Beteiligung an den bilanziell ermittelten Erträgen zu begnügen. Insoweit erfolgt keine fiktive Umrechnung in eine Gewinnermittlung nach § 4 Abs. 3 EStG.

e) Sonderbetriebsausgaben

238 Sonderbetriebsausgaben sind **Betriebsausgaben**, die der **einzelne Partner selbst** trägt, die also nicht Betriebsausgaben der Sozietät darstellen. Sie sind im Gewinnfeststellungsverfahren (Rz. 240) festzustellen, dies auch mit Bindungswirkung für das Einkommensteuerverfahren.

238a Sonderbetriebsausgaben bei den internationalen Sozietäten können sein: Pkw, Büro, aber auch insbesondere **Finanzierungskosten** für die Erbringung einer Einlage.

238b Bei den Sonderbetriebsausgaben kommt es zu Schwierigkeiten, wenn § 3c EStG in Frage steht. Hiernach dürfen Ausgaben, soweit sie mit steuerfreien Einnahmen in unmittelbarem wirtschaftlichen Zusammenhang stehen, nicht als Betriebsausgaben abgezogen werden. Oben ist dargestellt, dass der Partner einer internationalen Sozietät sowohl an den voll steuerpflichtigen Einkünften der Sozietät als auch an den durch DBA steuerfrei gestellten Einkünften beteiligt ist (Rz. 236). Fraglich ist, ob diese Freistellung dazu führt, dass auch **Sonderbetriebsausgaben** nur **anteilig** zum Abzug zugelassen werden können.

238c Die Aufspaltung des Gewinnanteils eines Partners in einen steuerpflichtigen und einen steuerfreien Teil erfolgt auf der Grundlage eines sehr **abstrakten Denkvorgangs** (siehe oben Rz. 236), der **wenig** mit der **wirtschaftlichen Verursachung** von Betriebsausgaben zu tun hat. Der Anwalt nutzt sein Auto vor Ort, wenn er hier in sein Büro fährt. Das Gleiche gilt für die Büroausstattung, die Sonderbetriebsausgaben darstellt. Hier ist ein konkreter Verursachungs-

---

1 So z.B. für die LLP *Schnittker/Bank*, Die LLP in der Praxis, Rz. 377.
2 Zur Zulässigkeit *Schnittker/Bank*, Die LLP in der Praxis, Rz. 385f.

zusammenhang nur zu den inländischen Einkünften herzustellen. Eine hiervon abweichende Beurteilung ist nicht notwendig für den inländischen Partner schädlich, nämlich dann nicht, wenn Finanzierungskosten z.B. ausschließlich in London geltend gemacht werden. Wenn Sonderbetriebsausgaben den steuerfreien Einkünften im Ausland zugeordnet werden, so müssen auch Sonderbetriebsausgaben, die zuvor ausschließlich ausländischen Einkunftsteilen zugerechnet werden, im Inland erfasst werden.

f) Problem der Gewerblichkeit

Die freiberuflichen Einkünfte der internationalen Sozietät unterliegen der gleichen Gefahr, **gewerbliche Einkünfte** im Sinne des § 15 EStG zu werden, die für innerstaatliche Sozietäten besteht. Auf B Rz. 848 ff. kann verwiesen werden. 239

Der Qualifikation der Gewerblichkeit folgt die **Gewerbesteuerpflicht**, die sich natürlich nur auf den Gewinn bezieht, der der inländischen Betriebstätte (= feste Einrichtung) zuzurechnen ist. 239a

Wird an der Sozietät ein **Berufsfremder** beteiligt, führt dies zu einer Behandlung als gewerbliche Mitunternehmerschaft (B Rz. 861 ff.). Eine fehlende besondere berufsrechtliche Zulassung oder Ähnliches für den ausländischen Partner zur Ausübung seiner freiberuflichen Tätigkeit im Inland führt allerdings nicht generell zu dem Ergebnis, dass eine gewerbliche Mitunternehmerschaft vorliegt (vgl. so auch der Entwurf des BMF-Schreibens, Rz. 257). Ist der ausländische Partner nach seinem Ortsrecht zu einer Tätigkeit berechtigt, die dem des Rechtsanwalts entspricht, so vermittelt er keine Gewerblichkeit (siehe auch B Rz. 863). 239b

Die Beteiligung einer **Kapitalgesellschaft** an einer internationalen Sozietät begründet die Gewerblichkeit (B Rz. 873).

Denkbar ist insbesondere bei ausländischen Kapitalgesellschaften, die steuerlich als Mitunternehmerschaften qualifiziert werden (s. oben Rz. 229), die Gewerblichkeit nach § 15 Abs. 3 Nr. 2 EStG (**gewerblich geprägte Personengesellschaft**). In der Regel werden jedoch die Tatbestandsmerkmale zu verneinen sein[1]. 239c

Problematisch ist, dass bei den großen internationalen Sozietäten naturgemäß nicht überall die Sensibilität dafür vorhanden ist, die Gewerblichkeit des deutschen Büros zu vermeiden. So dürfte auch niemand der Partner den ständigen Gesamtüberblick über alle möglichen Tatbestandsbedingungen haben, die die Gewerblichkeit begründen. Es ist durchaus denkbar, dass an einer solchen grenzüberschreitenden Sozietät, z.B. in Hongkong, aus Notwendigkeiten des Ortsrechts Anwaltspartner nicht direkt, sondern über eine Kapitalgesellschaft beteiligt sind. Niemand in Hongkong denkt daran, dass dies in Köln die Gewerblichkeit vermitteln könnte. Das Risiko ist gleichwohl existent. 239d

Von größerer praktischer Bedeutung ist das Problem, dass die freiberufliche Tätigkeit voraussetzt, dass die **Partner selbst leitend** und **eigenverantwort-** 239e

1 So zur LLP s. *Schnittker/Bank*, Die LLP in der Praxis, Rz. 367.

lich bezüglich aller Mandate tätig werden. Gibt es Beratungsbereiche, wo dies nicht der Fall ist, in welchen die Anwaltsleistungen durch **Angestellte eigenständig** erbracht werden, begründet dies die Gewerblichkeit. Hier zeigt sich die Gefährlichkeit des sog. Leverage-Effekts, der zur Gewinnoptimierung voraussetzt, dass einem Partner jeweils 4, 6 oder noch mehr Anwältinnen oder Anwälte zugeordnet werden, die selbst nicht im Sinn des § 18 EStG leitend und eigenverantwortlich tätig werden, gleichwohl schon durch die Zahl und den Umfang der Arbeit faktisch verhindern, dass der Partner die volle Leitung und Verantwortung übernimmt. Auch die Tendenz in den großen Sozietäten, die Zahl der Partner zugunsten der Zahl der angestellten Mitarbeiter einzuschränken, erhöht die Gefahr der Gewerblichkeit.

239f Auch die **Leitung** der **freiberuflichen Arbeit** muss in der Hand eines anwaltlichen Partners liegen. Wird eine große Sozietät von **Managementpartnern** oder einem Managementzentrum geleitet, die selbst keine Anwälte sind oder nicht von Anwälten bestimmt werden, kann auch auf diesem Weg die Freiberuflichkeit verloren gehen.

g) Verfahrensrecht

240 Über die ertragsteuerlichen Fragen ist, soweit sie die Einkommensteuer betreffen, im **Gewinnfeststellungsverfahren** zu entscheiden (siehe B Rz. 963 ff.). Dies gilt sowohl für die Einkünfteermittlung, ihre Höhe, die Beteiligung, die Steuerpflicht im Inland und die Steuerpflicht oder -befreiung ausländischer Einkünfte. Auch über Einkunftsteile, die nur dem **Progressionsvorbehalt** unterliegen, erfolgt eine einheitliche Feststellung. In das Feststellungsverfahren sind auch **Sonderbetriebsausgaben** einzubeziehen (siehe oben Rz. 238). In der Regel verfügt das Finanzamt hier sog. „**Sammelbescheide**", die Feststellungen nach § 180 Abs. 1 Nr. 2 AO und nach § 180 Abs. 5 AO verbinden.

2. Kapitalistische Organisationsform

a) Zweigniederlassung einer inländischen GmbH oder Aktiengesellschaft im Ausland

241 Die Zweigniederlassungen einer **inländischen** rechtsberatenden **GmbH** oder **AG** im Ausland sind Teil der inländischen GmbH und AG und teilen deren Steuerschicksal.

241a Die GmbH oder AG ist **gewerblich** tätig. Grundsätzlich gilt nach dem Welteinkommensprinzip auch der Gewinn ausländischer Zweigniederlassungen als Gewinn der inländischen GmbH und AG.

241b **Doppelbesteuerungsabkommen** vereinbaren in der Regel, dass die Auslandsgewinne eines inländischen gewerblichen Unternehmens dann im Ausland zu besteuern sind, wenn im Ausland eine Betriebstätte im Sinne des Doppelbesteuerungsabkommens existiert. Das gilt auch für die rechtsberatende GmbH und AG.

241c Auch hier stellt sich das Problem der **Einkünftezuordnung**. Auf die Rz. 236 kann verwiesen werden.

b) Zweigniederlassung einer ausländischen Kapitalgesellschaft im Inland

Ob die inländische Zweigniederlassung einer ausländischen Kapitalgesellschaft im Inland zur **Rechtsberatung** berechtigt ist, ist hier nicht das Thema. 242

Ertragsteuerlich ist die ausländische Kapitalgesellschaft mit ihren inländischen Betriebstätten beschränkt steuerpflichtig nach § 49 Abs. 1 Nr. 2 EStG in Verbindung mit § 8 KStG. 242a

Ausländische Kapitalgesellschaften können auch aufgrund eines sog. **Typenvergleichs** als **Mitunternehmerschaften** i.S.d. deutschen Steuerrechts qualifiziert werden; s. hierzu oben Rz. 229). 242b

Ob die Gewinne tatsächlich im Inland versteuert werden können, richtet sich nach den einschlägigen **Doppelbesteuerungsabkommen**. Voraussetzung ist in der Regel, dass im Inland eine Betriebstätte nach den Regeln des Doppelbesteuerungsbkommens vorliegt. 242c

3. EWIV

Hierzu J Rz. 87. 243

4. Umsatzsteuer

Die internationale Sozietät ist nach den allgemeinen Regeln des UStG **Unternehmer**. 244
Sie ist mit ihren **inländischen Umsätzen** (§ 1 UStG) umsatzsteuerpflichtig.

Die deutsche Umsatzsteuerpflicht richtet sich nach dem **Ort** der **Leistung**. Dies ist im Einzelnen in § 3a Abs. 1 bis Abs. 4 UStG geregelt. Bei Rechnungen der Sozietät aufgrund einer inländischen Leistung an inländische Unternehmer ergeben sich keine Probleme. Schwierig wird die Bestimmung des Leistungsorts bei Rechnungen an Nichtunternehmer oder Unternehmer im EU-Ausland oder Drittland. Hieran knüpft sodann auch die Frage, ob die Rechnungen mit oder ohne Umsatzsteuerausweis ausgestellt werden dürfen und – z.B. bei Rechnungen inländischer Unternehmer an Unternehmer im EU-Ausland –, ob die Rechnung die Umsatzsteueridentifikationsnummer des ausländischen Leistungsempfängers enthalten muss. 244a

Die internationale Sozietät kann nach § 20 UStG die **Ist-Umsätze versteuern** (s. auch B Rz. 914). Gleichwohl legen meines Wissens die Sozietäten der Umsatzversteuerung die Soll-Umsätze zugrunde, und zwar unabhängig davon, dass sie ertragsteuerlich eine Umrechnung zur Einkünfteermittlung nach § 4 Abs. 3 EStG vornehmen (B Rz. 789 ff.). 244b

Die **Zuständigkeit** des Finanzamts bestimmt sich nach § 21 AO. 244c

Das vorstehend Gesagte gilt auch für die in- oder ausländische rechtsberatende **Kapitalgesellschaft**. 244d

Einstweilen frei. 245–256

5. BMF-Schreiben (Entwurf)

257 Bundesministerium der Finanzen 53003 Bonn, 18. Februar 1998

IV C 7 – S 1300 – 25/98

(Geschäftszeichen bei Antwort bitte angeben)

Oberste Finanzbehörden der Länder

nachrichtlich:

Bundesamt für Finanzen

Vertretungen der Länder beim Bund

Bundesfinanzakademie

Besteuerung freiberuflicher Tätigkeiten i.S.d. § 18 Abs. 1 Nr. 1 EStG im Rahmen grenzüberschreitender Freiberuflergesellschaften (Sozietäten) unter Berücksichtigung der Doppelbesteuerungsabkommen

Personen mit Einkünften aus freiberuflicher Tätigkeit üben ihre Tätigkeit zunehmend durch feste Einrichtungen im Ausland aus, z.B. dürfen in Deutschland zugelassene Rechtsanwälte auch in anderen Staaten Kanzleien unterhalten (§ 59a Bundesrechtsanwaltsordnung). Üblicherweise geschieht dies, indem die Person (oder ein Personenzusammenschluß) zur Ausübung ihrer freiberuflichen Tätigkeit im anderen Staat eine (oder mehrere) feste Einrichtung(en) unterhält oder mit anderen Personen eine grenzüberschreitend tätige Gesellschaft mit einer oder mehreren festen Einrichtung(en) im In- und Ausland gründet oder sich an einer im anderen Staat ansässigen freiberuflich tätigen Gesellschaft beteiligt.

Unter Bezugnahme auf das Ergebnis der Erörterungen mit den obersten Finanzbehörden der Länder gilt für die Frage, nach welchen Grundsätzen des innerstaatlichen Rechts unter Berücksichtigung der Doppelbesteuerungsabkommen (DBA) die Einkünfte aus freiberuflicher Tätigkeit abzugrenzen sind, mit Wirkung vom 1. Januar 1998 an folgendes:

Das Besteuerungsrecht für Einkünfte aus selbständiger Tätigkeit steht nach den DBA grundsätzlich dem Wohnsitzstaat des Steuerpflichtigen zu. Soweit die DBA dem OECD-Musterabkommen (Art. 14) folgen, können diese Einkünfte in dem anderen Vertragsstaat nur besteuert werden, wenn dem Steuerpflichtigen dort für die Ausübung seiner Tätigkeit eine feste Einrichtung zur Verfügung steht und soweit die Einkünfte dieser festen Einrichtung zugerechnet werden können. Zahlreiche Abkommen mit Entwicklungsländern stellen jedoch neben einer festen Einrichtung auch alternativ auf einen zeitlich unterschiedlich begrenzten Aufenthalt im Quellenstaat ab. Die in den DBA verwendeten Begriffe „Person", „feste Einrichtung" und „freiberufliche Tätigkeit" sind nach deutschem Steuerrecht auszulegen, wenn das Abkommen keinen Anhaltspunkt für eine eigene Auslegung gibt (Art. 3 Abs. 2 OECD-Musterabkommen).

1. Feste Einrichtung

Der Begriff „feste Einrichtung" entspricht dem Begriff der Betriebstätte i.S.d. Art. 5 des OECD-Musterabkommens, d.h., daß auch die Grundsätze des Art. 5 Abs. 1–7 des Musterabkommens analog anzuwenden sind. Einrichtungen, in denen nur Hilfstätigkeiten geleistet werden, fallen nicht unter den Begriff der festen Einrichtung.

Wird die selbständige Arbeit von einer Freiberuflergesellschaft (Sozietät) ausgeübt, so ist ihr die feste Einrichtung zuzuordnen. Die feste Einrichtung wird zugleich jedem Gesellschafter (Sozius) wie dessen feste Einrichtung zugerechnet, unabhängig davon, in welchem Umfang die Gesellschafter die Räumlichkeiten nutzen.

2. Freiberufliche Tätigkeit

Die Abgrenzung zwischen Einkünften aus selbständiger Tätigkeit (Art. 14 des OECD-Musterabkommens) und Unternehmensgewinnen (Art. 7 des OECD-Musterabkommens) richtet sich nach dem nationalen Recht des Anwenderstaats, es sei denn, es ergeben sich aus einem DBA Sonderregelungen, wie z.B. im Fall des DBA-Brasilien für die Einkünfte einer Kapitalgesellschaft.

Wird eine Freiberuflergesellschaft (Personengesellschaft) teils gewerblich und teils freiberuflich tätig, so gilt gem. § 15 Abs. 3 Nr. 1 EStG die sog. Abfärbe- oder Infektionstheorie, d.h., daß eine Unternehmenstätigkeit fingiert wird. Wird an der Sozietät ein Berufsfremder beteiligt, so führt dies ebenfalls zu einer Behandlung als gewerbliche Mitunternehmerschaft (vgl. BFH vom 9. Oktober 1986, BStBl. 1987 II S. 124 und vom 10. August 1994, BStBl. 1995 II S. 171). Auch die Mithilfe fachlich vorgebildeter Personen führt aus deutscher Sicht zu gewerblichen Einkünften, wenn der freiberuflich tätige Steuerpflichtige nicht leitend und eigenverantwortlich tätig wird. Eine fehlende besondere Zulassung o.ä. für den ausländischen Sozius zur Ausübung seiner freiberuflichen Tätigkeit im Inland führt jedoch nicht generell zu dem Ergebnis, daß eine gewerbliche Mitunternehmerschaft vorliegt.

3. Ausüben einer freiberuflichen Tätigkeit

Die feste Einrichtung muß der Person, für deren Rechnung die Tätigkeit ausgeübt wird, nicht nur gewöhnlich oder regelmäßig für die Ausübung ihrer Tätigkeit zur Verfügung stehen. Ein persönliches Tätigwerden darin ist in jedem Fall erforderlich. Die Beschäftigung von fachlich vorgebildeten Mitarbeitern (vgl. Tz. 2) steht der Annahme einer freiberuflichen Tätigkeit nicht entgegen, wenn der Berufsträger aufgrund eigener Fachkenntnisse leitend tätig wird und auch hinsichtlich der für den Beruf typischen Tätigkeit eigenverantwortlich mitwirkt.

Bei freiberuflichen Sozietäten werden die festen Einrichtungen stets allen Sozien zugerechnet (vgl. Tz. 1).

Dagegen bestimmt sich das Besteuerungsrecht der betroffenen Vertragsstaaten und damit der Umfang der Steuerpflicht des einzelnen Sozius nach dem Ort der von ihm ausgeübten Tätigkeit und nicht danach, wo die Gesellschaft insgesamt tätig geworden ist.

Beispiel

Rechtsanwalt A mit Wohnsitz und Kanzlei in der Bundesrepublik Deutschland und Rechtsanwalt B mit Wohnsitz und Kanzlei in Frankreich schließen sich zu einer Sozietät zusammen und vereinbaren eine Gewinnaufteilung zu jeweils 50 %. A wird nur in der Bundesrepublik Deutschland und B nur in Frankreich tätig. Im Jahr 01 erwirtschaftet die Sozietät einen Gewinn von 120, davon entfallen auf die Tätigkeit in der Bundesrepublik Deutschland 70, durch A erwirtschaftet, und auf die Tätigkeit in Frankreich 50, durch B erwirtschaftet.

A erzielt aus freiberuflicher Tätigkeit inländische Einkünfte in Höhe von 35 (50 v.H. von 70) und ausländische Einkünfte in Höhe von 25 (50 v.H. von 50), die im Rahmen seiner unbeschränkten Steuerpflicht zu erfassen sind.

Seine aus Frankreich stammenden Einkünfte in Höhe von 25 werden durch das Doppelbesteuerungsabkommen nicht von der deutschen Besteuerung freigestellt, da er seine Tätigkeit in Frankreich nicht ausgeübt hat. Die Einkünfte des B sind in der Bundesrepublik Deutschland nicht steuerpflichtig, da B ausschließlich in Frankreich tätig ist, sie sind vielmehr in vollem Umfang in Frankreich zu besteuern. Wären beide Rechtsanwälte jeweils in beiden Staaten beratend tätig, hat eine entsprechende Zurechnung auf die jeweiligen festen Einrichtungen zu erfolgen.

4. Zuordnung von Einkünften zu einer festen Einrichtung

Für die Zuordnung von Einkünften aus freiberuflicher Tätigkeit zu einer festen Einrichtung gelten die Regelungen der DBA über die Zuordnung von Unternehmensgewinnen zu Betriebstätten (Art. 7 des OECD-Musterabkommens) entsprechend.

Da die Leistungserbringung eines Freiberuflers in der Regel auf der persönlichen Arbeitsleistung des Berufsträgers beruht, kommt es vornehmlich darauf an, in welcher festen Einrichtung er diese Leistung gewöhnlich erbringt. Deswegen sind z.B. im Ausland stattfindende Beratungen eines im Inland ansässigen Rechtsanwaltes oder Steuerberaters der inländischen festen Einrichtung zuzurechnen, in der er gewöhnlich tätig wird oder das Mandat gewöhnlich betreut.

Wird die Tätigkeit einer Sozietät jedoch durch einzelne oder mehrere Freiberufler ausnahmsweise gleichzeitig oder hintereinander mit Hilfe mehrerer fester Einrichtungen ausgeübt, sind die Einkünfte nach dem Verhältnis der in der jeweiligen Einrichtung verbrachten Arbeitstage aufzuteilen, soweit nicht aufgrund der wirtschaftlichen Besonderheiten des Einzelfalles ein anderer Aufteilungsmaßstab anzuwenden ist. Hat in dem unter Tz. 3 genannten Beispiel Rechtsanwalt A 20 Arbeitstage in Frankreich verbracht und dazu die feste Einrichtung (Kanzlei) seines Sozius B für 12 Tage genutzt und im Zusammenhang mit dieser Nutzung außerhalb der Einrichtung 3 Tage für Besprechungen mit Mandanten verwendet, so ist sein Gewinnanteil aus Frankreich in Höhe von 25 im Verhältnis von 15 Tagen zur Gesamtzahl der Jahresarbeitstage aufzustellen. Der Anteil, der auf die 15 Tage entfällt, ist von der deutschen Besteuerung unter Berücksichtigung des Progressionsvorbehalts freizustellen.

Hinsichtlich eines möglichen Steuerabzugs gem. § 50a Abs. 4 i.V.m. § 50d EStG wird auf Tz. 1.2 des BMF-Merkblattes vom 1. März 1994 verwiesen (BStBl. I S. 201).

5. Sicherstellung der Einmalbesteuerung

Werden aufgrund der vorstehenden Regelung Einkünfte aus freiberuflicher Tätigkeit in der Bundesrepublik Deutschland nicht besteuert, ist im Rahmen des spontanen Auskunftsverkehrs eine Unterrichtung der Ansässigkeitsstaaten vorzunehmen, um eine Einmalbesteuerung sicherzustellen.

6. Übergangsregelung

Für vor 1998 endende Veranlagungszeiträume ist es nicht zu beanstanden, wenn Angehörige freiberuflicher Personengesellschaften Einkünfte, die einer festen Einrichtung der Personengesellschaft im anderen Vertragsstaat zuzurechnen sind, nach Betriebstätten-Grundsätzen ermittelt und hierfür die entsprechende abkommensrechtliche Behandlung beantragt haben.

Dieses BMF-Schreiben wird im Bundessteuerblatt Teil I veröffentlicht.

Im Auftrag

Prof. Dr. Runge Beglaubigt
Angestellte

Sachregister

Die Buchstaben bezeichnen die Kapitel,
die Ziffern die Randzahlen.

Abfindungsklauseln
- Ausscheiden Partner **C** 154 ff.

Abtretung
- Gebührenforderung **B** 446
- Gesellschaftsanteil an Rechtsanwaltsgesellschaft mbH **D** 65 ff.

Abwerbungsverbot **C** 90

Ad-hoc-Zusammenarbeit
- Abgrenzung Sozietät (GbR) **B** 627 f.
- gesellschaftsrechtlicher Ansatz **B** 627 f.
- Haftungsregime **B** 628

Allgemeine Mandatsbedingungen
- Einbeziehung **B** 384 ff.
- Haftungsbeschränkung **B** 486 ff.

Allianz-System **J** 50 f.
- Steuerrecht **J** 86
- transnationale Kooperation **N** 89

Altersstruktur
- Sozietät (GbR) **B** 670

Altersversorgung, Sozietät (GbR) **B** 806 ff.
- betriebliche Versorgungsrenten **B** 807 f.
- private Versorgungsrenten **B** 809 ff.

Anderkonten, Steuerverfahren **B** 990

Anrechnungsverfahren
- Körperschaftsteuer, Rechtsanwalts-GmbH **D** 270

Anteilsübertragung, Sozietät (GbR) **B** 831 f.

Anwalts-AG
- Rechtsanwalts-AG, siehe dort **E** 1 ff.

Anwalts-GmbH
- Rechtsanwalts-GmbH, siehe dort

Anwalts-GmbH, überörtliche **D** 232

Anwaltsnotar
- Beteiligung an überörtlicher Sozietät **B** 609, 769 ff.
- Bürogemeinschaft, Sonderstatus **I** 26 ff.
- Gebührenteilungsverbot **M** 80
- interprofessionelle Zusammenarbeit/Rechtsanwalt **D** 215 ff.

Anwaltspflichten siehe Pflichten des Anwalts

Anwaltsvertrag **B** 376 ff.
- atypische vertragliche Tätigkeiten **B** 378 ff.
- Aufklärungspflichten **B** 410 ff., 422 ff.
- Beratung und Belehrung **B** 418 ff.
- Bürogemeinschaft und Mandant **B** 394
- Dienst- oder Werkvertrag **B** 376 ff.
- Einzelanwalt und Mandant **B** 393
- Form **B** 383
- Gebühren **B** 443 ff.
- Gesamtmandat **B** 396 ff.
- Gesamtmandat, siehe dort
- Grundsatz des sichersten Wegs **B** 423
- Haftung aus Mandat, siehe dort **B** 447 ff.
- Haftung Sozien
  - bei Ausscheiden **B** 401 ff.
  - Neusozien **B** 401d
  - Pflichtverletzungen **B** 401 f.
  - Verbindlichkeiten **B** 401a ff.
  - Zusammenschluss mit Einzelanwalt **B** 401e
- Hauptbevollmächtigter und Unterbevollmächtigter **B** 438
- Honorar **B** 443 ff.
- Kontrahierungsverbote **B** 388
- Kontrahierungszwang **B** 389
- Mandatsbedingungen, Einbeziehung **B** 384 ff.
- Muster, Mandatsvertrag **B** 511
- Nacheinander tätig werdende Anwälte **B** 439 f.
- Parteien **B** 391 ff.
- Partnerschaft und Mandant **B** 404 ff.
- Pflicht zum umfassenden Sachvortrag **B** 410 ff.
- Pflicht zur Übernahme der Prozessvertretung **B** 389
- Pflichten beim Tätigwerden von mehreren Anwälten
  - Angestellte Anwälte, bestellte Vertreter **B** 441 f.
- Pflichten des Anwalts **B** 407 ff.
  - Überblick **B** 407
- Prozessanwalt und Verkehrsanwalt **B** 430 ff.

- Prüfung der Rechtslage **B** 414ff.
- Rechtsanwalts-„Limited" **B** 406
- Rechtsanwalts-AG **B** 406
- Rechtsanwalts-GbR und Mandant **B** 395
- Rechtsanwalts-GmbH **B** 406
- sonstige Pflichten **B** 426f.
- Sozietät **B** 395ff.
- Tätigkeitsverbote **B** 388
- Tätigwerden von mehreren Anwälten **B** 428ff.
  - Rechtsanwaltsgesellschaften **B** 429
- transnationale Sozietäten **N** 110ff.
- Vertragsabschluss **B** 383ff.
- Vertragsfreiheit, Einschränkung **B** 387ff.
- Weisungsgebundenheit **B** 424f
- Zustandekommen **B** 383ff.

Arbeitnehmer
- Abgrenzung zu Selbständigen **L** 2ff., 161
- Abhängigkeit, arbeitsorganisatorische **L** 6
- Abhängigkeit, personenorientierte **L** 4f.
- Anwesenheitspflicht **L** 15
- arbeitnehmerähnliche Personen **L** 24ff.
- Arbeitnehmereigenschaften **L** 15
- Arbeitsplatz, zugewiesener **L** 6
- Arbeitsvertrag, Muster **L** 220
- Arbeitszeit **L** 75
- Arbeitszeitsouveränität **L** 5
- Bearbeitung eigener Mandate **L** 13
- Befristung des Vertragsverhältnisses **L** 80ff.
  - Üblichkeit im Arbeitsleben **L** 80ff.
- Beschäftigung, Begriff **L** 11
- Beschäftigungsumfang
  - Befristung **L** 20
  - Teilzeit **L** 19
  - Vollzeit **L** 19
- Definition, gesetzliche **L** 3
- Dienstbereitschaft, ständige **L** 5
- Dienstpflichten **L** 47ff.
- Direktionsrecht **L** 49ff.
  - Unabhängigkeit **M** 71ff.
- Entgeltfortzahlung im Krankheitsfall **L** 104
- Entgeltregelung, Anpassung **L** 36
- Fehlbeurteilung, vertragsrechtliche Folgen **L** 34ff.
- Haftung; siehe dort **L** 190ff.
- Konkurrenz **L** 107ff.
- Kündigung **L** 99ff.
- Nebentätigkeit **L** 107
- Niederlassungs- und Tätigkeitsverbote **L** 122ff.
- Rechtsanwalt als Arbeitnehmer und freier Mitarbeiter **L** 10ff.
- Sozietätszusagen **L** 144ff.
- Tätigkeitsort **L** 72
- urheberrechtliche Fragen **L** 148ff.
- Urlaub **L** 103
- Verhaltensanweisung im Einzelfall **L** 54
- Weisungsgebundenheit, persönliche **L** 4, 14
- Wettbewerbsverbot **L** 111ff.
- Wettbewerbsverbot, nachvertragliches **L** 121ff.

Arbeitnehmerähnliche Selbständige siehe Selbständige, arbeitnehmerähnliche **L** 181ff.

Arbeitslosenversicherung L 165
- Teilzeittätigkeit **L 167**

Arbeitsverhältnis
- Qualifizierung als **L** 2

Arbeitsvertrag
- AGB-Kontrolle **L** 46
- Beendigung **L** 78ff.
- Befristung **L** 20
- Dienstpflichten **L** 47ff.
- Dokumentationspflicht **L** 39f.
- Muster, angestellter Anwalt **L** 220
- Muster, freier Mitarbeiter **L** 221
- Teilzeitarbeit **L** 21
- Vergütung **L** 66ff.
- Zustandekommen und Form **L** 37f.

Arbeitsvertrag, Befristung **L** 22, 79ff.
- gerichtliche Wirksamkeitskontrolle **L** 96
- Inhalt des Arbeitsvertrags **L** 94
- sachlicher Grund **L** 79ff.
- Teilzeit- und Befristungsgesetz **L** 80
- Treu und Glauben **L** 98
- und ordentliche Kündigung **L** 99
- Voraussetzungen **L** 81ff.
- zur Erprobung **L** 87
- **Arbeitszeit**
- angestellter Rechtsanwalt **L** 75
- freier Mitarbeiter **L** 74

Arbeitszeitgesetz **L** 75
Argentinien **N** 25
Attorney-at-Law **N** 25
Aufklärungspflichten **B** 410ff., 422ff.

Auflösung
- Bürogemeinschaft **I** 89 ff.
- Rechtsanwalts-GmbH **D** 182 ff.
- Sozietät **B** 164 ff.

Ausscheiden, GbR-Gesellschafter
- Ausscheiden, Partner siehe dort **B** 255 ff.

Ausscheiden, Partner **B** 255 ff.
- berufsrechtliche Aspekte **B** 263 ff.
- gesellschaftsrechtliche Aspekte **B** 255 ff.
- Kündigung **B** 255 ff.
- Namensfortführung **B** 92 ff.
  - anderweitige Berufstätigkeit des Namenspartners **B** 106 ff.
  - Berufsrecht **B** 96 ff.
  - Fallgruppen **B** 99 ff.
  - Gesellschafterbestand, Änderungen **B** 100
  - Praxisverkauf **B** 99
  - Strohmann als Namensgeber **B** 105
  - Tod Rechtsanwalt **B** 102
  - Umgestaltung Sozietätsbezeichnung **B** 104
  - Umwandlung **B** 103
  - zivilrechtliche Grundlagen **B** 92 ff.
- Rechtsanwalts-GmbH; Ausscheiden Gesellschafter, siehe dort
- Rechtsfolgen **B** 260 ff.
- steuerrechtliche Aspekte **B** 825 ff.
- Übertragung des Sozietätsanteils **B** 259

Auskunft
- fingierter Auskunftsvertrag **B** 470
- Haftung gegenüber Dritten **B** 470

Auskunfts- und Einsichtsrecht
- Berufshaftpflicht **B** 50
- EWIV, Mitglieder **K** 40

Auskunftsverweigerung, Steuerverfahren **B** 987 ff.

Ausland, Niederlassung siehe Niederlassung im Ausland

Ausländische Rechtsanwälte in Deutschland **N** 3 ff.
- andere ausländische Rechtsanwälte **N** 31 f.
- aus EU-Raum **N** 4 ff.
- aus GATS-Staaten **N** 23 ff.
  - Dienstleistungen **N** 29 ff.
  - Grundsatz der Meistbegünstigung **N** 24
  - Niederlassung **N** 23 ff.
  - zulässige Benutzung ursprünglicher Berufsbezeichnung, Aufzählung **N** 25 ff.
- Außendarstellung **N** 8, 78 ff.
- Berufsausübung **N** 3 ff.
- Berufsrecht des Herkunftsstaates, Anwendbarkeit **N** 10
- deutsche Berufsbezeichnung **N** 18 ff.
- deutsches Disziplinarrecht, Anwendbarkeit **N** 11
- Dienstleistungen unter ursprünglicher Berufsbezeichnung **N** 12 ff.
- Eignungsprüfung **N** 18
- Einvernehmens-Anwalt, Erfordernis **N** 14 f.
- Gleichstellung mit deutschen Anwälten **N** 6
- Niederlassen bei ursprünglicher Berufsbezeichnung **N** 4 ff.
- Niederlassen unter deutscher Berufsbezeichnung „Rechtsanwalt" **N** 18 ff.
- Qualifikationsphase, dreijährige **N** 22
- sozietätsbezogene Folgefragen **N** 33
- werbliche Herausstellung **N** 80 ff.

Ausscheiden Bürogemeinschaftsmitglieder
- Bürogemeinschaftsmitglieder, Ausscheiden, siehe dort **I** 80 ff.

Ausscheiden, Partner
- Partnerschaft, Ausscheiden eines Partners, siehe dort **C** 110

Ausschließung, Partner **C** 128 ff.

Ausschluss, Gesellschafter
- Rechtsanwalts-GmbH **D** 118 ff.

Außendarstellung
- anwaltliche Mitarbeiter **L** 214 ff.
- EWIV **K** 25
- niedergelassener europäischer Anwalt **N** 8
- sonstige Kooperationen **J** 15 ff.

Außensozietät **M** 48 ff.
- überörtliche Sozietät **B** 601

Australien
- Deutscher Anwalt in **N** 58 ff.

Bareinlagen
- Rechtsanwalts-GmbH **D** 29

Barrister/Solicitor **N** 25

Befristung, Arbeitsvertrag **L** 22, 79 ff.
- Erprobungsvertrag **L** 87
- Inhalt des Arbeitsvertrags **L** 94

- ordentliche Kündigung **L** 99
- sachlicher Grund **L** 79 ff.
- Teilzeit- und Befristungsgesetz **L** 80
- Treu und Glauben **L** 98
- Voraussetzungen **L** 81 ff.
- Wirksamkeitskontrolle, gerichtliche **L** 96

Belehrung **B** 422 ff.

Belgien
- Kooperationsmöglichkeiten in **G** 119

Beratung
- Pflichtverletzung **B** 463

Beratung und Belehrung **B** 418

Berufsausübungsgemeinschaft, Berufsrecht
- Berufsrecht, Berufsausübungsgemeinschaft siehe dort **M** 1 ff.

Berufshaftpflichtversicherung **B** 512 ff.; **B** 207 ff.
- angestellter Rechtsanwalt **L** 147
- Auskunftsrecht **B** 560
- außereuropäische Gerichte, Deckungsausschluss **N** 149
- außereuropäisches Recht, Beratung und Beschäftigung im **N** 148
- Basiskonzept der Allgemeinen Haftpflichtversicherung **B** 512
  - Eintrittspflicht und Versicherungsschutz **B** 517
  - Haftung und Deckung **B** 513 ff.
- Beitretender für Altverbindlichkeiten der Sozietät **B** 579
- Bescheinigungspflicht **B** 556
- Deckung akzessorische Haftung **B** 577
- Deckungskonzept **B** 530 ff.
- Deckungslücken **B** 574 ff.
- Deckungsumfang
  - echte Vermögensschäden **B** 530 f.
  - elektronische Daten **B** 533
  - Sachschäden, mitversicherte **B** 532
  - Schäden durch Freiheitsentzug **B** 534
- EU-Versicherer **B** 553
- fingierte Leistungspflicht **B** 559
- Freistellungsanspruch, Abtretbarkeit **B** 524 ff.
- gemischte Sozietät **B** 584
- Geschädigter
  - Obliegenheiten **B** 572a f.
- gesetzlicher Direktanspruch **B** 522 f.
- gewillkürter Direktanspruch **B** 524
- Gleichstellung sozietätsfähige Berufe **B** 529
- Haftung und Deckung **B** 521
- Haftungskonzept **B** 576
- Haftungsverfassung **B** 574
- inländische Versicherungsunternehmen als Versicherer **B** 552
- interprofessionelle Sozietät **B** 581 ff.
- kranke Versicherungsverhältnisse **B** 559
- Nicht-EU-Versicherer **B** 554
- Pflichtversicherung **B** 527
- Regulierungsvollmacht **B** 558
- Risikoausschlüsse
  - Auslandsausschlüsse **B** 540
  - Risiken aus unternehmerischen Tätigkeiten **B** 542
  - Veruntreuungsschäden **B** 541
  - wissentliche Pflichtverletzungen **B** 539
- Scheinsozietät **B** 574
- Selbstbehalt **B** 549
- Serienklausel **B** 550
- transnationale Sozietäten **N** 144 ff.
- Trennungsprinzip und Bindungswirkung **B** 521 ff.
- Verschwiegenheitspflicht **B** 562
- Versicherer **B** 551 ff.
- Versichertes Risiko und Versicherungsschutz **B** 519 f.
- Versicherungsfall **B** 535 ff.
- Versicherungskonzept **B** 512 ff.
- Versicherungsnehmer **B** 563
  - Obliegenheiten **B** 566 ff.
  - Obliegenheitsverletzungen, Sanktionen **B** 569
- Versicherungssumme **B** 543 ff.
  - Mindestsumme und -maximierung **B** 543 f.
- Verstoßprinzip **B** 538
- vorvertragliche Pflichten **B** 555

Berufsrecht
- Anwalts-GmbH
  - Beiordnung und Kontrahierungszwang **M** 38
- Anwendbarkeit
  - angestellter Rechtsanwalt **L** 208
  - freier Mitarbeiter **M** 208
- Bürogemeinschaft **I** 100 ff.
- CCBE-Standesregeln **N** 105 ff., 156 ff.
- Gesellschaft ausländischer Rechtsform **G** 24
- Herkunftsstaat für europäische Anwälte **N** 10

- Namensrecht der Sozietät **B** 80ff.
- transnationale Kooperationen **N** 102ff.

Berufsrecht, Berufsausübungsgemeinschaft **M** 1ff.
- aktive Berufsausübung, Erfordernis **M** 17f.
- Auflösung **M** 165ff.
- Ausscheiden eines Sozius **M** 169ff.
  - Bekanntgabepflicht **M** 172
  - Umzugshinweis **M** 171
- Außensozietät **M** 48ff.
- Beendigung **M** 165ff.
  - Außen-/Scheinsozietät **M** 170
  - Handakten, Verbleib **M** 172
- Begriff, Klärung **M** 2f.
- Beiordnung und Kontrahierungszwang **M** 37ff.
  - berufsrechtliche Folgen **M** 41
  - Gleichlauf von Anwaltsmandat und Anwaltsbeiordnung **M** 39
  - Pflichtverteidigung **M** 38
  - Prozesskostenhilfe **M** 37
- berufsrechtliche Stellung **M** 2ff.
- Bezugsobjekt berufsrechtlicher Regelungen **M** 20ff.
- Briefbögen, Gestaltung **M** 194ff.
- Bürogemeinschaft
  - sozietätsfähige Berufe **M** 18
- Definition, Versuch **M** 2f.
- Direktionsrecht ggü. angestelltem Anwalt **M** 71ff.
- Erfolgs- und Umsatzzahlen, Angabe **M** 178ff.
- Erlaubnis zur Rechtsdienstleistung **M** 33ff.
- Fachanwaltschaftsbezeichnung, Erlaubnis zur Führung der **M** 202
- Fremdgeld, Umgang mit **M** 162ff.
- Gesellschafterstellung, Anforderungen **M** 12f.
- Gesellschafterstellung, sozietätsfähige Berufe **M** 12f.
- Honorarteilung mit Dritten **M** 79
- interprofessionelle Sozietät, Geltung Berufsrecht **M** 14f.
  - Prinzip der Meistbelastung **M** 14
- Kanzleipflicht **M** 58ff.
  - Register für Berufsausübungsgemeinschaften **M** 59
- Kanzleisitze, mehrere **M** 61ff.
- Kapitalbeteiligung an auswärtigen Anwaltsgesellschaften **M** 16
- Kooperation
  - zwischen nicht sozietätsfähigen Berufen **M** 19
- Kundgabe, Arten der Zusammenarbeit **M** 185ff.
- Kurzbezeichnung **M** 190ff.
- Organisationsgesellschaften
  - Abgrenzung oder Gleichbehandlung **M** 8f.
- personale Verantwortung einzelner Berufsträger **M** 22
- Pflichtverteidigung **M** 38
- Postulationsfähigkeit, eigene **M** 42ff.
- Pro bono Rechtsberatung **M** 209ff.
- Prozesskostenhilfe **M** 37
- Scheinsozietät **M** 48ff.
- Sozietät, besondere Formen
  - Außensozietät **M** 48ff.
  - Scheinsozietät **M** 48ff.
  - Sternsozietät **M** 54ff.
- Sozietätsbegriff, Weiterentwicklung **M** 4
- rechtsformunabhängige Geltung **M** 6
- Sternsozietät **M** 54ff.
- Tätigkeitsverbote
  - kommunalrechtliche **M** 158
  - Konfliktprüfung, Hinweise **M** 160f.
  - Mehrfachbefassung **M** 156f.
  - vertragliche Aufklärungspflichten außerhalb derselben Rechtssache **M** 145f.
  - Vertretung widerstreitender Interessen **M** 105ff.
  - Vorbefassung, nicht anwaltliche **M** 147ff.
- Teilbereiche der Berufstätigkeit, Benennung **M** 181ff.
- Unabhängigkeit
  - Bindung in Berufsausübungsgemeinschaft **M** 68ff.
  - Bindung zu Nicht-Juristen **M** 78ff.
- Vergütung, angemessene Bedingungen **M** 75ff.
- Vermögensverfall des Einzelanwalts **M** 28ff.
- Verschwiegenheitspflicht; siehe dort **M** 81ff.
- Vertretung widerstreitender Interessen, Verbot **M** 105ff.
  - Ausnahmen und Folgen **M** 125ff.
  - Bürogemeinschaft **M** 115f.
  - Einzelmandat **M** 119ff.
  - interprofessionelle Sozietät **M** 112ff.

– Kooperation **M** 117f.
– Sozietäts- und Bürogemeinschaftswechsler **M** 120ff.
– sozietätsweite Erstreckung **M** 106ff.
– Sternsozietät **M** 109ff.
– Werbung **M** 173ff.
– Begriff **M** 177
– Beispiele **M** 177ff.
– Entwicklung und Zukunft **M** 175
– Regelungsüberblick **M** 174
– Werbefreiheit, Grundsatz **M** 173
– Widerruf Zulassung Einzelanwalt
– Vermögensverfall **M** 28ff.
– Zulassung Einzelanwalt, Widerruf wegen Vermögensverfalls **M** 28ff.
– Zulassung, originäre der Berufsausübungsgemeinschaft **M** 23ff.
– Zulassung, Verlust **M** 17
– Zweigstelle **M** 61ff.
– Abgrenzung überörtliche Sozietät **M** 63

Berufsrechtliche Zulassung M 17
– Gesellschaften ausländischer Rechtsformen **G** 55ff.
– Kooperationsformen, Vergleich **A** 53
– Limited Liability Partnership **G** 118
– originäre der Berufsausübungsgemeinschaft **M** 23ff.
– Rechtsanwalts-AG **E** 10ff.
– Rechtsanwaltsgesellschaft **A** 53
– Rechtsanwalts-GmbH **D** 8
– Widerruf
– Vermögensverfall des Einzelanwalts **M** 27ff.

Beschäftigung
– Begriff, sozialrechtlich **L** 160ff.
– freier Mitarbeiter, Begriff **L** 11
– geringfügige **L** 168ff.

Bestellte Vertreter B 441

Best-Friends-System J 47
– Steuerrecht **J** 83
– transnationale Kooperation **N** 87

Beteiligungsveräußerung, steuerrechtliche A 74

Betriebsaufspaltung B 837f.

Betriebseinnahmen/-ausgaben, Sozietät (GbR) B 789

Betriebsprüfung B ff 981

Betriebsvermögen, Sozietät (GbR) B 793ff.
– gewillkürtes **B** 795
– notwendiges **B** 794
– Zugehörigkeit von Wirtschaftsgütern **B** 793ff.

Bewertung Anwaltspraxis B 1015ff.
– Bewertung, Sozietätsanteil **B** 1022
– BRAK-Ausschuss, Bewertungsrichtlinien **B** 1025ff.
– Jahresumsatz **B** 1015ff.
– Kapitalkonten **B** 1032
– Pflichtteil **B** 1028
– Sachwert **B** 1029
– Zugewinnausgleich **B** 1028

Bewertung Sozietätsanteil B 1022

Bewertungsrichtlinien
– Anwaltspraxis durch Ausschuss der Bundesrechtsanwaltskammer **B** 1025f.

BGB-Gesellschaft (GbR) siehe Gesellschaft bürgerlichen Rechts (GbR)

Bilanzierungs- und Publizitätspflichten
– Vergleich Kooperationsformen **A** 75ff.

Brasilien N 25

Briefbogen
– angestellter Rechtsanwalt, Nennung **L** 215
– Briefkopf, Gestaltung **B** 606ff.
– Bürogemeinschaft **I** 68
– Gestaltung **M** 194ff.
– Kurzbezeichnung **B** 605; **M** 190ff.
– Rechtsanwalts-AG **E** 18
– Rechtsanwalts-GmbH **D** 139
– Scheinsozius, Aufnahme **M** 51
– transnationale Sozietät **N** 82ff.
– überörtliche Sozietät **B** 606

Briefkopfpartner
– Sozietät (GbR) **B** 201

Buchführer, vereidigte
– Kooperationsmöglichkeiten **A** 18ff.

Buchführung
– EWIV **K** 45
– Sozietät **B** 790

Bulgarien
– Kooperationsmöglichkeiten in **G** 120

Bundesrechtsanwaltskammer, Ausschuss
– Bewertungsrichtlinien, Anwaltspraxis **B** 1025f.

Bürogemeinschaft A 38; **I** 1ff.
– Abgrenzung von anderen Vertragstypen **I** 38
– Anwaltsnotar **I** 26ff.
– Auflösung **I** 69, 89ff.
– Fortsetzungsklausel **I** 89

– mehrgliedrige Bürogemeinschaft I 89 ff.
– Tod eines Gemeinschaftsmitglieds I 92
– Übernahmeklausel I 91
– zweigliedrige Bürogemeinschaft I 89 ff., 91 ff.
– Auftreten gegenüber Mandanten I 132 ff.
– Ausscheiden eines Gemeinschaftsmitglieds I 80 ff.
– Außenwirkung I 96 ff.
– Begriff I 8
– Berufshaftpflichtversicherung I 146 ff.
– Berufsrecht I 100 ff.
– Betriebsgesellschaft I 18
– Datenschutz I 108
– Eintritt eines neuen Gemeinschaftsmitglieds I 70 ff.
– Entwicklung, rechtstatsächliche I 9
– Erhebungen Institut für freie Berufe (2004) I 10 ff.
– erlaubter Personenkreis I 24 f.
– Erscheinungsformen I 1 ff.
– Gemeinschaftsfähigkeit I 23 ff.
– Anwaltsnotar, Sonderstatus I 26 ff.
– erlaubter Personenkreis I 24
– gesellschaftsrechtliche Grundlagen I 18 ff.
– Gründungsvertrag; siehe Bürogemeinschaft, Gründungsvertrag I 42 ff.
– Haftung I 66 ff., 136, 138 f.
– gesamtschuldnerische Anscheinshaftung I 66 ff., 116
– Scheinsozietät I 138
– Honorarfragen I 140
– Innen- und Außengesellschaft I 96
– Konkurrenzsituation I 4
– Kooperation I 21
– Kundgabe I 65 ff., 113 ff.
– Kurzbezeichnung I 115
– Legaldefinition, RAG frühere DDR I 8
– Name I 103
– Name, gemeinsamer I 115
– Parteien des Anwaltsvertrags B 394
– Rechtsfolgen I 92 f.
– Rechtsnatur des Vertrages I 33 ff.
– Risikomanagement I 141 ff.
– Scheinsozius, Haftung I 20
– Soldan Vergütungsbarometer (2008) I 16 f.
– Sozietät, Abgrenzung I 18, 20, 37
– Steuerrecht; siehe Bürogemeinschaft, Steuerrecht I 155 ff.
– Struktur I 19 ff.
– Tätigkeitsverbote B 388
– Tätigkeitsverbote, gesetzliche I 120 ff.
– kommunale Vertretungsverbote I 131
– Syndikusanwalt I 126
– Vorbefassung, nicht anwaltliche I 123
– überörtliche I 22
– Umwandlung I 94
– Verbot der Vertretung widerstreitender Interessen I 107, 117 ff.
– Verschwiegenheitspflicht I 63 ff., 104 ff.
– Datenschutz I 108
– Personal, Erstreckung auf I 105
– vertragliche Regelung I 112
– Vertrag mit Schutzwirkung zugunsten Dritter I 111
– Vertragsmuster I 95
– Vertretung I 60
– Vertretung widerstreitender Interessen M 115 f.
– Vertretung widerstreitender Interessen, Verbot I 107, 117 ff.
– Vertretung, wechselseitige I 134 ff.
– Wettbewerbsrecht I 137
– zivilrechtliche Grundlagen I 18 ff.
– Zweckbestimmung I 18
Bürogemeinschaft, Gründungsvertrag I 42 ff.
– Auflösungsregelungen I 69
– Büroausstattung I 54 ff.
– Hinweis auf Bürogemeinschaft
– Gefahren I 66
– Kundgabe I 65 ff.
– Kündigung I 44 ff.
– Auflösung I 45
– nachlaufende Kosten I 44
– Personal I 50 ff.
– Kostenschlüssel I 53
– Vertrag mit Bürogemeinschaft I 51
– Vertrag mit Gemeinschaftsmitglied I 52
– Raumnutzung I 46 ff.
– Telefon
– gemeinsame Telefonnummer I 58
– Verschwiegenheitspflicht I 63 ff.
– Versicherungen I 59
– Vertragsdauer I 43

- Vertragsmuster **I** 95
- Vertretung **I** 60
  - interprofessionelle Bürogemeinschaft **I** 60
- Zweckvereinbarung **I** 42

Bürogemeinschaft, interprofessionelle
- Berufsrecht **I** 100
- Vertretung **I** 60, 62

Bürogemeinschaft, Steuerrecht **I** 155 ff.
- Büro- und Gerätegemeinschaft mit Außenwirkung **I** 163 ff.
  - Ertragsteuer **I** 164 f.
  - Gewerbesteuergefahr **I** 167
  - Lohnsteuer **I** 166
  - Umsatzsteuer **I** 168 ff.
- Büro- und Gerätegemeinschaft ohne Außenwirkung **I** 156 ff.
  - Ertragsteuern **I** 157
  - Lohnsteuer **I** 158
  - Umsatzsteuer **I** 159
- Miteigentum an Bürogeräten **I** 160 ff.
  - Erstragsteuern **I** 161
  - Umsatzsteuer **I** 162

Bürogemeinschaft, überörtliche **I** 22

Bürogemeinschaftsmitglieder, Ausscheiden **I** 80 ff.
- Ausschließung **I** 81
- Gründe **I** 81
- Haftung aus Dauerschuldverhältnissen **I** 84 ff.
- mehrgliedrige Bürogemeinschaft **I** 80
- Rechtsfolgen **I** 82 ff.
- zweigliedrige Bürogemeinschaft **I** 80

Bürogemeinschaftsmitglieder, Eintritt **I** 70 ff.
- Aufnahme **I** 74
- Aufnahmevertrag **I** 74, 77
- Gesellschafterwechsel **I** 75 ff.

CCBE-Standesregeln **N** 105 ff., 156 ff.

Centros-Entscheidung **G** 14

China
- Deutscher Anwalt in **N** 62

Club-System **J** 48 ff.
- Steuerrecht **J** 84 f.
- transnationale Kooperation **N** 88

Corporate Identity
- Sozietät (GbR) **B** 93, 684

Dänemark
- Kooperationsmöglichkeiten in **G** 121

Deutsche Rechtsanwälte im Ausland **N** 34 ff.
- Australien **N** 58 ff.
- Dienstleistungen im EWR **N** 46 ff.
- Japan **N** 61
- Kanada **N** 55 ff.
- Niederlassung im EWR **N** 35 ff.
  - registrierter europäischer Rechtsanwalt **N** 36 ff.
  - unter Berufsbezeichnung des Aufnahmestaates **N** 39 ff.
- Rechtsanwaltstätigkeit außerhalb EWR **N** 50 ff.
- USA **N** 51 ff.
- Volksrepublik China **N** 62

Dienstvertrag **L** 29

Direktionsrecht **L** 49 ff.
- anwaltliche Tätigkeit **L** 56
- berufsrechtliche Vorgaben **L** 57
- freier Mitarbeiter, Ablehnungsrecht **L** 48
- Fürsorgepflicht des Arbeitgebers **L** 65
- Grenzen **L** 50
- Inhalt **L** 50
- Notfälle **L** 53
- Unabhängigkeit **M** 71 ff.
- verfassungsrechtliche Vorgaben **L** 62
- Verhaltensanweisungen im Einzelfall **L** 54

Doppelbesteuerungsabkommen
- Steuerrecht, Gesellschaften ausländischer Rechtsform **G** 223 ff.

Einheitsbewertung **B** 894 ff.

Einkommensteuer
- Anwalts-GmbH **A** 67
- Gesellschaft bürgerlichen Rechts **A** 66
- Gesellschaft bürgerlichen Rechts, siehe Einkommensteuer, Sozietät (GbR)
- Partnerschaftsgesellschaft **A** 66
- Vergleich Kooperationsformen **A** 66 ff.

Einkommensteuer, Sozietät (GbR) **B** 780 ff.
- Altersversorgung **B** 806 ff.
- Ausscheiden, Tod eines Partners **B** 825 ff.
- Betriebsaufspaltung **B** 837 f.
- Einkünfteermittlung, siehe Einkünfteermittlung, Sozietät **B** 789 ff.

– Einkünfteverteilung **B** 820ff.
– Eintritt eines weiteren Partners **B** 824
– freiberufliche Einkünfte **B** 787f.
  – Abgrenzung gewerbliche Tätigkeit **B** 787f., 848ff.
– freiberufliche Mitunternehmerschaft **B** 780, 782f.
– Gründung der Sozietät **B** 823
– interprofessionelle Sozietät **B** 842ff.
– Krankentagegeldversicherung **B** 810
– Krankenversicherung **B** 810
– Lebensversicherung **B** 810
– Liquidation **B** 845ff.
– Mitunternehmerschaft, faktische **B** 785
– Mitunternehmerschaft, fixierte Sozien **B** 784
– Mitunternehmerschaft, Schein-Sozien **B** 785
– Mitunternehmerschaft, Sozietät **B** 781
– Poolung aller Gewinne **B** 821f.
– Praxisverpachtung **B** 834ff.
– Praxiswert **B** 798ff.
  – Abschreibung **B** 804f.
– Sonderbetriebsausgaben **B** 817ff.
– Sonderbetriebseinnahmen **B** 815ff.
– Sonderbetriebsvermögen **B** 812ff.
– Steuersubjekt, Sozien **B** 780
– Tätigkeit der Sozien auf eigene Rechnung **B** 819
– Teilhaberversicherung **B** 811
– überörtliche, intraurbane Sozietät **B** 839ff.
– Übertragen eines Anteils **B** 831f.
– unentgeltliche Überlassung **B** 813
– Unfallversicherung **B** 810
– Veräußerung Sozietät **B** 833

Einkünfteermittlung, Sozietät (GbR) **B** 789ff.
– Aufzeichnungspflichten **B** 790f.
– Betriebseinnahmen/-ausgaben **B** 796
– Betriebsvermögen, gewillkürtes **B** 795
– Betriebsvermögen, Zugehörigkeit von Wirtschaftsgütern **B** 793f.
– Bilanzierung **B** 791
– Buchführung **B** 790
– Einnahmeüberschussrechnung **B** 792
– Schuldzinsenabzug **B** 797
– Zwei-Konten-Modell, Abschaffung **B** 797

Einkünfteverteilung, Sozietät (GbR) **B** 820ff.
– Poolung aller Gewinne **B** 821f.

Einspruchsverfahren, Steuerrecht **B** 977ff.

Eintragung Handelsregister
– EWIV **K** 21
– GmbH, Verschmelzung **H** 76
– Rechtsanwalts-GmbH **D** 124ff.
– Umwandlung GmbH in Sozietät **H** 99

Eintritt Bürogemeinschaftsmitglieder
– Bürogemeinschaftsmitglieder, Eintritt, siehe dort **I** 70ff.

Eintrittsklausel **B** 830

Eintrittsvoraussetzungen **B** 672

Einzelpraxis
– Übertragung auf Sozietät **H** 21
– Umwandlung in GmbH **H** 26ff.
  – Steuerrecht **H** 30ff.
  – Zivilrecht **H** 26ff.
– Umwandlung von GmbH in **H** 72ff.
  – Steuerrecht **H** 80ff.
  – Verschmelzung durch Aufnahme **H** 73ff.
– Umwandlung von Partnerschaft in **H** 58ff.
– Umwandlung von Sozietät in **H** 39ff.
– Zusammenschluss von Einzelpraxen **H** 22

Einziehung Gesellschaftsanteil
– Rechtsanwalts-GmbH **D** 114, 117

England
– Kooperationsmöglichkeiten in **G** 122

Entgeltfortzahlung im Krankheitsfall **L** 104

Erbschaftsteuer, Sozietät (GbR) **B** 946ff.
– Abfindungsanspruch **B** 948
– Bewertung **B** 950f.
  – Abfindungsanspruch **B** 950f.
  – Anteile an Kapitalgesellschaften **B** 950f.
  – Anteile an Personengesellschaften **B** 950f.
– Hineinwachsen von Nachkommen **B** 947
– vererbter Anteil **B** 946f.
– vorweggenommene Erbfolge **B** 946f.

Estland
– Kooperationsmöglichkeiten in **G** 123

Europäische Anwälte, niedergelassene **N** 4ff.
– Niederlassungsfreiheit **B** 68

EWIV **B** 774; **J** 52; **K** 1ff.
– Aufgaben **K** 8f.

– Ausführungsbestimmungen, nationale **K** 4
– Außendarstellung **K** 25, 56ff.
– Außenrecht **K** 52f.
– Beendigung **K** 60f.
  – Abwicklung **K** 61
  – gerichtliche Auflösung **K** 60
– Beherrschungsverbot **K** 6
– Buchführung, Bilanzierung **K** 45
– EWIV vs. Multinationale Sozietät **K** 12
– Generalverweisung **K** 3
– Geschäftsführung **K** 30ff.
  – Anstellungsvertrag **K** 35
  – Geschäftsführungsbefugnis **K** 32
  – Vertretungsmacht **K** 33
  – Widerruf der Bestellung **K** 34
– Gründungsvertrag **K** 18f.
  – Mindestinhalt **K** 19
– Haftung **K** 54f.
– Kanzleifusionen **K** 51
– Kartellrecht **K** 59
– Kooperation vs. EWIV **K** 11
– Mitglieder, Ausscheiden **K** 46f.
– Mitglieder, Ausschluss **K** 48
– Mitglieder, Eintritt **K** 50ff.
– Mitglieder, Pflichten **K** 43ff.
  – Beitragspflicht **K** 43
  – Treuepflicht **K** 43
  – Wettbewerbsverbot **K** 43
– Mitglieder, Rechte **K** 38ff.
  – Aufwendungsersatzansprüche **K** 42
  – Auskunfts- und Einsichtsrecht **K** 40
  – Entnahmerecht, gewinnunabhängig **K** 41
  – Stimmrecht **K** 38f.
– Mitglieder, Rechtsverhältnisse untereinander **K** 30ff.
– Mitgliederbestand, Veränderungen **K** 46ff.
– Mitgliederstruktur **K** 15
  – gemeinschaftsfremde Anwaltsgesellschaften **K** 16
– Mitgliedsfähigkeit **K** 13
– Nachhaftungsbegrenzung **K** 55
– Nachteile **K** 10ff.
– Name **K** 24f.
– nationale Regelungen, subsidiärer Rückgriff **K** 3
– Niederlassungen **K** 29
– rechtliche Rahmenbedingungen **K** 2ff.
– Rechtsformzusatz **K** 56ff.
– Registerverfahren **K** 21ff.
– Sachnormverweisungen **K** 3
– Sitz **K** 27ff.
– Steuerrecht **J** 87
– Unternehmensgegenstand **K** 5ff.
– Verbot eigener Rechtsberatungstätigkeit **K** 7
– Vorzüge **K** 10ff.
– Wesen, Bedeutung **K** 1

Fehlerhafte Gesellschaft **D** 25ff.
Finanzgerichte **B** 996ff.
Finnland
– Kooperationsmöglichkeiten in **G** 124
Firmierung Rechtsanwalts-GmbH
– Rechtsanwalts-GmbH, Firmierung, siehe dort **D** 134ff.
Fortsetzungsklausel **B** 829
– Bürogemeinschaft **I** 89
Frankreich
– Kooperationsmöglichkeiten in **G** 125
Freier Mitarbeiter
– Abhängigkeit, wirtschaftliche **L** 24
– Ablehnungsrecht **L** 48
– arbeitnehmerähnliche Personen **L** 24ff.
  – Rechtsfolgen **L** 24ff.
– Arbeitszeit **L** 74
– Befristung des Arbeitsverhältnisses **L** 79
– Beschäftigung, Begriff **L** 11
– Entgeltfortzahlung im Krankheitsfall **L** 104
– Entgeltregelung, Anpassung **L** 36
– Erscheinungsformen **L** 21ff.
– Fehlbeurteilung, vertragsrechtliche Folgen **L** 34ff.
– Haftung; siehe dort **L** 190ff.
– Konkurrenz **L** 105f.
– Kriterium der sozialen Schutzbedürftigkeit **L** 26
– Kündigung **L** 100ff.
– Mustervertrag **L** 221
– Nebentätigkeit **L** 105f.
– Rechtsanwalt als **L** 23
– Referendare **L** 22
– Steuerrecht **L** 222ff.
  – Abgrenzung zum Arbeitsverhältnis **L** 226ff.
  – Kriterien/Selbständigkeit **L** 228ff., 233
  – nachträglich aufgedeckte Arbeitsverhältnisse **L** 235ff.

- Tätigkeitsort **L** 73
- urheberrechtliche Fragen **L** 152
- Urlaub **L** 103
- Wettbewerbsbeschränkungen, nachvertragliche **L** 139 ff.
- Wettbewerbsverbot **L** 115 ff.

Fusion
- EWIV **K** 51
- Sozietät **B** 930

GbR siehe Gesellschaft bürgerlichen Rechts

Gebühren **B** 443 ff.
- Gebührenforderung, Abtretung **B** 446
- Schlechterfüllung des Mandats **B** 467

Gebührenforderung, Abtretung **B** 446

Gemeinschaftliche Berufsausübung
- aktuelle Entwicklungstendenzen **A** 8 ff.
- Gesetzesentwicklung **A** 1 f.
- Gesetzesentwicklung, § 59a BRAO **B** 591 ff.
- Kooperationsformen, Überblick **A** 28 ff.
- Organisationsfreiheit Anwaltschaft **A** 12 ff.
- statistische Daten **A** 6 f.
- Vorteile **A** 3 ff.

Gemeinschaftsmandat
- Ausführung **B** 37 ff.
- Ausscheiden Partner **B** 57
- Erfüllungshaftung **B** 37 ff.
- Grundsatz **B** 25 ff.
- Individualschuld als Ergänzung der Gesamthandsschuld **B** 44 ff.
- Individualschuld, isolierte **B** 40 ff.
- interne Aufgabenverteilung **B** 49 ff.
- neue Sozien, Eintritt **B** 56
- persönlicher Geltungsbereich **B** 30 ff.
- Postulationsfähigkeit, isolierte **B** 61
- Strafverteidiger **B** 59

Geringfügige Beschäftigung **L** 168 ff.

Gesamtmandat **B** 396
- Akzessorietätstheorie **B** 398 ff.
- Ausscheiden von Partnern, Haftung **B** 401 f.
- Erfüllung des Vertrags **B** 399
- Gesellschaft bürgerlichen Rechts
  - Pflichten der Sozien **B** 398 ff.
- Neusozien, Haftung **B** 401d
- Pflichtverletzungen, Haftung **B** 401 ff.
- überörtliche und internationale Sozietäten **B** 402
- Zusammenschluss mit Einzelanwalt, Haftung **B** 401e

Geschäftsführung
- Vergleich Kooperationsformen **A** 54

Geschäftsführung, Gesellschaft bürgerlichen Rechts (GbR)
- Geschäftsführung, Sozietät (GbR) siehe dort **B** 118 ff.

Geschäftsführung, Rechtsanwalts-GmbH
- Geschäftsführer, Tätigkeitsvergütung, steuerrechtlich **D** 244
- Geschäftsführung **D** 100 ff.
- Mehrheitserfordernisse **D** 100 f.
- Praktikabilitätserwägungen **D** 104 f.
- verantwortliche Leitung durch Rechtsanwälte **D** 102
- Weisungsfreiheit **D** 103

Geschäftsführung, Sozietät (GbR) **B** 118 ff.
- berufsrechtliche Vorgaben **B** 126 ff.
- Einzelgeschäftsführung **B** 121 f.
- Gesamtgeschäftsführung, Grundsatz **B** 118
- Geschäftsführung und Kanzleimanagement **B** 130 ff.
- nicht anwaltlicher Manager **B** 155 ff.
- Praxis, Managementstrukturen **B** 136 ff.
- Selbstorganschaft, Grundsatz **B** 115
- Übertragung der Geschäftsführung **B** 123 f.
- Vertragsgestaltung **B** 125 ff.
- Vertretung durch Geschäftsführung **B** 117

Gesellschaft bürgerlichen Rechts (GbR) **A** 28 ff., 55; **B** 1 ff.
- Anwaltsvertrag, Parteien **B** 395
- Anwendbarkeit Sozietätsbegriff **B** 8
- Auflösung, **B** 164 ff.
  - berufsrechtliche Folgen, § 32 Abs. 1 BORA **B** 177 ff.
  - gesellschaftsrechtliche Folgen **B** 175 f.
  - Gründe **B** 164
  - Nachfolge im Todesfall **B** 165 ff.
- Auflösung; siehe Sozietät, Auflösung **B** 164 ff
- Ausscheiden von Sozien **B** 92 ff., 255 ff.
- Berufshaftpflichtversicherung, siehe dort **B** 512 ff.

- einkommensteuerrechtliche Behandlung **A** 66
- Gesamtmandat
  - Haftung für Pflichtverletzungen **B** 389ff.
- gesamtschuldnerische Haftung **A** 30
  - Haftungsbeschränkungsvereinbarung **A** 30
- Geschäftsführung **A** 54
- Gesellschaftsvertrag, Bestandteile **A** 47
- Gewerbesteuer **A** 69
- Gewinnverteilung **B** 197f., 216ff.
- Gründung **B** 62
- Haftpflichtansprüche, Verjährung **B** 503ff.
- Haftung aus Mandat, siehe dort **B** 447ff.
- Haftung gegenüber Dritten, siehe dort **B** 468ff.
- Haftungsbeschränkung, Haftungskonzentration **B** 482ff.
- interprofessionelle Zusammenarbeit **A** 62
- interprofessionelle Zusammenschlüsse **B** 764ff.
- Kostenbelastung **A** 58
- Muster, Sozietätsvertrag **B** 266
- Name **A** 50
  - siehe Name, Sozietät (GbR) **B** 69ff.
- Organisation, interne **B** 115ff.
- Pensionsrückstellungen, steuerliche Belastbarkeit **A** 73
- Pflichten des Anwalts, siehe dort; siehe Anwaltsvertrag
- Rechtsfähigkeit **A** 43
- Registerpflicht **A** 52
- Sozietät, siehe dort **B** 1f.
- Sozius, siehe dort
- überörtliche/intraurbane Sozietät, siehe dort **B** 586ff.
- Umsatzsteuer **A** 68
- Vertragsgestaltung **B** 125ff.
  - berufsrechtliche Vorgaben **B** 126
  - Kanzleihierarchie **B** 162ff.
  - Kanzleimanagement und Geschäftsführung **B** 130
  - Managementstrukturen in der Praxis **B** 136
- Wettbewerbsverbote **B** 247ff.

Gesellschaften mit ausländischer Rechtsform **G** 1ff.
- berufsrechtliche Ebene **G** 24ff.
- bilaterale völkerrechtliche Verpflichtungen **G** 8
- Centros-Entscheidung EuGH **G** 14
- EU-Mitgliedstaat **G** 3
- Europarecht, Völkerrecht **G** 3ff.
- GATS-Übereinkommen **G** 9
- Gebot der aktiven Berufsausübung **G** 38ff.
- Geschäftsführung und Beschlussfassung **G** 43
- Gesellschafterkreis **G** 33ff.
- Gesellschaftsrechtliche Ebene **G** 11ff.
- Gesellschaftsstatut **G** 11
- Gesellschaftsvertrag **G** 32
- Gründungstheorie, Gründungsrecht **G** 13, 18
- Haftungsverfassung **G** 46ff.
- Inspire-Art-Entscheidung desEuGH **G** 14
- Kooperationsformen, Überblick **G** 119
- Mitgliedstaaten der EFTA **G** 5
- Name/Firma **G** 40ff.
- Off-Shore-Standorte Jersey, Guernsey, Isle of Man **G** 6
- Postulationsfähigkeit der Gesellschaft **G** 68ff.
- Rechtsdienstleistungsbefugnis der Gesellschaft **G** 74f.
- Registerpflichten **G** 54ff., 64ff.
- Schweiz **G** 7
- Sitztheorie, Sitzrecht **G** 12, 18
- sonstige, Überblick **G** 119ff.
- Steuerrecht; siehe Steuerrecht, Gesellschaften mit ausländischer Rechtsform **N** 229
- Strukturanforderungen an ausländische Gesellschaften **G** 29ff.
- Überseering-Entscheidung EuGH **G** 14
- Verbot der bloßen Kapitalbeteiligung **G** 38ff.
- Zulassung, berufliche Anerkennung der Gesellschaft **G** 55ff.
- Zweigniederlassung **G** 21ff.

Gesellschafterkreis, Rechtsanwalts-GmbH **D** 53ff.
- ausländische Rechtsanwälte **D** 58f.
- berufsrechtliche Anforderungen **D** 53ff.
- Einmann-GmbH **D** 57
- Eintritt eines Gesellschafters **D** 64

- gesamthänderische Bindung der Gesellschafter **D** 60
- Mehrheitserfordernisse **D** 62
- nicht sozietätsfähige Gesellschafter **D** 61
- Pflicht zur aktiven Mitarbeit **D** 54ff.
- Rechtsanwalt beim BGH **D** 56
- Rechtsfolgen bei rechtswidriger Zusammensetzung **D** 63
- sozietätsfähige Berufe **D** 53

Gesellschafterversammlung
- Rechtsanwalts-GmbH
  - Beschlussfassung **D** 75ff.
  - Einberufungsbefugnis **D** 78
  - Mehrheitserfordernisse **D** 77
  - Stimmrechte **D** 76
- Sozietät
  - Stimmrecht **B** 199

Gesellschaftsvertrag
- Bestandteile, Vergleich Kooperationsformen **A** 47ff.
- Gesellschaft bürgerlichen Rechts **A** 47
- Gesellschaften ausländischer Rechtsform **G** 32
- Limited Liability Partnership **G** 96
- Partnerschaft **C** 34ff.
- Rechtanwaltsgesellschaft **A** 49

Gesellschaftsvertrag, Rechtsanwalts-GmbH
- Ausschluss freie Abtretbarkeit der Geschäftsanteile **D** 21
- Bar- und Sachgründung **D** 17
- berufsrechtliche Anforderungen **D** 20ff.
- fakultative Bestandteile **D** 19
- Form **D** 23
- gesellschaftsrechtliche Anforderungen **D** 16ff.
- Mindestinhalt **D** 14, 16, 20ff.
- Unternehmensgegenstand **D** 16
- Vertragsmängel **D** 25ff.

Gewerbesteuer
- Büro- und Gerätegemeinschaft ohne Außenwirkung **I** 156ff.
- Bürogemeinschaft mit Außenwirkung **I** 176
- Vergleich Organisationsformen **A** 69f.

Gewerbesteuer, Sozietät (GbR)
- andere freiberufliche Tätigkeit eines Partners nach § 18 Abs. 1 Nr. 3 EStG **B** 886ff.
- Beschäftigung zu vieler fachlich qualifizierter Mitarbeiter **B** 876ff.
- Verpachtung bei Gewerblichkeit **B** 871
- Vervielfältigungstheorie **B** 877, 886

Gewinnfeststellung, Sozietät **B** 962ff.

Gewinnverteilung
- Gewinnverteilungsmodelle **B** 220ff.
- Gewinnverteilungssysteme **D** 93
- ideales Gewinnverteilungsmodell **B** 245f.
- Partnerschaft **C** 101
- Rechtsanwalts-GmbH **D** 91ff.
- Sozietät, siehe Gewinnverteilung Sozietät (GbR)
- überörtliche Sozietät **B** 665f.
- Verbot der Beteiligung Dritter **B** 216ff.

Gewinnverteilung, Sozietät (GbR) **B** 197f.
- Aufnahme Gesellschafter in Einzelpraxis **H** 18
- ideales Modell **B** 245f.
- kombinierte Modelle **B** 240ff.
- Lockstep-System **B** 220ff.
- Muster **B** 271ff.
- produktivitätsorientierte Systeme **B** 228ff.
- Verbot der Beteiligung Dritter **B** 216ff.

GmbH siehe Rechtsanwalts-GmbH **D** 1ff.

GmbH & Co KG siehe Rechtsanwalts-GmbH & Co KG **E** 1ff.

Grenzüberschreitende Organisationsformen siehe Gesellschaften ausländischer Rechtsformen; siehe transnationale Kooperationen; siehe transnationale Sozietäten

Griechenland
- Kooperationsmöglichkeiten in **G** 126

Großmandat
- überörtliche Sozietäten **B** 686

Haftpflichtansprüche, Verjährung **B** 503ff.
- alte Rechtslage, Wegfall der Privilegierung des § 51b BRAO **B** 503ff.
- neue Rechtslage **B** 505bff.
  - Beginn der regelmäßigen Verjährung und Höchstfristen **B** 503ff.

– Neuregelung der Verjährung B 503 ff.
– Übergangsregelung und Sekundärhaftung B 505g ff.
– Verjährungsfrist B 504 ff.
– Verjährungsrechtliche Übergangsregelungen, Überblick B 505e ff.

Haftung
– Außenhaftung
  – angestellter Rechtsanwalt L 193
  – freier Mitarbeiter L 193
  – Rechtsanwalt vs. Mandant L 191 ff.
– Berufshaftpflichtversicherung, siehe dort L 207
– Haftung aus Mandat, siehe dort B 447 ff.
– Haftung gegenüber Dritten, siehe dort B 468 ff.
– Innenhaftung
  – angestellter Rechtsanwalt L 202 ff.
  – freier Mitarbeiter L 206
  – Haftungsbeschränkung für Arbeitnehmer L 204
  – Regress L 199 ff.
– transnationale Sozietät N 137 ff.
– Verjährung, Haftpflichtansprüche, siehe dort

Haftung aus Mandat
– Gebühren und Honorar bei Schlechterfüllung B 467
– Gesamtmandat B 401 ff.
– Kausalität und Zurechnung B 451 ff.
  – Handlungen des Mandanten, Dritter oder des Gerichts B 456 ff.
  – Vergleich mit pflichtgemäßem Handeln B 452 ff.
– Mitverschulden des Mandanten
  – eigenes und des Erfüllungsgehilfen B 461 ff.
– Positive Vertragsverletzung B
– Rechtsgrundlagen B 447 f.
– Schadensersatz statt Leistung B 466
– Verschulden B 450

Haftung gegenüber Dritten B 468 ff.
– aus Treuhandverhältnis B 471 ff.
– aus Verschulden bei Vertragsverhandlungen B 474 ff.
– aus Vertrag mit Schutzwirkung zugunsten Dritter B 473a ff.
  – Erstattung von Gutachten B 473c
  – Jahresabschlüsse B 473d
  – Prospekt B 473d
– deliktische Haftung B 478 ff.
– für Auskünfte und Aufklärung B 470
  – fingierter Auskunftsvertrag B 470
– Prospekthaftung B 476 ff.
– von Gesellschaften, Überblick B 468 f.

Haftung, Kooperation B 622 ff.
– Beratungsmandate, Weitergabe B 623 f.
– Erfüllungsgehilfe B 625 ff.
– gesamtschuldnerische Außenhaftung B 622
– Korrespondenzmandate, Verschaffung B 623 f.
– Substitution B 625 ff.
– Versicherungsschutz, notwendige Angleichung B 626

Haftungsbeschränkung/- konzentration B 482 ff.
– angestellter Rechtsanwalt, Innenhaftung
  – Anwalts-AG L 204
– aufgrund Gesellschaftsform B 498 ff.
  – Anwalts-AG B 501 ff.
  – Anwalts-GmbH B 501 ff.
  – BGB-Gesellschaft mit beschränkter Haftung B 498 f.
  – Partnerschaftsgesellschaft B 500
– Haftungskonzentration auf Sachbearbeiter B 495 ff.
– Haftungskonzentration in der Sozietät B 492 ff.
– Individualvereinbarung B 483 ff.
– Überblick B 482 ff.
– vertragliche Vereinbarung mit Mandanten B 483 ff.
– vorformulierte Vertragsbedingungen B 486 ff.
  – Inhaltskontrolle B 491
  – Versicherungsschutz B 490

Handelsregistereintragung
– EWIV K 21
– GmbH, Verschmelzungsvorgänge H 76
– Rechtsanwalts-GmbH D 124 ff.
– Umwandlung GmbH in Sozietät H 99

Handlungsbevollmächtigte
– Vertretung Rechtsanwalts-GmbH D 132

Hauptbevollmächtigter
– und Unterbevollmächtigter B 438

Honorarvereinbarung B 445
– Schlechterfüllung B 467

Informationsrecht
- Rechtsanwalts-GmbH **D** 88 ff.

Insolvenzverfahren
- Anwalt
  - Schadensersatzanspruch gegenüber Berufshaftpflichtversicherer **B** 523

Internationale Organisationsformen
- Gesellschaften ausländischer Rechtsformen, siehe dort **G** 1 ff.

Internationale Sozietät
- Gesellschaften mit ausländischer Rechtsform, siehe dort **G** 1 ff.
- Steuerrecht **N** 229 ff.
- transnationale Sozietät, siehe dort **H** 1 ff.

Internationales Privatrecht
- Limited Liability Partnership
  - Gesellschafterhaftung **G** 112 ff.

Interprofessionelle Zusammenarbeit **D** 201 ff.
- Anwalts-Notare, Beteiligung **D** 245 ff.
- Beratungs-GmbH **D** 141 ff.
- Kritik **D** 211
- Nur-Notare, Beteiligung **D** 214 ff.
- Rechtsanwalt/Steuerberater **D** 203 f.
- Rechtsanwalt/Wirtschaftsprüfer **D** 204 f.
- überörtliche Sozietät **B** 610
- Vergleich der Kooperationsformen **A** 61 ff.
- Zweigniederlassung, Leitung **D** 208 f.

Interprofessionelle Zusammenschlüsse **B** 764 ff.
- Berufshaftpflichtversicherung **B** 581
- Berufsordnung **B** 775 ff.
- Berufsrecht, Geltung des anwaltlichen **M** 14 f.
- Einkommensteuer **B** 842 ff.
- Mandatswahrnehmung **B** 778 f.
- Muster Sozietätsvertrag **B** 270
- Partnerschaftsgesellschaft **C** 77, 214, 249 ff.
- Rechtsanwalt/Anwalts-Notar, Nur-Notar **D** 214 ff.
- Rechtsanwalt/Steuerberater **D** 203 f.
- Rechtsanwalt/Wirtschaftsprüfer **D** 205 ff.
- Rechtsanwalts-GmbH **D** 128 f.
- Rechtsdienstleistung, berufsrechtliche Erlaubnis **M** 34
- Sinn und Notwendigkeit **B** 764 ff.
- sozietätsfähige Berufe **B** 767 ff.
  - Anwaltsnotare **B** 769 ff.
  - Erweiterung der zulässigen Berufsgruppen **B** 772
  - Mehrfachqualifikationen **B** 768
  - Patentanwälte **B** 767
  - Rechtsbeistände **B** 767
  - Steuerberater **B** 767
  - Steuerbevollmächtigte **B** 767
  - vereidigte Buchprüfer **B** 767 ff.
  - Wirtschaftsprüfer **B** 767
- Soziierungsmöglichkeiten, verschiedene Gesellschaftsformen **B** 773 f.
- Sternsozietät, Verbot **B** 777
- überörtlich **B** 610
- Unabhängigkeit **M** 70
- Verschwiegenheitspflicht **M** 92
- Vertretung widerstreitender Interessen, Verbot **M** 112 ff.

IPR siehe Internationales Privatrecht

Irland
- Kooperationsmöglichkeiten in **G** 127

Italien
- Kooperationsmöglichkeiten in **G** 129

Jahresabschluss **A** 76
- Haftung von Wirtschaftsprüfern **B** 473e

Japan
- deutscher Anwalt in **N** 61

Jersey Limited Liability Partnership **G** 66

Kanada
- deutscher Anwalt in **N** 55 ff.

Kanzlei-Clubs
- Abgrenzung Sozietät (GbR) **B** 630 ff.
- Kollisionsrecht **B** 632
- statuarische Regeln **B** 631

Kanzleihierarchie **B** 162

Kanzleipflicht **L** 209 ff.
- angestellter Rechtsanwalt **L** 211

Kanzleischild **B** 605
- angestellter Rechtsanwalt **L** 211
- Scheinsozius, Angabe **M** 51

Kapitalaufbringung, Rechtsanwalts-GmbH **D** 28 ff.
- Bareinlagen **D** 29
- Sacheinlagen **D** 30
- Stammeinlagen **D** 28
- Stammkapital **D** 28

Klageverfahren, Steuerrecht
- Akteneinsicht **B** 999

- Ausschlussfristen **B** 1000
- Beweisanträge, Aufrechterhaltung zu Protokoll **B** 1002

Kollektives Arbeitsrecht **L** 157

Konkurrenzverbot **C** 90
- angestellte Rechtsanwälte **L** 111
- Arbeitnehmer **L** 107 ff.
- Auskunftsanspruch **L** 118
- Dauer **L** 117
- freier Mitarbeiter **L** 106 ff., 115 ff.
- Mandantenschutzklausel, allgemeine **C** 92
- nachvertragliches **L** 119 ff.
- während der Beschäftigung **L** 108

Kooperation, Haftung **B**
- Beratungsmandate, Weitergabe **B** 623 f.
- Erfüllungsgehilfe **B** 625 ff.
- gesamtschuldnerische Außenhaftung **B** 622
- Korrespondenzmandate, Verschaffung **B** 623 f.
- Substitution **B** 625 ff.
- Versicherungsschutz, notwendige Angleichung **B** 626

Kooperation, verfestigte **A** 39

Kooperationen
- Bürogemeinschaft **I** 21
- Bürogemeinschaft, Betriebsgemeinschaft **A** 38
- Gesellschaft bürgerlichen Rechts **A** 28 ff.
- Partnerschaft **A** 33 ff.
- Rechtsanwalts-AG **E** 1 ff.
- Rechtsanwaltsgesellschaft mbH **A** 35

Kooperationen mit ausländischen Kanzleien **N** 86 ff.
- Allianz **N** 89
- Außendarstellung **N** 96 ff.
- Berufsrecht **N** 102 ff.
- Best-Friend-System **N** 87
- CCBE-Standesregeln **N** 105 ff.
- Club-System **N** 88
- Haftungsprobleme **N** 92
- Kooperationsformen **N** 86 ff.
- Kooperationsvertrag **N** 91
- Rechtsnatur **N** 90
- Vergesellschaftung, Vermeidung des Eindrucks **N** 98

Kooperationen, sonstige **J** 1 ff.
- Abgrenzung, Sozietät **J** 14
- Abgrenzungsschwierigkeiten Sozietät **J** 55 ff.
- Allianz-System **J** 50 f., 86
- Außendarstellung **J** 15 ff.
- Begriff **J** 1 f.
- Berufshaftpflichtversicherung **J** 69 f.
- Best-Friend-System **J** 47, 83
- Club-System **J** 48 f., 84 f.
- Entwicklung, rechtstatsächliche **J** 3 ff.
- Erscheinungsformen **J** 43 ff.
- EWIV **J** 52, 87
- Franchising **J** 53
- gesetzliche Tätigkeitsverbote **J** 34 ff.
  - Erstreckung auf einzelne Mitglieder **J** 41 f.
- Haftung **J** 63 f.
- Honorarfragen **J** 65 f.
- Innengesellschaft **J** 8
- Kooperationsfähigkeit **J** 9 ff.
  - Sozietätsfähigkeit, Abgrenzung **J** 9
- Kooperationsvertrag, Nichtigkeit **J** 17
- Kundgabe **J** 21 f.
- Mandanten, Auftreten gegenüber
  - Grundsatz **J** 58 f.
  - Haftung **J** 63 f.
  - Honorarfragen **J** 65 f.
  - Risikomanagement **J** 67
  - wechselseitige Vertretung **J** 60 f.
  - Wettbewerbsrecht **J** 62
- Name **J** 18
- Rechtsanwälte, Nicht-Rechtsanwälte **J** 6
- Risikomanagement **J** 67 ff.
- Schweigepflicht
  - nicht schweigepflichtige Kooperationspartner **J** 10 f.
- sonstige **J** 54
- sonstige Kooperationen **J** 89
- Sozietät
  - Abgrenzungeschwierigkeiten zur Kooperation **J** 55 ff.
- Sozietät, Abgrenzung **J** 14
- Steuerrecht **J** 79 ff.
- Struktur **J** 8
- Syndikusanwalt **J** 38 ff.
- Verschwiegenheitspflicht **J** 19
  - Einverständnis des Mandanten **J** 20
  - nicht schweigepflichtiger Partner **J** 20
- vertragliche Vereinbarung **J** 7
- Vertretung widerstreitender Interessen **M** 117 f.
- Vertretung, wechselseitige **J** 60 f.

– vorangegangene nicht anwaltliche Vorbefassung **J** 35 ff.
– Wettbewerbsrecht **J** 62
– widerstreitende Interessen, Vertretung **J** 23 ff.
– zivil- und gesellschaftsrechtliche Grundlagen **J** 7 ff.
– Zusammenarbeit von Fall zu Fall **J** 45 f., 81 ff.
– Zusammenarbeit, Ausgestaltung **J** 12 f.

Kooperationsformen, Vergleich A 41 ff.
– berufsrechtliche Zulassung **A** 53
– Form **A** 46
– Geschäftsführung **A** 54
– Gesellschafterkreis **A** 51
– Gesellschaftsvertrag **A** 47 ff.
– Haftungsrecht **A** ff
– interprofessionelle Zusammenarbeit **A** 61 ff.
– Kostenbelastung **A** 58 ff.
– Name **A** 50
– organisationsrechtlicher **A** 42 ff.
– Rechtsfähigkeit **A** 42 ff.
– Registerpflicht **A** 52
– Sitz **A** 50
– steuerrechtlicher **A** 66 ff.

Kooperationsmöglichkeiten im Ausland
– Belgien **G** 119
– Bulgarien **G** 120
– Dänemark **G** 121
– England **G** 122
– Estland **G** 123
– Finnland **G** 124
– Frankreich **G** 125
– Griechenland **G** 126
– Irland **G** 127
– Italien **G** 128
– Lettland **G** 129
– Litauen **G** 130
– Luxemburg **G** 131
– Malta **G** 132
– Niederlande **G** 133
– Norwegen **G** 124
– Österreich **G** 134
– Polen **G** 135
– Portugal **G** 136
– Rumänien **G** 137
– Schottland **G** 138
– Schweden **G** 124
– Schweiz **G** 139
– Slowakische Republik **G** 140
– Slowenien **G** 141
– Spanien **G** 142
– Tschechische Republik **G** 143
– Ungarn **G** 144
– Wales **G** 122
– Zypern **G** 145

Kooperationsmöglichkeiten, interprofessionell
– Anwaltsnotare **A** 27
– Notare **A** 26 ff.
– Steuerberater **A** 23 ff.
– Wirtschaftsprüfer **A** 18 ff.

Körperschaftsteuer
– Vergleich Kooperationsformen **A** 67

Körperschaftsteuer, Rechtsanwalts-GmbH D 233 ff.
– Anrechnungsverfahren **D** 270
– beherrschende Gesellschafter **D** 242 ff.
– Darlehen **D** 259
– Doppelbesteuerung **D** 233
– Familienverträge **D** 263
– Gesellschafter-Geschäftsführer, Einkünfte **D** 244 ff.
  – Angemessenheit **D** 247
  – Freiberuflerregelung **D** 251
– Gewinnausschüttungen, Einlagen **D** 240
– Gewinnausschüttungen, verdeckte; Einlagen, verdeckte **D** 241 ff.
– Gewinnermittlung **D** 237 ff.
– Kostenumlagen **D** 260
– Miet- und Pachtverhältnisse **D** 258
– Organschaft **D** 267 ff.
– Pensionszusagen **D** 256 ff.
  – Restriktionen **D** 257
– Praxiswert **D** 262
– Steuerklauseln **D** 266
– Steuersubjekt **D** 235
– Stille Beteiligung **D** 261
– Tantiemen **D** 253 ff.
– Tätigkeiten neben Anwaltsgesellschaft **D** 264 f.
– Tätigkeitsvergütung **D** 244 ff.

Kostenbelastung
– Vergleich Kooperationsformen **A** 58 ff.

Kostenbelastung, besondere
– Rechtsanwaltsgesellschaft
  – Überblick **A** 60

Krankentagegeldversicherung B 810

Krankenversicherung B 810; **L** 162
– Teilzeittätigkeit **L** 167

Krankheit, Entgeltfortzahlung L 104

Kündigung
– Arbeitsvertrag **L** 99 ff.

- Bürogemeinschaftsmitglieder **I** 46
- Partner **C** 123ff.

Kündigungsfristen **L** 100
- Arbeitsvertrag **L** 100
- freier Mitarbeiter **L** 100

Kündigungsschutzgesetz **L** 101

Kurzbezeichnung
- Berufsausübungsgemeinschaft, Werbung **M** 190ff.
- Briefbogen **B** 605
- Bürogemeinschaft **I** 115
- Rechtsanwalts-GmbH **D** 146
- Sozietät, überörtliche **B** 605

Lebensversicherung **B** 810

Lettland
- Kooperationsmöglichkeiten in **G** 129

Limited Liability Partnership (UK) **G** 76ff.
- Britisches Recht, Gründungsvoraussetzugen **G** 81ff.
  - Eintragung **G** 81
  - Gesellschafter, Mindestanzahl **G** 83
  - Grundkapital **G** 86
  - Gründungsurkunde **G** 82
  - Name **G** 85
- Charakteristika und Vorzüge als Berufsausübungsgesellschaft **G** 78
- designated members **G** 88
- Deutsches Berufsrecht **G** 103, 106
- Ein-Mann-LLP **G** 102
- Gesellschaftsrecht, englisches
  - Ausscheiden **G** 101
  - Eintritt neuer Gesellschafter **G** 100
  - Geschäftsführung **G** 99
  - Gesellschafter, Rechtsbeziehungen untereinander **G** 98
  - Gesellschafterstatus **G** 97
- Gesellschaftsvertrag **G** 96
- Gründung **G** 81ff.
  - britisches Recht **G** 81ff.
  - deutsches Recht, ergänzende Anforderungen **G** 87
- Haftung LLP-Gesellschafter **G** 107ff.
  - deutsches IPR **G**
- Haftungsverfassung **G** 105
- Mitgliedschaft
  - englisches Gesellschaftsrecht **G** 97ff.
- Postulationsfähigkeit **G** 118
- Prüfung **G** 116
- Publizität **G** 116
- Rechnungslegung **G** 116
- Rechtsbeziehungen LLP im Außenverhältnis **G** 104f.
  - britisches Gesellschaftsrecht **G** 104f.
- Rechtsbeziehungen LLP-Gesellschafter, Außenverhältnis
  - britisches Recht **G** 107ff.
- Rechtsformvergleich **G** 90ff.
- Rechtsnatur **G** 79
- Registerfragen
  - britisches Recht **G** 88
  - deutsches Recht **G** 90
- Zulassungszwang **G** 118
- Zuordnung, Rechtsformvergleich **G** 90ff.

Liquidation
- Einkommensteuer **B** 845ff.
- Partnerschaft **C** 174ff.

Litauen
- Kooperationsmöglichkeiten in **G** 130

Lockstep-System **B** 220ff.; **D** 93

Lohnsteuer
- Bürogemeinschaft **I** 158, 166
- Nichtabführung
  - Scheinselbständiger **L** 235ff.
- Sozietät (GbR) als Arbeitgeber **B** 943ff.

Luxemburg
- Kooperationsmöglichkeiten in **G** 131

Malta
- Kooperationsmöglichkeiten in **G** 132

Management
- Kanzleimanagement **B** 130ff.
- Managementkomitees **B** 138
- Managementstrukturen, Praxis **B** 136ff.
- Manager, professionelle nichtanwaltliche **B** 155
- Managing Partners **B** 151
- Sozietät (GbR) **B** 130ff., 730 ff.

Manager
- Law Firm Manager, USA **B** 159

Mandant
- Auswahlrecht **B** 41f.

Mandanten, Erwartungshaltung **B** 687ff.

Mandanten, Steuerinteressen **B** 959ff.

Mandantenschutzklausel, allgemeine **B** 250f., 275; **D** 86ff.
– ausgeschiedener angestellter Rechtsanwalt **L** 128ff.
Mandantenschutzklausel, beschränkte **B** 250f.
– ausgeschiedener angestellter Rechtsanwalt **L** 132
Mandantenübernahmeklausel **B** 250f., 276
– ausgeschiedener angestellter Rechtsanwalt **L** 133ff.
Mandatsbedingungen
– Beschränkung der Haftung **B** 483ff.
– Einbeziehung **B** 384ff.; **L** 137
Mandatspflicht
– Erstreckung auf neue Sozien **B** 56
Multinationale Sozietät siehe transnationale Kooperationen; siehe transnationale Sozietäten

Nachfolgeklauseln im Todesfall
– einfache **B** 166ff., 278, 827
– Eintrittsklausel **B** 830
– erbrechtliche **B** 173
– Fortsetzungsklausel **B** 829
– gesellschaftsrechtliche **B** 174, 280
– qualifizierte **B** 170f., 279, 828
– qualifizierte, Partnerschaftsgesellschaft **C** 118
– rechtsgeschäftliche **B** 172, 281
– Steuerrecht **B** 827
Nachweisgesetz **L** 39ff.
Name
– Bürogemeinschaft **I** 103
– EWIV **K** 24
– Gesellschaft ausländischer Rechtsform **G** 40ff.
– Kooperation **J** 18
– Limited Liability Partnership (UK) **G** 85
– Name, Sozietät (GbR), siehe dort **K** 24
– Partnerschaft **C** 41ff.
– Vergleich Kooperationsformen **A** 50
Name, Sozietät (GbR) **B** 69ff.
– Berufsbezeichnung **B** 81
– Berufsrecht **B** 80ff.
– bürgerlicher Name **B** 71
– Etablissementbezeichnung **B** 81
– Fachkanzlei für ... **B** 88
– Fortführung bei Ausscheiden von Gesellschaftern **B** 92ff.
  – anderweitige Berufstätigkeit des Namenspartners **B** 106
  – Berufsrecht, Vorgaben **B** 96ff.
  – Fallgruppen **B** 99ff.
  – Gesellschafterbestand, Änderungen **B** 100
  – Praxisverkauf **B** 99
  – Sozietätsbezeichnung, Umgestaltung **B** 104
  – Strohmann als Namensgeber **B** 105
  – Tod Rechtsanwalt **B** 102
  – Umwandlung **B** 103
  – zivilrechtliche Grundlagen **B** 92ff.
– geographische Umstände **B** 89
– Gesellschaftsrecht **B** 69ff.
– Irreführung über Sozien **B** 90
– Muster Namensfortführung **B** 269
– Muster Namensgestaltung **B** 267
– Namensfortführung bei Ausscheiden eines Gesellschafters **B** 85ff.
– Namensgestaltungen in der Praxis **B** 110
– Namensschutz **B** 78
– Rechtsformzusatz **B** 73, 76
– Sachfirma, Zulässigkeit **B** 83
– Täuschung über Unternehmensgröße **B** 86
– überörtliche **B** 84
– Unterscheidbarkeit von handelsrechtlicher Firma **B** 71
– Wettbewerbsrecht **B** 85ff.
Namensfortführung **B** 92ff.
– anderweitige Berufstätigkeit des Namenspartners **B** 106ff.
– Berufsrecht **B** 96ff.
– Fallgruppen **B** 99ff.
– Gesellschafterbestand, Änderungen **B** 100
– Praxisverkauf **B** 99
– Strohmann als Namensgeber **B** 105
– Tod Rechtsanwalt **B** 102
– Umgestaltung Sozietätsbezeichnung **B** 104
– Umwandlung **B** 103
– zivilrechtliche Grundlagen **B** 92ff.
Nebentätigkeit
– freier Mitarbeiter **L** 105ff.
– Rechtsanwalt, angestellter **L** 105ff.
– Umsatzsteuer, Sozietät **B** 904
Niedergelassene europäische Anwälte
– Niederlassungsfreiheit **B** 68

Niederlande
- Kooperationsmöglichkeiten in **G** 133

Niederlassung
- EWIV **K** 29

Niederlassung im Ausland
- EWR **N** 35ff.
- inländische Kapitalgesellschaften **N** 241
- transnationale Sozietäten **N** 66ff.

Niederlassungsverbot
- angestellter Rechtsanwalt **L** 122ff., 222

Nießbrauch
- Rechtsanwalts-GmbH **D** 69

Norwegen
- Kooperationsmöglichkeiten in **G** 124

Notar
- Anwalts-Notar an Rechtsanwalts-GmbH **D** 214f.
- Anwalts-Notar an überörtlicher Sozietät **B** 609
- Kooperationsmöglichkeiten **A** 26ff.

Öffentlichkeitsarbeit M 177

Organisationsfreiheit Anwaltschaft A 12ff.

Organisations-GmbH D 55

Österreich
- Kooperationsmöglichkeiten in **G** 134

Partnerschaft
- Anwendbarkeit Sozietätsbegriff **B** 8

Partner, Ausscheiden siehe Ausscheiden Partner

Partner, Eintritt
- Einkommensteuer **B** 824

Partner, Tod B 826ff.
- einfache Nachfolgeklausel **B** 166ff.
- Eintrittsklausel **B** 174, 830
- erbrechtliche Nachfolgeklausel **B** 173
- Fortsetzungsklausel **B** 829
- gesellschaftsrechtliche Eintrittsklausel **B** 174
- Gewerblichkeit, Eintritt Berufsfremder durch Erbfolge **B** 869
- Nachfolge, abweichende Vertragsgestaltung **B** 165ff.
- Namensfortführung **B** 102
- qualifizierte Eintrittsklausel **B** 170f.
- rechtsgeschäftliche Nachfolgeklausel **B** 172

Partnerschaft A 33ff.; **C** 1ff.
- Abwerbungsverbot **C** 90
- aktive Mitarbeit **C** 103
- Akzeptanz **C** 14
- Auflösung; siehe Partnerschaft, Auflösung **C** 160ff.
- Aufwendungsersatz **C** 88
- Auseinandersetzung, andere Arten **C** 201ff.
  - Geltung der Liquidationsregeln **C** 204
- Ausscheiden eines Partners **C** 110ff.
  - Abfindung **C** 145ff.
  - Abfindungsklauseln **C** 154ff.
  - Rechtsfolgen, allgemeine **C** 136ff.
- Ausscheidungsgründe aufgrund vertraglicher Gestaltungen **C** 131
- Ausschließung eines Partners **C** 128ff.
- Außengesellschaft **C** 5
- Außenwirkung **C** 237ff.
- Berufsausübungsgesellschaft **C** 4
- Berufsrecht **C** 237ff.
- Berufsrecht; siehe Berufsrecht, Berufsausübungsgemeinschaft **M** 11ff.
- Beschlussfassung durch Partner **C** 98
- Bewertungsfragen **C** 258
- Bewertungsfragen; siehe Praxiswert, Sozietät (GbR) **B** 798ff., 804f., 1022
- Bilanzierungs- und Publizierungsfragen **A** 74f.
- Dauergesellschaft **C** 11
- Einkommensteuer **A** 66
- einkommensteuerrechtliche Behandlung **A** 66
- Eintritt Partner **C** 109
- Errichtung **A** 46; **C** 15ff.
- fremdnützige Sicherungstreuhand **C** 107
- Geschäftsführer, Amtsniederlegung **C** 86

Partnerschaft
- Geschäftsführung **A** 54; **C** 78ff.
  - Gesamtgeschäftsführungsbefugnis, Beschränkung **C** 81ff.
  - Geschäftsführer, Amtsniederlegung **C** 86
  - Geschäftsführungsbefugnis, Entzug **C** 82ff.
  - gewöhnliche und außergewöhnliche Handlungen **C** 79
- Gesellschafterkreis **A** 51
- Gesellschafterstellung, Übertragbarkeit **C** 13

- Gesellschaftsform für freie Berufe **C** 1 ff.
- Gesellschaftsvertrag, Bestandteile **A** 48
- Gesellschaftsvertrag, siehe Partnerschaftsvertrag **C** 17, 34 ff.
- Gewerbesteuer **A** 69
- Gewinnverteilung **C** 101
- gleichartige Berufstätigkeit konkurrierend zu Partnerschaft **C** 90
- Gründungsformen **C** 15 ff.
- Haftung **A** 56
  - Beschränkung **C** 10
- Haftung, siehe Partnerschaft, Haftung **C** 205 ff.
- Informationsrechte der Partner **C** 95 f.
- Innenverhältnis, Rechte und Pflichten **C** 87 ff.
- Insolvenzverfahren **C** 202
- Insolvenzverfahren, Partner **C** 122
- internationale überörtliche
  - Berufsrecht **C** 238 f.
- interprofessionelle **A** 63 f.; **C** 249
  - berufsrechtliche Schranken StBerG **C** 253
  - berufsrechtliche Schranken WPO **C** 250
- interprofessionelle Partnerschaften **C** 77
- interprofessionelle Zusammenarbeit **A** 63
- Konkurrenztätigkeit **C** 90 ff., 240 ff.
- Kostenbelastung **A** 59
- Kündigung eines Partners **C** 123 ff.
- Liquidation; siehe Partnerschaft, Liquidation **C** 174 ff.
- Name
  - berufsspezifische Besonderheiten **C** 57 ff.
  - Sanktionen bei Verletzung **C** 59
- Namensrecht **A** 44
- Namenszusätze **B** 74
- Neugründung **C** 15
- Nichtvererblichkeit der Beteiligung **C** 115 ff.
- Nießbrauch an Partnerschaftsanteil **C** 106
- Organisationsgesellschaften, Abgrenzung **C** 6
- Partnereigenschaft, rechtliche Voraussetzungen **C** 72 ff.
- Partnerschaftsregister **C** 21 ff.
  - anmeldepflichtige Änderungen **C** 29
  - Anmeldung **C** 21 ff.
  - Kosten der Eintragung **C** 32
  - Partnerschaftsregisterverordnung **C** 30 f.
  - Verstöße gegen die Anmeldepflicht **C** 33
- Partnerschaftsvertrag; siehe dort **C** 34 ff.
- Pensionsrückstellungen, steuerliche Absetzbarkeit **A** 73
- Pfändung Anteil **C** 108
- Postulationsfähigkeit **M** 45
- Prozess- oder Verfahrensbevollmächtigte **C** 247
- qualifizierte Nachfolgeklausel **C** 118
- Rechte und Pflichten, Innenverhältnis **C** 87 ff.
- Rechtsfähigkeit **A** 44
- Rechtsverhältnis Partner untereinander **C** 72 ff.
- Sitz **C** 60 ff.
- Spaltung **H** 70
- Steuerrecht **C** 256
- stille Beteiligung **C** 102 f.
- stille Gesellschaft **C** 104
- Stimmrechtsausschluss, Stimmrechtsbindung **C** 99 f.
- Testamentsvollstreckung **C** 121
- Tod eines Partners **C** 115 ff.
- Überblick **A** 33 ff.
- überörtliche Sozietät, Haftungsprivilegierung **B** 598
- überörtliche, Besonderheiten **C** 248
- Umsatzsteuer **A** 68
- Umwandlung Gesellschaft bürgerlichen Rechts in Partnerschaft **C** 15 f.
- Umwandlungsvorgänge **H** 45, 58, 61, 63
- Unabhängigkeit der Partner **C** 76
- Unterbeteiligung **C** 105
- Verpfändung Anteil **C** 108
- Verschmelzung von mehreren **H** 68 f.
- Verzinsungspflicht **C** 89
- Vorpartnerschaft **C** 19 ff.
- Vorrang beruflicher Pflichten **C** ff
- Wesenszüge **C** 4 ff.
- Wettbewerbsrecht **C** 240 ff.
- Wettbewerbsverbot, nachvertraglich **C** 91 ff., 243
  - Mandantenschutzklausel **C** 92

– Mandantenschutzklausel, absolute C 244
– Verletzung C 245
– Vertragsstrafe bei Verstoß C 94
- Zulassungsverlust C 132
- Zweck C 3
Partnerschaft, Auflösung C 160 ff.
- Antragstellung, Einzelheiten C 166 ff.
- Auflösungsgrund, gesetzlicher C 170
- Auflösungsgrund, weitere durch Partnerschaftsvertrag C 172
- durch Beschluss C 169
- Insolvenzverfahren C 170
- Liquidation; siehe Partnerschaft, Liquidation C 174 ff.
- Rechtsfolgen C 173
Partnerschaft, Haftung C 56, 205 ff.
- Akzessorietät der Haftung C 212 f.
- ausgeschiedener Gesellschafter, Nachhaftung C 226
- Ausgleich im Innenverhältnis C 218
- Berufshaftpflichtversicherung C 236
- Einwendungen Partner C 232
- Gesamtschuldnerschaft C 211
- Haftungsbeschränkung C 235
- interprofessionelle Partnerschaft C 214
- Nachhaftung C 220
- Namensfortführung durch Unternehmenserwerber C 219
- neu eingetretener Partner C 216
- Scheinpartner C 215
- Verjährung C 220
- Verjährung nach Auflösung C 221
Partnerschaft, Liquidation C 174 ff.
- Anmeldung und Eintragung Liquidatoren C 177
- Beendigung C 194 ff.
- Beendigung des Liquidatorenamts C 180 f.
- Bestellung Liquidatoren C 175 ff.
- Innenverhältnis, Rechtsstellung Liquidatoren C 187
- interprofessionelle Partnerschaft C 187
- Liquidationsbefugnis, Beschränkung gegenüber Dritten C 183 f.
- Liquidationsfremdheit eines Geschäfts C 184
- Liquidatoren, Rechte, Pflichten, Aufgaben C 182 ff.
- Pflichtverletzung Liquidatoren C 198
– Rechnungslegung der Partnerschaft i.L. C 188 ff.
– Rechtsfolgen C 191 ff.
Partnerschaftsregister C 21 ff.
– anmeldepflichtige Änderungen C 29
– Anmeldung und Eintragung C 22 ff.
– Kosten der Eintragung C 32
– Partnerschaftsregisterverordnung C 30 f.
– Registerpublizität C 23
– Verstöße gegen die Anmeldepflicht C 33
Partnerschaftsvertrag C 34 ff.
– Abfindungsklauseln C 154 ff.
– Firmenrecht C 42
– Form C 36 ff.
– Formverstoß C 38
– Gegenstand der Partnerschaft C 66 f.
– Inhalt C 34 ff.
– Mängel C 68 ff.
– Muster C 259
– Name der Partnerschaft C 41 ff.
  – berufsspezifische Besonderheiten C 57 ff.
  – Einzelfälle C 43 ff.
  – Sanktionen bei Verletzung C 59
– Partner, Liste C 63 ff.
– Sitz C 60 ff.
Partnership, Limited Liability
– Limited Liability Partnership, siehe dort G 76 ff.
Patentanwalt
– sozietätsfähiger Beruf B 767
Pensionsrückstellungen, steuerliche Absetzbarkeit A 72 ff.
– Altersversorgung, Sozietät B 806
– betriebliche Versorgungsrenten B 807 f.
– private Versorgungsrenten B 809
– Vergleich Kooperationsformen A 72 ff.
Pfändung
– Rechtsanwalts-GmbH, Geschäftsanteil D 72
Pflegeversicherung L 163
– Teilzeittätigkeit L 167
Pflichten des Anwalts B 407 ff.
– angestellte Anwälte, bestellte Vertreter B 441 f.
– Aufklärungspflichten B 410; M 145 ff.
– Beratung und Belehrung B 418 ff.
– Grundsatz des sichersten Wegs B 423

– Hauptbevollmächtigter und Unterbevollmächtigter **B** 438
– Hinweispflicht auf Berechnung nach dem Gegenstandswert **B** 422 ff.
– Kanzleipflicht **M** 58 ff.
– nacheinander tätig werdende Anwälte **B** 439 f.
– Pflichten beim Tätigwerden von mehreren Rechtsanwälten **B** 428 ff.
– Prozessanwalt und Verkehrsanwalt **B** 430 ff.
– Prüfung der Rechtslage **B** 414 ff.
– Rechtsanwaltsgesellschaften **B** 429
– sonstige **B** 426 f.
– Verschwiegenheitspflicht **M** 81 ff.
– Weisungsgebundenheit **B** 424 f.
– widerstreitende Interessen, Verbot **M** 105 ff.

Polen
– Kooperationsmöglichkeiten in **G** 135

Portugal
– Kooperationsmöglichkeiten in **G** 136

Praxis, Verpachtung
– einkommensteuerrechtlich **B** 834 ff.
– gewerbesteuerrechtlich **B** 871

Praxisbewertung **B** 1015 ff.
– Bewertung, Sozietätsanteil **B** 1022
– BRAK-Ausschuss, Bewertungsrichtlinien **B** 1025 ff.
– Jahresumsatz **B** 1015 ff.
– Kapitalkonten **B** 1032
– Pflichtteil **B** 1028
– Sachwert **B** 1029
– Zugewinnausgleich **B** 1028

Praxiswert, Rechtsanwalts-GmbH **D** 262

Praxiswert, Sozietät **B** 798 ff.

Praxiswert, Sozietät (GbR)
– Abschreibung **B** 804 f.
– Sozietätsanteil, Bewertung, siehe Praxisbewertung **B** 1022

Prokuristen
– Rechtsanwalts-GmbH **D** 132

Prozessanwalt und Verkehrsanwalt **B** 430

Prozesskostenhilfe
– transnationale Sozietät **N** 135

Prozessvertretung
– Pflicht zur Übernahme **B** 389 ff.

Publizität
– Organisationsformen, Vergleich **A** 52

Publizitätspflichten
– Organisationsformen, Vergleich **A** 74 ff.

Rainmaker **B** 236 ff.

Rechnungslegung
– Partnerschaft, Liquidation **C** 188 f.

Rechtsanwalt **L** 1 ff.
– angestellter **L** 19 f.
– Arbeitnehmer und freier Mitarbeiter **L** 10 ff.
– Arbeitnehmer/freier Mitarbeiter, Abgrenzung **L** 10 ff.
– arbeitnehmerähnliche Personen **L** 24 ff.
– Erscheinungsformen anwaltlicher Tätigkeit **L** 1 ff.
– siehe Arbeitnehmer; freier Mitarbeiter; Rechtsanwalt, angestellter
– Vertragsverhältnis zu Anwaltssozietät; siehe Sozietät/Rechtsanwalt, Vertragsverhältnis **L** 28 ff.

Rechtsanwalt, angestellter **L** 28 ff.
– Arbeitnehmer/freier Mitarbeiter, Abgrenzung **L** 2 ff., 161
– Auskunftsanspruch **L** 118
– Außenverhältnis **L** 208 ff.
  – Auftreten nach außen **L** 214
  – Berufsrecht, Anwendbarkeit **L** 208
  – Kanzleipflicht **L** 209
– Befristung **L** 22
– Briefkopf/Kanzleischild **L** 211 ff.
– Dienstpflichten **L** 47 ff.
– Direktionsrecht; siehe dort **L** 49 ff.
– Dokumentationspflicht, Nachweisgesetz **L** 39 ff.
– Erscheinungsformen **L** 19 f.
– Fehlbeurteilung, vertragsrechtliche Folgen **L** 34 ff.
– Fortbildung **L** 154
– Freistellung **L** 156
– Haftung **L** 202 ff.
– Haftung; siehe dort **L** 190 ff.
– Nebentätigkeit und Konkurrenz **L** 105 ff.
– Niederlassungs- und Tätigkeitsverbote **L** 122 ff.
– Qualifizierungsklauseln **L** 30 ff.
– siehe Sozietät/Rechtsanwalt, Vertragsverhältnis
– sozialrechtliche Grundlagen **L** 159 ff.
– sozialrechtliche Grundlagen: siehe Sozialrecht **L** 159 ff.
– Sozietätszusagen **L** 144
– Steuerrecht **L** 222 ff.
– urheberrechtliche Fragen **L** 148
– Verschwiegenheitspflicht **L** 153
– Vertragsmuster **L** 220

– Wettbewerbsbeschränkungen, nachvertragliche **L** 121 ff.
– Wettbewerbsverbot **L** 111 ff.

Rechtsanwalts-AG
– Aktien, Übertragung **E** 21 ff.
  – Zustimmung aller Aktionäre **E** 24
– Aktionäre **E** 6 f.
  – Beschränkung auf sozietätsfähige Berufe **E** 6 f., 19 f.
– Aufsichtsrat **E** 26 ff.
  – Bindung Mandatsübernahme **E** 32 f.
  – Mehrheitsverhältnisse **E** 30
– berufsrechtliche Zulassung **E** 10 ff.
– Briefbogen **E** 18
– Firmierung **E** 15 ff.
– Gesellschafterkreis **E** 19 ff.
– Mindestanforderungen, berufsrechtliche **E** 6 ff.
– Organe **E** 25 ff.
– Parteien Anwaltsvertrag **B** 406
– praktische Bedeutung **E** 34 f.
– Rechtsanwalts-KGaA **E** 36 ff.
– Regelungsbedarf **E** 34 f.
– Steuerrecht **E** 40
  – beherrschende Aktionäre **E** 40
  – verdeckte Gewinnausschüttungen **E** 40
  – Vertretungsbefugnis vor Finanzgericht und BFH **E** 40
– Vorstand **E** 25
– Zulässigkeit **A** 16, 36; **E** 1 ff.

Rechtsanwaltsgesellschaft
– Berufshaftpflicht, Versicherungspflicht **B** 565
– besondere Kostenbelastung
  – Überblick **A** 60
– Bilanzierung- und Publizitätspflichten **A** 74
– Gesellschaftsvertrag, Bestandteile **A** 49
– Gesetzesentwicklung **A** 1
– Namensmonopol **B** 75
– Pflichten beim Tätigwerden mehrerer Anwälte **B** 429
– Postulationsfähigkeit, eigene **M** 45
– zusätzliche Zulassung **A** 53

Rechtsanwalts-GmbH **A** 35; **D** 1 ff.
– Auflösung, siehe Rechtsanwalts-GmbH, Auflösung und Liquidation **D** 182 ff.
– Auflösungsklage **D** 52
– Aufsichtsrat, fakultativer **D** 106
– Ausscheiden der Gesellschafter; siehe Rechtsanwalts-GmbH, Ausscheiden der Gesellschafter **D** 107 ff.
– Außenverhältnis **D** 124 ff.
– Berufspflichten, anwaltliche Gesellschafter **D** 96 ff.
  – Vorrang Berufsrecht vor Gesellschaftsrecht **D** 96 f.
– berufsrechtliche Zulassung **A** 53; **D** 8
– Beschlussfassung, Gesellschafterversammlung **D** 75 ff.
– Betätigungsfeld
  – anwaltliche Tätigkeiten **D** 152
  – Mediation **D** 153
  – nichtanwaltliche Tätigkeiten **D** 153
  – Testamentsvollstreckung **D** 153
– Bilanzierung- und Publizitätspflichten **A** 74 ff.
– Eintragung Handelsregister **D** 36, 50 ff.
– Entwicklung **D** 1 ff.
– Firmierung; siehe Rechtsanwalts-GmbH, Firmierung **D** 134 ff.
– Form, Errichtung **A** 46
– Gesamtvertretung, unechte **D** 131
– Geschäftsbesorgungsverhältnis **D** 156 ff.
– Geschäftsführer, anwaltliche, verantwortliche Führung **D** 127
– Geschäftsführung **A** 54; **D** 7, 100 ff.
  – anwaltliche Geschäftsführer, verantwortliche Führung **D** 127
  – Mehrheitserfordernisse **D** 100 f.
  – Praktikabilitätserwägungen **D** 104 f.
  – verantwortliche Leitung durch Rechtsanwälte **D** 102
  – Weisungsfreiheit **D** 103
– Geschäftsführungsposition **D** 7
– Gesellschafter, Eintritt **D** 64
– Gesellschafter, Informationsrechte **D** 88 ff.
– Gesellschafter, Pflichten **D** 79 ff.
  – Treuepflicht **D** 81, 83
  – Verhaltenspflicht, aktive Tätigkeit **D** 80
  – Vermögenspflichten **D** 79
– Gesellschafter, Rechtsverhältnis untereinander **D** 75 ff.
– Gesellschafterkreis **A** 51; **D** 53 ff.
– Gesellschafterversammlung
  – Beschlussfassung **D** 75 ff.
  – Einberufungsbefugnis **D** 78

  - Mehrheitserfordernisse **D** 77
  - Stimmrechte **D** 76
- Gesellschaftervertrag, Bestandteile **A** 49
- Gesellschaftsanteile, Verfügungen über **D** 65ff.
  - Abtretung **D** 65
  - freie Veräußerbarkeit **D** 65
  - Übertragbarkeit, gesellschaftsrechtliche **D** 65
  - Zustimmungspflicht **D** 66
- Gesetzgebungsverfahren, BRAO-Novelle 1998 **D** 4
- gesetzliche Regelung **D** 2, 4ff.
- gesetzliche Regelung, Überblick **D** 5
- Gewerbesteuer **A** 70f.
- Gewinnverteilung **D** 91ff.
- Gewinnverteilungssysteme **D** 93
- Gründung; siehe Rechtsanwalts-GmbH, Gründung **D** 11ff.
- Haftpflichversicherung, erhöhte **D** 9
- Haftung **A** 57
- Haftung, siehe Rechtsanwalts-GmbH, Haftung **D** 158ff.
- Handelsregistereintragung **D** 124ff.
- Handlungsbevollmächtigte **D** 132
- Informationsrechte, Gesellschafter **D** 88ff.
- Innenverhältnis, gesellschaftsrechtliches **D** 75ff.
- interprofessionelle Zusammenarbeit **A** 65
- interprofessionelle Zusammenarbeit, siehe Rechtsanwalts-GmbH, interprofessionelle **D** 201ff.
- interprofessionelle Zusammenschlüsse, Vertretung **D** 128f.
- Jahresabschluss **A** 74ff.
- Körperschaftsteuer **A** 67
- Kostenbelastung **A** 60
- Leistungsstörungen bei Sachgründungen **D** 34ff.
- Liquidation, siehe Rechtsanwalts-GmbH, Auflösung und Liquidation **D** 182ff.
- mittelbare Beteiligungen **D** 67ff.
- Mustersatzung, ausschließliche Beteiligung von Rechtsanwälten **D** 300
- Name **A** 50
- Nießbrauch an Gesellschaftsanteil **D** 69f.
- Organisations-GmbH, Zulässigkeit **D** 155
- Pensionsrückstellungen, steuerliche Absetzbarkeit **A** 72
- Pfändung Gesellschaftsanteil **D** 72
- Postulationsfähigkeit **D** 10, 147
  - Strafverfahren **D** 10, 151
- Prokuristen **D** 132
- Publizität **A** 52
- Rechtsfähigkeit **A** 45
- Rechtsscheinsvollmachten **D** 133
- Registerpflicht **A** 52
- Sitz **A** 50
- Steuerrecht, siehe Steuerrecht, Rechtsanwalts-GmbH **D** 221ff.
- stille Beteiligung **D** 68
- Strafsachen, Vertretung in **D** 10
- Testamentsvollstreckung **D** 73f.
- Treuhand **D** 69f.
- überörtliche, siehe Rechtsanwalts-GmbH, überörtliche **D** 176ff.
- Umsatzsteuer **A** 68
- Umwandlungsvorgänge
  - Einzelpraxis in GmbH **H** 26
  - GmbH in Einzelpraxis **H** 72ff.
  - GmbH in Partnerschaft **H** 101ff.
  - GmbH in Sozietät **H** 91ff.
  - Partnerschaft in GmbH **H** 63
  - Sozietät in GmbH **H** 47
- Unterbeteiligung **D** 69f.
- Unternehmensgegenstand **D** 6, 16
- Unternehmensverbindungen **D** 198ff.
  - Berufsausübungsgesellschaften, Beteiligung **D** 198
  - gewerbliche Unternehmen, Beteiligung **D** 199
- Verpfändung Gesellschaftsanteil **D** 71
- Vertretung **D** 127ff.
- Vertretung in Strafsachen **D** 10
- Vor-GmbH **D** 125f.
  - Haftung **D** 126
- Wettbewerbsverbote **D** 83ff.
  - nachvertragliche **D** 84f.
- Wirksamwerden gegenüber Dritten **D** 124ff.
- Zulassungserfordernisse **D** 44ff.

Rechtsanwalts-GmbH & Co KG **F** 1ff.
- Ausgestaltung der KG als Steuerberatungsgesellschaft **F** 7ff.
- berufsrechtliche Bewertung **F** 5
- Beteiligungsverbot § 59c Abs. 2 BRAO **F** 6
- europarechtliche Bedenken **F** 16ff.

– Unzulässigkeit, handelsrechtliche und gesellschaftsrechtliche **F** 1f.
– verfassungsrechtliche Bedenken **F** 13ff.
– Steuerrecht **F** 18ff.

Rechtsanwalts-GmbH, Auflösung und Liquidation **D** 182ff.
– Anmeldung der Auflösung **D** 191
– Auflösungsgründe **D** 183ff.
  – Beschluss der Gesellschafterversammlung **D** 185
  – gesellschaftsvertragliche Auflösungsgründe **D** 190
  – Insolvenzverfahren **D** 187
  – staatlicher Akt **D** 186
  – Verfügung des Registergerichts **D** 188
  – Zeitablauf **D** 184
– ergänzender Abwickler **D** 195
– Liquidatoren **D** 192f.
– Rechtsfolgen der Auflösung **D** 191
– Umwandlung in andere Gesellschaftsformen **D** 197

Rechtsanwalts-GmbH, Ausscheiden der Gesellschafter **D** 107ff.
– Abtretung Gesellschaftsanteil **D** 115, 123
– Ausschluss **D** 118ff.
  – gesetzlich geregelte Sonderfälle **D** 120
– Ausschlussklage **D** 118
– Austrittsrecht, Vorliegen eines wichtigen Grundes **D** 109
– Einziehung Gesellschaftsanteil **D** 114, 121f.
– Initiative des Gesellschafters **D** 108
– Kündigungsrecht, ordentliches **D** 110
– Vererbung Geschäftsanteile **D** 113ff.
  – Abtretungspflicht **D** 115
  – Einziehung **D** 114, 117
  – Widerruf der Zulassung **D** 114

Rechtsanwalts-GmbH, Firmierung **D** 134ff.
– Briefkopf, Gestaltung **D** 139
  – Name aller Gesellschafter **D** 139
  – Zuordnung zu Niederlassung **D** 139
– ehemalige Gesellschafter, Namensfortführung **D** 144
– Firmenzusatz, Beschränkung auf zugelassene Gesellschaften **D** 140
– interprofessionelle Beratungs-GmbH **D** 141
– Kurzbezeichnung **D** 146
– Namensfortführung **D** 144ff.
– Neugründung **D** 143
– notwendige Firmenbestandteile **D** 134ff.
– Praxisschild, Gestaltung **D** 139
– Rechtsformzusatz **D** 137
– Registergericht, Prüfung **D** 138

Rechtsanwalts-GmbH, Gründung **D** 11ff.
– Eintragung ins Handelsregister **D** 50ff., 124ff.
– Gesellschaftsvertrag **D** 14ff.
  – Ausschluss freie Abtretbarkeit der Geschäftsanteile **D** 21
  – Bar- und Sachgründung **D** 17
  – berufsrechtliche Anforderungen **D** 20ff.
  – fakultative Bestandteile **D** 19
  – fehlerhafte Gesellschaft **D** 25ff.
  – Form **D** 23
  – gesellschaftsrechtliche Anforderungen **D** 16ff.
  – Mindestinhalt **D** 14, 20ff.
  – Unternehmensgegenstand **D** 16
  – vereinfachtes Gründungsverfahren **D** 24
  – Vertragsmängel **D** 25ff.
– Kapitalaufbringung **D** 28ff.
  – Bareinlagen **D** 29
  – Leistungsstörungen bei Sachgründungen **D** 34ff.
  – Sacheinlagen **D** 30
  – Stammeinlagen **D** 28
  – Stammkapital **D** 28
– Sachgründungen
  – Leistungsstörungen **D** 34ff.
– Umwandlung, Gründung durch **D** 38ff
  – Partnerschaftsgesellschaft in Rechtsanwalts-GmbH **D** 40ff.
  – Sozietät in Rechtsanwalts-GmbH **D** 38f.
– Wahlfreiheit GmbH und UG **D** 12
– Zulassungsverfahren **D** 44ff.

Rechtsanwalts-GmbH, Haftung **D** 158ff.
– Berufshaftpflichtversicherung **D** 173
  – erhöhte Pflichtversicherung **D** 9
– Durchgriffshaftung **D** 161
– Durchgriffshaftung, Fälle **D** 164f.
– Haftungsbeschränkungsmöglichkeiten **D** 159f.
– Haftungsprivileg **D** 160

– Haftungsrisiken, anwaltliche **D** 160ff.
  – anwaltlicher Geschäftsführer **D** 167
  – Durchgriffshaftung **D** 161
  – Durchgriffshaftung, Fälle **D** 164f.
  – generelle Freistellung der Mitarbeiter **D** 172
  – persönliche Haftung, unzureichender Versicherungsschutz **D** 162f.
  – Reichweite Haftungsprivileg **D** 160
  – Vertrag mit Schutzwirkung zugunsten Dritter **D** 171
  – Vertrauenshaftung aus c.i.c. **D** 170
  – Vertrauenshaftung Mandatsmitarbeiter **D** 170

Rechtsanwalts-GmbH, interprofessionelle **D** 201
– Anwalts-Notare, Beteiligung **D** 245ff.
– Kritik **D** 211
– Mehrheitserfordernisse **D** 202
– Nur-Notare, Beteiligung **D** 214ff.
– Rechtsanwalt/Steuerberater **D** 203f.
– Rechtswanwalt/Wirtschaftsprüfer **D** 204f.
– Zulässigkeit **D** 201
– Zweigniederlassung, Leitung **D** 208f.

Rechtsanwalts-GmbH, überörtliche **D** 176ff.
– berufsrechtliche Anforderungen **D** 176f.
– interprofessionelle GmbH, Leitung Zweigniederlassung **D** 208ff.
– Zweigniederlassungen, Ausland **D** 181
– Zweigniederlassungen, Eintragung **D** 178ff.

Rechtsanwalts-GmbH, Vertretung **D** 127ff.
– Geschäftsführer, anwaltliche, verantwortliche Führung **D** 127
– Handlungsbevollmächtigte **D** 132
– interprofessionelle Zusammenschlüsse **D** 128f.
– Prokuristen **D** 132
– Rechtsscheinsvollmachten **D** 133
– unechte Gesamtvertretung **D** 131

Rechtsanwalts-GmbH
– Parteien Anwaltsvertrag **B** 406

Rechtsanwalts-KGaA **E** 36ff.

Rechtsbeistand
– sozietätsfähiger Beruf **B** 767

Rechtsfähigkeit **A** 42ff.
– Gesellschaft bürgerlichen Rechts (GbR) **A** 43
– GmbH **A** 45
– Partnerschaft **A** 44
– Vergleich Kooperationsformen **A** 42ff.

Rechtsformzusatz **B** 71ff.
– EWIV **K** 56ff.
– Sozietät (GbR) **B** 71ff.

Rechtsmittelfristen, Kontrolle
– Rechtsanwalts-GmbH **D** 137

Referendare
– als freie Mitarbeiter **L** 22

Registerpflicht
– Handelsregister, siehe dort

Rentenverpflichtungen, Sozietät **B** 670f.

Rentenversicherungen **L** 164, 181ff.
– Teilzeittätigkeit **L** 167

Rumänien
– Kooperationsmöglichkeiten in **G** 137

Sacheinlagen
– Rechtsanwalts-GmbH **D** 17, 30

Satzung
– Rechtsanwalts-GmbH **D** 12ff.
  – Mustersatzungen **D** 300f.

Scheinselbständigkeit **L** 175ff.
– Alternativgestaltungen **L** 179ff.
– Anfrageverfahren zur Statusklärung **L** 175ff.
– arbeitnehmerähnliche Selbständige **L** 181ff.
– Rentenversicherungspflicht **L** 181ff.
– Selbständige, arbeitnehmerähnliche **L** 181ff.

Scheinsozietät **B** 574f., 933ff.
– angestellter Rechtsanwalt **L** 194
– Beendigung **M** 170
– berufsrechtliche Fragen **M** 48ff.
– Bürogemeinschaft **I** 138
– Kanzleipflicht **L** 212
– überörtliche Sozietät **B** 601
– Werbewirkung **M** 49

Schenkungsteuer, Sozietät (GbR) siehe Erbschaftsteuer, Sozietät (GbR) **B** 946ff.

Schiedsvertrag
– Muster **B** 282ff.

Schottland
– Kooperationsmöglichkeiten in **G** 138

Schweden
– Kooperationsmöglichkeiten in **G** 124
Schweiz
– Kooperationsmöglichkeiten in **G** 7, 139
Selbständige, arbeitnehmerähnliche **L** 181 ff.
Sitz
– EWIV **K** 27 ff.
– Partnerschaft **C** 60 ff.
– Rechtsanwalts-GmbH **A** 50
– Vergleich Organisationsformen **A** 50
Slowakische Republik
– Kooperationsmöglichkeiten in **G** 140
Slowenien
– Kooperationsmöglichkeiten in **G** 141
Sonderbetriebsausgaben **B** 812
Sonderbetriebseinnahmen **B** 812
Sonderbetriebsvermögen **B** 812
Sozialrecht **L** 159 ff.
– Anfrageverfahren zur Statusklärung **L** 175 ff.
– Arbeitslosenversicherung **L** 165
  – Teilzeittätigkeit **L** 167
– Beschäftigungsbegriff **L** 160 ff.
– geringfügige Beschäftigung **L** 168
  – Beitragspflicht **L** 169 ff.
– Krankenversicherung **L** 162
  – Teilzeittätigkeit **L** 167
– Pflegeversicherung **L** 163
  – Teilzeittätigkeit **L** 167
– Rentenversicherung **L** 164
  – Teilzeittätigkeit **L** 167
– Scheinselbständigkeit, siehe dort **L** 175 ff.
– Sozialversicherungsbeiträge
  – Nachentrichtung **L** 184
  – Rückgriffsmöglichkeiten des Arbeitgebers **L** 185
– Unfallversicherung **L** 166
  – Teilzeittätigkeit **L** 167
Sozien (Gesellschafter bürgerlichen Rechts) **B** 192 ff., 204 ff.
– angestellter Rechtsanwalt **B** 204
– associate partner **B** 205
– Aufnahme als Partner **B** 214
– Aufstieg zum Vollpartner **B** 215
– Auftreten nach außen **B** 194 f.
– Ausscheiden **B** 57 f., 92 ff., 255 ff.
  – berufsrechtliche Aspekte **B** 263 ff.; **M** 169 ff.
  – gesellschaftsrechtliche Aspekte **B** 255 ff.
– Ausscheiden, siehe Ausscheiden Partner
– Auswahl als Partner **B** 213
– Berufshaftpflichtversicherung, siehe dort **B** 574 ff.
– Briefkopfpartner **B** 201
– Eintritt **B** 213 ff.
– Gewinn- und Verlustbeteiligung **B** 197 f.
– Gewinnverteilung
  – Gewinnverteilungsmodelle **B** 220 ff.
  – ideales Gewinnverteilungsmodell **B** 245 f.
  – kombinierte Systeme **B** 240 ff.
  – Lockstep-System **B** 220 ff.
  – produktivitätsorientierte Systeme **B** 228 ff.
  – Verbot der Beteiligung Dritter **B** 216 ff.
– interprofessionelle Zusammenschlüsse; siehe dort **B** 764 ff.
– Juniorpartner **B** 204
– kanzleiinterne Bezeichnung **B** 201 ff.
– Kriterien **B** 192 ff.
– neue, Erstreckung der Mandatspflicht **B** 56
– Seniorpartner **B** 204
– Sozietätsfähigkeit **B** 208 ff.
– Sozietätsvertrag, Abschluss **B** 196
– Sternsozietät **B** 208 ff., 777
– Stimmrecht **B** 199 f.
– Vollpartner **B** 204
– Wettbewerbsverbote **B** 247 ff.
  – gesetzliche **B** 247 ff.
  – nach Ausscheiden aus Sozietät **B** 249
  – vertragliche **B** 250 ff., 275 ff.
  – während bestehender Sozietät **B** 247 f.
Sozietät (GbR) **A** 28 ff.; **B** 1 ff.
– aktive Berufsausübung aller Sozien, Erforderlichkeit **B** 16 ff.
– Auflösung; siehe Sozietät, Auflösung **B** 164
– Berufsausübungsgesellschaft **B** 9 ff.
– Berufsrecht, allgemein; siehe Berufsrecht, Berufsausübungsgemeinschaft **M** 1 ff.
– Definition **B** 1 ff.
– Einzelgeschäftsführung **B** 121
– gemeinsame Entgegennahme von Aufträgen **B** 25 ff.

– Gemeinschaftsmandat
  – Ausführung **B** 37 ff.
  – Ausscheiden Partner **B** 57
  – Erfüllungshaftung, Inhalt und Gegenstand **B** 37 ff.
  – Grundsatz **B** 25 ff.
  – Individualschuld als Ergänzung der Gesamthandsschuld **B** 44 ff.
  – Individualschuld, isolierte **B** 40 ff.
  – Maßgeblichkeit interner Aufgabenverteilung **B** 49
  – neue Sozien, Eintritt **B** 56
  – persönlicher Geltungsbereich **B** 30 ff.
  – Strafverteidigung, Pflichtverteidigung und Beiordnung **B** 60
  – Strafverteidigung, Wahlverteidigung **B** 59
– Gesamtgeschäftsführungsbefugnis, Grundsatz **B** 118
– Geschäftsführung, Begriff **B** 116
– Geschäftsführung, Übertragung **B** 123
– Geschäftsführung, Vertretung **B** 117
– Gesellschaft bürgerlichen Rechts, siehe dort
– Gründung **B** 62 ff.
– Name **B** 69 ff.
  – siehe Name, Sozietät
– Organisation, interne **B** 115 ff.
  – gesetzliche Regelung **B** 115 ff.
– Organisationsgesellschaft, Abgrenzung **B** 9 ff.

Sozietät (GBR)
– Organisationsgesellschaften, Abgrenzung **M** 8 ff.
– Selbstorganschaft, Grundsatz **B** 115
– Sozien (Gesellschafter bürgerlichen Rechts), siehe dort
– Sozien, Eintritt neuer
  – Mandatserstreckung **B** 56
– Sozietätsbegriff, Wandel **M** 4 ff.
– Sozietätsvertrag, Muster **B** 266 ff.
– Tätigkeitsverbote **M** 101 ff.
– Trennung mehrerer **H** 57
– überörtliche, Name **B** 84
– Umwandlungsvorgänge **H** 5, 39, 45, 47
– Verhältnis zum Mandanten **B** 374 ff.
– Verhältnis zum Mandanten; siehe Anwaltsvertrag; Haftung aus Mandat
– Vertretung widerstreitender Interessen, Verbot **M** 105 ff.
– Zusammenschluss mehrerer **H** 51
– Zweigstellenverbot, Aufhebung **M** 61 ff.

Sozietät (GbR), Auflösung **B** 164
– Bekanntgabepflicht **B** 190 f.
– Folgen, berufsrechtliche, § 32 Abs. 1 BORA **B** 177; **M** 165 ff.
– Folgen, gesellschaftsrechtliche **B** 175 ff.
– Gründe, Überblick **B** 164 ff.
– Mandantenbefragung durch alle Sozien **B** 177 ff.
– Mandantenbefragung durch einzelne Sozien **B** 184
– Mandantenbefragung, gemeinsames Rundschreiben **B** 183
– Nachfolge im Todesfall, abweichende Vertragsgestaltung **B** 165 ff., 278 ff.
– Nachfolgeklausel einfache **B** 166 ff.
– Nachfolgeklausel, erbrechtliche **B** 173
– Nachfolgeklausel, gesellschaftsrechtliche **B** 174
– Nachfolgeklausel, qualifizierte **B** 170 f.
– Nachfolgeklausel, rechtsgeschäftliche **B** 172
– Umzugshinweis **B** 187 ff

Sozietät (GbR), Einkommensteuer
– Einkommensteuer, Sozietät (GbR), siehe dort

Sozietät (GbR), Erbschaftsteuer
– Erbschaftsteuer, Sozietät (GbR), siehe dort

Sozietät (GbR), internationale **B** 613 ff.
– Gesellschaften ausländischer Rechtsform, siehe auch dort

Sozietät (GbR), multinationale
– Gesellschaften ausländischer Rechtsform, siehe dort **B** 615

Sozietät (GbR), überörtliche/intraurbane **B** 586 ff.
– Altersstruktur – Rentenverpflichtungen **B** 670 f.
– Altersstruktur, Funktion und „Leverage" **B** 657
– andere überörtliche Kooperationsformen, Abgrenzung **B** 617
  – ad-hoc-Zusammenarbeit, siehe dort **B** 627 ff.
  – Einschaltung Kooperationspartner **B** 623
  – Erfüllungsgehilfenschaft **B** 625
  – Haftungsregime **B** 622
  – Kanzlei-Clubs, siehe dort **B** 630

– xy-Group **B** 630
– Zweifelsfragen **B** 620
– Anwaltsnotare, Beteiligung **B** 609
– Außensozietät – Scheinsozietät **B** 601, 604
– Begriff **B** 588 ff.
– Briefkopf **B** 606
– corporate identity **B** 684 f.
– Einkommensteuer **B** 839 ff.
– Eintrittsvoraussetzungen, Qualitätsmerkmale **B** 672 f.
– Entgegennahme von Honoraren **B** 600
– Erwartungshaltung der Mandanten **B** 687 ff.
– gemeinsame Mandatierung **B** 594
– Gesamtmandat **B** 402 f.
– Gesamtmandat, Einzelmandat, Differenzierung **B** 595
– geschichtliche Entwicklung **B** 586 ff.
– gesetzliche Grundlage, § 59a BRAO **B** 591 ff.
– Gesprächs- und Entscheidungskultur **B** 642
– Gewinnverteilungssystem **B** 665 f.
– Großmandate **B** 686
– Gründe für die Bildung **B** 633 ff.
– Institutionalisierung **B** 675
– Interessenkollision **B** 599
– internationale **B** 613 f.
– interprofessionelle **B** 610 ff.
– Kostenstruktur **B** 663 f.
– Kurzbezeichnung, Kanzleibezeichnung **B** 605
– Mandantenstruktur – Interessenkollision **B** 668
– multinationale **B** 615
– Partnerschaftgesellschaft, Haftungsprivilegierung **B** 598
– Scheinsozietät **B** 593
– Strategie, Führung **B** 659 ff.
– strategische Zielsetzungen **B** 676
– Streitkultur **B** 653 ff.
– Synergieeffekte **B** 690 ff.
– Teilsozietät, ausschließliche Mandatierung **B** 595 ff.
– Umsatzsteuer **B** 898, 921 f.
– Unternehmenskultur **B** 640
– wettbewerbsrechtliche Aspekte **B** 603 ff.
– wirtschaftliche Voraussetzungen **B** 662 ff.
– Wissensmanagement **B** 681 ff.
– Zweigstelle, Abgrenzung **M** 63 ff.

Sozietät/Rechtsanwalt, Vertragsverhältnis **L** 28 ff.
– Ablehnungsrecht des freien Mitarbeiters **L** 48
– AGB-Kontrolle **L** 46
– Angemessenheitsgebot, Vergütung **L** 68 f.
– Auskunftsanspruch **L** 118
– Beendigung **L** 78
– Befristung **L** 79
– Berufshaftpflichtversicherung **L** 147 ff.
– Dienstpflichten **L** 47
– Dienstvertrag und Werkvertrag **L** 29
– Direktionsrecht; siehe dort **L** 49 ff.
– Dokumentationspflicht, Nachweisgesetz **L** 39 ff.
– Entgeltfortzahlung im Krankheitsfall **L** 104
– Fehlbeurteilung, vertragsrechtliche Folgen **L** 34 ff.
– Formvorschriften **L** 38
– Fortbildung **L** 154
– Freistellung **L** 156
– Fürsorgepflicht **L** 65
– Kammer- und Mitgliedsbeiträge, Übernahme **L** 155
– kollektives Arbeitsrecht **L** 157 f.
– Konkurrenz; siehe Konkurrenzverbot **L** 105 ff.
– Kündigung **L** 99 ff.
  – Kündigungsfristen **L** 100
  – Kündigungsschutz **L** 101
– Mandantenschutzklauseln **L** 128 ff.
– Mandantenübernahmeklauseln **L** 133 ff.
– Mandatsklauseln **L** 137
– Nebentätigkeit **L** 105 ff.
– Niederlassungsverbote **L** 122
– Prämien **L** 138
– Qualifizierungsklauseln **L** 30
– Sozietätszusagen **L** 144 ff.
– Tätigkeitsort
  – Arbeitsvertrag **L** 72
  – freier Mitarbeiter **L** 73
– Tätigkeitsverbote **L** 122
– urheberrechtliche Fragen **L** 148 ff.
– Urlaub **L** 103
– Vergütung **L** 36, 66 ff.
– Verschwiegenheitsverpflichtung **L** 153
– Vertragsmuster **L** 220 f.
– Vertragstypus **L** 28 ff.

- Wettbewerbsbeschränkungen, nachvertragliche
  - Arbeitnehmer **L** 121
  - Mandantenverhältnis **L** 120
- Wettbewerbsverbot **L** 118ff.
  - angestellte Rechtsanwälte **L** 111ff.
  - Dauer **L** 117
  - freie Mitarbeiter **L** 115f.
- Zustandekommen **L** 37

Sozietäts-/GbR-Vertrag, Muster **B** 266ff.
- Gegenstand bei interprofessioneller Sozietät **B** 270
- Geinnbeteiligung, Varianten **B** 271
- Nachfolgeklauseln, Varianten **B** 278ff.
- Namensfortführung, Varianten **B** 268
- Namensgestaltung, Varianten **B** 267
- Schiedsklausel und Schiedsvertrag **B** 282ff.
- Wettbewerbsklauseln, nachvertragliche **B** 275

Spaltung
- Betrieb, Besonderheiten **H** 102ff.
- Partnerschaft **H** 70ff.
- Sozietät **B** 837f.

Spanien
- Kooperationsmöglichkeiten in **G** 142

Stammeinlage
- Rechtsanwalts-GmbH **D** 28

Stammkapital
- Rechtsanwalts-GmbH **D** 28

Sternsozietät **B** 208ff.
- berufsrechtliche Regelungen **M** 54ff.
- Verbot **B** 777
- Vertretung widerstreitender Interessen, Verbot **M** 109ff.

Steuerberater
- Berufshaftpflichtversicherung **B** 529
- interprofessionelle Zusammenarbeit mit Rechtsanwaltsgesellschaft **D** 203
- Kooperationsmöglichkeiten **A** 23ff.
- Name, berufsspezifische Besonderheiten **C** 57
- sozietätsfähiger Beruf **B** 767

Steuerbevollmächtigter
- sozietätsfähiger Beruf **B** 767

Steuerfahndung **B** 1014

Steuerhaftung **B** 991ff.

Steuerinteressen, Mandanten **B** 959ff.

Steuerrecht
- Bürogemeinschaft, siehe Bürogemeinschaft, Steuerrecht **I** 155ff.
- Kooperationen, sonstige, siehe Kooperationen, sonstige, Steuerrecht **J** 79ff.
- Rechtsanwalts-AG **E** 40
- Rechtsanwalts-GmbH, siehe Steuerrecht, Rechtsanwalts-GmbH **D** 221aff.
- Scheinselbständigkeit **L** 226
- Sozietät (GbR), siehe Steuerrecht, Sozietät (GbR) **B** 780ff.
- steuerrechtlicher Arbeitnehmerbegriff **L** 228ff.
- Umwandlungsvorgänge **H** 1ff.
- Vergleich Organisationsformen **A** 66ff.
  - Einkommensteuer, Körperschaftsteuer **A** 66f.
  - Gewerbesteuerpflicht **A** 69ff.
  - Umsatzsteuer **A** 68

Steuerrecht, Gesellschaften ausländischer Rechtform **N** 229ff.
- Beteiligung Kapitalgesellschaft **N** 239
- Doppelbesteuerungsabkommen **G** 223ff.
  - feste Einrichtung, Begriff **N** 234
  - freiberufliche Tätigkeit, Zuordnung **N** 235
- Einkünftezuordnung, internationale **N** 236
- EWIV **N** 243
- Gewerbesteuerpflicht **N** 239
- Gewinnermittlung **N** 237
- Gewinnfeststellungsverfahren **N** 240
- internationale Sozietät nach deutschem Ertragsteuerrecht **N** 229ff.
  - Auslandssozius **N** 231
  - Inlandssozius **N** 230
- internationale Sozietät, Begriff **N** 229
- kapitalistische Organisationsform **N** 241ff.
- OECD-Musterabkommen **G** 223ff.
- Problem der Gewerblichkeit **N** 239
- Sonderbetriebsausgaben **N** 238, 240
- Umsatzsteuer **N** 244
- Zweigniederlassung einer ausländischen Kapitalgesellschaft im Inland **N** 242
- Zweigniederlassung inländischer Kapitalgesellschaft im Ausland **N** 241

Steuerrecht, Rechtsanwalts-GmbH
- Besteuerungsverfahren **D** 286
- Bewertungsfragen **B** 1015ff.; **D** 296ff.
- Einheitsbewertung **D** 284

- Einkünfte aus nichtselbständiger Tätigkeit **D** 224
- Erbschaft- und Schenkungsteuer **D** 226
- Erbschaftsteuer, Schenkungsteuer **D** 287
- Geschäftsführer, Besteuerung **D** 290f.
- Gewerbesteuer **D** 222, 283
- GmbH als Arbeitgeber **D** 287
- GmbH-Gesellschafter, Besteuerung **D** 292ff.
- Körperschaftsteuer **D** 221b
- Körperschaftsteuer; siehe Körperschaftsteuer, Rechsanwalts-GmbH **D** 233ff.
- Körperschaftsteuersatz **D** 221b
- Lohnsteuer **D** 287
- Lohnsteuer; siehe unter Sozietät **B** 943ff.
- Pensionsrückstellungen, steuerliche Absetzbarkeit **A** 72
- Pensionszulagen **D** 225, 256
- Steuerinteressen des Mandanten **D** 289
- Steuerstrafrecht **B** 1004ff.; **D** 295
- Steuervorteile, Steuernachteile **D** 221a ff.
- überörtliche Anwalts-GmbH **D** 232
- Umsatzsteuer **D** 229, 285
- verdeckte Gewinnausschüttung **D** 223, 241ff.
- Vermögensteuer **D** 284

Steuerrecht, Sozietät (GbR) **B** 780ff.
- Einheitsbewertung **B** 894ff.
- Einkommensteuer; siehe Einkommensteuer, Sozietät **B** 780ff
- Erbschaft-/Schenkungsteuer; siehe Erbschaftsteuer, Sozietät **B** 946ff.
- Gewerbesteuer; siehe Gewerbesteuer, Sozietät **B** 848ff.
- Lohnsteuer **B** 943ff.
- Steuerinteressen Mandanten **B** 959ff.
- Steuerstrafverfahren; siehe dort **B** 1004ff.
- Steuerverfahren, siehe dort **B** 962ff.
- Umsatzsteuer; siehe Umsatzsteuer, Sozietät **B** 897ff.
- Vermögensteuer **B** 894ff.

Steuerstrafrecht **B** 1004ff.
- Mandant, Hilfe bei Steuerhinterziehung **B** 1009
- Rechtsanwalts-GmbH **D** 295
- Selbstanzeige **B** 1011f.
- Steuerfahndung **B** 1014
- Steuerhinterziehung **B** 1005ff.
  - Einkommen- und Umsatzsteuer **B** 1005f.
  - Gewerbesteuer **B** 1007
  - Lohnsteuer **B** 1008
- Zuständigkeit, Steuerstrafverfolgung **B** 1013

Steuerverfahren **B** 962ff.
- Anderkonten **B** 990
- Auskunftsverweigerungsrecht **B** 987ff.
- Betriebsprüfung **B** 981ff.
- Einspruchsverfahren **B** 977ff.
- Finanzgerichte **B** 996ff.
- Gewinnfeststellung **B** 962ff.
- Klageverfahren; siehe Klageverfahren, Steuerrecht **B** 996ff.
- Kontrollmitteilungen **B** 986
- Sonderprüfungen **B** 985
- Steuerhaftung **B** 991ff.
- Veranlagung **B** 962ff.

Stille Beteiligung
- Rechtsanwalts-GmbH **D** 68
  - Körperschaftsteuer **D** 261

Stimmbindung
- Partnerschaft **D** 100

Stimmrecht
- Gesellschafterversammlung **B** 199f.

Stimmrechtsausschluss
- Partnerschaft **C** 99

Strafrecht **N** 163ff.
- Auslandsstraftaten inländischer Rechtsanwälte **N** 164
- Inlandsstraftaten ausländischer Rechtsanwälte **N** 163
- Strafverteidigung als Sozietätsmandat **B** 59f.

Synergie-Effekte
- überörtliche Sozietät **B** 690ff.

Tätigkeitsverbote **M** 101ff.
- Aufklärungspflichten außerhalb derselben Rechtssache **M** 145f.
- kommunalrechtliche **M** 158
- Konfliktprüfung, Hinweise **M** 160f.
- Mehrfachbefassung **M** 156f.
- Vertretung widerstreitender Interessen, Verbot **M** 105ff.
  - Ausnahmen und Folgen **M** 125ff.
  - Bürogemeinschaft **M** 115f.
  - Einzelmandat **M** 119ff.
  - interprofessionelle Sozietät **M** 112ff.
  - Kooperation **M** 117f.

- Sozietäts- und Bürogemeinschaftswechsler **M** 120ff.
- sozietätsweite Erstreckung **M** 106ff.
- Sternsozietät **M** 109ff.
- Vorbefassung, nicht anwaltliche **M** 147ff.

Teilzeit- und Befristungsgesetz
Teilzeitarbeit **L** 167
- Rechtsanwalt **L** 20, 77
Testamentsvollstreckung
- Rechtsanwalts-GmbH **D** 73
Tod, Partner
- einfache Nachfolgeklausel **B** 166ff.
- Eintrittsklausel **B** 174
- erbrechtliche Nachfolgeklausel **B** 173
- gesellschaftsrechtliche Nachfolgeklausel **B** 174
- Nachfolge, abweichende Vertragsgestaltung **B** 165ff.
- Nachfolgeklauseln **B** 170ff.
- Partnerschaftsgesellschaft **C** 115
- qualifizierte Nachfolgeklausel **B** 170f.
- rechtsgeschäftliche Nachfolgeklausel **B** 172
Transnationale Kooperationen **N** 86ff.
- Allianz **N** 89
- Außendarstellung **N** 96ff.
- Berufsrecht **N** 102ff.
- Best-Friend-System **N** 87
- CCBE-Standesregeln **N** 105ff.
- Club-System **N** 88
- Haftungsprobleme **N** 92
- Kooperationsformen **N** 86ff.
- Kooperationsvertrag **N** 91
- Rechtsnatur **N** 90
- Vergesellschaftung, Vermeidung des Eindrucks **N** 98
Transnationale Sozietäten **N** 1ff.
- andere ausländische Rechtsanwälte in Deutschland **N** 31
- Anwälte aus dem EU-Raum in Deutschland **N** 4ff.
- Anwälte aus GATS-Staaten in Deutschland **N** 23ff.
- Anwaltsvertrag **N** 110ff.
  - anwendbares Recht **N** 110ff.
  - Vertragsbeziehungen, Reichweite **N** 113ff.
- ausländische Rechtsanwälte in Deutschland; siehe dort **N** 3ff.
- Auslandsstraftaten inländischer Anwälte **N** 164
- Außendarstellung **N** 75, 78ff.
  - ausländische Anwälte in deutscher Kanzlei **N** 79
- Begriff **N** 1
- Berufsausübungsbefugnis **N** 2ff.
- Berufshaftpflichtversicherung **N** 144ff.
  - Beratung, Beschäftigung im außereuropäischen Recht **N** 148
  - Deckungsausschluss, außereuropäische Gerichte **N** 149
- Berufsrecht **N** 150ff.
  - CCBE-Standesregeln **N** 156
  - deutscher Rechtsanwalt, anwendbares **N** 151
  - Grundsatz der Beachtung doppelten Berufsrechts **N** 151
  - im Ausland registrierte deutsche Anwälte **N** 152
  - Nicht-Rechtsanwalt, anwendbares **N** 154
- Berufsrechte, kollidierende **N** 161ff.
- Beweisanwalt, Kostenerstattung **N** 132ff.
- CCBE-Standesrecht **N** 156
- deutsche Rechtsanwälte außerhalb EWR **N** 50ff.
- deutsche Rechtsanwälte im Ausland, siehe dort **N** 34ff.
- deutsche Rechtsanwälte im EWR, 35ff. **N** 46ff.
- Einvernehmensanwalt, Kostenerstattung **N** 133
- Faszilitäten **N**
- Haftpflicht **N** 137ff.
- Haftung **N** 136
- Haftungsmaßstab **N** 141
- Inlandsstraftaten ausländischer Anwälte **N** 163
- Kostenerstattung **N** 129ff.
- Organisationsfragen, auslandsbezogene **N** 66ff.
- Organisationsfragen, inlandsbezogene **N** 64f.
- Prozessbevollmächtigter, Kostenerstattung **N** 134
- Prozesskostenhilfe **N** 135
- rechtlich unabhängige Gesellschaft **N** 74
- Strafrecht **N** 163ff.

– transnationale Kooperationen, siehe dort
– Vergütung
  – Tarifgesetz **N** 118ff.
  – Vergütungsvereinbarung **N** 123ff.
– Verkehrsanwalt, Kostenerstattung **N** 129ff.
– Zweigniederlassungen im Ausland **N** 66ff.
  – „Gruppe" **N** 69ff.
– Zweigniederlassungen, mehrere **N** 68

Treuepflicht
– Gesellschafter, Rechtsanwalts-GmbH **D** 81ff.

Treuhand
– Haftung aus Treuhandverhältnis **B** 471
– Rechtsanwalts-GmbH **D** 70

Tschechische Republik
– Kooperationsmöglichkeiten in **G** 143

Ügyved, Ungarn G 144

Umsatzentwicklung A 7

Umsatzsteuer
– Bürogemeinschaft **I** 159, 162, 168
– grenzüberschreitende Organisationsformen **N** 244
– Scheinselbständigkeit **L** 239
– Vergleich Organisationsformen **A** 68

Umsatzsteuer, Sozietät (GbR)
– Aufbewahrungspflicht für Rechnungen **B** 911
– Aufzeichnungspflicht **B** 915
– Ausscheiden eines Sozius **B** 931
– Bargründung **B** 928
– durchlaufende Posten **B** 908f.
– Einbringung Sozietätsanteile in GmbH **H** 50
– Finanzamt, Zuständigkeit **B** 899
– Formvorschriften für Rechnungen **B** 911
– Geschäftsveräußerung **B** 930
– Gesellschafterbeiträge **B** 923ff.
– Haftung bei unrichtigem Steuerausweis **B** 911
– Hilfsgeschäfte, Umsätze **B** 906
– internationale Sozietät **B** 898
– Kostenumlagen **B** 925f.
– Leistungen der Sozien im eigenen Namen **B** 902
– Leistungen und Entgelte **B** 905ff.
– Nebentätigkeiten **B** 904, 924ff.
– Partnerschaftsgesellschaft **B** 898
– Praxiseinbringung, Umwandlung, Fusion **B** 930
– Sachgründung **B** 929f.
– Scheinsozietät **B** 933ff.
– Soll-/Istbesteuerung **B** 913ff.
– Sondermandate **B** 900, 904
– Übernahme des Sozietätsvermögens **B** 932
– überörtliche Sozietät **B** 898
– Umsatzsteuervoranmeldungen **B** 940ff.
– unentgeltliche Wertabgabe **B** 911f.
– Unternehmer **B** 897ff.
– Verfahrensfragen **B** 940ff.
– Vertretung in eigener Sache **B** 907
– Vorschüsse **B** 910
– Vorsteuerabzug **B** 916ff.
  – Kosten-Vorab **B** 920
  – Scheinsozietät **B** 937
  – Sonderaufwendungen **B** 919ff
  – überörtliche Sozietät **B** 922
  – Vorsteuerpauschalierung **B** 918

Umwandlung H 1ff.
– Änderung der Rechtsform, Gründe **H** 1ff.
– Aufnahme eines Gesellschafters **H** 8ff.
  – Beitrag **H** 9
  – Haftung **H** 10
  – Steuerrecht **H** 11ff.
  – Zivilrecht **H** 8ff.
– Einbringung, steuerrechtliche **H** 11ff.
  – unentgeltliche Aufnahme eines Partners **H** 19
  – Wert der Einlagen, Ausgleich **H** 11ff.
  – Wert der Einlagen, Lösungsvorschläge für Ausgleich **H** 11ff.
– Einzelpraxen, Zusammenschluss von mehreren **H** 22
– Einzelpraxis in bestehende Sozietät **H** 21
– Einzelpraxis in GmbH **H** 26ff.
  – Steuerrecht **H** 30ff.
  – unentgeltliche Übertragung **H** 31
  – Zivilrecht **H** 26ff.
– Einzelpraxis in Partnerschaft **H** 23ff.
– Einzelpraxis, Einbringung in zuvor gegründete GmbH **H** 27
– GmbH in Einzelpraxis **H** 72ff.
  – Steuerrecht **H** 80ff.

- Verschmelzung durch Aufnahme **H** 73 ff.
- GmbH in Partnerschaft **H** 101 ff.
  - Besonderheiten bei Verschmelzung, Spaltung **H** 102
- GmbH in Sozietät **H** 91 ff.
  - Steuerrecht **H** 100
  - Umwandlungsbeschluss, Inhalt **H** 94
  - Zivilrecht **H** 93
- Partnerschaft in Einzelpraxis **H** 58 ff.
- Partnerschaft in GmbH **H** 63 ff.
  - Verschmelzung, Besonderheiten **H** 65
- Partnerschaft in Sozietät **H** 61 f.
- Partnerschaften, Spaltung **H** 70 f.
- Partnerschaften, Verschmelzung **H** 68 f.
- Sozietät in Einzelpraxis **H** 39 ff.
- Sozietät in GmbH **H**
- Sozietät in Partnerschaft **H** 45 f.
- Sozietät, Trennung einer in mehrere **H** 57
- Sozietäten, Zusammenschluss von mehreren **H** 51
- Trennung einer Sozietät in mehrere **H** 57
- Zusammenschluss von Einzelpraxen **H** 22
- Zusammenschluss von mehreren Sozietäten **H** 51 ff.

Umzugshinweis **B** 187 ff.
Unabhängigkeit
- Berufsrecht **M** 66 ff.
- Partner **C** 76
- und Direktionsrecht **M** 71 ff.

Unentgeltliche Überlassung
- Einzelpraxis in GmbH **H** 31
- Kanzlei **B** 911 ff.

Unfallversicherung **L** 166
- Teilzeittätigkeit **L** 167

Ungarn
- Kooperationsmöglichkeiten in **G** 144

Unterbeteiligung
- Rechtsanwalts-GmbH **D** 69

Unterbevollmächtigter
- und Hauptbevollmächtigter **B** 438

Urheberrecht
Urlaub **L** 103
USA
- Law Firm Manager **B** 159
- Rechtsanwaltstätigkeit deutscher Anwälte **N** 51 ff.

Vereidigter Buchprüfer
- Name, berufsspezifische Besonderheiten **C** 57
- sozietätsfähiger Beruf **B** 767

Verfestigte Kooperationen **A** 39
Verjährung
- Beratungs- und Belehrungspflichten **B** 419

Verjährung, Haftpflichtansprüche **B** 503 ff.
- alte Rechtslage, Wegfall der Privilegierung des § 51b BRAO **B** 503 ff.
- Beginn der regelmäßigen Verjährung und Höchstfristen **B** 503 ff.
- neue Rechtslage **B** 505b ff.
- Neuregelung der Verjährung **B** 503 ff.
- Übergangsregelung und Sekundärhaftung **B** 505g ff.
- Übergangsregelungen, Überblick **B** 505e ff.
- Verjährungsfrist **B** 504 ff.

Verkehrsanwalt
- Kostenerstattung, transnationale Sozietät **N** 129
- und Prozessanwalt **B** 430 ff.

Vermögensteuer **B** 894 ff.
Verpachtung, Praxis
Verpfändung
- Rechtsanwalts-GmbH, Verpfändung **D** 71

Verschmelzung
- GmbH in Einzelpraxis **H** 102
- GmbH in Partnerschaft **H** 73 ff.
- Partnerschaft **H** 68 ff.
- Rechtsanwalts-GmbH **H** 76

Verschwiegenheitspflicht **M** 81 ff.
- Ausnahmen **M** 87 ff.
- Grenzen **M** 97 ff.
- Umfang **M** 82 ff.

Vor-GmbH **D** 125 f.

Wales
- Kooperationsmöglichkeiten in **G** 122

Weisungsgebundenheit, Anwalt **B** 424 ff.
Werbung **M** 173 ff.
- Begriff **M** 177
- Entwicklung und Zukunft **M** 175
- Erfolgs- und Umsatzzahlen, Angabe **M** 178 ff.
- Fachanwaltschaftsbezeichnung **M** 202

- Gestaltung Briefbögen **M** 194ff.
  - Aufnahme angestellte Rechtsanwälte oder freie Mitarbeiter **M** 199
  - Ausgeschiedene **M** 201
  - Berufsbezeichnungen **M** 200
- Kundgabe Arten der Zusammenarbeit **M** 185ff.
  - nicht sozietätsfähige Personen **M** 186
  - Scheinsozietät **M** 185
  - verfestigte Kooperationen **M** 188
- Kurzbezeichnung **M** 190ff.
- Marketing **M** 177
- Öffentlichkeitsarbeit **M** 177
- Pro bono Rechtsberatung **M** 209ff.
- qualifizierende Zusätze **M** 184
- Regelungsüberblick **M 174**
- Rundschreiben, unaufgefordert übersandte **M** 175
- Tätigkeitsangaben **M** 181ff.
- Teilbereiche der Berufstätigkeit, Benennung **M** 181ff.
- Verbot der Einzelfallwerbung **M** 175
- Werbefreiheit, Grundsatz **M** 173

Werkvertrag
- oder Dienstvertrag, Anwaltsvertrag **B** 376ff.; **L** 29

Wettbewerbsrecht
- Bürogemeinschaft **I** 137
- Kooperationen, sonstige **J** 62
- Partnerschaft **C** 240ff.
- Sozietät (GbR) **B** 85ff.
- Sozietät, überörtliche **B** 603ff.

Wettbewerbsverbot
- freier Mitarbeiter **L** 139ff.
- Partnerschaft **C** 91ff.
- Rechtsanwalt, angestellt **L** 111ff.
- Rechtsanwalts-GmbH **D** 83ff.
- siehe Mandantenschutzklausel; siehe Wettbewerbsverbot, Sozien

Wettbewerbsverbot, Sozien (Gesellschafter bürgerlichen Rechts)
- allgemeine Mandantenschutzklausel **B** 250f.
- beschränkte Mandantenschutzklausel **B** 250f.
- Gewinnabführungsklausel **B** 250f.
- Mandantenübernahmeklausel **B** 250f.
- nach Ausscheiden **B** 248
- nachvertragliche Wettbewerbsklauseln, Muster **B** 275ff.
- Niederlassungsverbotsklausel **B** 250f.
- vertraglich **B** 250ff., 275ff.

Wettbewerbsverbot, Sozien (Gesellschafter bürgerlichen Rechts)
- gesetzlich **B** 247
- während bestehender Sozietät **B** 247f.

Wirtschaftsprüfer
- Berufshaftpflichtversicherung **B** 529
- Haftung aus Jahresabschluss **B** 473e
- interprofessionelle Zusammenarbeit mit Rechtsanwaltsgesellschaft **D** 205
- Kooperationsmöglichkeiten **A** 18ff.
- Name, berufsspezifische Besonderheiten **C** 57
- sozietätsfähiger Beruf **B** 767

Zulassung, berufsrechtliche
- Gesellschaften ausländischer Rechtsformen **G** 55ff.
- Limited Liability Partnership **G** 118
- Rechtsanwalts-AG **E** 10ff.
- Rechtsanwaltsgesellschaft **A** 53
- Rechtsanwalts-GmbH **D** 8
- Vergleich Kooperationsformen **A** 53

Zulassungsverfahren
- Rechtsanwalts-GmbH

Zusammenarbeit von Fall zu Fall **J** 45f.
- Steuerrecht **J** 81

Zweigniederlassung
- Gesellschaft mit ausländischer Rechtsform **G** 21
- Rechtsanwalts-GmbH **D** 181
- Rechtsanwalts-GmbH, Leitung **D** 208
- transnationale Sozietäten **N** 66ff., 241, 242
- Zweigstellenverbot, Aufhebung **M** 61ff.

Zwei-Konten-Modell
- Einkünfteermittlung, Sozietät **B** 797

Zypern
- Kooperationsmöglichkeiten in **G** 145

Henssler/Streck, **Handbuch Sozietätsrecht**, 2. Auflage

• Hinweise und Anregungen: ______________________

• Auf Seite ________ Rz. ________ Zeile ________ von oben/unten

muss es statt ______________________

richtig heißen ______________________

Henssler/Streck, **Handbuch Sozietätsrecht**, 2. Auflage

• Hinweise und Anregungen: ______________________

• Auf Seite ________ Rz. ________ Zeile ________ von oben/unten

muss es statt ______________________

richtig heißen ______________________

Absender

Informationen unter **www.otto-schmidt.de**

So können Sie uns auch erreichen:
lektorat@otto-schmidt.de

Wichtig: Bitte immer den Titel des Werkes angeben!

Antwortkarte

Verlag Dr. Otto Schmidt KG
Lektorat
Gustav-Heinemann-Ufer 58
50968 Köln

Absender

Informationen unter **www.otto-schmidt.de**

So können Sie uns auch erreichen:
lektorat@otto-schmidt.de

Wichtig: Bitte immer den Titel des Werkes angeben!

Antwortkarte

Verlag Dr. Otto Schmidt KG
Lektorat
Gustav-Heinemann-Ufer 58
50968 Köln